2023
年　版
法律法规全书系列

中华人民共和国

应急管理法律法规全书

EMERGENCY MANAGEMENT LAWS AND REGULATIONS

· 含相关政策 ·

法律出版社法规中心　编

法律出版社
LAW PRESS · CHINA
北京

图书在版编目(CIP)数据

中华人民共和国应急管理法律法规全书：含相关政策／法律出版社法规中心编. -- 4 版. -- 北京：法律出版社，2023
(法律法规全书系列)
ISBN 978-7-5197-7247-5

Ⅰ. ①中… Ⅱ. ①法… Ⅲ. ①突发事件－公共管理－法规－汇编－中国 Ⅳ. ①D922.109

中国版本图书馆 CIP 数据核字(2022)第 200133 号

中华人民共和国应急管理法律法规全书(含相关政策)
ZHONGHUA RENMIN GONGHEGUO YINGJI GUANLI FALÜ FAGUI QUANSHU (HAN XIANGGUAN ZHENGCE)

法律出版社法规中心 编

责任编辑 冯高琼
装帧设计 臧晓飞

出版发行 法律出版社
编辑统筹 法规出版分社
责任校对 张红蕊
责任印制 耿润瑜
经　　销 新华书店

开本 787 毫米×960 毫米 1/16
印张 54.75　字数 1768 千
版本 2023 年 1 月第 4 版
印次 2023 年 1 月第 1 次印刷
印刷 永清县金鑫印刷有限公司

地址：北京市丰台区莲花池西里 7 号(100073)
网址：www.lawpress.com.cn
投稿邮箱：info@lawpress.com.cn
举报盗版邮箱：jbwq@lawpress.com.cn
销售电话：010-83938349
客服电话：010-83938350
咨询电话：010-63939796

书号：ISBN 978-7-5197-7247-5
定价：118.00 元
凡购买本社图书，如有印装错误，我社负责退换。电话：010-83938349

编辑出版说明

为了提高国家应急管理能力和水平，提高防灾减灾救灾能力，确保人民群众生命财产安全和社会稳定，我国组建了应急管理部。这是推进国家治理体系和治理能力现代化的内在要求，标志着中国特色应急管理体制进入新的发展阶段。为满足应急管理专业人员的工作需求，我们精心编辑出版了这本《中华人民共和国应急管理法律法规全书（含相关政策）》，本书具有以下特点：

一、收录全面，编排合理，查询方便

收录改革开放以来至2022年11月期间公布的现行有效的与应急管理相关的法律、行政法规、司法解释、部门规章以及重要的规范性文件，全面涵盖应急管理法律制度的方方面面。

全书内容分为：专业人员任用、考核、培训、管理，防汛抗旱，气象灾害防治，地质灾害防治，火灾防治，安全生产综合指导，国家煤矿安全指导与监察，危险化学品、有毒物品安全管理，行业安全生产监督管理，抢险救援工作，核事故应急管理，电力应急管理，通讯应急管理，生物安全应急管理等十六个大类，部分大类下分设诸多小类，便于读者根据工作、实务需求查询对应的类别相关规定。

二、特设条旨，收录应急预案，实用性强

对相关核心主体法附加条旨，指引读者迅速找到自己需要的条文。特别收录国务院发布的国家应急预案，为开展及时、有序和有效事故应急救援工作提供行动指南。

三、特色服务，动态增补

为保持本书与新法的同步更新，避免读者在一定周期内重复购书，特结合法律出版社法规中心的资源优势提供动态增补服务。读者可扫描封底二维码，查看、下载增补材料。

由于编者水平有限，还望读者在使用过程中不吝赐教，提出您的宝贵意见（邮箱地址：faguizhongxin@163.com），以便本书继续修订完善。

法律出版社法规中心

2022年12月

总　目　录

目　录

一、综　合

二、专业人员任用、考核、培训、管理

三、防汛抗旱

四、气象灾害防治

① 目录中对有修改的文件，将其第一次公布的时间和最近一次修改的时间一并列出，在正文中收录的是最新修改后的文本。特此说明。

五、地质灾害防治

六、火 灾 防 治

1. 综合

2. 生产生活防火

3. 森林草原防火

七、安全生产综合指导

八、国家煤矿安全指导与监察

九、危险化学品、有毒物品安全管理

十、行业安全生产监督管理

1. 建筑业

2. 民用爆炸物品行业

3. 非煤矿山安全监督管理

4. 其他

十一、抢险救援工作

十二、核事故应急管理

十三、电力应急管理

十四、通讯应急管理

十五、生物安全应急管理

十六、其他重要文件

一、综 合

资料补充栏

中华人民共和国宪法

1. 1982年12月4日第五届全国人民代表大会第五次会议通过
2. 1982年12月4日全国人民代表大会公告公布施行
3. 根据1988年4月12日第七届全国人民代表大会第一次会议通过的《中华人民共和国宪法修正案》、1993年3月29日第八届全国人民代表大会第一次会议通过的《中华人民共和国宪法修正案》、1999年3月15日第九届全国人民代表大会第二次会议通过的《中华人民共和国宪法修正案》、2004年3月14日第十届全国人民代表大会第二次会议通过的《中华人民共和国宪法修正案》和2018年3月11日第十三届全国人民代表大会第一次会议通过的《中华人民共和国宪法修正案》修正

目　录

序　言

中国是世界上历史最悠久的国家之一。中国各族人民共同创造了光辉灿烂的文化，具有光荣的革命传统。

一八四〇年以后，封建的中国逐渐变成半殖民地、半封建的国家。中国人民为国家独立、民族解放和民主自由进行了前仆后继的英勇奋斗。

二十世纪，中国发生了翻天覆地的伟大历史变革。

一九一一年孙中山先生领导的辛亥革命，废除了封建帝制，创立了中华民国。但是，中国人民反对帝国主义和封建主义的历史任务还没有完成。

一九四九年，以毛泽东主席为领袖的中国共产党领导中国各族人民，在经历了长期的艰难曲折的武装斗争和其他形式的斗争以后，终于推翻了帝国主义、封建主义和官僚资本主义的统治，取得了新民主主义革命的伟大胜利，建立了中华人民共和国。从此，中国人民掌握了国家的权力，成为国家的主人。

中华人民共和国成立以后，我国社会逐步实现了由新民主主义到社会主义的过渡。生产资料私有制的社会主义改造已经完成，人剥削人的制度已经消灭，社会主义制度已经确立。工人阶级领导的、以工农联盟为基础的人民民主专政，实质上即无产阶级专政，得到巩固和发展。中国人民和中国人民解放军战胜了帝国主义、霸权主义的侵略、破坏和武装挑衅，维护了国家的独立和安全，增强了国防。经济建设取得了重大的成就，独立的、比较完整的社会主义工业体系已经基本形成，农业生产显著提高。教育、科学、文化等事业有了很大的发展，社会主义思想教育取得了明显的成效。广大人民的生活有了较大的改善。

中国新民主主义革命的胜利和社会主义事业的成就，是中国共产党领导中国各族人民，在马克思列宁主义、毛泽东思想的指引下，坚持真理，修正错误，战胜许多艰难险阻而取得的。我国将长期处于社会主义初级阶段。国家的根本任务是，沿着中国特色社会主义道路，集中力量进行社会主义现代化建设。中国各族人民将继续在中国共产党领导下，在马克思列宁主义、毛泽东思想、邓小平理论、“三个代表”重要思想、科学发展观、习近平新时代中国特色社会主义思想指引下，坚持人民民主专政，坚持社会主义道路，坚持改革开放，不断完善社会主义的各项制度，发展社会主义市场经济，发展社会主义民主，健全社会主义法治，贯彻新发展理念，自力更生，艰苦奋斗，逐步实现工业、农业、国防和科学技术的现代化，推动物质文明、政治文明、精神文明、社会文明、生态文明协调发展，把我国建设成为富强民主文明和谐美丽的社会主义现代化强国，实现中华民族伟大复兴。

在我国，剥削阶级作为阶级已经消灭，但是阶级斗争还将在一定范围内长期存在。中国人民对敌视和破坏我国社会主义制度的国内外的敌对势力和敌对分子，必须进行斗争。

台湾是中华人民共和国的神圣领土的一部分。完成统一祖国的大业是包括台湾同胞在内的全中国人民的神圣职责。

社会主义的建设事业必须依靠工人、农民和知识分子，团结一切可以团结的力量。在长期的革命、建设、改革过程中，已经结成由中国共产党领导的，有各民主党派和各人民团体参加的,包括全体社会主义劳动者、社会主义事业的建设者、拥护社会主义的爱国者、拥护祖国统一和致力于中华民族伟大复兴的爱国者的广泛的爱国统一战线,这个统一战线将继续巩固和发展。中国人民政治协商会议是有广泛代表性的统一战线组织,过去发挥了重要的历史作用,今后在国家政治生活、社会生活和对外友好活动中,在进行社会主义现代化建设、维护国家的统一和团结的斗争中,将进一步发挥它的重要作用。中国共产党领导的多党合作和政治协商制度将长期存在和发展。

中华人民共和国是全国各族人民共同缔造的统一的多民族国家。平等团结互助和谐的社会主义民族关系已经确立,并将继续加强。在维护民族团结的斗争中,要反对大民族主义,主要是大汉族主义,也要反对地方民族主义。国家尽一切努力,促进全国各民族的共同繁荣。

中国革命、建设、改革的成就是同世界人民的支持分不开的。中国的前途是同世界的前途紧密地联系在一起的。中国坚持独立自主的对外政策,坚持互相尊重主权和领土完整、互不侵犯、互不干涉内政、平等互利、和平共处的五项原则,坚持和平发展道路,坚持互利共赢开放战略,发展同各国的外交关系和经济、文化交流,推动构建人类命运共同体;坚持反对帝国主义、霸权主义、殖民主义,加强同世界各国人民的团结,支持被压迫民族和发展中国家争取和维护民族独立、发展民族经济的正义斗争,为维护世界和平和促进人类进步事业而努力。

本宪法以法律的形式确认了中国各族人民奋斗的成果,规定了国家的根本制度和根本任务,是国家的根本法,具有最高的法律效力。全国各族人民、一切国家机关和武装力量、各政党和各社会团体、各企业事业组织,都必须以宪法为根本的活动准则,并且负有维护宪法尊严、保证宪法实施的职责。

第一章 总 纲

第一条 【国体】[①]中华人民共和国是工人阶级领导的、以工农联盟为基础的人民民主专政的社会主义国家。

社会主义制度是中华人民共和国的根本制度。中国共产党领导是中国特色社会主义最本质的特征。禁止任何组织或者个人破坏社会主义制度。

第二条 【政体】中华人民共和国的一切权力属于人民。

人民行使国家权力的机关是全国人民代表大会和地方各级人民代表大会。

人民依照法律规定,通过各种途径和形式,管理国家事务,管理经济和文化事业,管理社会事务。

第三条 【民主集中制原则】中华人民共和国的国家机构实行民主集中制的原则。

全国人民代表大会和地方各级人民代表大会都由民主选举产生,对人民负责,受人民监督。

国家行政机关、监察机关、审判机关、检察机关都由人民代表大会产生,对它负责,受它监督。

中央和地方的国家机构职权的划分,遵循在中央的统一领导下,充分发挥地方的主动性、积极性的原则。

第四条 【民族政策】中华人民共和国各民族一律平等。国家保障各少数民族的合法的权利和利益,维护和发展各民族的平等团结互助和谐关系。禁止对任何民族的歧视和压迫,禁止破坏民族团结和制造民族分裂的行为。

国家根据各少数民族的特点和需要,帮助各少数民族地区加速经济和文化的发展。

各少数民族聚居的地方实行区域自治,设立自治机关,行使自治权。各民族自治地方都是中华人民共和国不可分离的部分。

各民族都有使用和发展自己的语言文字的自由,都有保持或者改革自己的风俗习惯的自由。

第五条 【法治原则】中华人民共和国实行依法治国,建设社会主义法治国家。

国家维护社会主义法制的统一和尊严。

一切法律、行政法规和地方性法规都不得同宪法相抵触。

一切国家机关和武装力量、各政党和各社会团体、各企业事业组织都必须遵守宪法和法律。一切违反宪法和法律的行为,必须予以追究。

任何组织或者个人都不得有超越宪法和法律的特权。

第六条 【公有制与按劳分配原则】中华人民共和国的社会主义经济制度的基础是生产资料的社会主义公有制,即全民所有制和劳动群众集体所有制。社会主义公有制消灭人剥削人的制度,实行各尽所能、按劳分配的原则。

国家在社会主义初级阶段,坚持公有制为主体、多种所有制经济共同发展的基本经济制度,坚持按劳分配为主体、多种分配方式并存的分配制度。

第七条 【国有经济】国有经济,即社会主义全民所有制

① 条文主旨为编者所加,下同。

经济，是国民经济中的主导力量。国家保障国有经济的巩固和发展。

第八条　【集体经济】农村集体经济组织实行家庭承包经营为基础、统分结合的双层经营体制。农村中的生产、供销、信用、消费等各种形式的合作经济，是社会主义劳动群众集体所有制经济。参加农村集体经济组织的劳动者，有权在法律规定的范围内经营自留地、自留山、家庭副业和饲养自留畜。

城镇中的手工业、工业、建筑业、运输业、商业、服务业等行业的各种形式的合作经济，都是社会主义劳动群众集体所有制经济。

国家保护城乡集体经济组织的合法的权利和利益，鼓励、指导和帮助集体经济的发展。

第九条　【自然资源的归属与利用】矿藏、水流、森林、山岭、草原、荒地、滩涂等自然资源，都属于国家所有，即全民所有；由法律规定属于集体所有的森林和山岭、草原、荒地、滩涂除外。

国家保障自然资源的合理利用，保护珍贵的动物和植物。禁止任何组织或者个人用任何手段侵占或者破坏自然资源。

第十条　【土地制度】城市的土地属于国家所有。

农村和城市郊区的土地，除由法律规定属于国家所有的以外，属于集体所有；宅基地和自留地、自留山，也属于集体所有。

国家为了公共利益的需要，可以依照法律规定对土地实行征收或者征用并给予补偿。

任何组织或者个人不得侵占、买卖或者以其他形式非法转让土地。土地的使用权可以依照法律的规定转让。

一切使用土地的组织和个人必须合理地利用土地。

第十一条　【个体经济、私营经济】在法律规定范围内的个体经济、私营经济等非公有制经济，是社会主义市场经济的重要组成部分。

国家保护个体经济、私营经济等非公有制经济的合法的权利和利益。国家鼓励、支持和引导非公有制经济的发展，并对非公有制经济依法实行监督和管理。

第十二条　【保护公共财产】社会主义的公共财产神圣不可侵犯。

国家保护社会主义的公共财产。禁止任何组织或者个人用任何手段侵占或者破坏国家的和集体的财产。

第十三条　【保护私有财产】公民的合法的私有财产不受侵犯。

国家依照法律规定保护公民的私有财产权和继承权。

国家为了公共利益的需要，可以依照法律规定对公民的私有财产实行征收或者征用并给予补偿。

第十四条　【发展生产与社会保障】国家通过提高劳动者的积极性和技术水平，推广先进的科学技术，完善经济管理体制和企业经营管理制度，实行各种形式的社会主义责任制，改进劳动组织，以不断提高劳动生产率和经济效益，发展社会生产力。

国家厉行节约，反对浪费。

国家合理安排积累和消费，兼顾国家、集体和个人的利益，在发展生产的基础上，逐步改善人民的物质生活和文化生活。

国家建立健全同经济发展水平相适应的社会保障制度。

第十五条　【社会主义市场经济】国家实行社会主义市场经济。

国家加强经济立法，完善宏观调控。

国家依法禁止任何组织或者个人扰乱社会经济秩序。

第十六条　【国有企业】国有企业在法律规定的范围内有权自主经营。

国有企业依照法律规定，通过职工代表大会和其他形式，实行民主管理。

第十七条　【集体经济组织】集体经济组织在遵守有关法律的前提下，有独立进行经济活动的自主权。

集体经济组织实行民主管理，依照法律规定选举和罢免管理人员，决定经营管理的重大问题。

第十八条　【外资经济】中华人民共和国允许外国的企业和其他经济组织或者个人依照中华人民共和国法律的规定在中国投资，同中国的企业或者其他经济组织进行各种形式的经济合作。

在中国境内的外国企业和其他外国经济组织以及中外合资经营的企业，都必须遵守中华人民共和国的法律。它们的合法的权利和利益受中华人民共和国法律的保护。

第十九条　【教育事业】国家发展社会主义的教育事业，提高全国人民的科学文化水平。

国家举办各种学校，普及初等义务教育，发展中等教育、职业教育和高等教育，并且发展学前教育。

国家发展各种教育设施，扫除文盲，对工人、农民、国家工作人员和其他劳动者进行政治、文化、科学、技术、业务的教育,鼓励自学成才。

国家鼓励集体经济组织、国家企业事业组织和其他社会力量依照法律规定举办各种教育事业。

国家推广全国通用的普通话。

第二十条 【科技事业】国家发展自然科学和社会科学事业,普及科学和技术知识,奖励科学研究成果和技术发明创造。

第二十一条 【医疗卫生与体育事业】国家发展医疗卫生事业,发展现代医药和我国传统医药,鼓励和支持农村集体经济组织、国家企业事业组织和街道组织举办各种医疗卫生设施,开展群众性的卫生活动,保护人民健康。

国家发展体育事业,开展群众性的体育活动,增强人民体质。

第二十二条 【文化事业】国家发展为人民服务、为社会主义服务的文学艺术事业、新闻广播电视事业、出版发行事业、图书馆博物馆文化馆和其他文化事业,开展群众性的文化活动。

国家保护名胜古迹、珍贵文物和其他重要历史文化遗产。

第二十三条 【人才培养】国家培养为社会主义服务的各种专业人才,扩大知识分子的队伍,创造条件,充分发挥他们在社会主义现代化建设中的作用。

第二十四条 【精神文明建设】国家通过普及理想教育、道德教育、文化教育、纪律和法制教育,通过在城乡不同范围的群众中制定和执行各种守则、公约,加强社会主义精神文明的建设。

国家倡导社会主义核心价值观,提倡爱祖国、爱人民、爱劳动、爱科学、爱社会主义的公德,在人民中进行爱国主义、集体主义和国际主义、共产主义的教育,进行辩证唯物主义和历史唯物主义的教育,反对资本主义的、封建主义的和其他的腐朽思想。

第二十五条 【计划生育】国家推行计划生育,使人口的增长同经济和社会发展计划相适应。

第二十六条 【生活、生态环境】国家保护和改善生活环境和生态环境,防治污染和其他公害。

国家组织和鼓励植树造林,保护林木。

第二十七条 【国家机关工作原则及工作人员就职宣誓】一切国家机关实行精简的原则,实行工作责任制,实行工作人员的培训和考核制度,不断提高工作质量和工作效率,反对官僚主义。

一切国家机关和国家工作人员必须依靠人民的支持,经常保持同人民的密切联系,倾听人民的意见和建议,接受人民的监督,努力为人民服务。

国家工作人员就职时应当依照法律规定公开进行宪法宣誓。

第二十八条 【社会秩序维护】国家维护社会秩序,镇压叛国和其他危害国家安全的犯罪活动,制裁危害社会治安、破坏社会主义经济和其他犯罪的活动,惩办和改造犯罪分子。

第二十九条 【武装力量】中华人民共和国的武装力量属于人民。它的任务是巩固国防,抵抗侵略,保卫祖国,保卫人民的和平劳动,参加国家建设事业,努力为人民服务。

国家加强武装力量的革命化、现代化、正规化的建设,增强国防力量。

第三十条 【行政区划】中华人民共和国的行政区域划分如下:

(一)全国分为省、自治区、直辖市;

(二)省、自治区分为自治州、县、自治县、市;

(三)县、自治县分为乡、民族乡、镇。

直辖市和较大的市分为区、县。自治州分为县、自治县、市。

自治区、自治州、自治县都是民族自治地方。

第三十一条 【特别行政区】国家在必要时得设立特别行政区。在特别行政区内实行的制度按照具体情况由全国人民代表大会以法律规定。

第三十二条 【对外国人的保护】中华人民共和国保护在中国境内的外国人的合法权利和利益,在中国境内的外国人必须遵守中华人民共和国的法律。

中华人民共和国对于因为政治原因要求避难的外国人,可以给予受庇护的权利。

第二章 公民的基本权利和义务

第三十三条 【公民资格及其平等权】凡具有中华人民共和国国籍的人都是中华人民共和国公民。

中华人民共和国公民在法律面前一律平等。

国家尊重和保障人权。

任何公民享有宪法和法律规定的权利,同时必须履行宪法和法律规定的义务。

第三十四条 【参选权】中华人民共和国年满十八周岁的公民,不分民族、种族、性别、职业、家庭出身、宗教信仰、教育程度、财产状况、居住期限,都有选举权和被选举权;但是依照法律被剥夺政治权利的人除外。

第三十五条 【基本政治自由】中华人民共和国公民有言论、出版、集会、结社、游行、示威的自由。

第三十六条 【宗教信仰自由】中华人民共和国公民有

宗教信仰自由。

任何国家机关、社会团体和个人不得强制公民信仰宗教或者不信仰宗教,不得歧视信仰宗教的公民和不信仰宗教的公民。

国家保护正常的宗教活动。任何人不得利用宗教进行破坏社会秩序、损害公民身体健康、妨碍国家教育制度的活动。

宗教团体和宗教事务不受外国势力的支配。

第三十七条 【人身自由】中华人民共和国公民的人身自由不受侵犯。

任何公民,非经人民检察院批准或者决定或者人民法院决定,并由公安机关执行,不受逮捕。

禁止非法拘禁和以其他方法非法剥夺或者限制公民的人身自由,禁止非法搜查公民的身体。

第三十八条 【人格尊严权】中华人民共和国公民的人格尊严不受侵犯。禁止用任何方法对公民进行侮辱、诽谤和诬告陷害。

第三十九条 【住宅权】中华人民共和国公民的住宅不受侵犯。禁止非法搜查或者非法侵入公民的住宅。

第四十条 【通信自由和秘密权】中华人民共和国公民的通信自由和通信秘密受法律的保护。除因国家安全或者追查刑事犯罪的需要,由公安机关或者检察机关依照法律规定的程序对通信进行检查外,任何组织或者个人不得以任何理由侵犯公民的通信自由和通信秘密。

第四十一条 【监督权】中华人民共和国公民对于任何国家机关和国家工作人员,有提出批评和建议的权利;对于任何国家机关和国家工作人员的违法失职行为,有向有关国家机关提出申诉、控告或者检举的权利,但是不得捏造或者歪曲事实进行诬告陷害。

对于公民的申诉、控告或者检举,有关国家机关必须查清事实,负责处理。任何人不得压制和打击报复。

由于国家机关和国家工作人员侵犯公民权利而受到损失的人,有依照法律规定取得赔偿的权利。

第四十二条 【劳动权利义务】中华人民共和国公民有劳动的权利和义务。

国家通过各种途径,创造劳动就业条件,加强劳动保护,改善劳动条件,并在发展生产的基础上,提高劳动报酬和福利待遇。

劳动是一切有劳动能力的公民的光荣职责。国有企业和城乡集体经济组织的劳动者都应当以国家主人翁的态度对待自己的劳动。国家提倡社会主义劳动竞赛,奖励劳动模范和先进工作者。国家提倡公民从事义务劳动。

国家对就业前的公民进行必要的劳动就业训练。

第四十三条 【劳动者的休息权】中华人民共和国劳动者有休息的权利。

国家发展劳动者休息和休养的设施,规定职工的工作时间和休假制度。

第四十四条 【退休制度】国家依照法律规定实行企业事业组织的职工和国家机关工作人员的退休制度。退休人员的生活受到国家和社会的保障。

第四十五条 【社会保障权利】中华人民共和国公民在年老、疾病或者丧失劳动能力的情况下,有从国家和社会获得物质帮助的权利。国家发展为公民享受这些权利所需要的社会保险、社会救济和医疗卫生事业。

国家和社会保障残废军人的生活,抚恤烈士家属,优待军人家属。

国家和社会帮助安排盲、聋、哑和其他有残疾的公民的劳动、生活和教育。

第四十六条 【受教育权利义务】中华人民共和国公民有受教育的权利和义务。

国家培养青年、少年、儿童在品德、智力、体质等方面全面发展。

第四十七条 【文化活动权】中华人民共和国公民有进行科学研究、文学艺术创作和其他文化活动的自由。国家对于从事教育、科学、技术、文学、艺术和其他文化事业的公民的有益于人民的创造性工作,给以鼓励和帮助。

第四十八条 【妇女的平等权】中华人民共和国妇女在政治的、经济的、文化的、社会的和家庭的生活等各方面享有同男子平等的权利。

国家保护妇女的权利和利益,实行男女同工同酬,培养和选拔妇女干部。

第四十九条 【婚姻家庭制度】婚姻、家庭、母亲和儿童受国家的保护。

夫妻双方有实行计划生育的义务。

父母有抚养教育未成年子女的义务,成年子女有赡养扶助父母的义务。

禁止破坏婚姻自由,禁止虐待老人、妇女和儿童。

第五十条 【华侨、归侨的权益保障】中华人民共和国保护华侨的正当的权利和利益,保护归侨和侨眷的合法的权利和利益。

第五十一条 【公民自由和权利的限度】中华人民共和国公民在行使自由和权利的时候,不得损害国家的、社会的、集体的利益和其他公民的合法的自由和权利。

第五十二条　【维护国家统一和民族团结的义务】中华人民共和国公民有维护国家统一和全国各民族团结的义务。

第五十三条　【遵纪守法的义务】中华人民共和国公民必须遵守宪法和法律,保守国家秘密,爱护公共财产,遵守劳动纪律,遵守公共秩序,尊重社会公德。

第五十四条　【维护祖国的安全、荣誉和利益的义务】中华人民共和国公民有维护祖国的安全、荣誉和利益的义务,不得有危害祖国的安全、荣誉和利益的行为。

第五十五条　【捍卫国家的义务】保卫祖国、抵抗侵略是中华人民共和国每一个公民的神圣职责。

依照法律服兵役和参加民兵组织是中华人民共和国公民的光荣义务。

第五十六条　【纳税的义务】中华人民共和国公民有依照法律纳税的义务。

第三章　国家机构

第一节　全国人民代表大会

第五十七条　【全国人大的性质及常设机关】中华人民共和国全国人民代表大会是最高国家权力机关。它的常设机关是全国人民代表大会常务委员会。

第五十八条　【国家立法权的行使主体】全国人民代表大会和全国人民代表大会常务委员会行使国家立法权。

第五十九条　【全国人大的组成及选举】全国人民代表大会由省、自治区、直辖市、特别行政区和军队选出的代表组成。各少数民族都应当有适当名额的代表。

全国人民代表大会代表的选举由全国人民代表大会常务委员会主持。

全国人民代表大会代表名额和代表产生办法由法律规定。

第六十条　【全国人大的任期】全国人民代表大会每届任期五年。

全国人民代表大会任期届满的两个月以前,全国人民代表大会常务委员会必须完成下届全国人民代表大会代表的选举。如果遇到不能进行选举的非常情况,由全国人民代表大会常务委员会以全体组成人员的三分之二以上的多数通过,可以推迟选举,延长本届全国人民代表大会的任期。在非常情况结束后一年内,必须完成下届全国人民代表大会代表的选举。

第六十一条　【全国人大的会议制度】全国人民代表大会会议每年举行一次,由全国人民代表大会常务委员会召集。如果全国人民代表大会常务委员会认为必要,或者有五分之一以上的全国人民代表大会代表提议,可以临时召集全国人民代表大会会议。

全国人民代表大会举行会议的时候,选举主席团主持会议。

第六十二条　【全国人大的职权】全国人民代表大会行使下列职权:

(一)修改宪法;

(二)监督宪法的实施;

(三)制定和修改刑事、民事、国家机构的和其他的基本法律;

(四)选举中华人民共和国主席、副主席;

(五)根据中华人民共和国主席的提名,决定国务院总理的人选;根据国务院总理的提名,决定国务院副总理、国务委员、各部部长、各委员会主任、审计长、秘书长的人选;

(六)选举中央军事委员会主席;根据中央军事委员会主席的提名,决定中央军事委员会其他组成人员的人选;

(七)选举国家监察委员会主任;

(八)选举最高人民法院院长;

(九)选举最高人民检察院检察长;

(十)审查和批准国民经济和社会发展计划和计划执行情况的报告;

(十一)审查和批准国家的预算和预算执行情况的报告;

(十二)改变或者撤销全国人民代表大会常务委员会不适当的决定;

(十三)批准省、自治区和直辖市的建置;

(十四)决定特别行政区的设立及其制度;

(十五)决定战争和和平的问题;

(十六)应当由最高国家权力机关行使的其他职权。

第六十三条　【全国人大的罢免权】全国人民代表大会有权罢免下列人员:

(一)中华人民共和国主席、副主席;

(二)国务院总理、副总理、国务委员、各部部长、各委员会主任、审计长、秘书长;

(三)中央军事委员会主席和中央军事委员会其他组成人员;

(四)国家监察委员会主任;

(五)最高人民法院院长;

(六)最高人民检察院检察长。

第六十四条　【宪法的修改及法律案的通过】宪法的修

改，由全国人民代表大会常务委员会或者五分之一以上的全国人民代表大会代表提议，并由全国人民代表大会以全体代表的三分之二以上的多数通过。

法律和其他议案由全国人民代表大会以全体代表的过半数通过。

第六十五条　【全国人大常委会的组成及选举】全国人民代表大会常务委员会由下列人员组成：

委员长，

副委员长若干人，

秘书长，

委员若干人。

全国人民代表大会常务委员会组成人员中，应当有适当名额的少数民族代表。

全国人民代表大会选举并有权罢免全国人民代表大会常务委员会的组成人员。

全国人民代表大会常务委员会的组成人员不得担任国家行政机关、监察机关、审判机关和检察机关的职务。

第六十六条　【全国人大常委会的任期】全国人民代表大会常务委员会每届任期同全国人民代表大会每届任期相同，它行使职权到下届全国人民代表大会选出新的常务委员会为止。

委员长、副委员长连续任职不得超过两届。

第六十七条　【全国人大常委会的职权】全国人民代表大会常务委员会行使下列职权：

（一）解释宪法，监督宪法的实施；

（二）制定和修改除应当由全国人民代表大会制定的法律以外的其他法律；

（三）在全国人民代表大会闭会期间，对全国人民代表大会制定的法律进行部分补充和修改，但是不得同该法律的基本原则相抵触；

（四）解释法律；

（五）在全国人民代表大会闭会期间，审查和批准国民经济和社会发展计划、国家预算在执行过程中所必须作的部分调整方案；

（六）监督国务院、中央军事委员会、国家监察委员会、最高人民法院和最高人民检察院的工作；

（七）撤销国务院制定的同宪法、法律相抵触的行政法规、决定和命令；

（八）撤销省、自治区、直辖市国家权力机关制定的同宪法、法律和行政法规相抵触的地方性法规和决议；

（九）在全国人民代表大会闭会期间，根据国务院总理的提名，决定部长、委员会主任、审计长、秘书长的人选；

（十）在全国人民代表大会闭会期间，根据中央军事委员会主席的提名，决定中央军事委员会其他组成人员的人选；

（十一）根据国家监察委员会主任的提请，任免国家监察委员会副主任、委员；

（十二）根据最高人民法院院长的提请，任免最高人民法院副院长、审判员、审判委员会委员和军事法院院长；

（十三）根据最高人民检察院检察长的提请，任免最高人民检察院副检察长、检察员、检察委员会委员和军事检察院检察长，并且批准省、自治区、直辖市的人民检察院检察长的任免；

（十四）决定驻外全权代表的任免；

（十五）决定同外国缔结的条约和重要协定的批准和废除；

（十六）规定军人和外交人员的衔级制度和其他专门衔级制度；

（十七）规定和决定授予国家的勋章和荣誉称号；

（十八）决定特赦；

（十九）在全国人民代表大会闭会期间，如果遇到国家遭受武装侵犯或者必须履行国际间共同防止侵略的条约的情况，决定战争状态的宣布；

（二十）决定全国总动员或者局部动员；

（二十一）决定全国或者个别省、自治区、直辖市进入紧急状态；

（二十二）全国人民代表大会授予的其他职权。

第六十八条　【全国人大常委会的工作分工】全国人民代表大会常务委员会委员长主持全国人民代表大会常务委员会的工作，召集全国人民代表大会常务委员会会议。副委员长、秘书长协助委员长工作。

委员长、副委员长、秘书长组成委员长会议，处理全国人民代表大会常务委员会的重要日常工作。

第六十九条　【全国人大与其常委会的关系】全国人民代表大会常务委员会对全国人民代表大会负责并报告工作。

第七十条　【全国人大的专门委员会及其职责】全国人民代表大会设立民族委员会、宪法和法律委员会、财政经济委员会、教育科学文化卫生委员会、外事委员会、华侨委员会和其他需要设立的专门委员会。在全国人民代表大会闭会期间，各专门委员会受全国人民代表大会常务委员会的领导。

各专门委员会在全国人民代表大会和全国人民代表大会常务委员会领导下,研究、审议和拟订有关议案。

第七十一条　【特定问题的调查委员会】全国人民代表大会和全国人民代表大会常务委员会认为必要的时候,可以组织关于特定问题的调查委员会,并且根据调查委员会的报告,作出相应的决议。

调查委员会进行调查的时候,一切有关的国家机关、社会团体和公民都有义务向它提供必要的材料。

第七十二条　【提案权】全国人民代表大会代表和全国人民代表大会常务委员会组成人员,有权依照法律规定的程序分别提出属于全国人民代表大会和全国人民代表大会常务委员会职权范围内的议案。

第七十三条　【质询权】全国人民代表大会代表在全国人民代表大会开会期间,全国人民代表大会常务委员会组成人员在常务委员会开会期间,有权依照法律规定的程序提出对国务院或者国务院各部、各委员会的质询案。受质询的机关必须负责答复。

第七十四条　【司法豁免权】全国人民代表大会代表,非经全国人民代表大会会议主席团许可,在全国人民代表大会闭会期间非经全国人民代表大会常务委员会许可,不受逮捕或者刑事审判。

第七十五条　【言论、表决豁免权】全国人民代表大会代表在全国人民代表大会各种会议上的发言和表决,不受法律追究。

第七十六条　【全国人大代表的义务】全国人民代表大会代表必须模范地遵守宪法和法律,保守国家秘密,并且在自己参加的生产、工作和社会活动中,协助宪法和法律的实施。

全国人民代表大会代表应当同原选举单位和人民保持密切的联系,听取和反映人民的意见和要求,努力为人民服务。

第七十七条　【对全国人大代表的监督和罢免】全国人民代表大会代表受原选举单位的监督。原选举单位有权依照法律规定的程序罢免本单位选出的代表。

第七十八条　【全国人大及其常委会的组织和工作程序】全国人民代表大会和全国人民代表大会常务委员会的组织和工作程序由法律规定。

第二节　中华人民共和国主席

第七十九条　【主席、副主席的选举及任期】中华人民共和国主席、副主席由全国人民代表大会选举。

有选举权和被选举权的年满四十五周岁的中华人民共和国公民可以被选为中华人民共和国主席、副主席。

中华人民共和国主席、副主席每届任期同全国人民代表大会每届任期相同。

第八十条　【主席的职权】中华人民共和国主席根据全国人民代表大会的决定和全国人民代表大会常务委员会的决定,公布法律,任免国务院总理、副总理、国务委员、各部部长、各委员会主任、审计长、秘书长,授予国家的勋章和荣誉称号,发布特赦令,宣布进入紧急状态,宣布战争状态,发布动员令。

第八十一条　【主席的外交职权】中华人民共和国主席代表中华人民共和国,进行国事活动,接受外国使节;根据全国人民代表大会常务委员会的决定,派遣和召回驻外全权代表,批准和废除同外国缔结的条约和重要协定。

第八十二条　【副主席的职权】中华人民共和国副主席协助主席工作。

中华人民共和国副主席受主席的委托,可以代行主席的部分职权。

第八十三条　【主席、副主席的换届时间】中华人民共和国主席、副主席行使职权到下届全国人民代表大会选出的主席、副主席就职为止。

第八十四条　【主席、副主席的缺位处理】中华人民共和国主席缺位的时候,由副主席继任主席的职位。

中华人民共和国副主席缺位的时候,由全国人民代表大会补选。

中华人民共和国主席、副主席都缺位的时候,由全国人民代表大会补选;在补选以前,由全国人民代表大会常务委员会委员长暂时代理主席职位。

第三节　国　务　院

第八十五条　【国务院的性质、地位】中华人民共和国国务院,即中央人民政府,是最高国家权力机关的执行机关,是最高国家行政机关。

第八十六条　【国务院的组成】国务院由下列人员组成:

总理,

副总理若干人,

国务委员若干人,

各部部长,

各委员会主任,

审计长,

秘书长。

国务院实行总理负责制。各部、各委员会实行部长、主任负责制。

国务院的组织由法律规定。

第八十七条　【国务院的任期】国务院每届任期同全国人民代表大会每届任期相同。

总理、副总理、国务委员连续任职不得超过两届。

第八十八条　【国务院的工作分工】总理领导国务院的工作。副总理、国务委员协助总理工作。

总理、副总理、国务委员、秘书长组成国务院常务会议。

总理召集和主持国务院常务会议和国务院全体会议。

第八十九条　【国务院的职权】国务院行使下列职权：

（一）根据宪法和法律，规定行政措施，制定行政法规，发布决定和命令；

（二）向全国人民代表大会或者全国人民代表大会常务委员会提出议案；

（三）规定各部和各委员会的任务和职责，统一领导各部和各委员会的工作，并且领导不属于各部和各委员会的全国性的行政工作；

（四）统一领导全国地方各级国家行政机关的工作，规定中央和省、自治区、直辖市的国家行政机关的职权的具体划分；

（五）编制和执行国民经济和社会发展计划和国家预算；

（六）领导和管理经济工作和城乡建设、生态文明建设；

（七）领导和管理教育、科学、文化、卫生、体育和计划生育工作；

（八）领导和管理民政、公安、司法行政等工作；

（九）管理对外事务，同外国缔结条约和协定；

（十）领导和管理国防建设事业；

（十一）领导和管理民族事务，保障少数民族的平等权利和民族自治地方的自治权利；

（十二）保护华侨的正当的权利和利益，保护归侨和侨眷的合法的权利和利益；

（十三）改变或者撤销各部、各委员会发布的不适当的命令、指示和规章；

（十四）改变或者撤销地方各级国家行政机关的不适当的决定和命令；

（十五）批准省、自治区、直辖市的区域划分，批准自治州、县、自治县、市的建置和区域划分；

（十六）依照法律规定决定省、自治区、直辖市的范围内部分地区进入紧急状态；

（十七）审定行政机构的编制，依照法律规定任免、培训、考核和奖惩行政人员；

（十八）全国人民代表大会和全国人民代表大会常务委员会授予的其他职权。

第九十条　【各部、委首长负责制及各部、委的决定权】国务院各部部长、各委员会主任负责本部门的工作；召集和主持部务会议或者委员会会议、委务会议，讨论决定本部门工作的重大问题。

各部、各委员会根据法律和国务院的行政法规、决定、命令，在本部门的权限内，发布命令、指示和规章。

第九十一条　【审计机关及其职权】国务院设立审计机关，对国务院各部门和地方各级政府的财政收支，对国家的财政金融机构和企业事业组织的财务收支，进行审计监督。

审计机关在国务院总理领导下，依照法律规定独立行使审计监督权，不受其他行政机关、社会团体和个人的干涉。

第九十二条　【国务院与全国人大及其常委会的关系】国务院对全国人民代表大会负责并报告工作；在全国人民代表大会闭会期间，对全国人民代表大会常务委员会负责并报告工作。

第四节　中央军事委员会

第九十三条　【中央军委的组成、职责与任期】中华人民共和国中央军事委员会领导全国武装力量。

中央军事委员会由下列人员组成：

主席，

副主席若干人，

委员若干人。

中央军事委员会实行主席负责制。

中央军事委员会每届任期同全国人民代表大会每届任期相同。

第九十四条　【中央军委主席对全国人大及其常委会负责】中央军事委员会主席对全国人民代表大会和全国人民代表大会常务委员会负责。

第五节　地方各级人民代表大会和地方各级人民政府

第九十五条　【地方人大及政府的设置和组织】省、直辖市、县、市、市辖区、乡、民族乡、镇设立人民代表大会和人民政府。

地方各级人民代表大会和地方各级人民政府的组织由法律规定。

自治区、自治州、自治县设立自治机关。自治机关的组织和工作根据宪法第三章第五节、第六节规定的基本原则由法律规定。

第九十六条　【地方人大的性质及常委会的设置】地方各级人民代表大会是地方国家权力机关。

县级以上的地方各级人民代表大会设立常务委员会。

第九十七条　【地方人大代表的选举】省、直辖市、设区的市的人民代表大会代表由下一级的人民代表大会选举;县、不设区的市、市辖区、乡、民族乡、镇的人民代表大会代表由选民直接选举。

地方各级人民代表大会代表名额和代表产生办法由法律规定。

第九十八条　【地方人大的任期】地方各级人民代表大会每届任期五年。

第九十九条　【地方人大的职权】地方各级人民代表大会在本行政区域内,保证宪法、法律、行政法规的遵守和执行;依照法律规定的权限,通过和发布决议,审查和决定地方的经济建设、文化建设和公共事业建设的计划。

县级以上的地方各级人民代表大会审查和批准本行政区域内的国民经济和社会发展计划、预算以及它们的执行情况的报告;有权改变或者撤销本级人民代表大会常务委员会不适当的决定。

民族乡的人民代表大会可以依照法律规定的权限采取适合民族特点的具体措施。

第一百条　【地方性法规的制定】省、直辖市的人民代表大会和它们的常务委员会,在不同宪法、法律、行政法规相抵触的前提下,可以制定地方性法规,报全国人民代表大会常务委员会备案。

设区的市的人民代表大会和它们的常务委员会,在不同宪法、法律、行政法规和本省、自治区的地方性法规相抵触的前提下,可以依照法律规定制定地方性法规,报本省、自治区人民代表大会常务委员会批准后施行。

第一百零一条　【地方人大的选举权和罢免权】地方各级人民代表大会分别选举并且有权罢免本级人民政府的省长和副省长、市长和副市长、县长和副县长、区长和副区长、乡长和副乡长、镇长和副镇长。

县级以上的地方各级人民代表大会选举并且有权罢免本级监察委员会主任、本级人民法院院长和本级人民检察院检察长。选出或者罢免人民检察院检察长,须报上级人民检察院检察长提请该级人民代表大会常务委员会批准。

第一百零二条　【对地方人大代表的监督和罢免】省、直辖市、设区的市的人民代表大会代表受原选举单位的监督;县、不设区的市、市辖区、乡、民族乡、镇的人民代表大会代表受选民的监督。

地方各级人民代表大会代表的选举单位和选民有权依照法律规定的程序罢免由他们选出的代表。

第一百零三条　【地方人大常委会的组成、地位及职务禁止】县级以上的地方各级人民代表大会常务委员会由主任、副主任若干人和委员若干人组成,对本级人民代表大会负责并报告工作。

县级以上的地方各级人民代表大会选举并有权罢免本级人民代表大会常务委员会的组成人员。

县级以上的地方各级人民代表大会常务委员会的组成人员不得担任国家行政机关、监察机关、审判机关和检察机关的职务。

第一百零四条　【地方人大常委会的职权】县级以上的地方各级人民代表大会常务委员会讨论、决定本行政区域内各方面工作的重大事项;监督本级人民政府、监察委员会、人民法院和人民检察院的工作;撤销本级人民政府的不适当的决定和命令;撤销下一级人民代表大会的不适当的决议;依照法律规定的权限决定国家机关工作人员的任免;在本级人民代表大会闭会期间,罢免和补选上一级人民代表大会的个别代表。

第一百零五条　【地方政府的性质、地位及其负责制】地方各级人民政府是地方各级国家权力机关的执行机关,是地方各级国家行政机关。

地方各级人民政府实行省长、市长、县长、区长、乡长、镇长负责制。

第一百零六条　【地方政府的任期】地方各级人民政府每届任期同本级人民代表大会每届任期相同。

第一百零七条　【地方政府的职权】县级以上地方各级人民政府依照法律规定的权限,管理本行政区域内的经济、教育、科学、文化、卫生、体育事业、城乡建设事业和财政、民政、公安、民族事务、司法行政、计划生育等行政工作,发布决定和命令,任免、培训、考核和奖惩行政工作人员。

乡、民族乡、镇的人民政府执行本级人民代表大会的决议和上级国家行政机关的决定和命令,管理本行政区域内的行政工作。

省、直辖市的人民政府决定乡、民族乡、镇的建置和区域划分。

第一百零八条　【地方政府内部及各级政府之间的关系】县级以上的地方各级人民政府领导所属各工作部门和下级人民政府的工作,有权改变或者撤销所属各工作部门和下级人民政府的不适当的决定。

第一百零九条　【地方政府审计机关的地位和职权】县级以上的地方各级人民政府设立审计机关。地方各级审计机关依照法律规定独立行使审计监督权，对本级人民政府和上一级审计机关负责。

第一百一十条　【地方政府与同级人大、上级政府的关系】地方各级人民政府对本级人民代表大会负责并报告工作。县级以上的地方各级人民政府在本级人民代表大会闭会期间，对本级人民代表大会常务委员会负责并报告工作。

地方各级人民政府对上一级国家行政机关负责并报告工作。全国地方各级人民政府都是国务院统一领导下的国家行政机关，都服从国务院。

第一百一十一条　【居民委员会和村民委员会】城市和农村按居民居住地区设立的居民委员会或者村民委员会是基层群众性自治组织。居民委员会、村民委员会的主任、副主任和委员由居民选举。居民委员会、村民委员会同基层政权的相互关系由法律规定。

居民委员会、村民委员会设人民调解、治安保卫、公共卫生等委员会，办理本居住地区的公共事务和公益事业，调解民间纠纷，协助维护社会治安，并且向人民政府反映群众的意见、要求和提出建议。

第六节　民族自治地方的自治机关

第一百一十二条　【民族自治机关】民族自治地方的自治机关是自治区、自治州、自治县的人民代表大会和人民政府。

第一百一十三条　【自治地方的人大及其常委会的组成】自治区、自治州、自治县的人民代表大会中，除实行区域自治的民族的代表外，其他居住在本行政区域内的民族也应当有适当名额的代表。

自治区、自治州、自治县的人民代表大会常务委员会中应当有实行区域自治的民族的公民担任主任或者副主任。

第一百一十四条　【自治地方的政府首长的人选】自治区主席、自治州州长、自治县县长由实行区域自治的民族的公民担任。

第一百一十五条　【民族自治地方的自治权】自治区、自治州、自治县的自治机关行使宪法第三章第五节规定的地方国家机关的职权，同时依照宪法、民族区域自治法和其他法律规定的权限行使自治权，根据本地方实际情况贯彻执行国家的法律、政策。

第一百一十六条　【自治条例和单行条例】民族自治地方的人民代表大会有权依照当地民族的政治、经济和文化的特点，制定自治条例和单行条例。自治区的自治条例和单行条例，报全国人民代表大会常务委员会批准后生效。自治州、自治县的自治条例和单行条例，报省或者自治区的人民代表大会常务委员会批准后生效，并报全国人民代表大会常务委员会备案。

第一百一十七条　【财政自治权】民族自治地方的自治机关有管理地方财政的自治权。凡是依照国家财政体制属于民族自治地方的财政收入，都应当由民族自治地方的自治机关自主地安排使用。

第一百一十八条　【地方性经济的自主权】民族自治地方的自治机关在国家计划的指导下，自主地安排和管理地方性的经济建设事业。

国家在民族自治地方开发资源、建设企业的时候，应当照顾民族自治地方的利益。

第一百一十九条　【地方文化事业的自主权】民族自治地方的自治机关自主地管理本地方的教育、科学、文化、卫生、体育事业，保护和整理民族的文化遗产，发展和繁荣民族文化。

第一百二十条　【民族自治地方的公安部队】民族自治地方的自治机关依照国家的军事制度和当地的实际需要，经国务院批准，可以组织本地方维护社会治安的公安部队。

第一百二十一条　【自治机关的公务语言】民族自治地方的自治机关在执行职务的时候，依照本民族自治地方自治条例的规定，使用当地通用的一种或者几种语言文字。

第一百二十二条　【国家对民族自治地方的帮助、扶持】国家从财政、物资、技术等方面帮助各少数民族加速发展经济建设和文化建设事业。

国家帮助民族自治地方从当地民族中大量培养各级干部、各种专业人才和技术工人。

第七节　监察委员会

第一百二十三条　【监察机关】中华人民共和国各级监察委员会是国家的监察机关。

第一百二十四条　【监察委员会的组成及任期】中华人民共和国设立国家监察委员会和地方各级监察委员会。

监察委员会由下列人员组成：

主任，

副主任若干人，

委员若干人。

监察委员会主任每届任期同本级人民代表大会每届任期相同。国家监察委员会主任连续任职不得超过两届。

监察委员会的组织和职权由法律规定。

第一百二十五条 【各级监察委员会间的关系】中华人民共和国国家监察委员会是最高监察机关。

国家监察委员会领导地方各级监察委员会的工作，上级监察委员会领导下级监察委员会的工作。

第一百二十六条 【监察委员会与人大的关系】国家监察委员会对全国人民代表大会和全国人民代表大会常务委员会负责。地方各级监察委员会对产生它的国家权力机关和上一级监察委员会负责。

第一百二十七条 【监察权独立】监察委员会依照法律规定独立行使监察权，不受行政机关、社会团体和个人的干涉。

监察机关办理职务违法和职务犯罪案件，应当与审判机关、检察机关、执法部门互相配合，互相制约。

第八节 人民法院和人民检察院

第一百二十八条 【审判机关】中华人民共和国人民法院是国家的审判机关。

第一百二十九条 【人民法院的设置及任期】中华人民共和国设立最高人民法院、地方各级人民法院和军事法院等专门人民法院。

最高人民法院院长每届任期同全国人民代表大会每届任期相同，连续任职不得超过两届。

人民法院的组织由法律规定。

第一百三十条 【审判公开原则和辩护原则】人民法院审理案件，除法律规定的特别情况外，一律公开进行。被告人有权获得辩护。

第一百三十一条 【审判权独立】人民法院依照法律规定独立行使审判权，不受行政机关、社会团体和个人的干涉。

第一百三十二条 【各级审判机关间的关系】最高人民法院是最高审判机关。

最高人民法院监督地方各级人民法院和专门人民法院的审判工作，上级人民法院监督下级人民法院的审判工作。

第一百三十三条 【法院与人大的关系】最高人民法院对全国人民代表大会和全国人民代表大会常务委员会负责。地方各级人民法院对产生它的国家权力机关负责。

第一百三十四条 【法律监督机关】中华人民共和国人民检察院是国家的法律监督机关。

第一百三十五条 【检察院的设置及任期】中华人民共和国设立最高人民检察院、地方各级人民检察院和军事检察院等专门人民检察院。

最高人民检察院检察长每届任期同全国人民代表大会每届任期相同，连续任职不得超过两届。

人民检察院的组织由法律规定。

第一百三十六条 【检察权独立】人民检察院依照法律规定独立行使检察权，不受行政机关、社会团体和个人的干涉。

第一百三十七条 【各级检察机关间的关系】最高人民检察院是最高检察机关。

最高人民检察院领导地方各级人民检察院和专门人民检察院的工作，上级人民检察院领导下级人民检察院的工作。

第一百三十八条 【检察院与人大的关系】最高人民检察院对全国人民代表大会和全国人民代表大会常务委员会负责。地方各级人民检察院对产生它的国家权力机关和上级人民检察院负责。

第一百三十九条 【诉讼语言】各民族公民都有用本民族语言文字进行诉讼的权利。人民法院和人民检察院对于不通晓当地通用的语言文字的诉讼参与人，应当为他们翻译。

在少数民族聚居或者多民族共同居住的地区，应当用当地通用的语言进行审理；起诉书、判决书、布告和其他文书应当根据实际需要使用当地通用的一种或者几种文字。

第一百四十条 【司法机关间的分工与制衡原则】人民法院、人民检察院和公安机关办理刑事案件，应当分工负责，互相配合，互相制约，以保证准确有效地执行法律。

第四章 国旗、国歌、国徽、首都

第一百四十一条 【国旗、国歌】中华人民共和国国旗是五星红旗。

中华人民共和国国歌是《义勇军进行曲》。

第一百四十二条 【国徽】中华人民共和国国徽，中间是五星照耀下的天安门，周围是谷穗和齿轮。

第一百四十三条 【首都】中华人民共和国首都是北京。

中华人民共和国突发事件应对法

1. 2007年8月30日第十届全国人民代表大会常务委员会第二十九次会议通过
2. 2007年8月30日中华人民共和国主席令第69号公布
3. 自2007年11月1日起施行

目 录

第一章　总　　则

第一条　【立法宗旨】为了预防和减少突发事件的发生，控制、减轻和消除突发事件引起的严重社会危害，规范突发事件应对活动，保护人民生命财产安全，维护国家安全、公共安全、环境安全和社会秩序，制定本法。

第二条　【调整范围】突发事件的预防与应急准备、监测与预警、应急处置与救援、事后恢复与重建等应对活动，适用本法。

第三条　【突发事件的内涵、分类、分级和分级标准】本法所称突发事件，是指突然发生，造成或者可能造成严重社会危害，需要采取应急处置措施予以应对的自然灾害、事故灾难、公共卫生事件和社会安全事件。

按照社会危害程度、影响范围等因素，自然灾害、事故灾难、公共卫生事件分为特别重大、重大、较大和一般四级。法律、行政法规或者国务院另有规定的，从其规定。

突发事件的分级标准由国务院或者国务院确定的部门制定。

第四条　【建立突发事件应急管理体制的要求】国家建立统一领导、综合协调、分类管理、分级负责、属地管理为主的应急管理体制。

第五条　【突发事件应对工作原则和重大突发事件风险评估体系】突发事件应对工作实行预防为主、预防与应急相结合的原则。国家建立重大突发事件风险评估体系，对可能发生的突发事件进行综合性评估，减少重大突发事件的发生，最大限度地减轻重大突发事件的影响。

第六条　【提高避险救助能力】国家建立有效的社会动员机制，增强全民的公共安全和防范风险的意识，提高全社会的避险救助能力。

第七条　【突发事件应对分工】县级人民政府对本行政区域内突发事件的应对工作负责；涉及两个以上行政区域的，由有关行政区域共同的上一级人民政府负责，或者由各有关行政区域的上一级人民政府共同负责。

突发事件发生后，发生地县级人民政府应当立即采取措施控制事态发展，组织开展应急救援和处置工作，并立即向上一级人民政府报告，必要时可以越级上报。

突发事件发生地县级人民政府不能消除或者不能有效控制突发事件引起的严重社会危害的，应当及时向上级人民政府报告。上级人民政府应当及时采取措施，统一领导应急处置工作。

法律、行政法规规定由国务院有关部门对突发事件的应对工作负责的，从其规定；地方人民政府应当积极配合并提供必要的支持。

第八条　【突发事件领导机构、应急指挥机构及职责】国务院在总理领导下研究、决定和部署特别重大突发事件的应对工作；根据实际需要，设立国家突发事件应急指挥机构，负责突发事件应对工作；必要时，国务院可以派出工作组指导有关工作。

县级以上地方各级人民政府设立由本级人民政府主要负责人、相关部门负责人、驻当地中国人民解放军和中国人民武装警察部队有关负责人组成的突发事件应急指挥机构，统一领导、协调本级人民政府各有关部门和下级人民政府开展突发事件应对工作；根据实际需要，设立相关类别突发事件应急指挥机构，组织、协调、指挥突发事件应对工作。

上级人民政府主管部门应当在各自职责范围内，指导、协助下级人民政府及其相应部门做好有关突发事件的应对工作。

第九条　【突发事件应急办事机构】国务院和县级以上地方各级人民政府是突发事件应对工作的行政领导机关，其办事机构及具体职责由国务院规定。

第十条　【突发事件应对决定、命令公开原则】有关人民政府及其部门作出的应对突发事件的决定、命令，应当及时公布。

第十一条　【突发事件应对行为合理性原则和公民、法人、其他组织应对义务】有关人民政府及其部门采取的应对突发事件的措施，应当与突发事件可能造成的社会危害的性质、程度和范围相适应；有多种措施可供选择的，应当选择有利于最大程度地保护公民、法人和其他组织权益的措施。

公民、法人和其他组织有义务参与突发事件应对工作。

第十二条　【征用财产与补偿】有关人民政府及其部门为应对突发事件，可以征用单位和个人的财产。被征用的财产在使用完毕或者突发事件应急处置工作结束后，应当及时返还。财产被征用或者征用后毁损、灭失的，应当给予补偿。

第十三条　【时效中止和程序中止】因采取突发事件应

对措施，诉讼、行政复议、仲裁活动不能正常进行的，适用有关时效中止和程序中止的规定，但法律另有规定的除外。

第十四条　【武装力量参加突发事件应急救援和处置】中国人民解放军、中国人民武装警察部队和民兵组织依照本法和其他有关法律、行政法规、军事法规的规定以及国务院、中央军事委员会的命令，参加突发事件的应急救援和处置工作。

第十五条　【突发事件应对国际合作与交流】中华人民共和国政府在突发事件的预防、监测与预警、应急处置与救援、事后恢复与重建等方面，同外国政府和有关国际组织开展合作与交流。

第十六条　【对突发事件处置工作的监督】县级以上人民政府作出应对突发事件的决定、命令，应当报本级人民代表大会常务委员会备案；突发事件应急处置工作结束后，应当向本级人民代表大会常务委员会作出专项工作报告。

第二章　预防与应急准备

第十七条　【突发事件应急预案体系】国家建立健全突发事件应急预案体系。

国务院制定国家突发事件总体应急预案，组织制定国家突发事件专项应急预案；国务院有关部门根据各自的职责和国务院相关应急预案，制定国家突发事件部门应急预案。

地方各级人民政府和县级以上地方各级人民政府有关部门根据有关法律、法规、规章、上级人民政府及其有关部门的应急预案以及本地区的实际情况，制定相应的突发事件应急预案。

应急预案制定机关应当根据实际需要和情势变化，适时修订应急预案。应急预案的制定、修订程序由国务院规定。

第十八条　【突发事件应急预案的基本内容】应急预案应当根据本法和其他有关法律、法规的规定，针对突发事件的性质、特点和可能造成的社会危害，具体规定突发事件应急管理工作的组织指挥体系与职责和突发事件的预防与预警机制、处置程序、应急保障措施以及事后恢复与重建措施等内容。

第十九条　【城乡规划应当符合预防、处置突发事件的需要】城乡规划应当符合预防、处置突发事件的需要，统筹安排应对突发事件所必需的设备和基础设施建设，合理确定应急避难场所。

第二十条　【人民政府对危险源、危险区域的管理职责】县级人民政府应当对本行政区域内容易引发自然灾害、事故灾难和公共卫生事件的危险源、危险区域进行调查、登记、风险评估，定期进行检查、监控，并责令有关单位采取安全防范措施。

省级和设区的市级人民政府应当对本行政区域内容易引发特别重大、重大突发事件的危险源、危险区域进行调查、登记、风险评估，组织进行检查、监控，并责令有关单位采取安全防范措施。

县级以上地方各级人民政府按照本法规定登记的危险源、危险区域，应当按照国家规定及时向社会公布。

第二十一条　【基层政府和基层群众自治组织调解处理矛盾纠纷的职责】县级人民政府及其有关部门、乡级人民政府、街道办事处、居民委员会、村民委员会应当及时调解处理可能引发社会安全事件的矛盾纠纷。

第二十二条　【单位预防突发事件的义务】所有单位应当建立健全安全管理制度，定期检查本单位各项安全防范措施的落实情况，及时消除事故隐患；掌握并及时处理本单位存在的可能引发社会安全事件的问题，防止矛盾激化和事态扩大；对本单位可能发生的突发事件和采取安全防范措施的情况，应当按照规定及时向所在地人民政府或者人民政府有关部门报告。

第二十三条　【高危行业企业预防突发事件的义务】矿山、建筑施工单位和易燃易爆物品、危险化学品、放射性物品等危险物品的生产、经营、储运、使用单位，应当制定具体应急预案，并对生产经营场所、有危险物品的建筑物、构筑物及周边环境开展隐患排查，及时采取措施消除隐患，防止发生突发事件。

第二十四条　【公共交通工具、公共场所和其他人员密集场所的经营单位或者管理单位预防突发事件的义务】公共交通工具、公共场所和其他人员密集场所的经营单位或者管理单位应当制定具体应急预案，为交通工具和有关场所配备报警装置和必要的应急救援设备、设施，注明其使用方法，并显著标明安全撤离的通道、路线，保证安全通道、出口的畅通。

有关单位应当定期检测、维护其报警装置和应急救援设备、设施，使其处于良好状态，确保正常使用。

第二十五条　【突发事件应急管理培训】县级以上人民政府应当建立健全突发事件应急管理培训制度，对人民政府及其有关部门负有处置突发事件职责的工作人员定期进行培训。

第二十六条　【应急救援队伍建设】县级以上人民政府应当整合应急资源，建立或者确定综合性应急救援队伍。人民政府有关部门可以根据实际需要设立专业应急救援队伍。

县级以上人民政府及其有关部门可以建立由成年志愿者组成的应急救援队伍。单位应当建立由本单位职工组成的专职或者兼职应急救援队伍。

县级以上人民政府应当加强专业应急救援队伍与非专业应急救援队伍的合作，联合培训、联合演练，提高合成应急、协同应急的能力。

第二十七条　【政府和有关单位对专业应急救援人员的人身保障职责】国务院有关部门、县级以上地方各级人民政府及其有关部门、有关单位应当为专业应急救援人员购买人身意外伤害保险，配备必要的防护装备和器材，减少应急救援人员的人身风险。

第二十八条　【军队、武警和民兵组织开展应急救援专门训练】中国人民解放军、中国人民武装警察部队和民兵组织应当有计划地组织开展应急救援的专门训练。

第二十九条　【应急知识的宣传普及和应急演练】县级人民政府及其有关部门、乡级人民政府、街道办事处应当组织开展应急知识的宣传普及活动和必要的应急演练。

居民委员会、村民委员会、企业事业单位应当根据所在地人民政府的要求，结合各自的实际情况，开展有关突发事件应急知识的宣传普及活动和必要的应急演练。

新闻媒体应当无偿开展突发事件预防与应急、自救与互救知识的公益宣传。

第三十条　【学校开展应急知识教育】各级各类学校应当把应急知识教育纳入教学内容，对学生进行应急知识教育，培养学生的安全意识和自救与互救能力。

教育主管部门应当对学校开展应急知识教育进行指导和监督。

第三十一条　【突发事件应对工作的经费保障】国务院和县级以上地方各级人民政府应当采取财政措施，保障突发事件应对工作所需经费。

第三十二条　【应急物资储备】国家建立健全应急物资储备保障制度，完善重要应急物资的监管、生产、储备、调拨和紧急配送体系。

设区的市级以上人民政府和突发事件易发、多发地区的县级人民政府应当建立应急救援物资、生活必需品和应急处置装备的储备制度。

县级以上地方各级人民政府应当根据本地区的实际情况，与有关企业签订协议，保障应急救援物资、生活必需品和应急处置装备的生产、供给。

第三十三条　【应急通信保障】国家建立健全应急通信保障体系，完善公用通信网，建立有线与无线相结合、基础电信网络与机动通信系统相配套的应急通信系统，确保突发事件应对工作的通信畅通。

第三十四条　【公众支持和捐赠】国家鼓励公民、法人和其他组织为人民政府应对突发事件工作提供物资、资金、技术支持和捐赠。

第三十五条　【国家发展保险事业】国家发展保险事业，建立国家财政支持的巨灾风险保体系，并鼓励单位和公民参加保险。

第三十六条　【人才培养和技术开发】国家鼓励、扶持具备相应条件的教学科研机构培养应急管理专门人才，鼓励、扶持教学科研机构和有关企业研究开发用于突发事件预防、监测、预警、应急处置与救援的新技术、新设备和新工具。

第三章　监测与预警

第三十七条　【统一的突发事件信息系统】国务院建立全国统一的突发事件信息系统。

县级以上地方各级人民政府应当建立或者确定本地区统一的突发事件信息系统，汇集、储存、分析、传输有关突发事件的信息，并与上级人民政府及其有关部门、下级人民政府及其有关部门、专业机构和监测网点的突发事件信息系统实现互联互通，加强跨部门、跨地区的信息交流与情报合作。

第三十八条　【信息收集和报告途径】县级以上人民政府及其有关部门、专业机构应当通过多种途径收集突发事件信息。

县级人民政府应当在居民委员会、村民委员会和有关单位建立专职或者兼职信息报告员制度。

获悉突发事件信息的公民、法人或者其他组织，应当立即向所在地人民政府、有关主管部门或者指定的专业机构报告。

第三十九条　【突发事件信息报告与通报】地方各级人民政府应当按照国家有关规定向上级人民政府报送突发事件信息。县级以上人民政府有关主管部门应当向本级人民政府相关部门通报突发事件信息。专业机构、监测网点和信息报告员应当及时向所在地人民政府及其有关主管部门报告突发事件信息。

有关单位和人员报送、报告突发事件信息，应当做到及时、客观、真实，不得迟报、谎报、瞒报、漏报。

第四十条　【突发事件隐患和预警信息会商、评估与报告】县级以上地方各级人民政府应当及时汇总分析突发事件隐患和预警信息，必要时组织相关部门、专业技术人员、专家学者进行会商,对发生突发事件的可能性及其可能造成的影响进行评估;认为可能发生重大或者特别重大突发事件的,应当立即向上级人民政府报告,并向上级人民政府有关部门、当地驻军和可能受到危害的毗邻或者相关地区的人民政府通报。

第四十一条 **【突发事件监测制度】**国家建立健全突发事件监测制度。

县级以上人民政府及其有关部门应当根据自然灾害、事故灾难和公共卫生事件的种类和特点,建立健全基础信息数据库,完善监测网络,划分监测区域,确定监测点,明确监测项目,提供必要的设备、设施,配备专职或者兼职人员,对可能发生的突发事件进行监测。

第四十二条 **【突发事件预警制度】**国家建立健全突发事件预警制度。

可以预警的自然灾害、事故灾难和公共卫生事件的预警级别,按照突发事件发生的紧急程度、发展势态和可能造成的危害程度分为一级、二级、三级和四级,分别用红色、橙色、黄色和蓝色标示,一级为最高级别。

预警级别的划分标准由国务院或者国务院确定的部门制定。

第四十三条 **【发布预警】**可以预警的自然灾害、事故灾难或者公共卫生事件即将发生或者发生的可能性增大时,县级以上地方各级人民政府应当根据有关法律、行政法规和国务院规定的权限和程序,发布相应级别的警报,决定并宣布有关地区进入预警期,同时向上一级人民政府报告,必要时可以越级上报,并向当地驻军和可能受到危害的毗邻或者相关地区的人民政府通报。

第四十四条 **【三级、四级预警期内的应对措施】**发布三级、四级警报,宣布进入预警期后,县级以上地方各级人民政府应当根据即将发生的突发事件的特点和可能造成的危害,采取下列措施:

(一)启动应急预案;

(二)责令有关部门、专业机构、监测网点和负有特定职责的人员及时收集、报告有关信息,向社会公布反映突发事件信息的渠道,加强对突发事件发生、发展情况的监测、预报和预警工作;

(三)组织有关部门和机构、专业技术人员、有关专家学者,随时对突发事件信息进行分析评估,预测发生突发事件可能性的大小、影响范围和强度以及可能发生的突发事件的级别;

(四)定时向社会发布与公众有关的突发事件预测信息和分析评估结果,并对相关信息的报道工作进行管理;

(五)及时按照有关规定向社会发布可能受到突发事件危害的警告,宣传避免、减轻危害的常识,公布咨询电话。

第四十五条 **【一级、二级预警期内的应对措施】**发布一级、二级警报,宣布进入预警期后,县级以上地方各级人民政府除采取本法第四十四条规定的措施外,还应当针对即将发生的突发事件的特点和可能造成的危害,采取下列一项或者多项措施:

(一)责令应急救援队伍、负有特定职责的人员进入待命状态,并动员后备人员做好参加应急救援和处置工作的准备;

(二)调集应急救援所需物资、设备、工具,准备应急设施和避难场所,并确保其处于良好状态、随时可以投入正常使用;

(三)加强对重点单位、重要部位和重要基础设施的安全保卫,维护社会治安秩序;

(四)采取必要措施,确保交通、通信、供水、排水、供电、供气、供热等公共设施的安全和正常运行;

(五)及时向社会发布有关采取特定措施避免或者减轻危害的建议、劝告;

(六)转移、疏散或者撤离易受突发事件危害的人员并予以妥善安置,转移重要财产;

(七)关闭或者限制使用易受突发事件危害的场所,控制或者限制容易导致危害扩大的公共场所的活动;

(八)法律、法规、规章规定的其他必要的防范性、保护性措施。

第四十六条 **【社会安全事件上报制度】**对即将发生或者已经发生的社会安全事件,县级以上地方各级人民政府及其有关主管部门应当按照规定向上一级人民政府及其有关主管部门报告,必要时可以越级上报。

第四十七条 **【预警级别调整和预警解除】**发布突发事件警报的人民政府应当根据事态的发展,按照有关规定适时调整预警级别并重新发布。

有事实证明不可能发生突发事件或者危险已经解除的,发布警报的人民政府应当立即宣布解除警报,终止预警期,并解除已经采取的有关措施。

第四章 应急处置与救援

第四十八条 **【采取应急处置措施的要求】**突发事件发生后,履行统一领导职责或者组织处置突发事件的人民政府应当针对其性质、特点和危害程度,立即组织有关部门,调动应急救援队伍和社会力量,依照本章的规定和有关法律、法规、规章的规定采取应急处置措施。

第四十九条　【自然灾害、事故灾难或者公共卫生事件的应急处置措施】自然灾害、事故灾难或者公共卫生事件发生后，履行统一领导职责的人民政府可以采取下列一项或者多项应急处置措施：

（一）组织营救和救治受害人员，疏散、撤离并妥善安置受到威胁的人员以及采取其他救助措施；

（二）迅速控制危险源，标明危险区域，封锁危险场所，划定警戒区，实行交通管制以及其他控制措施；

（三）立即抢修被损坏的交通、通信、供水、排水、供电、供气、供热等公共设施，向受到危害的人员提供避难场所和生活必需品，实施医疗救护和卫生防疫以及其他保障措施；

（四）禁止或者限制使用有关设备、设施，关闭或者限制使用有关场所，中止人员密集的活动或者可能导致危害扩大的生产经营活动以及采取其他保护措施；

（五）启用本级人民政府设置的财政预备费和储备的应急救援物资，必要时调用其他急需物资、设备、设施、工具；

（六）组织公民参加应急救援和处置工作，要求具有特定专长的人员提供服务；

（七）保障食品、饮用水、燃料等基本生活必需品的供应；

（八）依法从严惩处囤积居奇、哄抬物价、制假售假等扰乱市场秩序的行为，稳定市场价格，维护市场秩序；

（九）依法从严惩处哄抢财物、干扰破坏应急处置工作等扰乱社会秩序的行为，维护社会治安；

（十）采取防止发生次生、衍生事件的必要措施。

第五十条　【社会安全事件的应急处置措施】社会安全事件发生后，组织处置工作的人民政府应当立即组织有关部门并由公安机关针对事件的性质和特点，依照有关法律、行政法规和国家其他有关规定，采取下列一项或者多项应急处置措施：

（一）强制隔离使用器械相互对抗或者以暴力行为参与冲突的当事人，妥善解决现场纠纷和争端，控制事态发展；

（二）对特定区域内的建筑物、交通工具、设备、设施以及燃料、燃气、电力、水的供应进行控制；

（三）封锁有关场所、道路，查验现场人员的身份证件，限制有关公共场所内的活动；

（四）加强对易受冲击的核心机关和单位的警卫，在国家机关、军事机关、国家通讯社、广播电台、电视台、外国驻华使领馆等单位附近设置临时警戒线；

（五）法律、行政法规和国务院规定的其他必要措施。

严重危害社会治安秩序的事件发生时，公安机关应当立即依法出动警力，根据现场情况依法采取相应的强制性措施，尽快使社会秩序恢复正常。

第五十一条　【发生严重影响国民经济正常运行的突发事件的应急处置措施】发生突发事件，严重影响国民经济正常运行时，国务院或者国务院授权的有关主管部门可以采取保障、控制等必要的应急措施，保障人民群众的基本生活需要，最大限度地减轻突发事件的影响。

第五十二条　【应急处置中的征用、征集和组织生产、运输】履行统一领导职责或者组织处置突发事件的人民政府，必要时可以向单位和个人征用应急救援所需设备、设施、场地、交通工具和其他物资，请求其他地方人民政府提供人力、物力、财力或者技术支援，要求生产、供应生活必需品和应急救援物资的企业组织生产、保证供给，要求提供医疗、交通等公共服务的组织提供相应的服务。

履行统一领导职责或者组织处置突发事件的人民政府，应当组织协调运输经营单位，优先运送处置突发事件所需物资、设备、工具、应急救援人员和受到突发事件危害的人员。

第五十三条　【发布突发事件事态发展和应急处置工作的信息】履行统一领导职责或者组织处置突发事件的人民政府，应当按照有关规定统一、准确、及时发布有关突发事件事态发展和应急处置工作的信息。

第五十四条　【禁止编造、传播虚假信息】任何单位和个人不得编造、传播有关突发事件事态发展或者应急处置工作的虚假信息。

第五十五条　【居委会、村委会和其他组织在突发事件应急处置中的义务】突发事件发生地的居民委员会、村民委员会和其他组织应当按照当地人民政府的决定、命令，进行宣传动员，组织群众开展自救和互救，协助维护社会秩序。

第五十六条　【有关单位在突发事件应急处置中的义务】受到自然灾害危害或者发生事故灾难、公共卫生事件的单位，应当立即组织本单位应急救援队伍和工作人员营救受害人员，疏散、撤离、安置受到威胁的人员，控制危险源，标明危险区域，封锁危险场所，并采取其他防止危害扩大的必要措施，同时向所在地县级人民政府报告；对因本单位的问题引发的或者主体是本单位人员的社会安全事件，有关单位应当按照规定上报情况，并迅速派出负责人赶赴现场开展劝解、疏导工作。

突发事件发生地的其他单位应当服从人民政府发布的决定、命令，配合人民政府采取的应急处置措施，做好本单位的应急救援工作，并积极组织人员参加所在地的应急救援和处置工作。

第五十七条　【公民在突发事件应急处置中的义务】突发事件发生地的公民应当服从人民政府、居民委员会、村民委员会或者所属单位的指挥和安排，配合人民政府采取的应急处置措施，积极参加应急救援工作，协助维护社会秩序。

第五章　事后恢复与重建

第五十八条　【应急处置措施的停止】突发事件的威胁和危害得到控制或者消除后，履行统一领导职责或者组织处置突发事件的人民政府应当停止执行依照本法规定采取的应急处置措施，同时采取或者继续实施必要措施，防止发生自然灾害、事故灾难、公共卫生事件的次生、衍生事件或者重新引发社会安全事件。

第五十九条　【恢复与重建中政府的职责】突发事件应急处置工作结束后，履行统一领导职责的人民政府应当立即组织对突发事件造成的损失进行评估，组织受影响地区尽快恢复生产、生活、工作和社会秩序，制定恢复重建计划，并向上一级人民政府报告。

受突发事件影响地区的人民政府应当及时组织和协调公安、交通、铁路、民航、邮电、建设等有关部门恢复社会治安秩序，尽快修复被损坏的交通、通信、供水、排水、供电、供气、供热等公共设施。

第六十条　【恢复与重建中上一级政府的职责】受突发事件影响地区的人民政府开展恢复重建工作需要上一级人民政府支持的，可以向上一级人民政府提出请求。上一级人民政府应当根据受影响地区遭受的损失和实际情况，提供资金、物资支持和技术指导，组织其他地区提供资金、物资和人力支援。

第六十一条　【恢复与重建中的善后工作】国务院根据受突发事件影响地区遭受损失的情况，制定扶持该地区有关行业发展的优惠政策。

受突发事件影响地区的人民政府应当根据本地区遭受损失的情况，制定救助、补偿、抚慰、抚恤、安置等善后工作计划并组织实施，妥善解决因处置突发事件引发的矛盾和纠纷。

公民参加应急救援工作或者协助维护社会秩序期间，其在本单位的工资待遇和福利不变；表现突出、成绩显著的，由县级以上人民政府给予表彰或者奖励。

县级以上人民政府对在应急救援工作中伤亡的人员依法给予抚恤。

第六十二条　【事后查明原因总结经验】履行统一领导职责的人民政府应当及时查明突发事件的发生经过和原因，总结突发事件应急处置工作的经验教训，制定改进措施，并向上一级人民政府提出报告。

第六章　法律责任

第六十三条　【政府和政府有关部门的行政责任】地方各级人民政府和县级以上各级人民政府有关部门违反本法规定，不履行法定职责的，由其上级行政机关或者监察机关责令改正；有下列情形之一的，根据情节对直接负责的主管人员和其他直接责任人员依法给予处分：

（一）未按规定采取预防措施，导致发生突发事件，或者未采取必要的防范措施，导致发生次生、衍生事件的；

（二）迟报、谎报、瞒报、漏报有关突发事件的信息，或者通报、报送、公布虚假信息，造成后果的；

（三）未按规定及时发布突发事件警报、采取预警期的措施，导致损害发生的；

（四）未按规定及时采取措施处置突发事件或者处置不当，造成后果的；

（五）不服从上级人民政府对突发事件应急处置工作的统一领导、指挥和协调的；

（六）未及时组织开展生产自救、恢复重建等善后工作的；

（七）截留、挪用、私分或者变相私分应急救援资金、物资的；

（八）不及时归还征用的单位和个人的财产，或者对被征用财产的单位和个人不按规定给予补偿的。

第六十四条　【有关单位的法律责任】有关单位有下列情形之一的，由所在地履行统一领导职责的人民政府责令停产停业，暂扣或者吊销许可证或者营业执照，并处五万元以上二十万元以下的罚款；构成违反治安管理行为的，由公安机关依法给予处罚：

（一）未按规定采取预防措施，导致发生严重突发事件的；

（二）未及时消除已发现的可能引发突发事件的隐患，导致发生严重突发事件的；

（三）未做好应急设备、设施日常维护、检测工作，导致发生严重突发事件或者突发事件危害扩大的；

（四）突发事件发生后，不及时组织开展应急救援工作,造成严重后果的。

前款规定的行为,其他法律、行政法规规定由人民政府有关部门依法决定处罚的,从其规定。

第六十五条　【编造、传播虚假信息的法律责任】违反本法规定,编造并传播有关突发事件事态发展或者应急处置工作的虚假信息,或者明知是有关突发事件事态发展或者应急处置工作的虚假信息而进行传播的,责令改正,给予警告;造成严重后果的,依法暂停其业务活动或者吊销其执业许可证;负有直接责任的人员是国家工作人员的,还应当对其依法给予处分;构成违反治安管理行为的,由公安机关依法给予处罚。

第六十六条　【违反本法规定的治安管理处罚】单位或者个人违反本法规定,不服从所在地人民政府及其有关部门发布的决定、命令或者不配合其依法采取的措施,构成违反治安管理行为的,由公安机关依法给予处罚。

第六十七条　【违反本法规定的民事责任】单位或者个人违反本法规定,导致突发事件发生或者危害扩大,给他人人身、财产造成损害的,应当依法承担民事责任。

第六十八条　【违反本法规定的刑事责任】违反本法规定,构成犯罪的,依法追究刑事责任。

第七章　附　　则

第六十九条　【因发生突发事件进入紧急状态的条件、程序和紧急状态期间的非常措施】发生特别重大突发事件,对人民生命财产安全、国家安全、公共安全、环境安全或者社会秩序构成重大威胁,采取本法和其他有关法律、法规、规章规定的应急处置措施不能消除或者有效控制、减轻其严重社会危害,需要进入紧急状态的,由全国人民代表大会常务委员会或者国务院依照宪法和其他有关法律规定的权限和程序决定。

紧急状态期间采取的非常措施,依照有关法律规定执行或者由全国人民代表大会常务委员会另行规定。

第七十条　【本法的施行时间】本法自2007年11月1日起施行。

应急管理行政执法人员依法履职管理规定

1. 2022年10月13日应急管理部令第9号公布
2. 自2022年12月1日起施行

第一条　为了全面贯彻落实行政执法责任制和问责制,监督和保障应急管理行政执法人员依法履职尽责,激励新时代新担当新作为,根据《中华人民共和国公务员法》《中华人民共和国安全生产法》等法律法规和有关文件规定,制定本规定。

第二条　各级应急管理部门监督和保障应急管理行政执法人员依法履职尽责,适用本规定。法律、行政法规或者国务院另有规定的,从其规定。

本规定所称应急管理行政执法人员,是指应急管理部门履行行政检查、行政强制、行政处罚、行政许可等行政执法职责的人员。

应急管理系统矿山安全监察机构、地震工作机构、消防救援机构监督和保障有关行政执法人员依法履职尽责,按照本规定的相关规定执行。根据依法授权或者委托履行应急管理行政执法职责的乡镇政府、街道办事处以及开发区等组织,监督和保障有关行政执法人员依法履职尽责的,可以参照本规定执行。

第三条　监督和保障应急管理行政执法人员依法履职尽责,应当坚持中国共产党的领导,遵循职权法定、权责一致、过罚相当、约束与激励并重、惩戒与教育相结合的原则,做到尽职免责、失职问责。

第四条　应急管理部门应当按照本级人民政府的安排,梳理本部门行政执法依据,编制权责清单,将本部门依法承担的行政执法职责分解落实到所属执法机构和执法岗位。分解落实所属执法机构、执法岗位的执法职责,不得擅自增加或者减少本部门的行政执法权限。

应急管理部门应当制定安全生产年度监督检查计划,按照计划组织开展监督检查。同时,应急管理部门应当按照部署组织开展有关专项治理,依法组织查处违法行为和举报的事故隐患。应急管理部门应当统筹开展前述执法活动,确保对辖区内安全监管重点企业按照明确的时间周期固定开展"全覆盖"执法检查。

应急管理部门应当对照权责清单,对行政许可和其他直接影响行政相对人权利义务的重要权责事项,制定办事指南和运行流程图,并以适当形式向社会公众公开。

第五条　应急管理行政执法人员根据本部门的安排或者当事人的申请,在法定权限范围内依照法定程序履行行政检查、行政强制、行政处罚、行政许可等行政执法职责,做到严格规范公正文明执法,不得玩忽职守、超越职权、滥用职权、徇私舞弊。

第六条　应急管理行政执法人员因故意或者重大过失,未履行、不当履行或者违法履行有关行政执法职责,造成危害后果或者不良影响的,应当依法承担行政执法责任。

第七条　应急管理行政执法人员在履职过程中,有下列情形之一的,应当依法追究有关行政执法人员的行政执法责任:

(一)对符合行政处罚立案标准的案件不立案或者不及时立案的;

(二)对符合法定条件的行政许可申请不予受理的,或者未依照法定条件作出准予或者不予行政许可决定的;

(三)对监督检查中已经发现的违法行为和事故隐患,未依法予以处罚或者未依法采取处理措施的;

(四)涂改、隐匿、伪造、偷换、故意损毁有关记录或者证据,妨碍作证,或者指使、支持、授意他人做伪证,或者以欺骗、利诱等方式调取证据的;

(五)违法扩大查封、扣押范围,在查封、扣押法定期间不作出处理决定或者未依法及时解除查封、扣押,对查封、扣押场所、设施或者财物未尽到妥善保管义务,或者违法使用、损毁查封、扣押场所、设施或者财物的;

(六)违法实行检查措施或者强制措施,给公民人身或者财产造成损害、给法人或者其他组织造成损失的;

(七)选择性执法或者滥用自由裁量权,行政执法行为明显不当或者行政执法结果明显不公正的;

(八)擅自改变行政处罚种类、幅度,或者擅自改变行政强制对象、条件、方式的;

(九)行政执法过程中违反行政执法公示、执法全过程记录、重大执法决定法制审核制度的;

(十)违法增设行政相对人义务,或者粗暴、野蛮执法或者故意刁难行政相对人的;

(十一)截留、私分、变相私分罚款、没收的违法所得或者财物、查封或者扣押的财物以及拍卖和依法处理所得款项的;

(十二)对应当依法移送司法机关追究刑事责任的案件不移送,以行政处罚代替刑事处罚的;

(十三)无正当理由超期作出行政执法决定,不履行或者无正当理由拖延履行行政复议决定、人民法院生效裁判的;

(十四)接到事故报告信息不及时处置,或者弄虚作假、隐瞒真相、通风报信,干扰、阻碍事故调查处理的;

(十五)对属于本部门职权范围的投诉举报不依法处理的;

(十六)无法定依据、超越法定职权、违反法定程序行使行政执法职权的;

(十七)泄露国家秘密、工作秘密,或者泄露因履行职责掌握的商业秘密、个人隐私的;

(十八)法律、法规、规章规定的其他应当追究行政执法责任的情形。

第八条　应急管理行政执法人员在履职过程中,有下列情形之一的,应当从重追究其行政执法责任:

(一)干扰、妨碍、抗拒对其追究行政执法责任的;

(二)打击报复申诉人、控告人、检举人或者行政执法责任追究案件承办人员的;

(三)一年内出现2次以上应当追究行政执法责任情形的;

(四)违法或者不当执法行为造成重大经济损失或者严重社会影响的;

(五)法律、法规、规章规定的其他应当从重追究行政执法责任的情形。

第九条　应急管理行政执法人员在履职过程中,有下列情形之一的,可以从轻、减轻追究其行政执法责任:

(一)能够主动、及时报告过错行为并采取补救措施,有效避免损失、阻止危害后果发生或者挽回、消除不良影响的;

(二)在调查核实过程中,能够配合调查核实工作,如实说明本人行政执法过错情况的;

(三)检举同案人或者其他人应当追究行政执法责任的问题,或者有其他立功表现,经查证属实的;

(四)主动上交或者退赔违法所得的;

(五)法律、法规、规章规定的其他可以从轻、减轻追究行政执法责任的情形。

第十条　有下列情形之一的,不予追究有关行政执法人员的行政执法责任:

(一)因行政执法依据不明确或者对有关事实和依据的理解认识不一致,致使行政执法行为出现偏差的,但故意违法的除外;

(二)因行政相对人隐瞒有关情况或者提供虚假材料导致作出错误行政执法决定,且已按照规定认真履行审查职责的;

(三)依据检验、检测、鉴定、评价报告或者专家评审意见等作出行政执法决定,且已按照规定认真履行审查职责的;

(四)行政相对人未依法申请行政许可或者登记备案,在其违法行为造成不良影响前,应急管理部门未接到投诉举报或者由于客观原因未能发现的,但未按照规定履行监督检查职责的除外;

（五）按照批准、备案的安全生产年度监督检查计划以及有关专项执法工作方案等检查计划已经认真履行监督检查职责，或者虽尚未进行监督检查，但未超过法定或者规定时限，行政相对人违法的；

（六）因出现新的证据致使原认定事实、案件性质发生变化，或者因标准缺失、科学技术、监管手段等客观条件的限制未能发现存在问题、无法定性的，但行政执法人员故意隐瞒或者因重大过失遗漏证据的除外；

（七）对发现的违法行为或者事故隐患已经依法立案查处、责令改正、采取行政强制措施等必要的处置措施，或者已依法作出行政处罚决定，行政相对人拒不改正、违法启用查封扣押的设备设施或者仍违法生产经营的；

（八）对拒不执行行政处罚决定的行政相对人，已经依法申请人民法院强制执行的；

（九）因不可抗力或者其他难以克服的因素，导致未能依法履行职责的；

（十）不当执法行为情节显著轻微并及时纠正，未造成危害后果或者不良影响的；

（十一）法律、法规、规章规定的其他不予追究行政执法责任的情形。

第十一条　在推进应急管理行政执法改革创新中因缺乏经验、先行先试出现的失误，尚无明确限制的探索性试验中的失误，为推动发展的无意过失，免予或者不予追究行政执法责任。但是，应当及时依法予以纠正。

第十二条　应急管理部门对发现的行政执法过错行为线索，依照《行政机关公务员处分条例》等规定的程序予以调查和处理。

第十三条　追究应急管理行政执法人员行政执法责任，应当充分听取当事执法人员的意见，全面收集相关证据材料，以法律、法规、规章等规定为依据，综合考虑行政执法过错行为的性质、情节、危害程度以及执法人员的主观过错等因素，做到事实清楚、证据确凿、定性准确、处理恰当、程序合法、手续完备。

行政执法过错行为情节轻微、危害较小，且具有法定从轻或者减轻情形的，根据不同情况，可以予以谈话提醒、批评教育、责令检查、诫勉、取消当年评优评先资格、调离执法岗位等处理，免予或者不予处分。

第十四条　应急管理部门发现有关行政执法人员涉嫌违反党纪或者涉嫌职务违法、职务犯罪的，应当依照有关规定及时移送纪检监察机关处理。

纪检监察机关和其他有权单位介入调查的，应急管理部门可以按照要求对有关行政执法人员是否依法履职、是否存在行政执法过错行为等问题，组织相关专业人员进行论证并出具书面论证意见，作为有权机关、单位认定责任的参考。

对同一行政执法过错行为，纪检监察机关已经给予党纪、政务处分的，应急管理部门不再重复处理。

第十五条　应急管理行政执法人员依法履行职责受法律保护。有权拒绝任何单位和个人违反法定职责、法定程序或者有碍执法公正的要求。

对地方各级党委、政府以及有关部门、单位领导干部及相关人员非法干预应急管理行政执法活动的，应急管理行政执法人员应当全面、如实记录，其所在应急管理部门应当及时向有关机关通报反映情况。

第十六条　应急管理行政执法人员因依法履行职责遭受不实举报、诬告陷害以及侮辱诽谤，致使名誉受到损害的，其所在的应急管理部门应当以适当方式及时澄清事实，消除不良影响，维护应急管理行政执法人员声誉，并依法追究相关单位或者个人的责任。

应急管理行政执法人员因依法履行职责，本人或者其近亲属遭受恐吓威胁、滋事骚扰、攻击辱骂或者人身、财产受到侵害的，其所在的应急管理部门应当及时告知当地公安机关并协助依法处置。

第十七条　各级应急管理部门应当为应急管理行政执法人员依法履行职责提供必要的办公用房、执法装备、后勤保障等条件，并采取措施保障其人身健康和生命安全。

第十八条　各级应急管理部门应当加强对应急管理行政执法人员的专业培训，建立标准化制度化培训机制，提升应急管理行政执法人员依法履职能力。

应急管理部门应当适应综合行政执法体制改革需要，组织开展应急管理领域综合行政执法人才能力提升行动，培养应急管理行政执法骨干人才。

第十九条　应急管理部门应当建立健全评议考核制度，遵循公开、公平、公正原则，将应急管理行政执法人员依法履职尽责情况纳入行政执法评议考核范围，有关考核标准、过程和结果以适当方式在一定范围内公开。强化考核结果分析运用，并将其作为干部选拔任用、评优评先的重要依据。

第二十条　对坚持原则、敢抓敢管、勇于探索、担当作为，在防范化解重大安全风险、应急抢险救援等方面或者在行政执法改革创新中作出突出贡献的应急管理行政执法人员，应当按照规定给予表彰奖励。

第二十一条　本规定自2022年12月1日起施行。原国家安全生产监督管理总局2009年7月25日公布、

2013年8月29日第一次修正、2015年4月2日第二次修正的《安全生产监管监察职责和行政执法责任追究的规定》同时废止。

突发事件应急预案管理办法

1. 2013年10月25日国务院办公厅印发
2. 国办发〔2013〕101号

第一章　总　　则

第一条　为规范突发事件应急预案(以下简称应急预案)管理,增强应急预案的针对性、实用性和可操作性,依据《中华人民共和国突发事件应对法》等法律、行政法规,制订本办法。

第二条　本办法所称应急预案,是指各级人民政府及其部门、基层组织、企事业单位、社会团体等为依法、迅速、科学、有序应对突发事件,最大程度减少突发事件及其造成的损害而预先制定的工作方案。

第三条　应急预案的规划、编制、审批、发布、备案、演练、修订、培训、宣传教育等工作,适用本办法。

第四条　应急预案管理遵循统一规划、分类指导、分级负责、动态管理的原则。

第五条　应急预案编制要依据有关法律、行政法规和制度,紧密结合实际,合理确定内容,切实提高针对性、实用性和可操作性。

第二章　分类和内容

第六条　应急预案按照制定主体划分,分为政府及其部门应急预案、单位和基层组织应急预案两大类。

第七条　政府及其部门应急预案由各级人民政府及其部门制定,包括总体应急预案、专项应急预案、部门应急预案等。

总体应急预案是应急预案体系的总纲,是政府组织应对突发事件的总体制度安排,由县级以上各级人民政府制定。

专项应急预案是政府为应对某一类型或某几种类型突发事件,或者针对重要目标物保护、重大活动保障、应急资源保障等重要专项工作而预先制定的涉及多个部门职责的工作方案,由有关部门牵头制订,报本级人民政府批准后印发实施。

部门应急预案是政府有关部门根据总体应急预案、专项应急预案和部门职责,为应对本部门(行业、领域)突发事件,或者针对重要目标物保护、重大活动保障、应急资源保障等涉及部门工作而预先制定的工作方案,由各级政府有关部门制定。

鼓励相邻、相近的地方人民政府及其有关部门联合制定应对区域性、流域性突发事件的联合应急预案。

第八条　总体应急预案主要规定突发事件应对的基本原则、组织体系、运行机制,以及应急保障的总体安排等,明确相关各方的职责和任务。

针对突发事件应对的专项和部门应急预案,不同层级的预案内容各有所侧重。国家层面专项和部门应急预案侧重明确突发事件的应对原则、组织指挥机制、预警分级和事件分级标准、信息报告要求、分级响应及响应行动、应急保障措施等,重点规范国家层面应对行动,同时体现政策性和指导性;省级专项和部门应急预案侧重明确突发事件的组织指挥机制、信息报告要求、分级响应及响应行动、队伍物资保障及调动程序、市县级政府职责等,重点规范省级层面应对行动,同时体现指导性;市县级专项和部门应急预案侧重明确突发事件的组织指挥机制、风险评估、监测预警、信息报告、应急处置措施、队伍物资保障及调动程序等内容,重点规范市(地)级和县级层面应对行动,体现应急处置的主体职能;乡镇街道专项和部门应急预案侧重明确突发事件的预警信息传播、组织先期处置和自救互救、信息收集报告、人员临时安置等内容,重点规范乡镇层面应对行动,体现先期处置特点。

针对重要基础设施、生命线工程等重要目标物保护的专项和部门应急预案,侧重明确风险隐患及防范措施、监测预警、信息报告、应急处置和紧急恢复等内容。

针对重大活动保障制定的专项和部门应急预案,侧重明确活动安全风险隐患及防范措施、监测预警、信息报告、应急处置、人员疏散撤离组织和路线等内容。

针对为突发事件应对工作提供队伍、物资、装备、资金等资源保障的专项和部门应急预案,侧重明确组织指挥机制、资源布局、不同种类和级别突发事件发生后的资源调用程序等内容。

联合应急预案侧重明确相邻、相近地方人民政府及其部门间信息通报、处置措施衔接、应急资源共享等应急联动机制。

第九条　单位和基层组织应急预案由机关、企业、事业单位、社会团体和居委会、村委会等法人和基层组织制定,侧重明确应急响应责任人、风险隐患监测、信息报告、预警响应、应急处置、人员疏散撤离组织和路线、可调用或可请求援助的应急资源情况及如何实施等,体现自救互救、信息报告和先期处置特点。

大型企业集团可根据相关标准规范和实际工作需要，参照国际惯例，建立本集团应急预案体系。

第十条　政府及其部门、有关单位和基层组织可根据应急预案，并针对突发事件现场处置工作灵活制定现场工作方案，侧重明确现场组织指挥机制、应急队伍分工、不同情况下的应对措施、应急装备保障和自我保障等内容。

第十一条　政府及其部门、有关单位和基层组织可结合本地区、本部门和本单位具体情况，编制应急预案操作手册，内容一般包括风险隐患分析、处置工作程序、响应措施、应急队伍和装备物资情况，以及相关单位联络人员和电话等。

第十二条　对预案应急响应是否分级、如何分级、如何界定分级响应措施等，由预案制定单位根据本地区、本部门和本单位的实际情况确定。

第三章　预案编制

第十三条　各级人民政府应当针对本行政区域多发易发突发事件、主要风险等，制定本级政府及其部门应急预案编制规划，并根据实际情况变化适时修订完善。

单位和基层组织可根据应对突发事件需要，制定本单位、本基层组织应急预案编制计划。

第十四条　应急预案编制部门和单位应组成预案编制工作小组，吸收预案涉及主要部门和单位业务相关人员、有关专家及有现场处置经验的人员参加。编制工作小组组长由应急预案编制部门或单位有关负责人担任。

第十五条　编制应急预案应当在开展风险评估和应急资源调查的基础上进行。

（一）风险评估。针对突发事件特点，识别事件的危害因素，分析事件可能产生的直接后果以及次生、衍生后果，评估各种后果的危害程度，提出控制风险、治理隐患的措施。

（二）应急资源调查。全面调查本地区、本单位第一时间可调用的应急队伍、装备、物资、场所等应急资源状况和合作区域内可请求援助的应急资源状况，必要时对本地居民应急资源情况进行调查，为制定应急响应措施提供依据。

第十六条　政府及其部门应急预案编制过程中应当广泛听取有关部门、单位和专家的意见，与相关的预案作好衔接。涉及其他单位职责的，应当书面征求相关单位意见。必要时，向社会公开征求意见。

单位和基层组织应急预案编制过程中，应根据法律、行政法规要求或实际需要，征求相关公民、法人或其他组织的意见。

第四章　审批、备案和公布

第十七条　预案编制工作小组或牵头单位应当将预案送审稿及各有关单位复函和意见采纳情况说明、编制工作说明等有关材料报送应急预案审批单位。因保密等原因需要发布应急预案简本的，应当将应急预案简本一起报送审批。

第十八条　应急预案审核内容主要包括预案是否符合有关法律、行政法规，是否与有关应急预案进行了衔接，各方面意见是否一致，主体内容是否完备，责任分工是否合理明确，应急响应级别设计是否合理，应对措施是否具体简明、管用可行等。必要时，应急预案审批单位可组织有关专家对应急预案进行评审。

第十九条　国家总体应急预案报国务院审批，以国务院名义印发；专项应急预案报国务院审批，以国务院办公厅名义印发；部门应急预案由部门有关会议审议决定，以部门名义印发，必要时，可以由国务院办公厅转发。

地方各级人民政府总体应急预案应当经本级人民政府常务会议审议，以本级人民政府名义印发；专项应急预案应当经本级人民政府审批，必要时经本级人民政府常务会议或专题会议审议，以本级人民政府办公厅（室）名义印发；部门应急预案应当经部门有关会议审议，以部门名义印发，必要时，可以由本级人民政府办公厅（室）转发。

单位和基层组织应急预案须经本单位或基层组织主要负责人或分管负责人签发，审批方式根据实际情况确定。

第二十条　应急预案审批单位应当在应急预案印发后的20个工作日内依照下列规定向有关单位备案：

（一）地方人民政府总体应急预案报送上一级人民政府备案。

（二）地方人民政府专项应急预案抄送上一级人民政府有关主管部门备案。

（三）部门应急预案报送本级人民政府备案。

（四）涉及需要与所在地政府联合应急处置的中央单位应急预案，应当向所在地县级人民政府备案。

法律、行政法规另有规定的从其规定。

第二十一条　自然灾害、事故灾难、公共卫生类政府及其部门应急预案，应向社会公布。对确需保密的应急预案，按有关规定执行。

第五章　应急演练

第二十二条　应急预案编制单位应当建立应急演练制度，根据实际情况采取实战演练、桌面推演等方式，组织开展人员广泛参与、处置联动性强、形式多样、节约高效的应急演练。

专项应急预案、部门应急预案至少每3年进行一次应急演练。

地震、台风、洪涝、滑坡、山洪泥石流等自然灾害易发区域所在地政府,重要基础设施和城市供水、供电、供气、供热等生命线工程经营管理单位,矿山、建筑施工单位和易燃易爆物品、危险化学品、放射性物品等危险物品生产、经营、储运、使用单位,公共交通工具、公共场所和医院、学校等人员密集场所的经营单位或者管理单位等,应当有针对性地经常组织开展应急演练。

第二十三条　应急演练组织单位应当组织演练评估。评估的主要内容包括:演练的执行情况,预案的合理性与可操作性,指挥协调和应急联动情况,应急人员的处置情况,演练所用设备装备的适用性,对完善预案、应急准备、应急机制、应急措施等方面的意见和建议等。

鼓励委托第三方进行演练评估。

第六章　评估和修订

第二十四条　应急预案编制单位应当建立定期评估制度,分析评价预案内容的针对性、实用性和可操作性,实现应急预案的动态优化和科学规范管理。

第二十五条　有下列情形之一的,应当及时修订应急预案:

(一)有关法律、行政法规、规章、标准、上位预案中的有关规定发生变化的;

(二)应急指挥机构及其职责发生重大调整的;

(三)面临的风险发生重大变化的;

(四)重要应急资源发生重大变化的;

(五)预案中的其他重要信息发生变化的;

(六)在突发事件实际应对和应急演练中发现问题需要作出重大调整的;

(七)应急预案制定单位认为应当修订的其他情况。

第二十六条　应急预案修订涉及组织指挥体系与职责、应急处置程序、主要处置措施、突发事件分级标准等重要内容的,修订工作应参照本办法规定的预案编制、审批、备案、公布程序组织进行。仅涉及其他内容的,修订程序可根据情况适当简化。

第二十七条　各级政府及其部门、企事业单位、社会团体、公民等,可以向有关预案编制单位提出修订建议。

第七章　培训和宣传教育

第二十八条　应急预案编制单位应当通过编发培训材料、举办培训班、开展工作研讨等方式,对与应急预案实施密切相关的管理人员和专业救援人员等组织开展应急预案培训。

各级政府及其有关部门应将应急预案培训作为应急管理培训的重要内容,纳入领导干部培训、公务员培训、应急管理干部日常培训内容。

第二十九条　对需要公众广泛参与的非涉密的应急预案,编制单位应当充分利用互联网、广播、电视、报刊等多种媒体广泛宣传,制作通俗易懂、好记管用的宣传普及材料,向公众免费发放。

第八章　组织保障

第三十条　各级政府及其有关部门应对本行政区域、本行业(领域)应急预案管理工作加强指导和监督。国务院有关部门可根据需要编写应急预案编制指南,指导本行业(领域)应急预案编制工作。

第三十一条　各级政府及其有关部门、各有关单位要指定专门机构和人员负责相关具体工作,将应急预案规划、编制、审批、发布、演练、修订、培训、宣传教育等工作所需经费纳入预算统筹安排。

第九章　附　　则

第三十二条　国务院有关部门、地方各级人民政府及其有关部门、大型企业集团等可根据实际情况,制定相关实施办法。

第三十三条　本办法由国务院办公厅负责解释。

第三十四条　本办法自印发之日起施行。

国家突发公共事件总体应急预案

2006年1月8日国务院发布施行

1　总　　则

1.1　编制目的

提高政府保障公共安全和处置突发公共事件的能力,最大程度地预防和减少突发公共事件及其造成的损害,保障公众的生命财产安全,维护国家安全和社会稳定,促进经济社会全面、协调、可持续发展。

1.2　编制依据

依据宪法及有关法律、行政法规,制定本预案。

1.3　分类分级

本预案所称突发公共事件是指突然发生,造成或者可能造成重大人员伤亡、财产损失、生态环境破坏和严重社会危害,危及公共安全的紧急事件。

根据突发公共事件的发生过程、性质和机理，突发公共事件主要分为以下四类：

(1)自然灾害。主要包括水旱灾害，气象灾害，地震灾害，地质灾害，海洋灾害，生物灾害和森林草原火灾等。

(2)事故灾难。主要包括工矿商贸等企业的各类安全事故，交通运输事故，公共设施和设备事故，环境污染和生态破坏事件等。

(3)公共卫生事件。主要包括传染病疫情，群体性不明原因疾病，食品安全和职业危害，动物疫情，以及其他严重影响公众健康和生命安全的事件。

(4)社会安全事件。主要包括恐怖袭击事件，经济安全事件和涉外突发事件等。

各类突发公共事件按照其性质、严重程度、可控性和影响范围等因素，一般分为四级：Ⅰ级(特别重大)、Ⅱ级(重大)、Ⅲ级(较大)和Ⅳ级(一般)。

1.4 适用范围

本预案适用于涉及跨省级行政区划的，或超出事发地省级人民政府处置能力的特别重大突发公共事件应对工作。

本预案指导全国的突发公共事件应对工作。

1.5 工作原则

(1)以人为本，减少危害。切实履行政府的社会管理和公共服务职能，把保障公众健康和生命财产安全作为首要任务，最大程度地减少突发公共事件及其造成的人员伤亡和危害。

(2)居安思危，预防为主。高度重视公共安全工作，常抓不懈，防患于未然。增强忧患意识，坚持预防与应急相结合，常态与非常态相结合，做好应对突发公共事件的各项准备工作。

(3)统一领导，分级负责。在党中央、国务院的统一领导下，建立健全分类管理、分级负责，条块结合、属地管理为主的应急管理体制，在各级党委领导下，实行行政领导责任制，充分发挥专业应急指挥机构的作用。

(4)依法规范，加强管理。依据有关法律和行政法规，加强应急管理，维护公众的合法权益，使应对突发公共事件的工作规范化、制度化、法制化。

(5)快速反应，协同应对。加强以属地管理为主的应急处置队伍建设，建立联动协调制度，充分动员和发挥乡镇、社区、企事业单位、社会团体和志愿者队伍的作用，依靠公众力量，形成统一指挥、反应灵敏、功能齐全、协调有序、运转高效的应急管理机制。

(6)依靠科技，提高素质。加强公共安全科学研究和技术开发，采用先进的监测、预测、预警、预防和应急处置技术及设施，充分发挥专家队伍和专业人员的作用，提高应对突发公共事件的科技水平和指挥能力，避免发生次生、衍生事件；加强宣传和培训教育工作，提高公众自救、互救和应对各类突发公共事件的综合素质。

1.6 应急预案体系

全国突发公共事件应急预案体系包括：

(1)突发公共事件总体应急预案。总体应急预案是全国应急预案体系的总纲，是国务院应对特别重大突发公共事件的规范性文件。

(2)突发公共事件专项应急预案。专项应急预案主要是国务院及其有关部门为应对某一类型或某几种类型突发公共事件而制定的应急预案。

(3)突发公共事件部门应急预案。部门应急预案是国务院有关部门根据总体应急预案、专项应急预案和部门职责为应对突发公共事件制定的预案。

(4)突发公共事件地方应急预案。具体包括：省级人民政府的突发公共事件总体应急预案、专项应急预案和部门应急预案；各市(地)、县(市)人民政府及其基层政权组织的突发公共事件应急预案。上述预案在省级人民政府的领导下，按照分类管理、分级负责的原则，由地方人民政府及其有关部门分别制定。

(5)企事业单位根据有关法律法规制定的应急预案。

(6)举办大型会展和文化体育等重大活动，主办单位应当制定应急预案。

各类预案将根据实际情况变化不断补充、完善。

2 组织体系

2.1 领导机构

国务院是突发公共事件应急管理工作的最高行政领导机构。在国务院总理领导下，由国务院常务会议和国家相关突发公共事件应急指挥机构(以下简称相关应急指挥机构)负责突发公共事件的应急管理工作；必要时，派出国务院工作组指导有关工作。

2.2 办事机构

国务院办公厅设国务院应急管理办公室，履行值守应急、信息汇总和综合协调职责，发挥运转枢纽作用。

2.3 工作机构

国务院有关部门依据有关法律、行政法规和各自的职责，负责相关类别突发公共事件的应急管理工作。具体负责相关类别的突发公共事件专项和部门应急预案的起草与实施，贯彻落实国务院有关决定事项。

2.4 地方机构

地方各级人民政府是本行政区域突发公共事件应急

管理工作的行政领导机构，负责本行政区域各类突发公共事件的应对工作。

2.5　专家组

国务院和各应急管理机构建立各类专业人才库，可以根据实际需要聘请有关专家组成专家组，为应急管理提供决策建议，必要时参加突发公共事件的应急处置工作。

3　运行机制

3.1　预测与预警

各地区、各部门要针对各种可能发生的突发公共事件，完善预测预警机制，建立预测预警系统，开展风险分析，做到早发现、早报告、早处置。

3.1.1　预警级别和发布

根据预测分析结果，对可能发生和可以预警的突发公共事件进行预警。预警级别依据突发公共事件可能造成的危害程度、紧急程度和发展势态，一般划分为四级：Ⅰ级（特别严重）、Ⅱ级（严重）、Ⅲ级（较重）和Ⅳ级（一般），依次用红色、橙色、黄色和蓝色表示。

预警信息包括突发公共事件的类别、预警级别、起始时间、可能影响范围、警示事项、应采取的措施和发布机关等。

预警信息的发布、调整和解除可通过广播、电视、报刊、通信、信息网络、警报器、宣传车或组织人员逐户通知等方式进行，对老、幼、病、残、孕等特殊人群以及学校等特殊场所和警报盲区应当采取有针对性的公告方式。

3.2　应急处置

3.2.1　信息报告

特别重大或者重大突发公共事件发生后，各地区、各部门要立即报告，最迟不得超过4小时，同时通报有关地区和部门。应急处置过程中，要及时续报有关情况。

3.2.2　先期处置

突发公共事件发生后，事发地的省级人民政府或者国务院有关部门在报告特别重大、重大突发公共事件信息的同时，要根据职责和规定的权限启动相关应急预案，及时、有效地进行处置，控制事态。

在境外发生涉及中国公民和机构的突发事件，我驻外使领馆、国务院有关部门和有关地方人民政府要采取措施控制事态发展，组织开展应急救援工作。

3.2.3　应急响应

对于先期处置未能有效控制事态的特别重大突发公共事件，要及时启动相关预案，由国务院相关应急指挥机构或国务院工作组统一指挥或指导有关地区、部门开展处置工作。

现场应急指挥机构负责现场的应急处置工作。

需要多个国务院相关部门共同参与处置的突发公共事件，由该类突发公共事件的业务主管部门牵头，其他部门予以协助。

3.2.4　应急结束

特别重大突发公共事件应急处置工作结束，或者相关危险因素消除后，现场应急指挥机构予以撤销。

3.3　恢复与重建

3.3.1　善后处置

要积极稳妥、深入细致地做好善后处置工作。对突发公共事件中的伤亡人员、应急处置工作人员，以及紧急调集、征用有关单位及个人的物资，要按照规定给予抚恤、补助或补偿，并提供心理及司法援助。有关部门要做好疫病防治和环境污染消除工作。保险监管机构督促有关保险机构及时做好有关单位和个人损失的理赔工作。

3.3.2　调查与评估

要对特别重大突发公共事件的起因、性质、影响、责任、经验教训和恢复重建等问题进行调查评估。

3.3.3　恢复重建

根据受灾地区恢复重建计划组织实施恢复重建工作。

3.4　信息发布

突发公共事件的信息发布应当及时、准确、客观、全面。事件发生的第一时间要向社会发布简要信息，随后发布初步核实情况、政府应对措施和公众防范措施等，并根据事件处置情况做好后续发布工作。

信息发布形式主要包括授权发布、散发新闻稿、组织报道、接受记者采访、举行新闻发布会等。

4　应急保障

各有关部门要按照职责分工和相关预案做好突发公共事件的应对工作，同时根据总体预案切实做好应对突发公共事件的人力、物力、财力、交通运输、医疗卫生及通信保障等工作，保证应急救援工作的需要和灾区群众的基本生活，以及恢复重建工作的顺利进行。

4.1　人力资源

公安（消防）、医疗卫生、地震救援、海上搜救、矿山救护、森林消防、防洪抢险、核与辐射、环境监控、危险化学品事故救援、铁路事故、民航事故、基础信息网络和重要信息系统事故处置，以及水、电、油、气等工程抢险救援队伍是应急救援的专业队伍和骨干力量。地方各级人民政府和有关部门、单位要加强应急救援队伍的业务培训和应急演练，建立联动协调机制，提高装备水平；动员社会团体、企事业单位以及志愿者等各种社会力量参与应急救援工作；增进国际间的交流与合作。要加强以乡镇和社区为单位的公众应急能力建设，发挥其在应对突发公共事件中的重要作用。

中国人民解放军和中国人民武装警察部队是处置突发公共事件的骨干和突击力量，按照有关规定参加应急处置工作。

4.2　财力保障

要保证所需突发公共事件应急准备和救援工作资金。对受突发公共事件影响较大的行业、企事业单位和个人要及时研究提出相应的补偿或救助政策。要对突发公共事件财政应急保障资金的使用和效果进行监管和评估。

鼓励自然人、法人或者其他组织（包括国际组织）按照《中华人民共和国公益事业捐赠法》等有关法律、法规的规定进行捐赠和援助。

4.3　物资保障

要建立健全应急物资监测网络、预警体系和应急物资生产、储备、调拨及紧急配送体系，完善应急工作程序，确保应急所需物资和生活用品的及时供应，并加强对物资储备的监督管理，及时予以补充和更新。

地方各级人民政府应根据有关法律、法规和应急预案的规定，做好物资储备工作。

4.4　基本生活保障

要做好受灾群众的基本生活保障工作，确保灾区群众有饭吃、有水喝、有衣穿、有住处、有病能得到及时医治。

4.5　医疗卫生保障

卫生部门负责组建医疗卫生应急专业技术队伍，根据需要及时赴现场开展医疗救治、疾病预防控制等卫生应急工作。及时为受灾地区提供药品、器械等卫生和医疗设备。必要时，组织动员红十字会等社会卫生力量参与医疗卫生救助工作。

4.6　交通运输保障

要保证紧急情况下应急交通工具的优先安排、优先调度、优先放行，确保运输安全畅通；要依法建立紧急情况社会交通运输工具的征用程序，确保抢险救灾物资和人员能够及时、安全送达。

根据应急处置需要，对现场及相关通道实行交通管制，开设应急救援“绿色通道”，保证应急救援工作的顺利开展。

4.7　治安维护

要加强对重点地区、重点场所、重点人群、重要物资和设备的安全保护，依法严厉打击违法犯罪活动。必要时，依法采取有效管制措施，控制事态，维护社会秩序。

4.8　人员防护

要指定或建立与人口密度、城市规模相适应的应急避险场所，完善紧急疏散管理办法和程序，明确各级责任人，确保在紧急情况下公众安全、有序的转移或疏散。

要采取必要的防护措施，严格按照程序开展应急救援工作，确保人员安全。

4.9　通信保障

建立健全应急通信、应急广播电视保障工作体系，完善公用通信网，建立有线和无线相结合、基础电信网络与机动通信系统相配套的应急通信系统，确保通信畅通。

4.10　公共设施

有关部门要按照职责分工，分别负责煤、电、油、气、水的供给，以及废水、废气、固体废弃物等有害物质的监测和处理。

4.11　科技支撑

要积极开展公共安全领域的科学研究；加大公共安全监测、预测、预警、预防和应急处置技术研发的投入，不断改进技术装备，建立健全公共安全应急技术平台，提高我国公共安全科技水平；注意发挥企业在公共安全领域的研发作用。

5　监督管理

5.1　预案演练

各地区、各部门要结合实际，有计划、有重点地组织有关部门对相关预案进行演练。

5.2　宣传和培训

宣传、教育、文化、广电、新闻出版等有关部门要通过图书、报刊、音像制品和电子出版物、广播、电视、网络等，广泛宣传应急法律法规和预防、避险、自救、互救、减灾等常识，增强公众的忧患意识、社会责任意识和自救、互救能力。各有关方面要有计划地对应急救援和管理人员进行培训，提高其专业技能。

5.3　责任与奖惩

突发公共事件应急处置工作实行责任追究制。

对突发公共事件应急管理工作中做出突出贡献的先进集体和个人要给予表彰和奖励。

对迟报、谎报、瞒报和漏报突发公共事件重要情况或者应急管理工作中有其他失职、渎职行为的，依法对有关责任人给予行政处分；构成犯罪的，依法追究刑事责任。

6　附　　则

6.1　预案管理

根据实际情况的变化，及时修订本预案。

本预案自发布之日起实施。

国务院关于特大安全事故行政责任追究的规定

2001年4月21日国务院令第302号公布施行

第一条　为了有效地防范特大安全事故的发生,严肃追究特大安全事故的行政责任,保障人民群众生命、财产安全,制定本规定。

第二条　地方人民政府主要领导人和政府有关部门正职负责人对下列特大安全事故的防范、发生,依照法律、行政法规和本规定的规定有失职、渎职情形或者负有领导责任的,依照本规定给予行政处分;构成玩忽职守罪或者其他罪的,依法追究刑事责任:

(一)特大火灾事故;

(二)特大交通安全事故;

(三)特大建筑质量安全事故;

(四)民用爆炸物品和化学危险品特大安全事故;

(五)煤矿和其他矿山特大安全事故;

(六)锅炉、压力容器、压力管道和特种设备特大安全事故;

(七)其他特大安全事故。

地方人民政府和政府有关部门对特大安全事故的防范、发生直接负责的主管人员和其他直接责任人员,比照本规定给予行政处分;构成玩忽职守罪或者其他罪的,依法追究刑事责任。

特大安全事故肇事单位和个人的刑事处罚、行政处罚和民事责任,依照有关法律、法规和规章的规定执行。

第三条　特大安全事故的具体标准,按照国家有关规定执行。

第四条　地方各级人民政府及政府有关部门应当依照有关法律、法规和规章的规定,采取行政措施,对本地区实施安全监督管理,保障本地区人民群众生命、财产安全,对本地区或者职责范围内防范特大安全事故的发生、特大安全事故发生后的迅速和妥善处理负责。

第五条　地方各级人民政府应当每个季度至少召开一次防范特大安全事故工作会议,由政府主要领导人或者政府主要领导人委托政府分管领导人召集有关部门正职负责人参加,分析、布置、督促、检查本地区防范特大安全事故的工作。会议应当作出决定并形成纪要,会议确定的各项防范措施必须严格实施。

第六条　市(地、州)、县(市、区)人民政府应当组织有关部门按照职责分工对本地区容易发生特大安全事故的单位、设施和场所安全事故的防范明确责任、采取措施,并组织有关部门对上述单位、设施和场所进行严格检查。

第七条　市(地、州)、县(市、区)人民政府必须制定本地区特大安全事故应急处理预案。本地区特大安全事故应急处理预案经政府主要领导人签署后,报上一级人民政府备案。

第八条　市(地、州)、县(市、区)人民政府应当组织有关部门对本规定第二条所列各类特大安全事故的隐患进行查处;发现特大安全事故隐患的,责令立即排除;特大安全事故隐患排除前或者排除过程中,无法保证安全的,责令暂时停产、停业或者停止使用。法律、行政法规对查处机关另有规定的,依照其规定。

第九条　市(地、州)、县(市、区)人民政府及其有关部门对本地区存在的特大安全事故隐患,超出其管辖或者职责范围的,应当立即向有管辖权或者负有职责的上级人民政府或者政府有关部门报告;情况紧急的,可以立即采取包括责令暂时停产、停业在内的紧急措施,同时报告;有关上级人民政府或者政府有关部门接到报告后,应当立即组织查处。

第十条　中小学校对学生进行劳动技能教育以及组织学生参加公益劳动等社会实践活动,必须确保学生安全。严禁以任何形式、名义组织学生从事接触易燃、易爆、有毒、有害等危险品的劳动或者其他危险性劳动。严禁将学校场地出租作为从事易燃、易爆、有毒、有害等危险品的生产、经营场所。

中小学校违反前款规定的,按照学校隶属关系,对县(市、区)、乡(镇)人民政府主要领导人和县(市、区)人民政府教育行政部门正职负责人,根据情节轻重,给予记过、降级直至撤职的行政处分;构成玩忽职守罪或者其他罪的,依法追究刑事责任。

中小学校违反本条第一款规定的,对校长给予撤职的行政处分,对直接组织者给予开除公职的行政处分;构成非法制造爆炸物罪或者其他罪的,依法追究刑事责任。

第十一条　依法对涉及安全生产事项负责行政审批(包括批准、核准、许可、注册、认证、颁发证照、竣工验收等,下同)的政府部门或者机构,必须严格依照法律、法规和规章规定的安全条件和程序进行审查;不符合法律、法规和规章规定的安全条件的,不得批准;不符合法律、法规和规章规定的安全条件,弄虚作假,骗取批准或者勾结串通行政审批工作人员取得批准的，负责行政审批的政府部门或者机构除必须立即撤销原批准外，应当对弄虚作假骗取批准或者勾结串通行政审批工作人员的当事人依法给予行政处罚；构成行贿罪或者其他罪的，依法追究刑事责任。

负责行政审批的政府部门或者机构违反前款规定，对不符合法律、法规和规章规定的安全条件予以批准的，对部门或者机构的正职负责人，根据情节轻重，给予降级、撤职直至开除公职的行政处分；与当事人勾结串通的，应当开除公职；构成受贿罪、玩忽职守罪或者其他罪的，依法追究刑事责任。

第十二条　对依照本规定第十一条第一款的规定取得批准的单位和个人，负责行政审批的政府部门或者机构必须对其实施严格监督检查；发现其不再具备安全条件的，必须立即撤销原批准。

负责行政审批的政府部门或者机构违反前款规定，不对取得批准的单位和个人实施严格监督检查，或者发现其不再具备安全条件而不立即撤销原批准的，对部门或者机构的正职负责人，根据情节轻重，给予降级或者撤职的行政处分；构成受贿罪、玩忽职守罪或者其他罪的，依法追究刑事责任。

第十三条　对未依法取得批准，擅自从事有关活动的，负责行政审批的政府部门或者机构发现或者接到举报后，应当立即予以查封、取缔，并依法给予行政处罚；属于经营单位的，由工商行政管理部门依法相应吊销营业执照。

负责行政审批的政府部门或者机构违反前款规定，对发现或者举报的未依法取得批准而擅自从事有关活动的，不予查封、取缔、不依法给予行政处罚，工商行政管理部门不予吊销营业执照的，对部门或者机构的正职负责人，根据情节轻重，给予降级或者撤职的行政处分；构成受贿罪、玩忽职守罪或者其他罪的，依法追究刑事责任。

第十四条　市（地、州）、县（市、区）人民政府依照本规定应当履行职责而未履行，或者未按照规定的职责和程序履行，本地区发生特大安全事故的，对政府主要领导人，根据情节轻重，给予降级或者撤职的行政处分；构成玩忽职守罪的，依法追究刑事责任。

负责行政审批的政府部门或者机构、负责安全监督管理的政府有关部门，未依照本规定履行职责，发生特大安全事故的，对部门或者机构的正职负责人，根据情节轻重，给予撤职或者开除公职的行政处分；构成玩忽职守罪或者其他罪的，依法追究刑事责任。

第十五条　发生特大安全事故，社会影响特别恶劣或者性质特别严重的，由国务院对负有领导责任的省长、自治区主席、直辖市市长和国务院有关部门正职负责人给予行政处分。

第十六条　特大安全事故发生后，有关县（市、区）、市（地、州）和省、自治区、直辖市人民政府及政府有关部门应当按照国家规定的程序和时限立即上报，不得隐瞒不报、谎报或者拖延报告，并应当配合、协助事故调查，不得以任何方式阻碍、干涉事故调查。

特大安全事故发生后，有关地方人民政府及政府有关部门违反前款规定的，对政府主要领导人和政府部门正职负责人给予降级的行政处分。

第十七条　特大安全事故发生后，有关地方人民政府应当迅速组织救助，有关部门应当服从指挥、调度，参加或者配合救助，将事故损失降到最低限度。

第十八条　特大安全事故发生后，省、自治区、直辖市人民政府应当按照国家有关规定迅速、如实发布事故消息。

第十九条　特大安全事故发生后，按照国家有关规定组织调查组对事故进行调查。事故调查工作应当自事故发生之日起 60 日内完成，并由调查组提出调查报告；遇有特殊情况的，经调查组提出并报国家安全生产监督管理机构批准后，可以适当延长时间。调查报告应当包括依照本规定对有关责任人员追究行政责任或者其他法律责任的意见。

省、自治区、直辖市人民政府应当自调查报告提交之日起 30 日内，对有关责任人员作出处理决定；必要时，国务院可以对特大安全事故的有关责任人员作出处理决定。

第二十条　地方人民政府或者政府部门阻挠、干涉对特大安全事故有关责任人员追究行政责任的，对该地方人民政府主要领导人或者政府部门正职负责人，根据情节轻重，给予降级或者撤职的行政处分。

第二十一条　任何单位和个人均有权向有关地方人民政府或者政府部门报告特大安全事故隐患，有权向上级人民政府或者政府部门举报地方人民政府或者政府部门不履行安全监督管理职责或者不按照规定履行职责的情况。接到报告或者举报的有关人民政府或者政府部门，应当立即组织对事故隐患进行查处，或者对举报的不履行、不按照规定履行安全监督管理职责的情况进行调查处理。

第二十二条　监察机关依照行政监察法的规定，对地方各级人民政府和政府部门及其工作人员履行安全监督管理职责实施监察。

第二十三条 对特大安全事故以外的其他安全事故的防范、发生追究行政责任的办法,由省、自治区、直辖市人民政府参照本规定制定。

第二十四条 本规定自公布之日起施行。

二、专业人员任用、考核、培训、管理

资料补充栏

中华人民共和国人民武装警察法

1. 2009年8月27日第十一届全国人民代表大会常务委员会第十次会议通过
2. 2020年6月20日第十三届全国人民代表大会常务委员会第十九次会议修订

目　　录

第一章　总　　则

第一条　【立法目的】为了规范和保障人民武装警察部队履行职责，建设强大的现代化人民武装警察部队，维护国家安全和社会稳定，保护公民、法人和其他组织的合法权益，制定本法。

第二条　【集中统一领导】人民武装警察部队是中华人民共和国武装力量的重要组成部分，由党中央、中央军事委员会集中统一领导。

第三条　【管理要求与强军目标】人民武装警察部队坚持中国共产党的绝对领导，贯彻习近平强军思想，贯彻新时代军事战略方针，按照多能一体、维稳维权的战略要求，加强练兵备战、坚持依法从严、加快建设发展，有效履行职责。

第四条　【职责和任务】人民武装警察部队担负执勤、处置突发社会安全事件、防范和处置恐怖活动、海上维权执法、抢险救援和防卫作战以及中央军事委员会赋予的其他任务。

第五条　【依法履行职责】人民武装警察部队应当遵守宪法和法律，忠于职守，依照本法和其他法律的有关规定履行职责。

人民武装警察部队依法履行职责的行为受法律保护。

第六条　【突出贡献的表彰和奖励】对在执行任务中做出突出贡献的人民武装警察，依照有关法律和中央军事委员会的规定给予表彰和奖励。

对协助人民武装警察执行任务有突出贡献的个人和组织，依照有关法律、法规的规定给予表彰和奖励。

第七条　【衔级制度】人民武装警察部队实行衔级制度，衔级制度的具体内容由法律另行规定。

第八条　【享有现役军人的权益】人民武装警察享有法律、法规规定的现役军人的权益。

第二章　组织和指挥

第九条　【组成和编设】人民武装警察部队由内卫部队、机动部队、海警部队和院校、研究机构等组成。

内卫部队按照行政区划编设，机动部队按照任务编设，海警部队在沿海地区按照行政区划和任务区域编设。具体编设由中央军事委员会确定。

第十条　【组织指挥体制】人民武装警察部队平时执行任务，由中央军事委员会或者中央军事委员会授权人民武装警察部队组织指挥。

人民武装警察部队平时与人民解放军共同参加抢险救援、维稳处突、联合训练演习等非战争军事行动，由中央军事委员会授权战区指挥。

人民武装警察部队战时执行任务，由中央军事委员会或者中央军事委员会授权战区组织指挥。

组织指挥具体办法由中央军事委员会规定。

第十一条　【任务需求和工作协调机制】中央国家机关、县级以上地方人民政府应当与人民武装警察部队建立任务需求和工作协调机制。

中央国家机关、县级以上地方人民政府因重大活动安全保卫、处置突发社会安全事件、防范和处置恐怖活动、抢险救援等需要人民武装警察部队协助的，应当按照国家有关规定提出需求。

执勤目标单位可以向负责执勤任务的人民武装警察部队提出需求。

第十二条　【调动、使用审批机制】调动人民武装警察部队执行任务，坚持依法用兵、严格审批的原则，按照指挥关系、职责权限和运行机制组织实施。批准权限和程序由中央军事委员会规定。

遇有重大灾情、险情或者暴力恐怖事件等严重威胁公共安全或者公民人身财产安全的紧急情况，人民武装警察部队应当依照中央军事委员会有关规定采取行动并同时报告。

第十三条　【执行任务的组织指挥】人民武装警察部队根据执行任务需要，参加中央国家机关、县级以上地方人民政府设立的指挥机构，在指挥机构领导下，依照中央军事委员会有关规定实施组织指挥。

第十四条　【执勤业务指导】中央国家机关、县级以上地方人民政府对人民武装警察部队执勤、处置突发社会安全事件、防范和处置恐怖活动、抢险救援工作进行业务指导。

人民武装警察部队执行武装警卫、武装守卫、武装守护、武装警戒、押解、押运等任务，执勤目标单位可以对在本单位担负执勤任务的人民武装警察部队进行执勤业务指导。

第三章　任务和权限

第十五条　【执勤任务】人民武装警察部队主要担负下列执勤任务：

（一）警卫对象、重要警卫目标的武装警卫；

（二）重大活动的安全保卫；

（三）重要的公共设施、核设施、企业、仓库、水源地、水利工程、电力设施、通信枢纽等目标的核心要害部位的武装守卫；

（四）重要的桥梁和隧道的武装守护；

（五）监狱、看守所等场所的外围武装警戒；

（六）直辖市，省、自治区人民政府所在地的市和其他重要城市（镇）的重点区域、特殊时期以及特定内陆边界的武装巡逻；

（七）协助公安机关、国家安全机关依法执行逮捕、追捕任务，协助监狱、看守所等执勤目标单位执行押解、追捕任务，协助中国人民银行、国防军工单位等执勤目标单位执行押运任务。

前款规定的执勤任务的具体范围，依照国家有关规定执行。

第十六条　【应对突发事件的任务】人民武装警察部队参与处置动乱、暴乱、骚乱、非法聚集事件、群体性事件等突发事件，主要担负下列任务：

（一）保卫重要目标安全；

（二）封锁、控制有关场所和道路；

（三）实施隔离、疏导、带离、驱散行动，制止违法犯罪行为；

（四）营救和救护受困人员；

（五）武装巡逻，协助开展群众工作，恢复社会秩序。

第十七条　【防范和处置恐怖活动的任务】人民武装警察部队参与防范和处置恐怖活动，主要担负下列任务：

（一）实施恐怖事件现场控制、救援、救护，以及武装巡逻、重点目标警戒；

（二）协助公安机关逮捕、追捕恐怖活动人员；

（三）营救人质、排除爆炸物；

（四）参与处置劫持航空器等交通工具事件。

第十八条　【抢险救援的任务】人民武装警察部队参与自然灾害、事故灾难、公共卫生事件等突发事件的抢险救援，主要担负下列任务：

（一）参与搜寻、营救、转移或者疏散受困人员；

（二）参与危险区域、危险场所和警戒区的外围警戒；

（三）参与排除、控制灾情和险情，防范次生和衍生灾害；

（四）参与核生化救援、医疗救护、疫情防控、交通设施抢修抢建等专业抢险；

（五）参与抢救、运送、转移重要物资。

第十九条　【执行任务可依法采取的措施】人民武装警察执行任务时，可以依法采取下列措施：

（一）对进出警戒区域、通过警戒哨卡的人员、物品、交通工具等按照规定进行检查；对不允许进出、通过的，予以阻止；对强行进出、通过的，采取必要措施予以制止；

（二）在武装巡逻中，经现场指挥员同意并出示人民武装警察证件，对有违法犯罪嫌疑的人员当场进行盘问并查验其证件，对可疑物品和交通工具进行检查；

（三）协助执行交通管制或者现场管制；

（四）对聚众扰乱社会治安秩序、危及公民人身财产安全、危害公共安全或者执勤目标安全的，采取必要措施予以制止、带离、驱散；

（五）根据执行任务的需要，向相关单位和人员了解有关情况或者在现场以及与执行任务相关的场所实施必要的侦察。

第二十条　【控制并移交处理的情形】人民武装警察执行任务时，发现有下列情形的人员，经现场指挥员同意，应当及时予以控制并移交公安机关、国家安全机关或者其他有管辖权的机关处理：

（一）正在实施犯罪的；

（二）通缉在案的；

（三）违法携带危及公共安全物品的；

（四）正在实施危害执勤目标安全行为的；

（五）以暴力、威胁等方式阻碍人民武装警察执行任务的。

第二十一条　【协助其他机关执行任务】人民武装警察部队协助公安机关、国家安全机关和监狱等执行逮捕、追捕任务，根据所协助机关的决定，协助搜查犯罪嫌疑人、被告人、罪犯的人身和住所以及涉嫌藏匿犯罪嫌疑人、被告人、罪犯或者违法物品的场所、交通工具等。

第二十二条　【依法使用警械和武器】人民武装警察执

行执勤、处置突发社会安全事件、防范和处置恐怖活动任务使用警械和武器，依照人民警察使用警械和武器的规定以及其他有关法律、法规的规定执行。

第二十三条 【有限度地采取必要措施】人民武装警察执行任务，遇有妨碍、干扰的，可以采取必要措施排除阻碍、强制实施。

人民武装警察执行任务需要采取措施的，应当严格控制在必要限度内，有多种措施可供选择的，应当选择有利于最大程度地保护个人和组织权益的措施。

第二十四条 【优先通行】人民武装警察因执行任务的紧急需要，经出示人民武装警察证件，可以优先乘坐公共交通工具；遇交通阻碍时，优先通行。

第二十五条 【临时使用单位、个人物资】人民武装警察因执行任务的需要，在紧急情况下，经现场指挥员出示人民武装警察证件，可以优先使用或者依法征用个人和组织的设备、设施、场地、建筑物、交通工具以及其他物资、器材，任务完成后应当及时归还或者恢复原状，并按照国家有关规定支付费用；造成损失的，按照国家有关规定给予补偿。

第二十六条 【依法依规出境执行防范和处置恐怖活动等任务】人民武装警察部队出境执行防范和处置恐怖活动等任务，依照有关法律、法规和中央军事委员会的规定执行。

第四章 义务和纪律

第二十七条 【执行任务的纪律要求】人民武装警察应当服从命令、听从指挥，依法履职尽责，坚决完成任务。

第二十八条 【危难救助义务】人民武装警察遇有公民的人身财产安全受到侵犯或者处于其他危难情形，应当及时救助。

第二十九条 【禁止行为】人民武装警察不得有下列行为：

（一）违抗上级决定和命令、行动消极或者临阵脱逃；

（二）违反规定使用警械、武器；

（三）非法剥夺、限制他人人身自由，非法检查、搜查人身、物品、交通工具、住所、场所；

（四）体罚、虐待、殴打监管羁押、控制的对象；

（五）滥用职权、徇私舞弊，擅离职守或者玩忽职守；

（六）包庇、纵容违法犯罪活动；

（七）泄露国家秘密、军事秘密；

（八）其他违法违纪行为。

第三十条 【着装、证件要求】人民武装警察执行任务，应当按照规定着装，持有人民武装警察证件，按照规定使用摄录器材录像取证、出示证件。

第三十一条 【文明要求】人民武装警察应当举止文明，礼貌待人，遵守社会公德，尊重公民的宗教信仰和民族风俗习惯。

第五章 保障措施

第三十二条 【政府部门通报情况】为了保障人民武装警察部队执行任务，中央国家机关、县级以上地方人民政府及其有关部门应当依据职责及时向人民武装警察部队通报下列情报信息：

（一）社会安全信息；

（二）恐怖事件、突发事件的情报信息；

（三）气象、水文、海洋环境、地理空间、灾害预警等信息；

（四）其他与执行任务相关的情报信息。

中央国家机关、县级以上地方人民政府应当与人民武装警察部队建立情报信息共享机制，可以采取联通安全信息网络和情报信息系统以及数据库等方式，提供与执行任务相关的情报信息及数据资源。

人民武装警察部队对获取的相关信息，应当严格保密、依法运用。

第三十三条 【经费保障】国家建立与经济社会发展相适应、与人民武装警察部队担负任务和建设发展相协调的经费保障机制。所需经费按照国家有关规定列入预算。

第三十四条 【执勤设施、生活设施保障】执勤目标单位及其上级主管部门应当按照国家有关规定，为担负执勤任务的人民武装警察部队提供执勤设施、生活设施等必要的保障。

第三十五条 【恶劣环境福利保障】在有毒、粉尘、辐射、噪声等严重污染或者高温、低温、缺氧以及其他恶劣环境下的执勤目标单位执行任务的人民武装警察，享有与执勤目标单位工作人员同等的保护条件和福利补助，由执勤目标单位或者其上级主管部门给予保障。

第三十六条 【专用标志等的监制和配备】人民武装警察部队的专用标志、制式服装、警械装备、证件、印章，按照中央军事委员会有关规定监制和配备。

第三十七条 【教育和训练】人民武装警察部队应当根据执行任务的需要，加强对所属人民武装警察的教育和训练，提高依法执行任务的能力。

第三十八条 【抚恤优待同军人】人民武装警察因执行任务牺牲、伤残的，按照国家有关军人抚恤优待的规定给予抚恤优待。

第三十九条　【公民、法人的支持和协助】人民武装警察部队依法执行任务,公民、法人和其他组织应当给予必要的支持和协助。

公民、法人和其他组织对人民武装警察部队执行任务给予协助的行为受法律保护。

公民、法人和其他组织因协助人民武装警察部队执行任务牺牲、伤残或者遭受财产损失的,按照国家有关规定给予抚恤优待或者相应补偿。

第六章　监督检查

第四十条　【内部监督检查】人民武装警察部队应当对所属单位和人员执行法律、法规和遵守纪律的情况进行监督检查。

第四十一条　【外部监督检查】人民武装警察受中央军事委员会监察委员会、人民武装警察部队各级监察委员会的监督。

人民武装警察执行执勤、处置突发社会安全事件、防范和处置恐怖活动、海上维权执法、抢险救援任务,接受人民政府及其有关部门、公民、法人和其他组织的监督。

第四十二条　【违法违纪行为的通报和处理】中央军事委员会监察委员会、人民武装警察部队各级监察委员会接到公民、法人和其他组织的检举、控告,或者接到县级以上人民政府及其有关部门对人民武装警察违法违纪行为的情况通报后,应当依法及时查处,按照有关规定将处理结果反馈检举人、控告人或者通报县级以上人民政府及其有关部门。

第七章　法律责任

第四十三条　【不履责的处分】人民武装警察在执行任务中不履行职责,或者有本法第二十九条所列行为之一的,按照中央军事委员会的有关规定给予处分。

第四十四条　【治安管理处罚】妨碍人民武装警察依法执行任务,有下列行为之一的,由公安机关依法给予治安管理处罚:

(一)侮辱、威胁、围堵、拦截、袭击正在执行任务的人民武装警察的;

(二)强行冲闯人民武装警察部队设置的警戒带、警戒区的;

(三)拒绝或者阻碍人民武装警察执行追捕、检查、搜查、救险、警戒等任务的;

(四)阻碍执行任务的人民武装警察部队的交通工具和人员通行的;

(五)其他严重妨碍人民武装警察执行任务的行为。

第四十五条　【非法制造、买卖、持有、使用专业标志、警械、证件、印章的处罚】非法制造、买卖、持有、使用人民武装警察部队专用标志、警械装备、证件、印章的,由公安机关处十五日以下拘留或者警告,可以并处违法所得一倍以上五倍以下的罚款。

第四十六条　【刑事责任】违反本法规定,构成犯罪的,依法追究刑事责任。

第八章　附　　则

第四十七条　【海上维权执法任务的另行规定】人民武装警察部队执行海上维权执法任务,由法律另行规定。

第四十八条　【防卫作战任务的执行】人民武装警察部队执行防卫作战任务,依照中央军事委员会的命令执行。

第四十九条　【戒严任务的执行】人民武装警察部队执行戒严任务,依照《中华人民共和国戒严法》的有关规定执行。

第五十条　【执行任务的文职人员的权益】人民武装警察部队文职人员在执行本法规定的任务时,依法履行人民武装警察的有关职责和义务,享有相应权益。

第五十一条　【施行日期】本法自2020年6月21日起施行。

国家安全生产应急专家组管理办法

1. 2012年12月17日国家安全生产应急救援指挥中心印发
2. 应指技装〔2012〕41号

第一条　为规范国家安全生产应急专家组(以下简称专家组)的建设和管理工作,充分发挥专家组在安全生产应急管理和事故救援中的作用,保证专家组有效开展工作,根据国家有关法律法规和政策制度、以及国家安全监管总局有关安全生产专家管理规定,制定本办法。

第二条　专家组是为安全生产应急管理重大决策和重要工作提供专业支持和咨询服务,为重特大生产安全事故、自然灾害救援提供技术支撑的高级技术专家队伍。

第三条　专家组的主要任务是:参与安全生产应急管理方面的法律法规、政策、标准、规范、规划、预案等的制(修)订工作;参与安全生产应急管理重大问题的专题调研、技术咨询、学术交流和重要课题研究;参加重特大生产安全事故、自然灾害的救援工作;参与安全生产应急管理和应急救援工作评估。

第四条 国家安全生产应急救援指挥中心(以下简称应急指挥中心)负责专家组的管理工作。主要包括:制定专家组工作制度,承办专家的聘任、考核、换届和奖惩工作。协调专家执行任务或参加有关活动,组织专家学术交流和技术培训工作,建立专家数据库,安排专家组年度工作任务,审定专家组工作计划。

第五条 对工作优秀和做出突出贡献的专家,应急指挥中心给予表彰。

第六条 专家组由煤矿、金属与非金属矿山、石油天然气开采储运、危险化学品与烟花爆竹、交通、建筑施工、冶金、通信、医疗和安全管理等相关领域的专家组成。

第七条 专家应具备以下基本条件:

(一)政治立场坚定,坚持原则、作风正派、廉洁奉公、遵纪守法。

(二)熟悉安全生产及应急管理有关法律、法规、政策和标准。

(三)能够认真履行职责,积极参与安全生产应急管理和事故、灾害等救援工作。

(四)具有相关专业高级技术职称和10年以上的工作经验,熟悉相关专业和技术发展状况,具有较丰富的事故、灾害等救援现场经验。

(五)身体健康,年龄一般不超过65岁,能够有效履行职责。

第八条 专家组实行聘任制,由应急指挥中心履行专家聘任手续,每届任期3年。聘任程序为:

(一)推荐。国务院有关部门、省级安全监管监察机构、国有大中型企业、科研单位、高校等推荐专家人选。

(二)审批。应急指挥中心综合评审专家的资格条件、专业背景、履职能力,确定拟聘专家名单,并组织应急指挥中心有关业务部门复核,按程序履行审批手续。

(三)公示。在应急指挥中心网站公示拟聘专家名单及个人相关信息资料,时间为7个自然日。

(四)聘任。公示合格的专家由应急指挥中心颁发专家聘任书和专家证,并报国家安全监管总局备案。

第九条 专家组和专家应遵守以下制度:

(一)工作任务制度。专家接到应急指挥中心的任务通知后,应如期抵达执行任务。执行任务时,应当主动出示指派函件和专家证。专家有权了解与任务有关的情况,进入有关现场工作,调阅相关文件及技术资料。工作任务结束后2周内,应向应急指挥中心提交任务执行情况的书面报告。应急指挥中心商请专家执行任务时,一般应将有关情况提前通知其所在单位。

(二)决策咨询制度。专家应充分发挥专业优势,为全国安全生产应急管理工作提供重要的决策咨询服务;在参与重特大生产安全事故、自然灾害救援时,专家组应及时分析事故和灾害的特征、影响程度、发展趋势,从技术的角度向现场指挥机构提出处置要点及防护措施等意见建议。对专家组提出的有关应急管理的重要建议,应急指挥中心将及时组织研究并给予回复。

(三)专家会议制度。专家组每年召开一次由相关专家参加的工作会议,遇有重大问题和重要工作需要研究时可临时召开。专家组会议的主要任务是:总结工作,交流经验,部署任务,完善机制,表彰先进,研讨国内外重大应急实践、理论和技术课题等,相关专家应按照应急指挥中心通知的主要议题和议程认真做好参加会议准备。专家组会议由应急指挥中心组织、专家组组长主持。

(四)解聘退出制度。专家因身体健康、工作变动等原因不能继续履行职责时,由本人提出申请,经批准后退出专家组;专家连续1年无正当理由不参加专家组正常活动或无故不接受指派任务的,视为自动退出;对违反国家法律、法规或不遵守本办法的专家将给予解聘。对退出和被解聘的专家,应急指挥中心通报其所在单位、并在网站上予以公告。

(五)保密工作制度。专家(含退出或被解聘的专家)应严格遵守国家保密制度,保守有关单位的商业和技术秘密,未经授权不得向任何人发布所承担任务的相关信息。对于违反保密规定的人员,将酌情给予批评、通报等处理,直至追究法律责任。未经应急指挥中心批准,专家不得擅自以专家组名义组织或参加各类活动。

第十条 应急指挥中心在技术装备部设立专家组工作办公室,具体承办专家组日常事务。

第十一条 专家组工作所需的经费由应急指挥中心列入年度业务专项预算予以保障,主要用于专家组召开相关会议、评审科技项目、开展专题调研、研究重大课题、组织事故救援与评估工作等。

第十二条 专家参与应急指挥中心指派的工作和专家组工作所发生的差旅、食宿等相关费用由应急指挥中心承担。

第十三条 本办法自印发之日起执行。

第十四条 本办法由应急指挥中心负责解释。

特种作业人员安全技术培训考核管理规定

1. *2010年5月24日国家安全生产监督管理总局令第30号公布*
2. *根据2013年8月29日国家安全生产监督管理总局令第63号《关于修改〈生产经营单位安全培训规定〉等11件规章的决定》第一次修正*
3. *根据2015年5月29日国家安全生产监督管理总局令第80号《关于废止和修改劳动防护用品和安全培训等领域十部规章的决定》第二次修正*

第一章　总　　则

第一条　为了规范特种作业人员的安全技术培训考核工作,提高特种作业人员的安全技术水平,防止和减少伤亡事故,根据《安全生产法》、《行政许可法》等有关法律、行政法规,制定本规定。

第二条　生产经营单位特种作业人员的安全技术培训、考核、发证、复审及其监督管理工作,适用本规定。

有关法律、行政法规和国务院对有关特种作业人员管理另有规定的,从其规定。

第三条　本规定所称特种作业,是指容易发生事故,对操作者本人、他人的安全健康及设备、设施的安全可能造成重大危害的作业。特种作业的范围由特种作业目录规定。

本规定所称特种作业人员,是指直接从事特种作业的从业人员。

第四条　特种作业人员应当符合下列条件:

(一)年满18周岁,且不超过国家法定退休年龄;

(二)经社区或者县级以上医疗机构体检健康合格,并无妨碍从事相应特种作业的器质性心脏病、癫痫病、美尼尔氏症、眩晕症、癔病、震颤麻痹症、精神病、痴呆症以及其他疾病和生理缺陷;

(三)具有初中及以上文化程度;

(四)具备必要的安全技术知识与技能;

(五)相应特种作业规定的其他条件。

危险化学品特种作业人员除符合前款第一项、第二项、第四项和第五项规定的条件外,应当具备高中或者相当于高中及以上文化程度。

第五条　特种作业人员必须经专门的安全技术培训并考核合格,取得《中华人民共和国特种作业操作证》(以下简称特种作业操作证)后,方可上岗作业。

第六条　特种作业人员的安全技术培训、考核、发证、复审工作实行统一监管、分级实施、教考分离的原则。

第七条　国家安全生产监督管理总局(以下简称安全监管总局)指导、监督全国特种作业人员的安全技术培训、考核、发证、复审工作;省、自治区、直辖市人民政府安全生产监督管理部门指导、监督本行政区域特种作业人员的安全技术培训工作,负责本行政区域特种作业人员的考核、发证、复审工作;县级以上地方人民政府安全生产监督管理部门负责监督检查本行政区域特种作业人员的安全技术培训和持证上岗工作。

国家煤矿安全监察局(以下简称煤矿安监局)指导、监督全国煤矿特种作业人员(含煤矿矿井使用的特种设备作业人员)的安全技术培训、考核、发证、复审工作;省、自治区、直辖市人民政府负责煤矿特种作业人员考核发证工作的部门或者指定的机构指导、监督本行政区域煤矿特种作业人员的安全技术培训工作,负责本行政区域煤矿特种作业人员的考核、发证、复审工作。

省、自治区、直辖市人民政府安全生产监督管理部门和负责煤矿特种作业人员考核发证工作的部门或者指定的机构(以下统称考核发证机关)可以委托设区的市人民政府安全生产监督管理部门和负责煤矿特种作业人员考核发证工作的部门或者指定的机构实施特种作业人员的考核、发证、复审工作。

第八条　对特种作业人员安全技术培训、考核、发证、复审工作中的违法行为,任何单位和个人均有权向安全监管总局、煤矿安监局和省、自治区、直辖市及设区的市人民政府安全生产监督管理部门、负责煤矿特种作业人员考核发证工作的部门或者指定的机构举报。

第二章　培　　训

第九条　特种作业人员应当接受与其所从事的特种作业相应的安全技术理论培训和实际操作培训。

已经取得职业高中、技工学校及中专以上学历的毕业生从事与其所学专业相应的特种作业,持学历证明经考核发证机关同意,可以免予相关专业的培训。

跨省、自治区、直辖市从业的特种作业人员,可以在户籍所在地或者从业所在地参加培训。

第十条　对特种作业人员的安全技术培训,具备安全培训条件的生产经营单位应当以自主培训为主,也可以委托具备安全培训条件的机构进行培训。

不具备安全培训条件的生产经营单位,应当委托具备安全培训条件的机构进行培训。

生产经营单位委托其他机构进行特种作业人员安

全技术培训的，保证安全技术培训的责任仍由本单位负责。

第十一条 从事特种作业人员安全技术培训的机构（以下统称培训机构），应当制定相应的培训计划、教学安排，并按照安全监管总局、煤矿安监局制定的特种作业人员培训大纲和煤矿特种作业人员培训大纲进行特种作业人员的安全技术培训。

第三章 考核发证

第十二条 特种作业人员的考核包括考试和审核两部分。考试由考核发证机关或其委托的单位负责；审核由考核发证机关负责。

安全监管总局、煤矿安监局分别制定特种作业人员、煤矿特种作业人员的考核标准，并建立相应的考试题库。

考核发证机关或其委托的单位应当按照安全监管总局、煤矿安监局统一制定的考核标准进行考核。

第十三条 参加特种作业操作资格考试的人员，应当填写考试申请表，由申请人或者申请人的用人单位持学历证明或者培训机构出具的培训证明向申请人户籍所在地或者从业所在地的考核发证机关或其委托的单位提出申请。

考核发证机关或其委托的单位收到申请后，应当在60日内组织考试。

特种作业操作资格考试包括安全技术理论考试和实际操作考试两部分。考试不及格的，允许补考1次。经补考仍不及格的，重新参加相应的安全技术培训。

第十四条 考核发证机关委托承担特种作业操作资格考试的单位应当具备相应的场所、设施、设备等条件，建立相应的管理制度，并公布收费标准等信息。

第十五条 考核发证机关或其委托承担特种作业操作资格考试的单位，应当在考试结束后10个工作日内公布考试成绩。

第十六条 符合本规定第四条规定并经考试合格的特种作业人员，应当向其户籍所在地或者从业所在地的考核发证机关申请办理特种作业操作证，并提交身份证复印件、学历证书复印件、体检证明、考试合格证明等材料。

第十七条 收到申请的考核发证机关应当在5个工作日内完成对特种作业人员所提交申请材料的审查，作出受理或者不予受理的决定。能够当场作出受理决定的，应当当场作出受理决定；申请材料不齐全或者不符合要求的，应当当场或者在5个工作日内一次告知申请人需要补正的全部内容，逾期不告知的，视为自收到申请材料之日起即已被受理。

第十八条 对已经受理的申请，考核发证机关应当在20个工作日内完成审核工作。符合条件的，颁发特种作业操作证；不符合条件的，应当说明理由。

第十九条 特种作业操作证有效期为6年，在全国范围内有效。

特种作业操作证由安全监管总局统一式样、标准及编号。

第二十条 特种作业操作证遗失的，应当向原考核发证机关提出书面申请，经原考核发证机关审查同意后，予以补发。

特种作业操作证所记载的信息发生变化或者损毁的，应当向原考核发证机关提出书面申请，经原考核发证机关审查确认后，予以更换或者更新。

第四章 复审

第二十一条 特种作业操作证每3年复审1次。

特种作业人员在特种作业操作证有效期内，连续从事本工种10年以上，严格遵守有关安全生产法律法规的，经原考核发证机关或者从业所在地考核发证机关同意，特种作业操作证的复审时间可以延长至每6年1次。

第二十二条 特种作业操作证需要复审的，应当在期满前60日内，由申请人或者申请人的用人单位向原考核发证机关或者从业所在地考核发证机关提出申请，并提交下列材料：

（一）社区或者县级以上医疗机构出具的健康证明；

（二）从事特种作业的情况；

（三）安全培训考试合格记录。

特种作业操作证有效期届满需要延期换证的，应当按照前款的规定申请延期复审。

第二十三条 特种作业操作证申请复审或者延期复审前，特种作业人员应当参加必要的安全培训并考试合格。

安全培训时间不少于8个学时，主要培训法律、法规、标准、事故案例和有关新工艺、新技术、新装备等知识。

第二十四条 申请复审的，考核发证机关应当在收到申请之日起20个工作日内完成复审工作。复审合格的，由考核发证机关签章、登记，予以确认；不合格的，说明理由。

申请延期复审的，经复审合格后，由考核发证机关重新颁发特种作业操作证。

第二十五条 特种作业人员有下列情形之一的,复审或者延期复审不予通过:

(一)健康体检不合格的;

(二)违章操作造成严重后果或者有2次以上违章行为,并经查证确实的;

(三)有安全生产违法行为,并给予行政处罚的;

(四)拒绝、阻碍安全生产监管监察部门监督检查的;

(五)未按规定参加安全培训,或者考试不合格的;

(六)具有本规定第三十条、第三十一条规定情形的。

第二十六条 特种作业操作证复审或者延期复审符合本规定第二十五条第二项、第三项、第四项、第五项情形的,按照本规定经重新安全培训考试合格后,再办理复审或者延期复审手续。

再复审、延期复审仍不合格,或者未按期复审的,特种作业操作证失效。

第二十七条 申请人对复审或者延期复审有异议的,可以依法申请行政复议或者提起行政诉讼。

第五章 监督管理

第二十八条 考核发证机关或其委托的单位及其工作人员应当忠于职守、坚持原则、廉洁自律,按照法律、法规、规章的规定进行特种作业人员的考核、发证、复审工作,接受社会的监督。

第二十九条 考核发证机关应当加强对特种作业人员的监督检查,发现其具有本规定第三十条规定情形的,及时撤销特种作业操作证;对依法应当给予行政处罚的安全生产违法行为,按照有关规定依法对生产经营单位及其特种作业人员实施行政处罚。

考核发证机关应当建立特种作业人员管理信息系统,方便用人单位和社会公众查询;对于注销特种作业操作证的特种作业人员,应当及时向社会公告。

第三十条 有下列情形之一的,考核发证机关应当撤销特种作业操作证:

(一)超过特种作业操作证有效期未延期复审的;

(二)特种作业人员的身体条件已不适合继续从事特种作业的;

(三)对发生生产安全事故负有责任的;

(四)特种作业操作证记载虚假信息的;

(五)以欺骗、贿赂等不正当手段取得特种作业操作证的。

特种作业人员违反前款第四项、第五项规定的,3年内不得再次申请特种作业操作证。

第三十一条 有下列情形之一的,考核发证机关应当注销特种作业操作证:

(一)特种作业人员死亡的;

(二)特种作业人员提出注销申请的;

(三)特种作业操作证被依法撤销的。

第三十二条 离开特种作业岗位6个月以上的特种作业人员,应当重新进行实际操作考试,经确认合格后方可上岗作业。

第三十三条 省、自治区、直辖市人民政府安全生产监督管理部门和负责煤矿特种作业人员考核发证工作的部门或者指定的机构应当每年分别向安全监管总局、煤矿安监局报告特种作业人员的考核发证情况。

第三十四条 生产经营单位应当加强对本单位特种作业人员的管理,建立健全特种作业人员培训、复审档案,做好申报、培训、考核、复审的组织工作和日常的检查工作。

第三十五条 特种作业人员在劳动合同期满后变动工作单位的,原工作单位不得以任何理由扣押其特种作业操作证。

跨省、自治区、直辖市从业的特种作业人员应当接受从业所在地考核发证机关的监督管理。

第三十六条 生产经营单位不得印制、伪造、倒卖特种作业操作证,或者使用非法印制、伪造、倒卖的特种作业操作证。

特种作业人员不得伪造、涂改、转借、转让、冒用特种作业操作证或者使用伪造的特种作业操作证。

第六章 罚 则

第三十七条 考核发证机关或其委托的单位及其工作人员在特种作业人员考核、发证和复审工作中滥用职权、玩忽职守、徇私舞弊的,依法给予行政处分;构成犯罪的,依法追究刑事责任。

第三十八条 生产经营单位未建立健全特种作业人员档案的,给予警告,并处1万元以下的罚款。

第三十九条 生产经营单位使用未取得特种作业操作证的特种作业人员上岗作业的,责令限期改正,可以处5万元以下的罚款;逾期未改正的,责令停产停业整顿,并处5万元以上10万元以下的罚款,对直接负责的主管人员和其他直接责任人员处1万元以上2万元以下的罚款。

煤矿企业使用未取得特种作业操作证的特种作业人员上岗作业的,依照《国务院关于预防煤矿生产安全事故的特别规定》的规定处罚。

第四十条　生产经营单位非法印制、伪造、倒卖特种作业操作证，或者使用非法印制、伪造、倒卖的特种作业操作证的，给予警告，并处1万元以上3万元以下的罚款；构成犯罪的，依法追究刑事责任。

第四十一条　特种作业人员伪造、涂改特种作业操作证或者使用伪造的特种作业操作证的，给予警告，并处1000元以上5000元以下的罚款。

特种作业人员转借、转让、冒用特种作业操作证的，给予警告，并处2000元以上1万元以下的罚款。

第七章　附　　则

第四十二条　特种作业人员培训、考试的收费标准，由省、自治区、直辖市人民政府安全生产监督管理部门会同负责煤矿特种作业人员考核发证工作的部门或者指定的机构统一制定，报同级人民政府物价、财政部门批准后执行，证书工本费由考核发证机关列入同级财政预算。

第四十三条　省、自治区、直辖市人民政府安全生产监督管理部门和负责煤矿特种作业人员考核发证工作的部门或者指定的机构可以结合本地区实际，制定实施细则，报安全监管总局、煤矿安监局备案。

第四十四条　本规定自2010年7月1日起施行。1999年7月12日原国家经贸委发布的《特种作业人员安全技术培训考核管理办法》（原国家经贸委令第13号）同时废止。

附件：

特种作业目录

1　电工作业

指对电气设备进行运行、维护、安装、检修、改造、施工、调试等作业（不含电力系统进网作业）。

1.1　高压电工作业

指对1千伏（kV）及以上的高压电气设备进行运行、维护、安装、检修、改造、施工、调试、试验及绝缘工、器具进行试验的作业。

1.2　低压电工作业

指对1千伏（kV）以下的低压电器设备进行安装、调试、运行操作、维护、检修、改造施工和试验的作业。

1.3　防爆电气作业

指对各种防爆电气设备进行安装、检修、维护的作业。

适用于除煤矿井下以外的防爆电气作业。

2　焊接与热切割作业

指运用焊接或者热切割方法对材料进行加工的作业（不含《特种设备安全监察条例》规定的有关作业）。

2.1　熔化焊接与热切割作业

指使用局部加热的方法将连接处的金属或其他材料加热至熔化状态而完成焊接与切割的作业。

适用于气焊与气割、焊条电弧焊与碳弧气刨、埋弧焊、气体保护焊、等离子弧焊、电渣焊、电子束焊、激光焊、氧熔剂切割、激光切割、等离子切割等作业。

2.2　压力焊作业

指利用焊接时施加一定压力而完成的焊接作业。

适用于电阻焊、气压焊、爆炸焊、摩擦焊、冷压焊、超声波焊、锻焊等作业。

2.3　钎焊作业

指使用比母材熔点低的材料作钎料，将焊件和钎料加热到高于钎料熔点，但低于母材熔点的温度，利用液态钎料润湿母材，填充接头间隙并与母材相互扩散而实现连接焊件的作业。

适用于火焰钎焊作业、电阻钎焊作业、感应钎焊作业、浸渍钎焊作业、炉中钎焊作业，不包括烙铁钎焊作业。

3　高处作业

指专门或经常在坠落高度基准面2米及以上有可能坠落的高处进行的作业。

3.1　登高架设作业

指在高处从事脚手架、跨越架架设或拆除的作业。

3.2　高处安装、维护、拆除作业

指在高处从事安装、维护、拆除的作业。

适用于利用专用设备进行建筑物内外装饰、清洁、装修，电力、电信等线路架设，高处管道架设，小型空调高处安装、维修，各种设备设施与户外广告设施的安装、检修、维护以及在高处从事建筑物、设备设施拆除作业。

4　制冷与空调作业

指对大中型制冷与空调设备运行操作、安装与修理的作业。

4.1　制冷与空调设备运行操作作业

指对各类生产经营企业和事业等单位的大中型制冷与空调设备运行操作的作业。

适用于化工类（石化、化工、天然气液化、工艺性空调)生产企业,机械类(冷加工、冷处理、工艺性空调)生产企业,食品类(酿造、饮料、速冻或冷冻调理食品、工艺性空调)生产企业,农副产品加工类(屠宰及肉食品加工、水产加工、果蔬加工)生产企业,仓储类(冷库、速冻加工、制冰)生产经营企业,运输类(冷藏运输)经营企业,服务类(电信机房、体育场馆、建筑的集中空调)经营企业和事业等单位的大中型制冷与空调设备运行操作作业。

4.2　制冷与空调设备安装修理作业

指对4.1所指制冷与空调设备整机、部件及相关系统进行安装、调试与维修的作业。

5　煤矿安全作业

5.1　煤矿井下电气作业

指从事煤矿井下机电设备的安装、调试、巡检、维修和故障处理,保证本班机电设备安全运行的作业。

适用于与煤共生、伴生的坑探、矿井建设、开采过程中的井下电钳等作业。

5.2　煤矿井下爆破作业

指在煤矿井下进行爆破的作业。

5.3　煤矿安全监测监控作业

指从事煤矿井下安全监测监控系统的安装、调试、巡检、维修,保证其安全运行的作业。

适用于与煤共生、伴生的坑探、矿井建设、开采过程中的安全监测监控作业。

5.4　煤矿瓦斯检查作业

指从事煤矿井下瓦斯巡检工作,负责管辖范围内通风设施的完好及通风、瓦斯情况检查,按规定填写各种记录,及时处理或汇报发现的问题的作业。

适用于与煤共生、伴生的矿井建设、开采过程中的煤矿井下瓦斯检查作业。

5.5　煤矿安全检查作业

指从事煤矿安全监督检查,巡检生产作业场所的安全设施和安全生产状况,检查并督促处理相应事故隐患的作业。

5.6　煤矿提升机操作作业

指操作煤矿的提升设备运送人员、矿石、矸石和物料,并负责巡检和运行记录的作业。

适用于操作煤矿提升机,包括立井、暗立井提升机,斜井、暗斜井提升机以及露天矿山斜坡卷扬提升的提升机作业。

5.7　煤矿采煤机(掘进机)操作作业

指在采煤工作面、掘进工作面操作采煤机、掘进机,从事落煤、装煤、掘进工作,负责采煤机、掘进机巡检和运行记录,保证采煤机、掘进机安全运行的作业。

适用于煤矿开采、掘进过程中的采煤机、掘进机作业。

5.8　煤矿瓦斯抽采作业

指从事煤矿井下瓦斯抽采钻孔施工、封孔、瓦斯流量测定及瓦斯抽采设备操作等,保证瓦斯抽采工作安全进行的作业。

适用于煤矿、与煤共生和伴生的矿井建设、开采过程中的煤矿地面和井下瓦斯抽采作业。

5.9　煤矿防突作业

指从事煤与瓦斯突出的预测预报、相关参数的收集与分析、防治突出措施的实施与检查、防突效果检验等,保证防突工作安全进行的作业。

适用于煤矿、与煤共生和伴生的矿井建设、开采过程中的煤矿井下煤与瓦斯防突作业。

5.10　煤矿探放水作业

指从事煤矿探放水的预测预报、相关参数的收集与分析、探放水措施的实施与检查、效果检验等,保证探放水工作安全进行的作业。

适用于煤矿、与煤共生和伴生的矿井建设、开采过程中的煤矿井下探放水作业。

6　金属非金属矿山安全作业

6.1　金属非金属矿井通风作业

指安装井下局部通风机,操作地面主要扇风机、井下局部通风机和辅助通风机,操作、维护矿井通风构筑物,进行井下防尘,使矿井通风系统正常运行,保证局部通风,以预防中毒窒息和除尘等的作业。

6.2　尾矿作业

指从事尾矿库放矿、筑坝、巡坝、抽洪和排渗设施的作业。

适用于金属非金属矿山的尾矿作业。

6.3　金属非金属矿山安全检查作业

指从事金属非金属矿山安全监督检查,巡检生产作业场所的安全设施和安全生产状况,检查并督促处理相应事故隐患的作业。

6.4　金属非金属矿山提升机操作作业

指操作金属非金属矿山的提升设备运送人员、矿石、矸石和物料,及负责巡检和运行记录的作业。

适用于金属非金属矿山的提升机,包括竖井、盲竖井提升机,斜井、盲斜井提升机以及露天矿山斜坡卷扬提升的提升机作业。

6.5　金属非金属矿山支柱作业

指在井下检查井巷和采场顶、帮的稳定性,撬浮石，进行支护的作业。

6.6 金属非金属矿山井下电气作业

指从事金属非金属矿山井下机电设备的安装、调试、巡检、维修和故障处理，保证机电设备安全运行的作业。

6.7 金属非金属矿山排水作业

指从事金属非金属矿山排水设备日常使用、维护、巡检的作业。

6.8 金属非金属矿山爆破作业

指在露天和井下进行爆破的作业。

7 石油天然气安全作业

7.1 司钻作业

指石油、天然气开采过程中操作钻机起升钻具的作业。

适用于陆上石油、天然气司钻（含钻井司钻、作业司钻及勘探司钻）作业。

8 冶金（有色）生产安全作业

8.1 煤气作业

指冶金、有色企业内从事煤气生产、储存、输送、使用、维护检修的作业。

9 危险化学品安全作业

指从事危险化工工艺过程操作及化工自动化控制仪表安装、维修、维护的作业。

9.1 光气及光气化工艺作业

指光气合成以及厂内光气储存、输送和使用岗位的作业。

适用于一氧化碳与氯气反应得到光气，光气合成双光气、三光气，采用光气作单体合成聚碳酸酯，甲苯二异氰酸酯（TDI）制备，4，4′－二苯基甲烷二异氰酸酯（MDI）制备等工艺过程的操作作业。

9.2 氯碱电解工艺作业

指氯化钠和氯化钾电解、液氯储存和充装岗位的作业。

适用于氯化钠（食盐）水溶液电解生产氯气、氢氧化钠、氢气，氯化钾水溶液电解生产氯气、氢氧化钾、氢气等工艺过程的操作作业。

9.3 氯化工艺作业

指液氯储存、气化和氯化反应岗位的作业。

适用于取代氯化，加成氯化，氧氯化等工艺过程的操作作业。

9.4 硝化工艺作业

指硝化反应、精馏分离岗位的作业。

适用于直接硝化法，间接硝化法，亚硝化法等工艺过程的操作作业。

9.5 合成氨工艺作业

指压缩、氨合成反应、液氨储存岗位的作业。

适用于节能氨五工艺法（AMV），德士古水煤浆加压气化法、凯洛格法，甲醇与合成氨联合生产的联醇法，纯碱与合成氨联合生产的联碱法，采用变换催化剂、氧化锌脱硫剂和甲烷催化剂的“三催化”气体净化法工艺过程的操作作业。

9.6 裂解（裂化）工艺作业

指石油系的烃类原料裂解（裂化）岗位的作业。

适用于热裂解制烯烃工艺，重油催化裂化制汽油、柴油、丙烯、丁烯，乙苯裂解制苯乙烯，二氟一氯甲烷（HCFC－22）热裂解制得四氟乙烯（TFE），二氟一氯乙烷（HCFC－142b）热裂解制得偏氟乙烯（VDF），四氟乙烯和八氟环丁烷热裂解制得六氟乙烯（HFP）工艺过程的操作作业。

9.7 氟化工艺作业

指氟化反应岗位的作业。

适用于直接氟化，金属氟化物或氟化氢气体氟化，置换氟化以及其他氟化物的制备等工艺过程的操作作业。

9.8 加氢工艺作业

指加氢反应岗位的作业。

适用于不饱和炔烃、烯烃的三键和双键加氢，芳烃加氢，含氧化合物加氢，含氮化合物加氢以及油品加氢等工艺过程的操作作业。

9.9 重氮化工艺作业

指重氮化反应、重氮盐后处理岗位的作业。

适用于顺法、反加法、亚硝酰硫酸法、硫酸铜触媒法以及盐析法等工艺过程的操作作业。

9.10 氧化工艺作业

指氧化反应岗位的作业。

适用于乙烯氧化制环氧乙烷，甲醇氧化制备甲醛，对二甲苯氧化制备对苯二甲酸，异丙苯经氧化－酸解联产苯酚和丙酮，环己烷氧化制环己酮，天然气氧化制乙炔，丁烯、丁烷、C4 馏分或苯的氧化制顺丁烯二酸酐，邻二甲苯或萘的氧化制备邻苯二甲酸酐，均四甲苯的氧化制备均苯四甲酸二酐，苊的氧化制1，8－萘二甲酸酐，3－甲基吡啶氧化制3－吡啶甲酸（烟酸），4－甲基吡啶氧化制4－吡啶甲酸（异烟酸），2－乙基己醇（异辛醇）氧化制备2－乙基己酸（异辛酸），对氯甲苯氧化制备对氯苯甲醛和对氯苯甲酸，甲苯氧化制备苯甲醛、苯甲酸，对硝基甲苯氧化制备对硝基苯甲酸,环十二醇/酮混合物的开环氧化制备十二碳二酸,环己酮/醇混合物的氧化制己二酸,乙二醛硝酸氧化法合成乙醛酸,以及丁醛氧化制丁酸以及氨氧化制硝酸等工艺过程的操作作业。

9.11 过氧化工艺作业

指过氧化反应、过氧化物储存岗位的作业。

适用于双氧水的生产,乙酸在硫酸存在下与双氧水作用制备过氧乙酸水溶液,酸酐与双氧水作用直接制备过氧二酸,苯甲酰氯与双氧水的碱性溶液作用制备过氧化苯甲酰,以及异丙苯经空气氧化生产过氧化氢异丙苯等工艺过程的操作作业。

9.12 胺基化工艺作业

指胺基化反应岗位的作业。

适用于邻硝基氯苯与氨水反应制备邻硝基苯胺,对硝基氯苯与氨水反应制备对硝基苯胺,间甲酚与氯化铵的混合物在催化剂和氨水作用下生成间甲苯胺,甲醇在催化剂和氨气作用下制备甲胺,1-硝基蒽醌与过量的氨水在氯苯中制备1-氨基蒽醌,2,6-蒽醌二磺酸氨解制备2,6-二氨基蒽醌,苯乙烯与胺反应制备N-取代苯乙胺,环氧乙烷或亚乙基亚胺与胺或氨发生开环加成反应制备氨基乙醇或二胺,甲苯经氨氧化制备苯甲腈,以及丙烯氨氧化制备丙烯腈等工艺过程的操作作业。

9.13 磺化工艺作业

指磺化反应岗位的作业。

适用于三氧化硫磺化法,共沸去水磺化法,氯磺酸磺化法,烘焙磺化法,以及亚硫酸盐磺化法等工艺过程的操作作业。

9.14 聚合工艺作业

指聚合反应岗位的作业。

适用于聚烯烃、聚氯乙烯、合成纤维、橡胶、乳液、涂料粘合剂生产以及氟化物聚合等工艺过程的操作作业。

9.15 烷基化工艺作业

指烷基化反应岗位的作业。

适用于C-烷基化反应,N-烷基化反应,O-烷基化反应等工艺过程的操作作业。

9.16 化工自动化控制仪表作业

指化工自动化控制仪表系统安装、维修、维护的作业。

10 烟花爆竹安全作业

指从事烟花爆竹生产、储存中的药物混合、造粒、筛选、装药、筑药、压药、搬运等危险工序的作业。

10.1 烟火药制造作业

指从事烟火药的粉碎、配药、混合、造粒、筛选、干燥、包装等作业。

10.2 黑火药制造作业

指从事黑火药的潮药、浆硝、包片、碎片、油压、抛光和包浆等作业。

10.3 引火线制造作业

指从事引火线的制引、浆引、漆引、切引等作业。

10.4 烟花爆竹产品涉药作业

指从事烟花爆竹产品加工中的压药、装药、筑药、褙药剂、已装药的钻孔等作业。

10.5 烟花爆竹储存作业

指从事烟花爆竹仓库保管、守护、搬运等作业。

11 安全监管总局认定的其他作业

注册安全工程师管理规定

1. 2007年1月11日国家安全生产监督管理总局公布

2. 根据2013年8月29日国家安全生产监督管理总局令第63号《关于修改〈生产经营单位安全培训规定〉等11件规章的决定》修正

第一章 总 则

第一条 为了加强注册安全工程师的管理,保障注册安全工程师依法执业,根据《安全生产法》等有关法律、行政法规,制定本规定。

第二条 取得中华人民共和国注册安全工程师执业资格证书的人员注册以及注册后的执业、继续教育及其监督管理,适用本规定。

第三条 本规定所称注册安全工程师是指取得中华人民共和国注册安全工程师执业资格证书(以下简称资格证书),在生产经营单位从事安全生产管理、安全技术工作或者在安全生产中介机构从事安全生产专业服务工作,并按照本规定注册取得中华人民共和国注册安全工程师执业证(以下简称执业证)和执业印章的人员。

第四条 注册安全工程师应当严格执行国家法律、法规和本规定,恪守职业道德和执业准则。

第五条 国家安全生产监督管理总局(以下简称安全监管总局)对全国注册安全工程师的注册、执业活动实施统一监督管理。国务院有关主管部门(以下简称部门注册机构)对本系统注册安全工程师的注册、执业活动实施监督管理。

省、自治区、直辖市人民政府安全生产监督管理部门对本行政区域内注册安全工程师的注册、执业活动实施监督管理。

省级煤矿安全监察机构(以下与省、自治区、直辖市人民政府安全生产监督管理部门统称省级注册机构)对所辖区域内煤矿安全注册安全工程师的注册、执业活动实施监督管理。

第六条 从业人员300人以上的煤矿、非煤矿矿山、建筑施工单位和危险物品生产、经营单位,应当按照不少于安全生产管理人员15%的比例配备注册安全工程师;安全生产管理人员在7人以下的,至少配备1名。

前款规定以外的其他生产经营单位,应当配备注册安全工程师或者委托安全生产中介机构选派注册安全工程师提供安全生产服务。

安全生产中介机构应当按照不少于安全生产专业服务人员30%的比例配备注册安全工程师。

生产经营单位和安全生产中介机构(以下统称聘用单位)应当为本单位专业技术人员参加注册安全工程师执业资格考试以及注册安全工程师注册、继续教育提供便利。

第二章 注 册

第七条 取得资格证书的人员,经注册取得执业证和执业印章后方可以注册安全工程师的名义执业。

第八条 申请注册的人员,必须同时具备下列条件:

(一)取得资格证书;

(二)在生产经营单位从事安全生产管理、安全技术工作或者在安全生产中介机构从事安全生产专业服务工作。

第九条 注册安全工程师实行分类注册,注册类别包括:

(一)煤矿安全;

(二)非煤矿矿山安全;

(三)建筑施工安全;

(四)危险物品安全;

(五)其他安全。

第十条 取得资格证书的人员申请注册,按照下列程序办理:

(一)申请人向聘用单位提出申请,聘用单位同意后,将申请人按本规定第十一条、第十三条、第十四条规定的申请材料报送部门、省级注册机构;中央企业总公司(总厂、集团公司)经安全监管总局认可,可以将本企业申请人的申请材料直接报送安全监管总局;申请人和聘用单位应当对申请材料的真实性负责;

(二)部门、省级注册机构在收到申请人的申请材料后,应当作出是否受理的决定,并向申请人出具书面凭证;申请材料不齐全或者不符合要求,应当当场或者在5日内一次性告知申请人需要补正的全部内容。逾期不告知的,自收到申请材料之日起即为受理。部门、省级注册机构自受理申请之日起20日内将初步核查意见和全部申请材料报送安全监管总局;

(三)安全监管总局自收到部门、省级注册机构以及中央企业总公司(总厂、集团公司)报送的材料之日起20日内完成复审并作出书面决定。准予注册的,自作出决定之日起10日内,颁发执业证和执业印章,并在公众媒体上予以公告;不予注册的,应当书面说明理由。

第十一条 申请初始注册应当提交下列材料:

(一)注册申请表;

(二)申请人资格证书(复印件);

(三)申请人与聘用单位签订的劳动合同或者聘用文件(复印件);

(四)申请人有效身份证件或者身份证明(复印件)。

第十二条 申请人有下列情形之一的,不予注册:

(一)不具有完全民事行为能力的;

(二)在申请注册过程中有弄虚作假行为的;

(三)同时在两个或者两个以上聘用单位申请注册的;

(四)安全监管总局规定的不予注册的其他情形。

第十三条 注册有效期为3年,自准予注册之日起计算。

注册有效期满需要延续注册的,申请人应当在有效期满30日前,按照本规定第十条规定的程序提出申请。注册审批机关应当在有效期满前作出是否准予延续注册的决定;逾期未作决定的,视为准予延续。

申请延续注册,应当提交下列材料:

(一)注册申请表;

(二)申请人执业证;

(三)申请人与聘用单位签订的劳动合同或者聘用文件(复印件);

(四)聘用单位出具的申请人执业期间履职情况证明材料;

(五)注册有效期内达到继续教育要求的证明材料。

第十四条 在注册有效期内,注册安全工程师变更执业单位,应当按照本规定第十条规定的程序提出申请,办理变更注册手续。变更注册后仍延续原注册有效期。

申请变更注册,应当提交下列材料:

(一)注册申请表;

(二)申请人执业证;

(三)申请人与原聘用单位合同到期或解聘证明(复印件);

(四)申请人与新聘用单位签订的劳动合同或者聘用文件(复印件)。

注册安全工程师在办理变更注册手续期间不得执业。

第十五条　有下列情形之一的,注册安全工程师应当及时告知执业证和执业印章颁发机关;重新具备条件的,按照本规定第十一条、第十四条申请重新注册或者变更注册:

(一)注册有效期满未延续注册的;

(二)聘用单位被吊销营业执照的;

(三)聘用单位被吊销相应资质证书的;

(四)与聘用单位解除劳动关系的。

第十六条　执业证颁发机关发现有下列情形之一的,应当将执业证和执业印章收回,并办理注销注册手续:

(一)注册安全工程师受到刑事处罚的;

(二)有本规定第十五条规定情形之一未申请重新注册或者变更注册的;

(三)法律、法规规定的其他情形。

第三章　执　　业

第十七条　注册安全工程师的执业范围包括:

(一)安全生产管理;

(二)安全生产检查;

(三)安全评价或者安全评估;

(四)安全检测检验;

(五)安全生产技术咨询、服务;

(六)安全生产教育和培训;

(七)法律、法规规定的其他安全生产技术服务。

第十八条　注册安全工程师应当由聘用单位委派,并按照注册类别在规定的执业范围内执业,同时在出具的各种文件、报告上签字和加盖执业印章。

第十九条　生产经营单位的下列安全生产工作,应有注册安全工程师参与并签署意见:

(一)制定安全生产规章制度、安全技术操作规程和作业规程;

(二)排查事故隐患,制定整改方案和安全措施;

(三)制定从业人员安全培训计划;

(四)选用和发放劳动防护用品;

(五)生产安全事故调查;

(六)制定重大危险源检测、评估、监控措施和应急救援预案;

(七)其他安全生产工作事项。

第二十条　聘用单位应当为注册安全工程师建立执业活动档案,并保证档案内容的真实性。

第四章　权利和义务

第二十一条　注册安全工程师享有下列权利:

(一)使用注册安全工程师称谓;

(二)从事规定范围内的执业活动;

(三)对执业中发现的不符合安全生产要求的事项提出意见和建议;

(四)参加继续教育;

(五)使用本人的执业证和执业印章;

(六)获得相应的劳动报酬;

(七)对侵犯本人权利的行为进行申诉;

(八)法律、法规规定的其他权利。

第二十二条　注册安全工程师应当履行下列义务:

(一)保证执业活动的质量,承担相应的责任;

(二)接受继续教育,不断提高执业水准;

(三)在本人执业活动所形成的有关报告上署名;

(四)维护国家、公众的利益和受聘单位的合法权益;

(五)保守执业活动中的秘密;

(六)不得出租、出借、涂改、变造执业证和执业印章;

(七)不得同时在两个或者两个以上单位受聘执业;

(八)法律、法规规定的其他义务。

第五章　继续教育

第二十三条　继续教育按照注册类别分类进行。

注册安全工程师在每个注册周期内应当参加继续教育,时间累计不得少于48学时。

第二十四条　继续教育由部门、省级注册机构按照统一制定的大纲组织实施。中央企业注册安全工程师的继续教育可以由中央企业总公司(总厂、集团公司)组织实施。

继续教育应当由具备安全培训条件的机构承担。

第二十五条　煤矿安全、非煤矿矿山安全、危险物品安全(民用爆破器材安全除外)和其他安全类注册安全工程师继续教育大纲,由安全监管总局组织制定;建筑施工安全、民用爆破器材安全注册安全工程师继续教育大纲,由安全监管总局会同国务院有关主管部门组织制定。

第六章 监督管理

第二十六条 安全生产监督管理部门、煤矿安全监察机构和有关主管部门的工作人员应当坚持公开、公正、公平的原则，严格按照法律、行政法规和本规定，对申请注册的人员进行资格审查，颁发执业证和执业印章。

第二十七条 安全监管总局对准予注册以及注销注册、撤销注册、吊销执业证的人员名单向社会公告，接受社会监督。

第二十八条 对注册安全工程师的执业活动，安全生产监督管理部门、煤矿安全监察机构和有关主管部门应当进行监督检查。

第七章 罚则

第二十九条 安全生产监督管理部门、煤矿安全监察机构或者有关主管部门发现申请人、聘用单位隐瞒有关情况或者提供虚假材料申请注册的，应当不予受理或者不予注册；申请人一年内不得再次申请注册。

第三十条 未经注册擅自以注册安全工程师名义执业的，由县级以上安全生产监督管理部门、有关主管部门或者煤矿安全监察机构责令其停止违法活动，没收违法所得，并处三万元以下的罚款；造成损失的，依法承担赔偿责任。

第三十一条 注册安全工程师以欺骗、贿赂等不正当手段取得执业证的，由县级以上安全生产监督管理部门、有关主管部门或者煤矿安全监察机构处三万元以下的罚款；由执业证颁发机关撤销其注册，当事人三年内不得再次申请注册。

第三十二条 注册安全工程师有下列行为之一的，由县级以上安全生产监督管理部门、有关主管部门或者煤矿安全监察机构处三万元以下的罚款；由执业证颁发机关吊销其执业证，当事人五年内不得再次申请注册；造成损失的，依法承担赔偿责任；构成犯罪的，依法追究刑事责任：

（一）准许他人以本人名义执业的；

（二）以个人名义承接业务、收取费用的；

（三）出租、出借、涂改、变造执业证和执业印章的；

（四）泄漏执业过程中应当保守的秘密并造成严重后果的；

（五）利用执业之便，贪污、索贿、受贿或者谋取不正当利益的；

（六）提供虚假执业活动成果的；

（七）超出执业范围或者聘用单位业务范围从事执业活动的；

（八）法律、法规、规章规定的其他违法行为。

第三十三条 在注册工作中，工作人员有下列行为之一的，依照有关规定给予行政处分：

（一）利用职务之便，索取或者收受他人财物或者谋取不正当利益的；

（二）对发现不符合条件的申请人准予注册的；

（三）对符合条件的申请人不予注册的。

第八章 附则

第三十四条 获准在中华人民共和国境内就业的外籍人员及香港特别行政区、澳门特别行政区、台湾地区的专业人员，符合本规定要求的，按照本规定执行。

第三十五条 本规定自2007年3月1日起施行。原国家安全生产监督管理局2004年公布的《注册安全工程师注册管理办法》同时废止。

注册消防工程师管理规定

1. *2017年3月16日公安部令第143号发布*
2. *自2017年10月1日起施行*

第一章 总则

第一条 为了加强对注册消防工程师的管理，规范注册消防工程师的执业行为，保障消防安全技术服务与管理质量，根据《中华人民共和国消防法》，制定本规定。

第二条 取得注册消防工程师资格证书人员的注册、执业和继续教育及其监督管理，适用本规定。

第三条 本规定所称注册消防工程师，是指取得相应级别注册消防工程师资格证书并依法注册后，从事消防设施维护保养检测、消防安全评估和消防安全管理等工作的专业技术人员。

第四条 注册消防工程师实行注册执业管理制度。注册消防工程师分为一级注册消防工程师和二级注册消防工程师。

第五条 公安部消防局对全国注册消防工程师的注册、执业和继续教育实施指导和监督管理。

县级以上地方公安机关消防机构对本行政区域内注册消防工程师的注册、执业和继续教育实施指导和监督管理。

第六条 注册消防工程师应当严格遵守有关法律、法规和国家标准、行业标准，恪守职业道德和执业准则，增强服务意识和社会责任感，不断提高专业素质和业务水平。

第七条　鼓励依托消防协会成立注册消防工程师行业协会。注册消防工程师行业协会应当依法登记和开展活动,加强行业自律管理,规范执业行为,促进行业健康发展。

注册消防工程师行业协会不得从事营利性社会消防技术服务活动,不得通过制定行业规则或者其他方式妨碍公平竞争,损害他人利益和社会公共利益。

第二章　注　　册

第八条　取得注册消防工程师资格证书的人员,必须经过注册,方能以相应级别注册消防工程师的名义执业。

未经注册,不得以注册消防工程师的名义开展执业活动。

第九条　省、自治区、直辖市公安机关消防机构(以下简称省级公安机关消防机构)是一级、二级注册消防工程师的注册审批部门。

第十条　注册消防工程师的注册分为初始注册、延续注册和变更注册。

第十一条　申请注册的人员,应当同时具备以下条件:

(一)依法取得注册消防工程师资格证书;

(二)受聘于一个消防技术服务机构或者消防安全重点单位,并担任技术负责人、项目负责人或者消防安全管理人;

(三)无本规定第二十三条所列情形。

第十二条　申请注册的人员,应当通过聘用单位向单位所在地(企业工商注册地)的省级或者地市级公安机关消防机构提交注册申请材料。

申请注册的人员,拟在消防技术服务机构的分支机构所在地开展执业活动的,应当通过该分支机构向其所在地的省级或者地市级公安机关消防机构提交注册申请材料。

第十三条　公安机关消防机构收到注册申请材料后,对申请材料齐全、符合法定形式的,应当出具受理凭证;不予受理的,应当出具不予受理凭证并载明理由。对申请材料不齐全或者不符合法定形式的,应当当场或者在五日内一次告知申请人需要补正的全部内容,逾期不告知的,自收到申请材料之日起即为受理。

地市级公安机关消防机构受理注册申请后,应当在三日内将申请材料送至省级公安机关消防机构。

第十四条　省级公安机关消防机构应当自受理之日起二十日内对申请人条件和注册申请材料进行审查并作出注册决定。在规定的期限内不能作出注册决定的,经省级公安机关消防机构负责人批准,可以延长十日,并应当将延长期限的理由告知申请人。

第十五条　省级公安机关消防机构应当自作出注册决定之日起十日内颁发相应级别的注册证、执业印章,并向社会公告;对作出不予注册决定的,应当出具不予注册决定书并载明理由。

注册消防工程师的注册证、执业印章式样由公安部消防局统一制定,省级公安机关消防机构组织制作。

第十六条　注册证、执业印章的有效期为三年,自作出注册决定之日起计算。

申请人领取一级注册消防工程师注册证、执业印章时,已经取得二级注册消防工程师注册证、执业印章的,应当同时将二级注册消防工程师注册证、执业印章交回。

第十七条　申请初始注册的,应当自取得注册消防工程师资格证书之日起一年内提出。

本规定施行前已经取得注册消防工程师资格但尚未注册的,应当在本规定施行之日起一年内提出申请。

逾期未申请初始注册的,应当参加继续教育,并在达到继续教育的要求后方可申请初始注册。

第十八条　申请初始注册应当提交下列材料:

(一)初始注册申请表;

(二)申请人身份证明材料、注册消防工程师资格证书等复印件;

(三)聘用单位消防技术服务机构资质证书副本复印件或者消防安全重点单位证明材料;

(四)与聘用单位签订的劳动合同或者聘用文件复印件,社会保险证明或者人事证明复印件。

聘用单位同时申请消防技术服务机构资质的,申请人无需提供前款第三项规定的材料。

逾期申请初始注册的,还应当提交达到继续教育要求的证明材料。

第十九条　注册有效期满需继续执业的,应当在注册有效期届满三个月前,按照本规定第十二条的规定申请延续注册,并提交下列材料:

(一)延续注册申请表;

(二)原注册证、执业印章;

(三)与聘用单位签订的劳动合同或者聘用文件复印件,社会保险证明或者人事证明复印件;

(四)符合本规定第二十九条第二款规定的执业业绩证明材料;

(五)继续教育的证明材料。

第二十条　注册消防工程师在注册有效期内发生下列情

形之一的，应当按照本规定第十二条的规定申请变更注册：

（一）变更聘用单位的；

（二）聘用单位名称变更的；

（三）注册消防工程师姓名变更的。

第二十一条 申请变更注册，应当提交变更注册申请表、原注册证和执业印章，以及下列变更事项证明材料：

（一）注册消防工程师变更聘用单位的，提交新聘用单位的消防技术服务机构资质证书副本复印件或者消防安全重点单位证明材料，与新聘用单位签订的劳动合同或者聘用文件复印件，社会保险证明或者人事证明复印件，与原聘用单位解除（终止）工作关系证明；

（二）注册消防工程师聘用单位名称变更的，提交变更后的单位工商营业执照等证明文件复印件；

（三）注册消防工程师姓名变更的，提交户籍信息变更材料。

变更注册后，有效期仍延续原注册有效期。原注册有效期届满在半年以内的，可以同时提出延续注册申请；准予延续的，注册有效期重新计算。

第二十二条 注册消防工程师在申请变更注册之日起，至注册审批部门准予其变更注册之前不得执业。

第二十三条 申请人有下列情形之一的，不予注册：

（一）不具有完全民事行为能力或者年龄超过70周岁的；

（二）申请在非消防技术服务机构、非消防安全重点单位，或者两个以上消防技术服务机构、消防安全重点单位注册的；

（三）刑事处罚尚未执行完毕，或者因违法执业行为受到刑事处罚，自刑事处罚执行完毕之日起至申请注册之日止不满五年的；

（四）未达到继续教育、执业业绩要求的；

（五）因存在本规定第五十条违法行为被撤销注册，自撤销注册之日起至申请注册之日止不满三年的；

（六）因存在本规定第五十五条第二项、第五十六条、第五十七条违法执业行为之一被注销注册，自注销注册之日起至申请注册之日止不满三年的；

（七）因存在本规定第五十五条第一项、第三项违法执业行为之一被注销注册，自注销注册之日起至申请注册之日止不满一年的；

（八）因违法执业行为受到公安机关消防机构行政处罚，未履行完毕的。

第二十四条 注册消防工程师注册证、执业印章遗失的，应当及时向原注册审批部门备案。

注册消防工程师注册证或者执业印章遗失、污损需要补办、更换的，应当持聘用单位和本人共同出具的遗失说明，或者污损的原注册证、执业印章，向原注册审批部门申请补办、更换。原注册审批部门应当自受理之日起十日内办理完毕。补办、更换的注册证、执业印章有效期延续原注册有效期。

第三章 执　　业

第二十五条 注册证、执业印章是注册消防工程师的执业凭证，由注册消防工程师本人保管、使用。

第二十六条 一级注册消防工程师可以在全国范围内执业；二级注册消防工程师可以在注册所在省、自治区、直辖市范围内执业。

第二十七条 一级注册消防工程师的执业范围包括：

（一）消防技术咨询与消防安全评估；

（二）消防安全管理与消防技术培训；

（三）消防设施维护保养检测（含灭火器维修）；

（四）消防安全监测与检查；

（五）火灾事故技术分析；

（六）公安部或者省级公安机关规定的其他消防安全技术工作。

第二十八条 二级注册消防工程师的执业范围包括：

（一）除100米以上公共建筑、大型的人员密集场所、大型的危险化学品单位外的火灾高危单位消防安全评估；

（二）除250米以上公共建筑、大型的危险化学品单位外的消防安全管理；

（三）单体建筑面积4万平方米以下建筑的消防设施维护保养检测（含灭火器维修）；

（四）消防安全监测与检查；

（五）公安部或者省级公安机关规定的其他消防安全技术工作。

省级公安机关消防机构应当结合实际，根据上款规定确定本地区二级注册消防工程师的具体执业范围。

第二十九条 注册消防工程师的执业范围应当与其聘用单位业务范围和本人注册级别相符合，本人的执业范围不得超越其聘用单位的业务范围。

受聘于消防技术服务机构的注册消防工程师，每个注册有效期应当至少参与完成3个消防技术服务项目；受聘于消防安全重点单位的注册消防工程师，一个年度内应当至少签署1个消防安全技术文件。

注册消防工程师的聘用单位应当加强对本单位注

册消防工程师的管理,对其执业活动依法承担法律责任。

第三十条　下列消防安全技术文件应当以注册消防工程师聘用单位的名义出具,并由担任技术负责人、项目负责人或者消防安全管理人的注册消防工程师签名,加盖执业印章:

(一)消防技术咨询、消防安全评估、火灾事故技术分析等书面结论文件;

(二)消防安全重点单位年度消防工作综合报告;

(三)消防设施维护保养检测书面结论文件;

(四)灭火器维修合格证;

(五)法律、法规规定的其他消防安全技术文件。

修改经注册消防工程师签名盖章的消防安全技术文件,应当由原注册消防工程师进行;因特殊情况,原注册消防工程师不能进行修改的,应当由其他相应级别的注册消防工程师修改,并签名、加盖执业盖章,对修改部分承担相应的法律责任。

第三十一条　注册消防工程师享有下列权利:

(一)使用注册消防工程师称谓;

(二)保管和使用注册证和执业印章;

(三)在规定的范围内开展执业活动;

(四)对违反相关法律、法规和国家标准、行业标准的行为提出劝告,拒绝签署违反国家标准、行业标准的消防安全技术文件;

(五)参加继续教育;

(六)依法维护本人的合法执业权利。

第三十二条　注册消防工程师应当履行下列义务:

(一)遵守和执行法律、法规和国家标准、行业标准;

(二)接受继续教育,不断提高消防安全技术能力;

(三)保证执业活动质量,承担相应的法律责任;

(四)保守知悉的国家秘密和聘用单位的商业、技术秘密。

第三十三条　注册消防工程师不得有下列行为:

(一)同时在两个以上消防技术服务机构,或者消防安全重点单位执业;

(二)以个人名义承接执业业务、开展执业活动;

(三)在聘用单位出具的虚假、失实消防安全技术文件上签名、加盖执业印章;

(四)变造、倒卖、出租、出借,或者以其他形式转让资格证书、注册证或者执业印章;

(五)超出本人执业范围或者聘用单位业务范围开展执业活动;

(六)不按照国家标准、行业标准开展执业活动,减少执业活动项目内容、数量,或者降低执业活动质量;

(七)违反法律、法规规定的其他行为。

第四章　继续教育

第三十四条　注册消防工程师在每个注册有效期内应当达到继续教育要求。具有注册消防工程师资格证书的非注册人员,应当持续参加继续教育,并达到继续教育要求。

第三十五条　公安部消防局统一管理全国注册消防工程师的继续教育工作,组织制定一级注册消防工程师的继续教育规划和计划。

省级公安机关消防机构负责本行政区域内一级、二级注册消防工程师继续教育的组织实施和管理,组织制定二级注册消防工程师的继续教育规划和计划。省级公安机关消防机构可以委托教育培训机构实施继续教育。

第三十六条　注册消防工程师继续教育可以按照注册级别,采取集中面授、网络教学等多种形式进行。

第三十七条　对达到继续教育要求的注册消防工程师,实施继续教育培训的机构应当出具证明材料。

第五章　监督管理

第三十八条　县级以上公安机关消防机构依照有关法律、法规和本规定,对本行政区域内注册消防工程师的执业活动实施监督管理。

注册消防工程师及其聘用单位对公安机关消防机构依法进行的监督管理应当协助与配合,不得拒绝或者阻挠。

第三十九条　省级公安机关消防机构应当制定对注册消防工程师执业活动的监督抽查计划。县级以上地方公安机关消防机构应当根据监督抽查计划,结合日常消防监督检查工作,对注册消防工程师的执业活动实施监督抽查。

公安机关消防机构对注册消防工程师的执业活动实施监督抽查时,检查人员不得少于两人,并应当表明执法身份。

第四十条　公安机关消防机构对发现的注册消防工程师违法执业行为,应当责令立即改正或者限期改正,并依法查处。

公安机关消防机构对注册消防工程师作出处理决定后,应当在作出处理决定之日起七日内将违法执业事实、处理结果或者处理建议抄告原注册审批部门。原注册审批部门收到抄告后，应当依法作出责令停止执业、注销注册或者吊销注册证等处理。

第四十一条　公安机关消防机构工作人员滥用职权、玩忽职守作出准予注册决定的，作出决定的公安机关消防机构或者其上级公安机关消防机构可以撤销注册。

第四十二条　注册消防工程师有下列情形之一的，注册审批部门应当予以注销注册，并将其注册证、执业印章收回或者公告作废：

（一）不具有完全民事行为能力或者年龄超过70周岁的；

（二）申请注销注册或者注册有效期满超过三个月未延续注册的；

（三）被撤销注册、吊销注册证的；

（四）在一个注册有效期内有本规定第五十五条第二项、第五十六条、第五十七条所列情形一次以上，或者第五十五条第一项、第三项所列情形两次以上的；

（五）执业期间受到刑事处罚的；

（六）聘用单位破产、解散、被撤销，或者被注销消防技术服务机构资质的；

（七）与聘用单位解除（终止）工作关系超过三个月的；

（八）法律、行政法规规定的其他情形。

被注销注册的人员在具备初始注册条件后，可以重新申请初始注册。

第四十三条　公安机关消防机构实施监督检查时，有权采取下列措施：

（一）查看注册消防工程师的注册证、执业印章、签署的消防安全技术文件和社会保险证明；

（二）查阅注册消防工程师聘用单位、服务单位相关资料，询问有关事项；

（三）实地抽查注册消防工程师执业活动情况，核查执业活动质量；

（四）法律、行政法规规定的其他措施。

第四十四条　公安机关消防机构实施监督检查时，应当重点抽查下列情形：

（一）注册消防工程师聘用单位是否符合要求；

（二）注册消防工程师是否具备注册证、执业印章；

（三）是否存在违反本规定第三十条、第三十三条规定的情形。

第四十五条　公安机关消防机构对注册消防工程师执业活动中的违法行为除给予行政处罚外，实行违法行为累积记分制度。

累积记分管理的具体办法，由公安部制定。

第四十六条　注册消防工程师聘用单位应当建立本单位注册消防工程师的执业档案，并确保执业档案真实、准确、完整。

第四十七条　任何单位和个人都有权对注册消防工程师执业活动中的违法行为和公安机关消防机构及其工作人员监督管理工作中的违法行为进行举报、投诉。

公安机关消防机构接到举报、投诉后，应当及时进行核查、处理。

第六章　法律责任

第四十八条　注册消防工程师及其聘用单位违反本规定的行为，法律、法规已经规定法律责任的，依照有关规定处理。

第四十九条　隐瞒有关情况或者提供虚假材料申请注册的，公安机关消防机构不予受理或者不予许可，申请人在一年内不得再次申请注册；聘用单位为申请人提供虚假注册申请材料的，同时对聘用单位处一万元以上三万元以下罚款。

第五十条　申请人以欺骗、贿赂等不正当手段取得注册消防工程师资格注册的，原注册审批部门应当撤销其注册，并处一万元以下罚款；申请人在三年内不得再次申请注册。

第五十一条　未经注册擅自以注册消防工程师名义执业，或者被依法注销注册后继续执业的，责令停止违法活动，处一万元以上三万元以下罚款。

第五十二条　注册消防工程师有需要变更注册的情形，未经注册审批部门准予变更注册而继续执业的，责令改正，处一千元以上一万元以下罚款。

第五十三条　注册消防工程师聘用单位出具的消防安全技术文件，未经注册消防工程师签名或者加盖执业印章的，责令改正，处一千元以上一万元以下罚款。

第五十四条　注册消防工程师未按照国家标准、行业标准开展执业活动，减少执业活动项目内容、数量，或者执业活动质量不符合国家标准、行业标准的，责令改正，处一千元以上一万元以下罚款。

第五十五条　注册消防工程师有下列行为之一的，责令改正，处一万元以上二万元以下罚款：

（一）以个人名义承接执业业务、开展执业活动的；

（二）变造、倒卖、出租、出借或者以其他形式转让

资格证书、注册证、执业印章的;

(三)超出本人执业范围或者聘用单位业务范围开展执业活动的。

第五十六条　注册消防工程师同时在两个以上消防技术服务机构或者消防安全重点单位执业的,依据《社会消防技术服务管理规定》第四十七条第二款的规定处罚。

第五十七条　注册消防工程师在聘用单位出具的虚假、失实消防安全技术文件上签名或者加盖执业印章的,依据《中华人民共和国消防法》第六十九条的规定处罚。

第五十八条　本规定规定的行政处罚,除第五十条、第五十七条另有规定的外,由违法行为地的县级以上公安机关消防机构决定。

第五十九条　注册消防工程师对公安机关消防机构在注册消防工程师监督管理中作出的具体行政行为不服的,可以依法申请行政复议或者提起行政诉讼。

第六十条　公安机关消防机构工作人员有下列行为之一,尚不构成犯罪的,依法给予处分;构成犯罪的,依法追究刑事责任:

(一)超越法定职权、违反法定程序或者对不符合法定条件的申请人准予注册的;

(二)对符合法定条件的申请人不予受理、注册或者拖延办理的;

(三)利用职务上的便利,索取或者收受他人财物或者谋取不正当利益的;

(四)不依法履行监督管理职责或者发现违法行为不依法处理的。

第七章　附　　则

第六十一条　本规定中的"日"是指工作日,不含法定节假日;"以上"、"以下"包括本数、本级。

第六十二条　本规定自2017年10月1日起施行。

国家综合性消防救援队伍消防员招录办法

1. 2021年7月29日人力资源社会保障部、应急管理部发布施行

2. 人社部发〔2021〕58号

第一章　总　　则

第一条　为规范国家综合性消防救援队伍消防员招录工作,建设对党忠诚、纪律严明、赴汤蹈火、竭诚为民的消防救援队伍,依据《中华人民共和国消防法》、《中华人民共和国消防救援衔条例》等法律法规,制定本办法。

第二条　消防员招录工作实行计划管理,严格招录标准,遵循公开公正、平等自愿、竞争择优的原则。

第三条　人力资源社会保障部、应急管理部主管全国消防员招录工作。应急管理部统一组织实施招录工作。

第四条　国家综合性消防救援队伍各总队联合应急管理等厅(局)成立省级消防员招录工作组织,负责招录具体工作。人力资源社会保障等厅(局)进行政策指导和提供服务。

第二章　招录条件与范围

第五条　消防员招录对象应当具备下列基本条件:

(一)具有中华人民共和国国籍;

(二)遵守宪法和法律,拥护中国共产党领导和社会主义制度;

(三)志愿加入国家综合性消防救援队伍;

(四)年龄为18周岁以上、22周岁以下;

(五)具有高中以上文化程度;

(六)身体和心理健康;

(七)具有良好的品行;

(八)法律、法规规定的其他条件。

第六条　大学专科以上学历人员、解放军和武警部队退役士兵、具有2年以上灭火救援实战经验的政府专职消防队员和政府专职林业扑火队员,年龄可以放宽至24周岁;对消防救援工作急需的特殊专业人才,经应急管理部批准年龄可以进一步放宽,原则上不超过28周岁。

第七条　消防员面向社会公开招录,主要从本省级行政区域常住人口中招录,根据需要也可以面向其他省份招录。

第三章　招 录 程 序

第八条　各省级消防员招录工作组织根据消防员编配情况和工作需要提出招录需求,报应急管理部汇总审核,应急管理部会同人力资源社会保障部下达年度招录计划。

招录计划应当包括编制员额、在编人数、超缺编情况、拟招录数量和拟招录地区等内容。

第九条　消防员招录按照宣传动员、组织报名、资格审查、体格检查、政治考核、体能测试和岗位适应性测试、心理测试和面试、公示、录用等程序组织实施。具体顺序可以根据招录工作需要予以调整。

(一)宣传动员。统一发布消防员招录公告,通过网络、报刊、电视等，广泛开展政策咨询和宣传动员。

（二）组织报名。一般采用网上报名的方式。招录对象在规定时间内登录网上招录平台录入报名信息。

（三）资格审查。对报名信息进行网上初审，对证件证书等原件进行现场复核。

（四）体格检查。体格检查应当在指定的市级以上综合性医院进行，标准参照《应征公民体格检查标准》（陆勤人员）执行。

招录对象对体格检查结果有疑问的，经省级消防员招录工作组织同意，可以进行一次复检，体格检查结果以复检结论为准。对可以通过服用药物或者其他治疗手段影响检查结果的项目不予复检。

（五）政治考核。参照征兵政治考核要求，按照规定程序严格考核招录对象的政治面貌、宗教信仰、政治言行等，对具有《征兵政治考核工作规定》第八条、第九条所列情形的，政治考核不得通过。同时，应当对招录对象的个人基本信息、文化程度、毕业（就读）学校、主要经历、现实表现、奖惩情况以及家庭成员、主要社会关系成员的政治情况等进行全面核查了解，并审核人事档案。

（六）体能测试和岗位适应性测试。体能测试主要考察招录对象肌肉力量、肌肉耐力和柔韧素质等；岗位适应性测试主要考察招录对象协调能力、空间位置感知以及对高空、黑暗环境的心理适应度。

体能测试、岗位适应性测试项目及标准由应急管理部制定。

（七）心理测试和面试。心理测试主要考察招录对象的心理承受和自我调节能力；面试主要考察招录对象的身体形态、仪容仪表、语言表达、交流沟通能力等内容。

（八）公示。根据招录对象政治考核、体格检查、体能测试和岗位适应性测试、心理测试和面试等情况，择优提出拟录用人员名单，面向社会公示，公示时间不少于5个工作日。

（九）录用。公示期满，根据公示情况，确定录用人员名单。对没有问题或者反映问题不影响录用的，按照规定程序办理录用手续；对有严重问题并查有实据的，不予录用；对反映有严重问题，但一时难以查实的，暂缓录用，待查实并作出结论后再决定是否录用。

录用人员名单送人力资源社会保障等部门备案。

第十条　消防员录用后须填写《献身消防救援事业志愿书》。省级消防员招录工作组织核发《消防员入职批准书》，并调取录用人员档案。

第十一条　新录用消防员须参加为期一年的入职训练。训练期间待遇按照预备消防士（一档）标准执行。

入职训练3个月内，进行政治考核复查、体格检查复检、心理测试复测，不符合招录条件的，取消录用。

第十二条　消防员入职训练期满考核合格的，正式授衔定级；考核不合格，或者有其他不适宜从事消防救援工作情形的，取消录用。

第十三条　新录用消防员工作5年（含入职训练期）内不得辞职。非正当原因擅自离职的，此后不得再次参加消防员招录，并记入相关人员信用记录。

消防员被取消录用、擅自离职等，其人事档案按照有关规定进行转递。

第四章　纪律与监督

第十四条　消防员招录坚持信息公开、过程公开、结果公开，主动接受监督。招录工作实行回避制度，回避情形参照《事业单位人事管理回避规定》执行。

第十五条　应急管理、人力资源社会保障等部门应当认真履行职责，及时受理相关举报，按有关规定调查处理，对消防员招录过程中违纪违规的行为及时予以制止和纠正，保证招录工作公开、公平、公正。

第十六条　消防员招录单位在招录工作中有下列行为之一的，责令其限期改正；逾期不改正的，对直接负责的主管人员和其他直接责任人员依法依规给予处分：

（一）未按照招录计划组织招录的；

（二）未按照招录条件进行资格审查的；

（三）未按照规定程序组织考核选拔的；

（四）未按照规定公示拟录用人员名单的；

（五）其他应当责令改正的违纪违规行为。

第十七条　消防员招录工作人员有下列行为之一的，由相关部门给予处分，并将其调离消防员招录工作岗位，不得再从事招录工作；构成犯罪的，依法追究刑事责任：

（一）指使、纵容他人作弊，或者在考核选拔过程中参与作弊的；

（二）在保密期限内，泄露面试评分要素等应当保密的信息的；

（三）玩忽职守，造成不良影响的；

（四）其他严重违纪违规行为。

第十八条　招录对象有下列情形之一的，按照有关规定给予相应处理：

（一）伪造、涂改证件、证明等报名材料，或者以其他不正当手段获取招录资格的；

（二）提供的涉及招录资格的申请材料或者信息

不实,且影响资格审查结果的;

(三)作弊、串通作弊或者参与有组织作弊的;

(四)拒绝、妨碍工作人员履行管理职责的;

(五)威胁、侮辱、诽谤、诬陷工作人员或者其他招录对象的;

(六)其他扰乱招录工作秩序的违纪违规行为。

第五章　附　　则

第十九条　消防员招录所需经费,由财政分级保障。

第二十条　本办法由人力资源社会保障部、应急管理部共同负责解释。

第二十一条　本办法自颁布之日起施行。2018 年 12 月 23 日印发的《人力资源社会保障部 应急管理部关于印发〈国家综合性消防救援队伍消防员招录办法(试行)〉的通知》(人社部规〔2018〕5 号)同时废止。

附件:消防员入职批准书(略)

企业事业单位专职消防队组织条例

1. 1987 年 1 月 19 日国家经济贸易委员会、公安部、劳动人事部、财政部发布

2. 〔87〕公发 1 号

第一章　总　　则

第一条　为加强企业事业单位专职消防队的建设,保障本企业事业单位的消防安全,根据《中华人民共和国消防条例》第十七条的规定,制定本条例。

第二条　企业事业单位专职消防队(简称专职消防队)必须贯彻"预防为主,防消结合"的方针,切实做好本单位的防火、灭火工作。需要时,应协同公安消防队扑救外单位火灾。

第三条　专职消防队由厂长、经理等单位负责人领导,日常工作由本单位公安、保卫或安全技术部门管理,在业务上接受当地公安消防监督部门的指导。

第四条　专职消防队的建立和人员编制,均应以企业事业单位的实际需要为原则,经费由建队单位承担。企业单位专职消防队的建立或撤销,须经当地公安消防监督部门会同企业单位主管部门商定;事业单位设置专职消防队和人员编制,要报编制部门批准。单位领导决定消防队干部的任免、调动时,应当征求当地公安消防监督部门的意见。

第二章　建　　队

第五条　下列单位应当建立专职消防队:

(一)火灾危险性大,距离当地公安消防队(站)较远的大、中型企业事业单位;

(二)重要的港口、码头、飞机航站;

(三)专用仓库、储油或储气基地;

(四)国家列为重点文物保护的古建筑群;

(五)当地公安消防监督部门认为应当建立专职消防队的其他单位。

第六条　企业专职消防队的人员和消防车配备数量,由建队单位和当地公安消防监督部门商定;事业单位专职消防队人员数量,由编制部门审批。

第七条　本单位设置两个以上专职消防队、人数在一百人左右的,可以成立专职消防大队;设置五个以上专职消防队、人数在二百人左右的,可以成立专职消防支队。

第三章　火 灾 预 防

第八条　专职消防队要建立防火责任制,定期深入责任区进行防火检查,督促消除火险隐患,建立防火档案。

第九条　专职消防队要在本单位开展消防宣传活动,普及消防常识,推动消防安全制度的贯彻落实,并负责训练义务消防队。

第十条　在本单位改变生产、储存物资的性质、变更原材料、产品以及需要进行新建、扩建、改建工程施工时,专职消防队应当向单位领导和有关部门提出改进消防安全措施的意见和建议。

第十一条　专职消防队应当定期向主管领导和公安消防监督部门汇报消防工作。发现违反消防法规的情况,应当及时提出纠正意见。如不采纳,可向本单位领导和当地公安消防监督部门报告。

第四章　执 勤 备 战

第十二条　专职消防队的执勤、灭火战斗、业务训练应当参照执行公安部发布的《公安消防队执勤条令》、《公安消防队灭火战斗条令》和《消防战士基本功训练规定》。

第十三条　专职消防队应当加强灭火战术、技术的训练,对本单位的重点保卫部位必须制定灭火作战方案,进行实地演练,不断提高业务素质和灭火战斗能力。

第十四条　专职消防队要随时做好灭火战斗准备,一旦发生火灾要立即扑救,及时抢救人员和物资,并向公安消防监督部门报告。当接到消防监督部门的外出灭火调令时,应当迅速出动,听从指挥。

第十五条　专职消防队要建立正规的执勤秩序,实行昼夜执勤制度并加强节假日执勤。执勤人员要坚守岗位，不得擅离职守。

第十六条 专职消防队的执勤人员，由执勤队长、战斗（班）员、驾驶员和电话员组成。执勤队长由队长、指导员轮流担任。每辆水罐消防车或泡沫消防车，执勤战斗员不少于五名；每辆轻便消防车执勤战斗员不少于三名；特种消防车（艇）的执勤战斗员根据需要配备。

第五章 消防队员

第十七条 专职消防队队员条件是：热爱消防工作，身体健康，具有初中以上文化程度，年龄在十八岁以上、三十岁以下的男性公民。

第十八条 专职消防队的队员，应当优先在本单位职工中选调。不足时，应当在国家劳动工资计划指标内先从城镇待业人员中招收；必要时经省、自治区、直辖市人民政府批准，可以从农村青年中招收（户粮关系不转）。新招消防队员，根据工作需要确定用工形式，可以招用五年以上的长期工、一年至五年的短期工和定期轮换工，但不论采取哪一种用工形式，都应当执行劳动合同制的有关规定。

第十九条 专职消防队在不影响执勤备战和业务训练的前提下，要有组织有计划地开展培养两用人才活动，为离队后的工作安排创造条件。

第二十条 专职消防队的队长或指导员应当由干部担任。

第六章 工资福利

第二十一条 专职消防队人员实行本单位工资奖金制度，享受本单位生产职工同等保险福利待遇。离队后，按新的岗位确定待遇。

第二十二条 从社会上招收的专职消防队人员的转正定级和工资待遇及以后的晋级，按照国家有关政策和本单位有关规定执行。

第二十三条 专职消防队人员因执勤需要集体住宿必需的营具，由建队单位购置。

第二十四条 专职消防队人员在业务训练、灭火战斗中受伤、致残、死亡，应当按照本单位执行的有关劳动保险或伤亡抚恤规定办理；壮烈牺牲符合《革命烈士褒扬条例》规定的革命烈士条件的，可以按规定的审批手续，申请批准为革命烈士。

第二十五条 专职消防队人员着上绿下蓝制式服装，佩戴领章、帽徽。式样、供应标准和价拨办法由公安部商有关部门另定。

第七章 经费

第二十六条 企业单位的消防维护费和日常经费（如消防队员的工资、消防用材料物资）应在企业管理费中列支；支付给消防队员的奖金、福利应在企业奖励基金和职工福利基金中列支；购置的消防器材属于固定资产的，应在企业更新改造基金、生产发展基金中列支。

第二十七条 专职消防队的营房设施，参照执行公安部颁发的《消防站建筑设计标准》，由建队单位负责营建。

第二十八条 专职消防队所需消防车（艇）、器材、油料、通讯设备和人员的战斗装备等，应当做出计划，报本单位领导批准购置。

第二十九条 专职消防队为外单位扑救火灾消耗的燃料、灭火剂以及器材装备的折损等费用，应当根据有关规定按照实际消耗给予补偿。

第八章 附则

第三十条 各省、自治区、直辖市公安机关可以根据本条例，结合当地实际情况，制定具体实施办法。

第三十一条 本条例由国家经委、公安部、劳动人事部、财政部联合制定，由公安部负责解释。

第三十二条 本条例自发布之日起施行。

煤矿安全监察员管理办法

1. *2003年6月13日国家安全生产监督管理局、国家煤矿安全监察局令第2号公布*
2. *根据2015年6月8日国家安全生产监督管理总局令第81号《关于修改〈煤矿安全监察员管理办法〉等五部煤矿安全规章的决定》修正*

第一条 为加强和规范煤矿安全监察员管理工作，保障煤矿安全监察员依法行政，根据《公务员法》、《安全生产法》、《煤矿安全监察条例》等法律法规，制定本办法。

第二条 煤矿安全监察机构实行煤矿安全监察员制度。煤矿安全监察员是从事煤矿安全监察和行政执法工作的国家公务员。

第三条 国家安全生产监督管理总局、省级煤矿安全监察局按干部管理权限对煤矿安全监察员实行分级管理。

第四条 煤矿安全监察员除符合国家公务员的条件外，还应当具备下列条件：

（一）热爱煤矿安全监察工作，熟悉国家有关煤矿安全的方针、政策、法律、法规、规章、标准、规程；

（二）熟悉煤矿安全监察业务，具有煤矿安全方面

的专业知识;

(三)具有大学专科以上学历;

(四)符合国家煤矿安全监察机构规定的工作经历和年龄要求;

(五)身体健康,适应煤矿安全监察工作需要。

第五条　煤矿安全监察员由国家安全生产监督管理总局考核,并颁发煤矿安全监察执法证。

第六条　煤矿安全监察员按照法律行政法规规定的职责实施煤矿安全监察,不受任何组织和个人的非法干涉,煤矿及其有关人员不得拒绝、阻挠。

第七条　煤矿安全监察员依法履行下列职责:

(一)依照安全生产法、煤矿安全监察条例和其他有关安全生产的法律、法规、规章、标准,对煤矿安全实施监察;

(二)对划定区域内的煤矿安全情况实施经常性安全检查和重点检查;

(三)查处煤矿安全违法行为,依法作出现场处理决定或提出实施行政处罚的意见;

(四)参与煤矿建设项目安全设施设计审查以及对建设单位竣工验收活动和验收结果的监督核查;

(五)监督检查煤矿职业危害的防治工作;

(六)参加煤矿伤亡事故的应急救援、调查和处理工作;

(七)法律、法规规定由煤矿安全监察员履行的其他职责。

第八条　煤矿安全监察员履行安全监察职责,具有下列权力:

(一)有权随时进入煤矿作业场所进行检查,调阅有关资料,参加煤矿安全生产会议,向有关单位或者人员了解情况;

(二)在检查中发现影响煤矿安全的违法行为,有权当场予以纠正或者要求限期改正;

(三)进行现场检查时,发现存在事故隐患的,有权要求煤矿立即消除或者限期解决;发现威胁职工生命安全的紧急情况时,有权要求立即停止作业,下达立即从危险区域内撤出作业人员的命令,并立即将紧急情况和处理措施报告煤矿安全监察机构;

(四)发现煤矿作业场所的瓦斯、粉尘或者其他有毒有害气体的浓度超过国家安全标准或者行业安全标准的,煤矿擅自开采保安煤柱的,或者采用危及相邻煤矿生产安全的决水、爆破、贯通巷道等危险方法进行采矿作业的,有权责令立即停止作业,并将有关情况报告煤矿安全监察机构;

(五)发现煤矿矿长或者其他主管人员违章指挥工人或者强令工人违章、冒险作业,或者发现工人违章作业的,有权立即责令纠正或者责令立即停止作业;

(六)发现煤矿使用的设施、设备、器材、劳动防护用品不符合国家安全标准或者行业安全标准的,有权责令其停止使用;需要查封或者扣押的,应当及时报告煤矿安全监察机构依法处理;

(七)法律、法规赋予的其他权力。

第九条　煤矿安全监察机构应当为煤矿安全监察员提供履行职责所需的装备和劳动防护用品。

煤矿安全监察员下井工作,享受井下工作津贴。

第十条　煤矿安全监察员履行安全监察职责,应当向当事人和有关人员出示煤矿安全监察员证。

煤矿安全监察员证只限本人使用,不得伪造、买卖或转借他人。

第十一条　煤矿安全监察员在执行公务时,涉及本人或者涉及本人有关亲属的利害关系的,应当回避。

第十二条　煤矿安全监察员发现煤矿存在事故隐患或危及煤矿安全的违法行为应当及时处理或者向煤矿安全监察机构报告。

煤矿安全监察员对每次安全检查的时间、地点、内容、发现的问题及其处理情况,应当作详细记录、填写执法文书,并由参加检查的煤矿安全监察员签名后归档。

煤矿安全监察员发出安全监察指令,应当填写执法文书并送达行政相对人。

第十三条　煤矿安全监察员应当依法履行煤矿安全监察职责,保守国家秘密和工作秘密,维护国家利益和当事人的合法权益。

第十四条　煤矿安全监察员不得接受煤矿的任何馈赠、报酬、福利待遇,不得在煤矿报销任何费用,不得参加煤矿安排、组织或者支付费用的宴请、娱乐、旅游、出访等活动,不得借煤矿安全监察工作在煤矿为自己、亲友或者他人谋取利益。

第十五条　煤矿安全监察机构负责制定煤矿安全监察员培训规划和办法,组织实施对煤矿安全监察员的岗前培训、年度轮训、特殊培训。煤矿安全监察员每三年应当接受不少于一个月的脱产培训。

第十六条　煤矿安全监察机构应当建立健全煤矿安全监察员的监督约束制度。

煤矿安全监察机构的行政监察部门依照行政监察法的规定,对煤矿安全监察员履行工作职责实施行政监察。

煤矿安全监察机构应当及时受理任何单位和个人对煤矿安全监察员违法违纪行为的检举和控告。

煤矿安全监察员应当自觉接受有关部门、煤矿及其职工和社会的监督。

第十七条 煤矿安全监察员实行定期交流轮岗制度。

第十八条 煤矿安全监察机构按照管理权限和国家有关规定对煤矿安全监察员的德、能、勤、绩、廉进行日常考核和年度考核。考核结果作为煤矿安全监察员使用和奖惩的依据。

第十九条 煤矿安全监察员有下列表现之一的，由煤矿安全监察机构按照国家有关规定予以奖励：

（一）在煤矿安全监察工作中成绩突出，有重大贡献的；

（二）在防止或者抢救煤矿事故中，使国家、煤矿和群众利益免受或者减少损失的；

（三）在煤矿安全监察工作中依法履行职责，使煤矿安全状况有明显好转的；

（四）在煤矿抢险救灾等工作中奋不顾身、作出贡献的；

（五）在煤矿安全技术装备开发与推广方面做出显著成绩的；

（六）同违法违纪行为作斗争有功绩的；

（七）有其他功绩的。

第二十条 煤矿安全监察员有下列行为之一的，由煤矿安全监察机构按国家有关规定给予行政处分；构成犯罪的，依法追究刑事责任。

（一）接受煤矿的馈赠、报酬、礼品、现金、有价证券；

（二）参加煤矿安排、组织或者支付费用的宴请、娱乐、旅游、出访等活动的；

（三）利用职务便利为本人及亲友谋取私利的；

（四）滥施行政处罚或者擅自改变行政处罚决定的；

（五）徇私枉法，包庇、纵容违法单位和个人的；

（六）对被监察的单位和个人进行刁难或者打击报复的；

（七）有其他违法违纪行为的。

第二十一条 煤矿安全监察员滥用职权、玩忽职守、徇私舞弊，有下列行为之一的，给予降级或者撤职的行政处分；构成犯罪的，依法追究刑事责任：

（一）对不符合法定安全生产条件的煤矿予以批准或验收通过的；

（二）发现未依法取得批准、验收的煤矿擅自从事生产活动或者接到举报后不依法予以处理的；

（三）对已经取得批准的煤矿不履行安全监察职责，发现其不再具备安全生产条件而不撤销原批准的；

（四）发现事故隐患或影响煤矿安全的违法行为不依法及时处理或报告的。

第二十二条 本办法自2003年8月1日起施行。2000年12月9日国家煤矿安全监察局发布的《煤矿安全监察员管理暂行办法》同时废止。

建筑施工特种作业人员管理规定

1. 2008年4月18日住房和城乡建设部发布

2. 建质〔2008〕75号

3. 自2008年6月1日起施行

第一章 总 则

第一条 为加强对建筑施工特种作业人员的管理，防止和减少生产安全事故，根据《安全生产许可证条例》、《建筑起重机械安全监督管理规定》等法规规章，制定本规定。

第二条 建筑施工特种作业人员的考核、发证、从业和监督管理，适用本规定。

本规定所称建筑施工特种作业人员是指在房屋建筑和市政工程施工活动中，从事可能对本人、他人及周围设备设施的安全造成重大危害作业的人员。

第三条 建筑施工特种作业包括：

（一）建筑电工；

（二）建筑架子工；

（三）建筑起重信号司索工；

（四）建筑起重机械司机；

（五）建筑起重机械安装拆卸工；

（六）高处作业吊篮安装拆卸工；

（七）经省级以上人民政府建设主管部门认定的其他特种作业。

第四条 建筑施工特种作业人员必须经建设主管部门考核合格，取得建筑施工特种作业人员操作资格证书（以下简称“资格证书”），方可上岗从事相应作业。

第五条 国务院建设主管部门负责全国建筑施工特种作业人员的监督管理工作。

省、自治区、直辖市人民政府建设主管部门负责本行政区域内建筑施工特种作业人员的监督管理工作。

第二章 考 核

第六条 建筑施工特种作业人员的考核发证工作，由省、自治区、直辖市人民政府建设主管部门或其委托的考核发证机构(以下简称“考核发证机关”)负责组织实施。

第七条 考核发证机关应当在办公场所公布建筑施工特种作业人员申请条件、申请程序、工作时限、收费依据和标准等事项。

考核发证机关应当在考核前在机关网站或新闻媒体上公布考核科目、考核地点、考核时间和监督电话等事项。

第八条 申请从事建筑施工特种作业的人员,应当具备下列基本条件:

(一)年满18周岁且符合相关工种规定的年龄要求;

(二)经医院体检合格且无妨碍从事相应特种作业的疾病和生理缺陷;

(三)初中及以上学历;

(四)符合相应特种作业需要的其他条件。

第九条 符合本规定第八条规定的人员应当向本人户籍所在地或者从业所在地考核发证机关提出申请,并提交相关证明材料。

第十条 考核发证机关应当自收到申请人提交的申请材料之日起5个工作日内依法作出受理或者不予受理决定。

对于受理的申请,考核发证机关应当及时向申请人核发准考证。

第十一条 建筑施工特种作业人员的考核内容应当包括安全技术理论和实际操作。

考核大纲由国务院建设主管部门制定。

第十二条 考核发证机关应当自考核结束之日起10个工作日内公布考核成绩。

第十三条 考核发证机关对于考核合格的,应当自考核结果公布之日起10个工作日内颁发资格证书;对于考核不合格的,应当通知申请人并说明理由。

第十四条 资格证书应当采用国务院建设主管部门规定的统一样式,由考核发证机关编号后签发。资格证书在全国通用。

资格证书样式见附件一,编号规则见附件二。

第三章 从　　业

第十五条 持有资格证书的人员,应当受聘于建筑施工企业或者建筑起重机械出租单位(以下简称用人单位),方可从事相应的特种作业。

第十六条 用人单位对于首次取得资格证书的人员,应当在其正式上岗前安排不少于3个月的实习操作。

第十七条 建筑施工特种作业人员应当严格按照安全技术标准、规范和规程进行作业,正确佩戴和使用安全防护用品,并按规定对作业工具和设备进行维护保养。

建筑施工特种作业人员应当参加年度安全教育培训或者继续教育,每年不得少于24小时。

第十八条 在施工中发生危及人身安全的紧急情况时,建筑施工特种作业人员有权立即停止作业或者撤离危险区域,并向施工现场专职安全生产管理人员和项目负责人报告。

第十九条 用人单位应当履行下列职责:

(一)与持有效资格证书的特种作业人员订立劳动合同;

(二)制定并落实本单位特种作业安全操作规程和有关安全管理制度;

(三)书面告知特种作业人员违章操作的危害;

(四)向特种作业人员提供齐全、合格的安全防护用品和安全的作业条件;

(五)按规定组织特种作业人员参加年度安全教育培训或者继续教育,培训时间不少于24小时;

(六)建立本单位特种作业人员管理档案;

(七)查处特种作业人员违章行为并记录在档;

(八)法律法规及有关规定明确的其他职责。

第二十条 任何单位和个人不得非法涂改、倒卖、出租、出借或者以其他形式转让资格证书。

第二十一条 建筑施工特种作业人员变动工作单位,任何单位和个人不得以任何理由非法扣押其资格证书。

第四章 延期复核

第二十二条 资格证书有效期为两年。有效期满需要延期的,建筑施工特种作业人员应当于期满前3个月内向原考核发证机关申请办理延期复核手续。延期复核合格的,资格证书有效期延期2年。

第二十三条 建筑施工特种作业人员申请延期复核,应当提交下列材料:

(一)身份证(原件和复印件);

(二)体检合格证明;

(三)年度安全教育培训证明或者继续教育证明;

(四)用人单位出具的特种作业人员管理档案记录;

(五)考核发证机关规定提交的其他资料。

第二十四条 建筑施工特种作业人员在资格证书有效期内,有下列情形之一的,延期复核结果为不合格:

(一)超过相关工种规定年龄要求的;

(二)身体健康状况不再适应相应特种作业岗

位的；

（三）对生产安全事故负有责任的；

（四）2 年内违章操作记录达 3 次（含 3 次）以上的；

（五）未按规定参加年度安全教育培训或者继续教育的；

（六）考核发证机关规定的其他情形。

第二十五条 考核发证机关在收到建筑施工特种作业人员提交的延期复核资料后，应当根据以下情况分别作出处理：

（一）对于属于本规定第二十四条情形之一的，自收到延期复核资料之日起 5 个工作日内作出不予延期决定，并说明理由；

（二）对于提交资料齐全且无本规定第二十四条情形的，自受理之日起 10 个工作日内办理准予延期复核手续，并在证书上注明延期复核合格，并加盖延期复核专用章。

第二十六条 考核发证机关应当在资格证书有效期满前按本规定第二十五条作出决定；逾期未作出决定的，视为延期复核合格。

第五章 监督管理

第二十七条 考核发证机关应当制定建筑施工特种作业人员考核发证管理制度，建立本地区建筑施工特种作业人员档案。

县级以上地方人民政府建设主管部门应当监督检查建筑施工特种作业人员从业活动，查处违章作业行为并记录在档。

第二十八条 考核发证机关应当在每年年底向国务院建设主管部门报送建筑施工特种作业人员考核发证和延期复核情况的年度统计信息资料。

第二十九条 有下列情形之一的，考核发证机关应当撤销资格证书：

（一）持证人弄虚作假骗取资格证书或者办理延期复核手续的；

（二）考核发证机关工作人员违法核发资格证书的；

（三）考核发证机关规定应当撤销资格证书的其他情形。

第三十条 有下列情形之一的，考核发证机关应当注销资格证书：

（一）依法不予延期的；

（二）持证人逾期未申请办理延期复核手续的；

（三）持证人死亡或者不具有完全民事行为能力的；

（四）考核发证机关规定应当注销的其他情形。

第六章 附 则

第三十一条 省、自治区、直辖市人民政府建设主管部门可结合本地区实际情况制定实施细则，并报国务院建设主管部门备案。

第三十二条 本办法自 2008 年 6 月 1 日起施行。

附件一：建筑施工特种作业操作资格证书样式（略）

附件二：建筑施工特种作业操作资格证书编号规则（略）

行政机关公务员处分条例

1. 2007 年 4 月 22 日国务院令第 495 号公布

2. 自 2007 年 6 月 1 日起施行

第一章 总 则

第一条 为了严肃行政机关纪律，规范行政机关公务员的行为，保证行政机关及其公务员依法履行职责，根据《中华人民共和国公务员法》和《中华人民共和国行政监察法》，制定本条例。

第二条 行政机关公务员违反法律、法规、规章以及行政机关的决定和命令，应当承担纪律责任的，依照本条例给予处分。

法律、其他行政法规、国务院决定对行政机关公务员处分有规定的，依照该法律、行政法规、国务院决定的规定执行；法律、其他行政法规、国务院决定对行政机关公务员应当受到处分的违法违纪行为做了规定，但是未对处分幅度做规定的，适用本条例第三章与其最相类似的条款有关处分幅度的规定。

地方性法规、部门规章、地方政府规章可以补充规定本条例第三章未作规定的应当给予处分的违法违纪行为以及相应的处分幅度。除国务院监察机关、国务院人事部门外，国务院其他部门制定处分规章，应当与国务院监察机关、国务院人事部门联合制定。

除法律、法规、规章以及国务院决定外，行政机关不得以其他形式设定行政机关公务员处分事项。

第三条 行政机关公务员依法履行职务的行为受法律保护，非因法定事由，非经法定程序，不受处分。

第四条 给予行政机关公务员处分，应当坚持公正、公平和教育与惩处相结合的原则。

给予行政机关公务员处分，应当与其违法违纪行为的性质、情节、危害程度相适应。

给予行政机关公务员处分,应当事实清楚、证据确凿、定性准确、处理恰当、程序合法、手续完备。

第五条　行政机关公务员违法违纪涉嫌犯罪的,应当移送司法机关依法追究刑事责任。

第二章　处分的种类和适用

第六条　行政机关公务员处分的种类为:

(一)警告;

(二)记过;

(三)记大过;

(四)降级;

(五)撤职;

(六)开除。

第七条　行政机关公务员受处分的期间为:

(一)警告,6 个月;

(二)记过,12 个月;

(三)记大过,18 个月;

(四)降级、撤职,24 个月。

第八条　行政机关公务员在受处分期间不得晋升职务和级别,其中,受记过、记大过、降级、撤职处分的,不得晋升工资档次;受撤职处分的,应当按照规定降低级别。

第九条　行政机关公务员受开除处分的,自处分决定生效之日起,解除其与单位的人事关系,不得再担任公务员职务。

行政机关公务员受开除以外的处分,在受处分期间有悔改表现,并且没有再发生违法违纪行为的,处分期满后,应当解除处分。解除处分后,晋升工资档次、级别和职务不再受原处分的影响。但是,解除降级、撤职处分的,不视为恢复原级别、原职务。

第十条　行政机关公务员同时有两种以上需要给予处分的行为的,应当分别确定其处分。应当给予的处分种类不同的,执行其中最重的处分;应当给予撤职以下多个相同种类处分的,执行该处分,并在一个处分期以上、多个处分期之和以下,决定处分期。

行政机关公务员在受处分期间受到新的处分的,其处分期为原处分期尚未执行的期限与新处分期限之和。

处分期最长不得超过 48 个月。

第十一条　行政机关公务员 2 人以上共同违法违纪,需要给予处分的,根据各自应当承担的纪律责任,分别给予处分。

第十二条　有下列情形之一的,应当从重处分:

(一)在 2 人以上的共同违法违纪行为中起主要作用的;

(二)隐匿、伪造、销毁证据的;

(三)串供或者阻止他人揭发检举、提供证据材料的;

(四)包庇同案人员的;

(五)法律、法规、规章规定的其他从重情节。

第十三条　有下列情形之一的,应当从轻处分:

(一)主动交代违法违纪行为的;

(二)主动采取措施,有效避免或者挽回损失的;

(三)检举他人重大违法违纪行为,情况属实的。

第十四条　行政机关公务员主动交代违法违纪行为,并主动采取措施有效避免或者挽回损失的,应当减轻处分。

行政机关公务员违纪行为情节轻微,经过批评教育后改正的,可以免予处分。

第十五条　行政机关公务员有本条例第十二条、第十三条规定情形之一的,应当在本条例第三章规定的处分幅度以内从重或者从轻给予处分。

行政机关公务员有本条例第十四条第一款规定情形的,应当在本条例第三章规定的处分幅度以外,减轻一个处分的档次给予处分。应当给予警告处分,又有减轻处分的情形的,免予处分。

第十六条　行政机关经人民法院、监察机关、行政复议机关或者上级行政机关依法认定有行政违法行为或者其他违法违纪行为,需要追究纪律责任的,对负有责任的领导人员和直接责任人员给予处分。

第十七条　违法违纪的行政机关公务员在行政机关对其作出处分决定前,已经依法被判处刑罚、罢免、免职或者已经辞去领导职务,依法应当给予处分的,由行政机关根据其违法违纪事实,给予处分。

行政机关公务员依法被判处刑罚的,给予开除处分。

第三章　违法违纪行为及其适用的处分

第十八条　有下列行为之一的,给予记大过处分;情节较重的,给予降级或者撤职处分;情节严重的,给予开除处分:

(一)散布有损国家声誉的言论,组织或者参加旨在反对国家的集会、游行、示威等活动的;

(二)组织或者参加非法组织,组织或者参加罢工的;

(三)违反国家的民族宗教政策,造成不良后果的;

（四）以暴力、威胁、贿赂、欺骗等手段，破坏选举的；

（五）在对外交往中损害国家荣誉和利益的；

（六）非法出境，或者违反规定滞留境外不归的；

（七）未经批准获取境外永久居留资格，或者取得外国国籍的；

（八）其他违反政治纪律的行为。

有前款第（六）项规定行为的，给予开除处分；有前款第（一）项、第（二）项或者第（三）项规定的行为，属于不明真相被裹挟参加，经批评教育后确有悔改表现的，可以减轻或者免予处分。

第十九条　有下列行为之一的，给予警告、记过或者记大过处分；情节较重的，给予降级或者撤职处分；情节严重的，给予开除处分：

（一）负有领导责任的公务员违反议事规则，个人或者少数人决定重大事项，或者改变集体作出的重大决定的；

（二）拒绝执行上级依法作出的决定、命令的；

（三）拒不执行机关的交流决定的；

（四）拒不执行人民法院对行政案件的判决、裁定或者监察机关、审计机关、行政复议机关作出的决定的；

（五）违反规定应当回避而不回避，影响公正执行公务，造成不良后果的；

（六）离任、辞职或者被辞退时，拒不办理公务交接手续或者拒不接受审计的；

（七）旷工或者因公外出、请假期满无正当理由逾期不归，造成不良影响的；

（八）其他违反组织纪律的行为。

第二十条　有下列行为之一的，给予记过、记大过处分；情节较重的，给予降级或者撤职处分；情节严重的，给予开除处分：

（一）不依法履行职责，致使可以避免的爆炸、火灾、传染病传播流行、严重环境污染、严重人员伤亡等重大事故或者群体性事件发生的；

（二）发生重大事故、灾害、事件或者重大刑事案件、治安案件，不按规定报告、处理的；

（三）对救灾、抢险、防汛、防疫、优抚、扶贫、移民、救济、社会保险、征地补偿等专项款物疏于管理，致使款物被贪污、挪用，或者毁损、灭失的；

（四）其他玩忽职守、贻误工作的行为。

第二十一条　有下列行为之一的，给予警告或者记过处分；情节较重的，给予记大过或者降级处分；情节严重的，给予撤职处分：

（一）在行政许可工作中违反法定权限、条件和程序设定或者实施行政许可的；

（二）违法设定或者实施行政强制措施的；

（三）违法设定或者实施行政处罚的；

（四）违反法律、法规规定进行行政委托的；

（五）对需要政府、政府部门决定的招标投标、征收征用、城市房屋拆迁、拍卖等事项违反规定办理的。

第二十二条　弄虚作假，误导、欺骗领导和公众，造成不良后果的，给予警告、记过或者记大过处分；情节较重的，给予降级或者撤职处分；情节严重的，给予开除处分。

第二十三条　有贪污、索贿、受贿、行贿、介绍贿赂、挪用公款、利用职务之便为自己或者他人谋取私利、巨额财产来源不明等违反廉政纪律行为的，给予记过或者记大过处分；情节较重的，给予降级或者撤职处分；情节严重的，给予开除处分。

第二十四条　违反财经纪律，挥霍浪费国家资财的，给予警告处分；情节较重的，给予记过或者记大过处分；情节严重的，给予降级或者撤职处分。

第二十五条　有下列行为之一的，给予记过或者记大过处分；情节较重的，给予降级或者撤职处分；情节严重的，给予开除处分：

（一）以殴打、体罚、非法拘禁等方式侵犯公民人身权利的；

（二）压制批评，打击报复，扣压、销毁举报信件，或者向被举报人透露举报情况的；

（三）违反规定向公民、法人或者其他组织摊派或者收取财物的；

（四）妨碍执行公务或者违反规定干预执行公务的；

（五）其他滥用职权，侵害公民、法人或者其他组织合法权益的行为。

第二十六条　泄露国家秘密、工作秘密，或者泄露因履行职责掌握的商业秘密、个人隐私，造成不良后果的，给予警告、记过或者记大过处分；情节较重的，给予降级或者撤职处分；情节严重的，给予开除处分。

第二十七条　从事或者参与营利性活动，在企业或者其他营利性组织中兼任职务的，给予记过或者记大过处分；情节较重的，给予降级或者撤职处分；情节严重的，给予开除处分。

第二十八条　严重违反公务员职业道德，工作作风懈怠、工作态度恶劣，造成不良影响的，给予警告、记过或者记大过处分。

第二十九条　有下列行为之一的，给予警告、记过或者记大过处分；情节较重的，给予降级或者撤职处分；情节严重的，给予开除处分：

（一）拒不承担赡养、抚养、扶养义务的；

（二）虐待、遗弃家庭成员的；

（三）包养情人的；

（四）严重违反社会公德的行为。

有前款第（三）项行为的，给予撤职或者开除处分。

第三十条　参与迷信活动，造成不良影响的，给予警告、记过或者记大过处分；组织迷信活动的，给予降级或者撤职处分，情节严重的，给予开除处分。

第三十一条　吸食、注射毒品或者组织、支持、参与卖淫、嫖娼、色情淫乱活动的，给予撤职或者开除处分。

第三十二条　参与赌博的，给予警告或者记过处分；情节较重的，给予记大过或者降级处分；情节严重的，给予撤职或者开除处分。

为赌博活动提供场所或者其他便利条件的，给予警告、记过或者记大过处分；情节严重的，给予撤职或者开除处分。

在工作时间赌博的，给予记过、记大过或者降级处分；屡教不改的，给予撤职或者开除处分。

挪用公款赌博的，给予撤职或者开除处分。

利用赌博索贿、受贿或者行贿的，依照本条例第二十三条的规定给予处分。

第三十三条　违反规定超计划生育的，给予降级或者撤职处分；情节严重的，给予开除处分。

第四章　处分的权限

第三十四条　对行政机关公务员给予处分，由任免机关或者监察机关（以下统称处分决定机关）按照管理权限决定。

第三十五条　对经全国人民代表大会及其常务委员会决定任命的国务院组成人员给予处分，由国务院决定。其中，拟给予撤职、开除处分的，由国务院向全国人民代表大会提出罢免建议，或者向全国人民代表大会常务委员会提出免职建议。罢免或者免职前，国务院可以决定暂停其履行职务。

第三十六条　对经地方各级人民代表大会及其常务委员会选举或者决定任命的地方各级人民政府领导人员给予处分，由上一级人民政府决定。

拟给予经县级以上地方人民代表大会及其常务委员会选举或者决定任命的县级以上地方人民政府领导人员撤职、开除处分的，应当先由本级人民政府向同级人民代表大会提出罢免建议。其中，拟给予县级以上地方人民政府副职领导人员撤职、开除处分的，也可以向同级人民代表大会常务委员会提出撤销职务的建议。拟给予乡镇人民政府领导人员撤职、开除处分的，应当先由本级人民政府向同级人民代表大会提出罢免建议。罢免或者撤销职务前，上级人民政府可以决定暂停其履行职务；遇有特殊紧急情况，省级以上人民政府认为必要时，也可以对其作出撤职或者开除的处分，同时报告同级人民代表大会常务委员会，并通报下级人民代表大会常务委员会。

第三十七条　对地方各级人民政府工作部门正职领导人员给予处分，由本级人民政府决定。其中，拟给予撤职、开除处分的，由本级人民政府向同级人民代表大会常务委员会提出免职建议。免去职务前，本级人民政府或者上级人民政府可以决定暂停其履行职务。

第三十八条　行政机关公务员违法违纪，已经被立案调查，不宜继续履行职责的，任免机关可以决定暂停其履行职务。

被调查的公务员在违法违纪案件立案调查期间，不得交流、出境、辞去公职或者办理退休手续。

第五章　处分的程序

第三十九条　任免机关对涉嫌违法违纪的行政机关公务员的调查、处理，按照下列程序办理：

（一）经任免机关负责人同意，由任免机关有关部门对需要调查处理的事项进行初步调查；

（二）任免机关有关部门经初步调查认为该公务员涉嫌违法违纪，需要进一步查证的，报任免机关负责人批准后立案；

（三）任免机关有关部门负责对该公务员违法违纪事实做进一步调查，包括收集、查证有关证据材料，听取被调查的公务员所在单位的领导成员、有关工作人员以及所在单位监察机构的意见，向其他有关单位和人员了解情况，并形成书面调查材料，向任免机关负责人报告；

（四）任免机关有关部门将调查认定的事实及拟给予处分的依据告知被调查的公务员本人，听取其陈述和申辩，并对其所提出的事实、理由和证据进行复核，记录在案。被调查的公务员提出的事实、理由和证据成立的，应予采信；

（五）经任免机关领导成员集体讨论，作出对该公务员给予处分、免予处分或者撤销案件的决定；

（六）任免机关应当将处分决定以书面形式通知

受处分的公务员本人，并在一定范围内宣布；

（七）任免机关有关部门应当将处分决定归入受处分的公务员本人档案，同时汇集有关材料形成该处分案件的工作档案。

受处分的行政机关公务员处分期满解除处分的程序，参照前款第（五）项、第（六）项和第（七）项的规定办理。

任免机关应当按照管理权限，及时将处分决定或者解除处分决定报公务员主管部门备案。

第四十条 监察机关对违法违纪的行政机关公务员的调查、处理，依照《中华人民共和国行政监察法》规定的程序办理。

第四十一条 对行政机关公务员违法违纪案件进行调查，应当由 2 名以上办案人员进行；接受调查的单位和个人应当如实提供情况。

严禁以暴力、威胁、引诱、欺骗等非法方式收集证据；非法收集的证据不得作为定案的依据。

第四十二条 参与行政机关公务员违法违纪案件调查、处理的人员有下列情形之一的，应当提出回避申请；被调查的公务员以及与案件有利害关系的公民、法人或者其他组织有权要求其回避：

（一）与被调查的公务员是近亲属关系的；

（二）与被调查的案件有利害关系的；

（三）与被调查的公务员有其他关系，可能影响案件公正处理的。

第四十三条 处分决定机关负责人的回避，由处分决定机关的上一级行政机关负责人决定；其他违法违纪案件调查、处理人员的回避，由处分决定机关负责人决定。

处分决定机关或者处分决定机关的上一级行政机关，发现违法违纪案件调查、处理人员有应当回避的情形，可以直接决定该人员回避。

第四十四条 给予行政机关公务员处分，应当自批准立案之日起 6 个月内作出决定；案情复杂或者遇有其他特殊情形的，办案期限可以延长，但是最长不得超过 12 个月。

第四十五条 处分决定应当包括下列内容：

（一）被处分人员的姓名、职务、级别、工作单位等基本情况；

（二）经查证的违法违纪事实；

（三）处分的种类和依据；

（四）不服处分决定的申诉途径和期限；

（五）处分决定机关的名称、印章和作出决定的日期。

解除处分决定除包括前款第（一）项、第（二）项和第（五）项规定的内容外，还应当包括原处分的种类和解除处分的依据，以及受处分的行政机关公务员在受处分期间的表现情况。

第四十六条 处分决定、解除处分决定自作出之日起生效。

第四十七条 行政机关公务员受到开除处分后，有新工作单位的，其本人档案转由新工作单位管理；没有新工作单位的，其本人档案转由其户籍所在地人事部门所属的人才服务机构管理。

第六章 不服处分的申诉

第四十八条 受到处分的行政机关公务员对处分决定不服的，依照《中华人民共和国公务员法》和《中华人民共和国行政监察法》的有关规定，可以申请复核或者申诉。

复核、申诉期间不停止处分的执行。

行政机关公务员不因提出复核、申诉而被加重处分。

第四十九条 有下列情形之一的，受理公务员复核、申诉的机关应当撤销处分决定，重新作出决定或者责令原处分决定机关重新作出决定：

（一）处分所依据的违法违纪事实证据不足的；

（二）违反法定程序，影响案件公正处理的；

（三）作出处分决定超越职权或者滥用职权的。

第五十条 有下列情形之一的，受理公务员复核、申诉的机关应当变更处分决定，或者责令原处分决定机关变更处分决定：

（一）适用法律、法规、规章或者国务院决定错误的；

（二）对违法违纪行为的情节认定有误的；

（三）处分不当的。

第五十一条 行政机关公务员的处分决定被变更，需要调整该公务员的职务、级别或者工资档次的，应当按照规定予以调整；行政机关公务员的处分决定被撤销的，应当恢复该公务员的级别、工资档次，按照原职务安排相应的职务，并在适当范围内为其恢复名誉。

被撤销处分或者被减轻处分的行政机关公务员工资福利受到损失的，应当予以补偿。

第七章 附 则

第五十二条 有违法违纪行为应当受到处分的行政机关公务员，在处分决定机关作出处分决定前已经退休的，不再给予处分;但是,依法应当给予降级、撤职、开除处分的,应当按照规定相应降低或者取消其享受的待遇。

第五十三条 行政机关公务员违法违纪取得的财物和用于违法违纪的财物,除依法应当由其他机关没收、追缴或者责令退赔的,由处分决定机关没收、追缴或者责令退赔。违法违纪取得的财物应当退还原所有人或者原持有人的,退还原所有人或者原持有人;属于国家财产以及不应当退还或者无法退还原所有人或者原持有人的,上缴国库。

第五十四条 对法律、法规授权的具有公共事务管理职能的事业单位中经批准参照《中华人民共和国公务员法》管理的工作人员给予处分,参照本条例的有关规定办理。

第五十五条 本条例自2007年6月1日起施行。1988年9月13日国务院发布的《国家行政机关工作人员贪污贿赂行政处分暂行规定》同时废止。

应急管理综合行政执法技术检查员和社会监督员工作规定(试行)

1. 2021年11月30日应急管理部、司法部发布
2. 应急〔2021〕93号

第一章 总 则

第一条 为加强应急管理部门执法专业力量建设,有效缓解基层执法队伍专业人员不足的问题,强化对行政执法工作的社会监督,促进应急管理部门严格规范公正文明执法,根据党中央、国务院关于深化应急管理综合行政执法改革工作部署以及有关法律法规的规定,制定本规定。

第二条 本规定所称应急管理综合行政执法技术检查员(以下简称技术检查员),是指按照权限和程序聘用的,为应急管理部门综合行政执法工作提供专业技术支撑,协助开展行政执法工作的人员。技术检查员分为专职技术检查员和兼职技术检查员两类。

本规定所称应急管理综合行政执法社会监督员(以下简称社会监督员),是指通过推荐或者邀请方式聘任的,对应急管理部门综合行政执法工作进行执法监督的人员。

第三条 技术检查员和社会监督员的聘用、聘任,应当遵循公开、平等、竞争、择优的原则,统一选聘标准和程序。

第四条 地方各级应急管理部门、司法行政部门应当加强协作配合,共同做好技术检查员和社会监督员的日常管理工作。

第二章 技术检查员

第五条 根据应急管理综合行政执法实际需要,地方各级应急管理部门应当会同同级司法行政部门组织制定技术检查员聘用计划,报请本级人民政府批准后组织实施。

技术检查员聘用计划应当包括专职、兼职技术检查员的数量,以及专业需求、聘用方式、培训考核、经费保障等内容。

第六条 应急管理部门应当根据辖区内行业领域安全风险状况、执法管辖企业数量、重点检查企业类型、执法难度、执法能力水平等因素,结合本地区社会经济发展水平和财政状况,科学合理地确定专职、兼职技术检查员的数量,明确岗位设置要求。

第七条 专职技术检查员应当面向社会公开招聘。

公开招聘采取考试或者考核的办法。考试采取笔试和面试相结合的形式进行,笔试成绩原则上占考试总成绩比例不低于60%。

第八条 专职技术检查员应当从符合下列条件的人员中通过考试的方式聘用:

(一)遵守宪法和法律法规,具有良好的道德品行;

(二)具有安全生产、防灾减灾救灾等相关安全类专业本科以上学历,或者相关行业领域中级以上专业技术职称、二级(技师)以上职业资格,或者注册安全工程师等职业资格;

(三)适应岗位要求的身体条件;

(四)满足岗位所需的其他条件。

从事安全生产、防灾减灾救灾相关行业领域工作满10年、实践经验丰富的专业技术人员(含退休人员),可以不受前款第二项规定的限制,通过考核的方式聘用为专职技术检查员。

第九条 聘用专职技术检查员的,应当向社会发布招聘公告。招聘公告应当包括招聘岗位、应聘条件、聘用方式、时间安排等事项。对采取考核方式招聘的,还应当明确考核的内容、要求、程序等事项。

第十条 兼职技术检查员可以从本地区专家库或者经有关方面推荐的专业技术人员中聘用。

第十一条 应急管理部门可以通过签订劳动合同、劳务合同或者采取符合有关规定的其他方式,聘用技术检查员。有关合同应当明确技术检查员的岗位职责、权利义务、薪酬待遇、聘用期限、合同解除或者终止等内容。

第十二条 技术检查员按照应急管理部门安排，协助行政执法人员履行以下行政执法职责：

（一）开展现场执法检查、复查和调查取证工作；

（二）责令改正违法行为、消除风险隐患；

（三）参与行政案件研究讨论；

（四）执行行政执法决定；

（五）宣传相关法律、法规、规章和政策；

（六）完成应急管理部门交办的其他任务。

技术检查员履行前款规定的职责时，应当重点对有关国家标准、行业标准的贯彻执行情况进行检查、复查，并在有关调查取证中提供专业性的意见。

技术检查员履行本条第一款规定的职责时，应当出示技术检查员工作证。技术检查员根据应急管理部门的授权，在有关现场执法检查、复查的行政执法文书上签名。

第十三条 技术检查员不得从事下列工作：

（一）办理涉及国家秘密的事项；

（二）独立从事行政执法工作；

（三）作出行政执法决定；

（四）实施行政强制措施；

（五）法律法规规章规定应当由应急管理部门行政执法人员从事的工作。

第十四条 应急管理部门应当组织技术检查员进行岗前培训，经考核合格的，颁发技术检查员工作证。

应急管理部门应当通过定期轮训、专题培训、专项考核、年度考核等方式，不断提高技术检查员的业务素质和履职能力。

技术检查员培训考核工作由省级应急管理部门纳入应急管理综合行政执法人员培训考核管理予以统筹安排。

第十五条 应急管理部门按照“谁使用、谁管理、谁负责”的原则，指定内设机构负责技术检查员的聘用、培训、考核等日常管理工作。

第十六条 省级应急管理部门可以根据工作需要统一调用技术检查员协助开展行政执法工作。

第三章 社会监督员

第十七条 社会监督员可以从具有较高政策水平和较强法治意识，热心应急管理综合行政执法工作，并有一定社会影响的人士中，通过推荐或者邀请的方式聘任。

第十八条 通过推荐方式聘任社会监督员的，由应急管理部门商请有关行业协会、高等院校、研究机构、企业提出推荐人员名单，经征得本人及其所在单位同意后，颁发社会监督员工作证。

第十九条 邀请人大代表、政协委员、律师或者其他人士担任社会监督员的，经征求同级司法行政部门、有关部门的意见后，由应急管理部门向有关人士发出邀请，经本人及其所在单位同意后，颁发社会监督员工作证。

第二十条 社会监督员主要履行下列执法监督职责：

（一）反映社会公众对应急管理综合行政执法工作的批评、意见、建议；

（二）提供有关违法行为和风险隐患的问题线索；

（三）其他有关执法监督事项。

第二十一条 应急管理部门对社会监督员反映的批评、意见、建议和提供的问题线索，应当及时办理并予以反馈。

应急管理部门应当建立健全与社会监督员的工作联系机制，定期通报本地区行政执法情况，组织开展工作交流。

第四章 监督保障

第二十二条 技术检查员和社会监督员履行职责所需经费依法予以保障。

技术检查员的薪酬待遇，根据技术检查员专业水平、技术职称、检查任务量等因素，结合本地区社会经济发展水平确定，并在有关合同中予以明确。

社会监督员工作属于公益事业，原则上不发放报酬。

第二十三条 专职技术检查员的聘用期限，根据应急管理综合行政执法实际需要合理确定。

兼职技术检查员和社会监督员的聘用、聘任期限为每届 3 年，期限届满后可以续聘。

第二十四条 应急管理部门根据工作需要，为技术检查员、社会监督员配备必要的防护装备、技术装备，购买人身意外伤害等相关保险，并采取措施保障其人身健康和生命安全。

应急管理部门应当加强行政执法信息系统的应用，鼓励技术检查员依托行政执法信息系统参加执法检查工作。

第二十五条 省级应急管理部门负责技术检查员、社会监督员工作证件的制发和统一管理。

技术检查员、社会监督员工作证件式样由应急管理部制定。

第二十六条 技术检查员和社会监督员在聘用、聘任期限内，因健康状况等原因无法胜任工作的，或者无正当理由不履行职责的，或者受到党纪政务处分、刑事处罚的，应当予以解聘。

应急管理部门应当将解聘人员及解聘原因等相关信息通报有关部门和单位,并在部门公示系统予以公示。

技术检查员和社会监督员被解聘的,应当将工作证件、防护装备、技术装备等交回应急管理部门。

第二十七条 技术检查员和社会监督员有下列行为之一的,依照相关规定给予警示提醒、批评教育、责令检查,或者追究党纪政务责任;涉嫌犯罪的,依法移送司法机关处置:

(一)超越职权,违反规定履行职责,造成严重后果或者恶劣社会影响的;

(二)在开展现场执法检查、复查和调查取证工作中严重失职,致使未能正确作出行政执法决定的;

(三)对执法对象态度蛮横、行为粗暴、故意刁难或者吃拿卡要的;

(四)利用工作之便为本人或者他人谋取不正当利益的;

(五)擅自转借、赠送、出租、抵押、转卖工作证件的;

(六)泄露、扩散或者打探、窃取有关执法工作尚未公开事项或者其他应当保密的内容的;

(七)解聘后拒不办理工作交接手续的;

(八)有其他违规违纪违法行为的。

第二十八条 应急管理部门发现技术检查员和社会监督员涉嫌违规违纪违法的,应当依照相关规定予以处理,或者按照管理权限及时移送纪检监察等有权机关处理。

纪检监察等有权机关介入调查的,应急管理部门可以按照有权机关要求对有关技术检查员和社会监督员是否依法履职、是否存在过错行为等问题,组织研究论证并出具书面意见,作为有权机关认定责任的参考。

第二十九条 技术检查员和社会监督员因履行本规定明确的职责,本人或者其近亲属遭受恐吓威胁、滋事骚扰、攻击辱骂或者人身、财产受到侵害的,应急管理部门应当及时告知当地公安机关并协助依法处置。

第三十条 技术检查员和社会监督员因履行本规定明确的职责,遭受不实投诉、诬告以及诽谤、侮辱,经调查认定不予追究责任的,应急管理部门应当以适当形式及时澄清事实,消除不良影响,维护其合法权益。

第三十一条 技术检查员和社会监督员表现突出,有显著成绩和特殊贡献的,由应急管理部门按有关规定予以表彰奖励。

第五章 附 则

第三十二条 地方各级应急管理部门确有需要,面向社会招聘执法辅助人员承担事务性、辅助性工作的,应当加强教育、管理和日常监督,完善相关管理制度。

第三十三条 矿山安全监察机构、地震工作机构和消防救援机构为加强行政执法专业力量建设,强化对行政执法工作的社会监督,聘用技术检查人员、聘任社会监督人员的,参照本规定执行。

第三十四条 乡镇、街道承接应急管理有关执法职责,需要聘用技术检查员、聘任社会监督员的,参照本规定执行。

第三十五条 省级应急管理部门、司法行政部门可以根据本地区实际情况制定实施细则。

第三十六条 本规定由应急管理部会同司法部负责解释,自印发之日起施行。

附件:技术检查员和社会监督员工作证件式样及说明(略)

三、防汛抗旱

资料补充栏

中华人民共和国水法

1. 1988年1月21日第六届全国人民代表大会常务委员会第二十四次会议通过
2. 2002年8月29日第九届全国人民代表大会常务委员会第二十九次会议修订
3. 根据2009年8月27日第十一届全国人民代表大会常务委员会第十次会议《关于修改部分法律的决定》第一次修正
4. 根据2016年7月2日第十二届全国人民代表大会常务委员会第二十一次会议《关于修改〈中华人民共和国节约能源法〉等六部法律的决定》第二次修正

目　录

第一章　总　　则

第一条　【立法目的】为了合理开发、利用、节约和保护水资源,防治水害,实现水资源的可持续利用,适应国民经济和社会发展的需要,制定本法。

第二条　【适用范围】在中华人民共和国领域内开发、利用、节约、保护、管理水资源,防治水害,适用本法。

本法所称水资源,包括地表水和地下水。

第三条　【所有权】水资源属于国家所有。水资源的所有权由国务院代表国家行使。农村集体经济组织的水塘和由农村集体经济组织修建管理的水库中的水,归各该农村集体经济组织使用。

第四条　【基本方针】开发、利用、节约、保护水资源和防治水害,应当全面规划、统筹兼顾、标本兼治、综合利用、讲求效益,发挥水资源的多种功能,协调好生活、生产经营和生态环境用水。

第五条　【加强水利基础设施建设】县级以上人民政府应当加强水利基础设施建设,并将其纳入本级国民经济和社会发展计划。

第六条　【保护合法权益】国家鼓励单位和个人依法开发、利用水资源,并保护其合法权益。开发、利用水资源的单位和个人有依法保护水资源的义务。

第七条　【取水许可制度和有偿使用】国家对水资源依法实行取水许可制度和有偿使用制度。但是,农村集体经济组织及其成员使用本集体经济组织的水塘、水库中的水的除外。国务院水行政主管部门负责全国取水许可制度和水资源有偿使用制度的组织实施。

第八条　【节约用水】国家厉行节约用水,大力推行节约用水措施,推广节约用水新技术、新工艺,发展节水型工业、农业和服务业,建立节水型社会。

各级人民政府应当采取措施,加强对节约用水的管理,建立节约用水技术开发推广体系,培育和发展节约用水产业。

单位和个人有节约用水的义务。

第九条　【保护植被】国家保护水资源,采取有效措施,保护植被,植树种草,涵养水源,防治水土流失和水体污染,改善生态环境。

第十条　【科研】国家鼓励和支持开发、利用、节约、保护、管理水资源和防治水害的先进科学技术的研究、推广和应用。

第十一条　【奖励】在开发、利用、节约、保护、管理水资源和防治水害等方面成绩显著的单位和个人,由人民政府给予奖励。

第十二条　【管理体制】国家对水资源实行流域管理与行政区域管理相结合的管理体制。

国务院水行政主管部门负责全国水资源的统一管理和监督工作。

国务院水行政主管部门在国家确定的重要江河、湖泊设立的流域管理机构(以下简称流域管理机构),在所管辖的范围内行使法律、行政法规规定的和国务院水行政主管部门授予的水资源管理和监督职责。

县级以上地方人民政府水行政主管部门按照规定的权限,负责本行政区域内水资源的统一管理和监督工作。

第十三条　【职责分工】国务院有关部门按照职责分工,负责水资源开发、利用、节约和保护的有关工作。

县级以上地方人民政府有关部门按照职责分工,负责本行政区域内水资源开发、利用、节约和保护的有关工作。

第二章　水资源规划

第十四条　【战略规划】国家制定全国水资源战略规划。

开发、利用、节约、保护水资源和防治水害,应当按照流域、区域统一制定规划。规划分为流域规划和区域规划。流域规划包括流域综合规划和流域专业规划；区域规划包括区域综合规划和区域专业规划。

前款所称综合规划，是指根据经济社会发展需要和水资源开发利用现状编制的开发、利用、节约、保护水资源和防治水害的总体部署。前款所称专业规划，是指防洪、治涝、灌溉、航运、供水、水力发电、竹木流放、渔业、水资源保护、水土保持、防沙治沙、节约用水等规划。

第十五条　【规划之间的协调】流域范围内的区域规划应当服从流域规划，专业规划应当服从综合规划。

流域综合规划和区域综合规划以及与土地利用关系密切的专业规划，应当与国民经济和社会发展规划以及土地利用总体规划、城市总体规划和环境保护规划相协调，兼顾各地区、各行业的需要。

第十六条　【规划的准备工作】制定规划，必须进行水资源综合科学考察和调查评价。水资源综合科学考察和调查评价，由县级以上人民政府水行政主管部门会同同级有关部门组织进行。

县级以上人民政府应当加强水文、水资源信息系统建设。县级以上人民政府水行政主管部门和流域管理机构应当加强对水资源的动态监测。

基本水文资料应当按照国家有关规定予以公开。

第十七条　【规划的编制机关】国家确定的重要江河、湖泊的流域综合规划，由国务院水行政主管部门会同国务院有关部门和有关省、自治区、直辖市人民政府编制，报国务院批准。跨省、自治区、直辖市的其他江河、湖泊的流域综合规划和区域综合规划，由有关流域管理机构会同江河、湖泊所在地的省、自治区、直辖市人民政府水行政主管部门和有关部门编制，分别经有关省、自治区、直辖市人民政府审查提出意见后，报国务院水行政主管部门审核；国务院水行政主管部门征求国务院有关部门意见后，报国务院或者其授权的部门批准。

前款规定以外的其他江河、湖泊的流域综合规划和区域综合规划，由县级以上地方人民政府水行政主管部门会同同级有关部门和有关地方人民政府编制，报本级人民政府或者其授权的部门批准，并报上一级水行政主管部门备案。

专业规划由县级以上人民政府有关部门编制，征求同级其他有关部门意见后，报本级人民政府批准。其中，防洪规划、水土保持规划的编制、批准，依照防洪法、水土保持法的有关规定执行。

第十八条　【规划的执行与修改】规划一经批准，必须严格执行。

经批准的规划需要修改时，必须按照规划编制程序经原批准机关批准。

第十九条　【建设水工程】建设水工程，必须符合流域综合规划。在国家确定的重要江河、湖泊和跨省、自治区、直辖市的江河、湖泊上建设水工程，未取得有关流域管理机构签署的符合流域综合规划要求的规划同意书的，建设单位不得开工建设；在其他江河、湖泊上建设水工程，未取得县级以上地方人民政府水行政主管部门按照管理权限签署的符合流域综合规划要求的规划同意书的，建设单位不得开工建设。水工程建设涉及防洪的，依照防洪法的有关规定执行；涉及其他地区和行业的，建设单位应当事先征求有关地区和部门的意见。

第三章　水资源开发利用

第二十条　【开发利用水资源的基本方针】开发、利用水资源，应当坚持兴利与除害相结合，兼顾上下游、左右岸和有关地区之间的利益，充分发挥水资源的综合效益，并服从防洪的总体安排。

第二十一条　【平衡多方需要】开发、利用水资源，应当首先满足城乡居民生活用水，并兼顾农业、工业、生态环境用水以及航运等需要。

在干旱和半干旱地区开发、利用水资源，应当充分考虑生态环境用水需要。

第二十二条　【跨流域调水】跨流域调水，应当进行全面规划和科学论证，统筹兼顾调出和调入流域的用水需要，防止对生态环境造成破坏。

第二十三条　【结合实际的原则】地方各级人民政府应当结合本地区水资源的实际情况，按照地表水与地下水统一调度开发、开源与节流相结合、节流优先和污水处理再利用的原则，合理组织开发、综合利用水资源。

国民经济和社会发展规划以及城市总体规划的编制、重大建设项目的布局，应当与当地水资源条件和防洪要求相适应，并进行科学论证；在水资源不足的地区，应当对城市规模和建设耗水量大的工业、农业和服务业项目加以限制。

第二十四条　【鼓励多种开发】在水资源短缺的地区，国家鼓励对雨水和微咸水的收集、开发、利用和对海水的利用、淡化。

第二十五条　【政府领导】地方各级人民政府应当加强对灌溉、排涝、水土保持工作的领导，促进农业生产发展；在容易发生盐碱化和渍害的地区，应当采取措施，控制和降低地下水的水位。

农村集体经济组织或者其成员依法在本集体经济

组织所有的集体土地或者承包土地上投资兴建水工程设施的，按照谁投资建设谁管理和谁受益的原则，对水工程设施及其蓄水进行管理和合理使用。

农村集体经济组织修建水库应当经县级以上地方人民政府水行政主管部门批准。

第二十六条　【开发利用水能资源】国家鼓励开发、利用水能资源。在水能丰富的河流，应当有计划地进行多目标梯级开发。

建设水力发电站，应当保护生态环境，兼顾防洪、供水、灌溉、航运、竹木流放和渔业等方面的需要。

第二十七条　【开发利用水运资源】国家鼓励开发、利用水运资源。在水生生物洄游通道、通航或者竹木流放的河流上修建永久性拦河闸坝，建设单位应当同时修建过鱼、过船、过木设施，或者经国务院授权的部门批准采取其他补救措施，并妥善安排施工和蓄水期间的水生生物保护、航运和竹木流放，所需费用由建设单位承担。

在不通航的河流或者人工水道上修建闸坝后可以通航的，闸坝建设单位应当同时修建过船设施或者预留过船设施位置。

第二十八条　【行为限制】任何单位和个人引水、截（蓄）水、排水，不得损害公共利益和他人的合法权益。

第二十九条　【水工程建设的移民问题】国家对水工程建设移民实行开发性移民的方针，按照前期补偿、补助与后期扶持相结合的原则，妥善安排移民的生产和生活，保护移民的合法权益。

移民安置应当与工程建设同步进行。建设单位应当根据安置地区的环境容量和可持续发展的原则，因地制宜，编制移民安置规划，经依法批准后，由有关地方人民政府组织实施。所需移民经费列入工程建设投资计划。

第四章　水资源、水域和水工程的保护

第三十条　【主管部门职责】县级以上人民政府水行政主管部门、流域管理机构以及其他有关部门在制定水资源开发、利用规划和调度水资源时，应当注意维持江河的合理流量和湖泊、水库以及地下水的合理水位，维护水体的自然净化能力。

第三十一条　【开采单位职责】从事水资源开发、利用、节约、保护和防治水害等水事活动，应当遵守经批准的规划；因违反规划造成江河和湖泊水域使用功能降低、地下水超采、地面沉降、水体污染的，应当承担治理责任。

开采矿藏或者建设地下工程，因疏干排水导致地下水水位下降、水源枯竭或者地面塌陷，采矿单位或者建设单位应当采取补救措施；对他人生活和生产造成损失的，依法给予补偿。

第三十二条　【水功能区划】国务院水行政主管部门会同国务院环境保护行政主管部门、有关部门和有关省、自治区、直辖市人民政府，按照流域综合规划、水资源保护规划和经济社会发展要求，拟定国家确定的重要江河、湖泊的水功能区划，报国务院批准。跨省、自治区、直辖市的其他江河、湖泊的水功能区划，由有关流域管理机构会同江河、湖泊所在地的省、自治区、直辖市人民政府水行政主管部门、环境保护行政主管部门和其他有关部门拟定，分别经有关省、自治区、直辖市人民政府审查提出意见后，由国务院水行政主管部门会同国务院环境保护行政主管部门审核，报国务院或者其授权的部门批准。

前款规定以外的其他江河、湖泊的水功能区划，由县级以上地方人民政府水行政主管部门会同同级人民政府环境保护行政主管部门和有关部门拟定，报同级人民政府或者其授权的部门批准，并报上一级水行政主管部门和环境保护行政主管部门备案。

县级以上人民政府水行政主管部门或者流域管理机构应当按照水功能区对水质的要求和水体的自然净化能力，核定该水域的纳污能力，向环境保护行政主管部门提出该水域的限制排污总量意见。

县级以上地方人民政府水行政主管部门和流域管理机构应当对水功能区的水质状况进行监测，发现重点污染物排放总量超过控制指标的，或者水功能区的水质未达到水域使用功能对水质的要求的，应当及时报告有关人民政府采取治理措施，并向环境保护行政主管部门通报。

第三十三条　【饮用水水源保护区制度】国家建立饮用水水源保护区制度。省、自治区、直辖市人民政府应当划定饮用水水源保护区，并采取措施，防止水源枯竭和水体污染，保证城乡居民饮用水安全。

第三十四条　【排污口】禁止在饮用水水源保护区内设置排污口。

在江河、湖泊新建、改建或者扩大排污口，应当经过有管辖权的水行政主管部门或者流域管理机构同意，由环境保护行政主管部门负责对该建设项目的环境影响报告书进行审批。

第三十五条　【造成不利影响的工程建设单位之职责】从事工程建设，占用农业灌溉水源、灌排工程设施，或者对原有灌溉用水、供水水源有不利影响的，建设单位

应当采取相应的补救措施;造成损失的,依法给予补偿。

第三十六条　【开采地下水】在地下水超采地区,县级以上地方人民政府应当采取措施,严格控制开采地下水。在地下水严重超采地区,经省、自治区、直辖市人民政府批准,可以划定地下水禁止开采或者限制开采区。在沿海地区开采地下水,应当经过科学论证,并采取措施,防止地面沉降和海水入侵。

第三十七条　【禁止阻碍行洪】禁止在江河、湖泊、水库、运河、渠道内弃置、堆放阻碍行洪的物体和种植阻碍行洪的林木及高秆作物。

禁止在河道管理范围内建设妨碍行洪的建筑物、构筑物以及从事影响河势稳定、危害河岸堤防安全和其他妨碍河道行洪的活动。

第三十八条　【工程建设应符合防洪标准】在河道管理范围内建设桥梁、码头和其他拦河、跨河、临河建筑物、构筑物,铺设跨河管道、电缆,应当符合国家规定的防洪标准和其他有关的技术要求,工程建设方案应当依照防洪法的有关规定报经有关水行政主管部门审查同意。

因建设前款工程设施,需要扩建、改建、拆除或者损坏原有水工程设施的,建设单位应当负担扩建、改建的费用和损失补偿。但是,原有工程设施属于违法工程的除外。

第三十九条　【河道采砂许可制度】国家实行河道采砂许可制度。河道采砂许可制度实施办法,由国务院规定。

在河道管理范围内采砂,影响河势稳定或者危及堤防安全的,有关县级以上人民政府水行政主管部门应当划定禁采区和规定禁采期,并予以公告。

第四十条　【禁止围湖造地和围垦河道】禁止围湖造地。已经围垦的,应当按照国家规定的防洪标准有计划地退地还湖。

禁止围垦河道。确需围垦的,应当经过科学论证,经省、自治区、直辖市人民政府水行政主管部门或者国务院水行政主管部门同意后,报本级人民政府批准。

第四十一条　【单位和个人保护水工程】单位和个人有保护水工程的义务,不得侵占、毁坏堤防、护岸、防汛、水文监测、水文地质监测等工程设施。

第四十二条　【安全监督管理】县级以上地方人民政府应当采取措施,保障本行政区域内水工程,特别是水坝和堤防的安全,限期消除险情。水行政主管部门应当加强对水工程安全的监督管理。

第四十三条　【国家保护工程】国家对水工程实施保护。国家所有的水工程应当按照国务院的规定划定工程管理和保护范围。

国务院水行政主管部门或者流域管理机构管理的水工程,由主管部门或者流域管理机构商有关省、自治区、直辖市人民政府划定工程管理和保护范围。

前款规定以外的其他水工程,应当按照省、自治区、直辖市人民政府的规定,划定工程保护范围和保护职责。

在水工程保护范围内,禁止从事影响水工程运行和危害水工程安全的爆破、打井、采石、取土等活动。

第五章　水资源配置和节约使用

第四十四条　【宏观调配】国务院发展计划主管部门和国务院水行政主管部门负责全国水资源的宏观调配。全国的和跨省、自治区、直辖市的水中长期供求规划,由国务院水行政主管部门会同有关部门制订,经国务院发展计划主管部门审查批准后执行。地方的水中长期供求规划,由县级以上地方人民政府水行政主管部门会同同级有关部门依据上一级水中长期供求规划和本地区的实际情况制订,经本级人民政府发展计划主管部门审查批准后执行。

水中长期供求规划应当依据水的供求现状、国民经济和社会发展规划、流域规划、区域规划,按照水资源供需协调、综合平衡、保护生态、厉行节约、合理开源的原则制定。

第四十五条　【水量分配和水量调度】调蓄径流和分配水量,应当依据流域规划和水中长期供求规划,以流域为单元制定水量分配方案。

跨省、自治区、直辖市的水量分配方案和旱情紧急情况下的水量调度预案,由流域管理机构商有关省、自治区、直辖市人民政府制订,报国务院或者其授权的部门批准后执行。其他跨行政区域的水量分配方案和旱情紧急情况下的水量调度预案,由共同的上一级人民政府水行政主管部门商有关地方人民政府制订,报本级人民政府批准后执行。

水量分配方案和旱情紧急情况下的水量调度预案经批准后,有关地方人民政府必须执行。

在不同行政区域之间的边界河流上建设水资源开发、利用项目,应当符合该流域经批准的水量分配方案,由有关县级以上地方人民政府报共同的上一级人民政府水行政主管部门或者有关流域管理机构批准。

第四十六条　【年度水量分配方案】县级以上地方人民政府水行政主管部门或者流域管理机构应当根据批准

的水量分配方案和年度预测来水量，制定年度水量分配方案和调度计划，实施水量统一调度；有关地方人民政府必须服从。

国家确定的重要江河、湖泊的年度水量分配方案，应当纳入国家的国民经济和社会发展年度计划。

第四十七条 【用水总量控制和定额管理】国家对用水实行总量控制和定额管理相结合的制度。

省、自治区、直辖市人民政府有关行业主管部门应当制订本行政区域内行业用水定额，报同级水行政主管部门和质量监督检验行政主管部门审核同意后，由省、自治区、直辖市人民政府公布，并报国务院水行政主管部门和国务院质量监督检验行政主管部门备案。

县级以上地方人民政府发展计划主管部门会同同级水行政主管部门，根据用水定额、经济技术条件以及水量分配方案确定的可供本行政区域使用的水量，制定年度用水计划，对本行政区域内的年度用水实行总量控制。

第四十八条 【取水权的取得】直接从江河、湖泊或者地下取用水资源的单位和个人，应当按照国家取水许可制度和水资源有偿使用制度的规定，向水行政主管部门或者流域管理机构申请领取取水许可证，并缴纳水资源费，取得取水权。但是，家庭生活和零星散养、圈养畜禽饮用等少量取水的除外。

实施取水许可制度和征收管理水资源费的具体办法，由国务院规定。

第四十九条 【用水计量收费】用水应当计量，并按照批准的用水计划用水。

用水实行计量收费和超定额累进加价制度。

第五十条 【节水】各级人民政府应当推行节水灌溉方式和节水技术，对农业蓄水、输水工程采取必要的防渗漏措施，提高农业用水效率。

第五十一条 【工业用水的科学管理】工业用水应当采用先进技术、工艺和设备，增加循环用水次数，提高水的重复利用率。

国家逐步淘汰落后的、耗水量高的工艺、设备和产品，具体名录由国务院经济综合主管部门会同国务院水行政主管部门和有关部门制定并公布。生产者、销售者或者生产经营中的使用者应当在规定的时间内停止生产、销售或者使用列入名录的工艺、设备和产品。

第五十二条 【提高生活用水效率】城市人民政府应当因地制宜采取有效措施，推广节水型生活用水器具，降低城市供水管网漏失率，提高生活用水效率；加强城市污水集中处理，鼓励使用再生水，提高污水再生利用率。

第五十三条 【工程建设和节水】新建、扩建、改建建设项目，应当制订节水措施方案，配套建设节水设施。节水设施应当与主体工程同时设计、同时施工、同时投产。

供水企业和自建供水设施的单位应当加强供水设施的维护管理，减少水的漏失。

第五十四条 【改善用水条件】各级人民政府应当积极采取措施，改善城乡居民的饮用水条件。

第五十五条 【供水价格的确定】使用水工程供应的水，应当按照国家规定向供水单位缴纳水费。供水价格应当按照补偿成本、合理收益、优质优价、公平负担的原则确定。具体办法由省级以上人民政府价格主管部门会同同级水行政主管部门或者其他供水行政主管部门依据职权制定。

第六章 水事纠纷处理与执法监督检查

第五十六条 【行政区域间的水事纠纷处理】不同行政区域之间发生水事纠纷的，应当协商处理；协商不成的，由上一级人民政府裁决，有关各方必须遵照执行。在水事纠纷解决前，未经各方达成协议或者共同的上一级人民政府批准，在行政区域交界线两侧一定范围内，任何一方不得修建排水、阻水、取水和截（蓄）水工程，不得单方面改变水的现状。

第五十七条 【单位或个人间的水事纠纷处理】单位之间、个人之间、单位与个人之间发生的水事纠纷，应当协商解决；当事人不愿协商或者协商不成的，可以申请县级以上地方人民政府或者其授权的部门调解，也可以直接向人民法院提起民事诉讼。县级以上地方人民政府或者其授权的部门调解不成的，当事人可以向人民法院提起民事诉讼。

在水事纠纷解决前，当事人不得单方面改变现状。

第五十八条 【临时处理措施】县级以上人民政府或者其授权的部门在处理水事纠纷时，有权采取临时处置措施，有关各方或者当事人必须服从。

第五十九条 【政府的监督职责】县级以上人民政府水行政主管部门和流域管理机构应当对违反本法的行为加强监督检查并依法进行查处。

水政监督检查人员应当忠于职守，秉公执法。

第六十条 【政府的监督措施】县级以上人民政府水行政主管部门、流域管理机构及其水政监督检查人员履行本法规定的监督检查职责时，有权采取下列措施：

（一）要求被检查单位提供有关文件、证照、资料；

（二）要求被检查单位就执行本法的有关问题作

出说明;

(三)进入被检查单位的生产场所进行调查;

(四)责令被检查单位停止违反本法的行为,履行法定义务。

第六十一条 【单位或个人的配合义务】有关单位或者个人对水政监督检查人员的监督检查工作应当给予配合,不得拒绝或者阻碍水政监督检查人员依法执行职务。

第六十二条 【出示证件的义务】水政监督检查人员在履行监督检查职责时,应当向被检查单位或者个人出示执法证件。

第六十三条 【上级部门对下级部门的监督】县级以上人民政府或者上级水行政主管部门发现本级或者下级水行政主管部门在监督检查工作中有违法或者失职行为的,应当责令其限期改正。

第七章 法律责任

第六十四条 【渎职】水行政主管部门或者其他有关部门以及水工程管理单位及其工作人员,利用职务上的便利收取他人财物、其他好处或者玩忽职守,对不符合法定条件的单位或者个人核发许可证、签署审查同意意见,不按照水量分配方案分配水量,不按照国家有关规定收取水资源费,不履行监督职责,或者发现违法行为不予查处,造成严重后果,构成犯罪的,对负有责任的主管人员和其他直接责任人员依照刑法的有关规定追究刑事责任;尚不够刑事处罚的,依法给予行政处分。

第六十五条 【工程建设违法】在河道管理范围内建设妨碍行洪的建筑物、构筑物,或者从事影响河势稳定、危害河岸堤防安全和其他妨碍河道行洪的活动的,由县级以上人民政府水行政主管部门或者流域管理机构依据职权,责令停止违法行为,限期拆除违法建筑物、构筑物,恢复原状;逾期不拆除、不恢复原状的,强行拆除,所需费用由违法单位或者个人负担,并处一万元以上十万元以下的罚款。

未经水行政主管部门或者流域管理机构同意,擅自修建水工程,或者建设桥梁、码头和其他拦河、跨河、临河建筑物、构筑物,铺设跨河管道、电缆,且防洪法未作规定的,由县级以上人民政府水行政主管部门或者流域管理机构依据职权,责令停止违法行为,限期补办有关手续;逾期不补办或者补办未被批准的,责令限期拆除违法建筑物、构筑物;逾期不拆除的,强行拆除,所需费用由违法单位或者个人负担,并处一万元以上十万元以下的罚款。

虽经水行政主管部门或者流域管理机构同意,但未按照要求修建前款所列工程设施的,由县级以上人民政府水行政主管部门或者流域管理机构依据职权,责令限期改正,按照情节轻重,处一万元以上十万元以下的罚款。

第六十六条 【影响防洪的其他行为】有下列行为之一,且防洪法未作规定的,由县级以上人民政府水行政主管部门或者流域管理机构依据职权,责令停止违法行为,限期清除障碍或者采取其他补救措施,处一万元以上五万元以下的罚款:

(一)在江河、湖泊、水库、运河、渠道内弃置、堆放阻碍行洪的物体和种植阻碍行洪的林木及高秆作物的;

(二)围湖造地或者未经批准围垦河道的。

第六十七条 【排污口建设违法】在饮用水水源保护区内设置排污口的,由县级以上地方人民政府责令限期拆除、恢复原状;逾期不拆除、不恢复原状的,强行拆除、恢复原状,并处五万元以上十万元以下的罚款。

未经水行政主管部门或者流域管理机构审查同意,擅自在江河、湖泊新建、改建或者扩大排污口的,由县级以上人民政府水行政主管部门或者流域管理机构依据职权,责令停止违法行为,限期恢复原状,处五万元以上十万元以下的罚款。

第六十八条 【产销或使用禁用工业用品】生产、销售或者在生产经营中使用国家明令淘汰的落后的、耗水量高的工艺、设备和产品的,由县级以上地方人民政府经济综合主管部门责令停止生产、销售或者使用,处二万元以上十万元以下的罚款。

第六十九条 【取水违法】有下列行为之一的,由县级以上人民政府水行政主管部门或者流域管理机构依据职权,责令停止违法行为,限期采取补救措施,处二万元以上十万元以下的罚款;情节严重的,吊销其取水许可证:

(一)未经批准擅自取水的;

(二)未依照批准的取水许可规定条件取水的。

第七十条 【拒缴、拖欠水费】拒不缴纳、拖延缴纳或者拖欠水资源费的,由县级以上人民政府水行政主管部门或者流域管理机构依据职权,责令限期缴纳;逾期不缴纳的,从滞纳之日起按日加收滞纳部分千分之二的滞纳金,并处应缴或者补缴水资源费一倍以上五倍以下的罚款。

第七十一条 【节水设施违法】建设项目的节水设施没有建成或者没有达到国家规定的要求,擅自投入使用的，由县级以上人民政府有关部门或者流域管理机构依据职权，责令停止使用，限期改正，处五万元以上十万元以下的罚款。

第七十二条 【违反水工程保护原则】有下列行为之一，构成犯罪的，依照刑法的有关规定追究刑事责任；尚不够刑事处罚，且防洪法未作规定的，由县级以上地方人民政府水行政主管部门或者流域管理机构依据职权，责令停止违法行为，采取补救措施，处一万元以上五万元以下的罚款；违反治安管理处罚法的，由公安机关依法给予治安管理处罚；给他人造成损失的，依法承担赔偿责任：

（一）侵占、毁坏水工程及堤防、护岸等有关设施，毁坏防汛、水文监测、水文地质监测设施的；

（二）在水工程保护范围内，从事影响水工程运行和危害水工程安全的爆破、打井、采石、取土等活动的。

第七十三条 【侵占、盗窃、抢夺、贪污、挪用行为】侵占、盗窃或者抢夺防汛物资，防洪排涝、农田水利、水文监测和测量以及其他水工程设备和器材，贪污或者挪用国家救灾、抢险、防汛、移民安置和补偿及其他水利建设款物，构成犯罪的，依照刑法的有关规定追究刑事责任。

第七十四条 【水事纠纷中的个人违法行为】在水事纠纷发生及其处理过程中煽动闹事、结伙斗殴、抢夺或者损坏公私财物、非法限制他人人身自由，构成犯罪的，依照刑法的有关规定追究刑事责任；尚不够刑事处罚的，由公安机关依法给予治安管理处罚。

第七十五条 【行政区域间水事纠纷处理中的违法】不同行政区域之间发生水事纠纷，有下列行为之一的，对负有责任的主管人员和其他直接责任人员依法给予行政处分：

（一）拒不执行水量分配方案和水量调度预案的；

（二）拒不服从水量统一调度的；

（三）拒不执行上一级人民政府的裁决的；

（四）在水事纠纷解决前，未经各方达成协议或者上一级人民政府批准，单方面违反本法规定改变水的现状的。

第七十六条 【引、蓄、排水违法】引水、截（蓄）水、排水，损害公共利益或者他人合法权益的，依法承担民事责任。

第七十七条 【违反采砂许可制度】对违反本法第三十九条有关河道采砂许可制度规定的行政处罚，由国务院规定。

第八章 附 则

第七十八条 【适用国际条约的情形】中华人民共和国缔结或者参加的与国际或者国境边界河流、湖泊有关的国际条约、协定与中华人民共和国法律有不同规定的，适用国际条约、协定的规定。但是，中华人民共和国声明保留的条款除外。

第七十九条 【水工程】本法所称水工程，是指在江河、湖泊和地下水源上开发、利用、控制、调配和保护水资源的各类工程。

第八十条 【例外情形】海水的开发、利用、保护和管理，依照有关法律的规定执行。

第八十一条 【其他法律适用】从事防洪活动，依照防洪法的规定执行。

水污染防治，依照水污染防治法的规定执行。

第八十二条 【施行日期】本法自 2002 年 10 月 1 日起施行。

中华人民共和国防洪法

1. 1997 年 8 月 29 日第八届全国人民代表大会常务委员会第二十七次会议通过

2. 根据 2009 年 8 月 27 日第十一届全国人民代表大会常务委员会第十次会议《关于修改部分法律的决定》第一次修正

3. 根据 2015 年 4 月 24 日第十二届全国人民代表大会常务委员会第十四次会议《关于修改〈中华人民共和国港口法〉等七部法律的决定》第二次修正

4. 根据 2016 年 7 月 2 日第十二届全国人民代表大会常务委员会第二十一次会议《关于修改〈中华人民共和国节约能源法〉等六部法律的决定》第三次修正

目 录

第一章 总 则

第一条 【立法目的】为了防治洪水，防御、减轻洪涝灾害，维护人民的生命和财产安全，保障社会主义现代化建设顺利进行,制定本法。

第二条 【防洪原则】防洪工作实行全面规划、统筹兼顾、预防为主、综合治理、局部利益服从全局利益的原则。

第三条 【防洪费用承担】防洪工程设施建设,应当纳入国民经济和社会发展计划。

防洪费用按照政府投入同受益者合理承担相结合的原则筹集。

第四条 【防洪与水资源保护及江河、湖泊治理关系】开发利用和保护水资源,应当服从防洪总体安排,实行兴利与除害相结合的原则。

江河、湖泊治理以及防洪工程设施建设,应当符合流域综合规划,与流域水资源的综合开发相结合。

本法所称综合规划是指开发利用水资源和防治水害的综合规划。

第五条 【防洪管理体制】防洪工作按照流域或者区域实行统一规划、分级实施和流域管理与行政区域管理相结合的制度。

第六条 【防洪义务】任何单位和个人都有保护防洪工程设施和依法参加防汛抗洪的义务。

第七条 【政府防洪职责】各级人民政府应当加强对防洪工作的统一领导,组织有关部门、单位,动员社会力量,依靠科技进步,有计划地进行江河、湖泊治理,采取措施加强防洪工程设施建设,巩固、提高防洪能力。

各级人民政府应当组织有关部门、单位,动员社会力量,做好防汛抗洪和洪涝灾害后的恢复与救济工作。

各级人民政府应当对蓄滞洪区予以扶持;蓄滞洪后,应当依照国家规定予以补偿或者救助。

第八条 【水行政主管部门职责】国务院水行政主管部门在国务院的领导下,负责全国防洪的组织、协调、监督、指导等日常工作。国务院水行政主管部门在国家确定的重要江河、湖泊设立的流域管理机构,在所管辖的范围内行使法律、行政法规规定和国务院水行政主管部门授权的防洪协调和监督管理职责。

国务院建设行政主管部门和其他有关部门在国务院的领导下,按照各自的职责,负责有关的防洪工作。

县级以上地方人民政府水行政主管部门在本级人民政府的领导下,负责本行政区域内防洪的组织、协调、监督、指导等日常工作。县级以上地方人民政府建设行政主管部门和其他有关部门在本级人民政府的领导下,按照各自的职责,负责有关的防洪工作。

第二章 防洪规划

第九条 【防洪规划定义与地位】防洪规划是指为防治某一流域、河段或者区域的洪涝灾害而制定的总体部署,包括国家确定的重要江河、湖泊的流域防洪规划,其他江河、河段、湖泊的防洪规划以及区域防洪规划。

防洪规划应当服从所在流域、区域的综合规划;区域防洪规划应当服从所在流域的流域防洪规划。

防洪规划是江河、湖泊治理和防洪工程设施建设的基本依据。

第十条 【编制防洪规划部门】国家确定的重要江河、湖泊的防洪规划,由国务院水行政主管部门依据该江河、湖泊的流域综合规划,会同有关部门和有关省、自治区、直辖市人民政府编制,报国务院批准。

其他江河、河段、湖泊的防洪规划或者区域防洪规划,由县级以上地方人民政府水行政主管部门分别依据流域综合规划、区域综合规划,会同有关部门和有关地区编制,报本级人民政府批准,并报上一级人民政府水行政主管部门备案;跨省、自治区、直辖市的江河、河段、湖泊的防洪规划由有关流域管理机构会同江河、河段、湖泊所在地的省、自治区、直辖市人民政府水行政主管部门、有关主管部门拟定,分别经有关省、自治区、直辖市人民政府审查提出意见后,报国务院水行政主管部门批准。

城市防洪规划,由城市人民政府组织水行政主管部门、建设行政主管部门和其他有关部门依据流域防洪规划、上一级人民政府区域防洪规划编制,按照国务院规定的审批程序批准后纳入城市总体规划。

修改防洪规划,应当报经原批准机关批准。

第十一条 【防洪规划编制原则】编制防洪规划,应当遵循确保重点、兼顾一般,以及防汛和抗旱相结合、工程措施和非工程措施相结合的原则,充分考虑洪涝规律和上下游、左右岸的关系以及国民经济对防洪的要求,并与国土规划和土地利用总体规划相协调。

防洪规划应当确定防护对象、治理目标和任务、防洪措施和实施方案,划定洪泛区、蓄滞洪区和防洪保护区的范围,规定蓄滞洪区的使用原则。

第十二条 【沿海地区防御风暴潮规定】受风暴潮威胁的沿海地区的县级以上地方人民政府,应当把防御风暴潮纳入本地区的防洪规划,加强海堤(海塘)、挡潮闸和沿海防护林等防御风暴潮工程体系建设,监督建筑物、构筑物的设计和施工符合防御风暴潮的需要。

第十三条 【山洪多发地区防治规定】山洪可能诱发山体滑坡、崩塌和泥石流的地区以及其他山洪多发地区的县级以上地方人民政府,应当组织负责地质矿产管理工作的部门、水行政主管部门和其他有关部门对山体滑坡、崩塌和泥石流隐患进行全面调查，划定重点防治区，采取防治措施。

城市、村镇和其他居民点以及工厂、矿山、铁路和公路干线的布局，应当避开山洪威胁；已经建在受山洪威胁的地方的，应当采取防御措施。

第十四条 【易涝地区治理规定】平原、洼地、水网圩区、山谷、盆地等易涝地区的有关地方人民政府，应当制定除涝治涝规划，组织有关部门、单位采取相应的治理措施，完善排水系统，发展耐涝农作物种类和品种，开展洪涝、干旱、盐碱综合治理。

城市人民政府应当加强对城区排涝管网、泵站的建设和管理。

第十五条 【入海河口整治】国务院水行政主管部门应当会同有关部门和省、自治区、直辖市人民政府制定长江、黄河、珠江、辽河、淮河、海河入海河口的整治规划。

在前款入海河口围海造地，应当符合河口整治规划。

第十六条 【防洪规划用地】防洪规划确定的河道整治计划用地和规划建设的堤防用地范围内的土地，经土地管理部门和水行政主管部门会同有关地区核定，报经县级以上人民政府按照国务院规定的权限批准后，可以划定为规划保留区；该规划保留区范围内的土地涉及其他项目用地的，有关土地管理部门和水行政主管部门核定时，应当征求有关部门的意见。

规划保留区依照前款规定划定后，应当公告。

前款规划保留区内不得建设与防洪无关的工矿工程设施；在特殊情况下，国家工矿建设项目确需占用前款规划保留区内的土地的，应当按照国家规定的基本建设程序报请批准，并征求有关水行政主管部门的意见。

防洪规划确定的扩大或者开辟的人工排洪道用地范围内的土地，经省级以上人民政府土地管理部门和水行政主管部门会同有关部门、有关地区核定，报省级以上人民政府按照国务院规定的权限批准后，可以划定为规划保留区，适用前款规定。

第十七条 【在江河、湖泊上建防洪工程和水工程、水电站规定】在江河、湖泊上建设防洪工程和其他水工程、水电站等，应当符合防洪规划的要求；水库应当按照防洪规划的要求留足防洪库容。

前款规定的防洪工程和其他水工程、水电站未取得有关水行政主管部门签署的符合防洪规划要求的规划同意书的，建设单位不得开工建设。

第三章 治理与防护

第十八条 【洪水防治总要求】防治江河洪水，应当蓄泄兼施，充分发挥河道行洪能力和水库、洼淀、湖泊调蓄洪水的功能，加强河道防护，因地制宜地采取定期清淤疏浚等措施，保持行洪畅通。

防治江河洪水，应当保护、扩大流域林草植被，涵养水源，加强流域水土保持综合治理。

第十九条 【规划治导线】整治河道和修建控制引导河水流向、保护堤岸等工程，应当兼顾上下游、左右岸的关系，按照规划治导线实施，不得任意改变河水流向。

国家确定的重要江河的规划治导线由流域管理机构拟定，报国务院水行政主管部门批准。

其他江河、河段的规划治导线由县级以上地方人民政府水行政主管部门拟定，报本级人民政府批准；跨省、自治区、直辖市的江河、河段和省、自治区、直辖市之间的省界河道的规划治导线由有关流域管理机构组织江河、河段所在地的省、自治区、直辖市人民政府水行政主管部门拟定，经有关省、自治区、直辖市人民政府审查提出意见后，报国务院水行政主管部门批准。

第二十条 【河道、湖泊整治与航运、竹木流放、渔业】整治河道、湖泊，涉及航道的，应当兼顾航运需要，并事先征求交通主管部门的意见。整治航道，应当符合江河、湖泊防洪安全要求，并事先征求水行政主管部门的意见。

在竹木流放的河流和渔业水域整治河道的，应当兼顾竹木水运和渔业发展的需要，并事先征求林业、渔业行政主管部门的意见。在河道中流放竹木，不得影响行洪和防洪工程设施的安全。

第二十一条 【河道、湖泊管理原则及管理范围界定】河道、湖泊管理实行按水系统一管理和分级管理相结合的原则，加强防护，确保畅通。

国家确定的重要江河、湖泊的主要河段，跨省、自治区、直辖市的重要河段、湖泊，省、自治区、直辖市之间的省界河道、湖泊以及国（边）界河道、湖泊，由流域管理机构和江河、湖泊所在地的省、自治区、直辖市人民政府水行政主管部门按照国务院水行政主管部门的划定依法实施管理。其他河道、湖泊，由县级以上地方人民政府水行政主管部门按照国务院水行政主管部门或者国务院水行政主管部门授权的机构的划定依法实施管理。

有堤防的河道、湖泊，其管理范围为两岸堤防之间的水域、沙洲、滩地、行洪区和堤防及护堤地；无堤防的河道、湖泊,其管理范围为历史最高洪水位或者设计洪水位之间的水域、沙洲、滩地和行洪区。

流域管理机构直接管理的河道、湖泊管理范围,由流域管理机构会同有关县级以上地方人民政府依照前款规定界定;其他河道、湖泊管理范围,由有关县级以上地方人民政府依照前款规定界定。

第二十二条　【河道、湖泊管理范围内土地与岸线管理】河道、湖泊管理范围内的土地和岸线的利用,应当符合行洪、输水的要求。

禁止在河道、湖泊管理范围内建设妨碍行洪的建筑物、构筑物,倾倒垃圾、渣土,从事影响河势稳定、危害河岸堤防安全和其他妨碍河道行洪的活动。

禁止在行洪河道内种植阻碍行洪的林木和高秆作物。

在船舶航行可能危及堤岸安全的河段,应当限定航速。限定航速的标志,由交通主管部门与水行政主管部门商定后设置。

第二十三条　【禁止围湖造地与围垦河道】禁止围湖造地。已经围垦的,应当按照国家规定的防洪标准进行治理,有计划地退地还湖。

禁止围垦河道。确需围垦的,应当进行科学论证,经水行政主管部门确认不妨碍行洪、输水后,报省级以上人民政府批准。

第二十四条　【居民外迁】对居住在行洪河道内的居民,当地人民政府应当有计划地组织外迁。

第二十五条　【护堤护岸林木营造与管理】护堤护岸的林木,由河道、湖泊管理机构组织营造和管理。护堤护岸林木,不得任意砍伐。采伐护堤护岸林木的,应当依法办理采伐许可手续,并完成规定的更新补种任务。

第二十六条　【跨河工程设施改建与拆除】对壅水、阻水严重的桥梁、引道、码头和其他跨河工程设施,根据防洪标准,有关水行政主管部门可以报请县级以上人民政府按照国务院规定的权限责令建设单位限期改建或者拆除。

第二十七条　【跨河工程技术要求与审批】建设跨河、穿河、穿堤、临河的桥梁、码头、道路、渡口、管道、缆线、取水、排水等工程设施,应当符合防洪标准、岸线规划、航运要求和其他技术要求,不得危害堤防安全、影响河势稳定、妨碍行洪畅通;其工程建设方案未经有关水行政主管部门根据前述防洪要求审查同意的,建设单位不得开工建设。

前款工程设施需要占用河道、湖泊管理范围内土地,跨越河道、湖泊空间或者穿越河床的,建设单位应当经有关水行政主管部门对该工程设施建设的位置和界限审查批准后,方可依法办理开工手续;安排施工时,应当按照水行政主管部门审查批准的位置和界限进行。

第二十八条　【跨河等工程设施的检查与验收】对于河道、湖泊管理范围内依照本法规定建设的工程设施,水行政主管部门有权依法检查;水行政主管部门检查时,被检查者应当如实提供有关的情况和资料。

前款规定的工程设施竣工验收时,应当有水行政主管部门参加。

第四章　防洪区和防洪工程设施的管理

第二十九条　【防洪区界定与分类】防洪区是指洪水泛滥可能淹及的地区,分为洪泛区、蓄滞洪区和防洪保护区。

洪泛区是指尚无工程设施保护的洪水泛滥所及的地区。

蓄滞洪区是指包括分洪口在内的河堤背水面以外临时贮存洪水的低洼地区及湖泊等。

防洪保护区是指在防洪标准内受防洪工程设施保护的地区。

洪泛区、蓄滞洪区和防洪保护区的范围,在防洪规划或者防御洪水方案中划定,并报请省级以上人民政府按照国务院规定的权限批准后予以公告。

第三十条　【防洪区内土地利用管理】各级人民政府应当按照防洪规划对防洪区内的土地利用实行分区管理。

第三十一条　【地方政府领导防洪区工作】地方各级人民政府应当加强对防洪区安全建设工作的领导,组织有关部门、单位对防洪区内的单位和居民进行防洪教育,普及防洪知识,提高水患意识;按照防洪规划和防御洪水方案建立并完善防洪体系和水文、气象、通信、预警以及洪涝灾害监测系统,提高防御洪水能力;组织防洪区内的单位和居民积极参加防洪工作,因地制宜地采取防洪避洪措施。

第三十二条　【洪泛区、蓄滞洪区补偿与救助】洪泛区、蓄滞洪区所在地的省、自治区、直辖市人民政府应当组织有关地区和部门,按照防洪规划的要求,制定洪泛区、蓄滞洪区安全建设计划,控制蓄滞洪区人口增长,对居住在经常使用的蓄滞洪区的居民,有计划地组织外迁,并采取其他必要的安全保护措施。

因蓄滞洪区而直接受益的地区和单位,应当对蓄滞洪区承担国家规定的补偿、救助义务。国务院和有关的省、自治区、直辖市人民政府应当建立对蓄滞洪区的扶持和补偿、救助制度。

国务院和有关的省、自治区、直辖市人民政府可以制定洪泛区、蓄滞洪区安全建设管理办法以及对蓄滞洪区的扶持和补偿、救助办法。

第三十三条 【洪泛区、蓄滞洪区内非防洪建设项目的建设】在洪泛区、蓄滞洪区内建设非防洪建设项目,应当就洪水对建设项目可能产生的影响和建设项目对防洪可能产生的影响作出评价,编制洪水影响评价报告,提出防御措施。洪水影响评价报告未经有关水行政主管部门审查批准的,建设单位不得开工建设。

在蓄滞洪区内建设的油田、铁路、公路、矿山、电厂、电信设施和管道,其洪水影响评价报告应当包括建设单位自行安排的防洪避洪方案。建设项目投入生产或者使用时,其防洪工程设施应当经水行政主管部门验收。

在蓄滞洪区内建造房屋应当采用平顶式结构。

第三十四条 【防洪重点】大中城市,重要的铁路、公路干线,大型骨干企业,应当列为防洪重点,确保安全。

受洪水威胁的城市、经济开发区、工矿区和国家重要的农业生产基地等,应当重点保护,建设必要的防洪工程设施。

城市建设不得擅自填堵原有河道沟叉、贮水湖塘洼淀和废除原有防洪围堤。确需填堵或者废除的,应当经城市人民政府批准。

第三十五条 【防洪工程设施保护范围】属于国家所有的防洪工程设施,应当按照经批准的设计,在竣工验收前由县级以上人民政府按照国家规定,划定管理和保护范围。

属于集体所有的防洪工程设施,应当按照省、自治区、直辖市人民政府的规定,划定保护范围。

在防洪工程设施保护范围内,禁止进行爆破、打井、采石、取土等危害防洪工程设施安全的活动。

第三十六条 【水库大坝管理】各级人民政府应当组织有关部门加强对水库大坝的定期检查和监督管理。对未达到设计洪水标准、抗震设防要求或者有严重质量缺陷的险坝,大坝主管部门应当组织有关单位采取除险加固措施,限期消除危险或者重建,有关人民政府应当优先安排所需资金。对可能出现垮坝的水库,应当事先制定应急抢险和居民临时撤离方案。

各级人民政府和有关主管部门应当加强对尾矿坝的监督管理,采取措施,避免因洪水导致垮坝。

第三十七条 【单位与个人不得破坏防洪工作】任何单位和个人不得破坏、侵占、毁损水库大坝、堤防、水闸、护岸、抽水站、排水渠系等防洪工程和水文、通信设施以及防汛备用的器材、物料等。

第五章 防汛抗洪

第三十八条 【防汛抗洪管理体制】防汛抗洪工作实行各级人民政府行政首长负责制,统一指挥、分级分部门负责。

第三十九条 【防汛抗洪指挥机构】国务院设立国家防汛指挥机构,负责领导、组织全国的防汛抗洪工作,其办事机构设在国务院水行政主管部门。

在国家确定的重要江河、湖泊可以设立由有关省、自治区、直辖市人民政府和该江河、湖泊的流域管理机构负责人等组成的防汛指挥机构,指挥所管辖范围内的防汛抗洪工作,其办事机构设在流域管理机构。

有防汛抗洪任务的县级以上地方人民政府设立由有关部门、当地驻军、人民武装部负责人等组成的防汛指挥机构,在上级防汛指挥机构和本级人民政府的领导下,指挥本地区的防汛抗洪工作,其办事机构设在同级水行政主管部门;必要时,经城市人民政府决定,防汛指挥机构也可以在建设行政主管部门设城市市区办事机构,在防汛指挥机构的统一领导下,负责城市市区的防汛抗洪日常工作。

第四十条 【防御洪水方案的制定】有防汛抗洪任务的县级以上地方人民政府根据流域综合规划、防洪工程实际状况和国家规定的防洪标准,制定防御洪水方案(包括对特大洪水的处置措施)。

长江、黄河、淮河、海河的防御洪水方案,由国家防汛指挥机构制定,报国务院批准;跨省、自治区、直辖市的其他江河的防御洪水方案,由有关流域管理机构会同有关省、自治区、直辖市人民政府制定,报国务院或者国务院授权的有关部门批准。防御洪水方案经批准后,有关地方人民政府必须执行。

各级防汛指挥机构和承担防汛抗洪任务的部门和单位,必须根据防御洪水方案做好防汛抗洪准备工作。

第四十一条 【汛期起止日期】省、自治区、直辖市人民政府防汛指挥机构根据当地的洪水规律,规定汛期起止日期。

当江河、湖泊的水情接近保证水位或者安全流量,水库水位接近设计洪水位,或者防洪工程设施发生重大险情时,有关县级以上人民政府防汛指挥机构可以宣布进入紧急防汛期。

第四十二条 【障碍物处置】对河道、湖泊范围内阻碍行洪的障碍物,按照谁设障、谁清除的原则,由防汛指挥机构责令限期清除;逾期不清除的,由防汛指挥机构组织强行清除,所需费用由设障者承担。

在紧急防汛期,国家防汛指挥机构或者其授权的流域、省、自治区、直辖市防汛指挥机构有权对壅水、阻水严重的桥梁、引道、码头和其他跨河工程设施作出紧急处置。

第四十三条　【汛期服务】在汛期,气象、水文、海洋等有关部门应当按照各自的职责,及时向有关防汛指挥机构提供天气、水文等实时信息和风暴潮预报;电信部门应当优先提供防汛抗洪通信的服务;运输、电力、物资材料供应等有关部门应当优先为防汛抗洪服务。

中国人民解放军、中国人民武装警察部队和民兵应当执行国家赋予的抗洪抢险任务。

第四十四条　【汛期水库】在汛期,水库、闸坝和其他水工程设施的运用,必须服从有关的防汛指挥机构的调度指挥和监督。

在汛期,水库不得擅自在汛期限制水位以上蓄水,其汛期限制水位以上的防洪库容的运用,必须服从防汛指挥机构的调度指挥和监督。

在凌汛期,有防凌汛任务的江河的上游水库的下泄水量必须征得有关的防汛指挥机构的同意,并接受其监督。

第四十五条　【紧急措施】在紧急防汛期,防汛指挥机构根据防汛抗洪的需要,有权在其管辖范围内调用物资、设备、交通运输工具和人力,决定采取取土占地、砍伐林木、清除阻水障碍物和其他必要的紧急措施;必要时,公安、交通等有关部门按照防汛指挥机构的决定,依法实施陆地和水面交通管制。

依照前款规定调用的物资、设备、交通运输工具等,在汛期结束后应当及时归还;造成损坏或者无法归还的,按照国务院有关规定给予适当补偿或者作其他处理。取土占地、砍伐林木的,在汛期结束后依法向有关部门补办手续;有关地方人民政府对取土后的土地组织复垦,对砍伐的林木组织补种。

第四十六条　【蓄滞洪区】江河、湖泊水位或者流量达到国家规定的分洪标准,需要启用蓄滞洪区时,国务院,国家防汛指挥机构,流域防汛指挥机构,省、自治区、直辖市人民政府,省、自治区、直辖市防汛指挥机构,按照依法经批准的防御洪水方案中规定的启用条件和批准程序,决定启用蓄滞洪区。依法启用蓄滞洪区,任何单位和个人不得阻拦、拖延;遇到阻拦、拖延时,由有关县级以上地方人民政府强制实施。

第四十七条　【灾后工作、洪水保险】发生洪涝灾害后,有关人民政府应当组织有关部门、单位做好灾区的生活供给、卫生防疫、救灾物资供应、治安管理、学校复课、恢复生产和重建家园等救灾工作以及所管辖地区的各项水毁工程设施修复工作。水毁防洪工程设施的修复,应当优先列入有关部门的年度建设计划。

国家鼓励、扶持开展洪水保险。

第六章　保障措施

第四十八条　【政府防洪投入】各级人民政府应当采取措施,提高防洪投入的总体水平。

第四十九条　【投资分担原则】江河、湖泊的治理和防洪工程设施的建设和维护所需投资,按照事权和财权相统一的原则,分级负责,由中央和地方财政承担。城市防洪工程设施的建设和维护所需投资,由城市人民政府承担。

受洪水威胁地区的油田、管道、铁路、公路、矿山、电力、电信等企业、事业单位应当自筹资金,兴建必要的防洪自保工程。

第五十条　【中央与地方财政资金用途】中央财政应当安排资金,用于国家确定的重要江河、湖泊的堤坝遭受特大洪涝灾害时的抗洪抢险和水毁防洪工程修复。省、自治区、直辖市人民政府应当在本级财政预算中安排资金,用于本行政区域内遭受特大洪涝灾害地区的抗洪抢险和水毁防洪工程修复。

第五十一条　【基本与管理费征收】国家设立水利建设基金,用于防洪工程和水利工程的维护和建设。具体办法由国务院规定。

受洪水威胁的省、自治区、直辖市为加强本行政区域内防洪工程设施建设,提高防御洪水能力,按照国务院的有关规定,可以规定在防洪保护区范围内征收河道工程修建维护管理费。

第五十二条　【防洪、救灾物资使用与监督】任何单位和个人不得截留、挪用防洪、救灾资金和物资。

各级人民政府审计机关应当加强对防洪、救灾资金使用情况的审计监督。

第七章　法律责任

第五十三条　【违反建设防洪工程、水工程、水电站责任】违反本法第十七条规定,未经水行政主管部门签署规划同意书,擅自在江河、湖泊上建设防洪工程和其他水工程、水电站的,责令停止违法行为,补办规划同意书手续;违反规划同意书的要求,严重影响防洪的,责令限期拆除;违反规划同意书的要求,影响防洪但尚可采取补救措施的,责令限期采取补救措施,可以处一万元以上十万元以下的罚款。

第五十四条 【违法规划治导线责任】违反本法第十九条规定，未按照规划治导线整治河道和修建控制引导河水流向、保护堤岸等工程，影响防洪的，责令停止违法行为，恢复原状或者采取其他补救措施，可以处一万元以上十万元以下的罚款。

第五十五条 【阻碍行洪责任】违反本法第二十二条第二款、第三款规定，有下列行为之一的，责令停止违法行为，排除阻碍或者采取其他补救措施，可以处五万元以下的罚款：

（一）在河道、湖泊管理范围内建设妨碍行洪的建筑物、构筑物的；

（二）在河道、湖泊管理范围内倾倒垃圾、渣土，从事影响河势稳定、危害河岸堤防安全和其他妨碍河道行洪的活动的；

（三）在行洪河道内种植阻碍行洪的林木和高秆作物的。

第五十六条 【违法围海造地、围湖造地、围垦河道责任】违反本法第十五条第二款、第二十三条规定，围海造地、围湖造地、围垦河道的，责令停止违法行为，恢复原状或者采取其他补救措施，可以处五万元以下的罚款；既不恢复原状也不采取其他补救措施的，代为恢复原状或者采取其他补救措施，所需费用由违法者承担。

第五十七条 【违法建设跨河工程责任】违反本法第二十七条规定，未经水行政主管部门对其工程建设方案审查同意或者未按照有关水行政主管部门审查批准的位置、界限，在河道、湖泊管理范围内从事工程设施建设活动的，责令停止违法行为，补办审查同意或者审查批准手续；工程设施建设严重影响防洪的，责令限期拆除，逾期不拆除的，强行拆除，所需费用由建设单位承担；影响行洪但尚可采取补救措施的，责令限期采取补救措施，可以处一万元以上十万元以下的罚款。

第五十八条 【在洪泛区、蓄滞洪区内建设非防洪建设项目责任】违反本法第三十三条第一款规定，在洪泛区、蓄滞洪区内建设非防洪建设项目，未编制洪水影响评价报告或者洪水影响评价报告未经审查批准开工建设的，责令限期改正；逾期不改正的，处五万元以下的罚款。

违反本法第三十三条第二款规定，防洪工程设施未经验收，即将建设项目投入生产或者使用的，责令停止生产或者使用，限期验收防洪工程设施，可以处五万元以下的罚款。

第五十九条 【城建妨碍防洪责任】违反本法第三十四条规定，因城市建设擅自填堵原有河道沟叉、贮水湖塘洼淀和废除原有防洪围堤的，城市人民政府应当责令停止违法行为，限期恢复原状或者采取其他补救措施。

第六十条 【故意破坏防洪工程、水文、通信设施及防汛器材责任】违反本法规定，破坏、侵占、毁损堤防、水闸、护岸、抽水站、排水渠系等防洪工程和水文、通信设施以及防汛备用的器材、物料的，责令停止违法行为，采取补救措施，可以处五万元以下的罚款；造成损坏的，依法承担民事责任；应当给予治安管理处罚的，依照治安管理处罚法的规定处罚；构成犯罪的，依法追究刑事责任。

第六十一条 【妨碍执行职务责任】阻碍、威胁防汛指挥机构、水行政主管部门或者流域管理机构的工作人员依法执行职务，构成犯罪的，依法追究刑事责任；尚不构成犯罪，应当给予治安管理处罚的，依照治安管理处罚法的规定处罚。

第六十二条 【截留、挪用防洪、救灾物资责任】截留、挪用防洪、救灾资金和物资，构成犯罪的，依法追究刑事责任；尚不构成犯罪的，给予行政处分。

第六十三条 【行政处罚主管机关】除本法第五十九条的规定外，本章规定的行政处罚和行政措施，由县级以上人民政府水行政主管部门决定，或者由流域管理机构按照国务院水行政主管部门规定的权限决定。但是，本法第六十条、第六十一条规定的治安管理处罚的决定机关，按照治安管理处罚法的规定执行。

第六十四条 【刑事责任与行政处分】国家工作人员，有下列行为之一，构成犯罪的，依法追究刑事责任；尚不构成犯罪的，给予行政处分：

（一）违反本法第十七条、第十九条、第二十二条第二款、第二十二条第三款、第二十七条或者第三十四条规定，严重影响防洪的；

（二）滥用职权，玩忽职守，徇私舞弊，致使防汛抗洪工作遭受重大损失的；

（三）拒不执行防御洪水方案、防汛抢险指令或者蓄滞洪方案、措施、汛期调度运用计划等防汛调度方案的；

（四）违反本法规定，导致或者加重毗邻地区或者其他单位洪灾损失的。

第八章 附 则

第六十五条 【施行日期】本法自 1998 年 1 月 1 日起施行。

中华人民共和国防汛条例

1. 1991年7月2日国务院令第86号发布
2. 根据2005年7月15日国务院令第441号《关于修改〈中华人民共和国防汛条例〉的决定》第一次修订
3. 根据2011年1月8日国务院令第588号《关于废止和修改部分行政法规的决定》第二次修订

第一章　总　　则

第一条　为了做好防汛抗洪工作,保障人民生命财产安全和经济建设的顺利进行,根据《中华人民共和国水法》,制定本条例。

第二条　在中华人民共和国境内进行防汛抗洪活动,适用本条例。

第三条　防汛工作实行"安全第一,常备不懈,以防为主,全力抢险"的方针,遵循团结协作和局部利益服从全局利益的原则。

第四条　防汛工作实行各级人民政府行政首长负责制,实行统一指挥,分级分部门负责。各有关部门实行防汛岗位责任制。

第五条　任何单位和个人都有参加防汛抗洪的义务。

中国人民解放军和武装警察部队是防汛抗洪的重要力量。

第二章　防 汛 组 织

第六条　国务院设立国家防汛总指挥部,负责组织领导全国的防汛抗洪工作,其办事机构设在国务院水行政主管部门。

长江和黄河,可以设立由有关省、自治区、直辖市人民政府和该江河的流域管理机构(以下简称流域机构)负责人等组成的防汛指挥机构,负责指挥所辖范围的防汛抗洪工作,其办事机构设在流域机构。长江和黄河的重大防汛抗洪事项须经国家防汛总指挥部批准后执行。

国务院水行政主管部门所属的淮河、海河、珠江、松花江、辽河、太湖等流域机构,设立防汛办事机构,负责协调本流域的防汛日常工作。

第七条　有防汛任务的县级以上地方人民政府设立防汛指挥部,由有关部门、当地驻军、人民武装部负责人组成,由各级人民政府首长担任指挥。各级人民政府防汛指挥部在上级人民政府防汛指挥部和同级人民政府的领导下,执行上级防汛指令,制定各项防汛抗洪措施,统一指挥本地区的防汛抗洪工作。

各级人民政府防汛指挥部办事机构设在同级水行政主管部门;城市市区的防汛指挥部办事机构也可以设在城建主管部门,负责管理所辖范围的防汛日常工作。

第八条　石油、电力、邮电、铁路、公路、航运、工矿以及商业、物资等有防汛任务的部门和单位,汛期应当设立防汛机构,在有管辖权的人民政府防汛指挥部统一领导下,负责做好本行业和本单位的防汛工作。

第九条　河道管理机构、水利水电工程管理单位和江河沿岸在建工程的建设单位,必须加强对所辖水工程设施的管理维护,保证其安全正常运行,组织和参加防汛抗洪工作。

第十条　有防汛任务的地方人民政府应当组织以民兵为骨干的群众性防汛队伍,并责成有关部门将防汛队伍组成人员登记造册,明确各自的任务和责任。

河道管理机构和其他防洪工程管理单位可以结合平时的管理任务,组织本单位的防汛抢险队伍,作为紧急抢险的骨干力量。

第三章　防 汛 准 备

第十一条　有防汛任务的县级以上人民政府,应当根据流域综合规划、防洪工程实际状况和国家规定的防洪标准,制定防御洪水方案(包括对特大洪水的处置措施)。

长江、黄河、淮河、海河的防御洪水方案,由国家防汛总指挥部制定,报国务院批准后施行;跨省、自治区、直辖市的其他江河的防御洪水方案,有关省、自治区、直辖市人民政府制定后,经有管辖权的流域机构审查同意,由省、自治区、直辖市人民政府报国务院或其授权的机构批准后施行。

有防汛抗洪任务的城市人民政府,应当根据流域综合规划和江河的防御洪水方案,制定本城市的防御洪水方案,报上级人民政府或其授权的机构批准后施行。

防御洪水方案经批准后,有关地方人民政府必须执行。

第十二条　有防汛任务的地方,应当根据经批准的防御洪水方案制定洪水调度方案。长江、黄河、淮河、海河(海河流域的永定河、大清河、漳卫南运河和北三河)、松花江、辽河、珠江和太湖流域的洪水调度方案,由有关流域机构会同有关省、自治区、直辖市人民政府制定,报国家防汛总指挥部批准。跨省、自治区、直辖市的其他江河的洪水调度方案,由有关流域机构会同有关省、自治区、直辖市人民政府制定,报流域防汛指挥机构批准;没有设立流域防汛指挥机构的,报国家防汛总指挥部批准。其他江河的洪水调度方案,由有管辖权的水行政主管部门会同有关地方人民政府制定,报有管辖权的防汛指挥机构批准。

洪水调度方案经批准后,有关地方人民政府必须执行。修改洪水调度方案,应当报经原批准机关批准。

第十三条 有防汛抗洪任务的企业应当根据所在流域或者地区经批准的防御洪水方案和洪水调度方案,规定本企业的防汛抗洪措施,在征得其所在地县级人民政府水行政主管部门同意后,由有管辖权的防汛指挥机构监督实施。

第十四条 水库、水电站、拦河闸坝等工程的管理部门,应当根据工程规划设计、经批准的防御洪水方案和洪水调度方案以及工程实际状况,在兴利服从防洪,保证安全的前提下,制定汛期调度运用计划,经上级主管部门审查批准后,报有管辖权的人民政府防汛指挥部备案,并接受其监督。

经国家防汛总指挥部认定的对防汛抗洪关系重大的水电站,其防洪库容的汛期调度运用计划经上级主管部门审查同意后,须经有管辖权的人民政府防汛指挥部批准。

汛期调度运用计划经批准后,由水库、水电站、拦河闸坝等工程的管理部门负责执行。

有防凌任务的江河,其上游水库在凌汛期间的下泄水量,必须征得有管辖权的人民政府防汛指挥部的同意,并接受其监督。

第十五条 各级防汛指挥部应当在汛前对各类防洪设施组织检查,发现影响防洪安全的问题,责成责任单位在规定的期限内处理,不得贻误防汛抗洪工作。

各有关部门和单位按照防汛指挥部的统一部署,对所管辖的防洪工程设施进行汛前检查后,必须将影响防洪安全的问题和处理措施报有管辖权的防汛指挥部和上级主管部门,并按照该防汛指挥部的要求予以处理。

第十六条 关于河道清障和对壅水、阻水严重的桥梁、引道、码头和其他跨河工程设施的改建或者拆除,按照《中华人民共和国河道管理条例》的规定执行。

第十七条 蓄滞洪区所在地的省级人民政府应当按照国务院的有关规定,组织有关部门和市、县,制定所管辖的蓄滞洪区的安全与建设规划,并予实施。

各级地方人民政府必须对所管辖的蓄滞洪区的通信、预报警报、避洪、撤退道路等安全设施,以及紧急撤离和救生的准备工作进行汛前检查,发现影响安全的问题,及时处理。

第十八条 山洪、泥石流易发地区,当地有关部门应当指定预防监测员及时监测。雨季到来之前,当地人民政府防汛指挥部应当组织有关单位进行安全检查,对险情征兆明显的地区,应当及时把群众撤离险区。

风暴潮易发地区,当地有关部门应当加强对水库、海堤、闸坝、高压电线等设施和房屋的安全检查,发现影响安全的问题,及时处理。

第十九条 地区之间在防汛抗洪方面发生的水事纠纷,由发生纠纷地区共同的上一级人民政府或其授权的主管部门处理。

前款所指人民政府或者部门在处理防汛抗洪方面的水事纠纷时,有权采取临时紧急处置措施,有关当事各方必须服从并贯彻执行。

第二十条 有防汛任务的地方人民政府应当建设和完善江河堤防、水库、蓄滞洪区等防洪设施,以及该地区的防汛通信、预报警报系统。

第二十一条 各级防汛指挥部应当储备一定数量的防汛抢险物资,由商业、供销、物资部门代储的,可以支付适当的保管费。受洪水威胁的单位和群众应当储备一定的防汛抢险物料。

防汛抢险所需的主要物资,由计划主管部门在年度计划中予以安排。

第二十二条 各级人民政府防汛指挥部汛前应当向有关单位和当地驻军介绍防御洪水方案,组织交流防汛抢险经验。有关方面汛期应当及时通报水情。

第四章 防汛与抢险

第二十三条 省级人民政府防汛指挥部,可以根据当地的洪水规律,规定汛期起止日期。当江河、湖泊、水库的水情接近保证水位或者安全流量时,或者防洪工程设施发生重大险情,情况紧急时,县级以上地方人民政府可以宣布进入紧急防汛期,并报告上级人民政府防汛指挥部。

第二十四条 防汛期内,各级防汛指挥部必须有负责人主持工作。有关责任人员必须坚守岗位,及时掌握汛情,并按照防御洪水方案和汛期调度运用计划进行调度。

第二十五条 在汛期,水利、电力、气象、海洋、农林等部门的水文站、雨量站,必须及时准确地向各级防汛指挥部提供实时水文信息;气象部门必须及时向各级防汛指挥部提供有关天气预报和实时气象信息;水文部门必须及时向各级防汛指挥部提供有关水文预报;海洋部门必须及时向沿海地区防汛指挥部提供风暴潮预报。

第二十六条 在汛期,河道、水库、闸坝、水运设施等水工程管理单位及其主管部门在执行汛期调度运用计划时,必须服从有管辖权的人民政府防汛指挥部的统一调度指挥或者监督。

在汛期,以发电为主的水库,其汛限水位以上的防洪库容以及洪水调度运用必须服从有管辖权的人民政府防汛指挥部的统一调度指挥。

第二十七条 在汛期,河道、水库、水电站、闸坝等水工程管理单位必须按照规定对水工程进行巡查,发现险情,必须立即采取抢护措施,并及时向防汛指挥部和上级主管部门报告。其他任何单位和个人发现水工程设施出现险情,应当立即向防汛指挥部和水工程管理单位报告。

第二十八条 在汛期,公路、铁路、航运、民航等部门应当及时运送防汛抢险人员和物资;电力部门应当保证防汛用电。

第二十九条 在汛期,电力调度通信设施必须服从防汛工作需要;邮电部门必须保证汛情和防汛指令的及时、准确传递,电视、广播、公路、铁路、航运、民航、公安、林业、石油等部门应当运用本部门的通信工具优先为防汛抗洪服务。

电视、广播、新闻单位应当根据人民政府防汛指挥部提供的汛情,及时向公众发布防汛信息。

第三十条 在紧急防汛期,地方人民政府防汛指挥部必须由人民政府负责人主持工作,组织动员本地区各有关单位和个人投入抗洪抢险。所有单位和个人必须听从指挥,承担人民政府防汛指挥部分配的抗洪抢险任务。

第三十一条 在紧急防汛期,公安部门应当按照人民政府防汛指挥部的要求,加强治安管理和安全保卫工作。必要时须由有关部门依法实行陆地和水面交通管制。

第三十二条 在紧急防汛期,为了防汛抢险需要,防汛指挥部有权在其管辖范围内,调用物资、设备、交通运输工具和人力,事后应当及时归还或者给予适当补偿。因抢险需要取土占地、砍伐林木、清除阻水障碍物的,任何单位和个人不得阻拦。

前款所指取土占地、砍伐林木的,事后应当依法向有关部门补办手续。

第三十三条 当河道水位或者流量达到规定的分洪、滞洪标准时,有管辖权的人民政府防汛指挥部有权根据经批准的分洪、滞洪方案,采取分洪、滞洪措施。采取上述措施对毗邻地区有危害的,须经有管辖权的上级防汛指挥机构批准,并事先通知有关地区。

在非常情况下,为保护国家确定的重点地区和大局安全,必须作出局部牺牲时,在报经有管辖权的上级人民政府防汛指挥部批准后,当地人民政府防汛指挥部可以采取非常紧急措施。

实施上述措施时,任何单位和个人不得阻拦,如遇到阻拦和拖延时,有管辖权的人民政府有权组织强制实施。

第三十四条 当洪水威胁群众安全时,当地人民政府应当及时组织群众撤离至安全地带,并做好生活安排。

第三十五条 按照水的天然流势或者防洪、排涝工程的设计标准,或者经批准的运行方案下泄的洪水,下游地区不得设障阻水或者缩小河道的过水能力;上游地区不得擅自增大下泄流量。

未经有管辖权的人民政府或其授权的部门批准,任何单位和个人不得改变江河河势的自然控制点。

第五章 善后工作

第三十六条 在发生洪水灾害的地区,物资、商业、供销、农业、公路、铁路、航运、民航等部门应当做好抢险救灾物资的供应和运输;民政、卫生、教育等部门应当做好灾区群众的生活供给、医疗防疫、学校复课以及恢复生产等救灾工作;水利、电力、邮电、公路等部门应当做好所管辖的水毁工程的修复工作。

第三十七条 地方各级人民政府防汛指挥部,应当按照国家统计部门批准的洪涝灾害统计报表的要求,核实和统计所管辖范围的洪涝灾情,报上级主管部门和同级统计部门,有关单位和个人不得虚报、瞒报、伪造、篡改。

第三十八条 洪水灾害发生后,各级人民政府防汛指挥部应当积极组织和帮助灾区群众恢复和发展生产。修复水毁工程所需费用,应当优先列入有关主管部门年度建设计划。

第六章 防汛经费

第三十九条 由财政部门安排的防汛经费,按照分级管理的原则,分别列入中央财政和地方财政预算。

在汛期,有防汛任务的地区的单位和个人应当承担一定的防汛抢险的劳务和费用,具体办法由省、自治区、直辖市人民政府制定。

第四十条 防御特大洪水的经费管理,按照有关规定执行。

第四十一条 对蓄滞洪区,逐步推行洪水保险制度,具体办法另行制定。

第七章 奖励与处罚

第四十二条 有下列事迹之一的单位和个人，可以由县级以上人民政府给予表彰或者奖励：

（一）在执行抗洪抢险任务时，组织严密，指挥得当，防守得力，奋力抢险，出色完成任务者；

（二）坚持巡堤查险，遇到险情及时报告，奋力抗洪抢险，成绩显著者；

（三）在危险关头，组织群众保护国家和人民财产，抢救群众有功者；

（四）为防汛调度、抗洪抢险献计献策，效益显著者；

（五）气象、雨情、水情测报和预报准确及时，情报传递迅速，克服困难，抢测洪水，因而减轻重大洪水灾害者；

（六）及时供应防汛物料和工具，爱护防汛器材，节约经费开支，完成防汛抢险任务成绩显著者；

（七）有其他特殊贡献，成绩显著者。

第四十三条 有下列行为之一者，视情节和危害后果，由其所在单位或者上级主管机关给予行政处分；应当给予治安管理处罚的，依照《中华人民共和国治安管理处罚法》的规定处罚；构成犯罪的，依法追究刑事责任：

（一）拒不执行经批准的防御洪水方案、洪水调度方案，或者拒不执行有管辖权的防汛指挥机构的防汛调度方案或者防汛抢险指令的；

（二）玩忽职守，或者在防汛抢险的紧要关头临阵逃脱的；

（三）非法扒口决堤或者开闸的；

（四）挪用、盗窃、贪污防汛或者救灾的钱款或者物资的；

（五）阻碍防汛指挥机构工作人员依法执行职务的；

（六）盗窃、毁损或者破坏堤防、护岸、闸坝等水工程建筑物和防汛工程设施以及水文监测、测量设施、气象测报设施、河岸地质监测设施、通信照明设施的；

（七）其他危害防汛抢险工作的。

第四十四条 违反河道和水库大坝的安全管理，依照《中华人民共和国河道管理条例》和《水库大坝安全管理条例》的有关规定处理。

第四十五条 虚报、瞒报洪涝灾情，或者伪造、篡改洪涝灾害统计资料的，依照《中华人民共和国统计法》及其实施细则的有关规定处理。

第四十六条 当事人对行政处罚不服的，可以在接到处罚通知之日起十五日内，向作出处罚决定机关的上一级机关申请复议；对复议决定不服的，可以在接到复议决定之日起十五日内，向人民法院起诉。当事人也可以在接到处罚通知之日起十五日内，直接向人民法院起诉。

当事人逾期不申请复议或者不向人民法院起诉，又不履行处罚决定的，由作出处罚决定的机关申请人民法院强制执行；在汛期，也可以由作出处罚决定的机关强制执行；对治安管理处罚不服的，依照《中华人民共和国治安管理处罚法》的规定办理。

当事人在申请复议或者诉讼期间，不停止行政处罚决定的执行。

第八章 附　　则

第四十七条 省、自治区、直辖市人民政府，可以根据本条例的规定，结合本地区的实际情况，制定实施细则。

第四十八条 本条例由国务院水行政主管部门负责解释。

第四十九条 本条例自发布之日起施行。

中华人民共和国水文条例

1. *2007 年 4 月 25 日国务院令第 496 号公布*
2. *根据 2013 年 7 月 18 日国务院令第 638 号《关于废止和修改部分行政法规的决定》第一次修订*
3. *根据 2016 年 2 月 6 日国务院令第 666 号《关于修改部分行政法规的决定》第二次修订*
4. *根据 2017 年 3 月 1 日国务院令第 676 号《关于修改和废止部分行政法规的决定》第三次修订*

第一章 总　　则

第一条 为了加强水文管理，规范水文工作，为开发、利用、节约、保护水资源和防灾减灾服务，促进经济社会的可持续发展，根据《中华人民共和国水法》和《中华人民共和国防洪法》，制定本条例。

第二条 在中华人民共和国领域内从事水文站网规划与建设，水文监测与预报，水资源调查评价，水文监测资料汇交、保管与使用，水文设施与水文监测环境的保护等活动，应当遵守本条例。

第三条 水文事业是国民经济和社会发展的基础性公益事业。县级以上人民政府应当将水文事业纳入本级国民经济和社会发展规划，所需经费纳入本级财政预算,保障水文监测工作的正常开展,充分发挥水文工作在政府决策、经济社会发展和社会公众服务中的作用。

县级以上人民政府应当关心和支持少数民族地区、边远贫困地区和艰苦地区水文基础设施的建设和运行。

第四条　国务院水行政主管部门主管全国的水文工作,其直属的水文机构具体负责组织实施管理工作。

国务院水行政主管部门在国家确定的重要江河、湖泊设立的流域管理机构(以下简称流域管理机构),在所管辖范围内按照法律、本条例规定和国务院水行政主管部门规定的权限,组织实施管理有关水文工作。

省、自治区、直辖市人民政府水行政主管部门主管本行政区域内的水文工作,其直属的水文机构接受上级业务主管部门的指导,并在当地人民政府的领导下具体负责组织实施管理工作。

第五条　国家鼓励和支持水文科学技术的研究、推广和应用,保护水文科技成果,培养水文科技人才,加强水文国际合作与交流。

第六条　县级以上人民政府对在水文工作中做出突出贡献的单位和个人,按照国家有关规定给予表彰和奖励。

第七条　外国组织或者个人在中华人民共和国领域内从事水文活动的,应当经国务院水行政主管部门会同有关部门批准,并遵守中华人民共和国的法律、法规;在中华人民共和国与邻国交界的跨界河流上从事水文活动的,应当遵守中华人民共和国与相关国家缔结的有关条约、协定。

第二章　规划与建设

第八条　国务院水行政主管部门负责编制全国水文事业发展规划,在征求国务院有关部门意见后,报国务院或者其授权的部门批准实施。

流域管理机构根据全国水文事业发展规划编制流域水文事业发展规划,报国务院水行政主管部门批准实施。

省、自治区、直辖市人民政府水行政主管部门根据全国水文事业发展规划和流域水文事业发展规划编制本行政区域的水文事业发展规划,报本级人民政府批准实施,并报国务院水行政主管部门备案。

第九条　水文事业发展规划是开展水文工作的依据。修改水文事业发展规划,应当按照规划编制程序经原批准机关批准。

第十条　水文事业发展规划主要包括水文事业发展目标、水文站网建设、水文监测和情报预报设施建设、水文信息网络和业务系统建设以及保障措施等内容。

第十一条　国家对水文站网建设实行统一规划。水文站网建设应当坚持流域与区域相结合、区域服从流域,布局合理、防止重复,兼顾当前和长远需要的原则。

第十二条　水文站网的建设应当依据水文事业发展规划,按照国家固定资产投资项目建设程序组织实施。

为国家水利、水电等基础工程设施提供服务的水文站网的建设和运行管理经费,应当分别纳入工程建设概算和运行管理经费。

本条例所称水文站网,是指在流域或者区域内,由适当数量的各类水文测站构成的水文监测资料收集系统。

第十三条　国家对水文测站实行分类分级管理。

水文测站分为国家基本水文测站和专用水文测站。国家基本水文测站分为国家重要水文测站和一般水文测站。

第十四条　国家重要水文测站和流域管理机构管理的一般水文测站的设立和调整,由省、自治区、直辖市人民政府水行政主管部门或者流域管理机构报国务院水行政主管部门直属水文机构批准。其他一般水文测站的设立和调整,由省、自治区、直辖市人民政府水行政主管部门批准,报国务院水行政主管部门直属水文机构备案。

第十五条　设立专用水文测站,不得与国家基本水文测站重复;在国家基本水文测站覆盖的区域,确需设立专用水文测站的,应当按照管理权限报流域管理机构或者省、自治区、直辖市人民政府水行政主管部门直属水文机构批准。其中,因交通、航运、环境保护等需要设立专用水文测站的,有关主管部门批准前,应当征求流域管理机构或者省、自治区、直辖市人民政府水行政主管部门直属水文机构的意见。

撤销专用水文测站,应当报原批准机关批准。

第十六条　专用水文测站和从事水文活动的其他单位,应当接受水行政主管部门直属水文机构的行业管理。

第十七条　省、自治区、直辖市人民政府水行政主管部门管理的水文测站,对流域水资源管理和防灾减灾有重大作用的,业务上应当同时接受流域管理机构的指导和监督。

第三章　监测与预报

第十八条　从事水文监测活动应当遵守国家水文技术标准、规范和规程,保证监测质量。未经批准,不得中止水文监测。

国家水文技术标准、规范和规程，由国务院水行政主管部门会同国务院标准化行政主管部门制定。

第十九条 水文监测所使用的专用技术装备应当符合国务院水行政主管部门规定的技术要求。

水文监测所使用的计量器具应当依法经检定合格。水文监测所使用的计量器具的检定规程，由国务院水行政主管部门制定，报国务院计量行政主管部门备案。

第二十条 水文机构应当加强水资源的动态监测工作，发现被监测水体的水量、水质等情况发生变化可能危及用水安全的，应当加强跟踪监测和调查，及时将监测、调查情况和处理建议报所在地人民政府及其水行政主管部门；发现水质变化，可能发生突发性水体污染事件的，应当及时将监测、调查情况报所在地人民政府水行政主管部门和环境保护行政主管部门。

有关单位和个人对水资源动态监测工作应当予以配合。

第二十一条 承担水文情报预报任务的水文测站，应当及时、准确地向县级以上人民政府防汛抗旱指挥机构和水行政主管部门报告有关水文情报预报。

第二十二条 水文情报预报由县级以上人民政府防汛抗旱指挥机构、水行政主管部门或者水文机构按照规定权限向社会统一发布。禁止任何其他单位和个人向社会发布水文情报预报。

广播、电视、报纸和网络等新闻媒体，应当按照国家有关规定和防汛抗旱要求，及时播发、刊登水文情报预报，并标明发布机构和发布时间。

第二十三条 信息产业部门应当根据水文工作的需要，按照国家有关规定提供通信保障。

第二十四条 县级以上人民政府水行政主管部门应当根据经济社会的发展要求，会同有关部门组织相关单位开展水资源调查评价工作。

从事水文、水资源调查评价的单位，应当具备下列条件：

（一）具有法人资格和固定的工作场所；

（二）具有与所从事水文活动相适应的专业技术人员；

（三）具有与所从事水文活动相适应的专业技术装备；

（四）具有健全的管理制度；

（五）符合国务院水行政主管部门规定的其他条件。

第四章　资料的汇交保管与使用

第二十五条 国家对水文监测资料实行统一汇交制度。从事地表水和地下水资源、水量、水质监测的单位以及其他从事水文监测的单位，应当按照资料管理权限向有关水文机构汇交监测资料。

重要地下水源地、超采区的地下水资源监测资料和重要引（退）水口、在江河和湖泊设置的排污口、重要断面的监测资料，由从事水文监测的单位向流域管理机构或者省、自治区、直辖市人民政府水行政主管部门直属水文机构汇交。

取用水工程的取（退）水、蓄（泄）水资料，由取用水工程管理单位向工程所在地水文机构汇交。

第二十六条 国家建立水文监测资料共享制度。水文机构应当妥善存储和保管水文监测资料，根据国民经济建设和社会发展需要对水文监测资料进行加工整理形成水文监测成果，予以刊印。国务院水行政主管部门直属的水文机构应当建立国家水文数据库。

基本水文监测资料应当依法公开，水文监测资料属于国家秘密的，对其密级的确定、变更、解密以及对资料的使用、管理，依照国家有关规定执行。

第二十七条 编制重要规划、进行重点项目建设和水资源管理等使用的水文监测资料应当完整、可靠、一致。

第二十八条 国家机关决策和防灾减灾、国防建设、公共安全、环境保护等公益事业需要使用水文监测资料和成果的，应当无偿提供。

除前款规定的情形外，需要使用水文监测资料和成果的，按照国家有关规定收取费用，并实行收支两条线管理。

因经营性活动需要提供水文专项咨询服务的，当事人双方应当签订有偿服务合同，明确双方的权利和义务。

第五章　设施与监测环境保护

第二十九条 国家依法保护水文监测设施。任何单位和个人不得侵占、毁坏、擅自移动或者擅自使用水文监测设施，不得干扰水文监测。

国家基本水文测站因不可抗力遭受破坏的，所在地人民政府和有关水行政主管部门应当采取措施，组织力量修复，确保其正常运行。

第三十条 未经批准，任何单位和个人不得迁移国家基本水文测站；因重大工程建设确需迁移的，建设单位应当在建设项目立项前，报请对该站有管理权限的水行政主管部门批准，所需费用由建设单位承担。

第三十一条　国家依法保护水文监测环境。县级人民政府应当按照国务院水行政主管部门确定的标准划定水文监测环境保护范围,并在保护范围边界设立地面标志。

任何单位和个人都有保护水文监测环境的义务。

第三十二条　禁止在水文监测环境保护范围内从事下列活动:

(一)种植高秆作物、堆放物料、修建建筑物、停靠船只;

(二)取土、挖砂、采石、淘金、爆破和倾倒废弃物;

(三)在监测断面取水、排污或者在过河设备、气象观测场、监测断面的上空架设线路;

(四)其他对水文监测有影响的活动。

第三十三条　在国家基本水文测站上下游建设影响水文监测的工程,建设单位应当采取相应措施,在征得对该站有管理权限的水行政主管部门同意后方可建设。因工程建设致使水文测站改建的,所需费用由建设单位承担。

第三十四条　在通航河道中或者桥上进行水文监测作业时,应当依法设置警示标志。

第三十五条　水文机构依法取得的无线电频率使用权和通信线路使用权受国家保护。任何单位和个人不得挤占、干扰水文机构使用的无线电频率,不得破坏水文机构使用的通信线路。

第六章　法律责任

第三十六条　违反本条例规定,有下列行为之一的,对直接负责的主管人员和其他直接责任人员依法给予处分;构成犯罪的,依法追究刑事责任:

(一)错报水文监测信息造成严重经济损失的;

(二)汛期漏报、迟报水文监测信息的;

(三)擅自发布水文情报预报的;

(四)丢失、毁坏、伪造水文监测资料的;

(五)擅自转让、转借水文监测资料的;

(六)不依法履行职责的其他行为。

第三十七条　未经批准擅自设立水文测站或者未经同意擅自在国家基本水文测站上下游建设影响水文监测的工程的,责令停止违法行为,限期采取补救措施,补办有关手续;无法采取补救措施、逾期不补办或者补办未被批准的,责令限期拆除违法建筑物;逾期不拆除的,强行拆除,所需费用由违法单位或者个人承担。

第三十八条　不符合本条例第二十四条规定的条件从事水文活动的,责令停止违法行为,没收违法所得,并处5万元以上10万元以下罚款。

第三十九条　违反本条例规定,使用不符合规定的水文专用技术装备和水文计量器具的,责令限期改正。

第四十条　违反本条例规定,有下列行为之一的,责令停止违法行为,处1万元以上5万元以下罚款:

(一)拒不汇交水文监测资料的;

(二)非法向社会传播水文情报预报,造成严重经济损失和不良影响的。

第四十一条　违反本条例规定,侵占、毁坏水文监测设施或者未经批准擅自移动、擅自使用水文监测设施的,责令停止违法行为,限期恢复原状或者采取其他补救措施,可以处5万元以下罚款;构成违反治安管理行为的,依法给予治安管理处罚;构成犯罪的,依法追究刑事责任。

第四十二条　违反本条例规定,从事本条例第三十二条所列活动的,责令停止违法行为,限期恢复原状或者采取其他补救措施,可以处1万元以下罚款;构成违反治安管理行为的,依法给予治安管理处罚;构成犯罪的,依法追究刑事责任。

第四十三条　本条例规定的行政处罚,由县级以上人民政府水行政主管部门或者流域管理机构依据职权决定。

第七章　附　　则

第四十四条　本条例中下列用语的含义是:

水文监测,是指通过水文站网对江河、湖泊、渠道、水库的水位、流量、水质、水温、泥沙、冰情、水下地形和地下水资源,以及降水量、蒸发量、墒情、风暴潮等实施监测,并进行分析和计算的活动。

水文测站,是指为收集水文监测资料在江河、湖泊、渠道、水库和流域内设立的各种水文观测场所的总称。

国家基本水文测站,是指为公益目的统一规划设立的对江河、湖泊、渠道、水库和流域基本水文要素进行长期连续观测的水文测站。

国家重要水文测站,是指对防灾减灾或者对流域和区域水资源管理等有重要作用的基本水文测站。

专用水文测站,是指为特定目的设立的水文测站。

基本水文监测资料,是指由国家基本水文测站监测并经过整编后的资料。

水文情报预报,是指对江河、湖泊、渠道、水库和其他水体的水文要素实时情况的报告和未来情况的预告。

水文监测设施,是指水文站房、水文缆道、测船、测船码头、监测场地、监测井、监测标志、专用道路、仪器设备、水文通信设施以及附属设施等。

水文监测环境，是指为确保监测到准确水文信息所必需的区域构成的立体空间。

第四十五条 中国人民解放军的水文工作，按照中央军事委员会的规定执行。

第四十六条 本条例自 2007 年 6 月 1 日起施行。

水库大坝安全管理条例

1. 1991 年 3 月 22 日国务院令第 77 号发布

2. 根据 2011 年 1 月 8 日国务院令第 588 号《关于废止和修改部分行政法规的决定》第一次修订

3. 根据 2018 年 3 月 19 日国务院令第 698 号《关于修改和废止部分行政法规的决定》第二次修订

第一章 总 则

第一条 为加强水库大坝安全管理，保障人民生命财产和社会主义建设的安全，根据《中华人民共和国水法》，制定本条例。

第二条 本条例适用于中华人民共和国境内坝高 15 米以上或者库容 100 万立方米以上的水库大坝（以下简称大坝）。大坝包括永久性挡水建筑物以及与其配合运用的泄洪、输水和过船建筑物等。

坝高 15 米以下、10 米以上或者库容 100 万立方米以下、10 万立方米以上，对重要城镇、交通干线、重要军事设施、工矿区安全有潜在危险的大坝，其安全管理参照本条例执行。

第三条 国务院水行政主管部门会同国务院有关主管部门对全国的大坝安全实施监督。县级以上地方人民政府水行政主管部门会同有关主管部门对本行政区域内的大坝安全实施监督。

各级水利、能源、建设、交通、农业等有关部门，是其所管辖的大坝的主管部门。

第四条 各级人民政府及其大坝主管部门对其所管辖的大坝的安全实行行政领导负责制。

第五条 大坝的建设和管理应当贯彻安全第一的方针。

第六条 任何单位和个人都有保护大坝安全的义务。

第二章 大 坝 建 设

第七条 兴建大坝必须符合由国务院水行政主管部门会同有关大坝主管部门制定的大坝安全技术标准。

第八条 兴建大坝必须进行工程设计。大坝的工程设计必须由具有相应资格证书的单位承担。

大坝的工程设计应当包括工程观测、通信、动力、照明、交通、消防等管理设施的设计。

第九条 大坝施工必须由具有相应资格证书的单位承担。大坝施工单位必须按照施工承包合同规定的设计文件、图纸要求和有关技术标准进行施工。

建设单位和设计单位应当派驻代表，对施工质量进行监督检查。质量不符合设计要求的，必须返工或者采取补救措施。

第十条 兴建大坝时，建设单位应当按照批准的设计，提请县级以上人民政府依照国家规定划定管理和保护范围，树立标志。

已建大坝尚未划定管理和保护范围的，大坝主管部门应当根据安全管理的需要，提请县级以上人民政府划定。

第十一条 大坝开工后，大坝主管部门应当组建大坝管理单位，由其按照工程基本建设验收规程参与质量检查以及大坝分部、分项验收和蓄水验收工作。

大坝竣工后，建设单位应当申请大坝主管部门组织验收。

第三章 大 坝 管 理

第十二条 大坝及其设施受国家保护，任何单位和个人不得侵占、毁坏。大坝管理单位应当加强大坝的安全保卫工作。

第十三条 禁止在大坝管理和保护范围内进行爆破、打井、采石、采矿、挖沙、取土、修坟等危害大坝安全的活动。

第十四条 非大坝管理人员不得操作大坝的泄洪闸门、输水闸门以及其他设施，大坝管理人员操作时应当遵守有关的规章制度。禁止任何单位和个人干扰大坝的正常管理工作。

第十五条 禁止在大坝的集水区域内乱伐林木、陡坡开荒等导致水库淤积的活动。禁止在库区内围垦和进行采石、取土等危及山体的活动。

第十六条 大坝坝顶确需兼做公路的，须经科学论证和县级以上地方人民政府大坝主管部门批准，并采取相应的安全维护措施。

第十七条 禁止在坝体修建码头、渠道、堆放杂物、晾晒粮草。在大坝管理和保护范围内修建码头、鱼塘的，须经大坝主管部门批准，并与坝脚和泄水、输水建筑物保持一定距离，不得影响大坝安全、工程管理和抢险工作。

第十八条 大坝主管部门应当配备具有相应业务水平的大坝安全管理人员。

大坝管理单位应当建立、健全安全管理规章制度。

第十九条 大坝管理单位必须按照有关技术标准,对大坝进行安全监测和检查;对监测资料应当及时整理分析,随时掌握大坝运行状况。发现异常现象和不安全因素时,大坝管理单位应当立即报告大坝主管部门,及时采取措施。

第二十条 大坝管理单位必须做好大坝的养护修理工作,保证大坝和闸门启闭设备完好。

第二十一条 大坝的运行,必须在保证安全的前提下,发挥综合效益。大坝管理单位应当根据批准的计划和大坝主管部门的指令进行水库的调度运用。

在汛期,综合利用的水库,其调度运用必须服从防汛指挥机构的统一指挥;以发电为主的水库,其汛限水位以上的防洪库容及其供水调度运用,必须服从防汛指挥机构的统一指挥。

任何单位和个人不得非法干预水库的调度运用。

第二十二条 大坝主管部门应当建立大坝定期安全检查、鉴定制度。

汛前、汛后,以及暴风、暴雨、特大洪水或者强烈地震发生后,大坝主管部门应当组织对其所管辖的大坝的安全进行检查。

第二十三条 大坝主管部门对其所管辖的大坝应当按期注册登记,建立技术档案。大坝注册登记办法由国务院水行政主管部门会同有关主管部门制定。

第二十四条 大坝管理单位和有关部门应当做好防汛抢险物料的准备和气象水情预报,并保证水情传递、报警以及大坝管理单位与大坝主管部门、上级防汛指挥机构之间联系通畅。

第二十五条 大坝出现险情征兆时,大坝管理单位应当立即报告大坝主管部门和上级防汛指挥机构,并采取抢救措施;有垮坝危险时,应当采取一切措施向预计的垮坝淹没地区发出警报,做好转移工作。

第四章 险坝处理

第二十六条 对尚未达到设计洪水标准、抗震设防标准或者有严重质量缺陷的险坝,大坝主管部门应当组织有关单位进行分类,采取除险加固等措施,或者废弃重建。

在险坝加固前,大坝管理单位应当制定保坝应急措施;经论证必须改变原设计运行方式的,应当报请大坝主管部门审批。

第二十七条 大坝主管部门应当对其所管辖的需要加固的险坝制定加固计划,限期消除危险;有关人民政府应当优先安排所需资金和物料。

险坝加固必须由具有相应设计资格证书的单位作出加固设计,经审批后组织实施。险坝加固竣工后,由大坝主管部门组织验收。

第二十八条 大坝主管部门应当组织有关单位,对险坝可能出现的垮坝方式、淹没范围作出预估,并制定应急方案,报防汛指挥机构批准。

第五章 罚　　则

第二十九条 违反本条例规定,有下列行为之一的,由大坝主管部门责令其停止违法行为,赔偿损失,采取补救措施,可以并处罚款;应当给予治安管理处罚的,由公安机关依照《中华人民共和国治安管理处罚法》的规定处罚;构成犯罪的,依法追究刑事责任:

(一)毁坏大坝或者其观测、通信、动力、照明、交通、消防等管理设施的;

(二)在大坝管理和保护范围内进行爆破、打井、采石、采矿、取土、挖沙、修坟等危害大坝安全活动的;

(三)擅自操作大坝的泄洪闸门、输水闸门以及其他设施,破坏大坝正常运行的;

(四)在库区内围垦的;

(五)在坝体修建码头、渠道或者堆放杂物、晾晒粮草的;

(六)擅自在大坝管理和保护范围内修建码头、鱼塘的。

第三十条 盗窃或者抢夺大坝工程设施、器材的,依照刑法规定追究刑事责任。

第三十一条 由于勘测设计失误、施工质量低劣、调度运用不当以及滥用职权,玩忽职守,导致大坝事故的,由其所在单位或者上级主管机关对责任人员给予行政处分;构成犯罪的,依法追究刑事责任。

第三十二条 当事人对行政处罚决定不服的,可以在接到处罚通知之日起 15 日内,向作出处罚决定机关的上一级机关申请复议;对复议决定不服的,可以在接到复议决定之日起 15 日内,向人民法院起诉。当事人也可以在接到处罚通知之日起 15 日内,直接向人民法院起诉。当事人逾期不申请复议或者不向人民法院起诉又不履行处罚决定的,由作出处罚决定的机关申请人民法院强制执行。

对治安管理处罚不服的,依照《中华人民共和国治安管理处罚法》的规定办理。

第六章 附　　则

第三十三条 国务院有关部门和各省、自治区、直辖市人民政府可以根据本条例制定实施细则。

第三十四条 本条例自发布之日起施行。

海洋观测预报管理条例

1. 2012年3月1日国务院令第615号公布
2. 自2012年6月1日起施行

第一章　总　　则

第一条　为了加强海洋观测预报管理，规范海洋观测预报活动，防御和减轻海洋灾害，为经济建设、国防建设和社会发展服务，制定本条例。

第二条　在中华人民共和国领域和中华人民共和国管辖的其他海域从事海洋观测预报活动，应当遵守本条例。

第三条　海洋观测预报事业是基础性公益事业。国务院和沿海县级以上地方人民政府应当将海洋观测预报事业纳入本级国民经济和社会发展规划，所需经费纳入本级财政预算。

第四条　国务院海洋主管部门主管全国海洋观测预报工作。

国务院海洋主管部门的海区派出机构依照本条例和国务院海洋主管部门规定的权限，负责所管辖海域的海洋观测预报监督管理。

沿海县级以上地方人民政府海洋主管部门主管本行政区毗邻海域的海洋观测预报工作。

第五条　国家鼓励、支持海洋观测预报科学技术的研究，推广先进的技术和设备，培养海洋观测预报人才，促进海洋观测预报业务水平的提高。

对在海洋观测预报工作中作出突出贡献的单位和个人，给予表彰和奖励。

第二章　海洋观测网的规划、建设与保护

第六条　国务院海洋主管部门负责编制全国海洋观测网规划。编制全国海洋观测网规划应当征求国务院有关部门和有关军事机关的意见，报国务院或者国务院授权的部门批准后实施。

沿海省、自治区、直辖市人民政府海洋主管部门应当根据全国海洋观测网规划和本行政区毗邻海域的实际情况，编制本省、自治区、直辖市的海洋观测网规划，在征求本级人民政府有关部门的意见后，报本级人民政府批准实施，并报国务院海洋主管部门备案。

修改海洋观测网规划，应当按照规划编制程序报原批准机关批准。

第七条　编制海洋观测网规划，应当坚持统筹兼顾、突出重点、合理布局的原则，避免重复建设，保障国防安全。

编制海洋观测网规划，应当将沿海城市和人口密集区、产业园区、滨海重大工程所在区、海洋灾害易发区和海上其他重要区域作为规划的重点。

第八条　海洋观测网规划主要包括规划目标、海洋观测网体系构成、海洋观测站（点）总体布局及设施建设、保障措施等内容。

第九条　海洋观测网的建设应当符合海洋观测网规划，并按照国家固定资产投资项目建设程序组织实施。

海洋观测站（点）的建设应当符合国家有关标准和技术要求，保证建设质量。

第十条　国务院海洋主管部门和沿海县级以上地方人民政府海洋主管部门负责基本海洋观测站（点）的设立和调整。

有关主管部门因水利、气象、航运等管理需要设立、调整有关观测站（点）开展海洋观测的，应当事先征求有关海洋主管部门的意见。

其他单位或者个人因生产、科研等活动需要设立、调整海洋观测站（点）的，应当按照国务院海洋主管部门的规定，报有关海洋主管部门批准。

第十一条　海洋观测站（点）及其设施受法律保护，任何单位和个人不得侵占、毁损或者擅自移动。

第十二条　国务院海洋主管部门、沿海县级以上地方人民政府海洋主管部门，应当商本级人民政府有关部门按照管理权限和国家有关标准划定基本海洋观测站（点）的海洋观测环境保护范围，予以公告，并根据需要在保护范围边界设立标志。

禁止在海洋观测环境保护范围内进行下列活动：

（一）设置障碍物、围填海；

（二）设置影响海洋观测的高频电磁辐射装置；

（三）影响海洋观测的矿产资源勘探开发、捕捞作业、水产养殖、倾倒废弃物、爆破等活动；

（四）可能对海洋观测产生危害的其他活动。

第十三条　新建、改建、扩建建设工程，应当避免对海洋观测站（点）及其设施、观测环境造成危害；确实无法避免的，建设单位应当按照原负责或者批准设立、调整该海洋观测站（点）的主管部门的要求，在开工建设前采取增建抗干扰设施或者新建海洋观测站（点）等措施，所需费用由建设单位承担。

第三章　海洋观测与资料的汇交使用

第十四条　从事海洋观测活动应当遵守国家海洋观测技术标准、规范和规程。

从事海洋观测活动的单位应当建立质量保证体系

和计量管理体系,加强对海洋观测资料获取和传输的质量控制,保证海洋观测资料的真实性、准确性和完整性。

第十五条 海洋观测使用的仪器设备应当符合国家有关产品标准、规范和海洋观测技术要求。

海洋观测计量器具应当依法经计量检定合格。未经检定、检定不合格或者超过检定周期的计量器具,不得用于海洋观测。对不具备检定条件的海洋观测计量器具,应当通过校准保证量值溯源。

第十六条 国家建立海上船舶、平台志愿观测制度。

承担志愿观测的船舶、平台所需要的海洋观测仪器设备由海洋主管部门负责购置、安装和维修;船舶、平台的所有权人或者使用权人应当予以配合,并承担日常管护责任。

第十七条 从事海洋观测活动的单位应当按照国务院海洋主管部门的规定,将获取的海洋观测资料向有关海洋主管部门统一汇交。

国务院海洋主管部门和沿海县级以上地方人民政府海洋主管部门应当妥善存储、保管海洋观测资料,并根据经济建设和社会发展需要对海洋观测资料进行加工整理,建立海洋观测资料数据库,实行资料共享。

海洋观测资料的汇交、存储、保管、共享和使用应当遵守保守国家秘密法律、法规的规定。

第十八条 国家机关决策和防灾减灾、国防建设、公共安全等公益事业需要使用海洋观测资料的,国务院海洋主管部门和沿海县级以上地方人民政府海洋主管部门应当无偿提供。

第十九条 国际组织、外国的组织或者个人在中华人民共和国领域和中华人民共和国管辖的其他海域从事海洋观测活动,依照《中华人民共和国涉外海洋科学研究管理规定》的规定执行。

国际组织、外国的组织或者个人在中华人民共和国领域和中华人民共和国管辖的其他海域从事海洋观测活动,应当遵守中华人民共和国的法律、法规,不得危害中华人民共和国的国家安全。

第二十条 任何单位和个人不得擅自向国际组织、外国的组织或者个人提供属于国家秘密的海洋观测资料和成果;确需提供的,应当报国务院海洋主管部门或者沿海省、自治区、直辖市人民政府海洋主管部门批准;有关海洋主管部门在批准前,应当征求本级人民政府有关部门的意见,其中涉及军事秘密的,还应当征得有关军事机关的同意。

第四章 海洋预报

第二十一条 国务院海洋主管部门和沿海县级以上地方人民政府海洋主管部门所属的海洋预报机构应当根据海洋观测资料,分析、预测海洋状况变化趋势及其影响,及时制作海洋预报和海洋灾害警报,做好海洋预报工作。

国务院海洋主管部门和沿海县级以上地方人民政府海洋主管部门所属的海洋预报机构应当适时进行海洋预报和海洋灾害警报会商,提高海洋预报和海洋灾害警报的准确性、及时性。

第二十二条 海洋预报和海洋灾害警报由国务院海洋主管部门和沿海县级以上地方人民政府海洋主管部门所属的海洋预报机构按照职责向公众统一发布。其他任何单位和个人不得向公众发布海洋预报和海洋灾害警报。

第二十三条 国务院有关部门、沿海地方各级人民政府和沿海县级以上地方人民政府有关部门应当根据海洋预报机构提供的海洋灾害警报信息采取必要措施,并根据防御海洋灾害的需要,启动相应的海洋灾害应急预案,避免或者减轻海洋灾害。

第二十四条 沿海县级以上地方人民政府指定的当地广播、电视和报纸等媒体应当安排固定的时段或者版面,及时刊播海洋预报和海洋灾害警报。

广播、电视等媒体改变海洋预报播发时段的,应当事先与有关海洋主管部门协商一致,但是因特殊需要,广播电视行政部门要求改变播发时段的除外。对国计民生可能产生重大影响的海洋灾害警报,应当及时增播或者插播。

第二十五条 广播、电视和报纸等媒体刊播海洋预报和海洋灾害警报,应当使用国务院海洋主管部门和沿海县级以上地方人民政府海洋主管部门所属的海洋预报机构提供的信息,并明示海洋预报机构的名称。

第二十六条 沿海县级以上地方人民政府应当建立和完善海洋灾害信息发布平台,根据海洋灾害防御需要,在沿海交通枢纽、公共活动场所等人口密集区和海洋灾害易发区建立海洋灾害警报信息接收和播发设施。

第二十七条 国务院海洋主管部门和沿海省、自治区、直辖市人民政府海洋主管部门应当根据海洋灾害分析统计结果,商本级人民政府有关部门提出确定海洋灾害重点防御区的意见,报本级人民政府批准后公布。

在海洋灾害重点防御区内设立产业园区、进行重大项目建设的,应当在项目可行性论证阶段,进行海洋灾害风险评估,预测和评估海啸、风暴潮等海洋灾害的影响。

第二十八条 国务院海洋主管部门负责组织海平面变化和影响气候变化的重大海洋现象的预测和评估，并及时公布预测意见和评估结果。

沿海省、自治区、直辖市人民政府海洋主管部门应当根据海洋灾害防御需要，对沿海警戒潮位进行核定，报本级人民政府批准后公布。

第五章 法律责任

第二十九条 国务院海洋主管部门及其海区派出机构、沿海县级以上地方人民政府海洋主管部门，不依法作出行政许可或者办理批准文件，发现违法行为或者接到对违法行为的举报不予查处，或者有其他未依照本条例规定履行职责的行为的，对直接负责的主管人员和其他直接责任人员依法给予处分；直接负责的主管人员和其他直接责任人员构成犯罪的，依法追究刑事责任。

第三十条 国务院海洋主管部门及其海区派出机构、沿海县级以上地方人民政府海洋主管部门所属的海洋预报机构瞒报、谎报或者由于玩忽职守导致重大漏报、错报、迟报海洋灾害警报的，由其上级机关或者监察机关责令改正；情节严重的，对直接负责的主管人员和其他直接责任人员依法给予处分；直接负责的主管人员和其他直接责任人员构成犯罪的，依法追究刑事责任。

第三十一条 未经批准设立或者调整海洋观测站（点）的，由有关海洋主管部门责令停止违法行为，没收违法活动使用的仪器设备和违法获得的海洋观测资料，并处2万元以上10万元以下的罚款；符合海洋观测网规划的，限期补办有关手续；不符合海洋观测网规划的，责令限期拆除；逾期不拆除的，依法实施强制拆除，所需费用由违法者承担。

第三十二条 违反本条例规定，有下列行为之一的，由有关海洋主管部门责令停止违法行为，限期恢复原状或者采取其他补救措施，处2万元以上20万元以下的罚款；逾期不恢复原状或者不采取其他补救措施的，依法强制执行；造成损失的，依法承担赔偿责任；构成犯罪的，依法追究刑事责任：

（一）侵占、毁损或者擅自移动海洋观测站（点）及其设施的；

（二）在海洋观测环境保护范围内进行危害海洋观测活动的。

第三十三条 违反本条例规定，有下列行为之一的，由有关主管部门责令限期改正，给予警告；逾期不改正的，处1万元以上5万元以下的罚款：

（一）不遵守国家海洋观测技术标准、规范或者规程的；

（二）使用不符合国家有关产品标准、规范或者海洋观测技术要求的海洋观测仪器设备的；

（三）使用未经检定、检定不合格或者超过检定周期的海洋观测计量器具的。

违反本条第一款第二项、第三项规定的，责令限期更换有关海洋观测仪器设备、海洋观测计量器具。

第三十四条 从事海洋观测活动的单位未按照规定汇交海洋观测资料的，由负责接收海洋观测资料的海洋主管部门责令限期汇交；逾期不汇交的，责令停止海洋观测活动，处2万元以上10万元以下的罚款。

第三十五条 单位或者个人未经批准，向国际组织、外国的组织或者个人提供属于国家秘密的海洋观测资料或者成果的，由有关海洋主管部门责令停止违法行为；有违法所得的，没收违法所得；构成犯罪的，依法追究刑事责任。

第三十六条 违反本条例规定发布海洋预报或者海洋灾害警报的，由有关海洋主管部门责令停止违法行为，给予警告，并处2万元以上10万元以下的罚款；构成违反治安管理行为的，依法给予治安管理处罚；构成犯罪的，依法追究刑事责任。

第三十七条 广播、电视、报纸等媒体有下列行为之一的，由有关主管部门责令限期改正，给予警告；情节严重的，对直接负责的主管人员和其他直接责任人员依法给予处分：

（一）未依照本条例规定刊播海洋预报、海洋灾害警报的；

（二）未及时增播或者插播对国计民生可能产生重大影响的海洋灾害警报的；

（三）刊播海洋预报、海洋灾害警报，未使用海洋主管部门所属的海洋预报机构提供的信息的。

第六章 附 则

第三十八条 本条例下列用语的含义是：

（一）海洋观测，是指以掌握、描述海洋状况为目的，对潮汐、盐度、海温、海浪、海流、海冰、海啸波等进行的观察测量活动，以及对相关数据采集、传输、分析和评价的活动。

（二）海洋预报，是指对潮汐、盐度、海温、海浪、海流、海冰、海啸、风暴潮、海平面变化、海岸侵蚀、咸潮入侵等海洋状况和海洋现象开展的预测和信息发布的活动。

（三）海洋观测站（点），是指为获取海洋观测资料，在海洋、海岛和海岸设立的海洋观测场所。

（四）海洋观测设施，是指海洋观测站（点）所使用的观测站房、雷达站房、观测平台、观测井、观测船、浮标、潜标、海床基、观测标志、仪器设备、通信线路等及附属设施。

（五）海洋观测环境，是指为保证海洋观测活动正常进行，以海洋观测站（点）为中心，以获取连续、准确和具有代表性的海洋观测数据为目标所必需的最小立体空间。

第三十九条　中国人民解放军的海洋观测预报工作，按照中央军事委员会的有关规定执行。

海洋环境监测及监测信息的发布，依照有关法律、法规和国家规定执行。

第四十条　本条例自2012年6月1日起施行。

全国洪水作业预报工作管理办法

1. 2018年7月31日水利部办公厅修订发布
2. 办水文〔2018〕152号

第一章　总　　则

第一条　为规范全国洪水作业预报工作，满足防汛工作需要，根据《中华人民共和国防洪法》《中华人民共和国水文条例》《全国水情工作管理办法》，制定本办法。

第二条　水文机构负责制作并按照规定权限发布洪水预报。

第三条　洪水作业预报工作按照职责实行分级管理。

第二章　职　　责

第四条　水利部水文司组织指导全国洪水作业预报工作，水利部信息中心（水利部水文水资源监测预报中心）（以下简称“水利部信息中心”）承担全国洪水作业预报的组织实施和技术指导工作。

第五条　水利部信息中心负责制作国家防汛指挥调度决策所需的洪水预报，负责向水利部及国家防汛指挥机构提供全国水文机构发布的洪水预报成果。

第六条　流域水文机构负责组织指导所辖流域片洪水作业预报工作，负责制作流域防汛指挥调度决策所需的洪水预报，负责向流域防汛指挥机构提供流域片内水文机构发布的洪水预报成果。

第七条　省级水文机构负责管理辖区内洪水作业预报工作，负责制作省级防汛指挥调度决策所需的洪水预报，负责向省级水行政主管部门及省级防汛指挥机构提供辖区内水文机构发布的洪水预报成果。

第三章　水情分级

第八条　根据雨水情发展程度，结合洪水预报需要，水情分为一级、二级和三级。

第九条　洪水预报站分为主要江河干流重要预报站、主要江河干流一般预报站及主要江河支流重要预报站。

（一）全国主要江河干流重要预报站是指流域洪水调度、江河洪水编号等依据站；

（二）全国主要江河干流一般预报站是指重要预报站以外需要开展洪水预报的站点；

（三）全国主要江河支流重要预报站是指重要支流控制站或代表站。

第十条　出现下列情况之一者，为一级水情：

（一）全国主要江河干流重要预报站水位（流量）达到或超过警戒水位（警戒流量），或者洪水要素重现期达到或超过5年；

（二）全国主要江河干流一般预报站或支流重要预报站水位（流量）达到或超过保证水位（保证流量），或者洪水要素重现期达到或超过20年；

（三）其他突发重大水事件。

第十一条　出现下列情况之一者，为二级水情：

（一）全国主要江河干流一般预报站水位（流量）达到或超过警戒水位（警戒流量），或者洪水要素重现期为5年到20年；

（二）全国主要江河支流重要预报站水位（流量）达到或超过警戒水位（警戒流量），或者洪水要素重现期为5年到20年。

第十二条　江河发生洪水量级在二级水情以下的水情为三级水情。

第四章　预报制作

第十三条　水文机构按照防汛工作需要，依据水情分级负责制作洪水预报。

第十四条　当预计或已发生一级水情时，水利部信息中心，流域、省级水文机构应制作职责范围内的洪水预报。

第十五条　当预计或已发生二级水情时，流域、省级水文机构应制作职责范围内的洪水预报。

第十六条　当预计或已发生三级水情时，流域、省级水文机构负责组织制作职责范围内的洪水预报。

第十七条　当预计或发生洪水期间，每日应至少制作预报一次。当预计或已发生二级以上水情时，应依据防汛工作需要加密制作频次；当雨水情、工情发生变化时应及时进行滚动预报。

第十八条　水文机构应保证洪水预报制作时效性。每次预报制作一般应在一个半小时内完成，遇复杂水情时，应在两小时内完成。

第五章 预报会商

第十九条 当预计或已发生二级以上水情时，应及时组织洪水预报联合会商。

第二十条 当预计或已发生一级水情时，水利部信息中心根据雨水情发展或工作需要，组织相关流域、省级水文机构进行洪水预报联合会商，并向水利部及国家防汛指挥机构提供综合预报成果。

第二十一条 当预计或已发生二级水情时，省级水文机构负责组织辖区内洪水预报会商，负责向省级水行政主管部门及省级防汛指挥机构提供综合预报成果；流域水文机构根据雨水情发展或工作需要，负责组织所辖流域片内相关省级水文机构进行洪水预报联合会商，负责向流域防汛指挥机构提供综合预报成果。流域、省级水文机构会商意见应及时报送水利部信息中心。

第二十二条 洪水预报联合会商应采用视频会商方式。水文机构应加强洪水预报视频会商环境设施建设，为预报会商提供保障。

第六章 预报发布与成果共享

第二十三条 洪水预报成果发布前须严格履行审核、签发程序。

第二十四条 发布的预报成果应通过水情信息交换系统汇交至水利部信息中心。

第二十五条 水文机构应采用纸质签发（或电子签发）方式及时向水利部信息中心、相应防汛指挥机构和水行政主管部门报送发布的洪水预报成果。

第二十六条 水利部信息中心负责对流域、省级水文机构洪水作业预报工作进行考评。流域、省级水文机构负责对辖区内洪水作业预报工作进行考评。

第七章 附 则

第二十七条 流域、省级水文机构可依本办法制定相应管理办法。

第二十八条 本办法自发布之日起执行。

全国水情工作管理办法

1. 2005年4月11日水利部发布

2. 水文〔2005〕114号

第一章 总 则

第一条 为满足防汛抗旱、水资源管理、水工程建设与运行和经济社会发展需要，规范全国水情工作，加强行业管理，提高工作质量和服务水平，根据《中华人民共和国水法》和《中华人民共和国防洪法》制定本办法。

第二条 水情工作，即水文情报预报工作，主要包括水文情报、水文预报、水情服务和管理等内容。

第三条 全国水利系统以及其他单位和部门开展水情工作均应执行本办法。

第二章 职 责

第四条 水情工作实行分级管理。水利部、流域机构、省（自治区、直辖市）水文行业管理部门（以下简称水文部门）分别代表相应水行政主管部门行使水情工作的行业管理职能。各级水文部门是同级防汛抗旱指挥部（简称防指）办事机构（简称防办）的成员单位，负责提供防汛抗旱所需的水文情报和预报，并参与防汛抗旱调度决策。

第五条 水利部水文部门负责管理和指导全国水情工作，其主要职责是：

（一）组织编制和修订全国水情工作规章、规程和技术标准，并组织贯彻实施；

（二）组织编制全国水情工作发展规划，并组织实施；

（三）负责中央报汛站网的调整和管理，编制报汛计划，下达报汛任务；组织编制中央报汛站网报汛设施更新改造规划和计划，并督促实施；

（四）为中央提供防汛抗旱、水资源管理所需水文情报、水文预报及水文分析成果，发布全国水情公告、公报和年报；

（五）组织全国水文情报预报技术研究、交流、培训和推广，开展国际合作；

（六）组织编制和修订水文预报方案，组织相关业务系统的研究、开发与应用；

（七）组织全国重点防洪地区和重要河段有关水情工作的汛前检查，及时组织大洪水、大范围旱灾和其他重大水事件有关水文情况的调查、分析与评价；

（八）负责全国水情工作总结，组织暴雨洪水专题分析、水情工作质量评定和水文情报预报效益分析；

（九）负责全国水情信息传输骨干网络、水情信息处理系统的建设、运行、维护和管理；

（十）围绕经济社会可持续发展，组织开展其他水情工作。

第六条 流域机构水文部门负责管理和指导流域片（指水利部流域机构分管范围，下同）水情工作，其主要职责是：

(一)组织贯彻和实施水情工作规章、规程和技术标准,必要时制定实施细则;

(二)组织编制流域片内水情工作发展规划,并组织实施;

(三)负责流域片报汛站网的调整和管理,编制报汛计划,下达报汛任务;负责编制所属报汛站网设施更新改造规划和计划,并组织实施;组织编制流域片报汛设施更新改造规划和计划,并督促实施;

(四)提供流域片防汛抗旱、水资源管理所需水文情报、水文预报及水文分析成果,发布流域片水情公告、公报和年报;

(五)组织流域片水文情报预报技术研究、交流、培训和推广;

(六)组织编制和修订流域片水文预报方案,组织相关业务系统的研究、开发与应用;

(七)组织流域片重点防洪地区和重要河段有关水情工作的汛前查勘,及时组织流域片大洪水、大范围旱灾和其他重大水事件有关水文情况的调查、分析与评价;

(八)负责流域片水情工作总结、水情工作质量评定和水文情报预报效益分析;

(九)负责所属水情信息传输网络、水情信息处理系统的建设、运行、维护和管理;

(十)围绕流域片经济社会可持续发展,组织开展其他水情工作。

第七条　省(自治区、直辖市)水文部门负责管理和指导辖区内水情工作,其主要职责是:

(一)组织贯彻和实施水情工作规章、规程和技术标准,必要时制定实施细则;

(二)组织编制辖区内水情工作发展规划,并组织实施;

(三)负责辖区内报汛站网的调整和管理,编制报汛计划,下达报汛任务;负责编制辖区内报汛设施更新改造规划和计划,并组织实施;

(四)提供辖区内防汛抗旱、水资源管理所需水文情报、水文预报及水文分析成果,发布辖区内水情公告、公报和年报

(五)组织辖区内水文情报预报技术研究、交流、培训和推广;

(六)组织编制和修订辖区内水文预报方案,组织相关业务系统的研究、开发与应用;

(七)组织辖区内重点防洪地区和重要河段有关水情工作的汛前查勘,及时组织辖区内大洪水、大范围旱灾和其他重大水事件有关水文情况的调查、分析与评价;

(八)负责辖区内水情工作总结、水情工作质量评定和水文情报预报效益分析;

(九)负责辖区内水情信息传输网络、水情信息处理系统的建设、运行、维护和管理;

(十)围绕辖区内经济社会可持续发展,组织开展其他水情工作。

第三章　水文情报

第八条　水文情报工作主要包括汛前准备、水情报汛、水情传输、水情监视、水文情报质量考核等内容。

第九条　水情信息主要指降水量、蒸发量、流量(水量)、水位、蓄水量、含沙量、冰情、水质、土壤墒情、地下水等水文要素及重大水事件和水工程运行特征等。

第一节　汛前准备

第十条　各级水文部门要做好年度报汛站网和报汛任务调整。报汛站网调整和报汛站的设立、裁撤、迁移以及报汛任务改变(以下简称变更)必须经过上级业务主管部门的审查、批准。中央报汛站的变更,须报水利部水文部门审批;流域报汛站的变更,须经流域机构水文部门审批,并报水利部水文部门备案;省(自治区、直辖市)报汛站的变更,须经省(自治区、直辖市)水文部门审批,并报省防指、流域机构和水利部水文部门备案。

第十一条　各级水文部门要按照同级防指及上级业务主管部门的要求在汛前下达报汛任务书或委托书。逢五、逢十年份和任务变化较大的年份,在下达报汛任务时要附详细清单。报汛任务书或委托书须报上级业务主管部门备案。

第十二条　各级水文部门要做好测报设施设备的水毁修复工作,汛前要做好各项报汛通信与传输设备和数据处理系统的维护工作,确保整个系统处于良好运行状态。发现问题要及时解决,对影响安全度汛的重大问题要及时向水行政主管部门和防汛抗旱部门汇报并采取有效措施整改,以确保安全度汛。

第十三条　各级水情工作人员要认真学习和执行《水文情报预报规范》及有关规章、规程和技术标准,熟练掌握仪器设备的性能和操作规程,了解和掌握本地区自然地理特征、水情特征、水文气象演变规律、历史水旱灾害及水工程管理运用方案等;根据度汛计划及时校核和修正水情数据库中的水库汛期限制水位、河道警戒水位和保证水位等重要防汛指标以及其他特征值。

第十四条 水文情报工作要做到组织落实，责任落实，设备落实，方案落实。对可能出现的突发情况，应制定应急预案。

第二节 水情报汛

第十五条 水情报汛站和各级水情管理单位要严格执行《水文情报预报规范》、水情信息编码标准和报汛任务书，及时、准确地报送各类水情信息。当发生超标准洪水和突发事件时要尽可能采取措施报告水情。

第十六条 水利部水文部门承担向国家防总提供水情信息的任务，各级水文部门和有关单位要及时、准确地提供水情信息。当防汛形势紧急时，水利部水文部门可根据情况临时调整报汛站点、报汛项目及报汛时段，各级水文部门应遵照执行。

第十七条 流域机构和省（自治区、直辖市）水文部门要满足流域防汛抗旱部门的要求，及时提供水情信息。当流域防汛形势紧急时，流域机构水文部门可根据情况临时调整报汛站点、报汛项目及报汛时段，省（自治区、直辖市）水文部门应遵照执行。

第十八条 省（自治区、直辖市）水文部门要满足省级防汛抗旱部门的要求，及时提供水情信息。流域机构各级水文部门要尽量满足当地防汛抗旱工作对水情信息的需要。

第十九条 加强对特大暴雨洪水和分洪、决口、溃坝、山洪、泥石流以及严重水污染等特殊水情的监视力度。当发现上述情况时，要采取一切可行措施向上级水文主管部门报告，并及时向当地政府、防汛抗旱指挥部门、水行政主管部门报告。

第二十条 流域机构、省（自治区、直辖市）水文部门在满足国家防办下达的报汛任务的前提下，根据实际情况确定所属水情报汛站的起报时间和标准，报水利部水文部门备案。

第二十一条 切实加强实测流量的报汛工作。报送实测流量的次数要以完整控制洪水过程为原则。

第二十二条 各级水文部门应及时向上级主管部门转报各类重要水情和特殊水事件，情况紧急时可越级上报，不得延缓或隐瞒。

第三节 水情传输

第二十三条 水情信息通过公网和水利专网传输。水情信息传输基本流程一般为水情站 - 水情分中心 - 省（自治区、直辖市）和流域机构水情中心 - 水利部水利信息中心。

第二十四条 重要水情报汛站应配备不少于两种信道互为备份的通信设备。水情信息处理系统的接收与处理设备应具有备份。

第二十五条 各级水文部门要注重报汛时效，应力争在30分钟内将各类水情信息传送到省（自治区、直辖市）和流域机构的水情中心及水利部水利信息中心。

第二十六条 水情信息处理系统应具备信息自动接收、处理、转发、解码、入库等功能。各类原始水情信息应保存一年以上。

第二十七条 各级水文部门要建立水情数据库。水情数据库包括历史水情数据库和实时水情数据库。水利部水文部门负责制定水情数据库的技术标准，各级水文部门要相互配合，及时提供相应水文资料。

第二十八条 各级水文部门要加强对水情网络系统的管理，建立健全管理制度，对水情传输、处理等环节进行实时监控，确保网络及信息的畅通。

第四节 水情监视

第二十九条 各级水文部门要建立健全水情值班制度，汛期实行24小时值班。非汛期，当发生较大汛情时应及时安排值班。

第三十条 各级水情部门及有关单位要严密监视水情变化。遇灾害性天气、较大汛情或灾情时，应及时提供雨水情分析材料。

第三十一条 当发生下列情况之一时，各级水文部门应及时向上级业务主管部门和同级防汛抗旱部门提供文字报告。如情况紧急，须先用电话报告：

（一）河道（水库）水位接近或超过保证水位（设计洪水位）；

（二）河道流量接近或超过安全泄量；

（三）分洪控制站的水位接近或达到控制水位；

（四）水位或流量超过（低于）年（月）极大（极小）值（指历史实测最高和最低水位、最大和最小流量）；

（五）水文过程线发生突变；

（六）特大暴雨；

（七）漫滩、筑坝、堵口、扒堤、决口、山洪、泥石流、异重流、浆河等特殊水情。

第三十二条 各级水文部门要建立功能齐全的水情监视系统。当发生重要水情或特殊水情，应具有自动报警功能。

第五节 水文情报质量考核

第三十三条 各级水文部门要按照有关规定对水文情报质量进行考核。考核内容包括报汛质量、信息传输、信息接收处理等。考核工作每年至少进行一次。考核结果应及时上报上级业务主管部门。

——报汛质量考核主要包括报汛任务执行情况、报汛时效性和准确率等。

——信息传输考核主要包括传输系统和计算机网络系统运行情况等。

——信息接收处理考核主要包括软件的功能以及各类水情信息的处理结果等。

第三十四条 当出现质量责任事故时,要全面分析,查明原因,并将事故原因、处理情况及时上报上级业务主管部门。

第四章 水文预报

第三十五条 水文预报工作包括预报方案编制和修订、预报方案评定和检验、作业预报和预报会商等。

第三十六条 水文预报内容主要包括洪水预报、潮位预报、水库水文预报与水工程施工期水文预报、冰情与春汛预报和枯季径流预报以及山洪、泥石流、水质警报预报等。

第三十七条 水文预报工作由取得“水文、水资源调查评价资质证书”且具有水文预报业务的单位和部门承担。

第一节 预报方案编制和修订

第三十八条 水文预报方案的编制和重大修订应报主管部门正式立项,其成果由主管部门组织专业审查。

第三十九条 水文预报方案的编制,必须确保资料的质量和代表性。当资料代表性达不到规定要求时,预报方案应降级使用。

第四十条 当实测水文资料超出原水文预报方案数值范围、水文情势发生改变时,应对方案进行修订、补充或更新。

第二节 预报方案评定和检验

第四十一条 预报方案建立后,应进行精度评定和检验。方案精度评定等级按《水文情报预报规范》的有关条款评定。精度检验应采用未参加预报方案编制的资料。

第四十二条 预报方案经评定和检验后,精度达到甲等或乙等的,方可发布正式预报。丙等的可作为参考预报,仅供内部使用。丙等以下者只能用于参考估报。

第三节 作业预报

第四十三条 作业预报工作流程包括雨水情监视、水文情势分析、预报计算、综合分析、预报修正、精度评定等。

第四十四条 当水情或工程运行发生较大变化时,应根据新的情况及时进行滚动预报。

第四十五条 为增长预见期或评估防汛形势,可参考降水预报或假设不同量级降雨,预测预估相应水文要素,供领导决策参考。

第四十六条 对预报方案达不到精度要求或无预报方案的地区,可根据防汛需要,进行水文情势的预测预估,但不得正式发布预报。

第四十七条 作业预报应建立规范的校核、审核和签发制度。

第四十八条 作业预报过程中的计算图表、原始资料、会商情况等应认真记录,妥善保管,以备检查或复核。

第四十九条 及时对作业预报进行总结、评定。预报误差超过有关规范要求时,要查找原因,认真总结经验教训。

第五十条 水文预报应推行首席预报员制和预报员分级制度。预报人员经考试、考核合格后,方可上岗。

第五十一条 各级水文部门应建立先进、实用的预报系统。预报系统应具备数据处理、参数率定、预报计算、实时校正、成果输出等功能。

第四节 预报会商

第五十二条 各级水文部门应建立健全预报会商制度。重要水情的预报会商应由各级水文部门的分管领导或主要领导主持。

第五十三条 大江大河重要河段、重要大型水库(湖泊)、重要防洪城市的洪水预报,须由水利部、流域机构和省(自治区、直辖市)水文部门进行会商。

第五章 水情服务

第五十四条 水情服务主要包括水情信息的提供与发布、危险或灾害水情的报警、预报信息的发布、旱涝趋势的展望、水文情势的分析等。

第五十五条 水文情报和水文预报应由水文部门负责发布。重要洪水预报或灾害性洪水预报应由防汛抗旱指挥机构或其授权的水文部门向社会公众发布。非水文部门制作的水文预报应在内部使用,不得向社会公众发布。

第五十六条 当堤防安全受到严重威胁、水情或水质发生突然变化,并可能对人民生活和社会经济造成影响时,水文部门应主动向水行政主管部门、防汛抗旱指挥机构和当地政府报送水情信息。

第五十七条 全国七大江河干流的洪水编号由各流域机构水文部门商水利部水文部门确定;省(自治区、直辖市)际河流的洪水编号由相关水文部门商定;其他江河的洪水编号由省(自治区、直辖市)水文部门负责。洪水编号确定后,需报上级主管部门备案。

第五十八条 向社会公众发布的洪水等级分为:一般洪水(重现期小于10年)、较大洪水(重现期大于等于10年,小于20年)、大洪水(重现期大于等于20年,小于50年)、特大洪水(重现期大于等于50年)。

第五十九条 水文情报预报效益包括社会效益、经济效益和环境效益。各级水文部门要对水文情报预报经济效益进行统计分析,广泛收集水文情报预报效益实例,并将有关材料上报同级水行政主管部门、防汛抗旱指挥机构和上级业务主管部门。

第六章 保障措施

第六十条 各级水行政主管部门要高度重视水情工作,加强对水情工作的领导。

第六十一条 水情工作所需的正常业务经费(含报汛费)、设施设备运行经费等应列入年度部门预算。水文预报方案修编和各项水情业务系统建设应安排专项经费。对严重影响水情信息测报、传输、处理的设施设备以及因洪水、气象、地质等灾害引起的设施设备毁坏,各级水行政主管部门应安排经费及时配置和修复。

第六十二条 各级水文部门要建立健全水情机构,水情队伍要结构合理、人员相对稳定。要加强水情人员技术培训和在职教育,提高人员素质,培养业务骨干和技术带头人。

第六十三条 各级水文部门要重视水情基础工作,加强水情报汛、水文预报、水情会商、水情服务等业务系统的建设。加强与科研单位和高等院校合作,研究和应用水文预报的新理论、新技术和新方法,努力提高预报精度,增长有效预见期。

第六十四条 凡纳入省(自治区、直辖市)、流域和国家级报汛站网的非水文部门管辖的水情报汛站,须接受省(自治区、直辖市)、流域机构、水利部水文部门的管理和业务指导,执行相关规范、规程和技术标准。各级水文部门要加强监督、检查和指导。

第七章 奖励与处罚

第六十五条 对于在水情工作中表现突出、成绩优异的单位和个人,予以表彰和奖励。

第六十六条 对于因管理不善和失职,造成水情工作失误,产生严重影响的单位和个人,应予以通报批评,情节严重的要予以行政处分。

第六十七条 各级水文部门可根据具体情况制定相应的奖惩办法,并报上级业务主管部门备案。

第八章 附 则

第六十八条 流域机构、省(自治区、直辖市)水行政主管部门在本办法的基础上可以制定实施细则。

第六十九条 本办法由水利部负责解释。

第七十条 本办法自发布之日起执行。

中华人民共和国抗旱条例

2009年2月26日国务院令第552号公布施行

第一章 总 则

第一条 为了预防和减轻干旱灾害及其造成的损失,保障生活用水,协调生产、生态用水,促进经济社会全面、协调、可持续发展,根据《中华人民共和国水法》,制定本条例。

第二条 在中华人民共和国境内从事预防和减轻干旱灾害的活动,应当遵守本条例。

本条例所称干旱灾害,是指由于降水减少、水工程供水不足引起的用水短缺,并对生活、生产和生态造成危害的事件。

第三条 抗旱工作坚持以人为本、预防为主、防抗结合和因地制宜、统筹兼顾、局部利益服从全局利益的原则。

第四条 县级以上人民政府应当将抗旱工作纳入本级国民经济和社会发展规划,所需经费纳入本级财政预算,保障抗旱工作的正常开展。

第五条 抗旱工作实行各级人民政府行政首长负责制,统一指挥、部门协作、分级负责。

第六条 国家防汛抗旱总指挥部负责组织、领导全国的抗旱工作。

国务院水行政主管部门负责全国抗旱的指导、监督、管理工作,承担国家防汛抗旱总指挥部的具体工作。国家防汛抗旱总指挥部的其他成员单位按照各自职责,负责有关抗旱工作。

第七条 国家确定的重要江河、湖泊的防汛抗旱指挥机构,由有关省、自治区、直辖市人民政府和该江河、湖泊的流域管理机构组成,负责协调所辖范围内的抗旱工作;流域管理机构承担流域防汛抗旱指挥机构的具体工作。

第八条 县级以上地方人民政府防汛抗旱指挥机构,在上级防汛抗旱指挥机构和本级人民政府的领导下,负责组织、指挥本行政区域内的抗旱工作。

县级以上地方人民政府水行政主管部门负责本行政区域内抗旱的指导、监督、管理工作，承担本级人民政府防汛抗旱指挥机构的具体工作。县级以上地方人民政府防汛抗旱指挥机构的其他成员单位按照各自职责，负责有关抗旱工作。

第九条　县级以上人民政府应当加强水利基础设施建设，完善抗旱工程体系，提高抗旱减灾能力。

第十条　各级人民政府、有关部门应当开展抗旱宣传教育活动，增强全社会抗旱减灾意识，鼓励和支持各种抗旱科学技术研究及其成果的推广应用。

第十一条　任何单位和个人都有保护抗旱设施和依法参加抗旱的义务。

第十二条　对在抗旱工作中做出突出贡献的单位和个人，按照国家有关规定给予表彰和奖励。

第二章　旱灾预防

第十三条　县级以上地方人民政府水行政主管部门会同同级有关部门编制本行政区域的抗旱规划，报本级人民政府批准后实施，并抄送上一级人民政府水行政主管部门。

第十四条　编制抗旱规划应当充分考虑本行政区域的国民经济和社会发展水平、水资源综合开发利用情况、干旱规律和特点、可供水资源量和抗旱能力以及城乡居民生活用水、工农业生产和生态用水的需求。

抗旱规划应当与水资源开发利用等规划相衔接。

下级抗旱规划应当与上一级的抗旱规划相协调。

第十五条　抗旱规划应当主要包括抗旱组织体系建设、抗旱应急水源建设、抗旱应急设施建设、抗旱物资储备、抗旱服务组织建设、旱情监测网络建设以及保障措施等。

第十六条　县级以上人民政府应当加强农田水利基础设施建设和农村饮水工程建设，组织做好抗旱应急工程及其配套设施建设和节水改造，提高抗旱供水能力和水资源利用效率。

县级以上人民政府水行政主管部门应当组织做好农田水利基础设施和农村饮水工程的管理和维护，确保其正常运行。

干旱缺水地区的地方人民政府及有关集体经济组织应当因地制宜修建中小微型蓄水、引水、提水工程和雨水集蓄利用工程。

第十七条　国家鼓励和扶持研发、使用抗旱节水机械和装备，推广农田节水技术，支持旱作地区修建抗旱设施，发展旱作节水农业。

国家鼓励、引导、扶持社会组织和个人建设、经营抗旱设施，并保护其合法权益。

第十八条　县级以上地方人民政府应当做好干旱期城乡居民生活供水的应急水源贮备保障工作。

第十九条　干旱灾害频繁发生地区的县级以上地方人民政府，应当根据抗旱工作需要储备必要的抗旱物资，并加强日常管理。

第二十条　县级以上人民政府应当根据水资源和水环境的承载能力，调整、优化经济结构和产业布局，合理配置水资源。

第二十一条　各级人民政府应当开展节约用水宣传教育，推行节约用水措施，推广节约用水新技术、新工艺，建设节水型社会。

第二十二条　县级以上人民政府水行政主管部门应当做好水资源的分配、调度和保护工作，组织建设抗旱应急水源工程和集雨设施。

县级以上人民政府水行政主管部门和其他有关部门应当及时向人民政府防汛抗旱指挥机构提供水情、雨情和墒情信息。

第二十三条　各级气象主管机构应当加强气象科学技术研究，提高气象监测和预报水平，及时向人民政府防汛抗旱指挥机构提供气象干旱及其他与抗旱有关的气象信息。

第二十四条　县级以上人民政府农业主管部门应当做好农用抗旱物资的储备和管理工作，指导干旱地区农业种植结构的调整，培育和推广应用耐旱品种，及时向人民政府防汛抗旱指挥机构提供农业旱情信息。

第二十五条　供水管理部门应当组织有关单位，加强供水管网的建设和维护，提高供水能力，保障居民生活用水，及时向人民政府防汛抗旱指挥机构提供供水、用水信息。

第二十六条　县级以上人民政府应当组织有关部门，充分利用现有资源，建设完善旱情监测网络，加强对干旱灾害的监测。

县级以上人民政府防汛抗旱指挥机构应当组织完善抗旱信息系统，实现成员单位之间的信息共享，为抗旱指挥决策提供依据。

第二十七条　国家防汛抗旱总指挥部组织其成员单位编制国家防汛抗旱预案，经国务院批准后实施。

县级以上地方人民政府防汛抗旱指挥机构组织其成员单位编制抗旱预案，经上一级人民政府防汛抗旱指挥机构审查同意，报本级人民政府批准后实施。

经批准的抗旱预案，有关部门和单位必须执行。

修改抗旱预案,应当按照原批准程序报原批准机关批准。

第二十八条 抗旱预案应当包括预案的执行机构以及有关部门的职责、干旱灾害预警、干旱等级划分和按不同等级采取的应急措施、旱情紧急情况下水量调度预案和保障措施等内容。

干旱灾害按照区域耕地和作物受旱的面积与程度以及因干旱导致饮水困难人口的数量,分为轻度干旱、中度干旱、严重干旱、特大干旱四级。

第二十九条 县级人民政府和乡镇人民政府根据抗旱工作的需要,加强抗旱服务组织的建设。县级以上地方各级人民政府应当加强对抗旱服务组织的扶持。

国家鼓励社会组织和个人兴办抗旱服务组织。

第三十条 各级人民政府应当对抗旱责任制落实、抗旱预案编制、抗旱设施建设和维护、抗旱物资储备等情况加强监督检查,发现问题应当及时处理或者责成有关部门和单位限期处理。

第三十一条 水工程管理单位应当定期对管护范围内的抗旱设施进行检查和维护。

第三十二条 禁止非法引水、截水和侵占、破坏、污染水源。

禁止破坏、侵占、毁损抗旱设施。

第三章 抗旱减灾

第三十三条 发生干旱灾害,县级以上人民政府防汛抗旱指挥机构应当按照抗旱预案规定的权限,启动抗旱预案,组织开展抗旱减灾工作。

第三十四条 发生轻度干旱和中度干旱,县级以上地方人民政府防汛抗旱指挥机构应当按照抗旱预案的规定,采取下列措施:

(一)启用应急备用水源或者应急打井、挖泉;

(二)设置临时抽水泵站,开挖输水渠道或者临时在江河沟渠内截水;

(三)使用再生水、微咸水、海水等非常规水源,组织实施人工增雨;

(四)组织向人畜饮水困难地区送水。

采取前款规定的措施,涉及其他行政区域的,应当报共同的上一级人民政府防汛抗旱指挥机构或者流域防汛抗旱指挥机构批准;涉及其他有关部门的,应当提前通知有关部门。旱情解除后,应当及时拆除临时取水和截水设施,并及时通报有关部门。

第三十五条 发生严重干旱和特大干旱,国家防汛抗旱总指挥部应当启动国家防汛抗旱预案,总指挥部各成员单位应当按照防汛抗旱预案的分工,做好相关工作。

严重干旱和特大干旱发生地的县级以上地方人民政府在防汛抗旱指挥机构采取本条例第三十四条规定的措施外,还可以采取下列措施:

(一)压减供水指标;

(二)限制或者暂停高耗水行业用水;

(三)限制或者暂停排放工业污水;

(四)缩小农业供水范围或者减少农业供水量;

(五)限时或者限量供应城镇居民生活用水。

第三十六条 发生干旱灾害,县级以上地方人民政府应当按照统一调度、保证重点、兼顾一般的原则对水源进行调配,优先保障城乡居民生活用水,合理安排生产和生态用水。

第三十七条 发生干旱灾害,县级以上人民政府防汛抗旱指挥机构或者流域防汛抗旱指挥机构可以按照批准的抗旱预案,制订应急水量调度实施方案,统一调度辖区内的水库、水电站、闸坝、湖泊等所蓄的水量。有关地方人民政府、单位和个人必须服从统一调度和指挥,严格执行调度指令。

第三十八条 发生干旱灾害,县级以上地方人民政府防汛抗旱指挥机构应当及时组织抗旱服务组织,解决农村人畜饮水困难,提供抗旱技术咨询等方面的服务。

第三十九条 发生干旱灾害,各级气象主管机构应当做好气象干旱监测和预报工作,并适时实施人工增雨作业。

第四十条 发生干旱灾害,县级以上人民政府卫生主管部门应当做好干旱灾害发生地区疾病预防控制、医疗救护和卫生监督执法工作,监督、检测饮用水水源卫生状况,确保饮水卫生安全,防止干旱灾害导致重大传染病疫情的发生。

第四十一条 发生干旱灾害,县级以上人民政府民政部门应当做好干旱灾害的救助工作,妥善安排受灾地区群众基本生活。

第四十二条 干旱灾害发生地区的乡镇人民政府、街道办事处、村民委员会、居民委员会应当组织力量,向村民、居民宣传节水抗旱知识,协助做好抗旱措施的落实工作。

第四十三条 发生干旱灾害,供水企事业单位应当加强对供水、水源和抗旱设施的管理与维护,按要求启用应急备用水源,确保城乡供水安全。

第四十四条 干旱灾害发生地区的单位和个人应当自觉节约用水,服从当地人民政府发布的决定,配合落实人民政府采取的抗旱措施,积极参加抗旱减灾活动。

第四十五条 发生特大干旱,严重危及城乡居民生活、生产用水安全，可能影响社会稳定的，有关省、自治区、直辖市人民政府防汛抗旱指挥机构经本级人民政府批准，可以宣布本辖区内的相关行政区域进入紧急抗旱期，并及时报告国家防汛抗旱总指挥部。

特大干旱旱情缓解后，有关省、自治区、直辖市人民政府防汛抗旱指挥机构应当宣布结束紧急抗旱期，并及时报告国家防汛抗旱总指挥部。

第四十六条　在紧急抗旱期，有关地方人民政府防汛抗旱指挥机构应当组织动员本行政区域内各有关单位和个人投入抗旱工作。所有单位和个人必须服从指挥，承担人民政府防汛抗旱指挥机构分配的抗旱工作任务。

第四十七条　在紧急抗旱期，有关地方人民政府防汛抗旱指挥机构根据抗旱工作的需要，有权在其管辖范围内征用物资、设备、交通运输工具。

第四十八条　县级以上地方人民政府防汛抗旱指挥机构应当组织有关部门，按照干旱灾害统计报表的要求，及时核实和统计所管辖范围内的旱情、干旱灾害和抗旱情况等信息，报上一级人民政府防汛抗旱指挥机构和本级人民政府。

第四十九条　国家建立抗旱信息统一发布制度。旱情由县级以上人民政府防汛抗旱指挥机构统一审核、发布；旱灾由县级以上人民政府水行政主管部门会同同级民政部门审核、发布；农业灾情由县级以上人民政府农业主管部门发布；与抗旱有关的气象信息由气象主管机构发布。

报刊、广播、电视和互联网等媒体，应当及时刊播抗旱信息并标明发布机构名称和发布时间。

第五十条　各级人民政府应当建立和完善与经济社会发展水平以及抗旱减灾要求相适应的资金投入机制，在本级财政预算中安排必要的资金，保障抗旱减灾投入。

第五十一条　因抗旱发生的水事纠纷，依照《中华人民共和国水法》的有关规定处理。

第四章　灾后恢复

第五十二条　旱情缓解后，各级人民政府、有关主管部门应当帮助受灾群众恢复生产和灾后自救。

第五十三条　旱情缓解后，县级以上人民政府水行政主管部门应当对水利工程进行检查评估，并及时组织修复遭受干旱灾害损坏的水利工程；县级以上人民政府有关主管部门应当将遭受干旱灾害损坏的水利工程，优先列入年度修复建设计划。

第五十四条　旱情缓解后，有关地方人民政府防汛抗旱指挥机构应当及时归还紧急抗旱期征用的物资、设备、交通运输工具等，并按照有关法律规定给予补偿。

第五十五条　旱情缓解后，县级以上人民政府防汛抗旱指挥机构应当及时组织有关部门对干旱灾害影响、损失情况以及抗旱工作效果进行分析和评估；有关部门和单位应当予以配合，主动向本级人民政府防汛抗旱指挥机构报告相关情况，不得虚报、瞒报。

县级以上人民政府防汛抗旱指挥机构也可以委托具有灾害评估专业资质的单位进行分析和评估。

第五十六条　抗旱经费和抗旱物资必须专项使用，任何单位和个人不得截留、挤占、挪用和私分。

各级财政和审计部门应当加强对抗旱经费和物资管理的监督、检查和审计。

第五十七条　国家鼓励在易旱地区逐步建立和推行旱灾保险制度。

第五章　法律责任

第五十八条　违反本条例规定，有下列行为之一的，由所在单位或者上级主管机关、监察机关责令改正；对直接负责的主管人员和其他直接责任人员依法给予处分；构成犯罪的，依法追究刑事责任：

（一）拒不承担抗旱救灾任务的；

（二）擅自向社会发布抗旱信息的；

（三）虚报、瞒报旱情、灾情的；

（四）拒不执行抗旱预案或者旱情紧急情况下的水量调度预案以及应急水量调度实施方案的；

（五）旱情解除后，拒不拆除临时取水和截水设施的；

（六）滥用职权、徇私舞弊、玩忽职守的其他行为。

第五十九条　截留、挤占、挪用、私分抗旱经费的，依照有关财政违法行为处罚处分等法律、行政法规的规定处罚；构成犯罪的，依法追究刑事责任。

第六十条　违反本条例规定，水库、水电站、拦河闸坝等工程的管理单位以及其他经营工程设施的经营者拒不服从统一调度和指挥的，由县级以上人民政府水行政主管部门或者流域管理机构责令改正，给予警告；拒不改正的，强制执行，处 1 万元以上 5 万元以下的罚款。

第六十一条　违反本条例规定，侵占、破坏水源和抗旱设施的，由县级以上人民政府水行政主管部门或者流域管理机构责令停止违法行为，采取补救措施，处 1 万元以上 5 万元以下的罚款；造成损坏的，依法承担民事责任；构成违反治安管理行为的，依照《中华人民共和国治安管理处罚法》的规定处罚；构成犯罪的，依法追究刑事责任。

第六十二条　违反本条例规定，抢水、非法引水、截水或者哄抢抗旱物资的，由县级以上人民政府水行政主管部门或者流域管理机构责令停止违法行为，予以警告；构成违反治安管理行为的，依照《中华人民共和国治安管理处罚法》的规定处罚；构成犯罪的，依法追究刑事责任。

第六十三条　违反本条例规定，阻碍、威胁防汛抗旱指挥机构、水行政主管部门或者流域管理机构的工作人员依法执行职务的，由县级以上人民政府水行政主管部门或者流域管理机构责令改正，予以警告；构成违反治安管理行为的，依照《中华人民共和国治安管理处罚法》的规定处罚；构成犯罪的，依法追究刑事责任。

第六章　附　　则

第六十四条　中国人民解放军和中国人民武装警察部队参加抗旱救灾，依照《军队参加抢险救灾条例》的有关规定执行。

第六十五条　本条例自公布之日起施行。

国家防汛抗旱应急预案

1. 2022年5月30日国务院办公厅发布
2. 国办函〔2022〕48号

1　总　　则

1.1　指导思想

以习近平新时代中国特色社会主义思想为指导，深入贯彻落实习近平总书记关于防灾减灾救灾的重要论述和关于全面做好防汛抗旱工作的重要指示精神，按照党中央、国务院决策部署，立足新发展阶段，完整、准确、全面贯彻新发展理念，构建新发展格局，坚持人民至上、生命至上，统筹发展和安全，进一步完善体制机制，依法高效有序做好水旱灾害突发事件防范与处置工作，最大限度减少人员伤亡和财产损失，为经济社会持续健康发展提供坚强保证。

1.2　编制依据

《中华人民共和国防洪法》、《中华人民共和国水法》、《中华人民共和国防汛条例》、《中华人民共和国抗旱条例》、《水库大坝安全管理条例》和《国家突发公共事件总体应急预案》等。

1.3　适用范围

本预案适用于我国境内突发性水旱灾害的防范和处置。突发性水旱灾害包括:江河洪水和渍涝灾害、山洪灾害(指由降雨引发的山洪、泥石流灾害)、台风风暴潮灾害、干旱灾害、供水危机以及由洪水、风暴潮、地震等引发的水库垮坝、堤防决口、水闸倒塌、堰塞湖等次生衍生灾害。

1.4　工作原则

1.4.1　坚持统一领导、协调联动,分级负责、属地为主。防汛抗旱工作在党的领导下,实行各级人民政府行政首长负责制。各级防汛抗旱指挥机构在同级党委和政府、上级防汛抗旱指挥机构领导下,组织指挥管辖范围内防汛抗旱工作,贯彻落实同级党委和政府、上级防汛抗旱指挥机构的部署要求。

1.4.2　坚持安全第一、常备不懈,以防为主、防抗救相结合。防汛抗旱工作坚持依法防抗、科学防控,实行公众参与、专群结合、军民联防、平战结合,切实把确保人民生命安全放在第一位落到实处,保障防洪安全和城乡供水安全。

1.4.3　坚持因地制宜、城乡统筹,统一规划、局部利益服从全局利益。防汛抗旱工作要按照流域或区域统一规划,科学处理上下游左右岸之间、地区之间、部门之间、近期与长远之间等各项关系,突出重点,兼顾一般,做到服从大局、听从指挥。

1.4.4　坚持科学调度、综合治理,除害兴利、防汛抗旱统筹。在确保防洪安全的前提下,尽可能利用洪水资源。抗旱用水以水资源承载能力为基础,实行先生活、后生产,先地表、后地下,先节水、后调水,科学调度,优化配置,最大限度满足城乡生活、生态、生产用水需求。

2　组织指挥体系及职责

国务院设立国家防汛抗旱指挥机构,县级以上地方人民政府、有关流域设立防汛抗旱指挥机构,负责本区域的防汛抗旱工作。有关单位可根据需要设立防汛抗旱指挥机构,负责本单位防汛抗旱工作。

2.1　国家防汛抗旱总指挥部

国务院设立国家防汛抗旱总指挥部(以下简称国家防总),负责领导、组织全国的防汛抗旱工作,其办事机构国家防总办公室设在应急部。

2.1.1　国家防总组织机构

国家防总由国务院领导同志任总指挥,应急部、水利部主要负责同志,中央军委联合参谋部负责同志和国务院分管副秘书长任副总指挥,应急部分管副部长任秘书长,根据需要设副秘书长,中央宣传部、国家发展改革委、教育部、工业和信息化部、公安部、财政部、自然资源部、住房城乡建设部、交通运输部、水利部、农业农村部、商务部、文化和旅游部、国家卫生健康委、应急部、广电总局、中国气象局、国家粮食和储备局、国家能源局、国家铁路局、中央军委联合参谋部、中央军委国防动员部、中国红十字会总会、中国国家铁路集团有限公司、中国安能建设集团有限公司等部门和单位为国家防总成员单位。

2.1.2　国家防总职责

贯彻落实党中央、国务院关于防汛抗旱工作的决策部署,领导、组织全国防汛抗旱工作,研究拟订国家防汛抗旱政策、制度等;依法组织制定长江、黄河、淮河、海河等重要江河湖泊和重要水工程的防御洪水方案,按程序决定启用重要蓄滞洪区、弃守堤防或破堤泄洪;组织开展防汛抗旱检查,督促地方党委和政府落实主体责任,监督落实重点地区和重要工程防汛抗旱责任人,组织协调、指挥决策和指导监督重大水旱灾害应急抢险救援救灾工作,指导监督防汛抗旱重大决策部署的贯彻落实;指导地方建立健全各级防汛抗旱指挥机构,完善组织体系,建立健全与流域防汛抗旱总指挥部(以下简称流域防总)、省级防汛抗旱指挥部的应急联动、信息共享、组织协调等工作机制。

2.2　流域防汛抗旱总指挥部

长江、黄河、淮河、海河、珠江、松花江、太湖等流域设立流域防总,负责落实国家防总以及水利部防汛抗旱的有关要求,执行国家防总指令,指挥协调所管辖范围内的防汛抗旱工作。流域防总由有关省、自治区、直辖市人民政府和该流域管理机构等有关单位以及相关战区或其委托的单位负责人等组成,其办事机构(流域防总办公室)设在该流域管理机构。国家防总相关指令统一由水利部下达到各流域防总及其办事机构执行。

2.3　地方各级人民政府防汛抗旱指挥部

有防汛抗旱任务的县级以上地方人民政府设立防汛抗旱指挥部,在上级防汛抗旱指挥机构和本级人民政府的领导下,强化组织、协调、指导、督促职能,指挥本地区的防汛抗旱工作。防汛抗旱指挥部由本级人民政府和有关部门、当地解放军和武警部队等有关单位负责人组成。防汛压力大、病险水库多、抢险任务重、抗旱任务重的地方,政府主要负责同志担任防汛抗旱指挥部指挥长。

乡镇一级人民政府根据当地实际情况明确承担防汛抗旱防台风工作的机构和人员。

2.4　其他防汛抗旱指挥机构

有防汛抗旱任务的部门和单位根据需要设立防汛抗

旱机构，在本级或属地人民政府防汛抗旱指挥机构统一领导下开展工作。针对重大突发事件，可以组建临时指挥机构，具体负责应急处理工作。

3 预防和预警机制

3.1 预防预警信息

3.1.1 气象水文海洋信息

（1）各级自然资源（海洋）、水利、气象部门应加强对当地灾害性天气的监测和预报预警，并将结果及时报送有关防汛抗旱指挥机构。

（2）各级自然资源（海洋）、水利、气象部门应当组织对重大灾害性天气的联合监测、会商和预报，尽可能延长预见期，对重大气象、水文灾害作出评估，按规定及时发布预警信息并报送本级人民政府和防汛抗旱指挥机构。

（3）当预报即将发生严重水旱灾害和风暴潮灾害时，当地防汛抗旱指挥机构应提早通知有关区域做好相关准备。当江河发生洪水时，水利部门应加密测验时段，及时上报测验结果，为防汛抗旱指挥机构适时指挥决策提供依据。

3.1.2 工程信息

（1）堤防工程信息。

a. 当江河出现警戒水位以上洪水或海洋出现风暴潮黄色警戒潮位以上的高潮位时，各级堤防管理单位应加强工程监测，并将堤防、涵闸、泵站等工程设施的运行情况报同级防汛抗旱指挥机构和上级主管部门。发生洪水地区的省级防汛抗旱指挥机构应在每日9时前向国家防总报告工程出险情况和防守情况，大江大河干流重要堤防、涵闸等发生重大险情应在险情发生后4小时内报到国家防总。

b. 当堤防和涵闸、泵站等穿堤建筑物出现险情或遭遇超标准洪水袭击，以及其他不可抗拒因素而可能决口时，工程管理单位必须立即采取抢护措施，并在第一时间向预计淹没区域的有关基层人民政府和基层组织发出预警，同时向同级防汛抗旱指挥机构和上级主管部门准确报告出险部位、险情种类、抢护方案以及处理险情的行政责任人、技术责任人、通信联络方式、除险情况，以利加强指导或作出进一步的抢险决策。

（2）水库工程信息。

a. 当水库水位超过汛限水位时，水库管理单位应对大坝、溢洪道、输水管等关键部位加密监测，并按照批准的洪水调度方案调度，其工程运行状况应向同级防汛抗旱指挥机构和上级主管部门报告。大型和防洪重点中型水库发生的重大险情应在险情发生后1小时内报到国家防总办公室。

b. 当水库出现险情征兆时，水库管理单位必须立即采取抢护措施，并在第一时间向预计垮坝淹没区域的有关基层人民政府和基层组织发出预警，同时向同级防汛抗旱指挥机构和上级主管部门报告出险部位、险情种类、抢护方案以及处理险情的行政责任人、技术责任人、通信联络方式、除险情况，以进一步采取相应措施。

c. 当水库遭遇超标准洪水或其他不可抗拒因素而可能垮坝时，水库管理单位应提早向预计垮坝淹没区域的有关基层人民政府和基层组织发出预警，为群众安全转移和工程抢护争取时间。

3.1.3 洪涝灾情信息

（1）洪涝灾情信息主要包括：灾害发生的时间、地点、范围、受灾人口、因灾死亡失踪人口、紧急转移安置人口、因灾伤病人口、需紧急生活救助人口等信息，以及居民房屋等财产、农林牧渔、交通运输、邮电通信、水利、水电气设施等方面的损失信息。

（2）洪涝灾情发生后，有关部门应及时向防汛抗旱指挥机构和应急管理部门报告洪涝受灾情况，防汛抗旱指挥机构和应急管理部门应及时组织研判灾情和气象趋势，收集动态灾情，全面掌握受灾情况，并及时向同级人民政府、上级防汛抗旱指挥机构和应急管理部门报告。对人员伤亡和较大财产损失的灾情，应立即上报，重大灾情在灾害发生后4小时内将初步情况报到国家防总和应急部，并对实时灾情组织核实，核实后及时上报，为抗灾救灾提供准确依据。

（3）地方各级人民政府、防汛抗旱指挥机构应按照水旱灾害信息报送有关制度规定上报洪涝灾情。

3.1.4 旱情信息

（1）旱情信息主要包括：干旱发生的时间、地点、程度、受旱范围、影响人口等信息，以及对工农业生产、城乡生活、生态环境等方面造成的影响信息。

（2）防汛抗旱指挥机构应掌握雨水情变化、当地蓄水情况、农业旱情和城乡供水等情况。水利、农业农村、气象等部门应加强旱情监测预测，并将干旱情况及时报同级防汛抗旱指挥机构。地方各级人民政府、防汛抗旱指挥机构应按照水旱灾害信息报送有关制度规定及时上报受旱情况，遇旱情急剧发展时应及时加报。

3.2 预防预警行动

3.2.1 预防准备工作

（1）思想准备。加强宣传，增强全民预防水旱灾害和自我保护的意识，做好防大汛抗大旱的思想准备。

（2）组织准备。建立健全防汛抗旱组织指挥机构，落实防汛抗旱责任人、防汛抗旱队伍和山洪易发重点区域的监测网络及预警措施,加强防汛抗旱应急抢险救援专业队伍建设。

(3)工程准备。按时完成水毁工程修复和水源工程建设任务,对存在病险的堤防、水库、涵闸、泵站等各类防洪排涝工程设施及时除险加固;对跨汛期施工的涉水工程,要落实安全度汛责任和方案措施。

(4)预案准备。修订完善江河湖库和城市防洪排涝预案、台风风暴潮防御预案、洪水预报方案、防洪排涝工程调度规程、堤防决口和水库垮坝应急方案、堰塞湖应急处置预案、蓄滞洪区安全转移预案、山丘区防御山洪灾害预案和抗旱预案、城市抗旱预案等各类应急预案和方案。研究制订防御超标准洪水的应急方案,主动应对大洪水。针对江河堤防险工险段,要制订工程抢险方案。大江大河干流重要河段堤防决口抢险方案由流域管理机构组织审批。

(5)物资准备。按照分级负责的原则,储备必需的防汛抗旱抢险救援救灾物资。在防汛重点部位应储备一定数量的抢险物资,以应急需。

(6)通信准备。充分利用公众通信网,确保防汛通信专网、蓄滞洪区的预警反馈系统完好和畅通。健全水文、气象测报站网,确保雨情、水情、工情、灾情信息和指挥调度指令及时传递。

(7)防汛抗旱检查。实行以查组织、查工程、查预案、查物资、查通信为主要内容的分级检查制度,发现薄弱环节要明确责任、限时整改。

(8)防汛日常管理工作。加强防汛日常管理工作,对在江河、湖泊、水库、滩涂、人工水道、蓄滞洪区内建设的非防洪建设项目应当编制洪水影响评价报告,并经有审批权的水利部门审批,对未经审批并严重影响防洪的项目,依法强行拆除。

3.2.2　江河洪水预警

(1)当江河即将出现洪水时,各级水利部门应做好洪水预报和预警工作,及时向同级防汛抗旱指挥机构报告水位、流量的实测情况和洪水走势。各级气象部门应做好天气监测预报工作,及时向防汛抗旱指挥机构报告降雨实况、预报等。

(2)各级水利部门应按照分级负责原则,确定洪水预警区域、级别和洪水信息发布范围,按照权限向社会发布。

(3)各级水利部门应跟踪分析江河洪水的发展趋势,及时滚动预报最新水情,为抗灾救灾提供基本依据和技术支撑。

3.2.3　渍涝灾害预警

(1)城市内涝预警。当气象预报将出现强降雨,并可能发生城市内涝灾害时,各级防汛抗旱指挥机构应按照分级分部门负责原则,组织住房城乡建设、水利、应急管理、气象等部门开展联合会商,研判形势。地方住房城乡建设、水利、应急管理、气象等有关部门按任务分工及时发布有关预警信息,当地防汛抗旱指挥机构按照预案启动相应级别的应急响应。当地人民政府视情及时组织做好人员转移、停工、停学、停业、停运和暂停户外活动等工作,对重点部位和灾害易发区提前预置抢险救援力量。

(2)乡村渍涝预警。当气象预报将出现强降雨,村庄和农田可能发生渍涝灾害时,当地防汛抗旱指挥机构应及时组织会商,有关部门按职责及时发布预警,并按预案和分工提前采取措施减轻灾害损失。

3.2.4　山洪灾害预警

(1)可能遭受山洪灾害威胁的地方,应根据山洪灾害的成因和特点,主动采取预防和避险措施。自然资源、水利、气象等部门应密切联系,相互配合,实现信息共享,提高预报水平,及时发布预警。

(2)有山洪灾害防治任务的地方,水利部门应加强日常防治和监测预警。地方各级人民政府组织自然资源、水利、应急管理、气象等部门编制山洪灾害防御预案,绘制区域内山洪灾害风险图,划分并确定区域内易发生山洪灾害的地点及范围,制订安全转移方案,明确组织机构的设置及职责,指导行政村(社区)编制山洪灾害防御预案。具体工作由基层人民政府组织实施。

(3)山洪灾害易发区应建立专业监测与群测群防相结合的监测体系,落实监测措施,汛期坚持24小时值班巡逻制度,降雨期间,加密监测、加强巡逻。每个乡镇(街道)、村(社区)、组和相关单位都要落实信号发送员,一旦发现危险征兆,立即向周边群众发出警报,实现快速转移,并报告本地防汛抗旱指挥机构,以便及时组织抗灾救灾。

3.2.5　台风风暴潮灾害预警

(1)各级气象部门应密切监视台风动向,及时发布台风(含热带低压等)监测预警信息,做好未来趋势预报,并及时将台风中心位置、强度、移动方向、速度等信息报告同级人民政府和防汛抗旱指挥机构。自然资源(海洋)部门根据台风预报做好风暴潮监测预报预警工作。

(2)可能遭遇台风袭击的地方,各级防汛抗旱指挥机构应加强值班,跟踪台风动向,并将有关信息及时向社会发布。

(3)水利部门应根据台风影响的范围,及时通知有关水库、主要湖泊和河道堤防管理单位，做好防范工作。各工程管理单位应组织人员分析水情和台风带来的影响，加强工程检查，必要时实施预泄预排措施。

（4）预报将受台风影响的沿海地区，当地防汛抗旱指挥机构应及时通知有关部门和人员做好防台风工作。

（5）有关部门要加强对城镇危房、在建工地、仓库、交通运输、电信电缆、电力电线、户外广告牌等公用设施的检查，及时采取加固措施，组织船只回港避风和沿海养殖人员撤离工作。当地人民政府视情及时做好人员转移、停工、停学、停业、停运和暂停户外活动等工作。

3.2.6　蓄滞洪区预警

（1）蓄滞洪区所在地县级防汛抗旱指挥机构应组织蓄滞洪区管理单位等拟订群众安全转移方案，由所在地县级人民政府组织审批。

（2）蓄滞洪区工程管理单位应加强工程运行监测，发现问题及时处理，并报告本级防汛抗旱指挥机构和上级主管部门。

（3）运用蓄滞洪区，当地人民政府和防汛抗旱指挥机构应把人民群众生命安全放在第一位，迅速启动预警系统，按照群众安全转移方案实施转移。

3.2.7　干旱灾害预警

（1）各级水利部门应加强旱情监测和管理，针对干旱灾害的成因、特点，因地制宜采取预警防范措施。

（2）各级防汛抗旱指挥机构应及时掌握旱情灾情，根据干旱发展趋势，及时组织和督促有关部门做好抗旱减灾工作。

（3）各级防汛抗旱指挥机构应当鼓励和支持社会力量开展抗旱减灾工作。

3.2.8　供水危机预警

当因供水水源短缺或被破坏、供水线路中断、供水设施损毁、供水水质被侵害等原因而出现供水危机，有关部门应按相关规定及时向社会发布预警信息，及时报告同级防汛抗旱指挥机构并通报水行政主管部门，居民、企事业单位应做好储备应急用水的准备，有关部门做好应急供水的准备。

3.3　预警支持系统

3.3.1　洪涝、干旱和台风风暴潮风险图

（1）各级防汛抗旱指挥机构应组织有关部门，研究绘制本地区的城市洪涝风险图、蓄滞洪区洪水风险图、流域洪水风险图、山洪灾害风险图、水库洪水风险图、干旱风险图、台风风暴潮风险图。

（2）防汛抗旱指挥机构应以各类洪涝、干旱和台风风暴潮风险图作为抗洪抢险救灾、群众安全转移安置和抗旱救灾决策的技术依据。

3.3.2　洪涝防御方案

（1）防汛抗旱指挥机构应根据需要，组织水行政、住房城乡建设等有关部门编制和修订防御江河洪水方案、城市排涝方案，主动应对江河洪水和城市渍涝。长江、黄河、淮河、海河等重要江河湖泊和重要水工程的防御洪水方案，由水利部组织编制，按程序报国务院批准。重要江河湖泊和重要水工程的防洪抗旱调度和应急水量调度方案由水利部流域管理机构编制，报水利部审批后组织实施。调度方案和指令须抄国家防总、应急部。

（2）水行政主管部门应根据情况变化，修订和完善洪水调度方案。

3.3.3　抗旱预案

各级水利部门应编制抗旱预案，主动应对不同等级的干旱灾害。

3.4　预警响应衔接

（1）自然资源、住房城乡建设、交通运输、水利、应急管理、气象等部门按任务分工健全预警机制，规范预警发布内容、范围、程序等。有关部门应按专群有别、规范有序的原则，科学做好预警信息发布。

（2）自然资源、住房城乡建设、交通运输、水利、应急管理、气象等部门要加强监测预报和信息共享。

（3）各级防汛抗旱指挥机构要健全多部门联合会商机制，预测可能出现致灾天气过程或有关部门发布预警时，防汛抗旱指挥机构办公室要组织联合会商，分析研判灾害风险，综合考虑可能造成的危害和影响程度，及时提出启动、调整应急响应的意见和建议。

（4）各级防汛抗旱指挥机构应急响应原则上与本级有关部门的预警挂钩，把预警纳入应急响应的启动条件。省级防汛抗旱指挥机构要指导督促下级防汛抗旱指挥机构做好相关预警与应急响应的衔接工作。

（5）预警发布部门发布预警后，要滚动预报预警，及时向本级防汛抗旱指挥机构报告。

（6）有关部门要建立预报预警评估制度，每年汛后对预报预警精确性、有效性进行评估。

4　应急响应

4.1　应急响应的总体要求

4.1.1　按洪涝、干旱、台风、堰塞湖等灾害严重程度和范围，将应急响应行动分为一、二、三、四级。一级应急响应级别最高。

4.1.2　进入汛期、旱期，各级防汛抗旱指挥机构及有关成员单位应实行24小时值班制度，全程跟踪雨情、水情、风情、险情、灾情、旱情，并根据不同情况启动相关

应急程序。国家防总成员单位启动防汛抗旱相关应急响应时,应及时通报国家防总。国家防总各成员单位应按照统一部署和任务分工开展工作并及时报告有关工作情况。

4.1.3　当预报发生大洪水或突发险情时,水利部组织会商,应急部等部门派员参加。涉及启用重要蓄滞洪区、弃守堤防或破堤泄洪时,由水利部提出运用方案报国家防总,按照总指挥的决定执行。重大决定按程序报国务院批准。

4.1.4　洪涝、干旱、台风、堰塞湖等灾害发生后,由地方人民政府和防汛抗旱指挥机构负责组织实施抢险救灾和防灾减灾等方面的工作。灾害应对关键阶段,应有党政负责同志在防汛抗旱指挥机构坐镇指挥,相关负责同志根据预案和统一安排靠前指挥,确保防汛抢险救灾工作有序高效实施。

4.1.5　洪涝、干旱、台风、堰塞湖等灾害发生后,由当地防汛抗旱指挥机构向同级人民政府和上级防汛抗旱指挥机构报告情况。造成人员伤亡的突发事件,可越级上报,并同时报上级防汛抗旱指挥机构。任何个人发现堤防、水库发生险情时,应立即向有关部门报告。

4.1.6　对跨区域发生的上述灾害,或者突发事件将影响到临近行政区域的,在报告同级人民政府和上级防汛抗旱指挥机构的同时,应及时向受影响地区的防汛抗旱指挥机构通报情况。

4.1.7　因上述灾害而衍生的疾病流行、水陆交通事故等次生灾害,当地防汛抗旱指挥机构应及时向同级人民政府和上级防汛抗旱指挥机构报告,并由当地人民政府组织有关部门全力抢救和处置,采取有效措施切断灾害扩大的传播链,防止次生或衍生灾害蔓延。

4.2　一级应急响应

4.2.1　出现下列情况之一者,为一级应急响应:

(1)某个流域发生特大洪水;

(2)多个流域同时发生大洪水;

(3)多个省(自治区、直辖市)启动防汛抗旱一级应急响应;

(4)大江大河干流重要河段堤防发生决口;

(5)重点大型水库发生垮坝;

(6)多个省(自治区、直辖市)发生特大干旱;

(7)多座特大及以上城市发生特大干旱;

(8)其他需要启动一级应急响应的情况。

根据汛情、险情、灾情、旱情发展变化,当发生符合启动一级应急响应条件的事件时,国家防总办公室提出启动一级应急响应的建议,由副总指挥审核后,报总指挥批准;遇紧急情况,由总指挥决定。必要时,国务院直接决定启动一级应急响应。

4.2.2　一级应急响应行动

(1)由国家防总总指挥或党中央、国务院指定的负责同志主持会商,统一指挥调度,国家防总成员参加。视情启动经国务院批准的防御特大洪水方案,作出防汛抗旱应急工作部署,加强工作指导,并将情况上报党中央、国务院。应急响应期内,根据汛情、险情、灾情、旱情发展变化,可由副总指挥主持,有关成员单位参加,随时滚动会商,并将情况报总指挥。按照党中央、国务院安排派出工作组赴一线指导防汛抗旱工作。国家防总加强值守,密切监视汛情、险情、灾情、旱情,做好预测预报,做好重点工程调度,并在8小时内派出由国家防总领导或成员带队的工作组、专家组赴一线指导防汛抗旱工作,及时在中央主要媒体及新媒体通报有关情况,报道汛(旱)情及抗洪抢险、抗旱减灾工作。财政部为灾区及时提供资金帮助。国家粮食和储备局按照国家防总办公室要求为灾区紧急调运防汛抗旱物资;铁路、交通运输、民航部门为防汛抗旱物资提供运输保障。水利部做好汛情旱情预测预报,做好重点工程调度和防汛抢险技术支撑。应急部组织协调水旱灾害抢险和应急救援工作,转移安置受洪水威胁人员,及时救助受灾群众。国家卫生健康委根据需要,及时派出卫生应急队伍或专家赴灾区协助开展紧急医学救援、灾后卫生防疫和应急心理干预等工作。国家防总其他成员单位按照任务分工,全力做好有关工作。

(2)有关流域防汛抗旱指挥机构按照权限调度水利、防洪工程,为国家防总和水利部提供调度参谋意见。派出工作组、专家组,支援地方抗洪抢险和抗旱减灾。

(3)有关省、自治区、直辖市的防汛抗旱指挥机构启动一级应急响应,可依法宣布本地区进入紧急防汛期或紧急抗旱期,按照《中华人民共和国防洪法》和突发事件应对相关法律的规定行使权力。同时,增加值班人员,加强值班,由防汛抗旱指挥机构的主要负责同志主持会商,动员部署防汛抗旱工作;按照权限组织调度水利、防洪工程;根据预案转移危险地区群众,组织强化巡堤查险和堤防防守,及时控制险情或组织强化抗旱工作。受灾地区的各级防汛抗旱指挥机构负责人、成员单位负责人,应按照职责到分管的区域组织指挥防汛抗旱工作,或驻点具体帮助重灾区做好防汛抗旱工作。有关省、自治区、直辖市的防汛抗旱指挥机构应将工作情况上报当地人民政府、国家防总及流域防汛抗旱指挥机构。有关省、自治区、直辖市的防汛抗旱指挥机构成员单位按任务分工全力配合做好防汛抗旱和抗灾救灾工作。

4.3 二级应急响应

4.3.1 出现下列情况之一者，为二级应急响应：

（1）一个流域发生大洪水；

（2）多个省（自治区、直辖市）启动防汛抗旱二级或以上应急响应；

（3）大江大河干流一般河段及主要支流堤防发生决口；

（4）多个省（自治区、直辖市）发生严重洪涝灾害；

（5）一般大中型水库发生垮坝；

（6）预报超强台风登陆或严重影响我国；

（7）正在发生大范围强降雨过程，中央气象台发布暴雨红色预警，会商研判有两个以上省（自治区、直辖市）大部地区可能发生严重洪涝灾害；

（8）同一时间发生两个以上极高风险的堰塞湖；

（9）一省（自治区、直辖市）发生特大干旱或多个省（自治区、直辖市）发生严重干旱；

（10）多个大城市发生严重干旱；

（11）其他需要启动二级应急响应的情况。

根据汛情、险情、灾情、旱情发展变化，当发生符合启动二级应急响应条件的事件时，国家防总办公室提出启动二级应急响应的建议，由国家防总秘书长审核后，报副总指挥批准；遇紧急情况，由副总指挥决定。

4.3.2 二级应急响应行动

（1）国家防总副总指挥主持会商，国家防总成员单位派员参加会商，作出相应工作部署，加强防汛抗旱工作的指导，在2小时内将情况上报国务院领导同志并通报国家防总成员单位。应急响应期内，根据汛情、险情、灾情、旱情发展变化，可由国家防总秘书长主持，随时滚动会商。国家防总加强值班力量，密切监视汛情、险情、灾情、旱情，做好预测预报，做好重点工程调度，并在12小时内派出由成员单位组成的联合工作组、专家组赴一线指导防汛抗旱工作。水利部密切监视汛情、旱情、工情发展变化，做好汛情、旱情预测预报预警，做好重点工程调度和抗洪应急抢险技术支撑。国家防总组织协调有关方面不定期在中央主要媒体及新媒体平台通报有关情况。根据灾区请求及时调派抢险救援队伍、调拨防汛抗旱物资支援地方抢险救灾。国家防总各成员单位按照任务分工做好有关工作。

（2）有关流域防汛抗旱指挥机构密切监视汛情、险情、灾情、旱情发展变化，做好洪水预测预报，派出工作组、专家组，支援地方抗洪抢险救援和抗旱救灾；按照权限调度水利、防洪工程；为国家防总和水利部提供调度参谋意见。

（3）有关省、自治区、直辖市防汛抗旱指挥机构可根据情况，依法宣布本地区进入紧急防汛期或紧急抗旱期，按照《中华人民共和国防洪法》和突发事件应对相关法律的规定行使相关权力。同时，增加值班人员，加强值班。有关省级防汛抗旱指挥机构应将工作情况上报当地人民政府主要负责同志、国家防总及流域防汛抗旱指挥机构。有关省、自治区、直辖市的防汛抗旱指挥机构成员单位按任务分工全力配合做好防汛抗旱和抗灾救灾工作。

4.4 三级应急响应

4.4.1 出现下列情况之一者，为三级应急响应：

（1）多个省（自治区、直辖市）同时发生洪涝灾害；

（2）一省（自治区、直辖市）发生较大洪水；

（3）多个省（自治区、直辖市）启动防汛抗旱三级或以上应急响应；

（4）大江大河干流堤防出现重大险情；

（5）大中型水库出现严重险情或小型水库发生垮坝；

（6）预报强台风登陆或严重影响我国；

（7）正在发生大范围强降雨过程，中央气象台发布暴雨橙色预警，会商研判有两个以上省（自治区、直辖市）大部地区可能发生较重洪涝灾害；

（8）发生极高风险的堰塞湖；

（9）多个省（自治区、直辖市）同时发生中度干旱；

（10）多座中等以上城市同时发生中度干旱或一座大城市发生严重干旱；

（11）其他需要启动三级应急响应的情况。

根据汛情、险情、灾情、旱情发展变化，当发生符合启动三级应急响应条件的事件时，国家防总办公室提出启动三级应急响应的建议，报国家防总秘书长批准；遇紧急情况，由国家防总秘书长决定。

4.4.2 三级应急响应行动

（1）国家防总秘书长主持会商，中国气象局、水利部、自然资源部等国家防总有关成员单位参加，作出相应工作安排，加强防汛抗旱工作的指导，有关情况及时上报国务院并通报国家防总成员单位。水利部密切监视汛情、旱情发展变化。国家防总办公室在18小时内派出由司局级领导带队的工作组、专家组赴一线指导防汛抗旱工作。

（2）有关流域防汛抗旱指挥机构加强汛（旱）情监视，加强洪水预测预报，做好相关工程调度，派出工作组、专家组到一线协助防汛抗旱。

（3）有关省、自治区、直辖市的防汛抗旱指挥机构，由防汛抗旱指挥机构负责同志主持会商，具体安排防汛抗旱工作；按照权限调度水利、防洪工程；根据预案组织防汛抢险或组织抗旱，派出工作组、专家组，并将防汛抗旱的工作情况上报当地人民政府分管负责同志、国家防总及流域防总。省级防汛抗旱指挥机构在省级主要媒体及新媒体平台发布防汛抗旱有关情况。省级防汛抗旱指挥机构各成员单位按照任务分工做好有关工作。

4.5　四级应急响应

4.5.1　出现下列情况之一者，为四级应急响应：

（1）多个省（自治区、直辖市）启动防汛抗旱四级或以上应急响应；

（2）多个省（自治区、直辖市）同时发生一般洪水；

（3）大江大河干流堤防出现险情；

（4）大中型水库出现险情；

（5）预报热带风暴、强热带风暴、台风登陆或影响我国；

（6）预测或正在发生大范围强降雨过程，中央气象台发布暴雨黄色预警，会商研判有两个以上省（自治区、直辖市）可能发生洪涝灾害；

（7）发生高风险的堰塞湖；

（8）多个省（自治区、直辖市）同时发生轻度干旱；

（9）多座中等以上城市同时因旱影响正常供水；

（10）其他需要启动四级应急响应的情况。

根据汛情、险情、灾情、旱情发展变化，当发生符合启动四级应急响应条件的事件时，国家防总办公室主任决定并宣布启动四级应急响应。

4.5.2　四级应急响应行动

（1）国家防总办公室负责同志主持会商，中国气象局、水利部、自然资源部等国家防总有关成员单位参加，分析防汛抗旱形势，作出相应工作安排，加强对汛（旱）情的监视，在24小时内派出由司局级领导带队的工作组、专家组赴一线指导防汛抗旱工作，将情况上报国务院并通报国家防总成员单位。

（2）有关流域防总加强汛情、旱情监视，做好洪水预测预报，并将情况及时报国家防总办公室。

（3）有关省、自治区、直辖市的防汛抗旱指挥机构由防汛抗旱指挥机构负责同志主持会商，具体安排防汛抗旱工作；按照权限调度水利、防洪工程；按照预案采取相应防守措施或组织抗旱；派出工作组、专家组赴一线指导防汛抗旱工作；将防汛抗旱的工作情况上报当地人民政府和国家防总办公室。

4.6　不同灾害的应急响应措施

4.6.1　江河洪水

（1）当江河水位超过警戒水位时，当地防汛抗旱指挥机构应按照经批准的防洪预案和防汛责任制的要求，组织专业和群众防汛队伍巡堤查险，严密布防，必要时动用解放军和武警部队、民兵参加重要堤段、重点工程的防守或突击抢险。

（2）当江河水位继续上涨，危及重点保护对象时，各级防汛抗旱指挥机构和承担防汛任务的部门、单位，应根据江河水情和洪水预报，按照规定的权限和防御洪水方案、洪水调度方案，适时调度运用防洪工程，调节水库拦洪错峰，开启节制闸泄洪，启动泵站抢排，启用分洪河道、蓄滞洪区行蓄洪水，清除河道阻水障碍物、临时抢护加高堤防增加河道泄洪能力等。

（3）在实施蓄滞洪区调度运用时，根据洪水预报和经批准的洪水调度方案，由防汛抗旱指挥机构决定做好蓄滞洪区启用的准备工作，主要包括：组织蓄滞洪区内人员转移、安置，分洪设施的启用和无闸分洪口门爆破准备。当江河水情达到洪水调度方案规定的条件时，按照启用程序和管理权限由相应的防汛抗旱指挥机构批准下达命令实施分洪。

（4）在紧急情况下，按照《中华人民共和国防洪法》有关规定，有关县级以上人民政府防汛抗旱指挥机构可以宣布进入紧急防汛期，并行使相关权力、采取特殊措施，保障抗洪抢险的顺利实施。

4.6.2　渍涝灾害

渍涝灾害应急处置工作由当地防汛抗旱指挥机构组织实施。各级防汛抗旱指挥机构要加强组织协调，督促指导有关部门做好排涝工作。

（1）城市内涝。住房城乡建设、交通运输、水利等有关部门以及铁路等有关单位按任务分工全面排查城市易涝风险点，要突出抓好轨道交通、市政道路隧道、立交桥、地下空间、下沉式建筑、在建工程基坑等易涝积水点（区）隐患排查，并逐项整治消险。对主要易涝点要按照“一点一案”制定应急处置方案，明确责任人、队伍和物资，落实应急措施。

当出现城市内涝灾害时，当地防汛抗旱指挥机构应根据应急预案，及时组织有关部门和力量转移安置危险区域人员；对低洼积水等危险区域、路段，有关部门要及时采取警戒、管控等措施，避免人员伤亡。要及时通过广播、电视、新媒体等对灾害信息进行滚动预警；情况危急时，停止有关生产和社会活动。

住房城乡建设、水利等部门应加强协调和配合，科学调度防洪排涝工程、正确处理外洪内涝关系，确保防洪防涝安全。交通运输、电力、通信、燃气、供水等有关部门和单位应保障城市生命线工程和其他重要基础设施安全，保证城市正常运行。

（2）当村庄和农田发生渍涝灾害时，有关部门要及时组织专业人员和设备抢排涝水，尽快恢复生产和生活，减少灾害损失。

4.6.3 山洪灾害

（1）山洪灾害日常防治和监测预警工作由水利部门负责，应急处置和抢险救灾工作由应急管理部门负责，具体工作由基层人民政府组织实施。各级防汛抗旱指挥机构要加强组织协调，指导自然资源、生态环境、住房城乡建设、水利、应急管理、消防、气象等各有关部门按任务分工做好相关工作。

（2）当山洪灾害易发区观测到降雨量达到预警阈值时，水利等有关部门应及时发出预警，基层人民政府及时按预案组织受威胁人员安全撤离。

（3）转移受威胁地区的群众，应本着就近、迅速、安全、有序的原则进行，先人员后财产，先老幼病残后其他人员，先转移危险区人员和警戒区人员，防止出现道路堵塞和发生意外事件。

（4）当发生山洪灾害时，当地防汛抗旱指挥机构应组织自然资源、水利、应急管理、气象等有关部门的专家和技术人员，及时赶赴现场，加强观测，采取应急措施，防止造成更大损失。

（5）发生山洪灾害后，若导致人员伤亡，应立即组织国家综合性消防救援队伍、民兵、抢险突击队紧急抢救，必要时向当地解放军和武警部队及上级人民政府请求救援。

（6）如山洪、泥石流、滑坡体堵塞河道，当地防汛抗旱指挥机构应召集有关部门、专家研究处理方案，尽快采取应急措施，避免发生更大的灾害。

4.6.4 台风风暴潮灾害

（1）台风风暴潮（含热带低压）灾害应急处理由当地人民政府防汛抗旱指挥机构负责。

（2）发布台风蓝色、黄色预警阶段。

a. 气象部门对台风发展趋势提出具体的分析和预报意见，并立即报告同级人民政府及防汛抗旱指挥机构。

b. 自然资源（海洋）部门根据台风动向，分析、预报风暴潮，并及时报告同级人民政府及防汛抗旱指挥机构。

c. 沿海地区各级防汛抗旱指挥机构负责同志及水利工程防汛负责人应根据台风预警上岗到位值班，并部署防御台风的各项准备工作。

d. 防汛抗旱指挥机构督促有关地区和部门组织力量加强巡查，督促对病险堤防、水库、涵闸进行抢护或采取必要的紧急处置措施。台风可能明显影响的地区，超汛限水位的水库应将水位降到汛限水位，平原河网水位高的应适当预排。水利部门做好洪水测报的各项准备。做好受台风威胁地区群众的安全转移准备工作。

e. 海上作业单位通知出海渔船回港避风，提醒商船落实避风措施。自然资源（海洋）、渔业、海运、海上安全等部门检查归港船只锚固情况，敦促沿海地区做好建设工地、滩涂养殖、网箱加固及渔排上人员安全转移、港口大型机械加固、人员避险、货物避水等工作。

f. 新闻媒体及时播发台风预警信息和防汛抗旱指挥机构的防御部署情况。

（3）发布台风橙色、红色预警阶段。

a. 台风可能影响地区的各级防汛抗旱指挥机构负责同志及水利工程防汛负责人应立即上岗到位值班，根据当地防御洪水（台风）方案进一步检查各项防御措施落实情况。对台风可能登陆地区和可能严重影响的地区，当地县级以上人民政府应发布防台风动员令，组织防台风工作，派出工作组深入第一线，做好宣传发动工作，落实防台风措施和群众安全转移措施，指挥防台风和抢险工作。

b. 气象部门应作出台风可能登陆地点、时间以及台风暴雨量级和雨区的预报。自然资源（海洋）部门应作出风暴潮预报。水利部门应根据气象部门的降雨预报，提早作出江河洪水的预报。

c. 海上作业单位应检查船只进港情况，尚未回港的应采取应急措施。对停港避风的船只应落实防撞等保安措施。

d. 水利工程管理单位应做好工程的保安工作，并根据降雨量、洪水预报，控制运用水库、水闸及江河洪水调度运行，落实蓄滞洪区分洪的各项准备。抢险人员加强对工程的巡查。

e. 洪水预报将要受淹的地区，做好人员、物资的转移。山洪灾害易发地区提高警惕，落实应急措施。

f. 台风将登陆影响和台风中心可能经过的地区，居住在危房的人员应及时转移；成熟的农作物、食盐、渔业产品应组织抢收抢护；高空作业设施做好防护工作；建设工地做好大型临时设施固结和工程结构防护等工作；电力、通信部门应做好抢修准备，保障供电和通信畅通；住房城乡建设（园林绿化）部门应按职责做好市区树木的保护工作；卫生健康部门做好抢救伤员的应急处置方案。

g. 新闻媒体应增加对台风预报和防台风措施的播放和刊载。

h. 国家综合性消防救援队伍、驻地解放军和武警部队、民兵根据抢险救灾预案做好各项准备，一旦有任务即迅速赶往现场。卫生健康部门根据实际需要,组织卫生应急队伍集结待命。公安机关做好社会治安工作。

i. 各级防汛抗旱指挥机构应及时向上一级防汛抗旱指挥机构汇报防台风行动情况。

4.6.5　堤防决口、水闸垮塌、水库(水电站)垮坝

(1)当出现堤防决口、水闸垮塌、水库(水电站)垮坝征兆时,防汛责任单位要迅速调集人力、物力全力组织抢险,尽可能控制险情,第一时间向预计淹没区域的有关基层人民政府和基层组织发出警报,并及时向当地防汛抗旱指挥机构和上级主管部门报告。大江大河干流堤防决口、水闸垮塌和大型水库(水电站)垮坝等事件应立即报告国家防总办公室。

(2)堤防决口、水闸垮塌、水库(水电站)垮坝的应急处理,由当地防汛抗旱指挥机构负责,水利部门提供技术支撑。首先应迅速组织受影响群众转移,并视情况抢筑二道防线,控制洪水影响范围,尽可能减少灾害损失。必要时,向上级防汛抗旱指挥机构提出援助请求。

(3)当地防汛抗旱指挥机构视情况在适当时机组织实施堤防堵口,按照权限调度有关水利工程,为实施堤防堵口创造条件,并应明确堵口、抢护的行政、技术责任人,启动堵口、抢护应急预案,及时调集人力、物力迅速实施堵口、抢护。上级防汛抗旱指挥机构负责同志应立即带领专家赶赴现场指导。

4.6.6　干旱灾害

县级以上防汛抗旱指挥机构根据本地区实际情况,按特大、严重、中度、轻度4个干旱等级,制定相应的应急抗旱措施,并负责组织抗旱工作。

(1)特大干旱。

a. 强化地方行政首长抗旱责任制,确保城乡居民生活和重点企业用水安全,维护灾区社会稳定。

b. 防汛抗旱指挥机构强化抗旱工作的统一指挥和组织协调,加强会商。水利部门强化抗旱水源的科学调度和用水管理。各有关部门按照防汛抗旱指挥机构的统一指挥部署,协调联动,全面做好抗旱工作。

c. 启动相关抗旱预案,并报上级指挥机构备案。必要时经省级人民政府批准,省级防汛抗旱指挥机构可依法宣布进入紧急抗旱期,启动各项特殊应急抗旱措施,如应急开源、应急限水、应急调水、应急送水,条件许可时及时开展人工增雨等。

d. 水利、农业农村等有关部门要及时向防汛抗旱指挥机构和应急管理部门报告旱情、灾情及抗旱工作;防汛抗旱指挥机构要加强会商,密切跟踪旱情灾情发展变化趋势及抗旱工作情况,及时分析旱情灾情对经济社会发展的影响,适时向社会通报旱灾信息。

e. 及时动员社会各方面力量支援抗旱救灾工作。

f. 加强旱情灾情及抗旱工作的宣传。

(2)严重干旱。

a. 有关部门加强旱情监测和分析预报工作,及时向防汛抗旱指挥机构报告旱情灾情及其发展变化趋势,及时通报旱情信息和抗旱情况。

b. 防汛抗旱指挥机构及时组织抗旱会商,研究部署抗旱工作。

c. 适时启动相关抗旱预案,并报上级防汛抗旱指挥机构备案。

d. 督促防汛抗旱指挥机构各成员单位落实抗旱职责,做好抗旱水源的统一管理和调度,落实应急抗旱资金和抗旱物资。

e. 做好抗旱工作的宣传。

(3)中度干旱。

a. 有关部门要加强旱情监测,密切注视旱情的发展情况,及时向防汛抗旱指挥机构报告旱情信息和抗旱情况。

b. 防汛抗旱指挥机构要加强会商,分析研判旱情发展变化趋势,及时分析预测水量供求变化形势。

c. 及时上报、通报旱情信息和抗旱情况。

d. 关注水量供求变化,组织做好抗旱调度。

e. 根据旱情发展趋势,动员部署抗旱工作。

(4)轻度干旱。

a. 有关部门及时做好旱情监测、预报工作。

b. 及时掌握旱情变化情况,分析了解社会各方面的用水需求。

c. 协调有关部门做好抗旱水源的管理调度工作。

4.6.7　供水危机

(1)当发生供水危机时,有关防汛抗旱指挥机构应指导和督促有关部门采取有效措施,做好应急供水工作,最大程度保证城乡居民生活和重点单位用水安全。

(2)针对供水危机出现的原因,组织有关部门采取措施尽快恢复供水水源,保障供水量和水质正常。

4.7　信息报送和处理

4.7.1　汛情、险情、灾情、旱情等防汛抗旱信息按任务分工实行分级上报,归口处理,同级共享。

4.7.2　防汛抗旱信息的报送和处理,应快速、准确、详实,重要信息应立即上报,因客观原因一时难以准确掌握的信息,应及时报告基本情况,同时抓紧跟踪了解,尽快补报详情。

4.7.3　属一般性汛情、险情、灾情、旱情,按分管权

限,分别报送本级防汛抗旱指挥机构和水利、应急管理部门。凡因险情、灾情较重,按分管权限上报一时难以处理,需上级帮助、指导处理的,经本级防汛抗旱指挥机构负责同志审批后,可向上一级防汛抗旱指挥机构和水利、应急管理部门报告。

4.7.4 凡经本级或上级防汛抗旱指挥机构采用和发布的水旱灾害、工程抢险等信息,水利、应急管理等有关部门应立即核查,对存在的问题,及时采取措施,切实加以解决。

4.7.5 洪涝灾害人员伤亡、重大险情及影响范围、处置措施等关键信息,必须严格按照国家防总相关规定和灾害统计报告制度报送,不得虚报、瞒报、漏报、迟报。

4.7.6 国家防总办公室接到特别重大、重大的汛情、险情、灾情、旱情报告后应立即报告国务院,并及时续报。

4.8 指挥和调度

4.8.1 出现水旱灾害后,事发地防汛抗旱指挥机构应立即启动应急预案,并根据需要成立现场指挥部。在采取紧急措施的同时,向上一级防汛抗旱指挥机构报告。根据现场情况,及时收集、掌握相关信息,判明事件性质和危害程度,并及时上报事态发展变化情况。

4.8.2 事发地防汛抗旱指挥机构负责人应迅速上岗到位,分析事件的性质,预测事态发展趋势和可能造成的危害程度,并按规定的处置程序,组织指挥有关部门和单位按照任务分工,迅速采取处置措施,控制事态发展。

4.8.3 发生重大水旱灾害后,上一级防汛抗旱指挥机构应派出由有关负责同志带队的工作组赶赴现场,加强指导,必要时成立前线指挥部。

4.9 抢险救灾

4.9.1 出现水旱灾害或防洪工程发生重大险情后,事发地防汛抗旱指挥机构应根据事件的性质,迅速对事件进行监控、追踪,按照预案立即提出紧急处置措施,统一指挥各部门和单位按照任务分工,各司其职,团结协作,快速反应,高效处置,最大程度减少损失。

4.9.2 在汛期,河道、水库、水电站、闸坝等水工程管理单位必须按照规定对水工程进行巡查,发现险情,必须立即采取抢护措施,第一时间向预计淹没区域的有关基层人民政府和基层组织发出预警,并及时向防汛抗旱指挥机构和上级主管部门报告相关信息。

电力、交通、通信、石油、化工等工程设施因暴雨、洪水、内涝和台风发生险情时,工程管理单位应当立即采取抢护措施,并及时向其行业主管等有关部门报告;行业主管部门应当立即组织抢险,并将险情及抢险行动情况报告同级防汛抗旱指挥机构。

当江河湖泊达到警戒水位并继续上涨时,应急管理部门应组织指导有关地方提前落实抢险队伍、抢险物资,视情开展巡查值守,做好应急抢险和人员转移准备。

洪水灾害发生后,水利部门按照防汛抗旱指挥机构部署,派出水利技术专家组,协助应急管理部门开展险情处置,提供技术支持。

4.9.3 大江大河干流堤防决口的堵复、水库(水电站)重大险情的抢护应按照事先制定的抢险预案进行,并由防汛专业抢险队伍或抗洪抢险专业部队等实施。

4.9.4 必要时协调解放军和武警部队增援,提请上级防汛抗旱指挥机构提供帮助。

4.10 安全防护和医疗救护

4.10.1 各级人民政府和防汛抗旱指挥机构应高度重视应急救援人员的安全,调集和储备必要的防护器材、消毒药品、备用电源和抢救伤员必备的器械等,以备随时应用。

4.10.2 抢险人员进入和撤出现场由防汛抗旱指挥机构视情况作出决定。抢险人员进入受威胁的现场前,应采取防护措施以保证自身安全。参加一线抗洪抢险的人员,必须穿救生衣,携带必要的安全防护器具。当现场受到污染时,应按要求为抢险人员配备防护设施,撤离时应进行消毒、去污处理。

4.10.3 出现水旱灾害后,事发地防汛抗旱指挥机构应及时做好群众的救援、转移和疏散工作。

4.10.4 事发地防汛抗旱指挥机构应按照当地人民政府和上级领导机构的指令,及时发布通告,防止人、畜进入危险区域或饮用被污染的水源。

4.10.5 当地人民政府负责妥善安置受灾群众,提供紧急避难场所,保证基本生活。要加强管理,防止转移群众擅自返回。

4.10.6 出现水旱灾害后,事发地人民政府和防汛抗旱指挥机构应组织卫生健康部门加强受影响地区的传染病和突发公共卫生事件监测、报告工作,落实各项防控措施,必要时派出卫生应急小分队,设立现场医疗点,开展紧急医学救援、灾后卫生防疫和应急心理干预等工作。

4.11 社会力量动员与参与

4.11.1 出现水旱灾害后,事发地防汛抗旱指挥机构可根据事件的性质和危害程度,报经当地人民政府批准,对重点地区和重点部位实施紧急控制,防止事态及其危害进一步扩大。

4.11.2 必要时可通过当地人民政府广泛调动社会力量积极参与应急突发事件处置,紧急情况下可依法征用、调用交通工具、物资、人员等,全力投入抗洪抢险和抗灾救灾。

4.12　信息发布

4.12.1　防汛抗旱的信息发布应当及时、准确、客观、全面。对雨情、汛情、旱情、灾情描述要科学严谨,未经论证不得使用“千年一遇”、“万年一遇”等用语,在防汛救灾中也不得使用“战时状态”等表述。

4.12.2　汛情、旱情由水利部门发布,灾情及防汛抗旱工作情况由各级防汛抗旱指挥机构统一审核和发布。

4.12.3　信息发布形式主要包括授权发布、编发新闻稿、组织报道、接受记者采访、举行新闻发布会等。

4.13　应急终止

4.13.1　当洪水灾害、极度缺水得到有效控制时,事发地防汛抗旱指挥机构可视汛情旱情,宣布终止紧急防汛期或紧急抗旱期。

4.13.2　依照有关紧急防汛期、抗旱期规定征用调用的物资、设备、交通运输工具等,在汛期、旱期结束后应当及时归还;造成损坏或者无法归还的,按照国务院有关规定给予适当补偿或者作其他处理。取土占地、砍伐林木的,在汛期结束后依法向有关部门补办手续;有关地方人民政府对取土后的土地组织复垦,对砍伐的林木组织补种。

4.13.3　紧急处置工作结束后,事发地防汛抗旱指挥机构应协助当地人民政府进一步恢复正常生产生活秩序,指导有关部门修复水毁基础设施,尽可能减少突发事件带来的损失和影响。

5　应 急 保 障

5.1　通信与信息保障

5.1.1　任何通信运营单位都有依法保障防汛抗旱信息畅通的责任。

5.1.2　防汛抗旱指挥机构应按照以公用通信网为主的原则,合理利用专用通信网络,防汛抗旱工程管理单位必须配备通讯设施,确保信息畅通。

5.1.3　防汛抗旱指挥机构应协调通信主管部门,按照防汛抗旱实际需要,将有关要求纳入通信保障应急预案。出现突发事件后,通信主管部门应根据通信保障应急预案,调度应急通信队伍、装备,为防汛抗旱通信和现场指挥提供通信保障,迅速调集力量抢修损坏的通信设施,努力保证防汛抗旱通信畅通。

5.1.4　在紧急情况下,应充分利用广播、电视和新媒体以及手机短信等手段及时发布防汛抗旱防台风预警预报信息,通知群众快速撤离,确保人民生命安全。公共广播、电视、有关政府网站等媒体以及基础电信企业应按主管部门要求发布防汛抗旱防台风预警预报等信息。

5.2　应急支援与装备保障

5.2.1　现场救援和工程抢险保障

(1)对重点险工险段或易出险的水利工程设施,水利部门应提前编制工程应急抢险预案,以备紧急情况下因险施策;当出现新的险情后,水利部门应派工程技术人员赶赴现场,研究优化除险方案,并由防汛抗旱行政首长负责组织实施。

(2)防汛抗旱指挥机构和防洪工程管理单位以及受洪水威胁的其他单位储备的常规抢险机械、抗旱设备、物资和救生器材,应能满足抢险急需。

5.2.2　应急队伍保障

(1)防汛队伍。

a.任何单位和个人都有依法参加防汛抗洪的义务。

b.防汛抢险队伍分为专业抢险队伍和非专业抢险队伍。国家综合性消防救援队伍、解放军和武警部队抗洪抢险应急专业力量和年度重点准备任务部队、民兵应急专业救援队伍、部门和地方以及中央企业组建的专业抢险队伍作为常备力量或突击力量,主要完成急、难、险、重的抢险任务;非专业抢险队伍主要为抢险提供劳动力,完成对抢险技术设备要求不高的抢险任务。

c.调动防汛抢险队伍程序:一是本级防汛抗旱指挥机构管理的防汛抢险队伍,由本级防汛抗旱指挥机构负责调动。二是上级防汛抗旱指挥机构管理的防汛抢险队伍,由本级防汛抗旱指挥机构向上级防汛抗旱指挥机构提出调动申请,由上级防汛抗旱指挥机构批准。三是同级其他区域防汛抗旱指挥机构管理的防汛抢险队伍,由本级防汛抗旱指挥机构向上级防汛抗旱指挥机构提出调动申请,上级防汛抗旱指挥机构协商调动。国家综合性消防救援队伍调动按应急部有关规定执行。

(2)抗旱队伍。

a.在抗旱期间,地方各级人民政府和防汛抗旱指挥机构应组织动员社会公众力量投入抗旱救灾工作。

b.抗旱服务组织是农业社会化服务体系的重要组成部分,在干旱时期应直接为受旱地区农民提供流动灌溉、生活用水,维修保养抗旱机具,租赁、销售抗旱物资,提供抗旱信息和技术咨询等方面的服务。

c.必要时,可申请动用国家综合性消防救援队伍等力量进行抗旱救灾。

5.2.3　供电保障

电力管理部门主要负责抗洪抢险、抢排渍涝、抗旱救灾、生命线工程运行等方面的供电保障和应急救援现场的临时供电。

5.2.4 交通运输保障

交通运输部门主要负责优先保证防汛抢险人员、防汛抗旱救灾物资运输；蓄滞洪区分洪时，负责群众安全转移所需车辆、船舶的调配；负责分泄大洪水时河道航行安全；负责大洪水时用于抢险、救灾车辆、船舶的及时调配；负责防御台风海上搜救有关工作。

5.2.5 医学救援保障

卫生健康部门主要负责水旱灾区疾病防治的业务技术指导；组织卫生应急队伍或专家赴灾区，开展伤病人员救治，指导灾区开展卫生防疫和应急心理干预等工作。

5.2.6 治安保障

公安机关依法做好水旱灾区治安管理、交通秩序维护工作，依法查处扰乱抗灾救灾秩序、危害工程设施安全等违法犯罪行为；组织实施防汛抢险、分洪爆破时的警戒守护、交通管制以及受灾群众集中安置点等重点部位的安全保卫工作。

5.2.7 物资保障

财政、应急管理、粮食和储备部门应按国家有关规定依照各自职责，加强衔接配合，做好防汛抗旱物资规划计划、资金保障、储备管理、调拨使用等工作，优化收储轮换及日常管理，提高物资使用效率。

（1）物资储备。

a. 国家粮食和储备局负责中央防汛抗旱物资的收储、轮换和日常管理，根据国家防总办公室的动用指令承担调出和运送任务。重点防洪工程管理单位以及受洪水威胁的其他单位应按规范储备防汛抢险物资。各级防汛抗旱指挥机构要做好应急抢险物资储备和保障有关工作，了解掌握新材料、新设备、新技术、新工艺的更新换代情况，及时调整储备物资品种，提高科技含量。

b. 中央防汛抗旱物资主要用于解决遭受特大洪水和特大干旱灾害地区防汛抢险和抗旱应急物资不足，保障大江大河（湖）及其重要支流、重要防洪设施抗洪抢险、防汛救灾以及严重干旱地区抗旱减灾需要。

c. 洪涝灾害频繁地区可通过政府购买服务方式解决空中、水上应急抢险救援大型设备（装备）需求，承接主体应当具有国家相关专业资质。

d. 地方各级防汛抗旱指挥机构根据规范储备的防汛抢险物资品种和数量，由各级防汛抗旱指挥机构结合本地抗洪抢险具体情况确定。

e. 抗旱物资储备。干旱频繁发生地区县级以上地方人民政府应当储备一定数量的抗旱物资，由本级防汛抗旱指挥机构负责调用。

f. 抗旱水源储备。严重缺水城市应当建立应急供水机制，建设应急供水备用水源。

（2）物资调拨。

a. 中央防汛抗旱物资调拨在坚持就近调拨和保证抢险需求的同时，应优先调用周边仓库接近储备年限的物资，尽量避免或减少物资报废。当有多处申请调用中央防汛抗旱物资时，应优先保证重点地区的防汛抗旱抢险应急物资需求。

b. 中央防汛抗旱物资调拨程序：中央防汛抗旱物资的调用，由流域防总或省级防汛抗旱指挥机构向国家防总提出申请，经批准后，由国家防总办公室向国家粮食和储备局下达调令。

c. 当储备物资消耗过多，不能满足抗洪抢险和抗旱需要时，应及时启动防汛抗旱物资生产流程和生产能力储备，紧急调运、生产所需物资，必要时可向社会公开征集。

5.2.8 资金保障

中央财政安排资金补助地方政府、新疆生产建设兵团以及流域管理机构防汛抗旱工作。省、自治区、直辖市人民政府应当在本级财政预算中安排资金，用于本行政区域内的防汛抗旱工作。

5.2.9 社会动员保障

（1）防汛抗旱是社会公益性事业，任何单位和个人都有保护防汛抗旱工程设施和防汛抗旱的责任。

（2）汛期或旱期，各级防汛抗旱指挥机构应根据水旱灾害的发展，做好动员工作，组织社会力量投入防汛抗旱。

（3）各级防汛抗旱指挥机构的成员单位，在严重水旱灾害期间，应按照分工，特事特办，急事急办，解决防汛抗旱实际问题，同时充分调动本系统力量，全力支持抗灾救灾和灾后重建工作。

（4）各级人民政府应加强对防汛抗旱工作的统一领导，组织有关部门和单位，动员全社会力量，做好防汛抗旱工作。在防汛抗旱关键时刻，各级防汛抗旱行政首长应靠前指挥，组织广大干部群众奋力抗灾减灾。

（5）国家制定政策措施，鼓励社会专业队伍参与抗洪抢险救援和抗旱救灾工作。

5.3 技术保障

5.3.1 信息技术支撑

（1）加强防汛抗旱信息化建设。国家防总办公室在充分利用各成员单位既有成果的基础上，组织加强信息化建设，促进互联互通，建立信息共享机制。

（2）完善协同配合和衔接机制。应急部会同自然资源部、住房城乡建设部、水利部、中国气象局等有关部门建立统一的应急管理信息平台。自然资源部、住房城乡建设部、水利部、应急部、中国气象局等部门建立定期会商和信息共享机制,共同分析研判汛情旱情和险情灾情,实时共享相关监测预报预警和重要调度信息。

5.3.2 专家支撑

各级防汛抗旱指挥机构应建立专家库,当发生水旱灾害时,由防汛抗旱指挥机构统一调度,派出专家组指导防汛抗旱工作。水利部门承担防汛抗旱抢险技术支撑工作。

5.4 宣传

(1)各级防汛抗旱指挥机构要重视宣传舆论引导工作。防汛抗旱指挥机构办公室要把防汛抗旱宣传工作纳入议事日程,建立宣传工作机制,指定专人负责,加强与有关宣传机构的协作配合。

(2)各级防汛抗旱指挥机构要及时准确向社会通报防汛抗旱工作情况及水旱灾害信息。汛情、旱情形势严峻时期要加强防汛抗旱宣传工作力度,建立舆情监测机制,加强舆情引导和正面宣传,及时澄清虚假信息,为防汛抗旱工作营造良好氛围。

(3)发生重特大水旱(台风)灾害时,防汛抗旱指挥机构要按有关规定及时向社会和媒体通报情况,并根据事态发展及时召开新闻发布会,发布有关情况;对防汛形势、抢险救援、人员伤亡、经济损失、灾区秩序、群众生活等社会普遍关注的热点问题,要主动回应社会关切。对防汛救灾专业知识,要组织专家科学解读,有针对性解疑释惑。

5.5 培训和演练

5.5.1 培训

(1)按照分级负责的原则,各级防汛抗旱指挥机构组织实施防汛抗旱知识与技能培训。省级防汛抗旱指挥机构负责市、县级防汛抗旱指挥机构负责人及其办公室工作人员、防汛抢险专业队伍负责人和防汛抢险技术骨干的培训;市、县级防汛抗旱指挥机构负责乡镇(街道)、村(社区)防汛抗旱负责人、防汛抢险技术人员的培训。

(2)培训工作应做到合理规范课程、严格考核、分类指导,保证培训工作质量。

(3)培训工作应结合实际,采取多种组织形式,定期与不定期相结合,每年汛前至少组织一次培训。

5.5.2 演练

(1)各级防汛抗旱指挥机构应定期举行不同类型的应急演练,以检验、改善和强化应急准备和应急响应能力。

(2)专业抢险队伍必须针对当地易发生的各类险情有针对性地每年进行抗洪抢险演练。

(3)多个部门联合进行的专业演练,一般2~3年举行一次,由省级防汛抗旱指挥机构负责组织。

6 善后工作

发生水旱灾害地区的地方人民政府应组织有关部门做好灾区生活供给、卫生防疫、救灾物资供应、治安管理、学校复课、水毁修复、恢复生产和重建家园等善后工作。

6.1 救灾

6.1.1 发生重大灾情时,灾区人民政府负责灾害救助的组织、协调和指挥工作。

6.1.2 应急管理部门负责受灾群众基本生活救助,会同有关部门及时调拨救灾款物,组织安置受灾群众,保障受灾群众基本生活,做好因灾倒损民房的恢复重建,组织开展救灾捐赠,保证受灾群众有饭吃、有衣穿、有干净水喝、有临时安全住处、有医疗服务。

6.1.3 卫生健康部门负责调配卫生应急力量,开展灾区伤病人员医疗救治,指导对污染源进行消毒处理,指导落实灾后各项卫生防疫措施,严防灾区传染病疫情发生。

6.1.4 当地人民政府应组织对可能造成环境污染的污染物进行清除。

6.2 防汛抗旱物资补充

针对当年防汛抢险及抗旱物资消耗情况,按照分级管理的原则,及时补充到位。

6.3 水毁工程修复

6.3.1 对影响当年防洪安全和城乡供水安全的水毁工程,应尽快修复。防洪工程应力争在下次洪水到来之前,做到恢复主体功能;抗旱水源工程应尽快恢复功能。

6.3.2 遭到毁坏的交通、电力、通信、水文以及防汛专用通信设施,应尽快组织修复,恢复功能。

6.4 蓄滞洪区运用补偿

国家蓄滞洪区分洪运用后,按照《蓄滞洪区运用补偿暂行办法》进行补偿。其他蓄滞洪区由地方人民政府参照《蓄滞洪区运用补偿暂行办法》补偿。

6.5 灾后重建

各有关部门应尽快组织灾后重建工作。灾后重建原则上按原标准恢复,在条件允许情况下,可提高标准重建。

6.6 工作评价与灾害评估

每年各级防汛抗旱指挥机构应针对防汛抗旱工作各方面和环节组织应急管理等有关部门进行定性和定量总结、分析,总结经验,查找问题,改进工作。总结情况要及时报上一级防汛抗旱指挥机构。

应急部按照有关规定组织开展重特大水旱灾害调查评估工作。

7 附 则

7.1 名词术语定义

7.1.1 洪水风险图：是融合地理、社会经济、洪水特征信息，通过资料调查、洪水计算和成果整理，以地图形式直观反映某一地区发生洪水后可能淹没的范围和水深，用以分析和预评估不同量级洪水可能造成的风险和危害的工具。

7.1.2 干旱风险图：是融合地理、社会经济、水资源特征信息，通过资料调查、水资源计算和成果整理，以地图形式直观反映某一地区发生干旱后可能影响的范围，用以分析和预评估不同干旱等级造成的风险和危害的工具。

7.1.3 台风风暴潮风险图：是融合地理、社会经济、台风风暴潮特征信息，通过资料调查、台风风暴潮计算和成果整理，以地图形式直观反映某一地区发生台风风暴潮后可能影响的范围，用以分析和预评估不同级别台风风暴潮造成的风险和危害的工具。

7.1.4 防御洪水方案：是对有防汛抗洪任务的县级以上地方人民政府根据流域综合规划、防洪工程实际状况和国家规定的防洪标准，制定的防御江河洪水（包括特大洪水）、山洪灾害（指由降雨引发的山洪、泥石流灾害）、台风风暴潮灾害等方案的统称。长江、黄河、淮河、海河等重要江河湖泊和重要水工程的防御洪水方案，由水利部组织编制，按程序报国务院批准；跨省、自治区、直辖市的其他江河的防御洪水方案，由有关流域管理机构会同有关省、自治区、直辖市人民政府制定，报国务院或者国务院授权的有关部门批准。防御洪水方案经批准后，有关地方人民政府必须执行。各级防汛抗旱指挥机构和承担防汛抗洪任务的部门和单位，必须根据防御洪水方案做好防汛抗洪准备工作。

7.1.5 抗旱预案：是在现有工程设施条件和抗旱能力下，针对不同等级、程度的干旱，而预先制定的对策和措施，是各级防汛抗旱指挥机构实施指挥决策的依据。

7.1.6 抗旱服务组织：是由水利部门组建的事业性服务实体，以抗旱减灾为宗旨，围绕群众饮水安全、粮食用水安全、经济发展用水安全和生态环境用水安全开展抗旱服务工作。其业务工作受同级水利部门领导和上一级抗旱服务组织的指导。国家支持和鼓励社会力量兴办各种形式的抗旱社会化服务组织。

7.1.7 生命线工程：根据《破坏性地震应急条例》，生命线工程是指对社会生活、生产有重大影响的交通、通信、供水、排水、供电、供气、输油等工程系统。

7.1.8 洪水等级

根据《水文情报预报规范》（GB/T 22482—2008）：

小洪水：洪水要素重现期小于5年的洪水。

中洪水：洪水要素重现期为5年～20年的洪水。

大洪水：洪水要素重现期为20年～50年的洪水。

特大洪水：洪水要素重现期大于50年的洪水。

7.1.9 热带气旋等级

根据《热带气旋等级》（GB/T 19201—2006）：

热带低压：热带气旋底层中心附近最大平均风速达到10.8m/s～17.1m/s（风力6～7级）。

热带风暴：热带气旋底层中心附近最大平均风速达到17.2m/s～24.4m/s（风力8～9级）。

强热带风暴：热带气旋底层中心附近最大平均风速达到24.5m/s～32.6m/s（风力10～11级）。

台风：热带气旋底层中心附近最大平均风速达到32.7m/s～41.4m/s（风力12～13级）。

强台风：热带气旋底层中心附近最大平均风速达到41.5m/s～50.9m/s（风力14～15级）。

超强台风：热带气旋底层中心附近最大平均风速达到或大于51.0m/s（风力16级或以上）。

7.1.10 堰塞湖风险等级

堰塞体危险性判别、堰塞湖淹没和溃决损失严重性、堰塞湖风险等级划分参照《堰塞湖风险等级划分与应急处置技术规范》（SL/T 450—2021）。

7.1.11 干旱等级

区域农业旱情等级、区域牧业旱情等级、区域农牧业旱情等级、区域因旱饮水困难等级、城市旱情等级划分参照《区域旱情等级》（GB/T 32135—2015）。

7.1.12 关于城市规模的规定参照《国务院关于调整城市规模划分标准的通知》（国发〔2014〕51号）。

7.1.13 紧急防汛期：根据《中华人民共和国防洪法》规定，当江河、湖泊的水情接近保证水位或者安全流量，水库水位接近设计洪水位，或者防洪工程设施发生重大险情时，有关县级以上人民政府防汛指挥机构可以宣布进入紧急防汛期。在紧急防汛期，国家防汛指挥机构或者其授权的流域、省、自治区、直辖市防汛指挥机构有权对壅水、阻水严重的桥梁、引道、码头和其他跨河工程设施作出紧急处置。防汛指挥机构根据防汛抗洪的需要，有权在其管辖范围内调用物资、设备、交通运输工具和人力，决定采取取土占地、砍伐林木、清除阻水障碍物和其他必要的紧急措施;必要时,公安、交通等有关部门按照防汛指挥机构的决定,依法实施陆地和水面交通管制。

本预案有关数量的表述中,除有特殊说明外,“以上”含本数,“以下”不含本数。

7.2　预案管理与更新

本预案按照国务院办公厅印发的《突发事件应急预案管理办法》相关规定进行管理与更新。

7.3　国际沟通与协作

按照国家外事纪律的有关规定,积极开展防汛抗旱减灾国际交流,借鉴发达国家防汛抗旱减灾工作的经验,进一步做好我国水旱灾害突发事件防范与处置工作。

7.4　奖励与责任追究

对防汛抢险和抗旱工作作出突出贡献的劳动模范、先进集体和个人,由人力资源社会保障部、国家防总联合表彰;对防汛抢险和抗旱工作中英勇献身的人员,按有关规定追认为烈士;对防汛抗旱工作中玩忽职守造成损失的,依据《中华人民共和国防洪法》、《中华人民共和国公务员法》、《中华人民共和国防汛条例》追究当事人的责任,并予以处罚,构成犯罪的,依法追究其刑事责任。

7.5　预案解释部门

本预案由国家防总办公室负责解释。

7.6　预案实施时间

本预案自印发之日起实施。

四、气象灾害防治

资料补充栏

中华人民共和国气象法

1. 1999年10月31日第九届全国人民代表大会常务委员会第十二次会议通过
2. 根据2009年8月27日第十一届全国人民代表大会常务委员会第十次会议《关于修改部分法律的决定》第一次修正
3. 根据2014年8月31日第十二届全国人民代表大会常务委员会第十次会议《关于修改〈中华人民共和国保险法〉等五部法律的决定》第二次修正
4. 根据2016年11月7日第十二届全国人民代表大会常务委员会第二十四次会议《关于修改〈中华人民共和国对外贸易法〉等十二部法律的决定》第三次修正

目　　录

第一章　总　　则

第一条　【立法目的】为了发展气象事业，规范气象工作，准确、及时地发布气象预报，防御气象灾害，合理开发利用和保护气候资源，为经济建设、国防建设、社会发展和人民生活提供气象服务，制定本法。

第二条　【适用范围】在中华人民共和国领域和中华人民共和国管辖的其他海域从事气象探测、预报、服务和气象灾害防御、气候资源利用、气象科学技术研究等活动，应当遵守本法。

第三条　【气象事业的性质及政府相关职责】气象事业是经济建设、国防建设、社会发展和人民生活的基础性公益事业，气象工作应当把公益性气象服务放在首位。

县级以上人民政府应当加强对气象工作的领导和协调，将气象事业纳入中央和地方同级国民经济和社会发展计划及财政预算，以保障其充分发挥为社会公众、政府决策和经济发展服务的功能。

县级以上地方人民政府根据当地社会经济发展的需要所建设的地方气象事业项目，其投资主要由本级财政承担。

气象台站在确保公益性气象无偿服务的前提下，可以依法开展气象有偿服务。

第四条　【气象台职责】县、市气象主管机构所属的气象台站应当主要为农业生产服务，及时主动提供保障当地农业生产所需的公益性气象信息服务。

第五条　【气象工作主管部门】国务院气象主管机构负责全国的气象工作。地方各级气象主管机构在上级气象主管机构和本级人民政府的领导下，负责本行政区域内的气象工作。

国务院其他有关部门和省、自治区、直辖市人民政府其他有关部门所属的气象台站，应当接受同级气象主管机构对其气象工作的指导、监督和行业管理。

第六条　【气象业务活动要求】从事气象业务活动，应当遵守国家制定的气象技术标准、规范和规程。

第七条　【国家支持气象事业】国家鼓励和支持气象科学技术研究、气象科学知识普及，培养气象人才，推广先进的气象科学技术，保护气象科技成果，加强国际气象合作与交流，发展气象信息产业，提高气象工作水平。

各级人民政府应当关心和支持少数民族地区、边远贫困地区、艰苦地区和海岛的气象台站的建设和运行。

对在气象工作中做出突出贡献的单位和个人，给予奖励。

第八条　【外国组织、个人在境内从事气象活动的规定】外国的组织和个人在中华人民共和国领域和中华人民共和国管辖的其他海域从事气象活动，必须经国务院气象主管机构会同有关部门批准。

第二章　气象设施的建设与管理

第九条　【设施建设规划的编制】国务院气象主管机构应当组织有关部门编制气象探测设施、气象信息专用传输设施、大型气象专用技术装备等重要气象设施的建设规划，报国务院批准后实施。气象设施建设规划的调整、修改，必须报国务院批准。

编制气象设施建设规划，应当遵循合理布局、有效利用、兼顾当前与长远需要的原则，避免重复建设。

第十条　【重要气象设施建设项目的要求】重要气象设施建设项目应当符合重要气象设施建设规划要求，并在项目建议书和可行性研究报告批准前，征求国务院气象主管机构或者省、自治区、直辖市气象主管机构的意见。

第十一条　【气象设施的保护】国家依法保护气象设施，任何组织或者个人不得侵占、损毁或者擅自移动气象设施。

气象设施因不可抗力遭受破坏时,当地人民政府应当采取紧急措施,组织力量修复,确保气象设施正常运行。

第十二条 【气象台站迁移规定】未经依法批准,任何组织或者个人不得迁移气象台站;确因实施城市规划或者国家重点工程建设,需要迁移国家基准气候站、基本气象站的,应当报经国务院气象主管机构批准;需要迁移其他气象台站的,应当报经省、自治区、直辖市气象主管机构批准。迁建费用由建设单位承担。

第十三条 【专用技术装备的技术要求】气象专用技术装备应当符合国务院气象主管机构规定的技术要求,并经国务院气象主管机构审查合格;未经审查或者审查不合格的,不得在气象业务中使用。

第十四条 【计量器具检定】气象计量器具应当依照《中华人民共和国计量法》的有关规定,经气象计量检定机构检定。未经检定、检定不合格或者超过检定有效期的气象计量器具,不得使用。

国务院气象主管机构和省、自治区、直辖市气象主管机构可以根据需要建立气象计量标准器具,其各项最高计量标准器具依照《中华人民共和国计量法》的规定,经考核合格后,方可使用。

第三章 气象探测

第十五条 【各级气象台站的气象探测资料汇交】各级气象主管机构所属的气象台站,应当按照国务院气象主管机构的规定,进行气象探测并向有关气象主管机构汇交气象探测资料。未经上级气象主管机构批准,不得中止气象探测。

国务院气象主管机构及有关地方气象主管机构应当按照国家规定适时发布基本气象探测资料。

第十六条 【国务院及省级气象台站的气象探测资料汇交】国务院其他有关部门和省、自治区、直辖市人民政府其他有关部门所属的气象台站及其他从事气象探测的组织和个人,应当按照国家有关规定向国务院气象主管机构或者省、自治区、直辖市气象主管机构汇交所获得的气象探测资料。

各级气象主管机构应当按照气象资料共享、共用的原则,根据国家有关规定,与其他从事气象工作的机构交换有关气象信息资料。

第十七条 【航空器、远洋船舶的气象探测与报告】在中华人民共和国内水、领海和中华人民共和国管辖的其他海域的海上钻井平台和具有中华人民共和国国籍的在国际航线上飞行的航空器、远洋航行的船舶,应当按照国家有关规定进行气象探测并报告气象探测信息。

第十八条 【资料的保密】基本气象探测资料以外的气象探测资料需要保密的,其密级的确定、变更和解密以及使用,依照《中华人民共和国保守国家秘密法》的规定执行。

第十九条 【气象探测环境的保护】国家依法保护气象探测环境,任何组织和个人都有保护气象探测环境的义务。

第二十条 【禁止危害气象探测环境的行为】禁止下列危害气象探测环境的行为:

(一)在气象探测环境保护范围内设置障碍物、进行爆破和采石;

(二)在气象探测环境保护范围内设置影响气象探测设施工作效能的高频电磁辐射装置;

(三)在气象探测环境保护范围内从事其他影响气象探测的行为。

气象探测环境保护范围的划定标准由国务院气象主管机构规定。各级人民政府应当按照法定标准划定气象探测环境的保护范围,并纳入城市规划或者村庄和集镇规划。

第二十一条 【工程危害气象探测环境的避免与控制】新建、扩建、改建建设工程,应当避免危害气象探测环境;确实无法避免的,建设单位应当事先征得省、自治区、直辖市气象主管机构的同意,并采取相应的措施后,方可建设。

第四章 气象预报与灾害性天气警报

第二十二条 【公众气象发布】国家对公众气象预报和灾害性天气警报实行统一发布制度。

各级气象主管机构所属的气象台站应当按照职责向社会发布公众气象预报和灾害性天气警报,并根据天气变化情况及时补充或者订正。其他任何组织或者个人不得向社会发布公众气象预报和灾害性天气警报。

国务院其他有关部门和省、自治区、直辖市人民政府其他有关部门所属的气象台站,可以发布供本系统使用的专项气象预报。

各级气象主管机构及其所属的气象台站应当提高公众气象预报和灾害性天气警报的准确性、及时性和服务水平。

第二十三条 【专业气象预报发布】各级气象主管机构所属的气象台站应当根据需要,发布农业气象预报、城市环境气象预报、火险气象等级预报等专业气象预报,并配合军事气象部门进行国防建设所需的气象服务工作。

第二十四条 【广播、电视、报纸的气象专报】各级广播、电视台站和省级人民政府指定的报纸，应当安排专门的时间或者版面，每天播发或者刊登公众气象预报或者灾害性天气警报。

各级气象主管机构所属的气象台站应当保证其制作的气象预报节目的质量。

广播、电视播出单位改变气象预报节目播发时间安排的，应当事先征得有关气象台站的同意；对国计民生可能产生重大影响的灾害性天气警报和补充、订正的气象预报，应当及时增播或者插播。

第二十五条　【媒体气象播报的信息使用】广播、电视、报纸、电信等媒体向社会传播气象预报和灾害性天气警报，必须使用气象主管机构所属的气象台站提供的适时气象信息，并标明发布时间和气象台站的名称。通过传播气象信息获得的收益，应当提取一部分支持气象事业的发展。

第二十六条　【气象情报、预报和警报的通信畅通保障】信息产业部门应当与气象主管机构密切配合，确保气象通信畅通，准确、及时地传递气象情报、气象预报和灾害性天气警报。

气象无线电专用频道和信道受国家保护，任何组织或者个人不得挤占和干扰。

第五章　气象灾害防御

第二十七条　【气象灾害防御的政府及相关组织、个人责任】县级以上人民政府应当加强气象灾害监测、预警系统建设，组织有关部门编制气象灾害防御规划，并采取有效措施，提高防御气象灾害的能力。有关组织和个人应当服从人民政府的指挥和安排，做好气象灾害防御工作。

第二十八条　【跨地区、部门的气象联合监测、预报】各级气象主管机构应当组织对重大灾害性天气的跨地区、跨部门的联合监测、预报工作，及时提出气象灾害防御措施，并对重大气象灾害作出评估，为本级人民政府组织防御气象灾害提供决策依据。

各级气象主管机构所属的气象台站应当加强对可能影响当地的灾害性天气的监测和预报，并及时报告有关气象主管机构。其他有关部门所属的气象台站和与灾害性天气监测、预报有关的单位应当及时向气象主管机构提供监测、预报气象灾害所需要的气象探测信息和有关的水情、风暴潮等监测信息。

第二十九条　【灾害防御方案的制定】县级以上地方人民政府应当根据防御气象灾害的需要，制定气象灾害防御方案，并根据气象主管机构提供的气象信息，组织实施气象灾害防御方案，避免或者减轻气象灾害。

第三十条　【人工影响天气工作的开展】县级以上人民政府应当加强对人工影响天气工作的领导，并根据实际情况，有组织、有计划地开展人工影响天气工作。

国务院气象主管机构应当加强对全国人工影响天气工作的管理和指导。地方各级气象主管机构应当制定人工影响天气作业方案，并在本级人民政府的领导和协调下，管理、指导和组织实施人工影响天气作业。有关部门应当按照职责分工，配合气象主管机构做好人工影响天气的有关工作。

实施人工影响天气作业的组织必须具备省、自治区、直辖市气象主管机构规定的条件，并使用符合国务院气象主管机构要求的技术标准的作业设备，遵守作业规范。

第三十一条　【雷电灾害防御】各级气象主管机构应当加强对雷电灾害防御工作的组织管理，并会同有关部门指导对可能遭受雷击的建筑物、构筑物和其他设施安装的雷电灾害防护装置的检测工作。

安装的雷电灾害防护装置应当符合国务院气象主管机构规定的使用要求。

第六章　气候资源开发利用和保护

第三十二条　【主管机构职责】国务院气象主管机构负责全国气候资源的综合调查、区划工作，组织进行气候监测、分析、评价，并对可能引起气候恶化的大气成分进行监测，定期发布全国气候状况公报。

第三十三条　【开发利用规划】县级以上地方人民政府应当根据本地区气候资源的特点，对气候资源开发利用的方向和保护的重点作出规划。

地方各级气象主管机构应当根据本级人民政府的规划，向本级人民政府和同级有关部门提出利用、保护气候资源和推广应用气候资源区划等成果的建议。

第三十四条　【资源开发利用项目的可行性论证】各级气象主管机构应当组织对城市规划、国家重点建设工程、重大区域性经济开发项目和大型太阳能、风能等气候资源开发利用项目进行气候可行性论证。

具有大气环境影响评价资质的单位进行工程建设项目大气环境影响评价时，应当使用符合国家气象技术标准的气象资料。

第七章　法律责任

第三十五条　【侵、损气象设施或从事危害气象、探测环境活动的处罚】违反本法规定，有下列行为之一的，由有关气象主管机构按照权限责令停止违法行为，限期恢复原状或者采取其他补救措施，可以并处五万元以

下的罚款;造成损失的,依法承担赔偿责任;构成犯罪的,依法追究刑事责任:

(一)侵占、损毁或者未经批准擅自移动气象设施的;

(二)在气象探测环境保护范围内从事危害气象探测环境活动的。

在气象探测环境保护范围内,违法批准占用土地的,或者非法占用土地新建建筑物或者其他设施的,依照《中华人民共和国城乡规划法》或者《中华人民共和国土地管理法》的有关规定处罚。

第三十六条　【使用不合要求设备的处罚】违反本法规定,使用不符合技术要求的气象专用技术装备,造成危害的,由有关气象主管机构按照权限责令改正,给予警告,可以并处五万元以下的罚款。

第三十七条　【使用不合要求雷灾防护装置的处罚】违反本法规定,安装不符合使用要求的雷电灾害防护装置的,由有关气象主管机构责令改正,给予警告。使用不符合使用要求的雷电灾害防护装置给他人造成损失的,依法承担赔偿责任。

第三十八条　【其他违法行为的处罚】违反本法规定,有下列行为之一的,由有关气象主管机构按照权限责令改正,给予警告,可以并处五万元以下的罚款:

(一)非法向社会发布公众气象预报、灾害性天气警报的;

(二)广播、电视、报纸、电信等媒体向社会传播公众气象预报、灾害性天气警报,不使用气象主管机构所属的气象台站提供的适时气象信息的;

(三)从事大气环境影响评价的单位进行工程建设项目大气环境影响评价时,使用的气象资料不符合国家气象技术标准的。

第三十九条　【不具资格条件作业或使用不合格设备的处罚】违反本法规定,不具备省、自治区、直辖市气象主管机构规定的条件实施人工影响天气作业的,或者实施人工影响天气作业使用不符合国务院气象主管机构要求的技术标准的作业设备的,由有关气象主管机构按照权限责令改正,给予警告,可以并处十万元以下的罚款;给他人造成损失的,依法承担赔偿责任;构成犯罪的,依法追究刑事责任。

第四十条　【渎职处罚】各级气象主管机构及其所属气象台站的工作人员由于玩忽职守,导致重大漏报、错报公众气象预报、灾害性天气警报,以及丢失或者毁坏原始气象探测资料、伪造气象资料等事故的,依法给予行政处分;致使国家利益和人民生命财产遭受重大损失,构成犯罪的,依法追究刑事责任。

第八章　附　　则

第四十一条　【用语解释】本法中下列用语的含义是:

(一)气象设施,是指气象探测设施、气象信息专用传输设施、大型气象专用技术装备等。

(二)气象探测,是指利用科技手段对大气和近地层的大气物理过程、现象及其化学性质等进行的系统观察和测量。

(三)气象探测环境,是指为避开各种干扰保证气象探测设施准确获得气象探测信息所必需的最小距离构成的环境空间。

(四)气象灾害,是指台风、暴雨(雪)、寒潮、大风(沙尘暴)、低温、高温、干旱、雷电、冰雹、霜冻和大雾等所造成的灾害。

(五)人工影响天气,是指为避免或者减轻气象灾害,合理利用气候资源,在适当条件下通过科技手段对局部大气的物理、化学过程进行人工影响,实现增雨雪、防雹、消雨、消雾、防霜等目的的活动。

第四十二条　【具体管理办法制定部门和依据】气象台站和其他开展气象有偿服务的单位,从事气象有偿服务的范围、项目、收费等具体管理办法,由国务院依据本法规定。

第四十三条　【军队气象管理办法的制定】中国人民解放军气象工作的管理办法,由中央军事委员会制定。

第四十四条　【法律冲突】中华人民共和国缔结或者参加的有关气象活动的国际条约与本法有不同规定的,适用该国际条约的规定;但是,中华人民共和国声明保留的条款除外。

第四十五条　【生效日期】本法自2000年1月1日起施行。1994年8月18日国务院发布的《中华人民共和国气象条例》同时废止。

中华人民共和国防沙治沙法

1. 2001年8月31日第九届全国人民代表大会常务委员会第二十三次会议通过

2. 根据2018年10月26日第十三届全国人民代表大会常务委员会第六次会议《关于修改〈中华人民共和国野生动物保护法〉等十五部法律的决定》修正

目　　录

第一章　总　　则

第一条　【立法目的】为预防土地沙化，治理沙化土地，维护生态安全，促进经济和社会的可持续发展，制定本法。

第二条　【适用范围】在中华人民共和国境内，从事土地沙化的预防、沙化土地的治理和开发利用活动，必须遵守本法。

土地沙化是指因气候变化和人类活动所导致的天然沙漠扩张和沙质土壤上植被破坏、沙土裸露的过程。

本法所称土地沙化，是指主要因人类不合理活动所导致的天然沙漠扩张和沙质土壤上植被及覆盖物被破坏，形成流沙及沙土裸露的过程。

本法所称沙化土地，包括已经沙化的土地和具有明显沙化趋势的土地。具体范围，由国务院批准的全国防沙治沙规划确定。

第三条　【防治原则】防沙治沙工作应当遵循以下原则：

（一）统一规划，因地制宜，分步实施，坚持区域防治与重点防治相结合；

（二）预防为主，防治结合，综合治理；

（三）保护和恢复植被与合理利用自然资源相结合；

（四）遵循生态规律，依靠科技进步；

（五）改善生态环境与帮助农牧民脱贫致富相结合；

（六）国家支持与地方自力更生相结合，政府组织与社会各界参与相结合，鼓励单位、个人承包防治；

（七）保障防沙治沙者的合法权益。

第四条　【国务院及地方政府的防治工作】国务院和沙化土地所在地区的县级以上地方人民政府，应当将防沙治沙纳入国民经济和社会发展计划，保障和支持防沙治沙工作的开展。

沙化土地所在地区的地方各级人民政府，应当采取有效措施，预防土地沙化，治理沙化土地，保护和改善本行政区域的生态质量。

国家在沙化土地所在地区，建立政府行政领导防沙治沙任期目标责任考核奖惩制度。沙化土地所在地区的县级以上地方人民政府，应当向同级人民代表大会及其常务委员会报告防沙治沙工作情况。

第五条　【防治职责的分工】在国务院领导下，国务院林业草原行政主管部门负责组织、协调、指导全国防沙治沙工作。

国务院林业草原、农业、水利、土地、生态环境等行政主管部门和气象主管机构，按照有关法律规定的职责和国务院确定的职责分工，各负其责，密切配合，共同做好防沙治沙工作。

县级以上地方人民政府组织、领导所属有关部门，按照职责分工，各负其责，密切配合，共同做好本行政区域的防沙治沙工作。

第六条　【防治义务】使用土地的单位和个人，有防止该土地沙化的义务。

使用已经沙化的土地的单位和个人，有治理该沙化土地的义务。

第七条　【推广科技防治】国家支持防沙治沙的科学研究和技术推广工作，发挥科研部门、机构在防沙治沙工作中的作用，培养防沙治沙专门技术人员，提高防沙治沙的科学技术水平。

国家支持开展防沙治沙的国际合作。

第八条　【奖励防治】在防沙治沙工作中作出显著成绩的单位和个人，由人民政府给予表彰和奖励；对保护和改善生态质量作出突出贡献的应当给予重奖。

第九条　【防治的宣传教育】沙化土地所在地区的各级人民政府应当组织有关部门开展防沙治沙知识的宣传教育，增强公民的防沙治沙意识，提高公民防沙治沙的能力。

第二章　防沙治沙规划

第十条　【统一规划原则】防沙治沙实行统一规划。从事防沙治沙活动，以及在沙化土地范围内从事开发利用活动，必须遵循防沙治沙规划。

防沙治沙规划应当对遏制土地沙化扩展趋势，逐步减少沙化土地的时限、步骤、措施等作出明确规定，并将具体实施方案纳入国民经济和社会发展五年计划和年度计划。

第十一条　【编制各级防治规划】国务院林业草原行政主管部门会同国务院农业、水利、土地、生态环境等有关部门编制全国防沙治沙规划，报国务院批准后实施。

省、自治区、直辖市人民政府依据全国防沙治沙规划，编制本行政区域的防沙治沙规划，报国务院或者国务院指定的有关部门批准后实施。

沙化土地所在地区的市、县人民政府，应当依据上一级人民政府的防沙治沙规划，组织编制本行政区域的防沙治沙规划,报上一级人民政府批准后实施。

防沙治沙规划的修改,须经原批准机关批准;未经批准,任何单位和个人不得改变防沙治沙规划。

第十二条 【规划依据及土地封禁区】编制防沙治沙规划,应当根据沙化土地所处的地理位置、土地类型、植被状况、气候和水资源状况、土地沙化程度等自然条件及其所发挥的生态、经济功能,对沙化土地实行分类保护、综合治理和合理利用。

在规划期内不具备治理条件的以及因保护生态的需要不宜开发利用的连片沙化土地,应当规划为沙化土地封禁保护区,实行封禁保护。沙化土地封禁保护区的范围,由全国防沙治沙规划以及省、自治区、直辖市防沙治沙规划确定。

第十三条 【规划与土地利用衔接】防沙治沙规划应当与土地利用总体规划相衔接;防沙治沙规划中确定的沙化土地用途,应当符合本级人民政府的土地利用总体规划。

第三章 土地沙化的预防

第十四条 【沙化监测】国务院林业草原行政主管部门组织其他有关行政主管部门对全国土地沙化情况进行监测、统计和分析,并定期公布监测结果。

县级以上地方人民政府林业草原或者其他有关行政主管部门,应当按照土地沙化监测技术规程,对沙化土地进行监测,并将监测结果向本级人民政府及上一级林业草原或者其他有关行政主管部门报告。

第十五条 【防治沙化及沙尘暴】县级以上地方人民政府林业草原或者其他有关行政主管部门,在土地沙化监测过程中,发现土地发生沙化或者沙化程度加重的,应当及时报告本级人民政府。收到报告的人民政府应当责成有关行政主管部门制止导致土地沙化的行为,并采取有效措施进行治理。

各级气象主管机构应当组织对气象干旱和沙尘暴天气进行监测、预报,发现气象干旱或者沙尘暴天气征兆时,应当及时报告当地人民政府。收到报告的人民政府应当采取预防措施,必要时公布灾情预报,并组织林业草原、农(牧)业等有关部门采取应急措施,避免或者减轻风沙危害。

第十六条 【防护林种植与保护】沙化土地所在地区的县级以上地方人民政府应当按照防沙治沙规划,划出一定比例的土地,因地制宜地营造防风固沙林网、林带,种植多年生灌木和草本植物。由林业草原行政主管部门负责确定植树造林的成活率、保存率的标准和具体任务,并逐片组织实施,明确责任,确保完成。

除了抚育更新性质的采伐外,不得批准对防风固沙林网、林带进行采伐。在对防风固沙林网、林带进行抚育更新性质的采伐之前,必须在其附近预先形成接替林网和林带。

对林木更新困难地区已有的防风固沙林网、林带,不得批准采伐。

第十七条 【沙化土地植被管护】禁止在沙化土地上砍挖灌木、药材及其他固沙植物。

沙化土地所在地区的县级人民政府,应当制定植被管护制度,严格保护植被,并根据需要在乡(镇)、村建立植被管护组织,确定管护人员。

在沙化土地范围内,各类土地承包合同应当包括植被保护责任的内容。

第十八条 【草原保护】草原地区的地方各级人民政府,应当加强草原的管理和建设,由林业草原行政主管部门会同畜牧业行政主管部门负责指导、组织农牧民建设人工草场,控制载畜量,调整牲畜结构,改良牲畜品种,推行牲畜圈养和草场轮牧,消灭草原鼠害、虫害,保护草原植被,防止草原退化和沙化。

草原实行以产草量确定载畜量的制度。由林业草原行政主管部门会同畜牧业行政主管部门负责制定载畜量的标准和有关规定,并逐级组织实施,明确责任,确保完成。

第十九条 【水资源保护】沙化土地所在地区的县级以上地方人民政府水行政主管部门,应当加强流域和区域水资源的统一调配和管理,在编制流域和区域水资源开发利用规划和供水计划时,必须考虑整个流域和区域植被保护的用水需求,防止因地下水和上游水资源的过度开发利用,导致植被破坏和土地沙化。该规划和计划经批准后,必须严格实施。

沙化土地所在地区的地方各级人民政府应当节约用水,发展节水型农牧业和其他产业。

第二十条 【开垦限制及退耕还林】沙化土地所在地区的县级以上地方人民政府,不得批准在沙漠边缘地带和林地、草原开垦耕地;已经开垦并对生态产生不良影响的,应当有计划地组织退耕还林还草。

第二十一条 【沙化土地建设活动前提】在沙化土地范围内从事开发建设活动的,必须事先就该项目可能对当地及相关地区生态产生的影响进行环境影响评价,依法提交环境影响报告;环境影响报告应当包括有关防沙治沙的内容。

第二十二条 【对封禁保护区内活动的限制】在沙化土地封禁保护区范围内,禁止一切破坏植被的活动。

禁止在沙化土地封禁保护区范围内安置移民。对沙化土地封禁保护区范围内的农牧民，县级以上地方人民政府应当有计划地组织迁出，并妥善安置。沙化土地封禁保护区范围内尚未迁出的农牧民的生产生活，由沙化土地封禁保护区主管部门妥善安排。

未经国务院或者国务院指定的部门同意，不得在沙化土地封禁保护区范围内进行修建铁路、公路等建设活动。

第四章　沙化土地的治理

第二十三条　【治理措施】沙化土地所在地区的地方各级人民政府，应当按照防沙治沙规划，组织有关部门、单位和个人，因地制宜地采取人工造林种草、飞机播种造林种草、封沙育林育草和合理调配生态用水等措施，恢复和增加植被，治理已经沙化的土地。

第二十四条　【公益治沙】国家鼓励单位和个人在自愿的前提下，捐资或者以其他形式开展公益性的治沙活动。

县级以上地方人民政府林业草原或者其他有关行政主管部门，应当为公益性治沙活动提供治理地点和无偿技术指导。

从事公益性治沙的单位和个人，应当按照县级以上地方人民政府林业草原或者其他有关行政主管部门的技术要求进行治理，并可以将所种植的林、草委托他人管护或者交由当地人民政府有关行政主管部门管护。

第二十五条　【沙化土地使用人、承包人的权利义务】使用已经沙化的国有土地的使用权人和农民集体所有土地的承包经营权人，必须采取治理措施，改善土地质量；确实无能力完成治理任务的，可以委托他人治理或者与他人合作治理。委托或者合作治理的，应当签订协议，明确各方的权利和义务。

沙化土地所在地区的地方各级人民政府及其有关行政主管部门、技术推广单位，应当为土地使用权人和承包经营权人的治沙活动提供技术指导。

采取退耕还林还草、植树种草或者封育措施治沙的土地使用权人和承包经营权人，按照国家有关规定，享受人民政府提供的政策优惠。

第二十六条　【营利性治沙活动的前提】不具有土地所有权或者使用权的单位和个人从事营利性治沙活动的，应当先与土地所有权人或者使用权人签订协议，依法取得土地使用权。

在治理活动开始之前，从事营利性治沙活动的单位和个人应当向治理项目所在地的县级以上地方人民政府林业草原行政主管部门或者县级以上地方人民政府指定的其他行政主管部门提出治理申请，并附具下列文件：

（一）被治理土地权属的合法证明文件和治理协议；

（二）符合防沙治沙规划的治理方案；

（三）治理所需的资金证明。

第二十七条　【治理方案的必要内容】本法第二十六条第二款第二项所称治理方案，应当包括以下内容：

（一）治理范围界限；

（二）分阶段治理目标和治理期限；

（三）主要治理措施；

（四）经当地水行政主管部门同意的用水来源和用水量指标；

（五）治理后的土地用途和植被管护措施；

（六）其他需要载明的事项。

第二十八条　【治理者权益】从事营利性治沙活动的单位和个人，必须按照治理方案进行治理。

国家保护沙化土地治理者的合法权益。在治理者取得合法土地权属的治理范围内，未经治理者同意，其他任何单位和个人不得从事治理或者开发利用活动。

第二十九条　【治理验收】治理者完成治理任务后，应当向县级以上地方人民政府受理治理申请的行政主管部门提出验收申请。经验收合格的，受理治理申请的行政主管部门应当发给治理合格证明文件；经验收不合格的，治理者应当继续治理。

第三十条　【单位治理责任制】已经沙化的土地范围内的铁路、公路、河流和水渠两侧，城镇、村庄、厂矿和水库周围，实行单位治理责任制，由县级以上地方人民政府下达治理责任书，由责任单位负责组织造林种草或者采取其他治理措施。

第三十一条　【自愿治理的补偿】沙化土地所在地区的地方各级人民政府，可以组织当地农村集体经济组织及其成员在自愿的前提下，对已经沙化的土地进行集中治理。农村集体经济组织及其成员投入的资金和劳力，可以折算为治理项目的股份、资本金，也可以采取其他形式给予补偿。

第五章　保障措施

第三十二条　【政府资金及项目保障】国务院和沙化土地所在地区的地方各级人民政府应当在本级财政预算中按照防沙治沙规划通过项目预算安排资金，用于本级人民政府确定的防沙治沙工程。在安排扶贫、农业、水利、道路、矿产、能源、农业综合开发等项目时，应当根据具体情况，设立若干防沙治沙子项目。

第三十三条　【政策、资金及税收优惠保障】国务院和省、自治区、直辖市人民政府应当制定优惠政策，鼓励和支持单位和个人防沙治沙。

县级以上地方人民政府应当按照国家有关规定，根据防沙治沙的面积和难易程度，给予从事防沙治沙活动的单位和个人资金补助、财政贴息以及税费减免等政策优惠。

单位和个人投资进行防沙治沙的，在投资阶段免征各种税收；取得一定收益后，可以免征或者减征有关税收。

第三十四条　【使用、承包沙化土地】使用已经沙化的国有土地从事治沙活动的，经县级以上人民政府依法批准，可以享有不超过七十年的土地使用权。具体年限和管理办法，由国务院规定。

使用已经沙化的集体所有土地从事治沙活动的，治理者应当与土地所有人签订土地承包合同。具体承包期限和当事人的其他权利、义务由承包合同双方依法在土地承包合同中约定。县级人民政府依法根据土地承包合同向治理者颁发土地使用权证书，保护集体所有沙化土地治理者的土地使用权。

第三十五条　【治理后及封禁保护补偿】因保护生态的特殊要求，将治理后的土地批准划为自然保护区或者沙化土地封禁保护区的，批准机关应当给予治理者合理的经济补偿。

第三十六条　【治沙科研项目推广及政策优惠】国家根据防沙治沙的需要，组织设立防沙治沙重点科研项目和示范、推广项目，并对防沙治沙、沙区能源、沙生经济作物、节水灌溉、防止草原退化、沙地旱作农业等方面的科学研究与技术推广给予资金补助、税费减免等政策优惠。

第三十七条　【防治资金监督】任何单位和个人不得截留、挪用防沙治沙资金。

县级以上人民政府审计机关，应当依法对防沙治沙资金使用情况实施审计监督。

第六章　法律责任

第三十八条　【对封禁区植被破坏的处罚】违反本法第二十二条第一款规定，在沙化土地封禁保护区范围内从事破坏植被活动的，由县级以上地方人民政府林业草原行政主管部门责令停止违法行为；有违法所得的，没收其违法所得；构成犯罪的，依法追究刑事责任。

第三十九条　【使用人、承包人造成土地沙化的责任】违反本法第二十五条第一款规定，国有土地使用权人和农民集体所有土地承包经营权人未采取防沙治沙措施，造成土地严重沙化的，由县级以上地方人民政府林业草原行政主管部门责令限期治理；造成国有土地严重沙化的，县级以上人民政府可以收回国有土地使用权。

第四十条　【违法治沙的处罚（一）】违反本法规定，进行营利性治沙活动，造成土地沙化加重的，由县级以上地方人民政府负责受理营利性治沙申请的行政主管部门责令停止违法行为，可以并处每公顷五千元以上五万元以下的罚款。

第四十一条　【违法治沙的处罚（二）】违反本法第二十八条第一款规定，不按照治理方案进行治理的，或者违反本法第二十九条规定，经验收不合格又不按要求继续治理的，由县级以上地方人民政府负责受理营利性治沙申请的行政主管部门责令停止违法行为，限期改正，可以并处相当于治理费用一倍以上三倍以下的罚款。

第四十二条　【擅自治理的处罚】违反本法第二十八条第二款规定，未经治理者同意，擅自在他人的治理范围内从事治理或者开发利用活动的，由县级以上地方人民政府负责受理营利性治沙申请的行政主管部门责令停止违法行为；给治理者造成损失的，应当赔偿损失。

第四十三条　【予以行政处分的行为】违反本法规定，有下列情形之一的，对直接负责的主管人员和其他直接责任人员，由所在单位、监察机关或者上级行政主管部门依法给予行政处分：

（一）违反本法第十五条第一款规定，发现土地发生沙化或者沙化程度加重不及时报告的，或者收到报告后不责成有关行政主管部门采取措施的；

（二）违反本法第十六条第二款、第三款规定，批准采伐防风固沙林网、林带的；

（三）违反本法第二十条规定，批准在沙漠边缘地带和林地、草原开垦耕地的；

（四）违反本法第二十二条第二款规定，在沙化土地封禁保护区范围内安置移民的；

（五）违反本法第二十二条第三款规定，未经批准在沙化土地封禁保护区范围内进行修建铁路、公路等建设活动的。

第四十四条　【截挪治沙资金的处罚】违反本法第三十七条第一款规定，截留、挪用防沙治沙资金的，对直接负责的主管人员和其他直接责任人员，由监察机关或者上级行政主管部门依法给予行政处分；构成犯罪的，依法追究刑事责任。

第四十五条 【对监管人违法行为的处罚】防沙治沙监督管理人员滥用职权、玩忽职守、徇私舞弊,构成犯罪的,依法追究刑事责任。

第七章 附 则

第四十六条 【相关法律】本法第五条第二款中所称的有关法律,是指《中华人民共和国森林法》《中华人民共和国草原法》《中华人民共和国水土保持法》《中华人民共和国土地管理法》《中华人民共和国环境保护法》和《中华人民共和国气象法》。

第四十七条 【施行日期】本法自2002年1月1日起施行。

气象灾害防御条例

1. *2010年1月27日国务院令第570号公布*
2. *根据2017年10月7日国务院令第687号《关于修改部分行政法规的决定》修订*

第一章 总 则

第一条 为了加强气象灾害的防御,避免、减轻气象灾害造成的损失,保障人民生命财产安全,根据《中华人民共和国气象法》,制定本条例。

第二条 在中华人民共和国领域和中华人民共和国管辖的其他海域内从事气象灾害防御活动的,应当遵守本条例。

本条例所称气象灾害,是指台风、暴雨(雪)、寒潮、大风(沙尘暴)、低温、高温、干旱、雷电、冰雹、霜冻和大雾等所造成的灾害。

水旱灾害、地质灾害、海洋灾害、森林草原火灾等因气象因素引发的衍生、次生灾害的防御工作,适用有关法律、行政法规的规定。

第三条 气象灾害防御工作实行以人为本、科学防御、部门联动、社会参与的原则。

第四条 县级以上人民政府应当加强对气象灾害防御工作的组织、领导和协调,将气象灾害的防御纳入本级国民经济和社会发展规划,所需经费纳入本级财政预算。

第五条 国务院气象主管机构和国务院有关部门应当按照职责分工,共同做好全国气象灾害防御工作。

地方各级气象主管机构和县级以上地方人民政府有关部门应当按照职责分工,共同做好本行政区域的气象灾害防御工作。

第六条 气象灾害防御工作涉及两个以上行政区域的,有关地方人民政府、有关部门应当建立联防制度,加强信息沟通和监督检查。

第七条 地方各级人民政府、有关部门应当采取多种形式,向社会宣传普及气象灾害防御知识,提高公众的防灾减灾意识和能力。

学校应当把气象灾害防御知识纳入有关课程和课外教育内容,培养和提高学生的气象灾害防范意识和自救互救能力。教育、气象等部门应当对学校开展的气象灾害防御教育进行指导和监督。

第八条 国家鼓励开展气象灾害防御的科学技术研究,支持气象灾害防御先进技术的推广和应用,加强国际合作与交流,提高气象灾害防御的科技水平。

第九条 公民、法人和其他组织有义务参与气象灾害防御工作,在气象灾害发生后开展自救互救。

对在气象灾害防御工作中做出突出贡献的组织和个人,按照国家有关规定给予表彰和奖励。

第二章 预 防

第十条 县级以上地方人民政府应当组织气象等有关部门对本行政区域内发生的气象灾害的种类、次数、强度和造成的损失等情况开展气象灾害普查,建立气象灾害数据库,按照气象灾害的种类进行气象灾害风险评估,并根据气象灾害分布情况和气象灾害风险评估结果,划定气象灾害风险区域。

第十一条 国务院气象主管机构应当会同国务院有关部门,根据气象灾害风险评估结果和气象灾害风险区域,编制国家气象灾害防御规划,报国务院批准后组织实施。

县级以上地方人民政府应当组织有关部门,根据上一级人民政府的气象灾害防御规划,结合本地气象灾害特点,编制本行政区域的气象灾害防御规划。

第十二条 气象灾害防御规划应当包括气象灾害发生发展规律和现状、防御原则和目标、易发区和易发时段、防御设施建设和管理以及防御措施等内容。

第十三条 国务院有关部门和县级以上地方人民政府应当按照气象灾害防御规划,加强气象灾害防御设施建设,做好气象灾害防御工作。

第十四条 国务院有关部门制定电力、通信等基础设施的工程建设标准,应当考虑气象灾害的影响。

第十五条 国务院气象主管机构应当会同国务院有关部门,根据气象灾害防御需要,编制国家气象灾害应急预案,报国务院批准。

县级以上地方人民政府、有关部门应当根据气象灾害防御规划,结合本地气象灾害的特点和可能造成的危害,组织制定本行政区域的气象灾害应急预案,报上一级人民政府、有关部门备案。

第十六条 气象灾害应急预案应当包括应急预案启动标准、应急组织指挥体系与职责、预防与预警机制、应急处置措施和保障措施等内容。

第十七条 地方各级人民政府应当根据本地气象灾害特点,组织开展气象灾害应急演练,提高应急救援能力。居民委员会、村民委员会、企业事业单位应当协助本地人民政府做好气象灾害防御知识的宣传和气象灾害应急演练工作。

第十八条 大风(沙尘暴)、龙卷风多发区域的地方各级人民政府、有关部门应当加强防护林和紧急避难场所等建设,并定期组织开展建(构)筑物防风避险的监督检查。

台风多发区域的地方各级人民政府、有关部门应当加强海塘、堤防、避风港、防护林、避风锚地、紧急避难场所等建设,并根据台风情况做好人员转移等准备工作。

第十九条 地方各级人民政府、有关部门和单位应当根据本地降雨情况,定期组织开展各种排水设施检查,及时疏通河道和排水管网,加固病险水库,加强对地质灾害易发区和堤防等重要险段的巡查。

第二十条 地方各级人民政府、有关部门和单位应当根据本地降雪、冰冻发生情况,加强电力、通信线路的巡查,做好交通疏导、积雪(冰)清除、线路维护等准备工作。

有关单位和个人应当根据本地降雪情况,做好危旧房屋加固、粮草储备、牲畜转移等准备工作。

第二十一条 地方各级人民政府、有关部门和单位应当在高温来临前做好供电、供水和防暑医药供应的准备工作,并合理调整工作时间。

第二十二条 大雾、霾多发区域的地方各级人民政府、有关部门和单位应当加强对机场、港口、高速公路、航道、渔场等重要场所和交通要道的大雾、霾的监测设施建设,做好交通疏导、调度和防护等准备工作。

第二十三条 各类建(构)筑物、场所和设施安装雷电防护装置应当符合国家有关防雷标准的规定。新建、改建、扩建建(构)筑物、场所和设施的雷电防护装置应当与主体工程同时设计、同时施工、同时投入使用。

新建、改建、扩建建设工程雷电防护装置的设计、施工,可以由取得相应建设、公路、水路、铁路、民航、水利、电力、核电、通信等专业工程设计、施工资质的单位承担。

油库、气库、弹药库、化学品仓库和烟花爆竹、石化等易燃易爆建设工程和场所,雷电易发区内的矿区、旅游景点或者投入使用的建(构)筑物、设施等需要单独安装雷电防护装置的场所,以及雷电风险高且没有防雷标准规范、需要进行特殊论证的大型项目,其雷电防护装置的设计审核和竣工验收由县级以上地方气象主管机构负责。未经设计审核或者设计审核不合格的,不得施工;未经竣工验收或者竣工验收不合格的,不得交付使用。

房屋建筑、市政基础设施、公路、水路、铁路、民航、水利、电力、核电、通信等建设工程的主管部门,负责相应领域内建设工程的防雷管理。

第二十四条 从事雷电防护装置检测的单位应当具备下列条件,取得国务院气象主管机构或者省、自治区、直辖市气象主管机构颁发的资质证:

(一)有法人资格;

(二)有固定的办公场所和必要的设备、设施;

(三)有相应的专业技术人员;

(四)有完备的技术和质量管理制度;

(五)国务院气象主管机构规定的其他条件。

从事电力、通信雷电防护装置检测的单位的资质证由国务院气象主管机构和国务院电力或者国务院通信主管部门共同颁发。

第二十五条 地方各级人民政府、有关部门应当根据本地气象灾害发生情况,加强农村地区气象灾害预防、监测、信息传播等基础设施建设,采取综合措施,做好农村气象灾害防御工作。

第二十六条 各级气象主管机构应当在本级人民政府的领导和协调下,根据实际情况组织开展人工影响天气工作,减轻气象灾害的影响。

第二十七条 县级以上人民政府有关部门在国家重大建设工程、重大区域性经济开发项目和大型太阳能、风能等气候资源开发利用项目以及城乡规划编制中,应当统筹考虑气候可行性和气象灾害的风险性,避免、减轻气象灾害的影响。

第三章 监测、预报和预警

第二十八条 县级以上地方人民政府应当根据气象灾害防御的需要,建设应急移动气象灾害监测设施,健全应急监测队伍,完善气象灾害监测体系。

县级以上人民政府应当整合完善气象灾害监测信息网络,实现信息资源共享。

第二十九条 各级气象主管机构及其所属的气象台站应当完善灾害性天气的预报系统,提高灾害性天气预报、警报的准确率和时效性。

各级气象主管机构所属的气象台站、其他有关部门所属的气象台站和与灾害性天气监测、预报有关的单位应当根据气象灾害防御的需要，按照职责开展灾害性天气的监测工作，并及时向气象主管机构和有关灾害防御、救助部门提供雨情、水情、风情、旱情等监测信息。

各级气象主管机构应当根据气象灾害防御的需要组织开展跨地区、跨部门的气象灾害联合监测，并将人口密集区、农业主产区、地质灾害易发区域、重要江河流域、森林、草原、渔场作为气象灾害监测的重点区域。

第三十条 各级气象主管机构所属的气象台站应当按照职责向社会统一发布灾害性天气警报和气象灾害预警信号，并及时向有关灾害防御、救助部门通报；其他组织和个人不得向社会发布灾害性天气警报和气象灾害预警信号。

气象灾害预警信号的种类和级别，由国务院气象主管机构规定。

第三十一条 广播、电视、报纸、电信等媒体应当及时向社会播发或者刊登当地气象主管机构所属的气象台站提供的适时灾害性天气警报、气象灾害预警信号，并根据当地气象台站的要求及时增播、插播或者刊登。

第三十二条 县级以上地方人民政府应当建立和完善气象灾害预警信息发布系统，并根据气象灾害防御的需要，在交通枢纽、公共活动场所等人口密集区域和气象灾害易发区域建立灾害性天气警报、气象灾害预警信号接收和播发设施，并保证设施的正常运转。

乡(镇)人民政府、街道办事处应当确定人员，协助气象主管机构、民政部门开展气象灾害防御知识宣传、应急联络、信息传递、灾害报告和灾情调查等工作。

第三十三条 各级气象主管机构应当做好太阳风暴、地球空间暴等空间天气灾害的监测、预报和预警工作。

第四章 应急处置

第三十四条 各级气象主管机构所属的气象台站应当及时向本级人民政府和有关部门报告灾害性天气预报、警报情况和气象灾害预警信息。

县级以上地方人民政府、有关部门应当根据灾害性天气警报、气象灾害预警信号和气象灾害应急预案启动标准，及时作出启动相应应急预案的决定，向社会公布，并报告上一级人民政府；必要时，可以越级上报，并向当地驻军和可能受到危害的毗邻地区的人民政府通报。

发生跨省、自治区、直辖市大范围的气象灾害，并造成较大危害时，由国务院决定启动国家气象灾害应急预案。

第三十五条 县级以上地方人民政府应当根据灾害性天气影响范围、强度，将可能造成人员伤亡或者重大财产损失的区域临时确定为气象灾害危险区，并及时予以公告。

第三十六条 县级以上地方人民政府、有关部门应当根据气象灾害发生情况，依照《中华人民共和国突发事件应对法》的规定及时采取应急处置措施；情况紧急时，及时动员、组织受到灾害威胁的人员转移、疏散，开展自救互救。

对当地人民政府、有关部门采取的气象灾害应急处置措施，任何单位和个人应当配合实施，不得妨碍气象灾害救助活动。

第三十七条 气象灾害应急预案启动后，各级气象主管机构应当组织所属的气象台站加强对气象灾害的监测和评估，启用应急移动气象灾害监测设施，开展现场气象服务，及时向本级人民政府、有关部门报告灾害性天气实况、变化趋势和评估结果，为本级人民政府组织防御气象灾害提供决策依据。

第三十八条 县级以上人民政府有关部门应当按照各自职责，做好相应的应急工作。

民政部门应当设置避难场所和救济物资供应点，开展受灾群众救助工作，并按照规定职责核查灾情、发布灾情信息。

卫生主管部门应当组织医疗救治、卫生防疫等卫生应急工作。

交通运输、铁路等部门应当优先运送救灾物资、设备、药物、食品，及时抢修被毁的道路交通设施。

住房城乡建设部门应当保障供水、供气、供热等市政公用设施的安全运行。

电力、通信主管部门应当组织做好电力、通信应急保障工作。

国土资源部门应当组织开展地质灾害监测、预防工作。

农业主管部门应当组织开展农业抗灾救灾和农业生产技术指导工作。

水利主管部门应当统筹协调主要河流、水库的水量调度，组织开展防汛抗旱工作。

公安部门应当负责灾区的社会治安和道路交通秩序维护工作，协助组织灾区群众进行紧急转移。

第三十九条 气象、水利、国土资源、农业、林业、海洋等部门应当根据气象灾害发生的情况，加强对气象因素引发的衍生、次生灾害的联合监测,并根据相应的应急预案,做好各项应急处置工作。

第四十条 广播、电视、报纸、电信等媒体应当及时、准确地向社会传播气象灾害的发生、发展和应急处置情况。

第四十一条 县级以上人民政府及其有关部门应当根据气象主管机构提供的灾害性天气发生、发展趋势信息以及灾情发展情况,按照有关规定适时调整气象灾害级别或者作出解除气象灾害应急措施的决定。

第四十二条 气象灾害应急处置工作结束后,地方各级人民政府应当组织有关部门对气象灾害造成的损失进行调查,制定恢复重建计划,并向上一级人民政府报告。

第五章 法律责任

第四十三条 违反本条例规定,地方各级人民政府、各级气象主管机构和其他有关部门及其工作人员,有下列行为之一的,由其上级机关或者监察机关责令改正;情节严重的,对直接负责的主管人员和其他直接责任人员依法给予处分;构成犯罪的,依法追究刑事责任:

(一)未按照规定编制气象灾害防御规划或者气象灾害应急预案的;

(二)未按照规定采取气象灾害预防措施的;

(三)向不符合条件的单位颁发雷电防护装置检测资质证的;

(四)隐瞒、谎报或者由于玩忽职守导致重大漏报、错报灾害性天气警报、气象灾害预警信号的;

(五)未及时采取气象灾害应急措施的;

(六)不依法履行职责的其他行为。

第四十四条 违反本条例规定,有下列行为之一的,由县级以上地方人民政府或者有关部门责令改正;构成违反治安管理行为的,由公安机关依法给予处罚;构成犯罪的,依法追究刑事责任:

(一)未按照规定采取气象灾害预防措施的;

(二)不服从所在地人民政府及其有关部门发布的气象灾害应急处置决定、命令,或者不配合实施其依法采取的气象灾害应急措施的。

第四十五条 违反本条例规定,有下列行为之一的,由县级以上气象主管机构或者其他有关部门按照权限责令停止违法行为,处5万元以上10万元以下的罚款;有违法所得的,没收违法所得;给他人造成损失的,依法承担赔偿责任:

(一)无资质或者超越资质许可范围从事雷电防护装置检测的;

(二)在雷电防护装置设计、施工、检测中弄虚作假的;

(三)违反本条例第二十三条第三款的规定,雷电防护装置未经设计审核或者设计审核不合格施工的,未经竣工验收或者竣工验收不合格交付使用的。

第四十六条 违反本条例规定,有下列行为之一的,由县级以上气象主管机构责令改正,给予警告,可以处5万元以下的罚款;构成违反治安管理行为的,由公安机关依法给予处罚:

(一)擅自向社会发布灾害性天气警报、气象灾害预警信号的;

(二)广播、电视、报纸、电信等媒体未按照要求播发、刊登灾害性天气警报和气象灾害预警信号的;

(三)传播虚假的或者通过非法渠道获取的灾害性天气信息和气象灾害灾情的。

第六章 附 则

第四十七条 中国人民解放军的气象灾害防御活动,按照中央军事委员会的规定执行。

第四十八条 本条例自2010年4月1日起施行。

国家气象灾害应急预案

1. 2009年12月11日国务院办公厅印发
2. 国办函〔2009〕120号

1 总 则

1.1 编制目的

建立健全气象灾害应急响应机制,提高气象灾害防范、处置能力,最大限度地减轻或者避免气象灾害造成人员伤亡、财产损失,为经济和社会发展提供保障。

1.2 编制依据

依据《中华人民共和国突发事件应对法》、《中华人民共和国气象法》、《中华人民共和国防沙治沙法》、《中华人民共和国防洪法》、《人工影响天气管理条例》、《中华人民共和国防汛条例》、《中华人民共和国抗旱条例》、《森林防火条例》、《草原防火条例》、《国家突发公共事件总体应急预案》等法律法规和规范性文件,制定本预案。

1.3 适用范围

本预案适用于我国范围内台风、暴雨(雪)、寒潮、大风(沙尘暴)、低温、高温、干旱、雷电、冰雹、霜冻、冰冻、大雾、霾等气象灾害事件的防范和应对。

因气象因素引发水旱灾害、地质灾害、海洋灾害、森林、草原火灾等其他灾害的处置,适用有关应急预案的规定。

1.4 工作原则

以人为本、减少危害。把保障人民群众的生命财产安全作为首要任务和应急处置工作的出发点，全面加强应对气象灾害的体系建设，最大程度减少灾害损失。

预防为主、科学高效。实行工程性和非工程性措施相结合，提高气象灾害监测预警能力和防御标准。充分利用现代科技手段，做好各项应急准备，提高应急处置能力。

依法规范、协调有序。依照法律法规和相关职责，做好气象灾害的防范应对工作。加强各地区、各部门的信息沟通，做到资源共享，并建立协调配合机制，使气象灾害应对工作更加规范有序、运转协调。

分级管理、属地为主。根据灾害造成或可能造成的危害和影响，对气象灾害实施分级管理。灾害发生地人民政府负责本地区气象灾害的应急处置工作。

2 组织体系

2.1 国家应急指挥机制

发生跨省级行政区域大范围的气象灾害，并造成较大危害时，由国务院决定启动相应的国家应急指挥机制，统一领导和指挥气象灾害及其次生、衍生灾害的应急处置工作：

——台风、暴雨、干旱引发江河洪水、山洪灾害、渍涝灾害、台风暴潮、干旱灾害等水旱灾害，由国家防汛抗旱总指挥部负责指挥应对工作。

——暴雪、冰冻、低温、寒潮，严重影响交通、电力、能源等正常运行，由国家发展改革委启动煤电油气运保障工作部际协调机制；严重影响通信、重要工业品保障、农牧业生产、城市运行等方面，由相关职能部门负责协调处置工作。

——海上大风灾害的防范和救助工作由交通运输部、农业部和国家海洋局按照职能分工负责。

——气象灾害受灾群众生活救助工作，由国家减灾委组织实施。

2.2 地方应急指挥机制

对上述各种灾害，地方各级人民政府要先期启动相应的应急指挥机制或建立应急指挥机制，启动相应级别的应急响应，组织做好应对工作。国务院有关部门进行指导。

高温、沙尘暴、雷电、大风、霜冻、大雾、霾等灾害由地方人民政府启动相应的应急指挥机制或建立应急指挥机制负责处置工作，国务院有关部门进行指导。

3 监测预警

3.1 监测预报

3.1.1 监测预报体系建设

各有关部门要按照职责分工加快新一代天气雷达系统、气象卫星工程、水文监测预报等建设，优化加密观测网站，完善国家与地方监测网络，提高对气象灾害及其次生、衍生灾害的综合监测能力。建立和完善气象灾害预测预报体系，加强对灾害性天气事件的会商分析，做好灾害性、关键性、转折性重大天气预报和趋势预测。

3.1.2 信息共享

气象部门及时发布气象灾害监测预报信息，并与公安、民政、环保、国土资源、交通运输、铁道、水利、农业、卫生、安全监管、林业、电力监管、海洋等相关部门建立相应的气象及气象次生、衍生灾害监测预报预警联动机制，实现相关灾情、险情等信息的实时共享。

3.1.3 灾害普查

气象部门建立以社区、村镇为基础的气象灾害调查收集网络，组织气象灾害普查、风险评估和风险区划工作，编制气象灾害防御规划。

3.2 预警信息发布

3.2.1 发布制度

气象灾害预警信息发布遵循“归口管理、统一发布、快速传播”原则。气象灾害预警信息由气象部门负责制作并按预警级别分级发布，其他任何组织、个人不得制作和向社会发布气象灾害预警信息。

3.2.2 发布内容

气象部门根据对各类气象灾害的发展态势，综合预评估分析确定预警级别。预警级别分为Ⅰ级（特别重大）、Ⅱ级（重大）、Ⅲ级（较大）、Ⅳ级（一般），分别用红、橙、黄、蓝四种颜色标示，Ⅰ级为最高级别，具体分级标准见附则。

气象灾害预警信息内容包括气象灾害的类别、预警级别、起始时间、可能影响范围、警示事项、应采取的措施和发布机关等。

3.2.3 发布途径

建立和完善公共媒体、国家应急广播系统、卫星专用广播系统、无线电数据系统、专用海洋气象广播短波电台、移动通信群发系统、无线电数据系统、中国气象频道等多种手段互补的气象灾害预警信息发布系统，发布气象灾害预警信息。同时，通过国家应急广播和广播、电视、报刊、互联网、手机短信、电子显示屏、有线广播等相关媒体以及一切可能的传播手段及时向社会公众发布气象灾害预警信息。涉及可能引发次生、衍生灾害的预警信息通过有关信息共享平台向相关部门发布。

地方各级人民政府要在学校、机场、港口、车站、旅游景点等人员密集公共场所,高速公路、国道、省道等重要道路和易受气象灾害影响的桥梁、涵洞、弯道、坡路等重点路段,以及农牧区、山区等建立起畅通、有效的预警信息发布与传播渠道,扩大预警信息覆盖面。对老、幼、病、残、孕等特殊人群以及学校等特殊场所和警报盲区应当采取有针对性的公告方式。

气象部门组织实施人工影响天气作业前,要及时通知相关地方和部门,并根据具体情况提前公告。

3.3 预警准备

各地区、各部门要认真研究气象灾害预报预警信息,密切关注天气变化及灾害发展趋势,有关责任人员应立即上岗到位,组织力量深入分析、评估可能造成的影响和危害,尤其是对本地区、本部门风险隐患的影响情况,有针对性地提出预防和控制措施,落实抢险队伍和物资,做好启动应急响应的各项准备工作。

3.4 预警知识宣传教育

地方各级人民政府和相关部门应做好预警信息的宣传教育工作,普及防灾减灾知识,增强社会公众的防灾减灾意识,提高自救、互救能力。

4 应急处置

4.1 信息报告

有关部门按职责收集和提供气象灾害发生、发展、损失以及防御等情况,及时向当地人民政府或相应的应急指挥机构报告。各地区、各部门要按照有关规定逐级向上报告,特别重大、重大突发事件信息,要向国务院报告。

4.2 响应启动

按气象灾害程度和范围,及其引发的次生、衍生灾害类别,有关部门按照其职责和预案启动响应。

当同时发生两种以上气象灾害且分别发布不同预警级别时,按照最高预警级别灾种启动应急响应。当同时发生两种以上气象灾害且均没有达到预警标准,但可能或已经造成损失和影响时,根据不同程度的损失和影响在综合评估基础上启动相应级别应急响应。

4.3 分部门响应

当气象灾害造成群体性人员伤亡或可能导致突发公共卫生事件时,卫生部门启动《国家突发公共事件医疗卫生救援应急预案》和《全国自然灾害卫生应急预案》。当气象灾害造成地质灾害时,国土资源部门启动《国家突发地质灾害应急预案》。当气象灾害造成重大环境事件时,环境保护部门启动《国家突发环境事件应急预案》。当气象灾害造成海上船舶险情及船舶溢油污染时,交通运输部门启动《国家海上搜救应急预案》和“中国海上船舶溢油应急计划”。当气象灾害引发水旱灾害时,防汛抗旱部门启动《国家防汛抗旱应急预案》。当气象灾害引发城市洪涝时,水利、住房城乡建设部门启动相关应急预案。当气象灾害造成涉及农业生产事件时,农业部门启动《农业重大自然灾害突发事件应急预案》或《渔业船舶水上安全突发事件应急预案》。当气象灾害引发森林草原火灾时,林业、农业部门启动《国家处置重、特大森林火灾应急预案》和《草原火灾应急预案》。当发生沙尘暴灾害时,林业部门启动《重大沙尘暴灾害应急预案》。当气象灾害引发海洋灾害时,海洋部门启动《风暴潮、海浪、海啸和海冰灾害应急预案》。当气象灾害引发生产安全事故时,安全监管部门启动相关生产安全事故应急预案。当气象灾害造成煤电油气运保障工作出现重大突发问题时,国家发展改革委启动煤电油气运保障工作部际协调机制。当气象灾害造成重要工业品保障出现重大突发问题时,工业和信息化部启动相关应急预案。当气象灾害造成严重损失,需进行紧急生活救助时,民政部门启动《国家自然灾害救助应急预案》。

发展改革、公安、民政、工业和信息化、财政、交通运输、铁道、水利、商务、电力监管等有关部门按照相关预案,做好气象灾害应急防御和保障工作。新闻宣传、外交、教育、科技、住房城乡建设、广电、旅游、法制、保险监管等部门做好相关行业领域协调、配合工作。解放军、武警部队、公安消防部队以及民兵预备役、地方群众抢险队伍等,要协助地方人民政府做好抢险救援工作。

气象部门进入应急响应状态,加强天气监测、组织专题会商,根据灾害性天气发生发展情况随时更新预报预警并及时通报相关部门和单位,依据各地区、各部门的需求,提供专门气象应急保障服务。

国务院应急办要认真履行职责,切实做好值守应急、信息汇总、分析研判、综合协调等各项工作,发挥运转枢纽作用。

4.4 分灾种响应

当启动应急响应后,各有关部门和单位要加强值班,密切监视灾情,针对不同气象灾害种类及其影响程度,采取应急响应措施和行动。新闻媒体按要求随时播报气象灾害预警信息及应急处置相关措施。

4.4.1 台风、大风

气象部门加强监测预报,及时发布台风、大风预警信号及相关防御指引,适时加大预报时段密度。

海洋部门密切关注管辖海域风暴潮和海浪发生发展动态,及时发布预警信息。

防汛部门根据风灾风险评估结果和预报的风力情况,与地方人民政府共同做好危险地带和防风能力不足的危房内居民的转移,安排其到安全避风场所避风。

民政部门负责受灾群众的紧急转移安置并提供基本生活救助。

住房城乡建设部门采取措施,巡查、加固城市公共服务设施,督促有关单位加固门窗、围板、棚架、临时建筑物等,必要时可强行拆除存在安全隐患的露天广告牌等设施。

交通运输、农业部门督促指导港口、码头加固有关设施,督促所有船舶到安全场所避风,防止船只走锚造成碰撞和搁浅;督促运营单位暂停运营、妥善安置滞留旅客。

教育部门根据防御指引、提示,通知幼儿园、托儿所、中小学和中等职业学校做好停课准备;避免在突发大风时段上学放学。

住房城乡建设、交通运输等部门通知高空、水上等户外作业单位做好防风准备,必要时采取停止作业措施,安排人员到安全避风场所避风。

民航部门做好航空器转场,重要设施设备防护、加固,做好运行计划调整和旅客安抚安置工作。

电力部门加强电力设施检查和电网运营监控,及时排除危险、排查故障。

农业部门根据不同风力情况发出预警通知,指导农业生产单位、农户和畜牧水产养殖户采取防风措施,减轻灾害损失;农业、林业部门密切关注大风等高火险天气形势,会同气象部门做好森林草原火险预报预警,指导开展火灾扑救工作。

各单位加强本责任区内检查,尽量避免或停止露天集体活动;居民委员会、村镇、小区、物业等部门及时通知居民妥善安置易受大风影响的室外物品。

相关应急处置部门和抢险单位随时准备启动抢险应急方案。

灾害发生后,民政、防汛、气象等部门按照有关规定进行灾情调查、收集、分析和评估工作。

4.4.2 暴雨

气象部门加强监测预报,及时发布暴雨预警信号及相关防御指引,适时加大预报时段密度。

防汛部门进入相应应急响应状态,组织开展洪水调度、堤防水库工程巡护查险、防汛抢险及灾害救助工作;会同地方人民政府组织转移危险地带以及居住在危房内的居民到安全场所避险。

民政部门负责受灾群众的紧急转移安置并提供基本生活救助。

教育部门根据防御指引、提示,通知幼儿园、托儿所、中小学和中等职业学校做好停课准备。

电力部门加强电力设施检查和电网运营监控,及时排除危险、排查故障。

公安、交通运输部门对积水地区实行交通引导或管制。

民航部门做好重要设施设备防洪防渍工作。

农业部门针对农业生产做好监测预警、落实防御措施,组织抗灾救灾和灾后恢复生产。

施工单位必要时暂停在空旷地方的户外作业。

相关应急处置部门和抢险单位随时准备启动抢险应急方案。

灾害发生后,民政、防汛、气象等部门按照有关规定进行灾情调查、收集、分析和评估工作。

4.4.3 暴雪、低温、冰冻

气象部门加强监测预报,及时发布低温、雪灾、道路结冰等预警信号及相关防御指引,适时加大预报时段密度。

海洋部门密切关注渤海、黄海的海冰发生发展动态,及时发布海冰灾害预警信息。

公安部门加强交通秩序维护,注意指挥、疏导行驶车辆;必要时,关闭易发生交通事故的结冰路段。

电力部门注意电力调配及相关措施落实,加强电力设备巡查、养护,及时排查电力故障;做好电力设施设备覆冰应急处置工作。

交通运输部门提醒做好车辆防冻措施,提醒高速公路、高架道路车辆减速;会同有关部门根据积雪情况,及时组织力量或采取措施做好道路清扫和积雪融化工作。

民航部门做好机场除冰扫雪,航空器除冰,保障运行安全,做好运行计划调整和旅客安抚、安置工作,必要时关闭机场。

住房城乡建设、水利等部门做好供水系统等防冻措施。

卫生部门采取措施保障医疗卫生服务正常开展,并组织做好伤员医疗救治和卫生防病工作。

住房城乡建设部门加强危房检查,会同有关部门及时动员或组织撤离可能因雪压倒塌的房屋内的人员。

民政部门负责受灾群众的紧急转移安置,并为受灾群众和公路、铁路等滞留人员提供基本生活救助。

农业部门组织对农作物、畜牧业、水产养殖采取必要的防护措施。

相关应急处置部门和抢险单位随时准备启动抢险应急方案。

灾害发生后,民政、气象等部门按照有关规定进行灾情调查、收集、分析和评估工作。

4.4.4 寒潮

气象部门加强监测预报,及时发布寒潮预警信号及相关防御指引,适时加大预报时段密度;了解寒潮影响,进行综合分析和评估工作。

海洋部门密切关注管辖海域风暴潮、海浪和海冰发生发展动态,及时发布预警信息。

民政部门采取防寒救助措施,开放避寒场所;实施应急防寒保障,特别对贫困户、流浪人员等应采取紧急防寒防冻应对措施。

住房城乡建设、林业等部门对树木、花卉等采取防寒措施。

农业、林业部门指导果农、菜农和畜牧水产养殖户采取一定的防寒和防风措施,做好牲畜、家禽和水生动物的防寒保暖工作。

卫生部门采取措施,加强低温寒潮相关疾病防御知识宣传教育,并组织做好医疗救治工作。

交通运输部门采取措施,提醒海上作业的船舶和人员做好防御工作,加强海上船舶航行安全监管。

相关应急处置部门和抢险单位随时准备启动抢险应急方案。

4.4.5 沙尘暴

气象部门加强监测预报,及时发布沙尘暴预警信号及相关防御指引,适时加大预报时段密度;了解沙尘影响,进行综合分析和评估工作。

农业部门指导农牧业生产自救,采取应急措施帮助受沙尘影响的灾区恢复农牧业生产。

环境保护部门加强对沙尘暴发生时大气环境质量状况监测,为灾害应急提供服务。

交通运输、民航、铁道部门采取应急措施,保证沙尘暴天气状况下的运输安全。

民政部门采取应急措施,做好救灾人员和物资准备。

相关应急处置部门和抢险单位随时准备启动抢险应急方案。

4.4.6 高温

气象部门加强监测预报,及时发布高温预警信号及相关防御指引,适时加大预报时段密度;了解高温影响,进行综合分析和评估工作。

电力部门注意高温期间的电力调配及相关措施落实,保证居民和重要电力用户用电,根据高温期间电力安全生产情况和电力供需情况,制订拉闸限电方案,必要时依据方案执行拉闸限电措施;加强电力设备巡查、养护,及时排查电力故障。

住房城乡建设、水利等部门做好用水安排,协调上游水源,保证群众生活生产用水。

建筑、户外施工单位做好户外和高温作业人员的防暑工作,必要时调整作息时间,或采取停止作业措施。

公安部门做好交通安全管理,提醒车辆减速,防止因高温产生爆胎等事故。

卫生部门采取积极应对措施,应对可能出现的高温中暑事件。

农业、林业部门指导紧急预防高温对农、林、畜牧、水产养殖业的影响。

相关应急处置部门和抢险单位随时准备启动抢险应急方案。

4.4.7 干旱

气象部门加强监测预报,及时发布干旱预警信号及相关防御指引,适时加大预报时段密度;了解干旱影响,进行综合分析;适时组织人工影响天气作业,减轻干旱影响。

农业、林业部门指导农牧户、林业生产单位采取管理和技术措施,减轻干旱影响;加强监控,做好森林草原火灾预防和扑救准备工作。

水利部门加强旱情、墒情监测分析,合理调度水源,组织实施抗旱减灾等方面的工作。

卫生部门采取措施,防范和应对旱灾导致的食品和饮用水卫生安全问题所引发的突发公共卫生事件。

民政部门采取应急措施,做好救灾人员和物资准备,并负责因旱缺水缺粮群众的基本生活救助。

相关应急处置部门和抢险单位随时准备启动抢险应急方案。

4.4.8 雷电、冰雹

气象部门加强监测预报,及时发布雷雨大风、冰雹预警信号及相关防御指引,适时加大预报时段密度;灾害发生后,有关防雷技术人员及时赶赴现场,做好雷击灾情的应急处置、分析评估工作,并为其他部门处置雷电灾害提供技术指导。

住房城乡建设部门提醒、督促施工单位必要时暂停户外作业。

电力部门加强电力设施检查和电网运营监控,及时排除危险、排查故障。

民航部门做好雷电防护,保障运行安全,做好运行计划调整和旅客安抚安置工作。

农业部门针对农业生产做好监测预警、落实防御措施,组织抗灾救灾和灾后恢复生产。

各单位加强本责任范围内检查，停止集体露天活动；居民委员会、村镇、小区、物业等部门提醒居民尽量减少户外活动和采取适当防护措施，减少使用电器。

相关应急处置部门和抢险单位随时准备启动抢险应急方案。

4.4.9 大雾、霾

气象部门加强监测预报，及时发布大雾和霾预警信号及相关防御指引，适时加大预报时段密度；了解大雾、霾的影响，进行综合分析和评估工作。

电力部门加强电网运营监控，采取措施尽量避免发生设备污闪故障，及时消除和减轻因设备污闪造成的影响。

公安部门加强对车辆的指挥和疏导，维持道路交通秩序。

交通运输部门及时发布雾航安全通知，加强海上船舶航行安全监管。

民航部门做好运行安全保障、运行计划调整和旅客安抚安置工作。

相关应急处置部门和抢险单位随时准备启动抢险应急方案。

4.5 现场处置

气象灾害现场应急处置由灾害发生地人民政府或相应应急指挥机构统一组织，各部门依职责参与应急处置工作。包括组织营救、伤员救治、疏散撤离和妥善安置受到威胁的人员，及时上报灾情和人员伤亡情况，分配救援任务，协调各级各类救援队伍的行动，查明并及时组织力量消除次生、衍生灾害，组织公共设施的抢修和援助物资的接收与分配。

4.6 社会力量动员与参与

气象灾害事发地的各级人民政府或应急指挥机构可根据气象灾害事件的性质、危害程度和范围，广泛调动社会力量积极参与气象灾害突发事件的处置，紧急情况下可依法征用、调用车辆、物资、人员等。

气象灾害事件发生后，灾区的各级人民政府或相应应急指挥机构组织各方面力量抢救人员，组织基层单位和人员开展自救和互救；邻近的省（区、市）、市（地、州、盟）人民政府根据灾情组织和动员社会力量，对灾区提供救助。

鼓励自然人、法人或者其他组织（包括国际组织）按照《中华人民共和国公益事业捐赠法》等有关法律法规的规定进行捐赠和援助。审计监察部门对捐赠资金与物资的使用情况进行审计和监督。

4.7 信息公布

气象灾害的信息公布应当及时、准确、客观、全面，灾情公布由有关部门按规定办理。

信息公布形式主要包括权威发布、提供新闻稿、组织报道、接受记者采访、举行新闻发布会等。

信息公布内容主要包括气象灾害种类及其次生、衍生灾害的监测和预警，因灾伤亡人员、经济损失、救援情况等。

4.8 应急终止或解除

气象灾害得到有效处置后，经评估，短期内灾害影响不再扩大或已减轻，气象部门发布灾害预警降低或解除信息，启动应急响应的机构或部门降低应急响应级别或终止响应。国家应急指挥机制终止响应须经国务院同意。

5 恢复与重建

5.1 制订规划和组织实施

受灾地区县级以上人民政府组织有关部门制订恢复重建计划，尽快组织修复被破坏的学校、医院等公益设施及交通运输、水利、电力、通信、供排水、供气、输油、广播电视等基础设施，使受灾地区早日恢复正常的生产生活秩序。

发生特别重大灾害，超出事发地人民政府恢复重建能力的，为支持和帮助受灾地区积极开展生产自救、重建家园，国家制订恢复重建规划，出台相关扶持优惠政策，中央财政给予支持；同时，依据支援方经济能力和受援方灾害程度，建立地区之间对口支援机制，为受灾地区提供人力、物力、财力、智力等各种形式的支援。积极鼓励和引导社会各方面力量参与灾后恢复重建工作。

5.2 调查评估

灾害发生地人民政府或应急指挥机构应当组织有关部门对气象灾害造成的损失及气象灾害的起因、性质、影响等问题进行调查、评估与总结，分析气象灾害应对处置工作经验教训，提出改进措施。灾情核定由各级民政部门会同有关部门开展。灾害结束后，灾害发生地人民政府或应急指挥机构应将调查评估结果与应急工作情况报送上级人民政府。特别重大灾害的调查评估结果与应急工作情况应逐级报至国务院。

5.3 征用补偿

气象灾害应急工作结束后，县级以上人民政府应及时归还因救灾需要临时征用的房屋、运输工具、通信设备等；造成损坏或无法归还的，应按有关规定采取适当方式给予补偿或做其他处理。

5.4 灾害保险

鼓励公民积极参加气象灾害事故保险。保险机构应当根据灾情，主动办理受灾人员和财产的保险理赔事项。保险监管机构依法做好灾区有关保险理赔和给付的监管。

6　应急保障

以公用通信网为主体,建立跨部门、跨地区气象灾害应急通信保障系统。灾区通信管理部门应及时采取措施恢复遭破坏的通信线路和设施,确保灾区通信畅通。

交通运输、铁路、民航部门应当完善抢险救灾、灾区群众安全转移所需车辆、火车、船舶、飞机的调配方案,确保抢险救灾物资的运输畅通。

工业和信息化部门应会同相关部门做好抢险救灾需要的救援装备、医药和防护用品等重要工业品保障方案。

民政部门加强生活类救灾物资储备,完善应急采购、调运机制。

公安部门保障道路交通安全畅通,做好灾区治安管理和救助、服务群众等工作。

农业部门做好救灾备荒种子储备、调运工作,会同相关部门做好农业救灾物资、生产资料的储备、调剂和调运工作。地方各级人民政府及其防灾减灾部门应按规范储备重大气象灾害抢险物资,并做好生产流程和生产能力储备的有关工作。

中央财政对达到《国家自然灾害救助应急预案》规定的应急响应等级的灾害,根据灾情及中央自然灾害救助标准,给予相应支持。

7　预案管理

本预案由国务院办公厅制定与解释。

预案实施后,随着应急救援相关法律法规的制定、修改和完善,部门职责或应急工作发生变化,或者应急过程中发现存在问题和出现新情况,国务院应急办应适时组织有关部门和专家进行评估,及时修订完善本预案。

县级以上地方人民政府及其有关部门要根据本预案,制订本地区、本部门气象灾害应急预案。

本预案自印发之日起实施。

8　附　　则

8.1　气象灾害预警标准

8.1.1　Ⅰ级预警

(1)台风:预计未来48小时将有强台风、超强台风登陆或影响我国沿海。

(2)暴雨:过去48小时2个及以上省(区、市)大部地区出现特大暴雨天气,预计未来24小时上述地区仍将出现大暴雨天气。

(3)暴雪:过去24小时2个及以上省(区、市)大部地区出现暴雪天气,预计未来24小时上述地区仍将出现暴雪天气。

(4)干旱:5个以上省(区、市)大部地区达到气象干旱重旱等级,且至少2个省(区、市)部分地区或两个大城市出现气象干旱特旱等级,预计干旱天气或干旱范围进一步发展。

(5)各种灾害性天气已对群众生产生活造成特别重大损失和影响,超出本省(区、市)处置能力,需要由国务院组织处置的,以及上述灾害已经启动Ⅱ级响应但仍可能持续发展或影响其他地区的。

8.1.2　Ⅱ级预警

(1)台风:预计未来48小时将有台风登陆或影响我国沿海。

(2)暴雨:过去48小时2个及以上省(区、市)大部地区出现大暴雨天气,预计未来24小时上述地区仍将出现暴雨天气;或者预计未来24小时2个及以上省(区、市)大部地区将出现特大暴雨天气。

(3)暴雪:过去24小时2个及以上省(区、市)大部地区出现暴雪天气,预计未来24小时上述地区仍将出现大雪天气;或者预计未来24小时2个及以上省(区、市)大部地区将出现15毫米以上暴雪天气。

(4)干旱:3~5个省(区、市)大部地区达到气象干旱重旱等级,且至少1个省(区、市)部分地区或1个大城市出现气象干旱特旱等级,预计干旱天气或干旱范围进一步发展。

(5)冰冻:过去48小时3个及以上省(区、市)大部地区出现冰冻天气,预计未来24小时上述地区仍将出现冰冻天气。

(6)寒潮:预计未来48小时2个及以上省(区、市)气温大幅下降并伴有6级及以上大风,最低气温降至2摄氏度以下。

(7)海上大风:预计未来48小时我国海区将出现平均风力达11级及以上大风天气。

(8)高温:过去48小时2个及以上省(区、市)出现最高气温达37摄氏度,且有成片40摄氏度及以上高温天气,预计未来48小时上述地区仍将出现37摄氏度及以上高温天气。

(9)灾害性天气已对群众生产生活造成重大损失和影响,以及上述灾害已经启动Ⅲ级响应但仍可能持续发展或影响其他地区的。

8.1.3　Ⅲ级预警

(1)台风:预计未来48小时将有强热带风暴登陆或影响我国沿海。

(2)暴雨:过去24小时2个及以上省(区、市)大部地区出现暴雨天气,预计未来24小时上述地区仍将出现暴雨天气;或者预计未来24小时2个及以上省(区、市)

大部地区将出现大暴雨天气，且南方有成片或北方有分散的特大暴雨。

(3)暴雪：过去24小时2个及以上省(区、市)大部地区出现大雪天气，预计未来24小时上述地区仍将出现大雪天气；或者预计未来24小时2个及以上省(区、市)大部地区将出现暴雪天气。

(4)干旱：2个省(区、市)大部地区达到气象干旱重旱等级，预计干旱天气或干旱范围进一步发展。

(5)寒潮：预计未来48小时2个及以上省(区、市)气温明显下降并伴有5级及以上大风，最低气温降至4摄氏度以下。

(6)海上大风：预计未来48小时我国海区将出现平均风力达9～10级大风天气。

(7)冰冻：预计未来48小时3个及以上省(区、市)大部地区将出现冰冻天气。

(8)低温：过去72小时2个及以上省(区、市)出现较常年同期异常偏低的持续低温天气，预计未来48小时上述地区气温持续偏低。

(9)高温：过去48小时2个及以上省(区、市)最高气温达37摄氏度，预计未来48小时上述地区仍将出现37摄氏度及以上高温天气。

(10)沙尘暴：预计未来24小时2个及以上省(区、市)将出现强沙尘暴天气。

(11)大雾：预计未来24小时3个及以上省(区、市)大部地区将出现浓雾天气。

(12)各种灾害性天气已对群众生产生活造成较大损失和影响，以及上述灾害已经启动Ⅳ级响应但仍可能持续发展或影响其他地区的。

8.1.4　Ⅳ级预警

(1)台风：预计未来48小时将有热带风暴登陆或影响我国沿海。

(2)暴雨：预计未来24小时2个及以上省(区、市)大部地区将出现暴雨天气，且南方有成片或北方有分散的大暴雨。

(3)暴雪：预计未来24小时2个及以上省(区、市)大部地区将出现大雪天气，且有成片暴雪。

(4)寒潮：预计未来48小时2个及以上省(区、市)将出现较明显大风降温天气。

(5)低温：过去24小时2个及以上省(区、市)出现较常年同期异常偏低的持续低温天气，预计未来48小时上述地区气温持续偏低。

(6)高温：预计未来48小时4个及以上省(区、市)将出现35摄氏度及以上，且有成片37摄氏度及以上高温天气。

(7)沙尘暴：预计未来24小时2个及以上省(区、市)将出现沙尘暴天气。

(8)大雾：预计未来24小时3个及以上省(区、市)大部地区将出现大雾天气。

(9)霾：预计未来24小时3个及以上省(区、市)大部地区将出现霾天气。

(10)霜冻：预计未来24小时2个及以上省(区、市)将出现霜冻天气。

(11)各种灾害性天气已对群众生产生活造成一定损失和影响。

各类气象灾害预警分级统计表

分级＼灾种	台风	暴雨	暴雪	寒潮	海上大风	沙尘暴	低温	高温	干旱	霜冻	冰冻	大雾	霾
Ⅰ级	√	√	√	√									
Ⅱ级	√	√	√	√	√			√	√		√		
Ⅲ级	√	√	√	√	√	√	√	√	√		√	√	
Ⅳ级	√	√	√	√		√	√	√		√		√	√

由于我国地域辽阔，各种灾害在不同地区和不同行业造成影响程度差异较大，各地区、各有关部门要根据实际情况，结合以上标准在充分评估基础上，适时启动相应级别的灾害预警。

8.1.5　多种灾害预警

当同时发生两种以上气象灾害且分别达到不同预警级别时，按照各自预警级别分别预警。当同时发生两种以上气象灾害，且均没有达到预警标准，但可能或已经造成一定影响时，视情进行预警。

8.2　名词术语

台风是指生成于西北太平洋和南海海域的热带气旋系统，其带来的大风、暴雨等灾害性天气常引发洪涝、风暴潮、滑坡、泥石流等灾害。

暴雨一般指24小时内累积降水量达50毫米或以上，或12小时内累积降水量达30毫米或以上的降水，会引发洪涝、滑坡、泥石流等灾害。

暴雪一般指24小时内累积降水量达10毫米或以上，或12小时内累积降水量达6毫米或以上的固态降水，会对农牧业、交通、电力、通信设施等造成危害。

寒潮是指强冷空气的突发性侵袭活动，其带来的大风、降温等天气现象，会对农牧业、交通、人体健康、能源供应等造成危害。

大风是指平均风力大于6级、阵风风力大于7级的风,会对农业、交通、水上作业、建筑设施、施工作业等造成危害。

沙尘暴是指地面尘沙吹起造成水平能见度显著降低的天气现象,会对农牧业、交通、环境、人体健康等造成危害。

低温是指气温较常年异常偏低的天气现象,会对农牧业、能源供应、人体健康等造成危害。

高温是指日最高气温在35摄氏度以上的天气现象,会对农牧业、电力、人体健康等造成危害。

干旱是指长期无雨或少雨导致土壤和空气干燥的天气现象,会对农牧业、林业、水利以及人畜饮水等造成危害。

雷电是指发展旺盛的积雨云中伴有闪电和雷鸣的放电现象,会对人身安全、建筑、电力和通信设施等造成危害。

冰雹是指由冰晶组成的固态降水,会对农业、人身安全、室外设施等造成危害。

霜冻是指地面温度降到零摄氏度或以下导致植物损伤的灾害。

冰冻是指雨、雪、雾在物体上冻结成冰的天气现象,会对农牧业、林业、交通和电力、通信设施等造成危害。

大雾是指空气中悬浮的微小水滴或冰晶使能见度显著降低的天气现象,会对交通、电力、人体健康等造成危害。

霾是指空气中悬浮的微小尘粒、烟粒或盐粒使能见度显著降低的天气现象,会对交通、环境、人体健康等造成危害。

气象灾害预警信号发布与传播办法

2007年6月12日中国气象局令第16号公布施行

第一条　为了规范气象灾害预警信号发布与传播,防御和减轻气象灾害,保护国家和人民生命财产安全,依据《中华人民共和国气象法》、《国家突发公共事件总体应急预案》,制定本办法。

第二条　在中华人民共和国领域和中华人民共和国管辖的其他海域发布与传播气象灾害预警信号,必须遵守本办法。

本办法所称气象灾害预警信号(以下简称预警信号),是指各级气象主管机构所属的气象台站向社会公众发布的预警信息。

预警信号由名称、图标、标准和防御指南组成,分为台风、暴雨、暴雪、寒潮、大风、沙尘暴、高温、干旱、雷电、冰雹、霜冻、大雾、霾、道路结冰等。

第三条　预警信号的级别依据气象灾害可能造成的危害程度、紧急程度和发展态势一般划分为四级:Ⅳ级(一般)、Ⅲ级(较重)、Ⅱ级(严重)、Ⅰ级(特别严重),依次用蓝色、黄色、橙色和红色表示,同时以中英文标识。

本办法根据不同种类气象灾害的特征、预警能力等,确定不同种类气象灾害的预警信号级别。

第四条　国务院气象主管机构负责全国预警信号发布、解除与传播的管理工作。

地方各级气象主管机构负责本行政区域内预警信号发布、解除与传播的管理工作。

其他有关部门按照职责配合气象主管机构做好预警信号发布与传播的有关工作。

第五条　地方各级人民政府应当加强预警信号基础设施建设,建立畅通、有效的预警信息发布与传播渠道,扩大预警信息覆盖面,并组织有关部门建立气象灾害应急机制和系统。

学校、机场、港口、车站、高速公路、旅游景点等人口密集公共场所的管理单位应当设置或者利用电子显示装置及其他设施传播预警信号。

第六条　国家依法保护预警信号专用传播设施,任何组织或者个人不得侵占、损毁或者擅自移动。

第七条　预警信号实行统一发布制度。

各级气象主管机构所属的气象台站按照发布权限、业务流程发布预警信号,并指明气象灾害预警的区域。发布权限和业务流程由国务院气象主管机构另行制定。

其他任何组织或者个人不得向社会发布预警信号。

第八条　各级气象主管机构所属的气象台站应当及时发布预警信号,并根据天气变化情况,及时更新或者解除预警信号,同时通报本级人民政府及有关部门、防灾减灾机构。

当同时出现或者预报可能出现多种气象灾害时,可以按照相对应的标准同时发布多种预警信号。

第九条　各级气象主管机构所属的气象台站应当充分利用广播、电视、固定网、移动网、因特网、电子显示装置等手段及时向社会发布预警信号。在少数民族聚居区发布预警信号时除使用汉语言文字外,还应当使用当地通用的少数民族语言文字。

第十条 广播、电视等媒体和固定网、移动网、因特网等通信网络应当配合气象主管机构及时传播预警信号，使用气象主管机构所属的气象台站直接提供的实时预警信号，并标明发布预警信号的气象台站的名称和发布时间，不得更改和删减预警信号的内容，不得拒绝传播气象灾害预警信号，不得传播虚假、过时的气象灾害预警信号。

第十一条 地方各级人民政府及其有关部门在接到气象主管机构所属的气象台站提供的预警信号后，应当及时公告，向公众广泛传播，并按照职责采取有效措施做好气象灾害防御工作，避免或者减轻气象灾害。

第十二条 气象主管机构应当组织气象灾害预警信号的教育宣传工作，编印预警信号宣传材料，普及气象防灾减灾知识，增强社会公众的防灾减灾意识，提高公众自救、互救能力。

第十三条 违反本办法规定，侵占、损毁或者擅自移动预警信号专用传播设施的，由有关气象主管机构依照《中华人民共和国气象法》第三十五条的规定追究法律责任。

第十四条 违反本办法规定，有下列行为之一的，由有关气象主管机构依照《中华人民共和国气象法》第三十八条的规定追究法律责任：

（一）非法向社会发布与传播预警信号的；

（二）广播、电视等媒体和固定网、移动网、因特网等通信网络不使用气象主管机构所属的气象台站提供的实时预警信号的。

第十五条 气象工作人员玩忽职守，导致预警信号的发布出现重大失误的，对直接责任人员和主要负责人给予行政处分；构成犯罪的，依法追究刑事责任。

第十六条 地方各级气象主管机构所属的气象台站发布预警信号，适用本办法所附《气象灾害预警信号及防御指南》中的各类预警信号标准。

省、自治区、直辖市制定地方性法规、地方政府规章或者规范性文件时，可以根据本行政区域内气象灾害的特点，选用或者增设本办法规定的预警信号种类，设置不同信号标准，并经国务院气象主管机构审查同意。

第十七条 国务院气象主管机构所属的气象台站发布的预警信号标准由国务院气象主管机构另行制定。

第十八条 本办法自发布之日起施行。

防雷减灾管理办法

1. 2011年7月21日中国气象局令第20号公布
2. 根据2013年5月31日中国气象局令第24号《关于修改〈防雷减灾管理办法〉的决定》修订

第一章 总 则

第一条 为了加强雷电灾害防御工作，规范雷电灾害管理，提高雷电灾害防御能力和水平，保护国家利益和人民生命财产安全，维护公共安全，促进经济建设和社会发展，依据《中华人民共和国气象法》、《中华人民共和国行政许可法》和《气象灾害防御条例》等法律、法规的有关规定，制定本办法。

第二条 在中华人民共和国领域和中华人民共和国管辖的其他海域内从事雷电灾害防御活动的组织和个人，应当遵守本办法。

本办法所称雷电灾害防御（以下简称防雷减灾），是指防御和减轻雷电灾害的活动，包括雷电和雷电灾害的研究、监测、预警、风险评估、防护以及雷电灾害的调查、鉴定等。

第三条 防雷减灾工作，实行安全第一、预防为主、防治结合的原则。

第四条 国务院气象主管机构负责组织管理和指导全国防雷减灾工作。

地方各级气象主管机构在上级气象主管机构和本级人民政府的领导下，负责组织管理本行政区域内的防雷减灾工作。

国务院其他有关部门和地方各级人民政府其他有关部门应当按照职责做好本部门和本单位的防雷减灾工作，并接受同级气象主管机构的监督管理。

第五条 国家鼓励和支持防雷减灾的科学技术研究和开发，推广应用防雷科技研究成果，加强防雷标准化工作，提高防雷技术水平，开展防雷减灾科普宣传，增强全民防雷减灾意识。

第六条 外国组织和个人在中华人民共和国领域和中华人民共和国管辖的其他海域从事防雷减灾活动，应当经国务院气象主管机构会同有关部门批准，并在当地省级气象主管机构备案，接受当地省级气象主管机构的监督管理。

第二章 监测与预警

第七条 国务院气象主管机构应当组织有关部门按照合理布局、信息共享、有效利用的原则，规划全国雷电监测网,避免重复建设。

地方各级气象主管机构应当组织本行政区域内的雷电监测网建设,以防御雷电灾害。

第八条　各级气象主管机构应当加强雷电灾害预警系统的建设工作,提高雷电灾害预警和防雷减灾服务能力。

第九条　各级气象主管机构所属气象台站应当根据雷电灾害防御的需要,按照职责开展雷电监测,并及时向气象主管机构和有关灾害防御、救助部门提供雷电监测信息。

有条件的气象主管机构所属气象台站可以开展雷电预报,并及时向社会发布。

第十条　各级气象主管机构应当组织有关部门加强对雷电和雷电灾害的发生机理等基础理论和防御技术等应用理论的研究,并加强对防雷减灾技术和雷电监测、预警系统的研究和开发。

第三章　防 雷 工 程

第十一条　各类建(构)筑物、场所和设施安装的雷电防护装置(以下简称防雷装置),应当符合国家有关防雷标准和国务院气象主管机构规定的使用要求,并由具有相应资质的单位承担设计、施工和检测。

本办法所称防雷装置,是指接闪器、引下线、接地装置、电涌保护器及其连接导体等构成的,用以防御雷电灾害的设施或者系统。

第十二条　对从事防雷工程专业设计和施工的单位实行资质认定。

本办法所称防雷工程,是指通过勘察设计和安装防雷装置形成的雷电灾害防御工程实体。

防雷工程专业设计或者施工资质分为甲、乙、丙三级,由省、自治区、直辖市气象主管机构认定。

第十三条　防雷工程专业设计或者施工单位,应当按照有关规定取得相应的资质证书后,方可在其资质等级许可的范围内从事防雷工程专业设计或者施工。具体办法由国务院气象主管机构另行制定。

第十四条　防雷工程专业设计或者施工单位,应当按照相应的资质等级从事防雷工程专业设计或者施工。禁止无资质或者超出资质许可范围承担防雷工程专业设计或者施工。

第十五条　防雷装置的设计实行审核制度。

县级以上地方气象主管机构负责本行政区域内的防雷装置的设计审核。符合要求的,由负责审核的气象主管机构出具核准文件;不符合要求的,负责审核的气象主管机构提出整改要求,退回申请单位修改后重新申请设计审核。未经审核或者未取得核准文件的设计方案,不得交付施工。

第十六条　防雷工程的施工单位应当按照审核同意的设计方案进行施工,并接受当地气象主管机构监督管理。

在施工中变更和修改设计方案的,应当按照原申请程序重新申请审核。

第十七条　防雷装置实行竣工验收制度。

县级以上地方气象主管机构负责本行政区域内的防雷装置的竣工验收。

负责验收的气象主管机构接到申请后,应当根据具有相应资质的防雷装置检测机构出具的检测报告进行核实。符合要求的,由气象主管机构出具验收文件。不符合要求的,负责验收的气象主管机构提出整改要求,申请单位整改后重新申请竣工验收。未取得验收合格文件的防雷装置,不得投入使用。

第十八条　出具检测报告的防雷装置检测机构,应当对隐蔽工程进行逐项检测,并对检测结果负责。检测报告作为竣工验收的技术依据。

第四章　防 雷 检 测

第十九条　投入使用后的防雷装置实行定期检测制度。防雷装置应当每年检测一次,对爆炸和火灾危险环境场所的防雷装置应当每半年检测一次。

第二十条　防雷装置检测机构的资质由省、自治区、直辖市气象主管机构负责认定。

第二十一条　防雷装置检测机构对防雷装置检测后,应当出具检测报告。不合格的,提出整改意见。被检测单位拒不整改或者整改不合格的,防雷装置检测机构应当报告当地气象主管机构,由当地气象主管机构依法作出处理。

防雷装置检测机构应当执行国家有关标准和规范,出具的防雷装置检测报告必须真实可靠。

第二十二条　防雷装置所有人或受托人应当指定专人负责,做好防雷装置的日常维护工作。发现防雷装置存在隐患时,应当及时采取措施进行处理。

第二十三条　已安装防雷装置的单位或者个人应当主动委托有相应资质的防雷装置检测机构进行定期检测,并接受当地气象主管机构和当地人民政府安全生产管理部门的管理和监督检查。

第五章　雷电灾害调查、鉴定

第二十四条　各级气象主管机构负责组织雷电灾害调查、鉴定工作。

其他有关部门和单位应当配合当地气象主管机构做好雷电灾害调查、鉴定工作。

第二十五条 遭受雷电灾害的组织和个人，应当及时向当地气象主管机构报告，并协助当地气象主管机构对雷电灾害进行调查与鉴定。

第二十六条 地方各级气象主管机构应当及时向当地人民政府和上级气象主管机构上报本行政区域内的重大雷电灾情和年度雷电灾害情况。

第二十七条 大型建设工程、重点工程、爆炸和火灾危险环境、人员密集场所等项目应当进行雷电灾害风险评估，以确保公共安全。

各级地方气象主管机构按照有关规定组织进行本行政区域内的雷电灾害风险评估工作。

第六章 防 雷 产 品

第二十八条 防雷产品应当符合国务院气象主管机构规定的使用要求。

第二十九条 防雷产品应当由国务院气象主管机构授权的检测机构测试，测试合格并符合相关要求后方可投入使用。

申请国务院气象主管机构授权的防雷产品检测机构，应当按照国家有关规定通过计量认证、获得资格认可。

第三十条 防雷产品的使用，应当到省、自治区、直辖市气象主管机构备案，并接受省、自治区、直辖市气象主管机构的监督检查。

第七章 罚 则

第三十一条 申请单位隐瞒有关情况、提供虚假材料申请资质认定、设计审核或者竣工验收的，有关气象主管机构不予受理或者不予行政许可，并给予警告。申请单位在一年内不得再次申请资质认定。

第三十二条 被许可单位以欺骗、贿赂等不正当手段取得资质、通过设计审核或者竣工验收的，有关气象主管机构按照权限给予警告，可以处1万元以上3万元以下罚款；已取得资质、通过设计审核或者竣工验收的，撤销其许可证书；被许可单位三年内不得再次申请资质认定；构成犯罪的，依法追究刑事责任。

第三十三条 违反本办法规定，有下列行为之一的，由县级以上气象主管机构按照权限责令改正，给予警告，可以处5万元以上10万元以下罚款；给他人造成损失的，依法承担赔偿责任；构成犯罪的，依法追究刑事责任：

（一）涂改、伪造、倒卖、出租、出借、挂靠资质证书、资格证书或者许可文件的；

（二）向负责监督检查的机构隐瞒有关情况、提供虚假材料或者拒绝提供反映其活动情况的真实材料的。

第三十四条 违反本办法规定，有下列行为之一的，由县级以上气象主管机构按照权限责令改正，给予警告，可以处5万元以上10万元以下罚款；给他人造成损失的，依法承担赔偿责任：

（一）不具备防雷装置检测、防雷工程专业设计或者施工资质，擅自从事相关活动的；

（二）超出防雷装置检测、防雷工程专业设计或者施工资质等级从事相关活动的；

（三）防雷装置设计未经当地气象主管机构审核或者审核未通过，擅自施工的；

（四）防雷装置未经当地气象主管机构验收或者未取得验收文件，擅自投入使用的。

第三十五条 违反本办法规定，有下列行为之一的，由县级以上气象主管机构按照权限责令改正，给予警告，可以处1万元以上3万元以下罚款；给他人造成损失的，依法承担赔偿责任；构成犯罪的，依法追究刑事责任：

（一）应当安装防雷装置而拒不安装的；

（二）使用不符合使用要求的防雷装置或者产品的；

（三）已有防雷装置，拒绝进行检测或者经检测不合格又拒不整改的；

（四）对重大雷电灾害事故隐瞒不报的。

第三十六条 违反本办法规定，导致雷击造成火灾、爆炸、人员伤亡以及国家财产重大损失的，由主管部门给予直接责任人行政处分；构成犯罪的，依法追究刑事责任。

第三十七条 防雷工作人员由于玩忽职守，导致重大雷电灾害事故的，由所在单位依法给予行政处分；致使国家利益和人民生命财产遭到重大损失，构成犯罪的，依法追究刑事责任。

第八章 附 则

第三十八条 从事防雷专业技术的人员应当取得资格证书。

省级气象学会负责本行政区域内防雷专业技术人员的资格认定工作。防雷专业技术人员应当通过省级气象学会组织的考试，并取得相应的资格证书。

省级气象主管机构应当对本级气象学会开展防雷专业技术人员的资格认定工作进行监督管理。

第三十九条 本办法自2011年9月1日起施行。2005年2月1日中国气象局公布的《防雷减灾管理办法》同时废止。

五、地质灾害防治

资料补充栏

中华人民共和国防震减灾法

1. 1997年12月29日第八届全国人民代表大会常务委员会第二十九次会议通过
2. 2008年12月27日第十一届全国人民代表大会常务委员会第六次会议修订
3. 自2009年5月1日起施行

目 录

第一章 总 则

第一条 【立法目的】为了防御和减轻地震灾害,保护人民生命和财产安全,促进经济社会的可持续发展,制定本法。

第二条 【适用范围】在中华人民共和国领域和中华人民共和国管辖的其他海域从事地震监测预报、地震灾害预防、地震应急救援、地震灾后过渡性安置和恢复重建等防震减灾活动,适用本法。

第三条 【方针】防震减灾工作,实行预防为主、防御与救助相结合的方针。

第四条 【领导机构】县级以上人民政府应当加强对防震减灾工作的领导,将防震减灾工作纳入本级国民经济和社会发展规划,所需经费列入财政预算。

第五条 【各部门分工、配合】在国务院的领导下,国务院地震工作主管部门和国务院经济综合宏观调控、建设、民政、卫生、公安以及其他有关部门,按照职责分工,各负其责,密切配合,共同做好防震减灾工作。

县级以上地方人民政府负责管理地震工作的部门或者机构和其他有关部门在本级人民政府领导下,按照职责分工,各负其责,密切配合,共同做好本行政区域的防震减灾工作。

第六条 【国务院和地方人民政府的职责】国务院抗震救灾指挥机构负责统一领导、指挥和协调全国抗震救灾工作。县级以上地方人民政府抗震救灾指挥机构负责统一领导、指挥和协调本行政区域的抗震救灾工作。

国务院地震工作主管部门和县级以上地方人民政府负责管理地震工作的部门或者机构,承担本级人民政府抗震救灾指挥机构的日常工作。

第七条 【宣传教育】各级人民政府应当组织开展防震减灾知识的宣传教育,增强公民的防震减灾意识,提高全社会的防震减灾能力。

第八条 【人人参加防震减灾活动】任何单位和个人都有依法参加防震减灾活动的义务。

国家鼓励、引导社会组织和个人开展地震群测群防活动,对地震进行监测和预防。

国家鼓励、引导志愿者参加防震减灾活动。

第九条 【解放军、武警、民兵执行抗震救灾任务】中国人民解放军、中国人民武装警察部队和民兵组织,依照本法以及其他有关法律、行政法规、军事法规的规定和国务院、中央军事委员会的命令,执行抗震救灾任务,保护人民生命和财产安全。

第十条 【遵守防震减灾标准】从事防震减灾活动,应当遵守国家有关防震减灾标准。

第十一条 【科学研究】国家鼓励、支持防震减灾的科学技术研究,逐步提高防震减灾科学技术研究经费投入,推广先进的科学研究成果,加强国际合作与交流,提高防震减灾工作水平。

对在防震减灾工作中做出突出贡献的单位和个人,按照国家有关规定给予表彰和奖励。

第二章 防震减灾规划

第十二条 【规划编制】国务院地震工作主管部门会同国务院有关部门组织编制国家防震减灾规划,报国务院批准后组织实施。

县级以上地方人民政府负责管理地震工作的部门或者机构会同同级有关部门,根据上一级防震减灾规划和本行政区域的实际情况,组织编制本行政区域的防震减灾规划,报本级人民政府批准后组织实施,并报上一级人民政府负责管理地震工作的部门或者机构备案。

第十三条 【编制规划的原则】编制防震减灾规划,应当遵循统筹安排、突出重点、合理布局、全面预防的原则,以震情和震害预测结果为依据,并充分考虑人民生命和财产安全及经济社会发展、资源环境保护等需要。

县级以上地方人民政府有关部门应当根据编制防震减灾规划的需要,及时提供有关资料。

第十四条 【规划内容】防震减灾规划的内容应当包括:

震情形势和防震减灾总体目标，地震监测台网建设布局，地震灾害预防措施，地震应急救援措施，以及防震减灾技术、信息、资金、物资等保障措施。

编制防震减灾规划，应当对地震重点监视防御区的地震监测台网建设、震情跟踪、地震灾害预防措施、地震应急准备、防震减灾知识宣传教育等作出具体安排。

第十五条　【征求意见】防震减灾规划报送审批前，组织编制机关应当征求有关部门、单位、专家和公众的意见。

防震减灾规划报送审批文件中应当附具意见采纳情况及理由。

第十六条　【规划的公布、修改】防震减灾规划一经批准公布，应当严格执行；因震情形势变化和经济社会发展的需要确需修改的，应当按照原审批程序报送审批。

第三章　地震监测预报

第十七条　【建立监测系统】国家加强地震监测预报工作，建立多学科地震监测系统，逐步提高地震监测预报水平。

第十八条　【监测台网统一规划】国家对地震监测台网实行统一规划，分级、分类管理。

国务院地震工作主管部门和县级以上地方人民政府负责管理地震工作的部门或者机构，按照国务院有关规定，制定地震监测台网规划。

全国地震监测台网由国家级地震监测台网、省级地震监测台网和市、县级地震监测台网组成，其建设资金和运行经费列入财政预算。

第十九条　【专用地震监测台网、强震动监测设施】水库、油田、核电站等重大建设工程的建设单位，应当按照国务院有关规定，建设专用地震监测台网或者强震动监测设施，其建设资金和运行经费由建设单位承担。

第二十条　【台网建设达标、保证质量】地震监测台网的建设，应当遵守法律、法规和国家有关标准，保证建设质量。

第二十一条　【台网运行不得擅自中止或终止】地震监测台网不得擅自中止或者终止运行。

检测、传递、分析、处理、存贮、报送地震监测信息的单位，应当保证地震监测信息的质量和安全。

县级以上地方人民政府应当组织相关单位为地震监测台网的运行提供通信、交通、电力等保障条件。

第二十二条　【加强海域地震、火山活动监测预测】沿海县级以上地方人民政府负责管理地震工作的部门或者机构，应当加强海域地震活动监测预测工作。海域地震发生后，县级以上地方人民政府负责管理地震工作的部门或者机构，应当及时向海洋主管部门和当地海事管理机构等通报情况。

火山所在地的县级以上地方人民政府负责管理地震工作的部门或者机构，应当利用地震监测设施和技术手段，加强火山活动监测预测工作。

第二十三条　【监测设施、观测环境的保护】国家依法保护地震监测设施和地震观测环境。

任何单位和个人不得侵占、毁损、拆除或者擅自移动地震监测设施。地震监测设施遭到破坏的，县级以上地方人民政府负责管理地震工作的部门或者机构应当采取紧急措施组织修复，确保地震监测设施正常运行。

任何单位和个人不得危害地震观测环境。国务院地震工作主管部门和县级以上地方人民政府负责管理地震工作的部门或者机构会同同级有关部门，按照国务院有关规定划定地震观测环境保护范围，并纳入土地利用总体规划和城乡规划。

第二十四条　【建设工程避免危害地震监测设施和观测环境】新建、扩建、改建建设工程，应当避免对地震监测设施和地震观测环境造成危害。建设国家重点工程，确实无法避免对地震监测设施和地震观测环境造成危害的，建设单位应当按照县级以上地方人民政府负责管理地震工作的部门或者机构的要求，增建抗干扰设施；不能增建抗干扰设施的，应当新建地震监测设施。

对地震观测环境保护范围内的建设工程项目，城乡规划主管部门在依法核发选址意见书时，应当征求负责管理地震工作的部门或者机构的意见；不需要核发选址意见书的，城乡规划主管部门在依法核发建设用地规划许可证或者乡村建设规划许可证时，应当征求负责管理地震工作的部门或者机构的意见。

第二十五条　【地震监测信息共享】国务院地震工作主管部门建立健全地震监测信息共享平台，为社会提供服务。

县级以上地方人民政府负责管理地震工作的部门或者机构，应当将地震监测信息及时报送上一级人民政府负责管理地震工作的部门或者机构。

专用地震监测台网和强震动监测设施的管理单位，应当将地震监测信息及时报送所在地省、自治区、直辖市人民政府负责管理地震工作的部门或者机构。

第二十六条　【地震预测】国务院地震工作主管部门和县级以上地方人民政府负责管理地震工作的部门或者

机构，根据地震监测信息研究结果，对可能发生地震的地点、时间和震级作出预测。

其他单位和个人通过研究提出的地震预测意见，应当向所在地或者所预测地的县级以上地方人民政府负责管理地震工作的部门或者机构书面报告，或者直接向国务院地震工作主管部门书面报告。收到书面报告的部门或者机构应当进行登记并出具接收凭证。

第二十七条 【异常现象观测】观测到可能与地震有关的异常现象的单位和个人，可以向所在地县级以上地方人民政府负责管理地震工作的部门或者机构报告，也可以直接向国务院地震工作主管部门报告。

国务院地震工作主管部门和县级以上地方人民政府负责管理地震工作的部门或者机构接到报告后，应当进行登记并及时组织调查核实。

第二十八条 【震情会商会】国务院地震工作主管部门和省、自治区、直辖市人民政府负责管理地震工作的部门或者机构，应当组织召开震情会商会，必要时邀请有关部门、专家和其他有关人员参加，对地震预测意见和可能与地震有关的异常现象进行综合分析研究，形成震情会商意见，报本级人民政府；经震情会商形成地震预报意见的，在报本级人民政府前，应当进行评审，作出评审结果，并提出对策建议。

第二十九条 【地震预报意见统一发布】国家对地震预报意见实行统一发布制度。

全国范围内的地震长期和中期预报意见，由国务院发布。省、自治区、直辖市行政区域内的地震预报意见，由省、自治区、直辖市人民政府按照国务院规定的程序发布。

除发表本人或者本单位对长期、中期地震活动趋势的研究成果及进行相关学术交流外，任何单位和个人不得向社会散布地震预测意见。任何单位和个人不得向社会散布地震预报意见及其评审结果。

第三十条 【地震重点监视防御区】国务院地震工作主管部门根据地震活动趋势和震害预测结果，提出确定地震重点监视防御区的意见，报国务院批准。

国务院地震工作主管部门应当加强地震重点监视防御区的震情跟踪，对地震活动趋势进行分析评估，提出年度防震减灾工作意见，报国务院批准后实施。

地震重点监视防御区的县级以上地方人民政府应当根据年度防震减灾工作意见和当地的地震活动趋势，组织有关部门加强防震减灾工作。

地震重点监视防御区的县级以上地方人民政府负责管理地震工作的部门或者机构，应当增加地震监测台网密度，组织做好震情跟踪、流动观测和可能与地震有关的异常现象观测以及群测群防工作，并及时将有关情况报上一级人民政府负责管理地震工作的部门或者机构。

第三十一条 【地震强度速报系统】国家支持全国地震烈度速报系统的建设。

地震灾害发生后，国务院地震工作主管部门应当通过全国地震烈度速报系统快速判断致灾程度，为指挥抗震救灾工作提供依据。

第三十二条 【流动观测点】国务院地震工作主管部门和县级以上地方人民政府负责管理地震工作的部门或者机构，应当对发生地震灾害的区域加强地震监测，在地震现场设立流动观测点，根据震情的发展变化，及时对地震活动趋势作出分析、判定，为余震防范工作提供依据。

国务院地震工作主管部门和县级以上地方人民政府负责管理地震工作的部门或者机构、地震监测台网的管理单位，应当及时收集、保存有关地震的资料和信息，并建立完整的档案。

第三十三条 【外国人在中国境内从事地震监测活动须经批准】外国的组织或者个人在中华人民共和国领域和中华人民共和国管辖的其他海域从事地震监测活动，必须经国务院地震工作主管部门会同有关部门批准，并采取与中华人民共和国有关部门或者单位合作的形式进行。

第四章 地震灾害预防

第三十四条 【地震烈度区划图、地震动参数区划图的制定】国务院地震工作主管部门负责制定全国地震烈度区划图或者地震动参数区划图。

国务院地震工作主管部门和省、自治区、直辖市人民政府负责管理地震工作的部门或者机构，负责审定建设工程的地震安全性评价报告，确定抗震设防要求。

第三十五条 【建设工程应当达到抗震设防要求】新建、扩建、改建建设工程，应当达到抗震设防要求。

重大建设工程和可能发生严重次生灾害的建设工程，应当按照国务院有关规定进行地震安全性评价，并按照经审定的地震安全性评价报告所确定的抗震设防要求进行抗震设防。建设工程的地震安全性评价单位应当按照国家有关标准进行地震安全性评价，并对地震安全性评价报告的质量负责。

前款规定以外的建设工程，应当按照地震烈度区划图或者地震动参数区划图所确定的抗震设防要求进行抗震设防；对学校、医院等人员密集场所的建设工程,应当按照高于当地房屋建筑的抗震设防要求进行设计和施工,采取有效措施,增强抗震设防能力。

第三十六条　【建设工程的强制性标准与抗震设防要求相衔接】有关建设工程的强制性标准,应当与抗震设防要求相衔接。

第三十七条　【地震小区划图】国家鼓励城市人民政府组织制定地震小区划图。地震小区划图由国务院地震工作主管部门负责审定。

第三十八条　【建设工程的抗震设计、施工】建设单位对建设工程的抗震设计、施工的全过程负责。

设计单位应当按照抗震设防要求和工程建设强制性标准进行抗震设计,并对抗震设计的质量以及出具的施工图设计文件的准确性负责。

施工单位应当按照施工图设计文件和工程建设强制性标准进行施工,并对施工质量负责。

建设单位、施工单位应当选用符合施工图设计文件和国家有关标准规定的材料、构配件和设备。

工程监理单位应当按照施工图设计文件和工程建设强制性标准实施监理,并对施工质量承担监理责任。

第三十九条　【应当进行抗震性能鉴定的建设工程】已经建成的下列建设工程,未采取抗震设防措施或者抗震设防措施未达到抗震设防要求的,应当按照国家有关规定进行抗震性能鉴定,并采取必要的抗震加固措施:

(一)重大建设工程;

(二)可能发生严重次生灾害的建设工程;

(三)具有重大历史、科学、艺术价值或者重要纪念意义的建设工程;

(四)学校、医院等人员密集场所的建设工程;

(五)地震重点监视防御区内的建设工程。

第四十条　【提高村民住宅和乡村公共设施的抗震设防水平】县级以上地方人民政府应当加强对农村村民住宅和乡村公共设施抗震设防的管理,组织开展农村实用抗震技术的研究和开发,推广达到抗震设防要求、经济适用、具有当地特色的建筑设计和施工技术,培训相关技术人员,建设示范工程,逐步提高农村村民住宅和乡村公共设施的抗震设防水平。

国家对需要抗震设防的农村村民住宅和乡村公共设施给予必要支持。

第四十一条　【应急疏散通道和应急避难场所的确定】城乡规划应当根据地震应急避难的需要,合理确定应急疏散通道和应急避难场所,统筹安排地震应急避难所必需的交通、供水、供电、排污等基础设施建设。

第四十二条　【抗震救灾资金、物资的安排】地震重点监视防御区的县级以上地方人民政府应当根据实际需要,在本级财政预算和物资储备中安排抗震救灾资金、物资。

第四十三条　【使用符合抗震设防要求的新技术、新工艺、新材料】国家鼓励、支持研究开发和推广使用符合抗震设防要求、经济实用的新技术、新工艺、新材料。

第四十四条　【地震应急知识的宣传普及和应急救援演练】县级人民政府及其有关部门和乡、镇人民政府、城市街道办事处等基层组织,应当组织开展地震应急知识的宣传普及活动和必要的地震应急救援演练,提高公民在地震灾害中自救互救的能力。

机关、团体、企业、事业等单位,应当按照所在地人民政府的要求,结合各自实际情况,加强对本单位人员的地震应急知识宣传教育,开展地震应急救援演练。

学校应当进行地震应急知识教育,组织开展必要的地震应急救援演练,培养学生的安全意识和自救互救能力。

新闻媒体应当开展地震灾害预防和应急、自救互救知识的公益宣传。

国务院地震工作主管部门和县级以上地方人民政府负责管理地震工作的部门或者机构,应当指导、协助、督促有关单位做好防震减灾知识的宣传教育和地震应急救援演练等工作。

第四十五条　【地震灾害保险】国家发展有财政支持的地震灾害保险事业,鼓励单位和个人参加地震灾害保险。

第五章　地震应急救援

第四十六条　【制定地震应急预案】国务院地震工作主管部门会同国务院有关部门制定国家地震应急预案,报国务院批准。国务院有关部门根据国家地震应急预案,制定本部门的地震应急预案,报国务院地震工作主管部门备案。

县级以上地方人民政府及其有关部门和乡、镇人民政府,应当根据有关法律、法规、规章、上级人民政府及其有关部门的地震应急预案和本行政区域的实际情况,制定本行政区域的地震应急预案和本部门的地震应急预案。省、自治区、直辖市和较大的市的地震应急预案,应当报国务院地震工作主管部门备案。

交通、铁路、水利、电力、通信等基础设施和学校、医院等人员密集场所的经营管理单位,以及可能发生次生灾害的核电、矿山、危险物品等生产经营单位,应当制定地震应急预案,并报所在地的县级人民政府负责管理地震工作的部门或者机构备案。

第四十七条 **【地震应急预案的内容】**地震应急预案的内容应当包括：组织指挥体系及其职责，预防和预警机制，处置程序，应急响应和应急保障措施等。

地震应急预案应当根据实际情况适时修订。

第四十八条 **【宣布进入临震应急期】**地震预报意见发布后，有关省、自治区、直辖市人民政府根据预报的震情可以宣布有关区域进入临震应急期；有关地方人民政府应当按照地震应急预案，组织有关部门做好应急防范和抗震救灾准备工作。

第四十九条 **【地震灾害的级别】**按照社会危害程度、影响范围等因素，地震灾害分为一般、较大、重大和特别重大四级。具体分级标准按照国务院规定执行。

一般或者较大地震灾害发生后，地震发生地的市、县人民政府负责组织有关部门启动地震应急预案；重大地震灾害发生后，地震发生地的省、自治区、直辖市人民政府负责组织有关部门启动地震应急预案；特别重大地震灾害发生后，国务院负责组织有关部门启动地震应急预案。

第五十条 **【地震灾害发生后，应当采取的紧急措施】**地震灾害发生后，抗震救灾指挥机构应当立即组织有关部门和单位迅速查清受灾情况，提出地震应急救援力量的配置方案，并采取以下紧急措施：

（一）迅速组织抢救被压埋人员，并组织有关单位和人员开展自救互救；

（二）迅速组织实施紧急医疗救护，协调伤员转移和接收与救治；

（三）迅速组织抢修毁损的交通、铁路、水利、电力、通信等基础设施；

（四）启用应急避难场所或者设置临时避难场所，设置救济物资供应点，提供救济物品、简易住所和临时住所，及时转移和安置受灾群众，确保饮用水消毒和水质安全，积极开展卫生防疫，妥善安排受灾群众生活；

（五）迅速控制危险源，封锁危险场所，做好次生灾害的排查与监测预警工作，防范地震可能引发的火灾、水灾、爆炸、山体滑坡和崩塌、泥石流、地面塌陷，或者剧毒、强腐蚀性、放射性物质大量泄漏等次生灾害以及传染病疫情的发生；

（六）依法采取维持社会秩序、维护社会治安的必要措施。

第五十一条 **【在地震灾区成立现场指挥机构】**特别重大地震灾害发生后，国务院抗震救灾指挥机构在地震灾区成立现场指挥机构，并根据需要设立相应的工作组，统一组织领导、指挥和协调抗震救灾工作。

各级人民政府及有关部门和单位、中国人民解放军、中国人民武装警察部队和民兵组织，应当按照统一部署，分工负责，密切配合，共同做好地震应急救援工作。

第五十二条 **【地震震情和灾情及时报告】**地震灾区的县级以上地方人民政府应当及时将地震震情和灾情等信息向上一级人民政府报告，必要时可以越级上报，不得迟报、谎报、瞒报。

地震震情、灾情和抗震救灾等信息按照国务院有关规定实行归口管理，统一、准确、及时发布。

第五十三条 **【地震应急救援新技术和装备的研究开发】**国家鼓励、扶持地震应急救援新技术和装备的研究开发，调运和储备必要的应急救援设施、装备，提高应急救援水平。

第五十四条 **【地震灾害紧急救援队伍】**国务院建立国家地震灾害紧急救援队伍。

省、自治区、直辖市人民政府和地震重点监视防御区的市、县人民政府可以根据实际需要，充分利用消防等现有队伍，按照一队多用、专职与兼职相结合的原则，建立地震灾害紧急救援队伍。

地震灾害紧急救援队伍应当配备相应的装备、器材，开展培训和演练，提高地震灾害紧急救援能力。

地震灾害紧急救援队伍在实施救援时，应当首先对倒塌建筑物、构筑物压埋人员进行紧急救援。

第五十五条 **【快速、高效地开展地震灾害救援】**县级以上人民政府有关部门应当按照职责分工，协调配合，采取有效措施，保障地震灾害紧急救援队伍和医疗救治队伍快速、高效地开展地震灾害紧急救援活动。

第五十六条 **【地震灾害救援志愿者队伍】**县级以上地方人民政府及其有关部门可以建立地震灾害救援志愿者队伍，并组织开展地震应急救援知识培训和演练，使志愿者掌握必要的地震应急救援技能，增强地震灾害应急救援能力。

第五十七条 **【外国救援队、医疗队的救援活动】**国务院地震工作主管部门会同有关部门和单位，组织协调外国救援队和医疗队在中华人民共和国开展地震灾害紧急救援活动。

国务院抗震救灾指挥机构负责外国救援队和医疗队的统筹调度，并根据其专业特长，科学、合理地安排紧急救援任务。

地震灾区的地方各级人民政府，应当对外国救援队和医疗队开展紧急救援活动予以支持和配合。

第六章　地震灾后过渡性安置和恢复重建

第五十八条　【地震灾害损失调查评估】国务院或者地震灾区的省、自治区、直辖市人民政府应当及时组织对地震灾害损失进行调查评估，为地震应急救援、灾后过渡性安置和恢复重建提供依据。

地震灾害损失调查评估的具体工作，由国务院地震工作主管部门或者地震灾区的省、自治区、直辖市人民政府负责管理地震工作的部门或者机构和财政、建设、民政等有关部门按照国务院的规定承担。

第五十九条　【过渡性安置】地震灾区受灾群众需要过渡性安置的，应当根据地震灾区的实际情况，在确保安全的前提下，采取灵活多样的方式进行安置。

第六十条　【过渡性安置点的设置】过渡性安置点应当设置在交通条件便利、方便受灾群众恢复生产和生活的区域，并避开地震活动断层和可能发生严重次生灾害的区域。

过渡性安置点的规模应当适度，并采取相应的防灾、防疫措施，配套建设必要的基础设施和公共服务设施，确保受灾群众的安全和基本生活需要。

第六十一条　【过渡性安置应当保护农用地，避免破坏水源等】实施过渡性安置应当尽量保护农用地，并避免对自然保护区、饮用水水源保护区以及生态脆弱区域造成破坏。

过渡性安置用地按照临时用地安排，可以先行使用，事后依法办理有关用地手续；到期未转为永久性用地的，应当复垦后交还原土地使用者。

第六十二条　【对次生灾害、饮用水水质、食品卫生、疫情等进行监测，开展流行病学调查】过渡性安置点所在地的县级人民政府，应当组织有关部门加强对次生灾害、饮用水水质、食品卫生、疫情等的监测，开展流行病学调查，整治环境卫生，避免对土壤、水环境等造成污染。

过渡性安置点所在地的公安机关，应当加强治安管理，依法打击各种违法犯罪行为，维护正常的社会秩序。

第六十三条　【修复农业生产设施，优先恢复水、电、气企业的生产】地震灾区的县级以上地方人民政府及其有关部门和乡、镇人民政府，应当及时组织修复毁损的农业生产设施，提供农业生产技术指导，尽快恢复农业生产；优先恢复供电、供水、供气等企业的生产，并对大型骨干企业恢复生产提供支持，为全面恢复农业、工业、服务业生产经营提供条件。

第六十四条　【地震灾后恢复重建工作的领导】各级人民政府应当加强对地震灾后恢复重建工作的领导、组织和协调。

县级以上人民政府有关部门应当在本级人民政府领导下，按照职责分工，密切配合，采取有效措施，共同做好地震灾后恢复重建工作。

第六十五条　【开展地震对相关建设工程破坏机理的调查评估】国务院有关部门应当组织有关专家开展地震活动对相关建设工程破坏机理的调查评估，为修订完善有关建设工程的强制性标准、采取抗震设防措施提供科学依据。

第六十六条　【灾后恢复重建规划的编制】特别重大地震灾害发生后，国务院经济综合宏观调控部门会同国务院有关部门与地震灾区的省、自治区、直辖市人民政府共同组织编制地震灾后恢复重建规划，报国务院批准后组织实施；重大、较大、一般地震灾害发生后，由地震灾区的省、自治区、直辖市人民政府根据实际需要组织编制地震灾后恢复重建规划。

地震灾害损失调查评估获得的地质、勘察、测绘、土地、气象、水文、环境等基础资料和经国务院地震工作主管部门复核的地震动参数区划图，应当作为编制地震灾后恢复重建规划的依据。

编制地震灾后恢复重建规划，应当征求有关部门、单位、专家和公众特别是地震灾区受灾群众的意见；重大事项应当组织有关专家进行专题论证。

第六十七条　【灾后恢复重建规划应当重点安排的项目】地震灾后恢复重建规划应当根据地质条件和地震活动断层分布以及资源环境承载能力，重点对城镇和乡村的布局、基础设施和公共服务设施的建设、防灾减灾和生态环境以及自然资源和历史文化遗产保护等作出安排。

地震灾区内需要异地新建的城镇和乡村的选址以及地震灾后重建工程的选址，应当符合地震灾后恢复重建规划和抗震设防、防灾减灾要求，避开地震活动断层或者生态脆弱和可能发生洪水、山体滑坡和崩塌、泥石流、地面塌陷等灾害的区域以及传染病自然疫源地。

第六十八条　【灾后恢复重建规划应当有计划、分步骤实施】地震灾区的地方各级人民政府应当根据地震灾后恢复重建规划和当地经济社会发展水平，有计划、分步骤地组织实施地震灾后恢复重建。

第六十九条　【清理保护方案的制定】地震灾区的县级以上地方人民政府应当组织有关部门和专家，根据地震灾害损失调查评估结果，制定清理保护方案，明确典型地震遗址、遗迹和文物保护单位以及具有历史价值与民族特色的建筑物、构筑物的保护范围和措施。

对地震灾害现场的清理，按照清理保护方案分区、分类进行，并依照法律、行政法规和国家有关规定，妥善清理、转运和处置有关放射性物质、危险废物和有毒化学品，开展防疫工作，防止传染病和重大动物疫情的发生。

第七十条 【统筹安排基础设施、市政公用设施、公共服务设施的建设】地震灾后恢复重建，应当统筹安排交通、铁路、水利、电力、通信、供水、供电等基础设施和市政公用设施，学校、医院、文化、商贸服务、防灾减灾、环境保护等公共服务设施，以及住房和无障碍设施的建设，合理确定建设规模和时序。

乡村的地震灾后恢复重建，应当尊重村民意愿，发挥村民自治组织的作用，以群众自建为主，政府补助、社会帮扶、对口支援，因地制宜，节约和集约利用土地，保护耕地。

少数民族聚居的地方的地震灾后恢复重建，应当尊重当地群众的意愿。

第七十一条 【档案抢救】地震灾区的县级以上地方人民政府应当组织有关部门和单位，抢救、保护与收集整理有关档案、资料，对因地震灾害遗失、毁损的档案、资料，及时补充和恢复。

第七十二条 【地震灾后恢复重建工作的基本原则】地震灾后恢复重建应当坚持政府主导、社会参与和市场运作相结合的原则。

地震灾区的地方各级人民政府应当组织受灾群众和企业开展生产自救，自力更生、艰苦奋斗、勤俭节约，尽快恢复生产。

国家对地震灾后恢复重建给予财政支持、税收优惠和金融扶持，并提供物资、技术和人力等支持。

第七十三条 【做好救助、救治等工作，做好受灾群众就业工作】地震灾区的地方各级人民政府应当组织做好救助、救治、康复、补偿、抚慰、抚恤、安置、心理援助、法律服务、公共文化服务等工作。

各级人民政府及有关部门应当做好受灾群众的就业工作，鼓励企业、事业单位优先吸纳符合条件的受灾群众就业。

第七十四条 【依法及时办理行政审批手续】对地震灾后恢复重建中需要办理行政审批手续的事项，有审批权的人民政府及有关部门应当按照方便群众、简化手续、提高效率的原则，依法及时予以办理。

第七章 监督管理

第七十五条 【县级以上人民政府对有关地震各项工作的监督检查】县级以上人民政府依法加强对防震减灾规划和地震应急预案的编制与实施、地震应急避难场所的设置与管理、地震灾害紧急救援队伍的培训、防震减灾知识宣传教育和地震应急救援演练等工作的监督检查。

县级以上人民政府有关部门应当加强对地震应急救援、地震灾后过渡性安置和恢复重建的物资的质量安全的监督检查。

第七十六条 【有关部门对工程建设强制性标准、抗震设防要求的执行、地震安全性评估工作的监督检查】县级以上人民政府建设、交通、铁路、水利、电力、地震等有关部门应当按照职责分工，加强对工程建设强制性标准、抗震设防要求执行情况和地震安全性评价工作的监督检查。

第七十七条 【禁止侵占地震救灾资金、物资】禁止侵占、截留、挪用地震应急救援、地震灾后过渡性安置和恢复重建的资金、物资。

县级以上人民政府有关部门对地震应急救援、地震灾后过渡性安置和恢复重建的资金、物资以及社会捐赠款物的使用情况，依法加强管理和监督，予以公布，并对资金、物资的筹集、分配、拨付、使用情况登记造册，建立健全档案。

第七十八条 【定期公布有关地震的资金、物资、捐赠的发放、使用情况】地震灾区的地方人民政府应当定期公布地震应急救援、地震灾后过渡性安置和恢复重建的资金、物资以及社会捐赠款物的来源、数量、发放和使用情况，接受社会监督。

第七十九条 【审计监督】审计机关应当加强对地震应急救援、地震灾后过渡性安置和恢复重建的资金、物资的筹集、分配、拨付、使用的审计，并及时公布审计结果。

第八十条 【行政监察】监察机关应当加强对参与防震减灾工作的国家行政机关和法律、法规授权的具有管理公共事务职能的组织及其工作人员的监察。

第八十一条 【举报】任何单位和个人对防震减灾活动中的违法行为，有权进行举报。

接到举报的人民政府或者有关部门应当进行调查，依法处理，并为举报人保密。

第八章 法律责任

第八十二条 【主管人员、直接责任人员未依法履行职

责的】国务院地震工作主管部门、县级以上地方人民政府负责管理地震工作的部门或者机构,以及其他依照本法规定行使监督管理权的部门,不依法作出行政许可或者办理批准文件的,发现违法行为或者接到对违法行为的举报后不予查处的,或者有其他未依照本法规定履行职责的行为的,对直接负责的主管人员和其他直接责任人员,依法给予处分。

第八十三条　【未按标准建设地震监测台网的】未按照法律、法规和国家有关标准进行地震监测台网建设的,由国务院地震工作主管部门或者县级以上地方人民政府负责管理地震工作的部门或者机构责令改正,采取相应的补救措施;对直接负责的主管人员和其他直接责任人员,依法给予处分。

第八十四条　【责令停止违法、恢复原状、赔偿损失的行为】违反本法规定,有下列行为之一的,由国务院地震工作主管部门或者县级以上地方人民政府负责管理地震工作的部门或者机构责令停止违法行为,恢复原状或者采取其他补救措施;造成损失的,依法承担赔偿责任:

(一)侵占、毁损、拆除或者擅自移动地震监测设施的;

(二)危害地震观测环境的;

(三)破坏典型地震遗址、遗迹的。

单位有前款所列违法行为,情节严重的,处二万元以上二十万元以下的罚款;个人有前款所列违法行为,情节严重的,处二千元以下的罚款。构成违反治安管理行为的,由公安机关依法给予处罚。

第八十五条　【未按要求增建抗干扰设施、新建地震监测设施的】违反本法规定,未按照要求增建抗干扰设施或者新建地震监测设施的,由国务院地震工作主管部门或者县级以上地方人民政府负责管理地震工作的部门或者机构责令限期改正;逾期不改正的,处二万元以上二十万元以下的罚款;造成损失的,依法承担赔偿责任。

第八十六条　【外国人未经批准与中国境内从事地震监测活动的】违反本法规定,外国的组织或者个人未经批准,在中华人民共和国领域和中华人民共和国管辖的其他海域从事地震监测活动的,由国务院地震工作主管部门责令停止违法行为,没收监测成果和监测设施,并处一万元以上十万元以下的罚款;情节严重的,并处十万元以上五十万元以下的罚款。

外国人有前款规定行为的,除依照前款规定处罚外,还应当依照外国人入境出境管理法律的规定缩短其在中华人民共和国停留的期限或者取消其在中华人民共和国居留的资格;情节严重的,限期出境或者驱逐出境。

第八十七条　【未进行地震安全性评价,未按要求进行抗震设防的】未依法进行地震安全性评价,或者未按照地震安全性评价报告所确定的抗震设防要求进行抗震设防的,由国务院地震工作主管部门或者县级以上地方人民政府负责管理地震工作的部门或者机构责令限期改正;逾期不改正的,处三万元以上三十万元以下的罚款。

第八十八条　【违法散布地震预测意见、地震预报意见,扰乱社会秩序的】违反本法规定,向社会散布地震预测意见、地震预报意见及其评审结果,或者在地震灾后过渡性安置、地震灾后恢复重建中扰乱社会秩序,构成违反治安管理行为的,由公安机关依法给予处罚。

第八十九条　【迟报、谎报、瞒报震情、灾情的】地震灾区的县级以上地方人民政府迟报、谎报、瞒报地震震情、灾情等信息的,由上级人民政府责令改正;对直接负责的主管人员和其他直接责任人员,依法给予处分。

第九十条　【侵占地震救灾资金、物资的】侵占、截留、挪用地震应急救援、地震灾后过渡性安置或者地震灾后恢复重建的资金、物资的,由财政部门、审计机关在各自职责范围内,责令改正,追回被侵占、截留、挪用的资金、物资;有违法所得的,没收违法所得;对单位给予警告或者通报批评;对直接负责的主管人员和其他直接责任人员,依法给予处分。

第九十一条　【构成犯罪】违反本法规定,构成犯罪的,依法追究刑事责任。

第九章　附　　则

第九十二条　【用语含义】本法下列用语的含义:

(一)地震监测设施,是指用于地震信息检测、传输和处理的设备、仪器和装置以及配套的监测场地。

(二)地震观测环境,是指按照国家有关标准划定的保障地震监测设施不受干扰、能够正常发挥工作效能的空间范围。

(三)重大建设工程,是指对社会有重大价值或者有重大影响的工程。

(四)可能发生严重次生灾害的建设工程,是指受地震破坏后可能引发水灾、火灾、爆炸,或者剧毒、强腐蚀性、放射性物质大量泄漏,以及其他严重次生灾害的建设工程,包括水库大坝和贮油、贮气设施,贮存易燃易爆或者剧毒、强腐蚀性、放射性物质的设施,以及其他可能发生严重次生灾害的建设工程。

（五）地震烈度区划图，是指以地震烈度（以等级表示的地震影响强弱程度）为指标，将全国划分为不同抗震设防要求区域的图件。

（六）地震动参数区划图，是指以地震动参数（以加速度表示地震作用强弱程度）为指标，将全国划分为不同抗震设防要求区域的图件。

（七）地震小区划图，是指根据某一区域的具体场地条件，对该区域的抗震设防要求进行详细划分的图件。

第九十三条 【生效日期】本法自 2009 年 5 月 1 日起施行。

地质灾害防治条例

1. *2003 年 11 月 24 日国务院令第 394 号公布*
2. *自 2004 年 3 月 1 日起施行*

第一章 总 则

第一条 为了防治地质灾害，避免和减轻地质灾害造成的损失，维护人民生命和财产安全，促进经济和社会的可持续发展，制定本条例。

第二条 本条例所称地质灾害，包括自然因素或者人为活动引发的危害人民生命和财产安全的山体崩塌、滑坡、泥石流、地面塌陷、地裂缝、地面沉降等与地质作用有关的灾害。

第三条 地质灾害防治工作，应当坚持预防为主、避让与治理相结合和全面规划、突出重点的原则。

第四条 地质灾害按照人员伤亡、经济损失的大小，分为四个等级：

（一）特大型：因灾死亡 30 人以上或者直接经济损失 1000 万元以上的；

（二）大型：因灾死亡 10 人以上 30 人以下或者直接经济损失 500 万元以上 1000 万元以下的；

（三）中型：因灾死亡 3 人以上 10 人以下或者直接经济损失 100 万元以上 500 万元以下的；

（四）小型：因灾死亡 3 人以下或者直接经济损失 100 万元以下的。

第五条 地质灾害防治工作，应当纳入国民经济和社会发展计划。

因自然因素造成的地质灾害的防治经费，在划分中央和地方事权和财权的基础上，分别列入中央和地方有关人民政府的财政预算。具体办法由国务院财政部门会同国务院国土资源主管部门制定。

因工程建设等人为活动引发的地质灾害的治理费用，按照谁引发、谁治理的原则由责任单位承担。

第六条 县级以上人民政府应当加强对地质灾害防治工作的领导，组织有关部门采取措施，做好地质灾害防治工作。

县级以上人民政府应当组织有关部门开展地质灾害防治知识的宣传教育，增强公众的地质灾害防治意识和自救、互救能力。

第七条 国务院国土资源主管部门负责全国地质灾害防治的组织、协调、指导和监督工作。国务院其他有关部门按照各自的职责负责有关的地质灾害防治工作。

县级以上地方人民政府国土资源主管部门负责本行政区域内地质灾害防治的组织、协调、指导和监督工作。县级以上地方人民政府其他有关部门按照各自的职责负责有关的地质灾害防治工作。

第八条 国家鼓励和支持地质灾害防治科学技术研究，推广先进的地质灾害防治技术，普及地质灾害防治的科学知识。

第九条 任何单位和个人对地质灾害防治工作中的违法行为都有权检举和控告。

在地质灾害防治工作中做出突出贡献的单位和个人，由人民政府给予奖励。

第二章 地质灾害防治规划

第十条 国家实行地质灾害调查制度。

国务院国土资源主管部门会同国务院建设、水利、铁路、交通等部门结合地质环境状况组织开展全国的地质灾害调查。

县级以上地方人民政府国土资源主管部门会同同级建设、水利、交通等部门结合地质环境状况组织开展本行政区域的地质灾害调查。

第十一条 国务院国土资源主管部门会同国务院建设、水利、铁路、交通等部门，依据全国地质灾害调查结果，编制全国地质灾害防治规划，经专家论证后报国务院批准公布。

县级以上地方人民政府国土资源主管部门会同同级建设、水利、交通等部门，依据本行政区域的地质灾害调查结果和上一级地质灾害防治规划，编制本行政区域的地质灾害防治规划，经专家论证后报本级人民政府批准公布，并报上一级人民政府国土资源主管部门备案。

修改地质灾害防治规划，应当报经原批准机关批准。

第十二条 地质灾害防治规划包括以下内容：

(一)地质灾害现状和发展趋势预测;
(二)地质灾害的防治原则和目标;
(三)地质灾害易发区、重点防治区;
(四)地质灾害防治项目;
(五)地质灾害防治措施等。

县级以上人民政府应当将城镇、人口集中居住区、风景名胜区、大中型工矿企业所在地和交通干线、重点水利电力工程等基础设施作为地质灾害重点防治区中的防护重点。

第十三条 编制和实施土地利用总体规划、矿产资源规划以及水利、铁路、交通、能源等重大建设工程项目规划,应当充分考虑地质灾害防治要求,避免和减轻地质灾害造成的损失。

编制城市总体规划、村庄和集镇规划,应当将地质灾害防治规划作为其组成部分。

第三章 地质灾害预防

第十四条 国家建立地质灾害监测网络和预警信息系统。

县级以上人民政府国土资源主管部门应当会同建设、水利、交通等部门加强对地质灾害险情的动态监测。

因工程建设可能引发地质灾害的,建设单位应当加强地质灾害监测。

第十五条 地质灾害易发区的县、乡、村应当加强地质灾害的群测群防工作。在地质灾害重点防范期内,乡镇人民政府、基层群众自治组织应当加强地质灾害险情的巡回检查,发现险情及时处理和报告。

国家鼓励单位和个人提供地质灾害前兆信息。

第十六条 国家保护地质灾害监测设施。任何单位和个人不得侵占、损毁、损坏地质灾害监测设施。

第十七条 国家实行地质灾害预报制度。预报内容主要包括地质灾害可能发生的时间、地点、成灾范围和影响程度等。

地质灾害预报由县级以上人民政府国土资源主管部门会同气象主管机构发布。

任何单位和个人不得擅自向社会发布地质灾害预报。

第十八条 县级以上地方人民政府国土资源主管部门会同同级建设、水利、交通等部门依据地质灾害防治规划,拟订年度地质灾害防治方案,报本级人民政府批准后公布。

年度地质灾害防治方案包括下列内容:
(一)主要灾害点的分布;
(二)地质灾害的威胁对象、范围;
(三)重点防范期;
(四)地质灾害防治措施;
(五)地质灾害的监测、预防责任人。

第十九条 对出现地质灾害前兆、可能造成人员伤亡或者重大财产损失的区域和地段,县级人民政府应当及时划定为地质灾害危险区,予以公告,并在地质灾害危险区的边界设置明显警示标志。

在地质灾害危险区内,禁止爆破、削坡、进行工程建设以及从事其他可能引发地质灾害的活动。

县级以上人民政府应当组织有关部门及时采取工程治理或者搬迁避让措施,保证地质灾害危险区内居民的生命和财产安全。

第二十条 地质灾害险情已经消除或者得到有效控制的,县级人民政府应当及时撤销原划定的地质灾害危险区,并予以公告。

第二十一条 在地质灾害易发区内进行工程建设应当在可行性研究阶段进行地质灾害危险性评估,并将评估结果作为可行性研究报告的组成部分;可行性研究报告未包含地质灾害危险性评估结果的,不得批准其可行性研究报告。

编制地质灾害易发区内的城市总体规划、村庄和集镇规划时,应当对规划区进行地质灾害危险性评估。

第二十二条 国家对从事地质灾害危险性评估的单位实行资质管理制度。地质灾害危险性评估单位应当具备下列条件,经省级以上人民政府国土资源主管部门资质审查合格,取得国土资源主管部门颁发的相应等级的资质证书后,方可在资质等级许可的范围内从事地质灾害危险性评估业务:
(一)有独立的法人资格;
(二)有一定数量的工程地质、环境地质和岩土工程等相应专业的技术人员;
(三)有相应的技术装备。

地质灾害危险性评估单位进行评估时,应当对建设工程遭受地质灾害危害的可能性和该工程建设中、建成后引发地质灾害的可能性做出评价,提出具体的预防治理措施,并对评估结果负责。

第二十三条 禁止地质灾害危险性评估单位超越其资质等级许可的范围或者以其他地质灾害危险性评估单位的名义承揽地质灾害危险性评估业务。

禁止地质灾害危险性评估单位允许其他单位以本单位的名义承揽地质灾害危险性评估业务。

禁止任何单位和个人伪造、变造、买卖地质灾害危险性评估资质证书。

第二十四条 对经评估认为可能引发地质灾害或者可能遭受地质灾害危害的建设工程，应当配套建设地质灾害治理工程。地质灾害治理工程的设计、施工和验收应当与主体工程的设计、施工、验收同时进行。

配套的地质灾害治理工程未经验收或者经验收不合格的，主体工程不得投入生产或者使用。

第四章 地质灾害应急

第二十五条 国务院国土资源主管部门会同国务院建设、水利、铁路、交通等部门拟订全国突发性地质灾害应急预案，报国务院批准后公布。

县级以上地方人民政府国土资源主管部门会同同级建设、水利、交通等部门拟订本行政区域的突发性地质灾害应急预案，报本级人民政府批准后公布。

第二十六条 突发性地质灾害应急预案包括下列内容：

（一）应急机构和有关部门的职责分工；

（二）抢险救援人员的组织和应急、救助装备、资金、物资的准备；

（三）地质灾害的等级与影响分析准备；

（四）地质灾害调查、报告和处理程序；

（五）发生地质灾害时的预警信号、应急通信保障；

（六）人员财产撤离、转移路线、医疗救治、疾病控制等应急行动方案。

第二十七条 发生特大型或者大型地质灾害时，有关省、自治区、直辖市人民政府应当成立地质灾害抢险救灾指挥机构。必要时，国务院可以成立地质灾害抢险救灾指挥机构。

发生其他地质灾害或者出现地质灾害险情时，有关市、县人民政府可以根据地质灾害抢险救灾工作的需要，成立地质灾害抢险救灾指挥机构。

地质灾害抢险救灾指挥机构由政府领导负责、有关部门组成，在本级人民政府的领导下，统一指挥和组织地质灾害的抢险救灾工作。

第二十八条 发现地质灾害险情或者灾情的单位和个人，应当立即向当地人民政府或者国土资源主管部门报告。其他部门或者基层群众自治组织接到报告的，应当立即转报当地人民政府。

当地人民政府或者县级人民政府国土资源主管部门接到报告后，应当立即派人赶赴现场，进行现场调查，采取有效措施，防止灾害发生或者灾情扩大，并按照国务院国土资源主管部门关于地质灾害灾情分级报告的规定，向上级人民政府和国土资源主管部门报告。

第二十九条 接到地质灾害险情报告的当地人民政府、基层群众自治组织应当根据实际情况，及时动员受到地质灾害威胁的居民以及其他人员转移到安全地带；情况紧急时，可以强行组织避灾疏散。

第三十条 地质灾害发生后，县级以上人民政府应当启动并组织实施相应的突发性地质灾害应急预案。有关地方人民政府应当及时将灾情及其发展趋势等信息报告上级人民政府。

禁止隐瞒、谎报或者授意他人隐瞒、谎报地质灾害灾情。

第三十一条 县级以上人民政府有关部门应当按照突发性地质灾害应急预案的分工，做好相应的应急工作。

国土资源主管部门应当会同同级建设、水利、交通等部门尽快查明地质灾害发生原因、影响范围等情况，提出应急治理措施，减轻和控制地质灾害灾情。

民政、卫生、食品药品监督管理、商务、公安部门，应当及时设置避难场所和救济物资供应点，妥善安排灾民生活，做好医疗救护、卫生防疫、药品供应、社会治安工作；气象主管机构应当做好气象服务保障工作；通信、航空、铁路、交通部门应当保证地质灾害应急的通信畅通和救灾物资、设备、药物、食品的运送。

第三十二条 根据地质灾害应急处理的需要，县级以上人民政府应当紧急调集人员，调用物资、交通工具和相关的设施、设备；必要时，可以根据需要在抢险救灾区域范围内采取交通管制等措施。

因救灾需要，临时调用单位和个人的物资、设施、设备或者占用其房屋、土地的，事后应当及时归还；无法归还或者造成损失的，应当给予相应的补偿。

第三十三条 县级以上地方人民政府应当根据地质灾害灾情和地质灾害防治需要，统筹规划、安排受灾地区的重建工作。

第五章 地质灾害治理

第三十四条 因自然因素造成的特大型地质灾害，确需治理的，由国务院国土资源主管部门会同灾害发生地的省、自治区、直辖市人民政府组织治理。

因自然因素造成的其他地质灾害，确需治理的，在县级以上地方人民政府的领导下，由本级人民政府国土资源主管部门组织治理。

因自然因素造成的跨行政区域的地质灾害，确需治理的，由所跨行政区域的地方人民政府国土资源主管部门共同组织治理。

第三十五条　因工程建设等人为活动引发的地质灾害，由责任单位承担治理责任。

责任单位由地质灾害发生地的县级以上人民政府国土资源主管部门负责组织专家对地质灾害的成因进行分析论证后认定。

对地质灾害的治理责任认定结果有异议的，可以依法申请行政复议或者提起行政诉讼。

第三十六条　地质灾害治理工程的确定，应当与地质灾害形成的原因、规模以及对人民生命和财产安全的危害程度相适应。

承担专项地质灾害治理工程勘查、设计、施工和监理的单位，应当具备下列条件，经省级以上人民政府国土资源主管部门资质审查合格，取得国土资源主管部门颁发的相应等级的资质证书后，方可在资质等级许可的范围内从事地质灾害治理工程的勘查、设计、施工和监理活动，并承担相应的责任：

（一）有独立的法人资格；

（二）有一定数量的水文地质、环境地质、工程地质等相应专业的技术人员；

（三）有相应的技术装备；

（四）有完善的工程质量管理制度。

地质灾害治理工程的勘查、设计、施工和监理应当符合国家有关标准和技术规范。

第三十七条　禁止地质灾害治理工程勘查、设计、施工和监理单位超越其资质等级许可的范围或者以其他地质灾害治理工程勘查、设计、施工和监理单位的名义承揽地质灾害治理工程勘查、设计、施工和监理业务。

禁止地质灾害治理工程勘查、设计、施工和监理单位允许其他单位以本单位的名义承揽地质灾害治理工程勘查、设计、施工和监理业务。

禁止任何单位和个人伪造、变造、买卖地质灾害治理工程勘查、设计、施工和监理资质证书。

第三十八条　政府投资的地质灾害治理工程竣工后，由县级以上人民政府国土资源主管部门组织竣工验收。其他地质灾害治理工程竣工后，由责任单位组织竣工验收；竣工验收时，应当有国土资源主管部门参加。

第三十九条　政府投资的地质灾害治理工程经竣工验收合格后，由县级以上人民政府国土资源主管部门指定的单位负责管理和维护；其他地质灾害治理工程经竣工验收合格后，由负责治理的责任单位负责管理和维护。

任何单位和个人不得侵占、损毁、损坏地质灾害治理工程设施。

第六章　法律责任

第四十条　违反本条例规定，有关县级以上地方人民政府、国土资源主管部门和其他有关部门有下列行为之一的，对直接负责的主管人员和其他直接责任人员，依法给予降级或者撤职的行政处分；造成地质灾害导致人员伤亡和重大财产损失的，依法给予开除的行政处分；构成犯罪的，依法追究刑事责任：

（一）未按照规定编制突发性地质灾害应急预案，或者未按照突发性地质灾害应急预案的要求采取有关措施、履行有关义务的；

（二）在编制地质灾害易发区内的城市总体规划、村庄和集镇规划时，未按照规定对规划区进行地质灾害危险性评估的；

（三）批准未包含地质灾害危险性评估结果的可行性研究报告的；

（四）隐瞒、谎报或者授意他人隐瞒、谎报地质灾害灾情，或者擅自发布地质灾害预报的；

（五）给不符合条件的单位颁发地质灾害危险性评估资质证书或者地质灾害治理工程勘查、设计、施工、监理资质证书的；

（六）在地质灾害防治工作中有其他渎职行为的。

第四十一条　违反本条例规定，建设单位有下列行为之一的，由县级以上地方人民政府国土资源主管部门责令限期改正；逾期不改正的，责令停止生产、施工或者使用，处10万元以上50万元以下的罚款；构成犯罪的，依法追究刑事责任：

（一）未按照规定对地质灾害易发区内的建设工程进行地质灾害危险性评估的；

（二）配套的地质灾害治理工程未经验收或者经验收不合格，主体工程即投入生产或者使用的。

第四十二条　违反本条例规定，对工程建设等人为活动引发的地质灾害不予治理的，由县级以上人民政府国土资源主管部门责令限期治理；逾期不治理或者治理不符合要求的，由责令限期治理的国土资源主管部门组织治理，所需费用由责任单位承担，处10万元以上50万元以下的罚款；给他人造成损失的，依法承担赔偿责任。

第四十三条　违反本条例规定，在地质灾害危险区内爆破、削坡、进行工程建设以及从事其他可能引发地质灾害活动的，由县级以上地方人民政府国土资源主管部门责令停止违法行为，对单位处5万元以上20万元以下的罚款，对个人处1万元以上5万元以下的罚款；构成犯罪的，依法追究刑事责任；给他人造成损失的，依法承担赔偿责任。

第四十四条 违反本条例规定，有下列行为之一的，由县级以上人民政府国土资源主管部门或者其他部门依据职责责令停止违法行为，对地质灾害危险性评估单位、地质灾害治理工程勘查、设计或者监理单位处合同约定的评估费、勘查费、设计费或者监理酬金1倍以上2倍以下的罚款，对地质灾害治理工程施工单位处工程价款2%以上4%以下的罚款，并可以责令停业整顿，降低资质等级；有违法所得的，没收违法所得；情节严重的，吊销其资质证书；构成犯罪的，依法追究刑事责任；给他人造成损失的，依法承担赔偿责任：

（一）在地质灾害危险性评估中弄虚作假或者故意隐瞒地质灾害真实情况的；

（二）在地质灾害治理工程勘查、设计、施工以及监理活动中弄虚作假、降低工程质量的；

（三）无资质证书或者超越其资质等级许可的范围承揽地质灾害危险性评估、地质灾害治理工程勘查、设计、施工及监理业务的；

（四）以其他单位的名义或者允许其他单位以本单位的名义承揽地质灾害危险性评估、地质灾害治理工程勘查、设计、施工和监理业务的。

第四十五条 违反本条例规定，伪造、变造、买卖地质灾害危险性评估资质证书、地质灾害治理工程勘查、设计、施工和监理资质证书的，由省级以上人民政府国土资源主管部门收缴或者吊销其资质证书，没收违法所得，并处5万元以上10万元以下的罚款；构成犯罪的，依法追究刑事责任。

第四十六条 违反本条例规定，侵占、损毁、损坏地质灾害监测设施或者地质灾害治理工程设施的，由县级以上地方人民政府国土资源主管部门责令停止违法行为，限期恢复原状或者采取补救措施，可以处5万元以下的罚款；构成犯罪的，依法追究刑事责任。

第七章 附　　则

第四十七条 在地质灾害防治工作中形成的地质资料，应当按照《地质资料管理条例》的规定汇交。

第四十八条 地震灾害的防御和减轻依照防震减灾的法律、行政法规的规定执行。

防洪法律、行政法规对洪水引发的崩塌、滑坡、泥石流的防治有规定的，从其规定。

第四十九条 本条例自2004年3月1日起施行。

破坏性地震应急条例

1. 1995年2月11日国务院令第172号发布
2. 根据2011年1月8日国务院令第588号《关于废止和修改部分行政法规的决定》修订

第一章 总　　则

第一条 为了加强对破坏性地震应急活动的管理，减轻地震灾害损失，保障国家财产和公民人身、财产安全，维护社会秩序，制定本条例。

第二条 在中华人民共和国境内从事破坏性地震应急活动，必须遵守本条例。

第三条 地震应急工作实行政府领导、统一管理和分级、分部门负责的原则。

第四条 各级人民政府应当加强地震应急的宣传、教育工作，提高社会防震减灾意识。

第五条 任何组织和个人都有参加地震应急活动的义务。

中国人民解放军和中国人民武装警察部队是地震应急工作的重要力量。

第二章 应急机构

第六条 国务院防震减灾工作主管部门指导和监督全国地震应急工作。国务院有关部门按照各自的职责，具体负责本部门的地震应急工作。

第七条 造成特大损失的严重破坏性地震发生后，国务院设立抗震救灾指挥部，国务院防震减灾工作主管部门为其办事机构；国务院有关部门设立本部门的地震应急机构。

第八条 县级以上地方人民政府防震减灾工作主管部门指导和监督本行政区域内的地震应急工作。

破坏性地震发生后，有关县级以上地方人民政府应当设立抗震救灾指挥部，对本行政区域内的地震应急工作实行集中领导，其办事机构设在本级人民政府防震减灾工作主管部门或者本级人民政府指定的其他部门；国务院另有规定的，从其规定。

第三章 应急预案

第九条 国家的破坏性地震应急预案，由国务院防震减灾工作主管部门会同国务院有关部门制定，报国务院批准。

第十条 国务院有关部门应当根据国家的破坏性地震应急预案，制定本部门的破坏性地震应急预案，并报国务院防震减灾工作主管部门备案。

第十一条　根据地震灾害预测,可能发生破坏性地震地区的县级以上地方人民政府防震减灾工作主管部门应当会同同级有关部门以及有关单位,参照国家的破坏性地震应急预案,制定本行政区域内的破坏性地震应急预案,报本级人民政府批准;省、自治区和人口在100万以上的城市的破坏性地震应急预案,还应当报国务院防震减灾工作主管部门备案。

第十二条　部门和地方制定破坏性地震应急预案,应当从本部门或者本地区的实际情况出发,做到切实可行。

第十三条　破坏性地震应急预案应当包括下列主要内容:

(一)应急机构的组成和职责;

(二)应急通信保障;

(三)抢险救援的人员、资金、物资准备;

(四)灾害评估准备;

(五)应急行动方案。

第十四条　制定破坏性地震应急预案的部门和地方,应当根据震情的变化以及实施中发现的问题,及时对其制定的破坏性地震应急预案进行修订、补充;涉及重大事项调整的,应当报经原批准机关同意。

第四章　临震应急

第十五条　地震临震预报,由省、自治区、直辖市人民政府依照国务院有关发布地震预报的规定统一发布,其他任何组织或者个人不得发布地震预报。

任何组织或者个人都不得传播有关地震的谣言。发生地震谣传时,防震减灾工作主管部门应当协助人民政府迅速予以平息和澄清。

第十六条　破坏性地震临震预报发布后,有关省、自治区、直辖市人民政府可以宣布预报区进入临震应急期,并指明临震应急期的起止时间。

临震应急期一般为10日;必要时,可以延长10日。

第十七条　在临震应急期,有关地方人民政府应当根据震情,统一部署破坏性地震应急预案的实施工作,并对临震应急活动中发生的争议采取紧急处理措施。

第十八条　在临震应急期,各级防震减灾工作主管部门应当协助本级人民政府对实施破坏性地震应急预案工作进行检查。

第十九条　在临震应急期,有关地方人民政府应当根据实际情况,向预报区的居民以及其他人员提出避震撤离的劝告;情况紧急时,应当有组织地进行避震疏散。

第二十条　在临震应急期,有关地方人民政府有权在本行政区域内紧急调用物资、设备、人员和占用场地,任何组织或者个人都不得阻拦;调用物资、设备或者占用场地的,事后应当及时归还或者给予补偿。

第二十一条　在临震应急期,有关部门应当对生命线工程和次生灾害源采取紧急防护措施。

第五章　震后应急

第二十二条　破坏性地震发生后,有关的省、自治区、直辖市人民政府应当宣布灾区进入震后应急期,并指明震后应急期的起止时间。

震后应急期一般为10日;必要时,可以延长20日。

第二十三条　破坏性地震发生后,抗震救灾指挥部应当及时组织实施破坏性地震应急预案,及时将震情、灾情及其发展趋势等信息报告上一级人民政府。

第二十四条　防震减灾工作主管部门应当加强现场地震监测预报工作,并及时会同有关部门评估地震灾害损失;灾情调查结果,应当及时报告本级人民政府抗震救灾指挥部和上一级防震减灾工作主管部门。

第二十五条　交通、铁路、民航等部门应当尽快恢复被损毁的道路、铁路、水港、空港和有关设施,并优先保证抢险救援人员、物资的运输和灾民的疏散。其他部门有交通运输工具的,应当无条件服从抗震救灾指挥部的征用或者调用。

第二十六条　通信部门应当尽快恢复被破坏的通信设施,保证抗震救灾通信畅通。其他部门有通信设施的,应当优先为破坏性地震应急工作服务。

第二十七条　供水、供电部门应当尽快恢复被破坏的供水、供电设施,保证灾区用水、用电。

第二十八条　卫生部门应当立即组织急救队伍,利用各种医疗设施或者建立临时治疗点,抢救伤员,及时检查、监测灾区的饮用水源、食品等,采取有效措施防止和控制传染病的暴发流行,并向受灾人员提供精神、心理卫生方面的帮助。医药部门应当及时提供救灾所需药品。其他部门应当配合卫生、医药部门,做好卫生防疫以及伤亡人员的抢救、处理工作。

第二十九条　民政部门应当迅速设置避难场所和救济物资供应点,提供救济物品等,保障灾民的基本生活,做好灾民的转移和安置工作。其他部门应当支持、配合民政部门妥善安置灾民。

第三十条　公安部门应当加强灾区的治安管理和安全保卫工作,预防和制止各种破坏活动,维护社会治安,保证抢险救灾工作顺利进行,尽快恢复社会秩序。

第三十一条　石油、化工、水利、电力、建设等部门和单位以及危险品生产、储运等单位，应当按照各自的职责，对可能发生或者已经发生次生灾害的地点和设施采取紧急处置措施，并加强监视、控制，防止灾害扩展。

公安消防机构应当严密监视灾区火灾的发生；出现火灾时，应当组织力量抢救人员和物资，并采取有效防范措施，防止火势扩大、蔓延。

第三十二条　广播电台、电视台等新闻单位应当根据抗震救灾指挥部提供的情况，按照规定及时向公众发布震情、灾情等有关信息，并做好宣传、报道工作。

第三十三条　抗震救灾指挥部可以请求非灾区的人民政府接受并妥善安置灾民和提供其他救援。

第三十四条　破坏性地震发生后，国内非灾区提供的紧急救援，由抗震救灾指挥部负责接受和安排；国际社会提供的紧急救援，由国务院民政部门负责接受和安排；国外红十字会和国际社会通过中国红十字会提供的紧急救援，由中国红十字会负责接受和安排。

第三十五条　因严重破坏性地震应急的需要，可以在灾区实行特别管制措施。省、自治区、直辖市行政区域内的特别管制措施，由省、自治区、直辖市人民政府决定；跨省、自治区、直辖市的特别管制措施，由有关省、自治区、直辖市人民政府共同决定或者由国务院决定；中断干线交通或者封锁国境的特别管制措施，由国务院决定。

特别管制措施的解除，由原决定机关宣布。

第六章　奖励和处罚

第三十六条　在破坏性地震应急活动中有下列事迹之一的，由其所在单位、上级机关或者防震减灾工作主管部门给予表彰或者奖励：

（一）出色完成破坏性地震应急任务的；

（二）保护国家、集体和公民的财产或者抢救人员有功的；

（三）及时排除险情，防止灾害扩大，成绩显著的；

（四）对地震应急工作提出重大建议，实施效果显著的；

（五）因震情、灾情测报准确和信息传递及时而减轻灾害损失的；

（六）及时供应用于应急救灾的物资和工具或者节约经费开支，成绩显著的；

（七）有其他特殊贡献的。

第三十七条　有下列行为之一的，对负有直接责任的主管人员和其他直接责任人员依法给予行政处分；属于违反治安管理行为的，依照治安管理处罚法的规定给予处罚；构成犯罪的，依法追究刑事责任：

（一）不按照本条例规定制定破坏性地震应急预案的；

（二）不按照破坏性地震应急预案的规定和抗震救灾指挥部的要求实施破坏性地震应急预案的；

（三）违抗抗震救灾指挥部命令，拒不承担地震应急任务的；

（四）阻挠抗震救灾指挥部紧急调用物资、人员或者占用场地的；

（五）贪污、挪用、盗窃地震应急工作经费或者物资的；

（六）有特定责任的国家工作人员在临震应急期或者震后应急期不坚守岗位，不及时掌握震情、灾情，临阵脱逃或者玩忽职守的；

（七）在临震应急期或者震后应急期哄抢国家、集体或者公民的财产的；

（八）阻碍抗震救灾人员执行职务或者进行破坏活动的；

（九）不按照规定和实际情况报告灾情的；

（十）散布谣言，扰乱社会秩序，影响破坏性地震应急工作的；

（十一）有对破坏性地震应急工作造成危害的其他行为的。

第七章　附　　则

第三十八条　本条例下列用语的含义：

（一）“地震应急”，是指为了减轻地震灾害而采取的不同于正常工作程序的紧急防灾和抢险行动；

（二）“破坏性地震”，是指造成一定数量的人员伤亡和经济损失的地震事件；

（三）“严重破坏性地震”，是指造成严重的人员伤亡和经济损失，使灾区丧失或者部分丧失自我恢复能力，需要国家采取对抗行动的地震事件；

（四）“生命线工程”，是指对社会生活、生产有重大影响的交通、通信、供水、排水、供电、供气、输油等工程系统；

（五）“次生灾害源”，是指因地震而可能引发水灾、火灾、爆炸等灾害的易燃易爆物品、有毒物质贮存设施、水坝、堤岸等。

第三十九条　本条例自 1995 年 4 月 1 日起施行。

地震监测管理条例

1. 2004年6月17日国务院令第409号公布
2. 根据2011年1月8日国务院令第588号《关于废止和修改部分行政法规的决定》修订

第一章　总　　则

第一条　为了加强对地震监测活动的管理,提高地震监测能力,根据《中华人民共和国防震减灾法》的有关规定,制定本条例。

第二条　本条例适用于地震监测台网的规划、建设和管理以及地震监测设施和地震观测环境的保护。

第三条　地震监测工作是服务于经济建设、国防建设和社会发展的公益事业。

县级以上人民政府应当将地震监测工作纳入本级国民经济和社会发展规划。

第四条　国家对地震监测台网实行统一规划,分级、分类管理。

第五条　国务院地震工作主管部门负责全国地震监测的监督管理工作。

县级以上地方人民政府负责管理地震工作的部门或者机构,负责本行政区域内地震监测的监督管理工作。

第六条　国家鼓励、支持地震监测的科学研究,推广应用先进的地震监测技术,开展地震监测的国际合作与交流。

有关地方人民政府应当支持少数民族地区、边远贫困地区和海岛的地震监测台网的建设和运行。

第七条　外国的组织或者个人在中华人民共和国领域和中华人民共和国管辖的其他海域从事地震监测活动,必须与中华人民共和国有关部门或者单位合作进行,并经国务院地震工作主管部门批准。

从事前款规定的活动,必须遵守中华人民共和国的有关法律、法规的规定,并不得涉及国家秘密和危害国家安全。

第二章　地震监测台网的规划和建设

第八条　全国地震监测台网,由国家地震监测台网、省级地震监测台网和市、县地震监测台网组成。

专用地震监测台网和有关单位、个人建设的社会地震监测台站(点)是全国地震监测台网的补充。

第九条　编制地震监测台网规划,应当坚持布局合理、资源共享的原则,并与土地利用总体规划和城乡规划相协调。

第十条　全国地震监测台网总体规划和国家地震监测台网规划,由国务院地震工作主管部门根据全国地震监测预报方案商国务院有关部门制定,并负责组织实施。

省级地震监测台网规划,由省、自治区、直辖市人民政府负责管理地震工作的部门或者机构,根据全国地震监测台网总体规划和本行政区域地震监测预报方案制定,报本级人民政府批准后实施。

市、县地震监测台网规划,由市、县人民政府负责管理地震工作的部门或者机构,根据省级地震监测台网规划制定,报本级人民政府批准后实施。

第十一条　省级地震监测台网规划和市、县地震监测台网规划需要变更的,应当报原批准机关批准。

第十二条　全国地震监测台网和专用地震监测台网的建设,应当遵守法律、法规和国家有关标准,符合国家规定的固定资产投资项目建设程序,保证台网建设质量。

全国地震监测台网的建设,应当依法实行招投标。

第十三条　建设全国地震监测台网和专用地震监测台网,应当按照国务院地震工作主管部门的规定,采用符合国家标准、行业标准或者有关地震监测的技术要求的设备和软件。

第十四条　下列建设工程应当建设专用地震监测台网:

(一)坝高100米以上、库容5亿立方米以上,且可能诱发5级以上地震的水库;

(二)受地震破坏后可能引发严重次生灾害的油田、矿山、石油化工等重大建设工程。

第十五条　核电站、水库大坝、特大桥梁、发射塔等重大建设工程应当按照国家有关规定,设置强震动监测设施。

第十六条　建设单位应当将专用地震监测台网、强震动监测设施的建设情况,报所在地省、自治区、直辖市人民政府负责管理地震工作的部门或者机构备案。

第十七条　国家鼓励利用废弃的油井、矿井和人防工程进行地震监测。

利用废弃的油井、矿井和人防工程进行地震监测的,应当采取相应的安全保障措施。

第十八条　全国地震监测台网的建设资金和运行经费,按照事权和财权相统一的原则,由中央和地方财政承担。

专用地震监测台网、强震动监测设施的建设资金和运行经费,由建设单位承担。

第三章 地震监测台网的管理

第十九条 全国地震监测台网正式运行后，不得擅自中止或者终止；确需中止或者终止的，国家地震监测台网和省级地震监测台网必须经国务院地震工作主管部门批准，市、县地震监测台网必须经省、自治区、直辖市人民政府负责管理地震工作的部门或者机构批准，并报国务院地震工作主管部门备案。

专用地震监测台网中止或者终止运行的，应当报所在地省、自治区、直辖市人民政府负责管理地震工作的部门或者机构备案。

第二十条 国务院地震工作主管部门和县级以上地方人民政府负责管理地震工作的部门或者机构，应当对专用地震监测台网和社会地震监测台站（点）的运行予以指导。

第二十一条 县级以上地方人民政府应当为全国地震监测台网的运行提供必要的通信、交通、水、电等条件保障。

全国地震监测台网、专用地震监测台网的运行受到影响时，当地人民政府应当组织有关部门采取紧急措施，尽快恢复地震监测台网的正常运行。

第二十二条 检测、传递、分析、处理、存贮、报送地震监测信息的单位，应当保证地震监测信息的安全和质量。

第二十三条 专用地震监测台网和强震动监测设施的管理单位，应当将地震监测信息及时报送所在地省、自治区、直辖市人民政府负责管理地震工作的部门或者机构。

第二十四条 国务院地震工作主管部门和县级以上地方人民政府负责管理地震工作的部门或者机构，应当加强对从事地震监测工作人员的业务培训，提高其专业技术水平。

第四章 地震监测设施和地震观测环境的保护

第二十五条 国家依法保护地震监测设施和地震观测环境。

地震监测设施所在地的市、县人民政府应当加强对地震监测设施和地震观测环境的保护工作。

任何单位和个人都有依法保护地震监测设施和地震观测环境的义务，对危害、破坏地震监测设施和地震观测环境的行为有权举报。

第二十六条 禁止占用、拆除、损坏下列地震监测设施：

（一）地震监测仪器、设备和装置；

（二）供地震监测使用的山洞、观测井（泉）；

（三）地震监测台网中心、中继站、遥测点的用房；

（四）地震监测标志；

（五）地震监测专用无线通信频段、信道和通信设施；

（六）用于地震监测的供电、供水设施。

第二十七条 地震观测环境应当按照地震监测设施周围不能有影响其工作效能的干扰源的要求划定保护范围。具体保护范围，由县级以上人民政府负责管理地震工作的部门或者机构会同其他有关部门，按照国家有关标准规定的最小距离划定。

国家有关标准对地震监测设施保护的最小距离尚未作出规定的，由县级以上人民政府负责管理地震工作的部门或者机构会同其他有关部门，按照国家有关标准规定的测试方法、计算公式等，通过现场实测确定。

第二十八条 除依法从事本条例第三十二条、第三十三条规定的建设活动外，禁止在已划定的地震观测环境保护范围内从事下列活动：

（一）爆破、采矿、采石、钻井、抽水、注水；

（二）在测震观测环境保护范围内设置无线信号发射装置、进行振动作业和往复机械运动；

（三）在电磁观测环境保护范围内铺设金属管线、电力电缆线路、堆放磁性物品和设置高频电磁辐射装置；

（四）在地形变观测环境保护范围内进行振动作业；

（五）在地下流体观测环境保护范围内堆积和填埋垃圾、进行污水处理；

（六）在观测线和观测标志周围设置障碍物或者擅自移动地震观测标志。

第二十九条 县级以上地方人民政府负责管理地震工作的部门或者机构，应当会同有关部门在地震监测设施附近设立保护标志，标明地震监测设施和地震观测环境保护的要求。

第三十条 县级以上地方人民政府负责管理地震工作的部门或者机构，应当将本行政区域内的地震监测设施的分布地点及其保护范围，报告当地人民政府，并通报同级公安机关和国土资源、城乡规划、测绘等部门。

第三十一条 土地利用总体规划和城乡规划应当考虑保护地震监测设施和地震观测环境的需要。

第三十二条 新建、扩建、改建建设工程，应当遵循国家有关测震、电磁、形变、流体等地震观测环境保护的标准，避免对地震监测设施和地震观测环境造成危害。

对在地震观测环境保护范围内的建设工程项目，县级以上地方人民政府城乡规划主管部门在核发选址意见书时，应当事先征求同级人民政府负责管理地震工作的部门或者机构的意见；负责管理地震工作的部门或者机构应当在10日内反馈意见。

第三十三条　建设国家重点工程，确实无法避免对地震监测设施和地震观测环境造成破坏的，建设单位应当按照县级以上地方人民政府负责管理地震工作的部门或者机构的要求，增建抗干扰设施或者新建地震监测设施后，方可进行建设。

需要新建地震监测设施的，县级以上地方人民政府负责管理地震工作的部门或者机构，可以要求新建地震监测设施正常运行1年以后，再拆除原地震监测设施。

本条第一款、第二款规定的措施所需费用，由建设单位承担。

第五章　法律责任

第三十四条　违反本条例的规定，国务院地震工作主管部门和县级以上地方人民政府负责管理地震工作的部门或者机构的工作人员，不履行监督管理职责，发现违法行为不予查处或者有其他滥用职权、玩忽职守、徇私舞弊行为，构成犯罪的，依照刑法有关规定追究刑事责任；尚不构成犯罪的，对主管人员和其他直接责任人员依法给予行政处分。

第三十五条　违反本条例的规定，有下列行为之一的，由国务院地震工作主管部门或者县级以上地方人民政府负责管理地震工作的部门或者机构责令改正，并要求采取相应的补救措施，对主管人员和其他直接责任人员，依法给予行政处分：

(一)未按照有关法律、法规和国家有关标准进行地震监测台网建设的；

(二)未按照国务院地震工作主管部门的规定采用地震监测设备和软件的；

(三)擅自中止或者终止地震监测台网运行的。

第三十六条　有本条例第二十六条、第二十八条所列行为之一的，由国务院地震工作主管部门或者县级以上地方人民政府负责管理地震工作的部门或者机构给予警告，责令停止违法行为，对个人可以处5000元以下的罚款，对单位处2万元以上10万元以下的罚款；构成犯罪的，依法追究刑事责任；造成损失的，依法承担赔偿责任。

第三十七条　违反本条例的规定，建设单位从事建设活动时，未按照要求增建抗干扰设施或者新建地震监测设施，对地震监测设施或者地震观测环境造成破坏的，由国务院地震工作主管部门或者县级以上地方人民政府负责管理地震工作的部门或者机构责令改正，限期恢复原状或者采取相应的补救措施；情节严重的，依照《中华人民共和国防震减灾法》第八十五条的规定处以罚款；构成犯罪的，依法追究刑事责任；造成损失的，依法承担赔偿责任。

第三十八条　违反本条例的规定，外国的组织或者个人未经批准，擅自在中华人民共和国领域和中华人民共和国管辖的其他海域进行地震监测活动的，由国务院地震工作主管部门责令停止违法行为，没收监测成果和监测设施，并处1万元以上10万元以下的罚款；情节严重的，处10万元以上50万元以下的罚款。

第六章　附　　则

第三十九条　火山监测的管理，参照本条例执行。

第四十条　本条例自2004年9月1日起施行。1994年1月10日国务院发布的《地震监测设施和地震观测环境保护条例》同时废止。

地震预报管理条例

1998年12月17日国务院令第255号发布施行

第一章　总　　则

第一条　为了加强对地震预报的管理，规范发布地震预报行为，根据《中华人民共和国防震减灾法》，制定本条例。

第二条　在中华人民共和国境内从事地震预报活动，必须遵守本条例。

第三条　地震预报包括下列类型：

(一)地震长期预报，是指对未来10年内可能发生破坏性地震的地域的预报；

(二)地震中期预报，是指对未来一二年内可能发生破坏性地震的地域和强度的预报；

(三)地震短期预报，是指对3个月内将要发生地震的时间、地点、震级的预报；

(四)临震预报，是指对10日内将要发生地震的时间、地点、震级的预报。

第四条　国家鼓励和扶持地震预报的科学技术研究，提高地震预报水平。

对在地震预报工作中做出突出贡献或者显著成绩的单位和个人，给予奖励。

第二章 地震预报意见的形成

第五条 国务院地震工作主管部门和县级以上地方人民政府负责管理地震工作的机构,应当加强地震预测工作。

第六条 任何单位和个人根据地震观测资料和研究结果提出的地震预测意见,应当向所在地或者所预测地区的县级以上地方人民政府负责管理地震工作的机构书面报告,也可以直接向国务院地震工作主管部门书面报告,不得向社会散布。

任何单位和个人不得向国(境)外提出地震预测意见;但是,以长期、中期地震活动趋势研究成果进行学术交流的除外。

第七条 任何单位和个人观察到与地震有关的异常现象时,应当及时向所在地的县级以上地方人民政府负责管理地震工作的机构报告。

第八条 国务院地震工作主管部门和省、自治区、直辖市人民政府负责管理地震工作的机构应当组织召开地震震情会商会,对各种地震预测意见和与地震有关的异常现象进行综合分析研究,形成地震预报意见。

市、县人民政府负责管理地震工作的机构可以组织召开地震震情会商会,形成地震预报意见,向省、自治区、直辖市人民政府负责管理地震工作的机构报告。

第三章 地震预报意见的评审

第九条 地震预报意见实行评审制度。评审包括下列内容:

(一)地震预报意见的科学性、可能性;

(二)地震预报的发布形式;

(三)地震预报发布后可能产生的社会、经济影响。

第十条 国务院地震工作主管部门应当组织有关专家,对下列地震预报意见进行评审,并将评审结果报国务院:

(一)全国地震震情会商会形成的地震预报意见;

(二)省、自治区、直辖市地震震情会商会形成的可能发生严重破坏性地震的地震预报意见。

第十一条 省、自治区、直辖市人民政府负责管理地震工作的机构应当组织有关专家,对下列地震预报意见进行评审,并将评审结果向省、自治区、直辖市人民政府和国务院地震工作主管部门报告:

(一)本省、自治区、直辖市地震震情会商会形成的地震预报意见;

(二)市、县地震震情会商会形成的地震预报意见。

省、自治区、直辖市人民政府负责管理地震工作的机构,对可能发生严重破坏性地震的地震预报意见,应当先报经国务院地震工作主管部门评审后,再向本级人民政府报告。

第十二条 省、自治区、直辖市人民政府负责管理地震工作的机构,在震情跟踪会商中,根据明显临震异常形成的临震预报意见,在紧急情况下,可以不经评审,直接报本级人民政府,并报国务院地震工作主管部门。

第十三条 任何单位和个人不得向社会散布地震预报意见及其评审结果。

第四章 地震预报的发布

第十四条 国家对地震预报实行统一发布制度。

全国性的地震长期预报和地震中期预报,由国务院发布。

省、自治区、直辖市行政区域内的地震长期预报、地震中期预报、地震短期预报和临震预报,由省、自治区、直辖市人民政府发布。

新闻媒体刊登或者播发地震预报消息,必须依照本条例的规定,以国务院或者省、自治区、直辖市人民政府发布的地震预报为准。

第十五条 已经发布地震短期预报的地区,如果发现明显临震异常,在紧急情况下,当地市、县人民政府可以发布48小时之内的临震预报,并同时向省、自治区、直辖市人民政府及其负责管理地震工作的机构和国务院地震工作主管部门报告。

第十六条 地震短期预报和临震预报在发布预报的时域、地域内有效。预报期内未发生地震的,原发布机关应当做出撤销或者延期的决定,向社会公布,并妥善处理善后事宜。

第十七条 发生地震谣言,扰乱社会正常秩序时,国务院地震工作主管部门和县级以上地方人民政府负责管理地震工作的机构应当采取措施,迅速予以澄清,其他有关部门应当给予配合、协助。

第五章 法律责任

第十八条 从事地震工作的专业人员违反本条例规定,擅自向社会散布地震预测意见、地震预报意见及其评审结果的,依法给予行政处分。

第十九条 违反本条例规定,制造地震谣言,扰乱社会正常秩序的,依法给予治安管理处罚。

第二十条 违反本条例规定,向国(境)外提出地震预测意见的,由国务院地震工作主管部门给予警告,并可以由其所在单位根据造成的不同后果依法给予纪律处分。

第二十一条　从事地震工作的国家工作人员玩忽职守,构成犯罪的,依法追究刑事责任;尚不构成犯罪的,依法给予行政处分。

第六章　附　　则

第二十二条　震后地震趋势判定公告的权限和程序,由国务院地震工作主管部门制定。

第二十三条　北京市的地震短期预报和临震预报,由国务院地震工作主管部门和北京市人民政府负责管理地震工作的机构,组织召开地震震情会商会,提出地震预报意见,经国务院地震工作主管部门组织评审后,报国务院批准,由北京市人民政府发布。

第二十四条　本条例自发布之日起施行。1988 年 6 月 7 日国务院批准、1988 年 8 月 9 日国家地震局发布的《发布地震预报的规定》同时废止。

汶川地震灾后恢复重建条例

2008 年 6 月 8 日国务院令第 526 号公布施行

第一章　总　　则

第一条　为了保障汶川地震灾后恢复重建工作有力、有序、有效地开展,积极、稳妥恢复灾区群众正常的生活、生产、学习、工作条件,促进灾区经济社会的恢复和发展,根据《中华人民共和国突发事件应对法》和《中华人民共和国防震减灾法》,制定本条例。

第二条　地震灾后恢复重建应当坚持以人为本、科学规划、统筹兼顾、分步实施、自力更生、国家支持、社会帮扶的方针。

第三条　地震灾后恢复重建应当遵循以下原则:

(一)受灾地区自力更生、生产自救与国家支持、对口支援相结合;

(二)政府主导与社会参与相结合;

(三)就地恢复重建与异地新建相结合;

(四)确保质量与注重效率相结合;

(五)立足当前与兼顾长远相结合;

(六)经济社会发展与生态环境资源保护相结合。

第四条　各级人民政府应当加强对地震灾后恢复重建工作的领导、组织和协调,必要时成立地震灾后恢复重建协调机构,组织协调地震灾后恢复重建工作。

县级以上人民政府有关部门应当在本级人民政府的统一领导下,按照职责分工,密切配合,采取有效措施,共同做好地震灾后恢复重建工作。

第五条　地震灾区的各级人民政府应当自力更生、艰苦奋斗、勤俭节约,多种渠道筹集资金、物资,开展地震灾后恢复重建。

国家对地震灾后恢复重建给予财政支持、税收优惠和金融扶持,并积极提供物资、技术和人力等方面的支持。

国家鼓励公民、法人和其他组织积极参与地震灾后恢复重建工作,支持在地震灾后恢复重建中采用先进的技术、设备和材料。

国家接受外国政府和国际组织提供的符合地震灾后恢复重建需要的援助。

第六条　对在地震灾后恢复重建工作中做出突出贡献的单位和个人,按照国家有关规定给予表彰和奖励。

第二章　过渡性安置

第七条　对地震灾区的受灾群众进行过渡性安置,应当根据地震灾区的实际情况,采取就地安置与异地安置,集中安置与分散安置,政府安置与投亲靠友、自行安置相结合的方式。

政府对投亲靠友和采取其他方式自行安置的受灾群众给予适当补助。具体办法由省级人民政府制定。

第八条　过渡性安置地点应当选在交通条件便利、方便受灾群众恢复生产和生活的区域,并避开地震活动断层和可能发生洪灾、山体滑坡和崩塌、泥石流、地面塌陷、雷击等灾害的区域以及生产、储存易燃易爆危险品的工厂、仓库。

实施过渡性安置应当占用废弃地、空旷地,尽量不占用或者少占用农田,并避免对自然保护区、饮用水水源保护区以及生态脆弱区域造成破坏。

第九条　地震灾区的各级人民政府根据实际条件,因地制宜,为灾区群众安排临时住所。临时住所可以采用帐篷、篷布房,有条件的也可以采用简易住房、活动板房。安排临时住所确实存在困难的,可以将学校操场和经安全鉴定的体育场馆等作为临时避难场所。

国家鼓励地震灾区农村居民自行筹建符合安全要求的临时住所,并予以补助。具体办法由省级人民政府制定。

第十条　用于过渡性安置的物资应当保证质量安全。生产单位应当确保帐篷、篷布房的产品质量。建设单位、生产单位应当采用质量合格的建筑材料,确保简易住房、活动板房的安全质量和抗震性能。

第十一条　过渡性安置地点应当配套建设水、电、道路等基础设施，并按比例配备学校、医疗点、集中供水点、公共卫生间、垃圾收集点、日常用品供应点、少数民族特需品供应点以及必要的文化宣传设施等配套公共服务设施，确保受灾群众的基本生活需要。

过渡性安置地点的规模应当适度，并安装必要的防雷设施和预留必要的消防应急通道，配备相应的消防设施，防范火灾和雷击灾害发生。

第十二条　临时住所应当具备防火、防风、防雨等功能。

第十三条　活动板房应当优先用于重灾区和需要异地安置的受灾群众，倒塌房屋在短期内难以恢复重建的重灾户特别是遇难者家庭、孕妇、婴幼儿、孤儿、孤老、残疾人员以及学校、医疗点等公共服务设施。

第十四条　临时住所、过渡性安置资金和物资的分配和使用，应当公开透明，定期公布，接受有关部门和社会监督。具体办法由省级人民政府制定。

第十五条　过渡性安置用地按临时用地安排，可以先行使用，事后再依法办理有关用地手续；到期未转为永久性用地的，应当复垦后交还原土地使用者。

第十六条　过渡性安置地点所在地的县级人民政府，应当组织有关部门加强次生灾害、饮用水水质、食品卫生、疫情的监测和流行病学调查以及环境卫生整治。使用的消毒剂、清洗剂应当符合环境保护要求，避免对土壤、水资源、环境等造成污染。

过渡性安置地点所在地的公安机关，应当加强治安管理，及时惩处违法行为，维护正常的社会秩序。

受灾群众应当在过渡性安置地点所在地的县、乡（镇）人民政府组织下，建立治安、消防联队，开展治安、消防巡查等自防自救工作。

第十七条　地震灾区的各级人民政府，应当组织受灾群众和企业开展生产自救，积极恢复生产，并做好受灾群众的心理援助工作。

第十八条　地震灾区的各级人民政府及政府农业行政主管部门应当及时组织修复毁损的农业生产设施，开展抢种抢收，提供农业生产技术指导，保障农业投入品和农业机械设备的供应。

第十九条　地震灾区的各级人民政府及政府有关部门应当优先组织供电、供水、供气等企业恢复生产，并对大型骨干企业恢复生产提供支持，为全面恢复工业、服务业生产经营提供条件。

第三章　调 查 评 估

第二十条　国务院有关部门应当组织开展地震灾害调查评估工作，为编制地震灾后恢复重建规划提供依据。

第二十一条　地震灾害调查评估应当包括下列事项：

（一）城镇和乡村受损程度和数量；

（二）人员伤亡情况，房屋破坏程度和数量，基础设施、公共服务设施、工农业生产设施与商贸流通设施受损程度和数量，农用地毁损程度和数量等；

（三）需要安置人口的数量，需要救助的伤残人员数量，需要帮助的孤寡老人及未成年人的数量，需要提供的房屋数量，需要恢复重建的基础设施和公共服务设施，需要恢复重建的生产设施，需要整理和复垦的农用地等；

（四）环境污染、生态损害以及自然和历史文化遗产毁损等情况；

（五）资源环境承载能力以及地质灾害、地震次生灾害和隐患等情况；

（六）水文地质、工程地质、环境地质、地形地貌以及河势和水文情势、重大水利水电工程的受影响情况；

（七）突发公共卫生事件及其隐患；

（八）编制地震灾后恢复重建规划需要调查评估的其他事项。

第二十二条　县级以上人民政府应当依据各自职责分工组织有关部门和专家，对毁损严重的水利、道路、电力等基础设施，学校等公共服务设施以及其他建设工程进行工程质量和抗震性能鉴定，保存有关资料和样本，并开展地震活动对相关建设工程破坏机理的调查评估，为改进建设工程抗震设计规范和工程建设标准，采取抗震设防措施提供科学依据。

第二十三条　地震灾害调查评估应当采用全面调查评估、实地调查评估、综合评估的方法，确保数据资料的真实性、准确性、及时性和评估结论的可靠性。

地震部门、地震监测台网应当收集、保存地震前、地震中、地震后的所有资料和信息，并建立完整的档案。

开展地震灾害调查评估工作，应当遵守国家法律、法规以及有关技术标准和要求。

第二十四条　地震灾害调查评估报告应当及时上报国务院。

第四章　恢复重建规划

第二十五条　国务院发展改革部门会同国务院有关部门与地震灾区的省级人民政府共同组织编制地震灾后恢复重建规划，报国务院批准后组织实施。

地震灾后恢复重建规划应当包括地震灾后恢复重建总体规划和城镇体系规划、农村建设规划、城乡住房建设规划、基础设施建设规划、公共服务设施建设规划、生产力布局和产业调整规划、市场服务体系规划、防灾减灾和生态修复规划、土地利用规划等专项规划。

第二十六条　地震灾区的市、县人民政府应当在省级人民政府的指导下，组织编制本行政区域的地震灾后恢复重建实施规划。

第二十七条　编制地震灾后恢复重建规划，应当全面贯彻落实科学发展观，坚持以人为本，优先恢复重建受灾群众基本生活和公共服务设施；尊重科学、尊重自然，充分考虑资源环境承载能力；统筹兼顾，与推进工业化、城镇化、新农村建设、主体功能区建设、产业结构优化升级相结合，并坚持统一部署、分工负责，区分缓急、突出重点，相互衔接、上下协调，规范有序、依法推进的原则。

编制地震灾后恢复重建规划，应当遵守法律、法规和国家有关标准。

第二十八条　地震灾后调查评估获得的地质、勘察、测绘、水文、环境等基础资料，应当作为编制地震灾后恢复重建规划的依据。

地震工作主管部门应当根据地震地质、地震活动特性的研究成果和地震烈度分布情况，对地震动参数区划图进行复核，为编制地震灾后恢复重建规划和进行建设工程抗震设防提供依据。

第二十九条　地震灾后恢复重建规划应当包括地震灾害状况和区域分析，恢复重建原则和目标，恢复重建区域范围，恢复重建空间布局，恢复重建任务和政策措施，有科学价值的地震遗址、遗迹保护，受损文物和具有历史价值与少数民族特色的建筑物、构筑物的修复，实施步骤和阶段等主要内容。

地震灾后恢复重建规划应当重点对城镇和乡村的布局、住房建设、基础设施建设、公共服务设施建设、农业生产设施建设、工业生产设施建设、防灾减灾和生态环境以及自然资源和历史文化遗产保护、土地整理和复垦等做出安排。

第三十条　地震灾区的中央所属企业生产、生活等设施的恢复重建，纳入地震灾后恢复重建规划统筹安排。

第三十一条　编制地震灾后恢复重建规划，应当吸收有关部门、专家参加，并充分听取地震灾区受灾群众的意见；重大事项应当组织有关方面专家进行专题论证。

第三十二条　地震灾区内的城镇和乡村完全毁损，存在重大安全隐患或者人口规模超出环境承载能力，需要异地新建的，重新选址时，应当避开地震活动断层或者生态脆弱和可能发生洪灾、山体滑坡、崩塌、泥石流、地面塌陷等灾害的区域以及传染病自然疫源地。

地震灾区的县级以上地方人民政府应当组织有关部门、专家对新址进行论证，听取公众意见，并报上一级人民政府批准。

第三十三条　国务院批准的地震灾后恢复重建规划，是地震灾后恢复重建的基本依据，应当及时公布。任何单位和个人都应当遵守经依法批准公布的地震灾后恢复重建规划，服从规划管理。

地震灾后恢复重建规划所依据的基础资料修改、其他客观条件发生变化需要修改的，或者因恢复重建工作需要修改的，由规划组织编制机关提出修改意见，报国务院批准。

第五章　恢复重建的实施

第三十四条　地震灾区的省级人民政府，应当根据地震灾后恢复重建规划和当地经济社会发展水平，有计划、分步骤地组织实施地震灾后恢复重建。

国务院有关部门应当支持、协助、指导地震灾区的恢复重建工作。

城镇恢复重建应当充分考虑原有城市、镇总体规划，注重体现原有少数民族建筑风格，合理确定城镇的建设规模和标准，并达到抗震设防要求。

第三十五条　发展改革部门具体负责灾后恢复重建的统筹规划、政策建议、投资计划、组织协调和重大建设项目的安排。

财政部门会同有关部门负责提出资金安排和政策建议，并具体负责灾后恢复重建财政资金的拨付和管理。

交通运输、水利、铁路、电力、通信、广播影视等部门按照职责分工，具体组织实施有关基础设施的灾后恢复重建。

建设部门具体组织实施房屋和市政公用设施的灾后恢复重建。

民政部门具体组织实施受灾群众的临时基本生活保障、生活困难救助、农村毁损房屋恢复重建补助、社会福利设施恢复重建以及对孤儿、孤老、残疾人员的安置、补助、心理援助和伤残康复。

教育、科技、文化、卫生、广播影视、体育、人力资源社会保障、商务、工商等部门按照职责分工，具体组织实施公共服务设施的灾后恢复重建、卫生防疫和医疗救治、就业服务和社会保障、重要生活必需品供应以及维护市场秩序。高等学校、科学技术研究开发机构应当加强对有关问题的专题研究，为地震灾后恢复重建提供科学技术支撑。

农业、林业、水利、国土资源、商务、工业等部门按照职责分工，具体组织实施动物疫情监测、农业生产设施恢复重建和农业生产条件恢复，地震灾后恢复重建用地安排、土地整理和复垦、地质灾害防治，商贸流通、工业生产设施等恢复重建。

环保、林业、民政、水利、科技、安全生产、地震、气象、测绘等部门按照职责分工，具体负责生态环境保护和防灾减灾、安全生产的技术保障及公共服务设施恢复重建。

中国人民银行和银行、证券、保险监督管理机构按照职责分工，具体负责地震灾后恢复重建金融支持和服务政策的制定与落实。

公安部门具体负责维护和稳定地震灾区社会秩序。

海关、出入境检验检疫部门按照职责分工，依法组织实施进口恢复重建物资、境外捐赠物资的验放、检验检疫。

外交部会同有关部门按照职责分工，协调开展地震灾后恢复重建的涉外工作。

第三十六条 国务院地震工作主管部门应当会同文物等有关部门组织专家对地震废墟进行现场调查，对具有典型性、代表性、科学价值和纪念意义的地震遗址、遗迹划定范围，建立地震遗址博物馆。

第三十七条 地震灾区的省级人民政府应当组织民族事务、建设、环保、地震、文物等部门和专家，根据地震灾害调查评估结果，制定清理保护方案，明确地震遗址、遗迹和文物保护单位以及具有历史价值与少数民族特色的建筑物、构筑物等保护对象及其区域范围，报国务院批准后实施。

第三十八条 地震灾害现场的清理保护，应当在确定无人类生命迹象和无重大疫情的情况下，按照统一组织、科学规划、统筹兼顾、注重保护的原则实施。发现地震灾害现场有人类生命迹象的，应当立即实施救援。

第三十九条 对清理保护方案确定的地震遗址、遗迹应当在保护范围内采取有效措施进行保护，抢救、收集具有科学研究价值的技术资料和实物资料，并在不影响整体风貌的情况下，对有倒塌危险的建筑物、构筑物进行必要的加固，对废墟中有毒、有害的废弃物、残留物进行必要的清理。

对文物保护单位应当实施原址保护。对尚可保留的不可移动文物和具有历史价值与少数民族特色的建筑物、构筑物以及历史建筑，应当采取加固等保护措施；对无法保留但将来可能恢复重建的，应当收集整理影像资料。

对馆藏文物、民间收藏文物等可移动文物和非物质文化遗产的物质载体，应当及时抢救、整理、登记，并将清理出的可移动文物和非物质文化遗产的物质载体，运送到安全地点妥善保管。

第四十条 对地震灾害现场的清理，应当按照清理保护方案分区、分类进行。清理出的遇难者遗体处理，应当尊重当地少数民族传统习惯；清理出的财物，应当对其种类、特征、数量、清理时间、地点等情况详细登记造册，妥善保存。有条件的，可以通知遇难者家属和所有权人到场。

对清理出的废弃危险化学品和其他废弃物、残留物，应当实行分类处理，并遵守国家有关规定。

第四十一条 地震灾区的各级人民政府应当做好地震灾区的动物疫情防控工作。对清理出的动物尸体，应当采取消毒、销毁等无害化处理措施，防止重大动物疫情的发生。

第四十二条 对现场清理过程中拆除或者拆解的废旧建筑材料以及过渡安置期结束后不再使用的活动板房等，能回收利用的，应当回收利用。

第四十三条 地震灾后恢复重建，应当统筹安排交通、铁路、通信、供水、供电、住房、学校、医院、社会福利、文化、广播电视、金融等基础设施和公共服务设施建设。

城镇的地震灾后恢复重建，应当统筹安排市政公用设施、公共服务设施和其他设施，合理确定建设规模和时序。

乡村的地震灾后恢复重建，应当尊重农民意愿，发挥村民自治组织的作用，以群众自建为主，政府补助、社会帮扶、对口支援，因地制宜，节约和集约利用土地，保护耕地。

地震灾区的县级人民政府应当组织有关部门对村民住宅建设的选址予以指导，并提供能够符合当地实际的多种村民住宅设计图，供村民选择。村民住宅应当达到抗震设防要求，体现原有地方特色、民族特色和传统风貌。

第四十四条 经批准的地震灾后恢复重建项目可以根据土地利用总体规划，先行安排使用土地，实行边建设边报批，并按照有关规定办理用地手续。对因地震灾害毁损的耕地、农田道路、抢险救灾应急用地、过渡性安置用地、废弃的城镇、村庄和工矿旧址，应当依法进行土地整理和复垦，并治理地质灾害。

第四十五条 国务院有关部门应当组织对地震灾区地震动参数、抗震设防要求、工程建设标准进行复审；确有必要修订的，应当及时组织修订。

地震灾区的抗震设防要求和有关工程建设标准应当根据修订后的地震灾区地震动参数,进行相应修订。

第四十六条　对地震灾区尚可使用的建筑物、构筑物和设施,应当按照地震灾区的抗震设防要求进行抗震性能鉴定,并根据鉴定结果采取加固、改造等措施。

第四十七条　地震灾后重建工程的选址,应当符合地震灾后恢复重建规划和抗震设防、防灾减灾要求,避开地震活动断层、生态脆弱地区、可能发生重大灾害的区域和传染病自然疫源地。

第四十八条　设计单位应当严格按照抗震设防要求和工程建设强制性标准进行抗震设计,并对抗震设计的质量以及出具的施工图的准确性负责。

施工单位应当按照施工图设计文件和工程建设强制性标准进行施工,并对施工质量负责。

建设单位、施工单位应当选用施工图设计文件和国家有关标准规定的材料、构配件和设备。

工程监理单位应当依照施工图设计文件和工程建设强制性标准实施监理,并对施工质量承担监理责任。

第四十九条　按照国家有关规定对地震灾后恢复重建工程进行竣工验收时,应当重点对工程是否符合抗震设防要求进行查验;对不符合抗震设防要求的,不得出具竣工验收报告。

第五十条　对学校、医院、体育场馆、博物馆、文化馆、图书馆、影剧院、商场、交通枢纽等人员密集的公共服务设施,应当按照高于当地房屋建筑的抗震设防要求进行设计,增强抗震设防能力。

第五十一条　地震灾后恢复重建中涉及文物保护、自然保护区、野生动植物保护和地震遗址、遗迹保护的,依照国家有关法律、法规的规定执行。

第五十二条　地震灾后恢复重建中,货物、工程和服务的政府采购活动,应当严格依照《中华人民共和国政府采购法》的有关规定执行。

第六章　资金筹集与政策扶持

第五十三条　县级以上人民政府应当通过政府投入、对口支援、社会募集、市场运作等方式筹集地震灾后恢复重建资金。

第五十四条　国家根据地震的强度和损失的实际情况等因素建立地震灾后恢复重建基金,专项用于地震灾后恢复重建。

地震灾后恢复重建基金由预算资金以及其他财政资金构成。

地震灾后恢复重建基金筹集使用管理办法,由国务院财政部门制定。

第五十五条　国家鼓励公民、法人和其他组织为地震灾后恢复重建捐赠款物。捐赠款物的使用应当尊重捐赠人的意愿,并纳入地震灾后恢复重建规划。

县级以上人民政府及其部门作为受赠人的,应当将捐赠款物用于地震灾后恢复重建。公益性社会团体、公益性非营利的事业单位作为受赠人的,应当公开接受捐赠的情况和受赠财产的使用、管理情况,接受政府有关部门、捐赠人和社会的监督。

县级以上人民政府及其部门、公益性社会团体、公益性非营利的事业单位接受捐赠的,应当向捐赠人出具由省级以上财政部门统一印制的捐赠票据。

外国政府和国际组织提供的地震灾后恢复重建资金、物资和人员服务以及安排实施的多双边地震灾后恢复重建项目等,依照国家有关规定执行。

第五十六条　国家鼓励公民、法人和其他组织依法投资地震灾区基础设施和公共服务设施的恢复重建。

第五十七条　国家对地震灾后恢复重建依法实行税收优惠。具体办法由国务院财政部门、国务院税务部门制定。

地震灾区灾后恢复重建期间,县级以上地方人民政府依法实施地方税收优惠措施。

第五十八条　地震灾区的各项行政事业性收费可以适当减免。具体办法由有关主管部门制定。

第五十九条　国家向地震灾区的房屋贷款和公共服务设施恢复重建贷款、工业和服务业恢复生产经营贷款、农业恢复生产贷款等提供财政贴息。具体办法由国务院财政部门会同其他有关部门制定。

第六十条　国家在安排建设资金时,应当优先考虑地震灾区的交通、铁路、能源、农业、水利、通信、金融、市政公用、教育、卫生、文化、广播电视、防灾减灾、环境保护等基础设施和公共服务设施以及关系国家安全的重点工程设施建设。

测绘、气象、地震、水文等设施因地震遭受破坏的,地震灾区的人民政府应当采取紧急措施,组织力量修复,确保正常运行。

第六十一条　各级人民政府及政府有关部门应当加强对受灾群众的职业技能培训、就业服务和就业援助,鼓励企业、事业单位优先吸纳符合条件的受灾群众就业;可以采取以工代赈的方式组织受灾群众参加地震灾后恢复重建。

第六十二条　地震灾区接受义务教育的学生,其监护人因地震灾害死亡或者丧失劳动能力或者因地震灾害导致家庭经济困难的，由国家给予生活费补贴；地震灾区的其他学生，其父母因地震灾害死亡或者丧失劳动能力或者因地震灾害导致家庭经济困难的，在同等情况下其所在的学校可以优先将其纳入国家资助政策体系予以资助。

第六十三条 非地震灾区的县级以上地方人民政府及其有关部门应当按照国家和当地人民政府的安排，采取对口支援等多种形式支持地震灾区恢复重建。

国家鼓励非地震灾区的企业、事业单位通过援建等多种形式支持地震灾区恢复重建。

第六十四条 对地震灾后恢复重建中需要办理行政审批手续的事项，有审批权的人民政府及有关部门应当按照方便群众、简化手续、提高效率的原则，依法及时予以办理。

第七章 监督管理

第六十五条 县级以上人民政府应当加强对下级人民政府地震灾后恢复重建工作的监督检查。

县级以上人民政府有关部门应当加强对地震灾后恢复重建建设工程质量和安全以及产品质量的监督。

第六十六条 地震灾区的各级人民政府在确定地震灾后恢复重建资金和物资分配方案、房屋分配方案前，应当先行调查，经民主评议后予以公布。

第六十七条 地震灾区的各级人民政府应当定期公布地震灾后恢复重建资金和物资的来源、数量、发放和使用情况，接受社会监督。

第六十八条 财政部门应当加强对地震灾后恢复重建资金的拨付和使用的监督管理。

发展改革、建设、交通运输、水利、电力、铁路、工业和信息化等部门按照职责分工，组织开展对地震灾后恢复重建项目的监督检查。国务院发展改革部门组织开展对地震灾后恢复重建的重大建设项目的稽察。

第六十九条 审计机关应当加强对地震灾后恢复重建资金和物资的筹集、分配、拨付、使用和效果的全过程跟踪审计，定期公布地震灾后恢复重建资金和物资使用情况，并在审计结束后公布最终的审计结果。

第七十条 地震灾区的各级人民政府及有关部门和单位，应当对建设项目以及地震灾后恢复重建资金和物资的筹集、分配、拨付、使用情况登记造册，建立、健全档案，并在建设工程竣工验收和地震灾后恢复重建结束后，及时向建设主管部门或者其他有关部门移交档案。

第七十一条 监察机关应当加强对参与地震灾后恢复重建工作的国家机关和法律、法规授权的具有管理公共事务职能的组织及其工作人员的监察。

第七十二条 任何单位和个人对地震灾后恢复重建中的违法违纪行为，都有权进行举报。

接到举报的人民政府或者有关部门应当立即调查，依法处理，并为举报人保密。实名举报的，应当将处理结果反馈举报人。社会影响较大的违法违纪行为，处理结果应当向社会公布。

第八章 法律责任

第七十三条 有关地方人民政府及政府部门侵占、截留、挪用地震灾后恢复重建资金或者物资的，由财政部门、审计机关在各自职责范围内，责令改正，追回被侵占、截留、挪用的地震灾后恢复重建资金或者物资，没收违法所得，对单位给予警告或者通报批评；对直接负责的主管人员和其他直接责任人员，由任免机关或者监察机关按照人事管理权限依法给予降级、撤职直至开除的处分；构成犯罪的，依法追究刑事责任。

第七十四条 在地震灾后恢复重建中，有关地方人民政府及政府有关部门拖欠施工单位工程款，或者明示、暗示设计单位、施工单位违反抗震设防要求和工程建设强制性标准，降低建设工程质量，造成重大安全事故，构成犯罪的，依法追究刑事责任；尚不构成犯罪的，对直接负责的主管人员和其他直接责任人员，由任免机关或者监察机关按照人事管理权限依法给予降级、撤职直至开除的处分。

第七十五条 在地震灾后恢复重建中，建设单位、勘察单位、设计单位、施工单位或者工程监理单位，降低建设工程质量，造成重大安全事故，构成犯罪的，依法追究刑事责任；尚不构成犯罪的，由县级以上地方人民政府建设主管部门或者其他有关部门依照《建设工程质量管理条例》的有关规定给予处罚。

第七十六条 对毁损严重的基础设施、公共服务设施和其他建设工程，在调查评估中经鉴定确认工程质量存在重大问题，构成犯罪的，对负有责任的建设单位、设计单位、施工单位、工程监理单位的直接责任人员，依法追究刑事责任；尚不构成犯罪的，由县级以上地方人民政府建设主管部门或者其他有关部门依照《建设工程质量管理条例》的有关规定给予处罚。涉嫌行贿、受贿的，依法追究刑事责任。

第七十七条 在地震灾后恢复重建中，扰乱社会公共秩序，构成违反治安管理行为的，由公安机关依法给予处罚。

第七十八条 国家工作人员在地震灾后恢复重建工作中

滥用职权、玩忽职守、徇私舞弊的，依法给予处分；构成犯罪的，依法追究刑事责任。

第九章　附　　则

第七十九条　地震灾后恢复重建中的其他有关法律的适用和有关政策，由国务院依法另行制定，或者由国务院有关部门、省级人民政府在各自职权范围内做出规定。

第八十条　本条例自公布之日起施行。

地震安全性评价管理条例

1. 2001年11月15日国务院令第323号公布
2. 根据2017年3月1日国务院令第676号《关于修改和废止部分行政法规的决定》第一次修订
3. 根据2019年3月2日国务院令第709号《关于修改部分行政法规的决定》第二次修订

第一章　总　　则

第一条　为了加强对地震安全性评价的管理，防御与减轻地震灾害，保护人民生命和财产安全，根据《中华人民共和国防震减灾法》的有关规定，制定本条例。

第二条　在中华人民共和国境内从事地震安全性评价活动，必须遵守本条例。

第三条　新建、扩建、改建建设工程，依照《中华人民共和国防震减灾法》和本条例的规定，需要进行地震安全性评价的，必须严格执行国家地震安全性评价的技术规范，确保地震安全性评价的质量。

第四条　国务院地震工作主管部门负责全国的地震安全性评价的监督管理工作。

县级以上地方人民政府负责管理地震工作的部门或者机构负责本行政区域内的地震安全性评价的监督管理工作。

第五条　国家鼓励、扶持有关地震安全性评价的科技研究，推广应用先进的科技成果，提高地震安全性评价的科技水平。

第二章　地震安全性评价单位

第六条　从事地震安全性评价的单位应当具备下列条件：

（一）有与从事地震安全性评价相适应的地震学、地震地质学、工程地震学方面的专业技术人员；

（二）有从事地震安全性评价的技术条件。

第七条　禁止地震安全性评价单位以其他地震安全性评价单位的名义承揽地震安全性评价业务。禁止地震安全性评价单位允许其他单位以本单位的名义承揽地震安全性评价业务。

第三章　地震安全性评价的范围和要求

第八条　下列建设工程必须进行地震安全性评价：

（一）国家重大建设工程；

（二）受地震破坏后可能引发水灾、火灾、爆炸、剧毒或者强腐蚀性物质大量泄露或者其他严重次生灾害的建设工程，包括水库大坝、堤防和贮油、贮气、贮存易燃易爆、剧毒或者强腐蚀性物质的设施以及其他可能发生严重次生灾害的建设工程；

（三）受地震破坏后可能引发放射性污染的核电站和核设施建设工程；

（四）省、自治区、直辖市认为对本行政区域有重大价值或者有重大影响的其他建设工程。

第九条　地震安全性评价单位对建设工程进行地震安全性评价后，应当编制该建设工程的地震安全性评价报告。

地震安全性评价报告应当包括下列内容：

（一）工程概况和地震安全性评价的技术要求；

（二）地震活动环境评价；

（三）地震地质构造评价；

（四）设防烈度或者设计地震动参数；

（五）地震地质灾害评价；

（六）其他有关技术资料。

第四章　地震安全性评价报告的审定

第十条　国务院地震工作主管部门负责下列地震安全性评价报告的审定：

（一）国家重大建设工程；

（二）跨省、自治区、直辖市行政区域的建设工程；

（三）核电站和核设施建设工程。

省、自治区、直辖市人民政府负责管理地震工作的部门或者机构负责除前款规定以外的建设工程地震安全性评价报告的审定。

第十一条　国务院地震工作主管部门和省、自治区、直辖市人民政府负责管理地震工作的部门或者机构，应当自收到地震安全性评价报告之日起15日内进行审定，确定建设工程的抗震设防要求。

第十二条　国务院地震工作主管部门或者省、自治区、直辖市人民政府负责管理地震工作的部门或者机构，在确定建设工程抗震设防要求后，应当以书面形式通知建设单位，并告知建设工程所在地的市、县人民政府负责管理地震工作的部门或者机构。

省、自治区、直辖市人民政府负责管理地震工作的部门或者机构应当将其确定的建设工程抗震设防要求报国务院地震工作主管部门备案。

第五章 监督管理

第十三条 县级以上人民政府负责项目审批的部门,应当将抗震设防要求纳入建设工程可行性研究报告的审查内容。对可行性研究报告中未包含抗震设防要求的项目,不予批准。

第十四条 国务院建设行政主管部门和国务院铁路、交通、民用航空、水利和其他有关专业主管部门制定的抗震设计规范,应当明确规定按照抗震设防要求进行抗震设计的方法和措施。

第十五条 建设工程设计单位应当按照抗震设防要求和抗震设计规范,进行抗震设计。

第十六条 国务院地震工作主管部门和县级以上地方人民政府负责管理地震工作的部门或者机构,应当会同有关专业主管部门,加强对地震安全性评价工作的监督检查。

第六章 罚则

第十七条 违反本条例的规定,地震安全性评价单位有下列行为之一的,由国务院地震工作主管部门或者县级以上地方人民政府负责管理地震工作的部门或者机构依据职权,责令改正,没收违法所得,并处1万元以上5万元以下的罚款:

(一)以其他地震安全性评价单位的名义承揽地震安全性评价业务的;

(二)允许其他单位以本单位名义承揽地震安全性评价业务的。

第十八条 违反本条例的规定,国务院地震工作主管部门或者省、自治区、直辖市人民政府负责管理地震工作的部门或者机构不履行审定地震安全性评价报告职责,国务院地震工作主管部门或者县级以上地方人民政府负责管理地震工作的部门或者机构不履行监督管理职责,或者发现违法行为不予查处,致使公共财产、国家和人民利益遭受重大损失的,依法追究有关责任人的刑事责任;没有造成严重后果,尚不构成犯罪的,对部门或者机构负有责任的主管人员和其他直接责任人员给予降级或者撤职的处分。

第七章 附则

第十九条 本条例自2002年1月1日起施行。

地质灾害治理工程监理单位资质管理办法

1. 2005年5月20日国土资源部令第31号公布

2. 根据2015年5月6日国土资源部第2次部务会议《国土资源部关于修改〈地质灾害危险性评估单位资质管理办法〉等5部规章的决定》第一次修正

3. 根据2019年7月16日自然资源部第2次部务会议《自然资源部关于第一批废止和修改的部门规章的决定》第二次修正

第一章 总则

第一条 为保证地质灾害治理工程质量,控制治理工程工期,充分发挥治理工程投资效益,加强对治理工程监理单位的资质管理,根据《地质灾害防治条例》,制定本办法。

第二条 在中华人民共和国境内申请地质灾害治理工程监理单位资质,实施对地质灾害治理工程监理单位资质管理,适用本办法。

第三条 从事地质灾害治理工程监理活动的单位,应当在取得相应等级的资质证书后,在其资质证书许可的范围内从事地质灾害治理工程监理活动。

第四条 地质灾害治理工程监理单位资质分为甲、乙、丙三个等级。

自然资源部负责甲级地质灾害治理工程监理单位资质的审批和管理。

省、自治区、直辖市自然资源主管部门负责乙级和丙级地质灾害治理工程监理单位资质的审批和管理。

第二章 资质等级和业务范围

第五条 地质灾害治理工程监理单位资质分级标准如下:

(一)甲级资质

1. 地质灾害治理工程监理技术人员总数不少于三十人,其中具有水文地质、工程地质、环境地质、岩土工程、工程预算等专业技术人员不少于二十人;

2. 近三年内独立承担过五项以上中型地质灾害治理工程的监理项目,有优良的工作业绩。

(二)乙级资质

1. 地质灾害治理工程监理技术人员总数不少于二十人,其中具有水文地质、工程地质、环境地质、岩土工程、工程预算等专业技术人员不少于十人;

2. 近三年内独立承担过五项以上小型地质灾害治理工程的监理项目,有良好的工作业绩。

(三)丙级资质

地质灾害治理工程监理技术人员总数不少于十人,其中具有水文地质、工程地质、环境地质、岩土工程、工程预算等专业技术人员不少于五人。

第六条　除本办法第五条规定的资质条件外,申请地质灾害治理工程监理资质的单位,还应当同时具备以下条件:

(一)具有独立的法人资格;

(二)具有健全的安全和质量管理监控体系,近五年内未发生过重大安全、质量事故;

(三)技术人员中外聘人员的数量不超过百分之十。

第七条　同一资质单位不能同时持有地质灾害治理工程监理资质和地质灾害治理工程施工资质。

第八条　甲级地质灾害治理工程监理资质单位,可以承揽大、中、小型地质灾害治理工程的监理业务。

乙级地质灾害治理工程监理资质单位,可以承揽中、小型地质灾害治理工程的监理业务。

丙级地质灾害治理工程监理资质单位,可以承揽小型地质灾害治理工程的监理业务。

第三章　审批和管理

第九条　地质灾害治理工程监理单位资质的审批机关为自然资源部和省、自治区、直辖市自然资源主管部门。

第十条　申请地质灾害治理工程监理资质的单位,应当向审批机关提出申请,并提交以下材料:

(一)资质申请表;

(二)法人资格证明或者有关部门登记的证明文件;

(三)法定代表人和主要技术负责人任命或者聘任文件;

(四)当年在职人员的统计表、中级职称以上工程技术和经济管理人员名单、身份证明、职称证明;

(五)承担过的主要地质灾害治理工程监理项目有关证明材料,包括任务书、委托书、合同,工程管理部门验收意见;

(六)单位主要监理设备清单;

(七)质量管理体系的有关材料。

上述材料应当提供符合规定格式的电子文档一份。

资质申请表可以从自然资源部门户网站上下载。

第十一条　申请地质灾害治理工程监理资质的单位,应当如实提供有关材料,并对申请材料的真实性负责。

资质单位在申请资质时弄虚作假的,资质证书自始无效。

第十二条　申请甲级地质灾害治理工程监理单位资质的,向自然资源部申请。

申请乙级和丙级地质灾害治理工程监理单位资质的,向单位所在地的省、自治区、直辖市自然资源主管部门申请。

第十三条　审批机关应当自受理资质申请之日起二十日内完成审批工作。逾期不能完成的,经审批机关负责人批准,可以延长十日。

第十四条　审批机关受理资质申请材料后,应当组织专家进行评审,专家评审所需时间不计算在审批时限内。

对经过评审后拟批准的资质单位,应当在媒体上进行公示。公示时间不得少于七日。

公示期满,对公示无异议的,审批机关应当予以审批,并颁发资质证书;对公示有异议的,审批机关应当对其申请材料予以复核。

审批机关应当将审批结果在媒体上予以公告。

省、自治区、直辖市自然资源主管部门审批的乙级和丙级资质,应当在批准后的六十日内报自然资源部备案。

第十五条　地质灾害治理工程监理单位资质证书分为正本和副本,正本和副本具有同等的法律效力。

地质灾害治理工程监理单位资质证书,由自然资源部统一监制。

第十六条　地质灾害治理工程监理单位资质证书有效期为三年。

有效期届满需要继续从业的,应当于资质证书有效期届满三个月前,向原审批机关提出延续申请。

审批机关应当对申请延续的资质单位的从业活动进行审核。符合原资质等级条件的,由审批机关换发新的监理资质证书,有效期从换发之日起计算。经审核,不符合原定资质条件的,不予办理延续手续。

符合上一级资质等级条件的资质单位,可以在获得资质证书两年后或者在申请延续的同时申请升级。符合本办法规定的资质条件的,审批机关应当重新审批,并颁发相应的资质证书。

第十七条　资质证书遗失的,可以向原审批机关申请补领。

第十八条　资质单位发生合并或者分立的,应当及时到原审批机关办理资质证书注销手续。需要继续从业的,重新申请。

第十九条　资质单位名称、地址、法定代表人、技术负责人等事项发生变更的,应当在变更后三十日内,到原审批机关办理资质证书变更手续。

第二十条 资质单位破产、歇业或者因其他原因终止业务活动的，应当在办理营业执照注销手续后十五日内，到原审批机关办理资质证书注销手续。

第四章 监督管理

第二十一条 县级以上自然资源主管部门负责对本行政区域内的地质灾害治理工程监理活动进行监督检查。被检查的单位应当配合，并如实提供相关材料。

第二十二条 地质灾害治理工程监理资质单位，应当建立监理业务手册，如实记载其工作业绩和存在的主要问题。

第二十三条 地质灾害治理工程监理资质单位，应当建立严格的技术成果和资质图章管理制度。资质证书的类别和等级编号，应当在地质灾害治理工程的有关监理技术文件上注明。

第二十四条 资质单位的技术负责人或者其他技术人员应当定期参加地质灾害治理工程监理业务培训。

第二十五条 地质灾害治理工程监理资质单位，对承担的监理项目，应当在监理合同签订后十日内，到工程所在地县级自然资源主管部门备案。

监理项目跨行政区域的，向项目所跨行政区域共同的上一级自然资源主管部门备案。

第五章 法律责任

第二十六条 资质单位不按照本办法第十八条、第十九条和第二十条的规定及时办理资质证书变更、注销手续的，由县级以上自然资源主管部门责令限期改正；逾期不改的，可以处五千元以下罚款。

第二十七条 资质单位不按照本办法第二十五条的规定进行备案的，由县级以上自然资源主管部门责令限期改正；逾期不改的，可以处一万元以下罚款。

第二十八条 县级以上自然资源主管部门在地质灾害治理工程监理单位资质审批及管理过程中徇私舞弊、玩忽职守、滥用职权，对直接负责的主管人员和其他直接责任人员依法给予处分；构成犯罪的，依法追究刑事责任。

第六章 附则

第二十九条 本办法实施前已经取得地质灾害防治工程监理资质证书的单位，应当于本办法实施后六个月内，依照本办法的规定到审批机关申请领取新的资质证书。逾期不申领的，原资质证书一律无效。

第三十条 本办法中的地质灾害治理工程及其分级标准，依照《地质灾害治理工程勘查设计施工单位资质管理办法》的有关规定执行。

第三十一条 本办法自2005年7月1日起施行。

地质灾害危险性评估单位资质管理办法

1. 2005年5月20日国土资源部令第29号公布
2. 根据2015年5月6日国土资源部第2次部务会议《国土资源部关于修改〈地质灾害危险性评估单位资质管理办法〉等5部规章的决定》第一次修正
3. 根据2019年7月16日自然资源部第2次部务会议《自然资源部关于第一批废止和修改的部门规章的决定》第二次修正

第一章 总则

第一条 为加强地质灾害危险性评估单位资质管理，规范地质灾害危险性评估市场秩序，保证地质灾害危险性评估质量，根据《地质灾害防治条例》，制定本办法。

第二条 在中华人民共和国境内申请地质灾害危险性评估单位资质，实施对地质灾害危险性评估单位资质管理，适用本办法。

第三条 本办法所称地质灾害危险性评估，是指在地质灾害易发区内进行工程建设和编制城市总体规划、村庄和集镇规划时，对建设工程和规划区遭受山体崩塌、滑坡、泥石流、地面塌陷、地裂缝、地面沉降等地质灾害的可能性和工程建设中、建设后引发地质灾害的可能性做出评估，提出具体预防治理措施的活动。

第四条 地质灾害危险性评估单位资质，分为甲、乙、丙三个等级。

第五条 自然资源部负责甲级地质灾害危险性评估单位资质的审批和管理。

省、自治区、直辖市自然资源主管部门负责乙级和丙级地质灾害危险性评估单位资质的审批和管理。

第六条 从事地质灾害危险性评估的单位，按照本办法的规定取得相应的资质证书后，方可在资质证书许可范围内承担地质灾害危险性评估业务。

县级以上自然资源主管部门负责对本行政区域内从事地质灾害危险性评估活动的单位进行监督检查。

第二章 资质等级和业务范围

第七条 甲级地质灾害危险性评估单位资质，应当具备下列条件：

（一）具有工程地质、水文地质、环境地质、岩土工程等相关专业的技术人员不少于五十名，其中从事地质灾害调查或者地质灾害防治技术工作五年以上且具有高级技术职称的不少于十五名、中级技术职称的不

少于三十名;

(二)近两年内独立承担过不少于十五项二级以上地质灾害危险性评估项目,有优良的工作业绩;

(三)具有配套的地质灾害野外调查、测量定位、监测、测试、物探、计算机成图等技术装备。

第八条 乙级地质灾害危险性评估单位资质,应当具备下列条件:

(一)具有工程地质、水文地质、环境地质和岩土工程等相关专业的技术人员不少于三十名,其中从事地质灾害调查或者地质灾害防治技术工作五年以上且具有高级技术职称的不少于八人、中级技术职称的不少于十五人;

(二)近两年内独立承担过十项以上地质灾害危险性评估项目,有良好的工作业绩;

(三)具有配套的地质灾害野外调查、测量定位、测试、物探、计算机成图等技术装备。

第九条 丙级地质灾害危险性评估单位资质,应当具备下列条件:

(一)具有工程地质、水文地质、环境地质和岩土工程等相关专业的技术人员不少于十名,其中从事地质灾害调查或者地质灾害防治技术工作五年以上且具有高级技术职称的不少于两名、中级技术职称的不少于五名;

(二)具有配套的地质灾害野外调查、测量定位、计算机成图等技术装备。

第十条 除本办法第七条、第八条和第九条规定的条件外,申请地质灾害危险性评估资质的单位,还应当具备以下条件:

(一)具有独立的法人资格;

(二)具有健全的质量管理监控体系;

(三)单位技术负责人应当具有工程地质、水文地质或者环境地质高级技术职称,技术人员中外聘人员不超过技术人员总数的百分之十。

第十一条 取得甲级地质灾害危险性评估资质的单位,可以承担一、二、三级地质灾害危险性评估项目;

取得乙级地质灾害危险性评估资质的单位,可以承担二、三级地质灾害危险性评估项目;

取得丙级地质灾害危险性评估资质的单位,可以承担三级地质灾害危险性评估项目。

第十二条 地质灾害危险性评估项目分为一级、二级和三级三个级别。

(一)从事下列活动之一的,其地质灾害危险性评估的项目级别属于一级:

1. 进行重要建设项目建设;

2. 在地质环境条件复杂地区进行较重要建设项目建设;

3. 编制城市总体规划、村庄和集镇规划。

(二)从事下列活动之一的,其地质灾害危险性评估的项目级别属于二级:

1. 在地质环境条件中等复杂地区进行较重要建设项目建设;

2. 在地质环境条件复杂地区进行一般建设项目建设。

除上述属于一、二级地质灾害危险性评估项目外,其他建设项目地质灾害危险性评估的项目级别属于三级。

建设项目重要性和地质环境条件复杂程度的分类,按照国家有关规定执行。

第三章 申请和审批

第十三条 地质灾害危险性评估单位资质的审批机关为自然资源部和省、自治区、直辖市自然资源主管部门。

第十四条 申请地质灾害危险性评估资质的单位,应当向审批机关提出申请,并提交以下材料:

(一)资质申报表;

(二)单位法人资格证明文件、设立单位的批准文件;

(三)在当地工商部门注册或者有关部门登记的证明文件;

(四)法定代表人和技术负责人简历以及任命、聘用文件;

(五)资质申报表中所列技术人员的专业技术职称证书、毕业证书、身份证;

(六)承担地质灾害危险性评估工作的主要业绩以及有关证明文件;高级职称技术人员从事地质灾害危险性评估的业绩以及有关证明文件;

(七)管理水平与质量监控体系说明及其证明文件;

(八)技术设备清单。

上述材料应当提供符合规定格式的电子文档一份。

资质申报表可以从自然资源部的门户网站上下载。

第十五条 申请地质灾害危险性评估资质的单位,应当如实提供有关材料,并对申请材料的真实性负责。

资质单位在申请时弄虚作假的,资质证书自始无效。

第十六条 申请甲级地质灾害危险性评估单位资质的，向自然资源部申请；申请乙级和丙级地质灾害危险性评估单位资质的，向单位所在地的省、自治区、直辖市自然资源主管部门申请。

第十七条 审批机关应当自受理资质申请之日起二十日内完成资质审批工作。逾期不能完成的，经审批机关负责人批准，可以延长十日。

省、自治区、直辖市自然资源主管部门对乙级和丙级地质灾害危险性评估单位资质的审批结果，应当在批准后六十日内报自然资源部备案。

第十八条 审批机关在受理资质申请材料后，应当组织专家进行评审。专家评审所需时间不计算在审批时限内。

对经过评审后拟批准的资质单位，审批机关应当在媒体上进行公示，公示时间不得少于七日。

公示期满，对公示无异议的，审批机关应当予以批准，并颁发资质证书。对公示有异议的，审批机关应当对申请材料予以复核。

审批机关应当将审批结果在媒体上公告。

第十九条 地质灾害危险性评估单位资质证书分为正本和副本，正本和副本具有同等法律效力。

地质灾害危险性评估单位资质证书，由自然资源部统一监制。

第二十条 地质灾害危险性评估单位资质证书有效期为三年。

有效期届满，需要继续从事地质灾害危险性评估活动的，应当于资质证书有效期届满三个月前，向原审批机关提出延续申请。

审批机关应当对申请延续的资质单位的评估活动进行审核。符合原资质等级条件的，由审批机关换发新的资质证书。有效期从换发之日起计算。经审核达不到原定资质等级的，不予办理延续手续。

符合上一级资质条件的资质单位，可以在获得资质证书两年后或者在申请延续的同时申请升级。

第二十一条 资质证书遗失的，可以向原审批机关申请补领。

第二十二条 资质单位发生合并或者分立的，应当及时到原审批机关办理资质证书注销手续。需要继续从业的，应当重新申请。

资质单位名称、地址、法定代表人、技术负责人等事项发生变更的，应当在变更后三十日内，到原审批机关办理资质证书变更手续。

资质单位破产、歇业或者因其他原因终止业务活动的，应当在办理营业执照注销手续后十五日内，到原审批机关办理资质证书注销手续。

第四章 监督管理

第二十三条 自然资源主管部门对本行政区域内地质灾害危险性评估活动进行监督检查时，被检查单位应当配合，并如实提供相关材料。

县级以上自然资源主管部门在检查中发现资质单位的条件不符合其资质等级的，应当报原审批机关对其资质进行重新核定。

第二十四条 资质单位应当建立地质灾害危险性评估业务档案管理制度、技术成果和技术人员管理制度、跟踪检查和后续服务制度，按要求如实填写地质灾害危险性评估业务手册，如实记载其工作业绩和存在的主要问题。

第二十五条 资质单位应当建立严格的技术成果和资质图章管理制度。资质证书的等级编号，应当在地质灾害危险性评估的有关技术文件上注明。

第二十六条 资质单位承担的地质灾害危险性评估项目发生重大质量事故的，资质单位应当停止从业活动，由原审批机关对其资质等级进行重新核定。

第二十七条 资质单位应当在签订地质灾害危险性评估项目合同后十日内，到项目所在地的县级自然资源主管部门进行资质和项目备案。

评估项目跨行政区域的，资质单位应当向项目所跨行政区域共同的上一级自然资源主管部门备案。

第二十八条 资质单位的技术负责人和其他评估技术人员应当定期参加地质灾害危险性评估业务培训。

第五章 法律责任

第二十九条 资质单位违反本办法第二十二条的规定，不及时办理资质证书变更、注销手续的，由县级以上自然资源主管部门责令限期改正；逾期不改的，可以处五千元以下罚款。

第三十条 资质单位违反本办法第二十七条的规定，不按时进行资质和项目备案的，由县级以上自然资源主管部门责令限期改正；逾期不改的，可以处一万元以下的罚款。

第三十一条 县级以上自然资源主管部门及其工作人员，在地质灾害危险性评估单位资质审批和管理过程中徇私舞弊、玩忽职守、滥用职权的，对直接负责的主管人员和其他直接责任人员依法给予处分；构成犯罪的，依法追究刑事责任。

第六章 附 则

第三十二条 本办法自2005年7月1日起施行。

地质灾害治理工程勘查设计施工单位资质管理办法

1. 2005年5月20日国土资源部令第30号公布
2. 根据2015年5月6日国土资源部第2次部务会议《国土资源部关于修改〈地质灾害危险性评估单位资质管理办法〉等5部规章的决定》第一次修正
3. 根据2019年7月16日自然资源部第2次部务会议《自然资源部关于第一批废止和修改的部门规章的决定》第二次修正

第一章 总 则

第一条 为加强地质灾害治理工程勘查、设计和施工单位资质管理,保证地质灾害治理工程质量,有效减轻地质灾害造成的危害,保障人民生命和财产安全,根据《地质灾害防治条例》,制定本办法。

第二条 在中华人民共和国境内申请地质灾害治理工程勘查、设计和施工单位资质,实施对地质灾害治理工程勘查、设计和施工单位资质管理,适用本办法。

本办法所称地质灾害治理工程,是指对山体崩塌、滑坡、泥石流、地面塌陷、地裂缝、地面沉降等地质灾害或者地质灾害隐患,采取专项地质工程措施,控制或者减轻地质灾害的工程活动。

第三条 地质灾害治理工程勘查、设计和施工单位资质,均分为甲、乙、丙三个等级。

第四条 自然资源部负责甲级地质灾害治理工程勘查、设计和施工单位资质的审批和管理。

省、自治区、直辖市自然资源主管部门负责乙级和丙级地质灾害治理工程勘查、设计和施工单位资质的审批和管理。

第五条 从事地质灾害治理工程勘查、设计和施工活动的单位,应当按照本办法的规定取得相应的资质证书,在资质证书许可的范围内承担地质灾害治理工程项目。

县级以上自然资源主管部门负责对本行政区域内从事地质灾害治理工程勘查、设计和施工的单位进行监督检查。

第二章 资质等级与业务范围

第六条 地质灾害治理工程勘查单位的各等级资质条件如下:

(一)甲级资质

1. 技术人员总数不少于五十名,其中水文地质、工程地质、环境地质专业技术人员不少于三十名且具备高级职称的人员不少于十名;

2. 近三年内独立承担过五项以上中型地质灾害勘查项目,有优良的工作业绩;

3. 具有与承担大型地质灾害勘查项目相适应的钻探、物探、测量、测试、计算机等设备。

(二)乙级资质

1. 技术人员总数不少于三十名,其中水文地质、工程地质、环境地质专业技术人员不少于十五名且具备高级职称的人员不少于五名;

2. 近三年内独立承担过五项以上小型地质灾害勘查项目,有良好的工作业绩;

3. 具有与承担中型地质灾害勘查项目相适应的钻探、物探、测量、测试、计算机等设备。

(三)丙级资质

1. 单位技术人员总数不少于二十名,其中水文地质、工程地质、环境地质专业技术人员不少于十名且具备高级职称的人员不少于三名;

2. 具有与承担小型地质灾害勘查项目相适应的钻探、物探、测量、测试、计算机等设备。

第七条 地质灾害治理工程设计单位的各等级资质条件如下:

(一)甲级资质

1. 技术人员总数不少于三十名,其中岩土工程设计、结构设计、工程地质专业技术人员不少于十五名且具有高级职称的人员不少于八名;

2. 近三年内承担过五项以上中型地质灾害治理工程设计任务,有优良的工作业绩;

3. 具有与承担大型地质灾害防治工程设计相适应的设计、测试、制图与文档整理设备。

(二)乙级资质

1. 技术人员总数不少于二十名,其中岩土工程设计、结构设计、工程地质专业技术人员不少于十名且具有高级职称的人员不少于5名;

2. 近三年内承担过五项以上小型地质灾害治理工程设计任务,有良好的工作业绩;

3. 具有与承担中型地质灾害防治工程设计相适应的设计、测试、制图与文档整理设备。

(三)丙级资质

1. 技术人员总数不少于十名,其中岩土工程设计、结构设计、工程地质专业技术人员不少于五名且具有高级职称的人员不少于三名;

2. 具有与承担小型地质灾害防治工程设计相适应的设计、测试、制图与文档整理设备。

第八条　地质灾害治理工程施工单位的各等级资质条件如下：

（一）甲级资质

1. 岩土工程、工程地质、工程测量、工程预算专业技术人员和项目经理、施工员、安全员、质检员等管理人员总数不少于五十名；

2. 近三年内独立承担过五项以上中型地质灾害治理工程施工项目，有优良的工作业绩；

3. 具有与承担大型地质灾害防治工程施工相适应的施工机械、测量、测试与质量检测设备。

（二）乙级资质

1. 岩土工程、工程地质、工程测量、工程预算专业技术人员和项目经理、施工员、安全员、质检员等管理人员总数不少于三十名；

2. 近三年内独立承担过五项以上小型地质灾害治理工程施工项目，有良好的工作业绩；

3. 具有与承担中型地质灾害防治工程施工相适应的施工机械、测量、测试与质量检测设备。

（三）丙级资质

1. 岩土工程、工程地质、工程测量、工程预算专业技术人员和项目经理、施工员、安全员、质检员等管理人员总数不少于二十名；

2. 具有与承担小型地质灾害防治工程施工相适应的施工机械、测量、测试与质量检测设备。

第九条　除本办法第六条、第七条、第八条规定的资质条件外，申请地质灾害治理工程勘查、设计和施工资质的单位，还应当同时具备以下条件：

（一）有独立的法人资格，其中申请施工资质的单位必须具备企业法人资格；

（二）有健全的安全和质量管理监控体系，近五年内未发生过重大安全、质量事故；

（三）技术人员中外聘人员不超过百分之十。

第十条　甲级地质灾害治理工程勘查、设计和施工资质单位，可以相应承揽大、中、小型地质灾害治理工程的勘查、设计和施工业务。

乙级地质灾害治理工程勘查、设计和施工资质单位，可以相应承揽中、小型地质灾害治理工程的勘查、设计和施工业务。

丙级地质灾害治理工程勘查、设计和施工资质单位，可以相应承揽小型地质灾害治理工程的勘查、设计和施工业务。

第十一条　地质灾害治理工程分为大、中、小三个类型。

（一）符合下列条件之一的，为大型地质灾害治理工程：

1. 治理工程总投资在人民币二千万元以上，或者单独立项的地质灾害勘查项目，项目经费在人民币五十万元以上；

2. 治理工程所保护的人员在五百人以上；

3. 治理工程所保护的财产在人民币五千万元以上。

（二）符合下列条件之一的，为中型地质灾害治理工程：

1. 治理工程总投资在人民币五百万元以上、二千万元以下，或者单独立项的地质灾害勘查项目，项目经费在人民币三十万元以上、五十万元以下；

2. 治理工程所保护的人员在一百人以上、五百人以下；

3. 治理工程所保护的财产在人民币五百万元以上、五千万元以下。

上述两种情况之外的，属于小型地质灾害治理工程。

第三章　申请和审批

第十二条　地质灾害治理工程勘查、设计和施工单位资质的审批机关为自然资源部和省、自治区、直辖市自然资源主管部门。

第十三条　申请地质灾害治理工程勘查、设计和施工资质的单位，应当向审批机关提出申请，并提交以下材料：

（一）资质申请表；

（二）单位法人资格证明文件和设立单位的批准文件；

（三）在当地工商部门注册或者有关部门登记的证明材料；

（四）法定代表人和主要技术负责人任命或者聘任文件；

（五）当年在职人员的统计表、中级职称以上的工程技术和经济管理人员名单、身份证明、职称证明；

（六）承担过的主要地质灾害治理工程项目有关证明材料，包括任务书、委托书或者合同，工程管理部门验收意见；

（七）单位主要机械设备清单；

（八）质量管理体系和安全管理的有关材料。

上述材料应当提供符合规定格式的电子文档一份。

资质申请表可以从自然资源部的门户网站上下载。

第十四条 申请地质灾害治理工程勘查、设计和施工资质的单位,应当如实提供有关材料,并对申请材料的真实性负责。

资质单位在申请资质时弄虚作假的,资质证书自始无效。

第十五条 申请甲级地质灾害治理工程勘查、设计和施工单位资质的,向自然资源部申请。

申请乙级和丙级地质灾害治理工程勘查、设计和施工单位资质的,向单位所在地的省、自治区、直辖市自然资源主管部门申请。

第十六条 审批机关应当在受理申请之日起二十日内完成审批工作。逾期不能完成的,经审批机关负责人批准,可以再延长十日。

第十七条 审批机关受理资质申请材料后,应当组织专家进行评审。专家评审所需时间不计算在审批时限内。

对经过评审后拟批准的资质单位,审批机关应当在媒体上进行公示。公示时间不得少于七日。

公示期满,对公示无异议的,审批机关应当予以批准,并颁发资质证书;对公示有异议的,审批机关应当对其申请材料予以复核。

审批机关应当将审批结果在媒体上予以公告。

省、自治区、直辖市自然资源主管部门审批的乙级和丙级资质,应当在批准后的六十日内报自然资源部备案。

第十八条 地质灾害治理工程勘查、设计和施工单位资质证书分为正本和副本,正本和副本具有同等的法律效力。

地质灾害治理工程勘查、设计和施工单位资质证书,由自然资源部统一监制。

第十九条 地质灾害治理工程勘查、设计和施工单位资质证书有效期为三年。

有效期届满需要继续从业的,应当于资质证书有效期届满三个月前,向原审批机关提出延续申请。

审批机关应当对申请延续的资质单位的从业活动进行审核。符合原资质条件的,换发新的资质证书,有效期从换发之日起计算。经审核,发现达不到原资质条件的,不予办理延续手续。

符合上一级资质条件的单位,可以在取得资质证书两年后或者在申请延续的同时,申请升级。经审核,符合本办法规定的上一级资质条件的,审批机关应当换发相应等级的资质证书。

第二十条 资质证书遗失的,可以向原审批机关申请补领。

第二十一条 资质单位发生合并或者分立的,应当及时到原审批机关办理资质证书注销手续。需要继续从业的,应当重新申请。

资质单位名称、地址、法定代表人、技术负责人等事项发生变更的,应当在变更后三十日内,到原审批机关办理资质证书变更手续。

资质单位破产、歇业或者因其他原因终止业务活动的,应当在办理营业执照注销手续后十五日内,到原审批机关办理资质证书注销手续。

第四章 监督管理

第二十二条 自然资源主管部门对本行政区域内的地质灾害治理工程勘查、设计和施工活动进行监督检查时,被检查的单位应当配合,并如实提供相关材料。

县级以上自然资源主管部门在检查中发现资质单位的资质条件与其资质等级不符的,应当报原审批机关对其资质进行重新核定。

第二十三条 地质灾害治理工程勘查、设计和施工单位,应当建立地质灾害治理工程勘查、设计和施工业务手册,如实记载其工作业绩和存在的主要问题。

第二十四条 地质灾害治理工程勘查、设计和施工单位,应当建立严格的技术成果和资质图章管理制度。资质证书的类别和等级编号,应当在地质灾害治理工程的有关技术文件上注明。

第二十五条 地质灾害治理工程勘查、设计和施工单位承担的地质灾害治理工程发生重大质量事故的,事故责任单位应当停止从业活动,并由原审批机关对其资质条件进行重新核定。

第二十六条 资质单位的技术负责人或者其他技术人员应当参加地质灾害治理工程勘查、设计和施工业务培训。

第二十七条 承担地质灾害治理工程项目的资质单位,应当在项目合同签订后十日内,到工程所在地的县级自然资源主管部门备案。

地质灾害治理工程项目跨行政区域的,资质单位应当向项目所跨行政区域共同的上一级自然资源主管部门备案。

第五章 法律责任

第二十八条 资质单位不按照本办法第二十一条的规定及时办理资质证书变更、注销手续的,由县级以上自然资源主管部门责令限期改正;逾期不改的,可以处五千元以下罚款。

第二十九条 资质单位不按照本办法第二十七条的规定进行备案的，由县级以上自然资源主管部门责令限期改正；逾期仍不改正的，可以处一万元以下罚款。

第三十条 审批机关或者负有监督管理职责的县级以上自然资源主管部门有下列情形之一的，对直接负责的主管人员和其他直接责任人员依法给予处分；构成犯罪的，依法追究刑事责任：

（一）对不符合法定条件的单位颁发资质证书的；

（二）对符合法定条件的单位不予颁发资质证书的；

（三）利用职务上的便利，收受他人财物或者其他好处的；

（四）不履行监督管理职责，或者发现违法行为不予查处的。

第六章 附 则

第三十一条 本办法实施前已经取得地质灾害防治工程勘查、设计和施工资质证书的单位，应当于本办法实施后六个月内，依照本办法的规定到审批机关申请换领新证。逾期没有申请领取新的资质证书的，原资质证书一律无效。

第三十二条 本办法自2005年7月1日起施行。

矿山地质环境保护规定

1. 2009年3月2日国土资源部令第44号公布
2. 根据2015年5月6日国土资源部第2次部务会议《国土资源部关于修改〈地质灾害危险性评估单位资质管理办法〉等5部规章的决定》第一次修正
3. 根据2016年1月5日国土资源部第1次部务会议《国土资源部关于修改和废止部分规章的决定》第二次修正
4. 根据2019年7月16日自然资源部第2次部务会议《自然资源部关于第一批废止修改的部门规章的决定》第三次修正

第一章 总 则

第一条 为保护矿山地质环境，减少矿产资源勘查开采活动造成的矿山地质环境破坏，保护人民生命和财产安全，促进矿产资源的合理开发利用和经济社会、资源环境的协调发展，根据《中华人民共和国矿产资源法》《地质灾害防治条例》《土地复垦条例》，制定本规定。

第二条 因矿产资源勘查开采等活动造成矿区地面塌陷、地裂缝、崩塌、滑坡，含水层破坏，地形地貌景观破坏等的预防和治理恢复，适用本规定。

开采矿产资源涉及土地复垦的，依照国家有关土地复垦的法律法规执行。

第三条 矿山地质环境保护，坚持预防为主、防治结合，谁开发谁保护、谁破坏谁治理、谁投资谁受益的原则。

第四条 自然资源部负责全国矿山地质环境的保护工作。

县级以上地方自然资源主管部门负责本行政区的矿山地质环境保护工作。

第五条 国家鼓励开展矿山地质环境保护科学技术研究，普及相关科学技术知识，推广先进技术和方法，制定有关技术标准，提高矿山地质环境保护的科学技术水平。

第六条 国家鼓励企业、社会团体或者个人投资，对已关闭或者废弃矿山的地质环境进行治理恢复。

第七条 任何单位和个人对破坏矿山地质环境的违法行为都有权进行检举和控告。

第二章 规 划

第八条 自然资源部负责全国矿山地质环境的调查评价工作。

省、自治区、直辖市自然资源主管部门负责本行政区域内的矿山地质环境调查评价工作。

市、县自然资源主管部门根据本地区的实际情况，开展本行政区域的矿山地质环境调查评价工作。

第九条 自然资源部依据全国矿山地质环境调查评价结果，编制全国矿山地质环境保护规划。

省、自治区、直辖市自然资源主管部门依据全国矿山地质环境保护规划，结合本行政区域的矿山地质环境调查评价结果，编制省、自治区、直辖市的矿山地质环境保护规划，报省、自治区、直辖市人民政府批准实施。

市、县级矿山地质环境保护规划的编制和审批，由省、自治区、直辖市自然资源主管部门规定。

第十条 矿山地质环境保护规划应当包括下列内容：

（一）矿山地质环境现状和发展趋势；

（二）矿山地质环境保护的指导思想、原则和目标；

（三）矿山地质环境保护的主要任务；

（四）矿山地质环境保护的重点工程；

（五）规划实施保障措施。

第十一条 矿山地质环境保护规划应当符合矿产资源规划，并与土地利用总体规划、地质灾害防治规划等相协调。

第三章 治理恢复

第十二条 采矿权申请人申请办理采矿许可证时，应当编制矿山地质环境保护与土地复垦方案,报有批准权的自然资源主管部门批准。

矿山地质环境保护与土地复垦方案应当包括下列内容:

(一)矿山基本情况;

(二)矿区基础信息;

(三)矿山地质环境影响和土地损毁评估;

(四)矿山地质环境治理与土地复垦可行性分析;

(五)矿山地质环境治理与土地复垦工程;

(六)矿山地质环境治理与土地复垦工作部署;

(七)经费估算与进度安排;

(八)保障措施与效益分析。

第十三条　采矿权申请人未编制矿山地质环境保护与土地复垦方案,或者编制的矿山地质环境保护与土地复垦方案不符合要求的,有批准权的自然资源主管部门应当告知申请人补正;逾期不补正的,不予受理其采矿权申请。

第十四条　采矿权人扩大开采规模、变更矿区范围或者开采方式的,应当重新编制矿山地质环境保护与土地复垦方案,并报原批准机关批准。

第十五条　采矿权人应当严格执行经批准的矿山地质环境保护与土地复垦方案。

矿山地质环境保护与治理恢复工程的设计和施工,应当与矿产资源开采活动同步进行。

第十六条　开采矿产资源造成矿山地质环境破坏的,由采矿权人负责治理恢复,治理恢复费用列入生产成本。

矿山地质环境治理恢复责任人灭失的,由矿山所在地的市、县自然资源主管部门,使用经市、县人民政府批准设立的政府专项资金进行治理恢复。

自然资源部,省、自治区、直辖市自然资源主管部门依据矿山地质环境保护规划,按照矿山地质环境治理工程项目管理制度的要求,对市、县自然资源主管部门给予资金补助。

第十七条　采矿权人应当依照国家有关规定,计提矿山地质环境治理恢复基金。基金由企业自主使用,根据其矿山地质环境保护与土地复垦方案确定的经费预算、工程实施计划、进度安排等,统筹用于开展矿山地质环境治理恢复和土地复垦。

第十八条　采矿权人应当按照矿山地质环境保护与土地复垦方案的要求履行矿山地质环境保护与土地复垦义务。

采矿权人未履行矿山地质环境保护与土地复垦义务,或者未达到矿山地质环境保护与土地复垦方案要求,有关自然资源主管部门应当责令采矿权人限期履行矿山地质环境保护与土地复垦义务。

第十九条　矿山关闭前,采矿权人应当完成矿山地质环境保护与土地复垦义务。采矿权人在申请办理闭坑手续时,应当经自然资源主管部门验收合格,并提交验收合格文件。

第二十条　采矿权转让的,矿山地质环境保护与土地复垦的义务同时转让。采矿权受让人应当依照本规定,履行矿山地质环境保护与土地复垦的义务。

第二十一条　以槽探、坑探方式勘查矿产资源,探矿权人在矿产资源勘查活动结束后未申请采矿权的,应当采取相应的治理恢复措施,对其勘查矿产资源遗留的钻孔、探井、探槽、巷道进行回填、封闭,对形成的危岩、危坡等进行治理恢复,消除安全隐患。

第四章　监督管理

第二十二条　县级以上自然资源主管部门对采矿权人履行矿山地质环境保护与土地复垦义务的情况进行监督检查。

相关责任人应当配合县级以上自然资源主管部门的监督检查,并提供必要的资料,如实反映情况。

第二十三条　县级以上自然资源主管部门应当建立本行政区域内的矿山地质环境监测工作体系,健全监测网络,对矿山地质环境进行动态监测,指导、监督采矿权人开展矿山地质环境监测。

采矿权人应当定期向矿山所在地的县级自然资源主管部门报告矿山地质环境情况,如实提交监测资料。

县级自然资源主管部门应当定期将汇总的矿山地质环境监测资料报上一级自然资源主管部门。

第二十四条　县级以上自然资源主管部门在履行矿山地质环境保护的监督检查职责时,有权对矿山地质环境与土地复垦方案确立的治理恢复措施落实情况和矿山地质环境监测情况进行现场检查,对违反本规定的行为有权制止并依法查处。

第二十五条　开采矿产资源等活动造成矿山地质环境突发事件的,有关责任人应当采取应急措施,并立即向当地人民政府报告。

第五章　法律责任

第二十六条　违反本规定,应当编制矿山地质环境保护与土地复垦方案而未编制的,或者扩大开采规模、变更矿区范围或者开采方式,未重新编制矿山地质环境保护与土地复垦方案并经原审批机关批准的,责令限期改正,并列入矿业权人异常名录或严重违法名单;逾期不改正的，处3万元以下的罚款，不受理其申请新的采矿许可证或者申请采矿许可证延续、变更、注销。

第二十七条 违反本规定，未按照批准的矿山地质环境保护与土地复垦方案治理的，或者在矿山被批准关闭、闭坑前未完成治理恢复的，责令限期改正，并列入矿业权人异常名录或严重违法名单；逾期拒不改正的或整改不到位的，处3万元以下的罚款，不受理其申请新的采矿权许可证或者申请采矿权许可证延续、变更、注销。

第二十八条 违反本规定，未按规定计提矿山地质环境治理恢复基金的，由县级以上自然资源主管部门责令限期计提；逾期不计提的，处3万元以下的罚款。颁发采矿许可证的自然资源主管部门不得通过其采矿活动年度报告，不受理其采矿权延续变更申请。

第二十九条 违反本规定第二十一条规定，探矿权人未采取治理恢复措施的，由县级以上自然资源主管部门责令限期改正；逾期拒不改正的，处3万元以下的罚款，5年内不受理其新的探矿权、采矿权申请。

第三十条 违反本规定，扰乱、阻碍矿山地质环境保护与治理恢复工作，侵占、损坏、损毁矿山地质环境监测设施或者矿山地质环境保护与治理恢复设施的，由县级以上自然资源主管部门责令停止违法行为，限期恢复原状或者采取补救措施，并处3万元以下的罚款；构成犯罪的，依法追究刑事责任。

第三十一条 县级以上自然资源主管部门工作人员违反本规定，在矿山地质环境保护与治理恢复监督管理中玩忽职守、滥用职权、徇私舞弊的，对相关责任人依法给予处分；构成犯罪的，依法追究刑事责任。

第六章 附 则

第三十二条 本规定实施前已建和在建矿山，采矿权人应当依照本规定编制矿山地质环境保护与土地复垦方案，报原采矿许可证审批机关批准。

第三十三条 本规定自2009年5月1日起施行。

国家安全监管总局、中国地震局关于进一步做好地震灾害风险防范工作的通知

1. 2018年2月13日发布

2. 安监总应急〔2018〕32号

各省、自治区、直辖市及新疆生产建设兵团安全生产监督管理局、地震局：

为贯彻落实党的十九大精神和党中央、国务院关于加强安全生产及防灾减灾救灾工作的决策部署，切实做好地震灾害引发生产安全事故的防范应对工作，全面提升地震灾害应急救援能力和灾害综合防范能力，保障人民群众生命和财产安全，现就进一步做好地震灾害风险防范工作通知如下：

一、坚持底线思维，切实增强做好应对处置工作的使命感和责任感

我国是世界上地震灾害最为严重的国家之一。各级安全生产监督管理部门和地震管理部门要以习近平总书记关于防灾减灾救灾工作的重要论述为指导，直面新形势下安全生产及地震灾害的新挑战、新要求，深刻认识防灾减灾救灾工作的复杂性、重要性、紧迫性，深刻领会防灾减灾救灾工作的新定位、新举措，深刻明晰做好防灾减灾救灾工作的责任担当，坚持以人民为中心的安全发展理念，进一步增强使命感和责任感，牢固树立底线思维和风险意识，立足防大震、抢大险、救大灾，建设更加高效的应急救援体系，完善应急联动机制，全面加强安全生产领域防震减灾和地震灾害应急处置与救援工作。

二、深化合作交流，切实完善应急联动工作机制

深化应急联动机制建设是全面加强地震灾害应急准备和应急救援与处置工作的有效手段。各级安全生产监督管理部门和地震管理部门要以“信息互通、资源共享、优势互补、协调有序”为原则，逐级签订应急联动工作协议，开展各项合作，建立长期、稳定的地震信息通报、应急资源共享、应急救援队伍协调联动、生产安全事故及地震灾害评估等应急联动工作机制，在地震灾害发生后，能够实现信息联动、机构联动、队伍联动。要针对本地区安全生产工作特点以及地震灾害引发生产安全事故的风险进行全面排查、分析和评估，明确重点防范区域和单位，制定有效的应急联动方案和措施，切实维护人民群众生命财产安全。

三、加强监测预警，切实强化信息共享与应急准备

强化信息共享与应急准备，是做好地震灾害应急处置与救援工作的前提和基础。地震管理部门要进一步加强地震灾害的监测预警能力，加强本地区矿山、危险化学品、建筑施工、尾矿库、金属冶炼和排土场等企业周边震情监测和预警水平，及时通报地震震情灾情信息（包括监测能力范围内的塌陷、疑爆等），通过信息共享提升应急响应能力。各级安全生产监督管理部门要加强本地区企业防范地震灾害引发生产安全事故

的安全检查和隐患排查治理工作,将防震减灾与安全生产深度结合。要深化应急救援队伍的合作交流,结合抗震救灾需求综合考虑应急救援队伍布局和救援力量建设。要进一步完善防范地震灾害引发生产安全事故的专项应急预案,联合开展应急演练,不断提升联合指挥与救援能力。

四、强化协调联动,切实做好地震灾害的应急响应与救援工作

各级安全生产监督管理部门和地震管理部门要进一步细化落实措施,把协调联动工作落到实处。共同推进安全生产应急救援队伍纳入本地区地震应急救援力量体系,做好队伍指挥调用、协调联动、行动保障等工作。针对地震灾害或因地震引发的生产安全事故,要快速到位,及时组织会商,分析形势,沟通情况,科学组织,有序、高效开展抢险救援,在当地政府统一领导下,切实做好地震灾害的应急响应与救援工作,最大限度地保障人民群众生命和财产安全。

国家突发地质灾害应急预案

2006年1月13日国务院发布

1 总 则

1.1 编制目的

高效有序地做好突发地质灾害应急防治工作,避免或最大程度地减轻灾害造成的损失,维护人民生命、财产安全和社会稳定。

1.2 编制依据

依据《地质灾害防治条例》、《国家突发公共事件总体应急预案》、《国务院办公厅转发国土资源部建设部关于加强地质灾害防治工作意见的通知》,制定本预案。

1.3 适用范围

本预案适用于处置自然因素或者人为活动引发的危害人民生命和财产安全的山体崩塌、滑坡、泥石流、地面塌陷等与地质作用有关的地质灾害。

1.4 工作原则

预防为主,以人为本。建立健全群测群防机制,最大程度地减少突发地质灾害造成的损失,把保障人民群众的生命财产安全作为应急工作的出发点和落脚点。

统一领导、分工负责。在各级党委、政府统一领导下,有关部门各司其职,密切配合,共同做好突发地质灾害应急防治工作。

分级管理,属地为主。建立健全按灾害级别分级管理、条块结合、以地方人民政府为主的管理体制。

2 组织体系和职责

国务院国土资源行政主管部门负责全国地质灾害应急防治工作的组织、协调、指导和监督。

出现超出事发地省级人民政府处置能力,需要由国务院负责处置的特大型地质灾害时,根据国务院国土资源行政主管部门的建议,国务院可以成立临时性的地质灾害应急防治总指挥部,负责特大型地质灾害应急防治工作的指挥和部署。

省级人民政府可以参照国务院地质灾害应急防治总指挥部的组成和职责,结合本地实际情况成立相应的地质灾害应急防治指挥部。

发生地质灾害或者出现地质灾害险情时,相关市、县人民政府可以根据地质灾害抢险救灾的需要,成立地质灾害抢险救灾指挥机构。

3 预防和预警机制

3.1 预防预报预警信息

3.1.1 监测预报预警体系建设

各级人民政府要加快建立以预防为主的地质灾害监测、预报、预警体系建设,开展地质灾害调查,编制地质灾害防治规划,建设地质灾害群测群防网络和专业监测网络,形成覆盖全国的地质灾害监测网络。国务院国土资源、水利、气象、地震部门要密切合作,逐步建成与全国防汛监测网络、气象监测网络、地震监测网络互联,连接国务院有关部门、省(区、市)、市(地、州)、县(市)的地质灾害信息系统,及时传送地质灾害险情灾情、汛情和气象信息。

3.1.2 信息收集与分析

负责地质灾害监测的单位,要广泛收集整理与突发地质灾害预防预警有关的数据资料和相关信息,进行地质灾害中、短期趋势预测,建立地质灾害监测、预报、预警等资料数据库,实现各部门间的共享。

3.2 预防预警行动

3.2.1 编制年度地质灾害防治方案

县级以上地方人民政府国土资源主管部门会同本级地质灾害应急防治指挥部成员单位,依据地质灾害防治规划,每年年初拟订本年度的地质灾害防治方案。年度地质灾害防治方案要标明辖区内主要灾害点的分布,说明主要灾害点的威胁对象和范围,明确重点防范期,制订具体有效的地质灾害防治措施,确定地质灾害的监测、预防责任人。

3.2.2 地质灾害险情巡查

地方各级人民政府国土资源主管部门要充分发挥地质灾害群测群防和专业监测网络的作用，进行定期和不定期的检查，加强对地质灾害重点地区的监测和防范，发现险情时，要及时向当地人民政府和上一级国土资源主管部门报告。当地县级人民政府要及时划定灾害危险区，设置危险区警示标志，确定预警信号和撤离路线。根据险情变化及时提出应急对策，组织群众转移避让或采取排险防治措施，情况危急时，应强制组织避灾疏散。

3.2.3 “防灾明白卡”发放

为提高群众的防灾意识和能力，地方各级人民政府要根据当地已查出的地质灾害危险点、隐患点，将群测群防工作落实到具体单位，落实到乡（镇）长和村委会主任以及受灾害隐患点威胁的村民，要将涉及地质灾害防治内容的“明白卡”发到村民手中。

3.2.4 建立地质灾害预报预警制度

地方各级人民政府国土资源主管部门和气象主管机构要加强合作，联合开展地质灾害气象预报预警工作，并将预报预警结果及时报告本级人民政府，同时通过媒体向社会发布。当发出某个区域有可能发生地质灾害的预警预报后，当地人民政府要依照群测群防责任制的规定，立即将有关信息通知到地质灾害危险点的防灾责任人、监测人和该区域内的群众；各单位和当地群众要对照“防灾明白卡”的要求，做好防灾的各项准备工作。

3.3 地质灾害速报制度

3.3.1 速报时限要求

县级人民政府国土资源主管部门接到当地出现特大型、大型地质灾害报告后，应在4小时内速报县级人民政府和市级人民政府国土资源主管部门，同时可直接速报省级人民政府国土资源主管部门和国务院国土资源主管部门。国土资源部接到特大型、大型地质灾害险情和灾情报告后，应立即向国务院报告。

县级人民政府国土资源主管部门接到当地出现中、小型地质灾害报告后，应在12小时内速报县级人民政府和市级人民政府国土资源主管部门，同时可直接速报省级人民政府国土资源主管部门。

3.3.2 速报的内容

灾害速报的内容主要包括地质灾害险情或灾情出现的地点和时间、地质灾害类型、灾害体的规模、可能的引发因素和发展趋势等。对已发生的地质灾害，速报内容还要包括伤亡和失踪的人数以及造成的直接经济损失。

4 地质灾害险情和灾情分级

地质灾害按危害程度和规模大小分为特大型、大型、中型、小型地质灾害险情和地质灾害灾情四级：

（1）特大型地质灾害险情和灾情（Ⅰ级）。

受灾害威胁，需搬迁转移人数在1000人以上或潜在可能造成的经济损失1亿元以上的地质灾害险情为特大型地质灾害险情。

因灾死亡30人以上或因灾造成直接经济损失1000万元以上的地质灾害灾情为特大型地质灾害灾情。

（2）大型地质灾害险情和灾情（Ⅱ级）。

受灾害威胁，需搬迁转移人数在500人以上、1000人以下，或潜在经济损失5000万元以上、1亿元以下的地质灾害险情为大型地质灾害险情。

因灾死亡10人以上、30人以下，或因灾造成直接经济损失500万元以上、1000万元以下的地质灾害灾情为大型地质灾害灾情。

（3）中型地质灾害险情和灾情（Ⅲ级）。

受灾害威胁，需搬迁转移人数在100人以上、500人以下，或潜在经济损失500万元以上、5000万元以下的地质灾害险情为中型地质灾害险情。

因灾死亡3人以上、10人以下，或因灾造成直接经济损失100万元以上、500万元以下的地质灾害灾情为中型地质灾害灾情。

（4）小型地质灾害险情和灾情（Ⅳ级）。

受灾害威胁，需搬迁转移人数在100人以下，或潜在经济损失500万元以下的地质灾害险情为小型地质灾害险情。

因灾死亡3人以下，或因灾造成直接经济损失100万元以下的地质灾害灾情为小型地质灾害灾情。

5 应急响应

地质灾害应急工作遵循分级响应程序，根据地质灾害的等级确定相应级别的应急机构。

5.1 特大型地质灾害险情和灾情应急响应（Ⅰ级）

出现特大型地质灾害险情和特大型地质灾害灾情的县（市）、市（地、州）、省（区、市）人民政府立即启动相关的应急防治预案和应急指挥系统，部署本行政区域内的地质灾害应急防治与救灾工作。

地质灾害发生地的县级人民政府应当依照群测群防责任制的规定，立即将有关信息通知到地质灾害危险点的防灾责任人、监测人和该区域内的群众，对是否转移群众和采取的应急措施做出决策；及时划定地质灾害危险区，设立明显的危险区警示标志，确定预警信号和撤离路线,组织群众转移避让或采取排险防治措施,根据险情和灾情具体情况提出应急对策,情况危急时应强制组织受威胁群众避灾疏散。特大型地质灾害险情和灾情的应急防治工作,在本省(区、市)人民政府的领导下,由本省(区、市)地质灾害应急防治指挥部具体指挥、协调、组织财政、建设、交通、水利、民政、气象等有关部门的专家和人员,及时赶赴现场,加强监测,采取应急措施,防止灾害进一步扩大,避免抢险救灾可能造成的二次人员伤亡。

国土资源部组织协调有关部门赴灾区现场指导应急防治工作,派出专家组调查地质灾害成因,分析其发展趋势,指导地方制订应急防治措施。

5.2　大型地质灾害险情和灾情应急响应(Ⅱ级)

出现大型地质灾害险情和大型地质灾害灾情的县(市)、市(地、州)、省(区、市)人民政府立即启动相关的应急预案和应急指挥系统。

地质灾害发生地的县级人民政府应当依照群测群防责任制的规定,立即将有关信息通知到地质灾害危险点的防灾责任人、监测人和该区域内的群众,对是否转移群众和采取的应急措施做出决策;及时划定地质灾害危险区,设立明显的危险区警示标志,确定预警信号和撤离路线,组织群众转移避让或采取排险防治措施,根据险情和灾情具体情况提出应急对策,情况危急时应强制组织受威胁群众避灾疏散。

大型地质灾害险情和大型地质灾害灾情的应急工作,在本省(区、市)人民政府的领导下,由本省(区、市)地质灾害应急防治指挥部具体指挥、协调、组织财政、建设、交通、水利、民政、气象等有关部门的专家和人员,及时赶赴现场,加强监测,采取应急措施,防止灾害进一步扩大,避免抢险救灾可能造成的二次人员伤亡。

必要时,国土资源部派出工作组协助地方政府做好地质灾害的应急防治工作。

5.3　中型地质灾害险情和灾情应急响应(Ⅲ级)

出现中型地质灾害险情和中型地质灾害灾情的县(市)、市(地、州)人民政府立即启动相关的应急预案和应急指挥系统。

地质灾害发生地的县级人民政府应当依照群测群防责任制的规定,立即将有关信息通知到地质灾害危险点的防灾责任人、监测人和该区域内的群众,对是否转移群众和采取的应急措施做出决策;及时划定地质灾害危险区,设立明显的危险区警示标志,确定预警信号和撤离路线,组织群众转移避让或采取排险防治措施,根据险情和灾情具体情况提出应急对策,情况危急时应强制组织受威胁群众避灾疏散。

中型地质灾害险情和中型地质灾害灾情的应急工作,在本市(地、州)人民政府的领导下,由本市(地、州)地质灾害应急防治指挥部具体指挥、协调、组织建设、交通、水利、民政、气象等有关部门的专家和人员,及时赶赴现场,加强监测,采取应急措施,防止灾害进一步扩大,避免抢险救灾可能造成的二次人员伤亡。

必要时,灾害出现地的省(区、市)人民政府派出工作组赶赴灾害现场,协助市(地、州)人民政府做好地质灾害应急工作。

5.4　小型地质灾害险情和灾情应急响应(Ⅳ级)

出现小型地质灾害险情和小型地质灾害灾情的县(市)人民政府立即启动相关的应急预案和应急指挥系统,依照群测群防责任制的规定,立即将有关信息通知到地质灾害危险点的防灾责任人、监测人和该区域内的群众,对是否转移群众和采取的应急措施作出决策;及时划定地质灾害危险区,设立明显的危险区警示标志,确定预警信号和撤离路线,组织群众转移避让或采取排险防治措施,根据险情和灾情具体情况提出应急对策,情况危急时应强制组织受威胁群众避灾疏散。

小型地质灾害险情和小型地质灾害灾情的应急工作,在本县(市)人民政府的领导下,由本县(市)地质灾害应急指挥部具体指挥、协调、组织建设、交通、水利、民政、气象等有关部门的专家和人员,及时赶赴现场,加强监测,采取应急措施,防止灾害进一步扩大,避免抢险救灾可能造成的二次人员伤亡。

必要时,灾害出现地的市(地、州)人民政府派出工作组赶赴灾害现场,协助县(市)人民政府做好地质灾害应急工作。

5.5　应急响应结束

经专家组鉴定地质灾害险情或灾情已消除,或者得到有效控制后,当地县级人民政府撤消划定的地质灾害危险区,应急响应结束。

6　应急保障

6.1　应急队伍、资金、物资、装备保障

加强地质灾害专业应急防治与救灾队伍建设,确保灾害发生后应急防治与救灾力量及时到位。专业应急防治与救灾队伍、武警部队、乡镇(村庄、社区)应急救援志愿者组织等,平时要有针对性地开展应急防治与救灾演练,提高应急防治与救灾能力。

地质灾害应急防治与救灾费用按《财政应急保障预案》规定执行。

地方各级人民政府要储备用于灾民安置、医疗卫生、生活必需等必要的抢险救灾专用物资。保证抢险救灾物资的供应。

6.2 通信与信息传递

加强地质灾害监测、预报、预警信息系统建设，充分利用现代通信手段，把有线电话、卫星电话、移动手机、无线电台及互联网等有机结合起来，建立覆盖全国的地质灾害应急防治信息网，并实现各部门间的信息共享。

6.3 应急技术保障

6.3.1 地质灾害应急防治专家组

国土资源部和省（区、市）国土资源行政主管部门分别成立地质灾害应急防治专家组，为地质灾害应急防治和应急工作提供技术咨询服务。

6.3.2 地质灾害应急防治科学研究

国土资源部及有关单位要开展地质灾害应急防治与救灾方法、技术的研究，开展应急调查、应急评估、地质灾害趋势预测、地质灾害气象预报预警技术的研究和开发，各级政府要加大对地质灾害预报预警科学研究技术开发的工作力度和投资，同时开展有针对性的应急防治与救灾演习和培训工作。

6.4 宣传与培训

加强公众防灾、减灾知识的宣传和培训，对广大干部和群众进行多层次多方位的地质灾害防治知识教育，增强公众的防灾意识和自救互救能力。

6.5 信息发布

地质灾害灾情和险情的发布按《国家突发公共事件新闻发布应急预案》执行。

6.6 监督检查

国土资源部会同有关部门对上述各项地质灾害应急防治保障工作进行有效的督导和检查，及时总结地质灾害应急防治实践的经验和教训。

地方各级人民政府应组织各部门、各单位负责落实相关责任。

7 预案管理与更新

7.1 预案管理

可能发生地质灾害地区的县级以上地方人民政府负责管理地质灾害防治工作的部门或者机构，应当会同有关部门参照国家突发地质灾害应急预案，制定本行政区域内的突发地质灾害应急预案，报本级人民政府批准后实施。各省（区、市）的应急预案应当报国务院国土资源主管部门备案。

7.2 预案更新

本预案由国土资源部负责每年评审一次，并根据评审结果进行修订或更新后报国务院批准。

突发地质灾害应急预案的更新期限最长为5年。

8 责任与奖惩

8.1 奖励

对在地质灾害应急工作中贡献突出需表彰奖励的单位和个人，按照《地质灾害防治条例》相关规定执行。

8.2 责任追究

对引发地质灾害的单位和个人的责任追究，按照《地质灾害防治条例》相关规定处理；对地质灾害应急防治中失职、渎职的有关人员按国家有关法律、法规追究责任。

9 附 则

9.1 名词术语的定义与说明

地质灾害易发区：指具备地质灾害发生的地质构造、地形地貌和气候条件，容易发生地质灾害的区域。

地质灾害危险区：指已经出现地质灾害迹象，明显可能发生地质灾害且将可能造成人员伤亡和经济损失的区域或者地段。

次生灾害：指由地质灾害造成的工程结构、设施和自然环境破坏而引发的灾害，如水灾、爆炸及剧毒和强腐蚀性物质泄漏等。

生命线设施：指供水、供电、粮油、排水、燃料、热力系统及通信、交通等城市公用设施。

直接经济损失：指地质灾害及次生灾害造成的物质破坏，包括建筑物和其他工程结构、设施、设备、物品、财物等破坏而引起的经济损失，以重新修复所需费用计算。不包括非实物财产，如货币、有价证券等损失。

本预案有关数量的表述中，“以上”含本数，“以下”不含本数。

9.2 预案的实施

本预案自印发之日起实施。

国家地震应急预案

2012年8月28日修订

1 总 则

1.1 编制目的

依法科学统一、有力有序有效地实施地震应急，最大程度减少人员伤亡和经济损失，维护社会正常秩序。

1.2 编制依据

《中华人民共和国突发事件应对法》、《中华人民共和国防震减灾法》等法律法规和国家突发事件总体应急预案等。

1.3 适用范围

本预案适用于我国发生地震及火山灾害和国外发生造成重大影响地震及火山灾害的应对工作。

1.4 工作原则

抗震救灾工作坚持统一领导、军地联动,分级负责、属地为主,资源共享、快速反应的工作原则。地震灾害发生后,地方人民政府和有关部门立即自动按照职责分工和相关预案开展前期处置工作。省级人民政府是应对本行政区域特别重大、重大地震灾害的主体。视省级人民政府地震应急的需求,国家地震应急给予必要的协调和支持。

2 组织体系

2.1 国家抗震救灾指挥机构

国务院抗震救灾指挥部负责统一领导、指挥和协调全国抗震救灾工作。地震局承担国务院抗震救灾指挥部日常工作。

必要时,成立国务院抗震救灾总指挥部,负责统一领导、指挥和协调全国抗震救灾工作;在地震灾区成立现场指挥机构,在国务院抗震救灾指挥机构的领导下开展工作。

2.2 地方抗震救灾指挥机构

县级以上地方人民政府抗震救灾指挥部负责统一领导、指挥和协调本行政区域的抗震救灾工作。地方有关部门和单位、当地解放军、武警部队和民兵组织等,按照职责分工,各负其责,密切配合,共同做好抗震救灾工作。

3 响应机制

3.1 地震灾害分级

地震灾害分为特别重大、重大、较大、一般四级。

(1)特别重大地震灾害是指造成300人以上死亡(含失踪),或者直接经济损失占地震发生地省(区、市)上年国内生产总值1%以上的地震灾害。

当人口较密集地区发生7.0级以上地震,人口密集地区发生6.0级以上地震,初判为特别重大地震灾害。

(2)重大地震灾害是指造成50人以上、300人以下死亡(含失踪)或者造成严重经济损失的地震灾害。

当人口较密集地区发生6.0级以上、7.0级以下地震,人口密集地区发生5.0级以上、6.0级以下地震,初判为重大地震灾害。

(3)较大地震灾害是指造成10人以上、50人以下死亡(含失踪)或者造成较重经济损失的地震灾害。

当人口较密集地区发生5.0级以上、6.0级以下地震,人口密集地区发生4.0级以上、5.0级以下地震,初判为较大地震灾害。

(4)一般地震灾害是指造成10人以下死亡(含失踪)或者造成一定经济损失的地震灾害。

当人口较密集地区发生4.0级以上、5.0级以下地震,初判为一般地震灾害。

3.2 分级响应

根据地震灾害分级情况,将地震灾害应急响应分为Ⅰ级、Ⅱ级、Ⅲ级和Ⅳ级。

应对特别重大地震灾害,启动Ⅰ级响应。由灾区所在省级抗震救灾指挥部领导灾区地震应急工作;国务院抗震救灾指挥机构负责统一领导、指挥和协调全国抗震救灾工作。

应对重大地震灾害,启动Ⅱ级响应。由灾区所在省级抗震救灾指挥部领导灾区地震应急工作;国务院抗震救灾指挥部根据情况,组织协调有关部门和单位开展国家地震应急工作。

应对较大地震灾害,启动Ⅲ级响应。在灾区所在省级抗震救灾指挥部的支持下,由灾区所在市级抗震救灾指挥部领导灾区地震应急工作。中国地震局等国家有关部门和单位根据灾区需求,协助做好抗震救灾工作。

应对一般地震灾害,启动Ⅳ级响应。在灾区所在省、市级抗震救灾指挥部的支持下,由灾区所在县级抗震救灾指挥部领导灾区地震应急工作。中国地震局等国家有关部门和单位根据灾区需求,协助做好抗震救灾工作。

地震发生在边疆地区、少数民族聚居地区和其他特殊地区,可根据需要适当提高响应级别。地震应急响应启动后,可视灾情及其发展情况对响应级别及时进行相应调整,避免响应不足或响应过度。

4 监测报告

4.1 地震监测预报

中国地震局负责收集和管理全国各类地震观测数据,提出地震重点监视防御区和年度防震减灾工作意见。各级地震工作主管部门和机构加强震情跟踪监测、预测预报和群测群防工作,及时对地震预测意见和可能与地震有关的异常现象进行综合分析研判。省级人民政府根据预报的震情决策发布临震预报,组织预报区加强应急防范措施。

4.2 震情速报

地震发生后,中国地震局快速完成地震发生时间、地点、震级、震源深度等速报参数的测定,报国务院,同时通报有关部门,并及时续报有关情况。

4.3 灾情报告

地震灾害发生后,灾区所在县级以上地方人民政府及时将震情、灾情等信息报上级人民政府,必要时可越级上报。发生特别重大、重大地震灾害,民政部、中国地震局等部门迅速组织开展现场灾情收集、分析研判工作,报国务院,并及时续报有关情况。公安、安全生产监管、交通、铁道、水利、建设、教育、卫生等有关部门及时将收集了解的情况报国务院。

5 应急响应

各有关地方和部门根据灾情和抗灾救灾需要,采取以下措施。

5.1 搜救人员

立即组织基层应急队伍和广大群众开展自救互救,同时组织协调当地解放军、武警部队、地震、消防、建筑和市政等各方面救援力量,调配大型吊车、起重机、千斤顶、生命探测仪等救援装备,抢救被掩埋人员。现场救援队伍之间加强衔接和配合,合理划分责任区边界,遇有危险时及时传递警报,做好自身安全防护。

5.2 开展医疗救治和卫生防疫

迅速组织协调应急医疗队伍赶赴现场,抢救受伤群众,必要时建立战地医院或医疗点,实施现场救治。加强救护车、医疗器械、药品和血浆的组织调度,特别是加大对重灾区及偏远地区医疗器械、药品供应,确保被救人员得到及时医治,最大程度减少伤员致死、致残。统筹周边地区的医疗资源,根据需要分流重伤员,实施异地救治。开展灾后心理援助。

加强灾区卫生防疫工作。及时对灾区水源进行监测消毒,加强食品和饮用水卫生监督;妥善处置遇难者遗体,做好死亡动物、医疗废弃物、生活垃圾、粪便等消毒和无害化处理;加强鼠疫、狂犬病的监测、防控和处理,及时接种疫苗;实行重大传染病和突发卫生事件每日报告制度。

5.3 安置受灾群众

开放应急避难场所,组织筹集和调运食品、饮用水、衣被、帐篷、移动厕所等各类救灾物资,解决受灾群众吃饭、饮水、穿衣、住处等问题;在受灾村镇、街道设置生活用品发放点,确保生活用品的有序发放;根据需要组织生产、调运、安装活动板房和简易房;在受灾群众集中安置点配备必要的消防设备器材,严防火灾发生。救灾物资优先保证学校、医院、福利院的需要;优先安置孤儿、孤老及残疾人员,确保其基本生活。鼓励采取投亲靠友等方式,广泛动员社会力量安置受灾群众。

做好遇难人员的善后工作,抚慰遇难者家属;积极创造条件,组织灾区学校复课。

5.4 抢修基础设施

抢通修复因灾损毁的机场、铁路、公路、桥梁、隧道等交通设施,协调运力,优先保证应急抢险救援人员、救灾物资和伤病人员的运输需要。抢修供电、供水、供气、通信、广播电视等基础设施,保障灾区群众基本生活需要和应急工作需要。

5.5 加强现场监测

地震局组织布设或恢复地震现场测震和前兆台站,实时跟踪地震序列活动,密切监视震情发展,对震区及全国震情形势进行研判。气象局加强气象监测,密切关注灾区重大气象变化。灾区所在地抗震救灾指挥部安排专业力量加强空气、水源、土壤污染监测,减轻或消除污染危害。

5.6 防御次生灾害

加强次生灾害监测预警,防范因强余震和降雨形成的滑坡、泥石流、滚石等造成新的人员伤亡和交通堵塞;组织专家对水库、水电站、堤坝、堰塞湖等开展险情排查、评估和除险加固,必要时组织下游危险地区人员转移。

加强危险化学品生产储存设备、输油气管道、输配电线路的受损情况排查,及时采取安全防范措施;对核电站等核工业生产科研重点设施,做好事故防范处置工作。

5.7 维护社会治安

严厉打击盗窃、抢劫、哄抢救灾物资、借机传播谣言制造社会恐慌等违法犯罪行为;在受灾群众安置点、救灾物资存放点等重点地区,增设临时警务站,加强治安巡逻,增强灾区群众的安全感;加强对党政机关、要害部门、金融单位、储备仓库、监狱等重要场所的警戒,做好涉灾矛盾纠纷化解和法律服务工作,维护社会稳定。

5.8 开展社会动员

灾区所在地抗震救灾指挥部明确专门的组织机构或人员,加强志愿服务管理;及时开通志愿服务联系电话,统一接收志愿者组织报名,做好志愿者派遣和相关服务工作;根据灾区需求、交通运输等情况,向社会公布志愿服务需求指南,引导志愿者安全有序参与。

视情开展为灾区人民捐款捐物活动,加强救灾捐赠的组织发动和款物接收、统计、分配、使用、公示反馈等各环节工作。

必要时,组织非灾区人民政府,通过提供人力、物力、财力、智力等形式,对灾区群众生活安置、伤员救治、卫生防疫、基础设施抢修和生产恢复等开展对口支援。

5.9 加强涉外事务管理

及时向相关国家和地区驻华机构通报相关情况;协

调安排国外救援队入境救援行动,按规定办理外事手续,分配救援任务,做好相关保障;加强境外救援物资的接受和管理,按规定做好检验检疫、登记管理等工作;适时组织安排境外新闻媒体进行采访。

5.10 发布信息

各级抗震救灾指挥机构按照分级响应原则,分别负责相应级别地震灾害信息发布工作,回应社会关切。信息发布要统一、及时、准确、客观。

5.11 开展灾害调查与评估

地震局开展地震烈度、发震构造、地震宏观异常现象、工程结构震害特征、地震社会影响和各种地震地质灾害调查等。民政、地震、国土资源、建设、环境保护等有关部门,深入调查灾区范围、受灾人口、成灾人口、人员伤亡数量、建构筑物和基础设施破坏程度、环境影响程度等,组织专家开展灾害损失评估。

5.12 应急结束

在抢险救灾工作基本结束、紧急转移和安置工作基本完成、地震次生灾害的后果基本消除,以及交通、电力、通信和供水等基本抢修抢通、灾区生活秩序基本恢复后,由启动应急响应的原机关决定终止应急响应。

6 指挥与协调

6.1 特别重大地震灾害

6.1.1 先期保障

特别重大地震灾害发生后,根据中国地震局的信息通报,有关部门立即组织做好灾情航空侦察和机场、通信等先期保障工作。

(1)测绘地信局、民航局、总参谋部等迅速组织协调出动飞行器开展灾情航空侦察。

(2)总参谋部、民航局采取必要措施保障相关机场的有序运转,组织修复灾区机场或开辟临时机场,并实行必要的飞行管制措施,保障抗震救灾工作需要。

(3)工业和信息化部按照国家通信保障应急预案及时采取应对措施,抢修受损通信设施,协调应急通信资源,优先保障抗震救灾指挥通信联络和信息传递畅通。自有通信系统的部门尽快恢复本部门受到损坏的通信设施,协助保障应急救援指挥通信畅通。

6.1.2 地方政府应急处置

省级抗震救灾指挥部立即组织各类专业抢险救灾队伍开展人员搜救、医疗救护、受灾群众安置等,组织抢修重大关键基础设施,保护重要目标;国务院启动Ⅰ级响应后,按照国务院抗震救灾指挥机构的统一部署,领导和组织实施本行政区域抗震救灾工作。

灾区所在市(地)、县级抗震救灾指挥部立即发动基层干部群众开展自救互救,组织基层抢险救灾队伍开展人员搜救和医疗救护,开放应急避难场所,及时转移和安置受灾群众,防范次生灾害,维护社会治安,同时提出需要支援的应急措施建议;按照上级抗震救灾指挥机构的安排部署,领导和组织实施本行政区域抗震救灾工作。

6.1.3 国家应急处置

中国地震局或灾区所在省级人民政府向国务院提出实施国家地震应急Ⅰ级响应和需采取应急措施的建议,国务院决定启动Ⅰ级响应,由国务院抗震救灾指挥机构负责统一领导、指挥和协调全国抗震救灾工作。必要时,国务院直接决定启动Ⅰ级响应。

国务院抗震救灾指挥机构根据需要设立抢险救援、群众生活保障、医疗救治和卫生防疫、基础设施保障和生产恢复、地震监测和次生灾害防范处置、社会治安、救灾捐赠与涉外事务、涉港澳台事务、国外救援队伍协调事务、地震灾害调查及灾情损失评估、信息发布及宣传报道等工作组,国务院办公厅履行信息汇总和综合协调职责,发挥运转枢纽作用。国务院抗震救灾指挥机构组织有关地区和部门开展以下工作:

(1)派遣公安消防部队、地震灾害紧急救援队、矿山和危险化学品救护队、医疗卫生救援队伍等各类专业抢险救援队伍,协调解放军和武警部队派遣专业队伍,赶赴灾区抢救被压埋幸存者和被困群众。

(2)组织跨地区调运救灾帐篷、生活必需品等救灾物资和装备,支援灾区保障受灾群众的吃、穿、住等基本生活需要。

(3)支援灾区开展伤病员和受灾群众医疗救治、卫生防疫、心理援助工作,根据需要组织实施跨地区大范围转移救治伤员,恢复灾区医疗卫生服务能力和秩序。

(4)组织抢修通信、电力、交通等基础设施,保障抢险救援通信、电力以及救灾人员和物资交通运输的畅通。

(5)指导开展重大危险源、重要目标物、重大关键基础设施隐患排查与监测预警,防范次生衍生灾害。对于已经受到破坏的,组织快速抢险救援。

(6)派出地震现场监测与分析预报工作队伍,布设或恢复地震现场测震和前兆台站,密切监视震情发展,指导做好余震防范工作。

(7)协调加强重要目标警戒和治安管理,预防和打击各种违法犯罪活动,指导做好涉灾矛盾纠纷化解和法律服务工作,维护社会稳定。

(8)组织有关部门和单位、非灾区省级人民政府以及企事业单位、志愿者等社会力量对灾区进行紧急支援。

(9)视情实施限制前往或途经灾区旅游、跨省(区、市)和干线交通管制等特别管制措施。

(10)组织统一发布灾情和抗震救灾信息,指导做好抗震救灾宣传报道工作,正确引导国内外舆论。

(11)其他重要事项。

必要时,国务院抗震救灾指挥机构在地震灾区成立现场指挥机构,负责开展以下工作:

(1)了解灾区抗震救灾工作进展和灾区需求情况,督促落实国务院抗震救灾指挥机构工作部署。

(2)根据灾区省级人民政府请求,协调有关部门和地方调集应急物资、装备。

(3)协调指导国家有关专业抢险救援队伍以及各方面支援力量参与抗震救灾行动。

(4)协调公安、交通运输、铁路、民航等部门和地方提供交通运输保障。

(5)协调安排灾区伤病群众转移治疗。

(6)协调相关部门支持协助地方人民政府处置重大次生衍生灾害。

(7)国务院抗震救灾指挥机构部署的其他任务。

6.2 重大地震灾害

6.2.1 地方政府应急处置

省级抗震救灾指挥部制订抢险救援力量及救灾物资装备配置方案,协调驻地解放军、武警部队,组织各类专业抢险救灾队伍开展人员搜救、医疗救护、灾民安置、次生灾害防范和应急恢复等工作。需要国务院支持的事项,由省级人民政府向国务院提出建议。

灾区所在市(地)、县级抗震救灾指挥部迅速组织开展自救互救、抢险救灾等先期处置工作,同时提出需要支援的应急措施建议;按照上级抗震救灾指挥机构的安排部署,领导和组织实施本行政区域抗震救灾工作。

6.2.2 国家应急处置

中国地震局向国务院抗震救灾指挥部上报相关信息,提出应对措施建议,同时通报有关部门。国务院抗震救灾指挥部根据应对工作需要,或者灾区所在省级人民政府请求或国务院有关部门建议,采取以下一项或多项应急措施:

(1)派遣公安消防部队、地震灾害紧急救援队、矿山和危险化学品救护队、医疗卫生救援队伍等专业抢险救援队伍,赶赴灾区抢救被压埋幸存者和被困群众,转移救治伤病员,开展卫生防疫等。必要时,协调解放军、武警部队派遣专业队伍参与应急救援。

(2)组织调运救灾帐篷、生活必需品等抗震救灾物资。

(3)指导、协助抢修通信、广播电视、电力、交通等基础设施。

(4)根据需要派出地震监测和次生灾害防范、群众生活、医疗救治和卫生防疫、基础设施恢复等工作组,赴灾区协助、指导开展抗震救灾工作。

(5)协调非灾区省级人民政府对灾区进行紧急支援。

(6)需要国务院抗震救灾指挥部协调解决的其他事项。

6.3 较大、一般地震灾害

市(地)、县级抗震救灾指挥部组织各类专业抢险救灾队伍开展人员搜救、医疗救护、灾民安置、次生灾害防范和应急恢复等工作。省级抗震救灾指挥部根据应对工作实际需要或下级抗震救灾指挥部请求,协调派遣专业技术力量和救援队伍,组织调运抗震救灾物资装备,指导市(地)、县开展抗震救灾各项工作;必要时,请求国家有关部门予以支持。

根据灾区需求,中国地震局等国家有关部门和单位协助地方做好地震监测、趋势判定、房屋安全性鉴定和灾害损失调查评估,以及支援物资调运、灾民安置和社会稳定等工作。必要时,派遣公安消防部队、地震灾害紧急救援队和医疗卫生救援队伍赴灾区开展紧急救援行动。

7 恢复重建

7.1 恢复重建规划

特别重大地震灾害发生后,按照国务院决策部署,国务院有关部门和灾区省级人民政府组织编制灾后恢复重建规划;重大、较大、一般地震灾害发生后,灾区省级人民政府根据实际工作需要组织编制地震灾后恢复重建规划。

7.2 恢复重建实施

灾区地方各级人民政府应当根据灾后恢复重建规划和当地经济社会发展水平,有计划、分步骤地组织实施本行政区域灾后恢复重建。上级人民政府有关部门对灾区恢复重建规划的实施给予支持和指导。

8 保障措施

8.1 队伍保障

国务院有关部门、解放军、武警部队、县级以上地方人民政府加强地震灾害紧急救援、公安消防、陆地搜寻与救护、矿山和危险化学品救护、医疗卫生救援等专业抢险救灾队伍建设,配备必要的物资装备,经常性开展协同演练,提高共同应对地震灾害的能力。

城市供水、供电、供气等生命线工程设施产权单位、管理或者生产经营单位加强抢险抢修队伍建设。

乡(镇)人民政府、街道办事处组织动员社会各方面力量,建立基层地震抢险救灾队伍,加强日常管理和培训。各地区、各有关部门发挥共青团和红十字会作用,依托社会团体、企事业单位及社区建立地震应急救援志愿者队伍,形成广泛参与地震应急救援的社会动员机制。

各级地震工作主管部门加强地震应急专家队伍建设,为应急指挥辅助决策、地震监测和趋势判断、地震灾害紧急救援、灾害损失评估、地震烈度考察、房屋安全鉴定等提供人才保障。各有关研究机构加强地震监测、地震预测、地震区划、应急处置技术、搜索与营救、建筑物抗震技术等方面的研究,提供技术支撑。

8.2 指挥平台保障

各级地震工作主管部门综合利用自动监测、通信、计算机、遥感等技术,建立健全地震应急指挥技术系统,形成上下贯通、反应灵敏、功能完善、统一高效的地震应急指挥平台,实现震情灾情快速响应、应急指挥决策、灾害损失快速评估与动态跟踪、地震趋势判断的快速反馈,保障各级人民政府在抗震救灾中进行合理调度、科学决策和准确指挥。

8.3 物资与资金保障

国务院有关部门建立健全应急物资储备网络和生产、调拨及紧急配送体系,保障地震灾害应急工作所需生活救助物资、地震救援和工程抢险装备、医疗器械和药品等的生产供应。县级以上地方人民政府及其有关部门根据有关法律法规,做好应急物资储备工作,并通过与有关生产经营企业签订协议等方式,保障应急物资、生活必需品和应急处置装备的生产、供给。

县级以上人民政府保障抗震救灾工作所需经费。中央财政对达到国家级灾害应急响应、受地震灾害影响较大和财政困难的地区给予适当支持。

8.4 避难场所保障

县级以上地方人民政府及其有关部门,利用广场、绿地、公园、学校、体育场馆等公共设施,因地制宜设立地震应急避难场所,统筹安排所必需的交通、通信、供水、供电、排污、环保、物资储备等设备设施。

学校、医院、影剧院、商场、酒店、体育场馆等人员密集场所设置地震应急疏散通道,配备必要的救生避险设施,保证通道、出口的畅通。有关单位定期检测、维护报警装置和应急救援设施,使其处于良好状态,确保正常使用。

8.5 基础设施保障

工业和信息化部门建立健全应急通信工作体系,建立有线和无线相结合、基础通信网络与机动通信系统相配套的应急通信保障系统,确保地震应急救援工作的通信畅通。在基础通信网络等基础设施遭到严重损毁且短时间难以修复的极端情况下,立即启动应急卫星、短波等无线通信系统和终端设备,确保至少有一种以上临时通信手段有效、畅通。

广电部门完善广播电视传输覆盖网,建立完善国家应急广播体系,确保群众能及时准确地获取政府发布的权威信息。

发展改革和电力监管部门指导、协调、监督电力运营企业加强电力基础设施、电力调度系统建设,保障地震现场应急装备的临时供电需求和灾区电力供应。

公安、交通运输、铁道、民航等主管部门建立健全公路、铁路、航空、水运紧急运输保障体系,加强统一指挥调度,采取必要的交通管制措施,建立应急救援"绿色通道"机制。

8.6 宣传、培训与演练

宣传、教育、文化、广播电视、新闻出版、地震等主管部门密切配合,开展防震减灾科学、法律知识普及和宣传教育,动员社会公众积极参与防震减灾活动,提高全社会防震避险和自救互救能力。学校把防震减灾知识教育纳入教学内容,加强防震减灾专业人才培养,教育、地震等主管部门加强指导和监督。

地方各级人民政府建立健全地震应急管理培训制度,结合本地区实际,组织应急管理人员、救援人员、志愿者等进行地震应急知识和技能培训。

各级人民政府及其有关部门要制定演练计划并定期组织开展地震应急演练。机关、学校、医院、企事业单位和居委会、村委会、基层组织等,要结合实际开展地震应急演练。

9 对港澳台地震灾害应急

9.1 对港澳地震灾害应急

香港、澳门发生地震灾害后,中国地震局向国务院报告震情,向国务院港澳办等部门通报情况,并组织对地震趋势进行分析判断。国务院根据情况向香港、澳门特别行政区发出慰问电;根据特别行政区的请求,调派地震灾害紧急救援队伍、医疗卫生救援队伍协助救援,组织有关部门和地区进行支援。

9.2 对台湾地震灾害应急

台湾发生地震灾害后,国务院台办向台湾有关方面了解情况和对祖国大陆的需求。根据情况,祖国大陆对台湾地震灾区人民表示慰问。国务院根据台湾有关方面的需求,协调调派地震灾害紧急救援队伍、医疗卫生救援队伍协助救援，援助救灾款物，为有关国家和地区对台湾地震灾区的人道主义援助提供便利。

10　其他地震及火山事件应急

10.1　强有感地震事件应急

当大中城市和大型水库、核电站等重要设施场地及其附近地区发生强有感地震事件并可能产生较大社会影响，中国地震局加强震情趋势研判，提出意见报告国务院，同时通报国务院有关部门。省（区、市）人民政府督导有关地方人民政府做好新闻及信息发布与宣传工作，保持社会稳定。

10.2　海域地震事件应急

海域地震事件发生后，有关地方人民政府地震工作主管部门及时向本级人民政府和当地海上搜救机构、海洋主管部门、海事管理部门等通报情况。国家海洋局接到海域地震信息后，立即开展分析，预测海域地震对我国沿海可能造成海啸灾害的影响程度，并及时发布相关的海啸灾害预警信息。当海域地震造成或可能造成船舶遇险、原油泄漏等突发事件时，交通运输部、国家海洋局等有关部门和单位根据有关预案实施海上应急救援。当海域地震造成海底通信电缆中断时，工业和信息化部等部门根据有关预案实施抢修。当海域地震波及陆地造成灾害事件时，参照地震灾害应急响应相应级别实施应急。

10.3　火山灾害事件应急

当火山喷发或出现多种强烈临喷异常现象，中国地震局和有关省（区、市）人民政府要及时将有关情况报国务院。中国地震局派出火山现场应急工作队伍赶赴灾区，对火山喷发或临喷异常现象进行实时监测，判定火山灾害类型和影响范围，划定隔离带，视情向灾区人民政府提出转移居民的建议。必要时，国务院研究、部署火山灾害应急工作，国务院有关部门进行支援。灾区人民政府组织火山灾害预防和救援工作，必要时组织转移居民。

10.4　对国外地震及火山灾害事件应急

国外发生造成重大影响的地震及火山灾害事件，外交部、商务部、中国地震局等部门及时将了解到的受灾国的灾情等情况报国务院，按照有关规定实施国际救援和援助行动。根据情况，发布信息，引导我国出境游客避免赴相关地区旅游，组织有关部门和地区协助安置或撤离我境外人员。当毗邻国家发生地震及火山灾害事件造成我国境内灾害时，按照我国相关应急预案处置。

11　附　　则

11.1　奖励与责任

对在抗震救灾工作中作出突出贡献的先进集体和个人，按照国家有关规定给予表彰和奖励；对在抗震救灾工作中玩忽职守造成损失的，严重虚报、瞒报灾情的，依据国家有关法律法规追究当事人的责任，构成犯罪的，依法追究其刑事责任。

11.2　预案管理与更新

中国地震局会同有关部门制订本预案，报国务院批准后实施。预案实施后，中国地震局会同有关部门组织预案宣传、培训和演练，并根据实际情况，适时组织修订完善本预案。

地方各级人民政府制订本行政区域地震应急预案，报上级人民政府地震工作主管部门备案。各级人民政府有关部门结合本部门职能制订地震应急预案或包括抗震救灾内容的应急预案，报同级地震工作主管部门备案。交通、铁路、水利、电力、通信、广播电视等基础设施的经营管理单位和学校、医院，以及可能发生次生灾害的核电、矿山、危险物品等生产经营单位制订地震应急预案或包括抗震救灾内容的应急预案，报所在地县级地震工作主管部门备案。

11.3　以上、以下的含义

本预案所称以上包括本数，以下不包括本数。

11.4　预案解释

本预案由国务院办公厅负责解释。

11.5　预案实施时间

本预案自印发之日起实施。

六、火灾防治

资料补充栏

1. 综　合

中华人民共和国消防法

1. *1998年4月29日第九届全国人民代表大会常务委员会第二次会议通过*
2. *2008年10月28日第十一届全国人民代表大会常务委员会第五次会议修订*
3. *根据2019年4月23日第十三届全国人民代表大会常务委员会第十次会议《关于修改〈中华人民共和国建筑法〉等八部法律的决定》第一次修正*
4. *根据2021年4月29日第十三届全国人民代表大会常务委员会第二十八次会议《关于修改〈中华人民共和国道路交通安全法〉等八部法律的决定》第二次修正*

目　　录

第一章　总　　则

第一条　【立法目的】为了预防火灾和减少火灾危害，加强应急救援工作，保护人身、财产安全，维护公共安全，制定本法。

第二条　【消防工作的方针、原则、制度】消防工作贯彻预防为主、防消结合的方针，按照政府统一领导、部门依法监管、单位全面负责、公民积极参与的原则，实行消防安全责任制，建立健全社会化的消防工作网络。

第三条　【各级人民政府的消防工作职责】国务院领导全国的消防工作。地方各级人民政府负责本行政区域内的消防工作。

各级人民政府应当将消防工作纳入国民经济和社会发展计划，保障消防工作与经济社会发展相适应。

第四条　【消防工作监督管理体制】国务院应急管理部门对全国的消防工作实施监督管理。县级以上地方人民政府应急管理部门对本行政区域内的消防工作实施监督管理，并由本级人民政府消防救援机构负责实施。军事设施的消防工作，由其主管单位监督管理，消防救援机构协助；矿井地下部分、核电厂、海上石油天然气设施的消防工作，由其主管单位监督管理。

县级以上人民政府其他有关部门在各自的职责范围内，依照本法和其他相关法律、法规的规定做好消防工作。

法律、行政法规对森林、草原的消防工作另有规定的，从其规定。

第五条　【单位、个人的消防义务】任何单位和个人都有维护消防安全、保护消防设施、预防火灾、报告火警的义务。任何单位和成年人都有参加有组织的灭火工作的义务。

第六条　【消防宣传教育义务】各级人民政府应当组织开展经常性的消防宣传教育，提高公民的消防安全意识。

机关、团体、企业、事业等单位，应当加强对本单位人员的消防宣传教育。

应急管理部门及消防救援机构应当加强消防法律、法规的宣传，并督促、指导、协助有关单位做好消防宣传教育工作。

教育、人力资源行政主管部门和学校、有关职业培训机构应当将消防知识纳入教育、教学、培训的内容。

新闻、广播、电视等有关单位，应当有针对性地面向社会进行消防宣传教育。

工会、共产主义青年团、妇女联合会等团体应当结合各自工作对象的特点，组织开展消防宣传教育。

村民委员会、居民委员会应当协助人民政府以及公安机关、应急管理等部门，加强消防宣传教育。

第七条　【鼓励支持消防事业，表彰奖励有突出贡献的单位、个人】国家鼓励、支持消防科学研究和技术创新，推广使用先进的消防和应急救援技术、设备；鼓励、支持社会力量开展消防公益活动。

对在消防工作中有突出贡献的单位和个人，应当按照国家有关规定给予表彰和奖励。

第二章　火灾预防

第八条　【消防规划】地方各级人民政府应当将包括消防安全布局、消防站、消防供水、消防通信、消防车通道、消防装备等内容的消防规划纳入城乡规划，并负责组织实施。

城乡消防安全布局不符合消防安全要求的，应当调整、完善；公共消防设施、消防装备不足或者不适应实际需要的，应当增建、改建、配置或者进行技术改造。

第九条　【消防设计、施工要求】建设工程的消防设计、施工必须符合国家工程建设消防技术标准。建设、设计、施工、工程监理等单位依法对建设工程的消防设计、施工质量负责。

第十条　【消防设计审查验收】对按照国家工程建设消防技术标准需要进行消防设计的建设工程,实行建设工程消防设计审查验收制度。

第十一条　【消防设计文件报送审查】国务院住房和城乡建设主管部门规定的特殊建设工程,建设单位应当将消防设计文件报送住房和城乡建设主管部门审查,住房和城乡建设主管部门依法对审查的结果负责。

前款规定以外的其他建设工程,建设单位申请领取施工许可证或者申请批准开工报告时应当提供满足施工需要的消防设计图纸及技术资料。

第十二条　【消防设计未经审查或者审查不合格的法律后果】特殊建设工程未经消防设计审查或者审查不合格的,建设单位、施工单位不得施工;其他建设工程,建设单位未提供满足施工需要的消防设计图纸及技术资料的,有关部门不得发放施工许可证或者批准开工报告。

第十三条　【消防验收、备案和抽查】国务院住房和城乡建设主管部门规定应当申请消防验收的建设工程竣工,建设单位应当向住房和城乡建设主管部门申请消防验收。

前款规定以外的其他建设工程,建设单位在验收后应当报住房和城乡建设主管部门备案,住房和城乡建设主管部门应当进行抽查。

依法应当进行消防验收的建设工程,未经消防验收或者消防验收不合格的,禁止投入使用;其他建设工程经依法抽查不合格的,应当停止使用。

第十四条　【消防设计审查、消防验收、备案和抽查的具体办法】建设工程消防设计审查、消防验收、备案和抽查的具体办法,由国务院住房和城乡建设主管部门规定。

第十五条　【公众聚集场所的消防安全检查】公众聚集场所投入使用、营业前消防安全检查实行告知承诺管理。公众聚集场所在投入使用、营业前,建设单位或者使用单位应当向场所所在地的县级以上地方人民政府消防救援机构申请消防安全检查,作出场所符合消防技术标准和管理规定的承诺,提交规定的材料,并对其承诺和材料的真实性负责。

消防救援机构对申请人提交的材料进行审查;申请材料齐全、符合法定形式的,应当予以许可。消防救援机构应当根据消防技术标准和管理规定,及时对作出承诺的公众聚集场所进行核查。

申请人选择不采用告知承诺方式办理的,消防救援机构应当自受理申请之日起十个工作日内,根据消防技术标准和管理规定,对该场所进行检查。经检查符合消防安全要求的,应当予以许可。

公众聚集场所未经消防救援机构许可的,不得投入使用、营业。消防安全检查的具体办法,由国务院应急管理部门制定。

第十六条　【单位的消防安全职责】机关、团体、企业、事业等单位应当履行下列消防安全职责:

(一)落实消防安全责任制,制定本单位的消防安全制度、消防安全操作规程,制定灭火和应急疏散预案;

(二)按照国家标准、行业标准配置消防设施、器材,设置消防安全标志,并定期组织检验、维修,确保完好有效;

(三)对建筑消防设施每年至少进行一次全面检测,确保完好有效,检测记录应当完整准确,存档备查;

(四)保障疏散通道、安全出口、消防车通道畅通,保证防火防烟分区、防火间距符合消防技术标准;

(五)组织防火检查,及时消除火灾隐患;

(六)组织进行有针对性的消防演练;

(七)法律、法规规定的其他消防安全职责。

单位的主要负责人是本单位的消防安全责任人。

第十七条　【消防安全重点单位的消防安全职责】县级以上地方人民政府消防救援机构应当将发生火灾可能性较大以及发生火灾可能造成重大的人身伤亡或者财产损失的单位,确定为本行政区域内的消防安全重点单位,并由应急管理部门报本级人民政府备案。

消防安全重点单位除应当履行本法第十六条规定的职责外,还应当履行下列消防安全职责:

(一)确定消防安全管理人,组织实施本单位的消防安全管理工作;

(二)建立消防档案,确定消防安全重点部位,设置防火标志,实行严格管理;

(三)实行每日防火巡查,并建立巡查记录;

(四)对职工进行岗前消防安全培训,定期组织消防安全培训和消防演练。

第十八条　【共用建筑物的消防安全责任】同一建筑物由两个以上单位管理或者使用的,应当明确各方的消防安全责任,并确定责任人对共用的疏散通道、安全出口、建筑消防设施和消防车通道进行统一管理。

住宅区的物业服务企业应当对管理区域内的共用消防设施进行维护管理,提供消防安全防范服务。

第十九条 【易燃易爆危险品生产经营场所的设置要求】生产、储存、经营易燃易爆危险品的场所不得与居住场所设置在同一建筑物内，并应当与居住场所保持安全距离。

生产、储存、经营其他物品的场所与居住场所设置在同一建筑物内的，应当符合国家工程建设消防技术标准。

第二十条 【大型群众性活动的消防安全】举办大型群众性活动，承办人应当依法向公安机关申请安全许可，制定灭火和应急疏散预案并组织演练，明确消防安全责任分工，确定消防安全管理人员，保持消防设施和消防器材配置齐全、完好有效，保证疏散通道、安全出口、疏散指示标志、应急照明和消防车通道符合消防技术标准和管理规定。

第二十一条 【特殊场所和特种作业防火要求】禁止在具有火灾、爆炸危险的场所吸烟、使用明火。因施工等特殊情况需要使用明火作业的，应当按照规定事先办理审批手续，采取相应的消防安全措施；作业人员应当遵守消防安全规定。

进行电焊、气焊等具有火灾危险作业的人员和自动消防系统的操作人员，必须持证上岗，并遵守消防安全操作规程。

第二十二条 【危险物品生产经营单位设置的消防安全要求】生产、储存、装卸易燃易爆危险品的工厂、仓库和专用车站、码头的设置，应当符合消防技术标准。易燃易爆气体和液体的充装站、供应站、调压站，应当设置在符合消防安全要求的位置，并符合防火防爆要求。

已经设置的生产、储存、装卸易燃易爆危险品的工厂、仓库和专用车站、码头，易燃易爆气体和液体的充装站、供应站、调压站，不再符合前款规定的，地方人民政府应当组织、协调有关部门、单位限期解决，消除安全隐患。

第二十三条 【易燃易爆危险品和可燃物资仓库管理】生产、储存、运输、销售、使用、销毁易燃易爆危险品，必须执行消防技术标准和管理规定。

进入生产、储存易燃易爆危险品的场所，必须执行消防安全规定。禁止非法携带易燃易爆危险品进入公共场所或者乘坐公共交通工具。

储存可燃物资仓库的管理，必须执行消防技术标准和管理规定。

第二十四条 【消防产品标准、强制性产品认证和技术鉴定制度】消防产品必须符合国家标准；没有国家标准的，必须符合行业标准。禁止生产、销售或者使用不合格的消防产品以及国家明令淘汰的消防产品。

依法实行强制性产品认证的消防产品，由具有法定资质的认证机构按照国家标准、行业标准的强制性要求认证合格后，方可生产、销售、使用。实行强制性产品认证的消防产品目录，由国务院产品质量监督部门会同国务院应急管理部门制定并公布。

新研制的尚未制定国家标准、行业标准的消防产品，应当按照国务院产品质量监督部门会同国务院应急管理部门规定的办法，经技术鉴定符合消防安全要求的，方可生产、销售、使用。

依照本条规定经强制性产品认证合格或者技术鉴定合格的消防产品，国务院应急管理部门应当予以公布。

第二十五条 【对消防产品质量的监督检查】产品质量监督部门、工商行政管理部门、消防救援机构应当按照各自职责加强对消防产品质量的监督检查。

第二十六条 【建筑构件、建筑材料和室内装修、装饰材料的防火要求】建筑构件、建筑材料和室内装修、装饰材料的防火性能必须符合国家标准；没有国家标准的，必须符合行业标准。

人员密集场所室内装修、装饰，应当按照消防技术标准的要求，使用不燃、难燃材料。

第二十七条 【电器产品、燃气用具产品标准及其安装、使用的消防安全要求】电器产品、燃气用具的产品标准，应当符合消防安全的要求。

电器产品、燃气用具的安装、使用及其线路、管路的设计、敷设、维护保养、检测，必须符合消防技术标准和管理规定。

第二十八条 【保护消防设施、器材，保障消防通道畅通】任何单位、个人不得损坏、挪用或者擅自拆除、停用消防设施、器材，不得埋压、圈占、遮挡消火栓或者占用防火间距，不得占用、堵塞、封闭疏散通道、安全出口、消防车通道。人员密集场所的门窗不得设置影响逃生和灭火救援的障碍物。

第二十九条 【公共消防设施的维护】负责公共消防设施维护管理的单位，应当保持消防供水、消防通信、消防车通道等公共消防设施的完好有效。在修建道路以及停电、停水、截断通信线路时有可能影响消防队灭火救援的，有关单位必须事先通知当地消防救援机构。

第三十条 【加强农村消防工作】地方各级人民政府应当加强对农村消防工作的领导，采取措施加强公共消防设施建设，组织建立和督促落实消防安全责任制。

第三十一条 【重要防火时期的消防工作】在农业收获

季节、森林和草原防火期间、重大节假日期间以及火灾多发季节,地方各级人民政府应当组织开展有针对性的消防宣传教育,采取防火措施,进行消防安全检查。

第三十二条　【基层组织的群众性消防工作】乡镇人民政府、城市街道办事处应当指导、支持和帮助村民委员会、居民委员会开展群众性的消防工作。村民委员会、居民委员会应当确定消防安全管理人,组织制定防火安全公约,进行防火安全检查。

第三十三条　【火灾公众责任保险】国家鼓励、引导公众聚集场所和生产、储存、运输、销售易燃易爆危险品的企业投保火灾公众责任保险;鼓励保险公司承保火灾公众责任保险。

第三十四条　【对消防安全技术服务的规范】消防设施维护保养检测、消防安全评估等消防技术服务机构应当符合从业条件,执业人员应当依法获得相应的资格;依照法律、行政法规、国家标准、行业标准和执业准则,接受委托提供消防技术服务,并对服务质量负责。

第三章　消防组织

第三十五条　【消防组织建设】各级人民政府应当加强消防组织建设,根据经济社会发展的需要,建立多种形式的消防组织,加强消防技术人才培养,增强火灾预防、扑救和应急救援的能力。

第三十六条　【政府建立消防队】县级以上地方人民政府应当按照国家规定建立国家综合性消防救援队、专职消防队,并按照国家标准配备消防装备,承担火灾扑救工作。

乡镇人民政府应当根据当地经济发展和消防工作的需要,建立专职消防队、志愿消防队,承担火灾扑救工作。

第三十七条　【应急救援职责】国家综合性消防救援队、专职消防队按照国家规定承担重大灾害事故和其他以抢救人员生命为主的应急救援工作。

第三十八条　【消防队的能力建设】国家综合性消防救援队、专职消防队应当充分发挥火灾扑救和应急救援专业力量的骨干作用;按照国家规定,组织实施专业技能训练,配备并维护保养装备器材,提高火灾扑救和应急救援的能力。

第三十九条　【建立专职消防队】下列单位应当建立单位专职消防队,承担本单位的火灾扑救工作:

(一)大型核设施单位、大型发电厂、民用机场、主要港口;

(二)生产、储存易燃易爆危险品的大型企业;

(三)储备可燃的重要物资的大型仓库、基地;

(四)第一项、第二项、第三项规定以外的火灾危险性较大、距离国家综合性消防救援队较远的其他大型企业;

(五)距离国家综合性消防救援队较远、被列为全国重点文物保护单位的古建筑群的管理单位。

第四十条　【专职消防队的验收及队员福利待遇】专职消防队的建立,应当符合国家有关规定,并报当地消防救援机构验收。

专职消防队的队员依法享受社会保险和福利待遇。

第四十一条　【群众性消防组织】机关、团体、企业、事业等单位以及村民委员会、居民委员会根据需要,建立志愿消防队等多种形式的消防组织,开展群众性自防自救工作。

第四十二条　【消防救援机构与专职消防队、志愿消防队等消防组织的关系】消防救援机构应当对专职消防队、志愿消防队等消防组织进行业务指导;根据扑救火灾的需要,可以调动指挥专职消防队参加火灾扑救工作。

第四章　灭火救援

第四十三条　【火灾应急预案、应急反应和处置机制】县级以上地方人民政府应当组织有关部门针对本行政区域内的火灾特点制定应急预案,建立应急反应和处置机制,为火灾扑救和应急救援工作提供人员、装备等保障。

第四十四条　【火灾报警;现场疏散、扑救;消防队接警出动】任何人发现火灾都应当立即报警。任何单位、个人都应当无偿为报警提供便利,不得阻拦报警。严禁谎报火警。

人员密集场所发生火灾,该场所的现场工作人员应当立即组织、引导在场人员疏散。

任何单位发生火灾,必须立即组织力量扑救。邻近单位应当给予支援。

消防队接到火警,必须立即赶赴火灾现场,救助遇险人员,排除险情,扑灭火灾。

第四十五条　【组织火灾现场扑救及火灾现场总指挥的权限】消防救援机构统一组织和指挥火灾现场扑救,应当优先保障遇险人员的生命安全。

火灾现场总指挥根据扑救火灾的需要,有权决定下列事项:

(一)使用各种水源;

(二)截断电力、可燃气体和可燃液体的输送,限制用火用电;

（三）划定警戒区，实行局部交通管制；

（四）利用临近建筑物和有关设施；

（五）为了抢救人员和重要物资，防止火势蔓延，拆除或者破损毗邻火灾现场的建筑物、构筑物或者设施等；

（六）调动供水、供电、供气、通信、医疗救护、交通运输、环境保护等有关单位协助灭火救援。

根据扑救火灾的紧急需要，有关地方人民政府应当组织人员、调集所需物资支援灭火。

第四十六条　【重大灾害事故应急救援实行统一领导】国家综合性消防救援队、专职消防队参加火灾以外的其他重大灾害事故的应急救援工作，由县级以上人民政府统一领导。

第四十七条　【消防交通优先】消防车、消防艇前往执行火灾扑救或者应急救援任务，在确保安全的前提下，不受行驶速度、行驶路线、行驶方向和指挥信号的限制，其他车辆、船舶以及行人应当让行，不得穿插超越；收费公路、桥梁免收车辆通行费。交通管理指挥人员应当保证消防车、消防艇迅速通行。

赶赴火灾现场或者应急救援现场的消防人员和调集的消防装备、物资，需要铁路、水路或者航空运输的，有关单位应当优先运输。

第四十八条　【消防设施、器材严禁挪作他用】消防车、消防艇以及消防器材、装备和设施，不得用于与消防和应急救援工作无关的事项。

第四十九条　【扑救火灾、应急救援免收费用】国家综合性消防救援队、专职消防队扑救火灾、应急救援，不得收取任何费用。

单位专职消防队、志愿消防队参加扑救外单位火灾所损耗的燃料、灭火剂和器材、装备等，由火灾发生地的人民政府给予补偿。

第五十条　【医疗、抚恤】对因参加扑救火灾或者应急救援受伤、致残或者死亡的人员，按照国家有关规定给予医疗、抚恤。

第五十一条　【火灾事故调查】消防救援机构有权根据需要封闭火灾现场，负责调查火灾原因，统计火灾损失。

火灾扑灭后，发生火灾的单位和相关人员应当按照消防救援机构的要求保护现场，接受事故调查，如实提供与火灾有关的情况。

消防救援机构根据火灾现场勘验、调查情况和有关的检验、鉴定意见，及时制作火灾事故认定书，作为处理火灾事故的证据。

第五章　监督检查

第五十二条　【人民政府的监督检查】地方各级人民政府应当落实消防工作责任制，对本级人民政府有关部门履行消防安全职责的情况进行监督检查。

县级以上地方人民政府有关部门应当根据本系统的特点，有针对性地开展消防安全检查，及时督促整改火灾隐患。

第五十三条　【消防救援机构、公安派出所的监督检查】消防救援机构应当对机关、团体、企业、事业等单位遵守消防法律、法规的情况依法进行监督检查。公安派出所可以负责日常消防监督检查、开展消防宣传教育，具体办法由国务院公安部门规定。

消防救援机构、公安派出所的工作人员进行消防监督检查，应当出示证件。

第五十四条　【消除火灾隐患】消防救援机构在消防监督检查中发现火灾隐患的，应当通知有关单位或者个人立即采取措施消除隐患；不及时消除隐患可能严重威胁公共安全的，消防救援机构应当依照规定对危险部位或者场所采取临时查封措施。

第五十五条　【重大火灾隐患的发现及处理】消防救援机构在消防监督检查中发现城乡消防安全布局、公共消防设施不符合消防安全要求，或者发现本地区存在影响公共安全的重大火灾隐患的，应当由应急管理部门书面报告本级人民政府。

接到报告的人民政府应当及时核实情况，组织或者责成有关部门、单位采取措施，予以整改。

第五十六条　【相关部门及其工作人员应当遵循的执法原则】住房和城乡建设主管部门、消防救援机构及其工作人员应当按照法定的职权和程序进行消防设计审查、消防验收、备案抽查和消防安全检查，做到公正、严格、文明、高效。

住房和城乡建设主管部门、消防救援机构及其工作人员进行消防设计审查、消防验收、备案抽查和消防安全检查等，不得收取费用，不得利用职务谋取利益；不得利用职务为用户、建设单位指定或者变相指定消防产品的品牌、销售单位或者消防技术服务机构、消防设施施工单位。

第五十七条　【社会和公民监督】住房和城乡建设主管部门、消防救援机构及其工作人员执行职务，应当自觉接受社会和公民的监督。

任何单位和个人都有权对住房和城乡建设主管部门、消防救援机构及其工作人员在执法中的违法行为进行检举、控告。收到检举、控告的机关，应当按照职责及时查处。

第六章　法律责任

第五十八条　【对不符合消防设计审查、消防验收、消防安全检查要求等行为的处罚】违反本法规定，有下列行为之一的，由住房和城乡建设主管部门、消防救援机构按照各自职权责令停止施工、停止使用或者停产停业，并处三万元以上三十万元以下罚款：

(一)依法应当进行消防设计审查的建设工程，未经依法审查或者审查不合格，擅自施工的；

(二)依法应当进行消防验收的建设工程，未经消防验收或者消防验收不合格，擅自投入使用的；

(三)本法第十三条规定的其他建设工程验收后经依法抽查不合格，不停止使用的；

(四)公众聚集场所未经消防救援机构许可，擅自投入使用、营业的，或者经核查发现场所使用、营业情况与承诺内容不符的。

核查发现公众聚集场所使用、营业情况与承诺内容不符，经责令限期改正，逾期不整改或者整改后仍达不到要求的，依法撤销相应许可。

建设单位未依照本法规定在验收后报住房和城乡建设主管部门备案的，由住房和城乡建设主管部门责令改正，处五千元以下罚款。

第五十九条　【对不按消防技术标准设计、施工的行为的处罚】违反本法规定，有下列行为之一的，由住房和城乡建设主管部门责令改正或者停止施工，并处一万元以上十万元以下罚款：

(一)建设单位要求建筑设计单位或者建筑施工企业降低消防技术标准设计、施工的；

(二)建筑设计单位不按照消防技术标准强制性要求进行消防设计的；

(三)建筑施工企业不按照消防设计文件和消防技术标准施工，降低消防施工质量的；

(四)工程监理单位与建设单位或者建筑施工企业串通，弄虚作假，降低消防施工质量的。

第六十条　【对违背消防安全职责行为的处罚】单位违反本法规定，有下列行为之一的，责令改正，处五千元以上五万元以下罚款：

(一)消防设施、器材或者消防安全标志的配置、设置不符合国家标准、行业标准，或者未保持完好有效的；

(二)损坏、挪用或者擅自拆除、停用消防设施、器材的；

(三)占用、堵塞、封闭疏散通道、安全出口或者有其他妨碍安全疏散行为的；

(四)埋压、圈占、遮挡消火栓或者占用防火间距的；

(五)占用、堵塞、封闭消防车通道，妨碍消防车通行的；

(六)人员密集场所在门窗上设置影响逃生和灭火救援的障碍物的；

(七)对火灾隐患经消防救援机构通知后不及时采取措施消除的。

个人有前款第二项、第三项、第四项、第五项行为之一的，处警告或者五百元以下罚款。

有本条第一款第三项、第四项、第五项、第六项行为，经责令改正拒不改正的，强制执行，所需费用由违法行为人承担。

第六十一条　【对易燃易爆危险品生产经营场所设置不符合规定的处罚】生产、储存、经营易燃易爆危险品的场所与居住场所设置在同一建筑物内，或者未与居住场所保持安全距离的，责令停产停业，并处五千元以上五万元以下罚款。

生产、储存、经营其他物品的场所与居住场所设置在同一建筑物内，不符合消防技术标准的，依照前款规定处罚。

第六十二条　【对涉及消防的违反治安管理行为的处罚】有下列行为之一的，依照《中华人民共和国治安管理处罚法》的规定处罚：

(一)违反有关消防技术标准和管理规定生产、储存、运输、销售、使用、销毁易燃易爆危险品的；

(二)非法携带易燃易爆危险品进入公共场所或者乘坐公共交通工具的；

(三)谎报火警的；

(四)阻碍消防车、消防艇执行任务的；

(五)阻碍消防救援机构的工作人员依法执行职务的。

第六十三条　【对违反危险场所消防管理规定行为的处罚】违反本法规定，有下列行为之一的，处警告或者五百元以下罚款；情节严重的，处五日以下拘留：

(一)违反消防安全规定进入生产、储存易燃易爆危险品场所的；

(二)违反规定使用明火作业或者在具有火灾、爆炸危险的场所吸烟、使用明火的。

第六十四条　【对过失引起火灾、阻拦报火警等行为的处罚】违反本法规定，有下列行为之一，尚不构成犯罪的，处十日以上十五日以下拘留，可以并处五百元以下

罚款;情节较轻的,处警告或者五百元以下罚款:

(一)指使或者强令他人违反消防安全规定,冒险作业的;

(二)过失引起火灾的;

(三)在火灾发生后阻拦报警,或者负有报告职责的人员不及时报警的;

(四)扰乱火灾现场秩序,或者拒不执行火灾现场指挥员指挥,影响灭火救援的;

(五)故意破坏或者伪造火灾现场的;

(六)擅自拆封或者使用被消防救援机构查封的场所、部位的。

第六十五条 【对生产、销售、使用不合格或国家明令淘汰的消防产品行为的处理】违反本法规定,生产、销售不合格的消防产品或者国家明令淘汰的消防产品的,由产品质量监督部门或者工商行政管理部门依照《中华人民共和国产品质量法》的规定从重处罚。

人员密集场所使用不合格的消防产品或者国家明令淘汰的消防产品的,责令限期改正;逾期不改正的,处五千元以上五万元以下罚款,并对其直接负责的主管人员和其他直接责任人员处五百元以上二千元以下罚款;情节严重的,责令停产停业。

消防救援机构对于本条第二款规定的情形,除依法对使用者予以处罚外,应当将发现不合格的消防产品和国家明令淘汰的消防产品的情况通报产品质量监督部门、工商行政管理部门。产品质量监督部门、工商行政管理部门应当对生产者、销售者依法及时查处。

第六十六条 【对电器产品、燃气用具的安装、使用等不符合消防技术标准和管理规定的处罚】电器产品、燃气用具的安装、使用及其线路、管路的设计、敷设、维护保养、检测不符合消防技术标准和管理规定的,责令限期改正;逾期不改正的,责令停止使用,可以并处一千元以上五千元以下罚款。

第六十七条 【单位未履行消防安全职责的法律责任】机关、团体、企业、事业等单位违反本法第十六条、第十七条、第十八条、第二十一条第二款规定的,责令限期改正;逾期不改正的,对其直接负责的主管人员和其他直接责任人员依法给予处分或者给予警告处罚。

第六十八条 【人员密集场所现场工作人员不履行职责的法律责任】人员密集场所发生火灾,该场所的现场工作人员不履行组织、引导在场人员疏散的义务,情节严重,尚不构成犯罪的,处五日以上十日以下拘留。

第六十九条 【消防技术服务机构失职的法律责任】消防设施维护保养检测、消防安全评估等消防技术服务机构,不具备从业条件从事消防技术服务活动或者出具虚假文件的,由消防救援机构责令改正,处五万元以上十万元以下罚款,并对直接负责的主管人员和其他直接责任人员处一万元以上五万元以下罚款;不按照国家标准、行业标准开展消防技术服务活动的,责令改正,处五万元以下罚款,并对直接负责的主管人员和其他直接责任人员处一万元以下罚款;有违法所得的,并处没收违法所得;给他人造成损失的,依法承担赔偿责任;情节严重的,依法责令停止执业或者吊销相应资格;造成重大损失的,由相关部门吊销营业执照,并对有关责任人员采取终身市场禁入措施。

前款规定的机构出具失实文件,给他人造成损失的,依法承担赔偿责任;造成重大损失的,由消防救援机构依法责令停止执业或者吊销相应资格,由相关部门吊销营业执照,并对有关责任人员采取终身市场禁入措施。

第七十条 【对违反消防行为的处罚程序】本法规定的行政处罚,除应当由公安机关依照《中华人民共和国治安管理处罚法》的有关规定决定的外,由住房和城乡建设主管部门、消防救援机构按照各自职权决定。

被责令停止施工、停止使用、停产停业的,应当在整改后向作出决定的部门或者机构报告,经检查合格,方可恢复施工、使用、生产、经营。

当事人逾期不执行停产停业、停止使用、停止施工决定的,由作出决定的部门或者机构强制执行。

责令停产停业,对经济和社会生活影响较大的,由住房和城乡建设主管部门或者应急管理部门报请本级人民政府依法决定。

第七十一条 【有关主管部门的工作人员滥用职权、玩忽职守、徇私舞弊的法律责任】住房和城乡建设主管部门、消防救援机构的工作人员滥用职权、玩忽职守、徇私舞弊,有下列行为之一,尚不构成犯罪的,依法给予处分:

(一)对不符合消防安全要求的消防设计文件、建设工程、场所准予审查合格、消防验收合格、消防安全检查合格的;

(二)无故拖延消防设计审查、消防验收、消防安全检查,不在法定期限内履行职责的;

(三)发现火灾隐患不及时通知有关单位或者个人整改的;

(四)利用职务为用户、建设单位指定或者变相指定消防产品的品牌、销售单位或者消防技术服务机构、消防设施施工单位的;

（五）将消防车、消防艇以及消防器材、装备和设施用于与消防和应急救援无关的事项的；

（六）其他滥用职权、玩忽职守、徇私舞弊的行为。

产品质量监督、工商行政管理等其他有关行政主管部门的工作人员在消防工作中滥用职权、玩忽职守、徇私舞弊，尚不构成犯罪的，依法给予处分。

第七十二条　【刑事责任】违反本法规定，构成犯罪的，依法追究刑事责任。

第七章　附　　则

第七十三条　【用语含义】本法下列用语的含义：

（一）消防设施，是指火灾自动报警系统、自动灭火系统、消火栓系统、防烟排烟系统以及应急广播和应急照明、安全疏散设施等。

（二）消防产品，是指专门用于火灾预防、灭火救援和火灾防护、避难、逃生的产品。

（三）公众聚集场所，是指宾馆、饭店、商场、集贸市场、客运车站候车室、客运码头候船厅、民用机场航站楼、体育场馆、会堂以及公共娱乐场所等。

（四）人员密集场所，是指公众聚集场所，医院的门诊楼、病房楼，学校的教学楼、图书馆、食堂和集体宿舍，养老院，福利院，托儿所，幼儿园，公共图书馆的阅览室，公共展览馆、博物馆的展示厅，劳动密集型企业的生产加工车间和员工集体宿舍，旅游、宗教活动场所等。

第七十四条　【施行日期】本法自2009年5月1日起施行。

消防安全责任制实施办法

1. 2017年10月29日国务院办公厅印发
2. 国办发〔2017〕87号

第一章　总　　则

第一条　为深入贯彻《中华人民共和国消防法》、《中华人民共和国安全生产法》和党中央、国务院关于安全生产及消防安全的重要决策部署，按照政府统一领导、部门依法监管、单位全面负责、公民积极参与的原则，坚持党政同责、一岗双责、齐抓共管、失职追责，进一步健全消防安全责任制，提高公共消防安全水平，预防火灾和减少火灾危害，保障人民群众生命财产安全，制定本办法。

第二条　地方各级人民政府负责本行政区域内的消防工作，政府主要负责人为第一责任人，分管负责人为主要责任人，班子其他成员对分管范围内的消防工作负领导责任。

第三条　国务院公安部门对全国的消防工作实施监督管理。县级以上地方人民政府公安机关对本行政区域内的消防工作实施监督管理。县级以上人民政府其他有关部门按照管行业必须管安全、管业务必须管安全、管生产经营必须管安全的要求，在各自职责范围内依法依规做好本行业、本系统的消防安全工作。

第四条　坚持安全自查、隐患自除、责任自负。机关、团体、企业、事业等单位是消防安全的责任主体，法定代表人、主要负责人或实际控制人是本单位、本场所消防安全责任人，对本单位、本场所消防安全全面负责。

消防安全重点单位应当确定消防安全管理人，组织实施本单位的消防安全管理工作。

第五条　坚持权责一致、依法履职、失职追责。对不履行或不按规定履行消防安全职责的单位和个人，依法依规追究责任。

第二章　地方各级人民政府消防工作职责

第六条　县级以上地方各级人民政府应当落实消防工作责任制，履行下列职责：

（一）贯彻执行国家法律法规和方针政策，以及上级党委、政府关于消防工作的部署要求，全面负责本地区消防工作，每年召开消防工作会议，研究部署本地区消防工作重大事项。每年向上级人民政府专题报告本地区消防工作情况。健全由政府主要负责人或分管负责人牵头的消防工作协调机制，推动落实消防工作责任。

（二）将消防工作纳入经济社会发展总体规划，将包括消防安全布局、消防站、消防供水、消防通信、消防车通道、消防装备等内容的消防规划纳入城乡规划，并负责组织实施，确保消防工作与经济社会发展相适应。

（三）督促所属部门和下级人民政府落实消防安全责任制，在农业收获季节、森林和草原防火期间、重大节假日和重要活动期间以及火灾多发季节，组织开展消防安全检查。推动消防科学研究和技术创新，推广使用先进消防和应急救援技术、设备。组织开展经常性的消防宣传工作。大力发展消防公益事业。采取政府购买公共服务等方式，推进消防教育培训、技术服务和物防、技防等工作。

（四）建立常态化火灾隐患排查整治机制，组织实施重大火灾隐患和区域性火灾隐患整治工作。实行重大火灾隐患挂牌督办制度。对报请挂牌督办的重大火灾隐患和停产停业整改报告，在 7 个工作日内作出同意或不同意的决定，并组织有关部门督促隐患单位采取措施予以整改。

（五）依法建立公安消防队和政府专职消防队。明确政府专职消防队公益属性，采取招聘、购买服务等方式招录政府专职消防队员，建设营房，配齐装备；按规定落实其工资、保险和相关福利待遇。

（六）组织领导火灾扑救和应急救援工作。组织制定灭火救援应急预案，定期组织开展演练；建立灭火救援社会联动和应急反应处置机制，落实人员、装备、经费和灭火药剂等保障，根据需要调集灭火救援所需工程机械和特殊装备。

（七）法律、法规、规章规定的其他消防工作职责。

第七条 省、自治区、直辖市人民政府除履行第六条规定的职责外，还应当履行下列职责：

（一）定期召开政府常务会议、办公会议，研究部署消防工作。

（二）针对本地区消防安全特点和实际情况，及时提请同级人大及其常委会制定、修订地方性法规，组织制定、修订政府规章、规范性文件。

（三）将消防安全的总体要求纳入城市总体规划，并严格审核。

（四）加大消防投入，保障消防事业发展所需经费。

第八条 市、县级人民政府除履行第六条规定的职责外，还应当履行下列职责：

（一）定期召开政府常务会议、办公会议，研究部署消防工作。

（二）科学编制和严格落实城乡消防规划，预留消防队站、训练设施等建设用地。加强消防水源建设，按照规定建设市政消防供水设施，制定市政消防水源管理办法，明确建设、管理维护部门和单位。

（三）在本级政府预算中安排必要的资金，保障消防站、消防供水、消防通信等公共消防设施和消防装备建设，促进消防事业发展。

（四）将消防公共服务事项纳入政府民生工程或为民办实事工程；在社会福利机构、幼儿园、托儿所、居民家庭、小旅馆、群租房以及住宿与生产、储存、经营合用的场所推广安装简易喷淋装置、独立式感烟火灾探测报警器。

（五）定期分析评估本地区消防安全形势，组织开展火灾隐患排查整治工作；对重大火灾隐患，应当组织有关部门制定整改措施，督促限期消除。

（六）加强消防宣传教育培训，有计划地建设公益性消防科普教育基地，开展消防科普教育活动。

（七）按照立法权限，针对本地区消防安全特点和实际情况，及时提请同级人大及其常委会制定、修订地方性法规，组织制定、修订地方政府规章、规范性文件。

第九条 乡镇人民政府消防工作职责：

（一）建立消防安全组织，明确专人负责消防工作，制定消防安全制度，落实消防安全措施。

（二）安排必要的资金，用于公共消防设施建设和业务经费支出。

（三）将消防安全内容纳入镇总体规划、乡规划，并严格组织实施。

（四）根据当地经济发展和消防工作的需要建立专职消防队、志愿消防队，承担火灾扑救、应急救援等职能，并开展消防宣传、防火巡查、隐患查改。

（五）因地制宜落实消防安全"网格化"管理的措施和要求，加强消防宣传和应急疏散演练。

（六）部署消防安全整治，组织开展消防安全检查，督促整改火灾隐患。

（七）指导村（居）民委员会开展群众性的消防工作，确定消防安全管理人，制定防火安全公约，根据需要建立志愿消防队或微型消防站，开展防火安全检查、消防宣传教育和应急疏散演练，提高城乡消防安全水平。

街道办事处应当履行前款第（一）、（四）、（五）、（六）、（七）项职责，并保障消防工作经费。

第十条 开发区管理机构、工业园区管理机构等地方人民政府的派出机关，负责管理区域内的消防工作，按照本办法履行同级别人民政府的消防工作职责。

第十一条 地方各级人民政府主要负责人应当组织实施消防法律法规、方针政策和上级部署要求，定期研究部署消防工作，协调解决本行政区域内的重大消防安全问题。

地方各级人民政府分管消防安全的负责人应当协助主要负责人，综合协调本行政区域内的消防工作，督促检查各有关部门、下级政府落实消防工作的情况。班子其他成员要定期研究部署分管领域的消防工作，组织工作督查，推动分管领域火灾隐患排查整治。

第三章 县级以上人民政府工作部门消防安全职责

第十二条 县级以上人民政府工作部门应当按照谁主管、谁负责的原则，在各自职责范围内履行下列职责：

（一）根据本行业、本系统业务工作特点，在行业安全生产法规政策、规划计划和应急预案中纳入消防安全内容,提高消防安全管理水平。

(二)依法督促本行业、本系统相关单位落实消防安全责任制,建立消防安全管理制度,确定专(兼)职消防安全管理人员,落实消防工作经费;开展针对性消防安全检查治理,消除火灾隐患;加强消防宣传教育培训,每年组织应急演练,提高行业从业人员消防安全意识。

(三)法律、法规和规章规定的其他消防安全职责。

第十三条 具有行政审批职能的部门,对审批事项中涉及消防安全的法定条件要依法严格审批,凡不符合法定条件的,不得核发相关许可证照或批准开办。对已经依法取得批准的单位,不再具备消防安全条件的应当依法予以处理。

(一)公安机关负责对消防工作实施监督管理,指导、督促机关、团体、企业、事业等单位履行消防工作职责。依法实施建设工程消防设计审核、消防验收,开展消防监督检查,组织针对性消防安全专项治理,实施消防行政处罚。组织和指挥火灾现场扑救,承担或参加重大灾害事故和其他以抢救人员生命为主的应急救援工作。依法组织或参与火灾事故调查处理工作,办理失火罪和消防责任事故罪案件。组织开展消防宣传教育培训和应急疏散演练。

(二)教育部门负责学校、幼儿园管理中的行业消防安全。指导学校消防安全教育宣传工作,将消防安全教育纳入学校安全教育活动统筹安排。

(三)民政部门负责社会福利、特困人员供养、救助管理、未成年人保护、婚姻、殡葬、救灾物资储备、烈士纪念、军休军供、优抚医院、光荣院、养老机构等民政服务机构审批或管理中的行业消防安全。

(四)人力资源社会保障部门负责职业培训机构、技工院校审批或管理中的行业消防安全。做好政府专职消防队员、企业专职消防队员依法参加工伤保险工作。将消防法律法规和消防知识纳入公务员培训、职业培训内容。

(五)城乡规划管理部门依据城乡规划配合制定消防设施布局专项规划,依据规划预留消防站规划用地,并负责监督实施。

(六)住房城乡建设部门负责依法督促建设工程责任单位加强对房屋建筑和市政基础设施工程建设的安全管理,在组织制定工程建设规范以及推广新技术、新材料、新工艺时,应充分考虑消防安全因素,满足有关消防安全性能及要求。

(七)交通运输部门负责在客运车站、港口、码头及交通工具管理中依法督促有关单位落实消防安全主体责任和有关消防工作制度。

(八)文化部门负责文化娱乐场所审批或管理中的行业消防安全工作,指导、监督公共图书馆、文化馆(站)、剧院等文化单位履行消防安全职责。

(九)卫生计生部门负责医疗卫生机构、计划生育技术服务机构审批或管理中的行业消防安全。

(十)工商行政管理部门负责依法对流通领域消防产品质量实施监督管理,查处流通领域消防产品质量违法行为。

(十一)质量技术监督部门负责依法督促特种设备生产单位加强特种设备生产过程中的消防安全管理,在组织制定特种设备产品及使用标准时,应充分考虑消防安全因素,满足有关消防安全性能及要求,积极推广消防新技术在特种设备产品中的应用。按照职责分工对消防产品质量实施监督管理,依法查处消防产品质量违法行为。做好消防安全相关标准制修订工作,负责消防相关产品质量认证监督管理工作。

(十二)新闻出版广电部门负责指导新闻出版广播影视机构消防安全管理,协助监督管理印刷业、网络视听节目服务机构消防安全。督促新闻媒体发布针对性消防安全提示,面向社会开展消防宣传教育。

(十三)安全生产监督管理部门要严格依法实施有关行政审批,凡不符合法定条件的,不得核发有关安全生产许可。

第十四条 具有行政管理或公共服务职能的部门,应当结合本部门职责为消防工作提供支持和保障。

(一)发展改革部门应当将消防工作纳入国民经济和社会发展中长期规划。地方发展改革部门应当将公共消防设施建设列入地方固定资产投资计划。

(二)科技部门负责将消防科技进步纳入科技发展规划和中央财政科技计划(专项、基金等)并组织实施。组织指导消防安全重大科技攻关、基础研究和应用研究,会同有关部门推动消防科研成果转化应用。将消防知识纳入科普教育内容。

(三)工业和信息化部门负责指导督促通信业、通信设施建设以及民用爆炸物品生产、销售的消防安全管理。依据职责负责危险化学品生产、储存的行业规划和布局。将消防产业纳入应急产业同规划、同部署、同发展。

(四)司法行政部门负责指导监督监狱系统、司法行政系统强制隔离戒毒场所的消防安全管理。将消防法律法规纳入普法教育内容。

（五）财政部门负责按规定对消防资金进行预算管理。

（六）商务部门负责指导、督促商贸行业的消防安全管理工作。

（七）房地产管理部门负责指导、督促物业服务企业按照合同约定做好住宅小区共用消防设施的维护管理工作，并指导业主依照有关规定使用住宅专项维修资金对住宅小区共用消防设施进行维修、更新、改造。

（八）电力管理部门依法对电力企业和用户执行电力法律、行政法规的情况进行监督检查，督促企业严格遵守国家消防技术标准，落实企业主体责任。推广采用先进的火灾防范技术设施，引导用户规范用电。

（九）燃气管理部门负责加强城镇燃气安全监督管理工作，督促燃气经营者指导用户安全用气并对燃气设施定期进行安全检查、排除隐患，会同有关部门制定燃气安全事故应急预案，依法查处燃气经营者和燃气用户等各方主体的燃气违法行为。

（十）人防部门负责对人民防空工程的维护管理进行监督检查。

（十一）文物部门负责文物保护单位、世界文化遗产和博物馆的行业消防安全管理。

（十二）体育、宗教事务、粮食等部门负责加强体育类场馆、宗教活动场所、储备粮储存环节等消防安全管理，指导开展消防安全标准化管理。

（十三）银行、证券、保险等金融监管机构负责督促银行业金融机构、证券业机构、保险机构及服务网点、派出机构落实消防安全管理。保险监管机构负责指导保险公司开展火灾公众责任保险业务，鼓励保险机构发挥火灾风险评估管控和火灾事故预防功能。

（十四）农业、水利、交通运输等部门应当将消防水源、消防车通道等公共消防设施纳入相关基础设施建设工程。

（十五）互联网信息、通信管理等部门应当指导网站、移动互联网媒体等开展公益性消防安全宣传。

（十六）气象、水利、地震部门应当及时将重大灾害事故预警信息通报公安消防部门。

（十七）负责公共消防设施维护管理的单位应当保持消防供水、消防通信、消防车通道等公共消防设施的完好有效。

第四章 单位消防安全职责

第十五条 机关、团体、企业、事业等单位应当落实消防安全主体责任，履行下列职责：

（一）明确各级、各岗位消防安全责任人及其职责，制定本单位的消防安全制度、消防安全操作规程、灭火和应急疏散预案。定期组织开展灭火和应急疏散演练，进行消防工作检查考核，保证各项规章制度落实。

（二）保证防火检查巡查、消防设施器材维护保养、建筑消防设施检测、火灾隐患整改、专职或志愿消防队和微型消防站建设等消防工作所需资金的投入。生产经营单位安全费用应当保证适当比例用于消防工作。

（三）按照相关标准配备消防设施、器材，设置消防安全标志，定期检验维修，对建筑消防设施每年至少进行一次全面检测，确保完好有效。设有消防控制室的，实行24小时值班制度，每班不少于2人，并持证上岗。

（四）保障疏散通道、安全出口、消防车通道畅通，保证防火防烟分区、防火间距符合消防技术标准。人员密集场所的门窗不得设置影响逃生和灭火救援的障碍物。保证建筑构件、建筑材料和室内装修装饰材料等符合消防技术标准。

（五）定期开展防火检查、巡查，及时消除火灾隐患。

（六）根据需要建立专职或志愿消防队、微型消防站，加强队伍建设，定期组织训练演练，加强消防装备配备和灭火药剂储备，建立与公安消防队联勤联动机制，提高扑救初起火灾能力。

（七）消防法律、法规、规章以及政策文件规定的其他职责。

第十六条 消防安全重点单位除履行第十五条规定的职责外，还应当履行下列职责：

（一）明确承担消防安全管理工作的机构和消防安全管理人并报知当地公安消防部门，组织实施本单位消防安全管理。消防安全管理人应当经过消防培训。

（二）建立消防档案，确定消防安全重点部位，设置防火标志，实行严格管理。

（三）安装、使用电器产品、燃气用具和敷设电气线路、管线必须符合相关标准和用电、用气安全管理规定，并定期维护保养、检测。

（四）组织员工进行岗前消防安全培训，定期组织消防安全培训和疏散演练。

（五）根据需要建立微型消防站，积极参与消防安全区域联防联控,提高自防自救能力。

(六)积极应用消防远程监控、电气火灾监测、物联网技术等技防物防措施。

第十七条 对容易造成群死群伤火灾的人员密集场所、易燃易爆单位和高层、地下公共建筑等火灾高危单位,除履行第十五条、第十六条规定的职责外,还应当履行下列职责:

(一)定期召开消防安全工作例会,研究本单位消防工作,处理涉及消防经费投入、消防设施设备购置、火灾隐患整改等重大问题。

(二)鼓励消防安全管理人取得注册消防工程师执业资格,消防安全责任人和特有工种人员须经消防安全培训;自动消防设施操作人员应取得建(构)筑物消防员资格证书。

(三)专职消防队或微型消防站应当根据本单位火灾危险特性配备相应的消防装备器材,储备足够的灭火救援药剂和物资,定期组织消防业务学习和灭火技能训练。

(四)按照国家标准配备应急逃生设施设备和疏散引导器材。

(五)建立消防安全评估制度,由具有资质的机构定期开展评估,评估结果向社会公开。

(六)参加火灾公众责任保险。

第十八条 同一建筑物由两个以上单位管理或使用的,应当明确各方的消防安全责任,并确定责任人对共用的疏散通道、安全出口、建筑消防设施和消防车通道进行统一管理。

物业服务企业应当按照合同约定提供消防安全防范服务,对管理区域内的共用消防设施和疏散通道、安全出口、消防车通道进行维护管理,及时劝阻和制止占用、堵塞、封闭疏散通道、安全出口、消防车通道等行为,劝阻和制止无效的,立即向公安机关等主管部门报告。定期开展防火检查巡查和消防宣传教育。

第十九条 石化、轻工等行业组织应当加强行业消防安全自律管理,推动本行业消防工作,引导行业单位落实消防安全主体责任。

第二十条 消防设施检测、维护保养和消防安全评估、咨询、监测等消防技术服务机构和执业人员应当依法获得相应的资质、资格,依法依规提供消防安全技术服务,并对服务质量负责。

第二十一条 建设工程的建设、设计、施工和监理等单位应当遵守消防法律、法规、规章和工程建设消防技术标准,在工程设计使用年限内对工程的消防设计、施工质量承担终身责任。

第五章 责任落实

第二十二条 国务院每年组织对省级人民政府消防工作完成情况进行考核,考核结果交由中央干部主管部门,作为对各省级人民政府主要负责人和领导班子综合考核评价的重要依据。

第二十三条 地方各级人民政府应当建立健全消防工作考核评价体系,明确消防工作目标责任,纳入日常检查、政务督查的重要内容,组织年度消防工作考核,确保消防安全责任落实。加强消防工作考核结果运用,建立与主要负责人、分管负责人和直接责任人履职评定、奖励惩处相挂钩的制度。

第二十四条 地方各级消防安全委员会、消防安全联席会议等消防工作协调机制应当定期召开成员单位会议,分析研判消防安全形势,协调指导消防工作开展,督促解决消防工作重大问题。

第二十五条 各有关部门应当建立单位消防安全信用记录,纳入全国信用信息共享平台,作为信用评价、项目核准、用地审批、金融扶持、财政奖补等方面的参考依据。

第二十六条 公安机关及其工作人员履行法定消防工作职责时,应当做到公正、严格、文明、高效。

公安机关及其工作人员进行消防设计审核、消防验收和消防安全检查等,不得收取费用,不得谋取利益,不得利用职务指定或者变相指定消防产品的品牌、销售单位或者消防技术服务机构、消防设施施工单位。

国务院公安部门要加强对各地公安机关及其工作人员进行消防设计审核、消防验收和消防安全检查等行为的监督管理。

第二十七条 地方各级人民政府和有关部门不依法履行职责,在涉及消防安全行政审批、公共消防设施建设、重大火灾隐患整改、消防力量发展等方面工作不力、失职渎职的,依法依规追究有关人员的责任,涉嫌犯罪的,移送司法机关处理。

第二十八条 因消防安全责任不落实发生一般及以上火灾事故的,依法依规追究单位直接责任人、法定代表人、主要负责人或实际控制人的责任,对履行职责不力、失职渎职的政府及有关部门负责人和工作人员实行问责,涉嫌犯罪的,移送司法机关处理。

发生造成人员死亡或产生社会影响的一般火灾事故的,由事故发生地县级人民政府负责组织调查处理;发生较大火灾事故的,由事故发生地设区的市级人民政府负责组织调查处理;发生重大火灾事故的,由事故发生地省级人民政府负责组织调查处理;发生特别重大火灾事故的,由国务院或国务院授权有关部门负责组织调查处理。

第六章　附　　则

第二十九条　具有固定生产经营场所的个体工商户,参照本办法履行单位消防安全职责。

第三十条　微型消防站是单位、社区组建的有人员、有装备,具备扑救初起火灾能力的志愿消防队。具体标准由公安消防部门确定。

第三十一条　本办法自印发之日起施行。地方各级人民政府、国务院有关部门等可结合实际制定具体实施办法。

中华人民共和国消防救援衔条例

1. 2018年10月26日第十三届全国人民代表大会常务委员会第六次会议通过

2. 2018年10月26日中华人民共和国主席令第14号公布

3. 自2018年10月27日起施行

第一章　总　　则

第一条　为了加强国家综合性消防救援队伍正规化、专业化、职业化建设,增强消防救援人员的责任感、荣誉感和组织纪律性,有利于国家综合性消防救援队伍的指挥、管理和依法履行职责,根据宪法,制定本条例。

第二条　国家综合性消防救援队伍实行消防救援衔制度。

消防救援衔授予对象为纳入国家行政编制、由国务院应急管理部门统一领导管理的综合性消防救援队伍在职人员。

第三条　消防救援衔是表明消防救援人员身份、区分消防救援人员等级的称号和标志,是国家给予消防救援人员的荣誉和相应待遇的依据。

第四条　消防救援衔高的人员对消防救援衔低的人员,消防救援衔高的为上级。消防救援衔高的人员在职务上隶属于消防救援衔低的人员时,担任领导职务或者领导职务高的为上级。

第五条　国务院应急管理部门主管消防救援衔工作。

第二章　消防救援衔等级的设置

第六条　消防救援衔按照管理指挥人员、专业技术人员和消防员分别设置。

第七条　管理指挥人员消防救援衔设下列三等十一级:

(一)总监、副总监、助理总监;

(二)指挥长:高级指挥长、一级指挥长、二级指挥长、三级指挥长;

(三)指挥员:一级指挥员、二级指挥员、三级指挥员、四级指挥员。

第八条　专业技术人员消防救援衔设下列二等八级,在消防救援衔前冠以"专业技术":

(一)指挥长:高级指挥长、一级指挥长、二级指挥长、三级指挥长;

(二)指挥员:一级指挥员、二级指挥员、三级指挥员、四级指挥员。

第九条　消防员消防救援衔设下列三等八级:

(一)高级消防员:一级消防长、二级消防长、三级消防长;

(二)中级消防员:一级消防士、二级消防士;

(三)初级消防员:三级消防士、四级消防士、预备消防士。

第三章　消防救援衔等级的编制

第十条　管理指挥人员按照下列职务等级编制消防救援衔:

(一)国务院应急管理部门正职:总监;

(二)国务院应急管理部门消防救援队伍领导指挥机构、森林消防队伍领导指挥机构正职:副总监;

(三)国务院应急管理部门消防救援队伍领导指挥机构、森林消防队伍领导指挥机构副职:助理总监;

(四)总队级正职:高级指挥长;

(五)总队级副职:一级指挥长;

(六)支队级正职:二级指挥长;

(七)支队级副职:三级指挥长;

(八)大队级正职:一级指挥员;

(九)大队级副职:二级指挥员;

(十)站(中队)级正职:三级指挥员;

(十一)站(中队)级副职:四级指挥员。

第十一条　专业技术人员按照下列职务等级编制消防救援衔:

(一)高级专业技术职务:高级指挥长至三级指挥长;

(二)中级专业技术职务:一级指挥长至二级指挥员;

(三)初级专业技术职务:三级指挥长至四级指挥员。

第十二条　消防员按照下列工作年限编制消防救援衔:

(一)工作满二十四年的:一级消防长;
(二)工作满二十年的:二级消防长;
(三)工作满十六年的:三级消防长;
(四)工作满十二年的:一级消防士;
(五)工作满八年的:二级消防士;
(六)工作满五年的:三级消防士;
(七)工作满二年的:四级消防士;
(八)工作二年以下的:预备消防士。

第四章 消防救援衔的首次授予

第十三条 授予消防救援衔,以消防救援人员现任职务、德才表现、学历学位、任职时间和工作年限为依据。

第十四条 初任管理指挥人员、专业技术人员,按照下列规定首次授予消防救援衔:

(一)从普通高等学校毕业生中招录,取得大学专科、本科学历的,授予四级指挥员消防救援衔;取得硕士学位的研究生,授予三级指挥员消防救援衔;取得博士学位的研究生,授予一级指挥员消防救援衔;

(二)从消防员选拔任命为管理指挥人员、专业技术人员的,按照所任命的职务等级授予相应的消防救援衔;

(三)从国家机关或者其他救援队伍调入的,或者从符合条件的社会人员中招录的,按照所任命的职务等级授予相应的消防救援衔。

第十五条 初任消防员,按照下列规定首次授予消防救援衔:

(一)从高中毕业生、普通高等学校在校生或者毕业生中招录的,授予预备消防士;

(二)从退役士兵中招录的,其服役年限计入工作时间,按照本条例第十二条的规定,授予相应的消防救援衔;

(三)从其他救援队伍或者具备专业技能的社会人员中招录的,根据其从事相关专业工作时间,比照国家综合性消防救援队伍中同等条件人员,授予相应的消防救援衔。

第十六条 首次授予管理指挥人员、专业技术人员消防救援衔,按照下列规定的权限予以批准:

(一)授予总监、副总监、助理总监,由国务院总理批准;

(二)授予高级指挥长、一级指挥长、二级指挥长,由国务院应急管理部门正职领导批准;

(三)授予三级指挥长、一级指挥员,报省、自治区、直辖市人民政府应急管理部门同意后由总队级单位正职领导批准,其中森林消防队伍人员由国务院应急管理部门森林消防队伍领导指挥机构正职领导批准;

(四)授予二级指挥员、三级指挥员、四级指挥员,由总队级单位正职领导批准。

第十七条 首次授予消防员消防救援衔,按照下列规定的权限予以批准:

(一)授予一级消防长、二级消防长、三级消防长,由国务院应急管理部门消防救援队伍领导指挥机构、森林消防队伍领导指挥机构正职领导批准;

(二)授予一级消防士、二级消防士、三级消防士、四级消防士、预备消防士,由总队级单位正职领导批准。

第五章 消防救援衔的晋级

第十八条 消防救援衔一般根据职务等级调整情况或者工作年限逐级晋升。

消防救援人员晋升上一级消防救援衔,应当胜任本职工作,遵纪守法,廉洁奉公,作风正派。

消防救援人员经培训合格后,方可晋升上一级消防救援衔。

第十九条 管理指挥人员、专业技术人员的消防救援衔晋升,一般与其职务等级晋升一致。

消防员的消防救援衔晋升,按照本条例第十二条的规定执行。通过全国普通高等学校招生统一考试、取得全日制大学专科以上学历的消防员晋升消防救援衔,其按照规定学制在普通高等学校学习的时间视同工作时间,但不计入工龄。

第二十条 管理指挥人员、专业技术人员消防救援衔晋升,按照下列规定的权限予以批准:

(一)晋升为总监、副总监、助理总监,由国务院总理批准;

(二)晋升为高级指挥长、一级指挥长,由国务院应急管理部门正职领导批准;

(三)晋升为二级指挥长,报省、自治区、直辖市人民政府应急管理部门同意后由总队级单位正职领导批准,其中森林消防队伍人员由国务院应急管理部门森林消防队伍领导指挥机构正职领导批准;

(四)晋升为三级指挥长、一级指挥员,由总队级单位正职领导批准;

(五)晋升为二级指挥员、三级指挥员,由支队级单位正职领导批准。

第二十一条 消防员消防救援衔晋升,按照下列规定的权限予以批准:

(一)晋升为一级消防长、二级消防长、三级消防长，由国务院应急管理部门消防救援队伍领导指挥机构、森林消防队伍领导指挥机构正职领导批准；

（二）晋升为一级消防士、二级消防士，由总队级单位正职领导批准；

（三）晋升为三级消防士、四级消防士，由支队级单位正职领导批准。

第二十二条 消防救援人员在消防救援工作中做出重大贡献、德才表现突出的，其消防救援衔可以提前晋升。

第六章 消防救援衔的保留、降级和取消

第二十三条 消防救援人员退休后，其消防救援衔予以保留。

消防救援人员按照国家规定退出消防救援队伍，或者调离、辞职、被辞退的，其消防救援衔不予保留。

第二十四条 消防救援人员因不胜任现任职务被调任下级职务的，其消防救援衔应当调整至相应衔级，调整的批准权限与原衔级的批准权限相同。

第二十五条 消防救援人员受到降级、撤职处分的，应当相应降低消防救援衔，降级的批准权限与原衔级的批准权限相同。

消防救援衔降级不适用于四级指挥员和预备消防士。

第二十六条 消防救援人员受到开除处分的，以及因犯罪被依法判处剥夺政治权利或者有期徒刑以上刑罚的，其消防救援衔相应取消。

消防救援人员退休后犯罪的，适用前款规定。

第七章 附　　则

第二十七条 消防救援衔标志式样和佩带办法，由国务院制定。

第二十八条 本条例自2018年10月27日起施行。

中华人民共和国消防救援衔标志式样和佩带办法

2018年11月6日国务院令第705号公布施行

第一条 根据《中华人民共和国消防救援衔条例》的规定，制定本办法。

第二条 消防救援人员佩带的消防救援衔标志必须与所授予的消防救援衔相符。

第三条 消防救援人员的消防救援衔标志：总监、副总监、助理总监衔标志由金黄色橄榄枝环绕金黄色徽标组成，徽标由五角星、雄鹰翅膀、消防斧和消防水带构成；指挥长、指挥员衔标志由金黄色横杠和金黄色六角星花组成；高级消防员、中级消防员和初级消防员中的三级消防士、四级消防士衔标志由金黄色横杠和金黄色徽标组成，徽标由交叉斧头、水枪、紧握手腕和雄鹰翅膀构成，预备消防士衔标志为金黄色横杠。

第四条 消防救援衔标志佩带在肩章和领章上，肩章分为硬肩章、软肩章和套式肩章，硬肩章、软肩章为剑形，套式肩章、领章为四边形；肩章、领章版面为深火焰蓝色。消防救援人员着春秋常服、冬常服和常服大衣时，佩带硬肩章；着夏常服、棉大衣和作训大衣时，管理指挥人员、专业技术人员佩带软肩章，消防员佩带套式肩章；着作训服时，佩带领章。

第五条 总监衔标志缀钉一枚橄榄枝环绕一周徽标，副总监衔标志缀钉一枚橄榄枝环绕多半周徽标，助理总监衔标志缀钉一枚橄榄枝环绕小半周徽标。

指挥长衔标志缀钉二道粗横杠，高级指挥长衔标志缀钉四枚六角星花，一级指挥长衔标志缀钉三枚六角星花，二级指挥长衔标志缀钉二枚六角星花，三级指挥长衔标志缀钉一枚六角星花。

指挥员衔标志缀钉一道粗横杠，一级指挥员衔标志缀钉四枚六角星花，二级指挥员衔标志缀钉三枚六角星花，三级指挥员衔标志缀钉二枚六角星花，四级指挥员衔标志缀钉一枚六角星花。

高级消防员衔标志缀钉一枚徽标，一级消防长衔标志缀钉三粗一细四道横杠，二级消防长衔标志缀钉三道粗横杠，三级消防长衔标志缀钉二粗一细三道横杠。

中级消防员衔标志缀钉一枚徽标，一级消防士衔标志缀钉二道粗横杠，二级消防士衔标志缀钉一粗一细二道横杠。

初级消防员衔标志中，三级消防士衔标志缀钉一枚徽标和一道粗横杠，四级消防士衔标志缀钉一枚徽标和一道细横杠，预备消防士衔标志缀钉一道加粗横杠。

第六条 消防救援人员晋升或者降低消防救援衔时，由批准机关更换其消防救援衔标志；取消消防救援衔的，由批准机关收回其消防救援衔标志。

第七条 消防救援人员的消防救援衔标志由国务院应急管理部门负责制作和管理。其他单位和个人不得制作、仿造、伪造、变造和买卖、使用消防救援衔标志，也不得使用与消防救援衔标志相类似的标志。

第八条 本办法自公布之日起施行。

附图：消防救援衔标志式样（略）

国务院办公厅关于国家综合性消防救援车辆悬挂应急救援专用号牌有关事项的通知

1. 2018年12月4日发布
2. 国办发〔2018〕114号

各省、自治区、直辖市人民政府,国务院各部委、各直属机构:

根据《中共中央办公厅、国务院办公厅关于印发〈组建国家综合性消防救援队伍框架方案〉的通知》要求和《全国人民代表大会常务委员会关于国务院机构改革涉及法律规定的行政机关职责调整问题的决定》精神,为保障国家综合性消防救援队伍依法履行职责使命,经国务院同意,国家综合性消防救援车辆悬挂应急救援专用号牌(以下简称专用号牌)。现将有关事项通知如下:

一、专用号牌的核发范围和管理

国家综合性消防救援车辆中符合执行和保障应急救援任务规定的悬挂专用号牌,主要包括灭火消防车、举高消防车、专勤消防车、战勤保障消防车、消防摩托车、应急救援指挥车、救援运输车、消防宣传车、火场勘查车等。应急部为专用号牌及配套行驶证件的核发主管单位。驾驶悬挂专用号牌车辆的人员须持公安机关交通管理部门核发的相应准驾车型机动车驾驶证。

二、专用号牌要素和车辆外观

专用号牌分为汽车号牌和摩托车号牌两种。汽车号牌每副两只,分别悬挂在车辆前后部;摩托车号牌为单只,悬挂在车辆后部。专用号牌为白底黑字,配以红色汉字“应急”,其中:汽车号牌字符共8位,依次为省(自治区、直辖市)汉字简称、所属救援队伍代号、四位序号和汉字“应急”;摩托车号牌字符共7位,依次为汉字“应急”、省(自治区、直辖市)汉字简称、三位序号和所属救援队伍代号。悬挂专用号牌车辆外观参照国际通行做法进行标识涂装,车身前面涂装“救援 RESCUE”字样,车身侧面涂装国家综合性消防救援队伍徽标、“消防”字样和所属单位名称、车辆编号,车顶涂装车辆编号,车身两侧及车辆尾部涂装装饰条。

三、悬挂专用号牌车辆的道路优先通行权

悬挂专用号牌的车辆执行应急救援任务时可以使用警报器、标志灯具;在确保安全的前提下,不受行驶路线、行驶方向、行驶速度和信号灯的限制,其他车辆和行人应当让行。非执行应急救援任务时,悬挂专用号牌的车辆不得使用警报器、标志灯具,应遵守《中华人民共和国道路交通安全法》及其实施条例,自觉维护公共交通安全和秩序。对悬挂专用号牌车辆及其驾驶人的道路交通安全违法行为、道路交通事故,由公安机关交通管理部门依据《中华人民共和国道路交通安全法》处理,并实行交通违法和交通事故抄告制度。

四、悬挂专用号牌车辆的政策保障

对悬挂专用号牌的车辆免征车辆购置税、免收车辆通行费和停车费。国家综合性消防救援车辆由部队号牌改挂专用号牌的,一次性免征改挂当年车船税,此后按有关规定执行。应急部负责制定悬挂专用号牌机动车参加交通事故责任强制保险办法。悬挂专用号牌消防救援车辆的环保政策平移不变。

国家综合性消防救援车辆悬挂专用号牌工作意义重大、使命光荣。应急部要按照党中央、国务院决策部署要求和本通知精神,认真组织实施。各地区、各有关部门要积极支持国家综合性消防救援车辆悬挂专用号牌相关工作,明确责任分工,加强沟通衔接,做好宣传解读,确保工作平稳顺利有序开展。

附件:应急救援专用号牌式样和车辆涂装样图(略)

消防产品监督管理规定

1. 2012年8月13日公安部、国家工商行政管理总局、国家质量监督检验检疫总局令第122号发布
2. 自2013年1月1日起施行

第一章　总　则

第一条　为了加强消防产品监督管理,提高消防产品质量,依据《中华人民共和国消防法》、《中华人民共和国产品质量法》、《中华人民共和国认证认可条例》等有关法律、行政法规,制定本规定。

第二条　在中华人民共和国境内生产、销售、使用消防产品,以及对消防产品质量实施监督管理,适用本规定。

本规定所称消防产品是指专门用于火灾预防、灭火救援和火灾防护、避难、逃生的产品。

第三条　消防产品必须符合国家标准;没有国家标准的,必须符合行业标准。未制定国家标准、行业标准的,应当符合消防安全要求,并符合保障人体健康、人身财产安全的要求和企业标准。

第四条　国家质量监督检验检疫总局、国家工商行政管理总局和公安部按照各自职责对生产、流通和使用领域的消防产品质量实施监督管理。

县级以上地方质量监督部门、工商行政管理部门和公安机关消防机构按照各自职责对本行政区域内生产、流通和使用领域的消防产品质量实施监督管理。

第二章　市场准入

第五条　依法实行强制性产品认证的消防产品，由具有法定资质的认证机构按照国家标准、行业标准的强制性要求认证合格后，方可生产、销售、使用。

消防产品认证机构应当将消防产品强制性认证有关信息报国家认证认可监督管理委员会和公安部消防局。

实行强制性产品认证的消防产品目录由国家质量监督检验检疫总局、国家认证认可监督管理委员会会同公安部制定并公布，消防产品认证基本规范、认证规则由国家认证认可监督管理委员会制定并公布。

第六条　国家认证认可监督管理委员会应当按照《中华人民共和国认证认可条例》的有关规定，经评审并征求公安部消防局意见后，指定从事消防产品强制性产品认证活动的机构以及与认证有关的检查机构、实验室，并向社会公布。

第七条　消防产品认证机构及其工作人员应当按照有关规定从事认证活动，客观公正地出具认证结论，对认证结果负责。不得增加、减少、遗漏或者变更认证基本规范、认证规则规定的程序。

第八条　从事消防产品强制性产品认证活动的检查机构、实验室及其工作人员，应当确保检查、检测结果真实、准确，并对检查、检测结论负责。

第九条　新研制的尚未制定国家标准、行业标准的消防产品，经消防产品技术鉴定机构技术鉴定符合消防安全要求的，方可生产、销售、使用。消防安全要求由公安部制定。

消防产品技术鉴定机构应当具备国家认证认可监督管理委员会依法认定的向社会出具具有证明作用的数据和结果的消防产品实验室资格或者从事消防产品合格评定活动的认证机构资格。消防产品技术鉴定机构名录由公安部公布。

公安机关消防机构和认证认可监督管理部门按照各自职责对消防产品技术鉴定机构进行监督。

公安部会同国家认证认可监督管理委员会参照消防产品认证机构和实验室管理工作规则，制定消防产品技术鉴定工作程序和规范。

第十条　消防产品技术鉴定应当遵守以下程序：

（一）委托人向消防产品技术鉴定机构提出书面委托，并提供有关文件资料；

（二）消防产品技术鉴定机构依照有关规定对文件资料进行审核；

（三）文件资料经审核符合要求的，消防产品技术鉴定机构按照消防安全要求和有关规定，组织实施消防产品型式检验和工厂检查；

（四）经鉴定认为消防产品符合消防安全要求的，技术鉴定机构应当在接受委托之日起九十日内颁发消防产品技术鉴定证书，并将消防产品有关信息报公安部消防局；认为不符合消防安全要求的，应当书面通知委托人，并说明理由。

消防产品检验时间不计入技术鉴定时限。

第十一条　消防产品技术鉴定机构及其工作人员应当按照有关规定开展技术鉴定工作，对技术鉴定结果负责。

第十二条　消防产品技术鉴定证书有效期为三年。

有效期届满，生产者需要继续生产消防产品的，应当在有效期届满前的六个月内，依照本规定第十条的规定，重新申请消防产品技术鉴定证书。

第十三条　在消防产品技术鉴定证书有效期内，消防产品的生产条件、检验手段、生产技术或者工艺发生变化，对性能产生重大影响的，生产者应当重新委托消防产品技术鉴定。

第十四条　在消防产品技术鉴定证书有效期内，相关消防产品的国家标准、行业标准颁布施行的，生产者应当保证生产的消防产品符合国家标准、行业标准。

前款规定的消防产品被列入强制性产品认证目录的，应当按照本规定实施强制性产品认证。未列入强制性产品认证目录的，在技术鉴定证书有效期届满后，不再实行技术鉴定。

第十五条　消防产品技术鉴定机构应当对其鉴定合格的产品实施有效的跟踪调查，鉴定合格的产品不能持续符合技术鉴定要求的，技术鉴定机构应当暂停其使用直至撤销鉴定证书，并予公布。

第十六条　经强制性产品认证合格或者技术鉴定合格的消防产品，公安部消防局应当予以公布。

第三章　产品质量责任和义务

第十七条　消防产品生产者应当对其生产的消防产品质量负责，建立有效的质量管理体系，保持消防产品的生产条件，保证产品质量、标志、标识符合相关法律法规和标准要求。不得生产应当获得而未获得市场准入资格的消防产品、不合格的消防产品或者国家明令淘汰的消防产品。

消防产品生产者应当建立消防产品销售流向登记制度，如实记录产品名称、批次、规格、数量、销售去向等内容。

第十八条　消防产品销售者应当建立并执行进货检查验收制度，验明产品合格证明和其他标识，不得销售应当获得而未获得市场准入资格的消防产品、不合格的消防产品或者国家明令淘汰的消防产品。

销售者应当采取措施，保持销售产品的质量。

第十九条　消防产品使用者应当查验产品合格证明、产品标识和有关证书，选用符合市场准入的、合格的消防产品。

建设工程设计单位在设计中选用的消防产品，应当注明产品规格、性能等技术指标，其质量要求应当符合国家标准、行业标准。当需要选用尚未制定国家标准、行业标准的消防产品时，应当选用经技术鉴定合格的消防产品。

建设工程施工企业应当按照工程设计要求、施工技术标准、合同的约定和消防产品有关技术标准，对进场的消防产品进行现场检查或者检验，如实记录进货来源、名称、批次、规格、数量等内容；现场检查或者检验不合格的，不得安装。现场检查记录或者检验报告应当存档备查。建设工程施工企业应当建立安装质量管理制度，严格执行有关标准、施工规范和相关要求，保证消防产品的安装质量。

工程监理单位应当依照法律、行政法规及有关技术标准、设计文件和建设工程承包合同对建设工程使用的消防产品的质量及其安装质量实施监督。

机关、团体、企业、事业等单位应当按照国家标准、行业标准定期组织对消防设施、器材进行维修保养，确保完好有效。

第四章　监督检查

第二十条　质量监督部门、工商行政管理部门依据《中华人民共和国产品质量法》以及相关规定对生产领域、流通领域的消防产品质量进行监督检查。

第二十一条　公安机关消防机构对使用领域的消防产品质量进行监督检查，实行日常监督检查和监督抽查相结合的方式。

第二十二条　公安机关消防机构在消防监督检查和建设工程消防监督管理工作中，对使用领域的消防产品质量进行日常监督检查，按照公安部《消防监督检查规定》、《建设工程消防监督管理规定》执行。

第二十三条　公安机关消防机构对使用领域的消防产品质量进行专项监督抽查，由省级以上公安机关消防机构制定监督抽查计划，由县级以上地方公安机关消防机构具体实施。

第二十四条　公安机关消防机构对使用领域的消防产品质量进行监督抽查，应当检查下列内容：

（一）列入强制性产品认证目录的消防产品是否具备强制性产品认证证书，新研制的尚未制定国家标准、行业标准的消防产品是否具备技术鉴定证书；

（二）按照强制性国家标准或者行业标准的规定，应当进行型式检验和出厂检验的消防产品，是否具备型式检验合格和出厂检验合格的证明文件；

（三）消防产品的外观标志、规格型号、结构部件、材料、性能参数、生产厂名、厂址与产地等是否符合有关规定；

（四）消防产品的关键性能是否符合消防产品现场检查判定规则的要求；

（五）法律、行政法规规定的其他内容。

第二十五条　公安机关消防机构实施消防产品质量监督抽查时，检查人员不得少于两人，并应当出示执法身份证件。

实施消防产品质量监督抽查应当填写检查记录，由检查人员、被检查单位管理人员签名；被检查单位管理人员对检查记录有异议或者拒绝签名的，检查人员应当在检查记录中注明。

第二十六条　公安机关消防机构应当根据本规定和消防产品现场检查判定规则，实施现场检查判定。对现场检查判定为不合格的，应当在三日内将判定结论送达被检查人。被检查人对消防产品现场检查判定结论有异议的，公安机关消防机构应当在五日内依照有关规定将样品送符合法定条件的产品质量检验机构进行监督检验，并自收到检验结果之日起三日内，将检验结果告知被检查人。

检验抽取的样品由被检查人无偿供给，其数量不得超过检验的合理需要。检验费用在规定经费中列支，不得向被检查人收取。

第二十七条　被检查人对公安机关消防机构抽样送检的产品检验结果有异议的，可以自收到检验结果之日起五日内向实施监督检查的公安机关消防机构提出书面复检申请。

公安机关消防机构受理复检申请，应当当场出具受理凭证。

公安机关消防机构受理复检申请后，应当在五日内将备用样品送检，自收到复检结果之日起三日内，将复检结果告知申请人。

复检申请以一次为限。复检合格的，费用列入监督抽查经费；不合格的，费用由申请人承担。

第二十八条 质量监督部门、工商行政管理部门接到对消防产品质量问题的举报投诉，应当按职责及时依法处理。对不属于本部门职责范围的，应当及时移交或者书面通报有关部门。

公安机关消防机构接到对消防产品质量问题的举报投诉，应当及时受理、登记，并按照公安部《公安机关办理行政案件程序规定》的相关规定和本规定中消防产品质量监督检查程序处理。

公安机关消防机构对举报投诉的消防产品质量问题进行核查后，对消防安全违法行为应当依法处理。核查、处理情况应当在三日内告知举报投诉人；无法告知的，应当在受理登记中注明。

第二十九条 公安机关消防机构发现使用依法应当获得市场准入资格而未获得准入资格的消防产品或者不合格的消防产品、国家明令淘汰的消防产品等使用领域消防产品质量违法行为，应当依法责令限期改正。

公安机关消防机构应当在收到当事人复查申请或者责令限期改正期限届满之日起三日内进行复查。复查应当填写记录。

第三十条 公安机关消防机构对发现的使用领域消防产品质量违法行为，应当依法查处，并及时将有关情况书面通报同级质量监督部门、工商行政管理部门；质量监督部门、工商行政管理部门应当对生产者、销售者依法及时查处。

第三十一条 质量监督部门、工商行政管理部门和公安机关消防机构应当按照有关规定，向社会公布消防产品质量监督检查情况、重大消防产品质量违法行为的行政处罚情况等信息。

第三十二条 任何单位和个人在接受质量监督部门、工商行政管理部门和公安机关消防机构依法开展的消防产品质量监督检查时，应当如实提供有关情况和资料。

任何单位和个人不得擅自转移、变卖、隐匿或者损毁被采取强制措施的物品，不得拒绝依法进行的监督检查。

第五章 法律责任

第三十三条 生产、销售不合格的消防产品或者国家明令淘汰的消防产品的，由质量监督部门或者工商行政管理部门依照《中华人民共和国产品质量法》的规定从重处罚。

第三十四条 有下列情形之一的，由公安机关消防机构责令改正，依照《中华人民共和国消防法》第五十九条处罚：

（一）建设单位要求建设工程施工企业使用不符合市场准入的消防产品、不合格的消防产品或者国家明令淘汰的消防产品的；

（二）建设工程设计单位选用不符合市场准入的消防产品，或者国家明令淘汰的消防产品进行消防设计的；

（三）建设工程施工企业安装不符合市场准入的消防产品、不合格的消防产品或者国家明令淘汰的消防产品的；

（四）工程监理单位与建设单位或者建设工程施工企业串通，弄虚作假，安装、使用不符合市场准入的消防产品、不合格的消防产品或者国家明令淘汰的消防产品的。

第三十五条 消防产品技术鉴定机构出具虚假文件的，由公安机关消防机构责令改正，依照《中华人民共和国消防法》第六十九条处罚。

第三十六条 人员密集场所使用不符合市场准入的消防产品的，由公安机关消防机构责令限期改正；逾期不改正的，依照《中华人民共和国消防法》第六十五条第二款处罚。

非人员密集场所使用不符合市场准入的消防产品、不合格的消防产品或者国家明令淘汰的消防产品的，由公安机关消防机构责令限期改正；逾期不改正的，对非经营性场所处五百元以上一千元以下罚款，对经营性场所处五千元以上一万元以下罚款，并对直接负责的主管人员和其他直接责任人员处五百元以下罚款。

第三十七条 公安机关消防机构及其工作人员进行消防产品监督执法，应当严格遵守廉政规定，坚持公正、文明执法，自觉接受单位和公民的监督。

公安机关及其工作人员不得指定消防产品的品牌、销售单位，不得参与或者干预建设工程消防产品的招投标活动，不得接受被检查单位、个人的财物或者其他不正当利益。

第三十八条 质量监督部门、工商行政管理部门、公安机关消防机构工作人员在消防产品监督管理中滥用职权、玩忽职守、徇私舞弊的，依法给予处分。

第三十九条 违反本规定，构成犯罪的，依法追究刑事责任。

第六章 附 则

第四十条 消防产品目录由公安部消防局制定并公布。

第四十一条 消防产品进出口检验监管，由出入境检验检疫部门按照有关规定执行。

消防产品属于《中华人民共和国特种设备安全监察条例》规定的特种设备的,还应当遵守特种设备安全监察有关规定。

第四十二条　本规定中的“三日”、“五日”是指工作日,不含法定节假日。

第四十三条　公安机关消防机构执行本规定所需要的法律文书式样,由公安部制定。

第四十四条　本规定自2013年1月1日起施行。

消防监督检查规定

1. 2009年4月30日公安部令第107号发布

2. 根据2012年7月17日公安部令第120号《关于修改〈消防监督检查规定〉的决定》修订

第一章　总　　则

第一条　为了加强和规范消防监督检查工作,督促机关、团体、企业、事业等单位(以下简称单位)履行消防安全职责,依据《中华人民共和国消防法》,制定本规定。

第二条　本规定适用于公安机关消防机构和公安派出所依法对单位遵守消防法律、法规情况进行消防监督检查。

第三条　直辖市、市(地区、州、盟)、县(市辖区、县级市、旗)公安机关消防机构具体实施消防监督检查,确定本辖区内的消防安全重点单位并由所属公安机关报本级人民政府备案。

公安派出所可以对居民住宅区的物业服务企业、居民委员会、村民委员会履行消防安全职责的情况和上级公安机关确定的单位实施日常消防监督检查。

公安派出所日常消防监督检查的单位范围由省级公安机关消防机构、公安派出所工作主管部门共同研究拟定,报省级公安机关确定。

第四条　上级公安机关消防机构应当对下级公安机关消防机构实施消防监督检查的情况进行指导和监督。

公安机关消防机构应当与公安派出所共同做好辖区消防监督工作,并对公安派出所开展日常消防监督检查工作进行指导,定期对公安派出所民警进行消防监督业务培训。

第五条　对消防监督检查的结果,公安机关消防机构可以通过适当方式向社会公告;对检查发现的影响公共安全的火灾隐患应当定期公布,提示公众注意消防安全。

第二章　消防监督检查的形式和内容

第六条　消防监督检查的形式有:

(一)对公众聚集场所在投入使用、营业前的消防安全检查;

(二)对单位履行法定消防安全职责情况的监督抽查;

(三)对举报投诉的消防安全违法行为的核查;

(四)对大型群众性活动举办前的消防安全检查;

(五)根据需要进行的其他消防监督检查。

第七条　公安机关消防机构根据本地区火灾规律、特点等消防安全需要组织监督抽查;在火灾多发季节,重大节日、重大活动前或者期间,应当组织监督抽查。

消防安全重点单位应当作为监督抽查的重点,非消防安全重点单位必须在监督抽查的单位数量中占有一定比例。对属于人员密集场所的消防安全重点单位每年至少监督检查一次。

第八条　公众聚集场所在投入使用、营业前,建设单位或者使用单位应当向场所所在地的县级以上人民政府公安机关消防机构申请消防安全检查,并提交下列材料:

(一)消防安全检查申报表;

(二)营业执照复印件或者工商行政管理机关出具的企业名称预先核准通知书;

(三)依法取得的建设工程消防验收或者进行竣工验收消防备案的法律文件复印件;

(四)消防安全制度、灭火和应急疏散预案、场所平面布置图;

(五)员工岗前消防安全教育培训记录和自动消防系统操作人员取得的消防行业特有工种职业资格证书复印件;

(六)法律、行政法规规定的其他材料。

依照《建设工程消防监督管理规定》不需要进行竣工验收消防备案的公众聚集场所申请消防安全检查的,还应当提交场所室内装修消防设计施工图、消防产品质量合格证明文件,以及装修材料防火性能符合消防技术标准的证明文件、出厂合格证。

公安机关消防机构对消防安全检查的申请,应当按照行政许可有关规定受理。

第九条　对公众聚集场所投入使用、营业前进行消防安全检查,应当检查下列内容:

(一)建筑物或者场所是否依法通过消防验收合格或者进行竣工验收消防备案抽查合格;依法进行竣工验收消防备案但没有进行备案抽查的建筑物或者场所是否符合消防技术标准;

（二）消防安全制度、灭火和应急疏散预案是否制定；

（三）自动消防系统操作人员是否持证上岗，员工是否经过岗前消防安全培训；

（四）消防设施、器材是否符合消防技术标准并完好有效；

（五）疏散通道、安全出口和消防车通道是否畅通；

（六）室内装修材料是否符合消防技术标准；

（七）外墙门窗上是否设置影响逃生和灭火救援的障碍物。

第十条　对单位履行法定消防安全职责情况的监督抽查，应当根据单位的实际情况检查下列内容：

（一）建筑物或者场所是否依法通过消防验收或者进行竣工验收消防备案，公众聚集场所是否通过投入使用、营业前的消防安全检查；

（二）建筑物或者场所的使用情况是否与消防验收或者进行竣工验收消防备案时确定的使用性质相符；

（三）消防安全制度、灭火和应急疏散预案是否制定；

（四）消防设施、器材和消防安全标志是否定期组织维修保养，是否完好有效；

（五）电器线路、燃气管路是否定期维护保养、检测；

（六）疏散通道、安全出口、消防车通道是否畅通，防火分区是否改变，防火间距是否被占用；

（七）是否组织防火检查、消防演练和员工消防安全教育培训，自动消防系统操作人员是否持证上岗；

（八）生产、储存、经营易燃易爆危险品的场所是否与居住场所设置在同一建筑物内；

（九）生产、储存、经营其他物品的场所与居住场所设置在同一建筑物内的，是否符合消防技术标准；

（十）其他依法需要检查的内容。

对人员密集场所还应当抽查室内装修材料是否符合消防技术标准、外墙门窗上是否设置影响逃生和灭火救援的障碍物。

第十一条　对消防安全重点单位履行法定消防安全职责情况的监督抽查，除检查本规定第十条规定的内容外，还应当检查下列内容：

（一）是否确定消防安全管理人；

（二）是否开展每日防火巡查并建立巡查记录；

（三）是否定期组织消防安全培训和消防演练；

（四）是否建立消防档案、确定消防安全重点部位。

对属于人员密集场所的消防安全重点单位，还应当检查单位灭火和应急疏散预案中承担灭火和组织疏散任务的人员是否确定。

第十二条　在大型群众性活动举办前对活动现场进行消防安全检查，应当重点检查下列内容：

（一）室内活动使用的建筑物（场所）是否依法通过消防验收或者进行竣工验收消防备案，公众聚集场所是否通过使用、营业前的消防安全检查；

（二）临时搭建的建筑物是否符合消防安全要求；

（三）是否制定灭火和应急疏散预案并组织演练；

（四）是否明确消防安全责任分工并确定消防安全管理人员；

（五）活动现场消防设施、器材是否配备齐全并完好有效；

（六）活动现场的疏散通道、安全出口和消防车通道是否畅通；

（七）活动现场的疏散指示标志和应急照明是否符合消防技术标准并完好有效。

第十三条　对大型的人员密集场所和其他特殊建设工程的施工现场进行消防监督检查，应当重点检查施工单位履行下列消防安全职责的情况：

（一）是否明确施工现场消防安全管理人员，是否制定施工现场消防安全制度、灭火和应急疏散预案；

（二）在建工程内是否设置人员住宿、可燃材料及易燃易爆危险品储存等场所；

（三）是否设置临时消防给水系统、临时消防应急照明，是否配备消防器材，并确保完好有效；

（四）是否设有消防车通道并畅通；

（五）是否组织员工消防安全教育培训和消防演练；

（六）施工现场人员宿舍、办公用房的建筑构件燃烧性能、安全疏散是否符合消防技术标准。

第三章　消防监督检查的程序

第十四条　公安机关消防机构实施消防监督检查时，检查人员不得少于两人，并出示执法身份证件。

消防监督检查应当填写检查记录，如实记录检查情况。

第十五条　对公众聚集场所投入使用、营业前的消防安全检查，公安机关消防机构应当自受理申请之日起十个工作日内进行检查，自检查之日起三个工作日内作出同意或者不同意投入使用或者营业的决定，并送达申请人。

第十六条　对大型群众性活动现场在举办前进行的消防安全检查,公安机关消防机构应当在接到本级公安机关治安部门书面通知之日起三个工作日内进行检查,并将检查记录移交本级公安机关治安部门。

第十七条　公安机关消防机构接到对消防安全违法行为的举报投诉,应当及时受理、登记,并按照《公安机关办理行政案件程序规定》的相关规定处理。

第十八条　公安机关消防机构应当按照下列时限,对举报投诉的消防安全违法行为进行实地核查:

(一)对举报投诉占用、堵塞、封闭疏散通道、安全出口或者其他妨碍安全疏散行为,以及擅自停用消防设施的,应当在接到举报投诉后二十四小时内进行核查;

(二)对举报投诉本款第一项以外的消防安全违法行为,应当在接到举报投诉之日起三个工作日内进行核查。

核查后,对消防安全违法行为应当依法处理。处理情况应当及时告知举报投诉人;无法告知的,应当在受理登记中注明。

第十九条　在消防监督检查中,公安机关消防机构对发现的依法应当责令立即改正的消防安全违法行为,应当当场制作、送达责令立即改正通知书,并依法予以处罚;对依法应当责令限期改正的,应当自检查之日起三个工作日内制作、送达责令限期改正通知书,并依法予以处罚。

对违法行为轻微并当场改正完毕,依法可以不予行政处罚的,可以口头责令改正,并在检查记录上注明。

第二十条　对依法责令限期改正的,应当根据改正违法行为的难易程度合理确定改正期限。

公安机关消防机构应当在责令限期改正期限届满或者收到当事人的复查申请之日起三个工作日内进行复查。对逾期不改正的,依法予以处罚。

第二十一条　在消防监督检查中,发现城乡消防安全布局、公共消防设施不符合消防安全要求,或者发现本地区存在影响公共安全的重大火灾隐患的,公安机关消防机构应当组织集体研究确定,自检查之日起七个工作日内提出处理意见,由所属公安机关书面报告本级人民政府解决;对影响公共安全的重大火灾隐患,还应当在确定之日起三个工作日内制作、送达重大火灾隐患整改通知书。

重大火灾隐患判定涉及复杂或者疑难技术问题的,公安机关消防机构应当在确定前组织专家论证。组织专家论证的,前款规定的期限可以延长十个工作日。

第二十二条　公安机关消防机构在消防监督检查中发现火灾隐患,应当通知有关单位或者个人立即采取措施消除;对具有下列情形之一,不及时消除可能严重威胁公共安全的,应当对危险部位或者场所予以临时查封:

(一)疏散通道、安全出口数量不足或者严重堵塞,已不具备安全疏散条件的;

(二)建筑消防设施严重损坏,不再具备防火灭火功能的;

(三)人员密集场所违反消防安全规定,使用、储存易燃易爆危险品的;

(四)公众聚集场所违反消防技术标准,采用易燃、可燃材料装修,可能导致重大人员伤亡的;

(五)其他可能严重威胁公共安全的火灾隐患。

临时查封期限不得超过三十日。临时查封期限届满后,当事人仍未消除火灾隐患的,公安机关消防机构可以再次依法予以临时查封。

第二十三条　临时查封应当由公安机关消防机构负责人组织集体研究决定。决定临时查封的,应当研究确定查封危险部位或者场所的范围、期限和实施方法,并自检查之日起三个工作日内制作、送达临时查封决定书。

情况紧急、不当场查封可能严重威胁公共安全的,消防监督检查人员可以在口头报请公安机关消防机构负责人同意后当场对危险部位或者场所实施临时查封,并在临时查封后二十四小时内由公安机关消防机构负责人组织集体研究,制作、送达临时查封决定书。经集体研究认为不应当采取临时查封措施的,应当立即解除。

第二十四条　临时查封由公安机关消防机构负责人组织实施。需要公安机关其他部门或者公安派出所配合的,公安机关消防机构应当报请所属公安机关组织实施。

实施临时查封应当遵守下列规定:

(一)实施临时查封时,通知当事人到场,当场告知当事人采取临时查封的理由、依据以及当事人依法享有的权利、救济途径,听取当事人的陈述和申辩;

(二)当事人不到场的,邀请见证人到场,由见证人和消防监督检查人员在现场笔录上签名或者盖章;

(三)在危险部位或者场所及其有关设施、设备上加贴封条或者采取其他措施,使危险部位或者场所停止生产、经营或者使用;

（四）对实施临时查封情况制作现场笔录，必要时，可以进行现场照相或者录音录像。

实施临时查封后，当事人请求进入被查封的危险部位或者场所整改火灾隐患的，应当允许。但不得在被查封的危险部位或者场所生产、经营或者使用。

第二十五条 火灾隐患消除后，当事人应当向作出临时查封决定的公安机关消防机构申请解除临时查封。公安机关消防机构应当自收到申请之日起三个工作日内进行检查，自检查之日起三个工作日内作出是否同意解除临时查封的决定，并送达当事人。

对检查确认火灾隐患已消除的，应当作出解除临时查封的决定。

第二十六条 对当事人有《中华人民共和国消防法》第六十条第一款第三项、第四项、第五项、第六项规定的消防安全违法行为，经责令改正拒不改正的，公安机关消防机构应当按照《中华人民共和国行政强制法》第五十一条、第五十二条的规定组织强制清除或者拆除相关障碍物、妨碍物，所需费用由违法行为人承担。

第二十七条 当事人不执行公安机关消防机构作出的停产停业、停止使用、停止施工决定的，作出决定的公安机关消防机构应当自履行期限届满之日起三个工作日内催告当事人履行义务。当事人收到催告书后有权进行陈述和申辩。公安机关消防机构应当充分听取当事人的意见，记录、复核当事人提出的事实、理由和证据。当事人提出的事实、理由或者证据成立的，应当采纳。

经催告，当事人逾期仍不履行义务且无正当理由的，公安机关消防机构负责人应当组织集体研究强制执行方案，确定执行的方式和时间。强制执行决定书应当自决定之日起三个工作日内制作、送达当事人。

第二十八条 强制执行由作出决定的公安机关消防机构负责人组织实施。需要公安机关其他部门或者公安派出所配合的，公安机关消防机构应当报请所属公安机关组织实施；需要其他行政部门配合的，公安机关消防机构应当提出意见，并由所属公安机关报请本级人民政府组织实施。

实施强制执行应当遵守下列规定：

（一）实施强制执行时，通知当事人到场，当场向当事人宣读强制执行决定，听取当事人的陈述和申辩；

（二）当事人不到场的，邀请见证人到场，由见证人和消防监督检查人员在现场笔录上签名或者盖章；

（三）对实施强制执行过程制作现场笔录，必要时，可以进行现场照相或者录音录像；

（四）除情况紧急外，不得在夜间或者法定节假日实施强制执行；

（五）不得对居民生活采取停止供水、供电、供热、供燃气等方式迫使当事人履行义务。

有《中华人民共和国行政强制法》第三十九条、第四十条规定的情形之一的，中止执行或者终结执行。

第二十九条 对被责令停止施工、停止使用、停产停业处罚的当事人申请恢复施工、使用、生产、经营的，公安机关消防机构应当自收到书面申请之日起三个工作日内进行检查，自检查之日起三个工作日内作出决定，送达当事人。

对当事人已改正消防安全违法行为、具备消防安全条件的，公安机关消防机构应当同意恢复施工、使用、生产、经营；对违法行为尚未改正、不具备消防安全条件的，应当不同意恢复施工、使用、生产、经营，并说明理由。

第四章 公安派出所日常消防监督检查

第三十条 公安派出所对其日常监督检查范围的单位，应当每年至少进行一次日常消防监督检查。

公安派出所对群众举报投诉的消防安全违法行为，应当及时受理，依法处理；对属于公安机关消防机构管辖的，应当依照《公安机关办理行政案件程序规定》在受理后及时移送公安机关消防机构处理。

第三十一条 公安派出所对单位进行日常消防监督检查，应当检查下列内容：

（一）建筑物或者场所是否依法通过消防验收或者进行竣工验收消防备案，公众聚集场所是否依法通过投入使用、营业前的消防安全检查；

（二）是否制定消防安全制度；

（三）是否组织防火检查、消防安全宣传教育培训、灭火和应急疏散演练；

（四）消防车通道、疏散通道、安全出口是否畅通，室内消火栓、疏散指示标志、应急照明、灭火器是否完好有效；

（五）生产、储存、经营易燃易爆危险品的场所是否与居住场所设置在同一建筑物内。

对设有建筑消防设施的单位，公安派出所还应当检查单位是否对建筑消防设施定期组织维修保养。

对居民住宅区的物业服务企业进行日常消防监督检查，公安派出所除检查本条第一款第（二）至（四）项内容外，还应当检查物业服务企业对管理区域内共用消防设施是否进行维护管理。

第三十二条 公安派出所对居民委员会、村民委员会进行日常消防监督检查，应当检查下列内容：

（一）消防安全管理人是否确定；

（二）消防安全工作制度、村（居）民防火安全公约是否制定；

（三）是否开展消防宣传教育、防火安全检查；

（四）是否对社区、村庄消防水源（消火栓）、消防车通道、消防器材进行维护管理；

（五）是否建立志愿消防队等多种形式消防组织。

第三十三条　公安派出所民警在日常消防监督检查时，发现被检查单位有下列行为之一的，应当责令依法改正：

（一）未制定消防安全制度、未组织防火检查和消防安全教育培训、消防演练的；

（二）占用、堵塞、封闭疏散通道、安全出口的；

（三）占用、堵塞、封闭消防车通道，妨碍消防车通行的；

（四）埋压、圈占、遮挡消火栓或者占用防火间距的；

（五）室内消火栓、灭火器、疏散指示标志和应急照明未保持完好有效的；

（六）人员密集场所在外墙门窗上设置影响逃生和灭火救援的障碍物的；

（七）违反消防安全规定进入生产、储存易燃易爆危险品场所的；

（八）违反规定使用明火作业或者在具有火灾、爆炸危险的场所吸烟、使用明火的；

（九）生产、储存和经营易燃易爆危险品的场所与居住场所设置在同一建筑物内的；

（十）未对建筑消防设施定期组织维修保养的。

公安派出所发现被检查单位的建筑物未依法通过消防验收，或者进行竣工验收消防备案，擅自投入使用的；公众聚集场所未依法通过使用、营业前的消防安全检查，擅自使用、营业的，应当在检查之日起五个工作日内书面移交公安机关消防机构处理。

公安派出所民警进行日常消防监督检查，应当填写检查记录，记录发现的消防安全违法行为、责令改正的情况。

第三十四条　公安派出所在日常消防监督检查中，发现存在严重威胁公共安全的火灾隐患，应当在责令改正的同时书面报告乡镇人民政府或者街道办事处和公安机关消防机构。

第五章　执法监督

第三十五条　公安机关消防机构应当健全消防监督检查工作制度，建立执法档案，定期进行执法质量考评，落实执法过错责任追究。

公安机关消防机构及其工作人员进行消防监督检查，应当自觉接受单位和公民的监督。

第三十六条　公安机关消防机构及其工作人员在消防监督检查中有下列情形的，对直接负责的主管人员和其他直接责任人员应当依法给予处分；构成犯罪的，依法追究刑事责任：

（一）不按规定制作、送达法律文书，不按照本规定履行消防监督检查职责，拒不改正的；

（二）对不符合消防安全条件的公众聚集场所准予消防安全检查合格的；

（三）无故拖延消防安全检查，不在法定期限内履行职责的；

（四）未按照本规定组织开展消防监督抽查的；

（五）发现火灾隐患不及时通知有关单位或者个人整改的；

（六）利用消防监督检查职权为用户指定消防产品的品牌、销售单位或者指定消防技术服务机构、消防设施施工、维修保养单位的；

（七）接受被检查单位、个人财物或者其他不正当利益的；

（八）其他滥用职权、玩忽职守、徇私舞弊的行为。

第三十七条　公安机关消防机构工作人员的近亲属严禁在其管辖的区域或者业务范围内经营消防公司、承揽消防工程、推销消防产品。

违反前款规定的，按照有关规定对公安机关消防机构工作人员予以处分。

第六章　附　　则

第三十八条　具有下列情形之一的，应当确定为火灾隐患：

（一）影响人员安全疏散或者灭火救援行动，不能立即改正的；

（二）消防设施未保持完好有效，影响防火灭火功能的；

（三）擅自改变防火分区，容易导致火势蔓延、扩大的；

（四）在人员密集场所违反消防安全规定，使用、储存易燃易爆危险品，不能立即改正的；

（五）不符合城市消防安全布局要求，影响公共安全的；

（六）其他可能增加火灾实质危险性或者危害性的情形。

重大火灾隐患按照国家有关标准认定。

第三十九条 有固定生产经营场所且具有一定规模的个体工商户，应当纳入消防监督检查范围。具体标准由省、自治区、直辖市公安机关消防机构确定并公告。

第四十条 铁路、港航、民航公安机关和国有林区的森林公安机关在管辖范围内实施消防监督检查参照本规定执行。

第四十一条 执行本规定所需要的法律文书式样，由公安部制定。

第四十二条 本规定自2009年5月1日起施行。2004年6月9日发布的《消防监督检查规定》（公安部令第73号）同时废止。

火灾事故调查规定

1. 2009年4月30日公安部令第108号发布
2. 根据2012年7月17日公安部令第121号《关于修改〈火灾事故调查规定〉的决定》修订

第一章 总 则

第一条 为了规范火灾事故调查，保障公安机关消防机构依法履行职责，保护火灾当事人的合法权益，根据《中华人民共和国消防法》，制定本规定。

第二条 公安机关消防机构调查火灾事故，适用本规定。

第三条 火灾事故调查的任务是调查火灾原因，统计火灾损失，依法对火灾事故作出处理，总结火灾教训。

第四条 火灾事故调查应当坚持及时、客观、公正、合法的原则。

任何单位和个人不得妨碍和非法干预火灾事故调查。

第二章 管 辖

第五条 火灾事故调查由县级以上人民政府公安机关主管，并由本级公安机关消防机构实施；尚未设立公安机关消防机构的，由县级人民政府公安机关实施。

公安派出所应当协助公安机关火灾事故调查部门维护火灾现场秩序，保护现场，控制火灾肇事嫌疑人。

铁路、港航、民航公安机关和国有林区的森林公安机关消防机构负责调查其消防监督范围内发生的火灾。

第六条 火灾事故调查由火灾发生地公安机关消防机构按照下列分工进行：

（一）一次火灾死亡十人以上的，重伤二十人以上或者死亡、重伤二十人以上的，受灾五十户以上的，由省、自治区人民政府公安机关消防机构负责组织调查；

（二）一次火灾死亡一人以上的，重伤十人以上的，受灾三十户以上的，由设区的市或者相当于同级的人民政府公安机关消防机构负责组织调查；

（三）一次火灾重伤十人以下或者受灾三十户以下的，由县级人民政府公安机关消防机构负责调查。

直辖市人民政府公安机关消防机构负责组织调查一次火灾死亡三人以上的，重伤二十人以上或者死亡、重伤二十人以上的，受灾五十户以上的火灾事故，直辖市的区、县级人民政府公安机关消防机构负责调查其他火灾事故。

仅有财产损失的火灾事故调查，由省级人民政府公安机关结合本地实际作出管辖规定，报公安部备案。

第七条 跨行政区域的火灾，由最先起火地的公安机关消防机构按照本规定第六条的分工负责调查，相关行政区域的公安机关消防机构予以协助。

对管辖权发生争议的，报请共同的上一级公安机关消防机构指定管辖。县级人民政府公安机关负责实施的火灾事故调查管辖权发生争议的，由共同的上一级主管公安机关指定。

第八条 上级公安机关消防机构应当对下级公安机关消防机构火灾事故调查工作进行监督和指导。

上级公安机关消防机构认为必要时，可以调查下级公安机关消防机构管辖的火灾。

第九条 公安机关消防机构接到火灾报警，应当及时派员赶赴现场，并指派火灾事故调查人员开展火灾事故调查工作。

第十条 具有下列情形之一的，公安机关消防机构应当立即报告主管公安机关通知具有管辖权的公安机关刑侦部门，公安机关刑侦部门接到通知后应当立即派员赶赴现场参加调查；涉嫌放火罪的，公安机关刑侦部门应当依法立案侦查，公安机关消防机构予以协助：

（一）有人员死亡的火灾；

（二）国家机关、广播电台、电视台、学校、医院、养老院、托儿所、幼儿园、文物保护单位、邮政和通信、交通枢纽等部门和单位发生的社会影响大的火灾；

（三）具有放火嫌疑的火灾。

第十一条 军事设施发生火灾需要公安机关消防机构协助调查的，由省级人民政府公安机关消防机构或者公安部消防局调派火灾事故调查专家协助。

第三章 简易程序

第十二条 同时具有下列情形的火灾，可以适用简易调查程序：

(一)没有人员伤亡的;

(二)直接财产损失轻微的;

(三)当事人对火灾事故事实没有异议的;

(四)没有放火嫌疑的。

前款第二项的具体标准由省级人民政府公安机关确定,报公安部备案。

第十三条 适用简易调查程序的,可以由一名火灾事故调查人员调查,并按照下列程序实施:

(一)表明执法身份,说明调查依据;

(二)调查走访当事人、证人,了解火灾发生过程、火灾烧损的主要物品及建筑物受损等与火灾有关的情况;

(三)查看火灾现场并进行照相或者录像;

(四)告知当事人调查的火灾事故事实,听取当事人的意见,当事人提出的事实、理由或者证据成立的,应当采纳;

(五)当场制作火灾事故简易调查认定书,由火灾事故调查人员、当事人签字或者捺指印后交付当事人。

火灾事故调查人员应当在二日内将火灾事故简易调查认定书报所属公安机关消防机构备案。

第四章 一般程序

第一节 一般规定

第十四条 除依照本规定适用简易调查程序的外,公安机关消防机构对火灾进行调查时,火灾事故调查人员不得少于两人。必要时,可以聘请专家或者专业人员协助调查。

第十五条 公安部和省级人民政府公安机关应当成立火灾事故调查专家组,协助调查复杂、疑难的火灾。专家组的专家协助调查火灾的,应当出具专家意见。

第十六条 火灾发生地的县级公安机关消防机构应当根据火灾现场情况,排除现场险情,保障现场调查人员的安全,并初步划定现场封闭范围,设置警戒标志,禁止无关人员进入现场,控制火灾肇事嫌疑人。

公安机关消防机构应当根据火灾事故调查需要,及时调整现场封闭范围,并在现场勘验结束后及时解除现场封闭。

第十七条 封闭火灾现场的,公安机关消防机构应当在火灾现场对封闭的范围、时间和要求等予以公告。

第十八条 公安机关消防机构应当自接到火灾报警之日起三十日内作出火灾事故认定;情况复杂、疑难的,经上一级公安机关消防机构批准,可以延长三十日。

火灾事故调查中需要进行检验、鉴定的,检验、鉴定时间不计入调查期限。

第二节 现场调查

第十九条 火灾事故调查人员应当根据调查需要,对发现、扑救火灾人员,熟悉起火场所、部位和生产工艺人员,火灾肇事嫌疑人和被侵害人等知情人员进行询问。对火灾肇事嫌疑人可以依法传唤。必要时,可以要求被询问人到火灾现场进行指认。

询问应当制作笔录,由火灾事故调查人员和被询问人签名或者捺指印。被询问人拒绝签名和捺指印的,应当在笔录中注明。

第二十条 勘验火灾现场应当遵循火灾现场勘验规则,采取现场照相或者录像、录音,制作现场勘验笔录和绘制现场图等方法记录现场情况。

对有人员死亡的火灾现场进行勘验的,火灾事故调查人员应当对尸体表面进行观察并记录,对尸体在火灾现场的位置进行调查。

现场勘验笔录应当由火灾事故调查人员、证人或者当事人签名。证人、当事人拒绝签名或者无法签名的,应当在现场勘验笔录上注明。现场图应当由制图人、审核人签字。

第二十一条 现场提取痕迹、物品,应当按照下列程序实施:

(一)量取痕迹、物品的位置、尺寸,并进行照相或者录像;

(二)填写火灾痕迹、物品提取清单,由提取人、证人或者当事人签名;证人、当事人拒绝签名或者无法签名的,应当在清单上注明;

(三)封装痕迹、物品,粘贴标签,标明火灾名称和封装痕迹、物品的名称、编号及其提取时间,由封装人、证人或者当事人签名;证人、当事人拒绝签名或者无法签名的,应当在标签上注明。

提取的痕迹、物品,应当妥善保管。

第二十二条 根据调查需要,经负责火灾事故调查的公安机关消防机构负责人批准,可以进行现场实验。现场实验应当照相或者录像,制作现场实验报告,并由实验人员签字。现场实验报告应当载明下列事项:

(一)实验的目的;

(二)实验时间、环境和地点;

(三)实验使用的仪器或者物品;

(四)实验过程;

(五)实验结果;

(六)其他与现场实验有关的事项。

第三节 检验、鉴定

第二十三条 现场提取的痕迹、物品需要进行专门性技术鉴定的,公安机关消防机构应当委托依法设立的鉴定机构进行,并与鉴定机构约定鉴定期限和鉴定检材的保管期限。

公安机关消防机构可以根据需要委托依法设立的价格鉴证机构对火灾直接财产损失进行鉴定。

第二十四条 有人员死亡的火灾,为了确定死因,公安机关消防机构应当立即通知本级公安机关刑事科学技术部门进行尸体检验。公安机关刑事科学技术部门应当出具尸体检验鉴定文书,确定死亡原因。

第二十五条 卫生行政主管部门许可的医疗机构具有执业资格的医生出具的诊断证明,可以作为公安机关消防机构认定人身伤害程度的依据。但是,具有下列情形之一的,应当由法医进行伤情鉴定:

(一)受伤程度较重,可能构成重伤的;

(二)火灾受伤人员要求作鉴定的;

(三)当事人对伤害程度有争议的;

(四)其他应当进行鉴定的情形。

第二十六条 对受损单位和个人提供的由价格鉴证机构出具的鉴定意见,公安机关消防机构应当审查下列事项:

(一)鉴证机构、鉴证人是否具有资质、资格;

(二)鉴证机构、鉴证人是否盖章签名;

(三)鉴定意见依据是否充分;

(四)鉴定是否存在其他影响鉴定意见正确性的情形。

对符合规定的,可以作为证据使用;对不符合规定的,不予采信。

第四节 火灾损失统计

第二十七条 受损单位和个人应当于火灾扑灭之日起七日内向火灾发生地的县级公安机关消防机构如实申报火灾直接财产损失,并附有效证明材料。

第二十八条 公安机关消防机构应当根据受损单位和个人的申报、依法设立的价格鉴证机构出具的火灾直接财产损失鉴定意见以及调查核实情况,按照有关规定,对火灾直接经济损失和人员伤亡进行如实统计。

第五节 火灾事故认定

第二十九条 公安机关消防机构应当根据现场勘验、调查询问和有关检验、鉴定意见等调查情况,及时作出起火原因的认定。

第三十条 对起火原因已经查清的,应当认定起火时间、起火部位、起火点和起火原因;对起火原因无法查清的,应当认定起火时间、起火点或者起火部位以及有证据能够排除和不能排除的起火原因。

第三十一条 公安机关消防机构在作出火灾事故认定前,应当召集当事人到场,说明拟认定的起火原因,听取当事人意见;当事人不到场的,应当记录在案。

第三十二条 公安机关消防机构应当制作火灾事故认定书,自作出之日起七日内送达当事人,并告知当事人申请复核的权利。无法送达的,可以在作出火灾事故认定之日起七日内公告送达。公告期为二十日,公告期满即视为送达。

第三十三条 对较大以上的火灾事故或者特殊的火灾事故,公安机关消防机构应当开展消防技术调查,形成消防技术调查报告,逐级上报至省级人民政府公安机关消防机构,重大以上的火灾事故调查报告报公安部消防局备案。调查报告应当包括下列内容:

(一)起火场所概况;

(二)起火经过和火灾扑救情况;

(三)火灾造成的人员伤亡、直接经济损失统计情况;

(四)起火原因和灾害成因分析;

(五)防范措施。

火灾事故等级的确定标准按照公安部的有关规定执行。

第三十四条 公安机关消防机构作出火灾事故认定后,当事人可以申请查阅、复制、摘录火灾事故认定书、现场勘验笔录和检验、鉴定意见,公安机关消防机构应当自接到申请之日起七日内提供,但涉及国家秘密、商业秘密、个人隐私或者移交公安机关其他部门处理的依法不予提供,并说明理由。

第六节 复 核

第三十五条 当事人对火灾事故认定有异议的,可以自火灾事故认定书送达之日起十五日内,向上一级公安机关消防机构提出书面复核申请;对省级人民政府公安机关消防机构作出的火灾事故认定有异议的,向省级人民政府公安机关提出书面复核申请。

复核申请应当载明申请人的基本情况,被申请人的名称,复核请求,申请复核的主要事实、理由和证据,申请人的签名或者盖章,申请复核的日期。

第三十六条 复核机构应当自收到复核申请之日起七日内作出是否受理的决定并书面通知申请人。有下列情形之一的,不予受理:

(一)非火灾当事人提出复核申请的;

(二)超过复核申请期限的;

(三)复核机构维持原火灾事故认定或者直接作出火灾事故复核认定的;

(四)适用简易调查程序作出火灾事故认定的。

公安机关消防机构受理复核申请的,应当书面通知其他当事人,同时通知原认定机构。

第三十七条 原认定机构应当自接到通知之日起十日内,向复核机构作出书面说明,并提交火灾事故调查案卷。

第三十八条 复核机构应当对复核申请和原火灾事故认定进行书面审查,必要时,可以向有关人员进行调查;火灾现场尚存且未被破坏的,可以进行复核勘验。

复核审查期间,复核申请人撤回复核申请的,公安机关消防机构应当终止复核。

第三十九条 复核机构应当自受理复核申请之日起三十日内,作出复核决定,并按照本规定第三十二条规定的时限送达申请人、其他当事人和原认定机构。对需要向有关人员进行调查或者火灾现场复核勘验的,经复核机构负责人批准,复核期限可以延长三十日。

原火灾事故认定主要事实清楚、证据确实充分、程序合法,起火原因认定正确的,复核机构应当维持原火灾事故认定。

原火灾事故认定具有下列情形之一的,复核机构应当直接作出火灾事故复核认定或者责令原认定机构重新作出火灾事故认定,并撤销原认定机构作出的火灾事故认定:

(一)主要事实不清,或者证据不确实充分的;

(二)违反法定程序,影响结果公正的;

(三)认定行为存在明显不当,或者起火原因认定错误的;

(四)超越或者滥用职权的。

第四十条 原认定机构接到重新作出火灾事故认定的复核决定后,应当重新调查,在十五日内重新作出火灾事故认定。

复核机构直接作出火灾事故认定和原认定机构重新作出火灾事故认定前,应当向申请人、其他当事人说明重新认定情况;原认定机构重新作出的火灾事故认定书,应当按照本规定第三十二条规定的时限送达当事人,并报复核机构备案。

复核以一次为限。当事人对原认定机构重新作出的火灾事故认定,可以按照本规定第三十五条的规定申请复核。

第五章 火灾事故调查的处理

第四十一条 公安机关消防机构在火灾事故调查过程中,应当根据下列情况分别作出处理:

(一)涉嫌失火罪、消防责任事故罪的,按照《公安机关办理刑事案件程序规定》立案侦查;涉嫌其他犯罪的,及时移送有关主管部门办理;

(二)涉嫌消防安全违法行为的,按照《公安机关办理行政案件程序规定》调查处理;涉嫌其他违法行为的,及时移送有关主管部门调查处理;

(三)依照有关规定应当给予处分的,移交有关主管部门处理。

对经过调查不属于火灾事故的,公安机关消防机构应当告知当事人处理途径并记录在案。

第四十二条 公安机关消防机构向有关主管部门移送案件的,应当在本级公安机关消防机构负责人批准后的二十四小时内移送,并根据案件需要附下列材料:

(一)案件移送通知书;

(二)案件调查情况;

(三)涉案物品清单;

(四)询问笔录,现场勘验笔录,检验、鉴定意见以及照相、录像、录音等资料;

(五)其他相关材料。

构成放火罪需要移送公安机关刑侦部门处理的,火灾现场应当一并移交。

第四十三条 公安机关其他部门应当自接受公安机关消防机构移送的涉嫌犯罪案件之日起十日内,进行审查并作出决定。依法决定立案的,应当书面通知移送案件的公安机关消防机构;依法不予立案的,应当说明理由,并书面通知移送案件的公安机关消防机构,退回案卷材料。

第四十四条 公安机关消防机构及其工作人员有下列行为之一的,依照有关规定给予责任人员处分;构成犯罪的,依法追究刑事责任:

(一)指使他人错误认定或者故意错误认定起火原因的;

(二)瞒报火灾、火灾直接经济损失、人员伤亡情况的;

(三)利用职务上的便利,索取或者非法收受他人财物的;

(四)其他滥用职权、玩忽职守、徇私舞弊的行为。

第六章 附 则

第四十五条 本规定中下列用语的含义:

(一)“当事人”,是指与火灾发生、蔓延和损失有直接利害关系的单位和个人。

(二)“户”,用于统计居民、村民住宅火灾,按照公安机关登记的家庭户统计。

（三）本规定中十五日以内（含本数）期限的规定是指工作日，不含法定节假日。

（四）本规定所称的“以上”含本数、本级，“以下”不含本数。

第四十六条 火灾事故调查中有关回避、证据、调查取证、鉴定等要求，本规定没有规定的，按照《公安机关办理行政案件程序规定》执行。

第四十七条 执行本规定所需要的法律文书式样，由公安部制定。

第四十八条 本规定自2009年5月1日起施行。1999年3月15日发布施行的《火灾事故调查规定》（公安部令第37号）和2008年3月18日发布施行的《火灾事故调查规定修正案》（公安部令第100号）同时废止。

高层民用建筑消防安全管理规定

1. 2021年6月21日应急管理部令第5号公布
2. 自2021年8月1日起施行

第一章 总 则

第一条 为了加强高层民用建筑消防安全管理，预防火灾和减少火灾危害，根据《中华人民共和国消防法》等法律、行政法规和国务院有关规定，制定本规定。

第二条 本规定适用于已经建成且依法投入使用的高层民用建筑（包括高层住宅建筑和高层公共建筑）的消防安全管理。

第三条 高层民用建筑消防安全管理贯彻预防为主、防消结合的方针，实行消防安全责任制。

建筑高度超过100米的高层民用建筑应当实行更加严格的消防安全管理。

第二章 消防安全职责

第四条 高层民用建筑的业主、使用人是高层民用建筑消防安全责任主体，对高层民用建筑的消防安全负责。高层民用建筑的业主、使用人是单位的，其法定代表人或者主要负责人是本单位的消防安全责任人。

高层民用建筑的业主、使用人可以委托物业服务企业或者消防技术服务机构等专业服务单位（以下统称消防服务单位）提供消防安全服务，并应当在服务合同中约定消防安全服务的具体内容。

第五条 同一高层民用建筑有两个及以上业主、使用人的，各业主、使用人对其专有部分的消防安全负责，对共有部分的消防安全共同负责。

同一高层民用建筑有两个及以上业主、使用人的，应当共同委托物业服务企业，或者明确一个业主、使用人作为统一管理人，对共有部分的消防安全实行统一管理，协调、指导业主、使用人共同做好整栋建筑的消防安全工作，并通过书面形式约定各方消防安全责任。

第六条 高层民用建筑以承包、租赁或者委托经营、管理等形式交由承包人、承租人、经营管理人使用的，当事人在订立承包、租赁、委托管理等合同时，应当明确各方消防安全责任。委托方、出租方依照法律规定，可以对承包方、承租方、受托方的消防安全工作统一协调、管理。

实行承包、租赁或者委托经营、管理时，业主应当提供符合消防安全要求的建筑物，督促使用人加强消防安全管理。

第七条 高层公共建筑的业主单位、使用单位应当履行下列消防安全职责：

（一）遵守消防法律法规，建立和落实消防安全管理制度；

（二）明确消防安全管理机构或者消防安全管理人员；

（三）组织开展防火巡查、检查，及时消除火灾隐患；

（四）确保疏散通道、安全出口、消防车通道畅通；

（五）对建筑消防设施、器材定期进行检验、维修，确保完好有效；

（六）组织消防宣传教育培训，制定灭火和应急疏散预案，定期组织消防演练；

（七）按照规定建立专职消防队、志愿消防队（微型消防站）等消防组织；

（八）法律、法规规定的其他消防安全职责。

委托物业服务企业，或者明确统一管理人实施消防安全管理的，物业服务企业或者统一管理人应当按照约定履行前款规定的消防安全职责，业主单位、使用单位应当督促并配合物业服务企业或者统一管理人做好消防安全工作。

第八条 高层公共建筑的业主、使用人、物业服务企业或者统一管理人应当明确专人担任消防安全管理人，负责整栋建筑的消防安全管理工作，并在建筑显著位置公示其姓名、联系方式和消防安全管理职责。

高层公共建筑的消防安全管理人应当履行下列消防安全管理职责：

（一）拟订年度消防工作计划，组织实施日常消防安全管理工作；

（二）组织开展防火检查、巡查和火灾隐患整改工作；

（三）组织实施对建筑共用消防设施设备的维护保养；

（四）管理专职消防队、志愿消防队（微型消防站）等消防组织；

（五）组织开展消防安全的宣传教育和培训；

（六）组织编制灭火和应急疏散综合预案并开展演练。

高层公共建筑的消防安全管理人应当具备与其职责相适应的消防安全知识和管理能力。对建筑高度超过100米的高层公共建筑，鼓励有关单位聘用相应级别的注册消防工程师或者相关工程类中级及以上专业技术职务的人员担任消防安全管理人。

第九条　高层住宅建筑的业主、使用人应当履行下列消防安全义务：

（一）遵守住宅小区防火安全公约和管理规约约定的消防安全事项；

（二）按照不动产权属证书载明的用途使用建筑；

（三）配合消防服务单位做好消防安全工作；

（四）按照法律规定承担消防服务费用以及建筑消防设施维修、更新和改造的相关费用；

（五）维护消防安全，保护消防设施，预防火灾，报告火警，成年人参加有组织的灭火工作；

（六）法律、法规规定的其他消防安全义务。

第十条　接受委托的高层住宅建筑的物业服务企业应当依法履行下列消防安全职责：

（一）落实消防安全责任，制定消防安全制度，拟订年度消防安全工作计划和组织保障方案；

（二）明确具体部门或者人员负责消防安全管理工作；

（三）对管理区域内的共用消防设施、器材和消防标志定期进行检测、维护保养，确保完好有效；

（四）组织开展防火巡查、检查，及时消除火灾隐患；

（五）保障疏散通道、安全出口、消防车通道畅通，对占用、堵塞、封闭疏散通道、安全出口、消防车通道等违规行为予以制止；制止无效的，及时报告消防救援机构等有关行政管理部门依法处理；

（六）督促业主、使用人履行消防安全义务；

（七）定期向所在住宅小区业主委员会和业主、使用人通报消防安全情况，提示消防安全风险；

（八）组织开展经常性的消防宣传教育；

（九）制定灭火和应急疏散预案，并定期组织演练；

（十）法律、法规规定和合同约定的其他消防安全职责。

第十一条　消防救援机构和其他负责消防监督检查的机构依法对高层民用建筑进行消防监督检查，督促业主、使用人、受委托的消防服务单位等落实消防安全责任；对监督检查中发现的火灾隐患，通知有关单位或者个人立即采取措施消除隐患。

消防救援机构应当加强高层民用建筑消防安全法律、法规的宣传，督促、指导有关单位做好高层民用建筑消防安全宣传教育工作。

第十二条　村民委员会、居民委员会应当依法组织制定防火安全公约，对高层民用建筑进行防火安全检查，协助人民政府和有关部门加强消防宣传教育；对老年人、未成年人、残疾人等开展有针对性的消防宣传教育，加强消防安全帮扶。

第十三条　供水、供电、供气、供热、通信、有线电视等专业运营单位依法对高层民用建筑内由其管理的设施设备消防安全负责，并定期进行检查和维护。

第三章　消防安全管理

第十四条　高层民用建筑施工期间，建设单位应当与施工单位明确施工现场的消防安全责任。施工期间应当严格落实现场防范措施，配置消防器材，指定专人监护，采取防火分隔措施，不得影响其他区域的人员安全疏散和建筑消防设施的正常使用。

高层民用建筑的业主、使用人不得擅自变更建筑使用功能、改变防火防烟分区，不得违反消防技术标准使用易燃、可燃装修装饰材料。

第十五条　高层民用建筑的业主、使用人或者物业服务企业、统一管理人应当对动用明火作业实行严格的消防安全管理，不得在具有火灾、爆炸危险的场所使用明火；因施工等特殊情况需要进行电焊、气焊等明火作业的，应当按照规定办理动火审批手续，落实现场监护人，配备消防器材，并在建筑主入口和作业现场显著位置公告。作业人员应当依法持证上岗，严格遵守消防安全规定，清除周围及下方的易燃、可燃物，采取防火隔离措施。作业完毕后，应当进行全面检查，消除遗留火种。

高层公共建筑内的商场、公共娱乐场所不得在营业期间动火施工。

高层公共建筑内应当确定禁火禁烟区域，并设置明显标志。

第十六条 高层民用建筑内电器设备的安装使用及其线路敷设、维护保养和检测应当符合消防技术标准及管理规定。

高层民用建筑业主、使用人或者消防服务单位，应当安排专业机构或者电工定期对管理区域内由其管理的电器设备及线路进行检查；对不符合安全要求的，应当及时维修、更换。

第十七条 高层民用建筑内燃气用具的安装使用及其管路敷设、维护保养和检测应当符合消防技术标准及管理规定。禁止违反燃气安全使用规定，擅自安装、改装、拆除燃气设备和用具。

高层民用建筑使用燃气应当采用管道供气方式。禁止在高层民用建筑地下部分使用液化石油气。

第十八条 禁止在高层民用建筑内违反国家规定生产、储存、经营甲、乙类火灾危险性物品。

第十九条 设有建筑外墙外保温系统的高层民用建筑，其管理单位应当在主入口及周边相关显著位置，设置提示性和警示性标识，标示外墙外保温材料的燃烧性能、防火要求。对高层民用建筑外墙外保温系统破损、开裂和脱落的，应当及时修复。高层民用建筑在进行外墙外保温系统施工时，建设单位应当采取必要的防火隔离以及限制住人和使用的措施，确保建筑内人员安全。

禁止使用易燃、可燃材料作为高层民用建筑外墙外保温材料。禁止在其建筑内及周边禁放区域燃放烟花爆竹；禁止在其外墙周围堆放可燃物。对于使用难燃外墙外保温材料或者采用与基层墙体、装饰层之间有空腔的建筑外墙外保温系统的高层民用建筑，禁止在其外墙动火用电。

第二十条 高层民用建筑的电缆井、管道井等竖向管井和电缆桥架应当在每层楼板处进行防火封堵，管井检查门应当采用防火门。

禁止占用电缆井、管道井，或者在电缆井、管道井等竖向管井堆放杂物。

第二十一条 高层民用建筑的户外广告牌、外装饰不得采用易燃、可燃材料，不得妨碍防烟排烟、逃生和灭火救援，不得改变或者破坏建筑立面防火结构。

禁止在高层民用建筑外窗设置影响逃生和灭火救援的障碍物。

建筑高度超过 50 米的高层民用建筑外墙上设置的装饰、广告牌应当采用不燃材料并易于破拆。

第二十二条 禁止在消防车通道、消防车登高操作场地设置构筑物、停车泊位、固定隔离桩等障碍物。

禁止在消防车通道上方、登高操作面设置妨碍消防车作业的架空管线、广告牌、装饰物等障碍物。

第二十三条 高层公共建筑内餐饮场所的经营单位应当及时对厨房灶具和排油烟罩设施进行清洗，排油烟管道每季度至少进行一次检查、清洗。

高层住宅建筑的公共排油烟管道应当定期检查，并采取防火措施。

第二十四条 除为满足高层民用建筑的使用功能所设置的自用物品暂存库房、档案室和资料室等附属库房外，禁止在高层民用建筑内设置其他库房。

高层民用建筑的附属库房应当采取相应的防火分隔措施，严格遵守有关消防安全管理规定。

第二十五条 高层民用建筑内的锅炉房、变配电室、空调机房、自备发电机房、储油间、消防水泵房、消防水箱间、防排烟风机房等设备用房应当按照消防技术标准设置，确定为消防安全重点部位，设置明显的防火标志，实行严格管理，并不得占用和堆放杂物。

第二十六条 高层民用建筑消防控制室应当由其管理单位实行 24 小时值班制度，每班不应少于 2 名值班人员。

消防控制室值班操作人员应当依法取得相应等级的消防行业特有工种职业资格证书，熟练掌握火警处置程序和要求，按照有关规定检查自动消防设施、联动控制设备运行情况，确保其处于正常工作状态。

消防控制室内应当保存高层民用建筑总平面布局图、平面布置图和消防设施系统图及控制逻辑关系说明、建筑消防设施维修保养记录和检测报告等资料。

第二十七条 高层公共建筑内有关单位、高层住宅建筑所在社区居民委员会或者物业服务企业按照规定建立的专职消防队、志愿消防队（微型消防站）等消防组织，应当配备必要的人员、场所和器材、装备，定期进行消防技能培训和演练，开展防火巡查、消防宣传，及时处置、扑救初起火灾。

第二十八条 高层民用建筑的疏散通道、安全出口应当保持畅通，禁止堆放物品、锁闭出口、设置障碍物。平时需要控制人员出入或者设有门禁系统的疏散门，应当保证发生火灾时易于开启，并在现场显著位置设置醒目的提示和使用标识。

高层民用建筑的常闭式防火门应当保持常闭，闭门器、顺序器等部件应当完好有效；常开式防火门应当保证发生火灾时自动关闭并反馈信号。

禁止圈占、遮挡消火栓，禁止在消火栓箱内堆放杂物，禁止在防火卷帘下堆放物品。

第二十九条 高层民用建筑内应当在显著位置设置标识,指示避难层(间)的位置。

禁止占用高层民用建筑避难层(间)和避难走道或者堆放杂物,禁止锁闭避难层(间)和避难走道出入口。

第三十条 高层公共建筑的业主、使用人应当按照国家标准、行业标准配备灭火器材以及自救呼吸器、逃生缓降器、逃生绳等逃生疏散设施器材。

高层住宅建筑应当在公共区域的显著位置摆放灭火器材,有条件的配置自救呼吸器、逃生绳、救援哨、疏散用手电筒等逃生疏散设施器材。

鼓励高层住宅建筑的居民家庭制定火灾疏散逃生计划,并配置必要的灭火和逃生疏散器材。

第三十一条 高层民用建筑的消防车通道、消防车登高操作场地、灭火救援窗、灭火救援破拆口、消防车取水口、室外消火栓、消防水泵接合器、常闭式防火门等应当设置明显的提示性、警示性标识。消防车通道、消防车登高操作场地、防火卷帘下方还应当在地面标识出禁止占用的区域范围。消火栓箱、灭火器箱上应当张贴使用方法的标识。

高层民用建筑的消防设施配电柜电源开关、消防设备用房内管道阀门等应当标识开、关状态;对需要保持常开或者常闭状态的阀门,应当采取铅封等限位措施。

第三十二条 不具备自主维护保养检测能力的高层民用建筑业主、使用人或者物业服务企业应当聘请具备从业条件的消防技术服务机构或者消防设施施工安装企业对建筑消防设施进行维护保养和检测;存在故障、缺损的,应当立即组织维修、更换,确保完好有效。

因维修等需要停用建筑消防设施的,高层民用建筑的管理单位应当严格履行内部审批手续,制定应急方案,落实防范措施,并在建筑入口处等显著位置公告。

第三十三条 高层公共建筑消防设施的维修、更新、改造的费用,由业主、使用人按照有关法律规定承担,共有部分按照专有部分建筑面积所占比例承担。

高层住宅建筑的消防设施日常运行、维护和维修、更新、改造费用,由业主依照法律规定承担;委托消防服务单位的,消防设施的日常运行、维护和检测费用应当纳入物业服务或者消防技术服务专项费用。共用消防设施的维修、更新、改造费用,可以依法从住宅专项维修资金列支。

第三十四条 高层民用建筑应当进行每日防火巡查,并填写巡查记录。其中,高层公共建筑内公众聚集场所在营业期间应当至少每2小时进行一次防火巡查,医院、养老院、寄宿制学校、幼儿园应当进行白天和夜间防火巡查,高层住宅建筑和高层公共建筑内的其他场所可以结合实际确定防火巡查的频次。

防火巡查应当包括下列内容:

(一)用火、用电、用气有无违章情况;

(二)安全出口、疏散通道、消防车通道畅通情况;

(三)消防设施、器材完好情况,常闭式防火门关闭情况;

(四)消防安全重点部位人员在岗在位等情况。

第三十五条 高层住宅建筑应当每月至少开展一次防火检查,高层公共建筑应当每半个月至少开展一次防火检查,并填写检查记录。

防火检查应当包括下列内容:

(一)安全出口和疏散设施情况;

(二)消防车通道、消防车登高操作场地和消防水源情况;

(三)灭火器材配置及有效情况;

(四)用火、用电、用气和危险品管理制度落实情况;

(五)消防控制室值班和消防设施运行情况;

(六)人员教育培训情况;

(七)重点部位管理情况;

(八)火灾隐患整改以及防范措施的落实等情况。

第三十六条 对防火巡查、检查发现的火灾隐患,高层民用建筑的业主、使用人、受委托的消防服务单位,应当立即采取措施予以整改。

对不能当场改正的火灾隐患,应当明确整改责任、期限,落实整改措施,整改期间应当采取临时防范措施,确保消防安全;必要时,应当暂时停止使用危险部位。

第三十七条 禁止在高层民用建筑公共门厅、疏散走道、楼梯间、安全出口停放电动自行车或者为电动自行车充电。

鼓励在高层住宅小区内设置电动自行车集中存放和充电的场所。电动自行车存放、充电场所应当独立设置,并与高层民用建筑保持安全距离;确需设置在高层民用建筑内的,应当与该建筑的其他部分进行防火分隔。

电动自行车存放、充电场所应当配备必要的消防器材,充电设施应当具备充满自动断电功能。

第三十八条 鼓励高层民用建筑推广应用物联网和智能

化技术手段对电气、燃气消防安全和消防设施运行等进行监控和预警。

未设置自动消防设施的高层住宅建筑,鼓励因地制宜安装火灾报警和喷水灭火系统、火灾应急广播以及可燃气体探测、无线手动火灾报警、无线声光火灾警报等消防设施。

第三十九条 高层民用建筑的业主、使用人或者消防服务单位、统一管理人应当每年至少组织开展一次整栋建筑的消防安全评估。消防安全评估报告应当包括存在的消防安全问题、火灾隐患以及改进措施等内容。

第四十条 鼓励、引导高层公共建筑的业主、使用人投保火灾公众责任保险。

第四章 消防宣传教育和灭火疏散预案

第四十一条 高层公共建筑内的单位应当每半年至少对员工开展一次消防安全教育培训。

高层公共建筑内的单位应当对本单位员工进行上岗前消防安全培训,并对消防安全管理人员、消防控制室值班人员和操作人员、电工、保安员等重点岗位人员组织专门培训。

高层住宅建筑的物业服务企业应当每年至少对居住人员进行一次消防安全教育培训,进行一次疏散演练。

第四十二条 高层民用建筑应当在每层的显著位置张贴安全疏散示意图,公共区域电子显示屏应当播放消防安全提示和消防安全知识。

高层公共建筑除遵守本条第一款规定外,还应当在首层显著位置提示公众注意火灾危险,以及安全出口、疏散通道和灭火器材的位置。

高层住宅小区除遵守本条第一款规定外,还应当在显著位置设置消防安全宣传栏,在高层住宅建筑单元入口处提示安全用火、用电、用气,以及电动自行车存放、充电等消防安全常识。

第四十三条 高层民用建筑应当结合场所特点,分级分类编制灭火和应急疏散预案。

规模较大或者功能业态复杂,且有两个及以上业主、使用人或者多个职能部门的高层公共建筑,有关单位应当编制灭火和应急疏散总预案,各单位或者职能部门应当根据场所、功能分区、岗位实际编制专项灭火和应急疏散预案或者现场处置方案(以下统称分预案)。

灭火和应急疏散预案应当明确应急组织机构,确定承担通信联络、灭火、疏散和救护任务的人员及其职责,明确报警、联络、灭火、疏散等处置程序和措施。

第四十四条 高层民用建筑的业主、使用人、受委托的消防服务单位应当结合实际,按照灭火和应急疏散总预案和分预案分别组织实施消防演练。

高层民用建筑应当每年至少进行一次全要素综合演练,建筑高度超过100米的高层公共建筑应当每半年至少进行一次全要素综合演练。编制分预案的,有关单位和职能部门应当每季度至少进行一次综合演练或者专项灭火、疏散演练。

演练前,有关单位应当告知演练范围内的人员并进行公告;演练时,应当设置明显标识;演练结束后,应当进行总结评估,并及时对预案进行修订和完善。

第四十五条 高层公共建筑内的人员密集场所应当按照楼层、区域确定疏散引导员,负责在火灾发生时组织、引导在场人员安全疏散。

第四十六条 火灾发生时,发现火灾的人员应当立即拨打119电话报警。

火灾发生后,高层民用建筑的业主、使用人、消防服务单位应当迅速启动灭火和应急疏散预案,组织人员疏散,扑救初起火灾。

火灾扑灭后,高层民用建筑的业主、使用人、消防服务单位应当组织保护火灾现场,协助火灾调查。

第五章 法律责任

第四十七条 违反本规定,有下列行为之一的,由消防救援机构责令改正,对经营性单位和个人处2000元以上10000元以下罚款,对非经营性单位和个人处500元以上1000元以下罚款:

(一)在高层民用建筑内进行电焊、气焊等明火作业,未履行动火审批手续、进行公告,或者未落实消防现场监护措施的;

(二)高层民用建筑设置的户外广告牌、外装饰妨碍防烟排烟、逃生和灭火救援,或者改变、破坏建筑立面防火结构的;

(三)未设置外墙外保温材料提示性和警示性标识,或者未及时修复破损、开裂和脱落的外墙外保温系统的;

(四)未按照规定落实消防控制室值班制度,或者安排不具备相应条件的人员值班的;

(五)未按照规定建立专职消防队、志愿消防队等消防组织的;

(六)因维修等需要停用建筑消防设施未进行公告、未制定应急预案或者未落实防范措施的;

(七)在高层民用建筑的公共门厅、疏散走道、楼梯间、安全出口停放电动自行车或者为电动自行车充电,拒不改正的。

第四十八条　违反本规定的其他消防安全违法行为,依照《中华人民共和国消防法》第六十条、第六十一条、第六十四条、第六十五条、第六十六条、第六十七条、第六十八条、第六十九条和有关法律法规予以处罚;构成犯罪的,依法追究刑事责任。

第四十九条　消防救援机构及其工作人员在高层民用建筑消防监督检查中,滥用职权、玩忽职守、徇私舞弊的,对直接负责的主管人员和其他直接责任人员依法给予处分;构成犯罪的,依法追究刑事责任。

第六章　附　　则

第五十条　本规定下列用语的含义:

(一)高层住宅建筑,是指建筑高度大于27米的住宅建筑。

(二)高层公共建筑,是指建筑高度大于24米的非单层公共建筑,包括宿舍建筑、公寓建筑、办公建筑、科研建筑、文化建筑、商业建筑、体育建筑、医疗建筑、交通建筑、旅游建筑、通信建筑等。

(三)业主,是指高层民用建筑的所有权人,包括单位和个人。

(四)使用人,是指高层民用建筑的承租人和其他实际使用人,包括单位和个人。

第五十一条　本规定自2021年8月1日起施行。

社会消防安全教育培训规定

1. 2009年4月13日公安部、教育部、民政部、人力资源和社会保障部、住房和城乡建设部、文化部、国家广播电影电视总局、国家安全监管总局、国家旅游局令第109号发布

2. 自2009年6月1日起施行

第一章　总　　则

第一条　为了加强社会消防安全教育培训工作,提高公民消防安全素质,有效预防火灾,减少火灾危害,根据《中华人民共和国消防法》等有关法律法规,制定本规定。

第二条　机关、团体、企业、事业等单位(以下统称单位)、社区居民委员会、村民委员会依照本规定开展消防安全教育培训工作。

第三条　公安、教育、民政、人力资源和社会保障、住房和城乡建设、文化、广电、安全监管、旅游、文物等部门应当按照各自职能,依法组织和监督管理消防安全教育培训工作,并纳入相关工作检查、考评。

各部门应当建立协作机制,定期研究、共同做好消防安全教育培训工作。

第四条　消防安全教育培训的内容应当符合全国统一的消防安全教育培训大纲的要求,主要包括:

(一)国家消防工作方针、政策;

(二)消防法律法规;

(三)火灾预防知识;

(四)火灾扑救、人员疏散逃生和自救互救知识;

(五)其他应当教育培训的内容。

第二章　管理职责

第五条　公安机关应当履行下列职责,并由公安机关消防机构具体实施:

(一)掌握本地区消防安全教育培训工作情况,向本级人民政府及相关部门提出工作建议;

(二)协调有关部门指导和监督社会消防安全教育培训工作;

(三)会同教育行政部门、人力资源和社会保障部门对消防安全专业培训机构实施监督管理;

(四)定期对社区居民委员会、村民委员会的负责人和专(兼)职消防队、志愿消防队的负责人开展消防安全培训。

第六条　教育行政部门应当履行下列职责:

(一)将学校消防安全教育培训工作纳入教育培训规划,并进行教育督导和工作考核;

(二)指导和监督学校将消防安全知识纳入教学内容;

(三)将消防安全知识纳入学校管理人员和教师在职培训内容;

(四)依法在职责范围内对消防安全专业培训机构进行审批和监督管理。

第七条　民政部门应当履行下列职责:

(一)将消防安全教育培训工作纳入减灾规划并组织实施,结合救灾、扶贫济困和社会优抚安置、慈善等工作开展消防安全教育;

(二)指导社区居民委员会、村民委员会和各类福利机构开展消防安全教育培训工作;

(三)负责消防安全专业培训机构的登记,并实施监督管理。

第八条　人力资源和社会保障部门应当履行下列职责:

(一)指导和监督机关、企业和事业单位将消防安全知识纳入干部、职工教育、培训内容;

(二)依法在职责范围内对消防安全专业培训机构进行审批和监督管理。

第九条 住房和城乡建设行政部门应当指导和监督勘察设计单位、施工单位、工程监理单位、施工图审查机构、城市燃气企业、物业服务企业、风景名胜区经营管理单位和城市公园绿地管理单位等开展消防安全教育培训工作,将消防法律法规和工程建设消防技术标准纳入建设行业相关执业人员的继续教育和从业人员的岗位培训及考核内容。

第十条 文化、文物行政部门应当积极引导创作优秀消防安全文化产品,指导和监督文物保护单位、公共娱乐场所和公共图书馆、博物馆、文化馆、文化站等文化单位开展消防安全教育培训工作。

第十一条 广播影视行政部门应当指导和协调广播影视制作机构和广播电视播出机构,制作、播出相关消防安全节目,开展公益性消防安全宣传教育,指导和监督电影院开展消防安全教育培训工作。

第十二条 安全生产监督管理部门应当履行下列职责:

(一)指导、监督矿山、危险化学品、烟花爆竹等生产经营单位开展消防安全教育培训工作;

(二)将消防安全知识纳入安全生产监管监察人员和矿山、危险化学品、烟花爆竹等生产经营单位主要负责人、安全生产管理人员以及特种作业人员培训考核内容;

(三)将消防法律法规和有关消防技术标准纳入注册安全工程师培训及执业资格考试内容。

第十三条 旅游行政部门应当指导和监督相关旅游企业开展消防安全教育培训工作,督促旅行社加强对游客的消防安全教育,并将消防安全条件纳入旅游饭店、旅游景区等相关行业标准,将消防安全知识纳入旅游从业人员的岗位培训及考核内容。

第三章 消防安全教育培训

第十四条 单位应当根据本单位的特点,建立健全消防安全教育培训制度,明确机构和人员,保障教育培训工作经费,按照下列规定对职工进行消防安全教育培训:

(一)定期开展形式多样的消防安全宣传教育;

(二)对新上岗和进入新岗位的职工进行上岗前消防安全培训;

(三)对在岗的职工每年至少进行一次消防安全培训;

(四)消防安全重点单位每半年至少组织一次、其他单位每年至少组织一次灭火和应急疏散演练。

单位对职工的消防安全教育培训应当将本单位的火灾危险性、防火灭火措施、消防设施及灭火器材的操作使用方法、人员疏散逃生知识等作为培训的重点。

第十五条 各级各类学校应当开展下列消防安全教育工作:

(一)将消防安全知识纳入教学内容;

(二)在开学初、放寒(暑)假前、学生军训期间,对学生普遍开展专题消防安全教育;

(三)结合不同课程实验课的特点和要求,对学生进行有针对性的消防安全教育;

(四)组织学生到当地消防站参观体验;

(五)每学年至少组织学生开展一次应急疏散演练;

(六)对寄宿学生开展经常性的安全用火用电教育和应急疏散演练。

各级各类学校应当至少确定一名熟悉消防安全知识的教师担任消防安全课教员,并选聘消防专业人员担任学校的兼职消防辅导员。

第十六条 中小学校和学前教育机构应当针对不同年龄阶段学生认知特点,保证课时或者采取学科渗透、专题教育的方式,每学期对学生开展消防安全教育。

小学阶段应当重点开展火灾危险及危害性、消防安全标志标识、日常生活防火、火灾报警、火场自救逃生常识等方面的教育。

初中和高中阶段应当重点开展消防法律法规、防火灭火基本知识和灭火器材使用等方面的教育。

学前教育机构应当采取游戏、儿歌等寓教于乐的方式,对幼儿开展消防安全常识教育。

第十七条 高等学校应当每学年至少举办一次消防安全专题讲座,在校园网络、广播、校内报刊等开设消防安全教育栏目,对学生进行消防法律法规、防火灭火知识、火灾自救他救知识和火灾案例教育。

第十八条 国家支持和鼓励有条件的普通高等学校和中等职业学校根据经济社会发展需要,设置消防类专业或者开设消防类课程,培养消防专业人才,并依法面向社会开展消防安全培训。

人民警察训练学校应当根据教育培训对象的特点,科学安排培训内容,开设消防基础理论和消防管理课程,并列入学生必修课程。

师范院校应当将消防安全知识列入学生必修内容。

第十九条 社区居民委员会、村民委员会应当开展下列消防安全教育工作:

(一)组织制定防火安全公约;

(二)在社区、村庄的公共活动场所设置消防宣传栏,利用文化活动站、学习室等场所,对居民、村民开展

经常性的消防安全宣传教育;

(三)组织志愿消防队、治安联防队和灾害信息员、保安人员等开展消防安全宣传教育;

(四)利用社区、乡村广播、视频设备定时播放消防安全常识,在火灾多发季节、农业收获季节、重大节日和乡村民俗活动期间,有针对性地开展消防安全宣传教育。

社区居民委员会、村民委员会应当确定至少一名专(兼)职消防安全员,具体负责消防安全宣传教育工作。

第二十条　物业服务企业应当在物业服务工作范围内,根据实际情况积极开展经常性消防安全宣传教育,每年至少组织一次本单位员工和居民参加的灭火和应急疏散演练。

第二十一条　由两个以上单位管理或者使用的同一建筑物,负责公共消防安全管理的单位应当对建筑物内的单位和职工进行消防安全宣传教育,每年至少组织一次灭火和应急疏散演练。

第二十二条　歌舞厅、影剧院、宾馆、饭店、商场、集贸市场、体育场馆、会堂、医院、客运车站、客运码头、民用机场、公共图书馆和公共展览馆等公共场所应当按照下列要求对公众开展消防安全宣传教育:

(一)在安全出口、疏散通道和消防设施等处的醒目位置设置消防安全标志、标识等;

(二)根据需要编印场所消防安全宣传资料供公众取阅;

(三)利用单位广播、视频设备播放消防安全知识。

养老院、福利院、救助站等单位,应当对服务对象开展经常性的用火用电和火场自救逃生安全教育。

第二十三条　旅游景区、城市公园绿地的经营管理单位、大型群众性活动主办单位应当在景区、公园绿地、活动场所醒目位置设置疏散路线、消防设施示意图和消防安全警示标识,利用广播、视频设备、宣传栏等开展消防安全宣传教育。

导游人员、旅游景区工作人员应当向游客介绍景区消防安全常识和管理要求。

第二十四条　在建工程的施工单位应当开展下列消防安全教育工作:

(一)建设工程施工前应当对施工人员进行消防安全教育;

(二)在建设工地醒目位置、施工人员集中住宿场所设置消防安全宣传栏,悬挂消防安全挂图和消防安全警示标识;

(三)对明火作业人员进行经常性的消防安全教育;

(四)组织灭火和应急疏散演练。

在建工程的建设单位应当配合施工单位做好上述消防安全教育工作。

第二十五条　新闻、广播、电视等单位应当积极开设消防安全教育栏目,制作节目,对公众开展公益性消防安全宣传教育。

第二十六条　公安、教育、民政、人力资源和社会保障、住房和城乡建设、安全监管、旅游部门管理的培训机构,应当根据教育培训对象特点和实际需要进行消防安全教育培训。

第四章　消防安全培训机构

第二十七条　国家机构以外的社会组织或者个人利用非国家财政性经费,举办消防安全专业培训机构,面向社会从事消防安全专业培训的,应当经省级教育行政部门或者人力资源和社会保障部门依法批准,并到省级民政部门申请民办非企业单位登记。

第二十八条　成立消防安全专业培训机构应当符合下列条件:

(一)具有法人条件,有规范的名称和必要的组织机构;

(二)注册资金或者开办费一百万元以上;

(三)有健全的组织章程和培训、考试制度;

(四)具有与培训规模和培训专业相适应的专(兼)职教员队伍;

(五)有同时培训二百人以上规模的固定教学场所、训练场地,具有满足技能培训需要的消防设施、设备和器材;

(六)消防安全专业培训需要的其他条件。

前款第(四)项所指专(兼)职教员队伍中,专职教员应当不少于教员总数的二分之一;具有建筑、消防等相关专业中级以上职称,并有五年以上消防相关工作经历的教员不少于十人;消防安全管理、自动消防设施、灭火救援等专业课程应当分别配备理论教员和实习操作教员不少于两人。

第二十九条　申请成立消防安全专业培训机构,依照国家有关法律法规,应当向省级教育行政部门或者人力资源和社会保障部门申请。

省级教育行政部门或者人力资源和社会保障部门受理申请后,可以征求同级公安机关消防机构的意见。

省级公安机关消防机构收到省级教育行政部门或

者人力资源和社会保障部门移送的申请材料后，应当配合对申请成立消防安全培训专业机构的师资条件、场地和设施、设备、器材等进行核查，并出具书面意见。

教育行政部门或者人力资源和社会保障部门根据有关民办职业培训机构的规定，并综合公安机关消防机构出具的书面意见进行评定，符合条件的予以批准，并向社会公告。

第三十条　消防安全专业培训机构应当按照有关法律法规、规章和章程规定，开展消防安全专业培训，保证培训质量。

消防安全专业培训机构开展消防安全专业培训，应当将消防安全管理、建筑防火和自动消防设施施工、操作、检测、维护技能作为培训的重点，对经理论和技能操作考核合格的人员，颁发培训证书。

消防安全专业培训的收费标准，应当符合国家有关规定，并向社会公布。

第三十一条　省级教育行政部门或者人力资源和社会保障部门应当依法对消防安全专业培训机构进行管理，监督、指导消防安全专业培训机构依法开展活动。

省级教育行政部门或者人力资源和社会保障部门应当对消防安全专业培训机构定期组织质量评估，并向社会公布监督评估情况。省级教育行政部门或者人力资源和社会保障部门在对消防安全专业培训机构进行质量评估时，可以邀请公安机关消防机构专业人员参加。

第五章　奖　　惩

第三十二条　地方各级人民政府及有关部门对在消防安全教育培训工作中有突出贡献或者成绩显著的单位和个人，应当给予表彰奖励。

单位对消防安全教育培训工作成绩突出的职工，应当给予表彰奖励。

第三十三条　地方各级人民政府公安、教育、民政、人力资源和社会保障、住房和城乡建设、文化、广电、安全监管、旅游、文物等部门不依法履行消防安全教育培训工作职责的，上级部门应当给予批评；对直接责任人员由上级部门和所在单位视情节轻重，根据权限依法给予批评教育或者建议有权部门给予处分。

公安机关消防机构工作人员在协助审查消防安全专业培训机构的工作中疏于职守的，由上级机关责令改正；情节严重的，对直接负责的主管人员和其他直接责任人员依法给予处分。

第三十四条　学校未按照本规定第十五条、第十六条、第十七条、第十八条规定开展消防安全教育工作的，教育、公安、人力资源和社会保障等主管部门应当按照职责分工责令其改正，并视情对学校负责人和其他直接责任人员给予处分。

第三十五条　单位违反本规定，构成违反消防管理行为的，由公安机关消防机构依照《中华人民共和国消防法》予以处罚。

第三十六条　社会组织或者个人未经批准擅自举办消防安全专业培训机构的，或者消防安全专业培训机构在培训活动中有违法违规行为的，由教育、人力资源和社会保障、民政等部门依据各自职责依法予以处理。

第六章　附　　则

第三十七条　全国统一的消防安全教育培训大纲由公安部会同教育部、人力资源和社会保障部共同制定。

社会消防技术服务管理规定

1. 2021年9月13日应急管理部令第7号公布
2. 自2021年11月9日起施行

第一章　总　　则

第一条　为规范社会消防技术服务活动，维护消防技术服务市场秩序，促进提高消防技术服务质量，根据《中华人民共和国消防法》，制定本规定。

第二条　在中华人民共和国境内从事社会消防技术服务活动、对消防技术服务机构实施监督管理，适用本规定。

本规定所称消防技术服务机构是指从事消防设施维护保养检测、消防安全评估等社会消防技术服务活动的企业。

第三条　消防技术服务机构及其从业人员开展社会消防技术服务活动应当遵循客观独立、合法公正、诚实信用的原则。

本规定所称消防技术服务从业人员，是指依法取得注册消防工程师资格并在消防技术服务机构中执业的专业技术人员，以及按照有关规定取得相应消防行业特有工种职业资格，在消防技术服务机构中从事社会消防技术服务活动的人员。

第四条　消防技术服务行业组织应当加强行业自律管理，规范从业行为，促进提升服务质量。

消防技术服务行业组织不得从事营利性社会消防技术服务活动，不得从事或者通过消防技术服务机构进行行业垄断。

第二章　从业条件

第五条　从事消防设施维护保养检测的消防技术服务机构，应当具备下列条件：

（一）取得企业法人资格；

（二）工作场所建筑面积不少于200平方米；

（三）消防技术服务基础设备和消防设施维护保养检测设备配备符合有关规定要求；

（四）注册消防工程师不少于2人，其中一级注册消防工程师不少于1人；

（五）取得消防设施操作员国家职业资格证书的人员不少于6人，其中中级技能等级以上的不少于2人；

（六）健全的质量管理体系。

第六条　从事消防安全评估的消防技术服务机构，应当具备下列条件：

（一）取得企业法人资格；

（二）工作场所建筑面积不少于100平方米；

（三）消防技术服务基础设备和消防安全评估设备配备符合有关规定要求；

（四）注册消防工程师不少于2人，其中一级注册消防工程师不少于1人；

（五）健全的消防安全评估过程控制体系。

第七条　同时从事消防设施维护保养检测、消防安全评估的消防技术服务机构，应当具备下列条件：

（一）取得企业法人资格；

（二）工作场所建筑面积不少于200平方米；

（三）消防技术服务基础设备和消防设施维护保养检测、消防安全评估设备配备符合规定的要求；

（四）注册消防工程师不少于2人，其中一级注册消防工程师不少于1人；

（五）取得消防设施操作员国家职业资格证书的人员不少于6人，其中中级技能等级以上的不少于2人；

（六）健全的质量管理和消防安全评估过程控制体系。

第八条　消防技术服务机构可以在全国范围内从业。

第三章　社会消防技术服务活动

第九条　消防技术服务机构及其从业人员应当依照法律法规、技术标准和从业准则，开展下列社会消防技术服务活动，并对服务质量负责：

（一）消防设施维护保养检测机构可以从事建筑消防设施维护保养、检测活动；

（二）消防安全评估机构可以从事区域消防安全评估、社会单位消防安全评估、大型活动消防安全评估等活动，以及消防法律法规、消防技术标准、火灾隐患整改、消防安全管理、消防宣传教育等方面的咨询活动。

消防技术服务机构出具的结论文件，可以作为消防救援机构实施消防监督管理和单位（场所）开展消防安全管理的依据。

第十条　消防设施维护保养检测机构应当按照国家标准、行业标准规定的工艺、流程开展维护保养检测，保证经维护保养的建筑消防设施符合国家标准、行业标准。

第十一条　消防技术服务机构应当依法与从业人员签订劳动合同，加强对所属从业人员的管理。注册消防工程师不得同时在两个以上社会组织执业。

第十二条　消防技术服务机构应当设立技术负责人，对本机构的消防技术服务实施质量监督管理，对出具的书面结论文件进行技术审核。技术负责人应当具备一级注册消防工程师资格。

第十三条　消防技术服务机构承接业务，应当与委托人签订消防技术服务合同，并明确项目负责人。项目负责人应当具备相应的注册消防工程师资格。

消防技术服务机构不得转包、分包消防技术服务项目。

第十四条　消防技术服务机构出具的书面结论文件应当由技术负责人、项目负责人签名并加盖执业印章，同时加盖消防技术服务机构印章。

消防设施维护保养检测机构对建筑消防设施进行维护保养后，应当制作包含消防技术服务机构名称及项目负责人、维护保养日期等信息的标识，在消防设施所在建筑的醒目位置上予以公示。

第十五条　消防技术服务机构应当对服务情况作出客观、真实、完整的记录，按消防技术服务项目建立消防技术服务档案。

消防技术服务档案保管期限为6年。

第十六条　消防技术服务机构应当在其经营场所的醒目位置公示营业执照、工作程序、收费标准、从业守则、注册消防工程师注册证书、投诉电话等事项。

第十七条　消防技术服务机构收费应当遵守价格管理法律法规的规定。

第十八条　消防技术服务机构在从事社会消防技术服务活动中，不得有下列行为：

（一）不具备从业条件，从事社会消防技术服务活动；

（二）出具虚假、失实文件；

（三）消防设施维护保养检测机构的项目负责人或者消防设施操作员未到现场实地开展工作；

（四）泄露委托人商业秘密；

（五）指派无相应资格从业人员从事社会消防技术服务活动；

（六）冒用其他消防技术服务机构名义从事社会消防技术服务活动；

（七）法律、法规、规章禁止的其他行为。

第四章 监督管理

第十九条 县级以上人民政府消防救援机构依照有关法律、法规和本规定，对本行政区域内的社会消防技术服务活动实施监督管理。

消防技术服务机构及其从业人员对消防救援机构依法进行的监督管理应当协助和配合，不得拒绝或者阻挠。

第二十条 应急管理部消防救援局应当建立和完善全国统一的社会消防技术服务信息系统，公布消防技术服务机构及其从业人员的有关信息，发布从业、诚信和监督管理信息，并为社会提供有关信息查询服务。

第二十一条 县级以上人民政府消防救援机构对社会消防技术服务活动开展监督检查的形式有：

（一）结合日常消防监督检查工作，对消防技术服务质量实施监督抽查；

（二）根据需要实施专项检查；

（三）发生火灾事故后实施倒查；

（四）对举报投诉和交办移送的消防技术服务机构及其从业人员的违法从业行为进行核查。

开展社会消防技术服务活动监督检查可以根据实际需要，通过网上核查、服务单位实地核查、机构办公场所现场检查等方式实施。

第二十二条 消防救援机构在对单位（场所）实施日常消防监督检查时，可以对为该单位（场所）提供服务的消防技术服务机构的服务质量实施监督抽查。抽查内容为：

（一）是否冒用其他消防技术服务机构名义从事社会消防技术服务活动；

（二）从事相关社会消防技术服务活动的人员是否具有相应资格；

（三）是否按照国家标准、行业标准维护保养、检测建筑消防设施，经维护保养的建筑消防设施是否符合国家标准、行业标准；

（四）消防设施维护保养检测机构的项目负责人或者消防设施操作员是否到现场实地开展工作；

（五）是否出具虚假、失实文件；

（六）出具的书面结论文件是否由技术负责人、项目负责人签名、盖章，并加盖消防技术服务机构印章；

（七）是否与委托人签订消防技术服务合同；

（八）是否在经其维护保养的消防设施所在建筑的醒目位置公示消防技术服务信息。

第二十三条 消防救援机构根据消防监督管理需要，可以对辖区内从业的消防技术服务机构进行专项检查。专项检查应当随机抽取检查对象，随机选派检查人员，检查情况及查处结果及时向社会公开。专项检查可以抽查下列内容：

（一）是否具备从业条件；

（二）所属注册消防工程师是否同时在两个以上社会组织执业；

（三）从事相关社会消防技术服务活动的人员是否具有相应资格；

（四）是否转包、分包消防技术服务项目；

（五）是否出具虚假、失实文件；

（六）是否设立技术负责人、明确项目负责人，出具的书面结论文件是否由技术负责人、项目负责人签名、盖章，并加盖消防技术服务机构印章；

（七）是否与委托人签订消防技术服务合同；

（八）是否在经营场所公示营业执照、工作程序、收费标准、从业守则、注册消防工程师注册证书、投诉电话等事项；

（九）是否建立和保管消防技术服务档案。

第二十四条 发生有人员死亡或者造成重大社会影响的火灾，消防救援机构开展火灾事故调查时，应当对为起火单位（场所）提供服务的消防技术服务机构实施倒查。

消防救援机构组织调查其他火灾，可以根据需要对为起火单位（场所）提供服务的消防技术服务机构实施倒查。

倒查按照本规定第二十二条、第二十三条的抽查内容实施。

第二十五条 消防救援机构及其工作人员不得设立消防技术服务机构，不得参与消防技术服务机构的经营活动，不得指定或者变相指定消防技术服务机构，不得利用职务接受有关单位或者个人财物，不得滥用行政权力排除、限制竞争。

第五章　法律责任

第二十六条　消防技术服务机构违反本规定,冒用其他消防技术服务机构名义从事社会消防技术服务活动的,责令改正,处2万元以上3万元以下罚款。

第二十七条　消防技术服务机构违反本规定,有下列情形之一的,责令改正,处1万元以上2万元以下罚款:

(一)所属注册消防工程师同时在两个以上社会组织执业的;

(二)指派无相应资格从业人员从事社会消防技术服务活动的;

(三)转包、分包消防技术服务项目的。

对有前款第一项行为的注册消防工程师,处5000元以上1万元以下罚款。

第二十八条　消防技术服务机构违反本规定,有下列情形之一的,责令改正,处1万元以下罚款:

(一)未设立技术负责人、未明确项目负责人的;

(二)出具的书面结论文件未经技术负责人、项目负责人签名、盖章,或者未加盖消防技术服务机构印章的;

(三)承接业务未依法与委托人签订消防技术服务合同的;

(四)消防设施维护保养检测机构的项目负责人或者消防设施操作员未到现场实地开展工作的;

(五)未建立或者保管消防技术服务档案的;

(六)未公示营业执照、工作程序、收费标准、从业守则、注册消防工程师注册证书、投诉电话等事项的。

第二十九条　消防技术服务机构不具备从业条件从事社会消防技术服务活动或者出具虚假文件、失实文件的,或者不按照国家标准、行业标准开展社会消防技术服务活动的,由消防救援机构依照《中华人民共和国消防法》第六十九条的有关规定处罚。

第三十条　消防设施维护保养检测机构未按照本规定要求在经其维护保养的消防设施所在建筑的醒目位置上公示消防技术服务信息的,责令改正,处5000元以下罚款。

第三十一条　消防救援机构对消防技术服务机构及其从业人员实施积分信用管理,具体办法由应急管理部消防救援局制定。

第三十二条　消防技术服务机构有违反本规定的行为,给他人造成损失的,依法承担赔偿责任;经维护保养的建筑消防设施不能正常运行,发生火灾时未发挥应有作用,导致伤亡、损失扩大的,从重处罚;构成犯罪的,依法追究刑事责任。

第三十三条　本规定中的行政处罚由违法行为地设区的市级、县级人民政府消防救援机构决定。

第三十四条　消防技术服务机构及其从业人员对消防救援机构在消防技术服务监督管理中作出的具体行政行为不服的,可以依法申请行政复议或者提起行政诉讼。

第三十五条　消防救援机构的工作人员设立消防技术服务机构,或者参与消防技术服务机构的经营活动,或者指定、变相指定消防技术服务机构,或者利用职务接受有关单位、个人财物,或者滥用行政权力排除、限制竞争,或者有其他滥用职权、玩忽职守、徇私舞弊的行为,依照有关规定给予处分;构成犯罪的,依法追究刑事责任。

第六章　附　　则

第三十六条　保修期内的建筑消防设施由施工单位进行维护保养的,不适用本规定。

第三十七条　本规定所称虚假文件,是指消防技术服务机构未提供服务或者以篡改结果方式出具的消防技术文件,或者出具的与当时实际情况严重不符、结论定性严重偏离客观实际的消防技术文件。

本规定所称失实文件,是指消防技术服务机构出具的与当时实际情况部分不符、结论定性部分偏离客观实际的消防技术文件。

第三十八条　本规定中的"以上"、"以下"均含本数。

第三十九条　执行本规定所需要的文书式样,以及消防技术服务机构应当配备的仪器、设备、设施目录,由应急管理部制定。

第四十条　本规定自2021年11月9日起施行。

2.生产生活防火

中华人民共和国石油天然气管道保护法

1. 2010年6月25日第十一届全国人民代表大会常务委员会第十五次会议通过
2. 2010年6月25日中华人民共和国主席令第30号公布
3. 自2010年10月1日起施行

目　　录

第一章　总　　则

第一条　【立法目的】为了保护石油、天然气管道,保障石油、天然气输送安全,维护国家能源安全和公共安全,制定本法。

第二条　【适用范围】中华人民共和国境内输送石油、天然气的管道的保护,适用本法。

城镇燃气管道和炼油、化工等企业厂区内管道的保护,不适用本法。

第三条　【石油、天然气、管道】本法所称石油包括原油和成品油,所称天然气包括天然气、煤层气和煤制气。

本法所称管道包括管道及管道附属设施。

第四条　【全国管道保护工作主管部门】国务院能源主管部门依照本法规定主管全国管道保护工作,负责组织编制并实施全国管道发展规划,统筹协调全国管道发展规划与其他专项规划的衔接,协调跨省、自治区、直辖市管道保护的重大问题。国务院其他有关部门依照有关法律、行政法规的规定,在各自职责范围内负责管道保护的相关工作。

第五条　【地方管道保护工作主管部门】省、自治区、直辖市人民政府能源主管部门和设区的市级、县级人民政府指定的部门,依照本法规定主管本行政区域的管道保护工作,协调处理本行政区域管道保护的重大问题,指导、监督有关单位履行管道保护义务,依法查处危害管道安全的违法行为。县级以上地方人民政府其他有关部门依照有关法律、行政法规的规定,在各自职责范围内负责管道保护的相关工作。

省、自治区、直辖市人民政府能源主管部门和设区的市级、县级人民政府指定的部门,统称县级以上地方人民政府主管管道保护工作的部门。

第六条　【政府监管职责】县级以上地方人民政府应当加强对本行政区域管道保护工作的领导,督促、检查有关部门依法履行管道保护职责,组织排除管道的重大外部安全隐患。

第七条　【管道企业职责】管道企业应当遵守本法和有关规划、建设、安全生产、质量监督、环境保护等法律、行政法规,执行国家技术规范的强制性要求,建立、健全本企业有关管道保护的规章制度和操作规程并组织实施,宣传管道安全与保护知识,履行管道保护义务,接受人民政府及其有关部门依法实施的监督,保障管道安全运行。

第八条　【危害管道安全行为的查处】任何单位和个人不得实施危害管道安全的行为。

对危害管道安全的行为,任何单位和个人有权向县级以上地方人民政府主管管道保护工作的部门或者其他有关部门举报。接到举报的部门应当在职责范围内及时处理。

第九条　【鼓励新技术的研发和推广】国家鼓励和促进管道保护新技术的研究开发和推广应用。

第二章　管道规划与建设

第十条　【管道规划、建设的原则】管道的规划、建设应当符合管道保护的要求,遵循安全、环保、节约用地和经济合理的原则。

第十一条　【全国管道发展规划的制定】国务院能源主管部门根据国民经济和社会发展的需要组织编制全国管道发展规划。组织编制全国管道发展规划应当征求国务院有关部门以及有关省、自治区、直辖市人民政府的意见。

全国管道发展规划应当符合国家能源规划,并与土地利用总体规划、城乡规划以及矿产资源、环境保护、水利、铁路、公路、航道、港口、电信等规划相协调。

第十二条　【管道建设规划的编制】管道企业应当根据全国管道发展规划编制管道建设规划,并将管道建设规划确定的管道建设选线方案报送拟建管道所在地县级以上地方人民政府城乡规划主管部门审核;经审核符合城乡规划的,应当依法纳入当地城乡规划。

纳入城乡规划的管道建设用地,不得擅自改变用途。

第十三条 【管道建设的选线】管道建设的选线应当避开地震活动断层和容易发生洪灾、地质灾害的区域,与建筑物、构筑物、铁路、公路、航道、港口、市政设施、军事设施、电缆、光缆等保持本法和有关法律、行政法规以及国家技术规范的强制性要求规定的保护距离。

新建管道通过的区域受地理条件限制,不能满足前款规定的管道保护要求的,管道企业应当提出防护方案,经管道保护方面的专家评审论证,并经管道所在地县级以上地方人民政府主管管道保护工作的部门批准后,方可建设。

管道建设项目应当依法进行环境影响评价。

第十四条 【管道建设使用土地的规定】管道建设使用土地,依照《中华人民共和国土地管理法》等法律、行政法规的规定执行。

依法建设的管道通过集体所有的土地或者他人取得使用权的国有土地,影响土地使用的,管道企业应当按照管道建设时土地的用途给予补偿。

第十五条 【不得阻碍管道项目的建设】依照法律和国务院的规定,取得行政许可或者已报送备案并符合开工条件的管道项目的建设,任何单位和个人不得阻碍。

第十六条 【管道工程质量管理】管道建设应当遵守法律、行政法规有关建设工程质量管理的规定。

管道企业应当依照有关法律、行政法规的规定,选择具备相应资质的勘察、设计、施工、工程监理单位进行管道建设。

管道的安全保护设施应当与管道主体工程同时设计、同时施工、同时投入使用。

管道建设使用的管道产品及其附件的质量,应当符合国家技术规范的强制性要求。

第十七条 【穿跨越重要工程的要求】穿跨越水利工程、防洪设施、河道、航道、铁路、公路、港口、电力设施、通信设施、市政设施的管道的建设,应当遵守本法和有关法律、行政法规,执行国家技术规范的强制性要求。

第十八条 【管道标志】管道企业应当按照国家技术规范的强制性要求在管道沿线设置管道标志。管道标志毁损或者安全警示不清的,管道企业应当及时修复或者更新。

第十九条 【管道建成竣工验收】管道建成后应当按照国家有关规定进行竣工验收。竣工验收应当审查管道是否符合本法规定的管道保护要求,经验收合格方可正式交付使用。

第二十条 【备案制度】管道企业应当自管道竣工验收合格之日起六十日内,将竣工测量图报管道所在地县级以上地方人民政府主管管道保护工作的部门备案;县级以上地方人民政府主管管道保护工作的部门应当将管道企业报送的管道竣工测量图分送本级人民政府规划、建设、国土资源、铁路、交通、水利、公安、安全生产监督管理等部门和有关军事机关。

第二十一条 【管道改建、搬迁或者增加防护设施的补偿】地方各级人民政府编制、调整土地利用总体规划和城乡规划,需要管道改建、搬迁或者增加防护设施的,应当与管道企业协商确定补偿方案。

第三章 管道运行中的保护

第二十二条 【巡护制度】管道企业应当建立、健全管道巡护制度,配备专门人员对管道线路进行日常巡护。管道巡护人员发现危害管道安全的情形或者隐患,应当按照规定及时处理和报告。

第二十三条 【定期检测、维修】管道企业应当定期对管道进行检测、维修,确保其处于良好状态;对管道安全风险较大的区段和场所应当进行重点监测,采取有效措施防止管道事故的发生。

对不符合安全使用条件的管道,管道企业应当及时更新、改造或者停止使用。

第二十四条 【配备保护人员和技术装备】管道企业应当配备管道保护所必需的人员和技术装备,研究开发和使用先进适用的管道保护技术,保证管道保护所必需的经费投入,并对在管道保护中做出突出贡献的单位和个人给予奖励。

第二十五条 【排除安全隐患】管道企业发现管道存在安全隐患,应当及时排除。对管道存在的外部安全隐患,管道企业自身排除确有困难的,应当向县级以上地方人民政府主管管道保护工作的部门报告。接到报告的主管管道保护工作的部门应当及时协调排除或者报请人民政府及时组织排除安全隐患。

第二十六条 【管道用地的保护】管道企业依法取得使用权的土地,任何单位和个人不得侵占。

为合理利用土地,在保障管道安全的条件下,管道企业可以与有关单位、个人约定,同意有关单位、个人种植浅根农作物。但是,因管道巡护、检测、维修造成的农作物损失,除另有约定外,管道企业不予赔偿。

第二十七条 【给予管道巡查工作便利与损害赔偿】管道企业对管道进行巡护、检测、维修等作业,管道沿线的有关单位、个人应当给予必要的便利。

因管道巡护、检测、维修等作业给土地使用权人或者其他单位、个人造成损失的,管道企业应当依法给予赔偿。

第二十八条 【禁止危害管道安全的行为】禁止下列危害管道安全的行为：

（一）擅自开启、关闭管道阀门；

（二）采用移动、切割、打孔、砸撬、拆卸等手段损坏管道；

（三）移动、毁损、涂改管道标志；

（四）在埋地管道上方巡查便道上行驶重型车辆；

（五）在地面管道线路、架空管道线路和管桥上行走或者放置重物。

第二十九条 【禁止妨害管道附属设施的行为】禁止在本法第五十八条第一项所列管道附属设施的上方架设电力线路、通信线路或者在储气库构造区域范围内进行工程挖掘、工程钻探、采矿。

第三十条 【禁止在管道线区域内的危害行为】在管道线路中心线两侧各五米地域范围内，禁止下列危害管道安全的行为：

（一）种植乔木、灌木、藤类、芦苇、竹子或者其他根系深达管道埋设部位可能损坏管道防腐层的深根植物；

（二）取土、采石、用火、堆放重物、排放腐蚀性物质、使用机械工具进行挖掘施工；

（三）挖塘、修渠、修晒场、修建水产养殖场、建温室、建家畜棚圈、建房以及修建其他建筑物、构筑物。

第三十一条 【管线和附属设施周边建筑物及距离的要求】在管道线路中心线两侧和本法第五十八条第一项所列管道附属设施周边修建下列建筑物、构筑物的，建筑物、构筑物与管道线路和管道附属设施的距离应当符合国家技术规范的强制性要求：

（一）居民小区、学校、医院、娱乐场所、车站、商场等人口密集的建筑物；

（二）变电站、加油站、加气站、储油罐、储气罐等易燃易爆物品的生产、经营、存储场所。

前款规定的国家技术规范的强制性要求，应当按照保障管道及建筑物、构筑物安全和节约用地的原则确定。

第三十二条 【在穿河管道线区域内禁止的行为】在穿越河流的管道线路中心线两侧各五百米地域范围内，禁止抛锚、拖锚、挖砂、挖泥、采石、水下爆破。但是，在保障管道安全的条件下，为防洪和航道通畅而进行的养护疏浚作业除外。

第三十三条 【在管道专用隧道区域内禁止的行为】在管道专用隧道中心线两侧各一千米地域范围内，除本条第二款规定的情形外，禁止采石、采矿、爆破。

在前款规定的地域范围内，因修建铁路、公路、水利工程等公共工程，确需实施采石、爆破作业的，应当经管道所在地县级人民政府主管管道保护工作的部门批准，并采取必要的安全防护措施，方可实施。

第三十四条 【不得擅自使用管道附属设施】未经管道企业同意，其他单位不得使用管道专用伴行道路、管道水工防护设施、管道专用隧道等管道附属设施。

第三十五条 【需向管道主管部门提出申请的施工作业】进行下列施工作业，施工单位应当向管道所在地县级人民政府主管管道保护工作的部门提出申请：

（一）穿跨越管道的施工作业；

（二）在管道线路中心线两侧各五米至五十米和本法第五十八条第一项所列管道附属设施周边一百米地域范围内，新建、改建、扩建铁路、公路、河渠，架设电力线路，埋设地下电缆、光缆，设置安全接地体、避雷接地体；

（三）在管道线路中心线两侧各二百米和本法第五十八条第一项所列管道附属设施周边五百米地域范围内，进行爆破、地震法勘探或者工程挖掘、工程钻探、采矿。

县级人民政府主管管道保护工作的部门接到申请后，应当组织施工单位与管道企业协商确定施工作业方案，并签订安全防护协议；协商不成的，主管管道保护工作的部门应当组织进行安全评审，作出是否批准作业的决定。

第三十六条 【提出申请的条件】申请进行本法第三十三条第二款、第三十五条规定的施工作业，应当符合下列条件：

（一）具有符合管道安全和公共安全要求的施工作业方案；

（二）已制定事故应急预案；

（三）施工作业人员具备管道保护知识；

（四）具有保障安全施工作业的设备、设施。

第三十七条 【开工的书面通知】进行本法第三十三条第二款、第三十五条规定的施工作业，应当在开工七日前书面通知管道企业。管道企业应当指派专门人员到现场进行管道保护安全指导。

第三十八条 【管道企业的紧急使用权与赔偿】管道企业在紧急情况下进行管道抢修作业，可以先行使用他人土地或者设施，但应当及时告知土地或者设施的所有权人或者使用权人。给土地或者设施的所有权人或者使用权人造成损失的，管道企业应当依法给予赔偿。

第三十九条　【管道事故应急预案】管道企业应当制定本企业管道事故应急预案,并报管道所在地县级人民政府主管管道保护工作的部门备案;配备抢险救援人员和设备,并定期进行管道事故应急救援演练。

发生管道事故,管道企业应当立即启动本企业管道事故应急预案,按照规定及时通报可能受到事故危害的单位和居民,采取有效措施消除或者减轻事故危害,并依照有关事故调查处理的法律、行政法规的规定,向事故发生地县级人民政府主管管道保护工作的部门、安全生产监督管理部门和其他有关部门报告。

接到报告的主管管道保护工作的部门应当按照规定及时上报事故情况,并根据管道事故的实际情况组织采取事故处置措施或者报请人民政府及时启动本行政区域管道事故应急预案,组织进行事故应急处置与救援。

第四十条　【造成环境污染事故的处理】管道泄漏的石油和因管道抢修排放的石油造成环境污染的,管道企业应当及时治理。因第三人的行为致使管道泄漏造成环境污染的,管道企业有权向第三人追偿治理费用。

环境污染损害的赔偿责任,适用《中华人民共和国侵权责任法》和防治环境污染的法律的有关规定。

第四十一条　【泄漏石油的处理】管道泄漏的石油和因管道抢修排放的石油,由管道企业回收、处理,任何单位和个人不得侵占、盗窃、哄抢。

第四十二条　【停止使用管道的安全防护措施】管道停止运行、封存、报废的,管道企业应当采取必要的安全防护措施,并报县级以上地方人民政府主管管道保护工作的部门备案。

第四十三条　【重点保护部位由武警负责守卫】管道重点保护部位,需要由中国人民武装警察部队负责守卫的,依照《中华人民共和国人民武装警察法》和国务院、中央军事委员会的有关规定执行。

第四章　管道建设工程与其他建设工程相遇关系的处理

第四十四条　【相遇关系处理原则】管道建设工程与其他建设工程的相遇关系,依照法律的规定处理;法律没有规定的,由建设工程双方按照下列原则协商处理,并为对方提供必要的便利:

(一)后开工的建设工程服从先开工或者已建成的建设工程;

(二)同时开工的建设工程,后批准的建设工程服从先批准的建设工程。

依照前款规定,后开工或者后批准的建设工程,应当符合先开工、已建成或者先批准的建设工程的安全防护要求;需要先开工、已建成或者先批准的建设工程改建、搬迁或者增加防护设施的,后开工或者后批准的建设工程一方应当承担由此增加的费用。

管道建设工程与其他建设工程相遇的,建设工程双方应当协商确定施工作业方案并签订安全防护协议,指派专门人员现场监督、指导对方施工。

第四十五条　【与其他建设工程相遇关系的处理】经依法批准的管道建设工程,需要通过正在建设的其他建设工程的,其他工程建设单位应当按照管道建设工程的需要,预留管道通道或者预建管道通过设施,管道企业应当承担由此增加的费用。

经依法批准的其他建设工程,需要通过正在建设的管道建设工程的,管道建设单位应当按照其他建设工程的需要,预留通道或者预建相关设施,其他工程建设单位应当承担由此增加的费用。

第四十六条　【与矿采区域相遇关系的处理】管道建设工程通过矿产资源开采区域的,管道企业应当与矿产资源开采企业协商确定管道的安全防护方案,需要矿产资源开采企业按照管道安全防护要求预建防护设施或者采取其他防护措施的,管道企业应当承担由此增加的费用。

矿产资源开采企业未按照约定预建防护设施或者采取其他防护措施,造成地面塌陷、裂缝、沉降等地质灾害,致使管道需要改建、搬迁或者采取其他防护措施的,矿产资源开采企业应当承担由此增加的费用。

第四十七条　【与修建水工防护设施相遇关系的处理】铁路、公路等建设工程修建防洪、分流等水工防护设施,可能影响管道保护的,应当事先通知管道企业并注意保护下游已建成的管道水工防护设施。

建设工程修建防洪、分流等水工防护设施,使下游已建成的管道水工防护设施的功能受到影响,需要新建、改建、扩建管道水工防护设施的,工程建设单位应当承担由此增加的费用。

第四十八条　【与制定防洪、泄洪方案相遇关系的处理】县级以上地方人民政府水行政主管部门制定防洪、泄洪方案应当兼顾管道的保护。

需要在管道通过的区域泄洪的,县级以上地方人民政府水行政主管部门应当在泄洪方案确定后,及时将泄洪量和泄洪时间通知本级人民政府主管管道保护工作的部门和管道企业或者向社会公告。主管管道保护工作的部门和管道企业应当对管道采取防洪保护措施。

第四十九条 【与航道相遇关系的处理】管道与航道相遇，确需在航道中修建管道防护设施的，应当进行通航标准技术论证，并经航道主管部门批准。管道防护设施完工后，应经航道主管部门验收。

进行前款规定的施工作业，应当在批准的施工区域内设置航标，航标的设置和维护费用由管道企业承担。

第五章 法律责任

第五十条 【管道企业不履行职责的法律责任】管道企业有下列行为之一的，由县级以上地方人民政府主管管道保护工作的部门责令限期改正；逾期不改正的，处二万元以上十万元以下的罚款；对直接负责的主管人员和其他直接责任人员给予处分：

（一）未依照本法规定对管道进行巡护、检测和维修的；

（二）对不符合安全使用条件的管道未及时更新、改造或者停止使用的；

（三）未依照本法规定设置、修复或者更新有关管道标志的；

（四）未依照本法规定将管道竣工测量图报人民政府主管管道保护工作的部门备案的；

（五）未制定本企业管道事故应急预案，或者未将本企业管道事故应急预案报人民政府主管管道保护工作的部门备案的；

（六）发生管道事故，未采取有效措施消除或者减轻事故危害的；

（七）未对停止运行、封存、报废的管道采取必要的安全防护措施的。

管道企业违反本法规定的行为同时违反建设工程质量管理、安全生产、消防等其他法律的，依照其他法律的规定处罚。

管道企业给他人合法权益造成损害的，依法承担民事责任。

第五十一条 【损坏管道及其他违反治安管理的行为】采用移动、切割、打孔、砸撬、拆卸等手段损坏管道或者盗窃、哄抢管道输送、泄漏、排放的石油、天然气，尚不构成犯罪的，依法给予治安管理处罚。

第五十二条 【危害管道安全行为的法律责任】违反本法第二十九条、第三十条、第三十二条或者第三十三条第一款的规定，实施危害管道安全行为的，由县级以上地方人民政府主管管道保护工作的部门责令停止违法行为；情节较重的，对单位处一万元以上十万元以下的罚款，对个人处二百元以上二千元以下的罚款；对违法修建的建筑物、构筑物或者其他设施限期拆除；逾期未拆除的，由县级以上地方人民政府主管管道保护工作的部门组织拆除，所需费用由违法行为人承担。

第五十三条 【违反本法施工作业的法律责任】未经依法批准，进行本法第三十三条第二款或者第三十五条规定的施工作业的，由县级以上地方人民政府主管管道保护工作的部门责令停止违法行为；情节较重的，处一万元以上五万元以下的罚款；对违法修建的危害管道安全的建筑物、构筑物或者其他设施限期拆除；逾期未拆除的，由县级以上地方人民政府主管管道保护工作的部门组织拆除，所需费用由违法行为人承担。

第五十四条 【违反本法管理规定的法律责任】违反本法规定，有下列行为之一的，由县级以上地方人民政府主管管道保护工作的部门责令改正；情节严重的，处二百元以上一千元以下的罚款：

（一）擅自开启、关闭管道阀门的；

（二）移动、毁损、涂改管道标志的；

（三）在埋地管道上方巡查便道上行驶重型车辆的；

（四）在地面管道线路、架空管道线路和管桥上行走或者放置重物的；

（五）阻碍依法进行的管道建设的。

第五十五条 【造成管道企业损害的民事责任】违反本法规定，实施危害管道安全的行为，给管道企业造成损害的，依法承担民事责任。

第五十六条 【主管部门不履行职责的法律责任】县级以上地方人民政府及其主管管道保护工作的部门或者其他有关部门，违反本法规定，对应当组织排除的管道外部安全隐患不及时组织排除，发现危害管道安全的行为或者接到对危害管道安全行为的举报后不依法予以查处，或者有其他不依照本法规定履行职责的行为的，由其上级机关责令改正，对直接负责的主管人员和其他直接责任人员依法给予处分。

第五十七条 【违反本法的刑事责任】违反本法规定，构成犯罪的，依法追究刑事责任。

第六章 附 则

第五十八条 【管道附属设施】本法所称管道附属设施包括：

（一）管道的加压站、加热站、计量站、集油站、集气站、输油站、输气站、配气站、处理场、清管站、阀室、阀井、放空设施、油库、储气库、装卸栈桥、装卸场；

（二）管道的水工防护设施、防风设施、防雷设施、

抗震设施、通信设施、安全监控设施、电力设施、管堤、管桥以及管道专用涵洞、隧道等穿跨越设施;

(三)管道的阴极保护站、阴极保护测试桩、阳极地床、杂散电流排流站等防腐设施;

(四)管道穿越铁路、公路的检漏装置;

(五)管道的其他附属设施。

第五十九条　【改建、搬迁和防护】本法施行前在管道保护距离内已建成的人口密集场所和易燃易爆物品的生产、经营、存储场所,应当由所在地人民政府根据当地的实际情况,有计划、分步骤地进行搬迁、清理或者采取必要的防护措施。需要已建成的管道改建、搬迁或者采取必要的防护措施的,应当与管道企业协商确定补偿方案。

第六十条　【海上石油、天然气管道特别规定】国务院可以根据海上石油、天然气管道的具体情况,制定海上石油、天然气管道保护的特别规定。

第六十一条　【生效日期】本法自2010年10月1日起施行。

城镇燃气管理条例

1. 2010年11月19日国务院令第583号公布

2. 根据2016年2月6日国务院令第666号《关于修改部分行政法规的决定》修订

第一章　总　　则

第一条　为了加强城镇燃气管理,保障燃气供应,防止和减少燃气安全事故,保障公民生命、财产安全和公共安全,维护燃气经营者和燃气用户的合法权益,促进燃气事业健康发展,制定本条例。

第二条　城镇燃气发展规划与应急保障、燃气经营与服务、燃气使用、燃气设施保护、燃气安全事故预防与处理及相关管理活动,适用本条例。

天然气、液化石油气的生产和进口,城市门站以外的天然气管道输送,燃气作为工业生产原料的使用,沼气、秸秆气的生产和使用,不适用本条例。

本条例所称燃气,是指作为燃料使用并符合一定要求的气体燃料,包括天然气(含煤层气)、液化石油气和人工煤气等。

第三条　燃气工作应当坚持统筹规划、保障安全、确保供应、规范服务、节能高效的原则。

第四条　县级以上人民政府应当加强对燃气工作的领导,并将燃气工作纳入国民经济和社会发展规划。

第五条　国务院建设主管部门负责全国的燃气管理工作。

县级以上地方人民政府燃气管理部门负责本行政区域内的燃气管理工作。

县级以上人民政府其他有关部门依照本条例和其他有关法律、法规的规定,在各自职责范围内负责有关燃气管理工作。

第六条　国家鼓励、支持燃气科学技术研究,推广使用安全、节能、高效、环保的燃气新技术、新工艺和新产品。

第七条　县级以上人民政府有关部门应当建立健全燃气安全监督管理制度,宣传普及燃气法律、法规和安全知识,提高全民的燃气安全意识。

第二章　燃气发展规划与应急保障

第八条　国务院建设主管部门应当会同国务院有关部门,依据国民经济和社会发展规划、土地利用总体规划、城乡规划以及能源规划,结合全国燃气资源总量平衡情况,组织编制全国燃气发展规划并组织实施。

县级以上地方人民政府燃气管理部门应当会同有关部门,依据国民经济和社会发展规划、土地利用总体规划、城乡规划、能源规划以及上一级燃气发展规划,组织编制本行政区域的燃气发展规划,报本级人民政府批准后组织实施,并报上一级人民政府燃气管理部门备案。

第九条　燃气发展规划的内容应当包括:燃气气源、燃气种类、燃气供应方式和规模、燃气设施布局和建设时序、燃气设施建设用地、燃气设施保护范围、燃气供应保障措施和安全保障措施等。

第十条　县级以上地方人民政府应当根据燃气发展规划的要求,加大对燃气设施建设的投入,并鼓励社会资金投资建设燃气设施。

第十一条　进行新区建设、旧区改造,应当按照城乡规划和燃气发展规划配套建设燃气设施或者预留燃气设施建设用地。

对燃气发展规划范围内的燃气设施建设工程,城乡规划主管部门在依法核发选址意见书时,应当就燃气设施建设是否符合燃气发展规划征求燃气管理部门的意见;不需要核发选址意见书的,城乡规划主管部门在依法核发建设用地规划许可证或者乡村建设规划许可证时,应当就燃气设施建设是否符合燃气发展规划征求燃气管理部门的意见。

燃气设施建设工程竣工后,建设单位应当依法组织竣工验收,并自竣工验收合格之日起15日内,将竣工验收情况报燃气管理部门备案。

第十二条 县级以上地方人民政府应当建立健全燃气应急储备制度，组织编制燃气应急预案，采取综合措施提高燃气应急保障能力。

燃气应急预案应当明确燃气应急气源和种类、应急供应方式、应急处置程序和应急救援措施等内容。

县级以上地方人民政府燃气管理部门应当会同有关部门对燃气供求状况实施监测、预测和预警。

第十三条 燃气供应严重短缺、供应中断等突发事件发生后，县级以上地方人民政府应当及时采取动用储备、紧急调度等应急措施，燃气经营者以及其他有关单位和个人应当予以配合，承担相关应急任务。

第三章 燃气经营与服务

第十四条 政府投资建设的燃气设施，应当通过招标投标方式选择燃气经营者。

社会资金投资建设的燃气设施，投资方可以自行经营，也可以另行选择燃气经营者。

第十五条 国家对燃气经营实行许可证制度。从事燃气经营活动的企业，应当具备下列条件：

（一）符合燃气发展规划要求；

（二）有符合国家标准的燃气气源和燃气设施；

（三）有固定的经营场所、完善的安全管理制度和健全的经营方案；

（四）企业的主要负责人、安全生产管理人员以及运行、维护和抢修人员经专业培训并考核合格；

（五）法律、法规规定的其他条件。

符合前款规定条件的，由县级以上地方人民政府燃气管理部门核发燃气经营许可证。

第十六条 禁止个人从事管道燃气经营活动。

个人从事瓶装燃气经营活动的，应当遵守省、自治区、直辖市的有关规定。

第十七条 燃气经营者应当向燃气用户持续、稳定、安全供应符合国家质量标准的燃气，指导燃气用户安全用气、节约用气，并对燃气设施定期进行安全检查。

燃气经营者应当公示业务流程、服务承诺、收费标准和服务热线等信息，并按照国家燃气服务标准提供服务。

第十八条 燃气经营者不得有下列行为：

（一）拒绝向市政燃气管网覆盖范围内符合用气条件的单位或者个人供气；

（二）倒卖、抵押、出租、出借、转让、涂改燃气经营许可证；

（三）未履行必要告知义务擅自停止供气、调整供气量，或者未经审批擅自停业或者歇业；

（四）向未取得燃气经营许可证的单位或者个人提供用于经营的燃气；

（五）在不具备安全条件的场所储存燃气；

（六）要求燃气用户购买其指定的产品或者接受其提供的服务；

（七）擅自为非自有气瓶充装燃气；

（八）销售未经许可的充装单位充装的瓶装燃气或者销售充装单位擅自为非自有气瓶充装的瓶装燃气；

（九）冒用其他企业名称或者标识从事燃气经营、服务活动。

第十九条 管道燃气经营者对其供气范围内的市政燃气设施、建筑区划内业主专有部分以外的燃气设施，承担运行、维护、抢修和更新改造的责任。

管道燃气经营者应当按照供气、用气合同的约定，对单位燃气用户的燃气设施承担相应的管理责任。

第二十条 管道燃气经营者因施工、检修等原因需要临时调整供气量或者暂停供气的，应当将作业时间和影响区域提前48小时予以公告或者书面通知燃气用户，并按照有关规定及时恢复正常供气；因突发事件影响供气的，应当采取紧急措施并及时通知燃气用户。

燃气经营者停业、歇业的，应当事先对其供气范围内的燃气用户的正常用气作出妥善安排，并在90个工作日前向所在地燃气管理部门报告，经批准方可停业、歇业。

第二十一条 有下列情况之一的，燃气管理部门应当采取措施，保障燃气用户的正常用气：

（一）管道燃气经营者临时调整供气量或者暂停供气未及时恢复正常供气的；

（二）管道燃气经营者因突发事件影响供气未采取紧急措施的；

（三）燃气经营者擅自停业、歇业的；

（四）燃气管理部门依法撤回、撤销、注销、吊销燃气经营许可的。

第二十二条 燃气经营者应当建立健全燃气质量检测制度，确保所供应的燃气质量符合国家标准。

县级以上地方人民政府质量监督、工商行政管理、燃气管理等部门应当按照职责分工，依法加强对燃气质量的监督检查。

第二十三条 燃气销售价格，应当根据购气成本、经营成本和当地经济社会发展水平合理确定并适时调整。县级以上地方人民政府价格主管部门确定和调整管道燃气销售价格,应当征求管道燃气用户、管道燃气经营者和有关方面的意见。

第二十四条 通过道路、水路、铁路运输燃气的,应当遵守法律、行政法规有关危险货物运输安全的规定以及国务院交通运输部门、国务院铁路部门的有关规定;通过道路或者水路运输燃气的,还应当分别依照有关道路运输、水路运输的法律、行政法规的规定,取得危险货物道路运输许可或者危险货物水路运输许可。

第二十五条 燃气经营者应当对其从事瓶装燃气送气服务的人员和车辆加强管理,并承担相应的责任。

从事瓶装燃气充装活动,应当遵守法律、行政法规和国家标准有关气瓶充装的规定。

第二十六条 燃气经营者应当依法经营,诚实守信,接受社会公众的监督。

燃气行业协会应当加强行业自律管理,促进燃气经营者提高服务质量和技术水平。

第四章 燃气使用

第二十七条 燃气用户应当遵守安全用气规则,使用合格的燃气燃烧器具和气瓶,及时更换国家明令淘汰或者使用年限已届满的燃气燃烧器具、连接管等,并按照约定期限支付燃气费用。

单位燃气用户还应当建立健全安全管理制度,加强对操作维护人员燃气安全知识和操作技能的培训。

第二十八条 燃气用户及相关单位和个人不得有下列行为:

(一)擅自操作公用燃气阀门;

(二)将燃气管道作为负重支架或者接地引线;

(三)安装、使用不符合气源要求的燃气燃烧器具;

(四)擅自安装、改装、拆除户内燃气设施和燃气计量装置;

(五)在不具备安全条件的场所使用、储存燃气;

(六)盗用燃气;

(七)改变燃气用途或者转供燃气。

第二十九条 燃气用户有权就燃气收费、服务等事项向燃气经营者进行查询,燃气经营者应当自收到查询申请之日起5个工作日内予以答复。

燃气用户有权就燃气收费、服务等事项向县级以上地方人民政府价格主管部门、燃气管理部门以及其他有关部门进行投诉,有关部门应当自收到投诉之日起15个工作日内予以处理。

第三十条 安装、改装、拆除户内燃气设施的,应当按照国家有关工程建设标准实施作业。

第三十一条 燃气管理部门应当向社会公布本行政区域内的燃气种类和气质成分等信息。

燃气燃烧器具生产单位应当在燃气燃烧器具上明确标识所适应的燃气种类。

第三十二条 燃气燃烧器具生产单位、销售单位应当设立或者委托设立售后服务站点,配备经考核合格的燃气燃烧器具安装、维修人员,负责售后的安装、维修服务。

燃气燃烧器具的安装、维修,应当符合国家有关标准。

第五章 燃气设施保护

第三十三条 县级以上地方人民政府燃气管理部门应当会同城乡规划等有关部门按照国家有关标准和规定划定燃气设施保护范围,并向社会公布。

在燃气设施保护范围内,禁止从事下列危及燃气设施安全的活动:

(一)建设占压地下燃气管线的建筑物、构筑物或者其他设施;

(二)进行爆破、取土等作业或者动用明火;

(三)倾倒、排放腐蚀性物质;

(四)放置易燃易爆危险物品或者种植深根植物;

(五)其他危及燃气设施安全的活动。

第三十四条 在燃气设施保护范围内,有关单位从事敷设管道、打桩、顶进、挖掘、钻探等可能影响燃气设施安全活动的,应当与燃气经营者共同制定燃气设施保护方案,并采取相应的安全保护措施。

第三十五条 燃气经营者应当按照国家有关工程建设标准和安全生产管理的规定,设置燃气设施防腐、绝缘、防雷、降压、隔离等保护装置和安全警示标志,定期进行巡查、检测、维修和维护,确保燃气设施的安全运行。

第三十六条 任何单位和个人不得侵占、毁损、擅自拆除或者移动燃气设施,不得毁损、覆盖、涂改、擅自拆除或者移动燃气设施安全警示标志。

任何单位和个人发现有可能危及燃气设施和安全警示标志的行为,有权予以劝阻、制止;经劝阻、制止无效的,应当立即告知燃气经营者或者向燃气管理部门、安全生产监督管理部门和公安机关报告。

第三十七条 新建、扩建、改建建设工程,不得影响燃气设施安全。

建设单位在开工前,应当查明建设工程施工范围内地下燃气管线的相关情况;燃气管理部门以及其他有关部门和单位应当及时提供相关资料。

建设工程施工范围内有地下燃气管线等重要燃气

设施的,建设单位应当会同施工单位与管道燃气经营者共同制定燃气设施保护方案。建设单位、施工单位应当采取相应的安全保护措施,确保燃气设施运行安全;管道燃气经营者应当派专业人员进行现场指导。法律、法规另有规定的,依照有关法律、法规的规定执行。

第三十八条 燃气经营者改动市政燃气设施,应当制定改动方案,报县级以上地方人民政府燃气管理部门批准。

改动方案应当符合燃气发展规划,明确安全施工要求,有安全防护和保障正常用气的措施。

第六章 燃气安全事故预防与处理

第三十九条 燃气管理部门应当会同有关部门制定燃气安全事故应急预案,建立燃气事故统计分析制度,定期通报事故处理结果。

燃气经营者应当制定本单位燃气安全事故应急预案,配备应急人员和必要的应急装备、器材,并定期组织演练。

第四十条 任何单位和个人发现燃气安全事故或者燃气安全事故隐患等情况,应当立即告知燃气经营者,或者向燃气管理部门、公安机关消防机构等有关部门和单位报告。

第四十一条 燃气经营者应当建立健全燃气安全评估和风险管理体系,发现燃气安全事故隐患的,应当及时采取措施消除隐患。

燃气管理部门以及其他有关部门和单位应当根据各自职责,对燃气经营、燃气使用的安全状况等进行监督检查,发现燃气安全事故隐患的,应当通知燃气经营者、燃气用户及时采取措施消除隐患;不及时消除隐患可能严重威胁公共安全的,燃气管理部门以及其他有关部门和单位应当依法采取措施,及时组织消除隐患,有关单位和个人应当予以配合。

第四十二条 燃气安全事故发生后,燃气经营者应当立即启动本单位燃气安全事故应急预案,组织抢险、抢修。

燃气安全事故发生后,燃气管理部门、安全生产监督管理部门和公安机关消防机构等有关部门和单位,应当根据各自职责,立即采取措施防止事故扩大,根据有关情况启动燃气安全事故应急预案。

第四十三条 燃气安全事故经调查确定为责任事故的,应当查明原因、明确责任,并依法予以追究。

对燃气生产安全事故,依照有关生产安全事故报告和调查处理的法律、行政法规的规定报告和调查处理。

第七章 法律责任

第四十四条 违反本条例规定,县级以上地方人民政府及其燃气管理部门和其他有关部门,不依法作出行政许可决定或者办理批准文件的,发现违法行为或者接到对违法行为的举报不予查处的,或者有其他未依照本条例规定履行职责的行为的,对直接负责的主管人员和其他直接责任人员,依法给予处分;直接负责的主管人员和其他直接责任人员的行为构成犯罪的,依法追究刑事责任。

第四十五条 违反本条例规定,未取得燃气经营许可证从事燃气经营活动的,由燃气管理部门责令停止违法行为,处5万元以上50万元以下罚款;有违法所得的,没收违法所得;构成犯罪的,依法追究刑事责任。

违反本条例规定,燃气经营者不按照燃气经营许可证的规定从事燃气经营活动的,由燃气管理部门责令限期改正,处3万元以上20万元以下罚款;有违法所得的,没收违法所得;情节严重的,吊销燃气经营许可证;构成犯罪的,依法追究刑事责任。

第四十六条 违反本条例规定,燃气经营者有下列行为之一的,由燃气管理部门责令限期改正,处1万元以上10万元以下罚款;有违法所得的,没收违法所得;情节严重的,吊销燃气经营许可证;造成损失的,依法承担赔偿责任;构成犯罪的,依法追究刑事责任:

(一)拒绝向市政燃气管网覆盖范围内符合用气条件的单位或者个人供气的;

(二)倒卖、抵押、出租、出借、转让、涂改燃气经营许可证的;

(三)未履行必要告知义务擅自停止供气、调整供气量,或者未经审批擅自停业或者歇业的;

(四)向未取得燃气经营许可证的单位或者个人提供用于经营的燃气的;

(五)在不具备安全条件的场所储存燃气的;

(六)要求燃气用户购买其指定的产品或者接受其提供的服务;

(七)燃气经营者未向燃气用户持续、稳定、安全供应符合国家质量标准的燃气,或者未对燃气用户的燃气设施定期进行安全检查。

第四十七条 违反本条例规定,擅自为非自有气瓶充装燃气或者销售未经许可的充装单位充装的瓶装燃气的,依照国家有关气瓶安全监察的规定进行处罚。

违反本条例规定,销售充装单位擅自为非自有气瓶充装的瓶装燃气的,由燃气管理部门责令改正,可以处1万元以下罚款。

违反本条例规定,冒用其他企业名称或者标识从事燃气经营、服务活动,依照有关反不正当竞争的法律规定进行处罚。

第四十八条　违反本条例规定,燃气经营者未按照国家有关工程建设标准和安全生产管理的规定,设置燃气设施防腐、绝缘、防雷、降压、隔离等保护装置和安全警示标志的,或者未定期进行巡查、检测、维修和维护的,或者未采取措施及时消除燃气安全事故隐患的,由燃气管理部门责令限期改正,处1万元以上10万元以下罚款。

第四十九条　违反本条例规定,燃气用户及相关单位和个人有下列行为之一的,由燃气管理部门责令限期改正;逾期不改正的,对单位可以处10万元以下罚款,对个人可以处1000元以下罚款;造成损失的,依法承担赔偿责任;构成犯罪的,依法追究刑事责任:

(一)擅自操作公用燃气阀门的;

(二)将燃气管道作为负重支架或者接地引线的;

(三)安装、使用不符合气源要求的燃气燃烧器具的;

(四)擅自安装、改装、拆除户内燃气设施和燃气计量装置的;

(五)在不具备安全条件的场所使用、储存燃气的;

(六)改变燃气用途或者转供燃气的;

(七)未设立售后服务站点或者未配备经考核合格的燃气燃烧器具安装、维修人员的;

(八)燃气燃烧器具的安装、维修不符合国家有关标准的。

盗用燃气的,依照有关治安管理处罚的法律规定进行处罚。

第五十条　违反本条例规定,在燃气设施保护范围内从事下列活动之一的,由燃气管理部门责令停止违法行为,限期恢复原状或者采取其他补救措施,对单位处5万元以上10万元以下罚款,对个人处5000元以上5万元以下罚款;造成损失的,依法承担赔偿责任;构成犯罪的,依法追究刑事责任:

(一)进行爆破、取土等作业或者动用明火的;

(二)倾倒、排放腐蚀性物质的;

(三)放置易燃易爆物品或者种植深根植物的;

(四)未与燃气经营者共同制定燃气设施保护方案,采取相应的安全保护措施,从事敷设管道、打桩、顶进、挖掘、钻探等可能影响燃气设施安全活动的。

违反本条例规定,在燃气设施保护范围内建设占压地下燃气管线的建筑物、构筑物或者其他设施的,依照有关城乡规划的法律、行政法规的规定进行处罚。

第五十一条　违反本条例规定,侵占、毁损、擅自拆除、移动燃气设施或者擅自改动市政燃气设施的,由燃气管理部门责令限期改正,恢复原状或者采取其他补救措施,对单位处5万元以上10万元以下罚款,对个人处5000元以上5万元以下罚款;造成损失的,依法承担赔偿责任;构成犯罪的,依法追究刑事责任。

违反本条例规定,毁损、覆盖、涂改、擅自拆除或者移动燃气设施安全警示标志的,由燃气管理部门责令限期改正,恢复原状,可以处5000元以下罚款。

第五十二条　违反本条例规定,建设工程施工范围内有地下燃气管线等重要燃气设施,建设单位未会同施工单位与管道燃气经营者共同制定燃气设施保护方案,或者建设单位、施工单位未采取相应的安全保护措施的,由燃气管理部门责令改正,处1万元以上10万元以下罚款;造成损失的,依法承担赔偿责任;构成犯罪的,依法追究刑事责任。

第八章　附　　则

第五十三条　本条例下列用语的含义:

(一)燃气设施,是指人工煤气生产厂、燃气储配站、门站、气化站、混气站、加气站、灌装站、供应站、调压站、市政燃气管网等的总称,包括市政燃气设施、建筑区划内业主专有部分以外的燃气设施以及户内燃气设施等。

(二)燃气燃烧器具,是指以燃气为燃料的燃烧器具,包括居民家庭和商业用户所使用的燃气灶、热水器、沸水器、采暖器、空调器等器具。

第五十四条　农村的燃气管理参照本条例的规定执行。

第五十五条　本条例自2011年3月1日起施行。

仓库防火安全管理规则

1990年4月10日公安部令第6号发布施行

第一章　总　　则

第一条　为了加强仓库消防安全管理,保护仓库免受火灾危害。根据《中华人民共和国消防条例》及其实施细则的有关规定,制定本规则。

第二条　仓库消防安全必须贯彻“预防为主,防消结合”的方针,实行“谁主管,谁负责”的原则。仓库消防安全由本单位及其上级主管部门负责。

第三条 本规则由县级以上公安机关消防监督机构负责监督。

第四条 本规则适用于国家、集体和个体经营的储存物品的各类仓库、堆栈、货场。储存火药、炸药、火工品和军工物资的仓库,按照国家有关规定执行。

第二章 组织管理

第五条 新建、扩建和改建的仓库建筑设计,要符合国家建筑设计防火规范的有关规定,并经公安消防监督机构审核。仓库竣工时,其主管部门应当会同公安消防监督等有关部门进行验收;验收不合格的,不得交付使用。

第六条 仓库应当确定一名主要领导人为防火负责人,全面负责仓库的消防安全管理工作。

第七条 仓库防火负责人负有下列职责:

一、组织学习贯彻消防法规,完成上级部署的消防工作;

二、组织制定电源、火源、易燃易爆物品的安全管理和值班巡逻等制度,落实逐级防火责任制和岗位防火责任制;

三、组织对职工进行消防宣传、业务培训和考核,提高职工的安全素质;

四、组织开展防火检查,消除火险隐患;

五、领导专职、义务消防队组织和专职、兼职消防人员,制定灭火应急方案,组织扑救火灾;

六、定期总结消防安全工作,实施奖惩。

第八条 国家储备库、专业仓库应当配备专职消防干部;其他仓库可以根据需要配备专职或兼职消防人员。

第九条 国家储备库、专业仓库和火灾危险性大、距公安消防队较远的其他大型仓库,应当按照有关规定建立专职消防队。

第十条 各类仓库都应当建立义务消防组织,定期进行业务培训,开展自防自救工作。

第十一条 仓库防火负责人的确定和变动,应当向当地公安消防监督机构备案;专职消防干部、人员和专职消防队长的配备与更换,应当征求当地公安消防监督机构的意见。

第十二条 仓库保管员应当熟悉储存物品的分类、性质、保管业务知识和防火安全制度,掌握消防器材的操作使用和维护保养方法,做好本岗位的防火工作。

第十三条 对仓库新职工应当进行仓储业务和消防知识的培训,经考试合格,方可上岗作业。

第十四条 仓库严格执行夜间值班、巡逻制度,带班人员应当认真检查,督促落实。

第三章 储存管理

第十五条 依据国家《建筑设计防火规范》的规定,按照仓库储存物品的火灾危险程度分为甲、乙、丙、丁、戊五类(详见附表)。

第十六条 露天存放物品应当分类、分堆、分组和分垛,并留出必要的防火间距。堆场的总储量以及与建筑物等之间的防火距离,必须符合建筑设计防火规范的规定。

第十七条 甲、乙类桶装液体,不宜露天存放。必须露天存放时,在炎热季节必须采取降温措施。

第十八条 库存物品应当分类、分垛储存,每垛占地面积不宜大于一百平方米,垛与垛间距不小于一米,垛与墙间距不小于零点五米,垛与梁、柱间距不小于零点三米,主要通道的宽度不小于二米。

第十九条 甲、乙类物品和一般物品以及容易相互发生化学反应或者灭火方法不同的物品,必须分间、分库储存,并在醒目处标明储存物品的名称、性质和灭火方法。

第二十条 易自燃或者遇水分解的物品,必须在温度较低、通风良好和空气干燥的场所储存,并安装专用仪器定时检测,严格控制湿度与温度。

第二十一条 物品入库前应当有专人负责检查,确定无火种等隐患后,方准入库。

第二十二条 甲、乙类物品的包装容器应当牢固、密封,发现破损、残缺,变形和物品变质、分解等情况时,应当及时进行安全处理,严防跑、冒、滴、漏。

第二十三条 使用过的油棉纱、油手套等沾油纤维物品以及可燃包装,应当存放在安全地点,定期处理。

第二十四条 库房内因物品防冻必须采暖时,应当采用水暖,其散热器、供暖管道与储存物品的距离不小于零点三米。

第二十五条 甲、乙类物品库房内不准设办公室、休息室。其他库房必需设办公室时,可以贴邻库房一角设置无孔洞的一、二级耐火等级的建筑,其门窗直通库外,具体实施,应征得当地公安消防监督机构的同意。

第二十六条 储存甲、乙、丙类物品的库房布局、储存类别不得擅自改变。如确需改变的,应当报经当地公安消防监督机构同意。

第四章 装卸管理

第二十七条 进入库区的所有机动车辆,必须安装防火罩。

第二十八条　蒸汽机车驶入库区时,应当关闭灰箱和送风器,并不得在库区清炉。仓库应当派专人负责监护。

第二十九条　汽车、拖拉机不准进入甲、乙、丙类物品库房。

第三十条　进入甲、乙类物品库房的电瓶车、铲车必须是防爆型的;进入丙类物品库房的电瓶车、铲车,必须装有防止火花溅出的安全装置。

第三十一条　各种机动车辆装卸物品后,不准在库区、库房、货场内停放和修理。

第三十二条　库区内不得搭建临时建筑和构筑物。因装卸作业确需搭建时,必须经单位防火负责人批准,装卸作业结束后立即拆除。

第三十三条　装卸甲、乙类物品时,操作人员不得穿戴易产生静电的工作服、帽和使用易产生火花的工具,严防震动、撞击、重压、摩擦和倒置。对易产生静电的装卸设备要采取消除静电的措施。

第三十四条　库房内固定的吊装设备需要维修时,应当采取防火安全措施,经防火负责人批准后,方可进行。

第三十五条　装卸作业结束后,应当对库区、库房进行检查,确认安全后,方可离人。

第五章　电器管理

第三十六条　仓库的电气装置必须符合国家现行的有关电气设计和施工安装验收标准规范的规定。

第三十七条　甲、乙类物品库房和丙类液体库房的电气装置,必须符合国家现行的有关爆炸危险场所的电气安全规定。

第三十八条　储存丙类固体物品的库房,不准使用碘钨灯和超过六十瓦以上的白炽灯等高温照明灯具。当使用日光灯等低温照明灯具和其他防燃型照明灯具时,应当对镇流器采取隔热、散热等防火保护措施,确保安全。

第三十九条　库房内不准设置移动式照明灯具。照明灯具下方不准堆放物品,其垂直下方与储存物品水平间距离不得小于零点五米。

第四十条　库房内敷设的配电线路,需穿金属管或用非燃硬塑料管保护。

第四十一条　库区的每个库房应当在库房外单独安装开关箱,保管人员离库时,必须拉闸断电。禁止使用不合规格的保险装置。

第四十二条　库房内不准使用电炉、电烙铁、电熨斗等电热器具和电视机、电冰箱等家用电器。

第四十三条　仓库电器设备的周围和架空线路的下方严禁堆放物品。对提升、码垛等机械设备易产生火花的部位,要设置防护罩。

第四十四条　仓库必须按照国家有关防雷设计安装规范的规定,设置防雷装置,并定期检测,保证有效。

第四十五条　仓库的电器设备,必须由持合格证的电工进行安装、检查和维修保养。电工应当严格遵守各项电器操作规程。

第六章　火源管理

第四十六条　仓库应当设置醒目的防火标志。进入甲、乙类物品库区的人员,必须登记,并交出携带的火种。

第四十七条　库房内严禁使用明火。库房外动用明火作业时,必须办理动火证,经仓库或单位防火负责人批准,并采取严格的安全措施。动火证应当注明动火地点、时间、动火人、现场监护人、批准人和防火措施等内容。

第四十八条　库房内不准使用火炉取暖。在库区使用时,应当经防火负责人批准。

第四十九条　防火负责人在审批火炉的使用地点时,必须根据储存物品的分类,按照有关防火间距的规定审批,并制定防火安全管理制度,落实到人。

第五十条　库区以及周围五十米内,严禁燃放烟花爆竹。

第七章　消防设施和器材管理

第五十一条　仓库内应当按照国家有关消防技术规范,设置、配备消防设施和器材。

第五十二条　消防器材应当设置在明显和便于取用的地点,周围不准堆放物品和杂物。

第五十三条　仓库的消防设施、器材,应当由专人管理,负责检查、维修、保养、更换和添置,保证完好有效,严禁圈占、埋压和挪用。

第五十四条　甲、乙、丙类物品国家储备库、专业性仓库以及其他大型物资仓库,应当按照国家有关技术规范的规定安装相应的报警装置,附近有公安消防队的宜设置与其直通的报警电话。

第五十五条　对消防水池、消火栓、灭火器等消防设施、器材,应当经常进行检查,保持完整好用。地处寒区的仓库,寒冷季节要采取防冻措施。

第五十六条　库区的消防车道和仓库的安全出口、疏散楼梯等消防通道,严禁堆放物品。

第八章　奖　　惩

第五十七条　仓库消防工作成绩显著的单位和个人,由公安机关、上级主管部门或者本单位给予表彰、奖励。

第五十八条　对违反本规则的单位和人员,国家法规有规定的,应当按照国家法规予以处罚;国家法规没有规定的，可以按照地方有关法规、规章进行处罚；触犯刑律的，由司法机关追究刑事责任。

第九章 附 则

第五十九条 储存丁、戊类物品的库房或露天堆栈、货场，执行本规则时，在确保安全并征得当地公安消防监督机构同意的情况下，可以适当放宽。

第六十条 铁路车站、交通港口码头等昼夜作业的中转性仓库，可以按照本规则的原则要求，由铁路、交通等部门自行制定管理办法。

第六十一条 各省、自治区、直辖市和国务院有关部、委根据本规则制订的具体管理办法，应当送公安部备案。

第六十二条 本规则自发布之日起施行。1980 年 8 月 1 日经国务院批准、同年 8 月 15 日公安部公布施行的《仓库防火安全管理规则》即行废止。

附表：仓库存储物品分类表(略)

公共娱乐场所消防安全管理规定

1999 年 5 月 25 日公安部令第 39 号发布施行

第一条 为了预防火灾，保障公共安全，依据《中华人民共和国消防法》制定本规定。

第二条 本规定所称公共娱乐场所，是指向公众开放的下列室内场所：

(一)影剧院、录像厅、礼堂等演出、放映场所；

(二)舞厅、卡拉 OK 厅等歌舞娱乐场所；

(三)具有娱乐功能的夜总会、音乐茶座和餐饮场所；

(四)游艺、游乐场所；

(五)保龄球馆、旱冰场、桑拿浴室等营业性健身、休闲场所。

第三条 公共娱乐场所应当在法定代表人或者主要负责人中确定一名本单位的消防安全责任人。在消防安全责任人确定或者变更时，应当向当地公安消防机构备案。

消防安全责任人应当依照《消防法》第十四条和第十六条规定履行消防安全职责，负责检查和落实本单位防火措施、灭火预案的制定和演练以及建筑消防设施、消防通道、电源和火源管理等。

公共娱乐场所的房产所有者在与其他单位、个人发生租赁、承包等关系后，公共娱乐场所的消防安全由经营者负责。

第四条 新建、改建、扩建公共娱乐场所或者变更公共娱乐场所内部装修的，其消防设计应当符合国家有关建筑消防技术标准的规定。

第五条 新建、改建、扩建公共娱乐场所或者变更公共娱乐场所内部装修的，建设或者经营单位应当依法将消防设计图纸报送当地公安消防机构审核，经审核同意方可施工；工程竣工时，必须经公安消防机构进行消防验收；未经验收或者经验收不合格的，不得投入使用。

第六条 公众聚集的娱乐场所在使用或者开业前，必须具备消防安全条件，依法向当地公安消防机构申报检查，经消防安全检查合格后，发给《消防安全检查意见书》，方可使用或者开业。

第七条 公共娱乐场所宜设置在耐火等级不低于二级的建筑物内；已经核准设置在三级耐火等级建筑内的公共娱乐场所，应当符合特定的防火安全要求。

公共娱乐场所不得设置在文物古建筑和博物馆、图书馆建筑内，不得毗连重要仓库或者危险物品仓库；不得在居民住宅楼内改建公共娱乐场所。

公共娱乐场所与其他建筑相毗连或者附设在其他建筑物内时，应当按照独立的防火分区设置；商住楼内的公共娱乐场所与居民住宅的安全出口应当分开设置。

第八条 公共娱乐场所的内部装修设计和施工，应当符合《建筑内部装修设计防火规范》和有关建筑内部装饰装修防火管理的规定。

第九条 公共娱乐场所的安全出口数目、疏散宽度和距离，应当符合国家有关建筑设计防火规范的规定。

安全出口处不得设置门槛、台阶，疏散门应向外开启，不得采用卷帘门、转门、吊门和侧拉门，门口不得设置门帘、屏风等影响疏散的遮挡物。

公共娱乐场所在营业时必须确保安全出口和疏散通道畅通无阻，严禁将安全出口上锁、阻塞。

第十条 安全出口、疏散通道和楼梯口应当设置符合标准的灯光疏散指示标志。指示标志应当设在门的顶部、疏散通道和转角处距地面一米以下的墙面上。设在走道上的指示标志的间距不得大于二十米。

第十一条 公共娱乐场所内应当设置火灾事故应急照明灯，照明供电时间不得少于二十分钟。

第十二条 公共娱乐场所必须加强电气防火安全管理，及时消除火灾隐患。不得超负荷用电，不得擅自拉接临时电线。

第十三条 在地下建筑内设置公共娱乐场所，除符合本规定其他条款的要求外，还应当符合下列规定：

(一)只允许设在地下一层；

(二)通往地面的安全出口不应少于二个，安全出

口、楼梯和走道的宽度应当符合有关建筑设计防火规范的规定;

(三)应当设置机械防烟排烟设施;

(四)应当设置火灾自动报警系统和自动喷水灭火系统;

(五)严禁使用液化石油气。

第十四条　公共娱乐场所内严禁带入和存放易燃易爆物品。

第十五条　严禁在公共娱乐场所营业时进行设备检修、电气焊、油漆粉刷等施工、维修作业。

第十六条　演出、放映场所的观众厅内禁止吸烟和明火照明。

第十七条　公共娱乐场所在营业时,不得超过额定人数。

第十八条　卡拉OK厅及其包房内,应当设置声音或者视像警报,保证在火灾发生初期,将各卡拉OK房间的画面、音响消除,播送火灾警报,引导人们安全疏散。

第十九条　公共娱乐场所应当制定防火安全管理制度,制定紧急安全疏散方案。在营业时间和营业结束后,应当指定专人进行安全巡视检查。

第二十条　公共娱乐场所应当建立全员防火安全责任制度,全体员工都应当熟知必要的消防安全知识,会报火警,会使用灭火器材,会组织人员疏散。新职工上岗前必须进行消防安全培训。

第二十一条　公共娱乐场所应当按照《建筑灭火器配置设计规范》配置灭火器材,设置报警电话,保证消防设施、设备完好有效。

第二十二条　对违反本规定的行为,依照《中华人民共和国消防法》和地方性消防法规、规章予以处罚;构成犯罪的,依法追究刑事责任。

第二十三条　本规定自发布之日起施行。1995年1月26日公安部发布的《公共娱乐场所消防安全管理规定》同时废止。

机关、团体、企业、事业单位消防安全管理规定

1. 2001年11月14日公安部令第61号发布

2. 自2002年5月1日起施行

第一章　总　　则

第一条　为了加强和规范机关、团体、企业、事业单位的消防安全管理,预防火灾和减少火灾危害,根据《中华人民共和国消防法》,制定本规定。

第二条　本规定适用于中华人民共和国境内的机关、团体、企业、事业单位(以下统称单位)自身的消防安全管理。

法律、法规另有规定的除外。

第三条　单位应当遵守消防法律、法规、规章(以下统称消防法规),贯彻预防为主、防消结合的消防工作方针,履行消防安全职责,保障消防安全。

第四条　法人单位的法定代表人或者非法人单位的主要负责人是单位的消防安全责任人,对本单位的消防安全工作全面负责。

第五条　单位应当落实逐级消防安全责任制和岗位消防安全责任制,明确逐级和岗位消防安全职责,确定各级、各岗位的消防安全责任人。

第二章　消防安全责任

第六条　单位的消防安全责任人应当履行下列消防安全职责:

(一)贯彻执行消防法规,保障单位消防安全符合规定,掌握本单位的消防安全情况;

(二)将消防工作与本单位的生产、科研、经营、管理等活动统筹安排,批准实施年度消防工作计划;

(三)为本单位的消防安全提供必要的经费和组织保障;

(四)确定逐级消防安全责任,批准实施消防安全制度和保障消防安全的操作规程;

(五)组织防火检查,督促落实火灾隐患整改,及时处理涉及消防安全的重大问题;

(六)根据消防法规的规定建立专职消防队、义务消防队;

(七)组织制定符合本单位实际的灭火和应急疏散预案,并实施演练。

第七条　单位可以根据需要确定本单位的消防安全管理人。消防安全管理人对单位的消防安全责任人负责,实施和组织落实下列消防安全管理工作:

(一)拟订年度消防工作计划,组织实施日常消防安全管理工作;

(二)组织制订消防安全制度和保障消防安全的操作规程并检查督促其落实;

(三)拟订消防安全工作的资金投入和组织保障方案;

(四)组织实施防火检查和火灾隐患整改工作;

(五)组织实施对本单位消防设施、灭火器材和消防安全标志的维护保养,确保其完好有效,确保疏散通道和安全出口畅通;

（六）组织管理专职消防队和义务消防队；

（七）在员工中组织开展消防知识、技能的宣传教育和培训，组织灭火和应急疏散预案的实施和演练；

（八）单位消防安全责任人委托的其他消防安全管理工作。

消防安全管理人应当定期向消防安全责任人报告消防安全情况，及时报告涉及消防安全的重大问题。未确定消防安全管理人的单位，前款规定的消防安全管理工作由单位消防安全责任人负责实施。

第八条 实行承包、租赁或者委托经营、管理时，产权单位应当提供符合消防安全要求的建筑物，当事人在订立的合同中依照有关规定明确各方的消防安全责任；消防车通道、涉及公共消防安全的疏散设施和其他建筑消防设施应当由产权单位或者委托管理的单位统一管理。

承包、承租或者受委托经营、管理的单位应当遵守本规定，在其使用、管理范围内履行消防安全职责。

第九条 对于有两个以上产权单位和使用单位的建筑物，各产权单位、使用单位对消防车通道、涉及公共消防安全的疏散设施和其他建筑消防设施应当明确管理责任，可以委托统一管理。

第十条 居民住宅区的物业管理单位应当在管理范围内履行下列消防安全职责：

（一）制定消防安全制度，落实消防安全责任，开展消防安全宣传教育；

（二）开展防火检查，消除火灾隐患；

（三）保障疏散通道、安全出口、消防车通道畅通；

（四）保障公共消防设施、器材以及消防安全标志完好有效。

其他物业管理单位应当对受委托管理范围内的公共消防安全管理工作负责。

第十一条 举办集会、焰火晚会、灯会等具有火灾危险的大型活动的主办单位、承办单位以及提供场地的单位，应当在订立的合同中明确各方的消防安全责任。

第十二条 建筑工程施工现场的消防安全由施工单位负责。实行施工总承包的，由总承包单位负责。分包单位向总承包单位负责，服从总承包单位对施工现场的消防安全管理。

对建筑物进行局部改建、扩建和装修的工程，建设单位应当与施工单位在订立的合同中明确各方对施工现场的消防安全责任。

第三章 消防安全管理

第十三条 下列范围的单位是消防安全重点单位，应当按照本规定的要求，实行严格管理：

（一）商场（市场）、宾馆（饭店）、体育场（馆）、会堂、公共娱乐场所等公众聚集场所（以下统称公众聚集场所）；

（二）医院、养老院和寄宿制的学校、托儿所、幼儿园；

（三）国家机关；

（四）广播电台、电视台和邮政、通信枢纽；

（五）客运车站、码头、民用机场；

（六）公共图书馆、展览馆、博物馆、档案馆以及具有火灾危险性的文物保护单位；

（七）发电厂（站）和电网经营企业；

（八）易燃易爆化学物品的生产、充装、储存、供应、销售单位；

（九）服装、制鞋等劳动密集型生产、加工企业；

（十）重要的科研单位；

（十一）其他发生火灾可能性较大以及一旦发生火灾可能造成重大人身伤亡或者财产损失的单位。

高层办公楼（写字楼）、高层公寓楼等高层公共建筑，城市地下铁道、地下观光隧道等地下公共建筑和城市重要的交通隧道，粮、棉、木材、百货等物资集中的大型仓库和堆场，国家和省级等重点工程的施工现场，应当按照本规定对消防安全重点单位的要求，实行严格管理。

第十四条 消防安全重点单位及其消防安全责任人、消防安全管理人应当报当地公安消防机构备案。

第十五条 消防安全重点单位应当设置或者确定消防工作的归口管理职能部门，并确定专职或者兼职的消防管理人员；其他单位应当确定专职或者兼职消防管理人员，可以确定消防工作的归口管理职能部门。归口管理职能部门和专兼职消防管理人员在消防安全责任人或者消防安全管理人的领导下开展消防安全管理工作。

第十六条 公众聚集场所应当在具备下列消防安全条件后，向当地公安消防机构申报进行消防安全检查，经检查合格后方可开业使用：

（一）依法办理建筑工程消防设计审核手续，并经消防验收合格；

（二）建立健全消防安全组织，消防安全责任明确；

（三）建立消防安全管理制度和保障消防安全的操作规程；

（四）员工经过消防安全培训；

（五）建筑消防设施齐全、完好有效；

（六）制定灭火和应急疏散预案。

第十七条　举办集会、焰火晚会、灯会等具有火灾危险的大型活动，主办或者承办单位应当在具备消防安全条件后，向公安消防机构申报对活动现场进行消防安全检查，经检查合格后方可举办。

第十八条　单位应当按照国家有关规定，结合本单位的特点，建立健全各项消防安全制度和保障消防安全的操作规程，并公布执行。

单位消防安全制度主要包括以下内容：消防安全教育、培训；防火巡查、检查；安全疏散设施管理；消防(控制室)值班；消防设施、器材维护管理；火灾隐患整改；用火、用电安全管理；易燃易爆危险物品和场所防火防爆；专职和义务消防队的组织管理；灭火和应急疏散预案演练；燃气和电气设备的检查和管理(包括防雷、防静电)；消防安全工作考评和奖惩；其他必要的消防安全内容。

第十九条　单位应当将容易发生火灾、一旦发生火灾可能严重危及人身和财产安全以及对消防安全有重大影响的部位确定为消防安全重点部位，设置明显的防火标志，实行严格管理。

第二十条　单位应当对动用明火实行严格的消防安全管理。禁止在具有火灾、爆炸危险的场所使用明火；因特殊情况需要进行电、气焊等明火作业的，动火部门和人员应当按照单位的用火管理制度办理审批手续，落实现场监护人，在确认无火灾、爆炸危险后方可动火施工。动火施工人员应当遵守消防安全规定，并落实相应的消防安全措施。

公众聚集场所或者两个以上单位共同使用的建筑物局部施工需要使用明火时，施工单位和使用单位应当共同采取措施，将施工区和使用区进行防火分隔，清除动火区域的易燃、可燃物，配置消防器材，专人监护，保证施工及使用范围的消防安全。

公共娱乐场所在营业期间禁止动火施工。

第二十一条　单位应当保障疏散通道、安全出口畅通，并设置符合国家规定的消防安全疏散指示标志和应急照明设施，保持防火门、防火卷帘、消防安全疏散指示标志、应急照明、机械排烟送风、火灾事故广播等设施处于正常状态。

严禁下列行为：

（一）占用疏散通道；

（二）在安全出口或者疏散通道上安装栅栏等影响疏散的障碍物；

（三）在营业、生产、教学、工作等期间将安全出口上锁、遮挡或者将消防安全疏散指示标志遮挡、覆盖；

（四）其他影响安全疏散的行为。

第二十二条　单位应当遵守国家有关规定，对易燃易爆危险物品的生产、使用、储存、销售、运输或者销毁实行严格的消防安全管理。

第二十三条　单位应当根据消防法规的有关规定，建立专职消防队、义务消防队，配备相应的消防装备、器材，并组织开展消防业务学习和灭火技能训练，提高预防和扑救火灾的能力。

第二十四条　单位发生火灾时，应当立即实施灭火和应急疏散预案，务必做到及时报警，迅速扑救火灾，及时疏散人员。邻近单位应当给予支援。任何单位、人员都应当无偿为报火警提供便利，不得阻拦报警。

单位应当为公安消防机构抢救人员、扑救火灾提供便利和条件。

火灾扑灭后，起火单位应当保护现场，接受事故调查，如实提供火灾事故的情况，协助公安消防机构调查火灾原因，核定火灾损失，查明火灾事故责任。未经公安消防机构同意，不得擅自清理灾现场。

第四章　防火检查

第二十五条　消防安全重点单位应当进行每日防火巡查，并确定巡查的人员、内容、部位和频次。其他单位可以根据需要组织防火巡查。巡查的内容应当包括：

（一）用火、用电有无违章情况；

（二）安全出口、疏散通道是否畅通，安全疏散指示标志、应急照明是否完好；

（三）消防设施、器材和消防安全标志是否在位、完整；

（四）常闭式防火门是否处于关闭状态，防火卷帘下是否堆放物品影响使用；

（五）消防安全重点部位的人员在岗情况；

（六）其他消防安全情况。

公众聚集场所在营业期间的防火巡查应当至少每二小时一次；营业结束时应当对营业现场进行检查，消除遗留火种。医院、养老院、寄宿制的学校、托儿所、幼儿园应当加强夜间防火巡查，其他消防安全重点单位可以结合实际组织夜间防火巡查。

防火巡查人员应当及时纠正违章行为，妥善处置火灾危险，无法当场处置的，应当立即报告。发现初起火灾应当立即报警并及时扑救。

防火巡查应当填写巡查记录，巡查人员及其主管人员应当在巡查记录上签名。

第二十六条 机关、团体、事业单位应当至少每季度进行一次防火检查，其他单位应当至少每月进行一次防火检查。检查的内容应当包括：

（一）火灾隐患的整改情况以及防范措施的落实情况；

（二）安全疏散通道、疏散指示标志、应急照明和安全出口情况；

（三）消防车通道、消防水源情况；

（四）灭火器材配置及有效情况；

（五）用火、用电有无违章情况；

（六）重点工种人员以及其他员工消防知识的掌握情况；

（七）消防安全重点部位的管理情况；

（八）易燃易爆危险物品和场所防火防爆措施的落实情况以及其他重要物资的防火安全情况；

（九）消防（控制室）值班情况和设施运行、记录情况；

（十）防火巡查情况；

（十一）消防安全标志的设置情况和完好、有效情况；

（十二）其他需要检查的内容。

防火检查应当填写检查记录。检查人员和被检查部门负责人应当在检查记录上签名。

第二十七条 单位应当按照建筑消防设施检查维修保养有关规定的要求，对建筑消防设施的完好有效情况进行检查和维修保养。

第二十八条 设有自动消防设施的单位，应当按照有关规定定期对其自动消防设施进行全面检查测试，并出具检测报告，存档备查。

第二十九条 单位应当按照有关规定定期对灭火器进行维护保养和维修检查。对灭火器应当建立档案资料，记明配置类型、数量、设置位置、检查维修单位（人员）、更换药剂的时间等有关情况。

第五章 火灾隐患整改

第三十条 单位对存在的火灾隐患，应当及时予以消除。

第三十一条 对下列违反消防安全规定的行为，单位应当责成有关人员当场改正并督促落实：

（一）违章进入生产、储存易燃易爆危险物品场所的；

（二）违章使用明火作业或者在具有火灾、爆炸危险的场所吸烟、使用明火等违反禁令的；

（三）将安全出口上锁、遮挡，或者占用、堆放物品影响疏散通道畅通的；

（四）消火栓、灭火器材被遮挡影响使用或者被挪作他用的；

（五）常闭式防火门处于开启状态，防火卷帘下堆放物品影响使用的；

（六）消防设施管理、值班人员和防火巡查人员脱岗的；

（七）违章关闭消防设施、切断消防电源的；

（八）其他可以当场改正的行为。

违反前款规定的情况以及改正情况应当有记录并存档备查。

第三十二条 对不能当场改正的火灾隐患，消防工作归口管理职能部门或者专兼职消防管理人员应当根据本单位的管理分工，及时将存在的火灾隐患向单位的消防安全管理人或者消防安全责任人报告，提出整改方案。消防安全管理人或者消防安全责任人应当确定整改的措施、期限以及负责整改的部门、人员，并落实整改资金。

在火灾隐患未消除之前，单位应当落实防范措施，保障消防安全。不能确保消防安全，随时可能引发火灾或者一旦发生火灾将严重危及人身安全的，应当将危险部位停产停业整改。

第三十三条 火灾隐患整改完毕，负责整改的部门或者人员应当将整改情况记录报送消防安全责任人或者消防安全管理人签字确认后存档备查。

第三十四条 对于涉及城市规划布局而不能自身解决的重大火灾隐患，以及机关、团体、事业单位确无能力解决的重大火灾隐患，单位应当提出解决方案并及时向其上级主管部门或者当地人民政府报告。

第三十五条 对公安消防机构责令限期改正的火灾隐患，单位应当在规定的期限内改正并写出火灾隐患整改复函，报送公安消防机构。

第六章 消防安全宣传教育和培训

第三十六条 单位应当通过多种形式开展经常性的消防安全宣传教育。消防安全重点单位对每名员工应当至少每年进行一次消防安全培训。宣传教育和培训内容应当包括：

（一）有关消防法规、消防安全制度和保障消防安全的操作规程；

（二）本单位、本岗位的火灾危险性和防火措施；

（三）有关消防设施的性能、灭火器材的使用方法；

（四）报火警、扑救初起火灾以及自救逃生的知识和技能。

公众聚集场所对员工的消防安全培训应当至少每半年进行一次，培训的内容还应当包括组织、引导在场群众疏散的知识和技能。

单位应当组织新上岗和进入新岗位的员工进行上岗前的消防安全培训。

第三十七条　公众聚集场所在营业、活动期间，应当通过张贴图画、广播、闭路电视等向公众宣传防火、灭火、疏散逃生等常识。

学校、幼儿园应当通过寓教于乐等多种形式对学生和幼儿进行消防安全常识教育。

第三十八条　下列人员应当接受消防安全专门培训：

（一）单位的消防安全责任人、消防安全管理人；

（二）专、兼职消防管理人员；

（三）消防控制室的值班、操作人员；

（四）其他依照规定应当接受消防安全专门培训的人员。

前款规定中的第（三）项人员应当持证上岗。

第七章　灭火、应急疏散预案和演练

第三十九条　消防安全重点单位制定的灭火和应急疏散预案应当包括下列内容：

（一）组织机构，包括：灭火行动组、通讯联络组、疏散引导组、安全防护救护组；

（二）报警和接警处置程序；

（三）应急疏散的组织程序和措施；

（四）扑救初起火灾的程序和措施；

（五）通讯联络、安全防护救护的程序和措施。

第四十条　消防安全重点单位应当按照灭火和应急疏散预案，至少每半年进行一次演练，并结合实际，不断完善预案。其他单位应当结合本单位实际，参照制定相应的应急方案，至少每年组织一次演练。

消防演练时，应当设置明显标识并事先告知演练范围内的人员。

第八章　消防档案

第四十一条　消防安全重点单位应当建立健全消防档案。消防档案应当包括消防安全基本情况和消防安全管理情况。消防档案应当详实，全面反映单位消防工作的基本情况，并附有必要的图表，根据情况变化及时更新。

单位应当对消防档案统一保管、备查。

第四十二条　消防安全基本情况应当包括以下内容：

（一）单位基本概况和消防安全重点部位情况；

（二）建筑物或者场所施工、使用或者开业前的消防设计审核、消防验收以及消防安全检查的文件、资料；

（三）消防管理组织机构和各级消防安全责任人；

（四）消防安全制度；

（五）消防设施、灭火器材情况；

（六）专职消防队、义务消防队人员及其消防装备配备情况；

（七）与消防安全有关的重点工种人员情况；

（八）新增消防产品、防火材料的合格证明材料；

（九）灭火和应急疏散预案。

第四十三条　消防安全管理情况应当包括以下内容：

（一）公安消防机构填发的各种法律文书；

（二）消防设施定期检查记录、自动消防设施全面检查测试的报告以及维修保养的记录；

（三）火灾隐患及其整改情况记录；

（四）防火检查、巡查记录；

（五）有关燃气、电气设备检测（包括防雷、防静电）等记录资料；

（六）消防安全培训记录；

（七）灭火和应急疏散预案的演练记录；

（八）火灾情况记录；

（九）消防奖惩情况记录。

前款规定中的第（二）、（三）、（四）、（五）项记录，应当记明检查的人员、时间、部位、内容、发现的火灾隐患以及处理措施等；第（六）项记录，应当记明培训的时间、参加人员、内容等；第（七）项记录，应当记明演练的时间、地点、内容、参加部门以及人员等。

第四十四条　其他单位应当将本单位的基本概况、公安消防机构填发的各种法律文书、与消防工作有关的材料和记录等统一保管备查。

第九章　奖　　惩

第四十五条　单位应当将消防安全工作纳入内部检查、考核、评比内容。对在消防安全工作中成绩突出的部门（班组）和个人，单位应当给予表彰奖励。对未依法履行消防安全职责或者违反单位消防安全制度的行为，应当依照有关规定对责任人员给予行政纪律处分或者其他处理。

第四十六条　违反本规定，依法应当给予行政处罚的，依照有关法律、法规予以处罚；构成犯罪的，依法追究刑事责任。

第十章 附 则

第四十七条 公安消防机构对本规定的执行情况依法实施监督，并对自身滥用职权、玩忽职守、徇私舞弊的行为承担法律责任。

第四十八条 本规定自2002年5月1日起施行。本规定施行以前公安部发布的规章中的有关规定与本规定不一致的，以本规定为准。

校外培训机构消防安全管理九项规定

1. 2022年5月17日教育部办公厅、应急管理部办公厅发布
2. 教监管厅函〔2022〕9号

一、落实消防安全主体责任

（一）校外培训机构法定代表人或主要负责人或实际控制人是本单位的消防安全责任人，全面负责本单位消防安全管理工作。校外培训机构应当落实消防安全职责，配备专兼职消防安全管理人员，自主购置合格的消防装备器材，组织开展检查巡查、隐患整改、设施维护、宣传教育、疏散演练等工作。

（二）全面落实火灾隐患“自知、自查、自改”制度，在公共区域明显位置应张贴《消防安全承诺书》，向社会公开承诺，接受群众监督。

（三）实行承包、租赁或者委托经营、管理的校外培训机构，在与产权单位签订相关租赁合同时，应依照有关规定明确各方的消防安全责任。

二、规范场所消防安全设置

（一）校外培训机构应当遵守国家消防法律法规，执行标准规范。

（二）校外培训机构应当依法审批登记，设置在符合安全条件的固定场所。面向儿童的校外培训机构的设置场所应当符合现行国家标准《建筑设计防火规范》（GB50016）。培训场所同一培训时段内生均培训用房建筑面积不少于3平方米，确保不拥挤、易疏散。按国家标准、行业标准设置消防安全标志，在醒目位置张贴消防安全宣传图示。

（三）原则上不设置集体宿舍；确需设置时，应当设置在独立建筑内，且不得设置在地下和半地下建筑内。每室居住人数最多不得超过6人，人均使用面积不应小于5平方米。

（四）设有厨房的，应与其他部位进行防火分隔。

三、严格火灾危险源管理

（一）应当使用合格且符合国家标准的电气设备。电气线路应穿管保护，并敷设在难燃或不燃材料上。

（二）厨房内使用管道燃气作为燃料时，应当符合燃气管理使用规定，并安装燃气泄漏报警装置。厨房油烟机应当每日清洗，油烟道至少每季度由专业公司清理一次并做好记录。

（三）培训时段内，不得动火动焊作业以及在建筑外部动火作业；其他时段动火动焊应当履行审批流程，并落实防护措施，安排专人监管看护。

（四）开展物理、化学等特色培训的，应当严格遵守化学药剂操作使用有关规程。

四、严格消防安全疏散条件

（一）安全疏散门应当向疏散方向开启，不得使用转门、卷帘门、推拉门、折叠门和设置金属栅栏。

（二）安全出口、楼梯间、疏散走道应当设置疏散照明灯具和保持视觉连续性的灯光疏散指示标志。

（三）每间培训室、集体宿舍应当配备不少于2个应急手电，及与培训学员人数相当的过滤式消防自救呼吸器，并在明显部位张贴疏散示意图。三层及以上楼层宜配备逃生绳等避难自救器材。

（四）集体宿舍中两个单床长边之间的距离不能小于0.6米，两排床或床与墙之间的走道宽度不应小于1.2米。

五、加强日常防火检查巡查

（一）每月及寒暑假、新班开课前至少组织1次防火检查。培训期间，每2小时开展不少于1次的防火巡查。重点检查电气线路、燃气管道、安全出口、消防设施运行和维护保养情况以及电器使用管理等情况。

（二）对检查巡查发现的问题应当场整改。不能立即整改的，应当及时上报消防安全责任人或管理人，落实人防、物防、技防措施，确保整改期间的安全。

（三）防火巡查检查应当填写检查记录，建立消防安全隐患台账，实行“报告、登记、整改、销号”闭环管理，并由具体实施人员签名存档备查。

六、加强培训期间值班值守

（一）设有消防控制室的，控制室值班人员应当持有消防行业特有工种职业资格证书，落实24小时专人值班，且每班不少于2人。

（二）设有集体宿舍的，应当加强夜间巡查，每2小时开展不少于1次。

（三）有儿童参加培训的，现场至少明确1名工作人员全程在岗值守。

七、加强消防设施器材管理

(一)严格标准配置灭火器等消防设施器材,并在消防设施器材上设置醒目的标识,标明使用方法。

(二)场所内未设置自动消防设施的,应当设置具有集中平台或移动终端报警功能的独立式感烟火灾探测报警器,有条件的应当设置简易自动喷水灭火系统。

(三)建筑消防设施、器材应当委托具有相应资质的消防技术服务机构进行定期维护保养,每年至少全面检测1次,确保完好有效。

八、加强宣传教育培训演练

(一)制定灭火和应急疏散预案,明确每班次、各岗位工作人员报警、疏散、扑救初起火灾的职责。有条件的应当建立微型消防站或志愿消防队,提高自防自救能力。

(二)每季度组织全体工作人员开展不少于1次初起火灾扑救和疏散逃生演练。每半年或新班开课前组织对学生至少开展1次消防安全培训和应急疏散演练。

(三)主动向属地居(村)委会、物业服务企业报备所在位置、人数等基本信息,与周边微型消防站、志愿消防队建立互联互通机制,及时处置初起火灾。

(四)发生火灾时,应当第一时间组织人员疏散。

九、严禁下列行为

(一)严禁使用彩钢板建筑,以及在投入使用后擅自搭建、改建、扩建。

(二)严禁在外窗、阳台、安全出口等部位设置影响逃生、灭火救援的铁栅栏、广告牌或门禁等障碍物。

(三)严禁擅自停用、关闭、遮挡消防设施设备,埋压、圈占消火栓,破坏防火分隔,锁闭、堵塞、占用安全出口和消防通道。

(四)严禁私拉乱接电线,在电气线路上搭、挂物品,超负荷用电或者改变保险装置,空调等大功率用电设备外部电源线采用移动式插座连接,使用电烤炉、红外辐射取暖器、电热毯等电热器具。

(五)严禁在培训场所内及公共门厅、疏散走道、楼梯间、安全出口处违规停放电动自行车或充电。

(六)严禁在培训场所内吸烟,使用明火取暖、照明、驱蚊,违规存放、使用易燃易爆危险品。

本规定所称校外培训机构,主要是指设置在中小学校以外的,面向中小学生以及3至6岁学龄前儿童举办的非学历教育培训机构。

托育机构消防安全指南(试行)

1. 2022年1月14日国家卫生健康委办公厅、应急管理部办公厅发布
2. 国卫办人口函〔2022〕21号

本指南中的托育机构,是指为3岁以下婴幼儿提供全日托、半日托、计时托、临时托等托育服务的机构。为规范托育机构消防安全工作,提升消防安全管理水平,制定如下指南。

一、消防安全基本条件

(一)托育机构不得设置在四层及四层以上、地下或半地下,具体设置楼层应符合《建筑设计防火规范》(GB50016)的有关规定。

(二)托育机构不得设置在“三合一”场所(住宿与生产、储存、经营合用场所)和彩钢板建筑内,不得与生产、储存、经营易燃易爆危险品场所设置在同一建筑物内。

(三)托育机构与所在建筑内其他功能场所应采取有效的防火分隔措施,当需要局部连通时,墙上开设的门、窗应采用乙级防火门、窗。托育机构与办公经营场所组合设置时,其疏散楼梯应与办公经营场所采取有效的防火分隔措施。

(四)托育机构楼梯的设置形式、数量、宽度等设置要求应符合《建筑设计防火规范》(GB50016)的有关规定。疏散楼梯的梯段和平台均应采用不燃材料制作。托育机构设置在高层建筑内时,应设置独立的安全出口和疏散楼梯。托育机构中建筑面积大于50平方米的房间,其疏散门数量不应少于2个。

(五)托育机构室内装修材料应符合《建筑内部装修设计防火规范》(GB50222)的有关规定,不得采用易燃可燃装修材料。为防止婴幼儿摔伤、碰伤,确需少量使用易燃可燃材料时,应与电源插座、电气线路、用电设备等保持一定的安全距离。

(六)托育机构应按照国家标准、行业标准设置消防设施、器材。大中型托育机构(参照《托儿所、幼儿园建筑设计规范》JGJ39的有关规定)应按标准设置自动喷水灭火系统和火灾自动报警系统(可不安装声光报警装置);其他托育机构应安装具有联网报警功能的独立式火灾探测报警器,有条件的可安装简易喷淋设施。建筑面积50平方米以上的房间、建筑长度大于20米的疏散走道应具备自然排烟条件或设置机械排烟设施。托育机构应设置满足照度要求的应急照明灯和灯光疏散指示标志。托育机构每50平方米配置1具5Kg以上ABC类干粉灭火器或2具6L水基型灭火器,且每个设置点不少于2具。

(七)托育机构使用燃气的厨房应配备可燃气体浓度报警装置、燃气紧急切断装置以及灭火器、灭火毯等灭火器材,并与其他区域采取防火隔墙和防火门等有效的防火分隔措施。

(八)托育机构应根据托育从业人员、婴幼儿的数量,配备简易防毒面具并放置在便于紧急取用的位置,满足安全疏散逃生需要。托育从业人员应经过消防安全培训,具备协助婴幼儿疏散逃生的能力。婴幼儿休息床铺设置应便于安全疏散。

(九)托育机构应安装24小时可视监控设备或可视监控系统,图像应能在值班室、所在建筑消防控制室等场所实时显示,视频图像信息保存期限不应少于30天。

(十)托育机构电气线路、燃气管路的设计、敷设应由具备电气设计施工资质、燃气设计施工资质的机构或人员实施,应采用合格的电气设备、电气线路和燃气灶具、阀门、管线。

二、消防安全管理

(十一)托育机构应落实全员消防安全责任制。法定代表人、主要负责人或实际控制人是本单位的消防安全第一责任人,消防安全管理人应负责具体落实消防安全职责。托育从业人员应落实本岗位的消防安全责任。托育机构与租赁场所的业主方、物业方在租赁协议中应明确各自的消防安全责任。

(十二)托育机构应制定安全用火用电用气、防火检查巡查、火灾隐患整改、消防培训演练等消防安全管理制度。

(十三)托育机构应严格落实防火巡查、检查要求,及时发现并纠正违规用火用电用气和锁闭安全出口等行为,对检查发现的火灾隐患,应及时予以整改。

(十四)托育机构应定期开展消防安全培训,从业人员培训合格后方可上岗,上岗后每半年至少接受一次消防安全培训,尤其是加强协助婴幼儿疏散逃生技能的培训。

(十五)托育机构应定期检验维修消防设施,至少每年开展一次全面检测,确保消防设施完好有效,不得遮挡、损坏、挪用消防设施器材。

三、用火用电用气安全管理

(十六)托育机构不得使用蜡烛、蚊香、火炉等明火,禁止吸烟,并设置明显的禁止标志。

(十七)设在高层建筑内的托育机构厨房不得使用瓶装液化气,每季度应清洗排油烟罩、油烟管道。

(十八)托育机构的电气线路应穿管保护,电气线路接头应采用接线端子连接,不得采用铰接等方式连接。不得采用延长线插座串接方式取电。

(十九)托育机构不得私拉乱接电线,不得将电气线路、插座、电气设备直接敷设在易燃可燃材料制作的儿童游乐设施、室内装饰物等内部及表面。

(二十)托育机构内大功率电热汀取暖器、暖风机、对流式电暖气、电热膜等取暖设备的配电回路,应设置与线路安全载流量匹配的短路、过载保护装置。

(二十一)托育机构内冰箱、冷柜、空调以及加湿器、通风装置等长时间通电设备,应落实有效的安全检查、防护措施。

(二十二)电动自行车、电动平衡车及其蓄电池不得在托育机构的托育场所、楼梯间、走道、安全出口违规停放、充电;具有蓄电功能的儿童游乐设施,不得在托育工作期间充电。

四、易燃可燃物安全管理

(二十三)托育机构的房间、走道、墙面、顶棚不得违规采用泡沫、海绵、毛毯、木板、彩钢板等易燃可燃材料装饰装修。

(二十四)托育机构不得大量采用易燃可燃物挂件、塑料仿真树木、海洋球、氢气球等各类装饰造型物。

(二十五)除日常用量的消毒酒精、空气清新剂外,托育机构不得存放汽油、烟花爆竹等易燃易爆危险品。

(二十六)托育机构应定期清理废弃的易燃可燃杂物。

五、安全疏散管理

(二十七)托育机构应保持疏散楼梯畅通,不得锁闭、占用、堵塞、封闭安全出口、疏散通道。疏散门应采用向疏散方向开启的平开门,不得采用推拉门、卷帘门、吊门、转门和折叠门。

(二十八)托育机构的常闭式防火门应处于常闭状态,并设明显的提示标识。设门禁装置的疏散门应当安装紧急开启装置。

(二十九)托育机构疏散通道顶棚、墙面不得设置影响疏散的凸出装饰物,不得采用镜面反光材料等影响人员疏散。

(三十)托育机构不得在门窗上设置影响逃生和灭火救援的铁栅栏等障碍物,必须设置时应保证火灾情况下能及时开启。

六、应急处置管理

(三十一)托育机构应制定灭火和应急疏散预案,针对婴幼儿疏散应有专门的应急预案和实施方法,明确托育从业人员协助婴幼儿应急疏散的岗位职责。

(三十二)托育机构应每半年至少组织开展一次全员消防演练,尤其是要针对婴幼儿没有自主疏散能力的特点,加强应急疏散演练。

(三十三)托育机构应与所在建筑的消防控制室、志愿消防队或微型消防站建立联勤联动机制,建立可靠的应急通讯联络方式,并每年开展联合消防演练。

(三十四)托育机构的从业人员应掌握简易防毒面具和室内消火栓、消防软管卷盘、灭火器、灭火毯的操作使用方法,知晓“119”火警报警方法程序,具备初起火灾扑救和组织应急疏散逃生的能力。

(三十五)婴幼儿休息期间,托育机构应明确2名以上人员专门负责值班看护,确保发生火灾事故时能够快速处置、及时疏散。

3.森林草原防火

中华人民共和国森林法

1. 1984年9月20日第六届全国人民代表大会常务委员会第七次会议通过
2. 根据1998年4月29日第九届全国人民代表大会常务委员会第二次会议《关于修改〈中华人民共和国森林法〉的决定》第一次修正
3. 根据2009年8月27日第十一届全国人民代表大会常务委员会第十次会议《关于修改部分法律的决定》第二次修正
4. 2019年12月28日第十三届全国人民代表大会常务委员会第十五次会议修订
5. 自2020年7月1日起施行

目　录

第一章　总　　则

第一条　【立法目的】为了践行绿水青山就是金山银山理念,保护、培育和合理利用森林资源,加快国土绿化,保障森林生态安全,建设生态文明,实现人与自然和谐共生,制定本法。

第二条　【适用范围】在中华人民共和国领域内从事森林、林木的保护、培育、利用和森林、林木、林地的经营管理活动,适用本法。

第三条　【基本原则】保护、培育、利用森林资源应当尊重自然、顺应自然,坚持生态优先、保护优先、保育结合、可持续发展的原则。

第四条　【责任制、考核评价制度及林长制】国家实行森林资源保护发展目标责任制和考核评价制度。上级人民政府对下级人民政府完成森林资源保护发展目标和森林防火、重大林业有害生物防治工作的情况进行考核,并公开考核结果。

地方人民政府可以根据本行政区域森林资源保护发展的需要,建立林长制。

第五条　【支持与保障】国家采取财政、税收、金融等方面的措施,支持森林资源保护发展。各级人民政府应当保障森林生态保护修复的投入,促进林业发展。

第六条　【总体目标】国家以培育稳定、健康、优质、高效的森林生态系统为目标,对公益林和商品林实行分类经营管理,突出主导功能,发挥多种功能,实现森林资源永续利用。

第七条　【生态效益补偿制度】国家建立森林生态效益补偿制度,加大公益林保护支持力度,完善重点生态功能区转移支付政策,指导受益地区和森林生态保护地区人民政府通过协商等方式进行生态效益补偿。

第八条　【民族自治地方的优惠政策】国务院和省、自治区、直辖市人民政府可以依照国家对民族自治地方自治权的规定,对民族自治地方的森林保护和林业发展实行更加优惠的政策。

第九条　【主管部门】国务院林业主管部门主管全国林业工作。县级以上地方人民政府林业主管部门,主管本行政区域的林业工作。

乡镇人民政府可以确定相关机构或者设置专职、兼职人员承担林业相关工作。

第十条　【公民义务】植树造林、保护森林,是公民应尽的义务。各级人民政府应当组织开展全民义务植树活动。

每年三月十二日为植树节。

第十一条　【推广技术】国家采取措施,鼓励和支持林业科学研究,推广先进适用的林业技术,提高林业科学技术水平。

第十二条　【宣传与教育】各级人民政府应当加强森林资源保护的宣传教育和知识普及工作,鼓励和支持基层群众性自治组织、新闻媒体、林业企业事业单位、志愿者等开展森林资源保护宣传活动。

教育行政部门、学校应当对学生进行森林资源保护教育。

第十三条　【表彰奖励】对在造林绿化、森林保护、森林经营管理以及林业科学研究等方面成绩显著的组织或者个人,按照国家有关规定给予表彰、奖励。

第二章　森林权属

第十四条　【所有权】森林资源属于国家所有,由法律规定属于集体所有的除外。

国家所有的森林资源的所有权由国务院代表国家行使。国务院可以授权国务院自然资源主管部门统一履行国有森林资源所有者职责。

第十五条　【权益与保护】林地和林地上的森林、林木的所有权、使用权,由不动产登记机构统一登记造册,核发证书。国务院确定的国家重点林区(以下简称重点林区)的森林、林木和林地,由国务院自然资源主管部门负责登记。

森林、林木、林地的所有者和使用者的合法权益受法律保护,任何组织和个人不得侵犯。

森林、林木、林地的所有者和使用者应当依法保护和合理利用森林、林木、林地,不得非法改变林地用途和毁坏森林、林木、林地。

第十六条　【履行的义务】国家所有的林地和林地上的森林、林木可以依法确定给林业经营者使用。林业经营者依法取得的国有林地和林地上的森林、林木的使用权,经批准可以转让、出租、作价出资等。具体办法由国务院制定。

林业经营者应当履行保护、培育森林资源的义务,保证国有森林资源稳定增长,提高森林生态功能。

第十七条　【承包经营】集体所有和国家所有依法由农民集体使用的林地(以下简称集体林地)实行承包经营的,承包方享有林地承包经营权和承包林地上的林木所有权,合同另有约定的从其约定。承包方可以依法采取出租(转包)、入股、转让等方式流转林地经营权、林木所有权和使用权。

第十八条　【统一经营】未实行承包经营的集体林地以及林地上的林木,由农村集体经济组织统一经营。经本集体经济组织成员的村民会议三分之二以上成员或者三分之二以上村民代表同意并公示,可以通过招标、拍卖、公开协商等方式依法流转林地经营权、林木所有权和使用权。

第十九条　【书面合同】集体林地经营权流转应当签订书面合同。林地经营权流转合同一般包括流转双方的权利义务、流转期限、流转价款及支付方式、流转期限届满林地上的林木和固定生产设施的处置、违约责任等内容。

受让方违反法律规定或者合同约定造成森林、林木、林地严重毁坏的,发包方或者承包方有权收回林地经营权。

第二十条　【管护与收益】国有企业事业单位、机关、团体、部队营造的林木,由营造单位管护并按照国家规定支配林木收益。

农村居民在房前屋后、自留地、自留山种植的林木,归个人所有。城镇居民在自有房屋的庭院内种植的林木,归个人所有。

集体或者个人承包国家所有和集体所有的宜林荒山荒地荒滩营造的林木,归承包的集体或者个人所有;合同另有约定的从其约定。

其他组织或者个人营造的林木,依法由营造者所有并享有林木收益;合同另有约定的从其约定。

第二十一条　【征收征用】为了生态保护、基础设施建设等公共利益的需要,确需征收、征用林地、林木的,应当依照《中华人民共和国土地管理法》等法律、行政法规的规定办理审批手续,并给予公平、合理的补偿。

第二十二条　【争议处理】单位之间发生的林木、林地所有权和使用权争议,由县级以上人民政府依法处理。

个人之间、个人与单位之间发生的林木所有权和林地使用权争议,由乡镇人民政府或者县级以上人民政府依法处理。

当事人对有关人民政府的处理决定不服的,可以自接到处理决定通知之日起三十日内,向人民法院起诉。

在林木、林地权属争议解决前,除因森林防火、林业有害生物防治、国家重大基础设施建设等需要外,当事人任何一方不得砍伐有争议的林木或者改变林地现状。

第三章　发展规划

第二十三条　【政府规划】县级以上人民政府应当将森林资源保护和林业发展纳入国民经济和社会发展规划。

第二十四条　【发展要求】县级以上人民政府应当落实国土空间开发保护要求,合理规划森林资源保护利用结构和布局,制定森林资源保护发展目标,提高森林覆盖率、森林蓄积量,提升森林生态系统质量和稳定性。

第二十五条　【编制规划】县级以上人民政府林业主管部门应当根据森林资源保护发展目标,编制林业发展规划。下级林业发展规划依据上级林业发展规划编制。

第二十六条　【专项规划】县级以上人民政府林业主管部门可以结合本地实际,编制林地保护利用、造林绿化、森林经营、天然林保护等相关专项规划。

第二十七条　【调查监测制度】国家建立森林资源调查监测制度,对全国森林资源现状及变化情况进行调查、监测和评价,并定期公布。

第四章　森林保护

第二十八条　【森林资源保护】国家加强森林资源保护,发挥森林蓄水保土、调节气候、改善环境、维护生物多样性和提供林产品等多种功能。

第二十九条　【资金专用】中央和地方财政分别安排资

金,用于公益林的营造、抚育、保护、管理和非国有公益林权利人的经济补偿等,实行专款专用。具体办法由国务院财政部门会同林业主管部门制定。

第三十条 【重点林区的保护】国家支持重点林区的转型发展和森林资源保护修复,改善生产生活条件,促进所在地区经济社会发展。重点林区按照规定享受国家重点生态功能区转移支付等政策。

第三十一条 【特殊森林的保护】国家在不同自然地带的典型森林生态地区、珍贵动物和植物生长繁殖的林区、天然热带雨林区和具有特殊保护价值的其他天然林区,建立以国家公园为主体的自然保护地体系,加强保护管理。

国家支持生态脆弱地区森林资源的保护修复。

县级以上人民政府应当采取措施对具有特殊价值的野生植物资源予以保护。

第三十二条 【天然林的保护】国家实行天然林全面保护制度,严格限制天然林采伐,加强天然林管护能力建设,保护和修复天然林资源,逐步提高天然林生态功能。具体办法由国务院规定。

第三十三条 【护林组织】地方各级人民政府应当组织有关部门建立护林组织,负责护林工作;根据实际需要建设护林设施,加强森林资源保护;督促相关组织订立护林公约、组织群众护林、划定护林责任区、配备专职或者兼职护林员。

县级或者乡镇人民政府可以聘用护林员,其主要职责是巡护森林,发现火情、林业有害生物以及破坏森林资源的行为,应当及时处理并向当地林业等有关部门报告。

第三十四条 【扑防火灾】地方各级人民政府负责本行政区域的森林防火工作,发挥群防作用;县级以上人民政府组织领导应急管理、林业、公安等部门按照职责分工密切配合做好森林火灾的科学预防、扑救和处置工作:

(一)组织开展森林防火宣传活动,普及森林防火知识;

(二)划定森林防火区,规定森林防火期;

(三)设置防火设施,配备防灭火装备和物资;

(四)建立森林火灾监测预警体系,及时消除隐患;

(五)制定森林火灾应急预案,发生森林火灾,立即组织扑救;

(六)保障预防和扑救森林火灾所需费用。

国家综合性消防救援队伍承担国家规定的森林火灾扑救任务和预防相关工作。

第三十五条 【病虫害保护】县级以上人民政府林业主管部门负责本行政区域的林业有害生物的监测、检疫和防治。

省级以上人民政府林业主管部门负责确定林业植物及其产品的检疫性有害生物,划定疫区和保护区。

重大林业有害生物灾害防治实行地方人民政府负责制。发生暴发性、危险性等重大林业有害生物灾害时,当地人民政府应当及时组织除治。

林业经营者在政府支持引导下,对其经营管理范围内的林业有害生物进行防治。

第三十六条 【林地控制】国家保护林地,严格控制林地转为非林地,实行占用林地总量控制,确保林地保有量不减少。各类建设项目占用林地不得超过本行政区域的占用林地总量控制指标。

第三十七条 【林地占用】矿藏勘查、开采以及其他各类工程建设,应当不占或者少占林地;确需占用林地的,应当经县级以上人民政府林业主管部门审核同意,依法办理建设用地审批手续。

占用林地的单位应当缴纳森林植被恢复费。森林植被恢复费征收使用管理办法由国务院财政部门会同林业主管部门制定。

县级以上人民政府林业主管部门应当按照规定安排植树造林,恢复森林植被,植树造林面积不得少于因占用林地而减少的森林植被面积。上级林业主管部门应当定期督促下级林业主管部门组织植树造林、恢复森林植被,并进行检查。

第三十八条 【临时使用】需要临时使用林地的,应当经县级以上人民政府林业主管部门批准;临时使用林地的期限一般不超过二年,并不得在临时使用的林地上修建永久性建筑物。

临时使用林地期满后一年内,用地单位或者个人应当恢复植被和林业生产条件。

第三十九条 【禁止行为】禁止毁林开垦、采石、采砂、采土以及其他毁坏林木和林地的行为。

禁止向林地排放重金属或者其他有毒有害物质含量超标的污水、污泥,以及可能造成林地污染的清淤底泥、尾矿、矿渣等。

禁止在幼林地砍柴、毁苗、放牧。

禁止擅自移动或者损坏森林保护标志。

第四十条 【珍贵树木保护】国家保护古树名木和珍贵树木。禁止破坏古树名木和珍贵树木及其生存的自然环境。

第四十一条　【设施建设】各级人民政府应当加强林业基础设施建设,应用先进适用的科技手段,提高森林防火、林业有害生物防治等森林管护能力。

各有关单位应当加强森林管护。国有林业企业事业单位应当加大投入,加强森林防火、林业有害生物防治,预防和制止破坏森林资源的行为。

第五章　造林绿化

第四十二条　【统筹绿化】国家统筹城乡造林绿化,开展大规模国土绿化行动,绿化美化城乡,推动森林城市建设,促进乡村振兴,建设美丽家园。

第四十三条　【组织绿化】各级人民政府应当组织各行各业和城乡居民造林绿化。

宜林荒山荒地荒滩,属于国家所有的,由县级以上人民政府林业主管部门和其他有关主管部门组织开展造林绿化;属于集体所有的,由集体经济组织组织开展造林绿化。

城市规划区内、铁路公路两侧、江河两侧、湖泊水库周围,由各有关主管部门按照有关规定因地制宜组织开展造林绿化;工矿区、工业园区、机关、学校用地,部队营区以及农场、牧场、渔场经营地区,由各该单位负责造林绿化。组织开展城市造林绿化的具体办法由国务院制定。

国家所有和集体所有的宜林荒山荒地荒滩可以由单位或者个人承包造林绿化。

第四十四条　【鼓励参与】国家鼓励公民通过植树造林、抚育管护、认建认养等方式参与造林绿化。

第四十五条　【科学绿化】各级人民政府组织造林绿化,应当科学规划、因地制宜,优化林种、树种结构,鼓励使用乡土树种和林木良种、营造混交林,提高造林绿化质量。

国家投资或者以国家投资为主的造林绿化项目,应当按照国家规定使用林木良种。

第四十六条　【科学恢复】各级人民政府应当采取以自然恢复为主、自然恢复和人工修复相结合的措施,科学保护修复森林生态系统。新造幼林地和其他应当封山育林的地方,由当地人民政府组织封山育林。

各级人民政府应当对国务院确定的坡耕地、严重沙化耕地、严重石漠化耕地、严重污染耕地等需要生态修复的耕地,有计划地组织实施退耕还林还草。

各级人民政府应当对自然因素等导致的荒废和受损山体、退化林地以及宜林荒山荒地荒滩,因地制宜实施森林生态修复工程,恢复植被。

第六章　经营管理

第四十七条　【森林划定】国家根据生态保护的需要,将森林生态区位重要或者生态状况脆弱,以发挥生态效益为主要目的的林地和林地上的森林划定为公益林。未划定为公益林的林地和林地上的森林属于商品林。

第四十八条　【公益林划定】公益林由国务院和省、自治区、直辖市人民政府划定并公布。

下列区域的林地和林地上的森林,应当划定为公益林:

(一)重要江河源头汇水区域;

(二)重要江河干流及支流两岸、饮用水水源地保护区;

(三)重要湿地和重要水库周围;

(四)森林和陆生野生动物类型的自然保护区;

(五)荒漠化和水土流失严重地区的防风固沙林基干林带;

(六)沿海防护林基干林带;

(七)未开发利用的原始林地区;

(八)需要划定的其他区域。

公益林划定涉及非国有林地的,应当与权利人签订书面协议,并给予合理补偿。

公益林进行调整的,应当经原划定机关同意,并予以公布。

国家级公益林划定和管理的办法由国务院制定;地方级公益林划定和管理的办法由省、自治区、直辖市人民政府制定。

第四十九条　【公益林保护】国家对公益林实施严格保护。

县级以上人民政府林业主管部门应当有计划地组织公益林经营者对公益林中生态功能低下的疏林、残次林等低质低效林,采取林分改造、森林抚育等措施,提高公益林的质量和生态保护功能。

在符合公益林生态区位保护要求和不影响公益林生态功能的前提下,经科学论证,可以合理利用公益林林地资源和森林景观资源,适度开展林下经济、森林旅游等。利用公益林开展上述活动应当严格遵守国家有关规定。

第五十条　【发展商品林】国家鼓励发展下列商品林:

(一)以生产木材为主要目的的森林;

(二)以生产果品、油料、饮料、调料、工业原料和药材等林产品为主要目的的森林;

(三)以生产燃料和其他生物质能源为主要目的

的森林；

（四）其他以发挥经济效益为主要目的的森林。

在保障生态安全的前提下，国家鼓励建设速生丰产、珍贵树种和大径级用材林，增加林木储备，保障木材供给安全。

第五十一条 【商品林的经营】商品林由林业经营者依法自主经营。在不破坏生态的前提下，可以采取集约化经营措施，合理利用森林、林木、林地，提高商品林经济效益。

第五十二条 【审批与手续】在林地上修筑下列直接为林业生产经营服务的工程设施，符合国家有关部门规定的标准的，由县级以上人民政府林业主管部门批准，不需要办理建设用地审批手续；超出标准需要占用林地的，应当依法办理建设用地审批手续：

（一）培育、生产种子、苗木的设施；

（二）贮存种子、苗木、木材的设施；

（三）集材道、运材道、防火巡护道、森林步道；

（四）林业科研、科普教育设施；

（五）野生动植物保护、护林、林业有害生物防治、森林防火、木材检疫的设施；

（六）供水、供电、供热、供气、通讯基础设施；

（七）其他直接为林业生产服务的工程设施。

第五十三条 【经营方案】国有林业企业事业单位应当编制森林经营方案，明确森林培育和管护的经营措施，报县级以上人民政府林业主管部门批准后实施。重点林区的森林经营方案由国务院林业主管部门批准后实施。

国家支持、引导其他林业经营者编制森林经营方案。

编制森林经营方案的具体办法由国务院林业主管部门制定。

第五十四条 【采伐量的管控】国家严格控制森林年采伐量。省、自治区、直辖市人民政府林业主管部门根据消耗量低于生长量和森林分类经营管理的原则，编制本行政区域的年采伐限额，经征求国务院林业主管部门意见，报本级人民政府批准后公布实施，并报国务院备案。重点林区的年采伐限额，由国务院林业主管部门编制，报国务院批准后公布实施。

第五十五条 【采伐规定】采伐森林、林木应当遵守下列规定：

（一）公益林只能进行抚育、更新和低质低效林改造性质的采伐。但是，因科研或者实验、防治林业有害生物、建设护林防火设施、营造生物防火隔离带、遭受自然灾害等需要采伐的除外。

（二）商品林应当根据不同情况，采取不同采伐方式，严格控制皆伐面积，伐育同步规划实施。

（三）自然保护区的林木，禁止采伐。但是，因防治林业有害生物、森林防火、维护主要保护对象生存环境、遭受自然灾害等特殊情况必须采伐的和实验区的竹林除外。

省级以上人民政府林业主管部门应当根据前款规定，按照森林分类经营管理、保护优先、注重效率和效益等原则，制定相应的林木采伐技术规程。

第五十六条 【采伐许可证的申请】采伐林地上的林木应当申请采伐许可证，并按照采伐许可证的规定进行采伐；采伐自然保护区以外的竹林，不需要申请采伐许可证，但应当符合林木采伐技术规程。

农村居民采伐自留地和房前屋后个人所有的零星林木，不需要申请采伐许可证。

非林地上的农田防护林、防风固沙林、护路林、护岸护堤林和城镇林木等的更新采伐，由有关主管部门按照有关规定管理。

采挖移植林木按照采伐林木管理。具体办法由国务院林业主管部门制定。

禁止伪造、变造、买卖、租借采伐许可证。

第五十七条 【办理与核发】采伐许可证由县级以上人民政府林业主管部门核发。

县级以上人民政府林业主管部门应当采取措施，方便申请人办理采伐许可证。

农村居民采伐自留山和个人承包集体林地上的林木，由县级人民政府林业主管部门或者其委托的乡镇人民政府核发采伐许可证。

第五十八条 【申请材料】申请采伐许可证，应当提交有关采伐的地点、林种、树种、面积、蓄积、方式、更新措施和林木权属等内容的材料。超过省级以上人民政府林业主管部门规定面积或者蓄积量的，还应当提交伐区调查设计材料。

第五十九条 【采伐许可证的发放】符合林木采伐技术规程的，审核发放采伐许可证的部门应当及时核发采伐许可证。但是，审核发放采伐许可证的部门不得超过年采伐限额发放采伐许可证。

第六十条 【不得核发采伐许可证的情形】有下列情形之一的，不得核发采伐许可证：

（一）采伐封山育林期、封山育林区内的林木；

（二）上年度采伐后未按照规定完成更新造林任务；

(三)上年度发生重大滥伐案件、森林火灾或者林业有害生物灾害,未采取预防和改进措施;

(四)法律法规和国务院林业主管部门规定的禁止采伐的其他情形。

第六十一条　【更新造林】采伐林木的组织和个人应当按照有关规定完成更新造林。更新造林的面积不得少于采伐的面积,更新造林应当达到相关技术规程规定的标准。

第六十二条　【林业信贷】国家通过贴息、林权收储担保补助等措施,鼓励和引导金融机构开展涉林抵押贷款、林农信用贷款等符合林业特点的信贷业务,扶持林权收储机构进行市场化收储担保。

第六十三条　【森林保险】国家支持发展森林保险。县级以上人民政府依法对森林保险提供保险费补贴。

第六十四条　【森林认证】林业经营者可以自愿申请森林认证,促进森林经营水平提高和可持续经营。

第六十五条　【林木来源管理】木材经营加工企业应当建立原料和产品出入库台账。任何单位和个人不得收购、加工、运输明知是盗伐、滥伐等非法来源的林木。

第七章　监督检查

第六十六条　【检查查处】县级以上人民政府林业主管部门依照本法规定,对森林资源的保护、修复、利用、更新等进行监督检查,依法查处破坏森林资源等违法行为。

第六十七条　【采取措施】县级以上人民政府林业主管部门履行森林资源保护监督检查职责,有权采取下列措施:

(一)进入生产经营场所进行现场检查;

(二)查阅、复制有关文件、资料,对可能被转移、销毁、隐匿或者篡改的文件、资料予以封存;

(三)查封、扣押有证据证明来源非法的林木以及从事破坏森林资源活动的工具、设备或者财物;

(四)查封与破坏森林资源活动有关的场所。

省级以上人民政府林业主管部门对森林资源保护发展工作不力、问题突出、群众反映强烈的地区,可以约谈所在地区县级以上地方人民政府及其有关部门主要负责人,要求其采取措施及时整改。约谈整改情况应当向社会公开。

第六十八条　【损害赔偿】破坏森林资源造成生态环境损害的,县级以上人民政府自然资源主管部门、林业主管部门可以依法向人民法院提起诉讼,对侵权人提出损害赔偿要求。

第六十九条　【审计监督】审计机关按照国家有关规定对国有森林资源资产进行审计监督。

第八章　法律责任

第七十条　【行政责任】县级以上人民政府林业主管部门或者其他有关国家机关未依照本法规定履行职责的,对直接负责的主管人员和其他直接责任人员依法给予处分。

依照本法规定应当作出行政处罚决定而未作出的,上级主管部门有权责令下级主管部门作出行政处罚决定或者直接给予行政处罚。

第七十一条　【侵权责任】违反本法规定,侵害森林、林木、林地的所有者或者使用者的合法权益的,依法承担侵权责任。

第七十二条　【国有企业事业单位的法律责任】违反本法规定,国有林业企业事业单位未履行保护培育森林资源义务、未编制森林经营方案或者未按照批准的森林经营方案开展森林经营活动的,由县级以上人民政府林业主管部门责令限期改正,对直接负责的主管人员和其他直接责任人员依法给予处分。

第七十三条　【处罚规定】违反本法规定,未经县级以上人民政府林业主管部门审核同意,擅自改变林地用途的,由县级以上人民政府林业主管部门责令限期恢复植被和林业生产条件,可以处恢复植被和林业生产条件所需费用三倍以下的罚款。

虽经县级以上人民政府林业主管部门审核同意,但未办理建设用地审批手续擅自占用林地的,依照《中华人民共和国土地管理法》的有关规定处罚。

在临时使用的林地上修建永久性建筑物,或者临时使用林地期满后一年内未恢复植被或者林业生产条件的,依照本条第一款规定处罚。

第七十四条　【毁坏林木的处罚】违反本法规定,进行开垦、采石、采砂、采土或者其他活动,造成林木毁坏的,由县级以上人民政府林业主管部门责令停止违法行为,限期在原地或者异地补种毁坏株数一倍以上三倍以下的树木,可以处毁坏林木价值五倍以下的罚款;造成林地毁坏的,由县级以上人民政府林业主管部门责令停止违法行为,限期恢复植被和林业生产条件,可以处恢复植被和林业生产条件所需费用三倍以下的罚款。

违反本法规定,在幼林地砍柴、毁苗、放牧造成林木毁坏的,由县级以上人民政府林业主管部门责令停止违法行为,限期在原地或者异地补种毁坏株数一倍以上三倍以下的树木。

向林地排放重金属或者其他有毒有害物质含量超标的污水、污泥,以及可能造成林地污染的清淤底泥、尾矿、矿渣等的,依照《中华人民共和国土壤污染防治法》的有关规定处罚。

第七十五条 【标志处罚】违反本法规定,擅自移动或者毁坏森林保护标志的,由县级以上人民政府林业主管部门恢复森林保护标志,所需费用由违法者承担。

第七十六条 【盗伐滥伐的处罚】盗伐林木的,由县级以上人民政府林业主管部门责令限期在原地或者异地补种盗伐株数一倍以上五倍以下的树木,并处盗伐林木价值五倍以上十倍以下的罚款。

滥伐林木的,由县级以上人民政府林业主管部门责令限期在原地或者异地补种滥伐株数一倍以上三倍以下的树木,可以处滥伐林木价值三倍以上五倍以下的罚款。

第七十七条 【伪造、变造、买卖、租借采伐许可证的处罚】违反本法规定,伪造、变造、买卖、租借采伐许可证的,由县级以上人民政府林业主管部门没收证件和违法所得,并处违法所得一倍以上三倍以下的罚款;没有违法所得的,可以处二万元以下的罚款。

第七十八条 【收购、加工、运输非法来源的林木的处罚】违反本法规定,收购、加工、运输明知是盗伐、滥伐等非法来源的林木的,由县级以上人民政府林业主管部门责令停止违法行为,没收违法收购、加工、运输的林木或者变卖所得,可以处违法收购、加工、运输林木价款三倍以下的罚款。

第七十九条 【未完成更新造林任务的处罚】违反本法规定,未完成更新造林任务的,由县级以上人民政府林业主管部门责令限期完成;逾期未完成的,可以处未完成造林任务所需费用二倍以下的罚款;对直接负责的主管人员和其他直接责任人员,依法给予处分。

第八十条 【阻碍监督检查的处理】违反本法规定,拒绝、阻碍县级以上人民政府林业主管部门依法实施监督检查的,可以处五万元以下的罚款,情节严重的,可以责令停产停业整顿。

第八十一条 【代履行】违反本法规定,有下列情形之一的,由县级以上人民政府林业主管部门依法组织代为履行,代为履行所需费用由违法者承担:

(一)拒不恢复植被和林业生产条件,或者恢复植被和林业生产条件不符合国家有关规定;

(二)拒不补种树木,或者补种不符合国家有关规定。

恢复植被和林业生产条件、树木补种的标准,由省级以上人民政府林业主管部门制定。

第八十二条 【行政处罚权】公安机关按照国家有关规定,可以依法行使本法第七十四条第一款、第七十六条、第七十七条、第七十八条规定的行政处罚权。

违反本法规定,构成违反治安管理行为的,依法给予治安管理处罚;构成犯罪的,依法追究刑事责任。

第九章 附 则

第八十三条 【概念含义】本法下列用语的含义是:

(一)森林,包括乔木林、竹林和国家特别规定的灌木林。按照用途可以分为防护林、特种用途林、用材林、经济林和能源林。

(二)林木,包括树木和竹子。

(三)林地,是指县级以上人民政府规划确定的用于发展林业的土地。包括郁闭度0.2以上的乔木林地以及竹林地、灌木林地、疏林地、采伐迹地、火烧迹地、未成林造林地、苗圃地等。

第八十四条 【施行日期】本法自2020年7月1日起施行。

森林防火条例

1. 1988年1月16日国务院发布
2. 2008年12月1日国务院令第541号修订
3. 自2009年1月1日起施行

第一章 总 则

第一条 为了有效预防和扑救森林火灾,保障人民生命财产安全,保护森林资源,维护生态安全,根据《中华人民共和国森林法》,制定本条例。

第二条 本条例适用于中华人民共和国境内森林火灾的预防和扑救。但是,城市市区的除外。

第三条 森林防火工作实行预防为主、积极消灭的方针。

第四条 国家森林防火指挥机构负责组织、协调和指导全国的森林防火工作。

国务院林业主管部门负责全国森林防火的监督和管理工作,承担国家森林防火指挥机构的日常工作。

国务院其他有关部门按照职责分工,负责有关的森林防火工作。

第五条 森林防火工作实行地方各级人民政府行政首长负责制。

县级以上地方人民政府根据实际需要设立的森林防火指挥机构,负责组织、协调和指导本行政区域的森林防火工作。

县级以上地方人民政府林业主管部门负责本行政区域森林防火的监督和管理工作,承担本级人民政府森林防火指挥机构的日常工作。

县级以上地方人民政府其他有关部门按照职责分工,负责有关的森林防火工作。

第六条　森林、林木、林地的经营单位和个人,在其经营范围内承担森林防火责任。

第七条　森林防火工作涉及两个以上行政区域的,有关地方人民政府应当建立森林防火联防机制,确定联防区域,建立联防制度,实行信息共享,并加强监督检查。

第八条　县级以上人民政府应当将森林防火基础设施建设纳入国民经济和社会发展规划,将森林防火经费纳入本级财政预算。

第九条　国家支持森林防火科学研究,推广和应用先进的科学技术,提高森林防火科技水平。

第十条　各级人民政府、有关部门应当组织经常性的森林防火宣传活动,普及森林防火知识,做好森林火灾预防工作。

第十一条　国家鼓励通过保险形式转移森林火灾风险,提高林业防灾减灾能力和灾后自我救助能力。

第十二条　对在森林防火工作中作出突出成绩的单位和个人,按照国家有关规定,给予表彰和奖励。

对在扑救重大、特别重大森林火灾中表现突出的单位和个人,可以由森林防火指挥机构当场给予表彰和奖励。

第二章　森林火灾的预防

第十三条　省、自治区、直辖市人民政府林业主管部门应当按照国务院林业主管部门制定的森林火险区划等级标准,以县为单位确定本行政区域的森林火险区划等级,向社会公布,并报国务院林业主管部门备案。

第十四条　国务院林业主管部门应当根据全国森林火险区划等级和实际工作需要,编制全国森林防火规划,报国务院或者国务院授权的部门批准后组织实施。

县级以上地方人民政府林业主管部门根据全国森林防火规划,结合本地实际,编制本行政区域的森林防火规划,报本级人民政府批准后组织实施。

第十五条　国务院有关部门和县级以上地方人民政府应当按照森林防火规划,加强森林防火基础设施建设,储备必要的森林防火物资,根据实际需要整合、完善森林防火指挥信息系统。

国务院和省、自治区、直辖市人民政府根据森林防火实际需要,充分利用卫星遥感技术和现有军用、民用航空基础设施,建立相关单位参与的航空护林协作机制,完善航空护林基础设施,并保障航空护林所需经费。

第十六条　国务院林业主管部门应当按照有关规定编制国家重大、特别重大森林火灾应急预案,报国务院批准。

县级以上地方人民政府林业主管部门应当按照有关规定编制森林火灾应急预案,报本级人民政府批准,并报上一级人民政府林业主管部门备案。

县级人民政府应当组织乡(镇)人民政府根据森林火灾应急预案制定森林火灾应急处置办法;村民委员会应当按照森林火灾应急预案和森林火灾应急处置办法的规定,协助做好森林火灾应急处置工作。

县级以上人民政府及其有关部门应当组织开展必要的森林火灾应急预案的演练。

第十七条　森林火灾应急预案应当包括下列内容:

(一)森林火灾应急组织指挥机构及其职责;

(二)森林火灾的预警、监测、信息报告和处理;

(三)森林火灾的应急响应机制和措施;

(四)资金、物资和技术等保障措施;

(五)灾后处置。

第十八条　在林区依法开办工矿企业、设立旅游区或者新建开发区的,其森林防火设施应当与该建设项目同步规划、同步设计、同步施工、同步验收;在林区成片造林的,应当同时配套建设森林防火设施。

第十九条　铁路的经营单位应当负责本单位所属林地的防火工作,并配合县级以上地方人民政府做好铁路沿线森林火灾危险地段的防火工作。

电力、电信线路和石油天然气管道的森林防火责任单位,应当在森林火灾危险地段开设防火隔离带,并组织人员进行巡护。

第二十条　森林、林木、林地的经营单位和个人应当按照林业主管部门的规定,建立森林防火责任制,划定森林防火责任区,确定森林防火责任人,并配备森林防火设施和设备。

第二十一条　地方各级人民政府和国有林业企业、事业单位应当根据实际需要,成立森林火灾专业扑救队伍;县级以上地方人民政府应当指导森林经营单位和林区的居民委员会、村民委员会、企业、事业单位建立森林火灾群众扑救队伍。专业的和群众的火灾扑救队伍应当定期进行培训和演练。

第二十二条　森林、林木、林地的经营单位配备的兼职或者专职护林员负责巡护森林,管理野外用火,及时报告火情,协助有关机关调查森林火灾案件。

第二十三条　县级以上地方人民政府应当根据本行政区域内森林资源分布状况和森林火灾发生规律,划定森林防火区,规定森林防火期,并向社会公布。

森林防火期内,各级人民政府森林防火指挥机构和森林、林木、林地的经营单位和个人,应当根据森林火险预报,采取相应的预防和应急准备措施。

第二十四条 县级以上人民政府森林防火指挥机构,应当组织有关部门对森林防火区内有关单位的森林防火组织建设、森林防火责任制落实、森林防火设施建设等情况进行检查;对检查中发现的森林火灾隐患,县级以上地方人民政府林业主管部门应当及时向有关单位下达森林火灾隐患整改通知书,责令限期整改,消除隐患。

被检查单位应当积极配合,不得阻挠、妨碍检查活动。

第二十五条 森林防火期内,禁止在森林防火区野外用火。因防治病虫鼠害、冻害等特殊情况确需野外用火的,应当经县级人民政府批准,并按照要求采取防火措施,严防失火;需要进入森林防火区进行实弹演习、爆破等活动的,应当经省、自治区、直辖市人民政府林业主管部门批准,并采取必要的防火措施;中国人民解放军和中国人民武装警察部队因处置突发事件和执行其他紧急任务需要进入森林防火区的,应当经其上级主管部门批准,并采取必要的防火措施。

第二十六条 森林防火期内,森林、林木、林地的经营单位应当设置森林防火警示宣传标志,并对进入其经营范围的人员进行森林防火安全宣传。

森林防火期内,进入森林防火区的各种机动车辆应当按照规定安装防火装置,配备灭火器材。

第二十七条 森林防火期内,经省、自治区、直辖市人民政府批准,林业主管部门、国务院确定的重点国有林区的管理机构可以设立临时性的森林防火检查站,对进入森林防火区的车辆和人员进行森林防火检查。

第二十八条 森林防火期内,预报有高温、干旱、大风等高火险天气的,县级以上地方人民政府应当划定森林高火险区,规定森林高火险期。必要时,县级以上地方人民政府可以根据需要发布命令,严禁一切野外用火;对可能引起森林火灾的居民生活用火应当严格管理。

第二十九条 森林高火险期内,进入森林高火险区的,应当经县级以上地方人民政府批准,严格按照批准的时间、地点、范围活动,并接受县级以上地方人民政府林业主管部门的监督管理。

第三十条 县级以上人民政府林业主管部门和气象主管机构应当根据森林防火需要,建设森林火险监测和预报台站,建立联合会商机制,及时制作发布森林火险预警预报信息。

气象主管机构应当无偿提供森林火险天气预报服务。广播、电视、报纸、互联网等媒体应当及时播发或者刊登森林火险天气预报。

第三章 森林火灾的扑救

第三十一条 县级以上地方人民政府应当公布森林火警电话,建立森林防火值班制度。

任何单位和个人发现森林火灾,应当立即报告。接到报告的当地人民政府或者森林防火指挥机构应当立即派人赶赴现场,调查核实,采取相应的扑救措施,并按照有关规定逐级报上级人民政府和森林防火指挥机构。

第三十二条 发生下列森林火灾,省、自治区、直辖市人民政府森林防火指挥机构应当立即报告国家森林防火指挥机构,由国家森林防火指挥机构按照规定报告国务院,并及时通报国务院有关部门:

(一)国界附近的森林火灾;

(二)重大、特别重大森林火灾;

(三)造成3人以上死亡或者10人以上重伤的森林火灾;

(四)威胁居民区或者重要设施的森林火灾;

(五)24小时尚未扑灭明火的森林火灾;

(六)未开发原始林区的森林火灾;

(七)省、自治区、直辖市交界地区危险性大的森林火灾;

(八)需要国家支援扑救的森林火灾。

本条第一款所称"以上"包括本数。

第三十三条 发生森林火灾,县级以上地方人民政府森林防火指挥机构应当按照规定立即启动森林火灾应急预案;发生重大、特别重大森林火灾,国家森林防火指挥机构应当立即启动重大、特别重大森林火灾应急预案。

森林火灾应急预案启动后,有关森林防火指挥机构应当在核实火灾准确位置、范围以及风力、风向、火势的基础上,根据火灾现场天气、地理条件,合理确定扑救方案,划分扑救地段,确定扑救责任人,并指定负责人及时到达森林火灾现场具体指挥森林火灾的扑救。

第三十四条 森林防火指挥机构应当按照森林火灾应急预案,统一组织和指挥森林火灾的扑救。

扑救森林火灾,应当坚持以人为本、科学扑救,及时疏散、撤离受火灾威胁的群众,并做好火灾扑救人员的安全防护,尽最大可能避免人员伤亡。

第三十五条 扑救森林火灾应当以专业火灾扑救队伍为主要力量;组织群众扑救队伍扑救森林火灾的,不得动员残疾人、孕妇和未成年人以及其他不适宜参加森林火灾扑救的人员参加。

第三十六条 武装警察森林部队负责执行国家赋予的森林防火任务。武装警察森林部队执行森林火灾扑救任务,应当接受火灾发生地县级以上地方人民政府森林防火指挥机构的统一指挥;执行跨省、自治区、直辖市森林火灾扑救任务的,应当接受国家森林防火指挥机构的统一指挥。

中国人民解放军执行森林火灾扑救任务的,依照《军队参加抢险救灾条例》的有关规定执行。

第三十七条　发生森林火灾,有关部门应当按照森林火灾应急预案和森林防火指挥机构的统一指挥,做好扑救森林火灾的有关工作。

气象主管机构应当及时提供火灾地区天气预报和相关信息,并根据天气条件适时开展人工增雨作业。

交通运输主管部门应当优先组织运送森林火灾扑救人员和扑救物资。

通信主管部门应当组织提供应急通信保障。

民政部门应当及时设置避难场所和救灾物资供应点,紧急转移并妥善安置灾民,开展受灾群众救助工作。

公安机关应当维护治安秩序,加强治安管理。

商务、卫生等主管部门应当做好物资供应、医疗救护和卫生防疫等工作。

第三十八条　因扑救森林火灾的需要,县级以上人民政府森林防火指挥机构可以决定采取开设防火隔离带、清除障碍物、应急取水、局部交通管制等应急措施。

因扑救森林火灾需要征用物资、设备、交通运输工具的,由县级以上人民政府决定。扑火工作结束后,应当及时返还被征用的物资、设备和交通工具,并依照有关法律规定给予补偿。

第三十九条　森林火灾扑灭后,火灾扑救队伍应当对火灾现场进行全面检查,清理余火,并留有足够人员看守火场,经当地人民政府森林防火指挥机构检查验收合格,方可撤出看守人员。

第四章　灾后处置

第四十条　按照受害森林面积和伤亡人数,森林火灾分为一般森林火灾、较大森林火灾、重大森林火灾和特别重大森林火灾:

(一)一般森林火灾:受害森林面积在1公顷以下或者其他林地起火的,或者死亡1人以上3人以下的,或者重伤1人以上10人以下的;

(二)较大森林火灾:受害森林面积在1公顷以上100公顷以下的,或者死亡3人以上10人以下的,或者重伤10人以上50人以下的;

(三)重大森林火灾:受害森林面积在100公顷以上1000公顷以下的,或者死亡10人以上30人以下的,或者重伤50人以上100人以下的;

(四)特别重大森林火灾:受害森林面积在1000公顷以上的,或者死亡30人以上的,或者重伤100人以上的。

本条第一款所称“以上”包括本数,“以下”不包括本数。

第四十一条　县级以上人民政府林业主管部门应当会同有关部门及时对森林火灾发生原因、肇事者、受害森林面积和蓄积、人员伤亡、其他经济损失等情况进行调查和评估,向当地人民政府提出调查报告;当地人民政府应当根据调查报告,确定森林火灾责任单位和责任人,并依法处理。

森林火灾损失评估标准,由国务院林业主管部门会同有关部门制定。

第四十二条　县级以上地方人民政府林业主管部门应当按照有关要求对森林火灾情况进行统计,报上级人民政府林业主管部门和本级人民政府统计机构,并及时通报本级人民政府有关部门。

森林火灾统计报告表由国务院林业主管部门制定,报国家统计局备案。

第四十三条　森林火灾信息由县级以上人民政府森林防火指挥机构或者林业主管部门向社会发布。重大、特别重大森林火灾信息由国务院林业主管部门发布。

第四十四条　对因扑救森林火灾负伤、致残或者死亡的人员,按照国家有关规定给予医疗、抚恤。

第四十五条　参加森林火灾扑救的人员的误工补贴和生活补助以及扑救森林火灾所发生的其他费用,按照省、自治区、直辖市人民政府规定的标准,由火灾肇事单位或者个人支付;起火原因不清的,由起火单位支付;火灾肇事单位、个人或者起火单位确实无力支付的部分,由当地人民政府支付。误工补贴和生活补助以及扑救森林火灾所发生的其他费用,可以由当地人民政府先行支付。

第四十六条　森林火灾发生后,森林、林木、林地的经营单位和个人应当及时采取更新造林措施,恢复火烧迹地森林植被。

第五章　法律责任

第四十七条　违反本条例规定,县级以上地方人民政府及其森林防火指挥机构、县级以上人民政府林业主管部门或者其他有关部门及其工作人员,有下列行为之一的,由其上级行政机关或者监察机关责令改正;情节严重的,对直接负责的主管人员和其他直接责任人员依法给予处分;构成犯罪的,依法追究刑事责任:

(一)未按照有关规定编制森林火灾应急预案的;

(二)发现森林火灾隐患未及时下达森林火灾隐

患整改通知书的；

（三）对不符合森林防火要求的野外用火或者实弹演习、爆破等活动予以批准的；

（四）瞒报、谎报或者故意拖延报告森林火灾的；

（五）未及时采取森林火灾扑救措施的；

（六）不依法履行职责的其他行为。

第四十八条 违反本条例规定，森林、林木、林地的经营单位或者个人未履行森林防火责任的，由县级以上地方人民政府林业主管部门责令改正，对个人处500元以上5000元以下罚款，对单位处1万元以上5万元以下罚款。

第四十九条 违反本条例规定，森林防火区内的有关单位或者个人拒绝接受森林防火检查或者接到森林火灾隐患整改通知书逾期不消除火灾隐患的，由县级以上地方人民政府林业主管部门责令改正，给予警告，对个人并处200元以上2000元以下罚款，对单位并处5000元以上1万元以下罚款。

第五十条 违反本条例规定，森林防火期内未经批准擅自在森林防火区内野外用火的，由县级以上地方人民政府林业主管部门责令停止违法行为，给予警告，对个人并处200元以上3000元以下罚款，对单位并处1万元以上5万元以下罚款。

第五十一条 违反本条例规定，森林防火期内未经批准在森林防火区内进行实弹演习、爆破等活动的，由县级以上地方人民政府林业主管部门责令停止违法行为，给予警告，并处5万元以上10万元以下罚款。

第五十二条 违反本条例规定，有下列行为之一的，由县级以上地方人民政府林业主管部门责令改正，给予警告，对个人并处200元以上2000元以下罚款，对单位并处2000元以上5000元以下罚款：

（一）森林防火期内，森林、林木、林地的经营单位未设置森林防火警示宣传标志的；

（二）森林防火期内，进入森林防火区的机动车辆未安装森林防火装置的；

（三）森林高火险期内，未经批准擅自进入森林高火险区活动的。

第五十三条 违反本条例规定，造成森林火灾，构成犯罪的，依法追究刑事责任；尚不构成犯罪的，除依照本条例第四十八条、第四十九条、第五十条、第五十一条、第五十二条的规定追究法律责任外，县级以上地方人民政府林业主管部门可以责令责任人补种树木。

第六章 附 则

第五十四条 森林消防专用车辆应当按照规定喷涂标志图案，安装警报器、标志灯具。

第五十五条 在中华人民共和国边境地区发生的森林火灾，按照中华人民共和国政府与有关国家政府签订的有关协定开展扑救工作；没有协定的，由中华人民共和国政府和有关国家政府协商办理。

第五十六条 本条例自2009年1月1日起施行。

草原防火条例

1. 1993年10月5日国务院令第130号发布
2. 2008年11月29日国务院令第542号修订
3. 自2009年1月1日起施行

第一章 总 则

第一条 为了加强草原防火工作，积极预防和扑救草原火灾，保护草原，保障人民生命和财产安全，根据《中华人民共和国草原法》，制定本条例。

第二条 本条例适用于中华人民共和国境内草原火灾的预防和扑救。但是，林区和城市市区的除外。

第三条 草原防火工作实行预防为主、防消结合的方针。

第四条 县级以上人民政府应当加强草原防火工作的组织领导，将草原防火所需经费纳入本级财政预算，保障草原火灾预防和扑救工作的开展。

草原防火工作实行地方各级人民政府行政首长负责制和部门、单位领导负责制。

第五条 国务院草原行政主管部门主管全国草原防火工作。

县级以上地方人民政府确定的草原防火主管部门主管本行政区域内的草原防火工作。

县级以上人民政府其他有关部门在各自的职责范围内做好草原防火工作。

第六条 草原的经营使用单位和个人，在其经营使用范围内承担草原防火责任。

第七条 草原防火工作涉及两个以上行政区域或者涉及森林防火、城市消防的，有关地方人民政府及有关部门应当建立联防制度，确定联防区域，制定联防措施，加强信息沟通和监督检查。

第八条 各级人民政府或者有关部门应当加强草原防火宣传教育活动，提高公民的草原防火意识。

第九条 国家鼓励和支持草原火灾预防和扑救的科学技术研究，推广先进的草原火灾预防和扑救技术。

第十条 对在草原火灾预防和扑救工作中有突出贡献或者成绩显著的单位、个人，按照国家有关规定给予表彰和奖励。

第二章　草原火灾的预防

第十一条　国务院草原行政主管部门根据草原火灾发生的危险程度和影响范围等,将全国草原划分为极高、高、中、低四个等级的草原火险区。

第十二条　国务院草原行政主管部门根据草原火险区划和草原防火工作的实际需要,编制全国草原防火规划,报国务院或者国务院授权的部门批准后组织实施。

县级以上地方人民政府草原防火主管部门根据全国草原防火规划,结合本地实际,编制本行政区域的草原防火规划,报本级人民政府批准后组织实施。

第十三条　草原防火规划应当主要包括下列内容:

(一)草原防火规划制定的依据;

(二)草原防火组织体系建设;

(三)草原防火基础设施和装备建设;

(四)草原防火物资储备;

(五)保障措施。

第十四条　县级以上人民政府应当组织有关部门和单位,按照草原防火规划,加强草原火情瞭望和监测设施、防火隔离带、防火道路、防火物资储备库(站)等基础设施建设,配备草原防火交通工具、灭火器械、观察和通信器材等装备,储存必要的防火物资,建立和完善草原防火指挥信息系统。

第十五条　国务院草原行政主管部门负责制订全国草原火灾应急预案,报国务院批准后组织实施。

县级以上地方人民政府草原防火主管部门负责制订本行政区域的草原火灾应急预案,报本级人民政府批准后组织实施。

第十六条　草原火灾应急预案应当主要包括下列内容:

(一)草原火灾应急组织机构及其职责;

(二)草原火灾预警与预防机制;

(三)草原火灾报告程序;

(四)不同等级草原火灾的应急处置措施;

(五)扑救草原火灾所需物资、资金和队伍的应急保障;

(六)人员财产撤离、医疗救治、疾病控制等应急方案。

草原火灾根据受害草原面积、伤亡人数、受灾牲畜数量以及对城乡居民点、重要设施、名胜古迹、自然保护区的威胁程度等,分为特别重大、重大、较大、一般四个等级。具体划分标准由国务院草原行政主管部门制定。

第十七条　县级以上地方人民政府应当根据草原火灾发生规律,确定本行政区域的草原防火期,并向社会公布。

第十八条　在草原防火期内,因生产活动需要在草原上野外用火的,应当经县级人民政府草原防火主管部门批准。用火单位或者个人应当采取防火措施,防止失火。

在草原防火期内,因生活需要在草原上用火的,应当选择安全地点,采取防火措施,用火后彻底熄灭余火。

除本条第一款、第二款规定的情形外,在草原防火期内,禁止在草原上野外用火。

第十九条　在草原防火期内,禁止在草原上使用枪械狩猎。

在草原防火期内,在草原上进行爆破、勘察和施工等活动的,应当经县级以上地方人民政府草原防火主管部门批准,并采取防火措施,防止失火。

在草原防火期内,部队在草原上进行实弹演习、处置突发性事件和执行其他任务,应当采取必要的防火措施。

第二十条　在草原防火期内,在草原上作业或者行驶的机动车辆,应当安装防火装置,严防漏火、喷火和闸瓦脱落引起火灾。在草原上行驶的公共交通工具上的司机和乘务人员,应当对旅客进行草原防火宣传。司机、乘务人员和旅客不得丢弃火种。

在草原防火期内,对草原上从事野外作业的机械设备,应当采取防火措施;作业人员应当遵守防火安全操作规程,防止失火。

第二十一条　在草原防火期内,经本级人民政府批准,草原防火主管部门应当对进入草原、存在火灾隐患的车辆以及可能引发草原火灾的野外作业活动进行草原防火安全检查。发现存在火灾隐患的,应当告知有关责任人员采取措施消除火灾隐患;拒不采取措施消除火灾隐患的,禁止进入草原或者在草原上从事野外作业活动。

第二十二条　在草原防火期内,出现高温、干旱、大风等高火险天气时,县级以上地方人民政府应当将极高草原火险区、高草原火险区以及一旦发生草原火灾可能造成人身重大伤亡或者财产重大损失的区域划为草原防火管制区,规定管制期限,及时向社会公布,并报上一级人民政府备案。

在草原防火管制区内,禁止一切野外用火。对可能引起草原火灾的非野外用火,县级以上地方人民政府或者草原防火主管部门应当按照管制要求,严格管理。

进入草原防火管制区的车辆,应当取得县级以上地方人民政府草原防火主管部门颁发的草原防火通行证,并服从防火管制。

第二十三条　草原上的农(牧)场、工矿企业和其他生产经营单位,以及驻军单位、自然保护区管理单位和农村集体经济组织等,应当在县级以上地方人民政府的领导和草原防火主管部门的指导下,落实草原防火责任制，加强火源管理，消除火灾隐患，做好本单位的草原防火工作。

铁路、公路、电力和电信线路以及石油天然气管道等的经营单位，应当在其草原防火责任区内，落实防火措施，防止发生草原火灾。

承包经营草原的个人对其承包经营的草原，应当加强火源管理，消除火灾隐患，履行草原防火义务。

第二十四条 省、自治区、直辖市人民政府可以根据本地的实际情况划定重点草原防火区，报国务院草原行政主管部门备案。

重点草原防火区的县级以上地方人民政府和自然保护区管理单位，应当根据需要建立专业扑火队；有关乡(镇)、村应当建立群众扑火队。扑火队应当进行专业培训，并接受县级以上地方人民政府的指挥、调动。

第二十五条 县级以上人民政府草原防火主管部门和气象主管机构，应当联合建立草原火险预报预警制度。气象主管机构应当根据草原防火的实际需要，做好草原火险气象等级预报和发布工作；新闻媒体应当及时播报草原火险气象等级预报。

第三章 草原火灾的扑救

第二十六条 从事草原火情监测以及在草原上从事生产经营活动的单位和个人，发现草原火情的，应当采取必要措施，并及时向当地人民政府或者草原防火主管部门报告。其他发现草原火情的单位和个人，也应当及时向当地人民政府或者草原防火主管部门报告。

当地人民政府或者草原防火主管部门接到报告后，应当立即组织人员赶赴现场，核实火情，采取控制和扑救措施，防止草原火灾扩大。

第二十七条 当地人民政府或者草原防火主管部门应当及时将草原火灾发生时间、地点、估测过火面积、火情发展趋势等情况报上级人民政府及其草原防火主管部门；境外草原火灾威胁到我国草原安全的，还应当报告境外草原火灾距我国边境距离、沿边境蔓延长度以及对我国草原的威胁程度等情况。

禁止瞒报、谎报或者授意他人瞒报、谎报草原火灾。

第二十八条 县级以上地方人民政府应当根据草原火灾发生情况确定火灾等级，并及时启动草原火灾应急预案。特别重大、重大草原火灾以及境外草原火灾威胁到我国草原安全的，国务院草原行政主管部门应当及时启动草原火灾应急预案。

第二十九条 草原火灾应急预案启动后，有关地方人民政府应当按照草原火灾应急预案的要求，立即组织、指挥草原火灾的扑救工作。

扑救草原火灾应当首先保障人民群众的生命安全，有关地方人民政府应当及时动员受到草原火灾威胁的居民以及其他人员转移到安全地带，并予以妥善安置；情况紧急时，可以强行组织避灾疏散。

第三十条 县级以上人民政府有关部门应当按照草原火灾应急预案的分工，做好相应的草原火灾应急工作。

气象主管机构应当做好气象监测和预报工作，及时向当地人民政府提供气象信息，并根据天气条件适时实施人工增雨。

民政部门应当及时设置避难场所和救济物资供应点，开展受灾群众救助工作。

卫生主管部门应当做好医疗救护、卫生防疫工作。

铁路、交通、航空等部门应当优先运送救灾物资、设备、药物、食品。

通信主管部门应当组织提供应急通信保障。

公安部门应当及时查处草原火灾案件，做好社会治安维护工作。

第三十一条 扑救草原火灾应当组织和动员专业扑火队和受过专业培训的群众扑火队；接到扑救命令的单位和个人，必须迅速赶赴指定地点，投入扑救工作。

扑救草原火灾，不得动员残疾人、孕妇、未成年人和老年人参加。

需要中国人民解放军和中国人民武装警察部队参加草原火灾扑救的，依照《军队参加抢险救灾条例》的有关规定执行。

第三十二条 根据扑救草原火灾的需要，有关地方人民政府可以紧急征用物资、交通工具和相关的设施、设备；必要时，可以采取清除障碍物、建设隔离带、应急取水、局部交通管制等应急管理措施。

因救灾需要，紧急征用单位和个人的物资、交通工具、设施、设备或者占用其房屋、土地的，事后应当及时返还，并依照有关法律规定给予补偿。

第三十三条 发生特别重大、重大草原火灾的，国务院草原行政主管部门应当立即派员赶赴火灾现场，组织、协调、督导火灾扑救，并做好跨省、自治区、直辖市草原防火物资的调用工作。

发生威胁林区安全的草原火灾的，有关草原防火主管部门应当及时通知有关林业主管部门。

境外草原火灾威胁到我国草原安全的，国务院草原行政主管部门应当立即派员赶赴有关现场，组织、协调、督导火灾预防，并及时将有关情况通知外交部。

第三十四条 国家实行草原火灾信息统一发布制度。特别重大、重大草原火灾以及威胁到我国草原安全的境外草原火灾信息,由国务院草原行政主管部门发布;其他草原火灾信息,由省、自治区、直辖市人民政府草原防火主管部门发布。

第三十五条　重点草原防火区的县级以上地方人民政府可以根据草原火灾应急预案的规定,成立草原防火指挥部,行使本章规定的本级人民政府在草原火灾扑救中的职责。

第四章　灾后处置

第三十六条　草原火灾扑灭后,有关地方人民政府草原防火主管部门或者其指定的单位应当对火灾现场进行全面检查,清除余火,并留有足够的人员看守火场。经草原防火主管部门检查验收合格,看守人员方可撤出。

第三十七条　草原火灾扑灭后,有关地方人民政府应当组织有关部门及时做好灾民安置和救助工作,保障灾民的基本生活条件,做好卫生防疫工作,防止传染病的发生和传播。

第三十八条　草原火灾扑灭后,有关地方人民政府应当组织有关部门及时制定草原恢复计划,组织实施补播草籽和人工种草等技术措施,恢复草场植被,并做好畜禽检疫工作,防止动物疫病的发生。

第三十九条　草原火灾扑灭后,有关地方人民政府草原防火主管部门应当及时会同公安等有关部门,对火灾发生时间、地点、原因以及肇事人等进行调查并提出处理意见。

草原防火主管部门应当对受灾草原面积、受灾畜禽种类和数量、受灾珍稀野生动植物种类和数量、人员伤亡以及物资消耗和其他经济损失等情况进行统计,对草原火灾给城乡居民生活、工农业生产、生态环境造成的影响进行评估,并按照国务院草原行政主管部门的规定上报。

第四十条　有关地方人民政府草原防火主管部门应当严格按照草原火灾统计报表的要求,进行草原火灾统计,向上一级人民政府草原防火主管部门报告,并抄送同级公安部门、统计机构。草原火灾统计报表由国务院草原行政主管部门会同国务院公安部门制定,报国家统计部门备案。

第四十一条　对因参加草原火灾扑救受伤、致残或者死亡的人员,按照国家有关规定给予医疗、抚恤。

第五章　法律责任

第四十二条　违反本条例规定,县级以上人民政府草原防火主管部门或者其他有关部门及其工作人员,有下列行为之一的,由其上级行政机关或者监察机关责令改正;情节严重的,对直接负责的主管人员和其他直接责任人员依法给予处分;构成犯罪的,依法追究刑事责任:

(一)未按照规定制订草原火灾应急预案的;

(二)对不符合草原防火要求的野外用火或者爆破、勘察和施工等活动予以批准的;

(三)对不符合条件的车辆发放草原防火通行证的;

(四)瞒报、谎报或者授意他人瞒报、谎报草原火灾的;

(五)未及时采取草原火灾扑救措施的;

(六)不依法履行职责的其他行为。

第四十三条　截留、挪用草原防火资金或者侵占、挪用草原防火物资的,依照有关财政违法行为处罚处分的法律、法规进行处理;构成犯罪的,依法追究刑事责任。

第四十四条　违反本条例规定,有下列行为之一的,由县级以上地方人民政府草原防火主管部门责令停止违法行为,采取防火措施,并限期补办有关手续,对有关责任人员处2000元以上5000元以下罚款,对有关责任单位处5000元以上2万元以下罚款:

(一)未经批准在草原上野外用火或者进行爆破、勘察和施工等活动的;

(二)未取得草原防火通行证进入草原防火管制区的。

第四十五条　违反本条例规定,有下列行为之一的,由县级以上地方人民政府草原防火主管部门责令停止违法行为,采取防火措施,消除火灾隐患,并对有关责任人员处200元以上2000元以下罚款,对有关责任单位处2000元以上2万元以下罚款;拒不采取防火措施、消除火灾隐患的,由县级以上地方人民政府草原防火主管部门代为采取防火措施、消除火灾隐患,所需费用由违法单位或者个人承担:

(一)在草原防火期内,经批准的野外用火未采取防火措施的;

(二)在草原上作业和行驶的机动车辆未安装防火装置或者存在火灾隐患的;

(三)在草原上行驶的公共交通工具上的司机、乘务人员或者旅客丢弃火种的;

(四)在草原上从事野外作业的机械设备作业人员不遵守防火安全操作规程或者对野外作业的机械设备未采取防火措施的;

(五)在草原防火管制区内未按照规定用火的。

第四十六条　违反本条例规定,草原上的生产经营等单位未建立或者未落实草原防火责任制的，由县级以上地方人民政府草原防火主管部门责令改正，对有关责任单位处5000元以上2万元以下罚款。

第四十七条 违反本条例规定，故意或者过失引发草原火灾，构成犯罪的，依法追究刑事责任。

第六章 附 则

第四十八条 草原消防车辆应当按照规定喷涂标志图案，安装警报器、标志灯具。

第四十九条 本条例自2009年1月1日起施行。

国家森林草原火灾应急预案

1. 2020年10月26日国务院办公厅发布
2. 国办函〔2020〕99号

1 总 则

1.1 指导思想

以习近平新时代中国特色社会主义思想为指导，深入贯彻落实习近平总书记关于防灾减灾救灾的重要论述和关于全面做好森林草原防灭火工作的重要指示精神，按照党中央、国务院决策部署，坚持人民至上、生命至上，进一步完善体制机制，依法有力有序有效处置森林草原火灾，最大程度减少人员伤亡和财产损失，保护森林草原资源，维护生态安全。

1.2 编制依据

《中华人民共和国森林法》、《中华人民共和国草原法》、《中华人民共和国突发事件应对法》、《森林防火条例》、《草原防火条例》和《国家突发公共事件总体应急预案》等。

1.3 适用范围

本预案适用于我国境内发生的森林草原火灾应对工作。

1.4 工作原则

森林草原火灾应对工作坚持统一领导、协调联动，分级负责、属地为主，以人为本、科学扑救，快速反应、安全高效的原则。实行地方各级人民政府行政首长负责制，森林草原火灾发生后，地方各级人民政府及其有关部门立即按照任务分工和相关预案开展处置工作。省级人民政府是应对本行政区域重大、特别重大森林草原火灾的主体，国家根据森林草原火灾应对工作需要，及时启动应急响应、组织应急救援。

1.5　灾害分级

按照受害森林草原面积、伤亡人数和直接经济损失，森林草原火灾分为一般森林草原火灾、较大森林草原火灾、重大森林草原火灾和特别重大森林草原火灾四个等级，具体分级标准按照有关法律法规执行。

2　主要任务

2.1　组织灭火行动

科学运用各种手段扑打明火、开挖(设置)防火隔离带、清理火线、看守火场，严防次生灾害发生。

2.2　解救疏散人员

组织解救、转移、疏散受威胁群众并及时妥善安置和开展必要的医疗救治。

2.3　保护重要目标

保护民生和重要军事目标并确保重大危险源安全。

2.4　转移重要物资

组织抢救、运送、转移重要物资。

2.5　维护社会稳定

加强火灾发生地区及周边社会治安和公共安全工作，严密防范各类违法犯罪行为，加强重点目标守卫和治安巡逻，维护火灾发生地区及周边社会秩序稳定。

3　组织指挥体系

3.1　森林草原防灭火指挥机构

国家森林草原防灭火指挥部负责组织、协调和指导全国森林草原防灭火工作。国家森林草原防灭火指挥部总指挥由国务院领导同志担任，副总指挥由国务院副秘书长和公安部、应急部、国家林草局、中央军委联合参谋部负责同志担任。指挥部办公室设在应急部，由应急部、公安部、国家林草局共同派员组成，承担指挥部的日常工作。必要时，国家林草局可以按程序提请以国家森林草原防灭火指挥部名义部署相关防火工作。

县级以上地方人民政府按照"上下基本对应"的要求，设立森林(草原)防(灭)火指挥机构，负责组织、协调和指导本行政区域(辖区)森林草原防灭火工作。

3.2　指挥单位任务分工

公安部负责依法指导公安机关开展火案侦破工作，协同有关部门开展违规用火处罚工作，组织对森林草原火灾可能造成的重大社会治安和稳定问题进行预判，并指导公安机关协同有关部门做好防范处置工作；森林公安任务分工"一条不增、一条不减"，原职能保持不变，业务上接受林草部门指导。应急部协助党中央、国务院组织特别重大森林草原火灾应急处置工作；按照分级负责原则，负责综合指导各地区和相关部门的森林草原火灾防控工作，开展森林草原火灾综合监测预警工作、组织指导协调森林草原火灾的扑救及应急救援工作。国家林草局履行森林草原防火工作行业管理责任，具体负责森林草原火灾预防相关工作，指导开展防火巡护、火源管理、日常检查、宣传教育、防火设施建设等，同时负责森林草原火情早期处理相关工作。中央军委联合参谋部负责保障军委联合作战指挥中心对解放军和武警部队参加森林草原火灾抢险行动实施统一指挥，牵头组织指导相关部队抓好遂行森林草原火灾抢险任务准备，协调办理兵力调动及使用军用航空器相关事宜，协调做好应急救援航空器飞行管制和使用军用机场时的地面勤务保障工作。国家森林草原防灭火指挥部办公室发挥牵头抓总作用，强化部门联动，做到高效协同，增强工作合力。国家森林草原防灭火指挥部其他成员单位承担的具体防灭火任务按《深化党和国家机构改革方案》、"三定"规定和《国家森林草原防灭火指挥部工作规则》执行。

3.3　扑救指挥

森林草原火灾扑救工作由当地森林(草原)防(灭)火指挥机构负责指挥。同时发生3起以上或者同一火场跨两个行政区域的森林草原火灾，由上一级森林(草原)防(灭)火指挥机构指挥。跨省(自治区、直辖市)界且预判为一般森林草原火灾，由当地县级森林(草原)防(灭)火指挥机构分别指挥；跨省(自治区、直辖市)界且预判为较大森林草原火灾，由当地设区的市级森林(草原)防(灭)火指挥机构分别指挥；跨省(自治区、直辖市)界且预判为重大、特别重大森林草原火灾，由省级森林(草原)防(灭)火指挥机构分别指挥，国家森林草原防灭火指挥部负责协调、指导。特殊情况，由国家森林草原防灭火指挥部统一指挥。

地方森林(草原)防(灭)火指挥机构根据需要，在森林草原火灾现场成立火场前线指挥部，规范现场指挥机制，由地方行政首长担任总指挥，合理配置工作组，重视发挥专家作用；有国家综合性消防救援队伍参与灭火的，最高指挥员进入火场前线指挥部，参与决策和现场组织指挥，发挥专业作用；根据任务变化和救援力量规模，相应提高指挥等级。参加前方扑火的单位和个人要服从火场前线指挥部的统一指挥。

地方专业防扑火队伍、国家综合性消防救援队伍执行森林草原火灾扑救任务，接受火灾发生地县级以上地方人民政府森林(草原)防(灭)火指挥机构的指挥；执行跨省(自治区、直辖市)界森林草原火灾扑救任务的，由火场前线指挥部统一指挥；或者根据国家森林草原防灭火指挥部明确的指挥关系执行。国家综合性消防救援队伍内部实施垂直指挥。

解放军和武警部队遂行森林草原火灾扑救任务，对应接受国家和地方各级森林（草原）防（灭）火指挥机构统一领导，部队行动按照军队指挥关系和指挥权限组织实施。

3.4 专家组

各级森林（草原）防（灭）火指挥机构根据工作需要会同有关部门和单位建立本级专家组，对森林草原火灾预防、科学灭火组织指挥、力量调动使用、灭火措施、火灾调查评估规划等提出咨询意见。

4 处置力量

4.1 力量编成

扑救森林草原火灾以地方专业防扑火队伍、应急航空救援队伍、国家综合性消防救援队伍等受过专业培训的扑火力量为主，解放军和武警部队支援力量为辅，社会救援力量为补充。必要时可动员当地林区职工、机关干部及当地群众等力量协助做好扑救工作。

4.2 力量调动

根据森林草原火灾应对需要，应首先调动属地扑火力量，邻近力量作为增援力量。

跨省（自治区、直辖市）调动地方专业防扑火队伍增援扑火时，由国家森林草原防灭火指挥部统筹协调，由调出省（自治区、直辖市）森林（草原）防（灭）火指挥机构组织实施，调入省（自治区、直辖市）负责对接及相关保障。

跨省（自治区、直辖市）调动国家综合性消防救援队伍增援扑火时，由火灾发生地省级人民政府或者应急管理部门向应急部提出申请，按有关规定和权限逐级报批。

需要解放军和武警部队参与扑火时，由国家森林草原防灭火指挥部向中央军委联合参谋部提出用兵需求，或者由省级森林（草原）防（灭）火指挥机构向所在战区提出用兵需求。

5 预警和信息报告

5.1 预警

5.1.1 预警分级

根据森林草原火险指标、火行为特征和可能造成的危害程度，将森林草原火险预警级别划分为四个等级，由高到低依次用红色、橙色、黄色和蓝色表示，具体分级标准按照有关规定执行。

5.1.2 预警发布

由应急管理部门组织，各级林草、公安和气象主管部门加强会商，联合制作森林草原火险预警信息，并通过预警信息发布平台和广播、电视、报刊、网络、微信公众号以及应急广播等方式向涉险区域相关部门和社会公众发布。国家森林草原防灭火指挥部办公室适时向省级森林（草原）防（灭）火指挥机构发送预警信息，提出工作要求。

5.1.3 预警响应

当发布蓝色、黄色预警信息后，预警地区县级以上地方人民政府及其有关部门密切关注天气情况和森林草原火险预警变化，加强森林草原防火巡护、卫星林火监测和瞭望监测，做好预警信息发布和森林草原防火宣传工作，加强火源管理，落实防火装备、物资等各项扑火准备，当地各级各类森林消防队伍进入待命状态。

当发布橙色、红色预警信息后，预警地区县级以上地方人民政府及其有关部门在蓝色、黄色预警响应措施的基础上，进一步加强野外火源管理，开展森林草原防火检查，加大预警信息播报频次，做好物资调拨准备，地方专业防扑火队伍、国家综合性消防救援队伍视情对力量部署进行调整，靠前驻防。

各级森林（草原）防（灭）火指挥机构视情对预警地区森林草原防灭火工作进行督促和指导。

5.2 信息报告

地方各级森林（草原）防（灭）火指挥机构按照"有火必报"原则，及时、准确、逐级、规范报告森林草原火灾信息。以下森林草原火灾信息由国家森林草原防灭火指挥部办公室向国务院报告：

（1）重大、特别重大森林草原火灾；

（2）造成3人以上死亡或者10人以上重伤的森林草原火灾；

（3）威胁居民区或者重要设施的森林草原火灾；

（4）火场距国界或者实际控制线5公里以内，并对我国或者邻国森林草原资源构成威胁的森林草原火灾；

（5）经研判需要报告的其他重要森林草原火灾。

6 应急响应

6.1 分级响应

根据森林草原火灾初判级别、应急处置能力和预期影响后果，综合研判确定本级响应级别。按照分级响应的原则，及时调整本级扑火组织指挥机构和力量。火情发生后，按任务分工组织进行早期处置；预判可能发生一般、较大森林草原火灾，由县级森林（草原）防（灭）火指挥机构为主组织处置；预判可能发生重大、特别重大森林草原火灾，分别由设区的市级、省级森林（草原）防（灭）

火指挥机构为主组织处置;必要时,应及时提高响应级别。

6.2 响应措施

火灾发生后,要先研判气象、地形、环境等情况及是否威胁人员密集居住地和重要危险设施,科学组织施救。

6.2.1 扑救火灾

立即就地就近组织地方专业防扑火队伍、应急航空救援队伍、国家综合性消防救援队伍等力量参与扑救,力争将火灾扑灭在初起阶段。必要时,组织协调当地解放军和武警部队等救援力量参与扑救。

各扑火力量在火场前线指挥部的统一调度指挥下,明确任务分工,落实扑救责任,科学组织扑救,在确保扑火人员安全情况下,迅速有序开展扑救工作,严防各类次生灾害发生。现场指挥员要认真分析地理环境、气象条件和火场态势,在扑火队伍行进、宿营地选择和扑火作业时,加强火场管理,时刻注意观察天气和火势变化,提前预设紧急避险措施,确保各类扑火人员安全。不得动员残疾人、孕妇和未成年人以及其他不适宜参加森林草原火灾扑救的人员参加扑救工作。

6.2.2 转移安置人员

当居民点、农牧点等人员密集区受到森林草原火灾威胁时,及时采取有效阻火措施,按照紧急疏散方案,有组织、有秩序地及时疏散居民和受威胁人员,确保人民群众生命安全。妥善做好转移群众安置工作,确保群众有住处、有饭吃、有水喝、有衣穿、有必要的医疗救治条件。

6.2.3 救治伤员

组织医护人员和救护车辆在扑救现场待命,如有伤病员迅速送医院治疗,必要时对重伤员实施异地救治。视情派出卫生应急队伍赶赴火灾发生地,成立临时医院或者医疗点,实施现场救治。

6.2.4 保护重要目标

当军事设施、核设施、危险化学品生产储存设施设备、油气管道、铁路线路等重要目标物和公共卫生、社会安全等重大危险源受到火灾威胁时,迅速调集专业队伍,在专业人员指导并确保救援人员安全的前提下全力消除威胁,组织抢救、运送、转移重要物资,确保目标安全。

6.2.5 维护社会治安

加强火灾受影响区域社会治安、道路交通等管理,严厉打击盗窃、抢劫、哄抢救灾物资、传播谣言、堵塞交通等违法犯罪行为。在金融单位、储备仓库等重要场所加强治安巡逻,维护社会稳定。

6.2.6 发布信息

通过授权发布、发新闻稿、接受记者采访、举行新闻发布会和通过专业网站、官方微博、微信公众号等多种方式、途径,及时、准确、客观、全面向社会发布森林草原火灾和应对工作信息,回应社会关切。加强舆论引导和自媒体管理,防止传播谣言和不实信息,及时辟谣澄清,以正视听。发布内容包括起火原因、起火时间、火灾地点、过火面积、损失情况、扑救过程和火案查处、责任追究情况等。

6.2.7 火场清理看守

森林草原火灾明火扑灭后,继续组织扑火人员做好防止复燃和余火清理工作,划分责任区域,并留足人员看守火场。经检查验收,达到无火、无烟、无汽后,扑火人员方可撤离。原则上,参与扑救的国家综合性消防救援力量、跨省(自治区、直辖市)增援的地方专业防扑火力量不担负后续清理和看守火场任务。

6.2.8 应急结束

在森林草原火灾全部扑灭、火场清理验收合格、次生灾害后果基本消除后,由启动应急响应的机构决定终止应急响应。

6.2.9 善后处置

做好遇难人员的善后工作,抚慰遇难者家属。对因扑救森林草原火灾负伤、致残或者死亡的人员,当地政府或者有关部门按照国家有关规定给予医疗、抚恤、褒扬。

6.3 国家层面应对工作

森林草原火灾发生后,根据火灾严重程度、火场发展态势和当地扑救情况,国家层面应对工作设定Ⅳ级、Ⅲ级、Ⅱ级、Ⅰ级四个响应等级,并通知相关省(自治区、直辖市)根据响应等级落实相应措施。

6.3.1 Ⅳ级响应

6.3.1.1 启动条件

(1)过火面积超过500公顷的森林火灾或者过火面积超过5000公顷的草原火灾;

(2)造成1人以上3人以下死亡或者1人以上10人以下重伤的森林草原火灾;

(3)舆情高度关注,中共中央办公厅、国务院办公厅要求核查的森林草原火灾;

(4)发生在敏感时段、敏感地区,24小时尚未得到有效控制、发展态势持续蔓延扩大的森林草原火灾;

(5)发生距国界或者实际控制线5公里以内且对我国森林草原资源构成一定威胁的境外森林火灾;

(6)发生距国界或者实际控制线5公里以外10公里以内且对我国森林草原资源构成一定威胁的境外草原火灾;

(7)同时发生3起以上危险性较大的森林草原

火灾。

符合上述条件之一时，经国家森林草原防灭火指挥部办公室分析评估，认定灾情达到启动标准，由国家森林草原防灭火指挥部办公室常务副主任决定启动Ⅳ级响应。

6.3.1.2 响应措施

(1)国家森林草原防灭火指挥部办公室进入应急状态，加强卫星监测，及时连线调度火灾信息；

(2)加强对火灾扑救工作的指导，根据需要预告相邻省(自治区、直辖市)地方专业防扑火队伍、国家综合性消防救援队伍做好增援准备；

(3)根据需要提出就近调派应急航空救援飞机的建议；

(4)视情发布高森林草原火险预警信息；

(5)根据火场周边环境，提出保护重要目标物及重大危险源安全的建议；

(6)协调指导中央媒体做好报道。

6.3.2 Ⅲ级响应

6.3.2.1 启动条件

(1)过火面积超过1000公顷的森林火灾或者过火面积超过8000公顷的草原火灾；

(2)造成3人以上10人以下死亡或者10人以上50人以下重伤的森林草原火灾；

(3)发生在敏感时段、敏感地区，48小时尚未扑灭明火的森林草原火灾；

(4)境外森林火灾蔓延至我国境内；

(5)发生距国界或实际控制线5公里以内或者蔓延至我国境内的境外草原火灾。

符合上述条件之一时，经国家森林草原防灭火指挥部办公室分析评估，认定灾情达到启动标准，由国家森林草原防灭火指挥部办公室主任决定启动Ⅲ级响应。

6.3.2.2 响应措施

(1)国家森林草原防灭火指挥部办公室及时调度了解森林草原火灾最新情况，组织火场连线、视频会商调度和分析研判；根据需要派出工作组赶赴火场，协调、指导火灾扑救工作；

(2)根据需要调动相关地方专业防扑火队伍、国家综合性消防救援队伍实施跨省(自治区、直辖市)增援；

(3)根据需要调派应急航空救援飞机跨省(自治区、直辖市)增援；

(4)气象部门提供天气预报和天气实况服务，做好人工影响天气作业准备；

(5)指导做好重要目标物和重大危险源的保护；

(6)视情及时组织新闻发布会，协调指导中央媒体做好报道。

6.3.3 Ⅱ级响应

6.3.3.1 启动条件

(1)过火面积超过10000公顷的森林火灾或者过火面积超过15000公顷的草原火灾；

(2)造成10人以上30人以下死亡或者50人以上100人以下重伤的森林草原火灾；

(3)发生在敏感时段、敏感地区，72小时未得到有效控制的森林草原火灾；

(4)境外森林草原火灾蔓延至我国境内，72小时未得到有效控制。

符合上述条件之一时，经国家森林草原防灭火指挥部办公室分析评估，认定灾情达到启动标准并提出建议，由担任应急部主要负责同志的国家森林草原防灭火指挥部副总指挥决定启动Ⅱ级响应。

6.3.3.2 响应措施

在Ⅲ级响应的基础上，加强以下应急措施：

(1)国家森林草原防灭火指挥部组织有关成员单位召开会议联合会商，分析火险形势，研究扑救措施及保障工作；会同有关部门和专家组成工作组赶赴火场，协调、指导火灾扑救工作；

(2)根据需要增派地方专业防扑火队伍、国家综合性消防救援队伍跨省(自治区、直辖市)支援，增派应急航空救援飞机跨省(自治区、直辖市)参加扑火；

(3)协调调派解放军和武警部队跨区域参加火灾扑救工作；

(4)根据火场气象条件，指导、督促当地开展人工影响天气作业；

(5)加强重要目标物和重大危险源的保护；

(6)根据需要协调做好扑火物资调拨运输、卫生应急队伍增援等工作；

(7)视情及时组织新闻发布会，协调指导中央媒体做好报道。

6.3.4 Ⅰ级响应

6.3.4.1 启动条件

(1)过火面积超过100000公顷的森林火灾或者过火面积超过150000公顷的草原火灾(含入境火)，火势持续蔓延；

(2)造成30人以上死亡或者100人以上重伤的森林草原火灾；

(3)国土安全和社会稳定受到严重威胁，有关行业遭受重创，经济损失特别巨大；

(4)火灾发生地省级人民政府已经没有能力和条件有效控制火场蔓延。

符合上述条件之一时,经国家森林草原防灭火指挥部办公室分析评估,认定灾情达到启动标准并提出建议,由国家森林草原防灭火指挥部总指挥决定启动Ⅰ级响应。必要时,国务院直接决定启动Ⅰ级响应。

6.3.4.2 响应措施

国家森林草原防灭火指挥部组织各成员单位依托应急部指挥中心全要素运行,由总指挥或者党中央、国务院指定的负责同志统一指挥调度;火场设国家森林草原防灭火指挥部火场前线指挥部,下设综合协调、抢险救援、医疗救治、火灾监测、通信保障、交通保障、社会治安、宣传报道等工作组;总指挥根据需要率工作组赴一线组织指挥火灾扑救工作,主要随行部门为副总指挥单位,其他随行部门根据火灾扑救需求确定。采取以下措施:

(1)组织火灾发生地省(自治区、直辖市)党委和政府开展抢险救援救灾工作;

(2)增调地方专业防扑火队伍、国家综合性消防救援队伍,解放军和武警部队等跨区域参加火灾扑救工作;增调应急航空救援飞机等扑火装备及物资支援火灾扑救工作;

(3)根据省级人民政府或者省级森林(草原)防(灭)火指挥机构的请求,安排生活救助物资,增派卫生应急队伍加强伤员救治,协调实施跨省(自治区、直辖市)转移受威胁群众;

(4)指导协助抢修通信、电力、交通等基础设施,保障应急通信、电力及救援人员和物资交通运输畅通;

(5)进一步加强重要目标物和重大危险源的保护,防范次生灾害;

(6)进一步加强气象服务,紧抓天气条件组织实施人工影响天气作业;

(7)建立新闻发布和媒体采访服务管理机制,及时、定时组织新闻发布会,协调指导中央媒体做好报道,加强舆论引导工作;

(8)决定森林草原火灾扑救其他重大事项。

6.3.5 启动条件调整

根据森林草原火灾发生的地区、时间敏感程度,受害森林草原资源损失程度,经济、社会影响程度,启动国家森林草原火灾应急响应的标准可酌情调整。

6.3.6 响应终止

森林草原火灾扑救工作结束后,由国家森林草原防灭火指挥部办公室提出建议,按启动响应的相应权限终止响应,并通知相关省(自治区、直辖市)。

7 综合保障

7.1 输送保障

增援扑火力量及携行装备的机动输送,近距离以摩托化方式为主,远程以高铁、航空方式投送,由铁路、民航部门下达输送任务,由所在地森林(草原)防(灭)火指挥机构、国家综合性消防救援队伍联系所在地铁路、民航部门实施。

7.2 物资保障

应急部、国家林草局会同国家发展改革委、财政部研究建立集中管理、统一调拨,平时服务、战时应急,采储结合、节约高效的应急物资保障体系。加强重点地区森林草原防灭火物资储备库建设,优化重要物资产能保障和区域布局,针对极端情况下可能出现的阶段性物资供应短缺,建立集中生产调度机制。科学调整中央储备规模结构,合理确定灭火、防护、侦通、野外生存和大型机械等常规储备规模,适当增加高技术灭火装备、特种装备器材储备。地方森林(草原)防(灭)火指挥机构根据本地森林草原防灭火工作需要,建立本级森林草原防灭火物资储备库,储备所需的扑火机具、装备和物资。

7.3 资金保障

县级以上地方人民政府应当将森林草原防灭火基础设施建设纳入本级国民经济和社会发展规划,将防灭火经费纳入本级财政预算,保障森林草原防灭火所需支出。

8 后期处置

8.1 火灾评估

县级以上地方人民政府组织有关部门对森林草原火灾发生原因、肇事者及受害森林草原面积和蓄积、人员伤亡、其他经济损失等情况进行调查和评估。必要时,上一级森林(草原)防(灭)火指挥机构可发督办函督导落实或者提级开展调查和评估。

8.2 火因火案查处

地方各级人民政府组织有关部门对森林草原火灾发生原因及时取证、深入调查,依法查处涉火案件,打击涉火违法犯罪行为,严惩火灾肇事者。

8.3 约谈整改

对森林草原防灭火工作不力导致人为火灾多发频发的地区,省级人民政府及其有关部门应及时约谈县级以上地方人民政府及其有关部门主要负责人,要求其采取措施及时整改。必要时,国家森林草原防灭火指挥部及其成员单位按任务分工直接组织约谈。

8.4 责任追究

为严明工作纪律,切实压实压紧各级各方面责任,对森林草原火灾预防和扑救工作中责任不落实、发现隐患不作为、发生事故隐瞒不报、处置不得力等失职渎职行为，依据有关法律法规追究属地责任、部门监管责任、经营主体责任、火源管理责任和组织扑救责任。有关责任追究按照《中华人民共和国监察法》等法律法规规定的权限、程序实施。

8.5　工作总结

各级森林（草原）防（灭）火指挥机构及时总结、分析火灾发生的原因和应吸取的经验教训，提出改进措施。党中央、国务院领导同志有重要指示批示的森林草原火灾和特别重大森林草原火灾，以及引起社会广泛关注和产生严重影响的重大森林草原火灾，扑救工作结束后，国家森林草原防灭火指挥部向国务院报送火灾扑救工作总结。

8.6　表彰奖励

根据有关规定，对在扑火工作中贡献突出的单位、个人给予表彰奖励；对扑火工作中牺牲人员符合评定烈士条件的，按有关规定办理。

9　附　　则

9.1　涉外森林草原火灾

当发生境外火烧入或者境内火烧出情况时，已签订双边协定的按照协定执行；未签订双边协定的由国家森林草原防灭火指挥部、外交部共同研究，与相关国家联系采取相应处置措施进行扑救。

9.2　预案演练

国家森林草原防灭火指挥部办公室会同成员单位制定应急演练计划并定期组织演练。

9.3　预案管理与更新

预案实施后，国家森林草原防灭火指挥部会同有关部门组织预案学习、宣传和培训，并根据实际情况适时组织进行评估和修订。县级以上地方人民政府应急管理部门结合当地实际编制森林草原火灾应急预案，报本级人民政府批准，并报上一级人民政府应急管理部门备案，形成上下衔接、横向协同的预案体系。

9.4　以上、以下、以内、以外的含义

本预案所称以上、以内包括本数，以下、以外不包括本数。

9.5　预案解释

本预案由国家森林草原防灭火指挥部办公室负责解释。

9.6　预案实施时间

本预案自印发之日起实施。

附件：国家森林草原防灭火指挥部火场前线指挥部组成及任务分工

附件

国家森林草原防灭火指挥部
火场前线指挥部组成及任务分工

国家森林草原防灭火指挥部根据需要设立火场前线指挥部，下设相应的工作组。各工作组组成及任务分工如下：

一、综合协调组

由应急部牵头，外交部（仅涉外火灾时参加）、国家发展改革委、公安部、工业和信息化部、交通运输部、中国国家铁路集团有限公司、国家林草局、中国气象局、中国民航局、中央军委联合参谋部等部门和单位参加。

主要职责：传达贯彻党中央、国务院、中央军委指示；密切跟踪汇总森林草原火情和扑救进展，及时向中央报告，并通报国家森林草原防灭火指挥部各成员单位；综合协调内部日常事务，督办重要工作；视情协调国际救援队伍现场行动。

二、抢险救援组

由应急部牵头，外交部（仅涉外火灾时参加）、国家林草局等部门和单位参加。

主要职责：指导灾区制定现场抢险救援方案和组织实施工作；根据灾情变化，适时提出调整抢险救援力量的建议；协调调度应急救援队伍和物资参加抢险救援；指导社会救援力量参与抢险救援；组织协调现场应急处置有关工作；视情组织国际救援队伍开展现场行动。

三、医疗救治组

由国家卫生健康委牵头，中央军委后勤保障部等部门和单位参加。

主要职责：组织指导灾区医疗救助和卫生防疫工作；统筹协调医疗救护队伍和医疗器械、药品支援灾区；组织指导灾区转运救治伤员、做好伤亡统计；指导灾区、安置点防范和控制各种传染病等疫情暴发流行。

四、火灾监测组

由应急部牵头，国家林草局、中国气象局等部门和单位参加。

主要职责：组织火灾风险监测，指导次生衍生灾害防范；调度相关技术力量和设备，监视灾情发展；指导灾害防御和灾害隐患监测预警。

五、通信保障组

由工业和信息化部牵头，应急部、国家林草局等部门和单位参加。

主要职责:协调做好指挥机构在灾区时的通信和信息化组网工作;建立灾害现场指挥机构、应急救援队伍与应急部指挥中心以及其他指挥机构之间的通信联络;指导修复受损通信设施,恢复灾区通信。

六、交通保障组

由交通运输部牵头,公安部、应急部、中国民航局、中央军委后勤保障部、中国国家铁路集团有限公司等部门和单位参加。

主要职责:统筹协调做好应急救援力量赴灾区和撤离时的交通保障工作;指导灾区道路抢通抢修;协调抢险救灾物资、救援装备以及基本生活物资等交通保障。

七、军队工作组

由中央军委联合参谋部牵头,应急部等部门和单位参加。

主要职责:参加国家层面军地联合指挥,加强现地协调指导,保障军委联合指挥作战中心与国家森林草原防灭火指挥部建立直接对接。

八、专家支持组

由专家组成员组成。

主要职责:组织现场灾情会商研判,提供技术支持;指导现场监测预警和隐患排查工作;指导地方开展灾情调查和灾损评估;参与制定抢险救援方案。

九、灾情评估组

由国家林草局牵头,应急部等部门和单位参加。

主要职责:指导开展灾情调查和灾时跟踪评估,为抢险救灾决策提供信息支持;参与制定救援救灾方案。

十、群众生活组

由应急部牵头,外交部、国家发展改革委、民政部、财政部、住房城乡建设部、商务部、国家粮食和储备局、中国红十字会总会等部门和单位参加。

主要职责:制定受灾群众救助工作方案;下拨中央救灾款物并指导发放;统筹灾区生活必需品市场供应,指导灾区油、电、气等重要基础设施抢修;指导做好受灾群众紧急转移安置、过渡期救助和因灾遇难人员家属抚慰等工作;组织国内捐赠、国际援助接收等工作。

十一、社会治安组

由公安部牵头,相关部门和单位参加。

主要职责:做好森林草原火灾有关违法犯罪案件查处工作;指导协助灾区加强现场管控和治安管理工作;维护社会治安和道路交通秩序,预防和处置群体性事件,维护社会稳定;协调做好火场前线指挥部在灾区时的安全保卫工作。

十二、宣传报道组

由中央宣传部牵头,广电总局、国务院新闻办、应急部等部门和单位参加。

主要职责:统筹新闻宣传报道工作;指导做好现场发布会和新闻媒体服务管理;组织开展舆情监测研判,加强舆情管控;指导做好科普宣传;协调做好党和国家领导同志在灾区现场指导处置工作的新闻报道。

七、安全生产综合指导

资料补充栏

中华人民共和国安全生产法

1. 2002年6月29日第九届全国人民代表大会常务委员会第二十八次会议通过
2. 根据2009年8月27日第十一届全国人民代表大会常务委员会第十次会议《关于修改部分法律的决定》第一次修正
3. 根据2014年8月31日第十二届全国人民代表大会常务委员会第十次会议《关于修改〈中华人民共和国安全生产法〉的决定》第二次修正
4. 根据2021年6月10日第十三届全国人民代表大会常务委员会第二十九次会议《关于修改〈中华人民共和国安全生产法〉的决定》第三次修正

目　录

第一章　总　　则

第一条　【立法目的】为了加强安全生产工作，防止和减少生产安全事故，保障人民群众生命和财产安全，促进经济社会持续健康发展，制定本法。

第二条　【效力范围】在中华人民共和国领域内从事生产经营活动的单位（以下统称生产经营单位）的安全生产，适用本法；有关法律、行政法规对消防安全和道路交通安全、铁路交通安全、水上交通安全、民用航空安全以及核与辐射安全、特种设备安全另有规定的，适用其规定。

第三条　【工作方针、理念、机制】安全生产工作坚持中国共产党的领导。

安全生产工作应当以人为本，坚持人民至上、生命至上，把保护人民生命安全摆在首位，树牢安全发展理念，坚持安全第一、预防为主、综合治理的方针，从源头上防范化解重大安全风险。

安全生产工作实行管行业必须管安全、管业务必须管安全、管生产经营必须管安全，强化和落实生产经营单位主体责任与政府监管责任，建立生产经营单位负责、职工参与、政府监管、行业自律和社会监督的机制。

第四条　【生产经营单位的基本义务】生产经营单位必须遵守本法和其他有关安全生产的法律、法规，加强安全生产管理，建立健全全员安全生产责任制和安全生产规章制度，加大对安全生产资金、物资、技术、人员的投入保障力度，改善安全生产条件，加强安全生产标准化、信息化建设，构建安全风险分级管控和隐患排查治理双重预防机制，健全风险防范化解机制，提高安全生产水平，确保安全生产。

平台经济等新兴行业、领域的生产经营单位应当根据本行业、领域的特点，建立健全并落实全员安全生产责任制，加强从业人员安全生产教育和培训，履行本法和其他法律、法规规定的有关安全生产义务。

第五条　【生产经营单位主要负责人及其他负责人的职责】生产经营单位的主要负责人是本单位安全生产第一责任人，对本单位的安全生产工作全面负责。其他负责人对职责范围内的安全生产工作负责。

第六条　【从业人员安全生产权利义务】生产经营单位的从业人员有依法获得安全生产保障的权利，并应当依法履行安全生产方面的义务。

第七条　【工会职责】工会依法对安全生产工作进行监督。

生产经营单位的工会依法组织职工参加本单位安全生产工作的民主管理和民主监督，维护职工在安全生产方面的合法权益。生产经营单位制定或者修改有关安全生产的规章制度，应当听取工会的意见。

第八条　【安全生产规划】国务院和县级以上地方各级人民政府应当根据国民经济和社会发展规划制定安全生产规划，并组织实施。安全生产规划应当与国土空间规划等相关规划相衔接。

各级人民政府应当加强安全生产基础设施建设和安全生产监管能力建设，所需经费列入本级预算。

县级以上地方各级人民政府应当组织有关部门建立完善安全风险评估与论证机制，按照安全风险管控要求，进行产业规划和空间布局，并对位置相邻、行业相近、业态相似的生产经营单位实施重大安全风险联防联控。

第九条　【各级人民政府安全生产工作职责】国务院和县级以上地方各级人民政府应当加强对安全生产工作的领导，建立健全安全生产工作协调机制，支持、督促各有关部门依法履行安全生产监督管理职责，及时协调、解决安全生产监督管理中存在的重大问题。

乡镇人民政府和街道办事处，以及开发区、工业园区、港区、风景区等应当明确负责安全生产监督管理的有关工作机构及其职责,加强安全生产监管力量建设,按照职责对本行政区域或者管理区域内生产经营单位安全生产状况进行监督检查,协助人民政府有关部门或者按照授权依法履行安全生产监督管理职责。

第十条　【安全生产监督管理体制】国务院应急管理部门依照本法,对全国安全生产工作实施综合监督管理;县级以上地方各级人民政府应急管理部门依照本法,对本行政区域内安全生产工作实施综合监督管理。

国务院交通运输、住房和城乡建设、水利、民航等有关部门依照本法和其他有关法律、行政法规的规定,在各自的职责范围内对有关行业、领域的安全生产工作实施监督管理;县级以上地方各级人民政府有关部门依照本法和其他有关法律、法规的规定,在各自的职责范围内对有关行业、领域的安全生产工作实施监督管理。对新兴行业、领域的安全生产监督管理职责不明确的,由县级以上地方各级人民政府按照业务相近的原则确定监督管理部门。

应急管理部门和对有关行业、领域的安全生产工作实施监督管理的部门,统称负有安全生产监督管理职责的部门。负有安全生产监督管理职责的部门应当相互配合、齐抓共管、信息共享、资源共用,依法加强安全生产监督管理工作。

第十一条　【安全生产相关标准】国务院有关部门应当按照保障安全生产的要求,依法及时制定有关的国家标准或者行业标准,并根据科技进步和经济发展适时修订。

生产经营单位必须执行依法制定的保障安全生产的国家标准或者行业标准。

第十二条　【安全生产国家标准的制定】国务院有关部门按照职责分工负责安全生产强制性国家标准的项目提出、组织起草、征求意见、技术审查。国务院应急管理部门统筹提出安全生产强制性国家标准的立项计划。国务院标准化行政主管部门负责安全生产强制性国家标准的立项、编号、对外通报和授权批准发布工作。国务院标准化行政主管部门、有关部门依据法定职责对安全生产强制性国家标准的实施进行监督检查。

第十三条　【安全生产教育】各级人民政府及其有关部门应当采取多种形式,加强对有关安全生产的法律、法规和安全生产知识的宣传,增强全社会的安全生产意识。

第十四条　【协会组织职责】有关协会组织依照法律、行政法规和章程,为生产经营单位提供安全生产方面的信息、培训等服务,发挥自律作用,促进生产经营单位加强安全生产管理。

第十五条　【为安全生产提供技术、管理服务机构的职责】依法设立的为安全生产提供技术、管理服务的机构,依照法律、行政法规和执业准则,接受生产经营单位的委托为其安全生产工作提供技术、管理服务。

生产经营单位委托前款规定的机构提供安全生产技术、管理服务的,保证安全生产的责任仍由本单位负责。

第十六条　【生产安全事故责任追究制度】国家实行生产安全事故责任追究制度,依照本法和有关法律、法规的规定,追究生产安全事故责任单位和责任人员的法律责任。

第十七条　【安全生产权力和责任清单】县级以上各级人民政府应当组织负有安全生产监督管理职责的部门依法编制安全生产权力和责任清单,公开并接受社会监督。

第十八条　【国家鼓励安全生产科研及技术推广】国家鼓励和支持安全生产科学技术研究和安全生产先进技术的推广应用,提高安全生产水平。

第十九条　【国家奖励】国家对在改善安全生产条件、防止生产安全事故、参加抢险救护等方面取得显著成绩的单位和个人,给予奖励。

第二章　生产经营单位的安全生产保障

第二十条　【生产经营单位应当具备安全生产条件】生产经营单位应当具备本法和有关法律、行政法规和国家标准或者行业标准规定的安全生产条件;不具备安全生产条件的,不得从事生产经营活动。

第二十一条　【生产经营单位的主要负责人的职责】生产经营单位的主要负责人对本单位安全生产工作负有下列职责:

(一)建立健全并落实本单位全员安全生产责任制,加强安全生产标准化建设;

(二)组织制定并实施本单位安全生产规章制度和操作规程;

(三)组织制定并实施本单位安全生产教育和培训计划;

(四)保证本单位安全生产投入的有效实施;

(五)组织建立并落实安全风险分级管控和隐患排查治理双重预防工作机制,督促、检查本单位的安全生产工作,及时消除生产安全事故隐患;

（六）组织制定并实施本单位的生产安全事故应急救援预案；

（七）及时、如实报告生产安全事故。

第二十二条　【全员安全生产责任制】生产经营单位的全员安全生产责任制应当明确各岗位的责任人员、责任范围和考核标准等内容。

生产经营单位应当建立相应的机制，加强对全员安全生产责任制落实情况的监督考核，保证全员安全生产责任制的落实。

第二十三条　【安全投入保障义务】生产经营单位应当具备的安全生产条件所必需的资金投入，由生产经营单位的决策机构、主要负责人或者个人经营的投资人予以保证，并对由于安全生产所必需的资金投入不足导致的后果承担责任。

有关生产经营单位应当按照规定提取和使用安全生产费用，专门用于改善安全生产条件。安全生产费用在成本中据实列支。安全生产费用提取、使用和监督管理的具体办法由国务院财政部门会同国务院应急管理部门征求国务院有关部门意见后制定。

第二十四条　【安全生产管理机构及人员的设置、配备】矿山、金属冶炼、建筑施工、运输单位和危险物品的生产、经营、储存、装卸单位，应当设置安全生产管理机构或者配备专职安全生产管理人员。

前款规定以外的其他生产经营单位，从业人员超过一百人的，应当设置安全生产管理机构或者配备专职安全生产管理人员；从业人员在一百人以下的，应当配备专职或者兼职的安全生产管理人员。

第二十五条　【安全生产管理机构及管理人员的职责】生产经营单位的安全生产管理机构以及安全生产管理人员履行下列职责：

（一）组织或者参与拟订本单位安全生产规章制度、操作规程和生产安全事故应急救援预案；

（二）组织或者参与本单位安全生产教育和培训，如实记录安全生产教育和培训情况；

（三）组织开展危险源辨识和评估，督促落实本单位重大危险源的安全管理措施；

（四）组织或者参与本单位应急救援演练；

（五）检查本单位的安全生产状况，及时排查生产安全事故隐患，提出改进安全生产管理的建议；

（六）制止和纠正违章指挥、强令冒险作业、违反操作规程的行为；

（七）督促落实本单位安全生产整改措施。

生产经营单位可以设置专职安全生产分管负责人，协助本单位主要负责人履行安全生产管理职责。

第二十六条　【履职要求与履职保障】生产经营单位的安全生产管理机构以及安全生产管理人员应当恪尽职守，依法履行职责。

生产经营单位作出涉及安全生产的经营决策，应当听取安全生产管理机构以及安全生产管理人员的意见。

生产经营单位不得因安全生产管理人员依法履行职责而降低其工资、福利等待遇或者解除与其订立的劳动合同。

危险物品的生产、储存单位以及矿山、金属冶炼单位的安全生产管理人员的任免，应当告知主管的负有安全生产监督管理职责的部门。

第二十七条　【知识和管理能力】生产经营单位的主要负责人和安全生产管理人员必须具备与本单位所从事的生产经营活动相应的安全生产知识和管理能力。

危险物品的生产、经营、储存、装卸单位以及矿山、金属冶炼、建筑施工、运输单位的主要负责人和安全生产管理人员，应当由主管的负有安全生产监督管理职责的部门对其安全生产知识和管理能力考核合格。考核不得收费。

危险物品的生产、储存、装卸单位以及矿山、金属冶炼单位应当有注册安全工程师从事安全生产管理工作。鼓励其他生产经营单位聘用注册安全工程师从事安全生产管理工作。注册安全工程师按专业分类管理，具体办法由国务院人力资源和社会保障部门、国务院应急管理部门会同国务院有关部门制定。

第二十八条　【安全生产教育和培训】生产经营单位应当对从业人员进行安全生产教育和培训，保证从业人员具备必要的安全生产知识，熟悉有关的安全生产规章制度和安全操作规程，掌握本岗位的安全操作技能，了解事故应急处理措施，知悉自身在安全生产方面的权利和义务。未经安全生产教育和培训合格的从业人员，不得上岗作业。

生产经营单位使用被派遣劳动者的，应当将被派遣劳动者纳入本单位从业人员统一管理，对被派遣劳动者进行岗位安全操作规程和安全操作技能的教育和培训。劳务派遣单位应当对被派遣劳动者进行必要的安全生产教育和培训。

生产经营单位接收中等职业学校、高等学校学生实习的，应当对实习学生进行相应的安全生产教育和培训，提供必要的劳动防护用品。学校应当协助生产经营单位对实习学生进行安全生产教育和培训。

生产经营单位应当建立安全生产教育和培训档案，如实记录安全生产教育和培训的时间、内容、参加人员以及考核结果等情况。

第二十九条 【技术更新的安全教育培训】生产经营单位采用新工艺、新技术、新材料或者使用新设备，必须了解、掌握其安全技术特性，采取有效的安全防护措施，并对从业人员进行专门的安全生产教育和培训。

第三十条 【特种作业人员安全管理规定】生产经营单位的特种作业人员必须按照国家有关规定经专门的安全作业培训，取得相应资格，方可上岗作业。

特种作业人员的范围由国务院应急管理部门会同国务院有关部门确定。

第三十一条 【建设项目安全设施“三同时”制度】生产经营单位新建、改建、扩建工程项目（以下统称建设项目）的安全设施，必须与主体工程同时设计、同时施工、同时投入生产和使用。安全设施投资应当纳入建设项目概算。

第三十二条 【特殊建设项目安全评价】矿山、金属冶炼建设项目和用于生产、储存、装卸危险物品的建设项目，应当按照国家有关规定进行安全评价。

第三十三条 【建设项目安全设计审查】建设项目安全设施的设计人、设计单位应当对安全设施设计负责。

矿山、金属冶炼建设项目和用于生产、储存、装卸危险物品的建设项目的安全设施设计应当按照国家有关规定报经有关部门审查，审查部门及其负责审查的人员对审查结果负责。

第三十四条 【建设项目安全设施施工与验收】矿山、金属冶炼建设项目和用于生产、储存、装卸危险物品的建设项目的施工单位必须按照批准的安全设施设计施工，并对安全设施的工程质量负责。

矿山、金属冶炼建设项目和用于生产、储存、装卸危险物品的建设项目竣工投入生产或者使用前，应当由建设单位负责组织对安全设施进行验收；验收合格后，方可投入生产和使用。负有安全生产监督管理职责的部门应当加强对建设单位验收活动和验收结果的监督核查。

第三十五条 【安全警示标志】生产经营单位应当在有较大危险因素的生产经营场所和有关设施、设备上，设置明显的安全警示标志。

第三十六条 【安全设备管理】安全设备的设计、制造、安装、使用、检测、维修、改造和报废，应当符合国家标准或者行业标准。

生产经营单位必须对安全设备进行经常性维护、保养，并定期检测，保证正常运转。维护、保养、检测应当作好记录，并由有关人员签字。

生产经营单位不得关闭、破坏直接关系生产安全的监控、报警、防护、救生设备、设施，或者篡改、隐瞒、销毁其相关数据、信息。

餐饮等行业的生产经营单位使用燃气的，应当安装可燃气体报警装置，并保障其正常使用。

第三十七条 【特种设备安全管理】生产经营单位使用的危险物品的容器、运输工具，以及涉及人身安全、危险性较大的海洋石油开采特种设备和矿山井下特种设备，必须按照国家有关规定，由专业生产单位生产，并经具有专业资质的检测、检验机构检测、检验合格，取得安全使用证或者安全标志，方可投入使用。检测、检验机构对检测、检验结果负责。

第三十八条 【工艺、设备淘汰制度】国家对严重危及生产安全的工艺、设备实行淘汰制度，具体目录由国务院应急管理部门会同国务院有关部门制定并公布。法律、行政法规对目录的制定另有规定的，适用其规定。

省、自治区、直辖市人民政府可以根据本地区实际情况制定并公布具体目录，对前款规定以外的危及生产安全的工艺、设备予以淘汰。

生产经营单位不得使用应当淘汰的危及生产安全的工艺、设备。

第三十九条 【危险物品的监管】生产、经营、运输、储存、使用危险物品或者处置废弃危险物品的，由有关主管部门依照有关法律、法规的规定和国家标准或者行业标准审批并实施监督管理。

生产经营单位生产、经营、运输、储存、使用危险物品或者处置废弃危险物品，必须执行有关法律、法规和国家标准或者行业标准，建立专门的安全管理制度，采取可靠的安全措施，接受有关主管部门依法实施的监督管理。

第四十条 【重大危险源安全管理】生产经营单位对重大危险源应当登记建档，进行定期检测、评估、监控，并制定应急预案，告知从业人员和相关人员在紧急情况下应当采取的应急措施。

生产经营单位应当按照国家有关规定将本单位重大危险源及有关安全措施、应急措施报有关地方人民政府应急管理部门和有关部门备案。有关地方人民政府应急管理部门和有关部门应当通过相关信息系统实现信息共享。

第四十一条 【风险管控和隐患排查治理】生产经营单位应当建立安全风险分级管控制度，按照安全风险分级采取相应的管控措施。

生产经营单位应当建立健全并落实生产安全事故隐患排查治理制度，采取技术、管理措施，及时发现并消除事故隐患。事故隐患排查治理情况应当如实记录，并通过职工大会或者职工代表大会、信息公示栏等方式向从业人员通报。其中，重大事故隐患排查治理情况应当及时向负有安全生产监督管理职责的部门和职工大会或者职工代表大会报告。

县级以上地方各级人民政府负有安全生产监督管理职责的部门应当将重大事故隐患纳入相关信息系统，建立健全重大事故隐患治理督办制度，督促生产经营单位消除重大事故隐患。

第四十二条　【生产经营场所和员工宿舍安全管理】生产、经营、储存、使用危险物品的车间、商店、仓库不得与员工宿舍在同一座建筑物内，并应当与员工宿舍保持安全距离。

生产经营场所和员工宿舍应当设有符合紧急疏散要求、标志明显、保持畅通的出口、疏散通道。禁止占用、锁闭、封堵生产经营场所或者员工宿舍的出口、疏散通道。

第四十三条　【危险作业现场安全管理】生产经营单位进行爆破、吊装、动火、临时用电以及国务院应急管理部门会同国务院有关部门规定的其他危险作业，应当安排专门人员进行现场安全管理，确保操作规程的遵守和安全措施的落实。

第四十四条　【从业人员安全管理】生产经营单位应当教育和督促从业人员严格执行本单位的安全生产规章制度和安全操作规程；并向从业人员如实告知作业场所和工作岗位存在的危险因素、防范措施以及事故应急措施。

生产经营单位应当关注从业人员的身体、心理状况和行为习惯，加强对从业人员的心理疏导、精神慰藉，严格落实岗位安全生产责任，防范从业人员行为异常导致事故发生。

第四十五条　【生产经营单位提供劳动防护用品】生产经营单位必须为从业人员提供符合国家标准或者行业标准的劳动防护用品，并监督、教育从业人员按照使用规则佩戴、使用。

第四十六条　【检查职责及重大事故隐患报告】生产经营单位的安全生产管理人员应当根据本单位的生产经营特点，对安全生产状况进行经常性检查；对检查中发现的安全问题，应当立即处理；不能处理的，应当及时报告本单位有关负责人，有关负责人应当及时处理。检查及处理情况应当如实记录在案。

生产经营单位的安全生产管理人员在检查中发现重大事故隐患，依照前款规定向本单位有关负责人报告，有关负责人不及时处理的，安全生产管理人员可以向主管的负有安全生产监督管理职责的部门报告，接到报告的部门应当依法及时处理。

第四十七条　【经费保障】生产经营单位应当安排用于配备劳动防护用品、进行安全生产培训的经费。

第四十八条　【交叉作业的安全管理】两个以上生产经营单位在同一作业区域内进行生产经营活动，可能危及对方生产安全的，应当签订安全生产管理协议，明确各自的安全生产管理职责和应当采取的安全措施，并指定专职安全生产管理人员进行安全检查与协调。

第四十九条　【发包与出租的安全生产责任】生产经营单位不得将生产经营项目、场所、设备发包或者出租给不具备安全生产条件或者相应资质的单位或者个人。

生产经营项目、场所发包或者出租给其他单位的，生产经营单位应当与承包单位、承租单位签订专门的安全生产管理协议，或者在承包合同、租赁合同中约定各自的安全生产管理职责；生产经营单位对承包单位、承租单位的安全生产工作统一协调、管理，定期进行安全检查，发现安全问题的，应当及时督促整改。

矿山、金属冶炼建设项目和用于生产、储存、装卸危险物品的建设项目的施工单位应当加强对施工项目的安全管理，不得倒卖、出租、出借、挂靠或者以其他形式非法转让施工资质，不得将其承包的全部建设工程转包给第三人或者将其承包的全部建设工程支解以后以分包的名义分别转包给第三人，不得将工程分包给不具备相应资质条件的单位。

第五十条　【事故发生时主要负责人职责】生产经营单位发生生产安全事故时，单位的主要负责人应当立即组织抢救，并不得在事故调查处理期间擅离职守。

第五十一条　【工伤保险和安全生产责任保险】生产经营单位必须依法参加工伤保险，为从业人员缴纳保险费。

国家鼓励生产经营单位投保安全生产责任保险；属于国家规定的高危行业、领域的生产经营单位，应当投保安全生产责任保险。具体范围和实施办法由国务院应急管理部门会同国务院财政部门、国务院保险监督管理机构和相关行业主管部门制定。

第三章　从业人员的安全生产权利义务

第五十二条　【劳动合同应载明的安全事项】生产经营

单位与从业人员订立的劳动合同,应当载明有关保障从业人员劳动安全、防止职业危害的事项,以及依法为从业人员办理工伤保险的事项。

生产经营单位不得以任何形式与从业人员订立协议,免除或者减轻其对从业人员因生产安全事故伤亡依法应承担的责任。

第五十三条　【知情权和建议权】生产经营单位的从业人员有权了解其作业场所和工作岗位存在的危险因素、防范措施及事故应急措施,有权对本单位的安全生产工作提出建议。

第五十四条　【批评、检举、控告、拒绝权】从业人员有权对本单位安全生产工作中存在的问题提出批评、检举、控告;有权拒绝违章指挥和强令冒险作业。

生产经营单位不得因从业人员对本单位安全生产工作提出批评、检举、控告或者拒绝违章指挥、强令冒险作业而降低其工资、福利等待遇或者解除与其订立的劳动合同。

第五十五条　【紧急撤离权】从业人员发现直接危及人身安全的紧急情况时,有权停止作业或者在采取可能的应急措施后撤离作业场所。

生产经营单位不得因从业人员在前款紧急情况下停止作业或者采取紧急撤离措施而降低其工资、福利等待遇或者解除与其订立的劳动合同。

第五十六条　【及时救治义务及损害赔偿请求权】生产经营单位发生生产安全事故后,应当及时采取措施救治有关人员。

因生产安全事故受到损害的从业人员,除依法享有工伤保险外,依照有关民事法律尚有获得赔偿的权利的,有权提出赔偿要求。

第五十七条　【从业人员安全生产义务】从业人员在作业过程中,应当严格落实岗位安全责任,遵守本单位的安全生产规章制度和操作规程,服从管理,正确佩戴和使用劳动防护用品。

第五十八条　【从业人员接受安全生产教育培训】从业人员应当接受安全生产教育和培训,掌握本职工作所需的安全生产知识,提高安全生产技能,增强事故预防和应急处理能力。

第五十九条　【对事故隐患及不安全因素的报告义务】从业人员发现事故隐患或者其他不安全因素,应当立即向现场安全生产管理人员或者本单位负责人报告;接到报告的人员应当及时予以处理。

第六十条　【工会监督】工会有权对建设项目的安全设施与主体工程同时设计、同时施工、同时投入生产和使用进行监督,提出意见。

工会对生产经营单位违反安全生产法律、法规,侵犯从业人员合法权益的行为,有权要求纠正;发现生产经营单位违章指挥、强令冒险作业或者发现事故隐患时,有权提出解决的建议,生产经营单位应当及时研究答复;发现危及从业人员生命安全的情况时,有权向生产经营单位建议组织从业人员撤离危险场所,生产经营单位必须立即作出处理。

工会有权依法参加事故调查,向有关部门提出处理意见,并要求追究有关人员的责任。

第六十一条　【被派遣劳动者的权利义务】生产经营单位使用被派遣劳动者的,被派遣劳动者享有本法规定的从业人员的权利,并应当履行本法规定的从业人员的义务。

第四章　安全生产的监督管理

第六十二条　【政府和应急管理部门职责】县级以上地方各级人民政府应当根据本行政区域内的安全生产状况,组织有关部门按照职责分工,对本行政区域内容易发生重大生产安全事故的生产经营单位进行严格检查。

应急管理部门应当按照分类分级监督管理的要求,制定安全生产年度监督检查计划,并按照年度监督检查计划进行监督检查,发现事故隐患,应当及时处理。

第六十三条　【安全生产事项的审批、验收】负有安全生产监督管理职责的部门依照有关法律、法规的规定,对涉及安全生产的事项需要审查批准(包括批准、核准、许可、注册、认证、颁发证照等,下同)或者验收的,必须严格依照有关法律、法规和国家标准或者行业标准规定的安全生产条件和程序进行审查;不符合有关法律、法规和国家标准或者行业标准规定的安全生产条件的,不得批准或者验收通过。对未依法取得批准或者验收合格的单位擅自从事有关活动的,负责行政审批的部门发现或者接到举报后应当立即予以取缔,并依法予以处理。对已经依法取得批准的单位,负责行政审批的部门发现其不再具备安全生产条件的,应当撤销原批准。

第六十四条　【审批、验收的禁止性规定】负有安全生产监督管理职责的部门对涉及安全生产的事项进行审查、验收,不得收取费用;不得要求接受审查、验收的单位购买其指定品牌或者指定生产、销售单位的安全设备、器材或者其他产品。

第六十五条　【现场检查权】应急管理部门和其他负有

安全生产监督管理职责的部门依法开展安全生产行政执法工作，对生产经营单位执行有关安全生产的法律、法规和国家标准或者行业标准的情况进行监督检查，行使以下职权：

（一）进入生产经营单位进行检查，调阅有关资料，向有关单位和人员了解情况；

（二）对检查中发现的安全生产违法行为，当场予以纠正或者要求限期改正；对依法应当给予行政处罚的行为，依照本法和其他有关法律、行政法规的规定作出行政处罚决定；

（三）对检查中发现的事故隐患，应当责令立即排除；重大事故隐患排除前或者排除过程中无法保证安全的，应当责令从危险区域内撤出作业人员，责令暂时停产停业或者停止使用相关设施、设备；重大事故隐患排除后，经审查同意，方可恢复生产经营和使用；

（四）对有根据认为不符合保障安全生产的国家标准或者行业标准的设施、设备、器材以及违法生产、储存、使用、经营、运输的危险物品予以查封或者扣押，对违法生产、储存、使用、经营危险物品的作业场所予以查封，并依法作出处理决定。

监督检查不得影响被检查单位的正常生产经营活动。

第六十六条　【配合监督检查】生产经营单位对负有安全生产监督管理职责的部门的监督检查人员（以下统称安全生产监督检查人员）依法履行监督检查职责，应当予以配合，不得拒绝、阻挠。

第六十七条　【安全生产监督检查人员的工作原则】安全生产监督检查人员应当忠于职守，坚持原则，秉公执法。

安全生产监督检查人员执行监督检查任务时，必须出示有效的行政执法证件；对涉及被检查单位的技术秘密和业务秘密，应当为其保密。

第六十八条　【书面记录】安全生产监督检查人员应当将检查的时间、地点、内容、发现的问题及其处理情况，作出书面记录，并由检查人员和被检查单位的负责人签字；被检查单位的负责人拒绝签字的，检查人员应当将情况记录在案，并向负有安全生产监督管理职责的部门报告。

第六十九条　【各部门联合检查】负有安全生产监督管理职责的部门在监督检查中，应当互相配合，实行联合检查；确需分别进行检查的，应当互通情况，发现存在的安全问题应当由其他有关部门进行处理的，应当及时移送其他有关部门并形成记录备查，接受移送的部门应当及时进行处理。

第七十条　【强制停止生产经营活动】负有安全生产监督管理职责的部门依法对存在重大事故隐患的生产经营单位作出停产停业、停止施工、停止使用相关设施或者设备的决定，生产经营单位应当依法执行，及时消除事故隐患。生产经营单位拒不执行，有发生生产安全事故的现实危险的，在保证安全的前提下，经本部门主要负责人批准，负有安全生产监督管理职责的部门可以采取通知有关单位停止供电、停止供应民用爆炸物品等措施，强制生产经营单位履行决定。通知应当采用书面形式，有关单位应当予以配合。

负有安全生产监督管理职责的部门依照前款规定采取停止供电措施，除有危及生产安全的紧急情形外，应当提前二十四小时通知生产经营单位。生产经营单位依法履行行政决定、采取相应措施消除事故隐患的，负有安全生产监督管理职责的部门应当及时解除前款规定的措施。

第七十一条　【监察】监察机关依照监察法的规定，对负有安全生产监督管理职责的部门及其工作人员履行安全生产监督管理职责实施监察。

第七十二条　【安全生产服务机构资质与义务】承担安全评价、认证、检测、检验职责的机构应当具备国家规定的资质条件，并对其作出的安全评价、认证、检测、检验结果的合法性、真实性负责。资质条件由国务院应急管理部门会同国务院有关部门制定。

承担安全评价、认证、检测、检验职责的机构应当建立并实施服务公开和报告公开制度，不得租借资质、挂靠、出具虚假报告。

第七十三条　【举报核查】负有安全生产监督管理职责的部门应当建立举报制度，公开举报电话、信箱或者电子邮件地址等网络举报平台，受理有关安全生产的举报；受理的举报事项经调查核实后，应当形成书面材料；需要落实整改措施的，报经有关负责人签字并督促落实。对不属于本部门职责，需要由其他有关部门进行调查处理的，转交其他有关部门处理。

涉及人员死亡的举报事项，应当由县级以上人民政府组织核查处理。

第七十四条　【举报权利和公益诉讼】任何单位或者个人对事故隐患或者安全生产违法行为，均有权向负有安全生产监督管理职责的部门报告或者举报。

因安全生产违法行为造成重大事故隐患或者导致重大事故，致使国家利益或者社会公共利益受到侵害的，人民检察院可以根据民事诉讼法、行政诉讼法的相关规定提起公益诉讼。

第七十五条 【居民委员会、村民委员会对安全隐患的报告义务】居民委员会、村民委员会发现其所在区域内的生产经营单位存在事故隐患或者安全生产违法行为时，应当向当地人民政府或者有关部门报告。

第七十六条 【举报奖励】县级以上各级人民政府及其有关部门对报告重大事故隐患或者举报安全生产违法行为的有功人员，给予奖励。具体奖励办法由国务院应急管理部门会同国务院财政部门制定。

第七十七条 【舆论监督】新闻、出版、广播、电影、电视等单位有进行安全生产公益宣传教育的义务，有对违反安全生产法律、法规的行为进行舆论监督的权利。

第七十八条 【违法行为信息库】负有安全生产监督管理职责的部门应当建立安全生产违法行为信息库，如实记录生产经营单位及其有关从业人员的安全生产违法行为信息；对违法行为情节严重的生产经营单位及其有关从业人员，应当及时向社会公告，并通报行业主管部门、投资主管部门、自然资源主管部门、生态环境主管部门、证券监督管理机构以及有关金融机构。有关部门和机构应当对存在失信行为的生产经营单位及其有关从业人员采取加大执法检查频次、暂停项目审批、上调有关保险费率、行业或者职业禁入等联合惩戒措施，并向社会公示。

负有安全生产监督管理职责的部门应当加强对生产经营单位行政处罚信息的及时归集、共享、应用和公开，对生产经营单位作出处罚决定后七个工作日内在监督管理部门公示系统予以公开曝光，强化对违法失信生产经营单位及其有关从业人员的社会监督，提高全社会安全生产诚信水平。

第五章 生产安全事故的应急救援与调查处理

第七十九条 【加强生产安全事故应急能力建设】国家加强生产安全事故应急能力建设，在重点行业、领域建立应急救援基地和应急救援队伍，并由国家安全生产应急救援机构统一协调指挥；鼓励生产经营单位和其他社会力量建立应急救援队伍，配备相应的应急救援装备和物资，提高应急救援的专业化水平。

国务院应急管理部门牵头建立全国统一的生产安全事故应急救援信息系统，国务院交通运输、住房和城乡建设、水利、民航等有关部门和县级以上地方人民政府建立健全相关行业、领域、地区的生产安全事故应急救援信息系统，实现互联互通、信息共享，通过推行网上安全信息采集、安全监管和监测预警，提升监管的精准化、智能化水平。

第八十条 【各级人民政府建立应急救援体系】县级以上地方各级人民政府应当组织有关部门制定本行政区域内生产安全事故应急救援预案，建立应急救援体系。

乡镇人民政府和街道办事处，以及开发区、工业园区、港区、风景区等应当制定相应的生产安全事故应急救援预案，协助人民政府有关部门或者按照授权依法履行生产安全事故应急救援工作职责。

第八十一条 【生产经营单位制定应急救援预案】生产经营单位应当制定本单位生产安全事故应急救援预案，与所在地县级以上地方人民政府组织制定的生产安全事故应急救援预案相衔接，并定期组织演练。

第八十二条 【高危行业生产经营单位的应急救援义务】危险物品的生产、经营、储存单位以及矿山、金属冶炼、城市轨道交通运营、建筑施工单位应当建立应急救援组织；生产经营规模较小的，可以不建立应急救援组织，但应当指定兼职的应急救援人员。

危险物品的生产、经营、储存、运输单位以及矿山、金属冶炼、城市轨道交通运营、建筑施工单位应当配备必要的应急救援器材、设备和物资，并进行经常性维护、保养，保证正常运转。

第八十三条 【安全事故报告和抢救义务】生产经营单位发生生产安全事故后，事故现场有关人员应当立即报告本单位负责人。

单位负责人接到事故报告后，应当迅速采取有效措施，组织抢救，防止事故扩大，减少人员伤亡和财产损失，并按照国家有关规定立即如实报告当地负有安全生产监督管理职责的部门，不得隐瞒不报、谎报或者迟报，不得故意破坏事故现场、毁灭有关证据。

第八十四条 【行政机关事故报告义务】负有安全生产监督管理职责的部门接到事故报告后，应当立即按照国家有关规定上报事故情况。负有安全生产监督管理职责的部门和有关地方人民政府对事故情况不得隐瞒不报、谎报或者迟报。

第八十五条 【事故抢救】有关地方人民政府和负有安全生产监督管理职责的部门的负责人接到生产安全事故报告后，应当按照生产安全事故应急救援预案的要求立即赶到事故现场，组织事故抢救。

参与事故抢救的部门和单位应当服从统一指挥，加强协同联动，采取有效的应急救援措施，并根据事故救援的需要采取警戒、疏散等措施，防止事故扩大和次生灾害的发生，减少人员伤亡和财产损失。

事故抢救过程中应当采取必要措施，避免或者减少对环境造成的危害。

任何单位和个人都应当支持、配合事故抢救，并提供一切便利条件。

第八十六条 【事故调查处理的原则】事故调查处理应当按照科学严谨、依法依规、实事求是、注重实效的原则，及时、准确地查清事故原因，查明事故性质和责任，评估应急处置工作，总结事故教训，提出整改措施，并对事故责任单位和人员提出处理建议。事故调查报告应当依法及时向社会公布。事故调查和处理的具体办法由国务院制定。

事故发生单位应当及时全面落实整改措施，负有安全生产监督管理职责的部门应当加强监督检查。

负责事故调查处理的国务院有关部门和地方人民政府应当在批复事故调查报告后一年内，组织有关部门对事故整改和防范措施落实情况进行评估，并及时向社会公开评估结果；对不履行职责导致事故整改和防范措施没有落实的有关单位和人员，应当按照有关规定追究责任。

第八十七条 【责任事故的法律后果】生产经营单位发生生产安全事故，经调查确定为责任事故的，除了应当查明事故单位的责任并依法予以追究外，还应当查明对安全生产的有关事项负有审查批准和监督职责的行政部门的责任，对有失职、渎职行为的，依照本法第九十条的规定追究法律责任。

第八十八条 【不得阻挠和干涉对事故的依法调查处理】任何单位和个人不得阻挠和干涉对事故的依法调查处理。

第八十九条 【定期统计分析生产安全事故情况】县级以上地方各级人民政府应急管理部门应当定期统计分析本行政区域内发生生产安全事故的情况，并定期向社会公布。

第六章 法律责任

第九十条 【监管部门工作人员的违法行为及责任】负有安全生产监督管理职责的部门的工作人员，有下列行为之一的，给予降级或者撤职的处分；构成犯罪的，依照刑法有关规定追究刑事责任：

（一）对不符合法定安全生产条件的涉及安全生产的事项予以批准或者验收通过的；

（二）发现未依法取得批准、验收的单位擅自从事有关活动或者接到举报后不予取缔或者不依法予以处理的；

（三）对已经依法取得批准的单位不履行监督管理职责，发现其不再具备安全生产条件而不撤销原批准或者发现安全生产违法行为不予查处的；

（四）在监督检查中发现重大事故隐患，不依法及时处理的。

负有安全生产监督管理职责的部门的工作人员有前款规定以外的滥用职权、玩忽职守、徇私舞弊行为的，依法给予处分；构成犯罪的，依照刑法有关规定追究刑事责任。

第九十一条 【监管部门违法责任】负有安全生产监督管理职责的部门，要求被审查、验收的单位购买其指定的安全设备、器材或者其他产品的，在对安全生产事项的审查、验收中收取费用的，由其上级机关或者监察机关责令改正，责令退还收取的费用；情节严重的，对直接负责的主管人员和其他直接责任人员依法给予处分。

第九十二条 【承担安全评价、认证、检测、检验职责的机构及责任人员的法律责任】承担安全评价、认证、检测、检验职责的机构出具失实报告的，责令停业整顿，并处三万元以上十万元以下的罚款；给他人造成损害的，依法承担赔偿责任。

承担安全评价、认证、检测、检验职责的机构租借资质、挂靠、出具虚假报告的，没收违法所得；违法所得在十万元以上的，并处违法所得二倍以上五倍以下的罚款，没有违法所得或者违法所得不足十万元的，单处或者并处十万元以上二十万元以下的罚款；对其直接负责的主管人员和其他直接责任人员处五万元以上十万元以下的罚款；给他人造成损害的，与生产经营单位承担连带赔偿责任；构成犯罪的，依照刑法有关规定追究刑事责任。

对有前款违法行为的机构及其直接责任人员，吊销其相应资质和资格，五年内不得从事安全评价、认证、检测、检验等工作；情节严重的，实行终身行业和职业禁入。

第九十三条 【未投入保证安全生产所必需的资金的法律责任】生产经营单位的决策机构、主要负责人或者个人经营的投资人不依照本法规定保证安全生产所必需的资金投入，致使生产经营单位不具备安全生产条件的，责令限期改正，提供必需的资金；逾期未改正的，责令生产经营单位停产停业整顿。

有前款违法行为，导致发生生产安全事故的，对生产经营单位的主要负责人给予撤职处分，对个人经营的投资人处二万元以上二十万元以下的罚款；构成犯罪的，依照刑法有关规定追究刑事责任。

第九十四条　【主要负责人未履行安全生产职责的法律责任】生产经营单位的主要负责人未履行本法规定的安全生产管理职责的，责令限期改正，处二万元以上五万元以下的罚款；逾期未改正的，处五万元以上十万元以下的罚款，责令生产经营单位停产停业整顿。

生产经营单位的主要负责人有前款违法行为，导致发生生产安全事故的，给予撤职处分；构成犯罪的，依照刑法有关规定追究刑事责任。

生产经营单位的主要负责人依照前款规定受刑事处罚或者撤职处分的，自刑罚执行完毕或者受处分之日起，五年内不得担任任何生产经营单位的主要负责人；对重大、特别重大生产安全事故负有责任的，终身不得担任本行业生产经营单位的主要负责人。

第九十五条　【发生生产安全事故后主要负责人的法律责任】生产经营单位的主要负责人未履行本法规定的安全生产管理职责，导致发生生产安全事故的，由应急管理部门依照下列规定处以罚款：

（一）发生一般事故的，处上一年年收入百分之四十的罚款；

（二）发生较大事故的，处上一年年收入百分之六十的罚款；

（三）发生重大事故的，处上一年年收入百分之八十的罚款；

（四）发生特别重大事故的，处上一年年收入百分之一百的罚款。

第九十六条　【其他负责人和安全生产管理人员未履行安全生产职责的法律责任】生产经营单位的其他负责人和安全生产管理人员未履行本法规定的安全生产管理职责的，责令限期改正，处一万元以上三万元以下的罚款；导致发生生产安全事故的，暂停或者吊销其与安全生产有关的资格，并处上一年年收入百分之二十以上百分之五十以下的罚款；构成犯罪的，依照刑法有关规定追究刑事责任。

第九十七条　【与从业人员、教育培训相关的违法行为及法律责任】生产经营单位有下列行为之一的，责令限期改正，处十万元以下的罚款；逾期未改正的，责令停产停业整顿，并处十万元以上二十万元以下的罚款，对其直接负责的主管人员和其他直接责任人员处二万元以上五万元以下的罚款：

（一）未按照规定设置安全生产管理机构或者配备安全生产管理人员、注册安全工程师的；

（二）危险物品的生产、经营、储存、装卸单位以及矿山、金属冶炼、建筑施工、运输单位的主要负责人和安全生产管理人员未按照规定经考核合格的；

（三）未按照规定对从业人员、被派遣劳动者、实习学生进行安全生产教育和培训，或者未按照规定如实告知有关的安全生产事项的；

（四）未如实记录安全生产教育和培训情况的；

（五）未将事故隐患排查治理情况如实记录或者未向从业人员通报的；

（六）未按照规定制定生产安全事故应急救援预案或者未定期组织演练的；

（七）特种作业人员未按照规定经专门的安全作业培训并取得相应资格，上岗作业的。

第九十八条　【与矿山、金属冶炼建设项目相关违法行为及法律后果】生产经营单位有下列行为之一的，责令停止建设或者停产停业整顿，限期改正，并处十万元以上五十万元以下的罚款，对其直接负责的主管人员和其他直接责任人员处二万元以上五万元以下的罚款；逾期未改正的，处五十万元以上一百万元以下的罚款，对其直接负责的主管人员和其他直接责任人员处五万元以上十万元以下的罚款；构成犯罪的，依照刑法有关规定追究刑事责任：

（一）未按照规定对矿山、金属冶炼建设项目或者用于生产、储存、装卸危险物品的建设项目进行安全评价的；

（二）矿山、金属冶炼建设项目或者用于生产、储存、装卸危险物品的建设项目没有安全设施设计或者安全设施设计未按照规定报经有关部门审查同意的；

（三）矿山、金属冶炼建设项目或者用于生产、储存、装卸危险物品的建设项目的施工单位未按照批准的安全设施设计施工的；

（四）矿山、金属冶炼建设项目或者用于生产、储存、装卸危险物品的建设项目竣工投入生产或者使用前，安全设施未经验收合格的。

第九十九条　【与安全设备相关的违法行为及法律后果】生产经营单位有下列行为之一的，责令限期改正，处五万元以下的罚款；逾期未改正的，处五万元以上二十万元以下的罚款，对其直接负责的主管人员和其他直接责任人员处一万元以上二万元以下的罚款；情节严重的，责令停产停业整顿；构成犯罪的，依照刑法有关规定追究刑事责任：

（一）未在有较大危险因素的生产经营场所和有关设施、设备上设置明显的安全警示标志的；

（二）安全设备的安装、使用、检测、改造和报废不符合国家标准或者行业标准的；

（三）未对安全设备进行经常性维护、保养和定期检测的；

（四）关闭、破坏直接关系生产安全的监控、报警、防护、救生设备、设施，或者篡改、隐瞒、销毁其相关数据、信息的；

（五）未为从业人员提供符合国家标准或者行业标准的劳动防护用品的；

（六）危险物品的容器、运输工具，以及涉及人身安全、危险性较大的海洋石油开采特种设备和矿山井下特种设备未经具有专业资质的机构检测、检验合格，取得安全使用证或者安全标志，投入使用的；

（七）使用应当淘汰的危及生产安全的工艺、设备的；

（八）餐饮等行业的生产经营单位使用燃气未安装可燃气体报警装置的。

第一百条　【违反危险物品安全管理的法律责任】未经依法批准，擅自生产、经营、运输、储存、使用危险物品或者处置废弃危险物品的，依照有关危险物品安全管理的法律、行政法规的规定予以处罚；构成犯罪的，依照刑法有关规定追究刑事责任。

第一百零一条　【与安全管理制度相关的违法行为及法律责任】生产经营单位有下列行为之一的，责令限期改正，处十万元以下的罚款；逾期未改正的，责令停产停业整顿，并处十万元以上二十万元以下的罚款，对其直接负责的主管人员和其他直接责任人员处二万元以上五万元以下的罚款；构成犯罪的，依照刑法有关规定追究刑事责任：

（一）生产、经营、运输、储存、使用危险物品或者处置废弃危险物品，未建立专门安全管理制度、未采取可靠的安全措施的；

（二）对重大危险源未登记建档，未进行定期检测、评估、监控，未制定应急预案，或者未告知应急措施的；

（三）进行爆破、吊装、动火、临时用电以及国务院应急管理部门会同国务院有关部门规定的其他危险作业，未安排专门人员进行现场安全管理的；

（四）未建立安全风险分级管控制度或者未按照安全风险分级采取相应管控措施的；

（五）未建立事故隐患排查治理制度，或者重大事故隐患排查治理情况未按照规定报告的。

第一百零二条　【未采取措施消除事故隐患的法律责任】生产经营单位未采取措施消除事故隐患的，责令立即消除或者限期消除，处五万元以下的罚款；生产经营单位拒不执行的，责令停产停业整顿，对其直接负责的主管人员和其他直接责任人员处五万元以上十万元以下的罚款；构成犯罪的，依照刑法有关规定追究刑事责任。

第一百零三条　【违反承包、出租中安全管理职责的法律责任】生产经营单位将生产经营项目、场所、设备发包或者出租给不具备安全生产条件或者相应资质的单位或者个人的，责令限期改正，没收违法所得；违法所得十万元以上的，并处违法所得二倍以上五倍以下的罚款；没有违法所得或者违法所得不足十万元的，单处或者并处十万元以上二十万元以下的罚款；对其直接负责的主管人员和其他直接责任人员处一万元以上二万元以下的罚款；导致发生生产安全事故给他人造成损害的，与承包方、承租方承担连带赔偿责任。

生产经营单位未与承包单位、承租单位签订专门的安全生产管理协议或者未在承包合同、租赁合同中明确各自的安全生产管理职责，或者未对承包单位、承租单位的安全生产统一协调、管理的，责令限期改正，处五万元以下的罚款，对其直接负责的主管人员和其他直接责任人员处一万元以下的罚款；逾期未改正的，责令停产停业整顿。

矿山、金属冶炼建设项目和用于生产、储存、装卸危险物品的建设项目的施工单位未按照规定对施工项目进行安全管理的，责令限期改正，处十万元以下的罚款，对其直接负责的主管人员和其他直接责任人员处二万元以下的罚款；逾期未改正的，责令停产停业整顿。以上施工单位倒卖、出租、出借、挂靠或者以其他形式非法转让施工资质的，责令停产停业整顿，吊销资质证书，没收违法所得；违法所得十万元以上的，并处违法所得二倍以上五倍以下的罚款，没有违法所得或者违法所得不足十万元的，单处或者并处十万元以上二十万元以下的罚款；对其直接负责的主管人员和其他直接责任人员处五万元以上十万元以下的罚款；构成犯罪的，依照刑法有关规定追究刑事责任。

第一百零四条　【违反交叉作业安全管理的法律责任】两个以上生产经营单位在同一作业区域内进行可能危及对方安全生产的生产经营活动，未签订安全生产管理协议或者未指定专职安全生产管理人员进行安全检查与协调的，责令限期改正，处五万元以下的罚款，对其直接负责的主管人员和其他直接责任人员处一万元以下的罚款；逾期未改正的，责令停产停业。

第一百零五条　【员工宿舍不符合安全要求的法律责任】生产经营单位有下列行为之一的，责令限期改正，处五万元以下的罚款,对其直接负责的主管人员和其他直接责任人员处一万元以下的罚款;逾期未改正的,责令停产停业整顿;构成犯罪的,依照刑法有关规定追究刑事责任:

(一)生产、经营、储存、使用危险物品的车间、商店、仓库与员工宿舍在同一座建筑内,或者与员工宿舍的距离不符合安全要求的;

(二)生产经营场所和员工宿舍未设有符合紧急疏散需要、标志明显、保持畅通的出口、疏散通道,或者占用、锁闭、封堵生产经营场所或者员工宿舍出口、疏散通道的。

第一百零六条 【免责协议无效】生产经营单位与从业人员订立协议,免除或者减轻其对从业人员因生产安全事故伤亡依法应承担的责任的,该协议无效;对生产经营单位的主要负责人、个人经营的投资人处二万元以上十万元以下的罚款。

第一百零七条 【从业人员不服从安全管理的法律责任】生产经营单位的从业人员不落实岗位安全责任,不服从管理,违反安全生产规章制度或者操作规程的,由生产经营单位给予批评教育,依照有关规章制度给予处分;构成犯罪的,依照刑法有关规定追究刑事责任。

第一百零八条 【拒绝、阻碍安全检查的法律责任】违反本法规定,生产经营单位拒绝、阻碍负有安全生产监督管理职责的部门依法实施监督检查的,责令改正;拒不改正的,处二万元以上二十万元以下的罚款;对其直接负责的主管人员和其他直接责任人员处一万元以上二万元以下的罚款;构成犯罪的,依照刑法有关规定追究刑事责任。

第一百零九条 【未按规定投保的法律责任】高危行业、领域的生产经营单位未按照国家规定投保安全生产责任保险的,责令限期改正,处五万元以上十万元以下的罚款;逾期未改正的,处十万元以上二十万元以下的罚款。

第一百一十条 【主要负责人不立即组织抢救的法律责任】生产经营单位的主要负责人在本单位发生生产安全事故时,不立即组织抢救或者在事故调查处理期间擅离职守或者逃匿的,给予降级、撤职的处分,并由应急管理部门处上一年年收入百分之六十至百分之一百的罚款;对逃匿的处十五日以下拘留;构成犯罪的,依照刑法有关规定追究刑事责任。

生产经营单位的主要负责人对生产安全事故隐瞒不报、谎报或者迟报的,依照前款规定处罚。

第一百一十一条 【对生产安全事故隐瞒不报、谎报或者迟报的法律责任】有关地方人民政府、负有安全生产监督管理职责的部门,对生产安全事故隐瞒不报、谎报或者迟报的,对直接负责的主管人员和其他直接责任人员依法给予处分;构成犯罪的,依照刑法有关规定追究刑事责任。

第一百一十二条 【拒不改正的法律后果】生产经营单位违反本法规定,被责令改正且受到罚款处罚,拒不改正的,负有安全生产监督管理职责的部门可以自作出责令改正之日的次日起,按照原处罚数额按日连续处罚。

第一百一十三条 【"关闭"行政处罚的具体适用】生产经营单位存在下列情形之一的,负有安全生产监督管理职责的部门应当提请地方人民政府予以关闭,有关部门应当依法吊销其有关证照。生产经营单位主要负责人五年内不得担任任何生产经营单位的主要负责人;情节严重的,终身不得担任本行业生产经营单位的主要负责人:

(一)存在重大事故隐患,一百八十日内三次或者一年内四次受到本法规定的行政处罚的;

(二)经停产停业整顿,仍不具备法律、行政法规和国家标准或者行业标准规定的安全生产条件的;

(三)不具备法律、行政法规和国家标准或者行业标准规定的安全生产条件,导致发生重大、特别重大生产安全事故的;

(四)拒不执行负有安全生产监督管理职责的部门作出的停产停业整顿决定的。

第一百一十四条 【应急管理部门处以罚款的情形】发生生产安全事故,对负有责任的生产经营单位除要求其依法承担相应的赔偿等责任外,由应急管理部门依照下列规定处以罚款:

(一)发生一般事故的,处三十万元以上一百万元以下的罚款;

(二)发生较大事故的,处一百万元以上二百万元以下的罚款;

(三)发生重大事故的,处二百万元以上一千万元以下的罚款;

(四)发生特别重大事故的,处一千万元以上二千万元以下的罚款。

发生生产安全事故,情节特别严重、影响特别恶劣的,应急管理部门可以按照前款罚款数额的二倍以上五倍以下对负有责任的生产经营单位处以罚款。

第一百一十五条 【行政处罚决定机关】本法规定的行

政处罚,由应急管理部门和其他负有安全生产监督管理职责的部门按照职责分工决定;其中,根据本法第九十五条、第一百一十条、第一百一十四条的规定应当给予民航、铁路、电力行业的生产经营单位及其主要负责人行政处罚的,也可以由主管的负有安全生产监督管理职责的部门进行处罚。予以关闭的行政处罚,由负有安全生产监督管理职责的部门报请县级以上人民政府按照国务院规定的权限决定;给予拘留的行政处罚,由公安机关依照治安管理处罚的规定决定。

第一百一十六条 【赔偿】生产经营单位发生生产安全事故造成人员伤亡、他人财产损失的,应当依法承担赔偿责任;拒不承担或者其负责人逃匿的,由人民法院依法强制执行。

生产安全事故的责任人未依法承担赔偿责任,经人民法院依法采取执行措施后,仍不能对受害人给予足额赔偿的,应当继续履行赔偿义务;受害人发现责任人有其他财产的,可以随时请求人民法院执行。

第七章 附 则

第一百一十七条 【法律术语】本法下列用语的含义:

危险物品,是指易燃易爆物品、危险化学品、放射性物品等能够危及人身安全和财产安全的物品。

重大危险源,是指长期地或者临时地生产、搬运、使用或者储存危险物品,且危险物品的数量等于或者超过临界量的单元(包括场所和设施)。

第一百一十八条 【安全事故的划分标准】本法规定的生产安全一般事故、较大事故、重大事故、特别重大事故的划分标准由国务院规定。

国务院应急管理部门和其他负有安全生产监督管理职责的部门应当根据各自的职责分工,制定相关行业、领域重大危险源的辨识标准和重大事故隐患的判定标准。

第一百一十九条 【施行日期】本法自2002年11月1日起施行。

生产安全事故应急条例

1. 2019年2月17日国务院令第708号公布
2. 自2019年4月1日起施行

第一章 总 则

第一条 为了规范生产安全事故应急工作,保障人民群众生命和财产安全,根据《中华人民共和国安全生产法》和《中华人民共和国突发事件应对法》,制定本条例。

第二条 本条例适用于生产安全事故应急工作;法律、行政法规另有规定的,适用其规定。

第三条 国务院统一领导全国的生产安全事故应急工作,县级以上地方人民政府统一领导本行政区域内的生产安全事故应急工作。生产安全事故应急工作涉及两个以上行政区域的,由有关行政区域共同的上一级人民政府负责,或者由各有关行政区域的上一级人民政府共同负责。

县级以上人民政府应急管理部门和其他对有关行业、领域的安全生产工作实施监督管理的部门(以下统称负有安全生产监督管理职责的部门)在各自职责范围内,做好有关行业、领域的生产安全事故应急工作。

县级以上人民政府应急管理部门指导、协调本级人民政府其他负有安全生产监督管理职责的部门和下级人民政府的生产安全事故应急工作。

乡、镇人民政府以及街道办事处等地方人民政府派出机关应当协助上级人民政府有关部门依法履行生产安全事故应急工作职责。

第四条 生产经营单位应当加强生产安全事故应急工作,建立、健全生产安全事故应急工作责任制,其主要负责人对本单位的生产安全事故应急工作全面负责。

第二章 应急准备

第五条 县级以上人民政府及其负有安全生产监督管理职责的部门和乡、镇人民政府以及街道办事处等地方人民政府派出机关,应当针对可能发生的生产安全事故的特点和危害,进行风险辨识和评估,制定相应的生产安全事故应急救援预案,并依法向社会公布。

生产经营单位应当针对本单位可能发生的生产安全事故的特点和危害,进行风险辨识和评估,制定相应的生产安全事故应急救援预案,并向本单位从业人员公布。

第六条 生产安全事故应急救援预案应当符合有关法律、法规、规章和标准的规定,具有科学性、针对性和可操作性,明确规定应急组织体系、职责分工以及应急救援程序和措施。

有下列情形之一的,生产安全事故应急救援预案制定单位应当及时修订相关预案:

(一)制定预案所依据的法律、法规、规章、标准发生重大变化;

(二)应急指挥机构及其职责发生调整;

(三)安全生产面临的风险发生重大变化;

(四)重要应急资源发生重大变化;

(五)在预案演练或者应急救援中发现需要修订预案的重大问题;

(六)其他应当修订的情形。

第七条 县级以上人民政府负有安全生产监督管理职责的部门应当将其制定的生产安全事故应急救援预案报送本级人民政府备案;易燃易爆物品、危险化学品等危险物品的生产、经营、储存、运输单位,矿山、金属冶炼、城市轨道交通运营、建筑施工单位,以及宾馆、商场、娱乐场所、旅游景区等人员密集场所经营单位,应当将其制定的生产安全事故应急救援预案按照国家有关规定报送县级以上人民政府负有安全生产监督管理职责的部门备案,并依法向社会公布。

第八条 县级以上地方人民政府以及县级以上人民政府负有安全生产监督管理职责的部门,乡、镇人民政府以及街道办事处等地方人民政府派出机关,应当至少每2年组织1次生产安全事故应急救援预案演练。

易燃易爆物品、危险化学品等危险物品的生产、经营、储存、运输单位,矿山、金属冶炼、城市轨道交通运营、建筑施工单位,以及宾馆、商场、娱乐场所、旅游景区等人员密集场所经营单位,应当至少每半年组织1次生产安全事故应急救援预案演练,并将演练情况报送所在地县级以上地方人民政府负有安全生产监督管理职责的部门。

县级以上地方人民政府负有安全生产监督管理职责的部门应当对本行政区域内前款规定的重点生产经营单位的生产安全事故应急救援预案演练进行抽查;发现演练不符合要求的,应当责令限期改正。

第九条 县级以上人民政府应当加强对生产安全事故应急救援队伍建设的统一规划、组织和指导。

县级以上人民政府负有安全生产监督管理职责的部门根据生产安全事故应急工作的实际需要,在重点行业、领域单独建立或者依托有条件的生产经营单位、社会组织共同建立应急救援队伍。

国家鼓励和支持生产经营单位和其他社会力量建立提供社会化应急救援服务的应急救援队伍。

第十条 易燃易爆物品、危险化学品等危险物品的生产、经营、储存、运输单位,矿山、金属冶炼、城市轨道交通运营、建筑施工单位,以及宾馆、商场、娱乐场所、旅游景区等人员密集场所经营单位,应当建立应急救援队伍;其中,小型企业或者微型企业等规模较小的生产经营单位,可以不建立应急救援队伍,但应当指定兼职的应急救援人员,并且可以与邻近的应急救援队伍签订应急救援协议。

工业园区、开发区等产业聚集区域内的生产经营单位,可以联合建立应急救援队伍。

第十一条 应急救援队伍的应急救援人员应当具备必要的专业知识、技能、身体素质和心理素质。

应急救援队伍建立单位或者兼职应急救援人员所在单位应当按照国家有关规定对应急救援人员进行培训;应急救援人员经培训合格后,方可参加应急救援工作。

应急救援队伍应当配备必要的应急救援装备和物资,并定期组织训练。

第十二条 生产经营单位应当及时将本单位应急救援队伍建立情况按照国家有关规定报送县级以上人民政府负有安全生产监督管理职责的部门,并依法向社会公布。

县级以上人民政府负有安全生产监督管理职责的部门应当定期将本行业、本领域的应急救援队伍建立情况报送本级人民政府,并依法向社会公布。

第十三条 县级以上地方人民政府应当根据本行政区域内可能发生的生产安全事故的特点和危害,储备必要的应急救援装备和物资,并及时更新和补充。

易燃易爆物品、危险化学品等危险物品的生产、经营、储存、运输单位,矿山、金属冶炼、城市轨道交通运营、建筑施工单位,以及宾馆、商场、娱乐场所、旅游景区等人员密集场所经营单位,应当根据本单位可能发生的生产安全事故的特点和危害,配备必要的灭火、排水、通风以及危险物品稀释、掩埋、收集等应急救援器材、设备和物资,并进行经常性维护、保养,保证正常运转。

第十四条 下列单位应当建立应急值班制度,配备应急值班人员:

(一)县级以上人民政府及其负有安全生产监督管理职责的部门;

(二)危险物品的生产、经营、储存、运输单位以及矿山、金属冶炼、城市轨道交通运营、建筑施工单位;

(三)应急救援队伍。

规模较大、危险性较高的易燃易爆物品、危险化学品等危险物品的生产、经营、储存、运输单位应当成立应急处置技术组,实行24小时应急值班。

第十五条 生产经营单位应当对从业人员进行应急教育和培训,保证从业人员具备必要的应急知识,掌握风险防范技能和事故应急措施。

第十六条 国务院负有安全生产监督管理职责的部门应当按照国家有关规定建立生产安全事故应急救援信息系统,并采取有效措施,实现数据互联互通、信息共享。

生产经营单位可以通过生产安全事故应急救援信息系统办理生产安全事故应急救援预案备案手续，报送应急救援预案演练情况和应急救援队伍建设情况；但依法需要保密的除外。

第三章　应急救援

第十七条　发生生产安全事故后，生产经营单位应当立即启动生产安全事故应急救援预案，采取下列一项或者多项应急救援措施，并按照国家有关规定报告事故情况：

（一）迅速控制危险源，组织抢救遇险人员；

（二）根据事故危害程度，组织现场人员撤离或者采取可能的应急措施后撤离；

（三）及时通知可能受到事故影响的单位和人员；

（四）采取必要措施，防止事故危害扩大和次生、衍生灾害发生；

（五）根据需要请求邻近的应急救援队伍参加救援，并向参加救援的应急救援队伍提供相关技术资料、信息和处置方法；

（六）维护事故现场秩序，保护事故现场和相关证据；

（七）法律、法规规定的其他应急救援措施。

第十八条　有关地方人民政府及其部门接到生产安全事故报告后，应当按照国家有关规定上报事故情况，启动相应的生产安全事故应急救援预案，并按照应急救援预案的规定采取下列一项或者多项应急救援措施：

（一）组织抢救遇险人员，救治受伤人员，研判事故发展趋势以及可能造成的危害；

（二）通知可能受到事故影响的单位和人员，隔离事故现场，划定警戒区域，疏散受到威胁的人员，实施交通管制；

（三）采取必要措施，防止事故危害扩大和次生、衍生灾害发生，避免或者减少事故对环境造成的危害；

（四）依法发布调用和征用应急资源的决定；

（五）依法向应急救援队伍下达救援命令；

（六）维护事故现场秩序，组织安抚遇险人员和遇险遇难人员亲属；

（七）依法发布有关事故情况和应急救援工作的信息；

（八）法律、法规规定的其他应急救援措施。

有关地方人民政府不能有效控制生产安全事故的，应当及时向上级人民政府报告。上级人民政府应当及时采取措施，统一指挥应急救援。

第十九条　应急救援队伍接到有关人民政府及其部门的救援命令或者签有应急救援协议的生产经营单位的救援请求后，应当立即参加生产安全事故应急救援。

应急救援队伍根据救援命令参加生产安全事故应急救援所耗费用，由事故责任单位承担；事故责任单位无力承担的，由有关人民政府协调解决。

第二十条　发生生产安全事故后，有关人民政府认为有必要的，可以设立由本级人民政府及其有关部门负责人、应急救援专家、应急救援队伍负责人、事故发生单位负责人等人员组成的应急救援现场指挥部，并指定现场指挥部总指挥。

第二十一条　现场指挥部实行总指挥负责制，按照本级人民政府的授权组织制定并实施生产安全事故现场应急救援方案，协调、指挥有关单位和个人参加现场应急救援。

参加生产安全事故现场应急救援的单位和个人应当服从现场指挥部的统一指挥。

第二十二条　在生产安全事故应急救援过程中，发现可能直接危及应急救援人员生命安全的紧急情况时，现场指挥部或者统一指挥应急救援的人民政府应当立即采取相应措施消除隐患，降低或者化解风险，必要时可以暂时撤离应急救援人员。

第二十三条　生产安全事故发生地人民政府应当为应急救援人员提供必需的后勤保障，并组织通信、交通运输、医疗卫生、气象、水文、地质、电力、供水等单位协助应急救援。

第二十四条　现场指挥部或者统一指挥生产安全事故应急救援的人民政府及其有关部门应当完整、准确地记录应急救援的重要事项，妥善保存相关原始资料和证据。

第二十五条　生产安全事故的威胁和危害得到控制或者消除后，有关人民政府应当决定停止执行依照本条例和有关法律、法规采取的全部或者部分应急救援措施。

第二十六条　有关人民政府及其部门根据生产安全事故应急救援需要依法调用和征用的财产，在使用完毕或者应急救援结束后，应当及时归还。财产被调用、征用或者调用、征用后毁损、灭失的，有关人民政府及其部门应当按照国家有关规定给予补偿。

第二十七条　按照国家有关规定成立的生产安全事故调查组应当对应急救援工作进行评估，并在事故调查报告中作出评估结论。

第二十八条　县级以上地方人民政府应当按照国家有关规定，对在生产安全事故应急救援中伤亡的人员及时给予救治和抚恤；符合烈士评定条件的，按照国家有关规定评定为烈士。

第四章　法律责任

第二十九条　地方各级人民政府和街道办事处等地方人民政府派出机关以及县级以上人民政府有关部门违反本条例规定的,由其上级行政机关责令改正;情节严重的,对直接负责的主管人员和其他直接责任人员依法给予处分。

第三十条　生产经营单位未制定生产安全事故应急救援预案、未定期组织应急救援预案演练、未对从业人员进行应急教育和培训,生产经营单位的主要负责人在本单位发生生产安全事故时不立即组织抢救的,由县级以上人民政府负有安全生产监督管理职责的部门依照《中华人民共和国安全生产法》有关规定追究法律责任。

第三十一条　生产经营单位未对应急救援器材、设备和物资进行经常性维护、保养,导致发生严重生产安全事故或者生产安全事故危害扩大,或者在本单位发生生产安全事故后未立即采取相应的应急救援措施,造成严重后果的,由县级以上人民政府负有安全生产监督管理职责的部门依照《中华人民共和国突发事件应对法》有关规定追究法律责任。

第三十二条　生产经营单位未将生产安全事故应急救援预案报送备案、未建立应急值班制度或者配备应急值班人员的,由县级以上人民政府负有安全生产监督管理职责的部门责令限期改正;逾期未改正的,处3万元以上5万元以下的罚款,对直接负责的主管人员和其他直接责任人员处1万元以上2万元以下的罚款。

第三十三条　违反本条例规定,构成违反治安管理行为的,由公安机关依法给予处罚;构成犯罪的,依法追究刑事责任。

第五章　附　　则

第三十四条　储存、使用易燃易爆物品、危险化学品等危险物品的科研机构、学校、医院等单位的安全事故应急工作,参照本条例有关规定执行。

第三十五条　本条例自2019年4月1日起施行。

生产安全事故报告和调查处理条例

1. 2007年4月9日国务院令第493号公布
2. 自2007年6月1日起施行

第一章　总　　则

第一条　为了规范生产安全事故的报告和调查处理,落实生产安全事故责任追究制度,防止和减少生产安全事故,根据《中华人民共和国安全生产法》和有关法律,制定本条例。

第二条　生产经营活动中发生的造成人身伤亡或者直接经济损失的生产安全事故的报告和调查处理,适用本条例;环境污染事故、核设施事故、国防科研生产事故的报告和调查处理不适用本条例。

第三条　根据生产安全事故(以下简称事故)造成的人员伤亡或者直接经济损失,事故一般分为以下等级:

(一)特别重大事故,是指造成30人以上死亡,或者100人以上重伤(包括急性工业中毒,下同),或者1亿元以上直接经济损失的事故;

(二)重大事故,是指造成10人以上30人以下死亡,或者50人以上100人以下重伤,或者5000万元以上1亿元以下直接经济损失的事故;

(三)较大事故,是指造成3人以上10人以下死亡,或者10人以上50人以下重伤,或者1000万元以上5000万元以下直接经济损失的事故;

(四)一般事故,是指造成3人以下死亡,或者10人以下重伤,或者1000万元以下直接经济损失的事故。

国务院安全生产监督管理部门可以会同国务院有关部门,制定事故等级划分的补充性规定。

本条第一款所称的"以上"包括本数,所称的"以下"不包括本数。

第四条　事故报告应当及时、准确、完整,任何单位和个人对事故不得迟报、漏报、谎报或者瞒报。

事故调查处理应当坚持实事求是、尊重科学的原则,及时、准确地查清事故经过、事故原因和事故损失,查明事故性质,认定事故责任,总结事故教训,提出整改措施,并对事故责任者依法追究责任。

第五条　县级以上人民政府应当依照本条例的规定,严格履行职责,及时、准确地完成事故调查处理工作。

事故发生地有关地方人民政府应当支持、配合上级人民政府或者有关部门的事故调查处理工作,并提供必要的便利条件。

参加事故调查处理的部门和单位应当互相配合,提高事故调查处理工作的效率。

第六条　工会依法参加事故调查处理,有权向有关部门提出处理意见。

第七条　任何单位和个人不得阻挠和干涉对事故的报告和依法调查处理。

第八条　对事故报告和调查处理中的违法行为,任何单位和个人有权向安全生产监督管理部门、监察机关或者其他有关部门举报，接到举报的部门应当依法及时处理。

第二章 事故报告

第九条 事故发生后，事故现场有关人员应当立即向本单位负责人报告；单位负责人接到报告后，应当于1小时内向事故发生地县级以上人民政府安全生产监督管理部门和负有安全生产监督管理职责的有关部门报告。

情况紧急时，事故现场有关人员可以直接向事故发生地县级以上人民政府安全生产监督管理部门和负有安全生产监督管理职责的有关部门报告。

第十条 安全生产监督管理部门和负有安全生产监督管理职责的有关部门接到事故报告后，应当依照下列规定上报事故情况，并通知公安机关、劳动保障行政部门、工会和人民检察院：

（一）特别重大事故、重大事故逐级上报至国务院安全生产监督管理部门和负有安全生产监督管理职责的有关部门；

（二）较大事故逐级上报至省、自治区、直辖市人民政府安全生产监督管理部门和负有安全生产监督管理职责的有关部门；

（三）一般事故上报至设区的市级人民政府安全生产监督管理部门和负有安全生产监督管理职责的有关部门。

安全生产监督管理部门和负有安全生产监督管理职责的有关部门依照前款规定上报事故情况，应当同时报告本级人民政府。国务院安全生产监督管理部门和负有安全生产监督管理职责的有关部门以及省级人民政府接到发生特别重大事故、重大事故的报告后，应当立即报告国务院。

必要时，安全生产监督管理部门和负有安全生产监督管理职责的有关部门可以越级上报事故情况。

第十一条 安全生产监督管理部门和负有安全生产监督管理职责的有关部门逐级上报事故情况，每级上报的时间不得超过2小时。

第十二条 报告事故应当包括下列内容：

（一）事故发生单位概况；

（二）事故发生的时间、地点以及事故现场情况；

（三）事故的简要经过；

（四）事故已经造成或者可能造成的伤亡人数（包括下落不明的人数）和初步估计的直接经济损失；

（五）已经采取的措施；

（六）其他应当报告的情况。

第十三条 事故报告后出现新情况的，应当及时补报。

自事故发生之日起30日内，事故造成的伤亡人数发生变化的，应当及时补报。道路交通事故、火灾事故自发生之日起7日内，事故造成的伤亡人数发生变化的，应当及时补报。

第十四条 事故发生单位负责人接到事故报告后，应当立即启动事故相应应急预案，或者采取有效措施，组织抢救，防止事故扩大，减少人员伤亡和财产损失。

第十五条 事故发生地有关地方人民政府、安全生产监督管理部门和负有安全生产监督管理职责的有关部门接到事故报告后，其负责人应当立即赶赴事故现场，组织事故救援。

第十六条 事故发生后，有关单位和人员应当妥善保护事故现场以及相关证据，任何单位和个人不得破坏事故现场、毁灭相关证据。

因抢救人员、防止事故扩大以及疏通交通等原因，需要移动事故现场物件的，应当做出标志，绘制现场简图并做出书面记录，妥善保存现场重要痕迹、物证。

第十七条 事故发生地公安机关根据事故的情况，对涉嫌犯罪的，应当依法立案侦查，采取强制措施和侦查措施。犯罪嫌疑人逃匿的，公安机关应当迅速追捕归案。

第十八条 安全生产监督管理部门和负有安全生产监督管理职责的有关部门应当建立值班制度，并向社会公布值班电话，受理事故报告和举报。

第三章 事故调查

第十九条 特别重大事故由国务院或者国务院授权有关部门组织事故调查组进行调查。

重大事故、较大事故、一般事故分别由事故发生地省级人民政府、设区的市级人民政府、县级人民政府负责调查。省级人民政府、设区的市级人民政府、县级人民政府可以直接组织事故调查组进行调查，也可以授权或者委托有关部门组织事故调查组进行调查。

未造成人员伤亡的一般事故，县级人民政府也可以委托事故发生单位组织事故调查组进行调查。

第二十条 上级人民政府认为必要时，可以调查由下级人民政府负责调查的事故。

自事故发生之日起30日内（道路交通事故、火灾事故自发生之日起7日内），因事故伤亡人数变化导致事故等级发生变化，依照本条例规定应当由上级人民政府负责调查的，上级人民政府可以另行组织事故调查组进行调查。

第二十一条 特别重大事故以下等级事故，事故发生地与事故发生单位不在同一个县级以上行政区域的,由事故发生地人民政府负责调查,事故发生单位所在地人民政府应当派人参加。

第二十二条　事故调查组的组成应当遵循精简、效能的原则。

根据事故的具体情况,事故调查组由有关人民政府、安全生产监督管理部门、负有安全生产监督管理职责的有关部门、监察机关、公安机关以及工会派人组成,并应当邀请人民检察院派人参加。

事故调查组可以聘请有关专家参与调查。

第二十三条　事故调查组成员应当具有事故调查所需要的知识和专长,并与所调查的事故没有直接利害关系。

第二十四条　事故调查组组长由负责事故调查的人民政府指定。事故调查组组长主持事故调查组的工作。

第二十五条　事故调查组履行下列职责:

(一)查明事故发生的经过、原因、人员伤亡情况及直接经济损失;

(二)认定事故的性质和事故责任;

(三)提出对事故责任者的处理建议;

(四)总结事故教训,提出防范和整改措施;

(五)提交事故调查报告。

第二十六条　事故调查组有权向有关单位和个人了解与事故有关的情况,并要求其提供相关文件、资料,有关单位和个人不得拒绝。

事故发生单位的负责人和有关人员在事故调查期间不得擅离职守,并应当随时接受事故调查组的询问,如实提供有关情况。

事故调查中发现涉嫌犯罪的,事故调查组应当及时将有关材料或者其复印件移交司法机关处理。

第二十七条　事故调查中需要进行技术鉴定的,事故调查组应当委托具有国家规定资质的单位进行技术鉴定。必要时,事故调查组可以直接组织专家进行技术鉴定。技术鉴定所需时间不计入事故调查期限。

第二十八条　事故调查组成员在事故调查工作中应当诚信公正、恪尽职守,遵守事故调查组的纪律,保守事故调查的秘密。

未经事故调查组组长允许,事故调查组成员不得擅自发布有关事故的信息。

第二十九条　事故调查组应当自事故发生之日起60日内提交事故调查报告;特殊情况下,经负责事故调查的人民政府批准,提交事故调查报告的期限可以适当延长,但延长的期限最长不超过60日。

第三十条　事故调查报告应当包括下列内容:

(一)事故发生单位概况;

(二)事故发生经过和事故救援情况;

(三)事故造成的人员伤亡和直接经济损失;

(四)事故发生的原因和事故性质;

(五)事故责任的认定以及对事故责任者的处理建议;

(六)事故防范和整改措施。

事故调查报告应当附具有关证据材料。事故调查组成员应当在事故调查报告上签名。

第三十一条　事故调查报告报送负责事故调查的人民政府后,事故调查工作即告结束。事故调查的有关资料应当归档保存。

第四章　事故处理

第三十二条　重大事故、较大事故、一般事故,负责事故调查的人民政府应当自收到事故调查报告之日起15日内做出批复;特别重大事故,30日内做出批复,特殊情况下,批复时间可以适当延长,但延长的时间最长不超过30日。

有关机关应当按照人民政府的批复,依照法律、行政法规规定的权限和程序,对事故发生单位和有关人员进行行政处罚,对负有事故责任的国家工作人员进行处分。

事故发生单位应当按照负责事故调查的人民政府的批复,对本单位负有事故责任的人员进行处理。

负有事故责任的人员涉嫌犯罪的,依法追究刑事责任。

第三十三条　事故发生单位应当认真吸取事故教训,落实防范和整改措施,防止事故再次发生。防范和整改措施的落实情况应当接受工会和职工的监督。

安全生产监督管理部门和负有安全生产监督管理职责的有关部门应当对事故发生单位落实防范和整改措施的情况进行监督检查。

第三十四条　事故处理的情况由负责事故调查的人民政府或者其授权的有关部门、机构向社会公布,依法应当保密的除外。

第五章　法律责任

第三十五条　事故发生单位主要负责人有下列行为之一的,处上一年年收入40%至80%的罚款;属于国家工作人员的,并依法给予处分;构成犯罪的,依法追究刑事责任:

(一)不立即组织事故抢救的;

(二)迟报或者漏报事故的;

（三）在事故调查处理期间擅离职守的。

第三十六条 事故发生单位及其有关人员有下列行为之一的，对事故发生单位处100万元以上500万元以下的罚款；对主要负责人、直接负责的主管人员和其他直接责任人员处上一年年收入60%至100%的罚款；属于国家工作人员的，并依法给予处分；构成违反治安管理行为的，由公安机关依法给予治安管理处罚；构成犯罪的，依法追究刑事责任：

（一）谎报或者瞒报事故的；

（二）伪造或者故意破坏事故现场的；

（三）转移、隐匿资金、财产，或者销毁有关证据、资料的；

（四）拒绝接受调查或者拒绝提供有关情况和资料的；

（五）在事故调查中作伪证或者指使他人作伪证的；

（六）事故发生后逃匿的。

第三十七条 事故发生单位对事故发生负有责任的，依照下列规定处以罚款：

（一）发生一般事故的，处10万元以上20万元以下的罚款；

（二）发生较大事故的，处20万元以上50万元以下的罚款；

（三）发生重大事故的，处50万元以上200万元以下的罚款；

（四）发生特别重大事故的，处200万元以上500万元以下的罚款。

第三十八条 事故发生单位主要负责人未依法履行安全生产管理职责，导致事故发生的，依照下列规定处以罚款；属于国家工作人员的，并依法给予处分；构成犯罪的，依法追究刑事责任：

（一）发生一般事故的，处上一年年收入30%的罚款；

（二）发生较大事故的，处上一年年收入40%的罚款；

（三）发生重大事故的，处上一年年收入60%的罚款；

（四）发生特别重大事故的，处上一年年收入80%的罚款。

第三十九条 有关地方人民政府、安全生产监督管理部门和负有安全生产监督管理职责的有关部门有下列行为之一的，对直接负责的主管人员和其他直接责任人员依法给予处分；构成犯罪的，依法追究刑事责任：

（一）不立即组织事故抢救的；

（二）迟报、漏报、谎报或者瞒报事故的；

（三）阻碍、干涉事故调查工作的；

（四）在事故调查中作伪证或者指使他人作伪证的。

第四十条 事故发生单位对事故发生负有责任的，由有关部门依法暂扣或者吊销其有关证照；对事故发生单位负有事故责任的有关人员，依法暂停或者撤销其与安全生产有关的执业资格、岗位证书；事故发生单位主要负责人受到刑事处罚或者撤职处分的，自刑罚执行完毕或者受处分之日起，5年内不得担任任何生产经营单位的主要负责人。

为发生事故的单位提供虚假证明的中介机构，由有关部门依法暂扣或者吊销其有关证照及其相关人员的执业资格；构成犯罪的，依法追究刑事责任。

第四十一条 参与事故调查的人员在事故调查中有下列行为之一的，依法给予处分；构成犯罪的，依法追究刑事责任：

（一）对事故调查工作不负责任，致使事故调查工作有重大疏漏的；

（二）包庇、袒护负有事故责任的人员或者借机打击报复的。

第四十二条 违反本条例规定，有关地方人民政府或者有关部门故意拖延或者拒绝落实经批复的对事故责任人的处理意见的，由监察机关对有关责任人员依法给予处分。

第四十三条 本条例规定的罚款的行政处罚，由安全生产监督管理部门决定。

法律、行政法规对行政处罚的种类、幅度和决定机关另有规定的，依照其规定。

第六章 附 则

第四十四条 没有造成人员伤亡，但是社会影响恶劣的事故，国务院或者有关地方人民政府认为需要调查处理的，依照本条例的有关规定执行。

国家机关、事业单位、人民团体发生的事故的报告和调查处理，参照本条例的规定执行。

第四十五条 特别重大事故以下等级事故的报告和调查处理，有关法律、行政法规或者国务院另有规定的，依照其规定。

第四十六条 本条例自2007年6月1日起施行。国务院1989年3月29日公布的《特别重大事故调查程序暂行规定》和1991年2月22日公布的《企业职工伤亡事故报告和处理规定》同时废止。

国务院办公厅关于加强安全生产监管执法的通知

1. 2015年4月2日发布
2. 国办发〔2015〕20号

各省、自治区、直辖市人民政府,国务院各部委、各直属机构:

为贯彻落实党的十八大、十八届二中、三中、四中全会精神和党中央、国务院有关决策部署,按照全面推进依法治国的要求,着力强化安全生产法治建设,严格执行安全生产法等法律法规,切实维护人民群众生命财产安全和健康权益,经国务院同意,现就加强安全生产监管执法有关要求通知如下:

一、健全完善安全生产法律法规和标准体系

(一)加快制修订相关法律法规。抓紧制定安全生产法实施条例等配套法规,积极推动矿山安全法、消防法、道路交通安全法、海上交通安全法、铁路法等相关法律修订出台,加快煤矿安全监察、石油天然气管道保护、民用航空安全保卫、重大设备监理、高毒物品与高危粉尘作业劳动保护、安全生产应急管理等有关法规的研究论证和制修订工作。各省级人民政府要推动安全生产地方性法规、规章制修订工作,健全安全生产法治保障体系。

(二)制定完善安全生产标准。国务院安全生产监督管理部门要加强统筹协调,会同有关部门制定实施安全生产标准发展规划和年度计划,加快制修订安全生产强制性国家标准,逐步缩减推荐性标准。其他负有安全生产监督管理职责的部门要建立完善行业安全管理标准,并在制修订其他行业和技术标准时充分考虑安全生产的要求。要根据经济社会发展和安全生产实际需要,科学建立和优化工作程序,尽可能缩短相关标准出台期限,对于安全生产工作急需标准要按照特事特办原则,加快完成制修订工作并及时向社会公布。

(三)及时做好相关规章制度修改完善工作。加强调查研究,准确把握和研判安全生产形势、特点和规律,认真调查分析每一起生产安全事故,深入剖析事故发生的技术原因和管理原因,有针对性地健全和完善相关规章制度。对事故调查反映出相关法规规章有漏洞和缺陷的,要在事故结案后立即启动制修订工作。要按照深化行政审批制度改革的要求,及时做好有关地方和部门规章及规范性文件清理工作,既要简政放权,又要确保安全准入门槛不降低、安全监管不放松。

二、依法落实安全生产责任

(四)建立完善安全监管责任制。依法加快建立生产经营单位负责、职工参与、政府监管、行业自律和社会监督的安全生产工作机制。全面建立"党政同责、一岗双责、齐抓共管"的安全生产责任体系,落实属地监管责任。负有安全生产监督管理职责的部门要加强对有关行业领域的监督管理,形成综合监管和行业监管合力,提高监管效能,切实做到管行业必须管安全、管业务必须管安全、管生产经营必须管安全。加强安全生产目标责任考核,各级安全生产监督管理部门要定期向同级组织部门报送安全生产情况,将其纳入领导干部政绩业绩考核内容,严格落实安全生产"一票否决"制度。

(五)督促落实企业安全生产主体责任。督促企业严格履行法定责任和义务,建立健全安全生产管理机构,按规定配齐安全生产管理人员和注册安全工程师,切实做到安全生产责任到位、投入到位、培训到位、基础管理到位和应急救援到位。国有大中型企业和规模以上企业要建立安全生产委员会,主任由董事长或总经理担任,董事长、党委书记、总经理对安全生产工作均负有领导责任,企业领导班子成员和管理人员实行安全生产"一岗双责"。所有企业都要建立生产安全风险警示和预防应急公告制度,完善风险排查、评估、预警和防控机制,加强风险预控管理,按规定将本单位重大危险源及相关安全措施、应急措施报有关地方人民政府安全生产监督管理部门和有关部门备案。

(六)进一步严格事故调查处理。各类生产安全事故发生后,各级人民政府必须按照事故等级和管辖权限,依法开展事故调查,并通知同级人民检察院介入调查。完善事故查处挂牌督办制度,按规定由省级、市级和县级人民政府分别负责查处的重大、较大和一般事故,分别由上一级人民政府安全生产委员会负责挂牌督办、审核把关。对性质严重、影响恶劣的重大事故,经国务院批准后,成立国务院事故调查组或由国务院授权有关部门组织事故调查组进行调查。对典型的较大事故,可由国务院安全生产委员会直接督办。建立事故调查处理信息通报和整改措施落实情况评估制度,所有事故都要在规定时限内结案并依法及时向社会全文公布事故调查报告,同时由负责查处事故的地方人民政府在事故结案1年后及时组织开展评估,评估情况报上级人民政府安全生产委员会办公室备案。

三、创新安全生产监管执法机制

（七）加强重点监管执法。地方各级人民政府和负有安全生产监督管理职责的部门要根据辖区、行业领域安全生产实际情况，分别筛选确定重点监管的市、县、乡镇（街道）、行政村（社区）和生产经营单位，实行跟踪监管、直接指导。国务院安全生产监督管理部门要组织各地区排查梳理高危企业分布情况和近5年来事故发生情况，确定重点监管对象，纳入国家重点监管调度范围并实行动态管理。进一步加强部门联合监管执法，做到密切配合、协调联动，依法严肃查处突出问题，并通过暗访暗查、约谈曝光、专家会诊、警示教育等方式督促整改。

（八）加强源头监管和治理。地方各级人民政府要将安全生产和职业病防治纳入经济社会发展规划，实现同步协调发展。各有关部门要进一步加强有关建设项目规划、设计环节的安全把关，防止从源头上产生隐患。建立岗位安全知识、职业病危害防护知识和实际操作技能考核制度，全面推行教考分离，对发生事故的要依法倒查企业安全生产培训制度落实情况。深入开展企业安全生产标准化建设，对不符合安全生产条件的企业要依法责令停产整顿，直至关闭退出。督促企业加强生产经营场所职业病危害源头治理，防止职业病发生。地方各级安全生产监督管理部门要建立与企业联网的隐患排查治理信息系统，实行企业自查自报自改与政府监督检查并网衔接，并建立健全线下配套监管制度，实现分级分类、互联互通、闭环管理。

（九）改进监督检查方式。各地区和相关部门要建立完善“四不两直”（不发通知、不打招呼、不听汇报、不用陪同和接待，直奔基层、直插现场）暗查暗访安全检查制度，制定事故隐患分类和分级挂牌督办标准，对重大事故隐患加大执法检查频次，强化预防控制措施。推行安全生产网格化动态监管机制，力争用3年左右时间覆盖到所有生产经营单位和乡村、社区。地方各级人民政府要营造良好的安全生产监管执法环境，不得以招商引资、发展经济等为由对安全生产监管执法设置障碍，2015年底前要全面清理、废除影响和阻碍安全生产监管执法的相关规定，并向上级人民政府报告。

（十）建立完善安全生产诚信约束机制。地方各级人民政府要将企业安全生产诚信建设作为社会信用体系建设的重要内容，建立健全企业安全生产信用记录并纳入国家和地方统一的信用信息共享交换平台。要实行安全生产“黑名单”制度并通过企业信用信息公示系统向社会公示，对列入“黑名单”的企业，在经营、投融资、政府采购、工程招投标、国有土地出让、授予荣誉、进出口、出入境、资质审核等方面依法予以限制或禁止。各地区要于2016年底前建立企业安全生产违法信息库，2018年底前实现全国联网，并面向社会公开查询。相关部门要加强联动，依法对失信企业进行惩戒约束。

（十一）加快监管执法信息化建设。整合建立安全生产综合信息平台，统筹推进安全生产监管执法信息化工作，实现与事故隐患排查治理、重大危险源监控、安全诚信、安全生产标准化、安全教育培训、安全专业人才、行政许可、监测检验、应急救援、事故责任追究等信息共建共享，消除信息孤岛。要大力提升安全生产“大数据”利用能力，加强安全生产周期性、关联性等特征分析，做到检索查询即时便捷、归纳分析系统科学，实现来源可查、去向可追、责任可究、规律可循。

（十二）运用市场机制加强安全监管。在依法推进各类用人单位参加工伤保险的同时，鼓励企业投保安全生产责任保险，并理顺安全生产责任保险与风险抵押金的关系，推动建立社会商业保险机构参与安全监管的机制。要在长途客运、危险货物道路运输领域继续实施承运人责任保险制度的同时，进一步推动在煤矿、非煤矿山、危险化学品、烟花爆竹、建筑施工、民用爆炸物品、特种设备、金属冶炼与加工、水上运输等高危行业和重点领域实行安全生产责任保险制度，推动公共聚集场所和易燃易爆危险品生产、储存、运输、销售企业投保火灾公共责任保险。建立健全国家、省、市、县四级安全生产专家队伍和服务机制。培育扶持科研院所、行业协会、专业服务组织和注册安全工程师事务所参与安全生产工作，积极提供安全管理和技术服务。

（十三）加强与司法机关的工作协调。制定安全生产非法违法行为等涉嫌犯罪案件移送规定，明确移送标准和程序，建立安全生产监管执法机构与公安机关和检察机关安全生产案情通报机制，加强相关部门间的执法协作，严厉查处打击各类违法犯罪行为。安全生产监督管理部门对逾期不履行安全生产行政决定的，要依法强制执行或者向人民法院申请强制执行，维护法律的权威性和约束力，切实保障公民生命安全和职业健康。

四、严格规范安全生产监管执法行为

（十四）建立权力和责任清单。按照强化安全生产监管与透明、高效、便民相结合的原则，进一步取消或下放安全生产行政审批事项，制定完善事中和事后监管办法，提高政府安全生产监管服务水平。地方各级人民政府及其相关部门、中央垂直管理部门设在地方的机构要依照安全生产法等法律法规和规章，以清单方式明确每项安全生产监管监察职权和责任，制定工作流程图，并通过政府网站和政府公告等载体，及时向社会公开，切实做到安全生产监管执法不缺位、不越位。

（十五）完善科学执法制度。各级安全生产监督管理部门要制定年度执法计划，明确重点监管对象、检查内容和执法措施，并根据安全生产实际情况及时进行调整和完善，确保执法效果。建立安全生产与职业卫生一体化监管执法制度，对同类事项进行综合执法，降低执法成本，提高监管实效。各有关部门依法对企业作出安全生产执法决定之日起20个工作日内，要向社会公开执法信息。

（十六）强化严格规范执法。各级安全生产监督管理部门和其他负有安全生产监督管理职责的部门要依法明确停产停业、停止施工、停止使用相关设施或者设备，停止供电、停止供应民用爆炸物品，查封、扣押、取缔和上限处罚等执法决定的具体情形、时限、执行责任和落实措施。加强执法监督，建立执法行为审议制度和重大行政执法决策机制，依法规范执法程序和自由裁量权，评估执法效果，防止滥用职权；对同类安全生产执法案件按不低于10%的比例，召集相关企业进行公开裁定。

五、加强安全生产监管执法能力建设

（十七）健全监管执法机构。2016年底前，所有的市、县级人民政府要健全安全生产监管执法机构，落实监管责任。地方各级人民政府要结合实际，强化安全生产基层执法力量，对安全生产监管人员结构进行调整，3年内实现专业监管人员配比不低于在职人员的75%。各市、县级人民政府要通过探索实行派驻执法、跨区域执法、委托执法和政府购买服务等方式，加强和规范乡镇（街道）及各类经济开发区安全生产监管执法工作。

（十八）加强监管执法保障建设。国务院安全生产监督管理部门、发展改革部门要做好安全生产监管部门和煤矿安全监察机构监管监察能力建设发展规划的编制实施工作。国务院社会保险行政部门要会同财政、安全生产监督管理等部门，在总结做好工伤预防试点工作基础上，抓紧制定工伤预防费提取比例、使用和管理的具体办法，加大对工伤预防的投入。地方各级人民政府要将安全生产监管执法机构作为政府行政执法机构，健全安全生产监管执法经费保障机制，将安全生产监管执法经费纳入同级财政保障范围，深入开展安全生产监管执法机构规范化、标准化建设，改善调查取证等执法装备，保障基层执法和应急救援用车，满足工作需要。

（十九）加强法治教育培训。按照谁执法、谁负责的原则，加强安全生产法等法律法规普法宣传教育，提高全民安全生产法治素养。地方各级人民政府要把安全法治纳入领导干部教育培训的重要内容，加强安全生产监管执法人员法律法规和执法程序培训，对新录用的安全生产监管执法人员坚持凡进必考必训，对在岗人员原则上每3年轮训一次，所有人员都要经执法资格培训考试合格后方可执证上岗。

（二十）加强监管执法队伍建设。地方各级人民政府和相关部门要加强安全生产监管执法人员的思想建设、作风建设和业务建设，建立健全监督考核机制。建立现场执法全过程记录制度，2017年底前，所有执法人员配备使用便携式移动执法终端，切实做到严格执法、科学执法、文明执法。进一步加强党风廉政建设，强化纪律约束，坚决查处腐败问题和失职渎职行为，宣传推广基层安全生产监管执法的先进典型，树立廉洁执法的良好社会形象。

各地区、各有关部门要充分认识进一步加强安全生产监管执法的重要意义，切实强化组织领导，积极抓好工作落实。各级领导干部要做尊法学法守法用法的模范，带头厉行法治、依法办事，运用法治思维和法治方式解决安全生产问题。国务院安全生产监督管理部门要会同有关部门认真开展监督检查，促进安全生产监管执法措施的落实，重大情况及时向国务院报告。

国务院安全生产委员会关于进一步加强生产安全事故应急处置工作的通知

1. 2013年11月15日发布
2. 安委〔2013〕8号

各省、自治区、直辖市人民政府，新疆生产建设兵团，国务院安委会各成员单位：

近年来，全国安全生产应急管理工作不断加强，生产安全事故（以下简称事故）应急处置能力不断提高，但在一些地方和行业领域仍存在应急主体责任不落实、救援指挥不科学、救援现场管理混乱等突出问题。

为进一步加强事故应急处置工作，经国务院同意，现将有关事项通知如下：

一、高度重视事故应急处置工作

各地区、各部门和单位要始终把人民生命安全放在首位，以对党和人民高度负责的精神，进一步加强事故应急处置工作，最大程度地减少人员伤亡。要牢固树立“以人为本、安全第一、生命至上”和“不抛弃、不放弃”的理念，坚持“属地为主、条块结合、精心组织、科学施救”的原则，在确保救援人员安全的前提下实施救援，全力以赴搜救遇险人员，精心救治受伤人员，妥善处理善后，有效防范次生衍生事故。

二、严格落实事故应急处置责任

生产经营单位（以下统称企业）必须认真落实安全生产主体责任，严格按照相关法律法规和标准规范要求，建立专兼职救援队伍，做好应急物资储备，完善应急预案和现场处置措施，加强从业人员应急培训，组织开展演练，不断提高应急处置能力。

地方人民政府负责本行政区域内事故应急处置工作，负责制定与实施救援方案，组织开展应急救援，核实遇险、遇难及受伤人数，协调与调动应急资源，维护现场秩序，疏散转移可能受影响人员，开展医疗救治和疫情防控，并组织做好伤亡人员赔偿和安抚善后、救援人员抚恤和荣誉认定、应急处置信息发布及维护社会稳定等工作。

地方人民政府安全生产监管部门和负有安全生产监督管理职责的有关部门应进一步加强机构和队伍建设，配备专职的安全生产应急处置工作机构和工作人员。

三、进一步规范事故现场应急处置

（一）做好企业先期处置。发生事故或险情后，企业要立即启动相关应急预案，在确保安全的前提下组织抢救遇险人员，控制危险源，封锁危险场所，杜绝盲目施救，防止事态扩大；要明确并落实生产现场带班人员、班组长和调度人员直接处置权和指挥权，在遇到险情或事故征兆时立即下达停产撤人命令，组织现场人员及时、有序撤离到安全地点，减少人员伤亡。

要依法依规及时、如实向当地安全生产监管监察部门和负有安全生产监督管理职责的有关部门报告事故情况，不得瞒报、谎报、迟报、漏报，不得故意破坏事故现场、毁灭证据。

（二）加强政府应急响应。事故发生地人民政府及有关部门接到事故报告后，相关负责同志要立即赶赴事故现场，按照有关应急预案规定，成立事故应急处置现场指挥部（以下简称指挥部），代表本级人民政府履行事故应急处置职责，组织开展事故应急处置工作。

指挥部是事故现场应急处置的最高决策指挥机构，实行总指挥负责制。总指挥要认真履行指挥职责，明确下达指挥命令，明确责任、任务、纪律。指挥部会议、重大决策事项等要指定专人记录，指挥命令、会议纪要和图纸资料等要妥善保存。事故现场所有人员要严格执行指挥部指令，对于延误或拒绝执行命令的，要严肃追究责任。

按照事故等级和相关规定，上一级人民政府成立指挥部的，下一级人民政府指挥部要立即移交指挥权，并继续配合做好应急处置工作。

事故发生地有关单位、各类安全生产应急救援队伍接到地方人民政府及有关部门的应急救援指令或有关企业的请求后，应当及时出动参加事故救援。

（三）强化救援现场管理。指挥部要充分发挥专家组、企业现场管理人员和专业技术人员以及救援队伍指挥员的作用，实行科学决策。要根据事故救援需要和现场实际需要划定警戒区域，及时疏散和安置事故可能影响的周边居民和群众，疏导劝离与救援无关的人员，维护现场秩序，确保救援工作高效有序。必要时，要对事故现场实行隔离保护，尤其是矿井井口、危险化学品处置区域、火区灾区入口等重要部位要实行专人值守，未经指挥部批准，任何人不准进入。要对现场周边及有关区域实行交通管制，确保应急救援通道畅通。

（四）确保安全有效施救。救援过程中，要严格遵守安全规程，及时排除隐患，确保救援人员安全。救援队伍指挥员应当作为指挥部成员，参与制订救援方案等重大决策，并根据救援方案和总指挥命令组织实施救援；在行动前要了解有关危险因素，明确防范措施，科学组织救援，积极搜救遇险人员。遇到突发情况危及救援人员生命安全时，救援队伍指挥员有权作出处置决定，迅速带领救援人员撤出危险区域，并及时报告指挥部。

（五）适时把握救援暂停和终止。对于继续救援直接威胁救援人员生命安全、极易造成次生衍生事故等情况，指挥部要组织专家充分论证，作出暂停救援的决定；在事故现场得以控制、导致次生衍生事故隐患消除后，经指挥部组织研究，确认符合继续施救条件时，再行组织施救，直至救援任务完成。因客观条件导致无法实施救援或救援任务完成后，在经专家组论证并做好相关工作的基础上，指挥部要提出终止救援的意见，报本级人民政府批准。

四、加强事故应急处置相关工作

（一）全力强化应急保障。地方人民政府要对应急保障工作总负责，统筹协调，全力保证应急救援工作的需要；要采取财政措施，保障应急处置工作所需经费。政府有关部门要按照国家有关规定和指挥部的需要，在各自职责范围内做好应急保障工作，确保交通、通信、供电、供水、气象服务以及应急救援队伍、装备、物资等救援条件。

（二）及时发布有关信息。指挥部应当按照有关规定及时发布事故应急处置工作信息；设立举报电话、举报信箱，登记、核实举报情况，接受社会监督。有关各方要引导各类新闻媒体客观、公正、及时报道事故信息，不得编造、发布虚假信息。

（三）精心组织医疗卫生服务。事故发生地卫生行政主管部门要按照指挥部的要求，组织做好紧急医疗救护和现场卫生处置工作，协调有关专家、特种药品和特种救治装备，全力救治事故受伤人员，并按照专业规程做好现场防疫工作。必要时，由指挥部向上级卫生行政主管部门提出调配医疗专家和药品及转治伤员等相关请求。

（四）稳妥做好善后处置工作。地方人民政府和事故发生单位要组织妥善安置和慰问受害及受影响人员，组织开展遇难人员善后和赔偿、征用物资补偿、协调应急救援队伍补偿、污染物收集清理与处理等工作，尽快消除事故影响，恢复正常秩序，保证社会稳定。

五、建立健全事故应急处置制度

（一）建立分级指导配合制度。县级以上人民政府及其有关部门要建立事故应急处置分级指导配合制度。事故发生后，县级以上人民政府及其有关部门要根据事故等级和相关规定派出工作组，赶赴事故现场指导配合事发地开展工作。国务院安全生产监管监察部门和国务院负有安全生产监督管理职责的有关部门要对重特大事故或全国社会影响大的事故应急处置工作进行指导；省级安全生产监管监察部门和负有安全生产监督管理职责的有关部门要对重大、较大事故或本省（区、市）社会影响大的事故应急处置工作进行指导；市（地）级安全生产监管监察部门和负有安全生产监督管理职责的有关部门要对较大、一般事故或本市（地）社会影响大的事故应急处置工作进行指导。

工作组的主要任务是：了解掌握事故基本情况和初步原因；督促地方人民政府和相关部门及企业核查核实并如实上报事故遇险、遇难、受伤人员情况；根据前期处置情况对救援方案提出建议，协调调动外部应急资源，指导事故应对处置工作，但不替代地方指挥部的指挥职责；指导当地做好舆论引导和善后处理工作；起草事故情况报告，并及时向派出单位或上级单位报告有关工作情况。

（二）完善总结和评估制度。地方人民政府及其有关部门要建立健全事故应急处置总结和评估制度。指挥部要对事故应急处置工作进行总结并将总结报告报事故调查组和上级安全生产监管监察部门。事故应急处置工作总结报告的主要内容包括：事故基本情况、事故信息接收与报送情况、应急处置组织与领导、应急预案执行情况、应急救援队伍工作情况、主要技术措施及其实施情况、救援成效、经验教训、相关建议等。

事故调查组负责事故应急处置评估工作，并在事故调查报告中对应急处置作出评估结论。

（三）落实应急奖惩制度。各地区、各部门要落实事故应急处置奖励与责任追究制度。要根据有关法律法规和事故应急处置评估结论，对事故应急处置工作中表现突出的单位和个人给予奖励。对影响和妨碍事故应急处置工作的有关单位和人员，视情节和危害后果依法依规追究责任。

安全生产许可证条例

1. 2004年1月13日国务院令第397号公布
2. 根据2013年7月18日国务院令第638号《关于废止和修改部分行政法规的决定》第一次修订
3. 根据2014年7月29日国务院令第653号《关于修改部分行政法规的决定》第二次修订

第一条 为了严格规范安全生产条件，进一步加强安全生产监督管理，防止和减少生产安全事故，根据《中华人民共和国安全生产法》的有关规定，制定本条例。

第二条 国家对矿山企业、建筑施工企业和危险化学品、烟花爆竹、民用爆炸物品生产企业（以下统称企业）实行安全生产许可制度。

企业未取得安全生产许可证的，不得从事生产活动。

第三条 国务院安全生产监督管理部门负责中央管理的非煤矿矿山企业和危险化学品、烟花爆竹生产企业安全生产许可证的颁发和管理。

省、自治区、直辖市人民政府安全生产监督管理部门负责前款规定以外的非煤矿矿山企业和危险化学品、烟花爆竹生产企业安全生产许可证的颁发和管理，并接受国务院安全生产监督管理部门的指导和监督。

国家煤矿安全监察机构负责中央管理的煤矿企业安全生产许可证的颁发和管理。

在省、自治区、直辖市设立的煤矿安全监察机构负责前款规定以外的其他煤矿企业安全生产许可证的颁发和管理，并接受国家煤矿安全监察机构的指导和监督。

第四条 省、自治区、直辖市人民政府建设主管部门负责建筑施工企业安全生产许可证的颁发和管理，并接受国务院建设主管部门的指导和监督。

第五条 省、自治区、直辖市人民政府民用爆炸物品行业主管部门负责民用爆炸物品生产企业安全生产许可证的颁发和管理，并接受国务院民用爆炸物品行业主管部门的指导和监督。

第六条 企业取得安全生产许可证，应当具备下列安全生产条件：

（一）建立、健全安全生产责任制，制定完备的安全生产规章制度和操作规程；

（二）安全投入符合安全生产要求；

（三）设置安全生产管理机构，配备专职安全生产管理人员；

（四）主要负责人和安全生产管理人员经考核合格；

（五）特种作业人员经有关业务主管部门考核合格，取得特种作业操作资格证书；

（六）从业人员经安全生产教育和培训合格；

（七）依法参加工伤保险，为从业人员缴纳保险费；

（八）厂房、作业场所和安全设施、设备、工艺符合有关安全生产法律、法规、标准和规程的要求；

（九）有职业危害防治措施，并为从业人员配备符合国家标准或者行业标准的劳动防护用品；

（十）依法进行安全评价；

（十一）有重大危险源检测、评估、监控措施和应急预案；

（十二）有生产安全事故应急救援预案、应急救援组织或者应急救援人员，配备必要的应急救援器材、设备；

（十三）法律、法规规定的其他条件。

第七条 企业进行生产前，应当依照本条例的规定向安全生产许可证颁发管理机关申请领取安全生产许可证，并提供本条例第六条规定的相关文件、资料。安全生产许可证颁发管理机关应当自收到申请之日起45日内审查完毕，经审查符合本条例规定的安全生产条件的，颁发安全生产许可证；不符合本条例规定的安全生产条件的，不予颁发安全生产许可证，书面通知企业并说明理由。

煤矿企业应当以矿（井）为单位，依照本条例的规定取得安全生产许可证。

第八条 安全生产许可证由国务院安全生产监督管理部门规定统一的式样。

第九条 安全生产许可证的有效期为3年。安全生产许可证有效期满需要延期的，企业应当于期满前3个月向原安全生产许可证颁发管理机关办理延期手续。

企业在安全生产许可证有效期内，严格遵守有关安全生产的法律法规，未发生死亡事故的，安全生产许可证有效期届满时，经原安全生产许可证颁发管理机关同意，不再审查，安全生产许可证有效期延期3年。

第十条 安全生产许可证颁发管理机关应当建立、健全安全生产许可证档案管理制度，并定期向社会公布企业取得安全生产许可证的情况。

第十一条 煤矿企业安全生产许可证颁发管理机关、建筑施工企业安全生产许可证颁发管理机关、民用爆炸物品生产企业安全生产许可证颁发管理机关，应当每年向同级安全生产监督管理部门通报其安全生产许可证颁发和管理情况。

第十二条 国务院安全生产监督管理部门和省、自治区、直辖市人民政府安全生产监督管理部门对建筑施工企业、民用爆炸物品生产企业、煤矿企业取得安全生产许可证的情况进行监督。

第十三条 企业不得转让、冒用安全生产许可证或者使用伪造的安全生产许可证。

第十四条 企业取得安全生产许可证后，不得降低安全生产条件，并应当加强日常安全生产管理，接受安全生产许可证颁发管理机关的监督检查。

安全生产许可证颁发管理机关应当加强对取得安全生产许可证的企业的监督检查，发现其不再具备本条例规定的安全生产条件的，应当暂扣或者吊销安全生产许可证。

第十五条 安全生产许可证颁发管理机关工作人员在安全生产许可证颁发、管理和监督检查工作中，不得索取或者接受企业的财物，不得谋取其他利益。

第十六条 监察机关依照《中华人民共和国行政监察法》的规定，对安全生产许可证颁发管理机关及其工作人员履行本条例规定的职责实施监察。

第十七条　任何单位或者个人对违反本条例规定的行为,有权向安全生产许可证颁发管理机关或者监察机关等有关部门举报。

第十八条　安全生产许可证颁发管理机关工作人员有下列行为之一的,给予降级或者撤职的行政处分;构成犯罪的,依法追究刑事责任:

(一)向不符合本条例规定的安全生产条件的企业颁发安全生产许可证的;

(二)发现企业未依法取得安全生产许可证擅自从事生产活动,不依法处理的;

(三)发现取得安全生产许可证的企业不再具备本条例规定的安全生产条件,不依法处理的;

(四)接到对违反本条例规定行为的举报后,不及时处理的;

(五)在安全生产许可证颁发、管理和监督检查工作中,索取或者接受企业的财物,或者谋取其他利益的。

第十九条　违反本条例规定,未取得安全生产许可证擅自进行生产的,责令停止生产,没收违法所得,并处10万元以上50万元以下的罚款;造成重大事故或者其他严重后果,构成犯罪的,依法追究刑事责任。

第二十条　违反本条例规定,安全生产许可证有效期满未办理延期手续,继续进行生产的,责令停止生产,限期补办延期手续,没收违法所得,并处5万元以上10万元以下的罚款;逾期仍不办理延期手续,继续进行生产的,依照本条例第十九条的规定处罚。

第二十一条　违反本条例规定,转让安全生产许可证的,没收违法所得,处10万元以上50万元以下的罚款,并吊销其安全生产许可证;构成犯罪的,依法追究刑事责任;接受转让的,依照本条例第十九条的规定处罚。

冒用安全生产许可证或者使用伪造的安全生产许可证的,依照本条例第十九条的规定处罚。

第二十二条　本条例施行前已经进行生产的企业,应当自本条例施行之日起1年内,依照本条例的规定向安全生产许可证颁发管理机关申请办理安全生产许可证;逾期不办理安全生产许可证,或者经审查不符合本条例规定的安全生产条件,未取得安全生产许可证,继续进行生产的,依照本条例第十九条的规定处罚。

第二十三条　本条例规定的行政处罚,由安全生产许可证颁发管理机关决定。

第二十四条　本条例自公布之日起施行。

生产安全事故应急预案管理办法

1. 2016年6月3日国家安全生产监督管理总局令第88号公布

2. 根据2019年7月11日应急管理部令第2号《关于修改〈生产安全事故应急预案管理办法〉的决定》修正

第一章　总　　则

第一条　为规范生产安全事故应急预案管理工作,迅速有效处置生产安全事故,依据《中华人民共和国突发事件应对法》《中华人民共和国安全生产法》《生产安全事故应急条例》等法律、行政法规和《突发事件应急预案管理办法》(国办发〔2013〕101号),制定本办法。

第二条　生产安全事故应急预案(以下简称应急预案)的编制、评审、公布、备案、实施及监督管理工作,适用本办法。

第三条　应急预案的管理实行属地为主、分级负责、分类指导、综合协调、动态管理的原则。

第四条　应急管理部负责全国应急预案的综合协调管理工作。国务院其他负有安全生产监督管理职责的部门在各自职责范围内,负责相关行业、领域应急预案的管理工作。

县级以上地方各级人民政府应急管理部门负责本行政区域内应急预案的综合协调管理工作。县级以上地方各级人民政府其他负有安全生产监督管理职责的部门按照各自的职责负责有关行业、领域应急预案的管理工作。

第五条　生产经营单位主要负责人负责组织编制和实施本单位的应急预案,并对应急预案的真实性和实用性负责;各分管负责人应当按照职责分工落实应急预案规定的职责。

第六条　生产经营单位应急预案分为综合应急预案、专项应急预案和现场处置方案。

综合应急预案,是指生产经营单位为应对各种生产安全事故而制定的综合性工作方案,是本单位应对生产安全事故的总体工作程序、措施和应急预案体系的总纲。

专项应急预案,是指生产经营单位为应对某一种或者多种类型生产安全事故,或者针对重要生产设施、重大危险源、重大活动防止生产安全事故而制定的专项性工作方案。

现场处置方案,是指生产经营单位根据不同生产安全事故类型,针对具体场所、装置或者设施所制定的应急处置措施。

第二章 应急预案的编制

第七条 应急预案的编制应当遵循以人为本、依法依规、符合实际、注重实效的原则,以应急处置为核心,明确应急职责、规范应急程序、细化保障措施。

第八条 应急预案的编制应当符合下列基本要求:

（一）有关法律、法规、规章和标准的规定;

（二）本地区、本部门、本单位的安全生产实际情况;

（三）本地区、本部门、本单位的危险性分析情况;

（四）应急组织和人员的职责分工明确,并有具体的落实措施;

（五）有明确、具体的应急程序和处置措施,并与其应急能力相适应;

（六）有明确的应急保障措施,满足本地区、本部门、本单位的应急工作需要;

（七）应急预案基本要素齐全、完整,应急预案附件提供的信息准确;

（八）应急预案内容与相关应急预案相互衔接。

第九条 编制应急预案应当成立编制工作小组,由本单位有关负责人任组长,吸收与应急预案有关的职能部门和单位的人员,以及有现场处置经验的人员参加。

第十条 编制应急预案前,编制单位应当进行事故风险辨识、评估和应急资源调查。

事故风险辨识、评估,是指针对不同事故种类及特点,识别存在的危险危害因素,分析事故可能产生的直接后果以及次生、衍生后果,评估各种后果的危害程度和影响范围,提出防范和控制事故风险措施的过程。

应急资源调查,是指全面调查本地区、本单位第一时间可以调用的应急资源状况和合作区域内可以请求援助的应急资源状况,并结合事故风险辨识评估结论制定应急措施的过程。

第十一条 地方各级人民政府应急管理部门和其他负有安全生产监督管理职责的部门应当根据法律、法规、规章和同级人民政府以及上一级人民政府应急管理部门和其他负有安全生产监督管理职责的部门的应急预案,结合工作实际,组织编制相应的部门应急预案。

部门应急预案应当根据本地区、本部门的实际情况,明确信息报告、响应分级、指挥权移交、警戒疏散等内容。

第十二条 生产经营单位应当根据有关法律、法规、规章和相关标准,结合本单位组织管理体系、生产规模和可能发生的事故特点,与相关预案保持衔接,确立本单位的应急预案体系,编制相应的应急预案,并体现自救互救和先期处置等特点。

第十三条 生产经营单位风险种类多、可能发生多种类型事故的,应当组织编制综合应急预案。

综合应急预案应当规定应急组织机构及其职责、应急预案体系、事故风险描述、预警及信息报告、应急响应、保障措施、应急预案管理等内容。

第十四条 对于某一种或者多种类型的事故风险,生产经营单位可以编制相应的专项应急预案,或将专项应急预案并入综合应急预案。

专项应急预案应当规定应急指挥机构与职责、处置程序和措施等内容。

第十五条 对于危险性较大的场所、装置或者设施,生产经营单位应当编制现场处置方案。

现场处置方案应当规定应急工作职责、应急处置措施和注意事项等内容。

事故风险单一、危险性小的生产经营单位,可以只编制现场处置方案。

第十六条 生产经营单位应急预案应当包括向上级应急管理机构报告的内容、应急组织机构和人员的联系方式、应急物资储备清单等附件信息。附件信息发生变化时,应当及时更新,确保准确有效。

第十七条 生产经营单位组织应急预案编制过程中,应当根据法律、法规、规章的规定或者实际需要,征求相关应急救援队伍、公民、法人或者其他组织的意见。

第十八条 生产经营单位编制的各类应急预案之间应当相互衔接,并与相关人民政府及其部门、应急救援队伍和涉及的其他单位的应急预案相衔接。

第十九条 生产经营单位应当在编制应急预案的基础上,针对工作场所、岗位的特点,编制简明、实用、有效的应急处置卡。

应急处置卡应当规定重点岗位、人员的应急处置程序和措施,以及相关联络人员和联系方式,便于从业人员携带。

第三章 应急预案的评审、公布和备案

第二十条 地方各级人民政府应急管理部门应当组织有关专家对本部门编制的部门应急预案进行审定;必要时,可以召开听证会,听取社会有关方面的意见。

第二十一条 矿山、金属冶炼企业和易燃易爆物品、危险化学品的生产、经营(带储存设施的,下同)、储存、运输企业,以及使用危险化学品达到国家规定数量的化工企业、烟花爆竹生产、批发经营企业和中型规模以上的其他生产经营单位,应当对本单位编制的应急预案

进行评审,并形成书面评审纪要。

前款规定以外的其他生产经营单位可以根据自身需要,对本单位编制的应急预案进行论证。

第二十二条　参加应急预案评审的人员应当包括有关安全生产及应急管理方面的专家。

评审人员与所评审应急预案的生产经营单位有利害关系的,应当回避。

第二十三条　应急预案的评审或者论证应当注重基本要素的完整性、组织体系的合理性、应急处置程序和措施的针对性、应急保障措施的可行性、应急预案的衔接性等内容。

第二十四条　生产经营单位的应急预案经评审或者论证后,由本单位主要负责人签署,向本单位从业人员公布,并及时发放到本单位有关部门、岗位和相关应急救援队伍。

事故风险可能影响周边其他单位、人员的,生产经营单位应当将有关事故风险的性质、影响范围和应急防范措施告知周边的其他单位和人员。

第二十五条　地方各级人民政府应急管理部门的应急预案,应当报同级人民政府备案,同时抄送上一级人民政府应急管理部门,并依法向社会公布。

地方各级人民政府其他负有安全生产监督管理职责的部门的应急预案,应当抄送同级人民政府应急管理部门。

第二十六条　易燃易爆物品、危险化学品等危险物品的生产、经营、储存、运输单位,矿山、金属冶炼、城市轨道交通运营、建筑施工单位,以及宾馆、商场、娱乐场所、旅游景区等人员密集场所经营单位,应当在应急预案公布之日起20个工作日内,按照分级属地原则,向县级以上人民政府应急管理部门和其他负有安全生产监督管理职责的部门进行备案,并依法向社会公布。

前款所列单位属于中央企业的,其总部(上市公司)的应急预案,报国务院主管的负有安全生产监督管理职责的部门备案,并抄送应急管理部;其所属单位的应急预案报所在地的省、自治区、直辖市或者设区的市级人民政府主管的负有安全生产监督管理职责的部门备案,并抄送同级人民政府应急管理部门。

本条第一款所列单位不属于中央企业的,其中非煤矿山、金属冶炼和危险化学品生产、经营、储存、运输企业,以及使用危险化学品达到国家规定数量的化工企业、烟花爆竹生产、批发经营企业的应急预案,按照隶属关系报所在地县级以上地方人民政府应急管理部门备案;本款前述单位以外的其他生产经营单位应急预案的备案,由省、自治区、直辖市人民政府负有安全生产监督管理职责的部门确定。

油气输送管道运营单位的应急预案,除按照本条第一款、第二款的规定备案外,还应当抄送所经行政区域的县级人民政府应急管理部门。

海洋石油开采企业的应急预案,除按照本条第一款、第二款的规定备案外,还应当抄送所经行政区域的县级人民政府应急管理部门和海洋石油安全监管机构。

煤矿企业的应急预案除按照本条第一款、第二款的规定备案外,还应当抄送所在地的煤矿安全监察机构。

第二十七条　生产经营单位申报应急预案备案,应当提交下列材料:

(一)应急预案备案申报表;

(二)本办法第二十一条所列单位,应当提供应急预案评审意见;

(三)应急预案电子文档;

(四)风险评估结果和应急资源调查清单。

第二十八条　受理备案登记的负有安全生产监督管理职责的部门应当在5个工作日内对应急预案材料进行核对,材料齐全的,应当予以备案并出具应急预案备案登记表;材料不齐全的,不予备案并一次性告知需要补齐的材料。逾期不予备案又不说明理由的,视为已经备案。

对于实行安全生产许可的生产经营单位,已经进行应急预案备案的,在申请安全生产许可证时,可以不提供相应的应急预案,仅提供应急预案备案登记表。

第二十九条　各级人民政府负有安全生产监督管理职责的部门应当建立应急预案备案登记建档制度,指导、督促生产经营单位做好应急预案的备案登记工作。

第四章　应急预案的实施

第三十条　各级人民政府应急管理部门、各类生产经营单位应当采取多种形式开展应急预案的宣传教育,普及生产安全事故避险、自救和互救知识,提高从业人员和社会公众的安全意识与应急处置技能。

第三十一条　各级人民政府应急管理部门应当将本部门应急预案的培训纳入安全生产培训工作计划,并组织实施本行政区域内重点生产经营单位的应急预案培训工作。

生产经营单位应当组织开展本单位的应急预案、应急知识、自救互救和避险逃生技能的培训活动,使有关人员了解应急预案内容,熟悉应急职责、应急处置程序和措施。

应急培训的时间、地点、内容、师资、参加人员和考核结果等情况应当如实记入本单位的安全生产教育和培训档案。

第三十二条 各级人民政府应急管理部门应当至少每两年组织一次应急预案演练，提高本部门、本地区生产安全事故应急处置能力。

第三十三条 生产经营单位应当制定本单位的应急预案演练计划，根据本单位的事故风险特点，每年至少组织一次综合应急预案演练或者专项应急预案演练，每半年至少组织一次现场处置方案演练。

易燃易爆物品、危险化学品等危险物品的生产、经营、储存、运输单位，矿山、金属冶炼、城市轨道交通运营、建筑施工单位，以及宾馆、商场、娱乐场所、旅游景区等人员密集场所经营单位，应当至少每半年组织一次生产安全事故应急预案演练，并将演练情况报送所在地县级以上地方人民政府负有安全生产监督管理职责的部门。

县级以上地方人民政府负有安全生产监督管理职责的部门应当对本行政区域内前款规定的重点生产经营单位的生产安全事故应急救援预案演练进行抽查；发现演练不符合要求的，应当责令限期改正。

第三十四条 应急预案演练结束后，应急预案演练组织单位应当对应急预案演练效果进行评估，撰写应急预案演练评估报告，分析存在的问题，并对应急预案提出修订意见。

第三十五条 应急预案编制单位应当建立应急预案定期评估制度，对预案内容的针对性和实用性进行分析，并对应急预案是否需要修订作出结论。

矿山、金属冶炼、建筑施工企业和易燃易爆物品、危险化学品等危险物品的生产、经营、储存、运输企业、使用危险化学品达到国家规定数量的化工企业、烟花爆竹生产、批发经营企业和中型规模以上的其他生产经营单位，应当每三年进行一次应急预案评估。

应急预案评估可以邀请相关专业机构或者有关专家、有实际应急救援工作经验的人员参加，必要时可以委托安全生产技术服务机构实施。

第三十六条 有下列情形之一的，应急预案应当及时修订并归档：

（一）依据的法律、法规、规章、标准及上位预案中的有关规定发生重大变化的；

（二）应急指挥机构及其职责发生调整的；

（三）安全生产面临的风险发生重大变化的；

（四）重要应急资源发生重大变化的；

（五）在应急演练和事故应急救援中发现需要修订预案的重大问题的；

（六）编制单位认为应当修订的其他情况。

第三十七条 应急预案修订涉及组织指挥体系与职责、应急处置程序、主要处置措施、应急响应分级等内容变更的，修订工作应当参照本办法规定的应急预案编制程序进行，并按照有关应急预案报备程序重新备案。

第三十八条 生产经营单位应当按照应急预案的规定，落实应急指挥体系、应急救援队伍、应急物资及装备，建立应急物资、装备配备及其使用档案，并对应急物资、装备进行定期检测和维护，使其处于适用状态。

第三十九条 生产经营单位发生事故时，应当第一时间启动应急响应，组织有关力量进行救援，并按照规定将事故信息及应急响应启动情况报告事故发生地县级以上人民政府应急管理部门和其他负有安全生产监督管理职责的部门。

第四十条 生产安全事故应急处置和应急救援结束后，事故发生单位应当对应急预案实施情况进行总结评估。

第五章 监督管理

第四十一条 各级人民政府应急管理部门和煤矿安全监察机构应当将生产经营单位应急预案工作纳入年度监督检查计划，明确检查的重点内容和标准，并严格按照计划开展执法检查。

第四十二条 地方各级人民政府应急管理部门应当每年对应急预案的监督管理工作情况进行总结，并报上一级人民政府应急管理部门。

第四十三条 对于在应急预案管理工作中做出显著成绩的单位和人员，各级人民政府应急管理部门、生产经营单位可以给予表彰和奖励。

第六章 法律责任

第四十四条 生产经营单位有下列情形之一的，由县级以上人民政府应急管理等部门依照《中华人民共和国安全生产法》第九十四条的规定，责令限期改正，可以处5万元以下罚款；逾期未改正的，责令停产停业整顿，并处5万元以上10万元以下的罚款，对直接负责的主管人员和其他直接责任人员处1万元以上2万元以下的罚款：

（一）未按照规定编制应急预案的；

（二）未按照规定定期组织应急预案演练的。

第四十五条　生产经营单位有下列情形之一的,由县级以上人民政府应急管理部门责令限期改正,可以处1万元以上3万元以下的罚款:

(一)在应急预案编制前未按照规定开展风险辨识、评估和应急资源调查的;

(二)未按照规定开展应急预案评审的;

(三)事故风险可能影响周边单位、人员的,未将事故风险的性质、影响范围和应急防范措施告知周边单位和人员的;

(四)未按照规定开展应急预案评估的;

(五)未按照规定进行应急预案修订的;

(六)未落实应急预案规定的应急物资及装备的。

生产经营单位未按照规定进行应急预案备案的,由县级以上人民政府应急管理等部门依照职责责令限期改正;逾期未改正的,处3万元以上5万元以下的罚款,对直接负责的主管人员和其他直接责任人员处1万元以上2万元以下的罚款。

第七章　附　　则

第四十六条　《生产经营单位生产安全事故应急预案备案申报表》和《生产经营单位生产安全事故应急预案备案登记表》由应急管理部统一制定。

第四十七条　各省、自治区、直辖市应急管理部门可以依据本办法的规定,结合本地区实际制定实施细则。

第四十八条　对储存、使用易燃易爆物品、危险化学品等危险物品的科研机构、学校、医院等单位的安全事故应急预案的管理,参照本办法的有关规定执行。

第四十九条　本办法自2016年7月1日起施行。

国家安全生产事故灾难应急预案

2006年1月22日国务院发布

1　总　　则

1.1　编制目的

规范安全生产事故灾难的应急管理和应急响应程序,及时有效地实施应急救援工作,最大程度地减少人员伤亡、财产损失,维护人民群众的生命安全和社会稳定。

1.2　编制依据

依据《中华人民共和国安全生产法》、《国家突发公共事件总体应急预案》和《国务院关于进一步加强安全生产工作的决定》等法律法规及有关规定,制定本预案。

1.3　适用范围

本预案适用于下列安全生产事故灾难的应对工作:

(1)造成30人以上死亡(含失踪),或危及30人以上生命安全,或者100人以上中毒(重伤),或者需要紧急转移安置10万人以上,或者直接经济损失1亿元以上的特别重大安全生产事故灾难。

(2)超出省(区、市)人民政府应急处置能力,或者跨省级行政区、跨多个领域(行业和部门)的安全生产事故灾难。

(3)需要国务院安全生产委员会(以下简称国务院安委会)处置的安全生产事故灾难。

1.4　工作原则

(1)以人为本,安全第一。把保障人民群众的生命安全和身体健康、最大程度地预防和减少安全生产事故灾难造成的人员伤亡作为首要任务。切实加强应急救援人员的安全防护。充分发挥人的主观能动性,充分发挥专业救援力量的骨干作用和人民群众的基础作用。

(2)统一领导,分级负责。在国务院统一领导和国务院安委会组织协调下,各省(区、市)人民政府和国务院有关部门按照各自职责和权限,负责有关安全生产事故灾难的应急管理和应急处置工作。企业要认真履行安全生产责任主体的职责,建立安全生产应急预案和应急机制。

(3)条块结合,属地为主。安全生产事故灾难现场应急处置的领导和指挥以地方人民政府为主,实行地方各级人民政府行政首长负责制。有关部门应当与地方人民政府密切配合,充分发挥指导和协调作用。

(4)依靠科学,依法规范。采用先进技术,充分发挥专家作用,实行科学民主决策。采用先进的救援装备和技术,增强应急救援能力。依法规范应急救援工作,确保应急预案的科学性、权威性和可操作性。

(5)预防为主,平战结合。贯彻落实"安全第一,预防为主"的方针,坚持事故灾难应急与预防工作相结合。做好预防、预测、预警和预报工作,做好常态下的风险评估、物资储备、队伍建设、完善装备、预案演练等工作。

2　组织体系及相关机构职责

2.1　组织体系

全国安全生产事故灾难应急救援组织体系由国务院安委会、国务院有关部门、地方各级人民政府安全生产事故灾难应急领导机构、综合协调指挥机构、专业协调指挥机构、应急支持保障部门、应急救援队伍和生产经营单位组成。

国家安全生产事故灾难应急领导机构为国务院安委会，综合协调指挥机构为国务院安委会办公室，国家安全生产应急救援指挥中心具体承担安全生产事故灾难应急管理工作，专业协调指挥机构为国务院有关部门管理的专业领域应急救援指挥机构。

地方各级人民政府的安全生产事故灾难应急机构由地方政府确定。

应急救援队伍主要包括消防部队、专业应急救援队伍、生产经营单位的应急救援队伍、社会力量、志愿者队伍及有关国际救援力量等。

国务院安委会各成员单位按照职责履行本部门的安全生产事故灾难应急救援和保障方面的职责，负责制订、管理并实施有关应急预案。

2.2　现场应急救援指挥部及职责

现场应急救援指挥以属地为主，事发地省（区、市）人民政府成立现场应急救援指挥部。现场应急救援指挥部负责指挥所有参与应急救援的队伍和人员，及时向国务院报告事故灾难事态发展及救援情况，同时抄送国务院安委会办公室。

涉及多个领域、跨省级行政区或影响特别重大的事故灾难，根据需要由国务院安委会或者国务院有关部门组织成立现场应急救援指挥部，负责应急救援协调指挥工作。

3　预警预防机制

3.1　事故灾难监控与信息报告

国务院有关部门和省（区、市）人民政府应当加强对重大危险源的监控，对可能引发特别重大事故的险情，或者其他灾害、灾难可能引发安全生产事故灾难的重要信息应及时上报。

特别重大安全生产事故灾难发生后，事故现场有关人员应当立即报告单位负责人，单位负责人接到报告后，应当立即报告当地人民政府和上级主管部门。中央企业在上报当地政府的同时应当上报企业总部。当地人民政府接到报告后应当立即报告上级政府，国务院有关部门、单位、中央企业和事故灾难发生地的省（区、市）人民政府应当在接到报告后2小时内，向国务院报告，同时抄送国务院安委会办公室。

自然灾害、公共卫生和社会安全方面的突发事件可能引发安全生产事故灾难的信息，有关各级、各类应急指挥机构均应及时通报同级安全生产事故灾难应急救援指挥机构，安全生产事故灾难应急救援指挥机构应当及时分析处理，并按照分级管理的程序逐级上报，紧急情况下，可越级上报。

发生安全生产事故灾难的有关部门、单位要及时、主动向国务院安委会办公室、国务院有关部门提供与事故应急救援有关的资料。事故灾难发生地安全监管部门提供事故前监督检查的有关资料，为国务院安委会办公室、国务院有关部门研究制订救援方案提供参考。

3.2　预警行动

各级、各部门安全生产事故灾难应急机构接到可能导致安全生产事故灾难的信息后，按照应急预案及时研究确定应对方案，并通知有关部门、单位采取相应行动预防事故发生。

4　应 急 响 应

4.1　分级响应

Ⅰ级应急响应行动（具体标准见1.3）由国务院安委会办公室或国务院有关部门组织实施。当国务院安委会办公室或国务院有关部门进行Ⅰ级应急响应行动时，事发地各级人民政府应当按照相应的预案全力以赴组织救援，并及时向国务院及国务院安委会办公室、国务院有关部门报告救援工作进展情况。

Ⅱ级及以下应急响应行动的组织实施由省级人民政府决定。地方各级人民政府根据事故灾难或险情的严重程度启动相应的应急预案，超出其应急救援处置能力时，及时报请上一级应急救援指挥机构启动上一级应急预案实施救援。

4.1.1　国务院有关部门的响应

Ⅰ级响应时，国务院有关部门启动并实施本部门相关的应急预案，组织应急救援，并及时向国务院及国务院安委会办公室报告救援工作进展情况。需要其他部门应急力量支援时，及时提出请求。

根据发生的安全生产事故灾难的类别，国务院有关部门按照其职责和预案进行响应。

4.1.2　国务院安委会办公室的响应

（1）及时向国务院报告安全生产事故灾难基本情况、事态发展和救援进展情况。

（2）开通与事故灾难发生地的省级应急救援指挥机构、现场应急救援指挥部、相关专业应急救援指挥机构的通信联系，随时掌握事态发展情况。

（3）根据有关部门和专家的建议，通知相关应急救援指挥机构随时待命，为地方或专业应急救援指挥机构提供技术支持。

（4）派出有关人员和专家赶赴现场参加、指导现场应急救援，必要时协调专业应急力量增援。

（5）对可能或者已经引发自然灾害、公共卫生和社会安全突发事件的，国务院安委会办公室要及时上报国务院,同时负责通报相关领域的应急救援指挥机构。

(6)组织协调特别重大安全生产事故灾难应急救援工作。

(7)协调落实其他有关事项。

4.2　指挥和协调

进入Ⅰ级响应后,国务院有关部门及其专业应急救援指挥机构立即按照预案组织相关应急救援力量,配合地方政府组织实施应急救援。

国务院安委会办公室根据事故灾难的情况开展应急救援协调工作。通知有关部门及其应急机构、救援队伍和事发地毗邻省(区、市)人民政府应急救援指挥机构,相关机构按照各自应急预案提供增援或保障。有关应急队伍在现场应急救援指挥部统一指挥下,密切配合,共同实施抢险救援和紧急处置行动。

现场应急救援指挥部负责现场应急救援的指挥,现场应急救援指挥部成立前,事发单位和先期到达的应急救援队伍必须迅速、有效地实施先期处置,事故灾难发生地人民政府负责协调,全力控制事故灾难发展态势,防止次生、衍生和耦合事故(事件)发生,果断控制或切断事故灾害链。

中央企业发生事故灾难时,其总部应全力调动相关资源,有效开展应急救援工作。

4.3　紧急处置

现场处置主要依靠本行政区域内的应急处置力量。事故灾难发生后,发生事故的单位和当地人民政府按照应急预案迅速采取措施。

根据事态发展变化情况,出现急剧恶化的特殊险情时,现场应急救援指挥部在充分考虑专家和有关方面意见的基础上,依法及时采取紧急处置措施。

4.4　医疗卫生救助

事发地卫生行政主管部门负责组织开展紧急医疗救护和现场卫生处置工作。

卫生部或国务院安委会办公室根据地方人民政府的请求,及时协调有关专业医疗救护机构和专科医院派出有关专家、提供特种药品和特种救治装备进行支援。

事故灾难发生地疾病控制中心根据事故类型,按照专业规程进行现场防疫工作。

4.5　应急人员的安全防护

现场应急救援人员应根据需要携带相应的专业防护装备,采取安全防护措施,严格执行应急救援人员进入和离开事故现场的相关规定。

现场应急救援指挥部根据需要具体协调、调集相应的安全防护装备。

4.6　群众的安全防护

现场应急救援指挥部负责组织群众的安全防护工作,主要工作内容如下:

(1)企业应当与当地政府、社区建立应急互动机制,确定保护群众安全需要采取的防护措施。

(2)决定应急状态下群众疏散、转移和安置的方式、范围、路线、程序。

(3)指定有关部门负责实施疏散、转移。

(4)启用应急避难场所。

(5)开展医疗防疫和疾病控制工作。

(6)负责治安管理。

4.7　社会力量的动员与参与

现场应急救援指挥部组织调动本行政区域社会力量参与应急救援工作。

超出事发地省级人民政府处置能力时,省级人民政府向国务院申请本行政区域外的社会力量支援,国务院办公厅协调有关省级人民政府、国务院有关部门组织社会力量进行支援。

4.8　现场检测与评估

根据需要,现场应急救援指挥部成立事故现场检测、鉴定与评估小组,综合分析和评价检测数据,查找事故原因,评估事故发展趋势,预测事故后果,为制订现场抢救方案和事故调查提供参考。检测与评估报告要及时上报。

4.9　信息发布

国务院安委会办公室会同有关部门具体负责特别重大安全生产事故灾难信息的发布工作。

4.10　应急结束

当遇险人员全部得救,事故现场得以控制,环境符合有关标准,导致次生、衍生事故隐患消除后,经现场应急救援指挥部确认和批准,现场应急处置工作结束,应急救援队伍撤离现场。由事故发生地省级人民政府宣布应急结束。

5　后期处置

5.1　善后处置

省级人民政府会同相关部门(单位)负责组织特别重大安全生产事故灾难的善后处置工作,包括人员安置、补偿,征用物资补偿,灾后重建,污染物收集、清理与处理等事项。尽快消除事故影响,妥善安置和慰问受害及受影响人员,保证社会稳定,尽快恢复正常秩序。

5.2　保险

安全生产事故灾难发生后,保险机构及时开展应急救援人员保险受理和受灾人员保险理赔工作。

5.3 事故灾难调查报告、经验教训总结及改进建议

特别重大安全生产事故灾难由国务院安全生产监督管理部门负责组成调查组进行调查;必要时,国务院直接组成调查组或者授权有关部门组成调查组。

安全生产事故灾难善后处置工作结束后,现场应急救援指挥部分析总结应急救援经验教训,提出改进应急救援工作的建议,完成应急救援总结报告并及时上报。

6 保障措施

6.1 通信与信息保障

建立健全国家安全生产事故灾难应急救援综合信息网络系统和重大安全生产事故灾难信息报告系统;建立完善救援力量和资源信息数据库;规范信息获取、分析、发布、报送格式和程序,保证应急机构之间的信息资源共享,为应急决策提供相关信息支持。

有关部门应急救援指挥机构和省级应急救援指挥机构负责本部门、本地区相关信息收集、分析和处理,定期向国务院安委会办公室报送有关信息,重要信息和变更信息要及时报送,国务院安委会办公室负责收集、分析和处理全国安全生产事故灾难应急救援有关信息。

6.2 应急支援与保障

6.2.1 救援装备保障

各专业应急救援队伍和企业根据实际情况和需要配备必要的应急救援装备。专业应急救援指挥机构应当掌握本专业的特种救援装备情况,各专业队伍按规程配备救援装备。

6.2.2 应急队伍保障

矿山、危险化学品、交通运输等行业或领域的企业应当依法组建和完善救援队伍。各级、各行业安全生产应急救援机构负责检查并掌握相关应急救援力量的建设和准备情况。

6.2.3 交通运输保障

发生特别重大安全生产事故灾难后,国务院安委会办公室或有关部门根据救援需要及时协调民航、交通和铁路等行政主管部门提供交通运输保障。地方人民政府有关部门对事故现场进行道路交通管制,根据需要开设应急救援特别通道,道路受损时应迅速组织抢修,确保救灾物资、器材和人员运送及时到位,满足应急处置工作需要。

6.2.4 医疗卫生保障

县级以上各级人民政府应当加强急救医疗服务网络的建设,配备相应的医疗救治药物、技术、设备和人员,提高医疗卫生机构应对安全生产事故灾难的救治能力。

6.2.5 物资保障

国务院有关部门和县级以上人民政府及其有关部门、企业,应当建立应急救援设施、设备、救治药品和医疗器械等储备制度,储备必要的应急物资和装备。

各专业应急救援机构根据实际情况,负责监督应急物资的储备情况、掌握应急物资的生产加工能力储备情况。

6.2.6 资金保障

生产经营单位应当做好事故应急救援必要的资金准备。安全生产事故灾难应急救援资金首先由事故责任单位承担,事故责任单位暂时无力承担的,由当地政府协调解决。国家处置安全生产事故灾难所需工作经费按照《财政应急保障预案》的规定解决。

6.2.7 社会动员保障

地方各级人民政府根据需要动员和组织社会力量参与安全生产事故灾难的应急救援。国务院安委会办公室协调调用事发地以外的有关社会应急力量参与增援时,地方人民政府要为其提供各种必要保障。

6.2.8 应急避难场所保障

直辖市、省会城市和大城市人民政府负责提供特别重大事故灾难发生时人员避难需要的场所。

6.3 技术储备与保障

国务院安委会办公室成立安全生产事故灾难应急救援专家组,为应急救援提供技术支持和保障。要充分利用安全生产技术支撑体系的专家和机构,研究安全生产应急救援重大问题,开发应急技术和装备。

6.4 宣传、培训和演习

6.4.1 公众信息交流

国务院安委会办公室和有关部门组织应急法律法规和事故预防、避险、避灾、自救、互救常识的宣传工作,各种媒体提供相关支持。

地方各级人民政府结合本地实际,负责本地相关宣传、教育工作,提高全民的危机意识。

企业与所在地政府、社区建立互动机制,向周边群众宣传相关应急知识。

6.4.2 培训

有关部门组织各级应急管理机构以及专业救援队伍的相关人员进行上岗前培训和业务培训。

有关部门、单位可根据自身实际情况,做好兼职应急救援队伍的培训,积极组织社会志愿者的培训,提高公众自救、互救能力。

地方各级人民政府将突发公共事件应急管理内容列入行政干部培训的课程。

6.4.3 演习

各专业应急机构每年至少组织一次安全生产事故灾

难应急救援演习。国务院安委会办公室每两年至少组织一次联合演习。各企事业单位应当根据自身特点,定期组织本单位的应急救援演习。演习结束后应及时进行总结。

6.5 监督检查

国务院安委会办公室对安全生产事故灾难应急预案实施的全过程进行监督检查。

7 附 则

7.1 预案管理与更新

随着应急救援相关法律法规的制定、修改和完善,部门职责或应急资源发生变化,以及实施过程中发现存在问题或出现新的情况,应及时修订完善本预案。

本预案有关数量的表述中,“以上”含本数,“以下”不含本数。

7.2 奖励与责任追究

7.2.1 奖励

在安全生产事故灾难应急救援工作中有下列表现之一的单位和个人,应依据有关规定给予奖励:

(1)出色完成应急处置任务,成绩显著的。

(2)防止或抢救事故灾难有功,使国家、集体和人民群众的财产免受损失或者减少损失的。

(3)对应急救援工作提出重大建议,实施效果显著的。

(4)有其他特殊贡献的。

7.2.2 责任追究

在安全生产事故灾难应急救援工作中有下列行为之一的,按照法律、法规及有关规定,对有关责任人员视情节和危害后果,由其所在单位或者上级机关给予行政处分;其中,对国家公务员和国家行政机关任命的其他人员,分别由任免机关或者监察机关给予行政处分;属于违反治安管理行为的,由公安机关依照有关法律法规的规定予以处罚;构成犯罪的,由司法机关依法追究刑事责任:

(1)不按照规定制订事故应急预案,拒绝履行应急准备义务的。

(2)不按照规定报告、通报事故灾难真实情况的。

(3)拒不执行安全生产事故灾难应急预案,不服从命令和指挥,或者在应急响应时临阵脱逃的。

(4)盗窃、挪用、贪污应急工作资金或者物资的。

(5)阻碍应急工作人员依法执行任务或者进行破坏活动的。

(6)散布谣言,扰乱社会秩序的。

(7)有其他危害应急工作行为的。

7.3 国际沟通与协作

国务院安委会办公室和有关部门积极建立与国际应急机构的联系,组织参加国际救援活动,开展国际间的交流与合作。

7.4 预案实施时间

本预案自印发之日起施行。

安全评价检测检验机构管理办法

1. 2019年3月20日应急管理部令第1号公布

2. 自2019年5月1日起施行

第一章 总 则

第一条 为了加强安全评价机构、安全生产检测检验机构(以下统称安全评价检测检验机构)的管理,规范安全评价、安全生产检测检验行为,依据《中华人民共和国安全生产法》《中华人民共和国行政许可法》等有关规定,制定本办法。

第二条 在中华人民共和国领域内申请安全评价检测检验机构资质,从事法定的安全评价、检测检验服务(附件1),以及应急管理部门、煤矿安全生产监督管理部门实施安全评价检测检验机构资质认可和监督管理适用本办法。

从事海洋石油天然气开采的安全评价检测检验机构的管理办法,另行制定。

第三条 国务院应急管理部门负责指导全国安全评价检测检验机构管理工作,建立安全评价检测检验机构信息查询系统,完善安全评价、检测检验标准体系。

省级人民政府应急管理部门、煤矿安全生产监督管理部门(以下统称资质认可机关)按照各自的职责,分别负责安全评价检测检验机构资质认可和监督管理工作。

设区的市级人民政府、县级人民政府应急管理部门、煤矿安全生产监督管理部门按照各自的职责,对安全评价检测检验机构执业行为实施监督检查,并对发现的违法行为依法实施行政处罚。

第四条 安全评价检测检验机构及其从业人员应当依照法律、法规、规章、标准,遵循科学公正、独立客观、安全准确、诚实守信的原则和执业准则,独立开展安全评价和检测检验,并对其作出的安全评价和检测检验结果负责。

第五条 国家支持发展安全评价、检测检验技术服务的行业组织,鼓励有关行业组织建立安全评价检测检验机构信用评定制度,健全技术服务能力评定体系,完善技术仲裁工作机制,强化行业自律,规范执业行为,维护行业秩序。

第二章　资质认可

第六条　申请安全评价机构资质应当具备下列条件:

(一)独立法人资格,固定资产不少于八百万元;

(二)工作场所建筑面积不少于一千平方米,其中档案室不少于一百平方米,设施、设备、软件等技术支撑条件满足工作需求;

(三)承担矿山、金属冶炼、危险化学品生产和储存、烟花爆竹等业务范围安全评价的机构,其专职安全评价师不低于本办法规定的配备标准(附件1);

(四)承担单一业务范围的安全评价机构,其专职安全评价师不少于二十五人;每增加一个行业(领域),按照专业配备标准至少增加五名专职安全评价师;专职安全评价师中,一级安全评价师比例不低于百分之二十,一级和二级安全评价师的总数比例不低于百分之五十,且中级及以上注册安全工程师比例不低于百分之三十;

(五)健全的内部管理制度和安全评价过程控制体系;

(六)法定代表人出具知悉并承担安全评价的法律责任、义务、权利和风险的承诺书;

(七)配备专职技术负责人和过程控制负责人;专职技术负责人具有一级安全评价师职业资格,并具有与所开展业务相匹配的高级专业技术职称,在本行业领域工作八年以上;专职过程控制负责人具有安全评价师职业资格;

(八)正常运行并可以供公众查询机构信息的网站;

(九)截至申请之日三年内无重大违法失信记录;

(十)法律、行政法规规定的其他条件。

第七条　申请安全生产检测检验机构资质应当具备下列条件:

(一)独立法人资格,固定资产不少于一千万元;

(二)工作场所建筑面积不少于一千平方米,有与从事安全生产检测检验相适应的设施、设备和环境,检测检验设施、设备原值不少于八百万元;

(三)承担单一业务范围的安全生产检测检验机构,其专业技术人员不少于二十五人;每增加一个行业(领域),至少增加五名专业技术人员;专业技术人员中,中级及以上注册安全工程师比例不低于百分之三十,中级及以上技术职称比例不低于百分之五十,且高级技术职称人员比例不低于百分之二十五;

(四)专业技术人员具有与承担安全生产检测检验相适应的专业技能,以及在本行业领域工作两年以上;

(五)法定代表人出具知悉并承担安全生产检测检验的法律责任、义务、权利和风险的承诺书;

(六)主持安全生产检测检验工作的负责人、技术负责人、质量负责人具有高级技术职称,在本行业领域工作八年以上;

(七)符合安全生产检测检验机构能力通用要求等相关标准和规范性文件规定的文件化管理体系;

(八)正常运行并可以供公众查询机构信息的网站;

(九)截至申请之日三年内无重大违法失信记录;

(十)法律、行政法规规定的其他条件。

第八条　下列机构不得申请安全评价检测检验机构资质:

(一)本办法第三条规定部门所属的事业单位及其出资设立的企业法人;

(二)本办法第三条规定部门主管的社会组织及其出资设立的企业法人;

(三)本条第一项、第二项中的企业法人出资设立(含控股、参股)的企业法人。

第九条　符合本办法第六条、第七条规定条件的申请人申请安全评价检测检验机构资质的,应当将申请材料报送其注册地的资质认可机关。

申请材料清单目录由国务院应急管理部门另行规定。

第十条　资质认可机关自收到申请材料之日起五个工作日内,对材料齐全、符合规定形式的申请,应当予以受理,并出具书面受理文书;对材料不齐全或者不符合规定形式的,应当当场或者五个工作日内一次性告知申请人需要补正的全部内容;对不予受理的,应当说明理由并出具书面凭证。

第十一条　资质认可机关应当自受理之日起二十个工作日内,对审查合格的,在本部门网站予以公告,公开有关信息(附件2、附件3),颁发资质证书,并将相关信息纳入安全评价检测检验机构信息查询系统;对审查不合格的,不予颁发资质证书,说明理由并出具书面凭证。

需要专家评审的,专家评审时间不计入本条第一款规定的审查期限内,但最长不超过三个月。

资质证书的式样和编号规则由国务院应急管理部

门另行规定。

第十二条　安全评价检测检验机构的名称、注册地址、实验室条件、法定代表人、专职技术负责人、授权签字人发生变化的,应当自发生变化之日起三十日内向原资质认可机关提出书面变更申请。资质认可机关经审查后符合条件的,在本部门网站予以公告,并及时更新安全评价检测检验机构信息查询系统相关信息。

安全评价检测检验机构因改制、分立或者合并等原因发生变化的,应当自发生变化之日起三十日内向原资质认可机关书面申请重新核定资质条件和业务范围。

安全评价检测检验机构取得资质一年以上,需要变更业务范围的,应当向原资质认可机关提出书面申请。资质认可机关收到申请后应当按照本办法第九条至第十一条的规定办理。

第十三条　安全评价检测检验机构资质证书有效期五年。资质证书有效期届满需要延续的,应当在有效期届满三个月前向原资质认可机关提出申请。原资质认可机关应当按照本办法第九条至第十一条的规定办理。

第十四条　安全评价检测检验机构有下列情形之一的,原资质认可机关应当注销其资质,在本部门网站予以公告,并纳入安全评价检测检验机构信息查询系统:

(一)法人资格终止;

(二)资质证书有效期届满未延续;

(三)自行申请注销;

(四)被依法撤销、撤回、吊销资质;

(五)法律、行政法规规定的应当注销资质的其他情形。

安全评价检测检验机构资质注销后无资质承继单位的,原安全评价检测检验机构及相关人员应当对注销前作出的安全评价检测检验结果继续负责。

第三章　技术服务

第十五条　生产经营单位可以自主选择具备本办法规定资质的安全评价检测检验机构,接受其资质认可范围内的安全评价、检测检验服务。

第十六条　生产经营单位委托安全评价检测检验机构开展技术服务时,应当签订委托技术服务合同,明确服务对象、范围、权利、义务和责任。

生产经营单位委托安全评价检测检验机构为其提供安全生产技术服务的,保证安全生产的责任仍由本单位负责。应急管理部门、煤矿安全生产监督管理部门以安全评价报告、检测检验报告为依据,作出相关行政许可、行政处罚决定的,应当对其决定承担相应法律责任。

第十七条　安全评价检测检验机构应当建立信息公开制度,加强内部管理,严格自我约束。专职技术负责人和过程控制负责人应当按照法规标准的规定,加强安全评价、检测检验活动的管理。

安全评价项目组组长应当具有与业务相关的二级以上安全评价师资格,并在本行业领域工作三年以上。项目组其他组成人员应当符合安全评价项目专职安全评价师专业能力配备标准。

第十八条　安全评价检测检验机构开展技术服务时,应当如实记录过程控制、现场勘验和检测检验的情况,并与现场图像影像等证明资料一并及时归档。

安全评价检测检验机构应当按照有关规定在网上公开安全评价报告、安全生产检测检验报告相关信息及现场勘验图像影像。

第十九条　安全评价检测检验机构应当在开展现场技术服务前七个工作日内,书面告知(附件4)项目实施地资质认可机关,接受资质认可机关及其下级部门的监督抽查。

第二十条　生产经营单位应当对本单位安全评价、检测检验过程进行监督,并对本单位所提供资料、安全评价和检测检验对象的真实性、可靠性负责,承担有关法律责任。

生产经营单位对安全评价检测检验机构提出的事故预防、隐患整改意见,应当及时落实。

第二十一条　安全评价、检测检验的技术服务收费按照有关规定执行。实行政府指导价或者政府定价管理的,严格执行政府指导价或者政府定价政策;实行市场调节价的,由委托方和受托方通过合同协商确定。安全评价检测检验机构应当主动公开服务收费标准,方便用户和社会公众查询。

审批部门在审批过程中委托开展的安全评价检测检验技术服务,服务费用一律由审批部门支付并纳入部门预算,对审批对象免费。

第二十二条　安全评价检测检验机构及其从业人员不得有下列行为:

(一)违反法规标准的规定开展安全评价、检测检验的;

(二)不再具备资质条件或者资质过期从事安全评价、检测检验的;

(三)超出资质认可业务范围,从事法定的安全评价、检测检验的;

（四）出租、出借安全评价检测检验资质证书的；

（五）出具虚假或者重大疏漏的安全评价、检测检验报告的；

（六）违反有关法规标准规定，更改或者简化安全评价、检测检验程序和相关内容的；

（七）专职安全评价师、专业技术人员同时在两个以上安全评价检测检验机构从业的；

（八）安全评价项目组组长及负责勘验人员不到现场实际地点开展勘验等有关工作的；

（九）承担现场检测检验的人员不到现场实际地点开展设备检测检验等有关工作的；

（十）冒用他人名义或者允许他人冒用本人名义在安全评价、检测检验报告和原始记录中签名的；

（十一）不接受资质认可机关及其下级部门监督抽查的。

本办法所称虚假报告，是指安全评价报告、安全生产检测检验报告内容与当时实际情况严重不符，报告结论定性严重偏离客观实际。

第四章 监督检查

第二十三条 资质认可机关应当建立健全安全评价检测检验机构资质认可、监督检查、属地管理的相关制度和程序，加强事中事后监管，并向社会公开监督检查情况和处理结果。

国务院应急管理部门可以对资质认可机关开展资质认可等工作情况实施综合评估，发现涉及重大生产安全事故、存在违法违规认可等问题的，可以采取约谈、通报，撤销其资质认可决定，以及暂停其资质认可权等措施。

第二十四条 资质认可机关应当将其认可的安全评价检测检验机构纳入年度安全生产监督检查计划范围。按照国务院有关“双随机、一公开”的规定实施监督检查，并确保每三年至少覆盖一次。

安全评价检测检验机构从事跨区域技术服务的，项目实施地资质认可机关应当及时核查其资质有效性、认可范围等信息，并对其技术服务实施抽查。

资质认可机关及其下级部门应当对本行政区域内登记注册的安全评价检测检验机构资质条件保持情况、接受行政处罚和投诉举报等情况进行重点监督检查。

第二十五条 资质认可机关及其下级部门、煤矿安全监察机构、事故调查组在安全生产行政许可、建设项目安全设施“三同时”审查、监督检查和事故调查中，发现生产经营单位和安全评价检测检验机构在安全评价、检测检验活动中有违法违规行为的，应当依法实施行政处罚。

吊销、撤销安全评价检测检验机构资质的，由原资质认可机关决定。

对安全评价检测检验机构作出行政处罚等决定，决定机关应当将有关情况及时纳入安全评价检测检验机构信息查询系统。

第二十六条 负有安全生产监督管理职责的部门及其工作人员不得干预安全评价检测检验机构正常活动。除政府采购的技术服务外，不得要求生产经营单位接受指定的安全评价检测检验机构的技术服务。

没有法律法规依据或者国务院规定，不得以备案、登记、年检、换证、要求设立分支机构等形式，设置或者变相设置安全评价检测检验机构准入障碍。

第五章 法律责任

第二十七条 申请人隐瞒有关情况或者提供虚假材料申请资质（包括资质延续、资质变更、增加业务范围等）的，资质认可机关不予受理或者不予行政许可，并给予警告。该申请人在一年内不得再次申请。

第二十八条 申请人以欺骗、贿赂等不正当手段取得资质（包括资质延续、资质变更、增加业务范围等）的，应当予以撤销。该申请人在三年内不得再次申请；构成犯罪的，依法追究刑事责任。

第二十九条 未取得资质的机构及其有关人员擅自从事安全评价、检测检验服务的，责令立即停止违法行为，依照下列规定给予处罚：

（一）机构有违法所得的，没收其违法所得，并处违法所得一倍以上三倍以下的罚款，但最高不得超过三万元；没有违法所得的，处五千元以上一万元以下的罚款；

（二）有关人员处五千元以上一万元以下的罚款。

对有前款违法行为的机构及其人员，由资质认可机关记入有关机构和人员的信用记录，并依照有关规定予以公告。

第三十条 安全评价检测检验机构有下列情形之一的，责令改正或者责令限期改正，给予警告，可以并处一万元以下的罚款；逾期未改正的，处一万元以上三万元以下的罚款，对相关责任人处一千元以上五千元以下的罚款；情节严重的，处一万元以上三万元以下的罚款，对相关责任人处五千元以上一万元以下的罚款：

（一）未依法与委托方签订技术服务合同的；

（二）违反法规标准规定更改或者简化安全评价、检测检验程序和相关内容的；

（三）未按规定公开安全评价报告、安全生产检测

检验报告相关信息及现场勘验图像影像资料的;

(四)未在开展现场技术服务前七个工作日内,书面告知项目实施地资质认可机关的;

(五)机构名称、注册地址、实验室条件、法定代表人、专职技术负责人、授权签字人发生变化之日起三十日内未向原资质认可机关提出变更申请的;

(六)未按照有关法规标准的强制性规定从事安全评价、检测检验活动的;

(七)出租、出借安全评价检测检验资质证书的;

(八)安全评价项目组组长及负责勘验人员不到现场实际地点开展勘验等有关工作的;

(九)承担现场检测检验的人员不到现场实际地点开展设备检测检验等有关工作的;

(十)安全评价报告存在法规标准引用错误、关键危险有害因素漏项、重大危险源辨识错误、对策措施建议与存在问题严重不符等重大疏漏,但尚未造成重大损失的;

(十一)安全生产检测检验报告存在法规标准引用错误、关键项目漏检、结论不明确等重大疏漏,但尚未造成重大损失的。

第三十一条　承担安全评价、检测检验工作的机构,出具虚假证明的,没收违法所得;违法所得在十万元以上的,并处违法所得二倍以上五倍以下的罚款;没有违法所得或者违法所得不足十万元的,单处或者并处十万元以上二十万元以下的罚款;对其直接负责的主管人员和其他直接责任人员处二万元以上五万元以下的罚款;给他人造成损害的,与生产经营单位承担连带赔偿责任;构成犯罪的,依照刑法有关规定追究刑事责任。

对有前款违法行为的机构,由资质认可机关吊销其相应资质,向社会公告,按照国家有关规定对相关机构及其责任人员实行行业禁入,纳入不良记录“黑名单”管理,以及安全评价检测检验机构信息查询系统。

第六章　附　　则

第三十二条　本办法自2019年5月1日起施行。原国家安全生产监督管理总局2007年1月31日公布、2015年5月29日修改的《安全生产检测检验机构管理规定》(原国家安全生产监督管理总局令第12号),2009年7月1日公布、2013年8月29日、2015年5月29日修改的《安全评价机构管理规定》(原国家安全生产监督管理总局令第22号)同时废止。

附件1

安全评价机构业务范围与专职安全评价师专业能力配备标准

业务范围	专职安全评价师专业能力配备标准
煤炭开采业	安全、机械、电气、采矿、通风、矿建、地质各1名及以上。
金属、非金属矿及其他矿采选业	安全、机械、电气、采矿、通风、地质、水工结构各1名及以上。
陆地石油和天然气开采业	安全、机械、电气、采油、储运各1名及以上。
陆上油气管道运输业	油气储运2名及以上,设备、仪表、电气、防腐、安全各1名及以上。
石油加工业,化学原料、化学品及医药制造业	化工工艺、化工机械、电气、安全各2名及以上,自动化1名及以上。
烟花爆竹制造业	火炸药(爆炸技术)、机械、电气、安全各1名及以上。
金属冶炼	安全、机械、电气、冶金、有色金属各1名及以上。

备注:1. 安全评价师专业能力与学科基础专业对照表另行制定。

2. 安全生产检测检验资质认可业务范围以矿山井下特种设备目录为准。

附件2

安全评价机构信息公开表

(样式)

机构名称			
统一社会信用代码/注册号			
办公地址		邮政编码	
机构信息公开网址		法定代表人	
联系人		联系电话	
专职技术负责人		过程控制负责人	
资质证书编号		发证日期	
资质证书批准部门		有效日期	
业务范围			

续表

<table>
<tr><td colspan="6">本机构的安全评价师</td></tr>
<tr><td>姓名</td><td>专业</td><td>证书号码</td><td>姓名</td><td>专业</td><td>证书号码</td></tr>
<tr><td></td><td></td><td></td><td></td><td></td><td></td></tr>
<tr><td></td><td></td><td></td><td></td><td></td><td></td></tr>
</table>

<table>
<tr><td colspan="4">机构违法受处罚信息（初次申请不填写）</td></tr>
<tr><td>违法事实</td><td>处罚决定</td><td>处罚时间</td><td>执法机关</td></tr>
<tr><td></td><td></td><td></td><td></td></tr>
<tr><td></td><td></td><td></td><td></td></tr>
</table>

附件 3

安全生产检测检验机构信息公开表

（样式）

<table>
<tr><td>机构名称</td><td colspan="3"></td></tr>
<tr><td>统一社会信用代码/注册号</td><td colspan="3"></td></tr>
<tr><td>通信地址</td><td></td><td>邮政编码</td><td></td></tr>
<tr><td>实验室地址</td><td></td><td>邮政编码</td><td></td></tr>
<tr><td>机构信息公开网址</td><td></td><td>法定代表人</td><td></td></tr>
<tr><td>机构联系人</td><td></td><td>联系电话</td><td></td></tr>
<tr><td>主持检测检验工作负责人</td><td></td><td>技术负责人</td><td></td></tr>
<tr><td>资质证书编号</td><td></td><td>发证日期</td><td></td></tr>
<tr><td>资质证书批准部门</td><td></td><td>有效日期</td><td></td></tr>
</table>

<table>
<tr><td colspan="7">批准的业务范围</td></tr>
<tr><td rowspan="2">序号</td><td rowspan="2">被检对象</td><td colspan="2">项目/参数</td><td rowspan="2">依据标准编号及名称</td><td rowspan="2">限制范围</td><td rowspan="2">说明</td></tr>
<tr><td>序号</td><td>名称</td></tr>
<tr><td></td><td></td><td></td><td></td><td></td><td></td><td></td></tr>
<tr><td></td><td></td><td></td><td></td><td></td><td></td><td></td></tr>
<tr><td></td><td></td><td></td><td></td><td></td><td></td><td></td></tr>
</table>

<table>
<tr><td colspan="3">批准的授权签字人及授权签字领域</td></tr>
<tr><td>序号</td><td>姓名</td><td>授权签字领域</td></tr>
<tr><td></td><td></td><td></td></tr>
<tr><td></td><td></td><td></td></tr>
<tr><td></td><td></td><td></td></tr>
</table>

续表

<table>
<tr><td colspan="4">机构违法受处罚信息（初次申请不填写）</td></tr>
<tr><td>违法事实</td><td>处罚决定</td><td>处罚时间</td><td>执法机关</td></tr>
<tr><td></td><td></td><td></td><td></td></tr>
<tr><td></td><td></td><td></td><td></td></tr>
<tr><td></td><td></td><td></td><td></td></tr>
</table>

附件 4

安全评价检测检验机构从业告知书

（样式）

__________：

我单位承接了______________□安全评价/□安全生产检测检验项目，拟于近期开展技术服务活动，现按照规定将有关信息告知如下。

<table>
<tr><td>机构名称</td><td colspan="5"></td></tr>
<tr><td>机构资质证书编号</td><td colspan="2"></td><td colspan="2">机构信息公开网址</td><td></td></tr>
<tr><td>办公地址</td><td colspan="2"></td><td colspan="2">邮政编码</td><td></td></tr>
<tr><td>法定代表人</td><td></td><td>联系人</td><td></td><td>联系电话</td><td></td></tr>
<tr><td>项目名称</td><td colspan="5"></td></tr>
<tr><td>项目地址</td><td colspan="5"></td></tr>
<tr><td>项目所属行业</td><td colspan="5"></td></tr>
<tr><td>项目组长</td><td colspan="3"></td><td>联系电话</td><td></td></tr>
<tr><td>技术服务期限</td><td colspan="5"></td></tr>
<tr><td>计划现场勘验（检测检验）时间</td><td colspan="5"></td></tr>
</table>

<table>
<tr><td colspan="3">项目组成员、专业及工作任务（安全评价机构填写）</td></tr>
<tr><td>姓名</td><td>专业</td><td>工作任务</td></tr>
<tr><td></td><td></td><td></td></tr>
<tr><td></td><td></td><td></td></tr>
</table>

<table>
<tr><td colspan="2">现场检测检验人员（安全生产检测检验机构填写）</td></tr>
<tr><td>姓名</td><td>检测检验项目</td></tr>
<tr><td></td><td></td></tr>
<tr><td></td><td></td></tr>
</table>

机构（盖章）：

年　　月　　日

安全生产培训管理办法

1. 2012年1月19日国家安全生产监督管理总局令第44号公布
2. 根据2013年8月29日国家安全生产监督管理总局令第63号《关于修改〈生产经营单位安全培训规定〉等11件规章的决定》第一次修正
3. 根据2015年5月29日国家安全生产监督管理总局令第80号《关于废止和修改劳动防护用品和安全培训等领域十部规章的决定》第二次修正

第一章　总　　则

第一条　为了加强安全生产培训管理,规范安全生产培训秩序,保证安全生产培训质量,促进安全生产培训工作健康发展,根据《中华人民共和国安全生产法》和有关法律、行政法规的规定,制定本办法。

第二条　安全培训机构、生产经营单位从事安全生产培训(以下简称安全培训)活动以及安全生产监督管理部门、煤矿安全监察机构、地方人民政府负责煤矿安全培训的部门对安全培训工作实施监督管理,适用本办法。

第三条　本办法所称安全培训是指以提高安全监管监察人员、生产经营单位从业人员和从事安全生产工作的相关人员的安全素质为目的的教育培训活动。

前款所称安全监管监察人员是指县级以上各级人民政府安全生产监督管理部门、各级煤矿安全监察机构从事安全监管监察、行政执法的安全生产监管人员和煤矿安全监察人员;生产经营单位从业人员是指生产经营单位主要负责人、安全生产管理人员、特种作业人员及其他从业人员;从事安全生产工作的相关人员是指从事安全教育培训工作的教师、危险化学品登记机构的登记人员和承担安全评价、咨询、检测、检验的人员及注册安全工程师、安全生产应急救援人员等。

第四条　安全培训工作实行统一规划、归口管理、分级实施、分类指导、教考分离的原则。

国家安全生产监督管理总局(以下简称国家安全监管总局)指导全国安全培训工作,依法对全国的安全培训工作实施监督管理。

国家煤矿安全监察局(以下简称国家煤矿安监局)指导全国煤矿安全培训工作,依法对全国煤矿安全培训工作实施监督管理。

国家安全生产应急救援指挥中心指导全国安全生产应急救援培训工作。

县级以上地方各级人民政府安全生产监督管理部门依法对本行政区域内的安全培训工作实施监督管理。

省、自治区、直辖市人民政府负责煤矿安全培训的部门、省级煤矿安全监察机构(以下统称省级煤矿安全培训监管机构)按照各自工作职责,依法对所辖区域煤矿安全培训工作实施监督管理。

第五条　安全培训的机构应当具备从事安全培训工作所需要的条件。从事危险物品的生产、经营、储存单位以及矿山、金属冶炼单位的主要负责人和安全生产管理人员,特种作业人员以及注册安全工程师等相关人员培训的安全培训机构,应当将教师、教学和实习实训设施等情况书面报告所在地安全生产监督管理部门、煤矿安全培训监管机构。

安全生产相关社会组织依照法律、行政法规和章程,为生产经营单位提供安全培训有关服务,对安全培训机构实行自律管理,促进安全培训工作水平的提升。

第二章　安 全 培 训

第六条　安全培训应当按照规定的安全培训大纲进行。

安全监管监察人员,危险物品的生产、经营、储存单位与非煤矿山、金属冶炼单位的主要负责人和安全生产管理人员、特种作业人员以及从事安全生产工作的相关人员的安全培训大纲,由国家安全监管总局组织制定。

煤矿企业的主要负责人和安全生产管理人员、特种作业人员的培训大纲由国家煤矿安监局组织制定。

除危险物品的生产、经营、储存单位和矿山、金属冶炼单位以外其他生产经营单位的主要负责人、安全生产管理人员及其他从业人员的安全培训大纲,由省级安全生产监督管理部门、省级煤矿安全培训监管机构组织制定。

第七条　国家安全监管总局、省级安全生产监督管理部门定期组织优秀安全培训教材的评选。

安全培训机构应当优先使用优秀安全培训教材。

第八条　国家安全监管总局负责省级以上安全生产监督管理部门的安全生产监管人员、各级煤矿安全监察机构的煤矿安全监察人员的培训工作。

省级安全生产监督管理部门负责市级、县级安全生产监督管理部门的安全生产监管人员的培训工作。

生产经营单位的从业人员的安全培训,由生产经营单位负责。

危险化学品登记机构的登记人员和承担安全评价、咨询、检测、检验的人员及注册安全工程师、安全生产应急救援人员的安全培训，按照有关法律、法规、规章的规定进行。

第九条 对从业人员的安全培训，具备安全培训条件的生产经营单位应当以自主培训为主，也可以委托具备安全培训条件的机构进行安全培训。

不具备安全培训条件的生产经营单位，应当委托具有安全培训条件的机构对从业人员进行安全培训。

生产经营单位委托其他机构进行安全培训的，保证安全培训的责任仍由本单位负责。

第十条 生产经营单位应当建立安全培训管理制度，保障从业人员安全培训所需经费，对从业人员进行与其所从事岗位相应的安全教育培训；从业人员调整工作岗位或者采用新工艺、新技术、新设备、新材料的，应当对其进行专门的安全教育和培训。未经安全教育和培训合格的从业人员，不得上岗作业。

生产经营单位使用被派遣劳动者的，应当将被派遣劳动者纳入本单位从业人员统一管理，对被派遣劳动者进行岗位安全操作规程和安全操作技能的教育和培训。劳务派遣单位应当对被派遣劳动者进行必要的安全生产教育和培训。

生产经营单位接收中等职业学校、高等学校学生实习的，应当对实习学生进行相应的安全生产教育和培训，提供必要的劳动防护用品。学校应当协助生产经营单位对实习学生进行安全生产教育和培训。

从业人员安全培训的时间、内容、参加人员以及考核结果等情况，生产经营单位应当如实记录并建档备查。

第十一条 生产经营单位从业人员的培训内容和培训时间，应当符合《生产经营单位安全培训规定》和有关标准的规定。

第十二条 中央企业的分公司、子公司及其所属单位和其他生产经营单位，发生造成人员死亡的生产安全事故的，其主要负责人和安全生产管理人员应当重新参加安全培训。

特种作业人员对造成人员死亡的生产安全事故负有直接责任的，应当按照《特种作业人员安全技术培训考核管理规定》重新参加安全培训。

第十三条 国家鼓励生产经营单位实行师傅带徒弟制度。

矿山新招的井下作业人员和危险物品生产经营单位新招的危险工艺操作岗位人员，除按照规定进行安全培训外，还应当在有经验的职工带领下实习满2个月后，方可独立上岗作业。

第十四条 国家鼓励生产经营单位招录职业院校毕业生。

职业院校毕业生从事与所学专业相关的作业，可以免予参加初次培训，实际操作培训除外。

第十五条 安全培训机构应当建立安全培训工作制度和人员培训档案。安全培训相关情况，应当如实记录并建档备查。

第十六条 安全培训机构从事安全培训工作的收费，应当符合法律、法规的规定。法律、法规没有规定的，应当按照行业自律标准或者指导性标准收费。

第十七条 国家鼓励安全培训机构和生产经营单位利用现代信息技术开展安全培训，包括远程培训。

第三章 安全培训的考核

第十八条 安全监管监察人员、从事安全生产工作的相关人员、依照有关法律法规应当接受安全生产知识和管理能力考核的生产经营单位主要负责人和安全生产管理人员、特种作业人员的安全培训的考核，应当坚持教考分离、统一标准、统一题库、分级负责的原则，分步推行有远程视频监控的计算机考试。

第十九条 安全监管监察人员，危险物品的生产、经营、储存单位及非煤矿山、金属冶炼单位主要负责人、安全生产管理人员和特种作业人员，以及从事安全生产工作的相关人员的考核标准，由国家安全监管总局统一制定。

煤矿企业的主要负责人、安全生产管理人员和特种作业人员的考核标准，由国家煤矿安监局制定。

除危险物品的生产、经营、储存单位和矿山、金属冶炼单位以外其他生产经营单位主要负责人、安全生产管理人员及其他从业人员的考核标准，由省级安全生产监督管理部门制定。

第二十条 国家安全监管总局负责省级以上安全生产监督管理部门的安全生产监管人员、各级煤矿安全监察机构的煤矿安全监察人员的考核；负责中央企业的总公司、总厂或者集团公司的主要负责人和安全生产管理人员的考核。

省级安全生产监督管理部门负责市级、县级安全生产监督管理部门的安全生产监管人员的考核；负责省属生产经营单位和中央企业分公司、子公司及其所属单位的主要负责人和安全生产管理人员的考核；负责特种作业人员的考核。

市级安全生产监督管理部门负责本行政区域内除中央企业、省属生产经营单位以外的其他生产经营单位的主要负责人和安全生产管理人员的考核。

省级煤矿安全培训监管机构负责所辖区域内煤矿企业的主要负责人、安全生产管理人员和特种作业人员的考核。

除主要负责人、安全生产管理人员、特种作业人员以外的生产经营单位的其他从业人员的考核,由生产经营单位按照省级安全生产监督管理部门公布的考核标准,自行组织考核。

第二十一条　安全生产监督管理部门、煤矿安全培训监管机构和生产经营单位应当制定安全培训的考核制度,建立考核管理档案备查。

第四章　安全培训的发证

第二十二条　接受安全培训人员经考核合格的,由考核部门在考核结束后10个工作日内颁发相应的证书。

第二十三条　安全生产监管人员经考核合格后,颁发安全生产监管执法证;煤矿安全监察人员经考核合格后,颁发煤矿安全监察执法证;危险物品的生产、经营、储存单位和矿山、金属冶炼单位主要负责人、安全生产管理人员经考核合格后,颁发安全合格证;特种作业人员经考核合格后,颁发《中华人民共和国特种作业操作证》(以下简称特种作业操作证);危险化学品登记机构的登记人员经考核合格后,颁发上岗证;其他人员经培训合格后,颁发培训合格证。

第二十四条　安全生产监管执法证、煤矿安全监察执法证、安全合格证、特种作业操作证和上岗证的式样,由国家安全监管总局统一规定。培训合格证的式样,由负责培训考核的部门规定。

第二十五条　安全生产监管执法证、煤矿安全监察执法证、安全合格证的有效期为3年。有效期届满需要延期的,应当于有效期届满30日前向原发证部门申请办理延期手续。

特种作业人员的考核发证按照《特种作业人员安全技术培训考核管理规定》执行。

第二十六条　特种作业操作证和省级安全生产监督管理部门、省级煤矿安全培训监管机构颁发的主要负责人、安全生产管理人员的安全合格证,在全国范围内有效。

第二十七条　承担安全评价、咨询、检测、检验的人员和安全生产应急救援人员的考核、发证,按照有关法律、法规、规章的规定执行。

第五章　监督管理

第二十八条　安全生产监督管理部门、煤矿安全培训监管机构应当依照法律、法规和本办法的规定,加强对安全培训工作的监督管理,对生产经营单位、安全培训机构违反有关法律、法规和本办法的行为,依法作出处理。

省级安全生产监督管理部门、省级煤矿安全培训监管机构应当定期统计分析本行政区域内安全培训、考核、发证情况,并报国家安全监管总局。

第二十九条　安全生产监督管理部门和煤矿安全培训监管机构应当对安全培训机构开展安全培训活动的情况进行监督检查,检查内容包括:

(一)具备从事安全培训工作所需要的条件的情况;

(二)建立培训管理制度和教师配备的情况;

(三)执行培训大纲、建立培训档案和培训保障的情况;

(四)培训收费的情况;

(五)法律法规规定的其他内容。

第三十条　安全生产监督管理部门、煤矿安全培训监管机构应当对生产经营单位的安全培训情况进行监督检查,检查内容包括:

(一)安全培训制度、年度培训计划、安全培训管理档案的制定和实施的情况;

(二)安全培训经费投入和使用的情况;

(三)主要负责人、安全生产管理人员接受安全生产知识和管理能力考核的情况;

(四)特种作业人员持证上岗的情况;

(五)应用新工艺、新技术、新材料、新设备以及转岗前对从业人员安全培训的情况;

(六)其他从业人员安全培训的情况;

(七)法律法规规定的其他内容。

第三十一条　任何单位或者个人对生产经营单位、安全培训机构违反有关法律、法规和本办法的行为,均有权向安全生产监督管理部门、煤矿安全监察机构、煤矿安全培训监管机构报告或者举报。

接到举报的部门或者机构应当为举报人保密,并按照有关规定对举报进行核查和处理。

第三十二条　监察机关依照《中华人民共和国行政监察法》等法律、行政法规的规定,对安全生产监督管理部门、煤矿安全监察机构、煤矿安全培训监管机构及其工作人员履行安全培训工作监督管理职责情况实施监察。

第六章　法律责任

第三十三条　安全生产监督管理部门、煤矿安全监察机构、煤矿安全培训监管机构的工作人员在安全培训监督管理工作中滥用职权、玩忽职守、徇私舞弊的,依照有关规定给予处分;构成犯罪的,依法追究刑事责任。

第三十四条　安全培训机构有下列情形之一的,责令限期改正，处1万元以下的罚款；逾期未改正的，给予警告，处1万元以上3万元以下的罚款：

（一）不具备安全培训条件的；

（二）未按照统一的培训大纲组织教学培训的；

（三）未建立培训档案或者培训档案管理不规范的；

安全培训机构采取不正当竞争手段，故意贬低、诋毁其他安全培训机构的，依照前款规定处罚。

第三十五条 生产经营单位主要负责人、安全生产管理人员、特种作业人员以欺骗、贿赂等不正当手段取得安全合格证或者特种作业操作证的，除撤销其相关证书外，处3000元以下的罚款，并自撤销其相关证书之日起3年内不得再次申请该证书。

第三十六条 生产经营单位有下列情形之一的，责令改正，处3万元以下的罚款：

（一）从业人员安全培训的时间少于《生产经营单位安全培训规定》或者有关标准规定的；

（二）矿山新招的井下作业人员和危险物品生产经营单位新招的危险工艺操作岗位人员，未经实习期满独立上岗作业的；

（三）相关人员未按照本办法第十二条规定重新参加安全培训的。

第三十七条 生产经营单位存在违反有关法律、法规中安全生产教育培训的其他行为的，依照相关法律、法规的规定予以处罚。

第七章　附　　则

第三十八条 本办法自2012年3月1日起施行。2004年12月28日公布的《安全生产培训管理办法》（原国家安全生产监督管理局〈国家煤矿安全监察局〉令第20号）同时废止。

生产经营单位安全培训规定

1. 2006年1月17日国家安全生产监督管理总局令第3号公布

2. 根据2013年8月29日国家安全生产监督管理总局令第63号《关于修改〈生产经营单位安全培训规定〉等11件规章的决定》第一次修正

3. 根据2015年5月29日国家安全生产监督管理总局令第80号《关于废止和修改劳动防护用品和安全培训等领域十部规章的决定》第二次修正

第一章　总　　则

第一条 为加强和规范生产经营单位安全培训工作，提高从业人员安全素质，防范伤亡事故，减轻职业危害，根据安全生产法和有关法律、行政法规，制定本规定。

第二条 工矿商贸生产经营单位（以下简称生产经营单位）从业人员的安全培训，适用本规定。

第三条 生产经营单位负责本单位从业人员安全培训工作。

生产经营单位应当按照安全生产法和有关法律、行政法规和本规定，建立健全安全培训工作制度。

第四条 生产经营单位应当进行安全培训的从业人员包括主要负责人、安全生产管理人员、特种作业人员和其他从业人员。

生产经营单位使用被派遣劳动者的，应当将被派遣劳动者纳入本单位从业人员统一管理，对被派遣劳动者进行岗位安全操作规程和安全操作技能的教育和培训。劳务派遣单位应当对被派遣劳动者进行必要的安全生产教育和培训。

生产经营单位接收中等职业学校、高等学校学生实习的，应当对实习学生进行相应的安全生产教育和培训，提供必要的劳动防护用品。学校应当协助生产经营单位对实习学生进行安全生产教育和培训。

生产经营单位从业人员应当接受安全培训，熟悉有关安全生产规章制度和安全操作规程，具备必要的安全生产知识，掌握本岗位的安全操作技能，了解事故应急处理措施，知悉自身在安全生产方面的权利和义务。

未经安全培训合格的从业人员，不得上岗作业。

第五条 国家安全生产监督管理总局指导全国安全培训工作，依法对全国的安全培训工作实施监督管理。

国务院有关主管部门按照各自职责指导监督本行业安全培训工作，并按照本规定制定实施办法。

国家煤矿安全监察局指导监督检查全国煤矿安全培训工作。

各级安全生产监督管理部门和煤矿安全监察机构（以下简称安全生产监管监察部门）按照各自的职责，依法对生产经营单位的安全培训工作实施监督管理。

第二章　主要负责人、安全生产管理人员的安全培训

第六条 生产经营单位主要负责人和安全生产管理人员应当接受安全培训，具备与所从事的生产经营活动相适应的安全生产知识和管理能力。

第七条 生产经营单位主要负责人安全培训应当包括下列内容：

(一)国家安全生产方针、政策和有关安全生产的法律、法规、规章及标准;

(二)安全生产管理基本知识、安全生产技术、安全生产专业知识;

(三)重大危险源管理、重大事故防范、应急管理和救援组织以及事故调查处理的有关规定;

(四)职业危害及其预防措施;

(五)国内外先进的安全生产管理经验;

(六)典型事故和应急救援案例分析;

(七)其他需要培训的内容。

第八条　生产经营单位安全生产管理人员安全培训应当包括下列内容:

(一)国家安全生产方针、政策和有关安全生产的法律、法规、规章及标准;

(二)安全生产管理、安全生产技术、职业卫生等知识;

(三)伤亡事故统计、报告及职业危害的调查处理方法;

(四)应急管理、应急预案编制以及应急处置的内容和要求;

(五)国内外先进的安全生产管理经验;

(六)典型事故和应急救援案例分析;

(七)其他需要培训的内容。

第九条　生产经营单位主要负责人和安全生产管理人员初次安全培训时间不得少于32学时。每年再培训时间不得少于12学时。

煤矿、非煤矿山、危险化学品、烟花爆竹、金属冶炼等生产经营单位主要负责人和安全生产管理人员初次安全培训时间不得少于48学时,每年再培训时间不得少于16学时。

第十条　生产经营单位主要负责人和安全生产管理人员的安全培训必须依照安全生产监管监察部门制定的安全培训大纲实施。

非煤矿山、危险化学品、烟花爆竹、金属冶炼等生产经营单位主要负责人和安全生产管理人员的安全培训大纲及考核标准由国家安全生产监督管理总局统一制定。

煤矿主要负责人和安全生产管理人员的安全培训大纲及考核标准由国家煤矿安全监察局制定。

煤矿、非煤矿山、危险化学品、烟花爆竹、金属冶炼以外的其他生产经营单位主要负责人和安全管理人员的安全培训大纲及考核标准,由省、自治区、直辖市安全生产监督管理部门制定。

第三章　其他从业人员的安全培训

第十一条　煤矿、非煤矿山、危险化学品、烟花爆竹、金属冶炼等生产经营单位必须对新上岗的临时工、合同工、劳务工、轮换工、协议工等进行强制性安全培训,保证其具备本岗位安全操作、自救互救以及应急处置所需的知识和技能后,方能安排上岗作业。

第十二条　加工、制造业等生产单位的其他从业人员,在上岗前必须经过厂(矿)、车间(工段、区、队)、班组三级安全培训教育。

生产经营单位应当根据工作性质对其他从业人员进行安全培训,保证其具备本岗位安全操作、应急处置等知识和技能。

第十三条　生产经营单位新上岗的从业人员,岗前安全培训时间不得少于24学时。

煤矿、非煤矿山、危险化学品、烟花爆竹、金属冶炼等生产经营单位新上岗的从业人员安全培训时间不得少于72学时,每年再培训的时间不得少于20学时。

第十四条　厂(矿)级岗前安全培训内容应当包括:

(一)本单位安全生产情况及安全生产基本知识;

(二)本单位安全生产规章制度和劳动纪律;

(三)从业人员安全生产权利和义务;

(四)有关事故案例等。

煤矿、非煤矿山、危险化学品、烟花爆竹、金属冶炼等生产经营单位厂(矿)级安全培训除包括上述内容外,应当增加事故应急救援、事故应急预案演练及防范措施等内容。

第十五条　车间(工段、区、队)级岗前安全培训内容应当包括:

(一)工作环境及危险因素;

(二)所从事工种可能遭受的职业伤害和伤亡事故;

(三)所从事工种的安全职责、操作技能及强制性标准;

(四)自救互救、急救方法、疏散和现场紧急情况的处理;

(五)安全设备设施、个人防护用品的使用和维护;

(六)本车间(工段、区、队)安全生产状况及规章制度;

(七)预防事故和职业危害的措施及应注意的安全事项;

(八)有关事故案例;

(九)其他需要培训的内容。

第十六条　班组级岗前安全培训内容应当包括：

（一）岗位安全操作规程；

（二）岗位之间工作衔接配合的安全与职业卫生事项；

（三）有关事故案例；

（四）其他需要培训的内容。

第十七条　从业人员在本生产经营单位内调整工作岗位或离岗一年以上重新上岗时，应当重新接受车间（工段、区、队）和班组级的安全培训。

生产经营单位采用新工艺、新技术、新材料或者使用新设备时，应当对有关从业人员重新进行有针对性的安全培训。

第十八条　生产经营单位的特种作业人员，必须按照国家有关法律、法规的规定接受专门的安全培训，经考核合格，取得特种作业操作资格证书后，方可上岗作业。

特种作业人员的范围和培训考核管理办法，另行规定。

第四章　安全培训的组织实施

第十九条　生产经营单位从业人员的安全培训工作，由生产经营单位组织实施。

生产经营单位应当坚持以考促学、以讲促学，确保全体从业人员熟练掌握岗位安全生产知识和技能；煤矿、非煤矿山、危险化学品、烟花爆竹、金属冶炼等生产经营单位还应当完善和落实师傅带徒弟制度。

第二十条　具备安全培训条件的生产经营单位，应当以自主培训为主；可以委托具备安全培训条件的机构，对从业人员进行安全培训。

不具备安全培训条件的生产经营单位，应当委托具备安全培训条件的机构，对从业人员进行安全培训。

生产经营单位委托其他机构进行安全培训的，保证安全培训的责任仍由本单位负责。

第二十一条　生产经营单位应当将安全培训工作纳入本单位年度工作计划。保证本单位安全培训工作所需资金。

生产经营单位的主要负责人负责组织制定并实施本单位安全培训计划。

第二十二条　生产经营单位应当建立健全从业人员安全生产教育和培训档案，由生产经营单位的安全生产管理机构以及安全生产管理人员详细、准确记录培训的时间、内容、参加人员以及考核结果等情况。

第二十三条　生产经营单位安排从业人员进行安全培训期间，应当支付工资和必要的费用。

第五章　监督管理

第二十四条　煤矿、非煤矿山、危险化学品、烟花爆竹、金属冶炼等生产经营单位主要负责人和安全生产管理人员，自任职之日起6个月内，必须经安全生产监管监察部门对其安全生产知识和管理能力考核合格。

第二十五条　安全生产监管监察部门依法对生产经营单位安全培训情况进行监督检查，督促生产经营单位按照国家有关法律法规和本规定开展安全培训工作。

县级以上地方人民政府负责煤矿安全生产监督管理的部门对煤矿井下作业人员的安全培训情况进行监督检查。煤矿安全监察机构对煤矿特种作业人员安全培训及其持证上岗的情况进行监督检查。

第二十六条　各级安全生产监管监察部门对生产经营单位安全培训及其持证上岗的情况进行监督检查，主要包括以下内容：

（一）安全培训制度、计划的制定及其实施的情况；

（二）煤矿、非煤矿山、危险化学品、烟花爆竹、金属冶炼等生产经营单位主要负责人和安全生产管理人员安全培训以及安全生产知识和管理能力考核的情况；其他生产经营单位主要负责人和安全生产管理人员培训的情况；

（三）特种作业人员操作资格证持证上岗的情况；

（四）建立安全生产教育和培训档案，并如实记录的情况；

（五）对从业人员现场抽考本职工作的安全生产知识；

（六）其他需要检查的内容。

第二十七条　安全生产监管监察部门对煤矿、非煤矿山、危险化学品、烟花爆竹、金属冶炼等生产经营单位的主要负责人、安全管理人员应当按照本规定严格考核。考核不得收费。

安全生产监管监察部门负责考核的有关人员不得玩忽职守和滥用职权。

第二十八条　安全生产监管监察部门检查中发现安全生产教育和培训责任落实不到位、有关从业人员未经培训合格的，应当视为生产安全事故隐患，责令生产经营单位立即停止违法行为，限期整改，并依法予以处罚。

第六章　罚　　则

第二十九条　生产经营单位有下列行为之一的，由安全生产监管监察部门责令其限期改正，可以处1万元以

上3万元以下的罚款:

(一)未将安全培训工作纳入本单位工作计划并保证安全培训工作所需资金的;

(二)从业人员进行安全培训期间未支付工资并承担安全培训费用的。

第三十条　生产经营单位有下列行为之一的,由安全生产监管监察部门责令其限期改正,可以处5万元以下的罚款;逾期未改正的,责令停产停业整顿,并处5万元以上10万元以下的罚款,对其直接负责的主管人员和其他直接责任人员处1万元以上2万元以下的罚款:

(一)煤矿、非煤矿山、危险化学品、烟花爆竹、金属冶炼等生产经营单位主要负责人和安全管理人员未按照规定经考核合格的;

(二)未按照规定对从业人员、被派遣劳动者、实习学生进行安全生产教育和培训或者未如实告知其有关安全生产事项的;

(三)未如实记录安全生产教育和培训情况的;

(四)特种作业人员未按照规定经专门的安全技术培训并取得特种作业人员操作资格证书,上岗作业的。

县级以上地方人民政府负责煤矿安全生产监督管理的部门发现煤矿未按照本规定对井下作业人员进行安全培训的,责令限期改正,处10万元以上50万元以下的罚款;逾期未改正的,责令停产停业整顿。

煤矿安全监察机构发现煤矿特种作业人员无证上岗作业的,责令限期改正,处10万元以上50万元以下的罚款;逾期未改正的,责令停产停业整顿。

第三十一条　安全生产监管监察部门有关人员在考核、发证工作中玩忽职守、滥用职权的,由上级安全生产监管监察部门或者行政监察部门给予记过、记大过的行政处分。

第七章　附　　则

第三十二条　生产经营单位主要负责人是指有限责任公司或者股份有限公司的董事长、总经理,其他生产经营单位的厂长、经理、(矿务局)局长、矿长(含实际控制人)等。

生产经营单位安全生产管理人员是指生产经营单位分管安全生产的负责人、安全生产管理机构负责人及其管理人员,以及未设安全生产管理机构的生产经营单位专、兼职安全生产管理人员等。

生产经营单位其他从业人员是指除主要负责人、安全生产管理人员和特种作业人员以外,该单位从事生产经营活动的所有人员,包括其他负责人、其他管理人员、技术人员和各岗位的工人以及临时聘用的人员。

第三十三条　省、自治区、直辖市安全生产监督管理部门和省级煤矿安全监察机构可以根据本规定制定实施细则,报国家安全生产监督管理总局和国家煤矿安全监察局备案。

第三十四条　本规定自2006年3月1日起施行。

生产安全事故信息报告和处置办法

1. 2009年6月16日国家安全生产监督管理总局令第21号公布

2. 自2009年7月1日起施行

第一章　总　　则

第一条　为了规范生产安全事故信息的报告和处置工作,根据《安全生产法》、《生产安全事故报告和调查处理条例》等有关法律、行政法规,制定本办法。

第二条　生产经营单位报告生产安全事故信息和安全生产监督管理部门、煤矿安全监察机构对生产安全事故信息的报告和处置工作,适用本办法。

第三条　本办法规定的应当报告和处置的生产安全事故信息(以下简称事故信息),是指已经发生的生产安全事故和较大涉险事故的信息。

第四条　事故信息的报告应当及时、准确和完整,信息的处置应当遵循快速高效、协同配合、分级负责的原则。

安全生产监督管理部门负责各类生产经营单位的事故信息报告和处置工作。煤矿安全监察机构负责煤矿的事故信息报告和处置工作。

第五条　安全生产监督管理部门、煤矿安全监察机构应当建立事故信息报告和处置制度,设立事故信息调度机构,实行24小时不间断调度值班,并向社会公布值班电话,受理事故信息报告和举报。

第二章　事故信息的报告

第六条　生产经营单位发生生产安全事故或者较大涉险事故,其单位负责人接到事故信息报告后应当于1小时内报告事故发生地县级安全生产监督管理部门、煤矿安全监察分局。

发生较大以上生产安全事故的,事故发生单位在依照第一款规定报告的同时,应当在1小时内报告省级安全生产监督管理部门、省级煤矿安全监察机构。

发生重大、特别重大生产安全事故的,事故发生单位在依照本条第一款、第二款规定报告的同时,可以立即报告国家安全生产监督管理总局、国家煤矿安全监察局。

第七条 安全生产监督管理部门、煤矿安全监察机构接到事故发生单位的事故信息报告后，应当按照下列规定上报事故情况，同时书面通知同级公安机关、劳动保障部门、工会、人民检察院和有关部门：

（一）一般事故和较大涉险事故逐级上报至设区的市级安全生产监督管理部门、省级煤矿安全监察机构；

（二）较大事故逐级上报至省级安全生产监督管理部门、省级煤矿安全监察机构；

（三）重大事故、特别重大事故逐级上报至国家安全生产监督管理总局、国家煤矿安全监察局。

前款规定的逐级上报，每一级上报时间不得超过2小时。安全生产监督管理部门依照前款规定上报事故情况时，应当同时报告本级人民政府。

第八条 发生较大生产安全事故或者社会影响重大的事故的，县级、市级安全生产监督管理部门或者煤矿安全监察分局接到事故报告后，在依照本办法第七条规定逐级上报的同时，应当在1小时内先用电话快报省级安全生产监督管理部门、省级煤矿安全监察机构，随后补报文字报告；乡镇安监站（办）可以根据事故情况越级直接报告省级安全生产监督管理部门、省级煤矿安全监察机构。

第九条 发生重大、特别重大生产安全事故或者社会影响恶劣的事故的，县级、市级安全生产监督管理部门或者煤矿安全监察分局接到事故报告后，在依照本办法第七条规定逐级上报的同时，应当在1小时内先用电话快报省级安全生产监督管理部门、省级煤矿安全监察机构，随后补报文字报告；必要时，可以直接用电话报告国家安全生产监督管理总局、国家煤矿安全监察局。

省级安全生产监督管理部门、省级煤矿安全监察机构接到事故报告后，应当在1小时内先用电话快报国家安全生产监督管理总局、国家煤矿安全监察局，随后补报文字报告。

国家安全生产监督管理总局、国家煤矿安全监察局接到事故报告后，应当在1小时内先用电话快报国务院总值班室，随后补报文字报告。

第十条 报告事故信息，应当包括下列内容：

（一）事故发生单位的名称、地址、性质、产能等基本情况；

（二）事故发生的时间、地点以及事故现场情况；

（三）事故的简要经过（包括应急救援情况）；

（四）事故已经造成或者可能造成的伤亡人数（包括下落不明、涉险的人数）和初步估计的直接经济损失；

（五）已经采取的措施；

（六）其他应当报告的情况。

使用电话快报，应当包括下列内容：

（一）事故发生单位的名称、地址、性质；

（二）事故发生的时间、地点；

（三）事故已经造成或者可能造成的伤亡人数（包括下落不明、涉险的人数）。

第十一条 事故具体情况暂时不清楚的，负责事故报告的单位可以先报事故概况，随后补报事故全面情况。

事故信息报告后出现新情况的，负责事故报告的单位应当依照本办法第六条、第七条、第八条、第九条的规定及时续报。较大涉险事故、一般事故、较大事故每日至少续报1次；重大事故、特别重大事故每日至少续报2次。

自事故发生之日起30日内（道路交通、火灾事故自发生之日起7日内），事故造成的伤亡人数发生变化的，应于当日续报。

第十二条 安全生产监督管理部门、煤矿安全监察机构接到任何单位或者个人的事故信息举报后，应当立即与事故单位或者下一级安全生产监督管理部门、煤矿安全监察机构联系，并进行调查核实。

下一级安全生产监督管理部门、煤矿安全监察机构接到上级安全生产监督管理部门、煤矿安全监察机构的事故信息举报核查通知后，应当立即组织查证核实，并在2个月内向上一级安全生产监督管理部门、煤矿安全监察机构报告核实结果。

对发生较大涉险事故的，安全生产监督管理部门、煤矿安全监察机构依照本条第二款规定向上一级安全生产监督管理部门、煤矿安全监察机构报告核实结果；对发生生产安全事故的，安全生产监督管理部门、煤矿安全监察机构应当在5日内对事故情况进行初步查证，并将事故初步查证的简要情况报告上一级安全生产监督管理部门、煤矿安全监察机构，详细核实结果在2个月内报告。

第十三条 事故信息经初步查证后，负责查证的安全生产监督管理部门、煤矿安全监察机构应当立即报告本级人民政府和上一级安全生产监督管理部门、煤矿安全监察机构，并书面通知公安机关、劳动保障部门、工会、人民检察院和有关部门。

第十四条　安全生产监督管理部门与煤矿安全监察机构之间,安全生产监督管理部门、煤矿安全监察机构与其他负有安全生产监督管理职责的部门之间,应当建立有关事故信息的通报制度,及时沟通事故信息。

第十五条　对于事故信息的每周、每月、每年的统计报告,按照有关规定执行。

第三章　事故信息的处置

第十六条　安全生产监督管理部门、煤矿安全监察机构应当建立事故信息处置责任制,做好事故信息的核实、跟踪、分析、统计工作。

第十七条　发生生产安全事故或者较大涉险事故后,安全生产监督管理部门、煤矿安全监察机构应当立即研究、确定并组织实施相关处置措施。安全生产监督管理部门、煤矿安全监察机构负责人按照职责分工负责相关工作。

第十八条　安全生产监督管理部门、煤矿安全监察机构接到生产安全事故报告后,应当按照下列规定派员立即赶赴事故现场:

(一)发生一般事故的,县级安全生产监督管理部门、煤矿安全监察分局负责人立即赶赴事故现场;

(二)发生较大事故的,设区的市级安全生产监督管理部门、省级煤矿安全监察局负责人应当立即赶赴事故现场;

(三)发生重大事故的,省级安全监督管理部门、省级煤矿安全监察局负责人立即赶赴事故现场;

(四)发生特别重大事故的,国家安全生产监督管理总局、国家煤矿安全监察局负责人立即赶赴事故现场。

上级安全生产监督管理部门、煤矿安全监察机构认为必要的,可以派员赶赴事故现场。

第十九条　安全生产监督管理部门、煤矿安全监察机构负责人及其有关人员赶赴事故现场后,应当随时保持与本单位的联系。有关事故信息发生重大变化的,应当依照本办法有关规定及时向本单位或者上级安全生产监督管理部门、煤矿安全监察机构报告。

第二十条　安全生产监督管理部门、煤矿安全监察机构应当依照有关规定定期向社会公布事故信息。

任何单位和个人不得擅自发布事故信息。

第二十一条　安全生产监督管理部门、煤矿安全监察机构应当根据事故信息报告的情况,启动相应的应急救援预案,或者组织有关应急救援队伍协助地方人民政府开展应急救援工作。

第二十二条　安全生产监督管理部门、煤矿安全监察机构按照有关规定组织或者参加事故调查处理工作。

第四章　罚　　则

第二十三条　安全生产监督管理部门、煤矿安全监察机构及其工作人员未依法履行事故信息报告和处置职责的,依照有关规定予以处理。

第二十四条　生产经营单位及其有关人员对生产安全事故迟报、漏报、谎报或者瞒报的,依照有关规定予以处罚。

第二十五条　生产经营单位对较大涉险事故迟报、漏报、谎报或者瞒报的,给予警告,并处3万元以下的罚款。

第五章　附　　则

第二十六条　本办法所称的较大涉险事故是指:

(一)涉险10人以上的事故;

(二)造成3人以上被困或者下落不明的事故;

(三)紧急疏散人员500人以上的事故;

(四)因生产安全事故对环境造成严重污染(人员密集场所、生活水源、农田、河流、水库、湖泊等)的事故;

(五)危及重要场所和设施安全(电站、重要水利设施、危化品库、油气站和车站、码头、港口、机场及其他人员密集场所等)的事故;

(六)其他较大涉险事故。

第二十七条　省级安全生产监督管理部门、省级煤矿安全监察机构可以根据本办法的规定,制定具体的实施办法。

第二十八条　本办法自2009年7月1日起施行。

安全生产事故隐患排查治理暂行规定

1. 2007年12月28日国家安全生产监督管理总局令第16号公布

2. 自2008年2月1日起施行

第一章　总　　则

第一条　为了建立安全生产事故隐患排查治理长效机制,强化安全生产主体责任,加强事故隐患监督管理,防止和减少事故,保障人民群众生命财产安全,根据安全生产法等法律、行政法规,制定本规定。

第二条　生产经营单位安全生产事故隐患排查治理和安全生产监督管理部门、煤矿安全监察机构(以下统称安全监管监察部门)实施监管监察,适用本规定。

有关法律、行政法规对安全生产事故隐患排查治理另有规定的，依照其规定。

第三条 本规定所称安全生产事故隐患（以下简称事故隐患），是指生产经营单位违反安全生产法律、法规、规章、标准、规程和安全生产管理制度的规定，或者因其他因素在生产经营活动中存在可能导致事故发生的物的危险状态、人的不安全行为和管理上的缺陷。

事故隐患分为一般事故隐患和重大事故隐患。一般事故隐患，是指危害和整改难度较小，发现后能够立即整改排除的隐患。重大事故隐患，是指危害和整改难度较大，应当全部或者局部停产停业，并经过一定时间整改治理方能排除的隐患，或者因外部因素影响致使生产经营单位自身难以排除的隐患。

第四条 生产经营单位应当建立健全事故隐患排查治理制度。

生产经营单位主要负责人对本单位事故隐患排查治理工作全面负责。

第五条 各级安全监管监察部门按照职责对所辖区域内生产经营单位排查治理事故隐患工作依法实施综合监督管理；各级人民政府有关部门在各自职责范围内对生产经营单位排查治理事故隐患工作依法实施监督管理。

第六条 任何单位和个人发现事故隐患，均有权向安全监管监察部门和有关部门报告。

安全监管监察部门接到事故隐患报告后，应当按照职责分工立即组织核实并予以查处；发现所报告事故隐患应当由其他有关部门处理的，应当立即移送有关部门并记录备查。

第二章 生产经营单位的职责

第七条 生产经营单位应当依照法律、法规、规章、标准和规程的要求从事生产经营活动。严禁非法从事生产经营活动。

第八条 生产经营单位是事故隐患排查、治理和防控的责任主体。

生产经营单位应当建立健全事故隐患排查治理和建档监控等制度，逐级建立并落实从主要负责人到每个从业人员的隐患排查治理和监控责任制。

第九条 生产经营单位应当保证事故隐患排查治理所需的资金，建立资金使用专项制度。

第十条 生产经营单位应当定期组织安全生产管理人员、工程技术人员和其他相关人员排查本单位的事故隐患。对排查出的事故隐患，应当按照事故隐患的等级进行登记，建立事故隐患信息档案，并按照职责分工实施监控治理。

第十一条 生产经营单位应当建立事故隐患报告和举报奖励制度，鼓励、发动职工发现和排除事故隐患，鼓励社会公众举报。对发现、排除和举报事故隐患的有功人员，应当给予物质奖励和表彰。

第十二条 生产经营单位将生产经营项目、场所、设备发包、出租的，应当与承包、承租单位签订安全生产管理协议，并在协议中明确各方对事故隐患排查、治理和防控的管理职责。生产经营单位对承包、承租单位的事故隐患排查治理负有统一协调和监督管理的职责。

第十三条 安全监管监察部门和有关部门的监督检查人员依法履行事故隐患监督检查职责时，生产经营单位应当积极配合，不得拒绝和阻挠。

第十四条 生产经营单位应当每季、每年对本单位事故隐患排查治理情况进行统计分析，并分别于下一季度15日前和下一年1月31日前向安全监管监察部门和有关部门报送书面统计分析表。统计分析表应当由生产经营单位主要负责人签字。

对于重大事故隐患，生产经营单位除依照前款规定报送外，应当及时向安全监管监察部门和有关部门报告。重大事故隐患报告内容应当包括：

（一）隐患的现状及其产生原因；

（二）隐患的危害程度和整改难易程度分析；

（三）隐患的治理方案。

第十五条 对于一般事故隐患，由生产经营单位（车间、分厂、区队等）负责人或者有关人员立即组织整改。

对于重大事故隐患，由生产经营单位主要负责人组织制定并实施事故隐患治理方案。重大事故隐患治理方案应当包括以下内容：

（一）治理的目标和任务；

（二）采取的方法和措施；

（三）经费和物资的落实；

（四）负责治理的机构和人员；

（五）治理的时限和要求；

（六）安全措施和应急预案。

第十六条 生产经营单位在事故隐患治理过程中，应当采取相应的安全防范措施，防止事故发生。事故隐患排除前或者排除过程中无法保证安全的，应当从危险区域内撤出作业人员，并疏散可能危及的其他人员，设置警戒标志，暂时停产停业或者停止使用；对暂时难以停产或者停止使用的相关生产储存装置、设施、设备，应当加强维护和保养，防止事故发生。

第十七条 生产经营单位应当加强对自然灾害的预防。对于因自然灾害可能导致事故灾难的隐患，应当按照有关法律、法规、标准和本规定的要求排查治理,采取可靠的预防措施,制定应急预案。在接到有关自然灾害预报时,应当及时向下属单位发出预警通知;发生自然灾害可能危及生产经营单位和人员安全的情况时,应当采取撤离人员、停止作业、加强监测等安全措施,并及时向当地人民政府及其有关部门报告。

第十八条　地方人民政府或者安全监管监察部门及有关部门挂牌督办并责令全部或者局部停产停业治理的重大事故隐患,治理工作结束后,有条件的生产经营单位应当组织本单位的技术人员和专家对重大事故隐患的治理情况进行评估;其他生产经营单位应当委托具备相应资质的安全评价机构对重大事故隐患的治理情况进行评估。

经治理后符合安全生产条件的,生产经营单位应当向安全监管监察部门和有关部门提出恢复生产的书面申请,经安全监管监察部门和有关部门审查同意后,方可恢复生产经营。申请报告应当包括治理方案的内容、项目和安全评价机构出具的评价报告等。

第三章　监督管理

第十九条　安全监管监察部门应当指导、监督生产经营单位按照有关法律、法规、规章、标准和规程的要求,建立健全事故隐患排查治理等各项制度。

第二十条　安全监管监察部门应当建立事故隐患排查治理监督检查制度,定期组织对生产经营单位事故隐患排查治理情况开展监督检查;应当加强对重点单位的事故隐患排查治理情况的监督检查。对检查过程中发现的重大事故隐患,应当下达整改指令书,并建立信息管理台账。必要时,报告同级人民政府并对重大事故隐患实行挂牌督办。

安全监管监察部门应当配合有关部门做好对生产经营单位事故隐患排查治理情况开展的监督检查,依法查处事故隐患排查治理的非法和违法行为及其责任者。

安全监管监察部门发现属于其他有关部门职责范围内的重大事故隐患的,应该及时将有关资料移送有管辖权的有关部门,并记录备查。

第二十一条　已经取得安全生产许可证的生产经营单位,在其被挂牌督办的重大事故隐患治理结束前,安全监管监察部门应当加强监督检查。必要时,可以提请原许可证颁发机关依法暂扣其安全生产许可证。

第二十二条　安全监管监察部门应当会同有关部门把重大事故隐患整改纳入重点行业领域的安全专项整治中加以治理,落实相应责任。

第二十三条　对挂牌督办并采取全部或者局部停产停业治理的重大事故隐患,安全监管监察部门收到生产经营单位恢复生产的申请报告后,应当在10日内进行现场审查。审查合格的,对事故隐患进行核销,同意恢复生产经营;审查不合格的,依法责令改正或者下达停产整改指令。对整改无望或者生产经营单位拒不执行整改指令的,依法实施行政处罚;不具备安全生产条件的,依法提请县级以上人民政府按照国务院规定的权限予以关闭。

第二十四条　安全监管监察部门应当每季将本行政区域重大事故隐患的排查治理情况和统计分析表逐级报至省级安全监管监察部门备案。

省级安全监管监察部门应当每半年将本行政区域重大事故隐患的排查治理情况和统计分析表报国家安全生产监督管理总局备案。

第四章　罚　　则

第二十五条　生产经营单位及其主要负责人未履行事故隐患排查治理职责,导致发生生产安全事故的,依法给予行政处罚。

第二十六条　生产经营单位违反本规定,有下列行为之一的,由安全监管监察部门给予警告,并处三万元以下的罚款:

(一)未建立安全生产事故隐患排查治理等各项制度的;

(二)未按规定上报事故隐患排查治理统计分析表的;

(三)未制定事故隐患治理方案的;

(四)重大事故隐患不报或者未及时报告的;

(五)未对事故隐患进行排查治理擅自生产经营的;

(六)整改不合格或者未经安全监管监察部门审查同意擅自恢复生产经营的。

第二十七条　承担检测检验、安全评价的中介机构,出具虚假评价证明,尚不够刑事处罚的,没收违法所得,违法所得在五千元以上的,并处违法所得二倍以上五倍以下的罚款,没有违法所得或者违法所得不足五千元的,单处或者并处五千元以上二万元以下的罚款,同时可对其直接负责的主管人员和其他直接责任人员处五千元以上五万元以下的罚款;给他人造成损害的,与生产经营单位承担连带赔偿责任。

对有前款违法行为的机构,撤销其相应的资质。

第二十八条　生产经营单位事故隐患排查治理过程中违反有关安全生产法律、法规、规章、标准和规程规定的,依法给予行政处罚。

第二十九条　安全监管监察部门的工作人员未依法履行职责的,按照有关规定处理。

第五章　附　　则

第三十条　省级安全监管监察部门可以根据本规定,制定事故隐患排查治理和监督管理实施细则。

第三十一条　事业单位、人民团体以及其他经济组织的事故隐患排查治理,参照本规定执行。

第三十二条　本规定自2008年2月1日起施行。

安全生产违法行为行政处罚办法

1. 2007年11月30日国家安全生产监督管理总局令第15号公布

2. 根据2015年4月2日国家安全生产监督管理总局令第77号《关于修改〈《生产安全事故报告和调查处理条例》罚款处罚暂行规定〉等四部规章的决定》修正

第一章　总　　则

第一条　为了制裁安全生产违法行为,规范安全生产行政处罚工作,依照行政处罚法、安全生产法及其他有关法律、行政法规的规定,制定本办法。

第二条　县级以上人民政府安全生产监督管理部门对生产经营单位及其有关人员在生产经营活动中违反有关安全生产的法律、行政法规、部门规章、国家标准、行业标准和规程的违法行为(以下统称安全生产违法行为)实施行政处罚,适用本办法。

煤矿安全监察机构依照本办法和煤矿安全监察行政处罚办法,对煤矿、煤矿安全生产中介机构等生产经营单位及其有关人员的安全生产违法行为实施行政处罚。

有关法律、行政法规对安全生产违法行为行政处罚的种类、幅度或者决定机关另有规定的,依照其规定。

第三条　对安全生产违法行为实施行政处罚,应当遵循公平、公正、公开的原则。

安全生产监督管理部门或者煤矿安全监察机构(以下统称安全监管监察部门)及其行政执法人员实施行政处罚,必须以事实为依据。行政处罚应当与安全生产违法行为的事实、性质、情节以及社会危害程度相当。

第四条　生产经营单位及其有关人员对安全监管监察部门给予的行政处罚,依法享有陈述权、申辩权和听证权;对行政处罚不服的,有权依法申请行政复议或者提起行政诉讼;因违法给予行政处罚受到损害的,有权依法申请国家赔偿。

第二章　行政处罚的种类、管辖

第五条　安全生产违法行为行政处罚的种类:

(一)警告;

(二)罚款;

(三)没收违法所得、没收非法开采的煤炭产品、采掘设备;

(四)责令停产停业整顿、责令停产停业、责令停止建设、责令停止施工;

(五)暂扣或者吊销有关许可证,暂停或者撤销有关执业资格、岗位证书;

(六)关闭;

(七)拘留;

(八)安全生产法律、行政法规规定的其他行政处罚。

第六条　县级以上安全监管监察部门应当按照本章的规定,在各自的职责范围内对安全生产违法行为行政处罚行使管辖权。

安全生产违法行为的行政处罚,由安全生产违法行为发生地的县级以上安全监管监察部门管辖。中央企业及其所属企业、有关人员的安全生产违法行为的行政处罚,由安全生产违法行为发生地的设区的市级以上安全监管监察部门管辖。

暂扣、吊销有关许可证和暂停、撤销有关执业资格、岗位证书的行政处罚,由发证机关决定。其中,暂扣有关许可证和暂停有关执业资格、岗位证书的期限一般不得超过6个月;法律、行政法规另有规定的,依照其规定。

给予关闭的行政处罚,由县级以上安全监管监察部门报请县级以上人民政府按照国务院规定的权限决定。

给予拘留的行政处罚,由县级以上安全监管监察部门建议公安机关依照治安管理处罚法的规定决定。

第七条　两个以上安全监管监察部门因行政处罚管辖权发生争议的,由其共同的上一级安全监管监察部门指定管辖。

第八条　对报告或者举报的安全生产违法行为,安全监管监察部门应当受理;发现不属于自己管辖的,应当及时移送有管辖权的部门。

受移送的安全监管监察部门对管辖权有异议的,应当报请共同的上一级安全监管监察部门指定管辖。

第九条 安全生产违法行为涉嫌犯罪的,安全监管监察部门应当将案件移送司法机关,依法追究刑事责任;尚不够刑事处罚但依法应当给予行政处罚的,由安全监管监察部门管辖。

第十条 上级安全监管监察部门可以直接查处下级安全监管监察部门管辖的案件,也可以将自己管辖的案件交由下级安全监管监察部门管辖。

下级安全监管监察部门可以将重大、疑难案件报请上级安全监管监察部门管辖。

第十一条 上级安全监管监察部门有权对下级安全监管监察部门违法或者不适当的行政处罚予以纠正或者撤销。

第十二条 安全监管监察部门根据需要,可以在其法定职权范围内委托符合《行政处罚法》第十九条规定条件的组织或者乡、镇人民政府以及街道办事处、开发区管理机构等地方人民政府的派出机构实施行政处罚。受委托的单位在委托范围内,以委托的安全监管监察部门名义实施行政处罚。

委托的安全监管监察部门应当监督检查受委托的单位实施行政处罚,并对其实施行政处罚的后果承担法律责任。

第三章 行政处罚的程序

第十三条 安全生产行政执法人员在执行公务时,必须出示省级以上安全生产监督管理部门或者县级以上地方人民政府统一制作的有效行政执法证件。其中对煤矿进行安全监察,必须出示国家安全生产监督管理总局统一制作的煤矿安全监察员证。

第十四条 安全监管监察部门及其行政执法人员在监督检查时发现生产经营单位存在事故隐患的,应当按照下列规定采取现场处理措施:

(一)能够立即排除的,应当责令立即排除;

(二)重大事故隐患排除前或者排除过程中无法保证安全的,应当责令从危险区域撤出作业人员,并责令暂时停产停业、停止建设、停止施工或者停止使用相关设施、设备,限期排除隐患。

隐患排除后,经安全监管监察部门审查同意,方可恢复生产经营和使用。

本条第一款第(二)项规定的责令暂时停产停业、停止建设、停止施工或者停止使用相关设施、设备的期限一般不超过6个月;法律、行政法规另有规定的,依照其规定。

第十五条 对有根据认为不符合安全生产的国家标准或者行业标准的在用设施、设备、器材,违法生产、储存、使用、经营、运输的危险物品,以及违法生产、储存、使用、经营危险物品的作业场所,安全监管监察部门应当依照《行政强制法》的规定予以查封或者扣押。查封或者扣押的期限不得超过30日,情况复杂的,经安全监管监察部门负责人批准,最多可以延长30日,并在查封或者扣押期限内作出处理决定:

(一)对违法事实清楚、依法应当没收的非法财物予以没收;

(二)法律、行政法规规定应当销毁的,依法销毁;

(三)法律、行政法规规定应当解除查封、扣押的,作出解除查封、扣押的决定。

实施查封、扣押,应当制作并当场交付查封、扣押决定书和清单。

第十六条 安全监管监察部门依法对存在重大事故隐患的生产经营单位作出停产停业、停止施工、停止使用相关设施、设备的决定,生产经营单位应当依法执行,及时消除事故隐患。生产经营单位拒不执行,有发生生产安全事故的现实危险的,在保证安全的前提下,经本部门主要负责人批准,安全监管监察部门可以采取通知有关单位停止供电、停止供应民用爆炸物品等措施,强制生产经营单位履行决定。通知应当采用书面形式,有关单位应当予以配合。

安全监管监察部门依照前款规定采取停止供电措施,除有危及生产安全的紧急情形外,应当提前24小时通知生产经营单位。生产经营单位依法履行行政决定、采取相应措施消除事故隐患的,安全监管监察部门应当及时解除前款规定的措施。

第十七条 生产经营单位被责令限期改正或者限期进行隐患排除治理的,应当在规定限期内完成。因不可抗力无法在规定限期内完成的,应当在进行整改或者治理的同时,于限期届满前10日内提出书面延期申请,安全监管监察部门应当在收到申请之日起5日内书面答复是否准予延期。

生产经营单位提出复查申请或者整改、治理限期届满的,安全监管监察部门应当自申请或者限期届满之日起10日内进行复查,填写复查意见书,由被复查单位和安全监管监察部门复查人员签名后存档。逾期未整改、未治理或者整改、治理不合格的,安全监管监察部门应当依法给予行政处罚。

第十八条 安全监管监察部门在作出行政处罚决定前,应当填写行政处罚告知书,告知当事人作出行政处罚决定的事实、理由、依据,以及当事人依法享有的权利,并送达当事人。当事人应当在收到行政处罚告知书之日起3日内进行陈述、申辩,或者依法提出听证要求,逾期视为放弃上述权利。

第十九条 安全监管监察部门应当充分听取当事人的陈述和申辩,对当事人提出的事实、理由和证据,应当进行复核;当事人提出的事实、理由和证据成立的,安全监管监察部门应当采纳。

安全监管监察部门不得因当事人陈述或者申辩而加重处罚。

第二十条 安全监管监察部门对安全生产违法行为实施行政处罚,应当符合法定程序,制作行政执法文书。

第一节 简易程序

第二十一条 违法事实确凿并有法定依据,对个人处以50元以下罚款、对生产经营单位处以1000元以下罚款或者警告的行政处罚的,安全生产行政执法人员可以当场作出行政处罚决定。

第二十二条 安全生产行政执法人员当场作出行政处罚决定,应当填写预定格式、编有号码的行政处罚决定书并当场交付当事人。

安全生产行政执法人员当场作出行政处罚决定后应当及时报告,并在5日内报所属安全监管监察部门备案。

第二节 一般程序

第二十三条 除依照简易程序当场作出的行政处罚外,安全监管监察部门发现生产经营单位及其有关人员有应当给予行政处罚的行为的,应当予以立案,填写立案审批表,并全面、客观、公正地进行调查,收集有关证据。对确需立即查处的安全生产违法行为,可以先行调查取证,并在5日内补办立案手续。

第二十四条 对已经立案的案件,由立案审批人指定两名或者两名以上安全生产行政执法人员进行调查。

有下列情形之一的,承办案件的安全生产行政执法人员应当回避:

(一)本人是本案的当事人或者当事人的近亲属的;

(二)本人或者其近亲属与本案有利害关系的;

(三)与本人有其他利害关系,可能影响案件的公正处理的。

安全生产行政执法人员的回避,由派出其进行调查的安全监管监察部门的负责人决定。进行调查的安全监管监察部门负责人的回避,由该部门负责人集体讨论决定。回避决定作出之前,承办案件的安全生产行政执法人员不得擅自停止对案件的调查。

第二十五条 进行案件调查时,安全生产行政执法人员不得少于两名。当事人或者有关人员应当如实回答安全生产行政执法人员的询问,并协助调查或者检查,不得拒绝、阻挠或者提供虚假情况。

询问或者检查应当制作笔录。笔录应当记载时间、地点、询问和检查情况,并由被询问人、被检查单位和安全生产行政执法人员签名或者盖章;被询问人、被检查单位要求补正的,应当允许。被询问人或者被检查单位拒绝签名或者盖章的,安全生产行政执法人员应当在笔录上注明原因并签名。

第二十六条 安全生产行政执法人员应当收集、调取与案件有关的原始凭证作为证据。调取原始凭证确有困难的,可以复制,复制件应当注明“经核对与原件无异”的字样和原始凭证存放的单位及其处所,并由出具证据的人员签名或者单位盖章。

第二十七条 安全生产行政执法人员在收集证据时,可以采取抽样取证的方法;在证据可能灭失或者以后难以取得的情况下,经本单位负责人批准,可以先行登记保存,并应当在7日内作出处理决定:

(一)违法事实成立依法应当没收的,作出行政处罚决定,予以没收;依法应当扣留或者封存的,予以扣留或者封存;

(二)违法事实不成立,或者依法不应当予以没收、扣留、封存的,解除登记保存。

第二十八条 安全生产行政执法人员对与案件有关的物品、场所进行勘验检查时,应当通知当事人到场,制作勘验笔录,并由当事人核对无误后签名或者盖章。当事人拒绝到场的,可以邀请在场的其他人员作证,并在勘验笔录中注明原因并签名;也可以采用录音、录像等方式记录有关物品、场所的情况后,再进行勘验检查。

第二十九条 案件调查终结后,负责承办案件的安全生产行政执法人员应当填写案件处理呈批表,连同有关证据材料一并报本部门负责人审批。

安全监管监察部门负责人应当及时对案件调查结果进行审查,根据不同情况,分别作出以下决定:

(一)确有应受行政处罚的违法行为的,根据情节轻重及具体情况,作出行政处罚决定;

(二)违法行为轻微,依法可以不予行政处罚的,不予行政处罚;

(三)违法事实不能成立,不得给予行政处罚;

(四)违法行为涉嫌犯罪的,移送司法机关处理。

对严重安全生产违法行为给予责令停产停业整顿、责令停产停业、责令停止建设、责令停止施工、吊销有关许可证、撤销有关执业资格或者岗位证书、5万元以上罚款、没收违法所得、没收非法开采的煤炭产品或者采掘设备价值5万元以上的行政处罚的，应当由安全监管监察部门的负责人集体讨论决定。

第三十条　安全监管监察部门依照本办法第二十九条的规定给予行政处罚，应当制作行政处罚决定书。行政处罚决定书应当载明下列事项：

（一）当事人的姓名或者名称、地址或者住址；

（二）违法事实和证据；

（三）行政处罚的种类和依据；

（四）行政处罚的履行方式和期限；

（五）不服行政处罚决定，申请行政复议或者提起行政诉讼的途径和期限；

（六）作出行政处罚决定的安全监管监察部门的名称和作出决定的日期。

行政处罚决定书必须盖有作出行政处罚决定的安全监管监察部门的印章。

第三十一条　行政处罚决定书应当在宣告后当场交付当事人；当事人不在场的，安全监管监察部门应当在7日内依照民事诉讼法的有关规定，将行政处罚决定书送达当事人或者其他的法定受送达人：

（一）送达必须有送达回执，由受送达人在送达回执上注明收到日期，签名或者盖章；

（二）送达应当直接送交受送达人。受送达人是个人的，本人不在交他的同住成年家属签收，并在行政处罚决定书送达回执的备注栏内注明与受送达人的关系；

（三）受送达人是法人或者其他组织的，应当由法人的法定代表人、其他组织的主要负责人或者该法人、组织负责收件的人签收；

（四）受送达人指定代收人的，交代收人签收并注明受当事人委托的情况；

（五）直接送达确有困难的，可以挂号邮寄送达，也可以委托当地安全监管监察部门代为送达，代为送达的安全监管监察部门收到文书后，必须立即交受送达人签收；

（六）当事人或者他的同住成年家属拒绝接收的，送达人应当邀请有关基层组织或者所在单位的代表到场，说明情况，在行政处罚决定书送达回执上记明拒收的事由和日期，由送达人、见证人签名或者盖章，将行政处罚决定书留在当事人的住所；也可以把行政处罚决定书留在受送达人的住所，并采用拍照、录像等方式记录送达过程，即视为送达；

（七）受送达人下落不明，或者用以上方式无法送达的，可以公告送达，自公告发布之日起经过60日，即视为送达。公告送达，应当在案卷中注明原因和经过。

安全监管监察部门送达其他行政处罚执法文书，按照前款规定办理。

第三十二条　行政处罚案件应当自立案之日起30日内作出行政处罚决定；由于客观原因不能完成的，经安全监管监察部门负责人同意，可以延长，但不得超过90日；特殊情况需进一步延长的，应当经上一级安全监管监察部门批准，可延长至180日。

第三节　听证程序

第三十三条　安全监管监察部门作出责令停产停业整顿、责令停产停业、吊销有关许可证、撤销有关执业资格、岗位证书或者较大数额罚款的行政处罚决定之前，应当告知当事人有要求举行听证的权利；当事人要求听证的，安全监管监察部门应当组织听证，不得向当事人收取听证费用。

前款所称较大数额罚款，为省、自治区、直辖市人大常委会或者人民政府规定的数额；没有规定数额的，其数额对个人罚款为2万元以上，对生产经营单位罚款为5万元以上。

第三十四条　当事人要求听证的，应当在安全监管监察部门依照本办法第十八条规定告知后3日内以书面方式提出。

第三十五条　当事人提出听证要求后，安全监管监察部门应当在收到书面申请之日起15日内举行听证会，并在举行听证会的7日前，通知当事人举行听证的时间、地点。

当事人应当按期参加听证。当事人有正当理由要求延期的，经组织听证的安全监管监察部门负责人批准可以延期1次；当事人未按期参加听证，并且未事先说明理由的，视为放弃听证权利。

第三十六条　听证参加人由听证主持人、听证员、案件调查人员、当事人及其委托代理人、书记员组成。

听证主持人、听证员、书记员应当由组织听证的安全监管监察部门负责人指定的非本案调查人员担任。

当事人可以委托1至2名代理人参加听证，并提交委托书。

第三十七条　除涉及国家秘密、商业秘密或者个人隐私外，听证应当公开举行。

第三十八条　当事人在听证中的权利和义务：

（一）有权对案件涉及的事实、适用法律及有关情况进行陈述和申辩；

（二）有权对案件调查人员提出的证据质证并提出新的证据；

（三）如实回答主持人的提问；

（四）遵守听证会场纪律，服从听证主持人指挥。

第三十九条 听证按照下列程序进行：

（一）书记员宣布听证会场纪律、当事人的权利和义务。听证主持人宣布案由，核实听证参加人名单，宣布听证开始；

（二）案件调查人员提出当事人的违法事实、出示证据，说明拟作出的行政处罚的内容及法律依据；

（三）当事人或者其委托代理人对案件的事实、证据、适用的法律等进行陈述和申辩，提交新的证据材料；

（四）听证主持人就案件的有关问题向当事人、案件调查人员、证人询问；

（五）案件调查人员、当事人或者其委托代理人相互辩论；

（六）当事人或者其委托代理人作最后陈述；

（七）听证主持人宣布听证结束。

听证笔录应当当场交当事人核对无误后签名或者盖章。

第四十条 有下列情形之一的，应当中止听证：

（一）需要重新调查取证的；

（二）需要通知新证人到场作证的；

（三）因不可抗力无法继续进行听证的。

第四十一条 有下列情形之一的，应当终止听证：

（一）当事人撤回听证要求的；

（二）当事人无正当理由不按时参加听证的；

（三）拟作出的行政处罚决定已经变更，不适用听证程序的。

第四十二条 听证结束后，听证主持人应当依据听证情况，填写听证会报告书，提出处理意见并附听证笔录报安全监管监察部门负责人审查。安全监管监察部门依照本办法第二十九条的规定作出决定。

第四章 行政处罚的适用

第四十三条 生产经营单位的决策机构、主要负责人、个人经营的投资人（包括实际控制人，下同）未依法保证下列安全生产所必需的资金投入之一，致使生产经营单位不具备安全生产条件的，责令限期改正，提供必需的资金，可以对生产经营单位处1万元以上3万元以下罚款，对生产经营单位的主要负责人、个人经营的投资人处5000元以上1万元以下罚款；逾期未改正的，责令生产经营单位停产停业整顿：

（一）提取或者使用安全生产费用；

（二）用于配备劳动防护用品的经费；

（三）用于安全生产教育和培训的经费；

（四）国家规定的其他安全生产所必须的资金投入。

生产经营单位主要负责人、个人经营的投资人有前款违法行为，导致发生生产安全事故的，依照《生产安全事故罚款处罚规定（试行）》的规定给予处罚。

第四十四条 生产经营单位的主要负责人未依法履行安全生产管理职责，导致生产安全事故发生的，依照《生产安全事故罚款处罚规定（试行）》的规定给予处罚。

第四十五条 生产经营单位及其主要负责人或者其他人员有下列行为之一的，给予警告，并可以对生产经营单位处1万元以上3万元以下罚款，对其主要负责人、其他有关人员处1000元以上1万元以下的罚款：

（一）违反操作规程或者安全管理规定作业的；

（二）违章指挥从业人员或者强令从业人员违章、冒险作业的；

（三）发现从业人员违章作业不加制止的；

（四）超过核定的生产能力、强度或者定员进行生产的；

（五）对被查封或者扣押的设施、设备、器材、危险物品和作业场所，擅自启封或者使用的；

（六）故意提供虚假情况或者隐瞒存在的事故隐患以及其他安全问题的；

（七）拒不执行安全监管监察部门依法下达的安全监管监察指令的。

第四十六条 危险物品的生产、经营、储存单位以及矿山、金属冶炼单位有下列行为之一的，责令改正，并可以处1万元以上3万元以下的罚款：

（一）未建立应急救援组织或者生产经营规模较小、未指定兼职应急救援人员的；

（二）未配备必要的应急救援器材、设备和物资，并进行经常性维护、保养，保证正常运转的。

第四十七条 生产经营单位与从业人员订立协议，免除或者减轻其对从业人员因生产安全事故伤亡依法应承担的责任的，该协议无效；对生产经营单位的主要负责人、个人经营的投资人按照下列规定处以罚款：

（一）在协议中减轻因生产安全事故伤亡对从业人员依法应承担的责任的，处2万元以上5万元以下的罚款；

（二）在协议中免除因生产安全事故伤亡对从业人员依法应承担的责任的，处5万元以上10万元以下的罚款。

第四十八条 生产经营单位不具备法律、行政法规和国家标准、行业标准规定的安全生产条件,经责令停产停业整顿仍不具备安全生产条件的,安全监管监察部门应当提请有管辖权的人民政府予以关闭;人民政府决定关闭的,安全监管监察部门应当依法吊销其有关许可证。

第四十九条 生产经营单位转让安全生产许可证的,没收违法所得,吊销安全生产许可证,并按照下列规定处以罚款:

(一)接受转让的单位和个人未发生生产安全事故的,处10万元以上30万元以下的罚款;

(二)接受转让的单位和个人发生生产安全事故但没有造成人员死亡的,处30万元以上40万元以下的罚款;

(三)接受转让的单位和个人发生人员死亡生产安全事故的,处40万元以上50万元以下的罚款。

第五十条 知道或者应当知道生产经营单位未取得安全生产许可证或者其他批准文件擅自从事生产经营活动,仍为其提供生产经营场所、运输、保管、仓储等条件的,责令立即停止违法行为,有违法所得的,没收违法所得,并处违法所得1倍以上3倍以下的罚款,但是最高不得超过3万元;没有违法所得的,并处5000元以上1万元以下的罚款。

第五十一条 生产经营单位及其有关人员弄虚作假,骗取或者勾结、串通行政审批工作人员取得安全生产许可证书及其他批准文件的,撤销许可及批准文件,并按照下列规定处以罚款:

(一)生产经营单位有违法所得的,没收违法所得,并处违法所得1倍以上3倍以下的罚款,但是最高不得超过3万元;没有违法所得的,并处5000元以上1万元以下的罚款;

(二)对有关人员处1000元以上1万元以下的罚款。

有前款规定违法行为的生产经营单位及其有关人员在3年内不得再次申请该行政许可。

生产经营单位及其有关人员未依法办理安全生产许可证书变更手续的,责令限期改正,并对生产经营单位处1万元以上3万元以下的罚款,对有关人员处1000元以上5000元以下的罚款。

第五十二条 未取得相应资格、资质证书的机构及其有关人员从事安全评价、认证、检测、检验工作,责令停止违法行为,并按照下列规定处以罚款:

(一)机构有违法所得的,没收违法所得,并处违法所得1倍以上3倍以下的罚款,但是最高不得超过3万元;没有违法所得的,并处5000元以上1万元以下的罚款;

(二)有关人员处5000元以上1万元以下的罚款。

第五十三条 生产经营单位及其有关人员触犯不同的法律规定,有两个以上应当给予行政处罚的安全生产违法行为的,安全监管监察部门应当适用不同的法律规定,分别裁量,合并处罚。

第五十四条 对同一生产经营单位及其有关人员的同一安全生产违法行为,不得给予两次以上罚款的行政处罚。

第五十五条 生产经营单位及其有关人员有下列情形之一的,应当从重处罚:

(一)危及公共安全或者其他生产经营单位安全的,经责令限期改正,逾期未改正的;

(二)一年内因同一违法行为受到两次以上行政处罚的;

(三)拒不整改或者整改不力,其违法行为呈持续状态的;

(四)拒绝、阻碍或者以暴力威胁行政执法人员的。

第五十六条 生产经营单位及其有关人员有下列情形之一的,应当依法从轻或者减轻行政处罚:

(一)已满14周岁不满18周岁的公民实施安全生产违法行为的;

(二)主动消除或者减轻安全生产违法行为危害后果的;

(三)受他人胁迫实施安全生产违法行为的;

(四)配合安全监管监察部门查处安全生产违法行为,有立功表现的;

(五)主动投案,向安全监管监察部门如实交待自己的违法行为的;

(六)具有法律、行政法规规定的其他从轻或者减轻处罚情形的。

有从轻处罚情节的,应当在法定处罚幅度的中档以下确定行政处罚标准,但不得低于法定处罚幅度的下限。

本条第一款第(四)项所称的立功表现,是指当事人有揭发他人安全生产违法行为,并经查证属实;或者提供查处其他安全生产违法行为的重要线索,并经查证属实;或者阻止他人实施安全生产违法行为;或者协助司法机关抓捕其他违法犯罪嫌疑人的行为。

安全生产违法行为轻微并及时纠正,没有造成危害后果的,不予行政处罚。

第五章 行政处罚的执行和备案

第五十七条 安全监管监察部门实施行政处罚时,应当同时责令生产经营单位及其有关人员停止、改正或者限期改正违法行为。

第五十八条 本办法所称的违法所得,按照下列规定计算:

(一)生产、加工产品的,以生产、加工产品的销售收入作为违法所得;

(二)销售商品的,以销售收入作为违法所得;

(三)提供安全生产中介、租赁等服务的,以服务收入或者报酬作为违法所得;

(四)销售收入无法计算的,按当地同类同等规模的生产经营单位的平均销售收入计算;

(五)服务收入、报酬无法计算的,按照当地同行业同种服务的平均收入或者报酬计算。

第五十九条 行政处罚决定依法作出后,当事人应当在行政处罚决定的期限内,予以履行;当事人逾期不履的,作出行政处罚决定的安全监管监察部门可以采取下列措施:

(一)到期不缴纳罚款的,每日按罚款数额的3%加处罚款,但不得超过罚款数额;

(二)根据法律规定,将查封、扣押的设施、设备、器材和危险物品拍卖所得价款抵缴罚款;

(三)申请人民法院强制执行。

当事人对行政处罚决定不服申请行政复议或者提起行政诉讼的,行政处罚不停止执行,法律另有规定的除外。

第六十条 安全生产行政执法人员当场收缴罚款的,应当出具省、自治区、直辖市财政部门统一制发的罚款收据;当场收缴的罚款,应当自收缴罚款之日起2日内,交至所属安全监管监察部门;安全监管监察部门应当在2日内将罚款缴付指定的银行。

第六十一条 除依法应当予以销毁的物品外,需要将查封、扣押的设施、设备、器材和危险物品拍卖抵缴罚款的,依照法律或者国家有关规定处理。销毁物品,依照国家有关规定处理;没有规定的,经县级以上安全监管监察部门负责人批准,由两名以上安全生产行政执法人员监督销毁,并制作销毁记录。处理物品,应当制作清单。

第六十二条 罚款、没收违法所得的款项和没收非法开采的煤炭产品、采掘设备,必须按照有关规定上缴,任何单位和个人不得截留、私分或者变相私分。

第六十三条 县级安全生产监督管理部门处以5万元以上罚款、没收违法所得、没收非法生产的煤炭产品或者采掘设备价值5万元以上、责令停产停业、停止建设、停止施工、停产停业整顿、吊销有关资格、岗位证书或者许可证的行政处罚的,应当自作出行政处罚决定之日起10日内报设区的市级安全生产监督管理部门备案。

第六十四条 设区的市级安全生产监管监察部门处以10万元以上罚款、没收违法所得、没收非法生产的煤炭产品或者采掘设备价值10万元以上、责令停产停业、停止建设、停止施工、停产停业整顿、吊销有关资格、岗位证书或者许可证的行政处罚的,应当自作出行政处罚决定之日起10日内报省级安全监管监察部门备案。

第六十五条 省级安全监管监察部门处以50万元以上罚款、没收违法所得、没收非法生产的煤炭产品或者采掘设备价值50万元以上、责令停产停业、停止建设、停止施工、停产停业整顿、吊销有关资格、岗位证书或者许可证的行政处罚的,应当自作出行政处罚决定之日起10日内报国家安全生产监督管理总局或者国家煤矿安全监察局备案。

对上级安全监管监察部门交办案件给予行政处罚的,由决定行政处罚的安全监管监察部门自作出行政处罚决定之日起10日内报上级安全监管监察部门备案。

第六十六条 行政处罚执行完毕后,案件材料应当按照有关规定立卷归档。

案卷立案归档后,任何单位和个人不得擅自增加、抽取、涂改和销毁案卷材料。未经安全监管监察部门负责人批准,任何单位和个人不得借阅案卷。

第六章 附 则

第六十七条 安全生产监督管理部门所用的行政处罚文书式样,由国家安全生产监督管理总局统一制定。

煤矿安全监察机构所用的行政处罚文书式样,由国家煤矿安全监察局统一制定。

第六十八条 本办法所称的生产经营单位,是指合法和非法从事生产或者经营活动的基本单元,包括企业法人、不具备企业法人资格的合伙组织、个体工商户和自然人等生产经营主体。

第六十九条 本办法自2008年1月1日起施行。原国家安全生产监督管理局(国家煤矿安全监察局)2003年5月19日公布的《安全生产违法行为行政处罚办法》、2001年4月27日公布的《煤矿安全监察程序暂行规定》同时废止。

安全生产行政复议规定

1. 2007年10月8日国家安全生产监督管理总局令第14号公布
2. 自2007年11月1日起施行

第一章　总　　则

第一条　为了规范安全生产行政复议工作,解决行政争议,根据《中华人民共和国行政复议法》和《中华人民共和国行政复议法实施条例》,制定本规定。

第二条　公民、法人或者其他组织认为安全生产监督管理部门、煤矿安全监察机构(以下统称安全监管监察部门)的具体行政行为侵犯其合法权益,向安全生产行政复议机关申请行政复议,安全生产行政复议机关受理行政复议申请,作出行政复议决定,适用本规定。

第三条　依法履行行政复议职责的安全监管监察部门是安全生产行政复议机关。安全生产行政复议机关负责法制工作的机构是本机关的行政复议机构(以下简称安全生产行政复议机构)。

安全生产行政复议机关应当领导、支持本机关行政复议机构依法办理行政复议事项,并依照有关规定充实、配备专职行政复议人员,保证行政复议机构的办案能力与工作任务相适应。

第四条　国家安全生产监督管理总局办理行政复议案件按照下列程序,统一受理,分工负责:

(一)政策法规司按照本规定规定的期限,对行政复议申请进行初步审查,做出受理或者不予受理的决定。对决定受理的,将案卷材料转送相关业务司局分口承办;

(二)相关业务司局收到案卷材料后,应当在30日内了解核实有关情况,提出处理意见;

(三)政策法规司根据处理意见,在20日内拟定行政复议决定书,提交本局负责人集体讨论或者主管负责人审定;

(四)本局负责人集体讨论通过或者主管负责人同意后,政策法规司制作行政复议决定书,并送达申请人、被申请人和第三人。

国家煤矿安全监察局和省级及省级以下安全监管监察部门办理行政复议案件参照上述程序执行。

第二章　行政复议范围与管辖

第五条　公民、法人或者其他组织对安全监管监察部门作出的下列具体行政行为不服,可以申请行政复议:

(一)行政处罚决定;

(二)行政强制措施;

(三)行政许可的变更、中止、撤销、撤回等决定;

(四)认为符合法定条件,申请安全监管监察部门办理许可证、资格证等行政许可手续,安全监管监察部门没有依法办理的;

(五)认为安全监管监察部门违法收费或者违法要求履行义务的;

(六)认为安全监管监察部门其他具体行政行为侵犯其合法权益的。

第六条　公民、法人或者其他组织认为安全监管监察部门的具体行政行为所依据的规定不合法,在对具体行政行为申请行政复议时,可以依据行政复议法第七条的规定一并提出审查申请。

第七条　安全监管监察部门作出的下列行政行为,不属于安全生产行政复议范围:

(一)生产安全事故调查报告;

(二)不具有强制力的行政指导行为和信访答复行为;

(三)生产安全事故隐患认定;

(四)公告信息发布;

(五)法律、行政法规规定的非具体行政行为。

第八条　对县级以上地方人民政府安全生产监督管理部门作出的具体行政行为不服的,可以向上一级安全生产监督管理部门申请行政复议,也可以向同级人民政府申请行政复议。已向同级人民政府提出行政复议申请,且同级人民政府已经受理的,上一级安全生产监督管理部门不再受理。

对国家安全生产监督管理总局作出的具体行政行为不服的,向国家安全生产监督管理总局申请行政复议。

第九条　对煤矿安全监察分局作出的具体行政行为不服的,向该分局所隶属的省级煤矿安全监察局申请行政复议。

对省级煤矿安全监察机构作出的具体行政行为不服的,向国家安全生产监督管理总局申请行政复议。

对国家煤矿安全监察局作出的具体行政行为不服的,向国家煤矿安全监察局申请行政复议。

第十条　安全监管监察部门设立的派出机构、内设机构或者其他组织,未经法律、行政法规授权,对外以自己名义作出具体行政行为的，该安全监管监察部门为被申请人。

第十一条 对安全监管监察部门依法委托的机构，以委托的安全监管监察部门名义作出的具体行政行为不服的，依照本规定第八条和第九条的规定申请行政复议。

第十二条 对安全监管监察部门与有关部门共同作出的具体行政行为不服的，可以向其共同的上一级行政机关申请行政复议。共同作出具体行政行为的安全监管监察部门与有关部门为共同被申请人。

对国家安全生产监督管理总局与国务院其他部门共同作出的具体行政行为不服的，可以向国家安全生产监督管理总局或者共同作出具体行政行为的其他任何一个部门提起行政复议申请，由作出具体行政行为的部门共同作出行政复议决定。

第十三条 下级安全监管监察部门依照法律、行政法规、规章规定，经上级安全监管监察部门批准作出具体行政行为的，批准机关为被申请人。

第三章 行政复议的申请与受理

第十四条 安全监管监察部门作出具体行政行为，依法应当向有关公民、法人或者其他组织送达法律文书而未送达的，视为该公民、法人或者其他组织不知道该具体行政行为。

安全监管监察部门作出的具体行政行为对公民、法人或者其他组织的权利、义务可能产生不利影响的，应当告知其申请行政复议的权利、行政复议机关和行政复议申请期限。

第十五条 行政复议可以书面申请，也可以当场口头申请。书面申请可以采取当面递交、邮寄或者传真等方式提出，并在行政复议申请书中载明《行政复议法实施条例》第十九条规定的事项。

当场口头申请的，安全生产行政复议机构应当按照第一款规定的事项，当场制作行政复议申请笔录交申请人核对或者向申请人宣读，并由申请人签字确认。

第十六条 安全生产行政复议机构应当自收到行政复议申请之日起3日内对复议申请是否符合下列条件进行初步审查：

（一）有明确的申请人和被申请人；

（二）申请人与具体行政行为有利害关系；

（三）有具体的行政复议请求和事实依据；

（四）在法定申请期限内提出；

（五）属于本规定第五条规定的行政复议范围；

（六）属于收到行政复议申请的行政复议机关的职责范围；

（七）其他行政复议机关尚未受理同一行政复议申请，人民法院尚未受理同一主体就同一事实提起的行政诉讼。

第十七条 行政复议申请错列被申请人的，安全生产行政复议机构应当告知申请人变更被申请人。

第十八条 行政复议申请材料不齐全或者表述不清楚的，安全生产行政复议机构可以自收到该行政复议申请之日起5日内书面通知申请人补正。补正通知应当载明需要补正的事项和合理的补正期限。无正当理由逾期不补正的，视为申请人放弃行政复议申请。补正申请材料所用时间不计入行政复议审理期限。

第十九条 经初步审查后，安全生产行政复议机构应当自收到行政复议申请之日起5日内按下列规定作出处理：

（一）符合本规定第十六条规定的，予以受理，并制发行政复议受理决定书；

（二）不符合本规定第十六条规定的，决定不予受理，并制发行政复议申请不予受理决定书；

（三）不属于本机关职责范围的，应当告知申请人向有权受理的行政复议机关提出。

第二十条 行政复议期间，安全生产行政复议机构认为申请人以外的公民、法人或者其他组织与被审查的具体行政行为有利害关系的，可以通知其作为第三人参加行政复议。

行政复议期间，申请人以外的公民、法人或者其他组织与被审查的具体行政行为有利害关系的，可以向安全生产行政复议机构申请作为第三人参加行政复议。

第四章 行政复议的审理和决定

第二十一条 安全生产行政复议机构审理行政复议案件，应当由2名以上行政复议人员参加。

第二十二条 安全生产行政复议机构应当自行政复议申请受理之日起7日内，将行政复议申请书副本或者行政复议申请笔录复印件发送被申请人。

被申请人应当自收到申请书副本或者行政复议申请笔录复印件之日起10日内，按照复议机构要求的份数提出书面答复，并提交当初作出具体行政行为的证据、依据和其他有关材料。

被申请人书面答复应当载明下列事项，并加盖单位公章：

（一）作出具体行政行为的基本过程和情况；

（二）作出具体行政行为的事实依据和有关证据材料；

(三)作出具体行政行为所依据的法律、行政法规、规章和规范性文件的文号、具体条款和内容;

(四)对申请人复议请求的意见和理由;

(五)答复的年月日。

第二十三条　有下列情形之一的,被申请人经安全生产行政复议机构允许可以补充相关证据:

(一)在作出具体行政行为时已经收集证据,但因不可抗力等正当理由不能提供的;

(二)申请人或者第三人在行政复议过程中,提出了其在安全监管监察部门实施具体行政行为过程中没有提出的申辩理由或者证据的。

第二十四条　有下列情形之一的,申请人应当提供证明材料:

(一)认为被申请人不履行法定职责的,提供曾经要求被申请人履行法定职责而被申请人未履行的证明材料,但被申请人依法应当主动履行的除外;

(二)申请行政复议时一并提出行政赔偿请求的,提供受具体行政行为侵害而造成损害的证明材料;

(三)申请人自己主张的事实;

(四)法律、行政法规规定由申请人提供证据材料的其他情形。

第二十五条　申请人、被申请人、第三人应当对其提交的证据材料分类编号,对证据材料的来源、证明对象和内容作简要说明,并在证据材料上签字或者盖章,注明提交日期。

证据材料是复印件的,应当经复议机构核对无误,并注明原件存放的单位和处所。

第二十六条　行政复议原则上采取书面审理的方式,但对重大、复杂的案件,申请人提出要求或者安全生产行政复议机构认为必要时,可以采取听证的方式审理。

听证应当保障当事人平等的陈述、质证和辩论的权利。

第二十七条　安全生产行政复议机构采取听证的方式审理复议案件,应当制作听证笔录并载明下列事项:

(一)案由,听证的时间、地点;

(二)申请人、被申请人、第三人及其代理人的基本情况;

(三)听证主持人、听证员、书记员的姓名、职务等;

(四)申请人、被申请人、第三人争议的焦点问题,有关事实、证据和依据;

(五)其他应当记载的事项。

申请人、被申请人、第三人应当核对听证笔录并签字或者盖章。

第二十八条　安全生产行政复议机构认为必要时,可以实地调查核实证据。调查核实时,行政复议人员不得少于2人,并应当向当事人或者有关人员出示证件。

需要现场勘验的,现场勘验所用时间不计入行政复议审理期限。

第二十九条　安全生产行政复议期间涉及专门事项需要鉴定的,当事人可以自行委托鉴定机构进行鉴定,也可以申请行政复议机构委托鉴定机构进行鉴定。鉴定费用由当事人承担。鉴定所用时间不计入行政复议审理期限。

第三十条　申请人在行政复议决定作出前自愿撤回行政复议申请的,经行政复议机构同意,可以撤回。

申请人撤回行政复议申请的,不得以同一事实和理由再次提出行政复议申请。但是,申请人能够证明撤回行政复议申请违背其真实意思表示的除外。

第三十一条　行政复议申请由两个以上申请人共同提出,在行政复议决定作出前,部分申请人撤回行政复议申请的,安全生产行政复议机关应当就其他申请人未撤回的行政复议申请作出行政复议决定。

第三十二条　被申请人在复议期间改变原具体行政行为的,应当书面告知复议机构。

被申请人改变原具体行政行为,申请人撤回复议申请的,行政复议终止;申请人不撤回复议申请的,安全生产行政复议机关经审查认为原具体行政行为违法的,应当作出确认其违法的复议决定;认为原具体行政行为合法的,应当作出维持的复议决定。

第三十三条　公民、法人或者其他组织对安全监管监察部门行使法律、行政法规规定的自由裁量权作出的具体行政行为不服申请行政复议,申请人与被申请人在行政复议决定作出前自愿达成和解的,应当向安全生产行政复议机构提交书面和解协议;和解内容不损害社会公共利益和他人合法权益的,安全生产行政复议机构应当准许。

第三十四条　有下列情形之一的,安全生产行政复议机构可以按照自愿、合法的原则进行调解:

(一)公民、法人或者其他组织对安全监管监察部门行使法律、行政法规规定的自由裁量权作出的具体行政行为不服申请行政复议的;

(二)当事人之间的行政赔偿或者行政补偿的纠纷。

当事人经调解达成协议的,安全生产行政复议机关应当制作行政复议调解书。调解书应当载明行政复议请求、事实、理由和调解结果,并加盖安全生产行政复议机关印章。行政复议调解书经双方当事人签字,即具有法律效力。

调解未达成协议或者调解书生效前一方反悔的,安全生产行政复议机关应当及时作出行政复议决定。

第三十五条 安全生产行政复议机构应当对被申请人作出的具体行政行为进行审查,提出意见,经安全生产行政复议机关集体讨论通过或者负责人同意后,依法作出行政复议决定。

第三十六条 被申请人被责令重新作出具体行政行为的,应当在法律、行政法规、规章规定的期限内重新作出具体行政行为;法律、行政法规、规章未规定期限的,重新作出具体行政行为的期限为60日。

被申请人不得以同一事实和理由作出与原具体行政行为相同或者基本相同的具体行政行为。但因违反法定程序被责令重新作出具体行政行为的除外。

第三十七条 申请人在申请行政复议时一并提出行政赔偿请求,安全生产行政复议机关对符合国家赔偿法有关规定应当给予赔偿的,在决定撤销、变更具体行政行为或者确认具体行政行为违法时,应当同时决定被申请人依法给予赔偿。

申请人在申请行政复议时没有提出行政赔偿请求的,安全生产行政复议机关在依法决定撤销或者变更原具体行政行为确定的罚款以及对设备、设施、器材的扣押、查封等强制措施时,应当同时责令被申请人返还罚款,解除对设备、设施、器材的扣押、查封等强制措施。

第三十八条 安全生产行政复议机关在申请人的行政复议请求范围内,不得作出对申请人更为不利的行政复议决定。

第五章 附 则

第三十九条 安全生产行政复议机关及其工作人员和被申请人在安全生产行政复议工作中违反本规定的,依照行政复议法及其实施条例的规定,追究法律责任。

第四十条 行政复议期间的计算和行政复议文书的送达,依照民事诉讼法关于期间、送达的规定执行。

本规定关于行政复议期间有关"3日""5日"、"7日"的规定是指工作日,不含节假日。

第四十一条 安全生产行政复议案件审理完毕,案件承办人应当将案件材料在10日内立卷、归档。

下一级安全生产行政复议机关应当在作出行政复议决定之日起15日内将行政复议决定书报上一级安全生产行政复议机构备案。

第四十二条 安全监管行政复议机关办理行政复议案件,使用国家安全生产监督管理总局统一制定的文书式样。

煤矿安全监察行政复议机关办理行政复议案件,使用国家煤矿安全监察局统一制定的文书式样。

第四十三条 本规定自2007年11月1日起施行。原国家经济贸易委员会2003年2月18日公布的《安全生产行政复议暂行办法》和原国家安全生产监督管理局(国家煤矿安全监察局)2003年6月20日公布的《煤矿安全监察行政复议规定》同时废止。

生产安全事故罚款处罚规定(试行)

1. 2007年7月12日国家安全生产监督管理总局令第13号公布

2. 根据2011年9月1日国家安全生产监督管理总局令第42号《关于修改〈《生产安全事故报告和调查处理条例》罚款处罚暂行规定〉部分条款的决定》第一次修正

3. 根据2015年4月2日国家安全生产监督管理总局令第77号《关于修改〈《生产安全事故报告和调查处理条例》罚款处罚暂行规定〉等四部规章的决定》第二次修正

第一条 为防止和减少生产安全事故,严格追究生产安全事故发生单位及其有关责任人员的法律责任,正确适用事故罚款的行政处罚,依照《安全生产法》、《生产安全事故报告和调查处理条例》(以下简称《条例》)的规定,制定本规定。

第二条 安全生产监督管理部门和煤矿安全监察机构对生产安全事故发生单位(以下简称事故发生单位)及其主要负责人、直接负责的主管人员和其他责任人员等有关责任人员依照《安全生产法》和《条例》实施罚款的行政处罚,适用本规定。

第三条 本规定所称事故发生单位是指对事故发生负有责任的生产经营单位。

本规定所称主要负责人是指有限责任公司、股份有限公司的董事长或者总经理或者个人经营的投资人,其他生产经营单位的厂长、经理、局长、矿长(含实际控制人)等人员。

第四条 本规定所称事故发生单位主要负责人、直接负责的主管人员和其他直接责任人员的上一年年收入,属于国有生产经营单位的,是指该单位上级主管部门所确定的上一年年收入总额;属于非国有生产经营单位的,是指经财务、税务部门核定的上一年年收入总额。

生产经营单位提供虚假资料或者由于财务、税务部门无法核定等原因致使有关人员的上一年年收入难以确定的，按照下列办法确定：

（一）主要负责人的上一年年收入，按照本省、自治区、直辖市上一年度职工平均工资的5倍以上10倍以下计算；

（二）直接负责的主管人员和其他直接责任人员的上一年年收入，按照本省、自治区、直辖市上一年度职工平均工资的1倍以上5倍以下计算。

第五条　《条例》所称的迟报、漏报、谎报和瞒报，依照下列情形认定：

（一）报告事故的时间超过规定时限的，属于迟报；

（二）因过失对应当上报的事故或者事故发生的时间、地点、类别、伤亡人数、直接经济损失等内容遗漏未报的，属于漏报；

（三）故意不如实报告事故发生的时间、地点、初步原因、性质、伤亡人数和涉险人数、直接经济损失等有关内容的，属于谎报；

（四）隐瞒已经发生的事故，超过规定时限未向安全监管监察部门和有关部门报告，经查证属实的，属于瞒报。

第六条　对事故发生单位及其有关责任人员处以罚款的行政处罚，依照下列规定决定：

（一）对发生特别重大事故的单位及其有关责任人员罚款的行政处罚，由国家安全生产监督管理总局决定；

（二）对发生重大事故的单位及其有关责任人员罚款的行政处罚，由省级人民政府安全生产监督管理部门决定；

（三）对发生较大事故的单位及其有关责任人员罚款的行政处罚，由设区的市级人民政府安全生产监督管理部门决定；

（四）对发生一般事故的单位及其有关责任人员罚款的行政处罚，由县级人民政府安全生产监督管理部门决定。

上级安全生产监督管理部门可以指定下一级安全生产监督管理部门对事故发生单位及其有关责任人员实施行政处罚。

第七条　对煤矿事故发生单位及其有关责任人员处以罚款的行政处罚，依照下列规定执行：

（一）对发生特别重大事故的煤矿及其有关责任人员罚款的行政处罚，由国家煤矿安全监察局决定；

（二）对发生重大事故和较大事故的煤矿及其有关责任人员罚款的行政处罚，由省级煤矿安全监察机构决定；

（三）对发生一般事故的煤矿及其有关责任人员罚款的行政处罚，由省级煤矿安全监察机构所属分局决定。

上级煤矿安全监察机构可以指定下一级煤矿安全监察机构对事故发生单位及其有关责任人员实施行政处罚。

第八条　特别重大事故以下等级事故，事故发生地与事故发生单位所在地不在同一个县级以上行政区域的，由事故发生地的安全生产监督管理部门或者煤矿安全监察机构依照本规定第六条或者第七条规定的权限实施行政处罚。

第九条　安全生产监督管理部门和煤矿安全监察机构对事故发生单位及其有关责任人员实施罚款的行政处罚，依照《安全生产违法行为行政处罚办法》规定的程序执行。

第十条　事故发生单位及其有关责任人员对安全生产监督管理部门和煤矿安全监察机构给予的行政处罚，享有陈述、申辩的权利；对行政处罚不服的，有权依法申请行政复议或者提起行政诉讼。

第十一条　事故发生单位主要负责人有《安全生产法》第一百零六条、《条例》第三十五条规定的下列行为之一的，依照下列规定处以罚款：

（一）事故发生单位主要负责人在事故发生后不立即组织事故抢救的，处上一年年收入100%的罚款；

（二）事故发生单位主要负责人迟报事故的，处上一年年收入60%至80%的罚款；漏报事故的，处上一年年收入40%至60%的罚款；

（三）事故发生单位主要负责人在事故调查处理期间擅离职守的，处上一年年收入80%至100%的罚款。

第十二条　事故发生单位有《条例》第三十六条规定行为之一的，依照《国家安全监管总局关于印发〈安全生产行政处罚自由裁量标准〉的通知》（安监总政法〔2010〕137号）等规定给予罚款。

第十三条　事故发生单位的主要负责人、直接负责的主管人员和其他直接责任人员有《安全生产法》第一百零六条、《条例》第三十六条规定的下列行为之一的，依照下列规定处以罚款：

（一）伪造、故意破坏事故现场，或者转移、隐匿资金、财产、销毁有关证据、资料，或者拒绝接受调查，或

者拒绝提供有关情况和资料,或者在事故调查中作伪证,或者指使他人作伪证的,处上一年年收入80%至90%的罚款;

（二）谎报、瞒报事故或者事故发生后逃匿的,处上一年年收入100%的罚款。

第十四条 事故发生单位对造成3人以下死亡,或者3人以上10人以下重伤(包括急性工业中毒,下同),或者300万元以上1000万元以下直接经济损失的一般事故负有责任的,处20万元以上50万元以下的罚款。

事故发生单位有本条第一款规定的行为且有谎报或者瞒报事故情节的,处50万元的罚款。

第十五条 事故发生单位对较大事故发生负有责任的,依照下列规定处以罚款:

（一）造成3人以上6人以下死亡,或者10人以上30人以下重伤,或者1000万元以上3000万元以下直接经济损失的,处50万元以上70万元以下的罚款;

（二）造成6人以上10人以下死亡,或者30人以上50人以下重伤,或者3000万元以上5000万元以下直接经济损失的,处70万元以上100万元以下的罚款。

事故发生单位对较大事故发生负有责任且有谎报或者瞒报情节的,处100万元的罚款。

第十六条 事故发生单位对重大事故发生负有责任的,依照下列规定处以罚款:

（一）造成10人以上15人以下死亡,或者50人以上70人以下重伤,或者5000万元以上7000万元以下直接经济损失的,处100万元以上300万元以下的罚款;

（二）造成15人以上30人以下死亡,或者70人以上100人以下重伤,或者7000万元以上1亿元以下直接经济损失的,处300万元以上500万元以下的罚款。

事故发生单位对重大事故发生负有责任且有谎报或者瞒报情节的,处500万元的罚款。

第十七条 事故发生单位对特别重大事故发生负有责任的,依照下列规定处以罚款:

（一）造成30人以上40人以下死亡,或者100人以上120人以下重伤,或者1亿元以上1.2亿元以下直接经济损失的,处500万元以上1000万元以下的罚款;

（二）造成40人以上50人以下死亡,或者120人以上150人以下重伤,或者1.2亿元以上1.5亿元以下直接经济损失的,处1000万元以上1500万元以下的罚款;

（三）造成50人以上死亡,或者150人以上重伤,或者1.5亿元以上直接经济损失的,处1500万元以上2000万元以下的罚款。

事故发生单位对特别重大事故发生负有责任且有下列情形之一的,处2000万元的罚款:

（一）谎报特别重大事故的;

（二）瞒报特别重大事故的;

（三）未依法取得有关行政审批或者证照擅自从事生产经营活动的;

（四）拒绝、阻碍行政执法的;

（五）拒不执行有关停产停业、停止施工、停止使用相关设备或者设施的行政执法指令的;

（六）明知存在事故隐患,仍然进行生产经营活动的;

（七）一年内已经发生2起以上较大事故,或者1起重大以上事故,再次发生特别重大事故的;

（八）地下矿山负责人未按照规定带班下井的。

第十八条 事故发生单位主要负责人未依法履行安全生产管理职责,导致事故发生的,依照下列规定处以罚款:

（一）发生一般事故的,处上一年年收入30%的罚款;

（二）发生较大事故的,处上一年年收入40%的罚款;

（三）发生重大事故的,处上一年年收入60%的罚款;

（四）发生特别重大事故的,处上一年年收入80%的罚款。

第十九条 个人经营的投资人未依照《安全生产法》的规定保证安全生产所必需的资金投入,致使生产经营单位不具备安全生产条件,导致发生生产安全事故的,依照下列规定对个人经营的投资人处以罚款:

（一）发生一般事故的,处2万元以上5万元以下的罚款;

（二）发生较大事故的,处5万元以上10万元以下的罚款;

（三）发生重大事故的,处10万元以上15万元以下的罚款;

（四）发生特别重大事故的,处15万元以上20万元以下的罚款。

第二十条 违反《条例》和本规定,事故发生单位及其有关责任人员有两种以上应当处以罚款的行为的,安全生产监督管理部门或者煤矿安全监察机构应当分别裁量,合并作出处罚决定。

第二十一条 对事故发生负有责任的其他单位及其有关责任人员处以罚款的行政处罚,依照相关法律、法规和规章的规定实施。

第二十二条 本规定自公布之日起施行。

安全生产监督罚款管理暂行办法

2004年11月3日国家安全生产监督管理局、国家煤矿安全监察局令第15号公布施行

第一条 为加强安全生产监督罚款管理工作,依法实施安全生产综合监督管理,根据《安全生产法》、《罚款决定与罚款收缴分离实施办法》和《财政部关于做好安全生产监督有关罚款收入管理工作的通知》等法律、法规和有关规定,制定本办法。

第二条 县级以上人民政府安全生产监督管理部门(以下简称安全生产监督管理部门)对生产经营单位及其有关人员在生产经营活动中违反安全生产的法律、行政法规、部门规章、国家标准、行业标准和规程的违法行为(以下简称安全生产违法行为)依法实施罚款,适用本办法。

第三条 安全生产监督罚款实行处罚决定与罚款收缴分离。

安全生产监督管理部门按照有关规定,对安全生产违法行为实施罚款,开具安全生产监督管理行政处罚决定书;被处罚人持安全生产监督管理部门开具的行政处罚决定书到指定的代收银行及其分支机构缴纳罚款。

罚款代收银行的确定以及会计科目的使用应严格按照财政部《罚款代收代缴管理办法》和其他有关规定办理。代收银行的代收手续费按照《财政部、中国人民银行关于代收罚款手续费有关问题的通知》的规定执行。

第四条 罚款票据使用省、自治区、直辖市财政部门统一印制的罚款收据,并由代收银行负责管理。

安全生产监督管理部门可领取小额罚款票据,并负责管理。罚没款票据的使用,应当符合罚款票据管理暂行规定。

尚未实行银行代收的罚款,由县级以上安全生产监督管理部门统一向同级财政部门购领罚款票据,并负责本单位罚款票据的管理。

第五条 安全生产监督罚款收入纳入同级财政预算,实行"收支两条线"管理。

罚款缴库时间按照当地财政部门有关规定办理。

第六条 安全生产监督管理部门定期到代收银行索取缴款票据,据以登记统计,并和安全生产监督管理行政处罚决定书核对。

各地安全生产监督管理部门应于每季度终了后7日内将罚款统计表(格式附后)逐级上报。各省级安全生产监督管理部门应于每半年(年)终了后15日内将罚款统计表报国家安全生产监督管理局。

第七条 安全生产监督管理部门罚款收入的缴库情况,应接受同级财政部门的检查和监督。

第八条 安全生产监督罚款应严格执行国家有关罚款收支管理的规定,对违反"收支两条线"管理的机构和个人,依照《违反行政事业性收费和罚没收入收支两条线管理规定行政处分暂行规定》追究责任。

第九条 本办法自公布之日起施行。

附件:(略)

省级政府安全生产工作考核办法

1. 2016年8月12日国务院办公厅印发
2. 国办发〔2016〕64号

第一条 为严格落实安全生产责任,有效防范和遏制生产安全事故,促进安全生产形势根本好转,按照"党政同责、一岗双责、失职追责"的要求,根据《中华人民共和国安全生产法》、《中华人民共和国职业病防治法》等法律法规和有关规定,制定本办法。

第二条 本办法适用于对各省、自治区、直辖市人民政府和新疆生产建设兵团(以下统称各省级政府)安全生产工作的年度考核。

第三条 考核工作在国务院领导下,由国务院安全生产委员会(以下简称国务院安委会)负责组织,国务院安委会办公室负责实施。

第四条 考核工作坚持客观公正、科学合理、公开透明、注重实效的原则,突出工作重点,注重工作过程,强化责任落实。

第五条 考核内容包括以下方面:

(一)健全责任体系。坚持管行业必须管安全、管业务必须管安全、管生产经营必须管安全,明确和落实党委政府领导责任、部门监管责任、企业主体责任,强化属地管理,严格工作考核,切实做到"党政同责、一岗双责、失职追责”。

（二）推进依法治理。坚持有法必依、执法必严、违法必究，严格执行安全生产法律法规，完善地方安全生产法规规章和标准体系，加强安全生产监管执法能力建设，依法依规查处各类生产安全事故。

（三）完善体制机制。健全安全生产监管执法机构，强化基层监管执法力量，落实监管执法经费、装备，创新监管机制，提高执法效能，健全安全生产应急救援管理体系。

（四）加强安全预防。建立和落实安全风险分级管控与隐患排查治理双重预防性工作机制，深入推进企业安全生产标准化建设，积极实施安全保障能力提升工程。

（五）强化基础建设。加大安全投入，提高安全科技和信息化水平，加强安全宣传教育培训，发挥市场机制推动作用，筑牢安全生产和职业卫生基础。

（六）防范遏制事故。加强重点行业领域事故防控，生产安全事故起数、死亡人数进一步减少，重特大事故得到有效遏制。

第六条 考核实行百分制评分，逐项扣分，单项分值扣完为止。

第七条 在健全安全生产体制机制法制、组织事故抢险救援等方面取得显著成绩的，经国务院安委会办公室认定，给予适当加分。

第八条 考核结果分为4个等级（以上包括本数，以下不包括本数）：

得分90分以上为优秀；

得分80分以上90分以下为良好；

得分60分以上80分以下为合格；

得分60分以下为不合格。

第九条 按照属地管理原则，强化重特大事故防控情况考核，严格实行“一票否决”制度，发生特别重大事故的按不合格评定。

第十条 建立信息化考评系统，动态报送、审查考核任务完成情况。各省级政府每年1月底前报送上一年度安全生产工作自评报告。国务院安委会办公室组织现场核查抽查。

第十一条 考核结果经国务院安委会审定、报国务院同意后，由国务院安委会向各省级政府通报，对考核结果为优秀的省级政府予以表彰。同时将考核结果抄送中央组织部、中央综治办、中央文明办，并向社会公开。

第十二条 对考核结果为不合格的省级政府，责令其在考核结果通报后一个月内，制定整改措施，向国务院安委会书面报告。国务院安委会办公室负责督促落实。

第十三条 对在考核工作中弄虚作假、瞒报谎报的单位，视情节轻重给予责令整改、通报批评、降低考核等次等惩处，造成不良影响的依法依规追究有关人员责任。

第十四条 国务院安委会办公室依据本办法和年度安全生产工作目标任务，拟定年度安全生产工作考核细则，经国务院安委会审定后实施。

第十五条 各省级政府应结合实际，制定和实施安全生产工作考核办法。

第十六条 本办法由国务院安委会办公室负责解释，自印发之日起施行。

地方党政领导干部安全生产责任制规定

1. 2018年4月8日中共中央批准

2. 2018年4月8日中共中央办公厅、国务院办公厅发布

第一章　总　　则

第一条 为了加强地方各级党委和政府对安全生产工作的领导，健全落实安全生产责任制，树立安全发展理念，根据《中华人民共和国安全生产法》、《中华人民共和国公务员法》等法律规定和《中共中央、国务院关于推进安全生产领域改革发展的意见》、《中国共产党地方委员会工作条例》、《中国共产党问责条例》等中央有关规定，制定本规定。

第二条 本规定适用于县级以上地方各级党委和政府领导班子成员（以下统称地方党政领导干部）。

县级以上地方各级党委工作机关、政府工作部门及相关机构领导干部，乡镇（街道）党政领导干部，各类开发区管理机构党政领导干部，参照本规定执行。

第三条 实行地方党政领导干部安全生产责任制，必须以习近平新时代中国特色社会主义思想为指导，切实增强政治意识、大局意识、核心意识、看齐意识，牢固树立发展决不能以牺牲安全为代价的红线意识，按照高质量发展要求，坚持安全发展、依法治理，综合运用巡查督查、考核考察、激励惩戒等措施，加强组织领导，强化属地管理，完善体制机制，有效防范安全生产风险，坚决遏制重特大生产安全事故，促使地方各级党政领导干部切实承担起“促一方发展、保一方平安”的政治责任，为统筹推进“五位一体”总体布局和协调推进“四个全面”战略布局营造良好稳定的安全生产环境。

第四条 实行地方党政领导干部安全生产责任制，应当坚持党政同责、一岗双责、齐抓共管、失职追责，坚持管行业必须管安全、管业务必须管安全、管生产经营必须管安全。

地方各级党委和政府主要负责人是本地区安全生产第一责任人，班子其他成员对分管范围内的安全生产工作负领导责任。

第二章　职　　责

第五条　地方各级党委主要负责人安全生产职责主要包括：

（一）认真贯彻执行党中央以及上级党委关于安全生产的决策部署和指示精神，安全生产方针政策、法律法规；

（二）把安全生产纳入党委议事日程和向全会报告工作的内容，及时组织研究解决安全生产重大问题；

（三）把安全生产纳入党委常委会及其成员职责清单，督促落实安全生产“一岗双责”制度；

（四）加强安全生产监管部门领导班子建设、干部队伍建设和机构建设，支持人大、政协监督安全生产工作，统筹协调各方面重视支持安全生产工作；

（五）推动将安全生产纳入经济社会发展全局，纳入国民经济和社会发展考核评价体系，作为衡量经济发展、社会治安综合治理、精神文明建设成效的重要指标和领导干部政绩考核的重要内容；

（六）大力弘扬生命至上、安全第一的思想，强化安全生产宣传教育和舆论引导，将安全生产方针政策和法律法规纳入党委理论学习中心组学习内容和干部培训内容。

第六条　县级以上地方各级政府主要负责人安全生产职责主要包括：

（一）认真贯彻落实党中央、国务院以及上级党委和政府、本级党委关于安全生产的决策部署和指示精神，安全生产方针政策、法律法规；

（二）把安全生产纳入政府重点工作和政府工作报告的重要内容，组织制定安全生产规划并纳入国民经济和社会发展规划，及时组织研究解决安全生产突出问题；

（三）组织制定政府领导干部年度安全生产重点工作责任清单并定期检查考核，在政府有关工作部门“三定”规定中明确安全生产职责；

（四）组织设立安全生产专项资金并列入本级财政预算、与财政收入保持同步增长，加强安全生产基础建设和监管能力建设，保障监管执法必需的人员、经费和车辆等装备；

（五）严格安全准入标准，推动构建安全风险分级管控和隐患排查治理预防工作机制，按照分级属地管理原则明确本地区各类生产经营单位的安全生产监管部门，依法领导和组织生产安全事故应急救援、调查处理及信息公开工作；

（六）领导本地区安全生产委员会工作，统筹协调安全生产工作，推动构建安全生产责任体系，组织开展安全生产巡查、考核等工作，推动加强高素质专业化安全监管执法队伍建设。

第七条　地方各级党委常委会其他成员按照职责分工，协调纪检监察机关和组织、宣传、政法、机构编制等单位支持保障安全生产工作，动员社会各界力量积极参与、支持、监督安全生产工作，抓好分管行业（领域）、部门（单位）的安全生产工作。

第八条　县级以上地方各级政府原则上由担任本级党委常委的政府领导干部分管安全生产工作，其安全生产职责主要包括：

（一）组织制定贯彻落实党中央、国务院以及上级及本级党委和政府关于安全生产决策部署，安全生产方针政策、法律法规的具体措施；

（二）协助党委主要负责人落实党委对安全生产的领导职责，督促落实本级党委关于安全生产的决策部署；

（三）协助政府主要负责人统筹推进本地区安全生产工作，负责领导安全生产委员会日常工作，组织实施安全生产监督检查、巡查、考核等工作，协调解决重点难点问题；

（四）组织实施安全风险分级管控和隐患排查治理预防工作机制建设，指导安全生产专项整治和联合执法行动，组织查处各类违法违规行为；

（五）加强安全生产应急救援体系建设，依法组织或者参与生产安全事故抢险救援和调查处理，组织开展生产安全事故责任追究和整改措施落实情况评估；

（六）统筹推进安全生产社会化服务体系建设、信息化建设、诚信体系建设和教育培训、科技支撑等工作。

第九条　县级以上地方各级政府其他领导干部安全生产职责主要包括：

（一）组织分管行业（领域）、部门（单位）贯彻执行党中央、国务院以及上级及本级党委和政府关于安全生产的决策部署，安全生产方针政策、法律法规；

（二）组织分管行业（领域）、部门（单位）健全和落实安全生产责任制，将安全生产工作与业务工作同时安排部署、同时组织实施、同时监督检查；

（三）指导分管行业（领域）、部门（单位）把安全生产工作纳入相关发展规划和年度工作计划，从行业规划、科技创新、产业政策、法规标准、行政许可、资产管理等方面加强和支持安全生产工作；

（四）统筹推进分管行业（领域）、部门（单位）安全生产工作，每年定期组织分析安全生产形势，及时研究解决安全生产问题，支持有关部门依法履行安全生产工作职责；

（五）组织开展分管行业（领域）、部门（单位）安全生产专项整治、目标管理、应急管理、查处违法违规生产经营行为等工作，推动构建安全风险分级管控和隐患排查治理预防工作机制。

第三章　考核考察

第十条　把地方党政领导干部落实安全生产责任情况纳入党委和政府督查督办重要内容，一并进行督促检查。

第十一条　建立完善地方各级党委和政府安全生产巡查工作制度，加强对下级党委和政府的安全生产巡查，推动安全生产责任措施落实。将巡查结果作为对被巡查地区党委和政府领导班子和有关领导干部考核、奖惩和使用的重要参考。

第十二条　建立完善地方各级党委和政府安全生产责任考核制度，对下级党委和政府安全生产工作情况进行全面评价，将考核结果与有关地方党政领导干部履职评定挂钩。

第十三条　在对地方各级党委和政府领导班子及其成员的年度考核、目标责任考核、绩效考核以及其他考核中，应当考核其落实安全生产责任情况，并将其作为确定考核结果的重要参考。

地方各级党委和政府领导班子及其成员在年度考核中，应当按照“一岗双责”要求，将履行安全生产工作责任情况列入述职内容。

第十四条　党委组织部门在考察地方党政领导干部拟任人选时，应当考察其履行安全生产工作职责情况。

有关部门在推荐、评选地方党政领导干部作为奖励人选时，应当考察其履行安全生产工作职责情况。

第十五条　实行安全生产责任考核情况公开制度。定期采取适当方式公布或者通报地方党政领导干部安全生产工作考核结果。

第四章　表彰奖励

第十六条　对在加强安全生产工作、承担安全生产专项重要工作、参加抢险救护等方面作出显著成绩和重要贡献的地方党政领导干部，上级党委和政府应当按照有关规定给予表彰奖励。

第十七条　对在安全生产工作考核中成绩优秀的地方党政领导干部，上级党委和政府按照有关规定给予记功或者嘉奖。

第五章　责任追究

第十八条　地方党政领导干部在落实安全生产工作责任中存在下列情形之一的，应当按照有关规定进行问责：

（一）履行本规定第二章所规定职责不到位的；

（二）阻挠、干涉安全生产监管执法或者生产安全事故调查处理工作的；

（三）对迟报、漏报、谎报或者瞒报生产安全事故负有领导责任的；

（四）对发生生产安全事故负有领导责任的；

（五）有其他应当问责情形的。

第十九条　对存在本规定第十八条情形的责任人员，应当根据情况采取通报、诫勉、停职检查、调整职务、责令辞职、降职、免职或者处分等方式问责；涉嫌职务违法犯罪的，由监察机关依法调查处置。

第二十条　严格落实安全生产“一票否决”制度，对因发生生产安全事故被追究领导责任的地方党政领导干部，在相关规定时限内，取消考核评优和评选各类先进资格，不得晋升职务、级别或者重用任职。

第二十一条　对工作不力导致生产安全事故人员伤亡和经济损失扩大，或者造成严重社会影响负有主要领导责任的地方党政领导干部，应当从重追究责任。

第二十二条　对主动采取补救措施，减少生产安全事故损失或者挽回社会不良影响的地方党政领导干部，可以从轻、减轻追究责任。

第二十三条　对职责范围内发生生产安全事故，经查实已经全面履行了本规定第二章所规定职责、法律法规规定有关职责，并全面落实了党委和政府有关工作部署的，不予追究地方有关党政领导干部的领导责任。

第二十四条　地方党政领导干部对发生生产安全事故负有领导责任且失职失责性质恶劣、后果严重的，不论是否已调离转岗、提拔或者退休，都应当严格追究其责任。

第二十五条　实施安全生产责任追究，应当依法依规、实事求是、客观公正，根据岗位职责、履职情况、履职条件等因素合理确定相应责任。

第二十六条　存在本规定第十八条情形应当问责的，由纪检监察机关、组织人事部门和安全生产监管部门按照权限和职责分别负责。

第六章　附　　则

第二十七条　各省、自治区、直辖市党委和政府应当根据本规定制定实施细则。

第二十八条　本规定由应急管理部商中共中央组织部解释。

第二十九条　本规定自2018年4月8日起施行。

安全生产监管监察部门信息公开办法

1. 2012年9月21日国家安全生产监督管理总局令第56号公布

2. 自2012年11月1日起施行

第一章　总　　则

第一条　为了深化政务公开,加强政务服务,保障公民、法人和其他组织依法获取安全生产监管监察部门信息,促进依法行政,依据《中华人民共和国政府信息公开条例》(以下简称《政府信息公开条例》)和有关法律、行政法规的规定,制定本办法。

第二条　安全生产监督管理部门、煤矿安全监察机构(以下统称安全生产监管监察部门)公开本部门信息,适用本办法。

第三条　本办法所称安全生产监管监察部门信息(以下简称信息),是指安全生产监管监察部门在依法履行安全生产监管监察职责过程中,制作或者获取的,以一定形式记录、保存的信息。

第四条　安全生产监管监察部门应当加强对信息公开工作的组织领导,建立健全安全生产政府信息公开制度。

第五条　安全生产监管监察部门应当指定专门机构负责本部门信息公开的日常工作,具体职责是:

(一)组织制定本部门信息公开的制度;

(二)组织编制本部门信息公开指南、公开目录和公开工作年度报告;

(三)组织、协调本部门内设机构的信息公开工作;

(四)组织维护和更新本部门已经公开的信息;

(五)统一受理和答复向本部门提出的信息公开申请;

(六)负责对拟公开信息的保密审查工作进行程序审核;

(七)本部门规定与信息公开有关的其他职责。

安全生产监管监察部门的其他内设机构应当依照本办法的规定,负责审核并主动公开本机构有关信息,并配合协助前款规定的专门机构做好本部门信息公开工作。

第六条　安全生产监管监察部门应当依据有关法律、行政法规的规定加强对信息公开工作的保密审查,确保国家秘密信息安全。

第七条　安全生产监管监察部门负责行政监察的机构应当加强对本部门信息公开工作的监督检查。

第八条　安全生产监管监察部门应当建立健全信息公开的协调机制。安全生产监管监察部门拟发布的信息涉及其他行政机关或者与其他行政机关联合制作的,应当由负责发布信息的内设机构与其他行政机关进行沟通、确认,确保信息发布及时、准确。

安全生产监管监察部门拟发布的信息依照国家有关规定需要批准的,未经批准不得发布。

第九条　安全生产监管监察部门应当遵循依法、公正、公开、便民的原则,及时、准确地公开信息,但危及国家安全、公共安全、经济安全和社会稳定的信息除外。

安全生产监管监察部门发现影响或者可能影响社会稳定、扰乱安全生产秩序的虚假或者不完整信息的,应当按照实事求是和审慎处理的原则,在职责范围内发布准确的信息予以澄清,及时回应社会关切,正确引导社会舆论。

第二章　公开范围

第十条　安全生产监管监察部门应当依照《政府信息公开条例》第九条的规定,在本部门职责范围内确定主动公开的信息的具体内容,并重点公开下列信息:

(一)本部门基本信息,包括职能、内设机构、负责人姓名、办公地点、办事程序、联系方式等;

(二)安全生产法律、法规、规章、标准和规范性文件;

(三)安全生产的专项规划及相关政策;

(四)安全生产行政许可的事项、负责承办的内设机构、依据、条件、数量、程序、期限以及申请行政许可需要提交的全部材料的目录及办理情况;

(五)行政事业性收费的项目、依据、标准;

(六)地方人民政府规定需要主动公开的财政信息;

(七)开展安全生产监督检查的情况;

(八)生产安全事故的发生情况,社会影响较大的生产安全事故的应急处置和救援情况,经过有关人民政府或者主管部门依法批复的事故调查和处理情况;

(九)法律、法规和规章规定应当公开的其他信息。

安全生产有关决策、规定或者规划、计划、方案等，涉及公民、法人和其他组织切身利益或者有重大社会影响的，在决策前应当广泛征求有关公民、法人和其他组织的意见，并以适当方式反馈或者公布意见采纳情况。

第十一条　除本办法第十条规定应当主动公开的信息外，公民、法人或者其他组织可以根据自身生产、生活、科研等特殊需要，申请获取相关信息。

公民、法人或者其他组织使用安全生产监管监察部门公开的信息，不得损害国家利益、公共利益和他人的合法权益。

第十二条　安全生产监管监察部门的下列信息不予公开：

（一）涉及国家秘密以及危及国家安全、公共安全、经济安全和社会稳定的；

（二）属于商业秘密或者公开后可能导致商业秘密被泄露的；

（三）属于个人隐私或者公开后可能导致对个人隐私权造成侵害的；

（四）在日常工作中制作或者获取的内部管理信息；

（五）尚未形成，需要进行汇总、加工、重新制作（作区分处理的除外），或者需要向其他行政机关、公民、法人或者其他组织搜集的信息；

（六）处于讨论、研究或者审查中的过程性信息；

（七）依照法律、法规和国务院规定不予公开的其他信息。

安全生产监管监察部门有证据证明与申请人生产、生活、科研等特殊需要无关的信息，可以不予提供。

与安全生产行政执法有关的信息，公开后可能影响检查、调查、取证等安全生产行政执法活动，或者危及公民、法人和其他组织人身或者财产安全的，安全生产监管监察部门可以暂时不予公开。在行政执法活动结束后，再依照本办法的规定予以公开。

涉及商业秘密、个人隐私，经权利人同意公开，或者安全生产监管监察部门认为不公开可能对公共利益造成重大影响的信息，可以予以公开。

第三章　公开方式和程序

第十三条　安全生产监管监察部门应当通过政府网站、公报、新闻发布会或者报刊、广播、电视等便于公众知晓的方式主动公开本办法第十条规定的信息，并依照《政府信息公开条例》的规定及时向当地档案馆和公共图书馆提供主动公开的信息。具体办法由安全生产监管监察部门与当地档案馆、公共图书馆协商制定。

安全生产监管监察部门可以根据需要，在办公地点设立信息查阅室、信息公告栏、电子信息屏等场所、设施公开信息。

第十四条　安全生产监管监察部门制作的信息，由制作该信息的部门负责公开；安全生产监管监察部门从公民、法人或者其他组织获取的信息，由保存该信息的行政机关负责公开。法律、法规对政府信息公开的权限另有规定的，从其规定。

第十五条　安全生产监管监察部门在制作信息时，应当明确该信息的公开属性，包括主动公开、依申请公开或者不予公开。

对于需要主动公开的信息，安全生产监管监察部门应当自该信息形成或者变更之日起20个工作日内予以公开。法律、法规对公开期限另有规定的，从其规定。

第十六条　公民、法人或者其他组织依照本办法第十一条的规定申请获取信息的，应当按照“一事一申请”的原则填写《信息公开申请表》，向安全生产监管监察部门提出申请；填写《信息公开申请表》确有困难的，申请人可以口头提出，由受理该申请的安全生产监管监察部门代为填写，申请人签字确认。

第十七条　安全生产监管监察部门收到《信息公开申请表》后，负责信息公开的专门机构应当进行审查，符合要求的，予以受理，并在收到《信息公开申请表》之日起3个工作日内向申请人出具申请登记回执；不予受理的，应当书面告知申请人不予受理的理由。

第十八条　安全生产监管监察部门受理信息公开申请后，负责信息公开的专门机构能够当场答复的，应当当场答复；不能够当场答复的，应当及时转送本部门相关内设机构办理。

安全生产监管监察部门受理的信息公开申请，应当自收到《信息公开申请表》之日起15个工作日内按照本办法第十九条的规定予以答复；不能在15个工作日内作出答复的，经本部门负责信息公开的专门机构负责人同意，可以适当延长答复期限，并书面告知申请人，延长答复的期限最长不得超过15个工作日。

申请获取的信息涉及第三方权益的，受理申请的安全生产监管监察部门征求第三方意见所需时间不计算在前款规定的期限内。

第十九条　对于已经受理的信息公开申请，安全生产监管监察部门应当根据下列情况分别予以答复：

（一）属于本部门信息公开范围的，应当书面告知

申请人获取该信息的方式、途径,或者直接向申请人提供该信息;

(二)属于不予公开范围的,应当书面告知申请人不予公开的理由、依据;

(三)依法不属于本部门职能范围或者信息不存在的,应当书面告知申请人,对能够确定该信息的公开机关的,应当告知申请人该行政机关的名称和联系方式;

(四)申请内容不明确的,应当书面告知申请人作出更改、补充。

申请获取的信息中含有不应当公开的内容,但是能够作区分处理的,安全生产监管监察部门应当向申请人提供可以公开的信息内容。

第二十条　申请获取的信息涉及商业秘密、个人隐私,或者公开后可能损害第三方合法权益的,受理申请的安全生产监管监察部门应当书面征求第三方的意见。第三方不同意公开的,不得公开;但是,受理申请的安全生产监管监察部门认为不公开可能对公共利益造成重大影响的,应当予以公开,并将决定公开的信息内容和理由书面通知第三方。

第二十一条　公民、法人和其他组织有证据证明与其自身相关的信息不准确的,有权要求更正。受理申请的安全生产监管监察部门经核实后,应当予以更正,并将更正后的信息书面告知申请人;无权更正的,应当转送有权更正的部门或者其他行政机关处理,并告知申请人。

第二十二条　对于依申请公开的信息,安全生产监管监察部门应当按照申请人要求的形式予以提供;无法按照申请人要求的形式提供的,可以通过安排申请人查阅相关资料、提供复制件或者其他适当的形式提供。

第二十三条　安全生产监管监察部门依申请提供信息,除可以按照国家规定的标准向申请人收取检索、复制、邮寄等成本费用外,不得收取其他费用。

申请获取信息的公民确有经济困难的,经本人申请、安全生产监管监察部门负责信息公开的专门机构负责人审核同意,可以减免相关费用。

第四章　监督与保障

第二十四条　安全生产监管监察部门应当建立健全信息发布保密审查制度,明确保密审查的人员、方法、程序和责任。

安全生产监管监察部门在公开信息前,应当依照《中华人民共和国保守国家秘密法》、《安全生产工作国家秘密范围的规定》等法律、行政法规和有关保密制度,对拟公开的信息进行保密审查。

安全生产监管监察部门在保密审查过程中不能确定是否涉及国家秘密的,应当说明信息来源和本部门的保密审查意见,报上级安全生产监管监察部门或者本级保密行政管理部门确定。

第二十五条　安全生产监管监察部门应当编制、公布本部门信息公开指南及信息公开目录,并及时更新。

信息公开指南应当包括信息的分类、编排体系、获取方式和信息公开专门机构的名称、办公地址、办公时间、联系电话、传真号码、电子邮箱等内容。

信息公开目录应当包括信息的索引、名称、信息内容概述、生成日期、公开时间等内容。

第二十六条　安全生产监管监察部门应当建立健全信息公开工作考核制度、社会评议制度和责任追究制度,定期对信息公开工作进行考核、评议。

第二十七条　安全生产监管监察部门应当于每年3月31日前公布本部门上一年度信息公开工作年度报告。年度报告应当包括下列内容:

(一)本部门主动公开信息的情况;

(二)本部门依申请公开信息和不予公开信息的情况;

(三)信息公开工作的收费及减免情况;

(四)因信息公开申请行政复议、提起行政诉讼的情况;

(五)信息公开工作存在的主要问题及改进情况;

(六)其他需要报告的事项。

第二十八条　公民、法人或者其他组织认为安全生产监管监察部门不依法履行信息公开义务的,可以向上级安全生产监管监察部门举报。收到举报的安全生产监管监察部门应当依照《信访条例》的规定予以处理,督促被举报的安全生产监管监察部门依法履行信息公开义务。

第二十九条　公民、法人或者其他组织认为信息公开工作中的具体行政行为侵犯其合法权益的,可以依法申请行政复议或者提起行政诉讼。

第三十条　安全生产监管监察部门及其工作人员违反本办法的规定,有下列情形之一的,由本部门负责行政监察的机构或者其上级安全生产监管监察部门责令改正;情节严重的,对部门主要负责人、直接负责的主管人员和其他直接责任人员依法给予处分;构成犯罪的,依法追究刑事责任:

(一)不依法履行信息公开义务的;

(二)不及时更新公开的信息内容、信息公开指南和信息公开目录的；

（三）违反规定收取费用的；

（四）通过其他组织、个人以有偿服务方式提供信息的；

（五）公开不应当公开的信息的；

（六）故意提供虚假信息的；

（七）违反有关法律法规和本办法规定的其他行为。

第五章　附　　则

第三十一条　国家安全生产监督管理总局管理的具有行政职能的事业单位的有关信息公开，参照本办法执行。

第三十二条　本办法自2012年11月1日起施行。

安全生产监管监察职责和行政执法责任追究的规定

1. 2009年7月25日国家安全生产监督管理总局令第24号公布

2. 根据2013年8月29日国家安全生产监督管理总局令第63号《关于修改〈生产经营单位安全培训规定〉等11件规章的决定》第一次修正

3. 根据2015年4月2日国家安全生产监督管理总局令第77号《关于修改〈《生产安全事故报告和调查处理条例》罚款处罚暂行规定〉等四部规章的决定》第二次修正

第一章　总　　则

第一条　为促进安全生产监督管理部门、煤矿安全监察机构及其行政执法人员依法履行职责，落实行政执法责任，保障公民、法人和其他组织合法权益，根据《公务员法》、《安全生产法》、《安全生产许可证条例》等法律法规和国务院有关规定，制定本规定。

第二条　县级以上人民政府安全生产监督管理部门、煤矿安全监察机构（以下统称安全监管监察部门）及其内设机构、行政执法人员履行安全生产监管监察职责和实施行政执法责任追究，适用本规定；法律、法规对行政执法责任追究或者党政领导干部问责另有规定的，依照其规定。

本规定所称行政执法责任追究，是指对作出违法、不当的安全监管监察行政执法行为（以下简称行政执法行为），或者未履行法定职责的安全监管监察部门及其内设机构、行政执法人员，实施行政责任追究（以下简称责任追究）。

第三条　责任追究应当遵循公正公平、有错必纠、责罚相当、惩教结合的原则，做到事实清楚、证据确凿、定性准确、处理适当、程序合法、手续完备。

第四条　责任追究实行回避制度。与违法、不当行政执法行为或者责任人有利害关系，或者有其他特殊关系，可能影响公正处理的人员，实施责任追究时应当回避。

安全监管监察部门负责人的回避由该部门负责人集体讨论决定，其他人员的回避由该部门负责人决定。

第二章　安全生产监管监察和行政执法职责

第五条　县级以上人民政府安全生产监督管理部门依法对本行政区域内安全生产工作实施综合监督管理，指导协调和监督检查本级人民政府有关部门依法履行安全生产监督管理职责；对本行政区域内没有其他行政主管部门负责安全生产监督管理的生产经营单位实施安全生产监督管理；对下级人民政府安全生产工作进行监督检查。

煤矿安全监察机构依法履行国家煤矿安全监察职责，实施煤矿安全监察行政执法，对煤矿安全进行重点监察、专项监察和定期监察，对地方人民政府依法履行煤矿安全生产监督管理职责的情况进行监督检查。

第六条　安全监管监察部门应当依照《安全生产法》和其他有关法律、法规、规章和本级人民政府、上级安全监管监察部门规定的安全监管监察职责，根据各自的监管监察权限、行政执法人员数量、监管监察的生产经营单位状况、技术装备和经费保障等实际情况，制定本部门年度安全监管或者煤矿安全监察执法工作计划，并按照执法工作计划进行监管监察，发现事故隐患，应当依法及时处理。

安全监管执法工作计划应当报本级人民政府批准后实施，并报上一级安全监管部门备案；煤矿安全监察执法工作计划应当报上一级煤矿安全监察机构批准后实施。安全监管和煤矿安全监察执法工作计划因特殊情况需要作出重大调整或者变更的，应当及时报原批准单位批准，并按照批准后的计划执行。

安全监管和煤矿安全监察执法工作计划应当包括监管监察的对象、时间、次数、主要事项、方式和职责分工等内容。根据安全监管监察工作需要，安全监管监察部门可以按照安全监管和煤矿安全监察执法工作计划编制现场检查方案，对作业现场的安全生产实施监督检查。

第七条　安全监管监察部门应当按照各自权限，依照法律、法规、规章和国家标准或者行业标准规定的安全生产条件和程序，履行下列行政审批或者考核职责：

（一）矿山、金属冶炼建设项目和用于生产、储存危险物品的建设项目安全设施的设计审查；

（二）矿山企业、危险化学品和烟花爆竹生产企业的安全生产许可；

（三）危险化学品经营许可；

（四）非药品类易制毒化学品生产、经营许可；

（五）烟花爆竹经营（批发、零售）许可；

（六）矿山、危险化学品、烟花爆竹生产经营单位和金属冶炼单位主要负责人、安全生产管理人员的安全资格认定，特种作业人员（特种设备作业人员除外）操作资格认定；

（七）涉及人身安全、危险性较大的海洋石油开采特种设备和矿山井下特种设备安全使用证或者安全标志的核发；

（八）安全生产检测检验、安全评价机构资质的认可；

（九）注册助理安全工程师资格、注册安全工程师执业资格的考试和注册；

（十）法律、行政法规和国务院设定的其他行政审批或者考核职责。

行政许可申请人对其申请材料实质内容的真实性负责。安全监管监察部门对符合法定条件的申请，应当依法予以受理，并作出准予或者不予行政许可的决定。根据法定条件和程序，需要对申请材料的实质内容进行核实的，应当指派两名以上行政执法人员进行核查。

对未依法取得行政许可或者验收合格擅自从事有关活动的生产经营单位，安全监管监察部门发现或者接到举报后，属于本部门行政许可职责范围的，应当及时依法查处；属于其他部门行政许可职责范围的，应当及时移送相关部门。对已经依法取得本部门行政许可的生产经营单位，发现其不再具备安全生产条件的，安全监管监察部门应当依法暂扣或者吊销原行政许可证件。

第八条 安全监管监察部门应当按照年度安全监管和煤矿安全监察执法工作计划、现场检查方案，对生产经营单位是否具备有关法律、法规、规章和国家标准或者行业标准规定的安全生产条件进行监督检查，重点监督检查下列事项：

（一）依法通过有关安全生产行政审批的情况；

（二）有关人员的安全生产教育和培训、考核情况；

（三）建立和落实安全生产责任制、安全生产规章制度和操作规程、作业规程的情况；

（四）按照国家规定提取和使用安全生产费用，安排用于配备劳动防护用品、进行安全生产教育和培训的经费，以及其他安全生产投入的情况；

（五）依法设置安全生产管理机构和配备安全生产管理人员的情况；

（六）危险物品的生产、储存单位以及矿山、金属冶炼单位配备或者聘用注册安全工程师的情况；

（七）从业人员、被派遣劳动者和实习学生受到安全生产教育、培训及其教育培训档案的情况；

（八）新建、改建、扩建工程项目的安全设施与主体工程同时设计、同时施工、同时投入生产和使用，以及按规定办理设计审查和竣工验收的情况；

（九）在有较大危险因素的生产经营场所和有关设施、设备上，设置安全警示标志的情况；

（十）对安全设备的维护、保养、定期检测的情况；

（十一）重大危险源登记建档、定期检测、评估、监控和制定应急预案的情况；

（十二）教育和督促从业人员严格执行本单位的安全生产规章制度和安全操作规程，并向从业人员如实告知作业场所和工作岗位存在的危险因素、防范措施以及事故应急措施的情况；

（十三）为从业人员提供符合国家标准或者行业标准的劳动防护用品，并监督、教育从业人员按照使用规则正确佩戴和使用的情况；

（十四）在同一作业区域内进行生产经营活动，可能危及对方生产安全的，与对方签订安全生产管理协议，明确各自的安全生产管理职责和应当采取的安全措施，并指定专职安全生产管理人员进行安全检查与协调的情况；

（十五）对承包单位、承租单位的安全生产工作实行统一协调、管理，定期进行安全检查，督促整改安全问题的情况；

（十六）建立健全生产安全事故隐患排查治理制度，及时发现并消除事故隐患，如实记录事故隐患治理，以及向从业人员通报的情况；

（十七）制定、实施生产安全事故应急预案，定期组织应急预案演练，以及有关应急预案备案的情况；

（十八）危险物品的生产、经营、储存单位以及矿山、金属冶炼单位建立应急救援组织或者兼职救援队伍、签订应急救援协议，以及应急救援器材、设备和物资的配备、维护、保养的情况；

（十九）按照规定报告生产安全事故的情况；

（二十）依法应当监督检查的其他情况。

第九条 安全监管监察部门在监督检查中，发现生产经营单位存在安全生产违法行为或者事故隐患的，应当依法采取下列现场处理措施：

（一）当场予以纠正；

（二）责令限期改正、责令限期达到要求；

（三）责令立即停止作业（施工）、责令立即停止使用、责令立即排除事故隐患；

（四）责令从危险区域撤出作业人员；

（五）责令暂时停产停业、停止建设、停止施工或者停止使用相关设备、设施；

（六）依法应当采取的其他现场处理措施。

第十条 被责令限期改正、限期达到要求、暂时停产停业、停止建设、停止施工或者停止使用的生产经营单位提出复查申请或者整改、治理限期届满的，安全监管监察部门应当自收到申请或者限期届满之日起 10 日内进行复查，并填写复查意见书，由被复查单位和安全监管监察部门复查人员签名后存档。

煤矿安全监察机构依照有关规定将复查工作移交给县级以上地方人民政府负责煤矿安全生产监督管理的部门的，应当及时将相应的执法文书抄送该部门并备案。县级以上地方人民政府负责煤矿安全生产监督管理的部门应当自收到煤矿申请或者限期届满之日起 10 日内进行复查，并填写复查意见书，由被复查煤矿和复查人员签名后存档，并将复查意见书及时抄送移交复查的煤矿安全监察机构。

对逾期未整改、治理或者整改、治理不合格的生产经营单位，安全监管监察部门应当依法给予行政处罚，并依法提请县级以上地方人民政府按照规定的权限决定关闭。

第十一条 安全监管监察部门在监督检查中，发现生产经营单位存在安全生产非法、违法行为的，有权依法采取下列行政强制措施：

（一）对有根据认为不符合安全生产的国家标准或者行业标准的在用设施、设备、器材，违法生产、储存、使用、经营、运输的危险物品，以及违法生产、储存、使用、经营危险物品的作业场所予以查封或者扣押，并依法作出处理决定；

（二）扣押相关的证据材料和违法物品，临时查封有关场所；

（三）法律、法规规定的其他行政强制措施。

实施查封、扣押的，应当制作并当场交付查封、扣押决定书和清单。

第十二条 安全监管监察部门依法对存在重大事故隐患的生产经营单位作出停产停业、停止施工、停止使用相关设施、设备的决定，生产经营单位应当依法执行，及时消除事故隐患。生产经营单位拒不执行，有发生生产安全事故的现实危险的，在保证安全的前提下，经本部门主要负责人批准，安全监管监察部门可以采取通知有关单位停止供电、停止供应民用爆炸物品等措施，强制生产经营单位履行决定。通知应当采用书面形式，有关单位应当予以配合。

安全监管监察部门依照前款规定采取停止供电措施，除有危及生产安全的紧急情形外，应当提前二十四小时通知生产经营单位。生产经营单位依法履行行政决定、采取相应措施消除事故隐患的，安全监管监察部门应当及时解除前款规定的措施。

第十三条 安全监管监察部门在监督检查中，发现生产经营单位存在的安全问题涉及有关地方人民政府或其有关部门的，应当及时向有关地方人民政府报告或其有关部门通报。

第十四条 安全监管监察部门应当严格依照法律、法规和规章规定的行政处罚的行为、种类、幅度和程序，按照各自的管辖权限，对监督检查中发现的生产经营单位及有关人员的安全生产非法、违法行为实施行政处罚。

对到期不缴纳罚款的，安全监管监察部门可以每日按罚款数额的百分之三加处罚款。

生产经营单位拒不执行安全监管监察部门行政处罚决定的，作出行政处罚决定的安全监管监察部门可以依法申请人民法院强制执行；拒不执行处罚决定可能导致生产安全事故的，应当及时向有关地方人民政府报告或其有关部门通报。

第十五条 安全监管监察部门对生产经营单位及其从业人员作出现场处理措施、行政强制措施和行政处罚决定等行政执法行为前，应当充分听取当事人的陈述、申辩，对其提出的事实、理由和证据，应当进行复核。当事人提出的事实、理由和证据成立的，应当予以采纳。

安全监管监察部门对生产经营单位及其从业人员作出现场处理措施、行政强制措施和行政处罚决定等行政执法行为时，应当依法制作有关法律文书，并按照规定送达当事人。

第十六条 安全监管监察部门应当依法履行下列生产安全事故报告和调查处理职责：

（一）建立值班制度，并向社会公布值班电话，受

理事故报告和举报;

(二)按照法定的时限、内容和程序逐级上报和补报事故;

(三)接到事故报告后,按照规定派人立即赶赴事故现场,组织或者指导协调事故救援;

(四)按照规定组织或者参加事故调查处理;

(五)对事故发生单位落实事故防范和整改措施的情况进行监督检查;

(六)依法对事故责任单位和有关责任人员实施行政处罚;

(七)依法应当履行的其他职责。

第十七条 安全监管监察部门应当依法受理、调查和处理本部门法定职责范围内的举报事项,并形成书面材料。调查处理情况应当答复举报人,但举报人的姓名、名称、住址不清的除外。对不属于本部门职责范围的举报事项,应当依法予以登记,并告知举报人向有权机关提出。

第十八条 安全监管监察部门应当依法受理行政复议申请,审理行政复议案件,并作出处理或者决定。

第三章 责任追究的范围与承担责任的主体

第十九条 安全监管监察部门及其内设机构、行政执法人员履行本规定第二章规定的行政执法职责,有下列违法或者不当的情形之一,致使行政执法行为被撤销、变更、确认违法,或者被责令履行法定职责、承担行政赔偿责任的,应当实施责任追究:

(一)超越、滥用法定职权的;

(二)主要事实不清、证据不足的;

(三)适用依据错误的;

(四)行政裁量明显不当的;

(五)违反法定程序的;

(六)未按照年度安全监管或者煤矿安全监察执法工作计划、现场检查方案履行法定职责的;

(七)其他违法或者不当的情形。

前款所称的行政执法行为被撤销、变更、确认违法,或者被责令履行法定职责、承担行政赔偿责任,是指行政执法行为被人民法院生效的判决、裁定,或者行政复议机关等有权机关的决定予以撤销、变更、确认违法或者被责令履行法定职责、承担行政赔偿责任的情形。

第二十条 有下列情形之一的,安全监管监察部门及其内设机构、行政执法人员不承担责任:

(一)因生产经营单位、中介机构等行政管理相对人的行为,致使安全监管监察部门及其内设机构、行政执法人员无法作出正确行政执法行为的;

(二)因有关行政执法依据规定不一致,致使行政执法行为适用法律、法规和规章依据不当的;

(三)因不能预见、不能避免并不能克服的不可抗力致使行政执法行为违法、不当或者未履行法定职责的;

(四)违法、不当的行政执法行为情节轻微并及时纠正,没有造成不良后果或者不良后果被及时消除的;

(五)按照批准、备案的安全监管或者煤矿安全监察执法工作计划、现场检查方案和法律、法规、规章规定的方式、程序已经履行安全生产监管监察职责的;

(六)对发现的安全生产非法、违法行为和事故隐患已经依法查处,因生产经营单位及其从业人员拒不执行安全生产监管监察指令导致生产安全事故的;

(七)生产经营单位非法生产或者经责令停产停业整顿后仍不具备安全生产条件,安全监管监察部门已经依法提请县级以上地方人民政府决定取缔或者关闭的;

(八)对拒不执行行政处罚决定的生产经营单位,安全监管监察部门已经依法申请人民法院强制执行的;

(九)安全监管监察部门已经依法向县级以上地方人民政府提出加强和改善安全生产监督管理建议的;

(十)依法不承担责任的其他情形。

第二十一条 承办人直接作出违法或者不当行政执法行为的,由承办人承担责任。

第二十二条 对安全监管监察部门应当经审核、批准作出的行政执法行为,分别按照下列情形区分并承担责任:

(一)承办人未经审核人、批准人审批擅自作出行政执法行为,或者不按审核、批准的内容实施,致使行政执法行为违法或者不当的,由承办人承担责任;

(二)承办人弄虚作假、徇私舞弊,或者承办人提出的意见错误,审核人、批准人没有发现或者发现后未予以纠正,致使行政执法行为违法或者不当的,由承办人承担主要责任,审核人、批准人承担次要责任;

(三)审核人改变或者不采纳承办人的正确意见,批准人批准该审核意见,致使行政执法行为违法或者不当的,由审核人承担主要责任,批准人承担次要责任;

（四）审核人未报请批准人批准而擅自作出决定，致使行政执法行为违法或者不当的，由审核人承担责任；

（五）审核人弄虚作假、徇私舞弊，致使批准人作出错误决定的，由审核人承担责任；

（六）批准人改变或者不采纳承办人、审核人的正确意见，致使行政执法行为违法或者不当的，由批准人承担责任；

（七）未经承办人拟办、审核人审核，批准人直接作出违法或者不当的行政执法行为的，由批准人承担责任。

第二十三条 因安全监管监察部门指派不具有行政执法资格的单位或者人员执法，致使行政执法行为违法或者不当的，由指派部门及其负责人承担责任。

第二十四条 因安全监管监察部门负责人集体研究决定，致使行政执法行为违法或者不当的，主要负责人应当承担主要责任，参与作出决定的其他负责人应当分别承担相应的责任。

安全监管监察部门负责人擅自改变集体决定，致使行政执法行为违法或者不当的，由该负责人承担全部责任。

第二十五条 两名以上行政执法人员共同作出违法或者不当行政执法行为的，由主办人员承担主要责任，其他人员承担次要责任；不能区分主要、次要责任人的，共同承担责任。

因安全监管监察部门内设机构单独决定，致使行政执法行为违法或者不当的，由该机构承担全部责任；因两个以上内设机构共同决定，致使行政执法行为违法或者不当的，由有关内设机构共同承担责任。

第二十六条 经安全监管监察部门内设机构会签作出的行政执法行为，分别按照下列情形区分并承担责任：

（一）主办机构提供的有关事实、证据不真实、不准确或者不完整，会签机构通过审查能够提出正确意见但没有提出，致使行政执法行为违法或者不当的，由主办机构承担主要责任，会签机构承担次要责任；

（二）主办机构没有采纳会签机构提出的正确意见，致使行政执法行为违法或者不当的，由主办机构承担责任。

第二十七条 因执行上级安全监管监察部门的指示、批复，致使行政执法行为违法或者不当的，由作出指示、批复的上级安全监管监察部门承担责任。

因请示、报告单位隐瞒事实或者未完整提供真实情况等原因，致使上级安全监管监察部门作出错误指示、批复的，由请示、报告单位承担责任。

第二十八条 下级安全监管监察部门认为上级的决定或者命令有错误的，可以向上级提出改正、撤销该决定或者命令的意见；上级不改变该决定或者命令，或者要求立即执行的，下级安全监管监察部门应当执行该决定或者命令，其不当或者违法责任由上级安全监管监察部门承担。

第二十九条 上级安全监管监察部门改变、撤销下级安全监管监察部门作出的行政执法行为，致使行政执法行为违法或者不当的，由上级安全监管监察部门及其有关内设机构、行政执法人员依照本章规定分别承担相应责任。

第三十条 安全监管监察部门及其内设机构、行政执法人员不履行法定职责的，应当根据各自的职责分工，依照本章规定区分并承担责任。

第四章 责任追究的方式与适用

第三十一条 对安全监管监察部门及其内设机构的责任追究包括下列方式：

（一）责令限期改正；

（二）通报批评；

（三）取消当年评优评先资格；

（四）法律、法规和规章规定的其他方式。

对行政执法人员的责任追究包括下列方式：

（一）批评教育；

（二）离岗培训；

（三）取消当年评优评先资格；

（四）暂扣行政执法证件；

（五）调离执法岗位；

（六）法律、法规和规章规定的其他方式。

本条第一款和第二款规定的责任追究方式，可以单独或者合并适用。

第三十二条 对安全监管监察部门及其内设机构、行政执法人员实施责任追究的时候，应当根据违法、不当行政执法行为的事实、性质、情节和对于社会的危害程度，依照本规定的有关条款决定。

第三十三条 违法或者不当行政执法行为的情节较轻、危害较小的，对安全监管监察部门责令限期改正，对行政执法人员予以批评教育或者离岗培训，并取消当年评优评先资格。

违法或者不当行政执法行为的情节较重、危害较大的，对安全监管监察部门责令限期改正，予以通报批评，并取消当年评优评先资格；对行政执法人员予以调离执法岗位或者暂扣行政执法证件，并取消当年评优评先资格。

第三十四条　安全监管监察部门及其内设机构在年度行政执法评议考核中被确定为不合格的,责令限期改正,并予以通报批评、取消当年评优评先资格。

行政执法人员在年度行政执法评议考核中被确定为不称职的,予以离岗培训、暂扣行政执法证件,并取消当年评优评先资格。

第三十五条　一年内被申请行政复议或者被提起行政诉讼的行政执法行为中,被撤销、变更、确认违法的比例占20%以上(含本数,下同)的,应当责令有关安全监管监察部门限期改正,并取消当年评优评先资格。

第三十六条　安全监管监察部门承担行政赔偿责任的,应当依照《国家赔偿法》第十四条的规定,责令有故意或者重大过失的行政执法人员承担全部或者部分行政赔偿费用。

第三十七条　对实施违法或者不当的行政执法行为,或者未履行法定职责的行政执法人员,依照《公务员法》、《行政机关公务员处分条例》等的规定应当给予行政处分或者辞退处理的,依照其规定。

第三十八条　行政执法人员的行政执法行为涉嫌犯罪的,移交司法机关处理。

第三十九条　有下列情形之一的,可以从轻或者减轻追究责任:

(一)违反本规定第十一条至第十四条所规定的职责,未造成严重后果的;

(二)主动采取措施,有效避免损失或者挽回影响的;

(三)积极配合责任追究,并且主动承担责任的;

(四)依法可以从轻的其他情形。

第四十条　有下列情形之一的,应当从重追究责任:

(一)因违法、不当行政执法行为或者不履行法定职责,严重损害国家声誉,或者造成恶劣社会影响,或者致使公共财产、国家和人民利益遭受重大损失的;

(二)滥用职权、玩忽职守、徇私舞弊,致使行政执法行为违法、不当的;

(三)弄虚作假、隐瞒真相,干扰、阻碍责任追究的;

(四)对检举人、控告人、申诉人和实施责任追究的人员打击、报复、陷害的;

(五)一年内出现两次以上应当追究责任的情形的;

(六)依法应当从重追究责任的其他情形。

第五章　责任追究的机关与程序

第四十一条　安全生产监督管理部门及其负责人的责任,按照干部管理权限,由其上级安全生产监督管理部门或者本级人民政府行政监察机关追究;所属内设机构和其他行政执法人员的责任,由所在安全生产监督管理部门追究。

煤矿安全监察机构及其负责人的责任,按照干部管理权限,由其上级煤矿安全监察机构追究;所属内设机构及其行政执法人员的责任,由所在煤矿安全监察机构追究。

第四十二条　安全监管监察部门进行责任追究,按照下列程序办理:

(一)负责法制工作的机构自行政执法行为被确认违法、不当之日起15日内,将有关当事人的情况书面通报本部门负责行政监察工作的机构;

(二)负责行政监察工作的机构自收到法制工作机构通报或者直接收到有关行政执法行为违法、不当的举报之日起60日内调查核实有关情况,提出责任追究的建议,报本部门领导班子集体讨论决定;

(三)负责人事工作的机构自责任追究决定作出之日起15日内落实决定事项。

法律、法规对责任追究的程序另有规定的,依照其规定。

第四十三条　安全监管监察部门实施责任追究应当制作《行政执法责任追究决定书》。《行政执法责任追究决定书》由负责行政监察工作的机构草拟,安全监管监察部门作出决定。

《行政执法责任追究决定书》应当写明责任追究的事实、依据、方式、批准机关、生效时间、当事人的申诉期限及受理机关等。离岗培训和暂扣行政执法证件的,还应当写明培训和暂扣的期限等。

第四十四条　安全监管监察部门作出责任追究决定前,负责行政监察工作的机构应当将追究责任的有关事实、理由和依据告知当事人,并听取其陈述和申辩。对其合理意见,应当予以采纳。

《行政执法责任追究决定书》应当送到当事人,以及当事人所在的单位和内设机构。责任追究决定作出后,作出决定的安全监管监察部门应当派人与当事人谈话,做好思想工作,督促其做好工作交接等后续工作。

当事人对责任追究决定不服的,可以依照《公务员法》等规定申请复核和提出申诉。申诉期间,不停止责任追究决定的执行。

第四十五条　对当事人的责任追究情况应当作为其考核、奖惩、任免的重要依据。安全监管监察部门负责人事工作的机构应当将责任追究的有关材料记入当事人个人档案。

第六章　附　　则

第四十六条　本规定所称的安全生产非法行为，是指公民、法人或者其他组织未依法取得安全监管监察部门的行政许可，擅自从事生产经营活动的行为，或者该行政许可已经失效，继续从事生产经营活动的行为。

本规定所称的安全生产违法行为，是指公民、法人或者其他组织违反有关安全生产的法律、法规、规章、国家标准、行业标准的规定，从事生产经营活动的行为。

本规定所称的违法的行政执法行为，是指违反法律、法规、规章规定的职责、程序所作出的具体行政行为。

本规定所称的不当的行政执法行为，是指违反客观、适度、公平、公正、合理等适用法律的一般原则所作出的具体行政行为。

第四十七条　依法授权或者委托行使安全生产行政执法职责的单位及其行政执法人员的责任追究，参照本规定执行。

第四十八条　本规定自2009年10月1日起施行。省、自治区、直辖市人民代表大会及其常务委员会或者省、自治区、直辖市人民政府对地方安全生产监督管理部门及其内设机构、行政执法人员的责任追究另有规定的，依照其规定。

安全生产行政处罚自由裁量适用规则（试行）

1. 2010年7月15日国家安全生产监督管理总局令第31号公布
2. 自2010年10月1日起施行

第一章　总　　则

第一条　为了正确适用安全生产法律、行政法规和部门规章，规范安全生产监督管理部门合法、适当地行使行政处罚自由裁量权，根据《行政处罚法》、《安全生产法》、《职业病防治法》等法律、行政法规和部门规章的规定，制定本规则。

第二条　县级以上安全生产监督管理部门或其委托实施行政处罚的组织或者机构（以下统称安全监管执法机关）依照安全生产法律、行政法规和部门规章作出行政处罚行使自由裁量权的，适用本规则；具体实施行政处罚需要自由裁量的，参照《安全生产行政处罚自由裁量标准》（以下简称《标准》）执行。

煤矿安全监察机构对煤矿安全生产违法行为作出行政处罚行使自由裁量权的，适用《煤矿安全监察行政处罚自由裁量实施标准（试行）》。

法律、行政法规和地方性法规对行政处罚自由裁量另有规定的，适用其规定；原国家安全监管局、国家安全监管总局公布的部门规章与本规则不一致的，适用本规则。

第三条　本规则所称的行政处罚自由裁量权，是指安全监管执法机关在对安全生产违法行为实施行政处罚时，根据立法目的和行政处罚的原则，在法律、行政法规和部门规章规定的行政处罚的种类和幅度内，综合考量违法的事实、性质、手段、后果、情节和改正措施等因素，正确、适当地确定行政处罚的种类、幅度或者作出不予行政处罚决定的选择适用权限。

第四条　各级安全监管执法机关应当加强对各自管辖范围内安全生产行政处罚自由裁量行为的监督检查。

上级安全监管执法机关有权对下级安全监管执法机关违法或者不当的行政处罚予以纠正或者撤销。

第二章　行政处罚自由裁量的考量原则

第五条　行使行政处罚自由裁量权，应当遵循程序法定原则，严格遵守法律、行政法规和部门规章规定的程序。

第六条　行使行政处罚自由裁量权，应当遵循合法、公平、公正、公开的原则，过罚相当的原则和处罚与教育相结合的原则，依法维护公民、法人和其他组织的合法权益，确保行政处罚自由裁量权行使的合法性和合理性。

第七条　行使行政处罚自由裁量权，应当以事实为依据、以法律为准绳，全面分析违法行为的主体、客体、主观方面、客观方面等因素，综合裁量，合理确定应否给予行政处罚或者应当给予行政处罚的种类、幅度。给予行政处罚的种类、幅度应当与违法行为的事实、性质、情节、认知态度以及社会危害程度相当。

对同一类违法主体实施的性质相同、情节相近或者相似、危害后果基本相当的违法行为，在行使行政处罚自由裁量权时，适用的法律依据、处罚种类应当基本一致，处罚幅度应当基本相当。

第八条　同一个违法行为违反不同法律、行政法规或者部门规章规定的，在适用具体法律条文时应当遵循下

列原则:

(一)优先适用法律效力高的规定;

(二)法律效力相同,属于特别规定的优先适用;

(三)法律效力相同,生效时间在后的优先适用。

第九条　法律对同一个违法行为设定了行政处罚的,按照下列原则行使自由裁量权:

(一)同一法律规定实施某个违法行为应当(可以)处以罚款的行政处罚确定的,参照《标准》对其罚款幅度予以细化;

(二)同一法律规定实施某个违法行为应当(可以)处以不同种类(包括警告、没收违法所得、暂扣或者吊销许可证等)的行政处罚的,参照《标准》给予相应种类的行政处罚;

(三)同一法律规定实施某个违法行为根据情节轻重不同处以不同种类的行政处罚的,参照《标准》确定的情节给予相应种类的行政处罚。

第十条　生产经营单位及其有关人员违反不同的法律规定,或者违反同一条款的不同违法情形,有两个以上应当给予行政处罚的违法行为的,应当适用不同的法律规定或者同一法律条款规定的不同违法情形,分别裁量,合并处罚。

第三章　行政处罚自由裁量的适用规则

第十一条　法律、行政法规或者部门规章规定应当先予责令改正或者责令限期改正的,应当先予书面责令当事人在规定期限内予以改正;当事人逾期不改正的,再依法决定行政处罚。

第十二条　法律、行政法规或者部门规章规定的多种处罚应当并处的,不得选择适用;规定可以并处的,可以选择适用。

法律、行政法规或者部门规章明确规定的处罚种类可以单处也可以并处的,可以选择适用,但应分清主罚项和次罚项。

法律、行政法规规定应当先予没收物品、没收违法所得,再作其他处罚的,不得直接选择适用其他处罚。

第十三条　法律、行政法规或者部门规章已经规定处罚种类的,实施自由裁量权时,不得改变行政处罚种类;对当事人实施罚款的,其罚款额不得高于法律、行政法规或者部门规章规定数额的上限,也不得低于其规定数额的下限。

第十四条　当事人有下列情形之一的,应当依法从轻处罚:

(一)已满14周岁不满18周岁的公民实施安全生产违法行为的;

(二)主动消除或者减轻安全生产违法行为危害后果的;

(三)受他人胁迫实施安全生产违法行为的;

(四)配合安全监管执法机关查处安全生产违法行为,有立功表现的;

(五)主动投案,向安全监管执法机关如实交待自己的违法行为的;

(六)具有法律、行政法规规定的其他从轻处罚情形的。

有从轻处罚情节的,应当在法定处罚幅度的中档以下确定行政处罚标准,但不得低于法定处罚幅度的下限。

本条第一款第(四)项所称的立功表现,是指当事人有揭发他人安全生产违法行为,并经查证属实;或者提供查处其他安全生产违法行为的重要线索,并经查证属实;或者阻止他人实施安全生产违法行为;或者协助司法机关抓捕其他违法犯罪嫌疑人的行为。

第十五条　当事人有下列情形之一的,应当依法从重处罚:

(一)危及公共安全或者其他生产经营单位及其人员安全,经责令限期改正,逾期未改正的;

(二)一年内因同一种安全生产违法行为受到两次以上行政处罚的;

(三)拒不整改或者整改不力,其违法行为处于持续状态的;

(四)拒绝、阻碍或者以暴力威胁行政执法人员的;

(五)在处置突发事件期间实施安全生产违法行为的;

(六)隐匿、销毁违法行为证据的;

(七)违法行为情节恶劣,造成人身死亡(重伤、急性工业中毒)或者严重社会影响的;

(八)故意实施违法行为的;

(九)对举报人、证人打击报复的;

(十)未依法排查治理事故隐患的;

(十一)发生生产安全事故后逃匿或者瞒报、谎报的;

(十二)具有法律、行政法规规定的其他从重处罚情形的。

有从重处罚情节的,应当在法定处罚幅度内选择较高或者最高幅度确定处罚标准,但不得高于法定处罚幅度上限。

第十六条 当事人有下列情形之一的,不予处罚:

(一)证据不足,安全生产违法事实不能成立的;

(二)安全生产违法行为轻微并及时纠正,没有造成危害后果的;

(三)不满 14 周岁的公民实施安全生产违法行为的;

(四)精神病人在不能辨认或者不能控制自己行为时实施安全生产违法行为的;

(五)安全生产违法行为在两年内未被发现的,法律另有规定的除外;

(六)具有法律、行政法规、部门规章规定的其他情形的。

前款第五项规定的期限,从违法行为发生之日起计算,违法行为有连续或者继续状态的,从行为终了之日起计算。

第十七条 《标准》所称的违法所得,按照下列规定计算:

(一)生产、加工产品的,以生产、加工的产品及其销售收入作为违法所得;

(二)销售商品的,以销售收入作为违法所得;

(三)提供安全生产中介、租赁等服务的,以服务收入或者报酬作为违法所得;

(四)销售收入无法计算的,按照当地同类同等规模的生产经营单位的平均销售收入计算;

(五)服务收入、报酬无法计算的,按照当地同行业同种服务的平均收入或者报酬计算。

第四章 行政处罚自由裁量的审核与监督

第十八条 除当场行政处罚外,行政处罚自由裁量结果实行审核制度。

案件调查终结后,案件承办人员应当对拟作出行政处罚的种类和幅度提出建议,并说明行使自由裁量权的事实、理由和依据;案件审核人员应当对处罚依据、额度等提出审核意见,并将审核意见报送安全监管执法机关负责人审查决定;安全监管执法机关已经成立行政处罚案件审核委员会的,审核意见报案件审核委员会审查决定。

对安全生产违法行为给予从轻或者从重处罚的自由裁量结果,应当由安全监管执法机关的负责人集体讨论决定。

第十九条 行政处罚案件实行备案审查制度。

各级安全监管执法机关负责法制工作的机构负责本机关行政处罚案件的备案审查工作,对各类安全生产行政处罚案件的实体内容、执法程序、自由裁量的合法性、适当性以及相关证据进行事后审查,并定期对行政执法案卷进行复查和监督。

第二十条 行使安全生产行政处罚自由裁量权的裁量结果应当公开,允许社会公众查阅,但涉及国家秘密、商业秘密或者个人隐私的除外。

第二十一条 行政监察机关对安全监管执法机关及其工作人员行使行政处罚自由裁量权实施监察。

安全监管执法机关及其工作人员行使行政处罚自由裁量权明显不当的,必须及时予以纠正;对有关责任人员依照《安全生产监管监察职责和行政执法责任追究的暂行规定》处理。

第五章 附 则

第二十二条 违反《安全生产法》有关规定发生生产安全事故,应当给予生产经营单位的主要负责人、个人经营的投资人和其他责任人员罚款的,依照《安全生产法》第八十条、第八十一条的规定处罚。

违反《安全生产法》以外的有关法律、行政法规、部门规章的规定发生生产安全事故,应当给予生产经营单位的主要负责人、个人经营的投资人和其他责任人员罚款的,依照《生产安全事故报告和调查处理条例》的规定处罚。

第二十三条 行政处罚自由裁量审查和备案审查的具体办法,由地方各级安全监管执法机关根据本机关实际制定,并报上一级安全监管执法机关备案。

第二十四条 安全生产违法行为涉嫌构成刑事犯罪的,应当依据规定程序移交司法机关,不得以罚代刑。

第二十五条 本规则自 2010 年 10 月 1 日起施行。

安全生产预防和应急救援能力建设补助资金管理办法

1. 2022 年 8 月 2 日财政部、应急部、国家矿山安监局发布
2. 财资环〔2022〕93 号

第一章 总 则

第一条 为规范安全生产预防和应急救援能力建设补助资金(以下简称安全生产补助资金)管理,提高财政资金使用效益,根据《中华人民共和国预算法》、《中华人民共和国安全生产法》、《中共中央 国务院关于全面实施预算绩效管理的意见》、《国务院办公厅关于印发应急救援领域中央与地方财政事权和支出责任划分改革方案的通知》(国办发〔2020〕22号)等相关法律法规和规章制度制定本办法。

第二条　安全生产工作坚持强化落实生产经营单位主体责任和政府监管责任。安全生产预防和应急救援能力建设以生产经营单位投入为主。各级地方政府有关部门应当加强安全生产基础设施建设和安全生产监管能力建设,合理保障所需资金,中央财政给予适当补助。

第三条　本办法所称安全生产补助资金,是指中央财政通过一般公共预算安排的用于支持地方政府和相关生产经营单位落实安全生产责任,提高安全生产基础能力和监管水平,加大安全生产预防和应急救援能力建设投入的共同财政事权转移支付。

第四条　安全生产补助资金重点支持范围包括:

(一)安全生产应急救援力量建设;

(二)危险化学品重大安全风险防控;

(三)尾矿库风险隐患治理;

(四)煤矿及重点非煤矿山重大灾害风险防控;

(五)党中央、国务院确定的其他促进安全生产工作。

安全生产补助资金不得用于人员日常工资、奖金和福利等支出,不得用于修建楼堂馆所及住宅、弥补生产经营单位亏损和偿还债务等支出。

第五条　财政部负责安全生产补助资金预算管理,确定年度预算安排总额,依法下达预算;会同应急部、国家矿山安监局在年度预算安排总额内研究确定分项补助资金规模。

应急部、国家矿山安监局负责指导地方开展安全生产预防和应急救援能力建设工作;提出安全生产补助资金分配建议;开展全过程绩效管理,督促指导地方有关部门严格执行财政资金管理使用规定。

第六条　安全生产补助资金政策实施期限到2026年。到期后,财政部会同应急部、国家矿山安监局对政策实施效果开展评估,根据评估结果确定下一阶段实施方案。

第七条　地方各级财政、应急、矿山安全监管部门以及安全生产补助资金具体使用单位,按照全过程预算绩效管理有关要求,对新增重大项目开展事前绩效评估,严格绩效目标管理,做好绩效运行监控,强化绩效评价,加强绩效结果应用,提高资金使用绩效。

绩效管理中发现违规使用资金、损失浪费严重、低效无效等重大问题的,应当按照程序及时报告应急部、国家矿山安监局、财政部。

第八条　地方各级财政、应急、矿山安全监管部门应当加强资金分配项目申报及使用管理,对上报的有关数据和信息的真实性、准确性负责。不符合法律、行政法规等有关规定,政策到期,相关目标已经实现或实施成效差、绩效低的事项,以及已从中央基建投资等其他渠道获得中央财政资金支持的项目,不得申请安全生产补助资金支持。

第九条　财政部各地监管局按照工作职责和财政部要求,开展安全生产补助资金申报、使用以及地方和生产经营单位投入资金到位情况等相关监管工作。

第二章　安全生产应急救援力量建设支出

第十条　安全生产应急救援力量建设支出由财政部会同应急部管理,用于支持国家专业应急救援队伍提高应急救援能力,提升区域和重点行业安全生产风险防范和应急处置水平。

第十一条　国家专业应急救援队伍是指由应急部牵头规划,在重点行业领域依托国有企业和有关单位建设的专业应急救援队伍,是国家综合性常备应急骨干力量。重特大生产安全事故发生后,由应急部统一调度指挥,承担应急救援任务。

国家专业应急救援队伍人员工资、日常训练、通用装备购置等资金由企业和单位投入,安全生产应急救援力量建设支出对队伍建设给予必要支持。

第十二条　应急部、财政部会同有关部门制定《安全生产应急救援力量建设总体方案》,明确队伍建设总体目标、规模布局、建设标准、政府部门和生产经营单位职责、装备配备类别指导目录、资金筹集方式、中央补助装备的购置和管理制度、采购方式、重特大事故灾害救援补助规则等事项,并按规定做好事前绩效评估。

第十三条　安全生产应急救援力量建设支出采用项目法分配,主要用于国家专业应急救援队伍配置《安全生产应急救援力量建设总体方案》装备配备类别指导目录内的装备、应急演练能力建设、设施设备运行维护及重特大事故灾害救援补助等。

第十四条　每年10月底前,应急部会同财政部根据《安全生产应急救援力量建设总体方案》发布下一年度队伍建设工作指南,明确下一年度重点建设领域、装备配置指导细则、资金申报规程等相关工作要求。

第十五条　每年12月底前,省级应急、财政部门根据工作指南向应急部、财政部申报下一年度队伍装备配置和运行维护方案及当年队伍参与救援、实训演练情况等。

第十六条 每年3月底前，应急部、财政部在地方申报基础上组织遴选项目建设队伍，根据安全生产救援工作需要、项目方案编制等情况，确定当年补助项目。

第十七条 财政部会同应急部在年度预算安排总额内按规定确定分项目补助金额。财政部按程序下达资金预算。

第十八条 应急部建立中央补助装备管理台账，组织检查装备管理使用情况。

省级应急、财政部门负责监督相关企业和单位按制度规定购置指定装备，执行相关会计核算、资产管理等制度规定。

第十九条 每年6月底前，省级财政、应急部门将上年度国家专业应急救援队伍安排使用中央补助资金情况报财政部当地监管局。财政部有关监管局进行核查，发现问题提出整改意见并及时报告财政部。

第二十条 应急部应按要求做好年度绩效自评，财政部根据工作需要适时开展财政重点绩效评价。结合绩效评价结果，对于未按规定购置装备，或违反规定使用资金的，相应扣回中央补助资金。

第三章 危险化学品重大安全风险防控支出

第二十一条 危险化学品重大安全风险防控支出由财政部会同应急部管理，用于支持重点化工产业聚集区地方政府落实安全生产监管责任，提升危险化学品重大安全风险防控能力，推动化工行业安全发展。

第二十二条 强化危化品安全生产工作生产经营单位主体责任和政府监管责任。生产经营单位内部防控系统建设支出以生产经营单位投入为主。对地方政府加强公共安全领域的防控系统建设，中央财政给予适当补助。

第二十三条 应急部、财政部制定《重点化工产业聚集区重大安全风险防控工作总体方案》，明确工作目标、建设任务、政府部门和生产经营单位责任、进度安排等事项，并按规定做好事前绩效评估。

第二十四条 危险化学品重大安全风险防控支出采用项目法分配。补助资金用于支持重点化工产业聚集区重大安全风险防控项目建设，包括建设智能化监管平台、配置易燃易爆有毒有害气体泄漏监测管控设备、建立危险化学品安全预防控制体系等。

第二十五条 省级应急、财政部门根据《重点化工产业聚集区重大安全风险防控工作总体方案》，指导重点化工产业聚集区所在地市级应急、财政部门，以地市为单位编制项目实施方案，明确建设目标任务、投入规模、资金筹集方案、实施期限等。

第二十六条 中央财政按照项目实施方案确定的财政资金投入规模，实行分档补助：第一档包括内蒙古、广西、重庆、四川、贵州、云南、西藏、陕西、甘肃、青海、宁夏、新疆12个省（区、市）和新疆生产建设兵团，中央财政补助不超过80%，单个项目补助金额一般不超过2400万元；第二档包括河北、山西、吉林、黑龙江、安徽、江西、河南、湖北、湖南、海南10个省，中央财政补助不超过60%，单个项目补助金额一般不超过1800万元；第三档包括辽宁、福建、山东3个省，中央财政补助不超过50%，单个项目补助金额一般不超过1500万元；第四档包括天津、江苏、浙江、广东4个省（市）和大连、宁波、厦门、青岛、深圳5个计划单列市，中央财政补助不超过30%，单个项目补助金额一般不超过900万元；第五档包括北京、上海2个直辖市，中央财政补助不超过10%，单个项目补助金额一般不超过300万元。

第二十七条 每年10月底前，应急部会同财政部根据《重点化工产业聚集区重大安全风险防控工作总体方案》发布下一年度项目申报工作指南，明确项目申报规程等相关工作要求。

第二十八条 每年12月底前，省级应急、财政部门按项目申报工作指南，将审核后的项目实施方案报应急部、财政部。

第二十九条 每年3月底前，应急部、财政部在地方申报基础上组织项目遴选，根据安全风险程度、项目实施方案编制等情况，确定补助项目。

第三十条 财政部会同应急部根据年度预算安排，按照分档补助方法确定分项目补助金额，按程序下达资金预算。

第三十一条 项目建设到期后，应急部负责组织对项目建设情况进行验收，省级财政、应急部门负责将地方财政和生产经营单位资金实际投入情况报财政部当地监管局。

第三十二条 财政部有关监管局对省级财政、应急部门报送的地方财政和生产经营单位资金实际投入情况进行审核，将审核结果报财政部。

第三十三条 应急部应按要求做好年度绩效自评，财政部根据工作需要适时开展财政重点绩效评价。结合绩效评价结果，对于未按期完成项目建设，或地方未按项目实施方案安排投入的，相应扣回中央补助资金。

第四章 尾矿库风险隐患治理支出

第三十四条 尾矿库风险隐患治理支出由财政部会同国家矿山安监局管理，用于支持地方政府履行安全生产属地管理责任,推动提升尾矿库安全风险防控能力,防范遏制尾矿库安全生产事故。

第三十五条　尾矿库风险隐患治理支出重点支持头顶库(指尾矿库坝脚下游1公里范围内有居民或重要设施的尾矿库)、无生产经营主体和风险隐患较高的尾矿库治理。实行"一库一策"治理措施,治理一个、达标一个、销号一个,逐个完成治理任务。

第三十六条　有生产经营单位管理的尾矿库,风险隐患治理工作由生产经营单位负责组织实施。无生产经营单位管理的尾矿库,由属地地方政府指定单位承担安全管理责任,开展风险隐患治理工作。

第三十七条　国家矿山安监局、财政部制定《尾矿库风险隐患治理工作总体方案》,确定尾矿库风险隐患治理项目清单、明确工作任务、地方政府和生产经营单位责任以及治理进度安排等,并按规定做好事前绩效评估。

第三十八条　尾矿库风险隐患治理支出采用项目法分配,补助资金用于支持以下尾矿库治理发生的支出:

(一)削坡压坡、增设排渗、开挖回填及灌浆、周边灾害隐患治理等加固坝体支出;

(二)改造和新建排洪系统、修筑截洪沟和排水沟、修筑溢洪道及封堵原排水设施等加强防洪能力支出;

(三)坝坡和沉积滩面覆土植被绿化等支出。

第三十九条　中央财政按照项目实施方案确定的财政资金投入规模,实行分档补助:第一档包括内蒙古、广西、重庆、四川、贵州、云南、西藏、陕西、甘肃、青海、宁夏、新疆12个省(区、市)和新疆生产建设兵团,中央财政补助不超过80%,单个项目补助金额一般不超过1200万元;第二档包括河北、山西、吉林、黑龙江、安徽、江西、河南、湖北、湖南、海南10个省,中央财政补助不超过60%,单个项目补助金额一般不超过900万元;第三档包括辽宁、福建、山东3个省,中央财政补助不超过50%,单个项目补助金额一般不超过750万元;第四档包括天津、江苏、浙江、广东4个省(市)和大连、宁波、厦门、青岛、深圳5个计划单列市,中央财政补助不超过30%,单个项目补助金额一般不超过450万元;第五档包括北京、上海2个直辖市,中央财政补助不超过10%,单个项目补助金额一般不超过150万元。

第四十条　每年10月底前,国家矿山安监局会同财政部根据《尾矿库风险隐患治理工作总体方案》发布下一年度项目申报工作指南,明确项目申报规程等工作要求。

第四十一条　每年12月底前,省级应急、财政部门按项目申报工作指南,编制下一年度拟治理项目实施方案,明确建设任务、"一库一策"治理措施、投入规模及资金筹集方式、实施期限等,报国家矿山安监局、财政部。

第四十二条　每年3月底前,国家矿山安监局、财政部在地方申报基础上组织项目遴选,根据安全风险程度、项目实施方案编制等情况,确定补助项目。

第四十三条　财政部会同国家矿山安监局根据年度预算安排,按照分档补助方法确定分项目补助金额,按程序下达资金预算。

第四十四条　项目建设到期后,国家矿山安监局负责对项目建设情况组织验收,省级财政、应急部门负责将地方财政和生产经营单位资金实际投入情况报财政部当地监管局。

第四十五条　财政部有关监管局对省级财政、应急部门报送的地方财政和生产经营单位资金实际投入情况进行审核,将审核结果报财政部。

第四十六条　国家矿山安监局应按要求做好年度绩效自评,财政部根据工作需要适时开展财政重点绩效评价。结合绩效评价结果,对于未按期完成项目建设,或地方未按项目实施方案安排投入的,相应扣回中央补助资金。

第五章　煤矿及重点非煤矿山重大灾害风险防控支出

第四十七条　煤矿及重点非煤矿山重大灾害风险防控支出由财政部会同国家矿山安监局管理,用于支持地方矿山安全监管部门履行属地管理责任,提升矿山数字化、智能化安全生产预防和监管水平,推动矿山安全监管监察模式向远程化、智能化、可视化以及"互联网+监管"方式转变。

第四十八条　煤矿及重点非煤矿山重大灾害风险防控支出用于支持地方政府建设纳入全国性系统的重大违法行为智能识别分析系统、应急处置视频智能通讯系统和智能视频辅助监管监察系统,以及开展煤矿及重点非煤矿山重大安全风险隐患排查整治。

第四十九条　煤矿及重点非煤矿山重大灾害风险防控支出采用因素法分配,以相关省、自治区、直辖市开展风险防控工作任务量(根据纳入防控范围的矿井数量及单个矿井平均投入金额测算的总投入规模)作为分配因素,同时考虑各省(区、市)财政困难程度,并根据资金使用绩效和防控任务完成情况等对测算结果进行调整,体现结果导向。

第五十条 国家矿山安监局、财政部制定《煤矿及重点非煤矿山重大灾害风险防控建设工作总体方案》,明确煤矿及重点非煤矿山项目建设范围、建设任务和责任、进度安排等事项,并按规定做好事前绩效评估。

第五十一条 省级矿山安全监管、财政部门会同国家矿山安监局省级局根据《煤矿及重点非煤矿山重大灾害风险防控建设工作总体方案》编制本省(区、市)实施方案,确定工作目标,核算任务量。

第五十二条 每年12月底前,省级矿山安全监管部门、国家矿山安监局省级局会同省级财政部门编制下一年度工作任务计划,明确建设任务、政府和生产经营单位投入规模、实施期限等,报国家矿山安监局、财政部。

第五十三条 每年3月底前,国家矿山安监局审核各省(区、市)上报的工作任务计划,核定年度任务量,向财政部提出补助资金安排建议。财政部按程序审核下达资金预算。

第五十四条 省级财政部门收到补助资金后,应会同本级矿山安全监管部门、国家矿山安监局省级局及时按要求将补助资金安排到具体项目,并报送财政部当地监管局。

第五十五条 国家矿山安监局负责对各省、自治区、直辖市实施方案落实情况进行检查验收。

第五十六条 国家矿山安监局应按要求做好年度绩效自评,财政部根据工作需要适时开展财政重点绩效评价。财政部、国家矿山安监局结合绩效评价结果,对于未按期完成实施方案的,相应扣回中央补助资金。

第六章 预算管理与监督

第五十七条 地方各级财政、应急、矿山安全监管部门以及安全生产补助资金具体使用单位,按职责分工对安全生产补助资金申报材料的真实性、准确性、完整性负责。

第五十八条 财政部按照预算法等有关规定下达预算,组织实施全过程绩效管理,根据实际需要适时开展重点绩效评价。省级财政部门接到中央财政下达的安全生产补助资金预算后,应当按照预算法规定时限要求及时分解下达。

第五十九条 地方各级相关部门应当加快预算执行,提高资金使用效益。应急部、国家矿山安监局应当指导省级有关部门做好安全生产补助资金管理工作,督促地方有关部门按规定安排使用补助资金,按照下达的绩效目标组织开展绩效运行监控,年度终了按规定开展绩效自评。

第六十条 安全生产补助资金的结转结余资金按照有关规定处理。

第六十一条 安全生产补助资金的支付按照国库集中支付制度有关规定执行。涉及政府采购的,应当按照政府采购管理的有关规定执行。按政策规定应当通过基本建设支出支持的工程项目和工作任务,执行基本建设财务管理相关规定。

第六十二条 省级财政、应急、矿山安全监管部门申请、下达资金文件以及财政部下达预算发文,应当抄送财政部当地监管局。

第六十三条 省级财政部门会同本级应急、矿山安全监管部门根据本办法制定具体实施细则,强化风险控制,加强流程管理,依法合规下达预算,分配和使用资金。实施细则报国家有关部门备案,抄送财政部当地监管局。

第六十四条 安全生产补助资金使用管理应当严格执行预算公开有关规定。

第七章 法律责任

第六十五条 任何单位和个人不得截留、挤占和挪用安全生产补助资金。对于违反国家法律、行政法规和有关规定的单位和个人,有关部门应当及时制止和纠正,并严格按照《中华人民共和国预算法》、《财政违法行为处罚处分条例》等有关规定追究相应责任。构成犯罪的,依法追究刑事责任。

第六十六条 各级财政、应急、矿山安全监管、国家矿山安全监察部门及其工作人员存在违反本办法行为的,以及其他滥用职权、玩忽职守、徇私舞弊等违法违纪行为的,按照《中华人民共和国预算法》及其实施条例、《中华人民共和国监察法》、《财政违法行为处罚处分条例》等有关规定追究相应责任。构成犯罪的,依法追究刑事责任。

第八章 附则

第六十七条 本办法由财政部会同应急部、国家矿山安监局负责解释。

第六十八条 本办法自印发之日起施行。

八、国家煤矿安全指导与监察

资料补充栏

中华人民共和国煤炭法(节录)

1. 1996年8月29日第八届全国人民代表大会常务委员会第二十一次会议通过
2. 根据2009年8月27日第十一届全国人民代表大会常务委员会第十次会议《关于修改部分法律的决定》第一次修正
3. 根据2011年4月22日第十一届全国人民代表大会常务委员会第二十次会议《关于修改〈中华人民共和国煤炭法〉的决定》第二次修正
4. 根据2013年6月29日第十二届全国人民代表大会常务委员会第三次会议《关于修改〈中华人民共和国文物保护法〉等十二部法律的决定》第三次修正
5. 根据2016年11月7日第十二届全国人民代表大会常务委员会第二十四次会议《关于修改〈中华人民共和国对外贸易法〉等十二部法律的决定》第四次修正

第七条 **【安全生产】**煤矿企业必须坚持安全第一、预防为主的安全生产方针,建立健全安全生产的责任制度和群防群治制度。

第八条 **【劳保】**各级人民政府及其有关部门和煤矿企业必须采取措施加强劳动保护,保障煤矿职工的安全和健康。

国家对煤矿井下作业的职工采取特殊保护措施。

第二十条 **【许可证】**煤矿投入生产前,煤矿企业应当依照有关安全生产的法律、行政法规的规定取得安全生产许可证。未取得安全生产许可证的,不得从事煤炭生产。

第三十一条 **【安全管理】**煤矿企业的安全生产管理,实行矿务局长、矿长负责制。

第三十二条 **【安全责任制度】**矿务局长、矿长及煤矿企业的其他主要负责人必须遵守有关矿山安全的法律、法规和煤炭行业安全规章、规程,加强对煤矿安全生产工作的管理,执行安全生产责任制度,采取有效措施,防止伤亡和其他安全生产事故的发生。

第三十三条 **【安全教育】**煤矿企业应当对职工进行安全生产教育、培训;未经安全生产教育、培训的,不得上岗作业。

煤矿企业职工必须遵守有关安全生产的法律、法规、煤炭行业规章、规程和企业规章制度。

第三十四条 **【紧急撤离】**在煤矿井下作业中,出现危及职工生命安全并无法排除的紧急情况时,作业现场负责人或者安全管理人员应当立即组织职工撤离危险现场,并及时报告有关方面负责人。

第三十五条 **【工会监督】**煤矿企业工会发现企业行政方面违章指挥、强令职工冒险作业或者生产过程中发现明显重大事故隐患,可能危及职工生命安全的情况,有权提出解决问题的建议,煤矿企业行政方面必须及时作出处理决定。企业行政方面拒不处理的,工会有权提出批评、检举和控告。

第三十六条 **【劳保用品】**煤矿企业必须为职工提供保障安全生产所需的劳动保护用品。

第三十七条 **【保险】**煤矿企业应当依法为职工参加工伤保险缴纳工伤保险费。鼓励企业为井下作业职工办理意外伤害保险,支付保险费。

第三十八条 **【标准】**煤矿企业使用的设备、器材、火工产品和安全仪器,必须符合国家标准或者行业标准。

第六十四条 **【违章作业】**煤矿企业的管理人员违章指挥、强令职工冒险作业,发生重大伤亡事故的,依照刑法有关规定追究刑事责任。

第六十五条 **【不消除隐患】**煤矿企业的管理人员对煤矿事故隐患不采取措施予以消除,发生重大伤亡事故的,依照刑法有关规定追究刑事责任。

第六十六条 **【渎职】**煤炭管理部门和有关部门的工作人员玩忽职守、徇私舞弊、滥用职权的,依法给予行政处分;构成犯罪的,由司法机关依法追究刑事责任。

中华人民共和国矿山安全法

1. 1992年11月7日第七届全国人民代表大会常务委员会第二十八次会议通过
2. 根据2009年8月27日第十一届全国人民代表大会常务委员会第十次会议《关于修改部分法律的决定》修正

目　　录

第一章　总　　则

第一条 **【立法目的】**为了保障矿山生产安全,防止矿山事故,保护矿山职工人身安全,促进采矿业的发展,制定本法。

第二条　【适用范围】在中华人民共和国领域和中华人民共和国管辖的其他海域从事矿产资源开采活动,必须遵守本法。

第三条　【矿企安全管理职责】矿山企业必须具有保障安全生产的设施,建立、健全安全管理制度,采取有效措施改善职工劳动条件,加强矿山安全管理工作,保证安全生产。

第四条　【监督管理部门】国务院劳动行政主管部门对全国矿山安全工作实施统一监督。

县级以上地方各级人民政府劳动行政主管部门对本行政区域内的矿山安全工作实施统一监督。

县级以上人民政府管理矿山企业的主管部门对矿山安全工作进行管理。

第五条　【国家鼓励】国家鼓励矿山安全科学技术研究,推广先进技术,改造安全设施,提高矿山安全生产水平。

第六条　【奖励】对坚持矿山安全生产,防止矿山事故,参加矿山抢险救护,进行矿山安全科学技术研究等方面取得显著成绩的单位和个人,给予奖励。

第二章　矿山建设的安全保障

第七条　【安全设施主体工程的同时设计、施工与投产】矿山建设工程的安全设施必须和主体工程同时设计、同时施工、同时投入生产和使用。

第八条　【设计要求】矿山建设工程的设计文件,必须符合矿山安全规程和行业技术规范,并按照国家规定经管理矿山企业的主管部门批准;不符合矿山安全规程和行业技术规范的,不得批准。

矿山建设工程安全设施的设计必须有劳动行政主管部门参加审查。

矿山安全规程和行业技术规范,由国务院管理矿山企业的主管部门制定。

第九条　【矿山设计须符合安全规程事项】矿山设计下列项目必须符合矿山安全规程和行业技术规范:

(一)矿井的通风系统和供风量、风质、风速;

(二)露天矿的边坡角和台阶的宽度、高度;

(三)供电系统;

(四)提升、运输系统;

(五)防水、排水系统和防火、灭火系统;

(六)防瓦斯系统和防尘系统;

(七)有关矿山安全的其他项目。

第十条　【安全出口】每个矿井必须有两个以上能行人的安全出口,出口之间的直线水平距离必须符合矿山安全规程和行业技术规范。

第十一条　【运输、通讯设施】矿山必须有与外界相通的、符合安全要求的运输和通讯设施。

第十二条　【工程批复和验收】矿山建设工程必须按照管理矿山企业的主管部门批准的设计文件施工。

矿山建设工程安全设施竣工后,由管理矿山企业的主管部门验收,并须有劳动行政主管部门参加;不符合矿山安全规程和行业技术规范的,不得验收,不得投入生产。

第三章　矿山开采的安全保障

第十三条　【安全生产条件保障】矿山开采必须具备保障安全生产的条件,执行开采不同矿种的矿山安全规程和行业技术规范。

第十四条　【矿柱、岩柱保护】矿山设计规定保留的矿柱、岩柱,在规定的期限内,应当予以保护,不得开采或者毁坏。

第十五条　【设施安全标准】矿山使用的有特殊安全要求的设备、器材、防护用品和安全检测仪器,必须符合国家安全标准或者行业安全标准;不符合国家安全标准或者行业安全标准的,不得使用。

第十六条　【设备检修】矿山企业必须对机电设备及其防护装置、安全检测仪器,定期检查、维修,保证使用安全。

第十七条　【毒害物质和空气检测】矿山企业必须对作业场所中的有毒有害物质和井下空气含氧量进行检测,保证符合安全要求。

第十八条　【事故隐患预防】矿山企业必须对下列危害安全的事故隐患采取预防措施:

(一)冒顶、片帮、边坡滑落和地表塌陷;

(二)瓦斯爆炸、煤尘爆炸;

(三)冲击地压、瓦斯突出、井喷;

(四)地面和井下的火灾、水害;

(五)爆破器材和爆破作业发生的危害;

(六)粉尘、有毒有害气体、放射性物质和其他有害物质引起的危害;

(七)其他危害。

第十九条　【机械、设备使用及闭坑危害预防】矿山企业对使用机械、电气设备,排土场、矸石山、尾矿库和矿山闭坑后可能引起的危害,应当采取预防措施。

第四章　矿山企业的安全管理

第二十条　【安全生产责任制】矿山企业必须建立、健全安全生产责任制。

矿长对本企业的安全生产工作负责。

第二十一条 【职工大会监督】矿长应当定期向职工代表大会或者职工大会报告安全生产工作,发挥职工代表大会的监督作用。

第二十二条 【矿工义务和权利】矿山企业职工必须遵守有关矿山安全的法律、法规和企业规章制度。

矿山企业职工有权对危害安全的行为,提出批评、检举和控告。

第二十三条 【工会职能】矿山企业工会依法维护职工生产安全的合法权益,组织职工对矿山安全工作进行监督。

第二十四条 【工会要求权】矿山企业违反有关安全的法律、法规,工会有权要求企业行政方面或者有关部门认真处理。

矿山企业召开讨论有关安全生产的会议,应当有工会代表参加,工会有权提出意见和建议。

第二十五条 【事故隐患和职业危害解决建议】矿山企业工会发现企业行政方面违章指挥、强令工人冒险作业或者生产过程中发现明显重大事故隐患和职业危害,有权提出解决的建议;发现危及职工生命安全的情况时,有权向矿山企业行政方面建议组织职工撤离危险现场,矿山企业行政方面必须及时作出处理决定。

第二十六条 【职工安全教育、培训】矿山企业必须对职工进行安全教育、培训;未经安全教育、培训的,不得上岗作业。

矿山企业安全生产的特种作业人员必须接受专门培训,经考核合格取得操作资格证书的,方可上岗作业。

第二十七条 【矿长资格考核】矿长必须经过考核,具备安全专业知识,具有领导安全生产和处理矿山事故的能力。

矿山企业安全工作人员必须具备必要的安全专业知识和矿山安全工作经验。

第二十八条 【防护用品发放】矿山企业必须向职工发放保障安全生产所需的劳动防护用品。

第二十九条 【未成年人禁用和妇女特殊保护】矿山企业不得录用未成年人从事矿山井下劳动。

矿山企业对女职工按照国家规定实行特殊劳动保护,不得分配女职工从事矿山井下劳动。

第三十条 【事故防范措施】矿山企业必须制定矿山事故防范措施,并组织落实。

第三十一条 【救护和医疗急救】矿山企业应当建立由专职或者兼职人员组成的救护和医疗急救组织,配备必要的装备、器材和药物。

第三十二条 【专项费用】矿山企业必须从矿产品销售额中按照国家规定提取安全技术措施专项费用。安全技术措施专项费用必须全部用于改善矿山安全生产条件,不得挪作他用。

第五章 矿山安全的监督和管理

第三十三条 【劳动行政主管部门监督职责】县级以上各级人民政府劳动行政主管部门对矿山安全工作行使下列监督职责:

(一)检查矿山企业和管理矿山企业的主管部门贯彻执行矿山安全法律、法规的情况;

(二)参加矿山建设工程安全设施的设计审查和竣工验收;

(三)检查矿山劳动条件和安全状况;

(四)检查矿山企业职工安全教育、培训工作;

(五)监督矿山企业提取和使用安全技术措施专项费用的情况;

(六)参加并监督矿山事故的调查和处理;

(七)法律、行政法规规定的其他监督职责。

第三十四条 【矿企主管部门管理职责】县级以上人民政府管理矿山企业的主管部门对矿山安全工作行使下列管理职责:

(一)检查矿山企业贯彻执行矿山安全法律、法规的情况;

(二)审查批准矿山建设工程安全设施的设计;

(三)负责矿山建设工程安全设施的竣工验收;

(四)组织矿长和矿山企业安全工作人员的培训工作;

(五)调查和处理重大矿山事故;

(六)法律、行政法规规定的其他管理职责。

第三十五条 【安全监督人员职责】劳动行政主管部门的矿山安全监督人员有权进入矿山企业,在现场检查安全状况;发现有危及职工安全的紧急险情时,应当要求矿山企业立即处理。

第六章 矿山事故处理

第三十六条 【矿山事故处理措施】发生矿山事故,矿山企业必须立即组织抢救,防止事故扩大,减少人员伤亡和财产损失,对伤亡事故必须立即如实报告劳动行政主管部门和管理矿山企业的主管部门。

第三十七条 【事故处理部门】发生一般矿山事故,由矿山企业负责调查和处理。

发生重大矿山事故,由政府及其有关部门、工会和矿山企业按照行政法规的规定进行调查和处理。

第三十八条　【抚恤和赔偿】矿山企业对矿山事故中伤亡的职工按照国家规定给予抚恤或者补偿。

第三十九条　【事故善后处理】矿山事故发生后,应当尽快消除现场危险,查明事故原因,提出防范措施。现场危险消除后,方可恢复生产。

第七章　法律责任

第四十条　【违法应受处罚事项】违反本法规定,有下列行为之一的,由劳动行政主管部门责令改正,可以并处罚款;情节严重的,提请县级以上人民政府决定责令停产整顿;对主管人员和直接责任人员由其所在单位或者上级主管机关给予行政处分:

(一)未对职工进行安全教育、培训,分配职工上岗作业的;

(二)使用不符合国家安全标准或者行业安全标准的设备、器材、防护用品、安全检测仪器的;

(三)未按照规定提取或者使用安全技术措施专项费用的;

(四)拒绝矿山安全监督人员现场检查或者在被检查时隐瞒事故隐患,不如实反映情况的;

(五)未按照规定及时、如实报告矿山事故的。

第四十一条　【矿长及特种作业人员资格不合法的处罚】矿长不具备安全专业知识的,安全生产的特种作业人员未取得操作资格证书上岗作业的,由劳动行政主管部门责令限期改正;逾期不改正的,提请县级以上人民政府决定责令停产,调整配备合格人员后,方可恢复生产。

第四十二条　【擅自施工处罚】矿山建设工程安全设施的设计未经批准擅自施工的,由管理矿山企业的主管部门责令停止施工;拒不执行的,由管理矿山企业的主管部门提请县级以上人民政府决定由有关主管部门吊销其采矿许可证和营业执照。

第四十三条　【不符验收规定的处罚】矿山建设工程的安全设施未经验收或者验收不合格擅自投入生产的,由劳动行政主管部门会同管理矿山企业的主管部门责令停止生产,并由劳动行政主管部门处以罚款;拒不停止生产的,由劳动行政主管部门提请县级以上人民政府决定由有关主管部门吊销其采矿许可证和营业执照。

第四十四条　【强行开采处理】已经投入生产的矿山企业,不具备安全生产条件而强行开采的,由劳动行政主管部门会同管理矿山企业的主管部门责令限期改进;逾期仍不具备安全生产条件的,由劳动行政主管部门提请县级以上人民政府决定责令停产整顿或者由有关主管部门吊销其采矿许可证和营业执照。

第四十五条　【复议和起诉】当事人对行政处罚决定不服的,可以在接到处罚决定通知之日起十五日内向作出处罚决定的机关的上一级机关申请复议;当事人也可以在接到处罚决定通知之日起十五日内直接向人民法院起诉。

复议机关应当在接到复议申请之日起六十日内作出复议决定。当事人对复议决定不服的,可以在接到复议决定之日起十五日内向人民法院起诉。复议机关逾期不作出复议决定的,当事人可以在复议期满之日起十五日内向人民法院起诉。

当事人逾期不申请复议也不向人民法院起诉、又不履行处罚决定的,作出处罚决定的机关可以申请人民法院强制执行。

第四十六条　【违章指挥处罚】矿山企业主管人员违章指挥、强令工人冒险作业,因而发生重大伤亡事故的,依照刑法有关规定追究刑事责任。

第四十七条　【主管人员怠职处罚】矿山企业主管人员对矿山事故隐患不采取措施,因而发生重大伤亡事故的,依照刑法有关规定追究刑事责任。

第四十八条　【渎职处罚】矿山安全监督人员和安全管理人员滥用职权、玩忽职守、徇私舞弊,构成犯罪的,依法追究刑事责任;不构成犯罪的,给予行政处分。

第八章　附　　则

第四十九条　【实施条例和实施办法的制定】国务院劳动行政主管部门根据本法制定实施条例,报国务院批准施行。

省、自治区、直辖市人民代表大会常务委员会可以根据本法和本地区的实际情况,制定实施办法。

第五十条　【生效日期】本法自1993年5月1日起施行。

中华人民共和国
矿山安全法实施条例

1. 1996年10月11日国务院批准
2. 1996年10月30日劳动部令第4号发布施行

第一章　总　　则

第一条　根据《中华人民共和国矿山安全法》(以下简称《矿山安全法》),制定本条例。

第二条　《矿山安全法》及本条例中下列用语的含义:

矿山，是指在依法批准的矿区范围内从事矿产资源开采活动的场所及其附属设施。

矿产资源开采活动，是指在依法批准的矿区范围内从事矿产资源勘探和矿山建设、生产、闭坑及有关活动。

第三条 国家采取政策和措施，支持发展矿山安全教育，鼓励矿山安全开采技术、安全管理方法、安全设备与仪器的研究和推广，促进矿山安全科学技术进步。

第四条 各级人民政府、政府有关部门或者企业事业单位对有下列情形之一的单位和个人，按照国家有关规定给予奖励：

（一）在矿山安全管理和监督工作中，忠于职守，作出显著成绩的；

（二）防止矿山事故或者抢险救护有功的；

（三）在推广矿山安全技术、改进矿山安全设施方面，作出显著成绩的；

（四）在矿山安全生产方面提出合理化建议，效果显著的；

（五）在改善矿山劳动条件或者预防矿山事故方面有发明创造和科研成果，效果显著的。

第二章　矿山建设的安全保障

第五条 矿山设计使用的地质勘探报告书，应当包括下列技术资料：

（一）较大的断层、破碎带、滑坡、泥石流的性质和规模；

（二）含水层（包括溶洞）和隔水层的岩性、层厚、产状，含水层之间、地面水和地下水之间的水力联系，地下水的潜水位、水质、水量和流向，地面水流系统和有关水利工程的疏水能力以及当地历年降水量和最高洪水位；

（三）矿山设计范围内原有小窑、老窑的分布范围、开采深度和积水情况；

（四）沼气、二氧化碳赋存情况，矿物自然发火和矿尘爆炸的可能性；

（五）对人体有害的矿物组份、含量和变化规律，勘探区至少一年的天然放射性本底数据；

（六）地温异常和热水矿区的岩石热导率、地温梯度、热水来源、水温、水压和水量，以及圈定的热害区范围；

（七）工业、生活用水的水源和水质；

（八）钻孔封孔资料；

（九）矿山设计需要的其他资料。

第六条 编制矿山建设项目的可行性研究报告和总体设计，应当对矿山开采的安全条件进行论证。

矿山建设项目的初步设计，应当编制安全专篇。安全专篇的编写要求，由国务院劳动行政主管部门规定。

第七条 根据《矿山安全法》第八条的规定，矿山建设单位在向管理矿山企业的主管部门报送审批矿山建设工程安全设施设计文件时，应当同时报送劳动行政主管部门审查；没有劳动行政主管部门的审查意见，管理矿山企业的主管部门不得批准。

经批准的矿山建设工程安全设施设计需要修改时，应当征求原参加审查的劳动行政主管部门的意见。

第八条 矿山建设工程应当按照经批准的设计文件施工，保证施工质量；工程竣工后，应当按照国家有关规定申请验收。

建设单位应当在验收前六十日向管理矿山企业的主管部门、劳动行政主管部门报送矿山建设工程安全设施施工、竣工情况的综合报告。

第九条 管理矿山企业的主管部门、劳动行政主管部门应当自收到建设单位报送的矿山建设工程安全设施施工、竣工情况的综合报告之日起三十日内，对矿山建设工程的安全设施进行检查；不符合矿山安全规程、行业技术规范的，不得验收，不得投入生产或者使用。

第十条 矿山应当有保障安全生产、预防事故和职业危害的安全设施，并符合下列基本要求：

（一）每个矿井至少有两个独立的能行人的直达地面的安全出口。矿井的每个生产水平（中段）和各个采区（盘区）至少有两个能行人的安全出口，并与直达地面的出口相通。

（二）每个矿井有独立的采用机械通风的通风系统，保证井下作业场所有足够的风量；但是，小型非沼气矿井在保证井下作业场所所需风量的前提下，可以采用自然通风。

（三）井巷断面能满足行人、运输、通风和安全设施、设备的安装、维修及施工需要。

（四）井巷支护和采场顶板管理能保证作业场所的安全。

（五）相邻矿井之间、矿井与露天矿之间、矿井与老窑之间留有足够的安全隔离矿柱。矿山井巷布置留有足够的保障井上和井下安全的矿柱或者岩柱。

（六）露天矿山的阶段高度、平台宽度和边坡角能满足安全作业和边坡稳定的需要。船采沙矿的采池边界与地面建筑物、设备之间有足够的安全距离。

（七）有地面和井下的防水、排水系统，有防止地表水泄入井下和露天采场的措施。

(八)溜矿井有防止和处理堵塞的安全措施。

(九)有自然发火可能性的矿井,主要运输巷道布置在岩层或者不易自然发火的矿层内,并采用预防性灌浆或者其他有效的预防自然发火的措施。

(十)矿山地面消防设施符合国家有关消防的规定。矿井有防灭火设施和器材。

(十一)地面及井下供配电系统符合国家有关规定。

(十二)矿山提升运输设备、装置及设施符合下列要求:

1. 钢丝绳、连接装置、提升容器以及保险链有足够的安全系数;

2. 提升容器与井壁、罐道梁之间及两个提升容器之间有足够的间隙;

3. 提升绞车和提升容器有可靠的安全保护装置;

4. 电机车、架线、轨道的选型能满足安全要求;

5. 运送人员的机械设备有可靠的安全保护装置;

6. 提升运输设备有灵敏可靠的信号装置。

(十三)每个矿井有防尘供水系统。地面和井下所有产生粉尘的作业地点有综合防尘措施。

(十四)有瓦斯、矿尘爆炸可能性的矿井,采用防爆电器设备,并采取防尘和隔爆措施。

(十五)开采放射性矿物的矿井,符合下列要求:

1. 矿井进风量和风质能满足降氡的需要,避免串联通风和污风循环;

2. 主要进风道开在矿脉之外,穿矿脉或者岩体裂隙发育的进风巷道有防止氡析出的措施;

3. 采用后退式回采;

4. 能防止井下污水散流,并采取封闭的排放污水系统。

(十六)矿山储存爆破材料的场所符合国家有关规定。

(十七)排土场、矸石山有防止发生泥石流和其他危害的安全措施,尾矿库有防止溃坝等事故的安全设施。

(十八)有防止山体滑坡和因采矿活动引起地表塌陷造成危害的预防措施。

(十九)每个矿井配置足够数量的通风检测仪表和有毒有害气体与井下环境检测仪器。开采有瓦斯突出的矿井,装备监测系统或者检测仪器。

(二十)有与外界相通的、符合安全要求的运输设施和通讯设施。

(二十一)有更衣室、浴室等设施。

第三章　矿山开采的安全保障

第十一条　采掘作业应当编制作业规程,规定保证作业人员安全的技术措施和组织措施,并在情况变化时及时予以修改和补充。

第十二条　矿山开采应当有下列图纸资料:

(一)地质图(包括水文地质图和工程地质图);

(二)矿山总布置图和矿井井上、井下对照图;

(三)矿井、巷道、采场布置图;

(四)矿山生产和安全保障的主要系统图。

第十三条　矿山企业应当在采矿许可证批准的范围开采,禁止越层、越界开采。

第十四条　矿山使用的下列设备、器材、防护用品和安全检测仪器,应当符合国家安全标准或者行业安全标准;不符合国家安全标准或者行业安全标准的,不得使用:

(一)采掘、支护、装载、运输、提升、通风、排水、瓦斯抽放、压缩空气和起重设备;

(二)电动机、变压器、配电柜、电器开关、电控装置;

(三)爆破器材、通讯器材、矿灯、电缆、钢丝绳、支护材料、防火材料;

(四)各种安全卫生检测仪器仪表;

(五)自救器、安全帽、防尘防毒口罩或者面罩、防护服、防护鞋等防护用品和救护设备;

(六)经有关主管部门认定的其他有特殊安全要求的设备和器材。

第十五条　矿山企业应当对机电设备及其防护装置、安全检测仪器定期检查、维修,并建立技术档案,保证使用安全。

非负责设备运行的人员,不得操作设备。非值班电气人员,不得进行电气作业。操作电气设备的人员,应当有可靠的绝缘保护。检修电气设备时,不得带电作业。

第十六条　矿山作业场所空气中的有毒有害物质的浓度,不得超过国家标准或者行业标准;矿山企业应当按照国家规定的方法,按照下列要求定期检测:

(一)粉尘作业点,每月至少检测两次;

(二)三硝基甲苯作业点,每月至少检测一次;

(三)放射性物质作业点,每月至少检测三次;

(四)其他有毒有害物质作业点,井下每月至少检测一次,地面每季度至少检测一次;

(五)采用个体采样方法检测呼吸性粉尘的,每季度至少检测一次。

第十七条 井下采掘作业,必须按照作业规程的规定管理顶帮。采掘作业通过地质破碎带或者其他顶帮破碎地点时,应当加强支护。

露天采剥作业,应当按照设计规定,控制采剥工作面的阶段高度、宽度、边坡角和最终边坡角。采剥作业和排土作业,不得对深部或者邻近井巷造成危害。

第十八条 煤矿和其他有瓦斯爆炸可能性的矿井,应当严格执行瓦斯检查制度,任何人不得携带烟草和点火用具下井。

第十九条 在下列条件下从事矿山开采,应当编制专门设计文件,并报管理矿山企业的主管部门批准:

(一)有瓦斯突出的;

(二)有冲击地压的;

(三)在需要保护的建筑物、构筑物和铁路下面开采的;

(四)在水体下面开采的;

(五)在地温异常或者有热水涌出的地区开采的。

第二十条 有自然发火可能性的矿井,应当采取下列措施:

(一)及时清出采场浮矿和其他可燃物质,回采结束后及时封闭采空区;

(二)采取防火灌浆或者其他有效的预防自然发火的措施;

(三)定期检查井巷和采区封闭情况,测定可能自然发火地点的温度和风量;定期检测火区内的温度、气压和空气成分。

第二十一条 井下采掘作业遇下列情形之一时,应当探水前进:

(一)接近承压含水层或者含水的断层、流砂层、砾石层、溶洞、陷落柱时;

(二)接近与地表水体相通的地质破碎带或者接近连通承压层的未封钻孔时;

(三)接近积水的老窑、旧巷或者灌过泥浆的采空区时;

(四)发现有出水征兆时;

(五)掘开隔离矿柱或者岩柱放水时。

第二十二条 井下风量、风质、风速和作业环境的气候,必须符合矿山安全规程的规定。

采掘工作面进风风流中,按照体积计算,氧气不得低于百分之二十,二氧化碳不得超过0.5%。

井下作业地点的空气温度不得超过28℃;超过时,应当采取降温或者其他防护措施。

第二十三条 开采放射性矿物的矿井,必须采取下列措施,减少氡气析出量:

(一)及时封闭采空区和已经报废或者暂时不用的井巷;

(二)用留矿法作业的采场采用下行通风;

(三)严格管理井下污水。

第二十四条 矿山的爆破作业和爆破材料的制造、储存、运输、试验及销毁,必须严格执行国家有关规定。

第二十五条 矿山企业对地面、井下产生粉尘的作业,应当采取综合防尘措施,控制粉尘危害。

井下风动凿岩,禁止干打眼。

第二十六条 矿山企业应当建立、健全对地面陷落区、排土场、矸石山、尾矿库的检查和维护制度;对可能发生的危害,应当采取预防措施。

第二十七条 矿山企业应当按照国家有关规定关闭矿山,对关闭矿山后可能引起的危害采取预防措施。关闭矿山报告应当包括下列内容:

(一)采掘范围及采空区处理情况;

(二)对矿井采取的封闭措施;

(三)对其他不安全因素的处理办法。

第四章 矿山企业的安全管理

第二十八条 矿山企业应当建立、健全下列安全生产责任制:

(一)行政领导岗位安全生产责任制;

(二)职能机构安全生产责任制;

(三)岗位人员的安全生产责任制。

第二十九条 矿长(含矿务局局长、矿山公司经理,下同)对本企业的安全生产工作负有下列责任:

(一)认真贯彻执行《矿山安全法》和本条例以及其他法律、法规中有关矿山安全生产的规定;

(二)制定本企业安全生产管理制度;

(三)根据需要配备合格的安全工作人员,对每个作业场所进行跟班检查;

(四)采取有效措施,改善职工劳动条件,保证安全生产所需要的材料、设备、仪器和劳动防护用品的及时供应;

(五)依照本条例的规定,对职工进行安全教育、培训;

(六)制定矿山灾害的预防和应急计划;

(七)及时采取措施,处理矿山存在的事故隐患;

(八)及时、如实向劳动行政主管部门和管理矿山企业的主管部门报告矿山事故。

第三十条 矿山企业应当根据需要,设置安全机构或者配备专职安全工作人员。专职安全工作人员应当经过培训,具备必要的安全专业知识和矿山安全工作经验,能胜任现场安全检查工作。

第三十一条　矿长应当定期向职工代表大会或者职工大会报告下列事项,接受民主监督:

(一)企业安全生产重大决策;

(二)企业安全技术措施计划及其执行情况;

(三)职工安全教育、培训计划及其执行情况;

(四)职工提出的改善劳动条件的建议和要求的处理情况;

(五)重大事故处理情况;

(六)有关安全生产的其他重要事项。

第三十二条　矿山企业职工享有下列权利:

(一)有权获得作业场所安全与职业危害方面的信息;

(二)有权向有关部门和工会组织反映矿山安全状况和存在的问题;

(三)对任何危害职工安全健康的决定和行为,有权提出批评、检举和控告。

第三十三条　矿山企业职工应当履行下列义务:

(一)遵守有关矿山安全的法律、法规和企业规章制度;

(二)维护矿山企业的生产设备、设施;

(三)接受安全教育和培训;

(四)及时报告危险情况,参加抢险救护。

第三十四条　矿山企业工会有权督促企业行政方面加强职工的安全教育、培训工作,开展安全宣传活动,提高职工的安全生产意识和技术素质。

第三十五条　矿山企业应当按照下列规定对职工进行安全教育、培训:

(一)新进矿山的井下作业职工,接受安全教育、培训的时间不得少于七十二小时,考试合格后,必须在有安全工作经验的职工带领下工作满四个月,然后经再次考核合格,方可独立工作;

(二)新进露天矿的职工,接受安全教育、培训的时间不得少于四十小时,经考试合格后,方可上岗作业;

(三)对调换工种和采用新工艺作业的人员,必须重新培训,经考试合格后,方可上岗作业;

(四)所有生产作业人员,每年接受在职安全教育、培训的时间不少于二十小时。

职工安全教育、培训期间,矿山企业应当支付工资。

职工安全教育、培训情况和考核结果,应当记录存档。

第三十六条　矿山企业对职工的安全教育、培训,应当包括下列内容:

(一)《矿山安全法》及本条例赋予矿山职工的权利与义务;

(二)矿山安全规程及矿山企业有关安全管理的规章制度;

(三)与职工本职工作有关的安全知识;

(四)各种事故征兆的识别、发生紧急危险情况时的应急措施和撤退路线;

(五)自救装备的使用和有关急救方面的知识;

(六)有关主管部门规定的其他内容。

第三十七条　瓦斯检查工、爆破工、通风工、信号工、拥罐工、电工、金属焊接(切割)工、矿井泵工、瓦斯抽放工、主扇风机操作工、主提升机操作工、绞车操作工、输送机操作工、尾矿工、安全检查工和矿内机动车司机等特种作业人员应当接受专门技术培训,经考核合格取得操作资格证书后,方可上岗作业。特种作业人员的考核、发证工作按照国家有关规定执行。

第三十八条　对矿长安全资格的考核,应当包括下列内容:

(一)《矿山安全法》和有关法律、法规及矿山安全规程;

(二)矿山安全知识;

(三)安全生产管理能力;

(四)矿山事故处理能力;

(五)安全生产业绩。

第三十九条　矿山企业向职工发放的劳动防护用品应当是经过鉴定和检验合格的产品。劳动防护用品的发放标准由国务院劳动行政主管部门制定。

第四十条　矿山企业应当每年编制矿山灾害预防和应急计划;在每季度末,应当根据实际情况对计划及时进行修改,制定相应的措施。

矿山企业应当使每个职工熟悉矿山灾害预防和应急计划,并且每年至少组织一次矿山救灾演习。

矿山企业应当根据国家有关规定,按照不同作业场所的要求,设置矿山安全标志。

第四十一条　矿山企业应当建立由专职的或者兼职的人员组成的矿山救护和医疗急救组织。不具备单独建立专业救护和医疗急救组织的小型矿山企业,除应当建立兼职的救护和医疗急救组织外,还应当与邻近的有专业的救护和医疗急救组织的矿山企业签订救护和急救协议,或者与邻近的矿山企业联合建立专业救护和医疗急救组织。

矿山救护和医疗急救组织应当有固定场所、训练器械和训练场地。

矿山救护和医疗急救组织的规模和装备标准，由国务院管理矿山企业的有关主管部门规定。

第四十二条 矿山企业必须按照国家规定的安全条件进行生产，并安排一部分资金，用于下列改善矿山安全生产条件的项目：

（一）预防矿山事故的安全技术措施；

（二）预防职业危害的劳动卫生技术措施；

（三）职工的安全培训；

（四）改善矿山安全生产条件的其他技术措施。

前款所需资金，由矿山企业按矿山维简费的百分之二十的比例具实列支；没有矿山维简费的矿山企业，按固定资产折旧费的百分之二十比例具实列支。

第五章 矿山安全的监督和管理

第四十三条 县级以上各级人民政府劳动行政主管部门，应当根据矿山安全监督工作的实际需要，配备矿山安全监督人员。

矿山安全监督人员必须熟悉矿山安全技术知识，具有矿山安全工作经验，能胜任矿山安全检查工作。

矿山安全监督证件和专用标志由国务院劳动行政主管部门统一制作。

第四十四条 矿山安全监督人员在执行职务时，有权进入现场检查，参加有关会议，无偿调阅有关资料，向有关单位和人员了解情况。

矿山安全监督人员进入现场检查，发现有危及职工安全健康的情况时，有权要求矿山企业立即改正或者限期解决；情况紧急时，有权要求矿山企业立即停止作业，从危险区内撤出作业人员。

劳动行政主管部门可以委托检测机构对矿山作业场所和危险性较大的在用设备、仪器、器材进行抽检。

劳动行政主管部门对检查中发现的违反《矿山安全法》和本条例以及其他法律、法规有关矿山安全的规定的情况，应当依法提出处理意见。

第四十五条 矿山安全监督人员执行公务时，应当出示矿山安全监督证件，秉公执法，并遵守有关规定。

第六章 矿山事故处理

第四十六条 矿山发生事故后，事故现场有关人员应当立即报告矿长或者有关主管人员；矿长或者有关主管人员接到事故报告后，必须立即采取有效措施，组织抢救，防止事故扩大，尽力减少人员伤亡和财产损失。

第四十七条 矿山发生重伤、死亡事故后，矿山企业应当在二十四小时内如实向劳动行政主管部门和管理矿山企业的主管部门报告。

第四十八条 劳动行政主管部门和管理矿山企业的主管部门接到死亡事故或者一次重伤三人以上的事故报告后，应当立即报告本级人民政府，并报各自的上一级主管部门。

第四十九条 发生伤亡事故，矿山企业和有关单位应当保护事故现场；因抢救事故，需要移动现场部分物品时，必须作出标志，绘制事故现场图，并详细记录；在消除现场危险，采取防范措施后，方可恢复生产。

第五十条 矿山事故发生后，有关部门应当按照国家有关规定，进行事故调查处理。

第五十一条 矿山事故调查处理工作应当自事故发生之日起九十日内结束；遇有特殊情况，可以适当延长，但是不得超过一百八十日。矿山事故处理结案后，应当公布处理结果。

第七章 法律责任

第五十二条 依照《矿山安全法》第四十条规定处以罚款的，分别按照下列规定执行：

（一）未对职工进行安全教育、培训，分配职工上岗作业的，处四万元以下的罚款；

（二）使用不符合国家安全标准或者行业安全标准的设备、器材、防护用品和安全检测仪器的，处五万元以下的罚款；

（三）未按照规定提取或者使用安全技术措施专项费用的，处五万元以下的罚款；

（四）拒绝矿山安全监督人员现场检查或者在被检查时隐瞒事故隐患，不如实反映情况的，处二万元以下的罚款；

（五）未按照规定及时、如实报告矿山事故的，处三万元以下的罚款。

第五十三条 依照《矿山安全法》第四十三条规定处以罚款的，罚款幅度为五万元以上十万元以下。

第五十四条 违反本条例第十五条、第十六条、第十七条、第十八条、第十九条、第二十条、第二十一条、第二十二条、第二十三条、第二十五条规定的，由劳动行政主管部门责令改正，可以处二万元以下的罚款。

第五十五条 当事人收到罚款通知书后，应当在十五日内到指定的金融机构缴纳罚款；逾期不缴纳的，自逾期之日起每日加收千分之三的滞纳金。

第五十六条 矿山企业主管人员有下列行为之一，造成矿山事故的，按照规定给予纪律处分；构成犯罪的，由司法机关依法追究刑事责任：

(一)违章指挥、强令工人违章、冒险作业的；

(二)对工人屡次违章作业熟视无睹，不加制止的；

(三)对重大事故预兆或者已发现的隐患不及时采取措施的；

(四)不执行劳动行政主管部门的监督指令或者不采纳有关部门提出的整顿意见，造成严重后果的。

第八章　附　　则

第五十七条　国务院管理矿山企业的主管部门根据《矿山安全法》和本条例修订或者制定的矿山安全规程和行业技术规范，报国务院劳动行政主管部门备案。

第五十八条　石油天然气开采的安全规定，由国务院劳动行政主管部门会同石油工业主管部门制定，报国务院批准后施行。

第五十九条　本条例自发布之日起施行。

国务院关于预防煤矿生产安全事故的特别规定

1. 2005年9月3日国务院令第446号公布
2. 根据2013年7月18日国务院令第638号《关于废止和修改部分行政法规的决定》修订

第一条　为了及时发现并排除煤矿安全生产隐患，落实煤矿安全生产责任，预防煤矿生产安全事故发生，保障职工的生命安全和煤矿安全生产，制定本规定。

第二条　煤矿企业是预防煤矿生产安全事故的责任主体。煤矿企业负责人(包括一些煤矿企业的实际控制人，下同)对预防煤矿生产安全事故负主要责任。

第三条　国务院有关部门和地方各级人民政府应当建立并落实预防煤矿生产安全事故的责任制，监督检查煤矿企业预防煤矿生产安全事故的情况，及时解决煤矿生产安全事故预防工作中的重大问题。

第四条　县级以上地方人民政府负责煤矿安全生产监督管理的部门、国家煤矿安全监察机构设在省、自治区、直辖市的煤矿安全监察机构(以下简称煤矿安全监察机构)，对所辖区域的煤矿重大安全生产隐患和违法行为负有检查和依法查处的职责。

县级以上地方人民政府负责煤矿安全生产监督管理的部门、煤矿安全监察机构不依法履行职责，不及时查处所辖区域的煤矿重大安全生产隐患和违法行为的，对直接责任人和主要负责人，根据情节轻重，给予记过、记大过、降级、撤职或者开除的行政处分；构成犯罪的，依法追究刑事责任。

第五条　煤矿未依法取得采矿许可证、安全生产许可证、营业执照和矿长未依法取得矿长资格证、矿长安全资格证的，煤矿不得从事生产。擅自从事生产的，属非法煤矿。

负责颁发前款规定证照的部门，一经发现煤矿无证照或者证照不全从事生产的，应当责令该煤矿立即停止生产，没收违法所得和开采出的煤炭以及采掘设备，并处违法所得1倍以上5倍以下的罚款；构成犯罪的，依法追究刑事责任；同时于2日内提请当地县级以上地方人民政府予以关闭，并可以向上一级地方人民政府报告。

第六条　负责颁发采矿许可证、安全生产许可证、营业执照和矿长资格证、矿长安全资格证的部门，向不符合法定条件的煤矿或者矿长颁发有关证照的，对直接责任人，根据情节轻重，给予降级、撤职或者开除的行政处分；对主要负责人，根据情节轻重，给予记大过、降级、撤职或者开除的行政处分；构成犯罪的，依法追究刑事责任。

前款规定颁发证照的部门，应当加强对取得证照煤矿的日常监督管理，促使煤矿持续符合取得证照应当具备的条件。不依法履行日常监督管理职责的，对主要负责人，根据情节轻重，给予记过、记大过、降级、撤职或者开除的行政处分；构成犯罪的，依法追究刑事责任。

第七条　在乡、镇人民政府所辖区域内发现有非法煤矿并且没有采取有效制止措施的，对乡、镇人民政府的主要负责人以及负有责任的相关负责人，根据情节轻重，给予降级、撤职或者开除的行政处分；在县级人民政府所辖区域内1个月内发现有2处或者2处以上非法煤矿并且没有采取有效制止措施的，对县级人民政府的主要负责人以及负有责任的相关负责人，根据情节轻重，给予降级、撤职或者开除的行政处分；构成犯罪的，依法追究刑事责任。

其他有关机关和部门对存在非法煤矿负有责任的，对主要负责人，属于行政机关工作人员的，根据情节轻重，给予记过、记大过、降级或者撤职的行政处分；不属于行政机关工作人员的，建议有关机关和部门给予相应的处分。

第八条　煤矿的通风、防瓦斯、防水、防火、防煤尘、防冒顶等安全设备、设施和条件应当符合国家标准、行业标准，并有防范生产安全事故发生的措施和完善的应急处理预案。

煤矿有下列重大安全生产隐患和行为的，应当立即停止生产，排除隐患：

（一）超能力、超强度或者超定员组织生产的；

（二）瓦斯超限作业的；

（三）煤与瓦斯突出矿井，未依照规定实施防突出措施的；

（四）高瓦斯矿井未建立瓦斯抽放系统和监控系统，或者瓦斯监控系统不能正常运行的；

（五）通风系统不完善、不可靠的；

（六）有严重水患，未采取有效措施的；

（七）超层越界开采的；

（八）有冲击地压危险，未采取有效措施的；

（九）自然发火严重，未采取有效措施的；

（十）使用明令禁止使用或者淘汰的设备、工艺的；

（十一）年产 6 万吨以上的煤矿没有双回路供电系统的；

（十二）新建煤矿边建设边生产，煤矿改扩建期间，在改扩建的区域生产，或者在其他区域的生产超出安全设计规定的范围和规模的；

（十三）煤矿实行整体承包生产经营后，未重新取得安全生产许可证，从事生产的，或者承包方再次转包的，以及煤矿将井下采掘工作面和井巷维修作业进行劳务承包的；

（十四）煤矿改制期间，未明确安全生产责任人和安全管理机构的，或者在完成改制后，未重新取得或者变更采矿许可证、安全生产许可证和营业执照的；

（十五）有其他重大安全生产隐患的。

第九条 煤矿企业应当建立健全安全生产隐患排查、治理和报告制度。煤矿企业应当对本规定第八条第二款所列情形定期组织排查，并将排查情况每季度向县级以上地方人民政府负责煤矿安全生产监督管理的部门、煤矿安全监察机构写出书面报告。报告应当经煤矿企业负责人签字。

煤矿企业未依照前款规定排查和报告的，由县级以上地方人民政府负责煤矿安全生产监督管理的部门或者煤矿安全监察机构责令限期改正；逾期未改正的，责令停产整顿，并对煤矿企业负责人处 3 万元以上 15 万元以下的罚款。

第十条 煤矿有本规定第八条第二款所列情形之一，仍然进行生产的，由县级以上地方人民政府负责煤矿安全生产监督管理的部门或者煤矿安全监察机构责令停产整顿，提出整顿的内容、时间等具体要求，处 50 万元以上 200 万元以下的罚款；对煤矿企业负责人处 3 万元以上 15 万元以下的罚款。

对 3 个月内 2 次或者 2 次以上发现有重大安全生产隐患，仍然进行生产的煤矿，县级以上地方人民政府负责煤矿安全生产监督管理的部门、煤矿安全监察机构应当提请有关地方人民政府关闭该煤矿，并由颁发证照的部门立即吊销矿长资格证和矿长安全资格证，该煤矿的法定代表人和矿长 5 年内不得再担任任何煤矿的法定代表人或者矿长。

第十一条 对被责令停产整顿的煤矿，颁发证照的部门应当暂扣采矿许可证、安全生产许可证、营业执照和矿长资格证、矿长安全资格证。

被责令停产整顿的煤矿应当制定整改方案，落实整改措施和安全技术规定；整改结束后要求恢复生产的，应当由县级以上地方人民政府负责煤矿安全生产监督管理的部门自收到恢复生产申请之日起 60 日内组织验收完毕；验收合格的，经组织验收的地方人民政府负责煤矿安全生产监督管理的部门的主要负责人签字，并经有关煤矿安全监察机构审核同意，报请有关地方人民政府主要负责人签字批准，颁发证照的部门发还证照，煤矿方可恢复生产；验收不合格的，由有关地方人民政府予以关闭。

被责令停产整顿的煤矿擅自从事生产的，县级以上地方人民政府负责煤矿安全生产监督管理的部门、煤矿安全监察机构应当提请有关地方人民政府予以关闭，没收违法所得，并处违法所得 1 倍以上 5 倍以下的罚款；构成犯罪的，依法追究刑事责任。

第十二条 对被责令停产整顿的煤矿，在停产整顿期间，由有关地方人民政府采取有效措施进行监督检查。因监督检查不力，煤矿在停产整顿期间继续生产的，对直接责任人，根据情节轻重，给予降级、撤职或者开除的行政处分；对有关负责人，根据情节轻重，给予记大过、降级、撤职或者开除的行政处分；构成犯罪的，依法追究刑事责任。

第十三条 对提请关闭的煤矿，县级以上地方人民政府负责煤矿安全生产监督管理的部门或者煤矿安全监察机构应当责令立即停止生产；有关地方人民政府应当在 7 日内作出关闭或者不予关闭的决定，并由其主要负责人签字存档。对决定关闭的，有关地方人民政府应当立即组织实施。

关闭煤矿应当达到下列要求：

（一）吊销相关证照；

(二)停止供应并处理火工用品;

(三)停止供电,拆除矿井生产设备、供电、通信线路;

(四)封闭、填实矿井井筒,平整井口场地,恢复地貌;

(五)妥善遣散从业人员。

关闭煤矿未达到前款规定要求的,对组织实施关闭的地方人民政府及其有关部门的负责人和直接责任人给予记过、记大过、降级、撤职或者开除的行政处分;构成犯罪的,依法追究刑事责任。

依照本条第一款规定决定关闭的煤矿,仍有开采价值的,经依法批准可以进行拍卖。

关闭的煤矿擅自恢复生产的,依照本规定第五条第二款规定予以处罚;构成犯罪的,依法追究刑事责任。

第十四条 县级以上地方人民政府负责煤矿安全生产监督管理的部门或者煤矿安全监察机构,发现煤矿有本规定第八条第二款所列情形之一的,应当将情况报送有关地方人民政府。

第十五条 煤矿存在瓦斯突出、自然发火、冲击地压、水害威胁等重大安全生产隐患,该煤矿在现有技术条件下难以有效防治的,县级以上地方人民政府负责煤矿安全生产监督管理的部门、煤矿安全监察机构应当责令其立即停止生产,并提请有关地方人民政府组织专家进行论证。专家论证应当客观、公正、科学。有关地方人民政府应当根据论证结论,作出是否关闭煤矿的决定,并组织实施。

第十六条 煤矿企业应当依照国家有关规定对井下作业人员进行安全生产教育和培训,保证井下作业人员具有必要的安全生产知识,熟悉有关安全生产规章制度和安全操作规程,掌握本岗位的安全操作技能,并建立培训档案。未进行安全生产教育和培训或者经教育和培训不合格的人员不得下井作业。

县级以上地方人民政府负责煤矿安全生产监督管理的部门应当对煤矿井下作业人员的安全生产教育和培训情况进行监督检查;煤矿安全监察机构应当对煤矿特种作业人员持证上岗情况进行监督检查。发现煤矿企业未依照国家有关规定对井下作业人员进行安全生产教育和培训或者特种作业人员无证上岗的,应当责令限期改正,处10万元以上50万元以下的罚款;逾期未改正的,责令停产整顿。

县级以上地方人民政府负责煤矿安全生产监督管理的部门、煤矿安全监察机构未履行前款规定的监督检查职责的,对主要负责人,根据情节轻重,给予警告、记过或者记大过的行政处分。

第十七条 县级以上地方人民政府负责煤矿安全生产监督管理的部门、煤矿安全监察机构在监督检查中,1个月内3次或者3次以上发现煤矿企业未依照国家有关规定对井下作业人员进行安全生产教育和培训或者特种作业人员无证上岗的,应当提请有关地方人民政府对该煤矿予以关闭。

第十八条 煤矿拒不执行县级以上地方人民政府负责煤矿安全生产监督管理的部门或者煤矿安全监察机构依法下达的执法指令的,由颁发证照的部门吊销矿长资格证和矿长安全资格证;构成违反治安管理行为的,由公安机关依照治安管理的法律、行政法规的规定处罚;构成犯罪的,依法追究刑事责任。

第十九条 县级以上地方人民政府负责煤矿安全生产监督管理的部门、煤矿安全监察机构对被责令停产整顿或者关闭的煤矿,应当自煤矿被责令停产整顿或者关闭之日起3日内在当地主要媒体公告。

被责令停产整顿的煤矿经验收合格恢复生产的,县级以上地方人民政府负责煤矿安全生产监督管理的部门、煤矿安全监察机构应当自煤矿验收合格恢复生产之日起3日内在同一媒体公告。

县级以上地方人民政府负责煤矿安全生产监督管理的部门、煤矿安全监察机构未依照本条第一款、第二款规定进行公告的,对有关负责人,根据情节轻重,给予警告、记过、记大过或者降级的行政处分。

公告所需费用由同级财政列支。

第二十条 国家机关工作人员和国有企业负责人不得违反国家规定投资入股煤矿(依法取得上市公司股票的除外),不得对煤矿的违法行为予以纵容、包庇。

国家行政机关工作人员和国有企业负责人违反前款规定的,根据情节轻重,给予降级、撤职或者开除的处分;构成犯罪的,依法追究刑事责任。

第二十一条 煤矿企业负责人和生产经营管理人员应当按照国家规定轮流带班下井,并建立下井登记档案。

县级以上地方人民政府负责煤矿安全生产监督管理的部门或者煤矿安全监察机构发现煤矿企业在生产过程中,1周内其负责人或者生产经营管理人员没有按照国家规定带班下井,或者下井登记档案虚假的,责令改正,并对该煤矿企业处3万元以上15万元以下的罚款。

第二十二条 煤矿企业应当免费为每位职工发放煤矿职工安全手册。

煤矿职工安全手册应当载明职工的权利、义务，煤矿重大安全生产隐患的情形和应急保护措施、方法以及安全生产隐患和违法行为的举报电话、受理部门。

煤矿企业没有为每位职工发放符合要求的职工安全手册的，由县级以上地方人民政府负责煤矿安全生产监督管理的部门或者煤矿安全监察机构责令限期改正；逾期未改正的，处5万元以下的罚款。

第二十三条 任何单位和个人发现煤矿有本规定第五条第一款和第八条第二款所列情形之一的，都有权向县级以上地方人民政府负责煤矿安全生产监督管理的部门或者煤矿安全监察机构举报。

受理的举报经调查属实的，受理举报的部门或者机构应当给予最先举报人1000元至1万元的奖励，所需费用由同级财政列支。

县级以上地方人民政府负责煤矿安全生产监督管理的部门或者煤矿安全监察机构接到举报后，应当及时调查处理；不及时调查处理的，对有关责任人，根据情节轻重，给予警告、记过、记大过或者降级的行政处分。

第二十四条 煤矿有违反本规定的违法行为，法律规定由有关部门查处的，有关部门应当依法进行查处。但是，对同一违法行为不得给予两次以上罚款的行政处罚。

第二十五条 国家行政机关工作人员、国有企业负责人有违反本规定的行为，依照本规定应当给予处分的，由监察机关或者任免机关依法作出处分决定。

国家行政机关工作人员、国有企业负责人对处分决定不服的，可以依法提出申诉。

第二十六条 当事人对行政处罚决定不服的，可以依法申请行政复议，或者依法直接向人民法院提起行政诉讼。

第二十七条 省、自治区、直辖市人民政府可以依据本规定制定具体实施办法。

第二十八条 本规定自公布之日起施行。

乡镇煤矿管理条例（节录）

1. 1994年12月20日国务院令第169号发布

2. 根据2013年7月18日国务院令第638号《关于废止和修改部分行政法规的决定》修订

第十七条 乡镇煤矿应当按照国家有关矿山安全的法律、法规和煤炭行业安全规程、技术规范的要求，建立、健全各级安全生产责任制和安全规章制度。

第十八条 县级、乡级人民政府应当加强对乡镇煤矿安全生产工作的监督管理，保证煤矿生产的安全。

乡镇煤矿的矿长和办矿单位的主要负责人，应当加强对煤矿安全生产工作的领导，落实安全生产责任制，采取各种有效措施，防止生产事故的发生。

第十九条 国务院煤炭工业主管部门和县级以上地方人民政府负责管理煤炭工业的部门，应当有计划地对乡镇煤矿的职工进行安全教育和技术培训。

县级以上人民政府负责管理煤炭工业的部门对矿长考核合格后，应当颁发矿长资格证书。

县级以上人民政府负责管理煤炭工业的部门对瓦斯检验工、采煤机司机等特种作业人员按照国家有关规定考核合格后，应当颁发操作资格证书。

第二十条 乡镇煤矿发生伤亡事故，应当按照有关法律、行政法规的规定，及时如实地向上一级人民政府、煤炭工业主管部门及其他有关主管部门报告，并立即采取有效措施，做好救护工作。

第二十一条 乡镇煤矿应当及时测绘井上下工程对照图、采掘工程平面图和通风系统图，并定期向原审查办矿条件的煤炭工业主管部门报送图纸，接受其监督、检查。

第二十二条 乡镇煤矿进行采矿作业，不得采用可能危及相邻煤矿生产安全的决水、爆破、贯通巷道等危险方法。

第二十三条 乡镇煤矿依照有关法律、法规的规定办理关闭矿山手续时，应当向原审查办矿条件的煤炭工业主管部门提交有关采掘工程、不安全隐患等资料。

第二十四条 县级以上人民政府劳动行政主管部门负责对乡镇煤矿安全工作的监督，并有权对取得矿长资格证书的矿长进行抽查。

第二十五条 违反法律、法规关于矿山安全的规定，造成人身伤亡或者财产损失的，依照有关法律、法规的规定给予处罚。

第二十六条 违反本条例规定，有下列情形之一的，由原审查办矿条件的煤炭工业主管部门，根据情节轻重，给予警告、5万元以下的罚款、没收违法所得或者责令停产整顿：

（一）未经煤炭工业主管部门审查同意，擅自开办乡镇煤矿的；

（二）未按照规定向煤炭工业主管部门报送有关图纸资料的。

煤矿安全监察条例

1. 2000年11月7日国务院令第296号公布
2. 根据2013年7月18日国务院令第638号《关于废止和修改部分行政法规的决定》修订

第一章 总 则

第一条 为了保障煤矿安全,规范煤矿安全监察工作,保护煤矿职工人身安全和身体健康,根据煤炭法、矿山安全法、第九届全国人民代表大会第一次会议通过的国务院机构改革方案和国务院关于煤矿安全监察体制的决定,制定本条例。

第二条 国家对煤矿安全实行监察制度。国务院决定设立的煤矿安全监察机构按照国务院规定的职责,依照本条例的规定对煤矿实施安全监察。

第三条 煤矿安全监察机构依法行使职权,不受任何组织和个人的非法干涉。

煤矿及其有关人员必须接受并配合煤矿安全监察机构依法实施的安全监察,不得拒绝、阻挠。

第四条 地方各级人民政府应当加强煤矿安全管理工作,支持和协助煤矿安全监察机构依法对煤矿实施安全监察。

煤矿安全监察机构应当及时向有关地方人民政府通报煤矿安全监察的有关情况,并可以提出加强和改善煤矿安全管理的建议。

第五条 煤矿安全监察应当以预防为主,及时发现和消除事故隐患,有效纠正影响煤矿安全的违法行为,实行安全监察与促进安全管理相结合、教育与惩处相结合。

第六条 煤矿安全监察应当依靠煤矿职工和工会组织。

煤矿职工对事故隐患或者影响煤矿安全的违法行为有权向煤矿安全监察机构报告或者举报。煤矿安全监察机构对报告或者举报有功人员给予奖励。

第七条 煤矿安全监察机构及其煤矿安全监察人员应当依法履行安全监察职责。任何单位和个人对煤矿安全监察机构及其煤矿安全监察人员的违法违纪行为,有权向上级煤矿安全监察机构或者有关机关检举和控告。

第二章 煤矿安全监察机构及其职责

第八条 本条例所称煤矿安全监察机构,是指国家煤矿安全监察机构和在省、自治区、直辖市设立的煤矿安全监察机构(以下简称地区煤矿安全监察机构)及其在大中型矿区设立的煤矿安全监察办事处。

第九条 地区煤矿安全监察机构及其煤矿安全监察办事处负责对划定区域内的煤矿实施安全监察;煤矿安全监察办事处在国家煤矿安全监察机构规定的权限范围内,可以对违法行为实施行政处罚。

第十条 煤矿安全监察机构设煤矿安全监察员。煤矿安全监察员应当公道、正派,熟悉煤矿安全法律、法规和规章,具有相应的专业知识和相关的工作经验,并经考试录用。

煤矿安全监察员的具体管理办法由国家煤矿安全监察机构商国务院有关部门制定。

第十一条 地区煤矿安全监察机构、煤矿安全监察办事处应当对煤矿实施经常性安全检查;对事故多发地区的煤矿,应当实施重点安全检查。国家煤矿安全监察机构根据煤矿安全工作的实际情况,组织对全国煤矿的全面安全检查或者重点安全抽查。

第十二条 地区煤矿安全监察机构、煤矿安全监察办事处应当对每个煤矿建立煤矿安全监察档案。煤矿安全监察人员对每次安全检查的内容、发现的问题及其处理情况,应当作详细记录,并由参加检查的煤矿安全监察人员签名后归档。

第十三条 地区煤矿安全监察机构、煤矿安全监察办事处应当每15日分别向国家煤矿安全监察机构、地区煤矿安全监察机构报告一次煤矿安全监察情况;有重大煤矿安全问题的,应当及时采取措施并随时报告。

国家煤矿安全监察机构应当定期公布煤矿安全监察情况。

第十四条 煤矿安全监察人员履行安全监察职责,有权随时进入煤矿作业场所进行检查,调阅有关资料,参加煤矿安全生产会议,向有关单位或者人员了解情况。

第十五条 煤矿安全监察人员在检查中发现影响煤矿安全的违法行为,有权当场予以纠正或者要求限期改正;对依法应当给予行政处罚的行为,由煤矿安全监察机构依照行政处罚法和本条例规定的程序作出决定。

第十六条 煤矿安全监察人员进行现场检查时,发现存在事故隐患的,有权要求煤矿立即消除或者限期解决;发现威胁职工生命安全的紧急情况时,有权要求立即停止作业,下达立即从危险区内撤出作业人员的命令,并立即将紧急情况和处理措施报告煤矿安全监察机构。

第十七条 煤矿安全监察机构在实施安全监察过程中,发现煤矿存在的安全问题涉及有关地方人民政府或其有关部门的,应当向有关地方人民政府或其有关部门提出建议,并向上级人民政府或其有关部门报告。

第十八条 煤矿发生伤亡事故的，由煤矿安全监察机构负责组织调查处理。

煤矿安全监察机构组织调查处理事故，应当依照国家规定的事故调查程序和处理办法进行。

第十九条 煤矿安全监察机构及其煤矿安全监察人员不得接受煤矿的任何馈赠、报酬、福利待遇，不得在煤矿报销任何费用，不得参加煤矿安排、组织或者支付费用的宴请、娱乐、旅游、出访等活动，不得借煤矿安全监察工作在煤矿为自己、亲友或者他人谋取利益。

第三章 煤矿安全监察内容

第二十条 煤矿安全监察机构对煤矿执行煤炭法、矿山安全法和其他有关煤矿安全的法律、法规以及国家安全标准、行业安全标准、煤矿安全规程和行业技术规范的情况实施监察。

第二十一条 煤矿建设工程设计必须符合煤矿安全规程和行业技术规范的要求。煤矿建设工程安全设施设计必须经煤矿安全监察机构审查同意；未经审查同意的，不得施工。

煤矿安全监察机构审查煤矿建设工程安全设施设计，应当自收到申请审查的设计资料之日起30日内审查完毕，签署同意或者不同意的意见，并书面答复。

第二十二条 煤矿建设工程竣工后或者投产前，应当经煤矿安全监察机构对其安全设施和条件进行验收；未经验收或者验收不合格的，不得投入生产。

煤矿安全监察机构对煤矿建设工程安全设施和条件进行验收，应当自收到申请验收文件之日起30日内验收完毕，签署合格或者不合格的意见，并书面答复。

第二十三条 煤矿安全监察机构应当监督煤矿制定事故预防和应急计划，并检查煤矿制定的发现和消除事故隐患的措施及其落实情况。

第二十四条 煤矿安全监察机构发现煤矿矿井通风、防火、防水、防瓦斯、防毒、防尘等安全设施和条件不符合国家安全标准、行业安全标准、煤矿安全规程和行业技术规范要求的，应当责令立即停止作业或者责令限期达到要求。

第二十五条 煤矿安全监察机构发现煤矿进行独眼井开采的，应当责令关闭。

第二十六条 煤矿安全监察机构发现煤矿作业场所有下列情形之一的，应当责令立即停止作业，限期改正；有关煤矿或其作业场所经复查合格的，方可恢复作业：

（一）未使用专用防爆电器设备的；

（二）未使用专用放炮器的；

（三）未使用人员专用升降容器的；

（四）使用明火明电照明的。

第二十七条 煤矿安全监察机构对煤矿安全技术措施专项费用的提取和使用情况进行监督，对未依法提取或者使用的，应当责令限期改正。

第二十八条 煤矿安全监察机构发现煤矿矿井使用的设备、器材、仪器、仪表、防护用品不符合国家安全标准或者行业安全标准的，应当责令立即停止使用。

第二十九条 煤矿安全监察机构发现煤矿有下列情形之一的，应当责令限期改正：

（一）未依法建立安全生产责任制的；

（二）未设置安全生产机构或者配备安全生产人员的；

（三）矿长不具备安全专业知识的；

（四）特种作业人员未取得资格证书上岗作业的；

（五）分配职工上岗作业前，未进行安全教育、培训的；

（六）未向职工发放保障安全生产所需的劳动防护用品的。

第三十条 煤矿安全监察人员发现煤矿作业场所的瓦斯、粉尘或者其他有毒有害气体的浓度超过国家安全标准或者行业安全标准的，煤矿擅自开采保安煤柱的，或者采用危及相邻煤矿生产安全的决水、爆破、贯通巷道等危险方法进行采矿作业的，应当责令立即停止作业，并将有关情况报告煤矿安全监察机构。

第三十一条 煤矿安全监察人员发现煤矿矿长或者其他主管人员违章指挥工人或者强令工人违章、冒险作业，或者发现工人违章作业的，应当立即纠正或者责令立即停止作业。

第三十二条 煤矿安全监察机构及其煤矿安全监察人员履行安全监察职责，向煤矿有关人员了解情况时，有关人员应当如实反映情况，不得提供虚假情况，不得隐瞒本煤矿存在的事故隐患以及其他安全问题。

第三十三条 煤矿安全监察机构依照本条例的规定责令煤矿限期解决事故隐患、限期改正影响煤矿安全的违法行为或者限期使安全设施和条件达到要求的，应当在限期届满时及时对煤矿的执行情况进行复查并签署复查意见；经有关煤矿申请，也可以在限期内进行复查并签署复查意见。

煤矿安全监察机构及其煤矿安全监察人员依照本条例的规定责令煤矿立即停止作业，责令立即停止使用不符合国家安全标准或者行业安全标准的设备、器材、仪器、仪表、防护用品，或者责令关闭矿井的，应当对煤矿的执行情况随时进行检查。

第三十四条　煤矿安全监察机构及其煤矿安全监察人员履行安全监察职责，应当出示安全监察证件。发出安全监察指令，应当采用书面通知形式；紧急情况下需要采取紧急处置措施，来不及书面通知的，应当随后补充书面通知。

第四章　罚　　则

第三十五条　煤矿建设工程安全设施设计未经煤矿安全监察机构审查同意，擅自施工的，由煤矿安全监察机构责令停止施工；拒不执行的，由煤矿安全监察机构移送地质矿产主管部门依法吊销采矿许可证。

第三十六条　煤矿建设工程安全设施和条件未经验收或者验收不合格，擅自投入生产的，由煤矿安全监察机构责令停止生产，处5万元以上10万元以下的罚款；拒不停止生产的，由煤矿安全监察机构移送地质矿产主管部门依法吊销采矿许可证。

第三十七条　煤矿矿井通风、防火、防水、防瓦斯、防毒、防尘等安全设施和条件不符合国家安全标准、行业安全标准、煤矿安全规程和行业技术规范的要求，经煤矿安全监察机构责令限期达到要求，逾期仍达不到要求的，由煤矿安全监察机构责令停产整顿；经停产整顿仍不具备安全生产条件的，由煤矿安全监察机构决定吊销安全生产许可证，并移送地质矿产主管部门依法吊销采矿许可证。

第三十八条　煤矿作业场所未使用专用防爆电器设备、专用放炮器、人员专用升降容器或者使用明火明电照明，经煤矿安全监察机构责令限期改正，逾期不改正的，由煤矿安全监察机构责令停产整顿，可以处3万元以下的罚款。

第三十九条　未依法提取或者使用煤矿安全技术措施专项费用，或者使用不符合国家安全标准或者行业安全标准的设备、器材、仪器、仪表、防护用品，经煤矿安全监察机构责令限期改正或者责令立即停止使用，逾期不改正或者不立即停止使用的，由煤矿安全监察机构处5万元以下的罚款；情节严重的，由煤矿安全监察机构责令停产整顿；对直接负责的主管人员和其他直接责任人员，依法给予纪律处分。

第四十条　煤矿矿长不具备安全专业知识，或者特种作业人员未取得操作资格证书上岗作业，经煤矿安全监察机构责令限期改正，逾期不改正的，责令停产整顿；调整配备合格人员并经复查合格后，方可恢复生产。

第四十一条　分配职工上岗作业前未进行安全教育、培训，经煤矿安全监察机构责令限期改正，逾期不改正的，由煤矿安全监察机构处4万元以下的罚款；情节严重的，由煤矿安全监察机构责令停产整顿；对直接负责的主管人员和其他直接责任人员，依法给予纪律处分。

第四十二条　煤矿作业场所的瓦斯、粉尘或者其他有毒有害气体的浓度超过国家安全标准或者行业安全标准，经煤矿安全监察人员责令立即停止作业，拒不停止作业的，由煤矿安全监察机构责令停产整顿，可以处10万元以下的罚款。

第四十三条　擅自开采保安煤柱，或者采用危及相邻煤矿生产安全的决水、爆破、贯通巷道等危险方法进行采矿作业，经煤矿安全监察人员责令立即停止作业，拒不停止作业的，由煤矿安全监察机构决定吊销安全生产许可证，并移送地质矿产主管部门依法吊销采矿许可证；构成犯罪的，依法追究刑事责任；造成损失的，依法承担赔偿责任。

第四十四条　煤矿矿长或者其他主管人员有下列行为之一的，由煤矿安全监察机构给予警告；造成严重后果，构成犯罪的，依法追究刑事责任：

(一)违章指挥工人或者强令工人违章、冒险作业的；

(二)对工人屡次违章作业熟视无睹，不加制止的；

(三)对重大事故预兆或者已发现的事故隐患不及时采取措施的；

(四)拒不执行煤矿安全监察机构及其煤矿安全监察人员的安全监察指令的。

第四十五条　煤矿有关人员拒绝、阻碍煤矿安全监察机构及其煤矿安全监察人员现场检查，或者提供虚假情况，或者隐瞒存在的事故隐患以及其他安全问题的，由煤矿安全监察机构给予警告，可以并处5万元以上10万元以下的罚款；情节严重的，由煤矿安全监察机构责令停产整顿；对直接负责的主管人员和其他直接责任人员，依法给予撤职直至开除的纪律处分。

第四十六条　煤矿发生事故，有下列情形之一的，由煤矿安全监察机构给予警告，可以并处3万元以上15万元以下的罚款；情节严重的，由煤矿安全监察机构责令停产整顿；对直接负责的主管人员和其他直接责任人员，依法给予降级直至开除的纪律处分；构成犯罪的，依法追究刑事责任：

(一)不按照规定及时、如实报告煤矿事故的；

(二)伪造、故意破坏煤矿事故现场的；

(三)阻碍、干涉煤矿事故调查工作，拒绝接受调查取证、提供有关情况和资料的。

第四十七条　依照本条例规定被吊销采矿许可证的，由工商行政管理部门依法相应吊销营业执照。

第四十八条　煤矿安全监察人员滥用职权、玩忽职守、徇私舞弊,应当发现而没有发现煤矿事故隐患或者影响煤矿安全的违法行为,或者发现事故隐患或者影响煤矿安全的违法行为不及时处理或者报告,或者有违反本条例第十九条规定行为之一,构成犯罪的,依法追究刑事责任;尚不构成犯罪的,依法给予行政处分。

第五章　附　　则

第四十九条　未设立地区煤矿安全监察机构的省、自治区、直辖市,省、自治区、直辖市人民政府可以指定有关部门依照本条例的规定对本行政区域内的煤矿实施安全监察。

第五十条　本条例自 2000 年 12 月 1 日起施行。

煤矿安全规程(节录)①

1. 2016 年 2 月 25 日国家安全生产监督管理总局令第 87 号公布

2. 根据 2022 年 1 月 6 日应急管理部令第 8 号《关于修改〈煤矿安全规程〉的决定》修正

第一编　总　　则

第一条　为保障煤矿安全生产和从业人员的人身安全与健康,防止煤矿事故与职业病危害,根据《煤炭法》《矿山安全法》《安全生产法》《职业病防治法》《煤矿安全监察条例》和《安全生产许可证条例》等,制定本规程。

第二条　在中华人民共和国领域内从事煤炭生产和煤矿建设活动,必须遵守本规程。

第三条　煤炭生产实行安全生产许可证制度。未取得安全生产许可证的,不得从事煤炭生产活动。

第四条　从事煤炭生产与煤矿建设的企业(以下统称煤矿企业)必须遵守国家有关安全生产的法律、法规、规章、规程、标准和技术规范。

煤矿企业必须加强安全生产管理,建立健全各级负责人、各部门、各岗位安全生产与职业病危害防治责任制。

煤矿企业必须建立健全安全生产与职业病危害防治目标管理、投入、奖惩、技术措施审批、培训、办公会议制度,安全检查制度,安全风险分级管控工作制度,事故隐患排查、治理、报告制度,事故报告与责任追究制度等。

煤矿企业必须制定重要设备材料的查验制度,做好检查验收和记录,防爆、阻燃抗静电、保护等安全性能不合格的不得入井使用。

煤矿企业必须建立各种设备、设施检查维修制度,定期进行检查维修,并做好记录。

煤矿必须制定本单位的作业规程和操作规程。

第五条　煤矿企业必须设置专门机构负责煤矿安全生产与职业病危害防治管理工作,配备满足工作需要的人员及装备。

第六条　煤矿建设项目的安全设施和职业病危害防护设施,必须与主体工程同时设计、同时施工、同时投入使用。

第十三条　入井(场)人员必须戴安全帽等个体防护用品,穿带有反光标识的工作服。入井(场)前严禁饮酒。

煤矿必须建立入井检身制度和出入井人员清点制度;必须掌握井下人员数量、位置等实时信息。

入井人员必须随身携带自救器、标识卡和矿灯,严禁携带烟草和点火物品,严禁穿化纤衣服。

第三编　井工煤矿

第三章　通风、瓦斯和煤尘爆炸防治

第一节　通　　风

第一百三十五条　井下空气成分必须符合下列要求:

(一)采掘工作面的进风流中,氧气浓度不低于 20%,二氧化碳浓度不超过 0.5%。

(二)有害气体的浓度不超过表 4 规定。

表 4　矿井有害气体最高允许浓度

名　称	最高允许浓度/%
一氧化碳 CO	0.0024
氧化氮(换算成 NO_2)	0.00025
二氧化硫 SO_2	0.0005
硫化氢 H_2S	0.00066
氨 NH_3	0.004

甲烷、二氧化碳和氢气的允许浓度按本规程的有关规定执行。

矿井中所有气体的浓度均按体积百分比计算。

第一百三十六条　井巷中的风流速度应当符合表 5 要求。

① 本文件共 721 条,限于篇幅,本书仅节录最常用的井工煤矿瓦斯防治、煤尘爆炸防治、防灭火、防治水等内容。

表 5 井巷中的允许风流速度

井巷名称	允许风速/(m·s⁻¹)	
	最低	最高
无提升设备的风井和风硐		15
专为升降物料的井筒		12
风桥		10
升降人员和物料的井筒		8
主要进、回风巷		8
架线电机车巷道	1.0	8
输送机巷,采区进、回风巷	0.25	6
采煤工作面、掘进中的煤巷和半煤岩巷	0.25	4
掘进中的岩巷	0.15	4
其他通风人行巷道	0.15	

设有梯子间的井筒或者修理中的井筒,风速不得超过 8m/s;梯子间四周经封闭后,井筒中的最高允许风速可以按表 5 规定执行。

无瓦斯涌出的架线电机车巷道中的最低风速可低于表 5 的规定值,但不得低于 0.5m/s。

综合机械化采煤工作面,在采取煤层注水和采煤机喷雾降尘等措施后,其最大风速可高于表 5 的规定值,但不得超过 5m/s。

第一百三十七条 进风井口以下的空气温度(干球温度,下同)必须在 2℃以上。

第一百三十八条 矿井需要的风量应当按下列要求分别计算,并选取其中的最大值:

(一)按井下同时工作的最多人数计算,每人每分钟供给风量不得少于 $4m^3$。

(二)按采掘工作面、硐室及其他地点实际需要风量的总和进行计算。各地点的实际需要风量,必须使该地点的风流中的甲烷、二氧化碳和其他有害气体的浓度,风速、温度及每人供风量符合本规程的有关规定。

使用煤矿用防爆型柴油动力装置机车运输的矿井,行驶车辆巷道的供风量还应当按同时运行的最多车辆数增加巷道配风量,配风量不小于 $4m^3/min \cdot kW$。

按实际需要计算风量时,应当避免备用风量过大或者过小。煤矿企业应当根据具体条件制定风量计算方法,至少每 5 年修订 1 次。

第一百三十九条 矿井每年安排采掘作业计划时必须核定矿井生产和通风能力,必须按实际供风量核定矿井产量,严禁超通风能力生产。

第一百四十条 矿井必须建立测风制度,每 10 天至少进行 1 次全面测风。对采掘工作面和其他用风地点,应当根据实际需要随时测风,每次测风结果应当记录并写在测风地点的记录牌上。

应当根据测风结果采取措施,进行风量调节。

第一百四十一条 矿井必须有足够数量的通风安全检测仪表。仪表必须由具备相应资质的检验单位进行检验。

第一百四十二条 矿井必须有完整的独立通风系统。改变全矿井通风系统时,必须编制通风设计及安全措施,由企业技术负责人审批。

第一百四十三条 贯通巷道必须遵守下列规定:

(一)巷道贯通前应当制定贯通专项措施。综合机械化掘进巷道在相距 50m 前、其他巷道在相距 20m 前,必须停止一个工作面作业,做好调整通风系统的准备工作。

停掘的工作面必须保持正常通风,设置栅栏及警标,每班必须检查风筒的完好状况和工作面及其回风流中的瓦斯浓度,瓦斯浓度超限时,必须立即处理。

掘进的工作面每次爆破前,必须派专人和瓦斯检查工共同到停掘的工作面检查工作面及其回风流中的瓦斯浓度,瓦斯浓度超限时,必须先停止在掘工作面的工作,然后处理瓦斯,只有在 2 个工作面及其回风流中的甲烷浓度都在 1.0% 以下时,掘进的工作面方可爆破。每次爆破前,2 个工作面入口必须有专人警戒。

(二)贯通时,必须由专人在现场统一指挥。

(三)贯通后,必须停止采区内的一切工作,立即调整通风系统,风流稳定后,方可恢复工作。

间距小于 20m 的平行巷道的联络巷贯通,必须遵守以上规定。

第一百四十四条 进、回风井之间和主要进、回风巷之间的每条联络巷中,必须砌筑永久性风墙;需要使用的联络巷,必须安设 2 道联锁的正向风门和 2 道反向风门。

第一百四十五条 箕斗提升井或者装有带式输送机的井筒兼作风井使用时,必须遵守下列规定:

(一)生产矿井现有箕斗提升井兼作回风井时,井上下装、卸载装置和井塔(架)必须有防尘和封闭措施,其漏风率不得超过 15%。装有带式输送机的井筒兼作回风井时,井筒中的风速不得超过 6m/s,且必须装设甲烷断电仪。

（二）箕斗提升井或者装有带式输送机的井筒兼作进风井时，箕斗提升井筒中的风速不得超过6m/s、装有带式输送机的井筒中的风速不得超过4m/s，并有防尘措施。装有带式输送机的井筒中必须装设自动报警灭火装置、敷设消防管路。

第一百四十六条　进风井口必须布置在粉尘、有害和高温气体不能侵入的地方。已布置在粉尘、有害和高温气体能侵入的地点的，应当制定安全措施。

第一百四十七条　新建高瓦斯矿井、突出矿井、煤层容易自燃矿井及有热害的矿井应当采用分区式通风或者对角式通风；初期采用中央并列式通风的只能布置一个采区生产。

第一百四十八条　矿井开拓新水平和准备新采区的回风，必须引入总回风巷或者主要回风巷中。在未构成通风系统前，可将此回风引入生产水平的进风中；但在有瓦斯喷出或者有突出危险的矿井中，开拓新水平和准备新采区时，必须先在无瓦斯喷出或者无突出危险的煤（岩）层中掘进巷道并构成通风系统，为构成通风系统的掘进巷道的回风，可以引入生产水平的进风中。上述2种回风流中的甲烷和二氧化碳浓度都不得超过0.5%，其他有害气体浓度必须符合本规程第一百三十五条的规定，并制定安全措施，报企业技术负责人审批。

第一百四十九条　生产水平和采（盘）区必须实行分区通风。

准备采区，必须在采区构成通风系统后，方可开掘其他巷道；采用倾斜长壁布置的，大巷必须至少超前2个区段，并构成通风系统后，方可开掘其他巷道。采煤工作面必须在采（盘）区构成完整的通风、排水系统后，方可回采。

高瓦斯、突出矿井的每个采（盘）区和开采容易自燃煤层的采（盘）区，必须设置至少1条专用回风巷；低瓦斯矿井开采煤层群和分层开采采用联合布置的采（盘）区，必须设置1条专用回风巷。

采区进、回风巷必须贯穿整个采区，严禁一段为进风巷、一段为回风巷。

第一百五十条　采、掘工作面应当实行独立通风，严禁2个采煤工作面之间串联通风。

同一采区内1个采煤工作面与其相连接的1个掘进工作面、相邻的2个掘进工作面，布置独立通风有困难时，在制定措施后，可采用串联通风，但串联通风的次数不得超过1次。

采区内为构成新区段通风系统的掘进巷道或者采煤工作面遇地质构造而重新掘进的巷道，布置独立通风有困难时，其回风可以串入采煤工作面，但必须制定安全措施，且串联通风的次数不得超过1次；构成独立通风系统后，必须立即改为独立通风。

对于本条规定的串联通风，必须在进入被串联工作面的巷道中装设甲烷传感器，且甲烷和二氧化碳浓度都不得超过0.5%，其他有害气体浓度都应当符合本规程第一百三十五条的要求。

开采有瓦斯喷出、有突出危险的煤层或者在距离突出煤层垂距小于10m的区域掘进施工时，严禁任何2个工作面之间串联通风。

第一百五十一条　井下所有煤仓和溜煤眼都应当保持一定的存煤，不得放空；有涌水的煤仓和溜煤眼，可以放空，但放空后放煤口闸板必须关闭，并设置引水管。

溜煤眼不得兼作风眼使用。

第一百五十二条　煤层倾角大于12°的采煤工作面采用下行通风时，应当报矿总工程师批准，并遵守下列规定：

（一）采煤工作面风速不得低于1m/s。

（二）在进、回风巷中必须设置消防供水管路。

（三）有突出危险的采煤工作面严禁采用下行通风。

第一百五十三条　采煤工作面必须采用矿井全风压通风，禁止采用局部通风机稀释瓦斯。

采掘工作面的进风和回风不得经过采空区或者冒顶区。

无煤柱开采沿空送巷和沿空留巷时，应当采取防止从巷道的两帮和顶部向采空区漏风的措施。

矿井在同一煤层、同翼、同一采区相邻正在开采的采煤工作面沿空送巷时，采掘工作面严禁同时作业。

水采和连续采煤机开采的采煤工作面由采空区回风时，工作面必须有足够的新鲜风流，工作面及其回风巷的风流中的甲烷和二氧化碳浓度必须符合本规程第一百七十二条、第一百七十三条和第一百七十四条的规定。

第一百五十四条　采空区必须及时封闭。必须随采煤工作面的推进逐个封闭通至采空区的连通巷道。采区开采结束后45天内，必须在所有与已采区相连通的巷道中设置密闭墙，全部封闭采区。

第一百五十五条　控制风流的风门、风桥、风墙、风窗等设施必须可靠。

不应在倾斜运输巷中设置风门；如果必须设置风门，应当安设自动风门或者设专人管理，并有防止矿车或者风门碰撞人员以及矿车碰坏风门的安全措施。

开采突出煤层时,工作面回风侧不得设置调节风量的设施。

第一百五十六条　新井投产前必须进行1次矿井通风阻力测定,以后每3年至少测定1次。生产矿井转入新水平生产、改变一翼或者全矿井通风系统后,必须重新进行矿井通风阻力测定。

第一百五十七条　矿井通风系统图必须标明风流方向、风量和通风设施的安装地点。必须按季绘制通风系统图,并按月补充修改。多煤层同时开采的矿井,必须绘制分层通风系统图。

应当绘制矿井通风系统立体示意图和矿井通风网络图。

第一百五十八条　矿井必须采用机械通风。

主要通风机的安装和使用应当符合下列要求:

(一)主要通风机必须安装在地面;装有通风机的井口必须封闭严密,其外部漏风率在无提升设备时不得超过5%,有提升设备时不得超过15%。

(二)必须保证主要通风机连续运转。

(三)必须安装2套同等能力的主要通风机装置,其中1套作备用,备用通风机必须能在10min内开动。

(四)严禁采用局部通风机或者风机群作为主要通风机使用。

(五)装有主要通风机的出风井口应当安装防爆门,防爆门每6个月检查维修1次。

(六)至少每月检查1次主要通风机。改变主要通风机转数、叶片角度或者对旋式主要通风机运转级数时,必须经矿总工程师批准。

(七)新安装的主要通风机投入使用前,必须进行试运转和通风机性能测定,以后每5年至少进行1次性能测定。

(八)主要通风机技术改造及更换叶片后必须进行性能测试。

(九)井下严禁安设辅助通风机。

第一百五十九条　生产矿井主要通风机必须装有反风设施,并能在10min内改变巷道中的风流方向;当风流方向改变后,主要通风机的供给风量不应小于正常供风量的40%。

每季度应当至少检查1次反风设施,每年应当进行1次反风演习;矿井通风系统有较大变化时,应当进行1次反风演习。

第一百六十条　严禁主要通风机房兼作他用。主要通风机房内必须安装水柱计(压力表)、电流表、电压表、轴承温度计等仪表,还必须有直通矿调度室的电话,并有反风操作系统图、司机岗位责任制和操作规程。主要通风机的运转应当由专职司机负责,司机应当每小时将通风机运转情况记入运转记录簿内;发现异常,立即报告。实现主要通风机集中监控、图像监视的主要通风机房可不设专职司机,但必须实行巡检制度。

第一百六十一条　矿井必须制定主要通风机停止运转的应急预案。因检修、停电或者其他原因停止主要通风机运转时,必须制定停风措施。

变电所或者电厂在停电前,必须将预计停电时间通知矿调度室。

主要通风机停止运转时,必须立即停止工作、切断电源,工作人员先撤到进风巷道中,由值班矿领导组织全矿井工作人员全部撤出。

主要通风机停止运转期间,必须打开井口防爆门和有关风门,利用自然风压通风;对由多台主要通风机联合通风的矿井,必须正确控制风流,防止风流紊乱。

第一百六十二条　矿井开拓或者准备采区时,在设计中必须根据该处全风压供风量和瓦斯涌出量编制通风设计。掘进巷道的通风方式、局部通风机和风筒的安装和使用等应当在作业规程中明确规定。

第一百六十三条　掘进巷道必须采用矿井全风压通风或者局部通风机通风。

煤巷、半煤岩巷和有瓦斯涌出的岩巷掘进采用局部通风机通风时,应当采用压入式,不得采用抽出式(压气、水力引射器不受此限);如果采用混合式,必须制定安全措施。

瓦斯喷出区域和突出煤层采用局部通风机通风时,必须采用压入式。

第一百六十四条　安装和使用局部通风机和风筒时,必须遵守下列规定:

(一)局部通风机由指定人员负责管理。

(二)压入式局部通风机和启动装置安装在进风巷道中,距掘进巷道回风口不得小于10m;全风压供给该处的风量必须大于局部通风机的吸入风量,局部通风机安装地点到回风口间的巷道中的最低风速必须符合本规程第一百三十六条的要求。

(三)高瓦斯、突出矿井的煤巷、半煤岩巷和有瓦斯涌出的岩巷掘进工作面正常工作的局部通风机必须配备安装同等能力的备用局部通风机,并能自动切换。正常工作的局部通风机必须采用三专(专用开关、专用电缆、专用变压器)供电,专用变压器最多可向4个不同掘进工作面的局部通风机供电;备用局部通风机电源必须取自同时带电的另一电源，当正常工作的局部通风机故障时，备用局部通风机能自动启动，保持掘进工作面正常通风。

（四）其他掘进工作面和通风地点正常工作的局部通风机可不配备备用局部通风机，但正常工作的局部通风机必须采用三专供电；或者正常工作的局部通风机配备安装一台同等能力的备用局部通风机，并能自动切换。正常工作的局部通风机和备用局部通风机的电源必须取自同时带电的不同母线段的相互独立的电源，保证正常工作的局部通风机故障时，备用局部通风机能投入正常工作。

（五）采用抗静电、阻燃风筒。风筒口到掘进工作面的距离、正常工作的局部通风机和备用局部通风机自动切换的交叉风筒接头的规格和安设标准，应当在作业规程中明确规定。

（六）正常工作和备用局部通风机均失电停止运转后，当电源恢复时，正常工作的局部通风机和备用局部通风机均不得自行启动，必须人工开启局部通风机。

（七）使用局部通风机供风的地点必须实行风电闭锁和甲烷电闭锁，保证当正常工作的局部通风机停止运转或者停风后能切断停风区内全部非本质安全型电气设备的电源。正常工作的局部通风机故障，切换到备用局部通风机工作时，该局部通风机通风范围内应当停止工作，排除故障；待故障被排除，恢复到正常工作的局部通风后方可恢复工作。使用2台局部通风机同时供风的，2台局部通风机都必须同时实现风电闭锁和甲烷电闭锁。

（八）每15天至少进行一次风电闭锁和甲烷电闭锁试验，每天应当进行一次正常工作的局部通风机与备用局部通风机自动切换试验，试验期间不得影响局部通风，试验记录要存档备查。

（九）严禁使用3台及以上局部通风机同时向1个掘进工作面供风。不得使用1台局部通风机同时向2个及以上作业的掘进工作面供风。

第一百六十五条 使用局部通风机通风的掘进工作面，不得停风；因检修、停电、故障等原因停风时，必须将人员全部撤至全风压进风流处，切断电源，设置栅栏、警示标志，禁止人员入内。

第一百六十六条 井下爆炸物品库必须有独立的通风系统，回风风流必须直接引入矿井的总回风巷或者主要回风巷中。新建矿井采用对角式通风系统时，投产初期可利用采区岩石上山或者用不燃性材料支护和不燃性背板背严的煤层上山作爆炸物品库的回风巷。必须保证爆炸物品库每小时能有其总容积4倍的风量。

第一百六十七条 井下充电室必须有独立的通风系统，回风风流应当引入回风巷。

井下充电室，在同一时间内，5t及以下的电机车充电电池的数量不超过3组、5t以上的电机车充电电池的数量不超过1组时，可不采用独立通风，但必须在新鲜风流中。

井下充电室风流中以及局部积聚处的氢气浓度，不得超过0.5%。

第一百六十八条 井下机电设备硐室必须设在进风风流中；采用扩散通风的硐室，其深度不得超过6m、入口宽度不得小于1.5m，并且无瓦斯涌出。

井下个别机电设备设在回风流中的，必须安装甲烷传感器并实现甲烷电闭锁。

采区变电所及实现采区变电所功能的中央变电所必须有独立的通风系统。

第二节　瓦斯防治

第一百六十九条 一个矿井中只要有一个煤（岩）层发现瓦斯，该矿井即为瓦斯矿井。瓦斯矿井必须依照矿井瓦斯等级进行管理。

根据矿井相对瓦斯涌出量、矿井绝对瓦斯涌出量、工作面绝对瓦斯涌出量和瓦斯涌出形式，矿井瓦斯等级划分为：

（一）低瓦斯矿井。同时满足下列条件的为低瓦斯矿井：

1. 矿井相对瓦斯涌出量不大于$10m^3/t$；

2. 矿井绝对瓦斯涌出量不大于$40m^3/min$；

3. 矿井任一掘进工作面绝对瓦斯涌出量不大于$3m^3/min$；

4. 矿井任一采煤工作面绝对瓦斯涌出量不大于$5m^3/min$。

（二）高瓦斯矿井。具备下列条件之一的为高瓦斯矿井：

1. 矿井相对瓦斯涌出量大于$10m^3/t$；

2. 矿井绝对瓦斯涌出量大于$40m^3/min$；

3. 矿井任一掘进工作面绝对瓦斯涌出量大于$3m^3/min$；

4. 矿井任一采煤工作面绝对瓦斯涌出量大于$5m^3/min$。

（三）突出矿井。

第一百七十条 每2年必须对低瓦斯矿井进行瓦斯等级和二氧化碳涌出量的鉴定工作，鉴定结果报省级煤炭行业管理部门和省级煤矿安全监察机构。上报时应当包括开采煤层最短发火期和自燃倾向性、煤尘爆炸性的鉴定结果。高瓦斯、突出矿井不再进行周期性瓦斯等级鉴定工作,但应当每年测定和计算矿井、采区、工作面瓦斯和二氧化碳涌出量,并报省级煤炭行业管理部门和煤矿安全监察机构。

新建矿井设计文件中,应当有各煤层的瓦斯含量资料。

高瓦斯矿井应当测定可采煤层的瓦斯含量、瓦斯压力和抽采半径等参数。

第一百七十一条 矿井总回风巷或者一翼回风巷中甲烷或者二氧化碳浓度超过 0.75% 时,必须立即查明原因,进行处理。

第一百七十二条 采区回风巷、采掘工作面回风巷风流中甲烷浓度超过 1.0% 或者二氧化碳浓度超过 1.5% 时,必须停止工作,撤出人员,采取措施,进行处理。

第一百七十三条 采掘工作面及其他作业地点风流中甲烷浓度达到 1.0% 时,必须停止用电钻打眼;爆破地点附近 20m 以内风流中甲烷浓度达到 1.0% 时,严禁爆破。

采掘工作面及其他作业地点风流中、电动机或者其开关安设地点附近 20m 以内风流中的甲烷浓度达到 1.5% 时,必须停止工作,切断电源,撤出人员,进行处理。

采掘工作面及其他巷道内,体积大于 $0.5m^3$ 的空间内积聚的甲烷浓度达到 2.0% 时,附近 20m 内必须停止工作,撤出人员,切断电源,进行处理。

对因甲烷浓度超过规定被切断电源的电气设备,必须在甲烷浓度降到 1.0% 以下时,方可通电开动。

第一百七十四条 采掘工作面风流中二氧化碳浓度达到 1.5% 时,必须停止工作,撤出人员,查明原因,制定措施,进行处理。

第一百七十五条 矿井必须从设计和采掘生产管理上采取措施,防止瓦斯积聚;当发生瓦斯积聚时,必须及时处理。当瓦斯超限达到断电浓度时,班组长、瓦斯检查工、矿调度员有权责令现场作业人员停止作业,停电撤人。

矿井必须有因停电和检修主要通风机停止运转或者通风系统遭到破坏以后恢复通风、排除瓦斯和送电的安全措施。恢复正常通风后,所有受到停风影响的地点,都必须经过通风、瓦斯检查人员检查,证实无危险后,方可恢复工作。所有安装电动机及其开关的地点附近 20m 的巷道内,都必须检查瓦斯,只有甲烷浓度符合本规程规定时,方可开启。

临时停工的地点,不得停风;否则必须切断电源,设置栅栏、警标,禁止人员进入,并向矿调度室报告。停工区内甲烷或者二氧化碳浓度达到 3.0% 或者其他有害气体浓度超过本规程第一百三十五条的规定不能立即处理时,必须在 24h 内封闭完毕。

恢复已封闭的停工区或者采掘工作接近这些地点时,必须事先排除其中积聚的瓦斯。排除瓦斯工作必须制定安全技术措施。

严禁在停风或者瓦斯超限的区域内作业。

第一百七十六条 局部通风机因故停止运转,在恢复通风前,必须首先检查瓦斯,只有停风区中最高甲烷浓度不超过 1.0% 和最高二氧化碳浓度不超过 1.5%,且局部通风机及其开关附近 10m 以内风流中的甲烷浓度都不超过 0.5% 时,方可人工开启局部通风机,恢复正常通风。

停风区中甲烷浓度超过 1.0% 或者二氧化碳浓度超过 1.5%,最高甲烷浓度和二氧化碳浓度不超过 3.0% 时,必须采取安全措施,控制风流排放瓦斯。

停风区中甲烷浓度或者二氧化碳浓度超过3.0%时,必须制定安全排放瓦斯措施,报矿总工程师批准。

在排放瓦斯过程中,排出的瓦斯与全风压风流混合处的甲烷和二氧化碳浓度均不得超过 1.5%,且混合风流经过的所有巷道内必须停电撤人,其他地点的停电撤人范围应当在措施中明确规定。只有恢复通风的巷道风流中甲烷浓度不超过 1.0% 和二氧化碳浓度不超过 1.5% 时,方可人工恢复局部通风机供风巷道内电气设备的供电和采区回风系统内的供电。

第一百七十七条 井筒施工以及开拓新水平的井巷第一次接近各开采煤层时,必须按掘进工作面距煤层的准确位置,在距煤层垂距 10m 以外开始打探煤钻孔,钻孔超前工作面的距离不得小于 5m,并有专职瓦斯检查工经常检查瓦斯。岩巷掘进遇到煤线或者接近地质破坏带时,必须有专职瓦斯检查工经常检查瓦斯,发现瓦斯大量增加或者其他异常时,必须停止掘进,撤出人员,进行处理。

第一百七十八条 有瓦斯或者二氧化碳喷出的煤(岩)层,开采前必须采取下列措施:

(一)打前探钻孔或者抽排钻孔。

(二)加大喷出危险区域的风量。

(三)将喷出的瓦斯或者二氧化碳直接引入回风巷或者抽采瓦斯管路。

第一百七十九条 在有油气爆炸危险的矿井中,应当使用能检测油气成分的仪器检查各个地点的油气浓度,并定期采样化验油气成分和浓度。对油气浓度的规定可按本规程有关瓦斯的各项规定执行。

第一百八十条 矿井必须建立甲烷、二氧化碳和其他有害气体检查制度，并遵守下列规定：

（一）矿长、矿总工程师、爆破工、采掘区队长、通风区队长、工程技术人员、班长、流动电钳工等下井时，必须携带便携式甲烷检测报警仪。瓦斯检查工必须携带便携式光学甲烷检测仪和便携式甲烷检测报警仪。安全监测工必须携带便携式甲烷检测报警仪。

（二）所有采掘工作面、硐室、使用中的机电设备的设置地点、有人员作业的地点都应当纳入检查范围。

（三）采掘工作面的甲烷浓度检查次数如下：

1. 低瓦斯矿井，每班至少2次；

2. 高瓦斯矿井，每班至少3次；

3. 突出煤层、有瓦斯喷出危险或者瓦斯涌出较大、变化异常的采掘工作面，必须有专人经常检查。

（四）采掘工作面二氧化碳浓度应当每班至少检查2次；有煤（岩）与二氧化碳突出危险或者二氧化碳涌出量较大、变化异常的采掘工作面，必须有专人经常检查二氧化碳浓度。对于未进行作业的采掘工作面，可能涌出或者积聚甲烷、二氧化碳的硐室和巷道，应当每班至少检查1次甲烷、二氧化碳浓度。

（五）瓦斯检查工必须执行瓦斯巡回检查制度和请示报告制度，并认真填写瓦斯检查班报。每次检查结果必须记入瓦斯检查班报手册和检查地点的记录牌上，并通知现场工作人员。甲烷浓度超过本规程规定时，瓦斯检查工有权责令现场人员停止工作，并撤到安全地点。

（六）在有自然发火危险的矿井，必须定期检查一氧化碳浓度、气体温度等变化情况。

（七）井下停风地点栅栏外风流中的甲烷浓度每天至少检查1次，密闭外的甲烷浓度每周至少检查1次。

（八）通风值班人员必须审阅瓦斯班报，掌握瓦斯变化情况，发现问题，及时处理，并向矿调度室汇报。

通风瓦斯日报必须送矿长、矿总工程师审阅，一矿多井的矿必须同时送井长、井技术负责人审阅。对重大的通风、瓦斯问题，应当制定措施，进行处理。

第一百八十一条 突出矿井必须建立地面永久抽采瓦斯系统。

有下列情况之一的矿井，必须建立地面永久抽采瓦斯系统或者井下临时抽采瓦斯系统：

（一）任一采煤工作面的瓦斯涌出量大于$5m^3/min$或者任一掘进工作面瓦斯涌出量大于$3m^3/min$，用通风方法解决瓦斯问题不合理的。

（二）矿井绝对瓦斯涌出量达到下列条件的：

1. 大于或者等于$40m^3/min$；

2. 年产量1.0～1.5Mt的矿井，大于$30m^3/min$；

3. 年产量0.6～1.0Mt的矿井，大于$25m^3/min$；

4. 年产量0.4～0.6Mt的矿井，大于$20m^3/min$；

5. 年产量小于或者等于0.4Mt的矿井，大于$15m^3/min$。

第一百八十二条 抽采瓦斯设施应当符合下列要求：

（一）地面泵房必须用不燃性材料建筑，并必须有防雷电装置，其距进风井口和主要建筑物不得小于50m，并用栅栏或者围墙保护。

（二）地面泵房和泵房周围20m范围内，禁止堆积易燃物和有明火。

（三）抽采瓦斯泵及其附属设备，至少应当有1套备用，备用泵能力不得小于运行泵中最大一台单泵的能力。

（四）地面泵房内电气设备、照明和其他电气仪表都应当采用矿用防爆型；否则必须采取安全措施。

（五）泵房必须有直通矿调度室的电话和检测管道瓦斯浓度、流量、压力等参数的仪表或者自动监测系统。

（六）干式抽采瓦斯泵吸气侧管路系统中，必须装设有防回火、防回流和防爆炸作用的安全装置，并定期检查。抽采瓦斯泵站放空管的高度应当超过泵房房顶3m。

泵房必须有专人值班，经常检测各参数，做好记录。当抽采瓦斯泵停止运转时，必须立即向矿调度室报告。如果利用瓦斯，在瓦斯泵停止运转后和恢复运转前，必须通知使用瓦斯的单位，取得同意后，方可供应瓦斯。

第一百八十三条 设置井下临时抽采瓦斯泵站时，必须遵守下列规定：

（一）临时抽采瓦斯泵站应当安设在抽采瓦斯地点附近的新鲜风流中。

（二）抽出的瓦斯可引排到地面、总回风巷、一翼回风巷或者分区回风巷，但必须保证稀释后风流中的瓦斯浓度不超限。在建有地面永久抽采系统的矿井，临时泵站抽出的瓦斯可送至永久抽采系统的管路，但矿井抽采系统的瓦斯浓度必须符合本规程第一百八十四条的规定。

（三）抽出的瓦斯排入回风巷时，在排瓦斯管路出口必须设置栅栏、悬挂警戒牌等。栅栏设置的位置是上风侧距管路出口5m、下风侧距管路出口30m,两栅栏间禁止任何作业。

第一百八十四条　抽采瓦斯必须遵守下列规定:

(一)抽采容易自燃和自燃煤层的采空区瓦斯时,抽采管路应当安设一氧化碳、甲烷、温度传感器,实现实时监测监控。发现有自然发火征兆时,应当立即采取措施。

(二)井上下敷设的瓦斯管路,不得与带电物体接触并应当有防止砸坏管路的措施。

(三)采用干式抽采瓦斯设备时,抽采瓦斯浓度不得低于25%。

(四)利用瓦斯时,在利用瓦斯的系统中必须装设有防回火、防回流和防爆炸作用的安全装置。

(五)抽采的瓦斯浓度低于30%时,不得作为燃气直接燃烧。进行管道输送、瓦斯利用或者排空时,必须按有关标准的规定执行,并制定安全技术措施。

第三节　瓦斯和煤尘爆炸防治

第一百八十五条　新建矿井或者生产矿井每延深一个新水平,应当进行1次煤尘爆炸性鉴定工作,鉴定结果必须报省级煤炭行业管理部门和煤矿安全监察机构。

煤矿企业应当根据鉴定结果采取相应的安全措施。

第一百八十六条　开采有煤尘爆炸危险煤层的矿井,必须有预防和隔绝煤尘爆炸的措施。矿井的两翼、相邻的采区、相邻的煤层、相邻的采煤工作面间,掘进煤巷同与其相连的巷道间,煤仓同与其相连的巷道间,采用独立通风并有煤尘爆炸危险的其他地点同与其相连的巷道间,必须用水棚或者岩粉棚隔开。

必须及时清除巷道中的浮煤,清扫、冲洗沉积煤尘或者定期撒布岩粉;应当定期对主要大巷刷浆。

第一百八十七条　矿井应当每年制定综合防尘措施、预防和隔绝煤尘爆炸措施及管理制度,并组织实施。

矿井应当每周至少检查1次隔爆设施的安装地点、数量、水量或者岩粉量及安装质量是否符合要求。

第一百八十八条　高瓦斯矿井、突出矿井和有煤尘爆炸危险的矿井,煤巷和半煤岩巷掘进工作面应当安设隔爆设施。

第四章　煤(岩)与瓦斯(二氧化碳)突出防治

第一节　一般规定

第一百八十九条　在矿井井田范围内发生过煤(岩)与瓦斯(二氧化碳)突出的煤(岩)层或者经鉴定、认定为有突出危险的煤(岩)层为突出煤(岩)层。在矿井的开拓、生产范围内有突出煤(岩)层的矿井为突出矿井。

煤矿发生生产安全事故,经事故调查认定为突出事故的,发生事故的煤层直接认定为突出煤层,该矿井为突出矿井。

有下列情况之一的煤层,应当立即进行煤层突出危险性鉴定,否则直接认定为突出煤层;鉴定未完成前,应当按照突出煤层管理:

(一)有瓦斯动力现象的。

(二)瓦斯压力达到或者超过0.74MPa的。

(三)相邻矿井开采的同一煤层发生突出事故或者被鉴定、认定为突出煤层的。

煤矿企业应当将突出矿井及突出煤层的鉴定结果报省级煤炭行业管理部门和煤矿安全监察机构。

新建矿井应当对井田范围内采掘工程可能揭露的所有平均厚度在0.3m以上的煤层进行突出危险性评估,评估结论作为矿井初步设计和建井期间井巷揭煤作业的依据。评估为有突出危险时,建井期间应当对开采煤层及其他可能对采掘活动造成威胁的煤层进行突出危险性鉴定或者认定。

第一百九十条　新建突出矿井设计生产能力不得低于0.9Mt/a,第一生产水平开采深度不得超过800m。中型及以上的突出生产矿井延深水平开采深度不得超过1200m,小型的突出生产矿井开采深度不得超过600m。

第一百九十一条　突出矿井的防突工作必须坚持区域综合防突措施先行、局部综合防突措施补充的原则。

区域综合防突措施包括区域突出危险性预测、区域防突措施、区域防突措施效果检验和区域验证等内容。

局部综合防突措施包括工作面突出危险性预测、工作面防突措施、工作面防突措施效果检验和安全防护措施等内容。

突出矿井的新采区和新水平进行开拓设计前,应当对开拓采区或者开拓水平内平均厚度在0.3m以上的煤层进行突出危险性评估,评估结论作为开拓采区或者开拓水平设计的依据。对评估为无突出危险的煤层,所有井巷揭煤作业还必须采取区域或者局部综合防突措施;对评估为有突出危险的煤层,按突出煤层进行设计。

突出煤层突出危险区必须采取区域防突措施,严禁在区域防突措施效果未达到要求的区域进行采掘作业。

施工中发现有突出预兆或者发生突出的区域,必须采取区域综合防突措施。

经区域验证有突出危险,则该区域必须采取区域或者局部综合防突措施。

按突出煤层管理的煤层,必须采取区域或者局部综合防突措施。

在突出煤层进行采掘作业期间必须采取安全防护措施。

第一百九十二条 突出矿井必须确定合理的采掘部署,使煤层的开采顺序、巷道布置、采煤方法、采掘接替等有利于区域防突措施的实施。

突出矿井在编制生产发展规划和年度生产计划时,必须同时编制相应的区域防突措施规划和年度实施计划,将保护层开采、区域预抽煤层瓦斯等工程与矿井采掘部署、工程接替等统一安排,使矿井的开拓区、抽采区、保护层开采区和被保护层有效区按比例协调配置,确保采掘作业在区域防突措施有效区内进行。

第一百九十三条 有突出危险煤层的新建矿井及突出矿井的新水平、新采区的设计,必须有防突设计篇章。

非突出矿井升级为突出矿井时,必须编制防突专项设计。

第一百九十四条 突出矿井的防突工作应当遵守下列规定:

(一)配置满足防突工作需要的防突机构、专业防突队伍、检测分析仪器仪表和设备。

(二)建立防突管理制度和各级岗位责任制,健全防突技术管理和培训制度。突出矿井的管理人员和井下作业人员必须接受防突知识培训,经培训合格后方可上岗作业。

(三)加强两个"四位一体"综合防突措施实施过程的安全管理和质量管控,实现质量可靠、过程可溯、数据可查。区域预测、区域预抽、区域效果检验等的钻孔施工应当采用视频监视等可追溯的措施,并建立核查分析制度。

(四)不具备按照要求实施区域防突措施条件,或者实施区域防突措施时不能满足安全生产要求的突出煤层、突出危险区,不得进行采掘活动,并划定禁采区。

(五)煤层瓦斯压力达到或者超过3MPa的区域,必须采用地面钻井预抽煤层瓦斯,或者开采保护层的区域防突措施,或者采用井下顶(底)板巷道远程操控方式施工区域防突措施钻孔,并编制专项设计。

(六)井巷揭穿突出煤层必须编制防突专项设计,并报企业技术负责人审批。

(七)突出煤层采掘工作面必须编制防突专项设计。

(八)矿井必须对防突措施的技术参数和效果进行实际考察确定。

第一百九十五条 突出矿井的采掘布置应当遵守下列规定:

(一)主要巷道应当布置在岩层或者无突出危险煤层内。突出煤层的巷道优先布置在被保护区域或者其他无突出危险区域内。

(二)应当减少井巷揭开(穿)突出煤层的次数,揭开(穿)突出煤层的地点应当合理避开地质构造带。

(三)在同一突出煤层的集中应力影响范围内,不得布置2个工作面相向回采或者掘进。

第一百九十六条 突出煤层的采掘工作应当遵守下列规定:

(一)严禁采用水力采煤法、倒台阶采煤法或者其他非正规采煤法。

(二)在急倾斜煤层中掘进上山时,应当采用双上山、伪倾斜上山等掘进方式,并加强支护。

(三)上山掘进工作面采用爆破作业时,应当采用深度不大于1.0m的炮眼远距离全断面一次爆破。

(四)预测或者认定为突出危险区的采掘工作面严禁使用风镐作业。

(五)在过突出孔洞及其附近30m范围内进行采掘作业时,必须加强支护。

(六)在突出煤层的煤巷中安装、更换、维修或者回收支架时,必须采取预防煤体冒落引起突出的措施。

第一百九十七条 有突出危险煤层的新建矿井或者突出矿井,开拓新水平的井巷第一次揭穿(开)厚度为0.3m及以上煤层时,必须超前探测煤层厚度及地质构造、测定煤层瓦斯压力及瓦斯含量等与突出危险性相关的参数。

第一百九十八条 在突出煤层顶、底板掘进岩巷时,必须超前探测煤层及地质构造情况,分析勘测验证地质资料,编制巷道剖面图,及时掌握施工动态和围岩变化情况,防止误穿突出煤层。

第一百九十九条 有突出矿井的煤矿企业应当填写突出卡片、分析突出资料、掌握突出规律、制定防突措施,在每年第一季度内,将上年度的突出资料报省级煤炭行业管理部门。

第二百条 突出矿井必须编制并及时更新矿井瓦斯地质图,更新周期不得超过1年,图中应当标明采掘进度、被保护范围、煤层赋存条件、地质构造、突出点的位置、突出强度、瓦斯基本参数等,作为突出危险性区域预测和制定防突措施的依据。

第二百零一条 突出煤层工作面的作业人员、瓦斯检查工、班组长应当掌握突出预兆。发现突出预兆时,必须立即停止作业,按避灾路线撤出,并报告矿调度室。

班组长、瓦斯检查工、矿调度员有权责令相关现场作业人员停止作业,停电撤人。

第二百零二条 煤与二氧化碳突出、岩石与二氧化碳突出、岩石与瓦斯突出的管理和防治措施参照本章规定执行。

第二节 区域综合防突措施

第二百零三条 突出矿井应当对突出煤层进行区域突出危险性预测(以下简称区域预测)。经区域预测后,突出煤层划分为无突出危险区和突出危险区。未进行区域预测的区域视为突出危险区。

第二百零四条 具备开采保护层条件的突出危险区,必须开采保护层。选择保护层应当遵循下列原则:

(一)优先选择无突出危险的煤层作为保护层。矿井中所有煤层都有突出危险时,应当选择突出危险程度较小的煤层作保护层。

(二)应当优先选择上保护层;选择下保护层开采时,不得破坏被保护层的开采条件。

开采保护层后,在有效保护范围内的被保护层区域为无突出危险区,超出有效保护范围的区域仍然为突出危险区。

第二百零五条 有效保护范围的划定及有关参数应当实际考察确定。正在开采的保护层采煤工作面,必须超前于被保护层的掘进工作面,其超前距离不得小于保护层与被保护层之间法向距离的3倍,并不得小于100m。

第二百零六条 对不具备保护层开采条件的突出厚煤层,利用上分层或者上区段开采后形成的卸压作用保护下分层或者下区段时,应当依据实际考察结果来确定其有效保护范围。

第二百零七条 开采保护层时,应当不留设煤(岩)柱。特殊情况需留煤(岩)柱时,必须将煤(岩)柱的位置和尺寸准确标注在采掘工程平面图和瓦斯地质图上,在瓦斯地质图上还应当标出煤(岩)柱的影响范围。在煤(岩)柱及其影响范围内采掘作业前,必须采取区域预抽煤层瓦斯防突措施。

第二百零八条 开采保护层时,应当同时抽采被保护层和邻近层的瓦斯。开采近距离保护层时,必须采取防止误穿突出煤层和被保护层卸压瓦斯突然涌入保护层工作面的措施。

第二百零九条 采取预抽煤层瓦斯区域防突措施时,应当遵守下列规定:

(一)预抽区段煤层瓦斯区域防突措施的钻孔应当控制区段内整个回采区域、两侧回采巷道及其外侧如下范围内的煤层:倾斜、急倾斜煤层巷道上帮轮廓线外至少20m,下帮至少10m;其他煤层为巷道两侧轮廓线外至少各15m。以上所述的钻孔控制范围均为沿煤层层面方向(以下同)。

(二)顺层钻孔或者穿层钻孔预抽回采区域煤层瓦斯区域防突措施的钻孔,应当控制整个回采区域的煤层。

(三)穿层钻孔预抽煤巷条带煤层瓦斯区域防突措施的钻孔,应当控制整条煤层巷道及其两侧一定范围内的煤层,该范围要求与本条(一)的规定相同。

(四)穿层钻孔预抽井巷(含石门、立井、斜井、平硐)揭煤区域煤层瓦斯区域防突措施的钻孔,应当在揭煤工作面距煤层最小法向距离7m以前实施,并控制井巷及其外侧至少以下范围的煤层:揭煤处巷道轮廓线外12m(急倾斜煤层底部或者下帮6m),且应当保证控制范围的外边缘到巷道轮廓线(包括预计前方揭煤段巷道的轮廓线)的最小距离不小于5m。当区域防突措施难以一次施工完成时可分段实施,但每一段都应当能够保证揭煤工作面到巷道前方至少20m之间的煤层内,区域防突措施控制范围符合上述要求。

(五)顺层钻孔预抽煤巷条带煤层瓦斯区域防突措施的钻孔,应当控制的煤巷条带前方长度不小于60m,煤巷两侧控制范围要求与本条(一)的规定相同。钻孔预抽煤层瓦斯的有效抽采时间不得少于20天,如果在钻孔施工过程中发现有喷孔、顶钻或者卡钻等动力现象的,有效抽采时间不得少于60天。

(六)定向长钻孔预抽煤巷条带煤层瓦斯区域防突措施的钻孔,应当采用定向钻进工艺施工,控制煤巷条带煤层前方长度不小于300m和煤巷两侧轮廓线外一定范围,该范围要求与本条(一)的规定相同。

(七)厚煤层分层开采时,预抽钻孔应当控制开采分层及其上部法向距离至少20m、下部10m范围内的煤层。

(八)应当采取保证预抽瓦斯钻孔能够按设计参数控制整个预抽区域的措施。

(九)当煤巷掘进和采煤工作面在预抽防突效果有效的区域内作业时,工作面距前方未预抽或者预抽防突效果无效范围的边界不得小于20m。

第二百一十条 有下列条件之一的突出煤层，不得将在本巷道施工顺煤层钻孔预抽煤巷条带瓦斯作为区域防突措施：

（一）新建矿井的突出煤层。

（二）历史上发生过突出强度大于500t/次的。

（三）开采范围内煤层坚固性系数小于0.3的；或者煤层坚固性系数为0.3～0.5，且埋深大于500m的；或者煤层坚固性系数为0.5～0.8，且埋深大于600m的；或者煤层埋深大于700m的；或者煤巷条带位于开采应力集中区的。

第二百一十一条 保护层的开采厚度不大于0.5m、上保护层与突出煤层间距大于50m或者下保护层与突出煤层间距大于80m时，必须对每个被保护层工作面的保护效果进行检验。

采用预抽煤层瓦斯防突措施的区域，必须对区域防突措施效果进行检验。

检验无效时，仍为突出危险区。检验有效时，无突出危险区的采掘工作面每推进10～50m至少进行2次区域验证，并保留完整的工程设计、施工和效果检验的原始资料。

第三节 局部综合防突措施

第二百一十二条 突出煤层采掘工作面经工作面预测后划分为突出危险工作面和无突出危险工作面。

未进行突出预测的采掘工作面视为突出危险工作面。

当预测为突出危险工作面时，必须实施工作面防突措施和工作面防突措施效果检验。只有经效果检验有效后，方可进行采掘作业。

第二百一十三条 井巷揭煤工作面的防突措施包括预抽煤层瓦斯、排放钻孔、金属骨架、煤体固化、水力冲孔或者其他经试验证明有效的措施。

第二百一十四条 井巷揭穿（开）突出煤层必须遵守下列规定：

（一）在工作面距煤层法向距离10m（地质构造复杂、岩石破碎的区域20m）之外，至少施工2个前探钻孔，掌握煤层赋存条件、地质构造、瓦斯情况等。

（二）从工作面距煤层法向距离大于5m处开始，直至揭穿煤层全过程都应当采取局部综合防突措施。

（三）揭煤工作面距煤层法向距离2m至进入顶（底）板2m的范围，均应当采用远距离爆破掘进工艺。

（四）厚度小于0.3m的突出煤层，在满足（一）的条件下可直接采用远距离爆破掘进工艺揭穿。

（五）禁止使用震动爆破揭穿突出煤层。

第二百一十五条 煤巷掘进工作面应当选用超前钻孔预抽瓦斯、超前钻孔排放瓦斯的防突措施或者其他经试验证实有效的防突措施。

第二百一十六条 采煤工作面可以选用超前钻孔预抽瓦斯、超前钻孔排放瓦斯、注水湿润煤体、松动爆破或者其他经试验证实有效的防突措施。

第二百一十七条 突出煤层的采掘工作面，应当根据煤层实际情况选用防突措施，并遵守下列规定：

（一）不得选用水力冲孔措施，倾角在8°以上的上山掘进工作面不得选用松动爆破、水力疏松措施。

（二）突出煤层煤巷掘进工作面前方遇到落差超过煤层厚度的断层，应当按井巷揭煤的措施执行。

（三）采煤工作面采用超前钻孔预抽瓦斯和超前钻孔排放瓦斯作为工作面防突措施时，超前钻孔的孔数、孔底间距等应当根据钻孔的有效抽排半径确定。

（四）松动爆破时，应当按远距离爆破的要求执行。

第二百一十八条 工作面执行防突措施后，必须对防突措施效果进行检验。如果工作面措施效果检验结果均小于指标临界值，且未发现其他异常情况，则措施有效；否则必须重新执行区域综合防突措施或者局部综合防突措施。

第二百一十九条 在煤巷掘进工作面第一次执行局部防突措施或者无措施超前距时，必须采取小直径钻孔排放瓦斯等防突措施，只有在工作面前方形成5m以上的安全屏障后，方可进入正常防突措施循环。

第二百二十条 井巷揭穿突出煤层和在突出煤层中进行采掘作业时，必须采取避难硐室、反向风门、压风自救装置、隔离式自救器、远距离爆破等安全防护措施。

第二百二十一条 突出煤层的石门揭煤、煤巷和半煤岩巷掘进工作面进风侧必须设置至少2道反向风门。爆破作业时，反向风门必须关闭。反向风门距工作面的距离，应当根据掘进工作面的通风系统和预计的突出强度确定。

第二百二十二条 井巷揭煤采用远距离爆破时，必须明确起爆地点、避灾路线、警戒范围，制定停电撤人等措施。

井筒起爆及撤人地点必须位于地面距井口边缘20m以外，暗立（斜）井及石门揭煤起爆及撤人地点必须位于反向风门外500m以上全风压通风的新鲜风流中或者300m以外的避难硐室内。

煤巷掘进工作面采用远距离爆破时，起爆地点必须设在进风侧反向风门之外的全风压通风的新鲜风流中或者避险设施内,起爆地点距工作面的距离必须在措施中明确规定。

远距离爆破时,回风系统必须停电撤人。爆破后,进入工作面检查的时间应当在措施中明确规定,但不得小于30min。

第二百二十三条　突出煤层采掘工作面附近、爆破撤离人员集中地点、起爆地点必须设有直通矿调度室的电话,并设置有供给压缩空气的避险设施或者压风自救装置。工作面回风系统中有人作业的地点,也应当设置压风自救装置。

第二百二十四条　清理突出的煤(岩)时,必须制定防煤尘、片帮、冒顶、瓦斯超限、出现火源,以及防止再次发生突出事故的安全措施。

第五章　冲击地压防治

第一节　一 般 规 定

第二百二十五条　在矿井井田范围内发生过冲击地压现象的煤层,或者经鉴定煤层(或者其顶底板岩层)具有冲击倾向性且评价具有冲击危险性的煤层为冲击地压煤层。有冲击地压煤层的矿井为冲击地压矿井。

第二百二十六条　有下列情况之一的,应当进行煤岩冲击倾向性鉴定:

(一)有强烈震动、瞬间底(帮)鼓、煤岩弹射等动力现象的。

(二)埋深超过400m的煤层,且煤层上方100m范围内存在单层厚度超过10m的坚硬岩层。

(三)相邻矿井开采的同一煤层发生过冲击地压的。

(四)冲击地压矿井开采新水平、新煤层。

第二百二十七条　开采具有冲击倾向性的煤层,必须进行冲击危险性评价。

第二百二十八条　矿井防治冲击地压(以下简称防冲)工作应当遵守下列规定:

(一)设专门的机构与人员。

(二)坚持"区域先行、局部跟进、分区管理、分类防治"的防冲原则。

(三)必须编制中长期防冲规划与年度防冲计划,采掘工作面作业规程中必须包括防冲专项措施。

(四)开采冲击地压煤层时,必须采取冲击危险性预测、监测预警、防范治理、效果检验、安全防护等综合性防治措施。

(五)必须建立防冲培训制度。

(六)必须建立冲击危险区人员准入制度,实行限员管理。

(七)必须建立生产矿长(总工程师)日分析制度和日生产进度通知单制度。

(八)必须建立防冲工程措施实施与验收记录台账,保证防冲过程可追溯。

第二百二十九条　新建矿井和冲击地压矿井的新水平、新采区、新煤层有冲击地压危险的,必须编制防冲设计。防冲设计应当包括开拓方式、保护层的选择、采区巷道布置、工作面开采顺序、采煤方法、生产能力、支护形式、冲击危险性预测方法、冲击地压监测预警方法、防冲措施及效果检验方法、安全防护措施等内容。

第二百三十条　新建矿井在可行性研究阶段应当进行冲击地压评估工作,并在建设期间完成煤(岩)层冲击倾向性鉴定及冲击危险性评价工作。

经评估、鉴定或者评价煤层具有冲击危险性的新建矿井,应当严格按照相关规定进行设计,建成后生产能力不得超过8Mt/a,不得核增产能。

冲击地压生产矿井应当按照采掘工作面的防冲要求进行矿井生产能力核定。矿井改建和水平延深时,必须进行防冲安全性论证。

非冲击地压矿井升级为冲击地压矿井时,应当编制矿井防冲设计,并按照防冲要求进行矿井生产能力核定。

采取综合防冲措施后不能将冲击危险性指标降低至临界值以下的,不得进行采掘作业。

第二百三十一条　冲击地压矿井巷道布置与采掘作业应当遵守下列规定:

(一)开采冲击地压煤层时,在应力集中区内不得布置2个工作面同时进行采掘作业。2个掘进工作面之间的距离小于150m时,采煤工作面与掘进工作面之间的距离小于350m时,2个采煤工作面之间的距离小于500m时,必须停止其中一个工作面。相邻矿井、相邻采区之间应当避免开采相互影响。

(二)开拓巷道不得布置在严重冲击地压煤层中,永久硐室不得布置在冲击地压煤层中。煤层巷道与硐室布置不应留底煤,如果留有底煤必须采取底板预卸压措施。

(三)严重冲击地压厚煤层中的巷道应当布置在应力集中区外。双巷掘进时2条平行巷道在时间、空间上应当避免相互影响。

(四)冲击地压煤层应当严格按顺序开采,不得留孤岛煤柱。在采空区内不得留有煤柱,如果必须在采空区内留煤柱时,应当进行论证,报企业技术负责人审批,并将煤柱的位置、尺寸以及影响范围标在采掘工程平面图上。开采孤岛煤柱的,应当进行防冲安全开采论证;严重冲击地压矿井不得开采孤岛煤柱。

(五)对冲击地压煤层,应当根据顶底板岩性适当加大掘进巷道宽度。应当优先选择无煤柱护巷工艺,采用大煤柱护巷时应当避开应力集中区,严禁留大煤柱影响邻近层开采。巷道严禁采用刚性支护。

(六)采用垮落法管理顶板时,支架(柱)应当有足够的支护强度,采空区中所有支柱必须回净。

(七)冲击地压煤层掘进工作面临近大型地质构造、采空区、其他应力集中区时,必须制定专项措施。

(八)应当在作业规程中明确规定初次来压、周期来压、采空区"见方"等期间的防冲措施。

(九)在无冲击地压煤层中的三面或者四面被采空区所包围的区域开采和回收煤柱时,必须制定专项防冲措施。

(十)采动影响区域内严禁巷道扩修与回采平行作业、严禁同一区域两点及以上同时扩修。

第二百三十二条 具有冲击地压危险的高瓦斯、突出煤层的矿井,应当根据本矿井条件,制定专门技术措施。

第二百三十三条 开采具有冲击地压危险的急倾斜、特厚等煤层时,应当制定专项防冲措施,并由企业技术负责人审批。

第二节 冲击危险性预测

第二百三十四条 冲击地压矿井必须进行区域危险性预测(以下简称区域预测)和局部危险性预测(以下简称局部预测)。区域与局部预测可根据地质与开采技术条件等,优先采用综合指数法确定冲击危险性。

第二百三十五条 必须建立区域与局部相结合的冲击地压危险性监测制度。

应当根据现场实际考察资料和积累的数据确定冲击危险性预警临界指标。

第二百三十六条 冲击地压危险区域必须进行日常监测预警,预警有冲击地压危险时,应当立即停止作业,切断电源,撤出人员,并报告矿调度室。在实施解危措施、确认危险解除后方可恢复正常作业。

停产3天及以上冲击地压危险采掘工作面恢复生产前,应当评估冲击地压危险程度,并采取相应的安全措施。

第三节 区域与局部防冲措施

第二百三十七条 冲击地压矿井应当选择合理的开拓方式、采掘部署、开采顺序、采煤工艺及开采保护层等区域防冲措施。

第二百三十八条 保护层开采应当遵守下列规定:

(一)具备开采保护层条件的冲击地压煤层,应当开采保护层。

(二)应当根据矿井实际条件确定保护层的有效保护范围,保护层回采超前被保护层采掘工作面的距离应当符合本规程第二百三十一条的规定。

(三)开采保护层后,仍存在冲击地压危险的区域,必须采取防冲措施。

第二百三十九条 冲击地压煤层的采煤方法与工艺确定应当遵守下列规定:

(一)采用长壁综合机械化开采方法。

(二)缓倾斜、倾斜厚及特厚煤层采用综采放顶煤工艺开采时,直接顶不能随采随冒的,应当预先对顶板进行弱化处理。

第二百四十条 冲击地压煤层采用局部防冲措施应当遵守下列规定:

(一)采用钻孔卸压措施时,必须制定防止诱发冲击伤人的安全防护措施。

(二)采用煤层爆破措施时,应当根据实际情况选取超前松动爆破、卸压爆破等方法,确定合理的爆破参数,起爆点到爆破地点的距离不得小于300m。

(三)采用煤层注水措施时,应当根据煤层条件,确定合理的注水参数,并检验注水效果。

(四)采用底板卸压、顶板预裂、水力压裂等措施时,应当根据煤岩层条件,确定合理的参数。

第二百四十一条 采掘工作面实施解危措施时,必须撤出与实施解危措施无关的人员。

冲击地压危险工作面实施解危措施后,必须进行效果检验,确认检验结果小于临界值后,方可进行采掘作业。

第四节 冲击地压安全防护措施

第二百四十二条 进入严重冲击地压危险区域的人员必须采取特殊的个体防护措施。

第二百四十三条 有冲击地压危险的采掘工作面,供电、供液等设备应当放置在采动应力集中影响区外。对危险区域内的设备、管线、物品等应当采取固定措施,管路应当吊挂在巷道腰线以下。

第二百四十四条 冲击地压危险区域的巷道必须加强支护。

采煤工作面必须加大上下出口和巷道的超前支护范围与强度,弱冲击危险区域的工作面超前支护长度不得小于70m;厚煤层放顶煤工作面、中等及以上冲击危险区域的工作面超前支护长度不得小于120m,超前支护应当满足支护强度和支护整体稳定性要求。

严重(强)冲击地压危险区域,必须采取防底鼓措施。

第二百四十五条 进风井口应当装设防火铁门,防火铁门必须严密并易于关闭,打开时不妨碍提升、运输和人员通行,并定期维修;如果不设防火铁门,必须有防止烟火进入矿井的安全措施。

罐笼提升立井井口还应当采取以下措施:

(一)井口操车系统基础下部的负层空间应当与井筒隔离,并设置消防设施。

(二)操车系统液压管路应当采用金属管或者阻燃高压非金属管,传动介质使用难燃液,液压站不得安装在封闭空间内。

(三)井筒及负层空间的动力电缆、信号电缆和控制电缆应当采用煤矿用阻燃电缆,并与操车系统液压管路分开布置。

第六章 防 灭 火

第一节 一 般 规 定

第二百四十六条 煤矿必须制定井上、下防火措施。煤矿的所有地面建(构)筑物、煤堆、矸石山、木料场等处的防火措施和制度,必须遵守国家有关防火的规定。

第二百四十七条 木料场、矸石山等堆放场距离进风井口不得小于80m。木料场距离矸石山不得小于50m。

不得将矸石山设在进风井的主导风向上风侧、表土层10m以浅有煤层的地面上和漏风采空区上方的塌陷范围内。

第二百四十八条 新建矿井的永久井架和井口房、以井口为中心的联合建筑,必须用不燃性材料建筑。

对现有生产矿井用可燃性材料建筑的井架和井口房,必须制定防火措施。

第二百四十九条 矿井必须设地面消防水池和井下消防管路系统。井下消防管路系统应当敷设到采掘工作面,每隔100m设置支管和阀门,但在带式输送机巷道中应当每隔50m设置支管和阀门。地面的消防水池必须经常保持不少于200m^3的水量。消防用水同生产、生活用水共用同一水池时,应当有确保消防用水的措施。

开采下部水平的矿井,除地面消防水池外,可以利用上部水平或者生产水平的水仓作为消防水池。

第二百五十条 进风井口应当装设防火铁门,防火铁门必须严密并易于关闭,打开时不妨碍提升、运输和人员通行,并定期维修;如果不设防火铁门,必须有防止烟火进入矿井的安全措施。

罐笼提升立井井口还应当采取以下措施:

(一)井口操车系统基础下部的负层空间应当与井筒隔离,并设置消防设施。

(二)操车系统液压管路应当采用金属管或者阻燃高压非金属管,传动介质使用难燃液,液压站不得安装在封闭空间内。

(三)井筒及负层空间的动力电缆、信号电缆和控制电缆应当采用煤矿用阻燃电缆,并与操车系统液压管路分开布置。

(四)操车系统机坑及井口负层空间内应当及时清理漏油,每天检查清理情况,不得留存杂物和易燃物。

第二百五十一条 井口房和通风机房附近20m内,不得有烟火或者用火炉取暖。通风机房位于工业广场以外时,除开采有瓦斯喷出的矿井和突出矿井外,可用隔焰式火炉或者防爆式电热器取暖。

暖风道和压入式通风的风硐必须用不燃性材料砌筑,并至少装设2道防火门。

第二百五十二条 井筒与各水平的连接处及井底车场,主要绞车道与主要运输巷、回风巷的连接处,井下机电设备硐室,主要巷道内带式输送机机头前后两端各20m范围内,都必须用不燃性材料支护。

在井下和井口房,严禁采用可燃性材料搭设临时操作间、休息间。

第二百五十三条 井下严禁使用灯泡取暖和使用电炉。

第二百五十四条 井下和井口房内不得进行电焊、气焊和喷灯焊接等作业。如果必须在井下主要硐室、主要进风井巷和井口房内进行电焊、气焊和喷灯焊接等工作,每次必须制定安全措施,由矿长批准并遵守下列规定:

(一)指定专人在场检查和监督。

(二)电焊、气焊和喷灯焊接等工作地点的前后两端各10m的井巷范围内,应当是不燃性材料支护,并有供水管路,有专人负责喷水,焊接前应当清理或者隔离焊碴飞溅区域内的可燃物。上述工作地点应当至少备有2个灭火器。

(三)在井口房、井筒和倾斜巷道内进行电焊、气焊和喷灯焊接等工作时,必须在工作地点的下方用不燃性材料设施接受火星。

(四)电焊、气焊和喷灯焊接等工作地点的风流中，甲烷浓度不得超过0.5%，只有在检查证明作业地点附近20m范围内巷道顶部和支护背板后无瓦斯积存时，方可进行作业。

（五）电焊、气焊和喷灯焊接等作业完毕后，作业地点应当再次用水喷洒，并有专人在作业地点检查1h，发现异常，立即处理。

（六）突出矿井井下进行电焊、气焊和喷灯焊接时，必须停止突出煤层的掘进、回采、钻孔、支护以及其他所有扰动突出煤层的作业。

煤层中未采用砌碹或者喷浆封闭的主要硐室和主要进风大巷中，不得进行电焊、气焊和喷灯焊接等工作。

第二百五十五条 井下使用的汽油、煤油必须装入盖严的铁桶内，由专人押运送至使用地点，剩余的汽油、煤油必须运回地面，严禁在井下存放。

井下使用的润滑油、棉纱、布头和纸等，必须存放在盖严的铁桶内。用过的棉纱、布头和纸，也必须放在盖严的铁桶内，并由专人定期送到地面处理，不得乱放乱扔。严禁将剩油、废油泼洒在井巷或者硐室内。

井下清洗风动工具时，必须在专用硐室进行，并必须使用不燃性和无毒性洗涤剂。

第二百五十六条 井上、下必须设置消防材料库，并符合下列要求：

（一）井上消防材料库应当设在井口附近，但不得设在井口房内。

（二）井下消防材料库应当设在每一个生产水平的井底车场或者主要运输大巷中，并装备消防车辆。

（三）消防材料库储存的消防材料和工具的品种和数量应当符合有关要求，并定期检查和更换；消防材料和工具不得挪作他用。

第二百五十七条 井下爆炸物品库、机电设备硐室、检修硐室、材料库、井底车场、使用带式输送机或者液力偶合器的巷道以及采掘工作面附近的巷道中，必须备有灭火器材，其数量、规格和存放地点，应当在灾害预防和处理计划中确定。

井下工作人员必须熟悉灭火器材的使用方法，并熟悉本职工作区域内灭火器材的存放地点。

井下爆炸物品库、机电设备硐室、检修硐室、材料库的支护和风门、风窗必须采用不燃性材料。

第二百五十八条 每季度应当对井上、下消防管路系统、防火门、消防材料库和消防器材的设置情况进行1次检查，发现问题，及时解决。

第二百五十九条 矿井防灭火使用的凝胶、阻化剂及进行充填、堵漏、加固用的高分子材料，应当对其安全性和环保性进行评估，并制定安全监测制度和防范措施。使用时，井巷空气成分必须符合本规程第一百三十五条要求。

第二节 井下火灾防治

第二百六十条 煤的自燃倾向性分为容易自燃、自燃、不易自燃3类。

新设计矿井应当将所有煤层的自燃倾向性鉴定结果报省级煤炭行业管理部门及省级煤矿安全监察机构。

生产矿井延深新水平时，必须对所有煤层的自燃倾向性进行鉴定。

开采容易自燃和自燃煤层的矿井，必须编制矿井防灭火专项设计，采取综合预防煤层自然发火的措施。

第二百六十一条 开采容易自燃和自燃煤层时，必须开展自然发火监测工作，建立自然发火监测系统，确定煤层自然发火标志气体及临界值，健全自然发火预测预报及管理制度。

第二百六十二条 对开采容易自燃和自燃的单一厚煤层或者煤层群的矿井，集中运输大巷和总回风巷应当布置在岩层内或者不易自燃的煤层内；布置在容易自燃和自燃的煤层内时，必须锚喷或者砌碹，碹后的空隙和冒落处必须用不燃性材料充填密实，或者用无腐蚀性、无毒性的材料进行处理。

第二百六十三条 开采容易自燃和自燃煤层时，采煤工作面必须采用后退式开采，并根据采取防火措施后的煤层自然发火期确定采（盘）区开采期限。在地质构造复杂、断层带、残留煤柱等区域开采时，应当根据矿井地质和开采技术条件，在作业规程中另行确定采（盘）区开采方式和开采期限。回采过程中不得任意留设设计外煤柱和顶煤。采煤工作面采到终采线时，必须采取措施使顶板冒落严实。

第二百六十四条 开采容易自燃和自燃的急倾斜煤层用垮落法管理顶板时，在主石门和采区运输石门上方，必须留有煤柱。禁止采掘留在主石门上方的煤柱。留在采区运输石门上方的煤柱，在采区结束后可以回收，但必须采取防止自然发火措施。

第二百六十五条 开采容易自燃和自燃煤层时，必须制定防治采空区（特别是工作面始采线、终采线、上下煤柱线和三角点）、巷道高冒区、煤柱破坏区自然发火的技术措施。

当井下发现自然发火征兆时，必须停止作业，立即采取有效措施处理。在发火征兆不能得到有效控制时,必须撤出人员,封闭危险区域。进行封闭施工作业时,其他区域所有人员必须全部撤出。

第二百六十六条　采用灌浆防灭火时,应当遵守下列规定:

(一)采(盘)区设计应当明确规定巷道布置方式、隔离煤柱尺寸、灌浆系统、疏水系统、预筑防火墙的位置以及采掘顺序。

(二)安排生产计划时,应当同时安排防火灌浆计划,落实灌浆地点、时间、进度、灌浆浓度和灌浆量。

(三)对采(盘)区始采线、终采线、上下煤柱线内的采空区,应当加强防火灌浆。

(四)应当有灌浆前疏水和灌浆后防止溃浆、透水的措施。

第二百六十七条　在灌浆区下部进行采掘前,必须查明灌浆区内的浆水积存情况。发现积存浆水,必须在采掘之前放出;在未放出前,严禁在灌浆区下部进行采掘作业。

第二百六十八条　采用阻化剂防灭火时,应当遵守下列规定:

(一)选用的阻化剂材料不得污染井下空气和危害人体健康。

(二)必须在设计中对阻化剂的种类和数量、阻化效果等主要参数作出明确规定。

(三)应当采取防止阻化剂腐蚀机械设备、支架等金属构件的措施。

第二百六十九条　采用凝胶防灭火时,编制的设计中应当明确规定凝胶的配方、促凝时间和压注量等参数。压注的凝胶必须充填满全部空间,其外表面应当喷浆封闭,并定期观测,发现老化、干裂时重新压注。

第二百七十条　采用均压技术防灭火时,应当遵守下列规定:

(一)有完整的区域风压和风阻资料以及完善的检测手段。

(二)有专人定期观测与分析采空区和火区的漏风量、漏风方向、空气温度、防火墙内外空气压差等状况,并记录在专用的防火记录簿内。

(三)改变矿井通风方式、主要通风机工况以及井下通风系统时,对均压地点的均压状况必须及时进行调整,保证均压状态的稳定。

(四)经常检查均压区域内的巷道中风流流动状态,并有防止瓦斯积聚的安全措施。

第二百七十一条　采用氮气防灭火时,应当遵守下列规定:

(一)氮气源稳定可靠。

(二)注入的氮气浓度不小于97%。

(三)至少有1套专用的氮气输送管路系统及其附属安全设施。

(四)有能连续监测采空区气体成分变化的监测系统。

(五)有固定或者移动的温度观测站(点)和监测手段。

(六)有专人定期进行检测、分析和整理有关记录、发现问题及时报告处理等规章制度。

第二百七十二条　采用全部充填采煤法时,严禁采用可燃物作充填材料。

第二百七十三条　开采容易自燃和自燃煤层时,在采(盘)区开采设计中,必须预先选定构筑防火门的位置。当采煤工作面通风系统形成后,必须按设计构筑防火门墙,并储备足够数量的封闭防火门的材料。

第二百七十四条　矿井必须制定防止采空区自然发火的封闭及管理专项措施。采煤工作面回采结束后,必须在45天内进行永久性封闭,每周至少1次抽取封闭采空区内气样进行分析,并建立台账。

开采自燃和容易自燃煤层,应当及时构筑各类密闭并保证质量。

与封闭采空区连通的各类废弃钻孔必须永久封闭。

构筑、维修采空区密闭时必须编制设计和制定专项安全措施。

采空区疏放水前,应当对采空区自然发火的风险进行评估;采空区疏放水时,应当加强对采空区自然发火危险的监测与防控;采空区疏放水后,应当及时关闭疏水闸阀、采用自动放水装置或者永久封堵,防止通过放水管漏风。

第二百七十五条　任何人发现井下火灾时,应当视火灾性质、灾区通风和瓦斯情况,立即采取一切可能的方法直接灭火,控制火势,并迅速报告矿调度室。矿调度室在接到井下火灾报告后,应当立即按灾害预防和处理计划通知有关人员组织抢救灾区人员和实施灭火工作。

矿值班调度和在现场的区、队、班组长应当依照灾害预防和处理计划的规定,将所有可能受火灾威胁区域中的人员撤离,并组织人员灭火。电气设备着火时,应当首先切断其电源;在切断电源前,必须使用不导电的灭火器材进行灭火。

抢救人员和灭火过程中,必须指定专人检查甲烷、一氧化碳、煤尘、其他有害气体浓度和风向、风量的变化,并采取防止瓦斯、煤尘爆炸和人员中毒的安全措施。

第二百七十六条 封闭火区时,应当合理确定封闭范围,必须指定专人检查甲烷、氧气、一氧化碳、煤尘以及其他有害气体浓度和风向、风量的变化,并采取防止瓦斯、煤尘爆炸和人员中毒的安全措施。

第三节 井下火区管理

第二百七十七条 煤矿必须绘制火区位置关系图,注明所有火区和曾经发火的地点。每一处火区都要按形成的先后顺序进行编号,并建立火区管理卡片。火区位置关系图和火区管理卡片必须永久保存。

第二百七十八条 永久性密闭墙的管理应当遵守下列规定:

(一)每个密闭墙附近必须设置栅栏、警标,禁止人员入内,并悬挂说明牌。

(二)定期测定和分析密闭墙内的气体成分和空气温度。

(三)定期检查密闭墙外的空气温度、瓦斯浓度,密闭墙内外空气压差以及密闭墙墙体。发现封闭不严、有其他缺陷或者火区有异常变化时,必须采取措施及时处理。

(四)所有测定和检查结果,必须记入防火记录簿。

(五)矿井做大幅度风量调整时,应当测定密闭墙内的气体成分和空气温度。

(六)井下所有永久性密闭墙都应当编号,并在火区位置关系图中注明。

密闭墙的质量标准由煤矿企业统一制定。

第二百七十九条 封闭的火区,只有经取样化验证实火已熄灭后,方可启封或者注销。

火区同时具备下列条件时,方可认为火已熄灭:

(一)火区内的空气温度下降到30℃以下,或者与火灾发生前该区的日常空气温度相同。

(二)火区内空气中的氧气浓度降到5.0%以下。

(三)火区内空气中不含有乙烯、乙炔,一氧化碳浓度在封闭期间内逐渐下降,并稳定在0.001%以下。

(四)火区的出水温度低于25℃,或者与火灾发生前该区的日常出水温度相同。

(五)上述4项指标持续稳定1个月以上。

第二百八十条 启封已熄灭的火区前,必须制定安全措施。

启封火区时,应当逐段恢复通风,同时测定回风流中一氧化碳、甲烷浓度和风流温度。发现复燃征兆时,必须立即停止向火区送风,并重新封闭火区。

启封火区和恢复火区初期通风等工作,必须由矿山救护队负责进行,火区回风风流所经过巷道中的人员必须全部撤出。

在启封火区工作完毕后的3天内,每班必须由矿山救护队检查通风工作,并测定水温、空气温度和空气成分。只有在确认火区完全熄灭、通风等情况良好后,方可进行生产工作。

第二百八十一条 不得在火区的同一煤层的周围进行采掘工作。

在同一煤层同一水平的火区两侧、煤层倾角小于35°的火区下部区段、火区下方邻近煤层进行采掘时,必须编制设计,并遵守下列规定:

(一)必须留有足够宽(厚)度的隔离火区煤(岩)柱,回采时及回采后能有效隔离火区,不影响火区的灭火工作。

(二)掘进巷道时,必须有防止误冒、误透火区的安全措施。

煤层倾角在35°及以上的火区下部区段严禁进行采掘工作。

第七章 防 治 水

第一节 一 般 规 定

第二百八十二条 煤矿防治水工作应当坚持“预测预报、有疑必探、先探后掘、先治后采”基本原则,采取“防、堵、疏、排、截”综合防治措施。

第二百八十三条 煤矿企业应当建立健全各项防治水制度,配备满足工作需要的防治水专业技术人员,配齐专用探放水设备,建立专门的探放水作业队伍,储备必要的水害抢险救灾设备和物资。

水文地质条件复杂、极复杂的煤矿,应当设立专门的防治水机构。

第二百八十四条 煤矿应当编制本单位防治水中长期规划(5~10年)和年度计划,并组织实施。

矿井水文地质类型应当每3年修订一次。发生重大及以上突(透)水事故后,矿井应当在恢复生产前重新确定矿井水文地质类型。

水文地质条件复杂、极复杂矿井应当每月至少开展1次水害隐患排查,其他矿井应当每季度至少开展1次。

第二百八十五条 当矿井水文地质条件尚未查清时,应当进行水文地质补充勘探工作。

第二百八十六条 矿井应当对主要含水层进行长期水位、水质动态观测,设置矿井和各出水点涌水量观测点,建立涌水量观测成果等防治水基础台账,并开展水位动态预测分析工作。

第二百八十七条 矿井应当编制下列防治水图件,并至少每半年修订1次:

(一)矿井充水性图。

(二)矿井涌水量与相关因素动态曲线图。

(三)矿井综合水文地质图。

(四)矿井综合水文地质柱状图。

(五)矿井水文地质剖面图。

第二百八十八条 采掘工作面或者其他地点发现有煤层变湿、挂红、挂汗、空气变冷、出现雾气、水叫、顶板来压、片帮、淋水加大、底板鼓起或者裂隙渗水、钻孔喷水、煤壁溃水、水色发浑、有臭味等透水征兆时,应当立即停止作业,撤出所有受水患威胁地点的人员,报告矿调度室,并发出警报。在原因未查清、隐患未排除之前,不得进行任何采掘活动。

第二节 地面防治水

第二百八十九条 煤矿每年雨季前必须对防治水工作进行全面检查。受雨季降水威胁的矿井,应当制定雨季防治水措施,建立雨季巡视制度并组织抢险队伍,储备足够的防洪抢险物资。当暴雨威胁矿井安全时,必须立即停产撤出井下全部人员,只有在确认暴雨洪水隐患消除后方可恢复生产。

第二百九十条 煤矿应当查清井田及周边地面水系和有关水利工程的汇水、疏水、渗漏情况;了解当地水库、水电站大坝、江河大堤、河道、河道中障碍物等情况;掌握当地历年降水量和最高洪水位资料,建立疏水、防水和排水系统。

煤矿应当建立灾害性天气预警和预防机制,加强与周边相邻矿井的信息沟通,发现矿井水害可能影响相邻矿井时,立即向周边相邻矿井发出预警。

第二百九十一条 矿井井口和工业场地内建筑物的地面标高必须高于当地历年最高洪水位;在山区还必须避开可能发生泥石流、滑坡等地质灾害危险的地段。

矿井井口及工业场地内主要建筑物的地面标高低于当地历年最高洪水位的,应当修筑堤坝、沟渠或者采取其他可靠防御洪水的措施。不能采取可靠安全措施的,应当封闭填实该井口。

第二百九十二条 当矿井井口附近或者开采塌陷波及区域的地表有水体或者积水时,必须采取安全防范措施,并遵守下列规定:

(一)当地表出现威胁矿井生产安全的积水区时,应当修筑泄水沟渠或者排水设施,防止积水渗入井下。

(二)当矿井受到河流、山洪威胁时,应当修筑堤坝和泄洪渠,防止洪水侵入。

(三)对于排到地面的矿井水,应当妥善疏导,避免渗入井下。

(四)对于漏水的沟渠和河床,应当及时堵漏或者改道;地面裂缝和塌陷地点应当及时填塞,填塞工作必须有安全措施。

第二百九十三条 降大到暴雨时和降雨后,应当有专业人员观测地面积水与洪水情况、井下涌水量等有关水文变化情况和井田范围及附近地面有无裂缝、采空塌陷、井上下连通的钻孔和岩溶塌陷等现象,及时向矿调度室及有关负责人报告,并将上述情况记录在案,存档备查。

情况危急时,矿调度室及有关负责人应当立即组织井下撤人。

第二百九十四条 当矿井井口附近或者开采塌陷波及区域的地表出现滑坡或者泥石流等地质灾害威胁煤矿安全时,应当及时撤出受威胁区域的人员,并采取防治措施。

第二百九十五条 严禁将矸石、杂物、垃圾堆放在山洪、河流可能冲刷到的地段,防止淤塞河道和沟渠等。

发现与矿井防治水有关系的河道中存在障碍物或者堤坝破损时,应当及时报告当地人民政府,清理障碍物或者修复堤坝,防止地表水进入井下。

第二百九十六条 使用中的钻孔,应当安装孔口盖。报废的钻孔应当及时封孔,并将封孔资料和实施负责人的情况记录在案,存档备查。

第三节 井下防治水

第二百九十七条 相邻矿井的分界处,应当留防隔水煤(岩)柱;矿井以断层分界的,应当在断层两侧留有防隔水煤(岩)柱。

矿井防隔水煤(岩)柱一经确定,不得随意变动,并通报相邻矿井。严禁在设计确定的各类防隔水煤(岩)柱中进行采掘活动。

第二百九十八条 在采掘工程平面图和矿井充水性图上必须标绘出井巷出水点的位置及其涌水量、积水的井巷及采空区范围、底板标高、积水量、地表水体和水患异常区等。在水淹区域应当标出积水线、探水线和警戒线的位置。

第二百九十九条 受水淹区积水威胁的区域,必须在排除积水、消除威胁后方可进行采掘作业;如果无法排除积水，开采倾斜、缓倾斜煤层的，必须按照《建筑物、水体、铁路及主要井巷煤柱留设与压煤开采规程》中有关水体下开采的规定，编制专项开采设计，由煤矿企业主要负责人审批后，方可进行。

严禁开采地表水体、强含水层、采空区水淹区域下且水患威胁未消除的急倾斜煤层。

第三百条 在未固结的灌浆区、有淤泥的废弃井巷、岩石洞穴附近采掘时，应当制定专项安全技术措施。

第三百零一条 开采水淹区域下的废弃防隔水煤柱时，应当彻底疏干上部积水，进行安全性论证，确保无溃浆(砂)威胁。严禁顶水作业。

第三百零二条 井田内有与河流、湖泊、充水溶洞、强或者极强含水层等存在水力联系的导水断层、裂隙(带)、陷落柱和封闭不良钻孔等通道时，应当查明其确切位置，并采取留设防隔水煤(岩)柱等防治水措施。

第三百零三条 顶、底板存在强富水含水层且有突水危险的采掘工作面，应当提前编制防治水设计，制定并落实水害防治措施。

在火成岩、砂岩、灰岩等厚层坚硬岩层下开采受离层水威胁的采煤工作面，应当分析探查离层发育的层位和导含水情况，超前采取防治措施。

开采浅埋深煤层或者急倾斜煤层的矿井，必须编制防止季节性地表积水或者洪水溃入井下的专项措施，并由煤矿企业主要负责人审批。

第三百零四条 煤层顶板存在富水性中等及以上含水层或者其他水体威胁时，应当实测垮落带、导水裂隙带发育高度，进行专项设计，确定防隔水煤(岩)柱尺寸。当导水裂隙带范围内的含水层或者老空积水等水体影响采掘安全时，应当超前进行钻探疏放或者注浆改造含水层，待疏放水完毕或者注浆改造等工程结束、消除突水威胁后，方可进行采掘活动。

第三百零五条 开采底板有承压含水层的煤层，隔水层能够承受的水头值应当大于实际水头值；当承压含水层与开采煤层之间的隔水层能够承受的水头值小于实际水头值时，应当采取疏水降压、注浆加固底板改造含水层或者充填开采等措施，并进行效果检验，制定专项安全技术措施，报企业技术负责人审批。

第三百零六条 矿井建设和延深中，当开拓到设计水平时，必须在建成防、排水系统后方可开拓掘进。

第三百零七条 煤层顶、底板分布有强岩溶承压含水层时，主要运输巷、轨道巷和回风巷应当布置在不受水害威胁的层位中，并以石门分区隔离开采。对已经不具备石门隔离开采条件的应当制定防突水安全技术措施，并报矿总工程师审批。

第三百零八条 水文地质条件复杂、极复杂或者有突水淹井危险的矿井，应当在井底车场周围设置防水闸门或者在正常排水系统基础上另外安设由地面直接供电控制，且排水能力不小于最大涌水量的潜水泵。在其他有突水危险的采掘区域，应当在其附近设置防水闸门；不具备设置防水闸门条件的，应当制定防突(透)水措施，报企业主要负责人审批。

防水闸门应当符合下列要求：

(一)防水闸门必须采用定型设计。

(二)防水闸门的施工及其质量，必须符合设计。闸门和闸门硐室不得漏水。

(三)防水闸门硐室前、后两端，应当分别砌筑不小于5m的混凝土护碹，碹后用混凝土填实，不得空帮、空顶。防水闸门硐室和护碹必须采用高标号水泥进行注浆加固，注浆压力应当符合设计。

(四)防水闸门来水一侧15～25m处，应当加设1道挡物箅子门。防水闸门与箅子门之间，不得停放车辆或者堆放杂物。来水时先关箅子门，后关防水闸门。如果采用双向防水闸门，应当在两侧各设1道箅子门。

(五)通过防水闸门的轨道、电机车架空线、带式输送机等必须灵活易拆；通过防水闸门墙体的各种管路和安设在闸门外侧的闸阀的耐压能力，都必须与防水闸门设计压力相一致；电缆、管道通过防水闸门墙体时，必须用堵头和阀门封堵严密，不得漏水。

(六)防水闸门必须安设观测水压的装置，并有放水管和放水闸阀。

(七)防水闸门竣工后，必须按设计要求进行验收；对新掘进巷道内建筑的防水闸门，必须进行注水耐压试验，防水闸门内巷道的长度不得大于15m，试验的压力不得低于设计水压，其稳压时间应当在24h以上，试压时应当有专门安全措施。

(八)防水闸门必须灵活可靠，并每年进行2次关闭试验，其中1次应当在雨季前进行。关闭闸门所用的工具和零配件必须专人保管，专地点存放，不得挪用丢失。

第三百零九条 井下防水闸墙的设置应当根据矿井水文地质条件确定，防水闸墙的设计经煤矿企业技术负责人批准后方可施工，投入使用前应当由煤矿企业技术负责人组织竣工验收。

第三百一十条 井巷揭穿含水层或者地质构造带等可能突水地段前，必须编制探放水设计，并制定相应的防治水措施。

井巷揭露的主要出水点或者地段,必须进行水温、水量、水质和水压(位)等地下水动态和松散含水层涌水含砂量综合观测和分析,防止滞后突水。

第四节　井　下　排　水

第三百一十一条　矿井应当配备与矿井涌水量相匹配的水泵、排水管路、配电设备和水仓等,并满足矿井排水的需要。除正在检修的水泵外,应当有工作水泵和备用水泵。工作水泵的能力,应当能在20h内排出矿井24h的正常涌水量(包括充填水及其他用水)。备用水泵的能力,应当不小于工作水泵能力的70%。检修水泵的能力,应当不小于工作水泵能力的25%。工作和备用水泵的总能力,应当能在20h内排出矿井24h的最大涌水量。

排水管路应当有工作和备用水管。工作排水管路的能力,应当能配合工作水泵在20h内排出矿井24h的正常涌水量。工作和备用排水管路的总能力,应当能配合工作和备用水泵在20h内排出矿井24h的最大涌水量。

配电设备的能力应当与工作、备用和检修水泵的能力相匹配,能够保证全部水泵同时运转。

第三百一十二条　主要泵房至少有2个出口,一个出口用斜巷通到井筒,并高出泵房底板7m以上;另一个出口通到井底车场,在此出口通路内,应当设置易于关闭的既能防水又能防火的密闭门。泵房和水仓的连接通道,应当设置控制闸门。

排水系统集中控制的主要泵房可不设专人值守,但必须实现图像监视和专人巡检。

第三百一十三条　矿井主要水仓应当有主仓和副仓,当一个水仓清理时,另一个水仓能够正常使用。

新建、改扩建矿井或者生产矿井的新水平,正常涌水量在1000m^3/h以下时,主要水仓的有效容量应当能容纳8h的正常涌水量。

正常涌水量大于1000m^3/h的矿井,主要水仓有效容量可以按照下式计算:

$$V=2(Q+3000)$$

式中　V——主要水仓的有效容量,m^3;

Q——矿井每小时的正常涌水量,m^3。

采区水仓的有效容量应当能容纳4h的采区正常涌水量。

水仓进口处应当设置箅子。对水砂充填和其他涌水中带有大量杂质的矿井,还应当设置沉淀池。水仓的空仓容量应当经常保持在总容量的50%以上。

第三百一十四条　水泵、水管、闸阀、配电设备和线路,必须经常检查和维护。在每年雨季之前,必须全面检修1次,并对全部工作水泵和备用水泵进行1次联合排水试验,提交联合排水试验报告。

水仓、沉淀池和水沟中的淤泥,应当及时清理,每年雨季前必须清理1次。

第三百一十五条　大型、特大型矿井排水系统可以根据井下生产布局及涌水情况分区建设,每个排水分区可以实现独立排水,但泵房设计、排水能力及水仓容量必须符合本规程第三百一十一条至第三百一十四条要求。

第三百一十六条　井下采区、巷道有突水危险或者可能积水的,应当优先施工安装防、排水系统,并保证有足够的排水能力。

第五节　探　放　水

第三百一十七条　在地面无法查明水文地质条件时,应当在采掘前采用物探、钻探或者化探等方法查清采掘工作面及其周围的水文地质条件。

采掘工作面遇有下列情况之一时,应当立即停止施工,确定探水线,实施超前探放水,经确认无水害威胁后,方可施工:

(一)接近水淹或者可能积水的井巷、老空区或者相邻煤矿时。

(二)接近含水层、导水断层、溶洞和导水陷落柱时。

(三)打开隔离煤柱放水时。

(四)接近可能与河流、湖泊、水库、蓄水池、水井等相通的导水通道时。

(五)接近有出水可能的钻孔时。

(六)接近水文地质条件不清的区域时。

(七)接近有积水的灌浆区时。

(八)接近其他可能突(透)水的区域时。

第三百一十八条　采掘工作面超前探放水应当采用钻探方法,同时配合物探、化探等其他方法查清采掘工作面及周边老空水、含水层富水性以及地质构造等情况。

井下探放水应当采用专用钻机,由专业人员和专职探放水队伍施工。

探放水前应当编制探放水设计,采取防止有害气体危害的安全措施。探放水结束后,应当提交探放水总结报告存档备查。

第三百一十九条　井下安装钻机进行探放水前,应当遵守下列规定:

(一)加强钻孔附近的巷道支护,并在工作面迎头打好坚固的立柱和拦板,严禁空顶、空帮作业。

(二)清理巷道,挖好排水沟。探放水钻孔位于巷道低洼处时,应当配备与探放水量相适应的排水设备。

(三)在打钻地点或者其附近安设专用电话,保证人员撤离通道畅通。

(四)由测量人员依据设计现场标定探放水孔位置,与负责探放水工作的人员共同确定钻孔的方位、倾角、深度和钻孔数量等。

探放水钻孔的布置和超前距离,应当根据水压大小、煤(岩)层厚度和硬度以及安全措施等,在探放水设计中做出具体规定。探放老空积水最小超前水平钻距不得小于30m,止水套管长度不得小于10m。

第三百二十条 在预计水压大于0.1MPa的地点探放水时,应当预先固结套管,在套管口安装控制闸阀,进行耐压试验。套管长度应当在探放水设计中规定。预先开掘安全躲避硐室,制定避灾路线等安全措施,并使每个作业人员了解和掌握。

第三百二十一条 预计钻孔内水压大于1.5MPa时,应当采用反压和有防喷装置的方法钻进,并制定防止孔口管和煤(岩)壁突然鼓出的措施。

第三百二十二条 在探放水钻进时,发现煤岩松软、片帮、来压或者钻孔中水压、水量突然增大和顶钻等突(透)水征兆时,应当立即停止钻进,但不得拔出钻杆;现场负责人员应当立即向矿井调度室汇报,撤出所有受水威胁区域的人员,采取安全措施,派专业技术人员监测水情并进行分析,妥善处理。

第三百二十三条 探放老空水前,应当首先分析查明老空水体的空间位置、积水范围、积水量和水压等。探放水时,应当撤出探放水点标高以下受水害威胁区域所有人员。放水时,应当监视放水全过程,核对放水量和水压等,直到老空水放完为止,并进行检测验证。

钻探接近老空时,应当安排专职瓦斯检查工或者矿山救护队员在现场值班,随时检查空气成分。如果甲烷或者其他有害气体浓度超过有关规定,应当立即停止钻进,切断电源,撤出人员,并报告矿调度室,及时采取措施进行处理。

第三百二十四条 钻孔放水前,应当估计积水量,并根据矿井排水能力和水仓容量,控制放水流量,防止淹井;放水时,应当有专人监测钻孔出水情况,测定水量和水压,做好记录。如果水量突然变化,应当立即报告矿调度室,分析原因,及时处理。

第三百二十五条 排除井筒和下山的积水及恢复被淹井巷前,应当制定安全措施,防止被水封闭的有毒、有害气体突然涌出。

排水过程中,应当定时观测排水量、水位和观测孔水位,并由矿山救护队随时检查水面上的空气成分,发现有害气体,及时采取措施进行处理。

第八章 爆炸物品和井下爆破

第一节 爆炸物品贮存

第三百二十六条 爆炸物品的贮存,永久性地面爆炸物品库建筑结构(包括永久性埋入式库房)及各种防护措施,总库区的内、外部安全距离等,必须遵守国家有关规定。

井上、下接触爆炸物品的人员,必须穿棉布或者抗静电衣服。

第三百二十七条 建有爆炸物品制造厂的矿区总库,所有库房贮存各种炸药的总容量不得超过该厂1个月生产量,雷管的总容量不得超过3个月生产量。没有爆炸物品制造厂的矿区总库,所有库房贮存各种炸药的总容量不得超过由该库所供应的矿井2个月的计划需要量,雷管的总容量不得超过6个月的计划需要量。单个库房的最大容量:炸药不得超过200t,雷管不得超过500万发。

地面分库所有库房贮存爆炸物品的总容量:炸药不得超过75t,雷管不得超过25万发。单个库房的炸药最大容量不得超过25t。地面分库贮存各种爆炸物品的数量,不得超过由该库所供应矿井3个月的计划需要量。

第三百二十八条 开凿平硐或者利用已有平硐作为爆炸物品库时,必须遵守下列规定:

(一)硐口必须装有向外开启的2道门,由外往里第一道门为包铁皮的木板门,第二道门为栅栏门。

(二)硐口到最近贮存硐室之间的距离超过15m时,必须有2个入口。

(三)硐口前必须设置横堤,横堤必须高出硐口1.5m,横堤的顶部长度不得小于硐口宽度的3倍,顶部厚度不得小于1m。横堤的底部长度和厚度,应当根据所用建筑材料的静止角确定。

(四)库房底板必须高于通向爆炸物品库巷道的底板,硐口到库房的巷道坡度为5‰,并有带盖的排水沟,巷道内可以铺设不延深到硐室内的轨道。

(五)除有运输爆炸物品用的巷道外,还必须有通风巷道(钻眼、探井或者平硐),其入口和通风设备必须设置在围墙以内。

(六)库房必须采用不燃性材料支护。巷道内采用固定式照明时,开关必须设在地面。

(七)爆炸物品库上面覆盖层厚度小于10m时,必须装设防雷电设备。

(八)检查电雷管的工作,必须在爆炸物品贮存硐室外设有安全设施的专用房间或者硐室内进行。

第三百二十九条 各种爆炸物品的每一品种都应当专库贮存;当条件限制时,按国家有关同库贮存的规定贮存。

存放爆炸物品的木架每格只准放1层爆炸物品箱。

第三百三十条 地面爆炸物品库必须有发放爆炸物品的专用套间或者单独房间。分库的炸药发放套间内,可临时保存爆破工的空爆炸物品箱与发爆器。在分库的雷管发放套间内发放雷管时,必须在铺有导电的软质垫层并有边缘突起的桌子上进行。

第三百三十一条 井下爆炸物品库应当采用硐室式、壁槽式或者含壁槽的硐室式。

爆炸物品必须贮存在硐室或者壁槽内,硐室之间或者壁槽之间的距离,必须符合爆炸物品安全距离的规定。

井下爆炸物品库应当包括库房、辅助硐室和通向库房的巷道。辅助硐室中,应当有检查电雷管全电阻、发放炸药以及保存爆破工空爆炸物品箱等的专用硐室。

第三百三十二条 井下爆炸物品库的布置必须符合下列要求:

(一)库房距井筒、井底车场、主要运输巷道、主要硐室以及影响全矿井或者一翼通风的风门的法线距离:硐室式不得小于100m,壁槽式不得小于60m。

(二)库房距行人巷道的法线距离:硐室式不得小于35m,壁槽式不得小于20m。

(三)库房距地面或者上下巷道的法线距离:硐室式不得小于30m,壁槽式不得小于15m。

(四)库房与外部巷道之间,必须用3条相互垂直的连通巷道相连。连通巷道的相交处必须延长2m,断面积不得小于$4m^2$,在连通巷道尽头还必须设置缓冲砂箱隔墙,不得将连通巷道的延长段兼作辅助硐室使用。库房两端的通道与库房连接处必须设置齿形阻波墙。

(五)每个爆炸物品库房必须有2个出口,一个出口供发放爆炸物品及行人,出口的一端必须装有能自动关闭的抗冲击波活门;另一出口布置在爆炸物品库回风侧,可以铺设轨道运送爆炸物品,该出口与库房连接处必须装有1道常闭的抗冲击波密闭门。

(六)库房地面必须高于外部巷道的地面,库房和通道应当设置水沟。

(七)贮存爆炸物品的各硐室、壁槽的间距应当大于殉爆安全距离。

第三百三十三条 井下爆炸物品库必须采用砌碹或者用非金属不燃性材料支护,不得渗漏水,并采取防潮措施。爆炸物品库出口两侧的巷道,必须采用砌碹或者用不燃性材料支护,支护长度不得小于5m。库房必须备有足够数量的消防器材。

第三百三十四条 井下爆炸物品库的最大贮存量,不得超过矿井3天的炸药需要量和10天的电雷管需要量。

井下爆炸物品库的炸药和电雷管必须分开贮存。

每个硐室贮存的炸药量不得超过2t,电雷管不得超过10天的需要量;每个壁槽贮存的炸药量不得超过400kg,电雷管不得超过2天的需要量。

库房的发放爆炸物品硐室允许存放当班待发的炸药,最大存放量不得超过3箱。

第三百三十五条 在多水平生产的矿井、井下爆炸物品库距爆破工作地点超过2.5km的矿井以及井下不设置爆炸物品库的矿井内,可以设爆炸物品发放硐室,并必须遵守下列规定:

(一)发放硐室必须设在独立通风的专用巷道内,距使用的巷道法线距离不得小于25m。

(二)发放硐室爆炸物品的贮存量不得超过1天的需要量,其中炸药量不得超过400kg。

(三)炸药和电雷管必须分开贮存,并用不小于240mm厚的砖墙或者混凝土墙隔开。

(四)发放硐室应当有单独的发放间,发放硐室出口处必须设1道能自动关闭的抗冲击波活门。

(五)建井期间的爆炸物品发放硐室必须有独立通风系统。必须制定预防爆炸物品爆炸的安全措施。

(六)管理制度必须与井下爆炸物品库相同。

第三百三十六条 井下爆炸物品库必须采用矿用防爆型(矿用增安型除外)照明设备,照明线必须使用阻燃电缆,电压不得超过127V。严禁在贮存爆炸物品的硐室或者壁槽内安设照明设备。

不设固定式照明设备的爆炸物品库,可使用带绝缘套的矿灯。

任何人员不得携带矿灯进入井下爆炸物品库房内。库内照明设备或者线路发生故障时,检修人员可以在库房管理人员的监护下使用带绝缘套的矿灯进入库内工作。

第三百三十七条 煤矿企业必须建立爆炸物品领退制度和爆炸物品丢失处理办法。

电雷管(包括清退入库的电雷管)在发给爆破工前,必须用电雷管检测仪逐个测试电阻值,并将脚线扭结成短路。

发放的爆炸物品必须是有效期内的合格产品,并且雷管应当严格按同一厂家和同一品种进行发放。

爆炸物品的销毁,必须遵守《民用爆炸物品安全管理条例》。

第二节 爆炸物品运输

第三百三十八条 在地面运输爆炸物品时,必须遵守《民用爆炸物品安全管理条例》以及有关标准规定。

第三百三十九条 在井筒内运送爆炸物品时,应当遵守下列规定:

(一)电雷管和炸药必须分开运送;但在开凿或者延深井筒时,符合本规程第三百四十五条规定的,不受此限。

(二)必须事先通知绞车司机和井上、下把钩工。

(三)运送电雷管时,罐笼内只准放置 1 层爆炸物品箱,不得滑动。运送炸药时,爆炸物品箱堆放的高度不得超过罐笼高度的 2/3。采用将装有炸药或者电雷管的车辆直接推入罐笼内的方式运送时,车辆必须符合本规程第三百四十条(二)的规定。使用吊桶运送爆炸物品时,必须使用专用箱。

(四)在装有爆炸物品的罐笼或者吊桶内,除爆破工或者护送人员外,不得有其他人员。

(五)罐笼升降速度,运送电雷管时,不得超过 2m/s;运送其他类爆炸物品时,不得超过 4m/s。吊桶升降速度,不论运送何种爆炸物品,都不得超过 1m/s。司机在启动和停绞车时,应当保证罐笼或者吊桶不震动。

(六)在交接班、人员上下井的时间内,严禁运送爆炸物品。

(七)禁止将爆炸物品存放在井口房、井底车场或者其他巷道内。

第三百四十条 井下用机车运送爆炸物品时,应当遵守下列规定:

(一)炸药和电雷管在同一列车内运输时,装有炸药与装有电雷管的车辆之间,以及装有炸药或者电雷管的车辆与机车之间,必须用空车分别隔开,隔开长度不得小于 3m。

(二)电雷管必须装在专用的、带盖的、有木质隔板的车厢内,车厢内部应当铺有胶皮或者麻袋等软质垫层,并只准放置 1 层爆炸物品箱。炸药箱可以装在矿车内,但堆放高度不得超过矿车上缘。运输炸药、电雷管的矿车或者车厢必须有专门的警示标识。

(三)爆炸物品必须由井下爆炸物品库负责人或者经过专门培训的人员专人护送。跟车工、护送人员和装卸人员应当坐在尾车内,严禁其他人员乘车。

(四)列车的行驶速度不得超过 2m/s。

(五)装有爆炸物品的列车不得同时运送其他物品。

井下采用无轨胶轮车运送爆炸物品时,应当按照民用爆炸物品运输管理有关规定执行。

第三百四十一条 水平巷道和倾斜巷道内有可靠的信号装置时,可以用钢丝绳牵引的车辆运送爆炸物品,炸药和电雷管必须分开运输,运输速度不得超过 1m/s。运输电雷管的车辆必须加盖、加垫,车厢内以软质垫物塞紧,防止震动和撞击。

严禁用刮板输送机、带式输送机等运输爆炸物品。

第三百四十二条 由爆炸物品库直接向工作地点用人力运送爆炸物品时,应当遵守下列规定:

(一)电雷管必须由爆破工亲自运送,炸药应当由爆破工或者在爆破工监护下运送。

(二)爆炸物品必须装在耐压和抗撞冲、防震、防静电的非金属容器内,不得将电雷管和炸药混装。严禁将爆炸物品装在衣袋内。领到爆炸物品后,应当直接送到工作地点,严禁中途逗留。

(三)携带爆炸物品上、下井时,在每层罐笼内搭乘的携带爆炸物品的人员不得超过 4 人,其他人员不得同罐上下。

(四)在交接班、人员上下井的时间内,严禁携带爆炸物品人员沿井筒上下。

第三节 井下爆破

第三百四十三条 煤矿必须指定部门对爆破工作专门管理,配备专业管理人员。

所有爆破人员,包括爆破、送药、装药人员,必须熟悉爆炸物品性能和本规程规定。

第三百四十四条 开凿或者延深立井井筒,向井底工作面运送爆炸物品和在井筒内装药时,除负责装药爆破的人员、信号工、看盘工和水泵司机外,其他人员必须撤到地面或者上水平巷道中。

第三百四十五条 开凿或者延深立井井筒中的装配起爆药卷工作,必须在地面专用的房间内进行。

专用房间距井筒、厂房、建筑物和主要通路的安全距离必须符合国家有关规定,且距离井筒不得小于

50m。

严禁将起爆药卷与炸药装在同一爆炸物品容器内运往井底工作面。

第三百四十六条 在开凿或者延深立井井筒时,必须在地面或者在生产水平巷道内进行起爆。

在爆破母线与电力起爆接线盒引线接通之前,井筒内所有电气设备必须断电。

只有在爆破工完成装药和连线工作,将所有井盖门打开,井筒、井口房内的人员全部撤出,设备、工具提升到安全高度以后,方可起爆。

爆破通风后,必须仔细检查井筒,清除崩落在井圈上、吊盘上或者其他设备上的矸石。

爆破后乘吊桶检查井底工作面时,吊桶不得蹾撞工作面。

第三百四十七条 井下爆破工作必须由专职爆破工担任。突出煤层采掘工作面爆破工作必须由固定的专职爆破工担任。爆破作业必须执行"一炮三检"和"三人连锁爆破"制度,并在起爆前检查起爆地点的甲烷浓度。

第三百四十八条 爆破作业必须编制爆破作业说明书,并符合下列要求:

(一)炮眼布置图必须标明采煤工作面的高度和打眼范围或者掘进工作面的巷道断面尺寸,炮眼的位置、个数、深度、角度及炮眼编号,并用正面图、平面图和剖面图表示。

(二)炮眼说明表必须说明炮眼的名称、深度、角度,使用炸药、雷管的品种,装药量,封泥长度,连线方法和起爆顺序。

(三)必须编入采掘作业规程,并及时修改补充。

钻眼、爆破人员必须依照说明书进行作业。

第三百四十九条 不得使用过期或者变质的爆炸物品。不能使用的爆炸物品必须交回爆炸物品库。

第三百五十条 井下爆破作业,必须使用煤矿许用炸药和煤矿许用电雷管。一次爆破必须使用同一厂家、同一品种的煤矿许用炸药和电雷管。煤矿许用炸药的选用必须遵守下列规定:

(一)低瓦斯矿井的岩石掘进工作面,使用安全等级不低于一级的煤矿许用炸药。

(二)低瓦斯矿井的煤层采掘工作面、半煤岩掘进工作面,使用安全等级不低于二级的煤矿许用炸药。

(三)高瓦斯矿井,使用安全等级不低于三级的煤矿许用炸药。

(四)突出矿井,使用安全等级不低于三级的煤矿许用含水炸药。

在采掘工作面,必须使用煤矿许用瞬发电雷管、煤矿许用毫秒延期电雷管或者煤矿许用数码电雷管。使用煤矿许用毫秒延期电雷管时,最后一段的延期时间不得超过130ms。使用煤矿许用数码电雷管时,一次起爆总时间差不得超过130ms,并应当与专用起爆器配套使用。

第三百五十一条 在有瓦斯或者煤尘爆炸危险的采掘工作面,应当采用毫秒爆破。在掘进工作面应当全断面一次起爆,不能全断面一次起爆的,必须采取安全措施。在采煤工作面可分组装药,但一组装药必须一次起爆。

严禁在1个采煤工作面使用2台发爆器同时进行爆破。

第三百五十二条 在高瓦斯矿井采掘工作面采用毫秒爆破时,若采用反向起爆,必须制定安全技术措施。

第三百五十三条 在高瓦斯、突出矿井的采掘工作面实体煤中,为增加煤体裂隙、松动煤体而进行的10m以上的深孔预裂控制爆破,可以使用二级煤矿许用炸药,并制定安全措施。

第三百五十四条 爆破工必须把炸药、电雷管分开存放在专用的爆炸物品箱内,并加锁,严禁乱扔、乱放。爆炸物品箱必须放在顶板完好、支护完整,避开有机械、电气设备的地点。爆破时必须把爆炸物品箱放置在警戒线以外的安全地点。

第三百五十五条 从成束的电雷管中抽取单个电雷管时,不得手拉脚线硬拽管体,也不得手拉管体硬拽脚线,应当将成束的电雷管顺好,拉住前端脚线将电雷管抽出。抽出单个电雷管后,必须将其脚线扭结成短路。

第三百五十六条 装配起爆药卷时,必须遵守下列规定:

(一)必须在顶板完好、支护完整,避开电气设备和导电体的爆破工作地点附近进行。严禁坐在爆炸物品箱上装配起爆药卷。装配起爆药卷数量,以当时爆破作业需要的数量为限。

(二)装配起爆药卷必须防止电雷管受震动、冲击,折断电雷管脚线和损坏脚线绝缘层。

(三)电雷管必须由药卷的顶部装入,严禁用电雷管代替竹、木棍扎眼。电雷管必须全部插入药卷内。严禁将电雷管斜插在药卷的中部或者捆在药卷上。

(四)电雷管插入药卷后,必须用脚线将药卷缠住,并将电雷管脚线扭结成短路。

第三百五十七条 装药前,必须首先清除炮眼内的煤粉或者岩粉,再用木质或者竹质炮棍将药卷轻轻推入,不得冲撞或者捣实。炮眼内的各药卷必须彼此密接。

有水的炮眼，应当使用抗水型炸药。

装药后，必须把电雷管脚线悬空，严禁电雷管脚线、爆破母线与机械电气设备等导电体相接触。

第三百五十八条 炮眼封泥必须使用水炮泥，水炮泥外剩余的炮眼部分应当用黏土炮泥或者用不燃性、可塑性松散材料制成的炮泥封实。严禁用煤粉、块状材料或者其他可燃性材料作炮眼封泥。

无封泥、封泥不足或者不实的炮眼，严禁爆破。

严禁裸露爆破。

第三百五十九条 炮眼深度和炮眼的封泥长度应当符合下列要求：

（一）炮眼深度小于0.6m时，不得装药、爆破；在特殊条件下，如挖底、刷帮、挑顶确需进行炮眼深度小于0.6m的浅孔爆破时，必须制定安全措施并封满炮泥。

（二）炮眼深度为0.6～1m时，封泥长度不得小于炮眼深度的1/2。

（三）炮眼深度超过1m时，封泥长度不得小于0.5m。

（四）炮眼深度超过2.5m时，封泥长度不得小于1m。

（五）深孔爆破时，封泥长度不得小于孔深的1/3。

（六）光面爆破时，周边光爆炮眼应当用炮泥封实，且封泥长度不得小于0.3m。

（七）工作面有2个及以上自由面时，在煤层中最小抵抗线不得小于0.5m，在岩层中最小抵抗线不得小于0.3m。浅孔装药爆破大块岩石时，最小抵抗线和封泥长度都不得小于0.3m。

第三百六十条 处理卡在溜煤（矸）眼中的煤、矸时，如果确无爆破以外的其他方法，可爆破处理，但必须遵守下列规定：

（一）爆破前检查溜煤（矸）眼内堵塞部位的上部和下部空间的瓦斯浓度。

（二）爆破前必须洒水。

（三）使用用于溜煤（矸）眼的煤矿许用刚性被筒炸药，或者不低于该安全等级的煤矿许用炸药。

（四）每次爆破只准使用1个煤矿许用电雷管，最大装药量不得超过450g。

第三百六十一条 装药前和爆破前有下列情况之一的，严禁装药、爆破：

（一）采掘工作面控顶距离不符合作业规程的规定，或者有支架损坏，或者伞檐超过规定。

（二）爆破地点附近20m以内风流中甲烷浓度达到或者超过1.0%。

（三）在爆破地点20m以内，矿车、未清除的煤（矸）或者其他物体堵塞巷道断面1/3以上。

（四）炮眼内发现异状、温度骤高骤低、有显著瓦斯涌出、煤岩松散、透老空区等情况。

（五）采掘工作面风量不足。

第三百六十二条 在有煤尘爆炸危险的煤层中，掘进工作面爆破前后，附近20m的巷道内必须洒水降尘。

第三百六十三条 爆破前，必须加强对机电设备、液压支架和电缆等的保护。

爆破前，班组长必须亲自布置专人将工作面所有人员撤离警戒区域，并在警戒线和可能进入爆破地点的所有通路上布置专人担任警戒工作。警戒人员必须在安全地点警戒。警戒线处应当设置警戒牌、栏杆或者拉绳。

第三百六十四条 爆破母线和连接线必须符合下列要求：

（一）爆破母线符合标准。

（二）爆破母线和连接线、电雷管脚线和连接线、脚线和脚线之间的接头相互扭紧并悬空，不得与轨道、金属管、金属网、钢丝绳、刮板输送机等导电体相接触。

（三）巷道掘进时，爆破母线应当随用随挂。不得使用固定爆破母线，特殊情况下，在采取安全措施后，可不受此限。

（四）爆破母线与电缆应当分别挂在巷道的两侧。如果必须挂在同一侧，爆破母线必须挂在电缆的下方，并保持0.3m以上的距离。

（五）只准采用绝缘母线单回路爆破，严禁用轨道、金属管、金属网、水或者大地等当作回路。

（六）爆破前，爆破母线必须扭结成短路。

第三百六十五条 井下爆破必须使用发爆器。开凿或者延深通达地面的井筒时，无瓦斯的井底工作面中可使用其他电源起爆，但电压不得超过380V，并必须有电力起爆接线盒。

发爆器或者电力起爆接线盒必须采用矿用防爆型（矿用增安型除外）。

发爆器必须统一管理、发放。必须定期校验发爆器的各项性能参数，并进行防爆性能检查，不符合要求的严禁使用。

第三百六十六条 每次爆破作业前，爆破工必须做电爆网路全电阻检测。严禁采用发爆器打火放电的方法检测电爆网路。

第三百六十七条　爆破工必须最后离开爆破地点,并在安全地点起爆。撤人、警戒等措施及起爆地点到爆破地点的距离必须在作业规程中具体规定。

起爆地点到爆破地点的距离应当符合下列要求:

(一)岩巷直线巷道大于130m,拐弯巷道大于100m。

(二)煤(半煤岩)巷直线巷道大于100m,拐弯巷道大于75m。

(三)采煤工作面大于75m,且位于工作面进风巷内。

第三百六十八条　发爆器的把手、钥匙或者电力起爆接线盒的钥匙,必须由爆破工随身携带,严禁转交他人。只有在爆破通电时,方可将把手或者钥匙插入发爆器或者电力起爆接线盒内。爆破后,必须立即将把手或者钥匙拔出,摘掉母线并扭结成短路。

第三百六十九条　爆破前,脚线的连接工作可由经过专门训练的班组长协助爆破工进行。爆破母线连接脚线、检查线路和通电工作,只准爆破工一人操作。

爆破前,班组长必须清点人数,确认无误后,方准下达起爆命令。

爆破工接到起爆命令后,必须先发出爆破警号,至少再等5s后方可起爆。

装药的炮眼应当当班爆破完毕。特殊情况下,当班留有尚未爆破的已装药的炮眼时,当班爆破工必须在现场向下一班爆破工交接清楚。

第三百七十条　爆破后,待工作面的炮烟被吹散,爆破工、瓦斯检查工和班组长必须首先巡视爆破地点,检查通风、瓦斯、煤尘、顶板、支架、拒爆、残爆等情况。发现危险情况,必须立即处理。

第三百七十一条　通电以后拒爆时,爆破工必须先取下把手或者钥匙,并将爆破母线从电源上摘下,扭结成短路;再等待一定时间(使用瞬发电雷管,至少等待5min;使用延期电雷管,至少等待15min),才可沿线路检查,找出拒爆的原因。

第三百七十二条　处理拒爆、残爆时,应当在班组长指导下进行,并在当班处理完毕。如果当班未能完成处理工作,当班爆破工必须在现场向下一班爆破工交接清楚。

处理拒爆时,必须遵守下列规定:

(一)由于连线不良造成的拒爆,可重新连线起爆。

(二)在距拒爆炮眼0.3m以外另打与拒爆炮眼平行的新炮眼,重新装药起爆。

(三)严禁用镐刨或者从炮眼中取出原放置的起爆药卷,或者从起爆药卷中拉出电雷管。不论有无残余炸药,严禁将炮眼残底继续加深;严禁使用打孔的方法往外掏药;严禁使用压风吹拒爆、残爆炮眼。

(四)处理拒爆的炮眼爆炸后,爆破工必须详细检查炸落的煤、矸,收集未爆的电雷管。

(五)在拒爆处理完毕以前,严禁在该地点进行与处理拒爆无关的工作。

第三百七十三条　爆炸物品库和爆炸物品发放硐室附近30m范围内,严禁爆破。

附　　则

第七百二十条　本规程自2016年10月1日起施行。

第七百二十一条　条款中出现的“必须”“严禁”“应当”“可以”等说明如下:表示很严格,非这样做不可的,正面词一般用“必须”,反面词用“严禁”;表示严格,在正常情况下均应这样做的,正面词一般用“应当”,反面词一般用“不应或不得”;表示允许选择,在一定条件下可以这样做的,采用“可以”。

煤矿企业安全生产许可证实施办法

1. 2016年2月16日国家安全生产监督管理总局令第86号公布

2. 根据2017年3月6日国家安全生产监督管理总局令第89号《关于修改和废止部分规章及规范性文件的决定》修正

第一章　总　　则

第一条　为了规范煤矿企业安全生产条件,加强煤矿企业安全生产许可证的颁发管理工作,根据《安全生产许可证条例》和有关法律、行政法规,制定本实施办法。

第二条　煤矿企业必须依照本实施办法的规定取得安全生产许可证。未取得安全生产许可证的,不得从事生产活动。

煤层气地面开采企业安全生产许可证的管理办法,另行制定。

第三条　煤矿企业除本企业申请办理安全生产许可证外,其所属矿(井、露天坑)也应当申请办理安全生产许可证,一矿(井、露天坑)一证。

煤矿企业实行多级管理的,其上级煤矿企业也应当申请办理安全生产许可证。

第四条　安全生产许可证的颁发管理工作实行企业申请、两级发证、属地监管的原则。

第五条 国家煤矿安全监察局指导、监督全国煤矿企业安全生产许可证的颁发管理工作，负责符合本办法第三条规定的中央管理的煤矿企业总部（总公司、集团公司）安全生产许可证的颁发和管理。

省级煤矿安全监察局负责前款规定以外的其他煤矿企业安全生产许可证的颁发和管理；未设立煤矿安全监察机构的省、自治区，由省、自治区人民政府指定的部门（以下与省级煤矿安全监察局统称省级安全生产许可证颁发管理机关）负责本行政区域内煤矿企业安全生产许可证的颁发和管理。

国家煤矿安全监察局和省级安全生产许可证颁发管理机关统称安全生产许可证颁发管理机关。

第二章 安全生产条件

第六条 煤矿企业取得安全生产许可证，应当具备下列安全生产条件：

（一）建立、健全主要负责人、分管负责人、安全生产管理人员、职能部门、岗位安全生产责任制；制定安全目标管理、安全奖惩、安全技术审批、事故隐患排查治理、安全检查、安全办公会议、地质灾害普查、井下劳动组织定员、矿领导带班下井、井工煤矿入井检身与出入井人员清点等安全生产规章制度和各工种操作规程；

（二）安全投入满足安全生产要求，并按照有关规定足额提取和使用安全生产费用；

（三）设置安全生产管理机构，配备专职安全生产管理人员；煤与瓦斯突出矿井、水文地质类型复杂矿井还应设置专门的防治煤与瓦斯突出管理机构和防治水管理机构；

（四）主要负责人和安全生产管理人员的安全生产知识和管理能力经考核合格；

（五）参加工伤保险，为从业人员缴纳工伤保险费；

（六）制定重大危险源检测、评估和监控措施；

（七）制定应急救援预案，并按照规定设立矿山救护队，配备救护装备；不具备单独设立矿山救护队条件的煤矿企业，所属煤矿应当设立兼职救护队，并与邻近的救护队签订救护协议；

（八）制定特种作业人员培训计划、从业人员培训计划、职业危害防治计划；

（九）法律、行政法规规定的其他条件。

第七条 煤矿除符合本实施办法第六条规定的条件外，还必须符合下列条件：

（一）特种作业人员经有关业务主管部门考核合格，取得特种作业操作资格证书；

（二）从业人员进行安全生产教育培训，并经考试合格；

（三）制定职业危害防治措施、综合防尘措施，建立粉尘检测制度，为从业人员配备符合国家标准或者行业标准的劳动防护用品；

（四）依法进行安全评价；

（五）制定矿井灾害预防和处理计划；

（六）依法取得采矿许可证，并在有效期内。

第八条 井工煤矿除符合本实施办法第六条、第七条规定的条件外，其安全设施、设备、工艺还必须符合下列条件：

（一）矿井至少有 2 个能行人的通达地面的安全出口，各个出口之间的距离不得小于 30 米；井下每一个水平到上一个水平和各个采（盘）区至少有两个便于行人的安全出口，并与通达地面的安全出口相连接；采煤工作面有两个畅通的安全出口，一个通到进风巷道，另一个通到回风巷道。在用巷道净断面满足行人、运输、通风和安全设施及设备安装、检修、施工的需要；

（二）按规定进行瓦斯等级、煤层自燃倾向性和煤尘爆炸危险性鉴定；

（三）矿井有完善的独立通风系统。矿井、采区和采掘工作面的供风能力满足安全生产要求，矿井使用安装在地面的矿用主要通风机进行通风，并有同等能力的备用主要通风机，主要通风机按规定进行性能检测；生产水平和采区实行分区通风；高瓦斯和煤与瓦斯突出矿井、开采容易自燃煤层的矿井、煤层群联合布置矿井的每个采区设置专用回风巷，掘进工作面使用专用局部通风机进行通风，矿井有反风设施；

（四）矿井有安全监控系统，传感器的设置、报警和断电符合规定，有瓦斯检查制度和矿长、技术负责人瓦斯日报审查签字制度，配备足够的专职瓦斯检查员和瓦斯检测仪器；按规定建立瓦斯抽采系统，开采煤与瓦斯突出危险煤层的有预测预报、防治措施、效果检验和安全防护的综合防突措施；

（五）有防尘供水系统，有地面和井下排水系统；有水害威胁的矿井还应有专用探放水设备；

（六）制定井上、井下防火措施；有地面消防水池和井下消防管路系统，井上、井下有消防材料库；开采容易自燃和自燃煤层的矿井还应有防灭火专项设计和综合预防煤层自然发火的措施；

（七）矿井有两回路电源线路；严禁井下配电变压器中性点直接接地；井下电气设备的选型符合防爆要

求,有短路、过负荷、接地、漏电等保护,掘进工作面的局部通风机按规定采用专用变压器、专用电缆、专用开关,实现风电、瓦斯电闭锁;

(八)运送人员的装置应当符合有关规定。使用检测合格的钢丝绳;带式输送机采用非金属聚合物制造的输送带的阻燃性能和抗静电性能符合规定,设置安全保护装置;

(九)有通信联络系统,按规定建立人员位置监测系统;

(十)按矿井瓦斯等级选用相应的煤矿许用炸药和电雷管,爆破工作由专职爆破工担任;

(十一)不得使用国家有关危及生产安全淘汰目录规定的设备及生产工艺;使用的矿用产品应有安全标志;

(十二)配备足够数量的自救器,自救器的选用型号应与矿井灾害类型相适应,按规定建立安全避险系统;

(十三)有反映实际情况的图纸:矿井地质图和水文地质图,井上下对照图,巷道布置图,采掘工程平面图,通风系统图,井下运输系统图,安全监控系统布置图和断电控制图,人员位置监测系统图,压风、排水、防尘、防火注浆、抽采瓦斯等管路系统图,井下通信系统图,井上、下配电系统图和井下电气设备布置图,井下避灾路线图。采掘工作面有符合实际情况的作业规程。

第九条 露天煤矿除符合本实施办法第六条、第七条规定的条件外,其安全设施、设备、工艺还必须符合下列条件:

(一)按规定设置栅栏、安全挡墙、警示标志;

(二)露天采场最终边坡的台阶坡面角和边坡角符合最终边坡设计要求;

(三)配电线路、电动机、变压器的保护符合安全要求;

(四)爆炸物品的领用、保管和使用符合规定;

(五)有边坡工程、地质勘探工程、岩土物理力学试验和稳定性分析,有边坡监测措施;

(六)有防排水设施和措施;

(七)地面和采场内的防灭火措施符合规定;开采有自然发火倾向的煤层或者开采范围内存在火区时,制定专门防灭火措施;

(八)有反映实际情况的图纸:地形地质图,工程地质平面图、断面图、综合水文地质图,采剥、排土工程平面图和运输系统图,供配电系统图,通信系统图,防排水系统图,边坡监测系统平面图,井工采空区与露天矿平面对照图。

第三章 安全生产许可证的申请和颁发

第十条 煤矿企业依据本实施办法第五条的规定向安全生产许可证颁发管理机关申请领取安全生产许可证。

第十一条 申请领取安全生产许可证应当提供下列文件、资料:

(一)煤矿企业提供的文件、资料:

1. 安全生产许可证申请书;

2. 主要负责人安全生产责任制(复制件),各分管负责人、安全生产管理人员以及职能部门负责人安全生产责任制目录清单;

3. 安全生产规章制度目录清单;

4. 设置安全生产管理机构、配备专职安全生产管理人员的文件(复制件);

5. 主要负责人、安全生产管理人员安全生产知识和管理能力考核合格的证明材料;

6. 特种作业人员培训计划,从业人员安全生产教育培训计划;

7. 为从业人员缴纳工伤保险费的有关证明材料;

8. 重大危险源检测、评估和监控措施;

9. 事故应急救援预案,设立矿山救护队的文件或者与专业救护队签订的救护协议。

(二)煤矿提供的文件、资料和图纸:

1. 安全生产许可证申请书;

2. 采矿许可证(复制件);

3. 主要负责人安全生产责任制(复制件),各分管负责人、安全生产管理人员以及职能部门负责人安全生产责任制目录清单;

4. 安全生产规章制度和操作规程目录清单;

5. 设置安全生产管理机构和配备专职安全生产管理人员的文件(复制件);

6. 矿长、安全生产管理人员安全生产知识和管理能力考核合格的证明材料;

7. 特种作业人员操作资格证书的证明材料;

8. 从业人员安全生产教育培训计划和考试合格的证明材料;

9. 为从业人员缴纳工伤保险费的有关证明材料;

10. 具备资质的中介机构出具的安全评价报告;

11. 矿井瓦斯等级鉴定文件;高瓦斯、煤与瓦斯突出矿井瓦斯参数测定报告,煤层自燃倾向性和煤尘爆炸危险性鉴定报告;

12. 矿井灾害预防和处理计划;

13. 井工煤矿采掘工程平面图，通风系统图；

14. 露天煤矿采剥工程平面图，边坡监测系统平面图；

15. 事故应急救援预案，设立矿山救护队的文件或者与专业矿山救护队签订的救护协议；

16. 井工煤矿主要通风机、主提升机、空压机、主排水泵的检测检验合格报告。

第十二条 安全生产许可证颁发管理机关对申请人提交的申请书及文件、资料，应当按照下列规定处理：

（一）申请事项不属于本机关职权范围的，即时作出不予受理的决定，并告知申请人向有关行政机关申请；

（二）申请材料存在可以当场更正的错误的，允许或者要求申请人当场更正，并即时出具受理的书面凭证，通过互联网申请的，符合要求后即时提供电子受理回执；

（三）申请材料不齐全或者不符合要求的，应当当场或者在5个工作日内一次告知申请人需要补正的全部内容，逾期不告知的，自收到申请材料之日起即为受理；

（四）申请材料齐全、符合要求或者按照要求全部补正的，自收到申请材料或者全部补正材料之日起为受理。

第十三条 煤矿企业应当对其向安全生产许可证颁发管理机关提交的文件、资料和图纸的真实性负责。

从事安全评价、检测检验的机构应当对其出具的安全评价报告、检测检验结果负责。

第十四条 对已经受理的申请，安全生产许可证颁发管理机关应当指派有关人员对申请材料进行审查；对申请材料实质内容存在疑问，认为需要到现场核查的，应当到现场进行核查。

第十五条 负责审查的有关人员提出审查意见。

安全生产许可证颁发管理机关应当对有关人员提出的审查意见进行讨论，并在受理申请之日起45个工作日内作出颁发或者不予颁发安全生产许可证的决定。

对决定颁发的，安全生产许可证颁发管理机关应当自决定之日起10个工作日内送达或者通知申请人领取安全生产许可证；对不予颁发的，应当在10个工作日内书面通知申请人并说明理由。

第十六条 经审查符合本实施办法规定的，安全生产许可证颁发管理机关应当分别向煤矿企业及其所属煤矿颁发安全生产许可证。

第十七条 安全生产许可证的有效期为3年。安全生产许可证有效期满需要延期的，煤矿企业应当于期满前3个月按照本实施办法第十条的规定，向原安全生产许可证颁发管理机关提出延期申请，并提交本实施办法第十一条规定的文件、资料和安全生产许可证正本、副本。

第十八条 对已经受理的延期申请，安全生产许可证颁发管理机关应当按照本实施办法的规定办理安全生产许可证延期手续。

第十九条 煤矿企业在安全生产许可证有效期内符合下列条件，在安全生产许可证有效期届满时，经原安全生产许可证颁发管理机关同意，不再审查，直接办理延期手续：

（一）严格遵守有关安全生产的法律法规和本实施办法；

（二）接受安全生产许可证颁发管理机关及煤矿安全监察机构的监督检查；

（三）未因存在严重违法行为纳入安全生产不良记录“黑名单”管理；

（四）未发生生产安全死亡事故；

（五）煤矿安全质量标准化等级达到二级及以上。

第二十条 煤矿企业在安全生产许可证有效期内有下列情形之一的，应当向原安全生产许可证颁发管理机关申请变更安全生产许可证：

（一）变更主要负责人的；

（二）变更隶属关系的；

（三）变更经济类型的；

（四）变更煤矿企业名称的；

（五）煤矿改建、扩建工程经验收合格的。

变更本条第一款第一、二、三、四项的，自工商营业执照变更之日起10个工作日内提出申请；变更本条第一款第五项的，应当在改建、扩建工程验收合格后10个工作日内提出申请。

申请变更本条第一款第一项的，应提供变更后的工商营业执照副本和主要负责人任命文件（或者聘书）；申请变更本条第一款第二、三、四项的，应提供变更后的工商营业执照副本；申请变更本条第一款第五项的，应提供改建、扩建工程安全设施及条件竣工验收合格的证明材料。

第二十一条 对于本实施办法第二十条第一款第一、二、三、四项的变更申请，安全生产许可证颁发管理机关在对申请人提交的相关文件、资料审核后，即可办理安全生产许可证变更。

对于本实施办法第二十条第一款第五项的变更申请,安全生产许可证颁发管理机关应当按照本实施办法第十四条、第十五条的规定办理安全生产许可证变更。

第二十二条　经安全生产许可证颁发管理机关审查同意延期、变更安全生产许可证的,安全生产许可证颁发管理机关应当收回原安全生产许可证正本,换发新的安全生产许可证正本;在安全生产许可证副本上注明延期、变更内容,并加盖公章。

第二十三条　煤矿企业停办、关闭的,应当自停办、关闭决定之日起10个工作日内向原安全生产许可证颁发管理机关申请注销安全生产许可证,并提供煤矿开采现状报告、实测图纸和遗留事故隐患的报告及防治措施。

第二十四条　安全生产许可证分为正本和副本,具有同等法律效力,正本为悬挂式,副本为折页式。

安全生产许可证颁发管理机关应当在安全生产许可证正本、副本上载明煤矿企业名称、主要负责人、注册地址、隶属关系、经济类型、有效期、发证机关、发证日期等内容。

安全生产许可证正本、副本的式样由国家煤矿安全监察局制定。

安全生产许可证相关的行政许可文书由国家煤矿安全监察局规定统一的格式。

第四章　安全生产许可证的监督管理

第二十五条　煤矿企业取得安全生产许可证后,应当加强日常安全生产管理,不得降低安全生产条件。

第二十六条　煤矿企业不得转让、冒用、买卖、出租、出借或者使用伪造的安全生产许可证。

第二十七条　安全生产许可证颁发管理机关应当坚持公开、公平、公正的原则,严格依照本实施办法的规定审查、颁发安全生产许可证。

安全生产许可证颁发管理机关工作人员在安全生产许可证颁发、管理和监督检查工作中,不得索取或者接受煤矿企业的财物,不得谋取其他利益。

第二十八条　安全生产许可证颁发管理机关发现有下列情形之一的,应当撤销已经颁发的安全生产许可证:

(一)超越职权颁发安全生产许可证的;

(二)违反本实施办法规定的程序颁发安全生产许可证的;

(三)不具备本实施办法规定的安全生产条件颁发安全生产许可证的;

(四)以欺骗、贿赂等不正当手段取得安全生产许可证的。

第二十九条　取得安全生产许可证的煤矿企业有下列情形之一的,安全生产许可证颁发管理机关应当注销其安全生产许可证:

(一)终止煤炭生产活动的;

(二)安全生产许可证被依法撤销的;

(三)安全生产许可证被依法吊销的;

(四)安全生产许可证有效期满未申请办理延期手续的。

第三十条　煤矿企业隐瞒有关情况或者提供虚假材料申请安全生产许可证的,安全生产许可证颁发管理机关不予受理,且在一年内不得再次申请安全生产许可证。

第三十一条　安全生产许可证颁发管理机关应当每年向社会公布一次煤矿企业取得安全生产许可证的情况。

第三十二条　安全生产许可证颁发管理机关应当将煤矿企业安全生产许可证颁发管理情况通报煤矿企业所在地市级以上人民政府及其指定的负责煤矿安全监管工作的部门。

第三十三条　安全生产许可证颁发管理机关应当建立、健全安全生产许可证档案管理制度。

第三十四条　省级安全生产许可证颁发管理机关应当于每年1月15日前将所负责行政区域内上年度煤矿企业安全生产许可证颁发和管理情况报国家煤矿安全监察局,同时通报本级安全生产监督管理部门。

第三十五条　任何单位或者个人对违反《安全生产许可证条例》和本实施办法规定的行为,有权向安全生产许可证颁发管理机关或者监察机关等有关部门举报。

第五章　罚　　则

第三十六条　安全生产许可证颁发管理机关工作人员有下列行为之一的,给予降级或者撤职的处分;构成犯罪的,依法追究刑事责任:

(一)向不符合本实施办法规定的安全生产条件的煤矿企业颁发安全生产许可证的;

(二)发现煤矿企业未依法取得安全生产许可证擅自从事生产活动不依法处理的;

(三)发现取得安全生产许可证的煤矿企业不再具备本实施办法规定的安全生产条件不依法处理的;

(四)接到对违反本实施办法规定行为的举报后,不依法处理的;

(五)在安全生产许可证颁发、管理和监督检查工作中,索取或者接受煤矿企业的财物,或者谋取其他利益的。

第三十七条　承担安全评价、检测、检验工作的机构,出具虚假安全评价、检测、检验报告或者证明的，没收违法所得；违法所得在10万元以上的，并处违法所得2倍以上5倍以下的罚款，没有违法所得或者违法所得不足10万元的，单处或者并处10万元以上20万元以下的罚款，对其直接负责的主管人员和其他直接责任人员处2万元以上5万元以下的罚款；给他人造成损害的，与煤矿企业承担连带赔偿责任；构成犯罪的，依照刑法有关规定追究刑事责任。

对有前款违法行为的机构，依法吊销其相应资质。

第三十八条 安全生产许可证颁发管理机关应当加强对取得安全生产许可证的煤矿企业的监督检查，发现其不再具备本实施办法规定的安全生产条件的，应当责令限期整改，依法暂扣安全生产许可证；经整改仍不具备本实施办法规定的安全生产条件的，依法吊销安全生产许可证。

第三十九条 取得安全生产许可证的煤矿企业，倒卖、出租、出借或者以其他形式非法转让安全生产许可证的，没收违法所得，处10万元以上50万元以下的罚款，吊销其安全生产许可证；构成犯罪的，依法追究刑事责任。

第四十条 发现煤矿企业有下列行为之一的，责令停止生产，没收违法所得，并处10万元以上50万元以下的罚款；构成犯罪的，依法追究刑事责任：

（一）未取得安全生产许可证，擅自进行生产的；

（二）接受转让的安全生产许可证的；

（三）冒用安全生产许可证的；

（四）使用伪造安全生产许可证的。

第四十一条 在安全生产许可证有效期满未申请办理延期手续，继续进行生产的，责令停止生产，限期补办延期手续，没收违法所得，并处5万元以上10万元以下的罚款；逾期仍不申请办理延期手续，依照本实施办法第二十九条、第四十条的规定处理。

第四十二条 在安全生产许可证有效期内，主要负责人、隶属关系、经济类型、煤矿企业名称发生变化，未按本实施办法申请办理变更手续的，责令限期补办变更手续，并处1万元以上3万元以下罚款。

改建、扩建工程已经验收合格，未按本实施办法规定申请办理变更手续擅自投入生产的，责令停止生产，限期补办变更手续，并处1万元以上3万元以下罚款；逾期仍不办理变更手续，继续进行生产的，依照本实施办法第四十条的规定处罚。

第六章 附 则

第四十三条 本实施办法规定的行政处罚，由安全生产许可证颁发管理机关决定。除吊销安全生产许可证外，安全生产许可证颁发管理机关可以委托有关省级煤矿安全监察局、煤矿安全监察分局实施行政处罚。

第四十四条 本实施办法自2016年4月1日起施行。原国家安全生产监督管理局（国家煤矿安全监察局）2004年5月17日公布、国家安全生产监督管理总局2015年6月8日修改的《煤矿企业安全生产许可证实施办法》同时废止。

煤矿重大事故隐患判定标准

1. 2020年11月20日应急管理部令第4号公布
2. 自2021年1月1日起施行

第一条 为了准确认定、及时消除煤矿重大事故隐患，根据《中华人民共和国安全生产法》和《国务院关于预防煤矿生产安全事故的特别规定》（国务院令第446号）等法律、行政法规，制定本标准。

第二条 本标准适用于判定各类煤矿重大事故隐患。

第三条 煤矿重大事故隐患包括下列15个方面：

（一）超能力、超强度或者超定员组织生产；

（二）瓦斯超限作业；

（三）煤与瓦斯突出矿井，未依照规定实施防突出措施；

（四）高瓦斯矿井未建立瓦斯抽采系统和监控系统，或者系统不能正常运行；

（五）通风系统不完善、不可靠；

（六）有严重水患，未采取有效措施；

（七）超层越界开采；

（八）有冲击地压危险，未采取有效措施；

（九）自然发火严重，未采取有效措施；

（十）使用明令禁止使用或者淘汰的设备、工艺；

（十一）煤矿没有双回路供电系统；

（十二）新建煤矿边建设边生产，煤矿改扩建期间，在改扩建的区域生产，或者在其他区域的生产超出安全设施设计规定的范围和规模；

（十三）煤矿实行整体承包生产经营后，未重新取得或者及时变更安全生产许可证而从事生产，或者承包方再次转包，以及将井下采掘工作面和井巷维修作业进行劳务承包；

（十四）煤矿改制期间，未明确安全生产责任人和安全管理机构，或者在完成改制后，未重新取得或者变更采矿许可证、安全生产许可证和营业执照；

(十五)其他重大事故隐患。

第四条 “超能力、超强度或者超定员组织生产”重大事故隐患,是指有下列情形之一的:

(一)煤矿全年原煤产量超过核定(设计)生产能力幅度在10%以上,或者月原煤产量大于核定(设计)生产能力的10%的;

(二)煤矿或其上级公司超过煤矿核定(设计)生产能力下达生产计划或者经营指标的;

(三)煤矿开拓、准备、回采煤量可采期小于国家规定的最短时间,未主动采取限产或者停产措施,仍然组织生产的(衰老煤矿和地方人民政府计划停产关闭煤矿除外);

(四)煤矿井下同时生产的水平超过2个,或者一个采(盘)区内同时作业的采煤、煤(半煤岩)巷掘进工作面个数超过《煤矿安全规程》规定的;

(五)瓦斯抽采不达标组织生产的;

(六)煤矿未制定或者未严格执行井下劳动定员制度,或者采掘作业地点单班作业人数超过国家有关限员规定20%以上的。

第五条 “瓦斯超限作业”重大事故隐患,是指有下列情形之一的:

(一)瓦斯检查存在漏检、假检情况且进行作业的;

(二)井下瓦斯超限后继续作业或者未按照国家规定处置继续进行作业的;

(三)井下排放积聚瓦斯未按照国家规定制定并实施安全技术措施进行作业的。

第六条 “煤与瓦斯突出矿井,未依照规定实施防突出措施”重大事故隐患,是指有下列情形之一的:

(一)未设立防突机构并配备相应专业人员的;

(二)未建立地面永久瓦斯抽采系统或者系统不能正常运行的;

(三)未按照国家规定进行区域或者工作面突出危险性预测的(直接认定为突出危险区域或者突出危险工作面的除外);

(四)未按照国家规定采取防治突出措施的;

(五)未按照国家规定进行防突措施效果检验和验证,或者防突措施效果检验和验证不达标仍然组织生产建设,或者防突措施效果检验和验证数据造假的;

(六)未按照国家规定采取安全防护措施的;

(七)使用架线式电机车的。

第七条 “高瓦斯矿井未建立瓦斯抽采系统和监控系统,或者系统不能正常运行”重大事故隐患,是指有下列情形之一的:

(一)按照《煤矿安全规程》规定应当建立而未建立瓦斯抽采系统或者系统不正常使用的;

(二)未按照国家规定安设、调校甲烷传感器,人为造成甲烷传感器失效,或者瓦斯超限后不能报警、断电或者断电范围不符合国家规定的。

第八条 “通风系统不完善、不可靠”重大事故隐患,是指有下列情形之一的:

(一)矿井总风量不足或者采掘工作面等主要用风地点风量不足的;

(二)没有备用主要通风机,或者两台主要通风机不具有同等能力的;

(三)违反《煤矿安全规程》规定采用串联通风的;

(四)未按照设计形成通风系统,或者生产水平和采(盘)区未实现分区通风的;

(五)高瓦斯、煤与瓦斯突出矿井的任一采(盘)区,开采容易自燃煤层、低瓦斯矿井开采煤层群和分层开采采用联合布置的采(盘)区,未设置专用回风巷,或者突出煤层工作面没有独立的回风系统的;

(六)进、回风井之间和主要进、回风巷之间联络巷中的风墙、风门不符合《煤矿安全规程》规定,造成风流短路的;

(七)采区进、回风巷未贯穿整个采区,或者虽贯穿整个采区但一段进风、一段回风,或者采用倾斜长壁布置,大巷未超前至少2个区段构成通风系统即开掘其他巷道的;

(八)煤巷、半煤岩巷和有瓦斯涌出的岩巷掘进未按照国家规定装备甲烷电、风电闭锁装置或者有关装置不能正常使用的;

(九)高瓦斯、煤(岩)与瓦斯(二氧化碳)突出矿井的煤巷、半煤岩巷和有瓦斯涌出的岩巷掘进工作面采用局部通风时,不能实现双风机、双电源且自动切换的;

(十)高瓦斯、煤(岩)与瓦斯(二氧化碳)突出建设矿井进入二期工程前,其他建设矿井进入三期工程前,没有形成地面主要通风机供风的全风压通风系统的。

第九条 “有严重水患,未采取有效措施”重大事故隐患,是指有下列情形之一的:

(一)未查明矿井水文地质条件和井田范围内采空区、废弃老窑积水等情况而组织生产建设的;

(二)水文地质类型复杂、极复杂的矿井未设置专门的防治水机构、未配备专门的探放水作业队伍,或者未配齐专用探放水设备的；

（三）在需要探放水的区域进行采掘作业未按照国家规定进行探放水的；

（四）未按照国家规定留设或者擅自开采（破坏）各种防隔水煤（岩）柱的；

（五）有突（透、溃）水征兆未撤出井下所有受水患威胁地点人员的；

（六）受地表水倒灌威胁的矿井在强降雨天气或其来水上游发生洪水期间未实施停产撤人的；

（七）建设矿井进入三期工程前，未按照设计建成永久排水系统，或者生产矿井延深到设计水平时，未建成防、排水系统而违规开拓掘进的；

（八）矿井主要排水系统水泵排水能力、管路和水仓容量不符合《煤矿安全规程》规定的；

（九）开采地表水体、老空水淹区域或者强含水层下急倾斜煤层，未按照国家规定消除水患威胁的。

第十条 “超层越界开采”重大事故隐患，是指有下列情形之一的：

（一）超出采矿许可证载明的开采煤层层位或者标高进行开采的；

（二）超出采矿许可证载明的坐标控制范围进行开采的；

（三）擅自开采（破坏）安全煤柱的。

第十一条 “有冲击地压危险，未采取有效措施”重大事故隐患，是指有下列情形之一的：

（一）未按照国家规定进行煤层（岩层）冲击倾向性鉴定，或者开采有冲击倾向性煤层未进行冲击危险性评价，或者开采冲击地压煤层，未进行采区、采掘工作面冲击危险性评价的；

（二）有冲击地压危险的矿井未设置专门的防冲机构、未配备专业人员或者未编制专门设计的；

（三）未进行冲击地压危险性预测，或者未进行防冲措施效果检验以及防冲措施效果检验不达标仍组织生产建设的；

（四）开采冲击地压煤层时，违规开采孤岛煤柱，采掘工作面位置、间距不符合国家规定，或者开采顺序不合理、采掘速度不符合国家规定、违反国家规定布置巷道或者留设煤（岩）柱造成应力集中的；

（五）未制定或者未严格执行冲击地压危险区域人员准入制度的。

第十二条 “自然发火严重，未采取有效措施”重大事故隐患，是指有下列情形之一的：

（一）开采容易自燃和自燃煤层的矿井，未编制防灭火专项设计或者未采取综合防灭火措施的；

（二）高瓦斯矿井采用放顶煤采煤法不能有效防治煤层自然发火的；

（三）有自然发火征兆没有采取相应的安全防范措施继续生产建设的；

（四）违反《煤矿安全规程》规定启封火区的。

第十三条 “使用明令禁止使用或者淘汰的设备、工艺”重大事故隐患，是指有下列情形之一的：

（一）使用被列入国家禁止井工煤矿使用的设备及工艺目录的产品或者工艺的；

（二）井下电气设备、电缆未取得煤矿矿用产品安全标志的；

（三）井下电气设备选型与矿井瓦斯等级不符，或者采（盘）区内防爆型电气设备存在失爆，或者井下使用非防爆无轨胶轮车的；

（四）未按照矿井瓦斯等级选用相应的煤矿许用炸药和雷管、未使用专用发爆器，或者裸露爆破的；

（五）采煤工作面不能保证2个畅通的安全出口的；

（六）高瓦斯矿井、煤与瓦斯突出矿井、开采容易自燃和自燃煤层（薄煤层除外）矿井，采煤工作面采用前进式采煤方法的。

第十四条 “煤矿没有双回路供电系统”重大事故隐患，是指有下列情形之一的：

（一）单回路供电的；

（二）有两回路电源线路但取自一个区域变电所同一母线段的；

（三）进入二期工程的高瓦斯、煤与瓦斯突出、水文地质类型为复杂和极复杂的建设矿井，以及进入三期工程的其他建设矿井，未形成两回路供电的。

第十五条 “新建煤矿边建设边生产，煤矿改扩建期间，在改扩建的区域生产，或者在其他区域的生产超出安全设施设计规定的范围和规模”重大事故隐患，是指有下列情形之一的：

（一）建设项目安全设施设计未经审查批准，或者审查批准后作出重大变更未经再次审查批准擅自组织施工的；

（二）新建煤矿在建设期间组织采煤的（经批准的联合试运转除外）；

（三）改扩建矿井在改扩建区域生产的；

（四）改扩建矿井在非改扩建区域超出设计规定范围和规模生产的。

第十六条 “煤矿实行整体承包生产经营后，未重新取得或者及时变更安全生产许可证而从事生产，或者承包方再次转包，以及将井下采掘工作面和井巷维修作业进行劳务承包”重大事故隐患，是指有下列情形之一的：

（一）煤矿未采取整体承包形式进行发包，或者将煤矿整体发包给不具有法人资格或者未取得合法有效营业执照的单位或者个人的；

（二）实行整体承包的煤矿，未签订安全生产管理协议，或者未按照国家规定约定双方安全生产管理职责而进行生产的；

（三）实行整体承包的煤矿，未重新取得或者变更安全生产许可证进行生产的；

（四）实行整体承包的煤矿，承包方再次将煤矿转包给其他单位或者个人的；

（五）井工煤矿将井下采掘作业或者井巷维修作业（井筒及井下新水平延深的井底车场、主运输、主通风、主排水、主要机电硐室开拓工程除外）作为独立工程发包给其他企业或者个人的，以及转包井下新水平延深开拓工程的。

第十七条 “煤矿改制期间，未明确安全生产责任人和安全管理机构，或者在完成改制后，未重新取得或者变更采矿许可证、安全生产许可证和营业执照”重大事故隐患，是指有下列情形之一的：

（一）改制期间，未明确安全生产责任人进行生产建设的；

（二）改制期间，未健全安全生产管理机构和配备安全管理人员进行生产建设的；

（三）完成改制后，未重新取得或者变更采矿许可证、安全生产许可证、营业执照而进行生产建设的。

第十八条 “其他重大事故隐患”，是指有下列情形之一的：

（一）未分别配备专职的矿长、总工程师和分管安全、生产、机电的副矿长，以及负责采煤、掘进、机电运输、通风、地测、防治水工作的专业技术人员的；

（二）未按照国家规定足额提取或者未按照国家规定范围使用安全生产费用的；

（三）未按照国家规定进行瓦斯等级鉴定，或者瓦斯等级鉴定弄虚作假的；

（四）出现瓦斯动力现象，或者相邻矿井开采的同一煤层发生了突出事故，或者被鉴定、认定为突出煤层，以及煤层瓦斯压力达到或者超过 0.74MPa 的非突出矿井，未立即按照突出煤层管理并在国家规定期限内进行突出危险性鉴定的（直接认定为突出矿井的除外）；

（五）图纸作假、隐瞒采掘工作面，提供虚假信息、隐瞒下井人数，或者矿长、总工程师（技术负责人）履行安全生产岗位责任制及管理制度时伪造记录，弄虚作假的；

（六）矿井未安装安全监控系统、人员位置监测系统或者系统不能正常运行，以及对系统数据进行修改、删除及屏蔽，或者煤与瓦斯突出矿井存在第七条第二项情形的；

（七）提升（运送）人员的提升机未按照《煤矿安全规程》规定安装保护装置，或者保护装置失效，或者超员运行的；

（八）带式输送机的输送带入井前未经过第三方阻燃和抗静电性能试验，或者试验不合格入井，或者输送带防打滑、跑偏、堆煤等保护装置或者温度、烟雾监测装置失效的；

（九）掘进工作面后部巷道或者独头巷道维修（着火点、高温点处理）时，维修（处理）点以里继续掘进或者有人员进入，或者采掘工作面未按照国家规定安设压风、供水、通信线路及装置的；

（十）露天煤矿边坡角大于设计最大值，或者边坡发生严重变形未及时采取措施进行治理的；

（十一）国家矿山安全监察机构认定的其他重大事故隐患。

第十九条 本标准所称的国家规定，是指有关法律、行政法规、部门规章、国家标准、行业标准，以及国务院及其应急管理部门、国家矿山安全监察机构依法制定的行政规范性文件。

第二十条 本标准自 2021 年 1 月 1 日起施行。原国家安全生产监督管理总局 2015 年 12 月 3 日公布的《煤矿重大生产安全事故隐患判定标准》（国家安全生产监督管理总局令第 85 号）同时废止。

煤矿作业场所职业病危害防治规定

1. 2015 年 2 月 28 日国家安全生产监督管理总局令第 73 号公布

2. 自 2015 年 4 月 1 日起施行

第一章 总 则

第一条 为加强煤矿作业场所职业病危害的防治工作，强化煤矿企业职业病危害防治主体责任，预防、控制职业病危害，保护煤矿劳动者健康，依据《中华人民共和国职业病防治法》、《中华人民共和国安全生产法》、

《煤矿安全监察条例》等法律、行政法规,制定本规定。

第二条 本规定适用于中华人民共和国领域内各类煤矿及其所属为煤矿服务的矿井建设施工、洗煤厂、选煤厂等存在职业病危害的作业场所职业病危害预防和治理活动。

第三条 本规定所称煤矿作业场所职业病危害(以下简称职业病危害),是指由粉尘、噪声、热害、有毒有害物质等因素导致煤矿劳动者职业病的危害。

第四条 煤矿是本企业职业病危害防治的责任主体。

职业病危害防治坚持以人为本、预防为主、综合治理的方针,按照源头治理、科学防治、严格管理、依法监督的要求开展工作。

第二章 职业病危害防治管理

第五条 煤矿主要负责人(法定代表人、实际控制人,下同)是本单位职业病危害防治工作的第一责任人,对本单位职业病危害防治工作全面负责。

第六条 煤矿应当建立健全职业病危害防治领导机构,制定职业病危害防治规划,明确职责分工和落实工作经费,加强职业病危害防治工作。

第七条 煤矿应当设置或者指定职业病危害防治的管理机构,配备专职职业卫生管理人员,负责职业病危害防治日常管理工作。

第八条 煤矿应当制定职业病危害防治年度计划和实施方案,并建立健全下列制度:

(一)职业病危害防治责任制度;

(二)职业病危害警示与告知制度;

(三)职业病危害项目申报制度;

(四)职业病防治宣传、教育和培训制度;

(五)职业病防护设施管理制度;

(六)职业病个体防护用品管理制度;

(七)职业病危害日常监测及检测、评价管理制度;

(八)建设项目职业病防护设施与主体工程同时设计、同时施工、同时投入生产和使用(以下简称建设项目职业卫生"三同时")的制度;

(九)劳动者职业健康监护及其档案管理制度;

(十)职业病诊断、鉴定及报告制度;

(十一)职业病危害防治经费保障及使用管理制度;

(十二)职业卫生档案管理制度;

(十三)职业病危害事故应急管理制度;

(十四)法律、法规、规章规定的其他职业病危害防治制度。

第九条 煤矿应当配备专职或者兼职的职业病危害因素监测人员,装备相应的监测仪器设备。监测人员应当经培训合格;未经培训合格的,不得上岗作业。

第十条 煤矿应当以矿井为单位开展职业病危害因素日常监测,并委托具有资质的职业卫生技术服务机构,每年进行一次作业场所职业病危害因素检测,每三年进行一次职业病危害现状评价。根据监测、检测、评价结果,落实整改措施,同时将日常监测、检测、评价、落实整改情况存入本单位职业卫生档案。检测、评价结果向所在地安全生产监督管理部门和驻地煤矿安全监察机构报告,并向劳动者公布。

第十一条 煤矿不得使用国家明令禁止使用的可能产生职业病危害的技术、工艺、设备和材料,限制使用或者淘汰职业病危害严重的技术、工艺、设备和材料。

第十二条 煤矿应当优化生产布局和工艺流程,使有害作业和无害作业分开,减少接触职业病危害的人数和接触时间。

第十三条 煤矿应当按照《煤矿职业安全卫生个体防护用品配备标准》(AQ 1051)规定,为接触职业病危害的劳动者提供符合标准的个体防护用品,并指导和督促其正确使用。

第十四条 煤矿应当履行职业病危害告知义务,与劳动者订立或者变更劳动合同时,应当将作业过程中可能产生的职业病危害及其后果、防护措施和相关待遇等如实告知劳动者,并在劳动合同中载明,不得隐瞒或者欺骗。

第十五条 煤矿应当在醒目位置设置公告栏,公布有关职业病危害防治的规章制度、操作规程和作业场所职业病危害因素检测结果;对产生严重职业病危害的作业岗位,应当在醒目位置设置警示标识和中文警示说明。

第十六条 煤矿主要负责人、职业卫生管理人员应当具备煤矿职业卫生知识和管理能力,接受职业病危害防治培训。培训内容应当包括职业卫生相关法律、法规、规章和标准,职业病危害预防和控制的基本知识,职业卫生管理相关知识等内容。

煤矿应当对劳动者进行上岗前、在岗期间的定期职业病危害防治知识培训,督促劳动者遵守职业病防治法律、法规、规章、标准和操作规程,指导劳动者正确使用职业病防护设备和个体防护用品。上岗前培训时间不少于4学时,在岗期间的定期培训时间每年不少于2学时。

第十七条 煤矿应当建立健全企业职业卫生档案。企业

职业卫生档案应当包括下列内容:

(一)职业病防治责任制文件;

(二)职业卫生管理规章制度;

(三)作业场所职业病危害因素种类清单、岗位分布以及作业人员接触情况等资料;

(四)职业病防护设施、应急救援设施基本信息及其配置、使用、维护、检修与更换等记录;

(五)作业场所职业病危害因素检测、评价报告与记录;

(六)职业病个体防护用品配备、发放、维护与更换等记录;

(七)煤矿企业主要负责人、职业卫生管理人员和劳动者的职业卫生培训资料;

(八)职业病危害事故报告与应急处置记录;

(九)劳动者职业健康检查结果汇总资料,存在职业禁忌证、职业健康损害或者职业病的劳动者处理和安置情况记录;

(十)建设项目职业卫生"三同时"有关技术资料;

(十一)职业病危害项目申报情况记录;

(十二)其他有关职业卫生管理的资料或者文件。

第十八条 煤矿应当保障职业病危害防治专项经费,经费在财政部、国家安全监管总局《关于印发〈企业安全生产费用提取和使用管理办法〉的通知》(财企〔2012〕16号)第十七条"(十)其他与安全生产直接相关的支出"中列支。

第十九条 煤矿发生职业病危害事故,应当及时向所在地安全生产监督管理部门和驻地煤矿安全监察机构报告,同时积极采取有效措施,减少或者消除职业病危害因素,防止事故扩大。对遭受或者可能遭受急性职业病危害的劳动者,应当及时组织救治,并承担所需费用。

煤矿不得迟报、漏报、谎报或者瞒报煤矿职业病危害事故。

第三章 建设项目职业病防护设施"三同时"管理

第二十条 煤矿建设项目职业病防护设施必须与主体工程同时设计、同时施工、同时投入生产和使用。职业病防护设施所需费用应当纳入建设项目工程预算。

第二十一条 煤矿建设项目在可行性论证阶段,建设单位应当委托具有资质的职业卫生技术服务机构进行职业病危害预评价,编制预评价报告。

第二十二条 煤矿建设项目在初步设计阶段,应当委托具有资质的设计单位编制职业病防护设施设计专篇。

第二十三条 煤矿建设项目完工后,在试运行期内,应当委托具有资质的职业卫生技术服务机构进行职业病危害控制效果评价,编制控制效果评价报告。

第四章 职业病危害项目申报

第二十四条 煤矿在申领、换发煤矿安全生产许可证时,应当如实向驻地煤矿安全监察机构申报职业病危害项目,同时抄报所在地安全生产监督管理部门。

第二十五条 煤矿申报职业病危害项目时,应当提交下列文件、资料:

(一)煤矿的基本情况;

(二)煤矿职业病危害防治领导机构、管理机构情况;

(三)煤矿建立职业病危害防治制度情况;

(四)职业病危害因素名称、监测人员及仪器设备配备情况;

(五)职业病防护设施及个体防护用品配备情况;

(六)煤矿主要负责人、职业卫生管理人员及劳动者职业卫生培训情况证明材料;

(七)劳动者职业健康检查结果汇总资料,存在职业禁忌症、职业健康损害或者职业病的劳动者处理和安置情况记录;

(八)职业病危害警示标识设置与告知情况;

(九)煤矿职业卫生档案管理情况;

(十)法律、法规和规章规定的其他资料。

第二十六条 安全生产监督管理部门和煤矿安全监察机构及其工作人员应当对煤矿企业职业病危害项目申报材料中涉及的商业和技术等秘密保密。违反有关保密义务的,应当承担相应的法律责任。

第五章 职业健康监护

第二十七条 对接触职业病危害的劳动者,煤矿应当按照国家有关规定组织上岗前、在岗期间和离岗时的职业健康检查,并将检查结果书面告知劳动者。职业健康检查费用由煤矿承担。职业健康检查由省级以上人民政府卫生行政部门批准的医疗卫生机构承担。

第二十八条 煤矿不得安排未经上岗前职业健康检查的人员从事接触职业病危害的作业;不得安排有职业禁忌的人员从事其所禁忌的作业;不得安排未成年工从事接触职业病危害的作业;不得安排孕期、哺乳期的女职工从事对本人和胎儿、婴儿有危害的作业。

第二十九条 劳动者接受职业健康检查应当视同正常出

勤，煤矿企业不得以常规健康检查代替职业健康检查。接触职业病危害作业的劳动者的职业健康检查周期按照表1执行。

表1 接触职业病危害作业的劳动者的职业健康检查周期

接触有害物质	体检对象	检查周期
煤尘（以煤尘为主）	在岗人员	2年1次
	观察对象、Ⅰ期煤工尘肺患者	每年1次
岩尘（以岩尘为主）	在岗人员、观察对象、Ⅰ期矽肺患者	
噪声	在岗人员	
高温	在岗人员	
化学毒物	在岗人员	根据所接触的化学毒物确定检查周期
接触粉尘危害作业退休人员的职业健康检查周期按照有关规定执行		

第三十条 煤矿不得以劳动者上岗前职业健康检查代替在岗期间定期的职业健康检查，也不得以劳动者在岗期间职业健康检查代替离岗时职业健康检查，但最后一次在岗期间的职业健康检查在离岗前的90日内的，可以视为离岗时检查。对未进行离岗前职业健康检查的劳动者，煤矿不得解除或者终止与其订立的劳动合同。

第三十一条 煤矿应当根据职业健康检查报告，采取下列措施：

（一）对有职业禁忌的劳动者，调离或者暂时脱离原工作岗位；

（二）对健康损害可能与所从事的职业相关的劳动者，进行妥善安置；

（三）对需要复查的劳动者，按照职业健康检查机构要求的时间安排复查和医学观察；

（四）对疑似职业病病人，按照职业健康检查机构的建议安排其进行医学观察或者职业病诊断；

（五）对存在职业病危害的岗位，改善劳动条件，完善职业病防护设施。

第三十二条 煤矿应当为劳动者个人建立职业健康监护档案，并按照有关规定的期限妥善保存。

职业健康监护档案应当包括劳动者个人基本情况、劳动者职业史和职业病危害接触史，历次职业健康检查结果及处理情况，职业病诊疗等资料。

劳动者离开煤矿时，有权索取本人职业健康监护档案复印件，煤矿必须如实、无偿提供，并在所提供的复印件上签章。

第三十三条 劳动者健康出现损害需要进行职业病诊断、鉴定的，煤矿企业应当如实提供职业病诊断、鉴定所需的劳动者职业史和职业病危害接触史、作业场所职业病危害因素检测结果等资料。

第六章 粉尘危害防治

第三十四条 煤矿应当在正常生产情况下对作业场所的粉尘浓度进行监测。粉尘浓度应当符合表2的要求；不符合要求的，应当采取有效措施。

表2 煤矿作业场所粉尘浓度要求

粉尘种类	游离 SiO_2 含量（%）	时间加权平均容许浓度（mg/m^3）	
		总粉尘	呼吸性粉尘
煤尘	<10	4	2.5
矽尘	10≤～≤50	1	0.7
	50<～≤80	0.7	0.3
	>80	0.5	0.2
水泥尘	<10	4	1.5

第三十五条 煤矿进行粉尘监测时，其监测点的选择和布置应当符合表3的要求。

表3 煤矿作业场所测尘点的选择和布置要求

类别	生产工艺	测尘点布置
采煤工作面	司机操作采煤机、打眼、人工落煤及攉煤	工人作业地点
	多工序同时作业	回风巷距工作面10～15m处
掘进工作面	司机操作掘进机、打眼、装岩（煤）、锚喷支护	工人作业地点
	多工序同时作业（爆破作业除外）	距掘进头10～15m回风侧
其他场所	翻罐笼作业、巷道维修、转载点	工人作业地点
露天煤矿	穿孔机作业、挖掘机作业	下风侧3～5m处
	司机操作穿孔机、司机操作挖掘机、汽车运输	操作室内
地面作业场所	地面煤仓、储煤场、输送机运输等处生产作业	作业人员活动范围内

第三十六条 粉尘监测采用定点或者个体方法进行，推广实时在线监测系统。粉尘监测应当符合下列要求：

（一）总粉尘浓度，煤矿井下每月测定2次或者采用实时在线监测，地面及露天煤矿每月测定1次或者采用实时在线监测；

(二)呼吸性粉尘浓度每月测定1次;

(三)粉尘分散度每6个月监测1次;

(四)粉尘中游离 SiO_2 含量,每6个月测定1次,在变更工作面时也应当测定1次。

第三十七条 煤矿应当使用粉尘采样器、直读式粉尘浓度测定仪等仪器设备进行粉尘浓度的测定。井工煤矿的采煤工作面回风巷、掘进工作面回风侧应当设置粉尘浓度传感器,并接入安全监测监控系统。

第三十八条 井工煤矿必须建立防尘洒水系统。永久性防尘水池容量不得小于 $200m^3$,且贮水量不得小于井下连续2h的用水量,备用水池贮水量不得小于永久性防尘水池的50%。

防尘管路应当敷设到所有能产生粉尘和沉积粉尘的地点,没有防尘供水管路的采掘工作面不得生产。静压供水管路管径应当满足矿井防尘用水量的要求,强度应当满足静压水压力的要求。

防尘用水水质悬浮物的含量不得超过30mg/L,粒径不大于0.3mm,水的pH值应当在6~9范围内,水的碳酸盐硬度不超过3mmol/L。使用降尘剂时,降尘剂应当无毒、无腐蚀、不污染环境。

第三十九条 井工煤矿掘进井巷和硐室时,必须采用湿式钻眼,使用水炮泥,爆破前后冲洗井壁巷帮,爆破过程中采用高压喷雾(喷雾压力不低于8MPa)或者压气喷雾降尘、装岩(煤)洒水和净化风流等综合防尘措施。

第四十条 井工煤矿在煤、岩层中钻孔,应当采取湿式作业。煤(岩)与瓦斯突出煤层或者软煤层中难以采取湿式钻孔时,可以采取干式钻孔,但必须采取除尘器捕尘、除尘,除尘器的呼吸性粉尘除尘效率不得低于90%。

第四十一条 井工煤矿炮采工作面应当采取湿式钻眼,使用水炮泥,爆破前后应当冲洗煤壁,爆破时应当采用高压喷雾(喷雾压力不低于8MPa)或者压气喷雾降尘,出煤时应当洒水降尘。

第四十二条 井工煤矿采煤机作业时,必须使用内、外喷雾装置。内喷雾压力不得低于2MPa,外喷雾压力不得低于4MPa。内喷雾装置不能正常使用时,外喷雾压力不得低于8MPa,否则采煤机必须停机。液压支架必须安装自动喷雾降尘装置,实现降柱、移架同步喷雾。破碎机必须安装防尘罩,并加装喷雾装置或者除尘器。放顶煤采煤工作面的放煤口,必须安装高压喷雾装置(喷雾压力不低于8MPa)或者采取压气喷雾降尘。

第四十三条 井工煤矿掘进机作业时,应当使用内、外喷雾装置和控尘装置、除尘器等构成的综合防尘系统。掘进机内喷雾压力不得低于2MPa,外喷雾压力不得低于4MPa。内喷雾装置不能正常使用时,外喷雾压力不得低于8MPa;除尘器的呼吸性粉尘除尘效率不得低于90%。

第四十四条 井工煤矿的采煤工作面回风巷、掘进工作面回风侧应当分别安设至少2道自动控制风流净化水幕。

第四十五条 煤矿井下煤仓放煤口、溜煤眼放煤口以及地面带式输送机走廊必须安设喷雾装置或者除尘器,作业时进行喷雾降尘或者用除尘器除尘。煤仓放煤口、溜煤眼放煤口采用喷雾降尘时,喷雾压力不得低于8MPa。

第四十六条 井工煤矿的所有煤层必须进行煤层注水可注性测试。对于可注水煤层必须进行煤层注水。煤层注水过程中应当对注水流量、注水量及压力等参数进行监测和控制,单孔注水总量应当使该钻孔预湿煤体的平均水分含量增量不得低于1.5%,封孔深度应当保证注水过程中煤壁及钻孔不漏水、不跑水。在厚煤层分层开采时,在确保安全前提下,应当采取在上一分层的采空区内灌水,对下一分层的煤体进行湿润。

第四十七条 井工煤矿打锚杆眼应当实施湿式钻孔,喷射混凝土时应当采用潮喷或者湿喷工艺,喷射机、喷浆点应当配备捕尘、除尘装置,距离锚喷作业点下风向100m内,应当设置2道以上自动控制风流净化水幕。

第四十八条 井工煤矿转载点应当采用自动喷雾降尘(喷雾压力应当大于0.7MPa)或者密闭尘源除尘器抽尘净化等措施。转载点落差超过0.5m,必须安装溜槽或者导向板。装煤点下风侧20m内,必须设置一道自动控制风流净化水幕。运输巷道内应当设置自动控制风流净化水幕。

第四十九条 露天煤矿粉尘防治应当符合下列要求:

(一)设置有专门稳定可靠供水水源的加水站(池),加水能力满足洒水降尘所需的最大供给量;

(二)采取湿式钻孔;不能实现湿式钻孔时,设置有效的孔口捕尘装置;

(三)破碎作业时,密闭作业区域并采用喷雾降尘或者除尘器除尘;

(四)加强对穿孔机、挖掘机、汽车等司机操作室的防护;

(五)挖掘机装车前,对煤(岩)洒水,卸煤(岩)时喷雾降尘;

(六)对运输路面经常清理浮尘、洒水,加强维护,保持路面平整。

第五十条 洗选煤厂原煤准备(给煤、破碎、筛分、转载)

过程中宜密闭尘源，并采取喷雾降尘或者除尘器除尘。

第五十一条 储煤场厂区应当定期洒水抑尘，储煤场四周应当设抑尘网，装卸煤炭应当喷雾降尘或者洒水车降尘，煤炭外运时应当采取密闭措施。

第七章 噪声危害防治

第五十二条 煤矿作业场所噪声危害依照下列标准判定：

（一）劳动者每天连续接触噪声时间达到或者超过8h的，噪声声级限值为85dB（A）；

（二）劳动者每天接触噪声时间不足8h的，可以根据实际接触噪声的时间，按照接触噪声时间减半、噪声声级限值增加3dB（A）的原则确定其声级限值。

第五十三条 煤矿应当配备2台以上噪声测定仪器，并对作业场所噪声每6个月监测1次。

第五十四条 煤矿作业场所噪声的监测地点主要包括：

（一）井工煤矿的主要通风机、提升机、空气压缩机、局部通风机、采煤机、掘进机、风动凿岩机、风钻、乳化液泵、水泵等地点；

（二）露天煤矿的挖掘机、穿孔机、矿用汽车、输送机、排土机和爆破作业等地点；

（三）选煤厂破碎机、筛分机、空压机等地点。

煤矿进行监测时，应当在每个监测地点选择3个测点，监测结果以3个监测点的平均值为准。

第五十五条 煤矿应当优先选用低噪声设备，通过隔声、消声、吸声、减振、减少接触时间、佩戴防护耳塞（罩）等措施降低噪声危害。

第八章 热害防治

第五十六条 井工煤矿采掘工作面的空气温度不得超过26℃，机电设备硐室的空气温度不得超过30℃。当空气温度超过上述要求时，煤矿必须缩短超温地点工作人员的工作时间，并给予劳动者高温保健待遇。采掘工作面的空气温度超过30℃、机电设备硐室的空气温度超过34℃时，必须停止作业。

第五十七条 井工煤矿采掘工作面和机电设备硐室应当设置温度传感器。

第五十八条 井工煤矿应当采取通风降温、采用分区式开拓方式缩短入风线路长度等措施，降低工作面的温度；当采用上述措施仍然无法达到作业环境标准温度的，应当采用制冷等降温措施。

第五十九条 井工煤矿地面辅助生产系统和露天煤矿应当合理安排劳动者工作时间，减少高温时段室外作业。

第九章 职业中毒防治

第六十条 煤矿作业场所主要化学毒物浓度不得超过表4的要求。

表4 煤矿主要化学毒物最高允许浓度

化学毒物名称	最高允许浓度（%）
CO	0.0024
H_2S	0.00066
NO（换算成 NO_2）	0.00025
SO_2	0.0005

第六十一条 煤矿进行化学毒物监测时，应当选择有代表性的作业地点，其中包括空气中有害物质浓度最高、作业人员接触时间最长的作业地点。采样应当在正常生产状态下进行。

第六十二条 煤矿应当对NO（换算成 NO_2）、CO、SO_2 每3个月至少监测1次，对 H_2S 每月至少监测1次。煤层有自燃倾向的，应当根据需要随时监测。

第六十三条 煤矿作业场所应当加强通风降低有害气体的浓度，在采用通风措施无法达到表4的规定时，应当采用净化、化学吸收等措施降低有害气体的浓度。

第十章 法律责任

第六十四条 煤矿违反本规定，有下列行为之一的，给予警告，责令限期改正；逾期不改正的，处十万元以下的罚款：

（一）作业场所职业病危害因素检测、评价结果没有存档、上报、公布的；

（二）未设置职业病防治管理机构或者配备专职职业卫生管理人员的；

（三）未制定职业病防治计划或者实施方案的；

（四）未建立健全职业病危害防治制度的；

（五）未建立健全企业职业卫生档案或者劳动者职业健康监护档案的；

（六）未公布有关职业病防治的规章制度、操作规程、职业病危害事故应急救援措施的；

（七）未组织劳动者进行职业卫生培训，或者未对劳动者个人职业病防护采取指导、督促措施的。

第六十五条 煤矿违反本规定，有下列行为之一的，给予警告，可以并处五万元以上十万元以下的罚款：

（一）未如实申报产生职业病危害的项目的；

（二）未实施由专人负责的职业病危害因素日常监测，或者监测系统不能正常监测的；

（三）订立或者变更劳动合同时，未告知劳动者职业病危害真实情况的；

（四）未组织职业健康检查、建立职业健康监护档案，或者未将检查结果书面告知劳动者的；

（五）未在劳动者离开煤矿企业时提供职业健康监护档案复印件的。

第六十六条 煤矿违反本规定，有下列行为之一的，责令限期改正，逾期不改正的，处五万元以上二十万元以下的罚款；情节严重的，责令停止产生职业病危害的作业，或者提请有关人民政府按照国务院规定的权限责令关闭：

（一）作业场所职业病危害因素的强度或者浓度超过本规定要求的；

（二）未提供职业病防护设施和个人使用的职业病防护用品，或者提供的职业病防护设施和个人使用的职业病防护用品不符合本规定要求的；

（三）未对作业场所职业病危害因素进行检测、评价的；

（四）作业场所职业病危害因素经治理仍然达不到本规定要求时，未停止存在职业病危害因素的作业的；

（五）发生或者可能发生急性职业病危害事故时，未立即采取应急救援和控制措施，或者未按照规定及时报告的；

（六）未按照规定在产生严重职业病危害的作业岗位醒目位置设置警示标识和中文警示说明的。

第六十七条 煤矿违反本规定，有下列情形之一的，责令限期治理，并处五万元以上三十万元以下的罚款；情节严重的，责令停止产生职业病危害的作业，或者暂扣、吊销煤矿安全生产许可证：

（一）隐瞒本单位职业卫生真实情况的；

（二）使用国家明令禁止使用的可能产生职业病危害的设备或者材料的；

（三）安排未经职业健康检查的劳动者、有职业禁忌的劳动者、未成年工或者孕期、哺乳期女职工从事接触职业病危害的作业或者禁忌作业的。

第六十八条 煤矿违反本规定，有下列行为之一的，给予警告，责令限期改正，逾期不改正的，处三万元以下的罚款：

（一）未投入职业病防治经费的；

（二）未建立职业病防治领导机构的；

（三）煤矿企业主要负责人、职业卫生管理人员和职业病危害因素监测人员未接受职业卫生培训的。

第六十九条 煤矿违反本规定，造成重大职业病危害事故或者其他严重后果，构成犯罪的，对直接负责的主管人员和其他直接责任人员，依法追究刑事责任。

第七十条 煤矿违反本规定的其他违法行为，依照《中华人民共和国职业病防治法》和其他行政法规、规章的规定给予行政处罚。

第七十一条 本规定设定的行政处罚，由煤矿安全监察机构实施。

第十一章 附 则

第七十二条 本规定中未涉及的其他职业病危害因素，按照国家有关规定执行。

第七十三条 本规定自2015年4月1日起施行。

煤层气地面开采安全规程(试行)

1. 2012年2月22日国家安全生产监督管理总局令第46号公布

2. 根据2013年8月29日国家安全生产监督管理总局令第63号《关于修改〈生产经营单位安全培训规定〉等11件规章的决定》修正

第一章 总 则

第一条 为了加强煤层气地面开采的安全管理，预防和减少生产安全事故，保障从业人员生命健康和财产安全，根据《中华人民共和国安全生产法》等法律、行政法规，制定本规程。

第二条 在中华人民共和国境内从事煤层气地面开采及有关设计、钻井、固井、测井、压裂、排采、集输、压缩等活动的安全生产，适用本规程。

国家标准、行业标准对煤矿井下瓦斯抽采和低浓度瓦斯输送安全另行规定的，依照其规定。

第三条 煤层气地面开采企业以及承包单位（以下统称煤层气企业）应当遵守国家有关安全生产的法律、行政法规、规章、标准和技术规范，依法取得安全生产许可证，接受煤矿安全监察机构的监察。

国家鼓励煤矿企业采用科学方法抽采煤层气。依法设立的煤矿企业地面抽采本企业煤层气应当遵守本规程，但不需要另行取得安全生产许可证。

第四条 煤层气企业应当建立安全生产管理机构，配备相应的专职安全生产管理人员；建立健全安全管理制度和操作规程，落实安全生产责任制，配备满足需要的安全设备和装备。

第五条 煤层气企业的主要负责人对本单位的安全生产工作全面负责。

煤层气企业的主要负责人和安全生产管理人员应当按照有关规定经专门培训并考核合格取得安全资格证书。

第六条 煤层气企业应当制定安全生产教育和培训计划,对从业人员进行安全生产教育和培训,保证从业人员具备必要的安全生产知识,熟悉有关的安全生产规章制度和安全操作规程,掌握本岗位的安全操作技能。未经安全生产教育和培训合格的从业人员,不得上岗作业。

煤层气企业的特种作业人员,应当按照有关规定经专门的安全作业培训,取得特种作业操作资格证书,方可上岗作业。

第七条 煤层气企业应当按照有关规定提取、使用满足安全生产需要的安全生产费用,保障煤层气地面开采的安全。

第八条 煤层气企业应当按照有关规定制定生产安全事故应急预案,组织定期演练,并根据安全生产条件的变化及时修订。

发生生产安全事故后,煤层气企业应当立即采取有效措施组织救援,防止事故扩大,避免人员伤亡和减少财产损失,并按照有关规定及时报告安全生产监管监察部门。

第九条 煤层气地面开采区域存在煤矿矿井的,煤层气企业应当与煤矿企业进行沟通,统筹考虑煤层气地面开采项目方案和煤矿开采计划,共享有关地质资料和工程资料,确保煤层气地面开采安全和煤矿井下安全。

第二章 一般规定

第十条 煤层气地面开采项目应当按照有关规定进行安全条件论证和安全预评价。

第十一条 新建、改建、扩建煤层气开采项目的安全设施,必须与主体工程同时设计、同时施工、同时投入生产和使用。安全设施投资应当纳入建设项目概算。

第十二条 煤层气地面开采项目的总体开发方案和煤层气集输管线、站场、供电等工程设计应当由具有相应资质的单位承担。煤层气井钻井、压裂、排采、修井等施工方案,由煤层气企业负责。

煤层气企业应当建立健全施工方案的审查制度,严格安全条件的审查。施工方案未经煤层气企业主要负责人审查同意的,施工单位不得施工。

第十三条 煤层气地面开采项目的工程施工应当由具有相应资质的监理单位进行监督。监理单位应当按照国家建设工程监理规范的要求对工程施工质量进行监督。

第十四条 煤层气企业进行工程发包时,应当对承包单位的资质条件和安全生产业绩进行审查,与承包单位签订专门的安全生产管理协议,或者在承包合同中约定各自的安全生产管理职责。煤层气企业对承包单位的安全生产工作统一协调、管理。

第十五条 煤层气企业应当经常开展安全生产检查及事故隐患排查,对发现的安全生产问题和事故隐患,应当立即采取措施进行整改;不能立即整改的,应当制定整改方案限期处理。

第十六条 煤层气企业应当对安全阀、压力表、传感器和监测设备进行定期校验、检定。煤层气企业的特种设备应当按照有关规定定期检测。

第十七条 煤层气企业应当建立相应的消防机构,配备专职或者兼职消防人员和必要的装备、器材,或者与所在地消防、应急救援机构签订消防救援合同。

第十八条 煤层气企业应当建立劳动防护用品配备、使用和管理制度,为从业人员提供符合国家标准或者行业标准的劳动防护用品。

煤层气企业应当对从业人员进行劳动防护用品使用的培训,指导、教育从业人员正确佩戴和使用劳动防护用品。

第十九条 煤层气企业进行电焊、气焊(割)等明火作业或其他可能产生火花的作业,应当编制专门的安全技术措施,并经本企业技术负责人审查批准。井场、站场内禁止烟火。

第二十条 煤层气企业应当建立设备管理专人负责制度。设备管理应当符合下列要求:

(一)安全标志正确、齐全、清晰,设置位置合理;

(二)定期进行巡检、维护和保养,确保设备始终处于完好状态;

(三)机械传动部位安装安全防护栏或者防护罩;

(四)按照有关规定对设备进行换季维护保养,防止设备锈蚀、冻裂;

(五)带压设备定期进行试压,合格后方可使用。

第二十一条 站场控制室内的气体探测控制仪超限断电后,煤层气企业应当立即组织专人对相应的设备和室内环境进行检查。严禁强行送电、开机。

第三章 硫化氢防护

第二十二条 在含硫化氢矿区进行施工作业和煤层气生产前,煤层气企业应当对所有生产作业人员和现场监督人员进行硫化氢防护的培训。培训内容应当包括课堂防护知识和现场实际操作,并符合培训时间规定。

对于临时作业人员和其他非定期派遣人员,在施工作业和煤层气生产前,煤层气企业应当对其进行硫化氢防护知识的教育。

第二十三条 在含硫化氢环境中进行生产作业,应当配备固定式和携带式硫化氢监测仪。硫化氢监测仪应当按照有关规定进行定期校验和鉴定。硫化氢重点监测区域应当设有醒目的标志,并设置硫化氢监测探头和报警器。

硫化氢监测仪发出不同级别报警时,煤层气企业应当按照行业标准《含硫化氢油气井安全钻井推荐作法》(SY/T 5087)的规定采取相应的措施。

第二十四条 煤层气企业在含硫化氢环境中进行生产作业,应当配备相应的防护装备,并符合下列要求:

(一)在钻井、试井、修井、井下作业以及站场作业中,配备正压式空气呼吸器及与其匹配的空气压缩机;

(二)有专人管理硫化氢防护装置,确保处于备用状态;

(三)进行检修和抢险作业时,携带硫化氢监测仪和正压式空气呼吸器。

第二十五条 在含硫化氢的矿区,场地及设备的布置应当考虑季节风向。在有可能形成硫化氢和二氧化硫的聚集处,应当确保有良好的通风条件,设置警示标志,使用防爆通风设备,并设置逃生通道及安全区。

第二十六条 在含硫化氢环境中进行钻井、井下作业和煤层气生产以及气体处理所使用的材料及设备,应当适合用于含硫化氢环境。

第二十七条 在含硫化氢环境中进行生产作业时,煤层气企业应当制定防硫化氢应急预案。钻井、井下作业的防硫化氢应急预案,应当规定煤层气井点火程序和决策人。

第二十八条 煤层气企业在含硫化氢的矿区进行煤层气井钻井,应当符合下列要求:

(一)地质及工程设计考虑硫化氢防护的特殊要求;

(二)采取防喷措施,防喷器组及其管线闸门和附件能够满足预期的井口压力;

(三)井场内禁止烟火,并采取控制硫化氢着火的措施;

(四)使用适合于含硫化氢地层的钻井液,并监测、控制钻井液 pH 值;

(五)在含硫化氢地层取芯和进行测试作业时,采取有效的防硫化氢措施。

第二十九条 在煤层气企业含硫化氢的煤层气井进行井下作业,应当符合下列要求:

(一)采取防喷措施;

(二)采取控制硫化氢着火的措施;

(三)当发生修井液气侵,硫化氢气体逸出时,立即通过分离系统分离或者采取其他处理措施;

(四)进入盛放修井液的密闭空间或者限制通风区域,可能产生硫化氢气体时,采取相应的人身安全防护措施;

(五)进行对射孔作业、压裂作业等特殊作业时,采取硫化氢防护措施。

第三十条 在进行含硫化氢的煤层气生产和气体处理作业时,煤层气企业应当对煤层气处理装置的腐蚀进行监测和控制,对可能的硫化氢泄漏进行检测,制定硫化氢防护措施。

作业人员进入可能有硫化氢泄漏的井场、站场、低凹区、污水区及其他硫化氢易于积聚的区域时,以及进入煤层气净化厂的脱硫、再生、硫回收、排污放空区进行检修和抢险时,应当携带正压式空气呼吸器。

第三十一条 含硫化氢煤层气井废弃时,煤层气企业应当考虑废弃方法和封井的条件,使用水泥封隔产出硫化氢的地层。

埋地管线、地面流程管线废弃时,应当经过吹扫净化、封堵塞或者加盖帽。容器应当用清水冲洗、吹扫并排干,敞开在大气中,并采取防止铁的硫化物燃烧的措施。

第四章　工 程 设 计

第三十二条 煤层气企业编写工程设计方案前,应当充分收集有关资料,对作业现场及其周边环境进行调研,并进行危险源辨识和风险评价。

第三十三条 煤层气井不得布置在滑坡、崩塌、泥石流等地质灾害易发地带。

第三十四条 气井井口与周围建(构)筑物、设施的间距应当符合行业标准《煤层气地面开采防火防爆安全规程》(AQ 1081)的规定。

第三十五条 钻井作业时,生活区、值班房应当置于井架侧面,且处于最小频率风向的下风侧,与井口的间距不小于 10 米。井场发电房与柴油罐的间距应当不小于 5 米。

第三十六条 井控装置的远程控制台应当安装在井架大门侧前方、距井口不少于 25 米的专用活动房内,并在周围保持 2 米以上的行人通道。

第三十七条 钻井工程地质设计应当收集区域地质资料,确定各含水层组深度,制定相应的安全措施。

第三十八条 钻机及配套设备应当满足钻井设计的要

求。钻机的额定钻进深度应当大于钻井深度。井架提升能力应当满足钻具重量、地质条件的要求。

动力设施应当满足钻机、泥浆泵、排水泵等设施所需功率。

第三十九条 钻井工艺技术应当有利于保护煤储层,并制定井漏、井涌、井喷、井塌、卡钻、防斜等复杂情况的安全技术措施。

第四十条 探井设计应当参考本地区钻井所采用的井身结构。井径应当留有余地。套管系列设计应当能够保证施工安全。表层套管应当至少下到稳定基岩内10米。

第四十一条 固井作业设计应当保证后续增产作业施工的安全。

套管柱应当进行强度设计,综合考虑内应力、挤应力和拉应力,以满足后续作业的需要。

第四十二条 设计方案应当对各种复杂情况提出预防和处理措施。

第四十三条 煤层气企业应当建立测井安全操作管理和事故处理措施。煤层气企业应当对放射源等危险物品的储存、运输、使用和防护作出特别规定。

第四十四条 煤层气企业应当建立爆炸物品运输和使用、爆炸器材存储和销毁、废旧爆炸物品安全销毁的管理制度。

煤层气企业应当建立防止地面爆炸、施工深度错误、炸枪(卡枪)及炸坏套管的安全防范和处理措施。

第四十五条 所选压裂井口的耐压等级应当大于设计的最高井口压力,泵车组安全阀的设定压力值不得超过生产套管抗内压强度的80%。煤层气企业应当建立砂堵、砂卡、设备损坏等事故的应急处理措施。

第四十六条 排采设备地基、底座基础应当满足载荷要求。电缆、变速箱、其他电气设备、连接设施配套设备应当与电机功率匹配。抽油杆柱应当满足疲劳应力强度要求。

第四十七条 排采泵的防冲距合理值应当根据下泵深度、泵型号、抽油杆的规格及机械性能确定,避免正常工作时柱塞碰泵。

第四十八条 井口应当设置排采沉淀池,煤层气井排出的水经过沉淀后,满足有关规定要求后方可进行排放;水管线应当以一定的坡度通向排采沉淀池,保证水流畅通。

第四十九条 煤层气企业对可能产生静电危险的下列设备和管线应当设置防静电装置:

(一)进出装置或者设施处;

(二)爆炸危险场所的边界;

(三)煤层气储罐、过滤器、脱水装置、缓冲器等及其连接部分;

(四)管道分支处以及直线段每隔200~300米处;

(五)压缩机的吸入口和加气机本身及槽车与加气机连接环节。

在站场入口和主要的操作场所,煤层气企业应当安装人体静电导除装置,防静电接地装置的接地电阻应当不大于100欧姆。

在连接管线的法兰连接处,煤层气企业应当设置金属跨接线(绝缘法兰除外)。当法兰用5根以上螺栓连接时,法兰可以不用金属线跨接,但必须构成电气通路。

第五十条 工程和设备的防静电接地应当符合下列要求:

(一)设施设备和车辆的防静电接地,不得使用链条类导体连线;

(二)防静电接地、防感应雷接地和电气设备接地共同设置的,其接地电阻不大于10欧姆;

(三)防静电接地装置单独设置的,接地电阻不大于100欧姆,埋设周围情况良好;

(四)防静电接地不得使用防直击雷引下线和电气工作零线,测量点位置不得设在爆炸危险区域内;

(五)检修设备、管线可能导致防静电接地系统断路时,预先设置临时性接地,检修完毕后及时恢复。

第五十一条 进站槽车的防静电应当符合下列要求:

(一)槽车及槽车驾驶员、押运员持有合法有效的证件;

(二)槽车设置汽车专用静电接地装置,接地电阻不大于100欧姆;

(三)槽车的防静电接地线连接在作业场所的专用防静电接地点上,且不得采用缠绕等不可靠的连接方法;

(四)槽车的防静电接地连线采用专用导静电橡胶拖地线或者铜芯软绞线。

第五十二条 防雷应当符合下列安全要求:

(一)建(构)筑物、工艺设备、架空管线、各种罐体、电气设备等设置防雷接地装置;

(二)进入变(配)电室的高压电路安装与设备耐压水平相适应的过电压(电涌)保护器;

(三)信息系统配电线路的首、末端与电子器件连接时,装设与电子器件耐压水平相适应的过电压(电涌)保护器;

(四)防雷接地电阻不得大于10欧姆,引下线地面以下0.3米至地面以上1.7米无破坏,接地测试断接点接触良好,埋设周围情况良好;

(五)防雷装置保护范围不得缩小;

(六)防雷击接地措施不得影响输气管线阴极保护效果;

(七)接地装置定期由具备资质的单位进行测试。

第五十三条 煤层气企业应当在站场内设置风向标,并悬挂在有关人员可以看到的位置。

第五十四条 压缩机房应当符合下列要求:

(一)压缩机房设置防爆应急照明系统;

(二)采用封闭式厂房时,有煤层气泄露的报警装置、良好的机械通风设施和足够的泄压面积;

(三)压缩机房电缆沟使用软土或者沙子埋实,并与配电间的电缆沟严密隔开;

(四)压缩机房有醒目的安全警示标志。

第五章 钻井与固井

第五十五条 井场应当平整、坚固。井架地基填方部分不得超过四分之一面积。填方部分应当采取加固措施。

煤层气企业在山坡上修筑井场时,当地层坚硬、稳固时,井场边坡坡度不得大于85度;当地层松软时,井场边坡坡度不得大于60度。必要时,砌筑护坡、挡土墙。

第五十六条 煤层气企业应当对井场的井架、油罐安装防雷防静电接地装置,其接地电阻应当不大于10欧姆。

第五十七条 暴雨、洪水季节,在山沟、洼陷等低凹地带施工时,煤层气企业应当加高地基,修筑防洪设施。

第五十八条 煤层气企业应当在井场配备足够数量的消防器材。消防器材应当由专人管理,定期维护保养,不得挪作他用。消防器材摆放处应当保持通道畅通,确保取用方便。

第五十九条 煤层气企业应当在井场、钻台及井架梯子的入口处,钻台上、高空作业区和绞车、柴油机、发电机等机械设备处,以及油罐区、消防器材房、消防器材箱等场所和设备设施上设置相应的安全警示标志。

第六十条 煤层气企业进行立、放井架及吊装作业,应当与架空线路保持安全距离,并采取措施防止损害架空线路。

第六十一条 井架绷绳安设不少于4根,绷绳强度应当与钻机匹配,地锚牢固可靠。

第六十二条 钻机水龙头和高压水龙带应当设有保险绳。

第六十三条 钻台地板铺设应当平整、紧密、牢固。井架2层以上平台应当安装可靠防护栏杆,防护栏高度应当大于1.2米,采用防滑钢板。

活动工作台应当安装制动、防坠、防窜、行程限制、安全挂钩、手动定位器等安全装置。

第六十四条 钻机钢丝绳安全系数应当大于7;吊卡处于井口时,绞车滚筒钢丝绳圈数不少于7圈;钢丝绳固定连接绳卡应当不少于3个。

第六十五条 发电机应当配备超载保护装置。电动机应当配备短路、过载保护装置。

第六十六条 柴油机排气管应当无破损、无积炭,其出口不得指向循环罐,不得指向油罐区。井场油罐阀门应当无渗漏,罐口封闭上锁,并有专人管理。

第六十七条 井场电气设备应当设保护接零或者保护接地,保护接地电阻应当小于4欧姆。

第六十八条 井场电力线路应当采用电缆,并架空架设;经过通道、设备处应当增加防护套。井场电器安装技术要求参照国家对井场电气安装技术的要求执行。

第六十九条 煤层气企业安装、拆卸井架时,井架上下不得同时作业。

第七十条 施工现场应当有可靠的通信联络,并保持24小时畅通。

第七十一条 煤层气企业安装井控装置时,放喷管线的布局应当考虑当地季节风向、居民区、道路、油罐区、电力线及各种设施等情况。

第七十二条 钻进施工应当符合下列要求:

(一)符合国家标准、行业标准有关常规钻进安全技术的要求;

(二)一开、二开、钻目标煤层前等重要工序,由钻井监理进行全面的安全检查,经验收合格后方可作业;

(三)钻井队按照规定程序和操作规程进行操作,执行钻井作业设计中有关防火防爆的安全技术要求;

(四)选择适当的钻井液;

(五)钻进施工中如出现异常情况,及时采取应急措施,立即启动应急预案。

第七十三条 下套管作业应当符合下列要求:

(一)吊套管上钻台,使用适当的钢丝绳,不得使用棕绳;

(二)套管上扣时推荐使用套管动力钳,下放套管时密切观察指重表读数变化并按程序操作,发现异常及时处理;

(三)套管串总重量不得大于钻机或者井架的提

升能力，否则需采取相应的减重措施。套管下放时，需边下放边灌注钻井液，以免将浮鞋、浮箍压坏。

第七十四条 固井作业应当符合下列要求：

（一）摆车时设专人指挥，下完套管需先灌满套管，不得直接开泵洗井；

（二）开泵顶水泥浆时，所有人员不得靠近井口、泵房、高压管汇、安全阀及放压管线。

第六章 测 井

第七十五条 煤层气企业进行测井施工前，应当召开安全会，提出作业安全要求。

测井施工现场不具备安全生产条件的，不得进行测井作业。

第七十六条 井场钻台前方10米以外应当有摆放测井车辆的开阔地带。器材堆置不得影响车辆的进出及就位。

第七十七条 车载仪器及专用器具上井前，煤层气企业应当妥善包装和固定，运输中禁止与有碍安全的货物混装。车载计算机必须采取防震、防尘措施。

测井车辆行车前及长途行车途中，应当做好车况、放射源及仪器设备安全检查。途中留宿的，必须将车辆停放在安全场所。

第七十八条 测井人员不得擅离职守，不允许在井架、钻台上进行与测井无关的其他作业，未经许可不得动用非本岗位的仪器设备。

第七十九条 摆放测井设备应当充分考虑风向。测井仪器车等工作场所的电源、温度、湿度应当符合安全需要，并做好相应消防措施。测井车应当接地良好，电路系统不得有短路和漏电现象。

当钻井井口一定区域内可能有煤层气积聚时，煤层气企业应当停止测井作业。

第八十条 测井前，煤层气企业应当将井口附近的无关物品移开，及时清除钻台转盘及钻台作业面上的钻井液。冬季测井施工时，应当及时清除深度丈量轮和电缆上的结冰。在井口装卸放射源或者其他仪器时，应当先将井口盖好，不得将工具放在转盘上。

仪器开机前，煤层气企业应当对电源、仪器接线及接地、各部件及计算机、需固定装置的安装状况、绞车的刹车及变速装置进行复查。测井过程中，操作人员应当观察仪器、设备的工作状态，发现异常情况及时处理。

第八十一条 下井仪器应当正确连接，牢固可靠。出入井口时，煤层气企业应当有专人在井口指挥。

第八十二条 绞车启动后，电缆提升和下放过程中，应当避免紧急刹车和骤然加速，工作人员应当避开绞车和电缆活动影响区，严禁触摸和跨越电缆。

第八十三条 仪器起下速度应当均匀，不得超过4000米/小时，距井底200米时应当减速慢下；进入套管鞋时，起速不得超过600米/小时，仪器上起离井口约300米时，应当有专人在井口指挥，减速慢行。

第八十四条 下井仪器遇阻时，操作人员应当将仪器提出井口，通井后再进行测井作业。严禁遇阻强冲。

第八十五条 下井仪器遇卡时，操作人员应当立即停车，缓慢上下活动；如仍未解脱，应当迅速研究具体的处理措施。

第八十六条 仪器在井底及裸眼井段静止时间不得超过1分钟，对停留时间有特殊要求的测井项目除外。

第八十七条 仪器工作结束后，操作人员应当将各操纵部件恢复到安全位置。严禁在通电状态下搬运仪器设备和拔、插接线。

第八十八条 夜间施工时，井场应当保障照明良好。

第八十九条 遇有七级以上大风、暴雨、雷电、大雾等恶劣天气，煤层气企业应当暂停测井作业。如正在测井作业，应当将仪器起入套管内，并关闭仪器电源。

第九十条 测井作业时，井内产出硫化氢或者其他有毒、有害气体的，煤层气企业应当按照有关规定采取相应防护措施，并制定测井方案，待批准后方可进行测井作业。

第九十一条 放射源必须存放在专用源库中，源库的设计及源库内外的剂量当量率应当符合国家有关油（气）田测井用密封型放射源卫生防护标准的要求。煤层气企业应当建立健全放射源的使用档案及领用、保管制度。

施工区应当建立临时源库，源库应当设有警戒标志并有防盗、防丢失措施。

第九十二条 运输放射源的防护容器应当加锁。容器外表面除应当标示放射性核素名称、活度、电离辐射警告标志外，还应当标示容器的编号。防护容器、运源车内及车附近的剂量当量率应当符合国家有关油（气）田测井用密封型放射源卫生防护标准的要求。

第九十三条 放射源必须专车运输、专人押运，中途停车、住宿时应当有专人监护。

运源车严禁搭乘无关人员和押运生活消费品。未采取足够安全防护措施的运源车不得进入人口密集区和在公共停车场停留。

第九十四条 在室外、野外从事放射源工作时，煤层气企业必须根据辐射水平或者放射性污染的可能范围划出警戒区,在醒目位置设置电离辐射警告标志,设专人监护,防止无关人员进入警戒区。

第九十五条　煤层气企业应当定期对从事放射性工作的人员进行个人剂量监测和职业健康检查,建立个人剂量档案和职业健康监护档案。如被确认为放射损伤者,煤层气企业应当将其调离放射性工作并及时治疗。

拟参加放射性工作的人员,必须经过体检;有不适应症者,不得参加此项工作。测井施工人员应当按照辐射防护的时间、距离、屏蔽原则,采取最优化的辐射防护方式,进行装、卸放射源作业,禁止直接接触放射源。

第九十六条　严禁打开放射源的密封外壳,严禁使用密封破坏的可溶性放射源测井。必须裸露使用放射源时,应当使用专用工具。放射性液体和固体废物应当收集在贮存设施内封存,定期上交当地环境保护行政主管部门处理。

第九十七条　放射源的调拨、处理、转让、废弃处理,以及遇有放射源被盗、遗失等放射性事故时,煤层气企业必须按照《放射性同位素与射线装置安全和防护条例》和《放射事故管理规定》的规定进行妥善处理。

放射源掉入井内的,煤层气企业应当及时打捞,并指定专人负责实施;打捞失败的,应当检测放射源所在位置,并按照有关规定打水泥塞封固。

第九十八条　严禁在放射工作场所吸烟、进食和饮水。

第七章　射　　孔

第九十九条　射孔作业前应当通井。

射孔作业现场周围的车辆、人员不得使用无线电通信设备;装配现场除工作人员外,严禁其他人员进入,严禁吸烟和使用明火。装配时,操作人员应当站在射孔枪的安全方位。

第一百条　煤层气企业在井口进行接线时,应当将枪身全部下入井内,电缆芯对地短路放电后方可接通。未起爆的枪身应当在断开引线并做好绝缘后,方可起出井口。未起爆的枪身或者已装好的枪身不再进行施工时,应当在圈闭相应的作业区域内及时拆除雷管和射孔弹。

使用过的射孔弹、雷管不得再次使用。

第一百零一条　撞击式井壁取心器炸药的使用,应当遵守国家有关火工品安全管理的规定。

第一百零二条　检测雷管时,检测人员应当使用爆破欧姆表测量,下深超过 70 米时方可接通电源。

第一百零三条　大雾、雷雨、七级风以上(含七级)天气及夜间不得进行射孔和井壁取心作业。

第一百零四条　施工结束返回后,施工人员应当直接将剩余火工品送交库房,并与保管员办理交接手续。

爆炸物品的销毁,应当符合国家有关石油射孔和井壁取心用爆炸物品销毁标准的规定。

第八章　压　　裂

第一百零五条　井场应当具备能摆放压裂设备并方便作业的足够面积,设有明确的安全警示标志。

第一百零六条　施工作业前,施工人员应当详细了解井场内地下管线及电缆分布情况,并按照设计要求做好施工前准备。

第一百零七条　新井、一年内未进行任何作业的老井均应当进行通井。通井时遇到异常情况的,施工人员应当在采取有效措施后方可继续作业。

第一百零八条　压裂设备、井口装置和地面管汇应当满足压裂施工工艺和压力要求。

压裂施工所用高压泵安全销子的剪断压力不得超过高压泵额定最高工作压力。井口应当用专用支架或者其他方式固定。高压管线长度每间隔 8 米时应当有固定高压管线的措施。

以井口 10 米为半径,沿泵车出口至井口地面流程两侧 10 米为边界,设定为高压危险区,并使用专用安全带设置封闭的安全警戒线。

第一百零九条　摆放设备时,煤层气企业应当安排好混砂车与管汇车、管汇车与压裂泵车、压裂泵车距井口的距离。仪表车应当安放在能看到井口、视野开阔的地点。

第一百一十条　压裂施工必须在白天进行。煤层气企业应当对压裂施工进行统一指挥,指挥员应当随时掌握施工动态,保持通讯系统畅通。

第一百一十一条　煤层气企业在施工前应当召开安全会,提出安全要求,明确安全阀限定值,同时进行下列安全检查:

(一)检查压裂设备、校对仪表,确保压裂主机及辅机的工作状况良好,待修或者未达到施工要求的设备不得参加施工;

(二)按照设计要求试压合格,各部阀门应当灵活好用。设备和管线泄漏时,应当在停泵、泄压后方可检修;

(三)压裂车逐台逐挡充分循环排空,排净残液、余砂。

第一百一十二条　施工期间煤层气企业应当派专人负责巡视边界,严禁非施工人员进入井场。高压区必须设有警戒,无关人员不得进入。

第一百一十三条 施工中进出井场的车辆排气管应当安装阻火器。施工车辆通过井场地面裸露的油、气管线及电缆时，煤层气企业应当采取防止碾压的保护措施。

第一百一十四条 泵车操作应当平稳，严禁无故换档或者停车。出现故障必须停车时，操作人员应当及时通知指挥员采取措施。

第一百一十五条 压裂期间，煤层气企业必须有专人监测剩余压裂液液面、支撑剂剩余量和供应情况，确保连续供液和供砂。

第一百一十六条 加砂过程中，压力突然上升或者发生砂堵时，煤层气企业应当及时研究处理，不得强行憋压。

使用放射性示踪剂的，应当按照有关规定采取相应的防护措施，并定期对放射性示踪剂的活度、存储装置是否完好进行检测，对接触人员进行体检。

第一百一十七条 压裂施工后，煤层气企业应当对设备的气路系统、液压系统、吸入排出系统、仪表系统、混合系统、柱塞泵、卡车、燃料系统等进行安全检查和维修保养。

第九章 排 采

第一百一十八条 排采井场应当符合下列要求：

（一）平整、清洁、无杂草；

（二）井场周围应当设围栏，围栏高度不得低于1.7米，并有明确的警示标识；

（三）井场内所有可能对人体产生碰伤、挤伤或者其他伤害的危险物体均应当涂以红色标记，以示警告。

第一百一十九条 煤层气企业应当将排采沉淀池布置在井场围栏范围内；布置在排采围栏范围外时，应当设独立围栏。

第一百二十条 选择放空火炬的位置应当考虑当地全年主风向，置于全年最小频率风向的上风侧。

第一百二十一条 排采设备应当置于远离放空火炬的一侧摆放，发电机排气筒方向不得正对井口。煤层气企业应当定期用可燃气体检测仪检测阀门、管线是否漏气，发现漏气应当立即检修处理。

气、水管线应当分别安装气、水阀门，气管线应当涂成黄色，水管线应当涂成绿色。

第一百二十二条 煤层气企业应当定期检查气水分离器（如有）的阀门、安全阀是否灵活好用。

第一百二十三条 煤层气企业应当对气水分离器（如有）定期排水，防止造成水堵或者积聚。

第一百二十四条 抽油机的安装应当符合下列要求：

（一）地基夯实，水泥基础坐落在土质均匀的原土上，冰冻地区应当开挖至冰冻层以下；

（二）基础表面没有裂纹、变形现象；

（三）抽油机底座与基础墩接触面紧密贴实，地角螺栓不得悬空；

（四）平衡块与曲柄的装配面及曲柄燕尾槽内严禁夹入杂物。

第一百二十五条 抽油机启动前，煤层气企业应当确保抽油机各部位牢固可靠、刹车及皮带松紧适宜、供电系统正常。

第一百二十六条 工作人员巡检时应当与抽油机保持一定的安全距离，刹车操作后应当合上保险装置。抽油机运转或者未停稳时，不得接触、靠近抽油机的运转部位，也不得进行润滑、加油或者调整皮带等操作。

第一百二十七条 进行调整冲程、更换悬绳器等高空作业时，操作人员应当系好安全带并站稳，防止滑落跌伤和工具掉落伤人。

第一百二十八条 更换井口装置时，煤层气企业应当在施工现场配备防火、防爆设施。割焊井口时，煤层气企业必须制定相应的安全技术措施。

第一百二十九条 螺杆泵设备运行期间，应当确保各连接部位无松动、减速箱不漏（缺）油、皮带无松弛、光杆不下滑、机体无过热现象。

第一百三十条 欠载跳闸时，工作人员应当排除方卡子松动、传动部分打滑、断杆卸载等原因后方可开机；过载跳闸时，应当排除短路、缺相现象后方可开机。

第一百三十一条 排采设备的控制柜应当有防护措施，埋地电缆处应当有明显标记。

第一百三十二条 测量电潜泵机组参数时，测量人员必须把控制柜总电源断开，并悬挂警示牌。

第一百三十三条 电潜泵停机时，不得带负荷拉闸。电潜泵出现故障停机时，如未查明原因并排除故障，不得二次启动。

第一百三十四条 动液面测试前，必须在关闭套管阀门并释放压力后，方可安装井口连接器。测试动液面时，应当采用氮气进行击发，严禁采用声弹进行击发。

第一百三十五条 连接器安装完毕后，连接器上的放空阀应当关严，缓慢打开套管阀门。

对有套压井，有关人员必须在套管阀门打开时无异常情况下方可装接信号线。

第一百三十六条 测试结束后，测试人员应当关严套管阀门，打开放空阀门，拆除各连接电缆后，方可卸下井口连接器。

第一百三十七条 示功图测试前，抽油机驴头必须停在下死点，拉住刹车；操作人员应当选择安全的操作位置安装仪器；仪器安装后，必须确保挂上保险装置。

第一百三十八条　修井时，探砂面、冲砂起下管柱应当按照国家有关常规修井作业规程的安全规定执行。

第一百三十九条　冲砂前，水龙带必须拴保险绳，循环管线应当不刺不漏。冲砂时，禁止人员穿越高压区。

第一百四十条　下泵时，井口应当安装防掉、防碰装置，严防井下落物和因碰撞产生火花。禁止挂单吊环操作。

修井机绷绳强度应当与修井机匹配，并确保地锚牢固可靠。

第一百四十一条　洗井时，泵车、水罐车等设备的摆放场地应当处于便于操作的安全位置，出口管线连接应当平直，末端用地锚固定。

第一百四十二条　洗井前必须试压合格，各部阀门应当灵活好用。

第一百四十三条　洗井期间，提升动力设备应当连续运转，不得熄火。泵压升高，洗井不通时，应当及时分析处理，不得强行憋泵；设备和管线泄漏时，应当在停泵、泄压后方可检修。

发生严重漏失时，应当采取有效堵漏措施后再进行施工。

第一百四十四条　煤层气企业应当对报废的煤层气井进行封井处理，建立报废煤层气井的档案，并有施工单位和煤层气企业等有关部门的验收意见。

第一百四十五条　报废的煤层气井的井筒必须用水泥浆或者水泥砂浆封固，封固高度为从井底到最上面一个可采煤层顶板以上 100 米。废弃的井筒必须在井口打水泥塞，并将地面以下 1.5 米套管割掉，用钢板将套管焊住，然后填土至与地面平齐。

第十章　煤层气集输

第一百四十六条　煤层气集输管线线路走向应当根据地形、工程地质、沿线井场（站场）的地理位置以及交通运输、动力等条件，确定最优线路。

管线线路的选择应当符合下列要求：

（一）线路顺直、平缓，减少与天然和人工障碍物的交叉；

（二）避开重要的军事设施、易燃易爆仓库、国家重点文物保护单位等区域；

（三）避开城镇规划区、大型站场、飞机场、火车站和国家级自然保护区等区域。当受条件限制，管线需要在上述区域内通过时，必须征得有关部门同意，留出足够的安全距离，并采取相应的安全保护措施；

（四）严禁管线通过铁路或者公路的隧道、桥梁（管线专用公路的隧道、桥梁除外）以及铁路编组站、大型客运站和变电所；

（五）避开地下杂散电流干扰大的区域；当避开确有困难时，需采取符合标准、规范的排流措施；

（六）避开不良工程地质地段；需选择合适的位置和方式穿越。

第一百四十七条　煤层气管线及管线组件的材质选择，应当综合考虑使用压力、温度、煤层气特性、使用地区、经济性等因素。

煤层气管线及管线组件的材质选择应当符合下列要求：

（一）采用材料的强度、寿命满足安全要求，煤层气集输钢质管道的设计符合《油气集输设计规范》（GB 50350）的有关规定，煤层气采气聚乙烯管道的设计符合《聚乙烯燃气管道工程技术规程》（CJJ 63）的有关规定；

（二）材料生产企业按照相应标准生产，并提供产品质量证明书；

（三）选用的管线组件符合安全标准并有质量证明书；

（四）管线材质满足当地的抗震要求；

（五）采用钢管和钢质组件时，应当根据强度等级、管径、壁厚、焊接方式及使用环境温度等因素提出材料韧性要求；

（六）穿越铁路、公路、大型河流及人口稠密区时，采用钢管，管线组件严禁使用铸铁件。

第一百四十八条　煤层气集输管线应当采用埋地方式敷设，特殊地段也可以采用土堤、地面、架空等方式敷设。管线敷设应当满足抗震要求。

第一百四十九条　埋地管线坡度应当根据地形的要求，采用弹性敷设，管线埋地深度应当在冻土层以下。覆土层最小厚度、管沟边坡和沟底宽度应当符合国家有关输气管道工程设计规范标准的规定。

管线与其他管线交叉时，其垂直净距一般不得小于 0.3 米；当小于 0.3 米时，两管间应当设置坚固的绝缘隔离物。管线与电力、通信电缆交叉时，其垂直净距不得小于 0.5 米。管线在交叉点两侧各延伸 10 米以上的管段，应当采用相应的最高绝缘等级。

管线改变方向时，应当优先采用弹性敷设（曲率半径应当大于或者等于管线直径的 1000 倍），垂直面上弹性敷设管线的曲率半径应当大于管线在自重作用下产生的挠度曲线的曲率半径。曲率半径的计算应当符合国家有关输气管道工程设计规范标准的规定。

第一百五十条　用于改变管线走向的弯头的曲率半径应当大于或者等于外直径的4倍，并便于清管器或者检测仪器顺利通过。现场冷弯弯管的最小曲率半径应当符合国家有关输气管道工程设计规范标准的规定。弯管上的环向焊缝应当进行X射线检查。

管线不得采用斜口连接，不允许采用褶皱弯或者虾米弯，管子对接偏差不得大于3度。

第一百五十一条　管线穿、跨越铁路、公路、河流时，应当符合国家油气输送管道穿越工程设计规范标准和油气输送管道跨越工程设计规范标准的有关规定。

第一百五十二条　管线沿线应当设置里程桩、转角桩、标志桩和警示牌等永久性标志。里程桩应当沿气流前进方向从管线起点至终点每500米连续设置。里程桩可以与阴极保护测试桩结合设置。

第一百五十三条　钢制埋地集输管线的设计应当符合国家有关防腐绝缘与阴极保护标准的有关规定。

管线阴极保护达不到规定要求的，经检测确认防腐层发生老化时，煤层气企业应当及时进行防腐层大修。

第一百五十四条　裸露或者架空的管线应当有良好的防腐绝缘层，带保温层的，采取保温和防水措施。管线应当定期排水，防止造成水堵、冰堵。

站场的进出站两端管线，应当加装绝缘接头，确保干线阴极保护可靠性。

第一百五十五条　煤层气企业应当依据煤层气田地面建设总体规划以及所在地区城镇规划、集输管线走向，结合地形、地貌、工程和水文地质条件，统一规划站场的选址及布局，并远离地质灾害易发区，在站场服务年限内避免受采空区、采动区的影响，确保站场安全。

第一百五十六条　站场应当布置在人员集中场所及明火或者散发火花地点全年最小频率风向的上风侧，站场主要设施与周边有关设施的安全距离应当符合下列要求：

（一）与居民区、村镇、公共设施的防火间距不小于30米；

（二）与相邻厂矿企业、35千伏及以上变电所的防火间距不小于30米；

（三）与公路的间距不小于10米；

（四）与铁路线的间距不小于20米；

（五）与架空通信线、架空电力线的间距不小于1.5倍杆高；

（六）与采石场等爆炸作业场地的间距不小于300米。

第一百五十七条　站场内平面布置、防火安全、场内道路交通及与外界公路的连接应当符合《石油天然气工程设计防火规范》（GB 50183）的有关规定。

第一百五十八条　站场的防洪设计标准，应当综合考虑站场规模和受淹损失等因素，集气站重现期为10年至25年，中心处理站重现期为25年至50年。

第一百五十九条　放空管应当位于站场生产区最小频率风向的上风侧，且处于站场外地势较高处，其高度应当比附近建（构）筑物高出2米以上，且总高度不得小于10米。放空管距站场的距离一般不小于10米；当放空量大于12000立方米/小时且等于或者小于40000立方米/小时时，放空管距站场的距离应当不小于40米。

第一百六十条　站场设备应当由具备国家规定资质的企业生产，有产品合格证书并满足安全要求。

第一百六十一条　煤层气企业应当定时记录设备的运转状况，定期分析主要设备的运行状态。安全阀和压力表应当定期进行校验。调节阀、减压阀、高（低）压泄压阀等主要阀门应当按照相应运行和维护规程进行操作和维护，并按照规定定期校验。

第一百六十二条　煤层气企业应当在站场的进口处设置明显的安全警示牌、进站须知和逃生路线图，并应当向进入站场的外来人员告知安全注意事项等。

站场应当设置不低于1.7米的非燃烧材料围墙或者围栏，并设置安全警示标志。

站场内大于或者等于35千伏的变配电站应当设置不低于1.5米的围栏。

第一百六十三条　站场的供电负荷和供电电源应当根据《石油天然气安全规程》（AQ 2012）的有关规定确定。用电设备及线路走向应当合理，导体选择及线路敷设应当符合安全规定，线路应当无老化、破损和裸露现象。

第一百六十四条　配电室应当有应急照明，配电室门应当外开，保持通风良好，并安装挡鼠板。电缆沟应当无积水，地沟应当封堵。地沟可燃气体浓度应当定期检验，避免沟内窜气。

第一百六十五条　站场内对管线进行吹扫、试压时，煤层气企业应当编制作业方案，制定安全技术措施。

强度试验和气密试验时发现管线泄漏的，煤层气企业应当查明原因，制定修理方案和安全措施后方可进行修理。

第一百六十六条　压缩机应当允许煤层气组分、进气压力、进气温度和进气量有一定的波动范围。

第一百六十七条　压缩机启动及事故停车安全联锁应当完好。

压缩机的吸入口应当有防止空气进入的措施；压缩机的各级进口应当设凝液分离器或者机械杂质过滤器。分离器应当有排液、液位控制和高液位报警及放空等设施。

第一百六十八条　在煤层气脱水装置前应当设置分离器。

脱水器前及压缩机的出口管线上的截断阀前应当分别设置安全阀。

第一百六十九条　煤层气脱水装置中，气体管线应当选用全启式安全阀，液体管线应当选用微启式安全阀。安全阀弹簧应当具有可靠的防腐蚀性能或者必要的防腐保护措施。

第一百七十条　含硫化氢的煤层气应当脱硫、脱水。距煤层气处理厂较远的酸性煤层气，如因管输产生游离水，应当先脱水、后脱硫。

第一百七十一条　在煤层气处理及输送过程中使用化学药剂时，煤层气企业应当严格执行技术操作规程和措施要求，并落实防冻伤、防中毒和防化学伤害等措施。

第一百七十二条　煤层气企业应当在脱硫溶液系统中设过滤器。

第一百七十三条　进脱硫装置的原料气总管线和再生塔应当设安全阀，液硫储罐最高液位之上应当设置灭火蒸汽管。储罐四周应当设置闭合的不燃烧材料防护墙，墙高应当为1米，四周应当设置相应的消防设施。

第一百七十四条　在含硫容器内作业时，煤层气企业应当进行有毒气体测试，并备有正压式空气呼吸器。

第一百七十五条　集输系统投产应当符合下列要求：

（一）管线与设备的严密性试验合格；

（二）各单体设备、分系统试运行正常，设备工作状态良好，集输系统整体联合试运行正常；

（三）集气管线全线进行试压、清管；

（四）制定安全措施和应急预案。

第一百七十六条　管线投运前，煤层气企业应当对管线内的空气进行置换，避免空气与煤层气混合。

置换过程中的混合气体应当利用放空系统放空，并以放空口为中心设立隔离区并禁止烟火。进行氮气置换时，进入管线的氮气温度应当不低于5摄氏度；排放氮气时应当防止大量氮气聚集造成人员窒息，管线中氮气量过大时应当提前进行多点排放。

第一百七十七条　对管线的监控应当遵守下列规定：

（一）对重要工艺参数及工作状态进行连续检测和记录；

（二）根据沿线情况定期对集输管线进行巡线检查，但每季度至少徒步巡查一次；

（三）定时巡查线路分水器，及时排放污水，并有防止冰冻的措施；

（四）在雨季、汛期或者其他灾害发生后加密巡查；

（五）定期对装有阴极保护设施的管线保护电位进行测试。

第一百七十八条　对站场的监控应当遵守下列规定：

（一）压力、计量仪表灵敏准确，设备、管汇无渗漏。根据集输流程分布情况，在站场设置限压放空和压力高、低限报警设施；

（二）定时巡查站场内的分离器，及时将污水排放，并有防止冰冻的措施；

（三）站场工艺装置区、计量工作间等位于爆炸危险区域内的电气设备及照明采用防爆电器，其选型、安装和电气线路的布置符合《爆炸和火灾危险环境电力装置设计规范》（GB 50058）的规定。

第一百七十九条　维护与抢修时，应当制定相应的维护与抢修安全措施和实施方案，合理配备专职维护与抢修队伍，抢修物资装备。

第一百八十条　维护与抢修现场应当采取保护措施，划分安全界限，设置警戒线、警示牌。进入作业场地的人员应当穿戴劳动防护用品。与作业无关的人员不得进入警戒区内。

第十一章　煤层气压缩

第一百八十一条　压缩站厂房建筑应当符合下列要求：

（一）压缩机地基基础满足设计载荷要求；

（二）阀组间、压缩机等厂房使用耐火材料，采用不发火地面；

（三）阀组间、压缩机等厂房的门窗向外开启，建筑面积大于100平方米的厂房至少有两个疏散门，并保持通道畅通；

（四）阀组间、压缩机等厂房设置通风设备。

第一百八十二条　压缩工艺流程设计应当根据输气系统工艺要求，满足气体的除尘、分液、增压、冷却和机组的启动、停机、正常操作及安全保护等要求。

煤层气处理后应当符合压缩机组对气质的技术要求。

第一百八十三条　压缩机应当符合下列安全要求：

（一）压缩机组有紧急停车和安全保护联锁装置；

（二）压缩机控制系统设置压力、温度显示与保护联动装置；

（三）压缩机前设置缓冲罐；

（四）煤层气压缩机单排布置；

（五）在高寒地区或者风沙地区压缩机组采用封闭式厂房，其他地区采用敞开式或者半敞开式厂房。

第一百八十四条 新安装或者检修投运压缩机系统装置前，煤层气企业应当对机泵、管线、容器、装置进行系统氮气置换，置换合格后方可投运。

第一百八十五条 设置压缩机组的吸气、排气和泄气管线时，应当避免管线的振动对建筑物造成有害影响；应当有防止空气进入吸气管线的措施，必要时高压排出管线应当设单向阀。

第一百八十六条 压缩机与站内其他建（构）筑物的防火间距应当符合《石油天然气工程设计防火规范》的规定。

第一百八十七条 压缩机组运行时应当符合下列安全保护要求：

（一）压缩机级间设置安全阀，安全阀的泄放能力不得小于压缩机的安全泄放量；

（二）压缩机进、出口设置高、低压报警和停机装置，冷却系统设置温度报警及停车装置，润滑油系统设置低压报警及停机装置。

第一百八十八条 压缩机气液处理应当符合下列要求：

（一）压缩机的卸载排气不得对外放散；

（二）回收气可以输送至压缩机进口缓冲罐；

（三）对压缩机排出的冷凝液进行集中处理。

第一百八十九条 压缩煤层气储气设备应当符合下列安全要求：

（一）储气瓶符合国家有关安全规定和标准；

（二）储气井的设计、建造和检验符合国家有关高压气地下储气井标准的规定；

（三）储气瓶组或者储气井与站内汽车通道相邻一侧，设置安全防撞栏或者采取其他防撞设施；

（四）储气瓶组（储气井）进气总管上设置安全阀及紧急放空管、压力表；每个储气瓶（井）出口设置截止阀。

第一百九十条 煤层气压力储罐（球罐、卧式罐）应当安装紧急放空、安全泄压设施及压力仪表。煤层气储罐（柜）检修动火时，应当经放空、清洗、强制通风，并检验气体中甲烷浓度（低于0.5%为合格）。

第一百九十一条 煤层气企业应当对煤层气储罐定期检测。煤层气储罐区应当有明显的安全警示标志。

第一百九十二条 固定式储罐应当有喷淋水或者遮阳设施。冬季应当有保温防冻措施。

第一百九十三条 压缩煤层气加气机不得设在室内，加气机附近应当设置防撞柱（栏）。

在寒冷地区应当选用适合当地环境温度条件的加气机。

第一百九十四条 加气机的加气软管及软管接头应当选用具有抗腐蚀性能的材料。加气软管上应当设置拉断阀，拉断阀在外力作用下分开后，两端应当自行密封。

第一百九十五条 进站管线上应当设置紧急截断阀，手动紧急截断阀的位置应当便于发生事故时及时切断气源。储气瓶组（储气井）与加气枪之间应当设储气瓶组（储气井）截断阀、主截断阀、紧急截断阀和加气截断阀。

第一百九十六条 工艺安全及监控系统应当符合下列要求：

（一）在站场压力设备和容器上设置安全阀；

（二）当工艺管线、设备或者容器排污可能释放出大量气体时，将其引入分离设备，分出的气体引入气体放空系统，液体引入储罐或者处理系统；

（三）每台压缩机有独立的温度和压力保护装置；

（四）压缩站在管线进站截断阀上游和出站截断阀下游设置限压泄放设施。

第一百九十七条 站场供电和电气安全应当符合下列要求：

（一）站场的消防、通信、控制、仪表等使用不间断电源或者双回路供电，消防、控制、配电等重要场所设置应急照明；

（二）站场内管汇、阀组、压缩机等爆炸危险区域必须使用防爆电气设施，电气线路使用阻燃电缆，线路的敷设采取防爆安全措施；

（三）配电室有防水、防鼠措施，安装挡鼠板，安全通道畅通，指示标志明显。

第一百九十八条 压缩站的防爆应当符合下列要求：

（一）压缩站按照防爆安全要求划分爆炸危险场所；

（二）使用防爆电气设备前，检查其产品合格证、产品安全标志及其安全性能，检查合格并签发合格证后方可使用；

（三）防爆电气设备安装、检查、保养、检修由具有专业资格的人员操作，并在机房、调配区设置“爆炸危险场所”标志牌；

（四）固定电气设备安装稳固，防止外力碰撞、损伤。

第一百九十九条　压缩站内电气设备应当符合下列防爆要求:

(一)整洁,部件齐全紧固,无松动、无损伤、无机械变形,场所清洁、无杂物和易燃物品;

(二)选型符合《爆炸和火灾危险环境有关电力设计规范》的要求;

(三)电缆进线装置密封可靠,空余接线孔封闭符合要求;

(四)设备保护、联锁、检测、报警、接地等装置齐全完整;

(五)防爆灯具的防爆结构、保护罩保持完整;

(六)接地端子接触良好,无松动、无折断、无腐蚀;

(七)应急照明设施符合防爆要求。

第二百条　防爆电气设备检查检修时应当符合下列要求:

(一)日常检查中严禁带电打开设备的密封盒、接线盒、进线装置、隔离密封盒等;

(二)禁止带电检修或者移动电气设备、线路、拆装防爆灯具和更换防爆灯泡、灯管;

(三)断电处悬挂警告牌;

(四)禁止用水冲洗防爆电气设备;

(五)对检修现场的电源电缆线头进行防爆处理;

(六)检修带有电容、电感、探测头等储能元件的防爆设备时,在按照规定放尽能量后方可作业;

(七)检修过程中不得损伤防爆设备的隔爆面;

(八)紧固螺栓不得任意调换或者缺少;

(九)记录检修项目、内容、测试结果、零部件更换、缺陷处理等情况,并归档保存。

第二百零一条　操作压缩机时应当符合下列要求:

(一)定时进行设备和仪表的日常巡检与维护,确保其完好;

(二)定期校验安全阀、压力表,确保其准确性;

(三)开机前检查注油器和机身的油量是否达到开机要求,电气设备是否完好,煤层气泄露监测系统自检有无问题,管线是否松动,阀门及法兰是否有漏气、漏水现象,阀门是否在正确位置,电机有无卡塞情况;

(四)操作时严格执行设备操作规程,注意高温管线,防止烫伤,防止超压、超温及机件损坏;

(五)机器运转过程中随时检查气压、水压、电压、排气温度以及压缩机的振动强度,发现问题及时处理;

(六)压缩机运转过程中观察每一级的气体温度和循环水的温度;

(七)压缩机运转过程中按照规定排污,并密切注意末级排气压力;当压力达到一定值时,及时告知加气工;发生不正常的响声或者压力、温度超出允许范围时,立即停机检查,排除故障;出现紧急情况时,按照事故紧急处理预案进行处理。

第二百零二条　清洗设备、器具时应当符合下列要求:

(一)严禁使用汽油、苯等易燃品清洗设备、器具和地坪;

(二)严禁使用压缩气体清扫储存易燃油品油罐;

(三)严禁使用化纤、塑料、丝绸等容易产生静电的制品擦拭物体及设备;

(四)清洗设备时,作业人员按照规定着装并消除人体静电。

第二百零三条　人员着装和防静电应当符合下列要求:

(一)进入爆炸危险场所,穿着有劳动安全标志的防静电服、棉布工作服和防静电鞋;

(二)进入爆炸危险场所前,预先触摸人体消静电球;

(三)严禁在爆炸危险场所穿衣、脱衣、拍打服装以及梳头、打闹等;

(四)爆炸危险场所的地坪不得涂刷绝缘油漆,或者铺设非导静电的材料。

第二百零四条　人员操作应当符合下列要求:

(一)经过本工种专业安全培训,通过考试取得合格证后,持证上岗;

(二)掌握岗位应急预案的执行程序,遇到紧急情况,能够按照应急措施迅速作出处理;

(三)熟悉本岗位装置的工作原理、构造、性能、技术特征、零部件的名称和作用;

(四)熟悉本岗位电气控制设备的操作方法和有关的电气基本知识;

(五)按照规定穿好工作服,并佩戴有关劳动防护用品;

(六)排污时严禁操作人员将手伸向排污口;

(七)排污时发现异常情况立即报告,由专业人员处理。

第十二章　附　　则

第二百零五条　本规程下列用语的含义:

煤层气,是指赋存在煤层中以甲烷为主要成分、以吸附在煤基质颗粒表面为主、部分游离于煤孔隙中或者溶解于煤层水中的烃类气体。

煤层气地面开采，是指煤层气井的钻井、测井、压裂等施工环节及后期的排采管理、管线集输和压缩工程。

煤层气企业，是指专门从事煤层气地面开采的企业。

井位，是指为了进行煤层气开采而综合各种地质资料进行设计和优选出来的井的布置位置。

排采，是指通过抽排煤层及其围岩中的地下水来降低煤储层的压力，诱导甲烷从煤层中解吸出来。

煤层气井，是指通过地面钻井进入煤层，利用煤层气自身赋存压力与钻井空间的压力差释放煤层气的井孔。

裸眼井，是指在煤层顶部下套管后，一直钻进煤层至设计深度终孔，使煤层裸露的煤层气井。

站场，是指收集煤层气气源，进行净化处理，压缩输送的站场。

阈限值，是指长期暴露的工作人员不会受到不利影响的某种有毒物质在空气中的最大浓度。

安全临界浓度，是指工作人员在露天安全工作8小时可接受的硫化氢最高浓度。

危险临界浓度，是指达到此浓度时，对生命和健康会产生不可逆转的或者延迟性的影响。

置换，是指用氮气等惰性气体将作业管道、设备等集输系统内的空气或者可燃气体替换出来的一种方法。

动火，是指在易燃易爆危险区域内和煤层气容器、管线、设备或者盛装过易燃易爆物品的容器上，使用焊、割等工具，能直接或者间接产生明火的施工作业。

第二百零六条 本规程自2012年4月1日起施行。煤层气地面开采活动施行的其他规程、规范与本规程相抵触的，依照本规程执行。

煤矿领导带班下井及安全监督检查规定

1. 2010年9月7日国家安全生产监督管理总局令第33号公布
2. 根据2015年6月8日国家安全生产监督管理总局令第81号《关于修改〈煤矿安全监察员管理办法〉等五部煤矿安全规章的决定》修正

第一章 总 则

第一条 为落实煤矿领导带班下井制度，根据《国务院关于进一步加强企业安全生产工作的通知》（国发〔2010〕23号）和有关法律、行政法规的规定，制定本规定。

第二条 煤矿领导带班下井和县级以上地方人民政府煤炭行业管理部门、煤矿安全生产监督管理部门（以下分别简称为煤炭行业管理部门、煤矿安全监管部门），以及煤矿安全监察机构对其实施监督检查，适用本规定。

第三条 煤炭行业管理部门是落实煤矿领导带班下井制度的主管部门，负责督促煤矿抓好有关制度的建设和落实。

煤矿安全监管部门对煤矿领导带班下井进行日常性的监督检查，对煤矿违反带班下井制度的行为依法作出现场处理或者实施行政处罚。

煤矿安全监察机构对煤矿领导带班下井实施国家监察，对煤矿违反带班下井制度的行为依法作出现场处理或者实施行政处罚。

第四条 本规定所称的煤矿，是指煤矿生产矿井和新建、改建、扩建、技术改造、资源整合重组等建设矿井及其施工单位。

本规定所称煤矿领导，是指煤矿的主要负责人、领导班子成员和副总工程师。

建设矿井的领导，是指煤矿建设单位和从事煤矿建设的施工单位的主要负责人、领导班子成员和副总工程师。

第五条 煤矿是落实领导带班下井制度的责任主体，每班必须有矿领导带班下井，并与工人同时下井、同时升井。

煤矿的主要负责人对落实领导带班下井制度全面负责。

煤矿集团公司应当加强对所属煤矿领导带班下井的情况实施监督检查。

第六条 任何单位和个人对煤矿领导未按照规定带班下井或者弄虚作假的，均有权向煤炭行业管理部门、煤矿安全监管部门、煤矿安全监察机构举报和报告。

第二章 带班下井

第七条 煤矿应当建立健全领导带班下井制度，并严格考核。带班下井制度应当明确带班下井人员、每月带班下井的个数、在井下工作时间、带班下井的任务、职责权限、群众监督和考核奖惩等内容。

煤矿的主要负责人每月带班下井不得少于5个。

煤矿领导带班下井时，其领导姓名应当在井口明显位置公示。煤矿领导每月带班下井工作计划的完成情况，应当在煤矿公示栏公示，接受群众监督。

第八条 煤矿领导带班下井制度应当按照煤矿的隶属关

系报送所在地煤炭行业管理部门,同时抄送煤矿安全监管部门和驻地煤矿安全监察机构。

第九条　煤矿领导带班下井时,应当履行下列职责:

(一)加强对采煤、掘进、通风等重点部位、关键环节的检查巡视,全面掌握当班井下的安全生产状况;

(二)及时发现和组织消除事故隐患和险情,及时制止违章违纪行为,严禁违章指挥,严禁超能力组织生产;

(三)遇到险情时,立即下达停产撤人命令,组织涉险区域人员及时、有序撤离到安全地点。

第十条　煤矿领导带班下井实行井下交接班制度。

上一班的带班领导应当在井下向接班的领导详细说明井下安全状况、存在的问题及原因、需要注意的事项等,并认真填写交接班记录簿。

第十一条　煤矿应当建立领导带班下井档案管理制度。

煤矿领导升井后,应当及时将下井的时间、地点、经过路线、发现的问题及处理情况、意见等有关情况进行登记,并由专人负责整理和存档备查。

煤矿领导带班下井的相关记录和煤矿井下人员定位系统存储信息保存期不少于一年。

第十二条　煤矿没有领导带班下井的,煤矿从业人员有权拒绝下井作业。煤矿不得因此降低从业人员工资、福利等待遇或者解除与其订立的劳动合同。

第三章　监督检查

第十三条　煤炭行业管理部门应当加强对煤矿领导带班下井的日常管理和督促检查。煤矿安全监管部门应当将煤矿建立并执行领导带班下井制度作为日常监督检查的重要内容,每季度至少对所辖区域煤矿领导带班下井执行情况进行一次监督检查。

煤矿领导带班下井执行情况应当在当地主要媒体向社会公布,接受社会监督。

第十四条　煤矿安全监察机构应当将煤矿领导带班下井制度执行情况纳入年度监察执法计划,每年至少进行两次专项监察或者重点监察。

煤矿领导带班下井的专项监察或者重点监察的情况应当报告上一级煤矿安全监察机构,并通报有关地方人民政府。

第十五条　煤炭行业管理部门、煤矿安全监管部门、煤矿安全监察机构对煤矿领导带班下井情况进行监督检查,可以采取现场随机询问煤矿从业人员、查阅井下交接班及下井档案记录、听取煤矿从业人员反映、调阅煤矿井下人员定位系统监控记录等方式。

第十六条　煤炭行业管理部门、煤矿安全监管部门、煤矿安全监察机构对煤矿领导带班下井情况进行监督检查时,重点检查下列内容:

(一)是否建立健全煤矿领导带班下井制度,包括井下交接班制度和带班下井档案管理制度;

(二)煤矿领导特别是煤矿主要负责人带班下井情况;

(三)是否制订煤矿领导每月轮流带班下井工作计划以及工作计划执行、公示、考核和奖惩等情况;

(四)煤矿领导带班下井在井下履行职责情况,特别是重大事故隐患和险情的处置情况;

(五)煤矿领导井下交接班记录、带班下井档案等情况;

(六)群众举报有关问题的查处情况。

第十七条　煤炭行业管理部门、煤矿安全监管部门、煤矿安全监察机构应当建立举报制度,公开举报电话、信箱或者电子邮件地址,受理有关举报;对于受理的举报,应当认真调查核实;经查证属实的,依法从重处罚。

第四章　法律责任

第十八条　煤矿有下列情形之一的,给予警告,并处3万元罚款;对煤矿主要负责人处1万元罚款:

(一)未建立健全煤矿领导带班下井制度的;

(二)未建立煤矿领导井下交接班制度的;

(三)未建立煤矿领导带班下井档案管理制度的;

(四)煤矿领导每月带班下井情况未按照规定公示的;

(五)未按规定填写煤矿领导下井交接班记录簿、带班下井记录或者保存带班下井相关记录档案的。

第十九条　煤矿领导未按规定带班下井,或者带班下井档案虚假的,责令改正,并对该煤矿处15万元的罚款,对违反规定的煤矿领导按照擅离职守处理,对煤矿主要负责人处1万元的罚款。

第二十条　对发生事故而没有煤矿领导带班下井的煤矿,依法责令停产整顿,暂扣或者吊销煤矿安全生产许可证,并依照下列规定处以罚款;情节严重的,提请有关人民政府依法予以关闭:

(一)发生一般事故的,处50万元的罚款;

(二)发生较大事故的,处100万元的罚款;

(三)发生重大事故的,处500万元的罚款;

(四)发生特别重大事故的,处2000万元的罚款。

第二十一条　对发生事故而没有煤矿领导带班下井的煤矿,对其主要负责人依法暂扣或者吊销其安全资格证,并依照下列规定处以罚款:

(一)发生一般事故的,处上一年年收入30%的罚款；

（二）发生较大事故的，处上一年年收入40%的罚款；

（三）发生重大事故的，处上一年年收入60%的罚款；

（四）发生特别重大事故的，处上一年年收入80%的罚款。

煤矿的主要负责人未履行《安全生产法》规定的安全生产管理职责，导致发生生产安全事故，受到刑事处罚或者撤职处分的，自刑罚执行完毕或者受处分之日起，5年内不得担任任何生产经营单位的主要负责人；对重大、特别重大生产安全事故负有责任的，终身不得担任煤矿的主要负责人。

第二十二条 本规定的行政处罚，由煤矿安全监管部门、煤矿安全监察机构依照各自的法定职权决定。

第五章 附 则

第二十三条 省级煤炭行业管理部门会同煤矿安全监管部门可以依照本规定制定实施细则，报国家安全生产监督管理总局、国家煤矿安监局备案。

第二十四条 中央企业所属煤矿按照分级属地管理原则，由省（市、区）、设区的市人民政府煤炭行业管理部门、煤矿安全监管部门和煤矿安全监察机构负责监督监察。

第二十五条 露天煤矿领导带班下井参照本规定执行。

第二十六条 本规定自2010年10月7日起施行。

煤矿安全监察罚款管理办法

1. 2003年7月14日国家安全生产监督管理局、国家煤矿安全监察局令第7号公布

2. 自2003年8月1日起施行

第一条 为规范煤矿安全监察罚款管理工作，依法实施煤矿安全监察，根据安全生产法、煤矿安全监察条例、罚款决定与罚款收缴分离实施办法和财政部关于做好煤矿安全监察罚没收入管理工作的通知（以下简称财政部《通知》）等有关规定，制定本办法。

第二条 煤矿安全监察机构依照安全生产法、煤矿安全监察条例和安全生产违法行为处罚办法、煤矿安全监察行政处罚办法等有关法律、法规和规章的规定，对煤矿安全违法行为依法实施罚款，适用本办法。

第三条 省级煤矿安全监察机构按照财政部《通知》的规定，统一到省级财政部门和相关部门办理煤矿安全监察罚款许可证。

第四条 省级煤矿安全监察机构商财政部驻各地财政监察专员办事处、省财政厅后，可与一至二个国有商业银行签订煤矿安全监察罚款代收代缴协议，并将代收代缴协议报国家煤矿安全监察局和财政部驻各地财政监察专员办事处备案。

罚款代收银行的确定以及会计科目的使用应严格按照财政部《罚款代收代缴管理办法》的规定办理。代收银行的代收手续费按照财政部、中国人民银行关于代收罚款手续费有关问题的通知规定执行。

第五条 罚款票据使用财政部门统一印制的代收罚款收据，并由代收银行负责管理。

煤矿安全监察机构可领取小额当场罚款票据，并负责管理。当场罚款票据的使用，应当符合当场处罚罚款票据管理暂行规定。

第六条 煤矿安全监察罚款收入纳入中央预算，实行"收支两条线"管理。

煤矿安全监察罚款的缴库由代收银行按照财政部有关规定办理。

第七条 煤矿安全监察罚款按照财政部《通知》的要求，由银行内部交款单分列，并直接缴入中央和地方金库。

第八条 煤矿安全罚款实行处罚决定与罚款收缴分离。

煤矿安全监察机构依法对有关煤矿安全违法行为实施罚款，制作煤矿安全监察行政处罚决定书；被处罚人持煤矿安全监察行政处罚决定书到指定的代收银行及其分支机构缴纳罚款。

煤矿安全监察机构财务人员定期到代收银行索取缴款票据，并进行核对、登记和统计。

第九条 各煤矿安全监察办事处每月终了后5日内将煤矿安全监察罚款统计表报省级煤矿安全监察机构。

省级煤矿安全监察机构将本省区煤矿安全监察罚款统计表汇总后，在每月终了后8日内报国家煤矿安全监察局。

第十条 煤矿安全监察机构罚款收入的缴库情况，应接受财政部驻各地财政监察专员办事处的检查和监督。

第十一条 煤矿安全监察罚款应严格执行国家有关罚款收支管理的有关规定，对违反"收支两条线"管理的机构和个人，依照国务院违反行政事业性收费和罚没款收入收支两条线管理规定行政处分暂行规定追究责任。

第十二条 本办法自2003年8月1日起施行。国家煤矿安全监察局发布的《煤矿安全监察罚款管理暂行办法》同时废止。

煤矿建设项目安全设施监察规定

1. 2003年7月4日国家安全生产监督管理局、国家煤矿安全监察局令第6号公布
2. 根据2015年6月8日国家安全生产监督管理总局令第81号《关于修改〈煤矿安全监察员管理办法〉等五部煤矿安全规章的决定》修正

第一章　总　　则

第一条　为了规范煤矿建设工程安全设施监察工作,保障煤矿安全生产,根据安全生产法、煤矿安全监察条例以及有关法律、行政法规的规定,制定本规定。

第二条　煤矿安全监察机构对煤矿新建、改建和扩建工程项目(以下简称煤矿建设项目)的安全设施进行监察,适用本规定。

第三条　煤矿建设项目应当进行安全评价,其初步设计应当按规定编制安全专篇。安全专篇应当包括安全条件的论证、安全设施的设计等内容。

第四条　煤矿建设项目的安全设施的设计、施工应当符合工程建设强制性标准、煤矿安全规程和行业技术规范。

第五条　煤矿建设项目施工前,其安全设施设计应当经煤矿安全监察机构审查同意;竣工投入生产或使用前,其安全设施和安全条件应当经煤矿建设单位验收合格。煤矿安全监察机构应当加强对建设单位验收活动和验收结果的监督核查。

第六条　煤矿建设项目安全设施的设计审查,由煤矿安全监察机构按照设计或者新增的生产能力,实行分级负责。

(一)设计或者新增的生产能力在300万吨/年及以上的井工煤矿建设项目和1000万吨/年及以上的露天煤矿建设项目,由国家煤矿安全监察局负责设计审查。

(二)设计或者新增的生产能力在300万吨/年以下的井工煤矿建设项目和1000万吨/年以下的露天煤矿建设项目,由省级煤矿安全监察局负责设计审查。

第七条　未设立煤矿安全监察机构的省、自治区,由省、自治区人民政府指定的负责煤矿安全监察工作的部门负责本规定第六条第二项规定的设计审查。

第八条　经省级煤矿安全监察局审查同意的项目,应及时报国家煤矿安全监察局备案。

第二章　安全评价

第九条　煤矿建设项目的安全评价包括安全预评价和安全验收评价。

煤矿建设项目在可行性研究阶段,应当进行安全预评价;在投入生产或者使用前,应当进行安全验收评价。

第十条　煤矿建设项目的安全评价应由具有国家规定资质的安全中介机构承担。承担煤矿建设项目安全评价的安全中介机构对其作出的安全评价结果负责。

第十一条　煤矿企业应与承担煤矿建设项目安全评价的安全中介机构签订书面委托合同,明确双方各自的权利和义务。

第十二条　承担煤矿建设项目安全评价的安全中介机构,应当按照规定的标准和程序进行评价,提出评价报告。

第十三条　煤矿建设项目安全预评价报告应当包括以下内容:

(一)主要危险、有害因素和危害程度以及对公共安全影响的定性、定量评价;

(二)预防和控制的可能性评价;

(三)建设项目可能造成职业危害的评价;

(四)安全对策措施、安全设施设计原则;

(五)预评价结论;

(六)其他需要说明的事项。

第十四条　煤矿建设项目安全验收评价报告应当包括以下内容:

(一)安全设施符合法律、法规、标准和规程规定以及设计文件的评价;

(二)安全设施在生产或使用中的有效性评价;

(三)职业危害防治措施的有效性评价;

(四)建设项目的整体安全性评价;

(五)存在的安全问题和解决问题的建议;

(六)验收评价结论;

(七)有关试运转期间的技术资料、现场检测、检验数据和统计分析资料;

(八)其他需要说明的事项。

第三章　设计审查

第十五条　煤矿建设项目的安全设施设计应经煤矿安全监察机构审查同意;未经审查同意的,不得施工。

第十六条　煤矿建设项目的安全设施设计,应由具有相应资质的设计单位承担。设计单位对安全设施设计负责。

第十七条 煤矿建设项目的安全设施设计应当包括煤矿水、火、瓦斯、煤尘、顶板等主要灾害的防治措施，所确定的设施、设备、器材等应当符合国家标准和行业标准。

第十八条 煤矿建设项目的安全设施设计审查前，煤矿企业应当按照本规定第六条的规定，向煤矿安全监察机构提出书面申请。

第十九条 申请煤矿建设项目的安全设施设计审查，应当提交下列资料：

（一）安全设施设计审查申请报告及申请表；

（二）建设项目审批、核准或者备案的文件；

（三）采矿许可证或者矿区范围批准文件；

（四）安全预评价报告书；

（五）初步设计及安全专篇；

（六）其他需要说明的材料。

第二十条 煤矿安全监察机构接到审查申请后，应当对上报资料进行审查。有下列情形之一的，为设计审查不合格：

（一）安全设施设计未由具备相应资质的设计单位承担的；

（二）煤矿水、火、瓦斯、煤尘、顶板等主要灾害防治措施不符合规定的；

（三）安全设施设计不符合工程建设强制性标准、煤矿安全规程和行业技术规范的；

（四）所确定的设施、设备、器材不符合国家标准和行业标准的；

（五）不符合国家煤矿安全监察局规定的其他条件的。

第二十一条 煤矿安全监察机构审查煤矿建设项目的安全设施设计，应当自收到审查申请起30日内审查完毕。经审查同意的，应当以文件形式批复；不同意的，应当提出审查意见，并以书面形式答复。

第二十二条 煤矿企业对已批准的煤矿建设项目安全设施设计需作重大变更的，应经原审查机构审查同意。

第四章 施工和联合试运转

第二十三条 煤矿建设项目的安全设施应由具有相应资质的施工单位承担。

施工单位应当按照批准的安全设施设计施工，并对安全设施的工程质量负责。

第二十四条 施工单位在施工期间，发现煤矿建设项目的安全设施设计不合理或者存在重大事故隐患时，应当立即停止施工，并报告煤矿企业。煤矿企业需对安全设施设计作重大变更的，应当按照本规定第二十二条的规定重新审查。

第二十五条 煤矿安全监察机构对煤矿建设工程安全设施的施工情况进行监察。

第二十六条 煤矿建设项目在竣工完成后，应当在正式投入生产或使用前进行联合试运转。联合试运转的时间一般为1至6个月，有特殊情况需要延长的，总时长不得超过12个月。

煤矿建设项目联合试运转，应按规定经有关主管部门批准。

第二十七条 煤矿建设项目联合试运转期间，煤矿企业应当制定可靠的安全措施，做好现场检测、检验，收集有关数据，并编制联合试运转报告。

第二十八条 煤矿建设项目联合试运转正常后，应当进行安全验收评价。

第五章 竣工验收

第二十九条 煤矿建设项目的安全设施和安全条件验收应当由煤矿建设单位负责组织；未经验收合格的，不得投入生产和使用。

煤矿建设单位实行多级管理的，应当由具体负责建设项目施工建设单位的上一级具有法人资格的公司（单位）负责组织验收。

第三十条 煤矿建设单位或者其上一级具有法人资格的公司（单位）组织验收时，应当对有关资料进行审查并组织现场验收。有下列情形之一的，为验收不合格：

（一）安全设施和安全条件不符合设计要求，或未通过工程质量认证的；

（二）安全设施和安全条件不能满足正常生产和使用的；

（三）未按规定建立安全生产管理机构和配备安全生产管理人员的；

（四）矿长和特种作业人员不具备相应资格的；

（五）不符合国家煤矿安全监察局规定的其他条件的。

第六章 附 则

第三十一条 违反本规定的，由煤矿安全监察机构或者省、自治区人民政府指定的负责煤矿安全监察工作的部门依照《安全生产法》及有关法律、行政法规的规定予以行政处罚；构成犯罪的，依照刑法有关规定追究刑事责任。

第三十二条 煤矿建设项目的安全设施设计审查申请表的样式，由国家煤矿安全监察局制定。

第三十三条 本规定自2003年8月15日起施行。《煤矿建设工程安全设施设计审查与竣工验收暂行办法》同时废止。

煤矿安全监察行政处罚办法

1. 2003年7月2日国家安全生产监督管理局、国家煤矿安全监察局令第4号公布

2. 根据2015年6月8日国家安全生产监督管理总局令第81号《关于修改〈煤矿安全监察员管理办法〉等五部煤矿安全规章的决定》修正

第一条　为了制裁煤矿安全违法行为,规范煤矿安全监察行政处罚工作,保障煤矿依法进行生产,根据煤矿安全监察条例及其他有关法律、行政法规的规定,制定本办法。

第二条　国家煤矿安全监察局、省级煤矿安全监察局和煤矿安全监察分局(以下简称煤矿安全监察机构),对煤矿及其有关人员违反有关安全生产的法律、行政法规、部门规章、国家标准、行业标准和规程的行为(以下简称煤矿安全违法行为)实施行政处罚,适用本办法。本办法未作规定的,适用安全生产违法行为行政处罚办法。

有关法律、行政法规对行政处罚另有规定的,依照其规定。

第三条　省级煤矿安全监察局、煤矿安全监察分局实施行政处罚按照属地原则进行管辖。

国家煤矿安全监察局认为应由其实施行政处罚的,由国家煤矿安全监察局管辖。

两个以上煤矿安全监察机构因行政处罚管辖权发生争议的,由其共同的上一级煤矿安全监察机构指定管辖。

第四条　当事人对煤矿安全监察机构所给予的行政处罚,享有陈述、申辩权;对行政处罚不服的,有权依法申请行政复议或者提起行政诉讼。

当事人因煤矿安全监察机构违法给予行政处罚受到损害的,有权依法提出赔偿要求。

第五条　煤矿安全监察员执行公务时,应当出示煤矿安全监察执法证件。

第六条　煤矿安全监察机构及其煤矿安全监察员对检查中发现的煤矿安全违法行为,可以作出下列现场处理决定:

(一)当场予以纠正或者要求限期改正;

(二)责令限期达到要求;

(三)责令立即停止作业(施工)或者立即停止使用;

经现场处理决定后拒不改正,或者依法应当给予行政处罚的煤矿安全违法行为,依法作出行政处罚决定。

第七条　煤矿或者施工单位有下列行为之一的,责令停止建设或者停产停业整顿,限期改正;逾期未改正的,处50万元以上100万元以下的罚款,对其直接负责的主管人员和其他直接责任人员处2万元以上5万元以下的罚款;构成犯罪的,依照刑法有关规定追究刑事责任:

(一)未按照规定对煤矿建设项目进行安全评价的;

(二)煤矿建设项目没有安全设施设计或者安全设施设计未按照规定报经有关部门审查同意的;

(三)煤矿建设项目的施工单位未按照批准的安全设施设计施工的;

(四)煤矿建设项目竣工投入生产或者使用前,安全设施未经验收合格的。

第八条　煤矿矿井通风、防火、防水、防瓦斯、防毒、防尘等安全设施不符合法定要求的,责令限期达到要求;逾期仍达不到要求的,责令停产整顿。

第九条　煤矿作业场所有下列情形之一的,责令限期改正;逾期不改正的,责令停产整顿,并处3万元以下的罚款:

(一)未使用专用防爆电器设备的;

(二)未使用专用放炮器的;

(三)未使用人员专用升降容器的;

(四)使用明火明电照明的。

第十条　煤矿未依法提取或者使用煤矿安全技术措施专项费用的,责令限期改正,提供必需的资金;逾期不改正的,处5万元以下的罚款,责令停产整顿。

有前款违法行为,导致发生生产安全事故的,对煤矿主要负责人给予撤职处分,对个人经营的投资人处2万元以上20万元以下的罚款;构成犯罪的,依照刑法有关规定追究刑事责任。

第十一条　煤矿使用不符合国家安全标准或者行业安全标准的设备、器材、仪器、仪表、防护用品的,责令限期改正或者责令立即停止使用;逾期不改正或者不立即停止使用的,处5万元以下的罚款;情节严重的,责令停产整顿。

第十二条　煤矿企业的机电设备、安全仪器,未按照下列规定操作、检查、维修和建立档案的,责令改正,可以并处2万元以下的罚款：

（一）未定期对机电设备及其防护装置、安全检测仪器检查、维修和建立技术档案的；

（二）非负责设备运行人员操作设备的；

（三）非值班电气人员进行电气作业的；

（四）操作电气设备的人员，没有可靠的绝缘保护和检修电气设备带电作业的。

第十三条 煤矿井下采掘作业，未按照作业规程的规定管理顶帮；通过地质破碎带或者其他顶帮破碎地点时，未加强支护；露天采剥作业，未按照设计规定，控制采剥工作面的阶段高度、宽度、边坡角和最终边坡角；采剥作业和排土作业，对深部或者邻近井巷造成危害的，责令改正，可以并处2万元以下的罚款。

第十四条 煤矿未严格执行瓦斯检查制度，入井人员携带烟草和点火用具下井的，责令改正，可以并处2万元以下的罚款。

第十五条 煤矿在有瓦斯突出、冲击地压条件下从事采掘作业；在未加保护的建筑物、构筑物和铁路、水体下面开采；在地温异常或者热水涌出的地区开采，未编制专门设计文件和报主管部门批准的，责令改正，可以并处2万元以下的罚款。

第十六条 煤矿作业场所的瓦斯、粉尘或者其他有毒有害气体的浓度超过国家安全标准或者行业安全标准的，责令立即停止作业；拒不停止作业的，责令停产整顿，可以并处10万元以下的罚款。

第十七条 有自然发火可能性的矿井，未按规定采取有效的预防自然发火措施的，责令改正，可以并处2万元以下的罚款。

第十八条 煤矿在有可能发生突水危险的地区从事采掘作业，未采取探放水措施的，责令改正，可以并处2万元以下的罚款。

第十九条 煤矿井下风量、风质、风速和作业环境的气候，不符合煤矿安全规程的规定的，责令改正，可以并处2万元以下的罚款。

第二十条 煤矿对产生粉尘的作业场所，未采取综合防尘措施，或者未按规定对粉尘进行检测的，责令改正，可以并处2万元以下的罚款。

第二十一条 擅自开采保安煤柱，或者采用危及相邻煤矿生产安全的决水、爆破、贯通巷道等危险方法进行采矿作业，责令立即停止作业；拒不停止作业的，由煤矿安全监察机构决定吊销安全生产许可证，并移送地质矿产主管部门依法吊销采矿许可证。

第二十二条 煤矿违反有关安全生产法律、行政法规的规定，拒绝、阻碍煤矿安全监察机构依法实施监督检查的，责令改正；拒不改正的，处2万元以上20万元以下的罚款；对其直接负责的主管人员和其他直接责任人员处1万元以上2万元以下的罚款；构成犯罪的，依照刑法有关规定追究刑事责任。

煤矿提供虚假情况，或者隐瞒存在的事故隐患以及其他安全问题的，由煤矿安全监察机构给予警告，可以并处5万元以上10万元以下的罚款；情节严重的，责令停产整顿。

第二十三条 煤矿发生事故，对煤矿、煤矿主要负责人以及其他有关责任单位、人员依照《安全生产法》及有关法律、行政法规的规定予以行政处罚；构成犯罪的，依照刑法有关规定追究刑事责任。

第二十四条 经停产整顿仍不具备法定安全生产条件给予关闭的行政处罚，由煤矿安全监察机构报请县级以上人民政府按照国务院规定的权限决定。

第二十五条 煤矿安全监察机构及其煤矿安全监察员实施行政处罚时，应当符合《安全生产违法行为行政处罚办法》规定的程序并使用统一的煤矿安全监察行政执法文书。

第二十六条 未设立省级煤矿安全监察局的省、自治区，由省、自治区人民政府指定的负责煤矿安全监察工作的部门依照本办法的规定对本行政区域内的煤矿安全违法行为实施行政处罚。

第二十七条 本办法自2003年8月15日起施行。《煤矿安全监察行政处罚暂行办法》同时废止。

煤矿安全培训规定

1. 2018年1月11日国家安全生产监督管理总局令第92号公布

2. 自2018年3月1日起施行

第一章 总 则

第一条 为了加强和规范煤矿安全培训工作，提高从业人员安全素质，防止和减少伤亡事故，根据《中华人民共和国安全生产法》《中华人民共和国职业病防治法》等有关法律法规，制定本规定。

第二条 煤矿企业从业人员安全培训、考核、发证及监督管理工作适用本规定。

本规定所称煤矿企业，是指在依法批准的矿区范围内从事煤炭资源开采活动的企业，包括集团公司、上市公司、总公司、矿务局、煤矿。

本规定所称煤矿企业从业人员,是指煤矿企业主要负责人、安全生产管理人员、特种作业人员和其他从业人员。

第三条　国家煤矿安全监察局负责指导和监督管理全国煤矿企业从业人员安全培训工作。

省、自治区、直辖市人民政府负责煤矿安全培训的主管部门(以下简称省级煤矿安全培训主管部门)负责指导和监督管理本行政区域内煤矿企业从业人员安全培训工作。

省级及以下煤矿安全监察机构对辖区内煤矿企业从业人员安全培训工作依法实施监察。

第四条　煤矿企业是安全培训的责任主体,应当依法对从业人员进行安全生产教育和培训,提高从业人员的安全生产意识和能力。

煤矿企业主要负责人对本企业从业人员安全培训工作全面负责。

第五条　国家鼓励煤矿企业变招工为招生。煤矿企业新招井下从业人员,应当优先录用大中专学校、职业高中、技工学校煤矿相关专业的毕业生。

第二章　安全培训的组织与管理

第六条　煤矿企业应当建立完善安全培训管理制度,制定年度安全培训计划,明确负责安全培训工作的机构,配备专职或者兼职安全培训管理人员,按照国家规定的比例提取教育培训经费。其中,用于安全培训的资金不得低于教育培训经费总额的百分之四十。

第七条　对从业人员的安全技术培训,具备《安全培训机构基本条件》(AQ/T 8011)规定的安全培训条件的煤矿企业应当以自主培训为主,也可以委托具备安全培训条件的机构进行安全培训。

不具备安全培训条件的煤矿企业应当委托具备安全培训条件的机构进行安全培训。

从事煤矿安全培训的机构,应当将教师、教学和实习与实训设施等情况书面报告所在地省级煤矿安全培训主管部门。

第八条　煤矿企业应当建立健全从业人员安全培训档案,实行一人一档。煤矿企业从业人员安全培训档案的内容包括:

(一)学员登记表,包括学员的文化程度、职务、职称、工作经历、技能等级晋升等情况;

(二)身份证复印件、学历证书复印件;

(三)历次接受安全培训、考核的情况;

(四)安全生产违规违章行为记录,以及被追究责任,受到处分、处理的情况;

(五)其他有关情况。

煤矿企业从业人员安全培训档案应当按照《企业文件材料归档范围和档案保管期限规定》(国家档案局令第10号)保存。

第九条　煤矿企业除建立从业人员安全培训档案外,还应当建立企业安全培训档案,实行一期一档。煤矿企业安全培训档案的内容包括:

(一)培训计划;

(二)培训时间、地点;

(三)培训课时及授课教师;

(四)课程讲义;

(五)学员名册、考勤、考核情况;

(六)综合考评报告等;

(七)其他有关情况。

对煤矿企业主要负责人和安全生产管理人员的煤矿企业安全培训档案应当保存三年以上,对特种作业人员的煤矿企业安全培训档案应当保存六年以上,其他从业人员的煤矿企业安全培训档案应当保存三年以上。

第三章　主要负责人和安全生产管理人员的安全培训及考核

第十条　本规定所称煤矿企业主要负责人,是指煤矿企业的董事长、总经理,矿务局局长,煤矿矿长等人员。

本规定所称煤矿企业安全生产管理人员,是指煤矿企业分管安全、采煤、掘进、通风、机电、运输、地测、防治水、调度等工作的副董事长、副总经理、副局长、副矿长,总工程师、副总工程师和技术负责人,安全生产管理机构负责人及其管理人员,采煤、掘进、通风、机电、运输、地测、防治水、调度等职能部门(含煤矿井、区、科、队)负责人。

第十一条　煤矿矿长、副矿长、总工程师、副总工程师应当具备煤矿相关专业大专及以上学历,具有三年以上煤矿相关工作经历。

煤矿安全生产管理机构负责人应当具备煤矿相关专业中专及以上学历,具有二年以上煤矿安全生产相关工作经历。

第十二条　煤矿企业应当每年组织主要负责人和安全生产管理人员进行新法律法规、新标准、新规程、新技术、新工艺、新设备和新材料等方面的安全培训。

第十三条　国家煤矿安全监察局组织制定煤矿企业主要负责人和安全生产管理人员安全生产知识和管理能力考核的标准,建立国家级考试题库。

省级煤矿安全培训主管部门应当根据前款规定的考核标准，建立省级考试题库，并报国家煤矿安全监察局备案。

第十四条 煤矿企业主要负责人考试应当包括下列内容：

（一）国家安全生产方针、政策和有关安全生产的法律、法规、规章及标准；

（二）安全生产管理、安全生产技术和职业健康基本知识；

（三）重大危险源管理、重大事故防范、应急管理和事故调查处理的有关规定；

（四）国内外先进的安全生产管理经验；

（五）典型事故和应急救援案例分析；

（六）其他需要考试的内容。

第十五条 煤矿企业安全生产管理人员考试应当包括下列内容：

（一）国家安全生产方针、政策和有关安全生产的法律、法规、规章及标准；

（二）安全生产管理、安全生产技术、职业健康等知识；

（三）伤亡事故报告、统计及职业危害的调查处理方法；

（四）应急管理的内容及其要求；

（五）国内外先进的安全生产管理经验；

（六）典型事故和应急救援案例分析；

（七）其他需要考试的内容。

第十六条 国家煤矿安全监察局负责中央管理的煤矿企业总部（含所属在京一级子公司）主要负责人和安全生产管理人员考核工作。

省级煤矿安全培训主管部门负责本行政区域内前款以外的煤矿企业主要负责人和安全生产管理人员考核工作。

国家煤矿安全监察局和省级煤矿安全培训主管部门（以下统称考核部门）应当定期组织考核，并提前公布考核时间。

第十七条 煤矿企业主要负责人和安全生产管理人员应当自任职之日起六个月内通过考核部门组织的安全生产知识和管理能力考核，并持续保持相应水平和能力。

煤矿企业主要负责人和安全生产管理人员应当自任职之日起三十日内，按照本规定第十六条的规定向考核部门提出考核申请，并提交其任职文件、学历、工作经历等相关材料。

考核部门接到煤矿企业主要负责人和安全生产管理人员申请及其材料后，经审核符合条件的，应当及时组织相应的考试；发现申请人不符合本规定第十一条规定的，不得对申请人进行安全生产知识和管理能力考试，并书面告知申请人及其所在煤矿企业或其任免机关调整其工作岗位。

第十八条 煤矿企业主要负责人和安全生产管理人员的考试应当在规定的考点采用计算机方式进行。考试试题从国家级考试题库和省级考试题库随机抽取，其中抽取国家级考试题库试题比例占百分之八十以上。考试满分为一百分，八十分以上为合格。

考核部门应当自考试结束之日起五个工作日内公布考试成绩。

第十九条 煤矿企业主要负责人和安全生产管理人员考试合格后，考核部门应当在公布考试成绩之日起十个工作日内颁发安全生产知识和管理能力考核合格证明（以下简称考核合格证明）。考核合格证明在全国范围内有效。

煤矿企业主要负责人和安全生产管理人员考试不合格的，可以补考一次；经补考仍不合格的，一年内不得再次申请考核。考核部门应当告知其所在煤矿企业或其任免机关调整其工作岗位。

第二十条 考核部门对煤矿企业主要负责人和安全生产管理人员的安全生产知识和管理能力每三年考核一次。

第四章 特种作业人员的安全培训和考核发证

第二十一条 煤矿特种作业人员及其工种由国家安全生产监督管理总局会同国家煤矿安全监察局确定，并适时调整；其他任何单位或者个人不得擅自变更其范围。

第二十二条 煤矿特种作业人员应当具备初中及以上文化程度（自2018年6月1日起新上岗的煤矿特种作业人员应当具备高中及以上文化程度），具有煤矿相关工作经历，或者职业高中、技工学校及中专以上相关专业学历。

第二十三条 国家煤矿安全监察局组织制定煤矿特种作业人员培训大纲和考核标准，建立统一的考试题库。

省级煤矿安全培训主管部门负责本行政区域内煤矿特种作业人员的考核、发证工作，也可以委托设区的市级人民政府煤矿安全培训主管部门实施煤矿特种作业人员的考核、发证工作。

省级煤矿安全培训主管部门及其委托的设区的市级人民政府煤矿安全培训主管部门以下统称考核发证

部门。

第二十四条　煤矿特种作业人员必须经专门的安全技术培训和考核合格,由省级煤矿安全培训主管部门颁发《中华人民共和国特种作业操作证》(以下简称特种作业操作证)后,方可上岗作业。

第二十五条　煤矿特种作业人员在参加资格考试前应当按照规定的培训大纲进行安全生产知识和实际操作能力的专门培训。其中,初次培训的时间不得少于九十学时。

已经取得职业高中、技工学校及中专以上学历的毕业生从事与其所学专业相应的特种作业,持学历证明经考核发证部门审核属实的,免予初次培训,直接参加资格考试。

第二十六条　参加煤矿特种作业操作资格考试的人员,应当填写考试申请表,由本人或其所在煤矿企业持身份证复印件、学历证书复印件或者培训机构出具的培训合格证明向其工作地或者户籍所在地考核发证部门提出申请。

考核发证部门收到申请及其有关材料后,应当在六十日内组织考试。对不符合考试条件的,应当书面告知申请人或其所在煤矿企业。

第二十七条　煤矿特种作业操作资格考试包括安全生产知识考试和实际操作能力考试。安全生产知识考试合格后,进行实际操作能力考试。

煤矿特种作业操作资格考试应当在规定的考点进行,安全生产知识考试应当使用统一的考试题库,使用计算机考试,实际操作能力考试采用国家统一考试标准进行考试。考试满分均为一百分,八十分以上为合格。

考核发证部门应当在考试结束后十个工作日内公布考试成绩。

申请人考试合格的,考核发证部门应当自考试合格之日起二十个工作日内完成发证工作。

申请人考试不合格的,可以补考一次;经补考仍不合格的,重新参加相应的安全技术培训。

第二十八条　特种作业操作证有效期六年,全国范围内有效。

特种作业操作证由国家安全生产监督管理总局统一式样、标准和编号。

第二十九条　特种作业操作证有效期届满需要延期换证的,持证人应当在有效期届满六十日前参加不少于二十四学时的专门培训,持培训合格证明由本人或其所在企业向当地考核发证部门或者原考核发证部门提出考试申请。经安全生产知识和实际操作能力考试合格的,考核发证部门应当在二十个工作日内予以换发新的特种作业操作证。

第三十条　离开特种作业岗位六个月以上、但特种作业操作证仍在有效期内的特种作业人员,需要重新从事原特种作业的,应当重新进行实际操作能力考试,经考试合格后方可上岗作业。

第三十一条　特种作业操作证遗失或者损毁的,应当及时向原考核发证部门提出书面申请,由原考核发证部门补发。

特种作业操作证所记载的信息发生变化的,应当向原考核发证部门提出书面申请,经原考核发证部门审查确认后,予以更新。

第五章　其他从业人员的安全培训和考核

第三十二条　煤矿其他从业人员应当具备初中及以上文化程度。

本规定所称煤矿其他从业人员,是指除煤矿主要负责人、安全生产管理人员和特种作业人员以外,从事生产经营活动的其他从业人员,包括煤矿其他负责人、其他管理人员、技术人员和各岗位的工人、使用的被派遣劳动者和临时聘用人员。

第三十三条　煤矿企业应当对其他从业人员进行安全培训,保证其具备必要的安全生产知识、技能和事故应急处理能力,知悉自身在安全生产方面的权利和义务。

第三十四条　省级煤矿安全培训主管部门负责制定煤矿企业其他从业人员安全培训大纲和考核标准。

第三十五条　煤矿企业或者具备安全培训条件的机构应当按照培训大纲对其他从业人员进行安全培训。其中,对从事采煤、掘进、机电、运输、通风、防治水等工作的班组长的安全培训,应当由其所在煤矿的上一级煤矿企业组织实施;没有上一级煤矿企业的,由本单位组织实施。

煤矿企业其他从业人员的初次安全培训时间不得少于七十二学时,每年再培训的时间不得少于二十学时。

煤矿企业或者具备安全培训条件的机构对其他从业人员安全培训合格后,应当颁发安全培训合格证明;未经培训并取得培训合格证明的,不得上岗作业。

第三十六条　煤矿企业新上岗的井下作业人员安全培训合格后,应当在有经验的工人师傅带领下,实习满四个月,并取得工人师傅签名的实习合格证明后,方可独立工作。

工人师傅一般应当具备中级工以上技能等级、三年以上相应工作经历和没有发生过违章指挥、违章作业、违反劳动纪律等条件。

第三十七条 企业井下作业人员调整工作岗位或者离开本岗位一年以上重新上岗前，以及煤矿企业采用新工艺、新技术、新材料或者使用新设备的，应当对其进行相应的安全培训，经培训合格后，方可上岗作业。

第六章 监督管理

第三十八条 省级煤矿安全培训主管部门应当将煤矿企业主要负责人、安全生产管理人员考核合格证明、特种作业人员特种作业操作证的发放、注销等情况在本部门网站上公布，接受社会监督。

第三十九条 煤矿安全培训主管部门和煤矿安全监察机构应当对煤矿企业安全培训的下列情况进行监督检查，发现违法行为的，依法给予行政处罚：

（一）建立安全培训管理制度，制定年度培训计划，明确负责安全培训管理工作的机构，配备专职或者兼职安全培训管理人员的情况；

（二）按照本规定投入和使用安全培训资金的情况；

（三）实行自主培训的煤矿企业的安全培训条件；

（四）煤矿企业及其从业人员安全培训档案的情况；

（五）主要负责人、安全生产管理人员考核的情况；

（六）特种作业人员持证上岗的情况；

（七）应用新工艺、新技术、新材料、新设备以及离岗、转岗时对从业人员安全培训的情况；

（八）其他从业人员安全培训的情况。

第四十条 考核部门应当建立煤矿企业安全培训随机抽查制度，制定现场抽考办法，加强对煤矿安全培训的监督检查。

考核部门对煤矿企业主要负责人和安全生产管理人员现场抽考不合格的，应当责令其重新参加安全生产知识和管理能力考核；经考核仍不合格的，考核部门应当书面告知其所在煤矿企业或其任免机关调整其工作岗位。

第四十一条 省级及以下煤矿安全监察机构应当按照年度监察执法计划，采用现场抽考等多种方式对煤矿企业安全培训情况实施严格监察；对监察中发现的突出问题和共性问题，应当向本级人民政府煤矿安全培训主管部门或者下级人民政府提出有关安全培训工作的监察建议函。

第四十二条 省级煤矿安全培训主管部门发现下列情形之一的，应当撤销特种作业操作证：

（一）特种作业人员对发生生产安全事故负有直接责任的；

（二）特种作业操作证记载信息虚假的。

特种作业人员违反上述规定被撤销特种作业操作证的，三年内不得再次申请特种作业操作证。

第四十三条 煤矿企业从业人员在劳动合同期满变更工作单位或者依法解除劳动合同的，原工作单位不得以任何理由扣押其考核合格证明或者特种作业操作证。

第四十四条 省级煤矿安全培训主管部门应当将煤矿企业主要负责人、安全生产管理人员和特种作业人员的考核情况，及时抄送省级煤矿安全监察局。

煤矿安全监察机构应当将煤矿企业主要负责人、安全生产管理人员和特种作业人员的行政处罚决定及时抄送同级煤矿安全培训主管部门。

第四十五条 煤矿安全培训主管部门应当建立煤矿安全培训举报制度，公布举报电话、电子信箱，依法受理并调查处理有关举报，并将查处结果书面反馈给实名举报人。

第七章 法律责任

第四十六条 煤矿安全培训主管部门的工作人员在煤矿安全考核工作中滥用职权、玩忽职守、徇私舞弊的，依照有关规定给予处分；构成犯罪的，依法追究刑事责任。

第四十七条 煤矿企业有下列行为之一的，由煤矿安全培训主管部门或者煤矿安全监察机构责令其限期改正，可以处五万元以下的罚款；逾期未改正的，责令停产停业整顿，并处五万元以上十万元以下的罚款，对其直接负责的主管人员和其他直接责任人员处一万元以上二万元以下的罚款：

（一）主要负责人和安全生产管理人员未按照规定经考核合格的；

（二）未按照规定对从业人员进行安全生产培训的；

（三）未如实记录安全生产培训情况的；

（四）特种作业人员未经专门的安全培训并取得相应资格，上岗作业的。

第四十八条 煤矿安全培训主管部门或者煤矿安全监察机构发现煤矿企业有下列行为之一的，责令其限期改正，可以处一万元以上三万元以下的罚款：

（一）未建立安全培训管理制度或者未制定年度安全培训计划的；

(二)未明确负责安全培训工作的机构,或者未配备专兼职安全培训管理人员的;

(三)用于安全培训的资金不符合本规定的;

(四)未按照统一的培训大纲组织培训的;

(五)不具备安全培训条件进行自主培训,或者委托不具备安全培训条件机构进行培训的。

具备安全培训条件的机构未按照规定的培训大纲进行安全培训,或者未经安全培训并考试合格颁发有关培训合格证明的,依照前款规定给予行政处罚。

第八章　附　　则

第四十九条　煤矿企业主要负责人和安全生产管理人员考核不得收费,所需经费由煤矿安全培训主管部门列入同级财政年度预算。

煤矿特种作业人员培训、考试经费可以列入同级财政年度预算,也可由省级煤矿安全培训主管部门制定收费标准,报同级人民政府物价部门、财政部门批准后执行。证书工本费由考核发证机关列入同级财政年度预算。

第五十条　本规定自2018年3月1日起施行。国家安全生产监督管理总局2012年5月28日公布、2013年8月29日修正的《煤矿安全培训规定》(国家安全生产监督管理总局令第52号)同时废止。

九、危险化学品、有毒物品安全管理

资料补充栏

危险化学品安全管理条例

1. 2002年1月26日国务院令第344号公布
2. 2011年3月2日国务院令第591号修订公布
3. 根据2013年12月7日国务院令第645号《关于修改部分行政法规的决定》修订

第一章 总 则

第一条 为了加强危险化学品的安全管理,预防和减少危险化学品事故,保障人民群众生命财产安全,保护环境,制定本条例。

第二条 危险化学品生产、储存、使用、经营和运输的安全管理,适用本条例。

废弃危险化学品的处置,依照有关环境保护的法律、行政法规和国家有关规定执行。

第三条 本条例所称危险化学品,是指具有毒害、腐蚀、爆炸、燃烧、助燃等性质,对人体、设施、环境具有危害的剧毒化学品和其他化学品。

危险化学品目录,由国务院安全生产监督管理部门会同国务院工业和信息化、公安、环境保护、卫生、质量监督检验检疫、交通运输、铁路、民用航空、农业主管部门,根据化学品危险特性的鉴别和分类标准确定、公布,并适时调整。

第四条 危险化学品安全管理,应当坚持安全第一、预防为主、综合治理的方针,强化和落实企业的主体责任。

生产、储存、使用、经营、运输危险化学品的单位(以下统称危险化学品单位)的主要负责人对本单位的危险化学品安全管理工作全面负责。

危险化学品单位应当具备法律、行政法规规定和国家标准、行业标准要求的安全条件,建立、健全安全管理规章制度和岗位安全责任制度,对从业人员进行安全教育、法制教育和岗位技术培训。从业人员应当接受教育和培训,考核合格后上岗作业;对有资格要求的岗位,应当配备依法取得相应资格的人员。

第五条 任何单位和个人不得生产、经营、使用国家禁止生产、经营、使用的危险化学品。

国家对危险化学品的使用有限制性规定的,任何单位和个人不得违反限制性规定使用危险化学品。

第六条 对危险化学品的生产、储存、使用、经营、运输实施安全监督管理的有关部门(以下统称负有危险化学品安全监督管理职责的部门),依照下列规定履行职责:

(一)安全生产监督管理部门负责危险化学品安全监督管理综合工作,组织确定、公布、调整危险化学品目录,对新建、改建、扩建生产、储存危险化学品(包括使用长输管道输送危险化学品,下同)的建设项目进行安全条件审查,核发危险化学品安全生产许可证、危险化学品安全使用许可证和危险化学品经营许可证,并负责危险化学品登记工作。

(二)公安机关负责危险化学品的公共安全管理,核发剧毒化学品购买许可证、剧毒化学品道路运输通行证,并负责危险化学品运输车辆的道路交通安全管理。

(三)质量监督检验检疫部门负责核发危险化学品及其包装物、容器(不包括储存危险化学品的固定式大型储罐,下同)生产企业的工业产品生产许可证,并依法对其产品质量实施监督,负责对进出口危险化学品及其包装实施检验。

(四)环境保护主管部门负责废弃危险化学品处置的监督管理,组织危险化学品的环境危害性鉴定和环境风险程度评估,确定实施重点环境管理的危险化学品,负责危险化学品环境管理登记和新化学物质环境管理登记;依照职责分工调查相关危险化学品环境污染事故和生态破坏事件,负责危险化学品事故现场的应急环境监测。

(五)交通运输主管部门负责危险化学品道路运输、水路运输的许可以及运输工具的安全管理,对危险化学品水路运输安全实施监督,负责危险化学品道路运输企业、水路运输企业驾驶人员、船员、装卸管理人员、押运人员、申报人员、集装箱装箱现场检查员的资格认定。铁路监管部门负责危险化学品铁路运输及其运输工具的安全管理。民用航空主管部门负责危险化学品航空运输以及航空运输企业及其运输工具的安全管理。

(六)卫生主管部门负责危险化学品毒性鉴定的管理,负责组织、协调危险化学品事故受伤人员的医疗卫生救援工作。

(七)工商行政管理部门依据有关部门的许可证件,核发危险化学品生产、储存、经营、运输企业营业执照,查处危险化学品经营企业违法采购危险化学品的行为。

(八)邮政管理部门负责依法查处寄递危险化学品的行为。

第七条 负有危险化学品安全监督管理职责的部门依法进行监督检查,可以采取下列措施:

（一）进入危险化学品作业场所实施现场检查，向有关单位和人员了解情况，查阅、复制有关文件、资料；

（二）发现危险化学品事故隐患，责令立即消除或者限期消除；

（三）对不符合法律、行政法规、规章规定或者国家标准、行业标准要求的设施、设备、装置、器材、运输工具，责令立即停止使用；

（四）经本部门主要负责人批准，查封违法生产、储存、使用、经营危险化学品的场所，扣押违法生产、储存、使用、经营、运输的危险化学品以及用于违法生产、使用、运输危险化学品的原材料、设备、运输工具；

（五）发现影响危险化学品安全的违法行为，当场予以纠正或者责令限期改正。

负有危险化学品安全监督管理职责的部门依法进行监督检查，监督检查人员不得少于2人，并应当出示执法证件；有关单位和个人对依法进行的监督检查应当予以配合，不得拒绝、阻碍。

第八条　县级以上人民政府应当建立危险化学品安全监督管理工作协调机制，支持、督促负有危险化学品安全监督管理职责的部门依法履行职责，协调、解决危险化学品安全监督管理工作中的重大问题。

负有危险化学品安全监督管理职责的部门应当相互配合、密切协作，依法加强对危险化学品的安全监督管理。

第九条　任何单位和个人对违反本条例规定的行为，有权向负有危险化学品安全监督管理职责的部门举报。负有危险化学品安全监督管理职责的部门接到举报，应当及时依法处理；对不属于本部门职责的，应当及时移送有关部门处理。

第十条　国家鼓励危险化学品生产企业和使用危险化学品从事生产的企业采用有利于提高安全保障水平的先进技术、工艺、设备以及自动控制系统，鼓励对危险化学品实行专门储存、统一配送、集中销售。

第二章　生产、储存安全

第十一条　国家对危险化学品的生产、储存实行统筹规划、合理布局。

国务院工业和信息化主管部门以及国务院其他有关部门依据各自职责，负责危险化学品生产、储存的行业规划和布局。

地方人民政府组织编制城乡规划，应当根据本地区的实际情况，按照确保安全的原则，规划适当区域专门用于危险化学品的生产、储存。

第十二条　新建、改建、扩建生产、储存危险化学品的建设项目（以下简称建设项目），应当由安全生产监督管理部门进行安全条件审查。

建设单位应当对建设项目进行安全条件论证，委托具备国家规定的资质条件的机构对建设项目进行安全评价，并将安全条件论证和安全评价的情况报告报建设项目所在地设区的市级以上人民政府安全生产监督管理部门；安全生产监督管理部门应当自收到报告之日起45日内作出审查决定，并书面通知建设单位。具体办法由国务院安全生产监督管理部门制定。

新建、改建、扩建储存、装卸危险化学品的港口建设项目，由港口行政管理部门按照国务院交通运输主管部门的规定进行安全条件审查。

第十三条　生产、储存危险化学品的单位，应当对其铺设的危险化学品管道设置明显标志，并对危险化学品管道定期检查、检测。

进行可能危及危险化学品管道安全的施工作业，施工单位应当在开工的7日前书面通知管道所属单位，并与管道所属单位共同制定应急预案，采取相应的安全防护措施。管道所属单位应当指派专门人员到现场进行管道安全保护指导。

第十四条　危险化学品生产企业进行生产前，应当依照《安全生产许可证条例》的规定，取得危险化学品安全生产许可证。

生产列入国家实行生产许可证制度的工业产品目录的危险化学品的企业，应当依照《中华人民共和国工业产品生产许可证管理条例》的规定，取得工业产品生产许可证。

负责颁发危险化学品安全生产许可证、工业产品生产许可证的部门，应当将其颁发许可证的情况及时向同级工业和信息化主管部门、环境保护主管部门和公安机关通报。

第十五条　危险化学品生产企业应当提供与其生产的危险化学品相符的化学品安全技术说明书，并在危险化学品包装（包括外包装件）上粘贴或者拴挂与包装内危险化学品相符的化学品安全标签。化学品安全技术说明书和化学品安全标签所载明的内容应当符合国家标准的要求。

危险化学品生产企业发现其生产的危险化学品有新的危险特性的，应当立即公告，并及时修订其化学品安全技术说明书和化学品安全标签。

第十六条　生产实施重点环境管理的危险化学品的企业，应当按照国务院环境保护主管部门的规定，将该危险化学品向环境中释放等相关信息向环境保护主管部门报告。环境保护主管部门可以根据情况采取相应的环境风险控制措施。

第十七条 危险化学品的包装应当符合法律、行政法规、规章的规定以及国家标准、行业标准的要求。

危险化学品包装物、容器的材质以及危险化学品包装的型式、规格、方法和单件质量(重量),应当与所包装的危险化学品的性质和用途相适应。

第十八条 生产列入国家实行生产许可证制度的工业产品目录的危险化学品包装物、容器的企业,应当依照《中华人民共和国工业产品生产许可证管理条例》的规定,取得工业产品生产许可证;其生产的危险化学品包装物、容器经国务院质量监督检验检疫部门认定的检验机构检验合格,方可出厂销售。

运输危险化学品的船舶及其配载的容器,应当按照国家船舶检验规范进行生产,并经海事管理机构认定的船舶检验机构检验合格,方可投入使用。

对重复使用的危险化学品包装物、容器,使用单位在重复使用前应当进行检查;发现存在安全隐患的,应当维修或者更换。使用单位应当对检查情况作出记录,记录的保存期限不得少于 2 年。

第十九条 危险化学品生产装置或者储存数量构成重大危险源的危险化学品储存设施(运输工具加油站、加气站除外),与下列场所、设施、区域的距离应当符合国家有关规定:

(一)居住区以及商业中心、公园等人员密集场所;

(二)学校、医院、影剧院、体育场(馆)等公共设施;

(三)饮用水源、水厂以及水源保护区;

(四)车站、码头(依法经许可从事危险化学品装卸作业的除外)、机场以及通信干线、通信枢纽、铁路线路、道路交通干线、水路交通干线、地铁风亭以及地铁站出入口;

(五)基本农田保护区、基本草原、畜禽遗传资源保护区、畜禽规模化养殖场(养殖小区)、渔业水域以及种子、种畜禽、水产苗种生产基地;

(六)河流、湖泊、风景名胜区、自然保护区;

(七)军事禁区、军事管理区;

(八)法律、行政法规规定的其他场所、设施、区域。

已建的危险化学品生产装置或者储存数量构成重大危险源的危险化学品储存设施不符合前款规定的,由所在地设区的市级人民政府安全生产监督管理部门会同有关部门监督其所属单位在规定期限内进行整改;需要转产、停产、搬迁、关闭的,由本级人民政府决定并组织实施。

储存数量构成重大危险源的危险化学品储存设施的选址,应当避开地震活动断层和容易发生洪灾、地质灾害的区域。

本条例所称重大危险源,是指生产、储存、使用或者搬运危险化学品,且危险化学品的数量等于或者超过临界量的单元(包括场所和设施)。

第二十条 生产、储存危险化学品的单位,应当根据其生产、储存的危险化学品的种类和危险特性,在作业场所设置相应的监测、监控、通风、防晒、调温、防火、灭火、防爆、泄压、防毒、中和、防潮、防雷、防静电、防腐、防泄漏以及防护围堤或者隔离操作等安全设施、设备,并按照国家标准、行业标准或者国家有关规定对安全设施、设备进行经常性维护、保养,保证安全设施、设备的正常使用。

生产、储存危险化学品的单位,应当在其作业场所和安全设施、设备上设置明显的安全警示标志。

第二十一条 生产、储存危险化学品的单位,应当在其作业场所设置通信、报警装置,并保证处于适用状态。

第二十二条 生产、储存危险化学品的企业,应当委托具备国家规定的资质条件的机构,对本企业的安全生产条件每 3 年进行一次安全评价,提出安全评价报告。安全评价报告的内容应当包括对安全生产条件存在的问题进行整改的方案。

生产、储存危险化学品的企业,应当将安全评价报告以及整改方案的落实情况报所在地县级人民政府安全生产监督管理部门备案。在港区内储存危险化学品的企业,应当将安全评价报告以及整改方案的落实情况报港口行政管理部门备案。

第二十三条 生产、储存剧毒化学品或者国务院公安部门规定的可用于制造爆炸物品的危险化学品(以下简称易制爆危险化学品)的单位,应当如实记录其生产、储存的剧毒化学品、易制爆危险化学品的数量、流向,并采取必要的安全防范措施,防止剧毒化学品、易制爆危险化学品丢失或者被盗;发现剧毒化学品、易制爆危险化学品丢失或者被盗的,应当立即向当地公安机关报告。

生产、储存剧毒化学品、易制爆危险化学品的单位,应当设置治安保卫机构,配备专职治安保卫人员。

第二十四条 危险化学品应当储存在专用仓库、专用场地或者专用储存室(以下统称专用仓库)内,并由专人负责管理;剧毒化学品以及储存数量构成重大危险源的其他危险化学品,应当在专用仓库内单独存放,并实行双人收发、双人保管制度。

危险化学品的储存方式、方法以及储存数量应当符合国家标准或者国家有关规定。

第二十五条　储存危险化学品的单位应当建立危险化学品出入库核查、登记制度。

对剧毒化学品以及储存数量构成重大危险源的其他危险化学品,储存单位应当将其储存数量、储存地点以及管理人员的情况,报所在地县级人民政府安全生产监督管理部门(在港区内储存的,报港口行政管理部门)和公安机关备案。

第二十六条　危险化学品专用仓库应当符合国家标准、行业标准的要求,并设置明显的标志。储存剧毒化学品、易制爆危险化学品的专用仓库,应当按照国家有关规定设置相应的技术防范设施。

储存危险化学品的单位应当对其危险化学品专用仓库的安全设施、设备定期进行检测、检验。

第二十七条　生产、储存危险化学品的单位转产、停产、停业或者解散的,应当采取有效措施,及时、妥善处置其危险化学品生产装置、储存设施以及库存的危险化学品,不得丢弃危险化学品;处置方案应当报所在地县级人民政府安全生产监督管理部门、工业和信息化主管部门、环境保护主管部门和公安机关备案。安全生产监督管理部门应当会同环境保护主管部门和公安机关对处置情况进行监督检查,发现未依照规定处置的,应当责令其立即处置。

第三章　使用安全

第二十八条　使用危险化学品的单位,其使用条件(包括工艺)应当符合法律、行政法规的规定和国家标准、行业标准的要求,并根据所使用的危险化学品的种类、危险特性以及使用量和使用方式,建立、健全使用危险化学品的安全管理规章制度和安全操作规程,保证危险化学品的安全使用。

第二十九条　使用危险化学品从事生产并且使用量达到规定数量的化工企业(属于危险化学品生产企业的除外,下同),应当依照本条例的规定取得危险化学品安全使用许可证。

前款规定的危险化学品使用量的数量标准,由国务院安全生产监督管理部门会同国务院公安部门、农业主管部门确定并公布。

第三十条　申请危险化学品安全使用许可证的化工企业,除应当符合本条例第二十八条的规定外,还应当具备下列条件:

(一)有与所使用的危险化学品相适应的专业技术人员;

(二)有安全管理机构和专职安全管理人员;

(三)有符合国家规定的危险化学品事故应急预案和必要的应急救援器材、设备;

(四)依法进行了安全评价。

第三十一条　申请危险化学品安全使用许可证的化工企业,应当向所在地设区的市级人民政府安全生产监督管理部门提出申请,并提交其符合本条例第三十条规定条件的证明材料。设区的市级人民政府安全生产监督管理部门应当依法进行审查,自收到证明材料之日起45日内作出批准或者不予批准的决定。予以批准的,颁发危险化学品安全使用许可证;不予批准的,书面通知申请人并说明理由。

安全生产监督管理部门应当将其颁发危险化学品安全使用许可证的情况及时向同级环境保护主管部门和公安机关通报。

第三十二条　本条例第十六条关于生产实施重点环境管理的危险化学品的企业的规定,适用于使用实施重点环境管理的危险化学品从事生产的企业;第二十条、第二十一条、第二十三条第一款、第二十七条关于生产、储存危险化学品的单位的规定,适用于使用危险化学品的单位;第二十二条关于生产、储存危险化学品的企业的规定,适用于使用危险化学品从事生产的企业。

第四章　经营安全

第三十三条　国家对危险化学品经营(包括仓储经营,下同)实行许可制度。未经许可,任何单位和个人不得经营危险化学品。

依法设立的危险化学品生产企业在其厂区范围内销售本企业生产的危险化学品,不需要取得危险化学品经营许可。

依照《中华人民共和国港口法》的规定取得港口经营许可证的港口经营人,在港区内从事危险化学品仓储经营,不需要取得危险化学品经营许可。

第三十四条　从事危险化学品经营的企业应当具备下列条件:

(一)有符合国家标准、行业标准的经营场所,储存危险化学品的,还应当有符合国家标准、行业标准的储存设施;

(二)从业人员经过专业技术培训并经考核合格;

(三)有健全的安全管理规章制度;

(四)有专职安全管理人员;

（五）有符合国家规定的危险化学品事故应急预案和必要的应急救援器材、设备；

（六）法律、法规规定的其他条件。

第三十五条 从事剧毒化学品、易制爆危险化学品经营的企业，应当向所在地设区的市级人民政府安全生产监督管理部门提出申请，从事其他危险化学品经营的企业，应当向所在地县级人民政府安全生产监督管理部门提出申请（有储存设施的，应当向所在地设区的市级人民政府安全生产监督管理部门提出申请）。申请人应当提交其符合本条例第三十四条规定条件的证明材料。设区的市级人民政府安全生产监督管理部门或者县级人民政府安全生产监督管理部门应当依法进行审查，并对申请人的经营场所、储存设施进行现场核查，自收到证明材料之日起30日内作出批准或者不予批准的决定。予以批准的，颁发危险化学品经营许可证；不予批准的，书面通知申请人并说明理由。

设区的市级人民政府安全生产监督管理部门和县级人民政府安全生产监督管理部门应当将其颁发危险化学品经营许可证的情况及时向同级环境保护主管部门和公安机关通报。

申请人持危险化学品经营许可证向工商行政管理部门办理登记手续后，方可从事危险化学品经营活动。法律、行政法规或者国务院规定经营危险化学品还需要经其他有关部门许可的，申请人向工商行政管理部门办理登记手续时还应当持相应的许可证件。

第三十六条 危险化学品经营企业储存危险化学品的，应当遵守本条例第二章关于储存危险化学品的规定。危险化学品商店内只能存放民用小包装的危险化学品。

第三十七条 危险化学品经营企业不得向未经许可从事危险化学品生产、经营活动的企业采购危险化学品，不得经营没有化学品安全技术说明书或者化学品安全标签的危险化学品。

第三十八条 依法取得危险化学品安全生产许可证、危险化学品安全使用许可证、危险化学品经营许可证的企业，凭相应的许可证件购买剧毒化学品、易制爆危险化学品。民用爆炸物品生产企业凭民用爆炸物品生产许可证购买易制爆危险化学品。

前款规定以外的单位购买剧毒化学品的，应当向所在地县级人民政府公安机关申请取得剧毒化学品购买许可证；购买易制爆危险化学品的，应当持本单位出具的合法用途说明。

个人不得购买剧毒化学品（属于剧毒化学品的农药除外）和易制爆危险化学品。

第三十九条 申请取得剧毒化学品购买许可证，申请人应当向所在地县级人民政府公安机关提交下列材料：

（一）营业执照或者法人证书（登记证书）的复印件；

（二）拟购买的剧毒化学品品种、数量的说明；

（三）购买剧毒化学品用途的说明；

（四）经办人的身份证明。

县级人民政府公安机关应当自收到前款规定的材料之日起3日内，作出批准或者不予批准的决定。予以批准的，颁发剧毒化学品购买许可证；不予批准的，书面通知申请人并说明理由。

剧毒化学品购买许可证管理办法由国务院公安部门制定。

第四十条 危险化学品生产企业、经营企业销售剧毒化学品、易制爆危险化学品，应当查验本条例第三十八条第一款、第二款规定的相关许可证件或者证明文件，不得向不具有相关许可证件或者证明文件的单位销售剧毒化学品、易制爆危险化学品。对持剧毒化学品购买许可证购买剧毒化学品的，应当按照许可证载明的品种、数量销售。

禁止向个人销售剧毒化学品（属于剧毒化学品的农药除外）和易制爆危险化学品。

第四十一条 危险化学品生产企业、经营企业销售剧毒化学品、易制爆危险化学品，应当如实记录购买单位的名称、地址、经办人的姓名、身份证号码以及所购买的剧毒化学品、易制爆危险化学品的品种、数量、用途。销售记录以及经办人的身份证明复印件、相关许可证件复印件或者证明文件的保存期限不得少于1年。

剧毒化学品、易制爆危险化学品的销售企业、购买单位应当在销售、购买后5日内，将所销售、购买的剧毒化学品、易制爆危险化学品的品种、数量以及流向信息报所在地县级人民政府公安机关备案，并输入计算机系统。

第四十二条 使用剧毒化学品、易制爆危险化学品的单位不得出借、转让其购买的剧毒化学品、易制爆危险化学品；因转产、停产、搬迁、关闭等确需转让的，应当向具有本条例第三十八条第一款、第二款规定的相关许可证件或者证明文件的单位转让，并在转让后将有关情况及时向所在地县级人民政府公安机关报告。

第五章 运输安全

第四十三条 从事危险化学品道路运输、水路运输的，应当分别依照有关道路运输、水路运输的法律、行政法规的规定,取得危险货物道路运输许可、危险货物水路运输许可,并向工商行政管理部门办理登记手续。

危险化学品道路运输企业、水路运输企业应当配备专职安全管理人员。

第四十四条 危险化学品道路运输企业、水路运输企业的驾驶人员、船员、装卸管理人员、押运人员、申报人员、集装箱装箱现场检查员应当经交通运输主管部门考核合格,取得从业资格。具体办法由国务院交通运输主管部门制定。

危险化学品的装卸作业应当遵守安全作业标准、规程和制度,并在装卸管理人员的现场指挥或者监控下进行。水路运输危险化学品的集装箱装箱作业应当在集装箱装箱现场检查员的指挥或者监控下进行,并符合积载、隔离的规范和要求;装箱作业完毕后,集装箱装箱现场检查员应当签署装箱证明书。

第四十五条 运输危险化学品,应当根据危险化学品的危险特性采取相应的安全防护措施,并配备必要的防护用品和应急救援器材。

用于运输危险化学品的槽罐以及其他容器应当封口严密,能够防止危险化学品在运输过程中因温度、湿度或者压力的变化发生渗漏、洒漏;槽罐以及其他容器的溢流和泄压装置应当设置准确、起闭灵活。

运输危险化学品的驾驶人员、船员、装卸管理人员、押运人员、申报人员、集装箱装箱现场检查员,应当了解所运输的危险化学品的危险特性及其包装物、容器的使用要求和出现危险情况时的应急处置方法。

第四十六条 通过道路运输危险化学品的,托运人应当委托依法取得危险货物道路运输许可的企业承运。

第四十七条 通过道路运输危险化学品的,应当按照运输车辆的核定载质量装载危险化学品,不得超载。

危险化学品运输车辆应当符合国家标准要求的安全技术条件,并按照国家有关规定定期进行安全技术检验。

危险化学品运输车辆应当悬挂或者喷涂符合国家标准要求的警示标志。

第四十八条 通过道路运输危险化学品的,应当配备押运人员,并保证所运输的危险化学品处于押运人员的监控之下。

运输危险化学品途中因住宿或者发生影响正常运输的情况,需要较长时间停车的,驾驶人员、押运人员应当采取相应的安全防范措施;运输剧毒化学品或者易制爆危险化学品的,还应当向当地公安机关报告。

第四十九条 未经公安机关批准,运输危险化学品的车辆不得进入危险化学品运输车辆限制通行的区域。危险化学品运输车辆限制通行的区域由县级人民政府公安机关划定,并设置明显的标志。

第五十条 通过道路运输剧毒化学品的,托运人应当向运输始发地或者目的地县级人民政府公安机关申请剧毒化学品道路运输通行证。

申请剧毒化学品道路运输通行证,托运人应当向县级人民政府公安机关提交下列材料:

(一)拟运输的剧毒化学品品种、数量的说明;

(二)运输始发地、目的地、运输时间和运输路线的说明;

(三)承运人取得危险货物道路运输许可、运输车辆取得营运证以及驾驶人员、押运人员取得上岗资格的证明文件;

(四)本条例第三十八条第一款、第二款规定的购买剧毒化学品的相关许可证件,或者海关出具的进出口证明文件。

县级人民政府公安机关应当自收到前款规定的材料之日起7日内,作出批准或者不予批准的决定。予以批准的,颁发剧毒化学品道路运输通行证;不予批准的,书面通知申请人并说明理由。

剧毒化学品道路运输通行证管理办法由国务院公安部门制定。

第五十一条 剧毒化学品、易制爆危险化学品在道路运输途中丢失、被盗、被抢或者出现流散、泄漏等情况的,驾驶人员、押运人员应当立即采取相应的警示措施和安全措施,并向当地公安机关报告。公安机关接到报告后,应当根据实际情况立即向安全生产监督管理部门、环境保护主管部门、卫生主管部门通报。有关部门应当采取必要的应急处置措施。

第五十二条 通过水路运输危险化学品的,应当遵守法律、行政法规以及国务院交通运输主管部门关于危险货物水路运输安全的规定。

第五十三条 海事管理机构应当根据危险化学品的种类和危险特性,确定船舶运输危险化学品的相关安全运输条件。

拟交付船舶运输的化学品的相关安全运输条件不明确的,货物所有人或者代理人应当委托相关技术机构进行评估,明确相关安全运输条件并经海事管理机构确认后,方可交付船舶运输。

第五十四条 禁止通过内河封闭水域运输剧毒化学品以及国家规定禁止通过内河运输的其他危险化学品。

前款规定以外的内河水域,禁止运输国家规定禁止通过内河运输的剧毒化学品以及其他危险化学品。

禁止通过内河运输的剧毒化学品以及其他危险化学品的范围，由国务院交通运输主管部门会同国务院环境保护主管部门、工业和信息化主管部门、安全生产监督管理部门，根据危险化学品的危险特性、危险化学品对人体和水环境的危害程度以及消除危害后果的难易程度等因素规定并公布。

第五十五条 国务院交通运输主管部门应当根据危险化学品的危险特性，对通过内河运输本条例第五十四条规定以外的危险化学品（以下简称通过内河运输危险化学品）实行分类管理，对各类危险化学品的运输方式、包装规范和安全防护措施等分别作出规定并监督实施。

第五十六条 通过内河运输危险化学品，应当由依法取得危险货物水路运输许可的水路运输企业承运，其他单位和个人不得承运。托运人应当委托依法取得危险货物水路运输许可的水路运输企业承运，不得委托其他单位和个人承运。

第五十七条 通过内河运输危险化学品，应当使用依法取得危险货物适装证书的运输船舶。水路运输企业应当针对所运输的危险化学品的危险特性，制定运输船舶危险化学品事故应急救援预案，并为运输船舶配备充足、有效的应急救援器材和设备。

通过内河运输危险化学品的船舶，其所有人或者经营人应当取得船舶污染损害责任保险证书或者财务担保证明。船舶污染损害责任保险证书或者财务担保证明的副本应当随船携带。

第五十八条 通过内河运输危险化学品，危险化学品包装物的材质、型式、强度以及包装方法应当符合水路运输危险化学品包装规范的要求。国务院交通运输主管部门对单船运输的危险化学品数量有限制性规定的，承运人应当按照规定安排运输数量。

第五十九条 用于危险化学品运输作业的内河码头、泊位应当符合国家有关安全规范，与饮用水取水口保持国家规定的距离。有关管理单位应当制定码头、泊位危险化学品事故应急预案，并为码头、泊位配备充足、有效的应急救援器材和设备。

用于危险化学品运输作业的内河码头、泊位，经交通运输主管部门按照国家有关规定验收合格后方可投入使用。

第六十条 船舶载运危险化学品进出内河港口，应当将危险化学品的名称、危险特性、包装以及进出港时间等事项，事先报告海事管理机构。海事管理机构接到报告后，应当在国务院交通运输主管部门规定的时间内作出是否同意的决定，通知报告人，同时通报港口行政管理部门。定船舶、定航线、定货种的船舶可以定期报告。

在内河港口内进行危险化学品的装卸、过驳作业，应当将危险化学品的名称、危险特性、包装和作业的时间、地点等事项报告港口行政管理部门。港口行政管理部门接到报告后，应当在国务院交通运输主管部门规定的时间内作出是否同意的决定，通知报告人，同时通报海事管理机构。

载运危险化学品的船舶在内河航行，通过过船建筑物的，应当提前向交通运输主管部门申报，并接受交通运输主管部门的管理。

第六十一条 载运危险化学品的船舶在内河航行、装卸或者停泊，应当悬挂专用的警示标志，按照规定显示专用信号。

载运危险化学品的船舶在内河航行，按照国务院交通运输主管部门的规定需要引航的，应当申请引航。

第六十二条 载运危险化学品的船舶在内河航行，应当遵守法律、行政法规和国家其他有关饮用水水源保护的规定。内河航道发展规划应当与依法经批准的饮用水水源保护区划定方案相协调。

第六十三条 托运危险化学品的，托运人应当向承运人说明所托运的危险化学品的种类、数量、危险特性以及发生危险情况的应急处置措施，并按照国家有关规定对所托运的危险化学品妥善包装，在外包装上设置相应的标志。

运输危险化学品需要添加抑制剂或者稳定剂的，托运人应当添加，并将有关情况告知承运人。

第六十四条 托运人不得在托运的普通货物中夹带危险化学品，不得将危险化学品匿报或者谎报为普通货物托运。

任何单位和个人不得交寄危险化学品或者在邮件、快件内夹带危险化学品，不得将危险化学品匿报或者谎报为普通物品交寄。邮政企业、快递企业不得收寄危险化学品。

对涉嫌违反本条第一款、第二款规定的，交通运输主管部门、邮政管理部门可以依法开拆查验。

第六十五条 通过铁路、航空运输危险化学品的安全管理，依照有关铁路、航空运输的法律、行政法规、规章的规定执行。

第六章　危险化学品登记与事故应急救援

第六十六条 国家实行危险化学品登记制度，为危险化学品安全管理以及危险化学品事故预防和应急救援提供技术、信息支持。

第六十七条 危险化学品生产企业、进口企业,应当向国务院安全生产监督管理部门负责危险化学品登记的机构(以下简称危险化学品登记机构)办理危险化学品登记。

危险化学品登记包括下列内容:

(一)分类和标签信息;

(二)物理、化学性质;

(三)主要用途;

(四)危险特性;

(五)储存、使用、运输的安全要求;

(六)出现危险情况的应急处置措施。

对同一企业生产、进口的同一品种的危险化学品,不进行重复登记。危险化学品生产企业、进口企业发现其生产、进口的危险化学品有新的危险特性的,应当及时向危险化学品登记机构办理登记内容变更手续。

危险化学品登记的具体办法由国务院安全生产监督管理部门制定。

第六十八条 危险化学品登记机构应当定期向工业和信息化、环境保护、公安、卫生、交通运输、铁路、质量监督检验检疫等部门提供危险化学品登记的有关信息和资料。

第六十九条 县级以上地方人民政府安全生产监督管理部门应当会同工业和信息化、环境保护、公安、卫生、交通运输、铁路、质量监督检验检疫等部门,根据本地区实际情况,制定危险化学品事故应急预案,报本级人民政府批准。

第七十条 危险化学品单位应当制定本单位危险化学品事故应急预案,配备应急救援人员和必要的应急救援器材、设备,并定期组织应急救援演练。

危险化学品单位应当将其危险化学品事故应急预案报所在地设区的市级人民政府安全生产监督管理部门备案。

第七十一条 发生危险化学品事故,事故单位主要负责人应当立即按照本单位危险化学品应急预案组织救援,并向当地安全生产监督管理部门和环境保护、公安、卫生主管部门报告;道路运输、水路运输过程中发生危险化学品事故的,驾驶人员、船员或者押运人员还应当向事故发生地交通运输主管部门报告。

第七十二条 发生危险化学品事故,有关地方人民政府应当立即组织安全生产监督管理、环境保护、公安、卫生、交通运输等有关部门,按照本地区危险化学品事故应急预案组织实施救援,不得拖延、推诿。

有关地方人民政府及其有关部门应当按照下列规定,采取必要的应急处置措施,减少事故损失,防止事故蔓延、扩大:

(一)立即组织营救和救治受害人员,疏散、撤离或者采取其他措施保护危害区域内的其他人员;

(二)迅速控制危害源,测定危险化学品的性质、事故的危害区域及危害程度;

(三)针对事故对人体、动植物、土壤、水源、大气造成的现实危害和可能产生的危害,迅速采取封闭、隔离、洗消等措施;

(四)对危险化学品事故造成的环境污染和生态破坏状况进行监测、评估,并采取相应的环境污染治理和生态修复措施。

第七十三条 有关危险化学品单位应当为危险化学品事故应急救援提供技术指导和必要的协助。

第七十四条 危险化学品事故造成环境污染的,由设区的市级以上人民政府环境保护主管部门统一发布有关信息。

第七章 法律责任

第七十五条 生产、经营、使用国家禁止生产、经营、使用的危险化学品的,由安全生产监督管理部门责令停止生产、经营、使用活动,处20万元以上50万元以下的罚款,有违法所得的,没收违法所得;构成犯罪的,依法追究刑事责任。

有前款规定行为的,安全生产监督管理部门还应当责令其对所生产、经营、使用的危险化学品进行无害化处理。

违反国家关于危险化学品使用的限制性规定使用危险化学品的,依照本条第一款的规定处理。

第七十六条 未经安全条件审查,新建、改建、扩建生产、储存危险化学品的建设项目的,由安全生产监督管理部门责令停止建设,限期改正;逾期不改正的,处50万元以上100万元以下的罚款;构成犯罪的,依法追究刑事责任。

未经安全条件审查,新建、改建、扩建储存、装卸危险化学品的港口建设项目的,由港口行政管理部门依照前款规定予以处罚。

第七十七条 未依法取得危险化学品安全生产许可证从事危险化学品生产,或者未依法取得工业产品生产许可证从事危险化学品及其包装物、容器生产的,分别依照《安全生产许可证条例》、《中华人民共和国工业产品生产许可证管理条例》的规定处罚。

违反本条例规定，化工企业未取得危险化学品安全使用许可证，使用危险化学品从事生产的，由安全生产监督管理部门责令限期改正，处10万元以上20万元以下的罚款；逾期不改正的，责令停产整顿。

违反本条例规定，未取得危险化学品经营许可证从事危险化学品经营的，由安全生产监督管理部门责令停止经营活动，没收违法经营的危险化学品以及违法所得，并处10万元以上20万元以下的罚款；构成犯罪的，依法追究刑事责任。

第七十八条　有下列情形之一的，由安全生产监督管理部门责令改正，可以处5万元以下的罚款；拒不改正的，处5万元以上10万元以下的罚款；情节严重的，责令停产停业整顿：

（一）生产、储存危险化学品的单位未对其铺设的危险化学品管道设置明显的标志，或者未对危险化学品管道定期检查、检测的；

（二）进行可能危及危险化学品管道安全的施工作业，施工单位未按照规定书面通知管道所属单位，或者未与管道所属单位共同制定应急预案、采取相应的安全防护措施，或者管道所属单位未指派专门人员到现场进行管道安全保护指导的；

（三）危险化学品生产企业未提供化学品安全技术说明书，或者未在包装（包括外包装件）上粘贴、拴挂化学品安全标签的；

（四）危险化学品生产企业提供的化学品安全技术说明书与其生产的危险化学品不相符，或者在包装（包括外包装件）粘贴、拴挂的化学品安全标签与包装内危险化学品不相符，或者化学品安全技术说明书、化学品安全标签所载明的内容不符合国家标准要求的；

（五）危险化学品生产企业发现其生产的危险化学品有新的危险特性不立即公告，或者不及时修订其化学品安全技术说明书和化学品安全标签的；

（六）危险化学品经营企业经营没有化学品安全技术说明书和化学品安全标签的危险化学品的；

（七）危险化学品包装物、容器的材质以及包装的型式、规格、方法和单件质量（重量）与所包装的危险化学品的性质和用途不相适应的；

（八）生产、储存危险化学品的单位未在作业场所和安全设施、设备上设置明显的安全警示标志，或者未在作业场所设置通信、报警装置的；

（九）危险化学品专用仓库未设专人负责管理，或者对储存的剧毒化学品以及储存数量构成重大危险源的其他危险化学品未实行双人收发、双人保管制度的；

（十）储存危险化学品的单位未建立危险化学品出入库核查、登记制度的；

（十一）危险化学品专用仓库未设置明显标志的；

（十二）危险化学品生产企业、进口企业不办理危险化学品登记，或者发现其生产、进口的危险化学品有新的危险特性不办理危险化学品登记内容变更手续的。

从事危险化学品仓储经营的港口经营人有前款规定情形的，由港口行政管理部门依照前款规定予以处罚。储存剧毒化学品、易制爆危险化学品的专用仓库未按照国家有关规定设置相应的技术防范设施的，由公安机关依照前款规定予以处罚。

生产、储存剧毒化学品、易制爆危险化学品的单位未设置治安保卫机构、配备专职治安保卫人员的，依照《企业事业单位内部治安保卫条例》的规定处罚。

第七十九条　危险化学品包装物、容器生产企业销售未经检验或者经检验不合格的危险化学品包装物、容器的，由质量监督检验检疫部门责令改正，处10万元以上20万元以下的罚款，有违法所得的，没收违法所得；拒不改正的，责令停产停业整顿；构成犯罪的，依法追究刑事责任。

将未经检验合格的运输危险化学品的船舶及其配载的容器投入使用的，由海事管理机构依照前款规定予以处罚。

第八十条　生产、储存、使用危险化学品的单位有下列情形之一的，由安全生产监督管理部门责令改正，处5万元以上10万元以下的罚款；拒不改正的，责令停产停业整顿直至由原发证机关吊销其相关许可证件，并由工商行政管理部门责令其办理经营范围变更登记或者吊销其营业执照；有关责任人员构成犯罪的，依法追究刑事责任：

（一）对重复使用的危险化学品包装物、容器，在重复使用前不进行检查的；

（二）未根据其生产、储存的危险化学品的种类和危险特性，在作业场所设置相关安全设施、设备，或者未按照国家标准、行业标准或者国家有关规定对安全设施、设备进行经常性维护、保养的；

（三）未依照本条例规定对其安全生产条件定期进行安全评价的；

（四）未将危险化学品储存在专用仓库内，或者未将剧毒化学品以及储存数量构成重大危险源的其他危险化学品在专用仓库内单独存放的；

（五）危险化学品的储存方式、方法或者储存数量不符合国家标准或者国家有关规定的；

（六）危险化学品专用仓库不符合国家标准、行业标准的要求的；

（七）未对危险化学品专用仓库的安全设施、设备定期进行检测、检验的。

从事危险化学品仓储经营的港口经营人有前款规定情形的，由港口行政管理部门依照前款规定予以处罚。

第八十一条　有下列情形之一的，由公安机关责令改正，可以处1万元以下的罚款；拒不改正的，处1万元以上5万元以下的罚款：

（一）生产、储存、使用剧毒化学品、易制爆危险化学品的单位不如实记录生产、储存、使用的剧毒化学品、易制爆危险化学品的数量、流向的；

（二）生产、储存、使用剧毒化学品、易制爆危险化学品的单位发现剧毒化学品、易制爆危险化学品丢失或者被盗，不立即向公安机关报告的；

（三）储存剧毒化学品的单位未将剧毒化学品的储存数量、储存地点以及管理人员的情况报所在地县级人民政府公安机关备案的；

（四）危险化学品生产企业、经营企业不如实记录剧毒化学品、易制爆危险化学品购买单位的名称、地址、经办人的姓名、身份证号码以及所购买的剧毒化学品、易制爆危险化学品的品种、数量、用途，或者保存销售记录和相关材料的时间少于1年的；

（五）剧毒化学品、易制爆危险化学品的销售企业、购买单位未在规定的时限内将所销售、购买的剧毒化学品、易制爆危险化学品的品种、数量以及流向信息报所在地县级人民政府公安机关备案的；

（六）使用剧毒化学品、易制爆危险化学品的单位依照本条例规定转让其购买的剧毒化学品、易制爆危险化学品，未将有关情况向所在地县级人民政府公安机关报告的。

生产、储存危险化学品的企业或者使用危险化学品从事生产的企业未按照本条例规定将安全评价报告以及整改方案的落实情况报安全生产监督管理部门或者港口行政管理部门备案，或者储存危险化学品的单位未将其剧毒化学品以及储存数量构成重大危险源的其他危险化学品的储存数量、储存地点以及管理人员的情况报安全生产监督管理部门或者港口行政管理部门备案的，分别由安全生产监督管理部门或者港口行政管理部门依照前款规定予以处罚。

生产实施重点环境管理的危险化学品的企业或者使用实施重点环境管理的危险化学品从事生产的企业未按照规定将相关信息向环境保护主管部门报告的，由环境保护主管部门依照本条第一款的规定予以处罚。

第八十二条　生产、储存、使用危险化学品的单位转产、停产、停业或者解散，未采取有效措施及时、妥善处置其危险化学品生产装置、储存设施以及库存的危险化学品，或者丢弃危险化学品的，由安全生产监督管理部门责令改正，处5万元以上10万元以下的罚款；构成犯罪的，依法追究刑事责任。

生产、储存、使用危险化学品的单位转产、停产、停业或者解散，未依照本条例规定将其危险化学品生产装置、储存设施以及库存危险化学品的处置方案报有关部门备案的，分别由有关部门责令改正，可以处1万元以下的罚款；拒不改正的，处1万元以上5万元以下的罚款。

第八十三条　危险化学品经营企业向未经许可违法从事危险化学品生产、经营活动的企业采购危险化学品的，由工商行政管理部门责令改正，处10万元以上20万元以下的罚款；拒不改正的，责令停业整顿直至由原发证机关吊销其危险化学品经营许可证，并由工商行政管理部门责令其办理经营范围变更登记或者吊销其营业执照。

第八十四条　危险化学品生产企业、经营企业有下列情形之一的，由安全生产监督管理部门责令改正，没收违法所得，并处10万元以上20万元以下的罚款；拒不改正的，责令停产停业整顿直至吊销其危险化学品安全生产许可证、危险化学品经营许可证，并由工商行政管理部门责令其办理经营范围变更登记或者吊销其营业执照：

（一）向不具有本条例第三十八条第一款、第二款规定的相关许可证件或者证明文件的单位销售剧毒化学品、易制爆危险化学品的；

（二）不按照剧毒化学品购买许可证载明的品种、数量销售剧毒化学品的；

（三）向个人销售剧毒化学品（属于剧毒化学品的农药除外）、易制爆危险化学品的。

不具有本条例第三十八条第一款、第二款规定的相关许可证件或者证明文件的单位购买剧毒化学品、易制爆危险化学品，或者个人购买剧毒化学品（属于剧毒化学品的农药除外）、易制爆危险化学品的，由公安机关没收所购买的剧毒化学品、易制爆危险化学品，可以并处5000元以下的罚款。

使用剧毒化学品、易制爆危险化学品的单位出借或者向不具有本条例第三十八条第一款、第二款规定的相关许可证件的单位转让其购买的剧毒化学品、易制爆危险化学品，或者向个人转让其购买的剧毒化学品（属于剧毒化学品的农药除外）、易制爆危险化学品的，由公安机关责令改正，处 10 万元以上 20 万元以下的罚款；拒不改正的，责令停产停业整顿。

第八十五条 未依法取得危险货物道路运输许可、危险货物水路运输许可，从事危险化学品道路运输、水路运输的，分别依照有关道路运输、水路运输的法律、行政法规的规定处罚。

第八十六条 有下列情形之一的，由交通运输主管部门责令改正，处 5 万元以上 10 万元以下的罚款；拒不改正的，责令停产停业整顿；构成犯罪的，依法追究刑事责任：

（一）危险化学品道路运输企业、水路运输企业的驾驶人员、船员、装卸管理人员、押运人员、申报人员、集装箱装箱现场检查员未取得从业资格上岗作业的；

（二）运输危险化学品，未根据危险化学品的危险特性采取相应的安全防护措施，或者未配备必要的防护用品和应急救援器材的；

（三）使用未依法取得危险货物适装证书的船舶，通过内河运输危险化学品的；

（四）通过内河运输危险化学品的承运人违反国务院交通运输主管部门对单船运输的危险化学品数量的限制性规定运输危险化学品的；

（五）用于危险化学品运输作业的内河码头、泊位不符合国家有关安全规范，或者未与饮用水取水口保持国家规定的安全距离，或者未经交通运输主管部门验收合格投入使用的；

（六）托运人不向承运人说明所托运的危险化学品的种类、数量、危险特性以及发生危险情况的应急处置措施，或者未按照国家有关规定对所托运的危险化学品妥善包装并在外包装上设置相应标志的；

（七）运输危险化学品需要添加抑制剂或者稳定剂，托运人未添加或者未将有关情况告知承运人的。

第八十七条 有下列情形之一的，由交通运输主管部门责令改正，处 10 万元以上 20 万元以下的罚款，有违法所得的，没收违法所得；拒不改正的，责令停产停业整顿；构成犯罪的，依法追究刑事责任：

（一）委托未依法取得危险货物道路运输许可、危险货物水路运输许可的企业承运危险化学品的；

（二）通过内河封闭水域运输剧毒化学品以及国家规定禁止通过内河运输的其他危险化学品的；

（三）通过内河运输国家规定禁止通过内河运输的剧毒化学品以及其他危险化学品的；

（四）在托运的普通货物中夹带危险化学品，或者将危险化学品谎报或者匿报为普通货物托运的。

在邮件、快件内夹带危险化学品，或者将危险化学品谎报为普通物品交寄的，依法给予治安管理处罚；构成犯罪的，依法追究刑事责任。

邮政企业、快递企业收寄危险化学品的，依照《中华人民共和国邮政法》的规定处罚。

第八十八条 有下列情形之一的，由公安机关责令改正，处 5 万元以上 10 万元以下的罚款；构成违反治安管理行为的，依法给予治安管理处罚；构成犯罪的，依法追究刑事责任：

（一）超过运输车辆的核定载质量装载危险化学品的；

（二）使用安全技术条件不符合国家标准要求的车辆运输危险化学品的；

（三）运输危险化学品的车辆未经公安机关批准进入危险化学品运输车辆限制通行的区域的；

（四）未取得剧毒化学品道路运输通行证，通过道路运输剧毒化学品的。

第八十九条 有下列情形之一的，由公安机关责令改正，处 1 万元以上 5 万元以下的罚款；构成违反治安管理行为的，依法给予治安管理处罚：

（一）危险化学品运输车辆未悬挂或者喷涂警示标志，或者悬挂或者喷涂的警示标志不符合国家标准要求的；

（二）通过道路运输危险化学品，不配备押运人员的；

（三）运输剧毒化学品或者易制爆危险化学品途中需要较长时间停车，驾驶人员、押运人员不向当地公安机关报告的；

（四）剧毒化学品、易制爆危险化学品在道路运输途中丢失、被盗、被抢或者发生流散、泄露等情况，驾驶人员、押运人员不采取必要的警示措施和安全措施，或者不向当地公安机关报告的。

第九十条 对发生交通事故负有全部责任或者主要责任的危险化学品道路运输企业，由公安机关责令消除安全隐患，未消除安全隐患的危险化学品运输车辆，禁止上道路行驶。

第九十一条 有下列情形之一的，由交通运输主管部门责令改正，可以处 1 万元以下的罚款；拒不改正的，处

1万元以上5万元以下的罚款：

（一）危险化学品道路运输企业、水路运输企业未配备专职安全管理人员的；

（二）用于危险化学品运输作业的内河码头、泊位的管理单位未制定码头、泊位危险化学品事故应急救援预案，或者未为码头、泊位配备充足、有效的应急救援器材和设备的。

第九十二条　有下列情形之一的，依照《中华人民共和国内河交通安全管理条例》的规定处罚：

（一）通过内河运输危险化学品的水路运输企业未制定运输船舶危险化学品事故应急救援预案，或者未为运输船舶配备充足、有效的应急救援器材和设备的；

（二）通过内河运输危险化学品的船舶的所有人或者经营人未取得船舶污染损害责任保险证书或者财务担保证明的；

（三）船舶载运危险化学品进出内河港口，未将有关事项事先报告海事管理机构并经其同意的；

（四）载运危险化学品的船舶在内河航行、装卸或者停泊，未悬挂专用的警示标志，或者未按照规定显示专用信号，或者未按照规定申请引航的。

未向港口行政管理部门报告并经其同意，在港口内进行危险化学品的装卸、过驳作业的，依照《中华人民共和国港口法》的规定处罚。

第九十三条　伪造、变造或者出租、出借、转让危险化学品安全生产许可证、工业产品生产许可证，或者使用伪造、变造的危险化学品安全生产许可证、工业产品生产许可证的，分别依照《安全生产许可证条例》、《中华人民共和国工业产品生产许可证管理条例》的规定处罚。

伪造、变造或者出租、出借、转让本条例规定的其他许可证，或者使用伪造、变造的本条例规定的其他许可证的，分别由相关许可证的颁发管理机关处10万元以上20万元以下的罚款，有违法所得的，没收违法所得；构成违反治安管理行为的，依法给予治安管理处罚；构成犯罪的，依法追究刑事责任。

第九十四条　危险化学品单位发生危险化学品事故，其主要负责人不立即组织救援或者不立即向有关部门报告的，依照《生产安全事故报告和调查处理条例》的规定处罚。

危险化学品单位发生危险化学品事故，造成他人人身伤害或者财产损失的，依法承担赔偿责任。

第九十五条　发生危险化学品事故，有关地方人民政府及其有关部门不立即组织实施救援，或者不采取必要的应急处置措施减少事故损失，防止事故蔓延、扩大的，对直接负责的主管人员和其他直接责任人员依法给予处分；构成犯罪的，依法追究刑事责任。

第九十六条　负有危险化学品安全监督管理职责的部门的工作人员，在危险化学品安全监督管理工作中滥用职权、玩忽职守、徇私舞弊，构成犯罪的，依法追究刑事责任；尚不构成犯罪的，依法给予处分。

第八章　附　　则

第九十七条　监控化学品、属于危险化学品的药品和农药的安全管理，依照本条例的规定执行；法律、行政法规另有规定的，依照其规定。

民用爆炸物品、烟花爆竹、放射性物品、核能物质以及用于国防科研生产的危险化学品的安全管理，不适用本条例。

法律、行政法规对燃气的安全管理另有规定的，依照其规定。

危险化学品容器属于特种设备的，其安全管理依照有关特种设备安全的法律、行政法规的规定执行。

第九十八条　危险化学品的进出口管理，依照有关对外贸易的法律、行政法规、规章的规定执行；进口的危险化学品的储存、使用、经营、运输的安全管理，依照本条例的规定执行。

危险化学品环境管理登记和新化学物质环境管理登记，依照有关环境保护的法律、行政法规、规章的规定执行。危险化学品环境管理登记，按照国家有关规定收取费用。

第九十九条　公众发现、捡拾的无主危险化学品，由公安机关接收。公安机关接收或者有关部门依法没收的危险化学品，需要进行无害化处理的，交由环境保护主管部门组织其认定的专业单位进行处理，或者交由有关危险化学品生产企业进行处理。处理所需费用由国家财政负担。

第一百条　化学品的危险特性尚未确定的，由国务院安全生产监督管理部门、国务院环境保护主管部门、国务院卫生主管部门分别负责组织对该化学品的物理危险性、环境危害性、毒理特性进行鉴定。根据鉴定结果，需要调整危险化学品目录的，依照本条例第三条第二款的规定办理。

第一百零一条　本条例施行前已经使用危险化学品从事生产的化工企业，依照本条例规定需要取得危险化学品安全使用许可证的，应当在国务院安全生产监督管理部门规定的期限内，申请取得危险化学品安全使用许可证。

第一百零二条 本条例自2011年12月1日起施行。

易制毒化学品管理条例

1. 2005年8月26日国务院令第445号公布
2. 根据2014年7月29日国务院令第653号《关于修改部分行政法规的决定》第一次修订
3. 根据2016年2月6日国务院令第666号《关于修改部分行政法规的决定》第二次修订
4. 根据2018年9月18日国务院令第703号《关于修改部分行政法规的决定》第三次修订

第一章 总 则

第一条 为了加强易制毒化学品管理,规范易制毒化学品的生产、经营、购买、运输和进口、出口行为,防止易制毒化学品被用于制造毒品,维护经济和社会秩序,制定本条例。

第二条 国家对易制毒化学品的生产、经营、购买、运输和进口、出口实行分类管理和许可制度。

易制毒化学品分为三类。第一类是可以用于制毒的主要原料,第二类、第三类是可以用于制毒的化学配剂。易制毒化学品的具体分类和品种,由本条例附表列示。

易制毒化学品的分类和品种需要调整的,由国务院公安部门会同国务院药品监督管理部门、安全生产监督管理部门、商务主管部门、卫生主管部门和海关总署提出方案,报国务院批准。

省、自治区、直辖市人民政府认为有必要在本行政区域内调整分类或者增加本条例规定以外的品种的,应当向国务院公安部门提出,由国务院公安部门会同国务院有关行政主管部门提出方案,报国务院批准。

第三条 国务院公安部门、药品监督管理部门、安全生产监督管理部门、商务主管部门、卫生主管部门、海关总署、价格主管部门、铁路主管部门、交通主管部门、市场监督管理部门、生态环境主管部门在各自的职责范围内,负责全国的易制毒化学品有关管理工作;县级以上地方各级人民政府有关行政主管部门在各自的职责范围内,负责本行政区域内的易制毒化学品有关管理工作。

县级以上地方各级人民政府应当加强对易制毒化学品管理工作的领导,及时协调解决易制毒化学品管理工作中的问题。

第四条 易制毒化学品的产品包装和使用说明书,应当标明产品的名称(含学名和通用名)、化学分子式和成分。

第五条 易制毒化学品的生产、经营、购买、运输和进口、出口,除应当遵守本条例的规定外,属于药品和危险化学品的,还应当遵守法律、其他行政法规对药品和危险化学品的有关规定。

禁止走私或者非法生产、经营、购买、转让、运输易制毒化学品。

禁止使用现金或者实物进行易制毒化学品交易。但是,个人合法购买第一类中的药品类易制毒化学品药品制剂和第三类易制毒化学品的除外。

生产、经营、购买、运输和进口、出口易制毒化学品的单位,应当建立单位内部易制毒化学品管理制度。

第六条 国家鼓励向公安机关等有关行政主管部门举报涉及易制毒化学品的违法行为。接到举报的部门应当为举报者保密。对举报属实的,县级以上人民政府及有关行政主管部门应当给予奖励。

第二章 生产、经营管理

第七条 申请生产第一类易制毒化学品,应当具备下列条件,并经本条例第八条规定的行政主管部门审批,取得生产许可证后,方可进行生产:

(一)属依法登记的化工产品生产企业或者药品生产企业;

(二)有符合国家标准的生产设备、仓储设施和污染物处理设施;

(三)有严格的安全生产管理制度和环境突发事件应急预案;

(四)企业法定代表人和技术、管理人员具有安全生产和易制毒化学品的有关知识,无毒品犯罪记录;

(五)法律、法规、规章规定的其他条件。

申请生产第一类中的药品类易制毒化学品,还应当在仓储场所等重点区域设置电视监控设施以及与公安机关联网的报警装置。

第八条 申请生产第一类中的药品类易制毒化学品的,由省、自治区、直辖市人民政府药品监督管理部门审批;申请生产第一类中的非药品类易制毒化学品的,由省、自治区、直辖市人民政府安全生产监督管理部门审批。

前款规定的行政主管部门应当自收到申请之日起60日内,对申请人提交的申请材料进行审查。对符合规定的,发给生产许可证,或者在企业已经取得的有关生产许可证件上标注;不予许可的,应当书面说明理由。

审查第一类易制毒化学品生产许可申请材料时，根据需要，可以进行实地核查和专家评审。

第九条 申请经营第一类易制毒化学品，应当具备下列条件，并经本条例第十条规定的行政主管部门审批，取得经营许可证后，方可进行经营：

(一)属依法登记的化工产品经营企业或者药品经营企业；

(二)有符合国家规定的经营场所，需要储存、保管易制毒化学品的，还应当有符合国家技术标准的仓储设施；

(三)有易制毒化学品的经营管理制度和健全的销售网络；

(四)企业法定代表人和销售、管理人员具有易制毒化学品的有关知识，无毒品犯罪记录；

(五)法律、法规、规章规定的其他条件。

第十条 申请经营第一类中的药品类易制毒化学品的，由省、自治区、直辖市人民政府药品监督管理部门审批；申请经营第一类中的非药品类易制毒化学品的，由省、自治区、直辖市人民政府安全生产监督管理部门审批。

前款规定的行政主管部门应当自收到申请之日起30日内，对申请人提交的申请材料进行审查。对符合规定的，发给经营许可证，或者在企业已经取得的有关经营许可证件上标注；不予许可的，应当书面说明理由。

审查第一类易制毒化学品经营许可申请材料时，根据需要，可以进行实地核查。

第十一条 取得第一类易制毒化学品生产许可或者依照本条例第十三条第一款规定已经履行第二类、第三类易制毒化学品备案手续的生产企业，可以经销自产的易制毒化学品。但是，在厂外设立销售网点经销第一类易制毒化学品的，应当依照本条例的规定取得经营许可。

第一类中的药品类易制毒化学品药品单方制剂，由麻醉药品定点经营企业经销，且不得零售。

第十二条 取得第一类易制毒化学品生产、经营许可的企业，应当凭生产、经营许可证到市场监督管理部门办理经营范围变更登记。未经变更登记，不得进行第一类易制毒化学品的生产、经营。

第一类易制毒化学品生产、经营许可证被依法吊销的，行政主管部门应当自作出吊销决定之日起5日内通知市场监督管理部门；被吊销许可证的企业，应当及时到市场监督管理部门办理经营范围变更或者企业注销登记。

第十三条 生产第二类、第三类易制毒化学品的，应当自生产之日起30日内，将生产的品种、数量等情况，向所在地的设区的市级人民政府安全生产监督管理部门备案。

经营第二类易制毒化学品的，应当自经营之日起30日内，将经营的品种、数量、主要流向等情况，向所在地的设区的市级人民政府安全生产监督管理部门备案；经营第三类易制毒化学品的，应当自经营之日起30日内，将经营的品种、数量、主要流向等情况，向所在地的县级人民政府安全生产监督管理部门备案。

前两款规定的行政主管部门应当于收到备案材料的当日发给备案证明。

第三章 购买管理

第十四条 申请购买第一类易制毒化学品，应当提交下列证件，经本条例第十五条规定的行政主管部门审批，取得购买许可证：

(一)经营企业提交企业营业执照和合法使用需要证明；

(二)其他组织提交登记证书(成立批准文件)和合法使用需要证明。

第十五条 申请购买第一类中的药品类易制毒化学品的，由所在地的省、自治区、直辖市人民政府药品监督管理部门审批；申请购买第一类中的非药品类易制毒化学品的，由所在地的省、自治区、直辖市人民政府公安机关审批。

前款规定的行政主管部门应当自收到申请之日起10日内，对申请人提交的申请材料和证件进行审查。对符合规定的，发给购买许可证；不予许可的，应当书面说明理由。

审查第一类易制毒化学品购买许可申请材料时，根据需要，可以进行实地核查。

第十六条 持有麻醉药品、第一类精神药品购买印鉴卡的医疗机构购买第一类中的药品类易制毒化学品的，无须申请第一类易制毒化学品购买许可证。

个人不得购买第一类、第二类易制毒化学品。

第十七条 购买第二类、第三类易制毒化学品的，应当在购买前将所需购买的品种、数量，向所在地的县级人民政府公安机关备案。个人自用购买少量高锰酸钾的，无须备案。

第十八条 经营单位销售第一类易制毒化学品时，应当查验购买许可证和经办人的身份证明。对委托代购的，还应当查验购买人持有的委托文书。

经营单位在查验无误、留存上述证明材料的复印件后，方可出售第一类易制毒化学品；发现可疑情况的，应当立即向当地公安机关报告。

第十九条 经营单位应当建立易制毒化学品销售台账，如实记录销售的品种、数量、日期、购买方等情况。销售台账和证明材料复印件应当保存2年备查。

第一类易制毒化学品的销售情况，应当自销售之日起5日内报当地公安机关备案；第一类易制毒化学品的使用单位，应当建立使用台账，并保存2年备查。

第二类、第三类易制毒化学品的销售情况，应当自销售之日起30日内报当地公安机关备案。

第四章 运输管理

第二十条 跨设区的市级行政区域（直辖市为跨市界）或者在国务院公安部门确定的禁毒形势严峻的重点地区跨县级行政区域运输第一类易制毒化学品的，由运出地的设区的市级人民政府公安机关审批；运输第二类易制毒化学品的，由运出地的县级人民政府公安机关审批。经审批取得易制毒化学品运输许可证后，方可运输。

运输第三类易制毒化学品的，应当在运输前向运出地的县级人民政府公安机关备案。公安机关应当于收到备案材料的当日发给备案证明。

第二十一条 申请易制毒化学品运输许可，应当提交易制毒化学品的购销合同，货主是企业的，应当提交营业执照；货主是其他组织的，应当提交登记证书（成立批准文件）；货主是个人的，应当提交其个人身份证明。经办人还应当提交本人的身份证明。

公安机关应当自收到第一类易制毒化学品运输许可申请之日起10日内，收到第二类易制毒化学品运输许可申请之日起3日内，对申请人提交的申请材料进行审查。对符合规定的，发给运输许可证；不予许可的，应当书面说明理由。

审查第一类易制毒化学品运输许可申请材料时，根据需要，可以进行实地核查。

第二十二条 对许可运输第一类易制毒化学品的，发给一次有效的运输许可证。

对许可运输第二类易制毒化学品的，发给3个月有效的运输许可证；6个月内运输安全状况良好的，发给12个月有效的运输许可证。

易制毒化学品运输许可证应当载明拟运输的易制毒化学品的品种、数量、运入地、货主及收货人、承运人情况以及运输许可证种类。

第二十三条 运输供教学、科研使用的100克以下的麻黄素样品和供医疗机构制剂配方使用的小包装麻黄素以及医疗机构或者麻醉药品经营企业购买麻黄素片剂6万片以下、注射剂1.5万支以下，货主或者承运人持有依法取得的购买许可证明或者麻醉药品调拨单的，无须申请易制毒化学品运输许可。

第二十四条 接受货主委托运输的，承运人应当查验货主提供的运输许可证或者备案证明，并查验所运货物与运输许可证或者备案证明载明的易制毒化学品品种等情况是否相符；不相符的，不得承运。

运输易制毒化学品，运输人员应当自启运起全程携带运输许可证或者备案证明。公安机关应当在易制毒化学品的运输过程中进行检查。

运输易制毒化学品，应当遵守国家有关货物运输的规定。

第二十五条 因治疗疾病需要，患者、患者近亲属或者患者委托的人凭医疗机构出具的医疗诊断书和本人的身份证明，可以随身携带第一类中的药品类易制毒化学品药品制剂，但是不得超过医用单张处方的最大剂量。

医用单张处方最大剂量，由国务院卫生主管部门规定、公布。

第五章 进口、出口管理

第二十六条 申请进口或者出口易制毒化学品，应当提交下列材料，经国务院商务主管部门或者其委托的省、自治区、直辖市人民政府商务主管部门审批，取得进口或者出口许可证后，方可从事进口、出口活动：

（一）对外贸易经营者备案登记证明复印件；

（二）营业执照副本；

（三）易制毒化学品生产、经营、购买许可证或者备案证明；

（四）进口或者出口合同（协议）副本；

（五）经办人的身份证明。

申请易制毒化学品出口许可的，还应当提交进口方政府主管部门出具的合法使用易制毒化学品的证明或者进口方合法使用的保证文件。

第二十七条 受理易制毒化学品进口、出口申请的商务主管部门应当自收到申请材料之日起20日内，对申请材料进行审查，必要时可以进行实地核查。对符合规定的，发给进口或者出口许可证；不予许可的，应当书面说明理由。

对进口第一类中的药品类易制毒化学品的，有关的商务主管部门在作出许可决定前，应当征得国务院药品监督管理部门的同意。

第二十八条　麻黄素等属于重点监控物品范围的易制毒化学品,由国务院商务主管部门会同国务院有关部门核定的企业进口、出口。

第二十九条　国家对易制毒化学品的进口、出口实行国际核查制度。易制毒化学品国际核查目录及核查的具体办法,由国务院商务主管部门会同国务院公安部门规定、公布。

国际核查所用时间不计算在许可期限之内。

对向毒品制造、贩运情形严重的国家或者地区出口易制毒化学品以及本条例规定品种以外的化学品的,可以在国际核查措施以外实施其他管制措施,具体办法由国务院商务主管部门会同国务院公安部门、海关总署等有关部门规定、公布。

第三十条　进口、出口或者过境、转运、通运易制毒化学品的,应当如实向海关申报,并提交进口或者出口许可证。海关凭许可证办理通关手续。

易制毒化学品在境外与保税区、出口加工区等海关特殊监管区域、保税场所之间进出的,适用前款规定。

易制毒化学品在境内与保税区、出口加工区等海关特殊监管区域、保税场所之间进出的,或者在上述海关特殊监管区域、保税场所之间进出的,无须申请易制毒化学品进口或者出口许可证。

进口第一类中的药品类易制毒化学品,还应当提交药品监督管理部门出具的进口药品通关单。

第三十一条　进出境人员随身携带第一类中的药品类易制毒化学品药品制剂和高锰酸钾,应当以自用且数量合理为限,并接受海关监管。

进出境人员不得随身携带前款规定以外的易制毒化学品。

第六章　监督检查

第三十二条　县级以上人民政府公安机关、负责药品监督管理的部门、安全生产监督管理部门、商务主管部门、卫生主管部门、价格主管部门、铁路主管部门、交通主管部门、市场监督管理部门、生态环境主管部门和海关,应当依照本条例和有关法律、行政法规的规定,在各自的职责范围内,加强对易制毒化学品生产、经营、购买、运输、价格以及进口、出口的监督检查;对非法生产、经营、购买、运输易制毒化学品,或者走私易制毒化学品的行为,依法予以查处。

前款规定的行政主管部门在进行易制毒化学品监督检查时,可以依法查看现场、查阅和复制有关资料、记录有关情况、扣押相关的证据材料和违法物品;必要时,可以临时查封有关场所。

被检查的单位或者个人应当如实提供有关情况和材料、物品,不得拒绝或者隐匿。

第三十三条　对依法收缴、查获的易制毒化学品,应当在省、自治区、直辖市或者设区的市级人民政府公安机关、海关或者生态环境主管部门的监督下,区别易制毒化学品的不同情况进行保管、回收,或者依照环境保护法律、行政法规的有关规定,由有资质的单位在生态环境主管部门的监督下销毁。其中,对收缴、查获的第一类中的药品类易制毒化学品,一律销毁。

易制毒化学品违法单位或者个人无力提供保管、回收或者销毁费用的,保管、回收或者销毁的费用在回收所得中开支,或者在有关行政主管部门的禁毒经费中列支。

第三十四条　易制毒化学品丢失、被盗、被抢的,发案单位应当立即向当地公安机关报告,并同时报告当地的县级人民政府负责药品监督管理的部门、安全生产监督管理部门、商务主管部门或者卫生主管部门。接到报案的公安机关应当及时立案查处,并向上级公安机关报告;有关行政主管部门应当逐级上报并配合公安机关的查处。

第三十五条　有关行政主管部门应当将易制毒化学品许可以及依法吊销许可的情况通报有关公安机关和市场监督管理部门;市场监督管理部门应当将生产、经营易制毒化学品企业依法变更或者注销登记的情况通报有关公安机关和行政主管部门。

第三十六条　生产、经营、购买、运输或者进口、出口易制毒化学品的单位,应当于每年3月31日前向许可或者备案的行政主管部门和公安机关报告本单位上年度易制毒化学品的生产、经营、购买、运输或者进口、出口情况;有条件的生产、经营、购买、运输或者进口、出口单位,可以与有关行政主管部门建立计算机联网,及时通报有关经营情况。

第三十七条　县级以上人民政府有关行政主管部门应当加强协调合作,建立易制毒化学品管理情况、监督检查情况以及案件处理情况的通报、交流机制。

第七章　法律责任

第三十八条　违反本条例规定,未经许可或者备案擅自生产、经营、购买、运输易制毒化学品,伪造申请材料骗取易制毒化学品生产、经营、购买或者运输许可证,使用他人的或者伪造、变造、失效的许可证生产、经营、购买、运输易制毒化学品的,由公安机关没收非法生产、经营、购买或者运输的易制毒化学品、用于非法生产易制毒化学品的原料以及非法生产、经营、购买或者运输易制毒化学品的设备、工具，处非法生产、经营、购买或者运输的易制毒化学品货值10倍以上20倍以下的罚款，货值的20倍不足1万元的，按1万元罚款；有违法所得的，没收违法所得；有营业执照的，由市场监督管理部门吊销营业执照；构成犯罪的，依法追究刑事责任。

对有前款规定违法行为的单位或者个人，有关行政主管部门可以自作出行政处罚决定之日起3年内，停止受理其易制毒化学品生产、经营、购买、运输或者进口、出口许可申请。

第三十九条　违反本条例规定，走私易制毒化学品的，由海关没收走私的易制毒化学品；有违法所得的，没收违法所得，并依照海关法律、行政法规给予行政处罚；构成犯罪的，依法追究刑事责任。

第四十条　违反本条例规定，有下列行为之一的，由负有监督管理职责的行政主管部门给予警告，责令限期改正，处1万元以上5万元以下的罚款；对违反规定生产、经营、购买的易制毒化学品可以予以没收；逾期不改正的，责令限期停产停业整顿；逾期整顿不合格的，吊销相应的许可证：

（一）易制毒化学品生产、经营、购买、运输或者进口、出口单位未按规定建立安全管理制度的；

（二）将许可证或者备案证明转借他人使用的；

（三）超出许可的品种、数量生产、经营、购买易制毒化学品的；

（四）生产、经营、购买单位不记录或者不如实记录交易情况、不按规定保存交易记录或者不如实、不及时向公安机关和有关行政主管部门备案销售情况的；

（五）易制毒化学品丢失、被盗、被抢后未及时报告，造成严重后果的；

（六）除个人合法购买第一类中的药品类易制毒化学品药品制剂以及第三类易制毒化学品外，使用现金或者实物进行易制毒化学品交易的；

（七）易制毒化学品的产品包装和使用说明书不符合本条例规定要求的；

（八）生产、经营易制毒化学品的单位不如实或者不按时向有关行政主管部门和公安机关报告年度生产、经销和库存等情况的。

企业的易制毒化学品生产经营许可被依法吊销后，未及时到市场监督管理部门办理经营范围变更或者企业注销登记的，依照前款规定，对易制毒化学品予以没收，并处罚款。

第四十一条　运输的易制毒化学品与易制毒化学品运输许可证或者备案证明载明的品种、数量、运入地、货主及收货人、承运人等情况不符，运输许可证种类不当，或者运输人员未全程携带运输许可证或者备案证明的，由公安机关责令停运整改，处5000元以上5万元以下的罚款；有危险物品运输资质的，运输主管部门可以依法吊销其运输资质。

个人携带易制毒化学品不符合品种、数量规定的，没收易制毒化学品，处1000元以上5000元以下的罚款。

第四十二条　生产、经营、购买、运输或者进口、出口易制毒化学品的单位或者个人拒不接受有关行政主管部门监督检查的，由负有监督管理职责的行政主管部门责令改正，对直接负责的主管人员以及其他直接责任人员给予警告；情节严重的，对单位处1万元以上5万元以下的罚款，对直接负责的主管人员以及其他直接责任人员处1000元以上5000元以下的罚款；有违反治安管理行为的，依法给予治安管理处罚；构成犯罪的，依法追究刑事责任。

第四十三条　易制毒化学品行政主管部门工作人员在管理工作中有应当许可而不许可、不应当许可而滥许可，不依法受理备案，以及其他滥用职权、玩忽职守、徇私舞弊行为的，依法给予行政处分；构成犯罪的，依法追究刑事责任。

第八章　附　　则

第四十四条　易制毒化学品生产、经营、购买、运输和进口、出口许可证，由国务院有关行政主管部门根据各自的职责规定式样并监制。

第四十五条　本条例自2005年11月1日起施行。

本条例施行前已经从事易制毒化学品生产、经营、购买、运输或者进口、出口业务的，应当自本条例施行之日起6个月内，依照本条例的规定重新申请许可。

附表：

易制毒化学品的分类和品种目录

第一类

1. 1－苯基－2－丙酮
2. 3，4－亚甲基二氧苯基－2－丙酮
3. 胡椒醛
4. 黄樟素

5. 黄樟油
6. 异黄樟素
7. N－乙酰邻氨基苯酸
8. 邻氨基苯甲酸
9. 麦角酸＊
10. 麦角胺＊
11. 麦角新碱＊
12. 麻黄素、伪麻黄素、消旋麻黄素、去甲麻黄素、甲基麻黄素、麻黄浸膏、麻黄浸膏粉等麻黄素类物质＊

第二类

1. 苯乙酸
2. 醋酸酐
3. 三氯甲烷
4. 乙醚
5. 哌啶

第三类

1. 甲苯
2. 丙酮
3. 甲基乙基酮
4. 高锰酸钾
5. 硫酸
6. 盐酸

说明：

一、第一类、第二类所列物质可能存在的盐类，也纳入管制。

二、带有＊标记的品种为第一类中的药品类易制毒化学品，第一类中的药品类易制毒化学品包括原料药及其单方制剂。

中华人民共和国监控化学品管理条例

1. 1995年12月27日国务院令第190号发布
2. 根据2011年1月8日国务院令第588号《关于废止和修改部分行政法规的决定》修订

第一条 为了加强对监控化学品的管理，保障公民的人身安全和保护环境，制定本条例。

第二条 在中华人民共和国境内从事监控化学品的生产、经营和使用活动，必须遵守本条例。

第三条 本条例所称监控化学品，是指下列各类化学品：

第一类：可作为化学武器的化学品；

第二类：可作为生产化学武器前体的化学品；

第三类：可作为生产化学武器主要原料的化学品；

第四类：除炸药和纯碳氢化合物外的特定有机化学品。

前款各类监控化学品的名录由国务院化学工业主管部门提出，报国务院批准后公布。

第四条 国务院化学工业主管部门负责全国监控化学品的管理工作。省、自治区、直辖市人民政府化学工业主管部门负责本行政区域内监控化学品的管理工作。

第五条 生产、经营或者使用监控化学品的，应当依照本条例和国家有关规定向国务院化学工业主管部门或者省、自治区、直辖市人民政府化学工业主管部门申报生产、经营或者使用监控化学品的有关资料、数据和使用目的，接受化学工业主管部门的检查监督。

第六条 国家严格控制第一类监控化学品的生产。

为科研、医疗、制造药物或者防护目的需要生产第一类监控化学品的，应当报国务院化学工业主管部门批准，并在国务院化学工业主管部门指定的小型设施中生产。

严禁在未经国务院化学工业主管部门指定的设施中生产第一类监控化学品。

第七条 国家对第二类、第三类监控化学品和第四类监控化学品中含磷、硫、氟的特定有机化学品的生产，实行特别许可制度；未经特别许可的，任何单位和个人均不得生产。特别许可办法，由国务院化学工业主管部门制定。

第八条 新建、扩建或者改建用于生产第二类、第三类监控化学品和第四类监控化学品中含磷、硫、氟的特定有机化学品的设施，应当向所在地省、自治区、直辖市人民政府化学工业主管部门提出申请，经省、自治区、直辖市人民政府化学工业主管部门审查签署意见，报国务院化学工业主管部门批准后，方可开工建设；工程竣工后，经所在地省、自治区、直辖市人民政府化学工业主管部门验收合格，并报国务院化学工业主管部门批准后，方可投产使用。

新建、扩建或者改建用于生产第四类监控化学品中不含磷、硫、氟的特定有机化学品的设施，应当在开工生产前向所在地省、自治区、直辖市人民政府化学工业主管部门备案。

第九条 监控化学品应当在专用的化工仓库中储存，并设专人管理。监控化学品的储存条件应当符合国家有关规定。

第十条 储存监控化学品的单位，应当建立严格的出库、入库检查制度和登记制度；发现丢失、被盗时，应当立即报告当地公安机关和所在地省、自治区、直辖市人民政府化学工业主管部门;省、自治区、直辖市人民政府化学工业主管部门应当积极配合公安机关进行查处。

第十一条 对变质或者过期失效的监控化学品,应当及时处理。处理方案报所在地省、自治区、直辖市人民政府化学工业主管部门批准后实施。

第十二条 为科研、医疗、制造药物或者防护目的需要使用第一类监控化学品的,应当向国务院化学工业主管部门提出申请,经国务院化学工业主管部门审查批准后,凭批准文件同国务院化学工业主管部门指定的生产单位签订合同,并将合同副本报送国务院化学工业主管部门备案。

第十三条 需要使用第二类监控化学品的,应当向所在地省、自治区、直辖市人民政府化学工业主管部门提出申请,经省、自治区、直辖市人民政府化学工业主管部门审查批准后,凭批准文件同国务院化学工业主管部门指定的经销单位签订合同,并将合同副本报送所在地省、自治区、直辖市人民政府化学工业主管部门备案。

第十四条 国务院化学工业主管部门会同国务院对外经济贸易主管部门指定的单位(以下简称被指定单位),可以从事第一类监控化学品和第二类、第三类监控化学品及其生产技术、专用设备的进出口业务。

需要进口或者出口第一类监控化学品和第二类、第三类监控化学品及其生产技术、专用设备的,应当委托被指定单位代理进口或者出口。除被指定单位外,任何单位和个人均不得从事这类进出口业务。

第十五条 国家严格控制第一类监控化学品的进口和出口。非为科研、医疗、制造药物或者防护目的,不得进口第一类监控化学品。

接受委托进口第一类监控化学品的被指定单位,应当向国务院化学工业主管部门提出申请,并提交产品最终用途的说明和证明;经国务院化学工业主管部门审查签署意见后,报国务院审查批准。被指定单位凭国务院的批准文件向国务院对外经济贸易主管部门申请领取进口许可证。

第十六条 接受委托进口第二类、第三类监控化学品及其生产技术、专用设备的被指定单位,应当向国务院化学工业主管部门提出申请,并提交所进口的化学品、生产技术或者专用设备最终用途的说明和证明;经国务院化学工业主管部门审查批准后,被指定单位凭国务院化学工业主管部门的批准文件向国务院对外经济贸易主管部门申请领取进口许可证。

第十七条 接受委托出口第一类监控化学品的被指定单位,应当向国务院化学工业主管部门提出申请,并提交进口国政府或者政府委托机构出具的所进口的化学品仅用于科研、医疗、制造药物或者防护目的和不转口第三国的保证书;经国务院化学工业主管部门审查签署意见后,报国务院审查批准。被指定单位凭国务院的批准文件向国务院对外经济贸易主管部门申请领取出口许可证。

第十八条 接受委托出口第二类、第三类监控化学品及其生产技术、专用设备的被指定单位,应当向国务院化学工业主管部门提出申请,并提交进口国政府或者政府委托机构出具的所进口的化学品、生产技术、专用设备不用于生产化学武器和不转口第三国的保证书;经国务院化学工业主管部门审查批准后,被指定单位凭国务院化学工业主管部门的批准文件向国务院对外经济贸易主管部门申请领取出口许可证。

第十九条 使用监控化学品的,应当与其申报的使用目的相一致;需要改变使用目的的,应当报原审批机关批准。

第二十条 使用第一类、第二类监控化学品的,应当按照国家有关规定,定期向所在地省、自治区、直辖市人民政府化学工业主管部门报告消耗此类监控化学品的数量和使用此类监控化学品生产最终产品的数量。

第二十一条 违反本条例规定,生产监控化学品的,由省、自治区、直辖市人民政府化学工业主管部门责令限期改正;逾期不改正的,可以处20万元以下的罚款;情节严重的,可以提请省、自治区、直辖市人民政府责令停产整顿。

第二十二条 违反本条例规定,使用监控化学品的,由省、自治区、直辖市人民政府化学工业主管部门责令限期改正;逾期不改正的,可以处5万元以下的罚款。

第二十三条 违反本条例规定,经营监控化学品的,由省、自治区、直辖市人民政府化学工业主管部门没收其违法经营的监控化学品和违法所得,可以并处违法经营额1倍以上2倍以下的罚款。

第二十四条 违反本条例规定,隐瞒、拒报有关监控化学品的资料、数据,或者妨碍、阻挠化学工业主管部门依照本条例的规定履行检查监督职责的,由省、自治区、直辖市人民政府化学工业主管部门处以5万元以下的罚款。

第二十五条 违反本条例规定,构成违反治安管理行为的,依照《中华人民共和国治安管理处罚法》的有关规定处罚;构成犯罪的,依法追究刑事责任。

第二十六条 在本条例施行前已经从事生产、经营或者使用监控化学品的,应当依照本条例的规定,办理有关手续。

第二十七条　本条例自发布之日起施行。

危险化学品安全综合治理方案

1. 2016年11月29日国务院办公厅印发
2. 国办发〔2016〕88号

为认真贯彻落实党中央、国务院关于加强安全生产工作的一系列重要决策部署,深刻吸取2015年天津港"8·12"瑞海公司危险品仓库特别重大火灾爆炸事故教训,巩固近年来开展的提升危险化学品本质安全水平的专项行动和专项整治成果,全面加强危险化学品安全综合治理,有效防范遏制危险化学品重特大事故,确保人民群众生命财产安全,制定本方案。

一、指导思想

全面贯彻党的十八大和十八届三中、四中、五中、六中全会精神,认真落实习近平总书记、李克强总理等党中央、国务院领导同志关于安全生产工作的重要指示批示要求,严格执行安全生产有关法律法规,牢固树立安全发展理念,坚持人民利益至上,坚守安全红线,坚持标本兼治,注重远近结合,深化改革创新,健全体制机制,强化法治,明晰责任,严格监管,落实"党政同责、一岗双责、齐抓共管、失职追责"及"管行业必须管安全、管业务必须管安全、管生产经营必须管安全"的要求,全面加强危险化学品安全管理工作,促进危险化学品安全生产形势持续稳定好转。

二、工作目标

企业安全生产主体责任得到有效落实。涉及危险化学品的各行业安全风险和重大危险源进一步摸清并得到重点管控,人口密集区危险化学品企业搬迁工程全面启动实施,危险化学品信息共享机制初步建立,油气输送管道安全隐患整治攻坚战成果得到巩固。危险化学品安全监管体制进一步理顺、机制进一步完善、法制进一步健全。危险化学品安全生产基础进一步夯实,应急救援能力得到大幅提高,安全保障水平进一步提升,危险化学品重特大事故得到有效遏制。

三、组织领导

危险化学品安全综合治理工作由国务院安全生产委员会(以下简称国务院安委会)组织领导。国务院安委会视情召开危险化学品安全综合治理专题会议,研究部署推动各项工作落实。各有关部门按职责分工做好相关行业领域危险化学品安全综合治理工作。各省、自治区、直辖市人民政府负责组织开展好本行政区域内危险化学品安全综合治理工作。

四、时间进度和工作安排

2016年12月开始至2019年11月结束,分三个阶段进行。

(一)部署阶段(2016年12月)。各地区、各有关部门要按照总体要求,制定具体实施方案,明确职责,细化措施;要认真开展危险化学品安全综合治理动员部署,进行广泛宣传,营造良好氛围。

(二)整治阶段(2017年1月至2018年3月开展深入整治,并取得阶段性成果;2018年4月至2019年10月深化提升)。各地区、各有关部门要精心组织,认真实施,定期开展督导检查,及时解决危险化学品安全综合治理过程中发现的问题,确保各项工作按期完成。

(三)总结阶段(2019年11月)。各地区、各有关部门要认真总结经验成果,形成总结报告并报送国务院安委会办公室,由国务院安委会办公室汇总后报国务院安委会。

五、治理内容、工作措施及分工

(一)全面摸排危险化学品安全风险。

1. 全面摸排风险。公布涉及危险化学品安全风险的行业品种目录,认真组织摸排各行业领域危险化学品安全风险,重点摸排危险化学品生产、储存、使用、经营、运输和废弃处置以及涉及危险化学品的物流园区、港口、码头、机场和城镇燃气的使用等各环节、各领域的安全风险,建立危险化学品安全风险分布档案。(各有关部门按职责分工负责,2018年3月底前完成)

2. 重点排查重大危险源。认真组织开展危险化学品重大危险源排查,建立危险化学品重大危险源数据库。(各有关部门按职责分工负责,2018年3月底前完成)

(二)有效防范遏制危险化学品重特大事故。

3. 加强高危化学品管控。研究制定高危化学品目录。加强硝酸铵、硝化棉、氰化钠等高危化学品生产、储存、使用、经营、运输和废弃处置全过程管控。(安全监管总局牵头,工业和信息化部、公安部、交通运输部、国家国防科工局等按职责分工负责,2018年3月底前完成)

4. 加强危险化学品重大危险源管控。督促有关企业、单位落实安全生产主体责任,完善监测监控设备设施,对重大危险源实施重点管控。督促落实属地监管责任,建立安全监管部门与各行业主管部门之间危险

化学品重大危险源信息共享机制。(各有关部门按职责分工负责,持续推进)

5. 加强化工园区和涉及危险化学品重大风险功能区及危险化学品罐区的风险管控。部署开展化工园区(含化工相对集中区)和涉及危险化学品重大风险功能区区域定量风险评估,科学确定区域风险等级和风险容量,推动利用信息化、智能化手段在化工园区和涉及危险化学品重大风险功能区建立安全、环保、应急救援一体化管理平台,优化区内企业布局,有效控制和降低整体安全风险。加强化工园区和涉及危险化学品重大风险功能区的应急处置基础设施建设,提高事故应急处置能力。全面深入开展危险化学品罐区安全隐患排查整治。(安全监管总局牵头,国家发展改革委、工业和信息化部、公安部、环境保护部、交通运输部、质检总局、国家海洋局等按职责分工负责,2018 年 3 月底前取得阶段性成果,2018 年 4 月至 2019 年 10 月深化提升)

6. 全面启动实施人口密集区危险化学品生产企业搬迁工程。进一步摸清全国城市人口密集区危险化学品生产企业底数,通过定量风险评估,确定分批关闭、转产和搬迁企业名单。制定城区企业关停并转、退城入园的综合性支持政策,通过专项建设基金等给予支持,充分调动企业和地方政府的积极性和主动性,加快推进城市人口密集区危险化学品生产企业搬迁工作。(工业和信息化部牵头,国家发展改革委、财政部、国土资源部、环境保护部、安全监管总局等按职责分工负责,2018 年 3 月底前取得阶段性成果,2018 年 4 月至 2019 年 10 月深化提升)

7. 加强危险化学品运输安全管控。健全安全监管责任体系,严格按照我国有关法律、法规和强制性国家标准等规定的危险货物包装、装卸、运输和管理要求,落实各部门、各企业和单位的责任,提高危险化学品(危险货物)运输企业准入门槛,督促危险化学品生产、储存、经营企业建立装货前运输车辆、人员、罐体及单据等查验制度,严把装卸关,加强日常监管。(交通运输部、国家铁路局牵头,工业和信息化部、公安部、质检总局、安全监管总局、中国民航局、国家邮政局等按职责分工负责,2018 年 3 月底前取得阶段性成果,2018 年 4 月至 2019 年 10 月深化提升)

8. 巩固油气输送管道安全隐患整治攻坚战成果。突出重点,加快剩余隐患整改进度,全面完成油气输送管道安全隐患整治攻坚任务,杜绝新增隐患。加快完成国家油气输送管道地理信息系统建设工作。明确市、县级油气输送管道保护主管部门,构建油气输送管道风险分级管控、隐患排查治理双重预防性工作机制,建立完善油气输送管道保护和安全管理长效机制。推动管道企业落实主体责任,开展管道完整性管理,强化油气输送管道巡护和管控,全面提升油气输送管道保护和安全管理水平。(国务院油气输送管道安全隐患整改工作领导小组各成员单位按职责分工负责,2017 年 9 月底前完成)

(三)健全危险化学品安全监管体制机制。

9. 进一步健全和完善政府监管责任体系。研究完善危险化学品安全监管体制,加强对危险化学品安全的系统监管。厘清部门职责范围,明确《危险化学品安全管理条例》中危险化学品安全监督管理综合工作的具体内容,消除监管盲区。(安全监管总局、中央编办牵头,国务院法制办等按职责分工负责,2018 年 3 月底前取得阶段性成果,2018 年 4 月至 2019 年 10 月深化提升)

10. 建立更加有力的统筹协调机制。完善现行危险化学品安全生产监管部际联席会议制度,增补相关成员单位,进一步强化统筹协调能力。(安全监管总局牵头,各有关部门按职责分工负责,2018 年 3 月底前完成)

11. 强化行业主管部门危险化学品安全管理责任。按照"管行业必须管安全、管业务必须管安全、管生产经营必须管安全"的要求,严格落实行业主管部门的安全管理责任,负有安全生产监督管理职责的部门要依法履行安全监管责任。国务院安委会有关成员单位要按照国务院的部署和要求,依据法律法规和有关规定要求,研究制定本部门危险化学品安全监管的权力清单和责任清单。(各有关部门按职责分工负责,2018 年 3 月底前完成)

(四)强化对危险化学品安全的依法治理。

12. 完善法律法规体系。进一步完善危险化学品安全法律法规体系,推动制定加强危险化学品安全监督管理的专门法律。(安全监管总局、国务院法制办等按职责分工负责,2018 年 3 月底前完成)加快与国际接轨,根据《联合国关于危险货物运输的建议书》,研究推动《中华人民共和国道路运输条例》修订工作,进一步强化危险货物道路运输措施。(交通运输部、国务院法制办等按职责分工负责,2018 年 3 月底前完成)

13. 完善危险化学品安全标准管理体制。按照国务院印发的《深化标准化工作改革方案》要求,完善统一管理、分工负责的危险化学品安全标准化管理体制，加强危险化学品安全标准统筹协调，制定危险化学品安全标准体系建设规划，进一步明确各部门职责分工。(国家标准委、安全监管总局牵头，工业和信息化部、公安部、住房城乡建设部、交通运输部、安全监管总局、国家能源局、国家铁路局、中国民航局等按职责分工负责，2018 年 3 月底前完成)

14. 制定完善有关标准。尽快制修订化工园区、化工企业、危险化学品储存设施、油气输送管道外部安全防护距离和内部安全布局等相关标准；吸取近年来国内外化工企业重特大事故教训，进一步整合完善化工、石化行业安全设计和建设标准。(国家标准委、安全监管总局牵头，国家发展改革委、工业和信息化部、公安部、环境保护部、住房城乡建设部、交通运输部、国家卫生计生委、国家能源局、国家海洋局、国家铁路局等按职责分工负责，2018 年 3 月底前取得阶段性成果，2018 年 4 月至 2019 年 10 月深化提升)

(五)加强规划布局和准入条件等源头管控。

15. 统筹规划编制。督促各地区在编制地方国民经济和社会发展规划、城市总体规划、土地利用总体规划时，统筹安排危险化学品产业布局。督促各试点地区在推进“多规合一”工作中，充分考虑危险化学品产业布局及安全规划等内容，加强规划实施过程监管。(国家发展改革委、工业和信息化部、公安部、国土资源部、环境保护部、住房城乡建设部、安全监管总局等按职责分工负责，持续推进)

16. 规范产业布局。督促各地区认真落实国家有关危险化学品产业发展布局规划等，加强城市建设与危险化学品产业发展的规划衔接，严格执行危险化学品企业安全生产和环境保护所需的防护距离要求。(国家发展改革委、工业和信息化部牵头，公安部、国土资源部、环境保护部、住房城乡建设部、安全监管总局、国家海洋局等按职责分工负责，2018 年 3 月底前取得阶段性成果，2018 年 4 月至 2019 年 10 月深化提升)

17. 严格安全准入。建立完善涉及公众利益、影响公共安全的危险化学品重大建设项目公众参与机制。在危险化学品建设项目立项阶段，对涉及“两重点一重大”(重点监管的危险化工工艺、重点监管的危险化学品和危险化学品重大危险源)的危险化学品建设项目，实施住房城乡建设、发展改革、国土资源、工业和信息化、公安消防、环境保护、海洋、卫生、安全监管、交通运输等相关部门联合审批。督促地方严格落实禁止在化工园区外新建、扩建危险化学品生产项目的要求。鼓励各地区根据实际制定本地区危险化学品“禁限控”目录。(各有关部门按职责分工负责，2018 年 3 月底前取得阶段性成果，2018 年 4 月至 2019 年 10 月深化提升)

18. 加强危险化学品建设工程设计、施工质量的管理。严格落实《建设工程勘察设计管理条例》、《建设工程质量管理条例》等法规要求，强化从事危险化学品建设工程设计、施工、监理等单位的资质管理，落实危险化学品生产装置及储存设施设计、施工、监理单位的质量责任，依法严肃追究因设计、施工质量而导致生产安全事故的设计、施工、监理单位的责任。(住房城乡建设部、质检总局、安全监管总局等按职责分工负责，2018 年 3 月底前取得阶段性成果，2018 年 4 月至 2019 年 10 月深化提升)

(六)依法推动企业落实主体责任。

19. 加强安全生产有关法律法规贯彻落实。梳理涉及危险化学品安全管理的法律法规，对施行 3 年以上的开展执行效果评估并推动修订完善。加强相关法律法规和标准规范的宣传贯彻，督促企业进一步增强安全生产法治意识，定期对照安全生产法律法规进行符合性审核，提高企业依法生产经营的自觉性、主动性。(各有关部门按职责分工负责，持续推进)

20. 认真落实“一书一签”要求。督促危险化学品生产企业和进出口单位严格执行“一书一签”(安全技术说明书、安全标签)要求，确保将危险特性和处置要求等安全信息及时、准确、全面地传递给下游企业、用户、使用人员以及应急处置人员。危险化学品(危险货物)托运人要采取措施及时将危险化学品(危险货物)相关信息传递给相关部门和人员。(工业和信息化部、公安部、交通运输部、商务部、质检总局、安全监管总局等按职责分工负责，持续推进)

21. 推进科技强安。推动化工企业加大安全投入，新建化工装置必须装备自动化控制系统，涉及“两重点一重大”的化工装置必须装备安全仪表系统，危险化学品重大危险源必须建立健全安全监测监控体系。加速现有企业自动化控制和安全仪表系统改造升级，减少危险岗位作业人员，鼓励有条件的企业建设智能工厂，利用智能化装备改造生产线，全面提升本质安全水平。大力推广应用风险管理、化工过程安全管理等先进管理方法手段，加强消防设施装备的研发和配备，提升安全科技保障能力。(安全监管总局、科技部、工业和信息化部、公安部等按职责分工负责，持续推进)

22. 深入推进安全生产标准化建设。根据不同行业特点，积极采取扶持措施，引导鼓励危险化学品企业持续开展安全生产标准化建设；选树一批典型标杆，充分发挥示范引领作用，推动危险化学品企业落实安全生产主体责任。（各有关部门按职责分工负责，持续推进）

23. 严格规范执法检查。强化依法行政，加强对危险化学品企业执法检查，规范检查内容，完善检查标准，提高执法检查的专业性、精准性、有效性，依法严厉处罚危险化学品企业违法违规行为，加大对违法违规企业的曝光力度。（各有关部门按职责分工负责，2018年3月底前取得阶段性成果，2018年4月至2019年10月深化提升）

24. 依法严肃追究责任。加大对发生事故的危险化学品企业的责任追究力度，依法严肃追究事故企业法定代表人、实际控制人、主要负责人、有关管理人员的责任，推动企业自觉履行安全生产责任。（各有关部门按职责分工负责，持续推进）

25. 建立实施“黑名单”制度。督促各地区加强企业安全生产诚信体系建设，建立危险化学品企业“黑名单”制度，及时将列入黑名单的企业在“信用中国”网站和企业信用信息公示系统公示，定期在媒体曝光，并作为工伤保险、安全生产责任保险费率调整确定的重要依据；充分利用全国信用信息共享平台，进一步健全失信联合惩戒机制。（安全监管总局牵头，国家发展改革委、工业和信息化部、公安部、财政部、人力资源社会保障部、国土资源部、环境保护部、人民银行、税务总局、工商总局、保监会等按职责分工负责，2018年3月底前完成）

26. 严格危险化学品废弃处置。督促各地区加强危险化学品废弃处置能力建设，强化企业主体责任，按照“谁产生、谁处置”的原则，及时处置废弃危险化学品，消除安全隐患。加强危险化学品废弃处置过程的环境安全管理。（环境保护部负责，2018年3月底前完成）

（七）大力提升危险化学品安全保障能力。

27. 强化危险化学品安全监管能力建设。加强负有危险化学品安全监管职责部门的监管力量，制定危险化学品安全监管机构和人员能力建设以及检查设备设施配备要求，强化危险化学品安全监管队伍建设，实现专业监管人员配比不低于在职人员75%的要求，提高依法履职的能力水平。（各有关部门按职责分工负责，2018年3月底前完成）

28. 积极利用社会力量，助力危险化学品安全监管。要创新监管方式，加强中介机构力量的培育，利用政府购买服务等方式，充分发挥行业协会、注册安全工程师事务所、安全生产服务机构、保险机构等社会力量的作用，持续提升危险化学品安全监管水平，增强监管效果。（各有关部门按职责分工负责，持续推进）

29. 严格安全、环保评价等第三方服务机构监管。负责安全、环保评价机构资质审查审批的有关部门要认真履行日常监管职责，提高准入门槛，严格规范安全评价和环境影响评价行为，对弄虚作假、不负责任、有不良记录的安全、环保评价机构，依法降低资质等级或者吊销资质证书，追究相关责任并在媒体曝光。（各有关部门按职责分工负责，2018年3月底前取得阶段性成果，2018年4月至2019年10月深化提升）

30. 借鉴国际先进经验，防范重特大事故。及早启动开展国际劳工组织《预防重大工业事故公约》（第174号）批准相关工作，鼓励化工企业借鉴采用国际安全标准。（人力资源社会保障部牵头，外交部、工业和信息化部、安全监管总局等按职责分工负责，2018年3月底前完成）

（八）加强危险化学品安全监管信息化建设。

31. 完善危险化学品登记制度。加强危险化学品登记工作，建立全国危险化学品企业信息数据库，并实现部门数据共享。（安全监管总局牵头，工业和信息化部、环境保护部、农业部、国家卫生计生委、国家国防科工局等按职责分工负责，2018年3月底前取得阶段性成果，2018年4月至2019年10月深化提升）

32. 建立全国危险化学品监管信息共享平台。依托政府数据统一共享交换平台，建立危险化学品生产（含进口）、储存、使用、经营、运输和废弃处置企业大数据库，形成政府建设管理、企业申报信息、数据共建共享、部门分工监管的综合信息平台。鼓励企业建立安全管理信息平台，提高企业自身安全管理能力。灵活运用各种方式，探索实施易燃易爆有毒危险化学品电子追踪标识制度，及时登记记录全流向、闭环化的危险化学品信息数据，基本实现危险化学品全生命周期信息化安全管理及信息共享。（工业和信息化部牵头，国家发展改革委、公安部、环境保护部、交通运输部、农业部、海关总署、质检总局、安全监管总局、国家国防科工局、国家海洋局、国家铁路局、中国民航局等按职责分工负责，2018年3月底前取得阶段性成果，2018年4月至2019年10月深化提升）

33. 建设国家危险化学品安全公共服务互联网平

台。依托安全监管总局化学品登记中心,设立国家危险化学品安全公共服务互联网平台,公布咨询电话,公开已登记的危险化学品相关信息,为社会公众、相关单位以及政府提供危险化学品安全咨询和应急处置技术支持服务。(安全监管总局牵头,工业和信息化部等有关部门按职责分工负责,2018 年 3 月底前取得阶段性成果,2018 年 4 月至 2019 年 10 月深化提升)

(九)加强危险化学品应急救援工作。

34. 进一步规范应急处置要求。制定更加规范的危险化学品事故接处警和应急处置规程,完善现场处置程序,探索建立专业现场指挥官制度,坚持以人为本、科学施救、安全施救、有序施救,有效防控应急处置过程风险,避免发生次生事故事件,推动实施科学化、精细化、规范化、专业化的应急处置。(安全监管总局牵头,公安部、环境保护部、交通运输部等按职责分工负责,2018 年 3 月底前完成)

35. 加大资金支持力度。有效利用安全生产预防及应急专项资金,引导地方政府加大危险化学品应急方面的投入。探索安全生产责任保险在事故处置过程中发挥作用的方法。(财政部牵头,安全监管总局等按职责分工负责,持续推进)

36. 强化危险化学品专业应急能力建设。制定危险化学品应急能力建设法规标准,规范救援队伍的指挥调度、装备配备和训练考核,建立统一指挥、快速反应、装备精良、训练有素的危险化学品应急救援力量体系。完善国家危险化学品应急救援(实训)基地能力建设方案,优化应急力量布局和装备设施配备,健全应急物资储备与调运机制,开展环境应急监测及处理能力建设。督促危险化学品生产经营企业强化应急救援能力。将相关应急救援力量纳入统一调度体系。(安全监管总局牵头,国家发展改革委、财政部、国家海洋局等按职责分工负责,持续推进)

37. 加强危险化学品应急预案管理。简化、完善危险化学品相关应急预案编制以及应急演练要求,积极推行使用应急处置卡。定期组织开展联合演练,根据演练评估结果及时修订完善应急预案,进一步提高应急预案的科学性、针对性、实用性和可操作性。确保企业应急预案与地方政府及其部门相关预案衔接畅通。(安全监管总局负责,2018 年 3 月底前取得阶段性成果,2018 年 4 月至 2019 年 10 月深化提升)

(十)加强危险化学品安全宣传教育和人才培养。

38. 大力推进危险化学品安全宣传普及。建立定期的危险化学品企业和化工园区公众开放日制度,创新方式方法,加强正面主动引导,开展多种形式的宣传普及活动,不断提高全社会的安全意识与对危险化学品的科学认知水平。(安全监管总局牵头,教育部、科技部、新闻出版广电总局等按职责分工负责,持续推进)

39. 加强化工行业管理人才培养。推动各地区加快人才培养,开展化工高层次人才培养和开办化工安全网络教育,加强化工行业安全管理人员培训。(教育部、安全监管总局等按职责分工负责,2018 年 3 月底前取得阶段性成果,2018 年 4 月至 2019 年 10 月深化提升)

40. 加快化工产业工人培养。推动化工企业通过定向培养、校企联合办学和学徒制等方式,加快产业工人培养,确保涉及"两重点一重大"生产装置、储存设施的操作人员达到岗位技能要求。(教育部、人力资源社会保障部、安全监管总局等按职责分工负责,持续推进)研究制定加快化工产业工人培养的指导意见,加快培养具有较强安全意识、较高操作技能的工人队伍,有效缓解化工产业人才缺乏的问题。(安全监管总局牵头,教育部、人力资源社会保障部等按职责分工负责,持续推进)

六、工作要求

(一)各地区、各有关部门要按照工作分工和完成时限要求,结合本地区、本部门实际制定具体实施方案,落实工作责任,并于 2016 年 12 月底前将本地区、本部门的实施方案报送国务院安委会办公室。各有关部门要分别确定 1 名司局级联络员和 1 名工作人员负责日常工作的联系和协调,并将名单报送国务院安委会办公室。

(二)各地区、各有关部门要高度重视危险化学品安全综合治理工作,加强组织领导,密切协调配合,精心组织实施,确保取得实效,并按季度向国务院安委会办公室报送工作进展情况。国务院安委会办公室要定期通报工作信息,适时组织对各地区、各有关部门开展危险化学品安全综合治理工作的情况进行督查。

使用有毒物品作业场所劳动保护条例

2002 年 5 月 12 日国务院令第 352 号公布施行

第一章　总　　则

第一条　为了保证作业场所安全使用有毒物品,预防、控制和消除职业中毒危害,保护劳动者的生命安全、身体健康及其相关权益，根据职业病防治法和其他有关法律、行政法规的规定，制定本条例。

第二条　作业场所使用有毒物品可能产生职业中毒危害的劳动保护，适用本条例。

第三条　按照有毒物品产生的职业中毒危害程度，有毒物品分为一般有毒物品和高毒物品。国家对作业场所使用高毒物品实行特殊管理。

一般有毒物品目录、高毒物品目录由国务院卫生行政部门会同有关部门依据国家标准制定、调整并公布。

第四条　从事使用有毒物品作业的用人单位（以下简称用人单位）应当使用符合国家标准的有毒物品，不得在作业场所使用国家明令禁止使用的有毒物品或者使用不符合国家标准的有毒物品。

用人单位应当尽可能使用无毒物品；需要使用有毒物品的，应当优先选择使用低毒物品。

第五条　用人单位应当依照本条例和其他有关法律、行政法规的规定，采取有效的防护措施，预防职业中毒事故的发生，依法参加工伤保险，保障劳动者的生命安全和身体健康。

第六条　国家鼓励研制、开发、推广、应用有利于预防、控制、消除职业中毒危害和保护劳动者健康的新技术、新工艺、新材料；限制使用或者淘汰有关职业中毒危害严重的技术、工艺、材料；加强对有关职业病的机理和发生规律的基础研究，提高有关职业病防治科学技术水平。

第七条　禁止使用童工。

用人单位不得安排未成年人和孕期、哺乳期的女职工从事使用有毒物品的作业。

第八条　工会组织应当督促并协助用人单位开展职业卫生宣传教育和培训，对用人单位的职业卫生工作提出意见和建议，与用人单位就劳动者反映的职业病防治问题进行协调并督促解决。

工会组织对用人单位违反法律、法规，侵犯劳动者合法权益的行为，有权要求纠正；产生严重职业中毒危害时，有权要求用人单位采取防护措施，或者向政府有关部门建议采取强制性措施；发生职业中毒事故时，有权参与事故调查处理；发现危及劳动者生命、健康的情形时，有权建议用人单位组织劳动者撤离危险现场，用人单位应当立即作出处理。

第九条　县级以上人民政府卫生行政部门及其他有关行政部门应当依据各自的职责，监督用人单位严格遵守本条例和其他有关法律、法规的规定，加强作业场所使用有毒物品的劳动保护，防止职业中毒事故发生，确保劳动者依法享有的权利。

第十条　各级人民政府应当加强对使用有毒物品作业场所职业卫生安全及相关劳动保护工作的领导，督促、支持卫生行政部门及其他有关行政部门依法履行监督检查职责，及时协调、解决有关重大问题；在发生职业中毒事故时，应当采取有效措施，控制事故危害的蔓延并消除事故危害，并妥善处理有关善后工作。

第二章　作业场所的预防措施

第十一条　用人单位的设立，应当符合有关法律、行政法规规定的设立条件，并依法办理有关手续，取得营业执照。

用人单位的使用有毒物品作业场所，除应当符合职业病防治法规定的职业卫生要求外，还必须符合下列要求：

（一）作业场所与生活场所分开，作业场所不得住人；

（二）有害作业与无害作业分开，高毒作业场所与其他作业场所隔离；

（三）设置有效的通风装置；可能突然泄漏大量有毒物品或者易造成急性中毒的作业场所，设置自动报警装置和事故通风设施；

（四）高毒作业场所设置应急撤离通道和必要的泄险区。

用人单位及其作业场所符合前两款规定的，由卫生行政部门发给职业卫生安全许可证，方可从事使用有毒物品的作业。

第十二条　使用有毒物品作业场所应当设置黄色区域警示线、警示标识和中文警示说明。警示说明应当载明产生职业中毒危害的种类、后果、预防以及应急救治措施等内容。

高毒作业场所应当设置红色区域警示线、警示标识和中文警示说明，并设置通讯报警设备。

第十三条　新建、扩建、改建的建设项目和技术改造、技术引进项目（以下统称建设项目），可能产生职业中毒危害的，应当依照职业病防治法的规定进行职业中毒危害预评价，并经卫生行政部门审核同意；可能产生职业中毒危害的建设项目的职业中毒危害防护设施应当与主体工程同时设计，同时施工，同时投入生产和使用；建设项目竣工，应当进行职业中毒危害控制效果评价，并经卫生行政部门验收合格。

存在高毒作业的建设项目的职业中毒危害防护设施设计，应当经卫生行政部门进行卫生审查；经审查，符合国家职业卫生标准和卫生要求的,方可施工。

第十四条 用人单位应当按照国务院卫生行政部门的规定,向卫生行政部门及时、如实申报存在职业中毒危害项目。

从事使用高毒物品作业的用人单位,在申报使用高毒物品作业项目时,应当向卫生行政部门提交下列有关资料:

(一)职业中毒危害控制效果评价报告;

(二)职业卫生管理制度和操作规程等材料;

(三)职业中毒事故应急救援预案。

从事使用高毒物品作业的用人单位变更所使用的高毒物品品种的,应当依照前款规定向原受理申报的卫生行政部门重新申报。

第十五条 用人单位变更名称、法定代表人或者负责人的,应当向原受理申报的卫生行政部门备案。

第十六条 从事使用高毒物品作业的用人单位,应当配备应急救援人员和必要的应急救援器材、设备,制定事故应急救援预案,并根据实际情况变化对应急救援预案适时进行修订,定期组织演练。事故应急救援预案和演练记录应当报当地卫生行政部门、安全生产监督管理部门和公安部门备案。

第三章 劳动过程的防护

第十七条 用人单位应当依照职业病防治法的有关规定,采取有效的职业卫生防护管理措施,加强劳动过程中的防护与管理。

从事使用高毒物品作业的用人单位,应当配备专职的或者兼职的职业卫生医师和护士;不具备配备专职的或者兼职的职业卫生医师和护士条件的,应当与依法取得资质认证的职业卫生技术服务机构签订合同,由其提供职业卫生服务。

第十八条 用人单位应当与劳动者订立劳动合同,将工作过程中可能产生的职业中毒危害及其后果、职业中毒危害防护措施和待遇等如实告知劳动者,并在劳动合同中写明,不得隐瞒或者欺骗。

劳动者在已订立劳动合同期间因工作岗位或者工作内容变更,从事劳动合同中未告知的存在职业中毒危害的作业时,用人单位应当依照前款规定,如实告知劳动者,并协商变更原劳动合同有关条款。

用人单位违反前两款规定的,劳动者有权拒绝从事存在职业中毒危害的作业,用人单位不得因此单方面解除或者终止与劳动者所订立的劳动合同。

第十九条 用人单位有关管理人员应当熟悉有关职业病防治的法律、法规以及确保劳动者安全使用有毒物品作业的知识。

用人单位应当对劳动者进行上岗前的职业卫生培训和在岗期间的定期职业卫生培训,普及有关职业卫生知识,督促劳动者遵守有关法律、法规和操作规程,指导劳动者正确使用职业中毒危害防护设备和个人使用的职业中毒危害防护用品。

劳动者经培训考核合格,方可上岗作业。

第二十条 用人单位应当确保职业中毒危害防护设备、应急救援设施、通讯报警装置处于正常适用状态,不得擅自拆除或者停止运行。

用人单位应当对前款所列设施进行经常性的维护、检修,定期检测其性能和效果,确保其处于良好运行状态。

职业中毒危害防护设备、应急救援设施和通讯报警装置处于不正常状态时,用人单位应当立即停止使用有毒物品作业;恢复正常状态后,方可重新作业。

第二十一条 用人单位应当为从事使用有毒物品作业的劳动者提供符合国家职业卫生标准的防护用品,并确保劳动者正确使用。

第二十二条 有毒物品必须附具说明书,如实载明产品特性、主要成分、存在的职业中毒危害因素、可能产生的危害后果、安全使用注意事项、职业中毒危害防护以及应急救治措施等内容;没有说明书或者说明书不符合要求的,不得向用人单位销售。

用人单位有权向生产、经营有毒物品的单位索取说明书。

第二十三条 有毒物品的包装应当符合国家标准,并以易于劳动者理解的方式加贴或者拴挂有毒物品安全标签。有毒物品的包装必须有醒目的警示标识和中文警示说明。

经营、使用有毒物品的单位,不得经营、使用没有安全标签、警示标识和中文警示说明的有毒物品。

第二十四条 用人单位维护、检修存在高毒物品的生产装置,必须事先制订维护、检修方案,明确职业中毒危害防护措施,确保维护、检修人员的生命安全和身体健康。

维护、检修存在高毒物品的生产装置,必须严格按照维护、检修方案和操作规程进行。维护、检修现场应当有专人监护,并设置警示标志。

第二十五条 需要进入存在高毒物品的设备、容器或者狭窄封闭场所作业时,用人单位应当事先采取下列措施:

(一)保持作业场所良好的通风状态,确保作业场所职业中毒危害因素浓度符合国家职业卫生标准；

（二）为劳动者配备符合国家职业卫生标准的防护用品；

（三）设置现场监护人员和现场救援设备。

未采取前款规定措施或者采取的措施不符合要求的，用人单位不得安排劳动者进入存在高毒物品的设备、容器或者狭窄封闭场所作业。

第二十六条 用人单位应当按照国务院卫生行政部门的规定，定期对使用有毒物品作业场所职业中毒危害因素进行检测、评价。检测、评价结果存入用人单位职业卫生档案，定期向所在地卫生行政部门报告并向劳动者公布。

从事使用高毒物品作业的用人单位应当至少每一个月对高毒作业场所进行一次职业中毒危害因素检测；至少每半年进行一次职业中毒危害控制效果评价。

高毒作业场所职业中毒危害因素不符合国家职业卫生标准和卫生要求时，用人单位必须立即停止高毒作业，并采取相应的治理措施；经治理，职业中毒危害因素符合国家职业卫生标准和卫生要求的，方可重新作业。

第二十七条 从事使用高毒物品作业的用人单位应当设置淋浴间和更衣室，并设置清洗、存放或者处理从事使用高毒物品作业劳动者的工作服、工作鞋帽等物品的专用间。

劳动者结束作业时，其使用的工作服、工作鞋帽等物品必须存放在高毒作业区域内，不得穿戴到非高毒作业区域。

第二十八条 用人单位应当按照规定对从事使用高毒物品作业的劳动者进行岗位轮换。

用人单位应当为从事使用高毒物品作业的劳动者提供岗位津贴。

第二十九条 用人单位转产、停产、停业或者解散、破产的，应当采取有效措施，妥善处理留存或者残留有毒物品的设备、包装物和容器。

第三十条 用人单位应当对本单位执行本条例规定的情况进行经常性的监督检查；发现问题，应当及时依照本条例规定的要求进行处理。

第四章 职业健康监护

第三十一条 用人单位应当组织从事使用有毒物品作业的劳动者进行上岗前职业健康检查。

用人单位不得安排未经上岗前职业健康检查的劳动者从事使用有毒物品的作业，不得安排有职业禁忌的劳动者从事其所禁忌的作业。

第三十二条 用人单位应当对从事使用有毒物品作业的劳动者进行定期职业健康检查。

用人单位发现有职业禁忌或者有与所从事职业相关的健康损害的劳动者，应当将其及时调离原工作岗位，并妥善安置。

用人单位对需要复查和医学观察的劳动者，应当按照体检机构的要求安排其复查和医学观察。

第三十三条 用人单位应当对从事使用有毒物品作业的劳动者进行离岗时的职业健康检查；对离岗时未进行职业健康检查的劳动者，不得解除或者终止与其订立的劳动合同。

用人单位发生分立、合并、解散、破产等情形的，应当对从事使用有毒物品作业的劳动者进行健康检查，并按照国家有关规定妥善安置职业病病人。

第三十四条 用人单位对受到或者可能受到急性职业中毒危害的劳动者，应当及时组织进行健康检查和医学观察。

第三十五条 劳动者职业健康检查和医学观察的费用，由用人单位承担。

第三十六条 用人单位应当建立职业健康监护档案。

职业健康监护档案应当包括下列内容：

（一）劳动者的职业史和职业中毒危害接触史；

（二）相应作业场所职业中毒危害因素监测结果；

（三）职业健康检查结果及处理情况；

（四）职业病诊疗等劳动者健康资料。

第五章 劳动者的权利与义务

第三十七条 从事使用有毒物品作业的劳动者在存在威胁生命安全或者身体健康危险的情况下，有权通知用人单位并从使用有毒物品造成的危险现场撤离。

用人单位不得因劳动者依据前款规定行使权利，而取消或者减少劳动者在正常工作时享有的工资、福利待遇。

第三十八条 劳动者享有下列职业卫生保护权利：

（一）获得职业卫生教育、培训；

（二）获得职业健康检查、职业病诊疗、康复等职业病防治服务；

（三）了解工作场所产生或者可能产生的职业中毒危害因素、危害后果和应当采取的职业中毒危害防护措施；

（四）要求用人单位提供符合防治职业病要求的职业中毒危害防护设施和个人使用的职业中毒危害防护用品，改善工作条件；

（五）对违反职业病防治法律、法规，危及生命、健

康的行为提出批评、检举和控告;

(六)拒绝违章指挥和强令进行没有职业中毒危害防护措施的作业;

(七)参与用人单位职业卫生工作的民主管理,对职业病防治工作提出意见和建议。

用人单位应当保障劳动者行使前款所列权利。禁止因劳动者依法行使正当权利而降低其工资、福利等待遇或者解除、终止与其订立的劳动合同。

第三十九条　劳动者有权在正式上岗前从用人单位获得下列资料:

(一)作业场所使用的有毒物品的特性、有害成分、预防措施、教育和培训资料;

(二)有毒物品的标签、标识及有关资料;

(三)有毒物品安全使用说明书;

(四)可能影响安全使用有毒物品的其他有关资料。

第四十条　劳动者有权查阅、复印其本人职业健康监护档案。

劳动者离开用人单位时,有权索取本人健康监护档案复印件;用人单位应当如实、无偿提供,并在所提供的复印件上签章。

第四十一条　用人单位按照国家规定参加工伤保险的,患职业病的劳动者有权按照国家有关工伤保险的规定,享受下列工伤保险待遇:

(一)医疗费:因患职业病进行诊疗所需费用,由工伤保险基金按照规定标准支付;

(二)住院伙食补助费:由用人单位按照当地因公出差伙食标准的一定比例支付;

(三)康复费:由工伤保险基金按照规定标准支付;

(四)残疾用具费:因残疾需要配置辅助器具的,所需费用由工伤保险基金按照普及型辅助器具标准支付;

(五)停工留薪期待遇:原工资、福利待遇不变,由用人单位支付;

(六)生活护理补助费:经评残并确认需要生活护理的,生活护理补助费由工伤保险基金按照规定标准支付;

(七)一次性伤残补助金:经鉴定为十级至一级伤残的,按照伤残等级享受相当于6个月至24个月的本人工资的一次性伤残补助金,由工伤保险基金支付;

(八)伤残津贴:经鉴定为四级至一级伤残的,按照规定享受相当于本人工资75%至90%的伤残津贴,由工伤保险基金支付;

(九)死亡补助金:因职业中毒死亡的,由工伤保险基金按照不低于48个月的统筹地区上年度职工月平均工资的标准一次支付;

(十)丧葬补助金:因职业中毒死亡的,由工伤保险基金按照6个月的统筹地区上年度职工月平均工资的标准一次支付;

(十一)供养亲属抚恤金:因职业中毒死亡的,对由死者生前提供主要生活来源的亲属由工伤保险基金支付抚恤金:对其配偶每月按照统筹地区上年度职工月平均工资的40%发给,对其生前供养的直系亲属每人每月按照统筹地区上年度职工月平均工资的30%发给;

(十二)国家规定的其他工伤保险待遇。

本条例施行后,国家对工伤保险待遇的项目和标准作出调整时,从其规定。

第四十二条　用人单位未参加工伤保险的,其劳动者从事有毒物品作业患职业病的,用人单位应当按照国家有关工伤保险规定的项目和标准,保证劳动者享受工伤待遇。

第四十三条　用人单位无营业执照以及被依法吊销营业执照,其劳动者从事使用有毒物品作业患职业病的,应当按照国家有关工伤保险规定的项目和标准,给予劳动者一次性赔偿。

第四十四条　用人单位分立、合并的,承继单位应当承担由原用人单位对患职业病的劳动者承担的补偿责任。

用人单位解散、破产的,应当依法从其清算财产中优先支付患职业病的劳动者的补偿费用。

第四十五条　劳动者除依法享有工伤保险外,依照有关民事法律的规定,尚有获得赔偿的权利的,有权向用人单位提出赔偿要求。

第四十六条　劳动者应当学习和掌握相关职业卫生知识,遵守有关劳动保护的法律、法规和操作规程,正确使用和维护职业中毒危害防护设施及其用品;发现职业中毒事故隐患时,应当及时报告。

作业场所出现使用有毒物品产生的危险时,劳动者应当采取必要措施,按照规定正确使用防护设施,将危险加以消除或者减少到最低限度。

第六章　监督管理

第四十七条　县级以上人民政府卫生行政部门应当依照本条例的规定和国家有关职业卫生要求,依据职责划分,对作业场所使用有毒物品作业及职业中毒危害检测、评价活动进行监督检查。

卫生行政部门实施监督检查,不得收取费用,不得接受用人单位的财物或者其他利益。

第四十八条 卫生行政部门应当建立、健全监督制度,核查反映用人单位有关劳动保护的材料,履行监督责任。

用人单位应当向卫生行政部门如实、具体提供反映有关劳动保护的材料;必要时,卫生行政部门可以查阅或者要求用人单位报送有关材料。

第四十九条 卫生行政部门应当监督用人单位严格执行有关职业卫生规范。

卫生行政部门应当依照本条例的规定对使用有毒物品作业场所的职业卫生防护设备、设施的防护性能进行定期检验和不定期的抽查;发现职业卫生防护设备、设施存在隐患时,应当责令用人单位立即消除隐患;消除隐患期间,应当责令其停止作业。

第五十条 卫生行政部门应当采取措施,鼓励对用人单位的违法行为进行举报、投诉、检举和控告。

卫生行政部门对举报、投诉、检举和控告应当及时核实,依法作出处理,并将处理结果予以公布。

卫生行政部门对举报人、投诉人、检举人和控告人负有保密的义务。

第五十一条 卫生行政部门执法人员依法执行职务时,应当出示执法证件。

卫生行政部门执法人员应当忠于职守,秉公执法;涉及用人单位秘密的,应当为其保密。

第五十二条 卫生行政部门依法实施罚款的行政处罚,应当依照有关法律、行政法规的规定,实施罚款决定与罚款收缴分离;收缴的罚款以及依法没收的经营所得,必须全部上缴国库。

第五十三条 卫生行政部门履行监督检查职责时,有权采取下列措施:

(一)进入用人单位和使用有毒物品作业场所现场,了解情况,调查取证,进行抽样检查、检测、检验,进行实地检查;

(二)查阅或者复制与违反本条例行为有关的资料,采集样品;

(三)责令违反本条例规定的单位和个人停止违法行为。

第五十四条 发生职业中毒事故或者有证据证明职业中毒危害状态可能导致事故发生时,卫生行政部门有权采取下列临时控制措施:

(一)责令暂停导致职业中毒事故的作业;

(二)封存造成职业中毒事故或者可能导致事故发生的物品;

(三)组织控制职业中毒事故现场。

在职业中毒事故或者危害状态得到有效控制后,卫生行政部门应当及时解除控制措施。

第五十五条 卫生行政部门执法人员依法执行职务时,被检查单位应当接受检查并予以支持、配合,不得拒绝和阻碍。

第五十六条 卫生行政部门应当加强队伍建设,提高执法人员的政治、业务素质,依照本条例的规定,建立、健全内部监督制度,对执法人员执行法律、法规和遵守纪律的情况进行监督检查。

第七章 罚　　则

第五十七条 卫生行政部门的工作人员有下列行为之一,导致职业中毒事故发生的,依照刑法关于滥用职权罪、玩忽职守罪或者其他罪的规定,依法追究刑事责任;造成职业中毒危害但尚未导致职业中毒事故发生,不够刑事处罚的,根据不同情节,依法给予降级、撤职或者开除的行政处分:

(一)对不符合本条例规定条件的涉及使用有毒物品作业事项,予以批准的;

(二)发现用人单位擅自从事使用有毒物品作业,不予取缔的;

(三)对依法取得批准的用人单位不履行监督检查职责,发现其不再具备本条例规定的条件而不撤销原批准或者发现违反本条例的其他行为不予查处的;

(四)发现用人单位存在职业中毒危害,可能造成职业中毒事故,不及时依法采取控制措施的。

第五十八条 用人单位违反本条例的规定,有下列情形之一的,由卫生行政部门给予警告,责令限期改正,处10万元以上50万元以下的罚款;逾期不改正的,提请有关人民政府按照国务院规定的权限责令停建、予以关闭;造成严重职业中毒危害或者导致职业中毒事故发生的,对负有责任的主管人员和其他直接责任人员依照刑法关于重大劳动安全事故罪或者其他罪的规定,依法追究刑事责任:

(一)可能产生职业中毒危害的建设项目,未依照职业病防治法的规定进行职业中毒危害预评价,或者预评价未经卫生行政部门审核同意,擅自开工的;

(二)职业卫生防护设施未与主体工程同时设计,同时施工,同时投入生产和使用的;

(三)建设项目竣工,未进行职业中毒危害控制效果评价,或者未经卫生行政部门验收或者验收不合格,擅自投入使用的;

(四)存在高毒作业的建设项目的防护设施设计未经卫生行政部门审查同意,擅自施工的。

第五十九条 用人单位违反本条例的规定,有下列情形之一的,由卫生行政部门给予警告,责令限期改正,处5万元以上20万元以下的罚款;逾期不改正的,提请有关人民政府按照国务院规定的权限予以关闭;造成严重职业中毒危害或者导致职业中毒事故发生的,对负有责任的主管人员和其他直接责任人员依照刑法关于重大劳动安全事故罪或者其他罪的规定,依法追究刑事责任:

(一)使用有毒物品作业场所未按照规定设置警示标识和中文警示说明的;

(二)未对职业卫生防护设备、应急救援设施、通讯报警装置进行维护、检修和定期检测,导致上述设施处于不正常状态的;

(三)未依照本条例的规定进行职业中毒危害因素检测和职业中毒危害控制效果评价的;

(四)高毒作业场所未按照规定设置撤离通道和泄险区的;

(五)高毒作业场所未按照规定设置警示线的;

(六)未向从事使用有毒物品作业的劳动者提供符合国家职业卫生标准的防护用品,或者未保证劳动者正确使用的。

第六十条 用人单位违反本条例的规定,有下列情形之一的,由卫生行政部门给予警告,责令限期改正,处5万元以上30万元以下的罚款;逾期不改正的,提请有关人民政府按照国务院规定的权限予以关闭;造成严重职业中毒危害或者导致职业中毒事故发生的,对负有责任的主管人员和其他直接责任人员依照刑法关于重大责任事故罪、重大劳动安全事故罪或者其他罪的规定,依法追究刑事责任:

(一)使用有毒物品作业场所未设置有效通风装置的,或者可能突然泄漏大量有毒物品或者易造成急性中毒的作业场所未设置自动报警装置或者事故通风设施的;

(二)职业卫生防护设备、应急救援设施、通讯报警装置处于不正常状态而不停止作业,或者擅自拆除或者停止运行职业卫生防护设备、应急救援设施、通讯报警装置的。

第六十一条 从事使用高毒物品作业的用人单位违反本条例的规定,有下列行为之一的,由卫生行政部门给予警告,责令限期改正,处5万元以上20万元以下的罚款;逾期不改正的,提请有关人民政府按照国务院规定的权限予以关闭;造成严重职业中毒危害或者导致职业中毒事故发生的,对负有责任的主管人员和其他直接责任人员依照刑法关于重大责任事故罪或者其他罪的规定,依法追究刑事责任:

(一)作业场所职业中毒危害因素不符合国家职业卫生标准和卫生要求而不立即停止高毒作业并采取相应的治理措施的,或者职业中毒危害因素治理不符合国家职业卫生标准和卫生要求重新作业的;

(二)未依照本条例的规定维护、检修存在高毒物品的生产装置的;

(三)未采取本条例规定的措施,安排劳动者进入存在高毒物品的设备、容器或者狭窄封闭场所作业的。

第六十二条 在作业场所使用国家明令禁止使用的有毒物品或者使用不符合国家标准的有毒物品的,由卫生行政部门责令立即停止使用,处5万元以上30万元以下的罚款;情节严重的,责令停止使用有毒物品作业,或者提请有关人民政府按照国务院规定的权限予以关闭;造成严重职业中毒危害或者导致职业中毒事故发生的,对负有责任的主管人员和其他直接责任人员依照刑法关于危险物品肇事罪、重大责任事故罪或者其他罪的规定,依法追究刑事责任。

第六十三条 用人单位违反本条例的规定,有下列行为之一的,由卫生行政部门给予警告,责令限期改正;逾期不改正的,处5万元以上30万元以下的罚款;造成严重职业中毒危害或者导致职业中毒事故发生的,对负有责任的主管人员和其他直接责任人员依照刑法关于重大责任事故罪或者其他罪的规定,依法追究刑事责任:

(一)使用未经培训考核合格的劳动者从事高毒作业的;

(二)安排有职业禁忌的劳动者从事所禁忌的作业的;

(三)发现有职业禁忌或者有与所从事职业相关的健康损害的劳动者,未及时调离原工作岗位,并妥善安置的;

(四)安排未成年人或者孕期、哺乳期的女职工从事使用有毒物品作业的;

(五)使用童工的。

第六十四条 违反本条例的规定,未经许可,擅自从事使用有毒物品作业的,由工商行政管理部门、卫生行政部门依据各自职权予以取缔;造成职业中毒事故的,依照刑法关于危险物品肇事罪或者其他罪的规定,依法追究刑事责任；尚不够刑事处罚的，由卫生行政部门没收经营所得，并处经营所得3倍以上5倍以下的罚款；对劳动者造成人身伤害的，依法承担赔偿责任。

第六十五条 从事使用有毒物品作业的用人单位违反本条例的规定，在转产、停产、停业或者解散、破产时未采取有效措施，妥善处理留存或者残留高毒物品的设备、包装物和容器的，由卫生行政部门责令改正，处2万元以上10万元以下的罚款；触犯刑律的，对负有责任的主管人员和其他直接责任人员依照刑法关于重大环境污染事故罪、危险物品肇事罪或者其他罪的规定，依法追究刑事责任。

第六十六条 用人单位违反本条例的规定，有下列情形之一的，由卫生行政部门给予警告，责令限期改正，处5000元以上2万元以下的罚款；逾期不改正的，责令停止使用有毒物品作业，或者提请有关人民政府按照国务院规定的权限予以关闭；造成严重职业中毒危害或者导致职业中毒事故发生的，对负有责任的主管人员和其他直接责任人员依照刑法关于重大劳动安全事故罪、危险物品肇事罪或者其他罪的规定，依法追究刑事责任：

（一）使用有毒物品作业场所未与生活场所分开或者在作业场所住人的；

（二）未将有害作业与无害作业分开的；

（三）高毒作业场所未与其他作业场所有效隔离的；

（四）从事高毒作业未按照规定配备应急救援设施或者制定事故应急救援预案的。

第六十七条 用人单位违反本条例的规定，有下列情形之一的，由卫生行政部门给予警告，责令限期改正，处2万元以上5万元以下的罚款；逾期不改正的，提请有关人民政府按照国务院规定的权限予以关闭：

（一）未按照规定向卫生行政部门申报高毒作业项目的；

（二）变更使用高毒物品品种，未按照规定向原受理申报的卫生行政部门重新申报，或者申报不及时、有虚假的。

第六十八条 用人单位违反本条例的规定，有下列行为之一的，由卫生行政部门给予警告，责令限期改正，处2万元以上5万元以下的罚款；逾期不改正的，责令停止使用有毒物品作业，或者提请有关人民政府按照国务院规定的权限予以关闭：

（一）未组织从事使用有毒物品作业的劳动者进行上岗前职业健康检查，安排未经上岗前职业健康检查的劳动者从事使用有毒物品作业的；

（二）未组织从事使用有毒物品作业的劳动者进行定期职业健康检查的；

（三）未组织从事使用有毒物品作业的劳动者进行离岗职业健康检查的；

（四）对未进行离岗职业健康检查的劳动者，解除或者终止与其订立的劳动合同的；

（五）发生分立、合并、解散、破产情形，未对从事使用有毒物品作业的劳动者进行健康检查，并按照国家有关规定妥善安置职业病病人的；

（六）对受到或者可能受到急性职业中毒危害的劳动者，未及时组织进行健康检查和医学观察的；

（七）未建立职业健康监护档案的；

（八）劳动者离开用人单位时，用人单位未如实、无偿提供职业健康监护档案的；

（九）未依照职业病防治法和本条例的规定将工作过程中可能产生的职业中毒危害及其后果、有关职业卫生防护措施和待遇等如实告知劳动者并在劳动合同中写明的；

（十）劳动者在存在威胁生命、健康危险的情况下，从危险现场中撤离，而被取消或者减少应当享有的待遇的。

第六十九条 用人单位违反本条例的规定，有下列行为之一的，由卫生行政部门给予警告，责令限期改正，处5000元以上2万元以下的罚款；逾期不改正的，责令停止使用有毒物品作业，或者提请有关人民政府按照国务院规定的权限予以关闭：

（一）未按照规定配备或者聘请职业卫生医师和护士的；

（二）未为从事使用高毒物品作业的劳动者设置淋浴间、更衣室或者未设置清洗、存放和处理工作服、工作鞋帽等物品的专用间，或者不能正常使用的；

（三）未安排从事使用高毒物品作业一定年限的劳动者进行岗位轮换的。

第八章　附　　则

第七十条 涉及作业场所使用有毒物品可能产生职业中毒危害的劳动保护的有关事项，本条例未作规定的，依照职业病防治法和其他有关法律、行政法规的规定执行。

有毒物品的生产、经营、储存、运输、使用和废弃处置的安全管理，依照危险化学品安全管理条例执行。

第七十一条 本条例自公布之日起施行。

危险化学品安全使用许可证实施办法

1. 2012年11月16日国家安全生产监督管理总局令第57号公布

2. 根据2015年5月27日国家安全生产监督管理总局令第79号《关于废止和修改危险化学品等领域七部规章的决定》第一次修正

3. 根据2017年3月6日国家安全生产监督管理总局令第89号《关于修改和废止部分规章及规范性文件的决定》第二次修正

第一章　总　　则

第一条　为了严格使用危险化学品从事生产的化工企业安全生产条件，规范危险化学品安全使用许可证的颁发和管理工作，根据《危险化学品安全管理条例》和有关法律、行政法规，制定本办法。

第二条　本办法适用于列入危险化学品安全使用许可适用行业目录、使用危险化学品从事生产并且达到危险化学品使用量的数量标准的化工企业（危险化学品生产企业除外，以下简称企业）。

使用危险化学品作为燃料的企业不适用本办法。

第三条　企业应当依照本办法的规定取得危险化学品安全使用许可证（以下简称安全使用许可证）。

第四条　安全使用许可证的颁发管理工作实行企业申请、市级发证、属地监管的原则。

第五条　国家安全生产监督管理总局负责指导、监督全国安全使用许可证的颁发管理工作。

省、自治区、直辖市人民政府安全生产监督管理部门（以下简称省级安全生产监督管理部门）负责指导、监督本行政区域内安全使用许可证的颁发管理工作。

设区的市级人民政府安全生产监督管理部门（以下简称发证机关）负责本行政区域内安全使用许可证的审批、颁发和管理，不得再委托其他单位、组织或者个人实施。

第二章　申请安全使用许可证的条件

第六条　企业与重要场所、设施、区域的距离和总体布局应当符合下列要求，并确保安全：

（一）储存危险化学品数量构成重大危险源的储存设施，与《危险化学品安全管理条例》第十九条第一款规定的八类场所、设施、区域的距离符合国家有关法律、法规、规章和国家标准或者行业标准的规定；

（二）总体布局符合《工业企业总平面设计规范》（GB 50187）、《化工企业总图运输设计规范》（GB 50489）、《建筑设计防火规范》（GB 50016）等相关标准的要求；石油化工企业还应当符合《石油化工企业设计防火规范》（GB 50160）的要求；

（三）新建企业符合国家产业政策、当地县级以上（含县级）人民政府的规划和布局。

第七条　企业的厂房、作业场所、储存设施和安全设施、设备、工艺应当符合下列要求：

（一）新建、改建、扩建使用危险化学品的化工建设项目（以下统称建设项目）由具备国家规定资质的设计单位设计和施工单位建设；其中，涉及国家安全生产监督管理总局公布的重点监管危险化工工艺、重点监管危险化学品的装置，由具备石油化工医药行业相应资质的设计单位设计；

（二）不得采用国家明令淘汰、禁止使用和危及安全生产的工艺、设备；新开发的使用危险化学品从事化工生产的工艺（以下简称化工工艺），在小试、中试、工业化试验的基础上逐步放大到工业化生产；国内首次使用的化工工艺，经过省级人民政府有关部门组织的安全可靠性论证；

（三）涉及国家安全生产监督管理总局公布的重点监管危险化工工艺、重点监管危险化学品的装置装设自动化控制系统；涉及国家安全生产监督管理总局公布的重点监管危险化工工艺的大型化工装置装设紧急停车系统；涉及易燃易爆、有毒有害气体化学品的作业场所装设易燃易爆、有毒有害介质泄漏报警等安全设施；

（四）新建企业的生产区与非生产区分开设置，并符合国家标准或者行业标准规定的距离；

（五）新建企业的生产装置和储存设施之间及其建（构）筑物之间的距离符合国家标准或者行业标准的规定。

同一厂区内（生产或者储存区域）的设备、设施及建（构）筑物的布置应当适用同一标准的规定。

第八条　企业应当依法设置安全生产管理机构，按照国家规定配备专职安全生产管理人员。配备的专职安全生产管理人员必须能够满足安全生产的需要。

第九条　企业主要负责人、分管安全负责人和安全生产管理人员必须具备与其从事生产经营活动相适应的安全知识和管理能力，参加安全资格培训，并经考核合格，取得安全合格证书。

特种作业人员应当依照《特种作业人员安全技术培训考核管理规定》，经专门的安全技术培训并考核合格,取得特种作业操作证书。

本条第一款、第二款规定以外的其他从业人员应当按照国家有关规定,经安全教育培训合格。

第十条　企业应当建立全员安全生产责任制,保证每位从业人员的安全生产责任与职务、岗位相匹配。

第十一条　企业根据化工工艺、装置、设施等实际情况,至少应当制定、完善下列主要安全生产规章制度:

(一)安全生产例会等安全生产会议制度;

(二)安全投入保障制度;

(三)安全生产奖惩制度;

(四)安全培训教育制度;

(五)领导干部轮流现场带班制度;

(六)特种作业人员管理制度;

(七)安全检查和隐患排查治理制度;

(八)重大危险源的评估和安全管理制度;

(九)变更管理制度;

(十)应急管理制度;

(十一)生产安全事故或者重大事件管理制度;

(十二)防火、防爆、防中毒、防泄漏管理制度;

(十三)工艺、设备、电气仪表、公用工程安全管理制度;

(十四)动火、进入受限空间、吊装、高处、盲板抽堵、临时用电、动土、断路、设备检维修等作业安全管理制度;

(十五)危险化学品安全管理制度;

(十六)职业健康相关管理制度;

(十七)劳动防护用品使用维护管理制度;

(十八)承包商管理制度;

(十九)安全管理制度及操作规程定期修订制度。

第十二条　企业应当根据工艺、技术、设备特点和原辅料的危险性等情况编制岗位安全操作规程。

第十三条　企业应当依法委托具备国家规定资质条件的安全评价机构进行安全评价,并按照安全评价报告的意见对存在的安全生产问题进行整改。

第十四条　企业应当有相应的职业病危害防护设施,并为从业人员配备符合国家标准或者行业标准的劳动防护用品。

第十五条　企业应当依据《危险化学品重大危险源辨识》(GB 18218),对本企业的生产、储存和使用装置、设施或者场所进行重大危险源辨识。

对于已经确定为重大危险源的,应当按照《危险化学品重大危险源监督管理暂行规定》进行安全管理。

第十六条　企业应当符合下列应急管理要求:

(一)按照国家有关规定编制危险化学品事故应急预案,并报送有关部门备案;

(二)建立应急救援组织,明确应急救援人员,配备必要的应急救援器材、设备设施,并按照规定定期进行应急预案演练。

储存和使用氯气、氨气等对皮肤有强烈刺激的吸入性有毒有害气体的企业,除符合本条第一款的规定外,还应当配备至少两套以上全封闭防化服;构成重大危险源的,还应当设立气体防护站(组)。

第十七条　企业除符合本章规定的安全使用条件外,还应当符合有关法律、行政法规和国家标准或者行业标准规定的其他安全使用条件。

第三章　安全使用许可证的申请

第十八条　企业向发证机关申请安全使用许可证时,应当提交下列文件、资料,并对其内容的真实性负责:

(一)申请安全使用许可证的文件及申请书;

(二)新建企业的选址布局符合国家产业政策、当地县级以上人民政府的规划和布局的证明材料复制件;

(三)安全生产责任制文件,安全生产规章制度、岗位安全操作规程清单;

(四)设置安全生产管理机构,配备专职安全生产管理人员的文件复制件;

(五)主要负责人、分管安全负责人、安全生产管理人员安全合格证和特种作业人员操作证复制件;

(六)危险化学品事故应急救援预案的备案证明文件;

(七)由供货单位提供的所使用危险化学品的安全技术说明书和安全标签;

(八)工商营业执照副本或者工商核准文件复制件;

(九)安全评价报告及其整改结果的报告;

(十)新建企业的建设项目安全设施竣工验收报告;

(十一)应急救援组织、应急救援人员,以及应急救援器材、设备设施清单。

有危险化学品重大危险源的企业,除应当提交本条第一款规定的文件、资料外,还应当提交重大危险源的备案证明文件。

第十九条　新建企业安全使用许可证的申请,应当在建设项目安全设施竣工验收通过之日起10个工作日内提出。

第四章　安全使用许可证的颁发

第二十条　发证机关收到企业申请文件、资料后,应当按照下列情况分别作出处理:

(一)申请事项依法不需要取得安全使用许可证的,当场告知企业不予受理;

(二)申请材料存在可以当场更正的错误的,允许企业当场更正;

(三)申请材料不齐全或者不符合法定形式的,当场或者在5个工作日内一次告知企业需要补正的全部内容,并出具补正告知书;逾期不告知的,自收到申请材料之日起即为受理;

(四)企业申请材料齐全、符合法定形式,或者按照发证机关要求提交全部补正申请材料的,立即受理其申请。

发证机关受理或者不予受理行政许可申请,应当出具加盖本机关专用印章和注明日期的书面凭证。

第二十一条　安全使用许可证申请受理后,发证机关应当组织人员对企业提交的申请文件、资料进行审查。对企业提交的文件、资料内容存在疑问,需要到现场核查的,应当指派工作人员对有关内容进行现场核查。工作人员应当如实提出书面核查意见。

第二十二条　发证机关应当在受理之日起45日内作出是否准予许可的决定。发证机关现场核查和企业整改有关问题所需时间不计算在本条规定的期限内。

第二十三条　发证机关作出准予许可的决定的,应当自决定之日起10个工作日内颁发安全使用许可证。

发证机关作出不予许可的决定的,应当在10个工作日内书面告知企业并说明理由。

第二十四条　企业在安全使用许可证有效期内变更主要负责人、企业名称或者注册地址的,应当自工商营业执照变更之日起10个工作日内提出变更申请,并提交下列文件、资料:

(一)变更申请书;

(二)变更后的工商营业执照副本复制件;

(三)变更主要负责人的,还应当提供主要负责人经安全生产监督管理部门考核合格后颁发的安全合格证复制件;

(四)变更注册地址的,还应当提供相关证明材料。

对已经受理的变更申请,发证机关对企业提交的文件、资料审查无误后,方可办理安全使用许可证变更手续。

企业在安全使用许可证有效期内变更隶属关系的,应当在隶属关系变更之日起10日内向发证机关提交证明材料。

第二十五条　企业在安全使用许可证有效期内,有下列情形之一的,发证机关按照本办法第二十条、第二十一条、第二十二条、第二十三条的规定办理变更手续:

(一)增加使用的危险化学品品种,且达到危险化学品使用量的数量标准规定的;

(二)涉及危险化学品安全使用许可范围的新建、改建、扩建建设项目的;

(三)改变工艺技术对企业的安全生产条件产生重大影响的。

有本条第一款第一项规定情形的企业,应当在增加前提出变更申请。

有本条第一款第二项规定情形的企业,应当在建设项目安全设施竣工验收合格之日起10个工作日内向原发证机关提出变更申请,并提交建设项目安全设施竣工验收报告等相关文件、资料。

有本条第一款第一项、第三项规定情形的企业,应当进行专项安全验收评价,并对安全评价报告中提出的问题进行整改;在整改完成后,向原发证机关提出变更申请并提交安全验收评价报告。

第二十六条　安全使用许可证有效期为3年。企业安全使用许可证有效期届满后需要继续使用危险化学品从事生产、且达到危险化学品使用量的数量标准规定的,应当在安全使用许可证有效期届满前3个月提出延期申请,并提交本办法第十八条规定的文件、资料。

发证机关按照本办法第二十条、第二十一条、第二十二条、第二十三条的规定进行审查,并作出是否准予延期的决定。

第二十七条　企业取得安全使用许可证后,符合下列条件的,其安全使用许可证届满办理延期手续时,经原发证机关同意,可以不提交第十八条第一款第二项、第五项、第九项和第十八条第二款规定的文件、资料,直接办理延期手续:

(一)严格遵守有关法律、法规和本办法的;

(二)取得安全使用许可证后,加强日常安全管理,未降低安全使用条件,并达到安全生产标准化等级二级以上的;

(三)未发生造成人员死亡的生产安全责任事故的。

企业符合本条第一款第二项、第三项规定条件的,应当在延期申请书中予以说明,并出具二级以上安全生产标准化证书复印件。

第二十八条 安全使用许可证分为正本、副本，正本为悬挂式，副本为折页式，正、副本具有同等法律效力。

发证机关应当分别在安全使用许可证正、副本上注明编号、企业名称、主要负责人、注册地址、经济类型、许可范围、有效期、发证机关、发证日期等内容。其中，“许可范围”正本上注明“危险化学品使用”，副本上注明使用危险化学品从事生产的地址和对应的具体品种、年使用量。

第二十九条 企业不得伪造、变造安全使用许可证，或者出租、出借、转让其取得的安全使用许可证，或者使用伪造、变造的安全使用许可证。

第五章 监督管理

第三十条 发证机关应当坚持公开、公平、公正的原则，依照本办法和有关行政许可的法律法规规定，颁发安全使用许可证。

发证机关工作人员在安全使用许可证颁发及其监督管理工作中，不得索取或者接受企业的财物，不得谋取其他非法利益。

第三十一条 发证机关应当加强对安全使用许可证的监督管理，建立、健全安全使用许可证档案管理制度。

第三十二条 有下列情形之一的，发证机关应当撤销已经颁发的安全使用许可证：

（一）滥用职权、玩忽职守颁发安全使用许可证的；

（二）超越职权颁发安全使用许可证的；

（三）违反本办法规定的程序颁发安全使用许可证的；

（四）对不具备申请资格或者不符合法定条件的企业颁发安全使用许可证的；

（五）以欺骗、贿赂等不正当手段取得安全使用许可证的。

第三十三条 企业取得安全使用许可证后有下列情形之一的，发证机关应当注销其安全使用许可证：

（一）安全使用许可证有效期届满未被批准延期的；

（二）终止使用危险化学品从事生产的；

（三）继续使用危险化学品从事生产，但使用量降低后未达到危险化学品使用量的数量标准规定的；

（四）安全使用许可证被依法撤销的；

（五）安全使用许可证被依法吊销的。

安全使用许可证注销后，发证机关应当在当地主要新闻媒体或者本机关网站上予以公告，并向省级和企业所在地县级安全生产监督管理部门通报。

第三十四条 发证机关应当将其颁发安全使用许可证的情况及时向同级环境保护主管部门和公安机关通报。

第三十五条 发证机关应当于每年1月10日前，将本行政区域内上年度安全使用许可证的颁发和管理情况报省级安全生产监督管理部门，并定期向社会公布企业取得安全使用许可证的情况，接受社会监督。

省级安全生产监督管理部门应当于每年1月15日前，将本行政区域内上年度安全使用许可证的颁发和管理情况报国家安全生产监督管理总局。

第六章 法律责任

第三十六条 发证机关工作人员在对危险化学品使用许可证的颁发管理工作中滥用职权、玩忽职守、徇私舞弊，构成犯罪的，依法追究刑事责任；尚不构成犯罪的，依法给予处分。

第三十七条 企业未取得安全使用许可证，擅自使用危险化学品从事生产，且达到危险化学品使用量的数量标准规定的，责令立即停止违法行为并限期改正，处10万元以上20万元以下的罚款；逾期不改正的，责令停产整顿。

企业在安全使用许可证有效期届满后未办理延期手续，仍然使用危险化学品从事生产，且达到危险化学品使用量的数量标准规定的，依照前款规定给予处罚。

第三十八条 企业伪造、变造或者出租、出借、转让安全使用许可证，或者使用伪造、变造的安全使用许可证的，处10万元以上20万元以下的罚款，有违法所得的，没收违法所得；构成违反治安管理行为的，依法给予治安管理处罚；构成犯罪的，依法追究刑事责任。

第三十九条 企业在安全使用许可证有效期内主要负责人、企业名称、注册地址、隶属关系发生变更，未按照本办法第二十四条规定的时限提出安全使用许可证变更申请或者将隶属关系变更证明材料报发证机关的，责令限期办理变更手续，处1万元以上3万元以下的罚款。

第四十条 企业在安全使用许可证有效期内有下列情形之一，未按照本办法第二十五条的规定提出变更申请，继续从事生产的，责令限期改正，处1万元以上3万元以下的罚款：

（一）增加使用的危险化学品品种，且达到危险化学品使用量的数量标准规定的；

（二）涉及危险化学品安全使用许可范围的新建、改建、扩建建设项目，其安全设施已经竣工验收合格的；

（三）改变工艺技术对企业的安全生产条件产生

重大影响的。

第四十一条　发现企业隐瞒有关情况或者提供虚假文件、资料申请安全使用许可证的,发证机关不予受理或者不予颁发安全使用许可证,并给予警告,该企业在1年内不得再次申请安全使用许可证。

企业以欺骗、贿赂等不正当手段取得安全使用许可证的,自发证机关撤销其安全使用许可证之日起3年内,该企业不得再次申请安全使用许可证。

第四十二条　安全评价机构有下列情形之一的,给予警告,并处1万元以下的罚款;情节严重的,暂停资质6个月,并处1万元以上3万元以下的罚款;对相关责任人依法给予处理:

(一)从业人员不到现场开展安全评价活动的;

(二)安全评价报告与实际情况不符,或者安全评价报告存在重大疏漏,但尚未造成重大损失的;

(三)未按照有关法律、法规、规章和国家标准或者行业标准的规定从事安全评价活动的。

第四十三条　承担安全评价的机构出具虚假证明的,没收违法所得;违法所得在10万元以上的,并处违法所得2倍以上5倍以下的罚款;没有违法所得或者违法所得不足10万元的,单处或者并处10万元以上20万元以下的罚款;对其直接负责的主管人员和其他直接责任人员处2万元以上5万元以下的罚款;给他人造成损害的,与企业承担连带赔偿责任;构成犯罪的,依照刑法有关规定追究刑事责任。

对有前款违法行为的机构,依法吊销其相应资质。

第四十四条　本办法规定的行政处罚,由安全生产监督管理部门决定;但本办法第三十八条规定的行政处罚,由发证机关决定;第四十二条、第四十三条规定的行政处罚,依照《安全评价机构管理规定》执行。

第七章　附　　则

第四十五条　本办法下列用语的含义:

(一)危险化学品安全使用许可适用行业目录,是指国家安全生产监督管理总局根据《危险化学品安全管理条例》和有关国家标准、行业标准公布的需要取得危险化学品安全使用许可的化工企业类别;

(二)危险化学品使用量的数量标准,由国家安全生产监督管理总局会同国务院公安部门、农业主管部门根据《危险化学品安全管理条例》公布;

(三)本办法所称使用量,是指企业使用危险化学品的年设计使用量和实际使用量的较大值;

(四)本办法所称大型化工装置,是指按照原建设部《工程设计资质标准》(建市〔2007〕86号)中的《化工石化医药行业建设项目设计规模划分表》确定的大型项目的化工生产装置。

第四十六条　危险化学品安全使用许可的文书、危险化学品安全使用许可证的样式、内容和编号办法,由国家安全生产监督管理总局另行规定。

第四十七条　省级安全生产监督管理部门可以根据当地实际情况制定安全使用许可证管理的细则,并报国家安全生产监督管理总局备案。

第四十八条　本办法施行前已经进行生产的企业,应当自本办法施行之日起18个月内,依照本办法的规定向发证机关申请办理安全使用许可证;逾期不申请办理安全使用许可证,或者经审查不符合本办法规定的安全使用条件,未取得安全使用许可证,继续进行生产的,依照本办法第三十七条的规定处罚。

第四十九条　本办法自2013年5月1日起施行。

危险化学品经营许可证管理办法

1. *2012年7月17日国家安全生产监督管理总局令第55号公布*
2. *根据2015年5月27日国家安全生产监督管理总局令第79号《关于废止和修改危险化学品等领域七部规章的决定》修正*

第一章　总　　则

第一条　为了严格危险化学品经营安全条件,规范危险化学品经营活动,保障人民群众生命、财产安全,根据《中华人民共和国安全生产法》和《危险化学品安全管理条例》,制定本办法。

第二条　在中华人民共和国境内从事列入《危险化学品目录》的危险化学品的经营(包括仓储经营)活动,适用本办法。

民用爆炸物品、放射性物品、核能物质和城镇燃气的经营活动,不适用本办法。

第三条　国家对危险化学品经营实行许可制度。经营危险化学品的企业,应当依照本办法取得危险化学品经营许可证(以下简称经营许可证)。未取得经营许可证,任何单位和个人不得经营危险化学品。

从事下列危险化学品经营活动,不需要取得经营许可证:

(一)依法取得危险化学品安全生产许可证的危险化学品生产企业在其厂区范围内销售本企业生产的危险化学品的;

（二）依法取得港口经营许可证的港口经营人在港区内从事危险化学品仓储经营的。

第四条 经营许可证的颁发管理工作实行企业申请、两级发证、属地监管的原则。

第五条 国家安全生产监督管理总局指导、监督全国经营许可证的颁发和管理工作。

省、自治区、直辖市人民政府安全生产监督管理部门指导、监督本行政区域内经营许可证的颁发和管理工作。

设区的市级人民政府安全生产监督管理部门（以下简称市级发证机关）负责下列企业的经营许可证审批、颁发：

（一）经营剧毒化学品的企业；

（二）经营易制爆危险化学品的企业；

（三）经营汽油加油站的企业；

（四）专门从事危险化学品仓储经营的企业；

（五）从事危险化学品经营活动的中央企业所属省级、设区的市级公司（分公司）；

（六）带有储存设施经营除剧毒化学品、易制爆危险化学品以外的其他危险化学品的企业；

县级人民政府安全生产监督管理部门（以下简称县级发证机关）负责本行政区域内本条第三款规定以外企业的经营许可证审批、颁发；没有设立县级发证机关的，其经营许可证由市级发证机关审批、颁发。

第二章 申请经营许可证的条件

第六条 从事危险化学品经营的单位（以下统称申请人）应当依法登记注册为企业，并具备下列基本条件：

（一）经营和储存场所、设施、建筑物符合《建筑设计防火规范》（GB 50016）、《石油化工企业设计防火规范》（GB 50160）、《汽车加油加气站设计与施工规范》（GB 50156）、《石油库设计规范》（GB 50074）等相关国家标准、行业标准的规定；

（二）企业主要负责人和安全生产管理人员具备与本企业危险化学品经营活动相适应的安全生产知识和管理能力，经专门的安全生产培训和安全生产监督管理部门考核合格，取得相应安全资格证书；特种作业人员经专门的安全作业培训，取得特种作业操作证书；其他从业人员依照有关规定经安全生产教育和专业技术培训合格；

（三）有健全的安全生产规章制度和岗位操作规程；

（四）有符合国家规定的危险化学品事故应急预案，并配备必要的应急救援器材、设备；

（五）法律、法规和国家标准或者行业标准规定的其他安全生产条件。

前款规定的安全生产规章制度，是指全员安全生产责任制度、危险化学品购销管理制度、危险化学品安全管理制度（包括防火、防爆、防中毒、防泄漏管理等内容）、安全投入保障制度、安全生产奖惩制度、安全生产教育培训制度、隐患排查治理制度、安全风险管理制度、应急管理制度、事故管理制度、职业卫生管理制度等。

第七条 申请人经营剧毒化学品的，除符合本办法第六条规定的条件外，还应当建立剧毒化学品双人验收、双人保管、双人发货、双把锁、双本账等管理制度。

第八条 申请人带有储存设施经营危险化学品的，除符合本办法第六条规定的条件外，还应当具备下列条件：

（一）新设立的专门从事危险化学品仓储经营的，其储存设施建立在地方人民政府规划的用于危险化学品储存的专门区域内；

（二）储存设施与相关场所、设施、区域的距离符合有关法律、法规、规章和标准的规定；

（三）依照有关规定进行安全评价，安全评价报告符合《危险化学品经营企业安全评价细则》的要求；

（四）专职安全生产管理人员具备国民教育化工化学类或者安全工程类中等职业教育以上学历，或者化工化学类中级以上专业技术职称，或者危险物品安全类注册安全工程师资格；

（五）符合《危险化学品安全管理条例》、《危险化学品重大危险源监督管理暂行规定》、《常用危险化学品贮存通则》（GB 15603）的相关规定。

申请人储存易燃、易爆、有毒、易扩散危险化学品的，除符合本条第一款规定的条件外，还应当符合《石油化工可燃气体和有毒气体检测报警设计规范》（GB 50493）的规定。

第三章 经营许可证的申请与颁发

第九条 申请人申请经营许可证，应当依照本办法第五条规定向所在地市级或者县级发证机关（以下统称发证机关）提出申请，提交下列文件、资料，并对其真实性负责：

（一）申请经营许可证的文件及申请书；

（二）安全生产规章制度和岗位操作规程的目录清单；

（三）企业主要负责人、安全生产管理人员、特种作业人员的相关资格证书（复制件）和其他从业人员培训合格的证明材料；

（四）经营场所产权证明文件或者租赁证明文件（复制件）；

（五）工商行政管理部门颁发的企业性质营业执照或者企业名称预先核准文件（复制件）；

（六）危险化学品事故应急预案备案登记表（复制件）。

带有储存设施经营危险化学品的，申请人还应当提交下列文件、资料：

（一）储存设施相关证明文件（复制件）；租赁储存设施的，需要提交租赁证明文件（复制件）；储存设施新建、改建、扩建的，需要提交危险化学品建设项目安全设施竣工验收报告；

（二）重大危险源备案证明材料、专职安全生产管理人员的学历证书、技术职称证书或者危险物品安全类注册安全工程师资格证书（复制件）；

（三）安全评价报告。

第十条　发证机关收到申请人提交的文件、资料后，应当按照下列情况分别作出处理：

（一）申请事项不需要取得经营许可证的，当场告知申请人不予受理；

（二）申请事项不属于本发证机关职责范围的，当场作出不予受理的决定，告知申请人向相应的发证机关申请，并退回申请文件、资料；

（三）申请文件、资料存在可以当场更正的错误的，允许申请人当场更正，并受理其申请；

（四）申请文件、资料不齐全或者不符合要求的，当场告知或者在5个工作日内出具补正告知书，一次告知申请人需要补正的全部内容；逾期不告知的，自收到申请文件、资料之日起即为受理；

（五）申请文件、资料齐全，符合要求，或者申请人按照发证机关要求提交全部补正材料的，立即受理其申请。

发证机关受理或者不予受理经营许可证申请，应当出具加盖本机关印章和注明日期的书面凭证。

第十一条　发证机关受理经营许可证申请后，应当组织对申请人提交的文件、资料进行审查，指派2名以上工作人员对申请人的经营场所、储存设施进行现场核查，并自受理之日起30日内作出是否准予许可的决定。

发证机关现场核查以及申请人整改现场核查发现的有关问题和修改有关申请文件、资料所需时间，不计算在前款规定的期限内。

第十二条　发证机关作出准予许可决定的，应当自决定之日起10个工作日内颁发经营许可证；发证机关作出不予许可决定的，应当在10个工作日内书面告知申请人并说明理由，告知书应当加盖本机关印章。

第十三条　经营许可证分为正本、副本，正本为悬挂式，副本为折页式。正本、副本具有同等法律效力。

经营许可证正本、副本应当分别载明下列事项：

（一）企业名称；

（二）企业住所（注册地址、经营场所、储存场所）；

（三）企业法定代表人姓名；

（四）经营方式；

（五）许可范围；

（六）发证日期和有效期限；

（七）证书编号；

（八）发证机关；

（九）有效期延续情况。

第十四条　已经取得经营许可证的企业变更企业名称、主要负责人、注册地址或者危险化学品储存设施及其监控措施的，应当自变更之日起20个工作日内，向本办法第五条规定的发证机关提出书面变更申请，并提交下列文件、资料：

（一）经营许可证变更申请书；

（二）变更后的工商营业执照副本（复制件）；

（三）变更后的主要负责人安全资格证书（复制件）；

（四）变更注册地址的相关证明材料；

（五）变更后的危险化学品储存设施及其监控措施的专项安全评价报告。

第十五条　发证机关受理变更申请后，应当组织对企业提交的文件、资料进行审查，并自收到申请文件、资料之日起10个工作日内作出是否准予变更的决定。

发证机关作出准予变更决定的，应当重新颁发经营许可证，并收回原经营许可证；不予变更的，应当说明理由并书面通知企业。

经营许可证变更的，经营许可证有效期的起始日和截止日不变，但应当载明变更日期。

第十六条　已经取得经营许可证的企业有新建、改建、扩建危险化学品储存设施建设项目的，应当自建设项目安全设施竣工验收合格之日起20个工作日内，向本办法第五条规定的发证机关提出变更申请，并提交危险化学品建设项目安全设施竣工验收报告等相关文件、资料。发证机关应当按照本办法第十条、第十五条的规定进行审查，办理变更手续。

第十七条　已经取得经营许可证的企业，有下列情形之一的，应当按照本办法的规定重新申请办理经营许可证，并提交相关文件、资料：

（一）不带有储存设施的经营企业变更其经营场所的；

（二）带有储存设施的经营企业变更其储存场所的；

（三）仓储经营的企业异地重建的；

（四）经营方式发生变化的；

（五）许可范围发生变化的。

第十八条 经营许可证的有效期为3年。有效期满后，企业需要继续从事危险化学品经营活动的，应当在经营许可证有效期满3个月前，向本办法第五条规定的发证机关提出经营许可证的延期申请，并提交延期申请书及本办法第九条规定的申请文件、资料。

企业提出经营许可证延期申请时，可以同时提出变更申请，并向发证机关提交相关文件、资料。

第十九条 符合下列条件的企业，申请经营许可证延期时，经发证机关同意，可以不提交本办法第九条规定的文件、资料：

（一）严格遵守有关法律、法规和本办法；

（二）取得经营许可证后，加强日常安全生产管理，未降低安全生产条件；

（三）未发生死亡事故或者对社会造成较大影响的生产安全事故。

带有储存设施经营危险化学品的企业，除符合前款规定条件的外，还需要取得并提交危险化学品企业安全生产标准化二级达标证书（复制件）。

第二十条 发证机关受理延期申请后，应当依照本办法第十条、第十一条、第十二条的规定，对延期申请进行审查，并在经营许可证有效期满前作出是否准予延期的决定；发证机关逾期未作出决定的，视为准予延期。

发证机关作出准予延期决定的，经营许可证有效期顺延3年。

第二十一条 任何单位和个人不得伪造、变造经营许可证，或者出租、出借、转让其取得的经营许可证，或者使用伪造、变造的经营许可证。

第四章 经营许可证的监督管理

第二十二条 发证机关应当坚持公开、公平、公正的原则，严格依照法律、法规、规章、国家标准、行业标准和本办法规定的条件及程序，审批、颁发经营许可证。

发证机关及其工作人员在经营许可证的审批、颁发和监督管理工作中，不得索取或者接受当事人的财物，不得谋取其他利益。

第二十三条 发证机关应当加强对经营许可证的监督管理，建立、健全经营许可证审批、颁发档案管理制度，并定期向社会公布企业取得经营许可证的情况，接受社会监督。

第二十四条 发证机关应当及时向同级公安机关、环境保护部门通报经营许可证的发放情况。

第二十五条 安全生产监督管理部门在监督检查中，发现已经取得经营许可证的企业不再具备法律、法规、规章、国家标准、行业标准和本办法规定的安全生产条件，或者存在违反法律、法规、规章和本办法规定的行为的，应当依法作出处理，并及时告知原发证机关。

第二十六条 发证机关发现企业以欺骗、贿赂等不正当手段取得经营许可证的，应当撤销已经颁发的经营许可证。

第二十七条 已经取得经营许可证的企业有下列情形之一的，发证机关应当注销其经营许可证：

（一）经营许可证有效期届满未被批准延期的；

（二）终止危险化学品经营活动的；

（三）经营许可证被依法撤销的；

（四）经营许可证被依法吊销的。

发证机关注销经营许可证后，应当在当地主要新闻媒体或者本机关网站上发布公告，并通报企业所在地人民政府和县级以上安全生产监督管理部门。

第二十八条 县级发证机关应当将本行政区域内上一年度经营许可证的审批、颁发和监督管理情况报告市级发证机关。

市级发证机关应当将本行政区域内上一年度经营许可证的审批、颁发和监督管理情况报告省、自治区、直辖市人民政府安全生产监督管理部门。

省、自治区、直辖市人民政府安全生产监督管理部门应当按照有关统计规定，将本行政区域内上一年度经营许可证的审批、颁发和监督管理情况报告国家安全生产监督管理总局。

第五章 法律责任

第二十九条 未取得经营许可证从事危险化学品经营的，依照《中华人民共和国安全生产法》有关未经依法批准擅自生产、经营、储存危险物品的法律责任条款并处罚款；构成犯罪的，依法追究刑事责任。

企业在经营许可证有效期届满后，仍然从事危险化学品经营的，依照前款规定给予处罚。

第三十条 带有储存设施的企业违反《危险化学品安全管理条例》规定，有下列情形之一的，责令改正，处5万元以上10万元以下的罚款；拒不改正的，责令停产停业整顿；经停产停业整顿仍不具备法律、法规、规章、国

家标准和行业标准规定的安全生产条件的,吊销其经营许可证:

(一)对重复使用的危险化学品包装物、容器,在重复使用前不进行检查的;

(二)未根据其储存的危险化学品的种类和危险特性,在作业场所设置相关安全设施、设备,或者未按照国家标准、行业标准或者国家有关规定对安全设施、设备进行经常性维护、保养的;

(三)未将危险化学品储存在专用仓库内,或者未将剧毒化学品以及储存数量构成重大危险源的其他危险化学品在专用仓库内单独存放的;

(四)未对其安全生产条件定期进行安全评价的;

(五)危险化学品的储存方式、方法或者储存数量不符合国家标准或者国家有关规定的;

(六)危险化学品专用仓库不符合国家标准、行业标准的要求的;

(七)未对危险化学品专用仓库的安全设施、设备定期进行检测、检验的。

第三十一条　伪造、变造或者出租、出借、转让经营许可证,或者使用伪造、变造的经营许可证的,处10万元以上20万元以下的罚款,有违法所得的,没收违法所得;构成违反治安管理行为的,依法给予治安管理处罚;构成犯罪的,依法追究刑事责任。

第三十二条　已经取得经营许可证的企业不再具备法律、法规和本办法规定的安全生产条件的,责令改正;逾期不改正的,责令停产停业整顿;经停产停业整顿仍不具备法律、法规、规章、国家标准和行业标准规定的安全生产条件的,吊销其经营许可证。

第三十三条　已经取得经营许可证的企业出现本办法第十四条、第十六条规定的情形之一,未依照本办法的规定申请变更的,责令限期改正,处1万元以下的罚款;逾期仍不申请变更的,处1万元以上3万元以下的罚款。

第三十四条　安全生产监督管理部门的工作人员徇私舞弊、滥用职权、弄虚作假、玩忽职守,未依法履行危险化学品经营许可证审批、颁发和监督管理职责的,依照有关规定给予处分。

第三十五条　承担安全评价的机构和安全评价人员出具虚假评价报告的,依照有关法律、法规、规章的规定给予行政处罚;构成犯罪的,依法追究刑事责任。

第三十六条　本办法规定的行政处罚,由安全生产监督管理部门决定。其中,本办法第三十一条规定的行政处罚和第三十条、第三十二条规定的吊销经营许可证的行政处罚,由发证机关决定。

第六章　附　　则

第三十七条　购买危险化学品进行分装、充装或者加入非危险化学品的溶剂进行稀释,然后销售的,依照本办法执行。

本办法所称储存设施,是指按照《危险化学品重大危险源辨识》(GB 18218)确定,储存的危险化学品数量构成重大危险源的设施。

第三十八条　本办法施行前已取得经营许可证的企业,在其经营许可证有效期内可以继续从事危险化学品经营;经营许可证有效期届满后需要继续从事危险化学品经营的,应当依照本办法的规定重新申请经营许可证。

本办法施行前取得经营许可证的非企业的单位或者个人,在其经营许可证有效期内可以继续从事危险化学品经营;经营许可证有效期届满后需要继续从事危险化学品经营的,应当先依法登记为企业,再依照本办法的规定申请经营许可证。

第三十九条　经营许可证的式样由国家安全生产监督管理总局制定。

第四十条　本办法自2012年9月1日起施行。原国家经济贸易委员会2002年10月8日公布的《危险化学品经营许可证管理办法》同时废止。

危险化学品建设项目安全监督管理办法

1. *2012年1月30日国家安全生产监督管理总局令第45号公布*
2. *根据2015年5月27日国家安全生产监督管理总局令第79号《关于废止和修改危险化学品等领域七部规章的决定》修正*

第一章　总　　则

第一条　为了加强危险化学品建设项目安全监督管理,规范危险化学品建设项目安全审查,根据《中华人民共和国安全生产法》和《危险化学品安全管理条例》等法律、行政法规,制定本办法。

第二条　中华人民共和国境内新建、改建、扩建危险化学品生产、储存的建设项目以及伴有危险化学品产生的化工建设项目(包括危险化学品长输管道建设项目,以下统称建设项目),其安全管理及其监督管理,适用本办法。

危险化学品的勘探、开采及其辅助的储存,原油和天然气勘探、开采及其辅助的储存、海上输送,城镇燃气的输送及储存等建设项目,不适用本办法。

第三条 本办法所称建设项目安全审查,是指建设项目安全条件审查、安全设施的设计审查。建设项目的安全审查由建设单位申请,安全生产监督管理部门根据本办法分级负责实施。

建设项目安全设施竣工验收由建设单位负责依法组织实施。

建设项目未经安全审查和安全设施竣工验收的,不得开工建设或者投入生产(使用)。

第四条 国家安全生产监督管理总局指导、监督全国建设项目安全审查和建设项目安全设施竣工验收的实施工作,并负责实施下列建设项目的安全审查:

(一)国务院审批(核准、备案)的;

(二)跨省、自治区、直辖市的。

省、自治区、直辖市人民政府安全生产监督管理部门(以下简称省级安全生产监督管理部门)指导、监督本行政区域内建设项目安全审查和建设项目安全设施竣工验收的监督管理工作,确定并公布本部门和本行政区域内由设区的市级人民政府安全生产监督管理部门(以下简称市级安全生产监督管理部门)实施的前款规定以外的建设项目范围,并报国家安全生产监督管理总局备案。

第五条 建设项目有下列情形之一的,应当由省级安全生产监督管理部门负责安全审查:

(一)国务院投资主管部门审批(核准、备案)的;

(二)生产剧毒化学品的;

(三)省级安全生产监督管理部门确定的本办法第四条第一款规定以外的其他建设项目。

第六条 负责实施建设项目安全审查的安全生产监督管理部门根据工作需要,可以将其负责实施的建设项目安全审查工作,委托下一级安全生产监督管理部门实施。委托实施安全审查的,审查结果由委托的安全生产监督管理部门负责。跨省、自治区、直辖市的建设项目和生产剧毒化学品的建设项目,不得委托实施安全审查。

建设项目有下列情形之一的,不得委托县级人民政府安全生产监督管理部门实施安全审查:

(一)涉及国家安全生产监督管理总局公布的重点监管危险化工工艺的;

(二)涉及国家安全生产监督管理总局公布的重点监管危险化学品中的有毒气体、液化气体、易燃液体、爆炸品,且构成重大危险源的。

接受委托的安全生产监督管理部门不得将其受托的建设项目安全审查工作再委托其他单位实施。

第七条 建设项目的设计、施工、监理单位和安全评价机构应当具备相应的资质,并对其工作成果负责。

涉及重点监管危险化工工艺、重点监管危险化学品或者危险化学品重大危险源的建设项目,应当由具有石油化工医药行业相应资质的设计单位设计。

第二章 建设项目安全条件审查

第八条 建设单位应当在建设项目的可行性研究阶段,委托具备相应资质的安全评价机构对建设项目进行安全评价。

安全评价机构应当根据有关安全生产法律、法规、规章和国家标准、行业标准,对建设项目进行安全评价,出具建设项目安全评价报告。安全评价报告应当符合《危险化学品建设项目安全评价细则》的要求。

第九条 建设项目有下列情形之一的,应当由甲级安全评价机构进行安全评价:

(一)国务院及其投资主管部门审批(核准、备案)的;

(二)生产剧毒化学品的;

(三)跨省、自治区、直辖市的;

(四)法律、法规、规章另有规定的。

第十条 建设单位应当在建设项目开始初步设计前,向与本办法第四条、第五条规定相应的安全生产监督管理部门申请建设项目安全条件审查,提交下列文件、资料,并对其真实性负责:

(一)建设项目安全条件审查申请书及文件;

(二)建设项目安全评价报告;

(三)建设项目批准、核准或者备案文件和规划相关文件(复制件);

(四)工商行政管理部门颁发的企业营业执照或者企业名称预先核准通知书(复制件)。

第十一条 建设单位申请安全条件审查的文件、资料齐全,符合法定形式的,安全生产监督管理部门应当当场予以受理,并书面告知建设单位。

建设单位申请安全条件审查的文件、资料不齐全或者不符合法定形式的,安全生产监督管理部门应当自收到申请文件、资料之日起五个工作日内一次性书面告知建设单位需要补正的全部内容;逾期不告知的,收到申请文件、资料之日起即为受理。

第十二条 对已经受理的建设项目安全条件审查申请,安全生产监督管理部门应当指派有关人员或者组织专家对申请文件、资料进行审查,并自受理申请之日起四十五日内向建设单位出具建设项目安全条件审查意见书。建设项目安全条件审查意见书的有效期为两年。

根据法定条件和程序，需要对申请文件、资料的实质内容进行核实的，安全生产监督管理部门应当指派两名以上工作人员对建设项目进行现场核查。

建设单位整改现场核查发现的有关问题和修改申请文件、资料所需时间不计算在本条规定的期限内。

第十三条　建设项目有下列情形之一的，安全条件审查不予通过：

（一）安全评价报告存在重大缺陷、漏项的，包括建设项目主要危险、有害因素辨识和评价不全或者不准确的；

（二）建设项目与周边场所、设施的距离或者拟建场址自然条件不符合有关安全生产法律、法规、规章和国家标准、行业标准的规定的；

（三）主要技术、工艺未确定，或者不符合有关安全生产法律、法规、规章和国家标准、行业标准的规定的；

（四）国内首次使用的化工工艺，未经省级人民政府有关部门组织的安全可靠性论证的；

（五）对安全设施设计提出的对策与建议不符合法律、法规、规章和国家标准、行业标准的规定的；

（六）未委托具备相应资质的安全评价机构进行安全评价的；

（七）隐瞒有关情况或者提供虚假文件、资料的。

建设项目未通过安全条件审查的，建设单位经过整改后可以重新申请建设项目安全条件审查。

第十四条　已经通过安全条件审查的建设项目有下列情形之一的，建设单位应当重新进行安全评价，并申请审查：

（一）建设项目周边条件发生重大变化的；

（二）变更建设地址的；

（三）主要技术、工艺路线、产品方案或者装置规模发生重大变化的；

（四）建设项目在安全条件审查意见书有效期内未开工建设，期限届满后需要开工建设的。

第三章　建设项目安全设施设计审查

第十五条　设计单位应当根据有关安全生产的法律、法规、规章和国家标准、行业标准以及建设项目安全条件审查意见书，按照《化工建设项目安全设计管理导则》（AQ/T 3033），对建设项目安全设施进行设计，并编制建设项目安全设施设计专篇。建设项目安全设施设计专篇应当符合《危险化学品建设项目安全设施设计专篇编制导则》的要求。

第十六条　建设单位应当在建设项目初步设计完成后、详细设计开始前，向出具建设项目安全条件审查意见书的安全生产监督管理部门申请建设项目安全设施设计审查，提交下列文件、资料，并对其真实性负责：

（一）建设项目安全设施设计审查申请书及文件；

（二）设计单位的设计资质证明文件（复制件）；

（三）建设项目安全设施设计专篇。

第十七条　建设单位申请安全设施设计审查的文件、资料齐全，符合法定形式的，安全生产监督管理部门应当当场予以受理；未经安全条件审查或者审查未通过的，不予受理。受理或者不予受理的情况，安全生产监督管理部门应当书面告知建设单位。

安全设施设计审查申请文件、资料不齐全或者不符合要求的，安全生产监督管理部门应当自收到申请文件、资料之日起五个工作日内一次性书面告知建设单位需要补正的全部内容；逾期不告知的，收到申请文件、资料之日起即为受理。

第十八条　对已经受理的建设项目安全设施设计审查申请，安全生产监督管理部门应当指派有关人员或者组织专家对申请文件、资料进行审查，并在受理申请之日起二十个工作日内作出同意或者不同意建设项目安全设施设计专篇的决定，向建设单位出具建设项目安全设施设计的审查意见书；二十个工作日内不能出具审查意见的，经本部门负责人批准，可以延长十个工作日，并应当将延长的期限和理由告知建设单位。

根据法定条件和程序，需要对申请文件、资料的实质内容进行核实的，安全生产监督管理部门应当指派两名以上工作人员进行现场核查。

建设单位整改现场核查发现的有关问题和修改申请文件、资料所需时间不计算在本条规定的期限内。

第十九条　建设项目安全设施设计有下列情形之一的，审查不予通过：

（一）设计单位资质不符合相关规定的；

（二）未按照有关安全生产的法律、法规、规章和国家标准、行业标准的规定进行设计的；

（三）对未采纳的建设项目安全评价报告中的安全对策和建议，未作充分论证说明的；

（四）隐瞒有关情况或者提供虚假文件、资料的。

建设项目安全设施设计审查未通过的，建设单位经过整改后可以重新申请建设项目安全设施设计的审查。

第二十条　已经审查通过的建设项目安全设施设计有下

列情形之一的，建设单位应当向原审查部门申请建设项目安全设施变更设计的审查：

（一）改变安全设施设计且可能降低安全性能的；

（二）在施工期间重新设计的。

第四章 建设项目试生产（使用）

第二十一条 建设项目安全设施施工完成后，建设单位应当按照有关安全生产法律、法规、规章和国家标准、行业标准的规定，对建设项目安全设施进行检验、检测，保证建设项目安全设施满足危险化学品生产、储存的安全要求，并处于正常适用状态。

第二十二条 建设单位应当组织建设项目的设计、施工、监理等有关单位和专家，研究提出建设项目试生产（使用）（以下简称试生产〈使用〉）可能出现的安全问题及对策，并按照有关安全生产法律、法规、规章和国家标准、行业标准的规定，制定周密的试生产（使用）方案。试生产（使用）方案应当包括下列有关安全生产的内容：

（一）建设项目设备及管道试压、吹扫、气密、单机试车、仪表调校、联动试车等生产准备的完成情况；

（二）投料试车方案；

（三）试生产（使用）过程中可能出现的安全问题、对策及应急预案；

（四）建设项目周边环境与建设项目安全试生产（使用）相互影响的确认情况；

（五）危险化学品重大危险源监控措施的落实情况；

（六）人力资源配置情况；

（七）试生产（使用）起止日期。

建设项目试生产期限应当不少于30日，不超过1年。

第二十三条 建设单位在采取有效安全生产措施后，方可将建设项目安全设施与生产、储存、使用的主体装置、设施同时进行试生产（使用）。

试生产（使用）前，建设单位应当组织专家对试生产（使用）方案进行审查。

试生产（使用）时，建设单位应当组织专家对试生产（使用）条件进行确认，对试生产（使用）过程进行技术指导。

第五章 建设项目安全设施竣工验收

第二十四条 建设项目安全设施施工完成后，施工单位应当编制建设项目安全设施施工情况报告。建设项目安全设施施工情况报告应当包括下列内容：

（一）施工单位的基本情况，包括施工单位以往所承担的建设项目施工情况；

（二）施工单位的资质情况（提供相关资质证明材料复印件）；

（三）施工依据和执行的有关法律、法规、规章和国家标准、行业标准；

（四）施工质量控制情况；

（五）施工变更情况，包括建设项目在施工和试生产期间有关安全生产的设施改动情况。

第二十五条 建设项目试生产期间，建设单位应当按照本办法的规定委托有相应资质的安全评价机构对建设项目及其安全设施试生产（使用）情况进行安全验收评价，且不得委托在可行性研究阶段进行安全评价的同一安全评价机构。

安全评价机构应当根据有关安全生产的法律、法规、规章和国家标准、行业标准进行评价。建设项目安全验收评价报告应当符合《危险化学品建设项目安全评价细则》的要求。

第二十六条 建设项目投入生产和使用前，建设单位应当组织人员进行安全设施竣工验收，作出建设项目安全设施竣工验收是否通过的结论。参加验收人员的专业能力应当涵盖建设项目涉及的所有专业内容。

建设单位应当向参加验收人员提供下列文件、资料，并组织进行现场检查：

（一）建设项目安全设施施工、监理情况报告；

（二）建设项目安全验收评价报告；

（三）试生产（使用）期间是否发生事故、采取的防范措施以及整改情况报告；

（四）建设项目施工、监理单位资质证书（复制件）；

（五）主要负责人、安全生产管理人员、注册安全工程师资格证书（复制件），以及特种作业人员名单；

（六）从业人员安全教育、培训合格的证明材料；

（七）劳动防护用品配备情况说明；

（八）安全生产责任制文件，安全生产规章制度清单、岗位操作安全规程清单；

（九）设置安全生产管理机构和配备专职安全生产管理人员的文件（复制件）；

（十）为从业人员缴纳工伤保险费的证明材料（复制件）。

第二十七条 建设项目安全设施有下列情形之一的，建设项目安全设施竣工验收不予通过：

（一）未委托具备相应资质的施工单位施工的；

（二）未按照已经通过审查的建设项目安全设施设计施工或者施工质量未达到建设项目安全设施设计文件要求的；

（三）建设项目安全设施的施工不符合国家标准、行业标准的规定的；

（四）建设项目安全设施竣工后未按照本办法的规定进行检验、检测，或者经检验、检测不合格的；

（五）未委托具备相应资质的安全评价机构进行安全验收评价的；

（六）安全设施和安全生产条件不符合或者未达到有关安全生产法律、法规、规章和国家标准、行业标准的规定的；

（七）安全验收评价报告存在重大缺陷、漏项，包括建设项目主要危险、有害因素辨识和评价不正确的；

（八）隐瞒有关情况或者提供虚假文件、资料的；

（九）未按照本办法规定向参加验收人员提供文件、材料，并组织现场检查的。

建设项目安全设施竣工验收未通过的，建设单位经过整改后可以再次组织建设项目安全设施竣工验收。

第二十八条　建设单位组织安全设施竣工验收合格后，应将验收过程中涉及的文件、资料存档，并按照有关法律法规及其配套规章的规定申请有关危险化学品的其他安全许可。

第六章　监督管理

第二十九条　建设项目在通过安全条件审查之后、安全设施竣工验收之前，建设单位发生变更的，变更后的建设单位应当及时将证明材料和有关情况报送负责建设项目安全审查的安全生产监督管理部门。

第三十条　有下列情形之一的，负责审查的安全生产监督管理部门或者其上级安全生产监督管理部门可以撤销建设项目的安全审查：

（一）滥用职权、玩忽职守的；

（二）超越法定职权的；

（三）违反法定程序的；

（四）申请人不具备申请资格或者不符合法定条件的；

（五）依法可以撤销的其他情形。

建设单位以欺骗、贿赂等不正当手段通过安全审查的，应当予以撤销。

第三十一条　安全生产监督管理部门应当建立健全建设项目安全审查档案及其管理制度，并及时将建设项目的安全审查情况通报有关部门。

第三十二条　各级安全生产监督管理部门应当按照各自职责，依法对建设项目安全审查情况进行监督检查，对检查中发现的违反本办法的情况，应当依法作出处理，并通报实施安全审查的安全生产监督管理部门。

第三十三条　市级安全生产监督管理部门应当在每年1月31日前，将本行政区域内上一年度建设项目安全审查的实施情况报告省级安全生产监督管理部门。

省级安全生产监督管理部门应当在每年2月15日前，将本行政区域内上一年度建设项目安全审查的实施情况报告国家安全生产监督管理总局。

第七章　法律责任

第三十四条　安全生产监督管理部门工作人员徇私舞弊、滥用职权、玩忽职守，未依法履行危险化学品建设项目安全审查和监督管理职责的，依法给予处分。

第三十五条　未经安全条件审查或者安全条件审查未通过，新建、改建、扩建生产、储存危险化学品的建设项目的，责令停止建设，限期改正；逾期不改正的，处50万元以上100万元以下的罚款；构成犯罪的，依法追究刑事责任。

建设项目发生本办法第十五条规定的变化后，未重新申请安全条件审查，以及审查未通过擅自建设的，依照前款规定处罚。

第三十六条　建设单位有下列行为之一的，依照《中华人民共和国安全生产法》有关建设项目安全设施设计审查、竣工验收的法律责任条款给予处罚：

（一）建设项目安全设施设计未经审查或者审查未通过，擅自建设的；

（二）建设项目安全设施设计发生本办法第二十一条规定的情形之一，未经变更设计审查或者变更设计审查未通过，擅自建设的；

（三）建设项目的施工单位未根据批准的安全设施设计施工的；

（四）建设项目安全设施未经竣工验收或者验收不合格，擅自投入生产（使用）的。

第三十七条　建设单位有下列行为之一的，责令改正，可以处1万元以下的罚款；逾期未改正的，处1万元以上3万元以下的罚款：

（一）建设项目安全设施竣工后未进行检验、检测的；

（二）在申请建设项目安全审查时提供虚假文件、资料的；

（三）未组织有关单位和专家研究提出试生产（使用）可能出现的安全问题及对策，或者未制定周密的试生产（使用）方案，进行试生产（使用）的；

（四）未组织有关专家对试生产（使用）方案进行审查、对试生产（使用）条件进行检查确认的。

第三十八条　建设单位隐瞒有关情况或者提供虚假材料申请建设项目安全审查的，不予受理或者审查不予通过，给予警告，并自安全生产监督管理部门发现之日起一年内不得再次申请该审查。

建设单位采用欺骗、贿赂等不正当手段取得建设项目安全审查的，自安全生产监督管理部门撤销建设项目安全审查之日起三年内不得再次申请该审查。

第三十九条　承担安全评价、检验、检测工作的机构出具虚假报告、证明的，依照《中华人民共和国安全生产法》的有关规定给予处罚。

第八章　附　　则

第四十条　对于规模较小、危险程度较低和工艺路线简单的建设项目，安全生产监督管理部门可以适当简化建设项目安全审查的程序和内容。

第四十一条　建设项目分期建设的，可以分期进行安全条件审查、安全设施设计审查、试生产及安全设施竣工验收。

第四十二条　本办法所称新建项目，是指有下列情形之一的项目：

（一）新设立的企业建设危险化学品生产、储存装置（设施），或者现有企业建设与现有生产、储存活动不同的危险化学品生产、储存装置（设施）的；

（二）新设立的企业建设伴有危险化学品产生的化学品生产装置（设施），或者现有企业建设与现有生产活动不同的伴有危险化学品产生的化学品生产装置（设施）的。

第四十三条　本办法所称改建项目，是指有下列情形之一的项目：

（一）企业对在役危险化学品生产、储存装置（设施），在原址更新技术、工艺、主要装置（设施）、危险化学品种类的；

（二）企业对在役伴有危险化学品产生的化学品生产装置（设施），在原址更新技术、工艺、主要装置（设施）的。

第四十四条　本办法所称扩建项目，是指有下列情形之一的项目：

（一）企业建设与现有技术、工艺、主要装置（设施）、危险化学品品种相同，但生产、储存装置（设施）相对独立的；

（二）企业建设与现有技术、工艺、主要装置（设施）相同，但生产装置（设施）相对独立的伴有危险化学品产生的。

第四十五条　实施建设项目安全审查所需的有关文书的内容和格式，由国家安全生产监督管理总局另行规定。

第四十六条　省级安全生产监督管理部门可以根据本办法的规定，制定和公布本行政区域内需要简化安全条件审查和分期安全条件审查的建设项目范围及其审查内容，并报国家安全生产监督管理总局备案。

第四十七条　本办法施行后，负责实施建设项目安全审查的安全生产监督管理部门发生变化的（已通过安全设施竣工验收的建设项目除外），原安全生产监督管理部门应当将建设项目安全审查实施情况及档案移交根据本办法负责实施建设项目安全审查的安全生产监督管理部门。

第四十八条　本办法自2012年4月1日起施行。国家安全生产监督管理总局2006年9月2日公布的《危险化学品建设项目安全许可实施办法》同时废止。

危险化学品输送管道安全管理规定

1. *2012年1月17日国家安全生产监督管理总局令第43号公布*
2. *根据2015年5月27日国家安全生产监督管理总局令第79号《关于废止和修改危险化学品等领域七部规章的决定》修正*

第一章　总　　则

第一条　为了加强危险化学品输送管道的安全管理，预防和减少危险化学品输送管道生产安全事故，保护人民群众生命财产安全，根据《中华人民共和国安全生产法》和《危险化学品安全管理条例》，制定本规定。

第二条　生产、储存危险化学品的单位在厂区外公共区域埋地、地面和架空的危险化学品输送管道及其附属设施（以下简称危险化学品管道）的安全管理，适用本规定。

原油、成品油、天然气、煤层气、煤制气长输管道安全保护和城镇燃气管道的安全管理，不适用本规定。

第三条　对危险化学品管道享有所有权或者运行管理权的单位（以下简称管道单位）应当依照有关安全生产法律法规和本规定，落实安全生产主体责任，建立、健全有关危险化学品管道安全生产的规章制度和操作规程并实施，接受安全生产监督管理部门依法实施的监督检查。

第四条　各级安全生产监督管理部门负责危险化学品管道安全生产的监督检查,并依法对危险化学品管道建设项目实施安全条件审查。

第五条　任何单位和个人不得实施危害危险化学品管道安全生产的行为。

对危害危险化学品管道安全生产的行为,任何单位和个人均有权向安全生产监督管理部门举报。接受举报的安全生产监督管理部门应当依法予以处理。

第二章　危险化学品管道的规划

第六条　危险化学品管道建设应当遵循安全第一、节约用地和经济合理的原则,并按照相关国家标准、行业标准和技术规范进行科学规划。

第七条　禁止光气、氯气等剧毒气体化学品管道穿(跨)越公共区域。

严格控制氨、硫化氢等其他有毒气体的危险化学品管道穿(跨)越公共区域。

第八条　危险化学品管道建设的选线应当避开地震活动断层和容易发生洪灾、地质灾害的区域;确实无法避开的,应当采取可靠的工程处理措施,确保不受地质灾害影响。

危险化学品管道与居民区、学校等公共场所以及建筑物、构筑物、铁路、公路、航道、港口、市政设施、通讯设施、军事设施、电力设施的距离,应当符合有关法律、行政法规和国家标准、行业标准的规定。

第三章　危险化学品管道的建设

第九条　对新建、改建、扩建的危险化学品管道,建设单位应当依照国家安全生产监督管理总局有关危险化学品建设项目安全监督管理的规定,依法办理安全条件审查、安全设施设计审查和安全设施竣工验收手续。

第十条　对新建、改建、扩建的危险化学品管道,建设单位应当依照有关法律、行政法规的规定,委托具备相应资质的设计单位进行设计。

第十一条　承担危险化学品管道的施工单位应当具备有关法律、行政法规规定的相应资质。施工单位应当按照有关法律、法规、国家标准、行业标准和技术规范的规定,以及经过批准的安全设施设计进行施工,并对工程质量负责。

参加危险化学品管道焊接、防腐、无损检测作业的人员应当具备相应的操作资格证书。

第十二条　负责危险化学品管道工程的监理单位应当对管道的总体建设质量进行全过程监督,并对危险化学品管道的总体建设质量负责。管道施工单位应当严格按照有关国家标准、行业标准的规定对管道的焊缝和防腐质量进行检查,并按照设计要求对管道进行压力试验和气密性试验。

对敷设在江、河、湖泊或者其他环境敏感区域的危险化学品管道,应当采取增加管道压力设计等级、增加防护套管等措施,确保危险化学品管道安全。

第十三条　危险化学品管道试生产(使用)前,管道单位应当对有关保护措施进行安全检查,科学制定安全投入生产(使用)方案,并严格按照方案实施。

第十四条　危险化学品管道试压半年后一直未投入生产(使用)的,管道单位应当在其投入生产(使用)前重新进行气密性试验;对敷设在江、河或者其他环境敏感区域的危险化学品管道,应当相应缩短重新进行气密性试验的时间间隔。

第四章　危险化学品管道的运行

第十五条　危险化学品管道应当设置明显标志。发现标志毁损的,管道单位应当及时予以修复或者更新。

第十六条　管道单位应当建立、健全危险化学品管道巡护制度,配备专人进行日常巡护。巡护人员发现危害危险化学品管道安全生产情形的,应当立即报告单位负责人并及时处理。

第十七条　管道单位对危险化学品管道存在的事故隐患应当及时排除;对自身排除确有困难的外部事故隐患,应当向当地安全生产监督管理部门报告。

第十八条　管道单位应当按照有关国家标准、行业标准和技术规范对危险化学品管道进行定期检测、维护,确保其处于完好状态;对安全风险较大的区段和场所,应当进行重点监测、监控;对不符合安全标准的危险化学品管道,应当及时更新、改造或者停止使用,并向当地安全生产监督管理部门报告。对涉及更新、改造的危险化学品管道,还应当按照本办法第九条的规定办理安全条件审查手续。

第十九条　管道单位发现下列危害危险化学品管道安全运行行为的,应当及时予以制止,无法处置时应当向当地安全生产监督管理部门报告:

(一)擅自开启、关闭危险化学品管道阀门;

(二)采用移动、切割、打孔、砸撬、拆卸等手段损坏管道及其附属设施;

(三)移动、毁损、涂改管道标志;

(四)在埋地管道上方和巡查便道上行驶重型车辆;

(五)对埋地、地面管道进行占压,在架空管道线路和管桥上行走或者放置重物;

（六）利用地面管道、架空管道、管架桥等固定其他设施缆绳悬挂广告牌、搭建构筑物；

（七）其他危害危险化学品管道安全运行的行为。

第二十条 禁止在危险化学品管道附属设施的上方架设电力线路、通信线路。

第二十一条 在危险化学品管道及其附属设施外缘两侧各5米地域范围内，管道单位发现下列危害管道安全运行的行为的，应当及时予以制止，无法处置时应当向当地安全生产监督管理部门报告：

（一）种植乔木、灌木、藤类、芦苇、竹子或者其他根系深达管道埋设部位可能损坏管道防腐层的深根植物；

（二）取土、采石、用火、堆放重物、排放腐蚀性物质、使用机械工具进行挖掘施工、工程钻探；

（三）挖塘、修渠、修晒场、修建水产养殖场、建温室、建家畜棚圈、建房以及修建其他建（构）筑物。

第二十二条 在危险化学品管道中心线两侧及危险化学品管道附属设施外缘两侧5米外的周边范围内，管道单位发现下列建（构）筑物与管道线路、管道附属设施的距离不符合国家标准、行业标准要求的，应当及时向当地安全生产监督管理部门报告：

（一）居民小区、学校、医院、餐饮娱乐场所、车站、商场等人口密集的建筑物；

（二）加油站、加气站、储油罐、储气罐等易燃易爆物品的生产、经营、存储场所；

（三）变电站、配电站、供水站等公用设施。

第二十三条 在穿越河流的危险化学品管道线路中心线两侧500米地域范围内，管道单位发现有实施抛锚、拖锚、挖沙、采石、水下爆破等作业的，应当及时予以制止，无法处置时应当向当地安全生产监督管理部门报告。但在保障危险化学品管道安全的条件下，为防洪和航道通畅而实施的养护疏浚作业除外。

第二十四条 在危险化学品管道专用隧道中心线两侧1000米地域范围内，管道单位发现有实施采石、采矿、爆破等作业的，应当及时予以制止，无法处置时应当向当地安全生产监督管理部门报告。

在前款规定的地域范围内，因修建铁路、公路、水利等公共工程确需实施采石、爆破等作业的，应当按照本规定第二十五条的规定执行。

第二十五条 实施下列可能危及危险化学品管道安全运行的施工作业的，施工单位应当在开工的7日前书面通知管道单位，将施工作业方案报管道单位，并与管道单位共同制定应急预案，采取相应的安全防护措施，管道单位应当指派专人到现场进行管道安全保护指导：

（一）穿（跨）越管道的施工作业；

（二）在管道线路中心线两侧5米至50米和管道附属设施周边100米地域范围内，新建、改建、扩建铁路、公路、河渠，架设电力线路，埋设地下电缆、光缆，设置安全接地体、避雷接地体；

（三）在管道线路中心线两侧200米和管道附属设施周边500米地域范围内，实施爆破、地震法勘探或者工程挖掘、工程钻探、采矿等作业。

第二十六条 施工单位实施本规定第二十四条第二款、第二十五条规定的作业，应当符合下列条件：

（一）已经制定符合危险化学品管道安全运行要求的施工作业方案；

（二）已经制定应急预案；

（三）施工作业人员已经接受相应的危险化学品管道保护知识教育和培训；

（四）具有保障安全施工作业的设备、设施。

第二十七条 危险化学品管道的专用设施、永工防护设施、专用隧道等附属设施不得用于其他用途；确需用于其他用途的，应当征得管道单位的同意，并采取相应的安全防护措施。

第二十八条 管道单位应当按照有关规定制定本单位危险化学品管道事故应急预案，配备相应的应急救援人员和设备物资，定期组织应急演练。

发生危险化学品管道生产安全事故，管道单位应当立即启动应急预案及响应程序，采取有效措施进行紧急处置，消除或者减轻事故危害，并按照国家规定立即向事故发生地县级以上安全生产监督管理部门报告。

第二十九条 对转产、停产、停止使用的危险化学品管道，管道单位应当采取有效措施及时妥善处置，并将处置方案报县级以上安全生产监督管理部门。

第五章　监督管理

第三十条 省级、设区的市级安全生产监督管理部门应当按照国家安全生产监督管理总局有关危险化学品建设项目安全监督管理的规定，对新建、改建、扩建管道建设项目办理安全条件审查、安全设施设计审查、试生产（使用）方案备案和安全设施竣工验收手续。

第三十一条 安全生产监督管理部门接到管道单位依照本规定第十七条、第十九条、第二十一条、第二十二条、第二十三条、第二十四条提交的有关报告后，应当及时依法予以协调、移送有关主管部门处理或者报请本级人民政府组织处理。

第三十二条　县级以上安全生产监督管理部门接到危险化学品管道生产安全事故报告后,应当按照有关规定及时上报事故情况,并根据实际情况采取事故处置措施。

第六章　法律责任

第三十三条　新建、改建、扩建危险化学品管道建设项目未经安全条件审查的,由安全生产监督管理部门责令停止建设,限期改正;逾期不改正的,处50万元以上100万元以下的罚款;构成犯罪的,依法追究刑事责任。

危险化学品管道建设单位将管道建设项目发包给不具备相应资质等级的勘察、设计、施工单位或者委托给不具有相应资质等级的工程监理单位的,由安全生产监督管理部门移送建设行政主管部门依照《建设工程质量管理条例》第五十四条规定予以处罚。

第三十四条　管道单位未对危险化学品管道设置明显的安全警示标志的,由安全生产监督管理部门责令限期改正,可以处5万元以下的罚款;逾期未改正的,处5万元以上20万元以下的罚款,对其直接负责的主管人员和其他直接责任人员处1万元以上2万元以下的罚款;情节严重的,责令停产停业整顿;构成犯罪的,依照刑法有关规定追究刑事责任。

第三十五条　有下列情形之一的,由安全生产监督管理部门责令改正,可以处5万元以下的罚款;拒不改正的,处5万元以上10万元以下的罚款;情节严重的,责令停产停业整顿。

(一)管道单位未按照本规定对管道进行检测、维护的;

(二)进行可能危及危险化学品管道安全的施工作业,施工单位未按照规定书面通知管道单位,或者未与管道单位共同制定应急预案并采取相应的防护措施,或者管道单位未指派专人到现场进行管道安全保护指导的。

第三十六条　对转产、停产、停止使用的危险化学品管道,管道单位未采取有效措施及时、妥善处置的,由安全生产监督管理部门责令改正,处5万元以上10万元以下的罚款;构成犯罪的,依法追究刑事责任。

对转产、停产、停止使用的危险化学品管道,管道单位未按照本规定将处置方案报县级以上安全生产监督管理部门的,由安全生产监督管理部门责令改正,可以处1万元以下的罚款;拒不改正的,处1万元以上5万元以下的罚款。

第三十七条　违反本规定,采用移动、切割、打孔、砸撬、拆卸等手段实施危害危险化学品管道安全行为,尚不构成犯罪的,由有关主管部门依法给予治安管理处罚。

第七章　附　　则

第三十八条　本规定所称公共区域是指厂区(包括化工园区、工业园区)以外的区域。

第三十九条　本规定所称危险化学品管道附属设施包括:

(一)管道的加压站、计量站、阀室、阀井、放空设施、储罐、装卸栈桥、装卸场、分输站、减压站等站场;

(二)管道的水工保护设施、防风设施、防雷设施、抗震设施、通信设施、安全监控设施、电力设施、管堤、管桥以及管道专用涵洞、隧道等穿跨越设施;

(三)管道的阴极保护站、阴极保护测试桩、阳极地床、杂散电流排流站等防腐设施;

(四)管道的其他附属设施。

第四十条　本规定施行前在管道保护距离内已经建成的人口密集场所和易燃易爆物品的生产、经营、存储场所,应当由所在地人民政府根据当地的实际情况,有计划、分步骤地搬迁、清理或者采取必要的防护措施。

第四十一条　本规定自2012年3月1日起施行。

危险化学品生产企业安全生产许可证实施办法

1. 2011年8月5日国家安全监管总局令第41号公布
2. 根据2015年5月27日国家安全生产监督管理总局令第79号《关于废止和修改危险化学品等领域七部规章的决定》第一次修正
3. 根据2017年3月6日国家安全生产监督管理总局令第89号《关于修改和废止部分规章及规范性文件的决定》第二次修正

第一章　总　　则

第一条　为了严格规范危险化学品生产企业安全生产条件,做好危险化学品生产企业安全生产许可证的颁发和管理工作,根据《安全生产许可证条例》、《危险化学品安全管理条例》等法律、行政法规,制定本实施办法。

第二条　本办法所称危险化学品生产企业(以下简称企业),是指依法设立且取得工商营业执照或者工商核准文件从事生产最终产品或者中间产品列入《危险化学品目录》的企业。

第三条　企业应当依照本办法的规定取得危险化学品安

全生产许可证(以下简称安全生产许可证)。未取得安全生产许可证的企业,不得从事危险化学品的生产活动。

第四条 安全生产许可证的颁发管理工作实行企业申请、两级发证、属地监管的原则。

第五条 国家安全生产监督管理总局指导、监督全国安全生产许可证的颁发管理工作。

省、自治区、直辖市安全生产监督管理部门(以下简称省级安全生产监督管理部门)负责本行政区域内中央企业及其直接控股涉及危险化学品生产的企业(总部)以外的企业安全生产许可证的颁发管理。

第六条 省级安全生产监督管理部门可以将其负责的安全生产许可证颁发工作,委托企业所在地设区的市级或者县级安全生产监督管理部门实施。涉及剧毒化学品生产的企业安全生产许可证颁发工作,不得委托实施。国家安全生产监督管理总局公布的涉及危险化工工艺和重点监管危险化学品的企业安全生产许可证颁发工作,不得委托县级安全生产监督管理部门实施。

受委托的设区的市级或者县级安全生产监督管理部门在受委托的范围内,以省级安全生产监督管理部门的名义实施许可,但不得再委托其他组织和个人实施。

国家安全生产监督管理总局、省级安全生产监督管理部门和受委托的设区的市级或者县级安全生产监督管理部门统称实施机关。

第七条 省级安全生产监督管理部门应当将受委托的设区的市级或者县级安全生产监督管理部门以及委托事项予以公告。

省级安全生产监督管理部门应当指导、监督受委托的设区的市级或者县级安全生产监督管理部门颁发安全生产许可证,并对其法律后果负责。

第二章 申请安全生产许可证的条件

第八条 企业选址布局、规划设计以及与重要场所、设施、区域的距离应当符合下列要求:

(一)国家产业政策;当地县级以上(含县级)人民政府的规划和布局;新设立企业建在地方人民政府规划的专门用于危险化学品生产、储存的区域内;

(二)危险化学品生产装置或者储存危险化学品数量构成重大危险源的储存设施,与《危险化学品安全管理条例》第十九条第一款规定的八类场所、设施、区域的距离符合有关法律、法规、规章和国家标准或者行业标准的规定;

(三)总体布局符合《化工企业总图运输设计规范》(GB 50489)、《工业企业总平面设计规范》(GB 50187)、《建筑设计防火规范》(GB 50016)等标准的要求。

石油化工企业除符合本条第一款规定条件外,还应当符合《石油化工企业设计防火规范》(GB 50160)的要求。

第九条 企业的厂房、作业场所、储存设施和安全设施、设备、工艺应当符合下列要求:

(一)新建、改建、扩建建设项目经具备国家规定资质的单位设计、制造和施工建设;涉及危险化工工艺、重点监管危险化学品的装置,由具有综合甲级资质或者化工石化专业甲级设计资质的化工石化设计单位设计;

(二)不得采用国家明令淘汰、禁止使用和危及安全生产的工艺、设备;新开发的危险化学品生产工艺必须在小试、中试、工业化试验的基础上逐步放大到工业化生产;国内首次使用的化工工艺,必须经过省级人民政府有关部门组织的安全可靠性论证;

(三)涉及危险化工工艺、重点监管危险化学品的装置装设自动化控制系统;涉及危险化工工艺的大型化工装置装设紧急停车系统;涉及易燃易爆、有毒有害气体化学品的场所装设易燃易爆、有毒有害介质泄漏报警等安全设施;

(四)生产区与非生产区分开设置,并符合国家标准或者行业标准规定的距离;

(五)危险化学品生产装置和储存设施之间及其与建(构)筑物之间的距离符合有关标准规范的规定。

同一厂区内的设备、设施及建(构)筑物的布置必须适用同一标准的规定。

第十条 企业应当有相应的职业危害防护设施,并为从业人员配备符合国家标准或者行业标准的劳动防护用品。

第十一条 企业应当依据《危险化学品重大危险源辨识》(GB 18218),对本企业的生产、储存和使用装置、设施或者场所进行重大危险源辨识。

对已确定为重大危险源的生产和储存设施,应当执行《危险化学品重大危险源监督管理暂行规定》。

第十二条 企业应当依法设置安全生产管理机构,配备专职安全生产管理人员。配备的专职安全生产管理人员必须能够满足安全生产的需要。

第十三条 企业应当建立全员安全生产责任制,保证每位从业人员的安全生产责任与职务、岗位相匹配。

第十四条 企业应当根据化工工艺、装置、设施等实际情

况,制定完善下列主要安全生产规章制度:

(一)安全生产例会等安全生产会议制度;

(二)安全投入保障制度;

(三)安全生产奖惩制度;

(四)安全培训教育制度;

(五)领导干部轮流现场带班制度;

(六)特种作业人员管理制度;

(七)安全检查和隐患排查治理制度;

(八)重大危险源评估和安全管理制度;

(九)变更管理制度;

(十)应急管理制度;

(十一)生产安全事故或者重大事件管理制度;

(十二)防火、防爆、防中毒、防泄漏管理制度;

(十三)工艺、设备、电气仪表、公用工程安全管理制度;

(十四)动火、进入受限空间、吊装、高处、盲板抽堵、动土、断路、设备检维修等作业安全管理制度;

(十五)危险化学品安全管理制度;

(十六)职业健康相关管理制度;

(十七)劳动防护用品使用维护管理制度;

(十八)承包商管理制度;

(十九)安全管理制度及操作规程定期修订制度。

第十五条　企业应当根据危险化学品的生产工艺、技术、设备特点和原辅料、产品的危险性编制岗位操作安全规程。

第十六条　企业主要负责人、分管安全负责人和安全生产管理人员必须具备与其从事的生产经营活动相适应的安全生产知识和管理能力,依法参加安全生产培训,并经考核合格,取得安全合格证书。

企业分管安全负责人、分管生产负责人、分管技术负责人应当具有一定的化工专业知识或者相应的专业学历,专职安全生产管理人员应当具备国民教育化工化学类(或安全工程)中等职业教育以上学历或者化工化学类中级以上专业技术职称。

企业应当有危险物品安全类注册安全工程师从事安全生产管理工作。

特种作业人员应当依照《特种作业人员安全技术培训考核管理规定》,经专门的安全技术培训并考核合格,取得特种作业操作证书。

本条第一、二、四款规定以外的其他从业人员应当按照国家有关规定,经安全教育培训合格。

第十七条　企业应当按照国家规定提取与安全生产有关的费用,并保证安全生产所必须的资金投入。

第十八条　企业应当依法参加工伤保险,为从业人员缴纳保险费。

第十九条　企业应当依法委托具备国家规定资质的安全评价机构进行安全评价,并按照安全评价报告的意见对存在的安全生产问题进行整改。

第二十条　企业应当依法进行危险化学品登记,为用户提供化学品安全技术说明书,并在危险化学品包装(包括外包装件)上粘贴或者拴挂与包装内危险化学品相符的化学品安全标签。

第二十一条　企业应当符合下列应急管理要求:

(一)按照国家有关规定编制危险化学品事故应急预案并报有关部门备案;

(二)建立应急救援组织,规模较小的企业可以不建立应急救援组织,但应指定兼职的应急救援人员;

(三)配备必要的应急救援器材、设备和物资,并进行经常性维护、保养,保证正常运转。

生产、储存和使用氯气、氨气、光气、硫化氢等吸入性有毒有害气体的企业,除符合本条第一款的规定外,还应当配备至少两套以上全封闭防化服;构成重大危险源的,还应当设立气体防护站(组)。

第二十二条　企业除符合本章规定的安全生产条件,还应当符合有关法律、行政法规和国家标准或者行业标准规定的其他安全生产条件。

第三章　安全生产许可证的申请

第二十三条　中央企业及其直接控股涉及危险化学品生产的企业(总部)以外的企业向所在地省级安全生产监督管理部门或其委托的安全生产监督管理部门申请安全生产许可证。

第二十四条　新建企业安全生产许可证的申请,应当在危险化学品生产建设项目安全设施竣工验收通过后10个工作日内提出。

第二十五条　企业申请安全生产许可证时,应当提交下列文件、资料,并对其内容的真实性负责:

(一)申请安全生产许可证的文件及申请书;

(二)安全生产责任制文件,安全生产规章制度、岗位操作安全规程清单;

(三)设置安全生产管理机构,配备专职安全生产管理人员的文件复制件;

(四)主要负责人、分管安全负责人、安全生产管理人员和特种作业人员的安全合格证或者特种作业操作证复制件;

(五)与安全生产有关的费用提取和使用情况报告,新建企业提交有关安全生产费用提取和使用规定的文件；

（六）为从业人员缴纳工伤保险费的证明材料；

（七）危险化学品事故应急救援预案的备案证明文件；

（八）危险化学品登记证复制件；

（九）工商营业执照副本或者工商核准文件复制件；

（十）具备资质的中介机构出具的安全评价报告；

（十一）新建企业的竣工验收报告；

（十二）应急救援组织或者应急救援人员，以及应急救援器材、设备设施清单。

有危险化学品重大危险源的企业，除提交本条第一款规定的文件、资料外，还应当提供重大危险源及其应急预案的备案证明文件、资料。

第四章　安全生产许可证的颁发

第二十六条　实施机关收到企业申请文件、资料后，应当按照下列情况分别作出处理：

（一）申请事项依法不需要取得安全生产许可证的，即时告知企业不予受理；

（二）申请事项依法不属于本实施机关职责范围的，即时作出不予受理的决定，并告知企业向相应的实施机关申请；

（三）申请材料存在可以当场更正的错误的，允许企业当场更正，并受理其申请；

（四）申请材料不齐全或者不符合法定形式的，当场告知或者在5个工作日内出具补正告知书，一次告知企业需要补正的全部内容；逾期不告知的，自收到申请材料之日起即为受理；

（五）企业申请材料齐全、符合法定形式，或者按照实施机关要求提交全部补正材料的，立即受理其申请。

实施机关受理或者不予受理行政许可申请，应当出具加盖本机关专用印章和注明日期的书面凭证。

第二十七条　安全生产许可证申请受理后，实施机关应当组织对企业提交的申请文件、资料进行审查。对企业提交的文件、资料实质内容存在疑问，需要到现场核查的，应当指派工作人员就有关内容进行现场核查。工作人员应当如实提出现场核查意见。

第二十八条　实施机关应当在受理之日起45个工作日内作出是否准予许可的决定。审查过程中的现场核查所需时间不计算在本条规定的期限内。

第二十九条　实施机关作出准予许可决定的，应当自决定之日起10个工作日内颁发安全生产许可证。

实施机关作出不予许可的决定的，应当在10个工作日内书面告知企业并说明理由。

第三十条　企业在安全生产许可证有效期内变更主要负责人、企业名称或者注册地址的，应当自工商营业执照或者隶属关系变更之日起10个工作日内向实施机关提出变更申请，并提交下列文件、资料：

（一）变更后的工商营业执照副本复制件；

（二）变更主要负责人的，还应当提供主要负责人经安全生产监督管理部门考核合格后颁发的安全合格证复制件；

（三）变更注册地址的，还应当提供相关证明材料。

对已经受理的变更申请，实施机关应当在对企业提交的文件、资料审查无误后，方可办理安全生产许可证变更手续。

企业在安全生产许可证有效期内变更隶属关系的，仅需提交隶属关系变更证明材料报实施机关备案。

第三十一条　企业在安全生产许可证有效期内，当原生产装置新增产品或者改变工艺技术对企业的安全生产产生重大影响时，应当对该生产装置或者工艺技术进行专项安全评价，并对安全评价报告中提出的问题进行整改；在整改完成后，向原实施机关提出变更申请，提交安全评价报告。实施机关按照本办法第三十条的规定办理变更手续。

第三十二条　企业在安全生产许可证有效期内，有危险化学品新建、改建、扩建建设项目（以下简称建设项目）的，应当在建设项目安全设施竣工验收合格之日起10个工作日内向原实施机关提出变更申请，并提交建设项目安全设施竣工验收报告等相关文件、资料。实施机关按照本办法第二十七条、第二十八条和第二十九条的规定办理变更手续。

第三十三条　安全生产许可证有效期为3年。企业安全生产许可证有效期届满后继续生产危险化学品的，应当在安全生产许可证有效期届满前3个月提出延期申请，并提交延期申请书和本办法第二十五条规定的申请文件、资料。

实施机关按照本办法第二十六条、第二十七条、第二十八条、第二十九条的规定进行审查，并作出是否准予延期的决定。

第三十四条　企业在安全生产许可证有效期内，符合下列条件的，其安全生产许可证届满时，经原实施机关同意，可不提交第二十五条第一款第二、七、八、十、十一项规定的文件、资料，直接办理延期手续：

(一)严格遵守有关安全生产的法律、法规和本办法的;

(二)取得安全生产许可证后,加强日常安全生产管理,未降低安全生产条件,并达到安全生产标准化等级二级以上的;

(三)未发生死亡事故的。

第三十五条　安全生产许可证分为正、副本,正本为悬挂式,副本为折页式,正、副本具有同等法律效力。

实施机关应当分别在安全生产许可证正、副本上载明编号、企业名称、主要负责人、注册地址、经济类型、许可范围、有效期、发证机关、发证日期等内容。其中,正本上的"许可范围"应当注明"危险化学品生产",副本上的"许可范围"应当载明生产场所地址和对应的具体品种、生产能力。

安全生产许可证有效期的起始日为实施机关作出许可决定之日,截止日为起始日至三年后同一日期的前一日。有效期内有变更事项的,起始日和截止日不变,载明变更日期。

第三十六条　企业不得出租、出借、买卖或者以其他形式转让其取得的安全生产许可证,或者冒用他人取得的安全生产许可证、使用伪造的安全生产许可证。

第五章　监督管理

第三十七条　实施机关应当坚持公开、公平、公正的原则,依照本办法和有关安全生产行政许可的法律、法规规定,颁发安全生产许可证。

实施机关工作人员在安全生产许可证颁发及其监督管理工作中,不得索取或者接受企业的财物,不得谋取其他非法利益。

第三十八条　实施机关应当加强对安全生产许可证的监督管理,建立、健全安全生产许可证档案管理制度。

第三十九条　有下列情形之一的,实施机关应当撤销已经颁发的安全生产许可证:

(一)超越职权颁发安全生产许可证的;

(二)违反本办法规定的程序颁发安全生产许可证的;

(三)以欺骗、贿赂等不正当手段取得安全生产许可证的。

第四十条　企业取得安全生产许可证后有下列情形之一的,实施机关应当注销其安全生产许可证:

(一)安全生产许可证有效期届满未被批准延续的;

(二)终止危险化学品生产活动的;

(三)安全生产许可证被依法撤销的;

(四)安全生产许可证被依法吊销的。

安全生产许可证注销后,实施机关应当在当地主要新闻媒体或者本机关网站上发布公告,并通报企业所在地人民政府和县级以上安全生产监督管理部门。

第四十一条　省级安全生产监督管理部门应当在每年1月15日前,将本行政区域内上年度安全生产许可证的颁发和管理情况报国家安全生产监督管理总局。

国家安全生产监督管理总局、省级安全生产监督管理部门应当定期向社会公布企业取得安全生产许可的情况,接受社会监督。

第六章　法律责任

第四十二条　实施机关工作人员有下列行为之一的,给予降级或者撤职的处分;构成犯罪的,依法追究刑事责任:

(一)向不符合本办法第二章规定的安全生产条件的企业颁发安全生产许可证的;

(二)发现企业未依法取得安全生产许可证擅自从事危险化学品生产活动,不依法处理的;

(三)发现取得安全生产许可证的企业不再具备本办法第二章规定的安全生产条件,不依法处理的;

(四)接到对违反本办法规定行为的举报后,不及时依法处理的;

(五)在安全生产许可证颁发和监督管理工作中,索取或者接受企业的财物,或者谋取其他非法利益的。

第四十三条　企业取得安全生产许可证后发现其不具备本办法规定的安全生产条件的,依法暂扣其安全生产许可证1个月以上6个月以下;暂扣期满仍不具备本办法规定的安全生产条件的,依法吊销其安全生产许可证。

第四十四条　企业出租、出借或者以其他形式转让安全生产许可证的,没收违法所得,处10万元以上50万元以下的罚款,并吊销安全生产许可证;构成犯罪的,依法追究刑事责任。

第四十五条　企业有下列情形之一的,责令停止生产危险化学品,没收违法所得,并处10万元以上50万元以下的罚款;构成犯罪的,依法追究刑事责任:

(一)未取得安全生产许可证,擅自进行危险化学品生产的;

(二)接受转让的安全生产许可证的;

(三)冒用或者使用伪造的安全生产许可证的。

第四十六条　企业在安全生产许可证有效期届满未办理延期手续,继续进行生产的,责令停止生产,限期补办延期手续,没收违法所得,并处5万元以上10万元以下的罚款;逾期仍不办理延期手续,继续进行生产的,依照本办法第四十五条的规定进行处罚。

第四十七条 企业在安全生产许可证有效期内主要负责人、企业名称、注册地址、隶属关系发生变更或者新增产品、改变工艺技术对企业安全生产产生重大影响,未按照本办法第三十条规定的时限提出安全生产许可证变更申请的,责令限期申请,处1万元以上3万元以下的罚款。

第四十八条 企业在安全生产许可证有效期内,其危险化学品建设项目安全设施竣工验收合格后,未按照本办法第三十二条规定的时限提出安全生产许可证变更申请并且擅自投入运行的,责令停止生产,限期申请,没收违法所得,并处1万元以上3万元以下的罚款。

第四十九条 发现企业隐瞒有关情况或者提供虚假材料申请安全生产许可证的,实施机关不予受理或者不予颁发安全生产许可证,并给予警告,该企业在1年内不得再次申请安全生产许可证。

企业以欺骗、贿赂等不正当手段取得安全生产许可证的,自实施机关撤销其安全生产许可证之日起3年内,该企业不得再次申请安全生产许可证。

第五十条 安全评价机构有下列情形之一的,给予警告,并处1万元以下的罚款;情节严重的,暂停资质半年,并处1万元以上3万元以下的罚款;对相关责任人依法给予处理:

(一)从业人员不到现场开展安全评价活动的;

(二)安全评价报告与实际情况不符,或者安全评价报告存在重大疏漏,但尚未造成重大损失的;

(三)未按照有关法律、法规、规章和国家标准或者行业标准的规定从事安全评价活动的。

第五十一条 承担安全评价、检测、检验的机构出具虚假证明的,没收违法所得;违法所得在10万元以上的,并处违法所得2倍以上5倍以下的罚款;没有违法所得或者违法所得不足10万元的,单处或者并处10万元以上20万元以下的罚款;对其直接负责的主管人员和其他直接责任人员处2万元以上5万元以下的罚款;给他人造成损害的,与企业承担连带赔偿责任;构成犯罪的,依照刑法有关规定追究刑事责任。

对有前款违法行为的机构,依法吊销其相应资质。

第五十二条 本办法规定的行政处罚,由国家安全生产监督管理总局、省级安全生产监督管理部门决定。省级安全生产监督管理部门可以委托设区的市级或者县级安全生产监督管理部门实施。

第七章 附 则

第五十三条 将纯度较低的化学品提纯至纯度较高的危险化学品的,适用本办法。购买某种危险化学品进行分装(包括充装)或者加入非危险化学品的溶剂进行稀释,然后销售或者使用的,不适用本办法。

第五十四条 本办法下列用语的含义:

(一)危险化学品目录,是指国家安全生产监督管理总局会同国务院工业和信息化、公安、环境保护、卫生、质量监督检验检疫、交通运输、铁路、民用航空、农业主管部门,依据《危险化学品安全管理条例》公布的危险化学品目录。

(二)中间产品,是指为满足生产的需要,生产一种或者多种产品为下一个生产过程参与化学反应的原料。

(三)作业场所,是指可能使从业人员接触危险化学品的任何作业活动场所,包括从事危险化学品的生产、操作、处置、储存、装卸等场所。

第五十五条 安全生产许可证由国家安全生产监督管理总局统一印制。

危险化学品安全生产许可的文书、安全生产许可证的格式、内容和编号办法,由国家安全生产监督管理总局另行规定。

第五十六条 省级安全生产监督管理部门可以根据当地实际情况制定安全生产许可证颁发管理的细则,并报国家安全生产监督管理总局备案。

第五十七条 本办法自2011年12月1日起施行。原国家安全生产监督管理局(国家煤矿安全监察局)2004年5月17日公布的《危险化学品生产企业安全生产许可证实施办法》同时废止。

危险化学品重大危险源监督管理暂行规定

1. 2011年8月5日国家安全生产监督管理总局令第40号公布
2. 根据2015年5月27日国家安全生产监督管理总局令第79号《关于废止和修改危险化学品等领域七部规章的决定》修正

第一章 总 则

第一条 为了加强危险化学品重大危险源的安全监督管理,防止和减少危险化学品事故的发生,保障人民群众生命财产安全,根据《中华人民共和国安全生产法》和《危险化学品安全管理条例》等有关法律、行政法规,制定本规定。

第二条　从事危险化学品生产、储存、使用和经营的单位(以下统称危险化学品单位)的危险化学品重大危险源的辨识、评估、登记建档、备案、核销及其监督管理,适用本规定。

城镇燃气、用于国防科研生产的危险化学品重大危险源以及港区内危险化学品重大危险源的安全监督管理,不适用本规定。

第三条　本规定所称危险化学品重大危险源(以下简称重大危险源),是指按照《危险化学品重大危险源辨识》(GB 18218)标准辨识确定,生产、储存、使用或者搬运危险化学品的数量等于或者超过临界量的单元(包括场所和设施)。

第四条　危险化学品单位是本单位重大危险源安全管理的责任主体,其主要负责人对本单位的重大危险源安全管理工作负责,并保证重大危险源安全生产所必需的安全投入。

第五条　重大危险源的安全监督管理实行属地监管与分级管理相结合的原则。

县级以上地方人民政府安全生产监督管理部门按照有关法律、法规、标准和本规定,对本辖区内的重大危险源实施安全监督管理。

第六条　国家鼓励危险化学品单位采用有利于提高重大危险源安全保障水平的先进适用的工艺、技术、设备以及自动控制系统,推进安全生产监督管理部门重大危险源安全监管的信息化建设。

第二章　辨识与评估

第七条　危险化学品单位应当按照《危险化学品重大危险源辨识》标准,对本单位的危险化学品生产、经营、储存和使用装置、设施或者场所进行重大危险源辨识,并记录辨识过程与结果。

第八条　危险化学品单位应当对重大危险源进行安全评估并确定重大危险源等级。危险化学品单位可以组织本单位的注册安全工程师、技术人员或者聘请有关专家进行安全评估,也可以委托具有相应资质的安全评价机构进行安全评估。

依照法律、行政法规的规定,危险化学品单位需要进行安全评价的,重大危险源安全评估可以与本单位的安全评价一起进行,以安全评价报告代替安全评估报告,也可以单独进行重大危险源安全评估。

重大危险源根据其危险程度,分为一级、二级、三级和四级,一级为最高级别。重大危险源分级方法由本规定附件1列示。

第九条　重大危险源有下列情形之一的,应当委托具有相应资质的安全评价机构,按照有关标准的规定采用定量风险评价方法进行安全评估,确定个人和社会风险值:

(一)构成一级或者二级重大危险源,且毒性气体实际存在(在线)量与其在《危险化学品重大危险源辨识》中规定的临界量比值之和大于或等于1的;

(二)构成一级重大危险源,且爆炸品或液化易燃气体实际存在(在线)量与其在《危险化学品重大危险源辨识》中规定的临界量比值之和大于或等于1的。

第十条　重大危险源安全评估报告应当客观公正、数据准确、内容完整、结论明确、措施可行,并包括下列内容:

(一)评估的主要依据;

(二)重大危险源的基本情况;

(三)事故发生的可能性及危害程度;

(四)个人风险和社会风险值(仅适用定量风险评价方法);

(五)可能受事故影响的周边场所、人员情况;

(六)重大危险源辨识、分级的符合性分析;

(七)安全管理措施、安全技术和监控措施;

(八)事故应急措施;

(九)评估结论与建议。

危险化学品单位以安全评价报告代替安全评估报告的,其安全评价报告中有关重大危险源的内容应当符合本条第一款规定的要求。

第十一条　有下列情形之一的,危险化学品单位应当对重大危险源重新进行辨识、安全评估及分级:

(一)重大危险源安全评估已满三年的;

(二)构成重大危险源的装置、设施或者场所进行新建、改建、扩建的;

(三)危险化学品种类、数量、生产、使用工艺或者储存方式及重要设备、设施等发生变化,影响重大危险源级别或者风险程度的;

(四)外界生产安全环境因素发生变化,影响重大危险源级别和风险程度的;

(五)发生危险化学品事故造成人员死亡,或者10人以上受伤,或者影响到公共安全的;

(六)有关重大危险源辨识和安全评估的国家标准、行业标准发生变化的。

第三章　安全管理

第十二条　危险化学品单位应当建立完善重大危险源安全管理规章制度和安全操作规程,并采取有效措施保证其得到执行。

第十三条 危险化学品单位应当根据构成重大危险源的危险化学品种类、数量、生产、使用工艺（方式）或者相关设备、设施等实际情况，按照下列要求建立健全安全监测监控体系，完善控制措施：

（一）重大危险源配备温度、压力、液位、流量、组份等信息的不间断采集和监测系统以及可燃气体和有毒有害气体泄漏检测报警装置，并具备信息远传、连续记录、事故预警、信息存储等功能；一级或者二级重大危险源，具备紧急停车功能。记录的电子数据的保存时间不少于30天；

（二）重大危险源的化工生产装置装备满足安全生产要求的自动化控制系统；一级或者二级重大危险源，装备紧急停车系统；

（三）对重大危险源中的毒性气体、剧毒液体和易燃气体等重点设施，设置紧急切断装置；毒性气体的设施，设置泄漏物紧急处置装置。涉及毒性气体、液化气体、剧毒液体的一级或者二级重大危险源，配备独立的安全仪表系统（SIS）；

（四）重大危险源中储存剧毒物质的场所或者设施，设置视频监控系统；

（五）安全监测监控系统符合国家标准或者行业标准的规定。

第十四条 通过定量风险评价确定的重大危险源的个人和社会风险值，不得超过本规定附件2列示的个人和社会可容许风险限值标准。

超过个人和社会可容许风险限值标准的，危险化学品单位应当采取相应的降低风险措施。

第十五条 危险化学品单位应当按照国家有关规定，定期对重大危险源的安全设施和安全监测监控系统进行检测、检验，并进行经常性维护、保养，保证重大危险源的安全设施和安全监测监控系统有效、可靠运行。维护、保养、检测应当作好记录，并由有关人员签字。

第十六条 危险化学品单位应当明确重大危险源中关键装置、重点部位的责任人或者责任机构，并对重大危险源的安全生产状况进行定期检查，及时采取措施消除事故隐患。事故隐患难以立即排除的，应当及时制定治理方案，落实整改措施、责任、资金、时限和预案。

第十七条 危险化学品单位应当对重大危险源的管理和操作岗位人员进行安全操作技能培训，使其了解重大危险源的危险特性，熟悉重大危险源安全管理规章制度和安全操作规程，掌握本岗位的安全操作技能和应急措施。

第十八条 危险化学品单位应当在重大危险源所在场所设置明显的安全警示标志，写明紧急情况下的应急处置办法。

第十九条 危险化学品单位应当将重大危险源可能发生的事故后果和应急措施等信息，以适当方式告知可能受影响的单位、区域及人员。

第二十条 危险化学品单位应当依法制定重大危险源事故应急预案，建立应急救援组织或者配备应急救援人员，配备必要的防护装备及应急救援器材、设备、物资，并保障其完好和方便使用；配合地方人民政府安全生产监督管理部门制定所在地区涉及本单位的危险化学品事故应急预案。

对存在吸入性有毒、有害气体的重大危险源，危险化学品单位应当配备便携式浓度检测设备、空气呼吸器、化学防护服、堵漏器材等应急器材和设备；涉及剧毒气体的重大危险源，还应当配备两套以上（含本数）气密型化学防护服；涉及易燃易爆气体或者易燃液体蒸气的重大危险源，还应当配备一定数量的便携式可燃气体检测设备。

第二十一条 危险化学品单位应当制定重大危险源事故应急预案演练计划，并按照下列要求进行事故应急预案演练：

（一）对重大危险源专项应急预案，每年至少进行一次；

（二）对重大危险源现场处置方案，每半年至少进行一次。

应急预案演练结束后，危险化学品单位应当对应急预案演练效果进行评估，撰写应急预案演练评估报告，分析存在的问题，对应急预案提出修订意见，并及时修订完善。

第二十二条 危险化学品单位应当对辨识确认的重大危险源及时、逐项进行登记建档。

重大危险源档案应当包括下列文件、资料：

（一）辨识、分级记录；

（二）重大危险源基本特征表；

（三）涉及的所有化学品安全技术说明书；

（四）区域位置图、平面布置图、工艺流程图和主要设备一览表；

（五）重大危险源安全管理规章制度及安全操作规程；

（六）安全监测监控系统、措施说明、检测、检验结果；

（七）重大危险源事故应急预案、评审意见、演练

计划和评估报告;

(八)安全评估报告或者安全评价报告;

(九)重大危险源关键装置、重点部位的责任人、责任机构名称;

(十)重大危险源场所安全警示标志的设置情况;

(十一)其他文件、资料。

第二十三条 危险化学品单位在完成重大危险源安全评估报告或者安全评价报告后15日内,应当填写重大危险源备案申请表,连同本规定第二十二条规定的重大危险源档案材料(其中第二款第五项规定的文件资料只需提供清单),报送所在地县级人民政府安全生产监督管理部门备案。

县级人民政府安全生产监督管理部门应当每季度将辖区内的一级、二级重大危险源备案材料报送至设区的市级人民政府安全生产监督管理部门。设区的市级人民政府安全生产监督管理部门应当每半年将辖区内的一级重大危险源备案材料报送至省级人民政府安全生产监督管理部门。

重大危险源出现本规定第十一条所列情形之一的,危险化学品单位应当及时更新档案,并向所在地县级人民政府安全生产监督管理部门重新备案。

第二十四条 危险化学品单位新建、改建和扩建危险化学品建设项目,应当在建设项目竣工验收前完成重大危险源的辨识、安全评估和分级、登记建档工作,并向所在地县级人民政府安全生产监督管理部门备案。

第四章 监督检查

第二十五条 县级人民政府安全生产监督管理部门应当建立健全危险化学品重大危险源管理制度,明确责任人员,加强资料归档。

第二十六条 县级人民政府安全生产监督管理部门应当在每年1月15日前,将辖区内上一年度重大危险源的汇总信息报送至设区的市级人民政府安全生产监督管理部门。设区的市级人民政府安全生产监督管理部门应当在每年1月31日前,将辖区内上一年度重大危险源的汇总信息报送至省级人民政府安全生产监督管理部门。省级人民政府安全生产监督管理部门应当在每年2月15日前,将辖区内上一年度重大危险源的汇总信息报送至国家安全生产监督管理总局。

第二十七条 重大危险源经过安全评价或者安全评估不再构成重大危险源的,危险化学品单位应当向所在地县级人民政府安全生产监督管理部门申请核销。

申请核销重大危险源应当提交下列文件、资料:

(一)载明核销理由的申请书;

(二)单位名称、法定代表人、住所、联系人、联系方式;

(三)安全评价报告或者安全评估报告。

第二十八条 县级人民政府安全生产监督管理部门应当自收到申请核销的文件、资料之日起30日内进行审查,符合条件的,予以核销并出具证明文书;不符合条件的,说明理由并书面告知申请单位。必要时,县级人民政府安全生产监督管理部门应当聘请有关专家进行现场核查。

第二十九条 县级人民政府安全生产监督管理部门应当每季度将辖区内一级、二级重大危险源的核销材料报送至设区的市级人民政府安全生产监督管理部门。设区的市级人民政府安全生产监督管理部门应当每半年将辖区内一级重大危险源的核销材料报送至省级人民政府安全生产监督管理部门。

第三十条 县级以上地方各级人民政府安全生产监督管理部门应当加强对存在重大危险源的危险化学品单位的监督检查,督促危险化学品单位做好重大危险源的辨识、安全评估及分级、登记建档、备案、监测监控、事故应急预案编制、核销和安全管理工作。

首次对重大危险源的监督检查应当包括下列主要内容:

(一)重大危险源的运行情况、安全管理规章制度及安全操作规程制定和落实情况;

(二)重大危险源的辨识、分级、安全评估、登记建档、备案情况;

(三)重大危险源的监测监控情况;

(四)重大危险源安全设施和安全监测监控系统的检测、检验以及维护保养情况;

(五)重大危险源事故应急预案的编制、评审、备案、修订和演练情况;

(六)有关从业人员的安全培训教育情况;

(七)安全标志设置情况;

(八)应急救援器材、设备、物资配备情况;

(九)预防和控制事故措施的落实情况。

安全生产监督管理部门在监督检查中发现重大危险源存在事故隐患的,应当责令立即排除;重大事故隐患排除前或者排除过程中无法保证安全的,应当责令从危险区域内撤出作业人员,责令暂时停产停业或者停止使用;重大事故隐患排除后,经安全生产监督管理部门审查同意,方可恢复生产经营和使用。

第三十一条 县级以上地方各级人民政府安全生产监督管理部门应当会同本级人民政府有关部门,加强对工业(化工)园区等重大危险源集中区域的监督检查,确保重大危险源与周边单位、居民区、人员密集场所等重要目标和敏感场所之间保持适当的安全距离。

第五章　法 律 责 任

第三十二条　危险化学品单位有下列行为之一的,由县级以上人民政府安全生产监督管理部门责令限期改正,可以处10万元以下的罚款;逾期未改正的,责令停产停业整顿,并处10万元以上20万元以下的罚款,对其直接负责的主管人员和其他直接责任人员处2万元以上5万元以下的罚款;构成犯罪的,依照刑法有关规定追究刑事责任:

(一)未按照本规定要求对重大危险源进行安全评估或者安全评价的;

(二)未按照本规定要求对重大危险源进行登记建档的;

(三)未按照本规定及相关标准要求对重大危险源进行安全监测监控的;

(四)未制定重大危险源事故应急预案的。

第三十三条　危险化学品单位有下列行为之一的,由县级以上人民政府安全生产监督管理部门责令限期改正,可以处5万元以下的罚款;逾期未改正的,处5万元以上20万元以下的罚款,对其直接负责的主管人员和其他直接责任人员处1万元以上2万元以下的罚款;情节严重的,责令停产停业整顿;构成犯罪的,依照刑法有关规定追究刑事责任:

(一)未在构成重大危险源的场所设置明显的安全警示标志的;

(二)未对重大危险源中的设备、设施等进行定期检测、检验的。

第三十四条　危险化学品单位有下列情形之一的,由县级以上人民政府安全生产监督管理部门给予警告,可以并处5000元以上3万元以下的罚款:

(一)未按照标准对重大危险源进行辨识的;

(二)未按照本规定明确重大危险源中关键装置、重点部位的责任人或者责任机构的;

(三)未按照本规定建立应急救援组织或者配备应急救援人员,以及配备必要的防护装备及器材、设备、物资,并保障其完好的;

(四)未按照本规定进行重大危险源备案或者核销的;

(五)未将重大危险源可能引发的事故后果、应急措施等信息告知可能受影响的单位、区域及人员的;

(六)未按照本规定要求开展重大危险源事故应急预案演练的。

第三十五条　危险化学品单位未按照本规定对重大危险源的安全生产状况进行定期检查,采取措施消除事故隐患的,责令立即消除或者限期消除;危险化学品单位拒不执行的,责令停产停业整顿,并处10万元以上20万元以下的罚款,对其直接负责的主管人员和其他直接责任人员处2万元以上5万元以下的罚款。

第三十六条　承担检测、检验、安全评价工作的机构,出具虚假证明的,没收违法所得;违法所得在10万元以上的,并处违法所得2倍以上5倍以下的罚款;没有违法所得或者违法所得不足10万元的,单处或者并处10万元以上20万元以下的罚款;对其直接负责的主管人员和其他直接责任人员处2万元以上5万元以下的罚款;给他人造成损害的,与危险化学品单位承担连带赔偿责任;构成犯罪的,依照刑法有关规定追究刑事责任。

对有前款违法行为的机构,依法吊销其相应资质。

第六章　附　　则

第三十七条　本规定自2011年12月1日起施行。

附件1

危险化学品重大危险源分级方法

一、分级指标

采用单元内各种危险化学品实际存在(在线)量与其在《危险化学品重大危险源辨识》(GB 18218)中规定的临界量比值,经校正系数校正后的比值之和R作为分级指标。

二、R的计算方法

$$R = \alpha\left(\beta_1 \frac{q_1}{Q_1} + \beta_2 \frac{q_2}{Q_2} + \cdots + \beta_n \frac{q_n}{Q_n}\right)$$

式中:

$q_1, q_2, \cdots, q_n$—每种危险化学品实际存在(在线)量(单位:吨);

$Q_1, Q_2, \cdots, Q_n$—与各危险化学品相对应的临界量(单位:吨);

$\beta_1, \beta_2, \cdots, \beta_n$— 与各危险化学品相对应的校正系数;

α— 该危险化学品重大危险源厂区外暴露人员的校正系数。

三、校正系数 β 的取值

根据单元内危险化学品的类别不同,设定校正系数 β 值,见表 1 和表 2:

表 1　校正系数 β 取值表

危险化学品类别	毒性气体	爆炸品	易燃气体	其他类危险化学品
β	见表 2	2	1.5	1

注:危险化学品类别依据《危险货物品名表》中分类标准确定。

表 2　常见毒性气体校正系数 β 值取值表

毒性气体名称	一氧化碳	二氧化硫	氨	环氧乙烷	氯化氢	溴甲烷	氯
β	2	2	2	2	3	3	4
毒性气体名称	硫化氢	氟化氢	二氧化氮	氰化氢	碳酰氯	磷化氢	异氰酸甲酯
β	5	5	10	10	20	20	20

注:未在表 2 中列出的有毒气体可按 β = 2 取值,剧毒气体可按 β = 4 取值。

四、校正系数 α 的取值

根据重大危险源的厂区边界向外扩展 500 米范围内常住人口数量,设定厂外暴露人员校正系数 α 值,见表 3:

表 3　校正系数 α 取值表

厂外可能暴露人员数量	α
100 人以上	2.0
50 人~99 人	1.5
30 人~49 人	1.2
1 人~29 人	1.0
0 人	0.5

五、分级标准

根据计算出来的 *R* 值,按表 4 确定危险化学品重大危险源的级别。

表 4　危险化学品重大危险源级别和 *R* 值的对应关系

危险化学品重大危险源级别	*R* 值
一级	$R \geqslant 100$
二级	$100 > R \geqslant 50$
三级	$50 > R \geqslant 10$
四级	$R < 10$

附件 2

可容许风险标准

一、可容许个人风险标准

个人风险是指因危险化学品重大危险源各种潜在的火灾、爆炸、有毒气体泄漏事故造成区域内某一固定位置人员的个体死亡概率,即单位时间内(通常为年)的个体死亡率。通常用个人风险等值线表示。

通过定量风险评价,危险化学品单位周边重要目标和敏感场所承受的个人风险应满足表 1 中可容许风险标准要求。

表 1　可容许个人风险标准

危险化学品单位周边重要目标和敏感场所类别	可容许风险(/年)
1. 高敏感场所(如学校、医院、幼儿园、养老院等); 2. 重要目标(如党政机关、军事管理区、文物保护单位等); 3. 特殊高密度场所(如大型体育场、大型交通枢纽等)。	$<3 \times 10^{-7}$
1. 居住类高密度场所(如居民区、宾馆、度假村等); 2. 公众聚集类高密度场所(如办公场所、商场、饭店、娱乐场所等)。	$<1 \times 10^{-6}$

二、可容许社会风险标准

社会风险是指能够引起大于等于 N 人死亡的事故累积频率(F),也即单位时间内(通常为年)的死亡人数。通常用社会风险曲线(F-N 曲线)表示。

可容许社会风险标准采用 ALARP(As Low As Reasonable Practice)原则作为可接受原则。ALARP 原则通过两个风险分界线将风险划分为 3 个区域,即:不可容许区、尽可能降低区(ALARP)和可容许区。

①若社会风险曲线落在不可容许区,除特殊情况外,该风险无论如何不能被接受。

②若落在可容许区,风险处于很低的水平,该风险是可以被接受的,无需采取安全改进措施。

③若落在尽可能降低区,则需要在可能的情况下尽量减少风险,即对各种风险处理措施方案进行成本效益分析等,以决定是否采取这些措施。

通过定量风险评价,危险化学品重大危险源产生的社会风险应满足图1中可容许社会风险标准要求。

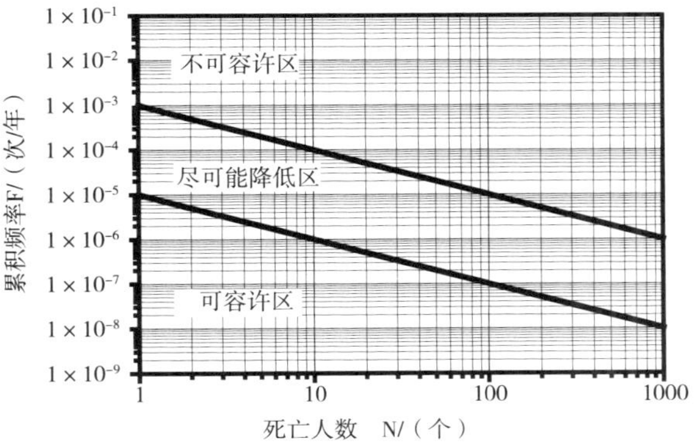

图1　可容许社会风险标准(F－N)曲线

化学品物理危险性鉴定与分类管理办法

1．2013年7月10日国家安全生产监督管理总局令第60号公布

2．自2013年9月1日起施行

第一章　总　　则

第一条　为了规范化学品物理危险性鉴定与分类工作，根据《危险化学品安全管理条例》，制定本办法。

第二条　对危险特性尚未确定的化学品进行物理危险性鉴定与分类，以及安全生产监督管理部门对鉴定与分类工作实施监督管理，适用本办法。

第三条　本办法所称化学品，是指各类单质、化合物及其混合物。

化学品物理危险性鉴定，是指依据有关国家标准或者行业标准进行测试、判定，确定化学品的燃烧、爆炸、腐蚀、助燃、自反应和遇水反应等危险特性。

化学品物理危险性分类，是指依据有关国家标准或者行业标准，对化学品物理危险性鉴定结果或者相关数据资料进行评估，确定化学品的物理危险性类别。

第四条　下列化学品应当进行物理危险性鉴定与分类：

（一）含有一种及以上列入《危险化学品目录》的组分，但整体物理危险性尚未确定的化学品；

（二）未列入《危险化学品目录》，且物理危险性尚未确定的化学品；

（三）以科学研究或者产品开发为目的，年产量或者使用量超过1吨，且物理危险性尚未确定的化学品。

第五条　国家安全生产监督管理总局负责指导和监督管理全国化学品物理危险性鉴定与分类工作，公告化学品物理危险性鉴定机构（以下简称鉴定机构）名单以及免予物理危险性鉴定与分类的化学品目录，设立化学品物理危险性鉴定与分类技术委员会（以下简称技术委员会）。

县级以上地方各级人民政府安全生产监督管理部门负责监督和检查本行政区域内化学品物理危险性鉴定与分类工作。

第六条　技术委员会负责对有异议的鉴定或者分类结果进行仲裁，公布化学品物理危险性的鉴定情况。

国家安全生产监督管理总局化学品登记中心（以下简称登记中心）负责化学品物理危险性分类结果的评估与审核，建立国家化学品物理危险性鉴定与分类信息管理系统，为化学品物理危险性鉴定与分类工作提供技术支持，承担技术委员会的日常工作。

第二章　物理危险性鉴定与分类

第七条　鉴定机构应当依照有关法律法规和国家标准或者行业标准的规定，科学、公正、诚信地开展鉴定工作，保证鉴定结果真实、准确、客观，并对鉴定结果负责。

第八条　化学品生产、进口单位（以下统称化学品单位）应当对本单位生产或者进口的化学品进行普查和物理危险性辨识，对其中符合本办法第四条规定的化学品向鉴定机构申请鉴定。

化学品单位在办理化学品物理危险性鉴定过程中，不得隐瞒化学品的危险性成分、含量等相关信息或者提供虚假材料。

第九条　化学品物理危险性鉴定按照下列程序办理：

（一）申请化学品物理危险性鉴定的化学品单位向鉴定机构提交化学品物理危险性鉴定申请表以及相关文件资料，提供鉴定所需要的样品，并对样品的真实性负责；

（二）鉴定机构收到鉴定申请后，按照有关国家标准或者行业标准进行测试、判定。除与爆炸物、自反应物质、有机过氧化物相关的物理危险性外，对其他物理危险性应当在20个工作日内出具鉴定报告，特殊情况下由双方协商确定。

送检样品应当至少保存180日，有关档案材料应当至少保存5年。

第十条　化学品物理危险性鉴定应当包括下列内容：

（一）与爆炸物、易燃气体、气溶胶、氧化性气体、加压气体、易燃液体、易燃固体、自反应物质、自燃液体、自燃固体、自热物质、遇水放出易燃气体的物质、氧化性液体、氧化性固体、有机过氧化物、金属腐蚀物等相关的物理危险性；

（二）与化学品危险性分类相关的蒸气压、自燃温度等理化特性，以及化学稳定性和反应性等。

第十一条 化学品物理危险性鉴定报告应当包括下列内容：

（一）化学品名称；

（二）申请鉴定单位名称；

（三）鉴定项目以及所用标准、方法；

（四）仪器设备信息；

（五）鉴定结果；

（六）有关国家标准或者行业标准中规定的其他内容。

第十二条 申请化学品物理危险性鉴定的化学品单位对鉴定结果有异议的，可以在收到鉴定报告之日起15个工作日内向原鉴定机构申请重新鉴定，或者向技术委员会申请仲裁。技术委员会应当在收到申请之日起20个工作日内作出仲裁决定。

第十三条 化学品单位应当根据鉴定报告以及其他物理危险性数据资料，编制化学品物理危险性分类报告。

化学品物理危险性分类报告应当包括下列内容：

（一）化学品名称；

（二）重要成分信息；

（三）物理危险性鉴定报告或者其他有关数据及其来源；

（四）化学品物理危险性分类结果。

第十四条 化学品单位应当向登记中心提交化学品物理危险性分类报告。登记中心应当对分类报告进行综合性评估，并在30个工作日内向化学品单位出具审核意见。

第十五条 化学品单位对化学品物理危险性分类的审核意见有异议的，可以在收到审核意见之日起15个工作日内向技术委员会申请仲裁。技术委员会应当在收到申请之日起20个工作日内作出仲裁决定。

第十六条 化学品单位应当建立化学品物理危险性鉴定与分类管理档案，内容应当包括：

（一）已知物理危险性的化学品的危险特性等信息；

（二）已经鉴定与分类化学品的物理危险性鉴定报告、分类报告和审核意见等信息；

（三）未进行鉴定与分类化学品的名称、数量等信息。

第十七条 化学品单位对确定为危险化学品的化学品以及国家安全生产监督管理总局公告的免予物理危险性鉴定与分类的危险化学品，应当编制化学品安全技术说明书和安全标签，根据《危险化学品登记管理办法》办理危险化学品登记，按照有关危险化学品的法律、法规和标准的要求，加强安全管理。

第十八条 鉴定机构应当于每年1月31日前向国家安全生产监督管理总局上报上一年度鉴定的化学品品名和工作总结。

第三章 法律责任

第十九条 化学品单位有下列情形之一的，由安全生产监督管理部门责令限期改正，可以处1万元以下的罚款；拒不改正的，处1万元以上3万元以下的罚款：

（一）未按照本办法规定对化学品进行物理危险性鉴定或者分类的；

（二）未按照本办法规定建立化学品物理危险性鉴定与分类管理档案的；

（三）在办理化学品物理危险性的鉴定过程中，隐瞒化学品的危险性成分、含量等相关信息或者提供虚假材料的。

第二十条 鉴定机构在物理危险性鉴定过程中有下列行为之一的，处1万元以上3万元以下的罚款；情节严重的，由国家安全生产监督管理总局从鉴定机构名单中除名并公告：

（一）伪造、篡改数据或者有其他弄虚作假行为的；

（二）未通过安全生产监督管理部门的监督检查，仍从事鉴定工作的；

（三）泄露化学品单位商业秘密的。

第四章 附则

第二十一条 对于用途相似、组分接近、物理危险性无显著差异的化学品，化学品单位可以向鉴定机构申请系列化学品鉴定。

多个化学品单位可以对同一化学品联合申请鉴定。

第二十二条 对已经列入《危险化学品目录》的化学品，发现其有新的物理危险性的，化学品单位应当依照本办法进行物理危险性鉴定与分类。

第二十三条 本办法自2013年9月1日起施行。

危险化学品登记管理办法

1. 2012年7月1日国家安全生产监督管理总局令第53号公布
2. 自2012年8月1日起施行

第一章 总 则

第一条 为了加强对危险化学品的安全管理,规范危险化学品登记工作,为危险化学品事故预防和应急救援提供技术、信息支持,根据《危险化学品安全管理条例》,制定本办法。

第二条 本办法适用于危险化学品生产企业、进口企业(以下统称登记企业)生产或者进口《危险化学品目录》所列危险化学品的登记和管理工作。

第三条 国家实行危险化学品登记制度。危险化学品登记实行企业申请、两级审核、统一发证、分级管理的原则。

第四条 国家安全生产监督管理总局负责全国危险化学品登记的监督管理工作。

县级以上地方各级人民政府安全生产监督管理部门负责本行政区域内危险化学品登记的监督管理工作。

第二章 登记机构

第五条 国家安全生产监督管理总局化学品登记中心(以下简称登记中心),承办全国危险化学品登记的具体工作和技术管理工作。

省、自治区、直辖市人民政府安全生产监督管理部门设立危险化学品登记办公室或者危险化学品登记中心(以下简称登记办公室),承办本行政区域内危险化学品登记的具体工作和技术管理工作。

第六条 登记中心履行下列职责:

(一)组织、协调和指导全国危险化学品登记工作;

(二)负责全国危险化学品登记内容审核、危险化学品登记证的颁发和管理工作;

(三)负责管理与维护全国危险化学品登记信息管理系统(以下简称登记系统)以及危险化学品登记信息的动态统计分析工作;

(四)负责管理与维护国家危险化学品事故应急咨询电话,并提供24小时应急咨询服务;

(五)组织化学品危险性评估,对未分类的化学品统一进行危险性分类;

(六)对登记办公室进行业务指导,负责全国登记办公室危险化学品登记人员的培训工作;

(七)定期将危险化学品的登记情况通报国务院有关部门,并向社会公告。

第七条 登记办公室履行下列职责:

(一)组织本行政区域内危险化学品登记工作;

(二)对登记企业申报材料的规范性、内容一致性进行审查;

(三)负责本行政区域内危险化学品登记信息的统计分析工作;

(四)提供危险化学品事故预防与应急救援信息支持;

(五)协助本行政区域内安全生产监督管理部门开展登记培训,指导登记企业实施危险化学品登记工作。

第八条 登记中心和登记办公室(以下统称登记机构)从事危险化学品登记的工作人员(以下简称登记人员)应当具有化工、化学、安全工程等相关专业大学专科以上学历,并经统一业务培训,取得培训合格证,方可上岗作业。

第九条 登记办公室应当具备下列条件:

(一)有3名以上登记人员;

(二)有严格的责任制度、保密制度、档案管理制度和数据库维护制度;

(三)配备必要的办公设备、设施。

第三章 登记的时间、内容和程序

第十条 新建的生产企业应当在竣工验收前办理危险化学品登记。

进口企业应当在首次进口前办理危险化学品登记。

第十一条 同一企业生产、进口同一品种危险化学品的,按照生产企业进行一次登记,但应当提交进口危险化学品的有关信息。

进口企业进口不同制造商的同一品种危险化学品的,按照首次进口制造商的危险化学品进行一次登记,但应当提交其他制造商的危险化学品的有关信息。

生产企业、进口企业多次进口同一制造商的同一品种危险化学品的,只进行一次登记。

第十二条 危险化学品登记应当包括下列内容:

(一)分类和标签信息,包括危险化学品的危险性类别、象形图、警示词、危险性说明、防范说明等;

(二)物理、化学性质,包括危险化学品的外观与性状、溶解性、熔点、沸点等物理性质,闪点、爆炸极限、自燃温度、分解温度等化学性质;

（三）主要用途，包括企业推荐的产品合法用途、禁止或者限制的用途等；

（四）危险特性，包括危险化学品的物理危险性、环境危害性和毒理特性；

（五）储存、使用、运输的安全要求，其中，储存的安全要求包括对建筑条件、库房条件、安全条件、环境卫生条件、温度和湿度条件的要求，使用的安全要求包括使用时的操作条件、作业人员防护措施、使用现场危害控制措施等，运输的安全要求包括对运输或者输送方式的要求、危害信息向有关运输人员的传递手段、装卸及运输过程中的安全措施等；

（六）出现危险情况的应急处置措施，包括危险化学品在生产、使用、储存、运输过程中发生火灾、爆炸、泄漏、中毒、窒息、灼伤等化学品事故时的应急处理方法，应急咨询服务电话等。

第十三条　危险化学品登记按照下列程序办理：

（一）登记企业通过登记系统提出申请；

（二）登记办公室在3个工作日内对登记企业提出的申请进行初步审查，符合条件的，通过登记系统通知登记企业办理登记手续；

（三）登记企业接到登记办公室通知后，按照有关要求在登记系统中如实填写登记内容，并向登记办公室提交有关纸质登记材料；

（四）登记办公室在收到登记企业的登记材料之日起20个工作日内，对登记材料和登记内容逐项进行审查，必要时可进行现场核查，符合要求的，将登记材料提交给登记中心；不符合要求的，通过登记系统告知登记企业并说明理由；

（五）登记中心在收到登记办公室提交的登记材料之日起15个工作日内，对登记材料和登记内容进行审核，符合要求的，通过登记办公室向登记企业发放危险化学品登记证；不符合要求的，通过登记系统告知登记办公室、登记企业并说明理由。

登记企业修改登记材料和整改问题所需时间，不计算在前款规定的期限内。

第十四条　登记企业办理危险化学品登记时，应当提交下列材料，并对其内容的真实性负责：

（一）危险化学品登记表一式2份；

（二）生产企业的工商营业执照，进口企业的对外贸易经营者备案登记表、中华人民共和国进出口企业资质证书、中华人民共和国外商投资企业批准证书或者台港澳侨投资企业批准证书复制件1份；

（三）与其生产、进口的危险化学品相符并符合国家标准的化学品安全技术说明书、化学品安全标签各1份；

（四）满足本办法第二十二条规定的应急咨询服务电话号码或者应急咨询服务委托书复制件1份；

（五）办理登记的危险化学品产品标准（采用国家标准或者行业标准的，提供所采用的标准编号）。

第十五条　登记企业在危险化学品登记证有效期内，企业名称、注册地址、登记品种、应急咨询服务电话发生变化，或者发现其生产、进口的危险化学品有新的危险特性的，应当在15个工作日内向登记办公室提出变更申请，并按照下列程序办理登记内容变更手续：

（一）通过登记系统填写危险化学品登记变更申请表，并向登记办公室提交涉及变更事项的证明材料1份；

（二）登记办公室初步审查登记企业的登记变更申请，符合条件的，通知登记企业提交变更后的登记材料，并对登记材料进行审查，符合要求的，提交给登记中心；不符合要求的，通过登记系统告知登记企业并说明理由；

（三）登记中心对登记办公室提交的登记材料进行审核，符合要求且属于危险化学品登记证载明事项的，通过登记办公室向登记企业发放登记变更后的危险化学品登记证并收回原证；符合要求但不属于危险化学品登记证载明事项的，通过登记办公室向登记企业提供书面证明文件。

第十六条　危险化学品登记证有效期为3年。登记证有效期满后，登记企业继续从事危险化学品生产或者进口的，应当在登记证有效期届满前3个月提出复核换证申请，并按下列程序办理复核换证：

（一）通过登记系统填写危险化学品复核换证申请表；

（二）登记办公室审查登记企业的复核换证申请，符合条件的，通过登记系统告知登记企业提交本规定第十四条规定的登记材料；不符合条件的，通过登记系统告知登记企业并说明理由；

（三）按照本办法第十三条第一款第三项、第四项、第五项规定的程序办理复核换证手续。

第十七条　危险化学品登记证分为正本、副本，正本为悬挂式，副本为折页式。正本、副本具有同等法律效力。

危险化学品登记证正本、副本应当载明证书编号、企业名称、注册地址、企业性质、登记品种、有效期、发证机关、发证日期等内容。其中，企业性质应当注明危险化学品生产企业、危险化学品进口企业或者危险化学品生产企业(兼进口)。

第四章 登记企业的职责

第十八条 登记企业应当对本企业的各类危险化学品进行普查,建立危险化学品管理档案。

危险化学品管理档案应当包括危险化学品名称、数量、标识信息、危险性分类和化学品安全技术说明书、化学品安全标签等内容。

第十九条 登记企业应当按照规定向登记机构办理危险化学品登记,如实填报登记内容和提交有关材料,并接受安全生产监督管理部门依法进行的监督检查。

第二十条 登记企业应当指定人员负责危险化学品登记的相关工作,配合登记人员在必要时对本企业危险化学品登记内容进行核查。

登记企业从事危险化学品登记的人员应当具备危险化学品登记相关知识和能力。

第二十一条 对危险特性尚未确定的化学品,登记企业应当按照国家关于化学品危险性鉴定的有关规定,委托具有国家规定资质的机构对其进行危险性鉴定;属于危险化学品的,应当依照本办法的规定进行登记。

第二十二条 危险化学品生产企业应当设立由专职人员24小时值守的国内固定服务电话,针对本办法第十二条规定的内容向用户提供危险化学品事故应急咨询服务,为危险化学品事故应急救援提供技术指导和必要的协助。专职值守人员应当熟悉本企业危险化学品的危险特性和应急处置技术,准确回答有关咨询问题。

危险化学品生产企业不能提供前款规定应急咨询服务的,应当委托登记机构代理应急咨询服务。

危险化学品进口企业应当自行或者委托进口代理商、登记机构提供符合本条第一款要求的应急咨询服务,并在其进口的危险化学品安全标签上标明应急咨询服务电话号码。

从事代理应急咨询服务的登记机构,应当设立由专职人员24小时值守的国内固定服务电话,建有完善的化学品应急救援数据库,配备在线数字录音设备和8名以上专业人员,能够同时受理3起以上应急咨询,准确提供化学品泄漏、火灾、爆炸、中毒等事故应急处置有关信息和建议。

第二十三条 登记企业不得转让、冒用或者使用伪造的危险化学品登记证。

第五章 监督管理

第二十四条 安全生产监督管理部门应当将危险化学品登记情况纳入危险化学品安全执法检查内容,对登记企业未按照规定予以登记的,依法予以处理。

第二十五条 登记办公室应当对本行政区域内危险化学品的登记数据及时进行汇总、统计、分析,并报告省、自治区、直辖市人民政府安全生产监督管理部门。

第二十六条 登记中心应当定期向国务院工业和信息化、环境保护、公安、卫生、交通运输、铁路、质量监督检验检疫等部门提供危险化学品登记的有关信息和资料,并向社会公告。

第二十七条 登记办公室应当在每年1月31日前向所属省、自治区、直辖市人民政府安全生产监督管理部门和登记中心书面报告上一年度本行政区域内危险化学品登记的情况。

登记中心应当在每年2月15日前向国家安全生产监督管理总局书面报告上一年度全国危险化学品登记的情况。

第六章 法律责任

第二十八条 登记机构的登记人员违规操作、弄虚作假、滥发证书,在规定限期内无故不予登记且无明确答复,或者泄露登记企业商业秘密的,责令改正,并追究有关责任人员的责任。

第二十九条 登记企业不办理危险化学品登记,登记品种发生变化或者发现其生产、进口的危险化学品有新的危险特性不办理危险化学品登记内容变更手续的,责令改正,可以处5万元以下的罚款;拒不改正的,处5万元以上10万元以下的罚款;情节严重的,责令停产停业整顿。

第三十条 登记企业有下列行为之一的,责令改正,可以处3万元以下的罚款:

(一)未向用户提供应急咨询服务或者应急咨询服务不符合本办法第二十二条规定的;

(二)在危险化学品登记证有效期内企业名称、注册地址、应急咨询服务电话发生变化,未按规定按时办理危险化学品登记变更手续的;

(三)危险化学品登记证有效期满后,未按规定申请复核换证,继续进行生产或者进口的;

(四)转让、冒用或者使用伪造的危险化学品登记证,或者不如实填报登记内容、提交有关材料的;

(五)拒绝、阻挠登记机构对本企业危险化学品登记情况进行现场核查的。

第七章 附则

第三十一条 本办法所称危险化学品进口企业,是指依法设立且取得工商营业执照,并取得下列证明文件之

一、从事危险化学品进口的企业：

（一）对外贸易经营者备案登记表；

（二）中华人民共和国进出口企业资质证书；

（三）中华人民共和国外商投资企业批准证书；

（四）台港澳侨投资企业批准证书。

第三十二条　登记企业在本办法施行前已经取得的危险化学品登记证，其有效期不变；有效期满后继续从事危险化学品生产、进口活动的，应当依照本办法的规定办理危险化学品登记证复核换证手续。

第三十三条　危险化学品登记证由国家安全生产监督管理总局统一印制。

第三十四条　本办法自2012年8月1日起施行。原国家经济贸易委员会2002年10月8日公布的《危险化学品登记管理办法》同时废止。

非药品类易制毒化学品生产、经营许可办法

1. 2006年4月5日国家安全生产监督管理总局令第5号公布
2. 自2006年4月15日起施行

第一章　总　　则

第一条　为加强非药品类易制毒化学品管理，规范非药品类易制毒化学品生产、经营行为，防止非药品类易制毒化学品被用于制造毒品，维护经济和社会秩序，根据《易制毒化学品管理条例》（以下简称《条例》）和有关法律、行政法规，制定本办法。

第二条　本办法所称非药品类易制毒化学品，是指《条例》附表确定的可以用于制毒的非药品类主要原料和化学配剂。

非药品类易制毒化学品的分类和品种，见本办法附表《非药品类易制毒化学品分类和品种目录》。

《条例》附表《易制毒化学品的分类和品种目录》调整或者《危险化学品目录》调整涉及本办法附表时，《非药品类易制毒化学品分类和品种目录》随之进行调整并公布。

第三条　国家对非药品类易制毒化学品的生产、经营实行许可制度。对第一类非药品类易制毒化学品的生产、经营实行许可证管理，对第二类、第三类易制毒化学品的生产、经营实行备案证明管理。

省、自治区、直辖市人民政府安全生产监督管理部门负责本行政区域内第一类非药品类易制毒化学品生产、经营的审批和许可证的颁发工作。

设区的市级人民政府安全生产监督管理部门负责本行政区域内第二类非药品类易制毒化学品生产、经营和第三类非药品类易制毒化学品生产的备案证明颁发工作。

县级人民政府安全生产监督管理部门负责本行政区域内第三类非药品类易制毒化学品经营的备案证明颁发工作。

第四条　国家安全生产监督管理总局监督、指导全国非药品类易制毒化学品生产、经营许可和备案管理工作。

县级以上人民政府安全生产监督管理部门负责本行政区域内执行非药品类易制毒化学品生产、经营许可制度的监督管理工作。

第二章　生产、经营许可

第五条　生产、经营第一类非药品类易制毒化学品的，必须取得非药品类易制毒化学品生产、经营许可证方可从事生产、经营活动。

第六条　生产、经营第一类非药品类易制毒化学品的，应当分别符合《条例》第七条、第九条规定的条件。

第七条　生产单位申请非药品类易制毒化学品生产许可证，应当向所在地的省级人民政府安全生产监督管理部门提交下列文件、资料，并对其真实性负责：

（一）非药品类易制毒化学品生产许可证申请书（一式两份）；

（二）生产设备、仓储设施和污染物处理设施情况说明材料；

（三）易制毒化学品管理制度和环境突发事件应急预案；

（四）安全生产管理制度；

（五）单位法定代表人或者主要负责人和技术、管理人员具有相应安全生产知识的证明材料；

（六）单位法定代表人或者主要负责人和技术、管理人员具有相应易制毒化学品知识的证明材料及无毒品犯罪记录证明材料；

（七）工商营业执照副本（复印件）；

（八）产品包装说明和使用说明书。

属于危险化学品生产单位的，还应当提交危险化学品生产企业安全生产许可证和危险化学品登记证（复印件），免于提交本条第（四）、（五）、（七）项所要求的文件、资料。

第八条　经营单位申请非药品类易制毒化学品经营许可证，应当向所在地的省级人民政府安全生产监督管理部门提交下列文件、资料，并对其真实性负责：

（一）非药品类易制毒化学品经营许可证申请书

（一式两份）；

（二）经营场所、仓储设施情况说明材料；

（三）易制毒化学品经营管理制度和包括销售机构、销售代理商、用户等内容的销售网络文件；

（四）单位法定代表人或者主要负责人和销售、管理人员具有相应易制毒化学品知识的证明材料及无毒品犯罪记录证明材料；

（五）工商营业执照副本（复印件）；

（六）产品包装说明和使用说明书。

属于危险化学品经营单位的，还应当提交危险化学品经营许可证（复印件），免于提交本条第（五）项所要求的文件、资料。

第九条 省、自治区、直辖市人民政府安全生产监督管理部门对申请人提交的申请书及文件、资料，应当按照下列规定分别处理：

（一）申请事项不属于本部门职权范围的，应当即时出具不予受理的书面凭证；

（二）申请材料存在可以当场更正的错误的，应当允许或者要求申请人当场更正；

（三）申请材料不齐全或者不符合要求的，应当当场或者在5个工作日内书面一次告知申请人需要补正的全部内容，逾期不告知的，自收到申请材料之日起即为受理；

（四）申请材料齐全、符合要求或者按照要求全部补正的，自收到申请材料或者全部补正材料之日起为受理。

第十条 对已经受理的申请材料，省、自治区、直辖市人民政府安全生产监督管理部门应当进行审查，根据需要可以进行实地核查。

第十一条 自受理之日起，对非药品类易制毒化学品的生产许可证申请在60个工作日内、对经营许可证申请在30个工作日内，省、自治区、直辖市人民政府安全生产监督管理部门应当作出颁发或者不予颁发许可证的决定。

对决定颁发的，应当自决定之日起10个工作日内送达或者通知申请人领取许可证；对不予颁发的，应当在10个工作日内书面通知申请人并说明理由。

第十二条 非药品类易制毒化学品生产、经营许可证有效期为3年。许可证有效期满后需继续生产、经营第一类非药品类易制毒化学品的，应当于许可证有效期满前3个月内向原许可证颁发管理部门提出换证申请并提交相应资料，经审查合格后换领新证。

第十三条 第一类非药品类易制毒化学品生产、经营单位在非药品类易制毒化学品生产、经营许可证有效期内出现下列情形之一的，应当向原许可证颁发管理部门申请变更许可证：

（一）单位法定代表人或者主要负责人改变；

（二）单位名称改变；

（三）许可品种主要流向改变；

（四）需要增加许可品种、数量。

属于本条第（一）、（三）项的变更，应当自发生改变之日起20个工作日内提出申请；属于本条第（二）项的变更，应当自工商营业执照变更后提出申请。

申请本条第（一）项的变更，应当提供变更后的法定代表人或者主要负责人符合本办法第七条第（五）、（六）项或第八条第（四）项要求的有关证明材料；申请本条第（二）项的变更，应当提供变更后的工商营业执照副本（复印件）；申请本条第（三）项的变更，生产、经营单位应当分别提供主要流向改变说明、第八条第（三）项要求的有关资料；申请本条第（四）项的变更，应当提供本办法第七条第（二）、（三）、（八）项或第八条第（二）、（三）、（六）项要求的有关资料。

第十四条 对已经受理的本办法第十三条第（一）、（二）、（三）项的变更申请，许可证颁发管理部门在对申请人提交的文件、资料审核后，即可办理非药品类易制毒化学品生产、经营许可证变更手续。

对已经受理的本办法第十三条第（四）项的变更申请，许可证颁发管理部门应当按照本办法第十条、第十一条的规定，办理非药品类易制毒化学品生产、经营许可证变更手续。

第十五条 非药品类易制毒化学品生产、经营单位原有技术或者销售人员、管理人员变动的，变动人员应当具有相应的安全生产和易制毒化学品知识。

第十六条 第一类非药品类易制毒化学品生产、经营单位不再生产、经营非药品类易制毒化学品时，应当在停止生产、经营后3个月内办理注销许可手续。

第三章 生产、经营备案

第十七条 生产、经营第二类、第三类非药品类易制毒化学品的，必须进行非药品类易制毒化学品生产、经营备案。

第十八条 生产第二类、第三类非药品类易制毒化学品的，应当自生产之日起30个工作日内，将生产的品种、数量等情况，向所在地的设区的市级人民政府安全生产监督管理部门备案。

经营第二类非药品类易制毒化学品的，应当自经营之日起30个工作日内，将经营的品种、数量、主要流向等情况,向所在地的设区的市级人民政府安全生产监督管理部门备案。

经营第三类非药品类易制毒化学品的,应当自经营之日起30个工作日内,将经营的品种、数量、主要流向等情况,向所在地的县级人民政府安全生产监督管理部门备案。

第十九条　第二类、第三类非药品类易制毒化学品生产单位进行备案时,应当提交下列资料:

(一)非药品类易制毒化学品品种、产量、销售量等情况的备案申请书;

(二)易制毒化学品管理制度;

(三)产品包装说明和使用说明书;

(四)工商营业执照副本(复印件)。

属于危险化学品生产单位的,还应当提交危险化学品生产企业安全生产许可证和危险化学品登记证(复印件),免于提交本条第(四)项所要求的文件、资料。

第二十条　第二类、第三类非药品类易制毒化学品经营单位进行备案时,应当提交下列资料:

(一)非药品类易制毒化学品销售品种、销售量、主要流向等情况的备案申请书;

(二)易制毒化学品管理制度;

(三)产品包装说明和使用说明书;

(四)工商营业执照副本(复印件)。

属于危险化学品经营单位的,还应当提交危险化学品经营许可证,免于提交本条第(四)项所要求的文件、资料。

第二十一条　第二类、第三类非药品类易制毒化学品生产、经营备案主管部门收到本办法第十九条、第二十条规定的备案材料后,应当于当日发给备案证明。

第二十二条　第二类、第三类非药品类易制毒化学品生产、经营备案证明有效期为3年。有效期满后需继续生产、经营的,应当在备案证明有效期满前3个月内重新办理备案手续。

第二十三条　第二类、第三类非药品类易制毒化学品生产、经营单位的法定代表人或者主要负责人、单位名称、单位地址发生变化的,应当自工商营业执照变更之日起30个工作日内重新办理备案手续;生产或者经营的备案品种增加、主要流向改变的,在发生变化后30个工作日内重新办理备案手续。

第二十四条　第二类、第三类非药品类易制毒化学品生产、经营单位不再生产、经营非药品类易制毒化学品时,应当在终止生产、经营后3个月内办理备案注销手续。

第四章　监督管理

第二十五条　县级以上人民政府安全生产监督管理部门应当加强非药品类易制毒化学品生产、经营的监督检查工作。

县级以上人民政府安全生产监督管理部门对非药品类易制毒化学品的生产、经营活动进行监督检查时,可以查看现场、查阅和复制有关资料、记录有关情况、扣押相关的证据材料和违法物品;必要时,可以临时查封有关场所。

被检查的单位或者个人应当如实提供有关情况和资料、物品,不得拒绝或者隐匿。

第二十六条　生产、经营单位应当于每年3月31日前,向许可或者备案的安全生产监督管理部门报告本单位上年度非药品类易制毒化学品生产经营的品种、数量和主要流向等情况。

安全生产监督管理部门应当自收到报告后10个工作日内将本行政区域内上年度非药品类易制毒化学品生产、经营汇总情况报上级安全生产监督管理部门。

第二十七条　各级安全生产监督管理部门应当建立非药品类易制毒化学品许可和备案档案并加强信息管理。

第二十八条　安全生产监督管理部门应当及时将非药品类易制毒化学品生产、经营许可及吊销许可情况,向同级公安机关和工商行政管理部门通报;向商务主管部门通报许可证和备案证明颁发等有关情况。

第五章　罚　　则

第二十九条　对于有下列行为之一的,县级以上人民政府安全生产监督管理部门可以自《条例》第三十八条规定的部门作出行政处罚决定之日起的3年内,停止受理其非药品类易制毒化学品生产、经营许可或备案申请:

(一)未经许可或者备案擅自生产、经营非药品类易制毒化学品的;

(二)伪造申请材料骗取非药品类易制毒化学品生产、经营许可证或者备案证明的;

(三)使用他人的非药品类易制毒化学品生产、经营许可证或者备案证明的;

(四)使用伪造、变造、失效的非药品类易制毒化学品生产、经营许可证或者备案证明的。

第三十条　对于有下列行为之一的,由县级以上人民政府安全生产监督管理部门给予警告,责令限期改正,处1万元以上5万元以下的罚款;对违反规定生产、经营的非药品类易制毒化学品,可以予以没收;逾期不改正的，责令限期停产停业整顿；逾期整顿不合格的，吊销相应的许可证：

（一）易制毒化学品生产、经营单位未按规定建立易制毒化学品的管理制度和安全管理制度的；

（二）将许可证或者备案证明转借他人使用的；

（三）超出许可的品种、数量，生产、经营非药品类易制毒化学品的；

（四）易制毒化学品的产品包装和使用说明书不符合《条例》规定要求的；

（五）生产、经营非药品类易制毒化学品的单位不如实或者不按时向安全生产监督管理部门报告年度生产、经营等情况的。

第三十一条 生产、经营非药品类易制毒化学品的单位或者个人拒不接受安全生产监督管理部门监督检查的，由县级以上人民政府安全生产监督管理部门责令改正，对直接负责的主管人员以及其他直接责任人员给予警告；情节严重的，对单位处1万元以上5万元以下的罚款，对直接负责的主管人员以及其他直接责任人员处1000元以上5000元以下的罚款。

第三十二条 安全生产监督管理部门工作人员在管理工作中，有滥用职权、玩忽职守、徇私舞弊行为或泄露企业商业秘密的，依法给予行政处分；构成犯罪的，依法追究刑事责任。

第六章 附 则

第三十三条 非药品类易制毒化学品生产许可证、经营许可证和备案证明由国家安全生产监督管理总局监制。

非药品类易制毒化学品年度报告表及许可、备案、变更申请书由国家安全生产监督管理总局规定式样。

第三十四条 本办法自2006年4月15日起施行。

十、行业安全生产监督管理

资料补充栏

1. 建筑业

建设工程安全生产管理条例

1. 2003年11月24日国务院令第393号公布
2. 自2004年2月1日起施行

第一章 总 则

第一条 为了加强建设工程安全生产监督管理，保障人民群众生命和财产安全，根据《中华人民共和国建筑法》、《中华人民共和国安全生产法》，制定本条例。

第二条 在中华人民共和国境内从事建设工程的新建、扩建、改建和拆除等有关活动及实施对建设工程安全生产的监督管理，必须遵守本条例。

本条例所称建设工程，是指土木工程、建筑工程、线路管道和设备安装工程及装修工程。

第三条 建设工程安全生产管理，坚持安全第一、预防为主的方针。

第四条 建设单位、勘察单位、设计单位、施工单位、工程监理单位及其他与建设工程安全生产有关的单位，必须遵守安全生产法律、法规的规定，保证建设工程安全生产，依法承担建设工程安全生产责任。

第五条 国家鼓励建设工程安全生产的科学技术研究和先进技术的推广应用，推进建设工程安全生产的科学管理。

第二章 建设单位的安全责任

第六条 建设单位应当向施工单位提供施工现场及毗邻区域内供水、排水、供电、供气、供热、通信、广播电视等地下管线资料，气象和水文观测资料，相邻建筑物和构筑物、地下工程的有关资料，并保证资料的真实、准确、完整。

建设单位因建设工程需要，向有关部门或者单位查询前款规定的资料时，有关部门或者单位应当及时提供。

第七条 建设单位不得对勘察、设计、施工、工程监理等单位提出不符合建设工程安全生产法律、法规和强制性标准规定的要求，不得压缩合同约定的工期。

第八条 建设单位在编制工程概算时，应当确定建设工程安全作业环境及安全施工措施所需费用。

第九条 建设单位不得明示或者暗示施工单位购买、租赁、使用不符合安全施工要求的安全防护用具、机械设备、施工机具及配件、消防设施和器材。

第十条 建设单位在申请领取施工许可证时，应当提供建设工程有关安全施工措施的资料。

依法批准开工报告的建设工程，建设单位应当自开工报告批准之日起15日内，将保证安全施工的措施报送建设工程所在地的县级以上地方人民政府建设行政主管部门或者其他有关部门备案。

第十一条 建设单位应当将拆除工程发包给具有相应资质等级的施工单位。

建设单位应当在拆除工程施工15日前，将下列资料报送建设工程所在地的县级以上地方人民政府建设行政主管部门或者其他有关部门备案：

（一）施工单位资质等级证明；

（二）拟拆除建筑物、构筑物及可能危及毗邻建筑的说明；

（三）拆除施工组织方案；

（四）堆放、清除废弃物的措施。

实施爆破作业的，应当遵守国家有关民用爆炸物品管理的规定。

第三章 勘察、设计、工程监理及其他有关单位的安全责任

第十二条 勘察单位应当按照法律、法规和工程建设强制性标准进行勘察，提供的勘察文件应当真实、准确，满足建设工程安全生产的需要。

勘察单位在勘察作业时，应当严格执行操作规程，采取措施保证各类管线、设施和周边建筑物、构筑物的安全。

第十三条 设计单位应当按照法律、法规和工程建设强制性标准进行设计，防止因设计不合理导致生产安全事故的发生。

设计单位应当考虑施工安全操作和防护的需要，对涉及施工安全的重点部位和环节在设计文件中注明，并对防范生产安全事故提出指导意见。

采用新结构、新材料、新工艺的建设工程和特殊结构的建设工程，设计单位应当在设计中提出保障施工作业人员安全和预防生产安全事故的措施建议。

设计单位和注册建筑师等注册执业人员应当对其设计负责。

第十四条 工程监理单位应当审查施工组织设计中的安全技术措施或者专项施工方案是否符合工程建设强制性标准。

工程监理单位在实施监理过程中，发现存在安全

事故隐患的，应当要求施工单位整改；情况严重的，应当要求施工单位暂时停止施工，并及时报告建设单位。施工单位拒不整改或者不停止施工的，工程监理单位应当及时向有关主管部门报告。

工程监理单位和监理工程师应当按照法律、法规和工程建设强制性标准实施监理，并对建设工程安全生产承担监理责任。

第十五条　为建设工程提供机械设备和配件的单位，应当按照安全施工的要求配备齐全有效的保险、限位等安全设施和装置。

第十六条　出租的机械设备和施工机具及配件，应当具有生产（制造）许可证、产品合格证。

出租单位应当对出租的机械设备和施工机具及配件的安全性能进行检测，在签订租赁协议时，应当出具检测合格证明。

禁止出租检测不合格的机械设备和施工机具及配件。

第十七条　在施工现场安装、拆卸施工起重机械和整体提升脚手架、模板等自升式架设设施，必须由具有相应资质的单位承担。

安装、拆卸施工起重机械和整体提升脚手架、模板等自升式架设设施，应当编制拆装方案、制定安全施工措施，并由专业技术人员现场监督。

施工起重机械和整体提升脚手架、模板等自升式架设设施安装完毕后，安装单位应当自检，出具自检合格证明，并向施工单位进行安全使用说明，办理验收手续并签字。

第十八条　施工起重机械和整体提升脚手架、模板等自升式架设设施的使用达到国家规定的检验检测期限的，必须经具有专业资质的检验检测机构检测。经检测不合格的，不得继续使用。

第十九条　检验检测机构对检测合格的施工起重机械和整体提升脚手架、模板等自升式架设设施，应当出具安全合格证明文件，并对检测结果负责。

第四章　施工单位的安全责任

第二十条　施工单位从事建设工程的新建、扩建、改建和拆除等活动，应当具备国家规定的注册资本、专业技术人员、技术装备和安全生产等条件，依法取得相应等级的资质证书，并在其资质等级许可的范围内承揽工程。

第二十一条　施工单位主要负责人依法对本单位的安全生产工作全面负责。施工单位应当建立健全安全生产责任制度和安全生产教育培训制度，制定安全生产规章制度和操作规程，保证本单位安全生产条件所需资金的投入，对所承担的建设工程进行定期和专项安全检查，并做好安全检查记录。

施工单位的项目负责人应当由取得相应执业资格的人员担任，对建设工程项目的安全施工负责，落实安全生产责任制度、安全生产规章制度和操作规程，确保安全生产费用的有效使用，并根据工程的特点组织制定安全施工措施，消除安全事故隐患，及时、如实报告生产安全事故。

第二十二条　施工单位对列入建设工程概算的安全作业环境及安全施工措施所需费用，应当用于施工安全防护用具及设施的采购和更新、安全施工措施的落实、安全生产条件的改善，不得挪作他用。

第二十三条　施工单位应当设立安全生产管理机构，配备专职安全生产管理人员。

专职安全生产管理人员负责对安全生产进行现场监督检查。发现安全事故隐患，应当及时向项目负责人和安全生产管理机构报告；对违章指挥、违章操作的，应当立即制止。

专职安全生产管理人员的配备办法由国务院建设行政主管部门会同国务院其他有关部门制定。

第二十四条　建设工程实行施工总承包的，由总承包单位对施工现场的安全生产负总责。

总承包单位应当自行完成建设工程主体结构的施工。

总承包单位依法将建设工程分包给其他单位的，分包合同中应当明确各自的安全生产方面的权利、义务。总承包单位和分包单位对分包工程的安全生产承担连带责任。

分包单位应当服从总承包单位的安全生产管理，分包单位不服从管理导致生产安全事故的，由分包单位承担主要责任。

第二十五条　垂直运输机械作业人员、安装拆卸工、爆破作业人员、起重信号工、登高架设作业人员等特种作业人员，必须按照国家有关规定经过专门的安全作业培训，并取得特种作业操作资格证书后，方可上岗作业。

第二十六条　施工单位应当在施工组织设计中编制安全技术措施和施工现场临时用电方案，对下列达到一定规模的危险性较大的分部分项工程编制专项施工方案，并附具安全验算结果，经施工单位技术负责人、总监理工程师签字后实施，由专职安全生产管理人员进行现场监督：

（一）基坑支护与降水工程；

（二）土方开挖工程；

（三）模板工程；

（四）起重吊装工程；

（五）脚手架工程；

（六）拆除、爆破工程；

（七）国务院建设行政主管部门或者其他有关部门规定的其他危险性较大的工程。

对前款所列工程中涉及深基坑、地下暗挖工程、高大模板工程的专项施工方案，施工单位还应当组织专家进行论证、审查。

本条第一款规定的达到一定规模的危险性较大工程的标准，由国务院建设行政主管部门会同国务院其他有关部门制定。

第二十七条 建设工程施工前，施工单位负责项目管理的技术人员应当对有关安全施工的技术要求向施工作业班组、作业人员作出详细说明，并由双方签字确认。

第二十八条 施工单位应当在施工现场入口处、施工起重机械、临时用电设施、脚手架、出入通道口、楼梯口、电梯井口、孔洞口、桥梁口、隧道口、基坑边沿、爆破物及有害危险气体和液体存放处等危险部位，设置明显的安全警示标志。安全警示标志必须符合国家标准。

施工单位应当根据不同施工阶段和周围环境及季节、气候的变化，在施工现场采取相应的安全施工措施。施工现场暂时停止施工的，施工单位应当做好现场防护，所需费用由责任方承担，或者按照合同约定执行。

第二十九条 施工单位应当将施工现场的办公、生活区与作业区分开设置，并保持安全距离；办公、生活区的选址应当符合安全性要求。职工的膳食、饮水、休息场所等应当符合卫生标准。施工单位不得在尚未竣工的建筑物内设置员工集体宿舍。

施工现场临时搭建的建筑物应当符合安全使用要求。施工现场使用的装配式活动房屋应当具有产品合格证。

第三十条 施工单位对因建设工程施工可能造成损害的毗邻建筑物、构筑物和地下管线等，应当采取专项防护措施。

施工单位应当遵守有关环境保护法律、法规的规定，在施工现场采取措施，防止或者减少粉尘、废气、废水、固体废物、噪声、振动和施工照明对人和环境的危害和污染。

在城市市区内的建设工程，施工单位应当对施工现场实行封闭围挡。

第三十一条 施工单位应当在施工现场建立消防安全责任制度，确定消防安全责任人，制定用火、用电、使用易燃易爆材料等各项消防安全管理制度和操作规程，设置消防通道、消防水源，配备消防设施和灭火器材，并在施工现场入口处设置明显标志。

第三十二条 施工单位应当向作业人员提供安全防护用具和安全防护服装，并书面告知危险岗位的操作规程和违章操作的危害。

作业人员有权对施工现场的作业条件、作业程序和作业方式中存在的安全问题提出批评、检举和控告，有权拒绝违章指挥和强令冒险作业。

在施工中发生危及人身安全的紧急情况时，作业人员有权立即停止作业或者在采取必要的应急措施后撤离危险区域。

第三十三条 作业人员应当遵守安全施工的强制性标准、规章制度和操作规程，正确使用安全防护用具、机械设备等。

第三十四条 施工单位采购、租赁的安全防护用具、机械设备、施工机具及配件，应当具有生产（制造）许可证、产品合格证，并在进入施工现场前进行查验。

施工现场的安全防护用具、机械设备、施工机具及配件必须由专人管理，定期进行检查、维修和保养，建立相应的资料档案，并按照国家有关规定及时报废。

第三十五条 施工单位在使用施工起重机械和整体提升脚手架、模板等自升式架设设施前，应当组织有关单位进行验收，也可以委托具有相应资质的检验检测机构进行验收；使用承租的机械设备和施工机具及配件的，由施工总承包单位、分包单位、出租单位和安装单位共同进行验收。验收合格的方可使用。

《特种设备安全监察条例》规定的施工起重机械，在验收前应当经有相应资质的检验检测机构监督检验合格。

施工单位应当自施工起重机械和整体提升脚手架、模板等自升式架设设施验收合格之日起30日内，向建设行政主管部门或者其他有关部门登记。登记标志应当置于或者附着于该设备的显著位置。

第三十六条 施工单位的主要负责人、项目负责人、专职安全生产管理人员应当经建设行政主管部门或者其他有关部门考核合格后方可任职。

施工单位应当对管理人员和作业人员每年至少进行一次安全生产教育培训，其教育培训情况记入个人工作档案。安全生产教育培训考核不合格的人员，不得上岗。

第三十七条 作业人员进入新的岗位或者新的施工现场

前,应当接受安全生产教育培训。未经教育培训或者教育培训考核不合格的人员,不得上岗作业。

施工单位在采用新技术、新工艺、新设备、新材料时,应当对作业人员进行相应的安全生产教育培训。

第三十八条　施工单位应当为施工现场从事危险作业的人员办理意外伤害保险。

意外伤害保险费由施工单位支付。实行施工总承包的,由总承包单位支付意外伤害保险费。意外伤害保险期限自建设工程开工之日起至竣工验收合格止。

第五章　监督管理

第三十九条　国务院负责安全生产监督管理的部门依照《中华人民共和国安全生产法》的规定,对全国建设工程安全生产工作实施综合监督管理。

县级以上地方人民政府负责安全生产监督管理的部门依照《中华人民共和国安全生产法》的规定,对本行政区域内建设工程安全生产工作实施综合监督管理。

第四十条　国务院建设行政主管部门对全国的建设工程安全生产实施监督管理。国务院铁路、交通、水利等有关部门按照国务院规定的职责分工,负责有关专业建设工程安全生产的监督管理。

县级以上地方人民政府建设行政主管部门对本行政区域内的建设工程安全生产实施监督管理。县级以上地方人民政府交通、水利等有关部门在各自的职责范围内,负责本行政区域内的专业建设工程安全生产的监督管理。

第四十一条　建设行政主管部门和其他有关部门应当将本条例第十条、第十一条规定的有关资料的主要内容抄送同级负责安全生产监督管理的部门。

第四十二条　建设行政主管部门在审核发放施工许可证时,应当对建设工程是否有安全施工措施进行审查,对没有安全施工措施的,不得颁发施工许可证。

建设行政主管部门或者其他有关部门对建设工程是否有安全施工措施进行审查时,不得收取费用。

第四十三条　县级以上人民政府负有建设工程安全生产监督管理职责的部门在各自的职责范围内履行安全监督检查职责时,有权采取下列措施:

(一)要求被检查单位提供有关建设工程安全生产的文件和资料;

(二)进入被检查单位施工现场进行检查;

(三)纠正施工中违反安全生产要求的行为;

(四)对检查中发现的安全事故隐患,责令立即排除;重大安全事故隐患排除前或者排除过程中无法保证安全的,责令从危险区域内撤出作业人员或者暂时停止施工。

第四十四条　建设行政主管部门或者其他有关部门可以将施工现场的监督检查委托给建设工程安全监督机构具体实施。

第四十五条　国家对严重危及施工安全的工艺、设备、材料实行淘汰制度。具体目录由国务院建设行政主管部门会同国务院其他有关部门制定并公布。

第四十六条　县级以上人民政府建设行政主管部门和其他有关部门应当及时受理对建设工程生产安全事故及安全事故隐患的检举、控告和投诉。

第六章　生产安全事故的应急救援和调查处理

第四十七条　县级以上地方人民政府建设行政主管部门应当根据本级人民政府的要求,制定本行政区域内建设工程特大生产安全事故应急救援预案。

第四十八条　施工单位应当制定本单位生产安全事故应急救援预案,建立应急救援组织或者配备应急救援人员,配备必要的应急救援器材、设备,并定期组织演练。

第四十九条　施工单位应当根据建设工程施工的特点、范围,对施工现场易发生重大事故的部位、环节进行监控,制定施工现场生产安全事故应急救援预案。实行施工总承包的,由总承包单位统一组织编制建设工程生产安全事故应急救援预案,工程总承包单位和分包单位按照应急救援预案,各自建立应急救援组织或者配备应急救援人员,配备救援器材、设备,并定期组织演练。

第五十条　施工单位发生生产安全事故,应当按照国家有关伤亡事故报告和调查处理的规定,及时、如实地向负责安全生产监督管理的部门、建设行政主管部门或者其他有关部门报告;特种设备发生事故的,还应当同时向特种设备安全监督管理部门报告。接到报告的部门应当按照国家有关规定,如实上报。

实行施工总承包的建设工程,由总承包单位负责上报事故。

第五十一条　发生生产安全事故后,施工单位应当采取措施防止事故扩大,保护事故现场。需要移动现场物品时,应当做出标记和书面记录,妥善保管有关证物。

第五十二条　建设工程生产安全事故的调查、对事故责任单位和责任人的处罚与处理,按照有关法律、法规的规定执行。

第七章 法律责任

第五十三条 违反本条例的规定,县级以上人民政府建设行政主管部门或者其他有关行政管理部门的工作人员,有下列行为之一的,给予降级或者撤职的行政处分;构成犯罪的,依照刑法有关规定追究刑事责任:

(一)对不具备安全生产条件的施工单位颁发资质证书的;

(二)对没有安全施工措施的建设工程颁发施工许可证的;

(三)发现违法行为不予查处的;

(四)不依法履行监督管理职责的其他行为。

第五十四条 违反本条例的规定,建设单位未提供建设工程安全生产作业环境及安全施工措施所需费用的,责令限期改正;逾期未改正的,责令该建设工程停止施工。

建设单位未将保证安全施工的措施或者拆除工程的有关资料报送有关部门备案的,责令限期改正,给予警告。

第五十五条 违反本条例的规定,建设单位有下列行为之一的,责令限期改正,处20万元以上50万元以下的罚款;造成重大安全事故,构成犯罪的,对直接责任人员,依照刑法有关规定追究刑事责任;造成损失的,依法承担赔偿责任:

(一)对勘察、设计、施工、工程监理等单位提出不符合安全生产法律、法规和强制性标准规定的要求的;

(二)要求施工单位压缩合同约定的工期的;

(三)将拆除工程发包给不具有相应资质等级的施工单位的。

第五十六条 违反本条例的规定,勘察单位、设计单位有下列行为之一的,责令限期改正,处10万元以上30万元以下的罚款;情节严重的,责令停业整顿,降低资质等级,直至吊销资质证书;造成重大安全事故,构成犯罪的,对直接责任人员,依照刑法有关规定追究刑事责任;造成损失的,依法承担赔偿责任:

(一)未按照法律、法规和工程建设强制性标准进行勘察、设计的;

(二)采用新结构、新材料、新工艺的建设工程和特殊结构的建设工程,设计单位未在设计中提出保障施工作业人员安全和预防生产安全事故的措施建议的。

第五十七条 违反本条例的规定,工程监理单位有下列行为之一的,责令限期改正;逾期未改正的,责令停业整顿,并处10万元以上30万元以下的罚款;情节严重的,降低资质等级,直至吊销资质证书;造成重大安全事故,构成犯罪的,对直接责任人员,依照刑法有关规定追究刑事责任;造成损失的,依法承担赔偿责任:

(一)未对施工组织设计中的安全技术措施或者专项施工方案进行审查的;

(二)发现安全事故隐患未及时要求施工单位整改或者暂时停止施工的;

(三)施工单位拒不整改或者不停止施工,未及时向有关主管部门报告的;

(四)未依照法律、法规和工程建设强制性标准实施监理的。

第五十八条 注册执业人员未执行法律、法规和工程建设强制性标准的,责令停止执业3个月以上1年以下;情节严重的,吊销执业资格证书,5年内不予注册;造成重大安全事故的,终身不予注册;构成犯罪的,依照刑法有关规定追究刑事责任。

第五十九条 违反本条例的规定,为建设工程提供机械设备和配件的单位,未按照安全施工的要求配备齐全有效的保险、限位等安全设施和装置的,责令限期改正,处合同价款1倍以上3倍以下的罚款;造成损失的,依法承担赔偿责任。

第六十条 违反本条例的规定,出租单位出租未经安全性能检测或者经检测不合格的机械设备和施工机具及配件的,责令停业整顿,并处5万元以上10万元以下的罚款;造成损失的,依法承担赔偿责任。

第六十一条 违反本条例的规定,施工起重机械和整体提升脚手架、模板等自升式架设设施安装、拆卸单位有下列行为之一的,责令限期改正,处5万元以上10万元以下的罚款;情节严重的,责令停业整顿,降低资质等级,直至吊销资质证书;造成损失的,依法承担赔偿责任:

(一)未编制拆装方案、制定安全施工措施的;

(二)未由专业技术人员现场监督的;

(三)未出具自检合格证明或者出具虚假证明的;

(四)未向施工单位进行安全使用说明,办理移交手续的。

施工起重机械和整体提升脚手架、模板等自升式架设设施安装、拆卸单位有前款规定的第(一)项、第(三)项行为,经有关部门或者单位职工提出后,对事故隐患仍不采取措施,因而发生重大伤亡事故或者造成其他严重后果,构成犯罪的,对直接责任人员,依照刑法有关规定追究刑事责任。

第六十二条 违反本条例的规定,施工单位有下列行为之一的,责令限期改正;逾期未改正的,责令停业整顿,依照《中华人民共和国安全生产法》的有关规定处以罚款;造成重大安全事故,构成犯罪的,对直接责任人员,依照刑法有关规定追究刑事责任:

(一)未设立安全生产管理机构、配备专职安全生产管理人员或者分部分项工程施工时无专职安全生产管理人员现场监督的;

(二)施工单位的主要负责人、项目负责人、专职安全生产管理人员、作业人员或者特种作业人员,未经安全教育培训或者经考核不合格即从事相关工作的;

(三)未在施工现场的危险部位设置明显的安全警示标志,或者未按照国家有关规定在施工现场设置消防通道、消防水源、配备消防设施和灭火器材的;

(四)未向作业人员提供安全防护用具和安全防护服装的;

(五)未按照规定在施工起重机械和整体提升脚手架、模板等自升式架设设施验收合格后登记的;

(六)使用国家明令淘汰、禁止使用的危及施工安全的工艺、设备、材料的。

第六十三条　违反本条例的规定,施工单位挪用列入建设工程概算的安全生产作业环境及安全施工措施所需费用的,责令限期改正,处挪用费用20%以上50%以下的罚款;造成损失的,依法承担赔偿责任。

第六十四条　违反本条例的规定,施工单位有下列行为之一的,责令限期改正;逾期未改正的,责令停业整顿,并处5万元以上10万元以下的罚款;造成重大安全事故,构成犯罪的,对直接责任人员,依照刑法有关规定追究刑事责任:

(一)施工前未对有关安全施工的技术要求作出详细说明的;

(二)未根据不同施工阶段和周围环境及季节、气候的变化,在施工现场采取相应的安全施工措施,或者在城市市区内的建设工程的施工现场未实行封闭围挡的;

(三)在尚未竣工的建筑物内设置员工集体宿舍的;

(四)施工现场临时搭建的建筑物不符合安全使用要求的;

(五)未对因建设工程施工可能造成损害的毗邻建筑物、构筑物和地下管线等采取专项防护措施的。

施工单位有前款规定第(四)项、第(五)项行为,造成损失的,依法承担赔偿责任。

第六十五条　违反本条例的规定,施工单位有下列行为之一的,责令限期改正;逾期未改正的,责令停业整顿,并处10万元以上30万元以下的罚款;情节严重的,降低资质等级,直至吊销资质证书;造成重大安全事故,构成犯罪的,对直接责任人员,依照刑法有关规定追究刑事责任;造成损失的,依法承担赔偿责任:

(一)安全防护用具、机械设备、施工机具及配件在进入施工现场前未经查验或者查验不合格即投入使用的;

(二)使用未经验收或者验收不合格的施工起重机械和整体提升脚手架、模板等自升式架设设施的;

(三)委托不具有相应资质的单位承担施工现场安装、拆卸施工起重机械和整体提升脚手架、模板等自升式架设设施的;

(四)在施工组织设计中未编制安全技术措施、施工现场临时用电方案或者专项施工方案的。

第六十六条　违反本条例的规定,施工单位的主要负责人、项目负责人未履行安全生产管理职责的,责令限期改正;逾期未改正的,责令施工单位停业整顿;造成重大安全事故、重大伤亡事故或者其他严重后果,构成犯罪的,依照刑法有关规定追究刑事责任。

作业人员不服管理、违反规章制度和操作规程冒险作业造成重大伤亡事故或者其他严重后果,构成犯罪的,依照刑法有关规定追究刑事责任。

施工单位的主要负责人、项目负责人有前款违法行为,尚不够刑事处罚的,处2万元以上20万元以下的罚款或者按照管理权限给予撤职处分;自刑罚执行完毕或者受处分之日起,5年内不得担任任何施工单位的主要负责人、项目负责人。

第六十七条　施工单位取得资质证书后,降低安全生产条件的,责令限期改正;经整改仍未达到与其资质等级相适应的安全生产条件的,责令停业整顿,降低其资质等级直至吊销资质证书。

第六十八条　本条例规定的行政处罚,由建设行政主管部门或者其他有关部门依照法定职权决定。

违反消防安全管理规定的行为,由公安消防机构依法处罚。

有关法律、行政法规对建设工程安全生产违法行为的行政处罚决定机关另有规定的,从其规定。

第八章　附　　则

第六十九条　抢险救灾和农民自建低层住宅的安全生产管理,不适用本条例。

第七十条　军事建设工程的安全生产管理,按照中央军事委员会的有关规定执行。

第七十一条 本条例自2004年2月1日起施行。

建设工程质量管理条例

1. 2000年1月30日国务院令第279号公布施行
2. 根据2017年10月7日国务院令第687号《关于修改部分行政法规的决定》第一次修订
3. 根据2019年4月23日国务院令第714号《关于修改部分行政法规的决定》第二次修订

第一章 总 则

第一条 为了加强对建设工程质量的管理,保证建设工程质量,保护人民生命和财产安全,根据《中华人民共和国建筑法》,制定本条例。

第二条 凡在中华人民共和国境内从事建设工程的新建、扩建、改建等有关活动及实施对建设工程质量监督管理的,必须遵守本条例。本条例所称建设工程,是指土木工程、建筑工程、线路管道和设备安装工程及装修工程。

第三条 建设单位、勘察单位、设计单位、施工单位、工程监理单位依法对建设工程质量负责。

第四条 县级以上人民政府建设行政主管部门和其他有关部门应当加强对建设工程质量的监督管理。

第五条 从事建设工程活动,必须严格执行基本建设程序,坚持先勘察、后设计、再施工的原则。

县级以上人民政府及其有关部门不得超越权限审批建设项目或者擅自简化基本建设程序。

第六条 国家鼓励采用先进的科学技术和管理方法,提高建设工程质量。

第二章 建设单位的质量责任和义务

第七条 建设单位应当将工程发包给具有相应资质等级的单位。

建设单位不得将建设工程肢解发包。

第八条 建设单位应当依法对工程建设项目的勘察、设计、施工、监理以及与工程建设有关的重要设备、材料等的采购进行招标。

第九条 建设单位必须向有关的勘察、设计、施工、工程监理等单位提供与建设工程有关的原始资料。

原始资料必须真实、准确、齐全。

第十条 建设工程发包单位不得迫使承包方以低于成本的价格竞标,不得任意压缩合理工期。

建设单位不得明示或者暗示设计单位或者施工单位违反工程建设强制性标准,降低建设工程质量。

第十一条 施工图设计文件审查的具体办法,由国务院建设行政主管部门、国务院其他有关部门制定。

施工图设计文件未经审查批准的,不得使用。

第十二条 实行监理的建设工程,建设单位应当委托具有相应资质等级的工程监理单位进行监理,也可以委托具有工程监理相应资质等级并与被监理工程的施工承包单位没有隶属关系或者其他利害关系的该工程的设计单位进行监理。

下列建设工程必须实行监理:

(一)国家重点建设工程;

(二)大中型公用事业工程;

(三)成片开发建设的住宅小区工程;

(四)利用外国政府或者国际组织贷款、援助资金的工程;

(五)国家规定必须实行监理的其他工程。

第十三条 建设单位在开工前,应当按照国家有关规定办理工程质量监督手续,工程质量监督手续可以与施工许可证或者开工报告合并办理。

第十四条 按照合同约定,由建设单位采购建筑材料、建筑构配件和设备的,建设单位应当保证建筑材料、建筑构配件和设备符合设计文件和合同要求。

建设单位不得明示或者暗示施工单位使用不合格的建筑材料、建筑构配件和设备。

第十五条 涉及建筑主体和承重结构变动的装修工程,建设单位应当在施工前委托原设计单位或者具有相应资质等级的设计单位提出设计方案;没有设计方案的,不得施工。

房屋建筑使用者在装修过程中,不得擅自变动房屋建筑主体和承重结构。

第十六条 建设单位收到建设工程竣工报告后,应当组织设计、施工、工程监理等有关单位进行竣工验收。

建设工程竣工验收应当具备下列条件:

(一)完成建设工程设计和合同约定的各项内容;

(二)有完整的技术档案和施工管理资料;

(三)有工程使用的主要建筑材料、建筑构配件和设备的进场试验报告;

(四)有勘察、设计、施工、工程监理等单位分别签署的质量合格文件;

(五)有施工单位签署的工程保修书。

建设工程经验收合格的,方可交付使用。

第十七条 建设单位应当严格按照国家有关档案管理的规定,及时收集、整理建设项目各环节的文件资料,建立、健全建设项目档案，并在建设工程竣工验收后，及时向建设行政主管部门或者其他有关部门移交建设项目档案。

第三章　勘察、设计单位的质量责任和义务

第十八条　从事建设工程勘察、设计的单位应当依法取得相应等级的资质证书，并在其资质等级许可的范围内承揽工程。

禁止勘察、设计单位超越其资质等级许可的范围或者以其他勘察、设计单位的名义承揽工程。禁止勘察、设计单位允许其他单位或者个人以本单位的名义承揽工程。

勘察、设计单位不得转包或者违法分包所承揽的工程。

第十九条　勘察、设计单位必须按照工程建设强制性标准进行勘察、设计，并对其勘察、设计的质量负责。

注册建筑师、注册结构工程师等注册执业人员应当在设计文件上签字，对设计文件负责。

第二十条　勘察单位提供的地质、测量、水文等勘察成果必须真实、准确。

第二十一条　设计单位应当根据勘察成果文件进行建设工程设计。

设计文件应当符合国家规定的设计深度要求，注明工程合理使用年限。

第二十二条　设计单位在设计文件中选用的建筑材料、建筑构配件和设备，应当注明规格、型号、性能等技术指标，其质量要求必须符合国家规定的标准。

除有特殊要求的建筑材料、专用设备、工艺生产线等外，设计单位不得指定生产厂、供应商。

第二十三条　设计单位应当就审查合格的施工图设计文件向施工单位作出详细说明。

第二十四条　设计单位应当参与建设工程质量事故分析，并对因设计造成的质量事故，提出相应的技术处理方案。

第四章　施工单位的质量责任和义务

第二十五条　施工单位应当依法取得相应等级的资质证书，并在其资质等级许可的范围内承揽工程。

禁止施工单位超越本单位资质等级许可的业务范围或者以其他施工单位的名义承揽工程。禁止施工单位允许其他单位或者个人以本单位的名义承揽工程。

施工单位不得转包或者违法分包工程。

第二十六条　施工单位对建设工程的施工质量负责。

施工单位应当建立质量责任制，确定工程项目的项目经理、技术负责人和施工管理负责人。

建设工程实行总承包的，总承包单位应当对全部建设工程质量负责；建设工程勘察、设计、施工、设备采购的一项或者多项实行总承包的，总承包单位应当对其承包的建设工程或者采购的设备的质量负责。

第二十七条　总承包单位依法将建设工程分包给其他单位的，分包单位应当按照分包合同的约定对其分包工程的质量向总承包单位负责，总承包单位与分包单位对分包工程的质量承担连带责任。

第二十八条　施工单位必须按照工程设计图纸和施工技术标准施工，不得擅自修改工程设计，不得偷工减料。

施工单位在施工过程中发现设计文件和图纸有差错的，应当及时提出意见和建议。

第二十九条　施工单位必须按照工程设计要求、施工技术标准和合同约定，对建筑材料、建筑构配件、设备和商品混凝土进行检验，检验应当有书面记录和专人签字；未经检验或者检验不合格的，不得使用。

第三十条　施工单位必须建立、健全施工质量的检验制度，严格工序管理，作好隐蔽工程的质量检查和记录。隐蔽工程在隐蔽前，施工单位应当通知建设单位和建设工程质量监督机构。

第三十一条　施工人员对涉及结构安全的试块、试件以及有关材料，应当在建设单位或者工程监理单位监督下现场取样，并送具有相应资质等级的质量检测单位进行检测。

第三十二条　施工单位对施工中出现质量问题的建设工程或者竣工验收不合格的建设工程，应当负责返修。

第三十三条　施工单位应当建立、健全教育培训制度，加强对职工的教育培训；未经教育培训或者考核不合格的人员，不得上岗作业。

第五章　工程监理单位的质量责任和义务

第三十四条　工程监理单位应当依法取得相应等级的资质证书，并在其资质等级许可的范围内承担工程监理业务。

禁止工程监理单位超越本单位资质等级许可的范围或者以其他工程监理单位的名义承担工程监理业务。禁止工程监理单位允许其他单位或者个人以本单位的名义承担工程监理业务。

工程监理单位不得转让工程监理业务。

第三十五条　工程监理单位与被监理工程的施工承包单位以及建筑材料、建筑构配件和设备供应单位有隶属关系或者其他利害关系的，不得承担该项建设工程的

监理业务。

第三十六条 工程监理单位应当依照法律、法规以及有关技术标准、设计文件和建设工程承包合同,代表建设单位对施工质量实施监理,并对施工质量承担监理责任。

第三十七条 工程监理单位应当选派具备相应资格的总监理工程师和监理工程师进驻施工现场。

未经监理工程师签字,建筑材料、建筑构配件和设备不得在工程上使用或者安装,施工单位不得进行下一道工序的施工。未经总监理工程师签字,建设单位不拨付工程款,不进行竣工验收。

第三十八条 监理工程师应当按照工程监理规范的要求,采取旁站、巡视和平行检验等形式,对建设工程实施监理。

第六章 建设工程质量保修

第三十九条 建设工程实行质量保修制度。

建设工程承包单位在向建设单位提交工程竣工验收报告时,应当向建设单位出具质量保修书。质量保修书中应当明确建设工程的保修范围、保修期限和保修责任等。

第四十条 在正常使用条件下,建设工程的最低保修期限为:

(一)基础设施工程、房屋建筑的地基基础工程和主体结构工程,为设计文件规定的该工程的合理使用年限;

(二)屋面防水工程、有防水要求的卫生间、房间和外墙面的防渗漏,为5年;

(三)供热与供冷系统,为2个采暖期、供冷期;

(四)电气管线、给排水管道、设备安装和装修工程,为2年。

其他项目的保修期限由发包方与承包方约定。

建设工程的保修期,自竣工验收合格之日起计算。

第四十一条 建设工程在保修范围和保修期限内发生质量问题的,施工单位应当履行保修义务,并对造成的损失承担赔偿责任。

第四十二条 建设工程在超过合理使用年限后需要继续使用的,产权所有人应当委托具有相应资质等级的勘察、设计单位鉴定,并根据鉴定结果采取加固、维修等措施,重新界定使用期。

第七章 监督管理

第四十三条 国家实行建设工程质量监督管理制度。

国务院建设行政主管部门对全国的建设工程质量实施统一监督管理。国务院铁路、交通、水利等有关部门按照国务院规定的职责分工,负责对全国的有关专业建设工程质量的监督管理。

县级以上地方人民政府建设行政主管部门对本行政区域内的建设工程质量实施监督管理。县级以上地方人民政府交通、水利等有关部门在各自的职责范围内,负责对本行政区域内的专业建设工程质量的监督管理。

第四十四条 国务院建设行政主管部门和国务院铁路、交通、水利等有关部门应当加强对有关建设工程质量的法律、法规和强制性标准执行情况的监督检查。

第四十五条 国务院发展计划部门按照国务院规定的职责,组织稽察特派员,对国家出资的重大建设项目实施监督检查。

国务院经济贸易主管部门按照国务院规定的职责,对国家重大技术改造项目实施监督检查。

第四十六条 建设工程质量监督管理,可以由建设行政主管部门或者其他有关部门委托的建设工程质量监督机构具体实施。

从事房屋建筑工程和市政基础设施工程质量监督的机构,必须按照国家有关规定经国务院建设行政主管部门或者省、自治区、直辖市人民政府建设行政主管部门考核;从事专业建设工程质量监督的机构,必须按照国家有关规定经国务院有关部门或者省、自治区、直辖市人民政府有关部门考核。经考核合格后,方可实施质量监督。

第四十七条 县级以上地方人民政府建设行政主管部门和其他有关部门应当加强对有关建设工程质量的法律、法规和强制性标准执行情况的监督检查。

第四十八条 县级以上人民政府建设行政主管部门和其他有关部门履行监督检查职责时,有权采取下列措施:

(一)要求被检查的单位提供有关工程质量的文件和资料;

(二)进入被检查单位的施工现场进行检查;

(三)发现有影响工程质量的问题时,责令改正。

第四十九条 建设单位应当自建设工程竣工验收合格之日起15日内,将建设工程竣工验收报告和规划、公安消防、环保等部门出具的认可文件或者准许使用文件报建设行政主管部门或者其他有关部门备案。

建设行政主管部门或者其他有关部门发现建设单位在竣工验收过程中有违反国家有关建设工程质量管理规定行为的,责令停止使用,重新组织竣工验收。

第五十条 有关单位和个人对县级以上人民政府建设行政

政主管部门和其他有关部门进行的监督检查应当支持与配合,不得拒绝或者阻碍建设工程质量监督检查人员依法执行职务。

第五十一条　供水、供电、供气、公安消防等部门或者单位不得明示或者暗示建设单位、施工单位购买其指定的生产供应单位的建筑材料、建筑构配件和设备。

第五十二条　建设工程发生质量事故,有关单位应当在24小时内向当地建设行政主管部门和其他有关部门报告。对重大质量事故,事故发生地的建设行政主管部门和其他有关部门应当按照事故类别和等级向当地人民政府和上级建设行政主管部门和其他有关部门报告。

特别重大质量事故的调查程序按照国务院有关规定办理。

第五十三条　任何单位和个人对建设工程的质量事故、质量缺陷都有权检举、控告、投诉。

第八章　罚　　则

第五十四条　违反本条例规定,建设单位将建设工程发包给不具有相应资质等级的勘察、设计、施工单位或者委托给不具有相应资质等级的工程监理单位的,责令改正,处50万元以上100万元以下的罚款。

第五十五条　违反本条例规定,建设单位将建设工程肢解发包的,责令改正,处工程合同价款百分之零点五以上百分之一以下的罚款;对全部或者部分使用国有资金的项目,并可以暂停项目执行或者暂停资金拨付。

第五十六条　违反本条例规定,建设单位有下列行为之一的,责令改正,处20万元以上50万元以下的罚款:

(一)迫使承包方以低于成本的价格竞标的;

(二)任意压缩合理工期的;

(三)明示或者暗示设计单位或者施工单位违反工程建设强制性标准,降低工程质量的;

(四)施工图设计文件未经审查或者审查不合格,擅自施工的;

(五)建设项目必须实行工程监理而未实行工程监理的;

(六)未按照国家规定办理工程质量监督手续的;

(七)明示或者暗示施工单位使用不合格的建筑材料、建筑构配件和设备的;

(八)未按照国家规定将竣工验收报告、有关认可文件或者准许使用文件报送备案的。

第五十七条　违反本条例规定,建设单位未取得施工许可证或者开工报告未经批准,擅自施工的,责令停止施工,限期改正,处工程合同价款百分之一以上百分之二以下的罚款。

第五十八条　违反本条例规定,建设单位有下列行为之一的,责令改正,处工程合同价款百分之二以上百分之四以下的罚款;造成损失的,依法承担赔偿责任:

(一)未组织竣工验收,擅自交付使用的;

(二)验收不合格,擅自交付使用的;

(三)对不合格的建设工程按照合格工程验收的。

第五十九条　违反本条例规定,建设工程竣工验收后,建设单位未向建设行政主管部门或者其他有关部门移交建设项目档案的,责令改正,处1万元以上10万元以下的罚款。

第六十条　违反本条例规定,勘察、设计、施工、工程监理单位超越本单位资质等级承揽工程的,责令停止违法行为,对勘察、设计单位或者工程监理单位处合同约定的勘察费、设计费或者监理酬金1倍以上2倍以下的罚款;对施工单位处工程合同价款百分之二以上百分之四以下的罚款,可以责令停业整顿,降低资质等级;情节严重的,吊销资质证书;有违法所得的,予以没收。

未取得资质证书承揽工程的,予以取缔,依照前款规定处以罚款;有违法所得的,予以没收。

以欺骗手段取得资质证书承揽工程的,吊销资质证书,依照本条第一款规定处以罚款;有违法所得的,予以没收。

第六十一条　违反本条例规定,勘察、设计、施工、工程监理单位允许其他单位或者个人以本单位名义承揽工程的,责令改正,没收违法所得,对勘察、设计单位和工程监理单位处合同约定的勘察费、设计费和监理酬金1倍以上2倍以下的罚款;对施工单位处工程合同价款百分之二以上百分之四以下的罚款;可以责令停业整顿,降低资质等级;情节严重的,吊销资质证书。

第六十二条　违反本条例规定,承包单位将承包的工程转包或者违法分包的,责令改正,没收违法所得,对勘察、设计单位处合同约定的勘察费、设计费百分之二十五以上百分之五十以下的罚款;对施工单位处工程合同价款百分之零点五以上百分之一以下的罚款;可以责令停业整顿,降低资质等级;情节严重的,吊销资质证书。

工程监理单位转让工程监理业务的,责令改正,没收违法所得,处合同约定的监理酬金百分之二十五以上百分之五十以下的罚款;可以责令停业整顿,降低资质等级;情节严重的,吊销资质证书。

第六十三条　违反本条例规定,有下列行为之一的,责令改正,处10万元以上30万元以下的罚款:

（一）勘察单位未按照工程建设强制性标准进行勘察的；

（二）设计单位未根据勘察成果文件进行工程设计的；

（三）设计单位指定建筑材料、建筑构配件的生产厂、供应商的；

（四）设计单位未按照工程建设强制性标准进行设计的。

有前款所列行为，造成工程质量事故的，责令停业整顿，降低资质等级；情节严重的，吊销资质证书；造成损失的，依法承担赔偿责任。

第六十四条　违反本条例规定，施工单位在施工中偷工减料的，使用不合格的建筑材料、建筑构配件和设备的，或者有不按照工程设计图纸或者施工技术标准施工的其他行为的，责令改正，处工程合同价款百分之二以上百分之四以下的罚款；造成建设工程质量不符合规定的质量标准的，负责返工、修理，并赔偿因此造成的损失；情节严重的，责令停业整顿，降低资质等级或者吊销资质证书。

第六十五条　违反本条例规定，施工单位未对建筑材料、建筑构配件、设备和商品混凝土进行检验，或者未对涉及结构安全的试块、试件以及有关材料取样检测的，责令改正，处10万元以上20万元以下的罚款；情节严重的，责令停业整顿，降低资质等级或者吊销资质证书；造成损失的，依法承担赔偿责任。

第六十六条　违反本条例规定，施工单位不履行保修义务或者拖延履行保修义务的，责令改正，处10万元以上20万元以下的罚款，并对在保修期内因质量缺陷造成的损失承担赔偿责任。

第六十七条　工程监理单位有下列行为之一的，责令改正，处50万元以上100万元以下的罚款，降低资质等级或者吊销资质证书；有违法所得的，予以没收；造成损失的，承担连带赔偿责任：

（一）与建设单位或者施工单位串通，弄虚作假、降低工程质量的；

（二）将不合格的建设工程、建筑材料、建筑构配件和设备按照合格签字的。

第六十八条　违反本条例规定，工程监理单位与被监理工程的施工承包单位以及建筑材料、建筑构配件和设备供应单位有隶属关系或者其他利害关系承担该项建设工程的监理业务的，责令改正，处5万元以上10万元以下的罚款，降低资质等级或者吊销资质证书；有违法所得的，予以没收。

第六十九条　违反本条例规定，涉及建筑主体或者承重结构变动的装修工程，没有设计方案擅自施工的，责令改正，处50万元以上100万元以下的罚款；房屋建筑使用者在装修过程中擅自变动房屋建筑主体和承重结构的，责令改正，处5万元以上10万元以下的罚款。

有前款所列行为，造成损失的，依法承担赔偿责任。

第七十条　发生重大工程质量事故隐瞒不报、谎报或者拖延报告期限的，对直接负责的主管人员和其他责任人员依法给予行政处分。

第七十一条　违反本条例规定，供水、供电、供气、公安消防等部门或者单位明示或者暗示建设单位或者施工单位购买其指定的生产供应单位的建筑材料、建筑构配件和设备的，责令改正。

第七十二条　违反本条例规定，注册建筑师、注册结构工程师、监理工程师等注册执业人员因过错造成质量事故的，责令停止执业1年；造成重大质量事故的，吊销执业资格证书，5年以内不予注册；情节特别恶劣的，终身不予注册。

第七十三条　依照本条例规定，给予单位罚款处罚的，对单位直接负责的主管人员和其他直接责任人员处单位罚款数额百分之五以上百分之十以下的罚款。

第七十四条　建设单位、设计单位、施工单位、工程监理单位违反国家规定，降低工程质量标准，造成重大安全事故，构成犯罪的，对直接责任人员依法追究刑事责任。

第七十五条　本条例规定的责令停业整顿，降低资质等级和吊销资质证书的行政处罚，由颁发资质证书的机关决定；其他行政处罚，由建设行政主管部门或者其他有关部门依照法定职权决定。

依照本条例规定被吊销资质证书的，由工商行政管理部门吊销其营业执照。

第七十六条　国家机关工作人员在建设工程质量监督管理工作中玩忽职守、滥用职权、徇私舞弊，构成犯罪的，依法追究刑事责任；尚不构成犯罪的，依法给予行政处分。

第七十七条　建设、勘察、设计、施工、工程监理单位的工作人员因调动工作、退休等原因离开该单位后，被发现在该单位工作期间违反国家有关建设工程质量管理规定，造成重大工程质量事故的，仍应当依法追究法律责任。

第九章　附　　则

第七十八条　本条例所称肢解发包，是指建设单位将应当由一个承包单位完成的建设工程分解成若干部分发包给不同的承包单位的行为。

本条例所称违法分包,是指下列行为:

(一)总承包单位将建设工程分包给不具备相应资质条件的单位的;

(二)建设工程总承包合同中未有约定,又未经建设单位认可,承包单位将其承包的部分建设工程交由其他单位完成的;

(三)施工总承包单位将建设工程主体结构的施工分包给其他单位的;

(四)分包单位将其承包的建设工程再分包的。

本条例所称转包,是指承包单位承包建设工程后,不履行合同约定的责任和义务,将其承包的全部建设工程转给他人或者将其承包的全部建设工程肢解以后以分包的名义分别转给其他单位承包的行为。

第七十九条　本条例规定的罚款和没收的违法所得,必须全部上缴国库。

第八十条　抢险救灾及其他临时性房屋建筑和农民自建低层住宅的建设活动,不适用本条例。

第八十一条　军事建设工程的管理,按照中央军事委员会的有关规定执行。

第八十二条　本条例自发布之日起施行。

建设工程抗震管理条例

1. 2021年7月19日国务院令第744号公布

2. 自2021年9月1日起施行

第一章　总　　则

第一条　为了提高建设工程抗震防灾能力,降低地震灾害风险,保障人民生命财产安全,根据《中华人民共和国建筑法》、《中华人民共和国防震减灾法》等法律,制定本条例。

第二条　在中华人民共和国境内从事建设工程抗震的勘察、设计、施工、鉴定、加固、维护等活动及其监督管理,适用本条例。

第三条　建设工程抗震应当坚持以人为本、全面设防、突出重点的原则。

第四条　国务院住房和城乡建设主管部门对全国的建设工程抗震实施统一监督管理。国务院交通运输、水利、工业和信息化、能源等有关部门按照职责分工,负责对全国有关专业建设工程抗震的监督管理。

县级以上地方人民政府住房和城乡建设主管部门对本行政区域内的建设工程抗震实施监督管理。县级以上地方人民政府交通运输、水利、工业和信息化、能源等有关部门在各自职责范围内,负责对本行政区域内有关专业建设工程抗震的监督管理。

县级以上人民政府其他有关部门应当依照本条例和其他有关法律、法规的规定,在各自职责范围内负责建设工程抗震相关工作。

第五条　从事建设工程抗震相关活动的单位和人员,应当依法对建设工程抗震负责。

第六条　国家鼓励和支持建设工程抗震技术的研究、开发和应用。

各级人民政府应当组织开展建设工程抗震知识宣传普及,提高社会公众抗震防灾意识。

第七条　国家建立建设工程抗震调查制度。

县级以上人民政府应当组织有关部门对建设工程抗震性能、抗震技术应用、产业发展等进行调查,全面掌握建设工程抗震基本情况,促进建设工程抗震管理水平提高和科学决策。

第八条　建设工程应当避开抗震防灾专项规划确定的危险地段。确实无法避开的,应当采取符合建设工程使用功能要求和适应地震效应的抗震设防措施。

第二章　勘察、设计和施工

第九条　新建、扩建、改建建设工程,应当符合抗震设防强制性标准。

国务院有关部门和国务院标准化行政主管部门依据职责依法制定和发布抗震设防强制性标准。

第十条　建设单位应当对建设工程勘察、设计和施工全过程负责,在勘察、设计和施工合同中明确拟采用的抗震设防强制性标准,按照合同要求对勘察设计成果文件进行核验,组织工程验收,确保建设工程符合抗震设防强制性标准。

建设单位不得明示或者暗示勘察、设计、施工等单位和从业人员违反抗震设防强制性标准,降低工程抗震性能。

第十一条　建设工程勘察文件中应当说明抗震场地类别,对场地地震效应进行分析,并提出工程选址、不良地质处置等建议。

建设工程设计文件中应当说明抗震设防烈度、抗震设防类别以及拟采用的抗震设防措施。采用隔震减震技术的建设工程,设计文件中应当对隔震减震装置技术性能、检验检测、施工安装和使用维护等提出明确要求。

第十二条　对位于高烈度设防地区、地震重点监视防御

区的下列建设工程,设计单位应当在初步设计阶段按照国家有关规定编制建设工程抗震设防专篇,并作为设计文件组成部分:

（一）重大建设工程;

（二）地震时可能发生严重次生灾害的建设工程;

（三）地震时使用功能不能中断或者需要尽快恢复的建设工程。

第十三条 对超限高层建筑工程,设计单位应当在设计文件中予以说明,建设单位应当在初步设计阶段将设计文件等材料报送省、自治区、直辖市人民政府住房和城乡建设主管部门进行抗震设防审批。住房和城乡建设主管部门应当组织专家审查,对采取的抗震设防措施合理可行的,予以批准。超限高层建筑工程抗震设防审批意见应当作为施工图设计和审查的依据。

前款所称超限高层建筑工程,是指超出国家现行标准所规定的适用高度和适用结构类型的高层建筑工程以及体型特别不规则的高层建筑工程。

第十四条 工程总承包单位、施工单位及工程监理单位应当建立建设工程质量责任制度,加强对建设工程抗震设防措施施工质量的管理。

国家鼓励工程总承包单位、施工单位采用信息化手段采集、留存隐蔽工程施工质量信息。

施工单位应当按照抗震设防强制性标准进行施工。

第十五条 建设单位应当将建筑的设计使用年限、结构体系、抗震设防烈度、抗震设防类别等具体情况和使用维护要求记入使用说明书,并将使用说明书交付使用人或者买受人。

第十六条 建筑工程根据使用功能以及在抗震救灾中的作用等因素,分为特殊设防类、重点设防类、标准设防类和适度设防类。学校、幼儿园、医院、养老机构、儿童福利机构、应急指挥中心、应急避难场所、广播电视等建筑,应当按照不低于重点设防类的要求采取抗震设防措施。

位于高烈度设防地区、地震重点监视防御区的新建学校、幼儿园、医院、养老机构、儿童福利机构、应急指挥中心、应急避难场所、广播电视等建筑应当按照国家有关规定采用隔震减震等技术,保证发生本区域设防地震时能够满足正常使用要求。

国家鼓励在除前款规定以外的建设工程中采用隔震减震等技术,提高抗震性能。

第十七条 国务院有关部门和国务院标准化行政主管部门应当依据各自职责推动隔震减震装置相关技术标准的制定,明确通用技术要求。鼓励隔震减震装置生产企业制定严于国家标准、行业标准的企业标准。

隔震减震装置生产经营企业应当建立唯一编码制度和产品检验合格印鉴制度,采集、存储隔震减震装置生产、经营、检测等信息,确保隔震减震装置质量信息可追溯。隔震减震装置质量应当符合有关产品质量法律、法规和国家相关技术标准的规定。

建设单位应当组织勘察、设计、施工、工程监理单位建立隔震减震工程质量可追溯制度,利用信息化手段对隔震减震装置采购、勘察、设计、进场检测、安装施工、竣工验收等全过程的信息资料进行采集和存储,并纳入建设项目档案。

第十八条 隔震减震装置用于建设工程前,施工单位应当在建设单位或者工程监理单位监督下进行取样,送建设单位委托的具有相应建设工程质量检测资质的机构进行检测。禁止使用不合格的隔震减震装置。

实行施工总承包的,隔震减震装置属于建设工程主体结构的施工,应当由总承包单位自行完成。

工程质量检测机构应当建立建设工程过程数据和结果数据、检测影像资料及检测报告记录与留存制度,对检测数据和检测报告的真实性、准确性负责,不得出具虚假的检测数据和检测报告。

第三章 鉴定、加固和维护

第十九条 国家实行建设工程抗震性能鉴定制度。

按照《中华人民共和国防震减灾法》第三十九条规定应当进行抗震性能鉴定的建设工程,由所有权人委托具有相应技术条件和技术能力的机构进行鉴定。

国家鼓励对除前款规定以外的未采取抗震设防措施或者未达到抗震设防强制性标准的已经建成的建设工程进行抗震性能鉴定。

第二十条 抗震性能鉴定结果应当对建设工程是否存在严重抗震安全隐患以及是否需要进行抗震加固作出判定。

抗震性能鉴定结果应当真实、客观、准确。

第二十一条 建设工程所有权人应当对存在严重抗震安全隐患的建设工程进行安全监测,并在加固前采取停止或者限制使用等措施。

对抗震性能鉴定结果判定需要进行抗震加固且具备加固价值的已经建成的建设工程,所有权人应当进行抗震加固。

位于高烈度设防地区、地震重点监视防御区的学校、幼儿园、医院、养老机构、儿童福利机构、应急指挥中心、应急避难场所、广播电视等已经建成的建筑进行抗震加固时，应当经充分论证后采用隔震减震等技术，保证其抗震性能符合抗震设防强制性标准。

第二十二条　抗震加固应当依照《建设工程质量管理条例》等规定执行，并符合抗震设防强制性标准。

竣工验收合格后，应当通过信息化手段或者在建设工程显著部位设置永久性标牌等方式，公示抗震加固时间、后续使用年限等信息。

第二十三条　建设工程所有权人应当按照规定对建设工程抗震构件、隔震沟、隔震缝、隔震减震装置及隔震标识进行检查、修缮和维护，及时排除安全隐患。

任何单位和个人不得擅自变动、损坏或者拆除建设工程抗震构件、隔震沟、隔震缝、隔震减震装置及隔震标识。

任何单位和个人发现擅自变动、损坏或者拆除建设工程抗震构件、隔震沟、隔震缝、隔震减震装置及隔震标识的行为，有权予以制止，并向住房和城乡建设主管部门或者其他有关监督管理部门报告。

第四章　农村建设工程抗震设防

第二十四条　各级人民政府和有关部门应当加强对农村建设工程抗震设防的管理，提高农村建设工程抗震性能。

第二十五条　县级以上人民政府对经抗震性能鉴定未达到抗震设防强制性标准的农村村民住宅和乡村公共设施建设工程抗震加固给予必要的政策支持。

实施农村危房改造、移民搬迁、灾后恢复重建等，应当保证建设工程达到抗震设防强制性标准。

第二十六条　县级以上地方人民政府应当编制、发放适合农村的实用抗震技术图集。

农村村民住宅建设可以选用抗震技术图集，也可以委托设计单位进行设计，并根据图集或者设计的要求进行施工。

第二十七条　县级以上地方人民政府应当加强对农村村民住宅和乡村公共设施建设工程抗震的指导和服务，加强技术培训，组织建设抗震示范住房，推广应用抗震性能好的结构形式及建造方法。

第五章　保障措施

第二十八条　县级以上人民政府应当加强对建设工程抗震管理工作的组织领导，建立建设工程抗震管理工作机制，将相关工作纳入本级国民经济和社会发展规划。

县级以上人民政府应当将建设工程抗震工作所需经费列入本级预算。

县级以上地方人民政府应当组织有关部门，结合本地区实际开展地震风险分析，并按照风险程度实行分类管理。

第二十九条　县级以上地方人民政府对未采取抗震设防措施或者未达到抗震设防强制性标准的老旧房屋抗震加固给予必要的政策支持。

国家鼓励建设工程所有权人结合电梯加装、节能改造等开展抗震加固，提升老旧房屋抗震性能。

第三十条　国家鼓励金融机构开发、提供金融产品和服务，促进建设工程抗震防灾能力提高，支持建设工程抗震相关产业发展和新技术应用。

县级以上地方人民政府鼓励和引导社会力量参与抗震性能鉴定、抗震加固。

第三十一条　国家鼓励科研教育机构设立建设工程抗震技术实验室和人才实训基地。

县级以上人民政府应当依法对建设工程抗震新技术产业化项目用地、融资等给予政策支持。

第三十二条　县级以上人民政府住房和城乡建设主管部门或者其他有关监督管理部门应当制定建设工程抗震新技术推广目录，加强对建设工程抗震管理和技术人员的培训。

第三十三条　地震灾害发生后，县级以上人民政府住房和城乡建设主管部门或者其他有关监督管理部门应当开展建设工程安全应急评估和建设工程震害调查，收集、保存相关资料。

第六章　监督管理

第三十四条　县级以上人民政府住房和城乡建设主管部门和其他有关监督管理部门应当按照职责分工，加强对建设工程抗震设防强制性标准执行情况的监督检查。

县级以上人民政府住房和城乡建设主管部门应当会同有关部门建立完善建设工程抗震设防数据信息库，并与应急管理、地震等部门实时共享数据。

第三十五条　县级以上人民政府住房和城乡建设主管部门或者其他有关监督管理部门履行建设工程抗震监督管理职责时，有权采取以下措施：

（一）对建设工程或者施工现场进行监督检查；

（二）向有关单位和人员调查了解相关情况；

（三）查阅、复制被检查单位有关建设工程抗震的文件和资料；

（四）对抗震结构材料、构件和隔震减震装置实施抽样检测；

（五）查封涉嫌违反抗震设防强制性标准的施工现场；

（六）发现可能影响抗震质量的问题时，责令相关单位进行必要的检测、鉴定。

第三十六条　县级以上人民政府住房和城乡建设主管部门或者其他有关监督管理部门开展监督检查时，可以委托专业机构进行抽样检测、抗震性能鉴定等技术支持工作。

第三十七条　县级以上人民政府住房和城乡建设主管部门或者其他有关监督管理部门应当建立建设工程抗震责任企业及从业人员信用记录制度，将相关信用记录纳入全国信用信息共享平台。

第三十八条　任何单位和个人对违反本条例规定的违法行为，有权进行举报。

接到举报的住房和城乡建设主管部门或者其他有关监督管理部门应当进行调查，依法处理，并为举报人保密。

第七章　法 律 责 任

第三十九条　违反本条例规定，住房和城乡建设主管部门或者其他有关监督管理部门工作人员在监督管理工作中玩忽职守、滥用职权、徇私舞弊的，依法给予处分。

第四十条　违反本条例规定，建设单位明示或者暗示勘察、设计、施工等单位和从业人员违反抗震设防强制性标准，降低工程抗震性能的，责令改正，处20万元以上50万元以下的罚款；情节严重的，处50万元以上500万元以下的罚款；造成损失的，依法承担赔偿责任。

违反本条例规定，建设单位未经超限高层建筑工程抗震设防审批进行施工的，责令停止施工，限期改正，处20万元以上100万元以下的罚款；造成损失的，依法承担赔偿责任。

违反本条例规定，建设单位未组织勘察、设计、施工、工程监理单位建立隔震减震工程质量可追溯制度的，或者未对隔震减震装置采购、勘察、设计、进场检测、安装施工、竣工验收等全过程的信息资料进行采集和存储，并纳入建设项目档案的，责令改正，处10万元以上30万元以下的罚款；造成损失的，依法承担赔偿责任。

第四十一条　违反本条例规定，设计单位有下列行为之一的，责令改正，处10万元以上30万元以下的罚款；情节严重的，责令停业整顿，降低资质等级或者吊销资质证书；造成损失的，依法承担赔偿责任：

（一）未按照超限高层建筑工程抗震设防审批意见进行施工图设计；

（二）未在初步设计阶段将建设工程抗震设防专篇作为设计文件组成部分；

（三）未按照抗震设防强制性标准进行设计。

第四十二条　违反本条例规定，施工单位在施工中未按照抗震设防强制性标准进行施工的，责令改正，处工程合同价款2%以上4%以下的罚款；造成建设工程不符合抗震设防强制性标准的，负责返工、加固，并赔偿因此造成的损失；情节严重的，责令停业整顿，降低资质等级或者吊销资质证书。

第四十三条　违反本条例规定，施工单位未对隔震减震装置取样送检或者使用不合格隔震减震装置的，责令改正，处10万元以上20万元以下的罚款；情节严重的，责令停业整顿，并处20万元以上50万元以下的罚款，降低资质等级或者吊销资质证书；造成损失的，依法承担赔偿责任。

第四十四条　违反本条例规定，工程质量检测机构未建立建设工程过程数据和结果数据、检测影像资料及检测报告记录与留存制度的，责令改正，处10万元以上30万元以下的罚款；情节严重的，吊销资质证书；造成损失的，依法承担赔偿责任。

违反本条例规定，工程质量检测机构出具虚假的检测数据或者检测报告的，责令改正，处10万元以上30万元以下的罚款；情节严重的，吊销资质证书和负有直接责任的注册执业人员的执业资格证书，其直接负责的主管人员和其他直接责任人员终身禁止从事工程质量检测业务；造成损失的，依法承担赔偿责任。

第四十五条　违反本条例规定，抗震性能鉴定机构未按照抗震设防强制性标准进行抗震性能鉴定的，责令改正，处10万元以上30万元以下的罚款；情节严重的，责令停业整顿，并处30万元以上50万元以下的罚款；造成损失的，依法承担赔偿责任。

违反本条例规定，抗震性能鉴定机构出具虚假鉴定结果的，责令改正，处10万元以上30万元以下的罚款；情节严重的，责令停业整顿，并处30万元以上50万元以下的罚款，吊销负有直接责任的注册执业人员的执业资格证书，其直接负责的主管人员和其他直接责任人员终身禁止从事抗震性能鉴定业务；造成损失的，依法承担赔偿责任。

第四十六条　违反本条例规定，擅自变动、损坏或者拆除建设工程抗震构件、隔震沟、隔震缝、隔震减震装置及隔震标识的，责令停止违法行为，恢复原状或者采取其他补救措施，对个人处5万元以上10万元以下的罚款，对单位处10万元以上30万元以下的罚款；造成损失的，依法承担赔偿责任。

第四十七条　依照本条例规定，给予单位罚款处罚的，对其直接负责的主管人员和其他直接责任人员处单位罚款数额5%以上10%以下的罚款。

本条例规定的降低资质等级或者吊销资质证书的行政处罚,由颁发资质证书的机关决定;其他行政处罚,由住房和城乡建设主管部门或者其他有关监督管理部门依照法定职权决定。

第四十八条 违反本条例规定,构成犯罪的,依法追究刑事责任。

第八章 附 则

第四十九条 本条例下列用语的含义:

(一)建设工程:主要包括土木工程、建筑工程、线路管道和设备安装工程等。

(二)抗震设防强制性标准:是指包括抗震设防类别、抗震性能要求和抗震设防措施等内容的工程建设强制性标准。

(三)地震时使用功能不能中断或者需要尽快恢复的建设工程:是指发生地震后提供应急医疗、供水、供电、交通、通信等保障或者应急指挥、避难疏散功能的建设工程。

(四)高烈度设防地区:是指抗震设防烈度为8度及以上的地区。

(五)地震重点监视防御区:是指未来5至10年内存在发生破坏性地震危险或者受破坏性地震影响,可能造成严重的地震灾害损失的地区和城市。

第五十条 抢险救灾及其他临时性建设工程不适用本条例。

军事建设工程的抗震管理,中央军事委员会另有规定的,适用有关规定。

第五十一条 本条例自2021年9月1日起施行。

建筑施工企业安全生产许可证管理规定

1. 2004年7月5日建设部令第128号公布

2. 根据2015年1月22日住房和城乡建设部令第23号《关于修改〈市政公用设施抗灾设防管理规定〉等部门规章的决定》修正

第一章 总 则

第一条 为了严格规范建筑施工企业安全生产条件,进一步加强安全生产监督管理,防止和减少生产安全事故,根据《安全生产许可证条例》、《建设工程安全生产管理条例》等有关行政法规,制定本规定。

第二条 国家对建筑施工企业实行安全生产许可制度。

建筑施工企业未取得安全生产许可证的,不得从事建筑施工活动。

本规定所称建筑施工企业,是指从事土木工程、建筑工程、线路管道和设备安装工程及装修工程的新建、扩建、改建和拆除等有关活动的企业。

第三条 国务院住房城乡建设主管部门负责对全国建筑施工企业安全生产许可证的颁发和管理工作进行监督指导。

省、自治区、直辖市人民政府住房城乡建设主管部门负责本行政区域内建筑施工企业安全生产许可证的颁发和管理工作。

市、县人民政府住房城乡建设主管部门负责本行政区域内建筑施工企业安全生产许可证的监督管理,并将监督检查中发现的企业违法行为及时报告安全生产许可证颁发管理机关。

第二章 安全生产条件

第四条 建筑施工企业取得安全生产许可证,应当具备下列安全生产条件:

(一)建立、健全安全生产责任制,制定完备的安全生产规章制度和操作规程;

(二)保证本单位安全生产条件所需资金的投入;

(三)设置安全生产管理机构,按照国家有关规定配备专职安全生产管理人员;

(四)主要负责人、项目负责人、专职安全生产管理人员经住房城乡建设主管部门或者其他有关部门考核合格;

(五)特种作业人员经有关业务主管部门考核合格,取得特种作业操作资格证书;

(六)管理人员和作业人员每年至少进行一次安全生产教育培训并考核合格;

(七)依法参加工伤保险,依法为施工现场从事危险作业的人员办理意外伤害保险,为从业人员交纳保险费;

(八)施工现场的办公、生活区及作业场所和安全防护用具、机械设备、施工机具及配件符合有关安全生产法律、法规、标准和规程的要求;

(九)有职业危害防治措施,并为作业人员配备符合国家标准或者行业标准的安全防护用具和安全防护服装;

(十)有对危险性较大的分部分项工程及施工现场易发生重大事故的部位、环节的预防、监控措施和应急预案;

(十一)有生产安全事故应急救援预案、应急救援

组织或者应急救援人员,配备必要的应急救援器材、设备;

(十二)法律、法规规定的其他条件。

第三章 安全生产许可证的申请与颁发

第五条 建筑施工企业从事建筑施工活动前,应当依照本规定向企业注册所在地省、自治区、直辖市人民政府住房城乡建设主管部门申请领取安全生产许可证。

中央管理的建筑施工企业(集团公司、总公司)应当向国务院住房城乡建设主管部门申请领取安全生产许可证。

前款规定以外的其他建筑施工企业,包括中央管理的建筑施工企业(集团公司、总公司)下属的建筑施工企业,应当向企业注册所在地省、自治区、直辖市人民政府住房城乡建设主管部门申请领取安全生产许可证。

第六条 建筑施工企业申请安全生产许可证时,应当向住房城乡建设主管部门提供下列材料:

(一)建筑施工企业安全生产许可证申请表;

(二)企业法人营业执照;

(三)第四条规定的相关文件、材料。

建筑施工企业申请安全生产许可证,应当对申请材料实质内容的真实性负责,不得隐瞒有关情况或者提供虚假材料。

第七条 住房城乡建设主管部门应当自受理建筑施工企业的申请之日起45日内审查完毕;经审查符合安全生产条件的,颁发安全生产许可证;不符合安全生产条件的,不予颁发安全生产许可证,书面通知企业并说明理由。企业自接到通知之日起应当进行整改,整改合格后方可再次提出申请。

住房城乡建设主管部门审查建筑施工企业安全生产许可证申请,涉及铁路、交通、水利等有关专业工程时,可以征求铁路、交通、水利等有关部门的意见。

第八条 安全生产许可证的有效期为3年。安全生产许可证有效期满需要延期的,企业应当于期满前3个月向原安全生产许可证颁发管理机关申请办理延期手续。

企业在安全生产许可证有效期内,严格遵守有关安全生产的法律法规,未发生死亡事故的,安全生产许可证有效期届满时,经原安全生产许可证颁发管理机关同意,不再审查,安全生产许可证有效期延期3年。

第九条 建筑施工企业变更名称、地址、法定代表人等,应当在变更后10日内,到原安全生产许可证颁发管理机关办理安全生产许可证变更手续。

第十条 建筑施工企业破产、倒闭、撤销的,应当将安全生产许可证交回原安全生产许可证颁发管理机关予以注销。

第十一条 建筑施工企业遗失安全生产许可证,应当立即向原安全生产许可证颁发管理机关报告,并在公众媒体上声明作废后,方可申请补办。

第十二条 安全生产许可证申请表采用建设部规定的统一式样。

安全生产许可证采用国务院安全生产监督管理部门规定的统一式样。

安全生产许可证分正本和副本,正、副本具有同等法律效力。

第四章 监督管理

第十三条 县级以上人民政府住房城乡建设主管部门应当加强对建筑施工企业安全生产许可证的监督管理。住房城乡建设主管部门在审核发放施工许可证时,应当对已经确定的建筑施工企业是否有安全生产许可证进行审查,对没有取得安全生产许可证的,不得颁发施工许可证。

第十四条 跨省从事建筑施工活动的建筑施工企业有违反本规定行为的,由工程所在地的省级人民政府住房城乡建设主管部门将建筑施工企业在本地区的违法事实、处理结果和处理建议抄告原安全生产许可证颁发管理机关。

第十五条 建筑施工企业取得安全生产许可证后,不得降低安全生产条件,并应当加强日常安全生产管理,接受住房城乡建设主管部门的监督检查。安全生产许可证颁发管理机关发现企业不再具备安全生产条件的,应当暂扣或者吊销安全生产许可证。

第十六条 安全生产许可证颁发管理机关或者其上级行政机关发现有下列情形之一的,可以撤销已经颁发的安全生产许可证:

(一)安全生产许可证颁发管理机关工作人员滥用职权、玩忽职守颁发安全生产许可证的;

(二)超越法定职权颁发安全生产许可证的;

(三)违反法定程序颁发安全生产许可证的;

(四)对不具备安全生产条件的建筑施工企业颁发安全生产许可证的;

(五)依法可以撤销已经颁发的安全生产许可证的其他情形。

依照前款规定撤销安全生产许可证,建筑施工企业的合法权益受到损害的,住房城乡建设主管部门应当依法给予赔偿。

第十七条　安全生产许可证颁发管理机关应当建立、健全安全生产许可证档案管理制度，定期向社会公布企业取得安全生产许可证的情况，每年向同级安全生产监督管理部门通报建筑施工企业安全生产许可证颁发和管理情况。

第十八条　建筑施工企业不得转让、冒用安全生产许可证或者使用伪造的安全生产许可证。

第十九条　住房城乡建设主管部门工作人员在安全生产许可证颁发、管理和监督检查工作中，不得索取或者接受建筑施工企业的财物，不得谋取其他利益。

第二十条　任何单位或者个人对违反本规定的行为，有权向安全生产许可证颁发管理机关或者监察机关等有关部门举报。

第五章　罚　　则

第二十一条　违反本规定，住房城乡建设主管部门工作人员有下列行为之一的，给予降级或者撤职的行政处分；构成犯罪的，依法追究刑事责任：

（一）向不符合安全生产条件的建筑施工企业颁发安全生产许可证的；

（二）发现建筑施工企业未依法取得安全生产许可证擅自从事建筑施工活动，不依法处理的；

（三）发现取得安全生产许可证的建筑施工企业不再具备安全生产条件，不依法处理的；

（四）接到对违反本规定行为的举报后，不及时处理的；

（五）在安全生产许可证颁发、管理和监督检查工作中，索取或者接受建筑施工企业的财物，或者谋取其他利益的。

由于建筑施工企业弄虚作假，造成前款第（一）项行为的，对住房城乡建设主管部门工作人员不予处分。

第二十二条　取得安全生产许可证的建筑施工企业，发生重大安全事故的，暂扣安全生产许可证并限期整改。

第二十三条　建筑施工企业不再具备安全生产条件的，暂扣安全生产许可证并限期整改；情节严重的，吊销安全生产许可证。

第二十四条　违反本规定，建筑施工企业未取得安全生产许可证擅自从事建筑施工活动的，责令其在建项目停止施工，没收违法所得，并处10万元以上50万元以下的罚款；造成重大安全事故或者其他严重后果，构成犯罪的，依法追究刑事责任。

第二十五条　违反本规定，安全生产许可证有效期满未办理延期手续，继续从事建筑施工活动的，责令其在建项目停止施工，限期补办延期手续，没收违法所得，并处5万元以上10万元以下的罚款；逾期仍不办理延期手续，继续从事建筑施工活动的，依照本规定第二十四条的规定处罚。

第二十六条　违反本规定，建筑施工企业转让安全生产许可证的，没收违法所得，处10万元以上50万元以下的罚款，并吊销安全生产许可证；构成犯罪的，依法追究刑事责任；接受转让的，依照本规定第二十四条的规定处罚。

冒用安全生产许可证或者使用伪造的安全生产许可证的，依照本规定第二十四条的规定处罚。

第二十七条　违反本规定，建筑施工企业隐瞒有关情况或者提供虚假材料申请安全生产许可证的，不予受理或者不予颁发安全生产许可证，并给予警告，1年内不得申请安全生产许可证。

建筑施工企业以欺骗、贿赂等不正当手段取得安全生产许可证的，撤销安全生产许可证，3年内不得再次申请安全生产许可证；构成犯罪的，依法追究刑事责任。

第二十八条　本规定的暂扣、吊销安全生产许可证的行政处罚，由安全生产许可证的颁发管理机关决定；其他行政处罚，由县级以上地方人民政府住房城乡建设主管部门决定。

第六章　附　　则

第二十九条　本规定施行前已依法从事建筑施工活动的建筑施工企业，应当自《安全生产许可证条例》施行之日起（2004年1月13日起）1年内向住房城乡建设主管部门申请办理建筑施工企业安全生产许可证；逾期不办理安全生产许可证，或者经审查不符合本规定的安全生产条件，未取得安全生产许可证，继续进行建筑施工活动的，依照本规定第二十四条的规定处罚。

第三十条　本规定自公布之日起施行。

建筑施工企业安全生产许可证管理规定实施意见

1. 2004年8月27日建设部发布

2. 建质〔2004〕148号

为了贯彻落实《建筑施工企业安全生产许可证管理规定》（建设部令第128号，以下简称《规定》），制定本实施意见。

一、安全生产许可证的适用对象

（一）建筑施工企业安全生产许可证的适用对象为：在中华人民共和国境内从事土木工程、建筑工程、线路管道和设备安装工程及装修工程的新建、扩建、改建和拆除等有关活动，依法取得工商行政管理部门颁发的《企业法人营业执照》，符合《规定》要求的安全生产条件的建筑施工企业。

二、安全生产许可证的申请

（二）安全生产许可证颁发管理机关应当在办公场所、本机关网站上公示审批安全生产许可证的依据、条件、程序、期限，申请所需提交的全部资料目录以及申请书示范文本等。

（三）建筑施工企业从事建筑施工活动前，应当按照分级、属地管理的原则，向企业注册地省级以上人民政府建设主管部门申请领取安全生产许可证。

（四）中央管理的建筑施工企业（集团公司、总公司）应当向建设部申请领取安全生产许可证，建设部主管业务司局为工程质量安全监督与行业发展司。中央管理的建筑施工企业（集团公司、总公司）是指国资委代表国务院履行出资人职责的建筑施工类企业总部（名单见附件一）。

（五）中央管理的建筑施工企业（集团公司、总公司）下属的建筑施工企业，以及其他建筑施工企业向注册所在地省、自治区、直辖市人民政府建设主管部门申请领取安全生产许可证。

三、申请材料

（六）申请人申请安全生产许可证时，应当按照《规定》第六条的要求，向安全生产许可证颁发管理机关提供下列材料（括号里为材料的具体要求）：

1. 建筑施工企业安全生产许可证申请表（一式三份，样式见附件二）；

2. 企业法人营业执照（复印件）；

3. 各级安全生产责任制和安全生产规章制度目录及文件，操作规程目录；

4. 保证安全生产投入的证明文件（包括企业保证安全生产投入的管理办法或规章制度、年度安全资金投入计划及实施情况）；

5. 设置安全生产管理机构和配备专职安全生产管理人员的文件（包括企业设置安全管理机构的文件、安全管理机构的工作职责、安全机构负责人的任命文件、安全管理机构组成人员明细表）；

6. 主要负责人、项目负责人、专职安全生产管理人员安全生产考核合格名单及证书（复印件）；

7. 本企业特种作业人员名单及操作资格证书（复印件）；

8. 本企业管理人员和作业人员年度安全培训教育材料（包括企业培训计划、培训考核记录）；

9. 从业人员参加工伤保险以及施工现场从事危险作业人员参加意外伤害保险有关证明；

10. 施工起重机械设备检测合格证明；

11. 职业危害防治措施（要针对本企业业务特点可能会导致的职业病种类制定相应的预防措施）；

12. 危险性较大分部分项工程及施工现场易发生重大事故的部位、环节的预防监控措施和应急预案（根据本企业业务特点，详细列出危险性较大分部分项工程和事故易发部位、环节及有针对性和可操作性的控制措施和应急预案）；

13. 生产安全事故应急救援预案（应本着事故发生后有效救援原则，列出救援组织人员详细名单、救援器材、设备清单和救援演练记录）。

其中，第2至第13项统一装订成册。企业在申请安全生产许可证时，需要交验所有证件、凭证原件。

（七）申请人应对申请材料实质内容的真实性负责。

四、安全生产许可证申请的受理和颁发

（八）安全生产许可证颁发管理机关对申请人提交的申请，应当按照下列规定分别处理：

1. 对申请事项不属于本机关职权范围的申请，应当及时作出不予受理的决定，并告知申请人向有关安全生产许可证颁发管理机关申请；

2. 对申请材料存在可以当场更正的错误的，应当允许申请人当场更正；

3. 申请材料不齐全或者不符合要求的，应当当场或者在5个工作日内书面一次告知申请人需要补正的全部内容，逾期不告知的，自收到申请材料之日起即为受理；

4. 申请材料齐全、符合要求或者按照要求全部补正的，自收到申请材料或者全部补正之日起为受理。

（九）对于隐瞒有关情况或者提供虚假材料申请安全生产许可证的，安全生产许可证颁发管理机关不予受理，该企业一年之内不得再次申请安全生产许可证。

（十）对已经受理的申请，安全生产许可证颁发管理机关对申请材料进行审查，必要时应到企业施工现场进行抽查。涉及铁路、交通、水利等有关专业工程时，可以征求铁道、交通、水利等部门的意见。安全生

产许可证颁发管理机关在受理申请之日起45个工作日内应作出颁发或者不予颁发安全生产许可证的决定。

安全生产许可证颁发管理机关作出准予颁发申请人安全生产许可证决定的,应当自决定之日起10个工作日内向申请人颁发、送达安全生产许可证;对作出不予颁发决定的,应当在10个工作日内书面通知申请人并说明理由。

(十一)安全生产许可证有效期为3年。安全生产许可证有效期满需要延期的,企业应当于期满前3个月向原安全生产许可证颁发管理机关提出延期申请,并提交本意见第6条规定的文件、资料以及原安全生产许可证。

建筑施工企业在安全生产许可证有效期内,严格遵守有关安全生产法律、法规和规章,未发生死亡事故的,安全生产许可证有效期届满时,经原安全生产许可证颁发管理机关同意,不再审查,直接办理延期手续。

对于本条第二款规定情况以外的建筑施工企业,安全生产许可证颁发管理机关应当对其安全生产条件重新进行审查,审查合格的,办理延期手续。

(十二)对申请延期的申请人审查合格或有效期满经原安全生产许可证颁发管理机关同意不再审查直接办理延期手续的企业,安全生产许可证颁发管理机关收回原安全生产许可证,换发新的安全生产许可证。

五、安全生产许可证证书

(十三)建筑施工企业安全生产许可证采用国家安全生产监督管理局规定的统一样式。证书分为正本和副本,正本为悬挂式,副本为折页式,正、副本具有同等法律效力。建筑施工企业安全生产许可证证书由建设部统一印制,实行全国统一编码。证书式样、编码方法和证书订购等有关事宜见附件三。

(十四)中央管理的建筑施工企业(集团公司、总公司)的安全生产许可证加盖建设部公章有效。中央管理的建筑施工企业(集团公司、总公司)下属的建筑施工企业,以及其他建筑施工企业的安全生产许可证加盖省、自治区、直辖市人民政府建设主管部门公章有效。由建设部以及各省、自治区、直辖市人民政府建设主管部门颁发的安全生产许可证均在全国范围内有效。

(十五)每个具有独立企业法人资格的建筑施工企业只能取得一套安全生产许可证,包括一个正本,两个副本。企业需要增加副本的,经原安全生产许可证颁发管理机关批准,可以适当增加。

(十六)建筑施工企业的名称、地址、法定代表人等内容发生变化的,应当自工商营业执照变更之日起10个工作日内提出申请,持原安全生产许可证和变更后的工商营业执照、变更批准文件等相关证明材料,向原安全生产许可证颁发管理机关申请变更安全生产许可证。安全生产许可证颁发管理机关在对申请人提交的相关文件、资料审查后,及时办理安全生产许可证变更手续。

(十七)建筑施工企业遗失安全生产许可证,应持申请补办的报告及在公众媒体上刊登的遗失作废声明向原安全生产许可证颁发管理机关申请补办。

六、对取得安全生产许可证单位的监督管理

(十八)2005年1月13日以后,建设主管部门在向建设单位审核发放施工许可证时,应当对已经确定的建筑施工企业是否取得安全生产许可证进行审查,没有取得安全生产许可证的,不得颁发施工许可证。对于依法批准开工报告的建设工程,在建设单位报送建设工程所在地县级以上地方人民政府或者其他有关部门备案的安全施工措施资料中,应包括承接工程项目的建筑施工企业的安全生产许可证。

(十九)市、县级人民政府建设主管部门负责本行政区域内取得安全生产许可证的建筑施工企业的日常监督管理工作。在监督检查过程中发现企业有违反《规定》行为的,市、县级人民政府建设主管部门应及时、逐级向本地安全生产许可证颁发管理机关报告。本行政区域内取得安全生产许可证的建筑施工企业既包括在本地区注册的建筑施工企业,也包括跨省在本地区从事建筑施工活动的建筑施工企业。

跨省从事建筑施工活动的建筑施工企业有违反《规定》行为的,由工程所在地的省级人民政府建设主管部门将其在本地区的违法事实、处理建议和处理结果抄告其安全生产许可证颁发管理机关。

安全生产许可证颁发管理机关根据下级建设主管部门报告或者其他省级人民政府建设主管部门抄告的违法事实、处理建议和处理结果,按照《规定》对企业进行相应处罚,并将处理结果通告原报告或抄告部门。

(二十)根据《建设工程安全生产管理条例》,县级以上地方人民政府交通、水利等有关部门负责本行政区域内有关专业建设工程安全生产的监督管理,对从事有关专业建设工程的建筑施工企业违反《规定》的,将其违法事实抄告同级建设主管部门;铁路建设安全生产监督管理机构负责铁路建设工程安全生产监督管理，对从事铁路建设工程的建筑施工企业违反《规定》的，将其违法事实抄告省级以上人民政府建设主管部门。

（二十一）安全生产许可证颁发管理机关或者其上级行政机关发现有下列情形之一的，可以撤销已经颁发的安全生产许可证：

1. 安全生产许可证颁发管理机关工作人员滥用职权、玩忽职守颁发安全生产许可证的；

2. 超越法定职权颁发安全生产许可证的；

3. 违反法定程序颁发安全生产许可证的；

4. 对不具备安全生产条件的建筑施工企业颁发安全生产许可证的；

5. 依法可以撤销已经颁发的安全生产许可证的其他情形。

依照前款规定撤销安全生产许可证，建筑施工企业的合法权益受到损害的，建设主管部门应当依法给予赔偿。

（二十二）发生下列情形之一的，安全生产许可证颁发管理机关应当依法注销已经颁发的安全生产许可证：

1. 企业依法终止的；

2. 安全生产许可证有效期届满未延续的；

3. 安全生产许可证依法被撤销、吊销的；

4. 因不可抗力导致行政许可事项无法实施的；

5. 依法应当注销安全生产许可证的其他情形。

（二十三）安全生产许可证颁发管理机关应当建立健全安全生产许可证档案，定期通过报纸、网络等公众媒体向社会公布企业取得安全生产许可证的情况，以及暂扣、吊销安全生产许可证等行政处罚情况。

七、对取得安全生产许可证单位的行政处罚

（二十四）安全生产许可证颁发管理机关或市、县级人民政府建设主管部门发现取得安全生产许可证的建筑施工企业不再具备《规定》第四条规定安全生产条件的，责令限期改正；经整改仍未达到规定安全生产条件的，处以暂扣安全生产许可证7日至30日的处罚；安全生产许可证暂扣期间，拒不整改或经整改仍未达到规定安全生产条件的，处以延长暂扣期7至15天直至吊销安全生产许可证的处罚。

（二十五）企业发生死亡事故的，安全生产许可证颁发管理机关应当立即对企业安全生产条件进行复查，发现企业不再具备《规定》第四条规定安全生产条件的，处以暂扣安全生产许可证30日至90日的处罚；安全生产许可证暂扣期间，拒不整改或经整改仍未达到规定安全生产条件的，处以延长暂扣期30日至60日直至吊销安全生产许可证的处罚。

（二十六）企业安全生产许可证被暂扣期间，不得承揽新的工程项目，发生问题的在建项目停工整改，整改合格后方可继续施工；企业安全生产许可证被吊销后，该企业不得进行任何施工活动，且一年之内不得重新申请安全生产许可证。

八、附则

（二十七）由建设部直接实施的建筑施工企业安全生产许可证审批，按照《关于印发〈建设部机关实施行政许可工作规程〉的通知》（建法〔2004〕111号）进行，使用规范许可文书并加盖建设部行政许可专用章。各省、自治区、直辖市人民政府建设主管部门参照上述文件规定，规范许可程序和各项许可文书。

（二十八）各省、自治区、直辖市人民政府建设主管部门可依照《规定》和本意见，制定本地区的实施细则。

附件：（略）

建设项目职业病防护设施“三同时”监督管理办法

1. 2017年3月9日国家安全生产监督管理总局令第90号公布
2. 自2017年5月1日起施行

第一章　总　　则

第一条　为了预防、控制和消除建设项目可能产生的职业病危害，加强和规范建设项目职业病防护设施建设的监督管理，根据《中华人民共和国职业病防治法》，制定本办法。

第二条　安全生产监督管理部门职责范围内、可能产生职业病危害的新建、改建、扩建和技术改造、技术引进建设项目（以下统称建设项目）职业病防护设施建设及其监督管理，适用本办法。

本办法所称的可能产生职业病危害的建设项目，是指存在或者产生职业病危害因素分类目录所列职业病危害因素的建设项目。

本办法所称的职业病防护设施，是指消除或者降低工作场所的职业病危害因素的浓度或者强度，预防和减少职业病危害因素对劳动者健康的损害或者影响，保护劳动者健康的设备、设施、装置、构（建）筑物等的总称。

第三条　负责本办法第二条规定建设项目投资、管理的单位（以下简称建设单位）是建设项目职业病防护设施建设的责任主体。

建设项目职业病防护设施必须与主体工程同时设计、同时施工、同时投入生产和使用（以下统称建设项目职业病防护设施“三同时”）。建设单位应当优先采用有利于保护劳动者健康的新技术、新工艺、新设备和新材料，职业病防护设施所需费用应当纳入建设项目工程预算。

第四条　建设单位对可能产生职业病危害的建设项目，应当依照本办法进行职业病危害预评价、职业病防护设施设计、职业病危害控制效果评价及相应的评审，组织职业病防护设施验收，建立健全建设项目职业卫生管理制度与档案。

建设项目职业病防护设施“三同时”工作可以与安全设施“三同时”工作一并进行。建设单位可以将建设项目职业病危害预评价和安全预评价、职业病防护设施设计和安全设施设计、职业病危害控制效果评价和安全验收评价合并出具报告或者设计，并对职业病防护设施与安全设施一并组织验收。

第五条　国家安全生产监督管理总局在国务院规定的职责范围内对全国建设项目职业病防护设施“三同时”实施监督管理。

县级以上地方各级人民政府安全生产监督管理部门依法在本级人民政府规定的职责范围内对本行政区域内的建设项目职业病防护设施“三同时”实施分类分级监督管理，具体办法由省级安全生产监督管理部门制定，并报国家安全生产监督管理总局备案。

跨两个及两个以上行政区域的建设项目职业病防护设施“三同时”由其共同的上一级人民政府安全生产监督管理部门实施监督管理。

上一级人民政府安全生产监督管理部门根据工作需要，可以将其负责的建设项目职业病防护设施“三同时”监督管理工作委托下一级人民政府安全生产监督管理部门实施；接受委托的安全生产监督管理部门不得再委托。

第六条　国家根据建设项目可能产生职业病危害的风险程度，将建设项目分为职业病危害一般、较重和严重3个类别，并对职业病危害严重建设项目实施重点监督检查。

建设项目职业病危害分类管理目录由国家安全生产监督管理总局制定并公布。省级安全生产监督管理部门可以根据本地区实际情况，对建设项目职业病危害分类管理目录作出补充规定，但不得低于国家安全生产监督管理总局规定的管理层级。

第七条　安全生产监督管理部门应当建立职业卫生专家库（以下简称专家库），并根据需要聘请专家库专家参与建设项目职业病防护设施“三同时”的监督检查工作。

专家库专家应当熟悉职业病危害防治有关法律、法规、规章、标准，具有较高的专业技术水平、实践经验和有关业务背景及良好的职业道德，按照客观、公正的原则，对所参与的工作提出技术意见，并对该意见负责。

专家库专家实行回避制度，参加监督检查的专家库专家不得参与该建设项目职业病防护设施“三同时”的评审及验收等相应工作，不得与该建设项目建设单位、评价单位、设计单位、施工单位或者监理单位等相关单位存在直接利害关系。

第八条　除国家保密的建设项目外，产生职业病危害的建设单位应当通过公告栏、网站等方式及时公布建设项目职业病危害预评价、职业病防护设施设计、职业病危害控制效果评价的承担单位、评价结论、评审时间及评审意见，以及职业病防护设施验收时间、验收方案和验收意见等信息，供本单位劳动者和安全生产监督管理部门查询。

第二章　职业病危害预评价

第九条　对可能产生职业病危害的建设项目，建设单位应当在建设项目可行性论证阶段进行职业病危害预评价，编制预评价报告。

第十条　建设项目职业病危害预评价报告应当符合职业病防治有关法律、法规、规章和标准的要求，并包括下列主要内容：

（一）建设项目概况，主要包括项目名称、建设地点、建设内容、工作制度、岗位设置及人员数量等；

（二）建设项目可能产生的职业病危害因素及其对工作场所、劳动者健康影响与危害程度的分析与评价；

（三）对建设项目拟采取的职业病防护设施和防护措施进行分析、评价，并提出对策与建议；

（四）评价结论，明确建设项目的职业病危害风险类别及拟采取的职业病防护设施和防护措施是否符合职业病防治有关法律、法规、规章和标准的要求。

第十一条　建设单位进行职业病危害预评价时，对建设项目可能产生的职业病危害因素及其对工作场所、劳动者健康影响与危害程度的分析与评价，可以运用工程分析、类比调查等方法。其中，类比调查数据应当采用获得资质认可的职业卫生技术服务机构出具的、与建设项目规模和工艺类似的用人单位职业病危害因素检测结果。

第十二条 职业病危害预评价报告编制完成后，属于职业病危害一般或者较重的建设项目，其建设单位主要负责人或其指定的负责人应当组织具有职业卫生相关专业背景的中级及中级以上专业技术职称人员或者具有职业卫生相关专业背景的注册安全工程师（以下统称职业卫生专业技术人员）对职业病危害预评价报告进行评审，并形成是否符合职业病防治有关法律、法规、规章和标准要求的评审意见；属于职业病危害严重的建设项目，其建设单位主要负责人或其指定的负责人应当组织外单位职业卫生专业技术人员参加评审工作，并形成评审意见。

建设单位应当按照评审意见对职业病危害预评价报告进行修改完善，并对最终的职业病危害预评价报告的真实性、客观性和合规性负责。职业病危害预评价工作过程应当形成书面报告备查。书面报告的具体格式由国家安全生产监督管理总局另行制定。

第十三条 建设项目职业病危害预评价报告有下列情形之一的，建设单位不得通过评审：

（一）对建设项目可能产生的职业病危害因素识别不全，未对工作场所职业病危害对劳动者健康影响与危害程度进行分析与评价的，或者评价不符合要求的；

（二）未对建设项目拟采取的职业病防护设施和防护措施进行分析、评价，对存在的问题未提出对策措施的；

（三）建设项目职业病危害风险分析与评价不正确的；

（四）评价结论和对策措施不正确的；

（五）不符合职业病防治有关法律、法规、规章和标准规定的其他情形的。

第十四条 建设项目职业病危害预评价报告通过评审后，建设项目的生产规模、工艺等发生变更导致职业病危害风险发生重大变化的，建设单位应当对变更内容重新进行职业病危害预评价和评审。

第三章 职业病防护设施设计

第十五条 存在职业病危害的建设项目，建设单位应当在施工前按照职业病防治有关法律、法规、规章和标准的要求，进行职业病防护设施设计。

第十六条 建设项目职业病防护设施设计应当包括下列内容：

（一）设计依据；

（二）建设项目概况及工程分析；

（三）职业病危害因素分析及危害程度预测；

（四）拟采取的职业病防护设施和应急救援设施的名称、规格、型号、数量、分布，并对防控性能进行分析；

（五）辅助用室及卫生设施的设置情况；

（六）对预评价报告中拟采取的职业病防护设施、防护措施及对策措施采纳情况的说明；

（七）职业病防护设施和应急救援设施投资预算明细表；

（八）职业病防护设施和应急救援设施可以达到的预期效果及评价。

第十七条 职业病防护设施设计完成后，属于职业病危害一般或者较重的建设项目，其建设单位主要负责人或其指定的负责人应当组织职业卫生专业技术人员对职业病防护设施设计进行评审，并形成是否符合职业病防治有关法律、法规、规章和标准要求的评审意见；属于职业病危害严重的建设项目，其建设单位主要负责人或其指定的负责人应当组织外单位职业卫生专业技术人员参加评审工作，并形成评审意见。

建设单位应当按照评审意见对职业病防护设施设计进行修改完善，并对最终的职业病防护设施设计的真实性、客观性和合规性负责。职业病防护设施设计工作过程应当形成书面报告备查。书面报告的具体格式由国家安全生产监督管理总局另行制定。

第十八条 建设项目职业病防护设施设计有下列情形之一的，建设单位不得通过评审和开工建设：

（一）未对建设项目主要职业病危害进行防护设施设计或者设计内容不全的；

（二）职业病防护设施设计未按照评审意见进行修改完善的；

（三）未采纳职业病危害预评价报告中的对策措施，且未作充分论证说明的；

（四）未对职业病防护设施和应急救援设施的预期效果进行评价的；

（五）不符合职业病防治有关法律、法规、规章和标准规定的其他情形的。

第十九条 建设单位应当按照评审通过的设计和有关规定组织职业病防护设施的采购和施工。

第二十条 建设项目职业病防护设施设计在完成评审后，建设项目的生产规模、工艺等发生变更导致职业病危害风险发生重大变化的，建设单位应当对变更的内容重新进行职业病防护设施设计和评审。

第四章　职业病危害控制效果评价与防护设施验收

第二十一条　建设项目职业病防护设施建设期间,建设单位应当对其进行经常性的检查,对发现的问题及时进行整改。

第二十二条　建设项目投入生产或者使用前,建设单位应当依照职业病防治有关法律、法规、规章和标准要求,采取下列职业病危害防治管理措施:

(一)设置或者指定职业卫生管理机构,配备专职或者兼职的职业卫生管理人员;

(二)制定职业病防治计划和实施方案;

(三)建立、健全职业卫生管理制度和操作规程;

(四)建立、健全职业卫生档案和劳动者健康监护档案;

(五)实施由专人负责的职业病危害因素日常监测,并确保监测系统处于正常运行状态;

(六)对工作场所进行职业病危害因素检测、评价;

(七)建设单位的主要负责人和职业卫生管理人员应当接受职业卫生培训,并组织劳动者进行上岗前的职业卫生培训;

(八)按照规定组织从事接触职业病危害作业的劳动者进行上岗前职业健康检查,并将检查结果书面告知劳动者;

(九)在醒目位置设置公告栏,公布有关职业病危害防治的规章制度、操作规程、职业病危害事故应急救援措施和工作场所职业病危害因素检测结果。对产生严重职业病危害的作业岗位,应当在其醒目位置,设置警示标识和中文警示说明;

(十)为劳动者个人提供符合要求的职业病防护用品;

(十一)建立、健全职业病危害事故应急救援预案;

(十二)职业病防治有关法律、法规、规章和标准要求的其他管理措施。

第二十三条　建设项目完工后,需要进行试运行的,其配套建设的职业病防护设施必须与主体工程同时投入试运行。

试运行时间应当不少于30日,最长不得超过180日,国家有关部门另有规定或者特殊要求的行业除外。

第二十四条　建设项目在竣工验收前或者试运行期间,建设单位应当进行职业病危害控制效果评价,编制评价报告。建设项目职业病危害控制效果评价报告应当符合职业病防治有关法律、法规、规章和标准的要求,包括下列主要内容:

(一)建设项目概况;

(二)职业病防护设施设计执行情况分析、评价;

(三)职业病防护设施检测和运行情况分析、评价;

(四)工作场所职业病危害因素检测分析、评价;

(五)工作场所职业病危害因素日常监测情况分析、评价;

(六)职业病危害因素对劳动者健康危害程度分析、评价;

(七)职业病危害防治管理措施分析、评价;

(八)职业健康监护状况分析、评价;

(九)职业病危害事故应急救援和控制措施分析、评价;

(十)正常生产后建设项目职业病防治效果预期分析、评价;

(十一)职业病危害防护补充措施及建议;

(十二)评价结论,明确建设项目的职业病危害风险类别,以及采取控制效果评价报告所提对策建议后,职业病防护设施和防护措施是否符合职业病防治有关法律、法规、规章和标准的要求。

第二十五条　建设单位在职业病防护设施验收前,应当编制验收方案。验收方案应当包括下列内容:

(一)建设项目概况和风险类别,以及职业病危害预评价、职业病防护设施设计执行情况;

(二)参与验收的人员及其工作内容、责任;

(三)验收工作时间安排、程序等。

建设单位应当在职业病防护设施验收前20日将验收方案向管辖该建设项目的安全生产监督管理部门进行书面报告。

第二十六条　属于职业病危害一般或者较重的建设项目,其建设单位主要负责人或其指定的负责人应当组织职业卫生专业技术人员对职业病危害控制效果评价报告进行评审以及对职业病防护设施进行验收,并形成是否符合职业病防治有关法律、法规、规章和标准要求的评审意见和验收意见。属于职业病危害严重的建设项目,其建设单位主要负责人或其指定的负责人应当组织外单位职业卫生专业技术人员参加评审和验收工作,并形成评审和验收意见。

建设单位应当按照评审与验收意见对职业病危害

控制效果评价报告和职业病防护设施进行整改完善，并对最终的职业病危害控制效果评价报告和职业病防护设施验收结果的真实性、合规性和有效性负责。

建设单位应当将职业病危害控制效果评价和职业病防护设施验收工作过程形成书面报告备查，其中职业病危害严重的建设项目应当在验收完成之日起20日内向管辖该建设项目的安全生产监督管理部门提交书面报告。书面报告的具体格式由国家安全生产监督管理总局另行制定。

第二十七条 有下列情形之一的，建设项目职业病危害控制效果评价报告不得通过评审、职业病防护设施不得通过验收：

（一）评价报告内容不符合本办法第二十四条要求的；

（二）评价报告未按照评审意见整改的；

（三）未按照建设项目职业病防护设施设计组织施工，且未充分论证说明的；

（四）职业病危害防治管理措施不符合本办法第二十二条要求的；

（五）职业病防护设施未按照验收意见整改的；

（六）不符合职业病防治有关法律、法规、规章和标准规定的其他情形的。

第二十八条 分期建设、分期投入生产或者使用的建设项目，其配套的职业病防护设施应当分期与建设项目同步进行验收。

第二十九条 建设项目职业病防护设施未按照规定验收合格的，不得投入生产或者使用。

第五章 监督检查

第三十条 安全生产监督管理部门应当在职责范围内按照分类分级监管的原则，将建设单位开展建设项目职业病防护设施"三同时"情况的监督检查纳入安全生产年度监督检查计划，并按照监督检查计划与安全设施"三同时"实施一体化监督检查，对发现的违法行为应当依法予以处理；对违法行为情节严重的，应当按照规定纳入安全生产不良记录"黑名单"管理。

第三十一条 安全生产监督管理部门应当依法对建设单位开展建设项目职业病危害预评价情况进行监督检查，重点监督检查下列事项：

（一）是否进行建设项目职业病危害预评价；

（二）是否对建设项目可能产生的职业病危害因素及其对工作场所、劳动者健康影响与危害程度进行分析、评价；

（三）是否对建设项目拟采取的职业病防护设施和防护措施进行评价，是否提出对策与建议；

（四）是否明确建设项目职业病危害风险类别；

（五）主要负责人或其指定的负责人是否组织职业卫生专业技术人员对职业病危害预评价报告进行评审，职业病危害预评价报告是否按照评审意见进行修改完善；

（六）职业病危害预评价工作过程是否形成书面报告备查；

（七）是否按照本办法规定公布建设项目职业病危害预评价情况；

（八）依法应当监督检查的其他事项。

第三十二条 安全生产监督管理部门应当依法对建设单位开展建设项目职业病防护设施设计情况进行监督检查，重点监督检查下列事项：

（一）是否进行职业病防护设施设计；

（二）是否采纳职业病危害预评价报告中的对策与建议，如未采纳是否进行充分论证说明；

（三）是否明确职业病防护设施和应急救援设施的名称、规格、型号、数量、分布，并对防控性能进行分析；

（四）是否明确辅助用室及卫生设施的设置情况；

（五）是否明确职业病防护设施和应急救援设施投资预算；

（六）主要负责人或其指定的负责人是否组织职业卫生专业技术人员对职业病防护设施设计进行评审，职业病防护设施设计是否按照评审意见进行修改完善；

（七）职业病防护设施设计工作过程是否形成书面报告备查；

（八）是否按照本办法规定公布建设项目职业病防护设施设计情况；

（九）依法应当监督检查的其他事项。

第三十三条 安全生产监督管理部门应当依法对建设单位开展建设项目职业病危害控制效果评价及职业病防护设施验收情况进行监督检查，重点监督检查下列事项：

（一）是否进行职业病危害控制效果评价及职业病防护设施验收；

（二）职业病危害防治管理措施是否齐全；

（三）主要负责人或其指定的负责人是否组织职业卫生专业技术人员对建设项目职业病危害控制效果评价报告进行评审和对职业病防护设施进行验收，是否按照评审意见和验收意见对职业病危害控制效果评

价报告和职业病防护设施进行整改完善;

(四)建设项目职业病危害控制效果评价及职业病防护设施验收工作过程是否形成书面报告备查;

(五)建设项目职业病防护设施验收方案、职业病危害严重建设项目职业病危害控制效果评价与职业病防护设施验收工作报告是否按照规定向安全生产监督管理部门进行报告;

(六)是否按照本办法规定公布建设项目职业病危害控制效果评价和职业病防护设施验收情况;

(七)依法应当监督检查的其他事项。

第三十四条 安全生产监督管理部门应当按照下列规定对建设单位组织的验收活动和验收结果进行监督核查,并纳入安全生产年度监督检查计划:

(一)对职业病危害严重建设项目的职业病防护设施的验收方案和验收工作报告,全部进行监督核查;

(二)对职业病危害较重和一般的建设项目职业病防护设施的验收方案和验收工作报告,按照国家安全生产监督管理总局规定的"双随机"方式实施抽查。

第三十五条 安全生产监督管理部门应当加强监督检查人员建设项目职业病防护设施"三同时"知识的培训,提高业务素质。

第三十六条 安全生产监督管理部门及其工作人员不得有下列行为:

(一)强制要求建设单位接受指定的机构、职业卫生专业技术人员开展建设项目职业病防护设施"三同时"有关工作;

(二)以任何理由或者方式向建设单位和有关机构收取或者变相收取费用;

(三)向建设单位摊派财物、推销产品;

(四)在建设单位和有关机构报销任何费用。

第三十七条 任何单位或者个人发现建设单位、安全生产监督管理部门及其工作人员、有关机构和人员违反职业病防治有关法律、法规、标准和本办法规定的行为,均有权向安全生产监督管理部门或者有关部门举报。

受理举报的安全生产监督管理部门应当为举报人保密,并依法对举报内容进行核查和处理。

第三十八条 上级安全生产监督管理部门应当加强对下级安全生产监督管理部门建设项目职业病防护设施"三同时"监督执法工作的检查、指导。

地方各级安全生产监督管理部门应当定期汇总分析有关监督执法情况,并按照要求逐级上报。

第六章 法律责任

第三十九条 建设单位有下列行为之一的,由安全生产监督管理部门给予警告,责令限期改正;逾期不改正的,处10万元以上50万元以下的罚款;情节严重的,责令停止产生职业病危害的作业,或者提请有关人民政府按照国务院规定的权限责令停建、关闭:

(一)未按照本办法规定进行职业病危害预评价的;

(二)建设项目的职业病防护设施未按照规定与主体工程同时设计、同时施工、同时投入生产和使用的;

(三)建设项目的职业病防护设施设计不符合国家职业卫生标准和卫生要求的;

(四)未按照本办法规定对职业病防护设施进行职业病危害控制效果评价的;

(五)建设项目竣工投入生产和使用前,职业病防护设施未按照本办法规定验收合格的。

第四十条 建设单位有下列行为之一的,由安全生产监督管理部门给予警告,责令限期改正;逾期不改正的,处5000元以上3万元以下的罚款:

(一)未按照本办法规定,对职业病危害预评价报告、职业病防护设施设计、职业病危害控制效果评价报告进行评审或者组织职业病防护设施验收的;

(二)职业病危害预评价、职业病防护设施设计、职业病危害控制效果评价或者职业病防护设施验收工作过程未形成书面报告备查的;

(三)建设项目的生产规模、工艺等发生变更导致职业病危害风险发生重大变化的,建设单位对变更内容未重新进行职业病危害预评价和评审,或者未重新进行职业病防护设施设计和评审的;

(四)需要试运行的职业病防护设施未与主体工程同时试运行的;

(五)建设单位未按照本办法第八条规定公布有关信息的。

第四十一条 建设单位在职业病危害预评价报告、职业病防护设施设计、职业病危害控制效果评价报告编制、评审以及职业病防护设施验收等过程中弄虚作假的,由安全生产监督管理部门责令限期改正,给予警告,可以并处5000元以上3万元以下的罚款。

第四十二条 建设单位未按照规定及时、如实报告建设项目职业病防护设施验收方案,或者职业病危害严重建设项目未提交职业病危害控制效果评价与职业病防护设施验收的书面报告的,由安全生产监督管理部门责令限期改正,给予警告,可以并处5000元以上3万元以下的罚款。

第四十三条 参与建设项目职业病防护设施"三同时"监督检查工作的专家库专家违反职业道德或者行为规范,降低标准、弄虚作假、牟取私利,作出显失公正或者虚假意见的,由安全生产监督管理部门将其从专家库除名,终身不得再担任专家库专家。职业卫生专业技术人员在建设项目职业病防护设施"三同时"评审、验收等活动中涉嫌犯罪的,移送司法机关依法追究刑事责任。

第四十四条 违反本办法规定的其他行为,依照《中华人民共和国职业病防治法》有关规定给予处理。

第七章 附 则

第四十五条 煤矿建设项目职业病防护设施"三同时"的监督检查工作按照新修订发布的《煤矿和煤层气地面开采建设项目安全设施监察规定》执行,煤矿安全监察机构按照规定履行国家监察职责。

第四十六条 本办法自2017年5月1日起施行。国家安全安全生产监督管理总局2012年4月27日公布的《建设项目职业卫生"三同时"监督管理暂行办法》同时废止。

建设项目安全设施"三同时"监督管理办法

1. 2010年12月14日国家安全生产监督管理总局令第36号公布

2. 根据2015年4月2日国家安全生产监督管理总局令第77号《关于修改〈《生产安全事故报告和调查处理条例》罚款处罚暂行规定〉等四部规章的决定》修正

第一章 总 则

第一条 为加强建设项目安全管理,预防和减少生产安全事故,保障从业人员生命和财产安全,根据《中华人民共和国安全生产法》和《国务院关于进一步加强企业安全生产工作的通知》等法律、行政法规和规定,制定本办法。

第二条 经县级以上人民政府及其有关主管部门依法审批、核准或者备案的生产经营单位新建、改建、扩建工程项目(以下统称建设项目)安全设施的建设及其监督管理,适用本办法。

法律、行政法规及国务院对建设项目安全设施建设及其监督管理另有规定的,依照其规定。

第三条 本办法所称的建设项目安全设施,是指生产经营单位在生产经营活动中用于预防生产安全事故的设备、设施、装置、构(建)筑物和其他技术措施的总称。

第四条 生产经营单位是建设项目安全设施建设的责任主体。建设项目安全设施必须与主体工程同时设计、同时施工、同时投入生产和使用(以下简称"三同时")。安全设施投资应当纳入建设项目概算。

第五条 国家安全生产监督管理总局对全国建设项目安全设施"三同时"实施综合监督管理,并在国务院规定的职责范围内承担有关建设项目安全设施"三同时"的监督管理。

县级以上地方各级安全生产监督管理部门对本行政区域内的建设项目安全设施"三同时"实施综合监督管理,并在本级人民政府规定的职责范围内承担本级人民政府及其有关主管部门审批、核准或者备案的建设项目安全设施"三同时"的监督管理。

跨两个及两个以上行政区域的建设项目安全设施"三同时"由其共同的上一级人民政府安全生产监督管理部门实施监督管理。

上一级人民政府安全生产监督管理部门根据工作需要,可以将其负责监督管理的建设项目安全设施"三同时"工作委托下一级人民政府安全生产监督管理部门实施监督管理。

第六条 安全生产监督管理部门应当加强建设项目安全设施建设的日常安全监管,落实有关行政许可及其监管责任,督促生产经营单位落实安全设施建设责任。

第二章 建设项目安全预评价

第七条 下列建设项目在进行可行性研究时,生产经营单位应当按照国家规定,进行安全预评价:

(一)非煤矿矿山建设项目;

(二)生产、储存危险化学品(包括使用长输管道输送危险化学品,下同)的建设项目;

(三)生产、储存烟花爆竹的建设项目;

(四)金属冶炼建设项目;

(五)使用危险化学品从事生产并且使用量达到规定数量的化工建设项目(属于危险化学品生产的除外,下同);

(六)法律、行政法规和国务院规定的其他建设项目。

第八条 生产经营单位应当委托具有相应资质的安全评价机构,对其建设项目进行安全预评价,并编制安全预评价报告。

建设项目安全预评价报告应当符合国家标准或者行业标准的规定。

生产、储存危险化学品的建设项目和化工建设项目安全预评价报告除符合本条第二款的规定外，还应当符合有关危险化学品建设项目的规定。

第九条　本办法第七条规定以外的其他建设项目，生产经营单位应当对其安全生产条件和设施进行综合分析，形成书面报告备查。

第三章　建设项目安全设施设计审查

第十条　生产经营单位在建设项目初步设计时，应当委托有相应资质的设计单位对建设项目安全设施同时进行设计，编制安全设施设计。

安全设施设计必须符合有关法律、法规、规章和国家标准或者行业标准、技术规范的规定，并尽可能采用先进适用的工艺、技术和可靠的设备、设施。本办法第七条规定的建设项目安全设施设计还应当充分考虑建设项目安全预评价报告提出的安全对策措施。

安全设施设计单位、设计人应当对其编制的设计文件负责。

第十一条　建设项目安全设施设计应当包括下列内容：

（一）设计依据；

（二）建设项目概述；

（三）建设项目潜在的危险、有害因素和危险、有害程度及周边环境安全分析；

（四）建筑及场地布置；

（五）重大危险源分析及检测监控；

（六）安全设施设计采取的防范措施；

（七）安全生产管理机构设置或者安全生产管理人员配备要求；

（八）从业人员安全生产教育和培训要求；

（九）工艺、技术和设备、设施的先进性和可靠性分析；

（十）安全设施专项投资概算；

（十一）安全预评价报告中的安全对策及建议采纳情况；

（十二）预期效果以及存在的问题与建议；

（十三）可能出现的事故预防及应急救援措施；

（十四）法律、法规、规章、标准规定需要说明的其他事项。

第十二条　本办法第七条第（一）项、第（二）项、第（三）项、第（四）项规定的建设项目安全设施设计完成后，生产经营单位应当按照本办法第五条的规定向安全生产监督管理部门提出审查申请，并提交下列文件资料：

（一）建设项目审批、核准或者备案的文件；

（二）建设项目安全设施设计审查申请；

（三）设计单位的设计资质证明文件；

（四）建设项目安全设施设计；

（五）建设项目安全预评价报告及相关文件资料；

（六）法律、行政法规、规章规定的其他文件资料。

安全生产监督管理部门收到申请后，对属于本部门职责范围内的，应当及时进行审查，并在收到申请后5个工作日内作出受理或者不予受理的决定，书面告知申请人；对不属于本部门职责范围内的，应当将有关文件资料转送有审查权的安全生产监督管理部门，并书面告知申请人。

第十三条　对已经受理的建设项目安全设施设计审查申请，安全生产监督管理部门应当自受理之日起20个工作日内作出是否批准的决定，并书面告知申请人。20个工作日内不能作出决定的，经本部门负责人批准，可以延长10个工作日，并应当将延长期限的理由书面告知申请人。

第十四条　建设项目安全设施设计有下列情形之一的，不予批准，并不得开工建设：

（一）无建设项目审批、核准或者备案文件的；

（二）未委托具有相应资质的设计单位进行设计的；

（三）安全预评价报告由未取得相应资质的安全评价机构编制的；

（四）设计内容不符合有关安全生产的法律、法规、规章和国家标准或者行业标准、技术规范的规定的；

（五）未采纳安全预评价报告中的安全对策和建议，且未作充分论证说明的；

（六）不符合法律、行政法规规定的其他条件的。

建设项目安全设施设计审查未予批准的，生产经营单位经过整改后可以向原审查部门申请再审。

第十五条　已经批准的建设项目及其安全设施设计有下列情形之一的，生产经营单位应当报原批准部门审查同意；未经审查同意的，不得开工建设：

（一）建设项目的规模、生产工艺、原料、设备发生重大变更的；

（二）改变安全设施设计且可能降低安全性能的；

（三）在施工期间重新设计的。

第十六条　本办法第七条第（一）项、第（二）项、第（三）项和第（四）项规定以外的建设项目安全设施设计，由生产经营单位组织审查，形成书面报告备查。

第四章　建设项目安全设施施工和竣工验收

第十七条　建设项目安全设施的施工应当由取得相应资

质的施工单位进行，并与建设项目主体工程同时施工。

施工单位应当在施工组织设计中编制安全技术措施和施工现场临时用电方案，同时对危险性较大的分部分项工程依法编制专项施工方案，并附具安全验算结果，经施工单位技术负责人、总监理工程师签字后实施。

施工单位应当严格按照安全设施设计和相关施工技术标准、规范施工，并对安全设施的工程质量负责。

第十八条 施工单位发现安全设施设计文件有错漏的，应当及时向生产经营单位、设计单位提出。生产经营单位、设计单位应当及时处理。

施工单位发现安全设施存在重大事故隐患时，应当立即停止施工并报告生产经营单位进行整改。整改合格后，方可恢复施工。

第十九条 工程监理单位应当审查施工组织设计中的安全技术措施或者专项施工方案是否符合工程建设强制性标准。

工程监理单位在实施监理过程中，发现存在事故隐患的，应当要求施工单位整改；情况严重的，应当要求施工单位暂时停止施工，并及时报告生产经营单位。施工单位拒不整改或者不停止施工的，工程监理单位应当及时向有关主管部门报告。

工程监理单位、监理人员应当按照法律、法规和工程建设强制性标准实施监理，并对安全设施工程的工程质量承担监理责任。

第二十条 建设项目安全设施建成后，生产经营单位应当对安全设施进行检查，对发现的问题及时整改。

第二十一条 本办法第七条规定的建设项目竣工后，根据规定建设项目需要试运行（包括生产、使用，下同）的，应当在正式投入生产或者使用前进行试运行。

试运行时间应当不少于30日，最长不得超过180日，国家有关部门有规定或者特殊要求的行业除外。

生产、储存危险化学品的建设项目和化工建设项目，应当在建设项目试运行前将试运行方案报负责建设项目安全许可的安全生产监督管理部门备案。

第二十二条 本办法第七条规定的建设项目安全设施竣工或者试运行完成后，生产经营单位应当委托具有相应资质的安全评价机构对安全设施进行验收评价，并编制建设项目安全验收评价报告。

建设项目安全验收评价报告应当符合国家标准或者行业标准的规定。

生产、储存危险化学品的建设项目和化工建设项目安全验收评价报告除符合本条第二款的规定外，还应当符合有关危险化学品建设项目的规定。

第二十三条 建设项目竣工投入生产或者使用前，生产经营单位应当组织对安全设施进行竣工验收，并形成书面报告备查。安全设施竣工验收合格后，方可投入生产和使用。

安全监管部门应当按照下列方式之一对本办法第七条第（一）项、第（二）项、第（三）项和第（四）项规定建设项目的竣工验收活动和验收结果的监督核查：

（一）对安全设施竣工验收报告按照不少于总数10%的比例进行随机抽查；

（二）在实施有关安全许可时，对建设项目安全设施竣工验收报告进行审查。

抽查和审查以书面方式为主。对竣工验收报告的实质内容存在疑问，需要到现场核查的，安全监管部门应当指派两名以上工作人员对有关内容进行现场核查。工作人员应当提出现场核查意见，并如实记录在案。

第二十四条 建设项目的安全设施有下列情形之一的，建设单位不得通过竣工验收，并不得投入生产或者使用：

（一）未选择具有相应资质的施工单位施工的；

（二）未按照建设项目安全设施设计文件施工或者施工质量未达到建设项目安全设施设计文件要求的；

（三）建设项目安全设施的施工不符合国家有关施工技术标准的；

（四）未选择具有相应资质的安全评价机构进行安全验收评价或者安全验收评价不合格的；

（五）安全设施和安全生产条件不符合有关安全生产法律、法规、规章和国家标准或者行业标准、技术规范规定的；

（六）发现建设项目试运行期间存在事故隐患未整改的；

（七）未依法设置安全生产管理机构或者配备安全生产管理人员的；

（八）从业人员未经过安全生产教育和培训或者不具备相应资格的；

（九）不符合法律、行政法规规定的其他条件的。

第二十五条 生产经营单位应当按照档案管理的规定，建立建设项目安全设施“三同时”文件资料档案，并妥善保存。

第二十六条 建设项目安全设施未与主体工程同时设计、同时施工或者同时投入使用的，安全生产监督管理部门对与此有关的行政许可一律不予审批,同时责令生产经营单位立即停止施工、限期改正违法行为,对有关生产经营单位和人员依法给予行政处罚。

第五章 法律责任

第二十七条 建设项目安全设施"三同时"违反本办法的规定,安全生产监督管理部门及其工作人员给予审批通过或者颁发有关许可证的,依法给予行政处分。

第二十八条 生产经营单位对本办法第七条第(一)项、第(二)项、第(三)项和第(四)项规定的建设项目有下列情形之一的,责令停止建设或者停产停业整顿,限期改正;逾期未改正的,处50万元以上100万元以下的罚款,对其直接负责的主管人员和其他直接责任人员处2万元以上5万元以下的罚款;构成犯罪的,依照刑法有关规定追究刑事责任:

(一)未按照本办法规定对建设项目进行安全评价的;

(二)没有安全设施设计或者安全设施设计未按照规定报经安全生产监督管理部门审查同意,擅自开工的;

(三)施工单位未按照批准的安全设施设计施工的;

(四)投入生产或者使用前,安全设施未经验收合格的。

第二十九条 已经批准的建设项目安全设施设计发生重大变更,生产经营单位未报原批准部门审查同意擅自开工建设的,责令限期改正,可以并处1万元以上3万元以下的罚款。

第三十条 本办法第七条第(一)项、第(二)项、第(三)项和第(四)项规定以外的建设项目有下列情形之一的,对有关生产经营单位责令限期改正,可以并处5000元以上3万元以下的罚款:

(一)没有安全设施设计的;

(二)安全设施设计未组织审查,并形成书面审查报告的;

(三)施工单位未按照安全设施设计施工的;

(四)投入生产或者使用前,安全设施未经竣工验收合格,并形成书面报告的。

第三十一条 承担建设项目安全评价的机构弄虚作假、出具虚假报告,尚未构成犯罪的,没收违法所得,违法所得在10万元以上的,并处违法所得二倍以上五倍以下的罚款;没有违法所得或者违法所得不足10万元的,单处或者并处10万元以上20万元以下的罚款,对其直接负责的主管人员和其他直接责任人员处2万元以上5万元以下的罚款;给他人造成损害的,与生产经营单位承担连带赔偿责任。

对有前款违法行为的机构,吊销其相应资质。

第三十二条 本办法规定的行政处罚由安全生产监督管理部门决定。法律、行政法规对行政处罚的种类、幅度和决定机关另有规定的,依照其规定。

安全生产监督管理部门对应当由其他有关部门进行处理的"三同时"问题,应当及时移送有关部门并形成记录备查。

第六章 附则

第三十三条 本办法自2011年2月1日起施行。

2. 民用爆炸物品行业

民用爆炸物品安全管理条例

1. 2006年5月10日国务院令第466号公布
2. 根据2014年7月29日国务院令第653号《关于修改部分行政法规的决定》修订

第一章　总　　则

第一条　为了加强对民用爆炸物品的安全管理,预防爆炸事故发生,保障公民生命、财产安全和公共安全,制定本条例。

第二条　民用爆炸物品的生产、销售、购买、进出口、运输、爆破作业和储存以及硝酸铵的销售、购买,适用本条例。

本条例所称民用爆炸物品,是指用于非军事目的、列入民用爆炸物品品名表的各类火药、炸药及其制品和雷管、导火索等点火、起爆器材。

民用爆炸物品品名表,由国务院民用爆炸物品行业主管部门会同国务院公安部门制订、公布。

第三条　国家对民用爆炸物品的生产、销售、购买、运输和爆破作业实行许可证制度。

未经许可,任何单位或者个人不得生产、销售、购买、运输民用爆炸物品,不得从事爆破作业。

严禁转让、出借、转借、抵押、赠送、私藏或者非法持有民用爆炸物品。

第四条　民用爆炸物品行业主管部门负责民用爆炸物品生产、销售的安全监督管理。

公安机关负责民用爆炸物品公共安全管理和民用爆炸物品购买、运输、爆破作业的安全监督管理,监控民用爆炸物品流向。

安全生产监督、铁路、交通、民用航空主管部门依照法律、行政法规的规定,负责做好民用爆炸物品的有关安全监督管理工作。

民用爆炸物品行业主管部门、公安机关、工商行政管理部门按照职责分工,负责组织查处非法生产、销售、购买、储存、运输、邮寄、使用民用爆炸物品的行为。

第五条　民用爆炸物品生产、销售、购买、运输和爆破作业单位(以下称民用爆炸物品从业单位)的主要负责人是本单位民用爆炸物品安全管理责任人,对本单位的民用爆炸物品安全管理工作全面负责。

民用爆炸物品从业单位是治安保卫工作的重点单位,应当依法设置治安保卫机构或者配备治安保卫人员,设置技术防范设施,防止民用爆炸物品丢失、被盗、被抢。

民用爆炸物品从业单位应当建立安全管理制度、岗位安全责任制度,制订安全防范措施和事故应急预案,设置安全管理机构或者配备专职安全管理人员。

第六条　无民事行为能力人、限制民事行为能力人或者曾因犯罪受过刑事处罚的人,不得从事民用爆炸物品的生产、销售、购买、运输和爆破作业。

民用爆炸物品从业单位应当加强对本单位从业人员的安全教育、法制教育和岗位技术培训,从业人员经考核合格的,方可上岗作业;对有资格要求的岗位,应当配备具有相应资格的人员。

第七条　国家建立民用爆炸物品信息管理系统,对民用爆炸物品实行标识管理,监控民用爆炸物品流向。

民用爆炸物品生产企业、销售企业和爆破作业单位应当建立民用爆炸物品登记制度,如实将本单位生产、销售、购买、运输、储存、使用民用爆炸物品的品种、数量和流向信息输入计算机系统。

第八条　任何单位或者个人都有权举报违反民用爆炸物品安全管理规定的行为;接到举报的主管部门、公安机关应当立即查处,并为举报人员保密,对举报有功人员给予奖励。

第九条　国家鼓励民用爆炸物品从业单位采用提高民用爆炸物品安全性能的新技术,鼓励发展民用爆炸物品生产、配送、爆破作业一体化的经营模式。

第二章　生　　产

第十条　设立民用爆炸物品生产企业,应当遵循统筹规划、合理布局的原则。

第十一条　申请从事民用爆炸物品生产的企业,应当具备下列条件:

(一)符合国家产业结构规划和产业技术标准;

(二)厂房和专用仓库的设计、结构、建筑材料、安全距离以及防火、防爆、防雷、防静电等安全设备、设施符合国家有关标准和规范;

(三)生产设备、工艺符合有关安全生产的技术标准和规程;

(四)有具备相应资格的专业技术人员、安全生产管理人员和生产岗位人员;

(五)有健全的安全管理制度、岗位安全责任制度;

(六)法律、行政法规规定的其他条件。

第十二条　申请从事民用爆炸物品生产的企业,应当向国务院民用爆炸物品行业主管部门提交申请书、可行性研究报告以及能够证明其符合本条例第十一条规定条件的有关材料。国务院民用爆炸物品行业主管部门应当自受理申请之日起45日内进行审查,对符合条件的,核发《民用爆炸物品生产许可证》;对不符合条件的,不予核发《民用爆炸物品生产许可证》,书面向申请人说明理由。

民用爆炸物品生产企业为调整生产能力及品种进行改建、扩建的,应当依照前款规定申请办理《民用爆炸物品生产许可证》。

民用爆炸物品生产企业持《民用爆炸物品生产许可证》到工商行政管理部门办理工商登记,并在办理工商登记后3日内,向所在地县级人民政府公安机关备案。

第十三条　取得《民用爆炸物品生产许可证》的企业应当在基本建设完成后,向省、自治区、直辖市人民政府民用爆炸物品行业主管部门申请安全生产许可。省、自治区、直辖市人民政府民用爆炸物品行业主管部门应当依照《安全生产许可证条例》的规定对其进行查验,对符合条件的,核发《民用爆炸物品安全生产许可证》。民用爆炸物品生产企业取得《民用爆炸物品安全生产许可证》后,方可生产民用爆炸物品。

第十四条　民用爆炸物品生产企业应当严格按照《民用爆炸物品生产许可证》核定的品种和产量进行生产,生产作业应当严格执行安全技术规程的规定。

第十五条　民用爆炸物品生产企业应当对民用爆炸物品做出警示标识、登记标识,对雷管编码打号。民用爆炸物品警示标识、登记标识和雷管编码规则,由国务院公安部门会同国务院民用爆炸物品行业主管部门规定。

第十六条　民用爆炸物品生产企业应当建立健全产品检验制度,保证民用爆炸物品的质量符合相关标准。民用爆炸物品的包装,应当符合法律、行政法规的规定以及相关标准。

第十七条　试验或者试制民用爆炸物品,必须在专门场地或者专门的试验室进行。严禁在生产车间或者仓库内试验或者试制民用爆炸物品。

第三章　销售和购买

第十八条　申请从事民用爆炸物品销售的企业,应当具备下列条件:

(一)符合对民用爆炸物品销售企业规划的要求;

(二)销售场所和专用仓库符合国家有关标准和规范;

(三)有具备相应资格的安全管理人员、仓库管理人员;

(四)有健全的安全管理制度、岗位安全责任制度;

(五)法律、行政法规规定的其他条件。

第十九条　申请从事民用爆炸物品销售的企业,应当向所在地省、自治区、直辖市人民政府民用爆炸物品行业主管部门提交申请书、可行性研究报告以及能够证明其符合本条例第十八条规定条件的有关材料。省、自治区、直辖市人民政府民用爆炸物品行业主管部门应当自受理申请之日起30日内进行审查,并对申请单位的销售场所和专用仓库等经营设施进行查验,对符合条件的,核发《民用爆炸物品销售许可证》;对不符合条件的,不予核发《民用爆炸物品销售许可证》,书面向申请人说明理由。

民用爆炸物品销售企业持《民用爆炸物品销售许可证》到工商行政管理部门办理工商登记后,方可销售民用爆炸物品。

民用爆炸物品销售企业应当在办理工商登记后3日内,向所在地县级人民政府公安机关备案。

第二十条　民用爆炸物品生产企业凭《民用爆炸物品生产许可证》,可以销售本企业生产的民用爆炸物品。

民用爆炸物品生产企业销售本企业生产的民用爆炸物品,不得超出核定的品种、产量。

第二十一条　民用爆炸物品使用单位申请购买民用爆炸物品的,应当向所在地县级人民政府公安机关提出购买申请,并提交下列有关材料:

(一)工商营业执照或者事业单位法人证书;

(二)《爆破作业单位许可证》或者其他合法使用的证明;

(三)购买单位的名称、地址、银行账户;

(四)购买的品种、数量和用途说明。

受理申请的公安机关应当自受理申请之日起5日内对提交的有关材料进行审查,对符合条件的,核发《民用爆炸物品购买许可证》;对不符合条件的,不予核发《民用爆炸物品购买许可证》,书面向申请人说明理由。

《民用爆炸物品购买许可证》应当载明许可购买的品种、数量、购买单位以及许可的有效期限。

第二十二条　民用爆炸物品生产企业凭《民用爆炸物品生产许可证》购买属于民用爆炸物品的原料,民用爆炸物品销售企业凭《民用爆炸物品销售许可证》向民用爆炸物品生产企业购买民用爆炸物品,民用爆炸物品使用单位凭《民用爆炸物品购买许可证》购买民用爆炸物品，还应当提供经办人的身份证明。

销售民用爆炸物品的企业，应当查验前款规定的许可证和经办人的身份证明；对持《民用爆炸物品购买许可证》购买的，应当按照许可的品种、数量销售。

第二十三条 销售、购买民用爆炸物品，应当通过银行账户进行交易，不得使用现金或者实物进行交易。

销售民用爆炸物品的企业，应当将购买单位的许可证、银行账户转账凭证、经办人的身份证明复印件保存2年备查。

第二十四条 销售民用爆炸物品的企业，应当自民用爆炸物品买卖成交之日起3日内，将销售的品种、数量和购买单位向所在地省、自治区、直辖市人民政府民用爆炸物品行业主管部门和所在地县级人民政府公安机关备案。

购买民用爆炸物品的单位，应当自民用爆炸物品买卖成交之日起3日内，将购买的品种、数量向所在地县级人民政府公安机关备案。

第二十五条 进出口民用爆炸物品，应当经国务院民用爆炸物品行业主管部门审批。进出口民用爆炸物品审批办法，由国务院民用爆炸物品行业主管部门会同国务院公安部门、海关总署规定。

进出口单位应当将进出口的民用爆炸物品的品种、数量向收货地或者出境口岸所在地县级人民政府公安机关备案。

第四章 运 输

第二十六条 运输民用爆炸物品，收货单位应当向运达地县级人民政府公安机关提出申请，并提交包括下列内容的材料：

（一）民用爆炸物品生产企业、销售企业、使用单位以及进出口单位分别提供的《民用爆炸物品生产许可证》、《民用爆炸物品销售许可证》、《民用爆炸物品购买许可证》或者进出口批准证明；

（二）运输民用爆炸物品的品种、数量、包装材料和包装方式；

（三）运输民用爆炸物品的特性、出现险情的应急处置方法；

（四）运输时间、起始地点、运输路线、经停地点。

受理申请的公安机关应当自受理申请之日起3日内对提交的有关材料进行审查，对符合条件的，核发《民用爆炸物品运输许可证》；对不符合条件的，不予核发《民用爆炸物品运输许可证》，书面向申请人说明理由。

《民用爆炸物品运输许可证》应当载明收货单位、销售企业、承运人，一次性运输有效期限、起始地点、运输路线、经停地点，民用爆炸物品的品种、数量。

第二十七条 运输民用爆炸物品的，应当凭《民用爆炸物品运输许可证》，按照许可的品种、数量运输。

第二十八条 经由道路运输民用爆炸物品的，应当遵守下列规定：

（一）携带《民用爆炸物品运输许可证》；

（二）民用爆炸物品的装载符合国家有关标准和规范，车厢内不得载人；

（三）运输车辆安全技术状况应当符合国家有关安全技术标准的要求，并按照规定悬挂或者安装符合国家标准的易燃易爆危险物品警示标志；

（四）运输民用爆炸物品的车辆应当保持安全车速；

（五）按照规定的路线行驶，途中经停应当有专人看守，并远离建筑设施和人口稠密的地方，不得在许可以外的地点经停；

（六）按照安全操作规程装卸民用爆炸物品，并在装卸现场设置警戒，禁止无关人员进入；

（七）出现危险情况立即采取必要的应急处置措施，并报告当地公安机关。

第二十九条 民用爆炸物品运达目的地，收货单位应当进行验收后在《民用爆炸物品运输许可证》上签注，并在3日内将《民用爆炸物品运输许可证》交回发证机关核销。

第三十条 禁止携带民用爆炸物品搭乘公共交通工具或者进入公共场所。

禁止邮寄民用爆炸物品，禁止在托运的货物、行李、包裹、邮件中夹带民用爆炸物品。

第五章 爆破作业

第三十一条 申请从事爆破作业的单位，应当具备下列条件：

（一）爆破作业属于合法的生产活动；

（二）有符合国家有关标准和规范的民用爆炸物品专用仓库；

（三）有具备相应资格的安全管理人员、仓库管理人员和具备国家规定执业资格的爆破作业人员；

（四）有健全的安全管理制度、岗位安全责任制度；

（五）有符合国家标准、行业标准的爆破作业专用设备；

（六）法律、行政法规规定的其他条件。

第三十二条 申请从事爆破作业的单位,应当按照国务院公安部门的规定,向有关人民政府公安机关提出申请,并提供能够证明其符合本条例第三十一条规定条件的有关材料。受理申请的公安机关应当自受理申请之日起20日内进行审查,对符合条件的,核发《爆破作业单位许可证》;对不符合条件的,不予核发《爆破作业单位许可证》,书面向申请人说明理由。

营业性爆破作业单位持《爆破作业单位许可证》到工商行政管理部门办理工商登记后,方可从事营业性爆破作业活动。

爆破作业单位应当在办理工商登记后3日内,向所在地县级人民政府公安机关备案。

第三十三条 爆破作业单位应当对本单位的爆破作业人员、安全管理人员、仓库管理人员进行专业技术培训。爆破作业人员应当经设区的市级人民政府公安机关考核合格,取得《爆破作业人员许可证》后,方可从事爆破作业。

第三十四条 爆破作业单位应当按照其资质等级承接爆破作业项目,爆破作业人员应当按照其资格等级从事爆破作业。爆破作业的分级管理办法由国务院公安部门规定。

第三十五条 在城市、风景名胜区和重要工程设施附近实施爆破作业的,应当向爆破作业所在地设区的市级人民政府公安机关提出申请,提交《爆破作业单位许可证》和具有相应资质的安全评估企业出具的爆破设计、施工方案评估报告。受理申请的公安机关应当自受理申请之日起20日内对提交的有关材料进行审查,对符合条件的,作出批准的决定;对不符合条件的,作出不予批准的决定,并书面向申请人说明理由。

实施前款规定的爆破作业,应当由具有相应资质的安全监理企业进行监理,由爆破作业所在地县级人民政府公安机关负责组织实施安全警戒。

第三十六条 爆破作业单位跨省、自治区、直辖市行政区域从事爆破作业的,应当事先将爆破作业项目的有关情况向爆破作业所在地县级人民政府公安机关报告。

第三十七条 爆破作业单位应当如实记载领取、发放民用爆炸物品的品种、数量、编号以及领取、发放人员姓名。领取民用爆炸物品的数量不得超过当班用量,作业后剩余的民用爆炸物品必须当班清退回库。

爆破作业单位应当将领取、发放民用爆炸物品的原始记录保存2年备查。

第三十八条 实施爆破作业,应当遵守国家有关标准和规范,在安全距离以外设置警示标志并安排警戒人员,防止无关人员进入;爆破作业结束后应当及时检查、排除未引爆的民用爆炸物品。

第三十九条 爆破作业单位不再使用民用爆炸物品时,应当将剩余的民用爆炸物品登记造册,报所在地县级人民政府公安机关组织监督销毁。

发现、拣拾无主民用爆炸物品的,应当立即报告当地公安机关。

第六章 储　　存

第四十条 民用爆炸物品应当储存在专用仓库内,并按照国家规定设置技术防范设施。

第四十一条 储存民用爆炸物品应当遵守下列规定:

(一)建立出入库检查、登记制度,收存和发放民用爆炸物品必须进行登记,做到账目清楚,账物相符;

(二)储存的民用爆炸物品数量不得超过储存设计容量,对性质相抵触的民用爆炸物品必须分库储存,严禁在库房内存放其他物品;

(三)专用仓库应当指定专人管理、看护,严禁无关人员进入仓库区内,严禁在仓库区内吸烟和用火,严禁把其他容易引起燃烧、爆炸的物品带入仓库区内,严禁在库房内住宿和进行其他活动;

(四)民用爆炸物品丢失、被盗、被抢,应当立即报告当地公安机关。

第四十二条 在爆破作业现场临时存放民用爆炸物品的,应当具备临时存放民用爆炸物品的条件,并设专人管理、看护,不得在不具备安全存放条件的场所存放民用爆炸物品。

第四十三条 民用爆炸物品变质和过期失效的,应当及时清理出库,并予以销毁。销毁前应当登记造册,提出销毁实施方案,报省、自治区、直辖市人民政府民用爆炸物品行业主管部门、所在地县级人民政府公安机关组织监督销毁。

第七章 法律责任

第四十四条 非法制造、买卖、运输、储存民用爆炸物品,构成犯罪的,依法追究刑事责任;尚不构成犯罪,有违反治安管理行为的,依法给予治安管理处罚。

违反本条例规定,在生产、储存、运输、使用民用爆炸物品中发生重大事故,造成严重后果或者后果特别严重,构成犯罪的,依法追究刑事责任。

违反本条例规定,未经许可生产、销售民用爆炸物品的,由民用爆炸物品行业主管部门责令停止非法生产、销售活动,处10万元以上50万元以下的罚款,并没收非法生产、销售的民用爆炸物品及其违法所得。

违反本条例规定,未经许可购买、运输民用爆炸物品或者从事爆破作业的,由公安机关责令停止非法购买、运输、爆破作业活动,处5万元以上20万元以下的罚款,并没收非法购买、运输以及从事爆破作业使用的民用爆炸物品及其违法所得。

民用爆炸物品行业主管部门、公安机关对没收的非法民用爆炸物品,应当组织销毁。

第四十五条 违反本条例规定,生产、销售民用爆炸物品的企业有下列行为之一的,由民用爆炸物品行业主管部门责令限期改正,处10万元以上50万元以下的罚款;逾期不改正的,责令停产停业整顿;情节严重的,吊销《民用爆炸物品生产许可证》或者《民用爆炸物品销售许可证》:

(一)超出生产许可的品种、产量进行生产、销售的;

(二)违反安全技术规程生产作业的;

(三)民用爆炸物品的质量不符合相关标准的;

(四)民用爆炸物品的包装不符合法律、行政法规的规定以及相关标准的;

(五)超出购买许可的品种、数量销售民用爆炸物品的;

(六)向没有《民用爆炸物品生产许可证》、《民用爆炸物品销售许可证》、《民用爆炸物品购买许可证》的单位销售民用爆炸物品的;

(七)民用爆炸物品生产企业销售本企业生产的民用爆炸物品未按照规定向民用爆炸物品行业主管部门备案的;

(八)未经审批进出口民用爆炸物品的。

第四十六条 违反本条例规定,有下列情形之一的,由公安机关责令限期改正,处5万元以上20万元以下的罚款;逾期不改正的,责令停产停业整顿:

(一)未按照规定对民用爆炸物品做出警示标识、登记标识或者未对雷管编码打号的;

(二)超出购买许可的品种、数量购买民用爆炸物品的;

(三)使用现金或者实物进行民用爆炸物品交易的;

(四)未按照规定保存购买单位的许可证、银行账户转账凭证、经办人的身份证明复印件的;

(五)销售、购买、进出口民用爆炸物品,未按照规定向公安机关备案的;

(六)未按照规定建立民用爆炸物品登记制度,如实将本单位生产、销售、购买、运输、储存、使用民用爆炸物品的品种、数量和流向信息输入计算机系统的;

(七)未按照规定将《民用爆炸物品运输许可证》交回发证机关核销的。

第四十七条 违反本条例规定,经由道路运输民用爆炸物品,有下列情形之一的,由公安机关责令改正,处5万元以上20万元以下的罚款:

(一)违反运输许可事项的;

(二)未携带《民用爆炸物品运输许可证》的;

(三)违反有关标准和规范混装民用爆炸物品的;

(四)运输车辆未按照规定悬挂或者安装符合国家标准的易燃易爆危险物品警示标志的;

(五)未按照规定的路线行驶,途中经停没有专人看守或者在许可以外的地点经停的;

(六)装载民用爆炸物品的车厢载人的;

(七)出现危险情况未立即采取必要的应急处置措施、报告当地公安机关的。

第四十八条 违反本条例规定,从事爆破作业的单位有下列情形之一的,由公安机关责令停止违法行为或者限期改正,处10万元以上50万元以下的罚款;逾期不改正的,责令停产停业整顿;情节严重的,吊销《爆破作业单位许可证》:

(一)爆破作业单位未按照其资质等级从事爆破作业的;

(二)营业性爆破作业单位跨省、自治区、直辖市行政区域实施爆破作业,未按照规定事先向爆破作业所在地的县级人民政府公安机关报告的;

(三)爆破作业单位未按照规定建立民用爆炸物品领取登记制度、保存领取登记记录的;

(四)违反国家有关标准和规范实施爆破作业的。

爆破作业人员违反国家有关标准和规范的规定实施爆破作业的,由公安机关责令限期改正,情节严重的,吊销《爆破作业人员许可证》。

第四十九条 违反本条例规定,有下列情形之一的,由民用爆炸物品行业主管部门、公安机关按照职责责令限期改正,可以并处5万元以上20万元以下的罚款;逾期不改正的,责令停产停业整顿;情节严重的,吊销许可证:

(一)未按照规定在专用仓库设置技术防范设施的;

(二)未按照规定建立出入库检查、登记制度或者

收存和发放民用爆炸物品,致使账物不符的;

(三)超量储存、在非专用仓库储存或者违反储存标准和规范储存民用爆炸物品的;

(四)有本条例规定的其他违反民用爆炸物品储存管理规定行为的。

第五十条 违反本条例规定,民用爆炸物品从业单位有下列情形之一的,由公安机关处2万元以上10万元以下的罚款;情节严重的,吊销其许可证;有违反治安管理行为的,依法给予治安管理处罚:

(一)违反安全管理制度,致使民用爆炸物品丢失、被盗、被抢的;

(二)民用爆炸物品丢失、被盗、被抢,未按照规定向当地公安机关报告或者故意隐瞒不报的;

(三)转让、出借、转借、抵押、赠送民用爆炸物品的。

第五十一条 违反本条例规定,携带民用爆炸物品搭乘公共交通工具或者进入公共场所,邮寄或者在托运的货物、行李、包裹、邮件中夹带民用爆炸物品,构成犯罪的,依法追究刑事责任;尚不构成犯罪的,由公安机关依法给予治安管理处罚,没收非法的民用爆炸物品,处1000元以上1万元以下的罚款。

第五十二条 民用爆炸物品从业单位的主要负责人未履行本条例规定的安全管理责任,导致发生重大伤亡事故或者造成其他严重后果,构成犯罪的,依法追究刑事责任;尚不构成犯罪的,对主要负责人给予撤职处分,对个人经营的投资人处2万元以上20万元以下的罚款。

第五十三条 民用爆炸物品行业主管部门、公安机关、工商行政管理部门的工作人员,在民用爆炸物品安全监督管理工作中滥用职权、玩忽职守或者徇私舞弊,构成犯罪的,依法追究刑事责任;尚不构成犯罪的,依法给予行政处分。

第八章 附 则

第五十四条 《民用爆炸物品生产许可证》、《民用爆炸物品销售许可证》,由国务院民用爆炸物品行业主管部门规定式样;《民用爆炸物品购买许可证》、《民用爆炸物品运输许可证》、《爆破作业单位许可证》、《爆破作业人员许可证》,由国务院公安部门规定式样。

第五十五条 本条例自2006年9月1日起施行。1984年1月6日国务院发布的《中华人民共和国民用爆炸物品管理条例》同时废止。

烟花爆竹安全管理条例

1. 2006年1月21日国务院令第455号公布

2. 根据2016年2月6日国务院令第666号《关于修改部分行政法规的决定》修订

第一章 总 则

第一条 为了加强烟花爆竹安全管理,预防爆炸事故发生,保障公共安全和人身、财产的安全,制定本条例。

第二条 烟花爆竹的生产、经营、运输和燃放,适用本条例。

本条例所称烟花爆竹,是指烟花爆竹制品和用于生产烟花爆竹的民用黑火药、烟火药、引火线等物品。

第三条 国家对烟花爆竹的生产、经营、运输和举办焰火晚会以及其他大型焰火燃放活动,实行许可证制度。

未经许可,任何单位或者个人不得生产、经营、运输烟花爆竹,不得举办焰火晚会以及其他大型焰火燃放活动。

第四条 安全生产监督管理部门负责烟花爆竹的安全生产监督管理;公安部门负责烟花爆竹的公共安全管理;质量监督检验部门负责烟花爆竹的质量监督和进出口检验。

第五条 公安部门、安全生产监督管理部门、质量监督检验部门、工商行政管理部门应当按照职责分工,组织查处非法生产、经营、储存、运输、邮寄烟花爆竹以及非法燃放烟花爆竹的行为。

第六条 烟花爆竹生产、经营、运输企业和焰火晚会以及其他大型焰火燃放活动主办单位的主要负责人,对本单位的烟花爆竹安全工作负责。

烟花爆竹生产、经营、运输企业和焰火晚会以及其他大型焰火燃放活动主办单位应当建立健全安全责任制,制定各项安全管理制度和操作规程,并对从业人员定期进行安全教育、法制教育和岗位技术培训。

中华全国供销合作总社应当加强对本系统企业烟花爆竹经营活动的管理。

第七条 国家鼓励烟花爆竹生产企业采用提高安全程度和提升行业整体水平的新工艺、新配方和新技术。

第二章 生产安全

第八条 生产烟花爆竹的企业,应当具备下列条件:

(一)符合当地产业结构规划;

(二)基本建设项目经过批准;

(三)选址符合城乡规划,并与周边建筑、设施保

持必要的安全距离;

(四)厂房和仓库的设计、结构和材料以及防火、防爆、防雷、防静电等安全设备、设施符合国家有关标准和规范;

(五)生产设备、工艺符合安全标准;

(六)产品品种、规格、质量符合国家标准;

(七)有健全的安全生产责任制;

(八)有安全生产管理机构和专职安全生产管理人员;

(九)依法进行了安全评价;

(十)有事故应急救援预案、应急救援组织和人员,并配备必要的应急救援器材、设备;

(十一)法律、法规规定的其他条件。

第九条 生产烟花爆竹的企业,应当在投入生产前向所在地设区的市人民政府安全生产监督管理部门提出安全审查申请,并提交能够证明符合本条例第八条规定条件的有关材料。设区的市人民政府安全生产监督管理部门应当自收到材料之日起20日内提出安全审查初步意见,报省、自治区、直辖市人民政府安全生产监督管理部门审查。省、自治区、直辖市人民政府安全生产监督管理部门应当自受理申请之日起45日内进行安全审查,对符合条件的,核发《烟花爆竹安全生产许可证》;对不符合条件的,应当说明理由。

第十条 生产烟花爆竹的企业为扩大生产能力进行基本建设或者技术改造的,应当依照本条例的规定申请办理安全生产许可证。

生产烟花爆竹的企业,持《烟花爆竹安全生产许可证》到工商行政管理部门办理登记手续后,方可从事烟花爆竹生产活动。

第十一条 生产烟花爆竹的企业,应当按照安全生产许可证核定的产品种类进行生产,生产工序和生产作业应当执行有关国家标准和行业标准。

第十二条 生产烟花爆竹的企业,应当对生产作业人员进行安全生产知识教育,对从事药物混合、造粒、筛选、装药、筑药、压药、切引、搬运等危险工序的作业人员进行专业技术培训。从事危险工序的作业人员经设区的市人民政府安全生产监督管理部门考核合格,方可上岗作业。

第十三条 生产烟花爆竹使用的原料,应当符合国家标准的规定。生产烟花爆竹使用的原料,国家标准有用量限制的,不得超过规定的用量。不得使用国家标准规定禁止使用或者禁忌配伍的物质生产烟花爆竹。

第十四条 生产烟花爆竹的企业,应当按照国家标准的规定,在烟花爆竹产品上标注燃放说明,并在烟花爆竹包装物上印制易燃易爆危险物品警示标志。

第十五条 生产烟花爆竹的企业,应当对黑火药、烟火药、引火线的保管采取必要的安全技术措施,建立购买、领用、销售登记制度,防止黑火药、烟火药、引火线丢失。黑火药、烟火药、引火线丢失的,企业应当立即向当地安全生产监督管理部门和公安部门报告。

第三章 经营安全

第十六条 烟花爆竹的经营分为批发和零售。

从事烟花爆竹批发的企业和零售经营者的经营布点,应当经安全生产监督管理部门审批。

禁止在城市市区布设烟花爆竹批发场所;城市市区的烟花爆竹零售网点,应当按照严格控制的原则合理布设。

第十七条 从事烟花爆竹批发的企业,应当具备下列条件:

(一)具有企业法人条件;

(二)经营场所与周边建筑、设施保持必要的安全距离;

(三)有符合国家标准的经营场所和储存仓库;

(四)有保管员、仓库守护员;

(五)依法进行了安全评价;

(六)有事故应急救援预案、应急救援组织和人员,并配备必要的应急救援器材、设备;

(七)法律、法规规定的其他条件。

第十八条 烟花爆竹零售经营者,应当具备下列条件:

(一)主要负责人经过安全知识教育;

(二)实行专店或者专柜销售,设专人负责安全管理;

(三)经营场所配备必要的消防器材,张贴明显的安全警示标志;

(四)法律、法规规定的其他条件。

第十九条 申请从事烟花爆竹批发的企业,应当向所在地设区的市人民政府安全生产监督管理部门提出申请,并提供能够证明符合本条例第十七条规定条件的有关材料。受理申请的安全生产监督管理部门应当自受理申请之日起30日内对提交的有关材料和经营场所进行审查,对符合条件的,核发《烟花爆竹经营(批发)许可证》;对不符合条件的,应当说明理由。

申请从事烟花爆竹零售的经营者,应当向所在地县级人民政府安全生产监督管理部门提出申请,并提供能够证明符合本条例第十八条规定条件的有关材料。受理申请的安全生产监督管理部门应当自受理申请之日起20日内对提交的有关材料和经营场所进行审查,对符合条件的,核发《烟花爆竹经营(零售)许可证》;对不符合条件的,应当说明理由。

《烟花爆竹经营(零售)许可证》,应当载明经营负责人、经营场所地址、经营期限、烟花爆竹种类和限制存放量。

第二十条 从事烟花爆竹批发的企业,应当向生产烟花爆竹的企业采购烟花爆竹,向从事烟花爆竹零售的经营者供应烟花爆竹。从事烟花爆竹零售的经营者,应当向从事烟花爆竹批发的企业采购烟花爆竹。

从事烟花爆竹批发的企业、零售经营者不得采购和销售非法生产、经营的烟花爆竹。

从事烟花爆竹批发的企业,不得向从事烟花爆竹零售的经营者供应按照国家标准规定应由专业燃放人员燃放的烟花爆竹。从事烟花爆竹零售的经营者,不得销售按照国家标准规定应由专业燃放人员燃放的烟花爆竹。

第二十一条 生产、经营黑火药、烟火药、引火线的企业,不得向未取得烟花爆竹安全生产许可的任何单位或者个人销售黑火药、烟火药和引火线。

第四章 运输安全

第二十二条 经由道路运输烟花爆竹的,应当经公安部门许可。

经由铁路、水路、航空运输烟花爆竹的,依照铁路、水路、航空运输安全管理的有关法律、法规、规章的规定执行。

第二十三条 经由道路运输烟花爆竹的,托运人应当向运达地县级人民政府公安部门提出申请,并提交下列有关材料:

(一)承运人从事危险货物运输的资质证明;

(二)驾驶员、押运员从事危险货物运输的资格证明;

(三)危险货物运输车辆的道路运输证明;

(四)托运人从事烟花爆竹生产、经营的资质证明;

(五)烟花爆竹的购销合同及运输烟花爆竹的种类、规格、数量;

(六)烟花爆竹的产品质量和包装合格证明;

(七)运输车辆牌号、运输时间、起始地点、行驶路线、经停地点。

第二十四条 受理申请的公安部门应当自受理申请之日起3日内对提交的有关材料进行审查,对符合条件的,核发《烟花爆竹道路运输许可证》;对不符合条件的,应当说明理由。

《烟花爆竹道路运输许可证》应当载明托运人、承运人、一次性运输有效期限、起始地点、行驶路线、经停地点、烟花爆竹的种类、规格和数量。

第二十五条 经由道路运输烟花爆竹的,除应当遵守《中华人民共和国道路交通安全法》外,还应当遵守下列规定:

(一)随车携带《烟花爆竹道路运输许可证》;

(二)不得违反运输许可事项;

(三)运输车辆悬挂或者安装符合国家标准的易燃易爆危险物品警示标志;

(四)烟花爆竹的装载符合国家有关标准和规范;

(五)装载烟花爆竹的车厢不得载人;

(六)运输车辆限速行驶,途中经停必须有专人看守;

(七)出现危险情况立即采取必要的措施,并报告当地公安部门。

第二十六条 烟花爆竹运达目的地后,收货人应当在3日内将《烟花爆竹道路运输许可证》交回发证机关核销。

第二十七条 禁止携带烟花爆竹搭乘公共交通工具。

禁止邮寄烟花爆竹,禁止在托运的行李、包裹、邮件中夹带烟花爆竹。

第五章 燃放安全

第二十八条 燃放烟花爆竹,应当遵守有关法律、法规和规章的规定。县级以上地方人民政府可以根据本行政区域的实际情况,确定限制或者禁止燃放烟花爆竹的时间、地点和种类。

第二十九条 各级人民政府和政府有关部门应当开展社会宣传活动,教育公民遵守有关法律、法规和规章,安全燃放烟花爆竹。

广播、电视、报刊等新闻媒体,应当做好安全燃放烟花爆竹的宣传、教育工作。

未成年人的监护人应当对未成年人进行安全燃放烟花爆竹的教育。

第三十条 禁止在下列地点燃放烟花爆竹:

(一)文物保护单位;

(二)车站、码头、飞机场等交通枢纽以及铁路线路安全保护区内;

(三)易燃易爆物品生产、储存单位;

(四)输变电设施安全保护区内;

(五)医疗机构、幼儿园、中小学校、敬老院;

(六)山林、草原等重点防火区;

（七）县级以上地方人民政府规定的禁止燃放烟花爆竹的其他地点。

第三十一条 燃放烟花爆竹，应当按照燃放说明燃放，不得以危害公共安全和人身、财产安全的方式燃放烟花爆竹。

第三十二条 举办焰火晚会以及其他大型焰火燃放活动，应当按照举办的时间、地点、环境、活动性质、规模以及燃放烟花爆竹的种类、规格和数量，确定危险等级，实行分级管理。分级管理的具体办法，由国务院公安部门规定。

第三十三条 申请举办焰火晚会以及其他大型焰火燃放活动，主办单位应当按照分级管理的规定，向有关人民政府公安部门提出申请，并提交下列有关材料：

（一）举办焰火晚会以及其他大型焰火燃放活动的时间、地点、环境、活动性质、规模；

（二）燃放烟花爆竹的种类、规格、数量；

（三）燃放作业方案；

（四）燃放作业单位、作业人员符合行业标准规定条件的证明。

受理申请的公安部门应当自受理申请之日起20日内对提交的有关材料进行审查，对符合条件的，核发《焰火燃放许可证》；对不符合条件的，应当说明理由。

第三十四条 焰火晚会以及其他大型焰火燃放活动燃放作业单位和作业人员，应当按照焰火燃放安全规程和经许可的燃放作业方案进行燃放作业。

第三十五条 公安部门应当加强对危险等级较高的焰火晚会以及其他大型焰火燃放活动的监督检查。

第六章 法律责任

第三十六条 对未经许可生产、经营烟花爆竹制品，或者向未取得烟花爆竹安全生产许可的单位或者个人销售黑火药、烟火药、引火线的，由安全生产监督管理部门责令停止非法生产、经营活动，处2万元以上10万元以下的罚款，并没收非法生产、经营的物品及违法所得。

对未经许可经由道路运输烟花爆竹的，由公安部门责令停止非法运输活动，处1万元以上5万元以下的罚款，并没收非法运输的物品及违法所得。

非法生产、经营、运输烟花爆竹，构成违反治安管理行为的，依法给予治安管理处罚；构成犯罪的，依法追究刑事责任。

第三十七条 生产烟花爆竹的企业有下列行为之一的，由安全生产监督管理部门责令限期改正，处1万元以上5万元以下的罚款；逾期不改正的，责令停产停业整顿，情节严重的，吊销安全生产许可证：

（一）未按照安全生产许可证核定的产品种类进行生产的；

（二）生产工序或者生产作业不符合有关国家标准、行业标准的；

（三）雇佣未经设区的市人民政府安全生产监督管理部门考核合格的人员从事危险工序作业的；

（四）生产烟花爆竹使用的原料不符合国家标准规定的，或者使用的原料超过国家标准规定的用量限制的；

（五）使用按照国家标准规定禁止使用或者禁忌配伍的物质生产烟花爆竹的；

（六）未按照国家标准的规定在烟花爆竹产品上标注燃放说明，或者未在烟花爆竹的包装物上印制易燃易爆危险物品警示标志的。

第三十八条 从事烟花爆竹批发的企业向从事烟花爆竹零售的经营者供应非法生产、经营的烟花爆竹，或者供应按照国家标准规定应由专业燃放人员燃放的烟花爆竹的，由安全生产监督管理部门责令停止违法行为，处2万元以上10万元以下的罚款，并没收非法经营的物品及违法所得；情节严重的，吊销烟花爆竹经营许可证。

从事烟花爆竹零售的经营者销售非法生产、经营的烟花爆竹，或者销售按照国家标准规定应由专业燃放人员燃放的烟花爆竹的，由安全生产监督管理部门责令停止违法行为，处1000元以上5000元以下的罚款，并没收非法经营的物品及违法所得；情节严重的，吊销烟花爆竹经营许可证。

第三十九条 生产、经营、使用黑火药、烟火药、引火线的企业，丢失黑火药、烟火药、引火线未及时向当地安全生产监督管理部门和公安部门报告的，由公安部门对企业主要负责人处5000元以上2万元以下的罚款，对丢失的物品予以追缴。

第四十条 经由道路运输烟花爆竹，有下列行为之一的，由公安部门责令改正，处200元以上2000元以下的罚款：

（一）违反运输许可事项的；

（二）未随车携带《烟花爆竹道路运输许可证》的；

（三）运输车辆没有悬挂或者安装符合国家标准的易燃易爆危险物品警示标志的；

（四）烟花爆竹的装载不符合国家有关标准和规范的；

（五）装载烟花爆竹的车厢载人的；

(六)超过危险物品运输车辆规定时速行驶的;

(七)运输车辆途中经停没有专人看守的;

(八)运达目的地后,未按规定时间将《烟花爆竹道路运输许可证》交回发证机关核销的。

第四十一条　对携带烟花爆竹搭乘公共交通工具,或者邮寄烟花爆竹以及在托运的行李、包裹、邮件中夹带烟花爆竹的,由公安部门没收非法携带、邮寄、夹带的烟花爆竹,可以并处200元以上1000元以下的罚款。

第四十二条　对未经许可举办焰火晚会以及其他大型焰火燃放活动,或者焰火晚会以及其他大型焰火燃放活动燃放作业单位和作业人员违反焰火燃放安全规程、燃放作业方案进行燃放作业的,由公安部门责令停止燃放,对责任单位处1万元以上5万元以下的罚款。

在禁止燃放烟花爆竹的时间、地点燃放烟花爆竹,或者以危害公共安全和人身、财产安全的方式燃放烟花爆竹的,由公安部门责令停止燃放,处100元以上500元以下的罚款;构成违反治安管理行为的,依法给予治安管理处罚。

第四十三条　对没收的非法烟花爆竹以及生产、经营企业弃置的废旧烟花爆竹,应当就地封存,并由公安部门组织销毁、处置。

第四十四条　安全生产监督管理部门、公安部门、质量监督检验部门、工商行政管理部门的工作人员,在烟花爆竹安全监管工作中滥用职权、玩忽职守、徇私舞弊,构成犯罪的,依法追究刑事责任;尚不构成犯罪的,依法给予行政处分。

第七章　附　　则

第四十五条　《烟花爆竹安全生产许可证》、《烟花爆竹经营(批发)许可证》、《烟花爆竹经营(零售)许可证》,由国务院安全生产监督管理部门规定式样;《烟花爆竹道路运输许可证》、《焰火燃放许可证》,由国务院公安部门规定式样。

第四十六条　本条例自公布之日起施行。

烟花爆竹生产经营安全规定

1. 2018年1月15日国家安全生产监督管理总局令第93号公布

2. 自2018年3月1日起施行

第一章　总　　则

第一条　为了加强烟花爆竹生产经营安全工作,预防和减少生产安全事故,根据《中华人民共和国安全生产法》和《烟花爆竹安全管理条例》等有关法律、行政法规,制定本规定。

第二条　烟花爆竹生产企业(以下简称生产企业)、烟花爆竹批发企业(以下简称批发企业)和烟花爆竹零售经营者(以下简称零售经营者)的安全生产及其监督管理,适用本规定。

生产企业、批发企业、零售经营者统称生产经营单位。

第三条　生产经营单位应当落实安全生产主体责任,其主要负责人(包括法定代表人、实际控制人,下同)是本单位安全生产工作的第一责任人,对本单位的安全生产工作全面负责。其他负责人在各自职责范围内对本单位安全生产工作负责。

第四条　县级以上地方人民政府安全生产监督管理部门按照属地监管、分类分级负责的原则,对本行政区域内生产经营单位安全生产工作实施监督管理。

地方各级人民政府安全生产监督管理部门在本级人民政府的统一领导下,按照职责分工,会同其他有关部门依法查处非法生产经营烟花爆竹行为。

第二章　生产经营单位的安全生产保障

第五条　生产经营单位应当具备有关法律、行政法规和国家标准或者行业标准规定的安全生产条件,并依法取得相应行政许可。

第六条　生产企业、批发企业应当建立健全全员安全生产责任制,建立健全安全生产工作责任体系,制定并落实符合法律、行政法规和国家标准或者行业标准的安全生产规章制度和操作规程。

第七条　生产企业、批发企业应当不断完善安全生产基础设施,持续保障和提升安全生产条件。

生产企业、批发企业的防雷设施应当经具有相应资质的机构设计、施工,确保符合相关国家标准或者行业标准的规定;防范静电危害的措施应当符合相关国家标准或者行业标准的规定。

生产企业、批发企业在工艺技术条件发生变化和扩大生产储存规模投入生产前,应当对企业的总体布局、工艺流程、危险性工(库)房、安全防护屏障、防火防雷防静电等基础设施进行安全评价。

新的国家标准、行业标准公布后,生产企业、批发企业应当对企业的总体布局、工艺流程、危险性工(库)房、安全防护屏障、防火防雷防静电等基础设施以及安全管理制度进行符合性检查,并依据新的国家标准、行业标准采取相应的改进、完善措施。

鼓励生产企业、批发企业制定并实施严于国家标准、行业标准的企业标准。

第八条 生产企业应当积极推进烟花爆竹生产工艺技术进步,采用本质安全、性能可靠、自动化程度高的机械设备和生产工艺,使用安全、环保的生产原材料。禁止使用国家明令禁止或者淘汰的生产工艺、机械设备及原材料。禁止从业人员自行携带工具、设备进入企业从事生产作业。

第九条 生产企业的涉药生产环节采用新工艺、使用新设备前,应当组织具有相应能力的机构、专家进行安全性能、安全技术要求论证。

第十条 生产企业、批发企业应当保证下列事项所需安全生产资金投入:

(一)安全设备设施维修维护;

(二)工(库)房按国家标准、行业标准规定的条件改造;

(三)重点部位和库房监控;

(四)安全风险管控与隐患排查治理;

(五)风险评估与安全评价;

(六)安全生产教育培训;

(七)劳动防护用品配备;

(八)应急救援器材和物资配备;

(九)应急救援训练及演练;

(十)投保安全生产责任保险等其他需要投入资金的安全生产事项。

第十一条 生产企业、批发企业的生产区、总仓库区、工(库)房及其他有较大危险因素的生产经营场所和有关设施设备上,应当设置明显的安全警示标志;所有工(库)房应当按照国家标准或者行业标准的规定设置准确、清晰、醒目的定员、定量、定级标识。

零售经营场所应当设置清晰、醒目的易燃易爆以及周边严禁烟火、严禁燃放烟花爆竹的安全标志。

第十二条 生产经营单位应当对本单位从业人员进行烟花爆竹安全知识、岗位操作技能等培训,未经安全生产教育和培训的从业人员,不得上岗作业。危险工序作业等特种作业人员应当依法取得相应资格,方可上岗作业。

生产经营单位的主要负责人和安全生产管理人员应当由安全生产监督管理部门对其进行安全生产知识和管理能力考核合格。考核不得收费。

第十三条 生产企业可以依法申请设立批发企业和零售经营场所。批发企业可以依法申请设立零售经营场所。

生产经营单位应当严格按照安全生产许可或者经营许可批准的范围,组织开展生产经营活动。禁止在许可证载明的场所外从事烟花爆竹生产、经营、储存活动,禁止许可证过期继续从事生产经营活动。禁止销售超标、违禁烟花爆竹产品或者非法烟花爆竹产品。

生产企业不得向其他企业销售烟花爆竹含药半成品,不得从其他企业购买烟花爆竹含药半成品加工后销售,不得购买其他企业烟花爆竹成品加贴本企业标签后销售。

批发企业不得向零售经营者或者个人销售专业燃放类烟花爆竹产品。

零售经营者不得在居民居住场所同一建筑物内经营、储存烟花爆竹。

第十四条 生产企业、批发企业应当在权责明晰的组织架构下统一组织开展生产经营活动。禁止分包、转包工(库)房、生产线、生产设备设施或者出租、出借、转让许可证。

第十五条 生产企业、批发企业应当依法建立安全风险分级管控和事故隐患排查治理双重预防机制,采取技术、管理等措施,管控安全风险,及时消除事故隐患,建立安全风险分级管控和事故隐患排查治理档案,如实记录安全风险分级管控和事故隐患排查治理情况,并向本企业从业人员通报。

第十六条 生产企业、批发企业必须建立值班制度和现场巡查制度,全面掌握当日各岗位人员数量及药物分布等安全生产情况,确保不超员超量,并及时处置异常情况。

生产企业、批发企业的危险品生产区、总仓库区,应当确保二十四小时有人值班,并保持监控设施有效、通信畅通。

第十七条 生产企业、批发企业应当建立从业人员、外来人员、车辆进出厂(库)区登记制度,对进出厂(库)区的从业人员、外来人员、车辆如实登记记录,随时掌握厂(库)区人员和车辆的情况。禁止无关人员和车辆进入厂(库)区。禁止未安装阻火装置等不符合国家标准或者行业标准规定安全条件的机动车辆进入生产区和仓库区。

第十八条 生产企业和经营黑火药、引火线的批发企业应当要求供货单位提供并查验购进的黑火药、引火线及化工原材料的质检报告或者产品合格证,确保其安全性能符合国家标准或者行业标准的规定;对总仓库和中转库的黑火药、引火线、烟火药及裸药效果件,应当建立并实施由专人管理、登记、分发的安全管理制度。

第十九条　生产企业、批发企业应当加强日常安全检查，采取安全监控、巡查检查等措施，及时发现、纠正违反安全操作规程和规章制度的行为。禁止工（库）房超员、超量作业，禁止擅自改变工（库）房设计用途，禁止作业人员随意串岗、换岗、离岗。

第二十条　生产企业、批发企业应当按照设计用途、危险等级、核定药量使用药物总库和成品总库，并按规定堆码，分类分级存放，保持仓库内通道畅通，准确记录药物和产品数量。

禁止在仓库内进行拆箱、包装作业。禁止将性质不相容的物质混存。禁止将高危险等级物品储存在危险等级低的仓库。禁止在烟花爆竹仓库储存不属于烟花爆竹的其他危险物品。

第二十一条　生产企业的中转库数量、核定存药量、药物储存时间，应当符合国家标准或者行业标准规定，确保药物、半成品、成品合理中转，保障生产流程顺畅。禁止在中转库内超量或者超时储存药物、半成品、成品。

第二十二条　生产企业、批发企业应当定期检查工（库）房、安全设施、电气线路、机械设备等的运行状况和作业环境，及时维护保养；对有药物粉尘的工房，应当按照操作规程及时清理冲洗。

对工（库）房、安全设施、电气线路、机械设备等进行检测、检修、维修、改造作业前，生产企业、批发企业应当制定安全作业方案，停止相关生产经营活动，转移烟花爆竹成品、半成品和原材料，清除残存药物和粉尘，切断被检测、检修、维修、改造的电气线路和机械设备电源，严格控制检修、维修作业人员数量，撤离无关的人员。

第二十三条　生产企业、批发企业在烟花爆竹购销活动中，应当依法签订规范的烟花爆竹买卖合同，建立烟花爆竹买卖合同和流向管理制度，使用全国统一的烟花爆竹流向管理信息系统，如实登记烟花爆竹流向。

生产企业应当在专业燃放类产品包装（包括运输包装和销售包装）及个人燃放类产品运输包装上张贴流向登记标签，并在产品入库和销售出库时登记录入。

批发企业购进烟花爆竹时，应当查验流向登记标签，并在产品入库和销售出库时登记录入。

第二十四条　生产企业、批发企业所生产、销售烟花爆竹的质量、包装、标志应当符合国家标准或者行业标准的规定。

第二十五条　在生产企业、批发企业内部及生产区、库区之间运输烟花爆竹成品、半成品及原材料时，应当使用符合国家标准或者行业标准规定安全条件的车辆、工具。企业内部运输应当严格按照规定路线、速度行驶。

生产企业、批发企业装卸烟花爆竹成品、半成品及原材料时，应当严格遵守作业规程。禁止碰撞、拖拉、抛摔、翻滚、摩擦、挤压等不安全行为。

第二十六条　生产企业、批发企业应当及时妥善处置生产经营过程中产生的各类危险性废弃物。不得留存过期的烟花爆竹成品、半成品、原材料及各类危险性废弃物。

第二十七条　批发企业应当向零售经营者及零售经营场所提供烟花爆竹配送服务。配送烟花爆竹抵达零售经营场所装卸作业时，应当轻拿轻放、妥善码放，禁止碰撞、拖拉、抛摔、翻滚、摩擦、挤压等不安全行为。

第二十八条　零售经营者应当向批发企业采购烟花爆竹并接受批发企业配送服务，不得到企业仓库自行提取烟花爆竹。

第三章　监 督 管 理

第二十九条　地方各级安全生产监督管理部门应当加强对本行政区域内生产经营单位的监督检查，明确每个生产经营单位的安全生产监督管理主体，制定并落实年度监督检查计划，对生产经营单位的安全生产违法行为，依法实施行政处罚。

第三十条　安全生产监督管理部门可以根据需要，委托专业技术服务机构对生产经营单位的安全设施等进行检验检测，并承担检验检测费用，不得向企业收取。专业技术服务机构对其作出的检验检测结果负责。委托检验检测结果可以作为行政执法的依据。

生产经营单位不得拒绝、阻挠安全生产监督管理部门委托的专业技术服务机构开展检验检测工作。

第三十一条　安全生产监督管理部门应当为进入企业现场的监督检查人员配备必要的执法装备、检测检验设备及个人防护用品，确保执法检查人员人身安全。

第三十二条　安全生产监督管理部门监督检查中发现生产经营单位存在不属于本部门职责范围的违法行为的，应当及时移送有关部门处理。

第四章　法 律 责 任

第三十三条　生产企业、批发企业有下列行为之一的，责令限期改正；逾期未改正的，处一万元以上三万元以下的罚款：

（一）工（库）房没有设置准确、清晰、醒目的定员、定量、定级标识的；

（二）未向零售经营者或者零售经营场所提供烟花爆竹配送服务的。

第三十四条 生产企业、批发企业有下列行为之一的,责令限期改正,可以处五万元以下的罚款;逾期未改正的,处五万元以上二十万元以下的罚款,对其直接负责的主管人员和其他直接责任人员处一万元以上二万元以下的罚款;情节严重的,责令停产停业整顿:

(一)防范静电危害的措施不符合相关国家标准或者行业标准规定的;

(二)使用新安全设备,未进行安全性论证的;

(三)在生产区、工(库)房等有药区域对安全设备进行检测、改造作业时,未将工(库)房内的药物、有药半成品、成品搬走并清理作业现场的。

第三十五条 生产企业、批发企业有下列行为之一的,责令限期改正,可以处十万元以下的罚款;逾期未改正的,责令停产停业整顿,并处十万元以上二十万元以下的罚款,对其直接负责的主管人员和其他直接责任人员处二万元以上五万元以下的罚款:

(一)未建立从业人员、外来人员、车辆出入厂(库)区登记制度的;

(二)未制定专人管理、登记、分发黑火药、引火线、烟火药及库存和中转效果件的安全管理制度的;

(三)未建立烟花爆竹买卖合同管理制度的;

(四)未按规定建立烟花爆竹流向管理制度的。

第三十六条 零售经营者有下列行为之一的,责令其限期改正,可以处一千元以上五千元以下的罚款;逾期未改正的,处五千元以上一万元以下的罚款:

(一)超越许可证载明限量储存烟花爆竹的;

(二)到批发企业仓库自行提取烟花爆竹的。

第三十七条 生产经营单位有下列行为之一的,责令改正;拒不改正的,处一万元以上三万元以下的罚款,对其直接负责的主管人员和其他直接责任人员处五千元以上一万元以下的罚款:

(一)对工(库)房、安全设施、电气线路、机械设备等进行检测、检修、维修、改造作业前,未制定安全作业方案,或者未切断被检修、维修的电气线路和机械设备电源的;

(二)拒绝、阻挠受安全生产监督管理部门委托的专业技术服务机构开展检验、检测的。

第三十八条 生产经营单位未采取措施消除下列事故隐患的,责令立即消除或者限期消除;生产经营单位拒不执行的,责令停产停业整顿,并处十万元以上五十万元以下的罚款,对其直接负责的主管人员和其他直接责任人员处二万元以上五万元以下的罚款:

(一)工(库)房超过核定人员、药量或者擅自改变设计用途使用工(库)房的;

(二)仓库内堆码、分类分级储存等违反国家标准或者行业标准规定的;

(三)在仓库内进行拆箱、包装作业,将性质不相容的物质混存的;

(四)在中转库、中转间内,超量、超时储存药物、半成品、成品的;

(五)留存过期及废弃的烟花爆竹成品、半成品、原材料等危险废弃物的;

(六)企业内部及生产区、库区之间运输烟花爆竹成品、半成品及原材料的车辆、工具不符合国家标准或者行业标准规定安全条件的;

(七)允许未安装阻火装置等不具备国家标准或者行业标准规定安全条件的机动车辆进入生产区和仓库区的;

(八)其他事故隐患。

第三十九条 违反本规定,构成《中华人民共和国安全生产法》及其他法律、行政法规规定的其他违法行为的,依照《中华人民共和国安全生产法》等法律、行政法规的规定处理。涉嫌犯罪的,依法移送司法机关追究刑事责任。

第五章 附 则

第四十条 本规定中的行政处罚,由县级以上安全生产监督管理部门决定。

第四十一条 本规定自2018年3月1日起施行。

烟花爆竹经营许可实施办法

1. *2013年10月16日国家安全生产监督管理总局令第65号公布*
2. *自2013年12月1日起施行*

第一章 总 则

第一条 为了规范烟花爆竹经营单位安全条件和经营行为,做好烟花爆竹经营许可证颁发和管理工作,加强烟花爆竹经营安全监督管理,根据《烟花爆竹安全管理条例》等法律、行政法规,制定本办法。

第二条 烟花爆竹经营许可证的申请、审查、颁发及其监督管理,适用本办法。

第三条 从事烟花爆竹批发的企业(以下简称批发企业)和从事烟花爆竹零售的经营者(以下简称零售经营者)应当按照本办法的规定,分别取得《烟花爆竹经营(批发)许可证》(以下简称批发许可证)和《烟花爆竹经营(零售)许可证》(以下简称零售许可证)。

从事烟花爆竹进出口的企业,应当按照本办法的规定申请办理批发许可证。

未取得烟花爆竹经营许可证的,任何单位或者个人不得从事烟花爆竹经营活动。

第四条　烟花爆竹经营单位的布点,应当按照保障安全、统一规划、合理布局、总量控制、适度竞争的原则审批;对从事黑火药、引火线批发和烟花爆竹进出口的企业,应当按照严格许可条件、严格控制数量的原则审批。

批发企业不得在城市建成区内设立烟花爆竹储存仓库,不得在批发(展示)场所摆放有药样品;严格控制城市建成区内烟花爆竹零售点数量,且烟花爆竹零售点不得与居民居住场所设置在同一建筑物内。

第五条　烟花爆竹经营许可证的颁发和管理,实行企业申请、分级发证、属地监管的原则。

国家安全生产监督管理总局(以下简称安全监管总局)负责指导、监督全国烟花爆竹经营许可证的颁发和管理工作。

省、自治区、直辖市人民政府安全生产监督管理部门(以下简称省级安全监管局)负责制定本行政区域的批发企业布点规划,统一批发许可编号,指导、监督本行政区域内烟花爆竹经营许可证的颁发和管理工作。

设区的市级人民政府安全生产监督管理部门(以下简称市级安全监管局)根据省级安全监管局的批发企业布点规划和统一编号,负责本行政区域内烟花爆竹批发许可证的颁发和管理工作。

县级人民政府安全生产监督管理部门(以下简称县级安全监管局,与市级安全监管局统称发证机关)负责本行政区域内零售经营布点规划与零售许可证的颁发和管理工作。

第二章　批发许可证的申请和颁发

第六条　批发企业应当符合下列条件:

(一)具备企业法人条件;

(二)符合所在地省级安全监管局制定的批发企业布点规划;

(三)具有与其经营规模和产品相适应的仓储设施。仓库的内外部安全距离、库房布局、建筑结构、疏散通道、消防、防爆、防雷、防静电等安全设施以及电气设施等,符合《烟花爆竹工程设计安全规范》(GB 50161)等国家标准和行业标准的规定。仓储区域及仓库安装有符合《烟花爆竹企业安全监控系统通用技术条件》(AQ 4101)规定的监控设施,并设立符合《烟花爆竹安全生产标志》(AQ 4114)规定的安全警示标志和标识牌;

(四)具备与其经营规模、产品和销售区域范围相适应的配送服务能力;

(五)建立安全生产责任制和各项安全管理制度、操作规程。安全管理制度和操作规程至少包括:仓库安全管理制度、仓库保管守卫制度、防火防爆安全管理制度、安全检查和隐患排查治理制度、事故应急救援与事故报告制度、买卖合同管理制度、产品流向登记制度、产品检验验收制度、从业人员安全教育培训制度、违规违章行为处罚制度、企业负责人值(带)班制度、安全生产费用提取和使用制度、装卸(搬运)作业安全规程;

(六)有安全管理机构或者专职安全生产管理人员;

(七)主要负责人、分管安全生产负责人、安全生产管理人员具备烟花爆竹经营方面的安全知识和管理能力,并经培训考核合格,取得相应资格证书。仓库保管员、守护员接受烟花爆竹专业知识培训,并经考核合格,取得相应资格证书。其他从业人员经本单位安全知识培训合格;

(八)按照《烟花爆竹流向登记通用规范》(AQ 4102)和烟花爆竹流向信息化管理的有关规定,建立并应用烟花爆竹流向信息化管理系统;

(九)有事故应急救援预案、应急救援组织和人员,并配备必要的应急救援器材、设备;

(十)依法进行安全评价;

(十一)法律、法规规定的其他条件。

从事烟花爆竹进出口的企业申请领取批发许可证,应当具备前款第一项至第三项和第五项至第十一项规定的条件。

第七条　从事黑火药、引火线批发的企业,除具备本办法第六条规定的条件外,还应当具备必要的黑火药、引火线安全保管措施,自有的专用运输车辆能够满足其配送服务需要,且符合国家相关标准。

第八条　批发企业申请领取批发许可证时,应当向发证机关提交下列申请文件、资料,并对其真实性负责:

(一)批发许可证申请书(一式三份);

(二)企业法人营业执照副本或者企业名称工商预核准文件复制件;

(三)安全生产责任制文件、事故应急救援预案备案登记文件、安全管理制度和操作规程的目录清单;

(四)主要负责人、分管安全生产负责人、安全生产管理人员和仓库保管员、守护员的相关资格证书复制件；

（五）具备相应资质的设计单位出具的库区外部安全距离实测图和库区仓储设施平面布置图；

（六）具备相应资质的安全评价机构出具的安全评价报告，安全评价报告至少包括本办法第六条第三项、第四项、第八项、第九项和第七条规定条件的符合性评价内容；

（七）建设项目安全设施设计审查和竣工验收的证明材料；

（八）从事黑火药、引火线批发的企业自有专用运输车辆以及驾驶员、押运员的相关资质（资格）证书复制件；

（九）法律、法规规定的其他文件、资料。

第九条 发证机关对申请人提交的申请书及文件、资料，应当按照下列规定分别处理：

（一）申请事项不属于本发证机关职责范围的，应当即时作出不予受理的决定，并告知申请人向相应发证机关申请；

（二）申请材料存在可以当场更改的错误的，应当允许或者要求申请人当场更正，并在更正后即时出具受理的书面凭证；

（三）申请材料不齐全或者不符合要求的，应当当场或者在5个工作日内书面一次告知申请人需要补正的全部内容。逾期不告知的，自收到申请材料之日起即为受理；

（四）申请材料齐全、符合要求或者按照要求全部补正的，自收到申请材料或者全部补正材料之日起即为受理。

第十条 发证机关受理申请后，应当对申请材料进行审查。需要对经营储存场所的安全条件进行现场核查的，应当指派2名以上工作人员组织技术人员进行现场核查。对烟花爆竹进出口企业和设有1.1级仓库的企业，应当指派2名以上工作人员组织技术人员进行现场核查。负责现场核查的人员应当提出书面核查意见。

第十一条 发证机关应当自受理申请之日起30个工作日内作出颁发或者不予颁发批发许可证的决定。

对决定不予颁发的，应当自作出决定之日起10个工作日内书面通知申请人并说明理由；对决定颁发的，应当自作出决定之日起10个工作日内送达或者通知申请人领取批发许可证。

发证机关在审查过程中，现场核查和企业整改所需时间，不计算在本办法规定的期限内。

第十二条 批发许可证的有效期限为3年。

批发许可证有效期满后，批发企业拟继续从事烟花爆竹批发经营活动的，应当在有效期届满前3个月向原发证机关提出延期申请，并提交下列文件、资料：

（一）批发许可证延期申请书（一式三份）；

（二）本办法第八条第三项、第四项、第五项、第八项规定的文件、资料；

（三）安全生产标准化达标的证明材料。

第十三条 发证机关受理延期申请后，应当按照本办法第十条、第十一条规定，办理批发许可证延期手续。

第十四条 批发企业符合下列条件的，经发证机关同意，可以不再现场核查，直接办理批发许可证延期手续：

（一）严格遵守有关法律、法规和本办法规定，无违法违规经营行为的；

（二）取得批发许可证后，持续加强安全生产管理，不断提升安全生产条件，达到安全生产标准化二级以上的；

（三）接受发证机关及所在地人民政府安全生产监督管理部门的监督检查的；

（四）未发生生产安全伤亡事故的。

第十五条 批发企业在批发许可证有效期内变更企业名称、主要负责人和注册地址的，应当自变更之日起10个工作日内向原发证机关提出变更，并提交下列文件、资料：

（一）批发许可证变更申请书（一式三份）；

（二）变更后的企业名称工商预核准文件或者工商营业执照副本复制件；

（三）变更后的主要负责人安全资格证书复制件。

批发企业变更经营许可范围、储存仓库地址和仓储设施新建、改建、扩建的，应当重新申请办理许可手续。

第三章 零售许可证的申请和颁发

第十六条 零售经营者应当符合下列条件：

（一）符合所在地县级安全监管局制定的零售经营布点规划；

（二）主要负责人经过安全培训合格，销售人员经过安全知识教育；

（三）春节期间零售点、城市长期零售点实行专店销售。乡村长期零售点在淡季实行专柜销售时，安排专人销售，专柜相对独立，并与其他柜台保持一定的距离，保证安全通道畅通；

（四）零售场所的面积不小于10平方米，其周边

50米范围内没有其他烟花爆竹零售点，并与学校、幼儿园、医院、集贸市场等人员密集场所和加油站等易燃易爆物品生产、储存设施等重点建筑物保持100米以上的安全距离；

（五）零售场所配备必要的消防器材，张贴明显的安全警示标志；

（六）法律、法规规定的其他条件。

第十七条　零售经营者申请领取零售许可证时，应当向所在地发证机关提交申请书、零售点及其周围安全条件说明和发证机关要求提供的其他材料。

第十八条　发证机关受理申请后，应当对申请材料和零售场所的安全条件进行现场核查。负责现场核查的人员应当提出书面核查意见。

第十九条　发证机关应当自受理申请之日起20个工作日内作出颁发或者不予颁发零售许可证的决定，并书面告知申请人。对决定不予颁发的，应当书面说明理由。

第二十条　零售许可证上载明的储存限量由发证机关根据国家标准或者行业标准的规定，结合零售点及其周围安全条件确定。

第二十一条　零售许可证的有效期限由发证机关确定，最长不超过2年。零售许可证有效期满后拟继续从事烟花爆竹零售经营活动，或者在有效期内变更零售点名称、主要负责人、零售场所和许可范围的，应当重新申请取得零售许可证。

第四章　监督管理

第二十二条　批发企业、零售经营者不得采购和销售非法生产、经营的烟花爆竹和产品质量不符合国家标准或者行业标准规定的烟花爆竹。

批发企业不得向未取得零售许可证的单位或者个人销售烟花爆竹，不得向零售经营者销售礼花弹等应当由专业燃放人员燃放的烟花爆竹；从事黑火药、引火线批发的企业不得向无《烟花爆竹安全生产许可证》的单位或者个人销售烟火药、黑火药、引火线。

零售经营者应当向批发企业采购烟花爆竹，不得采购、储存和销售礼花弹等应当由专业燃放人员燃放的烟花爆竹，不得采购、储存和销售烟火药、黑火药、引火线。

第二十三条　禁止在烟花爆竹经营许可证载明的储存（零售）场所以外储存烟花爆竹。

烟花爆竹仓库储存的烟花爆竹品种、规格和数量，不得超过国家标准或者行业标准规定的危险等级和核定限量。

零售点存放的烟花爆竹品种和数量，不得超过烟花爆竹经营许可证载明的范围和限量。

第二十四条　批发企业对非法生产、假冒伪劣、过期、含有违禁药物以及其他存在严重质量问题的烟花爆竹，应当及时、妥善销毁。

对执法检查收缴的前款规定的烟花爆竹，不得与正常的烟花爆竹产品同库存放。

第二十五条　批发企业应当建立并严格执行合同管理、流向登记制度，健全合同管理和流向登记档案，并留存3年备查。

黑火药、引火线批发企业的采购、销售记录，应当自购买或者销售之日起3日内报所在地县级安全监管局备案。

第二十六条　烟花爆竹经营单位不得出租、出借、转让、买卖、冒用或者使用伪造的烟花爆竹经营许可证。

第二十七条　烟花爆竹经营单位应当在经营（办公）场所显著位置悬挂烟花爆竹经营许可证正本。批发企业应当在储存仓库留存批发许可证副本。

第二十八条　对违反本办法规定的程序、超越职权或者不具备本办法规定的安全条件颁发的烟花爆竹经营许可证，发证机关应当依法撤销其经营许可证。

取得烟花爆竹经营许可证的单位依法终止烟花爆竹经营活动的，发证机关应当依法注销其经营许可证。

第二十九条　发证机关应当坚持公开、公平、公正的原则，严格依照本办法的规定审查、核发烟花爆竹经营许可证，建立健全烟花爆竹经营许可证的档案管理制度和信息化管理系统，并定期向社会公告取证企业的名单。

省级安全监管局应当加强烟花爆竹经营许可工作的监督检查，并于每年3月15日前，将本行政区域内上年度烟花爆竹经营许可证的颁发和管理情况报告安全监管总局。

第三十条　任何单位或者个人对违反《烟花爆竹安全管理条例》和本办法规定的行为，有权向安全生产监督管理部门或者监察机关等有关部门举报。

第五章　法律责任

第三十一条　对未经许可经营、超许可范围经营、许可证过期继续经营烟花爆竹的，责令其停止非法经营活动，处2万元以上10万元以下的罚款，并没收非法经营的物品及违法所得。

第三十二条　批发企业有下列行为之一的，责令其限期改正，处5000元以上3万元以下的罚款：

（一）在城市建成区内设立烟花爆竹储存仓库，或

者在批发(展示)场所摆放有药样品的;

(二)采购和销售质量不符合国家标准或者行业标准规定的烟花爆竹的;

(三)在仓库内违反国家标准或者行业标准规定储存烟花爆竹的;

(四)在烟花爆竹经营许可证载明的仓库以外储存烟花爆竹的;

(五)对假冒伪劣、过期、含有超量、违禁药物以及其他存在严重质量问题的烟花爆竹未及时销毁的;

(六)未执行合同管理、流向登记制度或者未按照规定应用烟花爆竹流向管理信息系统的;

(七)未将黑火药、引火线的采购、销售记录报所在地县级安全监管局备案的;

(八)仓储设施新建、改建、扩建后,未重新申请办理许可手续的;

(九)变更企业名称、主要负责人、注册地址,未申请办理许可证变更手续的;

(十)向未取得零售许可证的单位或者个人销售烟花爆竹的。

第三十三条　批发企业有下列行为之一的,责令其停业整顿,依法暂扣批发许可证,处 2 万元以上 10 万元以下的罚款,并没收非法经营的物品及违法所得;情节严重的,依法吊销批发许可证:

(一)向未取得烟花爆竹安全生产许可证的单位或者个人销售烟火药、黑火药、引火线的;

(二)向零售经营者供应非法生产、经营的烟花爆竹的;

(三)向零售经营者供应礼花弹等按照国家标准规定应当由专业人员燃放的烟花爆竹的。

第三十四条　零售经营者有下列行为之一的,责令其停止违法行为,处 1000 元以上 5000 元以下的罚款,并没收非法经营的物品及违法所得;情节严重的,依法吊销零售许可证:

(一)销售非法生产、经营的烟花爆竹的;

(二)销售礼花弹等按照国家标准规定应当由专业人员燃放的烟花爆竹的。

第三十五条　零售经营者有下列行为之一的,责令其限期改正,处 1000 元以上 5000 元以下的罚款;情节严重的,处 5000 元以上 30000 元以下的罚款:

(一)变更零售点名称、主要负责人或者经营场所,未重新办理零售许可证的;

(二)存放的烟花爆竹数量超过零售许可证载明范围的。

第三十六条　烟花爆竹经营单位出租、出借、转让、买卖烟花爆竹经营许可证的,责令其停止违法行为,处 1 万元以上 3 万元以下的罚款,并依法撤销烟花爆竹经营许可证。

冒用或者使用伪造的烟花爆竹经营许可证的,依照本办法第三十一条的规定处罚。

第三十七条　申请人隐瞒有关情况或者提供虚假材料申请烟花爆竹经营许可证的,发证机关不予受理,该申请人 1 年内不得再次提出烟花爆竹经营许可申请。

以欺骗、贿赂等不正当手段取得烟花爆竹经营许可证的,应当予以撤销,该经营单位 3 年内不得再次提出烟花爆竹经营许可申请。

第三十八条　安全生产监督管理部门工作人员在实施烟花爆竹经营许可和监督管理工作中,滥用职权、玩忽职守、徇私舞弊,未依法履行烟花爆竹经营许可证审查、颁发和监督管理职责的,依照有关规定给予处分;构成犯罪的,依法追究刑事责任。

第三十九条　本办法规定的行政处罚,由安全生产监督管理部门决定,暂扣、吊销经营许可证的行政处罚由发证机关决定。

第六章　附　　则

第四十条　烟花爆竹经营许可证分为正本、副本,正本为悬挂式,副本为折页式,具有同等法律效力。

烟花爆竹经营许可证由安全监管总局统一规定式样。

第四十一条　省级安全监管局可以依据国家有关法律、行政法规和本办法的规定制定实施细则。

第四十二条　本办法自 2013 年 12 月 1 日起施行,安全监管总局 2006 年 8 月 26 日公布的《烟花爆竹经营许可实施办法》同时废止。

烟花爆竹生产企业安全生产许可证实施办法

1. 2012 年 7 月 1 日国家安全生产监督管理总局令第 54 号公布
2. 自 2012 年 8 月 1 日起施行

第一章　总　　则

第一条　为了严格烟花爆竹生产企业安全生产准入条件,规范烟花爆竹安全生产许可证的颁发和管理工作,根据《安全生产许可证条例》、《烟花爆竹安全管理条例》等法律、行政法规,制定本办法。

第二条　本办法所称烟花爆竹生产企业（以下简称企业），是指依法设立并取得工商营业执照或者企业名称工商预先核准文件，从事烟花爆竹生产的企业。

第三条　企业应当依照本办法的规定取得烟花爆竹安全生产许可证（以下简称安全生产许可证）。

未取得安全生产许可证的，不得从事烟花爆竹生产活动。

第四条　安全生产许可证的颁发和管理工作实行企业申请、一级发证、属地监管的原则。

第五条　国家安全生产监督管理总局负责指导、监督全国安全生产许可证的颁发和管理工作，并对安全生产许可证进行统一编号。

省、自治区、直辖市人民政府安全生产监督管理部门按照全国统一配号，负责本行政区域内安全生产许可证的颁发和管理工作。

第二章　申请安全生产许可证的条件

第六条　企业的设立应当符合国家产业政策和当地产业结构规划，企业的选址应当符合当地城乡规划。

企业与周边建筑、设施的安全距离必须符合国家标准、行业标准的规定。

第七条　企业的基本建设项目应当依照有关规定经县级以上人民政府或者有关部门批准，并符合下列条件：

（一）建设项目的设计由具有乙级以上军工行业的弹箭、火炸药、民爆器材工程设计类别工程设计资质或者化工石化医药行业的有机化工、石油冶炼、石油产品深加工工程设计类型工程设计资质的单位承担；

（二）建设项目的设计符合《烟花爆竹工程设计安全规范》（GB 50161）的要求，并依法进行安全设施设计审查和竣工验收。

第八条　企业的厂房和仓库等基础设施、生产设备、生产工艺以及防火、防爆、防雷、防静电等安全设备设施必须符合《烟花爆竹工程设计安全规范》（GB 50161）、《烟花爆竹作业安全技术规程》（GB 11652）等国家标准、行业标准的规定。

从事礼花弹生产的企业除符合前款规定外，还应当符合礼花弹生产安全条件的规定。

第九条　企业的药物和成品总仓库、药物和半成品中转库、机械混药和装药工房、晾晒场、烘干房等重点部位应当根据《烟花爆竹企业安全监控系统通用技术条件》（AQ 4101）的规定安装视频监控和异常情况报警装置，并设置明显的安全警示标志。

第十条　企业的生产厂房数量和储存仓库面积应当与其生产品种及规模相适应。

第十一条　企业生产的产品品种、类别、级别、规格、质量、包装、标志应当符合《烟花爆竹安全与质量》（GB 10631）等国家标准、行业标准的规定。

第十二条　企业应当设置安全生产管理机构，配备专职安全生产管理人员，并符合下列要求：

（一）确定安全生产主管人员；

（二）配备占本企业从业人员总数1%以上且至少有2名专职安全生产管理人员；

（三）配备占本企业从业人员总数5%以上的兼职安全员。

第十三条　企业应当建立健全主要负责人、分管负责人、安全生产管理人员、职能部门、岗位的安全生产责任制，制定下列安全生产规章制度和操作规程：

（一）符合《烟花爆竹作业安全技术规程》（GB 11652）等国家标准、行业标准规定的岗位安全操作规程；

（二）药物存储管理、领取管理和余（废）药处理制度；

（三）企业负责人及涉裸药生产线负责人值（带）班制度；

（四）特种作业人员管理制度；

（五）从业人员安全教育培训制度；

（六）安全检查和隐患排查治理制度；

（七）产品购销合同和销售流向登记管理制度；

（八）新产品、新药物研发管理制度；

（九）安全设施设备维护管理制度；

（十）原材料购买、检验、储存及使用管理制度；

（十一）职工出入厂（库）区登记制度；

（十二）厂（库）区门卫值班（守卫）制度；

（十三）重大危险源（重点危险部位）监控管理制度；

（十四）安全生产费用提取和使用制度；

（十五）劳动防护用品配备、使用和管理制度；

（十六）工作场所职业病危害防治制度。

第十四条　企业主要负责人、分管安全生产负责人和专职安全生产管理人员应当经专门的安全生产培训和安全生产监督管理部门考核合格，取得安全资格证。

从事药物混合、造粒、筛选、装药、筑药、压药、切引、搬运等危险工序和烟花爆竹仓库保管、守护的特种作业人员，应当接受专业知识培训，并经考核合格取得特种作业操作证。

其他岗位从业人员应当依照有关规定经本岗位安全生产知识教育和培训合格。

第十五条 企业应当依法参加工伤保险,为从业人员缴纳保险费。

第十六条 企业应当依照国家有关规定提取和使用安全生产费用,不得挪作他用。

第十七条 企业必须为从业人员配备符合国家标准或者行业标准的劳动防护用品,并依照有关规定对从业人员进行职业健康检查。

第十八条 企业应当建立生产安全事故应急救援组织,制定事故应急预案,并配备应急救援人员和必要的应急救援器材、设备。

第十九条 企业应当根据《烟花爆竹流向登记通用规范》(AQ 4102)和国家有关烟花爆竹流向信息化管理的规定,建立并应用烟花爆竹流向管理信息系统。

第二十条 企业应当依法进行安全评价。安全评价报告应当包括本办法第六条、第七条、第八条、第九条、第十条、第十七条、第十八条规定条件的符合性评价内容。

第三章 安全生产许可证的申请和颁发

第二十一条 企业申请安全生产许可证,应当向所在地设区的市级人民政府安全生产监督管理部门(以下统称初审机关)提出安全审查申请,提交下列文件、资料,并对其真实性负责:

(一)安全生产许可证申请书(一式三份);

(二)工商营业执照或者企业名称工商预先核准文件(复制件);

(三)建设项目安全设施设计审查和竣工验收的证明材料;

(四)安全生产管理机构及安全生产管理人员配备情况的书面文件;

(五)各种安全生产责任制文件(复制件);

(六)安全生产规章制度和岗位安全操作规程目录清单;

(七)企业主要负责人、分管安全生产负责人、专职安全生产管理人员名单和安全资格证(复制件);

(八)特种作业人员的特种作业操作证(复制件)和其他从业人员安全生产教育培训合格的证明材料;

(九)为从业人员缴纳工伤保险费的证明材料;

(十)安全生产费用提取和使用情况的证明材料;

(十一)具备资质的中介机构出具的安全评价报告。

第二十二条 新建企业申请安全生产许可证,应当在建设项目竣工验收通过之日起20个工作日内向所在地初审机关提出安全审查申请。

第二十三条 初审机关收到企业提交的安全审查申请后,应当对企业的设立是否符合国家产业政策和当地产业结构规划、企业的选址是否符合城乡规划以及有关申请文件、资料是否符合要求进行初步审查,并自收到申请之日起20个工作日内提出初步审查意见(以下简称初审意见),连同申请文件、资料一并报省、自治区、直辖市人民政府安全生产监督管理部门(以下简称发证机关)。

初审机关在审查过程中,可以就企业的有关情况征求企业所在地县级人民政府的意见。

第二十四条 发证机关收到初审机关报送的申请文件、资料和初审意见后,应当按照下列情况分别作出处理:

(一)申请文件、资料不齐全或者不符合要求的,当场告知或者在5个工作日内出具补正通知书,一次告知企业需要补正的全部内容;逾期不告知的,自收到申请材料之日起即为受理;

(二)申请文件、资料齐全,符合要求或者按照发证机关要求提交全部补正材料的,自收到申请文件、资料或者全部补正材料之日起即为受理。

发证机关应当将受理或者不予受理决定书面告知申请企业和初审机关。

第二十五条 发证机关受理申请后,应当结合初审意见,组织有关人员对申请文件、资料进行审查。需要到现场核查的,应当指派2名以上工作人员进行现场核查;对从事黑火药、引火线、礼花弹生产的企业,应当指派2名以上工作人员进行现场核查。

发证机关应当自受理之日起45个工作日内作出颁发或者不予颁发安全生产许可证的决定。

对决定颁发的,发证机关应当自决定之日起10个工作日内送达或者通知企业领取安全生产许可证;对不予颁发的,应当在10个工作日内书面通知企业并说明理由。

现场核查所需时间不计算在本条规定的期限内。

第二十六条 安全生产许可证分为正副本,正本为悬挂式,副本为折页式。正本、副本具有同等法律效力。

第四章 安全生产许可证的变更和延期

第二十七条 企业在安全生产许可证有效期内有下列情形之一的,应当按照本办法第二十八条的规定申请变

更安全生产许可证:

(一)改建、扩建烟花爆竹生产(含储存)设施的;

(二)变更产品类别、级别范围的;

(三)变更企业主要负责人的;

(四)变更企业名称的。

第二十八条　企业有本办法第二十七条第一项情形申请变更的,应当自建设项目通过竣工验收之日起20个工作日内向所在地初审机关提出安全审查申请,并提交安全生产许可证变更申请书(一式三份)和建设项目安全设施设计审查和竣工验收的证明材料。

企业有本办法第二十七条第二项情形申请变更的,应当向所在地初审机关提出安全审查申请,并提交安全生产许可证变更申请书(一式三份)和专项安全评价报告(减少生产产品品种的除外)。

企业有本办法第二十七条第三项情形申请变更的,应当向所在地发证机关提交安全生产许可证变更申请书(一式三份)和主要负责人安全资格证(复制件)。

企业有本办法第二十七条第四项情形申请变更的,应当自取得变更后的工商营业执照或者企业名称工商预先核准文件之日起10个工作日内,向所在地发证机关提交安全生产许可证变更申请书(一式三份)和工商营业执照或者企业名称工商预先核准文件(复制件)。

第二十九条　对本办法第二十七条第一项、第二项情形的安全生产许可证变更申请,初审机关、发证机关应当按照本办法第二十三条、第二十四条、第二十五条的规定进行审查,并办理变更手续。

对本办法第二十七条第三项、第四项情形的安全生产许可证变更申请,发证机关应当自收到变更申请材料之日起5个工作日内完成审查,并办理变更手续。

第三十条　安全生产许可证有效期为3年。安全生产许可证有效期满需要延期的,企业应当于有效期届满前3个月向原发证机关申请办理延期手续。

第三十一条　企业提出延期申请的,应当向发证机关提交下列文件、资料:

(一)安全生产许可证延期申请书(一式三份);

(二)本办法第二十一条第四项至第十一项规定的文件、资料;

(三)达到安全生产标准化三级的证明材料。

发证机关收到延期申请后,应当按照本办法第二十四条、第二十五条的规定办理延期手续。

第三十二条　企业在安全生产许可证有效期内符合下列条件,在许可证有效期届满时,经原发证机关同意,不再审查,直接办理延期手续:

(一)严格遵守有关安全生产法律、法规和本办法;

(二)取得安全生产许可证后,加强日常安全生产管理,不断提升安全生产条件,达到安全生产标准化二级以上;

(三)接受发证机关及所在地人民政府安全生产监督管理部门的监督检查;

(四)未发生生产安全死亡事故。

第三十三条　对决定批准延期、变更安全生产许可证的,发证机关应当收回原证,换发新证。

第五章　监督管理

第三十四条　安全生产许可证发证机关和初审机关应当坚持公开、公平、公正的原则,严格依照有关行政许可的法律法规和本办法,审查、颁发安全生产许可证。

发证机关和初审机关工作人员在安全生产许可证审查、颁发、管理工作中,不得索取或者接受企业的财物,不得谋取其他不正当利益。

第三十五条　发证机关及所在地人民政府安全生产监督管理部门应当加强对烟花爆竹生产企业的监督检查,督促其依照法律、法规、规章和国家标准、行业标准的规定进行生产。

第三十六条　发证机关发现企业以欺骗、贿赂等不正当手段取得安全生产许可证的,应当撤销已颁发的安全生产许可证。

第三十七条　取得安全生产许可证的企业有下列情形之一的,发证机关应当注销其安全生产许可证:

(一)安全生产许可证有效期满未被批准延期的;

(二)终止烟花爆竹生产活动的;

(三)安全生产许可证被依法撤销的;

(四)安全生产许可证被依法吊销的。

发证机关注销安全生产许可证后,应当在当地主要媒体或者本机关政府网站上及时公告被注销安全生产许可证的企业名单,并通报同级人民政府有关部门和企业所在地县级人民政府。

第三十八条　发证机关应当建立健全安全生产许可证档案管理制度,并应用信息化手段管理安全生产许可证档案。

第三十九条　发证机关应当每6个月向社会公布一次取得安全生产许可证的企业情况,并于每年1月15日前将本行政区域内上一年度安全生产许可证的颁发和管理情况报国家安全生产监督管理总局。

第四十条 企业取得安全生产许可证后，不得出租、转让安全生产许可证，不得将企业、生产线或者工（库）房转包、分包给不具备安全生产条件或者相应资质的其他任何单位或者个人，不得多股东各自独立进行烟花爆竹生产活动。

企业不得从其他企业购买烟花爆竹半成品加工后销售或者购买其他企业烟花爆竹成品加贴本企业标签后销售，不得向其他企业销售烟花爆竹半成品。从事礼花弹生产的企业不得将礼花弹销售给未经公安机关批准的燃放活动。

第四十一条 任何单位或者个人对违反《安全生产许可证条例》、《烟花爆竹安全管理条例》和本办法规定的行为，有权向安全生产监督管理部门或者监察机关等有关部门举报。

第六章 法律责任

第四十二条 发证机关、初审机关及其工作人员有下列行为之一的，给予降级或者撤职的行政处分；构成犯罪的，依法追究刑事责任：

（一）向不符合本办法规定的安全生产条件的企业颁发安全生产许可证的；

（二）发现企业未依法取得安全生产许可证擅自从事烟花爆竹生产活动，不依法处理的；

（三）发现取得安全生产许可证的企业不再具备本办法规定的安全生产条件，不依法处理的；

（四）接到违反本办法规定行为的举报后，不及时处理的；

（五）在安全生产许可证颁发、管理和监督检查工作中，索取或者接受企业财物、帮助企业弄虚作假或者谋取其他不正当利益的。

第四十三条 企业有下列行为之一的，责令停止违法活动或者限期改正，并处1万元以上3万元以下的罚款：

（一）变更企业主要负责人或者名称，未办理安全生产许可证变更手续的；

（二）从其他企业购买烟花爆竹半成品加工后销售，或者购买其他企业烟花爆竹成品加贴本企业标签后销售，或者向其他企业销售烟花爆竹半成品的。

第四十四条 企业有下列行为之一的，依法暂扣其安全生产许可证：

（一）多股东各自独立进行烟花爆竹生产活动的；

（二）从事礼花弹生产的企业将礼花弹销售给未经公安机关批准的燃放活动的；

（三）改建、扩建烟花爆竹生产（含储存）设施未办理安全生产许可证变更手续的；

（四）发生较大以上生产安全责任事故的；

（五）不再具备本办法规定的安全生产条件的。

企业有前款第一项、第二项、第三项行为之一的，并处1万元以上3万元以下的罚款。

第四十五条 企业有下列行为之一的，依法吊销其安全生产许可证：

（一）出租、转让安全生产许可证的；

（二）被暂扣安全生产许可证，经停产整顿后仍不具备本办法规定的安全生产条件的。

企业有前款第一项行为的，没收违法所得，并处10万元以上50万元以下的罚款。

第四十六条 企业有下列行为之一的，责令停止生产，没收违法所得，并处10万元以上50万元以下的罚款：

（一）未取得安全生产许可证擅自进行烟花爆竹生产的；

（二）变更产品类别或者级别范围未办理安全生产许可证变更手续的。

第四十七条 企业取得安全生产许可证后，将企业、生产线或者工（库）房转包、分包给不具备安全生产条件或者相应资质的其他单位或者个人，依照《中华人民共和国安全生产法》的有关规定给予处罚。

第四十八条 本办法规定的行政处罚，由安全生产监督管理部门决定，暂扣、吊销安全生产许可证的行政处罚由发证机关决定。

第七章 附 则

第四十九条 安全生产许可证由国家安全生产监督管理总局统一印制。

第五十条 本办法自2012年8月1日起施行。原国家安全生产监督管理局、国家煤矿安全监察局2004年5月17日公布的《烟花爆竹生产企业安全生产许可证实施办法》同时废止。

3. 非煤矿山安全监督管理

金属非金属矿山建设项目安全设施目录（试行）

1. 2015年3月16日国家安全生产监督管理总局令第75号公布
2. 自2015年7月1日起施行

一、总则

（一）安全设施目录适用范围。

1. 为规范和指导金属非金属矿山（以下简称矿山）建设项目安全设施设计、设计审查和竣工验收工作，根据《中华人民共和国安全生产法》和《中华人民共和国矿山安全法》，制定本目录。

2. 矿山采矿和尾矿库建设项目安全设施适用本目录。与煤共（伴）生的矿山建设项目安全设施，还应满足煤矿相关的规程和规范。

核工业矿山尾矿库建设项目安全设施不适用本目录。

3. 本目录中列出的安全设施不是所有矿山都必须设置的，矿山企业应根据生产工艺流程、相关安全标准和规定，结合矿山实际情况设置相关安全设施。

（二）安全设施有关定义。

1. 矿山主体工程。

矿山主体工程是矿山企业为了满足生产工艺流程正常运转，实现矿山正常生产活动所必须具备的工程。

2. 矿山安全设施。

矿山安全设施是矿山企业为了预防生产安全事故而设置的设备、设施、装置、构（建）筑物和其他技术措施的总称，为矿山生产服务、保证安全生产的保护性设施。安全设施既有依附于主体工程的形式，也有独立于主体工程之外的形式。本目录将矿山建设项目安全设施分为基本安全设施和专用安全设施两部分。

3. 基本安全设施。

基本安全设施是依附于主体工程而存在，属于主体工程一部分的安全设施。基本安全设施是矿山安全的基本保证。

4. 专用安全设施。

专用安全设施是指除基本安全设施以外的，以相对独立于主体工程之外的形式而存在，不具备生产功能，专用于安全保护作用的安全设施。

（三）安全设施划分原则。

1. 依附于主体工程，且对矿山的安全至关重要，能够为矿山提供基本性安全保护作用的设备、设施、装置、构（建）筑物和其他技术措施，列为基本安全设施。

2. 相对独立存在且不具备生产功能，只为保护人员安全，防止造成人员伤亡而专门设置的保护性设备、设施、装置、构（建）筑物和其他技术措施，列为专用安全设施。

3. 保安矿柱作为矿山开采安全中的重要技术措施列入基本安全设施。

4. 主体设备自带的安全装置，不列入本目录。

5. 为保持工作场所的工作环境，保护作业人员职业健康的设施，属于职业卫生范畴，不列入本目录。

6. 地面总降压变电所不列入本目录。

7. 井下爆破器材库按照《民用爆破物品安全管理条例》（国务院令第466号）等法规、标准的规定进行设计、建设、使用和监管，不列入本目录。

8. 在矿山建设期，仅专用安全设施建设费用可列入建设项目安全投资；在矿山生产期，补充、改善基本安全设施和专用安全设施的投资都可在企业安全生产费用中列支。

二、地下矿山建设项目安全设施目录

（一）基本安全设施。

1. 安全出口。

（1）通地表的安全出口，包括由明井（巷）和盲井（巷）组合形成的通地表的安全出口。

（2）中段和分段的安全出口。

（3）采场的安全出口。

（4）破碎站、装矿皮带道和粉矿回收水平的安全出口。

2. 安全通道和独立回风道。

（1）动力油硐室的独立回风道。

（2）爆破器材库的独立回风道。

（3）主水泵房的安全通道。

（4）破碎硐室、变（配）电硐室的安全通道或独立回风道。

（5）主溜井的安全检查通道。

3. 人行道和缓坡段。

（1）各类巷道（含平巷、斜巷、斜井、斜坡道等）的人行道。

（2）斜坡道的缓坡段。

4.支护。

(1)井筒支护。

(2)巷道(含平巷、斜巷、斜井、斜坡道等)支护。

(3)采场支护(包括采场顶板和侧帮、底部结构等的支护)。

(4)硐室支护。

5.保安矿柱。

(1)境界矿柱。

(2)井筒保安矿柱。

(3)中段(分段)保安矿柱。

(4)采场点柱、保安间柱等。

6.防治水。

(1)河流改道工程(含导流堤、明沟、隧洞、桥涵等)及河床加固。

(2)地表截水沟、排洪沟(渠)、防洪堤。

(3)地下水疏/堵工程及设施(含疏干井、放水孔、疏干巷道、防水闸门、水仓、疏干设备、防水矿柱、防渗帷幕及截渗墙等)。

(4)露天开采转地下开采的矿山露天坑底防洪水突然灌入井下的设施(包括露天坑底所做的假底、坑底回填等)。

(5)热水充水矿床的疏水系统。

7.竖井提升系统。

(1)提升装置,包括制动系统、控制系统、闭锁装置等。

(2)钢丝绳(包括提升钢丝绳、平衡钢丝绳、罐道钢丝绳、制动钢丝绳、隔离钢丝绳)及其连接或固定装置。

(3)罐道,包括木罐道、型钢罐道、钢轨罐道、钢木复合罐道等。

(4)提升容器。

(5)摇台或其他承接装置。

8.斜井提升系统。

(1)提升装置,包括制动系统、控制系统。

(2)提升钢丝绳及其连接装置。

(3)提升容器(含箕斗、矿车和人车)。

9.电梯井提升系统(包括钢丝绳、罐道、轿厢、控制系统等)。

10.带式输送机系统的各种闭锁和机械、电气保护装置。

11.排水系统。

(1)主水仓、井底水仓、接力排水水仓。

(2)主水泵房、接力泵房、各种排水水泵、排水管路、控制系统。

(3)排水沟。

12.通风系统。

(1)专用进风井及专用进风巷道。

(2)专用回风井及专用回风巷道。

(3)主通风机、控制系统。

13.供、配电设施。

(1)矿山供电电源、线路及总降压主变压器容量、地表向井下供电电缆。

(2)井下各级配电电压等级。

(3)电气设备类型。

(4)高、低压供配电中性点接地方式。

(5)高、低压电缆。

(6)提升系统、通风系统、排水系统的供配电设施。

(7)地表架空线转下井电缆处防雷设施。

(8)高压供配电系统继电保护装置。

(9)低压配电系统故障(间接接触)防护装置。

(10)直流牵引变电所电气保护设施、直流牵引网络安全措施。

(11)爆炸危险场所电机车轨道电气的安全措施。

(12)设有带油设备的电气硐室的安全措施。

(13)照明设施。

(14)工业场地边坡的安全加固及防护措施。

(二)专用安全设施。

1.罐笼提升系统。

(1)梯子间及安全护栏。

(2)井口和井下马头门的安全门、阻车器和安全护栏。

(3)尾绳隔离保护设施。

(4)防过卷、防过放、防坠设施。

(5)钢丝绳罐道时各中段的稳罐装置。

(6)提升机房内的盖板、梯子和安全护栏。

(7)井口门禁系统。

2.箕斗提升系统。

(1)井口、装载站、卸载站等处的安全护栏。

(2)尾绳隔离保护设施。

(3)防过卷、防过放设施。

(4)提升机房内的盖板、梯子和安全护栏。

3.混合竖井提升系统。

(1)罐笼提升系统安全设施(见罐笼提升系统)。

(2)箕斗提升系统安全设施(见箕斗提升系统)。

(3)混合井筒中的安全隔离设施。

4. 斜井提升系统。

(1)防跑车装置。

(2)井口和井下马头门的安全门、阻车器、安全护栏和挡车设施。

(3)人行道与轨道之间的安全隔离设施。

(4)梯子和扶手。

(5)躲避硐室。

(6)人车断绳保险器。

(7)轨道防滑措施。

(8)提升机房内的安全护栏和梯子。

(9)井口门禁系统。

5. 斜坡道与无轨运输巷道。

(1)躲避硐室。

(2)卸载硐室的安全挡车设施、护栏。

(3)人行巷道的水沟盖板。

(4)交通信号系统。

(5)井口门禁系统。

6. 带式输送机系统。

(1)设备的安全护罩。

(2)安全护栏。

(3)梯子、扶手。

7. 电梯井提升系统。

(1)梯子间及安全护栏。

(2)电梯间和梯子间进口的安全防护网。

8. 有轨运输系统。

(1)装载站和卸载站的安全护栏。

(2)人行巷道的水沟盖板。

9. 动力油储存硐室。

(1)硐室口的防火门。

(2)栅栏门。

(3)防静电措施。

(4)防爆照明设施。

10. 破碎硐室。

(1)设备护罩、梯子和安全护栏。

(2)自卸车卸矿点的安全挡车设施。

11. 采场。

(1)采空区及其他危险区域的探测、封闭、隔离或充填设施。

(2)地下原地浸出采矿和原地爆破浸出采矿的防渗工程及对溶液渗透的监测系统。

(3)原地浸出采矿引起地表塌陷、滑坡的防护及治理措施。

(4)自动化作业采区的安全门。

(5)爆破安全设施(含警示旗、报警器、警戒带等)。

(6)工作面人机隔离设施。

12. 人行天井与溜井。

(1)梯子间及防护网、隔离栅栏。

(2)井口安全护栏。

(3)废弃井口的封闭或隔离设施。

(4)溜井井口安全挡车设施。

(5)溜井口格筛。

13. 供、配电设施。

(1)避灾硐室应急供电设施。

(2)裸带电体基本(直接接触)防护设施。

(3)变配电硐室防水门、防火门、栅栏门。

(4)保护接地及等电位联接设施。

(5)牵引变电所接地设施。

(6)变配电硐室应急照明设施。

(7)地面建筑物防雷设施。

14. 通风和空气预热及制冷降温。

(1)主通风机的反风设施和备用电机及快速更换装置。

(2)辅助通风机。

(3)局部通风机。

(4)风机进风口的安全护栏和防护网。

(5)阻燃风筒。

(6)通风构筑物(含风门、风墙、风窗、风桥等)。

(7)风井内的梯子间。

(8)风井井口和马头门处的安全护栏。

(9)严寒地区,通地表的井口(如罐笼井、箕斗井、混合井和斜提升井等)设置的防冻设施;用于进风的井口和巷道硐口(如专用进风井、专用进风平硐、专用进风斜井、罐笼井、混合井、斜提升井、胶带斜井、斜坡道、运输巷道等)设置的空气预热设施。

(10)地下高温矿山制冷降温设施,包括地表制冷站设施、地下制冷站设施、管路及分配设施等。

15. 排水系统。

(1)监测与控制设施。

(2)水泵房及毗连的变电所(或中央变电所)入口的防水门及两者之间的防火门。

(3)水泵房及变电所内的盖板、安全护栏(门)。

16. 充填系统。

(1)充填管路减压设施。

(2)充填管路压力监测装置。

(3)充填管路排气设施。

(4)充填搅拌站内及井下的安全护栏及其他防护措施(包括物料输送机和其他相关设备、砂浆池、砂仓等的安全护栏及其他防护措施)。

(5)充填系统事故池。

(6)采场充填挡墙。

17. 地压、岩体位移监测系统。

(1)地表变形、塌陷监测系统。

(2)坑内应力、应变监测系统。

18. 安全避险"六大系统"。

(1)监测监控系统。

(2)人员定位系统。

(3)紧急避险系统。

(4)压风自救系统。

(5)供水施救系统。

(6)通信联络系统。

19. 消防系统。

(1)消防供水系统。

(2)消防水池。

(3)消防器材。

(4)火灾报警系统。

(5)防火门(除前面所述之外的防火门)。

(6)有自然发火倾向区域的防火隔离设施。

20. 防治水。

(1)中段(分段)或采区的防水门。

(2)地下水头(水位)、水质、中段涌水量监测设施。

(3)探水孔、放水孔及探放水巷道,探、放水孔的孔口管和控制闸阀,探、放水设备。

(4)降雨量观测站。

(5)在有突水可能性的工作面设置的救生圈、安全绳等救生设施。

21. 崩落法、空场法开采时的地表塌陷或移动范围保护措施。

22. 水溶性开采。

(1)有毒有害气体积聚处(井口、卤池、取样阀等)采取的防毒措施。

(2)井口的防喷装置。

(3)排水和防止液体渗漏的设施。

(4)地面防滑措施。

(5)井盐矿山设立的地表水和地下水水质监测系统。

(6)地表沉降和位移的监测设施。

(7)不用的地质勘探井和生产报废井的封井措施。

23. 矿山应急救援设备及器材。

24. 个人安全防护用品。

25. 矿山、交通、电气安全标志。

26. 其他设施。

(1)排土场(或废石场)安全设施参见露天矿山相关内容。

(2)放射性矿山的防护措施。

(3)地下原地浸出采矿:监测井(孔)、套管、气体站安全护栏、集液池、酸液池及二次缓冲池安全护栏、事故处理池和管路。

三、露天矿山建设项目安全设施目录

(一)基本安全设施。

1. 露天采场。

(1)安全平台、清扫平台、运输平台。

(2)运输道路的缓坡段。

(3)露天采场边坡、道路边坡、破碎站和工业场地边坡的安全加固及防护措施。

(4)溜井底放矿硐室的安全通道及井口的安全挡车设施、格筛。

(5)设计规定保留的矿(岩)体或矿段。

(6)边坡角。

(7)爆破安全距离界线。

2. 防排水。

(1)河流改道工程(含导流堤、明沟、隧洞、桥涵等)及河床加固。

(2)地表截水沟、排洪沟(渠)、防洪堤、拦水坝、台阶排水沟、截排水隧洞、沉砂池、消能池(坝)。

(3)地下水疏/堵工程及设施(含疏干井、放水孔、疏干巷道、防水闸门、水仓、疏干设备、防水矿柱、防渗帷幕及截渗墙等)。

(4)露天采场排水设施,包括水泵和管路。

3. 铁路运输。

(1)运输线路的安全线、避让线、制动检查所、线路两侧的界限架。

(2)护轮轨、防溜车措施、减速器、阻车器。

4. 带式输送机系统的各种闭锁和电气保护装置。

5. 架空索道运输。

(1)架空索道的承载钢丝绳和牵引钢丝绳。

(2)架空索道的制动系统。

(3)架空索道的控制系统。

6. 斜坡卷扬运输。

(1)提升装置,包括制动系统、控制系统。

（2）提升钢丝绳及其连接装置。

（3）提升容器（包括箕斗、矿车和人车）。

7. 供、配电设施。

（1）矿山供电电源、线路及总降压主变压器容量、向采矿场供电线路。

（2）各级配电电压等级。

（3）电气设备类型。

（4）高、低压供配电中性点接地方式。

（5）排水系统供配电设施。

（6）采矿场供电线路、电缆及保护、避雷设施。

（7）高压供配电系统继电保护装置。

（8）低压配电系统故障（间接接触）防护装置。

（9）直流牵引变电所的电气保护设施、直流牵引网络的安全措施。

（10）爆炸危险场所电机车轨道的电气安全措施。

（11）变、配电室的金属丝网门。

（12）采场及排土场（废石场）正常照明设施。

8. 排土场（废石场）。

（1）安全平台。

（2）运输道路缓坡段。

（3）拦渣坝。

（4）阶段高度、总堆置高度、安全平台宽度、总边坡角。

9. 通信系统。

（1）联络通信系统。

（2）信号系统。

（3）监视监控系统。

（二）专用安全设施。

1. 露天采场。

（1）露天采场所设的边界安全护栏。

（2）废弃巷道、采空区和溶洞的探测设备，充填、封堵措施或隔离设施。

（3）溜井口的安全护栏、挡车设施、格筛。

（4）爆破安全设施（含躲避设施、警示旗、报警器、警戒带等）。

（5）水力开采运矿沟槽上的盖板或金属网。

（6）挖掘船上的救护设备。

（7）挖掘船开采时，作业人员穿戴的救生器材。

2. 铁路运输。

（1）运输线路的安全护栏、防护网、挡车设施、道口护栏。

（2）道路岔口交通警示报警设施。

（3）陡坡铁路运输时的线路防爬设施（含防爬器、抗滑桩等）。

（4）曲线轨道加固措施。

3. 汽车运输。

（1）运输线路的安全护栏、挡车设施、错车道、避让道、紧急避险道、声光报警装置。

（2）矿、岩卸载点的安全挡车设施。

4. 带式输送机运输。

（1）设备的安全护罩。

（2）安全护栏。

（3）梯子、扶手。

5. 架空索道运输。

（1）线路经过厂区、居民区、铁路、道路时的安全防护措施。

（2）线路与电力、通讯架空线交叉时的安全防护措施。

（3）站房安全护栏。

6. 斜坡卷扬运输。

（1）阻车器、安全挡车设施。

（2）斜坡轨道两侧的堑沟、安全隔挡设施。

（3）防止跑车装置。

（4）防止钢轨及轨梁整体下滑的措施。

7. 破碎站。

（1）卸矿安全挡车设施。

（2）设备运动部分的护罩、安全护栏。

（3）安全护栏、盖板、扶手、防滑钢板。

8. 排土场（废石场）。

（1）排土场（废石场）道路的安全护栏、挡车设施。

（2）截（排）水设施（含截水沟、排水沟、排水隧洞、截洪坝等）。

（3）底部排渗设施。

（4）滚石或泥石流拦挡设施。

（5）滑坡治理措施。

（6）坍塌与沉陷防治措施。

（7）地基处理。

9. 供、配电设施。

（1）裸带电体基本（直接接触）防护设施。

（2）保护接地设施。

（3）直流牵引变电所接地设施。

（4）采场变、配电室应急照明设施。

（5）地面建筑物防雷设施。

10. 监测设施。

（1）采场边坡监测设施。

（2）排土场（废石场）边坡监测设施。

11. 为防治水而设的水位和流量监测系统。
12. 矿山应急救援器材及设备。
13. 个人安全防护用品。
14. 矿山、交通、电气安全标志。
15. 有井巷工程时其安全设施参见地下矿山相关内容。

四、尾矿库建设项目安全设施目录

(一)基本安全设施。
1. 尾矿坝。
(1)初期坝(含库尾排矿干式尾矿库的拦挡坝)。
(2)堆积坝。
(3)副坝。
(4)挡水坝。
(5)一次性建坝的尾矿坝。
2. 尾矿库库内排水设施。
(1)排水井。
(2)排水斜槽。
(3)排水隧洞。
(4)排水管。
(5)溢洪道。
(6)消力池。
3. 尾矿库库周截排洪设施。
(1)拦洪坝。
(2)截洪沟。
(3)排水井。
(4)排洪隧洞。
(5)溢洪道。
(6)消力池。
4. 堆积坝坝面防护设施。
(1)堆积坝护坡。
(2)坝面排水沟。
(3)坝肩截水沟。
5. 辅助设施。
(1)尾矿库交通道路。
(2)尾矿库照明设施。
(3)通信设施。
(二)专用安全设施。
1. 尾矿库地质灾害与雪崩防护设施。
(1)尾矿库泥石流防护设施。
(2)库区滑坡治理设施。
(3)库区岩溶治理设施。
(4)高寒地区的雪崩防护设施。
2. 尾矿库安全监测设施。
(1)库区气象监测设施。
(2)地质灾害监测设施。
(3)库水位监测设施。
(4)干滩监测设施。
(5)坝体表面位移监测设施。
(6)坝体内部位移监测设施。
(7)坝体渗流监测设施。
(8)视频监控设施。
(9)在线监测中心。
3. 尾矿坝坝体排渗设施。
(1)贴坡排渗。
(2)自流式排渗管。
(3)管井排渗。
(4)垂直—水平联合自流排渗。
(5)虹吸排渗。
(6)辐射井。
(7)排渗褥垫。
(8)排渗盲沟(管)。
4. 干式尾矿汽车运输。
(1)运输线路的安全护栏、挡车设施。
(2)汽车避让道。
(3)卸料平台的安全挡车设施。
5. 干式尾矿带式输送机运输。
(1)输送机系统的各种闭锁和电气保护装置。
(2)设备的安全护罩。
(3)安全护栏。
(4)梯子、扶手。
6. 库内回水浮船、运输船防护设施。
(1)安全护栏。
(2)救生器材。
(3)浮船固定设施。
(4)电气设备接地措施。
7. 辅助设施。
(1)尾矿库管理站。
(2)报警系统。
(3)库区安全护栏。
(4)矿山、交通、电气安全标志。
8. 应急救援器材及设备。
9. 个人安全防护用品。

金属与非金属矿产资源地质勘探安全生产监督管理暂行规定

1. 2010年12月3日国家安全生产监督管理总局令第35号公布

2. 根据2015年5月26日国家安全生产监督管理总局令第78号《关于废止和修改非煤矿矿山领域九部规章的决定》修正

第一章　总　则

第一条　为加强金属与非金属矿产资源地质勘探作业安全的监督管理,预防和减少生产安全事故,根据安全生产法等有关法律、行政法规,制定本规定。

第二条　从事金属与非金属矿产资源地质勘探作业的安全生产及其监督管理,适用本规定。

生产矿山企业的探矿活动不适用本规定。

第三条　本规定所称地质勘探作业,是指在依法批准的勘查作业区范围内从事金属与非金属矿产资源地质勘探的活动。

本规定所称地质勘探单位,是指依法取得地质勘查资质并从事金属与非金属矿产资源地质勘探活动的企事业单位。

第四条　地质勘探单位对本单位地质勘探作业安全生产负主体责任,其主要负责人对本单位的安全生产工作全面负责。

国务院有关部门和省、自治区、直辖市人民政府所属从事矿产地质勘探及管理的企事业法人组织(以下统称地质勘探主管单位),负责对其所属地质勘探单位的安全生产工作进行监督和管理。

第五条　国家安全生产监督管理总局对全国地质勘探作业的安全生产工作实施监督管理。

县级以上地方各级人民政府安全生产监督管理部门对本行政区域内地质勘探作业的安全生产工作实施监督管理。

第二章　安全生产职责

第六条　地质勘探单位应当遵守有关安全生产法律、法规、规章、国家标准以及行业标准的规定,加强安全生产管理,排查治理事故隐患,确保安全生产。

第七条　从事钻探工程、坑探工程施工的地质勘探单位应当取得安全生产许可证。

第八条　地质勘探单位从事地质勘探活动,应当持本单位地质勘查资质证书和地质勘探项目任务批准文件或者合同书,向工作区域所在地县级安全生产监督管理部门书面报告,并接受其监督检查。

第九条　地质勘探单位应当建立健全下列安全生产制度和规程:

(一)主要负责人、分管负责人、安全生产管理人员和职能部门、岗位的安全生产责任制度;

(二)岗位作业安全规程和工种操作规程;

(三)现场安全生产检查制度;

(四)安全生产教育培训制度;

(五)重大危险源检测监控制度;

(六)安全投入保障制度;

(七)事故隐患排查治理制度;

(八)事故信息报告、应急预案管理和演练制度;

(九)劳动防护用品、野外救生用品和野外特殊生活用品配备使用制度;

(十)安全生产考核和奖惩制度;

(十一)其他必须建立的安全生产制度。

第十条　地质勘探单位及其主管单位应当按照下列规定设置安全生产管理机构或者配备专职安全生产管理人员:

(一)地质勘探单位从业人员超过100人的,应当设置安全生产管理机构,并按不低于从业人员1%的比例配备专职安全生产管理人员;从业人员在100人以下的,应当配备不少于2名的专职安全生产管理人员;

(二)所属地质勘探单位从业人员总数在3000人以上的地质勘探主管单位,应当设置安全生产管理机构,并按不低于从业人员总数1‰的比例配备专职安全生产管理人员;从业人员总数在3000人以下的,应当设置安全生产管理机构或者配备不少于1名的专职安全生产管理人员。

专职安全生产管理人员中应当有注册安全工程师。

第十一条　地质勘探单位的主要负责人和安全生产管理人员应当具备与本单位所从事地质勘探活动相适应的安全生产知识和管理能力,并经安全生产监督管理部门考核合格。

地质勘探单位的特种作业人员必须经专门的安全技术培训并考核合格,取得特种作业操作证后,方可上岗作业。

第十二条　地质勘探单位从事坑探工程作业的人员,首次上岗作业前应当接受不少于72小时的安全生产教育和培训,以后每年应当接受不少于20小时的安全生产再培训。

第十三条　地质勘探单位应当按照国家有关规定提取和使用安全生产费用。安全生产费用列入生产成本,并实行专户存储、规范使用。

第十四条 地质勘探工程的设计、施工和安全管理应当符合《地质勘探安全规程》(AQ 2004－2005)的规定。

第十五条 坑探工程的设计方案中应当设有安全专篇。安全专篇应当经所在地安全生产监督管理部门审查同意;未经审查同意的,有关单位不得施工。

坑探工程安全专篇的具体审查办法由省、自治区、直辖市人民政府安全生产监督管理部门制定。

第十六条 地质勘探单位不得将其承担的地质勘探工程项目转包给不具备安全生产条件或者相应地质勘查资质的地质勘探单位,不得允许其他单位以本单位的名义从事地质勘探活动。

第十七条 地质勘探单位不得以探矿名义从事非法采矿活动。

第十八条 地质勘探单位应当为从业人员配备必要的劳动防护用品、野外救生用品和野外特殊生活用品。

第十九条 地质勘探单位应当根据本单位实际情况制定野外作业突发事件等安全生产应急预案,建立健全应急救援组织或者与邻近的应急救援组织签订救护协议,配备必要的应急救援器材和设备,按照有关规定组织开展应急演练。

应急预案应当按照有关规定报安全生产监督管理部门和地质勘探主管单位备案。

第二十条 地质勘探主管单位应当按照国家有关规定,定期检查所属地质勘探单位落实安全生产责任制和安全生产费用提取使用、安全生产教育培训、事故隐患排查治理等情况,并组织实施安全生产绩效考核。

第二十一条 地质勘探单位发生生产安全事故后,应当按照有关规定向事故发生地县级以上安全生产监督管理部门和地质勘探主管单位报告。

第三章 监督管理

第二十二条 安全生产监督管理部门应当加强对地质勘探单位安全生产的监督检查,对检查中发现的事故隐患和安全生产违法违规行为,依法作出现场处理或者实施行政处罚。

第二十三条 安全生产监督管理部门应当建立完善地质勘探单位管理制度,及时掌握本行政区域内地质勘探单位的作业情况。

第二十四条 安全生产监督管理部门应当按照本规定的要求开展对坑探工程安全专篇的审查,建立安全专篇审查档案。

第四章 法律责任

第二十五条 地质勘探单位有下列情形之一的,责令限期改正,可以处5万元以下的罚款;逾期未改正的,责令停产停业整顿,并处5万元以上10万元以下的罚款,对其直接负责的主管人员和其他直接责任人员处1万元以上2万元以下的罚款:

(一)未按照本规定设立安全生产管理机构或者配备专职安全生产管理人员的;

(二)特种作业人员未持证上岗作业的;

(三)从事坑探工程作业的人员未按照规定进行安全生产教育和培训的。

第二十六条 地质勘探单位有下列情形之一的,给予警告,并处3万元以下的罚款:

(一)未按照本规定建立有关安全生产制度和规程的;

(二)未按照规定提取和使用安全生产费用的;

(三)坑探工程安全专篇未经安全生产监督管理部门审查同意擅自施工的。

第二十七条 地质勘探单位未按照规定向工作区域所在地县级安全生产监督管理部门书面报告的,给予警告,并处2万元以下的罚款。

第二十八条 地质勘探单位将其承担的地质勘探工程项目转包给不具备安全生产条件或者相应资质的地质勘探单位的,责令限期改正,没收违法所得;违法所得10万元以上的,并处违法所得2倍以上5倍以下的罚款;没有违法所得或者违法所得不足10万元的,单处或者并处10万元以上20万元以下的罚款;对其直接负责的主管人员和其他直接责任人员处1万元以上2万元以下的罚款;导致发生生产安全事故给他人造成损害的,与承包方承担连带赔偿责任。

第二十九条 本规定规定的行政处罚由县级以上安全生产监督管理部门实施。

第五章 附 则

第三十条 本规定自2011年1月1日起施行。

金属非金属地下矿山企业领导带班下井及监督检查暂行规定

1. 2010年10月13日国家安全生产监督管理总局令第34号公布

2. 根据2015年5月26日国家安全生产监督管理总局令第78号《关于废止和修改非煤矿矿山领域九部规章的决定》修正

第一章 总 则

第一条 为落实金属非金属地下矿山企业领导带班下井

制度,强化现场安全管理,及时发现和消除事故隐患,根据《国务院关于进一步加强企业安全生产工作的通知》(国发〔2010〕23号)和国家有关规定,制定本规定。

第二条 金属非金属地下矿山企业(以下简称矿山企业)领导带班下井和县级以上安全生产监督管理部门对其实施监督检查,适用本规定。

第三条 本规定所称的矿山企业,是指金属非金属地下矿山生产企业及其所属各独立生产系统的矿井和新建、改建、扩建、技术改造等建设矿井。

本规定所称的矿山企业领导,是指矿山企业的主要负责人、领导班子成员和副总工程师。

第四条 矿山企业是落实领导带班下井制度的责任主体,必须确保每个班次至少有1名领导在井下现场带班,并与工人同时下井、同时升井。

矿山企业的主要负责人对落实领导带班下井制度全面负责。

第五条 安全生产监督管理部门对矿山企业落实领导带班下井制度情况进行监督检查,并依法作出现场处理或者实施行政处罚。

有关行业主管部门应当根据《国务院关于进一步加强企业安全生产工作的通知》的要求,按照各自职责做好矿山企业领导带班下井制度的落实工作,配合安全生产监督管理部门开展矿山企业领导带班下井情况的监督检查和考核奖惩等工作。

第六条 任何单位和个人发现矿山企业领导未按照规定执行带班下井制度或者弄虚作假的,均有权向安全生产监督管理部门举报和报告。对举报和报告属实的,给予奖励。

第七条 矿山企业应当建立健全领导带班下井制度,制定领导带班下井考核奖惩办法和月度计划,建立和完善领导带班下井档案。

第二章 带班下井

第八条 矿山企业领导带班下井月度计划,应当明确每个工作班次带班下井的领导名单、下井及升井的时间以及特殊情况下的请假与调换人员审批程序等内容。

领导带班下井月度计划应当在本单位网站和办公楼及矿井井口予以公告,接受群众监督。

第九条 矿山企业应当每月对领导带班下井情况进行考核。领导带班下井情况与其经济收入挂钩,对按照规定带班下井并认真履行职责的,给予奖励;对未按照规定带班下井、冒名顶替下井或者弄虚作假的,按照有关规定予以处理。

矿山企业领导带班下井的月度计划完成情况,应当在矿山企业公示栏公示,接受群众监督。

第十条 矿山企业领导带班下井时,应当履行下列职责:

(一)加强对井下重点部位、关键环节的安全检查及检查巡视,全面掌握井下的安全生产情况;

(二)及时发现和组织消除事故隐患和险情,及时制止违章违纪行为,严禁违章指挥,严禁超能力组织生产;

(三)遇到险情时,立即下达停产撤人命令,组织涉险区域人员及时、有序撤离到安全地点。

第十一条 矿山企业领导应当认真填写带班下井交接班记录,并向接班的领导详细说明井下安全生产状况、存在的主要问题及其处理情况、需要注意的事项等。

第十二条 矿山企业领导升井后,应当及时将下井及升井的时间、地点、经过路线、发现的问题及处理结果等有关情况进行登记,以存档备查。

第十三条 矿山企业从业人员应当遵章守纪,服从带班下井领导的指挥和管理。

矿山企业没有领导带班下井的,矿山企业从业人员有权拒绝下井作业。从业人员在井下作业过程中,发现并确认带班下井领导无故提前升井的,经向班组长或者队长说明后有权提前升井。

矿山企业不得因从业人员依据前款规定拒绝下井或者提前升井而降低从业人员工资、福利等待遇或者解除与其订立的劳动合同。

第三章 监督检查

第十四条 安全生产监督管理部门应当将矿山企业领导带班下井制度的建立、执行、考核、奖惩等情况作为安全监管的重要内容,并将其纳入年度安全监管执法工作计划,定期进行检查。

第十五条 安全生产监督管理部门应当充分发挥电视、广播、报纸、网络等新闻媒体的作用,加强对本行政区域内矿山企业领导带班下井情况的社会监督。

第十六条 安全生产监督管理部门应当建立举报制度,公开举报电话、信箱或者电子邮件地址,受理有关举报;对于受理的举报,应当认真调查核实;经查证属实的,依法从重处罚。

第十七条 安全生产监督管理部门应当定期将矿山企业领导带班下井制度监督检查结果和处罚情况予以公告,接受社会监督。

第四章 法律责任

第十八条 矿山企业未按照规定建立健全领导带班下井

制度或者未制定领导带班下井月度计划的，给予警告，并处3万元的罚款；对其主要负责人给予警告，并处1万元的罚款；情节严重的，依法暂扣其安全生产许可证，责令停产整顿。

第十九条 矿山企业存在下列行为之一的，责令限期整改，并处3万元的罚款；对其主要负责人给予警告，并处1万元的罚款：

（一）未制定领导带班下井制度的；

（二）未按照规定公告领导带班下井月度计划的；

（三）未按照规定公示领导带班下井月度计划完成情况的。

第二十条 矿山企业领导未按照规定填写带班下井交接班记录、带班下井登记档案，或者弄虚作假的，给予警告，并处1万元的罚款。

第二十一条 矿山企业领导未按照规定带班下井的，对矿山企业给予警告，处3万元的罚款；情节严重的，依法责令停产整顿；对违反规定的矿山企业领导按照擅离职守处理，并处1万元的罚款。

第二十二条 对发生生产安全事故而没有领导带班下井的矿山企业，依法责令停产整顿，暂扣或者吊销安全生产许可证，并依照下列规定处以罚款；情节严重的，提请有关人民政府依法予以关闭：

（一）发生一般事故，处50万元的罚款；

（二）发生较大事故，处100万元的罚款；

（三）发生重大事故，处500万元的罚款；

（四）发生特别重大事故，处2000万元的罚款。

第二十三条 对发生生产安全事故而没有领导带班下井的矿山企业，对其主要负责人依法暂扣或者吊销其安全资格证，并依照下列规定处以罚款：

（一）发生一般事故，处上一年年收入30%的罚款；

（二）发生较大事故，处上一年年收入40%的罚款；

（三）发生重大事故，处上一年年收入60%的罚款；

（四）发生特别重大事故，处上一年年收入80%的罚款。

对重大、特别重大生产安全事故负有主要责任的矿山企业，其主要负责人终身不得担任任何矿山企业的矿长（董事长、总经理）。

第五章 附 则

第二十四条 各省、自治区、直辖市人民政府安全生产监督管理部门可以根据实际情况制定实施细则，报国家安全生产监督管理总局备案。

第二十五条 为矿山企业提供采掘工程服务的采掘施工企业领导带班下井，按照本规定执行。

第二十六条 本办法自2010年11月15日起施行。

非煤矿矿山企业安全生产许可证实施办法

1. 2009年6月8日国家安全生产监督管理总局令第20号公布
2. 根据2015年5月26日国家安全生产监督管理总局令第78号《关于废止和修改非煤矿矿山领域九部规章的决定》修正

第一章 总 则

第一条 为了严格规范非煤矿矿山企业安全生产条件，做好非煤矿矿山企业安全生产许可证的颁发管理工作，根据《安全生产许可证条例》等法律、行政法规，制定本实施办法。

第二条 非煤矿矿山企业必须依照本实施办法的规定取得安全生产许可证。

未取得安全生产许可证的，不得从事生产活动。

第三条 非煤矿矿山企业安全生产许可证的颁发管理工作实行企业申请、两级发证、属地监管的原则。

第四条 国家安全生产监督管理总局指导、监督全国非煤矿矿山企业安全生产许可证的颁发管理工作，负责海洋石油天然气企业安全生产许可证的颁发和管理。

省、自治区、直辖市人民政府安全生产监督管理部门（以下简称省级安全生产许可证颁发管理机关）负责本行政区域内除本条第一款规定以外的非煤矿矿山企业安全生产许可证的颁发和管理。

省级安全生产许可证颁发管理机关可以委托设区的市级安全生产监督管理部门实施非煤矿矿山企业安全生产许可证的颁发管理工作；但中央管理企业所属非煤矿矿山的安全生产许可证颁发管理工作不得委托实施。

第五条 本实施办法所称的非煤矿矿山企业包括金属非金属矿山企业及其尾矿库、地质勘探单位、采掘施工企业、石油天然气企业。

金属非金属矿山企业，是指从事金属和非金属矿产资源开采活动的下列单位：

1. 专门从事矿产资源开采的生产单位；

2. 从事矿产资源开采、加工的联合生产企业及其矿山生产单位；

3. 其他非矿山企业中从事矿山生产的单位。

尾矿库，是指筑坝拦截谷口或者围地构成的，用以贮存金属非金属矿石选别后排出尾矿的场所,包括氧化铝厂赤泥库,不包括核工业矿山尾矿库及电厂灰渣库。

地质勘探单位,是指采用钻探工程、坑探工程对金属非金属矿产资源进行勘探作业的单位。

采掘施工企业,是指承担金属非金属矿山采掘工程施工的单位。

石油天然气企业,是指从事石油和天然气勘探、开发生产、储运的单位。

第二章　安全生产条件和申请

第六条　非煤矿矿山企业取得安全生产许可证,应当具备下列安全生产条件:

(一)建立健全主要负责人、分管负责人、安全生产管理人员、职能部门、岗位安全生产责任制;制定安全检查制度、职业危害预防制度、安全教育培训制度、生产安全事故管理制度、重大危险源监控和重大隐患整改制度、设备安全管理制度、安全生产档案管理制度、安全生产奖惩制度等规章制度;制定作业安全规程和各工种操作规程;

(二)安全投入符合安全生产要求,依照国家有关规定足额提取安全生产费用;

(三)设置安全生产管理机构,或者配备专职安全生产管理人员;

(四)主要负责人和安全生产管理人员经安全生产监督管理部门考核合格,取得安全资格证书;

(五)特种作业人员经有关业务主管部门考核合格,取得特种作业操作资格证书;

(六)其他从业人员依照规定接受安全生产教育和培训,并经考试合格;

(七)依法参加工伤保险,为从业人员缴纳保险费;

(八)制定防治职业危害的具体措施,并为从业人员配备符合国家标准或者行业标准的劳动防护用品;

(九)新建、改建、扩建工程项目依法进行安全评价,其安全设施经验收合格;

(十)危险性较大的设备、设施按照国家有关规定进行定期检测检验;

(十一)制定事故应急救援预案,建立事故应急救援组织,配备必要的应急救援器材、设备;生产规模较小可以不建立事故应急救援组织的,应当指定兼职的应急救援人员,并与邻近的矿山救护队或者其他应急救援组织签订救护协议;

(十二)符合有关国家标准、行业标准规定的其他条件。

第七条　海洋石油天然气企业申请领取安全生产许可证,向国家安全生产监督管理总局提出申请。

本条第一款规定以外的其他非煤矿矿山企业申请领取安全生产许可证,向企业所在地省级安全生产许可证颁发管理机关或其委托的设区的市级安全生产监督管理部门提出申请。

第八条　非煤矿矿山企业申请领取安全生产许可证,应当提交下列文件、资料:

(一)安全生产许可证申请书;

(二)工商营业执照复印件;

(三)采矿许可证复印件;

(四)各种安全生产责任制复印件;

(五)安全生产规章制度和操作规程目录清单;

(六)设置安全生产管理机构或者配备专职安全生产管理人员的文件复印件;

(七)主要负责人和安全生产管理人员安全资格证书复印件;

(八)特种作业人员操作资格证书复印件;

(九)足额提取安全生产费用的证明材料;

(十)为从业人员缴纳工伤保险费的证明材料;因特殊情况不能办理工伤保险的,可以出具办理安全生产责任保险的证明材料;

(十一)涉及人身安全、危险性较大的海洋石油开采特种设备和矿山井下特种设备由具备相应资质的检测检验机构出具合格的检测检验报告,并取得安全使用证或者安全标志;

(十二)事故应急救援预案,设立事故应急救援组织的文件或者与矿山救护队、其他应急救援组织签订的救护协议;

(十三)矿山建设项目安全设施验收合格的书面报告。

第九条　非煤矿矿山企业总部申请领取安全生产许可证,不需要提交本实施办法第八条第(三)、(八)、(九)、(十)、(十一)、(十二)、(十三)项规定的文件、资料。

第十条　金属非金属矿山企业从事爆破作业的,除应当依照本实施办法第八条的规定提交相应文件、资料外,还应当提交《爆破作业单位许可证》。

第十一条　尾矿库申请领取安全生产许可证,不需要提交本实施办法第八条第(三)项规定的文件、资料。

第十二条　地质勘探单位申请领取安全生产许可证,不需要提交本实施办法第八条第(三)、(九)、(十三)项规定的文件、资料,但应当提交地质勘查资质证书复印件;从事爆破作业的,还应当提交《爆破作业单位许可证》。

第十三条 采掘施工企业申请领取安全生产许可证,不需要提交本实施办法第八条第(三)、(九)、(十三)项规定的文件、资料,但应当提交矿山工程施工相关资质证书复印件;从事爆破作业的,还应当提交《爆破作业单位许可证》。

第十四条 石油天然气勘探单位申请领取安全生产许可证,不需要提交本实施办法第八条第(三)、(十三)项规定的文件、资料;石油天然气管道储运单位申请领取安全生产许可证不需要提交本实施办法第八条第(三)项规定的文件、资料。

第十五条 非煤矿矿山企业应当对其向安全生产许可证颁发管理机关提交的文件、资料实质内容的真实性负责。

从事安全评价、检测检验的中介机构应当对其出具的安全评价报告、检测检验结果负责。

第三章 受理、审核和颁发

第十六条 安全生产许可证颁发管理机关对非煤矿矿山企业提交的申请书及文件、资料,应当依照下列规定分别处理:

(一)申请事项不属于本机关职权范围的,应当即时作出不予受理的决定,并告知申请人向有关机关申请;

(二)申请材料存在可以当场更正的错误的,应当允许或者要求申请人当场更正,并即时出具受理的书面凭证;

(三)申请材料不齐全或者不符合要求的,应当当场或者在5个工作日内一次性书面告知申请人需要补正的全部内容,逾期不告知的,自收到申请材料之日起即为受理;

(四)申请材料齐全、符合要求或者依照要求全部补正的,自收到申请材料或者全部补正材料之日起为受理。

第十七条 安全生产许可证颁发管理机关应当依照本实施办法规定的法定条件组织,对非煤矿矿山企业提交的申请材料进行审查,并在受理申请之日起45日内作出颁发或者不予颁发安全生产许可证的决定。安全生产许可证颁发管理机关认为有必要到现场对非煤矿矿山企业提交的申请材料进行复核的,应当到现场进行复核。复核时间不计算在本款规定的期限内。

对决定颁发的,安全生产许可证颁发管理机关应当自决定之日起10个工作日内送达或者通知申请人领取安全生产许可证;对决定不予颁发的,应当在10个工作日内书面通知申请人并说明理由。

第十八条 安全生产许可证颁发管理机关应当依照下列规定颁发非煤矿矿山企业安全生产许可证:

(一)对金属非金属矿山企业,向企业及其所属各独立生产系统分别颁发安全生产许可证;对于只有一个独立生产系统的企业,只向企业颁发安全生产许可证;

(二)对中央管理的陆上石油天然气企业,向企业总部直接管理的分公司、子公司以及下一级与油气勘探、开发生产、储运直接相关的生产作业单位分别颁发安全生产许可证;对设有分公司、子公司的地方石油天然气企业,向企业总部及其分公司、子公司颁发安全生产许可证;对其他陆上石油天然气企业,向具有法人资格的企业颁发安全生产许可证;

(三)对海洋石油天然气企业,向企业及其直接管理的分公司、子公司以及下一级与油气开发生产直接相关的生产作业单位、独立生产系统分别颁发安全生产许可证;对其他海洋石油天然气企业,向具有法人资格的企业颁发安全生产许可证;

(四)对地质勘探单位,向最下级具有企事业法人资格的单位颁发安全生产许可证。对采掘施工企业,向企业颁发安全生产许可证;

(五)对尾矿库单独颁发安全生产许可证。

第四章 安全生产许可证延期和变更

第十九条 安全生产许可证的有效期为3年。安全生产许可证有效期满后需要延期的,非煤矿矿山企业应当在安全生产许可证有效期届满前3个月向原安全生产许可证颁发管理机关申请办理延期手续,并提交下列文件、资料:

(一)延期申请书;

(二)安全生产许可证正本和副本;

(三)本实施办法第二章规定的相应文件、资料。

金属非金属矿山独立生产系统和尾矿库,以及石油天然气独立生产系统和作业单位还应当提交由具备相应资质的中介服务机构出具的合格的安全现状评价报告。

金属非金属矿山独立生产系统和尾矿库在提出延期申请之前6个月内经考评合格达到安全标准化等级的,可以不提交安全现状评价报告,但需要提交安全标准化等级的证明材料。

安全生产许可证颁发管理机关应当依照本实施办

法第十六条、第十七条的规定,对非煤矿矿山企业提交的材料进行审查,并作出是否准予延期的决定。决定准予延期的,应当收回原安全生产许可证,换发新的安全生产许可证;决定不准予延期的,应当书面告知申请人并说明理由。

第二十条　非煤矿矿山企业符合下列条件的,当安全生产许可证有效期届满申请延期时,经原安全生产许可证颁发管理机关同意,不再审查,直接办理延期手续:

(一)严格遵守有关安全生产的法律法规的;

(二)取得安全生产许可证后,加强日常安全生产管理,未降低安全生产条件,并达到安全标准化等级二级以上的;

(三)接受安全生产许可证颁发管理机关及所在地人民政府安全生产监督管理部门的监督检查的;

(四)未发生死亡事故的。

第二十一条　非煤矿矿山企业在安全生产许可证有效期内有下列情形之一的,应当自工商营业执照变更之日起30个工作日内向原安全生产许可证颁发管理机关申请变更安全生产许可证:

(一)变更单位名称的;

(二)变更主要负责人的;

(三)变更单位地址的;

(四)变更经济类型的;

(五)变更许可范围的。

第二十二条　非煤矿矿山企业申请变更安全生产许可证时,应当提交下列文件、资料:

(一)变更申请书;

(二)安全生产许可证正本和副本;

(三)变更后的工商营业执照、采矿许可证复印件及变更说明材料。

变更本实施办法第二十一条第(二)项的,还应当提交变更后的主要负责人的安全资格证书复印件。

对已经受理的变更申请,安全生产许可证颁发管理机关对申请人提交的文件、资料审查无误后,应当在10个工作日内办理变更手续。

第二十三条　安全生产许可证申请书、审查书、延期申请书和变更申请书由国家安全生产监督管理总局统一格式。

第二十四条　非煤矿矿山企业安全生产许可证分为正本和副本,正本和副本具有同等法律效力,正本为悬挂式,副本为折页式。

非煤矿矿山企业安全生产许可证由国家安全生产监督管理总局统一印制和编号。

第五章　安全生产许可证的监督管理

第二十五条　非煤矿矿山企业取得安全生产许可证后,应当加强日常安全生产管理,不得降低安全生产条件,并接受所在地县级以上安全生产监督管理部门的监督检查。

第二十六条　地质勘探单位、采掘施工单位在登记注册的省、自治区、直辖市以外从事作业的,应当向作业所在地县级以上安全生产监督管理部门书面报告。

第二十七条　非煤矿矿山企业不得转让、冒用、买卖、出租、出借或者使用伪造的安全生产许可证。

第二十八条　非煤矿矿山企业发现在安全生产许可证有效期内采矿许可证到期失效的,应当在采矿许可证到期前15日内向原安全生产许可证颁发管理机关报告,并交回安全生产许可证正本和副本。

采矿许可证被暂扣、撤销、吊销和注销的,非煤矿矿山企业应当在暂扣、撤销、吊销和注销后5日内向原安全生产许可证颁发管理机关报告,并交回安全生产许可证正本和副本。

第二十九条　安全生产许可证颁发管理机关应当坚持公开、公平、公正的原则,严格依照本实施办法的规定审查、颁发安全生产许可证。

安全生产许可证颁发管理机关工作人员在安全生产许可证颁发、管理和监督检查工作中,不得索取或者接受非煤矿矿山企业的财物,不得谋取其他利益。

第三十条　安全生产许可证颁发管理机关发现有下列情形之一的,应当撤销已经颁发的安全生产许可证:

(一)超越职权颁发安全生产许可证的;

(二)违反本实施办法规定的程序颁发安全生产许可证的;

(三)不具备本实施办法规定的安全生产条件颁发安全生产许可证的;

(四)以欺骗、贿赂等不正当手段取得安全生产许可证的。

第三十一条　取得安全生产许可证的非煤矿矿山企业有下列情形之一的,安全生产许可证颁发管理机关应当注销其安全生产许可证:

(一)终止生产活动的;

(二)安全生产许可证被依法撤销的;

(三)安全生产许可证被依法吊销的。

第三十二条　非煤矿矿山企业隐瞒有关情况或者提供虚假材料申请安全生产许可证的,安全生产许可证颁发管理机关不予受理,该企业在1年内不得再次申请安全生产许可证。

非煤矿矿山企业以欺骗、贿赂等不正当手段取得安全生产许可证后被依法予以撤销的，该企业3年内不得再次申请安全生产许可证。

第三十三条 县级以上地方人民政府安全生产监督管理部门负责本行政区域内取得安全生产许可证的非煤矿矿山企业的日常监督检查，并将监督检查中发现的问题及时报告安全生产许可证颁发管理机关。中央管理的非煤矿矿山企业由设区的市级以上地方人民政府安全生产监督管理部门负责日常监督检查。

国家安全生产监督管理总局负责取得安全生产许可证的中央管理的非煤矿矿山企业总部和海洋石油天然气企业的日常监督检查。

第三十四条 安全生产许可证颁发管理机关每6个月向社会公布取得安全生产许可证的非煤矿矿山企业名单。

第三十五条 安全生产许可证颁发管理机关应当将非煤矿矿山企业安全生产许可证颁发管理情况通报非煤矿矿山企业所在地县级以上地方人民政府及其安全生产监督管理部门。

第三十六条 安全生产许可证颁发管理机关应当加强对非煤矿矿山企业安全生产许可证的监督管理，建立、健全非煤矿矿山企业安全生产许可证信息管理制度。

省级安全生产许可证颁发管理机关应当在安全生产许可证颁发之日起1个月内将颁发和管理情况录入到全国统一的非煤矿矿山企业安全生产许可证管理系统。

第三十七条 任何单位或者个人对违反《安全生产许可证条例》和本实施办法规定的行为，有权向安全生产许可证颁发管理机关或者监察机关等有关部门举报。

第六章 罚 则

第三十八条 安全生产许可证颁发管理机关工作人员有下列行为之一的，给予降级或者撤职的行政处分；构成犯罪的，依法追究刑事责任：

（一）向不符合本实施办法规定的安全生产条件的非煤矿矿山企业颁发安全生产许可证的；

（二）发现非煤矿矿山企业未依法取得安全生产许可证擅自从事生产活动，不依法处理的；

（三）发现取得安全生产许可证的非煤矿矿山企业不再具备本实施办法规定的安全生产条件，不依法处理的；

（四）接到对违反本实施办法规定行为的举报后，不及时处理的；

（五）在安全生产许可证颁发、管理和监督检查工作中，索取或者接受非煤矿矿山企业的财物，或者谋取其他利益的。

第三十九条 承担安全评价、认证、检测、检验工作的机构，出具虚假证明的，没收违法所得；违法所得在10万元以上的，并处违法所得2倍以上5倍以下的罚款；没有违法所得或者违法所得不足10万元的，单处或者并处10万元以上20万元以下的罚款；对其直接负责的主管人员和其他直接责任人员处2万元以上5万元以下的罚款；给他人造成损害的，与建设单位承担连带赔偿责任；构成犯罪的，依照刑法有关规定追究刑事责任。

对有前款违法行为的机构，吊销其相应资质。

第四十条 取得安全生产许可证的非煤矿矿山企业不再具备本实施办法第六条规定的安全生产条件之一的，应当暂扣或者吊销其安全生产许可证。

第四十一条 取得安全生产许可证的非煤矿矿山企业有下列行为之一的，吊销其安全生产许可证：

（一）倒卖、出租、出借或者以其他形式非法转让安全生产许可证的；

（二）暂扣安全生产许可证后未按期整改或者整改后仍不具备安全生产条件的。

第四十二条 非煤矿矿山企业有下列行为之一的，责令停止生产，没收违法所得，并处10万元以上50万元以下的罚款：

（一）未取得安全生产许可证，擅自进行生产的；

（二）接受转让的安全生产许可证的；

（三）冒用安全生产许可证的；

（四）使用伪造的安全生产许可证的。

第四十三条 非煤矿矿山企业在安全生产许可证有效期内出现采矿许可证有效期届满和采矿许可证被暂扣、撤销、吊销、注销的情况，未依照本实施办法第二十八条的规定向安全生产许可证颁发管理机关报告并交回安全生产许可证的，处1万元以上3万元以下罚款。

第四十四条 非煤矿矿山企业在安全生产许可证有效期内，出现需要变更安全生产许可证的情形，未按本实施办法第二十一条的规定申请、办理变更手续的，责令限期办理变更手续，并处1万元以上3万元以下罚款。

地质勘探单位、采掘施工单位在登记注册地以外进行跨省作业，未按照本实施办法第二十六条的规定书面报告的，责令限期办理书面报告手续，并处1万元以上3万元以下的罚款。

第四十五条 非煤矿矿山企业在安全生产许可证有效期满未办理延期手续，继续进行生产的，责令停止生产，限期补办延期手续，没收违法所得，并处5万元以上10万元以下的罚款；逾期仍不办理延期手续，继续进行生产的，依照本实施办法第四十二条的规定处罚。

第四十六条　非煤矿矿山企业转让安全生产许可证的，没收违法所得，并处10万元以上50万元以下的罚款。

第四十七条　本实施办法规定的行政处罚，由安全生产许可证颁发管理机关决定。安全生产许可证颁发管理机关可以委托县级以上安全生产监督管理部门实施行政处罚。但撤销、吊销安全生产许可证和撤销有关资格的行政处罚除外。

第七章　附　　则

第四十八条　本实施办法所称非煤矿矿山企业独立生产系统，是指具有相对独立的采掘生产系统及通风、运输（提升）、供配电、防排水等辅助系统的作业单位。

第四十九条　危险性较小的地热、温泉、矿泉水、卤水、砖瓦用粘土等资源开采活动的安全生产许可，由省级安全生产许可证颁发管理机关决定。

第五十条　同时开采煤炭与金属非金属矿产资源且以煤炭、煤层气为主采矿种的煤系矿山企业应当申请领取煤矿企业安全生产许可证，不再申请领取非煤矿矿山企业安全生产许可证。

第五十一条　本实施办法自公布之日起施行。2004年5月17日原国家安全生产监督管理局（国家煤矿安全监察局）公布的《非煤矿山企业安全生产许可证实施办法》同时废止。

非煤矿山外包工程安全管理暂行办法

1. *2013年8月23日国家安全生产监督管理总局令第62号公布*
2. *根据2015年5月26日国家安全生产监督管理总局令第78号《关于废止和修改非煤矿矿山领域九部规章的决定》修正*

第一章　总　　则

第一条　为了加强非煤矿山外包工程的安全管理和监督，明确安全生产责任，防止和减少生产安全事故（以下简称事故），依据《中华人民共和国安全生产法》、《中华人民共和国矿山安全法》和其他有关法律、行政法规，制定本办法。

第二条　在依法批准的矿区范围内，以外包工程的方式从事金属非金属矿山的勘探、建设、生产、闭坑等工程施工作业活动，以及石油天然气的勘探、开发、储运等工程与技术服务活动的安全管理和监督，适用本办法。

从事非煤矿山各类房屋建筑及其附属设施的建造和安装，以及露天采矿场矿区范围以外地面交通建设的外包工程的安全管理和监督，不适用本办法。

第三条　非煤矿山外包工程（以下简称外包工程）的安全生产，由发包单位负主体责任，承包单位对其施工现场的安全生产负责。

外包工程有多个承包单位的，发包单位应当对多个承包单位的安全生产工作实施统一协调、管理，定期进行安全检查，发现安全问题的，应当及时督促整改。

第四条　承担外包工程的勘察单位、设计单位、监理单位、技术服务机构及其他有关单位应当依照法律、法规、规章和国家标准、行业标准的规定，履行各自的安全生产职责，承担相应的安全生产责任。

第五条　非煤矿山企业应当建立外包工程安全生产的激励和约束机制，提升非煤矿山外包工程安全生产管理水平。

第二章　发包单位的安全生产职责

第六条　发包单位应当依法设置安全生产管理机构或者配备专职安全生产管理人员，对外包工程的安全生产实施管理和监督。

发包单位不得擅自压缩外包工程合同约定的工期，不得违章指挥或者强令承包单位及其从业人员冒险作业。

发包单位应当依法取得非煤矿山安全生产许可证。

第七条　发包单位应当审查承包单位的非煤矿山安全生产许可证和相应资质，不得将外包工程发包给不具备安全生产许可证和相应资质的承包单位。

承包单位的项目部承担施工作业的，发包单位除审查承包单位的安全生产许可证和相应资质外，还应当审查项目部的安全生产管理机构、规章制度和操作规程、工程技术人员、主要设备设施、安全教育培训和负责人、安全生产管理人员、特种作业人员持证上岗等情况。

承担施工作业的项目部不符合本办法第二十一条规定的安全生产条件的，发包单位不得向该承包单位发包工程。

第八条　发包单位应当与承包单位签订安全生产管理协议，明确各自的安全生产管理职责。安全生产管理协议应当包括下列内容：

（一）安全投入保障；

（二）安全设施和施工条件；

（三）隐患排查与治理；

（四）安全教育与培训；

（五）事故应急救援；

（六）安全检查与考评；

（七）违约责任。

安全生产管理协议的文本格式由国家安全生产监督管理总局另行制定。

第九条 发包单位是外包工程安全投入的责任主体，应当按照国家有关规定和合同约定及时、足额向承包单位提供保障施工作业安全所需的资金，明确安全投入项目和金额，并监督承包单位落实到位。

对合同约定以外发生的隐患排查治理和地下矿山通风、支护、防治水等所需的费用，发包单位应当提供合同价款以外的资金，保障安全生产需要。

第十条 石油天然气总发包单位、分项发包单位以及金属非金属矿山总发包单位，应当每半年对其承包单位的施工资质、安全生产管理机构、规章制度和操作规程、施工现场安全管理和履行本办法第二十七条规定的信息报告义务等情况进行一次检查；发现承包单位存在安全生产问题的，应当督促其立即整改。

第十一条 金属非金属矿山分项发包单位，应当将承包单位及其项目部纳入本单位的安全管理体系，实行统一管理，重点加强对地下矿山领导带班下井、地下矿山从业人员出入井统计、特种作业人员、民用爆炸物品、隐患排查与治理、职业病防护等管理，并对外包工程的作业现场实施全过程监督检查。

第十二条 金属非金属矿山总发包单位对地下矿山一个生产系统进行分项发包的，承包单位原则上不得超过3家，避免相互影响生产、作业安全。

前款规定的发包单位在地下矿山正常生产期间，不得将主通风、主提升、供排水、供配电、主供风系统及其设备设施的运行管理进行分项发包。

第十三条 发包单位应当向承包单位进行外包工程的技术交底，按照合同约定向承包单位提供与外包工程安全生产相关的勘察、设计、风险评价、检测检验和应急救援等资料，并保证资料的真实性、完整性和有效性。

第十四条 发包单位应当建立健全外包工程安全生产考核机制，对承包单位每年至少进行一次安全生产考核。

第十五条 发包单位应当按照国家有关规定建立应急救援组织，编制本单位事故应急预案，并定期组织演练。

外包工程实行总发包的，发包单位应当督促总承包单位统一组织编制外包工程事故应急预案；实行分项发包的，发包单位应当将承包单位编制的外包工程现场应急处置方案纳入本单位应急预案体系，并定期组织演练。

第十六条 发包单位在接到外包工程事故报告后，应当立即启动相关事故应急预案，或者采取有效措施，组织抢救，防止事故扩大，并依照《生产安全事故报告和调查处理条例》的规定，立即如实地向事故发生地县级以上人民政府安全生产监督管理部门和负有安全生产监督管理职责的有关部门报告。

外包工程发生事故的，其事故数据纳入发包单位的统计范围。

发包单位和承包单位应当根据事故调查报告及其批复承担相应的事故责任。

第三章 承包单位的安全生产职责

第十七条 承包单位应当依照有关法律、法规、规章和国家标准、行业标准的规定，以及承包合同和安全生产管理协议的约定，组织施工作业，确保安全生产。

承包单位有权拒绝发包单位的违章指挥和强令冒险作业。

第十八条 外包工程实行总承包的，总承包单位对施工现场的安全生产负总责；分项承包单位按照分包合同的约定对总承包单位负责。总承包单位和分项承包单位对分包工程的安全生产承担连带责任。

总承包单位依法将外包工程分包给其他单位的，其外包工程的主体部分应当由总承包单位自行完成。

禁止承包单位转包其承揽的外包工程。禁止分项承包单位将其承揽的外包工程再次分包。

第十九条 承包单位应当依法取得非煤矿山安全生产许可证和相应等级的施工资质，并在其资质范围内承包工程。

承包金属非金属矿山建设和闭坑工程的资质等级，应当符合《建筑业企业资质等级标准》的规定。

承包金属非金属矿山生产、作业工程的资质等级，应当符合下列要求：

（一）总承包大型地下矿山工程和深凹露天、高陡边坡及地质条件复杂的大型露天矿山工程的，具备矿山工程施工总承包二级以上（含本级，下同）施工资质；

（二）总承包中型、小型地下矿山工程的，具备矿山工程施工总承包三级以上施工资质；

（三）总承包其他露天矿山工程和分项承包金属非金属矿山工程的，具备矿山工程施工总承包或者相关的专业承包资质，具体规定由省级人民政府安全生产监督管理部门制定。

承包尾矿库外包工程的资质,应当符合《尾矿库安全监督管理规定》。

承包金属非金属矿山地质勘探工程的资质等级,应当符合《金属与非金属矿产资源地质勘探安全生产监督管理暂行规定》。

承包石油天然气勘探、开发工程的资质等级,由国家安全生产监督管理总局或者国务院有关部门按照各自的管理权限确定。

第二十条　承包单位应当加强对所属项目部的安全管理,每半年至少进行一次安全生产检查,对项目部人员每年至少进行一次安全生产教育培训与考核。

禁止承包单位以转让、出租、出借资质证书等方式允许他人以本单位的名义承揽工程。

第二十一条　承包单位及其项目部应当根据承揽工程的规模和特点,依法健全安全生产责任体系,完善安全生产管理基本制度,设置安全生产管理机构,配备专职安全生产管理人员和有关工程技术人员。

承包地下矿山工程的项目部应当配备与工程施工作业相适应的专职工程技术人员,其中至少有1名注册安全工程师或者具有5年以上井下工作经验的安全生产管理人员。项目部具备初中以上文化程度的从业人员比例应当不低于50%。

项目部负责人应当取得安全生产管理人员安全资格证。承包地下矿山工程的项目部负责人不得同时兼任其他工程的项目部负责人。

第二十二条　承包单位应当依照法律、法规、规章的规定以及承包合同和安全生产管理协议的约定,及时将发包单位投入的安全资金落实到位,不得挪作他用。

第二十三条　承包单位应当依照有关规定制定施工方案,加强现场作业安全管理,及时发现并消除事故隐患,落实各项规章制度和安全操作规程。

承包单位发现事故隐患后应当立即治理;不能立即治理的应当采取必要的防范措施,并及时书面报告发包单位协商解决,消除事故隐患。

地下矿山工程承包单位及其项目部的主要负责人和领导班子其他成员应当严格依照《金属非金属地下矿山企业领导带班下井及监督检查暂行规定》执行带班下井制度。

第二十四条　承包单位应当接受发包单位组织的安全生产培训与指导,加强对本单位从业人员的安全生产教育和培训,保证从业人员掌握必需的安全生产知识和操作技能。

第二十五条　外包工程实行总承包的,总承包单位应当统一组织编制外包工程应急预案。总承包单位和分项承包单位应当按照国家有关规定和应急预案的要求,分别建立应急救援组织或者指定应急救援人员,配备救援设备设施和器材,并定期组织演练。

外包工程实行分项承包的,分项承包单位应当根据建设工程施工的特点、范围以及施工现场容易发生事故的部位和环节,编制现场应急处置方案,并配合发包单位定期进行演练。

第二十六条　外包工程发生事故后,事故现场有关人员应当立即向承包单位及项目部负责人报告。

承包单位及项目部负责人接到事故报告后,应当立即如实地向发包单位报告,并启动相应的应急预案,采取有效措施,组织抢救,防止事故扩大。

第二十七条　承包单位在登记注册地以外的省、自治区、直辖市从事施工作业的,应当向作业所在地的县级人民政府安全生产监督管理部门书面报告外包工程概况和本单位资质等级、主要负责人、安全生产管理人员、特种作业人员、主要安全设施设备等情况,并接受其监督检查。

第四章　监督管理

第二十八条　承包单位发生较大以上责任事故或者一年内发生三起以上一般事故的,事故发生地的省级人民政府安全生产监督管理部门应当向承包单位登记注册地的省级人民政府安全生产监督管理部门通报。

发生重大以上事故的,事故发生地省级人民政府安全生产监督管理部门应当邀请承包单位的安全生产许可证颁发机关参加事故调查处理工作。

第二十九条　安全生产监督管理部门应当加强对外包工程的安全生产监督检查,重点检查下列事项:

(一)发包单位非煤矿山安全生产许可证、安全生产管理协议、安全投入等情况;

(二)承包单位的施工资质、应当依法取得的非煤矿山安全生产许可证、安全投入落实、承包单位及其项目部的安全生产管理机构、技术力量配备、相关人员的安全资格和持证等情况;

(三)违法发包、转包、分项发包等行为。

第三十条　安全生产监督管理部门应当建立外包工程安全生产信息平台,将承包单位取得有关许可、施工资质和承揽工程、发生事故等情况载入承包单位安全生产业绩档案,实施安全生产信誉评定和公告制度。

第三十一条　外包工程发生事故的,事故数据应当纳入事故发生地的统计范围。

第五章 法律责任

第三十二条 发包单位违反本办法第六条的规定，违章指挥或者强令承包单位及其从业人员冒险作业的，责令改正，处1万元以上3万元以下的罚款；造成损失的，依法承担赔偿责任。

第三十三条 发包单位与承包单位、总承包单位与分项承包单位未依照本办法第八条规定签订安全生产管理协议的，责令限期改正，可以处5万元以下的罚款，对其直接负责的主管人员和其他直接责任人员可以处以1万元以下罚款；逾期未改正的，责令停产停业整顿。

第三十四条 有关发包单位有下列行为之一的，责令限期改正，给予警告，并处1万元以上3万元以下的罚款：

（一）违反本办法第十条、第十四条的规定，未对承包单位实施安全生产监督检查或者考核的；

（二）违反本办法第十一条的规定，未将承包单位及其项目部纳入本单位的安全管理体系，实行统一管理的；

（三）违反本办法第十三条的规定，未向承包单位进行外包工程技术交底，或者未按照合同约定向承包单位提供有关资料的。

第三十五条 对地下矿山实行分项发包的发包单位违反本办法第十二条的规定，在地下矿山正常生产期间，将主通风、主提升、供排水、供配电、主供风系统及其设备设施的运行管理进行分项发包的，责令限期改正，处2万元以上3万元以下罚款。

第三十六条 承包地下矿山工程的项目部负责人违反本办法第二十一条的规定，同时兼任其他工程的项目部负责人的，责令限期改正，处5000元以上1万元以下罚款。

第三十七条 承包单位违反本办法第二十二条的规定，将发包单位投入的安全资金挪作他用的，责令限期改正，给予警告，并处1万元以上3万元以下罚款。

承包单位未按照本办法第二十三条的规定排查治理事故隐患的，责令立即消除或者限期消除；承包单位拒不执行的，责令停产停业整顿，并处10万元以上50万元以下的罚款，对其直接负责的主管人员和其他直接责任人员处2万元以上5万元以下的罚款。

第三十八条 承包单位违反本办法第二十条规定对项目部疏于管理，未定期对项目部人员进行安全生产教育培训与考核或者未对项目部进行安全生产检查的，责令限期改正，可以处5万元以下的罚款；逾期未改正的，责令停产停业整顿，并处5万元以上10万元以下的罚款，对其直接负责的主管人员和其他直接责任人员处1万元以上2万元以下的罚款。

承包单位允许他人以本单位的名义承揽工程的，移送有关部门依法处理。

第三十九条 承包单位违反本办法第二十七条的规定，在登记注册的省、自治区、直辖市以外从事施工作业，未向作业所在地县级人民政府安全生产监督管理部门书面报告本单位取得有关许可和施工资质，以及所承包工程情况的，责令限期改正，处1万元以上3万元以下的罚款。

第四十条 安全生产监督管理部门的行政执法人员在外包工程安全监督管理过程中滥用职权、玩忽职守、徇私舞弊的，依照有关规定给予处分；构成犯罪的，依法追究刑事责任。

第四十一条 本办法规定的行政处罚，由县级人民政府以上安全生产监督管理部门实施。

有关法律、行政法规、规章对非煤矿山外包工程安全生产违法行为的行政处罚另有规定的，依照其规定。

第六章 附 则

第四十二条 本办法下列用语的含义：

（一）非煤矿山，是指金属矿、非金属矿、水气矿和除煤矿以外的能源矿，以及石油天然气管道储运（不含成品油管道）及其附属设施的总称；

（二）金属非金属矿山，是指金属矿、非金属矿、水气矿和除煤矿、石油天然气以外的能源矿，以及选矿厂、尾矿库、排土场等矿山附属设施的总称；

（三）外包工程，是指发包单位与本单位以外的承包单位签订合同，由承包单位承揽与矿产资源开采活动有关的工程、作业活动或者技术服务项目；

（四）发包单位，是指将矿产资源开采活动有关的工程、作业活动或者技术服务项目，发包给外单位施工的非煤矿山企业；

（五）分项发包，是指发包单位将矿产资源开采活动有关的工程、作业活动或者技术服务项目，分为若干部分发包给若干承包单位进行施工的行为；

（六）总承包单位，是指整体承揽矿产资源开采活动或者独立生产系统的所有工程、作业活动或者技术服务项目的承包单位；

（七）承包单位，是指承揽矿产资源开采活动有关的工程、作业活动或者技术服务项目的单位；

（八）项目部，是指承包单位在承揽工程所在地设立的，负责其所承揽工程施工的管理机构；

（九）生产期间，是指新建矿山正式投入生产后或者矿山改建、扩建时仍然进行生产,并规模出产矿产品的时期。

第四十三条　省、自治区、直辖市人民政府安全生产监督管理部门可以根据本办法制定实施细则,并报国家安全生产监督管理总局备案。

第四十四条　本办法自2013年10月1日起施行。

尾矿库安全监督管理规定

1. 2011年5月4日国家安全生产监督管理总局令第38号公布
2. 根据2015年5月26日国家安全生产监督管理总局令第78号《关于废止和修改非煤矿矿山领域九部规章的决定》修正

第一章　总　　则

第一条　为了预防和减少尾矿库生产安全事故,保障人民群众生命和财产安全,根据《安全生产法》、《矿山安全法》等有关法律、行政法规,制定本规定。

第二条　尾矿库的建设、运行、回采、闭库及其安全管理与监督工作,适用本规定。

核工业矿山尾矿库、电厂灰渣库的安全监督管理工作,不适用本规定。

第三条　尾矿库建设、运行、回采、闭库的安全技术要求以及尾矿库等别划分标准,按照《尾矿库安全技术规程》(AQ 2006－2005)执行。

第四条　尾矿库生产经营单位(以下简称生产经营单位)应当建立健全尾矿库安全生产责任制,建立健全安全生产规章制度和安全技术操作规程,对尾矿库实施有效的安全管理。

第五条　生产经营单位应当保证尾矿库具备安全生产条件所必需的资金投入,建立相应的安全管理机构或者配备相应的安全管理人员、专业技术人员。

第六条　生产经营单位主要负责人和安全管理人员应当依照有关规定经培训考核合格并取得安全资格证书。

直接从事尾矿库放矿、筑坝、巡坝、排洪和排渗设施操作的作业人员必须取得特种作业操作证书,方可上岗作业。

第七条　国家安全生产监督管理总局负责在国务院规定的职责范围内对有关尾矿库建设项目进行安全设施设计审查。

前款规定以外的其他尾矿库建设项目安全设施设计审查,由省级安全生产监督管理部门按照分级管理的原则作出规定。

第八条　鼓励生产经营单位应用尾矿库在线监测、尾矿充填、干式排尾、尾矿综合利用等先进适用技术。

一等、二等、三等尾矿库应当安装在线监测系统。

鼓励生产经营单位将尾矿回采再利用后进行回填。

第二章　尾矿库建设

第九条　尾矿库建设项目包括新建、改建、扩建以及回采、闭库的尾矿库建设工程。

尾矿库建设项目安全设施设计审查与竣工验收应当符合有关法律、行政法规的规定。

第十条　尾矿库的勘察单位应当具有矿山工程或者岩土工程类勘察资质。设计单位应当具有金属非金属矿山工程设计资质。安全评价单位应当具有尾矿库评价资质。施工单位应当具有矿山工程施工资质。施工监理单位应当具有矿山工程监理资质。

尾矿库的勘察、设计、安全评价、施工、监理等单位除符合前款规定外,还应当按照尾矿库的等别符合下列规定:

(一)一等、二等、三等尾矿库建设项目,其勘察、设计、安全评价、监理单位具有甲级资质,施工单位具有总承包一级或者特级资质;

(二)四等、五等尾矿库建设项目,其勘察、设计、安全评价、监理单位具有乙级或者乙级以上资质,施工单位具有总承包三级或者三级以上资质,或者专业承包一级、二级资质。

第十一条　尾矿库建设项目应当进行安全设施设计,对尾矿库库址及尾矿坝稳定性、尾矿库防洪能力、排洪设施和安全观测设施的可靠性进行充分论证。

第十二条　尾矿库库址应当由设计单位根据库容、坝高、库区地形条件、水文地质、气象、下游居民区和重要工业构筑物等情况,经科学论证后,合理确定。

第十三条　尾矿库建设项目应当进行安全设施设计并经安全生产监督管理部门审查批准后方可施工。无安全设施设计或者安全设施设计未经审查批准的,不得施工。

严禁未经设计并审查批准擅自加高尾矿库坝体。

第十四条　尾矿库施工应当执行有关法律、行政法规和国家标准、行业标准的规定,严格按照设计施工,确保工程质量,并做好施工记录。

生产经营单位应当建立尾矿库工程档案和日常管理档案,特别是隐蔽工程档案、安全检查档案和隐患排查治理档案,并长期保存。

第十五条　施工中需要对设计进行局部修改的,应当经原设计单位同意;对涉及尾矿库库址、等别、排洪方式、尾矿坝坝型等重大设计变更的，应当报原审批部门批准。

第十六条 尾矿库建设项目安全设施试运行应当向安全生产监督管理部门书面报告，试运行时间不得超过6个月，且尾砂排放不得超过初期坝坝顶标高。试运行结束后，建设单位应当组织安全设施竣工验收，并形成书面报告备查。

安全生产监督管理部门应当加强对建设单位验收活动和验收结果的监督核查。

第十七条 尾矿库建设项目安全设施经验收合格后，生产经营单位应当及时按照《非煤矿矿山企业安全生产许可证实施办法》的有关规定，申请尾矿库安全生产许可证。未依法取得安全生产许可证的尾矿库，不得投入生产运行。

生产经营单位在申请尾矿库安全生产许可证时，对于验收申请时已提交的符合颁证条件的文件、资料可以不再提交；安全生产监督管理部门在审核颁发安全生产许可证时，可以不再审查。

第三章 尾矿库运行

第十八条 对生产运行的尾矿库，未经技术论证和安全生产监督管理部门的批准，任何单位和个人不得对下列事项进行变更：

（一）筑坝方式；

（二）排放方式；

（三）尾矿物化特性；

（四）坝型、坝外坡坡比、最终堆积标高和最终坝轴线的位置；

（五）坝体防渗、排渗及反滤层的设置；

（六）排洪系统的型式、布置及尺寸；

（七）设计以外的尾矿、废料或者废水进库等。

第十九条 尾矿库应当每三年至少进行一次安全现状评价。安全现状评价应当符合国家标准或者行业标准的要求。

尾矿库安全现状评价工作应当有能够进行尾矿坝稳定性验算、尾矿库水文计算、构筑物计算的专业技术人员参加。

上游式尾矿坝堆积至二分之一至三分之二最终设计坝高时，应当对坝体进行一次全面勘察，并进行稳定性专项评价。

第二十条 尾矿库经安全现状评价或者专家论证被确定为危库、险库和病库的，生产经营单位应当分别采取下列措施：

（一）确定为危库的，应当立即停产，进行抢险，并向尾矿库所在地县级人民政府、安全生产监督管理部门和上级主管单位报告；

（二）确定为险库的，应当立即停产，在限定的时间内消除险情，并向尾矿库所在地县级人民政府、安全生产监督管理部门和上级主管单位报告；

（三）确定为病库的，应当在限定的时间内按照正常库标准进行整治，消除事故隐患。

第二十一条 生产经营单位应当建立健全防汛责任制，实施24小时监测监控和值班值守，并针对可能发生的垮坝、漫顶、排洪设施损毁等生产安全事故和影响尾矿库运行的洪水、泥石流、山体滑坡、地震等重大险情制定并及时修订应急救援预案，配备必要的应急救援器材、设备，放置在便于应急时使用的地方。

应急预案应当按照规定报相应的安全生产监督管理部门备案，并每年至少进行一次演练。

第二十二条 生产经营单位应当编制尾矿库年度、季度作业计划，严格按照作业计划生产运行，做好记录并长期保存。

第二十三条 生产经营单位应当建立尾矿库事故隐患排查治理制度，按照本规定和《尾矿库安全技术规程》的规定，及时发现并消除事故隐患。事故隐患排查治理情况应当如实记录，建立隐患排查治理档案，并向从业人员通报。

第二十四条 尾矿库出现下列重大险情之一的，生产经营单位应当按照安全监管权限和职责立即报告当地县级安全生产监督管理部门和人民政府，并启动应急预案，进行抢险：

（一）坝体出现严重的管涌、流土等现象的；

（二）坝体出现严重裂缝、坍塌和滑动迹象的；

（三）库内水位超过限制的最高洪水位的；

（四）在用排水井倒塌或者排水管（洞）坍塌堵塞的；

（五）其他危及尾矿库安全的重大险情。

第二十五条 尾矿库发生坝体坍塌、洪水漫顶等事故时，生产经营单位应当立即启动应急预案，进行抢险，防止事故扩大，避免和减少人员伤亡及财产损失，并立即报告当地县级安全生产监督管理部门和人民政府。

第二十六条 未经生产经营单位进行技术论证并同意，以及尾矿库建设项目安全设施设计原审批部门批准，任何单位和个人不得在库区从事爆破、采砂、地下采矿等危害尾矿库安全的作业。

第四章 尾矿库回采和闭库

第二十七条 尾矿回采再利用工程应当进行回采勘察、

安全预评价和回采设计,回采设计应当包括安全设施设计,并编制安全专篇。

回采安全设施设计应当报安全生产监督管理部门审查批准。

生产经营单位应当按照回采设计实施尾矿回采,并在尾矿回采期间进行日常安全管理和检查,防止尾矿回采作业对尾矿坝安全造成影响。

尾矿全部回采后不再进行排尾作业的,生产经营单位应当及时报安全生产监督管理部门履行尾矿库注销手续。具体办法由省级安全生产监督管理部门制定。

第二十八条 尾矿库运行到设计最终标高或者不再进行排尾作业的,应当在一年内完成闭库。特殊情况不能按期完成闭库的,应当报经相应的安全生产监督管理部门同意后方可延期,但延长期限不得超过6个月。

库容小于10万立方米且总坝高低于10米的小型尾矿库闭库程序,由省级安全生产监督管理部门根据本地实际制定。

第二十九条 尾矿库运行到设计最终标高的前12个月内,生产经营单位应当进行闭库前的安全现状评价和闭库设计,闭库设计应当包括安全设施设计。

闭库安全设施设计应当经有关安全生产监督管理部门审查批准。

第三十条 尾矿库闭库工程安全设施验收,应当具备下列条件:

(一)尾矿库已停止使用;

(二)尾矿库闭库工程安全设施设计已经有关安全生产监督管理部门审查批准;

(三)有完备的闭库工程安全设施施工记录、竣工报告、竣工图和施工监理报告等;

(四)法律、行政法规和国家标准、行业标准规定的其他条件。

第三十一条 尾矿库闭库工程安全设施验收应当审查下列内容及资料:

(一)尾矿库库址所在行政区域位置、占地面积及尾矿库下游村庄、居民等情况;

(二)尾矿库建设和运行时间以及在建设和运行中曾经出现过的重大问题及其处理措施;

(三)尾矿库主要技术参数,包括初期坝结构、筑坝材料、堆坝方式、坝高、总库容、尾矿坝外坡坡比、尾矿粒度、尾矿堆积量、防洪排水型式等;

(四)闭库工程安全设施设计及审批文件;

(五)闭库工程安全设施设计的主要工程措施和闭库工程施工概况;

(六)闭库工程安全验收评价报告;

(七)闭库工程安全设施竣工报告及竣工图;

(八)施工监理报告;

(九)其他相关资料。

第三十二条 尾矿库闭库工作及闭库后的安全管理由原生产经营单位负责。对解散或者关闭破产的生产经营单位,其已关闭或者废弃的尾矿库的管理工作,由生产经营单位出资人或其上级主管单位负责;无上级主管单位或者出资人不明确的,由安全生产监督管理部门提请县级以上人民政府指定管理单位。

第五章 监督管理

第三十三条 安全生产监督管理部门应当严格按照有关法律、行政法规、国家标准、行业标准以及本规定要求和"分级属地"的原则,进行尾矿库建设项目安全设施设计审查;不符合规定条件的,不得批准。审查不得收取费用。

第三十四条 安全生产监督管理部门应当建立本行政区域内尾矿库安全生产监督检查档案,记录监督检查结果、生产安全事故及违法行为查处等情况。

第三十五条 安全生产监督管理部门应当加强对尾矿库生产经营单位安全生产的监督检查,对检查中发现的事故隐患和违法违规生产行为,依法作出处理。

第三十六条 安全生产监督管理部门应当建立尾矿库安全生产举报制度,公开举报电话、信箱或者电子邮件地址,受理有关举报;对受理的举报,应当认真调查核实;经查证属实的,应当依法作出处理。

第三十七条 安全生产监督管理部门应当加强本行政区域内生产经营单位应急预案的备案管理,并将尾矿库事故应急救援纳入地方各级人民政府应急救援体系。

第六章 法律责任

第三十八条 安全生产监督管理部门的工作人员,未依法履行尾矿库安全监督管理职责的,依照有关规定给予行政处分。

第三十九条 生产经营单位或者尾矿库管理单位违反本规定第八条第二款、第十九条、第二十条、第二十一条、第二十二条、第二十四条、第二十六条、第二十九条第一款规定的,给予警告,并处1万元以上3万元以下的罚款;对主管人员和直接责任人员由其所在单位或者上级主管单位给予行政处分;构成犯罪的,依法追究刑事责任。

生产经营单位或者尾矿库管理单位违反本规定第

二十三条规定的，依照《安全生产法》实施处罚。

第四十条 生产经营单位或者尾矿库管理单位违反本规定第十八条规定的，给予警告，并处3万元的罚款；情节严重的，依法责令停产整顿或者提请县级以上地方人民政府按照规定权限予以关闭。

第四十一条 生产经营单位违反本规定第二十八条第一款规定不主动实施闭库的，给予警告，并处3万元的罚款。

第四十二条 本规定规定的行政处罚由安全生产监督管理部门决定。

法律、行政法规对行政处罚决定机关和处罚种类、幅度另有规定的，依照其规定。

第七章 附 则

第四十三条 本规定自2011年7月1日起施行。国家安全生产监督管理总局2006年公布的《尾矿库安全监督管理规定》（国家安全生产监督管理总局令第6号）同时废止。

4.其　他

中华人民共和国工业产品生产许可证管理条例

1. 2005年7月9日国务院令第440号公布
2. 自2005年9月1日起施行

第一章　总　　则

第一条　为了保证直接关系公共安全、人体健康、生命财产安全的重要工业产品的质量安全,贯彻国家产业政策,促进社会主义市场经济健康、协调发展,制定本条例。

第二条　国家对生产下列重要工业产品的企业实行生产许可证制度:

(一)乳制品、肉制品、饮料、米、面、食用油、酒类等直接关系人体健康的加工食品;

(二)电热毯、压力锅、燃气热水器等可能危及人身、财产安全的产品;

(三)税控收款机、防伪验钞仪、卫星电视广播地面接收设备、无线广播电视发射设备等关系金融安全和通信质量安全的产品;

(四)安全网、安全帽、建筑扣件等保障劳动安全的产品;

(五)电力铁塔、桥梁支座、铁路工业产品、水工金属结构、危险化学品及其包装物、容器等影响生产安全、公共安全的产品;

(六)法律、行政法规要求依照本条例的规定实行生产许可证管理的其他产品。

第三条　国家实行生产许可证制度的工业产品目录(以下简称目录)由国务院工业产品生产许可证主管部门会同国务院有关部门制定,并征求消费者协会和相关产品行业协会的意见,报国务院批准后向社会公布。

工业产品的质量安全通过消费者自我判断、企业自律和市场竞争能够有效保证的,不实行生产许可证制度。

工业产品的质量安全通过认证认可制度能够有效保证的,不实行生产许可证制度。

国务院工业产品生产许可证主管部门会同国务院有关部门适时对目录进行评价、调整和逐步缩减,报国务院批准后向社会公布。

第四条　在中华人民共和国境内生产、销售或者在经营活动中使用列入目录产品的,应当遵守本条例。

列入目录产品的进出口管理依照法律、行政法规和国家有关规定执行。

第五条　任何企业未取得生产许可证不得生产列入目录的产品。任何单位和个人不得销售或者在经营活动中使用未取得生产许可证的列入目录的产品。

第六条　国务院工业产品生产许可证主管部门依照本条例负责全国工业产品生产许可证统一管理工作,县级以上地方工业产品生产许可证主管部门负责本行政区域内的工业产品生产许可证管理工作。

国家对实行工业产品生产许可证制度的工业产品,统一目录,统一审查要求,统一证书标志,统一监督管理。

第七条　工业产品生产许可证管理,应当遵循科学公正、公开透明、程序合法、便民高效的原则。

第八条　县级以上工业产品生产许可证主管部门及其人员、检验机构和检验人员,对所知悉的国家秘密和商业秘密负有保密义务。

第二章　申请与受理

第九条　企业取得生产许可证,应当符合下列条件:

(一)有营业执照;

(二)有与所生产产品相适应的专业技术人员;

(三)有与所生产产品相适应的生产条件和检验检疫手段;

(四)有与所生产产品相适应的技术文件和工艺文件;

(五)有健全有效的质量管理制度和责任制度;

(六)产品符合有关国家标准、行业标准以及保障人体健康和人身、财产安全的要求;

(七)符合国家产业政策的规定,不存在国家明令淘汰和禁止投资建设的落后工艺、高耗能、污染环境、浪费资源的情况。

法律、行政法规有其他规定的,还应当符合其规定。

第十条　国务院工业产品生产许可证主管部门依照本条例第九条规定的条件,根据工业产品的不同特性,制定并发布取得列入目录产品生产许可证的具体要求;需要对列入目录产品生产许可证的具体要求作特殊规定的,应当会同国务院有关部门制定并发布。

制定列入目录产品生产许可证的具体要求,应当征求消费者协会和相关产品行业协会的意见。

第十一条　企业生产列入目录的产品，应当向企业所在地的省、自治区、直辖市工业产品生产许可证主管部门申请取得生产许可证。

企业正在生产的产品被列入目录的，应当在国务院工业产品生产许可证主管部门规定的时间内申请取得生产许可证。

企业的申请可以通过信函、电报、电传、传真、电子数据交换和电子邮件等方式提出。

第十二条　省、自治区、直辖市工业产品生产许可证主管部门收到企业的申请后，应当依照《中华人民共和国行政许可法》的有关规定办理。

第十三条　省、自治区、直辖市工业产品生产许可证主管部门以及其他任何单位不得另行附加任何条件，限制企业申请取得生产许可证。

第三章　审查与决定

第十四条　省、自治区、直辖市工业产品生产许可证主管部门受理企业申请后，应当组织对企业进行审查。依照列入目录产品生产许可证的具体要求，应当由国务院工业产品生产许可证主管部门组织对企业进行审查的，省、自治区、直辖市工业产品生产许可证主管部门应当自受理企业申请之日起5日内将全部申请材料报送国务院工业产品生产许可证主管部门。

对企业的审查包括对企业的实地核查和对产品的检验。

第十五条　对企业进行实地核查，国务院工业产品生产许可证主管部门或者省、自治区、直辖市工业产品生产许可证主管部门应当指派2至4名核查人员，企业应当予以配合。

第十六条　核查人员经国务院工业产品生产许可证主管部门组织考核合格，取得核查人员证书，方可从事相应的核查工作。

第十七条　核查人员依照本条例第九条规定的条件和列入目录产品生产许可证的具体要求对企业进行实地核查。

核查人员对企业进行实地核查，不得刁难企业，不得索取、收受企业的财物，不得谋取其他不当利益。

第十八条　国务院工业产品生产许可证主管部门或者省、自治区、直辖市工业产品生产许可证主管部门应当自受理企业申请之日起30日内将对企业实地核查的结果书面告知企业。核查不合格的，应当说明理由。

第十九条　企业经实地核查合格的，应当及时进行产品检验。需要送样检验的，核查人员应当封存样品，并告知企业在7日内将该样品送达具有相应资质的检验机构。需要现场检验的，由核查人员通知检验机构进行现场检验。

第二十条　检验机构应当依照国家有关标准、要求进行产品检验，在规定时间内完成检验工作。

检验机构和检验人员应当客观、公正、及时地出具检验报告。检验报告经检验人员签字后，由检验机构负责人签署。检验机构和检验人员对检验报告负责。

第二十一条　检验机构和检验人员进行产品检验，应当遵循诚信原则和方便企业的原则，为企业提供可靠、便捷的检验服务，不得拖延，不得刁难企业。

第二十二条　检验机构和检验人员不得从事与其检验的列入目录产品相关的生产、销售活动，不得以其名义推荐或者监制、监销其检验的列入目录产品。

第二十三条　由省、自治区、直辖市工业产品生产许可证主管部门组织对企业进行审查的，省、自治区、直辖市工业产品生产许可证主管部门应当在完成审查后将审查意见和全部申请材料报送国务院工业产品生产许可证主管部门。

第二十四条　自受理企业申请之日起60日内，国务院工业产品生产许可证主管部门应当作出是否准予许可的决定，作出准予许可决定的，国务院工业产品生产许可证主管部门应当自作出决定之日起10日内向企业颁发工业产品生产许可证证书（以下简称许可证证书）；作出不准予许可决定的，国务院工业产品生产许可证主管部门应当书面通知企业，并说明理由。

检验机构进行产品检验所需时间不计入前款规定的期限。

国务院工业产品生产许可证主管部门应当将作出的相关产品准予许可的决定及时通报国务院发展改革部门、国务院卫生主管部门、国务院工商行政管理部门等有关部门。

第二十五条　生产许可证有效期为5年，但是，食品加工企业生产许可证的有效期为3年。生产许可证有效期届满，企业继续生产的，应当在生产许可证有效期届满6个月前向所在地省、自治区、直辖市工业产品生产许可证主管部门提出换证申请。国务院工业产品生产许可证主管部门或者省、自治区、直辖市工业产品生产许可证主管部门应当依照本条例规定的程序对企业进行审查。

第二十六条　在生产许可证有效期内，产品的有关标准、要求发生改变的，国务院工业产品生产许可证主管部门或者省、自治区、直辖市工业产品生产许可证主管部门可以依照本条例的规定重新组织核查和检验。

在生产许可证有效期内,企业生产条件、检验手段、生产技术或者工艺发生变化的,企业应当及时向所在地省、自治区、直辖市工业产品生产许可证主管部门提出申请,国务院工业产品生产许可证主管部门或者省、自治区、直辖市工业产品生产许可证主管部门应当依照本条例的规定重新组织核查和检验。

第二十七条　国务院工业产品生产许可证主管部门认为需要听证的涉及公共利益的重大许可事项,应当向社会公告,并举行听证。

国务院工业产品生产许可证主管部门作出的准予许可的决定应当向社会公布。

国务院工业产品生产许可证主管部门和省、自治区、直辖市工业产品生产许可证主管部门应当将办理生产许可证的有关材料及时归档,公众有权查阅。

第四章　证书和标志

第二十八条　许可证证书分为正本和副本。许可证证书应当载明企业名称和住所、生产地址、产品名称、证书编号、发证日期、有效期等相关内容。

许可证证书格式由国务院工业产品生产许可证主管部门规定。

第二十九条　企业名称发生变化的,企业应当及时向企业所在地的省、自治区、直辖市工业产品生产许可证主管部门提出申请,办理变更手续。

第三十条　企业应当妥善保管许可证证书,许可证证书遗失或者损毁,应当申请补领,企业所在地的省、自治区、直辖市工业产品生产许可证主管部门应当及时受理申请,办理补领手续。

第三十一条　在生产许可证有效期内,企业不再从事列入目录产品的生产活动的,应当办理生产许可证注销手续。企业不办理生产许可证注销手续的,国务院工业产品生产许可证主管部门应当注销其生产许可证并向社会公告。

第三十二条　生产许可证的标志和式样由国务院工业产品生产许可证主管部门规定并公布。

第三十三条　企业必须在其产品或者包装、说明书上标注生产许可证标志和编号。

裸装食品和其他根据产品的特点难以标注标志的裸装产品,可以不标注生产许可证标志和编号。

第三十四条　销售和在经营活动中使用列入目录产品的企业,应当查验产品的生产许可证标志和编号。

第三十五条　任何单位和个人不得伪造、变造许可证证书、生产许可证标志和编号。取得生产许可证的企业不得出租、出借或者以其他形式转让许可证证书和生产许可证标志。

第五章　监督检查

第三十六条　国务院工业产品生产许可证主管部门和县级以上地方工业产品生产许可证主管部门依照本条例规定负责对生产列入目录产品的企业以及核查人员、检验机构及其检验人员的相关活动进行监督检查。

国务院工业产品生产许可证主管部门对县级以上地方工业产品生产许可证主管部门的生产许可证管理工作进行监督。

第三十七条　县级以上工业产品生产许可证主管部门根据已经取得的违法嫌疑证据或者举报,对涉嫌违反本条例的行为进行查处并可以行使下列职权:

(一)向有关生产、销售或者在经营活动中使用列入目录产品的单位和检验机构的法定代表人、主要负责人和其他有关人员调查、了解有关涉嫌从事违反本条例活动的情况;

(二)查阅、复制有关生产、销售或者在经营活动中使用列入目录产品的单位和检验机构的有关合同、发票、账簿以及其他有关资料;

(三)对有证据表明属于违反本条例生产、销售或者在经营活动中使用的列入目录产品予以查封或者扣押。

县级以上工商行政管理部门依法对涉嫌违反本条例规定的行为进行查处时,也可以行使前款规定的职权。

第三十八条　企业应当保证产品质量稳定合格,并定期向省、自治区、直辖市工业产品生产许可证主管部门提交报告。企业对报告的真实性负责。

第三十九条　国务院工业产品生产许可证主管部门和县级以上地方工业产品生产许可证主管部门应当对企业实施定期或者不定期的监督检查。需要对产品进行检验的,应当依照《中华人民共和国产品质量法》的有关规定进行。

实施监督检查或者对产品进行检验应当有 2 名以上工作人员参加并应当出示有效证件。

第四十条　国务院工业产品生产许可证主管部门和县级以上地方工业产品生产许可证主管部门对企业实施监督检查,不得妨碍企业的正常生产经营活动,不得索取或者收受企业的财物或者谋取其他利益。

第四十一条　国务院工业产品生产许可证主管部门和县级以上地方工业产品生产许可证主管部门依法对企业进行监督检查时,应当对监督检查的情况和处理结果予以记录,由监督检查人员签字后归档。公众有权查阅监督检查记录。

第四十二条 国务院工业产品生产许可证主管部门应当通过查阅检验报告、检验结论对比等方式,对检验机构的检验过程和检验报告是否客观、公正、及时进行监督检查。

第四十三条 核查人员、检验机构及其检验人员刁难企业的,企业有权向国务院工业产品生产许可证主管部门和县级以上地方工业产品生产许可证主管部门投诉。国务院工业产品生产许可证主管部门和县级以上地方工业产品生产许可证主管部门接到投诉,应当及时进行调查处理。

第四十四条 任何单位和个人对违反本条例的行为,有权向国务院工业产品生产许可证主管部门和县级以上地方工业产品生产许可证主管部门举报。国务院工业产品生产许可证主管部门和县级以上地方工业产品生产许可证主管部门接到举报,应当及时调查处理,并为举报人保密。

第六章 法律责任

第四十五条 企业未依照本条例规定申请取得生产许可证而擅自生产列入目录产品的,由工业产品生产许可证主管部门责令停止生产,没收违法生产的产品,处违法生产产品货值金额等值以上3倍以下的罚款;有违法所得的,没收违法所得;构成犯罪的,依法追究刑事责任。

第四十六条 取得生产许可证的企业生产条件、检验手段、生产技术或者工艺发生变化,未依照本条例规定办理重新审查手续的,责令停止生产、销售,没收违法生产、销售的产品,并限期办理相关手续;逾期仍未办理的,处违法生产、销售产品(包括已售出和未售出的产品,下同)货值金额3倍以下的罚款;有违法所得的,没收违法所得;构成犯罪的,依法追究刑事责任。

取得生产许可证的企业名称发生变化,未依照本条例规定办理变更手续的,责令限期办理相关手续;逾期仍未办理的,责令停止生产、销售,没收违法生产、销售的产品,并处违法生产、销售产品货值金额等值以下的罚款;有违法所得的,没收违法所得。

第四十七条 取得生产许可证的企业未依照本条例规定在产品、包装或者说明书上标注生产许可证标志和编号的,责令限期改正;逾期仍未改正的,处违法生产、销售产品货值金额30%以下的罚款;有违法所得的,没收违法所得;情节严重的,吊销生产许可证。

第四十八条 销售或者在经营活动中使用未取得生产许可证的列入目录产品的,责令改正,处5万元以上20万元以下的罚款;有违法所得的,没收违法所得;构成犯罪的,依法追究刑事责任。

第四十九条 取得生产许可证的企业出租、出借或者转让许可证证书、生产许可证标志和编号的,责令限期改正,处20万元以下的罚款;情节严重的,吊销生产许可证。违法接受并使用他人提供的许可证证书、生产许可证标志和编号的,责令停止生产、销售,没收违法生产、销售的产品,处违法生产、销售产品货值金额等值以上3倍以下的罚款;有违法所得的,没收违法所得;构成犯罪的,依法追究刑事责任。

第五十条 擅自动用、调换、转移、损毁被查封、扣押财物的,责令改正,处被动用、调换、转移、损毁财物价值5%以上20%以下的罚款;拒不改正的,处被动用、调换、转移、损毁财物价值1倍以上3倍以下的罚款。

第五十一条 伪造、变造许可证证书、生产许可证标志和编号的,责令改正,没收违法生产、销售的产品,并处违法生产、销售产品货值金额等值以上3倍以下的罚款;有违法所得的,没收违法所得;构成犯罪的,依法追究刑事责任。

第五十二条 企业用欺骗、贿赂等不正当手段取得生产许可证的,由工业产品生产许可证主管部门处20万元以下的罚款,并依照《中华人民共和国行政许可法》的有关规定作出处理。

第五十三条 取得生产许可证的企业未依照本条例规定定期向省、自治区、直辖市工业产品生产许可证主管部门提交报告的,由省、自治区、直辖市工业产品生产许可证主管部门责令限期改正;逾期未改正的,处5000元以下的罚款。

第五十四条 取得生产许可证的产品经产品质量国家监督抽查或者省级监督抽查不合格的,由工业产品生产许可证主管部门责令限期改正;到期复查仍不合格的,吊销生产许可证。

第五十五条 企业被吊销生产许可证的,在3年内不得再次申请同一列入目录产品的生产许可证。

第五十六条 承担发证产品检验工作的检验机构伪造检验结论或者出具虚假证明的,由工业产品生产许可证主管部门责令改正,对单位处5万元以上20万元以下的罚款,对直接负责的主管人员和其他直接责任人员处1万元以上5万元以下的罚款;有违法所得的,没收违法所得;情节严重的,撤销其检验资格;构成犯罪的,依法追究刑事责任。

第五十七条 检验机构和检验人员从事与其检验的列入目录产品相关的生产、销售活动,或者以其名义推荐或者监制、监销其检验的列入目录产品的,由工业产品生产许可证主管部门处2万元以上10万元以下的罚款;有违法所得的,没收违法所得;情节严重的,撤销其检验资格。

第五十八条　检验机构和检验人员利用检验工作刁难企业,由工业产品生产许可证主管部门责令改正;拒不改正的,撤销其检验资格。

第五十九条　县级以上地方工业产品生产许可证主管部门违反本条例规定,对列入目录产品以外的工业产品设定生产许可的,由国务院工业产品生产许可证主管部门责令改正,或者依法予以撤销。

第六十条　工业产品生产许可证主管部门及其工作人员违反本条例的规定,有下列情形之一的,由其上级行政机关或者监察机关责令改正;情节严重的,对直接负责的主管人员和其他直接责任人员依法给予行政处分:

(一)对符合本条例规定的条件的申请不予受理的;

(二)不在办公场所公示依法应当公示的材料的;

(三)在受理、审查、决定过程中,未向申请人、利害关系人履行法定告知义务的;

(四)申请人提交的申请材料不齐全、不符合法定形式,不一次告知申请人必须补正的全部内容的;

(五)未依法说明不受理申请或者不予许可的理由的;

(六)依照本条例和《中华人民共和国行政许可法》应当举行听证而不举行听证的。

第六十一条　工业产品生产许可证主管部门的工作人员办理工业产品生产许可证、实施监督检查,索取或者收受他人财物或者谋取其他利益,构成犯罪的,依法追究刑事责任;尚不构成犯罪的,依法给予行政处分。

第六十二条　工业产品生产许可证主管部门有下列情形之一的,由其上级行政机关、监察机关或者有关机关责令改正,依法处理;对直接负责的主管人员和其他直接责任人员依法给予降级或者撤职的行政处分;构成犯罪的,依法追究刑事责任:

(一)对不符合本条例规定条件的申请人准予许可或者超越法定职权作出准予许可决定的;

(二)对符合本条例规定条件的申请人不予许可或者不在法定期限内作出准予许可决定的;

(三)发现未依照本条例规定申请取得生产许可证擅自生产列入目录产品,不及时依法查处的;

(四)发现检验机构的检验报告、检验结论严重失实,不及时依法查处的;

(五)违反法律、行政法规或者本条例的规定,乱收费的。

第六十三条　工业产品生产许可证主管部门违法实施许可,给当事人的合法权益造成损害的,应当依照《中华人民共和国国家赔偿法》的规定给予赔偿。

第六十四条　工业产品生产许可证主管部门不依法履行监督职责或者监督不力,造成严重后果的,由其上级行政机关或者监察机关责令改正,对直接负责的主管人员和其他直接责任人员依法给予行政处分;构成犯罪的,依法追究刑事责任。

第六十五条　本条例规定的吊销生产许可证的行政处罚由工业产品生产许可证主管部门决定。工业产品生产许可证主管部门应当将作出的相关产品吊销生产许可证的行政处罚决定及时通报发展改革部门、卫生主管部门、工商行政管理部门等有关部门。

本条例第四十六条至第五十一条规定的行政处罚由工业产品生产许可证主管部门或者工商行政管理部门依照国务院规定的职权范围决定。法律、行政法规对行使行政处罚权的机关另有规定的,依照有关法律、行政法规的规定执行。

第七章　附　　则

第六十六条　法律、行政法规对工业产品管理另有规定的,从其规定。

第六十七条　国务院工业产品生产许可证主管部门和省、自治区、直辖市工业产品生产许可证主管部门办理工业产品生产许可证的收费项目依照国务院财政部门、价格主管部门的有关规定执行,工业产品生产许可证的收费标准依照国务院价格主管部门、财政部门的有关规定执行,并应当公开透明;所收取的费用必须全部上缴国库,不得截留、挪用、私分或者变相私分。财政部门不得以任何形式向其返还或者变相返还所收取的费用。

第六十八条　根据需要,省、自治区、直辖市工业产品生产许可证主管部门可以负责部分列入目录产品的生产许可证审查发证工作,具体办法由国务院工业产品生产许可证主管部门另行制定。

第六十九条　个体工商户生产或者销售列入目录产品的,依照本条例的规定执行。

第七十条　本条例自2005年9月1日起施行。国务院1984年4月7日发布的《工业产品生产许可证试行条例》同时废止。

小型露天采石场安全管理与监督检查规定

1. 2011年5月4日国家安全生产监督管理总局令第39号公布
2. 根据2015年5月26日国家安全生产监督管理总局令第78号《关于废止和修改非煤矿矿山领域九部规章的决定》修正

第一章　总　　则

第一条　为预防和减少小型露天采石场生产安全事故，保障从业人员的安全与健康，根据《安全生产法》、《矿山安全法》、《安全生产许可证条例》等有关法律、行政法规，制定本规定。

第二条　年生产规模不超过50万吨的山坡型露天采石作业单位（以下统称小型露天采石场）的安全生产及对其监督管理，适用本规定。

开采型材和金属矿产资源的小型露天矿山的安全生产及对其监督管理，不适用本规定。

第三条　县级以上地方人民政府安全生产监督管理部门对小型露天采石场的安全生产实施监督管理。所辖区域内有小型露天采石场的乡（镇）应当明确负责安全生产工作的管理人员及其职责。

第二章　安全生产保障

第四条　小型露天采石场主要负责人对本单位的安全生产工作负总责，应当组织制定和落实安全生产责任制，改善劳动条件和作业环境，保证安全生产投入的有效实施。

小型露天采石场主要负责人应当经安全生产监督管理部门考核合格并取得安全资格证书。

第五条　小型露天采石场应当建立健全安全生产管理制度和岗位安全操作规程，至少配备一名专职安全生产管理人员。

安全生产管理人员应当按照国家有关规定经安全生产监督管理部门考核合格并取得安全资格证书。

第六条　小型露天采石场应当至少配备一名专业技术人员，或者聘用专业技术人员、注册安全工程师、委托相关技术服务机构为其提供安全生产管理服务。

第七条　小型露天采石场新进矿山的作业人员应当接受不少于40小时的安全培训，已在岗的作业人员应当每年接受不少于20小时的安全再培训。

特种作业人员必须按照国家有关规定经专门的安全技术培训并考核合格，取得特种作业操作证书后，方可上岗作业。

第八条　小型露天采石场必须参加工伤保险，按照国家有关规定提取和使用安全生产费用。

第九条　新建、改建、扩建小型露天采石场应当由具有建设主管部门认定资质的设计单位编制开采设计或者开采方案。采石场布置和开采方式发生重大变化时，应当重新编制开采设计或者开采方案，并由原审查部门审查批准。

第十条　小型露天采石场新建、改建、扩建工程项目安全设施应当按照规定履行设计审查程序。

第十一条　小型露天采石场应当依法取得非煤矿矿山企业安全生产许可证。未取得安全生产许可证的，不得从事生产活动。

在安全生产许可证有效期内采矿许可证到期失效的，小型露天采石场应当在采矿许可证到期前15日内向原安全生产许可证颁发管理机关报告，并交回安全生产许可证正本和副本。

第十二条　相邻的采石场开采范围之间最小距离应当大于300米。对可能危及对方生产安全的，双方应当签订安全生产管理协议，明确各自的安全生产管理职责和应当采取的安全措施，指定专门人员进行安全检查与协调。

第十三条　小型露天采石场应当采用中深孔爆破，严禁采用扩壶爆破、掏底崩落、掏挖开采和不分层的“一面墙”等开采方式。

不具备实施中深孔爆破条件的，由所在地安全生产监督管理部门聘请有关专家进行论证，经论证符合要求的，方可采用浅孔爆破开采。

小型露天采石场实施中深孔爆破条件的审核办法，由省级安全生产监督管理部门制定。

第十四条　不采用爆破方式直接使用挖掘机进行采矿作业的，台阶高度不得超过挖掘机最大挖掘高度。

第十五条　小型露天采石场应当采用台阶式开采。不能采用台阶式开采的，应当自上而下分层顺序开采。

分层开采的分层高度、最大开采高度（第一分层的坡顶线到最后一分层的坡底线的垂直距离）和最终边坡角由设计确定，实施浅孔爆破作业时，分层数不得超过6个，最大开采高度不得超过30米；实施中深孔爆破作业时，分层高度不得超过20米，分层数不得超过3个，最大开采高度不得超过60米。

分层开采的凿岩平台宽度由设计确定，最小凿岩平台宽度不得小于4米。

分层开采的底部装运平台宽度由设计确定，且应当满足调车作业所需的最小平台宽度要求。

第十六条　小型露天采石场应当遵守国家有关民用爆炸

物品和爆破作业的安全规定,由具有相应资格的爆破作业人员进行爆破,设置爆破警戒范围,实行定时爆破制度。不得在爆破警戒范围内避炮。

禁止在雷雨、大雾、大风等恶劣天气条件下进行爆破作业。雷电高发地区应当选用非电起爆系统。

第十七条　对爆破后产生的大块矿岩应当采用机械方式进行破碎,不得使用爆破方式进行二次破碎。

第十八条　承包爆破作业的专业服务单位应当取得爆破作业单位许可证,承包采矿和剥离作业的采掘施工单位应当持有非煤矿矿山企业安全生产许可证。

第十九条　采石场上部需要剥离的,剥离工作面应当超前于开采工作面4米以上。

第二十条　小型露天采石场在作业前和作业中以及每次爆破后,应当对坡面进行安全检查。发现工作面有裂痕,或者在坡面上有浮石、危石和伞檐体可能塌落时,应当立即停止作业并撤离人员至安全地点,采取安全措施和消除隐患。

采石场的入口道路及相关危险源点应当设置安全警示标志,严禁任何人员在边坡底部休息和停留。

第二十一条　在坡面上进行排险作业时,作业人员应当系安全带,不得站在危石、浮石上及悬空作业。严禁在同一坡面上下双层或者多层同时作业。

距工作台阶坡底线50米范围内不得从事碎石加工作业。

第二十二条　小型露天采石场应当采用机械铲装作业,严禁使用人工装运矿岩。

同一工作面有两台铲装机械作业时,最小间距应当大于铲装机械最大回转半径的2倍。

严禁自卸汽车运载易燃、易爆物品;严禁超载运输;装载与运输作业时,严禁在驾驶室外侧、车斗内站人。

第二十三条　废石、废碴应当排放到废石场。废石场的设置应当符合设计要求和有关安全规定。顺山或顺沟排放废石、废碴的,应当有防止泥石流的具体措施。

第二十四条　电气设备应当有接地、过流、漏电保护装置。变电所应当有独立的避雷系统和防火、防潮与防止小动物窜入带电部位的措施。

第二十五条　小型露天采石场应当制定完善的防洪措施。对开采境界上方汇水影响安全的,应当设置截水沟。

第二十六条　小型露天采石场应当制定应急救援预案,建立兼职救援队伍,明确救援人员的职责,并与邻近的矿山救护队或者其他具备救护条件的单位签订救护协议。发生生产安全事故时,应当立即组织抢救,并在1小时内向当地安全生产监督管理部门报告。

第二十七条　小型露天采石场应当加强粉尘检测和防治工作,采取有效措施防治职业危害,建立职工健康档案,为从业人员提供符合国家标准或者行业标准的劳动防护用品和劳动保护设施,并指导监督其正确使用。

第二十八条　小型露天采石场应当在每年年末测绘采石场开采现状平面图和剖面图,并归档管理。

第三章　监督检查

第二十九条　安全生产监督管理部门应当加强对小型露天采石场的监督检查,对检查中发现的事故隐患和安全生产违法违规行为,依法作出现场处理或者实施行政处罚。

第三十条　安全生产监督管理部门应当建立健全本行政区域内小型露天采石场的安全生产档案,记录监督检查结果、生产安全事故和违法行为查处等情况。

第三十一条　对于未委托具备相应资质的设计单位编制开采设计或者开采方案,以及周边300米范围内存在生产生活设施的小型露天采石场,不得对其进行审查和验收。

第三十二条　安全生产监督管理部门应当加强对小型露天采石场实施中深孔爆破条件的监督检查。严格限制小型露天采石场采用浅孔爆破开采方式。

第三十三条　安全生产监督管理部门应当督促小型露天采石场加强对承包作业的采掘施工单位的管理,明确双方安全生产责任。

第三十四条　安全生产监督管理部门应当加强本行政区域内小型露天采石场应急预案的管理,督促乡(镇)人民政府做好事故应急救援的协调工作。

第四章　法律责任

第三十五条　安全生产监督管理部门及其工作人员违反法律法规和本规定,未依法履行对小型露天采石场安全生产监督检查职责的,依法给予行政处分。

第三十六条　违反本规定第六条规定的,责令限期改正,并处1万元以下的罚款。

第三十七条　违反本规定第十条规定的,责令停止建设或者停产停业整顿,限期改正;逾期未改正的,处50万元以上100万元以下的罚款,对其直接负责的主管人员和其他直接责任人员处2万元以上5万元以下的罚款;构成犯罪的,依照刑法有关规定追究刑事责任。

第三十八条　违反本规定第十一条第一款规定的,责令停止生产,没收违法所得,并处10万元以上50万元以下的罚款。

第三十九条　违反本规定第十二条、第十三条第一、二款、第十四条、第十五条、第十六条、第十七条、第十九条、第二十条第一款、第二十一条、第二十二条规定的，给予警告，并处1万元以上3万元以下的罚款。

第四十条　违反本规定第二十三条、第二十四条、第二十五条、第二十八条规定的，给予警告，并处2万元以下的罚款。

第四十一条　本规定规定的行政处罚由安全生产监督管理部门决定。法律、行政法规对行政处罚另有规定的，依照其规定。

第五章　附　　则

第四十二条　省、自治区、直辖市人民政府安全生产监督管理部门可以根据本规定制定实施细则，报国家安全生产监督管理总局备案。

第四十三条　本规定自2011年7月1日起施行。2004年12月28日原国家安全生产监督管理局（国家煤矿安全监察局）公布的《小型露天采石场安全生产暂行规定》（原国家安全生产监督管理局〈国家煤矿安全监察局〉令第19号）同时废止。

食品生产企业安全生产监督管理暂行规定

1. 2014年1月3日国家安全生产监督管理总局令第66号公布
2. 根据2015年5月29日国家安全生产监督管理总局令第80号《关于废止和修改劳动防护用品和安全培训等领域十部规章的决定》修正

第一章　总　　则

第一条　为加强食品生产企业的安全生产工作，防止和减少生产安全事故，保障从业人员的生命和财产安全，根据《中华人民共和国安全生产法》等有关法律、行政法规，制定本规定。

第二条　食品生产企业的安全生产及其监督管理，适用本规定。农副产品从种植养殖环节进入批发、零售市场或者生产加工企业前的安全生产及其监督管理，不适用本规定。

本规定所称食品生产企业，是指以农业、渔业、畜牧业、林业或者化学工业的产品、半成品为原料，通过工业化加工、制作，为人们提供食用或者饮用的物品的企业。

第三条　国家安全生产监督管理总局对全国食品生产企业的安全生产工作实施监督管理。

县级以上地方人民政府安全生产监督管理部门和有关部门（以下统称负责食品生产企业安全生产监管的部门）根据本级人民政府规定的职责，按照属地监管、分级负责的原则，对本行政区域内食品生产企业的安全生产工作实施监督管理。

食品生产企业的工程建设安全、消防安全和特种设备安全，依照法律、行政法规的规定由县级以上地方人民政府相关部门负责专项监督管理。

第四条　食品生产企业是安全生产的责任主体，其主要负责人对本企业的安全生产工作全面负责，分管安全生产工作的负责人和其他负责人对其职责范围内的安全生产工作负责。

集团公司对其所属或者控股的食品生产企业的安全生产工作负主管责任。

第二章　安全生产的基本要求

第五条　食品生产企业应当严格遵守有关安全生产法律、行政法规和国家标准、行业标准的规定，建立健全安全生产责任制、安全生产规章制度和安全操作规程。

第六条　从业人员超过100人的食品生产企业，应当设置安全生产管理机构或者配备3名以上专职安全生产管理人员，鼓励配备注册安全工程师从事安全生产管理工作。

前款规定以外的其他食品生产企业，应当配备专职或者兼职安全生产管理人员，或者委托安全生产中介机构提供安全生产服务。

委托安全生产中介机构提供安全生产技术、管理服务的，保证安全生产的责任仍由本企业负责。

第七条　食品生产企业应当支持安全生产管理机构和安全生产管理人员履行管理职责，并保证其开展工作所必须的条件。

食品生产企业作出涉及安全生产的决策，应当听取安全生产管理机构以及安全生产管理人员的意见，不得因安全生产管理人员依法履行职责而降低其工资、福利等待遇或者解除与其订立的劳动合同。

第八条　食品生产企业应当推进安全生产标准化建设，强化安全生产基础，做到安全管理标准化、设施设备标准化、作业现场标准化和作业行为标准化，并持续改进，不断提高企业本质安全水平。

第九条　食品生产企业新建、改建和扩建建设项目（以下统称建设项目）的安全设施，必须与主体工程同时设计、同时施工、同时投入生产和使用。安全设施投资应当纳入建设项目概算。

第十条 食品生产企业应当委托具备国家规定资质的工程设计单位、施工单位和监理单位,对建设工程进行设计、施工和监理。

工程设计单位、施工单位和监理单位应当按照有关法律、行政法规、国家标准或者行业标准的规定进行设计、施工和监理,并对其工作成果负责。

第十一条 食品生产企业应当按照有关法律、行政法规的规定,加强工程建设、消防、特种设备的安全管理;对于需要有关部门审批和验收的事项,应当依法向有关部门提出申请;未经有关部门依法批准或者验收合格的,不得投入生产和使用。

第十二条 食品生产企业应当建立健全事故隐患排查治理制度,明确事故隐患治理的措施、责任、资金、时限和预案,采取技术、管理措施,及时发现并消除事故隐患。事故隐患排查治理情况应当如实记录,向从业人员通报,并按规定报告所在地负责食品生产企业安全生产监管的部门。

第十三条 食品生产企业的加工、制作等项目有多个承包单位、承租单位,或者存在空间交叉的,应当对承包单位、承租单位的安全生产工作进行统一协调、管理。承包单位、承租单位应当服从食品生产企业的统一管理,并对作业现场的安全生产负责。

第十四条 食品生产企业应当对新录用、季节性复工、调整工作岗位和离岗半年以上重新上岗的从业人员,进行相应的安全生产教育培训。未经安全生产教育培训合格的从业人员,不得上岗作业。

第十五条 食品生产企业应当定期组织开展危险源辨识,并将其工作场所存在和作业过程中可能产生的危险因素、防范措施和事故应急措施等如实书面告知从业人员,不得隐瞒或者欺骗。

从业人员发现直接危及人身安全的紧急情况时,有权停止作业或者在采取可能的应急措施后撤离作业场所。食品生产企业不得因此降低其工资、福利待遇或者解除劳动合同。

第三章 作业过程的安全管理

第十六条 食品生产企业的作业场所应当符合下列要求:

(一)生产设施设备,按照国家有关规定配备有温度、压力、流量、液位以及粉尘浓度、可燃和有毒气体浓度等工艺指标的超限报警装置;

(二)用电设备设施和场所,采取保护措施,并在配电设备设施上安装剩余电流动作保护装置或者其他防止触电的装置;

(三)涉及烘制、油炸等高温的设施设备和岗位,采用必要的防过热自动报警切断和隔热板、墙等保护设施;

(四)涉及淀粉等可燃性粉尘爆炸危险的场所、设施设备,采用惰化、抑爆、阻爆、泄爆等措施防止粉尘爆炸,现场安全管理措施和条件符合《粉尘防爆安全规程》(GB 15577)等国家标准或者行业标准的要求;

(五)油库(罐)、燃气站、除尘器、压缩空气站、压力容器、压力管道、电缆隧道(沟)等重点防火防爆部位,采取有效、可靠的监控、监测、预警、防火、防爆、防毒等安全措施。安全附件和联锁装置不得随意拆弃和解除,声、光报警等信号不得随意切断;

(六)制冷车间符合《冷库设计规范》(GB 50072)、《冷库安全规程》(GB 28009)等国家标准或者行业标准的规定,设置气体浓度报警装置,且与制冷电机联锁、与事故排风机联动。在包装间、分割间等人员密集场所,严禁采用氨直接蒸发的制冷系统。

第十七条 食品生产企业涉及生产、储存和使用危险化学品的,应当严格按照《危险化学品安全管理条例》等法律、行政法规、国家标准或者行业标准的规定,根据危险化学品的种类和危险特性,在生产、储存和使用场所设置相应的监测、监控、通风、防晒、调温、防火、灭火、防爆、泄压、防毒、中和、防潮、防雷、防静电、防腐、防泄漏以及防护围堤等安全设施设备,并对安全设施设备进行经常性维护保养,保证其正常运行。

食品生产企业的中间产品为危险化学品的,应当依照有关规定取得危险化学品安全生产许可证。

第十八条 食品生产企业应当定期组织对作业场所、仓库、设备设施使用、从业人员持证、劳动防护用品配备和使用、危险源管理情况进行检查,对检查发现的问题应当立即整改;不能立即整改的,应当制定相应的防范措施和整改计划,限期整改。检查应当作好记录,并由有关人员签字。

第十九条 食品生产企业应当加强日常消防安全管理,按照有关规定配置并保持消防设施完好有效。生产作业场所应当设有标志明显、符合要求的安全出口和疏散通道,禁止封堵、锁闭生产作业场所的安全出口和疏散通道。

第二十条 食品生产企业应当使用符合安全技术规范要求的特种设备,并按照国家规定向有关部门登记,进行定期检验。

食品生产企业应当在有危险因素的场所和有关设施、设备上设置明显的安全警示标志和警示说明。

第二十一条　食品生产企业进行高处作业、吊装作业、临近高压输电线路作业、电焊气焊等动火作业，以及在污水池等有限空间内作业的，应当实行作业审批制度，安排专门人员负责现场安全管理，落实现场安全管理措施。

第四章　监督管理

第二十二条　县级以上人民政府负责食品生产企业安全生产监管的部门及其行政执法人员应当在其职责范围内加强对食品生产企业安全生产的监督检查，对违反有关安全生产法律、行政法规、国家标准或者行业标准和本规定的违法行为，依法实施行政处罚。

第二十三条　县级以上地方人民政府负责食品生产企业安全生产监管的部门应当将食品生产企业纳入年度执法工作计划，明确检查的重点企业、关键事项、时间和标准，对检查中发现的重大事故隐患实施挂牌督办。

第二十四条　县级以上地方人民政府负责食品生产企业安全生产监管的部门接到食品生产企业报告的重大事故隐患后，应当根据需要，进行现场核查，督促食品生产企业按照治理方案排除事故隐患，防止事故发生；必要时，可以责令食品生产企业暂时停产停业或者停止使用；重大事故隐患治理后，经县级以上地方人民政府负责食品生产企业安全生产监管的部门审查同意，方可恢复生产经营和使用。

第二十五条　县级以上地方人民政府负责食品生产企业安全生产监管的部门对食品生产企业进行监督检查时，发现其存在工程建设、消防和特种设备等方面的事故隐患或者违法行为的，应当及时移送本级人民政府有关部门处理。

第五章　法律责任

第二十六条　食品生产企业有下列行为之一的，责令限期改正，可以处5万元以下的罚款；逾期未改正的，责令停产停业整顿，并处5万元以上10万元以下的罚款，对其直接负责的主管人员和其他直接责任人员处1万元以上2万元以下的罚款：

（一）未按照规定设置安全生产管理机构或者配备安全生产管理人员的；

（二）未如实记录安全生产教育和培训情况的；

（三）未将事故隐患排查治理情况如实记录或者未向从业人员通报的。

第二十七条　食品生产企业不具备法律、行政法规和国家标准或者行业标准规定的安全生产条件，经停产整顿后仍不具备安全生产条件的，县级以上地方人民政府负责食品生产企业安全生产监管的部门应当提请本级人民政府依法予以关闭。

第二十八条　监督检查人员在对食品生产企业进行监督检查时，滥用职权、玩忽职守、徇私舞弊的，依照有关规定给予处分；构成犯罪的，依法追究刑事责任。

第二十九条　本规定的行政处罚由县级以上地方人民政府负责食品生产企业安全生产监管的部门实施，有关法律、法规和规章对行政处罚的种类、幅度和决定机关另有规定的，依照其规定。

第六章　附　　则

第三十条　本规定自2014年3月1日起施行。

工贸企业有限空间作业安全管理与监督暂行规定

1. 2013年5月20日国家安全生产监督管理总局令第59号公布

2. 根据2015年5月29日国家安全生产监督管理总局令第80号《关于废止和修改劳动防护用品和安全培训等领域十部规章的决定》修正

第一章　总　　则

第一条　为了加强对冶金、有色、建材、机械、轻工、纺织、烟草、商贸企业（以下统称工贸企业）有限空间作业的安全管理与监督，预防和减少生产安全事故，保障作业人员的安全与健康，根据《中华人民共和国安全生产法》等法律、行政法规，制定本规定。

第二条　工贸企业有限空间作业的安全管理与监督，适用本规定。

本规定所称有限空间，是指封闭或者部分封闭，与外界相对隔离，出入口较为狭窄，作业人员不能长时间在内工作，自然通风不良，易造成有毒有害、易燃易爆物质积聚或者氧含量不足的空间。工贸企业有限空间的目录由国家安全生产监督管理总局确定、调整并公布。

第三条　工贸企业是本企业有限空间作业安全的责任主体，其主要负责人对本企业有限空间作业安全全面负责，相关负责人在各自职责范围内对本企业有限空间作业安全负责。

第四条　国家安全生产监督管理总局对全国工贸企业有限空间作业安全实施监督管理。

县级以上地方各级安全生产监督管理部门按照属地监管、分级负责的原则，对本行政区域内工贸企业有限空间作业安全实施监督管理。省、自治区、直辖市人民政府对工贸企业有限空间作业的安全生产监督管理职责另有规定的,依照其规定。

第二章　有限空间作业的安全保障

第五条　存在有限空间作业的工贸企业应当建立下列安全生产制度和规程:

(一)有限空间作业安全责任制度;

(二)有限空间作业审批制度;

(三)有限空间作业现场安全管理制度;

(四)有限空间作业现场负责人、监护人员、作业人员、应急救援人员安全培训教育制度;

(五)有限空间作业应急管理制度;

(六)有限空间作业安全操作规程。

第六条　工贸企业应当对从事有限空间作业的现场负责人、监护人员、作业人员、应急救援人员进行专项安全培训。专项安全培训应当包括下列内容:

(一)有限空间作业的危险有害因素和安全防范措施;

(二)有限空间作业的安全操作规程;

(三)检测仪器、劳动防护用品的正确使用;

(四)紧急情况下的应急处置措施。

安全培训应当有专门记录,并由参加培训的人员签字确认。

第七条　工贸企业应当对本企业的有限空间进行辨识,确定有限空间的数量、位置以及危险有害因素等基本情况,建立有限空间管理台账,并及时更新。

第八条　工贸企业实施有限空间作业前,应当对作业环境进行评估,分析存在的危险有害因素,提出消除、控制危害的措施,制定有限空间作业方案,并经本企业安全生产管理人员审核,负责人批准。

第九条　工贸企业应当按照有限空间作业方案,明确作业现场负责人、监护人员、作业人员及其安全职责。

第十条　工贸企业实施有限空间作业前,应当将有限空间作业方案和作业现场可能存在的危险有害因素、防控措施告知作业人员。现场负责人应当监督作业人员按照方案进行作业准备。

第十一条　工贸企业应当采取可靠的隔断(隔离)措施,将可能危及作业安全的设施设备、存在有毒有害物质的空间与作业地点隔开。

第十二条　有限空间作业应当严格遵守"先通风、再检测、后作业"的原则。检测指标包括氧浓度、易燃易爆物质(可燃性气体、爆炸性粉尘)浓度、有毒有害气体浓度。检测应当符合相关国家标准或者行业标准的规定。

未经通风和检测合格,任何人员不得进入有限空间作业。检测的时间不得早于作业开始前30分钟。

第十三条　检测人员进行检测时,应当记录检测的时间、地点、气体种类、浓度等信息。检测记录经检测人员签字后存档。

检测人员应当采取相应的安全防护措施,防止中毒窒息等事故发生。

第十四条　有限空间内盛装或者残留的物料对作业存在危害时,作业人员应当在作业前对物料进行清洗、清空或者置换。经检测,有限空间的危险有害因素符合《工作场所有害因素职业接触限值第一部分化学有害因素》(GBZ 2.1)的要求后,方可进入有限空间作业。

第十五条　在有限空间作业过程中,工贸企业应当采取通风措施,保持空气流通,禁止采用纯氧通风换气。

发现通风设备停止运转、有限空间内氧含量浓度低于或者有毒有害气体浓度高于国家标准或者行业标准规定的限值时,工贸企业必须立即停止有限空间作业,清点作业人员,撤离作业现场。

第十六条　在有限空间作业过程中,工贸企业应当对作业场所中的危险有害因素进行定时检测或者连续监测。

作业中断超过30分钟,作业人员再次进入有限空间作业前,应当重新通风、检测合格后方可进入。

第十七条　有限空间作业场所的照明灯具电压应当符合《特低电压限值》(GB/T 3805)等国家标准或者行业标准的规定;作业场所存在可燃性气体、粉尘的,其电气设施设备及照明灯具的防爆安全要求应当符合《爆炸性环境第一部分:设备通用要求》(GB 3836.1)等国家标准或者行业标准的规定。

第十八条　工贸企业应当根据有限空间存在危险有害因素的种类和危害程度,为作业人员提供符合国家标准或者行业标准规定的劳动防护用品,并教育监督作业人员正确佩戴与使用。

第十九条　工贸企业有限空间作业还应当符合下列要求:

(一)保持有限空间出入口畅通;

(二)设置明显的安全警示标志和警示说明;

(三)作业前清点作业人员和工器具;

(四)作业人员与外部有可靠的通讯联络;

(五)监护人员不得离开作业现场,并与作业人员保持联系;

(六)存在交叉作业时,采取避免互相伤害的措施。

第二十条 有限空间作业结束后，作业现场负责人、监护人员应当对作业现场进行清理，撤离作业人员。

第二十一条 工贸企业应当根据本企业有限空间作业的特点，制定应急预案，并配备相关的呼吸器、防毒面罩、通讯设备、安全绳索等应急装备和器材。有限空间作业的现场负责人、监护人员、作业人员和应急救援人员应当掌握相关应急预案内容，定期进行演练，提高应急处置能力。

第二十二条 工贸企业将有限空间作业发包给其他单位实施的，应当发包给具备国家规定资质或者安全生产条件的承包方，并与承包方签订专门的安全生产管理协议或者在承包合同中明确各自的安全生产职责。工贸企业应当对承包单位的安全生产工作统一协调、管理，定期进行安全检查，发现安全问题的，应当及时督促整改。

工贸企业对其发包的有限空间作业安全承担主体责任。承包方对其承包的有限空间作业安全承担直接责任。

第二十三条 有限空间作业中发生事故后，现场有关人员应当立即报警，禁止盲目施救。应急救援人员实施救援时，应当做好自身防护，佩戴必要的呼吸器具、救援器材。

第三章 有限空间作业的安全监督管理

第二十四条 安全生产监督管理部门应当加强对工贸企业有限空间作业的监督检查，将检查纳入年度执法工作计划。对发现的事故隐患和违法行为，依法作出处理。

第二十五条 安全生产监督管理部门对工贸企业有限空间作业实施监督检查时，应当重点抽查有限空间作业安全管理制度、有限空间管理台账、检测记录、劳动防护用品配备、应急救援演练、专项安全培训等情况。

第二十六条 安全生产监督管理部门应当加强对行政执法人员的有限空间作业安全知识培训，并为检查有限空间作业安全的行政执法人员配备必需的劳动防护用品、检测仪器。

第二十七条 安全生产监督管理部门及其行政执法人员发现有限空间作业存在重大事故隐患的，应当责令立即或者限期整改；重大事故隐患排除前或者排除过程中无法保证安全的，应当责令暂时停止作业，撤出作业人员；重大事故隐患排除后，经审查同意，方可恢复作业。

第四章 法律责任

第二十八条 工贸企业有下列行为之一的，由县级以上安全生产监督管理部门责令限期改正，可以处5万元以下的罚款；逾期未改正的，处5万元以上20万元以下的罚款，其直接负责的主管人员和其他直接责任人员处1万元以上2万元以下的罚款；情节严重的，责令停产停业整顿：

（一）未在有限空间作业场所设置明显的安全警示标志的；

（二）未按照本规定为作业人员提供符合国家标准或者行业标准的劳动防护用品的。

第二十九条 工贸企业有下列情形之一的，由县级以上安全生产监督管理部门责令限期改正，可以处5万元以下的罚款；逾期未改正的，责令停产停业整顿，并处5万元以上10万元以下的罚款，对其直接负责的主管人员和其他直接责任人员处1万元以上2万元以下的罚款：

（一）未按照本规定对有限空间的现场负责人、监护人员、作业人员和应急救援人员进行安全培训的；

（二）未按照本规定对有限空间作业制定应急预案，或者定期进行演练的。

第三十条 工贸企业有下列情形之一的，由县级以上安全生产监督管理部门责令限期改正，可以处3万元以下的罚款，对其直接负责的主管人员和其他直接责任人员处1万元以下的罚款：

（一）未按照本规定对有限空间作业进行辨识、提出防范措施、建立有限空间管理台账的；

（二）未按照本规定对有限空间作业制定作业方案或者方案未经审批擅自作业的；

（三）有限空间作业未按照本规定进行危险有害因素检测或者监测，并实行专人监护作业的。

第五章 附 则

第三十一条 本规定自2013年7月1日起施行。

冶金企业和有色金属企业安全生产规定

1. 2018年1月4日国家安全生产监督管理总局令第91号公布
2. 自2018年3月1日起施行

第一章 总 则

第一条 为了加强冶金企业和有色金属企业安全生产工作，预防和减少生产安全事故与职业病，保障从业人员安全健康,根据《中华人民共和国安全生产法》《中华人民共和国职业病防治法》,制定本规定。

第二条　冶金企业和有色金属企业(以下统称企业)的安全生产(含职业健康,下同)和监督管理,适用本规定。

机械铸造企业中金属冶炼活动的安全生产和监督管理参照本规定执行。

第三条　本规定所称冶金企业,是指从事黑色金属冶炼及压延加工业等生产活动的企业。

本规定所称有色金属企业,是指从事有色金属冶炼及压延加工业等生产活动的企业。

本规定所称金属冶炼,是指冶金企业和有色金属企业从事达到国家规定规模(体量)的高温熔融金属及熔渣(以下统称高温熔融金属)的生产活动。

黑色金属冶炼及压延加工业、有色金属冶炼及压延加工业的具体目录,由国家安全生产监督管理总局参照《国民经济行业分类》(GB/T 4754)制定并公布。

第四条　企业是安全生产的责任主体。企业所属不具备法人资格的分支机构的安全生产工作,由企业承担管理责任。

第五条　国家安全生产监督管理总局指导、监督全国冶金企业和有色金属企业安全生产工作。

县级以上地方人民政府安全生产监督管理部门和有关部门(以下统称负有冶金有色安全生产监管职责的部门)根据本级人民政府规定的职责,按照属地监管、分级负责的原则,对本行政区域内的冶金企业和有色金属企业的安全生产工作实施监督管理。

第二章　企业的安全生产保障

第六条　企业应当遵守有关安全生产法律、行政法规、规章和国家标准或者行业标准的规定。

企业应当建立安全风险管控和事故隐患排查治理双重预防机制,落实从主要负责人到每一名从业人员的安全风险管控和事故隐患排查治理责任制。

第七条　企业应当按照规定开展安全生产标准化建设工作,推进安全健康管理系统化、岗位操作行为规范化、设备设施本质安全化和作业环境器具定置化,并持续改进。

第八条　企业应当建立健全全员安全生产责任制,主要负责人(包括法定代表人和实际控制人,下同)是本企业安全生产的第一责任人,对本企业的安全生产工作全面负责;其他负责人对分管范围内的安全生产工作负责;各职能部门负责人对职责范围内的安全生产工作负责。

第九条　企业主要负责人应当每年向股东会或者职工代表大会报告本企业安全生产状况,接受股东和从业人员对安全生产工作的监督。

第十条　企业存在金属冶炼工艺,从业人员在一百人以上的,应当设置安全生产管理机构或者配备不低于从业人员千分之三的专职安全生产管理人员,但最低不少于三人;从业人员在一百人以下的,应当设置安全生产管理机构或者配备专职安全生产管理人员。

第十一条　企业主要负责人、安全生产管理人员应当接受安全生产教育和培训,具备与本企业生产经营活动相适应的安全生产知识和管理能力。其中,存在金属冶炼工艺的企业的主要负责人、安全生产管理人员自任职之日起六个月内,必须接受负有冶金有色安全生产监管职责的部门对其进行安全生产知识和管理能力考核,并考核合格。

企业应当按照国家有关规定对从业人员进行安全生产教育和培训,保证从业人员具备必要的安全生产知识,了解有关安全生产法律法规,熟悉本企业规章制度和安全技术操作规程,掌握本岗位安全操作技能,并建立培训档案,记录培训、考核等情况。未经安全生产教育培训合格的从业人员,不得上岗作业。

企业应当对新上岗从业人员进行厂(公司)、车间(职能部门)、班组三级安全生产教育和培训;对调整工作岗位、离岗半年以上重新上岗的从业人员,应当经车间(职能部门)、班组安全生产教育和培训合格后,方可上岗作业。

新工艺、新技术、新材料、新设备投入使用前,企业应当对有关操作岗位人员进行专门的安全生产教育和培训。

第十二条　企业从事煤气生产、储存、输送、使用、维护检修作业的特种作业人员必须依法经专门的安全技术培训,并经考核合格,取得《中华人民共和国特种作业操作证》后,方可上岗作业。

第十三条　企业新建、改建、扩建工程项目(以下统称建设项目)的安全设施和职业病防护设施应当严格执行国家有关安全生产、职业病防治法律、行政法规和国家标准或者行业标准的规定,并与主体工程同时设计、同时施工、同时投入生产和使用。安全设施和职业病防护设施的投资应当纳入建设项目概算。

第十四条　金属冶炼建设项目在可行性研究阶段,建设单位应当依法进行安全评价。

建设项目在初步设计阶段,建设单位应当委托具备国家规定资质的设计单位对其安全设施进行设计,并编制安全设施设计。

建设项目竣工投入生产或者使用前，建设单位应当按照有关规定进行安全设施竣工验收。

第十五条 国家安全生产监督管理总局负责实施国务院审批（核准、备案）的金属冶炼建设项目的安全设施设计审查。

省、自治区、直辖市人民政府负有冶金有色安全生产监管职责的部门对本行政区域内金属冶炼建设项目实施指导和监督管理，确定并公布本行政区域内有关部门对金属冶炼建设项目安全设施设计审查的管辖权限。

第十六条 企业应当对本企业存在的各类危险因素进行辨识，在有较大危险因素的场所和设施、设备上，按照有关国家标准、行业标准的要求设置安全警示标志，并定期进行检查维护。

对于辨识出的重大危险源，企业应当登记建档、监测监控，定期检测、评估，制定应急预案并定期开展应急演练。

企业应当将重大危险源及有关安全措施、应急预案报有关地方人民政府负有冶金有色安全生产监管职责的部门备案。

第十七条 企业应当建立应急救援组织。生产规模较小的，可以不建立应急救援组织，但应当指定兼职的应急救援人员，并且可以与邻近的应急救援队伍签订应急救援协议。

企业应当配备必要的应急救援器材、设备和物资，并进行经常性维护、保养，保证正常运转。

第十八条 企业应当采取有效措施预防、控制和消除职业病危害，保证工作场所的职业卫生条件符合法律、行政法规和国家标准或者行业标准的规定。

企业应当定期对工作场所存在的职业病危害因素进行检测、评价，检测结果应当在本企业醒目位置进行公布。

第十九条 企业应当按照有关规定加强职业健康监护工作，对接触职业病危害的从业人员，应当在上岗前、在岗期间和离岗时组织职业健康检查，将检查结果书面告知从业人员，并为其建立职业健康监护档案。

第二十条 企业应当加强对施工、检修等重点工程和生产经营项目、场所的承包单位的安全管理，不得将有关工程、项目、场所发包给不具备安全生产条件或者相应资质的单位。企业和承包单位的承包协议应当明确约定双方的安全生产责任和义务。

企业应当对承包单位的安全生产进行统一协调、管理，对从事检修工程的承包单位检修方案中的安全措施和应急处置措施进行审核，监督承包单位落实。

企业应当对承包检修作业现场进行安全交底，并安排专人负责安全检查和协调。

第二十一条 企业应当从合法的劳务公司录用劳务人员，并与劳务公司签订合同，对劳务人员进行统一的安全生产教育和培训。

第二十二条 企业的正常生产活动与其他单位的建设施工或者检修活动同时在本企业同一作业区域内进行的，企业应当指定专职安全生产管理人员负责作业现场的安全检查工作，对有关作业活动进行统一协调、管理。

第二十三条 企业应当建立健全设备设施安全管理制度，加强设备设施的检查、维护、保养和检修，确保设备设施安全运行。

对重要岗位的电气、机械等设备，企业应当实行操作牌制度。

第二十四条 企业不得使用不符合国家标准或者行业标准的技术、工艺和设备；对现有工艺、设备进行更新或者改造的，不得降低其安全技术性能。

第二十五条 企业的建（构）筑物应当按照国家标准或者行业标准规定，采取防火、防爆、防雷、防震、防腐蚀、隔热等防护措施，对承受重荷载、荷载发生变化或者受高温熔融金属喷溅、酸碱腐蚀等危害的建（构）筑物，应当定期对建（构）筑物结构进行安全检查。

第二十六条 企业对起重设备进行改造并增加荷重的，应当同时对承重厂房结构进行荷载核定，并对承重结构采取必要的加固措施，确保承重结构具有足够的承重能力。

第二十七条 企业的操作室、会议室、活动室、休息室、更衣室等场所不得设置在高温熔融金属吊运的影响范围内。进行高温熔融金属吊运时，吊罐（包）与大型槽体、高压设备、高压管路、压力容器的安全距离应当符合有关国家标准或者行业标准的规定，并采取有效的防护措施。

第二十八条 企业在进行高温熔融金属冶炼、保温、运输、吊运过程中，应当采取防止泄漏、喷溅、爆炸伤人的安全措施，其影响区域不得有非生产性积水。

高温熔融金属运输专用路线应当避开煤气、氧气、氢气、天然气、水管等管道及电缆；确需通过的，运输车辆与管道、电缆之间应当保持足够的安全距离，并采取有效的隔热措施。

严禁运输高温熔融金属的车辆在管道或者电缆下

方,以及有易燃易爆物质的区域停留。

第二十九条　企业对电炉、电解车间应当采取防雨措施和有效的排水设施,防止雨水进入槽下地坪,确保电炉、电解槽下没有积水。

企业对电炉、铸造熔炼炉、保温炉、倾翻炉、铸机、流液槽、熔盐电解槽等设备,应当设置熔融金属紧急排放和储存的设施,并在设备周围设置拦挡围堰,防止熔融金属外流。

第三十条　吊运高温熔融金属的起重机,应当满足《起重机械安全技术监察规程——桥式起重机》(TSGQ 002)和《起重机械定期检验规则》(TSGQ 7015)的要求。

企业应当定期对吊运、盛装熔融金属的吊具、罐体(本体、耳轴)进行安全检查和探伤检测。

第三十一条　生产、储存、使用煤气的企业应当建立煤气防护站(组),配备必要的煤气防护人员、煤气检测报警装置及防护设施,并且每年至少组织一次煤气事故应急演练。

第三十二条　生产、储存、使用煤气的企业应当严格执行《工业企业煤气安全规程》(GB 6222),在可能发生煤气泄漏、聚集的场所,设置固定式煤气检测报警仪和安全警示标志。

进入煤气区域作业的人员,应当携带便携式一氧化碳检测报警仪,配备空气呼吸器,并由企业安排专门人员进行安全管理。

煤气柜区域应当设有隔离围栏,安装在线监控设备,并由企业安排专门人员值守。煤气柜区域严禁烟火。

第三十三条　企业对涉及煤气、氧气、氢气等易燃易爆危险化学品生产、输送、使用、储存的设施以及油库、电缆隧道(沟)等重点防火部位,应当按照有关规定采取有效、可靠的防火、防爆和防泄漏措施。

企业对具有爆炸危险环境的场所,应当按照《爆炸性气体环境用电气设备》(GB 3836)及《爆炸危险环境电力装置设计规范》(GB 50058)设置自动检测报警和防灭火装置。

第三十四条　企业对反应槽、罐、池、釜和储液罐、酸洗槽应当采取防腐蚀措施,设置事故池,进行经常性安全检查、维护、保养,并定期检测,保证正常运转。

企业实施浸出、萃取作业时,应当采取防火防爆、防冒槽喷溅和防中毒等安全措施。

第三十五条　企业从事产生酸雾危害的电解作业时,应当采取防止酸雾扩散及槽体、厂房防腐措施。电解车间应当保持厂房通风良好,防止电解产生的氢气聚集。

第三十六条　企业在使用酸、碱的作业场所,应当采取防止人员灼伤的措施,并设置安全喷淋或者洗涤设施。

采用剧毒物品的电镀、钝化等作业,企业应当在电镀槽的下方设置事故池,并加强对剧毒物品的安全管理。

第三十七条　企业对生产过程中存在二氧化硫、氯气、砷化氢、氟化氢等有毒有害气体的工作场所,应当采取防止人员中毒的措施。

企业对存在铅、镉、铬、砷、汞等重金属蒸气、粉尘的作业场所,应当采取预防重金属中毒的措施。

第三十八条　企业应当建立有限空间、动火、高处作业、能源介质停送等较大危险作业和检修、维修作业审批制度,实施工作票(作业票)和操作票管理,严格履行内部审批手续,并安排专门人员进行现场安全管理,确保作业安全。

第三十九条　企业在生产装置复产前,应当组织安全检查,进行安全条件确认。

第三章　监督管理

第四十条　负有冶金有色安全生产监管职责的部门应当依法加强对企业安全生产工作的监督检查,明确每个企业的安全生产监督管理主体,发现存在事故隐患的,应当及时处理;发现重大事故隐患的,实施挂牌督办。

第四十一条　负有冶金有色安全生产监管职责的部门应当将企业安全生产标准化建设、安全生产风险管控和隐患排查治理双重预防机制的建立情况纳入安全生产年度监督检查计划,并按照计划检查督促企业开展工作。

第四十二条　负有冶金有色安全生产监管职责的部门应当加强对监督检查人员的冶金和有色金属安全生产专业知识的培训,提高其行政执法能力。

第四十三条　负有冶金有色安全生产监管职责的部门应当为进入有限空间等特定作业场所进行监督检查的人员,配备必需的个体防护用品和监测检查仪器。

第四十四条　负有冶金有色安全生产监管职责的部门应当加强对本行政区域内企业应急预案的备案管理,并将重大事故应急救援纳入地方人民政府应急救援体系。

第四章　法律责任

第四十五条　监督检查人员在对企业进行监督检查时,滥用职权、玩忽职守、徇私舞弊的,依照有关规定给予处分;构成犯罪的,依法追究刑事责任。

第四十六条 企业违反本规定第二十四条至第三十七条的规定,构成生产安全事故隐患的,责令立即消除或者限期消除事故隐患;企业拒不执行的,责令停产停业整顿,并处十万元以上五十万元以下的罚款,对其直接负责的主管人员和其他直接责任人员处二万元以上五万元以下的罚款。

第四十七条 企业违反本规定的其他违法行为,分别依照《中华人民共和国安全生产法》《中华人民共和国职业病防治法》等的规定追究法律责任。

第五章 附 则

第四十八条 本规定自2018年3月1日起施行。国家安全生产监督管理总局2009年9月8日公布的《冶金企业安全生产监督管理规定》(国家安全生产监督管理总局令第26号)同时废止。

海洋石油安全管理细则

1. 2009年9月7日国家安全生产监督管理总局令第25号公布
2. 根据2013年8月29日国家安全生产监督管理总局令第63号《关于修改〈生产经营单位安全培训规定〉等11件规章的决定》第一次修正
3. 根据2015年5月26日国家安全生产监督管理总局令第78号《关于废止和修改非煤矿矿山领域九部规章的决定》第二次修正

第一章 总 则

第一条 为了加强海洋石油安全管理工作,保障从业人员生命和财产安全,防止和减少海洋石油生产安全事故,根据安全生产法等法律、法规和标准,制定本细则。

第二条 在中华人民共和国的内水、领海、毗连区、专属经济区、大陆架,以及中华人民共和国管辖的其他海域内从事海洋石油(含天然气,下同)开采活动的安全生产及其监督管理,适用本细则。

第三条 海洋石油作业者和承包者是海洋石油安全生产的责任主体,对其安全生产工作负责。

第四条 国家安全生产监督管理总局海洋石油作业安全办公室(以下简称海油安办)对全国海洋石油安全生产工作实施监督管理;海油安办驻中国海洋石油总公司、中国石油化工集团公司、中国石油天然气集团公司分部(以下统称海油安办有关分部)分别负责中国海洋石油总公司、中国石油化工集团公司、中国石油天然气集团公司的海洋石油安全生产的监督管理。

第二章 设施的备案管理

第一节 生产设施的备案管理

第五条 海洋石油生产设施应当进行试生产。作业者或者承包者应当在试生产前45日报生产设施所在地的海油安办有关分部备案,并提交生产设施试生产备案申请书、海底长输油(气)管线投用备案申请书和下列资料:

(一)发证检验机构对生产设施的最终检验证书(或者临时检验证书)和检验报告;

(二)试生产安全保障措施;

(三)建设阶段资料登记表;

(四)安全设施设计审查合格、设计修改及审查合格的有关文件;

(五)施工单位资质证明;

(六)施工期间发生的生产安全事故及其他重大工程质量事故情况;

(七)生产设施有关证书和文件登记表;

(八)生产设施主要技术说明、总体布置图和工艺流程图;

(九)生产设施运营的主要负责人和安全生产管理人员安全资格证书;

(十)生产设施所属设备的取证分类表及有关证书、证件;

(十一)生产设施运营安全手册;

(十二)生产设施运营安全应急预案。

生产设施是浮式生产储油装置的,除提交第一款规定的资料外,还应当提交快速解脱装置、系缆张力和距离测量装置的检验证书、出厂合格证书、安装后的试验报告。

生产设施是海底长输油(气)管线的,除提交第一款规定的资料外,还应当提交海底长输油(气)管线投用备案有关证书和文件登记表及有关证书、文件。

第六条 海油安办有关分部对作业者或者承包者提交的生产设施资料,应当进行严格审查。必要时,应当进行现场检查。

需要进行现场检查的,海油安办有关分部应当提前10日与作业者或承包者商定现场检查的具体事宜。作业者或承包者应当配合海油安办有关分部进行现场检查,并提供以下资料:

(一)人员安全培训证书登记表;

(二)消防和救生设备实际布置图和应变部署表;

(三)安全管理文件,主要包括:安全生产责任制、安全操作规程、工作许可制度、安全检查制度、船舶系泊装卸制度、直升机管理制度、危险物品管理制度、无人驻守平台遥控检测程序和油（气）外输管理制度等；

（四）对于滩海陆岸，还应准备通海路及沿通海路安装的设施设备合格文件、发证检验机构检验证书和安装后的试验报告。

经审查和现场检查符合规定的，海油安办有关分部向作业者或者承包者颁发生产设施试生产备案通知书；备案资料、设施现场安全状况等不符合规定的，及时书面通知作业者或者承包者进行整改。

第七条　作业者或者承包者应当严格按照备案文件中所列试生产安全保障措施组织试生产，生产设施试生产期限不得超过12个月。试生产正常后，作业者或者承包者应当组织安全竣工验收。

经竣工验收合格并办理安全生产许可证后，方可正式投入生产使用。

第八条　生产设施有下列情形之一的，作业者或者承包者应当及时向海油安办有关分部报告：

（一）更换或者拆卸井上和井下安全阀、火灾及可燃和有毒有害气体探测与报警系统、消防和救生设备等主要安全设施的；

（二）变动应急预案有关内容的；

（三）中断采油（气）作业10日以上或者终止采油（气）作业的；

（四）改变海底长输油（气）管线原设计用途的；

（五）超过海底长输油（气）管线设计允许最大输送量或者输送压力的；

（六）海底长输油（气）管线发生严重的损伤、断裂、爆破等事故的；

（七）海底长输油（气）管线输送的油（气）发生泄漏导致重大污染事故的；

（八）位置失稳、水平或者垂直移动、悬空、沉陷、漂浮等超出海底长输油（气）管线设计允许偏差值的；

（九）介质堵塞造成海底长输油（气）管线停产的；

（十）海底长输油（气）管线需进行大修和改造的；

（十一）海底长输油（气）管线安全保护系统（如紧急放空装置、定点截断装置等）长时间失效的；

（十二）其他对安全生产有重大影响的。

第二节　作业设施的备案管理

第九条　海洋石油作业设施从事物探、钻（修）井、铺管、起重和生活支持等活动应当向海油安办有关分部备案。作业者或者承包者应当在作业前15日向海油安办有关分部提交作业设施备案申请书和下列资料：

（一）作业设施备案申请有关证书登记表；

（二）作业设施所属设备的取证分类表及有关证书；

（三）操船手册；

（四）作业合同；

（五）作业设施运营安全手册；

（六）作业设施安全应急预案。

用作钻（修）井的作业设施，除提交第一款规定的资料外，还应当提交下列资料：

（一）钻（修）井专用设备、防喷器组、防喷器控制系统、阻流管汇及其控制盘、压井管汇、固井设备、测试设备的发证检验机构证书、出厂及修理后的合格证和安装后的试验报告；

（二）设施主要负责人和安全管理人员的安全资格证书；

（三）有自航能力的作业设施的船长、轮机长的适任证书。

对于自升式移动平台，除提交第一款规定的资料外，还应当提交稳性计算书、升降设备的发证检验机构的检验证书、出厂及修理后的合格证和安装后的试验报告等资料。

对于物探船，除提交第一款规定的资料外，还应当提交下列资料：

（一）震源系统、震源系统的主要压力容器和装置、震源的拖曳钢缆和绞车、电缆绞车等设备的出厂合格证、发证检验机构的检验证书和安装后的试验报告；

（二）震源危险品（包括炸药、雷管、易燃易爆气体等）的实际储存数量、储存条件、进出库管理办法和看管、使用制度等资料。

对于铺管船，除提交第一款规定的资料外，还应当提交下列资料：

（一）张紧器及其控制系统、管线收放绞车的出厂合格证、发证检验机构检验证书和安装后的试验报告；

（二）船长（或者船舶负责人）、起重机械司机、起重指挥人员及起重工的资格证书。

对于起重船和生活支持船，除提交第一款规定的资料外，还应当提交船长（或者船舶负责人）、起重机械司机、起重指挥人员及起重工的资格证书等资料。

第十条　海油安办有关分部对作业者或者承包者提交的作业设施资料，应当进行严格审查。必要时，进行现场检查。

需要进行现场检查的，海油安办有关分部应当提前10日与作业者或承包者商定现场检查的具体事宜。

作业者或承包者应当配合海油安办有关分部进行现场检查,并提供以下资料:

（一）人员安全培训证书登记表;

（二）防火控制图、消防、救生设备实际布置图和应变部署表;

（三）安全管理文件,主要包括:安全管理机构的设置、安全生产责任制、安全操作规程、安全检查制度、工作许可制度等;

（四）安全活动、应急演习记录。

经审查和现场检查符合规定的,海油安办有关分部向作业者或者承包者颁发海洋石油作业设施备案通知书;备案资料、设施现场安全状况等不符合规定的,及时书面通知作业者或者承包者进行整改。

第十一条　通常情况下,海洋石油作业设施从事物探、钻(修)井、铺管、起重和生活支持等活动期限不超过1年。确需延期时,作业者或者承包者应当于期满前15日向海油安办有关分部提出延期申请,延期时间不得超过3个月。

第十二条　作业设施有下列情形之一的,作业者或者承包者应当及时向海油安办有关分部报告:

（一）改动井控系统的;

（二）更换或者拆卸火灾及可燃和有毒有害气体探测与报警系统、消防和救生设备等主要安全设施的;

（三）变更作业合同、作业者或者作业海区的;

（四）改变应急预案有关内容的;

（五）中断作业10日以上或者终止作业的;

（六）其他对作业安全生产有重大影响的。

第三节　延长测试设施的备案管理

第十三条　海上油田(井)进行延长测试前,作业者或者承包者应当提前15日向海油安办有关分部提交延长测试设施的书面报告和下列资料:

（一）延长测试设施备案有关证书和文件登记表;

（二）延长测试的工艺流程图、总体布置图及技术说明;

（三）增加的作业设施、生产设施主要负责人和安全管理人员安全资格证书;

（四）延长测试作业应急预案;

（五）油轮或者浮式生产储油装置的系泊点、锚、锚链、快速解脱装置、系缆张力和距离测量装置的证书和资料;

（六）延长测试专用设备或者系统的出厂合格证、发证检验机构的检验证书、安装后的试验报告。

前款所称延长测试专用设备或者系统,包括油气加热器、油气分离器、原油外输泵、天然气火炬分液包及凝析油泵、蒸汽锅炉、换热器、废油回收设备、井口装置、污油处理装置、机械采油装置、井上和井下防喷装置、防硫化氢的井口装置、检测设施及防护器具、惰气系统、柴油置换系统、火灾及可燃和有毒有害气体探测与报警系统等。

第十四条　海油安办有关分部对作业者或者承包者提交的延长测试设施资料,应当进行严格审查。必要时,可进行现场检查。

需要进行现场检查的,海油安办有关分部应当提前10日与作业者或承包者商定现场检查的具体事宜。作业者或承包者应当配合海油安办有关分部进行现场检查,并提供以下资料:

（一）原钻井装置增加的延长测试作业人员、油轮或浮式储油装置人员的安全培训证书登记表;

（二）原钻井装置新加装设备后,其消防和救生设备、火灾及可燃和有毒有害气体探测报警系统布置图、危险区域划分图和应变部署表;

（三）安全管理文件,主要包括:安全管理机构的设置、安全生产责任制、安全操作规程、安全检查制度、工作许可制度、船舶系泊装卸和油(气)外输管理制度等。

经审查和现场检查符合规定的,向作业者或者承包者颁发海上油田(井)延长测试设施通知书;有关资料、设施现场安全状况等不符合规定的,及时书面通知作业者或者承包者进行整改。

第十五条　通常情况下,海上油田(井)延长测试作业期限不超过1年。确需延期时,作业者或者承包者应当提前15日向海油安办有关分部提出延期申请,延期时间不得超过6个月。

第十六条　海上油田(井)延长测试设施有下列情形之一的,作业者或者承包者应当及时向海油安办有关分部报告:

（一）改动组成延长测试设施的主要结构、设备和井控系统的;

（二）更换火灾及可燃和有毒有害气体探测与报警系统、消防和救生设备等主要安全设施的;

（三）改变应急预案有关内容的;

（四）其他对生产作业安全有重大影响的。

第三章　生产作业的安全管理

第一节　基本要求

第十七条　在海洋石油生产作业中,作业者和承包者应当确保海洋石油生产、作业设施(以下简称设施)安全条件符合法律、法规、规章和相关国家标准、行业标准的要求,并建立完善的安全管理体系。设施主要负责人对设施的安全管理全面负责。

第十八条　按照设施不同区域的危险性,划分三个等级的危险区:

(一)0类危险区,是指在正常操作条件下,连续出现达到引燃或者爆炸浓度的可燃性气体或者蒸气的区域;

(二)1类危险区,是指在正常操作条件下,断续地或者周期性地出现达到引燃或者爆炸浓度的可燃性气体或者蒸气的区域;

(三)2类危险区,是指在正常操作条件下,不可能出现达到引燃或者爆炸浓度的可燃性气体或者蒸气;但在不正常操作条件下,有可能出现达到引燃或者爆炸浓度的可燃性气体或者蒸气的区域。

设施的作业者或者承包者应当将危险区等级准确地标注在设施操作手册的附图上。对于通往危险区的通道口、门或者舱口,应当在其外部标注清晰可见的中英文"危险区域"、"禁止烟火"和"禁带火种"等标志。

第十九条　设施的作业者或者承包者应当建立动火、电工作业、受限空间作业、高空作业和舷(岛)外作业等审批制度。

从事前款规定的作业前,作业单位应当提出书面申请,说明作业的性质、地点、期限及采取的安全措施等,经设施负责人批准签发作业通知单后,方可进行作业。作业通知单应当包含作业内容、有关检测报告、作业要求、安全程序、个体防护用品、安全设备和作业通知单有效期限等内容。

作业单位接到作业通知单后,应当按通知单的要求采取有关措施,并制定详细的检查和作业程序。

作业期间,如果施工条件发生重大变化的,应当暂停施工并立即报告设施负责人,得到准予施工的指令后方可继续施工。

作业完成后,作业负责人应当在作业通知单上填写完成时间、工作质量和安全情况,并交付设施负责人保存。作业通知单的保存期限至少1年。

第二十条　设施上所有通往救生艇(筏)、直升机平台的应急撤离通道和通往消防设备的通道应当设置明显标志,并保持畅通。

第二十一条　设施上的各种设备应当符合下列规定:

(一)符合国家有关法律、法规、规章、标准的安全要求,有出厂合格证书或者检验合格证书;

(二)对裸露且危及人身安全的运转部分要安装防护罩或者其他安全保护装置;

(三)建立设备运转记录、设备缺陷和故障记录报告制度;

(四)制定设备安全操作规程和定期维护、保养、检验制度,制定设备的定人定岗管理制度;

(五)增加、拆除重要设备设施,或者改变其性能前,进行风险分析。属于改建、扩建项目的,按照有关规定向政府有关部门办理审批手续。

第二十二条　设施配备的救生艇、救助艇、救生筏、救生圈、救生衣、保温救生服及属具等救生设备,应当符合《国际海上人命安全公约》的规定,并经海油安办认可的发证检验机构检验合格。

海上石油设施配备救生设备的数量应当满足下列要求:

(一)配备的刚性全封闭机动耐火救生艇能够容纳自升式和固定式设施上的总人数,或者浮式设施上总人数的200%。无人驻守设施可以不配备刚性全封闭机动耐火救生艇。在设施建造、安装或者停产检修期间,通过风险分析,可以用救生筏代替救生艇;

(二)气胀式救生筏能够容纳设施上的总人数,其放置点应满足距水面高度的要求。无人驻守设施可以按定员12人考虑;

(三)至少配备并合理分布8个救生圈,其中2个带自亮浮灯,4个带自亮浮灯和自发烟雾信号。每个带自亮浮灯和自发烟雾信号的救生圈配备1根可浮救生索,可浮救生索的长度为从救生圈的存放位置至最低天文潮位水面高度的1.5倍,并至少长30米;

(四)救生衣按总人数的210%配备,其中:住室内配备100%,救生艇站配备100%,平台甲板工作区内配备10%,并可以配备一定数量的救生背心。在寒冷海区,每位工作人员配备一套保温救生服。对于无人驻守平台,在工作人员登平台时,根据作业海域水温情况,每人携带1件救生衣或者保温救生服。

滩海陆岸石油设施配备救生设备的数量应当满足下列要求:

(一)至少配备4个救生圈,每只救生圈上都拴有至少30米长的可浮救生索,其中2个带自亮浮灯,2个带自发烟雾信号和自亮浮灯;

(二)每人至少配备1件救生衣,在工作场所配备一定数量的工作救生衣或者救生背心。在寒冷海区,每位人员配备1件保温救生服。

所有救生设备都应当标注该设施的名称,按规定合理存放,并在设施的总布置图上标明存放位置。特殊施工作业情况下,配备的救生设备达不到要求时,应当制定相应的安全措施并报海油安办有关分部审查同意。

第二十三条 设施上的消防设备应当符合下列规定:

(一)根据国家有关规定,针对设施可能发生的火灾性质和危险程度,分别装设水消防系统、泡沫灭火系统、气体灭火系统和干粉灭火系统等固定灭火设备和装置,并经发证检验机构认可。无人驻守的简易平台,可以不设置水消防等灭火设备和装置;

(二)设置自动和手动火灾、可燃和有毒有害气体探测报警系统,总控制室内设总的报警和控制系统;

(三)配备4套消防员装备,包括隔热防护服、消防靴和手套、头盔、正压式空气呼吸器、消防斧以及可以连续使用3个小时的手提式安全灯。根据平台性质和工作人数,经发证检验机构同意,可以适当减少配备数量;

(四)滩海陆岸石油设施现场管理单位至少配备2套消防员装备,包括消防头盔、防护服、消防靴、安全灯、消防斧等,至少配备3套带气瓶的正压式空气呼吸器和可移动式消防泵1台;

(五)所有的消防设备都存放在易于取用的位置,并定期检查,始终保持完好状态。检查应当有检查记录标签。

第二十四条 在设施的危险区内进行测试、测井、修井等作业的设备应当采用防爆型,室内有非防爆电气的活动房应当采用正压防爆型。

第二十五条 起重作业应当符合下列规定:

(一)操作人员持有特种作业人员资格证书,熟悉起重设备的操作规程,并按规程操作;

(二)起重设备明确标识安全起重负荷;若为活动吊臂,标识吊臂在不同角度时的安全起重负荷;

(三)按规定对起重设备进行维护保养,保证刹车、限位、起重负荷指示、报警等装置齐全、准确、灵活、可靠;

(四)起重机及吊物附件按规定定期检验,并记录在起重设备检验簿上。

设施的载人吊篮作业,除符合第一款规定的要求外,还应当符合下列规定:

(一)限定乘员人数;

(二)乘员按规定穿救生背心或者救生衣;

(三)只允许用于起吊人员及随身物品;

(四)指定专人维护和检查,定期组织检验机构对其进行检验;

(五)当风速超过15米/秒或者影响吊篮安全起放时,立即停止使用;

(六)起吊人员时,尽量将载人吊篮移至水面上方再升降,并尽可能减少回转角度。

第二十六条 高处及舷(岛)外作业应当符合下列规定:

(一)高处及舷(岛)外作业人员佩戴安全帽和安全带,舷(岛)外作业人员穿救生衣,并采取其他必要的安全措施;

(二)风速超过15米/秒等恶劣天气时,立即停止作业。

第二十七条 危险物品管理应当符合下列规定:

(一)设施上任何危险物品(包括爆炸品、压缩气体和液化气体、易燃液体、易燃固体、自燃物品和遇湿易燃物品、氧化剂和有机过氧化物、有毒品和腐蚀品等)必须存放在远离危险区和生活区的指定地点和容器内,并将存放地点标注在设施操作手册的附图上;个人不得私自存放危险物品;

(二)设有专人负责危险物品的管理,并建立和保存危险物品入库、消耗和使用的记录;

(三)在通往危险物品存放地点的通道口、舱口处,设有醒目的中英文"危险物品"标识。

第二十八条 直升机起降管理应当符合下列规定:

(一)指定直升机起降联络负责人,负责指挥和配合直升机起降工作;

(二)配备与直升机起降有关的应急设备和工具,并注明中英文"直升机应急工具"字样;

(三)设施与机场的往返距离所需油量超过直升机自身储存油量的,按有关规定配备安全有效的直升机加油用储油罐、燃油质量检验设备和加油设备;

(四)直升机与设施建立联络后,经设施主要负责人准许,方可起飞或者降落(紧急情况除外);

(五)直升机机长或者机组人员提出降落要求的,起降联络负责人立即向直升机提供风速、风向、能见度、海况等数据和资料;

(六)无线电报务员一直保持监听来自直升机的无线电信号,直至其降落为止;

(七)机组人员开启舱门后,起降联络负责人方可指挥乘机人员上下直升机、装卸物品或者进行加油作业。

直升机起飞或者降落前,起降联络负责人应当组织做好下列准备工作:

(一)清除直升机甲板的障碍物和易燃物;

(二)检查直升机甲板安全设施是否处于完好状态,包括灯光、防滑网、消防设备和应急工具等;

(三)停止靠近直升机甲板的吊装作业和甲板15米范围内的明火作业;

(四)禁止无关人员靠近直升机甲板;

(五)守护船在设施附近起锚待命,消防人员做好准备;

(六)排放天然气、射孔或者试油作业时,若未采取可靠的安全措施,禁止直升机靠近设施。

第二十九条　劳动防护应当符合下列规定:

(一)设施上所有工作人员配备符合相关安全标准的劳动防护用品;

(二)设施上的工作场所按照国家有关规定和设计要求配备劳动防护设备,并定期进行检测;

(三)按照国家有关职业病防治的规定,定期对从事有毒有害作业的人员进行职业健康体检,对职业病患者进行康复治疗。

第三十条　医务室应当符合下列规定:

(一)在有人驻守的设施上,配备具有基础医疗抢救条件的医务室。作业人员超过15人的,配备专职医务人员;低于15人的,可以配备兼职医务人员;

(二)按照国家有关规定配备常用药品、急救药品和氧气、医疗器械、病床等;

(三)按照国家有关规定,制定有关疫情病情的报告、处理和卫生检验制度;

(四)按照国家有关规定,制定应急抢救程序。

第三十一条　滩海陆岸应急避难房应当符合下列规定:

(一)能够容纳全部生产作业人员;

(二)结构强度比滩海陆岸井台高一个安全等级;

(三)地面高出挡浪墙1米;

(四)采用基础稳定、结构可靠的固定式钢筋混凝土结构,或者采用可移动式钢结构;

(五)配备可以供避难人员5日所需的救生食品和饮用水;

(六)配备急救箱,至少装有2套救生衣、防水手电及配套电池、简单的医疗包扎用品和常用药品;

(七)配备应急通讯装置。

第三十二条　滩海陆岸值班车应当符合下列规定:

(一)接受滩海陆岸石油设施作业负责人的指挥,不得擅自进入或者离开;

(二)配备的通讯工具保证随时与滩海陆岸石油设施和陆岸基地通话;

(三)能够容纳所服务的滩海陆岸石油设施的全部人员,并配备100%的救生衣;

(四)具有在应急救助和人员撤离等复杂情况下作业的能力;

(五)参加滩海陆岸石油设施上的营救演习。

第二节　守护船管理

第三十三条　承担设施守护任务的船舶(以下简称守护船)在开始承担守护作业前,其所属单位应当向海油安办有关分部提交守护船登记表和守护船有关证书登记表,办理守护船登记手续。经海油安办有关分部审查合格后,予以登记,并签发守护船登记证明。守护船登记后,其原申报条件发生变化或者终止承担守护任务的,应当向原负责守护船登记的海油安办有关分部报告。

第三十四条　守护船应当在距离所守护设施5海里之内的海区执行守护任务,不得擅自离开。在守护船的守护能力范围内,多座被守护设施可以共用一条守护船。

第三十五条　守护船应当服从被守护设施负责人的指挥,能够接纳所守护设施全部人员,并配备可以供守护设施全部人员1日所需的救生食品和饮用水。

第三十六条　守护船应当符合下列规定:

(一)船舶证书齐全、有效;

(二)具备守护海区的适航能力;

(三)在船舶的两舷设有营救区,并尽可能远离推进器,营救区应当有醒目标志。营救区长度不小于载货甲板长度的1/3,宽度不小于3米;

(四)甲板上设有露天空间,便于直升机绞车提升、平台吊篮下放等营救操作;

(五)营救区及甲板露天空间处于守护船船长视野之内,便于指挥操作和营救。

第三十七条　守护船应当配备能够满足应急救助和撤离人员需要的下列设备和器具:

(一)1副吊装担架和1副铲式担架;

(二)2副救助用长柄钩;

(三)至少1套抛绳器;

(四)4只带自亮浮灯、逆向反光带和绳子的救生圈,绳子长度不少于30米;

(五)用于简易包扎和急救的医疗用品;

(六)营救区舷侧的落水人员攀登用网;

(七)1艘符合《国际海上人命安全公约》要求的救助艇;

(八)至少2只探照灯,可以提供营救作业区及周围海区照明;

(九)至少配备两种通讯工具,保证守护船与被守护设施和陆岸基地随时通话。

第三十八条 守护船船员应当符合下列条件：

（一）具有船员服务簿和适任证书等有效证件；

（二）至少有3名船员从事落水人员营救工作；

（三）至少有2名船员可以操纵救助艇；

（四）至少有2名船员经过医疗急救培训，能够承担急救处置、包扎和人工呼吸等工作；

（五）定期参加营救演习。

第三十九条 守护船的登记证明有效期为3年，有效期满前15日内应当重新办理登记手续。

第三节 租用直升机管理

第四十条 作业者或者承包者应当对提供直升机的公司进行安全条件审查和监督。

第四十一条 直升机公司应当符合下列条件：

（一）直升机持有中国民用航空局颁发的飞机适航证，并具备有效的飞机登记证和无线电台执照；

（二）具有符合安全飞行条件的直升机，并达到该机型最低设备放行清单的标准；

（三）具有符合安全飞行条件的驾驶员、机务维护人员和技术检查人员；

（四）对直升机驾驶员进行夜航和救生训练，保证完成规定的训练小时数；

（五）需要应急救援时，备有可以调用的直升机；

（六）完善和落实飞行安全的各种规章制度，杜绝超气象条件和不按规定的航线和高度飞行。

第四十二条 直升机应当配备下列应急救助设备：

（一）直升机应急浮筒；

（二）携带可以供机上所有人员使用的海上救生衣（在水温低于10℃的海域应当配备保温救生服）、救生筏及救生包，并备有可以供直升机使用的救生绞车；

（三）直升机两侧有能够投弃的舱门或者具备足够的紧急逃生舱口。

第四十三条 在额定载荷条件下，直升机应当具有航行于飞行基地与海上石油设施之间的适航能力和夜航能力。

第四十四条 飞行作业前，直升机所属公司应当制定安全应急程序，并与作业者或者承包者编制的应急预案相协调。

第四十五条 直升机在飞行作业中必须配有2名驾驶员，并指定其中1人为责任机长；由中外籍驾驶员合作驾驶的直升机，2名驾驶员应当有相应的语言技能水平，能够直接交流对话。

第四十六条 作业者或者承包者及直升机所属公司必须确保飞行基地（或者备用机场）和海上石油设施上的直升机起降设备处于安全和适用状态。

第四十七条 作业者或者承包者及直升机所属公司，应当通过协商制订飞行条件与应急飞行、乘机安全、载物安全和飞行故障、飞行事故报告等制度。

第四节 电气管理

第四十八条 设施应当制定电气设备检修前后的安全检查、日常运行检查、安全技术检查、定期安全检查等制度，建立健全电气设备的维修操作、电焊操作和手持电动工具操作等安全规程，并严格执行。

第四十九条 电气管理应当符合下列规定：

（一）按照国家规定配备和使用电工安全用具，并按规定定期检查和校验；

（二）遇停电、送电、倒闸、带电作业和临时用电等情况，按照有关作业许可制度进行审批。临时用电作业结束后，立即拆除增加的电气设备和线路；

（三）按照国家标准规定的颜色和图形，对电气设备和线路作出明显、准确的标识；

（四）电气设备作业期间，至少有1名电气作业经验丰富的监护人进行实时监护；

（五）电气设备按照铭牌上规定的额定参数（电压、电流、功率、频率等）运行，安装必要的过载、短路和漏电保护装置并定期校验。金属外壳（安全电压除外）有可靠的接地装置；

（六）在触电危险性较大的场所，手提灯、便携式电气设备、电动工具等设备工具按照国家标准的规定使用安全电压。确实无法使用安全电压的，经设施负责人批准，并采用有效的防触电措施；

（七）安装在不同等级危险区域的电气设备符合该等级的防爆类型。防爆电气设备上的部件不得任意拆除，必须保持电气设备的防爆性能；

（八）定期对电气设备和线路的绝缘电阻、耐压强度、泄漏电流等绝缘性能进行测定。长期停用的电气设备，在重新使用前应当进行检查，确认具备安全运行条件后方可使用；

（九）在带电体与人体、带电体与地面、带电体与带电体、带电体与其他设备之间，按照有关规范和标准的要求保持良好的绝缘性能和足够的安全距离；

（十）对生产和作业设施采取有效的防静电和防雷措施。

第五十条 设施必须配备必要的应急电源。应急电源应当符合下列规定：

（一）能够满足通讯、信号、照明、基本生存条件

(包括生活区、救生艇、撤离通道、直升机甲板等)和其他动力(包括消防系统、井控系统、火灾及可燃和有毒有害气体检测报警系统、应急关断系统等)的电源要求;

(二)在主电源失电后,应急电源能够在45秒内自动安全启动供电;

(三)应急电源远离危险区和主电源。

第五节 井控管理

第五十一条 作业者或者承包者应当制定油(气)井井控安全措施和防井喷应急预案。

第五十二条 钻井作业应当符合下列规定:

(一)钻井装置在新井位就位前,作业者和承包者应收集和分析相应的地质资料。如有浅层气存在,安装分流系统等;

(二)钻井作业期间,在钻台上备有与钻杆相匹配的内防喷装置;

(三)下套管时,防喷器尺寸与所下套管尺寸相匹配,并备有与所下套管丝扣相匹配的循环接头;

(四)防喷器所用的橡胶密封件应当按厂商的技术要求进行维护和储存,不得将失效和技术条件不符的密封件安装到防喷器中;

(五)水龙头下部安装方钻杆上旋塞,方钻杆下部安装下旋塞,并配备开关旋塞的扳手。顶部驱动装置下部安装手动和自动内防喷器(考克)并配备开关防喷器的扳手;

(六)防喷器组由环形防喷器和闸板防喷器组成,闸板防喷器的闸板关闭尺寸与所使用钻杆或者管柱的尺寸相符。防喷器的额定工作压力,不得低于钻井设计压力,用于探井的不得低于70MPa;

(七)防喷器及相应设备的安装、维护和试验,满足井控要求;

(八)经常对防喷系统进行安全检查。检查时,优先使用防喷系统安全检查表。

第五十三条 防喷器组控制系统的安装应当符合下列规定:

(一)1套液压控制系统的储能器液体压力保持21MPa,储能器压力液体积为关闭全部防喷器并打开液动闸阀所需液体体积的1.5倍以上;

(二)除钻台安装1台控制盘(台)外,另1台辅助控制盘(台)安装在远离钻台、便于操作的位置;

(三)防喷器组配备与其额定工作压力相一致的防喷管汇、节流管汇和压井管汇;

(四)压井管汇和节流管汇的防喷管线上,分别安装2个控制阀。其中一个为手动,处于常开位置;另一个必须是远程控制;

(五)安装自动灌井液系统。

第五十四条 水下防喷器组应当符合下列规定:

(一)若有浅层气或者地质情况不清时,导管上安装分流系统;

(二)在表层套管和中间(技术)套管上安装1个或者2个环形防喷器、2个双闸板防喷器,其中1副闸板为全封剪切闸板防喷器;

(三)安装1组水下储能器,便于就近迅速提供液压能,以尽快开关各防喷器及其闸门。同时,采用互为备用的双控制盒系统,当一个控制盒系统正在使用时,另一个控制盒系统保持良好的工作状态作为备用;

(四)如需修理或者更换防喷器组,必须保证井眼安全,尽量在下完套管固井后或者未钻穿水泥塞前进行。必要时,打1个水泥塞或者下桥塞后再进行修理或者更换;

(五)使用复合式钻柱的,装有可变闸板,以适应不同的钻具尺寸。

第五十五条 水上防喷器组应当符合下列基本规定:

(一)若有浅层气或者地质情况不清时,隔水(导)管上安装分流系统;

(二)表层套管上安装1个环形防喷器,1个双闸板防喷器;大于13"3/8表层套管上可以只安装1个环形防喷器;

(三)中间(技术)套管上安装1个环形、1个双闸板(或者2个单闸板)和1个剪切全封闭闸板防喷器;

(四)使用复合式钻柱的,装有可变闸板,以适应不同的钻具尺寸。

第五十六条 水上防喷器组的开关活动,应当符合下列规定:

(一)闸板防喷器定期进行开关活动;

(二)全封闸板防喷器每次起钻后进行开关活动。若每日多次起钻,只开关活动一次即可;

(三)每起下钻一次,2个防喷器控制盘(台)交换动作一次。如果控制盘(台)失去动作功能,在恢复功能后,才能进行钻井作业;

(四)节流管汇的阀门、方钻杆旋塞和钻杆内防喷装置,每周开关活动一次。

水下防喷器的开关活动,除了闸板防喷器1日进行开关活动一次外,其他开关活动次数与水上防喷器组开关活动次数相同。

第五十七条 防喷器系统的试压,应当符合下列规定:

（一）所有的防喷器及管汇在进行高压试验之前，进行2.1MPa的低压试验；

（二）防喷器安装前或者更换主要配件后，进行整体压力试验；

（三）按照井控车间（基地）组装、现场安装、钻开油气层前及更换井控装置部件的次序进行防喷器试压。试压的间隔不超过14日；

（四）对于水上防喷器组，防喷器组在井控车间（基地）组装后，按额定工作压力进行试验。现场安装后，试验压力在不超过套管抗内压强度80%的前提下，环形防喷器的试验压力为额定工作压力的70%，闸板防喷器和相应控制设备的试验压力为额定工作压力；

（五）对于水下防喷器组，水下防喷器和所有有关井控设备的试验压力为其额定工作压力的70%。防喷器组在现场安装完成后，控制设备和防喷器闸板按照水上防喷器组试压的规定进行。

第五十八条　防喷器系统的检查与维护，应当符合下列规定：

（一）整套防喷器系统、隔水（导）管和配套设备，按照制造厂商推荐的程序进行检查和维护；

（二）在海况及气候条件允许的情况下，防喷器系统和隔水（导）管至少每日外观检查一次，水下设备的检查可以通过水下电视等工具完成。

第五十九条　井液池液面和气体检测装置应当具备声光报警功能，其报警仪安装在钻台和综合录井室内；应当配备井液性能试验仪器。井液量应当符合下列规定：

（一）开钻前，计算井液材料最小需要量，落实紧急情况补充井液的储备计划；

（二）记录并保存井液材料（包括加重材料）的每日储存量。若储存量达不到所规定的最小数量时，停止钻井作业；

（三）作业时，当返出井液密度比进口井液密度小0.02g/cm^{3}时，将环形空间井液循环到地面，并对井液性能进行气体或者液体侵入的检查和处理；

（四）起钻时，向井内灌注井液。当井内静止液面下降或者每起出3至5柱钻具之后应当灌满井液；

（五）从井内起出钻杆测试工具前，井液应当进行循环或者反循环。

第六十条　完井、试油和修井作业应当符合下列规定：

（一）配备与作业相适应的防喷器及其控制系统；

（二）按计划储备井液材料，其性能符合作业要求；

（三）井控要求参照钻井作业有关规定执行；

（四）滩海陆岸井控装置至少配备1套控制系统。

第六十一条　气井、自喷井、自溢井应当安装井下封隔器；在海床面30米以下，应当安装井下安全阀，并符合下列规定：

（一）定期进行水上控制的井下安全阀现场试验，试验间隔不得超过6个月。新安装或者重新安装的也应当进行试验；

（二）海床完井的单井、卫星井或者多井基盘上，每口井安装水下控制的井下安全阀；

（三）地面安全阀保持良好的工作状态；

（四）配备适用的井口测压防喷盒。

紧急关闭系统应当保持良好的工作状态。作业者应当妥善保存各种水下安全装置的安装和调试记录等资料。

第六十二条　进行电缆射孔、生产测井、钢丝作业时，在工具下井前，应当对防喷管汇进行压力试验。

第六十三条　钻开油气层前100米时，应当通过钻井循环通道和节流管汇做一次低泵冲泵压试验。

第六十四条　放喷管线应当使用专用管线。

在寒冷季节，应当对井控装备、防喷管汇、节流管汇、压力管汇和仪表等进行防冻保温。

第六节　硫化氢防护管理

第六十五条　钻遇未知含硫化氢地层时，应当提前采取防范措施；钻遇已知含硫化氢地层时，应当实施检测和控制。

硫化氢探测、报警系统应当符合下列规定：

（一）钻井装置上安装硫化氢报警系统。当空气中硫化氢的浓度超过15mg/m^3（10ppm）时，系统即能以声光报警方式工作；固定式探头至少应当安装在喇叭口、钻台、振动筛、井液池、生活区、发电及配电房进风口等位置；

（二）至少配备探测范围0～30mg/m^3（0～20ppm）和0～150mg/m^3（0～100ppm）的便携式硫化氢探测器各1套；

（三）探测器件的灵敏度达到7.5mg/m^3（5ppm）；

（四）储备足够数量的硫化氢检测样品，以便随时检测探头。

人员保护器具应当符合下列规定：

（一）通常情况下，钻井装置上配备15～20套正压式空气呼吸器。其中，生活区6～9套，钻台上5～6套，井液池附近（泥浆舱）2套，录井房2～3套。钻进已知含硫化氢地层前，或者临时钻遇含硫化氢地层时，

钻井装置上配备供全员使用的正压式空气呼吸器,并配备足够的备用气瓶;

(二)钻井装置上配备1台呼吸器空气压缩机;

(三)医务室配备处理硫化氢中毒的医疗用品、心肺复苏器和氧气瓶。

标志信号应当符合下列规定:

(一)在人员易于看见的位置,安装风向标、风速仪;

(二)当空气中含硫化氢浓度小于15mg/m^3(10ppm)时,挂标有硫化氢字样的绿牌;

(三)当空气中含硫化氢浓度处于15~30mg/m^3(10~20ppm)时,挂标有硫化氢字样的黄牌;

(四)当空气中含硫化氢浓度大于30mg/m^3(20ppm)时,挂标有硫化氢字样的红牌。

第六十六条　在可能含有硫化氢地层进行钻井作业时,应当采取下列硫化氢防护措施:

(一)在可能含有硫化氢地区的钻井设计中,标明含硫化氢地层及其深度,估算硫化氢的可能含量,以提醒有关作业人员注意,并制定必要的安全和应急措施;

(二)当空气中硫化氢浓度达到15mg/m^3(10ppm)时,及时通知所有平台人员注意,加密观察和测量硫化氢浓度的次数,检查并准备好正压式空气呼吸器;

(三)当空气中硫化氢浓度达到30mg/m^3(20ppm)时,在岗人员迅速取用正压式空气呼吸器,其他人员到达安全区。通知守护船在平台上风向海域起锚待命;

(四)当空气中含硫化氢浓度达到150mg/m^3(100ppm)时,组织所有人员撤离平台;

(五)使用适合于钻遇含硫化氢地层的井液,钻井液的pH值保持在10以上。净化剂、添加剂和防腐剂等有适当的储备。钻井液中脱出的硫化氢气体集中排放,有条件情况下,可以点火燃烧;

(六)钻遇含硫化氢地层,起钻时使用钻杆刮泥器。若将湿钻杆放在甲板上,必要时,作业人员佩戴正压式空气呼吸器。钻进中发现空气中含硫化氢浓度达到30mg/ m^3(20ppm)时,立即暂时停止钻进,并循环井液;

(七)在含硫化氢地层取芯,当取芯筒起出地面之前10-20个立柱,以及从岩芯筒取出岩芯时,操作人员戴好正压式空气呼吸器。运送含硫化氢岩芯时,采取相应包装措施密封岩芯,并标明岩芯含硫化氢字样。在井液录井中若发现有硫化氢显示时,及时向钻井监督报告;

(八)在预计含硫化氢地层进行中途测试时,测试时间尽量安排在白天,测试器具附近尽量减少操作人员。严禁采用常规的中途测试工具对深部含硫化氢的地层进行测试;

(九)钻穿含硫化氢地层后,增加工作区的监测频率,加强硫化氢监测;

(十)对于在含硫化氢地层进行试油,试油前召开安全会议,落实人员防护器具和人员急救程序及应急措施。在试油设备附近,人员减少到最低限度。

第六十七条　在可能含有硫化氢地层进行钻进作业时,其钻井设备、器具应当符合下列规定:

(一)钻井设备具备抗硫应力开裂的性能;

(二)管材具有在硫化氢环境中使用的性能,并按照国家有关标准的要求使用;

(三)对所使用作业设备、管材、生产流程及附件等,定期进行安全检查和检测检验。

第六十八条　完井和修井作业的硫化氢防护,参照钻井作业的有关要求执行。

第六十九条　在可能含有硫化氢地层进行生产作业时,应当采取下列硫化氢防护措施:

(一)生产设施上配备6套正压式空气呼吸器。在已知存在含硫油气生产设施上,全员配备正压式空气呼吸器,并配备一定数量的备用气瓶及1台呼吸器空气压缩机;

(二)生产设施上配备2至3套便携式硫化氢探测仪、1套便携式比色指示管探测仪和1套便携式二氧化硫探测仪。在已知存在硫化氢的生产装置上,安装硫化氢报警装置;

(三)当空气中硫化氢达到15mg/m^3(10ppm)或者二氧化硫达到5.4mg/m^3(2ppm)时,作业人员佩戴正压式空气呼吸器;

(四)装置上配有用于处理硫化氢中毒的医疗用品、心肺复苏器和氧气瓶;

(五)在油气井投产前,采取有效措施,加强对硫化氢、二氧化硫和二氧化碳的防护;

(六)用于油气生产的设备、设施和管道等具有抗硫化氢腐蚀的性能。

第七节　系物管理

第七十条　作业者和承包者应当加强系泊和起重作业过程中系物器具和被系器具的安全管理。

第七十一条　作业者和承包者应当制定系物器具和被系器具的安全管理责任制,明确各岗位和各工种责任制;

应当制定系物器具和被系器具的使用管理规定，对系物器具和被系器具进行经常性维护、保养，保证正常使用。维护、保养应当作好记录，并由有关人员签字。

第七十二条 系物器具应当按照有关规定由海油安办认可的检验机构对其定期进行检验，并作出标记。作业者和承包者为满足特殊需要，自行加工制造系物器具和被系器具的，系物器具和被系器具必须经海油安办认可的检验机构检验合格后，方可投入使用。

第七十三条 箱件的使用，除了符合本细则第七十一条和第七十二条规定要求外，还应当满足下列要求：

（一）箱外有明显的尺寸、自重和额定安全载重标记；

（二）定期对其主要受力部位进行检验。

第七十四条 吊网的使用，除了符合第七十一条和第七十二条规定外，还应当符合下列要求：

（一）标有安全工作负荷标记；

（二）非金属网不得超过其使用范围和环境。

第七十五条 乘人吊篮必须专用，并标有额定载重和限乘人数的标记；应当按产品说明书的规定定期进行技术检验。

第七十六条 系物器具和被系器具有下列情形之一的，应当停止使用：

（一）已达到报废标准而未报废，或者已经报废的；

（二）未标明检验日期的；

（三）超过规定检验期限的。

第八节　危险物品管理

第七十七条 作业者、承包者应当建立放射性、爆炸性物品（以下简称危险物品）的领取和归还制度。危险物品的领取和归还应当遵守下列规定：

（一）领取人持有领取单领取相应的危险物品。领取单详细记载危险物品的种类和数量；

（二）领取和归还危险物品时，使用专用的工具。放射性源盛装在罐内，爆炸性物品存放在箱内；

（三）出入库的放射性源罐，配有浮标或者其他示位器具；

（四）危险物品出入库有记录，领取人和库管员在出入库单上签字；

（五）未用完的危险物品，及时归还。

第七十八条 危险物品的运输，应当符合下列规定：

（一）符合国家有关法律、法规、规章、标准的要求，并有专人押运；

（二）有可靠的安全措施和应急措施；

（三）符合有关运输手续，有明显的危险物品运输标识。

第七十九条 危险物品的使用，应当符合下列规定：

（一）作业前，按照有关规定申请使用许可证。取得使用许可证后，方可使用危险物品。使用有详细记录。使用后，及时将未使用完的危险物品回收入库；

（二）作业时，制定安全可靠的作业规程。有关作业人员熟悉并遵守作业规程；

（三）现场设有明显、清晰的危险标识，以防止非作业人员进入作业区；

（四）现场至少配备1台便携式放射性强度测量仪；

（五）按照国家有关标准的要求，对放射源与载源设备的性能进行检验。

第八十条 危险物品的存放，应当符合下列规定：

（一）存放场所远离生活区、人员密集区及危险区，并标有明显的“危险品”标识；

（二）采取有效的防火安全措施；

（三）不得将爆炸性物品中的炸药与雷管或者放射性物品存放在同一储存室内。

第八十一条 对失效的或者外壳泄漏试验不合格（超过185Bq）的放射源，应当采取安全的方式妥善处置。

第八十二条 作业人员使用放射性物品的，应当采取下列防护措施：

（一）配有个人辐照剂量检测用具，并建立辐照剂量档案；

（二）每年至少进行一次体检，体检结果存档；

（三）发现作业人员受到放射性伤害的，立即调离其工作岗位，并按照有关规定进行治疗和康复；

（四）作业人员调动工作的，其辐照剂量档案和体检档案随工作岗位一起调动。

第九节　弃井管理

第八十三条 作业者或者承包者在进行弃井作业或者清除井口遗留物30日前，应当向海油安办有关分部报送下列材料：

（一）弃井作业或者清除井口遗留物安全风险评价报告；

（二）弃井或者清除井口遗留物施工方案、作业程序、时间安排、井液性能等。

海油安办有关分部应当对作业者或者承包者报送的材料进行审核；材料内容不符合技术要求的，通知作业者或者承包者进行完善。

第八十四条 弃井作业或者清除井口遗留物施工作业期

间,海油安办有关分部认为必要时,进行现场监督。

施工作业完成后15日内,作业者或者承包者应当向海油安办有关分部提交下列资料:

(一)弃井或者清除井口遗留物作业完工图;

(二)弃井作业最终报告表。

第八十五条　对于永久性弃井的,应当符合下列要求:

(一)在裸露井眼井段,对油、气、水等渗透层进行全封,在其上部打至少50米水泥塞,以封隔油、气、水等渗透层,防止互窜或者流出海底。裸眼井段无油、气、水时,在最后一层套管的套管鞋以下和以上各打至少30米水泥塞;

(二)已下尾管的,在尾管顶部上下30米的井段各打至少30米水泥塞;

(三)已在套管或者尾管内进行了射孔试油作业的,对射孔层进行全封,在其上部打至少50米的水泥塞;

(四)已切割的每层套管内,保证切割处上下各有至少20米的水泥塞;

(五)表层套管内水泥塞长度至少有45米,且水泥塞顶面位于海底泥面下4米至30米之间。

对于临时弃井的,应当符合下列要求:

(一)在最深层套管柱的底部至少打50米水泥塞;

(二)在海底泥面以下4米的套管柱内至少打30米水泥塞。

第八十六条　永久弃井时,所有套管、井口装置或者桩应当按照国家有关规定实施清除作业。对保留在海底的水下井口装置或者井口帽,应当按照国家有关规定向海油安办有关分部进行报告。

第四章　安全培训

第八十七条　作业者和承包者的主要负责人和安全生产管理人员应当具备相应的安全生产知识和管理能力,经海油安办考核合格。

第八十八条　作业者和承包者应当组织对海上石油作业人员进行安全生产培训。未经培训并取得培训合格证书的作业人员,不得上岗作业。

作业者和承包者应当建立海上石油作业人员的培训档案,加强对出海作业人员(包括在境外培训的人员)的培训证书的审查。未取得培训合格证书的,一律不得出海作业。

第八十九条　出海人员必须接受"海上石油作业安全救生"的专门培训,并取得培训合格证书。

安全培训的内容和时间应当符合下列要求:

(一)长期出海人员接受"海上石油作业安全救生"全部内容的培训,培训时间不少于40课时。每5年进行一次再培训;

(二)短期出海人员接受"海上石油作业安全救生"综合内容的培训,培训时间不少于24课时。每3年进行一次再培训;

(三)临时出海人员接受"海上石油作业安全救生"电化教学的培训,培训时间不少于4课时。每1年进行一次再培训;

(四)不在设施上留宿的临时出海人员可以只接受作业者或者承包者现场安全教育;

(五)没有直升机平台或者已明确不使用直升机倒班的海上设施人员,可以免除"直升机遇险水下逃生"内容的培训;

(六)没有配备救生艇筏的海上设施作业人员,可以免除"救生艇筏操纵"的培训。

第九十条　海上油气生产设施兼职消防队员应当接受"油气消防"的培训,培训时间不少于24课时。每4年应当进行一次再培训。

第九十一条　从事钻井、完井、修井、测试作业的监督、经理、高级队长、领班,以及司钻、副司钻和井架工、安全监督等人员应当接受"井控技术"的培训,培训时间不少于56课时,并取得培训合格证书。每4年应当进行一次再培训。

第九十二条　稳性压载人员(含钻井平台、浮式生产储油装置的稳性压载、平台升降的技术人员)应当接受"稳性与压载技术"的培训,培训时间不少于36课时,并取得培训合格证书。每4年应当进行一次再培训。

第九十三条　在作业过程中已经出现或者可能出现硫化氢的场所从事钻井、完井、修井、测试、采油及储运作业的人员,应当进行"防硫化氢技术"的专门培训,培训时间不少于16课时,并取得培训合格证书。每4年应当进行一次再培训。

第九十四条　无线电技术操作人员应当按政府有关主管部门的要求进行培训,取得相应的资格证书。

第九十五条　属于特种作业人员范围的特种作业人员应当按照有关法律法规的要求进行专门培训,取得特种作业操作资格证书。

第九十六条　外方人员在国外合法注册和政府认可的培训机构取得的证书和证件,经中方作业者或者承包者确认后在中国继续有效。

第五章　应急管理

第九十七条　作业者和承包者应当按照有关法律、法规、规章和标准的要求，结合生产实际编制应急预案，并报海油安办有关分部备案。

作业者和承包者应当根据海洋石油作业的变化，及时对应急预案进行修改、补充和完善。

第九十八条 根据海洋石油作业的特点，作业者和承包者编制的应急预案应当包括下列内容：

（一）作业者和承包者的基本情况、危险特性、可以利用的应急救援设备；

（二）应急组织机构、职责划分、通讯联络；

（三）应急预案启动、应急响应、信息处理、应急状态中止、后续恢复等处置程序；

（四）应急演习与训练。

第九十九条 应急预案的应急范围包括井喷失控、火灾与爆炸、平台遇险、直升机失事、船舶海损、油（气）生产设施与管线破损和泄漏、有毒有害物品泄漏、放射性物品遗散、潜水作业事故；人员重伤、死亡、失踪及暴发性传染病、中毒；溢油事故、自然灾害以及其他紧急情况。

第一百条 除作业者和承包者编制的公司一级应急预案外，针对每个生产和作业设施应当结合工作实际，编制应急预案。应急预案包括主件和附件两个部分内容。

主件部分应当包括下列主要内容：

（一）生产或者作业设施名称、作业海区、编写者和编写日期；

（二）生产或者作业设施的应急组织机构、指挥系统、医疗机构及各级应急岗位人员职责；

（三）处置各类突发性事故或者险情的措施和联络报告程序；

（四）生产或者作业设施上所具有的通讯设备类型、能力以及应急通讯频率；

（五）应急组织、上级主管部门和有关部门的负责人通讯录，包括通讯地址、电话和传真等；

（六）与有关部门联络的应急工作联系程序图或者网络图；

（七）应急训练内容、频次和要求；

（八）其他需要明确的内容。

附件部分应当包括下列主要内容：

（一）生产或者作业设施的主要基础数据；

（二）生产或者作业设施所处自然环境的描述，包括：作业海区的气象资料，可能出现的灾害性天气（如台风等）；作业海区的海洋水文资料，水深、水温、海流的速度和方向、浪高等；生产或者作业设施与陆岸基地、附近港口码头及海区其他设施的位置简图；

（三）各种应急搜救设备及材料，包括应急设备及应急材料的名称、类型、数量、性能和存放地点等情况；

（四）生产或者作业设施配备的气象海况测定装置的规格和型号；

（五）其他有关资料。

第一百零一条 作业者和承包者应当组织生产和作业设施的相关人员定期开展应急预案的演练，演练期限不超过下列时间间隔的要求：

（一）消防演习：每倒班期一次。

（二）弃平台演习：每倒班期一次。

（三）井控演习：每倒班期一次。

（四）人员落水救助演习：每季度一次。

（五）硫化氢演习：钻遇含硫化氢地层前和对含硫化氢油气井进行试油或者修井作业前，必须组织一次防硫化氢演习；对含硫化氢油气井进行正常钻井、试油或者修井作业，每隔7日组织一次演习；含硫化氢油气井正常生产时，每倒班期组织一次演习。不含硫化氢的，每半年组织一次。

各类应急演练的记录文件应当至少保存1年。

第一百零二条 事故发生后，作业现场有关人员应当及时向所属作业者和承包者报告；接到报告后，应当立即启动相应的应急预案，组织开展救援活动，防止事故扩大，减少人员伤亡和财产损失。

第一百零三条 针对海洋石油作业过程中发生事故的特点，在实施应急救援过程中，作业者和承包者应当做好下列工作：

（一）立即组织现场疏散，保护作业人员安全；

（二）立即调集作业现场的应急力量进行救援，同时向有关方面发出求助信息，动员有关力量，保证应急队伍、设备、器材、物资及必要的后勤支持；

（三）制订现场救援方案并组织实施；

（四）确定警戒及防控区域，实行区域管制；

（五）采取相应的保护措施，防止事故扩大和引发次生灾害；

（六）迅速组织医疗救援力量，抢救受伤人员；

（七）尽力防止出现石油大面积泄漏和扩散。

第六章 事故报告和调查处理

第一百零四条 在海上石油天然气勘探、开发、生产、储运及油田废弃等作业中，发生下列生产安全事故，作业现场有关人员应当立即向所属作业者和承包者报告；作业者和承包者接到报告后，应当立即按规定向海油安办有关分部的地区监督处、当地政府和海事部门报告：

(一)井喷失控;

(二)火灾与爆炸;

(三)平台遇险(包括平台失控漂移、拖航遇险、被碰撞或者翻沉);

(四)飞机事故;

(五)船舶海损(包括碰撞、搁浅、触礁、翻沉、断损);

(六)油(气)生产设施与管线破损(包括单点系泊、电气管线、海底油气管线等的破损、泄漏、断裂);

(七)有毒有害物品和气体泄漏或者遗散;

(八)急性中毒;

(九)潜水作业事故;

(十)大型溢油事故(溢油量大于100吨);

(十一)其他造成人员伤亡或者直接经济损失的事故。

第一百零五条　海油安办有关分部的地区监督处接到事故报告后,应当立即上报海油安办有关分部。海油安办有关分部接到较大事故及以上的事故报告后,应当在1小时内上报国家安全生产监督管理总局。

飞机事故、船舶海损、大型溢油除报告海油安办外,还应当按规定报告有关政府主管部门。

第一百零六条　海洋石油的生产安全事故按照下列规定进行调查:

(一)没有人员伤亡的一般事故,海油安办有关分部可以委托作业者和承包者组织生产、技术、安全等有关人员及工会成员组成事故调查组进行调查;

(二)造成人员伤亡的一般事故,由海油安办有关分部牵头组织有关部门及工会成立事故调查组进行调查,并邀请人民检察院派人参加;

(三)造成较大事故,由海油安办牵头组织有关部门成立事故调查组进行调查,并邀请人民检察院派人参加;

(四)重大事故,由国家安全生产监督管理总局牵头组织有关部门成立事故调查组进行调查,并邀请人民检察院派人参加;

(五)特别重大事故,按照国务院有关规定执行。

飞机失事、船舶海损、放射性物品遗散和大型溢油等海洋石油生产安全事故依法由民航、海事、环保等有关部门组织调查处理。

第一百零七条　海洋石油的生产安全事故调查报告按照下列规定批复:

(一)一般事故的调查报告,在征得海油安办同意后,由海油安办有关分部批复;

(二)较大、重大事故的调查报告由国家安全生产监督管理总局批复;

(三)特别重大事故调查报告的批复按照国务院有关规定执行。

第一百零八条　作业者和承包者应当按照事故调查报告的批复,对负有责任的人员进行处理。

事故发生单位应当认真吸取事故教训,落实防范和整改措施,防止事故再次发生。

第七章　监督管理

第一百零九条　海油安办及其有关分部应当按照法律、行政法规、规章和标准的规定,依法对海洋石油生产经营单位的安全生产实施监督检查。

第一百一十条　海油安办有关分部应当建立生产设施、作业设施的备案档案管理制度,并于每年1月31日前将上一年度的备案情况报海油安办。备案档案应当至少保存3年。

第一百一十一条　海油安办有关分部应当对安全培训机构、作业者和承包者安全教育培训情况进行监督检查。

第一百一十二条　海油安办及其有关分部应当按照生产安全事故的批复,依照有关法律、行政法规和规章的规定,对事故发生单位和有关人员进行行政处罚;对负有事故责任的国家工作人员,按照干部管理权限交由有关单位和行政监察机关追究。

第八章　罚　　则

第一百一十三条　作业者和承包者有下列行为之一的,给予警告,可以并处3万元以下的罚款:

(一)生产设施、作业设施未按规定备案的;

(二)未配备守护船,或者未按规定登记的;

(三)海洋石油专业设备未按期进行检验的;

(四)拒绝、阻碍海油安办及有关分部依法监督检查的。

第一百一十四条　作业者和承包者有下列行为之一的,依法责令停产整顿,给予相应的行政处罚:

(一)未履行新建、改建、扩建项目“三同时”程序的;

(二)对存在的重大事故隐患,不按期进行整改的。

第一百一十五条　海油安办及有关分部监督检查人员在海洋石油监督检查中滥用职权、玩忽职守、徇私舞弊的,依照有关规定给予行政处分。

第九章　附　　则

第一百一十六条　本细则中下列用语的含义:

（一）海洋石油作业设施，是指用于海洋石油作业的海上移动式钻井船（平台）、物探船、铺管船、起重船、固井船、酸化压裂船等设施；

（二）海洋石油生产设施，是指以开采海洋石油为目的的海上固定平台、单点系泊、浮式生产储油装置（FPSO）、海底管线、海上输油码头、滩海陆岸、人工岛和陆岸终端等海上和陆岸结构物；

（三）滩海陆岸石油设施，是指最高天文潮位以下滩海区域内，采用筑路或者栈桥等方式与陆岸相连接，从事石油作业活动中修筑的滩海通井路、滩海井台及有关石油设施；

（四）专业设备，是指海洋石油开采过程中使用的危险性较大或者对安全生产有较大影响的设备，包括海上结构、采油设备、海上锅炉和压力容器、钻井和修井设备、起重和升降设备、火灾和可燃气体探测、报警及控制系统、安全阀、救生设备、消防器材、钢丝绳等系物及被系物、电气仪表等；

（五）海底长输油（气）管线，是指从一个海上油（气）田外输油（气）的计量点至陆岸终端计量点或者至海上输油（气）终端计量点的长输管线，包括管段、立管、附件、控制系统、仪表及支撑件等互相连接的系统和中间泵站等；

（六）延长测试作业，是指在油层参数或者早期地质油藏资料不能满足工程需要的情况下，为获取这些数据资料，在原钻井装置或者井口平台上实施，并有油轮或者浮式生产装置作为储油装置的测试作业；

（七）延长测试设施，是指延长测试作业时，在原钻井装置或井口平台上临时安装的配套工艺设备、以及油轮或浮式生产储油装置（FPSO）等设施的总称；

（八）长期出海人员，是指每次在海上作业15日以上（含15日），或者年累计在海上作业30日以上（含30日），负责海上石油设施管理、操作、维修等作业的人员；

（九）短期出海人员，是指每次在海上作业5～15日以下（含5日），或者年累计出海时间在10～30日（含10日）的海上石油作业人员；

（十）临时出海人员，是指每次出海在5日以下的人员，或者年累计10日以下；

（十一）海上油气生产设施兼职消防队员，是指海上油（气）生产设施上，直接从事消防设备操作、现场灭火指挥的关键人员；

（十二）“海上石油作业安全救生”培训，是指“海上求生”、“海上平台消防”、“救生艇筏操纵”、“海上急救”、“直升机遇险水下逃生”5项内容的培训；

（十三）弃井作业，是指为了防止海洋污染、保证油井和海上运输安全而对油井采取的防止溢油和碰撞的一系列措施，包括永久性弃井作业和临时弃井作业。永久性弃井，是指对废弃的井进行封堵井眼及回收井口装置的作业；临时弃井，是指对正在钻井，因故中止作业或者对已完成作业的井需保留井口而进行的封堵井眼，戴井口帽及设置井口信号标志的作业。

第一百一十七条　本细则所规定的有关文书格式，由海油安办统一式样。

第一百一十八条　从事内陆湖泊的石油开采活动，参照本细则有关规定执行。

第一百一十九条　本细则自2009年12月1日起施行。

海洋石油安全生产规定

1. 2006年2月7日国家安全生产监督管理总局令第4号公布
2. 根据2013年8月29日国家安全生产监督管理总局令第63号《关于修改〈生产经营单位安全培训规定〉等11件规章的决定》第一次修正
3. 根据2015年5月26日国家安全生产监督管理总局令第78号《关于废止和修改非煤矿矿山领域九部规章的决定》第二次修正

第一章　总　　则

第一条　为了加强海洋石油安全生产工作，防止和减少海洋石油生产安全事故和职业危害，保障从业人员生命和财产安全，根据《安全生产法》及有关法律、行政法规，制定本规定。

第二条　在中华人民共和国的内水、领海、毗连区、专属经济区、大陆架以及中华人民共和国管辖的其他海域内的海洋石油开采活动的安全生产，适用本规定。

第三条　海洋石油作业者和承包者是海洋石油安全生产的责任主体。

本规定所称作业者是指负责实施海洋石油开采活动的企业，或者按照石油合同的约定负责实施海洋石油开采活动的实体。

本规定所称承包者是指向作业者提供服务的企业或者实体。

第四条　国家安全生产监督管理总局（以下简称安全监管总局）对海洋石油安全生产实施综合监督管理。

安全监管总局设立海洋石油作业安全办公室（以下简称海油安办）作为实施海洋石油安全生产综合监

督管理的执行机构。海油安办根据需要设立分部,各分部依照有关规定实施具体的安全监督管理。

第二章　安全生产保障

第五条　作业者和承包者应当遵守有关安全生产的法律、行政法规、部门规章、国家标准和行业标准,具备安全生产条件。

第六条　作业者应当加强对承包者的安全监督和管理,并在承包合同中约定各自的安全生产管理职责。

第七条　作业者和承包者的主要负责人对本单位的安全生产工作全面负责。

作业者和从事物探、钻井、测井、录井、试油、井下作业等活动的承包者及海洋石油生产设施的主要负责人、安全管理人员应当按照安全监管总局的规定,经过安全资格培训,具备相应的安全生产知识和管理能力,经考核合格取得安全资格证书。

第八条　作业者和承包者应当对从业人员进行安全生产教育和培训,保证从业人员具备必要的安全生产知识,熟悉有关的安全生产规章制度和安全操作规程,掌握本岗位的安全操作技能。

第九条　出海作业人员应当接受海洋石油作业安全救生培训,经考核合格后方可出海作业。

临时出海人员应接受必要的安全教育。

第十条　特种作业人员应当按照安全监管总局有关规定经专门的安全技术培训,考核合格取得特种作业操作资格证书后方可上岗作业。

第十一条　海洋石油建设项目在可行性研究阶段或者总体开发方案编制阶段应当进行安全预评价。

在设计阶段,海洋石油生产设施的重要设计文件及安全专篇,应当经海洋石油生产设施发证检验机构(以下简称发证检验机构)审查同意。发证检验机构应当在审查同意的设计文件、图纸上加盖印章。

第十二条　海洋石油生产设施应当由具有相应资质或者能力的专业单位施工,施工单位应当按照审查同意的设计方案或者图纸施工。

第十三条　海洋石油生产设施试生产前,应当经发证检验机构检验合格,取得最终检验证书或者临时检验证书,并制订试生产的安全措施,于试生产前45日报海油安办有关分部备案。

海油安办有关分部应对海洋石油生产设施的状况及安全措施的落实情况进行检查。

第十四条　海洋石油生产设施试生产正常后,应当由作业者或者承包者负责组织对其安全设施进行竣工验收,并形成书面报告备查。

经验收合格并办理安全生产许可证后,方可正式投入生产使用。

第十五条　作业者和承包者应当向作业人员如实告知作业现场和工作岗位存在的危险因素和职业危害因素,以及相应的防范措施和应急措施。

第十六条　作业者和承包者应当为作业人员提供符合国家标准或者行业标准的劳动防护用品,并监督、教育作业人员按照使用规则佩戴、使用。

第十七条　作业者和承包者应当制定海洋石油作业设施、生产设施及其专业设备的安全检查、维护保养制度,建立安全检查、维护保养档案,并指定专人负责。

第十八条　作业者和承包者应当加强防火防爆管理,按照有关规定划分和标明安全区与危险区;在危险区作业时,应当对作业程序和安全措施进行审查。

第十九条　作业者和承包者应当加强对易燃、易爆、有毒、腐蚀性等危险物品的管理,按国家有关规定进行装卸、运输、储存、使用和处置。

第二十条　海洋石油的专业设备应当由专业设备检验机构检验合格,方可投入使用。专业设备检验机构对检验结果负责。

第二十一条　海洋石油作业设施首次投入使用前或者变更作业区块前,应当制订作业计划和安全措施。

作业计划和安全措施应当在开始作业前15日报海油安办有关分部备案。

外国海洋石油作业设施进入中华人民共和国管辖海域前按照上述要求执行。

第二十二条　作业者和承包者应当建立守护船值班制度,在海洋石油生产设施和移动式钻井船(平台)周围应备有守护船值班。无人值守的生产设施和陆岸结构物除外。

第二十三条　作业者或者承包者在编制钻井、采油和井下作业等作业计划时,应当根据地质条件与海域环境确定安全可靠的井控程序和防硫化氢措施。

打开油(气)层前,作业者或者承包者应当确认井控和防硫化氢措施的落实情况。

第二十四条　作业者和承包者应当保存安全生产的相关资料,主要包括作业人员名册、工作日志、培训记录、事故和险情记录、安全设备维修记录、海况和气象情况等。

第二十五条　在海洋石油生产设施的设计、建造、安装以及生产的全过程中,实施发证检验制度。

海洋石油生产设施的发证检验包括建造检验、生产过程中的定期检验和临时检验。

第二十六条 发证检验工作由作业者委托具有资质的发证检验机构进行。

第二十七条 发证检验机构应当依照有关法律、行政法规、部门规章和国家标准、行业标准或者作业者选定的技术标准实施审查、检验,并对审查、检验结果负责。

作业者选定的技术标准不得低于国家标准和行业标准。

海油安办对发证检验机构实施的设计审查程序、检验程序进行监督。

第三章 安全生产监督管理

第二十八条 海油安办及其各分部对海洋石油安全生产履行以下监督管理职责:

(一)组织起草海洋石油安全生产法规、规章、标准;

(二)监督检查作业者和承包者安全生产条件、设备设施安全和劳动防护用品使用情况;

(三)监督检查作业者和承包者安全生产教育培训情况;负责作业者,从事物探、钻井、测井、录井、试油、井下作业等的承包者和海洋石油生产设施的主要负责人、安全管理人员和特种作业人员的安全培训考核工作;

(四)监督核查海洋石油建设项目生产设施安全竣工验收工作,负责安全生产许可证的发放工作。

(五)负责海洋石油生产设施发证检验、专业设备检测检验、安全评价和安全咨询等社会中介服务机构的资质审查;

(六)组织生产安全事故的调查处理;协调事故和险情的应急救援工作。

第二十九条 监督检查人员必须熟悉海洋石油安全法律法规和安全技术知识,能胜任海洋石油安全检查工作,经考核合格,取得相应的执法资格。

第三十条 海油安办及其各分部依法对作业者和承包者执行有关安全生产的法律、行政法规和国家标准或者行业标准的情况进行监督检查,行使以下职权:

(一)对作业者和承包者进行安全检查,调阅有关资料,向有关单位和人员了解情况;

(二)对检查中发现的安全生产违法行为,当场予以纠正或者要求限期改正;

(三)对检查中发现的事故隐患,应当责令立即排除;重大事故隐患排除前或者排除过程中无法保证安全的,应当责令从危险区域内撤出作业人员,责令暂时停产停业或者停止使用;重大事故隐患排除后,经审查同意,方可恢复生产和使用;

(四)对有根据认为不符合保障安全生产的国家标准或者行业标准的设施、设备、器材予以查封或者扣押,并应当在15日内依法作出处理决定。

第三十一条 监督检查人员进行监督检查时,应履行以下义务:

(一)忠于职守,坚持原则,秉公执法;

(二)执行监督检查任务时,必须出示有效的监督执法证件,使用统一的行政执法文书;

(三)遵守作业者和承包者的有关现场管理规定,不得影响正常生产活动;

(四)保守作业者和承包者的有关技术秘密和商业秘密。

第三十二条 监督检查人员在进行安全监督检查期间,作业者或者承包者应当免费提供必要的交通工具、防护用品等工作条件。

第三十三条 承担海洋石油生产设施发证检验、专业设备检测检验、安全评价和安全咨询的中介机构应当具备国家规定的资质。

第四章 应急预案与事故处理

第三十四条 作业者应当建立应急救援组织,配备专职或者兼职救援人员,或者与专业救援组织签订救援协议,并在实施作业前编制应急预案。

承包者在实施作业前应编制应急预案。

应急预案应当报海油安办有关分部和其他有关政府部门备案。

第三十五条 应急预案应当包括以下主要内容:作业者和承包者的基本情况、危险特性、可利用的应急救援设备;应急组织机构、职责划分、通讯联络;应急预案启动、应急响应、信息处理、应急状态中止、后续恢复等处置程序;应急演习与训练。

第三十六条 应急预案应充分考虑作业内容、作业海区的环境条件、作业设施的类型、自救能力和可以获得的外部支援等因素,应能够预防和处置各类突发性事故和可能引发事故的险情,并随实际情况的变化及时修改或者补充。

事故和险情包括以下情况:井喷失控、火灾与爆炸、平台遇险、飞机或者直升机失事、船舶海损、油(气)生产设施与管线破损/泄漏、有毒有害物质泄漏、放射性物质遗散、潜水作业事故;人员重伤、死亡、失踪及暴发性传染病、中毒;溢油事故、自然灾害以及其他紧急情况等。

第三十七条 当发生事故或者出现可能引发事故的险情时,作业者和承包者应当按应急预案的规定实施应急措施,防止事态扩大,减少人员伤亡和财产损失。

当发生应急预案中未规定的事件时,现场工作人员应当及时向主要负责人报告。主要负责人应当及时采取相应的措施。

第三十八条　事故和险情发生后,当事人、现场人员、作业者和承包者负责人、各分部和海油安办根据有关规定逐级上报。

第三十九条　海油安办及其有关分部、有关部门接到重大事故报告后,应当立即赶到事故现场,组织事故抢救、事故调查。

第四十条　无人员伤亡事故、轻伤、重伤事故由作业者和承包者负责人或其指定的人员组织生产、技术、安全等有关人员及工会代表参加的事故调查组进行调查。

其他事故的调查处理,按有关规定执行。

第四十一条　作业者应当建立事故统计和分析制度,定期对事故进行统计和分析。事故统计年报应当报海油安办有关分部、政府有关部门。

承包者在提供服务期间发生的事故由作业者负责统计。

第五章　罚　　则

第四十二条　监督检查人员在海洋石油安全生产监督检查中滥用职权、玩忽职守、徇私舞弊的,依照有关规定给予行政处分;构成犯罪的,依法追究刑事责任。

第四十三条　作业者和承包者有下列行为之一的,给予警告,并处3万元以下的罚款:

(一)未按规定执行发证检验或者用非法手段获取检验证书的;

(二)未按规定配备守护船,或者使用不满足有关规定要求的船舶做守护船,或者守护船未按规定履行登记手续的;

(三)未按照本规定第三十四条的规定履行备案手续的;

(四)未按有关规定制订井控措施和防硫化氢措施,或者井控措施和防硫化氢措施不落实的。

第四十四条　本规定所列行政处罚,由海油安办及其各分部实施。

《安全生产法》等法律、行政法规对安全生产违法行为的行政处罚另有规定的,依照其规定。

第六章　附　　则

第四十五条　本规定下列用语的定义:

(一)石油,是指蕴藏在地下的、正在采出的和已经采出的原油和天然气。

(二)石油合同,是指中国石油企业与外国企业为合作开采中华人民共和国海洋石油资源,依法订立的石油勘探、开发和生产的合同。

(三)海洋石油开采活动,是指在本规定第二条所述海域内从事的石油勘探、开发、生产、储运、油田废弃及其有关的活动。

(四)海洋石油作业设施,是指用于海洋石油作业的海上移动式钻井船(平台)、物探船、铺管船、起重船、固井船、酸化压裂船等设施。

(五)海洋石油生产设施,是指以开采海洋石油为目的的海上固定平台、单点系泊、浮式生产储油装置、海底管线、海上输油码头、滩海陆岸、人工岛和陆岸终端等海上和陆岸结构物。

(六)专业设备,是指海洋石油开采过程中使用的危险性较大或者对安全生产有较大影响的设备,包括海上结构、采油设备、海上锅炉和压力容器、钻井和修井设备、起重和升降设备、火灾和可燃气体探测、报警及控制系统、安全阀、救生设备、消防器材、钢丝绳等系物及被系物、电气仪表等。

第四十六条　内陆湖泊的石油开采的安全生产监督管理,参照本规定相应条款执行。

第四十七条　本规定自2006年5月1日起施行,原石油工业部1986年颁布的《海洋石油作业安全管理规定》同时废止。

中华人民共和国特种设备安全法

1. 2013年6月29日第十二届全国人民代表大会常务委员会第三次会议通过
2. 2013年6月29日中华人民共和国主席令第4号公布
3. 自2014年1月1日起施行

目　　录

第一章 总 则

第一条 【立法目的】为了加强特种设备安全工作，预防特种设备事故，保障人身和财产安全，促进经济社会发展，制定本法。

第二条 【调整范围】特种设备的生产（包括设计、制造、安装、改造、修理）、经营、使用、检验、检测和特种设备安全的监督管理，适用本法。

本法所称特种设备，是指对人身和财产安全有较大危险性的锅炉、压力容器（含气瓶）、压力管道、电梯、起重机械、客运索道、大型游乐设施、场（厂）内专用机动车辆，以及法律、行政法规规定适用本法的其他特种设备。

国家对特种设备实行目录管理。特种设备目录由国务院负责特种设备安全监督管理的部门制定，报国务院批准后执行。

第三条 【基本原则】特种设备安全工作应当坚持安全第一、预防为主、节能环保、综合治理的原则。

第四条 【安全监督管理方式】国家对特种设备的生产、经营、使用，实施分类的、全过程的安全监督管理。

第五条 【安全监督管理行政部门】国务院负责特种设备安全监督管理的部门对全国特种设备安全实施监督管理。县级以上地方各级人民政府负责特种设备安全监督管理的部门对本行政区域内特种设备安全实施监督管理。

第六条 【领导安全工作】国务院和地方各级人民政府应当加强对特种设备安全工作的领导，督促各有关部门依法履行监督管理职责。

县级以上地方各级人民政府应当建立协调机制，及时协调、解决特种设备安全监督管理中存在的问题。

第七条 【遵纪守法】特种设备生产、经营、使用单位应当遵守本法和其他有关法律、法规，建立、健全特种设备安全和节能责任制度，加强特种设备安全和节能管理，确保特种设备生产、经营、使用安全，符合节能要求。

第八条 【技术规范】特种设备生产、经营、使用、检验、检测应当遵守有关特种设备安全技术规范及相关标准。

特种设备安全技术规范由国务院负责特种设备安全监督管理的部门制定。

第九条 【行业自律】特种设备行业协会应当加强行业自律，推进行业诚信体系建设，提高特种设备安全管理水平。

第十条 【支持研究与推广应用】国家支持有关特种设备安全的科学技术研究，鼓励先进技术和先进管理方法的推广应用，对做出突出贡献的单位和个人给予奖励。

第十一条 【宣传教育】负责特种设备安全监督管理的部门应当加强特种设备安全宣传教育，普及特种设备安全知识，增强社会公众的特种设备安全意识。

第十二条 【举报】任何单位和个人有权向负责特种设备安全监督管理的部门和有关部门举报涉及特种设备安全的违法行为，接到举报的部门应当及时处理。

第二章 生产、经营、使用

第一节 一般规定

第十三条 【单位及主要负责人】特种设备生产、经营、使用单位及其主要负责人对其生产、经营、使用的特种设备安全负责。

特种设备生产、经营、使用单位应当按照国家有关规定配备特种设备安全管理人员、检测人员和作业人员，并对其进行必要的安全教育和技能培训。

第十四条 【取得相应资格】特种设备安全管理人员、检测人员和作业人员应当按照国家有关规定取得相应资格，方可从事相关工作。特种设备安全管理人员、检测人员和作业人员应当严格执行安全技术规范和管理制度，保证特种设备安全。

第十五条 【检测、保养与检验】特种设备生产、经营、使用单位对其生产、经营、使用的特种设备应当进行自行检测和维护保养，对国家规定实行检验的特种设备应当及时申报并接受检验。

第十六条 【技术评审】特种设备采用新材料、新技术、新工艺，与安全技术规范的要求不一致，或者安全技术规范未作要求、可能对安全性能有重大影响的，应当向国务院负责特种设备安全监督管理的部门申报，由国务院负责特种设备安全监督管理的部门及时委托安全技术咨询机构或者相关专业机构进行技术评审，评审结果经国务院负责特种设备安全监督管理的部门批准，方可投入生产、使用。

国务院负责特种设备安全监督管理的部门应当将允许使用的新材料、新技术、新工艺的有关技术要求，及时纳入安全技术规范。

第十七条 【责任保险】国家鼓励投保特种设备安全责任保险。

第二节 生 产

第十八条 【许可制度】国家按照分类监督管理的原则

对特种设备生产实行许可制度。特种设备生产单位应当具备下列条件,并经负责特种设备安全监督管理的部门许可,方可从事生产活动:

(一)有与生产相适应的专业技术人员;

(二)有与生产相适应的设备、设施和工作场所;

(三)有健全的质量保证、安全管理和岗位责任等制度。

第十九条　【对安全性能负责】特种设备生产单位应当保证特种设备生产符合安全技术规范及相关标准的要求,对其生产的特种设备的安全性能负责。不得生产不符合安全性能要求和能效指标以及国家明令淘汰的特种设备。

第二十条　【设计文件的鉴定与型式试验】锅炉、气瓶、氧舱、客运索道、大型游乐设施的设计文件,应当经负责特种设备安全监督管理的部门核准的检验机构鉴定,方可用于制造。

特种设备产品、部件或者试制的特种设备新产品、新部件以及特种设备采用的新材料,按照安全技术规范的要求需要通过型式试验进行安全性验证的,应当经负责特种设备安全监督管理的部门核准的检验机构进行型式试验。

第二十一条　【附随资料、文件,设置铭牌、标志、说明】特种设备出厂时,应当随附安全技术规范要求的设计文件、产品质量合格证明、安装及使用维护保养说明、监督检验证明等相关技术资料和文件,并在特种设备显著位置设置产品铭牌、安全警示标志及其说明。

第二十二条　【电梯的安装、改造、修理】电梯的安装、改造、修理,必须由电梯制造单位或者其委托的依照本法取得相应许可的单位进行。电梯制造单位委托其他单位进行电梯安装、改造、修理的,应当对其安装、改造、修理进行安全指导和监控,并按照安全技术规范的要求进行校验和调试。电梯制造单位对电梯安全性能负责。

第二十三条　【事前书面告知义务】特种设备安装、改造、修理的施工单位应当在施工前将拟进行的特种设备安装、改造、修理情况书面告知直辖市或者设区的市级人民政府负责特种设备安全监督管理的部门。

第二十四条　【验收后资料文件移交义务】特种设备安装、改造、修理竣工后,安装、改造、修理的施工单位应当在验收后三十日内将相关技术资料和文件移交特种设备使用单位。特种设备使用单位应当将其存入该特种设备的安全技术档案。

第二十五条　【对特殊设备的监督检验】锅炉、压力容器、压力管道元件等特种设备的制造过程和锅炉、压力容器、压力管道、电梯、起重机械、客运索道、大型游乐设施的安装、改造、重大修理过程,应当经特种设备检验机构按照安全技术规范的要求进行监督检验;未经监督检验或者监督检验不合格的,不得出厂或者交付使用。

第二十六条　【缺陷特种设备召回制度】国家建立缺陷特种设备召回制度。因生产原因造成特种设备存在危及安全的同一性缺陷的,特种设备生产单位应当立即停止生产,主动召回。

国务院负责特种设备安全监督管理的部门发现特种设备存在应当召回而未召回的情形时,应当责令特种设备生产单位召回。

第三节　经　　营

第二十七条　【建立检查验收和销售记录制度】特种设备销售单位销售的特种设备,应当符合安全技术规范及相关标准的要求,其设计文件、产品质量合格证明、安装及使用维护保养说明、监督检验证明等相关技术资料和文件应当齐全。

特种设备销售单位应当建立特种设备检查验收和销售记录制度。

禁止销售未取得许可生产的特种设备,未经检验和检验不合格的特种设备,或者国家明令淘汰和已经报废的特种设备。

第二十八条　【禁止出租、维护保养的情形】特种设备出租单位不得出租未取得许可生产的特种设备或者国家明令淘汰和已经报废的特种设备,以及未按照安全技术规范的要求进行维护保养和未经检验或者检验不合格的特种设备。

第二十九条　【出租期间的使用管理和维护保养义务】特种设备在出租期间的使用管理和维护保养义务由特种设备出租单位承担,法律另有规定或者当事人另有约定的除外。

第三十条　【对进口特种设备的要求】进口的特种设备应当符合我国安全技术规范的要求,并经检验合格;需要取得我国特种设备生产许可的,应当取得许可。

进口特种设备随附的技术资料和文件应当符合本法第二十一条的规定,其安装及使用维护保养说明、产品铭牌、安全警示标志及其说明应当采用中文。

特种设备的进出口检验,应当遵守有关进出口商品检验的法律、行政法规。

第三十一条　【进口特种设备的提前告知义务】进口特种设备,应当向进口地负责特种设备安全监督管理的部门履行提前告知义务。

第四节 使 用

第三十二条 【使用与禁止使用的要求】特种设备使用单位应当使用取得许可生产并经检验合格的特种设备。

禁止使用国家明令淘汰和已经报废的特种设备。

第三十三条 【使用登记】特种设备使用单位应当在特种设备投入使用前或者投入使用后三十日内,向负责特种设备安全监督管理的部门办理使用登记,取得使用登记证书。登记标志应当置于该特种设备的显著位置。

第三十四条 【建立安全管理制度】特种设备使用单位应当建立岗位责任、隐患治理、应急救援等安全管理制度,制定操作规程,保证特种设备安全运行。

第三十五条 【安全技术档案】特种设备使用单位应当建立特种设备安全技术档案。安全技术档案应当包括以下内容:

(一)特种设备的设计文件、产品质量合格证明、安装及使用维护保养说明、监督检验证明等相关技术资料和文件;

(二)特种设备的定期检验和定期自行检查记录;

(三)特种设备的日常使用状况记录;

(四)特种设备及其附属仪器仪表的维护保养记录;

(五)特种设备的运行故障和事故记录。

第三十六条 【对特种设备的使用安全负责】电梯、客运索道、大型游乐设施等为公众提供服务的特种设备的运营使用单位,应当对特种设备的使用安全负责,设置特种设备安全管理机构或者配备专职的特种设备安全管理人员;其他特种设备使用单位,应当根据情况设置特种设备安全管理机构或者配备专职、兼职的特种设备安全管理人员。

第三十七条 【安全距离、安全防护措施】特种设备的使用应当具有规定的安全距离、安全防护措施。

与特种设备安全相关的建筑物、附属设施,应当符合有关法律、行政法规的规定。

第三十八条 【共有特种设备的管理】特种设备属于共有的,共有人可以委托物业服务单位或者其他管理人管理特种设备,受托人履行本法规定的特种设备使用单位的义务,承担相应责任。共有人未委托的,由共有人或者实际管理人履行管理义务,承担相应责任。

第三十九条 【维护保养和定期自行检查】特种设备使用单位应当对其使用的特种设备进行经常性维护保养和定期自行检查,并作出记录。

特种设备使用单位应当对其使用的特种设备的安全附件、安全保护装置进行定期校验、检修,并作出记录。

第四十条 【定期检验】特种设备使用单位应当按照安全技术规范的要求,在检验合格有效期届满前一个月向特种设备检验机构提出定期检验要求。

特种设备检验机构接到定期检验要求后,应当按照安全技术规范的要求及时进行安全性能检验。特种设备使用单位应当将定期检验标志置于该特种设备的显著位置。

未经定期检验或者检验不合格的特种设备,不得继续使用。

第四十一条 【经常性检查、及时报告义务】特种设备安全管理人员应当对特种设备使用状况进行经常性检查,发现问题应当立即处理;情况紧急时,可以决定停止使用特种设备并及时报告本单位有关负责人。

特种设备作业人员在作业过程中发现事故隐患或者其他不安全因素,应当立即向特种设备安全管理人员和单位有关负责人报告;特种设备运行不正常时,特种设备作业人员应当按照操作规程采取有效措施保证安全。

第四十二条 【全面检查】特种设备出现故障或者发生异常情况,特种设备使用单位应当对其进行全面检查,消除事故隐患,方可继续使用。

第四十三条 【电梯、客运索道、大型游乐设施的安全要求】客运索道、大型游乐设施在每日投入使用前,其运营使用单位应当进行试运行和例行安全检查,并对安全附件和安全保护装置进行检查确认。

电梯、客运索道、大型游乐设施的运营使用单位应当将电梯、客运索道、大型游乐设施的安全使用说明、安全注意事项和警示标志置于易于为乘客注意的显著位置。

公众乘坐或者操作电梯、客运索道、大型游乐设施,应当遵守安全使用说明和安全注意事项的要求,服从有关工作人员的管理和指挥;遇有运行不正常时,应当按照安全指引,有序撤离。

第四十四条 【锅炉的安全要求】锅炉使用单位应当按照安全技术规范的要求进行锅炉水(介)质处理,并接受特种设备检验机构的定期检验。

从事锅炉清洗,应当按照安全技术规范的要求进行,并接受特种设备检验机构的监督检验。

第四十五条 【电梯的维护保养】电梯的维护保养应当

由电梯制造单位或者依照本法取得许可的安装、改造、修理单位进行。

电梯的维护保养单位应当在维护保养中严格执行安全技术规范的要求,保证其维护保养的电梯的安全性能,并负责落实现场安全防护措施,保证施工安全。

电梯的维护保养单位应当对其维护保养的电梯的安全性能负责;接到故障通知后,应当立即赶赴现场,并采取必要的应急救援措施。

第四十六条　【电梯制造单位的义务】电梯投入使用后,电梯制造单位应当对其制造的电梯的安全运行情况进行跟踪调查和了解,对电梯的维护保养单位或者使用单位在维护保养和安全运行方面存在的问题,提出改进建议,并提供必要的技术帮助;发现电梯存在严重事故隐患时,应当及时告知电梯使用单位,并向负责特种设备安全监督管理的部门报告。电梯制造单位对调查和了解的情况,应当作出记录。

第四十七条　【变更登记】特种设备进行改造、修理,按照规定需要变更使用登记的,应当办理变更登记,方可继续使用。

第四十八条　【特种设备的报废】特种设备存在严重事故隐患,无改造、修理价值,或者达到安全技术规范规定的其他报废条件的,特种设备使用单位应当依法履行报废义务,采取必要措施消除该特种设备的使用功能,并向原登记的负责特种设备安全监督管理的部门办理使用登记证书注销手续。

前款规定报废条件以外的特种设备,达到设计使用年限可以继续使用的,应当按照安全技术规范的要求通过检验或者安全评估,并办理使用登记证书变更,方可继续使用。允许继续使用的,应当采取加强检验、检测和维护保养等措施,确保使用安全。

第四十九条　【充装活动的安全要求】移动式压力容器、气瓶充装单位,应当具备下列条件,并经负责特种设备安全监督管理的部门许可,方可从事充装活动:

(一)有与充装和管理相适应的管理人员和技术人员;

(二)有与充装和管理相适应的充装设备、检测手段、场地厂房、器具、安全设施;

(三)有健全的充装管理制度、责任制度、处理措施。

充装单位应当建立充装前后的检查、记录制度,禁止对不符合安全技术规范要求的移动式压力容器和气瓶进行充装。

气瓶充装单位应当向气体使用者提供符合安全技术规范要求的气瓶,对气体使用者进行气瓶安全使用指导,并按照安全技术规范的要求办理气瓶使用登记,及时申报定期检验。

第三章　检验、检测

第五十条　【检验、检测机构的资质】从事本法规定的监督检验、定期检验的特种设备检验机构,以及为特种设备生产、经营、使用提供检测服务的特种设备检测机构,应当具备下列条件,并经负责特种设备安全监督管理的部门核准,方可从事检验、检测工作:

(一)有与检验、检测工作相适应的检验、检测人员;

(二)有与检验、检测工作相适应的检验、检测仪器和设备;

(三)有健全的检验、检测管理制度和责任制度。

第五十一条　【检验、检测人员的资格与执业】特种设备检验、检测机构的检验、检测人员应当经考核,取得检验、检测人员资格,方可从事检验、检测工作。

特种设备检验、检测机构的检验、检测人员不得同时在两个以上检验、检测机构中执业;变更执业机构的,应当依法办理变更手续。

第五十二条　【遵纪守法】特种设备检验、检测工作应当遵守法律、行政法规的规定,并按照安全技术规范的要求进行。

特种设备检验、检测机构及其检验、检测人员应当依法为特种设备生产、经营、使用单位提供安全、可靠、便捷、诚信的检验、检测服务。

第五十三条　【检验、检测结果与鉴定结论】特种设备检验、检测机构及其检验、检测人员应当客观、公正、及时地出具检验、检测报告,并对检验、检测结果和鉴定结论负责。

特种设备检验、检测机构及其检验、检测人员在检验、检测中发现特种设备存在严重事故隐患时,应当及时告知相关单位,并立即向负责特种设备安全监督管理的部门报告。

负责特种设备安全监督管理的部门应当组织对特种设备检验、检测机构的检验、检测结果和鉴定结论进行监督抽查,但应当防止重复抽查。监督抽查结果应当向社会公布。

第五十四条　【生产、经营、使用单位提供资料义务】特种设备生产、经营、使用单位应当按照安全技术规范的要求向特种设备检验、检测机构及其检验、检测人员提供特种设备相关资料和必要的检验、检测条件,并对资料的真实性负责。

第五十五条 【检验、检测机构与人员的保密义务】特种设备检验、检测机构及其检验、检测人员对检验、检测过程中知悉的商业秘密,负有保密义务。

特种设备检验、检测机构及其检验、检测人员不得从事有关特种设备的生产、经营活动,不得推荐或者监制、监销特种设备。

第五十六条 【投诉】特种设备检验机构及其检验人员利用检验工作故意刁难特种设备生产、经营、使用单位的,特种设备生产、经营、使用单位有权向负责特种设备安全监督管理的部门投诉,接到投诉的部门应当及时进行调查处理。

第四章 监督管理

第五十七条 【负责监督检查的行政单位;重点安全监督检查】负责特种设备安全监督管理的部门依照本法规定,对特种设备生产、经营、使用单位和检验、检测机构实施监督检查。

负责特种设备安全监督管理的部门应当对学校、幼儿园以及医院、车站、客运码头、商场、体育场馆、展览馆、公园等公众聚集场所的特种设备,实施重点安全监督检查。

第五十八条 【许可审查】负责特种设备安全监督管理的部门实施本法规定的许可工作,应当依照本法和其他有关法律、行政法规规定的条件和程序以及安全技术规范的要求进行审查;不符合规定的,不得许可。

第五十九条 【程序公开与受理期限】负责特种设备安全监督管理的部门在办理本法规定的许可时,其受理、审查、许可的程序必须公开,并应当自受理申请之日起三十日内,作出许可或者不予许可的决定;不予许可的,应当书面向申请人说明理由。

第六十条 【监督管理档案和信息查询系统;督促报废】负责特种设备安全监督管理的部门对依法办理使用登记的特种设备应当建立完整的监督管理档案和信息查询系统;对达到报废条件的特种设备,应当及时督促特种设备使用单位依法履行报废义务。

第六十一条 【履行监督检查职责的职权】负责特种设备安全监督管理的部门在依法履行监督检查职责时,可以行使下列职权:

(一)进入现场进行检查,向特种设备生产、经营、使用单位和检验、检测机构的主要负责人和其他有关人员调查、了解有关情况;

(二)根据举报或者取得的涉嫌违法证据,查阅、复制特种设备生产、经营、使用单位和检验、检测机构的有关合同、发票、账簿以及其他有关资料;

(三)对有证据表明不符合安全技术规范要求或者存在严重事故隐患的特种设备实施查封、扣押;

(四)对流入市场的达到报废条件或者已经报废的特种设备实施查封、扣押;

(五)对违反本法规定的行为作出行政处罚决定。

第六十二条 【书面指令】负责特种设备安全监督管理的部门在依法履行职责过程中,发现违反本法规定和安全技术规范要求的行为或者特种设备存在事故隐患时,应当以书面形式发出特种设备安全监察指令,责令有关单位及时采取措施予以改正或者消除事故隐患。紧急情况下要求有关单位采取紧急处置措施的,应当随后补发特种设备安全监察指令。

第六十三条 【对重大违法行为和严重事故隐患的处理】负责特种设备安全监督管理的部门在依法履行职责过程中,发现重大违法行为或者特种设备存在严重事故隐患时,应当责令有关单位立即停止违法行为、采取措施消除事故隐患,并及时向上级负责特种设备安全监督管理的部门报告。接到报告的负责特种设备安全监督管理的部门应当采取必要措施,及时予以处理。

对违法行为、严重事故隐患的处理需要当地人民政府和有关部门的支持、配合时,负责特种设备安全监督管理的部门应当报告当地人民政府,并通知其他有关部门。当地人民政府和其他有关部门应当采取必要措施,及时予以处理。

第六十四条 【不得要求重复许可、重复检验】地方各级人民政府负责特种设备安全监督管理的部门不得要求已经依照本法规定在其他地方取得许可的特种设备生产单位重复取得许可,不得要求对已经依照本法规定在其他地方检验合格的特种设备重复进行检验。

第六十五条 【对安全监察人员的要求】负责特种设备安全监督管理的部门的安全监察人员应当熟悉相关法律、法规,具有相应的专业知识和工作经验,取得特种设备安全行政执法证件。

特种设备安全监察人员应当忠于职守、坚持原则、秉公执法。

负责特种设备安全监督管理的部门实施安全监督检查时,应当有二名以上特种设备安全监察人员参加,并出示有效的特种设备安全行政执法证件。

第六十六条 【记录】负责特种设备安全监督管理的部门对特种设备生产、经营、使用单位和检验、检测机构实施监督检查,应当对每次监督检查的内容、发现的问题及处理情况作出记录,并由参加监督检查的特种设备安全监察人员和被检查单位的有关负责人签字后归档。被检查单位的有关负责人拒绝签字的,特种设备安全监察人员应当将情况记录在案。

第六十七条　【禁止推荐、监制、监销;保密义务】负责特种设备安全监督管理的部门及其工作人员不得推荐或者监制、监销特种设备;对履行职责过程中知悉的商业秘密负有保密义务。

第六十八条　【定期公布总体状况】国务院负责特种设备安全监督管理的部门和省、自治区、直辖市人民政府负责特种设备安全监督管理的部门应当定期向社会公布特种设备安全总体状况。

第五章　事故应急救援与调查处理

第六十九条　【应急预案】国务院负责特种设备安全监督管理的部门应当依法组织制定特种设备重特大事故应急预案,报国务院批准后纳入国家突发事件应急预案体系。

县级以上地方各级人民政府及其负责特种设备安全监督管理的部门应当依法组织制定本行政区域内特种设备事故应急预案,建立或者纳入相应的应急处置与救援体系。

特种设备使用单位应当制定特种设备事故应急专项预案,并定期进行应急演练。

第七十条　【特种设备发生事故后的处理】特种设备发生事故后,事故发生单位应当按照应急预案采取措施,组织抢救,防止事故扩大,减少人员伤亡和财产损失,保护事故现场和有关证据,并及时向事故发生地县级以上人民政府负责特种设备安全监督管理的部门和有关部门报告。

县级以上人民政府负责特种设备安全监督管理的部门接到事故报告,应当尽快核实情况,立即向本级人民政府报告,并按照规定逐级上报。必要时,负责特种设备安全监督管理的部门可以越级上报事故情况。对特别重大事故、重大事故,国务院负责特种设备安全监督管理的部门应当立即报告国务院并通报国务院安全生产监督管理部门等有关部门。

与事故相关的单位和人员不得迟报、谎报或者瞒报事故情况,不得隐匿、毁灭有关证据或者故意破坏事故现场。

第七十一条　【事故发生后人民政府的职责】事故发生地人民政府接到事故报告,应当依法启动应急预案,采取应急处置措施,组织应急救援。

第七十二条　【事故调查】特种设备发生特别重大事故,由国务院或者国务院授权有关部门组织事故调查组进行调查。

发生重大事故,由国务院负责特种设备安全监督管理的部门会同有关部门组织事故调查组进行调查。

发生较大事故,由省、自治区、直辖市人民政府负责特种设备安全监督管理的部门会同有关部门组织事故调查组进行调查。

发生一般事故,由设区的市级人民政府负责特种设备安全监督管理的部门会同有关部门组织事故调查组进行调查。

事故调查组应当依法、独立、公正开展调查,提出事故调查报告。

第七十三条　【事故报告与责任承担】组织事故调查的部门应当将事故调查报告报本级人民政府,并报上一级人民政府负责特种设备安全监督管理的部门备案。有关部门和单位应当依照法律、行政法规的规定,追究事故责任单位和人员的责任。

事故责任单位应当依法落实整改措施,预防同类事故发生。事故造成损害的,事故责任单位应当依法承担赔偿责任。

第六章　法 律 责 任

第七十四条　【未经许可从事特种设备生产活动的处罚】违反本法规定,未经许可从事特种设备生产活动的,责令停止生产,没收违法制造的特种设备,处十万元以上五十万元以下罚款;有违法所得的,没收违法所得;已经实施安装、改造、修理的,责令恢复原状或者责令限期由取得许可的单位重新安装、改造、修理。

第七十五条　【特种设备设计文件未经鉴定擅自用于制造的处罚】违反本法规定,特种设备的设计文件未经鉴定,擅自用于制造的,责令改正,没收违法制造的特种设备,处五万元以上五十万元以下罚款。

第七十六条　【未进行型式试验的处罚】违反本法规定,未进行型式试验的,责令限期改正;逾期未改正的,处三万元以上三十万元以下罚款。

第七十七条　【未按要求随附技术资料和文件的处罚】违反本法规定,特种设备出厂时,未按照安全技术规范的要求随附相关技术资料和文件的,责令限期改正;逾期未改正的,责令停止制造、销售,处二万元以上二十万元以下罚款;有违法所得的,没收违法所得。

第七十八条　【施工单位违规施工或逾期移交资料文件的处罚】违反本法规定,特种设备安装、改造、修理的施工单位在施工前未书面告知负责特种设备安全监督管理的部门即行施工的,或者在验收后三十日内未将相关技术资料和文件移交特种设备使用单位的,责令限期改正;逾期未改正的,处一万元以上十万元以下罚款。

第七十九条　【未经监督检验的处罚】违反本法规定，特种设备的制造、安装、改造、重大修理以及锅炉清洗过程，未经监督检验的，责令限期改正；逾期未改正的，处五万元以上二十万元以下罚款；有违法所得的，没收违法所得；情节严重的，吊销生产许可证。

第八十条　【电梯制造单位的法律责任】违反本法规定，电梯制造单位有下列情形之一的，责令限期改正；逾期未改正的，处一万元以上十万元以下罚款：

（一）未按照安全技术规范的要求对电梯进行校验、调试的；

（二）对电梯的安全运行情况进行跟踪调查和了解时，发现存在严重事故隐患，未及时告知电梯使用单位并向负责特种设备安全监督管理的部门报告的。

第八十一条　【特种设备生产单位的法律责任】违反本法规定，特种设备生产单位有下列行为之一的，责令限期改正；逾期未改正的，责令停止生产，处五万元以上五十万元以下罚款；情节严重的，吊销生产许可证：

（一）不再具备生产条件、生产许可证已经过期或者超出许可范围生产的；

（二）明知特种设备存在同一性缺陷，未立即停止生产并召回的。

违反本法规定，特种设备生产单位生产、销售、交付国家明令淘汰的特种设备的，责令停止生产、销售，没收违法生产、销售、交付的特种设备，处三万元以上三十万元以下罚款；有违法所得的，没收违法所得。

特种设备生产单位涂改、倒卖、出租、出借生产许可证的，责令停止生产，处五万元以上五十万元以下罚款；情节严重的，吊销生产许可证。

第八十二条　【特种设备经营单位的法律责任】违反本法规定，特种设备经营单位有下列行为之一的，责令停止经营，没收违法经营的特种设备，处三万元以上三十万元以下罚款；有违法所得的，没收违法所得：

（一）销售、出租未取得许可生产，未经检验或者检验不合格的特种设备的；

（二）销售、出租国家明令淘汰、已经报废的特种设备，或者未按照安全技术规范的要求进行维护保养的特种设备的。

违反本法规定，特种设备销售单位未建立检查验收和销售记录制度，或者进口特种设备未履行提前告知义务的，责令改正，处一万元以上十万元以下罚款。

特种设备生产单位销售、交付未经检验或者检验不合格的特种设备的，依照本条第一款规定处罚；情节严重的，吊销生产许可证。

第八十三条　【特种设备使用单位的法律责任（一）】违反本法规定，特种设备使用单位有下列行为之一的，责令限期改正；逾期未改正的，责令停止使用有关特种设备，处一万元以上十万元以下罚款：

（一）使用特种设备未按照规定办理使用登记的；

（二）未建立特种设备安全技术档案或者安全技术档案不符合规定要求，或者未依法设置使用登记标志、定期检验标志的；

（三）未对其使用的特种设备进行经常性维护保养和定期自行检查，或者未对其使用的特种设备的安全附件、安全保护装置进行定期校验、检修，并作出记录的；

（四）未按照安全技术规范的要求及时申报并接受检验的；

（五）未按照安全技术规范的要求进行锅炉水（介）质处理的；

（六）未制定特种设备事故应急专项预案的。

第八十四条　【特种设备使用单位的法律责任（二）】违反本法规定，特种设备使用单位有下列行为之一的，责令停止使用有关特种设备，处三万元以上三十万元以下罚款：

（一）使用未取得许可生产，未经检验或者检验不合格的特种设备，或者国家明令淘汰、已经报废的特种设备的；

（二）特种设备出现故障或者发生异常情况，未对其进行全面检查、消除事故隐患，继续使用的；

（三）特种设备存在严重事故隐患，无改造、修理价值，或者达到安全技术规范规定的其他报废条件，未依法履行报废义务，并办理使用登记证书注销手续的。

第八十五条　【充装单位的法律责任】违反本法规定，移动式压力容器、气瓶充装单位有下列行为之一的，责令改正，处二万元以上二十万元以下罚款；情节严重的，吊销充装许可证：

（一）未按照规定实施充装前后的检查、记录制度的；

（二）对不符合安全技术规范要求的移动式压力容器和气瓶进行充装的。

违反本法规定，未经许可，擅自从事移动式压力容器或者气瓶充装活动的，予以取缔，没收违法充装的气瓶，处十万元以上五十万元以下罚款；有违法所得的，没收违法所得。

第八十六条　【特种设备生产、经营、使用的法律责任】

违反本法规定,特种设备生产、经营、使用单位有下列情形之一的,责令限期改正;逾期未改正的,责令停止使用有关特种设备或者停产停业整顿,处一万元以上五万元以下罚款:

(一)未配备具有相应资格的特种设备安全管理人员、检测人员和作业人员的;

(二)使用未取得相应资格的人员从事特种设备安全管理、检测和作业的;

(三)未对特种设备安全管理人员、检测人员和作业人员进行安全教育和技能培训的。

第八十七条 【电梯、客运索道、大型游乐设施运营使用单位的法律责任】违反本法规定,电梯、客运索道、大型游乐设施的运营使用单位有下列情形之一的,责令限期改正;逾期未改正的,责令停止使用有关特种设备或者停产停业整顿,处二万元以上十万元以下罚款:

(一)未设置特种设备安全管理机构或者配备专职的特种设备安全管理人员的;

(二)客运索道、大型游乐设施每日投入使用前,未进行试运行和例行安全检查,未对安全附件和安全保护装置进行检查确认的;

(三)未将电梯、客运索道、大型游乐设施的安全使用说明、安全注意事项和警示标志置于易于为乘客注意的显著位置的。

第八十八条 【未经许可擅自从事电梯维护保养的处罚】违反本法规定,未经许可,擅自从事电梯维护保养的,责令停止违法行为,处一万元以上十万元以下罚款;有违法所得的,没收违法所得。

电梯的维护保养单位未按照本法规定以及安全技术规范的要求,进行电梯维护保养的,依照前款规定处罚。

第八十九条 【发生特种设备事故时的责任承担】发生特种设备事故,有下列情形之一的,对单位处五万元以上二十万元以下罚款;对主要负责人处一万元以上五万元以下罚款;主要负责人属于国家工作人员的,并依法给予处分:

(一)发生特种设备事故时,不立即组织抢救或者在事故调查处理期间擅离职守或者逃匿的;

(二)对特种设备事故迟报、谎报或者瞒报的。

第九十条 【发生特种设备事故时的罚款】发生事故,对负有责任的单位除要求其依法承担相应的赔偿等责任外,依照下列规定处以罚款:

(一)发生一般事故,处十万元以上二十万元以下罚款;

(二)发生较大事故,处二十万元以上五十万元以下罚款;

(三)发生重大事故,处五十万元以上二百万元以下罚款。

第九十一条 【事故主要负责人未履行职责或负有领导责任的处罚】对事故发生负有责任的单位的主要负责人未依法履行职责或者负有领导责任的,依照下列规定处以罚款;属于国家工作人员的,并依法给予处分:

(一)发生一般事故,处上一年年收入百分之三十的罚款;

(二)发生较大事故,处上一年年收入百分之四十的罚款;

(三)发生重大事故,处上一年年收入百分之六十的罚款。

第九十二条 【吊销资格的情形】违反本法规定,特种设备安全管理人员、检测人员和作业人员不履行岗位职责,违反操作规程和有关安全规章制度,造成事故的,吊销相关人员的资格。

第九十三条 【检验、检测机构及其人员的法律责任】违反本法规定,特种设备检验、检测机构及其检验、检测人员有下列行为之一的,责令改正,对机构处五万元以上二十万元以下罚款,对直接负责的主管人员和其他直接责任人员处五千元以上五万元以下罚款;情节严重的,吊销机构资质和有关人员的资格:

(一)未经核准或者超出核准范围、使用未取得相应资格的人员从事检验、检测的;

(二)未按照安全技术规范的要求进行检验、检测的;

(三)出具虚假的检验、检测结果和鉴定结论或者检验、检测结果和鉴定结论严重失实的;

(四)发现特种设备存在严重事故隐患,未及时告知相关单位,并立即向负责特种设备安全监督管理的部门报告的;

(五)泄露检验、检测过程中知悉的商业秘密的;

(六)从事有关特种设备的生产、经营活动的;

(七)推荐或者监制、监销特种设备的;

(八)利用检验工作故意刁难相关单位的。

违反本法规定,特种设备检验、检测机构的检验、检测人员同时在两个以上检验、检测机构中执业的,处五千元以上五万元以下罚款;情节严重的,吊销其资格。

第九十四条 【监督管理部门的法律责任】违反本法规定,负责特种设备安全监督管理的部门及其工作人员有下列行为之一的，由上级机关责令改正；对直接负责的主管人员和其他直接责任人员，依法给予处分：

（一）未依照法律、行政法规规定的条件、程序实施许可的；

（二）发现未经许可擅自从事特种设备的生产、使用或者检验、检测活动不予取缔或者不依法予以处理的；

（三）发现特种设备生产单位不再具备本法规定的条件而不吊销其许可证，或者发现特种设备生产、经营、使用违法行为不予查处的；

（四）发现特种设备检验、检测机构不再具备本法规定的条件而不撤销其核准，或者对其出具虚假的检验、检测结果和鉴定结论或者检验、检测结果和鉴定结论严重失实的行为不予查处的；

（五）发现违反本法规定和安全技术规范要求的行为或者特种设备存在事故隐患，不立即处理的；

（六）发现重大违法行为或者特种设备存在严重事故隐患，未及时向上级负责特种设备安全监督管理的部门报告，或者接到报告的负责特种设备安全监督管理的部门不立即处理的；

（七）要求已经依照本法规定在其他地方取得许可的特种设备生产单位重复取得许可，或者要求对已经依照本法规定在其他地方检验合格的特种设备重复进行检验的；

（八）推荐或者监制、监销特种设备的；

（九）泄露履行职责过程中知悉的商业秘密的；

（十）接到特种设备事故报告未立即向本级人民政府报告，并按照规定上报的；

（十一）迟报、漏报、谎报或者瞒报事故的；

（十二）妨碍事故救援或者事故调查处理的；

（十三）其他滥用职权、玩忽职守、徇私舞弊的行为。

第九十五条　【拒不接受监督检查，擅自动用、调换、转移、损毁被查封、扣押设备的法律责任】违反本法规定，特种设备生产、经营、使用单位或者检验、检测机构拒不接受负责特种设备安全监督管理的部门依法实施的监督检查的，责令限期改正；逾期未改正的，责令停产停业整顿，处二万元以上二十万元以下罚款。

特种设备生产、经营、使用单位擅自动用、调换、转移、损毁被查封、扣押的特种设备或者其主要部件的，责令改正，处五万元以上二十万元以下罚款；情节严重的，吊销生产许可证，注销特种设备使用登记证书。

第九十六条　【吊销许可证后的限制】违反本法规定，被依法吊销许可证的，自吊销许可证之日起三年内，负责特种设备安全监督管理的部门不予受理其新的许可申请。

第九十七条　【民事责任】违反本法规定，造成人身、财产损害的，依法承担民事责任。

违反本法规定，应当承担民事赔偿责任和缴纳罚款、罚金，其财产不足以同时支付时，先承担民事赔偿责任。

第九十八条　【治安管理处罚与刑事责任】违反本法规定，构成违反治安管理行为的，依法给予治安管理处罚；构成犯罪的，依法追究刑事责任。

第七章　附　　则

第九十九条　【适用相应法律法规】特种设备行政许可、检验的收费，依照法律、行政法规的规定执行。

第一百条　【适用例外】军事装备、核设施、航空航天器使用的特种设备安全的监督管理不适用本法。

铁路机车、海上设施和船舶、矿山井下使用的特种设备以及民用机场专用设备安全的监督管理，房屋建筑工地、市政工程工地用起重机械和场（厂）内专用机动车辆的安装、使用的监督管理，由有关部门依照本法和其他有关法律的规定实施。

第一百零一条　【施行日期】本法自2014年1月1日起施行。

特种设备安全监察条例

1. 2003年3月11日国务院令第373号公布

2. 根据2009年1月24日国务院令第549号《关于修改〈特种设备安全监察条例〉的决定》修订

第一章　总　　则

第一条　为了加强特种设备的安全监察，防止和减少事故，保障人民群众生命和财产安全，促进经济发展，制定本条例。

第二条　本条例所称特种设备是指涉及生命安全、危险性较大的锅炉、压力容器（含气瓶，下同）、压力管道、电梯、起重机械、客运索道、大型游乐设施和场（厂）内专用机动车辆。

前款特种设备的目录由国务院负责特种设备安全监督管理的部门（以下简称国务院特种设备安全监督管理部门）制订，报国务院批准后执行。

第三条　特种设备的生产（含设计、制造、安装、改造、维修，下同）、使用、检验检测及其监督检查，应当遵守本条例,但本条例另有规定的除外。

军事装备、核设施、航空航天器、铁路机车、海上设施和船舶以及矿山井下使用的特种设备、民用机场专用设备的安全监察不适用本条例。

房屋建筑工地和市政工程工地用起重机械、场(厂)内专用机动车辆的安装、使用的监督管理,由建设行政主管部门依照有关法律、法规的规定执行。

第四条 国务院特种设备安全监督管理部门负责全国特种设备的安全监察工作,县以上地方负责特种设备安全监督管理的部门对本行政区域内特种设备实施安全监察(以下统称特种设备安全监督管理部门)。

第五条 特种设备生产、使用单位应当建立健全特种设备安全、节能管理制度和岗位安全、节能责任制度。

特种设备生产、使用单位的主要负责人应当对本单位特种设备的安全和节能全面负责。

特种设备生产、使用单位和特种设备检验检测机构,应当接受特种设备安全监督管理部门依法进行的特种设备安全监察。

第六条 特种设备检验检测机构,应当依照本条例规定,进行检验检测工作,对其检验检测结果、鉴定结论承担法律责任。

第七条 县级以上地方人民政府应当督促、支持特种设备安全监督管理部门依法履行安全监察职责,对特种设备安全监察中存在的重大问题及时予以协调、解决。

第八条 国家鼓励推行科学的管理方法,采用先进技术,提高特种设备安全性能和管理水平,增强特种设备生产、使用单位防范事故的能力,对取得显著成绩的单位和个人,给予奖励。

国家鼓励特种设备节能技术的研究、开发、示范和推广,促进特种设备节能技术创新和应用。

特种设备生产、使用单位和特种设备检验检测机构,应当保证必要的安全和节能投入。

国家鼓励实行特种设备责任保险制度,提高事故赔付能力。

第九条 任何单位和个人对违反本条例规定的行为,有权向特种设备安全监督管理部门和行政监察等有关部门举报。

特种设备安全监督管理部门应当建立特种设备安全监察举报制度,公布举报电话、信箱或者电子邮件地址,受理对特种设备生产、使用和检验检测违法行为的举报,并及时予以处理。

特种设备安全监督管理部门和行政监察等有关部门应当为举报人保密,并按照国家有关规定给予奖励。

第二章 特种设备的生产

第十条 特种设备生产单位,应当依照本条例规定以及国务院特种设备安全监督管理部门制订并公布的安全技术规范(以下简称安全技术规范)的要求,进行生产活动。

特种设备生产单位对其生产的特种设备的安全性能和能效指标负责,不得生产不符合安全性能要求和能效指标的特种设备,不得生产国家产业政策明令淘汰的特种设备。

第十一条 压力容器的设计单位应当经国务院特种设备安全监督管理部门许可,方可从事压力容器的设计活动。

压力容器的设计单位应当具备下列条件:

(一)有与压力容器设计相适应的设计人员、设计审核人员;

(二)有与压力容器设计相适应的场所和设备;

(三)有与压力容器设计相适应的健全的管理制度和责任制度。

第十二条 锅炉、压力容器中的气瓶(以下简称气瓶)、氧舱和客运索道、大型游乐设施以及高耗能特种设备的设计文件,应当经国务院特种设备安全监督管理部门核准的检验检测机构鉴定,方可用于制造。

第十三条 按照安全技术规范的要求,应当进行型式试验的特种设备产品、部件或者试制特种设备新产品、新部件、新材料,必须进行型式试验和能效测试。

第十四条 锅炉、压力容器、电梯、起重机械、客运索道、大型游乐设施及其安全附件、安全保护装置的制造、安装、改造单位,以及压力管道用管子、管件、阀门、法兰、补偿器、安全保护装置等(以下简称压力管道元件)的制造单位和场(厂)内专用机动车辆的制造、改造单位,应当经国务院特种设备安全监督管理部门许可,方可从事相应的活动。

前款特种设备的制造、安装、改造单位应当具备下列条件:

(一)有与特种设备制造、安装、改造相适应的专业技术人员和技术工人;

(二)有与特种设备制造、安装、改造相适应的生产条件和检测手段;

(三)有健全的质量管理制度和责任制度。

第十五条 特种设备出厂时,应当附有安全技术规范要求的设计文件、产品质量合格证明、安装及使用维修说明、监督检验证明等文件。

第十六条 锅炉、压力容器、电梯、起重机械、客运索道、大型游乐设施、场（厂）内专用机动车辆的维修单位，应当有与特种设备维修相适应的专业技术人员和技术工人以及必要的检测手段，并经省、自治区、直辖市特种设备安全监督管理部门许可，方可从事相应的维修活动。

第十七条　锅炉、压力容器、起重机械、客运索道、大型游乐设施的安装、改造、维修以及场（厂）内专用机动车辆的改造、维修，必须由依照本条例取得许可的单位进行。

电梯的安装、改造、维修，必须由电梯制造单位或者其通过合同委托、同意的依照本条例取得许可的单位进行。电梯制造单位对电梯质量以及安全运行涉及的质量问题负责。

特种设备安装、改造、维修的施工单位应当在施工前将拟进行的特种设备安装、改造、维修情况书面告知直辖市或者设区的市的特种设备安全监督管理部门，告知后即可施工。

第十八条　电梯井道的土建工程必须符合建筑工程质量要求。电梯安装施工过程中，电梯安装单位应当遵守施工现场的安全生产要求，落实现场安全防护措施。电梯安装施工过程中，施工现场的安全生产监督，由有关部门依照有关法律、行政法规的规定执行。

电梯安装施工过程中，电梯安装单位应当服从建筑施工总承包单位对施工现场的安全生产管理，并订立合同，明确各自的安全责任。

第十九条　电梯的制造、安装、改造和维修活动，必须严格遵守安全技术规范的要求。电梯制造单位委托或者同意其他单位进行电梯安装、改造、维修活动的，应当对其安装、改造、维修活动进行安全指导和监控。电梯的安装、改造、维修活动结束后，电梯制造单位应当按照安全技术规范的要求对电梯进行校验和调试，并对校验和调试的结果负责。

第二十条　锅炉、压力容器、电梯、起重机械、客运索道、大型游乐设施的安装、改造、维修以及场（厂）内专用机动车辆的改造、维修竣工后，安装、改造、维修的施工单位应当在验收后30日内将有关技术资料移交使用单位，高耗能特种设备还应当按照安全技术规范的要求提交能效测试报告。使用单位应当将其存入该特种设备的安全技术档案。

第二十一条　锅炉、压力容器、压力管道元件、起重机械、大型游乐设施的制造过程和锅炉、压力容器、电梯、起重机械、客运索道、大型游乐设施的安装、改造、重大维修过程，必须经国务院特种设备安全监督管理部门核准的检验检测机构按照安全技术规范的要求进行监督检验；未经监督检验合格的不得出厂或者交付使用。

第二十二条　移动式压力容器、气瓶充装单位应当经省、自治区、直辖市的特种设备安全监督管理部门许可，方可从事充装活动。

充装单位应当具备下列条件：

（一）有与充装和管理相适应的管理人员和技术人员；

（二）有与充装和管理相适应的充装设备、检测手段、场地厂房、器具、安全设施；

（三）有健全的充装管理制度、责任制度、紧急处理措施。

气瓶充装单位应当向气体使用者提供符合安全技术规范要求的气瓶，对使用者进行气瓶安全使用指导，并按照安全技术规范的要求办理气瓶使用登记，提出气瓶的定期检验要求。

第三章　特种设备的使用

第二十三条　特种设备使用单位，应当严格执行本条例和有关安全生产的法律、行政法规的规定，保证特种设备的安全使用。

第二十四条　特种设备使用单位应当使用符合安全技术规范要求的特种设备。特种设备投入使用前，使用单位应当核对其是否附有本条例第十五条规定的相关文件。

第二十五条　特种设备在投入使用前或者投入使用后30日内，特种设备使用单位应当向直辖市或者设区的市的特种设备安全监督管理部门登记。登记标志应当置于或者附着于该特种设备的显著位置。

第二十六条　特种设备使用单位应当建立特种设备安全技术档案。安全技术档案应当包括以下内容：

（一）特种设备的设计文件、制造单位、产品质量合格证明、使用维护说明等文件以及安装技术文件和资料；

（二）特种设备的定期检验和定期自行检查的记录；

（三）特种设备的日常使用状况记录；

（四）特种设备及其安全附件、安全保护装置、测量调控装置及有关附属仪器仪表的日常维护保养记录；

（五）特种设备运行故障和事故记录；

（六）高耗能特种设备的能效测试报告、能耗状况记录以及节能改造技术资料。

第二十七条　特种设备使用单位应当对在用特种设备进

行经常性日常维护保养,并定期自行检查。

特种设备使用单位对在用特种设备应当至少每月进行一次自行检查,并作出记录。特种设备使用单位在对在用特种设备进行自行检查和日常维护保养时发现异常情况的,应当及时处理。

特种设备使用单位应当对在用特种设备的安全附件、安全保护装置、测量调控装置及有关附属仪器仪表进行定期校验、检修,并作出记录。

锅炉使用单位应当按照安全技术规范的要求进行锅炉水(介)质处理,并接受特种设备检验检测机构实施的水(介)质处理定期检验。

从事锅炉清洗的单位,应当按照安全技术规范的要求进行锅炉清洗,并接受特种设备检验检测机构实施的锅炉清洗过程监督检验。

第二十八条 特种设备使用单位应当按照安全技术规范的定期检验要求,在安全检验合格有效期届满前1个月向特种设备检验检测机构提出定期检验要求。

检验检测机构接到定期检验要求后,应当按照安全技术规范的要求及时进行安全性能检验和能效测试。

未经定期检验或者检验不合格的特种设备,不得继续使用。

第二十九条 特种设备出现故障或者发生异常情况,使用单位应当对其进行全面检查,消除事故隐患后,方可重新投入使用。

特种设备不符合能效指标的,特种设备使用单位应当采取相应措施进行整改。

第三十条 特种设备存在严重事故隐患,无改造、维修价值,或者超过安全技术规范规定使用年限,特种设备使用单位应当及时予以报废,并应当向原登记的特种设备安全监督管理部门办理注销。

第三十一条 电梯的日常维护保养必须由依照本条例取得许可的安装、改造、维修单位或者电梯制造单位进行。

电梯应当至少每15日进行一次清洁、润滑、调整和检查。

第三十二条 电梯的日常维护保养单位应当在维护保养中严格执行国家安全技术规范的要求,保证其维护保养的电梯的安全技术性能,并负责落实现场安全防护措施,保证施工安全。

电梯的日常维护保养单位,应当对其维护保养的电梯的安全性能负责。接到故障通知后,应当立即赶赴现场,并采取必要的应急救援措施。

第三十三条 电梯、客运索道、大型游乐设施等为公众提供服务的特种设备运营使用单位,应当设置特种设备安全管理机构或者配备专职的安全管理人员;其他特种设备使用单位,应当根据情况设置特种设备安全管理机构或者配备专职、兼职的安全管理人员。

特种设备的安全管理人员应当对特种设备使用状况进行经常性检查,发现问题的应当立即处理;情况紧急时,可以决定停止使用特种设备并及时报告本单位有关负责人。

第三十四条 客运索道、大型游乐设施的运营使用单位在客运索道、大型游乐设施每日投入使用前,应当进行试运行和例行安全检查,并对安全装置进行检查确认。

电梯、客运索道、大型游乐设施的运营使用单位应当将电梯、客运索道、大型游乐设施的安全注意事项和警示标志置于易于为乘客注意的显著位置。

第三十五条 客运索道、大型游乐设施的运营使用单位的主要负责人应当熟悉客运索道、大型游乐设施的相关安全知识,并全面负责客运索道、大型游乐设施的安全使用。

客运索道、大型游乐设施的运营使用单位的主要负责人至少应当每月召开一次会议,督促、检查客运索道、大型游乐设施的安全使用工作。

客运索道、大型游乐设施的运营使用单位,应当结合本单位的实际情况,配备相应数量的营救装备和急救物品。

第三十六条 电梯、客运索道、大型游乐设施的乘客应当遵守使用安全注意事项的要求,服从有关工作人员的指挥。

第三十七条 电梯投入使用后,电梯制造单位应当对其制造的电梯的安全运行情况进行跟踪调查和了解,对电梯的日常维护保养单位或者电梯的使用单位在安全运行方面存在的问题,提出改进建议,并提供必要的技术帮助。发现电梯存在严重事故隐患的,应当及时向特种设备安全监督管理部门报告。电梯制造单位对调查和了解的情况,应当作出记录。

第三十八条 锅炉、压力容器、电梯、起重机械、客运索道、大型游乐设施、场(厂)内专用机动车辆的作业人员及其相关管理人员(以下统称特种设备作业人员),应当按照国家有关规定经特种设备安全监督管理部门考核合格,取得国家统一格式的特种作业人员证书,方可从事相应的作业或者管理工作。

第三十九条 特种设备使用单位应当对特种设备作业人员进行特种设备安全、节能教育和培训,保证特种设备作业人员具备必要的特种设备安全、节能知识。

特种设备作业人员在作业中应当严格执行特种设备的操作规程和有关的安全规章制度。

第四十条 特种设备作业人员在作业过程中发现事故隐患或者其他不安全因素，应当立即向现场安全管理人员和单位有关负责人报告。

第四章 检验检测

第四十一条 从事本条例规定的监督检验、定期检验、型式试验以及专门为特种设备生产、使用、检验检测提供无损检测服务的特种设备检验检测机构，应当经国务院特种设备安全监督管理部门核准。

特种设备使用单位设立的特种设备检验检测机构，经国务院特种设备安全监督管理部门核准，负责本单位核准范围内的特种设备定期检验工作。

第四十二条 特种设备检验检测机构，应当具备下列条件：

（一）有与所从事的检验检测工作相适应的检验检测人员；

（二）有与所从事的检验检测工作相适应的检验检测仪器和设备；

（三）有健全的检验检测管理制度、检验检测责任制度。

第四十三条 特种设备的监督检验、定期检验、型式试验和无损检测应当由依照本条例经核准的特种设备检验检测机构进行。

特种设备检验检测工作应当符合安全技术规范的要求。

第四十四条 从事本条例规定的监督检验、定期检验、型式试验和无损检测的特种设备检验检测人员应当经国务院特种设备安全监督管理部门组织考核合格，取得检验检测人员证书，方可从事检验检测工作。

检验检测人员从事检验检测工作，必须在特种设备检验检测机构执业，但不得同时在两个以上检验检测机构中执业。

第四十五条 特种设备检验检测机构和检验检测人员进行特种设备检验检测，应当遵循诚信原则和方便企业的原则，为特种设备生产、使用单位提供可靠、便捷的检验检测服务。

特种设备检验检测机构和检验检测人员对涉及的被检验检测单位的商业秘密，负有保密义务。

第四十六条 特种设备检验检测机构和检验检测人员应当客观、公正、及时地出具检验检测结果、鉴定结论。检验检测结果、鉴定结论经检验检测人员签字后，由检验检测机构负责人签署。

特种设备检验检测机构和检验检测人员对检验检测结果、鉴定结论负责。

国务院特种设备安全监督管理部门应当组织对特种设备检验检测机构的检验检测结果、鉴定结论进行监督抽查。县以上地方负责特种设备安全监督管理的部门在本行政区域内也可以组织监督抽查，但是要防止重复抽查。监督抽查结果应当向社会公布。

第四十七条 特种设备检验检测机构和检验检测人员不得从事特种设备的生产、销售，不得以其名义推荐或者监制、监销特种设备。

第四十八条 特种设备检验检测机构进行特种设备检验检测，发现严重事故隐患或者能耗严重超标的，应当及时告知特种设备使用单位，并立即向特种设备安全监督管理部门报告。

第四十九条 特种设备检验检测机构和检验检测人员利用检验检测工作故意刁难特种设备生产、使用单位，特种设备生产、使用单位有权向特种设备安全监督管理部门投诉，接到投诉的特种设备安全监督管理部门应当及时进行调查处理。

第五章 监督检查

第五十条 特种设备安全监督管理部门依照本条例规定，对特种设备生产、使用单位和检验检测机构实施安全监察。

对学校、幼儿园以及车站、客运码头、商场、体育场馆、展览馆、公园等公众聚集场所的特种设备，特种设备安全监督管理部门应当实施重点安全监察。

第五十一条 特种设备安全监督管理部门根据举报或者取得的涉嫌违法证据，对涉嫌违反本条例规定的行为进行查处时，可以行使下列职权：

（一）向特种设备生产、使用单位和检验检测机构的法定代表人、主要负责人和其他有关人员调查、了解与涉嫌从事违反本条例的生产、使用、检验检测有关的情况；

（二）查阅、复制特种设备生产、使用单位和检验检测机构的有关合同、发票、账簿以及其他有关资料；

（三）对有证据表明不符合安全技术规范要求的或者有其他严重事故隐患、能耗严重超标的特种设备，予以查封或者扣押。

第五十二条 依照本条例规定实施许可、核准、登记的特种设备安全监督管理部门，应当严格依照本条例规定条件和安全技术规范要求对有关事项进行审查；不符合本条例规定条件和安全技术规范要求的，不得许可、核准、登记;在申请办理许可、核准期间,特种设备安全监督管理部门发现申请人未经许可从事特种设备相应活动或者伪造许可、核准证书的,不予受理或者不予许可、核准,并在1年内不再受理其新的许可、核准申请。

未依法取得许可、核准、登记的单位擅自从事特种设备的生产、使用或者检验检测活动的,特种设备安全监督管理部门应当依法予以处理。

违反本条例规定,被依法撤销许可的,自撤销许可之日起3年内,特种设备安全监督管理部门不予受理其新的许可申请。

第五十三条　特种设备安全监督管理部门在办理本条例规定的有关行政审批事项时,其受理、审查、许可、核准的程序必须公开,并应当自受理申请之日起30日内,作出许可、核准或者不予许可、核准的决定;不予许可、核准的,应当书面向申请人说明理由。

第五十四条　地方各级特种设备安全监督管理部门不得以任何形式进行地方保护和地区封锁,不得对已经依照本条例规定在其他地方取得许可的特种设备生产单位重复进行许可,也不得要求对依照本条例规定在其他地方检验检测合格的特种设备,重复进行检验检测。

第五十五条　特种设备安全监督管理部门的安全监察人员(以下简称特种设备安全监察人员)应当熟悉相关法律、法规、规章和安全技术规范,具有相应的专业知识和工作经验,并经国务院特种设备安全监督管理部门考核,取得特种设备安全监察人员证书。

特种设备安全监察人员应当忠于职守、坚持原则、秉公执法。

第五十六条　特种设备安全监督管理部门对特种设备生产、使用单位和检验检测机构实施安全监察时,应当有两名以上特种设备安全监察人员参加,并出示有效的特种设备安全监察人员证件。

第五十七条　特种设备安全监督管理部门对特种设备生产、使用单位和检验检测机构实施安全监察,应当对每次安全监察的内容、发现的问题及处理情况,作出记录,并由参加安全监察的特种设备安全监察人员和被检查单位的有关负责人签字后归档。被检查单位的有关负责人拒绝签字的,特种设备安全监察人员应当将情况记录在案。

第五十八条　特种设备安全监督管理部门对特种设备生产、使用单位和检验检测机构进行安全监察时,发现有违反本条例规定和安全技术规范要求的行为或者在用的特种设备存在事故隐患、不符合能效指标的,应当以书面形式发出特种设备安全监察指令,责令有关单位及时采取措施,予以改正或者消除事故隐患。紧急情况下需要采取紧急处置措施的,应当随后补发书面通知。

第五十九条　特种设备安全监督管理部门对特种设备生产、使用单位和检验检测机构进行安全监察,发现重大违法行为或者严重事故隐患时,应当在采取必要措施的同时,及时向上级特种设备安全监督管理部门报告。接到报告的特种设备安全监督管理部门应当采取必要措施,及时予以处理。

对违法行为、严重事故隐患或者不符合能效指标的处理需要当地人民政府和有关部门的支持、配合时,特种设备安全监督管理部门应当报告当地人民政府,并通知其他有关部门。当地人民政府和其他有关部门应当采取必要措施,及时予以处理。

第六十条　国务院特种设备安全监督管理部门和省、自治区、直辖市特种设备安全监督管理部门应当定期向社会公布特种设备安全以及能效状况。

公布特种设备安全以及能效状况,应当包括下列内容:

(一)特种设备质量安全状况;

(二)特种设备事故的情况、特点、原因分析、防范对策;

(三)特种设备能效状况;

(四)其他需要公布的情况。

第六章　事故预防和调查处理

第六十一条　有下列情形之一的,为特别重大事故:

(一)特种设备事故造成30人以上死亡,或者100人以上重伤(包括急性工业中毒,下同),或者1亿元以上直接经济损失的;

(二)600兆瓦以上锅炉爆炸的;

(三)压力容器、压力管道有毒介质泄漏,造成15万人以上转移的;

(四)客运索道、大型游乐设施高空滞留100人以上并且时间在48小时以上的。

第六十二条　有下列情形之一的,为重大事故:

(一)特种设备事故造成10人以上30人以下死亡,或者50人以上100人以下重伤,或者5000万元以上1亿元以下直接经济损失的;

(二)600兆瓦以上锅炉因安全故障中断运行240小时以上的;

(三)压力容器、压力管道有毒介质泄漏,造成5万人以上15万人以下转移的;

(四)客运索道、大型游乐设施高空滞留100人以上并且时间在24小时以上48小时以下的。

第六十三条　有下列情形之一的，为较大事故：

（一）特种设备事故造成3人以上10人以下死亡，或者10人以上50人以下重伤，或者1000万元以上5000万元以下直接经济损失的；

（二）锅炉、压力容器、压力管道爆炸的；

（三）压力容器、压力管道有毒介质泄漏，造成1万人以上5万人以下转移的；

（四）起重机械整体倾覆的；

（五）客运索道、大型游乐设施高空滞留人员12小时以上的。

第六十四条　有下列情形之一的，为一般事故：

（一）特种设备事故造成3人以下死亡，或者10人以下重伤，或者1万元以上1000万元以下直接经济损失的；

（二）压力容器、压力管道有毒介质泄漏，造成500人以上1万人以下转移的；

（三）电梯轿厢滞留人员2小时以上的；

（四）起重机械主要受力结构件折断或者起升机构坠落的；

（五）客运索道高空滞留人员3.5小时以上12小时以下的；

（六）大型游乐设施高空滞留人员1小时以上12小时以下的。

除前款规定外，国务院特种设备安全监督管理部门可以对一般事故的其他情形做出补充规定。

第六十五条　特种设备安全监督管理部门应当制定特种设备应急预案。特种设备使用单位应当制定事故应急专项预案，并定期进行事故应急演练。

压力容器、压力管道发生爆炸或者泄漏，在抢险救援时应当区分介质特性，严格按照相关预案规定程序处理，防止二次爆炸。

第六十六条　特种设备事故发生后，事故发生单位应当立即启动事故应急预案，组织抢救，防止事故扩大，减少人员伤亡和财产损失，并及时向事故发生地县以上特种设备安全监督管理部门和有关部门报告。

县以上特种设备安全监督管理部门接到事故报告，应当尽快核实有关情况，立即向所在地人民政府报告，并逐级上报事故情况。必要时，特种设备安全监督管理部门可以越级上报事故情况。对特别重大事故、重大事故，国务院特种设备安全监督管理部门应当立即报告国务院并通报国务院安全生产监督管理部门等有关部门。

第六十七条　特别重大事故由国务院或者国务院授权有关部门组织事故调查组进行调查。

重大事故由国务院特种设备安全监督管理部门会同有关部门组织事故调查组进行调查。

较大事故由省、自治区、直辖市特种设备安全监督管理部门会同有关部门组织事故调查组进行调查。

一般事故由设区的市的特种设备安全监督管理部门会同有关部门组织事故调查组进行调查。

第六十八条　事故调查报告应当由负责组织事故调查的特种设备安全监督管理部门的所在地人民政府批复，并报上一级特种设备安全监督管理部门备案。

有关机关应当按照批复，依照法律、行政法规规定的权限和程序，对事故责任单位和有关人员进行行政处罚，对负有事故责任的国家工作人员进行处分。

第六十九条　特种设备安全监督管理部门应当在有关地方人民政府的领导下，组织开展特种设备事故调查处理工作。

有关地方人民政府应当支持、配合上级人民政府或者特种设备安全监督管理部门的事故调查处理工作，并提供必要的便利条件。

第七十条　特种设备安全监督管理部门应当对发生事故的原因进行分析，并根据特种设备的管理和技术特点、事故情况对相关安全技术规范进行评估；需要制定或者修订相关安全技术规范的，应当及时制定或者修订。

第七十一条　本章所称的“以上”包括本数，所称的“以下”不包括本数。

第七章　法律责任

第七十二条　未经许可，擅自从事压力容器设计活动的，由特种设备安全监督管理部门予以取缔，处5万元以上20万元以下罚款；有违法所得的，没收违法所得；触犯刑律的，对负有责任的主管人员和其他直接责任人员依照刑法关于非法经营罪或者其他罪的规定，依法追究刑事责任。

第七十三条　锅炉、气瓶、氧舱和客运索道、大型游乐设施以及高耗能特种设备的设计文件，未经国务院特种设备安全监督管理部门核准的检验检测机构鉴定，擅自用于制造的，由特种设备安全监督管理部门责令改正，没收非法制造的产品，处5万元以上20万元以下罚款；触犯刑律的，对负有责任的主管人员和其他直接责任人员依照刑法关于生产、销售伪劣产品罪、非法经营罪或者其他罪的规定，依法追究刑事责任。

第七十四条　按照安全技术规范的要求应当进行型式试验的特种设备产品、部件或者试制特种设备新产品、新部件,未进行整机或者部件型式试验的,由特种设备安全监督管理部门责令限期改正;逾期未改正的,处 2 万元以上 10 万元以下罚款。

第七十五条　未经许可,擅自从事锅炉、压力容器、电梯、起重机械、客运索道、大型游乐设施、场(厂)内专用机动车辆及其安全附件、安全保护装置的制造、安装、改造以及压力管道元件的制造活动的,由特种设备安全监督管理部门予以取缔,没收非法制造的产品,已经实施安装、改造的,责令恢复原状或者责令限期由取得许可的单位重新安装、改造,处 10 万元以上 50 万元以下罚款;触犯刑律的,对负有责任的主管人员和其他直接责任人员依照刑法关于生产、销售伪劣产品罪、非法经营罪、重大责任事故罪或者其他罪的规定,依法追究刑事责任。

第七十六条　特种设备出厂时,未按照安全技术规范的要求附有设计文件、产品质量合格证明、安装及使用维修说明、监督检验证明等文件的,由特种设备安全监督管理部门责令改正;情节严重的,责令停止生产、销售,处违法生产、销售货值金额 30% 以下罚款;有违法所得的,没收违法所得。

第七十七条　未经许可,擅自从事锅炉、压力容器、电梯、起重机械、客运索道、大型游乐设施、场(厂)内专用机动车辆的维修或者日常维护保养的,由特种设备安全监督管理部门予以取缔,处 1 万元以上 5 万元以下罚款;有违法所得的,没收违法所得;触犯刑律的,对负有责任的主管人员和其他直接责任人员依照刑法关于非法经营罪、重大责任事故罪或者其他罪的规定,依法追究刑事责任。

第七十八条　锅炉、压力容器、电梯、起重机械、客运索道、大型游乐设施的安装、改造、维修的施工单位以及场(厂)内专用机动车辆的改造、维修单位,在施工前未将拟进行的特种设备安装、改造、维修情况书面告知直辖市或者设区的市的特种设备安全监督管理部门即行施工的,或者在验收后 30 日内未将有关技术资料移交锅炉、压力容器、电梯、起重机械、客运索道、大型游乐设施的使用单位的,由特种设备安全监督管理部门责令限期改正;逾期未改正的,处 2000 元以上 1 万元以下罚款。

第七十九条　锅炉、压力容器、压力管道元件、起重机械、大型游乐设施的制造过程和锅炉、压力容器、电梯、起重机械、客运索道、大型游乐设施的安装、改造、重大维修过程,以及锅炉清洗过程,未经国务院特种设备安全监督管理部门核准的检验检测机构按照安全技术规范的要求进行监督检验的,由特种设备安全监督管理部门责令改正,已经出厂的,没收违法生产、销售的产品,已经实施安装、改造、重大维修或者清洗的,责令限期进行监督检验,处 5 万元以上 20 万元以下罚款;有违法所得的,没收违法所得;情节严重的,撤销制造、安装、改造或者维修单位已经取得的许可,并由工商行政管理部门吊销其营业执照;触犯刑律的,对负有责任的主管人员和其他直接责任人员依照刑法关于生产、销售伪劣产品罪或者其他罪的规定,依法追究刑事责任。

第八十条　未经许可,擅自从事移动式压力容器或者气瓶充装活动的,由特种设备安全监督管理部门予以取缔,没收违法充装的气瓶,处 10 万元以上 50 万元以下罚款;有违法所得的,没收违法所得;触犯刑律的,对负有责任的主管人员和其他直接责任人员依照刑法关于非法经营罪或者其他罪的规定,依法追究刑事责任。

移动式压力容器、气瓶充装单位未按照安全技术规范的要求进行充装活动的,由特种设备安全监督管理部门责令改正,处 2 万元以上 10 万元以下罚款;情节严重的,撤销其充装资格。

第八十一条　电梯制造单位有下列情形之一的,由特种设备安全监督管理部门责令限期改正;逾期未改正的,予以通报批评:

(一)未依照本条例第十九条的规定对电梯进行校验、调试的;

(二)对电梯的安全运行情况进行跟踪调查和了解时,发现存在严重事故隐患,未及时向特种设备安全监督管理部门报告的。

第八十二条　已经取得许可、核准的特种设备生产单位、检验检测机构有下列行为之一的,由特种设备安全监督管理部门责令改正,处 2 万元以上 10 万元以下罚款;情节严重的,撤销其相应资格:

(一)未按照安全技术规范的要求办理许可证变更手续的;

(二)不再符合本条例规定或者安全技术规范要求的条件,继续从事特种设备生产、检验检测的;

(三)未依照本条例规定或者安全技术规范要求进行特种设备生产、检验检测的;

(四)伪造、变造、出租、出借、转让许可证书或者监督检验报告的。

第八十三条　特种设备使用单位有下列情形之一的,由特种设备安全监督管理部门责令限期改正;逾期未改正的,处 2000 元以上 2 万元以下罚款;情节严重的,责令停止使用或者停产停业整顿:

（一）特种设备投入使用前或者投入使用后30日内，未向特种设备安全监督管理部门登记，擅自将其投入使用的；

（二）未依照本条例第二十六条的规定，建立特种设备安全技术档案的；

（三）未依照本条例第二十七条的规定，对在用特种设备进行经常性日常维护保养和定期自行检查的，或者对在用特种设备的安全附件、安全保护装置、测量调控装置及有关附属仪器仪表进行定期校验、检修，并作出记录的；

（四）未按照安全技术规范的定期检验要求，在安全检验合格有效期届满前1个月向特种设备检验检测机构提出定期检验要求的；

（五）使用未经定期检验或者检验不合格的特种设备的；

（六）特种设备出现故障或者发生异常情况，未对其进行全面检查、消除事故隐患，继续投入使用的；

（七）未制定特种设备事故应急专项预案的；

（八）未依照本条例第三十一条第二款的规定，对电梯进行清洁、润滑、调整和检查的；

（九）未按照安全技术规范要求进行锅炉水（介）质处理的；

（十）特种设备不符合能效指标，未及时采取相应措施进行整改的。

特种设备使用单位使用未取得生产许可的单位生产的特种设备或者将非承压锅炉、非压力容器作为承压锅炉、压力容器使用的，由特种设备安全监督管理部门责令停止使用，予以没收，处2万元以上10万元以下罚款。

第八十四条　特种设备存在严重事故隐患，无改造、维修价值，或者超过安全技术规范规定的使用年限，特种设备使用单位未予以报废，并向原登记的特种设备安全监督管理部门办理注销的，由特种设备安全监督管理部门责令限期改正；逾期未改正的，处5万元以上20万元以下罚款。

第八十五条　电梯、客运索道、大型游乐设施的运营使用单位有下列情形之一的，由特种设备安全监督管理部门责令限期改正；逾期未改正的，责令停止使用或者停产停业整顿，处1万元以上5万元以下罚款：

（一）客运索道、大型游乐设施每日投入使用前，未进行试运行和例行安全检查，并对安全装置进行检查确认的；

（二）未将电梯、客运索道、大型游乐设施的安全注意事项和警示标志置于易于为乘客注意的显著位置的。

第八十六条　特种设备使用单位有下列情形之一的，由特种设备安全监督管理部门责令限期改正；逾期未改正的，责令停止使用或者停产停业整顿，处2000元以上2万元以下罚款：

（一）未依照本条例规定设置特种设备安全管理机构或者配备专职、兼职的安全管理人员的；

（二）从事特种设备作业的人员，未取得相应特种作业人员证书，上岗作业的；

（三）未对特种设备作业人员进行特种设备安全教育和培训的。

第八十七条　发生特种设备事故，有下列情形之一的，对单位，由特种设备安全监督管理部门处5万元以上20万元以下罚款；对主要负责人，由特种设备安全监督管理部门处4000元以上2万元以下罚款；属于国家工作人员的，依法给予处分；触犯刑律的，依照刑法关于重大责任事故罪或者其他罪的规定，依法追究刑事责任：

（一）特种设备使用单位的主要负责人在本单位发生特种设备事故时，不立即组织抢救或者在事故调查处理期间擅离职守或者逃匿的；

（二）特种设备使用单位的主要负责人对特种设备事故隐瞒不报、谎报或者拖延不报的。

第八十八条　对事故发生负有责任的单位，由特种设备安全监督管理部门依照下列规定处以罚款：

（一）发生一般事故的，处10万元以上20万元以下罚款；

（二）发生较大事故的，处20万元以上50万元以下罚款；

（三）发生重大事故的，处50万元以上200万元以下罚款。

第八十九条　对事故发生负有责任的单位的主要负责人未依法履行职责，导致事故发生的，由特种设备安全监督管理部门依照下列规定处以罚款；属于国家工作人员的，并依法给予处分；触犯刑律的，依照刑法关于重大责任事故罪或者其他罪的规定，依法追究刑事责任：

（一）发生一般事故的，处上一年年收入30%的罚款；

（二）发生较大事故的，处上一年年收入40%的罚款；

（三）发生重大事故的，处上一年年收入60%的罚款。

第九十条　特种设备作业人员违反特种设备的操作规程

和有关的安全规章制度操作,或者在作业过程中发现事故隐患或者其他不安全因素,未立即向现场安全管理人员和单位有关负责人报告的,由特种设备使用单位给予批评教育、处分;情节严重的,撤销特种设备作业人员资格;触犯刑律的,依照刑法关于重大责任事故罪或者其他罪的规定,依法追究刑事责任。

第九十一条　未经核准,擅自从事本条例所规定的监督检验、定期检验、型式试验以及无损检测等检验检测活动的,由特种设备安全监督管理部门予以取缔,处5万元以上20万元以下罚款;有违法所得的,没收违法所得;触犯刑律的,对负有责任的主管人员和其他直接责任人员依照刑法关于非法经营罪或者其他罪的规定,依法追究刑事责任。

第九十二条　特种设备检验检测机构,有下列情形之一的,由特种设备安全监督管理部门处2万元以上10万元以下罚款;情节严重的,撤销其检验检测资格:

(一)聘用未经特种设备安全监督管理部门组织考核合格并取得检验检测人员证书的人员,从事相关检验检测工作的;

(二)在进行特种设备检验检测中,发现严重事故隐患或者能耗严重超标,未及时告知特种设备使用单位,并立即向特种设备安全监督管理部门报告的。

第九十三条　特种设备检验检测机构和检验检测人员,出具虚假的检验检测结果、鉴定结论或者检验检测结果、鉴定结论严重失实的,由特种设备安全监督管理部门对检验检测机构没收违法所得,处5万元以上20万元以下罚款,情节严重的,撤销其检验检测资格;对检验检测人员处5000元以上5万元以下罚款,情节严重的,撤销其检验检测资格,触犯刑律的,依照刑法关于中介组织人员提供虚假证明文件罪、中介组织人员出具证明文件重大失实罪或者其他罪的规定,依法追究刑事责任。

特种设备检验检测机构和检验检测人员,出具虚假的检验检测结果、鉴定结论或者检验检测结果、鉴定结论严重失实,造成损害的,应当承担赔偿责任。

第九十四条　特种设备检验检测机构或者检验检测人员从事特种设备的生产、销售,或者以其名义推荐或者监制、监销特种设备的,由特种设备安全监督管理部门撤销特种设备检验检测机构和检验检测人员的资格,处5万元以上20万元以下罚款;有违法所得的,没收违法所得。

第九十五条　特种设备检验检测机构和检验检测人员利用检验检测工作故意刁难特种设备生产、使用单位,由特种设备安全监督管理部门责令改正;拒不改正的,撤销其检验检测资格。

第九十六条　检验检测人员,从事检验检测工作,不在特种设备检验检测机构执业或者同时在两个以上检验检测机构中执业的,由特种设备安全监督管理部门责令改正,情节严重的,给予停止执业6个月以上2年以下的处罚;有违法所得的,没收违法所得。

第九十七条　特种设备安全监督管理部门及其特种设备安全监察人员,有下列违法行为之一的,对直接负责的主管人员和其他直接责任人员,依法给予降级或者撤职的处分;触犯刑律的,依照刑法关于受贿罪、滥用职权罪、玩忽职守罪或者其他罪的规定,依法追究刑事责任:

(一)不按照本条例规定的条件和安全技术规范要求,实施许可、核准、登记的;

(二)发现未经许可、核准、登记擅自从事特种设备的生产、使用或者检验检测活动不予取缔或者不依法予以处理的;

(三)发现特种设备生产、使用单位不再具备本条例规定的条件而不撤销其原许可,或者发现特种设备生产、使用违法行为不予查处的;

(四)发现特种设备检验检测机构不再具备本条例规定的条件而不撤销其原核准,或者对其出具虚假的检验检测结果、鉴定结论或者检验检测结果、鉴定结论严重失实的行为不予查处的;

(五)对依照本条例规定在其他地方取得许可的特种设备生产单位重复进行许可,或者对依照本条例规定在其他地方检验检测合格的特种设备,重复进行检验检测的;

(六)发现有违反本条例和安全技术规范的行为或者在用的特种设备存在严重事故隐患,不立即处理的;

(七)发现重大的违法行为或者严重事故隐患,未及时向上级特种设备安全监督管理部门报告,或者接到报告的特种设备安全监督管理部门不立即处理的;

(八)迟报、漏报、瞒报或者谎报事故的;

(九)妨碍事故救援或者事故调查处理的。

第九十八条　特种设备的生产、使用单位或者检验检测机构,拒不接受特种设备安全监督管理部门依法实施的安全监察的,由特种设备安全监督管理部门责令限期改正;逾期未改正的,责令停产停业整顿,处2万元以上10万元以下罚款;触犯刑律的,依照刑法关于妨害公务罪或者其他罪的规定,依法追究刑事责任。

特种设备生产、使用单位擅自动用、调换、转移、损毁被查封、扣押的特种设备或者其主要部件的，由特种设备安全监督管理部门责令改正，处5万元以上20万元以下罚款；情节严重的，撤销其相应资格。

第八章 附 则

第九十九条 本条例下列用语的含义是：

（一）锅炉，是指利用各种燃料、电或者其他能源，将所盛装的液体加热到一定的参数，并对外输出热能的设备，其范围规定为容积大于或者等于30L的承压蒸汽锅炉；出口水压大于或者等于0.1MPa（表压），且额定功率大于或者等于0.1MW的承压热水锅炉；有机热载体锅炉。

（二）压力容器，是指盛装气体或者液体，承载一定压力的密闭设备，其范围规定为最高工作压力大于或者等于0.1MPa（表压），且压力与容积的乘积大于或者等于2.5MPa·L的气体、液化气体和最高工作温度高于或者等于标准沸点的液体的固定式容器和移动式容器；盛装公称工作压力大于或者等于0.2MPa（表压），且压力与容积的乘积大于或者等于1.0MPa·L的气体、液化气体和标准沸点等于或者低于60℃液体的气瓶；氧舱等。

（三）压力管道，是指利用一定的压力，用于输送气体或者液体的管状设备，其范围规定为最高工作压力大于或者等于0.1MPa（表压）的气体、液化气体、蒸汽介质或者可燃、易爆、有毒、有腐蚀性、最高工作温度高于或者等于标准沸点的液体介质，且公称直径大于25mm的管道。

（四）电梯，是指动力驱动，利用沿刚性导轨运行的箱体或者沿固定线路运行的梯级（踏步），进行升降或者平行运送人、货物的机电设备，包括载人（货）电梯、自动扶梯、自动人行道等。

（五）起重机械，是指用于垂直升降或者垂直升降并水平移动重物的机电设备，其范围规定为额定起重量大于或者等于0.5t的升降机；额定起重量大于或者等于1t，且提升高度大于或者等于2m的起重机和承重形式固定的电动葫芦等。

（六）客运索道，是指动力驱动，利用柔性绳索牵引箱体等运载工具运送人员的机电设备，包括客运架空索道、客运缆车、客运拖牵索道等。

（七）大型游乐设施，是指用于经营目的，承载乘客游乐的设施，其范围规定为设计最大运行线速度大于或者等于2m/s，或者运行高度距地面高于或者等于2m的载人大型游乐设施。

（八）场（厂）内专用机动车辆，是指除道路交通、农用车辆以外仅在工厂厂区、旅游景区、游乐场所等特定区域使用的专用机动车辆。

特种设备包括其所用的材料、附属的安全附件、安全保护装置和与安全保护装置相关的设施。

第一百条 压力管道设计、安装、使用的安全监督管理办法由国务院另行制定。

第一百零一条 国务院特种设备安全监督管理部门可以授权省、自治区、直辖市特种设备安全监督管理部门负责本条例规定的特种设备行政许可工作，具体办法由国务院特种设备安全监督管理部门制定。

第一百零二条 特种设备行政许可、检验检测，应当按照国家有关规定收取费用。

第一百零三条 本条例自2003年6月1日起施行。1982年2月6日国务院发布的《锅炉压力容器安全监察暂行条例》同时废止。

工贸企业粉尘防爆安全规定

1. 2021年7月25日应急管理部令第6号公布
2. 自2021年9月1日起施行

第一章 总 则

第一条 为了加强工贸企业粉尘防爆安全工作，预防和减少粉尘爆炸事故，保障从业人员生命安全，根据《中华人民共和国安全生产法》等法律法规，制定本规定。

第二条 存在可燃性粉尘爆炸危险的冶金、有色、建材、机械、轻工、纺织、烟草、商贸等工贸企业（以下简称粉尘涉爆企业）的粉尘防爆安全工作及其监督管理，适用本规定。

第三条 本规定所称可燃性粉尘，是指在大气条件下，能与气态氧化剂（主要是空气）发生剧烈氧化反应的粉尘、纤维或者飞絮。

本规定所称粉尘爆炸危险场所，是指存在可燃性粉尘和气态氧化剂（主要是空气）的场所，根据爆炸性环境出现的频率或者持续的时间，可划分为不同危险区域。

第四条 粉尘涉爆企业对粉尘防爆安全工作负主体责任，应当具备有关法律法规、规章、国家标准或者行业标准规定的粉尘防爆安全生产条件，建立健全全员安全生产责任制和相关规章制度，加强安全生产标准化、信息化建设，构建安全风险分级管控和隐患排查治理双重预防机制，健全风险防范化解机制，确保安全生产。

第五条　县级以上地方人民政府负责粉尘涉爆企业安全生产监督管理的部门(以下统称负责粉尘涉爆企业安全监管的部门),根据本级人民政府规定的职责,按照分级属地的原则,对本行政区域内粉尘涉爆企业的粉尘防爆安全工作实施监督管理。

国务院应急管理部门应当加强指导监督。

第二章　安全生产保障

第六条　粉尘涉爆企业主要负责人是粉尘防爆安全工作的第一责任人,其他负责人在各自职责范围内对粉尘防爆安全工作负责。

粉尘涉爆企业应当在本单位安全生产责任制中明确主要负责人、相关部门负责人、生产车间负责人及粉尘作业岗位人员粉尘防爆安全职责。

第七条　粉尘涉爆企业应当结合企业实际情况建立和落实粉尘防爆安全管理制度。粉尘防爆安全管理制度应当包括下列内容:

(一)粉尘爆炸风险辨识评估和管控;

(二)粉尘爆炸事故隐患排查治理;

(三)粉尘作业岗位安全操作规程;

(四)粉尘防爆专项安全生产教育和培训;

(五)粉尘清理和处置;

(六)除尘系统和相关安全设施设备运行、维护及检修、维修管理;

(七)粉尘爆炸事故应急处置和救援。

第八条　粉尘涉爆企业应当组织对涉及粉尘防爆的生产、设备、安全管理等有关负责人和粉尘作业岗位等相关从业人员进行粉尘防爆专项安全生产教育和培训,使其了解作业场所和工作岗位存在的爆炸风险,掌握粉尘爆炸事故防范和应急措施;未经教育培训合格的,不得上岗作业。

粉尘涉爆企业应当如实记录粉尘防爆专项安全生产教育和培训的时间、内容及考核等情况,纳入员工教育和培训档案。

第九条　粉尘涉爆企业应当为粉尘作业岗位从业人员提供符合国家标准或者行业标准的劳动防护用品,并监督、教育从业人员按照使用规则佩戴、使用。

第十条　粉尘涉爆企业应当制定有关粉尘爆炸事故应急救援预案,并依法定期组织演练。发生火灾或者粉尘爆炸事故后,粉尘涉爆企业应当立即启动应急响应并撤离疏散全部作业人员至安全场所,不得采用可能引起扬尘的应急处置措施。

第十一条　粉尘涉爆企业应当定期辨识粉尘云、点燃源等粉尘爆炸危险因素,确定粉尘爆炸危险场所的位置、范围,并根据粉尘爆炸特性和涉粉作业人数等关键要素,评估确定有关危险场所安全风险等级,制定并落实管控措施,明确责任部门和责任人员,建立安全风险清单,及时维护安全风险辨识、评估、管控过程的信息档案。

粉尘涉爆企业应当在粉尘爆炸较大危险因素的工艺、场所、设施设备和岗位,设置安全警示标志。

涉及粉尘爆炸危险的工艺、场所、设施设备等发生变更的,粉尘涉爆企业应当重新进行安全风险辨识评估。

第十二条　粉尘涉爆企业应当根据《粉尘防爆安全规程》等有关国家标准或者行业标准,结合粉尘爆炸风险管控措施,建立事故隐患排查清单,明确和细化排查事项、具体内容、排查周期及责任人员,及时组织开展事故隐患排查治理,如实记录隐患排查治理情况,并向从业人员通报。

构成工贸行业重大事故隐患判定标准规定的重大事故隐患的,应当按照有关规定制定治理方案,落实措施、责任、资金、时限和应急预案,及时消除事故隐患。

第十三条　粉尘涉爆企业新建、改建、扩建涉及粉尘爆炸危险的工程项目安全设施的设计、施工应当按照《粉尘防爆安全规程》等有关国家标准或者行业标准,在安全设施设计文件、施工方案中明确粉尘防爆的相关内容。

设计单位应当对安全设施粉尘防爆相关的设计负责,施工单位应当按照设计进行施工,并对施工质量负责。

第十四条　粉尘涉爆企业存在粉尘爆炸危险场所的建(构)筑物的结构和布局应当符合《粉尘防爆安全规程》等有关国家标准或者行业标准要求,采取防火防爆、防雷等措施,单层厂房屋顶一般应当采用轻型结构,多层厂房应当为框架结构,并设置符合有关标准要求的泄压面积。

粉尘涉爆企业应当严格控制粉尘爆炸危险场所内作业人员数量,在粉尘爆炸危险场所内不得设置员工宿舍、休息室、办公室、会议室等,粉尘爆炸危险场所与其他厂房、仓库、民用建筑的防火间距应当符合《建筑设计防火规范》的规定。

第十五条　粉尘涉爆企业应当按照《粉尘防爆安全规程》等有关国家标准或者行业标准规定,将粉尘爆炸危险场所除尘系统按照不同工艺分区域相对独立设置,可燃性粉尘不得与可燃气体等易加剧爆炸危险的介质共用一套除尘系统,不同防火分区的除尘系统禁止互联互通。存在粉尘爆炸危险的工艺设备应当采用泄爆、隔爆、惰化、抑爆、抗爆等一种或者多种控爆措施,但不得单独采取隔爆措施。禁止采用粉尘沉降室除尘或者采用巷道式构筑物作为除尘风道。铝镁等金属粉尘应当采用负压方式除尘,其他粉尘受工艺条件限制,采用正压方式吹送时,应当采取可靠的防范点燃源的措施。

采用干式除尘系统的粉尘涉爆企业应当按照《粉尘防爆安全规程》等有关国家标准或者行业标准规定,结合工艺实际情况,安装使用锁气卸灰、火花探测熄灭、风压差监测等装置,以及相关安全设备的监测预警信息系统,加强对可能存在点燃源和粉尘云的粉尘爆炸危险场所的实时监控。铝镁等金属粉尘湿式除尘系统应当安装与打磨抛光设备联锁的液位、流速监测报警装置,并保持作业场所和除尘器本体良好通风,防止氢气积聚,及时规范清理沉淀的粉尘泥浆。

第十六条　针对粉碎、研磨、造粒、砂光等易产生机械点燃源的工艺,粉尘涉爆企业应当规范采取杂物去除或者火花探测消除等防范点燃源措施,并定期清理维护,做好相关记录。

第十七条　粉尘防爆相关的泄爆、隔爆、抑爆、惰化、锁气卸灰、除杂、监测、报警、火花探测消除等安全设备的设计、制造、安装、使用、检测、维修、改造和报废,应当符合《粉尘防爆安全规程》等有关国家标准或者行业标准,相关设计、制造、安装单位应当提供相关设备安全性能和使用说明等资料,对安全设备的安全性能负责。

粉尘涉爆企业应当对粉尘防爆安全设备进行经常性维护、保养,并按照《粉尘防爆安全规程》等有关国家标准或者行业标准定期检测或者检查,保证正常运行,做好相关记录,不得关闭、破坏直接关系粉尘防爆安全的监控、报警、防控等设备、设施,或者篡改、隐瞒、销毁其相关数据、信息。粉尘涉爆企业应当规范选用与爆炸危险区域相适应的防爆型电气设备。

第十八条　粉尘涉爆企业应当按照《粉尘防爆安全规程》等有关国家标准或者行业标准,制定并严格落实粉尘爆炸危险场所的粉尘清理制度,明确清理范围、清理周期、清理方式和责任人员,并在相关粉尘爆炸危险场所醒目位置张贴。相关责任人员应当定期清理粉尘并如实记录,确保可能积尘的粉尘作业区域和设备设施全面及时规范清理。粉尘作业区域应当保证每班清理。

铝镁等金属粉尘和镁合金废屑的收集、贮存等处置环节,应当避免粉尘废屑大量堆积或者装袋后多层堆垛码放;需要临时存放的,应当设置相对独立的暂存场所,远离作业现场等人员密集场所,并采取防水防潮、通风、氢气监测等必要的防火防爆措施。含水镁合金废屑应当优先采用机械压块处理方式,镁合金粉尘应当优先采用大量水浸泡方式暂存。

第十九条　粉尘涉爆企业对粉尘爆炸危险场所设备设施或者除尘系统的检修维修作业,应当实行专项作业审批。作业前,应当制定专项方案;对存在粉尘沉积的除尘器、管道等设施设备进行动火作业前,应当清理干净内部积尘和作业区域的可燃性粉尘。作业时,生产设备应当处于停止运行状态,检修维修工具应当采用防止产生火花的防爆工具。作业后,应当妥善清理现场,作业点最高温度恢复到常温后方可重新开始生产。

第二十条　粉尘涉爆企业应当做好粉尘爆炸危险场所设施设备的维护保养,加强对检修承包单位的安全管理,在承包协议中明确规定双方的安全生产权利义务,对检修承包单位的检修方案中涉及粉尘防爆的安全措施和应急处置措施进行审核,并监督承包单位落实。

第二十一条　安全生产技术服务机构为粉尘涉爆企业提供粉尘防爆相关的安全评价、检测、检验、风险评估、隐患排查等安全生产技术服务,应当按照法律、法规、规章和《粉尘防爆安全规程》等有关国家标准或者行业标准开展工作,保证其出具的报告和作出的结果真实、准确、完整,不得弄虚作假。

第三章　监督检查

第二十二条　负责粉尘涉爆企业安全监管的部门应当按照分级属地原则,加强对企业粉尘防爆安全工作的监督检查,制定并落实年度监督检查计划,将粉尘作业人数多、爆炸风险较高的企业作为重点检查对象。

第二十三条　负责粉尘涉爆企业安全监管的部门对企业实施监督检查时,应当重点检查下列内容:

(一)粉尘防爆安全生产责任制和相关安全管理制度的建立、落实情况;

(二)粉尘爆炸风险清单和辨识管控信息档案;

(三)粉尘爆炸事故隐患排查治理台账;

(四)粉尘清理和处置记录;

(五)粉尘防爆专项安全生产教育和培训记录;

(六)粉尘爆炸危险场所检修、维修、动火等作业安全管理情况;

(七)安全设备定期维护保养、检测或者检查等情况;

(八)涉及粉尘爆炸危险的安全设施与主体工程同时设计、同时施工、同时投入生产和使用情况;

（九）应急预案的制定、演练情况。

第二十四条　负责粉尘涉爆企业安全监管的部门应当按照工贸行业重大事故隐患判定标准、执法检查重点事项等有关标准和规定，对企业除尘系统、防火防爆、粉尘清理处置等重点部位和关键环节的粉尘防爆安全措施落实情况进行监督检查，督促企业落实粉尘防爆安全生产主体责任。

第二十五条　负责粉尘涉爆企业安全监管的部门可以根据需要，委托安全生产技术服务机构提供安全评价、检测、检验、隐患排查等技术服务，并承担相关费用。安全生产技术服务机构对其出具的有关报告和作出的结果负责。

安全生产技术服务机构出具的有关报告或者作出的结果可以作为行政执法的依据之一。

粉尘涉爆企业不得拒绝、阻挠负责粉尘涉爆企业安全监管的部门委托的安全生产技术服务机构开展技术服务工作。

第二十六条　负责粉尘涉爆企业安全监管的部门应当加强对监督检查人员的粉尘防爆专业知识培训，使其了解相关法律法规和标准要求，掌握执法检查重点事项和重大事故隐患判定标准，提高其行政执法能力。

第四章　法律责任

第二十七条　粉尘涉爆企业有下列行为之一的，由负责粉尘涉爆企业安全监管的部门依照《中华人民共和国安全生产法》有关规定，责令限期改正，处5万元以下的罚款；逾期未改正的，处5万元以上20万元以下的罚款，对其直接负责的主管人员和其他直接责任人员处1万元以上2万元以下的罚款；情节严重的，责令停产停业整顿；构成犯罪的，依照刑法有关规定追究刑事责任：

（一）未在产生、输送、收集、贮存可燃性粉尘，并且有较大危险因素的场所、设施和设备上设置明显的安全警示标志的；

（二）粉尘防爆安全设备的安装、使用、检测、改造和报废不符合国家标准或者行业标准的；

（三）未对粉尘防爆安全设备进行经常性维护、保养和定期检测或者检查的；

（四）未为粉尘作业岗位相关从业人员提供符合国家标准或者行业标准的劳动防护用品的；

（五）关闭、破坏直接关系粉尘防爆安全的监控、报警、防控等设备、设施，或者篡改、隐瞒、销毁其相关数据、信息的。

第二十八条　粉尘涉爆企业有下列行为之一的，由负责粉尘涉爆企业安全监管的部门依照《中华人民共和国安全生产法》有关规定，责令限期改正，处10万元以下的罚款；逾期未改正的，责令停产停业整顿，并处10万元以上20万元以下的罚款，对其直接负责的主管人员和其他直接责任人员处2万元以上5万元以下的罚款：

（一）未按照规定对有关负责人和粉尘作业岗位相关从业人员进行粉尘防爆专项安全生产教育和培训，或者未如实记录专项安全生产教育和培训情况的；

（二）未如实记录粉尘防爆隐患排查治理情况或者未向从业人员通报的；

（三）未制定有关粉尘爆炸事故应急救援预案或者未定期组织演练的。

第二十九条　粉尘涉爆企业违反本规定第十四条、第十五条、第十六条、第十八条、第十九条的规定，同时构成事故隐患，未采取措施消除的，依照《中华人民共和国安全生产法》有关规定，由负责粉尘涉爆企业安全监管的部门责令立即消除或者限期消除，处5万元以下的罚款；企业拒不执行的，责令停产停业整顿，对其直接负责的主管人员和其他直接责任人员处5万元以上10万元以下的罚款；构成犯罪的，依照刑法有关规定追究刑事责任。

第三十条　粉尘涉爆企业有下列情形之一的，由负责粉尘涉爆企业安全监管的部门责令限期改正，处3万元以下的罚款，对其直接负责的主管人员和其他直接责任人员处1万元以下的罚款：

（一）企业新建、改建、扩建工程项目安全设施没有进行粉尘防爆安全设计，或者未按照设计进行施工的；

（二）未按照规定建立粉尘防爆安全管理制度或者内容不符合企业实际的；

（三）未按照规定辨识评估管控粉尘爆炸安全风险，未建立安全风险清单或者未及时维护相关信息档案的；

（四）粉尘防爆安全设备未正常运行的。

第三十一条　安全生产技术服务机构接受委托开展技术服务工作，出具失实报告的，依照《中华人民共和国安全生产法》有关规定，责令停业整顿，并处3万元以上10万元以下的罚款；给他人造成损害的，依法承担赔偿责任。

安全生产技术服务机构接受委托开展技术服务工作，出具虚假报告的，依照《中华人民共和国安全生产法》有关规定，没收违法所得；违法所得在10万元以上的，并处违法所得2倍以上5倍以下的罚款；没有违法所得或者违法所得不足10万元的，单处或者并处10万元以上20万元以下的罚款；对其直接负责的主管人员和其他直接责任人员处5万元以上10万元以下的罚款；给他人造成损害的，与粉尘涉爆企业承担连带赔偿责任；构成犯罪的，依照刑法有关规定追究刑事责任。

对有前款违法行为的安全生产技术服务机构及其直接责任人员，吊销其相应资质和资格，5年内不得从事安全评价、认证、检测、检验等工作，情节严重的，实行终身行业和职业禁入。

第五章 附 则

第三十二条 本规定自2021年9月1日起施行。

十一、抢险救援工作

资料补充栏

中华人民共和国红十字会法

1. *1993 年 10 月 31 日第八届全国人民代表大会常务委员会第四次会议通过*
2. *根据 2009 年 8 月 27 日第十一届全国人民代表大会常务委员会第十次会议《关于修改部分法律的决定》修正*
3. *2017 年 2 月 24 日第十二届全国人民代表大会常务委员会第二十六次会议修订*
4. *自 2017 年 5 月 8 日起施行*

目　　录

第一章　总　　则

第一条　【立法目的】为了保护人的生命和健康，维护人的尊严，发扬人道主义精神，促进和平进步事业，保障和规范红十字会依法履行职责，制定本法。

第二条　【中国红十字会】中国红十字会是中华人民共和国统一的红十字组织，是从事人道主义工作的社会救助团体。

第三条　【参加红十字会】中华人民共和国公民，不分民族、种族、性别、职业、宗教信仰、教育程度，承认中国红十字会章程并缴纳会费的，可以自愿参加中国红十字会。

企业、事业单位及有关团体通过申请可以成为红十字会的团体会员。

国家鼓励自然人、法人以及其他组织参与红十字志愿服务。

国家支持在学校开展红十字青少年工作。

第四条　【红十字会章程】中国红十字会应当遵守宪法和法律，遵循国际红十字和红新月运动确立的基本原则，依照中国批准或者加入的日内瓦公约及其附加议定书和中国红十字会章程，独立自主地开展工作。

中国红十字会全国会员代表大会依法制定或者修改中国红十字会章程，章程不得与宪法和法律相抵触。

第五条　【政府支持与监督】各级人民政府对红十字会给予支持和资助，保障红十字会依法履行职责，并对其活动进行监督。

第六条　【对外关系原则】中国红十字会根据独立、平等、互相尊重的原则，发展同各国红十字会和红新月会的友好合作关系。

第二章　组　　织

第七条　【各级红十字会建制】全国建立中国红十字会总会。中国红十字会总会对外代表中国红十字会。

县级以上地方按行政区域建立地方各级红十字会，根据实际工作需要配备专职工作人员。

全国性行业根据需要可以建立行业红十字会。

上级红十字会指导下级红十字会工作。

第八条　【理事会、监事会的产生及职权】各级红十字会设立理事会、监事会。理事会、监事会由会员代表大会选举产生，向会员代表大会负责并报告工作，接受其监督。

理事会民主选举产生会长和副会长。理事会执行会员代表大会的决议。

执行委员会是理事会的常设执行机构，其人员组成由理事会决定，向理事会负责并报告工作。

监事会民主推选产生监事长和副监事长。理事会、执行委员会工作受监事会监督。

第九条　【名誉会长、副会长】中国红十字会总会可以设名誉会长和名誉副会长。名誉会长和名誉副会长由中国红十字会总会理事会聘请。

第十条　【法人资格】中国红十字会总会具有社会团体法人资格；地方各级红十字会、行业红十字会依法取得社会团体法人资格。

第三章　职　　责

第十一条　【红十字会职责】红十字会履行下列职责：

（一）开展救援、救灾的相关工作，建立红十字应急救援体系。在战争、武装冲突和自然灾害、事故灾难、公共卫生事件等突发事件中，对伤病人员和其他受害者提供紧急救援和人道救助；

（二）开展应急救护培训，普及应急救护、防灾避险和卫生健康知识，组织志愿者参与现场救护；

（三）参与、推动无偿献血、遗体和人体器官捐献工作，参与开展造血干细胞捐献的相关工作；

（四）组织开展红十字志愿服务、红十字青少年工作；

（五）参加国际人道主义救援工作；

（六）宣传国际红十字和红新月运动的基本原则

和日内瓦公约及其附加议定书;

(七)依照国际红十字和红新月运动的基本原则,完成人民政府委托事宜;

(八)依照日内瓦公约及其附加议定书的有关规定开展工作;

(九)协助人民政府开展与其职责相关的其他人道主义服务活动。

第十二条　【优先通行】在战争、武装冲突和自然灾害、事故灾难、公共卫生事件等突发事件中,执行救援、救助任务并标有红十字标志的人员、物资和交通工具有优先通行的权利。

第十三条　【不得阻碍红十字会工作人员依法履职】任何组织和个人不得阻碍红十字会工作人员依法履行救援、救助、救护职责。

第四章　标志与名称

第十四条　【标志及作用】中国红十字会使用白底红十字标志。

红十字标志具有保护作用和标明作用。

红十字标志的保护使用,是标示在战争、武装冲突中必须受到尊重和保护的人员和设备、设施。其使用办法,依照日内瓦公约及其附加议定书的有关规定执行。

红十字标志的标明使用,是标示与红十字活动有关的人或者物。其使用办法,由国务院和中央军事委员会依据本法规定。

第十五条　【国家武装力量的医疗卫生机构使用红十字标志】国家武装力量的医疗卫生机构使用红十字标志,应当符合日内瓦公约及其附加议定书的有关规定。

第十六条　【红十字标志和名称的法律保护】红十字标志和名称受法律保护。禁止利用红十字标志和名称牟利,禁止以任何形式冒用、滥用、篡改红十字标志和名称。

第五章　财产与监管

第十七条　【财产来源】红十字会财产的主要来源:

(一)红十字会会员缴纳的会费;

(二)境内外组织和个人捐赠的款物;

(三)动产和不动产的收入;

(四)人民政府的拨款;

(五)其他合法收入。

第十八条　【国家扶持】国家对红十字会兴办的与其宗旨相符的公益事业给予扶持。

第十九条　【募捐】红十字会可以依法进行募捐活动。募捐活动应当符合《中华人民共和国慈善法》的有关规定。

第二十条　【捐赠票据、记录及税收优惠】红十字会依法接受自然人、法人以及其他组织捐赠的款物,应当向捐赠人开具由财政部门统一监(印)制的公益事业捐赠票据。捐赠人匿名或者放弃接受捐赠票据的,红十字会应当做好相关记录。

捐赠人依法享受税收优惠。

第二十一条　【捐赠款物的处分与监督】红十字会应当按照募捐方案、捐赠人意愿或者捐赠协议处分其接受的捐赠款物。

捐赠人有权查询、复制其捐赠财产管理使用的有关资料,红十字会应当及时主动向捐赠人反馈有关情况。

红十字会违反募捐方案、捐赠人意愿或者捐赠协议约定的用途,滥用捐赠财产的,捐赠人有权要求其改正;拒不改正的,捐赠人可以向人民政府民政部门投诉、举报或者向人民法院提起诉讼。

第二十二条　【财务监督】红十字会应当建立财务管理、内部控制、审计公开和监督检查制度。

红十字会的财产使用应当与其宗旨相一致。

红十字会对接受的境外捐赠款物,应当建立专项审查监督制度。

红十字会应当及时聘请依法设立的独立第三方机构,对捐赠款物的收入和使用情况进行审计,将审计结果向红十字会理事会和监事会报告,并向社会公布。

第二十三条　【信息公开】红十字会应当建立健全信息公开制度,规范信息发布,在统一的信息平台及时向社会公布捐赠款物的收入和使用情况,接受社会监督。

第二十四条　【审计、民政监督】红十字会财产的收入和使用情况依法接受人民政府审计等部门的监督。

红十字会接受社会捐赠及其使用情况,依法接受人民政府民政部门的监督。

第二十五条　【红十字会的财产不得侵占】任何组织和个人不得私分、挪用、截留或者侵占红十字会的财产。

第六章　法律责任

第二十六条　【红十字会及其工作人员的违法责任】红十字会及其工作人员有下列情形之一的,由同级人民政府审计、民政等部门责令改正;情节严重的,对直接负责的主管人员和其他直接责任人员依法给予处分;造成损害的,依法承担民事责任;构成犯罪的,依法追究刑事责任:

(一)违背募捐方案、捐赠人意愿或者捐赠协议,擅自处分其接受的捐赠款物的；

（二）私分、挪用、截留或者侵占财产的；

（三）未依法向捐赠人反馈情况或者开具捐赠票据的；

（四）未依法对捐赠款物的收入和使用情况进行审计的；

（五）未依法公开信息的；

（六）法律、法规规定的其他情形。

第二十七条 【自然人、法人或其他组织的违法责任】自然人、法人或者其他组织有下列情形之一，造成损害的，依法承担民事责任；构成违反治安管理行为的，依法给予治安管理处罚；构成犯罪的，依法追究刑事责任：

（一）冒用、滥用、篡改红十字标志和名称的；

（二）利用红十字标志和名称牟利的；

（三）制造、发布、传播虚假信息，损害红十字会名誉的；

（四）盗窃、损毁或者以其他方式侵害红十字会财产的；

（五）阻碍红十字会工作人员依法履行救援、救助、救护职责的；

（六）法律、法规规定的其他情形。

红十字会及其工作人员有前款第一项、第二项所列行为的，按照前款规定处罚。

第二十八条 【政府部门及其工作人员的违法责任】各级人民政府有关部门及其工作人员在实施监督管理中滥用职权、玩忽职守、徇私舞弊的，对直接负责的主管人员和其他直接责任人员依法给予处分；构成犯罪的，依法追究刑事责任。

第七章 附 则

第二十九条 【名词解释】本法所称“国际红十字和红新月运动确立的基本原则”，是指一九八六年十月日内瓦国际红十字大会第二十五次会议通过的“国际红十字和红新月运动章程”中确立的人道、公正、中立、独立、志愿服务、统一和普遍七项基本原则。

本法所称“日内瓦公约”，是指中国批准的于一九四九年八月十二日订立的日内瓦四公约，即：《改善战地武装部队伤者病者境遇之日内瓦公约》、《改善海上武装部队伤者病者及遇船难者境遇之日内瓦公约》、《关于战俘待遇之日内瓦公约》和《关于战时保护平民之日内瓦公约》。

本法所称日内瓦公约“附加议定书”，是指中国加入的于一九七七年六月八日订立的《一九四九年八月十二日日内瓦四公约关于保护国际性武装冲突受难者的附加议定书》和《一九四九年八月十二日日内瓦四公约关于保护非国际性武装冲突受难者的附加议定书》。

第三十条 【施行日期】本法自2017年5月8日起施行。

军队参加抢险救灾条例

1. 2005年6月7日国务院、中央军事委员会令第436号公布
2. 自2005年7月1日起施行

第一条 为了发挥中国人民解放军（以下称军队）在抢险救灾中的作用，保护人民生命和财产安全，根据国防法的规定，制定本条例。

第二条 军队是抢险救灾的突击力量，执行国家赋予的抢险救灾任务是军队的重要使命。

各级人民政府和军事机关应当按照本条例的规定，做好军队参加抢险救灾的组织、指挥、协调、保障等工作。

第三条 军队参加抢险救灾主要担负下列任务：

（一）解救、转移或者疏散受困人员；

（二）保护重要目标安全；

（三）抢救、运送重要物资；

（四）参加道路（桥梁、隧道）抢修、海上搜救、核生化救援、疫情控制、医疗救护等专业抢险；

（五）排除或者控制其他危重险情、灾情。

必要时，军队可以协助地方人民政府开展灾后重建等工作。

第四条 国务院组织的抢险救灾需要军队参加的，由国务院有关主管部门向中国人民解放军总参谋部提出，中国人民解放军总参谋部按照国务院、中央军事委员会的有关规定办理。

县级以上地方人民政府组织的抢险救灾需要军队参加的，由县级以上地方人民政府通过当地同级军事机关提出，当地同级军事机关按照国务院、中央军事委员会的有关规定办理。

在险情、灾情紧急的情况下，地方人民政府可以直接向驻军部队提出救助请求，驻军部队应当按照规定立即实施救助，并向上级报告；驻军部队发现紧急险情、灾情也应当按照规定立即实施救助，并向上级报告。

抢险救灾需要动用军用飞机（直升机）、舰艇的，按照有关规定办理。

第五条 国务院有关主管部门、县级以上地方人民政府提出需要军队参加抢险救灾的,应当说明险情或者灾情发生的种类、时间、地域、危害程度、已经采取的措施,以及需要使用的兵力、装备等情况。

第六条 县级以上地方人民政府组建的抢险救灾指挥机构,应当有当地同级军事机关的负责人参加;当地有驻军部队的,还应当有驻军部队的负责人参加。

第七条 军队参加抢险救灾应当在人民政府的统一领导下进行,具体任务由抢险救灾指挥机构赋予,部队的抢险救灾行动由军队负责指挥。

第八条 县级以上地方人民政府应当向当地军事机关及时通报有关险情、灾情的信息。

在经常发生险情、灾情的地方,县级以上地方人民政府应当组织军地双方进行实地勘察和抢险救灾演习、训练。

第九条 省军区(卫戍区、警备区)、军分区(警备区)、县(市、市辖区)人民武装部应当及时掌握当地有关险情、灾情信息,办理当地人民政府提出的军队参加抢险救灾事宜,做好人民政府与执行抢险救灾任务的部队之间的协调工作。有关军事机关应当制定参加抢险救灾预案,组织部队开展必要的抢险救灾训练。

第十条 军队参加抢险救灾时,当地人民政府应当提供必要的装备、物资、器材等保障,派出专业技术人员指导部队的抢险救灾行动;铁路、交通、民航、公安、电信、邮政、金融等部门和机构,应当为执行抢险救灾任务的部队提供优先、便捷的服务。

军队执行抢险救灾任务所需要的燃油,由执行抢险救灾任务的部队和当地人民政府共同组织保障。

第十一条 军队参加抢险救灾需要动用作战储备物资和装备器材的,必须按照规定报经批准。对消耗的部队携行装备器材和作战储备物资、装备器材,应当及时补充。

第十二条 灾害发生地人民政府应当协助执行抢险救灾任务的部队做好饮食、住宿、供水、供电、供暖、医疗和卫生防病等必需的保障工作。

地方人民政府与执行抢险救灾任务的部队应当互相通报疫情,共同做好卫生防疫工作。

第十三条 军队参加国务院组织的抢险救灾所耗费用由中央财政负担。军队参加地方人民政府组织的抢险救灾所耗费用由地方财政负担。

前款所指的费用包括:购置专用物资和器材费用,指挥通信、装备维修、燃油、交通运输等费用,补充消耗的携行装备器材和作战储备物资费用,以及人员生活、医疗的补助费用。

抢险救灾任务完成后,军队有关部门应当及时统计军队执行抢险救灾任务所耗费用,报抢险救灾指挥机构审核。

第十四条 国务院有关主管部门和县级以上地方人民政府应当在险情、灾情频繁发生或者列为灾害重点监视防御的地区储备抢险救灾专用装备、物资和器材,保障抢险救灾需要。

第十五条 军队参加重大抢险救灾行动的宣传报道,由国家和军队有关主管部门统一组织实施。新闻单位采访、报道军队参加抢险救灾行动,应当遵守国家和军队的有关规定。

第十六条 对在执行抢险救灾任务中有突出贡献的军队单位和个人,按照国家和军队的有关规定给予奖励;对死亡或者致残的人员,按照国家有关规定给予抚恤优待。

第十七条 中国人民武装警察部队参加抢险救灾,参照本条例执行。

第十八条 本条例自2005年7月1日起施行。

铁路交通事故应急救援和调查处理条例

1. 2007年7月11日国务院令第501号公布

2. 根据2012年11月9日国务院令第628号《关于修改和废止部分行政法规的决定》修订

第一章 总 则

第一条 为了加强铁路交通事故的应急救援工作,规范铁路交通事故调查处理,减少人员伤亡和财产损失,保障铁路运输安全和畅通,根据《中华人民共和国铁路法》和其他有关法律的规定,制定本条例。

第二条 铁路机车车辆在运行过程中与行人、机动车、非机动车、牲畜及其他障碍物相撞,或者铁路机车车辆发生冲突、脱轨、火灾、爆炸等影响铁路正常行车的铁路交通事故(以下简称事故)的应急救援和调查处理,适用本条例。

第三条 国务院铁路主管部门应当加强铁路运输安全监督管理,建立健全事故应急救援和调查处理的各项制度,按照国家规定的权限和程序,负责组织、指挥、协调事故的应急救援和调查处理工作。

第四条 铁路管理机构应当加强日常的铁路运输安全监督检查,指导、督促铁路运输企业落实事故应急救援的各项规定,按照规定的权限和程序,组织、参与、协调本辖区内事故的应急救援和调查处理工作。

第五条 国务院其他有关部门和有关地方人民政府应当按照各自的职责和分工,组织、参与事故的应急救援和调查处理工作。

第六条 铁路运输企业和其他有关单位、个人应当遵守铁路运输安全管理的各项规定,防止和避免事故的发生。

事故发生后,铁路运输企业和其他有关单位应当及时、准确地报告事故情况,积极开展应急救援工作,减少人员伤亡和财产损失,尽快恢复铁路正常行车。

第七条 任何单位和个人不得干扰、阻碍事故应急救援、铁路线路开通、列车运行和事故调查处理。

第二章 事故等级

第八条 根据事故造成的人员伤亡、直接经济损失、列车脱轨辆数、中断铁路行车时间等情形,事故等级分为特别重大事故、重大事故、较大事故和一般事故。

第九条 有下列情形之一的,为特别重大事故:

(一)造成30人以上死亡,或者100人以上重伤(包括急性工业中毒,下同),或者1亿元以上直接经济损失的;

(二)繁忙干线客运列车脱轨18辆以上并中断铁路行车48小时以上的;

(三)繁忙干线货运列车脱轨60辆以上并中断铁路行车48小时以上的。

第十条 有下列情形之一的,为重大事故:

(一)造成10人以上30人以下死亡,或者50人以上100人以下重伤,或者5000万元以上1亿元以下直接经济损失的;

(二)客运列车脱轨18辆以上的;

(三)货运列车脱轨60辆以上的;

(四)客运列车脱轨2辆以上18辆以下,并中断繁忙干线铁路行车24小时以上或者中断其他线路铁路行车48小时以上的;

(五)货运列车脱轨6辆以上60辆以下,并中断繁忙干线铁路行车24小时以上或者中断其他线路铁路行车48小时以上的。

第十一条 有下列情形之一的,为较大事故:

(一)造成3人以上10人以下死亡,或者10人以上50人以下重伤,或者1000万元以上5000万元以下直接经济损失的;

(二)客运列车脱轨2辆以上18辆以下的;

(三)货运列车脱轨6辆以上60辆以下的;

(四)中断繁忙干线铁路行车6小时以上的;

(五)中断其他线路铁路行车10小时以上的。

第十二条 造成3人以下死亡,或者10人以下重伤,或者1000万元以下直接经济损失的,为一般事故。

除前款规定外,国务院铁路主管部门可以对一般事故的其他情形作出补充规定。

第十三条 本章所称的“以上”包括本数,所称的“以下”不包括本数。

第三章 事故报告

第十四条 事故发生后,事故现场的铁路运输企业工作人员或者其他人员应当立即报告邻近铁路车站、列车调度员或者公安机关。有关单位和人员接到报告后,应当立即将事故情况报告事故发生地铁路管理机构。

第十五条 铁路管理机构接到事故报告,应当尽快核实有关情况,并立即报告国务院铁路主管部门;对特别重大事故、重大事故,国务院铁路主管部门应当立即报告国务院并通报国家安全生产监督管理等有关部门。

发生特别重大事故、重大事故、较大事故或者有人员伤亡的一般事故,铁路管理机构还应当通报事故发生地县级以上地方人民政府及其安全生产监督管理部门。

第十六条 事故报告应当包括下列内容:

(一)事故发生的时间、地点、区间(线名、公里、米)、事故相关单位和人员;

(二)发生事故的列车种类、车次、部位、计长、机车型号、牵引辆数、吨数;

(三)承运旅客人数或者货物品名、装载情况;

(四)人员伤亡情况,机车车辆、线路设施、道路车辆的损坏情况,对铁路行车的影响情况;

(五)事故原因的初步判断;

(六)事故发生后采取的措施及事故控制情况;

(七)具体救援请求。

事故报告后出现新情况的,应当及时补报。

第十七条 国务院铁路主管部门、铁路管理机构和铁路运输企业应当向社会公布事故报告值班电话,受理事故报告和举报。

第四章 事故应急救援

第十八条 事故发生后,列车司机或者运转车长应当立即停车,采取紧急处置措施;对无法处置的,应当立即报告邻近铁路车站、列车调度员进行处置。

为保障铁路旅客安全或者因特殊运输需要不宜停

车的，可以不停车；但是，列车司机或者运转车长应当立即将事故情况报告邻近铁路车站、列车调度员，接到报告的邻近铁路车站、列车调度员应当立即进行处置。

第十九条　事故造成中断铁路行车的，铁路运输企业应当立即组织抢修，尽快恢复铁路正常行车；必要时，铁路运输调度指挥部门应当调整运输径路，减少事故影响。

第二十条　事故发生后，国务院铁路主管部门、铁路管理机构、事故发生地县级以上地方人民政府或者铁路运输企业应当根据事故等级启动相应的应急预案；必要时，成立现场应急救援机构。

第二十一条　现场应急救援机构根据事故应急救援工作的实际需要，可以借用有关单位和个人的设施、设备和其他物资。借用单位使用完毕应当及时归还，并支付适当费用；造成损失的，应当赔偿。

有关单位和个人应当积极支持、配合救援工作。

第二十二条　事故造成重大人员伤亡或者需要紧急转移、安置铁路旅客和沿线居民的，事故发生地县级以上地方人民政府应当及时组织开展救治和转移、安置工作。

第二十三条　国务院铁路主管部门、铁路管理机构或者事故发生地县级以上地方人民政府根据事故救援的实际需要，可以请求当地驻军、武装警察部队参与事故救援。

第二十四条　有关单位和个人应当妥善保护事故现场以及相关证据，并在事故调查组成立后将相关证据移交事故调查组。因事故救援、尽快恢复铁路正常行车需要改变事故现场的，应当做出标记、绘制现场示意图、制作现场视听资料，并做出书面记录。

任何单位和个人不得破坏事故现场，不得伪造、隐匿或者毁灭相关证据。

第二十五条　事故中死亡人员的尸体经法定机构鉴定后，应当及时通知死者家属认领；无法查找死者家属的，按照国家有关规定处理。

第五章　事故调查处理

第二十六条　特别重大事故由国务院或者国务院授权的部门组织事故调查组进行调查。

重大事故由国务院铁路主管部门组织事故调查组进行调查。

较大事故和一般事故由事故发生地铁路管理机构组织事故调查组进行调查；国务院铁路主管部门认为必要时，可以组织事故调查组对较大事故和一般事故进行调查。

根据事故的具体情况，事故调查组由有关人民政府、公安机关、安全生产监督管理部门、监察机关等单位派人组成，并应当邀请人民检察院派人参加。事故调查组认为必要时，可以聘请有关专家参与事故调查。

第二十七条　事故调查组应当按照国家有关规定开展事故调查，并在下列调查期限内向组织事故调查组的机关或者铁路管理机构提交事故调查报告：

(一)特别重大事故的调查期限为60日；

(二)重大事故的调查期限为30日；

(三)较大事故的调查期限为20日；

(四)一般事故的调查期限为10日。

事故调查期限自事故发生之日起计算。

第二十八条　事故调查处理，需要委托有关机构进行技术鉴定或者对铁路设备、设施及其他财产损失状况以及中断铁路行车造成的直接经济损失进行评估的，事故调查组应当委托具有国家规定资质的机构进行技术鉴定或者评估。技术鉴定或者评估所需时间不计入事故调查期限。

第二十九条　事故调查报告形成后，报经组织事故调查组的机关或者铁路管理机构同意，事故调查组工作即告结束。组织事故调查组的机关或者铁路管理机构应当自事故调查组工作结束之日起15日内，根据事故调查报告，制作事故认定书。

事故认定书是事故赔偿、事故处理以及事故责任追究的依据。

第三十条　事故责任单位和有关人员应当认真吸取事故教训，落实防范和整改措施，防止事故再次发生。

国务院铁路主管部门、铁路管理机构以及其他有关行政机关应当对事故责任单位和有关人员落实防范和整改措施的情况进行监督检查。

第三十一条　事故的处理情况，除依法应当保密的外，应当由组织事故调查组的机关或者铁路管理机构向社会公布。

第六章　事故赔偿

第三十二条　事故造成人身伤亡的，铁路运输企业应当承担赔偿责任；但是人身伤亡是不可抗力或者受害人自身原因造成的，铁路运输企业不承担赔偿责任。

违章通过平交道口或者人行过道，或者在铁路线路上行走、坐卧造成的人身伤亡，属于受害人自身的原因造成的人身伤亡。

~~**第三十三条**　事故造成铁路旅客人身伤亡和自带行李损失的，铁路运输企业对每名铁路旅客人身伤亡的赔偿责任限额为人民币15万元，对每名铁路旅客自带行李~~

~~损失的赔偿责任限额为人民币 2000 元。~~

~~铁路运输企业与铁路旅客可以书面约定高于前款规定的赔偿责任限额。~~（2012 年 11 月 9 日删除）

第三十四条 事故造成铁路运输企业承运的货物、包裹、行李损失的，铁路运输企业应当依照《中华人民共和国铁路法》的规定承担赔偿责任。

第三十五条 除本条例第三十三条、第三十四条的规定外，事故造成其他人身伤亡或者财产损失的，依照国家有关法律、行政法规的规定赔偿。

第三十六条 事故当事人对事故损害赔偿有争议的，可以通过协商解决，或者请求组织事故调查组的机关或者铁路管理机构组织调解，也可以直接向人民法院提起民事诉讼。

第七章 法律责任

第三十七条 铁路运输企业及其职工违反法律、行政法规的规定，造成事故的，由国务院铁路主管部门或者铁路管理机构依法追究行政责任。

第三十八条 违反本条例的规定，铁路运输企业及其职工不立即组织救援，或者迟报、漏报、瞒报、谎报事故的，对单位，由国务院铁路主管部门或者铁路管理机构处 10 万元以上 50 万元以下的罚款；对个人，由国务院铁路主管部门或者铁路管理机构处 4000 元以上 2 万元以下的罚款；属于国家工作人员的，依法给予处分；构成犯罪的，依法追究刑事责任。

第三十九条 违反本条例的规定，国务院铁路主管部门、铁路管理机构以及其他行政机关未立即启动应急预案，或者迟报、漏报、瞒报、谎报事故的，对直接负责的主管人员和其他直接责任人员依法给予处分；构成犯罪的，依法追究刑事责任。

第四十条 违反本条例的规定，干扰、阻碍事故救援、铁路线路开通、列车运行和事故调查处理的，对单位，由国务院铁路主管部门或者铁路管理机构处 4 万元以上 20 万元以下的罚款；对个人，由国务院铁路主管部门或者铁路管理机构处 2000 元以上 1 万元以下的罚款；情节严重的，对单位，由国务院铁路主管部门或者铁路管理机构处 20 万元以上 100 万元以下的罚款；对个人，由国务院铁路主管部门或者铁路管理机构处 1 万元以上 5 万元以下的罚款；属于国家工作人员的，依法给予处分；构成违反治安管理行为的，由公安机关依法给予治安管理处罚；构成犯罪的，依法追究刑事责任。

第八章 附 则

第四十一条 本条例于 2007 年 9 月 1 日起施行。1979 年 7 月 16 日国务院批准发布的《火车与其他车辆碰撞和铁路路外人员伤亡事故处理暂行规定》和 1994 年 8 月 13 日国务院批准发布的《铁路旅客运输损害赔偿规定》同时废止。

铁路交通事故应急救援规则

1. 2007 年 8 月 29 日铁道部令第 32 号公布
2. 自 2007 年 9 月 1 日起施行

第一章 总 则

第一条 为了规范和加强铁路交通事故（以下简称事故）的应急救援工作，最大限度地减少人员伤亡和财产损失，尽快恢复铁路运输秩序，依据《铁路交通事故应急救援和调查处理条例》（国务院令第 501 号）及国家有关规定，制定本规则。

第二条 国家铁路、合资铁路、地方铁路、专用铁路和铁路专用线发生事故，造成人员伤亡、财产损失、中断行车及其他影响铁路正常行车，需要实施应急救援的，适用本规则。

第三条 事故应急救援工作应当遵循“以人为本、逐级负责、应急有备、处置高效”的原则。

第四条 铁道部成立事故应急救援领导小组并设工作机构，建立健全工作制度，制定和完善事故应急救援预案，按照国家规定的权限和程序，组织、指挥、协调事故应急救援工作。

各铁路安全监督管理办公室（以下简称安全监管办）应当指导、督促铁路运输企业落实事故应急救援的各项规定，依法组织、指挥、协调本辖区内的事故应急救援工作。

第五条 铁路运输企业应当相应成立事故应急救援领导小组并设工作机构，建立健全工作制度，制定和完善事故应急救援预案，加强救援队、救援列车的建设，负责事故应急救援的人员培训、装备配置、物资储备、预案演练等基础工作，积极开展事故应急救援。

第六条 公安机关应当参与事故应急救援，负责保护事故现场，维护现场治安秩序，进行现场勘察和调查取证，依法查处违法犯罪嫌疑人，协助抢救遇险人员。

第七条 事故应急救援工作必要时，由铁道部、安全监管办协调请求国务院其他有关部门、有关地方人民政府、当地驻军、武装警察部队给予支持帮助。

第二章 救援报告

第八条 事故应急救援实行逐级报告制度。铁道部、安全监管办和铁路运输企业应当明确报告程序、方式和时限,公布接受报告的各级事故应急救援部门及电话。事故发生后,有关单位、部门应当按规定程序向上级单位和部门报告。

第九条　事故发生后,现场铁路工作人员或者其他有关人员应当立即向邻近铁路车站、列车调度员、公安机关或者相关单位负责人报告。接到报告的单位、部门应当根据需要立即通知救援队和救援列车。

遇有人员伤亡或者发生火灾、爆炸、危险货物泄漏等事故时,接到报告的单位、部门应当根据需要采取防护措施,并立即通知当地急救、医疗卫生部门或者公安消防、环境保护等部门。

第十条　铁路运输企业列车调度员接到事故报告后,应当立即按规定程序报告本企业负责人,并向本区域的安全监管办和铁道部列车调度员报告。

第十一条　铁道部列车调度员接到事故报告后,应当立即按规定程序上报。

发生特别重大事故时,铁道部应当立即向国务院报告。

第十二条　救援报告的主要内容:

(一)事故发生的时间、地点(站名)、区间(线名、公里、米)、线路条件、事故相关单位和人员。

(二)发生事故的列车种类、车次、机车型号、部位、牵引辆数、吨数、计长及运行速度。

(三)旅客人数,伤亡人数、性别、年龄以及救助情况,是否涉及境外人员伤亡。

(四)货物品名、装载情况,易燃、易爆等危险货物情况。

(五)机车车辆脱轨数量及型号、线路设备损坏程度等情况。

(六)对铁路行车的影响情况。

(七)事故原因的初步判断,事故发生后采取的措施及事故控制情况。

(八)需要应急救援的其他事项。

第十三条　事故应急救援过程中,人员伤亡、脱轨辆数、设备损坏等情况发生变化时,应及时补报。

第十四条　事故应急救援情况需要向社会通报时,由铁道部、安全监管办的宣传部门统一负责。

第三章　紧急处置

第十五条　事故发生后,列车司机或者运转车长等现场铁路工作人员应当立即采取停车措施,并按规定对列车进行安全防护。遇有人员伤亡时,应当向邻近车站或者列车调度员请求施救,并将伤亡人员移出线路、做好标记,有能力的应当对伤员进行紧急施救。

为保障铁路旅客安全或者因特殊运输需要不宜停车的,可以不停车。但是,列车司机或者运转车长等现场铁路工作人员应当立即将事故情况报告邻近车站、列车调度员,接到报告的邻近车站、列车调度员应当立即组织处置。

第十六条　客运列车发生事故造成车内人员伤亡或者危及人员安全时,列车长应当立即组织车上人员进行紧急施救,稳定人员情绪,维护现场秩序,并向邻近车站或者列车调度员请求施救。

第十七条　救援队接到事故救援通知后,救援队长应当召集救援队员以最快速度赶赴事故现场。到达事故现场后,应当立即组织紧急抢救伤员,利用既有设备起复脱轨的机车车辆,清除各种障碍,搭设必要的设备设施,为进一步实施救援创造条件。

第十八条　发生列车火灾、爆炸、危险货物泄漏等事故时,现场铁路工作人员应当尽快组织疏散现场人员并采取必要的防护措施。

第十九条　事故发生后影响本线或者邻线行车安全时,现场铁路工作人员应当立即按规定采取紧急防护措施。

第四章　救援响应

第二十条　接到事故救援报告后,应当根据事故严重程度和影响范围,按特别重大、重大、较大、一般四个等级由相应单位、部门作出应急救援响应,启动应急预案。

第二十一条　特别重大事故的应急救援,由铁道部报请国务院启动,或者由国务院授权的部门启动。铁道部在国务院事故应急救援领导小组的领导下开展工作,开通与国务院有关部门、事发地省级事故应急救援指挥机构以及现场事故救援指挥部的应急通信系统,征求有关专家建议以及国务院有关部门意见提出事故应急救援方案,经国务院事故应急救援领导小组确定后组织实施,并派出专家和有关人员赶赴现场参加救援。

第二十二条　重大事故的应急救援,由铁道部启动。铁道部事故应急救援工作机构应当组建现场事故应急救援指挥部(以下简称现场指挥部),并根据事故具体情况设立医疗救护、事故起复、后勤保障、应急调度、治安保卫、善后处理等工作组,开通与事发地铁路运输企业和现场指挥部的应急通信系统,咨询有关专家,确定事故应急救援具体实施方案,立即派出有关人员赶赴现场,调集各种应急救援资源,组织指挥应急救援工作。必要时,协调请求事发地人民政府、当地驻军、武装警察部队提供支援。遇有超出本级应急救援处置能力时,及时向国务院报告。

第二十三条 较大事故、一般事故的应急救援,由安全监管办启动或者督促铁路运输企业事故应急救援工作机构启动,组织成立现场指挥部,并根据事故具体情况设立医疗救护、事故起复、后勤保障、应急调度、治安保卫、善后处理等工作组,开通与现场指挥部的应急通信系统,咨询有关专家,确定事故应急救援具体实施方案。有关负责人和专业人员应当立即赶赴现场,调集各种应急救援资源,组织指挥应急救援工作。必要时,由安全监管办协调事发地人民政府、当地驻军、武装警察部队提供支援。遇有超出本级应急救援处置能力时,及时向铁道部报告。

第五章 现场救援

第二十四条 现场救援工作实行总指挥负责制,按照事故应急救援响应等级,由相应负责人担任总指挥,或者视情况由上级事故应急救援工作机构指定人员担任临时总指挥,统一指挥现场救援工作。各工作组及参加事故应急救援的单位、部门应当确定负责人。救援列车进行起复作业时,由救援列车负责人或者指定人员单一指挥。

现场总指挥以及参加事故应急救援的各工作组负责人、各单位和部门负责人、作业人员应当区别佩戴明显标志。

第二十五条 现场指挥部应当在全面了解人员伤亡以及机车车辆、线路、接触网、通信信号等行车设备损坏、地形环境等情况后,确定人员施救、现场保护、调查配合、货物处置、救援保障、起复救援、设备抢修等应急救援方案,并迅速组织实施。

在实施救援过程中,各单位、部门应当严格执行作业规范和标准,防止衍生事故。

第二十六条 事故发生后,运输调度部门应当根据需要及时发布各类救援调度命令。重点安排救援列车出动和救援物资运输。需要其他铁路运输企业出动救援列车时,由铁道部发布调度命令。

造成列车大量晚点时,应当尽快采取措施恢复行车秩序。预计不能在短时间内恢复行车时,应当尽量将客运列车安排停靠在较大车站,并组织向站车滞留旅客提供必要的食品、饮用水等服务。

第二十七条 事故造成人员伤亡时,现场指挥部应当立即组织协调对现场伤员进行救治,紧急调集有关药品器械,迅速将伤员转移至安全地带或者转移救治,采取必要的卫生防疫措施。

遇有重大人员伤亡或者需要大规模紧急转移、安置铁路旅客和沿线居民的,应当及时通知事发地人民政府组织开展救治和转移、安置工作,必要时可以由铁道部或者安全监管办进行协调。

第二十八条 现场指挥部应当根据需要迅速调集装备设施、物资材料、交通工具、食宿用品、药品器械等救援物资。铁路运输企业各单位、部门必须无条件支持配合,不得以各种理由推诿拒绝,延误救援工作。

物资调用超出铁路运输企业自身能力时,可以向有关单位、部门或者个人借用。

第二十九条 事故涉及货运列车时,货运部门应当迅速了解事故货车及相关货车的货物装载情况,组织调集装卸人员和机具清理事故货车及相关货车装载的货物,处置事故列车挂运的危险、鲜活易腐等货物,编制货运记录。

第三十条 事故应急救援需要出动救援列车时,救援列车应当在接到出动命令后30分钟内出动,到达事故现场后,救援列车负责人应当迅速确定具体的起复作业方案,经现场总指挥批准后立即开展起复作业。救援列车在桥梁或坡道等特殊地段作业时,应当连挂机车。两列及以上救援列车分头作业时的指挥,由现场总指挥协调分工后各自负责。两列及以上救援列车在同一个作业面集中作业或者联动作业时,由负责本区段救援任务的救援列车或者由现场总指挥指定人员负责指挥。救援列车在电气化区段实施救援作业时,应当在确认接触网工区接到停电命令并做好接地防护后方准进行。起复动车组、新型机车车辆等,应当使用专用吊索具。

第三十一条 事故应急救援需要通信保障时,通信部门应当在接到通知后根据需要立即启用"117"应急通信人工话务台,组织开通应急通信系统。事故发生在站内,应当在30分钟内开通电话、1小时内开通图像传输设备。事故发生在区间,应当在1小时内开通电话、2小时内开通图像传输设备。并指定专人值守,保证事故现场音频、视频和数据信息的实时传输,任何人不得干扰、阻碍事故信息采集和传输。

第三十二条 事故造成铁路设备设施损坏时,有关专业部门应当立即组织抢修,根据实际情况及时切断事故现场电源,拆除、拨移和恢复接触网,及时架设所需照明,调集足够的救援队伍、材料和机具,积极组织抢修损坏的线路、通信信号等行车设备设施,协助事故机车车辆的起复。对可以运行的受损机车车辆进行检查确认,符合挂运条件的方准移动,必要时派人护送。起复作业完毕后,应当迅速做好开通线路的各项准备。

第三十三条 事故遇有装载危险货物车辆时，现场指挥部应当在采取确保人身安全和作业安全措施后，方可开展救援。危险货物车辆需卸车、移动或者起复时，应当在专业人员指导下作业，及时清除有害残留物或者将其控制在安全范围内。必要时，由安全监管办协调环保监测部门及时检测有害物质的危害程度，采取防控措施。

第三十四条 公安机关应当组织解救和疏散遇险人员，设置现场警戒区域，阻止未经批准人员进入现场，指定专人进行现场勘查取证，必要时实施现场交通管制，负责事故现场旅客、货物及沿线滞留列车的安全保卫工作。

第三十五条 事故应急救援过程中，有关单位和个人应当妥善保护事故现场以及相关证据，并及时移交事故调查组。因应急救援需要改变事故现场时，应当做出标记、绘制现场示意图、制作现场视听资料，并做出书面记录。任何单位和个人不得破坏事故现场，不得伪造、隐匿或者毁灭相关证据。

第三十六条 事故救援完毕后，现场指挥部应当组织救援人员对现场进行全面检查清理，进一步确认无伤亡人员遗留，拆除、回收、移送救援设备设施，清除障碍物，确认具备开通条件后，立即通知有关人员按规定办理手续，由列车调度员发布调度命令开通线路，尽快恢复正常行车。

第六章 善后处理

第三十七条 事故善后处理工作组应当依法进行事故的善后处理，组织妥善做好现场遇险滞留人员食宿、转移和旅客改签、退票等服务工作，以及伤亡人员亲属的通知、接待以及抚恤丧葬、经济补偿等处置工作。负责收取伤亡人员医疗档案资料，核定救治费用。

第三十八条 对事故造成的伤亡人员，现场指挥部应当在积极组织施救的同时，负责协调落实伤亡人员的救治、丧葬等临时费用，待事故责任认定后，由事故责任方承担。

第三十九条 事故造成人员死亡的，应当由急救、医疗卫生部门或者法医出具死亡证明，尸体由其家属或者铁路运输企业存放于殡葬服务单位，或者存放于有条件的急救、医疗卫生部门。尸体检验完成后，由事故善后处理工作组通知死者家属在10日内办理丧葬事宜。对未知名尸体，由法医检验后填写《未知名尸体信息登记表》。经核查无法确认死者身份的，经事故善后处理工作组负责人批准，刊登认尸启事，刊登后10日无人认领的，由县级或者相当于县级以上的公安机关批准处理尸体。

第四十条 事故造成境外来华人员死亡的，事故善后处理工作组应当通知死者亲属或者所属国家驻华使(领)馆，尸体处置事宜按照我国有关规定办理。

第四十一条 对事故现场遗留的财物，事故善后处理工作组或者公安部门应当进行清点、登记并妥善保管。

第四十二条 对事故造成的人员伤亡、财产损失以及事故应急救援费用等应当进行统计。借用有关单位和个人的设备设施和其他物资，使用完毕后应当及时归还并适当支付费用，丢失或者损坏的应当合理赔偿。

第四十三条 对事故造成的人员伤亡和财产损失，按照国家有关法律、法规和《铁路交通事故应急救援和调查处理条例》有关规定给予赔偿。

事故当事人对损害赔偿有争议时，可以协商解决，或者请求组织事故调查组的机构进行调解，也可以直接提起民事诉讼。

第四十四条 属于肇事方责任给铁路运输企业造成损失的，应当按照事故认定书由肇事方赔偿。

第四十五条 因设备质量或者施工质量造成事故损失的，铁路运输企业有权依据事故认定书向有关责任方追偿损失。

第四十六条 事故应急救援工作结束后，现场指挥部应当对事故应急救援工作进行总结，于5日内形成书面报告，并附事故应急救援有关证据材料，按事故等级报铁道部事故应急救援领导小组或者安全监管办备案。由铁道部事故应急救援领导小组或者安全监管办组织进行全面总结分析，对事故应急救援的组织工作进行评价认定，总结经验教训，制定整改措施，修改完善应急预案及有关制度办法。

第七章 罚则

第四十七条 铁路运输企业及其职工违反本规则规定，不立即组织事故应急救援或者迟报、漏报、瞒报、谎报事故等延误救援的，由铁道部或者安全监管办对责任单位处10万元以上50万元以下的罚款，对责任人处4000元以上2万元以下的罚款。

第四十八条 铁道部、安全监管办等国家工作人员以及其他人员违反本规则规定，未立即启动应急预案或者迟报、漏报、瞒报、谎报事故等延误救援的，对主管负责人和其他直接责任人依法给予行政处分。涉嫌犯罪的，依照有关规定移送司法机关处理。

第四十九条 违反本规则规定，干扰、阻碍事故应急救援的，由铁道部或者安全监管办对责任单位处4万元以上20万元以下的罚款，对责任人处2000元以上1万元以下的罚款。情节严重的,对责任单位处20万元以上100万元以下的罚款,对责任人处1万元以上5万元以下的罚款。属于国家工作人员的,依法给予行政处分。违反治安管理规定的,由公安机关依法给予治安管理处罚。涉嫌犯罪的,依照有关规定移送司法机关处理。

第八章 附 则

第五十条 本规则由铁道部负责解释。

第五十一条 本规则自2007年9月1日起施行,铁道部原发《铁路行车事故救援规则》(铁运〔1999〕118号)同时废止。

民用运输机场突发事件应急救援管理规则

1. 2016年4月20日交通运输部令第45号公布

2. 自2016年5月21日起施行

第一章 总 则

第一条 为了规范民用运输机场应急救援工作,有效应对民用运输机场突发事件,避免或者减少人员伤亡和财产损失,尽快恢复机场正常运行秩序,根据《中华人民共和国民用航空法》《中华人民共和国突发事件应对法》和《民用机场管理条例》,制定本规则。

第二条 本规则适用于民用运输机场(包括军民合用机场民用部分,以下简称机场)及其邻近区域内突发事件的应急救援处置和相关的应急救援管理工作。

第三条 本规则所指民用运输机场突发事件(以下简称突发事件)是指在机场及其邻近区域内,航空器或者机场设施发生或者可能发生的严重损坏以及其它导致或者可能导致人员伤亡和财产严重损失的情况。

本规则所称机场及其邻近区域是指机场围界以内以及距机场每条跑道中心点8公里范围内的区域。

第四条 中国民用航空局(以下简称民航局)负责机场应急救援管理工作的总体监督检查。

中国民用航空地区管理局(以下简称民航地区管理局)负责本辖区内机场应急救援管理工作的日常监督检查。

机场管理机构应当按照国家、地方人民政府的有关规定和本规则的要求,制定机场突发事件应急救援预案,并负责机场应急救援工作的统筹协调和管理。使用该机场的航空器营运人和其他驻场单位应当根据在应急救援中承担的职责制定相应的突发事件应急救援预案,并与机场突发事件应急救援预案相协调,送机场管理机构备案。

机场应急救援工作应当接受机场所在地人民政府(以下统称地方人民政府)的领导。

本规则所称地方人民政府是指机场所在地县级(含)以上人民政府。

第五条 机场应急救援工作应当遵循最大限度地抢救人员生命和减少财产损失,预案完善、准备充分、救援及时、处置有效的原则。

第六条 在地方人民政府领导下、民用航空管理部门指导下,机场管理机构负责机场应急救援预案的制定、汇总和报备工作,同时负责发生突发事件时机场应急救援工作的统一指挥。

参与应急救援的单位和个人应当服从机场管理机构的统一指挥。

第二章 突发事件分类和应急救援响应等级

第七条 机场突发事件包括航空器突发事件和非航空器突发事件。

航空器突发事件包括:

(一)航空器失事;

(二)航空器空中遇险,包括故障、遭遇危险天气、危险品泄露等;

(三)航空器受到非法干扰,包括劫持、爆炸物威胁等;

(四)航空器与航空器地面相撞或与障碍物相撞,导致人员伤亡或燃油泄露等;

(五)航空器跑道事件,包括跑道外接地、冲出、偏出跑道;

(六)航空器火警;

(七)涉及航空器的其它突发事件。

非航空器突发事件包括:

(一)对机场设施的爆炸物威胁;

(二)机场设施失火;

(三)机场危险化学品泄露;

(四)自然灾害;

(五)医学突发事件;

(六)不涉及航空器的其它突发事件。

第八条 航空器突发事件的应急救援响应等级分为:

(一)原地待命:航空器空中发生故障等突发事件,但该故障仅对航空器安全着陆造成困难,各救援单

位应当做好紧急出动的准备;

(二)集结待命:航空器在空中出现故障等紧急情况,随时有可能发生航空器坠毁、爆炸、起火、严重损坏,或者航空器受到非法干扰等紧急情况,各救援单位应当按照指令在指定地点集结;

(三)紧急出动:已发生航空器失事、爆炸、起火、严重损坏等情况,各救援单位应当按照指令立即出动,以最快速度赶赴事故现场。

第九条　非航空器突发事件的应急救援响应不分等级。发生非航空器突发事件时,按照相应预案实施救援。

第三章　应急救援组织机构及其职责

第十条　机场管理机构应当在地方人民政府统一领导下成立机场应急救援工作领导小组。

机场应急救援工作领导小组是机场应急救援工作的决策机构,通常应当由地方人民政府、机场管理机构、民航地区管理局或其派出机构、空中交通管理部门、有关航空器营运人和其他驻场单位负责人共同组成。

机场应急救援工作领导小组负责确定机场应急救援工作的总体方针和工作重点、审核机场突发事件应急救援预案及各应急救援成员单位之间的职责、审核确定机场应急救援演练等重要事项,并在机场应急救援过程中,对遇到的重大问题进行决策。

第十一条　机场应急救援总指挥由机场管理机构主要负责人或者其授权人担任,全面负责机场应急救援的指挥工作。

第十二条　机场管理机构应当设立机场应急救援指挥管理机构,即机场应急救援指挥中心(以下简称指挥中心),作为机场应急救援领导小组的常设办事机构,同时也是机场应急救援工作的管理机构和发生突发事件时的应急指挥机构。其具体职责包括:

(一)组织制定、汇总、修订和管理机场突发事件应急救援预案;

(二)定期检查各有关部门、单位的突发事件应急救援预案、人员培训、演练、物资储备、设备保养等工作的保障落实情况;定期修订突发事件应急救援预案中各有关部门和单位的负责人、联系人名单及电话号码;

(三)按照本规则的要求制定年度应急救援演练计划并组织或者参与实施;

(四)机场发生突发事件时,根据总指挥的指令,以及预案要求,发布应急救援指令并组织实施救援工作;

(五)根据残损航空器搬移协议,组织或者参与残损航空器的搬移工作;

(六)定期或不定期总结、汇总机场应急救援管理工作,向机场应急救援工作领导小组汇报。

第十三条　机场空中交通管理部门在机场应急救援工作中的主要职责:

(一)将获知的突发事件类型、时间、地点等情况按照突发事件应急救援预案规定的程序通知有关部门;

(二)及时了解发生突发事件航空器机长意图和事件发展情况,并通报指挥中心;

(三)负责发布因发生突发事件影响机场正常运行的航行通告;

(四)负责向指挥中心及其他参与救援的单位提供所需的气象等信息。

第十四条　机场消防部门在机场应急救援工作中的主要职责:

(一)救助被困遇险人员,防止起火,组织实施灭火工作;

(二)根据救援需要实施航空器的破拆工作;

(三)协调地方消防部门的应急支援工作;

(四)负责将罹难者遗体和受伤人员移至安全区域,并在医疗救护人员尚未到达现场的情况下,本着“自救互救”人道主义原则,实施对伤员的紧急救护工作。

第十五条　机场医疗救护部门在机场应急救援工作中的主要职责:

(一)进行伤亡人员的检伤分类、现场应急医疗救治和伤员后送工作。记录伤亡人员的伤情和后送信息;

(二)协调地方医疗救护部门的应急支援工作;

(三)进行现场医学处置及传染病防控;

(四)负责医学突发事件处置的组织实施。

第十六条　航空器营运人或其代理人在应急救援工作中的主要职责:

(一)提供有关资料。资料包括发生突发事件航空器的航班号、机型、国籍登记号、机组人员情况、旅客人员名单及身份证号码、联系电话、机上座位号、国籍、性别、行李数量、所载燃油量、所载货物及危险品等情况;

(二)在航空器起飞机场、发生突发事件的机场和原计划降落的机场设立临时接待机构和场所,并负责接待和查询工作;

(三)负责开通应急电话服务中心并负责伤亡人员亲属的通知联络工作;

(四)负责货物、邮件和行李的清点和处理工作;

(五)航空器出入境过程中发生突发事件时,负责将事件的基本情况通报海关、边防和检疫部门；

（六）负责残损航空器搬移工作。

第十七条 机场地面保障部门在机场应急救援工作中的主要职责：

（一）负责在发生突发事件现场及相关地区提供必要的电力和照明、航空燃油处置、救援物资等保障工作；

（二）负责受到破坏的机场飞行区场道、目视助航设施设备等的紧急恢复工作。

第十八条 除本规则第十二条、第十三条、第十四条、第十五条、第十六条、第十七条所涉及的单位，其他参与应急救援工作的地方救援单位的职责，由根据本规则第二十三条订立的支援协议予以明确。

第四章 突发事件应急救援预案

第十九条 机场管理机构应当依据本规则制定机场突发事件应急救援预案，该预案应当纳入地方人民政府突发事件应急救援预案体系，并协调统一。该预案应当包括下列内容：

（一）针对各种具体突发事件的应急救援预案，包括应急救援程序及检查单等；

（二）根据地方人民政府的相关规定、本规则和机场的实际情况，确定参与应急救援的各单位在机场不同突发事件中的主要职责、权力、义务和指挥权以及突发事件类型及相应的应急救援响应等级；

（三）针对不同突发事件的报告、通知程序和通知事项，其中，通知程序是指通知参加救援单位的先后次序。不同的突发事件类型，应当设置相应的通知先后次序；

（四）各类突发事件所涉及单位的名称、联系方式；

（五）机场管理机构与签订应急救援支援协议单位的应急救援资源明细表、联系方式；

（六）机场管理机构根据本规则第二十三条的要求与各相关单位签订的应急救援支援协议；

（七）应急救援设施、设备和器材的名称、数量、存放地点；

（八）机场及其邻近区域的应急救援方格网图；

（九）残损航空器的搬移及恢复机场正常运行的程序；

（十）机场管理机构与有关航空器营运人或其代理人之间有关残损航空器搬移的协议；

（十一）在各类紧急突发事件中可能产生的人员紧急疏散方案，该方案应当包括警报、广播、各相关岗位工作人员在引导人员疏散时的职责、疏散路线、对被疏散人员的临时管理措施等内容。

第二十条 机场突发事件应急救援预案应当明确机场公安机关在机场应急救援工作中的以下职责：

（一）指挥参与救援的公安民警、机场保安人员的救援行动，协调驻场武警部队及地方支援军警的救援行动；

（二）设置事件现场及相关场所安全警戒区，保护现场，维护现场治安秩序；

（三）参与核对死亡人数、死亡人员身份工作；

（四）制服、缉拿犯罪嫌疑人；

（五）组织处置爆炸物、危险品；

（六）实施地面交通管制，保障救援通道畅通；

（七）参与现场取证、记录、录像等工作。

第二十一条 制定机场突发事件应急救援预案应当考虑极端的冷、热、雪、雨、风及低能见度等天气，以及机场周围的水系、道路、凹地，避免因极端的天气和特殊的地形而影响救援工作的正常进行。

第二十二条 机场突发事件应急救援预案应当向民航地区管理局备案。

机场管理机构应当建立机场突发事件应急救援预案的动态管理制度。预案修改后，机场管理机构应当将修改后的预案及时印发给参与应急救援的相关单位，并重新报备民航地区管理局。

机场管理机构在制定机场突发事件应急救援预案的过程中，应当充分征求机场空中交通管理部门、使用机场的航空器营运人或者其代理人、航空油料供应单位及其它主要驻场单位的意见。

机场突发事件应急救援预案在向民航管理部门报备前，应当征得地方人民政府的同意。

第二十三条 机场管理机构应当与地方人民政府突发事件应对机构、消防部门、医疗救护机构、公安机关、运输企业、当地驻军等单位签订机场应急救援支援协议，就机场应急救援事项明确双方的职责。

支援协议至少应当包括下列内容：

（一）协议单位的职责、权利与义务；

（二）协议单位名称、联系人、联系电话；

（三）协议单位的救援人员、设施设备情况；

（四）根据不同突发事件等级派出救援力量的基本原则；

（五）协议单位参加救援工作的联络方式、集结地点和引导方式；

（六）协议的生效日期及修改方式；

(七)协议内容发生变化时及时通知对方的程序。

机场管理机构应当每年至少对该协议进行一次复查或者修订,对该协议中列明的联系人及联系电话,应当每月复核一次,对变化情况及时进行更新。

协议应当附有协议单位根据机场突发事件应急救援预案制定的本单位突发事件应急实施预案。

在地方人民政府突发事件应急救援预案中已明确机场突发事件地方政府各部门、企事业单位及驻军的职责和义务时,可不签署支援协议,但本规则规定的协议内容应在相关预案中明确。机场管理机构应当获知支援单位的救援力量、设施设备、联系人、联系电话等信息。

第二十四条　机场管理机构应当绘制机场应急救援综合方格网图,图示范围应当为本规则第三条所明确的机场及其邻近地区。该图除应当准确标明机场跑道、滑行道、机坪、航站楼、围场路、油库等设施外,应当重点标明消防管网及消防栓位置、消防水池及其它能够用来取得消防用水的池塘河流位置、能够供救援消防车辆行驶的道路、机场围界出入口位置、城市消防站点位置和医疗救护单位位置。

机场管理机构还应当绘制机场区域应急救援方格网图,图示范围应当为机场围界以内的地区,该图除应当标明本条前款要求标明的所有内容外,还应当标明应急救援人员设备集结等待区。

方格网图应当根据机场及其邻近区域范围和设施的变化及时更新。

机场指挥中心、各参与机场应急救援单位和部门应当张挂方格网图。机场内所有参加应急救援的救援车辆中应当配备方格网图。方格网图可以是卫星影像图或者示意图,方格网图应当清晰显示所标注的内容。

第五章　应急救援的设施设备及人员

第二十五条　机场管理机构应当建设或指定一个特定的隔离机位,供受到劫持或爆炸物威胁的航空器停放,其位置应能使其距其它航空器集中停放区、建筑物或者公共场所至少100米,并尽可能避开地下管网等重要设施。

第二十六条　机场管理机构应当按照《民用航空运输机场飞行区消防设施》的要求配备机场飞行区消防设施,并应保证其在机场运行期间始终处于适用状态。

机场管理机构应当按照《民用航空运输机场消防站消防装备配备》的要求配备机场各类消防车、指挥车、破拆车等消防装备的配备,并应保证其在机场运行期间始终处于适用状态。

第二十七条　机场管理机构应当按照《民用运输机场应急救护设施配备》的要求配备机场医疗急救设备、医疗器材及药品、医疗救护人员,并确保机场医疗急救设备、医疗器材及药品在机场运行期间始终处于适用状态和使用有效期内。

第二十八条　机场指挥中心及机场内各参加应急救援的单位应当安装带有时钟和录音功能的值班电话,视情设置报警装置,并在机场运行期间随时保持有人值守。值班电话线路应当至少保持一主一备的双线冗余。所有应急通话内容应当录音,应急通话记录至少应当保存2年。

第二十九条　机场管理机构应当设立用于应急救援的无线电专用频道,突发事件发生时,机场塔台和参与救援的单位应当使用专用频道与指挥中心保持不间断联系。公安、消防、医疗救护等重要部门应当尽可能为其救援人员配备耳麦。

为能在第一时间了解航空器在空中发生的紧急情况,指挥中心宜设置陆空对话的单向监听设备,并在机场运行期间保持守听,但不得向该系统输入任何信号。在航空器突发事件发生时,指挥中心确需进一步向机组了解情况时,应当通过空中交通管理部门与机组联系。

第三十条　机场管理机构应当制作参加应急救援人员的识别标志,识别标志应当明显醒目且易于佩戴,并能体现救援的单位和指挥人员。参加应急救援的人员均应佩戴这些标志。识别标志在夜间应具有反光功能,具体样式应当为:

救援总指挥为橙色头盔,橙色外衣,外衣前后印有“总指挥”字样;

消防指挥官为红色头盔,红色外衣,外衣前后印有“消防指挥官”字样;

医疗指挥官为白色头盔,白色外衣,外衣前后印有“医疗指挥官”字样;

公安指挥官为蓝色头盔,蓝色警服,警服外穿前后印有“公安指挥官”字样的背心。

参加救援的各单位救援人员的标识颜色应与本单位指挥人员相协调。

本条所指外衣可以是背心或者制服。

第三十一条　在邻近地区有海面和其它大面积水域的机场,机场管理机构应当按照机场所使用的最大机型满载时的旅客及机组人员数量,配置救援船只或者气筏和其他水上救生设备,也可以采取与有上述救援设备的单位以协议支援的方式来保障,但机场应当配备满足在救援初期供机场救援人员使用需要的船只或者气筏和其他水上救生的基本设备。

当突发事件发生在机场及其邻近地区的海面或大面积水域时，还应向当地国家海上搜救机构报告。

第三十二条 机场管理机构应当根据机场航空器年起降架次，配置与机场所使用航空器最大机型相匹配的残损航空器搬移设备，并在机场运行期间保证其完好适用。

年起降架次在15万(含)以上的机场，应当配置搬移残损航空器的专用拖车、顶升气囊、活动道面、牵引挂具以及必要的枕木、钢板、绳索等器材。年起降架次在15万以下，10万(含)以上的机场，应当配置顶升气囊、活动道面、牵引挂具以及必要的枕木、钢板、绳索等器材。年起降架次在10万以下的机场，应当配置活动道面以及必要的枕木、挂件、绳索等器材。

活动道面配置应当满足航空器每一轮迹下的铺设长度不小于30米；航空器牵引挂具的配置应当满足能牵引在机场使用的各类型航空器；对于在发生突发事件起2小时之内机场管理机构可能取得专用拖车和顶升气囊的，机场管理机构可不配备专用拖车和顶升气囊，但应当有明确的救援支援协议。

第三十三条 机场管理机构应当配备用于机场应急救援现场指挥的车辆，该车应当配有无线通讯、传真、摄像、视频传输、电脑、照明等设备，并配有应急救援的相关资料库及主要材料的纸质文件。

第三十四条 在机场运行期间，各参加应急救援的单位在保障正常运行的同时，应按照相关标准要求保持有足够的应对突发事件的救援人员。

参加应急救援各单位的值班领导、部门领导及员工应当熟知本单位、本部门及本岗位在应急救援工作中的职责和预案。

第三十五条 参加应急救援的各单位应当每年至少对按照机场应急救援预案承担救援工作职责的相关岗位的工作人员进行一次培训，对于专职应急救援管理人员、指挥人员、消防战斗员、医疗救护人员应当进行经常性的培训，培训内容包括应急救援基础理论、法规规章、技术标准、岗位职责、突发事件应急救援预案、医疗急救常识、消防知识、旅客疏散引导及其它相关技能。

在机场航站楼工作的所有人员应当每年至少接受一次消防器材使用、人员疏散引导、熟悉建筑物布局等的培训。

第六章 应急救援的处置和基本要求

第三十六条 发生突发事件时，第一时间得知事件情况的单位，应当根据机场突发事件应急救援预案的报告程序，立即将突发事件情况报告指挥中心。

发生突发事件后，机场管理机构应当在尽可能短的时间内将突发事件的基本情况报告地方人民政府和民用航空管理部门。

民用航空管理部门在收到机场发生突发事件报告后应当立即按照事件的类型、严重程度、影响范围和本部门应急救援预案逐级向上级机关报告，直至民航局突发事件应对部门。同时，应当迅速采取积极措施，协调和帮助机场管理机构处置突发事件。

第三十七条 机场突发事件应急救援总指挥或者其授权的人应当及时准确地发布相关信息。突发事件的信息发布应当有利于救援工作的开展。其他参与应急救援的单位可以发布有关本单位工作情况的信息，但不得发布对应急救援工作可能产生妨碍的信息。

第三十八条 发生突发事件时，指挥中心应当按照突发事件应急救援预案的通知程序，迅速将突发事件的基本情况通知有关单位，通知内容应当简单、明了。

第三十九条 发生突发事件后，机场应急救援处置工作应当在总指挥的统一指挥下，由消防、公安、医疗和其他驻场单位分别在本单位职责范围内行使分指挥权，特殊情况下，总指挥可以授权支援单位行使分指挥权。

实施突发事件救援时，机场应急救援总指挥或者其授权人应当服从地方人民政府领导及其突发事件应对部门的指挥，并根据地方人民政府领导及其突发事件应对部门的要求和命令，分时段、分区域向其移交指挥权。

发生本规则第八条所指明的应急救援等级为紧急出动的突发事件时，机场管理机构应当在最短的时间内组成应急救援现场指挥部，由机场应急救援总指挥或者其授权的人担任现场指挥员，在总指挥的总体救援行动意图下，统一指挥突发事件现场的各救援单位的救援行动。

有火情的突发事件发生后，总指挥可以授权消防指挥员担任应急救援现场指挥员。

第四十条 突发事件发生后及在实施应急救援时，如需机场外的支援单位参加救援工作，应当由机场内相应的救援单位提出需求和方案，经总指挥批准后通知支援单位前来支援，紧急情况下，也可先通知支援单位到达集结地点，再向总指挥报告，经总指挥同意后参加救援工作。

第四十一条 涉及在空中的航空器突发事件需要紧急着陆时，空中交通管理部门按照相应突发事件应急救援预案协助该航空器着陆。

第四十二条　当发生本规则第八条所指明的应急救援响应等级为集结待命的突发事件时,各救援单位的人员及车辆设备应迅速按照应急救援预案的要求到达指定的集结地点集中待命,并立即向指挥中心报告,未经批准,不得离开集结位置,随时准备投入救援行动。

第四十三条　突发事件发生时,机场内行驶的车辆和行人应当避让参加救援的车辆,应急救援车辆在保证安全的条件下,可不受机场内车辆时速的限制。在服从现场交通民警的指挥下,救援车辆可以驶离规定的车道。

参加应急救援的车辆和人员需要进入运行中的跑道、滑行道及仪表着陆系统敏感区时,应当通过指挥中心征得空中交通管理部门的同意后方可进入。

机场管理机构应当制定特殊程序,以保证外援救援车辆和人员顺利、及时到达事故地点。

第四十四条　应急救援时,当需要在跑道上喷洒泡沫灭火剂时,不得因此降低机场应保持的消防救援等级的最低水平。

第四十五条　应急救援时,应当在交通方便的事发地点上风安全位置及时划定伤亡人员救治区和停放区,并用明显的标志予以标识。上述区域在夜间应当有充足的照明。

第四十六条　当航空器受到劫持或爆炸物威胁时,机场塔台管制人员应当积极配合指挥中心采取有效措施,将该航空器引导到隔离机位。

第四十七条　在实施应急救援工作时,参与救援的人员应当尽可能保护突发事件现场。

在航空器事故应急救援中,应当在事故调查组进入现场前,尽可能避免移动任何航空器残骸、散落物和罹难者遗体。如确需移动航空器残骸、散落物、罹难者遗体时,在移动前,应当进行照相、录像,有条件时应当绘制草图,以标明其移动前的状态和位置。同时,如有可能,在被移动的物体和遗体上粘贴标签,并在原位置上固定一根带有相应标签的标桩。所有发出的标签的记录应当妥善保存。

发生事故航空器驾驶舱内的任何仪表和操作部件,在被移动前,必须照相或者录像,有条件时应当绘图并做详细记录。

第四十八条　实施应急救援工作时,为保证救援工作的正常进行,机场公安机关应当在事故现场及时设立警戒线,任何非救援人员进入事故现场需经总指挥或者其授权人批准。

第四十九条　应急救援现场的灭火和人员救护工作结束后,残损航空器影响机场的正常安全运行的,机场管理机构应当配合当事航空器营运人或者其代理人,迅速将残损航空器搬离。

残损航空器的搬移责任应当由当事航空器营运人或者其代理人承担,具体搬移工作应当按照该航空器营运人或者其代理人与机场管理机构协商实施。

残损航空器搬移应当取得事故调查组负责人同意。

第五十条　应急救援工作结束后,机场应急救援工作领导小组或者其授权单位或者部门应当及时召集所有参与应急救援的单位对该次应急救援工作进行全面总结讲评,对暴露出的突发事件应急救援预案中不合理的部分及缺陷进行研究分析和修改完善,在该次应急救援工作结束60天内,将修改后的突发事件应急救援预案按照《民用机场使用许可规定》的要求报批后,印发实施。

机场管理机构应当在每次应对本规则第八条(三)中规定的紧急出动等级的应急救援工作结束后的30天内,将该次应急救援工作总结报送所在地民航地区管理局。

第五十一条　在事故调查机构进行事故调查时,机场管理机构及参与应急救援的各单位应当配合事故调查机构的调查,如实向事故调查组介绍事故现场的情况。

第七章　应急救援的日常管理和演练

第五十二条　机场管理机构及其他驻场单位应当根据应急救援预案的要求定期组织应急救援演练,以检验其突发事件发生时的驰救时间、信息传递、通信系统、应急救援处置、协调配合和决策指挥、突发事件应急救援预案等,机场管理机构及参加应急救援的驻场单位均应当将应急救援演练列入年度工作计划。

驻机场的航空器营运人、空中交通管理部门及其他参加应急救援的单位,应当配合机场管理机构,做好应急救援演练工作。

第五十三条　应急救援演练分为综合演练、单项演练和桌面演练三种类型。

综合演练是由机场应急救援工作领导小组或者其授权单位组织,机场管理机构及其各驻机场参加应急救援的单位及协议支援单位参加,针对模拟的某一类型突发事件或几种类型突发事件的组合而进行的综合实战演练。

单项演练是由机场管理机构或参加应急救援的相关单位组织,参加应急救援的一个或几个单位参加,按照本单位所承担的应急救援责任,针对某一模拟的紧急情况进行的单项实战演练。

桌面演练也称指挥所推演,是由机场管理机构或参加应急救援的相关单位组织,各救援单位参加,针对模拟的某一类型突发事件或几种类型突发事件的组合以语言表达方式进行的综合非实战演练。

第五十四条 机场应急救援综合演练应当至少每三年举行一次,未举行综合演练的年度应当至少举行一次桌面演练,机场各参加应急救援的单位每年至少应当举行一次单项演练。

第五十五条 举行综合演练时,可以邀请当地人民政府及有关部门、民航地区管理局、航空器营运人及其他有关驻场单位人员以观察员身份参加,并参加演练后的总结讲评会。

第五十六条 在举行机场应急救援演练前,机场管理机构或者组织单项演练的相关单位应当组织编制应急救援演练计划,应急救援演练计划应当按照突发事件发生、发展的进程进行编制,应急救援演练计划可以是一种或几种突发事件的综合。演练计划主要包括:

(一)演练所模拟的突发事件类型、演练地点及日期;

(二)参加演练的单位;

(三)演练的程序;

(四)演练场地的布置及模拟的紧急情况;

(五)规定的救援人员及车辆的集结地点及行走路线;

(六)演练结束和演练中止的通知方式。

应急救援演练计划制定完毕并经应急救援领导小组同意后,应当在演练实施两周前报送民航地区管理局。

第五十七条 机场管理机构在举行应急救援演练时,原则上应当采取措施保持机场应急救援的正常保障能力,尽可能地避免影响机场的正常运行。如果由于应急救援演练致使本机场的正常保障能力在演练期间不能满足相应标准要求的,应当就这一情况通知空中交通管理部门发布航行通告,并在演练后,尽快恢复应急救援的正常保障能力。

举行综合演练时,机场管理机构应当视情事先通报相关部门。

第五十八条 演练工作应当坚持指挥与督导分开的原则。演练时,应当在演练指挥机构之外另设演练督导组。

第五十九条 演练督导组应当由民航地区管理局在收到演练计划后召集。综合演练督导组应当由民用航空管理部门、地方人民政府及其有关部门、机场管理机构、相关航空器营运人、空中交通管理单位人员及特邀专家组成。

演练督导组应当在演练实施前研究并熟悉参演机场的应急救援预案和本次应急救援演练计划,全程跟踪演练进程,并在演练中提出各种实际救援中可能出现的复杂或者意外情况交指挥中心应对。

对于演练督导组提出的情况,指挥中心及相关救援单位应当做出响应。

演练督导组的具体工作程序和行为规范由民航局另行制定。

第六十条 演练督导组应当对机场应急救援演练工作进行监督检查,演练督导组应当根据演练形式和规模派出足够的督导人员,进入演练现场,对演练涉及的各个方面实施全程监督检查。

第六十一条 应急救援演练结束后,演练组织者应召集各参演单位负责人进行总结讲评。总结讲评活动中,演练督导组应当就演练的总体评价、演练的组织、演练计划、演练人员和设备等方面提出综合评价意见。

第八章 法律责任

第六十二条 机场管理机构未按照本规则的要求,有下列行为之一的,由民航管理部门责令限期改正,并处以警告;情节严重的,处以 1 万元以上 3 万元以下的罚款:

(一)未按照本规则第十二条要求设立指挥中心的;

(二)未按照本规则第二十五条的要求设立隔离机位的;

(三)未按照本规则第五十条或者第六十一条的要求,在应急救援或者应急救援综合演练工作后及时进行总结讲评的。

第六十三条 机场管理机构或其他参加应急救援的单位,有下列行为之一的,由民航管理部门责令其限期改正,并处以 5 千元以上 1 万元以下罚款:

(一)未按照本规则第二十四条的要求张挂和及时更新应急救援方格网图的;

(二)未按照本规则第三十条要求制作足够的救援人员识别标志的;

(三)违反本规则第三十七条规定发布妨碍应急救援工作信息的。

第六十四条 机场管理机构有以下行为之一的,由民航地区管理局责令限期改正,处以 1 万元以上 5 万元以

下的罚款:

(一)未按照本规则第二十六条、第二十七条、第二十八条、第二十九条、第三十一条、第三十二条、第三十三条的要求,配备相应的设备和器材,并保持其适用状态的;

(二)未按照本规则第七章的要求组织应急救援演练的。

第六十五条　机场管理机构或其他参加应急救援的单位,有下列行为之一的,由民航管理部门责令其限期改正,并处以5千元以上2万元以下罚款:

(一)未按照本规则第三十四条的要求,在机场运行期间保持相关标准要求的应对突发事件的救援人员,导致机场应急救援未能及时实施的;

(二)违反本规则第三十四条的要求,参加应急救援各单位的值班领导、部门领导及员工不了解本单位、本部门及本岗位在应急救援工作中的职责和预案的;

(三)未按照本规则第三十五条的要求对参加应急救援的人员进行培训的。

第六十六条　机场管理机构或者其他参加应急救援的单位有下列行为之一的,由民航管理部门处以1万元以上3万元以下罚款:

(一)违反本规则第三十六条,发现紧急情况不按规定程序报告的;

(二)违反本规则第三十八条,接到紧急情况报告,不按规定程序通知到有关单位的;

(三)违反本规则第四十四条规定在跑道上喷洒泡沫灭火剂从而降低机场应保持的消防救援等级的最低水平的;

(四)未按照本规则第四十五条规定,及时划定伤亡人员救治区和停放区的;

(五)违反本规则第四十九条的规定,残损航空器搬移工作中有关各方互相推诿,严重影响机场开放正常运行的;

(六)违反本规则第五十七条,在举行应急救援演练时未保持机场正常运行时应有的应急救援保障能力的。

第九章　附　　则

第六十七条　中华人民共和国缔结或者参加的国际条约与本规则有不同规定的,适用国际条约的规定,但中华人民共和国声明保留的条款除外。

第六十八条　在民航局制定通用机场突发事件应急救援管理规则之前,通用机场可以结合本机场的具体情况参照本规则制定突发事件应急救援预案,报所在地民航地区管理局备案。

第六十九条　在本规则规定区域外发生的突发事件,按照《中华人民共和国搜寻援救民用航空器规定》执行。

第七十条　航空器受到非法干扰和机场设施受爆炸物威胁所涉及的突发事件应急救援预案按照国家其他相关规定办理。

第七十一条　应急救援工作实行有偿服务,应当采用先救援后结算的办法。具体收费标准和收费计算方法由有关各方本着公平合理、等价有偿的原则协商确定。

第七十二条　本规则自2016年5月21日起施行。2000年4月3日发布的《民用运输机场应急救援规则》(民航总局令第90号)同时废止。

国家海上搜救应急预案

2006年1月23日国务院发布

1　总　　则

1.1　编制目的

建立国家海上搜救应急反应机制,迅速、有序、高效地组织海上突发事件的应急反应行动,救助遇险人员,控制海上突发事件扩展,最大程度地减少海上突发事件造成的人员伤亡和财产损失。

履行中华人民共和国缔结或参加的有关国际公约;实施双边和多边海上搜救应急反应协定。

1.2　编制依据

1.2.1　国内法律、行政法规及有关规定

《中华人民共和国海上交通安全法》、《中华人民共和国安全生产法》、《中华人民共和国内河交通安全管理条例》、《中华人民共和国无线电管理条例》和《国家突发公共事件总体应急预案》等。

1.2.2　我国加入或缔结的国际公约、协议

《联合国海洋法公约》、《1974年国际海上人命安全公约》、《国际民航公约》、《1979年国际海上搜寻救助公约》、《中美海上搜救协定》、《中朝海上搜救协定》等我国加入或缔结的有关国际公约、协议。

1.3　适用范围

1.3.1　我国管辖水域和承担的海上搜救责任区内海上突发事件的应急反应行动。

1.3.2　发生在我国管辖水域和搜救责任区外,涉及中国籍船舶、船员遇险或可能对我国造成重大影响或损害的海上突发事件的应急反应行动。

1.3.3　参与海上突发事件应急行动的单位、船舶、

航空器、设施及人员。

1.4　工作原则

（1）政府领导，社会参与，依法规范。

政府领导：政府对海上搜救工作实行统一领导，形成高效应急反应机制，及时、有效地组织社会资源，形成合力。

社会参与：依照海上突发事件应急组织体系框架，形成专业力量与社会力量相结合，多部门参加，多学科技术支持，全社会参与的应对海上突发事件机制。

依法规范：依照有关法律、法规，明确各相关部门、单位、个人的责任、权利和义务，规范应急反应的组织、协调、指挥行为。

（2）统一指挥，分级管理，属地为主。

统一指挥：对海上突发事件应急反应行动实行统一指挥，保证搜救机构组织的各方应急力量行动协调，取得最佳效果。

分级管理：根据海上突发事件的发生区域、性质、程度与实施救助投入的力量所需，实施分级管理。

属地为主：由海上突发事件发生地海上搜救机构实施应急指挥，确保及时分析判断形势，正确决策，相机处置，提高应急反应行动的及时性和有效性。

（3）防应结合，资源共享，团结协作。

防应结合："防"是指做好自然灾害的预警工作，减少自然灾害引发海上突发事件的可能；"应"是指保证海上突发事件发生后，及时对海上遇险人员进行救助，减少损失。防应并重，确保救助。

资源共享：充分利用常备资源，广泛调动各方资源，避免重复建设，发挥储备资源的作用。

团结协作：充分发挥参与救助各方力量的自身优势和整体效能，相互配合，形成合力。

（4）以人为本，科学决策，快速高效。

以人为本：充分履行政府公共服务职能，快速高效地救助人命。

科学决策：运用现代科技手段，保证信息畅通；充分发挥专家的咨询作用，果断决策，保证应急指挥的权威性。

快速高效：建立应急机制，保证指挥畅通；强化人员培训，提高从业人员素质；提高应急力量建设，提高应急反应的效能和水平。

2　国家海上搜救应急组织指挥体系及职责任务

国家海上搜救应急组织指挥体系由应急领导机构、运行管理机构、咨询机构、应急指挥机构、现场指挥、应急救助力量等组成。

2.1　应急领导机构

建立国家海上搜救部际联席会议制度，研究、议定海上搜救重要事宜，指导全国海上搜救应急反应工作。在交通部设立中国海上搜救中心，作为国家海上搜救的指挥工作机构，负责国家海上搜救部际联席会议的日常工作，并承担海上搜救运行管理机构的工作。

部际联席会议成员单位根据各自职责，结合海上搜救应急反应行动实际情况，发挥相应作用，承担海上搜救应急反应、抢险救灾、支持保障、善后处理等应急工作。

2.2　运行管理机构

中国海上搜救中心以交通部为主承担海上搜救的运行管理工作。

2.3　咨询机构

咨询机构包括海上搜救专家组和其他相关咨询机构。

2.3.1　搜救专家组

国家海上搜救专家组由航运、海事、航空、消防、医疗卫生、环保、石油化工、海洋工程、海洋地质、气象、安全管理等行业专家、专业技术人员组成，负责提供海上搜救技术咨询。

2.3.2　其他相关咨询机构

其他相关咨询机构应中国海上搜救中心要求，提供相关的海上搜救咨询服务。

2.4　应急指挥机构

应急指挥机构包括：中国海上搜救中心及地方各级政府建立的海上搜救机构。

沿海及内河主要通航水域的各省（区、市）成立以省（区、市）政府领导任主任，相关部门和当地驻军组成的省级海上搜救机构。根据需要，省级海上搜救机构可设立搜救分支机构。

2.4.1　省级海上搜救机构

省级海上搜救机构承担本省（区、市）海上搜救责任区的海上应急组织指挥工作。

2.4.2　海上搜救分支机构

海上搜救分支机构是市（地）级或县级海上应急组织指挥机构，其职责由省级海上搜救机构确定。

2.5　现场指挥（员）

海上突发事件应急反应的现场指挥（员）由负责组织海上突发事件应急反应的应急指挥机构指定，按照应急指挥机构指令承担现场协调工作。

2.6　海上应急救助力量

海上应急救助力量包括各级政府部门投资建设的专

业救助力量和军队、武警救助力量,政府部门所属公务救助力量,其他可投入救助行动的民用船舶与航空器,企事业单位、社会团体、个人等社会人力和物力资源。

服从应急指挥机构的协调、指挥,参加海上应急行动及相关工作。

3 预警和预防机制

预警和预防是通过分析预警信息,作出相应判断,采取预防措施,防止自然灾害造成事故或做好应急反应准备。

3.1 信息监测与报告

预警信息包括:气象、海洋、水文、地质等自然灾害预报信息;其他可能威胁海上人命、财产、环境安全或造成海上突发事件发生的信息。

预警信息监测部门根据各自职责分别通过信息播发渠道向有关方面发布气象、海洋、水文、地质等自然灾害预警信息。

3.2 预警预防行动

3.2.1 从事海上活动的有关单位、船舶和人员应注意接收预警信息,根据不同预警级别,采取相应的防范措施,防止或减少海上突发事件对人命、财产和环境造成危害。

3.2.2 各级海上搜救机构,根据风险信息,有针对性地做好应急救助准备。

3.3 预警支持系统

预警支持系统由公共信息播发系统、海上安全信息播发系统等组成,相关风险信息发布责任部门应制定预案,保证信息的及时准确播发。

4 海上突发事件的险情分级与上报

4.1 海上突发事件险情分级

根据国家突发事件险情上报的有关规定,并结合海上突发事件的特点及突发事件对人命安全、海洋环境的危害程度和事态发展趋势,将海上突发事件险情信息分为特大、重大、较大、一般四级。

4.2 海上突发事件险情信息的处理

海上搜救机构接到海上突发事件险情信息后,对险情信息进行分析与核实,并按照有关规定和程序逐级上报。

中国海上搜救中心按照有关规定,立即向国务院报告,同时通报国务院有关部门。

5 海上突发事件的应急响应和处置

5.1 海上遇险报警

5.1.1 发生海上突发事件时,可通过海上通信无线电话、海岸电台、卫星地面站、应急无线电示位标或公众通信网(海上救助专用电话号“12395”)等方式报警。

5.1.2 发送海上遇险信息时,应包括以下内容:

(1)事件发生的时间、位置。

(2)遇险状况。

(3)船舶、航空器或遇险者的名称、种类、国籍、呼号、联系方式。

5.1.3 报警者尽可能提供下列信息:

(1)船舶或航空器的主要尺度、所有人、代理人、经营人、承运人。

(2)遇险人员的数量及伤亡情况。

(3)载货情况,特别是危险货物,货物的名称、种类、数量。

(4)事发直接原因、已采取的措施、救助请求。

(5)事发现场的气象、海况信息,包括风力、风向、流向、流速、潮汐、水温、浪高等。

5.1.4 使用的报警设备应按规定做好相关报警与信息的预设工作。

5.2 海上遇险信息的分析与核实

海上搜救机构通过直接或间接的途径对海上遇险信息进行核实与分析。

5.3 遇险信息的处置

(1)发生海上突发事件,事发地在本责任区的,按规定启动本级预案。

(2)发生海上突发事件,事发地不在本责任区的,接警的海上搜救机构应立即直接向所在责任区海上搜救机构通报并同时向上级搜救机构报告。

(3)中国海上搜救中心直接接到的海上突发事件报警,要立即通知搜救责任区的省级海上搜救机构和相关部门。

(4)海上突发事件发生在香港特别行政区水域、澳门特别行政区水域和台湾、金门、澎湖、马祖岛屿附近水域的,可由有关省级搜救机构按照已有搜救联络协议进行通报,无联络协议的,由中国海上搜救中心予以联络。

(5)海上突发事件发生地不在我国海上搜救责任区的,中国海上搜救中心应通报有关国家的海上搜救机构。有中国籍船舶、船员遇险的,中国海上搜救中心除按上述(2)、(3)项报告外,还应及时与有关国家的海上搜救机构或我驻外使领馆联系,通报信息,协助救助,掌握救助进展情况,并与外交部互通信息。

(6)涉及海上保安事件,按海上保安事件处置程序处理和通报。

涉及船舶造成污染的,按有关船舶油污应急反应程序处理和通报。

5.4 指挥与控制

5.4.1 最初接到海上突发事件信息的海上搜救机构自动承担应急指挥机构的职责，并启动预案反应，直至海上突发事件应急反应工作已明确移交给责任区海上搜救机构或上一级海上搜救机构指定新的应急指挥机构时为止。

5.4.2 应急指挥机构按规定程序向上一级搜救机构请示、报告和做出搜救决策。实施应急行动时，应急指挥机构可指定现场指挥。

5.5 紧急处置

5.5.1 应急指挥机构的任务

在险情确认后，承担应急指挥的机构立即进入应急救援行动状态：

（1）按照险情的级别通知有关人员进入指挥位置。

（2）在已掌握情况基础上，确定救助区域，明确实施救助工作任务与具体救助措施。

（3）根据已制定的应急预案，调动应急力量执行救助任务。

（4）通过船舶报告系统调动事发附近水域船舶前往实施救助。

（5）建立应急通信机制。

（6）指定现场指挥。

（7）动用航空器实施救助的，及时通报空管机构。

（8）事故救助现场需实施海上交通管制的，及时由责任区海事管理机构发布航行通（警）告并组织实施管制行动。

（9）根据救助情况，及时调整救助措施。

5.5.2 搜救指令的内容

对需动用的、当时有能力进行海上搜救的救助力量，搜救机构应及时下达行动指令，明确任务。

5.5.3 海上突发事件处置保障措施

根据救助行动情况及需要，搜救机构应及时对下列事项进行布置：

（1）遇险人员的医疗救护。

（2）当险情可能对公众造成危害时，通知有关部门组织人员疏散或转移。

（3）做出维护治安的安排。

（4）指令有关部门提供海上突发事件应急反应的支持保障。

5.5.4 救助力量与现场指挥的任务

（1）专业救助力量应将值班待命的布设方案和值班计划按搜救机构的要求向搜救机构报告，值班计划临时调整的，应提前向搜救机构报告，调整到位后，要进行确认报告。

（2）救助力量与现场指挥应执行搜救机构的指令，按搜救机构的要求将出动情况、已实施的行动情况、险情现场及救助进展情况向搜救机构报告，并及时提出有利于应急行动的建议。

5.6 分级响应

海上突发事件应急反应按照海上搜救分支机构、省级海上搜救机构、中国海上搜救中心从低到高依次响应。

（1）任何海上突发事件，搜救责任区内最低一级海上搜救机构应首先进行响应。

（2）责任区海上搜救机构应急力量不足或无法控制事件扩展时，请求上一级海上搜救机构开展应急响应。

（3）上一级搜救机构应对下一级搜救机构的应急响应行动给予指导。

（4）无论何种情况，均不免除各省级搜救机构对其搜救责任区内海上突发事件全面负责的责任，亦不影响各省级搜救机构先期或将要采取的有效救助行动。

5.7 海上应急反应通信

海上搜救机构在实施海上应急行动时，可根据现场具体情况，指定参加应急活动所有部门的应急通信方式。通信方式包括：

（1）海上通信，常用海上遇险报警、海上突发事件应急反应通信方式。

（2）公众通信网，包括电话、传真、因特网。

（3）其他一切可用手段。

5.8 海上医疗援助

5.8.1 医疗援助的方式

各级海上搜救机构会同当地卫生主管部门指定当地具备一定医疗技术和条件的医疗机构承担海上医疗援助任务。

5.8.2 医疗援助的实施

海上医疗援助一般由实施救助行动所在地的医疗机构承担，力量不足时，可通过海上搜救机构逐级向上请求支援。

5.9 应急行动人员的安全防护

（1）参与海上应急行动的单位负责本单位人员的安全防护。各级海上搜救机构应对参与救援行动单位的安全防护工作提供指导。

（2）化学品应急人员进入和离开现场应先登记，进行医学检查，有人身伤害立即采取救治措施。

（3）参与应急行动人员的安全防护装备不足时，实施救助行动的海上搜救机构可请求上一级海上搜救机构协调解决。

5.10　遇险旅客及其他人员的安全防护

在实施救助行动中,应根据险情现场与环境情况,组织做好遇险旅客及其他人员的安全防护工作,告知旅客及其他人员可能存在的危害和防护措施,及时调集应急人员和防护器材、装备、药品。

5.10.1　海上搜救机构要对海上突发事件可能次生、衍生的危害采取必要的措施,对海上突发事件可能影响的范围内船舶、设施及人员的安全防护、疏散方式做出安排。

5.10.2　在海上突发事件影响范围内可能涉及陆上人员安全的情况下,海上搜救机构应通报地方政府采取防护或疏散措施。

5.10.3　船舶、浮动设施和民用航空器的所有人、经营人应制订在紧急情况下对遇险旅客及其他人员采取的应急防护、疏散措施;在救助行动中要服从海上搜救机构的指挥,对遇险旅客及其他人员采取应急防护、疏散措施,并做好安置工作。

5.11　社会力量动员与参与

5.11.1　社会动员

(1)各级人民政府可根据海上突发事件的等级、发展趋势、影响程度等在本行政区域内依法发布社会动员令。

(2)当应急力量不足时,由当地政府动员本地区机关、企事业单位、各类民间组织和志愿人员等社会力量参与或支援海上应急救援行动。

5.11.2　社会动员时海上搜救机构的行动

(1)指导所动员的社会力量,携带必要的器材、装备赶赴指定地点。

(2)根据参与应急行动人员的具体情况进行工作安排与布置。

5.12　救助效果评估与处置方案调整

5.12.1　目的

跟踪应急行动的进展,查明险情因素和造成事件扩展和恶化因素,控制危险源和污染源,对措施的有效性进行分析、评价,调整应急行动方案,以便有针对性地采取有效措施,尽可能减少险情造成的损失和降低危害,提高海上突发事件应急反应效率和救助成功率。

5.12.2　方式

由海上搜救机构在指挥应急行动中组织、实施,具体包括:

(1)指导救援单位组织专人,使用专用设备、仪器进行现场检测、分析。

(2)组织专家或专业咨询机构对事件进行分析、研究。

(3)使用计算机辅助支持系统进行分析、评估。

5.12.3　内容

(1)调查险情的主要因素。

(2)判断事件的发展趋势。

(3)采取有针对性措施对危险源进行控制、处置。

(4)对现场进行检测,分析、评价措施的有效性。

(5)针对海上突发事件衍生出的新情况、新问题,采取进一步的措施。

(6)对应急行动方案进行调整和完善。

5.13　海上应急行动的终止

负责组织指挥海上突发事件应急反应的海上搜救机构,根据下列情况决定是否终止应急行动:

(1)所有可能存在遇险人员的区域均已搜寻。

(2)幸存者在当时的气温、水温、风、浪条件下得以生存的可能性已完全不存在。

(3)海上突发事件应急反应已获得成功或紧急情况已不复存在。

(4)海上突发事件的危害已彻底消除或已控制,不再有扩展或复发的可能。

5.14　信息发布

中国海上搜救中心负责向社会发布海上突发事件的信息,必要时可授权下级海上搜救应急指挥机构向社会发布本责任区内海上突发事件的信息。

信息发布要及时、主动、客观、准确。信息发布通过新闻发布会、电视、广播、报刊、杂志等媒体作用,邀请记者现场报道形式进行。

6　后期处置

6.1　善后处置

6.1.1　伤员的处置

当地医疗卫生部门负责获救伤病人员的救治。

6.1.2　获救人员的处置

当地政府民政部门或获救人员所在单位负责获救人员的安置;港澳台或外籍人员,由当地政府港澳台办或外事办负责安置;外籍人员由公安部门或外交部门负责遣返。

6.1.3　死亡人员的处置

当地政府民政部门或死亡人员所在单位负责死亡人员的处置;港澳台或外籍死亡人员,由当地政府港澳台办或外事办负责处置。

6.2　社会救助

对被救人员的社会救助,由当地政府民政部门负责组织。

6.3 保险

6.3.1 参加现场救助的政府公务人员由其所在单位办理人身意外伤害保险。

6.3.2 参加救助的专业救助人员由其所属单位办理人身意外伤害保险。

6.3.3 国家金融保险机构要及时介入海上突发事件的处置工作，按规定开展赔付工作。

6.4 搜救效果和应急经验总结

6.4.1 搜救效果的总结评估

(1)海上搜救机构负责搜救效果的调查工作，实行分级调查的原则。

(2)海上交通事故的调查处理，按照国家有关规定处理。

6.4.2 应急经验总结和改进建议

(1)海上搜救机构负责应急经验的总结工作，实行分级总结的原则。

(2)海上搜救分支机构负责一般和较大应急工作的总结；省级海上搜救机构负责重大应急工作的总结；中国海上搜救中心负责特大应急工作的总结。

7 应急保障

7.1 通信与信息保障

各有关通信管理部门、单位均应按照各自的职责要求，制订有关海上应急通信线路、设备、设施等使用、管理、保养制度；落实责任制，确保海上应急通信畅通。

7.2 应急力量与应急保障

7.2.1 应急力量和装备保障

(1)省级海上搜救机构收集本地区可参与海上应急行动人员的数量、专长、通信方式和分布情况信息。

(2)专业救助力量应按照海上搜救机构的要求配备搜救设备和救生器材。

(3)省级海上搜救机构依据《海上搜救力量指定指南》，收集本地区应急设备的类型、数量、性能和布局信息。

7.2.2 交通运输保障

(1)建立海上应急运输保障机制，为海上应急指挥人员赶赴事发现场，以及应急器材的运送提供保障。

(2)省级海上搜救机构及其分支机构应配备应急专用交通工具，确保应急指挥人员、器材及时到位。

(3)省级海上搜救机构及其分支机构应与本地区的运输部门建立交通工具紧急征用机制，为应急行动提供保障。

7.2.3 医疗保障

建立医疗联动机制，明确海上医疗咨询、医疗援助或医疗移送和收治伤员的任务。

7.2.4 治安保障

(1)省级海上搜救机构及其分支机构与同级公安部门建立海上应急现场治安秩序保障机制，保障海上应急行动的顺利开展。

(2)相关公安部门应为海上应急现场提供治安保障。

7.2.5 资金保障

(1)应急资金保障由各级财政部门纳入财政预算，按照分级负担的原则，合理承担应由政府承担的应急保障资金。具体参照《财政应急保障预案》有关规定执行。

(2)中国海上搜救中心、省级海上搜救机构及其分支机构应按规定使用、管理搜救经费，定期向同级政府汇报经费的使用情况，接受政府部门的审计与监督。

7.2.6 社会动员保障

当应急力量不足时，由当地政府动员本地区机关、企事业单位、各类民间组织和志愿人员等社会力量参与或支援海上应急救援行动。

7.3 宣传、培训与演习

7.3.1 公众信息交流

公众信息交流的目的是使公众了解海上安全知识，提高公众的安全意识，增强应对海上突发事件能力。

(1)海上搜救机构要组织编制海上险情预防、应急等安全知识宣传资料，通过媒体主渠道和适当方式开展海上安全知识宣传工作。

(2)海上搜救机构要通过媒体和适当方式公布海上应急预案信息，介绍应对海上突发事件的常识。

7.3.2 培训

(1)海上搜救机构工作人员应通过专业培训和在职培训，掌握履行其职责所需的相关知识。

(2)专业救助力量、有关人员的适任培训由应急指挥机构认可的机构进行，并应取得应急指挥机构颁发的相应证书。

(3)被指定为海上救援力量的相关人员的应急技能和安全知识培训，由各自单位组织，海上搜救机构负责相关指导工作。

7.3.3 演习

中国海上搜救中心应举行如下海上搜救演习：

(1)每两年举行一次综合演习。不定期与周边国家、地区海上搜救机构举行海上突发事件应急处置联合演习。

(2)每年举行一次海上搜救项目的单项演习，并将海上医疗咨询和医疗救援纳入演习内容。

(3)每半年举行一次由各成员单位和各级海上搜救

机构参加的应急通信演习。

8　附　　则

8.1　名词术语和缩写的定义与说明

(1)海上突发事件是指船舶、设施在海上发生火灾、爆炸、碰撞、搁浅、沉没,油类物质或危险化学品泄漏以及民用航空器海上遇险造成或可能造成人员伤亡、财产损失的事件。

(2)海上搜救责任区是指由一搜救机构所承担的处置海上突发事件的责任区域。

(3)本预案中所指“海上”包括内河水域。

(4)本预案有关数量的表述中,“以上”含本数,“以下”不含本数。

8.2　预案管理与更新

(1)交通部负责国家海上搜救应急预案的编制及修改工作。

(2)本应急预案的附录,属技术指导性文件的,由中国海上搜救中心审定;属行政规章的,其修改工作由发布机关负责。

(3)省级海上搜救机构及其分支机构负责编制各自的海上应急反应预案,报同级人民政府批准,并及时报送中国海上搜救中心。

(4)专业搜救力量制定的预案应报同级应急指挥机构批准后实施,并接受应急指挥机构的监督检查。

8.3　国际协作

(1)收到周边国家或地区请求对在其搜救责任区开展的海上突发事件应急反应给予救援时,视情提供包括船舶、航空器、人员和设备的援助。

(2)在其他国家的救助机构提出外籍船舶或航空器为搜寻救助海难人员的目的进入或越过我国领海或领空的申请时,要及时与国家有关主管部门联系,并将是否准许情况回复给提出请求的搜救机构。

(3)与周边国家共同搜救区内的海上突发事件应急反应,需协调有关国家派出搜救力量,提供必要的援助。

(4)与周边国家搜救机构一起做出搜救合作和协调的行动计划和安排。

(5)为搜寻海上突发事件发生地点和救助海上突发事件遇险人员,救助力量需进入或越过其他国家领海或领空,由中国海上搜救中心与有关国家或地区海上搜救机构联系,说明详细计划和必要性。

8.4　奖励与责任追究

8.4.1　在参加海上应急行动中牺牲的军人或其他人员,由军事部门或省、自治区、直辖市人民政府,按照《革命烈士褒扬条例》的规定批准为革命烈士。

8.4.2　军人或其他人员参加海上应急行动致残的,由民政部门按相关规定给予抚恤优待。

8.4.3　对海上应急工作作出突出贡献的人员,由中国海上搜救中心或省级海上搜救机构报交通部或省级人民政府按照规定,给予奖励。

8.4.4　对按海上搜救机构协调参加海上搜救的船舶,由中国海上搜救中心或省级海上搜救中心给予适当的奖励、补偿或表扬。奖励、补偿或表扬的具体规定由中国海上搜救中心另行制订。

8.4.5　对推诿、故意拖延、不服从、干扰海上搜救机构协调指挥,未按本预案规定履行职责或违反本预案有关新闻发布规定的单位、责任人,由海上搜救机构予以通报,并建议其上级主管部门依照有关规定追究行政责任或给予党纪处分;对违反海事管理法律、法规的,由海事管理机关给予行政处罚;构成犯罪的,依法追究刑事责任。

8.4.6　对滥用职权、玩忽职守的搜救机构工作人员,依照有关规定给予行政和党纪处分;构成犯罪的,依法追究刑事责任。

8.5　预案实施时间

本预案自印发之日起施行。

国务院办公厅关于加强水上搜救工作的通知

1.　2019年10月31日发布
2.　国办函〔2019〕109号

各省、自治区、直辖市人民政府,国务院有关部门:

水上搜救是国家突发事件应急体系的重要组成部分,是我国履行国际公约的重要内容,对保障人民群众生命财产安全、保护海洋生态环境、服务国家发展战略、提升国际影响力具有重要作用。改革开放特别是党的十八大以来,我国充分发挥国家海上搜救体制机制优势,稳步推进水上搜救体系建设,管理运行制度化、队伍装备正规化、决策指挥科学化、理念视野国际化、内部管理窗口化建设均取得显著成效,水上搜救能力和水平有了长足进步。但与此同时,水上搜救工作仍存在责任落实不到位、法规标准不健全、保障能力不适应等突出问题,难以满足新时代经济社会发展需要和人民群众期盼。为加强水上搜救工作,经国务院同意,现将有关事项通知如下:

一、健全水上搜救体制。国家海上搜救机构要做好全国海上搜救和船舶污染应急工作的统一组织、协调,制定完善工作预案和规章制度，指导地方开展有关工作。地方各级人民政府要落实预防与应对水上突发事件的属地责任，建立健全水上搜救组织、协调、指挥和保障体系，水上搜救所需经费要纳入同级财政预算，确保水上搜救机构高效有序运行。

二、完善联席会议制度。国家海上搜救部际联席会议要统筹全国海上搜救和船舶污染应急反应工作，发挥好联席会议、联络员会议、紧急会商、联合演习、专家咨询等优势。交通运输部要发挥好国家海上搜救部际联席会议牵头单位作用，完善综合协调机制，加强督促指导。地方各级人民政府要根据本地区实际建立水上搜救联席会议制度，形成"政府领导、统一指挥、属地为主、专群结合、就近就便、快速高效"的工作格局。

三、注重内河水上搜救协同。地方各级人民政府要根据实际建立适应需求、科学部署的应急值守动态调整机制，区域联动、行业协同的联合协作机制，加快推进内河巡航救助一体化建设，加强公务船艇日常巡航，强化执法和救助功能。非水网地区属地政府要建设辖区水上救援力量，加强应急物资储备，强化协调联动，不断提升内陆湖泊、水库等水上搜救能力。

四、加强信息资源共享。国家海上搜救部际联席会议、地方各级水上搜救联席会议的成员单位，要充分利用交通运输、工业和信息化、自然资源、水利、应急管理、气象等部门资源，提升预测预防预警能力，切实履行好水上搜救反应、抢险救灾、支持保障、善后处置等职责。

五、完善水上搜救规划和预案体系。抓好国家水上交通安全监管和救助系统布局规划、国家重大海上溢油应急能力建设规划的落实。加强国家海上搜救应急预案和国家重大海上溢油应急处置预案的宣贯落实，及时更新配套预案和操作手册，定期组织应急演练。根据工作实际编制水上搜救能力建设专项规划，优化搜救基地布局和装备配置，推进水域救援、巡航救助、水上医学救援、航空救助等基地建设。

六、加强法规和标准体系建设。国家海上搜救部际联席会议要推动完善海上搜救相关法规规章，明确海上搜救工作责任，指导各级水上搜救机构制定和完善水上搜救值班值守、平台建设、搜救指挥、装备配备、险情处置等工作标准，形成全流程、全业务链的标准体系，实现水上搜救工作规范化、科学化。

七、注重装备研发配备和技术应用。加强深远海救助打捞关键技术及装备研发应用，提升深远海和夜航搜救能力。加强内陆湖泊、水库等水域救援和深水救捞装备建设，实现深潜装备轻型化远程投送，提升长江等内河应急搜救能力。推动人工智能、新一代信息技术、卫星通信等在水上搜救工作中的应用，实现"12395"水上遇险求救电话全覆盖。科学布局建设船舶溢油应急物资设备库并定期维护保养，加强日常演习演练，提升船舶污染和重大海上溢油的应急处置能力。

八、建设现代化水上搜救人才队伍。加强国家专业救助打捞队伍和国家海上搜救部际联席会议成员单位所属水上搜救、水域救援力量建设，开放共享训练条件，强化搜救培训教育。充分发挥商船、渔船、社会志愿者等社会力量的作用，鼓励引导社会搜救队伍和志愿者队伍有序发展。组建跨地区、跨部门、多专业的水上搜救专家队伍，建立相对稳定的应急专家库，为做好有关工作提供技术支撑。

九、加强水上搜救交流与合作。国家海上搜救机构要弘扬国际人道主义精神，按照有关国际公约认真履行国际搜救义务，加强国内外重大事故应急案例研究，积极参与国际救援行动，树立负责任大国形象。加强区域与国际交流合作，学习借鉴国际先进的理念、技术和经验，提高我国海上搜救履职能力和国际影响力。

十、推广普及水上搜救文化。牢固树立生命至上、安全第一的思想，组织开展形式多样、生动活泼的宣传教育活动，提升全社会水上安全意识。建立激励机制，加大先进人物、感人事迹宣传力度，提升从业人员社会认同感、职业自豪感和工作积极性，为做好水上搜救工作创造良好氛围。

国家突发公共事件
医疗卫生救援应急预案

2006年2月26日国务院发布

1 总 则

1.1 编制目的

保障自然灾害、事故灾难、公共卫生、社会安全事件等突发公共事件（以下简称突发公共事件）发生后，各项医疗卫生救援工作迅速、高效、有序地进行，提高卫生部门应对各类突发公共事件的应急反应能力和医疗卫生救援水平，最大程度地减少人员伤亡和健康危害，保障人民群众身体健康和生命安全，维护社会稳定。

1.2 编制依据

依据《中华人民共和国传染病防治法》、《中华人民共和国食品卫生法》、《中华人民共和国职业病防治法》、

《中华人民共和国放射性污染防治法》、《中华人民共和国安全生产法》以及《突发公共卫生事件应急条例》、《医疗机构管理条例》、《核电厂核事故应急管理条例》和《国家突发公共事件总体应急预案》,制定本预案。

1.3　适用范围

本预案适用于突发公共事件所导致的人员伤亡、健康危害的医疗卫生救援工作。突发公共卫生事件应急工作按照《国家突发公共卫生事件应急预案》的有关规定执行。

1.4　工作原则

统一领导、分级负责;属地管理、明确职责;依靠科学、依法规范;反应及时、措施果断;整合资源、信息共享;平战结合、常备不懈;加强协作、公众参与。

2　医疗卫生救援的事件分级

根据突发公共事件导致人员伤亡和健康危害情况将医疗卫生救援事件分为特别重大(Ⅰ级)、重大(Ⅱ级)、较大(Ⅲ级)和一般(Ⅳ级)四级。

2.1　特别重大事件(Ⅰ级)

(1)一次事件出现特别重大人员伤亡,且危重人员多,或者核事故和突发放射事件、化学品泄漏事故导致大量人员伤亡,事件发生地省级人民政府或有关部门请求国家在医疗卫生救援工作上给予支持的突发公共事件。

(2)跨省(区、市)的有特别严重人员伤亡的突发公共事件。

(3)国务院及其有关部门确定的其他需要开展医疗卫生救援工作的特别重大突发公共事件。

2.2　重大事件(Ⅱ级)

(1)一次事件出现重大人员伤亡,其中,死亡和危重病例超过5例的突发公共事件。

(2)跨市(地)的有严重人员伤亡的突发公共事件。

(3)省级人民政府及其有关部门确定的其他需要开展医疗卫生救援工作的重大突发公共事件。

2.3　较大事件(Ⅲ级)

(1)一次事件出现较大人员伤亡,其中,死亡和危重病例超过3例的突发公共事件。

(2)市(地)级人民政府及其有关部门确定的其他需要开展医疗卫生救援工作的较大突发公共事件。

2.4　一般事件(Ⅳ级)

(1)一次事件出现一定数量人员伤亡,其中,死亡和危重病例超过1例的突发公共事件。

(2)县级人民政府及其有关部门确定的其他需要开展医疗卫生救援工作的一般突发公共事件。

3　医疗卫生救援组织体系

各级卫生行政部门要在同级人民政府或突发公共事件应急指挥机构的统一领导、指挥下,与有关部门密切配合、协调一致,共同应对突发公共事件,做好突发公共事件的医疗卫生救援工作。

医疗卫生救援组织机构包括:各级卫生行政部门成立的医疗卫生救援领导小组、专家组和医疗卫生救援机构[指各级各类医疗机构,包括医疗急救中心(站)、综合医院、专科医院、化学中毒和核辐射事故应急医疗救治专业机构、疾病预防控制机构和卫生监督机构]、现场医疗卫生救援指挥部。

3.1　医疗卫生救援领导小组

国务院卫生行政部门成立突发公共事件医疗卫生救援领导小组,领导、组织、协调、部署特别重大突发公共事件的医疗卫生救援工作。国务院卫生行政部门卫生应急办公室负责日常工作。

省、市(地)、县级卫生行政部门成立相应的突发公共事件医疗卫生救援领导小组,领导本行政区域内突发公共事件医疗卫生救援工作,承担各类突发公共事件医疗卫生救援的组织、协调任务,并指定机构负责日常工作。

3.2　专家组

各级卫生行政部门应组建专家组,对突发公共事件医疗卫生救援工作提供咨询建议、技术指导和支持。

3.3　医疗卫生救援机构

各级各类医疗机构承担突发公共事件的医疗卫生救援任务。其中,各级医疗急救中心(站)、化学中毒和核辐射事故应急医疗救治专业机构承担突发公共事件现场医疗卫生救援和伤员转送;各级疾病预防控制机构和卫生监督机构根据各自职能做好突发公共事件中的疾病预防控制和卫生监督工作。

3.4　现场医疗卫生救援指挥部

各级卫生行政部门根据实际工作需要在突发公共事件现场设立现场医疗卫生救援指挥部,统一指挥、协调现场医疗卫生救援工作。

4　医疗卫生救援应急响应和终止

4.1　医疗卫生救援应急分级响应

4.1.1　Ⅰ级响应

(1)Ⅰ级响应的启动

符合下列条件之一者,启动医疗卫生救援应急的Ⅰ级响应:

a. 发生特别重大突发公共事件,国务院启动国家突发公共事件总体应急预案。

b. 发生特别重大突发公共事件，国务院有关部门启动国家突发公共事件专项应急预案。

c. 其他符合医疗卫生救援特别重大事件（Ⅰ级）级别的突发公共事件。

（2）Ⅰ级响应行动

国务院卫生行政部门接到关于医疗卫生救援特别重大事件的有关指示、通报或报告后，应立即启动医疗卫生救援领导小组工作，组织专家对伤病员及救治情况进行综合评估，组织和协调医疗卫生救援机构开展现场医疗卫生救援，指导和协调落实医疗救治等措施，并根据需要及时派出专家和专业队伍支援地方，及时向国务院和国家相关突发公共事件应急指挥机构报告和反馈有关处理情况。凡属启动国家总体应急预案和专项应急预案的响应，医疗卫生救援领导小组按相关规定启动工作。

事件发生地的省（区、市）人民政府卫生行政部门在国务院卫生行政部门的指挥下，结合本行政区域的实际情况，组织、协调开展突发公共事件的医疗卫生救援。

4.1.2 Ⅱ级响应

（1）Ⅱ级响应的启动

符合下列条件之一者，启动医疗卫生救援应急的Ⅱ级响应：

a. 发生重大突发公共事件，省级人民政府启动省级突发公共事件应急预案。

b. 发生重大突发公共事件，省级有关部门启动省级突发公共事件专项应急预案。

c. 其他符合医疗卫生救援重大事件（Ⅱ级）级别的突发公共事件。

（2）Ⅱ级响应行动

省级卫生行政部门接到关于医疗卫生救援重大事件的有关指示、通报或报告后，应立即启动医疗卫生救援领导小组工作，组织专家对伤病员及救治情况进行综合评估。同时，迅速组织医疗卫生救援应急队伍和有关人员到达突发公共事件现场，组织开展医疗救治，并分析突发公共事件的发展趋势，提出应急处理工作建议，及时向本级人民政府和突发公共事件应急指挥机构报告有关处理情况。凡属启动省级应急预案和省级专项应急预案的响应，医疗卫生救援领导小组按相关规定启动工作。

国务院卫生行政部门对省级卫生行政部门负责的突发公共事件医疗卫生救援工作进行督导，根据需要和事件发生地省级人民政府和有关部门的请求，组织国家医疗卫生救援应急队伍和有关专家进行支援，并及时向有关省份通报情况。

4.1.3 Ⅲ级响应

（1）Ⅲ级响应的启动

符合下列条件之一者，启动医疗卫生救援应急的Ⅲ级响应：

a. 发生较大突发公共事件，市（地）级人民政府启动市（地）级突发公共事件应急预案。

b. 其他符合医疗卫生救援较大事件（Ⅲ级）级别的突发公共事件。

（2）Ⅲ级响应行动

市（地）级卫生行政部门接到关于医疗卫生救援较大事件的有关指示、通报或报告后，应立即启动医疗卫生救援领导小组工作，组织专家对伤病员及救治情况进行综合评估。同时，迅速组织开展现场医疗卫生救援工作，并及时向本级人民政府和突发公共事件应急指挥机构报告有关处理情况。凡属启动市（地）级应急预案的响应，医疗卫生救援领导小组按相关规定启动工作。

省级卫生行政部门接到医疗卫生救援较大事件报告后，要对事件发生地突发公共事件医疗卫生救援工作进行督导，必要时组织专家提供技术指导和支持，并适时向本省（区、市）有关地区发出通报。

4.1.4 Ⅳ级响应

（1）Ⅳ级响应的启动

符合下列条件之一者，启动医疗卫生救援应急的Ⅳ级响应：

a. 发生一般突发公共事件，县级人民政府启动县级突发公共事件应急预案。

b. 其他符合医疗卫生救援一般事件（Ⅳ级）级别的突发公共事件。

（2）Ⅳ级响应行动

县级卫生行政部门接到关于医疗卫生救援一般事件的有关指示、通报或报告后，应立即启动医疗卫生救援领导小组工作，组织医疗卫生救援机构开展突发公共事件的现场处理工作，组织专家对伤病员及救治情况进行调查、确认和评估，同时向本级人民政府和突发公共事件应急指挥机构报告有关处理情况。凡属启动县级应急预案的响应，医疗卫生救援领导小组按相关规定启动工作。

市（地）级卫生行政部门在必要时应当快速组织专家对突发公共事件医疗卫生救援进行技术指导。

4.2 现场医疗卫生救援及指挥

医疗卫生救援应急队伍在接到救援指令后要及时赶赴现场，并根据现场情况全力开展医疗卫生救援工作。在实施医疗卫生救援的过程中，既要积极开展救治，又要注重自我防护，确保安全。

为了及时准确掌握现场情况,做好现场医疗卫生救援指挥工作,使医疗卫生救援工作紧张有序地进行,有关卫生行政部门应在事发现场设置现场医疗卫生救援指挥部,主要或分管领导同志要亲临现场,靠前指挥,减少中间环节,提高决策效率,加快抢救进程。现场医疗卫生救援指挥部要接受突发公共事件现场处置指挥机构的领导,加强与现场各救援部门的沟通与协调。

4.2.1 现场抢救

到达现场的医疗卫生救援应急队伍,要迅速将伤员转送出危险区,本着“先救命后治伤、先救重后救轻”的原则开展工作,按照国际统一的标准对伤病员进行检伤分类,分别用蓝、黄、红、黑四种颜色,对轻、重、危重伤病员和死亡人员作出标志(分类标记用塑料材料制成腕带),扣系在伤病员或死亡人员的手腕或脚踝部位,以便后续救治辨认或采取相应的措施。

4.2.2 转送伤员

当现场环境处于危险或在伤病员情况允许时,要尽快将伤病员转送并做好以下工作:

(1)对已经检伤分类待送的伤病员进行复检。对有活动性大出血或转运途中有生命危险的急危重症者,应就地先予抢救、治疗,做必要的处理后再进行监护下转运。

(2)认真填写转运卡提交接纳的医疗机构,并报现场医疗卫生救援指挥部汇总。

(3)在转运中,医护人员必须在医疗仓内密切观察伤病员病情变化,并确保治疗持续进行。

(4)在转运过程中要科学搬运,避免造成二次损伤。

(5)合理分流伤病员或按现场医疗卫生救援指挥部指定的地点转送,任何医疗机构不得以任何理由拒诊、拒收伤病员。

4.3 疾病预防控制和卫生监督工作

突发公共事件发生后,有关卫生行政部门要根据情况组织疾病预防控制和卫生监督等有关专业机构和人员,开展卫生学调查和评价、卫生执法监督,采取有效的预防控制措施,防止各类突发公共事件造成的次生或衍生突发公共卫生事件的发生,确保大灾之后无大疫。

4.4 信息报告和发布

医疗急救中心(站)和其他医疗机构接到突发公共事件的报告后,在迅速开展应急医疗卫生救援工作的同时,立即将人员伤亡、抢救等情况报告现场医疗卫生救援指挥部或当地卫生行政部门。

现场医疗卫生救援指挥部、承担医疗卫生救援任务的医疗机构要每日向上级卫生行政部门报告伤病员情况、医疗救治进展等,重要情况要随时报告。有关卫生行政部门要及时向本级人民政府和突发公共事件应急指挥机构报告有关情况。

各级卫生行政部门要认真做好突发公共事件医疗卫生救援信息发布工作。

4.5 医疗卫生救援应急响应的终止

突发公共事件现场医疗卫生救援工作完成,伤病员在医疗机构得到救治,经本级人民政府或同级突发公共事件应急指挥机构批准,或经同级卫生行政部门批准,医疗卫生救援领导小组可宣布医疗卫生救援应急响应终止,并将医疗卫生救援应急响应终止的信息报告上级卫生行政部门。

5 医疗卫生救援的保障

突发公共事件应急医疗卫生救援机构和队伍的建设,是国家突发公共卫生事件预防控制体系建设的重要组成部分,各级卫生行政部门应遵循“平战结合、常备不懈”的原则,加强突发公共事件医疗卫生救援工作的组织和队伍建设,组建医疗卫生救援应急队伍,制订各种医疗卫生救援应急技术方案,保证突发公共事件医疗卫生救援工作的顺利开展。

5.1 信息系统

在充分利用现有资源的基础上建设医疗救治信息网络,实现医疗机构与卫生行政部门之间,以及卫生行政部门与相关部门间的信息共享。

5.2 急救机构

各直辖市、省会城市可根据服务人口和医疗救治的需求,建立一个相应规模的医疗急救中心(站),并完善急救网络。每个市(地)、县(市)可依托综合力量较强的医疗机构建立急救机构。

5.3 化学中毒与核辐射医疗救治机构

按照“平战结合”的原则,依托专业防治机构或综合医院建立化学中毒医疗救治和核辐射应急医疗救治专业机构,依托实力较强的综合医院建立化学中毒、核辐射应急医疗救治专业科室。

5.4 医疗卫生救援应急队伍

各级卫生行政部门组建综合性医疗卫生救援应急队伍,并根据需要建立特殊专业医疗卫生救援应急队伍。

各级卫生行政部门要保证医疗卫生救援工作队伍的稳定,严格管理,定期开展培训和演练,提高应急救治能力。

医疗卫生救援演练需要公众参与的,必须报经本级人民政府同意。

5.5 物资储备

卫生行政部门提出医疗卫生救援应急药品、医疗器械、设备、快速检测器材和试剂、卫生防护用品等物资的储备计划建议。发展改革部门负责组织应急物资的生产、储备和调运，保证供应，维护市场秩序，保持物价稳定。应急储备物资使用后要及时补充。

5.6 医疗卫生救援经费

财政部门负责安排应由政府承担的突发公共事件医疗卫生救援所必需的经费，并做好经费使用情况监督工作。

自然灾害导致的人员伤亡，各级财政按照有关规定承担医疗救治费用或给予补助。

安全生产事故引起的人员伤亡，事故发生单位应向医疗急救中心（站）或相关医疗机构支付医疗卫生救援过程中发生的费用，有关部门应负责督促落实。

社会安全突发事件中发生的人员伤亡，由有关部门确定的责任单位或责任人承担医疗救治费用，有关部门应负责督促落实。各级财政可根据有关政策规定或本级人民政府的决定对医疗救治费用给予补助。

各类保险机构要按照有关规定对参加人身、医疗、健康等保险的伤亡人员，做好理赔工作。

5.7 医疗卫生救援的交通运输保障

各级医疗卫生救援应急队伍要根据实际工作需要配备救护车辆、交通工具和通讯设备。

铁路、交通、民航、公安（交通管理）等有关部门，要保证医疗卫生救援人员和物资运输的优先安排、优先调度、优先放行，确保运输安全畅通。情况特别紧急时，对现场及相关通道实行交通管制，开设应急救援“绿色通道”，保证医疗卫生救援工作的顺利开展。

5.8 其他保障

公安机关负责维护突发公共事件现场治安秩序，保证现场医疗卫生救援工作的顺利进行。

科技部门制定突发公共事件医疗卫生救援应急技术研究方案，组织科研力量开展医疗卫生救援应急技术科研攻关，统一协调、解决检测技术及药物研发和应用中的科技问题。

海关负责突发公共事件医疗卫生救援急需进口特殊药品、试剂、器材的优先通关验放工作。

食品药品监管部门负责突发公共事件医疗卫生救援药品、医疗器械和设备的监督管理，参与组织特殊药品的研发和生产，并组织对特殊药品进口的审批。

红十字会按照《中国红十字会总会自然灾害与突发公共事件应急预案》，负责组织群众开展现场自救和互救，做好相关工作。并根据突发公共事件的具体情况，向国内外发出呼吁，依法接受国内外组织和个人的捐赠，提供急需的人道主义援助。

总后卫生部负责组织军队有关医疗卫生技术人员和力量，支持和配合突发公共事件医疗卫生救援工作。

6 医疗卫生救援的公众参与

各级卫生行政部门要做好突发公共事件医疗卫生救援知识普及的组织工作；中央和地方广播、电视、报刊、互联网等媒体要扩大对社会公众的宣传教育；各部门、企事业单位、社会团体要加强对所属人员的宣传教育；各医疗卫生机构要做好宣传资料的提供和师资培训工作。在广泛普及医疗卫生救援知识的基础上逐步组建以公安干警、企事业单位安全员和卫生员为骨干的群众性救助网络，经过培训和演练提高其自救、互救能力。

7 附　　则

7.1 责任与奖惩

突发公共事件医疗卫生救援工作实行责任制和责任追究制。

各级卫生行政部门，对突发公共事件医疗卫生救援工作作出贡献的先进集体和个人要给予表彰和奖励。对失职、渎职的有关责任人，要依据有关规定严肃追究责任，构成犯罪的，依法追究刑事责任。

7.2 预案制定与修订

本预案由国务院卫生行政部门组织制定并报国务院审批发布。各地区可结合实际制定本地区的突发公共事件医疗卫生救援应急预案。

本预案定期进行评审，根据突发公共事件医疗卫生救援实施过程中发现的问题及时进行修订和补充。

7.3 预案实施时间

本预案自印发之日起实施。

灾害事故医疗救援工作管理办法

1995年4月27日卫生部令第39号发布施行

第一章　总　　则

第一条　为提高对灾害事故的应急反应能力和医疗救援水平，避免和减少人员伤亡，保障公民身体健康和生命安全，特制定本办法。

第二条　本办法所称医疗救援，系指因灾害事故发生人群伤亡时的抢救治疗工作。

第三条　对灾害事故的医疗救援工作实行规范管理，做到常备不懈，及时有效。

第四条　县级以上政府卫生行政部门主管灾害事故医疗

救援工作。

第二章 组 织

第五条 卫生部成立“卫生部灾害事故医疗救援领导小组”,由卫生部部长任组长,主管副部长、医政司司长任副组长,办公厅、疾病控制司、计财司、药政局、爱委会、监督司、外事司等有关领导为成员。

第六条 各省、自治区、直辖市政府卫生行政部门成立与“卫生部灾害事故医疗救援工作领导小组”相应的组织。

灾害事故多发地区的县级以上政府卫生行政部门,根据需要也可以设立相应的领导协调组织。

第七条 各级灾害事故医疗救援领导小组要及时了解掌握全国或当地灾害事故的特征、规律、医疗救护资源、地理交通状况等信息,组织、协调、部署与灾害事故医疗救护有关的工作。

第八条 要组织好灾害事故的现场医疗救护。在灾害事故发生后,到达事故现场的当地最高卫生行政主管部门领导即为灾害事故现场医疗救援总指挥,负责现场医疗救援工作。

第九条 县级以上地方政府卫生行政部门要加强对急救中心、急救站、医院急诊科(室)为主体的急救医疗服务网络建设,提高其急救反应能力。

第十条 各级政府卫生行政部门要制定医疗救援预案;要建立数支救灾医疗队,并配备一定数量的急救医疗药械(见附件),由医疗队所在单位保管,定期更换。

第三章 灾 情 报 告

第十一条 灾害事故发生地的医疗卫生单位或医疗卫生人员应当及时将灾情报告其所在地的县级以上政府卫生行政部门。

凡事故发生地丧失报告能力的,由相邻地区政府卫生行政部门、医疗卫生单位或医疗卫生人员履行报告程序。

第十二条 卫生行政部门接到灾情报告或救援指令后,应当立即通知有关单位,组织现场抢救,并及时报告当地人民政府和上一级政府卫生行政部门。

第十三条 医疗救援情况按以下规定报告:

(一)伤亡20人以下的,6小时内报市级卫生行政部门;

(二)伤亡20—50人的,12小时内报省级卫生行政部门;

(三)伤亡50人以上的,24小时内报国务院卫生行政部门;

(四)地震、水灾、风灾、火灾和其它重大灾害事故,虽一时不明伤亡情况的,应尽快逐级上报至国务院卫生行政部门。

第十四条 报告内容:

(一)灾害发生的时间、地点、伤亡人数及种类;

(二)伤员主要的伤情、采取的措施及投入的医疗资源;

(三)急需解决的卫生问题;

(四)卫生系统受损情况。

第十五条 疫情的报告和公布根据《中华人民共和国传染病防治法》的规定实施。

第四章 现场医疗救护

第十六条 灾害事故发生后,凡就近的医护人员都要主动及时到达现场,并组织起来参加医疗救护。

第十七条 参加医疗救援工作的单位和个人,到达现场后应当立即向灾害事故医疗救援现场指挥部报到,并接受其统一指挥和调遣。

第十八条 灾害事故医疗救援现场指挥部的任务为:

(一)视伤亡情况设置伤病员分检处;

(二)对现场伤亡情况和事态发展作出快速、准确评估;

(三)指挥、调遣现场及辖区内各医疗救护力量;

(四)向当地灾害事故医疗救援领导小组汇报有关情况并接受指令。

第十九条 在现场医疗救护中,依据受害者的伤病情况,按轻、中、重、死亡分类,分别以“红、黄、蓝、黑”的伤病卡作出标志,(伤病卡以5×3cm的不干胶材料做成),置于伤病员的左胸部或其它明显部位,便于医疗救护人员辨认并采取相应的急救措施。

第二十条 现场医疗救护过程中,要本着先救命后治伤、先治重伤后治轻伤的原则,要将经治的伤员的血型、伤情、急救处置、注意事项等逐一填写伤员情况单(见附件2),并置于伤员衣袋内。

第二十一条 根据现场伤员情况设手术、急救处置室(部)。

第五章 伤病员后送

第二十二条 凡伤员需要后送,由当地灾害事故医疗救援领导小组视实际需要决定设伤员后送指挥部,负责伤员后送的指挥协调工作。

第二十三条 伤病员经现场检伤分类、处置后要根据病情向就近的省、市级医院或专科医院分流,原则如下:

(一)当地医疗机构有能力收治全部伤员的,由急救中心(站)或后送指挥部指定有关单位后送到就近的医院;

（二）伤员现场经治的医疗文书要一式二份，及时向现场指挥部报告汇总，并向接纳后送伤员的医疗机构提交；

（三）后送途中需要监护的伤员，由灾害事故现场医疗救护指挥部派医护人员护送；

（四）灾害事故发生后医疗机构不得以任何理由拒诊、推诿后送的伤员。

第六章　部 门 协 调

第二十四条　各级卫生行政部门负责制定灾害事故医疗救援工作计划；负责组织派遣医疗队，救治伤病员；负责灾害事故医疗救援工作的对外宣传口径；承接上级灾害事故医疗救援领导小组分配的任务。

第二十五条　灾害事故医疗救援领导小组视情况提请地方政府协调铁路、邮电、交通、民航、航运、军队、武警、国家医药管理局等有关部门协助解决医疗救援有关的交通，伤病员的转送、药械调拨等工作。

第二十六条　各级红十字会、爱国卫生运动委员会办公室要协同卫生行政部门，参与灾害事故的医疗救援工作。

第七章　培　　训

第二十七条　各级卫生行政部门要制订和落实灾害事故医疗救护人员的培训计划。重点掌握检伤分类、徒手复苏、骨折固定、止血、气管插管、气管切开、清创、缝合、饮用水消毒等基本技能，并定期举行模拟演习，达到实战要求。

第二十八条　要利用报刊、广播、影视、培训班等多种形式，向公众普及灾害事故医疗救护、自救和互救的知识及基本技术。

第八章　附　　则

第二十九条　本办法由卫生部负责解释。

第三十条　本办法自发布之日起实施。

附件：（略）

国家安全监管总局办公厅关于规范矿山救护队涉企收费的通知

1. 2017 年 10 月 23 日发布
2. 安监总厅应急〔2017〕87 号

各省、自治区、直辖市及新疆生产建设兵团安全生产监督管理局，各省煤矿安全监察局：

为贯彻落实《国务院办公厅关于进一步加强涉企收费管理减轻企业负担的通知》（国办发〔2014〕30号）要求，规范矿山救护队有偿服务收费行为，杜绝乱收费、收费与服务不对等和只收费不服务等违规行为，现就规范矿山救护队涉企收费有关事项通知如下：

一、明确收费清单

各省级安全监管监察机构要积极协调本地物价部门，根据《非煤矿矿山企业安全生产许可证实施办法》（国家安全监管总局令第 20 号）、《煤矿企业安全生产许可证实施办法》（国家安全监管总局令第 86 号）、《煤矿安全规程》（国家安全监管总局令第 87 号）、《矿山救护规程》等有关规定，将预案演练、应急知识培训、事故救援和预防性检查等服务项目纳入矿山救护队涉企收费清单，明确收费项目、标准和依据等。

矿山救护队要主动向物价部门报告服务项目及服务收费等情况，接受物价部门和社会媒体监督。

二、严格履行服务义务

矿山救护队要严格按照双方签订的协议履行义务，不得随意变更、减少服务项目；要不断提高应急救援技术能力，确保服务质量。

三、严肃查处违规收费行为

各级安全监管部门要配合物价部门做好矿山救护队涉企服务收费的监督检查，严肃查处收费过程中存在的随意性大、操作性隐蔽等违规行为。

自然灾害救助条例

1. 2010 年 7 月 8 日国务院令第 577 号公布
2. 根据 2019 年 3 月 2 日国务院令第 709 号《关于修改部分行政法规的决定》修订

第一章　总　　则

第一条　为了规范自然灾害救助工作，保障受灾人员基本生活，制定本条例。

第二条　自然灾害救助工作遵循以人为本、政府主导、分级管理、社会互助、灾民自救的原则。

第三条　自然灾害救助工作实行各级人民政府行政领导负责制。

国家减灾委员会负责组织、领导全国的自然灾害救助工作，协调开展重大自然灾害救助活动。国务院应急管理部门负责全国的自然灾害救助工作，承担国家减灾委员会的具体工作。国务院有关部门按照各自职责做好全国的自然灾害救助相关工作。

县级以上地方人民政府或者人民政府的自然灾害救助应急综合协调机构，组织、协调本行政区域的自然灾害救助工作。县级以上地方人民政府应急管理部门负责本行政区域的自然灾害救助工作。县级以上地方人民政府有关部门按照各自职责做好本行政区域的自然灾害救助相关工作。

第四条 县级以上人民政府应当将自然灾害救助工作纳入国民经济和社会发展规划,建立健全与自然灾害救助需求相适应的资金、物资保障机制,将人民政府安排的自然灾害救助资金和自然灾害救助工作经费纳入财政预算。

第五条 村民委员会、居民委员会以及红十字会、慈善会和公募基金会等社会组织,依法协助人民政府开展自然灾害救助工作。

国家鼓励和引导单位和个人参与自然灾害救助捐赠、志愿服务等活动。

第六条 各级人民政府应当加强防灾减灾宣传教育,提高公民的防灾避险意识和自救互救能力。

村民委员会、居民委员会、企业事业单位应当根据所在地人民政府的要求,结合各自的实际情况,开展防灾减灾应急知识的宣传普及活动。

第七条 对在自然灾害救助中作出突出贡献的单位和个人,按照国家有关规定给予表彰和奖励。

第二章 救助准备

第八条 县级以上地方人民政府及其有关部门应当根据有关法律、法规、规章,上级人民政府及其有关部门的应急预案以及本行政区域的自然灾害风险调查情况,制定相应的自然灾害救助应急预案。

自然灾害救助应急预案应当包括下列内容:

(一)自然灾害救助应急组织指挥体系及其职责;

(二)自然灾害救助应急队伍;

(三)自然灾害救助应急资金、物资、设备;

(四)自然灾害的预警预报和灾情信息的报告、处理;

(五)自然灾害救助应急响应的等级和相应措施;

(六)灾后应急救助和居民住房恢复重建措施。

第九条 县级以上人民政府应当建立健全自然灾害救助应急指挥技术支撑系统,并为自然灾害救助工作提供必要的交通、通信等装备。

第十条 国家建立自然灾害救助物资储备制度,由国务院应急管理部门分别会同国务院财政部门、发展改革部门、工业和信息化部门、粮食和物资储备部门制定全国自然灾害救助物资储备规划和储备库规划,并组织实施。其中,由国务院粮食和物资储备部门会同相关部门制定中央救灾物资储备库规划,并组织实施。

设区的市级以上人民政府和自然灾害多发、易发地区的县级人民政府应当根据自然灾害特点、居民人口数量和分布等情况,按照布局合理、规模适度的原则,设立自然灾害救助物资储备库。

第十一条 县级以上地方人民政府应当根据当地居民人口数量和分布等情况,利用公园、广场、体育场馆等公共设施,统筹规划设立应急避难场所,并设置明显标志。

启动自然灾害预警响应或者应急响应,需要告知居民前往应急避难场所的,县级以上地方人民政府或者人民政府的自然灾害救助应急综合协调机构应当通过广播、电视、手机短信、电子显示屏、互联网等方式,及时公告应急避难场所的具体地址和到达路径。

第十二条 县级以上地方人民政府应当加强自然灾害救助人员的队伍建设和业务培训,村民委员会、居民委员会和企业事业单位应当设立专职或者兼职的自然灾害信息员。

第三章 应急救助

第十三条 县级以上人民政府或者人民政府的自然灾害救助应急综合协调机构应当根据自然灾害预警预报启动预警响应,采取下列一项或者多项措施:

(一)向社会发布规避自然灾害风险的警告,宣传避险常识和技能,提示公众做好自救互救准备;

(二)开放应急避难场所,疏散、转移易受自然灾害危害的人员和财产,情况紧急时,实行有组织的避险转移;

(三)加强对易受自然灾害危害的乡村、社区以及公共场所的安全保障;

(四)责成应急管理等部门做好基本生活救助的准备。

第十四条 自然灾害发生并达到自然灾害救助应急预案启动条件的,县级以上人民政府或者人民政府的自然灾害救助应急综合协调机构应当及时启动自然灾害救助应急响应,采取下列一项或者多项措施:

(一)立即向社会发布政府应对措施和公众防范措施;

(二)紧急转移安置受灾人员;

(三)紧急调拨、运输自然灾害救助应急资金和物资,及时向受灾人员提供食品、饮用水、衣被、取暖、临时住所、医疗防疫等应急救助,保障受灾人员基本生活;

(四)抚慰受灾人员,处理遇难人员善后事宜;

(五)组织受灾人员开展自救互救;

（六）分析评估灾情趋势和灾区需求，采取相应的自然灾害救助措施；

（七）组织自然灾害救助捐赠活动。

对应急救助物资，各交通运输主管部门应当组织优先运输。

第十五条　在自然灾害救助应急期间，县级以上地方人民政府或者人民政府的自然灾害救助应急综合协调机构可以在本行政区域内紧急征用物资、设备、交通运输工具和场地，自然灾害救助应急工作结束后应当及时归还，并按照国家有关规定给予补偿。

第十六条　自然灾害造成人员伤亡或者较大财产损失的，受灾地区县级人民政府应急管理部门应当立即向本级人民政府和上一级人民政府应急管理部门报告。

自然灾害造成特别重大或者重大人员伤亡、财产损失的，受灾地区县级人民政府应急管理部门应当按照有关法律、行政法规和国务院应急预案规定的程序及时报告，必要时可以直接报告国务院。

第十七条　灾情稳定前，受灾地区人民政府应急管理部门应当每日逐级上报自然灾害造成的人员伤亡、财产损失和自然灾害救助工作动态等情况，并及时向社会发布。

灾情稳定后，受灾地区县级以上人民政府或者人民政府的自然灾害救助应急综合协调机构应当评估、核定并发布自然灾害损失情况。

第四章　灾 后 救 助

第十八条　受灾地区人民政府应当在确保安全的前提下，采取就地安置与异地安置、政府安置与自行安置相结合的方式，对受灾人员进行过渡性安置。

就地安置应当选择在交通便利、便于恢复生产和生活的地点，并避开可能发生次生自然灾害的区域，尽量不占用或者少占用耕地。

受灾地区人民政府应当鼓励并组织受灾群众自救互救，恢复重建。

第十九条　自然灾害危险消除后，受灾地区人民政府应当统筹研究制订居民住房恢复重建规划和优惠政策，组织重建或者修缮因灾损毁的居民住房，对恢复重建确有困难的家庭予以重点帮扶。

居民住房恢复重建应当因地制宜、经济实用，确保房屋建设质量符合防灾减灾要求。

受灾地区人民政府应急管理等部门应当向经审核确认的居民住房恢复重建补助对象发放补助资金和物资，住房城乡建设等部门应当为受灾人员重建或者修缮因灾损毁的居民住房提供必要的技术支持。

第二十条　居民住房恢复重建补助对象由受灾人员本人申请或者由村民小组、居民小组提名。经村民委员会、居民委员会民主评议，符合救助条件的，在自然村、社区范围内公示；无异议或者经村民委员会、居民委员会民主评议异议不成立的，由村民委员会、居民委员会将评议意见和有关材料提交乡镇人民政府、街道办事处审核，报县级人民政府应急管理等部门审批。

第二十一条　自然灾害发生后的当年冬季、次年春季，受灾地区人民政府应当为生活困难的受灾人员提供基本生活救助。

受灾地区县级人民政府应急管理部门应当在每年10月底前统计、评估本行政区域受灾人员当年冬季、次年春季的基本生活困难和需求，核实救助对象，编制工作台账，制定救助工作方案，经本级人民政府批准后组织实施，并报上一级人民政府应急管理部门备案。

第五章　救助款物管理

第二十二条　县级以上人民政府财政部门、应急管理部门负责自然灾害救助资金的分配、管理并监督使用情况。

县级以上人民政府应急管理部门负责调拨、分配、管理自然灾害救助物资。

第二十三条　人民政府采购用于自然灾害救助准备和灾后恢复重建的货物、工程和服务，依照有关政府采购和招标投标的法律规定组织实施。自然灾害应急救助和灾后恢复重建中涉及紧急抢救、紧急转移安置和临时性救助的紧急采购活动，按照国家有关规定执行。

第二十四条　自然灾害救助款物专款（物）专用，无偿使用。

定向捐赠的款物，应当按照捐赠人的意愿使用。政府部门接受的捐赠人无指定意向的款物，由县级以上人民政府应急管理部门统筹安排用于自然灾害救助；社会组织接受的捐赠人无指定意向的款物，由社会组织按照有关规定用于自然灾害救助。

第二十五条　自然灾害救助款物应当用于受灾人员的紧急转移安置，基本生活救助，医疗救助，教育、医疗等公共服务设施和住房的恢复重建，自然灾害救助物资的采购、储存和运输，以及因灾遇难人员亲属的抚慰等项支出。

第二十六条　受灾地区人民政府应急管理、财政等部门和有关社会组织应当通过报刊、广播、电视、互联网，主动向社会公开所接受的自然灾害救助款物和捐赠款物的来源、数量及其使用情况。

受灾地区村民委员会、居民委员会应当公布救助对象及其接受救助款物数额和使用情况。

第二十七条　各级人民政府应当建立健全自然灾害救助款物和捐赠款物的监督检查制度,并及时受理投诉和举报。

第二十八条　县级以上人民政府监察机关、审计机关应当依法对自然灾害救助款物和捐赠款物的管理使用情况进行监督检查,应急管理、财政等部门和有关社会组织应当予以配合。

第六章　法律责任

第二十九条　行政机关工作人员违反本条例规定,有下列行为之一的,由任免机关或者监察机关依照法律法规给予处分;构成犯罪的,依法追究刑事责任:

(一)迟报、谎报、瞒报自然灾害损失情况,造成后果的;

(二)未及时组织受灾人员转移安置,或者在提供基本生活救助、组织恢复重建过程中工作不力,造成后果的;

(三)截留、挪用、私分自然灾害救助款物或者捐赠款物的;

(四)不及时归还征用的财产,或者不按照规定给予补偿的;

(五)有滥用职权、玩忽职守、徇私舞弊的其他行为的。

第三十条　采取虚报、隐瞒、伪造等手段,骗取自然灾害救助款物或者捐赠款物的,由县级以上人民政府应急管理部门责令限期退回违法所得的款物;构成犯罪的,依法追究刑事责任。

第三十一条　抢夺或者聚众哄抢自然灾害救助款物或者捐赠款物的,由县级以上人民政府应急管理部门责令停止违法行为;构成违反治安管理行为的,由公安机关依法给予治安管理处罚;构成犯罪的,依法追究刑事责任。

第三十二条　以暴力、威胁方法阻碍自然灾害救助工作人员依法执行职务,构成违反治安管理行为的,由公安机关依法给予治安管理处罚;构成犯罪的,依法追究刑事责任。

第七章　附　　则

第三十三条　发生事故灾难、公共卫生事件、社会安全事件等突发事件,需要由县级以上人民政府应急管理部门开展生活救助的,参照本条例执行。

第三十四条　法律、行政法规对防灾、抗灾、救灾另有规定的,从其规定。

第三十五条　本条例自2010年9月1日起施行。

国家自然灾害救助应急预案

1. 2016年3月10日国务院办公厅印发
2. 国办函〔2016〕25号

1　总　　则

1.1　编制目的

建立健全应对突发重大自然灾害救助体系和运行机制,规范应急救助行为,提高应急救助能力,最大程度地减少人民群众生命和财产损失,确保受灾人员基本生活,维护灾区社会稳定。

1.2　编制依据

《中华人民共和国突发事件应对法》、《中华人民共和国防洪法》、《中华人民共和国防震减灾法》、《中华人民共和国气象法》、《自然灾害救助条例》、《国家突发公共事件总体应急预案》等。

1.3　适用范围

本预案适用于我国境内发生自然灾害的国家应急救助工作。

当毗邻国家发生重特大自然灾害并对我国境内造成重大影响时,按照本预案开展国内应急救助工作。

发生其他类型突发事件,根据需要可参照本预案开展应急救助工作。

1.4　工作原则

坚持以人为本,确保受灾人员基本生活;坚持统一领导、综合协调、分级负责、属地管理为主;坚持政府主导、社会互助、群众自救,充分发挥基层群众自治组织和公益性社会组织的作用。

2　组织指挥体系

2.1　国家减灾委员会

国家减灾委员会(以下简称国家减灾委)为国家自然灾害救助应急综合协调机构,负责组织、领导全国的自然灾害救助工作,协调开展特别重大和重大自然灾害救助活动。国家减灾委成员单位按照各自职责做好自然灾害救助相关工作。国家减灾委办公室负责与相关部门、地方的沟通联络,组织开展灾情会商评估、灾害救助等工作,协调落实相关支持措施。

由国务院统一组织开展的抗灾救灾,按有关规定执行。

2.2　专家委员会

国家减灾委设立专家委员会,对国家减灾救灾工作重大决策和重要规划提供政策咨询和建议,为国家重大自然灾害的灾情评估、应急救助和灾后救助提出咨询意见。

3 灾害预警响应

气象、水利、国土资源、海洋、林业、农业等部门及时向国家减灾委办公室和履行救灾职责的国家减灾委成员单位通报自然灾害预警预报信息，测绘地信部门根据需要及时提供地理信息数据。国家减灾委办公室根据自然灾害预警预报信息，结合可能受影响地区的自然条件、人口和社会经济状况，对可能出现的灾情进行预评估，当可能威胁人民生命财产安全、影响基本生活、需要提前采取应对措施时，启动预警响应，视情采取以下一项或多项措施：

（1）向可能受影响的省（区、市）减灾委或民政部门通报预警信息，提出灾害救助工作要求。

（2）加强应急值守，密切跟踪灾害风险变化和发展趋势，对灾害可能造成的损失进行动态评估，及时调整相关措施。

（3）通知有关中央救灾物资储备库做好救灾物资准备，紧急情况下提前调拨；启动与交通运输、铁路、民航等部门和单位的应急联动机制，做好救灾物资调运准备。

（4）派出预警响应工作组，实地了解灾害风险，检查指导各项救灾准备工作。

（5）向国务院、国家减灾委负责人、国家减灾委成员单位报告预警响应启动情况。

（6）向社会发布预警响应启动情况。

灾害风险解除或演变为灾害后，国家减灾委办公室终止预警响应。

4 信息报告和发布

县级以上地方人民政府民政部门按照民政部《自然灾害情况统计制度》和《特别重大自然灾害损失统计制度》，做好灾情信息收集、汇总、分析、上报和部门间共享工作。

4.1 信息报告

4.1.1 对突发性自然灾害，县级人民政府民政部门应在灾害发生后2小时内将本行政区域灾情和救灾工作情况向本级人民政府和地市级人民政府民政部门报告；地市级和省级人民政府民政部门在接报灾情信息2小时内审核、汇总，并向本级人民政府和上一级人民政府民政部门报告。

对造成县级行政区域内10人以上死亡（含失踪）或房屋大量倒塌、农田大面积受灾等严重损失的突发性自然灾害，县级人民政府民政部门应在灾害发生后立即上报县级人民政府、省级人民政府民政部门和民政部。省级人民政府民政部门接报后立即报告省级人民政府。省级人民政府、民政部按照有关规定及时报告国务院。

4.1.2 特别重大、重大自然灾害灾情稳定前，地方各级人民政府民政部门执行灾情24小时零报告制度，逐级上报上级民政部门；灾情发生重大变化时，民政部立即向国务院报告。灾情稳定后，省级人民政府民政部门应在10日内审核、汇总灾情数据并向民政部报告。

4.1.3 对干旱灾害，地方各级人民政府民政部门应在旱情初显、群众生产和生活受到一定影响时，初报灾情；在旱情发展过程中，每10日续报一次灾情，直至灾情解除；灾情解除后及时核报。

4.1.4 县级以上地方人民政府要建立健全灾情会商制度，各级减灾委或者民政部门要定期或不定期组织相关部门召开灾情会商会，全面客观评估、核定灾情数据。

4.2 信息发布

信息发布坚持实事求是、及时准确、公开透明的原则。信息发布形式包括授权发布、组织报道、接受记者采访、举行新闻发布会等。要主动通过重点新闻网站或政府网站、政务微博、政务微信、政务客户端等发布信息。

灾情稳定前，受灾地区县级以上人民政府减灾委或民政部门应当及时向社会滚动发布自然灾害造成的人员伤亡、财产损失以及自然灾害救助工作动态、成效、下一步安排等情况；灾情稳定后，应当及时评估、核定并按有关规定发布自然灾害损失情况。

关于灾情核定和发布工作，法律法规另有规定的，从其规定。

5 国家应急响应

根据自然灾害的危害程度等因素，国家自然灾害救助应急响应分为Ⅰ、Ⅱ、Ⅲ、Ⅳ四级。

5.1 Ⅰ级响应

5.1.1 启动条件

某一省（区、市）行政区域内发生特别重大自然灾害，一次灾害过程出现下列情况之一的，启动Ⅰ级响应：

（1）死亡200人以上（含本数，下同）；

（2）紧急转移安置或需紧急生活救助200万人以上；

（3）倒塌和严重损坏房屋30万间或10万户以上；

（4）干旱灾害造成缺粮或缺水等生活困难，需政府救助人数占该省（区、市）农牧业人口30%以上或400万人以上。

5.1.2　启动程序

灾害发生后,国家减灾委办公室经分析评估,认定灾情达到启动标准,向国家减灾委提出启动Ⅰ级响应的建议;国家减灾委决定启动Ⅰ级响应。

5.1.3　响应措施

国家减灾委主任统一组织、领导、协调国家层面自然灾害救助工作,指导支持受灾省(区、市)自然灾害救助工作。国家减灾委及其成员单位视情采取以下措施:

(1)召开国家减灾委会商会,国家减灾委各成员单位、专家委员会及有关受灾省(区、市)参加,对指导支持灾区减灾救灾重大事项作出决定。

(2)国家减灾委负责人率有关部门赴灾区指导自然灾害救助工作,或派出工作组赴灾区指导自然灾害救助工作。

(3)国家减灾委办公室及时掌握灾情和救灾工作动态信息,组织灾情会商,按照有关规定统一发布灾情,及时发布灾区需求。国家减灾委有关成员单位做好灾情、灾区需求及救灾工作动态等信息共享,每日向国家减灾委办公室通报有关情况。必要时,国家减灾委专家委员会组织专家进行实时灾情、灾情发展趋势以及灾区需求评估。

(4)根据地方申请和有关部门对灾情的核定情况,财政部、民政部及时下拨中央自然灾害生活补助资金。民政部紧急调拨生活救助物资,指导、监督基层救灾应急措施落实和救灾款物发放;交通运输、铁路、民航等部门和单位协调指导开展救灾物资、人员运输工作。

(5)公安部加强灾区社会治安、消防安全和道路交通应急管理,协助组织灾区群众紧急转移。军队、武警有关部门根据国家有关部门和地方人民政府请求,组织协调军队、武警、民兵、预备役部队参加救灾,必要时协助地方人民政府运送、发放救灾物资。

(6)国家发展改革委、农业部、商务部、国家粮食局保障市场供应和价格稳定。工业和信息化部组织基础电信运营企业做好应急通信保障工作,组织协调救灾装备、防护和消杀用品、医药等生产供应工作。住房城乡建设部指导灾后房屋建筑和市政基础设施工程的安全应急评估等工作。水利部指导灾区水利工程修复、水利行业供水和乡镇应急供水工作。国家卫生计生委及时组织医疗卫生队伍赴灾区协助开展医疗救治、卫生防病和心理援助等工作。科技部提供科技方面的综合咨询建议,协调适用于灾区救援的科技成果支持救灾工作。国家测绘地信局准备灾区地理信息数据,组织灾区现场影像获取等应急测绘,开展灾情监测和空间分析,提供应急测绘保障服务。

(7)中央宣传部、新闻出版广电总局等组织做好新闻宣传等工作。

(8)民政部向社会发布接受救灾捐赠的公告,组织开展跨省(区、市)或者全国性救灾捐赠活动,呼吁国际救灾援助,统一接收、管理、分配国际救灾捐赠款物,指导社会组织、志愿者等社会力量参与灾害救助工作。外交部协助做好救灾的涉外工作。中国红十字会总会依法开展救灾募捐活动,参与救灾工作。

(9)国家减灾委办公室组织开展灾区社会心理影响评估,并根据需要实施心理抚慰。

(10)灾情稳定后,根据国务院关于灾害评估工作的有关部署,民政部、受灾省(区、市)人民政府、国务院有关部门组织开展灾害损失综合评估工作。国家减灾委办公室按有关规定统一发布自然灾害损失情况。

(11)国家减灾委其他成员单位按照职责分工,做好有关工作。

5.2　Ⅱ级响应

5.2.1　启动条件

某一省(区、市)行政区域内发生重大自然灾害,一次灾害过程出现下列情况之一的,启动Ⅱ级响应:

(1)死亡100人以上、200人以下(不含本数,下同);

(2)紧急转移安置或需紧急生活救助100万人以上、200万人以下;

(3)倒塌和严重损坏房屋20万间或7万户以上、30万间或10万户以下;

(4)干旱灾害造成缺粮或缺水等生活困难,需政府救助人数占该省(区、市)农牧业人口25%以上、30%以下,或300万人以上、400万人以下。

5.2.2　启动程序

灾害发生后,国家减灾委办公室经分析评估,认定灾情达到启动标准,向国家减灾委提出启动Ⅱ级响应的建议;国家减灾委副主任(民政部部长)决定启动Ⅱ级响应,并向国家减灾委主任报告。

5.2.3　响应措施

国家减灾委副主任(民政部部长)组织协调国家层面自然灾害救助工作,指导支持受灾省(区、市)自然灾害救助工作。国家减灾委及其成员单位视情采取以下措施:

(1)国家减灾委副主任主持召开会商会,国家减灾委成员单位、专家委员会及有关受灾省(区、市)参加,分析灾区形势,研究落实对灾区的救灾支持措施。

(2)派出由国家减灾委副主任或民政部负责人带

队、有关部门参加的工作组赴灾区慰问受灾群众，核查灾情，指导地方开展救灾工作。

(3)国家减灾委办公室及时掌握灾情和救灾工作动态信息，组织灾情会商，按照有关规定统一发布灾情，及时发布灾区需求。国家减灾委有关成员单位做好灾情、灾区需求及救灾工作动态等信息共享，每日向国家减灾委办公室通报有关情况。必要时，国家减灾委专家委员会组织专家进行实时灾情、灾情发展趋势以及灾区需求评估。

(4)根据地方申请和有关部门对灾情的核定情况，财政部、民政部及时下拨中央自然灾害生活补助资金。民政部紧急调拨生活救助物资，指导、监督基层救灾应急措施落实和救灾款物发放；交通运输、铁路、民航等部门和单位协调指导开展救灾物资、人员运输工作。

(5)国家卫生计生委根据需要，及时派出医疗卫生队伍赴灾区协助开展医疗救治、卫生防病和心理援助等工作。测绘地信部门准备灾区地理信息数据，组织灾区现场影像获取等应急测绘，开展灾情监测和空间分析，提供应急测绘保障服务。

(6)中央宣传部、新闻出版广电总局等指导做好新闻宣传等工作。

(7)民政部指导社会组织、志愿者等社会力量参与灾害救助工作。中国红十字会总会依法开展救灾募捐活动，参与救灾工作。

(8)国家减灾委办公室组织开展灾区社会心理影响评估，并根据需要实施心理抚慰。

(9)灾情稳定后，受灾省(区、市)人民政府组织开展灾害损失综合评估工作，及时将评估结果报送国家减灾委。国家减灾委办公室组织核定并按有关规定统一发布自然灾害损失情况。

(10)国家减灾委其他成员单位按照职责分工，做好有关工作。

5.3　Ⅲ级响应

5.3.1　启动条件

某一省(区、市)行政区域内发生重大自然灾害，一次灾害过程出现下列情况之一的，启动Ⅲ级响应：

(1)死亡50人以上、100人以下；

(2)紧急转移安置或需紧急生活救助50万人以上、100万人以下；

(3)倒塌和严重损坏房屋10万间或3万户以上、20万间或7万户以下；

(4)干旱灾害造成缺粮或缺水等生活困难，需政府救助人数占该省(区、市)农牧业人口20%以上、25%以下，或200万人以上、300万人以下。

5.3.2　启动程序

灾害发生后，国家减灾委办公室经分析评估，认定灾情达到启动标准，向国家减灾委提出启动Ⅲ级响应的建议；国家减灾委秘书长决定启动Ⅲ级响应。

5.3.3　响应措施

国家减灾委秘书长组织协调国家层面自然灾害救助工作，指导支持受灾省(区、市)自然灾害救助工作。国家减灾委及其成员单位视情采取以下措施：

(1)国家减灾委办公室及时组织有关部门及受灾省(区、市)召开会商会，分析灾区形势，研究落实对灾区的救灾支持措施。

(2)派出由民政部负责人带队、有关部门参加的联合工作组赴灾区慰问受灾群众，核查灾情，协助指导地方开展救灾工作。

(3)国家减灾委办公室及时掌握并按照有关规定统一发布灾情和救灾工作动态信息。

(4)根据地方申请和有关部门对灾情的核定情况，财政部、民政部及时下拨中央自然灾害生活补助资金。民政部紧急调拨生活救助物资，指导、监督基层救灾应急措施落实和救灾款物发放；交通运输、铁路、民航等部门和单位协调指导开展救灾物资、人员运输工作。

(5)国家减灾委办公室组织开展灾区社会心理影响评估，并根据需要实施心理抚慰。国家卫生计生委指导受灾省(区、市)做好医疗救治、卫生防病和心理援助工作。

(6)民政部指导社会组织、志愿者等社会力量参与灾害救助工作。

(7)灾情稳定后，国家减灾委办公室指导受灾省(区、市)评估、核定自然灾害损失情况。

(8)国家减灾委其他成员单位按照职责分工，做好有关工作。

5.4　Ⅳ级响应

5.4.1　启动条件

某一省(区、市)行政区域内发生重大自然灾害，一次灾害过程出现下列情况之一的，启动Ⅳ级响应：

(1)死亡20人以上、50人以下；

(2)紧急转移安置或需紧急生活救助10万人以上、50万人以下；

(3)倒塌和严重损坏房屋1万间或3000户以上、10万间或3万户以下；

(4)干旱灾害造成缺粮或缺水等生活困难，需政府救助人数占该省(区、市)农牧业人口15%以上、20%以下,或100万人以上、200万人以下。

5.4.2　启动程序

灾害发生后,国家减灾委办公室经分析评估,认定灾情达到启动标准,由国家减灾委办公室常务副主任决定启动Ⅳ级响应。

5.4.3　响应措施

国家减灾委办公室组织协调国家层面自然灾害救助工作,指导支持受灾省(区、市)自然灾害救助工作。国家减灾委及其成员单位视情采取以下措施:

(1)国家减灾委办公室视情组织有关部门和单位召开会商会,分析灾区形势,研究落实对灾区的救灾支持措施。

(2)国家减灾委办公室派出工作组赴灾区慰问受灾群众,核查灾情,协助指导地方开展救灾工作。

(3)国家减灾委办公室及时掌握并按照有关规定统一发布灾情和救灾工作动态信息。

(4)根据地方申请和有关部门对灾情的核定情况,财政部、民政部及时下拨中央自然灾害生活补助资金。民政部紧急调拨生活救助物资,指导、监督基层救灾应急措施落实和救灾款物发放。

(5)国家卫生计生委指导受灾省(区、市)做好医疗救治、卫生防病和心理援助工作。

(6)国家减灾委其他成员单位按照职责分工,做好有关工作。

5.5　启动条件调整

对灾害发生在敏感地区、敏感时间和救助能力特别薄弱的"老、少、边、穷"地区等特殊情况,或灾害对受灾省(区、市)经济社会造成重大影响时,启动国家自然灾害救助应急响应的标准可酌情调整。

5.6　响应终止

救灾应急工作结束后,由国家减灾委办公室提出建议,启动响应的单位决定终止响应。

6　灾后救助与恢复重建

6.1　过渡期生活救助

6.1.1　特别重大、重大灾害发生后,国家减灾委办公室组织有关部门、专家及灾区民政部门评估灾区过渡期生活救助需求情况。

6.1.2　财政部、民政部及时拨付过渡期生活救助资金。民政部指导灾区人民政府做好过渡期生活救助的人员核定、资金发放等工作。

6.1.3　民政部、财政部监督检查灾区过渡期生活救助政策和措施的落实,定期通报灾区救助工作情况,过渡期生活救助工作结束后组织绩效评估。

6.2　冬春救助

自然灾害发生后的当年冬季、次年春季,受灾地区人民政府为生活困难的受灾人员提供基本生活救助。

6.2.1　民政部每年9月下旬开展冬春受灾群众生活困难情况调查,并会同省级人民政府民政部门,组织有关专家赴灾区开展受灾群众生活困难状况评估,核实情况。

6.2.2　受灾地区县级人民政府民政部门应当在每年10月底前统计、评估本行政区域受灾人员当年冬季、次年春季的基本生活救助需求,核实救助对象,编制工作台账,制定救助工作方案,经本级人民政府批准后组织实施,并报上一级人民政府民政部门备案。

6.2.3　根据省级人民政府或其民政、财政部门的资金申请,结合灾情评估情况,财政部、民政部确定资金补助方案,及时下拨中央自然灾害生活补助资金,专项用于帮助解决冬春受灾群众吃饭、穿衣、取暖等基本生活困难。

6.2.4　民政部通过开展救灾捐赠、对口支援、政府采购等方式解决受灾群众的过冬衣被等问题,组织有关部门和专家评估全国冬春期间中期和终期救助工作绩效。发展改革、财政等部门组织落实以工代赈、灾歉减免政策,粮食部门确保粮食供应。

6.3　倒损住房恢复重建

因灾倒损住房恢复重建要尊重群众意愿,以受灾户自建为主,由县级人民政府负责组织实施。建房资金等通过政府救助、社会互助、邻里帮工帮料、以工代赈、自行借贷、政策优惠等多种途径解决。重建规划和房屋设计要根据灾情因地制宜确定方案,科学安排项目选址,合理布局,避开地震断裂带、地质灾害隐患点、泄洪通道等,提高抗灾设防能力,确保安全。

6.3.1　民政部根据省级人民政府民政部门倒损住房核定情况,视情组织评估小组,参考其他灾害管理部门评估数据,对因灾倒损住房情况进行综合评估。

6.3.2　民政部收到受灾省(区、市)倒损住房恢复重建补助资金的申请后,根据评估小组的倒损住房情况评估结果,按照中央倒损住房恢复重建资金补助标准,提出资金补助建议,商财政部审核后下达。

6.3.3　住房重建工作结束后,地方各级民政部门应采取实地调查、抽样调查等方式,对本地倒损住房恢复重建补助资金管理工作开展绩效评估,并将评估结果报上一级民政部门。民政部收到省级人民政府民政部门上报本行政区域内的绩效评估情况后,通过组成督查组开展实地抽查等方式,对全国倒损住房恢复重建补助资金管理工作进行绩效评估。

6.3.4 住房城乡建设部门负责倒损住房恢复重建的技术支持和质量监督等工作。测绘地信部门负责灾后恢复重建的测绘地理信息保障服务工作。其他相关部门按照各自职责,做好重建规划、选址,制定优惠政策,支持做好住房重建工作。

6.3.5 由国务院统一组织开展的恢复重建,按有关规定执行。

7 保障措施

7.1 资金保障

财政部、国家发展改革委、民政部等部门根据《中华人民共和国预算法》、《自然灾害救助条例》等规定,安排中央救灾资金预算,并按照救灾工作分级负责、救灾资金分级负担、以地方为主的原则,建立完善中央和地方救灾资金分担机制,督促地方政府加大救灾资金投入力度。

7.1.1 县级以上人民政府将自然灾害救助工作纳入国民经济和社会发展规划,建立健全与自然灾害救助需求相适应的资金、物资保障机制,将自然灾害救助资金和自然灾害救助工作经费纳入财政预算。

7.1.2 中央财政每年综合考虑有关部门灾情预测和上年度实际支出等因素,合理安排中央自然灾害生活补助资金,专项用于帮助解决遭受特别重大、重大自然灾害地区受灾群众的基本生活困难。

7.1.3 中央和地方政府根据经济社会发展水平、自然灾害生活救助成本等因素适时调整自然灾害救助政策和相关补助标准。

7.2 物资保障

7.2.1 合理规划、建设中央和地方救灾物资储备库,完善救灾物资储备库的仓储条件、设施和功能,形成救灾物资储备网络。设区的市级以上人民政府和自然灾害多发、易发地区的县级人民政府应当根据自然灾害特点、居民人口数量和分布等情况,按照布局合理、规模适度的原则,设立救灾物资储备库(点)。救灾物资储备库(点)建设应统筹考虑各行业应急处置、抢险救灾等方面需要。

7.2.2 制定救灾物资储备规划,合理确定储备品种和规模;建立健全救灾物资采购和储备制度,每年根据应对重大自然灾害的要求储备必要物资。按照实物储备和能力储备相结合的原则,建立救灾物资生产厂家名录,健全应急采购和供货机制。

7.2.3 制定完善救灾物资质量技术标准、储备库(点)建设和管理标准,完善救灾物资发放全过程管理。建立健全救灾物资应急保障和征用补偿机制。建立健全救灾物资紧急调拨和运输制度。

7.3 通信和信息保障

7.3.1 通信运营部门应依法保障灾情传送网络畅通。自然灾害救助信息网络应以公用通信网为基础,合理组建灾情专用通信网络,确保信息畅通。

7.3.2 加强中央级灾情管理系统建设,指导地方建设、管理救灾通信网络,确保中央和地方各级人民政府及时准确掌握重大灾情。

7.3.3 充分利用现有资源、设备,完善灾情和数据共享平台,完善部门间灾情共享机制。

7.4 装备和设施保障

中央各有关部门应配备救灾管理工作必需的设备和装备。县级以上地方人民政府要建立健全自然灾害救助应急指挥技术支撑系统,并为自然灾害救助工作提供必要的交通、通信等设备。

县级以上地方人民政府要根据当地居民人口数量和分布等情况,利用公园、广场、体育场馆等公共设施,统筹规划设立应急避难场所,并设置明显标志。自然灾害多发、易发地区可规划建设专用应急避难场所。

7.5 人力资源保障

7.5.1 加强自然灾害各类专业救灾队伍建设、灾害管理人员队伍建设,提高自然灾害救助能力。支持、培育和发展相关社会组织和志愿者队伍,鼓励和引导其在救灾工作中发挥积极作用。

7.5.2 组织民政、国土资源、环境保护、交通运输、水利、农业、商务、卫生计生、安全监管、林业、地震、气象、海洋、测绘地信、红十字会等方面专家,重点开展灾情会商、赴灾区现场评估及灾害管理的业务咨询工作。

7.5.3 推行灾害信息员培训和职业资格证书制度,建立健全覆盖中央、省、市、县、乡镇(街道)、村(社区)的灾害信息员队伍。村民委员会、居民委员会和企事业单位应当设立专职或者兼职的灾害信息员。

7.6 社会动员保障

完善救灾捐赠管理相关政策,建立健全救灾捐赠动员、运行和监督管理机制,规范救灾捐赠的组织发动、款物接收、统计、分配、使用、公示反馈等各个环节的工作。完善接收境外救灾捐赠管理机制。

完善非灾区支援灾区、轻灾区支援重灾区的救助对口支援机制。

科学组织、有效引导,充分发挥乡镇人民政府、街道办事处、村民委员会、居民委员会、企事业单位、社会组织和志愿者在灾害救助中的作用。

7.7　科技保障

7.7.1　建立健全环境与灾害监测预报卫星、环境卫星、气象卫星、海洋卫星、资源卫星、航空遥感等对地监测系统,发展地面应用系统和航空平台系统,建立基于遥感、地理信息系统、模拟仿真、计算机网络等技术的"天地空"一体化的灾害监测预警、分析评估和应急决策支持系统。开展地方空间技术减灾应用示范和培训工作。

7.7.2　组织民政、国土资源、环境保护、交通运输、水利、农业、卫生计生、安全监管、林业、地震、气象、海洋、测绘地信等方面专家及高等院校、科研院所等单位专家开展灾害风险调查,编制全国自然灾害风险区划图,制定相关技术和管理标准。

7.7.3　支持和鼓励高等院校、科研院所、企事业单位和社会组织开展灾害相关领域的科学研究和技术开发,建立合作机制,鼓励减灾救灾政策理论研究。

7.7.4　利用空间与重大灾害国际宪章、联合国灾害管理与应急反应天基信息平台等国际合作机制,拓展灾害遥感信息资源渠道,加强国际合作。

7.7.5　开展国家应急广播相关技术、标准研究,建立国家应急广播体系,实现灾情预警预报和减灾救灾信息全面立体覆盖。加快国家突发公共事件预警信息发布系统建设,及时向公众发布自然灾害预警。

7.8　宣传和培训

组织开展全国性防灾减灾救灾宣传活动,利用各种媒体宣传应急法律法规和灾害预防、避险、避灾、自救、互救、保险的常识,组织好"防灾减灾日"、"国际减灾日"、"世界急救日"、"全国科普日"、"全国消防日"和"国际民防日"等活动,加强防灾减灾科普宣传,提高公民防灾减灾意识和科学防灾减灾能力。积极推进社区减灾活动,推动综合减灾示范社区建设。

组织开展对地方政府分管负责人、灾害管理人员和专业应急救灾队伍、社会组织和志愿者的培训。

8　附　　则

8.1　术语解释

本预案所称自然灾害主要包括干旱、洪涝灾害,台风、风雹、低温冷冻、雪、沙尘暴等气象灾害,火山、地震灾害,山体崩塌、滑坡、泥石流等地质灾害,风暴潮、海啸等海洋灾害,森林草原火灾等。

8.2　预案演练

国家减灾委办公室协同国家减灾委成员单位制定应急演练计划并定期组织演练。

8.3　预案管理

本预案由民政部制订,报国务院批准后实施。预案实施后民政部应适时召集有关部门和专家进行评估,并视情况变化作出相应修改后报国务院审批。地方各级人民政府的自然灾害救助综合协调机构应根据本预案修订本地区自然灾害救助应急预案。

8.4　预案解释

本预案由民政部负责解释。

8.5　预案实施时间

本预案自印发之日起实施。

化学事故应急救援管理办法

1. 1994年8月19日化学工业部发布

2. 化督发〔1994〕597号

第一章　总　　则

第一条　为在发生化学事故时能及时、有效地开展事故单位自救与企业间的互救,尽最大可能减少事故的危害和损失,保障化工生产顺利进行,根据中华人民共和国劳动法和有关法律,制定本办法。

第二条　化学事故应急救援是指发生重大或灾害性化学事故时,为及时控制危害源,抢救受害人员,指导人员撤离,消除危害后果而采取的救援行动。

第三条　化学事故应急救援应在预防为主的基础上,贯彻统一领导、集中指挥、横向协调、自救互救与社会救援相结合的原则。

第四条　凡在中华人民共和国领域内从事生产、运输、储存、使用化学危险物品的企事业单位均须执行本办法。

第二章　机构与职责

第五条　化学工业部领导全国化工行业化学事故的应急救援工作。

其主要职责:

1. 贯彻国家有关化学事故预防与救援法规。

2. 编制化学事故应急救援工作规划,制订化工部化学事故应急救援预案。

3. 组织重大化学事故的处理和应急救援的实施。

4. 对重大化学事故进行调查和组织恢复生产。

5. 组织化学事故预防和应急救援研究工作。

为加强技术指导和区域间的互救,成立化工部区域性化学事故应急救援中心。

第六条　各省、自治区、直辖市化工厅(局、总公司)领导本省、自治区、直辖市化学事故的应急救援工作。

其主要职责:

1. 执行国家和化工部有关化学事故预防和救援的

法规和规定。

2. 制订本系统化学事故应急救援预案和工作计划,检查所属单位计划的实施。

3. 组建区域性行业内互救协作组织。

4. 组织指挥本系统化学事故互救,参与社会救援。

5. 调查化学事故,做好事故报告工作。

各省、自治区、直辖市化工厅(局、总公司)的化工职防院(所)承担本省、自治区、直辖市化工行业的化学事故的应急救援工作。无化工职防院(所)的,可指定专业机构承担。

第七条 化工企事业单位的主管领导负责本单位的化学事故应急救援工作。可指定医院(卫生所)承担应急救援任务。

其主要职责:

1. 制订本单位化学事故应急救援预案。

2. 建立专职或兼职的工程救援、医疗救护、运输、治安等救援队伍。

3. 配备必要的化学事故应急救援装备。

4. 组织队伍的训练与演习,提高队伍救援技能。

5. 开展职工岗位自救互救培训和宣传教育工作。

第三章 应 急 救 援

第八条 任何单位和个人发现化学事故时,应及时报警。

第九条 组织实施:

1. 发生化学事故时,事故单位在向上一级报告的同时,应立即按应急救援预案,组织指挥本单位各种救援队伍和职工采取措施控制危害源,进行自救。对于灾害性化学事故,已涉及社会时,除采取自救外,应及时向当地政府报告,争取社会救援。

2. 各省、自治区、直辖市化工厅(局、总公司)接到事故报告后,凡重大或灾害性化学事故除向化工部报告外,应立即调动力量组织行业内救援,同时可向化工部化工急性中毒应急救援中心联系要求救援。

3. 化工部接到重大或灾害性化学事故报告后,视事故危害程度,派出化工部化工急性中毒应急救援中心的救援队伍,前往协助救援或指示化工部上海化工毒物咨询中心为事故单位或领导部门提供有关咨询数据。

4. 因发生事故造成现场或环境污染,必须组织有关单位进行清消,并通报可能受到污染的单位和居民。

第十条 化学事故调查与结案

事故单位的化学事故应急救援领导小组应在事故处理完毕后,将事故调查报告、处理结果报上一级化工领导机构,同时抄送省、自治区、直辖市化工厅(局、总公司)化工职防院(所)。

省、自治区、直辖市化工厅(局、总公司)接到事故单位的调查、处理报告后上报化工部,同时抄送化工部化工急性中毒应急救援中心。

第十一条 发生急性职业病事故时,有关应急救援部门应及时会同铁路、交通、民航部门根据职业病防治有关法律规定,优先运送伤病员、急救人员以及急救药品和器械。

第四章 应急救援的管理

第十二条 化学事故应急救援预案内容:

1. 基本情况;

2. 危险目标的确定;

3. 应急救援指挥部的组成、职责和分工;

4. 救援队伍的组成与分工;

5. 报警信号;

6. 化学事故处置;

7. 有关规定和要求等项内容。

第十三条 对职工开展化学事故预防、自救与互救的宣传教育。

第十四条 各救援队伍必须经常进行业务教育,定期训练,每年举行1—2次演习,提高业务技能。并将此项工作纳入年度工作计划和主要议事日程。

第十五条 做好化学事故应急救援的研究工作,不断提高管理、组织指挥能力,救援技术水准和救援准备的配备,提高队伍的实战水平。

第十六条 防护用品和医疗器械应处于备用状态。

第五章 装备与经费

第十七条 装备

1. 通讯装备:部和省、自治区、直辖市化工厅(局、总公司)负责应急救援的部门应设有专用直拨电话和传真机,并通过本单位值班室实行昼夜值班。

应急救援主要领导和骨干可根据当地情况配备手提机或BP机等先进通讯工具,以便及时联络。

2. 救援装备:各救援队伍应根据自身救援需要制定装备标准,包括救援用车辆、急救用医疗器械和药品,报上一级负责应急救援的领导机构批准后配备。

3. 防护装备:各救援队伍应根据编制配备相应的个人防护装备,如防护面罩,防护服等。

第十八条 经费

1. 企事业单位应保证化学事故应急救援所需

经费。

2. 应急救援中心救援所耗费的费用，由事故发生单位支付。

第六章　奖　　惩

第十九条　对在化学事故应急救援工作中做出显著成绩的单位和个人，由该单位的上级主管部门给予表扬、奖励。

第二十条　因参加应急救援受伤、致残或牺牲的人员，其医疗、抚恤待遇按照国家有关因公受伤、致残或牺牲的规定办理。

第二十一条　凡在化学事故应急救援工作中，因玩忽职守未做好准备工作和事故发生时，隐瞒事实真相，谎报实情，导致指挥救援工作失误，造成严重后果者；以及救援行动中借故逃避，临阵脱逃或拒不执行救援命令者，应给予必要的处分，直至追究法律责任。

第七章　附　　则

第二十二条　本办法由化工部解释。

第二十三条　凡生产、运输、储存、使用化学危险物品的非化工部所属企事业单位，包括中外合资、外商独资以及乡镇企业可参照本办法，实施化学事故应急救援。

第二十四条　本办法自公布之日起实施。

救灾捐赠管理办法

2008年4月28日民政部令第35号公布施行

第一章　总　　则

第一条　为了规范救灾捐赠活动，加强救灾捐赠款物的管理，保护捐赠人、救灾捐赠受赠人和灾区受益人的合法权益，根据《中华人民共和国公益事业捐赠法》和《国家自然灾害救助应急预案》，制定本办法。

第二条　在发生自然灾害时，救灾募捐主体开展募捐活动，以及自然人、法人或者其他组织向救灾捐赠受赠人捐赠财产，用于支援灾区、帮助灾民的，适用本办法。

本办法所称救灾募捐主体是指在县级以上人民政府民政部门登记的具有救灾宗旨的公募基金会。

第三条　本办法所称救灾捐赠受赠人包括：

（一）县级以上人民政府民政部门及其委托的社会捐助接收机构；

（二）经县级以上人民政府民政部门认定的具有救灾宗旨的公益性民间组织；

（三）法律、行政法规规定的其他组织。

第四条　救灾捐赠应当是自愿和无偿的，禁止强行摊派或者变相摊派，不得以捐赠为名从事营利活动。

第五条　救灾捐赠款物的使用范围：

（一）解决灾民衣、食、住、医等生活困难；

（二）紧急抢救、转移和安置灾民；

（三）灾民倒塌房屋的恢复重建；

（四）捐赠人指定的与救灾直接相关的用途；

（五）经同级人民政府批准的其他直接用于救灾方面的必要开支。

第六条　国务院民政部门负责管理全国救灾捐赠工作。

县级以上地方人民政府民政部门负责管理本行政区域内的救灾捐赠工作。

第七条　对于在救灾捐赠中有突出贡献的自然人、法人或者其他组织，县级以上人民政府民政部门可以予以表彰。对捐赠人进行公开表彰，应当事先征求捐赠人的意见。

第二章　组织捐赠与募捐

第八条　国务院民政部门可以根据灾情组织开展跨省（自治区、直辖市）或者全国性救灾捐赠活动，县级以上地方人民政府民政部门按照部署组织实施。

经同级人民政府批准，县级以上地方人民政府民政部门组织开展本行政区域内的救灾捐赠活动，但不得跨区域开展。

在县级以上地方人民政府民政部门开展的救灾捐赠活动中，同级人民政府辖区内的各系统、各部门、各单位在本系统、本部门、本单位内组织实施。

第九条　开展义演、义赛、义卖等大型救灾捐赠和募捐活动，举办单位应当在活动结束后30日内，报当地人民政府民政部门备案。备案内容包括：举办单位、活动时间、地点、内容、方式及款物用途等。

第十条　具有救灾宗旨的公募基金会，可以依法开展救灾募捐活动，但在发生自然灾害时所募集的资金不得用于增加原始基金。

第三章　接 受 捐 赠

第十一条　县级以上人民政府民政部门接受救灾捐赠款物，根据工作需要可以指定社会捐助接收机构、具有救灾宗旨的公益性民间组织组织实施。

乡（镇）人民政府、城市街道办事处受县（县级市、市辖区）人民政府委托，可以组织代收本行政区域内村民、居民及驻在单位的救灾捐赠款物。代收的捐赠款物应当及时转交救灾捐赠受赠人。

第十二条　救灾捐赠受赠人应当向社会公布其名称、地址、联系人、联系电话、银行账号等。

第十三条　自然人、法人或者其他组织可以向救灾捐赠受赠人捐赠其有权处分的合法财产。

法人或者其他组织捐赠其自产或者外购商品的，需要享受税收优惠政策的，应当提供相应的发票及证明物品质量的资料。

第十四条　救灾捐赠受赠人接受救灾捐赠款物时，应当确认银行票据，当面清点现金，验收物资。捐赠人所捐款物不能当场兑现的，救灾捐赠受赠人应当与捐赠人签订载明捐赠款物种类、质量、数量和兑现时间等内容的捐赠协议。

捐赠人捐赠的食品、药品、生物化学制品应当符合国家食品药品监督管理和卫生行政等政府相关部门的有关规定。

第十五条　救灾捐赠受赠人接受救灾捐赠款物后，应当向捐赠人出具符合国家财务、税收管理规定的接收捐赠凭证。

第十六条　对符合税收法律法规规定的救灾捐赠，捐赠人凭捐赠凭证享受税收优惠政策，具体按照国家有关规定办理。

第四章　境外救灾捐赠

第十七条　国务院民政部门负责对境外通报灾情，表明接受境外救灾捐赠的态度，确定受援区域。

第十八条　国务院民政部门负责接受境外对中央政府的救灾捐赠。

县级以上地方人民政府民政部门负责接受境外对地方政府的救灾捐赠。

具有救灾宗旨的公益性民间组织接受境外救灾捐赠，应当报民政部门备案。

法律、行政法规另有规定的除外。

第十九条　救灾捐赠受赠人接受的外汇救灾捐赠款按国家外汇管理规定办理。

第二十条　境外救灾捐赠物资的检验、检疫、免税和入境，按照国家的有关规定办理。

第二十一条　对免税进口的救灾捐赠物资不得以任何形式转让、出售、出租或者移作他用。

第五章　救灾捐赠款物的管理和使用

第二十二条　救灾捐赠受赠人应当对救灾捐赠款指定账户，专项管理；对救灾捐赠物资建立分类登记表册。

第二十三条　具有救灾宗旨的公益性民间组织应当按照当地政府提供的灾区需求，提出分配、使用救灾捐赠款物方案，报同级人民政府民政部门备案，接受监督。

第二十四条　在国务院民政部门组织开展的跨省（自治区、直辖市）或者全国性救灾捐赠活动中，国务院民政部门可以统一分配、调拨全国救灾捐赠款物。

第二十五条　国务院民政部门负责调拨的救灾捐赠物资，属境外捐赠的，其运抵口岸后的运输等费用由受援地区负担；属境内捐赠的，由捐赠方负担。

县级以上地方人民政府民政部门负责调拨的救灾捐赠物资，运输、临时仓储等费用由地方同级财政负担。

第二十六条　县级以上人民政府民政部门根据灾情和灾区实际需求，可以统筹平衡和统一调拨分配救灾捐赠款物，并报上一级人民政府民政部门统计。

对捐赠人指定救灾捐赠款物用途或者受援地区的，应当按照捐赠人意愿使用。在捐赠款物过于集中同一地方的情况下，经捐赠人书面同意，省级以上人民政府民政部门可以调剂分配。

发放救灾捐赠款物时，应当坚持民主评议、登记造册、张榜公布、公开发放等程序，做到制度健全、账目清楚，手续完备，并向社会公布。

县级以上人民政府民政部门应当会同监察、审计等部门及时对救灾捐赠款物的使用发放情况进行监督检查。

捐赠人有权向救灾捐赠受赠人查询救灾捐赠财产的使用、管理情况，并提出意见和建议。对于捐赠人的查询，救灾捐赠受赠人应当如实答复。

第二十七条　对灾区不适用的境内救灾捐赠物资，经捐赠人书面同意，报县级以上地方人民政府民政部门批准后可以变卖。

对灾区不适用的境外救灾捐赠物资，应当报省级人民政府民政部门批准后方可变卖。

变卖救灾捐赠物资应当由县级以上地方人民政府民政部门统一组织实施，一般应当采取公开拍卖方式。

变卖救灾捐赠物资所得款必须作为救灾捐赠款管理、使用，不得挪作他用。

第二十八条　可重复使用的救灾捐赠物资，县级以上地方人民政府民政部门应当及时回收、妥善保管，作为地方救灾物资储备。

第二十九条　接受的救灾捐赠款物，受赠人应当严格按照使用范围，在本年度内分配使用，不得滞留。如确需跨年度使用的，应当报上级人民政府民政部门审批。

第三十条　救灾捐赠款物的接受及分配、使用情况应当按照国务院民政部门规定的统计标准进行统计，并接受审计、监察等部门和社会的监督。

第三十一条　各级民政部门在组织救灾捐赠工作中，不得从捐赠款中列支费用。经民政部门授权的社会捐助接收机构、具有救灾宗旨的公益性民间组织，可以按照国家有关规定和自身组织章程，在捐赠款中列支必要的工作经费。捐赠人与救灾捐赠受赠人另有协议的除外。

第三十二条　救灾捐赠、募捐活动及款物分配、使用情况由县级以上人民政府民政部门统一向社会公布，一般每年不少于两次。集中捐赠和募捐活动一般应在活动结束后一个月内向社会公布信息。

第六章　法律责任

第三十三条　捐赠人应当依法履行捐赠协议，按照捐赠协议约定的期限和方式将捐赠财产转移给救灾捐赠受赠人。对不能按时履约的，应当及时向救灾捐赠受赠人说明情况，签订补充履约协议。救灾捐赠受赠人有权依法向协议捐赠人追要捐赠款物，并通过适当方式向社会公告说明。

第三十四条　挪用、侵占或者贪污救灾捐赠款物的，由县级以上人民政府民政部门责令退还所用、所得款物；对直接责任人，由所在单位依照有关规定予以处理；构成犯罪的，依法追究刑事责任。

依照前款追回、追缴的款物，应当用于救灾目的和用途。

第三十五条　救灾捐赠受赠人的工作人员，滥用职权，玩忽职守，徇私舞弊，致使捐赠财产造成重大损失的，由所在单位依照有关规定予以处理；构成犯罪的，依法追究刑事责任。

第七章　附　　则

第三十六条　在境外发生特大自然灾害时，需要组织对外援助时，由国务院民政部门参照本办法组织实施社会捐赠，统一协调民间国际援助活动。

第三十七条　自然灾害以外的其他突发公共事件发生时，需要组织开展捐赠活动的，参照本办法执行。

第三十八条　本办法自发布之日起施行。2000 年 5 月 12 日民政部发布的《救灾捐赠管理暂行办法》同时废止。

中华人民共和国船舶污染海洋环境应急防备和应急处置管理规定

1. 2011 年 1 月 27 日交通运输部公布
2. 根据 2013 年 12 月 24 日《交通运输部关于修改〈中华人民共和国船舶污染海洋环境应急防备和应急处置管理规定〉的决定》第一次修正
3. 根据 2014 年 9 月 5 日《交通运输部关于修改〈中华人民共和国船舶污染海洋环境应急防备和应急处置管理规定〉的决定》第二次修正
4. 根据 2015 年 5 月 12 日《交通运输部关于修改〈中华人民共和国船舶污染海洋环境应急防备和应急处置管理规定〉的决定》第三次修正
5. 根据 2016 年 12 月 13 日《交通运输部关于修改〈中华人民共和国船舶污染海洋环境应急防备和应急处置管理规定〉的决定》第四次修正
6. 根据 2018 年 9 月 27 日《交通运输部关于修改〈中华人民共和国船舶污染海洋环境应急防备和应急处置管理规定〉的决定》第五次修正
7. 根据 2019 年 11 月 28 日《交通运输部关于修改〈中华人民共和国船舶污染海洋环境应急防备和应急处置管理规定〉的决定》第六次修正

第一章　总　　则

第一条　为提高船舶污染事故应急处置能力，控制、减轻、消除船舶污染事故造成的海洋环境污染损害，依据《中华人民共和国防治船舶污染海洋环境管理条例》等有关法律、行政法规和中华人民共和国缔结或者加入的有关国际条约，制定本规定。

第二条　在中华人民共和国管辖海域内，防治船舶及其有关作业活动污染海洋环境的应急防备和应急处置，适用本规定。

船舶在中华人民共和国管辖海域外发生污染事故，造成或者可能造成中华人民共和国管辖海域污染的，其应急防备和应急处置，也适用本规定。

本规定所称“应急处置”是指在发生或者可能发生船舶污染事故时，为控制、减轻、消除船舶造成海洋环境污染损害而采取的响应行动；“应急防备”是指为应急处置的有效开展而预先采取的相关准备工作。

第三条　交通运输部主管全国防治船舶及其有关作业活动污染海洋环境的应急防备和应急处置工作。

国家海事管理机构负责统一实施船舶及其有关作业活动污染海洋环境应急防备和应急处置工作。

沿海各级海事管理机构依照各自职责负责具体实施防治船舶及其有关作业活动污染海洋环境的应急防备和应急处置工作。

第四条 船舶及其有关作业活动污染海洋环境应急防备和应急处置工作应当遵循统一领导、综合协调、分级负责、属地管理、责任共担的原则。

第二章 应急能力建设和应急预案

第五条 国家防治船舶及其有关作业活动污染海洋环境应急能力建设规划，应当根据全国防治船舶及其有关作业活动污染海洋环境的需要，由国务院交通运输主管部门组织编制，报国务院批准后公布实施。

沿海省级防治船舶及其有关作业活动污染海洋环境应急能力建设规划，应当根据国家防治船舶及其有关作业活动污染海洋环境应急能力建设规划和本地实际情况，由沿海省、自治区、直辖市人民政府组织编制并公布实施。

沿海市级防治船舶及其有关作业活动污染海洋环境应急能力建设规划，应当根据所在地省级人民政府防治船舶及其有关作业活动污染海洋环境应急能力建设规划和本地实际情况，由沿海设区的市级人民政府组织编制并公布实施。

编制防治船舶及其有关作业活动污染海洋环境应急能力建设规划，应当对污染风险和应急防备需求进行评估，合理规划应急力量建设布局。

沿海各级海事管理机构应当积极协助、配合相关地方人民政府完成应急能力建设规划的编制工作。

第六条 交通运输部、沿海设区的市级以上地方人民政府应当根据相应的防治船舶及其有关作业活动污染海洋环境应急能力建设规划，建立健全船舶污染事故应急防备和应急反应机制，建立专业应急队伍，建设船舶污染应急专用设施、设备和器材储备库。

第七条 沿海各级海事管理机构应当根据防治船舶及其有关作业活动污染海洋环境的需要，会同海洋主管部门建立健全船舶及其有关作业活动污染海洋环境的监测、监视机制，加强对船舶及其有关作业活动污染海洋环境的监测、监视。

港口、码头、装卸站以及从事船舶修造的单位应当配备与其装卸货物种类和吞吐能力或者修造船舶能力相适应的污染监视设施和污染物接收设施，并使其处于良好状态。

第八条 港口、码头、装卸站以及从事船舶修造、打捞、拆解等作业活动的单位应当按照交通运输部的要求制定有关安全营运和防治污染的管理制度，按照国家有关防治船舶及其有关作业活动污染海洋环境的规范和标准，配备必须的防治污染设备和器材，确保防治污染设备和器材符合防治船舶及其有关作业活动污染海洋环境的要求。

第九条 港口、码头、装卸站以及从事船舶修造、打捞、拆解等作业活动的单位应当编写报告，评价其具备的船舶污染防治能力是否与其装卸货物种类、吞吐能力或者船舶修造、打捞、拆解活动所必需的污染监视监测能力、船舶污染物接收处理能力以及船舶污染事故应急处置能力相适应。

交通运输主管部门依法开展港口、码头、装卸站的验收工作时应当对评价报告进行审查，确认其具备与其所从事的作业相应的船舶污染防治能力。

第十条 交通运输部应当根据国家突发公共事件总体应急预案，制定国家防治船舶及其有关作业活动污染海洋环境的专项应急预案。

沿海省、自治区、直辖市人民政府应当根据国家防治船舶及其有关作业活动污染海洋环境的专项应急预案，制定省级防治船舶及其有关作业活动污染海洋环境应急预案。

沿海设区的市级人民政府应当根据所在地省级防治船舶及其有关作业活动污染海洋环境的应急预案，制定市级防治船舶及其有关作业活动污染海洋环境应急预案。

交通运输部、沿海设区的市级以上地方人民政府应当定期组织防治船舶及其有关作业活动污染海洋环境应急预案的演练。

第十一条 中国籍船舶所有人、经营人、管理人应当按照国家海事管理机构制定的应急预案编制指南，制定或者修订防治船舶及其有关作业活动污染海洋环境的应急预案，并报海事管理机构备案。

港口、码头、装卸站的经营人以及有关作业单位应当制定防治船舶及其有关作业活动污染海洋环境的应急预案，并报海事管理机构和环境保护主管部门备案。

船舶以及有关作业单位应当按照制定的应急预案定期组织应急演练，根据演练情况对应急预案进行评估，按照实际需要和情势变化，适时修订应急预案，并对应急预案的演练情况、评估结果和修订情况如实记录。

第十二条 中国籍船舶防治污染设施、设备和器材应当符合国家有关标准，并按照国家有关要求通过型式和使用性能检验。

第三章 船舶污染清除单位

第十三条 船舶污染清除单位是指具备相应污染清除能

力,为船舶提供污染事故应急防备和应急处置服务的单位。

根据服务区域和污染清除能力的不同,船舶污染清除单位的能力等级由高到低分为四级,其中:

(一)一级单位能够在我国管辖海域为船舶提供溢油和其它散装液体污染危害性货物泄漏污染事故应急服务;

(二)二级单位能够在距岸20海里以内的我国管辖海域为船舶提供溢油和其它散装液体污染危害性货物泄漏污染事故应急服务;

(三)三级单位能够在港区水域为船舶提供溢油应急服务;

(四)四级单位能够在港区水域内的一个作业区、独立码头附近水域为船舶提供溢油应急服务。

第十四条　从事船舶污染清除的单位应当具备以下条件,并接受海事管理机构的监督检查:

(一)应急清污能力符合《船舶污染清除单位应急清污能力要求》(见附件)的规定;

(二)制定的污染清除作业方案符合防治船舶及其有关作业活动污染海洋环境的要求;

(三)污染物处理方案符合国家有关防治污染规定。

第十五条　船舶污染清除单位应当将下列情况向社会公布,并报送服务区域所在地的海事管理机构:

(一)本单位的污染清除能力符合《船舶污染清除单位应急清污能力要求》相应能力等级和服务区域的报告;

(二)污染清除作业方案;

(三)污染物处理方案;

(四)船舶污染清除设施、设备、器材和应急人员情况;

(五)船舶污染清除协议的签订和履行情况以及参与船舶污染事故应急处置工作情况。

船舶污染清除单位的污染清除能力和服务区域发生变更的,应当及时将变更情况向社会公布,并报送服务区域所在地的海事管理机构。

第四章　船舶污染清除协议的签订

第十六条　载运散装油类货物的船舶,其经营人应当在船舶进港前或者港外装卸、过驳作业前,按照以下要求与相应的船舶污染清除单位签订船舶污染清除协议:

(一)600总吨以下仅在港区水域航行或作业的船舶,应当与四级以上等级的船舶污染清除单位签订船舶污染清除协议;

(二)600总吨以上2000总吨以下仅在港区水域航行或作业的船舶,应当与三级以上等级的船舶污染清除单位签订船舶污染清除协议;

(三)2000总吨以上仅在港区水域航行或作业的船舶以及所有进出港口和从事过驳作业的船舶应当与二级以上等级的船舶污染清除单位签订船舶污染清除协议。

第十七条　载运油类之外的其他散装液体污染危害性货物的船舶,其经营人应当在船舶进港前或者港外装卸、过驳作业前,按照以下要求与相应的船舶污染清除单位签订船舶污染清除协议:

(一)进出港口的船舶以及在距岸20海里之内的我国管辖水域从事过驳作业的船舶应当与二级以上等级的船舶污染清除单位签订船舶污染清除协议;

(二)在距岸20海里以外的我国管辖水域从事过驳作业的载运其他散装液体污染危害性货物的船舶应当与一级船舶污染清除单位签订船舶污染清除协议。

第十八条　1万总吨以上的载运非散装液体污染危害性货物的船舶,其经营人应当在船舶进港前或者港外装卸、过驳作业前,按照以下要求与相应的船舶污染清除单位签订船舶污染清除协议:

(一)进出港口的2万总吨以下的船舶应当与四级以上等级的船舶污染清除单位签订船舶污染清除协议;

(二)进出港口的2万总吨以上3万总吨以下的船舶应当与三级以上等级的船舶污染清除单位签订船舶污染清除协议;

(三)进出港口的3万总吨以上的船舶以及在我国管辖水域从事过驳作业的船舶应当与二级以上等级的船舶污染清除单位签订船舶污染清除协议。

第十九条　与一级、二级船舶污染清除单位签订污染清除协议的船舶划分标准由国家海事管理机构确定。

第二十条　国家海事管理机构应当制定并公布船舶污染清除协议样本,明确协议双方的权利和义务。

船舶和污染清除单位应当按照国家海事管理机构公布的协议样本签订船舶污染清除协议。

第二十一条　船舶应当将所签订的船舶污染清除协议留船备查,并在办理船舶进出港口手续或者作业申请时向海事管理机构出示。

船舶发现船舶污染清除单位存在违反本规定的行为,或者未履行船舶污染清除协议的,应当向船舶污染清除单位所在地的直属海事管理机构报告。

第五章　应急处置

第二十二条　船舶发生污染事故或者可能造成海洋环境

污染的，船舶及有关作业单位应当立即启动相应的应急预案，按照有关规定的要求就近向海事管理机构报告，通知签订船舶污染清除协议的船舶污染清除单位，并根据应急预案采取污染控制和清除措施。

船舶在终止清污行动前应当向海事管理机构报告，经海事管理机构同意后方可停止应急处置措施。

第二十三条 船舶污染清除单位接到船舶污染事故通知后，应当根据船舶污染清除协议及时开展污染控制和清除作业，并及时向海事管理机构报告污染控制和清除工作的进展情况。

第二十四条 接到船舶造成或者可能造成海洋环境污染的报告后，海事管理机构应当立即核实有关情况，并加强监测、监视。

发生船舶污染事故的，海事管理机构应当立即组织对船舶污染事故的等级进行评估，并按照应急预案的要求进行报告和通报。

第二十五条 发生船舶污染事故后，应当根据《中华人民共和国防治船舶污染海洋环境管理条例》的规定，成立事故应急指挥机构。事故应急指挥机构应当根据船舶污染事故的等级和特点，启动相应的应急预案，有关部门、单位应当在事故应急指挥机构的统一组织和指挥下，按照应急预案的分工，开展相应的应急处置工作。

第二十六条 发生船舶污染事故或者船舶沉没，可能造成中华人民共和国管辖海域污染的，有关沿海设区的市级以上地方人民政府、海事管理机构根据应急处置的需要，可以征用有关单位和个人的船舶、防治污染设施、设备、器材以及其他物资。有关单位和个人应当予以配合。

有关单位和个人所提供的船舶和防治污染设施、设备、器材应当处于良好可用状态，有关物资质量符合国家有关技术标准、规范的要求。

被征用的船舶和防治污染设施、设备、器材以及其他物资使用完毕或者应急处置工作结束，应当及时返还。船舶和防治污染设施、设备、器材以及其他物资被征用或者征用后毁损、灭失的，应当给予补偿。

第二十七条 发生船舶污染事故，海事管理机构可以组织并采取海上交通管制、清除、打捞、拖航、引航、护航、过驳、水下抽油、爆破等必要措施。采取上述措施的相关费用由造成海洋环境污染的船舶、有关作业单位承担。

需要承担前款规定费用的船舶，应当在开航前缴清有关费用或者提供相应的财务担保。

本条规定的财务担保应当由境内银行或者境内保险机构出具。

第二十八条 船舶发生事故有沉没危险时，船员离船前，应当按照规定采取防止溢油措施，尽可能关闭所有货舱（柜）、油舱（柜）管系的阀门，堵塞货舱（柜）、油舱（柜）通气孔。

船舶沉没的，其所有人、经营人或者管理人应当及时向海事管理机构报告船舶燃油、污染危害性货物以及其他污染物的性质、数量、种类及装载位置等情况，采取或者委托有能力的单位采取污染监视和控制措施，并在必要的时候采取抽出、打捞等措施。

第二十九条 船舶应当在污染事故清除作业结束后，对污染清除行动进行评估，并将评估报告报送当地直属海事管理机构，评估报告至少应当包括下列内容：

（一）事故概况和应急处置情况；

（二）设施、设备、器材以及人员的使用情况；

（三）回收污染物的种类、数量以及处置情况；

（四）污染损害情况；

（五）船舶污染应急预案存在的问题和修改情况。

事故应急指挥机构应当在污染事故清除作业结束后，组织对污染清除作业的总体效果和污染损害情况进行评估，并根据评估结果和实际需要修订相应的应急预案。

第六章 法律责任

第三十条 海事管理机构应当建立、健全防治船舶污染应急防备和处置的监督检查制度，对船舶以及有关作业单位的防治船舶污染能力以及污染清除作业实施监督检查，并对监督检查情况予以记录。

海事管理机构实施监督检查时，有关单位和个人应当予以协助和配合，不得拒绝、妨碍或者阻挠。

第三十一条 海事管理机构发现船舶及其有关作业单位和个人存在违反本规定行为的，应当责令改正；拒不改正的，海事管理机构可以责令停止作业、强制卸载，禁止船舶进出港口、靠泊、过境停留，或者责令停航、改航、离境、驶向指定地点。

第三十二条 违反本规定，船舶未制定防治船舶及其有关作业活动污染海洋环境应急预案并报海事管理机构备案的，由海事管理机构责令限期改正；港口、码头、装卸站的经营人未制定防治船舶及其有关作业活动污染海洋环境应急预案的，由海事管理机构责令限期改正。

第三十三条 违反本规定，船舶和有关作业单位未配备防污设施、设备、器材的，或者配备的防污设施、设备、器材不符合国家有关规定和标准的，由海事管理机构予以警告,或者处2万元以上10万元以下的罚款。

第三十四条　违反本规定,有下列情形之一的,由海事管理机构处1万元以上5万元以下的罚款:

(一)载运散装液体污染危害性货物的船舶和1万总吨以上的其他船舶,其经营人未按照规定签订污染清除作业协议的;

(二)污染清除作业单位不符合国家有关技术规范从事污染清除作业的。

第三十五条　违反本规定,有下列情形之一的,由海事管理机构处2万元以上10万元以下的罚款:

(一)船舶沉没后,其所有人、经营人未及时向海事管理机构报告船舶燃油、污染危害性货物以及其他污染物的性质、数量、种类及装载位置等情况的;

(二)船舶沉没后,其所有人、经营人未及时采取措施清除船舶燃油、污染危害性货物以及其他污染物的。

第三十六条　违反本规定,发生船舶污染事故,船舶、有关作业单位迟报、漏报事故的,对船舶、有关作业单位,由海事管理机构处5万元以上25万元以下的罚款;对直接负责的主管人员和其他直接责任人员,由海事管理机构处1万元以上5万元以下的罚款;直接负责的主管人员和其他直接责任人员属于船员的,给予暂扣适任证书或者其他有关证件3个月至6个月的处罚。瞒报、谎报事故的,对船舶、有关作业单位,由海事管理机构处25万元以上50万元以下的罚款;对直接负责的主管人员和其他直接责任人员,由海事管理机构处5万元以上10万元以下的罚款;直接负责的主管人员和其他直接责任人员属于船员的,并处给予吊销适任证书或者其他有关证件的处罚。

第三十七条　违反本规定,发生船舶污染事故,船舶、有关作业单位未立即启动应急预案的,对船舶、有关作业单位,由海事管理机构处2万元以上10万元以下的罚款;对直接负责的主管人员和其他直接责任人员,由海事管理机构处1万元以上2万元以下的罚款;直接负责的主管人员和其他直接责任人员属于船员的,并处给予暂扣适任证书或者其他适任证件1个月至3个月的处罚。

第七章　附　　则

第三十八条　本规定所称“以上”“以内”包括本数,“以下”“以外”不包括本数。

第三十九条　本规定自2011年6月1日起施行。

附件:《船舶污染清除单位应急清污能力要求》(略)

消防救援机构办理行政案件程序规定

1. 2021年10月15日应急管理部发布
2. 应急〔2021〕77号
3. 自2021年11月9日起施行

目　　录

第一章　总　　则

第一条　为了规范消防救援机构办理行政案件程序,保障消防救援机构在办理行政案件中正确履行职责,促进严格规范公正文明执法,保护公民、法人或者其他组织的合法权益,根据《中华人民共和国行政处罚法》《中华人民共和国行政强制法》《中华人民共和国消防法》等法律法规,结合消防执法工作实际,制定本规定。

第二条 本规定所称行政案件，是指消防救援机构依照法律、法规、规章的规定对消防安全违法行为实施行政处罚以及行政强制执行的案件。

消防行政许可、消防监督检查、消防产品监督检查、行政强制措施、火灾事故调查中有关管辖、回避、期间、送达、调查取证等一般性程序参照本规定执行。法律、法规、规章另有规定的，从其规定。

第三条 本规定所称执法人员是指具有消防行政执法资格的消防救援机构在编在职工作人员。

第四条 办理行政案件应当以事实为依据，遵循合法、公正、公开、及时的原则，尊重和保障人权，保护公民的人格尊严。

第五条 办理行政案件应当坚持处罚与教育相结合，教育公民、法人或者其他组织自觉守法。

办理行政案件，在少数民族聚居或者多民族共同居住的地区，应当使用当地通用的语言进行询问。对不通晓当地通用语言文字的当事人，应当为其提供翻译。

第六条 消防救援机构及其执法人员对办理行政案件过程中知悉的国家秘密、商业秘密或者个人隐私，应当依法予以保密。

第七条 本规定所称的行政处罚种类包括：

（一）警告；

（二）罚款；

（三）没收违法所得；

（四）责令停产停业、责令停止使用；

（五）责令停止执业、吊销资格；

（六）法律、行政法规规定的其他行政处罚。

第八条 消防救援机构执法人员在办案中玩忽职守、徇私舞弊、滥用职权、索取或者收受他人财物的，依法给予处分；构成犯罪的，依法追究刑事责任。

第九条 消防救援机构依照法律、法规、规章在法定权限内书面委托实施行政处罚的组织在办理行政案件时，适用本规定。

法律、法规授权的履行消防监督管理职能的组织，以及按照国家综合行政执法制度相对集中行使包括消防在内的行政处罚权的组织，在办理行政案件时，可以参照本规定。

第十条 消防救援机构在实施行政处罚、行政强制时，执法人员不得少于两人。法律另有规定的除外。

第十一条 执法人员在调查或者进行检查时，应当主动向当事人或者有关人员出示执法证件。

第十二条 消防救援机构在办理行政案件时，应当按照规定执行行政执法公示、执法全过程记录、重大执法决定法制审核制度。

公开的行政处罚决定被依法变更、撤销、确认违法或者确认无效的，应当在三日内撤回行政处罚决定信息并公开说明理由。

第十三条 消防救援机构应当加强执法信息化建设，提高执法效率和规范化水平。

第二章 一般规定

第一节 管 辖

第十四条 行政案件由违法行为发生地的消防救援机构管辖。违法行为有连续、持续或者继续状态的，违法行为连续、持续或者继续实施的地方都属于违法行为发生地。

第十五条 行政案件由直辖市、市（地区、州、盟）、县（市辖区、县级市、旗）消防救援机构按照法律、行政法规、部门规章规定和管辖分工办理。

第十六条 两个以上消防救援机构都有权管辖的行政案件，由最先立案的消防救援机构管辖。必要时，可以由主要违法行为发生地消防救援机构管辖。

第十七条 对管辖发生争议的，应当协商解决，协商不成的，报请共同的上一级消防救援机构指定管辖；也可以直接由共同的上一级消防救援机构指定管辖。

对于重大、复杂的案件，上级消防救援机构可以直接办理或者指定管辖。

上级消防救援机构直接办理或者指定管辖的，应当通知被指定管辖的消防救援机构和其他有关的消防救援机构。

原办理案件的消防救援机构自收到上级消防救援机构通知之日起不再行使管辖权，并在二日内将案卷材料移送直接办理的上级消防救援机构或者被指定管辖的消防救援机构，及时通知当事人。

第二节 回 避

第十八条 消防救援机构负责人、执法人员有下列情形之一的，应当主动提出回避申请，当事人及其法定代理人有权对其提出回避申请：

（一）是本案当事人近亲属的；

（二）本人或者其近亲属与本案有直接利害关系的；

（三）与本案有其他关系，可能影响案件公正处理的。

第十九条 执法人员的回避，由其所属的消防救援机构负责人决定;消防救援机构负责人的回避,由上一级消防救援机构负责人决定。

第二十条　当事人及其法定代理人要求消防救援机构负责人、执法人员回避的,应当以书面或者口头形式提出申请,并说明理由;口头提出申请的,消防救援机构应当记录在案。

消防救援机构应当在收到申请之日起二日内作出决定并通知申请人。

第二十一条　消防救援机构负责人、执法人员具有应当回避的情形,本人没有申请回避,当事人及其法定代理人也没有申请其回避的,有权决定其回避的消防救援机构可以指令其回避。

第二十二条　在行政案件调查过程中,鉴定人、翻译人员需要回避的,适用本章的规定。

鉴定人、翻译人员的回避,由指派或者聘请的消防救援机构决定。

第二十三条　在消防救援机构作出回避决定前,执法人员不得停止对行政案件的调查。

作出回避决定后,被决定回避的消防救援机构负责人、执法人员不得再参与该行政案件的调查、审核和审批工作。

第二十四条　被决定回避的消防救援机构负责人、执法人员、鉴定人和翻译人员,在回避决定作出前所进行的与案件有关的活动是否有效,由作出回避决定的消防救援机构根据是否影响案件依法公正处理等情况决定。

第三节　时效、期间和送达

第二十五条　违法行为在二年内未被发现的,不再给予行政处罚;涉及公民生命健康安全、金融安全且有危害后果的,上述期限延长至五年。法律另有规定的除外。

前款规定的期限,从违法行为发生之日起计算;违法行为有连续或者继续状态的,从行为终了之日起计算。

第二十六条　期间以时、日、月、年计算,期间开始之时或者日不计算在内。法律文书送达的期间不包括在途时间。期间的最后一日是节假日的,以节假日后的第一日为期满日期。

第二十七条　消防救援机构依照简易程序作出当场行政处罚决定的,应当将决定书当场交付当事人,并由当事人在决定书上签名或者捺指印;当事人拒绝签收的,由执法人员在行政处罚决定书上注明。

除简易程序外的其他行政处罚决定,应当在作出决定的七日内将决定书送达当事人。

强制执行决定,应当自决定之日起三日内送达当事人。

法律、法规、规章对法律文书送达期间有专门规定的,按照有关规定执行。

第二十八条　送达法律文书应当首先采取直接送达方式,当场交付受送达人,由受送达人在附卷的法律文书或者送达回证上注明收到日期,并签名、捺指印或者盖章,受送达人的签收日期为送达日期。

受送达人是公民且本人不在场的,交其同住并具有行为能力的成年家属签收;受送达人是法人或者其他组织的,应当由法人的法定代表人、该组织的主要负责人或者办公室、收发室、值班室等负责收件的人员签收或者盖章;当事人指定代收人的,交代收人签收。

受送达人的同住成年家属,法人或者其他组织负责收件的人员或者代收人在附卷法律文书上签收的日期为送达日期。

第二十九条　受送达人拒绝接收的,消防救援机构可以邀请受送达人住所地的居民委员会、村民委员会等基层组织的工作人员或者受送达人所在单位的工作人员作见证人,说明情况,在送达回证上注明拒收事由和日期,由执法人员、见证人签名或者盖章,将法律文书留在受送达人的住所;也可以把法律文书留在受送达人的住所,并采取拍照、录像等方式记录送达过程,即视为送达。

第三十条　直接送达有困难的,消防救援机构可以邮寄送达或者委托其他消防救援机构代为送达。

邮寄送达的,以回执上注明的收件日期为送达日期。法律文书在期满前交邮的,不算过期。

委托送达的,受委托的消防救援机构按照直接送达或者留置送达方式送达法律文书,并及时将送达回证交回委托的消防救援机构。

第三十一条　经受送达人同意,消防救援机构可以采用传真、电子邮件、移动通信、互联网通讯工具等能够确认其即时收悉的特定系统,电子送达法律文书,但法律法规规定不能电子送达的除外。受送达人同意采用电子送达的,应当在电子送达地址确认书中予以确认。

采取电子送达方式送达的,以系统显示发送成功的日期为送达日期,但受送达人证明到达其确认的特定系统的日期与消防救援机构系统显示发送成功的日期不一致的,以受送达人证明到达其特定系统的日期为准。

第三十二条　受送达人下落不明或者用上述方式无法送达的,消防救援机构采取公告方式送达,说明公告送达的原因，并在案卷中记明原因和经过。公告送达的范围和方式应当便于公民知晓，可以在受送达人住所地张贴公告，也可以在报纸、消防救援机构门户网站、信息网络等媒体上刊登公告，发出公告日期以最后张贴或者刊登的日期为准，经过六十日公告期满，即视为送达。在受送达人住所地张贴公告的，应当采取拍照、录像等方式记录张贴过程。

法律、法规、规章对公告送达的期限有专门规定的，按照有关规定执行。

第三章 调查取证

第一节 基本要求

第三十三条 消防救援机构办理行政案件进行调查时，应当全面、客观、公正地收集、调取证据材料，并依法予以审查、核实。

第三十四条 需要调查的案件事实包括：

（一）当事人的基本情况；

（二）违法行为是否存在；

（三）违法行为是否为当事人实施；

（四）实施违法行为的时间、地点、手段、后果以及其他情节；

（五）当事人有无法定从重、从轻、减轻以及不予行政处罚的情形；

（六）与案件有关的其他事实。

第三十五条 需要向有关单位和个人调取证据的，经消防救援机构负责人批准，开具调取证据通知书，明确调取的证据和提供时限，并依法制作清单。

被调取人应当在通知书上盖章或者签名（捺指印），被调取人拒绝的，消防救援机构应当注明。必要时，消防救援机构应当采用录音、录像等方式固定证据内容及取证过程。

第三十六条 可以用于证明案件事实的材料，都是证据。消防救援机构办理行政案件的证据包括：

（一）书证；

（二）物证；

（三）视听资料；

（四）电子数据；

（五）证人证言；

（六）当事人陈述和申辩；

（七）鉴定意见；

（八）勘验笔录、检查笔录、现场笔录。

证据必须经查证属实，方可作为认定案件事实的根据。

第三十七条 书证应当符合下列要求：

（一）书证应当为原件。收集原件确有困难的，可以收集与原件核对无误的复制件、影印件或者抄录件；

（二）证明同一内容的多页书证的复制件、影印件、抄录件，应当由持有人加盖骑缝章或者逐页签名或者捺指印，并注明总页数；

（三）取得书证原件的节录本的，应当保持文件内容的完整性，注明出处和节录地点、日期，并有节录人的签名或者捺指印；

（四）书证的复制件、影印件或者抄录件，应当注明出具时间、证据来源，经核对无异后标明“经核对与原件一致”，并由被调查对象或者证据提供人签名、捺指印或者盖章；

（五）有关部门出具的证明材料作为证据的，证明材料上应当加盖出具部门的印章并注明日期；

（六）当事人或者证据提供人拒绝在证据复制件、各式笔录及其他需要其确认的证据材料上签名或者盖章的，应当采用拍照、录像等方式记录，在相关证据材料上注明拒绝情况和日期，由执法人员签名或者盖章。

书证有更改不能作出合理解释的，或者书证的副本、复制件不能反映书证原件及其内容的，不能作为证据使用。

其他部门收集并移交消防救援机构的证人证言、当事人陈述和申辩等言词证据，按照书证的有关要求执行。

第三十八条 物证应当符合下列要求：

（一）物证应当为原物。在原物不便搬运、不易保存或者依法应当由有关部门保管、处理或者依法应当返还时，可以拍摄或者制作足以反映原物外形或者内容的照片、录像，经与原物核实无误或者经鉴定证明为真实的，可以作为证据使用；

（二）原物为数量较多的种类物，可以收集其中的一部分，也可以采用拍照、抽样等方式收集。拍照取证的，应当对物证的现场方位、全貌以及重点部位特征等进行拍照或者录像；抽样取证的，应当通知当事人到场，当事人拒不到场或者暂时难以确定当事人的，可以由在场的无利害关系人见证；

（三）收集物证，应当载明获取该物证的时间、原物存放地点、发现地点等要素，并对现场尽可能以拍照、录像等方式予以同步记录；

（四）拍摄物证的照片或者录像应当存入案卷。

第三十九条 视听资料应当符合下列要求：

（一）应为视听资料的原始载体；

(二)注明制作的时间和方法、制作人、证明对象等;

(三)声音资料还应当附有该声音内容的文字记录。

收集视听资料原始载体确有困难的,可以收集与原件核对无误的复制件。视听资料的复制件,应当注明制作过程、制作时间等,并由执法人员、制作人、原件持有人签名或者盖章。持有人无法或者拒绝签名的,应当注明情况。

第四十条 电子数据应当符合下列要求:

(一)应为电子数据的原始载体;

(二)注明制作时间和方法、制作人、证明对象等;

(三)收集原始载体确有困难的,可以采用拷贝复制、打印、拍照、录像等方式提取或者固定电子数据。

提取电子数据应当制作笔录,载明有关原因、制作过程和方法、制作时间等情况,并附电子数据清单,由执法人员、制作人、电子数据持有人签名。持有人无法或者拒绝签名的,应当注明情况。

消防救援机构可以利用互联网信息系统或者电子技术设备收集、固定消防安全违法行为证据。用来收集、固定消防安全违法行为证据的互联网信息系统或者电子技术设备应当符合相关规定,保证所收集、固定电子数据的真实性、完整性。

第四十一条 证人证言应当符合下列要求:

(一)载明证人的姓名、年龄、性别、身份证件种类及号码、职业、住址等基本情况;

(二)证人应当逐页签名或者捺指印;

(三)注明出具日期;

(四)附有居民身份证复印件等证明证人身份的文件。

证人口头陈述的,执法人员应当制作询问笔录。

第四十二条 当事人陈述和申辩应当符合下列要求:

(一)口头主张的,执法人员应当在询问笔录或者行政处罚告知笔录中记录;

(二)自行提供书面材料的,当事人应当在其提供书面材料的结尾处签名、捺指印或者盖章,对打印的书面材料应当逐页签名、捺指印或者盖章,并附有居民身份证复印件等证明当事人身份的文件;执法人员收到书面材料后,应当在首页写明收到日期,并签名。

第四十三条 鉴定意见应当符合下列要求:

(一)载明委托人和委托鉴定的事项,提交鉴定的相关材料;

(二)载明鉴定的依据和使用的科学技术手段,结论性意见;

(三)有鉴定人的签名,鉴定机构的盖章,载明鉴定时间;

(四)通过分析获得的鉴定意见,应当说明分析过程;

(五)附鉴定机构和鉴定人的资质证明或者其他证明文件。

多人参加鉴定,对鉴定意见有不同意见的,应当注明。

第四十四条 勘验笔录应当符合下列要求:

(一)载明勘验时间,现场地点,勘验人员,气象条件,现场保护情况等;

(二)客观记录现场方位、建筑结构和周围环境,现场勘验情况,有关的痕迹和物品的情况,尸体的位置、特征和数量等;

(三)载明提取痕迹、物品情况,制图和照相的情况;

(四)由勘验人员、当事人或者见证人签名。当事人、见证人拒绝签名或者无法签名的,应当在现场勘验笔录上注明。现场图应当由制图人、审核人签名。

第四十五条 检查笔录应当符合下列要求:

(一)载明检查的时间、地点;

(二)客观记录检查情况;

(三)由执法人员、当事人或者见证人签名。当事人拒绝或者不能签名的,应当在笔录中注明原因。

检查中提取物证、书证的,应当在检查笔录中反映其名称、特征、数量、来源及处理情况,并依法制作清单。

进行多次检查的,应当在制作首次检查笔录后,逐次制作补充检查笔录。

第四十六条 现场笔录应当符合下列要求:

(一)载明事件发生的时间和地点,执法人员、当事人或者见证人的基本情况;

(二)客观记录执法人员现场工作的事由和目的、过程和结果等情况;

(三)由执法人员、当事人或者见证人签名。当事人拒绝或者不能签名的,应当在笔录中注明原因。

实施行政强制措施时制作现场笔录的,还应当记录执法人员告知当事人采取行政强制措施的理由、依据以及当事人依法享有的权利、救济途径,并听取其陈述和申辩的情况。

第四十七条 立案前核查或者监督检查过程中依法取得的证据材料,可以作为案件的证据。

对于移送的案件,移送机关依职权调查收集的证据材料,可以作为案件的证据。

第二节 询　　问

第四十八条 执法人员在调查时,可以询问当事人及其他有关人员。执法人员不得少于两人,并应当向当事人或者有关人员出示执法证件。询问应当个别进行,并制作笔录。

第四十九条 询问当事人,可以在现场、到其住所或者单位进行,也可以书面、电话或者当场通知其到消防救援机构或者其他指定地点进行。当事人是单位的,应当依法对其直接负责的主管人员和其他直接责任人员进行询问。

询问其他人员,可以在现场进行,也可以到其单位、学校、住所、居住地居(村)民委员会或者其提出的地点进行。必要时,也可以书面、电话或者当场通知其到消防救援机构提供证言。

第五十条 首次询问时,应当问明被询问人的姓名、出生日期、户籍所在地、现住址、身份证件种类及号码,对违法嫌疑人还应当询问是否受过消防行政处罚;必要时,还可以载明其家庭主要成员、工作单位、文化程度、民族等情况。

被询问人为外国人的,首次询问时还应当问明其国籍、出入境证件种类及号码、签证种类等情况;必要时,还可以载明其在华关系人、入境时间、入境事由等情况。

第五十一条 询问时,应当采取制作权利义务告知书方式或者直接在询问笔录中以问答的方式,告知被询问人必须如实提供证据、证言和故意作伪证或者隐匿证据应负的法律责任,对与本案无关的问题有拒绝回答的权利。

询问当事人时,应当听取当事人的陈述和申辩。对当事人的陈述和申辩,应当核查。

被询问人请求自行提供书面材料的,应当准许。必要时,执法人员可以要求当事人和其他有关人员自行书写。

第五十二条 询问未成年人时,应当通知其父母或者其他监护人到场,其父母或者其他监护人不能到场的,也可以通知未成年人的其他成年亲属,所在学校、单位、居住地基层组织或者未成年人保护组织的代表到场,并将有关情况记录在案。确实无法通知或者通知后未到场的,应当在询问笔录中注明。

第五十三条 询问聋哑人时,应当有通晓手语的人提供帮助,并在询问笔录中注明被询问人的聋哑情况以及翻译人员的姓名、住址、工作单位和联系方式。

对不通晓当地通用的语言文字的被询问人,应当为其配备翻译人员,并在询问笔录中注明翻译人员的姓名、住址、工作单位和联系方式。

询问精神病人、智力残疾人或者有其他交流障碍的人员时,应当在被询问人的成年亲属或者监护人见证下进行询问,并在询问笔录中注明。

第五十四条 询问笔录应当如实地记录询问过程和询问内容,对询问人提出的问题,被询问人拒绝回答的,应当注明。

询问笔录应当交被询问人核对,对阅读有困难的,应当向其宣读。记录有误或者遗漏的,应当允许被询问人更正或者补充,修改和补充部分应当由被询问人捺指印。

被询问人确认执法人员制作的笔录无误的,应当在询问笔录上逐页签名或者捺指印。被询问人确认自行书写的笔录无误的,应当在结尾处签名或者捺指印。拒绝签名或者捺指印的,执法人员应当在询问笔录中注明。

执法人员应当在询问笔录上签名,翻译人员应当在询问笔录的结尾处签名。

第三节 抽样取证

第五十五条 执法人员实施抽样取证时,应符合以下要求:

(一)采用随机的方式,抽取样品的数量以能够认定本品的品质特征为限;

(二)有被抽样物品的持有人或者见证人在场,并查点清楚,制作抽样单;

(三)对抽样取证的现场、被抽样物品及被抽取的样品进行拍照或者对抽样过程进行录像。

第五十六条 消防救援机构对抽取的样品,应当及时进行检验。检验结果应当及时告知当事人。

对抽样取证检验结果有异议的,可以按照有关规定进行复检。

对抽取的样品,经检验不属于证据的,应当及时返还;样品因检验造成破坏或者损耗而无法退还的,应当向被检查人说明情况。

第四节 先行登记保存

第五十七条 证据可能灭失或者以后难以取得的,经消防救援机构负责人批准,可以依法先行登记保存。

第五十八条 先行登记保存有关证据,应当当场清点,制作先行登记保存清单,由当事人和执法人员签名或者盖章,当场交当事人一份,并当场交付先行登记保存决定书。必要时,应当对采取证据保全措施的证据进行拍照或者对采取证据保全的过程进行录像。

先行登记保存期间,当事人或者有关人员不得损坏、销毁或者转移证据。

第五十九条　对先行登记保存的证据,消防救援机构应当于先行登记保存之日起七日内采取以下措施:

(一)及时采取记录、复制、拍照、录像等证据保全措施;

(二)需要鉴定、检验的,及时送交有关部门鉴定、检验;

(三)不再需要采取登记保存措施的,通知当事人解除先行登记保存措施。

逾期未作出处理决定的,视为先行登记保存措施自动解除。

第五节　勘验、检查

第六十条　对于火灾现场和其他场所进行勘验,应当提取与案件有关的证据材料,确定调查方向和范围。

现场勘验参照火灾事故调查现场勘验的有关规定执行。

第六十一条　消防救援机构在办理行政案件过程中,为了查清违法事实,固定和补充证据,可以对与违法行为有关的场所、物品进行检查,并制作检查笔录。

消防救援机构依法开展的消防监督检查,依照法律、法规、规章的规定执行。

第六十二条　检查场所或者物品时,应当避免对被检查物品造成不必要的损坏。

检查时,应当有当事人或者其他见证人在场。

第六十三条　检查笔录由执法人员、当事人或者见证人签名;当事人不在场或者拒绝签名的,执法人员应当在检查笔录中注明。

进行多次检查的,应当在首次制作检查笔录后,逐次补充制作检查笔录。

检查时的全程录音录像可以替代检查笔录,但应当对视听资料的关键内容和相应时间段等作文字说明。

第六节　鉴　　定

第六十四条　为了查明案情,需要对执法中专门性技术问题进行鉴定的,应当委托具有法定鉴定资格的机构或者指派、聘请具有专门知识的人员进行鉴定。

没有法定鉴定机构的,可以委托其他具备鉴定条件的机构进行鉴定。

需要聘请消防救援机构以外的人进行鉴定的,应当制作鉴定聘请书。

第六十五条　消防救援机构应当为鉴定提供必要的条件,及时送交有关检材和比对样本等原始材料,介绍与鉴定有关的情况,明确提出要求鉴定解决的问题。

禁止强迫或者暗示鉴定人作出某种鉴定意见。

第六十六条　消防救援机构认为必要时,可以决定重新鉴定。

同一行政案件的同一事项重新鉴定以一次为限。

第六十七条　存在下列情形之一的,应当进行重新鉴定:

(一)鉴定程序违法或者违反相关专业技术要求,可能影响鉴定意见正确性的;

(二)鉴定机构和鉴定人不具备相应资质和条件的;

(三)鉴定意见明显依据不足的;

(四)故意作虚假鉴定的;

(五)应当回避而没有回避的;

(六)检材虚假或者被损坏的;

(七)其他应当重新鉴定的。

重新鉴定的,消防救援机构应当另行委托鉴定机构或者指派、聘请鉴定人。

第七节　证据审查

第六十八条　消防救援机构应当对证据进行审查,进行全面、客观和公正的分析判断,审查证据的合法性、客观性、关联性,判断证据的证明力。

第六十九条　消防救援机构应当从以下方面审查证据的合法性:

(一)证据是否符合法定形式;

(二)证据的取得是否符合法律、法规、规章和司法解释的要求;

(三)影响证据合法性的其他因素。

第七十条　消防救援机构应当从以下方面审查证据的客观性:

(一)证据形成的原因和发现、收集证据时的客观环境;

(二)证据是否为原件,复制件与原件是否相符;

(三)提供证据的人或者证人与当事人是否具有利害关系;

(四)影响证据客观性的其他因素。

第七十一条　消防救援机构应当从以下方面审查证据的关联性:

(一)证据的证明对象是否与案件事实有内在联系,以及关联程度;

（二）证据证明的事实对案件主要情节和案件性质的影响程度；

（三）证据之间是否互相印证，形成证据链。

第七十二条　下列证据材料不能作为定案的根据：

（一）以非法手段取得的证据；

（二）被进行技术处理而无法辨明真伪的证据材料；

（三）不能正确表达意志的证人提供的证言；

（四）不具备合法性和真实性的其他证据材料。

第四章　简易程序和快速办理

第一节　简易程序

第七十三条　违法事实确凿并有法定依据，对公民处以二百元以下、对法人或者其他组织处以三千元以下罚款或者警告的行政处罚的，可以当场作出行政处罚决定。法律另有规定的，从其规定。

第七十四条　当场行政处罚，应当按照下列程序实施：

（一）向当事人出示执法证件；

（二）收集证据；

（三）口头告知当事人拟作出行政处罚决定内容及事实、理由和依据，并告知当事人依法享有的陈述权和申辩权；

（四）充分听取当事人的陈述和申辩。当事人提出的事实、理由或者证据成立的，应当采纳；

（五）填写预定格式、编有号码的当场行政处罚决定书并交付当事人。

前款规定的行政处罚决定书应当载明当事人的违法行为，行政处罚的种类和依据、罚款数额、时间、地点，申请行政复议、提起行政诉讼的途径和期限以及作出行政处罚决定的消防救援机构名称，并由执法人员签名或者盖章。

第七十五条　执法人员当场作出行政处罚决定的，应当在作出决定之日起二日内将行政处罚决定书报所属消防救援机构备案。

第二节　快速办理

第七十六条　对不适用简易程序，但事实清楚，当事人自愿认错认罚，且对违法事实和法律适用没有异议的行政处罚案件，消防救援机构可以通过简化取证方式和审核审批手续等措施快速办理。

第七十七条　行政处罚案件具有下列情形之一的，不适用快速办理：

（一）对个人处两千元以上罚款的，对单位处一万元以上罚款的；

（二）当事人系盲、聋、哑人，未成年人或者疑似精神病人、智力残疾人的；

（三）依法适用听证程序的；

（四）依法可能没收违法所得的；

（五）其他不宜快速办理的。

第七十八条　消防救援机构快速办理行政处罚案件，应当符合以下规定：

（一）通过快速办理案件权利义务告知书告知当事人快速办理的相关规定，征得其同意，并由其签名确认；

（二）当事人在自行书写材料或者询问笔录中承认违法事实、认错认罚，并有视音频记录、电子数据、消防监督检查记录等关键证据能够相互印证的，消防救援机构可以不再开展其他调查取证工作；

（三）行政处罚决定由执法人员提出处理意见，可以经法制审核后，报消防救援机构负责人审批；

（四）履行处罚前告知程序。可以采用口头方式，由执法人员在案卷材料中注明告知情况，并由当事人签名确认；

（五）制作处罚决定书并送达当事人。

第七十九条　对快速办理的行政处罚案件，消防救援机构可以根据当事人认错悔改、积极主动改正违法行为等情节，依法对当事人从轻、减轻处罚或者不予行政处罚。

第八十条　快速办理的行政处罚案件应当填写立案登记表，自立案之日起七日内作出处理决定。

第八十一条　消防救援机构快速办理行政处罚案件时，发现不适宜快速办理的，应当告知当事人。快速办理阶段依法收集的证据，可以作为定案的根据。

第五章　普通程序

第一节　立　　案

第八十二条　消防救援机构在消防监督管理工作中，或者通过其他部门移送等途径，发现公民、法人或者其他组织有依法应当给予行政处罚的消防安全违法行为的，应当及时立案。

第八十三条　立案应当填写立案审批表，载明案件基本情况，由消防救援机构负责人批准。

第二节　处罚决定

第八十四条　适用普通程序办理的行政处罚案件，承办人在调查结束后，认为案件事实清楚，主要证据齐全的，应当提出处理意见，经法制审核后，报消防救援机构负责人审批，作出决定。

按照规定需要承办部门负责人审核的,应当在法制审核前完成。

第八十五条 法制审核后,法制部门或者法制员应当根据不同情况,分别作出以下处理:

(一)经审核合格的,提出审核意见,报消防救援机构负责人审批;

(二)事实不清、证据不足、文书不完备或者需要查清、补充有关事项的,提出工作建议或者意见,退回承办部门或者承办人补充办理;

(三)定性不准、处理意见不适当或者严重违反法定程序的,提出处理意见,退回承办部门或者承办人依法处理。

初次从事行政处罚决定法制审核的人员,应当通过国家统一法律职业资格考试取得法律职业资格。

第八十六条 对情节复杂或者给予较大数额罚款、责令停止使用、责令停产停业、责令停止执业、吊销资格、没收较大数额违法所得等行政处罚,消防救援机构负责人应当组织集体讨论决定。

第八十七条 消防救援机构在作出行政处罚决定之前,应当告知当事人拟作出的行政处罚内容及事实、理由、依据,并告知当事人依法享有的陈述、申辩、要求听证等权利。

第八十八条 当事人有权进行陈述和申辩。消防救援机构必须充分听取当事人的意见,对当事人提出的事实、理由和证据,应当进行复核;当事人提出的事实、理由或者证据成立的,消防救援机构应当采纳。

消防救援机构不得因当事人陈述、申辩而给予更重的处罚。

第八十九条 消防救援机构根据行政处罚案件的不同情况分别作出下列决定:

(一)确有应受行政处罚的违法行为的,根据情节轻重及具体情况,作出行政处罚决定;

(二)确有违法行为,但有依法不予行政处罚情形的,作出不予行政处罚决定;

(三)违法事实不能成立的,作出不予行政处罚决定;

(四)违法行为涉嫌构成犯罪的,移送司法机关。

第九十条 消防救援机构作出行政处罚决定,应当制作行政处罚决定书。行政处罚决定书应当载明下列事项:

(一)当事人的姓名或者名称、地址等基本情况;

(二)违反法律、法规、规章的事实和证据;

(三)行政处罚的种类和依据;

(四)行政处罚的履行方式和期限;

(五)申请行政复议或者提起行政诉讼的途径和期限;

(六)作出行政处罚决定的消防救援机构名称和作出决定的日期。

行政处罚决定书应当盖有作出行政处罚决定的消防救援机构的印章。

第九十一条 一个当事人有两种以上违法行为的,分别决定,合并执行,可以制作一份决定书,分别写明对每种违法行为的处理内容和合并执行的内容。

一个案件有多个违法行为人的,分别决定,可以制作一式多份决定书,写明给予每个人的处理决定,分别送达每一个违法行为人。

第九十二条 行政处罚案件应当自立案之日起六十日内作出行政处罚决定;案情复杂、期限届满不能终结的案件,经消防救援机构负责人同意,可以延长三十日。

办理其他行政案件,有法定办案期限的,按照相关法律法规办理。

为了查明案情进行鉴定、检验的期间,不计入办案期限。

第六章 听证程序

第九十三条 消防救援机构拟作出下列行政处罚决定,应当告知当事人有要求举行听证的权利:

(一)较大数额罚款;

(二)没收较大数额违法所得;

(三)责令停止执业、吊销资格;

(四)责令停止使用、停产停业;

(五)法律、法规、规章规定当事人可以要求举行听证的其他情形。

前款第一项所称"较大数额罚款",是指对个人处以二千元以上罚款,对单位处以三万元以上罚款。对依照地方性法规或者地方政府规章作出的罚款处罚,适用听证的罚款数额按照地方规定执行。前款第二项所称的"较大数额违法所得"适用较大数额罚款的规定。

第九十四条 对适用听证程序的行政处罚案件,消防救援机构在提出处罚意见后,应当告知当事人拟作出的行政处罚和有要求举行听证的权利。

当事人要求听证的,应当在消防救援机构告知后五日内提出申请。逾期视为放弃要求听证的权利。

当事人明确放弃听证权利的,消防救援机构可以直接作出行政处罚或者不予行政处罚决定。当事人放弃听证权利应当在行政处罚告知笔录中载明,并且由当事人或者其代理人签字或者盖章确认。

第九十五条 消防救援机构对符合听证条件的，应当自收到听证申请之日起十日内举行。

第九十六条 消防救援机构应当在举行听证的七日前将举行听证通知书送达听证申请人，并将举行听证的时间、地点通知其他听证参加人。

第九十七条 听证申请人不能按期参加听证的，可以申请延期，是否准许，由听证主持人决定。

消防救援机构变更听证日期或者场所的，应当按照前条规定通知或者公告。

第九十八条 听证由消防救援机构法制部门组织实施。

未设置法制部门的，由非本案承办人员组织听证。必要时，可以由上级消防救援机构派员组织听证。

第九十九条 听证设听证主持人一名，负责组织听证；记录员一名，具体承担听证准备和制作听证笔录工作。必要时，可以设听证员一至二名，协助听证主持人进行听证。

听证主持人由消防救援机构负责人指定；记录员由听证主持人指定。

本案承办人员不得担任听证主持人、听证员或者记录员。

第一百条 听证主持人在听证活动中履行下列职责：

（一）决定举行听证的时间、地点；

（二）决定听证是否公开举行；

（三）要求听证参加人到场参加听证、提供或者补充证据；

（四）就案件的事实、理由、证据、程序、处罚依据等相关内容组织质证和辩论；

（五）决定听证的延期、中止或者终止；

（六）维持听证秩序，对违反听证会场纪律的，应当警告制止；对不听制止，干扰听证正常进行的旁听人员，责令其退场；

（七）听证员、记录员的回避；

（八）其他有关职责。

第一百零一条 听证参加人包括：

（一）当事人及其代理人；

（二）本案承办人员；

（三）证人、鉴定人；

（四）翻译人员；

（五）其他有关人员。

第一百零二条 当事人在听证活动中享有下列权利：

（一）申请回避；

（二）参加听证，也可以委托一至二人代理参加听证；

（三）进行陈述、申辩和质证；

（四）核对、补正听证笔录；

（五）依法享有的其他权利。

第一百零三条 与听证案件处理结果有直接利害关系的其他公民、法人或者其他组织，作为第三人申请参加听证的，应当允许。为查明案情，必要时，听证主持人可以通知其参加听证。

第一百零四条 除涉及国家秘密、商业秘密或者个人隐私依法予以保密外，听证应当公开举行。

第一百零五条 听证按照下列程序进行：

（一）宣布案由和听证纪律；核对听证参加人是否到场，并核实身份；宣布听证员、记录员和翻译人员名单，告知当事人有申请回避、申辩和质证的权利；对不公开听证的，宣布不公开听证的理由；

（二）承办人员提出当事人的违法事实、出示证据，说明拟作出的行政处罚的内容及法律依据；

（三）当事人或者其委托代理人对案件的事实、证据、适用的法律等进行陈述、申辩和质证，提交新的证据材料；第三人可以陈述事实，提供证据；

（四）听证主持人就案件的有关问题向当事人或者其委托代理人、承办人员、证人询问；

（五）承办人员、当事人或者其委托代理人进行辩论与质证；

（六）当事人或者其委托代理人、第三人和承办人员作最后陈述；

（七）听证主持人宣布听证结束。

第一百零六条 有下列情形之一，应当中止听证：

（一）需要通知新的证人到会、调取新的证据或者需要重新鉴定的；

（二）因回避致使听证不能继续进行的；

（三）当事人因不可抗力或者有其他正当理由暂时无法继续参加听证的；

（四）其他需要中止听证的。

中止听证，应当在听证笔录中写明情况，由听证主持人签名。中止听证的情形消除后，听证主持人应当及时恢复听证。

第一百零七条 有下列情形之一，应当终止听证：

（一）听证申请人撤回听证申请的；

（二）听证申请人及其代理人无正当理由拒不出席或者未经听证主持人允许，中途退出听证的；

（三）听证申请人死亡或者作为听证申请人的法人或者其他组织被撤销、解散的，没有权利、义务承受

人的;

(四)听证过程中,听证申请人或者其代理人扰乱听证秩序,不听劝阻,致使听证无法正常进行的;

(五)其他需要终止听证的。

听证终止,应当在听证笔录中写明情况,由听证主持人签名。

第一百零八条 记录员应当将举行听证的情况记入听证笔录。听证笔录应当载明下列内容:

(一)案由;

(二)听证的时间、地点和方式;

(三)听证人员和听证参加人的身份情况;

(四)承办人员陈述的事实、证据和法律依据以及行政处罚意见;

(五)听证申请人或者其代理人的陈述和申辩;

(六)第三人陈述的事实和理由;

(七)承办人员、听证申请人或者其代理人、第三人辩论与质证的内容;

(八)证人陈述的事实;

(九)听证申请人、第三人、承办人员的最后陈述意见;

(十)其他事项。

听证笔录经听证参加人审核无误或者补正后,由听证参加人当场签名或者盖章;拒绝签名或者盖章的,在听证笔录中注明情况。

听证笔录经听证主持人审阅后,由听证主持人、听证员和记录员签名。

第一百零九条 听证结束后,听证主持人应当写出听证报告书,提出处理意见和建议,连同听证笔录一并报送消防救援机构负责人。

听证报告书应当包括下列内容:

(一)案由;

(二)听证人员和听证参加人的基本情况;

(三)听证的时间、地点和方式;

(四)听证会的基本情况;

(五)案件事实;

(六)处理意见和建议。

第一百一十条 听证结束后,消防救援机构应当根据听证笔录,依照本规定第八十六条、第八十九条的规定,作出决定。

第七章 执　　行

第一节 一般规定

第一百一十一条 消防救援机构依法作出行政处理决定后,被处理人应当在行政决定的期限内予以履行。

被处理人逾期不履行的,作出行政处理决定的消防救援机构依法强制执行或者申请人民法院强制执行。

第一百一十二条 当事人对行政处理决定不服,申请行政复议或者提起行政诉讼的,行政处理决定不停止执行,但法律另有规定的除外。

第一百一十三条 消防救援机构在依法作出强制执行决定或者申请人民法院强制执行前,应当事先催告当事人履行行政决定。催告以书面形式作出,并直接送达当事人。当事人拒绝接受或者无法直接送达当事人的,依照本规定第二章的有关规定送达。

催告书应当载明下列事项:

(一)履行义务的期限;

(二)履行义务的方式;

(三)涉及金钱给付的,应当有明确的金额和给付方式;

(四)当事人依法享有的陈述权和申辩权。

第一百一十四条 当事人收到催告书后有权进行陈述和申辩。消防救援机构应当充分听取当事人的意见,记录、复核当事人提出的事实、理由和证据。当事人提出的事实、理由或者证据成立的,应当采纳。

第一百一十五条 经催告,当事人无正当理由逾期仍不履行行政决定,法律规定由消防救援机构强制执行的,消防救援机构可以作出强制执行决定。

强制执行决定应当以书面形式作出,并载明下列事项:

(一)当事人的姓名或者名称、地址;

(二)强制执行的理由和依据;

(三)强制执行的方式和时间;

(四)申请行政复议或者提起行政诉讼的途径和期限;

(五)作出决定的消防救援机构名称、印章和日期。

第一百一十六条 具有下列情形之一的,中止强制执行:

(一)当事人履行行政决定确有困难或者暂无履行能力的;

(二)第三人对执行标的主张权利,确有理由的;

(三)执行可能造成难以弥补的损失,且中止执行不损害公共利益的;

(四)其他需要中止执行的。

中止执行的情形消失后,消防救援机构应当恢复执行。对没有明显社会危害,当事人确无能力履行,中止执行满三年未恢复执行的，不再执行。

第一百一十七条 具有下列情形之一的，终结强制执行：

（一）公民死亡，无遗产可供执行，又无义务承受人的；

（二）单位终止，无财产可供执行，又无义务承受人的；

（三）执行标的灭失的；

（四）据以执行的行政决定被撤销的；

（五）其他需要终结执行的。

第一百一十八条 在执行中或者执行完毕后，据以执行的行政决定被撤销、变更，或者执行错误，应当恢复原状或者退还财物；不能恢复原状或者退还财物的，依法给予赔偿。

第一百一十九条 消防救援机构不得在夜间或者法定节假日实施行政强制执行。但是，情况紧急的除外。

消防救援机构不得对居民生活采取停止供水、供电、供热、供燃气等方式迫使当事人履行相关行政决定。

第二节 罚款的执行

第一百二十条 消防救援机构作出罚款决定，被处罚人应当自收到行政处罚决定书之日起十五日内，到指定的银行缴纳罚款；具备条件的，也可以通过网上支付等方式缴纳罚款。

第一百二十一条 当场作出行政处罚决定，符合《中华人民共和国行政处罚法》规定当场收缴罚款情形的，可以当场收缴罚款。

第一百二十二条 消防救援机构及其执法人员当场收缴罚款的，必须向当事人出具国务院财政部门或者省、自治区、直辖市人民政府财政部门统一制发的专用票据；不出具财政部门统一制发的专用票据的，当事人有权拒绝缴纳罚款。

第一百二十三条 执法人员当场收缴的罚款，应当自收缴罚款之日起二日内，交至所属消防救援机构；消防救援机构应当在二日内将罚款缴付指定的银行。

第一百二十四条 当事人确有经济困难，经当事人申请和作出处罚决定的消防救援机构批准，可以暂缓或者分期缴纳罚款。

第一百二十五条 当事人未在规定期限内缴纳罚款的，消防救援机构可以每日按罚款数额的百分之三加处罚款。加处罚款的标准应当告知被处罚人。

加处罚款的数额不得超出原罚款的数额。

当事人申请行政复议或者提起行政诉讼的，加处罚款的数额在行政复议或者行政诉讼期间不予计算。

第一百二十六条 当事人在法定期限内不申请行政复议或者提起行政诉讼，又不履行行政决定的，消防救援机构可以自期限届满之日起三个月内，依法申请人民法院强制执行。

消防救援机构批准延期、分期缴纳罚款的，申请人民法院强制执行的期限，自暂缓或者分期缴纳罚款期限结束之日起计算。

申请人民法院强制执行前，消防救援机构应当催告当事人履行义务，催告书送达十日后当事人仍未履行义务的，消防救援机构可以向人民法院申请强制执行。

第一百二十七条 消防救援机构向人民法院申请强制执行，应当提供下列材料：

（一）强制执行申请书；

（二）行政处罚决定书及作出决定的事实、理由和依据；

（三）当事人的意见及消防救援机构催告情况；

（四）申请强制执行标的情况；

（五）法律、法规规定的其他材料。

强制执行申请书应当由作出处理决定的消防救援机构负责人签名，加盖消防救援机构印章，并注明日期。

第一百二十八条 消防救援机构对人民法院不予受理强制执行申请、不予强制执行的裁定有异议的，可以在十五日内向上一级人民法院申请复议。

第三节 其他处理决定的执行

第一百二十九条 消防救援机构作出吊销资格处罚的，应当对被吊销的资格证予以收缴。当事人拒不缴销证件的，可以公告宣布作废。

第一百三十条 消防救援机构作出没收违法所得行政处罚的，除依法应当退赔的外，应当依法予以没收，并按照国家有关规定上缴。

第一百三十一条 当事人不执行消防救援机构作出的责令停产停业、停止使用决定的，作出决定的消防救援机构应当自履行期限届满之日起三日内催告当事人履行义务。当事人收到催告书后有权进行陈述和申辩。消防救援机构应当充分听取当事人的意见，记录、复核当事人提出的事实、理由和证据。当事人提出的事实、理由或者证据成立的，应当采纳。

经催告，当事人逾期仍不履行义务且无正当理由的，消防救援机构负责人应当组织集体研究强制执行方案，确定执行的方式和时间。强制执行决定书应当自决定之日起三日内制作、送达当事人。

第一百三十二条　消防救援机构实施强制执行应当遵守下列规定:

(一)实施强制执行时,通知当事人到场,当场向当事人宣读强制执行决定,听取当事人的陈述和申辩;

(二)当事人不到场的,邀请见证人到场,由见证人和现场执法人员在现场笔录上签名或者盖章;

(三)对实施强制执行过程制作现场笔录,必要时,可以进行现场拍照或者录音录像。

第一百三十三条　对当事人有《中华人民共和国消防法》第六十条第一款第三项、第四项、第五项、第六项规定的消防安全违法行为,经责令改正拒不改正的,消防救援机构应当按照有关法律法规规定实施代履行或者委托没有利害关系的第三人代履行。

第一百三十四条　消防救援机构实施代履行的,应当自责令改正拒不改正之日起三日内催告当事人履行义务。

第一百三十五条　代履行应当遵守下列规定:

(一)代履行前送达决定书,代履行决定书应当载明当事人的姓名或者名称、地址,代履行的理由和依据、方式和时间、标的、费用预算以及代履行人;

(二)代履行三日前,催告当事人履行,当事人履行的,停止代履行;

(三)代履行时,作出决定的消防救援机构应当派员到场监督,并制作现场笔录;

(四)代履行完毕,消防救援机构到场监督的工作人员、代履行人和当事人或者见证人应当在执行文书上签名或者盖章。

代履行的费用按照成本合理确定,由当事人承担。但是,法律另有规定的除外。

代履行不得采用暴力、胁迫以及其他非法方式。

第一百三十六条　需要立即清除疏散通道、消防车通道等影响逃生和灭火救援的障碍物,当事人不能清除的,消防救援机构可以决定立即实施代履行;当事人不在场的,消防救援机构应当在事后立即通知当事人,并依法作出处理。

第八章　案件终结

第一百三十七条　行政案件具有下列情形之一的,应当予以结案:

(一)作出不予行政处罚决定的;

(二)作出行政处罚等处理决定,且已执行的;

(三)作出终止案件调查决定的;

(四)案件移送有管辖权的行政机关、司法机关或者监察机关的;

(五)作出处理决定后,因执行对象灭失、死亡、终止等客观原因导致无法执行或者无需执行的;

(六)其他应予结案的情形。

申请人民法院强制执行,人民法院受理的,按照结案处理。人民法院强制执行完毕后,消防救援机构应当及时将相关案卷材料归档。

第一百三十八条　经过调查,发现行政案件具有下列情形之一的,经消防救援机构负责人批准,作出终止案件调查决定:

(一)违法行为已过追责期限的;

(二)涉嫌违法的公民死亡,或者法人、其他组织终止的;

(三)没有违法事实的;

(四)其他需要终止调查的情形。

第一百三十九条　对在办理行政案件过程中形成的文书材料,应当按照"一案一卷"原则建立案卷,并按照有关规定在结案后将案卷妥善存档保管。

第九章　案件移送

第一百四十条　消防救援机构发现所查处的案件不属于本部门管辖的,应当移送有管辖权的其他部门。

第一百四十一条　消防救援机构发现消防安全违法行为涉嫌犯罪的,应当按照有关规定依法移送司法机关。

第十章　附　　则

第一百四十二条　本规定所称"以上"、"以下"、"内"皆包括本数或者本级。

本规定中十日以内期限的规定是指工作日,不含法定节假日。

第一百四十三条　消防救援机构办理涉外案件,应当按照国家有关办理涉外案件的法律、法规、规章的规定执行。

第一百四十四条　执行本规定所需要的法律文书式样,由应急管理部统一制定。办理行政案件中需要的其他法律文书,由各省、自治区、直辖市消防救援机构统一制定。

第一百四十五条　法律、法规、规章对办理行政案件程序另有规定的,从其规定。

第一百四十六条　本规定自 2021 年 11 月 9 日起施行。

十二、核事故应急管理

资料补充栏

中华人民共和国核安全法

1. 2017年9月1日第十二届全国人民代表大会常务委员会第二十九次会议通过
2. 2017年9月1日中华人民共和国主席令第73号公布
3. 自2018年1月1日起施行

目　录

第一章　总　　则

第一条　【立法目的】为了保障核安全，预防与应对核事故，安全利用核能，保护公众和从业人员的安全与健康，保护生态环境，促进经济社会可持续发展，制定本法。

第二条　【适用范围】在中华人民共和国领域及管辖的其他海域内，对核设施、核材料及相关放射性废物采取充分的预防、保护、缓解和监管等安全措施，防止由于技术原因、人为原因或者自然灾害造成核事故，最大限度减轻核事故情况下的放射性后果的活动，适用本法。

核设施，是指：

（一）核电厂、核热电厂、核供汽供热厂等核动力厂及装置；

（二）核动力厂以外的研究堆、实验堆、临界装置等其他反应堆；

（三）核燃料生产、加工、贮存和后处理设施等核燃料循环设施；

（四）放射性废物的处理、贮存、处置设施。

核材料，是指：

（一）铀-235材料及其制品；

（二）铀-233材料及其制品；

（三）钚-239材料及其制品；

（四）法律、行政法规规定的其他需要管制的核材料。

放射性废物，是指核设施运行、退役产生的，含有放射性核素或者被放射性核素污染，其浓度或者比活度大于国家确定的清洁解控水平，预期不再使用的废弃物。

第三条　【核安全观】国家坚持理性、协调、并进的核安全观，加强核安全能力建设，保障核事业健康发展。

第四条　【方针原则】从事核事业必须遵循确保安全的方针。

核安全工作必须坚持安全第一、预防为主、责任明确、严格管理、纵深防御、独立监管、全面保障的原则。

第五条　【责任单位】核设施营运单位对核安全负全面责任。

为核设施营运单位提供设备、工程以及服务等的单位，应当负相应责任。

第六条　【主管部门】国务院核安全监督管理部门负责核安全的监督管理。

国务院核工业主管部门、能源主管部门和其他有关部门在各自职责范围内负责有关的核安全管理工作。

国家建立核安全工作协调机制，统筹协调有关部门推进相关工作。

第七条　【核安全规划】国务院核安全监督管理部门会同国务院有关部门编制国家核安全规划，报国务院批准后组织实施。

第八条　【核安全标准】国家坚持从高从严建立核安全标准体系。

国务院有关部门按照职责分工制定核安全标准。核安全标准是强制执行的标准。

核安全标准应当根据经济社会发展和科技进步适时修改。

第九条　【核安全文化】国家制定核安全政策，加强核安全文化建设。

国务院核安全监督管理部门、核工业主管部门和能源主管部门应当建立培育核安全文化的机制。

核设施营运单位和为其提供设备、工程以及服务等的单位应当积极培育和建设核安全文化，将核安全文化融入生产、经营、科研和管理的各个环节。

第十条　【核安全技术】国家鼓励和支持核安全相关科学技术的研究、开发和利用，加强知识产权保护，注重核安全人才的培养。

国务院有关部门应当在相关科研规划中安排与核设施、核材料安全和辐射环境监测、评估相关的关键技术研究专项，推广先进、可靠的核安全技术。

核设施营运单位和为其提供设备、工程以及服务等的单位、与核安全有关的科研机构等单位,应当持续开发先进、可靠的核安全技术,充分利用先进的科学技术成果,提高核安全水平。

国务院和省、自治区、直辖市人民政府及其有关部门对在科技创新中做出重要贡献的单位和个人,按照有关规定予以表彰和奖励。

第十一条　【核安全保护权利】任何单位和个人不得危害核设施、核材料安全。

公民、法人和其他组织依法享有获取核安全信息的权利,受到核损害的,有依法获得赔偿的权利。

第十二条　【安全保卫制度】国家加强对核设施、核材料的安全保卫工作。

核设施营运单位应当建立和完善安全保卫制度,采取安全保卫措施,防范对核设施、核材料的破坏、损害和盗窃。

第十三条　【国际合作机制】国家组织开展与核安全有关的国际交流与合作,完善核安全国际合作机制,防范和应对核恐怖主义威胁,履行中华人民共和国缔结或者参加的国际公约所规定的义务。

第二章　核设施安全

第十四条　【合理布局、分类管理】国家对核设施的选址、建设进行统筹规划,科学论证,合理布局。

国家根据核设施的性质和风险程度等因素,对核设施实行分类管理。

第十五条　【核设施营运单位应具备的条件】核设施营运单位应当具备保障核设施安全运行的能力,并符合下列条件:

(一)有满足核安全要求的组织管理体系和质量保证、安全管理、岗位责任等制度;

(二)有规定数量、合格的专业技术人员和管理人员;

(三)具备与核设施安全相适应的安全评价、资源配置和财务能力;

(四)具备必要的核安全技术支撑和持续改进能力;

(五)具备应急响应能力和核损害赔偿财务保障能力;

(六)法律、行政法规规定的其他条件。

第十六条　【设置核设施纵深防御体系】核设施营运单位应当依照法律、行政法规和标准的要求,设置核设施纵深防御体系,有效防范技术原因、人为原因和自然灾害造成的威胁,确保核设施安全。

核设施营运单位应当对核设施进行定期安全评价,并接受国务院核安全监督管理部门的审查。

第十七条　【建立并实施质量保证体系】核设施营运单位和为其提供设备、工程以及服务等的单位应当建立并实施质量保证体系,有效保证设备、工程和服务等的质量,确保设备的性能满足核安全标准的要求,工程和服务等满足核安全相关要求。

第十八条　【控制辐射照射】核设施营运单位应当严格控制辐射照射,确保有关人员免受超过国家规定剂量限值的辐射照射,确保辐射照射保持在合理、可行和尽可能低的水平。

第十九条　【实施放射性核素总量监测】核设施营运单位应当对核设施周围环境中所含的放射性核素的种类、浓度以及核设施流出物中的放射性核素总量实施监测,并定期向国务院环境保护主管部门和所在地省、自治区、直辖市人民政府环境保护主管部门报告监测结果。

第二十条　【培训考核及劳动防护】核设施营运单位应当按照国家有关规定,制定培训计划,对从业人员进行核安全教育和技能培训并进行考核。

核设施营运单位应当为从业人员提供相应的劳动防护和职业健康检查,保障从业人员的安全和健康。

第二十一条　【厂址保护与规划限制区】省、自治区、直辖市人民政府应当对国家规划确定的核动力厂等重要核设施的厂址予以保护,在规划期内不得变更厂址用途。

省、自治区、直辖市人民政府应当在核动力厂等重要核设施周围划定规划限制区,经国务院核安全监督管理部门同意后实施。

禁止在规划限制区内建设可能威胁核设施安全的易燃、易爆、腐蚀性物品的生产、贮存设施以及人口密集场所。

第二十二条　【核设施安全许可制度】国家建立核设施安全许可制度。

核设施营运单位进行核设施选址、建造、运行、退役等活动,应当向国务院核安全监督管理部门申请许可。

核设施营运单位要求变更许可文件规定条件的,应当报国务院核安全监督管理部门批准。

第二十三条　【核设施场址选择审查】核设施营运单位应当对地质、地震、气象、水文、环境和人口分布等因素进行科学评估,在满足核安全技术评价要求的前提下,向国务院核安全监督管理部门提交核设施选址安全分析报告,经审查符合核安全要求后,取得核设施场址选择审查意见书。

第二十四条　【核设施设计安全要求】核设施设计应当符合核安全标准,采用科学合理的构筑物、系统和设备参数与技术要求,提供多样保护和多重屏障,确保核设施运行可靠、稳定和便于操作,满足核安全要求。

第二十五条　【建造申请材料】核设施建造前,核设施营运单位应当向国务院核安全监督管理部门提出建造申请,并提交下列材料:

(一)核设施建造申请书;

(二)初步安全分析报告;

(三)环境影响评价文件;

(四)质量保证文件;

(五)法律、行政法规规定的其他材料。

第二十六条　【建造相关要求】核设施营运单位取得核设施建造许可证后,应当确保核设施整体性能满足核安全标准的要求。

核设施建造许可证的有效期不得超过十年。有效期届满,需要延期建造的,应当报国务院核安全监督管理部门审查批准。但是,有下列情形之一且经评估不存在安全风险的除外:

(一)国家政策或者行为导致核设施延期建造;

(二)用于科学研究的核设施;

(三)用于工程示范的核设施;

(四)用于乏燃料后处理的核设施。

核设施建造完成后应当进行调试,验证其是否满足设计的核安全要求。

第二十七条　【运行申请材料与运行相关要求】核设施首次装投料前,核设施营运单位应当向国务院核安全监督管理部门提出运行申请,并提交下列材料:

(一)核设施运行申请书;

(二)最终安全分析报告;

(三)质量保证文件;

(四)应急预案;

(五)法律、行政法规规定的其他材料。

核设施营运单位取得核设施运行许可证后,应当按照许可证的规定运行。

核设施运行许可证的有效期为设计寿期。在有效期内,国务院核安全监督管理部门可以根据法律、行政法规和新的核安全标准的要求,对许可证规定的事项作出合理调整。

核设施营运单位调整下列事项的,应当报国务院核安全监督管理部门批准:

(一)作为颁发运行许可证依据的重要构筑物、系统和设备;

(二)运行限值和条件;

(三)国务院核安全监督管理部门批准的与核安全有关的程序和其他文件。

第二十八条　【延期申请】核设施运行许可证有效期届满需要继续运行的,核设施营运单位应当于有效期届满前五年,向国务院核安全监督管理部门提出延期申请,并对其是否符合核安全标准进行论证、验证,经审查批准后,方可继续运行。

第二十九条　【停闭管理】核设施终止运行后,核设施营运单位应当采取安全的方式进行停闭管理,保证停闭期间的安全,确保退役所需的基本功能、技术人员和文件。

第三十条　【退役申请材料与退役相关要求】核设施退役前,核设施营运单位应当向国务院核安全监督管理部门提出退役申请,并提交下列材料:

(一)核设施退役申请书;

(二)安全分析报告;

(三)环境影响评价文件;

(四)质量保证文件;

(五)法律、行政法规规定的其他材料。

核设施退役时,核设施营运单位应当按照合理、可行和尽可能低的原则处理、处置核设施场址的放射性物质,将构筑物、系统和设备的放射性水平降低至满足标准的要求。

核设施退役后,核设施所在地省、自治区、直辖市人民政府环境保护主管部门应当对核设施场址及其周围环境中所含的放射性核素的种类和浓度组织监测。

第三十一条　【进出口核设施规定】进口核设施,应当满足中华人民共和国有关核安全法律、行政法规和标准的要求,并报国务院核安全监督管理部门审查批准。

出口核设施,应当遵守中华人民共和国有关核设施出口管制的规定。

第三十二条　【安全技术审查与意见征询】国务院核安全监督管理部门应当依照法定条件和程序,对核设施安全许可申请组织安全技术审查,满足核安全要求的,在技术审查完成之日起二十日内,依法作出准予许可的决定。

国务院核安全监督管理部门审批核设施建造、运行许可申请时,应当向国务院有关部门和核设施所在地省、自治区、直辖市人民政府征询意见,被征询意见的单位应当在三个月内给予答复。

第三十三条　【技术审评】国务院核安全监督管理部门

组织安全技术审查时,应当委托与许可申请单位没有利益关系的技术支持单位进行技术审评。受委托的技术支持单位应当对其技术评价结论的真实性、准确性负责。

第三十四条 【核安全专家委员会】国务院核安全监督管理部门成立核安全专家委员会,为核安全决策提供咨询意见。

制定核安全规划和标准,进行核设施重大安全问题技术决策,应当咨询核安全专家委员会的意见。

第三十五条 【核安全报告、经验反馈制度】国家建立核设施营运单位核安全报告制度,具体办法由国务院有关部门制定。

国务院有关部门应当建立核安全经验反馈制度,并及时处理核安全报告信息,实现信息共享。

核设施营运单位应当建立核安全经验反馈体系。

第三十六条 【提供检验服务的单位和机构要求】为核设施提供核安全设备设计、制造、安装和无损检验服务的单位,应当向国务院核安全监督管理部门申请许可。境外机构为境内核设施提供核安全设备设计、制造、安装和无损检验服务的,应当向国务院核安全监督管理部门申请注册。

国务院核安全监督管理部门依法对进口的核安全设备进行安全检验。

第三十七条 【特殊工艺人员的任职资格】核设施操纵人员以及核安全设备焊接人员、无损检验人员等特种工艺人员应当按照国家规定取得相应资格证书。

核设施营运单位以及核安全设备制造、安装和无损检验单位应当聘用取得相应资格证书的人员从事与核设施安全专业技术有关的工作。

第三章 核材料和放射性废物安全

第三十八条 【核材料持有单位的保护措施】核设施营运单位和其他有关单位持有核材料,应当按照规定的条件依法取得许可,并采取下列措施,防止核材料被盗、破坏、丢失、非法转让和使用,保障核材料的安全与合法利用:

(一)建立专职机构或者指定专人保管核材料;

(二)建立核材料衡算制度,保持核材料收支平衡;

(三)建立与核材料保护等级相适应的实物保护系统;

(四)建立信息保密制度,采取保密措施;

(五)法律、行政法规规定的其他措施。

第三十九条 【确保乏燃料的安全责任】产生、贮存、运输、后处理乏燃料的单位应当采取措施确保乏燃料的安全,并对持有的乏燃料承担核安全责任。

第四十条 【放射性废物应分类处置】放射性废物应当实行分类处置。

低、中水平放射性废物在国家规定的符合核安全要求的场所实行近地表或者中等深度处置。

高水平放射性废物实行集中深地质处置,由国务院指定的单位专营。

第四十一条 【减量化、无害化处理】核设施营运单位、放射性废物处理处置单位应当对放射性废物进行减量化、无害化处理、处置,确保永久安全。

第四十二条 【选址规划】国务院核工业主管部门会同国务院有关部门和省、自治区、直辖市人民政府编制低、中水平放射性废物处置场所的选址规划,报国务院批准后组织实施。

国务院核工业主管部门会同国务院有关部门编制高水平放射性废物处置场所的选址规划,报国务院批准后组织实施。

放射性废物处置场所的建设应当与核能发展的要求相适应。

第四十三条 【行政许可制度】国家建立放射性废物管理许可制度。

专门从事放射性废物处理、贮存、处置的单位,应当向国务院核安全监督管理部门申请许可。

核设施营运单位利用与核设施配套建设的处理、贮存设施,处理、贮存本单位产生的放射性废物的,无需申请许可。

第四十四条 【放射性废液、废气处理】核设施营运单位应当对其产生的放射性固体废物和不能经净化排放的放射性废液进行处理,使其转变为稳定的、标准化的固体废物后,及时送交放射性废物处置单位处置。

核设施营运单位应当对其产生的放射性废气进行处理,达到国家放射性污染防治标准后,方可排放。

第四十五条 【放射性废物处置记录档案】放射性废物处置单位应当按照国家放射性污染防治标准的要求,对其接收的放射性废物进行处置。

放射性废物处置单位应当建立放射性废物处置情况记录档案,如实记录处置的放射性废物的来源、数量、特征、存放位置等与处置活动有关的事项。记录档案应当永久保存。

第四十六条 【放射性废物处置设施关闭制度】国家建立放射性废物处置设施关闭制度。

放射性废物处置设施有下列情形之一的,应当依法办理关闭手续，并在划定的区域设置永久性标记：

（一）设计服役期届满；

（二）处置的放射性废物已经达到设计容量；

（三）所在地区的地质构造或者水文地质等条件发生重大变化，不适宜继续处置放射性废物；

（四）法律、行政法规规定的其他需要关闭的情形。

第四十七条 【安全监护计划】放射性废物处置设施关闭前，放射性废物处置单位应当编制放射性废物处置设施关闭安全监护计划，报国务院核安全监督管理部门批准。

安全监护计划应当包括下列主要内容：

（一）安全监护责任人及其责任；

（二）安全监护费用；

（三）安全监护措施；

（四）安全监护期限。

放射性废物处置设施关闭后，放射性废物处置单位应当按照经批准的安全监护计划进行安全监护；经国务院核安全监督管理部门会同国务院有关部门批准后，将其交由省、自治区、直辖市人民政府进行监护管理。

第四十八条 【预提相关费用】核设施营运单位应当按照国家规定缴纳乏燃料处理处置费用，列入生产成本。

核设施营运单位应当预提核设施退役费用、放射性废物处置费用，列入投资概算、生产成本，专门用于核设施退役、放射性废物处置。具体办法由国务院财政部门、价格主管部门会同国务院核安全监督管理部门、核工业主管部门和能源主管部门制定。

第四十九条 【运输分类管理】国家对核材料、放射性废物的运输实行分类管理，采取有效措施，保障运输安全。

第五十条 【运输保障措施】国家保障核材料、放射性废物的公路、铁路、水路等运输，国务院有关部门应当加强对公路、铁路、水路等运输的管理，制定具体的保障措施。

第五十一条 【保护监督】国务院核工业主管部门负责协调乏燃料运输管理活动，监督有关保密措施。

公安机关对核材料、放射性废物道路运输的实物保护实施监督，依法处理可能危及核材料、放射性废物安全运输的事故。通过道路运输核材料、放射性废物的，应当报启运地县级以上人民政府公安机关按照规定权限批准；其中，运输乏燃料或者高水平放射性废物的，应当报国务院公安部门批准。

国务院核安全监督管理部门负责批准核材料、放射性废物运输包装容器的许可申请。

第五十二条 【托运人的运输责任及承运人的运输资质】核材料、放射性废物的托运人应当在运输中采取有效的辐射防护和安全保卫措施，对运输中的核安全负责。

乏燃料、高水平放射性废物的托运人应当向国务院核安全监督管理部门提交有关核安全分析报告，经审查批准后方可开展运输活动。

核材料、放射性废物的承运人应当依法取得国家规定的运输资质。

第五十三条 【相关法律适用】通过公路、铁路、水路等运输核材料、放射性废物，本法没有规定的，适用相关法律、行政法规和规章关于放射性物品运输、危险货物运输的规定。

第四章 核事故应急

第五十四条 【核事故应急协调委员会】国家设立核事故应急协调委员会，组织、协调全国的核事故应急管理工作。

省、自治区、直辖市人民政府根据实际需要设立核事故应急协调委员会，组织、协调本行政区域内的核事故应急管理工作。

第五十五条 【各级核事故应急预案的制定与修订】国务院核工业主管部门承担国家核事故应急协调委员会日常工作，牵头制定国家核事故应急预案，经国务院批准后组织实施。国家核事故应急协调委员会成员单位根据国家核事故应急预案部署，制定本单位核事故应急预案，报国务院核工业主管部门备案。

省、自治区、直辖市人民政府指定的部门承担核事故应急协调委员会的日常工作，负责制定本行政区域内场外核事故应急预案，报国家核事故应急协调委员会审批后组织实施。

核设施营运单位负责制定本单位场内核事故应急预案，报国务院核工业主管部门、能源主管部门和省、自治区、直辖市人民政府指定的部门备案。

中国人民解放军和中国人民武装警察部队按照国务院、中央军事委员会的规定，制定本系统支援地方的核事故应急工作预案，报国务院核工业主管部门备案。

应急预案制定单位应当根据实际需要和情势变化，适时修订应急预案。

第五十六条 【应急培训和演练】核设施营运单位应当按照应急预案，配备应急设备，开展应急工作人员培训和演练，做好应急准备。

核设施所在地省、自治区、直辖市人民政府指定的部门，应当开展核事故应急知识普及活动，按照应急预案组织有关企业、事业单位和社区开展核事故应急演练。

第五十七条　【核事故应急准备金制度】国家建立核事故应急准备金制度，保障核事故应急准备与响应工作所需经费。核事故应急准备金管理办法，由国务院制定。

第五十八条　【核事故应急分级管理】国家对核事故应急实行分级管理。

发生核事故时，核设施营运单位应当按照应急预案的要求开展应急响应，减轻事故后果，并立即向国务院核工业主管部门、核安全监督管理部门和省、自治区、直辖市人民政府指定的部门报告核设施状况，根据需要提出场外应急响应行动建议。

第五十九条　【核事故应急救援】国家核事故应急协调委员会按照国家核事故应急预案部署，组织协调国务院有关部门、地方人民政府、核设施营运单位实施核事故应急救援工作。

中国人民解放军和中国人民武装警察部队按照国务院、中央军事委员会的规定，实施核事故应急救援工作。

核设施营运单位应当按照核事故应急救援工作的要求，实施应急响应支援。

第六十条　【应急信息发布及国际通报救援工作】国务院核工业主管部门或者省、自治区、直辖市人民政府指定的部门负责发布核事故应急信息。

国家核事故应急协调委员会统筹协调核事故应急国际通报和国际救援工作。

第六十一条　【核事故调查处理】各级人民政府及其有关部门、核设施营运单位等应当按照国务院有关规定和授权，组织开展核事故后的恢复行动、损失评估等工作。

核事故的调查处理，由国务院或者其授权的部门负责实施。

核事故场外应急行动的调查处理，由国务院或者其指定的机构负责实施。

第六十二条　【应急响应】核材料、放射性废物运输的应急应当纳入所经省、自治区、直辖市场外核事故应急预案或者辐射应急预案。发生核事故时，由事故发生地省、自治区、直辖市人民政府负责应急响应。

第五章　信息公开和公众参与

第六十三条　【国务院各级部门核安全信息公开、报告义务】国务院有关部门及核设施所在地省、自治区、直辖市人民政府指定的部门应当在各自职责范围内依法公开核安全相关信息。

国务院核安全监督管理部门应当依法公开与核安全有关的行政许可，以及核安全有关活动的安全监督检查报告、总体安全状况、辐射环境质量和核事故等信息。

国务院应当定期向全国人民代表大会常务委员会报告核安全情况。

第六十四条　【核设施营运单位信息公开义务】核设施营运单位应当公开本单位核安全管理制度和相关文件、核设施安全状况、流出物和周围环境辐射监测数据、年度核安全报告等信息。具体办法由国务院核安全监督管理部门制定。

第六十五条　【公众对核安全信息的知晓、申请获取权】对依法公开的核安全信息，应当通过政府公告、网站以及其他便于公众知晓的方式，及时向社会公开。

公民、法人和其他组织，可以依法向国务院核安全监督管理部门和核设施所在地省、自治区、直辖市人民政府指定的部门申请获取核安全相关信息。

第六十六条　【重大核安全事项应征求利益相关方的意见】核设施营运单位应当就涉及公众利益的重大核安全事项通过问卷调查、听证会、论证会、座谈会，或者采取其他形式征求利益相关方的意见，并以适当形式反馈。

核设施所在地省、自治区、直辖市人民政府应当就影响公众利益的重大核安全事项举行听证会、论证会、座谈会，或者采取其他形式征求利益相关方的意见，并以适当形式反馈。

第六十七条　【核安全宣传活动】核设施营运单位应当采取下列措施，开展核安全宣传活动：

（一）在保证核设施安全的前提下，对公众有序开放核设施；

（二）与学校合作，开展对学生的核安全知识教育活动；

（三）建设核安全宣传场所，印制和发放核安全宣传材料；

（四）法律、行政法规规定的其他措施。

第六十八条　【公众举报及不得编造、散布虚假信息】公民、法人和其他组织有权对存在核安全隐患或者违反核安全法律、行政法规的行为，向国务院核安全监督管理部门或者其他有关部门举报。

公民、法人和其他组织不得编造、散布核安全虚假信息。

第六十九条　【涉密信息公开的规定】涉及国家秘密、商业秘密和个人信息的政府信息公开，按照国家有关规定执行。

第六章　监督检查

第七十条　【核安全监督检查制度】国家建立核安全监督检查制度。

国务院核安全监督管理部门和其他有关部门应当对从事核安全活动的单位遵守核安全法律、行政法规、规章和标准的情况进行监督检查。

国务院核安全监督管理部门可以在核设施集中的地区设立派出机构。国务院核安全监督管理部门或者其派出机构应当向核设施建造、运行、退役等现场派遣监督检查人员，进行核安全监督检查。

第七十一条　【核安全监管技术研发】国务院核安全监督管理部门和其他有关部门应当加强核安全监管能力建设，提高核安全监管水平。

国务院核安全监督管理部门应当组织开展核安全监管技术研究开发，保持与核安全监督管理相适应的技术评价能力。

第七十二条　【核安全监督检查措施】国务院核安全监督管理部门和其他有关部门进行核安全监督检查时，有权采取下列措施：

（一）进入现场进行监测、检查或者核查；

（二）调阅相关文件、资料和记录；

（三）向有关人员调查、了解情况；

（四）发现问题的，现场要求整改。

国务院核安全监督管理部门和其他有关部门应当将监督检查情况形成报告，建立档案。

第七十三条　【配合义务】对国务院核安全监督管理部门和其他有关部门依法进行的监督检查，从事核安全活动的单位应当予以配合，如实说明情况，提供必要资料，不得拒绝、阻挠。

第七十四条　【监督检查人员的职责要求】核安全监督检查人员应当忠于职守，勤勉尽责，秉公执法。

核安全监督检查人员应当具备与监督检查活动相应的专业知识和业务能力，并定期接受培训。

核安全监督检查人员执行监督检查任务，应当出示有效证件，对获知的国家秘密、商业秘密和个人信息，应当依法予以保密。

第七章　法律责任

第七十五条　【未依法对许可申请进行审批等行为的法律责任】违反本法规定，有下列情形之一的，对直接负责的主管人员和其他直接责任人员依法给予处分：

（一）国务院核安全监督管理部门或者其他有关部门未依法对许可申请进行审批的；

（二）国务院有关部门或者核设施所在地省、自治区、直辖市人民政府指定的部门未依法公开核安全相关信息的；

（三）核设施所在地省、自治区、直辖市人民政府未就影响公众利益的重大核安全事项征求利益相关方意见的；

（四）国务院核安全监督管理部门或者其他有关部门未将监督检查情况形成报告，或者未建立档案的；

（五）核安全监督检查人员执行监督检查任务，未出示有效证件，或者对获知的国家秘密、商业秘密、个人信息未依法予以保密的；

（六）国务院核安全监督管理部门或者其他有关部门，省、自治区、直辖市人民政府有关部门有其他滥用职权、玩忽职守、徇私舞弊行为的。

第七十六条　【危害核设施、核材料安全等行为的处罚】违反本法规定，危害核设施、核材料安全，或者编造、散布核安全虚假信息，构成违反治安管理行为的，由公安机关依法给予治安管理处罚。

第七十七条　【未设置核设施纵深防御体系等行为的处罚】违反本法规定，有下列情形之一的，由国务院核安全监督管理部门或者其他有关部门责令改正，给予警告；情节严重的，处二十万元以上一百万元以下的罚款；拒不改正的，责令停止建设或者停产整顿：

（一）核设施营运单位未设置核设施纵深防御体系的；

（二）核设施营运单位或者为其提供设备、工程以及服务等的单位未建立或者未实施质量保证体系的；

（三）核设施营运单位未按照要求控制辐射照射剂量的；

（四）核设施营运单位未建立核安全经验反馈体系的；

（五）核设施营运单位未就涉及公众利益的重大核安全事项征求利益相关方意见的。

第七十八条　【违反规划限制区规定的法律责任】违反本法规定，在规划限制区内建设可能威胁核设施安全的易燃、易爆、腐蚀性物品的生产、贮存设施或者人口密集场所的，由国务院核安全监督管理部门责令限期拆除，恢复原状，处十万元以上五十万元以下的罚款。

第七十九条　【核设施营运单位未经许可从事核设施建

造运行等活动行为的处罚】违反本法规定，核设施营运单位有下列情形之一的，由国务院核安全监督管理部门责令改正，处一百万元以上五百万元以下的罚款；拒不改正的，责令停止建设或者停产整顿；有违法所得的，没收违法所得；造成环境污染的，责令限期采取治理措施消除污染，逾期不采取措施的，指定有能力的单位代为履行，所需费用由污染者承担；对直接负责的主管人员和其他直接责任人员，处五万元以上二十万元以下的罚款：

（一）未经许可，从事核设施建造、运行或者退役等活动的；

（二）未经许可，变更许可文件规定条件的；

（三）核设施运行许可证有效期届满，未经审查批准，继续运行核设施的；

（四）未经审查批准，进口核设施的。

第八十条　【核设施营运单位未对核设施进行定期安全评价等行为的处罚】违反本法规定，核设施营运单位有下列情形之一的，由国务院核安全监督管理部门责令改正，给予警告；情节严重的，处五十万元以上二百万元以下的罚款；造成环境污染的，责令限期采取治理措施消除污染，逾期不采取措施的，指定有能力的单位代为履行，所需费用由污染者承担：

（一）未对核设施进行定期安全评价，或者不接受国务院核安全监督管理部门审查的；

（二）核设施终止运行后，未采取安全方式进行停闭管理，或者未确保退役所需的基本功能、技术人员和文件的；

（三）核设施退役时，未将构筑物、系统或者设备的放射性水平降低至满足标准的要求的；

（四）未将产生的放射性固体废物或者不能经净化排放的放射性废液转变为稳定的、标准化的固体废物，及时送交放射性废物处置单位处置的；

（五）未对产生的放射性废气进行处理，或者未达到国家放射性污染防治标准排放的。

第八十一条　【核设施营运单位未对核素总量实施监测等行为的处罚】违反本法规定，核设施营运单位未对核设施周围环境中所含的放射性核素的种类、浓度或者核设施流出物中的放射性核素总量实施监测，或者未按照规定报告监测结果的，由国务院环境保护主管部门或者所在地省、自治区、直辖市人民政府环境保护主管部门责令改正，处十万元以上五十万元以下的罚款。

第八十二条　【受委托的技术支持单位出具虚假技术评价结论行为的处罚】违反本法规定，受委托的技术支持单位出具虚假技术评价结论的，由国务院核安全监督管理部门处二十万元以上一百万元以下的罚款；有违法所得的，没收违法所得；对直接负责的主管人员和其他直接责任人员处十万元以上二十万元以下的罚款。

第八十三条　【未经许可为核设施提供核安全设备相关服务等行为的处罚】违反本法规定，有下列情形之一的，由国务院核安全监督管理部门责令改正，处五十万元以上一百万元以下的罚款；有违法所得的，没收违法所得；对直接负责的主管人员和其他直接责任人员处二万元以上十万元以下的罚款：

（一）未经许可，为核设施提供核安全设备设计、制造、安装或者无损检验服务的；

（二）未经注册，境外机构为境内核设施提供核安全设备设计、制造、安装或者无损检验服务的。

第八十四条　【聘用未取得相应资格证书的人员从事技术工作行为的处罚】违反本法规定，核设施营运单位或者核安全设备制造、安装、无损检验单位聘用未取得相应资格证书的人员从事与核设施安全专业技术有关的工作的，由国务院核安全监督管理部门责令改正，处十万元以上五十万元以下的罚款；拒不改正的，暂扣或者吊销许可证，对直接负责的主管人员和其他直接责任人员处二万元以上十万元以下的罚款。

第八十五条　【未经许可持有核材料行为的处罚】违反本法规定，未经许可持有核材料的，由国务院核工业主管部门没收非法持有的核材料，并处十万元以上五十万元以下的罚款；有违法所得的，没收违法所得。

第八十六条　【未经许可从事放射性废物处理等行为的处罚】违反本法规定，有下列情形之一的，由国务院核安全监督管理部门责令改正，处十万元以上五十万元以下的罚款；情节严重的，处五十万元以上二百万元以下的罚款；造成环境污染的，责令限期采取治理措施消除污染，逾期不采取措施的，指定有能力的单位代为履行，所需费用由污染者承担：

（一）未经许可，从事放射性废物处理、贮存、处置活动的；

（二）未建立放射性废物处置情况记录档案，未如实记录与处置活动有关的事项，或者未永久保存记录档案的；

（三）对应当关闭的放射性废物处置设施，未依法办理关闭手续的；

（四）关闭放射性废物处置设施，未在划定的区域设置永久性标记的；

（五）未编制放射性废物处置设施关闭安全监护计划的；

（六）放射性废物处置设施关闭后，未按照经批准的安全监护计划进行安全监护的。

第八十七条 【未按规定制定应急预案等行为的处罚】违反本法规定，核设施营运单位有下列情形之一的，由国务院核安全监督管理部门责令改正，处十万元以上五十万元以下的罚款；对直接负责的主管人员和其他直接责任人员，处二万元以上五万元以下的罚款：

（一）未按照规定制定场内核事故应急预案的；

（二）未按照应急预案配备应急设备，未开展应急工作人员培训或者演练的；

（三）未按照核事故应急救援工作的要求，实施应急响应支援的。

第八十八条 【未按规定公开相关信息的处罚】违反本法规定，核设施营运单位未按照规定公开相关信息的，由国务院核安全监督管理部门责令改正；拒不改正的，处十万元以上五十万元以下的罚款。

第八十九条 【拒绝、阻挠行为的处罚】违反本法规定，对国务院核安全监督管理部门或者其他有关部门依法进行的监督检查，从事核安全活动的单位拒绝、阻挠的，由国务院核安全监督管理部门或者其他有关部门责令改正，可以处十万元以上五十万元以下的罚款；拒不改正的，暂扣或者吊销其许可证；构成违反治安管理行为的，由公安机关依法给予治安管理处罚。

第九十条 【损害赔偿责任】因核事故造成他人人身伤亡、财产损失或者环境损害的，核设施营运单位应当按照国家核损害责任制度承担赔偿责任，但能够证明损害是因战争、武装冲突、暴乱等情形造成的除外。

为核设施营运单位提供设备、工程以及服务等的单位不承担核损害赔偿责任。核设施营运单位与其有约定的，在承担赔偿责任后，可以按照约定追偿。

核设施营运单位应当通过投保责任保险、参加互助机制等方式，作出适当的财务保证安排，确保能够及时、有效履行核损害赔偿责任。

第九十一条 【刑事责任】违反本法规定，构成犯罪的，依法追究刑事责任。

第八章 附 则

第九十二条 【军工、军事核安全规定】军工、军事核安全，由国务院、中央军事委员会依照本法规定的原则另行规定。

第九十三条 【用语含义】本法中下列用语的含义：

核事故，是指核设施内的核燃料、放射性产物、放射性废物或者运入运出核设施的核材料所发生的放射性、毒害性、爆炸性或者其他危害性事故，或者一系列事故。

纵深防御，是指通过设定一系列递进并且独立的防护、缓解措施或者实物屏障，防止核事故发生，减轻核事故后果。

核设施营运单位，是指在中华人民共和国境内，申请或者持有核设施安全许可证，可以经营和运行核设施的单位。

核安全设备，是指在核设施中使用的执行核安全功能的设备，包括核安全机械设备和核安全电气设备。

乏燃料，是指在反应堆堆芯内受过辐照并从堆芯永久卸出的核燃料。

停闭，是指核设施已经停止运行，并且不再启动。

退役，是指采取去污、拆除和清除等措施，使核设施不再使用的场所或者设备的辐射剂量满足国家相关标准的要求。

经验反馈，是指对核设施的事件、质量问题和良好实践等信息进行收集、筛选、评价、分析、处理和分发，总结推广良好实践经验，防止类似事件和问题重复发生。

托运人，是指在中华人民共和国境内，申请将托运货物提交运输并获得批准的单位。

第九十四条 【施行日期】本法自 2018 年 1 月 1 日起施行。

核电厂核事故应急管理条例

1. 1993 年 8 月 4 日国务院令第 124 号发布
2. 根据 2011 年 1 月 8 日国务院令第 588 号《关于废止和修改部分行政法规的决定》修订

第一章 总 则

第一条 为了加强核电厂核事故应急管理工作，控制和减少核事故危害，制定本条例。

第二条 本条例适用于可能或者已经引起放射性物质释放、造成重大辐射后果的核电厂核事故（以下简称核事故）应急管理工作。

第三条 核事故应急管理工作实行常备不懈，积极兼容，统一指挥，大力协同，保护公众，保护环境的方针。

第二章 应急机构及其职责

第四条 全国的核事故应急管理工作由国务院指定的部门负责,其主要职责是:

(一)拟定国家核事故应急工作政策;

(二)统一协调国务院有关部门、军队和地方人民政府的核事故应急工作;

(三)组织制定和实施国家核事故应急计划,审查批准场外核事故应急计划;

(四)适时批准进入和终止场外应急状态;

(五)提出实施核事故应急响应行动的建议;

(六)审查批准核事故公报、国际通报,提出请求国际援助的方案。

必要时,由国务院领导、组织、协调全国的核事故应急管理工作。

第五条 核电厂所在地的省、自治区、直辖市人民政府指定的部门负责本行政区域内的核事故应急管理工作,其主要职责是:

(一)执行国家核事故应急工作的法规和政策;

(二)组织制定场外核事故应急计划,做好核事故应急准备工作;

(三)统一指挥场外核事故应急响应行动;

(四)组织支援核事故应急响应行动;

(五)及时向相邻的省、自治区、直辖市通报核事故情况。

必要时,由省、自治区、直辖市人民政府领导、组织、协调本行政区域内的核事故应急管理工作。

第六条 核电厂的核事故应急机构的主要职责是:

(一)执行国家核事故应急工作的法规和政策;

(二)制定场内核事故应急计划,做好核事故应急准备工作;

(三)确定核事故应急状态等级,统一指挥本单位的核事故应急响应行动;

(四)及时向上级主管部门、国务院核安全部门和省级人民政府指定的部门报告事故情况,提出进入场外应急状态和采取应急防护措施的建议;

(五)协助和配合省级人民政府指定的部门做好核事故应急管理工作。

第七条 核电厂的上级主管部门领导核电厂的核事故应急工作。

国务院核安全部门、环境保护部门和卫生部门等有关部门在各自的职责范围内做好相应的核事故应急工作。

第八条 中国人民解放军作为核事故应急工作的重要力量,应当在核事故应急响应中实施有效的支援。

第三章 应急准备

第九条 针对核电厂可能发生的核事故,核电厂的核事故应急机构、省级人民政府指定的部门和国务院指定的部门应当预先制定核事故应急计划。

核事故应急计划包括场内核事故应急计划、场外核事故应急计划和国家核事故应急计划。各级核事故应急计划应当相互衔接、协调一致。

第十条 场内核事故应急计划由核电厂核事故应急机构制定,经其主管部门审查后,送国务院核安全部门审评并报国务院指定的部门备案。

第十一条 场外核事故应急计划由核电厂所在地的省级人民政府指定的部门组织制定,报国务院指定的部门审查批准。

第十二条 国家核事故应急计划由国务院指定的部门组织制定。

国务院有关部门和中国人民解放军总部应当根据国家核事故应急计划,制定相应的核事故应急方案,报国务院指定的部门备案。

第十三条 场内核事故应急计划、场外核事故应急计划应当包括下列内容:

(一)核事故应急工作的基本任务;

(二)核事故应急响应组织及其职责;

(三)烟羽应急计划区和食入应急计划区的范围;

(四)干预水平和导出干预水平;

(五)核事故应急准备和应急响应的详细方案;

(六)应急设施、设备、器材和其他物资;

(七)核电厂核事故应急机构同省级人民政府指定的部门之间以及同其他有关方面相互配合、支援的事项及措施。

第十四条 有关部门在进行核电厂选址和设计工作时,应当考虑核事故应急工作的要求。

新建的核电厂必须在其场内和场外核事故应急计划审查批准后,方可装料。

第十五条 国务院指定的部门、省级人民政府指定的部门和核电厂的核事故应急机构应当具有必要的应急设施、设备和相互之间快速可靠的通讯联络系统。

核电厂的核事故应急机构和省级人民政府指定的部门应当具有辐射监测系统、防护器材、药械和其他物资。

用于核事故应急工作的设施、设备和通讯联络系统、辐射监测系统以及防护器材、药械等,应当处于良好状态。

第十六条 核电厂应当对职工进行核安全、辐射防护和核事故应急知识的专门教育。

省级人民政府指定的部门应当在核电厂的协助下对附近的公众进行核安全、辐射防护和核事故应急知识的普及教育。

第十七条 核电厂的核事故应急机构和省级人民政府指定的部门应当对核事故应急工作人员进行培训。

第十八条 核电厂的核事故应急机构和省级人民政府指定的部门应当适时组织不同专业和不同规模的核事故应急演习。

在核电厂首次装料前,核电厂的核事故应急机构和省级人民政府指定的部门应当组织场内、场外核事故应急演习。

第四章 应急对策和应急防护措施

第十九条 核事故应急状态分为下列四级:

(一)应急待命。出现可能导致危及核电厂核安全的某些特定情况或者外部事件,核电厂有关人员进入戒备状态。

(二)厂房应急。事故后果仅限于核电厂的局部区域,核电厂人员按照场内核事故应急计划的要求采取核事故应急响应行动,通知厂外有关核事故应急响应组织。

(三)场区应急。事故后果蔓延至整个场区,场区内的人员采取核事故应急响应行动,通知省级人民政府指定的部门,某些厂外核事故应急响应组织可能采取核事故应急响应行动。

(四)场外应急。事故后果超越场区边界,实施场内和场外核事故应急计划。

第二十条 当核电厂进入应急待命状态时,核电厂核事故应急机构应当及时向核电厂的上级主管部门和国务院核安全部门报告情况,并视情况决定是否向省级人民政府指定的部门报告。当出现可能或者已经有放射性物质释放的情况时,应当根据情况,及时决定进入厂房应急或者场区应急状态,并迅速向核电厂的上级主管部门、国务院核安全部门和省级人民政府指定的部门报告情况;在放射性物质可能或者已经扩散到核电厂场区以外时,应当迅速向省级人民政府指定的部门提出进入场外应急状态并采取应急防护措施的建议。

省级人民政府指定的部门接到核电厂核事故应急机构的事故情况报告后,应当迅速采取相应的核事故应急对策和应急防护措施,并及时向国务院指定的部门报告情况。需要决定进入场外应急状态时,应当经国务院指定的部门批准;在特殊情况下,省级人民政府指定的部门可以先行决定进入场外应急状态,但是应当立即向国务院指定的部门报告。

第二十一条 核电厂的核事故应急机构和省级人民政府指定的部门应当做好核事故后果预测与评价以及环境放射性监测等工作,为采取核事故应急对策和应急防护措施提供依据。

第二十二条 省级人民政府指定的部门应当适时选用隐蔽、服用稳定性碘制剂、控制通道、控制食物和水源、撤离、迁移、对受影响的区域去污等应急防护措施。

第二十三条 省级人民政府指定的部门在核事故应急响应过程中应当将必要的信息及时地告知当地公众。

第二十四条 在核事故现场,各核事故应急响应组织应当实行有效的剂量监督。现场核事故应急响应人员和其他人员都应当在辐射防护人员的监督和指导下活动,尽量防止接受过大剂量的照射。

第二十五条 核电厂的核事故应急机构和省级人民政府指定的部门应当做好核事故现场接受照射人员的救护、洗消、转运和医学处置工作。

第二十六条 在核事故应急进入场外应急状态时,国务院指定的部门应当及时派出人员赶赴现场,指导核事故应急响应行动,必要时提出派出救援力量的建议。

第二十七条 因核事故应急响应需要,可以实行地区封锁。省、自治区、直辖市行政区域内的地区封锁,由省、自治区、直辖市人民政府决定;跨省、自治区、直辖市的地区封锁,以及导致中断干线交通或者封锁国境的地区封锁,由国务院决定。

地区封锁的解除,由原决定机关宣布。

第二十八条 有关核事故的新闻由国务院授权的单位统一发布。

第五章 应急状态的终止和恢复措施

第二十九条 场外应急状态的终止由省级人民政府指定的部门会同核电厂核事故应急机构提出建议,报国务院指定的部门批准,由省级人民政府指定的部门发布。

第三十条 省级人民政府指定的部门应当根据受影响地区的放射性水平,采取有效的恢复措施。

第三十一条 核事故应急状态终止后,核电厂核事故应急机构应当向国务院指定的部门、核电厂的上级主管部门、国务院核安全部门和省级人民政府指定的部门提交详细的事故报告;省级人民政府指定的部门应当向国务院指定的部门提交场外核事故应急工作的总结报告。

第三十二条 核事故使核安全重要物项的安全性能达不到国家标准时,核电厂的重新起动计划应当按照国家有关规定审查批准。

第六章　资金和物资保障

第三十三条　国务院有关部门、军队、地方各级人民政府和核电厂在核事故应急准备工作中应当充分利用现有组织机构、人员、设施和设备等，努力提高核事故应急准备资金和物资的使用效益，并使核事故应急准备工作与地方和核电厂的发展规划相结合。各有关单位应当提供支援。

第三十四条　场内核事故应急准备资金由核电厂承担，列入核电厂工程项目投资概算和运行成本。

场外核事故应急准备资金由核电厂和地方人民政府共同承担，资金数额由国务院指定的部门会同有关部门审定。核电厂承担的资金，在投产前根据核电厂容量、在投产后根据实际发电量确定一定的比例交纳，由国务院计划部门综合平衡后用于地方场外核事故应急准备工作；其余部分由地方人民政府解决。具体办法由国务院指定的部门会同国务院计划部门和国务院财政部门规定。

国务院有关部门和军队所需的核事故应急准备资金，根据各自在核事故应急工作中的职责和任务，充分利用现有条件进行安排，不足部分按照各自的计划和资金渠道上报。

第三十五条　国家的和地方的物资供应部门及其他有关部门应当保证供给核事故应急所需的设备、器材和其他物资。

第三十六条　因核电厂核事故应急响应需要，执行核事故应急响应行动的行政机关有权征用非用于核事故应急响应的设备、器材和其他物资。

对征用的设备、器材和其他物资，应当予以登记并在使用后及时归还；造成损坏的，由征用单位补偿。

第七章　奖励与处罚

第三十七条　在核事故应急工作中有下列事迹之一的单位和个人，由主管部门或者所在单位给予表彰或者奖励：

（一）完成核事故应急响应任务的；

（二）保护公众安全和国家的、集体的和公民的财产，成绩显著的；

（三）对核事故应急准备与响应提出重大建议，实施效果显著的；

（四）辐射、气象预报和测报准确及时，从而减轻损失的；

（五）有其他特殊贡献的。

第三十八条　有下列行为之一的，对有关责任人员视情节和危害后果，由其所在单位或者上级机关给予行政处分；属于违反治安管理行为的，由公安机关依照治安管理处罚法的规定予以处罚；构成犯罪的，由司法机关依法追究刑事责任：

（一）不按照规定制定核事故应急计划，拒绝承担核事故应急准备义务的；

（二）玩忽职守，引起核事故发生的；

（三）不按照规定报告、通报核事故真实情况的；

（四）拒不执行核事故应急计划，不服从命令和指挥，或者在核事故应急响应时临阵脱逃的；

（五）盗窃、挪用、贪污核事故应急工作所用资金或者物资的；

（六）阻碍核事故应急工作人员依法执行职务或者进行破坏活动的；

（七）散布谣言，扰乱社会秩序的；

（八）有其他对核事故应急工作造成危害的行为的。

第八章　附　　则

第三十九条　本条例中下列用语的含义：

（一）核事故应急，是指为了控制或者缓解核事故、减轻核事故后果而采取的不同于正常秩序和正常工作程序的紧急行动。

（二）场区，是指由核电厂管理的区域。

（三）应急计划区，是指在核电厂周围建立的，制定有核事故应急计划、并预计采取核事故应急对策和应急防护措施的区域。

（四）烟羽应急计划区，是指针对放射性烟云引起的照射而建立的应急计划区。

（五）食入应急计划区，是指针对食入放射性污染的水或者食物引起照射而建立的应急计划区。

（六）干预水平，是指预先规定的用于在异常状态下确定需要对公众采取应急防护措施的剂量水平。

（七）导出干预水平，是指由干预水平推导得出的放射性物质在环境介质中的浓度或者水平。

（八）应急防护措施，是指在核事故情况下用于控制工作人员和公众所接受的剂量而采取的保护措施。

（九）核安全重要物项，是指对核电厂安全有重要意义的建筑物、构筑物、系统、部件和设施等。

第四十条　除核电厂外，其他核设施的核事故应急管理，可以根据具体情况，参照本条例的有关规定执行。

第四十一条　对可能或者已经造成放射性物质释放超越国界的核事故应急，除执行本条例的规定外，并应当执行中华人民共和国缔结或者参加的国际条约的规定，但是中华人民共和国声明保留的条款除外。

第四十二条 本条例自发布之日起施行。

中华人民共和国
民用核设施安全监督管理条例

1986年10月29日国务院发布施行

第一章 总 则

第一条 为了在民用核设施的建造和营运中保证安全，保障工作人员和群众的健康，保护环境，促进核能事业的顺利发展，制定本条例。

第二条 本条例适用于下列民用核设施的安全监督管理：

（一）核动力厂（核电厂、核热电厂、核供汽供热厂等）；

（二）核动力厂以外的其他反应堆（研究堆、实验堆、临界装置等）；

（三）核燃料生产、加工、贮存及后处理设施；

（四）放射性废物的处理和处置设施；

（五）其他需要严格监督管理的核设施。

第三条 民用核设施的选址、设计、建造、运行和退役必须贯彻安全第一的方针；必须有足够的措施保证质量，保证安全运行，预防核事故，限制可能产生的有害影响；必须保障工作人员、群众和环境不致遭到超过国家规定限值的辐射照射和污染，并将辐射照射和污染减至可以合理达到的尽量低的水平。

第二章 监督管理职责

第四条 国家核安全局对全国核设施安全实施统一监督，独立行使核安全监督权，其主要职责是：

（一）组织起草、制定有关核设施安全的规章和审查有关核安全的技术标准；

（二）组织审查、评定核设施的安全性能及核设施营运单位保障安全的能力，负责颁发或者吊销核设施安全许可证件；

（三）负责实施核安全监督；

（四）负责核安全事故的调查、处理；

（五）协同有关部门指导和监督核设施应急计划的制订和实施；

（六）组织有关部门开展对核设施的安全与管理的科学研究、宣传教育及国际业务联系；

（七）会同有关部门调解和裁决核安全的纠纷。

第五条 国家核安全局在核设施集中的地区可以设立派出机构，实施安全监督。

国家核安全局可以组织核安全专家委员会。该委员会协助制订核安全法规和核安全技术发展规划，参与核安全的审评、监督等工作。

第六条 核设施主管部门负责所属核设施的安全管理，接受国家核安全局的核安全监督，其主要职责是：

（一）负责所属核设施的安全管理，保证给予所属核设施的营运单位必要的支持，并对其进行督促检查；

（二）参与有关核安全法规的起草和制订，组织制订有关核安全的技术标准，并向国家核安全局备案；

（三）组织所属核设施的场内应急计划的制订和实施，参与场外应急计划的制订和实施；

（四）负责对所属核设施中各类人员的技术培训和考核；

（五）组织核能发展方面的核安全科学研究工作。

第七条 核设施营运单位直接负责所营运的核设施的安全，其主要职责是：

（一）遵守国家有关法律、行政法规和技术标准，保证核设施的安全；

（二）接受国家核安全局的核安全监督，及时、如实地报告安全情况，并提供有关资料；

（三）对所营运的核设施的安全、核材料的安全、工作人员和群众以及环境的安全承担全面责任。

第三章 安全许可制度

第八条 国家实行核设施安全许可制度，由国家核安全局负责制定和批准颁发核设施安全许可证件，许可证件包括：

（一）核设施建造许可证；

（二）核设施运行许可证；

（三）核设施操纵员执照；

（四）其他需要批准的文件。

第九条 核设施营运单位，在核设施建造前，必须向国家核安全局提交《核设施建造申请书》、《初步安全分析报告》以及其他有关资料，经审核批准获得《核设施建造许可证》后，方可动工建造。

核设施的建造必须遵守《核设施建造许可证》所规定的条件。

第十条 核设施营运单位在核设施运行前，必须向国家核安全局提交《核设施运行申请书》、《最终安全分析报告》以及其他有关资料，经审核批准获得允许装料（或投料）、调试的批准文件后，方可开始装载核燃料

（或投料）进行启动调试工作；在获得《核设施运行许可证》后，方可正式运行。

核设施的运行必须遵守《核设施运行许可证》所规定的条件。

第十一条　国家核安全局在审批核设施建造申请书及运行申请书的过程中，应当向国务院有关部门以及核设施所在省、自治区、直辖市人民政府征询意见，国务院有关部门、地方人民政府应当在三个月内给予答复。

第十二条　具备下列条件的，方可批准发给《核设施建造许可证》和《核设施运行许可证》：

（一）所申请的项目已按照有关规定经主管部门及国家计划部门或省、自治区、直辖市人民政府的计划部门批准；

（二）所选定的厂址已经国务院或省、自治区、直辖市人民政府的城乡建设环境保护部门、计划部门和国家核安全局批准；

（三）所申请的核设施符合国家有关的法律及核安全法规的规定；

（四）申请者具有安全营运所申请的核设施的能力，并保证承担全面的安全责任。

第十三条　核设施操纵员执照分《操纵员执照》和《高级操纵员执照》两种。

持《操纵员执照》的人员方可担任操纵核设施控制系统的工作。

持《高级操纵员执照》的人员方可担任操纵或者指导他人操纵核设施控制系统的工作。

第十四条　具备下列条件的，方可批准发给《操纵员执照》：

（一）身体健康，无职业禁忌症；

（二）具有中专以上文化程度或同等学力，核动力厂操纵人员应具有大专以上文化程度或同等学力；

（三）经过运行操作培训，并经考核合格。

具备下列条件的，方可批准发给《高级操纵员执照》：

（一）身体健康，无职业禁忌症；

（二）具有大专以上文化程度或同等学力；

（三）经运行操作培训，并经考核合格；

（四）担任操纵员二年以上，成绩优秀者。

第十五条　核设施的迁移、转让或退役必须向国家核安全局提出申请，经审查批准后方可进行。

第四章　核安全监督

第十六条　国家核安全局及其派出机构可向核设施制造、建造和运行现场派驻监督组（员）执行下列核安全监督任务：

（一）审查所提交的安全资料是否符合实际；

（二）监督是否按照已批准的设计进行建造；

（三）监督是否按照已批准的质量保证大纲进行管理；

（四）监督核设施的建造和运行是否符合有关核安全法规和《核设施建造许可证》、《核设施运行许可证》所规定的条件；

（五）考察营运人员是否具备安全运行及执行应急计划的能力；

（六）其他需要监督的任务。

核安全监督员由国家核安全局任命并发给《核安全监督员证》。

第十七条　核安全监督员在执行任务时，凭其证件有权进入核设施制造、建造和运行现场，调查情况，收集有关核安全资料。

第十八条　国家核安全局在必要时有权采取强制性措施，命令核设施营运单位采取安全措施或停止危及安全的活动。

第十九条　核设施营运单位有权拒绝有害于安全的任何要求，但对国家核安全局的强制性措施必须执行。

第五章　奖励和处罚

第二十条　对保证核设施安全有显著成绩和贡献的单位和个人，国家核安全局或核设施主管部门应给予适当的奖励。

第二十一条　凡违反本条例的规定，有下列行为之一的，国家核安全局可依其情节轻重，给予警告、限期改进、停工或者停业整顿、吊销核安全许可证件的处罚：

（一）未经批准或违章从事核设施建造、运行、迁移、转让和退役的；

（二）谎报有关资料或事实，或无故拒绝监督的；

（三）无执照操纵或违章操纵的；

（四）拒绝执行强制性命令的。

第二十二条　当事人对行政处罚不服的，可在接到处罚通知之日起十五日内向人民法院起诉。但是，对吊销核安全许可证件的决定应当立即执行。对处罚决定不履行逾期又不起诉的，由国家核安全局申请人民法院强制执行。

第二十三条　对于不服管理、违反规章制度，或者强令他人违章冒险作业，因而发生核事故，造成严重后果，构成犯罪的，由司法机关依法追究刑事责任。

第六章 附 则

第二十四条 本条例中下列用语的含义是：

（一）“核设施”是指本条例第二条中所列出的各项民用核设施。

（二）“核设施安全许可证件”是指为了进行与核设施有关的选址定点、建造、调试、运行和退役等特定活动，由国家核安全局颁发的书面批准文件。

（三）“营运单位”是指申请或持有核设施安全许可证，可以经营和运行核设施的组织。

（四）“核设施主管部门”是指对核设施营运单位负有领导责任的国务院和省、自治区、直辖市人民政府的有关行政机关。

（五）“核事故”是指核设施内的核燃料、放射性产物、废料或运入运出核设施的核材料所发生的放射性、毒害性、爆炸性或其他危害性事故，或一系列事故。

第二十五条 国家核安全局应根据本条例制定实施细则。

第二十六条 本条例自发布之日起施行。

国家核应急预案

2013年6月30日修订

1 总 则

1.1 编制目的

依法科学统一、及时有效应对处置核事故，最大程度控制、减轻或消除事故及其造成的人员伤亡和财产损失，保护环境，维护社会正常秩序。

1.2 编制依据

《中华人民共和国突发事件应对法》、《中华人民共和国放射性污染防治法》、《核电厂核事故应急管理条例》、《放射性物品运输安全管理条例》、《国家突发公共事件总体应急预案》和相关国际公约等。

1.3 适用范围

本预案适用于我国境内核设施及有关核活动已经或可能发生的核事故。境外发生的对我国大陆已经或可能造成影响的核事故应对工作参照本预案进行响应。

1.4 工作方针和原则

国家核应急工作贯彻执行常备不懈、积极兼容，统一指挥、大力协同，保护公众、保护环境的方针；坚持统一领导、分级负责、条块结合、快速反应、科学处置的工作原则。核事故发生后，核设施营运单位、地方政府及其有关部门和国家核事故应急协调委员会（以下简称国家核应急协调委）成员单位立即自动按照职责分工和相关预案开展前期处置工作。核设施营运单位是核事故场内应急工作的主体，省级人民政府是本行政区域核事故场外应急工作的主体。国家根据核应急工作需要给予必要的协调和支持。

2 组 织 体 系

2.1 国家核应急组织

国家核应急协调委负责组织协调全国核事故应急准备和应急处置工作。国家核应急协调委主任委员由工业和信息化部部长担任。日常工作由国家核事故应急办公室（以下简称国家核应急办）承担。必要时，成立国家核事故应急指挥部，统一领导、组织、协调全国的核事故应对工作。指挥部总指挥由国务院领导同志担任。视情成立前方工作组，在国家核事故应急指挥部的领导下开展工作。

国家核应急协调委设立专家委员会，由核工程与核技术、核安全、辐射监测、辐射防护、环境保护、交通运输、医学、气象学、海洋学、应急管理、公共宣传等方面专家组成，为国家核应急工作重大决策和重要规划以及核事故应对工作提供咨询和建议。

国家核应急协调委设立联络员组，由成员单位司、处级和核设施营运单位所属集团公司（院）负责同志组成，承担国家核应急协调委交办的事项。

2.2 省（自治区、直辖市）核应急组织

省级人民政府根据有关规定和工作需要成立省（自治区、直辖市）核应急委员会（以下简称省核应急委），由有关职能部门、相关市县、核设施营运单位的负责同志组成，负责本行政区域核事故应急准备与应急处置工作，统一指挥本行政区域核事故场外应急响应行动。省核应急委设立专家组，提供决策咨询；设立省核事故应急办公室（以下称省核应急办），承担省核应急委的日常工作。

未成立核应急委的省级人民政府指定部门负责本行政区域核事故应急准备与应急处置工作。

必要时，由省级人民政府直接领导、组织、协调本行政区域场外核应急工作，支援核事故场内核应急响应行动。

2.3 核设施营运单位核应急组织

核设施营运单位核应急指挥部负责组织场内核应急准备与应急处置工作，统一指挥本单位的核应急响应行动，配合和协助做好场外核应急准备与响应工作，及时提出进入场外应急状态和采取场外应急防护措施的建议。核设施营运单位所属集团公司（院）负责领导协调核设施营运单位核应急准备工作，事故情况下负责调配其应

急资源和力量,支援核设施营运单位的响应行动。

3　核设施核事故应急响应

3.1　响应行动

核事故发生后,各级核应急组织根据事故的性质和严重程度,实施以下全部或部分响应行动。

3.1.1　事故缓解和控制

迅速组织专业力量、装备和物资等开展工程抢险,缓解并控制事故,使核设施恢复到安全状态,最大程度防止、减少放射性物质向环境释放。

3.1.2　辐射监测和后果评价

开展事故现场和周边环境(包括空中、陆地、水体、大气、农作物、食品和饮水等)放射性监测,以及应急工作人员和公众受照剂量的监测等。实时开展气象、水文、地质、地震等观(监)测预报;开展事故工况诊断和释放源项分析,研判事故发展趋势,评价辐射后果,判定受影响区域范围,为应急决策提供技术支持。

3.1.3　人员放射性照射防护

当事故已经或可能导致碘放射性同位素释放的情况下,按照辐射防护原则及管理程序,及时组织有关工作人员和公众服用稳定碘,减少甲状腺的受照剂量。根据公众可能接受的辐射剂量和保护公众的需要,组织放射性烟羽区有关人员隐蔽;组织受影响地区居民向安全地区撤离。根据受污染地区实际情况,组织居民从受污染地区临时迁出或永久迁出,异地安置,避免或减少地面放射性沉积物的长期照射。

3.1.4　去污洗消和医疗救治

去除或降低人员、设备、场所、环境等的放射性污染;组织对辐射损伤人员和非辐射损伤人员实施医学诊断及救治,包括现场救治、地方救治和专科救治。

3.1.5　出入通道和口岸控制

根据受事故影响区域具体情况,划定警戒区,设定出入通道,严格控制各类人员、车辆、设备和物资出入。对出入境人员、交通工具、集装箱、货物、行李物品、邮包快件等实施放射性污染检测与控制。

3.1.6　市场监管和调控

针对受事故影响地区市场供应及公众心理状况,及时进行重要生活必需品的市场监管和调控。禁止或限制受污染食品和饮水的生产、加工、流通和食用,避免或减少放射性物质摄入。

3.1.7　维护社会治安

严厉打击借机传播谣言制造恐慌等违法犯罪行为;在群众安置点、抢险救援物资存放点等重点地区,增设临时警务站,加强治安巡逻;强化核事故现场等重要场所警戒保卫,根据需要做好周边地区交通管制等工作。

3.1.8　信息报告和发布

按照核事故应急报告制度的有关规定,核设施营运单位及时向国家核应急办、省核应急办、核电主管部门、核安全监管部门、所属集团公司(院)报告、通报有关核事故及核应急响应情况;接到事故报告后,国家核应急协调委、核事故发生地省级人民政府要及时、持续向国务院报告有关情况。第一时间发布准确、权威信息。核事故信息发布办法由国家核应急协调委另行制订,报国务院批准后实施。

3.1.9　国际通报和援助

国家核应急协调委统筹协调核应急国际通报与国际援助工作。按照《及早通报核事故公约》的要求,当核事故造成或可能造成超越国界的辐射影响时,国家核应急协调委通过核应急国家联络点向国际原子能机构通报。向有关国家和地区的通报工作,由外交部按照双边或多边核应急合作协议办理。

必要时,国家核应急协调委提出请求国际援助的建议,报请国务院批准后,由国家原子能机构会同外交部按照《核事故或辐射紧急情况援助公约》的有关规定办理。

3.2　指挥和协调

根据核事故性质、严重程度及辐射后果影响范围,核设施核事故应急状态分为应急待命、厂房应急、场区应急、场外应急(总体应急),分别对应Ⅳ级响应、Ⅲ级响应、Ⅱ级响应、Ⅰ级响应。

3.2.1　Ⅳ级响应

3.2.1.1　启动条件

当出现可能危及核设施安全运行的工况或事件,核设施进入应急待命状态,启动Ⅳ级响应。

3.2.1.2　应急处置

(1)核设施营运单位进入戒备状态,采取预防或缓解措施,使核设施保持或恢复到安全状态,并及时向国家核应急办、省核应急办、核电主管部门、核安全监管部门、所属集团公司(院)提出相关建议;对事故的性质及后果进行评价。

(2)省核应急组织密切关注事态发展,保持核应急通信渠道畅通;做好公众沟通工作,视情组织本省部分核应急专业力量进入待命状态。

(3)国家核应急办研究决定启动Ⅳ级响应,加强与相关省核应急组织和核设施营运单位及其所属集团公司(院)的联络沟通,密切关注事态发展,及时向国家核应急协调委成员单位通报情况。各成员单位做好相关应急准备。

3.2.1.3 响应终止

核设施营运单位组织评估，确认核设施已处于安全状态后，提出终止应急响应建议报国家和省核应急办，国家核应急办研究决定终止Ⅳ级响应。

3.2.2 Ⅲ级响应

3.2.2.1 启动条件

当核设施出现或可能出现放射性物质释放，事故后果影响范围仅限于核设施场区局部区域，核设施进入厂房应急状态，启动Ⅲ级响应。

3.2.2.2 应急处置

在Ⅳ级响应的基础上，加强以下应急措施：

(1)核设施营运单位采取控制事故措施，开展应急辐射监测和气象观测，采取保护工作人员的辐射防护措施；加强信息报告工作，及时提出相关建议；做好公众沟通工作。

(2)省核应急委组织相关成员单位、专家组会商，研究核应急工作措施；视情组织本省核应急专业力量开展辐射监测和气象观测。

(3)国家核应急协调委研究决定启动Ⅲ级响应，组织国家核应急协调委有关成员单位及专家委员会开展趋势研判、公众沟通等工作；协调、指导地方和核设施营运单位做好核应急有关工作。

3.2.2.3 响应终止

核设施营运单位组织评估，确认核设施已处于安全状态后，提出终止应急响应建议报国家核应急协调委和省核应急委，国家核应急协调委研究决定终止Ⅲ级响应。

3.2.3 Ⅱ级响应

3.2.3.1 启动条件

当核设施出现或可能出现放射性物质释放，事故后果影响扩大到整个场址区域(场内)，但尚未对场址区域外公众和环境造成严重影响，核设施进入场区应急状态，启动Ⅱ级响应。

3.2.3.2 应急处置

在Ⅲ级响应的基础上，加强以下应急措施：

(1)核设施营运单位组织开展工程抢险；撤离非应急人员，控制应急人员辐射照射；进行污染区标识或场区警戒，对出入场区人员、车辆等进行污染监测；做好与外部救援力量的协同准备。

(2)省核应急委组织实施气象观测预报、辐射监测，组织专家分析研判趋势；及时发布通告，视情采取交通管制、控制出入通道、心理援助等措施；根据信息发布办法的有关规定，做好信息发布工作，协调调配本行政区域核应急资源给予核设施营运单位必要的支援，做好医疗救治准备等工作。

(3)国家核应急协调委研究决定启动Ⅱ级响应，组织国家核应急协调委相关成员单位、专家委员会会商，开展综合研判；按照有关规定组织权威信息发布，稳定社会秩序；根据有关省级人民政府、省核应急委或核设施营运单位的请求，为事故缓解和救援行动提供必要的支持；视情组织国家核应急力量指导开展辐射监测、气象观测预报、医疗救治等工作。

3.2.3.3 响应终止

核设施营运单位组织评估，确认核设施已处于安全状态后，提出终止应急响应建议报国家核应急协调委和省核应急委，国家核应急协调委研究决定终止Ⅱ级响应。

3.2.4 Ⅰ级响应

3.2.4.1 启动条件

当核设施出现或可能出现向环境释放大量放射性物质，事故后果超越场区边界，可能严重危及公众健康和环境安全，进入场外应急状态，启动Ⅰ级响应。

3.2.4.2 应急处置

(1)核设施营运单位组织工程抢险，缓解、控制事故，开展事故工况诊断、应急辐射监测；采取保护场内工作人员的防护措施，撤离非应急人员，控制应急人员辐射照射，对受伤或受照人员进行医疗救治；标识污染区，实施场区警戒，对出入场区人员、车辆等进行放射性污染监测；及时提出公众防护行动建议；对事故的性质及后果进行评价；协同外部救援力量做好抢险救援等工作；配合国家核应急协调委和省核应急委做好公众沟通和信息发布等工作。

(2)省核应急委组织实施场外应急辐射监测、气象观测预报，组织专家进行趋势分析研判，协调、调配本行政区域内核应急资源，向核设施营运单位提供必要的交通、电力、水源、通信等保障条件支援；及时发布通告，视情采取交通管制、发放稳定碘、控制出入通道、控制食品和饮水、医疗救治、心理援助、去污洗消等措施，适时组织实施受影响区域公众的隐蔽、撤离、临时避迁、永久再定居；根据信息发布办法的有关规定，做好信息发布工作，组织开展公众沟通等工作；及时向事故后果影响或可能影响的邻近省(自治区、直辖市)通报事故情况，提出相应建议。

(3)国家核应急协调委向国务院提出启动Ⅰ级响应建议，国务院决定启动Ⅰ级响应。国家核应急协调委组织协调核应急处置工作。必要时，国务院成立国家核事故应急指挥部，统一领导、组织、协调全国核应急处置工作。国家核事故应急指挥部根据工作需要设立事故抢险、辐射监测、医学救援、放射性污染物处置、群众生活保障、信息发布和宣传报道、涉外事务、社会稳定、综合协调等工作组。

国家核事故应急指挥部或国家核应急协调委对以下任务进行部署,并组织协调有关地区和部门实施:

①组织国家核应急协调委相关成员单位、专家委员会会商,开展事故工况诊断、释放源项分析、辐射后果预测评价等,科学研判趋势,决定核应急对策措施。

②派遣国家核应急专业救援队伍,调配专业核应急装备参与事故抢险工作,抑制或缓解事故、防止或控制放射性污染等。

③组织协调国家和地方辐射监测力量对已经或可能受核辐射影响区域的环境(包括空中、陆地、水体、大气、农作物、食品和饮水等)进行放射性监测。

④组织协调国家和地方医疗卫生力量和资源,指导和支援受影响地区开展辐射损伤人员医疗救治、心理援助,以及去污洗消、污染物处置等工作。

⑤统一组织核应急信息发布。

⑥跟踪重要生活必需品的市场供求信息,开展市场监管和调控。

⑦组织实施农产品出口管制,对出境人员、交通工具、集装箱、货物、行李物品、邮包快件等进行放射性沾污检测与控制。

⑧按照有关规定和国际公约的要求,做好向国际原子能机构、有关国家和地区的国际通报工作;根据需要提出国际援助请求。

⑨其他重要事项。

3.2.4.3　响应终止

当核事故已得到有效控制,放射性物质的释放已经停止或者已经控制到可接受的水平,核设施基本恢复到安全状态,由国家核应急协调委提出终止Ⅰ级响应建议,报国务院批准。视情成立的国家核事故应急指挥部在应急响应终止后自动撤销。

4　核设施核事故后恢复行动

应急响应终止后,省级人民政府及其有关部门、核设施营运单位等立即按照职责分工组织开展恢复行动。

4.1　场内恢复行动

核设施营运单位负责场内恢复行动,并制订核设施恢复规划方案,按有关规定报上级有关部门审批,报国家核应急协调委和省核应急委备案。国家核应急协调委、省核应急委、有关集团公司(院)视情对场内恢复行动提供必要的指导和支持。

4.2　场外恢复行动

省核应急委负责场外恢复行动,并制订场外恢复规划方案,经国家核应急协调委核准后报国务院批准。场外恢复行动主要任务包括:全面开展环境放射性水平调查和评价,进行综合性恢复整治;解除紧急防护行动措施,尽快恢复受影响地区生产生活等社会秩序,进一步做好转移居民的安置工作;对工作人员和公众进行剂量评估,开展科普宣传,提供咨询和心理援助等。

5　其他核事故应急响应

对乏燃料运输事故、涉核航天器坠落事故等,根据其可能产生的辐射后果及影响范围,国家和受影响省(自治区、直辖市)核应急组织及营运单位进行必要的响应。

5.1　乏燃料运输事故

乏燃料运输事故发生后,营运单位应在第一时间报告所属集团公司(院)、事故发生地省级人民政府有关部门和县级以上人民政府环境保护部门、国家核应急协调委,并按照本预案和乏燃料运输事故应急预案立即组织开展应急处置工作。必要时,国家核应急协调委组织有关成员单位予以支援。

5.2　台湾地区核事故

台湾地区发生核事故可能或已经对大陆造成辐射影响时,参照本预案组织应急响应。台办会同国家核应急办向台湾有关方面了解情况和对大陆的需求,上报国务院。国务院根据情况,协调调派国家核应急专业力量协助救援。

5.3　其他国家核事故

其他国家发生核事故已经或可能对我国产生影响时,由国家核应急协调委参照本预案统一组织开展信息收集与发布、辐射监测、部门会商、分析研判、口岸控制、市场调控、国际通报及援助等工作。必要时,成立国家核事故应急指挥部,统一领导、组织、协调核应急响应工作。

5.4　涉核航天器坠落事故

涉核航天器坠落事故已经或可能对我国局部区域产生辐射影响时,由国家核应急协调委参照本预案组织开展涉核航天器污染碎片搜寻与收集、辐射监测、环境去污、分析研判、信息通报等工作。

6　应急准备和保障措施

6.1　技术准备

国家核应急协调委依托各成员单位、相关集团公司(院)和科研院所现有能力,健全完善辐射监测、航空监测、气象监测预报、地震监测、海洋监测、辐射防护、医学应急等核应急专业技术支持体系，组织开展核应急技术研究、标准制定、救援专用装备设备以及后果评价系统和决策支持系统等核应急专用软硬件研发，指导省核应急委、核设施营运单位做好相关技术准备。省核应急委、核设施营运单位按照本预案和本级核应急预案的要求，加强有关核应急技术准备工作。

6.2　队伍准备

国家核应急协调委依托各成员单位、相关集团公司（院）和科研院所现有能力，加强突击抢险、辐射监测、去污洗消、污染控制、辐射防护、医学救援等专业救援队伍建设，配备必要的专业物资装备，强化专业培训和应急演习。省核应急委、核设施营运单位及所属集团公司（院），按照职责分工加强相关核应急队伍建设，强化日常管理和培训，切实提高应急处置能力。国家、省、核设施运营单位核应急组织加强核应急专家队伍建设，为应急指挥辅助决策、工程抢险、辐射监测、医学救治、科普宣传等提供人才保障。

6.3　物资保障

国家、省核应急组织及核设施营运单位建立健全核应急器材装备的研发、生产和储备体系，保障核事故应对工作需要。国家核应急协调委完善辐射监测与防护、医疗救治、气象监测、事故抢险、去污洗消以及动力、通信、交通运输等方面器材物资的储备机制和生产商登记机制，做好应急物资调拨和紧急配送工作方案。省核应急委储备必要的应急物资，重点加强实施场外应急所需的辐射监测、医疗救治、人员安置和供电、供水、交通运输、通信等方面物资的储备。核设施营运单位及其所属集团公司（院）重点加强缓解事故、控制事故、工程抢险所需的移动电源、供水、管线、辐射防护器材、专用工具设备等储备。

6.4　资金保障

国家、省核应急准备所需资金分别由中央财政和地方财政安排。核电厂的核应急准备所需资金由核电厂自行筹措。其他核设施的核应急准备资金按照现有资金渠道筹措。

6.5　通信和运输保障

国家、省核应急组织、核设施营运单位及其所属集团公司（院）加强核应急通信与网络系统建设，形成可靠的通信保障能力，确保核应急期间通信联络和信息传递需要。交通运输、公安等部门健全公路、铁路、航空、水运紧急运输保障体系，完善应急联动工作机制，保障应急响应所需人员、物资、装备、器材等的运输。

6.6　培训和演习

6.6.1　培训

各级核应急组织建立培训制度，定期对核应急管理人员和专业队伍进行培训。国家核应急办负责国家核应急协调委成员单位、省核应急组织和核设施营运单位核应急组织负责人及骨干的培训。省核应急组织和核设施营运单位负责各自核应急队伍专业技术培训，国家核应急办及国家核应急协调委有关成员单位给予指导。

6.6.2　演习

各级核应急组织应当根据实际情况采取桌面推演、实战演习等方式，经常开展应急演习，以检验、保持和提高核应急响应能力。国家级核事故应急联合演习由国家核应急协调委组织实施，一般3至5年举行一次；国家核应急协调委成员单位根据需要分别组织单项演练。省级核应急联合演习，一般2至4年举行一次，由省核应急委组织，核设施营运单位参加。核设施营运单位综合演习每2年组织1次，拥有3台以上运行机组的，综合演习频度适当增加。核电厂首次装投料前，由省核应急委组织场内外联合演习，核设施营运单位参加。

7　附　　则

7.1　奖励和责任

对在核应急工作中作出突出贡献的先进集体和个人，按照国家有关规定给予表彰和奖励；对在核应急工作中玩忽职守造成损失的，虚报、瞒报核事故情况的，依据国家有关法律法规追究当事人的责任，构成犯罪的，依法追究其刑事责任。

7.2　预案管理

国家核应急协调委负责本预案的制订工作，报国务院批准后实施，并要在法律、行政法规、国际公约、组织指挥体系、重要应急资源等发生变化后，或根据实际应对、实战演习中发现的重大问题，及时修订完善本预案。预案实施后，国家核应急协调委组织预案宣传、培训和演习。

国家核应急协调委成员单位和省核应急委、核设施营运单位，结合各自职责和实际情况，制定本部门、本行政区域和本单位的核应急预案。省核应急预案要按有关规定报国家核应急协调委审查批准。国家核应急协调委成员单位和核设施营运单位预案报国家核应急协调委备案。

7.3　预案解释

本预案由国务院办公厅负责解释。

7.4　预案实施

本预案自印发之日起实施。

十三、电力应急管理

资料补充栏

中华人民共和国电力法

1. 1995年12月28日第八届全国人民代表大会常务委员会第十七次会议通过
2. 根据2009年8月27日第十一届全国人民代表大会常务委员会第十次会议《关于修改部分法律的决定》第一次修正
3. 根据2015年4月24日第十二届全国人民代表大会常务委员会第十四次会议《关于修改〈中华人民共和国电力法〉等六部法律的决定》第二次修正
4. 根据2018年12月29日第十三届全国人民代表大会常务委员会第七次会议《关于修改〈中华人民共和国电力法〉等四部法律的决定》第三次修正

目　　录

第一章　总　　则

第一条　**【立法目的】**为了保障和促进电力事业的发展，维护电力投资者、经营者和使用者的合法权益，保障电力安全运行，制定本法。

第二条　**【适用范围】**本法适用于中华人民共和国境内的电力建设、生产、供应和使用活动。

第三条　**【投资来源】**电力事业应当适应国民经济和社会发展的需要，适当超前发展。国家鼓励、引导国内外的经济组织和个人依法投资开发电源，兴办电力生产企业。

电力事业投资，实行谁投资、谁收益的原则。

第四条　**【保护设施】**电力设施受国家保护。

禁止任何单位和个人危害电力设施安全或者非法侵占、使用电能。

第五条　**【环保】**电力建设、生产、供应和使用应当依法保护环境，采用新技术，减少有害物质排放，防治污染和其他公害。

国家鼓励和支持利用可再生能源和清洁能源发电。

第六条　**【主管部门】**国务院电力管理部门负责全国电力事业的监督管理。国务院有关部门在各自的职责范围内负责电力事业的监督管理。

县级以上地方人民政府经济综合主管部门是本行政区域内的电力管理部门，负责电力事业的监督管理。县级以上地方人民政府有关部门在各自的职责范围内负责电力事业的监督管理。

第七条　**【企业定位】**电力建设企业、电力生产企业、电网经营企业依法实行自主经营、自负盈亏，并接受电力管理部门的监督。

第八条　**【扶持地区】**国家帮助和扶持少数民族地区、边远地区和贫困地区发展电力事业。

第九条　**【科技进步】**国家鼓励在电力建设、生产、供应和使用过程中，采用先进的科学技术和管理方法，对在研究、开发、采用先进的科学技术和管理方法等方面作出显著成绩的单位和个人给予奖励。

第二章　电力建设

第十条　**【发展规划】**电力发展规划应当根据国民经济和社会发展的需要制定，并纳入国民经济和社会发展计划。

电力发展规划，应当体现合理利用能源、电源与电网配套发展、提高经济效益和有利于环境保护的原则。

第十一条　**【电网规划】**城市电网的建设与改造规划，应当纳入城市总体规划。城市人民政府应当按照规划，安排变电设施用地、输电线路走廊和电缆通道。

任何单位和个人不得非法占用变电设施用地、输电线路走廊和电缆通道。

第十二条　**【政策扶持】**国家通过制定有关政策，支持、促进电力建设。

地方人民政府应当根据电力发展规划，因地制宜，采取多种措施开发电源，发展电力建设。

第十三条　**【投资者权益】**电力投资者对其投资形成的电力，享有法定权益。并网运行的，电力投资者有优先使用权；未并网的自备电厂，电力投资者自行支配使用。

第十四条　**【项目合法】**电力建设项目应当符合电力发展规划，符合国家电力产业政策。

电力建设项目不得使用国家明令淘汰的电力设备和技术。

第十五条　**【配套工程】**输变电工程、调度通信自动化工程等电网配套工程和环境保护工程，应当与发电工程项目同时设计、同时建设、同时验收、同时投入使用。

第十六条　【使用土地】电力建设项目使用土地,应当依照有关法律、行政法规的规定办理;依法征收土地的,应当依法支付土地补偿费和安置补偿费,做好迁移居民的安置工作。

电力建设应当贯彻切实保护耕地、节约利用土地的原则。

地方人民政府对电力事业依法使用土地和迁移居民,应当予以支持和协助。

第十七条　【用水】地方人民政府应当支持电力企业为发电工程建设勘探水源和依法取水、用水。电力企业应当节约用水。

第三章　电力生产与电网管理

第十八条　【运行原则】电力生产与电网运行应当遵循安全、优质、经济的原则。

电网运行应当连续、稳定,保证供电可靠性。

第十九条　【安全生产】电力企业应当加强安全生产管理,坚持安全第一、预防为主的方针,建立、健全安全生产责任制度。

电力企业应当对电力设施定期进行检修和维护,保证其正常运行。

第二十条　【燃料】发电燃料供应企业、运输企业和电力生产企业应当依照国务院有关规定或者合同约定供应、运输和接卸燃料。

第二十一条　【调度】电网运行实行统一调度、分级管理。任何单位和个人不得非法干预电网调度。

第二十二条　【并网】国家提倡电力生产企业与电网、电网与电网并网运行。具有独立法人资格的电力生产企业要求将生产的电力并网运行的,电网经营企业应当接受。

并网运行必须符合国家标准或者电力行业标准。

并网双方应当按照统一调度、分级管理和平等互利、协商一致的原则,签订并网协议,确定双方的权利和义务;并网双方达不成协议的,由省级以上电力管理部门协调决定。

第二十三条　【管理办法】电网调度管理办法,由国务院依照本法的规定制定。

第四章　电力供应与使用

第二十四条　【原则、办法】国家对电力供应和使用,实行安全用电、节约用电、计划用电的管理原则。

电力供应与使用办法由国务院依照本法的规定制定。

第二十五条　【营业区】供电企业在批准的供电营业区内向用户供电。

供电营业区的划分,应当考虑电网的结构和供电合理性等因素。一个供电营业区内只设立一个供电营业机构。

供电营业区的设立、变更,由供电企业提出申请,电力管理部门依据职责和管理权限,会同同级有关部门审查批准后,发给《电力业务许可证》。供电营业区设立、变更的具体办法,由国务院电力管理部门制定。

第二十六条　【营业机构】供电营业区内的供电营业机构,对本营业区内的用户有按照国家规定供电的义务;不得违反国家规定对其营业区内申请用电的单位和个人拒绝供电。

申请新装用电、临时用电、增加用电容量、变更用电和终止用电,应当依照规定的程序办理手续。

供电企业应当在其营业场所公告用电的程序、制度和收费标准,并提供用户须知资料。

第二十七条　【供用电合同】电力供应与使用双方应当根据平等自愿、协商一致的原则,按照国务院制定的电力供应与使用办法签订供用电合同,确定双方的权利和义务。

第二十八条　【供电质量】供电企业应当保证供给用户的供电质量符合国家标准。对公用供电设施引起的供电质量问题,应当及时处理。

用户对供电质量有特殊要求的,供电企业应当根据其必要性和电网的可能,提供相应的电力。

第二十九条　【中断供电】供电企业在发电、供电系统正常的情况下,应当连续向用户供电,不得中断。因供电设施检修、依法限电或者用户违法用电等原因,需要中断供电时,供电企业应当按照国家有关规定事先通知用户。

用户对供电企业中断供电有异议的,可以向电力管理部门投诉;受理投诉的电力管理部门应当依法处理。

第三十条　【紧急供电】因抢险救灾需要紧急供电时,供电企业必须尽速安排供电,所需供电工程费用和应付电费依照国家有关规定执行。

第三十一条　【用电计量、受电装置】用户应当安装用电计量装置。用户使用的电力电量,以计量检定机构依法认可的用电计量装置的记录为准。

用户受电装置的设计、施工安装和运行管理,应当符合国家标准或者电力行业标准。

第三十二条　【供、用电秩序】用户用电不得危害供电、用电安全和扰乱供电、用电秩序。

对危害供电、用电安全和扰乱供电、用电秩序的，供电企业有权制止。

第三十三条 【电费】供电企业应当按照国家核准的电价和用电计量装置的记录，向用户计收电费。

供电企业查电人员和抄表收费人员进入用户，进行用电安全检查或者抄表收费时，应当出示有关证件。

用户应当按照国家核准的电价和用电计量装置的记录，按时交纳电费；对供电企业查电人员和抄表收费人员依法履行职责，应当提供方便。

第三十四条 【用电】供电企业和用户应当遵守国家有关规定，采取有效措施，做好安全用电、节约用电和计划用电工作。

第五章 电价与电费

第三十五条 【电价】本法所称电价，是指电力生产企业的上网电价、电网间的互供电价、电网销售电价。

电价实行统一政策，统一定价原则，分级管理。

第三十六条 【制定电价】制定电价，应当合理补偿成本，合理确定收益，依法计入税金，坚持公平负担，促进电力建设。

第三十七条 【上网电价】上网电价实行同网同质同价。具体办法和实施步骤由国务院规定。

电力生产企业有特殊情况需另行制定上网电价的，具体办法由国务院规定。

第三十八条 【电价管理】跨省、自治区、直辖市电网和省级电网内的上网电价，由电力生产企业和电网经营企业协商提出方案，报国务院物价行政主管部门核准。

独立电网内的上网电价，由电力生产企业和电网经营企业协商提出方案，报有管理权的物价行政主管部门核准。

地方投资的电力生产企业所生产的电力，属于在省内各地区形成独立电网的或者自发自用的，其电价可以由省、自治区、直辖市人民政府管理。

第三十九条 【网间电价核准】跨省、自治区、直辖市电网和独立电网之间、省级电网和独立电网之间的互供电价，由双方协商提出方案，报国务院物价行政主管部门或者其授权的部门核准。

独立电网与独立电网之间的互供电价，由双方协商提出方案，报有管理权的物价行政主管部门核准。

第四十条 【销售电价】跨省、自治区、直辖市电网和省级电网的销售电价，由电网经营企业提出方案，报国务院物价行政主管部门或者其授权的部门核准。

独立电网的销售电价，由电网经营企业提出方案，报有管理权的物价行政主管部门核准。

第四十一条 【电价标准】国家实行分类电价和分时电价。分类标准和分时办法由国务院确定。

对同一电网内的同一电压等级、同一用电类别的用户，执行相同的电价标准。

第四十二条 【增容费】用户用电增容收费标准，由国务院物价行政主管部门会同国务院电力管理部门制定。

第四十三条 【电价合法】任何单位不得超越电价管理权限制定电价。供电企业不得擅自变更电价。

第四十四条 【价外收费】禁止任何单位和个人在电费中加收其他费用；但是，法律、行政法规另有规定的，按照规定执行。

地方集资办电在电费中加收费用的，由省、自治区、直辖市人民政府依照国务院有关规定制定办法。

禁止供电企业在收取电费时，代收其他费用。

第四十五条 【管理办法】电价的管理办法，由国务院依照本法的规定制定。

第六章 农村电力建设和农业用电

第四十六条 【发展规划】省、自治区、直辖市人民政府应当制定农村电气化发展规划，并将其纳入当地电力发展规划及国民经济和社会发展计划。

第四十七条 【扶持地区】国家对农村电气化实行优惠政策，对少数民族地区、边远地区和贫困地区的农村电力建设给予重点扶持。

第四十八条 【多种能源】国家提倡农村开发水能资源，建设中、小型水电站，促进农村电气化。

国家鼓励和支持农村利用太阳能、风能、地热能、生物质能和其他能源进行农村电源建设，增加农村电力供应。

第四十九条 【用电指标】县级以上地方人民政府及其经济综合主管部门在安排用电指标时，应当保证农业和农村用电的适当比例，优先保证农村排涝、抗旱和农业季节性生产用电。

电力企业应当执行前款的用电安排，不得减少农业和农村用电指标。

第五十条 【农村电价】农业用电价格按照保本、微利的原则确定。

农民生活用电与当地城镇居民生活用电应当逐步实行相同的电价。

第五十一条 【管理办法】农业和农村用电管理办法，由国务院依照本法的规定制定。

第七章　电力设施保护

第五十二条　【确保安全】任何单位和个人不得危害发电设施、变电设施和电力线路设施及其有关辅助设施。

在电力设施周围进行爆破及其他可能危及电力设施安全的作业的,应当按照国务院有关电力设施保护的规定,经批准并采取确保电力设施安全的措施后,方可进行作业。

第五十三条　【保护区】电力管理部门应当按照国务院有关电力设施保护的规定,对电力设施保护区设立标志。

任何单位和个人不得在依法划定的电力设施保护区内修建可能危及电力设施安全的建筑物、构筑物,不得种植可能危及电力设施安全的植物,不得堆放可能危及电力设施安全的物品。

在依法划定电力设施保护区前已经种植的植物妨碍电力设施安全的,应当修剪或者砍伐。

第五十四条　【区内作业】任何单位和个人需要在依法划定的电力设施保护区内进行可能危及电力设施安全的作业时,应当经电力管理部门批准并采取安全措施后,方可进行作业。

第五十五条　【相互协商】电力设施与公用工程、绿化工程和其他工程在新建、改建或者扩建中相互妨碍时,有关单位应当按照国家有关规定协商,达成协议后方可施工。

第八章　监督检查

第五十六条　【监督主体】电力管理部门依法对电力企业和用户执行电力法律、行政法规的情况进行监督检查。

第五十七条　【检查人员】电力管理部门根据工作需要,可以配备电力监督检查人员。

电力监督检查人员应当公正廉洁,秉公执法,熟悉电力法律、法规,掌握有关电力专业技术。

第五十八条　【检查人员权力】电力监督检查人员进行监督检查时,有权向电力企业或者用户了解有关执行电力法律、行政法规的情况,查阅有关资料,并有权进入现场进行检查。

电力企业和用户对执行监督检查任务的电力监督检查人员应当提供方便。

电力监督检查人员进行监督检查时,应当出示证件。

第九章　法律责任

第五十九条　【违反合同责任】电力企业或者用户违反供用电合同,给对方造成损失的,应当依法承担赔偿责任。

电力企业违反本法第二十八条、第二十九条第一款的规定,未保证供电质量或者未事先通知用户中断供电,给用户造成损失的,应当依法承担赔偿责任。

第六十条　【侵权责任】因电力运行事故给用户或者第三人造成损害的,电力企业应当依法承担赔偿责任。

电力运行事故由下列原因之一造成的,电力企业不承担赔偿责任:

(一)不可抗力;

(二)用户自身的过错。

因用户或者第三人的过错给电力企业或者其他用户造成损害的,该用户或者第三人应当依法承担赔偿责任。

第六十一条　【消除妨碍】违反本法第十一条第二款的规定,非法占用变电设施用地、输电线路走廊或者电缆通道的,由县级以上地方人民政府责令限期改正;逾期不改正的,强制清除障碍。

第六十二条　【违反第十四条后果】违反本法第十四条规定,电力建设项目不符合电力发展规划、产业政策的,由电力管理部门责令停止建设。

违反本法第十四条规定,电力建设项目使用国家明令淘汰的电力设备和技术的,由电力管理部门责令停止使用,没收国家明令淘汰的电力设备,并处五万元以下的罚款。

第六十三条　【违反第二十五条责任】违反本法第二十五条规定,未经许可,从事供电或者变更供电营业区的,由电力管理部门责令改正,没收违法所得,可以并处违法所得五倍以下的罚款。

第六十四条　【违反第二十六条、第二十九条责任】违反本法第二十六条、第二十九条规定,拒绝供电或者中断供电的,由电力管理部门责令改正,给予警告;情节严重的,对有关主管人员和直接责任人员给予行政处分。

第六十五条　【违反第三十二条责任】违反本法第三十二条规定,危害供电、用电安全或者扰乱供电、用电秩序的,由电力管理部门责令改正,给予警告;情节严重或者拒绝改正的,可以中止供电,可以并处五万元以下的罚款。

第六十六条　【违反第三十三条、第四十三条、第四十四条责任】违反本法第三十三条、第四十三条、第四十四条规定,未按照国家核准的电价和用电计量装置的记录向用户计收电费、超越权限制定电价或者在电费中加收其他费用的,由物价行政主管部门给予警告,责令返还违法收取的费用，可以并处违法收取费用五倍以下的罚款；情节严重的，对有关主管人员和直接责任人员给予行政处分。

第六十七条　【违反第四十九条第二款责任】违反本法第四十九条第二款规定，减少农业和农村用电指标的，由电力管理部门责令改正；情节严重的，对有关主管人员和直接责任人员给予行政处分；造成损失的，责令赔偿损失。

第六十八条　【违反第五十二条第二款、第五十四条责任】违反本法第五十二条第二款和第五十四条规定，未经批准或者未采取安全措施在电力设施周围或者在依法划定的电力设施保护区内进行作业，危及电力设施安全的，由电力管理部门责令停止作业、恢复原状并赔偿损失。

第六十九条　【违反第五十三条责任】违反本法第五十三条规定，在依法划定的电力设施保护区内修建建筑物、构筑物或者种植植物、堆放物品，危及电力设施安全的，由当地人民政府责令强制拆除、砍伐或者清除。

第七十条　【治安处罚】有下列行为之一，应当给予治安管理处罚的，由公安机关依照治安管理处罚法的有关规定予以处罚；构成犯罪的，依法追究刑事责任：

（一）阻碍电力建设或者电力设施抢修，致使电力建设或者电力设施抢修不能正常进行的；

（二）扰乱电力生产企业、变电所、电力调度机构和供电企业的秩序，致使生产、工作和营业不能正常进行的；

（三）殴打、公然侮辱履行职务的查电人员或者抄表收费人员的；

（四）拒绝、阻碍电力监督检查人员依法执行职务的。

第七十一条　【盗窃电能】盗窃电能的，由电力管理部门责令停止违法行为，追缴电费并处应交电费五倍以下的罚款；构成犯罪的，依照刑法有关规定追究刑事责任。

第七十二条　【盗窃电力设施】盗窃电力设施或者以其他方法破坏电力设施，危害公共安全的，依照刑法有关规定追究刑事责任。

第七十三条　【工作人员渎职】电力管理部门的工作人员滥用职权、玩忽职守、徇私舞弊，构成犯罪的，依法追究刑事责任；尚不构成犯罪的，依法给予行政处分。

第七十四条　【企业职工违法的刑事责任】电力企业职工违反规章制度、违章调度或者不服从调度指令，造成重大事故的，依照刑法有关规定追究刑事责任。

电力企业职工故意延误电力设施抢修或者抢险救灾供电，造成严重后果的，依照刑法有关规定追究刑事责任。

电力企业的管理人员和查电人员、抄表收费人员勒索用户、以电谋私，构成犯罪的，依法追究刑事责任；尚不构成犯罪的，依法给予行政处分。

第十章　附　　则

第七十五条　【施行日期】本法自1996年4月1日起施行。

电力安全事故应急处置和调查处理条例

1. 2011年7月7日国务院令第599号公布
2. 自2011年9月1日起施行

第一章　总　　则

第一条　为了加强电力安全事故的应急处置工作，规范电力安全事故的调查处理，控制、减轻和消除电力安全事故损害，制定本条例。

第二条　本条例所称电力安全事故，是指电力生产或者电网运行过程中发生的影响电力系统安全稳定运行或者影响电力正常供应的事故（包括热电厂发生的影响热力正常供应的事故）。

第三条　根据电力安全事故（以下简称事故）影响电力系统安全稳定运行或者影响电力（热力）正常供应的程度，事故分为特别重大事故、重大事故、较大事故和一般事故。事故等级划分标准由本条例附表列示。事故等级划分标准的部分项目需要调整的，由国务院电力监管机构提出方案，报国务院批准。

由独立的或者通过单一输电线路与外省连接的省级电网供电的省级人民政府所在地城市，以及由单一输电线路或者单一变电站供电的其他设区的市、县级市，其电网减供负荷或者造成供电用户停电的事故等级划分标准，由国务院电力监管机构另行制定，报国务院批准。

第四条　国务院电力监管机构应当加强电力安全监督管理，依法建立健全事故应急处置和调查处理的各项制度，组织或者参与事故的调查处理。

国务院电力监管机构、国务院能源主管部门和国务院其他有关部门、地方人民政府及有关部门按照国家规定的权限和程序，组织、协调、参与事故的应急处置工作。

第五条 电力企业、电力用户以及其他有关单位和个人,应当遵守电力安全管理规定,落实事故预防措施,防止和避免事故发生。

县级以上地方人民政府有关部门确定的重要电力用户,应当按照国务院电力监管机构的规定配置自备应急电源,并加强安全使用管理。

第六条 事故发生后,电力企业和其他有关单位应当按照规定及时、准确报告事故情况,开展应急处置工作,防止事故扩大,减轻事故损害。电力企业应当尽快恢复电力生产、电网运行和电力(热力)正常供应。

第七条 任何单位和个人不得阻挠和干涉对事故的报告、应急处置和依法调查处理。

第二章 事故报告

第八条 事故发生后,事故现场有关人员应当立即向发电厂、变电站运行值班人员、电力调度机构值班人员或者本企业现场负责人报告。有关人员接到报告后,应当立即向上一级电力调度机构和本企业负责人报告。本企业负责人接到报告后,应当立即向国务院电力监管机构设在当地的派出机构(以下称事故发生地电力监管机构)、县级以上人民政府安全生产监督管理部门报告;热电厂事故影响热力正常供应的,还应当向供热管理部门报告;事故涉及水电厂(站)大坝安全的,还应当同时向有管辖权的水行政主管部门或者流域管理机构报告。

电力企业及其有关人员不得迟报、漏报或者瞒报、谎报事故情况。

第九条 事故发生地电力监管机构接到事故报告后,应当立即核实有关情况,向国务院电力监管机构报告;事故造成供电用户停电的,应当同时通报事故发生地县级以上地方人民政府。

对特别重大事故、重大事故,国务院电力监管机构接到事故报告后应当立即报告国务院,并通报国务院安全生产监督管理部门、国务院能源主管部门等有关部门。

第十条 事故报告应当包括下列内容:

(一)事故发生的时间、地点(区域)以及事故发生单位;

(二)已知的电力设备、设施损坏情况,停运的发电(供热)机组数量、电网减供负荷或者发电厂减少出力的数值、停电(停热)范围;

(三)事故原因的初步判断;

(四)事故发生后采取的措施、电网运行方式、发电机组运行状况以及事故控制情况;

(五)其他应当报告的情况。

事故报告后出现新情况的,应当及时补报。

第十一条 事故发生后,有关单位和人员应当妥善保护事故现场以及工作日志、工作票、操作票等相关材料,及时保存故障录波图、电力调度数据、发电机组运行数据和输变电设备运行数据等相关资料,并在事故调查组成立后将相关材料、资料移交事故调查组。

因抢救人员或者采取恢复电力生产、电网运行和电力供应等紧急措施,需要改变事故现场、移动电力设备的,应当作出标记、绘制现场简图,妥善保存重要痕迹、物证,并作出书面记录。

任何单位和个人不得故意破坏事故现场,不得伪造、隐匿或者毁灭相关证据。

第三章 事故应急处置

第十二条 国务院电力监管机构依照《中华人民共和国突发事件应对法》和《国家突发公共事件总体应急预案》,组织编制国家处置电网大面积停电事件应急预案,报国务院批准。

有关地方人民政府应当依照法律、行政法规和国家处置电网大面积停电事件应急预案,组织制定本行政区域处置电网大面积停电事件应急预案。

处置电网大面积停电事件应急预案应当对应急组织指挥体系及职责,应急处置的各项措施,以及人员、资金、物资、技术等应急保障作出具体规定。

第十三条 电力企业应当按照国家有关规定,制定本企业事故应急预案。

电力监管机构应当指导电力企业加强电力应急救援队伍建设,完善应急物资储备制度。

第十四条 事故发生后,有关电力企业应当立即采取相应的紧急处置措施,控制事故范围,防止发生电网系统性崩溃和瓦解;事故危及人身和设备安全的,发电厂、变电站运行值班人员可以按照有关规定,立即采取停运发电机组和输变电设备等紧急处置措施。

事故造成电力设备、设施损坏的,有关电力企业应当立即组织抢修。

第十五条 根据事故的具体情况,电力调度机构可以发布开启或者关停发电机组、调整发电机组有功和无功负荷、调整电网运行方式、调整供电调度计划等电力调度命令,发电企业、电力用户应当执行。

事故可能导致破坏电力系统稳定和电网大面积停电的,电力调度机构有权决定采取拉限负荷、解列电网、解列发电机组等必要措施。

第十六条 事故造成电网大面积停电的，国务院电力监管机构和国务院其他有关部门、有关地方人民政府、电力企业应当按照国家有关规定，启动相应的应急预案，成立应急指挥机构，尽快恢复电网运行和电力供应，防止各种次生灾害的发生。

第十七条 事故造成电网大面积停电的，有关地方人民政府及有关部门应当立即组织开展下列应急处置工作：

（一）加强对停电地区关系国计民生、国家安全和公共安全的重点单位的安全保卫，防范破坏社会秩序的行为，维护社会稳定；

（二）及时排除因停电发生的各种险情；

（三）事故造成重大人员伤亡或者需要紧急转移、安置受困人员的，及时组织实施救治、转移、安置工作；

（四）加强停电地区道路交通指挥和疏导，做好铁路、民航运输以及通信保障工作；

（五）组织应急物资的紧急生产和调用，保证电网恢复运行所需物资和居民基本生活资料的供给。

第十八条 事故造成重要电力用户供电中断的，重要电力用户应当按照有关技术要求迅速启动自备应急电源；启动自备应急电源无效的，电网企业应当提供必要的支援。

事故造成地铁、机场、高层建筑、商场、影剧院、体育场馆等人员聚集场所停电的，应当迅速启用应急照明，组织人员有序疏散。

第十九条 恢复电网运行和电力供应，应当优先保证重要电厂厂用电源、重要输变电设备、电力主干网架的恢复，优先恢复重要电力用户、重要城市、重点地区的电力供应。

第二十条 事故应急指挥机构或者电力监管机构应当按照有关规定，统一、准确、及时发布有关事故影响范围、处置工作进度、预计恢复供电时间等信息。

第四章 事故调查处理

第二十一条 特别重大事故由国务院或者国务院授权的部门组织事故调查组进行调查。

重大事故由国务院电力监管机构组织事故调查组进行调查。

较大事故、一般事故由事故发生地电力监管机构组织事故调查组进行调查。国务院电力监管机构认为必要的，可以组织事故调查组对较大事故进行调查。

未造成供电用户停电的一般事故，事故发生地电力监管机构也可以委托事故发生单位调查处理。

第二十二条 根据事故的具体情况，事故调查组由电力监管机构、有关地方人民政府、安全生产监督管理部门、负有安全生产监督管理职责的有关部门派人组成；有关人员涉嫌失职、渎职或者涉嫌犯罪的，应当邀请监察机关、公安机关、人民检察院派人参加。

根据事故调查工作的需要，事故调查组可以聘请有关专家协助调查。

事故调查组组长由组织事故调查组的机关指定。

第二十三条 事故调查组应当按照国家有关规定开展事故调查，并在下列期限内向组织事故调查组的机关提交事故调查报告：

（一）特别重大事故和重大事故的调查期限为60日；特殊情况下，经组织事故调查组的机关批准，可以适当延长，但延长的期限不得超过60日。

（二）较大事故和一般事故的调查期限为45日；特殊情况下，经组织事故调查组的机关批准，可以适当延长，但延长的期限不得超过45日。

事故调查期限自事故发生之日起计算。

第二十四条 事故调查报告应当包括下列内容：

（一）事故发生单位概况和事故发生经过；

（二）事故造成的直接经济损失和事故对电网运行、电力（热力）正常供应的影响情况；

（三）事故发生的原因和事故性质；

（四）事故应急处置和恢复电力生产、电网运行的情况；

（五）事故责任认定和对事故责任单位、责任人的处理建议；

（六）事故防范和整改措施。

事故调查报告应当附具有关证据材料和技术分析报告。事故调查组成员应当在事故调查报告上签字。

第二十五条 事故调查报告报经组织事故调查组的机关同意，事故调查工作即告结束；委托事故发生单位调查的一般事故，事故调查报告应当报经事故发生地电力监管机构同意。

有关机关应当依法对事故发生单位和有关人员进行处罚，对负有事故责任的国家工作人员给予处分。

事故发生单位应当对本单位负有事故责任的人员进行处理。

第二十六条 事故发生单位和有关人员应当认真吸取事故教训，落实事故防范和整改措施，防止事故再次发生。

电力监管机构、安全生产监督管理部门和负有安全生产监督管理职责的有关部门应当对事故发生单位和有关人员落实事故防范和整改措施的情况进行监督检查。

第五章　法律责任

第二十七条　发生事故的电力企业主要负责人有下列行为之一的，由电力监管机构处其上一年年收入40%至80%的罚款；属于国家工作人员的，并依法给予处分；构成犯罪的，依法追究刑事责任：

（一）不立即组织事故抢救的；

（二）迟报或者漏报事故的；

（三）在事故调查处理期间擅离职守的。

第二十八条　发生事故的电力企业及其有关人员有下列行为之一的，由电力监管机构对电力企业处100万元以上500万元以下的罚款；对主要负责人、直接负责的主管人员和其他直接责任人员处其上一年年收入60%至100%的罚款，属于国家工作人员的，并依法给予处分；构成违反治安管理行为的，由公安机关依法给予治安管理处罚；构成犯罪的，依法追究刑事责任：

（一）谎报或者瞒报事故的；

（二）伪造或者故意破坏事故现场的；

（三）转移、隐匿资金、财产，或者销毁有关证据、资料的；

（四）拒绝接受调查或者拒绝提供有关情况和资料的；

（五）在事故调查中作伪证或者指使他人作伪证的；

（六）事故发生后逃匿的。

第二十九条　电力企业对事故发生负有责任的，由电力监管机构依照下列规定处以罚款：

（一）发生一般事故的，处10万元以上20万元以下的罚款；

（二）发生较大事故的，处20万元以上50万元以下的罚款；

（三）发生重大事故的，处50万元以上200万元以下的罚款；

（四）发生特别重大事故的，处200万元以上500万元以下的罚款。

第三十条　电力企业主要负责人未依法履行安全生产管理职责，导致事故发生的，由电力监管机构依照下列规定处以罚款；属于国家工作人员的，并依法给予处分；构成犯罪的，依法追究刑事责任：

（一）发生一般事故的，处其上一年年收入30%的罚款；

（二）发生较大事故的，处其上一年年收入40%的罚款；

（三）发生重大事故的，处其上一年年收入60%的罚款；

（四）发生特别重大事故的，处其上一年年收入80%的罚款。

第三十一条　电力企业主要负责人依照本条例第二十七条、第二十八条、第三十条规定受到撤职处分或者刑事处罚的，自受处分之日或者刑罚执行完毕之日起5年内，不得担任任何生产经营单位主要负责人。

第三十二条　电力监管机构、有关地方人民政府以及其他负有安全生产监督管理职责的有关部门有下列行为之一的，对直接负责的主管人员和其他直接责任人员依法给予处分；直接负责的主管人员和其他直接责任人员构成犯罪的，依法追究刑事责任：

（一）不立即组织事故抢救的；

（二）迟报、漏报或者瞒报、谎报事故的；

（三）阻碍、干涉事故调查工作的；

（四）在事故调查中作伪证或者指使他人作伪证的。

第三十三条　参与事故调查的人员在事故调查中有下列行为之一的，依法给予处分；构成犯罪的，依法追究刑事责任：

（一）对事故调查工作不负责任，致使事故调查工作有重大疏漏的；

（二）包庇、袒护负有事故责任的人员或者借机打击报复的。

第六章　附　　则

第三十四条　发生本条例规定的事故，同时造成人员伤亡或者直接经济损失，依照本条例确定的事故等级与依照《生产安全事故报告和调查处理条例》确定的事故等级不相同的，按事故等级较高者确定事故等级，依照本条例的规定调查处理；事故造成人员伤亡，构成《生产安全事故报告和调查处理条例》规定的重大事故或者特别重大事故的，依照《生产安全事故报告和调查处理条例》的规定调查处理。

电力生产或者电网运行过程中发生发电设备或者输变电设备损坏，造成直接经济损失的事故，未影响电力系统安全稳定运行以及电力正常供应的，由电力监管机构依照《生产安全事故报告和调查处理条例》的规定组成事故调查组对重大事故、较大事故、一般事故进行调查处理。

第三十五条　本条例对事故报告和调查处理未作规定的，适用《生产安全事故报告和调查处理条例》的规定。

第三十六条 核电厂核事故的应急处置和调查处理，依照《核电厂核事故应急管理条例》的规定执行。

第三十七条 本条例自2011年9月1日起施行。

附件：(略)

国家大面积停电事件应急预案

1. 2015年11月13日国务院办公厅印发

2. 国办函〔2015〕134号

1 总 则

1.1 编制目的

建立健全大面积停电事件应对工作机制，提高应对效率，最大程度减少人员伤亡和财产损失，维护国家安全和社会稳定。

1.2 编制依据

依据《中华人民共和国突发事件应对法》、《中华人民共和国安全生产法》、《中华人民共和国电力法》、《生产安全事故报告和调查处理条例》、《电力安全事故应急处置和调查处理条例》、《电网调度管理条例》、《国家突发公共事件总体应急预案》及相关法律法规等，制定本预案。

1.3 适用范围

本预案适用于我国境内发生的大面积停电事件应对工作。

大面积停电事件是指由于自然灾害、电力安全事故和外力破坏等原因造成区域性电网、省级电网或城市电网大量减供负荷，对国家安全、社会稳定以及人民群众生产生活造成影响和威胁的停电事件。

1.4 工作原则

大面积停电事件应对工作坚持统一领导、综合协调，属地为主、分工负责，保障民生、维护安全，全社会共同参与的原则。大面积停电事件发生后，地方人民政府及其有关部门、能源局相关派出机构、电力企业、重要电力用户应立即按照职责分工和相关预案开展处置工作。

1.5 事件分级

按照事件严重性和受影响程度，大面积停电事件分为特别重大、重大、较大和一般四级。分级标准见附件1。

2 组 织 体 系

2.1 国家层面组织指挥机构

能源局负责大面积停电事件应对的指导协调和组织管理工作。当发生重大、特别重大大面积停电事件时，能源局或事发地省级人民政府按程序报请国务院批准，或根据国务院领导同志指示，成立国务院工作组，负责指导、协调、支持有关地方人民政府开展大面积停电事件应对工作。必要时，由国务院或国务院授权发展改革委成立国家大面积停电事件应急指挥部，统一领导、组织和指挥大面积停电事件应对工作。应急指挥部组成及工作组职责见附件2。

2.2 地方层面组织指挥机构

县级以上地方人民政府负责指挥、协调本行政区域内大面积停电事件应对工作，要结合本地实际，明确相应组织指挥机构，建立健全应急联动机制。

发生跨行政区域的大面积停电事件时，有关地方人民政府应根据需要建立跨区域大面积停电事件应急合作机制。

2.3 现场指挥机构

负责大面积停电事件应对的人民政府根据需要成立现场指挥部，负责现场组织指挥工作。参与现场处置的有关单位和人员应服从现场指挥部的统一指挥。

2.4 电力企业

电力企业(包括电网企业、发电企业等，下同)建立健全应急指挥机构，在政府组织指挥机构领导下开展大面积停电事件应对工作。电网调度工作按照《电网调度管理条例》及相关规程执行。

2.5 专家组

各级组织指挥机构根据需要成立大面积停电事件应急专家组，成员由电力、气象、地质、水文等领域相关专家组成，对大面积停电事件应对工作提供技术咨询和建议。

3 监测预警和信息报告

3.1 监测和风险分析

电力企业要结合实际加强对重要电力设施设备运行、发电燃料供应等情况的监测，建立与气象、水利、林业、地震、公安、交通运输、国土资源、工业和信息化等部门的信息共享机制，及时分析各类情况对电力运行可能造成的影响，预估可能影响的范围和程度。

3.2 预警

3.2.1 预警信息发布

电力企业研判可能造成大面积停电事件时，要及时将有关情况报告受影响区域地方人民政府电力运行主管部门和能源局相关派出机构，提出预警信息发布建议，并视情通知重要电力用户。地方人民政府电力运行主管部门应及时组织研判，必要时报请当地人民政府批准后向社会公众发布预警，并通报同级其他相关部门和单位。当可能发生重大以上大面积停电事件时，中央电力企业同时报告能源局。

3.2.2　预警行动

预警信息发布后,电力企业要加强设备巡查检修和运行监测,采取有效措施控制事态发展;组织相关应急救援队伍和人员进入待命状态,动员后备人员做好参加应急救援和处置工作准备,并做好大面积停电事件应急所需物资、装备和设备等应急保障准备工作。重要电力用户做好自备应急电源启用准备。受影响区域地方人民政府启动应急联动机制,组织有关部门和单位做好维持公共秩序、供水供气供热、商品供应、交通物流等方面的应急准备;加强相关舆情监测,主动回应社会公众关注的热点问题,及时澄清谣言传言,做好舆论引导工作。

3.2.3　预警解除

根据事态发展,经研判不会发生大面积停电事件时,按照"谁发布、谁解除"的原则,由发布单位宣布解除预警,适时终止相关措施。

3.3　信息报告

大面积停电事件发生后,相关电力企业应立即向受影响区域地方人民政府电力运行主管部门和能源局相关派出机构报告,中央电力企业同时报告能源局。

事发地人民政府电力运行主管部门接到大面积停电事件信息报告或者监测到相关信息后,应当立即进行核实,对大面积停电事件的性质和类别作出初步认定,按照国家规定的时限、程序和要求向上级电力运行主管部门和同级人民政府报告,并通报同级其他相关部门和单位。地方各级人民政府及其电力运行主管部门应当按照有关规定逐级上报,必要时可越级上报。能源局相关派出机构接到大面积停电事件报告后,应当立即核实有关情况并向能源局报告,同时通报事发地县级以上地方人民政府。对初判为重大以上的大面积停电事件,省级人民政府和能源局要立即按程序向国务院报告。

4　应 急 响 应

4.1　响应分级

根据大面积停电事件的严重程度和发展态势,将应急响应设定为Ⅰ级、Ⅱ级、Ⅲ级和Ⅳ级四个等级。初判发生特别重大大面积停电事件,启动Ⅰ级应急响应,由事发地省级人民政府负责指挥应对工作。必要时,由国务院或国务院授权发展改革委成立国家大面积停电事件应急指挥部,统一领导、组织和指挥大面积停电事件应对工作。初判发生重大大面积停电事件,启动Ⅱ级应急响应,由事发地省级人民政府负责指挥应对工作。初判发生较大、一般大面积停电事件,分别启动Ⅲ级、Ⅳ级应急响应,根据事件影响范围,由事发地县级或市级人民政府负责指挥应对工作。

对于尚未达到一般大面积停电事件标准,但对社会产生较大影响的其他停电事件,地方人民政府可结合实际情况启动应急响应。

应急响应启动后,可视事件造成损失情况及其发展趋势调整响应级别,避免响应不足或响应过度。

4.2　响应措施

大面积停电事件发生后,相关电力企业和重要电力用户要立即实施先期处置,全力控制事件发展态势,减少损失。各有关地方、部门和单位根据工作需要,组织采取以下措施。

4.2.1　抢修电网并恢复运行

电力调度机构合理安排运行方式,控制停电范围;尽快恢复重要输变电设备、电力主干网架运行;在条件具备时,优先恢复重要电力用户、重要城市和重点地区的电力供应。

电网企业迅速组织力量抢修受损电网设备设施,根据应急指挥机构要求,向重要电力用户及重要设施提供必要的电力支援。

发电企业保证设备安全,抢修受损设备,做好发电机组并网运行准备,按照电力调度指令恢复运行。

4.2.2　防范次生衍生事故

重要电力用户按照有关技术要求迅速启动自备应急电源,加强重大危险源、重要目标、重大关键基础设施隐患排查与监测预警,及时采取防范措施,防止发生次生衍生事故。

4.2.3　保障居民基本生活

启用应急供水措施,保障居民用水需求;采用多种方式,保障燃气供应和采暖期内居民生活热力供应;组织生活必需品的应急生产、调配和运输,保障停电期间居民基本生活。

4.2.4　维护社会稳定

加强涉及国家安全和公共安全的重点单位安全保卫工作,严密防范和严厉打击违法犯罪活动。加强对停电区域内繁华街区、大型居民区、大型商场、学校、医院、金融机构、机场、城市轨道交通设施、车站、码头及其他重要生产经营场所等重点地区、重点部位、人员密集场所的治安巡逻,及时疏散人员,解救被困人员,防范治安事件。加强交通疏导,维护道路交通秩序。尽快恢复企业生产经营活动。严厉打击造谣惑众、囤积居奇、哄抬物价等各种违法行为。

4.2.5　加强信息发布

按照及时准确、公开透明、客观统一的原则,加强信息发布和舆论引导,主动向社会发布停电相关信息和应对工作情况,提示相关注意事项和安保措施。加强舆情收集分析,及时回应社会关切,澄清不实信息,正确引导社会舆论,稳定公众情绪。

4.2.6 组织事态评估

及时组织对大面积停电事件影响范围、影响程度、发展趋势及恢复进度进行评估,为进一步做好应对工作提供依据。

4.3 国家层面应对

4.3.1 部门应对

初判发生一般或较大大面积停电事件时,能源局开展以下工作:

(1)密切跟踪事态发展,督促相关电力企业迅速开展电力抢修恢复等工作,指导督促地方有关部门做好应对工作;

(2)视情派出部门工作组赴现场指导协调事件应对等工作;

(3)根据中央电力企业和地方请求,协调有关方面为应对工作提供支援和技术支持;

(4)指导做好舆情信息收集、分析和应对工作。

4.3.2 国务院工作组应对

初判发生重大或特别重大大面积停电事件时,国务院工作组主要开展以下工作:

(1)传达国务院领导同志指示批示精神,督促地方人民政府、有关部门和中央电力企业贯彻落实;

(2)了解事件基本情况、造成的损失和影响、应对进展及当地需求等,根据地方和中央电力企业请求,协调有关方面派出应急队伍、调运应急物资和装备、安排专家和技术人员等,为应对工作提供支援和技术支持;

(3)对跨省级行政区域大面积停电事件应对工作进行协调;

(4)赶赴现场指导地方开展事件应对工作;

(5)指导开展事件处置评估;

(6)协调指导大面积停电事件宣传报道工作;

(7)及时向国务院报告相关情况。

4.3.3 国家大面积停电事件应急指挥部应对

根据事件应对工作需要和国务院决策部署,成立国家大面积停电事件应急指挥部。主要开展以下工作:

(1)组织有关部门和单位、专家组进行会商,研究分析事态,部署应对工作;

(2)根据需要赴事发现场,或派出前方工作组赴事发现场,协调开展应对工作;

(3)研究决定地方人民政府、有关部门和中央电力企业提出的请求事项,重要事项报国务院决策;

(4)统一组织信息发布和舆论引导工作;

(5)组织开展事件处置评估;

(6)对事件处置工作进行总结并报告国务院。

4.4 响应终止

同时满足以下条件时,由启动响应的人民政府终止应急响应:

(1)电网主干网架基本恢复正常,电网运行参数保持在稳定限额之内,主要发电厂机组运行稳定;

(2)减供负荷恢复80%以上,受停电影响的重点地区、重要城市负荷恢复90%以上;

(3)造成大面积停电事件的隐患基本消除;

(4)大面积停电事件造成的重特大次生衍生事故基本处置完成。

5 后期处置

5.1 处置评估

大面积停电事件应急响应终止后,履行统一领导职责的人民政府要及时组织对事件处置工作进行评估,总结经验教训,分析查找问题,提出改进措施,形成处置评估报告。鼓励开展第三方评估。

5.2 事件调查

大面积停电事件发生后,根据有关规定成立调查组,查明事件原因、性质、影响范围、经济损失等情况,提出防范、整改措施和处理处置建议。

5.3 善后处置

事发地人民政府要及时组织制订善后工作方案并组织实施。保险机构要及时开展相关理赔工作,尽快消除大面积停电事件的影响。

5.4 恢复重建

大面积停电事件应急响应终止后,需对电网网架结构和设备设施进行修复或重建的,由能源局或事发地省级人民政府根据实际工作需要组织编制恢复重建规划。相关电力企业和受影响区域地方各级人民政府应当根据规划做好受损电力系统恢复重建工作。

6 保障措施

6.1 队伍保障

电力企业应建立健全电力抢修应急专业队伍,加强设备维护和应急抢修技能方面的人员培训,定期开展应急演练,提高应急救援能力。地方各级人民政府根据需要组织动员其他专业应急队伍和志愿者等参与大面积停电事件及其次生衍生灾害处置工作。军队、武警部队、公安消防等要做好应急力量支援保障。

6.2　装备物资保障

电力企业应储备必要的专业应急装备及物资,建立和完善相应保障体系。国家有关部门和地方各级人民政府要加强应急救援装备物资及生产生活物资的紧急生产、储备调拨和紧急配送工作,保障支援大面积停电事件应对工作需要。鼓励支持社会化储备。

6.3　通信、交通与运输保障

地方各级人民政府及通信主管部门要建立健全大面积停电事件应急通信保障体系,形成可靠的通信保障能力,确保应急期间通信联络和信息传递需要。交通运输部门要健全紧急运输保障体系,保障应急响应所需人员、物资、装备、器材等的运输;公安部门要加强交通应急管理,保障应急救援车辆优先通行;根据全面推进公务用车制度改革有关规定,有关单位应配备必要的应急车辆,保障应急救援需要。

6.4　技术保障

电力行业要加强大面积停电事件应对和监测先进技术、装备的研发,制定电力应急技术标准,加强电网、电厂安全应急信息化平台建设。有关部门要为电力日常监测预警及电力应急抢险提供必要的气象、地质、水文等服务。

6.5　应急电源保障

提高电力系统快速恢复能力,加强电网"黑启动"能力建设。国家有关部门和电力企业应充分考虑电源规划布局,保障各地区"黑启动"电源。电力企业应配备适量的应急发电装备,必要时提供应急电源支援。重要电力用户应按照国家有关技术要求配置应急电源,并加强维护和管理,确保应急状态下能够投入运行。

6.6　资金保障

发展改革委、财政部、民政部、国资委、能源局等有关部门和地方各级人民政府以及各相关电力企业应按照有关规定,对大面积停电事件处置工作提供必要的资金保障。

7　附　　则

7.1　预案管理

本预案实施后,能源局要会同有关部门组织预案宣传、培训和演练,并根据实际情况,适时组织评估和修订。地方各级人民政府要结合当地实际制定或修订本级大面积停电事件应急预案。

7.2　预案解释

本预案由能源局负责解释。

7.3　预案实施时间

本预案自印发之日起实施。

附件:1. 大面积停电事件分级标准
　　2. 国家大面积停电事件应急指挥部组成及工作组职责

附件1

大面积停电事件分级标准

一、特别重大大面积停电事件

1. 区域性电网:减供负荷30%以上。

2. 省、自治区电网:负荷20000兆瓦以上的减供负荷30%以上,负荷5000兆瓦以上20000兆瓦以下的减供负荷40%以上。

3. 直辖市电网:减供负荷50%以上,或60%以上供电用户停电。

4. 省、自治区人民政府所在地城市电网:负荷2000兆瓦以上的减供负荷60%以上,或70%以上供电用户停电。

二、重大大面积停电事件

1. 区域性电网:减供负荷10%以上30%以下。

2. 省、自治区电网:负荷20000兆瓦以上的减供负荷13%以上30%以下,负荷5000兆瓦以上20000兆瓦以下的减供负荷16%以上40%以下,负荷1000兆瓦以上5000兆瓦以下的减供负荷50%以上。

3. 直辖市电网:减供负荷20%以上50%以下,或30%以上60%以下供电用户停电。

4. 省、自治区人民政府所在地城市电网:负荷2000兆瓦以上的减供负荷40%以上60%以下,或50%以上70%以下供电用户停电;负荷2000兆瓦以下的减供负荷40%以上,或50%以上供电用户停电。

5. 其他设区的市电网:负荷600兆瓦以上的减供负荷60%以上,或70%以上供电用户停电。

三、较大大面积停电事件

1. 区域性电网:减供负荷7%以上10%以下。

2. 省、自治区电网:负荷20000兆瓦以上的减供负荷10%以上13%以下,负荷5000兆瓦以上20000兆瓦以下的减供负荷12%以上16%以下,负荷1000兆瓦以上5000兆瓦以下的减供负荷20%以上50%以下,负荷1000兆瓦以下的减供负荷40%以上。

3. 直辖市电网:减供负荷10%以上20%以下,或15%以上30%以下供电用户停电。

4. 省、自治区人民政府所在地城市电网:减供负荷20%以上40%以下,或30%以上50%以下供电用户停电。

5. 其他设区的市电网：负荷600兆瓦以上的减供负荷40%以上60%以下，或50%以上70%以下供电用户停电；负荷600兆瓦以下的减供负荷40%以上，或50%以上供电用户停电。

6. 县级市电网：负荷150兆瓦以上的减供负荷60%以上，或70%以上供电用户停电。

四、一般大面积停电事件

1. 区域性电网：减供负荷4%以上7%以下。

2. 省、自治区电网：负荷20000兆瓦以上的减供负荷5%以上10%以下，负荷5000兆瓦以上20000兆瓦以下的减供负荷6%以上12%以下，负荷1000兆瓦以上5000兆瓦以下的减供负荷10%以上20%以下，负荷1000兆瓦以下的减供负荷25%以上40%以下。

3. 直辖市电网：减供负荷5%以上10%以下，或10%以上15%以下供电用户停电。

4. 省、自治区人民政府所在地城市电网：减供负荷10%以上20%以下，或15%以上30%以下供电用户停电。

5. 其他设区的市电网：减供负荷20%以上40%以下，或30%以上50%以下供电用户停电。

6. 县级市电网：负荷150兆瓦以上的减供负荷40%以上60%以下，或50%以上70%以下供电用户停电；负荷150兆瓦以下的减供负荷40%以上，或50%以上供电用户停电。

上述分级标准有关数量的表述中，“以上”含本数，“以下”不含本数。

附件2

国家大面积停电事件应急指挥部组成及工作组职责

国家大面积停电事件应急指挥部主要由发展改革委、中央宣传部（新闻办）、中央网信办、工业和信息化部、公安部、民政部、财政部、国土资源部、住房城乡建设部、交通运输部、水利部、商务部、国资委、新闻出版广电总局、安全监管总局、林业局、地震局、气象局、能源局、测绘地信局、铁路局、民航局、总参作战部、武警总部、中国铁路总公司、国家电网公司、中国南方电网有限责任公司等部门和单位组成，并可根据应对工作需要，增加有关地方人民政府、其他有关部门和相关电力企业。

国家大面积停电事件应急指挥部设立相应工作组，各工作组组成及职责分工如下：

一、电力恢复组：由发展改革委牵头，工业和信息化部、公安部、水利部、安全监管总局、林业局、地震局、气象局、能源局、测绘地信局、总参作战部、武警总部、国家电网公司、中国南方电网有限责任公司等参加，视情增加其他电力企业。

主要职责：组织进行技术研判，开展事态分析；组织电力抢修恢复工作，尽快恢复受影响区域供电工作；负责重要电力用户、重点区域的临时供电保障；负责组织跨区域的电力应急抢修恢复协调工作；协调军队、武警有关力量参与应对。

二、新闻宣传组：由中央宣传部（新闻办）牵头，中央网信办、发展改革委、工业和信息化部、公安部、新闻出版广电总局、安全监管总局、能源局等参加。

主要职责：组织开展事件进展、应急工作情况等权威信息发布，加强新闻宣传报道；收集分析国内外舆情和社会公众动态，加强媒体、电信和互联网管理，正确引导舆论；及时澄清不实信息，回应社会关切。

三、综合保障组：由发展改革委牵头，工业和信息化部、公安部、民政部、财政部、国土资源部、住房城乡建设部、交通运输部、水利部、商务部、国资委、新闻出版广电总局、能源局、铁路局、民航局、中国铁路总公司、国家电网公司、中国南方电网有限责任公司等参加，视情增加其他电力企业。

主要职责：对大面积停电事件受灾情况进行核实，指导恢复电力抢修方案，落实人员、资金和物资；组织做好应急救援装备物资及生产生活物资的紧急生产、储备调拨和紧急配送工作；及时组织调运重要生活必需品，保障群众基本生活和市场供应；维护供水、供气、供热、通信、广播电视等设施正常运行；维护铁路、道路、水路、民航等基本交通运行；组织开展事件处置评估。

四、社会稳定组：由公安部牵头，中央网信办、发展改革委、工业和信息化部、民政部、交通运输部、商务部、能源局、总参作战部、武警总部等参加。

主要职责：加强受影响地区社会治安管理，严厉打击借机传播谣言制造社会恐慌，以及趁机盗窃、抢劫、哄抢等违法犯罪行为；加强转移人员安置点、救灾物资存放点等重点地区治安管控；加强对重要生活必需品等商品的市场监管和调控，打击囤积居奇行为；加强对重点区域、重点单位的警戒；做好受影响人员与涉事单位、地方人民政府及有关部门矛盾纠纷化解等工作，切实维护社会稳定。

电力设施保护条例

1. 1987年9月15日国务院发布
2. 根据1998年1月7日国务院令第239号《关于修改〈电力设施保护条例〉的决定》修正
3. 根据2011年1月8日国务院令第588号《关于废止和修改部分行政法规的决定》修订

第一章　总　　则

第一条　为保障电力生产和建设的顺利进行,维护公共安全,特制定本条例。

第二条　本条例适用于中华人民共和国境内已建或在建的电力设施(包括发电设施、变电设施和电力线路设施及其有关辅助设施,下同)。

第三条　电力设施的保护,实行电力管理部门、公安部门、电力企业和人民群众相结合的原则。

第四条　电力设施受国家法律保护,禁止任何单位或个人从事危害电力设施的行为。任何单位和个人都有保护电力设施的义务,对危害电力设施的行为,有权制止并向电力管理部门、公安部门报告。

电力企业应加强对电力设施的保护工作,对危害电力设施安全的行为,应采取适当措施,予以制止。

第五条　国务院电力管理部门对电力设施的保护负责监督、检查、指导和协调。

第六条　县以上地方各级电力管理部门保护电力设施的职责是:

(一)监督、检查本条例及根据本条例制定的规章的贯彻执行;

(二)开展保护电力设施的宣传教育工作;

(三)会同有关部门及沿电力线路各单位,建立群众护线组织并健全责任制;

(四)会同当地公安部门,负责所辖地区电力设施的安全保卫工作。

第七条　各级公安部门负责依法查处破坏电力设施或哄抢、盗窃电力设施器材的案件。

第二章　电力设施的保护范围和保护区

第八条　发电设施、变电设施的保护范围:

(一)发电厂、变电站、换流站、开关站等厂、站内的设施;

(二)发电厂、变电站外各种专用的管道(沟)、储灰场、水井、泵站、冷却水塔、油库、堤坝、铁路、道路、桥梁、码头、燃料装卸设施、避雷装置、消防设施及其有关辅助设施;

(三)水力发电厂使用的水库、大坝、取水口、引水隧洞(含支洞口)、引水渠道、调压井(塔)、露天高压管道、厂房、尾水渠、厂房与大坝间的通信设施及其有关辅助设施。

第九条　电力线路设施的保护范围:

(一)架空电力线路:杆塔、基础、拉线、接地装置、导线、避雷线、金具、绝缘子、登杆塔的爬梯和脚钉,导线跨越航道的保护设施,巡(保)线站,巡视检修专用道路、船舶和桥梁,标志牌及其有关辅助设施;

(二)电力电缆线路:架空、地下、水底电力电缆和电缆联结装置,电缆管道、电缆隧道、电缆沟、电缆桥,电缆井、盖板、入孔、标石、水线标志牌及其有关辅助设施;

(三)电力线路上的变压器、电容器、电抗器、断路器、隔离开关、避雷器、互感器、熔断器、计量仪表装置、配电室、箱式变电站及其有关辅助设施;

(四)电力调度设施:电力调度场所、电力调度通信设施、电网调度自动化设施、电网运行控制设施。

第十条　电力线路保护区:

(一)架空电力线路保护区:导线边线向外侧水平延伸并垂直于地面所形成的两平行面内的区域,在一般地区各级电压导线的边线延伸距离如下:

1—10千伏	5米
35—110千伏	10米
154—330千伏	15米
500千伏	20米

在厂矿、城镇等人口密集地区,架空电力线路保护区的区域可略小于上述规定。但各级电压导线边线延伸的距离,不应小于导线边线在最大计算弧垂及最大计算风偏后的水平距离和风偏后距建筑物的安全距离之和。

(二)电力电缆线路保护区:地下电缆为电缆线路地面标桩两侧各0.75米所形成的两平行线内的区域;海底电缆一般为线路两侧各2海里(港内为两侧各100米),江河电缆一般不小于线路两侧各100米(中、小河流一般不小于各50米)所形成的两平行线内的水域。

第三章　电力设施的保护

第十一条　县以上地方各级电力管理部门应采取以下措施,保护电力设施:

(一)在必要的架空电力线路保护区的区界上,应设立标志,并标明保护区的宽度和保护规定;

（二）在架空电力线路导线跨越重要公路和航道的区段，应设立标志，并标明导线距穿越物体之间的安全距离；

（三）地下电缆铺设后，应设立永久性标志，并将地下电缆所在位置书面通知有关部门；

（四）水底电缆敷设后，应设立永久性标志，并将水底电缆所在位置书面通知有关部门。

第十二条 任何单位或个人在电力设施周围进行爆破作业，必须按照国家有关规定，确保电力设施的安全。

第十三条 任何单位或个人不得从事下列危害发电设施、变电设施的行为：

（一）闯入发电厂、变电站内扰乱生产和工作秩序，移动、损害标志物；

（二）危及输水、输油、供热、排灰等管道（沟）的安全运行；

（三）影响专用铁路、公路、桥梁、码头的使用；

（四）在用于水力发电的水库内，进入距水工建筑物300米区域内炸鱼、捕鱼、游泳、划船及其他可能危及水工建筑物安全的行为；

（五）其他危害发电、变电设施的行为。

第十四条 任何单位或个人，不得从事下列危害电力线路设施的行为：

（一）向电力线路设施射击；

（二）向导线抛掷物体；

（三）在架空电力线路导线两侧各300米的区域内放风筝；

（四）擅自在导线上接用电器设备；

（五）擅自攀登杆塔或在杆塔上架设电力线、通信线、广播线，安装广播喇叭；

（六）利用杆塔、拉线作起重牵引地锚；

（七）在杆塔、拉线上拴牲畜、悬挂物体、攀附农作物；

（八）在杆塔、拉线基础的规定范围内取土、打桩、钻探、开挖或倾倒酸、碱、盐及其他有害化学物品；

（九）在杆塔内（不含杆塔与杆塔之间）或杆塔与拉线之间修筑道路；

（十）拆卸杆塔或拉线上的器材，移动、损坏永久性标志或标志牌；

（十一）其他危害电力线路设施的行为。

第十五条 任何单位或个人在架空电力线路保护区内，必须遵守下列规定：

（一）不得堆放谷物、草料、垃圾、矿渣、易燃物、易爆物及其他影响安全供电的物品；

（二）不得烧窑、烧荒；

（三）不得兴建建筑物、构筑物；

（四）不得种植可能危及电力设施安全的植物。

第十六条 任何单位或个人在电力电缆线路保护区内，必须遵守下列规定：

（一）不得在地下电缆保护区内堆放垃圾、矿渣、易燃物、易爆物，倾倒酸、碱、盐及其他有害化学物品，兴建建筑物、构筑物或种植树木、竹子；

（二）不得在海底电缆保护区内抛锚、拖锚；

（三）不得在江河电缆保护区内抛锚、拖锚、炸鱼、挖沙。

第十七条 任何单位或个人必须经县级以上地方电力管理部门批准，并采取安全措施后，方可进行下列作业或活动：

（一）在架空电力线路保护区内进行农田水利基本建设工程及打桩、钻探、开挖等作业；

（二）起重机械的任何部位进入架空电力线路保护区进行施工；

（三）小于导线距穿越物体之间的安全距离，通过架空电力线路保护区；

（四）在电力电缆线路保护区内进行作业。

第十八条 任何单位或个人不得从事下列危害电力设施建设的行为：

（一）非法侵占电力设施建设项目依法征收的土地；

（二）涂改、移动、损害、拔除电力设施建设的测量标桩和标记；

（三）破坏、封堵施工道路，截断施工水源或电源。

第十九条 未经有关部门依照国家有关规定批准，任何单位和个人不得收购电力设施器材。

第四章 对电力设施与其他设施互相妨碍的处理

第二十条 电力设施的建设和保护应尽量避免或减少给国家、集体和个人造成的损失。

第二十一条 新建架空电力线路不得跨越储存易燃、易爆物品仓库的区域；一般不得跨越房屋，特殊情况需要跨越房屋时，电力建设企业应采取安全措施，并与有关单位达成协议。

第二十二条 公用工程、城市绿化和其他工程在新建、改建或扩建中妨碍电力设施时，或电力设施在新建、改建或扩建中妨碍公用工程、城市绿化和其他工程时，双方有关单位必须按照本条例和国家有关规定协商，就迁移、采取必要的防护措施和补偿等问题达成协议后方可施工。

第二十三条　电力管理部门应将经批准的电力设施新建、改建或扩建的规划和计划通知城乡建设规划主管部门,并划定保护区域。

城乡建设规划主管部门应将电力设施的新建、改建或扩建的规划和计划纳入城乡建设规划。

第二十四条　新建、改建或扩建电力设施,需要损害农作物,砍伐树木、竹子,或拆迁建筑物及其他设施的,电力建设企业应按照国家有关规定给予一次性补偿。

在依法划定的电力设施保护区内种植的或自然生长的可能危及电力设施安全的树木、竹子,电力企业应依法予以修剪或砍伐。

第五章　奖励与惩罚

第二十五条　任何单位或个人有下列行为之一,电力管理部门应给予表彰或一次性物质奖励:

(一)对破坏电力设施或哄抢、盗窃电力设施器材的行为检举、揭发有功;

(二)对破坏电力设施或哄抢、盗窃电力设施器材的行为进行斗争,有效地防止事故发生;

(三)为保护电力设施而同自然灾害作斗争,成绩突出;

(四)为维护电力设施安全,做出显著成绩。

第二十六条　违反本条例规定,未经批准或未采取安全措施,在电力设施周围或在依法划定的电力设施保护区内进行爆破或其他作业,危及电力设施安全的,由电力管理部门责令停止作业、恢复原状并赔偿损失。

第二十七条　违反本条例规定,危害发电设施、变电设施和电力线路设施的,由电力管理部门责令改正;拒不改正的,处10000元以下的罚款。

第二十八条　违反本条例规定,在依法划定的电力设施保护区内进行烧窑、烧荒、抛锚、拖锚、炸鱼、挖沙作业,危及电力设施安全的,由电力管理部门责令停止作业、恢复原状并赔偿损失。

第二十九条　违反本条例规定,危害电力设施建设的,由电力管理部门责令改正、恢复原状并赔偿损失。

第三十条　凡违反本条例规定而构成违反治安管理行为的单位或个人,由公安部门根据《中华人民共和国治安管理处罚法》予以处罚;构成犯罪的,由司法机关依法追究刑事责任。

第六章　附　　则

第三十一条　国务院电力管理部门可以会同国务院有关部门制定本条例的实施细则。

第三十二条　本条例自发布之日起施行。

电力监管条例

1. 2005年2月15日国务院令第432号公布

2. 自2005年5月1日起施行

第一章　总　　则

第一条　为了加强电力监管,规范电力监管行为,完善电力监管制度,制定本条例。

第二条　电力监管的任务是维护电力市场秩序,依法保护电力投资者、经营者、使用者的合法权益和社会公共利益,保障电力系统安全稳定运行,促进电力事业健康发展。

第三条　电力监管应当依法进行,并遵循公开、公正和效率的原则。

第四条　国务院电力监管机构依照本条例和国务院有关规定,履行电力监管和行政执法职能;国务院有关部门依照有关法律、行政法规和国务院有关规定,履行相关的监管职能和行政执法职能。

第五条　任何单位和个人对违反本条例和国家有关电力监管规定的行为有权向电力监管机构和政府有关部门举报,电力监管机构和政府有关部门应当及时处理,并依照有关规定对举报有功人员给予奖励。

第二章　监 管 机 构

第六条　国务院电力监管机构根据履行职责的需要,经国务院批准,设立派出机构。国务院电力监管机构对派出机构实行统一领导和管理。

国务院电力监管机构的派出机构在国务院电力监管机构的授权范围内,履行电力监管职责。

第七条　电力监管机构从事监管工作的人员,应当具备与电力监管工作相适应的专业知识和业务工作经验。

第八条　电力监管机构从事监管工作的人员,应当忠于职守,依法办事,公正廉洁,不得利用职务便利谋取不正当利益,不得在电力企业、电力调度交易机构兼任职务。

第九条　电力监管机构应当建立监管责任制度和监管信息公开制度。

第十条　电力监管机构及其从事监管工作的人员依法履行电力监管职责,有关单位和人员应当予以配合和协助。

第十一条 电力监管机构应当接受国务院财政、监察、审计等部门依法实施的监督。

第三章 监管职责

第十二条 国务院电力监管机构依照有关法律、行政法规和本条例的规定，在其职责范围内制定并发布电力监管规章、规则。

第十三条 电力监管机构依照有关法律和国务院有关规定，颁发和管理电力业务许可证。

第十四条 电力监管机构按照国家有关规定，对发电企业在各电力市场中所占份额的比例实施监管。

第十五条 电力监管机构对发电厂并网、电网互联以及发电厂与电网协调运行中执行有关规章、规则的情况实施监管。

第十六条 电力监管机构对电力市场向从事电力交易的主体公平、无歧视开放的情况以及输电企业公平开放电网的情况依法实施监管。

第十七条 电力监管机构对电力企业、电力调度交易机构执行电力市场运行规则的情况，以及电力调度交易机构执行电力调度规则的情况实施监管。

第十八条 电力监管机构对供电企业按照国家规定的电能质量和供电服务质量标准向用户提供供电服务的情况实施监管。

第十九条 电力监管机构具体负责电力安全监督管理工作。

国务院电力监管机构经商国务院发展改革部门、国务院安全生产监督管理部门等有关部门后，制订重大电力生产安全事故处置预案，建立重大电力生产安全事故应急处置制度。

第二十条 国务院价格主管部门、国务院电力监管机构依照法律、行政法规和国务院的规定，对电价实施监管。

第四章 监管措施

第二十一条 电力监管机构根据履行监管职责的需要，有权要求电力企业、电力调度交易机构报送与监管事项相关的文件、资料。

电力企业、电力调度交易机构应当如实提供有关文件、资料。

第二十二条 国务院电力监管机构应当建立电力监管信息系统。

电力企业、电力调度交易机构应当按照国务院电力监管机构的规定将与监管相关的信息系统接入电力监管信息系统。

第二十三条 电力监管机构有权责令电力企业、电力调度交易机构按照国家有关电力监管规章、规则的规定如实披露有关信息。

第二十四条 电力监管机构依法履行职责，可以采取下列措施，进行现场检查：

（一）进入电力企业、电力调度交易机构进行检查；

（二）询问电力企业、电力调度交易机构的工作人员，要求其对有关检查事项作出说明；

（三）查阅、复制与检查事项有关的文件、资料，对可能被转移、隐匿、损毁的文件、资料予以封存；

（四）对检查中发现的违法行为，有权当场予以纠正或者要求限期改正。

第二十五条 依法从事电力监管工作的人员在进行现场检查时，应当出示有效执法证件；未出示有效执法证件的，电力企业、电力调度交易机构有权拒绝检查。

第二十六条 发电厂与电网并网、电网与电网互联，并网双方或者互联双方达不成协议，影响电力交易正常进行的，电力监管机构应当进行协调；经协调仍不能达成协议的，由电力监管机构作出裁决。

第二十七条 电力企业发生电力生产安全事故，应当及时采取措施，防止事故扩大，并向电力监管机构和其他有关部门报告。电力监管机构接到发生重大电力生产安全事故报告后，应当按照重大电力生产安全事故处置预案，及时采取处置措施。

电力监管机构按照国家有关规定组织或者参加电力生产安全事故的调查处理。

第二十八条 电力监管机构对电力企业、电力调度交易机构违反有关电力监管的法律、行政法规或者有关电力监管规章、规则，损害社会公共利益的行为及其处理情况，可以向社会公布。

第五章 法律责任

第二十九条 电力监管机构从事监管工作的人员有下列情形之一的，依法给予行政处分；构成犯罪的，依法追究刑事责任：

（一）违反有关法律和国务院有关规定颁发电力业务许可证的；

（二）发现未经许可擅自经营电力业务的行为，不依法进行处理的；

（三）发现违法行为或者接到对违法行为的举报后，不及时进行处理的；

（四）利用职务便利谋取不正当利益的。

电力监管机构从事监管工作的人员在电力企业、

电力调度交易机构兼任职务的,由电力监管机构责令改正,没收兼职所得;拒不改正的,予以辞退或者开除。

第三十条 违反规定未取得电力业务许可证擅自经营电力业务的,由电力监管机构责令改正,没收违法所得,可以并处违法所得5倍以下的罚款;构成犯罪的,依法追究刑事责任。

第三十一条 电力企业违反本条例规定,有下列情形之一的,由电力监管机构责令改正;拒不改正的,处10万元以上100万元以下的罚款;对直接负责的主管人员和其他直接责任人员,依法给予处分;情节严重的,可以吊销电力业务许可证:

(一)不遵守电力市场运行规则的;

(二)发电厂并网、电网互联不遵守有关规章、规则的;

(三)不向从事电力交易的主体公平、无歧视开放电力市场或者不按照规定公平开放电网的。

第三十二条 供电企业未按照国家规定的电能质量和供电服务质量标准向用户提供供电服务的,由电力监管机构责令改正,给予警告;情节严重的,对直接负责的主管人员和其他直接责任人员,依法给予处分。

第三十三条 电力调度交易机构违反本条例规定,不按照电力市场运行规则组织交易的,由电力监管机构责令改正;拒不改正的,处10万元以上100万元以下的罚款;对直接负责的主管人员和其他直接责任人员,依法给予处分。

电力调度交易机构工作人员泄露电力交易内幕信息的,由电力监管机构责令改正,并依法给予处分。

第三十四条 电力企业、电力调度交易机构有下列情形之一的,由电力监管机构责令改正;拒不改正的,处5万元以上50万元以下的罚款,对直接负责的主管人员和其他直接责任人员,依法给予处分;构成犯罪的,依法追究刑事责任:

(一)拒绝或者阻碍电力监管机构及其从事监管工作的人员依法履行监管职责的;

(二)提供虚假或者隐瞒重要事实的文件、资料的;

(三)未按照国家有关电力监管规章、规则的规定披露有关信息的。

第三十五条 本条例规定的罚款和没收的违法所得,按照国家有关规定上缴国库。

第六章 附 则

第三十六条 电力企业应当按照国务院价格主管部门、财政部门的有关规定缴纳电力监管费。

第三十七条 本条例自2005年5月1日起施行。

电力可靠性管理办法(暂行)

1. 2022年4月16日国家发展改革委令第50号公布
2. 自2022年6月1日起施行

第一章 总 则

第一条 能源安全事关国家经济社会发展全局,电力供应保障是能源安全的重要组成部分。党中央、国务院高度重视电力供应保障工作,习近平总书记多次作出重要指示批示。为充分发挥电力可靠性管理在电力供应保障工作中的基础性作用,促进电力工业高质量发展,提升供电水平,满足人民日益增长的美好生活需要,依据《中华人民共和国电力法》《电力供应与使用条例》《电网调度管理条例》《电力设施保护条例》和《电力监管条例》等法律法规,制定本办法。

第二条 电力可靠性管理是指为提高电力可靠性水平而开展的管理活动,包括电力系统、发电、输变电、供电、用户可靠性管理等。

第三条 电力企业和电力用户依照本办法开展电力可靠性管理工作。国家能源局及其派出机构、地方政府能源管理部门和电力运行管理部门依据本办法对电力可靠性管理工作进行监督管理。

第四条 国家能源局负责全国电力可靠性的监督管理,国家能源局派出机构、地方政府能源管理部门和电力运行管理部门根据各自职责和国家有关规定负责辖区内的电力可靠性监督管理。

第五条 电力企业是电力可靠性管理的重要责任主体,其法定代表人是电力可靠性管理第一责任人。电力企业按照下列要求开展本企业电力可靠性管理工作:

(一)贯彻执行国家有关电力可靠性管理规定,制定本企业电力可靠性管理工作制度;

(二)建立电力可靠性管理工作体系,落实电力可靠性管理相关岗位及职责;

(三)采集分析电力可靠性信息,并按规定准确、及时、完整报送;

(四)开展电力可靠性管理创新、成果应用以及培训交流。

第六条 电力用户是其产权内配用电系统和设备可靠性管理的责任主体,做好配用电系统和设备的配置与运行维护。

第七条　鼓励电力设备制造企业充分应用电力可靠性管理的成果，加强产品可靠性设计、试验及生产过程质量控制，依靠技术进步、管理创新和标准完善，提升设备可靠性水平。

第八条　充分发挥行业协会等的作用，开展行业自律和服务，提供技术支持，推动可靠性信息应用，开展交流与合作。

第二章　电力系统可靠性管理

第九条　电力系统可靠性管理指为保障电力系统充裕性和安全性而开展的活动，包括电力系统风险的事前预测预警、事中过程管控、事后总结评估及采取的防范措施。

第十条　电网企业应当对电力供应及安全风险进行预测，对运行数据开展监测分析并评估电力系统满足电力电量需求的能力。在系统稳定破坏事件、影响系统安全的非计划停运事件和停电事件发生时，电网企业应当依据《电网调度管理条例》果断快速处置；开展事后评价，对发现的风险进行闭环管控。

第十一条　电网企业应当根据电力系统风险和自然灾害影响，制定风险管控措施，完善输电系统网络结构。对发现的风险和隐患按规定向政府有关部门和相关电力企业预警。

第十二条　发电企业和配置自备发电机组的其他企业要根据政府有关部门和电力调度机构的要求做好电力供应保障工作，提高设备运行可靠性，不得无故停运或隐瞒真实原因申请停运。

发电企业应当做好涉网安全管理，加强机组燃料、蓄水管控，制定重要时期的燃料计划与预案，制定水库调度运行计划，对发现的风险和隐患及时报电力调度机构。

新能源发电企业应当加强发电功率预测管理。

第十三条　积极稳妥推动发电侧、电网侧和用户侧储能建设，合理确定建设规模，加强安全管理，推进源网荷储一体化和多能互补。建立新型储能建设需求发布机制，充分考虑系统各类灵活性调节资源的性能，允许各类储能设施参与系统运行，增强电力系统的综合调节能力。

第十四条　各级能源管理部门应当科学制定并适时调整电力规划，优化配置各种类型的电源规模和比例，统筹安排备用容量，合理划分黑启动区域。国家能源局派出机构应当对辖区省级电力规划的执行情况进行监管。

负荷备用容量为最大发电负荷的2－5%，事故备用容量为最大发电负荷的10%左右，区外来电、新能源发电、不可中断用户占比高的地区，应当适当提高负荷备用容量。每个黑启动区域须合理配置1－2台具备黑启动能力且具有足够容量的机组。

第十五条　经国务院批复的国家级城市群，应当适当提高电力可靠性标准，加强区域电力系统的统筹规划和项目建设衔接，优化资源配置，推进电网协调有序发展。

第十六条　国家能源局及其派出机构应当按照权限和程序，指导有关单位制订大面积停电应急预案，组织、协调、指导电力突发安全事件应急处置工作，对电力供应和运行的风险管控情况进行监管。地方政府电力运行管理部门应当会同有关部门开展电力需求侧管理，严格审核事故及超计划用电的限电序位表，严禁发生非不可抗力拉闸限电。

第三章　发电可靠性管理

第十七条　发电可靠性管理是指为实现发电机组及配套设备的可靠性目标而开展的活动，包括并网燃煤（燃气）、水力、核能、风力、太阳能等发电机组及配套设备的可靠性管理。

第十八条　燃煤（燃气）发电企业应当对参与深度调峰的发电机组开展可靠性评估，加强关键部件监测，确保调峰安全裕度。电力调度机构应当优化调峰控制策略，综合考虑发电机组的安全性和经济性。

第十九条　水电流域梯级电站和具备调节性能的水电站应当建立水情自动测报系统，做好电站水库优化调度，建立信息共享机制。

第二十条　核电企业应当对常规岛和配套设备（非核级设备）开展设备分级、监测与诊断、健康管理、全寿命周期可靠性管理、动态风险评价等工作。

第二十一条　沙漠、戈壁、荒漠地区的大规模风力、太阳能等可再生能源发电企业要建立与之适应的电力可靠性管理体系，加强系统和设备的可靠性管理，防止大面积脱网，对电网稳定运行造成影响。

第二十二条　发电企业应当建立发电设备分级管理制度，完善事故预警机制，构建设备标准化管理流程。发电企业应当基于可靠性信息，建立动态优化的设备运行、检修和缺陷管理体系，定期评估影响机组可靠性的风险因素，掌握设备状态、特性和运行规律，发挥对机组运行维护的指导作用。

第二十三条　地方政府能源管理部门和电力运行管理部门应当对燃煤（燃气）发电企业的燃料库存、水电站入库水量情况进行监测分析、协调处理，保障能源供应。

第四章　输变电可靠性管理

第二十四条　输变电可靠性管理是指为实现输变电系统和设备的可靠性目标而开展的活动,包括交流和直流的输变电系统和设备的可靠性管理。

第二十五条　电力企业应当合理安排变电站站址和线路路径,科学选择主接线和站间联络方式,增加系统运行的安全裕度。

第二十六条　电力企业应当加强线路带电作业、无人机巡检、设备状态监测等先进技术应用,优化输变电设备运维检修模式。

第二十七条　鼓励电力企业基于可靠性数据开展电力设备选型和运行维护工作,建立核心组部件溯源管理机制,优先选用高可靠性的输变电设备,鼓励开展状态检修,提高设备运行可靠性。

第二十八条　地方政府能源管理部门和电力运行管理部门按职责组织指导开展电力设施保护工作。

第五章　供电可靠性管理

第二十九条　供电可靠性管理是指为实现向用户可靠供电的目标而开展的活动,包括配电系统和设备的可靠性管理。

第三十条　供电企业应当加强城乡配电网建设,合理设置变电站、配变布点,合理选择配电网接线方式,保障供电能力。

第三十一条　供电企业应当强化设备的监测和分析,加强巡视和维护,及时消除设备缺陷和隐患。

第三十二条　供电企业应当开展综合停电和配电网故障快速抢修复电管理,推广不停电作业和配电自动化等技术,减少停电时间、次数和影响范围。

第三十三条　地方政府能源管理部门应当将供电可靠性指标纳入电力系统规划,并与城乡建设总体规划衔接。

第三十四条　地方政府发展改革部门可依据本地区供电可靠性水平,按照合理成本和优质优价原则,完善可靠性电价机制。

第六章　用户可靠性管理

第三十五条　用户可靠性管理是指为保证用电的可靠性目标,减少对电网安全和其他用户造成影响,对其产权内的配用电系统和设备开展的活动。

第三十六条　电力用户应当根据国家有关规定和标准开展配用电工程建设与运行维护,消除设备隐患,预防电气设备事故,防止对公用电网造成影响。

第三十七条　电力用户配用电设备危及系统安全时,应当立即检修或者停用。因用户原因导致电力企业无法向其他用户正常供电或造成其他严重后果的,应当承担相应责任。

第三十八条　重要电力用户应当按规定配置自备应急电源,加强运行维护,容量应当达到保安负荷的 120%。地方政府电力运行管理部门应当确定重要电力用户名单,对重要电力用户自备应急电源配置和使用情况进行监督管理。国家能源局派出机构对重要电力用户供电电源配置情况进行监督管理。

第三十九条　供电企业应当按规定为重要电力用户提供相应的供电电源,指导和督促重要用户安全使用自备应急电源。对重要电力用户较为集中的区域,供电企业应当科学合理规划和建设供电设施,及时满足重要用户用电需要,确保供电能力和供电质量。

第七章　网络安全

第四十条　电力网络安全坚持积极防御、综合防范的方针,坚持安全分区、网络专用、横向隔离、纵向认证的原则,加强全业务、全生命周期网络安全管理,提高电力可靠性。

第四十一条　电力企业应当落实网络安全保护责任,健全网络安全组织体系,设立专门的网络安全管理及监督机构,加快各级网络安全专业人员配备;落实网络安全等级保护、关键信息基础设施安全保护和数据安全制度,加强网络安全审查、容灾备份、监测审计、态势感知、纵深防御、信任体系建设、供应链管理等工作;开展网络安全监测、风险评估和隐患排查治理,提高网络安全监测分析与应急处置能力。

第四十二条　电力企业应当强化电力监控系统安全防护,完善结构安全、本体安全和基础设施安全,逐步推广安全免疫。电力企业应当开展电力监控系统安全防护评估,并将其纳入电力系统安全评价体系。电力调度机构应当加强对直接调度范围内的发电厂涉网部分电力监控系统安全防护的技术监督。

第四十三条　电力用户是其产权内配用电系统和设备网络安全责任主体,应当根据国家有关规定和标准开展网络安全防护,预防网络安全事件,防止对公用电网造成影响。电力企业应当在并网协议中明确网络安全相关要求并监督落实。

第四十四条　国家能源局依法依规履行电力行业网络安全监督管理职责,地方各级人民政府有关部门按照法律、行政法规和国务院的规定,履行网络安全属地监督管理职责,国家能源局派出机构根据授权开展网络安全监督管理工作。

第八章 信息管理

第四十五条 电力可靠性信息实行统一管理、分级负责。国家能源局负责全国电力可靠性信息的统计、分析、发布和核查，国家能源局派出机构负责辖区内电力可靠性信息分析、发布和核查。

根据工作需要，国家能源局及其派出机构可以委托行业协会、科研单位及技术咨询机构等协助开展电力可靠性信息统计分析、预测、评估、评价等工作。

第四十六条 国家能源局应当建立电力可靠性监督管理信息系统，实施全国范围内电力可靠性信息注册、报送、分析、评价、应用、核查等监督管理工作，通过电力可靠性监督管理信息系统实时向国家能源局派出机构、省级政府能源管理部门和电力运行管理部门推送辖区内电力可靠性信息。

第四十七条 电力企业应当建立电力可靠性信息报送机制和校核制度，准确、及时、完整报送电力可靠性信息。

供电企业应当按国家有关规定定期公布供电可靠性指标。

第四十八条 电力企业应当通过电力可靠性监督管理信息系统向国家能源局报送以下电力可靠性信息：

（一）发电设备可靠性信息，包括100兆瓦及以上容量火力发电机组、300兆瓦及以上容量核电机组常规岛、50兆瓦及以上容量水力发电机组的可靠性信息，总装机50兆瓦及以上容量风力发电场、10兆瓦及以上集中式太阳能发电站的可靠性信息；

（二）输变电设备可靠性信息，包括110（66）千伏及以上电压等级输变电设备可靠性信息；

（三）直流输电系统可靠性信息，包括±120千伏及以上电压等级直流输电系统可靠性信息；

（四）供电可靠性信息，包括35千伏及以下电压等级供电系统用户可靠性信息；

（五）其他电力可靠性信息。

第四十九条 电力可靠性信息报送应当符合下列期限要求：

（一）每月8日前报送上月火力发电机组主要设备、核电机组、水力发电机组、输变电设备、直流输电系统以及供电系统用户可靠性信息；

（二）每季度首月12日前报送上一季度发电机组辅助设备、风力发电场和太阳能发电站的可靠性信息。

第五十条 电力企业应当于每年2月15日前将上一年度电力可靠性管理和技术分析报告报送所在地国家能源局派出机构、省级政府能源管理部门和电力运行管理部门；中央电力企业总部于每年3月1日前报送国家能源局。

省级电网企业应当于每年1月份将上一年度电力系统可靠性的评估和本年度的预测情况，报国家能源局派出机构、省级政府能源管理部门和电力运行管理部门；中央电网企业总部于每年2月份报送国家能源局。

系统稳定破坏事件、非计划停运事件、停电事件的等级分类、信息报送内容和程序由国家能源局另行规定。

第五十一条 国家能源局应当定期发布电力可靠性指标。

第五十二条 电力可靠性监督管理信息系统中的原始信息、统计分析信息及年度电力可靠性评价、评估、预测结果等须按程序经国家能源局审核后对外发布或使用。

第九章 监督管理

第五十三条 国家能源局负责以下电力可靠性监督管理工作：

（一）研究起草电力可靠性监督管理规章、制定电力可靠性监督管理规范性文件和电力可靠性行业技术标准，并组织实施；

（二）建立健全电力可靠性监督管理工作体系；

（三）对国家能源局派出机构、地方政府能源管理部门和电力运行管理部门、电力企业、电力用户贯彻执行电力可靠性管理规章制度的情况进行监督管理；

（四）组织建立电力可靠性监督管理信息系统，统计分析电力可靠性信息，组织实施电力可靠性预测、评估和评价工作；

（五）组织开展电力可靠性管理工作检查、核查；

（六）发布电力可靠性指标和电力可靠性监管报告；

（七）对特别重大系统稳定破坏事件、特别重大非计划停运事件、特别重大停电事件进行分析、核查；

（八）推动电力可靠性理论研究和技术应用；

（九）组织电力可靠性技术和管理培训；

（十）开展电力可靠性国际交流与合作。

第五十四条 国家能源局派出机构负责辖区内以下电力可靠性监督管理工作：

（一）建立健全电力可靠性监督管理工作体系；

（二）对电力企业贯彻执行电力可靠性管理规章制度的情况进行监督管理；

（三）分析、发布可靠性信息，组织实施电力可靠性预测、评估和评价工作；

(四)开展电力可靠性管理工作检查、核查、处罚;

(五)对重大系统稳定破坏事件、重大非计划停运事件、重大停电事件进行分析、核查;

(六)监督指导电力企业排查治理电力可靠性管理中发现的风险和隐患;

(七)发布电力可靠性指标和电力可靠性监管报告。

第五十五条　地方政府能源管理部门和电力运行管理部门按各自职责负责辖区内以下电力可靠性监督管理工作:

(一)建立健全地方政府电力可靠性监督管理工作体系;

(二)对电力系统的充裕性进行监测协调和监督管理,保障电力供应;

(三)对电力用户贯彻执行电力可靠性管理规章制度的情况进行监督管理;

(四)组织落实国家乡村振兴、优化营商环境、电网升级改造等工作中相关电力可靠性要求;

(五)监督指导重要电力用户排查治理电力可靠性管理中发现的风险和隐患;

(六)支持和配合国家能源局派出机构开展相关电力可靠性监督管理工作。

第五十六条　国家能源局派出机构应当会同地方政府能源管理部门和电力运行管理部门建立电力可靠性联席协调机制,定期分析、通报电力供需和电网运行情况,协调解决电力供应和电力系统稳定运行面临的问题。

第五十七条　国家能源局及其派出机构、地方政府能源管理部门和电力运行管理部门对电力可靠性管理规章制度落实情况进行监督检查,可以采取以下措施:

(一)进入电力企业进行检查并询问相关人员,要求其对检查事项作出说明;

(二)查阅、复制与检查事项有关的文件、资料和信息。

第五十八条　国家能源局及其派出机构、地方政府能源管理部门和电力运行管理部门对电力企业报送的信息和报告存在疑问的,应当要求作出说明,可以开展现场核查。

第五十九条　任何单位和个人发现电力可靠性管理不到位或存在弄虚作假情况的,有权向国家能源局及其派出机构、地方政府能源管理部门和电力运行管理部门举报,国家能源局及其派出机构、地方政府能源管理部门和电力运行管理部门应当及时处理。

第十章　奖惩措施

第六十条　鼓励电力企业、科研单位和电力用户等根据电力规划、建设、生产、供应、使用和设备制造等工作需要,研究、开发和采用先进的可靠性科学技术和管理方法,对取得显著成绩的单位和个人给予表彰奖励。

第六十一条　国家能源局及其派出机构、地方政府能源管理部门和电力运行管理部门未按照本办法实施电力可靠性监督管理有关工作并造成严重后果的,依法追究其责任。

第六十二条　电力企业有下列情形之一的,由国家能源局及其派出机构根据《电力监管条例》第三十四条的规定予以处罚:

(一)拒绝或者阻碍国家能源局及其派出机构从事电力可靠性监管工作的人员依法履行监管职责的;

(二)提供虚假或者隐瞒重要事实的电力可靠性信息的;

(三)供电企业未按照本办法规定定期披露其供电可靠性指标的。

第六十三条　国家能源局及其派出机构、地方政府能源管理部门和电力运行管理部门按照电力行业信用体系规定,对电力可靠性监督检查过程中产生的约谈、通报、奖励、处罚等记录依法依规进行归集、共享和公示,对相应的责任主体依法实施守信激励与失信惩戒。

第十一章　附　　则

第六十四条　本办法自 2022 年 6 月 1 日起施行,《电力可靠性监督管理办法》(国家电力监管委员会令第 24 号)同时废止。

电力建设工程施工安全监督管理办法

2015 年 8 月 18 日国家发展和改革委员会令第 28 号公布

第一章　总　　则

第一条　为了加强电力建设工程施工安全监督管理,保障人民群众生命和财产安全,根据《中华人民共和国安全生产法》、《中华人民共和国特种设备安全法》、《建设工程安全生产管理条例》、《电力监管条例》、《生产安全事故报告和调查处理条例》,制定本办法。

第二条　本办法适用于电力建设工程的新建、扩建、改建、拆除等有关活动,以及国家能源局及其派出机构对电力建设工程施工安全实施监督管理。

本办法所称电力建设工程,包括火电、水电、核电

(除核岛外)、风电、太阳能发电等发电建设工程,输电、配电等电网建设工程,及其他电力设施建设工程。

本办法所称电力建设工程施工安全包括电力建设、勘察设计、施工、监理单位等涉及施工安全的生产活动。

第三条 电力建设工程施工安全坚持"安全第一、预防为主、综合治理"的方针,建立"企业负责、职工参与、行业自律、政府监管、社会监督"的管理机制。

第四条 电力建设单位、勘察设计单位、施工单位、监理单位及其他与电力建设工程施工安全有关的单位,必须遵守安全生产法律法规和标准规范,建立健全安全生产保证体系和监督体系,建立安全生产责任制和安全生产规章制度,保证电力建设工程施工安全,依法承担安全生产责任。

第五条 开展电力建设工程施工安全的科学技术研究和先进技术的推广应用,推进企业和工程建设项目实施安全生产标准化建设,推进电力建设工程安全生产科学管理,提高电力建设工程施工安全水平。

第二章 建设单位安全责任

第六条 建设单位对电力建设工程施工安全负全面管理责任,具体内容包括:

(一)建立健全安全生产组织和管理机制,负责电力建设工程安全生产组织、协调、监督职责;

(二)建立健全安全生产监督检查和隐患排查治理机制,实施施工现场全过程安全生产管理;

(三)建立健全安全生产应急响应和事故处置机制,实施突发事件应急抢险和事故救援;

(四)建立电力建设工程项目应急管理体系,编制应急综合预案,组织勘察设计、施工、监理等单位制定各类安全事故应急预案,落实应急组织、程序、资源及措施,定期组织演练,建立与国家有关部门、地方政府应急体系的协调联动机制,确保应急工作有效实施;

(五)及时协调和解决影响安全生产重大问题。

建设工程实行工程总承包的,总承包单位应当按照合同约定,履行建设单位对工程的安全生产责任;建设单位应当监督工程总承包单位履行对工程的安全生产责任。

第七条 建设单位应当按照国家有关规定实施电力建设工程招投标管理,具体包括:

(一)应当将电力建设工程发包给具有相应资质等级的单位,禁止中标单位将中标项目的主体和关键性工作分包给他人完成;

(二)应当在电力建设工程招标文件中对投标单位的资质、安全生产条件、安全生产费用使用、安全生产保障措施等提出明确要求;

(三)应当审查投标单位主要负责人、项目负责人、专职安全生产管理人员是否满足国家规定的资格要求;

(四)应当与勘察设计、施工、监理等中标单位签订安全生产协议。

第八条 按照国家有关安全生产费用投入和使用管理规定,电力建设工程概算应当单独计列安全生产费用,不得在电力建设工程投标中列入竞争性报价。根据电力建设工程进展情况,及时、足额向参建单位支付安全生产费用。

第九条 建设单位应当向参建单位提供满足安全生产的要求的施工现场及毗邻区域内各种地下管线、气象、水文、地质等相关资料,提供相邻建筑物和构筑物、地下工程等有关资料。

第十条 建设单位应当组织参建单位落实防灾减灾责任,建立健全自然灾害预测预警和应急响应机制,对重点区域、重要部位地质灾害情况进行评估检查。

应当对施工营地选址布置方案进行风险分析和评估,合理选址。组织施工单位对易发生泥石流、山体滑坡等地质灾害工程项目的生活办公营地、生产设备设施、施工现场及周边环境开展地质灾害隐患排查,制定和落实防范措施。

第十一条 建设单位应当执行定额工期,不得压缩合同约定的工期。如工期确需调整,应当对安全影响进行论证和评估。论证和评估应当提出相应的施工组织措施和安全保障措施。

第十二条 建设单位应当履行工程分包管理责任,严禁施工单位转包和违法分包,将分包单位纳入工程安全管理体系,严禁以包代管。

第十三条 建设单位应在电力建设工程开工报告批准之日起15日内,将保证安全施工的措施,包括电力建设工程基本情况、参建单位基本情况、安全组织及管理措施、安全投入计划、施工组织方案、应急预案等内容向建设工程所在地国家能源局派出机构备案。

第三章 勘察设计单位安全责任

第十四条 勘察设计单位应当按照法律法规和工程建设强制性标准进行电力建设工程的勘察设计,提供的勘察设计文件应当真实、准确、完整,满足工程施工安全的需要。

在编制设计计划书时应当识别设计适用的工程建设强制性标准并编制条文清单。

第十五条　勘察单位在勘察作业过程中，应当制定并落实安全生产技术措施，保证作业人员安全，保障勘察区域各类管线、设施和周边建筑物、构筑物安全。

第十六条　电力建设工程所在区域存在自然灾害或电力建设活动可能引发地质灾害风险时，勘察设计单位应当制定相应专项安全技术措施，并向建设单位提出灾害防治方案建议。

应当监控基础开挖、洞室开挖、水下作业等重大危险作业的地质条件变化情况，及时调整设计方案和安全技术措施。

第十七条　设计单位在规划阶段应当开展安全风险、地质灾害分析和评估，优化工程选线、选址方案；可行性研究阶段应当对涉及电力建设工程安全的重大问题进行分析和评价；初步设计应当提出相应施工方案和安全防护措施。

第十八条　对于采用新技术、新工艺、新流程、新设备、新材料和特殊结构的电力建设工程，勘察设计单位应当在设计文件中提出保障施工作业人员安全和预防生产安全事故的措施建议；不符合现行相关安全技术规范或标准规定的，应当提请建设单位组织专题技术论证，报送相应主管部门同意。

第十九条　勘察设计单位应当根据施工安全操作和防护的需要，在设计文件中注明涉及施工安全的重点部位和环节，提出防范安全生产事故的指导意见；工程开工前，应当向参建单位进行技术和安全交底，说明设计意图；施工过程中，对不能满足安全生产要求的设计，应当及时变更。

第四章　施工单位安全责任

第二十条　施工单位应当具备相应的资质等级，具备国家规定的安全生产条件，取得安全生产许可证，在许可的范围内从事电力建设工程施工活动。

第二十一条　施工单位应当按照国家法律法规和标准规范组织施工，对其施工现场的安全生产负责。应当设立安全生产管理机构，按规定配备专（兼）职安全生产管理人员，制定安全管理制度和操作规程。

第二十二条　施工单位应当按照国家有关规定计列和使用安全生产费用。应当编制安全生产费用使用计划，专款专用。

第二十三条　电力建设工程实行施工总承包的，由施工总承包单位对施工现场的安全生产负总责，具体包括：

（一）施工单位或施工总承包单位应当自行完成主体工程的施工，除可依法对劳务作业进行劳务分包外，不得对主体工程进行其它形式的施工分包；禁止任何形式的转包和违法分包；

（二）施工单位或施工总承包单位依法将主体工程以外项目进行专业分包的，分包单位必须具有相应资质和安全生产许可证，合同中应当明确双方在安全生产方面的权利和义务。施工单位或施工总承包单位履行电力建设工程安全生产监督管理职责，承担工程安全生产连带管理责任，分包单位对其承包的施工现场安全生产负责；

（三）施工单位或施工总承包单位和专业承包单位实行劳务分包的，应当分包给具有相应资质的单位，并对施工现场的安全生产承担主体责任。

第二十四条　施工单位应当履行劳务分包安全管理责任，将劳务派遣人员、临时用工人员纳入其安全管理体系，落实安全措施，加强作业现场管理和控制。

第二十五条　电力建设工程开工前，施工单位应当开展现场查勘，编制施工组织设计、施工方案和安全技术措施并按技术管理相关规定报建设单位、监理单位同意。

分部分项工程施工前，施工单位负责项目管理的技术人员应当向作业人员进行安全技术交底，如实告知作业场所和工作岗位可能存在的风险因素、防范措施以及现场应急处置方案，并由双方签字确认；对复杂自然条件、复杂结构、技术难度大及危险性较大的分部分项工程需编制专项施工方案并附安全验算结果，必要时召开专家会议论证确认。

第二十六条　施工单位应当定期组织施工现场安全检查和隐患排查治理，严格落实施工现场安全措施，杜绝违章指挥、违章作业、违反劳动纪律行为发生。

第二十七条　施工单位应当对因电力建设工程施工可能造成损害和影响的毗邻建筑物、构筑物、地下管线、架空线缆、设施及周边环境采取专项防护措施。对施工现场出入口、通道口、孔洞口、邻近带电区、易燃易爆及危险化学品存放处等危险区域和部位采取防护措施并设置明显的安全警示标志。

第二十八条　施工单位应当制定用火、用电、易燃易爆材料使用等消防安全管理制度，确定消防安全责任人，按规定设置消防通道、消防水源，配备消防设施和灭火器材。

第二十九条　施工单位应当按照国家有关规定采购、租赁、验收、检测、发放、使用、维护和管理施工机械、特种设备，建立施工设备安全管理制度、安全操作规程及相应的管理台帐和维保记录档案。

施工单位使用的特种设备应当是取得许可生产并经检验合格的特种设备。特种设备的登记标志、检测合格标志应当置于该特种设备的显著位置。

安装、改造、修理特种设备的单位，应当具有国家规定的相应资质，在施工前按规定履行告知手续，施工过程按照相关规定接受监督检验。

第三十条 施工单位应当按照相关规定组织开展安全生产教育培训工作。企业主要负责人、项目负责人、专职安全生产管理人员、特种作业人员需经培训合格后持证上岗，新入场人员应当按规定经过三级安全教育。

第三十一条 施工单位对电力建设工程进行调试、试运行前，应当按照法律法规和工程建设强制性标准，编制调试大纲、试验方案，对各项试验方案制定安全技术措施并严格实施。

第三十二条 施工单位应当根据电力建设工程施工特点、范围，制定应急救援预案、现场处置方案，对施工现场易发生事故的部位、环节进行监控。实行施工总承包的，由施工总承包单位组织分包单位开展应急管理工作。

第五章 监理单位安全责任

第三十三条 监理单位应当按照法律法规和工程建设强制性标准实施监理，履行电力建设工程安全生产管理的监理职责。监理单位资源配置应当满足工程监理要求，依据合同约定履行电力建设工程施工安全监理职责，确保安全生产监理与工程质量控制、工期控制、投资控制的同步实施。

第三十四条 监理单位应当建立健全安全监理工作制度，编制含有安全监理内容的监理规划和监理实施细则，明确监理人员安全职责以及相关工作安全监理措施和目标。

第三十五条 监理单位应当组织或参加各类安全检查活动，掌握现场安全生产动态，建立安全管理台帐。重点审查、监督下列工作：

（一）按照工程建设强制性标准和安全生产标准及时审查施工组织设计中的安全技术措施和专项施工方案；

（二）审查和验证分包单位的资质文件和拟签订的分包合同、人员资质、安全协议；

（三）审查安全管理人员、特种作业人员、特种设备操作人员资格证明文件和主要施工机械、工器具、安全用具的安全性能证明文件是否符合国家有关标准；检查现场作业人员及设备配置是否满足安全施工的要求；

（四）对大中型起重机械、脚手架、跨越架、施工用电、危险品库房等重要施工设施投入使用前进行安全检查签证。土建交付安装、安装交付调试及整套启动等重大工序交接前进行安全检查签证；

（五）对工程关键部位、关键工序、特殊作业和危险作业进行旁站监理；对复杂自然条件、复杂结构、技术难度大及危险性较大分部分项工程专项施工方案的实施进行现场监理；监督交叉作业和工序交接中的安全施工措施的落实；

（六）监督施工单位安全生产费的使用、安全教育培训情况。

第三十六条 在实施监理过程中，发现存在生产安全事故隐患的，应当要求施工单位及时整改；情节严重的，应当要求施工单位暂时或部分停止施工，并及时报告建设单位。施工单位拒不整改或者不停止施工的，监理单位应当及时向国家能源局派出机构和政府有关部门报告。

第六章 监督管理

第三十七条 国家能源局依法实施电力建设工程施工安全的监督管理，具体内容包括：

（一）建立健全电力建设工程安全生产监管机制，制定电力建设工程施工安全行业标准；

（二）建立电力建设工程施工安全生产事故和重大事故隐患约谈、诫勉制度；

（三）加强层级监督指导，对事故多发地区、安全管理薄弱的企业和安全隐患突出的项目、部位实施重点监督检查。

第三十八条 国家能源局派出机构按照国家能源局授权实施辖区内电力建设工程施工安全监督管理，具体内容如下：

（一）部署和组织开展辖区内电力建设工程施工安全监督检查；

（二）建立电力建设工程施工安全生产事故和重大事故隐患约谈、诫勉制度；

（三）依法组织或参加辖区内电力建设工程施工安全事故的调查与处理，做好事故分析和上报工作。

第三十九条 国家能源局及其派出机构履行电力建设工程施工安全监督管理职责时，可以采取下列监管措施：

（一）要求被检查单位提供有关安全生产的文件和资料（含相关照片、录像及电子文本等），按照国家规定如实公开有关信息；

（二）进入被检查单位施工现场进行监督检查，纠正施工中违反安全生产要求的行为；

（三）对检查中发现的生产安全事故隐患，责令整改；对重大生产安全事故隐患实施挂牌督办，重大生产安全事故隐患整改前或整改过程中无法保证安全的，责令其从危险区域撤出作业人员或者暂时停止施工；

(四)约谈存在生产安全事故隐患整改不到位的单位,受理和查处有关安全生产违法行为的举报和投诉,披露违反本办法有关规定的行为和单位,并向社会公布;

(五)法律法规规定的其它措施。

第四十条　国家能源局及其派出机构应建立电力建设工程施工安全领域相关单位和人员的信用记录,并将其纳入国家统一的信用信息平台,依法公开严重违法失信信息,并对相关责任单位和人员采取一定期限内市场禁入等惩戒措施。

第四十一条　生产安全事故或自然灾害发生后,有关单位应当及时启动相关应急预案,采取有效措施,最大程度减少人员伤亡、财产损失,防止事故扩大和衍生事故发生。建设、勘察设计、施工、监理等单位应当按规定报告事故信息。

第七章　罚　　则

第四十二条　国家能源局及其派出机构有下列行为之一的,对直接负责的主管人员和其它直接责任人员依法给予处分;构成犯罪的,依法追究刑事责任:

(一)迟报、漏报、瞒报、谎报事故的;

(二)阻碍、干涉事故调查工作的;

(三)在事故调查中营私舞弊、作伪证或者指使他人作伪证的;

(四)不依法履行监管职责或者监督不力,造成严重后果的;

(五)在实施监管过程中索取或者收受他人财物或者谋取其他利益;

(六)其他违反国家法律法规的行为。

第四十三条　建设单位未按规定提取和使用安全生产费用的,责令限期改正;逾期未改正的,责令该建设工程停止施工。

第四十四条　电力建设工程参建单位有下列情形之一的,责令改正;拒不改正的,处5万元以上50万元以下的罚款;造成严重后果,构成犯罪的,依法追究刑事责任:

(一)拒绝或者阻碍国家能源局及其派出机构及其从事监管工作的人员依法履行监管职责的;

(二)提供虚假或者隐瞒重要事实的文件、资料;

(三)未按照国家有关监管规章、规则的规定披露有关信息的。

第四十五条　建设单位有下列行为之一的,责令限期改正,并处20万元以上50万元以下的罚款;造成重大安全事故,构成犯罪的,对直接责任人员,依照刑法有关规定追究刑事责任;造成损失的,依法承担赔偿责任:

(一)对电力勘察、设计、施工、调试、监理等单位提出不符合安全生产法律、法规和强制性标准规定的要求的;

(二)违规压缩合同约定工期的;

(三)将工程发包给不具有相应资质等级的施工单位的。

第四十六条　电力勘察设计单位有下列行为之一的,责令限期改正,并处10万元以上30万元以下的罚款;情节严重的,责令停业整顿,提请相关部门降低资质等级,直至吊销资质证书;造成重大安全事故,构成犯罪的,对直接责任人员,依照刑法有关规定追究刑事责任;造成损失的,依法承担赔偿责任:

(一)未按照法律、法规和工程建设强制性标准进行勘察、设计的;

(二)采用新技术、新工艺、新流程、新设备、新材料的电力建设工程和特殊结构的电力建设工程,设计单位未在设计中提出保障施工作业人员安全和预防生产安全事故的措施建议的。

第四十七条　施工单位有下列行为之一的,责令限期改正;逾期未改正的,责令停业整顿,并处10万元以上30万元以下的罚款;情节严重的,提请相关部门降低资质等级,直至吊销资质证书;造成重大安全事故,构成犯罪的,对直接责任人员,依照刑法有关规定追究刑事责任;造成损失的,依法承担赔偿责任:

(一)未按本办法设立安全生产管理机构、配备专(兼)职安全生产管理人员或者分部分项工程施工时无专(兼)职安全生产管理人员现场监督的;

(二)主要负责人、项目负责人、专职安全生产管理人员、特种(殊)作业人员未持证上岗的;

(三)使用国家明令淘汰、禁止使用的危及电力施工安全的工艺、设备、材料的;

(四)未按照规定在施工起重机械和整体提升脚手架、模板等自升式架设设施验收合格后取得使用登记证书的;

(五)未向作业人员提供安全防护用品、用具的;

(六)未在施工现场的危险部位设置明显的安全警示标志,或者未按照国家有关规定在施工现场设置消防通道、消防水源、配备消防设施和灭火器材的。

第四十八条　挪用安全生产费用的,责令限期改正,并处挪用费用20%以上50%以下的罚款;造成重大安全事故,构成犯罪的,依法追究刑事责任。

第四十九条　监理单位有下列行为之一的,责令限期改正;逾期未改正的,责令停业整顿,并处10万元以上30万元以下的罚款;情节严重的,提请相关部门降低资质等级,直至吊销资质证书;造成重大安全事故,构成犯罪的,对直接责任人员,依照刑法有关规定追究刑事责任;造成损失的,依法承担赔偿责任:

(一)未对重大安全技术措施或者专项施工方案进行审查的;

(二)发现安全事故隐患未及时要求施工单位整改或者暂时停止施工的;

(三)施工单位拒不整改或者不停止施工,未及时向有关主管部门报告的;

(四)未依照法律、法规和工程建设强制性标准实施监理的。

第五十条 违反本办法的规定,施工单位的主要负责人、项目负责人未履行安全生产管理职责的,责令限期改正;逾期未改正的,责令施工单位停业整顿;造成重大安全事故、重大伤亡事故或者其他严重后果,构成犯罪的,依照刑法有关规定追究刑事责任。

作业人员不服管理、违反规章制度和操作规程冒险作业造成重大伤亡事故或者其他严重后果,构成犯罪的,依照刑法有关规定追究刑事责任。

施工单位的主要负责人、项目负责人有前款违法行为,尚不够刑事处罚的,处2万元以上20万元以下的罚款或者按照管理权限给予撤职处分;自刑罚执行完毕或者受处分之日起,5年内不得担任任何施工单位的主要负责人、项目负责人。

第五十一条 本办法规定的行政处罚,由国家能源局及其派出机构或者其他有关部门依照法定职权决定。有关法律、行政法规对电力建设工程安全生产违法行为的行政处罚决定机关另有规定的,从其规定。

第八章 附 则

第五十二条 本办法自公布之日起30日后施行,原电监会发布的《电力建设安全生产监督管理办法》(电监安全〔2007〕38号)同时废止。

第五十三条 本办法由国家发展和改革委员会负责解释。

电力安全生产监督管理办法

1. 2015年2月17日国家发展和改革委员会令第21号公布
2. 自2015年3月1日起施行

第一章 总 则

第一条 为了有效实施电力安全生产监督管理,预防和减少电力事故,保障电力系统安全稳定运行和电力可靠供应,依据《中华人民共和国安全生产法》、《中华人民共和国突发事件应对法》、《电力监管条例》、《生产安全事故报告和调查处理条例》、《电力安全事故应急处置和调查处理条例》等法律法规,制定本办法。

第二条 本办法适用于中华人民共和国境内以发电、输电、供电、电力建设为主营业务并取得相关业务许可或按规定豁免电力业务许可的电力企业。

第三条 国家能源局及其派出机构依照本办法,对电力企业的电力运行安全(不包括核安全)、电力建设施工安全、电力工程质量安全、电力应急、水电站大坝运行安全和电力可靠性工作等方面实施监督管理。

第四条 电力安全生产工作应当坚持"安全第一、预防为主、综合治理"的方针,建立电力企业具体负责、政府监管、行业自律和社会监督的工作机制。

第五条 电力企业是电力安全生产的责任主体,应当遵照国家有关安全生产的法律法规、制度和标准,建立健全电力安全生产责任制,加强电力安全生产管理,完善电力安全生产条件,确保电力安全生产。

第六条 任何单位和个人对违反本办法和国家有关电力安全生产监督管理规定的行为,有权向国家能源局及其派出机构投诉和举报,国家能源局及其派出机构应当依法处理。

第二章 电力企业的安全生产责任

第七条 电力企业的主要负责人对本单位的安全生产工作全面负责。电力企业从业人员应当依法履行安全生产方面的义务。

第八条 电力企业应当履行下列电力安全生产管理基本职责:

(一)依照国家安全生产法律法规、制度和标准,制定并落实本单位电力安全生产管理制度和规程;

(二)建立健全电力安全生产保证体系和监督体系,落实安全生产责任;

(三)按照国家有关法律法规设置安全生产管理机构、配备专职安全管理人员;

(四)按照规定提取和使用电力安全生产费用,专门用于改善安全生产条件;

(五)按照有关规定建立健全电力安全生产隐患排查治理制度和风险预控体系,开展隐患排查及风险辨识、评估和监控工作,并对安全隐患和风险进行治理、管控;

(六)开展电力安全生产标准化建设;

(七)开展电力安全生产培训宣传教育工作,负责以班组长、新工人、农民工为重点的从业人员安全培训；

(八)开展电力可靠性管理工作,建立健全电力可靠性管理工作体系,准确、及时、完整报送电力可靠性信息；

(九)建立电力应急管理体系,健全协调联动机制,制定各级各类应急预案并开展应急演练,建设应急救援队伍,完善应急物资储备制度；

(十)按照规定报告电力事故和电力安全事件信息并及时开展应急处置,对电力安全事件进行调查处理。

第九条　发电企业应当按照规定对水电站大坝进行安全注册,开展大坝安全定期检查和信息化建设工作;对燃煤发电厂贮灰场进行安全备案,开展安全巡查和定期安全评估工作。

第十条　电力建设单位应当对电力建设工程施工安全和工程质量安全负全面管理责任,履行工程组织、协调和监督职责,并按照规定将电力工程项目的安全生产管理情况向当地派出机构备案,向相关电力工程质监机构进行工程项目质量监督注册申请。

第十一条　供电企业应当配合地方政府对电力用户安全用电提供技术指导。

第三章　电力系统安全

第十二条　电力企业应当共同维护电力系统安全稳定运行。在电网互联、发电机组并网过程中应严格履行安全责任,并在双方的联(并)网调度协议中具体明确,不得擅自联(并)网和解网。

第十三条　各级电力调度机构是涉及电力系统安全的电力安全事故(事件)处置的指挥机构,发生电力安全事故(事件)或遇有危及电力系统安全的情况时,电力调度机构有权采取必要的应急处置措施,相关电力企业应当严格执行调度指令。

第十四条　电力调度机构应当加强电力系统安全稳定运行管理,科学合理安排系统运行方式,开展电力系统安全分析评估,统筹协调电网安全和并网运行机组安全。

第十五条　电力企业应当加强发电设备设施和输变配电设备设施安全管理和技术管理,强化电力监控系统(或设备)专业管理,完善电力系统调频、调峰、调压、调相、事故备用等性能,满足电力系统安全稳定运行的需要。

第十六条　发电机组、风电场以及光伏电站等并入电网运行,应当满足相关技术标准,符合电网运行的有关安全要求。

第十七条　电力企业应当根据国家有关规定和标准,制订、完善和落实预防电网大面积停电的安全技术措施、反事故措施和应急预案,建立完善与国家能源局及其派出机构、地方人民政府及电力用户等的应急协调联动机制。

第四章　电力安全生产的监督管理

第十八条　国家能源局依法负责全国电力安全生产监督管理工作。国家能源局派出机构(以下简称"派出机构")按照属地化管理的原则,负责辖区内电力安全生产监督管理工作。

涉及跨区域的电力安全生产监督管理工作,由国家能源局负责或者协调确定具体负责的区域派出机构;同一区域内涉及跨省的电力安全生产监督管理工作,由当地区域派出机构负责或者协调确定具体负责的省级派出机构。

50兆瓦以下小水电站的安全生产监督管理工作,按照相关规定执行。50兆瓦以下小水电站的涉网安全由派出机构负责监督管理。

第十九条　国家能源局及其派出机构应当采取多种形式,加强有关安全生产的法律法规、制度和标准的宣传,向电力企业传达国家有关安全生产工作各项要求,提高从业人员的安全生产意识。

第二十条　国家能源局及其派出机构应当建立健全电力行业安全生产工作协调机制,及时协调、解决安全生产监督管理中存在的重大问题。

第二十一条　国家能源局及其派出机构应当依法对电力企业执行有关安全生产法规、标准和规范情况进行监督检查。

国家能源局组织开展全国范围的电力安全生产大检查,制定检查工作方案,并对重点地区、重要电力企业、关键环节开展重点督查。派出机构组织开展辖区内的电力安全生产大检查,对部分电力企业进行抽查。

第二十二条　国家能源局及其派出机构对现场检查中发现的安全生产违法、违规行为,应当责令电力企业当场予以纠正或者限期整改。对现场检查中发现的重大安全隐患,应当责令其立即整改;安全隐患危及人身安全时,应当责令其立即从危险区域内撤离人员。

第二十三条　国家能源局及其派出机构应当监督指导电力企业隐患排查治理工作,按照有关规定对重大安全隐患挂牌督办。

第二十四条　国家能源局及其派出机构应当统计分析电力安全生产信息,并定期向社会公布。根据工作需要,可以要求电力企业报送与电力安全生产相关的文件、资料、图纸、音频或视频记录和有关数据。

国家能源局及其派出机构发现电力企业在报送资料中存在弄虚作假及其他违规行为的,应当及时纠正和处理。

第二十五条 国家能源局及其派出机构应当依法组织或参与电力事故调查处理。

国家能源局组织或参与重大和特别重大电力事故调查处理;督办有重大社会影响的电力安全事件。派出机构组织或参与较大和一般电力事故调查处理,对电力系统安全稳定运行或对社会造成较大影响的电力安全事件组织专项督查。

第二十六条 国家能源局及其派出机构应当依法组织开展电力应急管理工作。

国家能源局负责制定电力应急体系发展规划和国家大面积停电事件专项应急预案,开展重大电力突发安全事件应急处置和分析评估工作。派出机构应当按照规定权限和程序,组织、协调、指导电力突发安全事件应急处置工作。

第二十七条 国家能源局及其派出机构应当组织开展电力安全培训和宣传教育工作。

第二十八条 国家能源局及其派出机构配合地方政府有关部门、相关行业管理部门,对重要电力用户安全用电、供电电源配置、自备应急电源配置和使用实施监督管理。

第二十九条 国家能源局及其派出机构应当建立安全生产举报制度,公开举报电话、信箱和电子邮件地址,受理有关电力安全生产的举报;受理的举报事项经核实后,对违法行为严重的电力企业,应当向社会公告。

第五章 罚 则

第三十条 电力企业造成电力事故的,依照《生产安全事故报告和调查处理条例》和《电力安全事故应急处置和调查处理条例》,承担相应的法律责任。

第三十一条 国家能源局及其派出机构从事电力安全生产监督管理工作的人员滥用职权、玩忽职守或者徇私舞弊的,依法给予行政处分;构成犯罪的,由司法机关依法追究刑事责任。

第三十二条 国家能源局及其派出机构通过现场检查发现电力企业有违反本办法规定的行为时,可以对电力企业主要负责人或安全生产分管负责人进行约谈,情节严重的,依据《安全生产法》第九十条,可以要求其停工整顿,对发电企业要求其暂停并网运行。

第三十三条 电力企业有违反本办法规定的行为时,国家能源局及其派出机构可以对其违规情况向行业进行通报,对影响电力用户安全可靠供电行为的处理情况,向社会公布。

第三十四条 电力企业发生电力安全事件后,存在下列情况之一的,国家能源局及其派出机构可以责令限期改正,逾期不改正的应当将其列入安全生产不良信用记录和安全生产诚信“黑名单”,并处以1万元以下的罚款:

(一)迟报、漏报、谎报、瞒报电力安全事件信息的;

(二)不及时组织应急处置的;

(三)未按规定对电力安全事件进行调查处理的。

第三十五条 电力企业未履行本办法第八条规定的,由国家能源局及其派出机构责令限期整改,逾期不整改的,对电力企业主要负责人予以警告;情节严重的,由国家能源局及其派出机构对电力企业主要负责人处以1万元以下的罚款。

第三十六条 电力企业有下列情形之一的,由国家能源局及其派出机构责令限期改正;逾期不改正的,由国家能源局及其派出机构依据《电力监管条例》第三十四条,对其处以5万元以上、50万元以下的罚款,并将其列入安全生产不良信用记录和安全生产诚信“黑名单”:

(一)拒绝或阻挠国家能源局及其派出机构从事监督管理工作的人员依法履行电力安全生产监督管理职责的;

(二)向国家能源局及其派出机构提供虚假或隐瞒重要事实的文件、资料的。

第六章 附 则

第三十七条 本办法下列用语的含义:

(一)电力系统,是指由发电、输电、变电、配电以及电力调度等环节组成的电能生产、传输和分配的系统。

(二)电力事故,是指电力生产、建设过程中发生的电力安全事故、电力人身伤亡事故、发电设备或输变电设备设施损坏造成直接经济损失的事故。

(三)电力安全事件,是指未构成电力安全事故,但影响电力(热力)正常供应,或对电力系统安全稳定运行构成威胁,可能引发电力安全事故或造成较大社会影响的事件。

(四)重大安全隐患,是指可能造成一般以上人身伤亡事故、电力安全事故、直接经济损失100万元以上的电力设备事故和其他对社会造成较大影响的隐患。

第三十八条 本办法自二〇一五年三月一日起施行。原国家电力监管委员会《电力安全生产监管办法》同时废止。

电力安全事故调查程序规定

1. 2012年6月13日国家电力监管委员会令第31号公布
2. 自2012年8月1日起施行

第一条 为了规范电力安全事故调查工作,根据《电力安全事故应急处置和调查处理条例》和《生产安全事故报告和调查处理条例》,制定本规定。

第二条 国家电力监管委员会及其派出机构(以下简称电力监管机构)组织调查电力安全事故(以下简称事故),适用本规定。

国务院授权国家电力监管委员会(以下简称电监会)组织调查特别重大事故,国家另有规定的,从其规定。

第三条 事故调查应当按照依法依规、实事求是、科学严谨、注重实效的原则,及时、准确地查清事故原因,查明事故性质和责任,总结事故教训,提出整改措施和处理意见。

第四条 任何单位和个人不得阻挠和干涉对事故的依法调查。

第五条 电力监管机构调查事故,应当及时组织事故调查组。

第六条 下列事故由电监会组织事故调查组:

(一)国务院授权组织调查的特别重大事故;

(二)重大事故;

(三)电监会认为有必要调查的较大事故。

第七条 较大事故、一般事故由事故发生地派出机构组织事故调查组。

较大事故、一般事故跨省(自治区、直辖市)的,由事故发生地电监会区域监管局组织事故调查组;较大事故、一般事故跨区域的,由电监会指定派出机构组织事故调查组。

电监会认为必要的,可以指令派出机构组织事故调查组调查一般事故。

第八条 组织事故调查组应当遵循精简、高效的原则。根据事故的具体情况,事故调查组由电力监管机构、有关地方人民政府、安全生产监督管理部门、负有安全生产监督管理职责的有关部门派人组成。

事故有关人员涉嫌失职、渎职或者涉嫌犯罪的,电力监管机构应当邀请监察机关、公安机关、人民检察院派人参加。

电力监管机构可以聘请有关专家参加事故调查组,协助事故调查。

第九条 事故有关单位、人员涉嫌违法,电力监管机构依法予以立案的,电力监管机构稽查工作部门应当派人参加事故调查组。

第十条 事故调查组成员应当具有事故调查所需要的知识和专长,与所调查的事故、事故发生单位及其主要负责人、主管人员、有关责任人员没有直接利害关系。

第十一条 事故调查组成员名单和组长建议人选由电力监管机构安全监管部门提出,报电力监管机构负责人批准。

事故调查组组长主持事故调查组的工作。

第十二条 根据事故调查需要,电力监管机构可以重新组织事故调查组或者调整事故调查组成员。

第十三条 事故调查组应当制定事故调查方案。事故调查方案包括事故调查的职责分工、方法步骤、时间安排等内容。

第十四条 事故调查组进行事故调查,应当制作事故调查通知书。事故调查通知书应当向事故发生单位、事故涉及单位出示。

第十五条 事故调查组勘查事故现场,可以采取照相、录像、绘制现场图、采集电子数据、制作现场勘查笔录等方法记录现场情况,提取与事故有关的痕迹、物品等证据材料。事故调查组应当要求事故发生单位移交事故应急处置形成的有关资料、材料。

第十六条 事故调查组可以进入事故发生单位、事故涉及单位的工作场所或者其他有关场所,查阅、复制与事故有关的工作日志、工作票、操作票等文件、资料,对可能被转移、隐匿、销毁的文件、资料予以封存。

第十七条 事故调查组应当根据事故调查需要,对事故发生单位有关人员、应急处置人员等知情人员进行询问。询问应当制作询问笔录。

事故发生单位负责人和有关人员在事故调查期间不得擅离职守,并随时接受事故调查组的询问,如实提供有关情况。

第十八条 事故调查组进行现场勘查、检查或者询问知情人员,调查人员不得少于2人。

第十九条 事故调查需要进行技术鉴定的,事故调查组应当委托具有国家规定资质的单位进行。必要时,事故调查组可以直接组织专家进行。技术鉴定所需时间不计入事故调查期限。

第二十条 事故调查组应当收集与事故有关的原始资

料、材料。因客观原因不能收集原始资料、材料，或者收集原始资料、材料有困难的，可以收集与原始资料、材料核对无误的复印件、复制品、抄录件、部分样品或者证明该原件、原物的照片、录像等其他证据。

现场勘查笔录、检查笔录、询问笔录和鉴定意见应当由调查人员、勘查现场有关人员、被询问人员和鉴定人签名。

事故调查组应当依照法定程序收集与事故有关的资料、材料，并妥善保存。

第二十一条 事故调查组成员在事故调查工作中应当诚信公正，恪尽职守，遵守纪律，保守秘密。

未经事故调查组组长允许，事故调查组成员不得擅自发布有关事故的信息。

第二十二条 事故调查组应当查明下列情况：

（一）事故发生单位的基本情况；

（二）事故发生的时间、地点、现场环境、气象等情况，事故发生前电力系统的运行情况；

（三）事故经过、事故应急处置情况，事故现场有关人员的工作内容、作业时间、作业程序、从业资格等情况；

（四）与事故有关的仪表、自动装置、断路器、继电保护装置、故障录波器、调整装置等设备和监控系统、调度自动化系统的记录、动作情况；

（五）事故影响范围，电网减供负荷比例、城市供电用户停电比例、停电持续时间、停止供热持续时间、发电机组停运时间、设施设备损坏等情况；

（六）事故涉及设施设备的规划、设计、选型、制造、加工、采购、施工安装、调试、运行、检修等方面的情况；

（七）电力监管机构认为应当查明的其他情况。

第二十三条 事故调查组应当查明事故发生单位执行国家有关安全生产规定，加强安全生产管理，建立健全安全生产责任制度，完善安全生产条件等情况。

第二十四条 涉及人身伤亡的事故，事故调查组除应查明本规定第二十二条、第二十三条规定的情况外，还应当查明：

（一）人员伤亡数量、人身伤害程度等情况；

（二）伤亡人员的单位、姓名、文化程度、工种等基本情况；

（三）事故发生前伤亡人员的技术水平、安全教育记录、从业资格、健康状况等情况；

（四）事故发生时采取安全防护措施的情况和伤亡人员使用个人防护用品的情况；

（五）电力监管机构认为应当查明的其他情况。

第二十五条 事故调查组应当在查明事故情况的基础上，确定事故发生的直接原因、间接原因和其他原因，判断事故性质并做出责任认定。

第二十六条 事故调查组应当根据现场调查、原因分析、性质判断和责任认定等情况，撰写事故调查报告。

事故调查报告的内容应当符合《电力安全事故应急处置和调查处理条例》的规定，并附具有关证据材料和技术分析报告。

第二十七条 事故调查组成员应当在事故调查报告上签名。事故调查组成员对事故调查报告的内容有不同意见的，应当在事故调查报告中注明。

第二十八条 事故调查报告经电力监管机构负责人办公会议审查同意，事故调查工作即告结束。事故发生地派出机构组织调查的较大事故，事故调查报告应当先经电监会安全监管部门审核。

由事故发生地派出机构组织调查的一般事故和较大事故，事故调查报告应当报电监会安全监管部门备案。

第二十九条 事故调查应当按照《电力安全事故应急处置和调查处理条例》规定的期限进行。

第三十条 事故调查涉及行政处罚的，应当符合行政处罚案件立案、调查、审查和决定的有关规定。

第三十一条 电力监管机构应当依据事故调查报告，对事故发生单位及其有关人员依法给予行政处罚。

第三十二条 电力监管机构应当依据事故调查报告，制作监管意见书，对有关人员提出给予处分或者其他处理的意见，送达有关单位。有关单位应当依据监管意见书依法处理，并将处理情况报告电力监管机构。

第三十三条 事故调查过程中发现违法行为和安全隐患，电力监管机构有权予以纠正或者要求限期整改。要求限期整改的，电力监管机构应当及时制作整改通知书。

被责令整改的单位应当按照电力监管机构的要求进行整改，并将整改情况以书面形式报电力监管机构。

第三十四条 电力监管机构应当加强监督检查，督促事故发生单位和有关人员落实事故防范和整改措施，必要时进行专项督办。

第三十五条 电力生产或者电网运行过程中发生发电设备或者输变电设备损坏，造成直接经济损失的事故，未影响电力系统安全稳定运行以及电力正常供应的，由电力监管机构依照本规定组织事故调查组对重大事故、较大事故和一般事故进行调查。

第三十六条　未造成供电用户停电的一般事故,电力监管机构委托事故发生单位组织事故调查的,电力监管机构应当制作事故调查委托书,确定事故调查组组长,审查事故调查报告。事故发生单位组织事故调查,参照本规定执行。

第三十七条　本规定自2012年8月1日起施行。

十四、通讯应急管理

资料补充栏

中华人民共和国电信条例

1. 2000 年 9 月 25 日国务院令第 291 号公布
2. 根据 2014 年 7 月 29 日国务院令第 653 号《关于修改部分行政法规的决定》第一次修订
3. 根据 2016 年 2 月 6 日国务院令第 666 号《关于修改部分行政法规的决定》第二次修订

第一章　总　则

第一条　为了规范电信市场秩序，维护电信用户和电信业务经营者的合法权益，保障电信网络和信息的安全，促进电信业的健康发展，制定本条例。

第二条　在中华人民共和国境内从事电信活动或者与电信有关的活动，必须遵守本条例。

本条例所称电信，是指利用有线、无线的电磁系统或者光电系统，传送、发射或者接收语音、文字、数据、图像以及其他任何形式信息的活动。

第三条　国务院信息产业主管部门依照本条例的规定对全国电信业实施监督管理。

省、自治区、直辖市电信管理机构在国务院信息产业主管部门的领导下，依照本条例的规定对本行政区域内的电信业实施监督管理。

第四条　电信监督管理遵循政企分开、破除垄断、鼓励竞争、促进发展和公开、公平、公正的原则。

电信业务经营者应当依法经营，遵守商业道德，接受依法实施的监督检查。

第五条　电信业务经营者应当为电信用户提供迅速、准确、安全、方便和价格合理的电信服务。

第六条　电信网络和信息的安全受法律保护。任何组织或者个人不得利用电信网络从事危害国家安全、社会公共利益或者他人合法权益的活动。

第二章　电信市场

第一节　电信业务许可

第七条　国家对电信业务经营按照电信业务分类，实行许可制度。

经营电信业务，必须依照本条例的规定取得国务院信息产业主管部门或者省、自治区、直辖市电信管理机构颁发的电信业务经营许可证。

未取得电信业务经营许可证，任何组织或者个人不得从事电信业务经营活动。

第八条　电信业务分为基础电信业务和增值电信业务。

基础电信业务，是指提供公共网络基础设施、公共数据传送和基本话音通信服务的业务。增值电信业务，是指利用公共网络基础设施提供的电信与信息服务的业务。

电信业务分类的具体划分在本条例所附的《电信业务分类目录》中列出。国务院信息产业主管部门根据实际情况，可以对目录所列电信业务分类项目作局部调整，重新公布。

第九条　经营基础电信业务，须经国务院信息产业主管部门审查批准，取得《基础电信业务经营许可证》。

经营增值电信业务，业务覆盖范围在两个以上省、自治区、直辖市的，须经国务院信息产业主管部门审查批准，取得《跨地区增值电信业务经营许可证》；业务覆盖范围在一个省、自治区、直辖市行政区域内的，须经省、自治区、直辖市电信管理机构审查批准，取得《增值电信业务经营许可证》。

运用新技术试办《电信业务分类目录》未列出的新型电信业务的，应当向省、自治区、直辖市电信管理机构备案。

第十条　经营基础电信业务，应当具备下列条件：

（一）经营者为依法设立的专门从事基础电信业务的公司，且公司中国有股权或者股份不少于 51%；

（二）有可行性研究报告和组网技术方案；

（三）有与从事经营活动相适应的资金和专业人员；

（四）有从事经营活动的场地及相应的资源；

（五）有为用户提供长期服务的信誉或者能力；

（六）国家规定的其他条件。

第十一条　申请经营基础电信业务，应当向国务院信息产业主管部门提出申请，并提交本条例第十条规定的相关文件。国务院信息产业主管部门应当自受理申请之日起 180 日内审查完毕，作出批准或者不予批准的决定。予以批准的，颁发《基础电信业务经营许可证》；不予批准的，应当书面通知申请人并说明理由。

第十二条　国务院信息产业主管部门审查经营基础电信业务的申请时，应当考虑国家安全、电信网络安全、电信资源可持续利用、环境保护和电信市场的竞争状况等因素。

颁发《基础电信业务经营许可证》，应当按照国家有关规定采用招标方式。

第十三条　经营增值电信业务，应当具备下列条件：

（一）经营者为依法设立的公司；

（二）有与开展经营活动相适应的资金和专业

人员;

(三)有为用户提供长期服务的信誉或者能力;

(四)国家规定的其他条件。

第十四条　申请经营增值电信业务,应当根据本条例第九条第二款的规定,向国务院信息产业主管部门或者省、自治区、直辖市电信管理机构提出申请,并提交本条例第十三条规定的相关文件。申请经营的增值电信业务,按照国家有关规定须经有关主管部门审批的,还应当提交有关主管部门审核同意的文件。国务院信息产业主管部门或者省、自治区、直辖市电信管理机构应当自收到申请之日起60日内审查完毕,作出批准或者不予批准的决定。予以批准的,颁发《跨地区增值电信业务经营许可证》或者《增值电信业务经营许可证》;不予批准的,应当书面通知申请人并说明理由。

第十五条　电信业务经营者在经营过程中,变更经营主体、业务范围或者停止经营的,应当提前90日向原颁发许可证的机关提出申请,并办理相应手续;停止经营的,还应当按照国家有关规定做好善后工作。

第十六条　专用电信网运营单位在所在地区经营电信业务的,应当依照本条例规定的条件和程序提出申请,经批准,取得电信业务经营许可证。

第二节　电信网间互联

第十七条　电信网之间应当按照技术可行、经济合理、公平公正、相互配合的原则,实现互联互通。

主导的电信业务经营者不得拒绝其他电信业务经营者和专用网运营单位提出的互联互通要求。

前款所称主导的电信业务经营者,是指控制必要的基础电信设施并且在电信业务市场中占有较大份额,能够对其他电信业务经营者进入电信业务市场构成实质性影响的经营者。

主导的电信业务经营者由国务院信息产业主管部门确定。

第十八条　主导的电信业务经营者应当按照非歧视和透明化的原则,制定包括网间互联的程序、时限、非捆绑网络元素目录等内容的互联规程。互联规程应当报国务院信息产业主管部门审查同意。该互联规程对主导的电信业务经营者的互联互通活动具有约束力。

第十九条　公用电信网之间、公用电信网与专用电信网之间的网间互联,由网间互联双方按照国务院信息产业主管部门的网间互联管理规定进行互联协商,并订立网间互联协议。

第二十条　网间互联双方经协商未能达成网间互联协议的,自一方提出互联要求之日起60日内,任何一方均可以按照网间互联覆盖范围向国务院信息产业主管部门或者省、自治区、直辖市电信管理机构申请协调;收到申请的机关应当依照本条例第十七条第一款规定的原则进行协调,促使网间互联双方达成协议;自网间互联一方或者双方申请协调之日起45日内经协调仍不能达成协议的,由协调机关随机邀请电信技术专家和其他有关方面专家进行公开论证并提出网间互联方案。协调机关应当根据专家论证结论和提出的网间互联方案作出决定,强制实现互联互通。

第二十一条　网间互联双方必须在协议约定或者决定规定的时限内实现互联互通,遵守网间互联协议和国务院信息产业主管部门的相关规定,保障网间通信畅通,任何一方不得擅自中断互联互通。网间互联遇有通信技术障碍的,双方应当立即采取有效措施予以消除。网间互联双方在互联互通中发生争议的,依照本条例第二十条规定的程序和办法处理。

网间互联的通信质量应当符合国家有关标准。主导的电信业务经营者向其他电信业务经营者提供网间互联,服务质量不得低于本网内的同类业务及向其子公司或者分支机构提供的同类业务质量。

第二十二条　网间互联的费用结算与分摊应当执行国家有关规定,不得在规定标准之外加收费用。

网间互联的技术标准、费用结算办法和具体管理规定,由国务院信息产业主管部门制定。

第三节　电信资费

第二十三条　电信资费实行市场调节价。电信业务经营者应当统筹考虑生产经营成本、电信市场供求状况等因素,合理确定电信业务资费标准。

第二十四条　国家依法加强对电信业务经营者资费行为的监管,建立健全监管规则,维护消费者合法权益。

第二十五条　电信业务经营者应当根据国务院信息产业主管部门和省、自治区、直辖市电信管理机构的要求,提供准确、完备的业务成本数据及其他有关资料。

第四节　电信资源

第二十六条　国家对电信资源统一规划、集中管理、合理分配,实行有偿使用制度。

前款所称电信资源,是指无线电频率、卫星轨道位置、电信网码号等用于实现电信功能且有限的资源。

第二十七条　电信业务经营者占有、使用电信资源,应当缴纳电信资源费。具体收费办法由国务院信息产业主管部门会同国务院财政部门、价格主管部门制定,报国务院批准后公布施行。

第二十八条 电信资源的分配,应当考虑电信资源规划、用途和预期服务能力。

分配电信资源,可以采取指配的方式,也可以采用拍卖的方式。

取得电信资源使用权的,应当在规定的时限内启用所分配的资源,并达到规定的最低使用规模。未经国务院信息产业主管部门或者省、自治区、直辖市电信管理机构批准,不得擅自使用、转让、出租电信资源或者改变电信资源的用途。

第二十九条 电信资源使用者依法取得电信网码号资源后,主导的电信业务经营者和其他有关单位有义务采取必要的技术措施,配合电信资源使用者实现其电信网码号资源的功能。

法律、行政法规对电信资源管理另有特别规定的,从其规定。

第三章 电信服务

第三十条 电信业务经营者应当按照国家规定的电信服务标准向电信用户提供服务。电信业务经营者提供服务的种类、范围、资费标准和时限,应当向社会公布,并报省、自治区、直辖市电信管理机构备案。

电信用户有权自主选择使用依法开办的各类电信业务。

第三十一条 电信用户申请安装、移装电信终端设备的,电信业务经营者应当在其公布的时限内保证装机开通;由于电信业务经营者的原因逾期未能装机开通的,应当每日按照收取的安装费、移装费或者其他费用数额1%的比例,向电信用户支付违约金。

第三十二条 电信用户申告电信服务障碍的,电信业务经营者应当自接到申告之日起,城镇48小时、农村72小时内修复或者调通;不能按期修复或者调通的,应当及时通知电信用户,并免收障碍期间的月租费用。但是,属于电信终端设备的原因造成电信服务障碍的除外。

第三十三条 电信业务经营者应当为电信用户交费和查询提供方便。电信用户要求提供国内长途通信、国际通信、移动通信和信息服务等收费清单的,电信业务经营者应当免费提供。

电信用户出现异常的巨额电信费用时,电信业务经营者一经发现,应当尽可能迅速告知电信用户,并采取相应的措施。

前款所称巨额电信费用,是指突然出现超过电信用户此前3个月平均电信费用5倍以上的费用。

第三十四条 电信用户应当按照约定的时间和方式及时、足额地向电信业务经营者交纳电信费用;电信用户逾期不交纳电信费用的,电信业务经营者有权要求补交电信费用,并可以按照所欠费用每日加收3‰的违约金。

对超过收费约定期限30日仍不交纳电信费用的电信用户,电信业务经营者可以暂停向其提供电信服务。电信用户在电信业务经营者暂停服务60日内仍未补交电信费用和违约金的,电信业务经营者可以终止提供服务,并可以依法追缴欠费和违约金。

经营移动电信业务的经营者可以与电信用户约定交纳电信费用的期限、方式,不受前款规定期限的限制。

电信业务经营者应当在迟延交纳电信费用的电信用户补足电信费用、违约金后的48小时内,恢复暂停的电信服务。

第三十五条 电信业务经营者因工程施工、网络建设等原因,影响或者可能影响正常电信服务的,必须按照规定的时限及时告知用户,并向省、自治区、直辖市电信管理机构报告。

因前款原因中断电信服务的,电信业务经营者应当相应减免用户在电信服务中断期间的相关费用。

出现本条第一款规定的情形,电信业务经营者未及时告知用户的,应当赔偿由此给用户造成的损失。

第三十六条 经营本地电话业务和移动电话业务的电信业务经营者,应当免费向用户提供火警、匪警、医疗急救、交通事故报警等公益性电信服务并保障通信线路畅通。

第三十七条 电信业务经营者应当及时为需要通过中继线接入其电信网的集团用户,提供平等、合理的接入服务。

未经批准,电信业务经营者不得擅自中断接入服务。

第三十八条 电信业务经营者应当建立健全内部服务质量管理制度,并可以制定并公布施行高于国家规定的电信服务标准的企业标准。

电信业务经营者应当采取各种形式广泛听取电信用户意见,接受社会监督,不断提高电信服务质量。

第三十九条 电信业务经营者提供的电信服务达不到国家规定的电信服务标准或者其公布的企业标准的,或者电信用户对交纳电信费用持有异议的,电信用户有权要求电信业务经营者予以解决;电信业务经营者拒不解决或者电信用户对解决结果不满意的,电信用户有权向国务院信息产业主管部门或者省、自治区、直辖市电信管理机构或者其他有关部门申诉。收到申诉的机关必须对申诉及时处理,并自收到申诉之日起30日内向申诉者作出答复。

电信用户对交纳本地电话费用有异议的,电信业务经营者还应当应电信用户的要求免费提供本地电话收费依据,并有义务采取必要措施协助电信用户查找原因。

第四十条 电信业务经营者在电信服务中,不得有下列行为:

(一)以任何方式限定电信用户使用其指定的业务;

(二)限定电信用户购买其指定的电信终端设备或者拒绝电信用户使用自备的已经取得入网许可的电信终端设备;

(三)无正当理由拒绝、拖延或者中止对电信用户的电信服务;

(四)对电信用户不履行公开作出的承诺或者作容易引起误解的虚假宣传;

(五)以不正当手段刁难电信用户或者对投诉的电信用户打击报复。

第四十一条 电信业务经营者在电信业务经营活动中,不得有下列行为:

(一)以任何方式限制电信用户选择其他电信业务经营者依法开办的电信服务;

(二)对其经营的不同业务进行不合理的交叉补贴;

(三)以排挤竞争对手为目的,低于成本提供电信业务或者服务,进行不正当竞争。

第四十二条 国务院信息产业主管部门或者省、自治区、直辖市电信管理机构应当依据职权对电信业务经营者的电信服务质量和经营活动进行监督检查,并向社会公布监督抽查结果。

第四十三条 电信业务经营者必须按照国家有关规定履行相应的电信普遍服务义务。

国务院信息产业主管部门可以采取指定的或者招标的方式确定电信业务经营者具体承担电信普遍服务的义务。

电信普遍服务成本补偿管理办法,由国务院信息产业主管部门会同国务院财政部门、价格主管部门制定,报国务院批准后公布施行。

第四章 电信建设

第一节 电信设施建设

第四十四条 公用电信网、专用电信网、广播电视传输网的建设应当接受国务院信息产业主管部门的统筹规划和行业管理。

属于全国性信息网络工程或者国家规定限额以上建设项目的公用电信网、专用电信网、广播电视传输网建设,在按照国家基本建设项目审批程序报批前,应当征得国务院信息产业主管部门同意。

基础电信建设项目应当纳入地方各级人民政府城市建设总体规划和村镇、集镇建设总体规划。

第四十五条 城市建设和村镇、集镇建设应当配套设置电信设施。建筑物内的电信管线和配线设施以及建设项目用地范围内的电信管道,应当纳入建设项目的设计文件,并随建设项目同时施工与验收。所需经费应当纳入建设项目概算。

有关单位或者部门规划、建设道路、桥梁、隧道或者地下铁道等,应当事先通知省、自治区、直辖市电信管理机构和电信业务经营者,协商预留电信管线等事宜。

第四十六条 基础电信业务经营者可以在民用建筑物上附挂电信线路或者设置小型天线、移动通信基站等公用电信设施,但是应当事先通知建筑物产权人或者使用人,并按照省、自治区、直辖市人民政府规定的标准向该建筑物的产权人或者其他权利人支付使用费。

第四十七条 建设地下、水底等隐蔽电信设施和高空电信设施,应当按照国家有关规定设置标志。

基础电信业务经营者建设海底电信缆线,应当征得国务院信息产业主管部门同意,并征求有关部门意见后,依法办理有关手续。海底电信缆线由国务院有关部门在海图上标出。

第四十八条 任何单位或者个人不得擅自改动或者迁移他人的电信线路及其他电信设施;遇有特殊情况必须改动或者迁移的,应当征得该电信设施产权人同意,由提出改动或者迁移要求的单位或者个人承担改动或者迁移所需费用,并赔偿由此造成的经济损失。

第四十九条 从事施工、生产、种植树木等活动,不得危及电信线路或者其他电信设施的安全或者妨碍线路畅通;可能危及电信安全时,应当事先通知有关电信业务经营者,并由从事该活动的单位或者个人负责采取必要的安全防护措施。

违反前款规定,损害电信线路或者其他电信设施或者妨碍线路畅通的,应当恢复原状或者予以修复,并赔偿由此造成的经济损失。

第五十条 从事电信线路建设,应当与已建的电信线路保持必要的安全距离;难以避开或者必须穿越,或者需要使用已建电信管道的，应当与已建电信线路的产权人协商，并签订协议；经协商不能达成协议的，根据不同情况，由国务院信息产业主管部门或者省、自治区、直辖市电信管理机构协调解决。

第五十一条 任何组织或者个人不得阻止或者妨碍基础电信业务经营者依法从事电信设施建设和向电信用户提供公共电信服务；但是，国家规定禁止或者限制进入的区域除外。

第五十二条 执行特殊通信、应急通信和抢修、抢险任务的电信车辆，经公安交通管理机关批准，在保障交通安全畅通的前提下可以不受各种禁止机动车通行标志的限制。

第二节 电信设备进网

第五十三条 国家对电信终端设备、无线电通信设备和涉及网间互联的设备实行进网许可制度。

接入公用电信网的电信终端设备、无线电通信设备和涉及网间互联的设备，必须符合国家规定的标准并取得进网许可证。

实行进网许可制度的电信设备目录，由国务院信息产业主管部门会同国务院产品质量监督部门制定并公布施行。

第五十四条 办理电信设备进网许可证的，应当向国务院信息产业主管部门提出申请，并附送经国务院产品质量监督部门认可的电信设备检测机构出具的检测报告或者认证机构出具的产品质量认证证书。

国务院信息产业主管部门应当自收到电信设备进网许可申请之日起60日内，对申请及电信设备检测报告或者产品质量认证证书审查完毕。经审查合格的，颁发进网许可证；经审查不合格的，应当书面答复并说明理由。

第五十五条 电信设备生产企业必须保证获得进网许可的电信设备的质量稳定、可靠，不得降低产品质量和性能。

电信设备生产企业应当在其生产的获得进网许可的电信设备上粘贴进网许可标志。

国务院产品质量监督部门应当会同国务院信息产业主管部门对获得进网许可证的电信设备进行质量跟踪和监督抽查，公布抽查结果。

第五章 电信安全

第五十六条 任何组织或者个人不得利用电信网络制作、复制、发布、传播含有下列内容的信息：

（一）反对宪法所确定的基本原则的；

（二）危害国家安全，泄露国家秘密，颠覆国家政权，破坏国家统一的；

（三）损害国家荣誉和利益的；

（四）煽动民族仇恨、民族歧视，破坏民族团结的；

（五）破坏国家宗教政策，宣扬邪教和封建迷信的；

（六）散布谣言，扰乱社会秩序，破坏社会稳定的；

（七）散布淫秽、色情、赌博、暴力、凶杀、恐怖或者教唆犯罪的；

（八）侮辱或者诽谤他人，侵害他人合法权益的；

（九）含有法律、行政法规禁止的其他内容的。

第五十七条 任何组织或者个人不得有下列危害电信网络安全和信息安全的行为：

（一）对电信网的功能或者存储、处理、传输的数据和应用程序进行删除或者修改；

（二）利用电信网从事窃取或者破坏他人信息、损害他人合法权益的活动；

（三）故意制作、复制、传播计算机病毒或者以其他方式攻击他人电信网络等电信设施；

（四）危害电信网络安全和信息安全的其他行为。

第五十八条 任何组织或者个人不得有下列扰乱电信市场秩序的行为：

（一）采取租用电信国际专线、私设转接设备或者其他方法，擅自经营国际或者香港特别行政区、澳门特别行政区和台湾地区电信业务；

（二）盗接他人电信线路，复制他人电信码号，使用明知是盗接、复制的电信设施或者码号；

（三）伪造、变造电话卡及其他各种电信服务有价凭证；

（四）以虚假、冒用的身份证件办理入网手续并使用移动电话。

第五十九条 电信业务经营者应当按照国家有关电信安全的规定，建立健全内部安全保障制度，实行安全保障责任制。

第六十条 电信业务经营者在电信网络的设计、建设和运行中，应当做到与国家安全和电信网络安全的需求同步规划，同步建设，同步运行。

第六十一条 在公共信息服务中，电信业务经营者发现电信网络中传输的信息明显属于本条例第五十六条所列内容的，应当立即停止传输，保存有关记录，并向国家有关机关报告。

第六十二条 使用电信网络传输信息的内容及其后果由电信用户负责。

电信用户使用电信网络传输的信息属于国家秘密信息的,必须依照保守国家秘密法的规定采取保密措施。

第六十三条 在发生重大自然灾害等紧急情况下,经国务院批准,国务院信息产业主管部门可以调用各种电信设施,确保重要通信畅通。

第六十四条 在中华人民共和国境内从事国际通信业务,必须通过国务院信息产业主管部门批准设立的国际通信出入口局进行。

我国内地与香港特别行政区、澳门特别行政区和台湾地区之间的通信,参照前款规定办理。

第六十五条 电信用户依法使用电信的自由和通信秘密受法律保护。除因国家安全或者追查刑事犯罪的需要,由公安机关、国家安全机关或者人民检察院依照法律规定的程序对电信内容进行检查外,任何组织或者个人不得以任何理由对电信内容进行检查。

电信业务经营者及其工作人员不得擅自向他人提供电信用户使用电信网络所传输信息的内容。

第六章　罚　　则

第六十六条 违反本条例第五十六条、第五十七条的规定,构成犯罪的,依法追究刑事责任;尚不构成犯罪的,由公安机关、国家安全机关依照有关法律、行政法规的规定予以处罚。

第六十七条 有本条例第五十八条第(二)、(三)、(四)项所列行为之一,扰乱电信市场秩序,构成犯罪的,依法追究刑事责任;尚不构成犯罪的,由国务院信息产业主管部门或者省、自治区、直辖市电信管理机构依据职权责令改正,没收违法所得,处违法所得3倍以上5倍以下罚款;没有违法所得或者违法所得不足1万元的,处1万元以上10万元以下罚款。

第六十八条 违反本条例的规定,伪造、冒用、转让电信业务经营许可证、电信设备进网许可证或者编造在电信设备上标注的进网许可证编号的,由国务院信息产业主管部门或者省、自治区、直辖市电信管理机构依据职权没收违法所得,处违法所得3倍以上5倍以下罚款;没有违法所得或者违法所得不足1万元的,处1万元以上10万元以下罚款。

第六十九条 违反本条例规定,有下列行为之一的,由国务院信息产业主管部门或者省、自治区、直辖市电信管理机构依据职权责令改正,没收违法所得,处违法所得3倍以上5倍以下罚款;没有违法所得或者违法所得不足5万元的,处10万元以上100万元以下罚款;情节严重的,责令停业整顿:

(一)违反本条例第七条第三款的规定或者有本条例第五十八条第(一)项所列行为,擅自经营电信业务的,或者超范围经营电信业务的;

(二)未通过国务院信息产业主管部门批准,设立国际通信出入口进行国际通信的;

(三)擅自使用、转让、出租电信资源或者改变电信资源用途的;

(四)擅自中断网间互联互通或者接入服务的;

(五)拒不履行普遍服务义务的。

第七十条 违反本条例的规定,有下列行为之一的,由国务院信息产业主管部门或者省、自治区、直辖市电信管理机构依据职权责令改正,没收违法所得,处违法所得1倍以上3倍以下罚款;没有违法所得或者违法所得不足1万元的,处1万元以上10万元以下罚款;情节严重的,责令停业整顿:

(一)在电信网间互联中违反规定加收费用的;

(二)遇有网间通信技术障碍,不采取有效措施予以消除的;

(三)擅自向他人提供电信用户使用电信网络所传输信息的内容的;

(四)拒不按照规定缴纳电信资源使用费的。

第七十一条 违反本条例第四十一条的规定,在电信业务经营活动中进行不正当竞争的,由国务院信息产业主管部门或者省、自治区、直辖市电信管理机构依据职权责令改正,处10万元以上100万元以下罚款;情节严重的,责令停业整顿。

第七十二条 违反本条例的规定,有下列行为之一的,由国务院信息产业主管部门或者省、自治区、直辖市电信管理机构依据职权责令改正,处5万元以上50万元以下罚款;情节严重的,责令停业整顿:

(一)拒绝其他电信业务经营者提出的互联互通要求的;

(二)拒不执行国务院信息产业主管部门或者省、自治区、直辖市电信管理机构依法作出的互联互通决定的;

(三)向其他电信业务经营者提供网间互联的服务质量低于本网及其子公司或者分支机构的。

第七十三条 违反本条例第三十三条第一款、第三十九条第二款的规定,电信业务经营者拒绝免费为电信用户提供国内长途通信、国际通信、移动通信和信息服务等收费清单,或者电信用户对交纳本地电话费用有异议并提出要求时,拒绝为电信用户免费提供本地电话收费依据的,由省、自治区、直辖市电信管理机构责令改正，并向电信用户赔礼道歉；拒不改正并赔礼道歉的，处以警告，并处5000元以上5万元以下的罚款。

第七十四条 违反本条例第四十条的规定，由省、自治区、直辖市电信管理机构责令改正，并向电信用户赔礼道歉，赔偿电信用户损失；拒不改正并赔礼道歉、赔偿损失的，处以警告，并处1万元以上10万元以下的罚款；情节严重的，责令停业整顿。

第七十五条 违反本条例的规定，有下列行为之一的，由省、自治区、直辖市电信管理机构责令改正，处1万元以上10万元以下的罚款：

（一）销售未取得进网许可的电信终端设备的；

（二）非法阻止或者妨碍电信业务经营者向电信用户提供公共电信服务的；

（三）擅自改动或者迁移他人的电信线路及其他电信设施的。

第七十六条 违反本条例的规定，获得电信设备进网许可证后降低产品质量和性能的，由产品质量监督部门依照有关法律、行政法规的规定予以处罚。

第七十七条 有本条例第五十六条、第五十七条和第五十八条所列禁止行为之一，情节严重的，由原发证机关吊销电信业务经营许可证。

国务院信息产业主管部门或者省、自治区、直辖市电信管理机构吊销电信业务经营许可证后，应当通知企业登记机关。

第七十八条 国务院信息产业主管部门或者省、自治区、直辖市电信管理机构工作人员玩忽职守、滥用职权、徇私舞弊，构成犯罪的，依法追究刑事责任；尚不构成犯罪的，依法给予行政处分。

第七章 附 则

第七十九条 外国的组织或者个人在中华人民共和国境内投资与经营电信业务和香港特别行政区、澳门特别行政区与台湾地区的组织或者个人在内地投资与经营电信业务的具体办法，由国务院另行制定。

第八十条 本条例自公布之日起施行。

附：

电信业务分类目录

一、基础电信业务

（一）固定网络国内长途及本地电话业务；

（二）移动网络电话和数据业务；

（三）卫星通信及卫星移动通信业务；

（四）互联网及其他公共数据传送业务；

（五）带宽、波长、光纤、光缆、管道及其他网络元素出租、出售业务；

（六）网络承载、接入及网络外包等业务；

（七）国际通信基础设施、国际电信业务；

（八）无线寻呼业务；

（九）转售的基础电信业务。

第（八）、（九）项业务比照增值电信业务管理。

二、增值电信业务

（一）电子邮件；

（二）语音信箱；

（三）在线信息库存储和检索；

（四）电子数据交换；

（五）在线数据处理与交易处理；

（六）增值传真；

（七）互联网接入服务；

（八）互联网信息服务；

（九）可视电话会议服务。

中华人民共和国无线电管理条例

1. 1993年9月11日国务院、中央军事委员会令第128号发布
2. 2016年11月11日国务院、中央军事委员会令第672号修订
3. 自2016年12月1日起施行

第一章 总 则

第一条 为了加强无线电管理，维护空中电波秩序，有效开发、利用无线电频谱资源，保证各种无线电业务的正常进行，制定本条例。

第二条 在中华人民共和国境内使用无线电频率，设置、使用无线电台（站），研制、生产、进口、销售和维修无线电发射设备，以及使用辐射无线电波的非无线电设备，应当遵守本条例。

第三条 无线电频谱资源属于国家所有。国家对无线电频谱资源实行统一规划、合理开发、有偿使用的原则。

第四条 无线电管理工作在国务院、中央军事委员会的统一领导下分工管理、分级负责，贯彻科学管理、保护资源、保障安全、促进发展的方针。

第五条 国家鼓励、支持对无线电频谱资源的科学技术研究和先进技术的推广应用，提高无线电频谱资源的利用效率。

第六条 任何单位或者个人不得擅自使用无线电频率，

不得对依法开展的无线电业务造成有害干扰,不得利用无线电台(站)进行违法犯罪活动。

第七条　根据维护国家安全、保障国家重大任务、处置重大突发事件等需要,国家可以实施无线电管制。

第二章　管理机构及其职责

第八条　国家无线电管理机构负责全国无线电管理工作,依据职责拟订无线电管理的方针、政策,统一管理无线电频率和无线电台(站),负责无线电监测、干扰查处和涉外无线电管理等工作,协调处理无线电管理相关事宜。

第九条　中国人民解放军电磁频谱管理机构负责军事系统的无线电管理工作,参与拟订国家有关无线电管理的方针、政策。

第十条　省、自治区、直辖市无线电管理机构在国家无线电管理机构和省、自治区、直辖市人民政府领导下,负责本行政区域除军事系统外的无线电管理工作,根据审批权限实施无线电频率使用许可,审查无线电台(站)的建设布局和台址,核发无线电台执照及无线电台识别码(含呼号,下同),负责本行政区域无线电监测和干扰查处,协调处理本行政区域无线电管理相关事宜。

省、自治区无线电管理机构根据工作需要可以在本行政区域内设立派出机构。派出机构在省、自治区无线电管理机构的授权范围内履行职责。

第十一条　军地建立无线电管理协调机制,共同划分无线电频率,协商处理涉及军事系统与非军事系统间的无线电管理事宜。无线电管理重大问题报国务院、中央军事委员会决定。

第十二条　国务院有关部门的无线电管理机构在国家无线电管理机构的业务指导下,负责本系统(行业)的无线电管理工作,贯彻执行国家无线电管理的方针、政策和法律、行政法规、规章,依照本条例规定和国务院规定的部门职权,管理国家无线电管理机构分配给本系统(行业)使用的航空、水上无线电专用频率,规划本系统(行业)无线电台(站)的建设布局和台址,核发制式无线电台执照及无线电台识别码。

第三章　频率管理

第十三条　国家无线电管理机构负责制定无线电频率划分规定,并向社会公布。

制定无线电频率划分规定应当征求国务院有关部门和军队有关单位的意见,充分考虑国家安全和经济社会、科学技术发展以及频谱资源有效利用的需要。

第十四条　使用无线电频率应当取得许可,但下列频率除外:

(一)业余无线电台、公众对讲机、制式无线电台使用的频率;

(二)国际安全与遇险系统,用于航空、水上移动业务和无线电导航业务的国际固定频率;

(三)国家无线电管理机构规定的微功率短距离无线电发射设备使用的频率。

第十五条　取得无线电频率使用许可,应当符合下列条件:

(一)所申请的无线电频率符合无线电频率划分和使用规定,有明确具体的用途;

(二)使用无线电频率的技术方案可行;

(三)有相应的专业技术人员;

(四)对依法使用的其他无线电频率不会产生有害干扰。

第十六条　无线电管理机构应当自受理无线电频率使用许可申请之日起20个工作日内审查完毕,依照本条例第十五条规定的条件,并综合考虑国家安全需要和可用频率的情况,作出许可或者不予许可的决定。予以许可的,颁发无线电频率使用许可证;不予许可的,书面通知申请人并说明理由。

无线电频率使用许可证应当载明无线电频率的用途、使用范围、使用率要求、使用期限等事项。

第十七条　地面公众移动通信使用频率等商用无线电频率的使用许可,可以依照有关法律、行政法规的规定采取招标、拍卖的方式。

无线电管理机构采取招标、拍卖的方式确定中标人、买受人后,应当作出许可的决定,并依法向中标人、买受人颁发无线电频率使用许可证。

第十八条　无线电频率使用许可由国家无线电管理机构实施。国家无线电管理机构确定范围内的无线电频率使用许可,由省、自治区、直辖市无线电管理机构实施。

国家无线电管理机构分配给交通运输、渔业、海洋系统(行业)使用的水上无线电专用频率,由所在地省、自治区、直辖市无线电管理机构分别会同相关主管部门实施许可;国家无线电管理机构分配给民用航空系统使用的航空无线电专用频率,由国务院民用航空主管部门实施许可。

第十九条　无线电频率使用许可的期限不得超过10年。

无线电频率使用期限届满后需要继续使用的,应当在期限届满30个工作日前向作出许可决定的无线电管理机构提出延续申请。受理申请的无线电管理机构应当依照本条例第十五条、第十六条的规定进行审查并作出决定。

无线电频率使用期限届满前拟终止使用无线电频率的，应当及时向作出许可决定的无线电管理机构办理注销手续。

第二十条 转让无线电频率使用权的，受让人应当符合本条例第十五条规定的条件，并提交双方转让协议，依照本条例第十六条规定的程序报请无线电管理机构批准。

第二十一条 使用无线电频率应当按照国家有关规定缴纳无线电频率占用费。

无线电频率占用费的项目、标准，由国务院财政部门、价格主管部门制定。

第二十二条 国际电信联盟依照国际规则规划给我国使用的卫星无线电频率，由国家无线电管理机构统一分配给使用单位。

申请使用国际电信联盟非规划的卫星无线电频率，应当通过国家无线电管理机构统一提出申请。国家无线电管理机构应当及时组织有关单位进行必要的国内协调，并依照国际规则开展国际申报、协调、登记工作。

第二十三条 组建卫星通信网需要使用卫星无线电频率的，除应当符合本条例第十五条规定的条件外，还应当提供拟使用的空间无线电台、卫星轨道位置和卫星覆盖范围等信息，以及完成国内协调并开展必要国际协调的证明材料等。

第二十四条 使用其他国家、地区的卫星无线电频率开展业务，应当遵守我国卫星无线电频率管理的规定，并完成与我国申报的卫星无线电频率的协调。

第二十五条 建设卫星工程，应当在项目规划阶段对拟使用的卫星无线电频率进行可行性论证；建设须经国务院、中央军事委员会批准的卫星工程，应当在项目规划阶段与国家无线电管理机构协商确定拟使用的卫星无线电频率。

第二十六条 除因不可抗力外，取得无线电频率使用许可后超过2年不使用或者使用率达不到许可证规定要求的，作出许可决定的无线电管理机构有权撤销无线电频率使用许可，收回无线电频率。

第四章 无线电台(站)管理

第二十七条 设置、使用无线电台(站)应当向无线电管理机构申请取得无线电台执照，但设置、使用下列无线电台(站)的除外：

(一)地面公众移动通信终端；

(二)单收无线电台(站)；

(三)国家无线电管理机构规定的微功率短距离无线电台(站)。

第二十八条 除本条例第二十九条规定的业余无线电台外，设置、使用无线电台(站)，应当符合下列条件：

(一)有可用的无线电频率；

(二)所使用的无线电发射设备依法取得无线电发射设备型号核准证且符合国家规定的产品质量要求；

(三)有熟悉无线电管理规定、具备相关业务技能的人员；

(四)有明确具体的用途，且技术方案可行；

(五)有能够保证无线电台(站)正常使用的电磁环境，拟设置的无线电台(站)对依法使用的其他无线电台(站)不会产生有害干扰。

申请设置、使用空间无线电台，除应当符合前款规定的条件外，还应当有可利用的卫星无线电频率和卫星轨道资源。

第二十九条 申请设置、使用业余无线电台的，应当熟悉无线电管理规定，具有相应的操作技术能力，所使用的无线电发射设备应当符合国家标准和国家无线电管理的有关规定。

第三十条 设置、使用有固定台址的无线电台(站)，由无线电台(站)所在地的省、自治区、直辖市无线电管理机构实施许可。设置、使用没有固定台址的无线电台，由申请人住所地的省、自治区、直辖市无线电管理机构实施许可。

设置、使用空间无线电台、卫星测控(导航)站、卫星关口站、卫星国际专线地球站、15瓦以上的短波无线电台(站)以及涉及国家主权、安全的其他重要无线电台(站)，由国家无线电管理机构实施许可。

第三十一条 无线电管理机构应当自受理申请之日起30个工作日内审查完毕，依照本条例第二十八条、第二十九条规定的条件，作出许可或者不予许可的决定。予以许可的，颁发无线电台执照，需要使用无线电台识别码的，同时核发无线电台识别码；不予许可的，书面通知申请人并说明理由。

无线电台(站)需要变更、增加无线电台识别码的，由无线电管理机构核发。

第三十二条 无线电台执照应当载明无线电台(站)的台址、使用频率、发射功率、有效期、使用要求等事项。

无线电台执照的样式由国家无线电管理机构统一规定。

第三十三条　无线电台(站)使用的无线电频率需要取得无线电频率使用许可的,其无线电台执照有效期不得超过无线电频率使用许可证规定的期限;依照本条例第十四条规定不需要取得无线电频率使用许可的,其无线电台执照有效期不得超过5年。

无线电台执照有效期届满后需要继续使用无线电台(站)的,应当在期限届满30个工作日前向作出许可决定的无线电管理机构申请更换无线电台执照。受理申请的无线电管理机构应当依照本条例第三十一条的规定作出决定。

第三十四条　国家无线电管理机构向国际电信联盟统一申请无线电台识别码序列,并对无线电台识别码进行编制和分配。

第三十五条　建设固定台址的无线电台(站)的选址,应当符合城乡规划的要求,避开影响其功能发挥的建筑物、设施等。地方人民政府制定、修改城乡规划,安排可能影响大型无线电台(站)功能发挥的建设项目的,应当考虑其功能发挥的需要,并征求所在地无线电管理机构和军队电磁频谱管理机构的意见。

设置大型无线电台(站)、地面公众移动通信基站,其台址布局规划应当符合资源共享和电磁环境保护的要求。

第三十六条　船舶、航空器、铁路机车(含动车组列车,下同)设置、使用制式无线电台应当符合国家有关规定,由国务院有关部门的无线电管理机构颁发无线电台执照;需要使用无线电台识别码的,同时核发无线电台识别码。国务院有关部门应当将制式无线电台执照及无线电台识别码的核发情况定期通报国家无线电管理机构。

船舶、航空器、铁路机车设置、使用非制式无线电台的管理办法,由国家无线电管理机构会同国务院有关部门制定。

第三十七条　遇有危及国家安全、公共安全、生命财产安全的紧急情况或者为了保障重大社会活动的特殊需要,可以不经批准临时设置、使用无线电台(站),但是应当及时向无线电台(站)所在地无线电管理机构报告,并在紧急情况消除或者重大社会活动结束后及时关闭。

第三十八条　无线电台(站)应当按照无线电台执照规定的许可事项和条件设置、使用;变更许可事项的,应当向作出许可决定的无线电管理机构办理变更手续。

无线电台(站)终止使用的,应当及时向作出许可决定的无线电管理机构办理注销手续,交回无线电台执照,拆除无线电台(站)及天线等附属设备。

第三十九条　使用无线电台(站)的单位或者个人应当对无线电台(站)进行定期维护,保证其性能指标符合国家标准和国家无线电管理的有关规定,避免对其他依法设置、使用的无线电台(站)产生有害干扰。

第四十条　使用无线电台(站)的单位或者个人应当遵守国家环境保护的规定,采取必要措施防止无线电波发射产生的电磁辐射污染环境。

第四十一条　使用无线电台(站)的单位或者个人不得故意收发无线电台执照许可事项之外的无线电信号,不得传播、公布或者利用无意接收的信息。

业余无线电台只能用于相互通信、技术研究和自我训练,并在业余业务或者卫星业余业务专用频率范围内收发信号,但是参与重大自然灾害等突发事件应急处置的除外。

第五章　无线电发射设备管理

第四十二条　研制无线电发射设备使用的无线电频率,应当符合国家无线电频率划分规定。

第四十三条　生产或者进口在国内销售、使用的无线电发射设备,应当符合产品质量等法律法规、国家标准和国家无线电管理的有关规定。

第四十四条　除微功率短距离无线电发射设备外,生产或者进口在国内销售、使用的其他无线电发射设备,应当向国家无线电管理机构申请型号核准。无线电发射设备型号核准目录由国家无线电管理机构公布。

生产或者进口应当取得型号核准的无线电发射设备,除应当符合本条例第四十三条的规定外,还应当符合无线电发射设备型号核准证核定的技术指标,并在设备上标注型号核准代码。

第四十五条　取得无线电发射设备型号核准,应当符合下列条件:

(一)申请人有相应的生产能力、技术力量、质量保证体系;

(二)无线电发射设备的工作频率、功率等技术指标符合国家标准和国家无线电管理的有关规定。

第四十六条　国家无线电管理机构应当依法对申请型号核准的无线电发射设备是否符合本条例第四十五条规定的条件进行审查,自受理申请之日起30个工作日内作出核准或者不予核准的决定。予以核准的,颁发无线电发射设备型号核准证;不予核准的,书面通知申请人并说明理由。

国家无线电管理机构应当定期将无线电发射设备

型号核准的情况向社会公布。

第四十七条 进口依照本条例第四十四条的规定应当取得型号核准的无线电发射设备，进口货物收货人、携带无线电发射设备入境的人员、寄递无线电发射设备的收件人，应当主动向海关申报，凭无线电发射设备型号核准证办理通关手续。

进行体育比赛、科学实验等活动，需要携带、寄递依照本条例第四十四条的规定应当取得型号核准而未取得型号核准的无线电发射设备临时进关的，应当经无线电管理机构批准，凭批准文件办理通关手续。

第四十八条 销售依照本条例第四十四条的规定应当取得型号核准的无线电发射设备，应当向省、自治区、直辖市无线电管理机构办理销售备案。不得销售未依照本条例规定标注型号核准代码的无线电发射设备。

第四十九条 维修无线电发射设备，不得改变无线电发射设备型号核准证核定的技术指标。

第五十条 研制、生产、销售和维修大功率无线电发射设备，应当采取措施有效抑制电波发射，不得对依法设置、使用的无线电台（站）产生有害干扰。进行实效发射试验的，应当依照本条例第三十条的规定向省、自治区、直辖市无线电管理机构申请办理临时设置、使用无线电台（站）手续。

第六章 涉外无线电管理

第五十一条 无线电频率协调的涉外事宜，以及我国境内电台与境外电台的相互有害干扰，由国家无线电管理机构会同有关单位与有关的国际组织或者国家、地区协调处理。

需要向国际电信联盟或者其他国家、地区提供无线电管理相关资料的，由国家无线电管理机构统一办理。

第五十二条 在边境地区设置、使用无线电台（站），应当遵守我国与相关国家、地区签订的无线电频率协调协议。

第五十三条 外国领导人访华、各国驻华使领馆和享有外交特权与豁免的国际组织驻华代表机构需要设置、使用无线电台（站）的，应当通过外交途径经国家无线电管理机构批准。

除使用外交邮袋装运外，外国领导人访华、各国驻华使领馆和享有外交特权与豁免的国际组织驻华代表机构携带、寄递或者以其他方式运输依照本条例第四十四条的规定应当取得型号核准而未取得型号核准的无线电发射设备入境的，应当通过外交途径经国家无线电管理机构批准后办理通关手续。

其他境外组织或者个人在我国境内设置、使用无线电台（站）的，应当按照我国有关规定经相关业务主管部门报请无线电管理机构批准；携带、寄递或者以其他方式运输依照本条例第四十四条的规定应当取得型号核准而未取得型号核准的无线电发射设备入境的，应当按照我国有关规定经相关业务主管部门报无线电管理机构批准后，到海关办理无线电发射设备入境手续，但国家无线电管理机构规定不需要批准的除外。

第五十四条 外国船舶（含海上平台）、航空器、铁路机车、车辆等设置的无线电台在我国境内使用，应当遵守我国的法律、法规和我国缔结或者参加的国际条约。

第五十五条 境外组织或者个人不得在我国境内进行电波参数测试或者电波监测。

任何单位或者个人不得向境外组织或者个人提供涉及国家安全的境内电波参数资料。

第七章 无线电监测和电波秩序维护

第五十六条 无线电管理机构应当定期对无线电频率的使用情况和在用的无线电台（站）进行检查和检测，保障无线电台（站）的正常使用，维护正常的无线电波秩序。

第五十七条 国家无线电监测中心和省、自治区、直辖市无线电监测站作为无线电管理技术机构，分别在国家无线电管理机构和省、自治区、直辖市无线电管理机构领导下，对无线电信号实施监测，查找无线电干扰源和未经许可设置、使用的无线电台（站）。

第五十八条 国务院有关部门的无线电监测站负责对本系统（行业）的无线电信号实施监测。

第五十九条 工业、科学、医疗设备，电气化运输系统、高压电力线和其他电器装置产生的无线电波辐射，应当符合国家标准和国家无线电管理的有关规定。

制定辐射无线电波的非无线电设备的国家标准和技术规范，应当征求国家无线电管理机构的意见。

第六十条 辐射无线电波的非无线电设备对已依法设置、使用的无线电台（站）产生有害干扰的，设备所有者或者使用者应当采取措施予以消除。

第六十一条 经无线电管理机构确定的产生无线电波辐射的工程设施，可能对已依法设置、使用的无线电台（站）造成有害干扰的，其选址定点由地方人民政府城乡规划主管部门和省、自治区、直辖市无线电管理机构协商确定。

第六十二条 建设射电天文台、气象雷达站、卫星测控（导航）站、机场等需要电磁环境特殊保护的项目，项目建设单位应当在确定工程选址前对其选址进行电磁兼容分析和论证,并征求无线电管理机构的意见;未进行电磁兼容分析和论证,或者未征求、采纳无线电管理机构的意见的,不得向无线电管理机构提出排除有害干扰的要求。

第六十三条　在已建射电天文台、气象雷达站、卫星测控(导航)站、机场的周边区域,不得新建阻断无线电信号传输的高大建筑、设施,不得设置、使用干扰其正常使用的设施、设备。无线电管理机构应当会同城乡规划主管部门和其他有关部门制定具体的保护措施并向社会公布。

第六十四条　国家对船舶、航天器、航空器、铁路机车专用的无线电导航、遇险救助和安全通信等涉及人身安全的无线电频率予以特别保护。任何无线电发射设备和辐射无线电波的非无线电设备对其产生有害干扰的,应当立即消除有害干扰。

第六十五条　依法设置、使用的无线电台(站)受到有害干扰的,可以向无线电管理机构投诉。受理投诉的无线电管理机构应当及时处理,并将处理情况告知投诉人。

处理无线电频率相互有害干扰,应当遵循频带外让频带内、次要业务让主要业务、后用让先用、无规划让有规划的原则。

第六十六条　无线电管理机构可以要求产生有害干扰的无线电台(站)采取维修无线电发射设备、校准发射频率或者降低功率等措施消除有害干扰;无法消除有害干扰的,可以责令产生有害干扰的无线电台(站)暂停发射。

第六十七条　对非法的无线电发射活动,无线电管理机构可以暂扣无线电发射设备或者查封无线电台(站),必要时可以采取技术性阻断措施;无线电管理机构在无线电监测、检查工作中发现涉嫌违法犯罪活动的,应当及时通报公安机关并配合调查处理。

第六十八条　省、自治区、直辖市无线电管理机构应当加强对生产、销售无线电发射设备的监督检查,依法查处违法行为。县级以上地方人民政府产品质量监督部门、工商行政管理部门应当配合监督检查,并及时向无线电管理机构通报其在产品质量监督、市场监管执法过程中发现的违法生产、销售无线电发射设备的行为。

第六十九条　无线电管理机构和无线电监测中心(站)的工作人员应当对履行职责过程中知悉的通信秘密和无线电信号保密。

第八章　法律责任

第七十条　违反本条例规定,未经许可擅自使用无线电频率,或者擅自设置、使用无线电台(站)的,由无线电管理机构责令改正,没收从事违法活动的设备和违法所得,可以并处5万元以下的罚款;拒不改正的,并处5万元以上20万元以下的罚款;擅自设置、使用无线电台(站)从事诈骗等违法活动,尚不构成犯罪的,并处20万元以上50万元以下的罚款。

第七十一条　违反本条例规定,擅自转让无线电频率的,由无线电管理机构责令改正,没收违法所得;拒不改正的,并处违法所得1倍以上3倍以下的罚款;没有违法所得或者违法所得不足10万元的,处1万元以上10万元以下的罚款;造成严重后果的,吊销无线电频率使用许可证。

第七十二条　违反本条例规定,有下列行为之一的,由无线电管理机构责令改正,没收违法所得,可以并处3万元以下的罚款;造成严重后果的,吊销无线电台执照,并处3万元以上10万元以下的罚款:

(一)不按照无线电台执照规定的许可事项和要求设置、使用无线电台(站);

(二)故意收发无线电台执照许可事项之外的无线电信号,传播、公布或者利用无意接收的信息;

(三)擅自编制、使用无线电台识别码。

第七十三条　违反本条例规定,使用无线电发射设备、辐射无线电波的非无线电设备干扰无线电业务正常进行的,由无线电管理机构责令改正,拒不改正的,没收产生有害干扰的设备,并处5万元以上20万元以下的罚款,吊销无线电台执照;对船舶、航天器、航空器、铁路机车专用无线电导航、遇险救助和安全通信等涉及人身安全的无线电频率产生有害干扰的,并处20万元以上50万元以下的罚款。

第七十四条　未按照国家有关规定缴纳无线电频率占用费的,由无线电管理机构责令限期缴纳;逾期不缴纳的,自滞纳之日起按日加收0.05%的滞纳金。

第七十五条　违反本条例规定,有下列行为之一的,由无线电管理机构责令改正;拒不改正的,没收从事违法活动的设备,并处3万元以上10万元以下的罚款;造成严重后果的,并处10万元以上30万元以下的罚款:

(一)研制、生产、销售和维修大功率无线电发射设备,未采取有效措施抑制电波发射;

(二)境外组织或者个人在我国境内进行电波参数测试或者电波监测;

（三）向境外组织或者个人提供涉及国家安全的境内电波参数资料。

第七十六条 违反本条例规定，生产或者进口在国内销售、使用的无线电发射设备未取得型号核准的，由无线电管理机构责令改正，处5万元以上20万元以下的罚款；拒不改正的，没收未取得型号核准的无线电发射设备，并处20万元以上100万元以下的罚款。

第七十七条 销售依照本条例第四十四条的规定应当取得型号核准的无线电发射设备未向无线电管理机构办理销售备案的，由无线电管理机构责令改正；拒不改正的，处1万元以上3万元以下的罚款。

第七十八条 销售依照本条例第四十四条的规定应当取得型号核准而未取得型号核准的无线电发射设备的，由无线电管理机构责令改正，没收违法销售的无线电发射设备和违法所得，可以并处违法销售的设备货值10%以下的罚款；拒不改正的，并处违法销售的设备货值10%以上30%以下的罚款。

第七十九条 维修无线电发射设备改变无线电发射设备型号核准证核定的技术指标的，由无线电管理机构责令改正；拒不改正的，处1万元以上3万元以下的罚款。

第八十条 生产、销售无线电发射设备违反产品质量管理法律法规的，由产品质量监督部门依法处罚。

进口无线电发射设备，携带、寄递或者以其他方式运输无线电发射设备入境，违反海关监管法律法规的，由海关依法处罚。

第八十一条 违反本条例规定，构成违反治安管理行为的，依法给予治安管理处罚；构成犯罪的，依法追究刑事责任。

第八十二条 无线电管理机构及其工作人员不依照本条例规定履行职责的，对负有责任的领导人员和其他直接责任人员依法给予处分。

第九章 附 则

第八十三条 实施本条例规定的许可需要完成有关国内、国际协调或者履行国际规则规定程序的，进行协调以及履行程序的时间不计算在许可审查期限内。

第八十四条 军事系统无线电管理，按照军队有关规定执行。

涉及广播电视的无线电管理，法律、行政法规另有规定的，依照其规定执行。

第八十五条 本条例自2016年12月1日起施行。

国家通信保障应急预案

2011年12月10日国务院办公厅修订公布

1 总 则

1.1 制定目的

建立健全国家通信保障（含通信恢复，下同）应急工作机制，满足突发情况下通信保障工作需要，确保通信安全畅通。

1.2 制定依据

依据《中华人民共和国突发事件应对法》、《中华人民共和国电信条例》、《中华人民共和国无线电管理条例》和国家突发事件总体应急预案等有关法律、法规和规章制度。

1.3 适用范围

本预案适用于需要国务院或国务院授权有关部门协调的通信中断、突发事件通信保障应急工作，以及党中央和国务院交办的其他重要通信保障任务。

本预案指导全国通信保障应急工作。

1.4 工作原则

在党中央、国务院领导下，通信保障工作坚持统一领导、分级负责，属地为主、快速反应，严密组织、密切协同，依靠科技、保障有力的原则。

1.5 预案体系

通信保障应急预案体系由国家通信保障应急预案、部门通信保障应急预案、地方通信保障应急预案以及通信企业通信保障应急预案组成。

2 组织指挥体系与职责

国务院或国务院授权工业和信息化部设立国家通信保障应急领导小组（以下简称领导小组），指挥、协调全国通信保障应急处置工作。省级通信保障应急指挥机构可由省级人民政府授权省（区、市）通信管理局设立，市（地）、县级通信保障应急指挥机构由相应地方人民政府会同省（区、市）通信管理局设立，负责组织和协调本行政区域内通信保障应急工作。必要时设立现场通信保障应急指挥机构，具体负责事发现场通信保障的组织、协调工作。

领导小组办公室设在工业和信息化部，负责日常联络和事务处理工作。办公室主任由工业和信息化部主管副部长担任。

领导小组下设专家组，主要职责是承担决策咨询任务、提出处置措施建议及对有关处置方案进行综合评估等。

3　预防与预警

3.1　预防机制

基础电信运营企业在通信网络规划和建设中，要贯彻落实网络安全各项工作要求，健全网络安全防护、监测预警和应急通信保障体系建设，不断提高网络的自愈和抗毁能力；强化对网络运行安全和网间互联互通安全的监测及风险隐患排查；完善应急处置机制，修订完善各级通信保障应急预案，定期组织演练，加强网络运行安全和应急通信保障的宣传教育工作，提高应对突发事件的能力。

通信主管部门要加强对基础电信运营企业网络安全防护、安全运行和应急处置工作的检查指导。

3.2　预警分级

按影响范围，将通信预警划分为特别严重（Ⅰ级）、严重（Ⅱ级）、较严重（Ⅲ级）和一般（Ⅳ级）四个等级，依次标为红色、橙色、黄色和蓝色：

Ⅰ级（红色）：电信网络出现故障或其他事件征兆，经研判可能引发2个以上省（区、市）通信大面积中断的情况。

Ⅱ级（橙色）：电信网络出现故障或其他事件征兆，经研判可能引发1个省（区、市）内2个以上市（地）通信大面积中断的情况。

Ⅲ级（黄色）：电信网络出现故障或其他事件征兆，经研判可能引发1个市（地）内2个以上县通信大面积中断的情况。

Ⅳ级（蓝色）：电信网络出现故障或其他事件征兆，经研判可能引发1个县通信中断的情况。

发生特殊情况，可结合实际，适当调整预警相应级别。

3.3　预警监测

通信主管部门建立与有关部门的灾害预警信息共享机制，强化通信网应急指挥调度系统的预警监测功能，密切关注并及时汇总、通报、共享有关信息。

基础电信运营企业要建立和完善网络预警监测机制，加强电信网络运行监测。

3.4　预警通报

领导小组负责确认、通报Ⅰ级预警。省级通信保障应急指挥机构负责确认、通报Ⅱ、Ⅲ、Ⅳ级预警。

3.5　预警行动

经领导小组核定，达到Ⅰ级预警的，启动Ⅰ级预警行动：

（1）通知相关省（区、市）通信管理局和基础电信运营企业落实通信保障有关准备工作。

（2）研究确定通信保障应急准备措施和工作方案。

（3）紧急部署资源调度、组织动员和部门联动等各项准备工作。

（4）根据事态进展情况，适时调整预警级别或解除预警。

领导小组核定未达Ⅰ级预警条件的，由领导小组办公室及时将有关情况通报给相关省级通信保障应急指挥机构和基础电信运营企业。

Ⅱ级以下预警信息，由相关地方通信保障应急指挥机构负责采取相应级别预警行动，并将重要情况及时上报。

4　应急响应

4.1　工作机制

根据突发事件影响范围、危害程度及通信保障任务重要性等因素，设定Ⅰ、Ⅱ、Ⅲ、Ⅳ四个通信保障应急响应等级。Ⅰ级响应由领导小组负责组织实施，Ⅱ级响应由相关省级通信保障应急指挥机构负责组织实施，Ⅲ级响应由相关市（地）级通信保障应急指挥机构负责组织实施，Ⅳ级响应由相关县级通信保障应急指挥机构负责组织实施。各级响应启动条件见附则7.1。

启动Ⅰ级响应后，各级通信保障应急指挥机构启动指挥联动、信息报送、会商、通信联络、信息通报和发布等工作机制，有序开展通信保障工作。

4.2　先期处置和信息报告

事件发生后，相关基础电信运营企业应立即采取有效处置措施，控制事态发展，并按照有关规定及时上报事件信息；通信保障应急指挥机构接到事件信息报告后，应立即采取应对措施，并及时上报上级通信保障应急指挥机构。

4.3　Ⅰ级响应

4.3.1　启动程序

（1）领导小组办公室立即将有关情况报告领导小组，提出启动Ⅰ级响应的建议；同时，通报各成员单位。

（2）领导小组确认后，启动并负责组织实施Ⅰ级响应。

（3）领导小组办公室通报各成员单位、各省（区、市）通信管理局。

（4）事发省（区、市）应急通信保障力量和基础电信运营企业启动相应通信保障应急指挥机构和通信保障应急预案。

(5)各成员单位启动相关应急预案,协同应对。

4.3.2 应急值守和信息报送

(1)启动应急值班制度。领导小组办公室实行24小时值守,成员单位联络员之间保持24小时通信联络。

(2)启动信息报送流程,事发地通信保障应急指挥机构、基础电信运营企业和相关成员单位按照规定的内容和频次报送信息。

(3)领导小组办公室对报送信息分析汇总,供领导小组决策参考,并根据需要向有关部门及单位通报相关信息。

4.3.3 决策部署

领导小组根据掌握的信息及国务院的有关工作要求,召开相关成员单位会商会议,协调组织跨部门、跨地区、跨企业应急通信保障队伍及应急装备的调用。

领导小组办公室组织专家组对相关信息进行分析、评估,研究提出应急处置对策和方案建议;落实领导小组的决策,向相关省(区、市)通信管理局、基础电信运营企业和相关成员单位下达通信保障和恢复任务,并监督执行情况。

相关单位接收到任务后,应立即组织保障队伍、应急通信资源展开通信保障和恢复有关工作,并及时向领导小组办公室报告任务执行情况。

4.3.4 现场指挥

按照领导小组的要求,成立以事发省(区、市)通信管理局指挥为主的现场通信保障应急指挥机构,组织、协调现场通信保障应急工作。

4.3.5 应急结束

(1)领导小组办公室视情向领导小组提出Ⅰ级响应结束建议。

(2)领导小组研究确定后,宣布Ⅰ级响应结束。

(3)相关单位终止应急响应。

Ⅱ级、Ⅲ级、Ⅳ级应急响应具体行动可参照Ⅰ级响应行动,由相应通信保障应急指挥机构结合实际在应急预案中规定。超出本级应急处置能力时,及时请求上级通信保障应急指挥机构支援。

5 后期处置

5.1 总结评估

通信保障应急工作结束后,相关通信保障应急管理机构做好突发事件中公众电信网络设施损失情况的统计、汇总,及任务完成情况的总结和评估。领导小组负责对特别重大通信保障任务完成情况进行分析评估,提出改进意见。

5.2 征用补偿

通信保障应急工作结束后,县级以上人民政府及有关部门应及时归还征用的通信物资和装备;造成损失或无法归还的,应按有关规定予以适当补偿。

5.3 恢复与重建

突发事件应急处置工作结束后,按照领导小组和事发地省级人民政府的要求,相关省(区、市)通信管理局立即组织制定灾后恢复重建计划报工业和信息化部,并组织基础电信运营企业尽快实施。

5.4 奖励和责任追究

对在通信保障应急工作中作出突出贡献的单位和个人按规定给予奖励;对在通信保障应急工作中玩忽职守造成损失的,依据国家有关法律法规及相关规定,追究当事人的责任;构成犯罪的,依法追究刑事责任。

6 保障措施

6.1 应急通信保障队伍

工业和信息化部等部门应加强应急通信专业保障队伍建设,针对灾害分布进行合理配置,并展开相应的培训、演练及考核,提高队伍通信保障的实战能力。基础电信运营企业要按照工业和信息化部的统一部署,不断完善专业应急机动通信保障队伍和公用通信网运行维护应急梯队,加强应急通信装备的配备,以满足国家应急通信保障等工作的要求。

6.2 基础设施及物资保障

基础电信运营企业应根据地域特点和通信保障工作的需要,有针对性地配备必要的通信保障应急装备(包括基本的防护装备),尤其要加小型、便携等适应性强的应急通信装备配备,形成手段多样、能够独立组网的装备配置系列,并加强对应急装备的管理、维护和保养,健全采购、调用、补充、报废等管理制度。具有专用通信网的国务院有关部门应根据应急工作需要建立相应的通信保障机制。

6.3 交通运输保障

为保证通信保障应急车辆、物资迅速抵达抢修现场,有关部门通过组织协调必要的交通运输工具、给应急通信专用车辆配发特许通行证等方式,及时提供运输通行保障。

6.4 电力能源供应保障

各基础电信运营企业应按国家相关规定配备应急发电设备。事发地煤电油气运相关部门负责协调相关企业优先保证通信设施和现场应急通信装备的供电、供油需求,确保应急条件下通信枢纽及重要局所等关键通信节点的电力、能源供应。本地区难以协调的,由发展改革委会同煤电油气运保障工作部际协调机制有关成员单位组织协调。

6.5　地方政府支援保障

事发地人民政府负责协调当地有关行政主管部门,确保通信保障应急物资、器材、人员运送的及时到位,确保现场应急通信系统的电力、油料供应,在通信保障应急现场处置人员自备物资不足时,负责提供必要的后勤保障和社会支援力量协调等方面的工作。

6.6　资金保障

突发事件应急处置和实施重要通信保障任务所发生的通信保障费用,由财政部门参照《财政应急保障预案》执行。因电信网络安全事故造成的通信保障和恢复等处置费用,由基础电信运营企业承担。

7　附　　则

7.1　启动条件

7.1.1　Ⅰ级响应启动条件

(1)公众通信网省际骨干网络中断、全国重要通信枢纽楼遭到破坏等,造成2个以上省(区、市)通信大面积中断。

(2)发生其他特别重大、重大突发事件,需要提供通信保障,但超出省级处置能力的。

7.1.2　Ⅱ级响应启动条件

(1)公众通信网省(区、市)内干线网络中断、省级重要通信枢纽楼遭到破坏等,造成省(区、市)内2个以上市(地)通信大面积中断。

(2)发生其他特别重大、重大突发事件,需要省(区、市)内范围提供通信保障,但超出市(地)级处置能力的。

7.1.3　Ⅲ级响应启动条件

(1)公众通信网市(地)级网络中断、市(地)级重要通信枢纽楼遭到破坏等,造成本地网通信大面积中断。

(2)发生其他较大及以上突发事件,需要市(地)范围提供通信保障,但超出县级处置能力的。

7.1.4　Ⅳ级响应启动条件

(1)公众通信网县级网络中断,造成全县通信大面积中断。

(2)发生其他突发事件,需要提供通信保障的。

7.2　预案管理与更新

本预案由工业和信息化部会同国务院有关部门制定,报国务院批准后实施。工业和信息化部应当适时召集有关部门和专家进行评估,并根据情况变化做出相应修改后报国务院审批。

7.3　宣传、培训和演练

各省(区、市)人民政府、各级通信主管部门和基础电信运营企业应加强本预案的宣传。工业和信息化部会同国务院有关部门制定本预案培训和演练计划,定期组织预案培训及演练。

7.4　预案生效

本预案自发布之日起生效。

应急广播管理暂行办法

1. 2021年6月7日国家广播电视总局、应急管理部发布施行
2. 广电发〔2021〕37号

第一章　总　　则

第一条　为加强应急广播管理,提高应急信息发布的时效性和覆盖面,预防和减轻突发事件造成的损失,提升广播电视公共服务质量和水平,依据《中华人民共和国公共文化服务保障法》《中华人民共和国突发事件应对法》《广播电视管理条例》等法律法规,制定本办法。

第二条　从事应急广播规划、建设、运行、管理及其他相关活动,适用本办法。

本办法所称应急广播是指利用广播电视、网络视听等信息传送方式,向公众或特定区域、特定人群发布应急信息的传送播出系统。

第三条　国家广播电视总局负责制定和调整全国应急广播体系建设规划,统筹全国应急广播体系建设、运行和管理,建立国家级应急广播调度控制平台和效果监测评估体系,监督管理全国应急广播播出情况。

县级以上人民政府广播电视行政部门负责根据全国应急广播体系建设规划,结合当地经济社会发展水平、自然环境条件和公共文化发展需求,制定和调整本地应急广播体系建设规划,负责本行政区域内的应急广播建设、运行和管理,建立本地应急广播调度控制平台和效果监测评估体系,建设应急广播传输覆盖网和应急广播终端,监督管理本地应急广播播出情况。

第四条　应急广播坚持服务政策宣传、服务应急管理、服务社会治理、服务基层群众的宗旨,遵循统筹规划、统一标准、分级负责、上下贯通、综合覆盖、安全可靠、因地制宜、精准高效的原则,加快应急广播体系建设,提高应急广播服务效能。

第五条　应急广播按照国家基本公共服务标准和地方实施标准,建立健全长效系统建设和运行保障机制,有效发挥应急广播"最后一公里"传播优势，提升应急广播发布的科学性、精准性、有效性，推动构建现代化的应急广播公共服务体系，面向广大人民群众提供应急广播公共服务。

第六条 严格禁止一切单位、组织和个人利用应急广播从事违反国家法律法规、危害国家安全、破坏社会稳定和民族团结、侵犯公共利益和公民权益，以及与该设施用途不相适应的活动。

第二章 播出管理

第七条 应急广播播出的信息包括：

（一）国家广播电视总局批准设立的广播电视播出机构制作的节目；

（二）县级以上人民政府或其指定的应急信息发布部门发布的应急信息，如事故灾害风险预警预报、气象预警预报、突发事件、防灾减灾救灾、人员转移安置、应急科普等应急信息；

（三）县级以上人民政府发布的政策信息、社会公告等；

（四）乡（镇、街道）、村（社区）、旅游景区、企业园区等基层管理部门或基层社会治安管理部门发布的所辖区域的社会治理信息；

（五）经县级以上人民政府批准的应向公众发布的其他信息。

第八条 应急广播播出的信息类别、内容和发布范围由县级以上人民政府或其指定的应急信息发布部门确定。

第九条 应急信息在广播电视、网络视听等领域的呈现方式，由广播电视行政部门会同县级以上人民政府或其指定的应急信息发布部门确定。

第十条 应急广播播出的信息按照紧急程度、发展态势、危害程度等分为紧急类和非紧急类。应急广播应当优先播出县级以上人民政府或其指定的应急信息发布部门发布的紧急类应急信息。

第十一条 应急广播播出的信息应当使用文明用语，遵守社会主义道德规范和公序良俗，积极营造文明健康的社会风尚。

第三章 系统构成

第十二条 应急广播由应急广播调度控制平台、传输覆盖网、快速传送通道、应急广播终端和效果监测评估系统等组成。

第十三条 应急广播调度控制平台承担以下任务：

（一）接收本级政府、应急信息发布部门或广播电视播出机构发布的应急信息，适配处理为应急广播消息后，根据发布要求，调度传输覆盖网或快速传送通道，传送至应急广播终端，播出应急广播信息。

（二）处理上级、下级应急广播调度控制平台发送的应急广播消息；

（三）保障传输覆盖网和应急广播终端的安全运行；

（四）监测、汇总上报应急信息播发和系统运行等情况；

（五）少数民族地区的应急广播调度控制平台可具备少数民族语言播发功能。

第十四条 传输覆盖网负责将应急广播消息传送到应急广播终端。传输覆盖网包括：

（一）中波覆盖网；

（二）短波覆盖网；

（三）调频覆盖网；

（四）地面数字电视覆盖网；

（五）有线数字电视传输覆盖网；

（六）卫星传输覆盖网；

（七）IPTV 系统；

（八）互联网电视系统；

（九）其他。

第十五条 快速传送通道是基于卫星、无线、有线等方式建立的应急信息快速接入处理和高效传输覆盖系统，承担紧急类应急信息的快速传送任务。

国家级和省级应急广播调度控制平台，应当建立基于卫星方式的快速传送通道。

第十六条 应急广播终端负责接收应急广播消息，主要包括大喇叭类、收音机类、电视机类、显示屏类、机顶盒类、视听载体类、移动接收类等通用终端或专用终端。应急广播专用终端优先播发紧急类应急信息。

第十七条 效果监测评估系统负责统计汇总应急广播系统响应情况、发布情况等，综合评估应急广播工作状态和发布效果。

第四章 技术要求

第十八条 应急广播技术系统应当符合以下规定：

（一）符合国家、行业相关技术规范。

（二）使用广播电视频率应当符合中华人民共和国无线电频率划分和使用规定，并按照相关规定向广播电视行政部门申请核发频率指配证明，依照频率指配证明载明的技术参数进行发射。

（三）使用依法取得广播电视设备器材入网认定的设备、器材和软件等，提高设备运行的可靠性。

（四）针对应急广播系统特点，采取相应的防范干扰、插播等恶意破坏的技术措施。

（五）采取录音、录像或保存技术监测信息等方式对应急广播播出的质量和效果进行记录，异态信息应当保存1年以上。

第十九条　应急广播应当采取安全技术措施，建立应急广播安全保障体系，确保应急广播安全播出、网络安全、设施安全、信息安全。

第二十条　国家级、省级、市级、县级应急广播调度控制平台应当进行系统对接，做到互联互通，确保应急广播信息完整、准确、快速传送到指定区域范围的应急广播终端。

第二十一条　应急广播调度控制平台应具备多种格式应急信息并行处理的能力，具备精准发布、分区域响应和多区域响应的能力，避免对非相关的地区和人员发布应急信息。

第二十二条　应急广播调度控制平台应具备综合调度多种传输覆盖网络资源的能力，本级资源不够或能力不足的情况下，可向上级应急广播调度控制平台申请支持。

第二十三条　应急广播终端部署应根据当地实际情况，满足耐高低温、耐腐蚀、耐磨损、耐潮湿等要求，安装地点和高度应综合考虑自然灾害、地理环境等因素的影响。重要安装点位应当配置备用电源。

应急广播终端应当支持基于卫星方式快速传送通道的信息接收。

第二十四条　关键应急广播设备应有备份。任何单位和个人不得侵占、挪用、哄抢、私分、截留或以其他方式破坏应急广播设施。

第五章　运行维护

第二十五条　县级以上人民政府广播电视行政部门应明确本级应急广播的运行维护机构，合理配备工作岗位和人员，落实应急广播运行维护机制，保证应急广播顺利开展。

第二十六条　应急广播运行维护机构应当建立健全技术维护、运行管理、例行检修等制度，保障技术系统运行维护、更新改造和安全防护等所需经费。

第二十七条　应急广播运行维护机构应当加强值班值守，定期对应急广播技术系统进行测试，制定应急预案，加强应急演练，做好应急准备，确保应急广播正常运行。

第二十八条　鼓励各地因地制宜，采取专兼职相结合方式，指定人员负责管理各乡（镇、街道）、村（社区）应急广播终端设施，并加强对上岗人员管理，确保应急广播终端安全高效运行。

第二十九条　县级以上人民政府广播电视行政部门组织协调本地区的应急广播统计信息和数据上报工作。

第六章　附　　则

第三十条　本办法自发布之日起施行。

最高人民法院、最高人民检察院关于办理扰乱无线电通讯管理秩序等刑事案件适用法律若干问题的解释

1. 2017年4月17日最高人民法院审判委员会第1715次会议、2017年5月25日最高人民检察院第十二届检察委员会第64次会议通过
2. 2017年6月27日公布
3. 法释〔2017〕11号
4. 自2017年7月1日起施行

为依法惩治扰乱无线电通讯管理秩序犯罪，根据《中华人民共和国刑法》《中华人民共和国刑事诉讼法》的有关规定，现就办理此类刑事案件适用法律的若干问题解释如下：

第一条　具有下列情形之一的，应当认定为刑法第二百八十八条第一款规定的“擅自设置、使用无线电台（站），或者擅自使用无线电频率，干扰无线电通讯秩序”：

（一）未经批准设置无线电广播电台（以下简称“黑广播”），非法使用广播电视专用频段的频率的；

（二）未经批准设置通信基站（以下简称“伪基站”），强行向不特定用户发送信息，非法使用公众移动通信频率的；

（三）未经批准使用卫星无线电频率的；

（四）非法设置、使用无线电干扰器的；

（五）其他擅自设置、使用无线电台（站），或者擅自使用无线电频率，干扰无线电通讯秩序的情形。

第二条　违反国家规定，擅自设置、使用无线电台（站），或者擅自使用无线电频率，干扰无线电通讯秩序，具有下列情形之一的，应当认定为刑法第二百八十八条第一款规定的“情节严重”：

（一）影响航天器、航空器、铁路机车、船舶专用无线电导航、遇险救助和安全通信等涉及公共安全的无线电频率正常使用的；

（二）自然灾害、事故灾难、公共卫生事件、社会安全事件等突发事件期间，在事件发生地使用“黑广播”“伪基站”的；

（三）举办国家或者省级重大活动期间，在活动场所及周边使用“黑广播”“伪基站”的；

（四）同时使用三个以上“黑广播”“伪基站”的；

（五）“黑广播”的实测发射功率五百瓦以上，或者覆盖范围十公里以上的；

（六）使用“伪基站”发送诈骗、赌博、招嫖、木马病毒、钓鱼网站链接等违法犯罪信息，数量在五千条以上，或者销毁发送数量等记录的；

（七）雇佣、指使未成年人、残疾人等特定人员使用“伪基站”的；

（八）违法所得三万元以上的；

（九）曾因扰乱无线电通讯管理秩序受过刑事处罚，或者二年内曾因扰乱无线电通讯管理秩序受过行政处罚，又实施刑法第二百八十八条规定的行为的；

（十）其他情节严重的情形。

第三条 违反国家规定，擅自设置、使用无线电台（站），或者擅自使用无线电频率，干扰无线电通讯秩序，具有下列情形之一的，应当认定为刑法第二百八十八条第一款规定的“情节特别严重”：

（一）影响航天器、航空器、铁路机车、船舶专用无线电导航、遇险救助和安全通信等涉及公共安全的无线电频率正常使用，危及公共安全的；

（二）造成公共秩序混乱等严重后果的；

（三）自然灾害、事故灾难、公共卫生事件和社会安全事件等突发事件期间，在事件发生地使用“黑广播”“伪基站”，造成严重影响的；

（四）对国家或者省级重大活动造成严重影响的；

（五）同时使用十个以上“黑广播”“伪基站”的；

（六）“黑广播”的实测发射功率三千瓦以上，或者覆盖范围二十公里以上的；

（七）违法所得十五万元以上的；

（八）其他情节特别严重的情形。

第四条 非法生产、销售“黑广播”“伪基站”、无线电干扰器等无线电设备，具有下列情形之一的，应当认定为刑法第二百二十五条规定的“情节严重”：

（一）非法生产、销售无线电设备三套以上的；

（二）非法经营数额五万元以上的；

（三）其他情节严重的情形。

实施前款规定的行为，数量或者数额达到前款第一项、第二项规定标准五倍以上，或者具有其他情节特别严重的情形的，应当认定为刑法第二百二十五条规定的“情节特别严重”。

在非法生产、销售无线电设备窝点查扣的零件，以组装完成的套数以及能够组装的套数认定；无法组装为成套设备的，每三套广播信号调制器（激励器）认定为一套“黑广播”设备，每三块主板认定为一套“伪基站”设备。

第五条 单位犯本解释规定之罪的，对单位判处罚金，并对直接负责的主管人员和其他直接责任人员，依照本解释规定的自然人犯罪的定罪量刑标准定罪处罚。

第六条 擅自设置、使用无线电台（站），或者擅自使用无线电频率，同时构成其他犯罪的，按照处罚较重的规定定罪处罚。

明知他人实施诈骗等犯罪，使用“黑广播”“伪基站”等无线电设备为其发送信息或者提供其他帮助，同时构成其他犯罪的，按照处罚较重的规定定罪处罚。

第七条 负有无线电监督管理职责的国家机关工作人员滥用职权或者玩忽职守，致使公共财产、国家和人民利益遭受重大损失的，应当依照刑法第三百九十七条的规定，以滥用职权罪或者玩忽职守罪追究刑事责任。

有查禁扰乱无线电管理秩序犯罪活动职责的国家机关工作人员，向犯罪分子通风报信、提供便利，帮助犯罪分子逃避处罚的，应当依照刑法第四百一十七条的规定，以帮助犯罪分子逃避处罚罪追究刑事责任；事先通谋的，以共同犯罪论处。

第八条 为合法经营活动，使用“黑广播”“伪基站”或者实施其他扰乱无线电通讯管理秩序的行为，构成扰乱无线电通讯管理秩序罪，但不属于“情节特别严重”，行为人系初犯，并确有悔罪表现的，可以认定为情节轻微，不起诉或者免予刑事处罚；确有必要判处刑罚的，应当从宽处罚。

第九条 对案件所涉的有关专门性问题难以确定的，依据司法鉴定机构出具的鉴定意见，或者下列机构出具的报告，结合其他证据作出认定：

（一）省级以上无线电管理机构、省级无线电管理机构依法设立的派出机构、地市级以上广播电视主管部门就是否系“伪基站”“黑广播”出具的报告；

（二）省级以上广播电视主管部门及其指定的检测机构就“黑广播”功率、覆盖范围出具的报告；

(三)省级以上航空、铁路、船舶等主管部门就是否干扰导航、通信等出具的报告。

对移动终端用户受影响的情况,可以依据相关通信运营商出具的证明,结合被告人供述、终端用户证言等证据作出认定。

第十条　本解释自2017年7月1日起施行。

十五、生物安全应急管理

资料补充栏

中华人民共和国生物安全法

1. 2020年10月17日第十三届全国人民代表大会常务委员会第二十二次会议通过
2. 2020年10月17日中华人民共和国主席令第56号公布
3. 自2021年4月15日起施行

目　录

第一章　总　　则

第一条　【立法目的】为了维护国家安全，防范和应对生物安全风险，保障人民生命健康，保护生物资源和生态环境，促进生物技术健康发展，推动构建人类命运共同体，实现人与自然和谐共生，制定本法。

第二条　【定义及本法适用范围】本法所称生物安全，是指国家有效防范和应对危险生物因子及相关因素威胁，生物技术能够稳定健康发展，人民生命健康和生态系统相对处于没有危险和不受威胁的状态，生物领域具备维护国家安全和持续发展的能力。

从事下列活动，适用本法：

（一）防控重大新发突发传染病、动植物疫情；

（二）生物技术研究、开发与应用；

（三）病原微生物实验室生物安全管理；

（四）人类遗传资源与生物资源安全管理；

（五）防范外来物种入侵与保护生物多样性；

（六）应对微生物耐药；

（七）防范生物恐怖袭击与防御生物武器威胁；

（八）其他与生物安全相关的活动。

第三条　【维护生物安全的原则】生物安全是国家安全的重要组成部分。维护生物安全应当贯彻总体国家安全观，统筹发展和安全，坚持以人为本、风险预防、分类管理、协同配合的原则。

第四条　【国家生物安全工作领导体制】坚持中国共产党对国家生物安全工作的领导，建立健全国家生物安全领导体制，加强国家生物安全风险防控和治理体系建设，提高国家生物安全治理能力。

第五条　【国家生物安全政策】国家鼓励生物科技创新，加强生物安全基础设施和生物科技人才队伍建设，支持生物产业发展，以创新驱动提升生物科技水平，增强生物安全保障能力。

第六条　【生物安全国际合作】国家加强生物安全领域的国际合作，履行中华人民共和国缔结或者参加的国际条约规定的义务，支持参与生物科技交流合作与生物安全事件国际救援，积极参与生物安全国际规则的研究与制定，推动完善全球生物安全治理。

第七条　【加强生物安全法律法规和生物安全知识宣传普及工作】各级人民政府及其有关部门应当加强生物安全法律法规和生物安全知识宣传普及工作，引导基层群众性自治组织、社会组织开展生物安全法律法规和生物安全知识宣传，促进全社会生物安全意识的提升。

相关科研院校、医疗机构以及其他企业事业单位应当将生物安全法律法规和生物安全知识纳入教育培训内容，加强学生、从业人员生物安全意识和伦理意识的培养。

新闻媒体应当开展生物安全法律法规和生物安全知识公益宣传，对生物安全违法行为进行舆论监督，增强公众维护生物安全的社会责任意识。

第八条　【危害生物安全行为的举报和处理】任何单位和个人不得危害生物安全。

任何单位和个人有权举报危害生物安全的行为；接到举报的部门应当及时依法处理。

第九条　【表彰和奖励】对在生物安全工作中做出突出贡献的单位和个人，县级以上人民政府及其有关部门按照国家规定予以表彰和奖励。

第二章　生物安全风险防控体制

第十条　【建立生物安全工作协调机制】中央国家安全领导机构负责国家生物安全工作的决策和议事协调，研究制定、指导实施国家生物安全战略和有关重大方针政策，统筹协调国家生物安全的重大事项和重要工作，建立国家生物安全工作协调机制。

省、自治区、直辖市建立生物安全工作协调机制，组织协调、督促推进本行政区域内生物安全相关工作。

第十一条　【国家生物安全工作协调机制的工作机构】国家生物安全工作协调机制由国务院卫生健康、农业农村、科学技术、外交等主管部门和有关军事机关组成,分析研判国家生物安全形势,组织协调、督促推进国家生物安全相关工作。国家生物安全工作协调机制设立办公室,负责协调机制的日常工作。

国家生物安全工作协调机制成员单位和国务院其他有关部门根据职责分工,负责生物安全相关工作。

第十二条　【国家生物安全工作协调机制的专家委员会】国家生物安全工作协调机制设立专家委员会,为国家生物安全战略研究、政策制定及实施提供决策咨询。

国务院有关部门组织建立相关领域、行业的生物安全技术咨询专家委员会,为生物安全工作提供咨询、评估、论证等技术支撑。

第十三条　【生物安全工作责任制】地方各级人民政府对本行政区域内生物安全工作负责。

县级以上地方人民政府有关部门根据职责分工,负责生物安全相关工作。

基层群众性自治组织应当协助地方人民政府以及有关部门做好生物安全风险防控、应急处置和宣传教育等工作。

有关单位和个人应当配合做好生物安全风险防控和应急处置等工作。

第十四条　【生物安全风险监测预警制度】国家建立生物安全风险监测预警制度。国家生物安全工作协调机制组织建立国家生物安全风险监测预警体系,提高生物安全风险识别和分析能力。

第十五条　【生物安全风险调查评估制度】国家建立生物安全风险调查评估制度。国家生物安全工作协调机制应当根据风险监测的数据、资料等信息,定期组织开展生物安全风险调查评估。

有下列情形之一的,有关部门应当及时开展生物安全风险调查评估,依法采取必要的风险防控措施:

(一)通过风险监测或者接到举报发现可能存在生物安全风险;

(二)为确定监督管理的重点领域、重点项目,制定、调整生物安全相关名录或者清单;

(三)发生重大新发突发传染病、动植物疫情等危害生物安全的事件;

(四)需要调查评估的其他情形。

第十六条　【生物安全信息共享制度】国家建立生物安全信息共享制度。国家生物安全工作协调机制组织建立统一的国家生物安全信息平台,有关部门应当将生物安全数据、资料等信息汇交国家生物安全信息平台,实现信息共享。

第十七条　【生物安全信息发布制度】国家建立生物安全信息发布制度。国家生物安全总体情况、重大生物安全风险警示信息、重大生物安全事件及其调查处理信息等重大生物安全信息,由国家生物安全工作协调机制成员单位根据职责分工发布;其他生物安全信息由国务院有关部门和县级以上地方人民政府及其有关部门根据职责权限发布。

任何单位和个人不得编造、散布虚假的生物安全信息。

第十八条　【生物安全名录和清单制度】国家建立生物安全名录和清单制度。国务院及其有关部门根据生物安全工作需要,对涉及生物安全的材料、设备、技术、活动、重要生物资源数据、传染病、动植物疫病、外来入侵物种等制定、公布名录或者清单,并动态调整。

第十九条　【生物安全标准制度】国家建立生物安全标准制度。国务院标准化主管部门和国务院其他有关部门根据职责分工,制定和完善生物安全领域相关标准。

国家生物安全工作协调机制组织有关部门加强不同领域生物安全标准的协调和衔接,建立和完善生物安全标准体系。

第二十条　【生物安全审查制度】国家建立生物安全审查制度。对影响或者可能影响国家安全的生物领域重大事项和活动,由国务院有关部门进行生物安全审查,有效防范和化解生物安全风险。

第二十一条　【生物安全应急制度】国家建立统一领导、协同联动、有序高效的生物安全应急制度。

国务院有关部门应当组织制定相关领域、行业生物安全事件应急预案,根据应急预案和统一部署开展应急演练、应急处置、应急救援和事后恢复等工作。

县级以上地方人民政府及其有关部门应当制定并组织、指导和督促相关企业事业单位制定生物安全事件应急预案,加强应急准备、人员培训和应急演练,开展生物安全事件应急处置、应急救援和事后恢复等工作。

中国人民解放军、中国人民武装警察部队按照中央军事委员会的命令,依法参加生物安全事件应急处置和应急救援工作。

第二十二条　【生物安全事件调查溯源制度】国家建立生物安全事件调查溯源制度。发生重大新发突发传染病、动植物疫情和不明原因的生物安全事件,国家生物安全工作协调机制应当组织开展调查溯源,确定事件性质,全面评估事件影响,提出意见建议。

第二十三条 【国家准入制度】国家建立首次进境或者暂停后恢复进境的动植物、动植物产品、高风险生物因子国家准入制度。

进出境的人员、运输工具、集装箱、货物、物品、包装物和国际航行船舶压舱水排放等应当符合我国生物安全管理要求。

海关对发现的进出境和过境生物安全风险，应当依法处置。经评估为生物安全高风险的人员、运输工具、货物、物品等，应当从指定的国境口岸进境，并采取严格的风险防控措施。

第二十四条 【境外重大生物安全事件应对制度】国家建立境外重大生物安全事件应对制度。境外发生重大生物安全事件的，海关依法采取生物安全紧急防控措施，加强证件核验，提高查验比例，暂停相关人员、运输工具、货物、物品等进境。必要时经国务院同意，可以采取暂时关闭有关口岸、封锁有关国境等措施。

第二十五条 【开展生物安全监督检查】县级以上人民政府有关部门应当依法开展生物安全监督检查工作，被检查单位和个人应当配合，如实说明情况，提供资料，不得拒绝、阻挠。

涉及专业技术要求较高、执法业务难度较大的监督检查工作，应当有生物安全专业技术人员参加。

第二十六条 【生物安全监督检查措施】县级以上人民政府有关部门实施生物安全监督检查，可以依法采取下列措施：

（一）进入被检查单位、地点或者涉嫌实施生物安全违法行为的场所进行现场监测、勘查、检查或者核查；

（二）向有关单位和个人了解情况；

（三）查阅、复制有关文件、资料、档案、记录、凭证等；

（四）查封涉嫌实施生物安全违法行为的场所、设施；

（五）扣押涉嫌实施生物安全违法行为的工具、设备以及相关物品；

（六）法律法规规定的其他措施。

有关单位和个人的生物安全违法信息应当依法纳入全国信用信息共享平台。

第三章 防控重大新发突发传染病、动植物疫情

第二十七条 【建立安全监测网络】国务院卫生健康、农业农村、林业草原、海关、生态环境主管部门应当建立新发突发传染病、动植物疫情、进出境检疫、生物技术环境安全监测网络，组织监测站点布局、建设，完善监测信息报告系统，开展主动监测和病原检测，并纳入国家生物安全风险监测预警体系。

第二十八条 【专业机构主动监测】疾病预防控制机构、动物疫病预防控制机构、植物病虫害预防控制机构（以下统称专业机构）应当对传染病、动植物疫病和列入监测范围的不明原因疾病开展主动监测，收集、分析、报告监测信息，预测新发突发传染病、动植物疫病的发生、流行趋势。

国务院有关部门、县级以上地方人民政府及其有关部门应当根据预测和职责权限及时发布预警，并采取相应的防控措施。

第二十九条 【发现传染病、动植物疫病应当报告】任何单位和个人发现传染病、动植物疫病的，应当及时向医疗机构、有关专业机构或者部门报告。

医疗机构、专业机构及其工作人员发现传染病、动植物疫病或者不明原因的聚集性疾病的，应当及时报告，并采取保护性措施。

依法应当报告的，任何单位和个人不得瞒报、谎报、缓报、漏报，不得授意他人瞒报、谎报、缓报，不得阻碍他人报告。

第三十条 【联防联控机制】国家建立重大新发突发传染病、动植物疫情联防联控机制。

发生重大新发突发传染病、动植物疫情，应当依照有关法律法规和应急预案的规定及时采取控制措施；国务院卫生健康、农业农村、林业草原主管部门应当立即组织疫情会商研判，将会商研判结论向中央国家安全领导机构和国务院报告，并通报国家生物安全工作协调机制其他成员单位和国务院其他有关部门。

发生重大新发突发传染病、动植物疫情，地方各级人民政府统一履行本行政区域内疫情防控职责，加强组织领导，开展群防群控、医疗救治，动员和鼓励社会力量依法有序参与疫情防控工作。

第三十一条 【加强联合防控能力建设】国家加强国境、口岸传染病和动植物疫情联合防控能力建设，建立传染病、动植物疫情防控国际合作网络，尽早发现、控制重大新发突发传染病、动植物疫情。

第三十二条 【加强动物防疫】国家保护野生动物，加强动物防疫，防止动物源性传染病传播。

第三十三条 【抗微生物药物使用和残留的管理】国家加强对抗生素药物等抗微生物药物使用和残留的管理，支持应对微生物耐药的基础研究和科技攻关。

县级以上人民政府卫生健康主管部门应当加强对医疗机构合理用药的指导和监督，采取措施防止抗微生物药物的不合理使用。县级以上人民政府农业农村、林业草原主管部门应当加强对农业生产中合理用药的指导和监督，采取措施防止抗微生物药物的不合理使用，降低在农业生产环境中的残留。

国务院卫生健康、农业农村、林业草原、生态环境等主管部门和药品监督管理部门应当根据职责分工，评估抗微生物药物残留对人体健康、环境的危害，建立抗微生物药物污染物指标评价体系。

第四章　生物技术研究、开发与应用安全

第三十四条　【生物技术研究、开发与应用活动的安全管理】国家加强对生物技术研究、开发与应用活动的安全管理，禁止从事危及公众健康、损害生物资源、破坏生态系统和生物多样性等危害生物安全的生物技术研究、开发与应用活动。

从事生物技术研究、开发与应用活动，应当符合伦理原则。

第三十五条　【生物技术研究、开发与应用安全的管理】从事生物技术研究、开发与应用活动的单位应当对本单位生物技术研究、开发与应用的安全负责，采取生物安全风险防控措施，制定生物安全培训、跟踪检查、定期报告等工作制度，强化过程管理。

第三十六条　【生物技术研究、开发活动的分类管理】国家对生物技术研究、开发活动实行分类管理。根据对公众健康、工业农业、生态环境等造成危害的风险程度，将生物技术研究、开发活动分为高风险、中风险、低风险三类。

生物技术研究、开发活动风险分类标准及名录由国务院科学技术、卫生健康、农业农村等主管部门根据职责分工，会同国务院其他有关部门制定、调整并公布。

第三十七条　【遵守国家生物技术研究开发安全管理规范、进行风险类别判断】从事生物技术研究、开发活动，应当遵守国家生物技术研究开发安全管理规范。

从事生物技术研究、开发活动，应当进行风险类别判断，密切关注风险变化，及时采取应对措施。

第三十八条　【从事高风险、中风险生物技术研究、开发活动的要求】从事高风险、中风险生物技术研究、开发活动，应当由在我国境内依法成立的法人组织进行，并依法取得批准或者进行备案。

从事高风险、中风险生物技术研究、开发活动，应当进行风险评估，制定风险防控计划和生物安全事件应急预案，降低研究、开发活动实施的风险。

第三十九条　【追溯管理】国家对涉及生物安全的重要设备和特殊生物因子实行追溯管理。购买或者引进列入管控清单的重要设备和特殊生物因子，应当进行登记，确保可追溯，并报国务院有关部门备案。

个人不得购买或者持有列入管控清单的重要设备和特殊生物因子。

第四十条　【从事生物医学新技术临床研究的要求】从事生物医学新技术临床研究，应当通过伦理审查，并在具备相应条件的医疗机构内进行；进行人体临床研究操作的，应当由符合相应条件的卫生专业技术人员执行。

第四十一条　【跟踪评估制度】国务院有关部门依法对生物技术应用活动进行跟踪评估，发现存在生物安全风险的，应当及时采取有效补救和管控措施。

第五章　病原微生物实验室生物安全

第四十二条　【加强对病原微生物实验室生物安全的管理】国家加强对病原微生物实验室生物安全的管理，制定统一的实验室生物安全标准。病原微生物实验室应当符合生物安全国家标准和要求。

从事病原微生物实验活动，应当严格遵守有关国家标准和实验室技术规范、操作规程，采取安全防范措施。

第四十三条　【对病原微生物实行分类管理】国家根据病原微生物的传染性、感染后对人和动物的个体或者群体的危害程度，对病原微生物实行分类管理。

从事高致病性或者疑似高致病性病原微生物样本采集、保藏、运输活动，应当具备相应条件，符合生物安全管理规范。具体办法由国务院卫生健康、农业农村主管部门制定。

第四十四条　【设立病原微生物实验室的要求】设立病原微生物实验室，应当依法取得批准或者进行备案。

个人不得设立病原微生物实验室或者从事病原微生物实验活动。

第四十五条　【病原微生物实验室的分等级管理】国家根据对病原微生物的生物安全防护水平，对病原微生物实验室实行分等级管理。

从事病原微生物实验活动应当在相应等级的实验室进行。低等级病原微生物实验室不得从事国家病原微生物目录规定应当在高等级病原微生物实验室进行的病原微生物实验活动。

第四十六条 【从事高致病性或者疑似高致病性病原微生物实验的要求】高等级病原微生物实验室从事高致病性或者疑似高致病性病原微生物实验活动，应当经省级以上人民政府卫生健康或者农业农村主管部门批准，并将实验活动情况向批准部门报告。

对我国尚未发现或者已经宣布消灭的病原微生物，未经批准不得从事相关实验活动。

第四十七条 【加强对实验动物的管理】病原微生物实验室应当采取措施，加强对实验动物的管理，防止实验动物逃逸，对使用后的实验动物按照国家规定进行无害化处理，实现实验动物可追溯。禁止将使用后的实验动物流入市场。

病原微生物实验室应当加强对实验活动废弃物的管理，依法对废水、废气以及其他废弃物进行处置，采取措施防止污染。

第四十八条 【病原微生物实验室设立单位的管理责任】病原微生物实验室的设立单位负责实验室的生物安全管理，制定科学、严格的管理制度，定期对有关生物安全规定的落实情况进行检查，对实验室设施、设备、材料等进行检查、维护和更新，确保其符合国家标准。

病原微生物实验室设立单位的法定代表人和实验室负责人对实验室的生物安全负责。

第四十九条 【病原微生物实验室的安全保卫制度】病原微生物实验室的设立单位应当建立和完善安全保卫制度，采取安全保卫措施，保障实验室及其病原微生物的安全。

国家加强对高等级病原微生物实验室的安全保卫。高等级病原微生物实验室应当接受公安机关等部门有关实验室安全保卫工作的监督指导，严防高致病性病原微生物泄漏、丢失和被盗、被抢。

国家建立高等级病原微生物实验室人员进入审核制度。进入高等级病原微生物实验室的人员应当经实验室负责人批准。对可能影响实验室生物安全的，不予批准；对批准进入的，应当采取安全保障措施。

第五十条 【生物安全事件应急预案】病原微生物实验室的设立单位应当制定生物安全事件应急预案，定期组织开展人员培训和应急演练。发生高致病性病原微生物泄漏、丢失和被盗、被抢或者其他生物安全风险的，应当按照应急预案的规定及时采取控制措施，并按照国家规定报告。

第五十一条 【加强实验室所在地感染性疾病医疗资源配置】病原微生物实验室所在地省级人民政府及其卫生健康主管部门应当加强实验室所在地感染性疾病医疗资源配置，提高感染性疾病医疗救治能力。

第五十二条 【生产车间及生物安全实验室的生物安全管理】企业对涉及病原微生物操作的生产车间的生物安全管理，依照有关病原微生物实验室的规定和其他生物安全管理规范进行。

涉及生物毒素、植物有害生物及其他生物因子操作的生物安全实验室的建设和管理，参照有关病原微生物实验室的规定执行。

第六章 人类遗传资源与生物资源安全

第五十三条 【国家对我国人类遗传资源和生物资源享有主权】国家加强对我国人类遗传资源和生物资源采集、保藏、利用、对外提供等活动的管理和监督，保障人类遗传资源和生物资源安全。

国家对我国人类遗传资源和生物资源享有主权。

第五十四条 【人类遗传资源和生物资源调查】国家开展人类遗传资源和生物资源调查。

国务院科学技术主管部门组织开展我国人类遗传资源调查，制定重要遗传家系和特定地区人类遗传资源申报登记办法。

国务院科学技术、自然资源、生态环境、卫生健康、农业农村、林业草原、中医药主管部门根据职责分工，组织开展生物资源调查，制定重要生物资源申报登记办法。

第五十五条 【伦理原则】采集、保藏、利用、对外提供我国人类遗传资源，应当符合伦理原则，不得危害公众健康、国家安全和社会公共利益。

第五十六条 【需主管部门批准的活动】从事下列活动，应当经国务院科学技术主管部门批准：

（一）采集我国重要遗传家系、特定地区人类遗传资源或者采集国务院科学技术主管部门规定的种类、数量的人类遗传资源；

（二）保藏我国人类遗传资源；

（三）利用我国人类遗传资源开展国际科学研究合作；

（四）将我国人类遗传资源材料运送、邮寄、携带出境。

前款规定不包括以临床诊疗、采供血服务、查处违法犯罪、兴奋剂检测和殡葬等为目的的采集、保藏人类遗传资源及开展的相关活动。

为了取得相关药品和医疗器械在我国上市许可，

在临床试验机构利用我国人类遗传资源开展国际合作临床试验、不涉及人类遗传资源出境的,不需要批准;但是,在开展临床试验前应当将拟使用的人类遗传资源种类、数量及用途向国务院科学技术主管部门备案。

境外组织、个人及其设立或者实际控制的机构不得在我国境内采集、保藏我国人类遗传资源,不得向境外提供我国人类遗传资源。

第五十七条　【人类遗传资源信息境外使用规定】将我国人类遗传资源信息向境外组织、个人及其设立或者实际控制的机构提供或者开放使用的,应当向国务院科学技术主管部门事先报告并提交信息备份。

第五十八条　【遗传资源及生物资源境外使用规定】采集、保藏、利用、运输出境我国珍贵、濒危、特有物种及其可用于再生或者繁殖传代的个体、器官、组织、细胞、基因等遗传资源,应当遵守有关法律法规。

境外组织、个人及其设立或者实际控制的机构获取和利用我国生物资源,应当依法取得批准。

第五十九条　【开展国际科学研究合作规定】利用我国生物资源开展国际科学研究合作,应当依法取得批准。

利用我国人类遗传资源和生物资源开展国际科学研究合作,应当保证中方单位及其研究人员全过程、实质性地参与研究,依法分享相关权益。

第六十条　【加强对外来物种入侵的防范和应对】国家加强对外来物种入侵的防范和应对,保护生物多样性。国务院农业农村主管部门会同国务院其他有关部门制定外来入侵物种名录和管理办法。

国务院有关部门根据职责分工,加强对外来入侵物种的调查、监测、预警、控制、评估、清除以及生态修复等工作。

任何单位和个人未经批准,不得擅自引进、释放或者丢弃外来物种。

第七章　防范生物恐怖与生物武器威胁

第六十一条　【防范生物恐怖与生物武器威胁】国家采取一切必要措施防范生物恐怖与生物武器威胁。

禁止开发、制造或者以其他方式获取、储存、持有和使用生物武器。

禁止以任何方式唆使、资助、协助他人开发、制造或者以其他方式获取生物武器。

第六十二条　【加强监管】国务院有关部门制定、修改、公布可被用于生物恐怖活动、制造生物武器的生物体、生物毒素、设备或者技术清单,加强监管,防止其被用于制造生物武器或者恐怖目的。

第六十三条　【监测、调查】国务院有关部门和有关军事机关根据职责分工,加强对可被用于生物恐怖活动、制造生物武器的生物体、生物毒素、设备或者技术进出境、进出口、获取、制造、转移和投放等活动的监测、调查,采取必要的防范和处置措施。

第六十四条　【事后恢复及应急处置】国务院有关部门、省级人民政府及其有关部门负责组织遭受生物恐怖袭击、生物武器攻击后的人员救治与安置、环境消毒、生态修复、安全监测和社会秩序恢复等工作。

国务院有关部门、省级人民政府及其有关部门应当有效引导社会舆论科学、准确报道生物恐怖袭击和生物武器攻击事件,及时发布疏散、转移和紧急避难等信息,对应急处置与恢复过程中遭受污染的区域和人员进行长期环境监测和健康监测。

第六十五条　【遗留生物武器的调查及处置】国家组织开展对我国境内战争遗留生物武器及其危害结果、潜在影响的调查。

国家组织建设存放和处理战争遗留生物武器设施,保障对战争遗留生物武器的安全处置。

第八章　生物安全能力建设

第六十六条　【生物安全事业发展规划】国家制定生物安全事业发展规划,加强生物安全能力建设,提高应对生物安全事件的能力和水平。

县级以上人民政府应当支持生物安全事业发展,按照事权划分,将支持下列生物安全事业发展的相关支出列入政府预算:

(一)监测网络的构建和运行;

(二)应急处置和防控物资的储备;

(三)关键基础设施的建设和运行;

(四)关键技术和产品的研究、开发;

(五)人类遗传资源和生物资源的调查、保藏;

(六)法律法规规定的其他重要生物安全事业。

第六十七条　【支持生物安全科技研究】国家采取措施支持生物安全科技研究,加强生物安全风险防御与管控技术研究,整合优势力量和资源,建立多学科、多部门协同创新的联合攻关机制,推动生物安全核心关键技术和重大防御产品的成果产出与转化应用,提高生物安全的科技保障能力。

第六十八条　【统筹布局全国生物安全基础设施建设】国家统筹布局全国生物安全基础设施建设。国务院有关部门根据职责分工,加快建设生物信息、人类遗传资源保藏、菌(毒)种保藏、动植物遗传资源保藏、高等级病原微生物实验室等方面的生物安全国家战略资源平台,建立共享利用机制,为生物安全科技创新提供战略保障和支撑。

第六十九条 【人才培养】国务院有关部门根据职责分工,加强生物基础科学研究人才和生物领域专业技术人才培养,推动生物基础科学学科建设和科学研究。

国家生物安全基础设施重要岗位的从业人员应当具备符合要求的资格,相关信息应当向国务院有关部门备案,并接受岗位培训。

第七十条 【风险防控的物资储备】国家加强重大新发突发传染病、动植物疫情等生物安全风险防控的物资储备。

国家加强生物安全应急药品、装备等物资的研究、开发和技术储备。国务院有关部门根据职责分工,落实生物安全应急药品、装备等物资研究、开发和技术储备的相关措施。

国务院有关部门和县级以上地方人民政府及其有关部门应当保障生物安全事件应急处置所需的医疗救护设备、救治药品、医疗器械等物资的生产、供应和调配;交通运输主管部门应当及时组织协调运输经营单位优先运送。

第七十一条 【从业人员的防护措施和医疗保障】国家对从事高致病性病原微生物实验活动、生物安全事件现场处置等高风险生物安全工作的人员,提供有效的防护措施和医疗保障。

第九章 法律责任

第七十二条 【滥用职权、玩忽职守、徇私舞弊等的法律责任】违反本法规定,履行生物安全管理职责的工作人员在生物安全工作中滥用职权、玩忽职守、徇私舞弊或者有其他违法行为的,依法给予处分。

第七十三条 【瞒报、谎报、缓报等的法律责任】违反本法规定,医疗机构、专业机构或者其工作人员瞒报、谎报、缓报、漏报,授意他人瞒报、谎报、缓报,或者阻碍他人报告传染病、动植物疫病或者不明原因的聚集性疾病的,由县级以上人民政府有关部门责令改正,给予警告;对法定代表人、主要负责人、直接负责的主管人员和其他直接责任人员,依法给予处分,并可以依法暂停一定期限的执业活动直至吊销相关执业证书。

违反本法规定,编造、散布虚假的生物安全信息,构成违反治安管理行为的,由公安机关依法给予治安管理处罚。

第七十四条 【从事国家禁止的生物技术研究、开发与应用活动的法律责任】违反本法规定,从事国家禁止的生物技术研究、开发与应用活动的,由县级以上人民政府卫生健康、科学技术、农业农村主管部门根据职责分工,责令停止违法行为,没收违法所得、技术资料和用于违法行为的工具、设备、原材料等物品,处一百万元以上一千万元以下的罚款,违法所得在一百万元以上的,处违法所得十倍以上二十倍以下的罚款,并可以依法禁止一定期限内从事相应的生物技术研究、开发与应用活动,吊销相关许可证件;对法定代表人、主要负责人、直接负责的主管人员和其他直接责任人员,依法给予处分,处十万元以上二十万元以下的罚款,十年直至终身禁止从事相应的生物技术研究、开发与应用活动,依法吊销相关执业证书。

第七十五条 【未遵守国家生物技术研究开发安全管理规范的法律责任】违反本法规定,从事生物技术研究、开发活动未遵守国家生物技术研究开发安全管理规范的,由县级以上人民政府有关部门根据职责分工,责令改正,给予警告,可以并处二万元以上二十万元以下的罚款;拒不改正或者造成严重后果的,责令停止研究、开发活动,并处二十万元以上二百万元以下的罚款。

第七十六条 【违反规定从事病原微生物实验活动的法律责任】违反本法规定,从事病原微生物实验活动未在相应等级的实验室进行,或者高等级病原微生物实验室未经批准从事高致病性、疑似高致病性病原微生物实验活动的,由县级以上地方人民政府卫生健康、农业农村主管部门根据职责分工,责令停止违法行为,监督其将用于实验活动的病原微生物销毁或者送交保藏机构,给予警告;造成传染病传播、流行或者其他严重后果的,对法定代表人、主要负责人、直接负责的主管人员和其他直接责任人员依法给予撤职、开除处分。

第七十七条 【将使用后的实验动物流入市场的法律责任】违反本法规定,将使用后的实验动物流入市场的,由县级以上人民政府科学技术主管部门责令改正,没收违法所得,并处二十万元以上一百万元以下的罚款,违法所得在二十万元以上的,并处违法所得五倍以上十倍以下的罚款;情节严重的,由发证部门吊销相关许可证件。

第七十八条 【违反管控清单及病原微生物实验室要求的法律责任】违反本法规定,有下列行为之一的,由县级以上人民政府有关部门根据职责分工,责令改正,没收违法所得,给予警告,可以并处十万元以上一百万元以下的罚款:

(一)购买或者引进列入管控清单的重要设备、特殊生物因子未进行登记,或者未报国务院有关部门备案；

(二)个人购买或者持有列入管控清单的重要设备或者特殊生物因子；

(三)个人设立病原微生物实验室或者从事病原微生物实验活动；

(四)未经实验室负责人批准进入高等级病原微生物实验室。

第七十九条　【违反规定开展国际科学研究合作的法律责任】违反本法规定，未经批准，采集、保藏我国人类遗传资源或者利用我国人类遗传资源开展国际科学研究合作的，由国务院科学技术主管部门责令停止违法行为，没收违法所得和违法采集、保藏的人类遗传资源，并处五十万元以上五百万元以下的罚款，违法所得在一百万元以上的，并处违法所得五倍以上十倍以下的罚款；情节严重的，对法定代表人、主要负责人、直接负责的主管人员和其他直接责任人员，依法给予处分，五年内禁止从事相应活动。

第八十条　【境外组织、个人、机构违法行为的法律责任】违反本法规定，境外组织、个人及其设立或者实际控制的机构在我国境内采集、保藏我国人类遗传资源，或者向境外提供我国人类遗传资源的，由国务院科学技术主管部门责令停止违法行为，没收违法所得和违法采集、保藏的人类遗传资源，并处一百万元以上一千万元以下的罚款；违法所得在一百万元以上的，并处违法所得十倍以上二十倍以下的罚款。

第八十一条　【擅自引进、释放、丢弃外来物种的法律责任】违反本法规定，未经批准，擅自引进外来物种的，由县级以上人民政府有关部门根据职责分工，没收引进的外来物种，并处五万元以上二十五万元以下的罚款。

违反本法规定，未经批准，擅自释放或者丢弃外来物种的，由县级以上人民政府有关部门根据职责分工，责令限期捕回、找回释放或者丢弃的外来物种，处一万元以上五万元以下的罚款。

第八十二条　【刑事责任、民事责任】违反本法规定，构成犯罪的，依法追究刑事责任；造成人身、财产或者其他损害的，依法承担民事责任。

第八十三条　【法律责任的兜底条款】违反本法规定的生物安全违法行为，本法未规定法律责任，其他有关法律、行政法规有规定的，依照其规定。

第八十四条　【对境外组织或者个人可采取必要措施】境外组织或者个人通过运输、邮寄、携带危险生物因子入境或者以其他方式危害我国生物安全的，依法追究法律责任，并可以采取其他必要措施。

第十章　附　　则

第八十五条　【术语含义】本法下列术语的含义：

(一)生物因子，是指动物、植物、微生物、生物毒素及其他生物活性物质。

(二)重大新发突发传染病，是指我国境内首次出现或者已经宣布消灭再次发生，或者突然发生，造成或者可能造成公众健康和生命安全严重损害，引起社会恐慌，影响社会稳定的传染病。

(三)重大新发突发动物疫情，是指我国境内首次发生或者已经宣布消灭的动物疫病再次发生，或者发病率、死亡率较高的潜伏动物疫病突然发生并迅速传播，给养殖业生产安全造成严重威胁、危害，以及可能对公众健康和生命安全造成危害的情形。

(四)重大新发突发植物疫情，是指我国境内首次发生或者已经宣布消灭的严重危害植物的真菌、细菌、病毒、昆虫、线虫、杂草、害鼠、软体动物等再次引发病虫害，或者本地有害生物突然大范围发生并迅速传播，对农作物、林木等植物造成严重危害的情形。

(五)生物技术研究、开发与应用，是指通过科学和工程原理认识、改造、合成、利用生物而从事的科学研究、技术开发与应用等活动。

(六)病原微生物，是指可以侵犯人、动物引起感染甚至传染病的微生物，包括病毒、细菌、真菌、立克次体、寄生虫等。

(七)植物有害生物，是指能够对农作物、林木等植物造成危害的真菌、细菌、病毒、昆虫、线虫、杂草、害鼠、软体动物等生物。

(八)人类遗传资源，包括人类遗传资源材料和人类遗传资源信息。人类遗传资源材料是指含有人体基因组、基因等遗传物质的器官、组织、细胞等遗传材料。人类遗传资源信息是指利用人类遗传资源材料产生的数据等信息资料。

(九)微生物耐药，是指微生物对抗微生物药物产生抗性，导致抗微生物药物不能有效控制微生物的感染。

(十)生物武器，是指类型和数量不属于预防、保护或者其他和平用途所正当需要的、任何来源或者任何方法产生的微生物剂、其他生物剂以及生物毒素；也包括为将上述生物剂、生物毒素使用于敌对目的或者武装冲突而设计的武器、设备或者运载工具。

(十一)生物恐怖，是指故意使用致病性微生物、生物毒素等实施袭击，损害人类或者动植物健康，引起社会恐慌,企图达到特定政治目的的行为。

第八十六条 【保密管理】生物安全信息属于国家秘密的,应当依照《中华人民共和国保守国家秘密法》和国家其他有关保密规定实施保密管理。

第八十七条 【中央军事委员会另行制定规定】中国人民解放军、中国人民武装警察部队的生物安全活动,由中央军事委员会依照本法规定的原则另行规定。

第八十八条 【施行日期】本法自 2021 年 4 月 15 日起施行。

病原微生物实验室生物安全管理条例

1. 2004 年 11 月 12 日国务院令第 424 号公布
2. 根据 2016 年 2 月 6 日国务院令第 666 号《关于修改部分行政法规的决定》第一次修订
3. 根据 2018 年 3 月 19 日国务院令第 698 号《关于修改和废止部分行政法规的决定》第二次修订

第一章 总 则

第一条 为了加强病原微生物实验室(以下称实验室)生物安全管理,保护实验室工作人员和公众的健康,制定本条例。

第二条 对中华人民共和国境内的实验室及其从事实验活动的生物安全管理,适用本条例。

本条例所称病原微生物,是指能够使人或者动物致病的微生物。

本条例所称实验活动,是指实验室从事与病原微生物菌(毒)种、样本有关的研究、教学、检测、诊断等活动。

第三条 国务院卫生主管部门主管与人体健康有关的实验室及其实验活动的生物安全监督工作。

国务院兽医主管部门主管与动物有关的实验室及其实验活动的生物安全监督工作。

国务院其他有关部门在各自职责范围内负责实验室及其实验活动的生物安全管理工作。

县级以上地方人民政府及其有关部门在各自职责范围内负责实验室及其实验活动的生物安全管理工作。

第四条 国家对病原微生物实行分类管理,对实验室实行分级管理。

第五条 国家实行统一的实验室生物安全标准。实验室应当符合国家标准和要求。

第六条 实验室的设立单位及其主管部门负责实验室日常活动的管理,承担建立健全安全管理制度,检查、维护实验设施、设备,控制实验室感染的职责。

第二章 病原微生物的分类和管理

第七条 国家根据病原微生物的传染性、感染后对个体或者群体的危害程度,将病原微生物分为四类:

第一类病原微生物,是指能够引起人类或者动物非常严重疾病的微生物,以及我国尚未发现或者已经宣布消灭的微生物。

第二类病原微生物,是指能够引起人类或者动物严重疾病,比较容易直接或者间接在人与人、动物与人、动物与动物间传播的微生物。

第三类病原微生物,是指能够引起人类或者动物疾病,但一般情况下对人、动物或者环境不构成严重危害,传播风险有限,实验室感染后很少引起严重疾病,并且具备有效治疗和预防措施的微生物。

第四类病原微生物,是指在通常情况下不会引起人类或者动物疾病的微生物。

第一类、第二类病原微生物统称为高致病性病原微生物。

第八条 人间传染的病原微生物名录由国务院卫生主管部门商国务院有关部门后制定、调整并予以公布;动物间传染的病原微生物名录由国务院兽医主管部门商国务院有关部门后制定、调整并予以公布。

第九条 采集病原微生物样本应当具备下列条件:

(一)具有与采集病原微生物样本所需要的生物安全防护水平相适应的设备;

(二)具有掌握相关专业知识和操作技能的工作人员;

(三)具有有效的防止病原微生物扩散和感染的措施;

(四)具有保证病原微生物样本质量的技术方法和手段。

采集高致病性病原微生物样本的工作人员在采集过程中应当防止病原微生物扩散和感染,并对样本的来源、采集过程和方法等作详细记录。

第十条 运输高致病性病原微生物菌(毒)种或者样本,应当通过陆路运输;没有陆路通道,必须经水路运输的,可以通过水路运输;紧急情况下或者需要将高致病性病原微生物菌(毒)种或者样本运往国外的,可以通过民用航空运输。

第十一条 运输高致病性病原微生物菌(毒)种或者样本,应当具备下列条件:

(一)运输目的、高致病性病原微生物的用途和接收单位符合国务院卫生主管部门或者兽医主管部门的规定；

（二）高致病性病原微生物菌（毒）种或者样本的容器应当密封，容器或者包装材料还应当符合防水、防破损、防外泄、耐高（低）温、耐高压的要求；

（三）容器或者包装材料上应当印有国务院卫生主管部门或者兽医主管部门规定的生物危险标识、警告用语和提示用语。

运输高致病性病原微生物菌（毒）种或者样本，应当经省级以上人民政府卫生主管部门或者兽医主管部门批准。在省、自治区、直辖市行政区域内运输的，由省、自治区、直辖市人民政府卫生主管部门或者兽医主管部门批准；需要跨省、自治区、直辖市运输或者运往国外的，由出发地的省、自治区、直辖市人民政府卫生主管部门或者兽医主管部门进行初审后，分别报国务院卫生主管部门或者兽医主管部门批准。

出入境检验检疫机构在检验检疫过程中需要运输病原微生物样本的，由国务院出入境检验检疫部门批准，并同时向国务院卫生主管部门或者兽医主管部门通报。

通过民用航空运输高致病性病原微生物菌（毒）种或者样本的，除依照本条第二款、第三款规定取得批准外，还应当经国务院民用航空主管部门批准。

有关主管部门应当对申请人提交的关于运输高致病性病原微生物菌（毒）种或者样本的申请材料进行审查，对符合本条第一款规定条件的，应当即时批准。

第十二条　运输高致病性病原微生物菌（毒）种或者样本，应当由不少于2人的专人护送，并采取相应的防护措施。

有关单位或者个人不得通过公共电（汽）车和城市铁路运输病原微生物菌（毒）种或者样本。

第十三条　需要通过铁路、公路、民用航空等公共交通工具运输高致病性病原微生物菌（毒）种或者样本的，承运单位应当凭本条例第十一条规定的批准文件予以运输。

承运单位应当与护送人共同采取措施，确保所运输的高致病性病原微生物菌（毒）种或者样本的安全，严防发生被盗、被抢、丢失、泄漏事件。

第十四条　国务院卫生主管部门或者兽医主管部门指定的菌（毒）种保藏中心或者专业实验室（以下称保藏机构），承担集中储存病原微生物菌（毒）种和样本的任务。

保藏机构应当依照国务院卫生主管部门或者兽医主管部门的规定，储存实验室送交的病原微生物菌（毒）种和样本，并向实验室提供病原微生物菌（毒）种和样本。

保藏机构应当制定严格的安全保管制度，作好病原微生物菌（毒）种和样本进出和储存的记录，建立档案制度，并指定专人负责。对高致病性病原微生物菌（毒）种和样本应当设专库或者专柜单独储存。

保藏机构储存、提供病原微生物菌（毒）种和样本，不得收取任何费用，其经费由同级财政在单位预算中予以保障。

保藏机构的管理办法由国务院卫生主管部门会同国务院兽医主管部门制定。

第十五条　保藏机构应当凭实验室依照本条例的规定取得的从事高致病性病原微生物相关实验活动的批准文件，向实验室提供高致病性病原微生物菌（毒）种和样本，并予以登记。

第十六条　实验室在相关实验活动结束后，应当依照国务院卫生主管部门或者兽医主管部门的规定，及时将病原微生物菌（毒）种和样本就地销毁或者送交保藏机构保管。

保藏机构接受实验室送交的病原微生物菌（毒）种和样本，应当予以登记，并开具接收证明。

第十七条　高致病性病原微生物菌（毒）种或者样本在运输、储存中被盗、被抢、丢失、泄漏的，承运单位、护送人、保藏机构应当采取必要的控制措施，并在2小时内分别向承运单位的主管部门、护送人所在单位和保藏机构的主管部门报告，同时向所在地的县级人民政府卫生主管部门或者兽医主管部门报告，发生被盗、被抢、丢失的，还应当向公安机关报告；接到报告的卫生主管部门或者兽医主管部门应当在2小时内向本级人民政府报告，并同时向上级人民政府卫生主管部门或者兽医主管部门和国务院卫生主管部门或者兽医主管部门报告。

县级人民政府应当在接到报告后2小时内向设区的市级人民政府或者上一级人民政府报告；设区的市级人民政府应当在接到报告后2小时内向省、自治区、直辖市人民政府报告。省、自治区、直辖市人民政府应当在接到报告后1小时内，向国务院卫生主管部门或者兽医主管部门报告。

任何单位和个人发现高致病性病原微生物菌（毒）种或者样本的容器或者包装材料，应当及时向附近的卫生主管部门或者兽医主管部门报告；接到报告的卫生主管部门或者兽医主管部门应当及时组织调查核实,并依法采取必要的控制措施。

第三章 实验室的设立与管理

第十八条 国家根据实验室对病原微生物的生物安全防护水平,并依照实验室生物安全国家标准的规定,将实验室分为一级、二级、三级、四级。

第十九条 新建、改建、扩建三级、四级实验室或者生产、进口移动式三级、四级实验室应当遵守下列规定:

(一)符合国家生物安全实验室体系规划并依法履行有关审批手续;

(二)经国务院科技主管部门审查同意;

(三)符合国家生物安全实验室建筑技术规范;

(四)依照《中华人民共和国环境影响评价法》的规定进行环境影响评价并经环境保护主管部门审查批准;

(五)生物安全防护级别与其拟从事的实验活动相适应。

前款规定所称国家生物安全实验室体系规划,由国务院投资主管部门会同国务院有关部门制定。制定国家生物安全实验室体系规划应当遵循总量控制、合理布局、资源共享的原则,并应当召开听证会或者论证会,听取公共卫生、环境保护、投资管理和实验室管理等方面专家的意见。

第二十条 三级、四级实验室应当通过实验室国家认可。

国务院认证认可监督管理部门确定的认可机构应当依照实验室生物安全国家标准以及本条例的有关规定,对三级、四级实验室进行认可;实验室通过认可的,颁发相应级别的生物安全实验室证书。证书有效期为5年。

第二十一条 一级、二级实验室不得从事高致病性病原微生物实验活动。三级、四级实验室从事高致病性病原微生物实验活动,应当具备下列条件:

(一)实验目的和拟从事的实验活动符合国务院卫生主管部门或者兽医主管部门的规定;

(二)通过实验室国家认可;

(三)具有与拟从事的实验活动相适应的工作人员;

(四)工程质量经建筑主管部门依法检测验收合格。

第二十二条 三级、四级实验室需要从事某种高致病性病原微生物或者疑似高致病性病原微生物实验活动的,应当依照国务院卫生主管部门或者兽医主管部门的规定报省级以上人民政府卫生主管部门或者兽医主管部门批准。实验活动结果以及工作情况应当向原批准部门报告。

实验室申报或者接受与高致病性病原微生物有关的科研项目,应当符合科研需要和生物安全要求,具有相应的生物安全防护水平。与动物间传染的高致病性病原微生物有关的科研项目,应当经国务院兽医主管部门同意;与人体健康有关的高致病性病原微生物科研项目,实验室应当将立项结果告知省级以上人民政府卫生主管部门。

第二十三条 出入境检验检疫机构、医疗卫生机构、动物防疫机构在实验室开展检测、诊断工作时,发现高致病性病原微生物或者疑似高致病性病原微生物,需要进一步从事这类高致病性病原微生物相关实验活动的,应当依照本条例的规定经批准同意,并在具备相应条件的实验室中进行。

专门从事检测、诊断的实验室应当严格依照国务院卫生主管部门或者兽医主管部门的规定,建立健全规章制度,保证实验室生物安全。

第二十四条 省级以上人民政府卫生主管部门或者兽医主管部门应当自收到需要从事高致病性病原微生物相关实验活动的申请之日起15日内作出是否批准的决定。

对出入境检验检疫机构为了检验检疫工作的紧急需要,申请在实验室对高致病性病原微生物或者疑似高致病性病原微生物开展进一步实验活动的,省级以上人民政府卫生主管部门或者兽医主管部门应当自收到申请之时起2小时内作出是否批准的决定;2小时内未作出决定的,实验室可以从事相应的实验活动。

省级以上人民政府卫生主管部门或者兽医主管部门应当为申请人通过电报、电传、传真、电子数据交换和电子邮件等方式提出申请提供方便。

第二十五条 新建、改建或者扩建一级、二级实验室,应当向设区的市级人民政府卫生主管部门或者兽医主管部门备案。设区的市级人民政府卫生主管部门或者兽医主管部门应当每年将备案情况汇总后报省、自治区、直辖市人民政府卫生主管部门或者兽医主管部门。

第二十六条 国务院卫生主管部门和兽医主管部门应当定期汇总并互相通报实验室数量和实验室设立、分布情况,以及三级、四级实验室从事高致病性病原微生物实验活动的情况。

第二十七条 已经建成并通过实验室国家认可的三级、四级实验室应当向所在地的县级人民政府环境保护主管部门备案。环境保护主管部门依照法律、行政法规的规定对实验室排放的废水、废气和其他废物处置情况进行监督检查。

第二十八条　对我国尚未发现或者已经宣布消灭的病原微生物,任何单位和个人未经批准不得从事相关实验活动。

为了预防、控制传染病,需要从事前款所指病原微生物相关实验活动的,应当经国务院卫生主管部门或者兽医主管部门批准,并在批准部门指定的专业实验室中进行。

第二十九条　实验室使用新技术、新方法从事高致病性病原微生物相关实验活动的,应当符合防止高致病性病原微生物扩散、保证生物安全和操作者人身安全的要求,并经国家病原微生物实验室生物安全专家委员会论证;经论证可行的,方可使用。

第三十条　需要在动物体上从事高致病性病原微生物相关实验活动的,应当在符合动物实验室生物安全国家标准的三级以上实验室进行。

第三十一条　实验室的设立单位负责实验室的生物安全管理。

实验室的设立单位应当依照本条例的规定制定科学、严格的管理制度,并定期对有关生物安全规定的落实情况进行检查,定期对实验室设施、设备、材料等进行检查、维护和更新,以确保其符合国家标准。

实验室的设立单位及其主管部门应当加强对实验室日常活动的管理。

第三十二条　实验室负责人为实验室生物安全的第一责任人。

实验室从事实验活动应当严格遵守有关国家标准和实验室技术规范、操作规程。实验室负责人应当指定专人监督检查实验室技术规范和操作规程的落实情况。

第三十三条　从事高致病性病原微生物相关实验活动的实验室的设立单位,应当建立健全安全保卫制度,采取安全保卫措施,严防高致病性病原微生物被盗、被抢、丢失、泄漏,保障实验室及其病原微生物的安全。实验室发生高致病性病原微生物被盗、被抢、丢失、泄漏的,实验室的设立单位应当依照本条例第十七条的规定进行报告。

从事高致病性病原微生物相关实验活动的实验室应当向当地公安机关备案,并接受公安机关有关实验室安全保卫工作的监督指导。

第三十四条　实验室或者实验室的设立单位应当每年定期对工作人员进行培训,保证其掌握实验室技术规范、操作规程、生物安全防护知识和实际操作技能,并进行考核。工作人员经考核合格的,方可上岗。

从事高致病性病原微生物相关实验活动的实验室,应当每半年将培训、考核其工作人员的情况和实验室运行情况向省、自治区、直辖市人民政府卫生主管部门或者兽医主管部门报告。

第三十五条　从事高致病性病原微生物相关实验活动应当有2名以上的工作人员共同进行。

进入从事高致病性病原微生物相关实验活动的实验室的工作人员或者其他有关人员,应当经实验室负责人批准。实验室应当为其提供符合防护要求的防护用品并采取其他职业防护措施。从事高致病性病原微生物相关实验活动的实验室,还应当对实验室工作人员进行健康监测,每年组织对其进行体检,并建立健康档案;必要时,应当对实验室工作人员进行预防接种。

第三十六条　在同一个实验室的同一个独立安全区域内,只能同时从事一种高致病性病原微生物的相关实验活动。

第三十七条　实验室应当建立实验档案,记录实验室使用情况和安全监督情况。实验室从事高致病性病原微生物相关实验活动的实验档案保存期,不得少于20年。

第三十八条　实验室应当依照环境保护的有关法律、行政法规和国务院有关部门的规定,对废水、废气以及其他废物进行处置,并制定相应的环境保护措施,防止环境污染。

第三十九条　三级、四级实验室应当在明显位置标示国务院卫生主管部门和兽医主管部门规定的生物危险标识和生物安全实验室级别标志。

第四十条　从事高致病性病原微生物相关实验活动的实验室应当制定实验室感染应急处置预案,并向该实验室所在地的省、自治区、直辖市人民政府卫生主管部门或者兽医主管部门备案。

第四十一条　国务院卫生主管部门和兽医主管部门会同国务院有关部门组织病原学、免疫学、检验医学、流行病学、预防兽医学、环境保护和实验室管理等方面的专家,组成国家病原微生物实验室生物安全专家委员会。该委员会承担从事高致病性病原微生物相关实验活动的实验室的设立与运行的生物安全评估和技术咨询、论证工作。

省、自治区、直辖市人民政府卫生主管部门和兽医主管部门会同同级人民政府有关部门组织病原学、免疫学、检验医学、流行病学、预防兽医学、环境保护和实验室管理等方面的专家,组成本地区病原微生物实验室生物安全专家委员会。该委员会承担本地区实验室设立和运行的技术咨询工作。

第四章 实验室感染控制

第四十二条 实验室的设立单位应当指定专门的机构或者人员承担实验室感染控制工作,定期检查实验室的生物安全防护、病原微生物菌(毒)种和样本保存与使用、安全操作、实验室排放的废水和废气以及其他废物处置等规章制度的实施情况。

负责实验室感染控制工作的机构或者人员应当具有与该实验室中的病原微生物有关的传染病防治知识,并定期调查、了解实验室工作人员的健康状况。

第四十三条 实验室工作人员出现与本实验室从事的高致病性病原微生物相关实验活动有关的感染临床症状或者体征时,实验室负责人应当向负责实验室感染控制工作的机构或者人员报告,同时派专人陪同及时就诊;实验室工作人员应当将近期所接触的病原微生物的种类和危险程度如实告知诊治医疗机构。接诊的医疗机构应当及时救治;不具备相应救治条件的,应当依照规定将感染的实验室工作人员转诊至具备相应传染病救治条件的医疗机构;具备相应传染病救治条件的医疗机构应当接诊治疗,不得拒绝救治。

第四十四条 实验室发生高致病性病原微生物泄漏时,实验室工作人员应当立即采取控制措施,防止高致病性病原微生物扩散,并同时向负责实验室感染控制工作的机构或者人员报告。

第四十五条 负责实验室感染控制工作的机构或者人员接到本条例第四十三条、第四十四条规定的报告后,应当立即启动实验室感染应急处置预案,并组织人员对该实验室生物安全状况等情况进行调查;确认发生实验室感染或者高致病性病原微生物泄漏的,应当依照本条例第十七条的规定进行报告,并同时采取控制措施,对有关人员进行医学观察或者隔离治疗,封闭实验室,防止扩散。

第四十六条 卫生主管部门或者兽医主管部门接到关于实验室发生工作人员感染事故或者病原微生物泄漏事件的报告,或者发现实验室从事病原微生物相关实验活动造成实验室感染事故的,应当立即组织疾病预防控制机构、动物防疫监督机构和医疗机构以及其他有关机构依法采取下列预防、控制措施:

(一)封闭被病原微生物污染的实验室或者可能造成病原微生物扩散的场所;

(二)开展流行病学调查;

(三)对病人进行隔离治疗,对相关人员进行医学检查;

(四)对密切接触者进行医学观察;

(五)进行现场消毒;

(六)对染疫或者疑似染疫的动物采取隔离、扑杀等措施;

(七)其他需要采取的预防、控制措施。

第四十七条 医疗机构或者兽医医疗机构及其执行职务的医务人员发现由于实验室感染而引起的与高致病性病原微生物相关的传染病病人、疑似传染病病人或者患有疫病、疑似患有疫病的动物,诊治的医疗机构或者兽医医疗机构应当在2小时内报告所在地的县级人民政府卫生主管部门或者兽医主管部门;接到报告的卫生主管部门或者兽医主管部门应当在2小时内通报实验室所在地的县级人民政府卫生主管部门或者兽医主管部门。接到通报的卫生主管部门或者兽医主管部门应当依照本条例第四十六条的规定采取预防、控制措施。

第四十八条 发生病原微生物扩散,有可能造成传染病暴发、流行时,县级以上人民政府卫生主管部门或者兽医主管部门应当依照有关法律、行政法规的规定以及实验室感染应急处置预案进行处理。

第五章 监督管理

第四十九条 县级以上地方人民政府卫生主管部门、兽医主管部门依照各自分工,履行下列职责:

(一)对病原微生物菌(毒)种、样本的采集、运输、储存进行监督检查;

(二)对从事高致病性病原微生物相关实验活动的实验室是否符合本条例规定的条件进行监督检查;

(三)对实验室或者实验室的设立单位培训、考核其工作人员以及上岗人员的情况进行监督检查;

(四)对实验室是否按照有关国家标准、技术规范和操作规程从事病原微生物相关实验活动进行监督检查。

县级以上地方人民政府卫生主管部门、兽医主管部门,应当主要通过检查反映实验室执行国家有关法律、行政法规以及国家标准和要求的记录、档案、报告,切实履行监督管理职责。

第五十条 县级以上人民政府卫生主管部门、兽医主管部门、环境保护主管部门在履行监督检查职责时,有权进入被检查单位和病原微生物泄漏或者扩散现场调查取证、采集样品,查阅复制有关资料。需要进入从事高致病性病原微生物相关实验活动的实验室调查取证、采集样品的,应当指定或者委托专业机构实施。被检查单位应当予以配合,不得拒绝、阻挠。

第五十一条 国务院认证认可监督管理部门依照《中华人民共和国认证认可条例》的规定对实验室认可活动进行监督检查。

第五十二条 卫生主管部门、兽医主管部门、环境保护主管部门应当依据法定的职权和程序履行职责,做到公正、公平、公开、文明、高效。

第五十三条 卫生主管部门、兽医主管部门、环境保护主管部门的执法人员执行职务时,应当有2名以上执法人员参加,出示执法证件,并依照规定填写执法文书。

现场检查笔录、采样记录等文书经核对无误后,应当由执法人员和被检查人、被采样人签名。被检查人、被采样人拒绝签名的,执法人员应当在自己签名后注明情况。

第五十四条 卫生主管部门、兽医主管部门、环境保护主管部门及其执法人员执行职务,应当自觉接受社会和公民的监督。公民、法人和其他组织有权向上级人民政府及其卫生主管部门、兽医主管部门、环境保护主管部门举报地方人民政府及其有关主管部门不依照规定履行职责的情况。接到举报的有关人民政府或者其卫生主管部门、兽医主管部门、环境保护主管部门,应当及时调查处理。

第五十五条 上级人民政府卫生主管部门、兽医主管部门、环境保护主管部门发现属于下级人民政府卫生主管部门、兽医主管部门、环境保护主管部门职责范围内需要处理的事项的,应当及时告知该部门处理;下级人民政府卫生主管部门、兽医主管部门、环境保护主管部门不及时处理或者不积极履行本部门职责的,上级人民政府卫生主管部门、兽医主管部门、环境保护主管部门应当责令其限期改正;逾期不改正的,上级人民政府卫生主管部门、兽医主管部门、环境保护主管部门有权直接予以处理。

第六章　法律责任

第五十六条 三级、四级实验室未经批准从事某种高致病性病原微生物或者疑似高致病性病原微生物实验活动的,由县级以上地方人民政府卫生主管部门、兽医主管部门依照各自职责,责令停止有关活动,监督其将用于实验活动的病原微生物销毁或者送交保藏机构,并给予警告;造成传染病传播、流行或者其他严重后果的,由实验室的设立单位对主要负责人、直接负责的主管人员和其他直接责任人员,依法给予撤职、开除的处分;构成犯罪的,依法追究刑事责任。

第五十七条 卫生主管部门或者兽医主管部门违反本条例的规定,准予不符合本条例规定条件的实验室从事高致病性病原微生物相关实验活动的,由作出批准决定的卫生主管部门或者兽医主管部门撤销原批准决定,责令有关实验室立即停止有关活动,并监督其将用于实验活动的病原微生物销毁或者送交保藏机构,对直接负责的主管人员和其他直接责任人员依法给予行政处分;构成犯罪的,依法追究刑事责任。

因违法作出批准决定给当事人的合法权益造成损害的,作出批准决定的卫生主管部门或者兽医主管部门应当依法承担赔偿责任。

第五十八条 卫生主管部门或者兽医主管部门对出入境检验检疫机构为了检验检疫工作的紧急需要,申请在实验室对高致病性病原微生物或者疑似高致病性病原微生物开展进一步检测活动,不在法定期限内作出是否批准决定的,由其上级行政机关或者监察机关责令改正,给予警告;造成传染病传播、流行或者其他严重后果的,对直接负责的主管人员和其他直接责任人员依法给予撤职、开除的行政处分;构成犯罪的,依法追究刑事责任。

第五十九条 违反本条例规定,在不符合相应生物安全要求的实验室从事病原微生物相关实验活动的,由县级以上地方人民政府卫生主管部门、兽医主管部门依照各自职责,责令停止有关活动,监督其将用于实验活动的病原微生物销毁或者送交保藏机构,并给予警告;造成传染病传播、流行或者其他严重后果的,由实验室的设立单位对主要负责人、直接负责的主管人员和其他直接责任人员,依法给予撤职、开除的处分;构成犯罪的,依法追究刑事责任。

第六十条 实验室有下列行为之一的,由县级以上地方人民政府卫生主管部门、兽医主管部门依照各自职责,责令限期改正,给予警告;逾期不改正的,由实验室的设立单位对主要负责人、直接负责的主管人员和其他直接责任人员,依法给予撤职、开除的处分;有许可证件的,并由原发证部门吊销有关许可证件:

(一)未依照规定在明显位置标示国务院卫生主管部门和兽医主管部门规定的生物危险标识和生物安全实验室级别标志的;

(二)未向原批准部门报告实验活动结果以及工作情况的;

(三)未依照规定采集病原微生物样本,或者对所采集样本的来源、采集过程和方法等未作详细记录的;

(四)新建、改建或者扩建一级、二级实验室未向设区的市级人民政府卫生主管部门或者兽医主管部门备案的；

（五）未依照规定定期对工作人员进行培训，或者工作人员考核不合格允许其上岗，或者批准未采取防护措施的人员进入实验室的；

（六）实验室工作人员未遵守实验室生物安全技术规范和操作规程的；

（七）未依照规定建立或者保存实验档案的；

（八）未依照规定制定实验室感染应急处置预案并备案的。

第六十一条 经依法批准从事高致病性病原微生物相关实验活动的实验室的设立单位未建立健全安全保卫制度，或者未采取安全保卫措施的，由县级以上地方人民政府卫生主管部门、兽医主管部门依照各自职责，责令限期改正；逾期不改正，导致高致病性病原微生物菌（毒）种、样本被盗、被抢或者造成其他严重后果的，责令停止该项实验活动，该实验室 2 年内不得申请从事高致病性病原微生物实验活动；造成传染病传播、流行的，该实验室设立单位的主管部门还应当对该实验室的设立单位的直接负责的主管人员和其他直接责任人员，依法给予降级、撤职、开除的处分；构成犯罪的，依法追究刑事责任。

第六十二条 未经批准运输高致病性病原微生物菌（毒）种或者样本，或者承运单位经批准运输高致病性病原微生物菌（毒）种或者样本未履行保护义务，导致高致病性病原微生物菌（毒）种或者样本被盗、被抢、丢失、泄漏的，由县级以上地方人民政府卫生主管部门、兽医主管部门依照各自职责，责令采取措施，消除隐患，给予警告；造成传染病传播、流行或者其他严重后果的，由托运单位和承运单位的主管部门对主要负责人、直接负责的主管人员和其他直接责任人员，依法给予撤职、开除的处分；构成犯罪的，依法追究刑事责任。

第六十三条 有下列行为之一的，由实验室所在地的设区的市级以上地方人民政府卫生主管部门、兽医主管部门依照各自职责，责令有关单位立即停止违法活动，监督其将病原微生物销毁或者送交保藏机构；造成传染病传播、流行或者其他严重后果的，由其所在单位或者其上级主管部门对主要负责人、直接负责的主管人员和其他直接责任人员，依法给予撤职、开除的处分；有许可证件的，并由原发证部门吊销有关许可证件；构成犯罪的，依法追究刑事责任：

（一）实验室在相关实验活动结束后，未依照规定及时将病原微生物菌（毒）种和样本就地销毁或者送交保藏机构保管的；

（二）实验室使用新技术、新方法从事高致病性病原微生物相关实验活动未经国家病原微生物实验室生物安全专家委员会论证的；

（三）未经批准擅自从事在我国尚未发现或者已经宣布消灭的病原微生物相关实验活动的；

（四）在未经指定的专业实验室从事在我国尚未发现或者已经宣布消灭的病原微生物相关实验活动的；

（五）在同一个实验室的同一个独立安全区域内同时从事两种或者两种以上高致病性病原微生物的相关实验活动的。

第六十四条 认可机构对不符合实验室生物安全国家标准以及本条例规定条件的实验室予以认可，或者对符合实验室生物安全国家标准以及本条例规定条件的实验室不予认可的，由国务院认证认可监督管理部门责令限期改正，给予警告；造成传染病传播、流行或者其他严重后果的，由国务院认证认可监督管理部门撤销其认可资格，有上级主管部门的，由其上级主管部门对主要负责人、直接负责的主管人员和其他直接责任人员依法给予撤职、开除的处分；构成犯罪的，依法追究刑事责任。

第六十五条 实验室工作人员出现该实验室从事的病原微生物相关实验活动有关的感染临床症状或者体征，以及实验室发生高致病性病原微生物泄漏时，实验室负责人、实验室工作人员、负责实验室感染控制的专门机构或者人员未依照规定报告，或者未依照规定采取控制措施的，由县级以上地方人民政府卫生主管部门、兽医主管部门依照各自职责，责令限期改正，给予警告；造成传染病传播、流行或者其他严重后果的，由其设立单位对实验室主要负责人、直接负责的主管人员和其他直接责任人员，依法给予撤职、开除的处分；有许可证件的，并由原发证部门吊销有关许可证件；构成犯罪的，依法追究刑事责任。

第六十六条 拒绝接受卫生主管部门、兽医主管部门依法开展有关高致病性病原微生物扩散的调查取证、采集样品等活动或者依照本条例规定采取有关预防、控制措施的，由县级以上人民政府卫生主管部门、兽医主管部门依照各自职责，责令改正，给予警告；造成传染病传播、流行以及其他严重后果的，由实验室的设立单位对实验室主要负责人、直接负责的主管人员和其他直接责任人员，依法给予降级、撤职、开除的处分；有许可证件的，并由原发证部门吊销有关许可证件；构成犯罪的，依法追究刑事责任。

第六十七条　发生病原微生物被盗、被抢、丢失、泄漏，承运单位、护送人、保藏机构和实验室的设立单位未依照本条例的规定报告的，由所在地的县级人民政府卫生主管部门或者兽医主管部门给予警告；造成传染病传播、流行或者其他严重后果的，由实验室的设立单位或者承运单位、保藏机构的上级主管部门对主要负责人、直接负责的主管人员和其他直接责任人员，依法给予撤职、开除的处分；构成犯罪的，依法追究刑事责任。

第六十八条　保藏机构未依照规定储存实验室送交的菌（毒）种和样本，或者未依照规定提供菌（毒）种和样本的，由其指定部门责令限期改正，收回违法提供的菌（毒）种和样本，并给予警告；造成传染病传播、流行或者其他严重后果的，由其所在单位或者其上级主管部门对主要负责人、直接负责的主管人员和其他直接责任人员，依法给予撤职、开除的处分；构成犯罪的，依法追究刑事责任。

第六十九条　县级以上人民政府有关主管部门，未依照本条例的规定履行实验室及其实验活动监督检查职责的，由有关人民政府在各自职责范围内责令改正，通报批评；造成传染病传播、流行或者其他严重后果的，对直接负责的主管人员，依法给予行政处分；构成犯罪的，依法追究刑事责任。

第七章　附　　则

第七十条　军队实验室由中国人民解放军卫生主管部门参照本条例负责监督管理。

第七十一条　本条例施行前设立的实验室，应当自本条例施行之日起6个月内，依照本条例的规定，办理有关手续。

第七十二条　本条例自公布之日起施行。

病原微生物实验室生物安全环境管理办法

1. 2006年3月8日国家环境保护总局令第32号公布
2. 自2006年5月1日起施行

第一条　为规范病原微生物实验室（以下简称“实验室”）生物安全环境管理工作，根据《病原微生物实验室生物安全管理条例》和有关环境保护法律和行政法规，制定本办法。

第二条　本办法适用于中华人民共和国境内的实验室及其从事实验活动的生物安全环境管理。

本办法所称的病原微生物，是指能够使人或者动物致病的微生物。

本办法所称的实验活动，是指实验室从事与病原微生物菌（毒）种、样品有关的研究、教学、检测、诊断等活动。

第三条　国家根据实验室对病原微生物的生物安全防护水平，并依照实验室生物安全国家标准的规定，将实验室分为一级、二级、三级和四级。

一级、二级实验室不得从事高致病性病原微生物实验活动。

第四条　国家环境保护总局制定并颁布实验室污染控制标准、环境管理技术规范和环境监督检查制度。

第五条　国家环境保护总局设立病原微生物实验室生物安全环境管理专家委员会。专家委员会主要由环境保护、病原微生物以及实验室管理方面的专家组成。

病原微生物实验室生物安全环境管理专家委员会的主要职责是：审议有关实验室污染控制标准和环境管理技术规范，提出审议建议；审查有关实验室环境影响评价文件，提出审查建议。

第六条　新建、改建、扩建实验室，应当按照国家环境保护规定，执行环境影响评价制度。

实验室环境影响评价文件应当对病原微生物实验活动对环境可能造成的影响进行分析和预测，并提出预防和控制措施。

第七条　新建、改建、扩建三级、四级实验室或者生产、进口移动式三级、四级实验室，应当编制环境影响报告书，并按照规定程序报国家环境保护总局审批。

承担三级、四级实验室环境影响评价工作的环境影响评价机构，应当具备甲级评价资质和相应的评价范围。

第八条　实验室应当按照国家环境保护规定、经审批的环境影响评价文件以及环境保护行政主管部门批复文件的要求，安装或者配备污染防治设施、设备。

污染防治设施、设备必须经环境保护行政主管部门验收合格后，实验室方可投入运行或者使用。

第九条　建成并通过国家认可的三级、四级实验室，应当在取得生物安全实验室证书后15日内填报三级、四级病原微生物实验室备案表（见附表），报所在地的县级人民政府环境保护行政主管部门。

第十条　县级人民政府环境保护行政主管部门应当自收到三级、四级病原微生物实验室备案表之日起10日内，报设区的市级人民政府环境保护行政主管部门；设区的市级人民政府环境保护行政主管部门应当自收到三级、四级病原微生物实验室备案表之日起 10 日内，报省级人民政府环境保护行政主管部门；省级人民政府环境保护行政主管部门应当自收到三级、四级病原微生物实验室备案表之日起 10 日内，报国家环境保护总局。

第十一条 实验室的设立单位对实验活动产生的废水、废气和危险废物承担污染防治责任。

实验室应当依照国家环境保护规定和实验室污染控制标准、环境管理技术规范的要求，建立、健全实验室废水、废气和危险废物污染防治管理的规章制度，并设置专(兼)职人员，对实验室产生的废水、废气及危险废物处置是否符合国家法律、行政法规及本办法规定的情况进行检查、督促和落实。

第十二条 实验室排放废水、废气的，应当按照国家环境保护总局的有关规定，执行排污申报登记制度。

实验室产生危险废物的，必须按照危险废物污染环境防治的有关规定，向所在地县级以上地方人民政府环境保护行政主管部门申报危险废物的种类、产生量、流向、贮存、处置等有关资料。

第十三条 实验室对其产生的废水，必须按照国家有关规定进行无害化处理；符合国家有关排放标准后，方可排放。

第十四条 实验室进行实验活动时，必须按照国家有关规定保证大气污染防治设施的正常运转；排放废气不得违反国家有关标准或者规定。

第十五条 实验室必须按照下列规定，妥善收集、贮存和处置其实验活动产生的危险废物，防止环境污染：

(一)建立危险废物登记制度，对其产生的危险废物进行登记。登记内容应当包括危险废物的来源、种类、重量或者数量、处置方法、最终去向以及经办人签名等项目。登记资料至少保存 3 年。

(二)及时收集其实验活动中产生的危险废物，并按照类别分别置于防渗漏、防锐器穿透等符合国家有关环境保护要求的专用包装物、容器内，并按国家规定要求设置明显的危险废物警示标识和说明。

(三)配备符合国家法律、行政法规和有关技术规范要求的危险废物暂时贮存柜(箱)或者其他设施、设备。

(四)按照国家有关规定对危险废物就地进行无害化处理，并根据就近集中处置的原则，及时将经无害化处理后的危险废物交由依法取得危险废物经营许可证的单位集中处置。

(五)转移危险废物的，应当按照《固体废物污染环境防治法》和国家环境保护总局的有关规定，执行危险废物转移联单制度。

(六)不得随意丢弃、倾倒、堆放危险废物，不得将危险废物混入其他废物和生活垃圾中。

(七)国家环境保护法律、行政法规和规章有关危险废物管理的其他要求。

第十六条 实验室建立并保留的实验档案应当如实记录与生物安全相关的实验活动和设施、设备工作状态情况，以及实验活动产生的废水、废气和危险废物无害化处理、集中处置以及检验的情况。

第十七条 实验室应当制定环境污染应急预案，报所在地县级人民政府环境保护行政主管部门备案，并定期进行演练。

实验室产生危险废物的，应当按照国家危险废物污染环境防治的规定，制定意外事故的防范措施和应急预案，并向所在地县级以上地方人民政府环境保护行政主管部门备案。

《病原微生物实验室生物安全管理条例》施行前已经投入使用的三级实验室，应当按照所在地县级人民政府环境保护行政主管部门的要求，限期制定环境污染应急预案和监测计划，并报环境保护行政主管部门备案。

第十八条 实验室发生泄露或者扩散，造成或者可能造成严重环境污染或者生态破坏的，应当立即采取应急措施，通报可能受到危害的单位和居民，并向当地人民政府环境保护行政主管部门和有关部门报告，接受调查处理。

当地人民政府环境保护行政主管部门应当按照国家环境保护总局污染事故报告程序规定报告上级人民政府环境保护行政主管部门。

第十九条 县级以上人民政府环境保护行政主管部门应当定期对管辖范围内的实验室废水、废气和危险废物的污染防治情况进行监督检查。发现有违法行为的，应当责令其限期整改。检查情况和处理结果应当予以记录，由检查人员签字后归档并反馈被检查单位。

第二十条 县级以上人民政府环境保护行政主管部门在履行监督检查职责时，有权进入被检查单位和病原微生物泄漏或者扩散现场调查取证，采集样品，查阅、复制有关资料，被检查单位应当予以配合，不得拒绝、阻挠。

需要进入三级或者四级实验室调查取证、采集样品的，应当指定或者委托专业机构实施。

环境保护行政主管部门应当为实验室保守技术秘密和业务秘密。

第二十一条 违反本办法有关规定，有下列情形之一的，由县级以上人民政府环境保护行政主管部门责令限期改正，给予警告；逾期不改正的，处1000元以下罚款：

（一）未建立实验室污染防治管理的规章制度，或者未设置专（兼）职人员的；

（二）未对产生的危险废物进行登记或者未保存登记资料的；

（三）未制定环境污染应急预案的。

违反本办法规定的其他行为，环境保护法律、行政法规已有处罚规定的，适用其规定。

第二十二条 环境保护行政主管部门应当及时向社会公告依据本办法被予以处罚的实验室名单，并将受到处罚的实验室名单通报中国实验室国家认可委员会。

第二十三条 本办法自2006年5月1日起施行。

附件：三级、四级病原微生物实验室备案表（略）

突发公共卫生事件交通应急规定

1. 2004年3月4日卫生部、交通部令第2号发布
2. 自2004年5月1日起施行

第一章 总 则

第一条 为了有效预防、及时控制和消除突发公共卫生事件的危害，防止重大传染病疫情通过车辆、船舶及其乘运人员、货物传播流行，保障旅客身体健康与生命安全，保证突发公共卫生事件应急物资及时运输，维护正常的社会秩序，根据《中华人民共和国传染病防治法》、《中华人民共和国传染病防治法实施办法》、《突发公共卫生事件应急条例》、《国内交通卫生检疫条例》的有关规定，制定本规定。

第二条 本规定所称突发公共卫生事件（以下简称突发事件），是指突然发生，造成或者可能造成社会公众健康严重损害的重大传染病疫情、群体性不明原因疾病、重大食物和职业中毒以及其他严重影响公众健康的事件。

本规定所称重大传染病疫情，是指根据《突发公共卫生事件应急条例》有关规定确定的传染病疫情。

本规定所称交通卫生检疫，是指根据《国内交通卫生检疫条例》对车船、港站、乘运人员和货物等实施的卫生检验、紧急卫生处理、紧急控制、临时隔离、医学检查和留验以及其他应急卫生防范、控制、处置措施。

本规定所称检疫传染病病人、疑似检疫传染病病人，是指国务院确定并公布的检疫传染病的病人、疑似传染病病人。

本规定所称车船，是指从事道路运输、水路运输活动的客车、货车、客船（包括客渡船）和货船。

本规定所称港站，是指提供停靠车船、上下旅客、装卸货物的场所，包括汽车客运站、货运站、港口客运站、货运码头、港口堆场和仓库等。

本规定所称乘运人员，是指车船上的所有人员，包括车辆驾驶人员和乘务人员、船员、旅客等。

第三条 突发事件交通应急工作，应当遵循预防为主、常备不懈的方针，贯彻统一领导、分级负责、反应及时、措施果断、依靠科学、加强合作的原则，在确保控制重大传染病病源传播和蔓延的前提下，做到交通不中断、客流不中断、货流不中断。

第四条 交通部根据职责，依法负责全国突发事件交通应急工作。

县级以上地方人民政府交通行政主管部门在本部门的职责范围内，依法负责本行政区域内的突发事件交通应急工作。

突发事件发生后，县级以上地方人民政府交通行政主管部门设立突发事件应急处理指挥部，负责对突发事件交通应急处理工作的领导和指挥。

县级以上人民政府交通行政主管部门履行突发事件交通应急职责，应当与同级人民政府卫生行政主管部门密切配合，协调行动。

第五条 县级以上人民政府交通行政主管部门应当建立和完善突发事件交通防范和应急责任制，保证突发事件交通应急工作的顺利进行。

第六条 任何单位和个人有权对县级以上人民政府交通行政主管部门不履行突发事件交通应急处理职责，或者不按照规定履行职责的行为向其上级人民政府交通行政主管部门举报。

对报告在车船、港站发生的突发事件或者举报突发事件交通应急渎职行为有功的单位和个人，县级以上人民政府交通行政主管部门应当予以奖励。

第二章 预防和应急准备

第七条 县级以上人民政府交通行政主管部门应当结合本行政区域或者管辖范围的交通实际情况，制定突发事件交通应急预案。

道路运输经营者、水路运输经营者应当按照有关规定，建立卫生责任制度，制定各自的突发事件应急预案。

第八条 制定突发事件交通应急预案，应当以突发事件的类别和快速反应的要求为依据，并征求同级人民政府卫生行政主管部门的意见。

为防范和处理重大传染病疫情突发事件制定的突发事件交通应急预案，应当包括以下主要内容：

（一）突发事件交通应急处理指挥部的组成和相关机构的职责；

（二）突发事件有关车船、港站重大传染病病人、疑似重大传染病病人和可能感染重大传染病病人的应急处理方案；

（三）突发事件有关污染车船、港站和污染物的应急处理方案；

（四）突发事件有关人员群体、防疫人员和救护人员的运输方案；

（五）突发事件有关药品、医疗救护设备器械等紧急物资的运输方案；

（六）突发事件有关车船、港站、道路、航道、船闸的应急维护和应急管理方案；

（七）突发事件有关交通应急信息的收集、分析、报告、通报、宣传方案；

（八）突发事件有关应急物资、运力储备与调度方案；

（九）突发事件交通应急处理执行机构及其任务；

（十）突发事件交通应急处理人员的组织和培训方案；

（十一）突发事件交通应急处理工作的检查监督方案；

（十二）突发事件交通应急处理其他有关工作方案。

为防范和处理其他突发事件制定的突发事件交通应急预案，应当包括本条前款除第（二）项、第（三）项和第（八）项规定以外的内容，并包括突发事件交通应急设施、设备以及其他有关物资的储备与调度方案。

突发事件交通应急预案应当根据突发事件的变化和实施中出现的问题及时进行修订、补充。

第九条 县级以上人民政府交通行政主管部门应当根据突发事件交通应急工作预案的要求，保证突发事件交通应急运力和有关物资储备。

第十条 道路运输经营者、水路运输经营者应当按照国家有关规定，使客车、客船、客运站保持良好的卫生状况，消除车船、港站的病媒昆虫和鼠类以及其他染疫动物的危害。

第十一条 县级以上人民政府交通行政主管部门应当开展突发事件交通应急知识的宣传教育，增强道路、水路运输从业人员和旅客对突发事件的防范意识和应对能力。

第十二条 在车船、港站发生突发事件，县级以上人民政府交通行政主管部门应当协助同级人民政府卫生行政主管部门组织专家对突发事件进行综合评估，初步判断突发事件的类型，按照有关规定向省级以上人民政府提出是否启动突发事件应急预案的建议。

第十三条 国务院或者省级人民政府决定突发事件应急预案启动后，突发事件发生地的县级以上人民政府交通行政主管部门应当根据突发事件的类别，立即启动相应的突发事件交通应急预案，并向社会公布有关突发事件交通应急预案。

第三章 应急信息报告

第十四条 县级以上人民政府交通行政主管部门应当建立突发事件交通应急值班制度、应急报告制度和应急举报制度，公布统一的突发事件报告、举报电话，保证突发事件交通应急信息畅通。

第十五条 县级以上人民政府交通行政主管部门应当按有关规定向上级人民政府交通行政主管部门报告下列有关突发事件的情况：

（一）突发事件的实际发生情况；

（二）预防、控制和处理突发事件的情况；

（三）运输突发事件紧急物资的情况；

（四）保障交通畅通的情况；

（五）突发事件应急的其他有关情况。

道路运输经营者、水路运输经营者应当按有关规定向所在地县级人民政府交通行政主管部门和卫生行政主管部门报告有关突发事件的预防、控制、处理和紧急物资运输的有关情况。

第十六条 县级以上人民政府交通行政主管部门接到有关突发事件的报告后，应当在接到报告后 1 小时内向上级人民政府交通行政主管部门和同级人民政府卫生行政主管部门报告，根据卫生行政主管部门的要求，立即采取有关预防和控制措施，并协助同级人民政府卫生行政主管部门组织有关人员对报告事项调查核实、确证，采取必要的控制措施。

突发事件发生地的县级以上人民政府交通行政主管部门应当在首次初步调查结束后 2 小时内，向上一级人民政府交通行政主管部门报告突发事件的有关调查情况。

上级人民政府交通行政主管部门接到下级人民政府交通行政主管部门有关突发事件的报告后 1 小时

内,向本交通行政主管部门的上一级人民政府交通行政主管部门报告。

突发事件发生地的县级以上地方人民政府交通行政主管部门,应当及时向毗邻和其他有关县级以上人民政府交通行政主管部门通报突发事件的有关情况。

第十七条　任何单位和个人不得隐瞒、缓报、谎报或者授意他人隐瞒、缓报、谎报有关突发事件和突发事件交通应急情况。

第四章　疫情应急处理

第十八条　重大传染病疫情发生后,县级以上人民政府交通行政主管部门应当按照省级人民政府依法确定的检疫传染病疫区以及对出入检疫传染病疫区的交通工具及其乘运人员、物资实施交通应急处理的决定,和同级人民政府卫生行政主管部门在客运站、客运渡口、路口等设立交通卫生检疫站或者留验站,依法实施交通卫生检疫。

第十九条　重大传染病疫情发生后,县级以上人民政府交通行政主管部门应当及时将县级以上人民政府卫生行政主管部门通报的有关疫情通知有关道路运输经营者、水路运输经营者。

县级以上人民政府交通行政主管部门应当及时会同同级人民政府卫生行政主管部门对道路运输经营者、水路运输经营者以及乘运人员进行相应的卫生防疫基本知识的宣传教育。

第二十条　重大传染病疫情发生后,道路运输经营者、水路运输经营者对车船、港站、货物应当按规定进行消毒或者进行其他必要的卫生处理,并经县级以上地方人民政府卫生行政主管部门疾病预防控制机构检疫合格,领取《交通卫生检疫合格证》后,方可投入营运或者进行运输。

《交通卫生检疫合格证》的印制、发放和使用,按照交通部与卫生部等国务院有关行政主管部门联合发布的《国内交通卫生检疫条例实施方案》的有关规定执行。

第二十一条　重大传染病疫情发生后,道路旅客运输经营者、水路旅客运输经营者应当组织对驾驶人员、乘务人员和船员进行健康检查,发现有检疫症状的,不得安排上车、上船。

第二十二条　重大传染病疫情发生后,道路运输经营者、水路运输经营者应当在车船、港站以及其他经营场所的显著位置张贴有关传染病预防和控制的宣传材料,并提醒旅客不得乘坐未取得《交通卫生检疫合格证》和道路旅客运输经营资格或者水路旅客运输经营资格的车辆、船舶,不得携带或者托运染疫行李和货物。

重大传染病疫情发生后,客车、客船应当在依法批准并符合突发事件交通应急预案要求的客运站、客运渡口上下旅客。

第二十三条　重大传染病疫情发生后,旅客购买车票、船票,应当事先填写交通部会同有关部门统一制定的《旅客健康申报卡》。旅客填写确有困难的,由港站工作人员帮助填写。

客运站出售客票时,应当对《旅客健康申报卡》所有事项进行核实。没有按规定填写《旅客健康申报卡》的旅客,客运站不得售票。

途中需要上下旅客的,客车、客船应当进入中转客运站,从始发客运站乘坐车船的旅客,不得再次被要求填写《旅客健康申报卡》。

第二十四条　重大传染病疫情发生后,旅客乘坐车船,应当接受交通卫生检疫,如被初验为检疫传染病病人或者疑似检疫传染病病人、可能感染检疫传染病病人以及国务院卫生行政主管部门规定需要采取应急控制措施的传染病病人、疑似传染病病人及其密切接触者,还应当接受留验站或者卫生行政主管部门疾病预防控制机构对其实施临时隔离、医学检查或者其他应急医学措施。

客运站应当认真查验《旅客健康申报卡》和客票。对不填报《旅客健康申报卡》的旅客,应当拒绝其乘坐客车、客船,并说明理由。

第二十五条　重大传染病疫情发生后,客运站应按车次或者航班将《旅客健康申报卡》交给旅客所乘坐车船的驾驶员或者船长、乘务员。

到达终点客运站后,驾驶员、船长或者乘务员应当将《旅客健康申报卡》交终点客运站,由终点客运站保存。

在中转客运站下车船的旅客,由该车船的驾驶员、船长或者乘务员将下车船旅客的《旅客健康申报卡》交中转客运站保存。

第二十六条　车船上发现检疫传染病病人或者疑似检疫传染病病人、可能感染检疫传染病病人以及国务院卫生行政主管部门规定需要采取应急控制措施的传染病病人、疑似传染病病人及其密切接触者时,驾驶员或者船长应当组织有关人员依法采取下列临时措施:

(一)以最快的方式通知前方停靠点,并向车船的所有人或者经营人和始发客运站报告;

(二)对检疫传染病病人、疑似检疫传染病病人、可能感染检疫传染病病人以及国务院卫生行政主管部门确定的其他重大传染病病人、疑似重大传染病病人、可能感染重大传染病病人及与其密切接触者实施紧急卫生处理和临时隔离；

（三）封闭已被污染或者可能被污染的区域，禁止向外排放污物；

（四）将车船迅速驶向指定的停靠点，并将《旅客健康申报卡》、乘运人员名单移交当地县级以上地方人民政府交通行政主管部门；

（五）对承运过检疫传染病病人、疑似检疫传染病病人、可能感染检疫传染病病人以及国务院卫生行政主管部门确定的其他重大传染病病人、疑似重大传染病病人、可能感染重大传染病病人及与其密切接触者的车船和可能被污染的停靠场所实施卫生处理。

车船的前方停靠点、车船的所有人或者经营人以及始发客运站接到有关报告后，应当立即向当地县级以上地方人民政府交通行政主管部门、卫生行政主管部门报告。

县级以上地方人民政府交通行政主管部门接到报告后，应当立即和同级人民政府卫生行政主管部门组织有关人员到达现场，采取相应的交通卫生检疫措施。

第二十七条 县级以上人民政府交通行政主管部门发现正在行驶的车船载有检疫传染病病人或者疑似检疫传染病病人、可能感染检疫传染病病人以及国务院卫生行政主管部门规定需要采取应急控制措施的传染病病人、疑似传染病病人及其密切接触者，应当立即通知该客车、客船的所有人或者经营人，并通报该车船行驶路线相关的县级人民政府交通行政主管部门。

第二十八条 对拒绝交通卫生检疫可能传播检疫传染病的车船、港站和其他停靠场所、乘运人员、运输货物，县级以上地方人民政府交通行政主管部门协助卫生行政主管部门，依法采取强制消毒或者其他必要的交通卫生检疫措施。

第二十九条 重大传染病疫情发生后，县级以上人民政府交通行政主管部门发现车船近期曾经载运过检疫传染病病人或者疑似检疫传染病病人、可能感染检疫传染病病人以及国务院卫生行政主管部门规定需要采取应急控制措施的传染病病人、疑似传染病病人及其密切接触者，应当立即将有关《旅客健康申报卡》送交卫生行政主管部门或者其指定的疾病预防控制机构。

第三十条 参加重大传染病疫情交通应急处理的工作人员，应当按照有关突发事件交通应急预案的要求，采取卫生防护措施，并在专业卫生人员的指导下进行工作。

第五章 交通应急保障

第三十一条 突发事件交通应急预案启动后，县级以上人民政府交通行政主管部门应当加强对车船、港站、道路、航道、船闸、渡口的维护、检修，保证其经常处于良好的技术状态。

除因阻断检疫传染病传播途径需要或者其他法定事由并依照法定程序可以中断交通外，任何单位和个人不得以任何方式中断交通。

县级以上人民政府交通行政主管部门发现交通中断或者紧急运输受阻，应当迅速报告上一级人民政府交通行政主管部门和当地人民政府，并采取措施恢复交通。如难以迅速恢复交通，应当提请当地人民政府予以解决，或者提请上一级人民政府交通行政主管部门协助解决。

第三十二条 在非检疫传染病疫区运行的车辆上发现检疫传染病病人、疑似检疫传染病病人、可能感染检疫传染病病人以及国务院卫生行政主管部门规定需要采取应急控制措施的传染病病人、疑似传染病病人及其密切接触者，由县级以上人民政府交通行政主管部门协助同级人民政府卫生行政主管部门依法决定对该车辆及其乘运人员、货物实施交通卫生检疫。

在非检疫传染病疫区运行船舶上发现检疫传染病病人、疑似检疫传染病病人、可能感染检疫传染病病人以及国务院卫生行政主管部门规定需要采取应急控制措施的传染病病人、疑似传染病病人及其密切接触者，由海事管理机构协助同级人民政府卫生行政主管部门依法对该船舶及其乘运人员、货物实施交通卫生检疫。

在非传染病疫区跨省、自治区、直辖市运行的船舶上发现检疫传染病病人、疑似检疫传染病病人、可能感染检疫传染病病人以及国务院卫生行政主管部门规定需要采取应急控制措施的传染病病人、疑似传染病病人及其密切接触者，交通部会同卫生部依法决定对该船舶实施交通卫生检疫，命令该船舶不得停靠或者通过港站。但是，因实施卫生检疫导致中断干线交通，报国务院决定。

第六章 紧急运输

第三十三条 突发事件发生后，县级以上地方人民政府交通行政主管部门应当采取措施保证突发事件应急处理所需运输的人员群体、防疫人员、医护人员以及突发事件应急处理所需的救治消毒药品、医疗救护设备器械等紧急物资及时运输。

第三十四条 依法负责处理突发事件的防疫人员、医护人员凭县级以上人民政府卫生行政主管部门出具的有关证明以及本人有效身份证件，可以优先购买客票；道路运输经营者、水路运输经营者应当保证其购得最近一次通往目的地的客票。

第三十五条　根据县级以上人民政府突发事件应急处理指挥部的命令，县级以上人民政府交通行政主管部门应当协助紧急调用有关人员、车船以及相关设施、设备。

被调用的单位和个人必须确保完成有关人员和紧急物资运输任务，不得延误和拒绝。

第三十六条　承担突发事件应急处理所需紧急运输的车船，应当使用《紧急运输通行证》。其中，跨省运送紧急物资的，应当使用交通部统一印制的《紧急运输通行证》；省内运送紧急物资的，可以使用省级交通行政主管部门统一印制的《紧急运输通行证》。使用《紧急运输通行证》的车船，按国家有关规定免交车辆通行费、船舶过闸费，并优先通行。

《紧急运输通行证》应当按照交通部的有关规定印制、发放和使用。

第三十七条　承担重大传染病疫情应急处理紧急运输任务的道路运输经营者、水路运输经营者应当遵守下列规定：

（一）车船在装卸货物前后根据需要进行清洗、消毒或者进行其他卫生处理；

（二）有关运输人员事前应当接受健康检查和有关防护知识培训，配备相应的安全防护用具；

（三）保证驾驶员休息充足，不得疲劳驾驶；

（四）进入疫区前，应当采取严格的防护措施；驶离疫区后，应当立即对车船和随行人员进行消毒或者采取其他必要卫生处理措施；

（五）紧急运输任务完成后，交回《紧急运输通行证》，对运输人员应当进行健康检查，并安排休息观察。

第三十八条　重大传染病疫情发生后，引航人员、理货人员上船引航、理货，应当事先体检，采取相应的有效防护措施，上船时应当主动出示健康合格证。

第七章　检查监督

第三十九条　县级以上人民政府交通行政主管部门应当加强对本行政区域内突发事件交通应急工作的指导和督察；上级人民政府交通行政主管部门对突发事件交通应急处理工作进行指导和督察，下级人民政府交通行政主管部门应当予以配合。

第四十条　县级以上地方人民政府交通行政主管部门的工作人员依法协助或者实施交通卫生检疫，应当携带证件，佩戴标志，热情服务，秉公执法，任何单位和个人应当予以配合，不得阻挠。

第四十一条　县级以上人民政府交通行政主管部门应当加强对《交通卫生检疫合格证》、《旅客健康申报卡》使用情况的监督检查；对已按规定使用《交通卫生检疫合格证》、《旅客健康申报卡》的车船，应当立即放行。

任何单位和个人不得擅自印制、伪造、变造、租借、转让《交通卫生检疫合格证》、《紧急运输通行证》。

任何单位和个人不得使用擅自印制、伪造、变造、租借、转让的《交通卫生检疫合格证》、《紧急运输通行证》。

第八章　法律责任

第四十二条　县级以上地方人民政府交通行政主管部门违反本规定，有下列行为之一的，对其主要负责人依法给予行政处分：

（一）未依照本规定履行报告职责，对突发事件隐瞒、缓报、谎报或者授意他人隐瞒、缓报、谎报的；

（二）未依照本规定，组织完成突发事件应急处理所需要的紧急物资的运输的；

（三）对上级人民政府交通行政主管部门进行有关调查不予配合，或者采取其他方式阻碍、干涉调查的。

县级以上人民政府交通行政主管部门违反有关规定，造成传染病传播、流行或者对社会公众健康造成其他严重危害后果的，对主要负责人、负有责任的主管人员和其他责任人员依法给予开除的行政处分；构成犯罪的，依法追究刑事责任。

第四十三条　县级以上人民政府交通行政主管部门违反本规定，有下列行为之一，由上级人民政府交通行政主管部门责令改正、通报批评、给予警告；对主要负责人、负有责任的主管人员和其他责任人员依法给予降级、撤职的行政处分：

（一）在突发事件调查、控制工作中玩忽职守、失职、渎职的；

（二）拒不履行突发事件交通应急处理职责的。

第四十四条　道路运输经营者、水路运输经营者违反本规定，对在车船上发现的检疫传染病病人、疑似检疫传染病病人，未按有关规定采取相应措施的，由县级以上地方人民政府卫生行政主管部门责令改正，给予警告，并处1000元以上5000元以下的罚款。

第四十五条　检疫传染病病人、疑似检疫传染病病人以及与其密切接触者隐瞒真实情况、逃避交通卫生检疫的，由县级以上地方人民政府卫生行政主管部门责令限期改正，给予警告，可以并处1000元以下的罚款；拒绝接受交通卫生检疫和必要的卫生处理的，给予警告，并处1000元以上5000元以下的罚款。

第四十六条 突发事件发生后，未取得相应的运输经营资格，擅自从事道路运输、水路运输；或者有其他违反有关道路运输、水路运输管理规定行为的，依照有关道路运输、水路运输管理法规、规章的规定从重给予行政处罚。

第九章 附 则

第四十七条 群体性不明原因疾病交通应急方案，参照重大传染病交通应急方案执行。

第四十八条 本规定自2004年5月1日起施行。

国家突发公共卫生事件应急预案

2006年2月26日国务院发布

1 总 则

1.1 编制目的

有效预防、及时控制和消除突发公共卫生事件及其危害，指导和规范各类突发公共卫生事件的应急处理工作，最大程度地减少突发公共卫生事件对公众健康造成的危害，保障公众身心健康与生命安全。

1.2 编制依据

依据《中华人民共和国传染病防治法》、《中华人民共和国食品卫生法》、《中华人民共和国职业病防治法》、《中华人民共和国国境卫生检疫法》、《突发公共卫生事件应急条例》、《国内交通卫生检疫条例》和《国家突发公共事件总体应急预案》，制定本预案。

1.3 突发公共卫生事件的分级

根据突发公共卫生事件性质、危害程度、涉及范围，突发公共卫生事件划分为特别重大（Ⅰ级）、重大（Ⅱ级）、较大（Ⅲ级）和一般（Ⅳ级）四级。

其中，特别重大突发公共卫生事件主要包括：

（1）肺鼠疫、肺炭疽在大、中城市发生并有扩散趋势，或肺鼠疫、肺炭疽疫情波及2个以上的省份，并有进一步扩散趋势。

（2）发生传染性非典型肺炎、人感染高致病性禽流感病例，并有扩散趋势。

（3）涉及多个省份的群体性不明原因疾病，并有扩散趋势。

（4）发生新传染病或我国尚未发现的传染病发生或传入，并有扩散趋势，或发现我国已消灭的传染病重新流行。

（5）发生烈性病菌株、毒株、致病因子等丢失事件。

（6）周边以及与我国通航的国家和地区发生特大传染病疫情，并出现输入性病例，严重危及我国公共卫生安全的事件。

（7）国务院卫生行政部门认定的其他特别重大突发公共卫生事件。

1.4 适用范围

本预案适用于突然发生，造成或者可能造成社会公众身心健康严重损害的重大传染病、群体性不明原因疾病、重大食物和职业中毒以及因自然灾害、事故灾难或社会安全等事件引起的严重影响公众身心健康的公共卫生事件的应急处理工作。

其他突发公共事件中涉及的应急医疗救援工作，另行制定有关预案。

1.5 工作原则

（1）预防为主，常备不懈。提高全社会对突发公共卫生事件的防范意识，落实各项防范措施，做好人员、技术、物资和设备的应急储备工作。对各类可能引发突发公共卫生事件的情况要及时进行分析、预警，做到早发现、早报告、早处理。

（2）统一领导，分级负责。根据突发公共卫生事件的范围、性质和危害程度，对突发公共卫生事件实行分级管理。各级人民政府负责突发公共卫生事件应急处理的统一领导和指挥，各有关部门按照预案规定，在各自的职责范围内做好突发公共卫生事件应急处理的有关工作。

（3）依法规范，措施果断。地方各级人民政府和卫生行政部门要按照相关法律、法规和规章的规定，完善突发公共卫生事件应急体系，建立健全系统、规范的突发公共卫生事件应急处理工作制度，对突发公共卫生事件和可能发生的公共卫生事件做出快速反应，及时、有效开展监测、报告和处理工作。

（4）依靠科学，加强合作。突发公共卫生事件应急工作要充分尊重和依靠科学，要重视开展防范和处理突发公共卫生事件的科研和培训，为突发公共卫生事件应急处理提供科技保障。各有关部门和单位要通力合作、资源共享，有效应对突发公共卫生事件。要广泛组织、动员公众参与突发公共卫生事件的应急处理。

2 应急组织体系及职责

2.1 应急指挥机构

卫生部依照职责和本预案的规定，在国务院统一领导下,负责组织、协调全国突发公共卫生事件应急处理工作,并根据突发公共卫生事件应急处理工作的实际需要,提出成立全国突发公共卫生事件应急指挥部。

地方各级人民政府卫生行政部门依照职责和本预案的规定,在本级人民政府统一领导下,负责组织、协调本行政区域内突发公共卫生事件应急处理工作,并根据突发公共卫生事件应急处理工作的实际需要,向本级人民政府提出成立地方突发公共卫生事件应急指挥部的建议。

各级人民政府根据本级人民政府卫生行政部门的建议和实际工作需要,决定是否成立国家和地方应急指挥部。

地方各级人民政府及有关部门和单位要按照属地管理的原则,切实做好本行政区域内突发公共卫生事件应急处理工作。

2.1.1　全国突发公共卫生事件应急指挥部的组成和职责

全国突发公共卫生事件应急指挥部负责对特别重大突发公共卫生事件的统一领导、统一指挥,作出处理突发公共卫生事件的重大决策。指挥部成员单位根据突发公共卫生事件的性质和应急处理的需要确定。

2.1.2　省级突发公共卫生事件应急指挥部的组成和职责

省级突发公共卫生事件应急指挥部由省级人民政府有关部门组成,实行属地管理的原则,负责对本行政区域内突发公共卫生事件应急处理的协调和指挥,作出处理本行政区域内突发公共卫生事件的决策,决定要采取的措施。

2.2　日常管理机构

国务院卫生行政部门设立卫生应急办公室(突发公共卫生事件应急指挥中心),负责全国突发公共卫生事件应急处理的日常管理工作。

各省、自治区、直辖市人民政府卫生行政部门及军队、武警系统要参照国务院卫生行政部门突发公共卫生事件日常管理机构的设置及职责,结合各自实际情况,指定突发公共卫生事件的日常管理机构,负责本行政区域或本系统内突发公共卫生事件应急的协调、管理工作。

各市(地)级、县级卫生行政部门要指定机构负责本行政区域内突发公共卫生事件应急的日常管理工作。

2.3　专家咨询委员会

国务院卫生行政部门和省级卫生行政部门负责组建突发公共卫生事件专家咨询委员会。

市(地)级和县级卫生行政部门可根据本行政区域内突发公共卫生事件应急工作需要,组建突发公共卫生事件应急处理专家咨询委员会。

2.4　应急处理专业技术机构

医疗机构、疾病预防控制机构、卫生监督机构、出入境检验检疫机构是突发公共卫生事件应急处理的专业技术机构。应急处理专业技术机构要结合本单位职责开展专业技术人员处理突发公共卫生事件能力培训,提高快速应对能力和技术水平,在发生突发公共卫生事件时,要服从卫生行政部门的统一指挥和安排,开展应急处理工作。

3　突发公共卫生事件的监测、预警与报告

3.1　监测

国家建立统一的突发公共卫生事件监测、预警与报告网络体系。各级医疗、疾病预防控制、卫生监督和出入境检疫机构负责开展突发公共卫生事件的日常监测工作。

省级人民政府卫生行政部门要按照国家统一规定和要求,结合实际,组织开展重点传染病和突发公共卫生事件的主动监测。

国务院卫生行政部门和地方各级人民政府卫生行政部门要加强对监测工作的管理和监督,保证监测质量。

3.2　预警

各级人民政府卫生行政部门根据医疗机构、疾病预防控制机构、卫生监督机构提供的监测信息,按照公共卫生事件的发生、发展规律和特点,及时分析其对公众身心健康的危害程度、可能的发展趋势,及时做出预警。

3.3　报告

任何单位和个人都有权向国务院卫生行政部门和地方各级人民政府及其有关部门报告突发公共卫生事件及其隐患,也有权向上级政府部门举报不履行或者不按照规定履行突发公共卫生事件应急处理职责的部门、单位及个人。

县级以上各级人民政府卫生行政部门指定的突发公共卫生事件监测机构、各级各类医疗卫生机构、卫生行政部门、县级以上地方人民政府和检验检疫机构、食品药品监督管理机构、环境保护监测机构、教育机构等有关单位为突发公共卫生事件的责任报告单位。执行职务的各级各类医疗卫生机构的医疗卫生人员、个体开业医生为突发公共卫生事件的责任报告人。

突发公共卫生事件责任报告单位要按照有关规定及时、准确地报告突发公共卫生事件及其处置情况。

4 突发公共卫生事件的应急反应和终止

4.1 应急反应原则

发生突发公共卫生事件时,事发地的县级、市(地)级、省级人民政府及其有关部门按照分级响应的原则,作出相应级别应急反应。同时,要遵循突发公共卫生事件发生发展的客观规律,结合实际情况和预防控制工作的需要,及时调整预警和反应级别,以有效控制事件,减少危害和影响。要根据不同类别突发公共卫生事件的性质和特点,注重分析事件的发展趋势,对事态和影响不断扩大的事件,应及时升级预警和反应级别;对范围局限、不会进一步扩散的事件,应相应降低反应级别,及时撤销预警。

国务院有关部门和地方各级人民政府及有关部门对在学校、区域性或全国性重要活动期间等发生的突发公共卫生事件,要高度重视,可相应提高报告和反应级别,确保迅速、有效控制突发公共卫生事件,维护社会稳定。

突发公共卫生事件应急处理要采取边调查、边处理、边抢救、边核实的方式,以有效措施控制事态发展。

事发地之外的地方各级人民政府卫生行政部门接到突发公共卫生事件情况通报后,要及时通知相应的医疗卫生机构,组织做好应急处理所需的人员与物资准备,采取必要的预防控制措施,防止突发公共卫生事件在本行政区域内发生,并服从上一级人民政府卫生行政部门的统一指挥和调度,支援突发公共卫生事件发生地区的应急处理工作。

4.2 应急反应措施

4.2.1 各级人民政府

(1)组织协调有关部门参与突发公共卫生事件的处理。

(2)根据突发公共卫生事件处理需要,调集本行政区域内各类人员、物资、交通工具和相关设施、设备参加应急处理工作。涉及危险化学品管理和运输安全的,有关部门要严格执行相关规定,防止事故发生。

(3)划定控制区域:甲类、乙类传染病暴发、流行时,县级以上地方人民政府报经上一级地方人民政府决定,可以宣布疫区范围;经省、自治区、直辖市人民政府决定,可以对本行政区域内甲类传染病疫区实施封锁;封锁大、中城市的疫区或者封锁跨省(区、市)的疫区,以及封锁疫区导致中断干线交通或者封锁国境的,由国务院决定。对重大食物中毒和职业中毒事故,根据污染食品扩散和职业危害因素波及的范围,划定控制区域。

(4)疫情控制措施:当地人民政府可以在本行政区域内采取限制或者停止集市、集会、影剧院演出,以及其他人群聚集的活动;停工、停业、停课;封闭或者封存被传染病病原体污染的公共饮用水源、食品以及相关物品等紧急措施;临时征用房屋、交通工具以及相关设施和设备。

(5)流动人口管理:对流动人口采取预防工作,落实控制措施,对传染病病人、疑似病人采取就地隔离、就地观察、就地治疗的措施,对密切接触者根据情况采取集中或居家医学观察。

(6)实施交通卫生检疫:组织铁路、交通、民航、质检等部门在交通站点和出入境口岸设置临时交通卫生检疫站,对出入境、进出疫区和运行中的交通工具及其乘运人员和物资、宿主动物进行检疫查验,对病人、疑似病人及其密切接触者实施临时隔离、留验和向地方卫生行政部门指定的机构移交。

(7)信息发布:突发公共卫生事件发生后,有关部门要按照有关规定作好信息发布工作,信息发布要及时主动、准确把握,实事求是,正确引导舆论,注重社会效果。

(8)开展群防群治:街道、乡(镇)以及居委会、村委会协助卫生行政部门和其他部门、医疗机构,做好疫情信息的收集、报告、人员分散隔离及公共卫生措施的实施工作。

(9)维护社会稳定:组织有关部门保障商品供应,平抑物价,防止哄抢;严厉打击造谣传谣、哄抬物价、囤积居奇、制假售假等违法犯罪和扰乱社会治安的行为。

4.2.2 卫生行政部门

(1)组织医疗机构、疾病预防控制机构和卫生监督机构开展突发公共卫生事件的调查与处理。

(2)组织突发公共卫生事件专家咨询委员会对突发公共卫生事件进行评估,提出启动突发公共卫生事件应急处理的级别。

(3)应急控制措施:根据需要组织开展应急疫苗接种、预防服药。

(4)督导检查:国务院卫生行政部门组织对全国或重点地区的突发公共卫生事件应急处理工作进行督导和检查。省、市(地)级以及县级卫生行政部门负责对本行政区域内的应急处理工作进行督察和指导。

(5)发布信息与通报:国务院卫生行政部门或经授权的省、自治区、直辖市人民政府卫生行政部门及时向社会发布突发公共卫生事件的信息或公告。国务院卫生行政部门及时向国务院各有关部门和各省、自治区、直辖市卫生行政部门以及军队有关部门通报突发公共卫生事件情况。对涉及跨境的疫情线索,由国务院卫生行政部门向有关国家和地区通报情况。

(6)制订技术标准和规范:国务院卫生行政部门对新发现的突发传染病、不明原因的群体性疾病、重大中毒事件,组织力量制订技术标准和规范,及时组织全国培训。地方各级卫生行政部门开展相应的培训工作。

(7)普及卫生知识。针对事件性质,有针对性地开展卫生知识宣教,提高公众健康意识和自我防护能力,消除公众心理障碍,开展心理危机干预工作。

(8)进行事件评估:组织专家对突发公共卫生事件的处理情况进行综合评估,包括事件概况、现场调查处理概况、病人救治情况、所采取的措施、效果评价等。

4.2.3 医疗机构

(1)开展病人接诊、收治和转运工作,实行重症和普通病人分开管理,对疑似病人及时排除或确诊。

(2)协助疾控机构人员开展标本的采集、流行病学调查工作。

(3)做好医院内现场控制、消毒隔离、个人防护、医疗垃圾和污水处理工作,防止院内交叉感染和污染。

(4)做好传染病和中毒病人的报告。对因突发公共卫生事件而引起身体伤害的病人,任何医疗机构不得拒绝接诊。

(5)对群体性不明原因疾病和新发传染病做好病例分析与总结,积累诊断治疗的经验。重大中毒事件,按照现场救援、病人转运、后续治疗相结合的原则进行处置。

(6)开展科研与国际交流:开展与突发事件相关的诊断试剂、药品、防护用品等方面的研究。开展国际合作,加快病源查寻和病因诊断。

4.2.4 疾病预防控制机构

(1)突发公共卫生事件信息报告:国家、省、市(地)、县级疾控机构做好突发公共卫生事件的信息收集、报告与分析工作。

(2)开展流行病学调查:疾控机构人员到达现场后,尽快制订流行病学调查计划和方案,地方专业技术人员按照计划和方案,开展对突发事件累及人群的发病情况、分布特点进行调查分析,提出并实施有针对性的预防控制措施;对传染病病人、疑似病人、病原携带者及其密切接触者进行追踪调查,查明传播链,并向相关地方疾病预防控制机构通报情况。

(3)实验室检测:中国疾病预防控制中心和省级疾病预防控制机构指定的专业技术机构在地方专业机构的配合下,按有关技术规范采集足量、足够的标本,分送省级和国家应急处理功能网络实验室检测,查找致病原因。

(4)开展科研与国际交流:开展与突发事件相关的诊断试剂、疫苗、消毒方法、医疗卫生防护用品等方面的研究。开展国际合作,加快病源查寻和病因诊断。

(5)制订技术标准和规范:中国疾病预防控制中心协助卫生行政部门制订全国新发现的突发传染病、不明原因的群体性疾病、重大中毒事件的技术标准和规范。

(6)开展技术培训:中国疾病预防控制中心具体负责全国省级疾病预防控制中心突发公共卫生事件应急处理专业技术人员的应急培训。各省级疾病预防控制中心负责县级以上疾病预防控制机构专业技术人员的培训工作。

4.2.5 卫生监督机构

(1)在卫生行政部门的领导下,开展对医疗机构、疾病预防控制机构突发公共卫生事件应急处理各项措施落实情况的督导、检查。

(2)围绕突发公共卫生事件应急处理工作,开展食品卫生、环境卫生、职业卫生等的卫生监督和执法稽查。

(3)协助卫生行政部门依据《突发公共卫生事件应急条例》和有关法律法规,调查处理突发公共卫生事件应急工作中的违法行为。

4.2.6 出入境检验检疫机构

(1)突发公共卫生事件发生时,调动出入境检验检疫机构技术力量,配合当地卫生行政部门做好口岸的应急处理工作。

(2)及时上报口岸突发公共卫生事件信息和情况变化。

4.2.7 非事件发生地区的应急反应措施

未发生突发公共卫生事件的地区应根据其他地区发生事件的性质、特点、发生区域和发展趋势,分析本地区受波及的可能性和程度,重点做好以下工作:

(1)密切保持与事件发生地区的联系,及时获取相关信息。

(2)组织做好本行政区域应急处理所需的人员与物资准备。

(3)加强相关疾病与健康监测和报告工作,必要时,建立专门报告制度。

(4)开展重点人群、重点场所和重点环节的监测和预防控制工作,防患于未然。

(5)开展防治知识宣传和健康教育,提高公众自我保护意识和能力。

(6)根据上级人民政府及其有关部门的决定,开展交通卫生检疫等。

4.3 突发公共卫生事件的分级反应

特别重大突发公共卫生事件(具体标准见1.3)应急处理工作由国务院或国务院卫生行政部门和有关部门组

织实施，开展突发公共卫生事件的医疗卫生应急、信息发布、宣传教育、科研攻关、国际交流与合作、应急物资与设备的调集、后勤保障以及督导检查等工作。国务院可根据突发公共卫生事件性质和应急处置工作，成立全国突发公共卫生事件应急处理指挥部，协调指挥应急处置工作。事发地省级人民政府应按照国务院或国务院有关部门的统一部署，结合本地区实际情况，组织协调市（地）、县（市）人民政府开展突发公共事件的应急处理工作。

特别重大级别以下的突发公共卫生事件应急处理工作由地方各级人民政府负责组织实施。超出本级应急处置能力时，地方各级人民政府要及时报请上级人民政府和有关部门提供指导和支持。

4.4　突发公共卫生事件应急反应的终止

突发公共卫生事件应急反应的终止需符合以下条件：突发公共卫生事件隐患或相关危险因素消除，或末例传染病病例发生后经过最长潜伏期无新的病例出现。

特别重大突发公共卫生事件由国务院卫生行政部门组织有关专家进行分析论证，提出终止应急反应的建议，报国务院或全国突发公共卫生事件应急指挥部批准后实施。

特别重大以下突发公共卫生事件由地方各级人民政府卫生行政部门组织专家进行分析论证，提出终止应急反应的建议，报本级人民政府批准后实施，并向上一级人民政府卫生行政部门报告。

上级人民政府卫生行政部门要根据下级人民政府卫生行政部门的请求，及时组织专家对突发公共卫生事件应急反应的终止的分析论证提供技术指导和支持。

5　善后处理

5.1　后期评估

突发公共卫生事件结束后，各级卫生行政部门应在本级人民政府的领导下，组织有关人员对突发公共卫生事件的处理情况进行评估。评估内容主要包括事件概况、现场调查处理概况、病人救治情况、所采取措施的效果评价、应急处理过程中存在的问题和取得的经验及改进建议。评估报告上报本级人民政府和上一级人民政府卫生行政部门。

5.2　奖励

县级以上人民政府人事部门和卫生行政部门对参加突发公共卫生事件应急处理作出贡献的先进集体和个人进行联合表彰；民政部门对在突发公共卫生事件应急处理工作中英勇献身的人员，按有关规定追认为烈士。

5.3　责任

对在突发公共卫生事件的预防、报告、调查、控制和处理过程中，有玩忽职守、失职、渎职等行为的，依据《突发公共卫生事件应急条例》及有关法律法规追究当事人的责任。

5.4　抚恤和补助

地方各级人民政府要组织有关部门对因参与应急处理工作致病、致残、死亡的人员，按照国家有关规定，给予相应的补助和抚恤；对参加应急处理一线工作的专业技术人员应根据工作需要制订合理的补助标准，给予补助。

5.5　征用物资、劳务的补偿

突发公共卫生事件应急工作结束后，地方各级人民政府应组织有关部门对应急处理期间紧急调集、征用有关单位、企业、个人的物资和劳务进行合理评估，给予补偿。

6　突发公共卫生事件应急处置的保障

突发公共卫生事件应急处理应坚持预防为主，平战结合，国务院有关部门、地方各级人民政府和卫生行政部门应加强突发公共卫生事件的组织建设，组织开展突发公共卫生事件的监测和预警工作，加强突发公共卫生事件应急处理队伍建设和技术研究，建立健全国家统一的突发公共卫生事件预防控制体系，保证突发公共卫生事件应急处理工作的顺利开展。

6.1　技术保障

6.1.1　信息系统

国家建立突发公共卫生事件应急决策指挥系统的信息、技术平台，承担突发公共卫生事件及相关信息收集、处理、分析、发布和传递等工作，采取分级负责的方式进行实施。

要在充分利用现有资源的基础上建设医疗救治信息网络，实现卫生行政部门、医疗救治机构与疾病预防控制机构之间的信息共享。

6.1.2　疾病预防控制体系

国家建立统一的疾病预防控制体系。各省（区、市）、市（地）、县（市）要加快疾病预防控制机构和基层预防保健组织建设，强化医疗卫生机构疾病预防控制的责任；建立功能完善、反应迅速、运转协调的突发公共卫生事件应急机制；健全覆盖城乡、灵敏高效、快速畅通的疫情信息网络；改善疾病预防控制机构基础设施和实验室设备条件；加强疾病控制专业队伍建设，提高流行病学调查、现场处置和实验室检测检验能力。

6.1.3　应急医疗救治体系

按照“中央指导、地方负责、统筹兼顾、平战结合、因地制宜、合理布局”的原则，逐步在全国范围内建成包括急救机构、传染病救治机构和化学中毒与核辐射救治基地在内的,符合国情、覆盖城乡、功能完善、反应灵敏、运转协调、持续发展的医疗救治体系。

6.1.4　卫生执法监督体系

国家建立统一的卫生执法监督体系。各级卫生行政部门要明确职能,落实责任,规范执法监督行为,加强卫生执法监督队伍建设。对卫生监督人员实行资格准入制度和在岗培训制度,全面提高卫生执法监督的能力和水平。

6.1.5　应急卫生救治队伍

各级人民政府卫生行政部门按照"平战结合、因地制宜,分类管理、分级负责,统一管理、协调运转"的原则建立突发公共卫生事件应急救治队伍,并加强管理和培训。

6.1.6　演练

各级人民政府卫生行政部门要按照"统一规划、分类实施、分级负责、突出重点、适应需求"的原则,采取定期和不定期相结合的形式,组织开展突发公共卫生事件的应急演练。

6.1.7　科研和国际交流

国家有计划地开展应对突发公共卫生事件相关的防治科学研究,包括现场流行病学调查方法、实验室病因检测技术、药物治疗、疫苗和应急反应装备、中医药及中西医结合防治等,尤其是开展新发、罕见传染病快速诊断方法、诊断试剂以及相关的疫苗研究,做到技术上有所储备。同时,开展应对突发公共卫生事件应急处理技术的国际交流与合作,引进国外的先进技术、装备和方法,提高我国应对突发公共卫生事件的整体水平。

6.2　物资、经费保障

6.2.1　物资储备

各级人民政府要建立处理突发公共卫生事件的物资和生产能力储备。发生突发公共卫生事件时,应根据应急处理工作需要调用储备物资。卫生应急储备物资使用后要及时补充。

6.2.2　经费保障

应保障突发公共卫生事件应急基础设施项目建设经费,按规定落实对突发公共卫生事件应急处理专业技术机构的财政补助政策和突发公共卫生事件应急处理经费。应根据需要对边远贫困地区突发公共卫生事件应急工作给予经费支持。国务院有关部门和地方各级人民政府应积极通过国际、国内等多渠道筹集资金,用于突发公共卫生事件应急处理工作。

6.3　通信与交通保障

各级应急医疗卫生救治队伍要根据实际工作需要配备通信设备和交通工具。

6.4　法律保障

国务院有关部门应根据突发公共卫生事件应急处理过程中出现的新问题、新情况,加强调查研究,起草和制订并不断完善应对突发公共卫生事件的法律、法规和规章制度,形成科学、完整的突发公共卫生事件应急法律和规章体系。

国务院有关部门和地方各级人民政府及有关部门要严格执行《突发公共卫生事件应急条例》等规定,根据本预案要求,严格履行职责,实行责任制。对履行职责不力,造成工作损失的,要追究有关当事人的责任。

6.5　社会公众的宣传教育

县级以上人民政府要组织有关部门利用广播、影视、报刊、互联网、手册等多种形式对社会公众广泛开展突发公共卫生事件应急知识的普及教育,宣传卫生科普知识,指导群众以科学的行为和方式对待突发公共卫生事件。要充分发挥有关社会团体在普及卫生应急知识和卫生科普知识方面的作用。

7　预案管理与更新

根据突发公共卫生事件的形势变化和实施中发现的问题及时进行更新、修订和补充。

国务院有关部门根据需要和本预案的规定,制定本部门职责范围内的具体工作预案。

县级以上地方人民政府根据《突发公共卫生事件应急条例》的规定,参照本预案并结合本地区实际情况,组织制定本地区突发公共卫生事件应急预案。

8　附　　则

8.1　名词术语

重大传染病疫情是指某种传染病在短时间内发生、波及范围广泛,出现大量的病人或死亡病例,其发病率远远超过常年的发病率水平的情况。

群体性不明原因疾病是指在短时间内,某个相对集中的区域内同时或者相继出现具有共同临床表现病人,且病例不断增加,范围不断扩大,又暂时不能明确诊断的疾病。

重大食物和职业中毒是指由于食品污染和职业危害的原因而造成的人数众多或者伤亡较重的中毒事件。

新传染病是指全球首次发现的传染病。

我国尚未发现传染病是指埃博拉、猴痘、黄热病、人变异性克雅氏病等在其他国家和地区已经发现,在我国尚未发现过的传染病。

我国已消灭传染病是指天花、脊髓灰质炎等传染病。

8.2 预案实施时间

本预案自印发之日起实施。

国境口岸突发公共卫生事件出入境检验检疫应急处理规定

1. 2003年11月7日国家质量监督检验检疫总局令第57号公布

2. 根据2018年4月28日海关总署令第238号《海关总署关于修改部分规章的决定》修正

第一章 总 则

第一条 为有效预防、及时缓解、控制和消除突发公共卫生事件的危害，保障出入境人员和国境口岸公众身体健康，维护国境口岸正常的社会秩序，依据《中华人民共和国国境卫生检疫法》及其实施细则和《突发公共卫生事件应急条例》，制定本规定。

第二条 本规定所称突发公共卫生事件（以下简称突发事件）是指突然发生，造成或可能造成出入境人员和国境口岸公众健康严重损害的重大传染病疫情、群体性不明原因疾病、重大食物中毒以及其他严重影响公众健康的事件，包括：

（一）发生鼠疫、霍乱、黄热病、肺炭疽、传染性非典型肺炎病例的；

（二）乙类、丙类传染病较大规模的暴发、流行或多人死亡的；

（三）发生罕见的或者国家已宣布消除的传染病等疫情的；

（四）传染病菌种、毒种丢失的；

（五）发生临床表现相似的但致病原因不明且有蔓延趋势或可能蔓延趋势的群体性疾病的；

（六）中毒人数10人以上或者中毒死亡的；

（七）国内外发生突发事件，可能危及国境口岸的。

第三条 本规定适用于在涉及国境口岸和出入境人员、交通工具、货物、集装箱、行李、邮包等范围内，对突发事件的应急处理。

第四条 国境口岸突发事件出入境检验检疫应急处理，应当遵循预防为主、常备不懈的方针，贯彻统一领导、分级负责、反应及时、措施果断、依靠科学、加强合作的原则。

第五条 海关对参加国境口岸突发事件出入境检验检疫应急处理做出贡献的人员应给予表彰和奖励。

第二章 组 织 管 理

第六条 海关建立国境口岸突发事件出入境检验检疫应急指挥体系。

第七条 海关总署统一协调、管理国境口岸突发事件出入境检验检疫应急指挥体系，并履行下列职责：

（一）研究制订国境口岸突发事件出入境检验检疫应急处理方案；

（二）指挥和协调全国海关做好国境口岸突发事件出入境检验检疫应急处理工作，组织调动本系统的技术力量和相关资源；

（三）检查督导全国海关有关应急工作的落实情况，督察各项应急处理措施落实到位；

（四）协调与国家相关行政主管部门的关系，建立必要的应急协调联系机制；

（五）收集、整理、分析和上报有关情报信息和事态变化情况，为国家决策提供处置意见和建议；向全国海关传达、部署上级机关有关各项命令；

（六）鼓励、支持和统一协调开展国境口岸突发事件出入境检验检疫监测、预警、反应处理等相关技术的国际交流与合作。

海关总署成立国境口岸突发事件出入境检验检疫应急处理专家咨询小组，为应急处理提供专业咨询、技术指导，为应急决策提供建议和意见。

第八条 直属海关负责所辖区域内的国境口岸突发事件出入境检验检疫应急处理工作，并履行下列职责：

（一）在本辖区组织实施国境口岸突发事件出入境检验检疫应急处理预案；

（二）调动所辖关区的力量和资源，开展应急处置工作；

（三）及时向海关总署报告应急工作情况、提出工作建议；

（四）协调与当地人民政府及其卫生行政部门以及口岸管理部门、边检等相关部门的联系。

直属海关成立国境口岸突发事件出入境检验检疫应急处理专业技术机构，承担相应工作。

第九条 隶属海关应当履行下列职责：

（一）组建突发事件出入境检验检疫应急现场指挥部，根据具体情况及时组织现场处置工作；

（二）与直属海关突发事件出入境检验检疫应急处理专业技术机构共同开展现场应急处置工作，并随时上报信息；

（三）加强与当地人民政府及其相关部门的联系与协作。

第三章　应急准备

第十条　海关总署按照《突发公共卫生事件应急条例》的要求，制订全国国境口岸突发事件出入境检验检疫应急预案。

主管海关根据全国国境口岸突发事件出入境检验检疫应急预案，结合本地口岸实际情况，制订本地国境口岸突发事件出入境检验检疫应急预案，并报上一级海关和当地政府备案。

第十一条　海关应当定期开展突发事件出入境检验检疫应急处理相关技能的培训，组织突发事件出入境检验检疫应急演练，推广先进技术。

第十二条　海关应当根据国境口岸突发事件出入境检验检疫应急预案的要求，保证应急处理人员、设施、设备、防治药品和器械等资源的配备、储备，提高应对突发事件的处理能力。

第十三条　海关应当依照法律、行政法规、规章的规定，开展突发事件应急处理知识的宣传教育，增强对突发事件的防范意识和应对能力。

第四章　报告与通报

第十四条　海关总署建立国境口岸突发事件出入境检验检疫应急报告制度，建立重大、紧急疫情信息报告系统。

有本规定第二条规定情形之一的，直属海关应当在接到报告1小时内向海关总署报告，并同时向当地政府报告。

海关总署对可能造成重大社会影响的突发事件，应当及时向国务院报告。

第十五条　隶属海关获悉有本规定第二条规定情形之一的，应当在1小时内向直属海关报告，并同时向当地政府报告。

第十六条　海关总署和主管海关应当指定专人负责信息传递工作，并将人员名单及时向所辖系统内通报。

第十七条　国境口岸有关单位和个人发现有本规定第二条规定情形之一的，应当及时、如实地向所在口岸的海关报告，不得隐瞒、缓报、谎报或者授意他人隐瞒、缓报、谎报。

第十八条　接到报告的海关应当依照本规定立即组织力量对报告事项调查核实、确证，采取必要的控制措施，并及时报告调查情况。

第十九条　海关总署应当将突发事件的进展情况，及时向国务院有关部门和直属海关通报。

接到通报的直属海关，应当及时通知本关区内的有关隶属海关。

第二十条　海关总署建立突发事件出入境检验检疫风险预警快速反应信息网络系统。

主管海关负责将发现的突发事件通过网络系统及时向上级报告，海关总署通过网络系统及时通报。

第五章　应急处理

第二十一条　突发事件发生后，发生地海关经上一级海关批准，应当对突发事件现场采取下列紧急控制措施：

（一）对现场进行临时控制，限制人员出入；对疑为人畜共患的重要疾病疫情，禁止病人或者疑似病人与易感动物接触；

（二）对现场有关人员进行医学观察，临时隔离留验；

（三）对出入境交通工具、货物、集装箱、行李、邮包等采取限制措施，禁止移运；

（四）封存可能导致突发事件发生或者蔓延的设备、材料、物品；

（五）实施紧急卫生处理措施。

第二十二条　海关应当组织专家对突发事件进行流行病学调查、现场监测、现场勘验，确定危害程度，初步判断突发事件的类型，提出启动国境口岸突发事件出入境检验检疫应急预案的建议。

第二十三条　海关总署国境口岸突发事件出入境检验检疫应急预案应当报国务院批准后实施；主管海关的国境口岸突发事件出入境检验检疫应急预案的启动，应当报上一级海关批准后实施，同时报告当地政府。

第二十四条　国境口岸突发事件出入境检验检疫技术调查、确证、处置、控制和评价工作由直属海关应急处理专业技术机构实施。

第二十五条　根据突发事件应急处理的需要，国境口岸突发事件出入境检验检疫应急处理指挥体系有权调集海关人员、储备物资、交通工具以及相关设施、设备；必要时，海关总署可以依照《中华人民共和国国境卫生检疫法》第六条的规定，提请国务院下令封锁有关的国境或者采取其他紧急措施。

第二十六条　参加国境口岸突发事件出入境检验检疫应急处理的工作人员，应当按照预案的规定，采取卫生检疫防护措施，并在专业人员的指导下进行工作。

第二十七条　出入境交通工具上发现传染病病人、疑似传染病病人，其负责人应当以最快的方式向当地口岸海关报告，海关接到报告后，应当立即组织有关人员采取相应的卫生检疫处置措施。

对出入境交通工具上的传染病病人密切接触者，

应当依法予以留验和医学观察；或依照卫生检疫法律、行政法规的规定，采取控制措施。

第二十八条　海关应当对临时留验、隔离人员进行必要的检查检验，并按规定作详细记录；对需要移送的病人，应当按照有关规定将病人及时移交给有关部门或机构进行处理。

第二十九条　在突发事件中被实施留验、就地诊验、隔离处置、卫生检疫观察的病人、疑似病人和传染病病人密切接触者，在海关采取卫生检疫措施时，应当予以配合。

第六章　法律责任

第三十条　在国境口岸突发事件出入境检验检疫应急处理工作中，口岸有关单位和个人有下列情形之一的，依照有关法律法规的规定，予以警告或者罚款，构成犯罪的，依法追究刑事责任：

（一）向海关隐瞒、缓报或者谎报突发事件的；

（二）拒绝海关进入突发事件现场进行应急处理的；

（三）以暴力或其他方式妨碍海关应急处理工作人员执行公务的。

第三十一条　海关未依照本规定履行报告职责，对突发事件隐瞒、缓报、谎报或者授意他人隐瞒、缓报、谎报的，对主要负责人及其他直接责任人员予以行政处分；构成犯罪的，依法追究刑事责任。

第三十二条　突发事件发生后，海关拒不服从上级海关统一指挥，贻误采取应急控制措施时机或者违背应急预案要求拒绝上级海关对人员、物资的统一调配的，对单位予以通报批评；造成严重后果的，对主要负责人或直接责任人员予以行政处分，构成犯罪的，依法追究刑事责任。

第三十三条　突发事件发生后，海关拒不履行出入境检验检疫应急处理职责的，对上级海关的调查不予配合或者采取其他方式阻碍、干涉调查的，由上级海关责令改正，对主要负责人及其他直接责任人员予以行政处分；构成犯罪的，依法追究刑事责任。

第三十四条　海关工作人员在突发事件应急处理工作中滥用职权、玩忽职守、徇私舞弊的，对主要负责人及其他直接责任人员予以行政处分；构成犯罪的，依法追究刑事责任。

第七章　附　　则

第三十五条　本规定由海关总署负责解释。

第三十六条　本规定自发布之日起施行。

重大动物疫情应急条例

1. 2005年11月16日国务院第113次常务会议通过

2. 2005年11月18日国务院令第450号公布施行

3. 根据2017年10月7日国务院令第687号《关于修改部分行政法规的决定》修订

第一章　总　　则

第一条　为了迅速控制、扑灭重大动物疫情，保障养殖业生产安全，保护公众身体健康与生命安全，维护正常的社会秩序，根据《中华人民共和国动物防疫法》，制定本条例。

第二条　本条例所称重大动物疫情，是指高致病性禽流感等发病率或者死亡率高的动物疫病突然发生，迅速传播，给养殖业生产安全造成严重威胁、危害，以及可能对公众身体健康与生命安全造成危害的情形，包括特别重大动物疫情。

第三条　重大动物疫情应急工作应当坚持加强领导、密切配合，依靠科学、依法防治，群防群控、果断处置的方针，及时发现，快速反应，严格处理，减少损失。

第四条　重大动物疫情应急工作按照属地管理的原则，实行政府统一领导、部门分工负责，逐级建立责任制。

县级以上人民政府兽医主管部门具体负责组织重大动物疫情的监测、调查、控制、扑灭等应急工作。

县级以上人民政府林业主管部门、兽医主管部门按照职责分工，加强对陆生野生动物疫源疫病的监测。

县级以上人民政府其他有关部门在各自的职责范围内，做好重大动物疫情的应急工作。

第五条　出入境检验检疫机关应当及时收集境外重大动物疫情信息，加强进出境动物及其产品的检验检疫工作，防止动物疫病传入和传出。兽医主管部门要及时向出入境检验检疫机关通报国内重大动物疫情。

第六条　国家鼓励、支持开展重大动物疫情监测、预防、应急处理等有关技术的科学研究和国际交流与合作。

第七条　县级以上人民政府应当对参加重大动物疫情应急处理的人员给予适当补助，对作出贡献的人员给予表彰和奖励。

第八条　对不履行或者不按照规定履行重大动物疫情应急处理职责的行为，任何单位和个人有权检举控告。

第二章　应急准备

第九条　国务院兽医主管部门应当制定全国重大动物疫情应急预案，报国务院批准，并按照不同动物疫病病种及其流行特点和危害程度,分别制定实施方案,报国务院备案。

县级以上地方人民政府根据本地区的实际情况,制定本行政区域的重大动物疫情应急预案,报上一级人民政府兽医主管部门备案。县级以上地方人民政府兽医主管部门,应当按照不同动物疫病病种及其流行特点和危害程度,分别制定实施方案。

重大动物疫情应急预案及其实施方案应当根据疫情的发展变化和实施情况,及时修改、完善。

第十条　重大动物疫情应急预案主要包括下列内容:

(一)应急指挥部的职责、组成以及成员单位的分工;

(二)重大动物疫情的监测、信息收集、报告和通报;

(三)动物疫病的确认、重大动物疫情的分级和相应的应急处理工作方案;

(四)重大动物疫情疫源的追踪和流行病学调查分析;

(五)预防、控制、扑灭重大动物疫情所需资金的来源、物资和技术的储备与调度;

(六)重大动物疫情应急处理设施和专业队伍建设。

第十一条　国务院有关部门和县级以上地方人民政府及其有关部门,应当根据重大动物疫情应急预案的要求,确保应急处理所需的疫苗、药品、设施设备和防护用品等物资的储备。

第十二条　县级以上人民政府应当建立和完善重大动物疫情监测网络和预防控制体系,加强动物防疫基础设施和乡镇动物防疫组织建设,并保证其正常运行,提高对重大动物疫情的应急处理能力。

第十三条　县级以上地方人民政府根据重大动物疫情应急需要,可以成立应急预备队,在重大动物疫情应急指挥部的指挥下,具体承担疫情的控制和扑灭任务。

应急预备队由当地兽医行政管理人员、动物防疫工作人员、有关专家、执业兽医等组成;必要时,可以组织动员社会上有一定专业知识的人员参加。公安机关、中国人民武装警察部队应当依法协助其执行任务。

应急预备队应当定期进行技术培训和应急演练。

第十四条　县级以上人民政府及其兽医主管部门应当加强对重大动物疫情应急知识和重大动物疫病科普知识的宣传,增强全社会的重大动物疫情防范意识。

第三章　监测、报告和公布

第十五条　动物防疫监督机构负责重大动物疫情的监测,饲养、经营动物和生产、经营动物产品的单位和个人应当配合,不得拒绝和阻碍。

第十六条　从事动物隔离、疫情监测、疫病研究与诊疗、检验检疫以及动物饲养、屠宰加工、运输、经营等活动的有关单位和个人,发现动物出现群体发病或者死亡的,应当立即向所在地的县(市)动物防疫监督机构报告。

第十七条　县(市)动物防疫监督机构接到报告后,应当立即赶赴现场调查核实。初步认为属于重大动物疫情的,应当在2小时内将情况逐级报省、自治区、直辖市动物防疫监督机构,并同时报所在地人民政府兽医主管部门;兽医主管部门应当及时通报同级卫生主管部门。

省、自治区、直辖市动物防疫监督机构应当在接到报告后1小时内,向省、自治区、直辖市人民政府兽医主管部门和国务院兽医主管部门所属的动物防疫监督机构报告。

省、自治区、直辖市人民政府兽医主管部门应当在接到报告后1小时内报本级人民政府和国务院兽医主管部门。

重大动物疫情发生后,省、自治区、直辖市人民政府和国务院兽医主管部门应当在4小时内向国务院报告。

第十八条　重大动物疫情报告包括下列内容:

(一)疫情发生的时间、地点;

(二)染疫、疑似染疫动物种类和数量、同群动物数量、免疫情况、死亡数量、临床症状、病理变化、诊断情况;

(三)流行病学和疫源追踪情况;

(四)已采取的控制措施;

(五)疫情报告的单位、负责人、报告人及联系方式。

第十九条　重大动物疫情由省、自治区、直辖市人民政府兽医主管部门认定;必要时,由国务院兽医主管部门认定。

第二十条　重大动物疫情由国务院兽医主管部门按照国家规定的程序,及时准确公布;其他任何单位和个人不得公布重大动物疫情。

第二十一条　重大动物疫病应当由动物防疫监督机构采集病料。其他单位和个人采集病料的,应当具备以下条件:

(一)重大动物疫病病料采集目的、病原微生物的用途应当符合国务院兽医主管部门的规定;

（二）具有与采集病料相适应的动物病原微生物实验室条件；

（三）具有与采集病料所需要的生物安全防护水平相适应的设备，以及防止病原感染和扩散的有效措施。

从事重大动物疫病病原分离的，应当遵守国家有关生物安全管理规定，防止病原扩散。

第二十二条 国务院兽医主管部门应当及时向国务院有关部门和军队有关部门以及各省、自治区、直辖市人民政府兽医主管部门通报重大动物疫情的发生和处理情况。

第二十三条 发生重大动物疫情可能感染人群时，卫生主管部门应当对疫区内易受感染的人群进行监测，并采取相应的预防、控制措施。卫生主管部门和兽医主管部门应当及时相互通报情况。

第二十四条 有关单位和个人对重大动物疫情不得瞒报、谎报、迟报，不得授意他人瞒报、谎报、迟报，不得阻碍他人报告。

第二十五条 在重大动物疫情报告期间，有关动物防疫监督机构应当立即采取临时隔离控制措施；必要时，当地县级以上地方人民政府可以作出封锁决定并采取扑杀、销毁等措施。有关单位和个人应当执行。

第四章 应急处理

第二十六条 重大动物疫情发生后，国务院和有关地方人民政府设立的重大动物疫情应急指挥部统一领导、指挥重大动物疫情应急工作。

第二十七条 重大动物疫情发生后，县级以上地方人民政府兽医主管部门应当立即划定疫点、疫区和受威胁区，调查疫源，向本级人民政府提出启动重大动物疫情应急指挥系统、应急预案和对疫区实行封锁的建议，有关人民政府应当立即作出决定。

疫点、疫区和受威胁区的范围应当按照不同动物疫病病种及其流行特点和危害程度划定，具体划定标准由国务院兽医主管部门制定。

第二十八条 国家对重大动物疫情应急处理实行分级管理，按照应急预案确定的疫情等级，由有关人民政府采取相应的应急控制措施。

第二十九条 对疫点应当采取下列措施：

（一）扑杀并销毁染疫动物和易感染的动物及其产品；

（二）对病死的动物、动物排泄物、被污染饲料、垫料、污水进行无害化处理；

（三）对被污染的物品、用具、动物圈舍、场地进行严格消毒。

第三十条 对疫区应当采取下列措施：

（一）在疫区周围设置警示标志，在出入疫区的交通路口设置临时动物检疫消毒站，对出入的人员和车辆进行消毒；

（二）扑杀并销毁染疫和疑似染疫动物及其同群动物，销毁染疫和疑似染疫的动物产品，对其他易感染的动物实行圈养或者在指定地点放养，役用动物限制在疫区内使役；

（三）对易感染的动物进行监测，并按照国务院兽医主管部门的规定实施紧急免疫接种，必要时对易感染的动物进行扑杀；

（四）关闭动物及动物产品交易市场，禁止动物进出疫区和动物产品运出疫区；

（五）对动物圈舍、动物排泄物、垫料、污水和其他可能受污染的物品、场地，进行消毒或者无害化处理。

第三十一条 对受威胁区应当采取下列措施：

（一）对易感染的动物进行监测；

（二）对易感染的动物根据需要实施紧急免疫接种。

第三十二条 重大动物疫情应急处理中设置临时动物检疫消毒站以及采取隔离、扑杀、销毁、消毒、紧急免疫接种等控制、扑灭措施的，由有关重大动物疫情应急指挥部决定，有关单位和个人必须服从；拒不服从的，由公安机关协助执行。

第三十三条 国家对疫区、受威胁区内易感染的动物免费实施紧急免疫接种；对因采取扑杀、销毁等措施给当事人造成的已经证实的损失，给予合理补偿。紧急免疫接种和补偿所需费用，由中央财政和地方财政分担。

第三十四条 重大动物疫情应急指挥部根据应急处理需要，有权紧急调集人员、物资、运输工具以及相关设施、设备。

单位和个人的物资、运输工具以及相关设施、设备被征集使用的，有关人民政府应当及时归还并给予合理补偿。

第三十五条 重大动物疫情发生后，县级以上人民政府兽医主管部门应当及时提出疫点、疫区、受威胁区的处理方案，加强疫情监测、流行病学调查、疫源追踪工作，对染疫和疑似染疫动物及其同群动物和其他易感染动物的扑杀、销毁进行技术指导，并组织实施检验检疫、消毒、无害化处理和紧急免疫接种。

第三十六条 重大动物疫情应急处理中，县级以上人民政府有关部门应当在各自的职责范围内，做好重大动物疫情应急所需的物资紧急调度和运输、应急经费安排、疫区群众救济、人的疫病防治、肉食品供应、动物及其产品市场监管、出入境检验检疫和社会治安维护等工作。

中国人民解放军、中国人民武装警察部队应当支持配合驻地人民政府做好重大动物疫情的应急工作。

第三十七条　重大动物疫情应急处理中，乡镇人民政府、村民委员会、居民委员会应当组织力量，向村民、居民宣传动物疫病防治的相关知识，协助做好疫情信息的收集、报告和各项应急处理措施的落实工作。

第三十八条　重大动物疫情发生地的人民政府和毗邻地区的人民政府应当通力合作，相互配合，做好重大动物疫情的控制、扑灭工作。

第三十九条　有关人民政府及其有关部门对参加重大动物疫情应急处理的人员，应当采取必要的卫生防护和技术指导等措施。

第四十条　自疫区内最后一头（只）发病动物及其同群动物处理完毕起，经过一个潜伏期以上的监测，未出现新的病例的，彻底消毒后，经上一级动物防疫监督机构验收合格，由原发布封锁令的人民政府宣布解除封锁，撤销疫区；由原批准机关撤销在该疫区设立的临时动物检疫消毒站。

第四十一条　县级以上人民政府应当将重大动物疫情确认、疫区封锁、扑杀及其补偿、消毒、无害化处理、疫源追踪、疫情监测以及应急物资储备等应急经费列入本级财政预算。

第五章　法律责任

第四十二条　违反本条例规定，兽医主管部门及其所属的动物防疫监督机构有下列行为之一的，由本级人民政府或者上级人民政府有关部门责令立即改正、通报批评、给予警告；对主要负责人、负有责任的主管人员和其他责任人员，依法给予记大过、降级、撤职直至开除的行政处分；构成犯罪的，依法追究刑事责任：

（一）不履行疫情报告职责，瞒报、谎报、迟报或者授意他人瞒报、谎报、迟报，阻碍他人报告重大动物疫情的；

（二）在重大动物疫情报告期间，不采取临时隔离控制措施，导致动物疫情扩散的；

（三）不及时划定疫点、疫区和受威胁区，不及时向本级人民政府提出应急处理建议，或者不按照规定对疫点、疫区和受威胁区采取预防、控制、扑灭措施的；

（四）不向本级人民政府提出启动应急指挥系统、应急预案和对疫区的封锁建议的；

（五）对动物扑杀、销毁不进行技术指导或者指导不力，或者不组织实施检验检疫、消毒、无害化处理和紧急免疫接种的；

（六）其他不履行本条例规定的职责，导致动物疫病传播、流行，或者对养殖业生产安全和公众身体健康与生命安全造成严重危害的。

第四十三条　违反本条例规定，县级以上人民政府有关部门不履行应急处理职责，不执行对疫点、疫区和受威胁区采取的措施，或者对上级人民政府有关部门的疫情调查不予配合或者阻碍、拒绝的，由本级人民政府或者上级人民政府有关部门责令立即改正、通报批评、给予警告；对主要负责人、负有责任的主管人员和其他责任人员，依法给予记大过、降级、撤职直至开除的行政处分；构成犯罪的，依法追究刑事责任。

第四十四条　违反本条例规定，有关地方人民政府阻碍报告重大动物疫情，不履行应急处理职责，不按照规定对疫点、疫区和受威胁区采取预防、控制、扑灭措施，或者对上级人民政府有关部门的疫情调查不予配合或者阻碍、拒绝的，由上级人民政府责令立即改正、通报批评、给予警告；对政府主要领导人依法给予记大过、降级、撤职直至开除的行政处分；构成犯罪的，依法追究刑事责任。

第四十五条　截留、挪用重大动物疫情应急经费，或者侵占、挪用应急储备物资的，按照《财政违法行为处罚处分条例》的规定处理；构成犯罪的，依法追究刑事责任。

第四十六条　违反本条例规定，拒绝、阻碍动物防疫监督机构进行重大动物疫情监测，或者发现动物出现群体发病或者死亡，不向当地动物防疫监督机构报告的，由动物防疫监督机构给予警告，并处2000元以上5000元以下的罚款；构成犯罪的，依法追究刑事责任。

第四十七条　违反本条例规定，不符合相应条件采集重大动物疫病病料，或者在重大动物疫病病原分离时不遵守国家有关生物安全管理规定的，由动物防疫监督机构给予警告，并处5000元以下的罚款；构成犯罪的，依法追究刑事责任。

第四十八条　在重大动物疫情发生期间，哄抬物价、欺骗消费者，散布谣言、扰乱社会秩序和市场秩序的，由价格主管部门、工商行政管理部门或者公安机关依法给予行政处罚；构成犯罪的，依法追究刑事责任。

第六章　附　　则

第四十九条　本条例自公布之日起施行。

国家突发重大动物疫情应急预案

2006年2月27日国务院发布

1 总 则

1.1 编制目的

及时、有效地预防、控制和扑灭突发重大动物疫情，最大程度地减轻突发重大动物疫情对畜牧业及公众健康造成的危害，保持经济持续稳定健康发展，保障人民身体健康安全。

1.2 编制依据

依据《中华人民共和国动物防疫法》、《中华人民共和国进出境动植物检疫法》和《国家突发公共事件总体应急预案》，制定本预案。

1.3 突发重大动物疫情分级

根据突发重大动物疫情的性质、危害程度、涉及范围，将突发重大动物疫情划分为特别重大（Ⅰ级）、重大（Ⅱ级）、较大（Ⅲ级）和一般（Ⅳ级）四级。

1.4 适用范围

本预案适用于突然发生，造成或者可能造成畜牧业生产严重损失和社会公众健康严重损害的重大动物疫情的应急处理工作。

1.5 工作原则

（1）统一领导，分级管理。各级人民政府统一领导和指挥突发重大动物疫情应急处理工作；疫情应急处理工作实行属地管理；地方各级人民政府负责扑灭本行政区域内的突发重大动物疫情，各有关部门按照预案规定，在各自的职责范围内做好疫情应急处理的有关工作。根据突发重大动物疫情的范围、性质和危害程度，对突发重大动物疫情实行分级管理。

（2）快速反应，高效运转。各级人民政府和兽医行政管理部门要依照有关法律、法规，建立和完善突发重大动物疫情应急体系、应急反应机制和应急处置制度，提高突发重大动物疫情应急处理能力；发生突发重大动物疫情时，各级人民政府要迅速作出反应，采取果断措施，及时控制和扑灭突发重大动物疫情。

（3）预防为主，群防群控。贯彻预防为主的方针，加强防疫知识的宣传，提高全社会防范突发重大动物疫情的意识；落实各项防范措施，做好人员、技术、物资和设备的应急储备工作，并根据需要定期开展技术培训和应急演练；开展疫情监测和预警预报，对各类可能引发突发重大动物疫情的情况要及时分析、预警，做到疫情早发现、快行动、严处理。突发重大动物疫情应急处理工作要依靠群众，全民防疫，动员一切资源，做到群防群控。

2 应急组织体系及职责

2.1 应急指挥机构

农业部在国务院统一领导下，负责组织、协调全国突发重大动物疫情应急处理工作。

县级以上地方人民政府兽医行政管理部门在本级人民政府统一领导下，负责组织、协调本行政区域内突发重大动物疫情应急处理工作。

国务院和县级以上地方人民政府根据本级人民政府兽医行政管理部门的建议和实际工作需要，决定是否成立全国和地方应急指挥部。

2.1.1 全国突发重大动物疫情应急指挥部的职责

国务院主管领导担任全国突发重大动物疫情应急指挥部总指挥，国务院办公厅负责同志、农业部部长担任副总指挥，全国突发重大动物疫情应急指挥部负责对特别重大突发动物疫情应急处理的统一领导、统一指挥，作出处理突发重大动物疫情的重大决策。指挥部成员单位根据突发重大动物疫情的性质和应急处理的需要确定。

指挥部下设办公室，设在农业部。负责按照指挥部要求，具体制定防治政策，部署扑灭重大动物疫情工作，并督促各地各有关部门按要求落实各项防治措施。

2.1.2 省级突发重大动物疫情应急指挥部的职责

省级突发重大动物疫情应急指挥部由省级人民政府有关部门组成，省级人民政府主管领导担任总指挥。省级突发重大动物疫情应急指挥部统一负责对本行政区域内突发重大动物疫情应急处理的指挥，作出处理本行政区域内突发重大动物疫情的决策，决定要采取的措施。

2.2 日常管理机构

农业部负责全国突发重大动物疫情应急处理的日常管理工作。

省级人民政府兽医行政管理部门负责本行政区域内突发重大动物疫情应急的协调、管理工作。

市（地）级、县级人民政府兽医行政管理部门负责本行政区域内突发重大动物疫情应急处置的日常管理工作。

2.3 专家委员会

农业部和省级人民政府兽医行政管理部门组建突发重大动物疫情专家委员会。

市（地）级和县级人民政府兽医行政管理部门可根据需要，组建突发重大动物疫情应急处理专家委员会。

2.4 应急处理机构

2.4.1 动物防疫监督机构：主要负责突发重大动物

疫情报告,现场流行病学调查,开展现场临床诊断和实验室检测,加强疫病监测,对封锁、隔离、紧急免疫、扑杀、无害化处理、消毒等措施的实施进行指导、落实和监督。

2.4.2　出入境检验检疫机构:负责加强对出入境动物及动物产品的检验检疫、疫情报告、消毒处理、流行病学调查和宣传教育等。

3　突发重大动物疫情的监测、预警与报告

3.1　监测

国家建立突发重大动物疫情监测、报告网络体系。农业部和地方各级人民政府兽医行政管理部门要加强对监测工作的管理和监督,保证监测质量。

3.2　预警

各级人民政府兽医行政管理部门根据动物防疫监督机构提供的监测信息,按照重大动物疫情的发生、发展规律和特点,分析其危害程度、可能的发展趋势,及时做出相应级别的预警,依次用红色、橙色、黄色和蓝色表示特别严重、严重、较重和一般四个预警级别。

3.3　报告

任何单位和个人有权向各级人民政府及其有关部门报告突发重大动物疫情及其隐患,有权向上级政府部门举报不履行或者不按照规定履行突发重大动物疫情应急处理职责的部门、单位及个人。

3.3.1　责任报告单位和责任报告人

(1)责任报告单位

a.县级以上地方人民政府所属动物防疫监督机构;

b.各动物疫病国家参考实验室和相关科研院校;

c.出入境检验检疫机构;

d.兽医行政管理部门;

e.县级以上地方人民政府;

f.有关动物饲养、经营和动物产品生产、经营的单位,各类动物诊疗机构等相关单位。

(2)责任报告人

执行职务的各级动物防疫监督机构、出入境检验检疫机构的兽医人员;各类动物诊疗机构的兽医;饲养、经营动物和生产、经营动物产品的人员。

3.3.2　报告形式

各级动物防疫监督机构应按国家有关规定报告疫情;其他责任报告单位和个人以电话或书面形式报告。

3.3.3　报告时限和程序

发现可疑动物疫情时,必须立即向当地县(市)动物防疫监督机构报告。县(市)动物防疫监督机构接到报告后,应当立即赶赴现场诊断,必要时可请省级动物防疫监督机构派人协助进行诊断,认定为疑似重大动物疫情的,应当在2小时内将疫情逐级报至省级动物防疫监督机构,并同时报所在地人民政府兽医行政管理部门。省级动物防疫监督机构应当在接到报告后1小时内,向省级兽医行政管理部门和农业部报告。省级兽医行政管理部门应当在接到报告后的1小时内报省级人民政府。特别重大、重大动物疫情发生后,省级人民政府、农业部应当在4小时内向国务院报告。

认定为疑似重大动物疫情的应立即按要求采集病料样品送省级动物防疫监督机构实验室确诊,省级动物防疫监督机构不能确诊的,送国家参考实验室确诊。确诊结果应立即报农业部,并抄送省级兽医行政管理部门。

3.3.4　报告内容

疫情发生的时间、地点、发病的动物种类和品种、动物来源、临床症状、发病数量、死亡数量、是否有人员感染、已采取的控制措施、疫情报告的单位和个人、联系方式等。

4　突发重大动物疫情的应急响应和终止

4.1　应急响应的原则

发生突发重大动物疫情时,事发地的县级、市(地)级、省级人民政府及其有关部门按照分级响应的原则作出应急响应。同时,要遵循突发重大动物疫情发生发展的客观规律,结合实际情况和预防控制工作的需要,及时调整预警和响应级别。要根据不同动物疫病的性质和特点,注重分析疫情的发展趋势,对势态和影响不断扩大的疫情,应及时升级预警和响应级别;对范围局限、不会进一步扩散的疫情,应相应降低响应级别,及时撤销预警。

突发重大动物疫情应急处理要采取边调查、边处理、边核实的方式,有效控制疫情发展。

未发生突发重大动物疫情的地方,当地人民政府兽医行政管理部门接到疫情通报后,要组织做好人员、物资等应急准备工作,采取必要的预防控制措施,防止突发重大动物疫情在本行政区域内发生,并服从上一级人民政府兽医行政管理部门的统一指挥,支援突发重大动物疫情发生地的应急处理工作。

4.2　应急响应

4.2.1　特别重大突发动物疫情(Ⅰ级)的应急响应

确认特别重大突发动物疫情后,按程序启动本预案。

(1)县级以上地方各级人民政府

a.组织协调有关部门参与突发重大动物疫情的处理。

b.根据突发重大动物疫情处理需要,调集本行政区域内各类人员、物资、交通工具和相关设施、设备参加应

急处理工作。

c. 发布封锁令，对疫区实施封锁。

d. 在本行政区域内采取限制或者停止动物及动物产品交易、扑杀染疫或相关动物，临时征用房屋、场所、交通工具；封闭被动物疫病病原体污染的公共饮用水源等紧急措施。

e. 组织铁路、交通、民航、质检等部门依法在交通站点设置临时动物防疫监督检查站，对进出疫区、出入境的交通工具进行检查和消毒。

f. 按国家规定做好信息发布工作。

g. 组织乡镇、街道、社区以及居委会、村委会，开展群防群控。

h. 组织有关部门保障商品供应，平抑物价，严厉打击造谣传谣、制假售假等违法犯罪和扰乱社会治安的行为，维护社会稳定。

必要时，可请求中央予以支持，保证应急处理工作顺利进行。

（2）兽医行政管理部门

a. 组织动物防疫监督机构开展突发重大动物疫情的调查与处理；划定疫点、疫区、受威胁区。

b. 组织突发重大动物疫情专家委员会对突发重大动物疫情进行评估，提出启动突发重大动物疫情应急响应的级别。

c. 根据需要组织开展紧急免疫和预防用药。

d. 县级以上人民政府兽医行政管理部门负责对本行政区域内应急处理工作的督导和检查。

e. 对新发现的动物疫病，及时按照国家规定，开展有关技术标准和规范的培训工作。

f. 有针对性地开展动物防疫知识宣教，提高群众防控意识和自我防护能力。

g. 组织专家对突发重大动物疫情的处理情况进行综合评估。

（3）动物防疫监督机构

a. 县级以上动物防疫监督机构做好突发重大动物疫情的信息收集、报告与分析工作。

b. 组织疫病诊断和流行病学调查。

c. 按规定采集病料，送省级实验室或国家参考实验室确诊。

d. 承担突发重大动物疫情应急处理人员的技术培训。

（4）出入境检验检疫机构

a. 境外发生重大动物疫情时，会同有关部门停止从疫区国家或地区输入相关动物及其产品；加强对来自疫区运输工具的检疫和防疫消毒；参与打击非法走私入境动物或动物产品等违法活动。

b. 境内发生重大动物疫情时，加强出口货物的查验，会同有关部门停止疫区和受威胁区的相关动物及其产品的出口；暂停使用位于疫区内的依法设立的出入境相关动物临时隔离检疫场。

c. 出入境检验检疫工作中发现重大动物疫情或者疑似重大动物疫情时，立即向当地兽医行政管理部门报告，并协助当地动物防疫监督机构做好疫情控制和扑灭工作。

4.2.2 重大突发动物疫情（Ⅱ级）的应急响应

确认重大突发动物疫情后，按程序启动省级疫情应急响应机制。

（1）省级人民政府

省级人民政府根据省级人民政府兽医行政管理部门的建议，启动应急预案，统一领导和指挥本行政区域内突发重大动物疫情应急处理工作。组织有关部门和人员扑疫；紧急调集各种应急处理物资、交通工具和相关设施设备；发布或督导发布封锁令，对疫区实施封锁；依法设置临时动物防疫监督检查站查堵疫源；限制或停止动物及动物产品交易、扑杀染疫或相关动物；封锁被动物疫源污染的公共饮用水源等；按国家规定做好信息发布工作；组织乡镇、街道、社区及居委会、村委会，开展群防群控；组织有关部门保障商品供应，平抑物价，维护社会稳定。必要时，可请求中央予以支持，保证应急处理工作顺利进行。

（2）省级人民政府兽医行政管理部门

重大突发动物疫情确认后，向农业部报告疫情。必要时，提出省级人民政府启动应急预案的建议。同时，迅速组织有关单位开展疫情应急处置工作。组织开展突发重大动物疫情的调查与处理；划定疫点、疫区、受威胁区；组织对突发重大动物疫情应急处理的评估；负责对本行政区域内应急处理工作的督导和检查；开展有关技术培训工作；有针对性地开展动物防疫知识宣教，提高群众防控意识和自我防护能力。

（3）省级以下地方人民政府

疫情发生地人民政府及有关部门在省级人民政府或省级突发重大动物疫情应急指挥部的统一指挥下，按照要求认真履行职责，落实有关控制措施。具体组织实施突发重大动物疫情应急处理工作。

（4）农业部

加强对省级兽医行政管理部门应急处理突发重大动物疫情工作的督导，根据需要组织有关专家协助疫情应急处置;并及时向有关省份通报情况。必要时,建议国务院协调有关部门给予必要的技术和物资支持。

4.2.3　较大突发动物疫情(Ⅲ级)的应急响应

(1)市(地)级人民政府

市(地)级人民政府根据本级人民政府兽医行政管理部门的建议,启动应急预案,采取相应的综合应急措施。必要时,可向上级人民政府申请资金、物资和技术援助。

(2)市(地)级人民政府兽医行政管理部门

对较大突发动物疫情进行确认,并按照规定向当地人民政府、省级兽医行政管理部门和农业部报告调查处理情况。

(3)省级人民政府兽医行政管理部门

省级兽医行政管理部门要加强对疫情发生地疫情应急处理工作的督导,及时组织专家对地方疫情应急处理工作提供技术指导和支持,并向本省有关地区发出通报,及时采取预防控制措施,防止疫情扩散蔓延。

4.2.4　一般突发动物疫情(Ⅳ级)的应急响应

县级地方人民政府根据本级人民政府兽医行政管理部门的建议,启动应急预案,组织有关部门开展疫情应急处置工作。

县级人民政府兽医行政管理部门对一般突发重大动物疫情进行确认,并按照规定向本级人民政府和上一级兽医行政管理部门报告。

市(地)级人民政府兽医行政管理部门应组织专家对疫情应急处理进行技术指导。

省级人民政府兽医行政管理部门应根据需要提供技术支持。

4.2.5　非突发重大动物疫情发生地区的应急响应

应根据发生疫情地区的疫情性质、特点、发生区域和发展趋势,分析本地区受波及的可能性和程度,重点做好以下工作:

(1)密切保持与疫情发生地的联系,及时获取相关信息。

(2)组织做好本区域应急处理所需的人员与物资准备。

(3)开展对养殖、运输、屠宰和市场环节的动物疫情监测和防控工作,防止疫病的发生、传入和扩散。

(4)开展动物防疫知识宣传,提高公众防护能力和意识。

(5)按规定做好公路、铁路、航空、水运交通的检疫监督工作。

4.3　应急处理人员的安全防护

要确保参与疫情应急处理人员的安全。针对不同的重大动物疫病,特别是一些重大人畜共患病,应急处理人员还应采取特殊的防护措施。

4.4　突发重大动物疫情应急响应的终止

突发重大动物疫情应急响应的终止需符合以下条件:疫区内所有的动物及其产品按规定处理后,经过该疫病的至少一个最长潜伏期无新的病例出现。

特别重大突发动物疫情由农业部对疫情控制情况进行评估,提出终止应急措施的建议,按程序报批宣布。

重大突发动物疫情由省级人民政府兽医行政管理部门对疫情控制情况进行评估,提出终止应急措施的建议,按程序报批宣布,并向农业部报告。

较大突发动物疫情由市(地)级人民政府兽医行政管理部门对疫情控制情况进行评估,提出终止应急措施的建议,按程序报批宣布,并向省级人民政府兽医行政管理部门报告。

一般突发动物疫情,由县级人民政府兽医行政管理部门对疫情控制情况进行评估,提出终止应急措施的建议,按程序报批宣布,并向上一级和省级人民政府兽医行政管理部门报告。

上级人民政府兽医行政管理部门及时组织专家对突发重大动物疫情应急措施终止的评估提供技术指导和支持。

5　善后处理

5.1　后期评估

突发重大动物疫情扑灭后,各级兽医行政管理部门应在本级政府的领导下,组织有关人员对突发重大动物疫情的处理情况进行评估,提出改进建议和应对措施。

5.2　奖励

县级以上人民政府对参加突发重大动物疫情应急处理作出贡献的先进集体和个人,进行表彰;对在突发重大动物疫情应急处理工作中英勇献身的人员,按有关规定追认为烈士。

5.3　责任

对在突发重大动物疫情的预防、报告、调查、控制和处理过程中,有玩忽职守、失职、渎职等违纪违法行为的,依据有关法律法规追究当事人的责任。

5.4　灾害补偿

按照各种重大动物疫病灾害补偿的规定,确定数额等级标准,按程序进行补偿。

5.5　抚恤和补助

地方各级人民政府要组织有关部门对因参与应急处理工作致病、致残、死亡的人员,按照国家有关规定,给予相应的补助和抚恤。

5.6 恢复生产

突发重大动物疫情扑灭后，取消贸易限制及流通控制等限制性措施。根据各种重大动物疫病的特点，对疫点和疫区进行持续监测，符合要求的，方可重新引进动物，恢复畜牧业生产。

5.7 社会救助

发生重大动物疫情后，国务院民政部门应按《中华人民共和国公益事业捐赠法》和《救灾救济捐赠管理暂行办法》及国家有关政策规定，做好社会各界向疫区提供的救援物资及资金的接收，分配和使用工作。

6 突发重大动物疫情应急处置的保障

突发重大动物疫情发生后，县级以上地方人民政府应积极协调有关部门，做好突发重大动物疫情处理的应急保障工作。

6.1 通信与信息保障

县级以上指挥部应将车载电台、对讲机等通讯工具纳入紧急防疫物资储备范畴，按照规定做好储备保养工作。

根据国家有关法规对紧急情况下的电话、电报、传真、通讯频率等予以优先待遇。

6.2 应急资源与装备保障

6.2.1 应急队伍保障

县级以上各级人民政府要建立突发重大动物疫情应急处理预备队伍，具体实施扑杀、消毒、无害化处理等疫情处理工作。

6.2.2 交通运输保障

运输部门要优先安排紧急防疫物资的调运。

6.2.3 医疗卫生保障

卫生部门负责开展重大动物疫病（人畜共患病）的人间监测，作好有关预防保障工作。各级兽医行政管理部门在做好疫情处理的同时应及时通报疫情，积极配合卫生部门开展工作。

6.2.4 治安保障

公安部门、武警部队要协助做好疫区封锁和强制扑杀工作，做好疫区安全保卫和社会治安管理。

6.2.5 物资保障

各级兽医行政管理部门应按照计划建立紧急防疫物资储备库，储备足够的药品、疫苗、诊断试剂、器械、防护用品、交通及通信工具等。

6.2.6 经费保障

各级财政部门为突发重大动物疫病防治工作提供合理而充足的资金保障。

各级财政在保证防疫经费及时、足额到位的同时，要加强对防疫经费使用的管理和监督。

各级政府应积极通过国际、国内等多渠道筹集资金，用于突发重大动物疫情应急处理工作。

6.3 技术储备与保障

建立重大动物疫病防治专家委员会，负责疫病防控策略和方法的咨询，参与防控技术方案的策划、制定和执行。

设置重大动物疫病的国家参考实验室，开展动物疫病诊断技术、防治药物、疫苗等的研究，作好技术和相关储备工作。

6.4 培训和演习

各级兽医行政管理部门要对重大动物疫情处理预备队成员进行系统培训。

在没有发生突发重大动物疫情状态下，农业部每年要有计划地选择部分地区举行演练，确保预备队扑灭疫情的应急能力。地方政府可根据资金和实际需要的情况，组织训练。

6.5 社会公众的宣传教育

县级以上地方人民政府应组织有关部门利用广播、影视、报刊、互联网、手册等多种形式对社会公众广泛开展突发重大动物疫情应急知识的普及教育，宣传动物防疫科普知识，指导群众以科学的行为和方式对待突发重大动物疫情。要充分发挥有关社会团体在普及动物防疫应急知识、科普知识方面的作用。

7 各类具体工作预案的制定

农业部应根据本预案，制定各种不同重大动物疫病应急预案，并根据形势发展要求，及时进行修订。

国务院有关部门根据本预案的规定，制定本部门职责范围内的具体工作方案。

县级以上地方人民政府根据有关法律法规的规定，参照本预案并结合本地区实际情况，组织制定本地区突发重大动物疫情应急预案。

8 附　　则

8.1 名词术语和缩写语的定义与说明

重大动物疫情：是指陆生、水生动物突然发生重大疫病，且迅速传播，导致动物发病率或者死亡率高，给养殖业生产安全造成严重危害，或者可能对人民身体健康与生命安全造成危害的，具有重要经济社会影响和公共卫生意义。

我国尚未发现的动物疫病：是指疯牛病、非洲猪瘟、非洲马瘟等在其他国家和地区已经发现，在我国尚未发生过的动物疫病。

我国已消灭的动物疫病:是指牛瘟、牛肺疫等在我国曾发生过,但已扑灭净化的动物疫病。

暴发:是指一定区域,短时间内发生波及范围广泛、出现大量患病动物或死亡病例,其发病率远远超过常年的发病水平。

疫点:患病动物所在的地点划定为疫点,疫点一般是指患病禽类所在的禽场(户)或其他有关屠宰、经营单位。

疫区:以疫点为中心的一定范围内的区域划定为疫区,疫区划分时注意考虑当地的饲养环境、天然屏障(如河流、山脉)和交通等因素。

受威胁区:疫区外一定范围内的区域划定为受威胁区。

本预案有关数量的表述中,"以上"含本数,"以下"不含本数。

8.2　预案管理与更新

预案要定期评审,并根据突发重大动物疫情的形势变化和实施中发现的问题及时进行修订。

8.3　预案实施时间

本预案自印发之日起实施。

国家食品安全事故应急预案

2011年10月5日修订

1　总　　则

1.1　编制目的

建立健全应对食品安全事故运行机制,有效预防、积极应对食品安全事故,高效组织应急处置工作,最大限度地减少食品安全事故的危害,保障公众健康与生命安全,维护正常的社会经济秩序。

1.2　编制依据

依据《中华人民共和国突发事件应对法》、《中华人民共和国食品安全法》、《中华人民共和国农产品质量安全法》、《中华人民共和国食品安全法实施条例》、《突发公共卫生事件应急条例》和《国家突发公共事件总体应急预案》,制定本预案。

1.3　事故分级

食品安全事故,指食物中毒、食源性疾病、食品污染等源于食品,对人体健康有危害或者可能有危害的事故。食品安全事故共分四级,即特别重大食品安全事故、重大食品安全事故、较大食品安全事故和一般食品安全事故。事故等级的评估核定,由卫生行政部门会同有关部门依照有关规定进行。

1.4　事故处置原则

(1)以人为本,减少危害。把保障公众健康和生命安全作为应急处置的首要任务,最大限度减少食品安全事故造成的人员伤亡和健康损害。

(2)统一领导,分级负责。按照"统一领导、综合协调、分类管理、分级负责、属地管理为主"的应急管理体制,建立快速反应、协同应对的食品安全事故应急机制。

(3)科学评估,依法处置。有效使用食品安全风险监测、评估和预警等科学手段;充分发挥专业队伍的作用,提高应对食品安全事故的水平和能力。

(4)居安思危,预防为主。坚持预防与应急相结合,常态与非常态相结合,做好应急准备,落实各项防范措施,防患于未然。建立健全日常管理制度,加强食品安全风险监测、评估和预警;加强宣教培训,提高公众自我防范和应对食品安全事故的意识和能力。

2　组织机构及职责

2.1　应急机制启动

食品安全事故发生后,卫生行政部门依法组织对事故进行分析评估,核定事故级别。特别重大食品安全事故,由卫生部会同食品安全办向国务院提出启动Ⅰ级响应的建议,经国务院批准后,成立国家特别重大食品安全事故应急处置指挥部(以下简称指挥部),统一领导和指挥事故应急处置工作;重大、较大、一般食品安全事故,分别由事故所在地省、市、县级人民政府组织成立相应应急处置指挥机构,统一组织开展本行政区域事故应急处置工作。

2.2　指挥部设置

指挥部成员单位根据事故的性质和应急处置工作的需要确定,主要包括卫生部、农业部、商务部、工商总局、质检总局、食品药品监管局、铁道部、粮食局、中央宣传部、教育部、工业和信息化部、公安部、监察部、民政部、财政部、环境保护部、交通运输部、海关总署、旅游局、新闻办、民航局和食品安全办等部门以及相关行业协会组织。当事故涉及国外、港澳台时,增加外交部、港澳办、台办等部门为成员单位。由卫生部、食品安全办等有关部门人员组成指挥部办公室。

2.3　指挥部职责

指挥部负责统一领导事故应急处置工作;研究重大应急决策和部署;组织发布事故的重要信息;审议批准指挥部办公室提交的应急处置工作报告;应急处置的其他工作。

2.4 指挥部办公室职责

指挥部办公室承担指挥部的日常工作，主要负责贯彻落实指挥部的各项部署，组织实施事故应急处置工作；检查督促相关地区和部门做好各项应急处置工作，及时有效地控制事故，防止事态蔓延扩大；研究协调解决事故应急处理工作中的具体问题；向国务院、指挥部及其成员单位报告、通报事故应急处置的工作情况；组织信息发布。指挥部办公室建立会商、发文、信息发布和督查等制度，确保快速反应、高效处置。

2.5 成员单位职责

各成员单位在指挥部统一领导下开展工作，加强对事故发生地人民政府有关部门工作的督促、指导，积极参与应急救援工作。

2.6 工作组设置及职责

根据事故处置需要，指挥部可下设若干工作组，分别开展相关工作。各工作组在指挥部的统一指挥下开展工作，并随时向指挥部办公室报告工作开展情况。

（1）事故调查组

由卫生部牵头，会同公安部、监察部及相关部门负责调查事故发生原因，评估事故影响，尽快查明致病原因，作出调查结论，提出事故防范意见；对涉嫌犯罪的，由公安部负责，督促、指导涉案地公安机关立案侦办，查清事实，依法追究刑事责任；对监管部门及其他机关工作人员的失职、渎职等行为进行调查。根据实际需要，事故调查组可以设置在事故发生地或派出部分人员赴现场开展事故调查（简称前方工作组）。

（2）危害控制组

由事故发生环节的具体监管职能部门牵头，会同相关监管部门监督、指导事故发生地政府职能部门召回、下架、封存有关食品、原料、食品添加剂及食品相关产品，严格控制流通渠道，防止危害蔓延扩大。

（3）医疗救治组

由卫生部负责，结合事故调查组的调查情况，制定最佳救治方案，指导事故发生地人民政府卫生部门对健康受到危害的人员进行医疗救治。

（4）检测评估组

由卫生部牵头，提出检测方案和要求，组织实施相关检测，综合分析各方检测数据，查找事故原因和评估事故发展趋势，预测事故后果，为制定现场抢救方案和采取控制措施提供参考。检测评估结果要及时报告指挥部办公室。

（5）维护稳定组

由公安部牵头，指导事故发生地人民政府公安机关加强治安管理，维护社会稳定。

（6）新闻宣传组

由中央宣传部牵头，会同新闻办、卫生部等部门组织事故处置宣传报道和舆论引导，并配合相关部门做好信息发布工作。

（7）专家组

指挥部成立由有关方面专家组成的专家组，负责对事故进行分析评估，为应急响应的调整和解除以及应急处置工作提供决策建议，必要时参与应急处置。

2.7 应急处置专业技术机构

医疗、疾病预防控制以及各有关部门的食品安全相关技术机构作为食品安全事故应急处置专业技术机构，应当在卫生行政部门及有关食品安全监管部门组织领导下开展应急处置相关工作。

3 应急保障

3.1 信息保障

卫生部会同国务院有关监管部门建立国家统一的食品安全信息网络体系，包含食品安全监测、事故报告与通报、食品安全事故隐患预警等内容；建立健全医疗救治信息网络，实现信息共享。卫生部负责食品安全信息网络体系的统一管理。

有关部门应当设立信息报告和举报电话，畅通信息报告渠道，确保食品安全事故的及时报告与相关信息的及时收集。

3.2 医疗保障

卫生行政部门建立功能完善、反应灵敏、运转协调、持续发展的医疗救治体系，在食品安全事故造成人员伤害时迅速开展医疗救治。

3.3 人员及技术保障

应急处置专业技术机构要结合本机构职责开展专业技术人员食品安全事故应急处置能力培训，加强应急处置力量建设，提高快速应对能力和技术水平。健全专家队伍，为事故核实、级别核定、事故隐患预警及应急响应等相关技术工作提供人才保障。国务院有关部门加强食品安全事故监测、预警、预防和应急处置等技术研发，促进国内外交流与合作，为食品安全事故应急处置提供技术保障。

3.4 物资与经费保障

食品安全事故应急处置所需设施、设备和物资的储备与调用应当得到保障；使用储备物资后须及时补充；食品安全事故应急处置、产品抽样及检验等所需经费应当列入年度财政预算，保障应急资金。

3.5 社会动员保障

根据食品安全事故应急处置的需要，动员和组织社会力量协助参与应急处置,必要时依法调用企业及个人物资。在动用社会力量或企业、个人物资进行应急处置后,应当及时归还或给予补偿。

3.6 宣教培训

国务院有关部门应当加强对食品安全专业人员、食品生产经营者及广大消费者的食品安全知识宣传、教育与培训,促进专业人员掌握食品安全相关工作技能,增强食品生产经营者的责任意识,提高消费者的风险意识和防范能力。

4 监测预警、报告与评估

4.1 监测预警

卫生部会同国务院有关部门根据国家食品安全风险监测工作需要,在综合利用现有监测机构能力的基础上,制定和实施加强国家食品安全风险监测能力建设规划,建立覆盖全国的食源性疾病、食品污染和食品中有害因素监测体系。卫生部根据食品安全风险监测结果,对食品安全状况进行综合分析,对可能具有较高程度安全风险的食品,提出并公布食品安全风险警示信息。

有关监管部门发现食品安全隐患或问题,应及时通报卫生行政部门和有关方面,依法及时采取有效控制措施。

4.2 事故报告

4.2.1 事故信息来源

(1)食品安全事故发生单位与引发食品安全事故食品的生产经营单位报告的信息;

(2)医疗机构报告的信息;

(3)食品安全相关技术机构监测和分析结果;

(4)经核实的公众举报信息;

(5)经核实的媒体披露与报道信息;

(6)世界卫生组织等国际机构、其他国家和地区通报我国信息。

4.2.2 报告主体和时限

(1)食品生产经营者发现其生产经营的食品造成或者可能造成公众健康损害的情况和信息,应当在2小时内向所在地县级卫生行政部门和负责本单位食品安全监管工作的有关部门报告。

(2)发生可能与食品有关的急性群体性健康损害的单位,应当在2小时内向所在地县级卫生行政部门和有关监管部门报告。

(3)接收食品安全事故病人治疗的单位,应当按照卫生部有关规定及时向所在地县级卫生行政部门和有关监管部门报告。

(4)食品安全相关技术机构、有关社会团体及个人发现食品安全事故相关情况,应当及时向县级卫生行政部门和有关监管部门报告或举报。

(5)有关监管部门发现食品安全事故或接到食品安全事故报告或举报,应当立即通报同级卫生行政部门和其他有关部门,经初步核实后,要继续收集相关信息,并及时将有关情况进一步向卫生行政部门和其他有关监管部门通报。

(6)经初步核实为食品安全事故且需要启动应急响应的,卫生行政部门应当按规定向本级人民政府及上级人民政府卫生行政部门报告;必要时,可直接向卫生部报告。

4.2.3 报告内容

食品生产经营者、医疗、技术机构和社会团体、个人向卫生行政部门和有关监管部门报告疑似食品安全事故信息时,应当包括事故发生时间、地点和人数等基本情况。

有关监管部门报告食品安全事故信息时,应当包括事故发生单位、时间、地点、危害程度、伤亡人数、事故报告单位信息(含报告时间、报告单位联系人员及联系方式)、已采取措施、事故简要经过等内容;并随时通报或者补报工作进展。

4.3 事故评估

4.3.1 有关监管部门应当按有关规定及时向卫生行政部门提供相关信息和资料,由卫生行政部门统一组织协调开展食品安全事故评估。

4.3.2 食品安全事故评估是为核定食品安全事故级别和确定应采取的措施而进行的评估。评估内容包括:

(1)污染食品可能导致的健康损害及所涉及的范围,是否已造成健康损害后果及严重程度;

(2)事故的影响范围及严重程度;

(3)事故发展蔓延趋势。

5 应急响应

5.1 分级响应

根据食品安全事故分级情况,食品安全事故应急响应分为Ⅰ级、Ⅱ级、Ⅲ级和Ⅳ级响应。核定为特别重大食品安全事故,报经国务院批准并宣布启动Ⅰ级响应后,指挥部立即成立运行,组织开展应急处置。重大、较大、一般食品安全事故分别由事故发生地的省、市、县级人民政府启动相应级别响应,成立食品安全事故应急处置指挥机构进行处置。必要时上级人民政府派出工作组指导、协助事故应急处置工作。

启动食品安全事故Ⅰ级响应期间,指挥部成员单位在指挥部的统一指挥与调度下，按相应职责做好事故应急处置相关工作。事发地省级人民政府按照指挥部的统一部署，组织协调地市级、县级人民政府全力开展应急处置，并及时报告相关工作进展情况。事故发生单位按照相应的处置方案开展先期处置，并配合卫生行政部门及有关部门做好食品安全事故的应急处置。

食源性疾病中涉及传染病疫情的，按照《中华人民共和国传染病防治法》和《国家突发公共卫生事件应急预案》等相关规定开展疫情防控和应急处置。

5.2 应急处置措施

事故发生后，根据事故性质、特点和危害程度，立即组织有关部门，依照有关规定采取下列应急处置措施，以最大限度减轻事故危害：

(1)卫生行政部门有效利用医疗资源，组织指导医疗机构开展食品安全事故患者的救治。

(2)卫生行政部门及时组织疾病预防控制机构开展流行病学调查与检测，相关部门及时组织检验机构开展抽样检验，尽快查找食品安全事故发生的原因。对涉嫌犯罪的，公安机关及时介入，开展相关违法犯罪行为侦破工作。

(3)农业行政、质量监督、检验检疫、工商行政管理、食品药品监管、商务等有关部门应当依法强制性就地或异地封存事故相关食品及原料和被污染的食品用工具及用具，待卫生行政部门查明导致食品安全事故的原因后，责令食品生产经营者彻底清洗消毒被污染的食品用工具及用具，消除污染。

(4)对确认受到有毒有害物质污染的相关食品及原料，农业行政、质量监督、工商行政管理、食品药品监管等有关监管部门应当依法责令生产经营者召回、停止经营及进出口并销毁。检验后确认未被污染的应当予以解封。

(5)及时组织研判事故发展态势，并向事故可能蔓延到的地方人民政府通报信息，提醒做好应对准备。事故可能影响到国(境)外时，及时协调有关涉外部门做好相关通报工作。

5.3 检测分析评估

应急处置专业技术机构应当对引发食品安全事故的相关危险因素及时进行检测，专家组对检测数据进行综合分析和评估，分析事故发展趋势、预测事故后果，为制定事故调查和现场处置方案提供参考。有关部门对食品安全事故相关危险因素消除或控制，事故中伤病人员救治，现场、受污染食品控制，食品与环境，次生、衍生事故隐患消除等情况进行分析评估。

5.4 响应级别调整及终止

在食品安全事故处置过程中，要遵循事故发生发展的客观规律，结合实际情况和防控工作需要，根据评估结果及时调整应急响应级别，直至响应终止。

5.4.1 响应级别调整及终止条件

(1)级别提升

当事故进一步加重，影响和危害扩大，并有蔓延趋势，情况复杂难以控制时，应当及时提升响应级别。

当学校或托幼机构、全国性或区域性重要活动期间发生食品安全事故时，可相应提高响应级别，加大应急处置力度，确保迅速、有效控制食品安全事故，维护社会稳定。

(2)级别降低

事故危害得到有效控制，且经研判认为事故危害降低到原级别评估标准以下或无进一步扩散趋势的，可降低应急响应级别。

(3)响应终止

当食品安全事故得到控制，并达到以下两项要求，经分析评估认为可解除响应的，应当及时终止响应：

——食品安全事故伤病员全部得到救治，原患者病情稳定24小时以上，且无新的急性病症患者出现，食源性感染性疾病在末例患者后经过最长潜伏期无新病例出现；

——现场、受污染食品得以有效控制，食品与环境污染得到有效清理并符合相关标准，次生、衍生事故隐患消除。

5.4.2 响应级别调整及终止程序

指挥部组织对事故进行分析评估论证。评估认为符合级别调整条件的，指挥部提出调整应急响应级别建议，报同级人民政府批准后实施。应急响应级别调整后，事故相关地区人民政府应当结合调整后级别采取相应措施。评估认为符合响应终止条件时，指挥部提出终止响应的建议，报同级人民政府批准后实施。

上级人民政府有关部门应当根据下级人民政府有关部门的请求，及时组织专家为食品安全事故响应级别调整和终止的分析论证提供技术支持与指导。

5.5 信息发布

事故信息发布由指挥部或其办公室统一组织，采取召开新闻发布会、发布新闻通稿等多种形式向社会发布，做好宣传报道和舆论引导。

6 后期处置

6.1 善后处置

事发地人民政府及有关部门要积极稳妥、深入细致地做好善后处置工作，消除事故影响，恢复正常秩序。完善相关政策，促进行业健康发展。

食品安全事故发生后，保险机构应当及时开展应急救援人员保险受理和受灾人员保险理赔工作。

造成食品安全事故的责任单位和责任人应当按照有关规定对受害人给予赔偿，承担受害人后续治疗及保障等相关费用。

6.2　奖惩

6.2.1　奖励

对在食品安全事故应急管理和处置工作中作出突出贡献的先进集体和个人，应当给予表彰和奖励。

6.2.2　责任追究

对迟报、谎报、瞒报和漏报食品安全事故重要情况或者应急管理工作中有其他失职、渎职行为的，依法追究有关责任单位或责任人的责任；构成犯罪的，依法追究刑事责任。

6.3　总结

食品安全事故善后处置工作结束后，卫生行政部门应当组织有关部门及时对食品安全事故和应急处置工作进行总结，分析事故原因和影响因素，评估应急处置工作开展情况和效果，提出对类似事故的防范和处置建议，完成总结报告。

7　附　　则

7.1　预案管理与更新

与食品安全事故处置有关的法律法规被修订，部门职责或应急资源发生变化，应急预案在实施过程中出现新情况或新问题时，要结合实际及时修订与完善本预案。

国务院有关食品安全监管部门、地方各级人民政府参照本预案，制定本部门和地方食品安全事故应急预案。

7.2　演习演练

国务院有关部门要开展食品安全事故应急演练，以检验和强化应急准备和应急响应能力，并通过对演习演练的总结评估，完善应急预案。

7.3　预案实施

本预案自发布之日起施行。

十六、其他重要文件

资料补充栏

劳动保障监察条例

1. 2004年11月1日国务院令第423号公布
2. 自2004年12月1日起施行

第一章 总 则

第一条 为了贯彻实施劳动和社会保障(以下称劳动保障)法律、法规和规章,规范劳动保障监察工作,维护劳动者的合法权益,根据劳动法和有关法律,制定本条例。

第二条 对企业和个体工商户(以下称用人单位)进行劳动保障监察,适用本条例。

对职业介绍机构、职业技能培训机构和职业技能考核鉴定机构进行劳动保障监察,依照本条例执行。

第三条 国务院劳动保障行政部门主管全国的劳动保障监察工作。县级以上地方各级人民政府劳动保障行政部门主管本行政区域内的劳动保障监察工作。

县级以上各级人民政府有关部门根据各自职责,支持、协助劳动保障行政部门的劳动保障监察工作。

第四条 县级、设区的市级人民政府劳动保障行政部门可以委托符合监察执法条件的组织实施劳动保障监察。

劳动保障行政部门和受委托实施劳动保障监察的组织中的劳动保障监察员应当经过相应的考核或者考试录用。

劳动保障监察证件由国务院劳动保障行政部门监制。

第五条 县级以上地方各级人民政府应当加强劳动保障监察工作。劳动保障监察所需经费列入本级财政预算。

第六条 用人单位应当遵守劳动保障法律、法规和规章,接受并配合劳动保障监察。

第七条 各级工会依法维护劳动者的合法权益,对用人单位遵守劳动保障法律、法规和规章的情况进行监督。

劳动保障行政部门在劳动保障监察工作中应当注意听取工会组织的意见和建议。

第八条 劳动保障监察遵循公正、公开、高效、便民的原则。

实施劳动保障监察,坚持教育与处罚相结合,接受社会监督。

第九条 任何组织或者个人对违反劳动保障法律、法规或者规章的行为,有权向劳动保障行政部门举报。

劳动者认为用人单位侵犯其劳动保障合法权益的,有权向劳动保障行政部门投诉。

劳动保障行政部门应当为举报人保密;对举报属实,为查处重大违反劳动保障法律、法规或者规章的行为提供主要线索和证据的举报人,给予奖励。

第二章 劳动保障监察职责

第十条 劳动保障行政部门实施劳动保障监察,履行下列职责:

(一)宣传劳动保障法律、法规和规章,督促用人单位贯彻执行;

(二)检查用人单位遵守劳动保障法律、法规和规章的情况;

(三)受理对违反劳动保障法律、法规或者规章的行为的举报、投诉;

(四)依法纠正和查处违反劳动保障法律、法规或者规章的行为。

第十一条 劳动保障行政部门对下列事项实施劳动保障监察:

(一)用人单位制定内部劳动保障规章制度的情况;

(二)用人单位与劳动者订立劳动合同的情况;

(三)用人单位遵守禁止使用童工规定的情况;

(四)用人单位遵守女职工和未成年工特殊劳动保护规定的情况;

(五)用人单位遵守工作时间和休息休假规定的情况;

(六)用人单位支付劳动者工资和执行最低工资标准的情况;

(七)用人单位参加各项社会保险和缴纳社会保险费的情况;

(八)职业介绍机构、职业技能培训机构和职业技能考核鉴定机构遵守国家有关职业介绍、职业技能培训和职业技能考核鉴定的规定的情况;

(九)法律、法规规定的其他劳动保障监察事项。

第十二条 劳动保障监察员依法履行劳动保障监察职责,受法律保护。

劳动保障监察员应当忠于职守,秉公执法,勤政廉洁,保守秘密。

任何组织或者个人对劳动保障监察员的违法违纪行为,有权向劳动保障行政部门或者有关机关检举、控告。

第三章 劳动保障监察的实施

第十三条 对用人单位的劳动保障监察,由用人单位用工所在地的县级或者设区的市级劳动保障行政部门管辖。

上级劳动保障行政部门根据工作需要，可以调查处理下级劳动保障行政部门管辖的案件。劳动保障行政部门对劳动保障监察管辖发生争议的，报请共同的上一级劳动保障行政部门指定管辖。

省、自治区、直辖市人民政府可以对劳动保障监察的管辖制定具体办法。

第十四条　劳动保障监察以日常巡视检查、审查用人单位按照要求报送的书面材料以及接受举报投诉等形式进行。

劳动保障行政部门认为用人单位有违反劳动保障法律、法规或者规章的行为，需要进行调查处理的，应当及时立案。

劳动保障行政部门或者受委托实施劳动保障监察的组织应当设立举报、投诉信箱和电话。

对因违反劳动保障法律、法规或者规章的行为引起的群体性事件，劳动保障行政部门应当根据应急预案，迅速会同有关部门处理。

第十五条　劳动保障行政部门实施劳动保障监察，有权采取下列调查、检查措施：

（一）进入用人单位的劳动场所进行检查；

（二）就调查、检查事项询问有关人员；

（三）要求用人单位提供与调查、检查事项相关的文件资料，并作出解释和说明，必要时可以发出调查询问书；

（四）采取记录、录音、录像、照像或者复制等方式收集有关情况和资料；

（五）委托会计师事务所对用人单位工资支付、缴纳社会保险费的情况进行审计；

（六）法律、法规规定可以由劳动保障行政部门采取的其他调查、检查措施。

劳动保障行政部门对事实清楚、证据确凿、可以当场处理的违反劳动保障法律、法规或者规章的行为有权当场予以纠正。

第十六条　劳动保障监察员进行调查、检查，不得少于2人，并应当佩戴劳动保障监察标志、出示劳动保障监察证件。

劳动保障监察员办理的劳动保障监察事项与本人或者其近亲属有直接利害关系的，应当回避。

第十七条　劳动保障行政部门对违反劳动保障法律、法规或者规章的行为的调查，应当自立案之日起60个工作日内完成；对情况复杂的，经劳动保障行政部门负责人批准，可以延长30个工作日。

第十八条　劳动保障行政部门对违反劳动保障法律、法规或者规章的行为，根据调查、检查的结果，作出以下处理：

（一）对依法应当受到行政处罚的，依法作出行政处罚决定；

（二）对应当改正未改正的，依法责令改正或者作出相应的行政处理决定；

（三）对情节轻微且已改正的，撤销立案。

发现违法案件不属于劳动保障监察事项的，应当及时移送有关部门处理；涉嫌犯罪的，应当依法移送司法机关。

第十九条　劳动保障行政部门对违反劳动保障法律、法规或者规章的行为作出行政处罚或者行政处理决定前，应当听取用人单位的陈述、申辩；作出行政处罚或者行政处理决定，应当告知用人单位依法享有申请行政复议或者提起行政诉讼的权利。

第二十条　违反劳动保障法律、法规或者规章的行为在2年内未被劳动保障行政部门发现，也未被举报、投诉的，劳动保障行政部门不再查处。

前款规定的期限，自违反劳动保障法律、法规或者规章的行为发生之日起计算；违反劳动保障法律、法规或者规章的行为有连续或者继续状态的，自行为终了之日起计算。

第二十一条　用人单位违反劳动保障法律、法规或者规章，对劳动者造成损害的，依法承担赔偿责任。劳动者与用人单位就赔偿发生争议的，依照国家有关劳动争议处理的规定处理。

对应当通过劳动争议处理程序解决的事项或者已经按照劳动争议处理程序申请调解、仲裁或者已经提起诉讼的事项，劳动保障行政部门应当告知投诉人依照劳动争议处理或者诉讼的程序办理。

第二十二条　劳动保障行政部门应当建立用人单位劳动保障守法诚信档案。用人单位有重大违反劳动保障法律、法规或者规章的行为的，由有关的劳动保障行政部门向社会公布。

第四章　法律责任

第二十三条　用人单位有下列行为之一的，由劳动保障行政部门责令改正，按照受侵害的劳动者每人1000元以上5000元以下的标准计算，处以罚款：

（一）安排女职工从事矿山井下劳动、国家规定的第四级体力劳动强度的劳动或者其他禁忌从事的劳动的；

（二）安排女职工在经期从事高处、低温、冷水作业或者国家规定的第三级体力劳动强度的劳动的；

（三）安排女职工在怀孕期间从事国家规定的第三级体力劳动强度的劳动或者孕期禁忌从事的劳动的；

（四）安排怀孕7个月以上的女职工夜班劳动或者延长其工作时间的；

（五）女职工生育享受产假少于90天的；

（六）安排女职工在哺乳未满1周岁的婴儿期间从事国家规定的第三级体力劳动强度的劳动或者哺乳期禁忌从事的其他劳动，以及延长其工作时间或者安排其夜班劳动的；

（七）安排未成年工从事矿山井下、有毒有害、国家规定的第四级体力劳动强度的劳动或者其他禁忌从事的劳动的；

（八）未对未成年工定期进行健康检查的。

第二十四条 用人单位与劳动者建立劳动关系不依法订立劳动合同的，由劳动保障行政部门责令改正。

第二十五条 用人单位违反劳动保障法律、法规或者规章延长劳动者工作时间的，由劳动保障行政部门给予警告，责令限期改正，并可以按照受侵害的劳动者每人100元以上500元以下的标准计算，处以罚款。

第二十六条 用人单位有下列行为之一的，由劳动保障行政部门分别责令限期支付劳动者的工资报酬、劳动者工资低于当地最低工资标准的差额或者解除劳动合同的经济补偿；逾期不支付的，责令用人单位按照应付金额50%以上1倍以下的标准计算，向劳动者加付赔偿金：

（一）克扣或者无故拖欠劳动者工资报酬的；

（二）支付劳动者的工资低于当地最低工资标准的；

（三）解除劳动合同未依法给予劳动者经济补偿的。

第二十七条 用人单位向社会保险经办机构申报应缴纳的社会保险费数额时，瞒报工资总额或者职工人数的，由劳动保障行政部门责令改正，并处瞒报工资数额1倍以上3倍以下的罚款。

骗取社会保险待遇或者骗取社会保险基金支出的，由劳动保障行政部门责令退还，并处骗取金额1倍以上3倍以下的罚款；构成犯罪的，依法追究刑事责任。

第二十八条 职业介绍机构、职业技能培训机构或者职业技能考核鉴定机构违反国家有关职业介绍、职业技能培训或者职业技能考核鉴定的规定的，由劳动保障行政部门责令改正，没收违法所得，并处1万元以上5万元以下的罚款；情节严重的，吊销许可证。

未经劳动保障行政部门许可，从事职业介绍、职业技能培训或者职业技能考核鉴定的组织或者个人，由劳动保障行政部门、工商行政管理部门依照国家有关无照经营查处取缔的规定查处取缔。

第二十九条 用人单位违反《中华人民共和国工会法》，有下列行为之一的，由劳动保障行政部门责令改正：

（一）阻挠劳动者依法参加和组织工会，或者阻挠上级工会帮助、指导劳动者筹建工会的；

（二）无正当理由调动依法履行职责的工会工作人员的工作岗位，进行打击报复的；

（三）劳动者因参加工会活动而被解除劳动合同的；

（四）工会工作人员因依法履行职责被解除劳动合同的。

第三十条 有下列行为之一的，由劳动保障行政部门责令改正；对有第（一）项、第（二）项或者第（三）项规定的行为的，处2000元以上2万元以下的罚款：

（一）无理抗拒、阻挠劳动保障行政部门依照本条例的规定实施劳动保障监察的；

（二）不按照劳动保障行政部门的要求报送书面材料，隐瞒事实真相，出具伪证或者隐匿、毁灭证据的；

（三）经劳动保障行政部门责令改正拒不改正，或者拒不履行劳动保障行政部门的行政处理决定的；

（四）打击报复举报人、投诉人的。

违反前款规定，构成违反治安管理行为的，由公安机关依法给予治安管理处罚；构成犯罪的，依法追究刑事责任。

第三十一条 劳动保障监察员滥用职权、玩忽职守、徇私舞弊或者泄露在履行职责过程中知悉的商业秘密的，依法给予行政处分；构成犯罪的，依法追究刑事责任。

劳动保障行政部门和劳动保障监察员违法行使职权，侵犯用人单位或者劳动者的合法权益的，依法承担赔偿责任。

第三十二条 属于本条例规定的劳动保障监察事项，法律、其他行政法规对处罚另有规定的，从其规定。

第五章 附 则

第三十三条 对无营业执照或者已被依法吊销营业执照，有劳动用工行为的，由劳动保障行政部门依照本条例实施劳动保障监察，并及时通报工商行政管理部门予以查处取缔。

第三十四条　国家机关、事业单位、社会团体执行劳动保障法律、法规和规章的情况,由劳动保障行政部门根据其职责,依照本条例实施劳动保障监察。

第三十五条　劳动安全卫生的监督检查,由卫生部门、安全生产监督管理部门、特种设备安全监督管理部门等有关部门依照有关法律、行政法规的规定执行。

第三十六条　本条例自2004年12月1日起施行。

中华人民共和国政府信息公开条例

1. 2007年4月5日国务院令第492号公布
2. 2019年4月3日国务院令第711号修订
3. 自2019年5月15日起施行

第一章　总　　则

第一条　为了保障公民、法人和其他组织依法获取政府信息,提高政府工作的透明度,建设法治政府,充分发挥政府信息对人民群众生产、生活和经济社会活动的服务作用,制定本条例。

第二条　本条例所称政府信息,是指行政机关在履行行政管理职能过程中制作或者获取的,以一定形式记录、保存的信息。

第三条　各级人民政府应当加强对政府信息公开工作的组织领导。

国务院办公厅是全国政府信息公开工作的主管部门,负责推进、指导、协调、监督全国的政府信息公开工作。

县级以上地方人民政府办公厅(室)是本行政区域的政府信息公开工作主管部门,负责推进、指导、协调、监督本行政区域的政府信息公开工作。

实行垂直领导的部门的办公厅(室)主管本系统的政府信息公开工作。

第四条　各级人民政府及县级以上人民政府部门应当建立健全本行政机关的政府信息公开工作制度,并指定机构(以下统称政府信息公开工作机构)负责本行政机关政府信息公开的日常工作。

政府信息公开工作机构的具体职能是:

(一)办理本行政机关的政府信息公开事宜;

(二)维护和更新本行政机关公开的政府信息;

(三)组织编制本行政机关的政府信息公开指南、政府信息公开目录和政府信息公开工作年度报告;

(四)组织开展对拟公开政府信息的审查;

(五)本行政机关规定的与政府信息公开有关的其他职能。

第五条　行政机关公开政府信息,应当坚持以公开为常态、不公开为例外,遵循公正、公平、合法、便民的原则。

第六条　行政机关应当及时、准确地公开政府信息。

行政机关发现影响或者可能影响社会稳定、扰乱社会和经济管理秩序的虚假或者不完整信息的,应当发布准确的政府信息予以澄清。

第七条　各级人民政府应当积极推进政府信息公开工作,逐步增加政府信息公开的内容。

第八条　各级人民政府应当加强政府信息资源的规范化、标准化、信息化管理,加强互联网政府信息公开平台建设,推进政府信息公开平台与政务服务平台融合,提高政府信息公开在线办理水平。

第九条　公民、法人和其他组织有权对行政机关的政府信息公开工作进行监督,并提出批评和建议。

第二章　公开的主体和范围

第十条　行政机关制作的政府信息,由制作该政府信息的行政机关负责公开。行政机关从公民、法人和其他组织获取的政府信息,由保存该政府信息的行政机关负责公开;行政机关获取的其他行政机关的政府信息,由制作或者最初获取该政府信息的行政机关负责公开。法律、法规对政府信息公开的权限另有规定的,从其规定。

行政机关设立的派出机构、内设机构依照法律、法规对外以自己名义履行行政管理职能的,可以由该派出机构、内设机构负责与所履行行政管理职能有关的政府信息公开工作。

两个以上行政机关共同制作的政府信息,由牵头制作的行政机关负责公开。

第十一条　行政机关应当建立健全政府信息公开协调机制。行政机关公开政府信息涉及其他机关的,应当与有关机关协商、确认,保证行政机关公开的政府信息准确一致。

行政机关公开政府信息依照法律、行政法规和国家有关规定需要批准的,经批准予以公开。

第十二条　行政机关编制、公布的政府信息公开指南和政府信息公开目录应当及时更新。

政府信息公开指南包括政府信息的分类、编排体系、获取方式和政府信息公开工作机构的名称、办公地址、办公时间、联系电话、传真号码、互联网联系方式等内容。

政府信息公开目录包括政府信息的索引、名称、内容概述、生成日期等内容。

第十三条 除本条例第十四条、第十五条、第十六条规定的政府信息外，政府信息应当公开。

行政机关公开政府信息，采取主动公开和依申请公开的方式。

第十四条 依法确定为国家秘密的政府信息，法律、行政法规禁止公开的政府信息，以及公开后可能危及国家安全、公共安全、经济安全、社会稳定的政府信息，不予公开。

第十五条 涉及商业秘密、个人隐私等公开会对第三方合法权益造成损害的政府信息，行政机关不得公开。但是，第三方同意公开或者行政机关认为不公开会对公共利益造成重大影响的，予以公开。

第十六条 行政机关的内部事务信息，包括人事管理、后勤管理、内部工作流程等方面的信息，可以不予公开。

行政机关在履行行政管理职能过程中形成的讨论记录、过程稿、磋商信函、请示报告等过程性信息以及行政执法案卷信息，可以不予公开。法律、法规、规章规定上述信息应当公开的，从其规定。

第十七条 行政机关应当建立健全政府信息公开审查机制，明确审查的程序和责任。

行政机关应当依照《中华人民共和国保守国家秘密法》以及其他法律、法规和国家有关规定对拟公开的政府信息进行审查。

行政机关不能确定政府信息是否可以公开的，应当依照法律、法规和国家有关规定报有关主管部门或者保密行政管理部门确定。

第十八条 行政机关应当建立健全政府信息管理动态调整机制，对本行政机关不予公开的政府信息进行定期评估审查，对因情势变化可以公开的政府信息应当公开。

第三章 主动公开

第十九条 对涉及公众利益调整、需要公众广泛知晓或者需要公众参与决策的政府信息，行政机关应当主动公开。

第二十条 行政机关应当依照本条例第十九条的规定，主动公开本行政机关的下列政府信息：

（一）行政法规、规章和规范性文件；

（二）机关职能、机构设置、办公地址、办公时间、联系方式、负责人姓名；

（三）国民经济和社会发展规划、专项规划、区域规划及相关政策；

（四）国民经济和社会发展统计信息；

（五）办理行政许可和其他对外管理服务事项的依据、条件、程序以及办理结果；

（六）实施行政处罚、行政强制的依据、条件、程序以及本行政机关认为具有一定社会影响的行政处罚决定；

（七）财政预算、决算信息；

（八）行政事业性收费项目及其依据、标准；

（九）政府集中采购项目的目录、标准及实施情况；

（十）重大建设项目的批准和实施情况；

（十一）扶贫、教育、医疗、社会保障、促进就业等方面的政策、措施及其实施情况；

（十二）突发公共事件的应急预案、预警信息及应对情况；

（十三）环境保护、公共卫生、安全生产、食品药品、产品质量的监督检查情况；

（十四）公务员招考的职位、名额、报考条件等事项以及录用结果；

（十五）法律、法规、规章和国家有关规定规定应当主动公开的其他政府信息。

第二十一条 除本条例第二十条规定的政府信息外，设区的市级、县级人民政府及其部门还应当根据本地方的具体情况，主动公开涉及市政建设、公共服务、公益事业、土地征收、房屋征收、治安管理、社会救助等方面的政府信息；乡（镇）人民政府还应当根据本地方的具体情况，主动公开贯彻落实农业农村政策、农田水利工程建设运营、农村土地承包经营权流转、宅基地使用情况审核、土地征收、房屋征收、筹资筹劳、社会救助等方面的政府信息。

第二十二条 行政机关应当依照本条例第二十条、第二十一条的规定，确定主动公开政府信息的具体内容，并按照上级行政机关的部署，不断增加主动公开的内容。

第二十三条 行政机关应当建立健全政府信息发布机制，将主动公开的政府信息通过政府公报、政府网站或者其他互联网政务媒体、新闻发布会以及报刊、广播、电视等途径予以公开。

第二十四条 各级人民政府应当加强依托政府门户网站公开政府信息的工作，利用统一的政府信息公开平台集中发布主动公开的政府信息。政府信息公开平台应当具备信息检索、查阅、下载等功能。

第二十五条 各级人民政府应当在国家档案馆、公共图书馆、政务服务场所设置政府信息查阅场所，并配备相应的设施、设备，为公民、法人和其他组织获取政府信息提供便利。

行政机关可以根据需要设立公共查阅室、资料索取点、信息公告栏、电子信息屏等场所、设施,公开政府信息。

行政机关应当及时向国家档案馆、公共图书馆提供主动公开的政府信息。

第二十六条 属于主动公开范围的政府信息,应当自该政府信息形成或者变更之日起20个工作日内及时公开。法律、法规对政府信息公开的期限另有规定的,从其规定。

第四章 依申请公开

第二十七条 除行政机关主动公开的政府信息外,公民、法人或者其他组织可以向地方各级人民政府、对外以自己名义履行行政管理职能的县级以上人民政府部门(含本条例第十条第二款规定的派出机构、内设机构)申请获取相关政府信息。

第二十八条 本条例第二十七条规定的行政机关应当建立完善政府信息公开申请渠道,为申请人依法申请获取政府信息提供便利。

第二十九条 公民、法人或者其他组织申请获取政府信息的,应当向行政机关的政府信息公开工作机构提出,并采用包括信件、数据电文在内的书面形式;采用书面形式确有困难的,申请人可以口头提出,由受理该申请的政府信息公开工作机构代为填写政府信息公开申请。

政府信息公开申请应当包括下列内容:

(一)申请人的姓名或者名称、身份证明、联系方式;

(二)申请公开的政府信息的名称、文号或者便于行政机关查询的其他特征性描述;

(三)申请公开的政府信息的形式要求,包括获取信息的方式、途径。

第三十条 政府信息公开申请内容不明确的,行政机关应当给予指导和释明,并自收到申请之日起7个工作日内一次性告知申请人作出补正,说明需要补正的事项和合理的补正期限。答复期限自行政机关收到补正的申请之日起计算。申请人无正当理由逾期不补正的,视为放弃申请,行政机关不再处理该政府信息公开申请。

第三十一条 行政机关收到政府信息公开申请的时间,按照下列规定确定:

(一)申请人当面提交政府信息公开申请的,以提交之日为收到申请之日;

(二)申请人以邮寄方式提交政府信息公开申请的,以行政机关签收之日为收到申请之日;以平常信函等无需签收的邮寄方式提交政府信息公开申请的,政府信息公开工作机构应当于收到申请的当日与申请人确认,确认之日为收到申请之日;

(三)申请人通过互联网渠道或者政府信息公开工作机构的传真提交政府信息公开申请的,以双方确认之日为收到申请之日。

第三十二条 依申请公开的政府信息公开会损害第三方合法权益的,行政机关应当书面征求第三方的意见。第三方应当自收到征求意见书之日起15个工作日内提出意见。第三方逾期未提出意见的,由行政机关依照本条例的规定决定是否公开。第三方不同意公开且有合理理由的,行政机关不予公开。行政机关认为不公开可能对公共利益造成重大影响的,可以决定予以公开,并将决定公开的政府信息内容和理由书面告知第三方。

第三十三条 行政机关收到政府信息公开申请,能够当场答复的,应当当场予以答复。

行政机关不能当场答复的,应当自收到申请之日起20个工作日内予以答复;需要延长答复期限的,应当经政府信息公开工作机构负责人同意并告知申请人,延长的期限最长不得超过20个工作日。

行政机关征求第三方和其他机关意见所需时间不计算在前款规定的期限内。

第三十四条 申请公开的政府信息由两个以上行政机关共同制作的,牵头制作的行政机关收到政府信息公开申请后可以征求相关行政机关的意见,被征求意见机关应当自收到征求意见书之日起15个工作日内提出意见,逾期未提出意见的视为同意公开。

第三十五条 申请人申请公开政府信息的数量、频次明显超过合理范围,行政机关可以要求申请人说明理由。行政机关认为申请理由不合理的,告知申请人不予处理;行政机关认为申请理由合理,但是无法在本条例第三十三条规定的期限内答复申请人的,可以确定延迟答复的合理期限并告知申请人。

第三十六条 对政府信息公开申请,行政机关根据下列情况分别作出答复:

(一)所申请公开信息已经主动公开的,告知申请人获取该政府信息的方式、途径;

(二)所申请公开信息可以公开的,向申请人提供该政府信息,或者告知申请人获取该政府信息的方式、途径和时间;

(三)行政机关依据本条例的规定决定不予公开

的，告知申请人不予公开并说明理由；

（四）经检索没有所申请公开信息的，告知申请人该政府信息不存在；

（五）所申请公开信息不属于本行政机关负责公开的，告知申请人并说明理由；能够确定负责公开该政府信息的行政机关的，告知申请人该行政机关的名称、联系方式；

（六）行政机关已就申请人提出的政府信息公开申请作出答复、申请人重复申请公开相同政府信息的，告知申请人不予重复处理；

（七）所申请公开信息属于工商、不动产登记资料等信息，有关法律、行政法规对信息的获取有特别规定的，告知申请人依照有关法律、行政法规的规定办理。

第三十七条　申请公开的信息中含有不应当公开或者不属于政府信息的内容，但是能够作区分处理的，行政机关应当向申请人提供可以公开的政府信息内容，并对不予公开的内容说明理由。

第三十八条　行政机关向申请人提供的信息，应当是已制作或者获取的政府信息。除依照本条例第三十七条的规定能够作区分处理的外，需要行政机关对现有政府信息进行加工、分析的，行政机关可以不予提供。

第三十九条　申请人以政府信息公开申请的形式进行信访、投诉、举报等活动，行政机关应当告知申请人不作为政府信息公开申请处理并可以告知通过相应渠道提出。

申请人提出的申请内容为要求行政机关提供政府公报、报刊、书籍等公开出版物的，行政机关可以告知获取的途径。

第四十条　行政机关依申请公开政府信息，应当根据申请人的要求及行政机关保存政府信息的实际情况，确定提供政府信息的具体形式；按照申请人要求的形式提供政府信息，可能危及政府信息载体安全或者公开成本过高的，可以通过电子数据以及其他适当形式提供，或者安排申请人查阅、抄录相关政府信息。

第四十一条　公民、法人或者其他组织有证据证明行政机关提供的与其自身相关的政府信息记录不准确的，可以要求行政机关更正。有权更正的行政机关审核属实的，应当予以更正并告知申请人；不属于本行政机关职能范围的，行政机关可以转送有权更正的行政机关处理并告知申请人，或者告知申请人向有权更正的行政机关提出。

第四十二条　行政机关依申请提供政府信息，不收取费用。但是，申请人申请公开政府信息的数量、频次明显超过合理范围的，行政机关可以收取信息处理费。

行政机关收取信息处理费的具体办法由国务院价格主管部门会同国务院财政部门、全国政府信息公开工作主管部门制定。

第四十三条　申请公开政府信息的公民存在阅读困难或者视听障碍的，行政机关应当为其提供必要的帮助。

第四十四条　多个申请人就相同政府信息向同一行政机关提出公开申请，且该政府信息属于可以公开的，行政机关可以纳入主动公开的范围。

对行政机关依申请公开的政府信息，申请人认为涉及公众利益调整、需要公众广泛知晓或者需要公众参与决策的，可以建议行政机关将该信息纳入主动公开的范围。行政机关经审核认为属于主动公开范围的，应当及时主动公开。

第四十五条　行政机关应当建立健全政府信息公开申请登记、审核、办理、答复、归档的工作制度，加强工作规范。

第五章　监督和保障

第四十六条　各级人民政府应当建立健全政府信息公开工作考核制度、社会评议制度和责任追究制度，定期对政府信息公开工作进行考核、评议。

第四十七条　政府信息公开工作主管部门应当加强对政府信息公开工作的日常指导和监督检查，对行政机关未按照要求开展政府信息公开工作的，予以督促整改或者通报批评；需要对负有责任的领导人员和直接责任人员追究责任的，依法向有权机关提出处理建议。

公民、法人或者其他组织认为行政机关未按照要求主动公开政府信息或者对政府信息公开申请不依法答复处理的，可以向政府信息公开工作主管部门提出。政府信息公开工作主管部门查证属实的，应当予以督促整改或者通报批评。

第四十八条　政府信息公开工作主管部门应当对行政机关的政府信息公开工作人员定期进行培训。

第四十九条　县级以上人民政府部门应当在每年1月31日前向本级政府信息公开工作主管部门提交本行政机关上一年度政府信息公开工作年度报告并向社会公布。

县级以上地方人民政府的政府信息公开工作主管部门应当在每年3月31日前向社会公布本级政府上一年度政府信息公开工作年度报告。

第五十条　政府信息公开工作年度报告应当包括下列内容：

（一）行政机关主动公开政府信息的情况；

（二）行政机关收到和处理政府信息公开申请的情况；

（三）因政府信息公开工作被申请行政复议、提起行政诉讼的情况；

（四）政府信息公开工作存在的主要问题及改进情况，各级人民政府的政府信息公开工作年度报告还应当包括工作考核、社会评议和责任追究结果情况；

（五）其他需要报告的事项。

全国政府信息公开工作主管部门应当公布政府信息公开工作年度报告统一格式，并适时更新。

第五十一条　公民、法人或者其他组织认为行政机关在政府信息公开工作中侵犯其合法权益的，可以向上一级行政机关或者政府信息公开工作主管部门投诉、举报，也可以依法申请行政复议或者提起行政诉讼。

第五十二条　行政机关违反本条例的规定，未建立健全政府信息公开有关制度、机制的，由上一级行政机关责令改正；情节严重的，对负有责任的领导人员和直接责任人员依法给予处分。

第五十三条　行政机关违反本条例的规定，有下列情形之一的，由上一级行政机关责令改正；情节严重的，对负有责任的领导人员和直接责任人员依法给予处分；构成犯罪的，依法追究刑事责任：

（一）不依法履行政府信息公开职能；

（二）不及时更新公开的政府信息内容、政府信息公开指南和政府信息公开目录；

（三）违反本条例规定的其他情形。

第六章　附　　则

第五十四条　法律、法规授权的具有管理公共事务职能的组织公开政府信息的活动，适用本条例。

第五十五条　教育、卫生健康、供水、供电、供气、供热、环境保护、公共交通等与人民群众利益密切相关的公共企事业单位，公开在提供社会公共服务过程中制作、获取的信息，依照相关法律、法规和国务院有关主管部门或者机构的规定执行。全国政府信息公开工作主管部门根据实际需要可以制定专门的规定。

前款规定的公共企事业单位未依照相关法律、法规和国务院有关主管部门或者机构的规定公开在提供社会公共服务过程中制作、获取的信息，公民、法人或者其他组织可以向有关主管部门或者机构申诉，接受申诉的部门或者机构应当及时调查处理并将处理结果告知申诉人。

第五十六条　本条例自2019年5月15日起施行。

放射性废物安全管理条例

1. 2011年12月20日国务院令第612号公布

2. 自2012年3月1日起施行

第一章　总　　则

第一条　为了加强对放射性废物的安全管理，保护环境，保障人体健康，根据《中华人民共和国放射性污染防治法》，制定本条例。

第二条　本条例所称放射性废物，是指含有放射性核素或者被放射性核素污染，其放射性核素浓度或者比活度大于国家确定的清洁解控水平，预期不再使用的废弃物。

第三条　放射性废物的处理、贮存和处置及其监督管理等活动，适用本条例。

本条例所称处理，是指为了能够安全和经济地运输、贮存、处置放射性废物，通过净化、浓缩、固化、压缩和包装等手段，改变放射性废物的属性、形态和体积的活动。

本条例所称贮存，是指将废旧放射源和其他放射性固体废物临时放置于专门建造的设施内进行保管的活动。

本条例所称处置，是指将废旧放射源和其他放射性固体废物最终放置于专门建造的设施内并不再回取的活动。

第四条　放射性废物的安全管理，应当坚持减量化、无害化和妥善处置、永久安全的原则。

第五条　国务院环境保护主管部门统一负责全国放射性废物的安全监督管理工作。

国务院核工业行业主管部门和其他有关部门，依照本条例的规定和各自的职责负责放射性废物的有关管理工作。

县级以上地方人民政府环境保护主管部门和其他有关部门依照本条例的规定和各自的职责负责本行政区域放射性废物的有关管理工作。

第六条　国家对放射性废物实行分类管理。

根据放射性废物的特性及其对人体健康和环境的潜在危害程度，将放射性废物分为高水平放射性废物、中水平放射性废物和低水平放射性废物。

第七条　放射性废物的处理、贮存和处置活动，应当遵守国家有关放射性污染防治标准和国务院环境保护主管部门的规定。

第八条　国务院环境保护主管部门会同国务院核工业行业主管部门和其他有关部门建立全国放射性废物管理信息系统，实现信息共享。

国家鼓励、支持放射性废物安全管理的科学研究和技术开发利用，推广先进的放射性废物安全管理技术。

第九条　任何单位和个人对违反本条例规定的行为，有权向县级以上人民政府环境保护主管部门或者其他有关部门举报。接到举报的部门应当及时调查处理，并为举报人保密；经调查情况属实的，对举报人给予奖励。

第二章　放射性废物的处理和贮存

第十条　核设施营运单位应当将其产生的不能回收利用并不能返回原生产单位或者出口方的废旧放射源（以下简称废旧放射源），送交取得相应许可证的放射性固体废物贮存单位集中贮存，或者直接送交取得相应许可证的放射性固体废物处置单位处置。

核设施营运单位应当对其产生的除废旧放射源以外的放射性固体废物和不能经净化排放的放射性废液进行处理，使其转变为稳定的、标准化的固体废物后自行贮存，并及时送交取得相应许可证的放射性固体废物处置单位处置。

第十一条　核技术利用单位应当对其产生的不能经净化排放的放射性废液进行处理，转变为放射性固体废物。

核技术利用单位应当及时将其产生的废旧放射源和其他放射性固体废物，送交取得相应许可证的放射性固体废物贮存单位集中贮存，或者直接送交取得相应许可证的放射性固体废物处置单位处置。

第十二条　专门从事放射性固体废物贮存活动的单位，应当符合下列条件，并依照本条例的规定申请领取放射性固体废物贮存许可证：

（一）有法人资格；

（二）有能保证贮存设施安全运行的组织机构和3名以上放射性废物管理、辐射防护、环境监测方面的专业技术人员，其中至少有1名注册核安全工程师；

（三）有符合国家有关放射性污染防治标准和国务院环境保护主管部门规定的放射性固体废物接收、贮存设施和场所，以及放射性检测、辐射防护与环境监测设备；

（四）有健全的管理制度以及符合核安全监督管理要求的质量保证体系，包括质量保证大纲、贮存设施运行监测计划、辐射环境监测计划和应急方案等。

核设施营运单位利用与核设施配套建设的贮存设施，贮存本单位产生的放射性固体废物的，不需要申请领取贮存许可证；贮存其他单位产生的放射性固体废物的，应当依照本条例的规定申请领取贮存许可证。

第十三条　申请领取放射性固体废物贮存许可证的单位，应当向国务院环境保护主管部门提出书面申请，并提交其符合本条例第十二条规定条件的证明材料。

国务院环境保护主管部门应当自受理申请之日起20个工作日内完成审查，对符合条件的颁发许可证，予以公告；对不符合条件的，书面通知申请单位并说明理由。

国务院环境保护主管部门在审查过程中，应当组织专家进行技术评审，并征求国务院其他有关部门的意见。技术评审所需时间应当书面告知申请单位。

第十四条　放射性固体废物贮存许可证应当载明下列内容：

（一）单位的名称、地址和法定代表人；

（二）准予从事的活动种类、范围和规模；

（三）有效期限；

（四）发证机关、发证日期和证书编号。

第十五条　放射性固体废物贮存单位变更单位名称、地址、法定代表人的，应当自变更登记之日起20日内，向国务院环境保护主管部门申请办理许可证变更手续。

放射性固体废物贮存单位需要变更许可证规定的活动种类、范围和规模的，应当按照原申请程序向国务院环境保护主管部门重新申请领取许可证。

第十六条　放射性固体废物贮存许可证的有效期为10年。

许可证有效期届满，放射性固体废物贮存单位需要继续从事贮存活动的，应当于许可证有效期届满90日前，向国务院环境保护主管部门提出延续申请。

国务院环境保护主管部门应当在许可证有效期届满前完成审查，对符合条件的准予延续；对不符合条件的，书面通知申请单位并说明理由。

第十七条　放射性固体废物贮存单位应当按照国家有关放射性污染防治标准和国务院环境保护主管部门的规定，对其接收的废旧放射源和其他放射性固体废物进行分类存放和清理，及时予以清洁解控或者送交取得相应许可证的放射性固体废物处置单位处置。

放射性固体废物贮存单位应当建立放射性固体废物贮存情况记录档案，如实完整地记录贮存的放射性固体废物的来源、数量、特征、贮存位置、清洁解控、送交处置等与贮存活动有关的事项。

放射性固体废物贮存单位应当根据贮存设施的自然环境和放射性固体废物特性采取必要的防护措施，保证在规定的贮存期限内贮存设施、容器的完好和放射性固体废物的安全，并确保放射性固体废物能够安全回取。

第十八条　放射性固体废物贮存单位应当根据贮存设施运行监测计划和辐射环境监测计划，对贮存设施进行安全性检查，并对贮存设施周围的地下水、地表水、土壤和空气进行放射性监测。

放射性固体废物贮存单位应当如实记录监测数据，发现安全隐患或者周围环境中放射性核素超过国家规定的标准的，应当立即查找原因，采取相应的防范措施，并向所在地省、自治区、直辖市人民政府环境保护主管部门报告。构成辐射事故的，应当立即启动本单位的应急方案，并依照《中华人民共和国放射性污染防治法》、《放射性同位素与射线装置安全和防护条例》的规定进行报告，开展有关事故应急工作。

第十九条　将废旧放射源和其他放射性固体废物送交放射性固体废物贮存、处置单位贮存、处置时，送交方应当一并提供放射性固体废物的种类、数量、活度等资料和废旧放射源的原始档案，并按照规定承担贮存、处置的费用。

第三章　放射性废物的处置

第二十条　国务院核工业行业主管部门会同国务院环境保护主管部门根据地质、环境、社会经济条件和放射性固体废物处置的需要，在征求国务院有关部门意见并进行环境影响评价的基础上编制放射性固体废物处置场所选址规划，报国务院批准后实施。

有关地方人民政府应当根据放射性固体废物处置场所选址规划，提供放射性固体废物处置场所的建设用地，并采取有效措施支持放射性固体废物的处置。

第二十一条　建造放射性固体废物处置设施，应当按照放射性固体废物处置场所选址技术导则和标准的要求，与居住区、水源保护区、交通干道、工厂和企业等场所保持严格的安全防护距离，并对场址的地质构造、水文地质等自然条件以及社会经济条件进行充分研究论证。

第二十二条　建造放射性固体废物处置设施，应当符合放射性固体废物处置场所选址规划，并依法办理选址批准手续和建造许可证。不符合选址规划或者选址技术导则、标准的，不得批准选址或者建造。

高水平放射性固体废物和α放射性固体废物深地质处置设施的工程和安全技术研究、地下实验、选址和建造，由国务院核工业行业主管部门组织实施。

第二十三条　专门从事放射性固体废物处置活动的单位，应当符合下列条件，并依照本条例的规定申请领取放射性固体废物处置许可证：

（一）有国有或者国有控股的企业法人资格。

（二）有能保证处置设施安全运行的组织机构和专业技术人员。低、中水平放射性固体废物处置单位应当具有10名以上放射性废物管理、辐射防护、环境监测方面的专业技术人员，其中至少有3名注册核安全工程师；高水平放射性固体废物和α放射性固体废物处置单位应当具有20名以上放射性废物管理、辐射防护、环境监测方面的专业技术人员，其中至少有5名注册核安全工程师。

（三）有符合国家有关放射性污染防治标准和国务院环境保护主管部门规定的放射性固体废物接收、处置设施和场所，以及放射性检测、辐射防护与环境监测设备。低、中水平放射性固体废物处置设施关闭后应满足300年以上的安全隔离要求；高水平放射性固体废物和α放射性固体废物深地质处置设施关闭后应满足1万年以上的安全隔离要求。

（四）有相应数额的注册资金。低、中水平放射性固体废物处置单位的注册资金应不少于3000万元；高水平放射性固体废物和α放射性固体废物处置单位的注册资金应不少于1亿元。

（五）有能保证其处置活动持续进行直至安全监护期满的财务担保。

（六）有健全的管理制度以及符合核安全监督管理要求的质量保证体系，包括质量保证大纲、处置设施运行监测计划、辐射环境监测计划和应急方案等。

第二十四条　放射性固体废物处置许可证的申请、变更、延续的审批权限和程序，以及许可证的内容、有效期限，依照本条例第十三条至第十六条的规定执行。

第二十五条　放射性固体废物处置单位应当按照国家有关放射性污染防治标准和国务院环境保护主管部门的规定，对其接收的放射性固体废物进行处置。

放射性固体废物处置单位应当建立放射性固体废物处置情况记录档案，如实记录处置的放射性固体废物的来源、数量、特征、存放位置等与处置活动有关的事项。放射性固体废物处置情况记录档案应当永久保存。

第二十六条　放射性固体废物处置单位应当根据处置设施运行监测计划和辐射环境监测计划，对处置设施进行安全性检查，并对处置设施周围的地下水、地表水、土壤和空气进行放射性监测。

放射性固体废物处置单位应当如实记录监测数据，发现安全隐患或者周围环境中放射性核素超过国家规定的标准的，应当立即查找原因，采取相应的防范措施，并向国务院环境保护主管部门和核工业行业主管部门报告。构成辐射事故的，应当立即启动本单位的应急方案，并依照《中华人民共和国放射性污染防治法》、《放射性同位素与射线装置安全和防护条例》的规定进行报告，开展有关事故应急工作。

第二十七条 放射性固体废物处置设施设计服役期届满，或者处置的放射性固体废物已达到该设施的设计容量，或者所在地区的地质构造或者水文地质等条件发生重大变化导致处置设施不适宜继续处置放射性固体废物的，应当依法办理关闭手续，并在划定的区域设置永久性标记。

关闭放射性固体废物处置设施的，处置单位应当编制处置设施安全监护计划，报国务院环境保护主管部门批准。

放射性固体废物处置设施依法关闭后，处置单位应当按照经批准的安全监护计划，对关闭后的处置设施进行安全监护。放射性固体废物处置单位因破产、吊销许可证等原因终止的，处置设施关闭和安全监护所需费用由提供财务担保的单位承担。

第四章 监督管理

第二十八条 县级以上人民政府环境保护主管部门和其他有关部门，依照《中华人民共和国放射性污染防治法》和本条例的规定，对放射性废物处理、贮存和处置等活动的安全性进行监督检查。

第二十九条 县级以上人民政府环境保护主管部门和其他有关部门进行监督检查时，有权采取下列措施：

（一）向被检查单位的法定代表人和其他有关人员调查、了解情况；

（二）进入被检查单位进行现场监测、检查或者核查；

（三）查阅、复制相关文件、记录以及其他有关资料；

（四）要求被检查单位提交有关情况说明或者后续处理报告。

被检查单位应当予以配合，如实反映情况，提供必要的资料，不得拒绝和阻碍。

县级以上人民政府环境保护主管部门和其他有关部门的监督检查人员依法进行监督检查时，应当出示证件，并为被检查单位保守技术秘密和业务秘密。

第三十条 核设施营运单位、核技术利用单位和放射性固体废物贮存、处置单位，应当按照放射性废物危害的大小，建立健全相应级别的安全保卫制度，采取相应的技术防范措施和人员防范措施，并适时开展放射性废物污染事故应急演练。

第三十一条 核设施营运单位、核技术利用单位和放射性固体废物贮存、处置单位，应当对其直接从事放射性废物处理、贮存和处置活动的工作人员进行核与辐射安全知识以及专业操作技术的培训，并进行考核；考核合格的，方可从事该项工作。

第三十二条 核设施营运单位、核技术利用单位和放射性固体废物贮存单位应当按照国务院环境保护主管部门的规定定期如实报告放射性废物产生、排放、处理、贮存、清洁解控和送交处置等情况。

放射性固体废物处置单位应当于每年 3 月 31 日前，向国务院环境保护主管部门和核工业行业主管部门如实报告上一年度放射性固体废物接收、处置和设施运行等情况。

第三十三条 禁止将废旧放射源和其他放射性固体废物送交无相应许可证的单位贮存、处置或者擅自处置。

禁止无许可证或者不按照许可证规定的活动种类、范围、规模和期限从事放射性固体废物贮存、处置活动。

第三十四条 禁止将放射性废物和被放射性污染的物品输入中华人民共和国境内或者经中华人民共和国境内转移。具体办法由国务院环境保护主管部门会同国务院商务主管部门、海关总署、国家出入境检验检疫主管部门制定。

第五章 法律责任

第三十五条 负有放射性废物安全监督管理职责的部门及其工作人员违反本条例规定，有下列行为之一的，对直接负责的主管人员和其他直接责任人员，依法给予处分；直接负责的主管人员和其他直接责任人员构成犯罪的，依法追究刑事责任：

（一）违反本条例规定核发放射性固体废物贮存、处置许可证的；

（二）违反本条例规定批准不符合选址规划或者选址技术导则、标准的处置设施选址或者建造的；

（三）对发现的违反本条例的行为不依法查处的；

（四）在办理放射性固体废物贮存、处置许可证以及实施监督检查过程中，索取、收受他人财物或者谋取其他利益的；

（五）其他徇私舞弊、滥用职权、玩忽职守行为。

第三十六条　违反本条例规定,核设施营运单位、核技术利用单位有下列行为之一的,由审批该单位立项环境影响评价文件的环境保护主管部门责令停止违法行为,限期改正;逾期不改正的,指定有相应许可证的单位代为贮存或者处置,所需费用由核设施营运单位、核技术利用单位承担,可以处 20 万元以下的罚款;构成犯罪的,依法追究刑事责任:

(一)核设施营运单位未按照规定,将其产生的废旧放射源送交贮存、处置,或者将其产生的其他放射性固体废物送交处置的;

(二)核技术利用单位未按照规定,将其产生的废旧放射源或者其他放射性固体废物送交贮存、处置的。

第三十七条　违反本条例规定,有下列行为之一的,由县级以上人民政府环境保护主管部门责令停止违法行为,限期改正,处 10 万元以上 20 万元以下的罚款;造成环境污染的,责令限期采取治理措施消除污染,逾期不采取治理措施,经催告仍不治理的,可以指定有治理能力的单位代为治理,所需费用由违法者承担;构成犯罪的,依法追究刑事责任:

(一)核设施营运单位将废旧放射源送交无相应许可证的单位贮存、处置,或者将其他放射性固体废物送交无相应许可证的单位处置,或者擅自处置的;

(二)核技术利用单位将废旧放射源或者其他放射性固体废物送交无相应许可证的单位贮存、处置,或者擅自处置的;

(三)放射性固体废物贮存单位将废旧放射源或者其他放射性固体废物送交无相应许可证的单位处置,或者擅自处置的。

第三十八条　违反本条例规定,有下列行为之一的,由省级以上人民政府环境保护主管部门责令停产停业或者吊销许可证;有违法所得的,没收违法所得;违法所得 10 万元以上的,并处违法所得 1 倍以上 5 倍以下的罚款;没有违法所得或者违法所得不足 10 万元的,并处 5 万元以上 10 万元以下的罚款;造成环境污染的,责令限期采取治理措施消除污染,逾期不采取治理措施,经催告仍不治理的,可以指定有治理能力的单位代为治理,所需费用由违法者承担;构成犯罪的,依法追究刑事责任:

(一)未经许可,擅自从事废旧放射源或者其他放射性固体废物的贮存、处置活动的;

(二)放射性固体废物贮存、处置单位未按照许可证规定的活动种类、范围、规模、期限从事废旧放射源或者其他放射性固体废物的贮存、处置活动的;

(三)放射性固体废物贮存、处置单位未按照国家有关放射性污染防治标准和国务院环境保护主管部门的规定贮存、处置废旧放射源或者其他放射性固体废物的。

第三十九条　放射性固体废物贮存、处置单位未按照规定建立情况记录档案,或者未按照规定进行如实记录的,由省级以上人民政府环境保护主管部门责令限期改正,处 1 万元以上 5 万元以下的罚款;逾期不改正的,处 5 万元以上 10 万元以下的罚款。

第四十条　核设施营运单位、核技术利用单位或者放射性固体废物贮存、处置单位未按照本条例第三十二条的规定如实报告有关情况的,由县级以上人民政府环境保护主管部门责令限期改正,处 1 万元以上 5 万元以下的罚款;逾期不改正的,处 5 万元以上 10 万元以下的罚款。

第四十一条　违反本条例规定,拒绝、阻碍环境保护主管部门或者其他有关部门的监督检查,或者在接受监督检查时弄虚作假的,由监督检查部门责令改正,处 2 万元以下的罚款;构成违反治安管理行为的,由公安机关依法给予治安管理处罚;构成犯罪的,依法追究刑事责任。

第四十二条　核设施营运单位、核技术利用单位或者放射性固体废物贮存、处置单位未按照规定对有关工作人员进行技术培训和考核的,由县级以上人民政府环境保护主管部门责令限期改正,处 1 万元以上 5 万元以下的罚款;逾期不改正的,处 5 万元以上 10 万元以下的罚款。

第四十三条　违反本条例规定,向中华人民共和国境内输入放射性废物或者被放射性污染的物品,或者经中华人民共和国境内转移放射性废物或者被放射性污染的物品的,由海关责令退运该放射性废物或者被放射性污染的物品,并处 50 万元以上 100 万元以下的罚款;构成犯罪的,依法追究刑事责任。

第六章　附　　则

第四十四条　军用设施、装备所产生的放射性废物的安全管理,依照《中华人民共和国放射性污染防治法》第六十条的规定执行。

第四十五条　放射性废物运输的安全管理、放射性废物造成污染事故的应急处理,以及劳动者在职业活动中接触放射性废物造成的职业病防治,依照有关法律、行政法规的规定执行。

第四十六条　本条例自 2012 年 3 月 1 日起施行。

大型群众性活动安全管理条例

1. 2007年9月14日国务院令第505号公布
2. 自2007年10月1日起施行

第一章　总　　则

第一条　为了加强对大型群众性活动的安全管理，保护公民生命和财产安全，维护社会治安秩序和公共安全，制定本条例。

第二条　本条例所称大型群众性活动，是指法人或者其他组织面向社会公众举办的每场次预计参加人数达到1000人以上的下列活动：

（一）体育比赛活动；

（二）演唱会、音乐会等文艺演出活动；

（三）展览、展销等活动；

（四）游园、灯会、庙会、花会、焰火晚会等活动；

（五）人才招聘会、现场开奖的彩票销售等活动。

影剧院、音乐厅、公园、娱乐场所等在其日常业务范围内举办的活动，不适用本条例的规定。

第三条　大型群众性活动的安全管理应当遵循安全第一、预防为主的方针，坚持承办者负责、政府监管的原则。

第四条　县级以上人民政府公安机关负责大型群众性活动的安全管理工作。

县级以上人民政府其他有关主管部门按照各自的职责，负责大型群众性活动的有关安全工作。

第二章　安全责任

第五条　大型群众性活动的承办者（以下简称承办者）对其承办活动的安全负责，承办者的主要负责人为大型群众性活动的安全责任人。

第六条　举办大型群众性活动，承办者应当制订大型群众性活动安全工作方案。

大型群众性活动安全工作方案包括下列内容：

（一）活动的时间、地点、内容及组织方式；

（二）安全工作人员的数量、任务分配和识别标志；

（三）活动场所消防安全措施；

（四）活动场所可容纳的人员数量以及活动预计参加人数；

（五）治安缓冲区域的设定及其标识；

（六）入场人员的票证查验和安全检查措施；

（七）车辆停放、疏导措施；

（八）现场秩序维护、人员疏导措施；

（九）应急救援预案。

第七条　承办者具体负责下列安全事项：

（一）落实大型群众性活动安全工作方案和安全责任制度，明确安全措施、安全工作人员岗位职责，开展大型群众性活动安全宣传教育；

（二）保障临时搭建的设施、建筑物的安全，消除安全隐患；

（三）按照负责许可的公安机关的要求，配备必要的安全检查设备，对参加大型群众性活动的人员进行安全检查，对拒不接受安全检查的，承办者有权拒绝其进入；

（四）按照核准的活动场所容纳人员数量、划定的区域发放或者出售门票；

（五）落实医疗救护、灭火、应急疏散等应急救援措施并组织演练；

（六）对妨碍大型群众性活动安全的行为及时予以制止，发现违法犯罪行为及时向公安机关报告；

（七）配备与大型群众性活动安全工作需要相适应的专业保安人员以及其他安全工作人员；

（八）为大型群众性活动的安全工作提供必要的保障。

第八条　大型群众性活动的场所管理者具体负责下列安全事项：

（一）保障活动场所、设施符合国家安全标准和安全规定；

（二）保障疏散通道、安全出口、消防车通道、应急广播、应急照明、疏散指示标志符合法律、法规、技术标准的规定；

（三）保障监控设备和消防设施、器材配置齐全、完好有效；

（四）提供必要的停车场地，并维护安全秩序。

第九条　参加大型群众性活动的人员应当遵守下列规定：

（一）遵守法律、法规和社会公德，不得妨碍社会治安、影响社会秩序；

（二）遵守大型群众性活动场所治安、消防等管理制度，接受安全检查，不得携带爆炸性、易燃性、放射性、毒害性、腐蚀性等危险物质或者非法携带枪支、弹药、管制器具；

（三）服从安全管理，不得展示侮辱性标语、条幅等物品，不得围攻裁判员、运动员或者其他工作人员，不得投掷杂物。

第十条　公安机关应当履行下列职责:

(一)审核承办者提交的大型群众性活动申请材料,实施安全许可;

(二)制订大型群众性活动安全监督方案和突发事件处置预案;

(三)指导对安全工作人员的教育培训;

(四)在大型群众性活动举办前,对活动场所组织安全检查,发现安全隐患及时责令改正;

(五)在大型群众性活动举办过程中,对安全工作的落实情况实施监督检查,发现安全隐患及时责令改正;

(六)依法查处大型群众性活动中的违法犯罪行为,处置危害公共安全的突发事件。

第三章　安全管理

第十一条　公安机关对大型群众性活动实行安全许可制度。《营业性演出管理条例》对演出活动的安全管理另有规定的,从其规定。

举办大型群众性活动应当符合下列条件:

(一)承办者是依照法定程序成立的法人或者其他组织;

(二)大型群众性活动的内容不得违反宪法、法律、法规的规定,不得违反社会公德;

(三)具有符合本条例规定的安全工作方案,安全责任明确、措施有效;

(四)活动场所、设施符合安全要求。

第十二条　大型群众性活动的预计参加人数在1000人以上5000人以下的,由活动所在地县级人民政府公安机关实施安全许可;预计参加人数在5000人以上的,由活动所在地设区的市级人民政府公安机关或者直辖市人民政府公安机关实施安全许可;跨省、自治区、直辖市举办大型群众性活动的,由国务院公安部门实施安全许可。

第十三条　承办者应当在活动举办日的20日前提出安全许可申请,申请时,应当提交下列材料:

(一)承办者合法成立的证明以及安全责任人的身份证明;

(二)大型群众性活动方案及其说明,2个或者2个以上承办者共同承办大型群众性活动的,还应当提交联合承办的协议;

(三)大型群众性活动安全工作方案;

(四)活动场所管理者同意提供活动场所的证明。

依照法律、行政法规的规定,有关主管部门对大型群众性活动的承办者有资质、资格要求的,还应当提交有关资质、资格证明。

第十四条　公安机关收到申请材料应当依法做出受理或者不予受理的决定。对受理的申请,应当自受理之日起7日内进行审查,对活动场所进行查验,对符合安全条件的,做出许可的决定;对不符合安全条件的,做出不予许可的决定,并书面说明理由。

第十五条　对经安全许可的大型群众性活动,承办者不得擅自变更活动的时间、地点、内容或者扩大大型群众性活动的举办规模。

承办者变更大型群众性活动时间的,应当在原定举办活动时间之前向做出许可决定的公安机关申请变更,经公安机关同意方可变更。

承办者变更大型群众性活动地点、内容以及扩大大型群众性活动举办规模的,应当依照本条例的规定重新申请安全许可。

承办者取消举办大型群众性活动的,应当在原定举办活动时间之前书面告知做出安全许可决定的公安机关,并交回公安机关颁发的准予举办大型群众性活动的安全许可证件。

第十六条　对经安全许可的大型群众性活动,公安机关根据安全需要组织相应警力,维持活动现场周边的治安、交通秩序,预防和处置突发治安事件,查处违法犯罪活动。

第十七条　在大型群众性活动现场负责执行安全管理任务的公安机关工作人员,凭值勤证件进入大型群众性活动现场,依法履行安全管理职责。

公安机关和其他有关主管部门及其工作人员不得向承办者索取门票。

第十八条　承办者发现进入活动场所的人员达到核准数量时,应当立即停止验票;发现持有划定区域以外的门票或者持假票的人员,应当拒绝其入场并向活动现场的公安机关工作人员报告。

第十九条　在大型群众性活动举办过程中发生公共安全事故、治安案件的,安全责任人应当立即启动应急救援预案,并立即报告公安机关。

第四章　法律责任

第二十条　承办者擅自变更大型群众性活动的时间、地点、内容或者擅自扩大大型群众性活动的举办规模的,由公安机关处1万元以上5万元以下罚款;有违法所得的,没收违法所得。

未经公安机关安全许可的大型群众性活动由公安机关予以取缔,对承办者处10万元以上30万元以下罚款。

第二十一条 承办者或者大型群众性活动场所管理者违反本条例规定致使发生重大伤亡事故、治安案件或者造成其他严重后果构成犯罪的，依法追究刑事责任；尚不构成犯罪的，对安全责任人和其他直接责任人员依法给予处分、治安管理处罚，对单位处1万元以上5万元以下罚款。

第二十二条 在大型群众性活动举办过程中发生公共安全事故，安全责任人不立即启动应急救援预案或者不立即向公安机关报告的，由公安机关对安全责任人和其他直接责任人员处5000元以上5万元以下罚款。

第二十三条 参加大型群众性活动的人员有违反本条例第九条规定行为的，由公安机关给予批评教育；有危害社会治安秩序、威胁公共安全行为的，公安机关可以将其强行带离现场，依法给予治安管理处罚；构成犯罪的，依法追究刑事责任。

第二十四条 有关主管部门的工作人员和直接负责的主管人员在履行大型群众性活动安全管理职责中，有滥用职权、玩忽职守、徇私舞弊行为的，依法给予处分；构成犯罪的，依法追究刑事责任。

第五章 附 则

第二十五条 县级以上各级人民政府、国务院部门直接举办的大型群众性活动的安全保卫工作，由举办活动的人民政府、国务院部门负责，不实行安全许可制度，但应当按照本条例的有关规定，责成或者会同有关公安机关制订更加严格的安全保卫工作方案，并组织实施。

第二十六条 本条例自2007年10月1日起施行。

关键信息基础设施安全保护条例

1. 2021年7月30日国务院令第745号公布
2. 自2021年9月1日起施行

第一章 总 则

第一条 为了保障关键信息基础设施安全，维护网络安全，根据《中华人民共和国网络安全法》，制定本条例。

第二条 本条例所称关键信息基础设施，是指公共通信和信息服务、能源、交通、水利、金融、公共服务、电子政务、国防科技工业等重要行业和领域的，以及其他一旦遭到破坏、丧失功能或者数据泄露，可能严重危害国家安全、国计民生、公共利益的重要网络设施、信息系统等。

第三条 在国家网信部门统筹协调下，国务院公安部门负责指导监督关键信息基础设施安全保护工作。国务院电信主管部门和其他有关部门依照本条例和有关法律、行政法规的规定，在各自职责范围内负责关键信息基础设施安全保护和监督管理工作。

省级人民政府有关部门依据各自职责对关键信息基础设施实施安全保护和监督管理。

第四条 关键信息基础设施安全保护坚持综合协调、分工负责、依法保护，强化和落实关键信息基础设施运营者（以下简称运营者）主体责任，充分发挥政府及社会各方面的作用，共同保护关键信息基础设施安全。

第五条 国家对关键信息基础设施实行重点保护，采取措施，监测、防御、处置来源于中华人民共和国境内外的网络安全风险和威胁，保护关键信息基础设施免受攻击、侵入、干扰和破坏，依法惩治危害关键信息基础设施安全的违法犯罪活动。

任何个人和组织不得实施非法侵入、干扰、破坏关键信息基础设施的活动，不得危害关键信息基础设施安全。

第六条 运营者依照本条例和有关法律、行政法规的规定以及国家标准的强制性要求，在网络安全等级保护的基础上，采取技术保护措施和其他必要措施，应对网络安全事件，防范网络攻击和违法犯罪活动，保障关键信息基础设施安全稳定运行，维护数据的完整性、保密性和可用性。

第七条 对在关键信息基础设施安全保护工作中取得显著成绩或者作出突出贡献的单位和个人，按照国家有关规定给予表彰。

第二章 关键信息基础设施认定

第八条 本条例第二条涉及的重要行业和领域的主管部门、监督管理部门是负责关键信息基础设施安全保护工作的部门（以下简称保护工作部门）。

第九条 保护工作部门结合本行业、本领域实际，制定关键信息基础设施认定规则，并报国务院公安部门备案。

制定认定规则应当主要考虑下列因素：

（一）网络设施、信息系统等对于本行业、本领域关键核心业务的重要程度；

（二）网络设施、信息系统等一旦遭到破坏、丧失功能或者数据泄露可能带来的危害程度；

（三）对其他行业和领域的关联性影响。

第十条 保护工作部门根据认定规则负责组织认定本行业、本领域的关键信息基础设施，及时将认定结果通知运营者，并通报国务院公安部门。

第十一条　关键信息基础设施发生较大变化,可能影响其认定结果的,运营者应当及时将相关情况报告保护工作部门。保护工作部门自收到报告之日起3个月内完成重新认定,将认定结果通知运营者,并通报国务院公安部门。

第三章　运营者责任义务

第十二条　安全保护措施应当与关键信息基础设施同步规划、同步建设、同步使用。

第十三条　运营者应当建立健全网络安全保护制度和责任制,保障人力、财力、物力投入。运营者的主要负责人对关键信息基础设施安全保护负总责,领导关键信息基础设施安全保护和重大网络安全事件处置工作,组织研究解决重大网络安全问题。

第十四条　运营者应当设置专门安全管理机构,并对专门安全管理机构负责人和关键岗位人员进行安全背景审查。审查时,公安机关、国家安全机关应当予以协助。

第十五条　专门安全管理机构具体负责本单位的关键信息基础设施安全保护工作,履行下列职责:

(一)建立健全网络安全管理、评价考核制度,拟订关键信息基础设施安全保护计划;

(二)组织推动网络安全防护能力建设,开展网络安全监测、检测和风险评估;

(三)按照国家及行业网络安全事件应急预案,制定本单位应急预案,定期开展应急演练,处置网络安全事件;

(四)认定网络安全关键岗位,组织开展网络安全工作考核,提出奖励和惩处建议;

(五)组织网络安全教育、培训;

(六)履行个人信息和数据安全保护责任,建立健全个人信息和数据安全保护制度;

(七)对关键信息基础设施设计、建设、运行、维护等服务实施安全管理;

(八)按照规定报告网络安全事件和重要事项。

第十六条　运营者应当保障专门安全管理机构的运行经费、配备相应的人员,开展与网络安全和信息化有关的决策应当有专门安全管理机构人员参与。

第十七条　运营者应当自行或者委托网络安全服务机构对关键信息基础设施每年至少进行一次网络安全检测和风险评估,对发现的安全问题及时整改,并按照保护工作部门要求报送情况。

第十八条　关键信息基础设施发生重大网络安全事件或者发现重大网络安全威胁时,运营者应当按照有关规定向保护工作部门、公安机关报告。

发生关键信息基础设施整体中断运行或者主要功能故障、国家基础信息以及其他重要数据泄露、较大规模个人信息泄露、造成较大经济损失、违法信息较大范围传播等特别重大网络安全事件或者发现特别重大网络安全威胁时,保护工作部门应当在收到报告后,及时向国家网信部门、国务院公安部门报告。

第十九条　运营者应当优先采购安全可信的网络产品和服务;采购网络产品和服务可能影响国家安全的,应当按照国家网络安全规定通过安全审查。

第二十条　运营者采购网络产品和服务,应当按照国家有关规定与网络产品和服务提供者签订安全保密协议,明确提供者的技术支持和安全保密义务与责任,并对义务与责任履行情况进行监督。

第二十一条　运营者发生合并、分立、解散等情况,应当及时报告保护工作部门,并按照保护工作部门的要求对关键信息基础设施进行处置,确保安全。

第四章　保障和促进

第二十二条　保护工作部门应当制定本行业、本领域关键信息基础设施安全规划,明确保护目标、基本要求、工作任务、具体措施。

第二十三条　国家网信部门统筹协调有关部门建立网络安全信息共享机制,及时汇总、研判、共享、发布网络安全威胁、漏洞、事件等信息,促进有关部门、保护工作部门、运营者以及网络安全服务机构等之间的网络安全信息共享。

第二十四条　保护工作部门应当建立健全本行业、本领域的关键信息基础设施网络安全监测预警制度,及时掌握本行业、本领域关键信息基础设施运行状况、安全态势,预警通报网络安全威胁和隐患,指导做好安全防范工作。

第二十五条　保护工作部门应当按照国家网络安全事件应急预案的要求,建立健全本行业、本领域的网络安全事件应急预案,定期组织应急演练;指导运营者做好网络安全事件应对处置,并根据需要组织提供技术支持与协助。

第二十六条　保护工作部门应当定期组织开展本行业、本领域关键信息基础设施网络安全检查检测,指导监督运营者及时整改安全隐患、完善安全措施。

第二十七条　国家网信部门统筹协调国务院公安部门、保护工作部门对关键信息基础设施进行网络安全检查检测,提出改进措施。

有关部门在开展关键信息基础设施网络安全检查

时,应当加强协同配合、信息沟通,避免不必要的检查和交叉重复检查。检查工作不得收取费用,不得要求被检查单位购买指定品牌或者指定生产、销售单位的产品和服务。

第二十八条 运营者对保护工作部门开展的关键信息基础设施网络安全检查检测工作,以及公安、国家安全、保密行政管理、密码管理等有关部门依法开展的关键信息基础设施网络安全检查工作应当予以配合。

第二十九条 在关键信息基础设施安全保护工作中,国家网信部门和国务院电信主管部门、国务院公安部门等应当根据保护工作部门的需要,及时提供技术支持和协助。

第三十条 网信部门、公安机关、保护工作部门等有关部门,网络安全服务机构及其工作人员对于在关键信息基础设施安全保护工作中获取的信息,只能用于维护网络安全,并严格按照有关法律、行政法规的要求确保信息安全,不得泄露、出售或者非法向他人提供。

第三十一条 未经国家网信部门、国务院公安部门批准或者保护工作部门、运营者授权,任何个人和组织不得对关键信息基础设施实施漏洞探测、渗透性测试等可能影响或者危害关键信息基础设施安全的活动。对基础电信网络实施漏洞探测、渗透性测试等活动,应当事先向国务院电信主管部门报告。

第三十二条 国家采取措施,优先保障能源、电信等关键信息基础设施安全运行。

能源、电信行业应当采取措施,为其他行业和领域的关键信息基础设施安全运行提供重点保障。

第三十三条 公安机关、国家安全机关依据各自职责依法加强关键信息基础设施安全保卫,防范打击针对和利用关键信息基础设施实施的违法犯罪活动。

第三十四条 国家制定和完善关键信息基础设施安全标准,指导、规范关键信息基础设施安全保护工作。

第三十五条 国家采取措施,鼓励网络安全专门人才从事关键信息基础设施安全保护工作;将运营者安全管理人员、安全技术人员培训纳入国家继续教育体系。

第三十六条 国家支持关键信息基础设施安全防护技术创新和产业发展,组织力量实施关键信息基础设施安全技术攻关。

第三十七条 国家加强网络安全服务机构建设和管理,制定管理要求并加强监督指导,不断提升服务机构能力水平,充分发挥其在关键信息基础设施安全保护中的作用。

第三十八条 国家加强网络安全军民融合,军地协同保护关键信息基础设施安全。

第五章 法律责任

第三十九条 运营者有下列情形之一的,由有关主管部门依据职责责令改正,给予警告;拒不改正或者导致危害网络安全等后果的,处10万元以上100万元以下罚款,对直接负责的主管人员处1万元以上10万元以下罚款:

(一)在关键信息基础设施发生较大变化,可能影响其认定结果时未及时将相关情况报告保护工作部门的;

(二)安全保护措施未与关键信息基础设施同步规划、同步建设、同步使用的;

(三)未建立健全网络安全保护制度和责任制的;

(四)未设置专门安全管理机构的;

(五)未对专门安全管理机构负责人和关键岗位人员进行安全背景审查的;

(六)开展与网络安全和信息化有关的决策没有专门安全管理机构人员参与的;

(七)专门安全管理机构未履行本条例第十五条规定的职责的;

(八)未对关键信息基础设施每年至少进行一次网络安全检测和风险评估,未对发现的安全问题及时整改,或者未按照保护工作部门要求报送情况的;

(九)采购网络产品和服务,未按照国家有关规定与网络产品和服务提供者签订安全保密协议的;

(十)发生合并、分立、解散等情况,未及时报告保护工作部门,或者未按照保护工作部门的要求对关键信息基础设施进行处置的。

第四十条 运营者在关键信息基础设施发生重大网络安全事件或者发现重大网络安全威胁时,未按照有关规定向保护工作部门、公安机关报告的,由保护工作部门、公安机关依据职责责令改正,给予警告;拒不改正或者导致危害网络安全等后果的,处10万元以上100万元以下罚款,对直接负责的主管人员处1万元以上10万元以下罚款。

第四十一条 运营者采购可能影响国家安全的网络产品和服务,未按照国家网络安全规定进行安全审查的,由国家网信部门等有关主管部门依据职责责令改正,处采购金额1倍以上10倍以下罚款,对直接负责的主管人员和其他直接责任人员处1万元以上10万元以下罚款。

第四十二条 运营者对保护工作部门开展的关键信息基础设施网络安全检查检测工作,以及公安、国家安全、保密行政管理、密码管理等有关部门依法开展的关键信息基础设施网络安全检查工作不予配合的,由有关主管部门责令改正;拒不改正的,处5万元以上50万元以下罚款,对直接负责的主管人员和其他直接责任人员处1万元以上10万元以下罚款;情节严重的,依法追究相应法律责任。

第四十三条　实施非法侵入、干扰、破坏关键信息基础设施,危害其安全的活动尚不构成犯罪的,依照《中华人民共和国网络安全法》有关规定,由公安机关没收违法所得,处5日以下拘留,可以并处5万元以上50万元以下罚款;情节较重的,处5日以上15日以下拘留,可以并处10万元以上100万元以下罚款。

单位有前款行为的,由公安机关没收违法所得,处10万元以上100万元以下罚款,并对直接负责的主管人员和其他直接责任人员依照前款规定处罚。

违反本条例第五条第二款和第三十一条规定,受到治安管理处罚的人员,5年内不得从事网络安全管理和网络运营关键岗位的工作;受到刑事处罚的人员,终身不得从事网络安全管理和网络运营关键岗位的工作。

第四十四条　网信部门、公安机关、保护工作部门和其他有关部门及其工作人员未履行关键信息基础设施安全保护和监督管理职责或者玩忽职守、滥用职权、徇私舞弊的,依法对直接负责的主管人员和其他直接责任人员给予处分。

第四十五条　公安机关、保护工作部门和其他有关部门在开展关键信息基础设施网络安全检查工作中收取费用,或者要求被检查单位购买指定品牌或者指定生产、销售单位的产品和服务的,由其上级机关责令改正,退还收取的费用;情节严重的,依法对直接负责的主管人员和其他直接责任人员给予处分。

第四十六条　网信部门、公安机关、保护工作部门等有关部门、网络安全服务机构及其工作人员将在关键信息基础设施安全保护工作中获取的信息用于其他用途,或者泄露、出售、非法向他人提供的,依法对直接负责的主管人员和其他直接责任人员给予处分。

第四十七条　关键信息基础设施发生重大和特别重大网络安全事件,经调查确定为责任事故的,除应当查明运营者责任并依法予以追究外,还应查明相关网络安全服务机构及有关部门的责任,对有失职、渎职及其他违法行为的,依法追究责任。

第四十八条　电子政务关键信息基础设施的运营者不履行本条例规定的网络安全保护义务的,依照《中华人民共和国网络安全法》有关规定予以处理。

第四十九条　违反本条例规定,给他人造成损害的,依法承担民事责任。

违反本条例规定,构成违反治安管理行为的,依法给予治安管理处罚;构成犯罪的,依法追究刑事责任。

第六章　附　　则

第五十条　存储、处理涉及国家秘密信息的关键信息基础设施的安全保护,还应当遵守保密法律、行政法规的规定。

关键信息基础设施中的密码使用和管理,还应当遵守相关法律、行政法规的规定。

第五十一条　本条例自2021年9月1日起施行。

应急管理系统奖励暂行规定①

1.　2020年11月10日应急管理部、人力资源社会保障部发布
2.　应急〔2020〕88号

第一章　总　　则

第一条　为加强和规范应急管理系统奖励工作,健全应急管理奖励制度,激励应急管理系统广大干部职工和消防救援指战员做到对党忠诚、纪律严明、赴汤蹈火、竭诚为民,履行防范化解重大安全风险、及时应对处置各类灾害事故的重要职责,担负起保护人民群众生命财产安全和维护社会稳定的重要使命,根据国家有关法律法规,制定本规定。

第二条　本规定适用于对全国各级应急管理部门、地震机构、矿山安全监察机构(以下统称应急管理部门、机构)及其所属单位,国家综合性消防救援队伍、安全生产等专业应急救援队伍,以及参加应急抢险救援救灾任务的社会应急救援力量的集体和个人的奖励。

第三条　奖励工作坚持以习近平新时代中国特色社会主义思想为指导,深入贯彻落实习近平总书记关于应急管理重要论述和党中央决策部署,服务应急管理大局,发挥先进典型示范引领作用,全面建设让党和人民信得过靠得住能放心的应急管理队伍。奖励工作坚持以下原则:

(一)把政治标准放在首位,突出功绩导向;

(二)发扬民主,注重群众公认;

(三)公开、公平、公正,严格标准程序;

① 此文发布时有删减。

（四）精神奖励与物质奖励相结合、以精神奖励为主；

（五）定期奖励和及时奖励相结合、注重及时施奖。

第四条 奖励工作实行统一领导，分级管理，分工负责。应急管理系统政治工作部门归口管理奖励工作，其他相关部门配合做好奖励工作。

第二章 奖励的等级、条件和标准

第五条 奖励分为集体奖励和个人奖励。奖励由低至高依次分为：嘉奖、记三等功、记二等功、记一等功、授予称号。

授予个人称号分为“全国应急管理系统一级英雄模范”、“全国应急管理系统二级英雄模范”；授予集体称号的名称，根据被授予集体的事迹特点确定。

第六条 以习近平新时代中国特色社会主义思想为指导，贯彻落实习近平总书记关于应急管理重要论述和党中央决策部署，忠实践行习近平总书记重要训词精神，增强“四个意识”，坚定“四个自信”，做到“两个维护”，坚持人民至上、生命至上，对党忠诚、纪律严明、赴汤蹈火、竭诚为民，切实把确保人民生命安全放在第一位落到实处，并具备下列条件之一的，应当给予奖励：

（一）锐意改革创新、勇于探索实践，具有强烈的事业心和责任感，恪尽职守，勤勉尽责，业务精湛，甘于奉献，在加强应急管理基础建设，科学制定和实施应急预案、自然灾害监测预警、风险评估，有效防范生产安全重特大事故、抵御自然灾害等方面取得显著成绩。

（二）勇于攻坚克难，面对突发事件挺身而出，妥善应对处置生产安全事故、自然灾害，科学组织施救，执行应急抢险救援救灾、火灾扑救、重大活动安全保障保卫等任务，闻令而动、不畏艰险、冲锋在前、敢打硬仗，千方百计完成任务，取得突出成绩。

（三）加强安全生产和消防安全监督管理，依法行政，秉公执法，严格落实监管监察职责，坚持原则，较真碰硬，扎根基层，任劳任怨，所负责监管监察区域行业领域取得显著成绩。

（四）有力组织防灾减灾救灾，竭诚服务人民群众，有效组织指导灾情统计核查、损失评估、物资保障、受灾群众安置和灾后重建，工作成效显著。

（五）把党的政治建设放在首位，坚持民主集中制，领导班子团结有力，坚决反对形式主义、官僚主义，纪律严明，党的建设和队伍建设成效显著；克己奉公，清正廉洁，无私奉献，模范遵守宪法法律、职业道德和社会公德，受到广泛赞誉。

（六）其他方面成绩突出的。

第七条 对符合奖励条件的集体和个人，根据其事迹及作用、影响，按以下标准确定奖励等级：

（一）对成绩突出的，给予嘉奖；

（二）对成绩突出，有较大贡献的，记三等功；

（三）对成绩显著，有重要贡献的，记二等功；

（四）对成绩显著，有重大贡献和影响的，记一等功；

（五）对成绩卓著，有特殊贡献和重大影响，堪称典范的，授予称号。

第八条 对因同一事由获得上级部门、单位奖励的，下级部门、单位不再重复奖励。对符合奖励条件的已故人员，可以追授奖励。

第九条 集体或者个人因涉嫌违纪违法等问题正在接受组织调查的，应当暂停实施奖励。

集体发生严重违纪违法或者重大失职、失误问题的，原则上一年内不予奖励；情节特别严重、影响特别恶劣的，原则上两年内不予奖励。个人受到诫勉、组织处理或者党纪政务处分等影响期未满的，原则上不予奖励。

第三章 奖励的权限

第十条 应急管理部的批准权限：

（一）集体和个人授予称号，其中“全国应急管理系统一级英雄模范”称号，由人力资源社会保障部会同应急管理部审批；

（二）应急管理部内设机构的集体和个人记一等功、记二等功、记三等功、嘉奖；地震机构、矿山安全监察机构的集体和个人记一等功；

（三）省级以下应急管理部门的集体和个人记一等功、记二等功、记三等功、嘉奖；

（四）中队（站）级单位记一等功，大队级单位记一等功、记二等功，支队级单位记一等功、记二等功、记三等功，总队级单位记一等功、记二等功、记三等功、嘉奖；高级消防员记一等功，大队级正职、副职和专业技术十级、十一级干部记一等功，支队级正职、副职和专业技术八级、九级干部记一等功、记二等功，总队级正职、副职和专业技术四级、五级、六级、七级干部记一等功、记二等功、记三等功。

消防救援局、森林消防局的批准权限：

（一）分队、班记一等功，中队（站）级单位记二等功，大队级单位记三等功，支队级单位嘉奖；

（二）中级、初级消防员记一等功，高级消防员记二等功；

(三)中队(站)级正职、副职和专业技术十二级、十三级、十四级干部记一等功,大队级正职、副职和专业技术十级、十一级干部记二等功,支队级正职、副职和专业技术八级、九级干部记三等功,总队级正职、副职和专业技术四级、五级、六级、七级干部嘉奖。

第十一条　省级应急管理厅(局)的批准权限:

(一)省级应急管理厅(局)内设机构的集体和个人记二等功、记三等功、嘉奖;

(二)市(地)级以下应急管理部门的集体和个人记二等功、记三等功、嘉奖。

国家综合性消防救援队伍总队级单位的批准权限:

(一)分队、班记二等功,中队(站)级单位记三等功,大队级单位嘉奖;

(二)中级、初级消防员记二等功,高级消防员记三等功;

(三)中队(站)级正职、副职和专业技术十二级、十三级、十四级干部记二等功,大队级正职、副职和专业技术十级、十一级干部记三等功,支队级正职、副职和专业技术八级、九级干部嘉奖。

第十二条　市(地)级应急管理部门的批准权限:

(一)市(地)级应急管理部门内设机构的集体和个人记三等功、嘉奖;

(二)县(市)级以下应急管理部门的集体和个人记三等功、嘉奖。

国家综合性消防救援队伍支队级单位的批准权限:

(一)分队、班记三等功,中队(站)级单位嘉奖;

(二)中级、初级消防员记三等功;

(三)中队(站)级正职、副职和专业技术十二级、十三级、十四级干部记三等功,大队级正职、副职和专业技术十级、十一级干部嘉奖。

第十三条　县(市)级应急管理部门,对其内设机构及乡镇应急管理站的集体和个人,可以按照有关规定,报县(市)级党委、政府给予记三等功、嘉奖。

国家综合性消防救援队伍大队级单位的批准权限:

(一)分队、班嘉奖;

(二)高级消防员嘉奖;

(三)中队(站)级正职以下和专业技术十二级以下干部嘉奖。

国家综合性消防救援队伍中队(站)级单位批准权限:

中级、初级消防员嘉奖。

第十四条　对国家综合性消防救援队伍兼任领导职务的专业技术干部实施奖励,根据其主要事迹的特点,按照领导职务或者专业技术等级的相应奖励批准权限实施;管理指挥职级干部的奖励批准权限,参照相应领导职务干部的奖励批准权限实施。

对消防救援院校从普通中学毕业生和消防员中招收的学员实施奖励,按照对初级消防员奖励的权限执行;对干部学员实施奖励,按照现任职务(职级)或者专业技术等级的奖励权限执行。

第十五条　各级地震机构、矿山安全监察机构参照本规定第十条至第十三条规定,批准记二等功、记三等功、嘉奖奖励。

第四章　奖励的实施

第十六条　对集体和个人实施奖励,一般按照下列程序进行:

(一)启动。实施奖励的单位制定奖励工作方案,明确奖励范围、条件、种类、名额、程序和工作要求等,按规定报批。

(二)推荐。对符合奖励条件的,在所在单位民主推荐基础上,按有关规定自下而上、逐级研究提出推荐对象。

(三)审核。实施奖励的单位政治工作部门对推荐对象进行审核,提出奖励审核意见。

(四)审批。实施奖励的单位研究决定奖励对象,作出奖励决定。

对承担重特大地震、地质、水旱、森林草原火灾等自然灾害和重特大火灾、重特大生产安全事故应急抢险救援救灾,以及重大活动安全保障保卫等其他有关重大任务(以下统称重大应急任务)中成绩特别突出的集体和个人,应当及时给予奖励。必要时,可以简化程序,由实施奖励的单位政治工作部门提出建议,直接实施奖励。

第十七条　对受组织委派,离开原单位承担临时任务、学习培训或者借调、挂职的人员,时间一年以上、符合奖励条件的,可以由临时所在单位实施奖励或者申报奖励;时间不足一年、符合奖励条件的,由临时所在单位向原单位介绍情况,由原单位实施奖励或者申报奖励。

第十八条　申报及时奖励一般在集体和个人作出符合奖励条件的业绩后一个月内提出,实施奖励的单位应当在收到奖励申报材料一个月内完成审核、审批。

第十九条　对拟实施奖励的集体和个人,应当按照管理权限,征得主管单位同意,并征求纪检监察机关和相关部门意见。

第二十条 对拟记二等功以上奖励的集体和个人，由实施奖励的单位组织考察，或者委托下一级单位政治工作部门组织考察，受委托的政治工作部门不得再行委托。

第二十一条 对拟给予奖励的集体和个人，除涉密等特殊情况外，应当逐级在一定范围内公示不少于5个工作日。

第二十二条 一般由实施奖励的单位印发奖励决定，也可以由实施奖励的单位主要领导同志签署决定或者命令。

奖励决定或者命令应当及时公布，举行庄重、俭朴的授奖仪式。必要时，可以召开庆功授奖大会。

奖励决定、命令、审批表和其他有关材料应存入单位文书档案或者本人干部人事档案。

第二十三条 年度集体、个人授予称号数量，由应急管理部商有关部门确定。

应急管理部门、机构年度给予个人记一等功、记二等功、记三等功、嘉奖的比例，分别不超过当年实有人数的万分之四、千分之四、百分之四、百分之十；年度给予集体记一等功、记二等功、记三等功、嘉奖的比例，由实施奖励的单位根据实际情况确定。根据年度考核结果给予的个人嘉奖、记三等功，按照有关规定执行，不受上述比例限制。

国家综合性消防救援队伍年度给予个人记功、嘉奖的比例，分别不超过本单位实力人数的百分之二、百分之二十五。严格控制实施记二等功以上奖励，确需实施的，不超过本单位实力人数的千分之一。集体年度记功、嘉奖的比例，分别不超过同级单位总数的百分之三、百分之十。小散远和艰苦边远地区单位可以适当提高个人年度奖励比例，具体办法由应急管理部另行规定。

第二十四条 国家综合性消防救援队伍执行由党中央、国务院和应急管理部安排部署重大应急任务的，个人记功、嘉奖的比例原则上分别不超过参与任务总人数的百分之八、百分之四十；执行其他重大任务的，个人记功、嘉奖的比例分别不超过参与任务总人数的百分之五、百分之三十。特殊情况下需突破及时奖励比例的，须报批准实施奖励活动的单位审核确定。对单位实施及时奖励的数量比例不作具体规定，结合实际从严把握。

第二十五条 国家综合性消防救援队伍支队级以上单位和支队级以上领导干部的奖励，应当从严控制。确需奖励的，对支队级单位通常实施记二等功以下奖励，对总队级单位通常实施记三等功以下奖励；对支队级领导干部通常实施记二等功以下奖励，对总队级领导干部通常实施记三等功以下奖励。

第二十六条 奖励应当向承担急难险重任务和基层、艰苦边远地区一线的单位及其工作人员倾斜，数量应当占年度奖励总数的百分之八十五以上。对应急管理部门、机构的厅(局)级以上单位、个人的奖励，应当从严控制。

第五章 获奖的标志和待遇

第二十七条 实施奖励的单位对获得奖励的集体颁发奖牌或者奖状、奖旗；对获得记三等功以上的个人颁发奖章和证书；对获得嘉奖的个人颁发证书。

第二十八条 省级以上应急管理部门、机构和国家综合性消防救援队伍总队级以上单位，按照国家规定的式样、规格、质地统一制作或者监制奖牌、奖状、奖旗、奖章、证书。

第二十九条 奖牌、奖状、奖旗、奖章、证书由获得奖励的集体和个人妥善保存。获得奖励的个人在参加重要会议或者重大活动时应将奖章佩戴在左胸前。

第三十条 奖牌、奖状、奖章、证书丢失或者毁损的，应当向所在单位政治工作部门报告，由政治工作部门核实后，按程序报实施奖励的单位予以补发或者更换。

第三十一条 对获得奖励的个人，按国家有关规定发放奖金、享受有关待遇。其中，对国家综合性消防救援队伍单独实施的奖励，参照军队政策规定发放奖金、享受有关待遇。

奖励经费按隶属关系和财政保障范围，列入各级政府应急管理部门、机构和国家综合性消防救援队伍的预算予以保障。

第六章 获奖对象教育管理和奖励监督

第三十二条 对获得奖励的集体和个人，应急管理部门、机构和国家综合性消防救援队伍应当加强教育管理，在政治思想上、工作上和生活上给予关心爱护，使他们保持荣誉、不断进步。

第三十三条 应急管理部门、机构和国家综合性消防救援队伍应当采取多种形式，广泛宣传获奖集体和个人的先进事迹，充分发挥先进典型的示范带动作用，激励应急管理系统广大干部职工和消防救援指战员比学赶超、冲锋在前、建功立业。

第三十四条 获得奖励的集体或者个人，有下列情形之一的，应当撤销奖励：

(一)弄虚作假，骗取奖励的；

(二)申报奖励时隐瞒严重错误或者严重违反规定程序的;

(三)有严重违纪违法等行为,影响称号声誉的;

(四)有法律、法规规定应当撤销奖励的其他情形的。

第三十五条 撤销奖励,由原奖励申报单位按程序报原实施奖励的单位审批。必要时,原实施奖励的单位可以直接撤销奖励。

奖励撤销后,由原实施奖励的单位收回奖牌、奖状、奖旗、奖章、证书,追缴所获奖金等物质奖励,停止其享受的有关待遇。撤销奖励的决定等相关材料存入单位文书档案或者本人干部人事档案。

第三十六条 应急管理部门、机构和国家综合性消防救援队伍应当及时受理对奖励工作的投诉、举报,并按照国家有关规定处理。

第三十七条 对在奖励工作中徇私舞弊、弄虚作假,或者有其他违纪违法行为的,按照有关规定严肃查处。

第七章 附 则

第三十八条 对应急管理部门、机构所属事业单位的集体和个人实施奖励,按照《事业单位工作人员奖励规定》执行。

对经应急管理部门统一组织调动,承担重大应急任务的有关方面集体和个人,由应急管理部门按照国家有关规定给予奖励表彰。

第三十九条 应急管理部门、机构和国家综合性消防救援队伍开展表彰活动,按照国家有关规定执行。

第四十条 本规定由应急管理部政治部负责解释。

第四十一条 本规定自印发之日起施行。

最高人民法院、最高人民检察院关于办理危害生产安全刑事案件适用法律若干问题的解释

1. *2015年11月9日最高人民法院审判委员会第1665次会议、2015年12月9日最高人民检察院第十二届检察委员会第44次会议通过*
2. *2015年12月14日公布*
3. *法释〔2015〕22号*
4. *自2015年12月16日起施行*

为依法惩治危害生产安全犯罪,根据刑法有关规定,现就办理此类刑事案件适用法律的若干问题解释如下:

第一条 刑法第一百三十四条第一款规定的犯罪主体,包括对生产、作业负有组织、指挥或者管理职责的负责人、管理人员、实际控制人、投资人等人员,以及直接从事生产、作业的人员。

第二条 刑法第一百三十四条第二款规定的犯罪主体,包括对生产、作业负有组织、指挥或者管理职责的负责人、管理人员、实际控制人、投资人等人员。

第三条 刑法第一百三十五条规定的"直接负责的主管人员和其他直接责任人员",是指对安全生产设施或者安全生产条件不符合国家规定负有直接责任的生产经营单位负责人、管理人员、实际控制人、投资人,以及其他对安全生产设施或者安全生产条件负有管理、维护职责的人员。

第四条 刑法第一百三十九条之一规定的"负有报告职责的人员",是指负有组织、指挥或者管理职责的负责人、管理人员、实际控制人、投资人,以及其他负有报告职责的人员。

第五条 明知存在事故隐患、继续作业存在危险,仍然违反有关安全管理的规定,实施下列行为之一的,应当认定为刑法第一百三十四条第二款规定的"强令他人违章冒险作业":

(一)利用组织、指挥、管理职权,强制他人违章作业的;

(二)采取威逼、胁迫、恐吓等手段,强制他人违章作业的;

(三)故意掩盖事故隐患,组织他人违章作业的;

(四)其他强令他人违章作业的行为。

第六条 实施刑法第一百三十二条、第一百三十四条第一款、第一百三十五条、第一百三十五条之一、第一百三十六条、第一百三十九条规定的行为,因而发生安全事故,具有下列情形之一的,应当认定为"造成严重后果"或者"发生重大伤亡事故或者造成其他严重后果",对相关责任人员,处三年以下有期徒刑或者拘役:

(一)造成死亡一人以上,或者重伤三人以上的;

(二)造成直接经济损失一百万元以上的;

(三)其他造成严重后果或者重大安全事故的情形。

实施刑法第一百三十四条第二款规定的行为,因而发生安全事故,具有本条第一款规定情形的,应当认定为"发生重大伤亡事故或者造成其他严重后果",对相关责任人员,处五年以下有期徒刑或者拘役。

实施刑法第一百三十七条规定的行为,因而发生

安全事故，具有本条第一款规定情形的，应当认定为“造成重大安全事故”，对直接责任人员，处五年以下有期徒刑或者拘役，并处罚金。

实施刑法第一百三十八条规定的行为，因而发生安全事故，具有本条第一款第一项规定情形的，应当认定为“发生重大伤亡事故”，对直接责任人员，处三年以下有期徒刑或者拘役。

第七条 实施刑法第一百三十二条、第一百三十四条第一款、第一百三十五条、第一百三十五条之一、第一百三十六条、第一百三十九条规定的行为，因而发生安全事故，具有下列情形之一的，对相关责任人员，处三年以上七年以下有期徒刑：

（一）造成死亡三人以上或者重伤十人以上，负事故主要责任的；

（二）造成直接经济损失五百万元以上，负事故主要责任的；

（三）其他造成特别严重后果、情节特别恶劣或者后果特别严重的情形。

实施刑法第一百三十四条第二款规定的行为，因而发生安全事故，具有本条第一款规定情形的，对相关责任人员，处五年以上有期徒刑。

实施刑法第一百三十七条规定的行为，因而发生安全事故，具有本条第一款规定情形的，对直接责任人员，处五年以上十年以下有期徒刑，并处罚金。

实施刑法第一百三十八条规定的行为，因而发生安全事故，具有下列情形之一的，对直接责任人员，处三年以上七年以下有期徒刑：

（一）造成死亡三人以上或者重伤十人以上，负事故主要责任的；

（二）具有本解释第六条第一款第一项规定情形，同时造成直接经济损失五百万元以上并负事故主要责任的，或者同时造成恶劣社会影响的。

第八条 在安全事故发生后，负有报告职责的人员不报或者谎报事故情况，贻误事故抢救，具有下列情形之一的，应当认定为刑法第一百三十九条之一规定的“情节严重”：

（一）导致事故后果扩大，增加死亡一人以上，或者增加重伤三人以上，或者增加直接经济损失一百万元以上的；

（二）实施下列行为之一，致使不能及时有效开展事故抢救的：

1. 决定不报、迟报、谎报事故情况或者指使、串通有关人员不报、迟报、谎报事故情况的；

2. 在事故抢救期间擅离职守或者逃匿的；

3. 伪造、破坏事故现场，或者转移、藏匿、毁灭遇难人员尸体，或者转移、藏匿受伤人员的；

4. 毁灭、伪造、隐匿与事故有关的图纸、记录、计算机数据等资料以及其他证据的；

（三）其他情节严重的情形。

具有下列情形之一的，应当认定为刑法第一百三十九条之一规定的“情节特别严重”：

（一）导致事故后果扩大，增加死亡三人以上，或者增加重伤十人以上，或者增加直接经济损失五百万元以上的；

（二）采用暴力、胁迫、命令等方式阻止他人报告事故情况，导致事故后果扩大的；

（三）其他情节特别严重的情形。

第九条 在安全事故发生后，与负有报告职责的人员串通，不报或者谎报事故情况，贻误事故抢救，情节严重的，依照刑法第一百三十九条之一的规定，以共犯论处。

第十条 在安全事故发生后，直接负责的主管人员和其他直接责任人员故意阻挠开展抢救，导致人员死亡或者重伤，或者为了逃避法律追究，对被害人进行隐藏、遗弃，致使被害人因无法得到救助而死亡或者重度残疾的，分别依照刑法第二百三十二条、第二百三十四条的规定，以故意杀人罪或者故意伤害罪定罪处罚。

第十一条 生产不符合保障人身、财产安全的国家标准、行业标准的安全设备，或者明知安全设备不符合保障人身、财产安全的国家标准、行业标准而进行销售，致使发生安全事故，造成严重后果的，依照刑法第一百四十六条的规定，以生产、销售不符合安全标准的产品罪定罪处罚。

第十二条 实施刑法第一百三十二条、第一百三十四条至第一百三十九条之一规定的犯罪行为，具有下列情形之一的，从重处罚：

（一）未依法取得安全许可证件或者安全许可证件过期、被暂扣、吊销、注销后从事生产经营活动的；

（二）关闭、破坏必要的安全监控和报警设备的；

（三）已经发现事故隐患，经有关部门或者个人提出后，仍不采取措施的；

（四）一年内曾因危害生产安全违法犯罪活动受过行政处罚或者刑事处罚的；

（五）采取弄虚作假、行贿等手段，故意逃避、阻挠负有安全监督管理职责的部门实施监督检查的；

（六）安全事故发生后转移财产意图逃避承担责

任的;

(七)其他从重处罚的情形。

实施前款第五项规定的行为,同时构成刑法第三百八十九条规定的犯罪的,依照数罪并罚的规定处罚。

第十三条　实施刑法第一百三十二条、第一百三十四条至第一百三十九条之一规定的犯罪行为,在安全事故发生后积极组织、参与事故抢救,或者积极配合调查、主动赔偿损失的,可以酌情从轻处罚。

第十四条　国家工作人员违反规定投资入股生产经营,构成本解释规定的有关犯罪的,或者国家工作人员的贪污、受贿犯罪行为与安全事故发生存在关联性的,从重处罚;同时构成贪污、受贿犯罪和危害生产安全犯罪的,依照数罪并罚的规定处罚。

第十五条　国家机关工作人员在履行安全监督管理职责时滥用职权、玩忽职守,致使公共财产、国家和人民利益遭受重大损失的,或者徇私舞弊,对发现的刑事案件依法应当移交司法机关追究刑事责任而不移交,情节严重的,分别依照刑法第三百九十七条、第四百零二条的规定,以滥用职权罪、玩忽职守罪或者徇私舞弊不移交刑事案件罪定罪处罚。

公司、企业、事业单位的工作人员在依法或者受委托行使安全监督管理职责时滥用职权或者玩忽职守,构成犯罪的,应当依照《全国人民代表大会常务委员会关于〈中华人民共和国刑法〉第九章渎职罪主体适用问题的解释》的规定,适用渎职罪的规定追究刑事责任。

第十六条　对于实施危害生产安全犯罪适用缓刑的犯罪分子,可以根据犯罪情况,禁止其在缓刑考验期限内从事与安全生产相关联的特定活动;对于被判处刑罚的犯罪分子,可以根据犯罪情况和预防再犯罪的需要,禁止其自刑罚执行完毕之日或者假释之日起三年至五年内从事与安全生产相关的职业。

第十七条　本解释自2015年12月16日起施行。本解释施行后,《最高人民法院、最高人民检察院关于办理危害矿山生产安全刑事案件具体应用法律若干问题的解释》(法释〔2007〕5号)同时废止。最高人民法院、最高人民检察院此前发布的司法解释和规范性文件与本解释不一致的,以本解释为准。